朱子學文獻大系·朱子學史專題研究

朱熹師友門人往還書札彙編

顧宏義 撰

一

圖書在版編目(CIP)數據

朱熹師友門人往還書札彙編 / 顧宏義撰.—上海：
上海古籍出版社，2017.12（2023.3 重印）
ISBN 978-7-5325-8387-4

Ⅰ.①朱… Ⅱ.①顧… Ⅲ.①朱熹(1130-1200)—
書信集 Ⅳ.①B244.71

中國版本圖書館 CIP 數據核字(2017)第 051157 號

朱熹師友門人往還書札彙編
（全六冊）
顧宏義 撰
上海古籍出版社出版發行
（上海市閔行區號景路159弄1-5號A座5F 郵政編碼 201101）
（1）網址：www.guji.com.cn
（2）E-mail：gujil@guji.com.cn
（3）易文網網址：www.ewen.co
上海世紀嘉晋數字信息技術有限公司印刷
開本 890×1240 1/32 印張 115.875 插頁 12 字數 2,047,000
2017 年 12 月第 1 版 2023 年 3 月第 5 次印刷
ISBN 978-7-5325-8387-4
K·2305 定價：460.00 元
如有質量問題,請與承印公司聯繫

本書爲

二〇一一年度國家社科基金重大項目

上海市高校服務國家重大戰略出版工程資助項目

朱子學文獻大系編輯委員會

編　例

　　一、本《彙編》收録迄今所見之朱熹與朝中公卿、師友故舊、鄉親門人等往還書札，計朱熹書札（包括殘篇、斷句）二千五百八十餘通，他人致朱熹書札（包括殘篇、斷句）三百七十餘通。然不包括《晦庵文集》卷二〇至卷二三所載之“申請”、“辭免”等文書。

　　二、本《彙編》所收載之書札全文，主要録自朱熹《晦庵文集》、朱熹所交遊者之文集以及後人之輯佚著述等；其殘篇、斷句則主要録自朱熹與時人之其他著述如記文、序跋、碑傳誌文等所收録之文字，并有部分自元、明人著述中所輯録者。

　　三、本《彙編》所收録者，以與朱熹有書札往還者之姓名漢語拼音爲序。其姓名、身份皆無考者，則皆歸於“某人”條下；而題爲朱熹佚札、然經考辨爲僞者，則附見於相關條目之下，以祛疑惑。據考，自紹興十七年（1147）至慶元六年（1200），與朱熹有書札往還者達五百三十餘人。

四、本《彙編》以與朱熹有書札往還者爲條目，於其下收録其與朱熹往還書札（包括殘篇、斷句），以所考辨出之撰寫年月先後爲序；并於該條目前簡述其生平事迹以及其與朱熹之交遊情況。又，古人著述中多有關於朱熹往還書札之本事、説明、評論等，爲便於閲讀，故一般收録於相關書札之下。

五、書札名以原書題名爲定，如吕祖謙《與朱侍講元晦》、朱熹《答吕伯恭問龜山中庸》、朱熹《與趙帥書》、朱熹《與章侍郎》、張栻《答朱元晦秘書》等。然自他書中所輯之佚書，則一概取收書信者之字爲題，如程洵《與朱元晦書》、朱熹《與程允夫書》等。

六、因朱熹與某人之往還書札往往不止一通，爲示區别，則於書札名下加以該書札之首句，并加括號，如朱熹《與張欽夫》（前書所扣）、朱熹《答許順之》（此間窮陋）等。

七、《晦庵文集》中存在一書收載於不同卷帙下、或一書收録於不同人名下之現象。本《彙編》於前者即收録一書，然注明其重載於不同卷帙之情況，於後者則分别取爲條目，然後注明其於其他條目下之重復情況。

八、爲行文簡明，本《彙編》於多次徵引之文獻，一般予以簡稱，其詳如下：

簡　稱	全　稱
東萊集	東萊吕太史集
鶴山集	鶴山先生大全文集
復齋集	復齋先生龍圖陳公文集
晦庵文集	晦庵先生朱文公文集
繫年要録	建炎以來繫年要録
南軒集	南軒先生文集
年譜長編	朱熹年譜長編
書信編年	朱子書信編年考證
西山文集	西山先生真文忠公文集

九、爲便於查閲，書後附有《人名索引》和《徵引書目》，皆以漢語拼音爲序編排。《人名索引》中以與朱熹有往還書札者爲目，如"蔡元定"、"陳俊卿"等；然其書札中大多以其字、號、官爵等爲題，故爲其做參見條，如"蔡季通　見　蔡元定"及"陳侍郎　見　陳俊卿"、"陳丞相　見　陳俊卿"、"陳公　見　陳俊卿"、"陳帥　見　陳俊卿"、"陳福公　見陳俊卿"等。條目後之數字爲該條目於本書中所在之頁數。

十、前賢時彦對於朱熹書札之考訂研究成果甚多，尤以陳來先生《朱子書信編年考證》、束景南先生《朱熹年譜長編》爲著。本《彙編》於此頗有借鑒、引用，見諸相關條目之下，在此一并致以謝意。

目　録

第 三 册

包　定

包定，字定之，永嘉（今屬浙江）人。"治《春秋》、《書》、《禮》三經，聞晦菴自同安歸奉於家，講學白鹿洞，相從論道。著有《中庸解疑》、《孟子答問》、《池州語録》"。《浙江通志》卷一七七。

朱熹《答包定之》：

近聞永嘉有回禄之災，高居不至驚恐否？講習家庭，得以從事於孝恭友弟之實，非行思坐誦空言之比也。然探索涵泳，又不可廢。不審所讀何書？更能温習《論語》，并觀《孟子》、《尚書》之屬，反復諷誦，於明白易曉處直截理會爲佳，切忌穿鑿屈曲纏繞也。陳國録、徐太丞諸公曾相見否？亦頗得同志相與切磋否？此間今年朋友往來不定，講學殊無頭緒，甚思定之用意精密，不易得也。千萬勉旃，以慰遠懷。《晦庵文集》卷五四。

案：周必大《答汪郎中義端》（某竊以天氣清和）有云"陳國録一書告送似"，《文忠集》卷一九五。而本書有云"陳國録、徐太丞諸公曾相見否"，當即指此。《答汪郎中義端》撰於淳熙十年（1183）。推知本書撰時約在稍後。

朱熹《答包定之》：

《中庸》實未易讀，更宜虛心玩味，久當自得。大抵其說雖無所不包，然其用力之端只在明善謹獨。所謂明善，又不過思慮應接之間，辨其孰爲公私邪正而已，此窮理之實也。若於此草草放過，則亦無所用其存養之力矣。若更如此用力，必自見得。其他文義意指有合商量處，便中却可垂喻。《晦庵文集》卷五四。

　　案：上書（近聞永嘉有回禄之災）有云“更能温習《論語》，并觀《孟子》、《尚書》之屬，反復諷誦，於明白易曉處直截理會爲佳”，而本書乃言“《中庸》實未易讀”，推知約撰於其後，姑係於淳熙十一年（1184）。

包　　遜

　　包遜（1152—？），字敏道，建昌軍南城（今屬江西）人。包約、包揚弟。“蚤從朱、陸二先生游，得諸傳授者既甚的，而家庭伯仲自相師友，切劘講貫，壯老如一，故其所造益以超詣”。紹定己丑（1229）嘗講《孟子》於縣學。《西山文集》卷三六《跋包敏道講義》。

朱熹《答包敏道》：

　　示喻已悉。求放心固是第一義，然如所謂“軌則一定而浩然獨存，使赤子之心全復於此，而明義之本先立於此，然後求聞其所未聞，求見其所未見”，則亦可謂凌躐倒置而易其言矣。聖賢示人，模範具在。近世乃有竊取禪學之近似者，轉爲此説，以誤後生。後生喜其爲説之高，爲力之易，便不肯下意讀書，以求聖賢所示之門户，而口傳此説，高自標致，亂道誤人，莫此爲甚。三復來喻，恐未免此。因便布聞，未知明者以爲如何？第深僭率之愧而已。《晦庵文集》卷五五。

　　案：朱熹《答包詳道》（詳道資稟篤實）有云“如敏道令弟，則立論又甚高，尤非熹之所敢知耳”，《晦庵文集》卷五五。似指本書中言及包遜來書所云“軌則一定而浩然獨存，使赤子之心全復於此，而明義之本先立於此，然後求聞其所未聞，求見其所未見”。《答包詳道》撰於紹熙四年（1193）間，故推知本書約撰於一時先後。

朱熹《答包敏道》：

承喻麤心浮氣剥落向盡，閑居意味殊不淺，自許如此，他人復何所道？區區但覺欲寡其過而未能耳。《晦庵文集》卷五五。

　　案：推詳本書云云，似承上書（示喻已悉），故推知其亦約撰於紹熙四年間。

朱熹《答包敏道》：

所喻已悉。但道既不同，不相爲謀，不必更紛紛，今後但以故人相處,問訊往來足矣。九卦若如此説,却似與前幅自相矛盾也。一笑。《晦庵文集》卷五五。

案:朱熹上述二書批評包遜之學"取禪學之近似者,……喜其爲説之高,爲力之易,便不肯下意讀書,以求聖賢所示之門户",又稱"區區但覺欲寡其過而未能耳",而本書中朱熹得包遜來書論辨紛紛,已深悉"道既不同,不相爲謀,不必更紛紛",而稱"今後但以故人相處,問訊往來足矣",故推知本書乃承其後。

包 揚

包揚,字顯道,建昌軍南城(今屬江西)人。《朱子語類·姓氏》。號克堂。子包恢。《敝帚稿略》卷八《壽家君克堂先生》。嘗先後問學於陸象山、朱晦庵。

朱熹《答包顯道揚》:

所論"致曲",如此説於功夫無不可,但盡性乃是自然盡得,不可謂之直處用工耳。致曲只是於惻隱處擴充其仁,羞惡處擴充其義耳。雖在一偏,此却如何少得耶?大率來喻依舊有忽略細微、徑趨高妙之意,子淵書來云"顯道於異説已自洗濯",熹固疑之。今以此驗之,乃知果如所疑也。《晦庵文集》卷五五。

案:朱熹《答曹立之》(伊川先生帖摹勒甚精)有

云:"以故包顯道輩仍主先入,尚以讀書講學爲充塞仁義之禍。此語,楊子直在南豐親聞其説。"《晦庵文集》卷五一。又朱熹《答傅子淵》(示喻戰栗之義)有"然二包、定夫書來,皆躐等好高之論,殊不可曉。顯道本領只是舊聞,正苦其未能猛舍,不謂已見絕於旦評也"云云。《晦庵文集》卷五四。本書言及"大率來喻依舊有忽略細微、徑趨高妙之意,子淵書來云'顯道於異説已自洗濯',熹固疑之。今以此驗之,乃知果如所疑也",所指當爲一事。《答曹立之》撰於淳熙七年(1180)夏初,故推知本書約撰於一時先後。

朱熹《答包顯道》:

既未免讀書,則不曾大段著力理會,復是何説?向見前舉程文,從頭罵去,如人醉酒發狂,當街打人,不可救勸,心甚疑之,今乃知其病之有在也。《晦庵文集》卷五五。

案:本書撰時不詳。然書中仍爲批評包揚"躐等好高之論",疑與上書(所諭"致曲")相前後。姑置於淳熙七年間。待考。

包 約

包約,字詳道,建昌軍南城(今屬江西)人。包揚、包遜兄。《儒林宗派》卷一〇。陸象山弟子。

朱熹《答包詳道》：

示喻爲學之意，自信不疑如此，他人尚復何說？然觀古人爲學只是升高自下，步步踏實，漸次解剝，人欲自去，天理自明，無似此一般作捺紐捏底功夫，必要豁然頓悟，然後漸次脩行也。曾子功夫，只是戰兢臨履，是終身事。中間一"唯"，蓋不期而會，偶然得之，非是別有一節功夫做得到此，而曾子本心蘄向，必欲得此，然後施下學之功也。所論"當論是非，不當論平險"者甚善。然是則必平正，緣不是，故有險耳。此説甚長，非幅紙可既也。《晦庵文集》卷五五。

案：朱熹《答傅子淵》（示喻戰栗之義）有"然二包、定夫書來，皆躐等好高之論，殊不可曉"云云。《晦庵文集》卷五四。而本書言及"示喻爲學之意，自信不疑如此，他人尚復何說？然觀古人爲學只是升高自下，步步踏實，漸次解剝，人欲自去，天理自明，無似此一般作捺紐捏底功夫，必要豁然頓悟，然後漸次脩行也"，乃批評包約"躐等好高之論"，所指疑爲一事。《答傅子淵》撰於淳熙七年（1180）夏初，故推知本書約撰於一時先後。

朱熹《答包詳道》：

詳道資稟篤實，誠所愛重，前書云云，非以苟相悦也。但觀所與顯道講論，竊恐却與去歲未相見時所見一般。蓋熟處難忘，所驟聞者未能遽入而復失之耳。《大學》鄙説,近看尚有未安處,却是未甚平正,方略竄定,恨未得奉呈。然使賢者見之,愈未必信。大抵如熹所見愈退而愈平,賢者所見愈進而愈險,彼此不同,終未易合。且當置之,各信其所信者,即看久遠如何耳。顯道根本處,亦且是從前所見,但添得此中些説話。如敏道令弟,則立論又甚高,尤非熹之所敢知耳。《晦庵文集》卷五五。

　　案:書中言及"但觀所與顯道講論,竊恐却與去歲未相見時所見一般",據《朱子語類》卷一二〇載黃義剛所記云"包詳道書來,言'自壬子九月一省之後'云云"。壬子爲紹熙三年。又據《朱子語類·姓氏》,黃義剛所記乃癸丑以後所聞。故推知本書當撰於紹熙四年(癸丑,1193)間。

包約《與朱元晦書》:

自壬子九月一省之後。《朱子語類》卷一二〇。

　　案:《朱子語類》卷一二〇載黃義剛所記云:"包詳道書來,言'自壬子九月一省之後'云云。先生謂顯道曰:'人心存亡之決,只在出入息之間。豈有截自今日今時便鬼亂,已後便悄悄之理? 聖賢之學,是揩揩定定做,不知不覺,自然做得徹。若如所言,則是聖賢修爲講學都不須得,只等得一旦恍然悟去,如此者起人僥倖之心。"壬子爲紹熙三年。又據《朱子語類·姓氏》,黃義剛所記乃癸丑以後所聞。而本書又云"自壬子九月一省之後",析其語氣,當歷時頗久,故推知本書當撰於紹熙末、慶元初,故係於紹熙五年(1194)間。

朱熹《答包詳道》:

示喻曲折,足見進道之力。然若謂氣質之偏,只得如此用力,則固不失爲近本,而於獨善其身有得力處。今却便謂聖門之學只是如此,全然不須講學,纔讀書窮理,便爲障蔽,則無是理矣。顏子一問爲邦,夫子便告以四代之禮樂。若平時都不講學,如何曉得?《禮記》有《曾子問》一篇,於禮文之變纖悉曲盡,豈是塊然都不講學耶?東坡作《蓮華漏銘》,譏衛朴以己之無目而欲廢天下之視,來喻之云,無乃亦類此乎?《晦庵文集》卷五五。

案:《朱子語類》卷一二〇載朱熹收到包約來書後,語包揚曰:"聖賢之學,是揹指定定做,不知不覺,自然做得徹。若如所言,則是聖賢修爲講學都不須得,只等得一旦恍然悟去,如此者起人僥倖之心。"正與本書"今却便謂聖門之學只是如此,全然不須講學,纔讀書窮理,便爲障蔽,則無是理矣"云云相合,故推知本書乃爲答書,撰於紹熙五年或稍後。

邊 恢

邊恢(1160—1197),初字汝度,改字汝實,慶元府鄞

（今浙江寧波）人。登紹熙元年（1190）進士甲科，授鎮江軍節度推官。"始汝實嘗受教於金谿陸公，有所啓發，對策之語，蓋得於講切者。擢第而歸，不以所學爲足，覃思經籍，探其精粹，名物度數，靡不研究。孜孜於司馬氏《通鑑》，攷理亂興亡之迹，而推其是非得失之原。諸子百氏，亦掇其要"。慶元三年十月卒，年三十八。事蹟見宋袁燮《絜齋集》卷一六《邊汝實行狀》。

朱熹《答邊汝實》：

所欲言者不過前夕，然亦非謂全然不事其心，但資次等級未應遽爾超躐，須物格知至，然後意可誠、心可正耳。《晦庵文集》卷五八。

案：本書重載於《晦庵文集》卷四四《與吳茂實》（所欲言者不過前夕）。

本書撰時不詳，據袁燮《邊汝實行狀》推知，疑在其進士及第而歸，"不以所學爲足，覃思經籍，探其精粹"之時，故姑係於紹熙元年（1190）間。待考。

蔡權郡

蔡權郡，名里不詳。權郡，此指權知南康軍。

9

朱熹《與蔡權郡南康》:

丐祠之請,前月半間已專人入郡,度諸公見憐,必已俯從所欲矣。昨慮使郡虚有勞費,亦已預戒邸吏關白,想徹台聽也。近聞已除石寺簿爲代,與之亦有雅故。其人豈弟,達於從政,真足以惠一方矣。《晦庵文集》續集卷六。

案:書中云及"近聞已除石寺簿爲代",石寺簿即石𡼖子重。據吕祖謙《與朱侍講元晦》(丐祠雖未愜雅志)云"至於南康,……子重繼之,必能遵守",《東萊集》别集卷八。撰於淳熙七年五月間;朱熹《答吕伯恭》(熹幸粗安)云"已遣人迓子重,至即合符而行矣",撰於淳熙八年正月間;又《答吕伯恭》(熹在此支撑甚費力)云"熹在此支撑甚費力,子重不來,已遣人通吴守書,速其來矣",《晦庵文集》卷三四。撰於二月初。故推知本書約撰於七年(1180)五、六月間。

蔡　沈

蔡沈(1167—1230),字仲默,建州建陽(今屬福建)人。蔡元定次子。少從朱熹游,"熹晚欲著《書傳》未及爲,遂以屬沈。《洪範》之數,學者久失其傳,元定獨心得之,然未及論著,曰'成吾書者沈也'。沈受父、師之託,沈潛反復者數十年,然後成書,發明先儒之所未及"。始從蔡元定謫道州,元定没,護喪以還,隱居九峯。紹定三年五月卒,年六十四。《西山文集》卷四二《九峯先生蔡君墓表》。
《宋史》卷四三四有傳。

朱熹《答蔡仲默》:

周純臣書荷留念。景建書已領,却欲附數字報之,今
納去。若舂陵人未行,猶可及也。《冠義》曾尋得否? 幸
因便寄及。《晦庵文集》續集卷三。

案:朱熹《答蔡季通》(精舍闃然)有云"周純臣
頃有一書,託直卿寄之而不能達,却持以歸。今再作
數字,并附去奉况,能爲轉寄幸甚",《晦庵文集》續集卷
三。而本書云及"周純臣書荷留念",乃致謝蔡沈轉
達之力。《答蔡季通》撰於慶元四年(1198)春末、夏
初,故推知本書約撰於是年夏間或稍後。

朱熹《答蔡仲默》:

《洪範傳》已領,俟更詳看,然不敢率易改動。如餘子
書一面寫,後日早來取。昨日有臨川便,已略報仲撫頗
詳。此無益而有害,何苦委身以犯其鋒也?《晦庵文集》續
集卷三。

案:慶元五年(1199)九月,蔡沈撰成《洪範傳》。
《年譜長編》卷下。蔡沈《書集傳序》云"慶元己未冬,先
生文公令沈作《書集傳》"。《書集傳》卷首。本書乃言
"《洪範傳》已領",故推知其約撰於是年秋末、冬初。

朱熹《答蔡仲默》：

年來病勢交攻，困悴日甚，要是根本已衰，不復能與病為敵。看此氣象，豈是久於人世者？諸書且隨分如此整頓一番，《禮書》大段未了，最是《書說》未有分付處。因思向日喻及《尚書》文義通貫猶是第二義，直須見得二帝三王之心，而通其所可通，毋强通其所難通，即此數語，便已參到七八分。千萬便撥置此來，議定綱領，早與下手為佳。諸說此間亦有之，但蘇氏傷於簡，林氏傷於繁，王氏傷於鑿，呂氏傷於巧。然其間儘有好處，如制度之屬，祗以疏文為本。若其間有未穩處，更與挑剔令分明耳。《晦庵文集》續集卷三。

案：朱熹《答李時可》（所喻固知孝思之切）有云"《書說》緣此間《禮書》未了，日逐更無餘功可及他事，只略看得《禹貢》"，《晦庵文集》卷五五。與本書"諸書且隨分如此整頓一番，《禮書》大段未了，最是《書說》未有分付處"相合。《答李時可》撰於慶元五年中。本書又云"因思向日喻及《尚書》文義通貫猶是第二義，直須見得二帝三王之心，而通其所可通，毋强通其所難通，即此數語，便已參到七八分。千萬便撥置此來，議定綱領，早與下手為佳"，推知當在朱熹初委蔡沈編纂《書集傳》時，約在五年十月或稍後。

朱熹《答蔡仲默》：

示喻《書說》數條皆是，但《康誥》"外事"與"肆汝小子封"等處自不可曉,只合闕疑。某嘗謂《尚書》有不必解者,有須着意解者,有略須解者,有不可解者。其不可解者,正謂此等處耳。《晦庵文集》續集卷三。

　　案：本書亦討論《書說》編纂體例等,推知約撰於慶元五年冬中。

朱熹《答蔡仲默》：

　　謝誠之《書說》六卷、陳器之《書說》二卷今謾附去,想未暇看,且煩爲收起,卿後商量也。漳州陳安卿在此,其學甚進。《晦庵文集》續集卷三。

　　案：書中有云"漳州陳安卿在此",據陳淳(字安卿)《竹林精舍錄後序》云："某……至己未冬,始克與妻父同爲考亭之行。十一月中澣到先生之居,即拜見於書樓下之閣內。"《北溪大全集》卷一〇。故推知本書約撰於慶元五年十一月末、十二月初。

朱熹《答蔡仲默》：

　　星室之說,俟更詳看。但云天繞地左旋,一日一周,此句下恐欠一兩字。說地處却似亦說得有病。蓋天繞地一周了,更過一度。日之繞地比天雖退,然却一日只一周,而無餘也。岐梁恐須兼存衆說,而以晁氏爲斷,但梁山證據不甚明白耳。《禹貢》有程尚書說,冊大難送,俟到此可見。稍暇能早下來爲佳。《晦庵文集》續集卷三。

案：書中有言"蓋天繞地一周了，更過一度。日
之繞地比天雖退，然却一日只一周，而無餘也"，據朱
熹《堯典》傳云"按天體至圓，周圍三百六十五度四分
度之一，繞地左旋，常一日一周，而過一度，日麗天而
少遲，一日繞地一周無餘"，《晦庵文集》卷六五。其説
相合。《堯典》傳撰於慶元四年冬以後。又本書云及
"《禹貢》有程尚書説，册大難送，俟到此可見"，推知
當在蔡沈著手編撰《書集傳》後，約在五年末。

朱熹《答蔡仲默》：

弗辟之説，只從鄭氏爲是。向董叔重得書，亦辨此
條，一時信筆答之，謂當從古註説。後來思之不然。是時
三叔方流言於國，周公處兄弟骨肉之間，豈應以片言半語
便遽然興師以誅之？聖人氣象，大不如此。又成王方疑
周公，周公固不應不請而自誅之。若請之於王，王亦未必
見從，則當時事勢亦未必然。雖曰聖人之心公平正大，
區區嫌疑自不必避，但舜避堯之子於南河之南，禹避舜
之子於陽城，自是合如此。若居堯之宮、逼堯之子，即爲
篡矣。或又謂成王疑周公，故周公居東。不幸成王終不
悟，不知周公又如何處？愚謂周公亦惟盡其忠誠而已
矣。胡氏《家錄》有一段論此，極有意味。《晦庵文集》續集
卷三。

案：本書亦討論《書説》，疑在慶元六年(1200)初。

蔡　淵

蔡淵（1156—1236），字伯静，號節齋，建陽（今屬福建）人。蔡元定長子。"與弟沈躬耕不仕，内學於父，外師事晦菴文公"。而"平生於《易》、《中庸》、《太極説》最所加意，更定數四"。所著有《易傳訓解》、《太極通旨》、《中庸通旨》、《大學思問》、《論孟思問》、《讀詩思問》等書。端平三年卒，年八十一。《閩中理學淵源考》卷二五。

朱熹《答蔡伯静》：

尊丈得近書否？ 此久不聞信息，必是已過莆中矣。《啓蒙》上册三十六版注中圍一，圍當作徑。下册第二版前十卦"占貞"、後十卦"占悔"，兩"占"字。並當作"主"。可便改却此三字，更子細看過爲佳。《晦庵文集》續集卷三。

　　案：本書原與下書（臨川曾景憲書云）混合爲一。

　　書中云及《易學啓蒙》版，當在淳熙以後；又云"尊丈得近書否？ 此久不聞信息，必是已過莆中矣"，據朱熹《答蔡季通》（到三山），《晦庵文集》續集卷二。知蔡元定紹熙三年嘗遊歷福州、莆田等地。故推知本書當撰於是年（1192）中。

朱熹《答蔡伯静》：

《啓蒙》已爲看畢，錯誤數處已正之。又欲添兩句，想

亦不難。但注中尊丈兩句不甚分明，不免且印出，俟其歸
却商量，今不能久俟也。《筮儀》内前日補去者更錯兩字，
今亦并注，可正之。亟遣人還，草此。但看得不甚子細，
可更自看一兩過爲佳也。事了能見過，爲數日欵，幸甚。

或於《啓蒙》上卷之末添數句云："卷内蔡氏説爲奇
者三，爲偶者二。蓋凡初揲，左手餘一、餘二、餘三皆
奇，餘四爲偶。至再揲、三揲，則餘三者亦爲偶，故曰奇
三偶二也。"如何？《晦庵文集》續集卷三。

案：《啓蒙》即《易學啓蒙》，朱熹於淳熙十三年
暮春三月既望序定之。《晦庵文集》卷七六。本書有云
"《啓蒙》已爲看畢，錯誤數處已正之。……但注中尊
丈兩句不甚分明，不免且印出，俟其歸却商量，今不
能久俟也"，據上書（尊丈得近書否）云云，推知本書
當撰於其後。

朱熹《答蔡伯静》：

天經已領，其論撰詳悉，亦甚不易。但回互蓋天頗費
力，只是近年一般見識，不欲惡着古今一個人耳，其心則
固深知渾、蓋之是非也。然則孰若據實而論之省詞説乎？
又況二極交互一説，理似不然。別紙附去，可爲詳之，不
知是如此否？尊丈許録示《參同》火候，向見已寫得多了，
今必已竟，幸即檢示。前日尊丈書中已云與一哥説，更煩
留念也。《步天歌》聞亦有定本，今并就借，校畢即納還

也。《晦庵文集》續集卷三。

案：本書有云“《步天歌》聞亦有定本，今并就借，校畢即納還也”，朱熹《答蔡季通》(《星經》紫垣固所當先)有云“近校得《步天歌》，頗不錯”，《晦庵文集》卷四四。知在其前。《答蔡季通》撰於慶元元年中，推知本書或撰於是年(1195)春間。

朱熹《答蔡伯静》：

天經之説，今日所論乃中其病，然亦未盡。彼論之失，正坐以天形爲可低昂反覆耳。不知天形一定，其間隨人所望固有少不同處，而其南北高下自有定位，政使人能入於彈圓之下以望之，南極雖高，而北極之在北方，只有更高於南極，決不至反入地下而移過南方也。但入彈圓下者自不看見耳。蓋圖雖古所創，然終不似天體，孰若一大圓象，鑽穴爲星，而虛其當隱之規，以爲甕口，乃設短軸於北極之外，以綴而運之，又設短柱於南極之北，以承甕口，遂自甕口設四柱，小梯以入其中，而於梯未架空北入，以爲地平，使可仰窺而不失渾體耶？古人未有此法，杜撰可笑。試一思之，恐或爲即著其説，以示後人，亦不爲無補也。《晦庵文集》續集卷三。

案：上書(天經已領)有云“又況二極交互一説，理似不然。別紙附去，可爲詳之”，而本書即論析南極、北極高下之説，乃知其當爲上書之別紙，撰於同時。

朱熹《答蔡伯静》：

自尊丈行後，惘惘至今不能平。適得晦伯報云得近書，又不言已到何處，殊增悵想也。尊堂不審處之何如？不能不以爲念。然當有以寬譬之，此亦無它害，只是如前年遠出一番耳。《輿地志》納還，《皇極經世》及《樂府集》却望檢付去人。《晦庵文集》續集卷三。

案：蔡元定慶元三年正月末登程西赴道州貶所。《年譜長編》卷下。本書有云"自尊丈行後，惘惘至今不能平。適得晦伯報云得近書，又不言已到何處"，故推知其約撰於是年（1197）季春。

朱熹《答蔡伯静》：

臨川曾景憲書云，尊丈已過彼，有以驢爲贈者，可免徒步之勞也。昨看《史記·曆書》，大餘之數第二年即差，小餘之數第三年即差，以後皆筭不合，不知是如何？尊丈必曾説來，幸批喻。《晦庵文集》續集卷三。

案：朱熹《答曾景建》（季通遠役）有云"季通遠役，深荷煖熱之意，今想已到地頭矣"，《晦庵文集》卷六一。曾極（字景建）亦臨川人。本書"臨川曾景憲書云，尊丈已過彼"，當即指此。《答曾景建》撰於三年四月間，本書約撰於一時先後。

朱熹《答蔡伯静》：

　　鄉見尊丈有《琴律吕律圖》，欲略借一觀，得檢尋付去人爲幸。

　　　營道有歸信否？數日與人講論，有得無可告，有疑無可質，始覺尊丈之遠爲可恨也。《晦庵文集》續集卷三。

　　　案：書中詢及“營道有歸信否”，推知約撰於慶元三年四、五月間。營道，此指蔡元定貶所道州。

朱熹《答蔡伯静》：

　　《參同契考異》方寫得了，亦未暇再看過。今附壽朋納去，并此中寫本一册、袁本一册、濟本二册，煩逐一對過，有合改處，並貼出，子細批注寄來，容再看修定，方可寫白刊行。丘本不甚佳，然《五相類》篇首却得删了四字遂可讀，改得一字遂叶韵，亦不爲無助，可試檢看。以此知讀書不可不博考也。《晦庵文集》續集卷三。

　　　案：慶元三年七月，《周易參同契考異》修訂成，由蔡淵刊刻於建陽。《年譜長編》卷下。本書云及“《參同契考異》方寫得了，……容再看修定，方可寫白刊行”，乃在刊刻前，故推知其約撰於是年夏間或稍後。

朱熹《答蔡伯静》：

　　《參同》定本納去，可便寫白，并元本寄來，更看一過，然後刻本乃佳。簽貼處已改補矣，一兩處無利害，又灼然是錯誤,即不須改也。玄溝害氣,恐未是説人身内事,方是設譬之詞,緩讀可見也。肝、肺、腎是三物,脾是戊己,無可疑者。定本亦已添入矣。渾象之説,古人已慮及此,但不説如何運轉。今當作一小者,粗見其形製,但難得車匠耳。《晦庵文集》續集卷三。

案:上書(《參同契考異》方寫得了)云及"《參同契考異》方寫得了,……煩逐一對過,有合改處,並貼出,子細批注寄來,容再看修定,方可寫白刊行",而本書乃言"《參同》定本納去,可便寫白,并元本寄來,更看一過,然後刻本乃佳",知在其後。

朱熹《答蔡伯静》:

書白字畫不方正,努胸垤肚,甚刺人眼。然已寫了,無如之何。不知鄉里如何似此一向不識好字?豈不見浙中書册,只如時文省榜,雖極草草,然其字體亦不至如此得人憎也。《復》卦處空缺不好看,移在《臨》卦上亦何以異?其勢須着儭帖盡此以後二十餘版。蓋雖只争一字,而篇末一行只有一字,又須儭動後篇,直到册尾也。《晦庵文集》續集卷三。

案:上書(《參同》定本納去)有云"《參同》定本納去,可便寫白,并元本寄來,更看一過,然後刻本乃佳",本書乃云"書白字畫不方正,努胸垤肚,甚刺人眼。然已寫了,無如之何",知在其後。

朱熹《答蔡伯静》：

《参同考異》今以附納，其間合改定處各已標注其上矣。《鼎器歌》中"七聚"，"聚"一作"竅"，恐合改"竅"爲正，而以"聚"爲一作，不知如何？可更審之。若改，即正文此句亦合改也。《晦庵文集》續集卷三。

案：上書（《参同》定本納去）有云"《参同》定本納去，可便寫白，并元本寄來，更看一過，然後刻本乃佳"，本書乃云"《参同考異》今以附納，其間合改定處各已標注其上矣"，知在其後，推知約撰於三年秋間。

朱熹《答蔡伯静》：

奉告乃知所苦脾疾乃爾。赤土之約，固宜少緩，別俟一信也。公晦之説極可笑，其曲折須面論。尊丈千里遠書，戒賢者兄弟勿爲人所誤，正爲此耳。《晦庵文集》續集卷三。

案：書中云及"尊丈千里遠書"，推知約在三年秋、冬間。

朱熹《答蔡伯静》：

尊丈要琴絃，今欲寄去，不知何時有便？須得有信掩或籠箱之屬，置之其中，乃免壓摺損拆之患，亦俟一報也。伯謨説尊丈有《素問運氣節略》，欲借一觀。比略編得些小，其間不曉處多，問伯謨，渠亦茫然，未嘗措意。以此知尊丈事事不容易放過，不可及也。《晦庵文集》續集卷三。

案：書中云及"尊丈要琴絃，今欲寄去"，當在蔡
元定於道州時，或亦在三年秋、冬間。

朱熹《答蔡伯静》：

《考異》俟更子細看，且令刻正經，此更一兩日納去未
晚也。浙中字樣，宅上書籍中須多有之。如古本《廣韻》
寫得最好，相傳是唐時仙女吳彩鸞日寫十本者。雖未必
然，要可法也。

仲撫相見否？聞留衛公得旨自便，而謝給事繳之，
以爲恐徐誼之徒援例有請，遂止得量移南劍。儲宰復
官，亦是爲謝所駁，乃在銓曹時也。向若用李公晦之策，
又須頭撞。然今尚何言哉！《晦庵文集》續集卷三。

案：朱熹《答蔡季通》（霈恩曠蕩）有云"霈恩曠
蕩，未聞施行，而留、趙四公存没之恩皆格不下"，《晦
庵文集》續集卷三。本書"聞留衛公得旨自便，而謝給
事繳之，以爲恐徐誼之徒援例有請，遂止得量移南
劍"，即指此。又下書又云"昨聞留、趙、徐、呂之報，
已令劉二哥奉聞矣。事勢如此，不知尊丈歸期竟如
何。當此歲莫，令人慨念不能平也"，知本書在其前。

朱熹《答蔡伯静》：

前日八哥來訪，辱書具悉。此事不竢見屬，但適此痼

默，不容發口，已嘗託八哥奉報矣。本欲今日往助墓下之役，因得面言，而累日洩瀉，氣痛攻刺，畏寒愈甚，遂不敢出，其事它日言之未晚。人至承書，知所苦向平，深以爲慰。不知見服何藥？切宜更加將護也。蔬食久亦不便，若不欲食肉，醫家多以藥和肉爲丸啖之，亦助胃氣。既無滋味，自無所妨。況在禮經自有權制耶。

　　昨聞留、趙、徐、呂之報，已令劉二哥奉聞矣。事勢如此，不知尊丈歸期竟如何。當此歲莫，令人慨念不能平也。《晦庵文集》續集卷三。

　　案：書中有言“當此歲莫，令人慨念不能平也”，推知其撰於三年末。

朱熹《答蔡伯静》：

　　數日探問，未有近信，方以爲慮，得書，知今日可到麻沙，不勝傷痛。想感事興哀，何可堪也！《晦庵文集》續集卷三。

　　案：書中言及“得書，知今日可到麻沙，不勝傷痛”，乃指蔡元定靈柩自道州而歸事。蔡元定卒於慶元四年(1198)八月，朱熹十月二十九日致祭於塗中。《晦庵文集》卷八七《祭蔡季通文》。故推知本書約撰於十月下旬。

朱熹《答蔡伯静》：

　　《律書證辨》中論周徑處，自“十一其長之分”至“二釐八毫者是也",此一節未曉,恐有誤字或重複處,幸更考之。《晦庵文集》續集卷三。

案:本書撰時未詳。"律書",即蔡元定所撰之《律呂新書》。本書疑在蔡元定卒後,故朱熹只得質疑於蔡淵。姑係於慶元五年(1199)間。

朱熹《答蔡伯靜》:

算學文字素所不曉,惟賢者之聽耳。然須得差簡約爲佳,更望留意也。三哥用藥見效,甚慰。先訓尚未得下筆,日困賓客,一事做不得,甚可厭也。《晦庵文集》續集卷三。

案:本書撰時未詳,疑在上書(《律書證辨》中論周徑處)前後。

蔡元定

蔡元定(1135—1198),字季通,建陽(今屬福建)人。學者稱西山先生。從朱熹學,慶元年間禁僞學,謫道州。慶元四年卒,年六十四,後追謚文節。著有《大衍詳說》、《律呂新書》、《陰符經解》等。《宋史》卷四三四有傳。

朱熹《答蔡季通》:

監糴之擾,誠如所喻。今日事無不如此,求學道愛人之君子,殆未之見。斯人之不幸,可勝嘆哉。《晦庵文集》續集卷二。

案：朱熹《建寧府崇安縣五夫社倉記》云：“乾道
戊子春夏之交，建人大飢，……知縣事諸葛侯廷瑞以
書來屬予及其鄉之耆艾左朝奉郎劉侯如愚曰：‘民飢
矣，盍爲勸豪民發藏粟，下其直以振之？’劉侯與予奉
書從事，里人方幸以不飢。”《晦庵文集》卷七七。本書
“監糶之擾”云云，即指此，故推知其約撰於乾道四年
（戊子，1168）五月或稍後。

朱熹《答蔡季通》：

邑中水禍至此，極可傷憫。此中幸亦無它，兩日後方
聞之耳。所喻糴米，適有便，已爲言之，未知復如何？但
恐籍此以賑被災之民，則不當奪之。府中亦有米來，可就
撥也。《語録》已領，餘未暇尋。且此數編玩而繹之，自有
餘味，貪多務得，恐却非所宜也。龜山所論諸疑，皆中其
病。大檗亦只是此一格次第，當時見得都不曾透徹耳。
然二先生語中亦間有如此處，必是記者之失。如明道論
釋氏下學上達處，則無滲漏矣。其下文説盡心知性，語亦
不完也。道義固一事，然體用之殊亦不可不辨。但云義
即是道，恐未可也。又性固無不善，其所以有不善，有過，
有不及，却從氣稟中來。只如所論，亦未子細。造次顛沛
必於是，乃知仁而用力焉之事。若知之未明，則所謂是
者，恐亦未端的。此亦須更察之日用之間，卓然實見仁體

可也。觀過當以"觀"字爲重,蓋觀處用力,則天理人欲,賓主分明,而仁體在我者益昭著矣。若但知之而已,則恐未必端的實見也。聖賢指人求仁之方,多是於下學處指示。蓋用力於此而自得之,則安然便爲已得,非若今人縣揣暗料,窺見彷彿,便以爲得也。愚見如此,重蒙下問,不敢隱其固陋,敢率易言之,以求反復。如其未當,更得痛爲鐫磨,復以下喻,誠孤陋莫大之幸。不爾,則自此不復敢致其愚矣。聞又從平甫借《語録》,此殊非所宜汲汲。況温陵已下手刊刻,不數月當成,昨日已寄得十餘板樣來矣。册不甚大,便於齎挈,真學者之幸也。俟其寄來,首當奉去。然文字之外,要當有用心處,乃爲究竟耳。《晦庵文集》續集卷二。

　　案:書中述及"温陵已下手刊刻"《二程書》,"不數月當成",據朱熹《程氏遺書附録後序》云,乾道四年四月,泉州刊刻《程氏遺書》。《晦庵文集》卷七五。又書中言及"邑中水禍至此,極可傷憫",即指是年七月崇安大水,故推知本書約撰於七月中。

朱熹《答蔡季通》:

　　某自寺溪入長澗,由楊村以出,所過不堪舉目,有小詩云:"阡陌縱橫不可尋,死傷狼籍正悲吟。若知赤子元無罪,合有人間父母心。"區區於此深有所不能自已者,然出位犯分之愧,蓋不勝言矣。《晦庵文集》續集卷二。

案：朱熹《答林擇之》（熹以崇安水災）云“熹以崇安水災，被諸司檄來，與縣官議賑恤事，因爲之遍走山谷間，十日而後返”。《晦庵文集》卷三九。則本書當撰於其七月間“遍走山谷間，十日而後返”即歸家之時。

朱熹《答蔡季通》：

近看《遺書目録序》“時有先後”以下一節説道理不出，欲更之云：“先生之學，其大要則可知已。讀是書者誠能主敬以立其本，窮理以進其知，兩者交相爲用而不已焉，則日用之間且將有以默契乎先生之心，而於疑信之傳可坐判矣。”《晦庵文集》續集卷二。

案：朱熹《遺書序》撰於乾道四年四月。《晦庵文集》卷七五。而本書云欲改序文云云，其中“讀是書者誠能主敬以立其本，窮理以進其知”以下，乃取林用中語意。據朱熹《答林擇之》（古人只從幼子常視無誑以上）有云“又云‘涵養則其本益明，進學則其智益固，表裏互相發也’，此語甚佳”。《晦庵文集》卷四三。《答林擇之》約撰於乾道五年夏，故推知本書亦撰於稍後，約在是年（1169）秋中。

朱熹《答蔡季通》：

《程集》近復借得蜀本，初恐有所是正，然看一兩處，乃是長沙初刊時印本。流傳誤人如此，可恨。今謾納去，試爲勘一過。有不同處，只以紙蘸糊帖出，或恐有可取也。蓋陳明仲云亦嘗校定耳。《晦庵文集》續集卷二。

案：朱熹《答陳明仲》（《程集》荷借）云"《程集》荷借，及略看一二處，止是長沙初開本"，《晦庵文集》卷四三。本書"《程集》近復借得蜀本，初恐有所是正，然看一兩處，乃是長沙初刊時印本。流傳誤人如此，可恨"云云，當指一事。《答陳明仲》撰於乾道五年下半年間。因是年七月中蔡元定來訪，並同遊仙洲山，《年譜長編》卷上。故推知本書約撰於秋末或冬中。

朱熹《答蔡季通》：

南軒已過上饒，得書，書中一紙上呈，幸爲訂之。并昨所説嘗論著者攜以見示，幸甚幸甚。遺文上納。二録已領，昨伯崇借《遺書》三册寄還，乃不知分付何人，至今根究未得，極以爲撓。蓋此本最精，比老兄本後來又正了數字也。《晦庵文集》續集卷二。

案：書中云"南軒已過上饒"，指乾道五年張栻知嚴州，由長沙赴任途經上饒。據《嚴州圖經》卷一，張栻於乾道五年十二月二十九日涖任。故推知本書約撰於是年冬間。

朱熹《答蔡季通》：

別後兩日，稍得觀書，多所欲論者。幸會期不遠，此只八、九間下寒泉，十一、二間定望臨顧也。《晦庵文集》續集卷二。

案：朱熹《答范伯崇》（熹比攜二子過寒泉）云"熹比攜二子過寒泉，招季通來相聚，更有一二朋友來相聚，初不廢講議"，《晦庵文集》卷三九。其撰於乾道六年春。本書乃云"幸會期不遠，此只八、九間下寒泉，十一、二間定望臨顧也"，而蔡元定等人於四月中來寒泉講論。《年譜長編》卷上。故推知本書約撰於是年(1170)三月上旬。

朱熹《答蔡季通》：

伯諫來此已兩三日，初欲來日歸，因與商量，約左右一來相聚。今專遣此人相挽，渠亦遣人歸戒徒御少緩一兩日來矣。千萬即命駕。其所論極不爭多，孤城悉拔，合軍并力，一鼓可克也。《晦庵文集》卷四四。

案：乾道六年四月中，李宗思（伯諫）來寒泉論辯儒、釋之學。《年譜長編》卷上。此時李伯諫猶未盡釋佛學，故本書有"其所論極不爭多，孤城悉拔，合軍并力，一鼓可克也"云云。

朱熹《答蔡季通》：

伯諫相見，所談何事？其精進固可尚，而賢者之自咎，亦不爲過。前此相聚兩日，固疑近日多事，心志不一，浮躁之習又復發見,此亦不可不速掃除也。《太極說》近看儘有未精密處,已略刊正。其大者如乾男坤女,當爲氣化之人物,<small>不知曾有人如此說否?</small>其下化生萬物,乃爲形化者耳。又主義是指正與義而言,蓋此是不易之定理,《大學》所謂至善是也。《晦庵文集》續集卷二。

案:據本書,知李宗思來寒泉相聚兩日別去,至建陽訪蔡元定,故朱熹致書相詢。又據朱熹《答林擇之》(得欽夫書)云"李伯諫來訪,劇論兩三日,舊疑釋去,遂肯盡棄所學而從事於此。……近何叔京過此,少留未去。伯諫、季通皆來集,講論甚衆",《晦庵文集》別集卷六。知蔡、李二人於何鎬之後又再來會寒泉講論,時亦在四月中。

朱熹《答蔡季通》:

叔京前夕方行,嘗勸渠日用加持敬之功。渠云"能存其心,是之謂敬",而某以爲惟敬所以能存其心。論此兩日,竟未能合。觀其主意,又似老兄所論克己之目一般,以此見議論易差。若不實下日用功夫,動加防檢,殆無以驗其是非也。諸友相聚,作何功夫?一日之間,須着一兩時辰作科舉外功夫爲佳。《晦庵文集》續集卷二。

案:據本書"叔京前夕方行"云云,推知蔡元定先別去,何鎬又留數日方行,故推知其約撰於四、五月之際。

朱熹《答蔡季通》：

伯諫相見，懸知必論此事。但向來攻之未嘗不屈，喻之未嘗不稱善，而終爲陷溺，不能自解免，恐所謂亦甚然之者，亦未可保。近覺與此一等朋友説話殊敗人意思，不如緘口内脩之爲愈也。《晦庵文集》續集卷二。

案：書中云“伯諫相見，懸知必論此事”，推知乃撰於李宗思别去不久，約在五月初。

朱熹《答蔡季通》：

子直欲且留此爲踰月之計，俟某復來，今欲煩藏用月初下來，就此寫却一兩卷《孟子》，更得一朋友同來尤佳。不煩俟某下，只開月便可來。諸事知已子細，此子直薪米之屬，亦已一一措置矣。此兩日亦只因《孟子》理會得一兩條義理頗分明，如《盡心》之説，舊來不曾下語，覺得諸説無綱領。如“知言”所發明，又别是人意思，試檢會一觀即見也。六君子盡心者也，所以求盡其心也。孔子從心所欲，心不盡用。試更求之，便中見喻爲幸。“東山”一章全類《詩》之比興，蓋言聖人之道大而無窮，進之當有漸耳，熟味之可見。可欲之善，誠如所喻，但“行法俟命”一章，前日草草言之，不能無失。更爲參酌見告，幸幸。《文中子》論聖人憂疑處，又作一論題，不知合如何立語？只云聖人憂疑如何，不知可否？若可作，即令諸生試爲之也。伯崇之僕説到官之初儘爲人理會事，至於興作水利，種種躬親，若此不倦，真副朋友之望也。《晦庵文集》續集卷二。

　　案：據《朱子語録・姓氏》，楊方（字子直）從學
在乾道庚寅（乾道六年）。楊方亦四月來寒泉會聚
者。《年譜長編》卷上。本書云及"子直欲且留此爲踰
月之計"，推知其約撰於五月中。

朱熹《答蔡季通》：

《孟子解》看得兩篇，改易數處頗有功。但塗抹難看，
無人寫得一草本，大家商量爲佳。倉司程書已了，有本在
此，俟來日觀之也。濟之同且在天然，果如何耶？《晦庵文
集》續集卷二。

　　案：本書又重載於本卷下文之（前書所喻公濟
論難反復之語）下半篇，然文字稍異，云："《孟子解》
看得兩篇，改易數處頗有功，但塗抹難看，無人寫得
一草本。不知彼有後生醇謹曉文理、快筆札者否。
俟某復來此，倩得一兩人來，草寫出一本，大家商量
爲佳。倉司程書已了，有一本在此，俟來日觀之也。"

　　書中言"倉司程書已了，有本在此"，指朱熹校訂
程氏《遺書》、《文集》、《經説》，由提舉福建常平公事
鄭伯熊刊板於建寧府。鄭伯熊於乾道五年五月至八
年春任職福建倉司。《年譜長編》卷上。吕祖謙《與朱
侍講元晦》（某官下粗遣，學淺力薄）有云："《遺書》建
本未到，已用去冬所寄本刊板，故其間一兩段更易次

序處,姑仍其舊,餘皆以建本爲正,聞旦夕亦畢工矣。《二程先生集》,款曲亦當令婺人刊之。"《東萊集》別集卷七。其書撰於乾道六年八、九月之際,故推知本書約撰於一時稍後。

朱熹《答蔡季通》:

伯諫書所説功夫甚善,但所以見推者過當,使人慚怍,不知所措耳。時學波蕩至此,雖細故,亦可驚歎,奈何奈何!《克己贊》所疑不知云何,因便見示。《晦庵文集》續集卷二。

案:書中云"伯諫書所説功夫甚善",疑與朱熹《答李伯諫》(承喻及從事心性之本)中"承喻及從事心性之本,以求變化氣質之功之説,此意甚善。……若實有爲己之心,但於此顯然處嚴立規程,力加持守,日就月將,不令退轉,則便是孟子所謂深造以道者。蓋其所謂深者,乃功夫積累之深;而所謂道者,則不外乎日用顯然之事也。及其真積力久,内外如一,則心性之妙無不存,而氣質之偏無不化矣"《晦庵文集》卷四三。云云相關。《答李伯諫》撰於乾道七年(1171)中,推知本書約撰於一時先後。

朱熹《答蔡季通》:

《綱目》凡例脩立略定,極有條理意義矣。俟到此,更商榷之。但脩書功緒尚廣,若得數月全似此兩月無事,則可以小成矣。《晦庵文集》續集卷二。

　　案:朱熹下書(《盡心説》錄呈)有云"《通鑑》……條例亦已定矣",本書乃云"《綱目》凡例脩立略定,極有條理意義矣",知其在先。《年譜長編》卷上以爲本書撰於七年八、九月之際。

朱熹《答蔡季通》:

　　前書所喻公濟論難反復之語,不謂其所見乃如此。初欲歸塗過之,今日已迫矣,恐未能。但恐終亦難話也。金聲玉振之説皆未盡。數日客宂,撥忙次得數語如此,今以上呈,可否俟報。某來晚定歸,亦帶過呈伯諫也。《晦庵文集》續集卷二。

　　案:本書又重載於本卷下文之(前書所喻公濟論難反復之語)上半篇,然文字稍異,云:"前書所喻公濟論難反復之語,不謂其所見乃如此。初欲歸塗過之,今日已迫矣,恐未能。但恐終亦難説話也。金聲玉振之説皆未盡。"

　　乾道七年九月朱熹東去政和展墓,歸途經建寧與李宗思(字伯諫)相會。《年譜長編》卷上。書中云"前書所喻公濟論難反復之語,……初欲歸塗過之,今日已迫矣,恐未能。……某來晚定歸,亦帶過呈伯諫也",即指此事。故推知本書當撰於政和、啓程歸家之前夕,約在十月中。

朱熹《答蔡季通》:

後山米事若爲鄉里之計,實爲利便。但爲身謀,則吾
人今日是何等時節運氣,而可爲此耶?若必欲爲之,亦須
先踏逐得能負荷得底人,一以付之而吾無預焉,乃爲庶
幾。不然,則徒使呫呫者得動其喙。區區相愛之深,不敢
以此奉贊也。《晦庵文集》續集卷二。

案:下書(還家半月)有云"錢物已令攜去一千
足,米俟到后山遣致。或彼價廉,即寄錢去,煩爲糴
也",而本書乃云"後山米事若爲鄉里之計,實爲利
便。但爲身謀,則吾人今日是何等時節運氣,而可爲
此耶?若必欲爲之,亦須先踏逐得能負荷得底人,一
以付之而吾無預焉,乃爲庶幾",推知當在其前,約撰
於是年十月末。

朱熹《答蔡季通》:

還家半月,節中哀痛不自勝。兩兒久欲遣去,因循至
今,今熹亦欲過寒泉矣,謹令詣左右。告便令入學,勿令
游嬉廢業爲幸。大兒不免令讀時文,然觀近年一種淺切
文字殊不佳,須尋得數十年前文字寬舒有議論者與看爲
佳。雖不入時,無可奈何。要之,將來若能入場屋,得失
又須有命,決不專在趨時也。向借得子勉舊本《書義》,皆

今人所不讀者，其間儘有佳作。又記向年曾略看《論粹》前後集，其間亦多好論，然當時猶以爲俚俗而不觀，安知今日乃作此曲拍乎？可歎。此兒讀《左傳》向畢，經書要處更令溫繹爲佳。如《禮記》，令揀篇讀。韓、歐、曾、蘇之文滂沛明白者，揀數十篇，令寫出，反復成誦尤善。莊、荀之屬皆未讀，可更與兼善斟酌，度其緩急而授之也。此兒作文更無向背往來之勢，自首至尾，一樣數段，更看不得，可怪，望與鐫之。小者尤難説，然只作小詩無益，更量其材而誘之爲幸。近來覺得稍勝往年，不知竟能少進否？可慮。錢物已令攜去一千足，米俟到后山遣致。或彼價廉，即寄錢去，煩爲糴也。

數日在家，看得《孟子》兩篇。今日讀《滕文公》篇，觀其答景春之問，直是痛快。三復令人胸中浩然，如濯江漢而暴秋陽也。胡文定一書答朱子發舉南泉新貓話者，集中有之否？看此等處，直是好著眼目也。

所論始終條理甚精密矣，引康節志文允當。兒寬未必是引《孟子》，恐是古來樂家自有此語而因用之耳。蓋前漢人多不甚説《孟子》也。此亦無緊要，但前日説中亦不曾如此説，又其文太宂，須更刊定趨約乃佳耳。持養之功，想日有味，要之以久，則克伐怨欲之私自當退聽矣。欽夫、伯恭、晦叔得書，納去一觀，却付此便回。欽夫書，勿以示人也。伯恭竟未脱然，前日答書，不免又極論"持養欽莊"，實有愧於其語，然不敢私其身之意，當有能識之者。所答書，無暇寫去，大槩是此意，可見也。擇之亦得書，中有數條，今再以往。數書之説，得暇試爲一一論之，相見日面講也。伯諫前日過宿其家，來書示之，渠甚歎服精進。但公濟孤立，甚可念，恨無力能挽回耳。

道間思"久假"之説，欲下語云："五伯假之而至於功施當時，名顯後世，則是久假而不歸矣，人亦安能知其本非真有哉？孟子之言，蓋疾矯僞之亂真，傷時人之易惑，而非與五伯之辭也。"煩爲呈似元禮、可大二兄商量看如何？今日因思此義，偶得一法，大抵思索義理到紛亂窒塞處，須是一切掃去，放教胸中空蕩蕩地了却，舉起一看，便自覺得有下落處。此説向見李先生曾説來，今日方真實驗得如此，非虚語也。

《綱目》數日曾看得否？《高紀》中數詔極佳，如立口賦法及求賢詔，皆合入。更煩推此類添入。有看了册，旋付此童來，幸甚。《易學辨惑》及《邵氏辨誣》暫借，皆可付此人便，欲用也。《晦庵文集》卷四四。

案：本書與朱熹下書（別又旬日）原誤合爲一書。考本書首云"還家半月，節中哀痛不自勝"，又云"數日在家，看得《孟子》兩篇"；而（別又旬日）書首乃云"別又旬日，已劇馳情。奉告，承即日秋暑，侍履吉慶，壽堂眷集，一一佳勝爲慰"，又云"其他推説之汎濫、旁證之異同，不盡載也。當俟歸日面呈，決求訂正耳"。可證前後所言顯非一書。

朱熹上書（前書所喻公濟論難反復之語）云七年
九月至政和展墓，欲歸途過建寧與李伯諫相見。而
本書乃云“伯諫前日過宿其家”，又云“還家半月”，故
推知約撰於十一月初。

朱熹《答蔡季通》：

《盡心説》録呈，并呈兼善參詳，有未當處却以見喻，
且勿令齋中諸生傳寫也。前日所寄諸説，有便并望反復。

公濟、伯諫得書否？某歸塗過伯諫，見收公濟書，
大段手忙脚亂也。《大學》“誠意”之説，以再觀之，果如
所論。想它書似此處多，須一一整頓也。

《通鑑》節只名《綱目》，取舉一綱、衆目張之義，條
例亦已定矣。三國竟須以蜀漢爲正統，方得心安耳。
《晦庵文集》續集卷二。

案：“公濟、伯諫得書否”一段又重載於《晦庵文
集》卷四四《答蔡季通》（中間到宅上）末段，惟“須一
一整頓也”下多“明道遺文納去一本”一句。

本書有云“某歸塗過伯諫”，指乾道七年九月去政
和展墓，歸塗訪李宗思事。又《盡心説》亦撰於是年九
月間。《年譜長編》卷上。故推知本書約撰於是年冬中。

朱熹《答蔡季通》：

自覺浸有寬平氣象，甚善甚善。涵養不已，意味當益

深長耳。二友講論不廢，然未値大節目也。《晦庵文集》續集卷二。

案：本書未詳撰時。《書信編年》係於乾道七年。待考。

朱熹《答蔡季通》：

《律説》幸寫寄，但以聲定律及均絃用聲之説，非面莫扣爲可恨，不知幾時可相會？寒泉精舍才到即賀客滿坐，説話不成，不如只來山間，却無此擾。公濟亦每以此爲言也。歷法恐亦只可略説大槩規模，蓋欲其詳，即須仰觀俯察乃可驗。今無其器，殆亦難盡究也。《大學》等已令進之料理矣，或入大源，告爲致問。公濟既平心和氣以觀義理之所在，則不患無鄰矣。草絶交之書，似於禪學亦未得力也。"觀過"之説竟未安，嘗思之矣。《晦庵文集》續集卷二。

案：書中言及"《律説》幸寫寄，但以聲定律及均絃用聲之説"，又末云"'觀過'之説竟未安，嘗思之矣"，而朱熹下書（"觀過"説猶未安）首云"'觀過'説猶未安。前日二生所寫，告爲收毀。仍試別加思索"，其後又詳云"律法"，知上承本書。故推知本書約撰於乾道八年（1172）初。

本書又重載於本卷上文，惟文字稍異，云："《律説》幸早爲寄。但以聲定律及均絃用聲之説，非面莫扣爲可恨，不知幾時可相會？寒泉精舍才到即賓客滿坐，説話不成。不如只來山間，却無此擾。公濟亦每以此爲言也。歷法恐亦只可略論大槩規模，蓋欲其詳，即須仰觀俯察乃可驗。今無其器，殆亦難盡究也。”

朱熹《答蔡季通》：

律管分數甚荷見示，自疑不能皆全分也。前日所看圖子如可傳，煩録一通見寄。雖無心力，亦欲略知大槩也。《祭儀》、《深衣》納去，録畢却示及也。《晦庵文集》續集卷二。

案：朱熹上書（《律説》幸寫寄）云“《律説》幸寫寄，但以聲定律及均絃用聲之説，非面莫扣爲可恨”，而本書乃云“律管分數甚荷見示，自疑不能皆全分也”，知在其後。

朱熹《答蔡季通》：

《律圖》想甚可觀，然其聲須細考之，令有定論乃佳。切在虚心平氣，不可有毫髮偏滯之私也。《晦庵文集》續集卷二。

案：上書（律管分數甚荷見示）有云“律管分數甚荷見示，自疑不能皆全分也。前日所看圖子如可傳，煩録一通見寄”，其“前日所看圖子”疑即本書所云《律圖》，如此則承上書。

朱熹《答蔡季通》：

《禮記》納去，歸來未暇子細再看。恐可抄出，逐段空行剪開，以類相從。蓋所取之類不一故也。四十九篇昨來分成七類，《曲禮》、《冠義》、《王制》、《禮運》、《大學》、《經解》、《喪大記》。試用推排喻及，以參得失如何？《大學》亦脩成一書，適詳略之中。細看舊本，乃大有不滿意處，又當脩改也。《晦庵文集》續集卷二。

　　案：書中有云"《大學》亦脩成一書，適詳略之中。細看舊本，乃大有不滿意處，又當脩改也"，疑指《大學章句》，草成於乾道八年中。《年譜長編》卷上。故推知本書約撰於是年初或稍後。

朱熹《答蔡季通》：

伯諫書中說託料理《孟子集解》，今納去舊本兩冊，更《拾遺》、《外書》、《記善錄》、《龜山》《上蔡錄》、游氏《妙旨》、《庭聞稿錄》、《五臣解》取范、呂二說。各自抄出，每段空一行，未要寫經文，且以細書起止寫之，俟畢集，卻剪下粘聚也。每章只作一段，章內諸說只依次序列之，不必重出經文矣。兩匠在此，略刊得數行矣。字畫頗可觀，未可印，未得寄去也。但此間獨力，深恐校讐不精，爲後日之累耳。向來見它人刊書重於改補，今乃知其非所樂。大

抵非身處之，則利害不及而心乃公耳。《晦庵文集》續集
卷二。

　　案：據朱熹乾道壬辰（八年）正月元日《語孟集
義序》，是時撰成《語孟精義》，《晦庵文集》卷七五。鋟
版建陽。《晦庵文集》卷二《書語孟要義序後》。本書中云
"兩匠在此，略刊得數行矣。字畫頗可觀，未可印，未
得寄去也"，故推知其約撰於是年春。

朱熹《答蔡季通》：

　　適已奉狀，尋《大學章句》詳本不見，不知在書府否？
如在告帶來，《參同契》并攜來看也。

　　猶有《歸藏》否？有即借來校。此間所藏者，似恐
只是僞書也。《晦庵文集》續集卷二。

　　案：書中云"猶有《歸藏》否？有即借來校"，而
朱熹下書（"觀過"説猶未安）有云"向所托校《歸藏》，
告示及"，知承本書。

朱熹《答蔡季通》：

　　養正來辱書，乃聞閣中之疾未已，未能此來，殊以悵
惘。某此無它，但爲《通鑑》課程所迫，無復優游潛玩之
功，甚思講論耳。已看到後漢章帝處，只三、四日當畢，向
後功夫却不多矣。不免且那功夫了却《易》説，未能審思，
不知能中理否？《晦庵文集》續集卷二。

案：書中云"已看到後漢章帝處，只三、四日當畢"，而朱熹下書（"觀過"説猶未安）有"《通鑑》東漢已後却未用得，然昨日略看，更有一例"，知本書在前。

朱熹《答蔡季通》：

"觀過"説猶未安。前日二生所寫，告爲收毁。仍試別加思索，只於欽夫舊説中去得昨來所攻之病，便自妥帖簡當也。國寳程書告早爲校正示及。書堂誠欲速就，然當使伯夷築之乃佳耳。

小兒輩又煩收教，尤劇愧荷，但放逸之久，告痛加繩約爲幸。所示《孟子》數説，未及細觀，略看大意，皆好，但恐微細有所未盡耳。所與子直書，論大本處甚佳，雖云凡聖本同，亦有明與不明之異。昨見子直説及，正疑其太儱侗，今得此書，乃釋然耳。

《通鑑》東漢已後却未用得，然昨日略看，更有一例，如人主稱"上"，稱"車駕行幸"，皆臣子之詞；"我師"、"我行人"之屬，皆内詞，皆非所宜施於異代。此類更須別考也。但無道之君，無故而入諸臣之家，無詞以書，只當書"幸"，以見其出於私恩耳。餘卷想看了，若行李暫出，告并所編例示及。所欲改處，望子細開諭也。

《環中圖》已見之，初意書中別有密傳耳。《樂圖》曾理會否？此便是七均八十四調之法，變當是變徵，閏當是變宮耳。疑大樂亦只是如此推校,但律之高下未有準則。王朴之樂,想亦只是得此法,而不得律之高下。所云黃鍾之管,與今黃鍾之聲相因,因而推之,得十二律,乃是只以當時見存之律爲準,如此安能得其真耶?故歐公云:"凡其所爲,當時莫敢難者,然亦莫能加也。"似亦以此等爲疑耳。向所托校《歸藏》,告示及,晁以道《易説》亦望借及。此書近細讀之,恐程《傳》得之已多,但不合全説作義理,不就卜筮上看,故其説有無頓著處耳。今但作卜筮看,而以其説推之,道理自不可易。但其間有不須得如此説處,剩著道理耳,正如《詩》之興者,舊説常剩却一半道理也。《晦庵文集》卷四四。

　　案:朱熹上書(還家半月)有云"兩兒久欲遣去,因循至今,今熹亦欲過寒泉矣,謹令詣左右。告便令入學,勿令游嬉廢業爲幸",而本書乃云"小兒輩又煩收教,尤劇愧荷,但放逸之久,告痛加繩約爲幸",推知本書約撰於乾道八年春。

朱熹《答蔡季通》:

　　廣之到彼,有何議論?叔京文字曾論著其得失否?此人回,可示及也。"觀過"説依舊未安。蓋此二字與《中庸》"致曲"文一同。致曲者,非致夫曲,乃因曲而加功。觀過者,非觀夫過,乃因過而觀理耳。前日之説,尋當改定,却得寄去。《晦庵文集》續集卷二。

案：上書（"觀過"説猶未安）言及"'觀過'説猶
未安"，而本書乃云"'觀過'説依舊未安"，當承上書。

朱熹《答蔡季通》：

"觀過"終無定論，如所喻亦未安。愚意却欲只用古
説。和靖推説伊川之意甚分明，蓋諸説皆有病，惟是此説
獨不費力，但義差緩耳。聖人之言自有如此處，更以上文
"苟至於仁矣，無惡也"及《表記》"仁者之過易辭也"者反
復證之，則其理亦甚精。晦叔所説比欽夫差直截，但終是
迫切，不類聖人語意耳。《晦庵文集》續集卷二。

案：上書（"觀過"説猶未安）言及"'觀過'説猶未
安"，而本書乃云"'觀過'終無定論，如所喻亦未
安"，知承上書。又，本書中言"晦叔所説比欽夫差直
截，但終是迫切"，與朱熹《答吳晦叔》（"觀過"一義，
思之甚審）《晦庵文集》卷四二。所云相合。《答吳晦
叔》撰於乾道八年四、五月間，推知本書亦撰於此時。

朱熹《答蔡季通》：

答擇之書并"觀過"説納去，幸爲訂之。始終條理居
敬行簡之説則得之矣。昨答書中亦有始終一段，今不復
録去也。但所論小人共事之説，則鄙意未能無疑。蓋君
子隨時捄世，無必待學至聖人然後有爲之理。又不可强
其力之所不足，挾私任智而僥倖於有成。竊意惟循常守

正爲可以無悔，顧其間屈伸變化，則自有斟酌，不可至於已甚耳。《易》中論此等處，當無所不盡，更煩考之經傳，令兒輩抄出，它日共詳之爲佳。得叔京書，所論如此。内去一觀，或能爲反復之尤幸。《晦庵文集》續集卷二。

案：書中所云"答擇之書"，指朱熹《答林擇之》（誠之在物謂之天），其"觀過知仁"云云，《晦庵文集》卷四三。與朱熹上書（"觀過"終無定論）所云相同，故推知本書撰於其後。

朱熹《答蔡季通》：

前日匆匆，忘記面扣。《大予樂》是後漢樂名，本史《志》必有之。王朴之云，亦是以一爲正，以一爲變。但當時未知變律之説，故以其半爲清耳。要之終不是也。來書且留篋中，以俟面質。《晦庵文集》續集卷二。

案：朱熹上書（"觀過"説猶未安）云及後周王朴製樂之事，本書亦論及"王朴之云"，故推知其約撰於其後。

朱熹《答蔡季通》：

王朴不知變律之法，而自中吕再生黄鍾，則固不得不爲黄鍾之半以爲清聲矣。但今變半等律亦生於極，其本則十三弦者皆黄鍾耳。薛宣等事，取其一切果斷爲賢於今之謬政耳，豈以其爲可法哉？

案：上書言及王樸“未知變律之説”，本書再申
論之，知撰於其後。

朱熹《答蔡季通》：

《史記》、《武夷集》内上。但《史記》舊點多誤，不可憑
耳。《大學》想不輟看，“誠意”兩段，竟尋舊藁不見，別補
去如此。可令兒輩剪去舊字，別寫此入其間。明道説“人
須自知，知自慊之道”止“有外之心不足以合天地之心”，
恐或舊本不載，今可檢寫入。因補此兩段，覺得舊説儘有
合整頓處，又是一番功夫耳。《孟》説更煩爲契勘，辭意或
小未安，一字不遺，乃所幸願。自覺語意蹇拙，終不快利
也。《晦庵文集》續集卷二。

案：上書（答擇之書并“觀過”説納去）有云
“《易》中論此等處，當無所不盡，更煩考之經傳，令兒
輩抄出，它日共詳之爲佳”，本書亦云“可令兒輩剪去
舊字，別寫此入其間”，此乃因朱熹二兒從學於蔡元
定處，故朱熹如此云云。推知本書亦撰於乾道八
年中。

朱熹《答蔡季通》：

《綱目》有疑，無問大小，告便筆之。但未知何日可會
議耳。《晦庵文集》續集卷二。

案：本書與下書（昨日已到芹溪）先後相及，相

約修纂《資治通鑑綱目》。推知其約撰於乾道八年夏、秋之際。參見下書。

朱熹《答蔡季通》：

昨日已到芹溪，今日略走寒泉，晚即還此，治《淵源》、《言行録》等書。意欲老兄一來，相聚旬日，伯諫之意亦然。《綱目》草冊併告帶來，有餘力便欲下手刊修也。《晦庵文集》續集卷二。

案：據朱熹《蘄州教授廳記》，李宗思於乾道八年秋赴蘄州教授任。《晦庵文集》卷七七。故知本書與上書皆撰於此前。

朱熹《答蔡季通》：

初欲專人，今但付三八。節中多事，更不別奉問也。來歲之計如何？若作書社，亦宜早有定論。小僧素蒙印可，當遣前受業耳。《淵源録》未成文字，劉子澄又録得數事來，云汪書處似此文字甚多，俟寄去足成乃可傳，毋枉費筆札也。《大學》本敬付來人，看畢早寄及。《論語》方有六篇，亦未成次第，未可寄也。《晦庵文集》續集卷二。

案：朱熹上書（昨日已到芹溪）云“今日略走寒泉，晚即還此，治《淵源》、《言行録》等書”，而本書乃有“《淵源録》未成文字，劉子澄又録得數事來”云云，知在其後。又本書有云“節中多事，更不別奉問也。

來歲之計如何",推知其約撰於乾道八年末。

朱熹《答蔡季通_{元定}》:

昨日上狀必已達,此人至,又辱書,三復感歎,不能自
已。所謂一劍兩段者,改過之勇固當如此。改過貴勇,而
防患貴怯,二者相須,然後真可以脩慝辨惑而成徙義崇德
之功。不然,則向來竊聆悔過之言非不切至,而前日之書
頓至於此,亦可驗矣。自今以往,設使真能一劍兩段,亦
不可以此自恃,而平居無事常存祗畏警懼之心以防其源,
則庶乎其可耳。

《易說》三條,昨亦思之,此上下文本自通貫,前此求
其說而不得,故各自爲說而不能相通耳。洗心齋戒,特觀
象玩辭、觀變玩占之大者,但方其退藏,而與民同患之用
已具。及其應變,則又所以齋戒而神明其德,此則非聖人
不能,與精義致用、利用崇德亦頗相類。此下所言闔闢往
來,乃易之道。"易有太極",則承上文而言,所以往來闔
闢而無窮者,以其有是理耳。有是理則天地設位,而易行
乎其中矣。兩而生四,四而生八,至於八則三變相因而三
才可見。故聖人因之畫爲八卦,以形變易之妙而定吉凶,
至此然後可以言書耳。前所謂"易有太極"者,恐未可以
書言也。愚意如此,不審如何?《晦庵文集》卷四四。

案:本書撰時未詳。《書信編年》係於乾道八
年。待考。

又，自"所謂一劍兩段者，改過之勇固當如此"至"所謂'易有太極'者，恐未可以書言也"，又重載於《晦庵文集》續集卷二。

朱熹《答蔡季通》：

印書之舉，不謂末流之弊一至於此。但當速去，無可疑者。必不可轉，則直捐之耳。平生無所不捨，而眷眷於此耶？要之，范六丈真聖人也。《晦庵文集》續集卷二。

案：張栻《答朱元晦秘書》（比聞刊小書版以自助）有"比聞刊小書版以自助，得來諭乃敢信。想是用度大段逼迫"云云，《南軒集》卷二一。撰於乾道八年秋稍前。即當時朱熹嘗與蔡元定運作刊印書籍事，本書中言及"印書之舉，不謂末流之弊一至於此。但當速去，無可疑者。必不可轉，則直捐之耳"，當指運作生弊，朱熹至此遂云云。故推知本書約撰於乾道九年（1173）前後。

朱熹《答蔡季通》：

一出又半月，臨出城，值石宰與順之、擇之更一二朋友來，遂留北巖兩日，同途至建陽而別。匆匆急欲歸奉祀事，故不及遣人相報。然數日相聚，亦苦人多，不得子細講論，未覺有深益也。寒泉拜掃，須在後月五、六後，事畢即上廬山，遣人相報，幸爲一來。前嘗有書與小僧説令奉白，及此春雨，種植少竹木，亦道欲游之意，胡爲乃不達此意耶？更有一小詩謾録呈。山頭如有功役，可及吾人在彼，指撥了之爲佳。小僧稍知向前否？更望提耳痛教告之也。作文之病，時偶論及此耳。欲稍加潤縟亦不難，但亦使急性不得，恐愈草率耳。

《横渠集》告付下婺州，用川本刊成，欲寄此，令補所無也。僧兒云，伯恭説所選之文取其備衆體，或疏通，或典重，或寬，或緊，或反復曲折耳。《晦庵文集》續集卷二。

案：朱熹《答吕伯恭》（人還，承答字）云"《横渠集》刊行甚善，但不知用何處本？若蜀中本，即所少文字尚多。俟寄來看，或當補，即作別集也"，《晦庵文集》卷三三。撰於乾道九年八月間。又《答吕伯恭》（便還奉教）云"寄及《横渠文集》，此有一寫本，比此增多數篇，偶爲朋友借去，俟取得寄呈，可作別集，以補此書之闕也"，《晦庵文集》卷三三。撰於淳熙元年二月末。此即本書所云"《横渠集》告付下婺州，用川本刊成，欲寄此，令補所無也"，推知本書撰於上述朱熹《答吕伯恭》二書之間。又淳熙元年正月，朱熹至建寧弔梁克家憂，適石子重知尤溪任滿，許升（順之）、林用中（擇之）等來送至建陽。《年譜長編》卷上。故推知本書約撰於元年（1174）二月初。

朱熹《答蔡季通》：

公濟山頭日用功夫之問，見季通未有端的應答。彼
說雖偏，然吾輩之所以自治者如此之鹵莽，幾何其不爲不
如稊稗之五穀耶？ 兩日欲奉扣，因循不暇，亦苦疲憊，無
好意思，遂不能及。今請試加省察，果以何地爲進德之基
也。歸來又得伯恭書，云"學者須是專心致志，絕利一源，
凝聚停蓄，方始收拾得上"。此言甚當，不敢不以告也。
《晦庵文集》續集卷二。

> 案：書中言"歸來又得伯恭書，云'學者須是專
> 心致志，絕利一源，凝聚停蓄，方始收拾得上'"，乃呂
> 祖謙《與朱侍講元晦》(某罪逆不死)中語，《東萊集》別
> 集卷八。撰於淳熙元年正月間，故推知本書約撰於二
> 月間。又本書言及"兩日欲奉扣，因循不暇，亦苦疲
> 憊，無好意思，遂不能及"，知在下書（西山之約）
> 稍前。

朱熹《答蔡季通》：

西山之約，一何拒客之深耶？ 俟武夷歸，別當奉扣。
然臨風引領，似已聞《采薇》之歌矣。歸來又得伯恭書，
云："學者須是專心致志，絕利一源，凝聚渟滀，方始收拾
得上。"此論甚當，不敢不以告也。吳曾文字已領，亦甚不
易。但《無斁》三篇，似不甚條暢耳。數日臨睡讀《史記》
一兩卷，沈着痛快，真不可及。不知永嘉諸人尊信此書，

而道得言語却不相似,是何故也?豈善學柳下惠者固如是耶?元吉尚未行,何耶?渠來此未嘗不忠告之,但渠自不耐煩而憤然訣去,豈長者之絕子乎?季通似亦不須枉費心力。宋元憲公牢籠之事,吾所不能,而聖人亦已固有顯比之訓矣。若必人人贈言以悦之,豈不勞哉?《晦庵文集》卷四四。

　　案:書中所言"歸來又得伯恭書,云:'學者須是專心致志,絕利一源,凝聚淳澍,方始收拾得上。'此論甚當,不敢不以告也",即吕祖謙《與朱侍講元晦》(某罪逆不死),《東萊集》别集卷八。朱熹上書(公濟山頭日用功夫之問)所云同,疑朱熹忘前書已言及之,而本書復言之,故推知本書亦撰於是年二月間。

朱熹《答蔡季通》:

　　章丈敦勸之意甚厚,得伯恭書亦云爾。但冒恩重疊,前後相妨,如擔子輕重,他人不覺,惟擔不起者自知之耳。若辭不得,勢須别作出場,不可又似前年暗默而冒受也。《晦庵文集》續集卷二。

　　案:淳熙三年(1176)六月二十一日,朱熹被授秘書省秘書郎,七月八日辭,不允;八月再辭,並請祠;《晦庵文集》卷二二《辭免秘書郎狀一》、《辭免秘書郎狀二》。遂差管武夷山沖佑觀。而本書中言"若辭不得,勢須别作出場,不可又似前年暗默而冒受也",其

前年事指乾道九年朱熹改秩左宣教郎、主管崇道觀，
屢辭不遂，於淳熙元年六月始拜命；《年譜長編》卷上。
又由"若辭不得，勢須別作出場"，推知本書約撰於上
《辭免秘書郎狀一》、《辭免秘書郎狀二》間，即七、八
月之際。

朱熹《答蔡季通》：

某數日整頓得四書頗就緒，皆爲《集註》，其餘議論別
爲《或問》一篇，諸家説已見《精義》者皆删去。但《中庸》
更作《集略》一篇，以其《集解》太繁故耳。《晦庵文集》續集
卷二。

案：李方子《紫陽年譜》云淳熙"四年，《論語孟
子集註》《或問》成。初，先生既編次《語孟集義》，又
約其精粹妙得本旨者爲《集註》，又疏其所以去取之
意爲《或問》。然恐學者轉而趨薄，故《或問》之書未
嘗出以示人，然辨析毫釐，無微不顯，真讀書之龜鑑
也"。《西山讀書記》卷三一。朱熹於四年（1177）六月
二十四日序定《論孟集注》《或問》、《大學中庸章句》
《或問》、《中庸輯略》。《年譜長編》卷上。故推知本書
即撰於二十四日稍後。

朱熹《答蔡季通》：

精舍數日紛紛，無意思，只得應接酒食，説閑話而已。

亦緣屋舍未就，不成規矩，它時須共議條約，乃可久遠往來耳。律書緩寫不妨，歷法莫亦可草定一梗槩否？若用先天分數，不知日月五星之屬遲速進退，皆可於此取齊否？若得此二書成，亦不爲無補於世也。某今歸山間，懶未欲出，意欲後月末間一到雲谷度暑，未知果能動否？恐不能動，即奉約一來家中，相聚數日，殊勝它處惹客生事也。《晦庵文集》續集卷二。

　　案：淳熙五年（1178）夏，朱熹往清湍度暑著述，士友蔡元定諸人來會吟唱。《年譜長編》卷上。本書云"意欲後月末間一到雲谷度暑"，并邀蔡元定來"相聚數日"，當即指此時事，故推知本書約撰於春末。

朱熹《答蔡季通》：

　　建陽事竟如何？緩急之間，切宜善處爲佳耳。某前月晦日已交郡事，以常情論之，亦不至甚費料理。但衰晚自不當出，又閑散之久，不能堪此煩碎。又不能似衆人澾漫不省事，初到甚覺勞弊。此兩日方少紓，更看旬日又如何也。大抵是不可久住，夏末須力請而歸耳。昨日至學中，爲諸生説《大學》，自此二七日即一到。見謀作濂溪祠堂，廬山有陶淵明、劉凝之遺迹，亦漸次表章之。比罷歸日，須皆可畢事也。但恐迂繆伉拙，時論不見容，即又未知如何耳。山水之勝，目所未覩，垡歸必能略言之。意欲老兄一來，又不能辦人去取，已屬平父，恐可借僕馬一來，甚簡便也。《晦庵文集》續集卷二。

案：據朱熹《南康軍到任謝表》，朱熹於淳熙六年(1179)三月三十日到任，"交割職事"。《晦庵文集》卷八五。本書云"某前月晦日已交郡事"，則推知其撰於四月中。

朱熹《答蔡季通》：

所喻自省之意甚善，然恐病不在此，只合且於存心處事上痛自省察矯革也。某求去未獲，然賤迹終不能安，度更不報，即以罪譴逐矣。此間詞訴近日却絕少，漸可讀書。但直卿既歸，復之又病，數日羸甚，無人商量，文字都不得下筆。此事未知終竟如何，萬一不就，恐爲千載之恨也。《晦庵文集》續集卷二。

案：朱熹六年六月七日《答呂伯恭》(近得子約書)有云黃榦(直卿)"渠昨日又聞兄喪歸去"。《晦庵文集》卷三四。又本書云"但直卿既歸"，故推知其撰於六月間。

朱熹《答蔡季通》：

祠堂記及韜仲書付去人，更一書與劉公度，託渠寫，彼中相去不遠也。克己課程，只是《語錄》中説常有簿子記言動之得失者是也。惺惺語亦是其持敬法耳。《晦庵文集》續集卷二。

案："祠堂記"似指朱熹《隆興府學濂溪先生祠記》,撰於淳熙六年十月辛亥。《晦庵文集》卷七八。故推知本書約撰於是年冬中。

朱熹《答蔡季通》：

季通可早來,或未歸,得共究此業。或已束裝,亦得道間相伴,遊山玩水也。希聖要來,甚善。有朋友性静向學、能思索檢討者攜一二人來,尤佳。其不能此者無益,徒累人也。《晦庵文集》續集卷二。

案：朱熹《與曹晉叔書》(熹求去久不獲)有云"季通、子直到此,相攻亦甚力",又言及張栻病危,《晦庵文集》卷二六。時在淳熙七年正、二月之際。本書有云"季通可早來",當在其前,故推知其約六年季冬。

朱熹《答蔡季通》：

《大學》改處,他日面呈。權量所未學,豈敢輕議?但以羃寸計之,范説恐非是耳。更告熟考之也。《晦庵文集》續集卷二。

案：朱熹下書(律尺之喻)有云"律尺之喻,不謂蜀公差誤乃爾",蜀公即范鎮,與本書所云"范説恐非是耳",當指一事,故推知本書當在其前,約在淳熙七年(1180)春。

朱熹《答蔡季通》：

律尺之喻，不謂蜀公差誤乃爾，成書幸早見示。程丈《三器圖》中引宋景文説，不知見於何書？説李照黄鍾乃南吕倍聲，即是倍平之法，前輩已用之，不知與今所論者有相犯處否也。《五代會要》納去，看畢并前所攜去文字示及爲幸。《晦庵文集》續集卷二。

> 案：朱熹《答程可久迴》（熹昨者拜書草率）有云“近看《范蜀公集》引房庶《漢志》別本比今增多數字，又論員分、方分之差，亦甚詳悉，竊意其所以與司馬公、胡先生不同之端正在於此，所當明辨。今《圖義》中似已不取其説，然未嘗質其所以不然之意。……劉掾又云蒙許并寄古權，亦願早得之也。温公周尺刻本，舊亦嘗依放制得一枚，乃短於今鐵尺寸許，不知何故如此差誤”。《晦庵文集》卷三七。又朱熹《答曹立之》（所録示二書）云其“近得程丈文字，論及黍尺制度”。《晦庵文集》卷五一。而本書有“律尺之喻，不謂蜀公差誤乃爾。……程丈《三器圖》中引宋景文説”云云，推知其約撰於一時先後。《答程可久迴》撰於淳熙七年夏間，《答曹立之》撰於是年秋中，則本書約撰於是年夏間。

朱熹《答蔡季通》：

某病軀粗健，但自春夏來一向闕雨，五月以前祈禱猶有應，農功已粗可觀。而六月半後，遂不復雨。聞得數里間一兩刻沾洒,殊不周足。今早禾損及八九,晚田亦未可知。初欲此月丐祠,而事勢如此,如何敢求去? 只得盡力捄荒耳。楊簽又以憂去,新官未到,今只有星子老令相與同憂,更無分毫好況也。然諸司已有不相容者,旦夕或以劾去不可知,但自不敢求耳。《晦庵文集》續集卷二。

　　案:書中所云"捄荒",指淳熙七年七月南康軍大旱,朱熹大修荒政事。故推知本書約撰於七月末。

朱熹《答蔡季通》:

登山失事,久知如此,雖遂事不諫,亦可斟酌,簡其功程也。二譜已領,昨日過元善,聽其弦歌《二南》、《七月》,頗可聽,但恐嚇走孔夫子耳。磬制乃賢者立論之失,豈可推范蜀公? 蜀公若道"季通許多說著處都不推我,只這一事錯了,便相執殺",則將何詞以對耶? 如此護前,恐爲心術之害,不但一事之失也。《晦庵文集》卷四四。

　　案:上書(律尺之喻)有云"律尺之喻,不謂蜀公差誤乃爾",而本書又云"磬制乃賢者立論之失,豈可推范蜀公? 蜀公若道'季通許多說著處都不推我,只這一事錯了,便相執殺',則將何詞以對耶?"知承上書,故推知其約撰於七年秋中或稍後。

朱熹《答蔡季通》:

季通無事更能一來否? 游誠之得書,方自武昌趨長沙矣。分韻詩當時做不成，今已忘記。若能再來，當爲補亡也。

法器都未見，都昌一二士人好資質，然亦無意於此。蓋是蕭果卿親戚念得蘇文熟了，壞了見識也。可惜，可惜。都昌黄氏向來見喻減價糶米，人甚賴之。今出穀萬斛賑糶，已牒請與縣官同措置救卹矣。《晦庵文集》續集卷二。

案：朱熹《繳納南康任滿合奏稟事件狀二》有"據都昌、建昌縣申數內勸諭到元認糶米税户張世亨、劉師興、進士張邦獻、黄澄四名各情願承認米依格法賑濟，内……都昌縣待補太學生黄澄五千石，乞補迪功郎，各乞依今降指揮保奏施行。本軍遂行下告示張世亨等依數椿米伺候給曆付飢民，差官監轄賑濟，已於去年十二月二十八日先具奏聞，及申本路諸監司照會去訖。……自淳熙八年正月初一日爲始，令抄劄到闕食人户赴場賑糶，其鰥寡孤獨之人，即以常平米斛依法賑濟。至正月内，又緣雪寒，行下屬縣，將元係賑糶飢民用上件張世亨、黄澄等米及常平義倉米一例賑濟兩日。至三月内，又慮飢民艱得錢收糶米斛，再自十一日爲頭，行下諸縣，將已給曆賑糶飢民一例普行賑濟。……及照得都昌縣止有黄澄一名承認賑濟米五千石，湊所管義倉米會計賑濟不周，本軍遂於建昌縣張世亨等賑濟米内撥米四千石，本軍措置官錢和雇脚夫舟船裝載發送都昌縣交

管,分於置場去處,責令監轄賑濟至閏三月十五日
終"。《晦庵文集》卷一六。書中所云"都昌黄氏"即此
黄澄,故推知本書約撰於淳熙八年(1181)三月間。

朱熹《答蔡季通》:

二書并碑却告因便示及。索詩當時做得數語,後來
多事,今已忘之矣。白鹿春卿必能言曲折,田已撥得些
小,然亦非久計。要之此等興廢有時,若無人主張讀書,
即有田亦無益耳。諸刻今附去一角。雲谷、大隱兩處如
何? 得馬道士書,云已開堂基,招得一道人在彼。計須量
與口食,告就雲谷支也。《晦庵文集》續集卷二。

案:書中言"白鹿春卿必能言曲折",朱熹《山北
紀行十二章章八句》注云:"予以閏月二十七日罷郡,
是夕出城,宿羅漢。二十八日宿白鹿。二十九日登
黄雲觀,度三峽,窺玉淵,憩西澗,飲西原,宿卧龍。
四月一日過開先,宿歸宗。二日浴湯泉,入康王谷,
觀水簾,宿景德觀。三日與……建安王朝春卿……
俱行。"《晦庵文集》卷七。四月十九日至家。《年譜長
編》卷上。故推知本書撰於朱熹歸家後,約在淳熙八
年四、五月之際。

朱熹《答蔡季通》:

所議可善處之,毋至過甚爲佳。遽忘其怒而觀理之

是非，此前賢大公順應之要法也。

　　數日相聚，頗覺兼善有怠緩駁雜之病，而季通責善傷於急迫，又雜以嘲玩，似非以文會友之道。臨行匆匆忘説，願各矯所偏，以副所望，幸甚幸甚。《晦庵文集》續集卷二。

　　　案：下書（別又旬日）有云“兼善遠訪，無以堪其意，愧惕不自勝。然捐其舊學之非，非季通深排痛抵之力，亦不能辦”，正與本書“數日相聚，頗覺兼善有怠緩駁雜之病，而季通責善傷於急迫，又雜以嘲玩，似非以文會友之道”相合，當承本書。故推知本書約撰於淳熙十年（1183）夏末。

朱熹《答蔡季通》：

　　別又旬日，已劇馳情。奉告，承即日秋暑，侍履吉慶，壽堂眷集，一一佳勝爲慰。前日之歎，蓋見近日朋友談説紛然而躬行不力，以至言談舉止之間，猶未有以異於衆人，是以憂之。承問之及，豈亦致疑於此耶？《古易》納上，坊中更有王日休所刊，求之未獲，可訪問考訂，孰爲得失也。鄙意與伯諫深欲季通一來，稍霽，便望命駕，有合商量事甚多，非書札所能辦也。《通鑑》簽貼甚精密，乍到此，未暇子細，并俟相見面論。撥冗作書，遣此人歸，不及詳悉，千萬早來爲佳。

　　兼善遠訪，無以堪其意，愧惕不自勝。然捐其舊學之非，非季通深排痛抵之力，亦不能辦，朋友正當如此。衰懶不振，負愧多矣。渠不肯少留，未及子細，亦恨賢者不在此共評訂耳。熹向所論"中和"等説，近細思之，病敗不少。理固未易窮，然昏憒如此，殊可懼，安得即面言之？佇俟來音，旦夕別遣人奉候。《晦庵文集》卷四四。

　　案：本書與朱熹上書（還家半月）、下書（《啓蒙》近又推得初撰之餘不五則九）原合爲一書。參見上書（還家半月）。

　　書中所云"《古易》納上"，乃指朱熹刊印吕祖謙所定《古周易》於婺州，時淳熙九年六月。十年四月，武夷精舍成，四方士友來會，蔡元定亦至。《年譜長編》卷上。本書首云"別又旬日，已劇馳情。奉告，承即日秋暑"云云，正相合。故知本書撰於十年初秋。

朱熹《答蔡季通》：

　　莆田徐君來，説曆如此。理會不得，今以納呈。渠旦夕須自去求見。但某自曉不得，却爲老兄所累，被人上門，反倒旦夕不免逐旋請教，要略理會得一大槩規模，免被人如此熱謾也。《晦庵文集》續集卷二。

　　案：本書撰時未詳。疑在淳熙間，姑係於淳熙十年。待考。

朱熹《答蔡季通》：

　　人還，承書爲慰，又承示及行日卦爻之説，尤荷留念。

即此春暖，其惟尊履萬福。所苦比復如何？須鹿茸納去，視至。《通鑑本末》并注、《綱目提要》第九、第十册以是未定，不曾寫。此物甚難作，書法固不可不本《春秋》，然又全用《春秋》不得。舊有例一册，不知曾并送去了？《洪範》新說，恨未得聞，俟面見以請。算工俟爲尋訪，然亦須立一格目，要得甚樣人始得？如州縣攢司儘有能算者，但恐不能算曆耳。《晦庵文集》卷四四。

　　案：本書原與以下（人還，承書）諸書合爲一書。

　　據朱熹《跋通鑑紀事本末》云“今建安袁君機仲乃以暇日作爲此書，以便學者。……機仲以摹本見寄，熹始得而讀之，爲之撫卷太息，因記其後如此，以曉觀者。淳熙二年秋七月甲寅”。《晦庵文集》卷八一。本書言及“《通鑑本末》并注”云云，推知其約作於淳熙三年以後。又上書（別又旬日）言及“《通鑑》簽貼甚精密”，而本書有“《綱目提要》第九、第十册以是未定，不曾寫”云云，疑在其後。再本書又云“即此春暖”，故推知其約撰於淳熙十一年（1184）春間。

朱熹《答蔡季通》：

　　某見治再祠之疏，未能得了，更三五日方得遣人。此請度必可遂，憂世之心、報主之願雖不敢忘，然綿力薄材，了得甚事？不如且跧伏過此殘生也。《晦庵文集》續集卷二。

案：淳熙十二年二月，朱熹因祠禄滿，復請祠，四月差主管華州雲臺觀。《年譜長編》卷上。本書"某見治再祠之疏，未能得了，更三五日方得遣人"云云，當即指此。故推知本書約撰於是年(1185)二月中。

朱熹《答蔡季通》：

《樂説》已領，尚未有深解處，須面扣乃悉耳。雅樂説後便幸示及。聞有安定《鹿鳴譜》，亦望録寄。偶得新都八陳石刻本納呈，看畢却告附還。其説與薛士龍者同異如何？并告喻及。需《通鑑》，方此修改未定，舊本太略，不成文字也。近覺讀書損耗心目，不如静坐省察自己爲有功。幸試爲之，當覺其效也。《晦庵文集》續集卷二。

案：書中言"《樂説》已領，尚未有深解處，須面扣乃悉耳"，又云"偶得新都八陳石刻本納呈"，朱熹下書(所喻已悉)云及"《樂説》甚分明"，並云"陳圖亦未曉，來喻須面論乃究耳"，知本書當在其前，或在淳熙十二年中。

朱熹《答蔡季通》：

《通典》中説十二律子聲，莫便是清聲否？若如所言，即是廿四律，不用六十律矣。《晦庵文集》續集卷二。

案：朱熹下書(所喻已悉)有云"前日因希聖書嘗附幅紙奉扣《通典》子聲之説，不知如何"，當即本書所問，知其上承本書。

朱熹《答蔡季通》：

所喻已悉。但區區方持此戒，不欲輕破之，故不敢承命。亦爲賢者慮之，恐只中甚自愧，便是病根。不若從此痛自斬絶，毋以此等爲愧而深求可愧之實，不必更爲月攘之計，以俟來年，庶乎於遷善改過有日新之功，而胸中之浩然者無所不慊而日充矣。如其不然，則平日講論徒爲虛語，臨事之際，依舊只是平日氣習、世俗常情，某實懼焉。三復來書，竊意方當落筆之時，天下之義理皆小，而此事獨大也。不然，何其與平日講論之言殊不相似也？以左右之高明，區區常竊愛慕，深不欲其如此，故竭底藴。幸熟察而深思之，則不惟某之幸，實朋友之幸，吾道之幸也。

昨日讀《通鑑》，至班固論郭解有温良泛愛絶異之資而不入於道德，以至於殺身亡宗處，方爲之掩卷太息，以爲天理人欲之間毫釐一差，其爲禍福之不同乃至於此。今日晨卧未起，得昨日戌刻所貽書，於此心復有戚戚焉。姑遣來人草草奉報。蓋所欲言猶有未及究者，千萬察之。公濟所舉似皆古人語，蓋是其入處耳。《王通贊》必是康節所爲，向以爲明道之文，誤矣。若明道，須别有判斷，不止如此也。林氏見思之説，昔所未見。它日攜來，恐更有合入别録者耳。《師説》"才"字似作"方"字爲是，此類尚

多，今亦未暇細考耳。《樂說》甚分明。前日因希聖書嘗
附幅紙奉扣《通典》子聲之說，不知如何？不能布筭，無以
見五聲損益與此廿四律同異如何也。陳圖亦未曉，來喻
須面論乃究耳。薛說固未知其如何，然觀古人布陳，箕張
翼舒等說不一，似亦與今人不相遠。但其分合出入、奇正
相生之變，自在主將一時心術之妙，計亦非圖書所能傳
耳。《綱目》竟無心力整頓得，恐爲棄井矣。韜仲相聚，
想互有滋益。近日《章句》、《集註》四書却看得一過，其
間多所是正，深懼向來日用之疏略也。《晦庵文集》續集
卷二。

　　案：朱熹《四書章句》《集注》序定於淳熙四年六
月，故《書信編年》係本書於四年以後。然本書有云
"近日《章句》、《集註》四書却看得一過，其間多所是
正，深懼向來日用之疏略也"，當非初序定時語氣。
據考朱熹於淳熙十三年五月修訂《四書集注》《章
句》，刊於桂林、成都。《年譜長編》卷下。故本書撰於
是年五月以前，或在淳熙十二年末或稍後。

朱熹《答蔡季通》：

　　人還，承書，知已還舍爲慰。《易》圖甚精，但發例中
不能盡述，當略提破而籍圖以傳耳。陳法大略亦可見，當
如近日所說，但未能洞曉其曲折耳。《樂圖》煩更問子本，
此只有十二樣，而調見之多，何耶？《琴說》亦告尋便示

及，千萬。《晦庵文集》卷四四。

案：本書"《易》圖甚精"以下，又重載於《晦庵文集》續集卷二。

上書（所喻已悉）有云"前日因希聖書嘗附幅紙奉扣《通典》子聲之説，不知如何？不能布筭，無以見五聲損益與此廿四律同異如何也。陳圖亦未曉，來喻須面論乃究耳"。其中"陳圖"似即本書"陳法大略亦可見，當如近日所説，但未能洞曉其曲折耳"之"陳法"。故推知本書後於上書，約撰於淳熙十三年（1186）初。

朱熹《答蔡季通》：

《易》欲如此寫一本，彼有後生曉文理者，令寫過。只六十四卦亦得。覺得如此儘好看，此亦《綱目》中生出也。《晦庵文集》續集卷二。

案：朱熹《答葉永卿》（先天之説）有云"須先將六十四卦作一橫圖，則震、巽、復、遇正在中間，先自震、復而却行以至於乾，乃自巽、（遇）［姤］而順行以至於坤，便成圓圖。而春、夏、秋、冬、晦、朔、弦、望、晝、夜、昏、旦皆有次第，此作圖之大指也。又左方百九十二爻，本皆陽；右方百九十二爻，本皆陰，乃以對望交相博易而成此圖。若不從中起以向兩端，而但從頭至尾，則此等類皆不可通矣"。《晦庵文集》卷五二。本書所云"《易》欲如此寫一本，……只六十四卦亦得"，疑即指此圖，故推知其撰於一時先後。《答葉永卿》約撰於淳熙十三年初。

朱熹《答蔡季通》：

《啓蒙》近又推得初揲之餘不五則九，其數皆奇，而其爲數之實，五三而九一之，應圍三徑一之數。第二、三揲之餘不四則八，其數皆偶，而其爲數之實，四八皆二，亦應圍四用半之數。是三揲之次，亦已自有奇偶之分。若第二、三揲不掛，則不復有此差別矣。如何？《晦庵文集》卷四四。

　　案：本書原與朱熹上二書（還家半月）、（別又旬日）等合爲一書。參見上書（還家半月）。

　　書中所云《啓蒙》即《易學啓蒙》，於淳熙十三年三月序定之。故推知本書約撰於是年春間。

朱熹《答蔡季通》：

《九章》之目與《周禮》註不同，盈朒恐是贏不足，勾股恐是旁要，幸更考之見喻也。《小學》册子向時攜去，今告早附來，添註此數項，便可上納付匠家也。子澄寄得鄂州本來，今往一本，并《唐鑑》如喻遣上。編懸文字，亦幸早示及。前日因看《孟子》說，覺得"金聲玉振"一義舊說未安，即已改定。其說於樂之節頗有發明，未暇寫去也。大抵八音金石爲衆音之綱領,絲竹匏土包括於中,而革木二音無當於五聲十二律,故居最後而但爲衆樂之節。不知古人已作如此看否耶?又前日説宮懸用十二律,一懸用七律,判懸以下無鎛鍾特磬之説,不知與古法合否?幸并考之也。《晦庵文集》續集卷二。

案:書中言及"《小學》册子向時攜去,今告早附來,添註此數項,便可上納付匠家也。子澄寄得鄂州本來,今往一本",據朱熹《與劉子澄》(使至,辱誨示)云"《小學》能爲刊行,亦佳。但須更爲稍加損益乃善",《晦庵文集》卷三五。又朱熹《答潘恭叔》(讀《詩》諸説)亦云"《小學》未成,而爲子澄所刻。見此刊脩,旦夕可就,當送書市別刊,成當奉寄",《晦庵文集》卷五〇。《與劉子澄》撰於淳熙十三年秋初,《答潘恭叔》撰於淳熙十四年二月前後。故推知本書撰於上述二書之間,約在十三年冬間。

朱熹《答蔡季通》:

示喻筮法如此,甚平正簡便,不知何故本法却不如此?恐別有意指也。試更推之,如何?恐在老者陽多陰少,則終爲陽者少;在少者陰多陽少,則定爲陽者亦少。乃陽貴陰賤、吉少凶多之意,不知如何?《小學》誤字再納去數紙,封面只作《武夷精舍小學之書》可也。《晦庵文集》續集卷二。

案:上書(《九章》之目與《周禮》註不同)有云

"《小學》册子向時攜去，今告早附來，添註此數項，便可上納付匠家也"，而本書乃云"《小學》誤字再納去數紙，封面只作《武夷精舍小學之書》可也"，已言及刊刻之事，知承其後。朱熹《題小學》末題"淳熙丁未三月晦日"，《晦庵文集》卷七六。《年譜長編》卷下以爲此文撰於《小學》刊印完成時，當是。

朱熹《答蔡季通》：

《通書》注脩改甚精。元來"誠幾德"便是太極二五，此老些子活計盡在裏許也。前後把他讀了幾過，都不曾見此意思。於此益知讀書之難也。近得林黄中書，大罵康節數學、横渠《西銘》，袁機仲亦來攻邵氏甚急，可笑。嘗記共甫説往時有亡大夫坐乞毁《通鑑》板被責，發來復官，詞臣草其制，有一聯云："出幽谷而遷喬木，朕姑示於寬恩；以鴟鵐而笑鳳凰，爾無沈於迷識。"此輩今亦可并按也。一笑。《晦庵文集》卷四四。

案：書中云及"近得林黄中書，大罵康節數學、横渠《西銘》"，即指朱熹《答林黄中𤗊》（"室户"之説屢蒙指教）之"又見《易圖》深詆邵氏先天之説"，又（誨喻縷縷）之"邵氏'先天'之説，以鄙見窺之，如井蛙之議滄海。而高明直以不知而作斥之"云云，《晦庵文集》卷三七。《答林黄中》二書撰於淳熙十三年下半年，故推知本書約撰於一時先後，約在冬間。

71

朱熹《答蔡季通》：

所喻蓍數少參多兩之説甚善，然所積之數，則少陰反多於少陽者八，不知此意又是如何？更須契勘，恐不堪駁雜也。此近得林潭州《易説》，甚可笑。書多重滯，不可寄去，無事可一來觀之也。《晦庵文集》續集卷二。

案：上書（《通書》注脩改甚精）有云"近得林黄中書，大罵康節數學、横渠《西銘》，……可笑"，而本書乃云"此近得林潭州《易説》，甚可笑。書多重滯，不可寄去"，當是林栗爲與朱熹討論《易》學，而寄己作《易説》與朱熹，故推知本書約在上書之後。

朱熹《答蔡季通》：

郭公《易》書全無倫理，若兵書、曆書亦只如此，即無可觀，但恐偏有所長耳。子直亦是闇中摸索，不知如何見得好處也。《史記》律數源遠，七分爲寸之説亦深疑之，但自算不得，不敢堅決去取。今承來喻推析，洞然無復疑論矣。古人文字精密如此，而後人讀之鹵莽如此，甚可歎也。然不能布算，其精細尚未盡曉，更容子細别奉扣也。《啓蒙》所改是否？又天一地二一節與天數五、地數五相連，此是程子改定，當時不曾説破，今恐亦當添程説乃明也。林侍郎所論太極，不知是對何人言之？來喻似有闕文，讀者皆莫曉也。《晦庵文集》續集卷二。

案："七分爲寸"，校記云《記疑》曰"七"疑當作

“十”。據下書（律書中有欲改更）“一爲一分，十分爲寸”之説，作“十”字是。

本書中云“《史記》律數源遠，七分爲寸之説亦深疑之，但自算不得，不敢堅決去取。今承來喻推析，洞然無復疑論矣”，而下書（律書中有欲改更）乃云“《審度》章云云，‘生於黃鐘之長’下，當改云‘以子穀秬黍中者九十枚度之，一爲一分，凡黍實於管中，則十三枚而滿一重，積九十重則千二百枚而滿其龠矣。故此九十枚之數，與下章千二百枚之數，其實一也。十分爲寸’云云”，並云“律書中有欲改更，別紙奉呈”，則本書得蔡元定“來喻推析”“十分爲寸”之説後，對“《審度》章”中文字有所修改，更致蔡元定求正之。故推知本書當在下書（律書中有欲改更）以前。

朱熹《答蔡季通》：

律書本子却幸寄示。樂書如何？若能入山，可一并帶草本及俗樂文字來，得以面究其説，幸甚。律管、樂書已領，更容細看，續奉扣也。方分竟如何？若果如此，即空徑三分之説遂不可用矣。以琴爲準，果可定否？恐絲聲緩急亦隨律高下，則不容其自相和耳。前日因書亦略扣湯簿，尚未得報。只恐渠亦未必理會到此耳。《律呂書》舊本莫只在否？便中亦望示及。開通錢小大自不等，不知用何者爲正耶？《晦庵文集》續集卷二。

案：律書，指蔡元定《律呂新書》。本書中云"律書本子却幸寄示"，而下書（律書中有欲改更）乃云"律書中有欲改更，別紙奉呈，不審如此是否？幸早報及也"，知其上承本書。

朱熹《答蔡季通》：

律書中有欲改更，別紙奉呈，不審如此是否？幸早報及也。《易》中七、八、九、六之數，向來只從揲蓍處推起，雖亦脗合，然終覺曲折太多，不甚簡易，疑非所以得數之原。近因閒看四象次第，偶得其説，極爲徑捷，不審亦當如此推尋否？亦幸語及。

《本原》第一章圍徑之説，殊不分明，此是最大節目，不可草草。《候氣》章恐合移在第四、五間，蓋律之分寸既定，便當埋管候氣，以驗其應否。至於播之五聲，二變而爲六十調者，乃其餘耳。況《審度》、《嘉量》、《謹權》，尤不當在《候氣》之前也。但《候氣》章已有黃鍾之變半分數，而前章未有明文，恐合於《正律》、《分寸》章後別立一章，具載六變律及正半、變半聲律之長短分寸，乃爲完備耳。後段論説有發明此章指者，并移附入。

《審度》章云云，"生於黃鍾之長"下，當改云"以子穀秬黍中者九十枚度之，一爲一分，凡黍實於管中，則十三枚而滿一重，積九十重則千二百枚而滿其侖矣。故此九十枚之數，與下章千二百枚之數，其實一也。十分爲寸"云云。

《嘉量》章龠、合、升、斗、斛，皆當實計廣狹分寸。

《證辨》第一章，"今欲求聲氣之中"下，當改云"而莫適爲準則，莫若且多截竹以擬黃鍾之管，或極其短，或極其長。長短之内，每差一分而爲一管，皆即以其長權爲九寸而度其圍徑，如黃鍾之法焉。如是，則更迭以吹"云云。

司馬貞九分爲寸之説，《本原》既不載，恐合於《證辨》中立爲一條，以證前篇之説。

諸尺是非，後來考得如何？已改定，幸并録示。《晦庵文集》卷四四。

案：本書中自"《易》中七、八、九、六之數"至"亦幸語及"，又重載於《晦庵文集》續集卷二。

律書，即《律呂新書》。下書（前日七、八、九、六之説）有云"前日七、八、九、六之説，於意云何？近細推之，乃自《河圖》而來"，當即指本書"《易》中七、八、九、六之數"，向來只從揲蓍處推起，雖亦脗合，然終覺曲折太多，不甚簡易，疑非所以得數之原。近因閒看四象次第，偶得其説，極爲徑捷，不審亦嘗如此推尋否？亦幸語及"云云，故推知本書約撰於淳熙十三年末或稍後。

朱熹《答蔡季通》：

某昨日冒雨登龍湖，幸無它，但路滑狼狽耳。書堂高敞，遠勝雲谷、武夷，亦多容得人，他時儘可相聚也。《晦庵文集》續集卷二。

案：朱熹筑室，先有寒泉精舍，後有雲谷晦庵，再有武夷精舍，晚年又筑竹林精舍。據朱熹《武夷精舍雜詠并序》，武夷精舍成於淳熙癸卯（淳熙十年）夏。《晦庵文集》卷九。推知本書撰於其後，姑係於淳熙十三年間。待考。

朱熹《答蔡季通》：

前日七、八、九、六之説，於意云何？近細推之，乃自《河圖》而來。即老兄所謂《洛書》者。欲於《啓蒙》之首增此一篇，并列《河圖》、《洛書》，以發其端。而揲蓍法中，只自大衍以下，又分變卦圖別爲一篇。此卦以後雖不畫卦，亦列卦名，庶幾易檢。幸爲録示也。

河、洛辨説甚詳，然皆在夫子作傳之後，其間極有不足據以爲説者。鄙意但覺九宫之圖意義精約，故疑其先出。而八卦、十數、九疇、五行各出一圖，自不相妨。故有虚中爲《易》、實中爲《範》之説，自謂頗得其旨。今詳所論，亦是一説，更俟面論。然恐卒未有定論，不若兩存以俟後人之爲愈也。歸奇多寡不同，向時嘗辱見示，無可疑者，似合附入圖中。今却附還，幸便寫入四象之後也。《律吕新書》并往。

題辭協律，恨未得聞，且愧其詞義之不稱也。《祭禮》只是於温公《儀》内少增損之，正欲商訂，須俟開春稍暇，乃可爲也。程氏冬至、立春二祭,昔嘗爲之,或者頗以僭上爲疑,亦不爲無理。亦并俟詳議也。

作蕭所求,熹與其人本不相熟,今才一見耳,固不容便作書。亦見近日朋友憂道不如憂貧之切,心甚愧恐。平日所講果爲何事? 而一旦小利害,便打不過,欲望其守死善道難矣。《晦庵文集》卷四四。

案:據朱熹《律吕新書序》云"吾友建陽蔡君元定季通……著書兩卷,凡若干言。予嘗得而讀之,愛其明白而淵深,縝密而通暢,不爲牽合傅會之談",時淳熙丁未正月朔旦。《晦庵文集》卷七六。本書中云"《律吕新書》并往",當是指朱熹撰序以後、歸原書於蔡元定,故推知本書約淳熙十四年(丁未,1187)正月間。

朱熹《答蔡季通》:

古樂之說,尤荷意勤,及今見之,殊勝蜀公之方響也。但諸說中頗有未甚解處,及《新書》內論古錢處,前後頗有相牴牾者,又不見今是以聲定律,爲與此尺合之意耳。此皆俟相見面論。今日寒甚,寫字不成也。《啓蒙》之名,本以爲謙,而反近於不遜,不知別有何字可改? 幸更爲思。"費隱"之說,若有所見,須子細寫出,逐句逐字商量,如何見得上下察是隱處,須著力說教分明,方見歸著。若只如此含糊約度說得不濟事,不惟人曉不得,自家亦曉不得也。且若果如此子細，當時便合引"上天之載無聲無臭"
以明至隱之義，不應却引"鳶飛魚躍"至顯之事而爲言，却
説翻了也。請更思之。前日已嘗疑此，後來子細反復，逐
一寫出比較，見得説不行，此無可疑也。只管如此疑無了
時，只費頃刻功夫寫出了，到寫不行處，便釋然矣。《晦庵
文集》續集卷二。

案：《新書》即蔡元定《律吕新書》。上書（前日
七、八、九、六之説）論及修訂《易學啓蒙》事，並云及
"《律吕新書》并往"；又下書（《啓蒙》脩了未）云及
"《啓蒙》脩了未？早欲得之"。而本書乃云"及《新
書》内論古錢處，前後頗有相牴牾者"、"《啓蒙》之名，
本以爲謙，而反近於不遜，不知别有何字可改"，又云
"今日寒甚，寫字不成也"，故推知其撰時相近，約在
淳熙十四年正、二月之際。

朱熹《答蔡季通》：

《啓蒙》脩了未？早欲得之。《通書》、《皇極例》等説，
不知已下手否？如未，幸早爲之。乍歸窘甚，爨無欲請之
人，只欲得賢者一來，會語數日爲幸。切不必多與人同，
虚費又難語也，可以他意却之，不必露此，千萬千萬。《晦
庵文集》卷四四。

案：上書（前日七、八、九、六之説）論及修訂《易
學啓蒙》事，有云"歸奇多寡不同，向時嘗辱見示，無

可疑者,似合附入圖中。今却附還,幸便寫入四象之後也",而本書乃云"《啓蒙》脩了未?早欲得之",當承上書。又淳熙十四年正月中,朱熹南下莆田、泉州訪舊,二月經福州而歸。《年譜長編》卷下。本書有云"乍歸窘甚",推知其約撰於二月中、下旬。

朱熹《答蔡季通》:

"費隱"儘有説,但日間稍得閑坐,又貪温卷工夫,不暇安排文義耳。《晦庵文集》續集卷二。

案:上書(古樂之説)有云"'費隱'之説,若有所見,須子細寫出",而本書乃云"'費隱'儘有説,但日間稍得閑坐,又貪温卷工夫,不暇安排文義耳",似在其後。

朱熹《答蔡季通》:

中間報去,欲改文王八卦邵子説"應天時、應地方"説下注腳,今覆檢之,不得其説,恐前説有誤,却錯改却印本。煩令一哥檢出録示,幸甚。細詳此圖,若以卦畫言之,則震以一陽居下,兑以一陰居上而相對;坎以一陽居中,離以一陰居中,故相對;巽以一陰居下,艮以一陽居上,故相對;乾純陽,坤純陰,故相對。此亦是一説。但不知何故四隅之卦却如此相對耳,此圖是説不得也。聞有在陳之厄,不能有以相周,爲之歎息而已。《律説》少有礙處,便不可筆之於書,此意甚善。不惟此一事而已,它事亦何莫不然也？但員徑亦須更子細，如引《漢志》，由此之義起十二律之周徑，恐未免有牽強處也。嘉量積黍數之前，合定方深圍徑之數以相參驗。《證辨》首章可早修定，寄來商量。此處無頭，難下語也。四象之數，前日間推，只自三畫未成之時已具此數。蓋太陽居一而含九，少陰居二而含八，少陽居三而含七，太陰居四而含六，不待揲蓍而後有也。揲蓍歸奇之數，乃是揍着此數；過揲之數，又是揍着歸奇之數耳。近見論者專以過揲之數斷七、八、九、六之說，至於歸奇之數，尚不能明，況能及此乎？嘗爲之說曰：“四象之畫，六、七、八、九之祖也；四象之次，六、七、八、九之父也。歸奇者，其子也；過揲者，其孫也。”此論似不可易。又曰：“象之次，自十倒數，畫六而得太陰之四。以上皆然。又屈五指而計之，一與九同，二與八同，三與七同，四與六同。”此亦自然不言之妙，直是可笑，不由人安排也。不知明者以爲如何？《啓蒙》所疑，當得面扣，然得先批示大略尤佳。歸奇已具卦象，固平日所常論，但亦其中一小支節耳。蓋其多寡不均，無所發明於蓍卦之說，正自不足深論也。如何如何？《律說》幸早改定，過彼即借看。或能相伴入城，途中得款曲商訂，尤幸也。《晦庵文集》卷四四。

案：上書（《啓蒙》脩了未）有云“《啓蒙》脩了未？早欲得之”，而本書又云“《啓蒙》所疑，當得面扣，然得先批示大略尤佳”，似承上書，約撰於淳熙十四年春、夏之際。

朱熹《答蔡季通》：

《啓蒙》中欲改數處，今籤出奉呈，幸更審之，可改即改爲佳，免令舊本流布太廣也。但恐不好看，亦無奈何耳。《晦庵文集》續集卷二。

  案：書中云“《啓蒙》中欲改數處，今籤出奉呈，幸更審之，可改即改爲佳，免令舊本流布太廣也”，當在《易學啓蒙》刊本流布之後，推知約在是年夏間。

朱熹《答蔡季通》：

細看《啓蒙》，已不必改，只如前日所説改定一句足矣。《通書·樂》上章“萬物咸若”下添解三綱名件，想已有矣。又欲於“齊肅之意”下添“故希簡而寂寥耳”。《刑》章“十二”當作“十一”，“以象再閏”欲添“五歲之象，掛一一也，揲左二也，扐左三也，揲右四也，扐右五也”。只作注字亦得。《晦庵文集》續集卷二。

  案：下書（《中庸》首章更欲改數處）云及“《通書》注頗佳，當攜往觀也”，而本書乃請蔡元定修改《通書》注文。故推知本書約撰於淳熙十四年夏間、秋初。

朱熹《答蔡季通》：

《中庸》首章更欲改數處，第二版恐須換却，第三版却只刊補亦可。然想亦只是此處如此，後來未必皆然也。
且催令補了此數版，并《詩傳》示及也。來日取得來教，却
別上狀。

《中庸》所改皆是切要處，前日却慢看了，所以切己
功夫多不得力，甚恨其覺之晚也。《大學》亦儘有整頓
處，亂道誤人，可懼可懼。

《啓蒙》前日所改尚欠數字，頗覺之否？《通書》注
頗佳，當攜往觀也。《晦庵文集》續集卷二。

　　案：下書（《通書》、《西銘》各一本上內）云及朱
　熹將《通書》注已成“上內”，而本書乃云“《通書》注頗
　佳，當攜往觀也”，知在其前，約撰於秋間。

朱熹《答蔡季通》：

《通書》、《西銘》各一本上內，又一角致兼善處。數日
爲渠思講究不精之弊，恐是未能勇革世俗之學，有以陷溺
其心而然。不及別書，幸爲致此意也。不得於言，如某之
說，則見其強勇迫切氣象，正如釋氏所謂“直取無上菩提，
一切是非莫管”之意。如季通所論，則於不動心處取義殊
緩，兼文理亦自不通，須作“不”字，乃說得行耳。《晦庵文
集》續集卷二。

　　案：朱熹《周子通書後記》云“比年以來，潛玩既
　久，乃若粗有得焉。雖其宏綱大用所不敢知，然於其
　章句文字之間，則有以實見其條理之愈密，意味之愈

深，而不我欺也。顧自始讀以至于今，歲月幾何，倐焉二紀，慨前哲之益遠，懼妙旨之無傳，竊不自量，輒爲注釋。"時淳熙丁未（十四年）九月甲辰。《晦庵文集》卷八一。故知本書約撰於此時。

朱熹《答蔡季通》：

子仁留此數日，稍款。已勸令不如且讀書，理會義理，無爲苦用力於文字間也。

《太極説》脩定，削去《後語》，只作一統論，意似亦無不盡也。《西銘説》在後，煩爲細看，攜過見喻。《晦庵文集》續集卷二。

案：朱熹《題太極西銘解後》略云"始予作《太極》、《西銘》二解，……因出此解以示學徒，使廣其傳"。淳熙戊申（十五年）二月己巳題。《晦庵文集》卷八二。是時初刊此二書。本書中云"《西銘説》在後，煩爲細看，攜過見喻"，似屬刊印前所行之校勘，故推知其約撰於十四年末。

朱熹《答蔡季通》：

樂書已就否？因便奉寄示。近讀《長編》，説魏漢津、劉炳作《大晟樂》，云依太史公黄鐘八寸七分之管作正聲之律，依班固黄鐘九寸之管作中聲之律。正聲於十二月初氣奏之，中聲即於中氣奏之，故有廿四氣鐘之説。初看甚駭其説，細看乃知是讀著錯字《史記》，又破句讀了。試檢《律書》一觀，可發一笑也。一代制作乃如此，令人惋歎。可早就此書，亦不是小事也。《晦庵文集》續集卷二。

案：朱熹淳熙丁未正月朔旦所撰《律吕新書序》有云"季通更欲均調節族，被之筦絃，别爲樂書，以究其業"。《晦庵文集》卷七六。而本書乃云"樂書已就否？……可早就此書，亦不是小事也"。推知本書當在撰《律吕新書序》後較久，疑在淳熙十四年或稍後。

朱熹《答蔡季通》：

示喻創艾之意，甚善。但密切常存戒懼之意，不必如此發作，却未得歇滅，舊病依然只在也。《詩傳》不曾脩，近看《論語》，却儘有合改處。候脩畢，試整頓《詩》説看如何。但精力短，甚畏開卷也。《晦庵文集》續集卷二。

案：下書（"仁義"之説）言及"《中庸》、《詩傳》幸速脩改示及"，而本書中有云"《詩傳》不曾脩，近看《論語》，却儘有合改處。候脩畢，試整頓《詩》説看如何"。下書（"仁義"之説）撰於淳熙十六年秋、冬間，而本書約在其前，疑撰於淳熙十四年或稍後。

朱熹《答蔡季通》：

所苦且喜向安，亦宜更加將護也。許見訪，甚幸。但亦自欲一到寒泉，未能預定日子，恐或塗中相失也。此行見上,褒予甚至,言雖狂妄,亦無忤色,意謂可以少效尺寸,而事之不可料者,乃發於《先天》、《訂頑》之間,是可笑也。已專人自劾,及盡還江右迓兵矣。此等小小怪謬議論如蝟毛而起,更不可開口,奈何?始者信書太過而閱人不廣,不謂萬物之靈者乃如此不靈也,奈何?更五七日當有後命,未知如何也?元善説欲下州郡月致筆札之費,然此事亦當審處,恐此事面生,後或有悔也。《晦庵文集》卷四四。

　　案:淳熙十五年五月,朱熹赴都奏事,六月初與兵部侍郎林栗論《易》、《西銘》不合;七日,奏事延和殿;八日,除兵部郎官,以足疾請暫不供職;九日,林栗上章彈劾;十一日詔依舊江西提刑;十二日離臨安南歸;七月上旬抵家;中旬上狀辭免轉官;二十六日除直秘閣、主管西京嵩山崇福宮。《年譜長編》卷下。與本書所云"此行見上,褒予甚至,言雖狂妄,亦無忤色,意謂可以少效尺寸,而事之不可料者,乃發於《先天》、《訂頑》之間,是可笑也。已專人自劾,及盡還江右迓兵矣。……更五七日當有後命"相合,故推知本書約撰於是年(1188)七月上旬抵家後。

朱熹《答蔡季通》:

　　某所遣請祠人竟未歸,不審何説。利往之亨,竊恐未可必也。又爲部中送磨勘告來,今日又不免遣人辭之。

此又是別一頭項，費分疏，然亦無甚利害也。別紙所示，詞雖迂緩而意實詆忤，却恐未便。所與元善書，則今早所遣人方行，須後便方得附去。某書中只如初議，萬一不及救止，則此亦無甚利害，與某事體自不同，不必過疑也。《儀象法要》昨因子莊過此再看，向來不相接處，今已得之。元來文字只要熟看，本義已略具備。覺取象之説不明，不甚快人意耳。今文之誤，先儒舊説可證驗處甚多，所欲改更，皆非今日之臆説也。俟月末攜去看，恐人多看不得耳。因其人還附此，不知便得達否？《晦庵文集》續集卷二。

案：書中言"又爲部中送磨勘告來，今日又不免遣人辭之"，朱熹上狀辭免磨勘轉官約在七月十三、四日。《年譜長編》卷下。

朱熹《答蔡季通》：

日邊人尚未還，未知行止之決。所示卦象，恐當以復卦爲主，則"揚庭孚號"更不着矣。"有攸往夙吉"，而今不可以夙，則有復而已，恐終當用此占也。《晦庵文集》續集卷二。

案：本書有云"日邊人尚未還，未知行止之決。所示卦象，恐當以復卦爲主，……恐終當用此占也"，而下書（某杜門如昨）乃云"請祠人未歸，若得如此占，幸甚，但恐消詳未盡耳"，推知當蔡元定接朱熹之書後，亦據己疑釋此卦象，故朱熹下書有"若得如此占，幸甚"語。

朱熹《答蔡季通》：

某杜門如昨，無足言。請祠人未歸，若得如此占，幸甚，但恐消詳未盡耳。三聖必不我欺也。聞林又請對，乞與論者廷辨，且攻橫渠甚急。上皆不領，慚沮而退，未知竟如何。《晦庵文集》續集卷二。

案：朱熹於淳熙十五年六月十二日離臨安南歸，隨即葉適等上書攻林栗，七月二十六日林栗出知泉州。其間林栗復請對，朱熹亦上狀請祠。本書有云"請祠人未歸"，又云"聞林又請對，乞與論者廷辨，且攻橫渠甚急。上皆不領，慚沮而退，未知竟如何"，故推知其約撰於是年七月下旬。

朱熹《答蔡季通》：

《儀象法要》一冊納上。但歸來方得細看，其運轉之機全在河車，而河車須入乃轉，恐未盡古法。試看之如何也。《晦庵文集》續集卷二。

案：朱熹《答江德功》（熹災病相仍）有云"三衢有印本蘇子容丞相所撰《儀象法要》"，又云"昨被按刑之命，判不能往赴矣。正初忽聞奏事指揮，疲曳進趨，尤覺費力，專人懇辭，竟不得命，旦夕不免就道"。《晦庵文集》卷四四。又《答蘇晉叟淛》云"《儀象法要》頃過三衢已得之矣"。《晦庵文集》卷五五。朱熹於淳熙十五年正月初得入朝奏事指揮，三月十八日啓程

赴都,七月上旬抵家。《年譜長編》卷下。本書有云
"《儀象法要》一册納上。但歸來方得細看",其《儀象
法要》當得自衢州。又上書(某所遣請祠人竟未歸)
又云"《儀象法要》……俟月末攜去看,恐人多看不得
耳",與本書"《儀象法要》一册納上"云云相合,故推
知其當撰於七月末。

朱熹《答蔡季通》:

辭免文字甚遜,然不至全然無骨,甚荷憂念也。元善
書旦夕遣人即付去。律曆乃千古事,數日細思伊川上富
公書,此事亦使人不能忘。但今日月已迫,元善之計亦未
必行。近日得其書,云議禮正宂,未暇言政,恐雖言亦不
效。蓋覆按使還,又附前議。若果如元善前書之云,令人
痛心。但不容效力,無可奈何耳。直卿前日有人來,書中
都不説及《通書》注,答書亦忘督之。若有便往,可問之。
《太極》、《西銘》前日忘記附去,今付此人,幸視至。郭頤
正編射法及馮侯者可并刊行,恐力不足,即因見夢傳爲
言。在渠爲之不難,亦是適用文字,殊勝時文也。《晦庵文
集》續集卷二。

　　案:書中言及"辭免文字甚遜",又言"元善書旦
夕遣人即付去。……但今日月已迫,元善之計亦未
必行。近日得其書,云議禮正宂,未暇言政,恐雖言
亦不效"。其"議禮"云云,似指孝宗禪位諸禮事;"辭

免文字",當指淳熙十五年十二月上旬上狀辭免崇政殿説書事;而"今日月已迫",似指歲末。故推知本書約撰於十五年末。

朱熹《答蔡季通》:

脩曆事若下,須更商量。蓋但測驗,即人皆可爲;或須改造,則恐不免一出,亦非今日一時事也。史遷不可謂不知孔子,然亦知孔子之粗耳。歷代世變,即《六國表序》是其極致,乃是俗人之論。知孔子者,固如是耶? 正朔服色,乃當時論者所共言,如賈生、公孫臣、新垣平之徒皆言之,豈獨遷也? 此等處,自是渠輩眼目低,故見得高了,亦可笑耳。祭法須以宗法參之,古人所謂始祖,亦但謂始爵及別子耳。非如程氏所祭之遠,上僭則過於禘,下僭則奪其宗之爲未安也。《晦庵文集》卷四四。

　　案:上書(辭免文字甚遜)有云"律曆乃千古事",本書乃云"脩曆事若下,須更商量。蓋但測驗,即人皆可爲;或須改造,則恐不免一出",推知當承其後,約在淳熙十六年(1189)初。

朱熹《答蔡季通》:

曆事不知後來有何施行。若如其說,不知可爲一行否? 祭法世數,明有等差,未易遽改。古人非不知祖不可忘,而立法如此,恐亦自有精意也。《史記》不知渠說好處是如何好，必須曾舉一二尤緊切處。若只如曹器遠輩所說，則亦不足言也。《晦庵文集》卷四四。

案：上書（脩曆事若下）有云"脩曆事若下，須更商量。蓋但測驗，即人皆可爲；或須改造，則恐不免一出"，本書乃云"曆事不知後來有何施行。若如其說，不知可爲一行否"，知承其後。

朱熹《答蔡季通》：

徐貢父兄弟又遣人來奉邀，計須歸來，方得赴其約。然自此亦當重然諾，庶得安居，爲著書養性之計。只管如此衝寒冒熱，東西游走，似非老大所宜，尤非所以學安樂祖師之所行也。

適見小報，元善已得浙西提舉，計是見闕，就彼便赴上矣。曆事當且悠悠，然及此成書，以俟來者，亦非細事也。但疑其不可就者非特趙君，一祛此惑，亦快事耳。它日過此，略帶草本來，及新製律管及書俱來爲佳。俗樂文字亦欲就借。《晦庵文集》續集卷二。

案：元善即詹（張）體仁字。《吳郡志》卷七載朝奉郎張體仁淳熙十六年六月初三日到提舉浙西常平任，紹熙元年十月除戶部郎官、湖廣總領。本書云及"適見小報，元善已得浙西提舉，計是見闕，就彼便赴上矣"，故推知本書當撰於淳熙十六年夏中。

朱熹《答蔡季通》：

《中庸序》云"若吾夫子，則雖不得其位"，昨看此間寫本脱一"吾"字，煩一哥爲看，如少，即添之。此雖不繫義理，然亦覺少不得也。"費隱"之説，今日終日安排，終不能定。蓋察乎天地，終是説做"隱"字不得，百種計較，更説不來。且是所説"不知"、"不能"、"有憾"等句，虛無恍惚，如捕風繫影，聖人平日之言，恐無是也。與"未之或知"、"不可能也"不同。不審看得如何？幸詳以見喻也。《晦庵文集》卷四四。

案："若吾夫子，則雖不得其位"，乃朱熹《中庸章句序》中語。《中庸章句序》撰於淳熙己酉春三月戊申。《晦庵文集》卷七六。故推知本書約撰於淳熙十六年（己酉）夏以後。

朱熹《答蔡季通》：

"仁義"之説，固如來喻。但於《説卦》六畫中安排，則仁剛義柔不可易矣。仁柔義剛，又別是一説，不相參雜也。程先生謂"天地間無截然爲陰爲陽之理，然其升降生殺之大分不可無也"，正是此意。而袁於此等處都瞢然不曉，所以難説話也。脩身、齊家，固當警省，至於有無之慮，姑直任之，不必切切介意。若此等處更放不下，即脩行轉無力矣。區區於此可憂者大於老兄，然亦只得隨事驅遣，瞑目之後，一切任之，亦不復屬自己界分矣。《中庸》、《詩傳》幸速脩改示及。《中庸》更有數處，今并録呈，幸即付之也。《晦庵文集》卷四四。

案：上書(《中庸序》云)言及修訂《中庸》,而本
書又及"《中庸》、《詩傳》幸速脩改示及。《中庸》更有
數處,今并録呈,幸即付之也",疑在其後。

朱熹《答蔡季通》:

《中庸章句》比略脩定,不知可旋開否？如欲之,煩二
哥帶寫白人來。《晦庵文集》續集卷二。

案：上書("仁義"之説)有云"《中庸》、《詩傳》幸
速脩改示及。《中庸》更有數處,今并録呈,幸即付之
也",本書云"《中庸章句》比略脩定,不知可旋開否",
推知當撰於其後。

朱熹《答蔡季通》:

《詩傳》中欲改數行,乃馬莊父來説,當時看得不子細,
只見一字不同,便爲此説。今詳看,乃知誤也。幸付匠者正
之,便中印一紙來。《中庸》必已了矣。《晦庵文集》續集卷二。

案：上書("仁義"之説)有云"《中庸》、《詩傳》幸
速脩改示及",而本書乃云"《詩傳》中欲改數行,……
《中庸》必已了矣",知承其後。

朱熹《答蔡季通》:

李將若得此人之力,真是笑啼俱不敢矣,可付一笑

也。曆議必有所付，但今思之，不得其説，久當自出也。宿通令坌具稟，甚愧遲緩，幸更少寬也。《晦庵文集》續集卷二。

  案：上書（脩曆事若下）有云“脩曆事若下，須更商量。蓋但測驗，即人皆可爲；或須改造，則恐不免一出，亦非今日一時事也”，又上書（曆事不知後來有何施行）云“曆事不知後來有何施行。若如其説，不知可爲一行否”，而本書乃云“曆議必有所付，但今思之，不得其説，久當自出也”，推知似在其後，約撰於淳熙十六年末或紹熙元年初。

朱熹《答蔡季通》：

求放之説，其妙無窮，須實用功，乃見之耳。《晦庵文集》續集卷二。

  案：本書撰時未詳，疑在淳熙後期，姑係於淳熙十六年。待考。

朱熹《答蔡季通》：

陳法雖精，而旗鼓如此，得無有誤三軍耳目耶？甚可笑也。《或問》寫本已檢得，今納上。告令寫訖便附下，恐又有差互，要此作底也。《晦庵文集》續集卷二。

  案：本書云及“《或問》寫本已檢得”，或撰於淳熙末。待考。

朱熹《答蔡季通》：

東行有日，幸早見過，爲兩夕之留也。北風未聞，想只是虛聲，或其境內自擾擾耳。《晦庵文集》續集卷二。

案：紹熙元年（1190）二月中旬，朱熹經政和至漳州赴任。《年譜長編》卷下。本書"東行有日"云云，疑即指此。則推知本書約撰於是月初。

朱熹《答蔡季通》：

欲買《淳熙編類》一本，煩爲問，不知直幾何？便批報，當遣人齎錢去取。臨老旋學做官，甚可笑也。或有可取處，得便令此人取帶歸，却納錢去還之，尤便耳。

"鴻羽爲儀"，恐只是可爲旌旄之屬，無進退以禮之意也。如何？若然，則誠不如曳尾泥中也矣。《晦庵文集》續集卷二。

案：書中云"欲買《淳熙編類》一本，……便批報，當遣人齎錢去取。臨老旋學做官，甚可笑也"，當在紹熙元年朱熹知漳州時，約撰於是年夏間。

朱熹《答蔡季通》：

某衰晚強顏，力不勝事。今又有經界之役，此實一郡利病，所繫不淺，義不當辭，已上奏懇請。今更欲得晦伯一來相助，不知渠肯來否？已有書與之，更告爲勉其行，并爲遊說老丈，得不挽留之，千萬之幸也。向所懇者，曾爲留意否？今偶遣人送劉壻歸，有一二十人。昨承老兄有意見訪，莫若就此同晦伯同途尤便。過此，則州郡遣人又費力矣。《春秋》之説，當俟面請。或未成行，千萬便録大槩見示爲幸。《晦庵文集》續集卷二。

　　案：書中云及"今又有經界之役，此實一郡利病，所繫不淺，義不當辭，已上奏懇請"，當指朱熹知漳州時，於六月申請行經界，七月再申請行經界，八月詔相度泉州、漳州先行經界。《年譜長編》卷下。故推知本書約撰紹熙元年秋間。

朱熹《答蔡季通》：

《春秋》無理會處，不須枉費心力。吾人晚年只合愛養精神，做有益身心工夫。如此等事，便可一筆勾斷，不須起念。儘教它是魯史舊文，聖人筆削，又干我何事耶？《易》説俟取得即納去，然亦政自非急務也。《晦庵文集》續集卷二。

　　案：朱熹上書（某衰晚强顔）有云"《春秋》之説，當俟面請"，而本書乃云"《春秋》無理會處，不須枉費心力"，《書信編年》以爲本書及上書疑相承未遠，故係於紹熙元年間。待考。

朱熹《答蔡季通》：

所喻希真事，已語劉戎矣。偶欲出縣，匆匆奉報。別有一二事，令埜專人奉扣，幸垂喻。《中庸》闕板，并望早示及。聞前日談天甚快，恨不參聽其旁耳。《晦庵文集》續集卷二。

　　案：朱熹上書(《中庸章句》比略脩定)有云“《中庸章句》比略脩定，不知可旋開否”，述及雕版《中庸章句》事，時在淳熙十六年間。而本書乃云“《中庸》闕板，并望早示及”，所述“《中庸》闕板”當亦指刊印《中庸章句》事，當在其後。又本書中言及“偶欲出縣，匆匆奉報”，似指朱熹在漳州時下諸縣，故推知其約撰於紹熙元年間。

朱熹《答蔡季通》：

　　所喻“以禮爲先”之説，又“似識造化”之云，不免倚於一物，未是親切工夫耳。大抵濂溪先生説得的當，《通書》中數數拈出“幾”字，要當如此瞥地，即自然有箇省力處，無規矩中却有規矩，未造化時已有造化。然後本隱之顯，推見至隱，無處不脗合也。《晦庵文集》卷四四。

　　案：《朱子語類》卷一二〇載葉賀孫記曰：“用之舉似：‘先生向日曾答蔡丈書：“承喻‘以禮爲先’之説，又‘似識造化’之云，不免倚於一物，未知親切工夫耳。大抵濂溪説得的當，《通書》中數數拈出‘幾’字，要當如此瞥地，即自然有箇省力處，無規矩中却有規矩，未造化時已有造化。”此意如何？’曰：“‘幾’

固要得。且於日用處省察，善便存放這裏，惡便去而不爲，便是自家切己處。古人禮儀，都是自少理會了，只如今人低躬唱喏，自然習慣。今既不可考，而今人去理會，合下便別將做一個大頭項。又不道且理會切身處，直是要理會古人因革一副當，將許多精神都枉耗了，元未切自家身己在。'又曰：'只有《大學》教人致知、格物底，便是就這處理會，到意誠、心正處展開去，自然大。若便要去理會甚造化，先將這心弄得大了，少間都没物事説得滿。'"即指本書。據《朱子語類·姓氏》，葉賀孫所記乃辛亥以後所聞。故推知本書約撰於紹熙元年間。

朱熹《答蔡季通》：

人之有生，性與氣合而已。然即其已合而析言之，則性主於理而無形，氣主於形而有質。以其主理而無形，故公而無不善；以其主形而有質，故私而或不善。以其公而善也，故其發皆天理之所行；以其私而或不善也，故其發皆人欲之所作。此舜之戒禹所以有人心、道心之別，蓋自其根本而已然，非爲氣之所爲有過不及而後流於人欲也。然但謂之人心，則固未以爲悉皆邪惡，但謂之危，則固未以爲便致凶咎。但既不主於理而主於形，則其流爲邪惡以致凶咎，亦不難矣。此其所以爲危，非若道心之必善而無惡、有安而無傾、有準的而可憑據也。故必其致精一於此兩者之間,使公而無不善者常爲一身萬事之主,而私而或不善者不得與焉,則凡所云爲不待擇於過與不及之間而自然無不中矣。凡物剖判之初,且當論其善不善;二者既分之後,方可論其中不中。"惟精惟一",所以審其善不善也。"允執厥中",則無過不及而自得中矣,非精一以求中也。

此舜戒禹之本意,而序文述之,固未嘗直以形氣之發盡爲不善,而不容其有清明純粹之時,如來諭之所疑也。但此所謂清明純粹者,既屬乎形氣之偶然,則亦但能不隔乎理而助其發揮耳,不可便認以爲道心,而欲據之以爲精一之地也。如《孟子》雖言夜氣,而其所欲存者乃在乎仁義之心,非直以此夜氣爲主也;雖言養氣,而其所用力乃在乎集義,非直就此氣中擇其無過不及者而養之也。來諭主張"氣"字太過,故於此有不察。其他如分別中氣過不及處,亦覺有差,但既無與乎道心之微,故有所不暇辨耳。《晦庵文集》卷四四。

案:本書乃答蔡元定問《中庸章句序》中道心人心、形氣性命之論,有云"此舜戒禹之本意,而序文述之"。《朱子語類》卷六二載鄭可學記曰:"季通以書問《中庸序》所云'人心'、'形氣'。先生曰:'形氣非皆不善,只是靠不得。季通云:"形氣亦皆有善。"不知形氣之有善,皆自道心出。由道心,則形氣善;不由道心,一付於形氣,則爲惡。形氣猶船也,道心猶柁也。船無柁,縱之行,有時入於波濤,有時入於安流,不可一定。惟有一柁以運之,則雖入波濤無害。故曰"天生蒸民,有物有則"。物乃形氣,則乃理也。渠云:"天地中也,萬物過不及。"亦不是。萬物豈無中?渠又云:"浩然之氣,天地之正氣也。"此乃伊川説,然皆爲養氣言。養得則爲浩然之氣,不養則爲惡氣,卒徒理不得。且如今日説夜氣是甚大事,專靠夜氣,濟得甚事?'"其中"季通以書問《中庸序》所云'人心'、'形氣'。先生曰"云云,即指本書。據《朱子語類·姓氏》,鄭可學所記乃辛亥(紹熙二年)所聞。又據《閩中理學淵源考》卷一九有云鄭可學累來問學,"朱先生守臨漳,虛子弟之師席,俾之西向而坐"。故推知本書當撰於是年(1191)春,是時朱熹在漳州任上。

朱熹《答蔡季通》:

方才仲文字正尋不見,疑智夫借去,乃在書府,幸甚,因便示及也。渠深爲壽皇所知,自今觀之,不爲不遇,猶復齟齬如此,是可歎也。

味道歸來,説曆書就篇,伏惟驩慶。恨未得窺藩籬也。《晦庵文集》續集卷二。

案:壽皇之稱在孝宗淳熙十六年內禪以後。書中又言"味道歸來,説曆書就篇,伏惟驩慶",似指"紹熙元年八月,詔太史局更造新曆頒之。二年正月,進

《立成》二卷、《紹熙二年七曜細行曆》一卷,賜名《會元》,詔(李)巇序之"。《宋史》卷八二《律曆志十五》。故推知本書約撰紹熙二年中。

朱熹《答蔡季通》:

到三山,見膚仲煩致意,所囑文字昨在五夫已爲具草,歸來一向擾擾,又緣卜葬未定,心緒紛亂,不暇整頓,幸且體悉。向後若得功夫,即爲改定寄去。不然,不須等候,送終是大事,此是浮文,自古未聞有無銘而不葬者,切不須等候也。見趙南紀亦煩致意。《晦庵文集》續集卷二。

案:書中云"歸來一向擾擾,又緣卜葬未定,心緒紛亂",當指朱熹因長子喪而自漳州歸建陽。書中又云"到三山,見膚仲煩致意,所囑文字昨在五夫已爲具草,……向後若得功夫,即爲改定寄去。不然,不須等候,送終是大事",乃指朱熹所撰《宜人黃氏墓誌銘》,黃氏乃陳孔碩(膚仲)母,卒於紹熙二年七月乙卯。《晦庵文集》卷九三。故推知本書約撰於二年末、三年初。

蔡元定《答朱文公書》:

日前江德功擇父母葬地,柬定托先生商議,急欲先生賁臨,今已有定處,無煩掛念。承教下示,定庸劣未能精通,略陳鄙意,未知可否,惟先生潤色之是幸。諸友所疑各是一見，殊不知孟子之意專指其發於性者言之，故以爲才無不善；程子兼指其稟於氣者言之，則人之才固有昏明強弱之不同矣，即張子所謂氣質之性是也。《西山公集》。

案：江默字德功，崇安人，登乾道五年進士，調安溪尉。"丁外艱，歸詣武夷，從朱子講學"。《閩中理學淵源考》卷二〇。又蔡元定《答江德功書》有云"以前日諸山論之，所喻未可卒得。藥板一面周完。南峰未可容易看，儘有好處，其餘却不足道。特老先生令看三山稍得，亦恨只兩山耳。某來歲亦欲一出，緣閩中氣數已極，亦欲分一二子孫別居荆湖間，以爲遺種之計"，又云"秋末向冷"。《西山公集》。蔡元定紹熙四年遊歷荆湖間，故推知本書約撰於紹熙三年（1192）秋末。

朱熹《答蔡季通》：

病之復作，次第亦是出謁太早所致。前日固嘗奉告，且勿出入，不惟可養疾，亦且避得招呼之煩。今須且切守此戒也。此外只得寬以處之，平日學問，正要此等處得力也。前書所扣一哥之行，來喻如此，是決不可行矣。直卿只可往來相伴，決不能終歲守諸幼童。謙之聞欲赴補，又未必可挽，而行期已迫。思之，只有鉛山徐子融老成有守，常作小學，已往招之，又未知其能遠適與否耳。《晦庵文集》續集卷二。

　　案：費宏《與張學諭書》有云：“某嘗讀《晦翁文集》，見其與蔡季通書劄，謂‘鉛山徐子融老成有守，嘗作小學’，欲延之家塾，爲諸子師範。”《江西通志》卷一四〇。即指本書。徐子融名昭然，淳熙十五年中朱熹入都奏事，往來鉛山時來受學，下半年又至五夫從學。《年譜長編》卷下。由此推知本書約撰於紹熙年間，姑係於紹熙三年間。

朱熹《答蔡季通》：

　　聞到黃蘗，想遍遊一帶名山，多得勝槩。然遂欲盡發天地之藏，則癰痔果蓏之不能無憾於見傷。因便寓此，敬問還期。《晦庵文集》續集卷二。

　　案：黃蘗山在江西袁州。朱熹下書（中間到宅上）有云“夏口、武昌一帶形勢既聞命矣，涉重湖，窺衡湘，歷襄漢，下吳會，方羊而歸，所得當益富。屈指計歸程，冀得傾竦以聽劇談也”，撰於紹熙四年三月二十一日。知紹熙四年春蔡元定嘗遊歷湖北，而自福建至湖北，其遊黃蘗當在其至湖北塗中。故推知本書撰於是年（1193）正月或稍後。

朱熹《答蔡季通癸丑三月二十一日》：

　　中間到宅上，聞是日得子，深爲贊喜。衰鈍之蹤，素不利市，自年三十餘時，每到人家，輒令人生女，如是凡

五、七處。今年乃值慶門得男，則又似漸有傾否亨屯之象，既以奉慶，又竊自賀，但恨其已晚耳。夏口、武昌一帶形勢既聞命矣，涉重湖，窺衡湘，歷襄漢，下吳會，方羊而歸，所得當益富。屈指計歸程，冀得傾竦以聽劇談也。律準前日一哥來此，已刻字調絃而去。但中絃須得律管然後可定，然則此器亦是樂家第二義也。閣記固難遽辦，又適此數日腳氣雖輕而未愈，今旦右臂下自爪掌以上，連肩背，無處不痛，寒熱大作，其勢非更數日，卒未能定。不知許教既滿，彼中代者爲誰？或同官中別有可託以竟此事者爲誰？亦已作書報之。及與元善說，俟此間病愈，一面捻合成，當尋的便寄薛卿處與之，當無不達也。今年病雖不重，而氣體極衰，至於昨日，遂至無力說話。朋友遠來相守，又不欲甚孤其意，勉強應接，常慮相見之日不復更能長久。季通倦游，亦望早歸，相與切磋，以盡餘年，寔所願望。《晦庵文集》續集卷二。

　　案：本書撰於紹熙四年（癸丑）三月二十一日。

朱熹《答蔡季通》：

　　長沙之行，幾日可歸？益公相見，亦何言耶？閣記不敢辭，但恐病中意思昏憒，未必能及許教未替前了得耳。向見薛象先盛稱其人，今讀其書，乃知講於陸氏之學者。近年此說流行，後生好資質者，皆爲所擔閣壞了，甚可歎也。《晦庵文集》續集卷二。

　　案：朱熹《答詹元善》（歸宗之請）有云"季通一出，飽觀江湖表裏形勢，不爲無補。……子静旅櫬經由，聞甚周旋之，此殊可傷。……然其説頗行於江湖間，損賢者之志而益愚者之過，不知此禍又何時而已耳。許教似亦小中毒也"。《晦庵文集》卷四六。此中"許教"，即本書所云"許教"，乃東陽人許中應，時官鄂州州學教授。朱熹《答許生中應》（去歲薛象先過此）又云"近至富沙，見陳守舍人説及建閣藏書事，欲以記文見委，而未得其詳。今收張卿元善、蔡兄季通書，備見首末"，《晦庵文集》卷六〇。即本書所言之"閣記"，指朱熹《鄂州州學稽古閣記》。《答許生中應》撰於紹熙四年三月二十一日稍前，《答詹元善》撰於四年三月下旬或稍後。而本書乃言"長沙之行，幾日可歸？ 益公相見，亦何言耶？ 閣記不敢辭，但恐病中意思昏憒，未必能及許教未替前了得耳"，推知蔡元定已自湖北南遊湖南潭州，故本書約撰於是年四月間。

朱熹《答蔡季通》：

　　極星出地之度，趙君云福州只廿四度，不知何故自福州至此已差四度，而自此至岳臺却只差八度也？ 子半之説尤可疑，豈非天旋地轉，閩、浙却是天地之中也耶？《雅》、《鄭》二書皆欲得之，律管并望攜至，不知何時得來？《晦庵文集》續集卷二。

案：朱熹上書（中間到宅上）有云"律準前日一哥來此，已刻字調絃而去。但中絃須得律管然後可定"，而本書乃云"律管并望攜至"，疑即指此，推知其在蔡元定自湖北歸後，約在四年夏間或稍後。

朱熹《答蔡季通》：

昨日亦嘗上狀，不知何故未達。今早又以《中庸集略》附劉醫，乃昨日遣書時所遺也，今想皆已到矣。雨勢如此，豈登山之時乎？需藥遣去，然恐不若安樂師翁所云病前自防也。專門之誚，正卞公所謂執鄙吝者，非壺而誰？然今日聞公試之日，諸生簾前一語尤可絕倒，它日當自聞之也。近報十五日車駕已與中宮同詣重華，終日乃歸，軍民相慶，恐欲知也。《晦庵文集》續集卷二。

案：據《宋史・光宗紀》，紹熙四年十一月"戊寅，帝朝重華宮，都人大悅"。戊寅正十一月十五日，與本書"近報十五日車駕已與中宮同詣重華，終日乃歸，軍民相慶"云云相合，故推知其撰於是月下旬。

蔡元定《與文公書》：

恭惟先生惠履吉慶，間世無雙，駕復拜賀，正當謹候，以遂渴仰。腳氣發作不痊，只得漸歸，再命淵、沈申敬。屢聞皇上龍飛，聰明英毅，勤政治民，真可以大有爲也。矧恩光屢及，卑狠固不敢偃蹇不至，以效嚴光之自重，但懼學淺才陳,觸張楷之責望,盛虛聲,少實效,而違物議,增愧多矣。想風雲際會,上天將興斯文,而大受先生以輔佐之,命也。今者文旌歸速,是必有相牴牾者。顧望自愛,以膺重任,使天下咸仰清光、被厚澤,定至願也。下示君子之道節,反覆詳觀,支分不得,乃渾論以結上文之意也。《西山公集》。

案:紹熙五年八月上旬朱熹自潭州東歸,赴臨安任職。九月中旬,朱熹至衢州,致書蔡元定,招其來臨安,蔡元定未至。《年譜長編》卷下。《四朝聞見録》丁集《慶元黨》云"文公自長沙行至衢州,以書招其門人聘君蔡元定。元定不至,復書無他語,但勸其早歸"。本書有云"屢聞皇上龍飛,⋯⋯剡恩光屢及,卑狠固不敢偃蹇不至,以效嚴光之自重,但懼學淺才陳,觸張楷之責望,盛虛聲,少實效,而違物議,增愧多矣",當指此。故推知本書約撰於是年(1194)九月末、十月初。

朱熹《答蔡季通》:

因山之日已迫,而未有定議,有詔集議,尋復中輟。昨日不免入狀議之,未知如何也。《大學》後來道中又改"齊家治國"章兩處,不知曾爲刊否?《晦庵文集》續集卷二。

案:書中所云"因山之日已迫,而未有定議,有詔集議,尋復中輟。昨日不免入狀議之,未知如何

也",指朱熹上《山陵議狀》,時"趙彥逾按視孝宗山
陵,以爲土肉淺薄,掘深五尺,下有水石,旋改新穴,
比舊僅高尺餘。孫逢吉覆按,亦乞少寬日月,別求吉
兆。有旨集議,臺史憚之,議遂中寢。先生竟上議
狀,言:'壽皇聖德神功,宜得吉土,以奉衣冠之藏,當
廣求術士,博訪名山,不宜偏信臺史罔上誤國之言,
固執紹興坐南向北之説,委之水泉沙礫之中、殘破浮
淺之地。'不報"。《勉齋集》卷三六《朱先生行狀》。上議
狀在紹熙五年十月十日,《年譜長編》卷下。則本書撰
於是月十一日。

朱熹《答蔡季通》:

前日所論,非欲求容,正爲當靈者不靈,恐造物者亦
將無以爲造物耳。然此事如此,似已多時。戰國只孟子
是理會得底,餘人如醉如夢也。《晦庵文集》續集卷二。

案:本書所云"前日所論,非欲求容,正爲當靈
者不靈,恐造物者亦將無以爲造物耳",似指朱熹勸
説丞相趙汝愚以節鉞處韓侂胄,以免其干朝政,然趙
汝愚不聽。時在紹熙五年十月中旬。《年譜長編》
卷下。

朱熹《答蔡季通》:

至臨江,忽被改除之命,超越非常,不敢當也。始者

猶欲且歸里中，俟辭召命予決。今既如此，又得朝士書，皆云召旨乃出上意親批，且屢問及，不可不來。又云主上虛心好學，增置講員，廣立程課，深有願治之意。果如此，實國家萬萬無疆之休，義不可不一往。遂自臨川改轅趨信上，以俟辭免之報。但嶽麓事，前書奉報，乃廷老所定，後兩日，彥忠到，却說合在風雩右手僧寺菜畦之中，背負亭脚，面對筆架山，面前便有右邊橫按掩抱，左邊坂亦拱揖，勢似差勝。但地盤直淺而橫闊，恐須作排廳堂乃可容耳。已屬廷老更畫圖來，納去求正，而未至。更俟其來，當別遣人。但代者乃毀道學之人，未知其能不敗此否耳。熹老矣，方學做官，甚可笑。朝從奔走，皆非所堪。但叨冒過分，上恩深厚，未敢言去耳。經筵陳説，不敢不盡區區。上意亦頗相嚮，但未蒙下問反復，未得傾竭鄙懷耳。君舉在上前陳説極詳緩勤懇，其所長自不可及。區區實敬愛之，非但如來教所云也。通理宗教之命已行，前日亦已歸矣。渠年少家溫，所欠者腹中書耳。得闕遠官，閑更讀數年書，未必不爲福也，何必汲汲於此乎？公濟不長進，只管來討書。若有，相識自不須説，若無，如何寫得？不知他許多禪寄放甚處？臨此等小小利害，便如此手足皆露也。不知今已行未？如未行，煩致意，不成臘月三十日亦問人討書去見閻家老子也？諸公已各爲致意，但黃文叔已逝去，熹來亦不及見之。此非獨吾黨惜之，亦爲宗社惜也。《晦庵文集》卷四四。

案：據《兩朝綱目備要》卷三，紹熙五年十月辛
丑（十四日），“是日，命朱熹講《大學》”；丙午（十九
日），晚講《大學》；二十三日，進講。本書中言“經筵
陳説，不敢不盡區區。上意亦頗相嚮，但未蒙下問反
復，未得傾竭鄙懷耳”，知在朱熹經筵數講以後，故推
知其約撰於十月下旬。

朱熹《答蔡季通》：

諸書已領，劄子又略脩改，説得稍平。人亦多説恐有
此嫌，鄙意獨謂此乃實情，無可疑者，事定乃知其不誤也。
《晦庵文集》續集卷二。

案：據《兩朝綱目備要》卷三，紹熙五年閏十月
四日朱熹上《乞進德劄子》。本書中所云“劄子又略
脩改，説得稍平”，即指此《劄子》。故推知本書約撰
於十月、閏十月之際。

朱熹《答蔡季通》：

今日進講，恭聞玉音，以爲太上心氣漸寧，但尚苦健
忘，發引之前，必得相見。此亦是一大事，幸甚幸甚，恐欲
知之也。不知何時可赴三衢之約？能乘興東下爲數日
款，幸甚。樓、陳諸公亦數奉問也。《晦庵文集》卷四四。

案：據《兩朝綱目備要》卷三，紹熙五年“閏月朔
日，進講至《盤銘》‘日新’”；“越三日晚講”云云。本

書云及"今日進講,恭聞玉音,以爲太上心氣漸寧,但尚苦健忘,發引之前,必得相見",推知其約撰於閏十月四日。

朱熹《答蔡季通》:

北方之傳果爾,趙已罷去,蓋新用李兼濟爲諫官,一章便行,未知誰代其任,此可深慮。某辭免未允,而趙已見諸令復如此,更當費力耳。相知者且如此,況新來者情意不通,未必以爲事也。《晦庵文集》續集卷二。

案:書中言及"北方之傳果爾,趙已罷去,蓋新用李兼濟爲諫官,一章便行",指趙汝愚罷相事。據《宋史》卷三七《寧宗紀一》,慶元元年二月"戊寅,以右正言李沐言,罷趙汝愚爲觀文殿大學士知福州"。李沐字兼濟。故推知本書約撰於是年(1195)二、三月間。

朱熹《答蔡季通》:

旋暈之疾,正當靜養。所需《儀禮》,殊非急務。且其本只兩卷餘是先人點,其後乃某續點。比更欲詳考,則已憚其字小而不敢讀矣。恐亦不能無誤,不足傳後也。細民艱食焦熬,奈何?氣象不佳,令人不知措身之所,不謂事勢急迫至此也。《晦庵文集》續集卷二。

案:書中云及"細民艱食焦熬,奈何?氣象不

佳,令人不知措身之所,不謂事勢急迫至此也",據朱
熹《答劉智夫》(祠請度未必遂)云及"里中今歲艱食,
一番紛擾,今猶未定",似與本書所云"細民艱食焦
熬"相合。又《答劉智夫》云及"陳、彭、楊、項竟又不
免,子直數日前得書,方引孔子微服事見教,今乃懸
鶉百結而不能自免,亦可笑也",《晦庵文集》別集卷二。
陳、彭、楊、項,指陳傅良、彭龜年、項安世諸人,皆於
紹熙五年末、慶元元年初罷官;子直乃趙汝愚字,慶
元元年二月罷右丞相,出知福州。《宋史•宰輔表四》。
故推知《答劉智夫》撰於慶元元年夏間,本書約撰於
稍後。

朱熹《答蔡季通》:

旋暈只是勞心之所致,小試《參同》之萬一,當如牛刀
割雞也。至之兩日在此,察其意,必不校此,當更委曲曉
之耳。《晦庵文集》續集卷二。

案:上書(旋暈之疾)有云"旋暈之疾,正當靜養",
而本書乃云"旋暈只是勞心之所致",推知似在其後。

朱熹《答蔡季通》:

某月日某頓首,已經長至,恭惟君子履之,多納福祐。
未及奉慶,乃辱貽書,良以愧感。又聞服藥見功,又深所
慰。時論如此,未見陽復之驗。自劾之章又復不效,然聞

論者頗喧,勢必不免。然命已下,又不容不盡所懷。見此章奏,旦夕發行,即束裝俟譴矣。《黨錮傳》何必讀?行且親見之矣。某只俟此文字了,更一二日,泰兒行,即上唐石。過門當得求見,餘留面盡。尊嫂孺人萬福,一哥、八哥、三哥以次一一佳侍,兒輩悉附拜問之禮。養正丹再納十粒,服之有效,却徐納去。不宣。某頓首再拜季通老兄。《晦庵文集》別集卷二。

　　案:慶元元年三月三日,朱熹復辭煥章閣待制,並以議祧廟事自劾。五月,復辭職名,並乞致仕。《年譜長編》卷下。書中言及"自劾之章又復不效,然聞論者頗喧,勢必不免。然命已下,又不容不盡所懷",又云"已經長至",故推知本書當撰於是年夏至日稍後。

朱熹《答蔡季通》:

　　前書所云,甚恨忠告之晚。常時鄙笑莊周"爲惡無近刑"之説,自今觀之,亦自不易也。月末專望枉顧,餘得面言。《晦庵文集》續集卷二。

　　案:書中所言"常時鄙笑莊周'爲惡無近刑'之説",乃指朱熹《養生主説》云云。《養生主説》末云"既作《皇極辨》,因感此意有相似者,謾筆之於其後云"。《晦庵文集》卷六七。朱熹《皇極辨》撰於淳熙十六年六月。《年譜長編》卷下。又《兩朝綱目備要》卷四慶元元年十二月丙子條載:"熹以去年十月去國,累

奏辭新命，併乞追還職名，未得請。繼而丞相趙汝愚
罷，太府寺丞呂祖儉以論丞相貶，時事爲之一變。熹
已家居，自以蒙累朝知遇之恩，且尚帶從臣職名，義
不容默，乃草封事數萬言，陳姦邪蔽主之禍，因以明
丞相之冤。子弟諸生更進迭諫，以爲必且賈禍，熹不
聽。蔡元定入諫，請以筮決之，遇遯之同人，熹默然，
取奏藁焚之，因更號遯翁，遂以疾丐休致。”本書“前
書所云，甚恨忠告之晚。常時鄙笑莊周‘爲惡無近
刑’之說，自今觀之，亦自不易也”，疑與此事相關聯，
故推知本書約撰於慶元元年中。

朱熹《答蔡季通》：

二變之說，甚荷見教。比因修《禮》，編得《鍾律》一
篇，頗簡約可觀。大抵盡用本原之書，旦夕當奉呈也。糴
米事適間趙簿來問，不知爲請此錢分付晦伯兄弟如何？
幸度其可否，速見喻，當以囑趙及元善作書也。但吾輩時
運不好，不可自犯脚手，然又不可不爲鄉里計也。《晦庵文
集》續集卷二。

案：朱熹《答黃文叔廈》（八月二十二日）有云“前
此承書未久，即聞去郡，來使遂不復來取報章。今想
已還會稽，不審爲況復何如？時論日新，尚復何說！
因趙主簿歸天台，寓此爲謝”，《晦庵文集》卷三八。撰
於慶元元年八月二十二日。其中趙主簿，當即本書

113

“糴米事適間趙簿來問”之趙簿。又本書言及“但吾輩時運不好，不可自犯脚手，然又不可不爲鄉里計也”，當在慶元時。故推知本書約撰於慶元元年中。

朱熹《答蔡季通》：

《鐘律》之篇，大槩原於盛編，而其先後不同。蓋但用古書本語或注疏，而以己意附其下方，甚簡約而極周盡，學樂者一覽可得梗槩。其他推説之汎濫、旁證之異同，不盡載也。當俟歸日面呈，決求訂正耳。《星經》可付三哥畢其事否？甚願早見之也。近校得《步天歌》，頗不錯，其説雖淺而詞甚俚，然亦初學之階梯也。但恨難得人説話，非惟不能有助，亦自不曉人意，令人鬱鬱無分付處。想亦不能無此歎也。《晦庵文集》卷四四。

案：上書（二變之説）有云“比因修《禮》，編得《鍾律》一篇，頗簡約可觀。大抵盡用本原之書，旦夕當奉呈也”，而本書乃云“《鐘律》之篇，大槩原於盛編，而其先後不同”，知承其後。

朱熹《答蔡季通》：

昨日見報，有因奏對極言《太極》之罪者，累數百言，大率皆攻鄙説。其説甚猷可笑，不知何人所發也？竊恐流布諸書，亦不甚便，更思之，如何？《晦庵文集》續集卷二。

案：《宋史全文》卷二九上載慶元元年七月“甲

辰,吏部郎官麋師旦建言請考覈真偽,未幾除左司員外郎。時有張貴謨者,指論《太極圖說》之非。何澹上言在朝之臣既熟知其邪正之迹,然不敢白發以招報復之禍,望明詔大臣去其所當去者。於是以何澹疏,落趙汝愚觀文殿大學士,罷宮觀"。《兩朝綱目備要》卷四所載略同。本書"昨日見報,有因奏對極言《太極》之罪者,累數百言,大率皆攻鄒說"云云,即指此,推知在趙汝愚落職罷祠之前,約撰於是年七月間。

朱熹《答蔡季通》:

廟記已領,極荷指誨。初欲詳記其本末,守禦計謀,後覺字數太多,稍稍□□□□□此,然已覺繁冗矣。却是台人□得說□□□□節,費却言語也。其《守城錄》台□□□□□□流傳,今但如此提起,有眼目者自應□□□報狀,《岳麓圖》已附去矣。《晦庵文集》續集卷二。

> 案:書中所謂"廟記",乃指朱熹《義靈廟碑》,撰於慶元元年八月。《晦庵文集》卷八九。而書中"廟記已領,極荷指誨。初欲詳記其本末,守禦計謀,後覺字數太多,稍稍□□□□□此,然已覺繁冗矣"云云,推知其約撰於是年秋中。

朱熹《答蔡季通》:

三日來發熱昏冒,不識何證。藥物雜進,殊未見效,良以爲撓。所喻朝聞夕死之意，不勝歎服。然老人之學要當有要約處，恐非《儀禮》之所及也。"費隱"之説，非不欲剖析言之，但終覺費力，强説不行，不免且仍舊耳。二書脩改處想已了，幸早寄及。

　　項平父、劉公度同日遭章，必是理會道學公事。項罷新任，劉補外也。《晦庵文集》續集卷二。

　　案：書中云及"項平父、劉公度同日遭章，必是理會道學公事。項罷新任，劉補外也"，據《南宋館閣錄續錄》卷八、卷九，校書郎項安世（字平父）於慶元元年五月添差通判池州；秘書省正字劉孟容（字公度）於慶元元年九月與添差差遣。又《宋史》卷三九七《項安世傳》云項安世"議復留朱熹，使輔聖學，則人主無失，公議尚存，不報。俄爲言者劾去，通判重慶府，未拜，以僞黨罷"。故推知本書約撰於慶元元年秋末、冬初。

朱熹《答蔡季通》：

"鴻羽可用爲儀"，不知如何解。先儒所謂進退可法者，不知本文有此意否耶？若如鄙意所釋，則不如曳尾於泥中也。眩暈之疾，若得静以養之，自當安定。今乃汩汩應接如此，何由可已？如某目疾，亦是如此。今乃終日寫書，不得一舉首，勢必雙瞽而後已耳。《集注》事前日已失究治，今當爲料理，可便作一狀來，送邑中行遣也。來春

欲一到精舍，或能俱行，即同往觀尤佳。然須有所託以爲
詞，乃爲便也。《晦庵文集》續集卷二。

案："不知本文有此意否耶"句下，《四庫全書》本
有"恐此亦只是可爲旄旐之屬，無進退以禮之義也"
十九字。

上書（旋暈之疾）有云"旋暈之疾，正當静養"，又
上書（旋暈只是勞心之所致）有云"旋暈只是勞心之
所致"，而本書亦云"眩暈之疾，若得静以養之，自當
安定。今乃汩汩應接如此，何由可已"，又云"來春欲
一到精舍，或能俱行，即同往觀尤佳"，故推知本書約
撰於慶元元年冬中。

朱熹《答蔡季通》：

歐公疑《周禮》説荷録示。荆公必嘗親見其説，但今
集中無所見，只有策問一二條，亦略見不能無疑之意耳。
《新史》是紹聖所作，荆公既有此語，史官自是不敢不書
也。華詞固無益，然專貴吏材而不及行義，乃當時之深蔽
也。時論又大變，且夕必見及，其兆已見矣。《星經》、《參
同》甚願早見之，只恐竄謫，不得共講評耳。《晦庵文集》續
集卷二。

案：《宋史·寧宗紀一》載慶元元年十一月丙午
（二十五日），趙汝愚責授寧遠軍節度副使，永州安
置；次年正月卒於永州。本書語及"時論又大變，且

夕必見及，其兆已見矣。《星經》、《參同》甚願早見之，只恐竄謫，不得共講評耳"，而未及趙汝愚卒，故推知其約撰於元年十二月初或稍後。

朱熹《答蔡季通》：

"兔者吐生光"，昨日閑思此語，忽記《毛穎傳》有"吐養萬物有功"之句，意此等語必先有出處，故二書各用之耳。或知其說，幸以見教。十二相屬起於何時？首見何書？亦望并及之也。《晦庵文集》續集卷二。

案：下書（《參同契》尚多誤字）有云"《穎傳》云其先明視，佐禹治東方，吐養萬物。又云吾子孫當吐而生，恐兔之得名以吐之故，但吐養云云，未知所出耳"，本書乃云"'兔者吐生光'，昨日閑思此語，忽記《毛穎傳》有'吐養萬物有功'之句"，知在其前。

朱熹《答蔡季通》：

《參同契》尚多誤字，可早作考異示及。納甲之說，《屯》、《蒙》皆用上下卦初爻，何耶？《穎傳》云其先明視，佐禹治東方，吐養萬物。又云吾子孫當吐而生，恐兔之得名以吐之故，但吐養云云，未知所出耳。昨看《周禮·磬氏》疏中引"案《樂》云磬前長三律，二尺七寸，後長二律，尺八寸"，不知所謂樂者是何書？亦告批喻。《晦庵文集》續集卷二。

案：上書（歐公疑《周禮》說荷錄示）有云"《星

經》、《參同》甚願早見之”，本書乃言“《參同契》尚多
誤字，可早作考異示及”，推知約撰於其後。

朱熹《答蔡季通》：

丹經甚煩讎正，然亦尚有一二處可疑，當俟面請。磬
説更無可疑，幸少黜先入之言，而以公共之心度之，則知
鄙意之不繆。如《周髀經》，雖區區所未讀，然試以前書所
論勾股兩弦之説考之，恐賢者未免錯解古經也。使還，奉
報草草。已與諸友約開正同登西山矣。

猿鶴事更煩一哥兄弟子細爲檢。所云雜書，不知是何書？

又《韓詩》“挈提陬維”，其義云何？上文角根既是辰
卯，則此當爲寅位，孟陬東□之維，不知是否？又恐是總言
四維也。　《晦庵文集》續集卷二。

　　案：上書（《參同契》尚多誤字）言及“《參同契》
尚多誤字，可早作考異示及”，本書乃云“丹經甚煩讎
正，然亦尚有一二處可疑”，知承其後。又本書中言
及“已與諸友約開正同登西山矣”，“開正”當指慶元
二年正旦，故推知本書約撰於元年末。

朱熹《答蔡季通》：

諸説荷垂示，但《本草》亦止説吐生，而不言其得名之
自此也。相屬之説，若以廿八宿之象言之，則唯龍與牛爲
合，而它皆不類。至於虎當在西而反居寅，鷄爲鳥屬而反

居西,則又舛之甚者。今亦未敢論此,只欲見得本來出處,更望詳考見報也。《晦庵文集》續集卷二。

案:上書("兔者吐生光")言及"吐生光"、"十二相屬",本書乃言"但《本草》亦止説吐生,而不言其得名之自此也。相屬之説,若以廿八宿之象言之,則唯龍與牛爲合,而它皆不類",知承其後,約撰於慶元二年(1196)初。

朱熹《答蔡季通》:

所喻謹悉,恨未得登山,以觀瀲灎深碧之地,它非所及也。《太極》文字儲宰云已録寄,并某書及《中庸或問》下册小簡皆往,何爲今尚未到? 一哥所寄《集略》,便令對讀,且夕納去,不及別作答也。封牌所喻得之,但不見三書之意,不知改之爲"三"如何? 留疏偽學,以上下文考之,正謂永嘉耳。《晦庵文集》續集卷二。

案:儲宰,指儲用,時"知建陽,有惠政,朱子亟稱之,會黨禁起,罷去"。《閩中理學淵源考》卷一八。《四朝聞見録》丁集《慶元黨》載"慶元三年丁巳春二月癸丑省劄"中疏朱熹"有大罪六",其五曰"熹既信妖人蔡元定之邪説,謂建陽縣學風水有侯王之地。熹欲得之,儲用逢迎其意,以縣學不可爲私家之有,於是以護國寺爲縣學,恐是政和以縣學爲護國寺。以爲熹異日可得之地"。又"留疏偽學",指慶元二年正月二十四日右諫議大夫劉德秀奏論宰相留正引僞學之徒以危社稷事。《年譜長編》卷下。故推知本書約撰於慶元二年二月中。

朱熹《答蔡季通》：

得履之書如此，亟以奉呈，恐欲預有所處也。然不必匆匆，但當有以待之耳。葉正則遭論，鐫兩秩罷去，并毀其書板。章中已見及，名次甚高，與履之所云相表裏。勢只旬月間，須有處分。又聞前日寒泉會哭，已有告言路者。周元興聞之城下吳生，赴省歸者云然，當非妄傳，亦可略語韜仲也。《晦庵文集》續集卷二。

　　案：書中云“又聞前日寒泉會哭”，指朱熹得趙汝愚卒於衡陽，赴寒泉哭弔。朱熹《答林井伯》（衡陽之報）有云“前日走寒泉，與韜仲父子聚哭之，極不能爲懷也”，即指此。《晦庵文集》別集卷一。《答林井伯》撰於慶元二年二月中下旬或稍後。又據《宋會要輯稿·職官》七三之二一載，慶元二年三月十二日，總領淮東葉適降兩官放罷。本書中所云“葉正則遭論，鐫兩秩罷去”，又云“赴省歸者云然”，故推知本書約撰於是年三月下半月。

朱熹《答蔡季通》：

石磬，聞平江不難得，欲託人作小者數枚，但不能得合新律。幸爲思之，合用幾枚？其長短厚薄之度如何？
幸悉批喻也。《晦庵文集》續集卷二。

  案：上書（《參同契》尚多誤字）言及“案《樂》云磬前
長三律，二尺七寸，後長二律，尺八寸”，本書乃云“石
磬，聞平江不難得，欲託人作小者數枚，但不能得合新
律”，推知當在其後，亦約撰於慶元二年春或稍後。

朱熹《答蔡季通》：

平江磬材，聞不難致，此見有的便，告考定格式，剪紙
作樣，一兩日間示及，當往屬相識求之。但觸其弦之説，
須依公指定乃佳，不可徇偏説也。《晦庵文集》續集卷二。

  案：上書（石磬）有云“石磬，聞平江不難得，欲
託人作小者數枚”，本書云及“平江磬材，聞不難致，
此見有的便，⋯⋯一兩日間示及，當往屬相識求之”，
知承其後，約在年中。

朱熹《答蔡季通》：

《星經》紫垣固所當先，太微、天市乃在二十八舍之
中，若列於前，不知如何指其所在？恐當云在紫垣之旁，
某星至某星之外，起某宿幾度，盡某宿幾度。又記其帝坐
處，須云在某宿幾度，距紫垣幾度、赤道幾度，距垣四面各
幾度，與垣外某星相直。及記其昏見及昏旦夜半當中之
月。其垣四面之星，亦須注與垣外某星相直，乃可易曉。

不知盛意如何也？

《參同》二册、鍾乳一兩納上。《考異》熹安能決其是非？但恐文義音讀間有可商量處耳。《晦庵文集》卷四四。

　　案：上書(《參同契》尚多誤字)有云"《參同契》尚多誤字，可早作考異示及"，本書乃云"《考異》熹安能決其是非？但恐文義音讀間有可商量處耳"，知承上書，推知約撰於慶元二年中。

朱熹《答蔡季通》：

前日所扣竟當如何？幸早見教，以解煩惑，幸甚幸甚。諸事却未聞焚滅之命。《中庸》必已了矣，早得數本爲惠，幸甚幸甚。《晦庵文集》續集卷二。

　　案：慶元二年六月十五日，國子監奏乞毀理學之書。《年譜長編》卷下。故本書有言"諸事却未聞焚滅之命"，推知約撰於是年秋間。

朱熹《答蔡季通》：

平江人欲遣行，磬式幸裁定示及。黃鍾一均六律，各隨大小畫樣，以所定古尺爲準，各餘半寸以上，以備磨錯乃佳。仍告早示下也。前日所說磨崖刻《河》《洛》《先天》諸圖，適見甘君說(閣)[閤]皂山中新營精舍處有石如削，似可鐫刻，亦告以一本付之。《先天》須刻卦印印之乃佳，但篆隸碑子字畫皆不滿人意，未有可寫之人爲撓耳。令伯謨篆，如何？《晦庵文集》續集卷二。

案：上書（平江磬材）有云“告考定格式，剪紙作樣”，本書乃云“平江人欲遣行，磬式幸裁定示及”，知承其後。又朱熹《書河圖洛書後》云“閤皂甘君叔懷欲刻二圖山中，覽者未必深考，又當大啓争端，聊書以識之。慶元丁巳上元節日”。《晦庵文集》卷八四。本書“前日所説磨崖刻《河》《洛》《先天》諸圖，適見甘君説（閣）[閤]皂山中新營精舍處有石如削，似可鐫刻，亦告以一本付之”云云，即指此，故推知本書約撰於慶元二年冬間。

朱熹《答蔡季通》：

磬式謹領，但求觸弦是兩節事。必如來喻，則既以兩矩齊等求弦，而又以矩之博益一矩之長而觸其弦，亦無害於所謂來歷者。必若勾短而股長，則其一矩爲股者，今雖未長而終必長。其曰股者，蓋即今之短，而以其終之長命之也。又如兩端相望然後爲弦，則來喻固兩端相望，而某説亦未嘗不兩端相望也。但季通欲裁股博之下以觸弦，而某則裁其上爲小異耳，然亦未嘗不合也。但如某説，則簡而通，如來喻，則煩而窒，多所遷就而後合耳。《晦庵文集》續集卷二。

案：上書（平江人欲遣行）有云“平江人欲遣行，磬式幸裁定示及”，本書乃云“磬式謹領”，知承其後。

朱熹《答蔡季通》：

三圖須作篆，乃有古意，便當遣人送伯謨處也。但磬式股鼓俱大，似是誤筆。今別考《禮》注，畫黃鍾一枚去，幸細考之。若合如此，即別爲作六枚，併此付來也。其厚亦有等差耶？或但長短不同而博厚如一也？并告依此界一側面，使有定論。老兄平時於此極精密，不知何故今此殊草草也？龜兆之説，未曉所謂。不知當近界弦處耶？當遠之也？又不知界弦是龜中直紋耶？是四外邊界也？幸更批喻。《晦庵文集》續集卷二。

案：上書（平江人欲遣行）有云"前日所説磨崖刻《河》《洛》《先天》諸圖"，又云"令伯謨篆，如何"，本書乃言"三圖須作篆，乃有古意，便當遣人送伯謨處也"，知承其後。又朱熹《答方伯謨》（別近旬日）云及"欲煩篆數十字，納去紙兩卷，各有題識，幸便爲落筆，欲寄江西刻之巖石。有人在此等候"，《晦庵文集》卷四四。正指此事。《答方伯謨》撰於慶元三年（1197）正月中，故推知本書約撰於一時先後。

朱熹《答蔡季通》：

某聞以臺察文字，已有褫職罷祠之命。祠禄恰滿，餘未被受，亦未見章疏云何。儲行之書來，説渠亦遭章説移學，切恐亦不能不波及賢者，亦可笑也。《晦庵文集》別集卷二。

案：慶元二年十二月二十六日，因御史奏劾，朱熹落職罷祠,蔡元定編管道州,知建陽縣儲用特降兩官;三年正月二十七日省劄下到。《年譜長編》卷下。本書云及"某聞以臺察文字,已有褫職罷祠之命。……亦未見章疏云何。儲行之書來,説渠亦遭章説移學,切恐亦不能不波及賢者"。故推知本書當撰於三年正月中。

朱熹《答蔡季通》:

磬式已定,但恐石璞不必太大,四邊只各留半寸許可也。博厚之制,前書誤謂諸律一等,後來細讀,始知其繆耳。《參同》寫得一本稍分明,俟皆了納去,更煩一看,便可刊刻矣。藍家墻界未得消息,築者停手以待。幸早寄信去,得遣一親信人來乃佳。不然,即且依界築矣。切望留念。省劄至今不到,昨夕忽夢得餘干,想今日必到也。鈞孫在鋪下,切煩三哥誨督之,不可待以朋友之禮也。切祝切祝! 南遊去住,當已有決計矣。《晦庵文集》續集卷二。

案:上書(三圖須作篆)有云"但磬式……其厚亦有等差耶? 或但長短不同而博厚如一也? 并告依此界一側面,使有定論",本書乃云"博厚之制,前書誤謂諸律一等,後來細讀,始知其繆耳",知承上書。又本書云及"省劄至今不到,昨夕忽夢得餘干,想今日必到也",餘干指趙汝愚,卒於貶責塗中;省劄當指朱熹落職罷祠、蔡元定編管道州之命,行於慶元二年十二月二十六日,三年正月二十七日下到建陽,朱熹上謝表。《年譜長編》卷下。故朱熹以夜夢趙汝愚來卜貶責省劄下到之時,則推知本書約撰於三年正月二十七日或稍前。本書中"南遊去住",當亦指蔡元定編管道州事。

朱熹《答蔡季通》:

昨日歸來,意緒不佳,幾成大病。向晚擁裘附火,幸得少定。方念未聞經夕動靜,忽辱手示,忻慰。律準已領,圖志先納上,諸書及藥容來晚上去面納次。此間書冊在書几者,一哥必知。次第恐或要用,即就請幸預戒之也。里中恐有留委,幸見喻。既欲歸長沙,想只取劉原路。初欲先走莒口奉別,今只宿市中,以俟發程矣。《晦庵文集》別集卷二。

案:書中云及"昨日歸來,意緒不佳",又云"里中恐有留委,幸見喻。既欲歸長沙,想只取劉原路。初欲先走莒口奉別,今只宿市中,以俟發程矣",當指蔡元定編管道州、登程前夕事,故推知本書撰於三年正月二十八日。

朱熹《答蔡季通》:

昨日之別,令人黯然。然觀賢者處之裕如,又足強人意也。不審晚間便發程否?前途千萬加意調節,言語諸事，更宜謹密，飲酒戲笑，皆宜切戒。歸來便覺有相窺伺者，次第恐亦不免，久當自知之。一書至直卿，亦煩爲託周幹附去或遞去。前日亦忘此，可見昏罔也。昨日二尺，短者是周尺，長者是何尺耶？是景表尺否？皆望批喻。《晦庵文集》續集卷三。

案：本書有云"昨日之別，令人黯然。……不審晚間便發程否"，推知當撰於是月三十日。

朱熹《答蔡季通》：

自奉別後，惘惘至今，不能忘于懷。計行已過杉嶺，不審道間爲況如何？武陽曾少留否？既不登車，只得緩行，無傷吾足乃佳耳。一路皆有知舊，必不落寞，但恐却有應接之煩耳。某幸無它，諸生既來，遣之不去，亦姑任之。若有禍害，亦非此可免也。但極難得人講究文字，義理深處，便無人可告語，殊憒憒，益懷仰耳。至舂陵，煩爲問學中濂溪祠堂無恙否。某向有一祝版，亦不知在與不在，因風語及也。《晦庵文集》續集卷三。

案：武陽乃邵武別稱，杉嶺在邵武城西。書中言及"計行已過杉嶺，不審道間爲況如何？武陽曾少留否"，故推知其約撰於二月上旬。

朱熹《答蔡季通》：

前日埶行，已拜狀，不審即日行次何許？每念遠別，不勝惆悵。至於讀書玩理，欲講而無從，又不但常人離別之思也。云云。熹連日讀《參同》，頗有趣，知"千周萬遍"非虛言也。但恨前此不得面扣耳。向見爲抄一册《卦氣消息》者，不知了未？幸語一哥，取以見予也。又讀《握機後語》"何也"數條，尤奇。昔蓋未有此體，亦恨不得究其説耳。平日相聚，未知其樂，別後乃覺闕事，可歎可歎。《晦庵文集》卷四四。

案：本書又云"前日埶行，已拜狀，不審即日行次何許？每念遠別，不勝惆悵"，知在別後不久，約撰於二月中。

朱熹《答蔡季通》：

別後得到豐城及宜春書，知途中諸況，足以爲慰。但至今尚未聞到春陵，復深以爲懸念。每至讀書講學無可咨扣、無可告語，尤覺仰德之深也。比日恭惟尊候萬福，三哥、子陵一一安佳。此亦時得一哥書，八哥前日入城，亦過此。熹足病前日幾作，今又小定，未知竟如何。但精神日耗，血氣日衰，舊學荒蕪，有退無進，恐遂没没無聞而死耳。《樂書》非敢忘之，但方此齟舌，豈敢更妄作耶？此書決然泯没不得，近看他人所説，更無堪入耳者，不知老兄平日與元善相處，曾説到子細處否？但恐子期不曾聽得，便只似不曾説也。近因諸人論琴，就一哥借得所畫圖子，適合鄙意。乃知朝端只説得黄鐘一均内最上一弦，而遽以論琴之全體,宜乎膠固偏執而無所合也。學不欲陋,豈不信然!偶有邵州便,託彦中附此,亦令過一哥處取安問矣。政遠,千萬爲道自愛。《晦庵文集》卷四四。

案:自首句至"豈不信然",又重載於《晦庵文集》續集卷三,僅個別文字有異同。

書中言及"別後得到豐城及宜春書,知途中諸況,足以爲慰。但至今尚未聞到舂陵",故推知其約撰於是年二、三月之際。

朱熹《答蔡季通》:

昨州兵之歸得書,知已到彼,足以爲慰。僦居寬廣,物價廉平,足以度日。此外想無他撓,高懷所處,亦無適而不安也。趙守得書甚留意,寺居雖有約束,然遠郡荒僻,舍此則無以待賓旅,往往亦不能一一遵守。頃在南康,此寺常爲客館。若自遠嫌,不欲居之,則亦無害。更託人宛轉白之,使知曲折可也。翁丞便是德功丈之孫否耶?渠向來坐事,乃尊來見囑,力不能及之,想未必不見訝也。《晦庵文集》續集卷三。

案:上書(別後得到豐城及宜春書)云朱熹已得蔡元定"到豐城及宜春書",而"尚未聞到舂陵(道州)",本書乃言"昨州兵之歸得書,知已到彼",則推知蔡元定約三月末抵道州,則朱熹本書約撰於四月中。

朱熹《答蔡季通》：

彼中風土氣候果如何？地主既鄉曲，想必有以相處，居止亦便安否？乍到，未甚定疊，亦是常事，少頃當自妥帖矣。一哥前日到此，云尊嫂曾少不安，亦只是舊疾，尋亦向安矣。居晦來日就道，某季子挈婦來歸，不免小宂。漫附數字，所欲扣者，非遠書所能致，所可言者，亦不暇究悉也。唯千萬自愛爲禱。居晦適相別，因語之云，賤迹不可知，若得在嶺右，當得託餘芘。此非戲語，已十分作此準擬矣。景建詩甚佳，顧鄙拙不足當耳。書中甚知敬服，後生亦不易得似此會得人説話者也。向曾説區淳者否？似只是全、道間人，可試物色收拾之也。知舊相勸杜門謝客者多，鄙性不耐如此，又已作如此斷置，固不復能顧慮也。居晦必有回便，幸子細作報章，欲詳知彼中動息也。《晦庵文集》別集卷二。

　　案：上書（昨州兵之歸得書）有云"昨州兵之歸得書，知已到彼，足以爲慰。儵居寬廣，物價廉平，足以度日"，本書乃云"彼中風土氣候果如何？地主既鄉曲，想必有以相處，居止亦便安否？乍到，未甚定疊，亦是常事，少頃當自妥帖矣"，知承其後。

朱熹《答蔡季通》：

《禮書》附疏未到，已與一哥説，不若俟斷手後抄之。今只寫得一截，無疏，尤不濟事也。三哥爲況如何？想不廢讀書作文,比之家居,更省應接,當日有新功也。此間塊處,有疑無所講,殊覺憒憒。《晦庵文集》續集卷三。

　　案：慶元三年三月初,《禮書》草成,定名《儀禮集傳集注》。《勉齋先生黃文肅公年譜》。本書云及“《禮書》附疏未到,已與一哥説,不若俟斷手後抄之。今只寫得一截,無疏,尤不濟事也。三哥爲況如何”。一哥乃蔡元定長子蔡淵,三哥指蔡沈,侍從蔡元定至道州。故推知本書約撰於是年夏中。

朱熹《答蔡季通》：

　　昨因見人説琴無歸著,謾疏所疑,得數千字。欲寫奉寄,而昨晚一哥方報,今日便有人行,遂不暇及,當俟後便也。或有鄭尚明《琴史》十餘卷,緊要處都不曾説著,只是閑話耳。其書亦是集古今人所説,乃止如此,是凡事不曾有人理會到底也。以法言之,亦當用旋宫法。但恐以諸短律爲宫,則弦不惟不可彈,亦不可上矣。故或説琴只用黃鍾一均,似有此理。然又只成隋文帝、何妥之樂,可笑耳。可預考之,俟寄所草去求正也。《晦庵文集》續集卷三。

　　案：書中言“昨因見人説琴無歸著,謾疏所疑,得數千字。欲寫奉寄,而昨晚一哥方報,今日便有人行,遂不暇及,當俟後便也”,下書(頃奉記後辱惠書)乃云“《琴説》納呈,幸爲訂其繆,子細見喻”,知承本書。

朱熹《答蔡季通》:

頃奉記後辱惠書,具聞動息,足以爲慰。居夷當已成趣,但能素位而行,亦何入而不自得也? 但聞三哥不快,甚以爲念。計今當已向安矣。覺得渠書中語意似放未下,更當有以開曉之也。《琴説》納呈,幸爲訂其繆,子細見喻。更有一圖,無人畫得。大率與候氣淺深同是一法,第一弦尤可見。其下諸弦乃遞償向上取聲耳。精舍已空,眼前朋友亦不長進,只前日永嘉一二人來,稍可告語,今已去矣。《參同契》更無縫罅,亦無心力思量得他,但望它日爲劉安之雞犬耳。

到此,見人説趙守家人歸,云自始至投館光孝,而寺僧自言於官,云此人長大,恐不能制,遂移它處。此必戲語,可發一笑也。《晦庵文集》續集卷三。

案:本書原與上書(昨因見人説琴無歸著)合爲一書。

上書(昨州兵之歸得書)有云“趙守得書甚留意”,本書云“見人説趙守家人歸,云自始至投館光孝”,知在其後,約撰於夏末、秋初。

朱熹《答蔡季通》:

三哥所苦痁疾,想已向平復。千萬寬心將護,着頭緒讀書,涵泳義理,久之有味,自不見得世間利害榮辱之有異也。《晦庵文集》續集卷三。

案：上書（頃奉記後辱惠書）有云“但聞三哥不
快，甚以爲念”，本書乃云“三哥所苦痁疾，想已向平
復”，知在其後。

朱熹《答蔡季通》：

周南仲竟不免，近日方見報行章疏，甚可笑也。蘇守
已屬計臺矣。三哥不及別書，想閑暇儘得讀書作文也。
《參同契》一哥已下手刻版矣，轉看轉曉不得。《晦庵文集》
續集卷三。

案：蔡淵刊刻《周易參同契》在慶元三年七月
間。《年譜長編》卷下。本書云及“《參同契》一哥已下
手刻版矣”，推知其約撰於此時稍後。

朱熹《答蔡季通》：

素患難行乎患難，吾人平日講之熟矣。今日正要得
力。想爲日既久，處之愈安，不以彼此遲速貳其心也。趙
守易地，後來者不相識，元善必已報去矣。賤迹復挂彈
文，繼此須更有行遣，只得靜以俟之。若得在湖、嶺之間，
庶得聲問易通，亦一幸也。《律書序》客中不暇檢尋，須俟
還家，即爲整葺，後便奉寄也。《晦庵文集》續集卷三。

案：書中言“賤迹復挂彈文，繼此須更有行遣，
只得靜以俟之”，據《道命録》卷七下，閏六月六日，朝
散大夫劉三傑論“僞黨”變爲“逆黨”，指朱熹爲黨魁。

又八月中，黃榦丁母憂自廬陵護喪東歸，朱熹南下順昌弔之。《年譜長編》卷下。本書言及"《律書序》客中不暇檢尋，須俟還家，即爲整葺，後便奉寄也"，故推知其撰於八月客中。

朱熹《答蔡季通》：

閑中些小疾疢，所不能無。但在我者已看得破，把得定，則外物之來終不能爲吾患矣。所喻雖知已放得下，然亦不必大段安排也。趙守長厚，乃遽它適，新侯聞是黃門之後，但無人識之，不知又如何。若得其有家法，思舊事，必能善視遷客也。《晦庵文集》續集卷三。

案：上書（素患難行乎患難）有云"趙守易地，後來者不相識"，本書乃云"趙守長厚，乃遽它適，新侯聞是黃門之後，但無人識之，不知又如何"，知承其後。

朱熹《答蔡季通》：

所需《律序》，乍歸未暇檢尋舊本，且夕得之，即寫本寄去。鄙意但能説得有所據依而非蹈襲之意，它不能有所發明也。《禮書》未附疏，本未可寫，以見喻再三，恐亟欲見其梗槩，已取《家禮》四卷并已附疏者一卷納一哥矣。其後更須年歲間方了。直卿又以憂歸，前日到順昌弔之。渠云歸安葬畢，却可與履之兄弟大家整頓也。《琴説》向寄去者尚有説不透處，今別改定一條録呈，比舊似差明白。《晦庵文集》續集卷三。

案：上書（素患難行乎患難）有云"《律書序》客
中不暇檢尋，須俟還家，即爲整葺，後便奉寄也"，本
書乃言"所需《律序》，乍歸未暇檢尋舊本，旦夕得之，
即寫本寄去"，又云"直卿又以憂歸，前日到順昌弔
之"，故推知約撰於八、九月之際。

朱熹《答蔡季通》：

云云。《琴説》向寄去者尚有説不透處，今別改定一條
録呈，比舊似差明白，不審盛意以爲如何？琴固每絃各有
五聲，然亦有一絃自有爲一聲之法，故沈存中之説未可盡
以爲不然。大抵世間萬事，其間義理精妙無窮，皆未易以
一言斷其始終。須看得玲瓏透脱，不相妨礙，方是物格之
驗也。衆至之患，賢者所未免，乃以散遣諸生見教，何耶？
此亦任其去來，若有患難，雖杜門齰舌，亦未必可免也。
《晦庵文集》卷四四。

案："《琴説》向寄去者尚有説不透處，今別改定
一條録呈，比舊似差明白"語又見上書（所需《律序》），
則知本書乃上書之下半部分，故書首有"云云"二字。

蔡元定《與朱元晦書》：

近已曉得，但絣定七絃，不用調絃，皆可以彈十一宫。
《朱子語類》卷九二。

案：《朱子語類》卷九二載沈僩曰："今人彈琴都不知孰爲正聲，若正得一弦，則其餘皆可正。今調弦者云，如此爲宫聲，如此爲商聲，安知是正與不正？此須審音人方曉得。古人所以吹管，聲傳在琴上。如吹管起黄鍾之指，則以琴之黄鍾聲合之，聲合無差，然後以吹徧合諸聲。五聲既正，然後不用管，只以琴之五聲爲準，而他樂皆取正焉。季通書來説：'近已曉得……'"據朱熹上書（昨因見人説琴無歸著）有云"但恐以諸短律爲宫，則弦不惟不可彈，亦不可上矣"，推知本書似承其後，約撰於是年秋或稍前。

朱熹《答蔡季通》：

近至政和，見陳廷臣_{朝老}。崇寧間以布衣上書論事，謫居舂陵，作詩甚多，亦有佳句。陳乃政和人，議論鯁切，不易得也。不知彼中尚有其踪迹否？昨附去《琴説》，有一圖説逐弦五聲者，此却失了元本，煩三哥爲檢録來。只依元本闊狹界行填注，不須更寫前後説也。《晦庵文集》續集卷三。

案：上書（所需《律序》）有云"《琴説》向寄去者尚有説不透處，今別改定一條録呈，比舊似差明白"，本書乃言"昨附去《琴説》，有一圖説逐弦五聲者，此却失了元本，煩三哥爲檢録來"，知承其後，約撰於是年秋末冬初。

朱熹《答蔡季通》：

前日丘仲高行後，尋得《律書序》草，今略序定。又適有彥中處便人過門，因附以行，度必先丘子到也。年來精力衰退，文字重滯無氣焰。此又是三五年前者，今日亦做不得矣。它所欲言，略具前書，其不能盡者，亦非此所能盡也。序中恐有未是處，更告詳細點檢，一一見喻，不敢憚改也。自餘千萬自愛爲禱。《晦庵文集》續集卷三。

案：上書（所需《律序》）有云"所需《律序》，乍歸未暇檢尋舊本，且夕得之，即寫本寄去"，本書乃云"前日丘仲高行後，尋得《律書序》草，今略序定"，知承其後，約撰於是年冬間。

朱熹《答蔡季通》：

客中得一二同志早晚講論，想亦不覺度日也。近報令臺諫侍從集議赦條，前此未嘗有此，豈欲大施沛宥、盡釋纍囚也耶？但在我者，只得爲久駐之基耳。諸朋友所讀何書？其所講論亦有可示及者否？比自城歸後，學館一空，亦自省事。閑中却自看得少文字，但昏忘日甚，過眼輒不復記。覺得不是讀書時節，只好閉目静坐耳。《琴說》前已寄去，後又寄改定數字，不知已到未？《律書序》亦已附草本去，因有回便，幸喻及可否也。《晦庵文集》續集卷三。

案：上書（前日丘仲高行後）有云"前日丘仲高

行後,尋得《律書序》草,今略序定。又適有彥中處便
人過門,因附以行",本書乃云"《律書序》亦已附草本
去,因有回便,幸喻及可否也",知在其後。

朱熹《答蔡季通》:

需恩曠蕩,未聞施行,而留、趙四公存没之恩皆格不
下,未知賢者去住復何如?計高懷必有以處。顧舊山朋
遊未得遽承唔,徒爲恨耳。諸喻已悉。偶連日腳氣上攻,
今方少下,而右拇緩弱,不能握筆,又亟欲上五夫,力疾撥
冗,附此數字。似聞有類聚討論之旨,仍有期限。然則不
過中春,亦須見得果決。若便歸得,何其快也!《晦庵文
集》續集卷三。

> 案:上書(客中得一二同志早晚講論)有云"近
> 報令臺諫侍從集議赦條,前此未嘗有此,豈欲大施沛
> 宥、盡釋纍囚也耶",本書乃云"需恩曠蕩,未聞施
> 行",知承其後。又朱熹《答蔡伯静》(前日八哥來訪)
> 云及"昨聞留、趙、徐、吕之報,已令劉二哥奉聞矣。
> 事勢如此,不知尊丈歸期竟如何。當此歲莫,令人慨
> 念不能平也",《晦庵文集》續集卷三。則推知本書亦當
> 撰於三年末。

朱熹《答蔡季通》:

廟議亦不盡記,若士大夫以下,自有定制。但今廟不

成廟，即且依程夫子説，自高祖而下，亦未爲僭也。《晦庵文集》續集卷二。

案：朱熹《答吳斗南》（所示廟議）有"所示《廟議》，乃全用《左氏》'臨于周廟'一條爲説，然不知似此安排有何經據？如高祖以下通爲禰廟，已非所安，又皆以西爲上，乃後漢同堂異室之制，無復左昭右穆之分，非古法也"云云。《晦庵文集》卷五九。疑即述此。《答吳斗南》撰於慶元三年或稍後。

朱熹《答蔡季通》：

似聞從游之士日衆，其間當有可與晤語者，則爲況亦當不至落寞。句呈免與不免，本非所較。康節先生所謂打乖，正謂此也。一哥兄弟亦自識道理，曉事勢，凡百忍耐，不至有他。此間如封贈奏薦皆不敢陳乞，元善遣使請祠，已至都下。聞劉、趙、徐、吕之報，亦復縮手。平生謾説隨時之義，只是傳聞想象。今日始是身親歷過，與口説不同，想亦深得此味也。《晦庵文集》續集卷三。

案：上書（需恩曠蕩）有云"需恩曠蕩，未聞施行，而留、趙四公存没之恩皆格不下"，本書乃云"元善遣使請祠，已至都下。聞劉、趙、徐、吕之報，亦復縮手"，即"留、趙四公"，即指劉、趙、徐、吕四人，故推知本書撰於其後，約在慶元四年（1198）初。

蔡元定《與文公書》：

定自別後，經今二春，有違尊顏，侍履吉慶，親眷一一嘉勝，欣慰欣慰。感歎近日朋友躬行不力，教之豈可循常？大抵立教當以性與天道爲先，自本而支，自源而流，使人□有定見，則邪説莫能移。若只治其末而忘其本，下學上達，固是常事，然世衰道微，邪説交作，學者不知本原之所在，其有不惑於異端之説者幾希。天下道理若亂絲牛尾，彼日月至焉者，固難望其有成也。苟工夫無間，溫繹及時，不使之淫於佛老，則可以漸造聖賢之極致矣，與因循歲月者自不同也。《西山公集》。

案：慶元三年正月二十七日，蔡元定編管道州。《年譜長編》卷下。本書有云"定自別後，經今二春，有違尊顏"。故推知其約撰於慶元四年初。

又，蔡格《至書序》云："昔者格見先公與先師文公書曰：'世道既降，邪説交作，人心昏晦也久矣，苟不先示之以本源，學者鮮不惑異端之説者幾希。'"《素軒公集》。即本書中語。

蔡元定《與朱元晦書》：

近來深曉養生之理，盡得其法，只是城郭不完，無所施其功也。《朱子語類》卷一二五。

案：《朱子語類》卷一二五載沈僴所記曰："今年得季通書，説'近來深曉養生之理，盡得其法，只是城郭不完,無所施其功也'。看來是如此。"據《朱子語類·姓氏》,沈偶乃戊午(慶元四年)以後所聞。故推知本書約撰於是年春中。

朱熹《答蔡季通》:

熹自開正即病,至今未平。今日方能把筆作書,足猶未能平步也。氣血日衰,前去光景想亦不多。病中塊坐,又未能息心休養,才方繙動冊子,便覺前人闊略病敗,欲以告人而無可告者,又不免輒起著述之念,亦是閑中一大魔障,欲力去之而未能。以此極思向來承晤之樂,未知此生能復相從如往時否耳。知看《語》、《孟》有味,深慰所願,已許誨示,幸早寄及也。前書奉扣琴譜旋宮之法,不知考得果如何?若初弦一定,不復更可緊慢,恐無是理也。《晦庵文集》卷四四。

案:書中有言"熹自開正即病,至今未平。今日方能把筆作書,足猶未能平步也",朱熹慶元四年初大病瀕危,六十餘日漸復。《年譜長編》卷下。故推知本書約撰於四年季春時。

朱熹《答蔡季通》:

琴中旋宮一事,正爲初絃有緊慢,而衆絃隨之耳。若一定而不可移,則旋宮之法何所施耶?但恐午未以後聲太高急而小絃斷絕,故疑所謂五降者,乃謂蕤賓以下不可爲宮耳。此說固未必然，然與今所謂一定而不可易、古所謂隨十二月爲宮者，似得中制。試更推之如何，復以見教也。《參同》之說，子細推尋，見得一息之間便有晦朔弦望：上弦者，氣之方息，自上而下也；下弦者，氣之方消，自下而上也；望者，氣之盈也，日沈于下而月圓于上也。晦朔之間者，日月之合乎上，所謂“舉水以滅火，金來歸性初”之類是也。眼中見得了了如此，但無下手處耳。自從別後，此等事更無商量處，劇令人憒憒。今此病中，又百事不敢思量，未知異時賢者之歸，得復相見論此否耳。《晦庵文集》卷四四。

　　案：上書（熹自開正即病）有云“前書奉扣琴譜旋宮之法，不知考得果如何”，本書中亦論及“琴中旋宮一事”，且又云“今此病中，又百事不敢思量，未知異時賢者之歸，得復相見論此否耳”，推知其約撰於是年春末。

朱熹《答蔡季通》：

精舍闃然，時有一二，亦不能久。法器固不敢望，其能依人口說、着實讀書者，亦自殊少，甚可歎也。間亦自思，此理人人有分，不應今日獨如此難啓發，恐亦是自家未有爲人手段，無以副其遠來之意，甚自愧懼耳。吳伯豐在後生中最爲警敏，肯着實用功，近年說得儘有條理，乃不幸而蚤死。死後聞其立志守節，不爲利害移奪，尤使人痛惜也。汝玉、彥中乃能相念如此，甚不易得。得楊子直書，亦奉問，但似云不敢相聞。前日答之，不曾入題，只云小時見趙忠簡、李參政諸公在海上，門人親舊歲時問訊不絕，如胡澹菴猶日與知識唱和往來，無所不道，秦檜亦不能掩捕而盡殺之，蓋自有天也。以此知人之度量相越，其不啻九牛毛。既可歎惜，又可深爲平生眼不識人之愧也。周純臣頃有一書，託直卿寄之而不能達，却持以歸。今再作數字，并附去奉浼，能爲轉寄幸甚。然須有的便，乃可遣也。陳廷臣在營道不久，故人少識之。然見其詩亦頗跌宕，想亦以此不爲人所敬耳。別幅所示郡中諸賢，聞之不勝悚歎。趙守篤老靜退，子弟皆賢，誠不易得。其名謂何？幸批喻也。歐陽君回書幸達之，楊安諸公恨亦未之識，幸各爲致意也。張舶似亦略曾相識。王參政早歲休官，泊然無求於世，而晚爲秦檜所用，傷害忠賢，助成凶虐，以此得罪於清議。朱衣道士諄諄之誨，豈無意耶？_此語密之。《陰君丹訣》見濂溪有詩及之，當是此書。彼之行此而壽考，乃喫豬肉而飽者。吾人所知，蓋不止此，乃不免於衰病，豈坐談龍肉而實未得嘗之比耶？魏《書》一哥已刻就，前日寄來，此必寄去矣。校得頗精，字義音韻皆頗有據依，遠勝世俗傳本，只欠"教外別傳"一句耳。前書亦嘗奉和弦望之說，不知然否？近因再看，又覺主驗明白，新本"金本是日生"，恐誤作"月"字。因來更望詳以見告也。若來喻所謂非入靜不能見者，此實至要之訣。但人

144

省爲擾擾，不能一意向裏涵泳。《三琴圖》此亦失却舊所畫本，旦夕得暇，當令在子更依候氣説畫出，續寄去也。《禮書》前卷已有次第，但收拾未聚。後卷則儘欠功夫，未知能守等得見此定本全編否耶？楊簿竟如何？江西士人不患不慷慨，但於本領上多欠功夫耳。湯宰所編《黨人遺事》，若曾傳得，幸略見示。《晦庵文集》續集卷三。

案：書中云及"吳伯豐在後生中最爲警敏，肯着實用功，近年説得儘有條理，乃不幸而蚤死。死後聞其立志守節，不爲利害移奪，尤使人痛惜也"，吳必大（字伯豐）卒於慶元三年十二月初。《年譜長編》卷下。又朱熹《答黃直卿》（此間朋友間有一箇半箇）言及"吳伯豐尤可惜，朋友間似渠曉得人説話者極少。始者猶疑其守之未固，後來得子約、張元德、劉季章書，又知其所立如此"，《晦庵文集》續集卷一。與本書所言相合。《答黃直卿》撰於慶元四年春末、夏初，推知本書約撰於一時先後。

蔡元定《臨終別文公書》：

定辱先生不棄，四十餘年，隨遇未嘗不在左右。數窮命薄，聽教不終。自到此地，生徒雖衆，因循歲月而已，殊無日新之益。所沾之疾，初而泄瀉不止，既而熱氣上攻，少下右拇微弱，莫能遠步，最後中虛暴下，百方治之無效，勢必不久，惟以不見先生爲恨。天下未必無人才，但師道不立，爲可憂矣。先生所以壽如喬松者，上天付以斯文之大任也。《楚辭》略看得幾處即書，候完奉寄。今將邵氏《曆法》、《詩》、《易》等纂述未全者呈上，先生以成之也。丘子陵才學優長，相隨至此，辛勤不懈其志。朋友十分難得，他時必有用於世。沈子歸可收而教之，幸甚。元定執筆不端。《西山公集》。

　　案：蔡元定慶元四年八月九日卒於道州。《年譜長編》卷下。故推知本書撰於八月九日稍前。

曹　建

　　曹建（1147—1183），字立之，餘干（今屬江西）人。幼穎悟屬學，"一日得河南程氏書讀之，始知聖賢之學爲有在也，則慨然盡棄其所爲者，而大覃思於諸經，歷訪當世儒先有能明其道者，將就學焉"，先後從學於沙隨程迥、陸氏兄弟。淳熙十年二月卒，年三十七。事蹟見朱熹《晦庵文集》卷九〇《曹立之墓表》。

朱熹《答曹立之》：

　　伊川先生帖摹勒甚精，石已謹具，但工力未至，更旬日亦當可成。或即去此，亦可屬同官畢其事也。范詩無甚發明，不知前輩讀書何故却只如此苟簡？不可曉也。熹近得蜀本呂與叔先生《易說》，却精約好看。方此傳寫，或未見，當轉寄也。録示陸兄書，意甚佳。近大冶萬正淳來訪，亦能言彼講論曲折，大概比舊有間矣。但覺得尚有兼主舊説，以爲隨時立教，不得不然之意。似此意思，却似漸有揜覆不明白處。以故包顯道輩仍主先入，尚以讀書講學爲充塞仁義之禍。此語，楊子直在南豐親聞其説。而南軒頃亦云"傅夢泉者揚眉瞬目"云云，恐不若直截剖判，便令今是昨非平白分明，使學者各洗舊習，以進於日新之功，不宜尚復疑貳祕藏，以滋其惑也。且夕亦有人去臨川，自當作書更扣陸兄也。進賢宰昨日亦得書，論《易》數條，已據鄙見報之，未知以爲如何耳。《晦庵文集》卷五一。

案：書中云"録示陸兄書，意甚佳。近大冶萬正淳來訪，亦能言彼講論曲折"，據朱熹《答呂伯恭》（人至，辱手書）有云"子壽學生又有興國萬人傑字正純者亦佳，見來此相聚，云子静却教人讀書講學。亦得江西朋友書，亦云然"，《晦庵文集》卷三四。興國萬人傑字正純者，即大冶萬正淳，而所謂"亦得江西朋友書"，當即指曹建來書。《答呂伯恭》撰於淳熙七年（1180）三月中旬，故推知本書撰於稍後，約在夏初。

又，朱熹《曹立之墓表》云"淳熙乙未歲，予送呂伯恭至信之鵝湖，而江西陸子壽及弟子静與劉子澄諸人皆來，相與講其所聞甚樂。子壽昆弟於學者少所稱許，間獨爲予道餘干曹立之之爲人，且曰：'立之多得君所爲書，甚欲一見君與張敬夫也。'後五年，予

守南康，立之果來。目其貌，耳其言，知其嘗從事於
爲己之學，而信子壽昆弟之不予欺也。欲留與居，而
立之有宿諾，不果及”。《晦庵文集》卷九〇。

朱熹《答曹立之》：

所録示二書，甚善。但所謂“不可以一説片言立定門
户”，則聖賢之教，未嘗不有一定之門户以示衆人。至於
逐人分上，各隨其病痛而箴藥之，則又自有曲折。然亦分
明直截，無所隱祕回互，令人理會不得也。隨己分修習，
隨己見觀書，學者只得如此。其至不至，明道與不明道，
則在其人功力淺深，恐亦不可謂此爲“雖不中不遠”者，而
别求顔、曾明道，見古人用心底奇特工夫也。極欲一見渠
兄弟，更深究此，而未可得。向許此來，今賤迹既不定，想
其聞此旱暵，又未必成來，深以爲恨也。程丈諸説，亦有
鄙意所未安者，以未參識，不欲劇論。但未知立之見得
“宥辟”、“未發”等語如何？若已無疑，即不須論矣。立之
所疑“太極”之説甚當，此恐未易以口舌争也。

輔養人主心術與開陳善道、排抑佞邪，正是相資爲
用，不可作兩事看。如公仲之事，則人主本有畏相畏義之
心，而近習之智尚淺，故其爲蔽也未深，是以幸而有濟。
若使趙侯之歌者先覺其所薦之能害己，而有以間之，則公
仲者又如何而爲計邪？元祐諸公不能開導君心，固爲有
罪，然謂不當斥逐小人，使至相激，則亦未通。但當時施

行有過當處，此則不可不監耳。陳太丘亦是不當權位，故可以逡巡亂世而免於小人之禍。若以其道施之朝廷而無所變通，則亦何望其能有益於人之國哉？然此恐亦姑論其理之當然，若熹自爲之，則必有甚於元祐諸公之所爲，而陷於范滂、陽球之禍必矣。氣質一定，不能自易，奈何奈何？

近得程丈文字，論及黍尺制度，此中無人及文字可討論，尚未及報。但告羅進賢，甚蒙其留意，亦以此取怒於府帥，使人不自安也。立之所與趙子直論事甚佳，如熹自度，必不能濟當世之務。然渠輩作此議論見識，亦適可保身，不犯世患耳。其不能濟世，恐亦無以異也。《晦庵文集》卷五一。

案：書中言"極欲一見渠兄弟，……向許此來，今賤迹既不定，想其聞此旱暵，又未必成來，深以爲恨也"，所謂"渠兄弟"即指陸九淵兄弟。據朱熹《答呂伯恭》（元範人回）云"子壽兄弟得書，子靜約秋涼來遊廬阜"，《晦庵文集》卷三四。即指此。《答呂伯恭》撰於淳熙七年六月六日，而是年九月二十九日陸九齡卒。《陸九淵集》卷三六《年譜》。又是年秋間南康軍大旱，朱熹忙於荒政，故推知本書約撰於秋中。

又，朱熹《曹立之墓表》云"予受代以去，而所請白鹿洞書院賜額，有旨施行如章。郡守吳郡錢侯子言以予之惓惓於是也，亟以書來問孰可爲師者，予因

149

以立之告。子言聞之，欣然具書禮授使者走餘干，踵立之之門以請，而立之病不能行矣"，竟病卒。"子靜以書來相弔，具道立之將死，其言炯然在道，不少異於平日，相與深歎息之"。《晦庵文集》卷九〇。

曹晉叔

曹晉叔，名不詳，建寧建安（今福建建甌）人。萬斯同《儒林宗派》卷一〇。

朱熹《與曹晉叔書》：

熹此月八日抵長沙，今半月矣。荷敬夫愛予甚篤，相與講明其所未聞，日有問學之益，至幸至幸。敬夫學問愈高，所見卓然，議論出人意表。近讀其《語說》，不覺胸中洒然，誠可嘆服。嶽麓學者漸多，其間亦有氣質醇粹、志趣確實者，只是未知向方，往往騖空言而遠實理。告語之責，敬夫不可辭也。長沙使君豪爽俊邁，今日奇士，但喜於立異，不肯入於道德，可惜。屢詢近況，似深念尊兄者，曾得近書否？共父到闕之後，言事者數矣，其言又皆慷慨勁正，近世之所未有，聖主聰明，無不容納。然所憂者一薛居州，若得三五人贊助之，國事或可扶持也。此豈人力所能參哉，看上蒼如何耳。《晦庵文集》卷二四。

案：朱熹於乾道三年（1167）八月初赴湖南，"閱

月而後至"。《晦庵文集》卷四二《答石子重》。本書有云
"熹此月八日抵長沙,今半月矣",故推知其當撰於九
月下旬。

朱熹《答曹晉叔》:

"近仁"之説,來喻固未安,擇之説亦有病。竊原聖人
之意,非是教人於此體仁,乃是言如此之人於求仁爲近
耳。雖有此質,正須實下求仁功夫,乃可實見近處。未能
如此,即須矯揉到此地位,然後於仁爲近,可下功夫。若
只守却"剛毅木訥"四字,要想象思量出仁體來,則恐無是
理也。《晦庵文集》卷四三。

> 案:朱熹《答林擇之》(昨得晉叔書)云"昨得晉
> 叔書,説'剛毅木訥近仁',云擇之嘗告以'仁者,人所
> 以肖天地之機要,須就發見處看得通神,自然識得'。
> 細看此説,似非所以曉人,乃所以惑人。晉叔緣此説
> 得來轉没交涉,不免就其説答之,似稍平穩。今謾録
> 去",《晦庵文集》卷四三。所謂"就其説答之",即指本
> 書,約撰於乾道五年(1169)夏間。

朱熹《與曹晉叔書》:

熹比既多病,而郡中窘闕,外縣廢壞,本初不爲久計,
不欲深料理,今決不容久安。前月末已上祠請,度更半月
必有報。萬一不遂,不免再請,以必得爲期耳。學中時

到,今已漸有能致思者,但恨非久客,不能盡所以告語之意。盧阜亦唯三峽、玉淵爲最勝,然暫遊不款,賓從猥多,不無勞擾,亦不敢數出也。作官不好,相此可見:山亦不可得遊,而況其他乎。谷簾遠,未能至,但飲其水信佳,恨遠不能奉寄以助甘旨之奉耳。趙丞書擇已附的便。渠前日遣人來,有書,今却附納。直卿已歸,所與之書亦回納也。《周子》一册二圖已就,令内去。又一本寄伯謨,不及別書。便中承書,甚慰意也。子澄近到此,相聚甚樂,謾知之。《晦庵文集》卷二六。

　　案:書中言及"直卿已歸",據朱熹撰於淳熙六年(1179)六月七日《答吕伯恭》(近得子約書)云"黄直卿……渠昨日又聞兄喪歸去"。《晦庵文集》卷三四。故推知本書約撰於六月中或稍後。

朱熹《與曹晉叔書》:

　　熹求去久不獲,近忽得機仲及一二知識報,諸公已有見許之意,其説可笑。會前數日已遣人行,投此機會,勢必得之。曾原伯亦許爲致力也。但聞敬夫病,殊可憂,前此得請,意欲一往視之。若已歸湖南,即自江西便道以歸也。此間謬政,想亦傳聞。近得陳勝私書,責以煩刑暴斂數條,已封與王季海,託其轉呈東府矣。今但得脱去爲上,更不論此是非虚實也。季通、子直到此,相攻亦甚力,次第不虚傳也。劉公度來此,不能久居,其氣質不易得也。德廣留家於此，暫歸臨江矣。東老可傷，此人行遽，未暇致奠，因見其子幸及之。擇之書角煩付往，近刻康節書納一本，他無可寄也。《晦庵文集》卷二六。

　　案：朱熹《答黃直卿》（南軒去冬得疾）云"南軒去冬得疾，亟遣人候之，春中人回，得正月半後書，猶未有他，不數日聞訃，則以二月二日逝去矣"。《晦庵文集》續集卷一。而本書云"但聞敬夫病，殊可憂，前此得請，意欲一往視之"，推知其當撰於淳熙七年（1180）正、二月之際。

朱熹《與曹晉叔書》：

　　累辱惠問，未能一一奉報。春卿來，又奉近教，獲審比日雨涼，尊候萬福，感幸深矣。熹行負幽明，禍及幼稚，第三女子前月末間已似向安，疾勢忽變，至此十二日遂不可救。痛苦之極，殆無以堪。加以衰病之餘，氣血凋耗，不勝悲惱，日覺尫悴，恐亦不復能久於世矣。江右之除，出自上意，當路不悅者衆，此恐未必爲福。而目下便失祠祿，又須來春闕到方敢請祠，已自不勝其撓。況未請之間，駭機一發，又未必敢更請祠。衰老患難一至於此，豈復更有榮望？但神明不遺，下燭幽隱，力沮邪議，襃許有加，此恩無路可報，徒切感慨而已。《晦庵文集》卷二七。

　　案：書中云"江右之除，出自上意"，即淳熙十四年（1187）除朱熹江西提刑事。七月二十八日朱熹上

《辭免江西提刑狀一》。《晦庵文集》卷二二。又書中云
"第三女子前月末間已似向安,疾勢忽變,至此十二
日遂不可救",故推知本書約撰於七月下旬。

朱熹《與曹晉叔書》:

熹辭免文字修寫方畢,更一二日始得遣人,未知所請
竟如何? 然亦作一奏疏,極道所懷,此儻可爲行止之決
耳。山間殊不聞外事,只前月得都下書,聞以諸人薦士之
故,近列有橫議者。不知後來竟如何? 蓋其間有一二病
根,若不能去除,不惟善類立不得,亦非廟社之福也。不
承教之久,渴仰無量。顧無可入城之理,坐成阻闊,奈何
奈何?《晦庵文集》卷二八。

案:書中云及"然亦作一奏疏",當指朱熹《戊申
封事》,十一月一日所上。《晦庵文集》卷一一。故推知
本書當撰於淳熙十五年(1188)十月間。

曹　駉

曹駉,字子野。餘不詳。

朱熹《答曹子野駉》:

示及《史記》疑數條,熹向曾攷證來了。《功臣表》與
《漢史·功臣表》,其户數先後及姓名多有不同。二史各

有是非,當以傳實證之,不當全以《史記》所傳爲非真也。如淮陰爲連敖典客,《漢史》作票客,顏師古謂其票疾而以賓客之禮禮之。夫淮陰之亡,以其不見禮於漢也,蕭何追之而薦於漢王,始爲大將。若已以賓禮禮之,淮陰何爲而亡哉?此則《史記》之所載爲是。《三代表》是其疏謬處,無可疑者,蓋他説行不得。若以爲堯、舜俱出黃帝,是爲同姓之人,堯固不當以二女嬪于虞,舜亦豈容受堯二女而安於同姓之無別?又以爲湯與王季同世,由湯至紂凡十六傳,王季至武王纔再世爾,是文王以十五世之祖事十五世孫紂,武王以十四世祖而代之,豈不甚繆戾耶?《通鑑》先後之不同者,却不必疑,史家叙事,或因時而記之,或因事而見之。田和遷康公,《通鑑》載於安王十一年,是因時而紀之也;《史記》載於安王十六年,是因事而見之也,何疑之有?只有伐燕一節,《史記》以爲湣王,《通鑑》以爲宣王,《史記》却是攷他源流來,《通鑑》只是憑信《孟子》。溫公平日不喜《孟子》,到此又却信之,不知其意如何?張敬夫説《通鑑》有未盡處,似此一節亦是可疑。但二説今皆無所證,未知孰是孰非。更可反覆詳究,如有所見,却幸垂教。《晦庵文集》卷四四。

案:本書撰時未詳,然書中云"張敬夫説《通鑑》有未盡處",殆即張栻《答朱元晦》(《知言疑義》反復甚詳)所云"恐《通鑑》亦有所闕遺耳"。《南軒集》卷二一。《答朱元晦》撰於乾道八年初,故推知本書約撰於淳熙中張栻卒前，姑係於淳熙五年(1178)。待考。

曹元可

曹元可，名里不詳。

朱熹《答曹元可》：

示喻爲學之意，仰見造詣之深，不勝歎仰。然嘗聞之，爲學之實固在踐履，苟徒知而不行，誠與不學無異。然欲行而未明於理，則所踐履者又未知其果何事也。故《大學》之道，雖以誠意正心爲本，而必以格物致知爲先。所謂格物致知，亦曰窮盡物理，使吾之知識無不精切而至到耳。夫天下之物莫不有理，而其精蘊則已具於聖賢之書，故必由是以求之。然欲其簡而易知、約而易守，則莫若《大學》、《論語》、《中庸》、《孟子》之篇也。是以頃年嘗刻四古經於臨漳，而復刻此四書以先後其說，又略述鄙意以附書後。區區於此所以望於當世之友朋者，蓋已切矣。歸來只有數本，皆爲知識持去，不得納呈。然彼間相去不遠，自可致之，不難也。讀之有得，復以見教，千萬之望。《晦庵文集》卷五九。

案：書中言及"然欲其簡而易知、約而易守，則莫若《大學》、《論語》、《中庸》、《孟子》之篇也。是以頃年嘗刻四古經於臨漳，而復刻此四書以先後其說，又略述鄙意以附書後。⋯⋯歸來只有數本,皆爲知識持去",朱熹於紹熙二年夏自漳州歸建陽,故推知本書約撰於紹熙三年(1192)間。

常濬孫

常濬孫,字鄭卿,嘉興(今屬浙江)人。常同孫。乾道八年(1172)登進士第,舉博學宏詞科。"嘗爲福州教授,教養有法,閩人士德之,至今祠於學。官至宗簿"。《至元嘉禾志》卷一三。

朱熹《答常鄭卿》:

聞學中諸事漸有條理,尤以爲喜。學校規矩雖不可無,亦不可專恃,須多得好朋友在其間表率勸導,使之有鄉慕之意,則教者不勞而學者有益。今得擇之復來,則可因之以招致其餘矣。鄙意又恐更須招致得依本分、識道理、能作舉業者三數輩,參錯其間,使之誘進此一等後生,亦是一事。但此須緩緩子細圖之,恐其間有趨向不同,反能爲害,則不濟事也。頃年又見黃叔張在此作教官時,教小學生誦書,旬日一試,如答墨義然,立定分數,考察去留,似亦有益。小學教諭見無職事可掌,使任其責,似亦兩便。試推此類,多爲之塗,以收拾教養之,則人情感悦,當無扞格之患矣。《晦庵文集》卷六二。

案：朱熹《福州州學經史閣記》有云"紹熙四年，今教授臨邛常君濬孫始至，既日進諸生而告之以古昔聖賢敎學之意，又爲之飭廚饌、葺齋館以寧其居，然後謹其出入之防，嚴其課試之法，朝夕其間，訓誘不倦。於是學者競勸，始知常君之爲吾師。而常君之視諸生亦閔閔焉，唯恐其不能自勉以進於學也，故嘗慮其無書可讀，而業將病於不廣，則又爲之益置書史，合舊爲若干卷，度故御書閣之後，更爲重屋以藏之。……凡閣之役，始於慶元初元五月辛丑，而成於七月之戊戌"。《晦庵文集》卷八〇。本書有云"聞學中諸事漸有條理，尤以爲喜。學校規矩雖不可無，亦不可專恃，須多得好朋友在其間表率勸導，使之有鄉慕之意，則敎者不勞而學者有益"，故推知其撰於常濬孫爲敎授未久，約在紹熙四年(1193)冬或稍前。

朱熹《與敎授學士書》：

正月卅日，熹頓首再拜敎授學士契兄：稍不奉問，向往良深。比日春和，恭惟講畫多餘，尊履萬福。熹衰晚多難，去臘忽有季婦之戚，悲不可堪。長沙新命，力不能堪，懇免未俞，比已再上，計必得之矣。得黃壻書，聞學中規繩整治，深慰鄙懷。若更有以開導勸勉之，使知窮理修身之學，庶不枉費鈐鍵也。向者經由，坐間陳才卿覯者登第而歸，近方相訪，云頃承語及吳察制夫婦葬事，慨然興念，欲有以助其役，此義事也。今欲便於區處，專人奉扣，不審盛意如何？幸即報之也。因其便行，草草布此。薄宂，不暇他及。正遠，唯冀以時自愛，前需異擢。上狀不宣。熹頓首再拜。《朱子遺書》卷三。

案：書中所言“長沙新命”，指紹熙四年冬所授知潭州、荆湖南路安撫使。故知本書當撰於紹熙五年(1194)正月三十日。因書中有云“得黃㦛書，聞學中規繩整治”，黃㦛即黃榦，據《勉齋先生黃文肅公年譜》，其於紹熙四年冬來建陽，十二月歸福州。故推知此“教授學士”乃指福州教授常濬孫。

陳伯堅

陳伯堅，名里未詳。

朱熹《與陳伯堅》：

沙縣寄到新刻《責沈》文，字畫精神，非桂本之比。此書流傳，足使世之聾盲者有所警覺，稍知觸浄，非小補也，但恐木本或不耐久耳。《瓊學記》文鄙拙，不足有所發明，亦緣韓兄將滿，方遣人來，恐其代去，匆匆草成，不能滿意耳。垂喻舊書云云，深愧率爾。當時之言，蓋亦有爲而發。以今觀之，學者但當深窮聖經，使其反之於心而安，考之於經而合，驗之於外而可行，即彼之妄言，一覽便破矣。若未到此，遽欲窮之，恐如河南夫子所謂"未必能窮，而已化爲釋氏矣"。愚見如此，不審尊意以爲如何？胡季隨近到此數日，明敏有志，甚可喜也。《晦庵文集》卷五三。

案：《瓊學記》指朱熹於"玄黓攝提格冬十月庚申"所撰之《瓊州學記》，《晦庵文集》卷七九。玄黓攝提格即壬寅，乃淳熙九年。書中云及"《瓊學記》文鄙拙，不足有所發明，亦緣韓兄將滿，方遣人來，恐其代去，匆匆草成"，故推知本書約撰於是年（1182）十月末或稍後。

陳超宗

陳超宗，名里不詳。

朱熹《答陳超宗》：

示喻向來鄙論有未盡者，甚善甚善。但爲學雖有階漸，然合下立志，亦須略見義理大概規模，於自己方寸間若有箇惕然愧懼、奮然勇決之志，然後可以加之討論玩索之功、存養省察之力，而期於有得。夫子所謂志學，所謂發憤，政爲此也。若但悠悠泛泛，無箇發端下手處，而便謂可以如此平做將去，則恐所謂莊敬持養、必有事焉者，亦且若存若亡，徒勞把捉，而無精明的確、親切至到之效也。但如彼中誠是偏頗，向日之言正爲渠輩之病，却是賢者之藥，恐可資以爲益耳。以今觀之，政不必爾。但將聖賢之言事理，就己心上作一處看，隨得隨守，則久之須自有開明處也。《晦庵文集》卷五五。

> 案：本書撰時未詳。朱熹《答傅子淵》（示喻所得）有云"超宗遠來，殊未有以副其意者，却似於己分著實處未知用力，又與諸兄大相反也。已喻其就彼商量"。《晦庵文集》卷五四。本書所云，疑在其後。《答傅子淵》撰於淳熙七年二、三月間，姑係本書於淳熙八年（1181）間。

朱熹《答陳超宗》：

示喻已悉，但如此安排布置，都是病痛。又如必欲繆札安立標榜，尤是大病。若是真實做工夫底人，只此一念之間，便著實從脚根下做將去，何暇如此擬議粧點邪？不須深議他人得失，政恐未免反爲彼所笑也。《晦庵文集》卷五五。

> 案：上書（示喻向來鄙論有未盡者）有云"但如彼中誠是偏頗，向日之言正爲渠輩之病，却是賢者之藥，恐可資以爲益耳"，而本書又云"不須深議他人得失，政恐未免反爲彼所笑也"，疑承上書，故亦係於淳熙八年。

朱熹《答陳超宗》：

示喻自覺已與舊時迥別，但未免間有小失，果能至此,甚慰所望。但向來商量及得近書所論,似於著實下功處猶未親切,不知如何便得到此? 恐可且更向裏用心,將此等向外粧點安排底心一切掃去,久久或有長進耳。若如此説,今日用功,明日見效,則其不曾下功斷可知矣。《晦庵文集》卷五五。

案:上書(示喻向來鄙論有未盡者)有云“但爲學雖有階漸,然合下立志,亦須略見義理大概規模,於自己方寸間若有箇惕然愧懼、奮然勇決之志,然後可以加之討論玩索之功、存養省察之力,而期於有得”,又上書(示喻已悉)亦云“若是真實做工夫底人,只此一念之間,便著實從脚根下做將去,何暇如此擬議粧點邪?”而本書乃云“但向來商量及得近書所論,似於著實下功處猶未親切”,當承上二書而言,故亦係於淳熙八年。

陳　淳

陳淳(1159—1223),字安卿,號北溪,漳州龍溪(今屬福建)人。少習舉子業,得《近思録》讀之,盡棄其業。朱熹知漳州,即往從學。“熹數語人以‘南來,吾道喜得陳淳’。門人有疑問不合者,則稱淳善問。後十年,淳復往見熹,陳其所得。時熹已寢疾,語之曰:‘如今所學已見本原,所關者下學之功爾。’自是所聞皆要切語”。由是益

“痛自裁抑，無書不讀，無物不格，日積月累，義理貫通，洞見條緒”，故“郡守以下皆禮重之”。嘉定十六年，以特奏恩授迪功郎、泉州安溪主簿，未上而没，年六十五。著有《語孟大學中庸口義》、《字義詳講》等書。《宋史》卷四三〇有傳。

陳淳《初見晦庵先生書》：

十一月吉日，學生鄉貢進士陳某謹齋沐裁書百拜請備灑掃之禮於判府寶文侍講先生門下：某竊嘗謂道必真有人而後傳，學必親炙真任道之人而後有以質疑辨惑而不差。自孔、孟没，天下貿於俗學，蓋千四百餘年，得濂溪周子、河南二程子者出，然後斯道有傳，而正學始有宗主。自程子至今又百餘年矣，見知聞知代不乏人，然淵源純粹精極、真可以當程氏之嫡嗣而無愧者，當今之世，捨先生其誰哉？而天下學士有志於古、欲就有道而正之者，非先生亦誰與歸哉？某窮鄉晚生，愚魯遲鈍，居於僻左，無明師良友，不蚤聞儒先君子之名。自兒童執卷，而世儒俗學已蠹其中，窮年兀兀，初不識聖賢門户爲何如。年至二十有二矣，始得先生所集《近思録》讀之，始知有濂溪、有明道、有伊川爲近世大儒，而於今有先生，然猶未詳也。自是稍稍訪尋其書，間一二年、三四年，又得《語孟精義》、《河南遺書》及《文集》、《易傳》、《通書》與夫先生所著定《語》、《孟》、《中庸》、《大學》、《太極》、《西銘》等傳，吟哦諷

誦,反諸身,驗諸心。於是始慨然敬歎當時師友淵源之
盛,抽關啓鑰如此之至,而重自愧覺此身大爲孔、顏罪人,
而且益仰先生道巍而德尊,義精而仁熟,立言平正温潤,
精切的實,明人心,洞天理,達羣哲,會百聖,粹乎洙泗、伊
洛之旨。凡曩時有發端而未竟者,今悉該且備;凡曩時有
疑辨而未瑩者,今益信且白。宏綱大義,如指諸掌,掃千
百年之謬誤,爲後學一定不易之準則。辭約而理盡,旨明
而味深,而其心度澄朗,瑩無查滓,工夫縝密,渾無隙漏,
尤可想見於辭氣間。故孔、孟、周、程之道,至先生而益
明。所謂主盟斯世,獨惟先生一人而已。然求於書,未如
親炙之爲浹洽;徒言之誦,未若講訂服行之爲實益。故愚
生竊不自量,嘗欲盡屏世學,奔趨席隅,面領其梗槩,然後
退而結茅於清泉茂林,以畢其業而終吾樂。獨奈何事與
心違,家窮空甚,無千里裹糧之資,而二親臞荼,又日奪於
仰事不給之憂,汩没乎科舉干祿之累。而於此第竊有志
焉,不克實下手專研而精究。今三十有二矣。十年之間,
但粗獵涉,悠悠蹉跎,若存若亡,枉逾夫子而立之年,未免
曹交徒食之計,良心蕪没,百無一就,駸駸下流,甚懼甚
恐。去年秋賦,貪緣有臨安之役,自謂是行也,此累(了)
[乃]未了,其歸也道武夷,當徑走五夫,共灑掃於牆仞之
下,以紓其所素願。不謂命也天窮,舊累依然,而先生又
此來矣。某始聞之,歡欣鼓舞,謂向者十年願見而不可
得,今乃得親睹儀形於州閭之近,殆天之賜歟?既而又自

疑曰：先生郡侯也，某郡之一賤氓也，貴賤之分有等。且侯門如海，府吏森嚴如截，問學若之何而通，請益若之何而便，講論若之何而款？故又遲遲者累月，屢進而屢趑趄。然是學不可一日廢，而見賢之心油然動於中，終有不容遏。且人生聚散不可期，幸與賢者并世而生，而邂逅又如此其密邇，人未有拒我之形，吾逆爲之辭以自止，是果於自暴自棄者也。況先生以道學爲天下宗師，既不得盛行於時，猶當私淑於後，樂育善誘，循循不倦，夫豈以鄙夫互童而遽棄之？然（互）[公]庭不敢私請，輒冒昧先此導意，併録舊日自警之章，列於別幅以爲贄。先生儻以爲可教而進之，俾獲預鑪錘之末，稍不失爲君子之歸，是所願望。若不遇焉，則亦命也。安愚分退守窮廬，只遥望門牆以自考而已。敬恭俟命，不備。《北溪大全集》卷五。

案：朱熹於紹熙元年夏至二年夏知漳州。又陳淳《郡齋録後序》云"先生庚戌四月至臨漳。某自罷省試歸，五月方抵家，而道途跋涉之苦，得病，未能見也。至十一月十八日冬至，始克拜席下"。《北溪大全集》卷一〇。故知本書撰於紹熙元年（1190）十一月十八日冬至。

陳淳《上晦庵先生問目》：

孝根原

爲人子止於孝，近因讀"事父母幾諫"至"父母之年不可不知"等章，極索玩味，似略見根原確定處，未知是否，試一言之。夫人子於父母，其所以拳拳竭盡如此，篤切而不敢緩、極至而不敢少歉者，是果何爲而如此也？非父母使我如此也，又非畏父母而然也，又非冀父母於我如何也，又非吾身自欲如何也，又非聖人立法使人如此也，又非畏神明譴之、鄉黨議之、朋友責之而然也，其根原之所自來，皆天之所以命於人，而人之所以受乎天。其道當然，誠自有不容已處，非有一毫牽強矯僞於其間也。蓋天之生人，決不能天降而地出、木孕而石產，決必由父母之胞胎而生。天下豈有不由父母胞胎而生之人乎？而其所以由胞胎而生者，亦豈子之所能必，而亦豈父母所能安排計置乎？是則子之於父母，信其爲天所命，自然而然，人道之所不能無。俯仰戴履，自此身有生以至沒世，不能一日而相離，如欲離之，必須無此身而後可。然人豈能無此身，豈能出乎天理之外哉？既不能無此身、不能出乎天理之外，則是決不能一日而相離。既不能一日而相離，則決不可以不竭盡，決不可空負人子之名於斯世。決然在所當孝，而決不容於不孝。且如君者，以天下奉，以天下養，父母之下，唯子而已。不以子之身勤勞奔走以事父母，更教誰事哉？設或使人爲之，豈理之宜乎？或親焉不免勞於自養，豈事之安乎？況子之身又非子之身，父母之賜，而天所與也。天之命爾爲人子者果何謂？父母之生爾爲子而字育惟謹者果何爲？壯爾體，強爾力，是豈欲使安閒空飽飲於天地間，而全無所事乎？則人子之竭力以盡所事於此，豈得爲過分乎？維天於穆，天命流行不曾停，日復一日，歲復一歲，尺奔趨督，趣乎其後，往者不可以復反，老者不可以復壯，則親不可得而再事，亦不可得而久事，是豈可逗留於前，私竊自怠，若挨推不行，而格其於穆無疆之大命哉？萬一大願未償，終天之隔，雖欲孝，誰爲孝？豈不爲大欠缺、大悔恨耶？此仁人孝子所以必汲汲急於競辰愛日，無所不自盡，奉天命而不敢稽，恭天職而不敢惰，如執玉，如奉盈，如養嬰兒，無跬步不切於心，蓋必如此然後吾心始安，俯仰無愧，方足以償願塞責，而恰得謂之人子。不然，則爲天地間有罪，雖安鬚眉面目立於人類中，不得名之曰人子，是無父母而生之人矣。即是而觀，爲人子止於孝，其根原豈不昭昭可見乎？夫豈自外來乎？夫更孰有加於此者乎？是豈不爲人道大本，確然終其身而不可易者乎？妄論如此，幸望裁教。

君臣夫婦兄弟朋友根原

又嘗因是而推君臣、夫婦、兄弟、朋友，其根原所自來，莫非天命自然，而非人所强爲者，併一言之，未知當否。夫天之生人，羣然雜處，愚智不能皆齊，不能以相安，必有才智傑然於中爲衆所賴以立者，是君臣蓋天所命自然如此也。然天尊地卑，乾坤定矣，則君君臣臣之所以當義，亦豈自外來乎？天之生人，獨陰不生，獨陽不成，必陰陽合德然後能生成，是夫婦亦天所命自然如此也。然乾道成男，坤道成女，其分固一定而不可亂，則夫夫婦婦之所以當別，亦豈自外來乎？天之生人，雖由父母之胞胎，然決不能一時羣生而並出，必有先者焉，有後者焉，是兄弟亦天所命自然如此也。思乎此，則兄弟之所以當友，亦豈自外來乎？天之生人，人必與人爲羣，決不能脫去與鳥獸爲伍，於是乎黨類儔輩成焉，是朋友亦天所命自然如此也。思乎此，則與人交之所以當信，亦豈自外來乎？夫君臣、夫婦、兄弟、朋友既皆天命所必然，非由外而來，則自此身有生以至沒世，決無所逃於天地間，亦決不能一日而相離。天下豈有離君臣、離夫婦、離兄弟、離朋友而逃於天地之外，絕不與世接之人哉？俯仰戴履，既不能離此，而兀然逃於天地之外，絕不與世接，則行乎其中，其所當義、當別、當友、當信，決不可不隨處各有以自盡，思以奉天命而盡天職。不然，憚於爲義，而事驕諂，則是不循天命之正爲君臣，而以私意爲君臣矣，豈天地統攝之權所寓哉？憚於爲別，而事狎昵，則是不循天命之正爲夫婦，而以私意爲夫婦矣，豈天地生化之根所寓哉？憚於爲友，而事爭鬭，則是不循天命之正爲兄弟，而以私意爲兄弟矣，豈天地之序所寓哉？憚於爲信，而事機詐，則是不循天命之正爲朋友，而以私意爲朋友矣，豈天地並育並行之道所寓哉？

事物根原

又嘗因是而推之事物之間，其根原之所自來皆天也，敬獻愚衷，其當否焉。夫天之生人，首不能如禽獸之禿其頂，則欲使人莊以冠；身不能如禽獸之䴘其毛，則欲使人蔽以衣；趾不能如禽獸之剛其爪甲，則欲使人束其體則，正其衣襟冠履，乃天所以命於人如此也。若裸袒徒跣，則豈其天？而專事華靡之飾，亦豈其天哉？天之生人，賦以臀，欲使之能坐；賦以足，欲使之能立。則坐當如尸，立當如齊，亦天所以命於人如此也。若箕踞跛踦，則豈其天？而專事釋子之盤蹯，亦豈其天哉？天於人，飢不能使之不食，渴不能使之不飲，則飲食者，乃天所以使人充飢渴之患者也。若厭之者爲道家之辟穀，而溺之者又窮口腹之欲，則豈其天哉？天於人，晝不能使如夜之晦，夜不能使如晝之明，則晝作而夜息，亦天所以使人順陰陽之令者也。若晝而爲宰予之寢，夜而爲禪定之坐，則豈其天哉？以至頭容之所以當直，目容之所以當端，手容之所以當恭，口容之所以當正，皆莫非天也。不然，則天於人必偏其頭，側其目，參差其手，飄搖其吻而生者矣。視之所以當思明，聽之所以當思聰，貌之所以當思恭，言之所以當思忠，皆莫非天也。不然，則天於人必瞽其視，聾其聽，槁其貌，瘖其言而言，而其所以視聽言貌非禮之具，亦必元與形俱生矣。又至冬之所以當裘，夏之所以當葛，出門之所以當如賓，承事之所以當如祭，見齊衰之所以當變，冕、瞽者之所以當貌，鄉黨之所以當恂恂，宗廟之所以當便便，亦無一而非天也。不然，則天於人元必皆無是等事，而吾身之所接元亦必不復與是遇矣。由是而觀,凡事物所當然,皆根原於天命之流行,非人之所强爲,決不容以忽而易之者。人之所以周旋乎其間,只奉天命而共天職耳,苟於此而容其私心,便是悖天命而廢厥職。不審事物間,只如此推之是否?

　　仁

　　"仁"字近看,未審認意定否,請質諸明訓之下。夫仁者,天地生物之心,而人生所得以爲心者。其體則通天地而貫萬物,其理則包四端而統萬善,蓋專一心之全德,而爲性情之主,即所謂乾坤之元者也。故於此而語其名義,則以其冲融涵育,温粹渾厚,常生生而不死,因謂之仁。人惟己欲蔽之,是以生道息而天理隔絕,遂頑然不識痛痒而爲忍人。人之所以體乎仁者,必此身私欲净盡,廓然無以蔽其所得天地生物之體,其中真誠懇惻,藹然萬物之春意常存,徹表徹裏,徹巨徹細,徹終徹始,渾是天理流行,無一處不匝,無一事不到,無一息不貫,如一元之氣流行無間斷,乃可以當渾然之全體而無媿。若一處稍有病痛,一微細事稍照覺不到,一頃刻稍有間斷,則此處便私意行而生道息,理便不流通,便是頑麻絕愛處,烏得渾全是仁?如人之一身,渾是血氣周流,便是純無病;人纔一指血脉不到,便是頑麻不仁處。商三子及夷、齊雖皆許以仁,然非正許以全德,繹其辭意,皆是從一節上説來。但五子於一節上各做得極,皆真誠爲之,有以不咈乎其全體,故孔子因各隨事稱許，非若聖人大成地位，其辭直截而無委曲也。如顏子不違仁，雖未端的許，然辭意無所偏指，較之五子，却是具全體，而聖人大成之亞也。仁者固是能好人，能惡人，公平無私，然恐惡人之意常過寬，好人之意常過厚，惡人之心終較緩，好人之心終較速。

恕

恕固是推己及人，若不真識恕，只管泥推己及人，則又拘拘說“恕”字骨不出，不見得曾子所解“貫”字廣大也。某近覺此大意，只是我這理流注去到那事物處，但仁是流去到便熟滑，恕用推方到較生澀，所以恕爲求仁之方者，只爲事事物物間易爲私欲所隔，有不到處，便要得逐一推引這天理出去流注到那事物，使千條萬緒無所不貫也，然亦不必。須是待人接物處，凡行止坐臥，但少有一念之私，理便隔絕，便是不恕。故出門如見大賓，使民如承大祭，固敬也，而亦莫非恕也。居處恭，執事敬，與人忠，固仁也，而亦莫非恕也。凡禮儀三百，威儀三千，蓋無一事之非恕也。不審如此體認，意有差錯否？又聖賢言恕，多只就所欲字上言之，如何是此處見心之所存爲切否？

忠恕

程子說忠恕，以大本達道爲言，只是借中庸此字言之，其意自不同否？蓋中之爲大本，是專指未發處言之，此忠之爲大本，則是就心之存主處真實無妄爲言，徹首徹尾，無間於已發未發，但就忠恕分別，則忠主於心言，恕通於事言。然忠之徹首徹尾當其爲忠時，恕便包在其内。
及到那恕處，這忠底又只在也。如天命流行不已，自元至
貞，生物都包在其内，而萬物生生各遂處不已之命，又只
在也。其實難截然分成兩段去，故發出忠底心，便是恕底
事，做成恕底事，便是忠底心。

以上《問目》一卷，文公答書云：“所示卷子，看得甚
精密。”同時又答其外舅李（文）［丈］書云：“安卿書來，
看得道理儘密，此間諸生皆未有及之者。知昏期不遠，
正爲德門之慶，區區南官，亦喜爲吾道得此人也。”《北溪
大全集》卷五。

案：朱熹下書（“仁”字近看）所録陳淳問目
“‘仁’字近看，未審認得意是否，請質諸明訓之下。
夫仁者”以下，即本書“仁”字條内容。又陳淳門人陳
沂《敘述》云“辛亥夏，文公去郡。先生推詳所授根
原，析爲問卷，書來印證。有‘看得甚精密’之語。貽
書于李唐咨堯卿曰：‘區區南官，喜爲吾道得此人
爾。’”《北溪大全集外集》。故推知本書約撰於紹熙二
年（1191）初秋。

朱熹《答陳安卿淳》：

“仁”字近看，未審認得意是否，請質諸明訓之下。
夫仁者，天地生物之心，而人生所得以爲心者。其體則
通天地而貫萬物，其理則包四端而統萬善，蓋專一心之

全德，而爲性情之主，即所謂乾坤之元者也。故於此語其名義，則以其冲融涵育、温粹渾厚，常生生而不死，因謂之仁。人惟己私蔽之，是以生道息而天理隔，遂頑然不識痛痒而爲忍人。人之所以體乎仁者，必此身私欲净盡，廓然無以蔽其所得天地生物之體，其中真誠懇惻，藹然萬物之春意常存，徹表徹裏，徹巨徹細，徹終徹始，渾是天理流行，無一處不匝，無一處不到，無一息不貫，於一元之氣流行無間斷，乃可以當渾然之全體而無愧。若一處稍有病痛，一微細事照管不到，一頃刻稍有間斷，則此意便私。私意行而生道息，理便不流通，便是頑麻絕愛處，烏得渾全是仁？如人之一身，渾是血氣周流，便是純無病；人纔一指血脈不到，便是頑麻不仁處。顏子三月不違仁，三月之後，則微有少違，然當下便覺融化，依然復不見其違焉。竊意三月之内渾是中心安仁底氣象，三月之後便是勉而中否？

中後又不須勉，但久則又不免於有違耳。

"志學"，是於斯道方識得大綱大體，其心一直向乎此以求之，視聽、寝食、講論、思索，無時不念念在此，更不參差插雜、轉慮却顧，遲回於天理人欲之間而不決，此即格物致知用工處也。"立"，是於大綱大體已把得定，確然有主於中，持之堅、守之固，而不爲外物所遷奪，此即誠意正心修身用工處也。"不惑"，是於大綱大體中，又極節目纖悉皆昭晰明徹，灼然真知其蘊，而無

一理之或疑矣，此即物格處也。"知天命"，是又總其精
粗大小根原所自來處，全體廓然洞明，而會萬理於一本
矣，此即知至處也。"耳順"，是我與理一，徹表徹裏無
間隔違逆，聲纔入，心便通，不待吾有以聽於彼，凡入吾
聞者，無非至理精義，此又物格知至之熟處也。"從
心"，則心體渾淪是義理，如一團光潤良玉，如百鍊明瑩
精金，至是則非由我矣，凡有動，皆隨心之所之，行便
行，止便止，喜便喜，怒便怒，惻隱便惻隱，羞惡便羞惡，
無不從容大道上行，而莫非準繩規矩之至，絕不容一毫
有我於其間，此又意誠心正身修之熟處也。不審如此
分別，得否？

　"立"，是物格知至而意誠心正之效，不止是用工處。
"不惑"、"知命"，是意誠心正而所知日進不已之驗，以至
"耳順"，則所知又至極而精熟矣。餘則來説得之。

　　"孔文子何以謂之'文'？"據其妻太叔事，亦大節目
處悖理傷義如此，其他更不足道矣。孔子却不没其善，
而許以"好學下問"，何也？恐此句直就問謚處説，當時
人作此謚，其本意所取者在此，故特因其説而言之，亦
姑語其大概而已，非美其有是善而許之否？

　　此章固因論謚而發，然人有一善之可稱，聖人亦必取
之，此天地之量也。

　　"陳文子棄馬十乘"章，《集注》云："去之它國，不能
審度輕重而卒反於齊焉。""輕重"字，何所指而言之？

恐重只是去他國，不能請方伯連帥以討崔子之罪；而輕又不能終守其自潔之節，乃戀戀復反其故居云。

陳文子以崔子弒君而去齊可也，它邦未有是事，乃以爲猶崔子而去之，所謂不審輕重者此也。

"再斯可矣"，只是就季文子身上行事處説。在學者窮索理義，則思之思之而又思之，愈深而愈精，豈可以數限？而君子物格知至者，萬事透徹，事物之來皆有定則，則從容以應之，亦豈待臨時方致其思？不審此語只是文子事，抑衆人通法？皆當以再可耶，不容有越思耶？而程子又何故只就爲惡一邊説也？

物格知至者，應物雖從容，然臨事豈可不思？況未至此，又豈可不熟思耶？故以再思爲衆人之通法，蓋至此則思已熟而事可決，過則惑矣。

"與朋友共，敝之而無憾"，有人實無憾朋友之心，但於日間合用之物，貧無財，置之也艱，故或敝則闕其用，亦不能恝然忘情於是物而不爲之歎惜。不審此於無憾意有妨否？

雖無憾於朋友，而眷眷不能忘情於已敝之物，亦非賢達之心也。

"可也簡"，"可"者，僅可而有所未盡之辭。上句"可使南面"亦有"可"字，此"可"字乃實許之，與下"可"字意不同。不審以何別之？

"可"字單稱，與下文有所指者不同。

“不如樂之”者，此“樂”字與顏子樂意思差異否？

較其大槩，亦不爭多，但此樂之者，“之”字是指物而言，是有得乎此道，從而樂之也。猶“樂斯二者”之“樂”、“樂循理”之“樂”。如顏子之樂又較深，是安其所得後，與萬物爲一，泰然無所窒礙，非有物可玩而樂之也。

“發憤忘食”，是始者著力去求之時；“樂以忘憂”，是後來有得而安之時。二者先後自不同，而氣象亦自不相並。按《集注》意，是二者齊著力到老，如何是二者之辯處？恐在學者於此有先後之截，而聖人生知安行，徹始徹終，渾是如此，將那箇截做先，將那箇截做後？但以其序而言，則且如是分別否？抑嘗玩味此章三句，固是謙己勉人如此，然亦可見聖人之心別無它，從生至死，全渾淪在義理中，相與周流不少離，而身世事物之念皆灑然不凝於胸次也。不審是否？

忘食忘憂，是逐事上説。一憤一樂，循環代至，非謂終身只此一憤一樂也。逐事上説，故可遂言“不知老之將至”，而爲聖人之謙辭。若作終身説，則憤短樂長，不可并連下句，而亦不見聖人自貶之意矣。來喻未然，而《集注》亦未盡也。

“子食於有喪者之側，未嘗飽也。”“子於是日哭，則不歌。”蓋胸中和樂，然後於食能甘美而飫飽；臨乎哀戚之地，此心爲之感動，而吾之哀戚亦興，然於食蓋不下咽矣，豈能甘美而飫飽也？哭者，哀之至，弔死而至於哭，必其情之厚者，非尋常行弔比也。其思感傷悴，中情之所形，必不能頓然遽釋於一哭之退而便歌樂。此二者皆天理自然而然，真情自有所不忍處，而非人所強爲者。聖人但由天理行，順之而不逆耳。是謂情性之正，本中而達和，而仁之所以流行者也。然質之日用間，則此事更有曲折。如臨乎有喪者之側，主人固留飲，或辭之不得；或與長者同行，長者留則少者有不得而辭者。辭以實，則形主人之非禮；辭以疾，則僞難揜；力辭而峻拒，則又恐咈情而近於硜硜之信果，不知如何爲當？其有情輕不至於哭，但以尋常行弔者，恐亦不能終食之間不化，或感物而笑樂，或燕會於它所，與夫送人之葬而與飲胙燕賓等類。不審有妨無妨，如何？若謝氏此章之說，其末意恐施於情厚而當哭者，則未穩否？

聖人情性之正，當於哀未遽忘處看。謝氏乃以忘處爲正，豈習忘養生之餘習耶？聞《韶》忘味之說亦然，恐皆過矣。所喻行弔而遇酒食，此須力辭，必不得已而留，亦須數辭先起，不可醉飽。

程子曰："行藏安於所遇，命不足道也。"又謂："命爲中人設，上智更不言命。"然孔子曰："天生德於予，桓魋其如予何？"又曰："天之未喪斯文也，匡人其如予何？"又曰："公伯寮其如命何？"皆斷以命而安之之辭，何也？命遇之說，望爲剖示。

三語皆必其不能爲害之詞，與不得已而聽命以自安者不同也。

伯夷何以只知有父命而不知有天倫，叔齊何以只知有天倫而不知有父命？恐是在伯夷則其兄弟係於己而父命係於公，以二者權之，則父命爲尊而兄弟爲卑；在叔齊則其父子繫於己而天倫係於公，以二者權之，則天倫爲重而父子爲輕否？

以天下之公義裁之，則天倫重而父命輕；以人子之分言之，則又不可分輕重。但各認取自家不利便處，退一步便是。伯夷、叔齊得之矣。胡氏《春秋》後有謹始例，説得好。

"子路請禱"，《集注》舉《士喪禮》"疾病行禱五祀"。程子曰："禱者，悔過遷善，以祈神之祐也。"范氏亦曰："子之於父，臣之於君。有疾而禱，禮之常也。"然世俗纔疾病，則靡神不禱，靡祀不修，此乃燭理不明而惑於淫怪，不知死生有命在天，彼沈魂滯魄，安能壽之而安能夭之？是特鄉閭庸夫庸婦鄙陋之見耳。今子路如此舉而諸家如此説，則亦有此理而或可爲之耶？

疾病行禱者，臣子之於君父，各禱於其所當祭，士則五祀是也。子路所欲禱，必非淫祀，但不當請耳。故孔子不以爲非，而但言不必禱之意。

聖人憂世覺民之心終其身，至死而不忘耶？抑當憂世覺民非其時，此意亦嘗在懷，但不戚戚發露也？若終其身常不忘,則不見聖人胸中休休焉和樂處。若時或恬然,不戚戚發露,則又不見聖人於斯人其心相關甚切處。若憂世之心與和樂之心並行而不悖,則二者氣象又爲何如?

聖人之心,樂天知命者其常也,憂世之心則有感而後見耳。

君子於其所當怒者,正其盛怒之時,忽有當喜事來,則如何應?將應怒了而後應喜耶?抑中間且輟怒而應喜,喜了又結斷所怒之事耶?抑當權其輕重也?

喜怒迭至,固有輕重,然皆自然而應,不暇權也。但有所養,則其所應之分數緩急不失輕重之宜耳。

先生嘗説,善人不足任道,狷者剛介有守,有骨肋,做得事。如曾子、孟子,皆過於剛;如文帝是善人,只循循自守;武帝有狷底氣象,足以大有爲。又嘗説,孟子比原憲,則憲狷介謹守有餘,然不足以任道,孟子便擔當做得事。其説"狷"字意不同,何也?

狂者志高,可以有爲。狷者志潔,有所不爲而可以有守。漢武帝不是狷,恐聽之不審也。武帝近狂,然又不純一,不足言也。

爲善則福報,爲惡則禍報,其應一一不差者,是其理必如此,抑氣類相感自如此耶?

善惡各以氣類相感而得其應,便是理合如此。

淳向者道院中常問:"未發之前是静,而静中有動意否?"先生答謂不是静中有動意,是有動之理。淳彼時不及細審,後來思之,心本是箇活物,未發之前雖是静,亦常惺在這裏。惺便道理在,便是大本處,故謂之有動之理。然既是常惺,不恁地瞑然不省,則謂之有動意,亦豈不可耶? 而先生却嫌"意"字,何也? 恐"意"字便是已發否? 抑此字無害,而淳聽之誤也? 凡看精微處恐易差,更望示教。

未動而能動者,理也;未動而欲動者,意也。

人心是箇靈底物,如日間未應接之前,固是寂然未發,於未發中,固常恁地惺,不恁瞑然不省。若夜間有夢之時,亦是此心之已動,猶晝之有思。如其不夢未覺,正當大寐之時,此時謂之寂然未發,則全沈沈瞑瞑,萬事不知不省,與木石蓋無異,與死相去亦無幾,不可謂寂然未發。不知此時心體何所安存? 所謂靈底何所寄寓? 聖人與常人於此時所以異者如何? 而學者工夫此時又何以爲驗也?

寤寐者,心之動静也。有思無思者,又動中之動静也。有夢無夢者,又静中之動静也。但寤陽而寐陰,寤清而寐濁,寤有主而寐無主,故寂然感通之妙必於寤而言之。

昏禮用命服,程子常論之矣。然以得爲悦言之,恐涉於以利言也。若其意在於爲悦,則終是令人有怍容,不審於禮果合如何? 淳正月欲行親迎,欲只用冠帶,如何？

昏禮用命服，乃是古禮。如士乘墨車而執鴈，皆大夫之禮也。冠帶只是燕服，非所以重正昏禮，不若從古之爲正。《晦庵文集》卷五七。

案：書中言及"昏禮用命服，程子常論之矣。……淳正月欲行親迎，欲只用冠帶，如何"，又云"忘食忘憂，是逐事上説。一憤一樂，循環代至"。朱熹《答李堯卿唐咨》（示及疑義）有云"安卿書來，看得道理儘密，此間諸生亦未有及之者。知昏期不遠，正爲德門之慶。區區南官，亦喜爲吾道得此人也"；又載李唐咨來書云"先生答安卿，忘食忘憂，是逐事上看，一憤一樂，循環代至"。《晦庵文集》卷五七。陳淳所娶即李唐咨女，故云。"安卿書"，當即陳淳上書。《答李堯卿唐咨》撰於紹熙二年末，故推知本書當撰於紹熙二年冬間。

陳淳《上晦庵先生問目》：

詳論夷齊

來教論夷齊云："以天下之公義裁之，則天理重而父命輕；以人子之分言之，則又不可分輕重。但各認取自家不利便處，退後一步，便是。伯夷、叔齊得之矣。"某詳此，竊謂諸侯繼世襲封，所以爲先君之嗣，而爵位土田，則實自天子錫。故內必有所承，上必有所稟，而大倫大義又不至於相悖，端可以光付託而無忝，然後於受國爲正。伯齊、叔齊，以天倫言之，則伯夷主器之嫡，在法固當立。然不得先君之命，則内無所承，烏得以嗣守宗廟而有國也？以父命言之，則叔齊固有其命矣，然伯夷長也，叔齊弟也，叔齊之德不越於伯夷，其父乃舍嫡立少，是一時溺愛之私意，非制命以天下之公義者也。亂倫失正，王法所不與，何可以聞於天王而撫國也？此皆在己有礙而不利便處。此在伯夷，所以不敢挾天倫自處，以壓父命之尊，只得力辭而不受，而決然不敢以或受。在叔齊，所以不敢恃父一時之命，以壓天倫之重，只得固讓而不爲，而決然不敢以或爲。皆各據其分之所當然，以求即乎吾心之安，蓋不如此，則於心終不安。爲伯夷者，是不受之先君，不受之天王，而受之於弟；爲叔齊者，是成父之非命，而干王法也，豈得爲受國之正乎？

文公先生批云："此説得之，更看求仁得仁處。"

詳發憤忘食樂以忘憂意

來教云："忘食忘憂，是逐事上説，一憤一樂，循環代至，非謂終身只此一憤一樂也。逐事上説，故可遂言'不知老之將至'，而爲聖人之謙詞；若作終身説，則憤短樂長，不可并連下句，而亦不見聖人自貶之意矣。"某詳此，竊謂聖人安得有憤，只是做事與衆超越，做便做得極誠懇篤切，如恐不及，便是憤。既誠懇篤切，則於事便做得徹底竭盡無遺恨，及事既了便稱意，心得志滿，慊快充足，有樂底氣象。逐事皆有憤樂，憤在事方切之際，樂在事既透之後。惟真能憤，然後真能樂。不憤則事不極盡，而中有愧悔，安能樂？然日用間應接酬酢，自朝至暮，事非一端。方其爲此一事時，其憤其樂如此。及又一事來，其爲之依前，又如此其憤；既做得透了，依前又如此其樂。每事皆然，一憤一樂，樂而又憤，憤而又樂，工夫循環，無所間斷，不知有歲月之逝。此便見好學之篤，而爲聖人之謙處。若通以終身言之，則憤短而樂長。只於童年志學時，是有所發憤處，自既立以後，如不惑、知命、耳順、從心，則皆其所以爲樂之地。故"不知老之將至"一句，誠著不得，而亦不見其爲自貶之意矣。

文公先生批云："得之。"

詳寤寐動靜

來教云："寤寐者，心之動靜也。有思無思者，又動中之動靜也。有夢無夢者，又靜中之動靜也。但寤陽而寐陰，寤清而寐濁，寤有主而寐無主，故寂然感通之妙，必於寤而言之。"某思此，竊謂人生具有陰陽之氣，神發於陽，魄根於陰。心也者，則麗陰陽而乘其氣，無間於動靜，即神之所會，而爲魄之主也。晝則陰伏藏而陽用事，陽主動，故神運魄隨而爲寤。夜則陽伏藏而陰用事，陰主靜，故魄定神蟄而爲寐。神之運，故虛靈知覺之體顯然呈露，有苗裔之可尋，如一陽復後萬核之有春意焉。此心之寂感所以爲妙，而於寤也爲有主。神之蟄，故虛靈知覺之體

沉然潛隱，悄無蹤迹，如純坤月萬核之生性不可窺其朕
焉。此心之寂感，所以不若寤之妙，而於寐也爲無主。然
其中實未嘗泯，而有不可測者存，呼之則應，警之則覺，則
是亦未嘗無主而未嘗不妙也。故自其大分言之，寤陽而
寐陰，而心之所以爲動靜也。細而言之，寤之有思者，又
動中之動，而爲陽之陽也；無思者，又動中之靜，而爲陽之
陰也。寐之有夢者，又靜中之動，而爲陰之陽也；無夢者，
又靜中之靜，而爲陰之陰也。又錯而言之，則思之有善與
惡者，又動中動之陽明陰濁也。無思而善應與妄應者，又
動中靜之陽明陰濁也。夢之有正與邪者，又靜中動之陽
明陰濁也。無夢而易覺與難覺者，又靜中靜之陽明陰濁
也。一動一靜，循環交錯，聖人與衆人則同，而所以爲陽
明陰濁則異，聖人於動靜無不一於清明純粹之主，而衆人
則雖同焉而不齊。然則人之學力所係於此，亦可以驗矣。

　　文公先生批云："得之。"

　　詳子溫而厲章

　　"子溫而厲，威而不猛，恭而安。"《集注》謂"盛德之
容，中正和平，陰陽合德"。竊嘗因其言而分之，以上三截
爲陽，而下三截爲陰，似乎有合。然又以上三截爲陰，而
下三截爲陽，亦似有合。未知所決。抑聖人渾是一團元
氣之會，無間可得而指，本不可指定爲說，但學者以己意
强爲之形容如是。今且就其說，自分三才而言，則溫然有
和之可挹而不可屈奪，則人之道也；儼然有威之可畏而不

暴於物，則天之道也；恭順卑下而恬然無所不安，則地之道也。自陽根陰而言，則温者陽之和，厲者陰之嚴，威者陽之震，不猛者陰之順，恭者陽之生，安者陰之定。自陰根陽而言，則温者陰之柔，厲者陽之剛，威者陰之慘，不猛者陽之舒，恭者陰之肅，安者陽之健。蓋渾然無適而非中正和平之極，不可得而偏指之也。

文公先生批云："如此推得亦好。"

詳匡人不能害孔子意

聖人知匡人之決不能害己，而必又有戒畏之心，往前看得偏重了，所以一向不通。後來乃覺彼此皆渾淪是天處，蓋此處以大綱言之，斯文未喪，固天意在我，而匡人決不能逆天矣。聖人於此更不復疑懼，所以信天理之必然也。然就其中細論之，吾無以致之，而彼無故而來，莫之爲而爲，是亦天也，吾又安可輕自恃哉？故聖人於此，又必戒謹而不敢忽，所以盡天理之當然也。二者並行而不悖，便見聖人之行，縝密無縫罅，而左右動無非天處，豎看橫看，道理便不偏著在一邊。不審是否？

前節天在我，後節天在彼。文公先生批云："是。"

詳高堅前後意

高堅前後，大槩只是譬其無階可升，無門可入，無象可執捉也。然後而考其高堅前後之實，恐亦不外乎日用行事之近，即是日用間事，但其理如是之高堅玄妙耳。高是理義原頭上達處，如性，天道所由來；堅是理義節會難攻處，如數端參錯，盤根錯節處；前後是理義變化不居處，如一彼一此，亦時中之類。仰者望而冀及之貌，鑽者鑿而求通之意，瞻則視之方微見也，忽則認之又未定也。此正用功憤悶懇篤之際，而萬疑查滓欲融未融之時也。所謂欲罷之意，亦易萌於此矣。而夫子在前却循循善誘，不亟不徐，而教有其序。既博我以文，使我有以廓其知，而無一理不洞研諸心；又約我以禮，使我有以會其極，而無一理不實踐諸己。至此則高堅前後之旨趣要歸，亦不外乎其中，而有可從升之級，有可從入之門，有可執守之象矣。是以日益有味，而中心悦懌，雖欲罷而自不能以已。於是又即仰鑽博約之功，所未精密而猶可以容吾力者，一一極盡，更無去處，然後向之所以爲前後高堅者，始瞭然盡在目前。如渠決水通，大明之中睹萬象真見，其全體之實卓爾直立於其所，昭著親切，端的確定，而無纖毫疑礙遺遁之處矣。然欲更進一步，實與夫子相從於卓爾之地則無所由，蓋前此猶可以用力，此則自大而趨於化，自思勉而之不思不勉，介乎二者之境，所未達者一間，非人力之所能爲矣。但當據其所已然，從容涵養，勿忘勿助，至於日深月熟，則亦將忽不期而自到，而非今日之所預知也。

　　卓爾即是前日高堅前後底，今看得確定卓然爾。如巍巍高底，今從頂徹底皆分曉，卓然盡在目中，無有遺遁。節會堅底，今皆融判，自成條理，卓然森列於中，不容紊亂。前後捉摸兩不定底，今則前者的見其卓然在前，不可移於後；後者的見其卓然在後，不可移於前，不是高堅前後之外別有所謂卓爾也。

諸家多以前爲過，後爲不及，恐無此意。前後只是恍惚不可認定處，將以前者爲是耶？忽又有在後者焉。而前者又似未是，皆捉摸不著。若見得端的時，皆是時中，無過不及。諸家以卓爲聖人之中，卓却是中，然亦恐未可便説中。便説中，則卓字意又看不切矣。

文公先生批云："此説甚善。昔聞李先生説此章最是。夫子循循然善誘人，博我以文，約我以禮，是親切處。其言有味。前後固非專指'中'字，然亦彷彿有此意思。"

詳逝者如斯夫章

"逝者如斯夫，不舍晝夜。"嘗因是推之，道體無一息之停。其在天地，則見於日往月來，寒往暑來，水流而不息，物生而不窮，終萬古未嘗間斷。其在人，則本然虛靈知覺之體常生生不已，而日用萬事亦無一非天理流行，而無少息。故舉是道之全而言之，合天地萬物、人心萬事純是一無息之體。分而言之，則於穆不已者，天之所以與道爲體也；生生不已者，心之所以具道之體也；純亦不已者，聖人之心所以與天道一體也；自强不息者，君子所以學聖人存心事天而體天道也。

楊氏此篇有不逝之説，亦猶《中庸》説死而不亡之意，皆是墮異端處。

文公先生批云："此亦得之。"

詳學道立權章集注

"學道立權"章，《集注》舉楊氏曰："信道篤然後可與立，且篤信是好學前事，既篤信然後能好學也。"今於此既學適道之後，却言信道篤，何也？恐"信"字徹首徹尾不可分先後，如篤信而後好學者，方只信個大槩。既學之後，而又信道篤者，是真知而信之。所信意味自不同，其言各有主。而此章所引"篤"字，又應"立"字，爲切否？

文公先生批云："'信道篤'三字，誠有未盡善者。"

此章又舉楊氏曰"知時措之宜，然後可與權"，則是中在先。如孟子曰"執中無權，猶執一"，則是權在先。不審中與權先後果何別？莫只是同時事，不可分先後否？蓋中之在事物，即其恰好處，而無過不及者也。權則稱其輕重，而使之恰好無過不及者也。故中者權之極，極猶屋極之極；權者中之則，則猶準則之則。中所以行權，權所以取中。論理則知中然後能權，就事則由權然後得中。猶之秤焉，或斤或兩，莫非有中也。然必識斤兩之所在，然後能以權而稱，能以權而稱，然後物之輕重得其斤兩之平也。

文公先生批云："是。"

禱是正理

前承教子路請禱處云："禱是正理，自合有應。"嘗思之，周公請命而王乃瘳，成王出郊而天反風，耿恭拜井而泉出，庾黔婁稽顙北辰而父疾愈，與王祥雙鯉、姜詩井魚等類，其所以必如是而無不應者，只爲天地間同此一理，同此一氣，理所以統乎氣，而人之心則又爲理氣之主，而精靈焉隨其所屬。小大分限，但精誠所注之處，懇切至極，則是處理强而氣充，凡我同氣類而屬吾界分者，自然有相感通，隨而湊集之。以此見實理在天地間，渾是一個活物，端若有血脉之相關者矣。雖然，亦或有不能必其然者，蓋必然而無不應者，理之常也。或不能必然者，則非其常，而不可以常法責也。故君子惟自盡其所當爲，而不可覬其所難必。

文公先生批云："得之。"

聖人千言萬語皆從大體中發來

聖人千言萬語，雖或至粗至淺至近至小處，無非從大體中發來。就一語上直而觀之，亦可見妙道精義；橫而觀之，則與其他萬語無不旁通貫串。其於行也亦然。猶天地生物，雖一草一木之微，皆從大氣中流出。就一草一木上直而觀之，亦可見造化之神；旁而推之，與萬木生理無不相通。又如裘然，千絲萬縷皆從領上係來，就一絲直而尋之，亦可見大綱所在；橫而推之，則與萬縷無不相聯屬。故一不可闕，而萬不可厭。以一爲足而忽其餘，則見不廣；以萬有餘而略其一，則識不周。不審是否？

文公先生批云："得之。"

主敬窮理克己工夫

主敬是日用間動靜，不可間斷要切工夫，其次則窮理克己，又其相須也。蓋敬者生道也，心之所以常惺惺不昧，而天理之所以聚也。必主焉，則專以是爲重，常存於中爲此心之鎮，而無少時之不然也。無事而主乎敬者，所以醒定其未發；有事而所主之敬不弛者，所以齊整其已發。未發者醒定，則天理昭融於方寸，有以涵夫動之端，而其發也必齊整。已發者齊整，則天理森布於事物，各不違其靜之則，而其復常而爲未發也又益醒定矣。一動一靜，只管如此循環去，然亦豈一時暫爾之敬而遽能爾哉？平時之學，苟惟一理之未瑩，則未發雖醒定，而其中已有是一理之欠，其中既一理之欠，則所發雖齊整，而亦必有乖礙不中節之處矣；一私之未克，則未發雖醒定，而其中已有是一根之伏，其中既一根之伏，則所發雖齊整，而亦必有不覺乘間爲事之累矣。故平時之窮理克己，非主敬不能，而亦所以維是敬也。蓋敬貫動靜，而窮理者又所以栽培其未發，而精明其所已發；克己者又所以隄防其未發，而洒落其所已發。平時之窮理克己，所以爲今日未發已發之趾。而今日之窮理克己，又所以爲後日未發已發之基。理之窮也日益精，則敬之致也日益密，而動靜灼然純天理之公。己之克也日益力，則敬之存也日益固，而動靜粹然無人欲之間。夫是以未發之前，全體完瑩，而真有大本之中；已發之際，大用通暢，而實得其達道之和矣。此心地上工夫之大綮，動靜無端，與日周流，至死而後已也。

文公先生批云：“亦善。”

理有能然必然當然自然

理有能然、有必然、有當然、有自然處，皆須兼之，方於理字訓義爲備否？且舉其一二，如惻隱者氣也，其所以能如是之惻隱者理也。蓋其中有是理，然後能形諸外爲是事，外不能是事，則是其中無是理矣。此能然處也。又如赤子入井，見之者必惻隱，蓋人心是箇活物，其感應之理必如此，雖欲忍之，而其中惕然自有所不能以已也。不然，則是槁木死灰，理爲有時而息矣。此必然處也。又如赤子入井，則合當爲之惻隱，蓋人與人類其待之之理當如此，而不容以不如此也。不然，則是爲悖天理而非人類矣。此當然處也。當然亦有二意：一就合做底事上直言其大義如此，如入井當惻隱，與夫爲父當慈、子當孝之類是也。一泛就事中，又細揀別其是是非非、當做與不當做處，如視其所當視，而不視其所不當視，聽其所當聽，而不聽其所不當聽，則得其正而爲理；非所當視而視，與當視而不視，非所當聽而聽，與當聽而不聽，則皆非理矣。此亦當然處也。又如所以入井而惻隱者，皆天理之真流行發見，自然而然，非有一毫人僞預乎其間。此自然處也。其他又如動靜者氣也，其所以能動靜者理也。動則必靜，靜必復動，其必動必靜者，亦理也。事至則當動，事過則當靜，其當動當靜者，亦理也。而其所以一動一靜，又莫非天理之自然矣。又如親親、仁民、愛物者，事也；其所以能親親、仁民、愛物者，理也。見其親則必親，見其民則必仁，見其物則必愛，其必親、必仁、必愛者，亦理也。在親則當親，在民則當仁，在物則當愛，其當親、當仁、當愛者，亦理也。而其所以親之、仁之、愛之，又無非天理之自然矣。凡事皆然。能然、必然者，理在事之先；當然者，正就事而直言其理；自然則貫事理言之也。四者皆不可不兼該，而正就事言者，尤見理直截親切，在人道爲有力。所以《大學章句》《或問》論理處，惟專以當然不容已者爲言，亦此意。熟則其餘自可類舉歟？

文公先生批云：“此意甚備。《大學》本亦更有所以然一句，後來看得且要見所當然是要切處，若早見得不容已處，則自可默會矣。”

詳公而以人體之故爲仁意

“公而以人體之，故爲仁。”李丈前所問，蓋以“人”字統就生人之類而言，所以轉見不通。某竊謂此段之意，“人”字只是指吾此人身而言，與《中庸》“仁者，人也”之“人”自不同，不必重看，緊要却在“體”字上。蓋仁者心之德，主性情，宰萬事，本是吾身至親至切底物。公只是仁之理，專言公則只虛空說著理，而不見其切於己。故必以身體之，然後我與理合而謂之仁，亦猶孟子合而言之道也。然公果如之何而體，如之何而謂之仁也？亦不過克盡己私，至於此心廓然瑩淨光潔，徹表徹裏純是天理之公，生生無間斷，則天地生物之意常存。故其寂而未發也,惺惺不昧,如一元之德,昭融於地中之復,無一事一物不涵在吾生理之中;其隨感而動也,惻然有隱,如春陽發達於地上之豫,無一事非此理之貫,而無一物非此生意之所被矣。此體公之所以爲仁,而所以能恕,所以能愛,雖或爲義、爲禮、爲智、爲信,無所往而不通也。

文公先生批云:"此説得之。不然,則如釋氏之捨身飼虎,雖公而不仁矣。"《北溪大全集》卷六。

案:本書中陳淳"來教"云云,皆朱熹上書("仁"字近看)答語,故推知本書約紹熙三年(1192)春。

朱熹《答陳安卿》:

《大學》舉"吾十有五"章,來教云:"'立',是物格知至而意誠心正之效,不止是用功處;'不惑'、'知命',是意誠心正而所知日進不已之驗;以至於'耳順',則所知又至極而精熟矣。"淳竊疑夫立者,確然堅固,不可移奪,固非真知不能。然此時便謂物已格、知已至,恐莫失之大快否?又事物之理精微眇忽,未至於灼然皆無疑惑萬理根原來處,未洞見天命流行全體,安得謂之知已至?曰"所知日進不已",則是面前猶有可進步,又安得全謂之至?而"耳順"又云"所知至極而精熟",又何言之重複也?而《集注》於"耳順"條方云"知之至",又何也?凡此皆淺見未喻。抑此之旨在聖人分上言,則聖人合下本是生知,義理本是昭著,自兒童知已至極,本無疑惑，天命全體本無蔽隔。當入大學，則亦漫勘驗其所以然，隨衆做些小致知格物工夫。雖做此工夫，而與衆超越云云。若以學者爲學之序言，則自其志學時方一一做致知格物工夫，以考察夫義理。積十五年之功，至於確然有立時，是亦真有所知然後能，然未可便謂物已格，知已至。

細思此意，只得做學者事看。而聖人所説，則是他自見得有略相似處，今窺測它不得也。正如曾子借"忠恕"兩字發明"一貫"之妙，今豈可謂聖人必待施諸己而不願，然後勿施於人也？然曾子所借猶有迹之可擬，此則全不可知，但學者當以此自考耳。

　　來教"孔文子"章云："此章固因論諡而發，然人有一善之可稱，聖人亦必取之，此天地之量也。"淳謂自聖人平心泛論人物言之，則凡有一善之可稱，雖元惡大憝，亦必取之，如天地之量，無所不容，自學者精考人物言之，則聖人所取之善當實體以爲法，而其不善則亦當知所以自厲。

大概是如此，然不必説得太過，却覺張皇，無涵蓄意思。

　　"再思可矣"，"再"字未詳。如何方是一番思，如何方是再番思？

事到面前便斷置了，是一番思；斷置定了更加審訂，是第二番思。

　　"桓魋其如予何"、"匡人其如予何"、"公伯寮其如命何"，來教云："三語皆必其不能爲害之辭，與不得已而聽命以自安者不同。"淳竊謂三語皆是必其不能爲害之辭，此便是聖人樂天知命處。見定志確，斷然以理自信，絕無疑忌顧慮之意。雖曰命，而實在主於理，渾不見有天人之辨。彼不得已而聽命以自安者，本不顧夫理義之當如何，但以事勢無可奈何，遂委之命以自遣，而實未能自信乎命，與聖人之所謂命者自不同。程子所謂命爲中人設，即此等所謂命耳。故在聖人分上，則此等命不足道也。是則聖人之所謂命，與常人之所謂命者事同而情異焉。不審是否？聖人所謂命者，莫非理。

　　上二語，是聖人自處處，驗之已然，而知其決不能害己也。下一語，是爲子服景伯等言，知其有命而未知其命之如何，但知公伯寮之無如此何耳。

　　來教論夷、齊云："以天下之公義裁之，則天倫重而父命輕。以人子之分言之，則又不可分輕重，但各認取自家不便利處，退後一步便是。伯夷、叔齊得之矣。"淳詳此，竊謂諸侯繼世襲封，所以爲先君之嗣，而爵位内必有所承，上必有所稟，而大倫大義又不至於相悖，端可以光付託而無歉，然後於國爲正。伯夷、叔齊以天倫言之，則伯夷主器之嫡，在法固當立。然不得先君之命，則内無所承，烏得以嗣守宗廟而有國也？以父命言之，則叔齊固有命矣，然伯夷長也，叔齊弟也，叔齊之德不越於伯夷，其父乃舍嫡立少，是一時溺愛之私意，非制命以天下之公義者也。亂倫失正，王法所不與，何可以聞于天子而撫國也？此皆在己有礙而不利便處。此在伯夷，所以不敢挾天倫自處以壓父命之尊，只得力辭而不受，而決然不敢以或受；在叔齊，所以不敢恃父一時之命以壓天倫之重，只得固讓而不爲，而決然不敢以或爲。此是據其分之所當然，以求即乎吾心之安。蓋不如是，則於心終不安。爲伯夷者，是不受之先君，不受之天王，而受之於弟；爲叔齊者，是成父之非命而于王法也，豈得爲受國之正乎？

此説得之，但更看求仁得仁處。

再問子路請禱。

大概是如此，但推得太支蔓，如云"禱爾于上下神祇"，只是引此古語以明有禱之理，非謂欲禱于皇天后土也。

又嘗疑《集注》曰："聖人未嘗有過，無善可遷，其素行固已合於神明，故曰丘之禱久矣。"夫自其論聖人所以無事於禱者，其義固如此。然此一句乃聖人自語也，聖人之意豈有謂我未嘗有過，無善可遷，其素行固已合於神明哉？不審此問少曲折，更何如？

聖人固有不居其聖時節，又有直截擔當無所推讓時節，如"天生德於予"、"未喪斯文"之類，蓋誠有不可揜者。

《小學》載庾黔婁父病，每夕稽顙北辰，求以身代，而全文此下更云數日而愈。不審果有此應之之理否？
若果有應之之理，則恐是父子一氣，此精誠所極，則彼
既餒之氣因復爲之充盛否？抑此遭其偶然，而實非關
於禱，實無轉夭爲壽、轉禍爲福之理？人子於此，雖知
其無應之之理，而又却實行其禮，則恐心足不相似禱。

禱是正禮，自合有應，不可謂知其無是理而姑爲之。

來教云："寤寐者，心之動静也。有思無思者，又動
中之動静也。有夢無夢者，又静中之動静也。但寤陽
而寐陰，寤清而寐濁，寤有主而寐無主，故寂然感通之
妙必於寤而言之。"淳思此，竊謂人生具有陰陽之氣，神
發於陽，魄根於陰。心也者，則麗陰陽而乘其氣，無間
於動静，即神之所會而爲魄之主也。晝則陰伏藏而陽
用事，陽主動，故神運魄隨而爲寤。夜則陽伏藏而陰主
事，陰主静，故魄定神蟄而爲寐。神之運，故虛靈知覺
之體燁然呈露，有苗裔之可尋。如一陽復後，萬物之有
春意焉，此心之寂感所以爲有主。神之蟄，故虛靈知覺
之體沉然潛隱，悄無蹤迹。如純坤之月，萬物之生性不
可窺其朕焉，此心之寂感所以不若寤之妙，而於寐也爲
無主。然其中實未嘗泯，而有不可測者存，呼之則應，
驚之則覺，則是亦未嘗無主而未嘗不妙也。故自其大
分言之，寤陽而寐陰，而心之所以爲動静也。細而言
之，寤之有思者，又動中之動而爲陽之陽也；無思者，又
動中之静而爲陽之陰也。寐之有夢者，又静中之動而

爲陰之陽也；無夢者，又静中之静而爲陰之陰也。又錯
而言之，則思之有善與惡者，又動中之動，陽明陰濁也；
無思而善應與妄應者，又動中之静，陽明陰濁也。夢之
有正與邪者，又静中之動，陽明陰濁也。無夢而易覺與
難覺者，又静中之静，陽明陰濁也。一動一静，循環交
錯，聖人與衆人則同，而所以爲陽明陰濁則異。聖人於
動静無不一於清明純粹之主，而衆人則雜焉而不齊。
然則人之學力所係於此，亦可以驗矣。

得之。

“宰予晝寢”云云，予雖非顔、閔之倫，而在聖門亦
英才高弟，皆聖人所深屬意者，而予懈怠如此，故云云。

學者自是不可懈怠，非有已前許多説話也。

又前段云“吾職分已脩，而吾事業已畢乎？吾生已
足，而吾將俯仰無愧乎？”云云。

義理無窮，若自謂四事都了而可以自安，則雖不晝寢
而已爲懈怠矣。此段大支蔓，語氣頗似張無垢，更宜收
斂，就親切處看。此事可否，兩言而決耳，何用如此説
作耶？

“仁者先難而後獲”，先難，克己也。既曰仁者，則
安得有已私？恐此“仁者”字非指仁人而言，語脈猶曰
“所謂仁云者，必先難後獲乃可謂之仁”。

仁人者，正其誼不謀其利，明其道不計其功，語意正
如此。仁者雖已無私，然安敢自謂已無私乎？來示數卷，

此一樣病痛時時有之。

　　又《集注》曰：“先其事之所難而後其效之所得，仁者之心也。”此處下“心”字是如何？豈此處便已是仁者之心耶？抑求仁而其心當如是也？曉此一字未徹。

　　仁者之心如是，故求仁者之心亦當如之。

　　又呂氏四句，正是解此章四句。然“不憚所難爲”一句，似亦只説得先難意，而後獲意思不切，如何？

　　當時本欲只用呂説，後見其有此未備，故別下語。又惜其語非它説所及，故存之於後耳。

　　《述而》第三十二章既以“爲之不厭，誨人不倦”自許，而第二章“學而不厭，誨人不倦”，《集注》又謂“皆我所不能有”。或者疑聖人之意不應如此相反，欲以第二章亦爲自許之詞，而“何有於我哉”只謂其何但我有，此衆人皆能如此，庶前後意不相背。淳爲説以破之曰：“聖人之言各隨所在而發，未嘗參差插雜。當其有稱夫子以聖且仁者，故夫子辭之而不敢當，因退而就夫‘爲之不厭，誨之不倦’以自處。此是爲謙之意，是辭高而就卑也。及人以‘學而不厭，誨人不倦’二事歸之夫子，則又辭之以我所未嘗有。此時爲謙之意，是辭其有能以就無能也。二處之言雖相襲，而意之所主各自不同。”

　　不居仁聖，已爲謙矣。以學不厭、誨不倦爲無有，又謙之謙也。至於事父兄公卿一節，則又謙謙之謙也。蓋聖人只見義理無窮，而自己有未到處，是以其言每下而益見其高也。

《論語或問》說桓魋、匡人不能違天害己處。

此問病處亦與“晝寢”章相類。

聖人既知天生德於我，決無可害之理矣，而避患又必周詳謹密者，何耶？云云。“此身爲天地附託至重”云云。

患之當避，自是理合如此，衆人亦然，不必聖人爲然也。

“君子坦蕩蕩”，“坦蕩”二字只相連，俱就氣象說，只是胸懷平坦寬廣否？抑“坦”字就理說，由循理平坦，然後胸懷寬廣也？

只合連說，看下文對句可見。

“子溫而厲，威而不猛，恭而安”，《集注》云：“盛德之容，中正和平，陰陽合德。”竊嘗因其言而分之，以上三截爲陽而下三截爲陰，似乎有合。然又以上三截爲陰而下三截爲陽，亦似有合，未知所決。抑聖人渾是一元氣之會，無間可得而指，學者強爲之形容，如且以其說自分三才而言，則溫然有和之可挹而不可屈奪，則人之道也；儼然有威之可畏而不暴於物，則天之道也；恭順卑下而恬然無所不安，則地之道也。自陽根陰而言，則溫者陽之和，厲者陰之嚴，威者陽之震，不猛者陰之順，恭者陽之主，安者陰之定；自陰根陽而言，則溫者陰之柔，厲者陽之剛，威者陰之慘，不猛者陽之舒，恭者陰之肅，安者陽之健。蓋渾然無適而非中正和平之極，不可得而偏指者也。

此說推得亦好。

泰伯之事，《集注》云云。當時商室雖衰，天命時勢猶未也。大王乃萌是心，睥睨於其下，豈得不謂之邪志？泰伯固讓，爲成父之邪志，且自潔其身，而以所不欲者推之，後人何以爲至德？《集注》所謂豈無至公之說，又果何如？

翦商乃《詩》語，不從亦是左氏所記，當時必有所據。看《書》中說"肇基王迹"，《中庸》言"武王纘太王、王季、文王之緒"則可見矣。此聖賢處事之變，不可拘以常法處。而太伯之讓，則是守常而不欲承當此事者也。其心即夷、齊之心，而事之難處則有甚焉。尚以成父之邪志責之，誤矣。

"以能問於不能"章，《集注》採尹氏"幾於無我"，"幾"字只就"從事"一句可見邪？抑併前五句皆可見邪？"犯而不校"，亦未能無校，此可見非聖人事。

顏子正在著力不著力之間，非但此處可見，又只就從事上看便分明，不須更說無校之云也。

"篤信好學"，猶篤行之云，不是兩字並言，既篤而又信否？《集注》云："篤，厚而力也。"何謂厚而力？只是其心加隆重於此，而又懇切於爲之，既不輕信而又不苟信否？

篤信只是信得牢固，不走作耳，未有不輕信、苟信之意。不輕、不苟，却在好學上見。

《泰伯》第十六章，蘇氏“有是德”、“無是德”之説，所謂德者，是原於天命之性否？

“德”字只是説人各有長處，不必便引到天命之性處也。

“(恫)〔侗〕而不愿”，“愿”字何訓？或謂謹愿，則有不放縱之意。或謂愿愨，則有朴實之意。二説各不同，不審其義果如何？第十七篇“鄉原”章，亦引《荀子》愿愨之説。

二説無甚不同，鄉人無甚見識，其所謂愿未必真愿，乃卑陋而隨俗之人耳。

《集注》又曰：“侗，無知。悾悾，無能。”竊意侗者，同也，於物同然一律，瞑無識別，是猶是也，非猶是也。悾者，空也，悾而又悾，是表裏俱悾，無寸長之實。

此亦因舊説，以字義音韻推之恐或然耳。此類只合大概看，不須苦推究也。

“食不厭精，膾不厭細”，《集注》云：“言以是爲善，非謂必欲如是也。”竊謂善者微有未穩。善者則有嘉善之意，此“不厭”但不嫌遠而已，蓋聖人平日簡淡。

以下文推之，聖人凡事子細，初無簡淡之意。若如所説，則記者當云“膾不厭粗，食不厭糲”乃爲正理，不應反作如此説也。

“不得其醬，不食”，《集注》云：“惡其不備也。”竊疑

“惡”字太重，似見聖人有意處。

惡其不備，非惡其味之不美，但忘其食味，不苟食耳。

《集注》中“仲尼”不易爲“夫子”，何也？若如《中庸》第二章所辨，則恐在當時爲可耳。

不曾如此理會，恐亦不須如此理會也。《中庸或問》乃爲近年有以此疑《中庸》非子思之作者，故及之耳。

“文”之爲說，大要只是有文理可觀之謂。蓋凡義理之載於經籍而存乎事物之間，與夫見於威儀華采而爲盛德之輝光，形於禮樂制度而爲斯道之顯，及所引爲有文理之可觀者皆是。云云。

物相雜，故曰文。如前所說是也。如下面分別諸說，則恐未然。如曰“則以學文”，何以見其不爲威儀華采、禮樂制度耶？

《大學》，疑《或問》云“人物之生，莫不得其所以生者，以爲一身之主”，近改“物”字作“類”字。竊意“類”字意固不重疊，而字似少開，不若只依“物”字。

向來改此“類”字，蓋爲下文專說人之明德，故不可下“物”字。若作“物”字，即須更分別人與物之所以異乃爲全備，近已如此改之矣。

《或問》云：“既真知所止，則其必得所止，若已無甚間隔。”竊疑“若已”字辭旨恐未明白，欲改作“亦非有甚間隔”。

“若”字意自分明，未是真無間隔也。

“格物”章，《或問》云：“其所以精微要妙，不可測度者，乃在其真積力久，心通默識之中。”此句曉之未詳。

此處細看，當時下語不精，今已改定。

《或問》又曰：“所謂豁然貫通者，又非見聞思慮之可及也。”此句曉之未詳。不審此只是方其正一一格物時，猶可勉勵用工夫以格之，如所謂豁然貫通處，必真積之久，從容涵泳，優游純熟，不期而自到，非彊探力索可擬議以至耶？抑是既到豁然貫通地位，便是真知透徹云云，若於此而猶用力思索，便是沛然自得？

前說只以文義推可見，何待如此致疑耶？

《或問》所引《書》“降衷”以下八言，雖皆所以證夫理，而其相次莫亦有序否？嘗試推之：“降衷”自天賦於人而言，“秉彝”自人稟於天而言。衷者，理之至善而無妄也，彝則理之一定而有常也。常即善之所爲，因有是善，故能常。衷者統言，彝則指定言。此二句方舉其大綱，而下文則詳之。“天地之中”，統言天地間實理渾然大中，無所偏倚，爲萬邦之極，而萬物之生莫不以是爲樞紐也。此比所謂衷則又加確矣。“天命之性”，指是理降而在人，爲賦生之全體，而性則實即夫天理之中，而非有二者。是二言者，一言天，一言自天而人，又所以兼明夫天賦於人而詳其降衷之意也。“仁義之心”，仁義乃即天命之性，指其實理，而心則包具焉以爲體而主於身者也。此比所謂彝則又加實矣。“天然自有之中”，又細言是理之散於事物之間，莫不各有當然一定之則，無過無不及，皆天之所爲而非人之力者。“而其實，又不外於其心”，此二句又就性而言，合衷、彝而結之。蓋萬物雖各有當然無過不及之理，然總其根源之所自，則只是一大本而同爲一理也。此理人物所共由，天地間所公共，所以謂之道。而其體則統會於吾之性，非泛然事物之間而不根於其内也。竊疑此下更宜以周子所謂“無極而太極”，以包天人、事物、體用、動静、内外、終始一貫爲説，似於八言之下，其意尤爲圓也。而不之取，不審何也？

當時只以古今爲次第，未有此意。周子語意差遠，故不得引以爲證，恐却費注解也。

延平格物之説，原其意亦自程子説中得之，云云。又嘗疑前面反復論難，專以程説爲主，蓋不可以復加矣。至此段引延平説，則又曰“有非他説所能及，未易以口舌爭”，其辭似抑揚低昂，有左程右李、别立一家之意。

“它説”，是指門人説，語意自明，何疑之有？

傳言“謹獨”，正就誠意著工夫處説。《或問》又就意已誠之後説。夫意之誠者，既無所不盡，真能慊快充足，仰不愧，俯不怍，到此地位，其勢決然自不能已矣。而猶曰“不敢弛其謹獨之勞焉，所以防慮省察，使其日新又新而不至於間斷”，何也？恐此時所謂謹獨，與向時所謂謹獨者大不同。

兩説未見其不同，但説到此恰好著力，不可間斷耳。

"絜矩"，《或問》云："各得其分，不相侵越，廣狹長短，平均如一。"此四句曉之未詳。

所惡乎左，便是左邊人侵了自家左邊界分，而我惡之。故我亦不以此待右邊人，而不侵他右邊之左，如此方得左邊界分分明。又以所惡乎右者度之，方得右邊界分分明。上下前後，亦莫不然，則四至所向皆得均平，而界分方整，無偏廣偏狹之病矣。

"作新民"，是成王封康叔之語，而《或問》中曰武王，何也？

此《書序》之誤。五峯先生嘗言之。舊有一段辨此，後以非所急而去之。但看此與《酒誥》兩篇，只説文王而不及武王，又曰"朕其弟小子封"，又曰"乃寡兄勖"，武王自稱，猶今人云劣兄。則可見矣。"周公初基"一節是錯簡。

又雜疑《中庸序》曰："人莫不有是形，故雖上智不能無人心。"人心，只是就形氣上平説天生如此，未是就人爲上説。然上文又曰"或生於形氣之私"，乃却下"私"字，何也？私，恐或涉人爲私欲處説，似與"上智不能無人心"句不相合，不審如何？

如飢飽寒燠之類，皆生於吾之血氣形體，而它人無與焉，所謂私也，亦未便是不好，但不可一向徇之耳。

程子曰："人無父母，生日當倍悲痛。"如先生舊時，亦嘗有壽母生朝及大碩人生朝與向日賀高倅詞，恐非先生筆，不審又何也？豈在人子自己言則非其所宜，而爲父母、待親朋，則其情又有不容已處否？然恐爲此則是人子以禮律身，而以非禮事其親、以非禮待於人也。其義如何？

此等事是力量不足放過了處。然亦或有不得已者，其情各不同也。

程子“以心使心”之說，竊謂此二“心”字只以人心、道心判之自明白。蓋上“心”字即是道心，專以理義言之也。下“心”字即是人心，而以形氣言之也。以心使心，則是道心爲一身之主，而人心爲聽命也。不審是否？

亦是如此。然觀程先生之意，只是說自作主宰耳。

貧者舉事，有費財之浩瀚者，不能不計度繁約而爲之裁處。此與“正義不謀利”意相妨否？竊恐謀利者，是作這一事更不看道理合當如何，只論利便於己與不利便於己，得利便則爲之，不得則不爲。若貧而費財者，只是目下恐口足不相應，因斟酌裁處而歸之中，其意自不同否？

當爲而力不及者，量宜處乃是義也。力可爲而計費吝惜，則是謀利而非義矣。

《中庸》“尚絅”條，以爲己立心明之象，不審如何以爲己立心明之象？莫是有美在其中，只要自溫好，不用人知否？

此說得之，然更宜詳味。《晦庵文集》卷五七。

案：本書校記："此一樣病痛時時有之"句下，浙本有"子賤之成德實出於聖門，夫子歸於魯多賢者。聖人謙厚，於此事可見，而蘇氏說恐未盡"及"不然"凡三十六字；"而避患又必周詳謹密者何耶"句下，浙本有"將聖人知人之決不加害者，蓋灼知天理而無疑也"二十字。

陳淳上書（詳論夷齊）有云"來教論夷齊云：'以天下之公義裁之，則天理重而父命輕；以人子之分言之，則又不可分輕重。但各認取自家不利便處，退後一步便是。伯夷、叔齊得之矣。'"而朱熹批云"此說得之，更看求仁得仁處"。正本書中陳淳所問"來教論夷、齊"及朱熹答語，知承其後，故推知其約撰於紹熙三年中。

《朱子語類》卷三四載楊道夫所記曰："安卿以書問夷、齊辨論甚悉。曰：'大槩是如此，但更於求仁而得仁上看。'道夫問：'安字莫便是此意否？'曰：'然。但見他說得來不大段緊切，故教他更於此上看。'曰：'伯夷不敢安嫡長之分以違君父之命，叔齊不敢從父兄之命以亂嫡庶之義，這便是求仁，伯夷安於逃，叔齊安於讓，而其心舉無陧杌之慮，這便是得仁否？'曰：'然。衛君便是不能求仁耳。'"所論"安卿以書問夷、齊辨論甚悉”及朱熹答語，即本書中語。

朱熹《答陳安卿》：

《泰伯》篇：“三分天下有其二，以服事商。”嘗因是而推，設使文王當武王之時，則革命之事亦爲之否乎？武王處文王之地，則服事之禮亦如文王否乎？竊恐此處皆繫乎天，不由乎人。使天果欲有爲，則亦不容文王不欲爲；天果未欲有爲，則亦不容武王必欲爲。聖人之心廓然大公，如衡之平，彼此一無所偏，惟其來而順權以應之耳。初何容心預安排指擬於其間？文王、武王易地則皆然，不審是否？此非本章正義，但欲因其事變看聖人心耳。張子謂“一日天命未絕則爲君，當日天命絕則爲獨夫”。天命絕否，視之人情而已。不審一夫之心未解，還得爲天命猶未絕否？抑許大公天下之命豈偏在一夫上？到此則聖人用權之地，惟幾微義精者乃可以決之，自不容以常法論也。

詳考《詩》、《書》，則文、武之心可見。若使文王漠然無心於天下，斂然終守臣節，即三分之二亦不當有矣。然此等處，正夫子所謂未可與權者，食肉不食馬肝，未爲不知味也。

高、堅、前、後，大概只是譬其無階可升、無門可入、無象可執捉也。然而考其高、堅、前、後之實，恐亦不外乎日用行事之近，即是日用間事，但其理如是之高堅玄妙耳。"高"，是理義原頭上達處；如性，天道所由也。
"堅"，是理義節會難考處；如數端參錯，盤根錯節處。
"前"、"後"，是理義變化不居處。"仰"者，望而冀及之
貌；"鑽"者，鑿而求通之意。"瞻"則視之方微見也，
"忽"則視之又未定也。此正用工憤悶懇篤之際，而萬
疑畢湊、欲融未融之時也。所謂欲罷之意，亦易萌於此
矣。而夫子在前，却循循善誘，不亟不徐而教有其序。
既博我以文，使我有以廓其知，而無一理不洞研諸心；
又約我以禮，使我有以會其極，而無一理不實踐諸己。
至此，則堅、高、前、後之旨趣要歸，亦不外乎其中，而有
可從升之級、有可從入之門、有可執守之象矣。是以日
益有味而中悦懌，雖欲罷而自不能已。於是又即仰鑽
博約之功所未精密，而猶可以容吾力者，一一極盡，更
無去處，然後向之所以爲堅、高、前、後者，始瞭然盡在
目前，如渠決水通，大明之中睹萬象，真見其全體之實，
卓爾直立於其所，昭著親切，端的確定，而無纖毫凝礙
遺遁之處矣。然欲更進一步，實與夫子相從於卓爾之
地，則無所由。蓋前此猶可以用力，此則自大而趨於
化，自思勉而之不思勉，介乎二者之境，所未達者一間，
非人力之所能爲矣。但當據其所已然，從容涵養，勿忘
勿助，至於日深月熟，則亦將忽不期而自到，而非今日
之所預知也。不審是否？

　　卓爾，即是前日高、堅、前、後底，今看得確定卓然爾。

如巍巍高底，今從頭徹底皆分明，卓然盡在目中，無有遺遁。節會堅底，今皆融泮，自成條理，卓然森列於中，不容紊亂。前、後捉摸兩不定者，今則前者灼見其卓然在前，不可移於後；後者灼見其卓然在後，不可移於前。不是高、堅、前、後之外別有所謂卓爾者也。

諸家多以“前”爲過，“後”爲不及，恐無此意。前、後只是恍惚不可認定處，將以前者爲是耶，忽又有在後者焉，而前者又似未是，皆捉摸不著。若見得端的時，皆是時中，無過不及。諸家又以“卓”爲聖人之中，卓却是中，然亦恐未可便說中，則“卓”字意又看不切矣。

此說甚善。昔聞李先生說此章最是夫子循循然善誘人、博我以文、約我以禮、至親切處，其言有味。“前後”，固非專指中字，然亦彷彿有些意思。

“逝者如斯夫，不舍晝夜”，嘗因是推之。道無一息之停，其在天地，則見於日往月來，寒往暑來，水流而不息，物生而不窮，終萬古未嘗間斷。其在人，則本然虛靈知覺之體常生生不已，而日用萬事亦無一非天理流行而無少息。故舉是道之全而言之，合天地萬物、人心萬事，統是無一息之體。分而言之，則“於穆不已”者，天之所以與道爲體也；“生生不已”者，心之所以具道之體也；“純亦不已”者，聖人之心所以與天道一體也；“自强不息”者，君子所以學聖人存心事天而體夫道也。不審是否？楊氏此章有不逝之說，亦猶解《中庸》說死而不亡之意，皆是墮異端處。

此亦得之。但范氏説“與道爲體”四字甚精，蓋物生水流，非道之體，乃與道爲體者也。可更詳之。

“學道立權”章，《集注》舉楊氏曰：“信道篤，然後可與立。且篤信是好學以前事，既篤信而後能好學也。”今此於既學適道之後，却言篤信，何也？恐“信”字徹首徹尾不可分先後。如篤信而後好學者，方只信箇大概。既學之後而又信道篤者，是真知而信之。所信意味自不同，其言各有主，而此意所引“篤”字又應“立”字爲切否？

“信道篤”三字，誠有未盡善者。

“鄉人儺”，古人所以爲此禮者，只爲疫癘乃陰陽一帶不和之氣游焉，非有形象附著。人乃天地精氣所會，故至誠作威嚴以驅之，則志帥充實、精氣彊壯，自無疑忌怯懾而有可勝之理否？但古人此禮節目不可考，想模樣亦非後世俚俗之所爲者。

《後漢志》中有此，想亦近古之遺法。

顏子“無所不説”，與“終日不違”、“聞一知十”、“語之不惰”等類，若以知上言之，則此時方只是天資明睿而學力精敏，於聖人之言皆深曉嘿識；未是於天下之理廓然無所不通，猶未得全謂之物已格、知已至，而復其本心光明知覺之全體處。蓋是時猶有待於聖人之言故也。至於所謂卓爾之地，乃是廓然貫通而知之至極，與聖人生知意味相似矣。不審是否？

恐是如此。

《鄉黨》"瓜祭"，陸氏謂《魯論》"瓜"作"必"，而《季氏》一篇又是《齊論》，則今此書非漢時《魯論》之篇，乃後世相傳集，三《論》皆有混其間否？此雖非大義所係，亦當知之。

何晏《序》云："就《魯論》篇章，考之《齊》、《古》，爲之注。"然今不可得而分矣，舊亦嘗病其如此矣。

"喜怒哀樂未發謂之中，發而皆中節謂之和。"自天道言，未發之前，聖與愚同此一大本，未有是四者之事，而均涵是四者之理；及其發也，眾人之所自然中節處，亦宛然是本底形見，亦與聖人底無異。自人道言，則聖人未發全醒定，既發則全中節；眾人未發則本然底固在，而瞑然不省，其發則雖有中節時節，而其不中者多矣。如《中庸》此節四句，據本文正義，恐只是推原性情之本，統就天道言。若上文兩節，乃是就人工夫言，所以存中和之體。而下文一節，則工夫之極，又所以致中和之用也。然《或問》中曰："以其天地萬物無所不該，故曰天下之大本。以其古今人物之所共由，故曰天下之達道。"則此處又不特是未分，不在其中矣。

既云大本達道，則無一物不在其中矣。

理有能然，有必然，有當然，有自然處，皆須兼之，方於"理"字訓義爲備否？且舉其一二：如惻隱者，氣也;其所以能是惻隱者,理也。蓋在中有是理,然後能形諸外爲是事。外不能爲是事,則是其中無是理矣。此能然處也。又如赤子之入井,見之者必惻隱。蓋人心是箇活底,然其感應之理必如是,雖欲忍之,而其中惕然自有所不能以已也。不然,則是槁木死灰,理爲有時而息矣。此必然處也。又如赤子入井,則合當爲之惻隱。蓋人與人類,其待之理當如此,而不容以不如此也。不然,則是爲悖天理而非人類矣。此當然處也。當然亦有二:一就合做底事上直言其大義如此,如入井當惻隱,與夫爲父當慈、爲子當孝之類是也。一泛就事中又細揀別其是是非非,當做與不當做處。如視其所當視而不視其所不當視,聽其所當聽而不聽其所不當聽,則得其正而爲理。非所當視而視與當視而不視,非所當聽而聽與當聽而不聽,則爲非理矣。此亦當然處也。又如所以入井而惻隱者,皆天理之眞流行發見,自然而然,非有一毫人爲預乎其間,此自然處也。其他又如動靜者,氣也;其所以能動靜者,理也。動則必靜,靜必復動,其必動必靜者,亦理也。事至則當動,事過當靜者,亦理也。而其所以一動一靜,又莫非天理之自然矣。又如親親、仁民、愛物者,事;其所以能親親、仁民、愛物者,理。見其親則必親,見其民則必仁,見其物則必愛者,亦理也。在親則當親,在民則當仁,在物則當愛,其當親、當仁、當愛者,亦理也。而其所以親之、仁之、愛之，又無非天理之自然矣。凡事皆然。能然、必然者，理在事先；當然者，正就事而直言其理；自然，則貫事理言之也。四者皆不可不兼該，而正就事言者，必見理直截親切，在人道爲有力。所以《大學章句》、《或問》論難處，惟專以當然不容已者爲言，亦此意。熟則其餘自可類舉矣。

此意甚備。《大學》本亦更有"所以然"一句，後來看得且要見得所當然是要切處，若果得不容已處，即自可默會矣。

"公而以人體之，故爲仁"，李公前所問，蓋以"仁"字純就生人之類而言。某謂"人"字不當如此説，而李公以爲先生説緊要在"人"字上。今承批教，復未之然。某請畢愚見而折衷焉：竊謂此段之意，"人"字只是指吾此身而言，與《中庸》言"仁者，人也"之"人"自不同，不必重看，緊要却在"體"字上。蓋仁者心之德，主性情，宰萬事，本是吾身至親至切底物。公只是仁之理，專言公則只虛空説著理，而不見其切於己，故必以身體之，然後我與理合而謂之仁，亦猶孟子合而言之道也。然公果如之何而體，如之何而謂之仁，亦不過克盡己私。至於此心豁然，瑩淨光潔，徹表裏純是天理之公，生生無間斷，則天地生物之意常存。故其寂而未發，惺惺不昧，如一元之德昭融於地中之復，無一事一物不涵在吾生理之中。其隨感而動也，惻然有隱，如春陽發達於地上之豫，無一事非此理之貫，無一物非此生意之所被矣。此體公之所以爲仁，所以能恕，所以能愛，雖或爲義、爲禮、爲智、爲信，無所往而不通也。不審是否？

此説得之。不然，則如釋氏之捨身飼虎，雖公而不仁矣。

先生批答李公有云：“比干不止是一事之仁。”竊謂比干不止是一事之仁，只説此一事見其有仁耳。蓋此大節目上不昏昧，則是性綱已舉，其餘自可類從。然詳夫子所以許之之意，蓋亦重在此處，以是爲主，而於全德無所妨故耳。固非謂止此一事有仁，而其他尚有不仁處；亦非謂全體渾然無闕，而不容止以此一事偏指之也。故此三仁之仁與一事之仁固異，而與合下來全仁者亦自不同。先生答李公又云：“吾之所以爲心者，如何而能無入而不自得，須要理會。”竊謂須是知止有定，然後無入而不自得也。

得之。然亦須有涵養工夫也。

吕氏“孟子惻隱”説云：“蓋實傷吾心，非譬之也，然後知天下皆吾體、生物之心皆吾心，彼傷則我傷，非謀慮所及，非勉强所能。”此所謂皆吾體、皆吾心者，亦只是以同一理言之否？

非但同理，亦同氣也。

《心説》“維天之命，於穆不已”，所以爲生物之主者，天之心也。人受天命而生，因全得夫天之所以生我

者以爲一身之主,渾然在中,虛靈知覺,常昭昭而不昧,
生生而不可已,是乃所謂人之心。其體則即所謂元、
亨、利、貞之道,具而爲仁、義、禮、智之性。其用則即所
謂春、夏、秋、冬之氣,發而爲惻隱、羞惡、辭讓、是非之
情。故體雖具於方寸之間,而其所以爲體則實與天地
同其大,萬理蓋無所不備,而無一物出乎是理之外。用
雖發乎方寸之間,而其所以爲用則實與天地相流通。
萬事蓋無所不貫,而無一理不行乎事之中。此心之所
以爲妙,貫動静、一顯微、徹表裏,終始無間者也。人惟
拘於陰陽五行所值之不純,而又重以耳、目、口、鼻、四
支之欲爲之累,於是,此心始梏於形器之小,不能廓然
大同無我,而其靈亦無以主於身矣。人之所以欲全體
此心而常爲一身之主者,必致知之力到而主敬之功專,
使胸中光明瑩净,超然於氣稟物欲之上,而吾本然之體
所與天地同大者,皆有以周徧昭晰,而無一理之不明;
本然之用與天地流通者,皆無所隔絶間斷,而無一息之
不生。是以方其物之未感也,則此心澄然惺惺,如鑑之
虛,如衡之平,蓋真對越乎上帝,而萬理皆有定於其中
矣。及夫物之既感也,則妍蚩高下之應,皆因彼之自爾,
而是理固周流該貫,莫不各止其所。如乾道變化,各正
性命,自無分數之差,而亦未嘗與之俱往矣。静而天地
之體存,一本而萬殊;動而天地之用達,萬殊而一貫。
體常涵用,用不離體,體用渾淪,純是天理,日常呈露於

動靜間。夫然後向之所以全得於天者，在我真有以復其本，而維天於穆之命，亦與之爲不已矣。此人之所以存夫心之大略也。

王丞子正云：「看得儘有功，但所謂心之體與天地同大，而用與天地流通，必有徵驗處，更幸見教。」淳因復有後篇：

所謂體與天地同其大者，以理言之耳。蓋通天地間，惟一實然之理而已，爲造化之樞紐，古今人物之所同得。但人爲物之靈，極是體而全得之，總會於吾心，即所謂性。雖會在吾之心，爲我之性，而與天固未嘗間，此心之所謂仁即天之元，此心之所謂禮即天之亨，此心之所謂義即天之利，此心之所謂智即天之貞，其實一致，非引而譬之也。天道無外，此心之理亦無外；天道無限量，此心之理亦無限量；天道無一物之不體，而萬物無一之非天，此心之理亦無一物之不體，而萬物無一之非吾心。那箇不是心做？那箇道理不具於心？天下豈有性外之物，而不統於吾心是理之中也哉？但以理言，則爲天地公共，不見其切於己。謂之吾心之體，則即理之在我有統屬主宰，而其端可尋也。此心所以至靈至妙，凡理之所至，其思隨之，無所不至，大極於無際而無不通，細入於無倫而無不貫，前乎上古、後乎萬古而無不徹，近在跬步、遠在萬里而無不同。雖至於位天地、育萬物，亦不過充吾心體之本然，而非外爲者。此張子所謂有外之心不足以合天心者也。

　　所謂用與天地相流通者，以是理之流行言之耳。蓋是理在天地間，流行圓轉，無一息之停。凡萬物萬事，小大精粗，無一非天理流行。吾心全得是理，而是理之在吾心，亦本無一息不生生，而不與天地相流行。人惟欲浄情達，不隔其所流行，然後常與天地流通耳。且如惻隱一端，近而發於親親之間，親之所以當親，是天命流行者然也，吾但與之流行，而不虧其所親者耳。一或少有虧焉，則天理隔絕於親親之間而不流行矣。次而及於仁民之際，如老者之所以當安、少者之所以當懷、入井者之所以當怵惕，亦皆天命流行者然也。吾但與之流行，而不失其所懷、所安、所怵惕者耳。一或少有失焉，則天理便隔絕於仁民之際而不流行矣。又遠而及於愛物之際，如方長之所以不折、胎之所以不殺、殀之所以不夭，亦皆天命流行者然也。吾但與之流行，而不害其所長、所胎、所殀者耳。一或少有害焉，則天理便隔絕於愛物之際而不流行矣。凡日用間，四端所應皆然。但一事不到，則天理便隔絕於一事之下；一刻不貫，則天理便隔絕於一刻之中。惟其千條萬緒，皆隨彼天則之自爾，而心爲之周流貫匝，無人欲之間焉，然後與元、亨、利、貞流行乎天地之間者同一用矣。此程子所以指天地變化草木蕃，以形容恕心充擴得去之氣象也。然亦必有是天地同大之體，然後有是天地流通之用;亦必有是天地流通之用,然後有是天地同大之體,則其實又非兩截事也。

王丞批:"此篇後截稍近。"又曰:"天命性心,雖不可謂異物,然各有界分,不可誣也。今且當論心體,便一向與性與天衮同説去,何往而不可? 若見得脱灑,一言半句亦自可見,更宜涵養體察。"

淳再思之,體與天地同大,用與天地流通,自原頭處論,竊恐亦是如此。然一向如此,則又涉於過高,而有不切身之弊。不若且只就此身日用見定言"渾然在中者爲體,感而應者爲用"爲切實也。又覺聖賢説話如平常,然此二篇辭意恐皆過當,併望正之。

此説甚善。更寬著意思涵養,則愈見精密矣。然又不可一向如此向無形影處追尋,更宜於日用事物、經書指意、史傳得失上做工夫,即精粗表裏融會貫通,而無一理之不盡矣。《晦庵文集》卷五七。

案:書中有言"先生批答李公有云:'比干不止是一事之仁。'"此乃朱熹《答李堯卿》(《禘説》舉趙伯循謂魯太廟以周公爲始祖)中語。《晦庵文集》卷五七。《答李堯卿》撰於紹熙三年春、夏間,則推知本書約撰於是年秋、冬間。

朱熹《答陳安卿》:

太極者,天地之性而心之體也。一元者,天地之心而性情之會也。陰陽慘舒者,天地之情即性之流行而心之用也。不審是否?

程子曰:"其體則謂之《易》,其理則謂之道,其用則謂之神。"更以此語參看。

前者納去《心說》,後來覺得首語說天心不的當,今改云:"'維天之命,於穆不已',所以爲生物之主者,天之心也。"不知是否?

改得語意全備,甚善。

先生答妻父鬼神説云:"所謂非實有長存不滅之氣魄者,又須知其未始不長存爾。"廖子晦見此,謂長存不滅乃以天地間公共之氣體言之。淳恐只是上蔡所謂"祖考精神即自家精神"之意耳。王子合以爲二説只是一意,若非公共底,則安有是精神耶?不審何從?

上蔡説是。

"魂魄"二字,向聞先生説發用處是魂、定處是魄。記事處是魄,小兒無記性,不定疊,皆是魄不足。又先生答梁文叔書謂鼻之知臭、口之知味,魄也。耳目中之煖氣,魂也。淳竊以爲魂不離氣、魄不離體,魂則氣上一箇活處,其所流行而不息,發越而有生意者也;魄則體上一箇精處,其所真實確定,凝然而不散漫者也。

魂魄且如此看,不須更支蔓。言語間未能無病,久之自見得失,今不須苦求也。所與王丞論者,則太支離矣。王丞説魂即是氣,魄即是體,却不是。須知魂是氣之神、魄是體之神可也。佛氏説地、水、火、風，亦相類。月之不受日光處，其魄也。故十六以後，謂之生魄。其受日光處，則其陽氣之明也。故初二、三以後，謂之生明。蓋日月只是陰陽之氣，非實有形質也。

　　明道先生曰：“生之謂性，人生而靜以上不容説。”舊認作未生以前，天理未有所降賦時。近思此説，恐幾太過。人既未有生，則不得謂之性也明矣，更何待如此言耶？疑此所謂“以上”云者，似只説其從未感物以前至於所以生之始云耳，恐非離人言天，虛説未生以前事。

　　此説費力，恐只合仍舊。更思之。

　　赤子之感於物，有天然發處，有發以人處。如啞鳴震悸，則天然之發也。如飲乳、轉盼、孩笑者，則發以人處也。又有人之天處，有人之人處。如良知良能，人之天也。順情則喜，逆情則怒，凡其嗜好，則人之人處也。

　　所以感者，皆從外生；所以應者，皆從中出。

　　靜中之知覺，伊川以復言之，乃其未發者也。然先生《復卦贊》曰：“生意闖然，具此全美。”又曰：“有苗其萌，有惻其隱。”又似有生意，何也？常思之，群陰固蔽之中，一陽之萌，生生之心就本位上已略萌出其端，但未到發達出於外耳。是所謂闖然者。在人則爲萬事沈寂之際，其中虛靈知覺，有活物者存，即此便是仁者生生之心，就生體已微露出其端矣，但未到感動出於外耳。是所謂有苗其萌者，與伊川説無異。惻隱則又在苗萌已後，乃已發見處，達而爲惻隱也。若以時運言，則亥盡子初爲復；以月運言，則晦盡朔交爲復；以日運言，則黑極而微露於東爲復；在人言，則赤子初生者復也；以神識言，則神初發知者復也。

"閤"字後來亦欲改之，但未有穩字耳。苗萌惻隱，却是正指初發處。"日運"以下，有説得太遲處，更消息之。《晦庵文集》卷五七。

案：本書中録陳淳問云"先生答妻父鬼神説云：'所謂非實有長存不滅之氣魄者，又須知其未始不長存爾。'廖子晦見此，謂長存不滅乃以天地間公共之氣體言之。淳恐只是上蔡所謂'祖考精神，即自家精神'之意耳。王子合以爲二説只是一意，若非公共底，則安有是精神耶？不審何從"，其"先生答妻父鬼神説"，指朱熹《答李堯卿唐咨》（示及疑義）"但所云非實有長存不滅之氣魄者，亦須知未始不長存耳"云云。《晦庵文集》卷五七。其撰於紹熙二年末。而"廖子晦"、"王子合"云云，與《朱子語類》卷一一七載葉賀孫所記相合，曰："賀孫問：'安卿近得書否？'曰：'緣王子合與他答問，諱他寫將来，以此漳州朋友都無問難来。'"其所謂"王子合與他答問，諱他寫將来"，即指本書所録陳淳問語。據《朱子語類·姓氏》，葉賀孫所記乃辛亥（紹熙二年）以後所聞。又本書中録陳淳問語"前者納去《心説》,後來覺得首語説天心不的當",即朱熹上書(《泰伯》篇)中陳淳所呈録"《心説》'維天之命,於穆不已'"云云,其撰於紹熙三年秋、冬間。故推知本書約撰於紹熙四年(1193)初。

朱熹《答陳安卿》:

淳前日疑《大學或問》"然既真知所止,則其必得所止,若已無甚間隔",其間四節,蓋亦推言其所以然之故有此四者。淳竊謂真能知所止者,必真能得所止,而定、静、安、慮,上下一以貫之,當下便一齊都了,中間實無纖毫間隔,乃聖人地位事也。上文"若已無"云者,其接"真知所止,必得所止"之意誠爲快,然既曰"無"矣,而又繼以"甚"者,則是亦有些間隔而不甚多之辭也,恐"甚"字與"無"字又不相應否?然曰所以欲將"若已無"字換爲"非有"字。

"若"之爲言似也,雖似如此,而其間亦有少過度處也。健步勇往,勢雖必至,而亦須移步略有漸次也。

孟子所謂"盡心",今既定作"知至"説,則"知天"一條當何繫屬?繫之"知性"之下而"盡心"之前,與"知性"俱爲一衮事耶?抑繫之"盡心"之下,乃"知至"後又精熟底事耶?夫三者固不容截然分先後,然就其間細論之,亦豈得謂全無少別?

知性則知天矣，據此文勢，只合在知性裏説。

一之寄問誌石之制，在士庶當如何題，温公謂當書姓名，恐所未安。夫婦合葬者，所題之辭又當如何？

宋故進士或云處士。某君、夫人某氏之墓。下略記名字、鄉里、年歲、子孫及葬之年月。

一之卜以三月半葬，併改葬前妣祔于先塋。以前妣與其先丈合爲一封土，而以繼妣少間數步，又別爲一封土。與朋友議，以神道尊右，而欲二妣皆列於先塋之左，不審是否？然程子《葬穴圖》又以昭居左而穆居右，而廟制亦左昭右穆，此意何也？

一之所處得之。昭穆但分世數，不爲分尊卑。如父爲穆則子爲昭，又豈可以尊卑論乎？周室廟制，太王、文王爲穆，王季、武王爲昭，此可考也。

用明器，亦君子不死其親之意。

熹家不曾用。《晦庵文集》卷五七。

案：本書校記："亦君子不死其親之意"句下，浙本有"自不容以廢之耶"七字。

本書云及"淳前日疑《大學或問》'然既真知所止，則其必得所止，若已無甚間隔'，其間四節，蓋亦推言其所以然之故有此四者。……然曰所以欲將'若已無'字換爲'非有'字"，乃朱熹上書(《大學》舉"吾十有五"章)所引陳淳問語"《或問》云：'既真知所止，則其必得所止，若已無甚間隔。'竊疑'若已'字辭旨恐未明白，欲改作‘亦非有甚間隔’”相合。上書（《大學》舉“吾十有五”章）撰於紹熙三年（1192）中。又《朱子語類》卷八九載黃義剛所記曰：“堯卿問合葬夫婦之位。曰：‘某當初葬亡室，只存東畔一位，亦不曾考禮是如何？’安卿云：‘地道以右爲尊，恐男當居右。’曰：‘祭以西爲上，則葬時亦當如此方是。’”與本書陳淳問“與朋友議，以神道尊右，而欲二妣皆列於先塋之左”云云，及朱熹答“昭穆但分世數，不爲分尊卑。……周室廟制，太王、文王爲穆，王季、武王爲昭，此可考也”云云相合。據《朱子語類·姓氏》，黃義剛所記乃癸丑以後所聞。故推知本書撰於紹熙四年（癸丑）間。

朱熹《答陳安卿》：

知在王丞處，甚善，且得朝夕講學，有商量也。昨所寄諸説久已批報，但無便可寄，今并附還。又堯卿一紙，煩爲致意達之也。前此所問主祭事，據《禮》，合以甲之長孫爲之乃是。若其不能，則以目今尊長攝行可也。如又疾病，則以次攝，似亦無害。異時甲之長孫長成，却改正亦不妨也。爲僧無後，固當祭之，無可疑。但宗祭説未暇細考，後更奉報。《晦庵文集》卷五七。

案：朱熹《答李堯卿》（《禘説》舉趙伯循謂魯太廟以周公爲始祖）問及家族主祭事。《晦庵文集》卷五七。而本書乃有"又堯卿一紙,煩爲致意達之也。前此所問主祭事,據《禮》,合以甲之長孫爲之乃是"云云,似承其後。又書中云"昨所寄諸説久已批報,但無便可寄,今并附還",故推知本書約撰於紹熙四年間。

陳淳《上晦庵先生問目》:

詳顔淵問仁段

孔、顔答問爲仁一段。嘗思之,有理氣之分。蓋人受天命而生,必得乎其理以爲性,曰仁義禮智,而皆具於心;必得乎其氣以爲體,曰耳目鼻口四肢五臟之屬,而皆具於身。仁即此心所得天理之全體,而主於愛,常生生不已,而包乎四端,猶天道之元,而包乎四德也。禮即此心所得天理之節文,而主於敬,所以常生生不已,上繼乎仁,而下包乎義。智猶天道之亨,即元之始通,而兼乎利貞也。耳目鼻口四肢五臟之欲,即所得氣形之私,而主於有我,即所謂己者。而氣之所禀有雜揉之不齊,則欲之所感又有淺深之不一矣。人惟天理、私欲二者並行乎性命形氣之間,而又日接乎事物無窮之境,是以性命常易爲形氣撄,而天理常多爲私欲屈。故耳目口體之屬,往往偏爲己意之徇,有違於禮而害夫仁。人而不仁,則此心漠然無以帥氣統形而御夫物,殆將顛迷錯謬無所不至,而萬善皆於是乎廢矣。此聖門之學,所以必汲汲於求仁,而求仁之要,

聖人所以必以"克己復禮"一言而斷之。而於是一言之
中，所要又在克己，而所至則在復禮。誠以己者吾身病仁
之總，自非他病之比，而禮於仁爲切近，在吾心天理有持
循之實，非如義智之裁可否、別是非，介乎兩端，而未專於
天理之守也。故克去有己之私，以復還乎是禮之本然。
使日用間天理常爲主，而氣形每聽命焉，則吾心常清明端
肅，無一動不合乎節文之正，而人欲無得以干之。則此身
純是天理，而仁之爲體不離乎是矣。至其所以爲克己復
禮之目，則又不過乎勿爲非禮於視聽言動之間。夫目視
耳聽口言固也，若動則兼乎內外，而七情之所萌、四肢之
所運也，四者皆形氣之所爲，而與心相應者也。視聽則自
外入而感於內也，言動則自內出而應於外也。視聽言者
發其端也，動者成其事也。四者視爲接物之先，而聽次
之，然後繼於言，而卒於動也。亦有各司其一，而各自爲
一病者，亦有因其一而動即隨者。要之，四者足以該吾身
之用，而吾身日用所以爲天理人欲出入之階者，亦莫要於
是四者矣。自一而入者病未蔓，四者參合則病根深，非禮
者即形氣之私欲，所謂己者而天理之反也。非禮而視聽
言動者，一以己而不以理也。以禮而視聽言動者，一以理
而不以己也。出乎己則入乎理，出乎理則入乎己。以理
者性命之正，所當然而然，而形氣順從者也。以己者形氣
之私，所欲然而然，而性命受制者也。勿，即克之事也。
非禮而勿視聽言動，即克之謂也。以禮而視聽言動，即復

禮之謂也。曰克曰勿、曰復曰爲，二者操縱之間，又吾心所以爲主，而天理、人欲消長之機也。彼克則此復，一長則一消，茲又顏子用力所致謹處。如臂之屈伸，在肘；如舟之縱橫，在柁；如三軍之進退，在將。而於所謂勿者，又以見物欲本自外來，吾心非預內蓄，而所以爲克之功，初不用窮其巢穴而驅除之，而亦非有斬伐攻戰之勞也。截然一段已往之放心，置之勿論，只據今日見定求仁一念之頃。此時此心，全然清明，無一點私欲，自此而往，於非禮但勿更爲之而已。一刻如一刻而常相接續，一日如一日而常無間斷，由是歲復歲，以終其身焉，則渾然天德矣。是其名義豈不甚精？而爲力豈不卓然從容不憊哉？雖然，非至明則不能察天理、人欲邪正所由動之機，將有誤認天理爲人欲、人欲爲天理，而不自覺於冥冥之中矣，亦何以精其克復之功？非至健則不能決天理、人欲勝負所由分之勢，將有玩天理而不肯進、戀人欲而不忍割，而依違於二者之間矣，亦何以勇其克復之力？惟其知之也至明，則表裏隱顯、小大精粗，釐分縷析，無不瞭然，如辨黑白而不可亂，又焉有人欲與吾天理混哉？而又濟之以至健，則割所愛如所仇，捨所難如所易。如一劍之斷蛇，更不復續；如洪爐之點雪，消鎔無迹；如決洪瀾下臨萬仞之壑，沛然誰能禦之？而又焉有人欲爲吾天理病哉？然夫子於此直曰"克己復禮爲仁"，止於行而不及知者，非偏也。一日克己復禮，則天下歸仁，若是其速，而無循序之漸者，非徑也。此蓋物格知至以上之事，即顏淵學力所至而語之，而惟顏子足以聞此。未至乎此，則遲速深淺，不諳其所自，而必有疏濶滲漏之功矣。若在學者，雖不可以高蹴徑造，而亦不可以畏憚退縮而不務勉行之實也。

己一名含二義

何謂己者？身之私欲。蓋己一名而含二義：一以身言之，如下文"由己"之"己"，與"求諸己"之類；一有私之意焉，所謂有己之私，即此"克己"之"己"，與"至人無己"之類。亦猶我之爲言，一以身言之，如"萬物備我"、"我欲仁"之類；一有私之意焉，所謂有我之私，如"毋我"之"我"也。

詳克齋記克己乃所以復禮句

《克齋記》云："克復雖若各爲一事，其實天理人欲相爲消長，克己者乃所以復禮，而非克己之外別有復禮之功也。"嘗以是説驗之，見人有淡然不逐物欲者，而亦不進天理，未的見此爲一處，切恐自質美而未學者言之，則爲二事。蓋其質美不逐人欲矣，而未之學，則亦無進天理之功，故既克人欲於彼，而又須復天理於此，當兩其進也。若自求仁者言之，則只是一事。蓋其平日用心所主者在天理，惟病人欲之絆累，而不得快於進爾。今既克去人欲，則天理無所累，而所進自不可禦矣。是所謂克己乃所以復禮也。又嘗細考之，有能去人欲矣，而未能復天理，則是所去者止其粗而未及精，止其顯而未及隱，其實只不復天理處，便是人欲之根尚在潛伏爲病，未能真去净盡，而猶有陰拒天理於冥冥之間。似病不病，正如瘧疾人寒熱既退矣，而精神猶渾渾不爽，若病不病，便是病猶在隱而未全退也。假如人欲無別惡候，只此不進天理，亦是怠惰之私爲病，形氣尚爲主，而天理尚爲客也。

克己復禮須知二而一一而二

克己復禮須知二而一、一而二者也。蓋克己是去人欲於彼，復禮是復天理於此，此二也。然二者相爲消長，猶陰陽寒暑，彼盛則此必衰。絕無人欲則純是天理，故去人欲是乃所以復天理，而實非有二事，此二而一也。二者雖同爲一事，然亦須有賓主之分。天理主也，人欲客也。復天理主事也，去人欲客事也。吾日所重者當以復天理爲主，以爲用力歸宿之地，而去人欲以會之爾。於其去人欲也，又每提天理，使卓然清明不昧，則權在我，而所克也有統，亦自不勞餘力矣。非謂止務克人欲，更不必及天理，則天理自復也。此一而二也。

一日克己

當是時，顏子固已知至聖人更不待説知一節，而以直説克己工夫。然於所謂己者，在顏子分上亦已自去七八分，過乎大半，無粗屬之顯過了，所以夫子假設而激厲之，有一日克己之説，未爲徑快疏略。而在顏子剛勇手段，若責一日工夫，亦真足以承當，必能一日掃除得盡，而不爲虚此語也。若在學者，致知工夫未到，克己工夫亦未曾一二，而輒欲試一日之説，則一下安能頓然盡知己私於隱微，將從何所一併下手，使徹底浄盡於一日之内，而無遺餘哉？

仁禮

仁者心理之全體，禮者心理之節文。全體者，節文所合之本統也。節文者，全體所分之條派也。故竊謂仁者禮之會，而禮者仁之達。仁者禮之會，明道所謂"視聽言動一於禮"之謂。仁，伊川所謂"克盡己私，只有禮時方是仁"也。禮者仁之達，横渠所謂"禮儀三百，威儀三千，無一事之非仁"也。

顔淵仲弓資稟

顔子有清明剛健之資，可與大有爲，故告之以克復之事。仲弓資稟安静篤學，惟可與謹守，故告之以敬恕之事。顔子若不告以克復，而下從仲弓位，則是以千里駿足而局之牛車之下也。仲弓若不告以敬恕，而上躐顔子等，則是以嫺習南畝之才而責之騰踏千里也。惟各隨其資之所近，而語之以理之所契，雖其爲説有淺深高下之不同，而所以切於二子之身，各得以持循据守，而進道入德則均矣。

二説若就仲弓言之，則出門如見大賓，使民如承大祭，其端莊恪謹之容如此，蓋有晬面盎背、周旋中禮氣象，非平時主敬於中有素者，不能也。己之所不欲者，非吾本心天理之誠也，必禁而絶之，勿以施之於人，則凡其所以流通貫造於人者，必皆吾本心天理之誠然，而恕之道也。敬者，吾心之所以生，而仁之存也；恕者，吾心之所以達，而仁之施也。誠能主敬持己若是其篤，則私意無所萌於內矣；行恕及物若是其實，則私意無所形於外矣。內外無私意，則純是天理而仁在是矣，又何有所謂己，而又何待於克爲哉？此夫子所以使仲弓必從事於此，其用功亦可謂直而約矣。雖不必事顏子之所事，而亦未始與相戾也。若就顏子而校之，則彼敬固足以無私於內矣，然平時私意之未克，則所以爲敬者亦將徒爲是矜持，而未必合乎節文之正也。彼恕固足以無私於外矣，然平時私意之未克，則所以施其所欲者，未必理之正，而禁其所不欲者，未必理之非也。故敬、恕但渾淪其功而已，不若克去己私以復還天理，於心地上工夫爲親切也。敬、恕但以善養而已，不若克人欲、復天理兩進其功之爲淨盡也。出門如賓，使民如祭，己所不欲，勿施於人，在四目中，特不過其非禮勿動之一爾，又不若克己復禮規模之大，而無所不總也。出門使民，推己施物，所指言者，皆詳於顯而略於隱、重乎外而簡乎內，又不若克己復禮條理之密，而不容有滲漏也。蓋一則鞭辟入裏之功，而一則持養放出之事，一以上達天德而極高明，而一以下學人事而道中庸，其等級大不可以同日語。在顏子，正明道所謂"學質之美明，得盡查滓便渾化，與天地同體"者；仲弓，則其次之。莊敬持養者，及其至則一也。然在學者，則亦不容有輕重之別，當隨所在而交致其功。日用間覺其有人欲，則克之，見其爲天理，則循之。持己則主於敬，而接物則行夫恕。彼此均無所偏遺，然後吾爲仁之功可以無隙漏，而二子之長，皆集於我矣。

語司馬牛又下於雍

語司馬牛之說，又最下於雍矣。非秘其精義而不以語之也，以牛多言而躁，若不以其病之所切者而語之，則彼之躁必不能自覺，將終身爲此心之累，而仁無由可達，故必使之先致謹於此，去煩而簡，反躁而静，則心無所放而常定於中，然後入德次第，皆可漸進，而仁可求矣。譬如人身之有病，未論其證之大小善惡，但或有一指之腫、一足之廢、一目之盲、一耳之聵，或肺之逆，或脾之刺，或胸腹之痞，或腰背之疼，或小腸之泄，或大腸之秘，或寒熱吐利之行，或癃痔癬癩之作，纔一有攻注，作梗便通，一身氣脉俱爲之牽引不寧，而爲此身對頭之患。當是時，雖有神仙補養延年益壽之奇劑妙訣，皆爲無所用矣。故必須先去其見在之病，使吾身泰然無所礙，然後神仙方劑可得而弭，而延年益壽之訣可得而服也。雖然，聖人斯言固爲切牛之病而發，若就其言而究之，則至理亦不外是。蓋言者，心之聲而行之表也，關吾身日用爲甚切，其心敬則其言不易，而言之易則心不敬，其行謹則其言不輕，而言之輕則行不謹，惟内外本末交相養，心常主敬而行常致謹，然後言由中出，而動必顧行，自然簡重而不易其發，茲豈易及之功哉？而牛少之疏濶甚矣。此在顏子克己目中，即非禮勿言之事，但其所主不同耳。顏主於無所私，牛主於無所放，若在學者，則尤不可不以爲切身之戒。苟或未能去牛之病，而輒欲效仲弓之敬恕、顏子之克復，其亦將如之何哉？

三仁夷齊之仁及顏子等仁

三仁、夷齊之仁，各隨其事看，皆是當理而無私心，所以皆謂之仁。然與顏子之仁、與雍也問仁等相參校，又覺仁所係甚大，非全體不息不足以當之。又未見二說相通爲一處，不審如何？恐三仁、夷齊之事，皆是身分上大節目處，因此以見其心之全體，而顏子未遇事變，只是暇日做仁底工夫，須當舉此一身絶無一毫私意而純是天理，然後得爲仁。若其遇事變，則亦與三仁、夷齊同，而所謂易地皆然否，然畢竟顏子底地位煞高，恐不止三仁、夷齊之類如何？

右《問目》一卷，文公答書云："其間説得極有精密處，甚不易思索至此。今更不能一一批鑿得，久之自見得也。"《北溪大全集》卷七。

案：據下書（詳集注與點説）"某向者以三仁、夷齊之仁及顏子等仁不相協合，久爲之礙，未能洒落，屢次具問"云云，即本書中所問，故推知本書約撰時慶元四年（1198）間。

陳淳《上晦庵先生問目》：

詳集注與點説

天理自然流行圓轉，日用萬事無所不在。吾心見之明而養之熟，隨其所處，從容洒落而無一毫外慕之私，然後有以契乎天理自然流行之妙，在在各足，而無處不圓。堯舜之所以爲堯舜者，不能加毫末於此矣。如堯自明德親族、平章協和以往，小而析；因夷陶之授其時，大而傳。賢以天與，無非渾然此理也。舜之飯糗茹草，若將終身焉，則此理行乎貧賤之中者也。及被袗鼓琴，二女媒，若固有之，則此理行乎富貴之中者也。人悦富貴好色，無足以解憂，惟順於父母，可以解憂，則此理行乎事親之中者也。象憂亦憂，象喜亦喜，則此理行乎兄弟之中者也。凡所謂五典而天叙，五禮而天秩，五服而天命，五刑而天討，於天下事事物物，無一不從容乎天理之自然，而舜皆無纖毫容私焉。如孔子之志，老者安之，朋友信之，少者懷之，亦無非對時育物，使之各遂其天理而無咈焉爾，與堯舜同一道也。若曾點之言志，蓋有見乎此，故不必外求，而惟即吾身之所處而行吾心之所樂，從容乎事物之中，而洒落乎事物之表，固非滯著以爲卑，而亦非放曠以爲高，固非窘迫而有所助，而亦非脱略而有所忘。此正有與物爲春，並育同樂之意，即堯舜之氣象，而夫子之志也。推此以往，隨其所應，觸處洞然，冰融凍釋，小而洒掃進退三千之儀，大而軍國兵民百萬之務，何所而非此理，何所而非此樂哉？故堯舜事業，於此可卜其必優爲之矣。若三子之事，亦莫非此理之所當爲，但身未當其時、履其地，而區區焉以是橫於心而不忘者，何哉？是則理在彼而不在此，在異日而不在今日，在吾身外而不在日用之見定，便覺出位越思而有凝滯，倚著窘迫正助之病。較之於點，則點見事無非理，三子則事重而理晦，點於理密而圓，三子則濶而偏，不可與同日語矣。雖然，點亦只是窺見聖人之大意如此而已，固未能周晰乎體用之全，如顏子卓爾之地，而其所以實踐處，又無顏子縝密之功，故不免爲狂士。是蓋有上達之資，而下學之不足安其所已成，而不復有日新之意。若以漆雕開者比之，則開也正所以實致其下學之功，而進乎上達，不可得而量矣。在學者，於點之趣味，固不可不涵泳於中，然所以日致其力者，則不可以躐高而忽下，而當由下以達高。循開之所存，而體回之所事，開之志既篤，則點之地可造，回之功既竭，則點之所造又不足言矣。

子路不達禮

程子曰："子路只爲不達爲國以禮道理，若達，却便是這氣象也。"蓋禮者理也，天理之中也。若洞然有見乎此，便理明分定，從容乎節文之中，無過不及，用則行，舍則藏，可則爲，否則止，各安其所，而自無忙迫出位之思，便是此氣象也。子路行處篤於點，平時胸懷磊落，不爲勢利拘，幾有洒然底意，如與狐貉立不恥、與朋友共敝無憾、聞過則喜等處，可見其地位高矣，與浴沂趣味蓋不相遠。但其見處不及點，故由此理而不知爾。使其達之，則即此而妙用在，如曾子之悟一貫，豈復離此而爲道哉？

天理人欲分數

天理者，上達之正逵；人欲者，下達之邪徑。二者向背之歧，固當明辨；而二者勝負之幾，最未易決。蓋天理一分長，則人欲一分消；天理二分長，則人欲二分消。便待天理所造者五分，而人欲亦只五分之消，猶有五分之相持，未可保其決不爲他引去。萬一把守不牢，攻戰不力，一旦忽不覺爲他引去，則和從前五分天理都喪了，更無復上達，而下墮於迷矣。惟理到六分以上，然後天理強而人欲衰。天理把得住，在中而爲主；人欲戰得退，在外而爲客。當是時，始真能入得上達之正逵，而勇不可禦；始真能脫得下學之邪逕，而確不復墮。所謂顯過麄惡，已無復有，但其念慮之隱，應接之微，失照顧處有三四分零碎底查滓在。自是日亦漸易消磨，如已破勁賊，而蒐其餘黨，不勞餘力，所謂十全極至之地，於是亦可馴造不遠矣。然則五分相持之地，正聖愚對敵急要之關，而天理須到六分以上，方得爲透過此關向上去。然則亦若何而爲吾天理已到六分而上之驗乎？曰：亦須是好善真如好好色之切，則善者真爲吾裏面實有底物矣；惡惡真如惡惡臭之酷，則惡者真爲吾外面不容底物矣。是乃天理勝得人欲之驗也。學者自驗吾好善未能如好好色之切，惡惡未能如惡惡臭之酷，則便是天理人欲勝負未分，不可不深知下墮之爲可畏，而當汲汲以上進自力也。自昔學者有或不能善其善者，其病正坐此歟？

率性之道原有條理節目

天命之性，渾然一大本，而其中率性之道，元有自然條理節目，燦然萬殊。聖人生知，安行萬善，無一不中節者，只是全得本原底恰好，無些剩，亦無些欠。而其所以循道立教於天下，爲三千三百之儀，有輕重、厚薄、淺深、疏密之不等者，亦只是依此本元條理節目以示人爾，非聖人撰之也。君子所以窮理者，亦只是要窮到本元恰好處，使一一湊合得著無少差錯，方得爲盡心、知性、知天。所以力行者，亦只是要做到本元却好處，使一一各當、無加無減，方得爲盡性至命而契乎天。若所宜重而輕，所宜輕而重，所宜厚而薄，所宜薄而厚，所宜深而淺，所宜淺而深，所宜密而疏，所宜疏而密，不合本然分數，便未是却好，未得爲《大學》至知、《中庸》至德也。

親親仁民愛物只是理一而分殊

親親、仁民、愛物，大意只是理一而分殊，然其所以爲理一分殊者，亦有二義。以天言之，則乾父坤母，民物皆爲同胞，與吾親同此一氣體而生，是理一也。然親也、民也、物也，其親疏本末亦天然自有個差等處，是分殊也。如人之一身，四肢百骸，皆是一體，一氣脉所貫，然首之與足，心腹之與四肢，亦各有分別也。以人言之，則曰親、曰仁、曰愛，皆一仁心之所流行貫徹，而所謂仁愛者，不過出於親，是理一也。然親者隆於仁愛，仁者止於仁而弗親，愛者止於愛而弗仁，其親重亦有等；先親親而後仁民，仁民而後愛物，其緩急又有序，是分殊也。如人身四肢百骸，皆知所痛痒，皆無所不愛，然其待頭目則厚於手足，衛胸腹則重於四肢，亦有辨也。此天命人心本然之目，爲學依此則爲當然之功。理一者，統言其體；分殊者，分言其用。理一所以包貫乎分殊，分殊只是理一中之差等處，非在理一之外也。然於分殊之中，所以如是其親、其仁、其愛，隨其用而無不盡者，是又所以全其體而使所性之分無有外，兹又分立而推理一也。理一者，仁也；分殊者，義也。仁者廓然而大公，義者截然而有制。理一而分殊，則仁中有義，其施有差等，而不流於兼愛之泛；分殊而理一，則義貫於仁，其會有宗元，而不梏於爲我之私。此所謂體常涵用，用不離體，而非有二物也。

利者義之和

利者義之和。以理言利物足以和義，以學言利者不相妨害，和者不相乖戾。以和解利，和即利也。蓋義者心之斷，而事之宜，其體嚴，其用和，如君臣、父子、夫婦之分截然不可犯者，心之斷而體之嚴也。君君、臣臣、父父、子子、夫夫、婦婦，各安其分而無不利者，事之宜而用之和也。體嚴則用和而不流，用和則體嚴而不傷，亦非有二也。故君子於事物也，各遂其宜而無不利，則於義也，得其和而無乖戾傷嚴之病矣。

孟子説天與賢與子可包韓子憂慮後世之義

韓子説堯、舜傳賢爲憂後世，禹傳子爲慮後世，是就人事見定説，固爲親切。孟子天與賢則與賢、天與子則與子，是就原頭説，尤爲精到。若韓子説，則不到上面一著。孟子説，則可以包韓子之義。其實憂後世而傳賢，慮後世而傳子，皆莫非天也，非堯、舜、禹所能容一毫憂慮之私於其間也。蓋使天不與賢，則堯、舜豈能違天，獨私憂後世而必與賢哉？天不與子，則禹豈能違天，獨私慮後世而必與子哉？故與賢與子者，天也；憂後世、慮後世者，聖人所以奉天命祗惕寅畏之意也。其憂乃天理之發當然之憂，而非私憂；其慮乃天理之發當然之慮，而非私慮，皆聖人性情之正也。韓子識未及此，乃以孟子之説爲非，則失之矣。

深造自得段意

深造之以道，是千條萬緒，件件都恁地深著工夫去，自得則爲己物矣。居之安，是己物已成個基址，安固而不搖矣。資之深，是基址有個根原來歷，可憑藉依賴而無盡，非浮埃聚沫之比矣。取之左右逢原，是本末一貫，渾成一個物。降衷秉彝之本然者，無不流行呈露於日用千條萬葉之中，而日用千條萬葉，無一不是降衷秉彝之本。故纔有一動，真情便現，此理便在面前，無不遇其本處也。

告子論性之説五

告子論性之説有五，而“生之謂性”一句，乃其訣本者。蓋性者人所得於天之理，若仁義禮智者是也，而視物

爲獨全。生者人所得於天之氣，若知覺運動者是也，而與
物爲不異。告子不知性之爲理，而指氣以當之，故以知覺
運動不異也爲解，而斷爲一定之論。謂凡有生者皆同是
一性，更無人物差別，是立個大底意以包之，而餘之四説
則又就其中推演。如食色、無善不善二説，則正與此同。
蓋一由其能知覺運動，故能甘食悦色也；一由其知覺運動
之無所異，故無善無不善也。如杞柳、湍水二説，則亦不
外乎此。蓋一由知覺運動之或偏於惡，故必待矯揉而後
成也；一由知覺運動之或混於善惡，故之東之西而無所定
也。夫既以甘食悦色爲仁生乎内矣，而又反之以爲惡；既
曰無善無不善矣，而又反之以爲善惡混。展轉縱横，支離
繆戾，要之皆只説著氣，而非性之謂也。夫既以氣爲性，
則仁義禮智之粹然者，將與知覺運動之蠢然者相爲混亂，
無人獸之别，而且不復識天理人欲所從判之幾矣。其爲
害豈淺淺哉？

告子與程張説氣不同

告子説氣與程、張説氣不同，嘗推之：氣一也，告子
生之説，所謂知覺運動者是，統指夫氣之流行爲用者而
言；程子才稟與張子氣質之性，所謂清濁剛柔者，是分指
夫氣之凝定成體者而言。自知覺運動者統言，可包得清
濁剛柔，而清濁剛柔者，分言其中亦各具知覺運動。但告
子之説，乃即是以爲本性，而大爲包含之意，渾無分别，如
無星之秤、無寸之尺。而程、張之説，則是於本性之外發

此，以別白其所未盡，如大明中閱物象瞭然，更無隱漏矣。如杞柳、湍水之説，亦氣質意也。但程、張分明斷作氣質，則自不亂此性之本，便爲精確不易之論。告子雖於杞柳説著氣之惡，湍水説著氣之混，而其意不認作氣質，只專作本性看，所以不可同日語也。

三仁夷齊顔子之仁

某向者以三仁、夷、齊之仁及顔子等仁不相協合，久爲之礙，未能洒落，屢次具問。後再思之，覺釋然已無礙矣，敢請質之。蓋仁一也，而言各不同，以理言則天理之公也，以心言則此心純是天理而無私之謂，以事言則當理而無私心之謂。若顔子之所謂仁，是平時此身上純天理而無私欲；三仁、夷、齊之所謂仁，是臨大變中，做事當理而無私心。自有其辨，亦必須平時此身上純天理而無私欲，然後能於大變中，做事當理而無私心，而非有二也。但顔子無遭變之事，而三仁、夷、齊不可見其平時之功，亦不必區區爲是優劣之較矣。

用散而體不分

天地大化流行，發育萬物，而渾然太極之全體，則未嘗動也。人心日用泛應，酬酢萬事，而渾然本性之全體則固自若也。故自一而萬也，而一者未始支；自萬而一也，而萬者未始併。

橫逆自反

凡橫逆之來，必吾有致之之隙。不然，亦必有近似之情，未有全無故而來者。君子視之，當如鍊金之火，攻玉之錯，於中有進德無窮之意焉，無惡也。蓋使吾之自反，果無一不盡其理矣，而猶未也，恐吾出之有未中其節也；使吾出之果中其節矣，而猶未也，恐吾之全德未能充實而素孚於人也。使吾之全德果充實而素孚於人矣，而彼猶若是者，至此然後可以天地間一惡物視之，亦未可亟勝而峻滅，惟當公處而順應。如暴來者待之以遜，毀來者待之以靖，詐來者待之以誠，慢來者待之以恭，一行吾天理之當然，若無聞無見焉。是則吾心無時而不休，吾身無日而不泰，地無適而不夷，事無接而不利也。

右問目一卷，親呈文公，讀至半，曰："説得也好。"遂瞑目，坐少久，又讀至近末，曰："説得皆好，皆是一意。"《北溪大全集》卷八。

案：陳沂《敘述》云陳淳"己未冬，再謁于攷亭，文公時已寢疾，延至臥內，扣以十年之別，有甚大頭項工夫。先生縷縷開陳，文公復抑之曰：'所欠者，惟當大專致其下學之功爾。'蓋至是甚嘉先生已見根原大意，復欲其詳驗實體於日用事物之中也，故竹林所聞，無非直截痛切喫緊爲人底語，與昔日郡齋從容和樂之訓迥然不同。越明年庚申正月告歸"。《北溪大全集外集》。則知本問目當撰於慶元五年（1199）冬間。

又，陳沂《敘述》有云"丙辰秋，先生因感嚴時亨《與點論》大有遺闕，發爲詳説，槎溪廖子晦先生劇與

辯論，猶以語上遺下、語理遺物爲疑質之。文公雖
'未免互有得失'之答，然終喜先生所見净潔爲不
易"。丙辰爲慶元二年。《朱子語類》卷一一七云"是
夜，再召淳與李丈入臥内，曰：'公歸期不久，更有何
較量？'淳讀《與點説》。曰：'大槩都是，亦有小小一
兩處病。'又讀廖倅書所難《與點説》。先生曰：'有得
有失。'"

陳　旦

陳旦(1123—?)，字明仲，建州建陽縣(今屬福建)人。
中紹興十八年(1148)進士第，時年二十六。《紹興十八年同
年小録》。"嘗偕張敬夫從文公游，未幾夭喪"。《閩中理學
淵源考》卷二〇。據朱熹《跋范文正公家書》，云其淳熙戊戌
(五年，1178)爲侯官宰；然淳熙辛丑(八年)《跋陳徽猷墓
誌銘後》則云"敬夫、明仲亦已下世"。《晦庵文集》卷八一。
則其卒於淳熙六年或七年間。

朱熹《答陳明仲》：

向辱書喻有意於程氏之學，甚善甚善。然向聞留意
空門甚切，不知何故乃復舍彼而將求之於此，豈亦知前之
失而然邪，抑以爲彼此初不相妨，既釋而不害其爲儒也？
二者必有一矣。由前之説，則程氏教人以《論》、《孟》、《大

學》、《中庸》爲本，須於此數書熟讀詳味，有會心處，方自見得。如其未然，讀之不厭熟，講之不厭煩，非如釋氏指理爲障，而兀然坐守無義之語，以俟其僥倖而一得也。此數書，程氏與其門人高弟爲説甚詳，試訪求之，自首至尾，循守加功，須如小兒授書，節節而進乃佳。不可匆匆繙閲，無補於事；又不可雜以他説，徒亂宗旨也。如蘇氏之類。若曰彼此不相妨，儒、釋可以並進，則非淺陋所敢聞也。《晦庵文集》卷四三。

案：書中言及"向辱書喻有意於程氏之學，……然向聞留意空門甚切，不知何故乃復舍彼而將求之於此"，乃陳旦初捨空門之時；並論及儒、釋之辨與論蘇學。據朱熹下書（熹窮居奉養）有"汪丈每以呂申公爲準則，比觀其《家傳》所載學佛事，殊可笑"云云，汪丈指汪應辰。朱熹《答汪尚書》（別紙示及釋氏之説）論及儒佛之辨，又（熹不揆愚鄙）論及"兩蘇之學"，《晦庵文集》卷三〇。《答汪尚書》（別紙示及釋氏之説）撰於隆興二年五月間、又（熹不揆愚鄙）撰於七月十七日。故推知本書亦撰於此時，約隆興二年(1164)間。

朱熹《答陳明仲》：

熹窮居奉養，粗安義分，無足言者。惟是精力有限而道體無窮，人欲易迷而天理難復，凜乎日以憂懼，蓋未知所以脱於小人之歸者。方念未能得叩餘論以自警發，忽得來教，乃知高明之見已如此。自顧疲駑，雖殫十駕之勤，亦無以相及矣。矍然驚歎，不知所言。至於反復再三，則有不能無疑者。蓋來喻自謂嘗有省處，此心直與孔孟無異；言行之間，既從容而自中矣。如此則是老兄之學已到聖賢地位，尚復何疑？而其後乃復更有"學無得，老將至"之歎，則又無以異於某所憂者。此雖出於退讓不居之意，然與初之所言亦太相反矣，使熹將何取信而能亡疑於長者之言耶？

又以其他議論參考之，竊意老兄涵養之功雖至，而窮理之學未明，是以日用之間多所未察，雖言之過，而亦不自知也。老兄既不鄙其愚而辱問焉，熹雖淺陋，亦不敢以虛厚意也。區區管見，願老兄於格物致知之學稍留意焉，聖賢之言，則反求諸心而加涵泳之功，日用之間，則精察其理而審毫釐之辨。積日累月，存驗擴充，庶乎其真有省而孔孟之心殆可識矣。示喻讀書之目，恐亦太多，姑以應課程可矣，欲其從容玩味，理與神會，則恐決不能也。程子之書，司馬、張、楊之説，不知其果皆出於一轍耶，抑有所不同也？此等處切須著眼，不可尋行數墨備禮看過而已。既荷愛予，直以此道相期，不覺僭易，盡布所懷。伏惟既以温公之心爲心，必有以容之。然説而繹、從而改，尚不能無望於高明也。但能如程子所謂"不敢自信而信其師"，如此著力，兩三年間，亦當自見得矣。

汪丈每以吕申公爲準則，比觀其《家傳》所載學佛事，

殊可笑。彼其德器渾厚謹嚴，亦可謂難得矣。一溺其心
於此，乃與世俗之見無異，又爲依違中立之計以避其名，
此其心亦可謂支離之甚矣。顧自以爲簡易，則吾不知其
説也。程子曰："欲不學佛，見得他小，便自然不學。"真知
言哉！《晦庵文集》卷四三。

　　案：書中論及汪應辰學佛事，疑撰於乾道初年
（1165）。待考。

朱熹《答陳明仲》：

　　所示諸説，足見留意。便遽，未暇條對，大抵終有未
脱禪學規模處。更願於平易著實處理會，不必以頓然有省
爲奇，只要漸覺意味明白深長，便是功效。然亦不可存此
計較功效之心，但循循不已，自有至矣。《晦庵文集》卷四三。

　　案：書中云"大抵終有未脱禪學規模處"，與朱
熹上書（向辱書喻有意於程氏之學）"然向聞留意空
門甚切"語相關，約亦撰於乾道初。

朱熹《答陳明仲》：

　　前書所論不求安飽，惟在敏於事上著力，此恐倒却文
意，兼義亦不如此。蓋惟無求飽、求安之心，乃能敏於事
耳。謹於言，亦不專爲恥躬之不逮，大凡言語皆當謹也。
愚見如此，未知是否？《晦庵文集》卷四三。

　　案：本書不詳撰時，疑亦在乾道初。待考。

朱熹《答陳明仲》：

喻及《論語》諸説，以此久不修報。然觀大槩，貪慕高遠，説得過當處多，却不是言下正意。如首章論恥躬不逮，便説古人誠貫天地，行通神明，今人作僞行詐，欺世盜名，都未合説到此。且熟味"古者言之不出，恥躬之不逮也"緊要用處是如何，不必説向前去。如此久之，意味自別。且如尹和靖講説，便都無此簡約精微，極好涵泳也。推此一章，餘皆可見。《晦庵文集》卷四三。

> 案：朱熹上書（前書所論不求安飽）有"謹於言，亦不專爲恥躬之不逮"語，而本書有"如首章論恥躬不逮"云云，當屬進而論説者。又書中云"喻及《論語》諸説，以此久不修報"，故推知其約撰於乾道二年（1166）、三年間。

朱熹《答陳明仲》：

苟欲聞過，但當一一容受，不當復計其虛實，則事無大小，人皆樂告而無隱情矣。若切切計較，必與辨爭，恐非"告以有過則喜"之意也。《晦庵文集》卷四三。

> 案：此下三書亦述論《論語》諸義，疑與朱熹上書（喻及《論語》諸説）相先後。

朱熹《答陳明仲》：

"不遠遊"與"三年無改"各是一章，文義自不相蒙，或欲牽合彊爲一説，非聖人本意也。竊謂夫子此言，只是發明孝子之心耳。蓋父之所行，雖或有所當改，然苟未至於不可一朝居，則爲之子者未忍遽革而有待於三年，亦可見其不忍死其親之心矣。此心是本，但能存得此心，則父之道或終身不可改，或一日不可行，皆隨其事之輕重而處之，不失其宜矣。聖人特指此心以示人，所謂貫徹上下之言，而豈曰姑以是爲中制也哉？若如所喻，章句文義固已不通，而其間又極有害義理處。夫謂三年而免於父母之懷者，責宰予耳。父母之愛其子，而子之愛其親，皆出於自然而無窮，豈計歲月而論施報之爲哉？若所謂中，乃天理人倫之極致，隨時而所在不同。以禹、稷、顔子之事觀之，則可見矣。今曰姑以中制言之，則是欲於半上落下之間指爲一定之中，以同流俗、合汙世而已，豈聖人之所謂中也哉？《晦庵文集》卷四三。

　　案：亦論《論語》義，約稍晚於上書。

朱熹《答陳明仲》：

　　爲長府與季氏聚斂事相因與否不可知，不必附會爲説。

　　子路鼓瑟不和，蓋未能盡變其氣質，所云“未能上達不已”，語不親切。

　　“屢空”之“空”，恐是空乏。屢至空乏而處之能安，此顔子所以庶幾於道也。下文以子貢貨殖爲對，文意尤分明。若以“空”爲心空，而“屢空”猶頻復，則顔子乃是《易傳》所謂復善而不能固之人矣，何以爲顏子？

　　子路非謂不學而可以爲政，但謂爲學不必讀書耳。
上古未有文字之時，學者固無書可讀，而中人以上，固有
不待讀書而自得者。但自聖賢有作，則道之載於經者詳
矣，雖孔子之聖，不能離是以爲學也。捨是不求，而欲以
政，學既失之矣，況又責之中材之人乎？然子路使子羔爲
宰，本意未必及此，但因夫子之言而託此以自解耳，故夫
子以爲佞而惡之。

　　曾點見道無疑，心不累事，其胸次洒落，有非言語所
能形容者。故雖夫子有“如或知爾”之問，而其所對亦未
嘗少出其位焉，蓋若將終身於此者。而其語言氣象，則固
位天地、育萬物之事也。但其下學工夫實未至此，故夫子
雖喟然與之而終以爲狂也。

　　克己之目不及思，所論大槩得之，然有未盡。熹竊謂
《洪範》五事，以思爲主，蓋不可見而行乎四者之間也。然
操存之漸，必自其可見者而爲之法，則切近明白而易以持
守。故五事之次，思最在後，而夫子於此亦徧舉“四勿”而
不及夫思焉，蓋欲學者循其可見易守之法，以養其不可見、
不可係之心也。至於久而不懈，則表裏如一，而私意無所
容矣。程子《四箴》，意正如此。試熟玩之，亦自可見。

　　學固以至聖爲極，習固是作聖之方，然恐未須如此
說。且當理會聖賢之所學者何事，其習之也何術，乃見入
德之門，所謂切問而近思也。“人不知而不慍”，和靖所謂

"學在己,知不知在人,何慍之有"者,最爲的當。蓋如此而言,乃見爲己用心之約處。若以容人爲説,竊恐爲己之心不切,而又涉乎自廣狹人之病,其去道益遠矣。嘗見或人説此,乃有容天之論,此又欲大無窮而不知其陷於狂妄者也。《晦庵文集》卷四三。

案:亦論《論語》義,約與上書相先後。

朱熹《答陳明仲》:

累承示經説,比舊益明白矣。然猶有推求太廣處,反失本意。今不暇一一具稟,異時面見,當得一一指陳,以求可否。大抵讀書當擇先儒舊説之當於理者,反復玩味,朝夕涵泳,便與本經正言之意通貫浹洽於胸中,然後有益。不必段段立説,徒爲觀美,而實未必深有得於心也。講學正要反復研窮,方見義理歸宿處,不可只略説過便休也。《晦庵文集》卷四三。

案:本書不詳撰時,《書信編年》係於乾道四年(1168)。待考。

朱熹《答陳明仲》:

《程集》荷借,及略看一二處,止是長沙初開本。如《易傳序》"沿流"作"泝流",《祭文》"姪"作"猶子"之類,皆胡家以意改者。後來多所改正,可從子飛求之,殊勝此本也。《晦庵文集》卷四三。

案：乾道二年冬，劉珙、張栻刊《二程先生文集》於長沙，隨後朱熹與劉珙、張栻就訂正集中誤字多有討論。見朱熹《與劉共父》（近略到城中）,《晦庵文集》卷三七。《與張欽夫》（不先天而開人）、（稱姪固未安）、（昨見共父家問）、《與張欽夫論程集改字》,《晦庵文集》卷三〇。及張栻《答朱元晦秘書》（辱示書）《南軒集》卷二一。諸書。乾道五年四月，張栻再刊《二程文集》於長沙，後附明道先生遺文九篇。《年譜長編》卷上。本書云及《程集》"長沙初開本"，並云"後來多所改正，可從子飛求之，殊勝此本也"，故推知本書約撰於乾道五年（1169）秋、冬間。

朱熹《答陳明仲》：

丞事如過割一條，亦是民間休戚所係。頃在同安，見官戶、富家、吏人、市戶典買田業，不肯受業，操有餘之勢力，以坐困破賣家計狼狽之人，殊使人扼腕。每縣中有送來整理者，必了於一日之中。蓋不如此，則村民有宿食廢業之患，而市人富家得以持久困之，使不敢伸理，此最弊之大者。嘗見友人陳元溱，說昔年趨事吏部許公於邵陽，許公自言"吾作縣，有八字法"，請問之，則曰"開收人丁，推割產稅"而已。此可謂知爲政之本者，顧高明志之。《明道行狀》及門人叙述中所論政事叙指，無事亦宜熟看，殊開發人意思也。所詢喪禮，別紙具稟，顧亦考未精，又適此數時擾擾，不及致思，恐未必是，更可轉詢知禮之士，庶不誤耳。《晦庵文集》卷四三。

案：本書約撰於乾道九年（1173）或稍前，參見朱熹下書（祭禮比得書）。

朱熹《答陳明仲別紙》：

靈席居中堂。

家無二主，似合少近西爲宜。

朔祭，子爲主。

按喪禮，“凡喪，父在，父爲主”，則父在子無主喪之禮也。又曰“父没，兄弟同居，各主其喪”，注云“各爲妻子之喪爲主也”，則是凡妻之喪，夫自爲主也。今以子爲喪主，似未安。

先遣柩歸而奉魂帛，終喪，埋帛立主。時在官所。

此於古無。初既不能盡從古制，即且如此亦可，然終不是也。

奉祀者題其子。

此亦未安。且不須題奉祀之名，亦得。

廟別三世，別設一位於其下。

禮，卒哭而祔於祖姑，三年而後入廟。今既未葬，則三虞、卒哭之制無所施。不若終喪立主而祔，祔畢，而家廟旁設小位以奉其主，不可於廟中別設位也。愚見如此，未知是否？告更以温公《書儀》及高氏《送終禮》參考之，當有定論也。《晦庵文集》卷四三。

案：朱熹上書（丞事如過割一條）云"所詢喪禮，別紙具禀"，即本書，撰於同時。

朱熹《答陳明仲》：

喻及喪禮踰朞主祭之疑，此未有可考。但司馬氏大小祥祭，已除服者皆與祭，則主祭者雖已除服，亦何害於主祭乎？但不可純用吉服，須略如弔服或忌日之服可也。更告博詢深於禮者議之。《晦庵文集》卷四三。

案：本書言及"喻及喪禮踰朞主祭之疑"，當承朱熹上書（丞事如過割一條）。

朱熹《答陳明仲》：

祭禮比得書，亦及此數條，各已隨事釐正。如配祭只用元妃，繼室則爲別廟；或有庶母，又爲別廟；或妻先亡，又爲別廟；弟先亡無後，亦爲別廟；與伯叔祖父兄之無後者，凡五等，須各以一室爲之，不可雜也。冬至已有始祖之祭，是月又是仲月，自當時祭，故不更別祭。其他俗節則已有各依鄉俗之文，自不妨隨俗增損。但元旦則在官者有朝謁之禮，恐不得專精於祭事。熹鄉里却止於除夕前三、四日行事，此亦更在斟酌也。忌日服制，王彥輔《麈史》載富鄭公用垂脚鬡紗襆頭、鬡布衫、脂皮帶，如今人襌服之制，此亦未得汪丈報，不知以爲如何也。《晦庵文集》卷四三。

案：據朱熹《答汪尚書論家廟》云"熹昨託陳明

仲就借古今諸家祭儀,正以孤陋寡聞,無所質正,因
欲講求,俟其詳備,然後請於高明,以定其論耳"。又
《答汪尚書》(伏蒙垂諭祭儀之闕)有"又見王彦輔《塵
史》記富文忠、李文定忌日變服事"云云。《晦庵文集》
卷三〇。二書皆撰於乾道九年(1173),於本書所述相
合。故推知本書亦撰於乾道九年間。

朱熹《答陳明仲》:

喪服,前書已具去。昨日又略爲元伯道一二,恐古制
未明,或且只用四腳襴衫之制亦可。但虞祭後方可釋服,
然後奉主歸廟耳。自啓殯至虞,其間吉禮權停可也。次
日恐亦未宜遽講賀禮。恐令嗣有未安,尊兄以禮意喻之,
則無疑矣。此最禮之大節精意所在,衣裳制度抑其次耳。
《晦庵文集》卷四三。

　　案:書中云"喪服,前書已具去",當指上書(祭
禮比得書)而言。

朱熹《答陳明仲》:

示喻讀書遺忘,此士友之通患,無藥可醫。只有少讀
深思,令其意味浹洽,當稍見功耳。讀《易》亦佳,但經書
難讀,而此書爲尤難。蓋未開卷時,已有一重象數大棨工
夫;開卷之後,經文本意又多被先儒硬説殺了,令人看得
意思局促,不見本來開物成務活法。廷老所傳鄙説,正爲

欲救此弊，但當時草草抄出，疏略未成文字耳。然試略考之，亦粗見門户梗概。若有他説，則非吾之所敢聞也。《晦庵文集》卷四三。

　　案：書中所謂"廷老所傳鄙説"，乃指朱熹所纂《易傳》。朱熹《答張敬夫》(熹窮居如昨)有云"近又讀《易》，見一意思：聖人作《易》，本是使人卜筮以決所行之可否，而因之以教人爲善。……故卦爻之辭，只是因依象類，虚設於此，以待扣而決者，使以所值之辭決所疑之事。……以此意讀之，似覺卦、爻、《十翼》指意通暢，但文意字義猶時有窒礙。蓋亦合純作義理説者，所以彊通而不覺其礙者也。今亦録首篇二卦拜呈。此説乍聞之必未以爲然，然且置之，勿以示人，時時虚心略賜省閲，久之或信其不妄耳"。《晦庵文集》卷三一。其書撰於淳熙二年十二月。又朱熹《答吕伯恭》(便中兩辱誨示)亦云"讀《易》之法，竊疑卦爻之詞本爲卜筮者斷吉凶，而因以訓戒。至《彖》、《象》、《文言》之作，始因其吉凶訓戒之意，而推説其義理以明之。後人但見孔子所説義理，而不復推本文王、周公之本意，因鄙卜筮爲不足言，而其所以言《易》者，遂遠於日用之實，類皆牽合委曲，偏主一事而言，無復包含該貫、曲暢旁通之妙。……故今欲凡讀一卦一爻，便如占筮所得，虚心以求其詞義之所指，以爲吉凶可否之決，然後考其象之所已然者，求其理之所以然者，然後推之於事，使上自王公，下至民庶，所以脩身、治國皆有可用。私竊以爲如此求之，似得三聖之遺意。然方讀得上經，其間方多有未曉處，不敢彊通也。其可通處，極有本甚平易淺近，而今傳註誤爲高深微妙之說者。……亦欲私識其說，與朋友訂之，而未能就也"。《晦庵文集》卷三三。其書撰於淳熙三年（1176）三月。其語與本書"讀《易》亦佳，但……開卷之後，經文本意又多被先儒硬說殺了，令人看得意思局促，不見本來開物成務活法"云云相合，故"廷老所傳"云者，蓋爲此《易傳》之未定稿。由上推知本書約撰於淳熙三年或稍後。

陳道士

陳道士，事迹不詳。

朱熹《答陳道士》：

示及諸賢題詠之富，得以厭觀，欣幸多矣。又聞更欲結茅山顛，巖棲谷飲，以求至約之地，此意尤不可及。但若如此，則詩篇、法籙、聲名、利養一切外慕盡當屏去，乃爲有下手處，又不知真能辦此否爾。《晦庵文集》卷六三。

案：本書撰時未詳。《書信編年》係於慶元四年（1198）。待考。

陳　定

陳定（1150—1174），字師德，莆田（今屬福建）人。丞相陳俊卿第三子。淳熙甲午七月卒，年二十五。事蹟見朱熹《晦庵文集》卷九一《陳師德墓誌銘》。

朱熹《答陳師德定》：

熹愚不肖，早嘗涉學，歲月逝矣，老大無聞，静循初心，每自愧歎。過承下問，其何以稱厚意之辱？然嘗聞之，程夫子之言曰：“涵養須是敬，進學則在致知。”此二言者，實學者立身進步之要，而二者之功蓋未嘗不交相發也。然夫子教人持敬，不過以整衣冠、齊容貌爲先；而所謂致知者，又不過讀書史、應事物之間求其理之所在而已，皆非如近世荒誕怪譎、不近人情之説也。左右玩意之久，於此蓋必已深有得矣。更願勉旃，而無或怠焉，則亦何事於他求哉？抑讀書之法，要當循序而有常，致一而不懈，從容乎句讀文義之間，而體驗乎操存踐履之實，然後心静理明，漸見意味。不然，則雖廣求博取，日誦五車，亦奚益於學哉？故程子又曰：“善學者求言必自近，易於近者非知言者也。”此言殊有味，惟困於遠求而無得者知之，亦願左右者之識之也。《晦庵文集》卷五六。

案：朱熹《陳師德墓誌銘》云陳定不屑爲舉子之文，因吳耕老“以書來道其志而請業焉。予三復其辭而嘉之，然亦意其必已淫思力索於空幻恍惚之場也，則報之曰：'聖賢之學雖不可以淺意量，然學之者必自其近而易者始。'師德於是始欲因予言而反求之，既疲於宿昔思慮之苦，而感疾殆矣。其後屢欲求見，且將徧求世之有道君子而師友之，竟以病不果行，且死，猶語其友方（來）[末]耕道，使言於予，以不及相見爲深恨"。《晦庵文集》卷九一。故推知本書當撰於乾道八年（1172）間。

朱熹《答陳師德》：

示喻格物持敬之方，足見鄉道不忘之意，甚善甚善。持敬正當自此而入，至於格物，則伊川夫子所謂窮經應事、尚論古人之屬，無非用力之地。若舍此平易顯明之功，而必搜索窺伺於無形無迹之境，竊恐陷於思而不學之病，將必神疲力殆而非所以進於日新矣。況聞左右體羸多病，尤當完養思慮，毋令過苦，成就德器，以慰士友之望。《晦庵文集》卷五六。

　　案：本書已述及陳定"體羸多病"，勸説"尤當完養思慮，毋令過苦"，故推知其當撰於乾道九年（1173）間。陳定來書佚。

陳傅良

陳傅良（1137—1203），字君舉，號止齋，溫州瑞安（今

屬浙江)人。"學於永嘉薛氏,得伊洛之旨,又從南軒、東
萊聞爲學大要,其名益高"。登乾道八年(1172)進士甲科。
紹熙三年(1192)除起居舍人,明年兼權中書舍人,乞歸。
寧宗初,除中書舍人兼侍讀,直學士院。因上疏留朱熹,爲
韓侂胄所忌,罷歸。嘉泰二年(1202)復起知泉州,力辭,授
寶謨閣待制。三年十一月卒,年六十七,《止齋先生文集》卷五
二蔡幼學《陳公行狀》。謚文節。著有《詩解詁》、《周禮説》、
《春秋後傳》、《左氏章指》行于世。《宋史》卷四三四有傳。

陳傅良《與朱元晦》:

　　某逐禄南來,本爲温飽,不謂□善,歲晚遷官,至於將
漕。然但循故事,無所建明。□□□終當他去,而亦未得
其説,何以教之? 此專人所爲道也。□非豈所以事君。
□而公論開塞,日異而月不同。敢乞安時處與如戰兢自
發,眉壽用答海内欽遲之意。《止齋先生文集》卷三八。

　　　案: 書中云"某逐禄南來,……歲晚遷官,至於
　　將漕",據《永樂大典》卷八六四七引《衡州府圖經
　　志》,陳傅良於淳熙十六年五月任提舉湖南常平公
　　事,紹熙元年除湖南轉運判官。故推知本書撰於紹
　　熙元年(1190)中。

陳傅良《與朱元晦》:

　　某衰惰之迹,幾自絶□門(廣)[廡],而長者□尚教

之,便中再拜真翰之貺,感激不可言。□此先施,豈□附
報,官事擾擾,及今始遣,辱幸察之,非敢望也。來徵《詩》
説,甚荷□包所見何藥,豈嚮時聚徒所爲講義之類?則削
藥久矣。年來時時諷誦,偶有興發,或與士友言之,未嘗
落筆。誠有之,當於長者有隱耶?區區愚見,但以《雅》、
《頌》之音□勺群慝,訓故(意)[章]句付之諸生。尊意以
爲如何?每懷企慕,三十年間,不在人後,會并差池,未有
瞻侍之幸。聞見異同,無從□正,間欲以書扣之,念長者
前有長樂之爭,後有臨川之辨,□如永康往還,動數千言。
更相切磋,未見其益。學者轉務誇毗,浸失本指,蓋刻畫
太精,頗傷易簡,矜持已甚,反涉吝驕。以此益覺書不能
宜,要須請見,究此衷曲耳。不數月還浙,可圖即償此願。
尺楮匆匆,但有悁結。《止齋先生文集》卷三八。

　　案:書中所云“長樂之爭”、“臨川之辨”、“永康
　往還”乃分指朱熹與林栗、陸九淵、陳亮諸人論辯事。
　又書中有“來徵《詩》説”云云,據朱熹下書(熹自頃寓
　書之後)“垂諭《詩》説,向見二君能道梗槩,大指略
　同,意其必有成編,故以爲請。今承語及,乃知《爾
　雅》蟲魚決非磊落人之所宜注也”語,知朱熹答書乃
　承本書。又《朱子語類》卷一二三載葉賀孫所聞曰:
　“陳君舉得書云:‘更望以《雅》、《頌》之音消鑠羣慝,
　章句訓詁付之諸生。’問他如何是《雅》、《頌》之音?
　今只有《雅》、《頌》之辭在,更沒理會,又去那裏討

《雅》、《頌》之音？便都只是瞞人。又謂某前番不合
與林黃中、陸子靜諸人辨，以爲相與詰難，竟無深益，
'蓋刻畫太精，頗傷易簡；矜持已甚，反涉吝驕'，不知
更何如方是深益？若孟子之闢楊、墨，也只得恁地
闢。他說刻畫太精，便只是某不合說得太分曉，不似
他只恁地含糊。他是理會不得，被衆人擁從，又不肯
道我不識，又不得不說，說又不識，所以不肯索性開
口道這箇是甚物事，又只恁鶻突了。"《朱子語類・姓
氏》云葉賀孫乃辛亥以後所聞，故推知本書約撰於紹
熙二年(1191)春中。

　　又，《四朝聞見錄》甲集《止齋陳氏》云："考亭先
生晚註《毛詩》，盡去《序》文，以彤管爲淫奔之具，以
城闕爲偷期之所。止齋得其說而病之，謂'以千七百
年女史之彤管與三代之學校，以爲淫奔之具、偷期之
所，私竊有所未安'，獨藏其說，不與考亭先生辨。考
亭微知其然，嘗移書求其《詩》說。止齋答以'公近與
陸子靜鬪辯無極，又與陳同父爭論王霸矣。且某未
嘗注《詩》，所以說《詩》者，不過與門人爲舉子講義，
今皆毀棄之矣'。蓋不欲佐陸、陳之辨也。今止齋
《詩傳》方行於世云。"

朱熹《答陳君舉》：

熹自頃寓書之後，南來攘攘，未能嗣音。至於懷仰德

義，則無日而不勤也。乃蒙不忘，專人枉教，此意厚矣，何
感如之！垂諭《詩》説，向見二君能道梗槩，大指略同，意
其必有成編，故以爲請。今承語及，乃知《爾雅》蟲魚決非
磊落人之所宜注也。唐突負愧，如何可言！

　　誨示之勤，尤荷不鄙。然嘗謂人之爲學，若從平實
地上循序加功，則其目前雖未見日計之益，而積累功夫，
漸見端緒，自然不假用意裝點，不待用力支撐，而聖賢之
心、義理之實必皆有以見其確然而不可易者。至於講論
之際，心即是口，口即是心，豈容別生計較，依違遷就，以
爲諧俗自便之計耶？今人爲學既已過高而傷巧，是以其
説常至於依違遷就而無所分別。蓋其胸中未能無纖芥
之疑有以致然，非獨以避咎之故而後詭於詞也。若熹之
愚，自信已篤，向來之辯雖至於遭讒取辱，然至于今日，
此心耿耿，猶恨其言之未盡，不足以暢彼此之懷、合異
同之趣，而不敢以爲悔也。不識高明何以教之？惟盡
言無隱，使得反復其説，千萬幸甚。老病幽憂，死亡無
日，念此一大事非一人私説、一朝淺計，而終無面寫之
期，是以冒致愚悃。鄉風引領，不勝馳情。《晦庵文集》
卷三八。

　　案：書中"南來擾擾"，當指朱熹紹熙元年四月
下旬抵漳州任知州事。朱熹《答劉公度》(見喻舊見
不甚分明)有云"君舉春間得書，殊不可曉，似都不曾
見得實理，只是要得雜博，又不肯分明如此説破，却

欲包羅和會衆説,不令相傷,其實都不曉得衆説之是
非得失,自有合不得處也"。《晦庵文集》卷五三。因朱
熹於紹熙二年四月末離漳州歸家,故推知本書約撰
於二年春、夏之際。

朱熹《答陳君舉》：

前書所扣未蒙開示,然愚悃之未能盡發於言者亦多,
每恨無由得遂傾倒,以求鐫切。近曹器之來訪,乃得爲道
曲折。計其復趨函丈,必以布露。敢丐高明少垂采擇,其
未然者痛掊擊之,庶有以得其真是之歸,上不失列聖傳授
之統,下使天下之爲道術者得定于一,非細事也,惟執事
圖之。《晦庵文集》卷三八。

> 案：本書中云"前書所扣未蒙開示",又云"近曹
> 器之來訪,乃得爲道曲折。計其復趨函丈,必以布
> 露",其"前書"云云,即指上書(熹自頃寓書之後)。
> 故推知本書約撰於紹熙二年朱熹自漳州歸建陽
> 以後。

朱熹《答陳君舉》：

先人自少豪爽,出語驚人。踰冠中第,更折節讀書,
慕爲賈誼、陸贄之學。久之,又從龜山楊氏門人問道授
業,踐修愈篤。紹興初,以館職郎曹與脩神宗正史、哲徽
兩朝實録,而於《哲録》用力爲多。其辨明誣謗、刊正乖謬

之功,具見襃詔。後以上疏詆講和之失忤秦相,去國補郡,不起,奉祠以終。《晦庵文集》卷三八。

案:陳傅良《止齋先生文集》卷一六有《煥章閣待制侍講朱熹明堂恩贈父母制》,朱熹下書(先人贈告必已蒙落筆)有云"先人贈告必已蒙落筆",即爲陳傅良草制提供資料。朱熹於紹熙五年(1194)八月除煥章閣待制兼侍講,九月"辛未,合祭天地于明堂,赦天下"。《宋史全文》卷二八。故推知本書約撰於是年九月末、十月初。

朱熹《答陳君舉》:

先人贈告必已蒙落筆。母妻二告如亦合命詞,則前日失於具稟,今再有懇。先妣德性純厚,事姑極孝敬。祖母性嚴,先妣能順適之。治家寬而有法,歲時奉祀必躬必親。撫媵御有恩意,無纖毫嫌忌之意。亡婦先世自國初時以儒學登高科,其父諱勉之,字致中,紹興中嘗以布衣召至都堂,與秦丞相議不合而去。東萊呂舍人所謂"老大多才,十年堅坐"者也。凡此曲折,得頗見於詞命,足爲泉壤之榮,幸辱矜念。脱或已行,亦乞刊定。幸甚幸甚。《晦庵文集》卷三八。

案:書中云"先人贈告必已蒙落筆。母妻二告如亦合命詞,則前日失於具稟,今再有懇",則知其晚於上書(先人自少豪爽)數日。

陳　剛

陳剛，字正己，建昌（今江西南城）人。《東萊集》別集卷八《與朱侍講元晦》。

朱熹《答陳正己剛》：

往歲得呂東萊書，盛稱賢者之爲人，以爲十數年來朋友中未始有也，以此心願一見，而無從得。中間聞欲來訪，甚以爲喜。不久乃聞遽遭閔凶，深爲傷悼，顧以未嘗通問，不欲遽脩慰禮。今者辱書，荷意良厚，且審秋辰殘暑，孝履支福，又以爲慰。

示喻爲學大致及別紙數條，皆已深悉，但區區於此有不能無疑者。蓋上爲靈明之空見所持，而不得從事於博學篤志、切問近思之實；下爲俊傑之豪氣所動，而不暇用力於格物致知、誠意正心之本，是以所論嘗有厭平實而趨高妙、輕道義而喜功名之心。其浮陽動俠之意，往往發於詞氣之間，絕不類聖門學者氣象，不知向來伯恭亦嘗以是相規否也。熹自年十四、五時，即嘗有志於此，中間非不用力，而所見終未端的，其言雖或誤中，要是想像臆度，所幸內無空寂之誘，外無功利之貪，全此純愚，以至今日，反復舊聞而有得焉。乃知明道先生所謂"天理二字，却是自家帖體出來"者，真不妄也。

沖漠無朕一段，恐未可輕議，若當此時，萬象未具，即是上面一截無形無兆，後來被人引入塗轍矣。賢者正作此見，何乃遽謂古今無人作此語耶？敬以直内，《近思錄》注中別有一語，先生指意甚明。蓋雖不以爲無，然未嘗以爲即與吾之所謂敬以直内者無毫髮之差也。

許渤爲人，不可知其詳，《語錄》中又有一處説其人晨起，問人寒暖加減衣服，加減一定，終日不易。即是天資篤厚之人，容有不聞隔牆事者，非必有寄寂之意而欲其不聞也。況此條之下，一本注云：“曷嘗有如此聖人？”則是先生蓋亦未之許也。但歎美其純德，與世間一種便儇皎厲之人氣象懸隔，亦可尚耳。此等皆未可輕易立説，訕薄前賢也。

注疏之學，却不須如此主張。蘇子由議論自是一偏之説，亦何足爲準的也哉？董仲舒所立甚高，恐未易以世儒詆之。今日病痛，正爲不曾透得道義功利一重關耳。若處置匈奴一節，便使從來才智之士如婁敬、賈誼亦未免此。來諭於此予奪之間，不能無高下其手者，豈立意之偏而不自覺歟？近來浙中怪論蠭起，令人憂歎，不知伯恭若不死，見此以爲如何也？《晦庵文集》卷五四。

案：書中云“董仲舒所立甚高，恐未易以世儒詆之。今日病痛，正爲不曾透得道義功利一重關耳。……近來浙中怪論蠭起，令人憂歎”，而朱熹《答吕子約》（自頃承書）又云“設若接引下根，亦只須略與説破，仍是便須救拔得他跳出功利窠窟，方是聖賢立教本指。今乃深入其中,做造活計,不惟不能救得他人,乃并自己陷入其中而不能出,豈不誤哉?陳正己書來,説得更是怕人。今録所答渠書去,幸一觀,此尤可爲歎息也"。《晦庵文集》卷四七。所謂"所答渠書",當指本書。《答吕子約》撰於淳熙十二年(1185)秋中,又本書云及"且審秋辰殘暑",故推知其約撰於是年初秋。

朱熹《答陳正己》:

示喻縷縷,皆聖賢大業,熹何足以知之?然亦未得一觀,即爲朋友傳玩,遂失所在。今不復能盡記,但覺所論不免將内外本末作兩段事,而其輕重緩急又有顛倒舛逆之病。究觀底裏,恐只是後世一種智力功名之心,雖强以聖賢經世之説文之,而規模氣象與其所謂存神過化、上下同流者大不侔矣。若戊子年間所見果與聖賢不異,即其所發不應如此,以故鄙意於此尤有不能無疑者。未得面論,徒增耿耿耳。《晦庵文集》卷五四。

> 案:《書信編年》以爲其云及"恐只是後世一種智力功名之心",乃承上書(往歲得吕東萊書),故係於淳熙十二年。待考。

陳公亮

陳公亮,字欽甫,長樂(今福建福州)人。乾道八年

（1172）黃定榜進士。《淳熙三山志》卷三〇。累官福建提刑、浙江提刑、江西轉運副使等。《吳郡志》卷七。

朱熹《答陳漕書》：

　　近因使還，已具經界乞候將來農隙施行利害申稟，伏想已塵台鑒。未奉回降，但增悚惕。今準使牒，便令差官。熹前此準擬外州一二待闕官，近聞朝論大以爲不然，此亦小事，不欲固爭，勢須別行踏逐外州一二官員相添，乃可集事。蓋此四縣，龍溪縣官皆可委仗，不須差人。龍巖山多田少，只一劉尉，永嘉士人，嘗從王亞夫游，頗知經界利病，足當一縣，或更助以一人亦得。長泰縣小地狹，或更須一人。但漳浦地廣而荒，尤費區處。而宰丞簿或老或繆，皆不堪使，只有一尉曉事，然亦是巡捕官。已擬用一龍巖簿貼之，然更須得兩人或三人乃足用。州官中亦未見能曉事有可差者，容更踏逐，別得具申。但既未即施行，即且小候詳細差撥，庶得其人，乃爲有補。不審台意以爲如何？已具公狀申述，拱俟回降，即當遵稟。《晦庵文集》卷二八。

　　案：陳漕即陳公亮，時官福建轉運判官。《宋史》卷一七三《食貨志上一》云紹熙元年朱熹知漳州，奏言推行經界之法，"明年春，詔漕臣陳公亮同熹協力奉行。會農事方興，熹益加講究，冀來歲行之"。又朱熹《回申轉運司乞候冬季打量狀》云"本州今月初九日準轉運衙牒,錄白到尚書省十二月二日劄子,福建轉運、提刑、提舉司奏相度到漳、泉、汀州經界十一月二十六日降指揮,令福建轉運司照相度到事理先將漳州措置施行,仍每縣各於所部內選差有材力能幹官一員,同知縣公共措置,務要盡得其實,毋致引惹詞訴"。《晦庵文集》卷二一。本書中有言"近因使還,已具經界乞候將來農隙施行利害申稟,……今準使牒,便令差官"云云,故推知其約撰於紹熙二年(1191)正月中下旬或二月初。

朱熹《與陳憲劄子》:

熹輒有愚悃,仰干台聽:昨以漳浦黃尉不納軍糧,營私廢職,致寨兵饑餓狼狽,事有可憂,不免具狀申省部諸司,例皆不蒙行下。獨荷使臺留意,差官前來推勘,官吏聞風,無不震悚。今者忽被使檄,乃問本人有無情弊,固已愕然。續得勘官關報,又云已奉台旨,住行起發。不惟熹竊疑之,一郡士民無不驚怪,以爲使臺舉措不應如此。熹雖已具回申,具言本人罪狀明白,不待更有情弊,然後可按,故本州前此申狀,初不謂其別有他罪,乞照已行事理施行。不審已蒙台察與否如何也?然兩日以來,竊伏思之,此事本非區區敢容私意,正爲州郡差使不行,以至欠闕軍糧,事勢危迫,若不懲治,深恐官吏習見州郡事體削弱,不能使人,向後迭相倣效,無所稟畏。萬一一旦稍有緩急，事將有不可勝慮者。所以勢不得已，須至按劾，然猶以諸司在上，不欲遽爾具奏。既見使臺特加究治，竊料臺意必有所處，而不意一旦自爲縱弛以至於此也。伏惟提刑郎中，以清名直道有聞於時，必不肯容請託之私以廢公法，不知此何意也？

熹昨已具狀申省部諸司，乞避此尉。又念臺慈顧遇過厚，不應遽爾妄發，遂且引却。區區衰病，雖已求去，然一郡之防，則有不當以熹之將去而遂廢者，是猶不能已而一言之。伏惟高明少賜矜察，果於去惡，而無爲因循中輟之計，以壞紀綱，以損名譽，則非熹之幸，乃此邦之幸，乃閣下之光也。

頃年嘗讀鄱陽去郡之章，至有“雖鼎鑊有所不辭”之語，嘗竊壯之，以爲此真今世之古人，其剛大正直之氣不可屈撓乃如此，而亦意其必能有以容夫度外逆耳之言也。是以不敢不盡其愚，伏惟幸察。《晦庵文集》卷二八。

案：書中所言“昨以漳浦黃尉不納軍糧，營私廢職，致寨兵饑餓狼狽，事有可憂，不免具狀申省部諸司，例皆不蒙行下”，乃指朱熹於紹熙元年九月奏劾漳浦縣尉黃岌事。《晦庵文集》卷一九《按黃岌狀》。據《宋會要輯稿·職官》七三之五，紹熙二年二月十二日，福建提刑豐誼主管建寧府武夷山沖佑觀。又《宋史·光宗紀》載紹熙二年三月丙寅，“詔福建提點刑獄陳公亮、知漳州朱熹同措置漳、泉、汀三州經界”。

故知本書所云陳憲即新任福建提刑陳公亮,並推知
其約撰於二年季春。

陳　羍

　　陳羍,字衛道。《咸淳臨安志》卷五四載淳熙十一年
(1184)時仁和縣知縣名陳羍。未知是否一人。

朱熹《答陳衛道羍》:

　　疏示所見,此固足以自樂,賢於世之沉迷冒没之流遠
矣。但猶有許多節次脉絡,何耶? 然以釋氏所見,較之吾
儒,彼不可謂無所見,但却只是從外面見得箇影子,不曾
見得裏許真實道理,所以見處則儘高明脱洒,而用處七顛
八倒,無有是處。儒者則要得見此心此理元不相離,雖毫
釐絲忽間不容略有差舛,才是用處;有差,便是見得不實,
非如釋氏見處行處打成兩截也。嘗見龜山先生引龐居士
説神通妙用、運水般柴話,來證《孟子》"徐行後長"義,竊
意其語未免有病。何也? 蓋如釋氏説,則但能般柴運水
即是神通妙用,此即來喻所謂舉起處,其中更無是非。若
儒者,則須是徐行後長方是。若疾行先長,即便不是。所
以格物致知,便是要就此等處微細辨別,令日用間見得天
理流行,而其中是非黑白各有條理,是者便是順得此理,
非者便是逆著此理,胸中洞然,無纖毫疑礙,所以才能格

物致知，便能誠意正心，而天下國家可得而理，亦不是兩事也。

"天生烝民，有物有則"，只生此民時，便已是命他以此性了。性只是理，以其在人所稟，故謂之性，非有塊然一物可命爲性而不生不滅也。蓋嘗譬之，"命"字如朝廷差除，"性"字如官守職業。故伊川先生言："天所賦爲命，物所受爲性。"其理甚明。故凡古聖賢説性命，皆是就實事上説。如言盡性，便是盡得此君臣父子、三綱五常之道而無餘；言養性，便是養得此道而不害。至微之理、至著之事，一以貫之，略無餘欠，非虛語也。此話甚長，非幅紙可盡，然其梗槩於此可見，不審明者以爲如何？因風示及，有所未契，尚容反復也。《晦庵文集》卷五九。

案：《朱子年譜·朱子論學切要語》卷二云本書撰於乙卯（慶元元年）後，《書信編年》以爲觀書中語"不類乙卯後也"。據朱熹下書（示喻謹悉）云云，本書疑撰於淳熙間，姑係於淳熙十四年（1187）。

朱熹《答陳衛道》：

示喻謹悉。但今欲爲儒者之學，却在著實向低平處講究踐履，日求其所未至。所謂樂處，却好且拈向一邊，久遠到得真實樂處，意又自別，不似此動蕩攪聒人也。性命之理，只在日用間零碎去處，亦無不是，不必著意思想，但每事尋得一箇是處，即是此理之實，不比禪家見處，只在儱侗恍惚之間也。

所云釋氏見處，只是要得六用不行則本性自見，只此便是差處。六用豈不是性？若待其不行然後性見，則是性在六用之外別爲一物矣。譬如磨鏡，垢盡明見，但謂私欲盡而天理存耳，非六用不行之謂也。又云其接人處不妨顚倒作用，而純熟之後却自不須如此。前書所譏，不謂如此，正謂其行處顚錯耳。只如絶滅三綱、無父子君臣一節，還可言接人時權且如此，將來熟後却不須絶滅否？此箇道理，無一息間斷，這裏霎時間壞了，便無補塡去處也。又云雖無三綱五常，又自有師弟子上下名分，此是天理自然，他雖欲滅之，而畢竟絶滅不得。然其所存者，乃是外面假合得來，而其眞實者却已絶滅，故儒者之論，每事須要眞實是當，不似異端，便將儱侗底影象來此罩占眞實地位也。

此等差互處，舉起便是，不勝其多，寫不能窮，説不能盡。今左右既是於彼留心之久，境界熟了，雖説欲却歸此邊來，終是脱離未得。熹向來亦曾如此，只是覺得大槩不是了，且權時一齊放下了，只將自家文字道理作小兒子初上學時樣讀，後來漸見得一二分意思，便漸見得他一二分錯處，迤邐看透了後，直見得他無一星子是處，不用著力排擯，自然不入心來矣。今云取其長處而會歸於正，便是放不下、看不破也。今所謂應事接物時時提撕者，亦只是提撕得那儱侗底影象，與自家這下功夫未有干涉也。鄙見如此,幸試思之,還説得病痛著否?因來却見喻也。

《中庸》欲脩改,未得功夫。然看文字,亦不可如此一輥念過,便只領略得儱侗影象,不見裏面間架詳密、毫髪不可差處。須是且看一書,一日只看一兩段,俟其通透浹洽,然後可漸次而進也。《晦庵文集》卷五九。

　　案:淳熙十六年三月,序定《中庸章句》。《年譜長編》卷下。本書云及"《中庸》欲脩改,未得功夫",或在其前,姑係於淳熙十四年間。

陳景思

陳景思(1168—1210),字思誠,信州弋陽(今屬江西)人。丞相陳康伯孫。累遷將作少監兼尚右郎,除直祕閣、兩浙轉運判官,陞副使。開禧元年(1206)二月,進直焕章閣,遷太府卿兼夏官侍郎,提舉玉局觀。爲江西運副,罷。嘉定三年五月卒,年四十三。事迹見葉適《水心文集》卷一八《朝請大夫主管冲佑觀焕章侍郎陳公墓誌銘》。

朱熹《答陳思誠景思》:

承喻爲學之意與其所聞於師友而服膺弗失者,甚慰甚幸。然此乃近世所謂詭僞之學而斥去之者,向來雖或好之,今亦隱諱遁逃之不暇,以賢者之門地聲迹,蓋將進爲於斯世者,而乃有意於此,何嗜好之異耶?夫名實義利、爲己爲人之判,正則之言是也。但其所爲者,要當真實有用力處;所不爲者,要當深自省察,畣戒而預遠之,是乃所謂徵驗之實。不然,則提空名以鄉道,而實無以自拔於流俗之所爲,則亦君子之不取也。荷意之勤,率易布此,不識以爲然否? 然勿以語人,又千萬之懇也。《晦庵文集》卷五九。

案:據朱熹下書(其然其然)所云,推知本書約撰於慶元元年(1195)或稍後。

朱熹《與陳思誠書》:

其然其然。韓丈於我本無怨惡,我於韓丈亦何嫌猜乎?《水心文集》卷一八《朝請大夫主管冲佑觀焕章侍郎陳公墓誌銘》。

案:葉適《朝請大夫主管冲佑觀焕章侍郎陳公墓誌銘》有云"朱公之在建安,接牘續簡無曠時。遠質方聞,遍扣尊老,不以寒畯爲間也。攻僞既日峻,士重足不自保,浮薄者以時論相恐喝,思誠每爲所親正說不忌。與朱公書,具言其無他。公答曰:'其然其然。韓丈於我本無怨惡,我於韓丈亦何嫌猜乎?'所親見之,意大折。道學不遂廢,思誠力爲多"。《水心文集》卷一八。此處所言"所親",即指慶元年間"用事者"。自慶元二年(1196)始,黨禁愈烈,故陳景思"具言其無他",當在是年或稍後。

陳居仁

　　陳居仁，字安行，興化軍（今福建莆田）人，家於明州（今浙江寧波）。登紹興二十一年（1151）進士第。乾道九年（1173）進秘書丞，權禮部郎官，出知徽州。後遷起居郎，兼權中書舍人，權直學士院。以集英殿修撰知鄂州，進煥章閣待制，移知建寧府、鎮江府，加寶文閣待制、知福州。再進華文閣直學士，提舉太平興國宮。卒。《宋史》卷四〇六有傳。

朱熹《與陳建寧劄子》：

　　伏見本府夏稅小麥、秋稅糯米除折錢外，並納淨利錢。聞之故老，本府酒課，舊來元係官榷，至宣、政間，故御史中丞翁公出鎮鄉邦，始以官務煩費，收息不多，而民以私釀破業陷刑者不勝其衆，於是申請罷去官務，而會計一年酒課所入，除米麥本柄官吏請給之外，總計淨利若干，均在二稅小麥、糯米折錢數內，別項送納，民間遂得除去酒禁，甚以爲便。但今竊詳“淨利”二字，不見本是酒課之意，竊慮將來官司不知本末，或有再榷之議。欲望台慈詢究本末，申明省都，將“淨利”二字改作“酒息”，庶幾翁公所以惠于鄉邦者垂於永久，不勝幸甚。

　　此事曲折，舊見妻家尊長說及，當時以鄉黨親戚之故，親見翁公措置此事，至今爲利。中間偶聞官司有再權之意,因以此説告之,得寢其議。然數年以來,耆舊凋零,已無知其説者,深慮日久無復稽考,必有後患。伏惟知府尚書於姻戚間必嘗知其本末,今又屈臨此邦,得賜台念,幸甚幸甚。《晦庵文集》卷二九。

　　案:《宋史·陳居仁傳》云其知建寧府,"歲饑,出儲粟平其價,弛逋負以巨萬計,代輸畸零繭税"。而本書言及酒息"净利錢"者,又稱陳建寧曰"知府尚書",推知陳建寧當即陳居仁。又據《(嘉定)鎮江志》卷一五郡守載,陳居仁紹熙五年十月以通奉大夫、焕章閣待制到任。故推知本書約撰於紹熙四年(1193)或稍前。

朱熹《乞給由子與納税户條目》:

　　一、諸縣舊例,每遇二税起催,前期印造由子,開具逐户産錢出入及合納税物逐項數目,給付人户,以憑送納。近年諸縣間有都不印給由子,致人户無憑送納,或有所納過多,既成虚費;或有少欠些小,又被追呼。欲乞行下約束,依例及時印給。

　　一、諸縣人户送納税物,官司交訖,合給朱鈔。縣鈔即關主簿勾銷,户鈔即付人户執照,使人户免致重疊追呼搔擾。近年諸縣間有受納錢物不即印鈔,即以鈔單給付人户,既無官印,不可行用。及至追呼,不爲點對,勘斷監納,山谷細民被害尤甚。欲乞檢坐勑條,行下約束，諸縣倉庫交到人戶稅物一錢以上，須管當日印給朱鈔，令所納人當官交領，不得似前只將鈔單脫賺人戶。

一、諸縣受納，亦有即印鈔者，又不即時關過簿廳，已關過者主簿又不即時勾銷正簿，雖承使府倉庫發下朱鈔，亦是如此怠慢，不即勾銷，以致縣道妄行追呼。人戶雖有執到戶鈔者，又不與照應釋放，及將鄉司案吏重作行遣，却將已納人決撻監繫，追胥案吏，誅求乞覓，至有只欠三、五十錢而所費十數千者。甚者又遭送獄禁繫，勘斷監納，人不聊生。欲乞檢坐勑條，行下約束，嚴責主簿須管依限勾銷。其催稅官司，如有人戶執到戶鈔，即仰畫時疏放，仍將鄉司案吏重行勘斷。

右具如前，並乞行下約束，仍印小榜，簡約其詞，令人戶通知。其有奉行違戾去處，許人戶徑赴使府陳訴，將官吏重作行遣。《晦庵文集》卷二九。

案：本書未言及收書人名，然按其內容及《晦庵文集》編纂體例，推知本書當亦與知建寧府陳居仁者，或稍後於上書。

陳俊卿

陳俊卿（1113—1186），字應求，興化（今福建莆田）人。紹興八年（1138）登進士第。累遷中書舍人，充江淮宣撫判官兼權建康府事。隆興初，除禮部侍郎、參贊都督府軍事。後知建康府，逾年授吏部尚書，拜同知樞密院事、參知政事。乾道四年十月，拜尚書右僕射、同中書門下平章事兼樞密使，五年正月爲左相，以觀文殿大學士出知福州，提舉洞霄宫。淳熙二年再知福州，判建康府兼江東安撫，以少師、魏國公致仕。十三年十一月卒，年七十四，謚正獻。《宋史》卷三八三有傳。朱熹爲撰行狀，載《晦庵文集》卷九六。楊萬里爲撰墓誌銘。載《誠齋集》卷一二三。

朱熹《與陳侍郎書》：

昨者伏蒙還賜手書，慰藉甚厚，拜領感激，不知所言。而奉祠冒昧之請，又蒙台慈引重再三，卒以得其所欲。所示堂帖，謹以祇受，仰荷恩眷，尤不敢忘，而不知所以報也。蓋熹賦性朴愚，惟知自守，間一發口，柄鑿頓乖。度終未能有以自振於當世，退守丘園，坐待溝壑而已。今以閣下之力得竊廩假，以供水菽之養，其爲私幸，亦已大矣。顧以義分猶有僥冒之嫌，而閣下推挽之初心，猶以爲不止於此，此則豈熹所敢聞哉？

又蒙垂喻今日之事，慨然有憂憂乎其難哉之嘆，且承任職以來屢有建白，去處之義，自處甚明。熹也雖未獲與聞其詳，然有以見賢人君子立乎人之本朝，未嘗一日而忘天下之憂，亦不肯以一日居其位而曠其職蓋如此。然猶不鄙迂愚疏賤之人，而語之及此，其意豈徒然哉！熹誠不足以奉承教令,然竊不自勝其慕用之私,是以忘其不佞而試效一言焉,執事者其亦聽之。

熹嘗謂天下之事有本有末,正其本者,雖若迂緩而實易爲力,捄其末者,雖若切至而實難爲功。是以昔之善論事者,必深明夫本末之所在而先正其本,本正則末之不治非所憂矣。且以今日天下之事論之,上則天心未豫而饑饉薦臻,下則民力已殫而賦斂方急,盜賊四起,人心動搖。將一二以究其弊,而求所以爲圖回之術,則豈可以勝言哉?然語其大患之本,則固有在矣。蓋講和之計決而三綱頹、萬事隳,獨斷之言進而主意驕於上,國是之説行而公論鬱於下,此三者,其大患之本也。然爲是説者,苟不乘乎人主心術之蔽,則亦無自而入。此熹所以於前日之書不暇及他,而深以夫格君心之非者有望於明公。蓋是三説者不破,則天下之事無可爲之理,而君心不正,則是三説者又豈有可破之理哉?不審閣下前日之論,其亦嘗及是乎?抑又有大於此者,而山野之所弗聞、弗知者乎?閣下誠得其本而論之,則天下之事一舉而歸之於正,殆無難者,而吾之去就亦易以決矣。熹竊不自勝其憤懣之積,請復得而詳言之。

夫沮國家恢復之大計者,講和之説也。壞邊陲備禦之常規者,講和之説也。內咈吾民忠義之心,而外絶故國來蘇之望者,講和之説也。苟逭目前宵旰之憂,而養成異日宴安之毒者,亦講和之説也。此其爲禍,固已不可勝言，而議者言之固已詳矣。若熹之所言，則又有大於此者。蓋以祖宗之讎，萬世臣子之所必報而不忘者。苟曰力未足以報，則姑爲自守之計，而蓄憾積怨以有待焉，猶之可也。今也進不能攻，退不能守，顧爲卑辭厚禮以乞憐於仇讎之戎狄，幸而得之，則又君臣相慶，而肆然以令於天下曰：凡前日之薄物細故，吾既捐之矣。欣欣焉無復豪分忍痛含冤、迫不得已之言，以存天下之防者。嗚呼，孰有大於祖宗陵廟之讎者，而忍以薄物細故捐之哉！夫君臣之義，父子之恩，天理民彝之大，有國有家者所以維繫民心、紀綱政事本根之要也。今所以造端建極者如此，所以發號施令者如此，而欲人心固結於我而不離，庶事始終有條而不紊，此亦不待知者而凛然以寒心矣。而爲此說者之徒懼夫公論之沸騰而上心之或悟也，則又相與作爲獨斷之說，傅會經訓，文致姦言，以深中人主之所欲，而陰以自託其私焉。本其爲說，雖原於講和之一言，然其爲禍，則又不止於講和之一事而已，是蓋將重誤吾君，使之傲然自聖，上不畏皇天之譴告，下不畏公論之是非，挾其雷霆之威、萬鈞之重以肆於民上，而莫之敢攖者，必此之由也。嗚呼，其亦不仁也哉，甚於作俑者矣。仁人君子其可以坐視其然，而恬然不爲之一言以正之乎？此則既然矣，而旬日之間，又有造爲國是之說以應之者，其欺天罔人，包藏險慝，抑又甚焉。主上既可其奏，而羣公亦不聞有以爲不然者。熹請有以詰之：夫所謂國是者，豈不謂夫順天理、合人心而天下之所同是者耶？誠天下之所同是也，則雖無尺土一民之柄，而天下莫得以爲非，況有天下之利勢者哉！惟其不合乎天下之所同是，而彊欲天下之是之也，故必懸賞以誘之，嚴刑以督之，然後僅足以劫制士夫不齊之口，而天下之真是非則有終不可誣者矣。不識今日之所爲，若和議之比，果順乎天理否耶？合乎人心否耶？誠順天理、合人心，則固天下之所同是也，異論何自而生乎？若猶未也，而欲主其偏見、濟其私心，彊爲之名，號曰“國是”，假人主之威以戰天下萬口一辭之公論，吾恐古人所謂德惟一者似不如是，而子思所稱“具曰予聖，誰知烏之雌雄”者，不幸而近之矣。

昔在熙寧之初，王安石之徒嘗爲此論矣，其後章惇、蔡京之徒又從而紹述之。前後五十餘年之間，士大夫出而議於朝，退而語乎家，一言之不合乎此，則指以爲邦朋邦誣，而以四凶之罪隨之。蓋近世主張國是之嚴，凜乎其不可犯，未有過於斯時者。而卒以公論不行，馴致大禍，其遺毒餘烈至今未已。夫豈國是之不定而然哉？惟其所是者非天下之真是，而守之太過，是以上下相徇，直言不聞，卒以至於危亡而不悟也。傳曰：“差之毫釐，繆以千里。”況所差非特毫釐哉！嗚呼，其可畏也已！奈何其又欲以是重誤吾君，使之尋亂亡之轍迹而躬駕以隨之也？

嗚呼，此三説者，其爲今日大患之本明矣。然求所以破其説者，則又不在乎他，特在乎格君心之非而已。明公不在朝廷則已，一日立乎其位，則天下之責四面而至。與其顛沛於末流而未知所濟，孰若汲汲焉以勉於大人之事，而成己成物之功一舉而兩得之也？

熹杜門求志，不敢復論天下之事久矣，於閣下之言竊有感焉，不能自已，而復發其狂言如此，不審高明以爲如何也？尚書汪公計就職已久，方羣邪競逐、正論消亡之際，而二公在朝，天下望之，屹然若中流之底柱，有所恃而不恐。雖然，時難得而易失，事易毀而難成，更願合謀同力，早悟上心，以圖天下之事。此非獨熹之願，實海内生靈之願也。《晦庵文集》卷二四。

案：本書有"今以閣下之力得竊廩假，以供水菽之養"之語，《年譜長編》云乾道元年五月朱熹復差監南嶽廟，七月陳俊卿以奏論錢端禮出知建寧府。據《宋史全文》卷二四下："三月丙寅，刑部侍郎王莘進楚莊王定國是故事。上曰：'王莘進議，誠有國之大戒，今日之先務也。朕當與執政大臣、凡百官僚思其未至，以歸於是，期共守之。'時錢端禮起戚里爲首參，窺相位甚急。館閣之士相與上疏斥之，皆爲端禮所逐。莘陰附端禮，建爲國是之説，以助其勢。於是吏部侍郎陳俊卿抗疏力詆其非，且爲上言：'本朝無以戚屬爲相，此懼不可爲子孫法。'及進讀《寶訓》，適及外戚，因言：'本朝家法，外戚不與政，最有深意，陛下所宜守。'上納其言。端禮憾之，諷使求去。是秋，出俊卿知建寧府，而端禮亦卒不相。"由此推知朱熹本書當撰於是年(1165)六月間。

又，王應麟《困學紀聞》卷一五曰："乾道元年郊赦文云：'前事俱捐，弗念乎薄物細故；烝民咸乂，靡分乎爾界此疆。'洪文惠所草也。朱文公與陳正獻書曰：'卑辭厚禮乞憐於仇讎之戎狄，幸而得之，肆然以令於天下，曰凡前日之薄物細故，吾既捐之矣。孰有大于祖宗陵廟之讎者，而忍以薄物細故捐之哉?'"即指本書。

朱熹《賀陳丞相書戊子冬》：

恭聞制書延拜，進秉國均，凡在陶鎔，孰不欣賴。伏惟明公以大忠壯節早負天下之望，自知政事，贊襄密勿，凡所論執，皆繫安危。至其甚者，輒以身之去就爭之，雖未即從，而天子之信公也益篤，天下之望公也益深，懍懍然惟懼其一旦必去而不可留也。夫明公所以得此於上下者，豈徒然哉！今也進而位乎天子之宰，中外之望莫不欣然，咸曰：陳公前日之言，天下之言也。爭之不得，危於去矣。而今乃爲相，則是天子有味乎陳公之言而將卒從之也。陳公其必以是要説上前，而決辭受之幾矣。且天下之事，其大且急者又不特此，陳公果不得謝而立乎其位，必且次第爲上言之，爲上行之，其不默然而受、兀然而居也明矣。熹雖至愚，亦有是説。然今也聽於下風亦既餘月，政令之出，黜陟之施，未有卓然大異於前日，則是明公蓋未嘗以中外之望於公者自任，而苟焉以就其位矣。熹受知之深，竊所愧歎，未知明公且將何以善其後也。請得少效其愚，而明公擇焉。

蓋聞古之君子居大臣之位者，其於天下之事知之不惑，任之有餘，則汲汲乎及其時而勇爲之。知有所未明，力有所不足，則咨訪講求以進其知，扳援汲引以求其助，如救火追亡，尤不敢以少緩。上不敢愚其君，以爲不足與言仁義；下不敢鄙其民，以爲不足以興教化；中不敢薄其士大夫，以爲不足與成事功。一日立乎其位，則一日業乎其官；一日不得乎其官，則不敢一日立乎其位。有所愛而不肯爲者，私也；有所畏而不敢爲者，亦私也。屹然中立，無一毫私情之累，而惟知爲其職之所當爲者。夫如是，是以志足以行道，道足以濟時，而於大臣之責可以無愧。不審明公圖所以善其後者，其有合於此乎？其有近於此乎？無乃復有進於此者，而熹之愚不足以知之乎？願亟圖之，庶乎猶足以終慰天下之望，毋使前日之欣然者，更爲今日之悒然也。

抑熹又有請焉：蓋熹嘗辱明公賜之書矣，其言有曰：“前輩爲大臣，不過持循法度，主張公道，知無不言，復君以德，公行賞罰，進賢退不肖而已。今日事有至難，風俗敗壞，官吏苟且，彊敵在前，邊備未立，如之何其可爲也？”熹愚不肖，深有所疑。蓋凡明公之所易者，皆古人之所

難;而明公所難者,乃古人之所易也。反復思慮,不得其
說,將以質之左右而未暇也。今者敢因修慶而冒以爲請,
伏惟明公試反諸心,而以事理之輕重本末權之。誠知夫
真難易之所在而有以用其心焉,則亦無難之不易矣。
《詩》曰:"伐柯伐柯,其則不遠。"願明公留意,則天下幸
甚。《晦庵文集》卷二四。

　　案:陳俊卿自參知政事拜右僕射兼樞密使,據
　　《宋史·宰輔表》在乾道四年戊子(1168)十月庚子。
　　本書中稱陳俊卿拜相"亦既餘月",則其當撰於十
　　一月。

朱熹《與陳丞相書己丑》:

　　熹啓:中夏毒熱,恭惟僕射平章樞使相公鈞候起居
萬福。熹昨奉咫尺之書,修致慶問,因以愚慮上瀆高明,
自揣妄庸,宜得譴斥之罪,乃蒙鈞慈還賜手教,撫存開納,
禮意勤厚。伏讀三歎,有以見明公位愈高而心愈下,德彌
盛而禮彌恭,果非小人之腹所能料也。台司禮絕,不敢復
致啓謝,惟是區區歸心黃閣之下,未始一日而忘。

　　忽又奉承堂帖,戒以祗事之期,囊封疾置,似亦非常
制所當得者。自顧何人,可以當此?尤竊恐懼,不能自
安。然熹之狂猥樸愚,不堪世用,明公知之蓋有素矣。頃
自祠官叨被除目,聞命之初,即惕然有不敢當之意。顧以
近制不應辭避之科,因欲復求祠官,幾得斗升之祿,以共

水菽之養，則又以待次尚遠，懼有貪躁之嫌，是以因仍寢嘿，以至于今。幸官期已及，而廟堂又特爲下書以招徠之，則熹之不獲已而有求，似亦不爲甚無謂者。已別具劄子一通，道其所欲。伏惟明公哀憐而幸聽之，不使輕犯世故，以貽親憂，則明公之賜於熹厚矣。或恐未即遽蒙矜許，則熹請得復罄其説。

　　蓋熹雖愚不肖，無所短長，然區區用力於古人之學，閱天下之義理，亦庶幾不爲懵然者。豈不知外有君臣之義，内有母子之情，而平生知己如明公者，待之又不爲不厚，豈不願及明時，效尺寸以報君親、酬知遇，而直逡巡退縮，以求守此東岡之陂乎？此其中必有甚不得已者，惟明公幸察焉，而聽其所欲，使得竊祠官之禄以養其親，而自放於荒閒寂寞之境，以益求其所志，庶乎動心忍性，涵泳中和，賴天之靈，得遂變化其狂猭朴愚之質，則異時明公未忍終棄，猶欲熏沐而器使之，其或可以奉令承教而不敢辭也。

　　明公亦宜自謀所以清化原、革流弊者，使乾剛不亢而君道下濟，忠讜競勸而臣道上行，則天地交泰，上下志同，而天下之士雖有囂囂然處畎畝而樂堯舜者，猶將爲明公出，況如熹者，又豈足道也哉！伏惟明公勉焉，則天下幸甚。自餘加獲鼎食，以慰具瞻。熹不勝懇禱拳拳之至。謹奉手啓以聞，伏惟照察。《晦庵文集》卷二四。

　　案：己丑，乃乾道五年（1169）。參以書中"中夏

毒熱"語，知其撰於五、六月間。又，自本書有"乃蒙
鈞慈還賜手教"之言知，收到朱熹戊子冬來書之後，
陳俊卿曾有答書，已佚。

朱熹《與陳丞相書己丑七月十四日》：

熹昨以愚懇，冒瀆威尊，似聞鈞慈憐念，未許遽就閑
退，區區感激，何可具言。實以鄙性惷愚，觸事妄發，竊觀
近事，深恐一旦不能自抑以取罪戾，不肖之身非敢自愛，
誠懼仰負相公手書招徠之意，重玷聽言待士之美，則其爲
罪大矣。伏況老親行年七十，旁無兼侍，尤不欲其至於如
此，旦夕憂煩，幾廢寢食，人子之心，深所不遑。是敢再瀝
悃誠，仰干大造，欲乞檢會前狀，特與陶鑄嶽廟一次，俾得
婆娑丘林，母子相保，遂其麋鹿之性，實爲莫大之幸。情
迫意切，不知所言，伏望鈞慈俯賜憐察。《晦庵文集》卷
二四。

案：本書撰於乾道五年七月十四日。

朱熹《與陳丞相書七月二十六日》：

屢以愚懇冒瀆鈞聽，未蒙矜許，憂懼實深。今日復得
尚書汪公書，戒以速行，謹以愚見復之，頗盡曲折。竊恐
相公未知區區之心，試取而一觀之，則知我罪我，當有所
決矣。熹受知之深，豈願如此？亦惟有以深矚其不得已
之故，或遂改圖，則不惟熹猶有望焉，而天下實受其賜。

惟相公深圖之。《晦庵文集》卷二四。

　　案：本書撰於乾道五年七月二十六日。同日又作《答汪尚書書》。

朱熹《答陳丞相書》：

　　熹昨罹私釁，仰勤弔恤，拜啓還使，未足究盡鄙懷。方欲别伸問訊之禮，忽聞拜章公車，祈就閒退，聖主重違明公之意，峻其班秩而後賜可。竊自惟念，雖與一道窮民同失膏雨之潤，不無怊悵，然想税駕里門，雍容就第，超然事物之外，其樂有不可涯者。至於聖主不忘之意，則又海内搢紳之所共慶，而熹之愚昧，竊獨深有感焉。蓋今時論歸趣益異於前，後來諸公未見卓然有可望以回天意者，有識之士日夕寒心。明公受國家大恩，起布衣至將相，位尊禄厚，德流子孫。今又爲聖主所優尊，士大夫所歸鄉如此，誼豈以一身之樂而忘天下之憂哉？伏惟高明深念此意，亟於此時反躬探本，遠佞親賢，以新盛德，廣賢業，庶幾異時復起，有以格君定國、刬弊鉏姦，慰斯人之望者。千萬幸甚。《晦庵文集》卷二五。

　　案：本書“熹昨罹私釁”，指淳熙三年十一月朱熹夫人劉氏之卒，四年四月下葬。《年譜長編》卷上。又“忽聞拜章公車，祈就閒退，聖主重違明公之意，峻其班秩而後賜可”，乃指陳俊卿辭官就祠職。據朱熹《陳公行狀》，陳俊卿於淳熙二年爲閩帥，“四年復累章告歸，上……乃除特進、提舉洞霄宮"。《晦庵文集》卷九六。故推知本書當撰於四年（1177）四月葬事畢後不久。

朱熹《與陳公別紙》：

前幅所稟親賢遠佞之意，蓋已屢瀆鈞聽。然似頗未蒙深察，懷不能已，輒復陳之。蓋在今日，此事利害尤不難見。惟試思平日所以願忠於國者云何，而反求諸其身，則其得失之數，隱然心目之間矣。有諸己而後求諸人，無諸己而后非諸人，況欲格君心以救一時之禍，此豈細事，而可不責之於吾身、積之於平日，而苟焉以一朝之智力圖之哉？《晦庵文集》卷二五。

案：《別紙》爲上書（熹昨罹私釁）之補充説明，撰於同時稍後。

朱熹《與陳丞相》：

熹竊觀古之君子有志於天下者，莫不以致天下之賢爲急。而其所以急於求賢者，非欲使之綴緝言語、譽道功德，以爲一時觀聽之美而已，蓋將以廣其見聞之所不及、思慮之所不至，且慮夫處己接物之間或有未盡善者，而將使之有以正之也。是以其求之不得不博，其禮之不得不厚，其待之不得不誠，必使天下之賢識與不識，莫不樂自致於吾前以輔吾過，然後吾之德業得以無愧乎隱微，而寢極乎光大耳。然彼賢者其明既足以燭事理之微，其守既足以遵聖賢之轍，則其自處必高，而不能同流合汙以求譽；自待必厚，而不能陳詞飾説以自媒；自信必篤，而不能趨走唯諾以苟容也。是以王公大人雖有好賢樂善之誠，而未必得聞其姓名，識其面目，盡其心志之底蘊；又況初無此意，而其所取特在乎文字言語之間乎？

恭惟明公以厚德重望爲海内所宗仰者有年矣，而天下之賢士大夫以未得盡出於門下也，豈明公所以好之者未至歟？所以求之者未力歟？所以待之者未盡歟？此則必有可得而言之者矣。蓋好士而取之文字言語之間，則道學德行之士吾不得而聞之矣。求士而取之投書獻啓之流，則自重有恥之士吾不得而見之矣。待士而雜之妄庸便佞之伍，則志節慷慨之士寧有長揖而去耳。而況乎所謂對偶駢驪、諛佞無實，以求悦乎世俗之文，又文字之末流，非徒有志於高遠者鄙之而不爲，若乃文士之有識者，亦未有肯深留意於其間者也。

而間者竊聽於下風，似聞明公專欲以此評天下之士。若其果然，則熹竊以爲誤矣。江右舊多文士，而近歲以來，行誼志節之有聞者亦彬彬焉。惟明公留意，取其彊明正直者以自輔，而又表其惇厚廉退者以厲俗，毋先文藝以後器識，則陳太傅不得專美於前，而天下之士亦庶乎不失望於明公矣。衰病屏伏，所欲面論者非一，而不獲前，姑進其大者如此。若蒙采擇，則熹所不及言者必有輕千里而告於明公者矣。《晦庵文集》卷三七。

案：本書校記曰："浙本作'與龔實之'。"《年譜長編》卷上以爲此書乃與宰相陳康伯，故係於隆興元年九月。此説不確。本書乃與陳俊卿書。陳宓（陳俊卿子）《祭白鹿書院黃堂長去私文》中又言"某先公正獻分閫江右，實淳熙之五禩。朱文公先生以書見屬，謂江右舊多文士，而近歲以來，行誼志節之有聞者，亦彬彬焉數輩，俾先公取其彊明行正直者以自輔，而表其篤厚廉退者以屬世"。《復齋集》卷一八。正指本書。又據朱熹《陳公行狀》云云，《晦庵文集》卷九六。推知本書約撰於淳熙五年（1178）夏末、秋初。

又，《讀朱隨筆》卷一云："與龔實之一書，可爲取人以言者戒。"當據浙本立説。

朱熹《與陳丞相書》：

竊聞鈞斾尚留上饒，不審幾日遂東？所以反覆啓告之方，必已有定論矣。但熹竊料比來言者指陳闕失，白發姦欺，不爲不盡，而未有開悟之益，正坐不正之於本而正之於末，不求之於理而求之於事，不言所以增崇聖德、紀綱政體之意，而惟群小之過惡是攻，此其所以用力多而見功少者與？伏惟高明深察乎此而有以反之，庶乎其有以慰天下之望也。蓋不惟元老大臣所以告君之體當然，顧其理勢，攻之於彼，不若導之於此之爲易，誦衆人之所已言,不若濟其言之所不及者之爲切也。鄙意如此,而不能達之於言,不審相公以爲如何?數日道間竊窺日用之妙,其忠誠博厚之意,蓋盎然溢於容貌詞氣之間,知數年以來,所以進德者如此其深且遠也。以此感物,何往不通?況吾君之聰明,而又助之以海内忠臣義士之心乎?願相公益勉旃。不幸而不得其言,則不可暫而立其位也。《晦庵文集》卷二五。

案:據朱熹《陳公行狀》,陳俊卿於淳熙"五年五月起判隆興府,未視事,改判建康府、江南東路安撫使兼行宫留守,且詔赴闕奏事"。《晦庵文集》卷九六。又《景定建康志》卷三載有賜知建康府陳俊卿詔,云:"大江東西,並置連帥,其屬任等耳。若乃外控淮甸,内屏浙右,建牙作牧,兼寄留都之管籥,則於選擇抑又重焉。卿蚤傅初潛,簡知惟厚;久儀宰路,望實具乎。前以從臣攝行帥事,凡兵民之利病,江山之形勝,固嘗深思而熟講矣。嗣成前績,人胥謂宜。矧卿不憚暑行,既開洪府;今秋高氣爽,舟輿安適,造朝之鎮,乃復告勞乎?式遄其驅,毋遏朕命,所辭宜不允。"時淳熙五年八月十日。此書云"鈞斾尚留上饒,不審幾日遂東",則陳俊卿已獲改命江東而尚未赴闕。《宋史全文》卷二六下云淳熙五年九月,"陳俊卿入對"。由此推知本書當撰於是年(1178)八月中、下旬。

《年譜長編》卷上云陳俊卿除江東安撫使，"赴闕奏事，途徑崇安與朱熹相晤"。案：自隆興府赴臨安當途經上饒，然不需經崇安，此説疑不確。

朱熹《與陳丞相書》：

熹前幅之尾所稟，尤願垂意。蓋不合而去，則雖吾道不得施於時，而猶在是，異時猶可以有爲也。不合而苟焉以就之，則吾道不惟不得行於今，而亦無可望於後矣。此其機會，所繫不淺。熹愚不肖，又病且衰，蓋已決然無復當世之願，顧其痛心疾首所不能忘者，獨在於此。前日雖嘗言之，然自覺有所未盡，故復喋喋於此。忠憤所激，至于隕涕，伏惟相公念之。《晦庵文集》卷二五。

案：書首"熹前幅之尾所稟"云云，乃對前書末句"不幸而不得其言，則不可暫而立其位也"語之説明補充；又云"前日雖嘗言之，然自覺有所未盡，故復喋喋於此"，則知本書當撰於上書（竊聞鈞斾尚留上饒）後數日，屬別一書。

朱熹《與江東陳帥書》：

兹者伏審榮被明綸，進班亞保，竊惟明主思賢念舊之意可謂盛矣。然使相公尚淹藩服，而未得究其輔贊彌綸之業，則海內有識之士猶以爲恨。抑無故而驟遷，在彼權幸寵利之臣則可，而施於相公，則於四方之觀聽亦不能無所疑也。不審高明何以處此？熹則竊爲門下憂之，而未敢以爲賀也。兹承鈞慈遠賜手書，竊審嘗欲有所論建，自以文不逮意而罷，熹於是竊爲門下喜焉，而敢冒進其説。

夫諫説主於忠誠，不尚文飾。且今日之言有不可緩者，猶救火追亡人也。況以相公之忠義懇切，豈真以文不足爲病而怠於納誨者哉？亦曰將有待而言之耳。夫苟誠有待而言之，則其所待無有大於今日之所遭者。願相公因辭謝之章，而因有以附見其説，不必引據鋪張，不須委曲回互，直以心之所欲言，時之所甚患者條件剖析，爲明主言之。其所病者乃在於文之過，而不病其不足也。幸而聽從，天下固受其賜，而相公之榮豈止於今日？不幸而不入，則相公辭受之決，亦不難處矣。失今不言，於天下之事固失其機，而在我者不無昧利之嫌。一旦雖欲復有所言，人亦莫之聽矣。長孫無忌之事與近歲李參政光前車尚未遠也。況今所授，正與其人併肩而處，若果出於無心，尚爲可恥，且又安知其不故以是風切相公，而使與之同哉？

熹疏賤狂瞽之言，意謂必觸雷霆之怒，今聞已降付後省矣，是明主固優容之。但此章宣露，賤迹自是愈孤危矣。夫以聖恩之寬大，於熹又且容之，而況於相公乎！萬一未即開納，無後咎餘責亦可保矣。願相公勿疑，極意盡言，以扶宗社，以救生靈。熹不勝激切懇禱之至。《晦庵文集》卷二六。

案：據《景定建康志》卷一，陳俊卿於淳熙五年十月以特進、觀文殿大學士、江東安撫使、知建康府兼行宮留守，後任爲范成大，於淳熙八年四月到任。故此乃與陳俊卿書。又書中言“進班亞保”，乃指淳熙七年“六月丙戌，以特進、觀文殿大學士、判建康府陳俊卿爲少保”。《宋史》卷三五《孝宗本紀三》。是月壬午朔，丙戌乃五日。則本書約撰是年（1180）六、七月之際。

朱熹《與陳帥畫一劄子》：

一、本路諸郡旱損處多，竊料將來賑濟用米不少。然今來旱勢甚廣，近郡之穀不復可仰，須廣爲規畫，多致米斛，乃可接濟。至如乾道七年，本軍得米凡五萬石，然流殍之民不可勝數，田里空虛，至今未復，此不可不早慮也。似聞總所積穀頗多，日就陳腐，更久亦不堪用。若得商量措置，且就支此米餉給諸軍，而計諸路綱運，除檢放外，更許截留，分與諸州般運賑糶，收簇價錢所管，或候豐年補前本色斛斗，亦爲利便。

一、目今旱勢如此，而漕司差人在此催發舊欠。夫催欠之與救災，事體各別，不可雙行。欲乞一言，且與追回。其他州郡想亦有此，并得一例施行，尤爲幸甚。若是戶部指揮，漕司自合申請停緩。或不敢言，則丞相自當言之，亦致和消沴之一術，而救急安民之切務也。

一、去年赦恩所放官物，諸司依舊理催。欲乞帥司因此旱傷，作訪聞檢舉行下諸州，令逐一具申，特與蠲放。

一、旱災如此，良由賦斂苛急，民氣不和所致。欲乞丞相建言，乞將赦恩所放之後一年官物并行除放。

一、本軍建昌縣去年放旱米三千餘石，總所、漕司累次行下，令於上供軍用數內分豁，此甚允當。今漕司忽變其説，令本軍全於軍用數內除豁，不得減上供數。熹有劄子懇兩漕，別本具呈，乞賜鈞念，一言及之，是亦救荒之助也。

一、本軍申漕、倉兩司乞撥錢米修結石寨狀，別本具呈，并乞鈞念。或蒙應副，亦可并下諸州，放此施行。募民充役，可以集官事、濟飢民、消盜賊。伏乞鈞照。

熹復有愚懇，欲從漕司借留六年上供零米五千餘石，約今冬或來春可還。有狀申漕司，今亦錄呈，乞賜宛轉及之，幸甚。適又檢得乾道七年省劄，亦錄梗槩上呈，恐今歲事體不減此也。提舉遞鋪司牒有近日雨水日多之説，恐江東已霑足矣。此獨無有，奈何？《晦庵文集》卷二六。

案：南康軍屬江南東路，故朱熹上此《劄子》與安撫使陳俊卿籌畫救災事宜。又據朱熹《奏南康軍旱傷狀》云“本軍并管屬星子、都昌、建昌縣，自六月以來，天色亢陽，缺少雨澤，田禾乾枯。……今檢準《淳熙令》，諸官私田災傷，秋田以七月聽經縣陳訴，至月終止。本軍除已依條施行外，須至奏聞”。《晦庵文集》卷一六。推知本書當撰於淳熙七年七、八月。

朱熹《與陳帥書》：

前此屢以上流遏糴利害申稟，未蒙施行。今本軍糴米人船已爲隆興邀截，不許解離，又凡客販皆爲阻絶。江西頗有得熟州郡，本自不須如此，又況著令及累降指揮皆有明文，已作書力懇之，恐其未必經意。蓋自初糴，已節次懇之，今乃約束愈峻，其意亦可見矣。切乞早賜移文，仍申朝省或具奏聞，乞遍下諸路約束，不獨此邦蒙大賜也。頃時劉榲遭旱，首奏此事，其後客船輻凑，米價自減，此最爲救荒之急務。向蒙賜教，乃謂上流皆旱，無所告糴，但擬撥椿積米，此但爲建康一郡計耳。然贛、吉、鼎、澧、湖南諸郡皆熟，若用劉榲舊例奏請，此米皆可致，而一路受賜矣。不然，則椿積之米得賜取撥，使諸郡各得三五萬石，亦爲幸甚。漕使本別具稟，熹偶足疾大作，疼痛亡憀，不敢多作字，只乞鈞念，爲達此懇，同賜區處，以速爲上。移文至江西，附遞恐遲，得爲專人徑往，千萬之幸。《晦庵文集》卷二六。

案：淳熙七年冬，朱熹爲賑災而申諸司乞行下江西不許遏糴。本書云及"前此屢以上流遏糴利害申稟，未蒙施行"，故推知其約撰於是年冬間。

朱熹《與陳丞相別紙》：

自明云亡，忽將朞歲，念之令人心折。其家想時收安問。熹前日致書師中兄，有所關白，不審尊意以爲何如？

聞自明不幸旬月之前，嘗手書《列女傳》數條以遺其家人，此殆有先識者。然其所以拳拳於此，亦豈有他，正以人倫風教爲重，而欲全之閨門耳。伏惟相公深留意焉。《晦庵文集》卷二六。

　　案：自明，即鄭鑑字，陳俊卿壻。《晦庵文集》卷九六《陳公行狀》。其卒，《年譜長編》卷上係於淳熙七年七月。據朱熹《與陳師中書》云"熹試郡無狀，以丞相庇臨之力，幸及終更，復叨除命。……熹閏月二十七日受代，即日出城，遊山玩水，自江州界渡江，在道十餘日，以前月十九日到家"。又云："自明之亡，行且期矣。"《晦庵文集》卷二六。此"試郡"指知南康軍，"除命"指提舉江西常平茶鹽公事。而據朱熹《答呂伯恭》（自頃謀歸）知朱熹"以四月十九日至家"。《晦庵文集》卷三四。故推知朱熹《與陳師中書》撰於淳熙八年（1181）五月。而本書有"自明云亡，忽將菁歲"語，故推知其撰於五、六月間。

朱熹《與陳丞相帖》：

除書朝下，刻章夕聞。《後村先生大全集》卷一○一《跋朱文公與陳丞相帖》。

　　案：劉克莊《跋朱文公與陳丞相帖》云："文公上受孝皇深知，當時元老大臣多敬事公，下爲天下學者師尊，惟不爲時相王魯公所喜，或言因按發唐台州而然。夫爲天下之宰，當平其心，顧以一鄉人芥蔕胸中乎？文公與陳福公帖云'除書朝下，刻章夕聞'者，亦足以見其不容於時之大意。"據《年譜長編》卷上考證，此"除書"指淳熙九年十月詔除江東提刑，而"刻章"乃指吏部尚書鄭丙上疏攻擊"道學"。李心傳《建炎以來朝野雜記》乙集《晦庵先生非素隱》云："除先生江西提刑，又易江東，又例以救荒功權直徽猷閣。江西乃填台守之闕，江東則墳墓在焉。時九年秋也。先生引嫌求免，未報。吏部鄭尚書丙與台守善，首以'道學'詆先生。監察陳御史賈因論近日搢紳有所謂道學者，大率假其名以濟其僞，願考察其人，擯斥勿用。蓋附時宰意，專指先生也。先有旨以先生累乞奉祠，差主管台州崇道觀。時十年春。"故推知此書當撰於淳熙九年(1182)末、十年初。

朱熹《與陳丞相別紙》：

蒙諭第二令孫爲學之意，乃能舍世俗之所尚，而求夫有貴於己者，此蓋家庭平日不言之教有以啓之，非面命耳提之所及也。熹嘗聞之師友，《大學》一篇乃入德之門户，學者當先講習，知得爲學次第規模，乃可讀《語》、《孟》、《中庸》。先見義理根原體用之大略，然後徐考諸經以極其趣，庶幾有得。蓋諸經條制不同，功夫浩博，若不先讀《大學》、《論》、《孟》、《中庸》，令胸中開明，自有主宰，未易可遽求也。爲學之初，尤當深以貪多躐等、好高尚異爲戒耳。然此猶是知見邊事，若但入耳出口，以資談説，則亦何所用之？既已知得，便當謹守力行，乃爲學問之實耳。伊洛文字亦多，恐難遍覽，只前此所稟《近思録》乃其要領。只此一書，尚恐理會未徹，不在多看也。《大學》、《中庸》，向所納呈繆説，近多改正，旦夕別寫拜呈。近又編《小學》一書，備載古人事親事長、洒掃應對之法，亦有補於學者。併俟録呈，乞賜裁訂，以授承學也。《晦庵文集》卷二六。

案：《小學》一書，《年譜長編》卷上云始編於淳熙十年七月，十一年由劉清之刻印於鄂州。本書述及"近又編《小學》一書"，然未及刊印事，故推知其當撰於十年(1183)末。

朱熹《與陳福公別紙》：

熹冒昧有所干扣，極犯不韙。近得泉州黃寺丞書，云陳休齋病中嘗爲渠言，曾令熹致懇丞相，爲其女求嫁資，令其見語，復以稟聞。熹實不記曾有此説，初不敢爲言。既而思之，此老之意止是欲令熹與黃寺丞共致此懇，而無其端，故説此言以發之。意丞相聞其屬纊深悲之言，必當惻然憐之也。故敢因黃回便先附此劄，其詳黃必具稟，熹更不敢覼縷，然已不勝其恐懼矣。《晦庵文集》卷二七。

案：陳休齋名知柔，卒於淳熙十一年春。《晦庵文集》卷八七《祭陳休齋文》。本書有云"近得泉州黃寺丞書，云陳休齋病中嘗爲渠言"，又云"意丞相聞其屬纊深悲之言"，故推知其約撰於是年(1184)年中。

朱熹《與陳福公書》：

北方消息，傳聞不真，春間有上封事者，前言虜爲西夏所逼，故遷國以避之，其後乃慮其設詐以謀我。此已是揣摸無一定之計，最後又只泛言乞詔樞廷嚴爲邊備而已，乃大中上意，改秩除官。其後乃聞廬帥王希吕奏，虜爲契丹遺種大石林牙所襲，失亡甚夥，老弱遁走，不知所在，三日而後得之。朝廷頗信其言。然去冬有親戚自淮上歸，已傳此言，却云渤海所襲，尋亦不聞的耗。然則此報又未知其信否也。若鄙意則以爲此虜盛極而衰，舉措顛錯，就如所聞未必得實，其勢不足深慮。彼其修城浚汴，持爲虛聲以懼我耳。然朝廷已爲之調發海舟，一番騷動，此正高潁、王樸之遺策，而我已落在計中。

至於天文變於上，坤軸動於下，正是君臣上下動色相戒，飭躬正事，以圖消弭之時，顧乃視之恬然，略無驚懼之意，上之則九重不聞有側席求言之詔，下之則諸府不聞有引愆避位之章，舉朝媕阿相徇，爲日已久，士大夫稍有氣節、敢議論者，盡在遠外，寂然不聞有一人能爲明主忠言，以指姦佞、裨闕失、固邦本、達民情者。聞其語及天變，則盡以歸之虜酋，使應天道，此已爲謟諛不忠之大。

至於地震，東南數路無一不然，又將使誰當之而不以爲慮耶？

熹以爲今日之事所當憂者莫大於此，而境外之事不與焉。明公果有乃心王室之意，但當以此曲折極言於上，勸以博詢芻蕘、深求己闕之意，則明公雖不盡言天下之事，而天下之言因我而達，此功固已大矣，又何必刺探隱謀、密陳秘計然後爲論事哉？觀富韓公退居西都時，已嘗坐汝州青苗削奪之譴，司馬公、呂申公又皆新法異論、得罪有嫌之人，然因事抗章，盡言無隱，不少異於立朝之時。彼豈不知迹方孤危，重咈主意，復忤貴權之爲患，誠以愛君憂國之誠切於中而不暇顧也。又況明公乞身已久，於今日諸人本無睚眦之怨，固無諸公之嫌，而上心不忘，便蕃寵錫，又非若諸公之嘗在淪落擯棄之域也，亦何惜而不爲明主一言，以安宗社於阽危之際，救生靈於水火之中乎？近年以來，將相大臣始終全德，無可指議如明公者，指不可以再屈。誠能及此更爲此舉，則功烈被於當年，聲稱垂於後世者，又不止於前日矣。不然，不過今日苟全上下之交，而後之忠臣義士考觀歲月，計慮安危，必將有大不滿於明公者。夫以裴令之賢，猶不免於晚節浮沉之譏，可不念哉！可不戒哉！仰恃知照，不覺縷縷。伏惟高明，有以亮之。《晦庵文集》卷二七。

案：《宋史》卷三五《孝宗本紀三》云淳熙十二年正月"戊戌，日中有黑子"。"庚戌，日中復有黑子"。

四月"丙子,諜言故遼大石林牙假道夏人以伐金,密詔吳挺與留正議之"。"五月庚寅,地震。辛卯,福州地震。詔帥臣趙汝愚察守令,擇兵官,防盜賊"。六月"戊寅,太白晝見。秋七月丁酉,太白晝見經天"。"八月癸亥,詔太上皇壽八十,令有司議慶壽禮"。又《宋史全文》卷二七下云淳熙十二年十一月"辛丑,冬至郊。先是詔史浩、陳俊卿陪祠,皆辭之"。而本書有云北方大石林牙襲擊金人之"傳聞不真",並述及"天文變於上,坤軸動於下",然未及召陳俊卿"陪祠"事,故推知其約撰於是年(1185)七月間。

朱熹《與陳丞相書》:

竊聞侍祠之詔至于再三,此蓋聖主思見故老,有所咨詢,非獨循常備禮之所爲。而得林擇之書,側聞丞相亦有行意。伏惟久去闕庭,不勝忠戀,且以向來嘗欲有言,因循未果,乃復有此幾會,誠不可失,計程今或已在道矣。虜中事不足言,今日之憂,正在精銳銷耎,慣習燕安,廟堂無經遠之謀,近列無盡規之義,阿諛朋黨,賢知伏藏,軍政弄於刑臣,邦憲屈於豪吏,民窮兵怨,久不自聊。季孫之憂,恐不在於顓臾也。不審尊意以爲如何?

井伯書云,廉夫有學《易》之意,甚善。然此書難讀,今之說者多是不得聖人本來作經立言之意,而緣文生義,硬說道理。故雖說得行,而揆以人情,終無意味。頃來蓋嘗極意研索，亦僅得其一二，而所未曉者尚多。竊意莫若且讀《詩》、《書》、《論》、《孟》之屬，言近指遠，而切於學者日用功夫也。抑嘗聞之元城劉忠定公有言："子弟寧可終歲不讀書，而不可一日近小人。"此言極有味。大抵諸郎爲學，正當以得師爲急，擇友爲難耳。《晦庵文集》卷二七。

案：書中有言"竊聞侍祠之詔至于再三"。據《宋史全文》卷二七上云淳熙九年"九月辛巳，大享明堂。先是詔少師史浩、少保陳俊卿赴闕陪祀，並辭不至"。又卷二七下云淳熙十二年十一月"辛丑，冬至郊。先是詔史浩、陳俊卿陪祠，皆辭之"。又據朱熹《陳公行狀》，淳熙"九年正月，公之年已七十矣，元日即謝醴泉之俸，復上疏申前請，凡表五上，上又手批其奏卻之。是歲親祠，召公陪位。公力辭，又三表懇請告休，不獲，即爲手札以請。上不得已，詔以少傅致仕，進封福國公。……十二年，又詔公陪祀南郊，且以增太上尊號，來歲當行慶壽之禮。……公拜疏辭行。……慶典告成，冊拜少師，進封魏國公，公辭避再四乃受。十三年十一月"卒。《晦庵文集》卷九六。又書中"廉夫有學《易》之意"之"廉夫"，乃陳俊卿孫，生於乾道六年，《晦庵文集》卷九四《陳君廉夫壙誌》。淳熙九年時十三歲，學《易》似過早。故推知朱熹本書約撰於淳熙十二年冬。

陳孔碩

　　陳孔碩,字膚仲,侯官(今福建福州)人。"刻志力學,好古道,以聖賢自期。嘗從張南軒、呂東萊游,東萊死,心喪三年,後復偕其兄孔夙從學朱子於武夷,甚見器"。登淳熙二年(1175)進士,歷處州教授,知邵武、瑞金二縣,累遷將作監丞、禮部郎中,知惠州,提舉淮東常平,所至有古良吏風。嘉定間,移曹廣西,後主管千秋鴻禧觀。累召不起,進秘閣修撰。年幾八十,以眉壽終。著有《中庸大學解》、《北山集》三十卷行於世。學者稱北山先生。《閩中理學淵源考》卷一七。

朱熹《答陳膚仲孔碩》:

　　所論《詩序》之疑,舊嘗有此論,而朋友多不謂然,亦不能與之力爭。姑著吾説,以俟後之知者而已。《關雎》序文之失固然,《論語》之意,亦謂其樂得淑女也不過而爲淫,其哀夫不得也不過而爲傷,正如《詩》文之謂耳。但序者不曉,乃析哀、樂、淫、傷爲四事,而所謂"傷善之心"者,尤爲無理。是則不可不察也。然此等處姑默識之,不須遽與人辨。今人耳學,都不將心究索,難與論是非也。大抵諸經文字有古今之殊,又爲傳注障礙,若非理明義精,卒難決擇。不如且讀《論》、《孟》、《大學》、《中庸》,平易明白而意自深遠。只要人玩味尋繹,目下便可踐履也。陸學固有似禪處,然鄙意近覺婺州朋友專事聞見,而於自己身心全無功夫,所以每勸學者兼取其善,要得身心稍稍端靜,方於義理知所決擇,非欲其兀然無作,以冀於一旦豁然大悟也。吾道之衰,正坐學者各守己偏,不能兼取衆善,所以終有不明不行之弊,非是細事。《晦庵文集》卷四九。

案:朱熹《答呂子約》(所論江西之弊)言及"所論江西之弊,切中其病。然前書奉告者,非論其人也,乃論吾學自有未至,要在取彼之善以自益耳",《晦庵文集》卷四七。與本書所云"陸學固有似禪處,然鄙意近覺婺州朋友專事聞見,而於自己身心全無功夫,所以每勸學者兼取其善,……不能兼取衆善,所以終有不明不行之弊"相合,推知當撰於一時先後。《答呂子約》撰於淳熙十一年(1184)初秋。

又,明程敏政《書朱子答陳膚仲書》有曰:"按朱子書在前兩卷者,曰'子靜全是禪學',至此始謂'陸學固有似禪處',且勸學者'要得身心稍稍端靜,方於義理知所決擇'。即是觀之,則道問學固必以尊德性爲本,而陸學之非禪也明矣。"《篁墩文集》卷三八。"陸學固有似禪處"即本書中語。

朱熹《答陳膚仲》:

承以家務叢委,妨於學問爲憂,此固無可奈何者。然亦只此便是用功實地，但每事看得道理，不令容易放過，更於其間見得平日病痛，痛加蕳除，則爲學之道何以加此？若起一脱去之心，生一排遣之念，則理事却成兩截，讀書亦無用處矣。但得少間隙時，不可閑坐説話過了時日，須偷些小工夫，看些小文字，窮究聖賢所説底道理，乃可以培植本原，庶幾枝葉自然張旺耳。《晦庵文集》卷四九。

案：書中云及"承以家務叢委，妨於學問爲憂"，又云"但得少間隙時，不可閑坐説話過了時日，須偷些小工夫，看些小文字，窮究聖賢所説底道理，乃可以培植本原"，而下書（來書云）有云"來書云'今且反復諸書以收心，至涵養工夫，日有所奪，未見其效'，此又殊不可曉。夫讀書固收心之一助，然今只讀書時收得心，而不讀書時便爲事所奪，則是心之存也常少，而其放也常多矣"，蓋朱熹勸陳孔碩偷閑讀書，而陳孔碩來書云及"今且反復諸書以收心，至涵養工夫，日有所奪，未見其效"，故朱熹答以"夫讀書固收心之一助，然今只讀書時收得心，而不讀書時便爲事所奪，則是心之存也常少，而其放也常多矣"。故推知本書約撰於淳熙十五年（1188）間。

朱熹《答陳膚仲》：

來書云"今且反復諸書以收心，至涵養工夫，日有所奪，未見其效"，此又殊不可曉。夫讀書固收心之一助，然今只讀書時收得心，而不讀書時便爲事所奪，則是心之存也常少，而其放也常多矣。且胡爲而不移此讀書工夫向不讀書處用力，使動靜兩得，而此心無時不存乎？然所謂涵養功夫，亦非是閉眉合眼如土偶人，然後謂之涵養也，只要應事接物處之不失此心，各得其理而已。諸書解偶未有定本，謾此奉報，可試思之。若於此得力，却遠勝看解也。

聞有用度不足之憂，何故如此？豈非意氣太豪，日用間羞言撙節計量之事，而又多徇人情，應副求假，不免有虛内事外之弊耶？此雖與吝嗇鄙細者相去懸隔，然其爲失中則均，恐亦當自省而改之也。《晦庵文集》卷四九。

案：朱熹於淳熙十五年又全面修訂《四書集注》《或問》，至十六年序定之。《年譜長編》卷下。本書中云"諸書解偶未有定本"，故推知其約撰於淳熙十五年間。

朱熹《答陳膚仲》：

講説次第，且如此亦得，但終是平日不曾做得工夫，今旋捏合，恐未必能有益耳。又有本不欲爲而卒爲之、本欲爲而終不能爲者，此皆規模不定、持守不固之驗。凡事從今更宜審細，見得是當，便立定脚跟，斷不移易，如此方立得事。若只如此輕易浮泛，終何所成？不但教導一事也。

"絜矩"更無可疑，且更詳味，須破得舊説，方立得新説。不然，只是看得未透，未可容易下語也。近覺朋友讀書多是苟簡，未曾曉會得，便只如此打過。何況更要它更將已曉會得處反復玩味，言外別見新意，決是有所不能矣。以此理會文字，只是備禮，無一事做得到底，悠悠泛泛，半明半暗，都不成次第。如何得有一箇半箇發憤忘食、索性理會教十分透徹，少慰衰朽之望乎？

《西銘後題》是去年未離家時所題，後來不能去得。然此是道理所繫，我且直之，固不容有所避也。仁仲所説，因書報及，謾欲知耳。所云"不必置辨"，今時流俗例爲此説。乃是自見道理不明，纔有此説，便有此説之害。如許行之並耕，白圭之治水，二十取一，若似今人所見，則孟子亦何用與之辨耶？

釋奠儀，《政和五禮》中陳設、行事兩條中，有自相牴牾處，著尊、犧尊、象尊酌獻先聖、先師。不知曾見此失否？向在南康，曾有申禮部狀，論之頗詳。今未必有本，但細考之可見。王伯照本却未見，有便幸録寄，并所定《須知》見寄，更加參考，方可刊行也。《政和禮》只首章仲秋下便疏脱，舊見《申明》中已改正。近寫得一本，却是此條。如有舊日頒降印本，可檢看，不然即託人於太常問之也。

《學記》本當作，但近日道學朋黨之論方起，著甚來由立此標榜，招拳惹踢耶？已展者不可縮，此却容斟酌耳。又況韓文公脚下不是做文章處，爲人指笑，却怪他不得也。《晦庵文集》卷四九。

　　案：朱熹《答王子合己酉閏五月十八日》云及"所
喻祠記，前日之書似已奉報，不知後來頗見邸報否？
語默隱顯，自有時節，前日膚仲亦以修學來求記，謹
不敢作矣"，《晦庵文集》卷四九。即本書中所云"《學
記》本當作，但近日道學朋黨之論方起，著甚來由立
此標榜，招拳惹踢耶？已展者不可縮，此却容斟酌
耳"，故推知其約撰於淳熙十六年（己酉，1189）春。

　　又《朱子語類》卷九〇曰："釋奠散齋，因云：陳
膚仲以書問釋奠之儀，今學中儀乃禮院所班，多參差
不可用。唐《開元禮》却好，《開寶禮》只是全録《開元
禮》，易去帝號耳。若《政和五禮》則甚錯。今釋奠有
伯魚而無子思，又十哲亦皆差互，仲弓反在上。且如
紹興中作《七十二子贊》，只據唐爵號，不知後來已經
加封矣。近嘗申明之。"本書即答"問釋奠之儀"。

朱熹《答陳膚仲》：

　　老老、長長、恤孤，正是治國之事，皆人君躬行以化其
下者。至於有夫三者之效，則國治矣。故欲平天下者，必
須先有此個本領效驗，然後有以爲地而致其絜矩之功，所
謂"平天下在治其國"者也。文勢甚明，無可疑者。其不
能絜矩之病，《章句》、《或問》三處説極分明。如來喻所謂
"奪其財力，使不得養其父母"者，亦無疑矣。又何以更有

“憤然不平，善心爲之不生”之説耶？凡此等處，皆是處心不寧静、看書不子細之病，與前日所論釋奠禮文疏略處大抵略相似，更宜深以爲戒。讀書別無法，只要耐煩子細是第一義也。《晦庵文集》卷四九。

> 案：上書（講説次第）論及“釋奠儀”，本書乃云“凡此等處，皆是處心不寧静、看書不子細之病，與前日所論釋奠禮文疏略處大抵略相似”，知承其後。

朱熹《答陳膚仲》：

累書喻及教導曲折，甚善。此傅丞便來，雖不得書，傅亦具言近況，知人情頗相信，足以爲喜。但更須自家勉力，使義理精通，踐履牢實，足以應學者之求而服其心，則成己成物，兩無虧欠。如其不然，只靠些規矩賞罰以束縛之，則亦粗足以齊其外而已，究竟亦何益乎？

科舉文字固不可廢，然近年飜弄得鬼怪百出，都無誠實正當意思，一味穿穴，旁支曲徑，以爲新奇。最是永嘉浮僞纖巧，不美尤甚，而後生輩多宗師之，此是今日莫大之弊。向來知舉輩，蓋知惡之而不能識其病之所在，顧反抉摘一字一句以爲瑕疵，使人嗤笑。今欲革之，莫若取三十年前渾厚純正明白俊偉之文誦以爲法，此亦正人心、作士氣之一事也。

《大學》説得如何？近得王子合書，彼亦説此，寄得講義來，頗詳悉。恨未見膚仲所講，有便幸録來也。“絜矩”

文義更宜反復上下句意，未可容易立説。若如所喻，則“老老興孝”等句與絜矩之道有何交涉耶？

熹兩年擾擾，今幸粗定。辭職未允，已再請矣。此非欲爲高，自是義無可受之説，不得不力辭。世俗不解人意，尤悶人也。《大學》近修得益精密平實，恨未有别本可寄去。《易啓蒙》、《太極》、《西銘》、《通書解義》、《學記》各一本謾往。四明頗通問否？曾見其讀《西銘》説否？全然不識文理，便敢妄議前輩，令人不平，然亦甚可笑也。向來辨論，理非不直，所自愧者初無懇惻之意，而以戲侮之心出之，所以召怨而起鬧也。《晦庵文集》卷四九。

案：朱熹《答王子合己酉閏五月十八日》云及“《大學》解義平穩，但諸生聽者須時時抽摘問難，審其聽後果能反復尋繹與否”，《晦庵文集》卷四九。而本書乃云“《大學》説得如何？近得王子合書，彼亦説此，寄得講義來，頗詳悉”，即指王遇（子合）“《大學》解義”，推知約撰於一時先後。《答王子合》撰於淳熙十六年（己酉）閏五月十八日。

陳孔夙

陳孔夙，字寅伯，侯官（今福建福州）人。陳孔碩兄。登慶元五年（1199）進士。《淳熙三山志》卷三一。後偕其弟孔碩“從學朱子於武夷”。《閩中理學淵源考》卷一七。

陳孔夙《與朱元晦書》：

諸孤不孝，荐遭閔凶。前日先生既嘗幸哀而賜之銘矣，今而闕焉，是使孔夙兄弟無以見先人于地下也，敢泣以請，惟先生憐之。《晦庵文集》卷九四《宣教郎致仕陳公墓誌銘》。

案：朱熹《宣教郎致仕陳公墓誌銘》云陳衡字公權，卒於紹熙五年十二月丙寅，其子孔夙等將奉公柩以葬，"亟以書來曰：'諸孤不孝，荐遭閔凶。……'時予方以負罪，杜門俟譴，不敢復近筆硯爲辭章，然讀其狀，于中若有愧焉，因竊叙而銘之"。《晦庵文集》卷九四。故推知本書當撰於慶元元年（1195）間。

陳　葵

陳葵，字叔向，青田（今屬浙江）人。舉隆興進士，知平陽縣，居官廉介。"師事魏益之。……朱子每重其學術，士有志者，必使往從之，曰'可以寡過也'。又與其子在書曰：'過青田，不可不見陳叔向。'"《浙江通志》卷一七七。

朱熹《答陳叔向葵》：

去歲南遊，幸遂既見之願。別後忽忽踰年，欲致一書未暇，而便至竟辱先施，感愧不可言。示喻學者不能身踐而鶩於空言，此誠今世莫大之患，然亦不善讀書者之咎

耳。書之設，豈端使然哉？大抵聖賢之教無一言一句不
是入德門户，如所謂禮樂不可斯須去身者尤爲深切，真當
佩服存省，以終其身，不但後學也。但道體無盡，人見易
偏，内外本末又不可不兼舉，此亦所當知耳。《晦庵文集》卷
五八。

　　案：朱熹《答劉子澄》（熹一出三月）言及“到泉
南，宗司教官有陳葵者，處州人，頗佳。其學似陸子
静，而温厚簡直過之。但亦傷不讀書，講學不免有杜
撰處。又自信甚篤，不可回耳”，《晦庵文集》卷三五。
《答劉子澄》撰於淳熙十一年正月下半月。而本書有
云“别後忽忽踰年，……示喻學者不能身踐而鶩於空
言，此誠今世莫大之患，然亦不善讀書者之咎耳”，故
推知其當撰於淳熙十二年（1185）中。

陳　騤

　　陳騤（1128—1203），字叔進，台州臨海（今屬浙江）
人。紹興二十四年（1154）試春官第一，累官遷將作少監、
守祕書少監兼太子諭德。出知贛州、秀州，召還，遷祕書
監兼崇政殿説書。淳熙五年，試中書舍人兼侍講，提舉太
平興國宫。光宗受禪，爲吏部侍郎，紹熙三年三月，權禮
部尚書。六月，同知樞密院事。四年二月，參知政事。寧
宗即位，知樞密院事兼參知政事，以資政殿大學士與郡，

辭,提舉洞霄宫。慶元二年,知婺州,授觀文殿學士、提舉洞霄宫。嘉泰三年卒,年七十六,謚文簡。《宋史》卷三九三有傳。

朱熹《答陳秘監》:

熹憂患餘生,屏處田野,瞻仰重望,蓋亦有年,顯晦殊途,無由徹聲于下執事。兹乃伏辱不鄙而惠以書,喻以恩除之意,且速其來,眷予良厚。顧惟衰賤無庸,久絶榮望,於此有不獲承命者,已具公狀哀懇廟堂。所示告剳,亦已送本府寄納矣。衰疾杜門,瞻望無日,鄉風引領,不勝依依。《晦庵文集》卷二五。

案:淳熙三年(1176)六月,宋廷授朱熹秘書省秘書郎;七月朱熹辭,不允;八月,再辭,且請祠;九月,差主管武夷山沖佑觀。《年譜長編》卷上。本書所言“兹乃伏辱不鄙而惠以書,喻以恩除之意,且速其來”,且朱熹“已具公狀哀懇廟堂”,即指此事。故推知本書約撰於夏、秋之際。據《南宋館閣録》卷六《故實》,有“淳熙三年二月秘書少監陳騤”云云,是知此陳秘監即陳騤,時任秘書少監。

陳　亮

陳亮(1143—1194),字同甫,婺州永康(今屬浙江)

人。爲人才氣超邁，喜談兵，論議風生，下筆數千言立就。淳熙五年，更名同，詣闕上書，孝宗欲官之，亮笑而歸。光宗紹熙四年（1193）舉進士第一，授僉書建康府判官廳公事，未至官，一夕卒。謚文毅。《宋史》卷四三六有傳。

朱熹《答陳同甫》：

數日山間從游甚樂，分袂不勝惘然。君舉已到未？熹來日上剡溪，然不能久留，只一兩日便歸。蓋城中諸寄居力來言不可行，深咎前日衢、婺之行也。如此則山間之行不容復踐，老兄與君舉能一來此間相聚爲幸。官舍無人，得以從容，殊勝在道間關置車中，不得終日相語也。君舉兄不敢遽奉問，幸爲深致此意，千萬千萬。

《戰國策論衡》一書并自注《田說》二小帙并往，觀之如何也？所定《文中子》千萬攜來。陳叔達說有韓公所定《禮儀》，尚未及往借也。別後鬱鬱，思奉偉論，夢想以之，臨風引領，尤不自勝。《晦庵文集》卷三六。

案：淳熙九年正月，朱熹以浙東提刑巡歷紹興府屬縣及婺州，至武義縣，十七日往明招山哭祭呂祖謙墓。陳亮自永康來訪。下旬朱熹巡歷至衢州，二月間北回至紹興府。《年譜長編》卷上。又，剡溪爲曹娥江幹流，其流經紹興嵊縣（宋時稱剡縣）一段稱剡溪，亦稱剡江。此處當代指剡縣。據書中有"熹來日上剡溪"、"官舍無人"諸語，推知朱熹此時當又將一至剡縣，故行前致書陳亮，欲陳亮等來剡縣晤談耳。時當在是年(1182)二、三月之際。

陳亮《壬寅答朱元晦秘書熹》：

山間獲陪妙論，往往盡出所聞之外。世途日狹，所賴以強人意者，惟秘書一人而已。平生有坐料人物世事之癖，今而後知其不可也。別去惘然，如盲者之失杖。意每有所不通，輒翹首東望，思欲飛動而未能。方將專人問起居，乃承專翰之賜，蒙所以見念者甚至。頑悖爲衆所共棄，而嗜好之異乃有甚於伯恭者邪！既以自幸，深懼爲門下知人不明之一累也。惟時春事更深，按臨有相，台候動止萬福，慰甚不可言。某頑鈍只如此，日逐且與後生尋行數墨，正如三四十歲醜女更欲扎腰縛脚，不獨可笑，亦良苦也。山婦過月始免身，以初四日巳時得一男，卻幸母子完全，小下何足上勞尊念，愧感無已！

《戰國策論衡》、《日注》爲貺，甚佳，敢不下拜。《田說》讀得一遍，稍詳。若事體全轉，所謂智者獻其謀，其間可採取處亦多，但謂有補於圓轉事體，則非某所知也。居法度繁密之世，論事正當如此。此亦一述朱耳，彼亦一述朱耳，欲以文書盡天下事情，此所以爲荊揚之化也。度外之功，豈可以論說而致？百世之法，豈可以轇合而行乎！天下，大物也，須是自家氣力可以幹得動，挾得轉，則天下之智力無非吾之智力，形同趨而勢同利，雖異類可使不約而從也。若只欲安坐而感動之，向來諸君子固已失之偏矣。今欲鬭釘而發施之，後來諸君子無乃又失之碎乎？論理論事，若箍桶然，此某所不解也。

秘書挺特崇深，自拔於黨類之中。歲晚庶得一快，方自委託，豈敢懷不盡？意之所到，雖縷縷未止，有不然者，卻望見教，某不任至望。《陳亮集》卷二〇。

案：朱熹上書（數日山間從游甚樂）有云"《戰國策論衡》一書并自注《田説》二小帙并往，觀之如何也"，本書乃答云"《戰國策論衡》、《日注》爲覘，甚佳，敢不下拜。《田説》讀得一遍，稍詳"，知承其後。又，本書言及"惟時春事更深，按臨有相"，推知其當撰於三月間。

陳亮《壬寅夏書》：

不獲聽博約之誨，又復三月；起居之問不到凡格，亦復踰月矣。尊仰殆不容言。即此暑氣可畏，伏惟臨按有相，台候動止萬福。某頑鈍只如此，但意況甚覺不佳，甚思一走門牆，解此煩憒。初只候君舉不來，今又爲俗事所擾，加以天作旱勢，令人遂有旦暮之憂，以故要擺離未能得。今只決之六月耳，雨不雨，皆非人力所能爲也。

近有《雜論》十篇，聊以自娛，恨舉世未有肯可其論者。且録去五篇，或秘書不以爲謬，當繼此以進，然其論亦異矣。餘五篇乃是賞罰形勢，世卿恩舊，尤與世論不合，獨恐秘書不以爲異耳。

　一春雨多，五月遂無梅雨。池塘皆未蓄水，亦有全無者；麥田亦有至今全未下種者。世俗所謂會龍、分龍皆無雨，今年秧尖皆赤，小民所甚忌。又俗諺“五月若無梅，黃公揭耙歸”之説，此細民占卜如此。以大勢論之，渡江安靜又五十餘年，文恬武嬉今亦甚矣，民疲兵老今亦極矣。安靜之福，難以常幸。去年除紹興外，旱勢猶未透，其禍必集於今年。而秘書又適當此一路，若歲事小稔，或可求去；大勢既如此，所謂“將恐將懼”之時也，廟堂豈容去哉！富家之積蓄皆盡矣，若今更不雨，恐巧新婦做不得無麪餏飥。百念所聚，奈何奈何！婺州亦復大疫。衢州米價頓湧，四千七百文一石，禍將浸淫於婺。錢守雖有愛民之心，而把事稍遲。今歲救荒，奔走上下不遺餘力者，獨趙倅一人，所至騎從簡約，縣道諸色文字並不取索，窮民有請無不遂。今聞去替只二十日耳，若失此人，婺州尚未知所倚。春來錢守奏乞用前兩任例，令再任，已降在省中，廟堂只許陞擢差遣。若得一軍壘，乃是爲本人計耳，殊非婺州憂旱之地。趙倅聞此亦喜甚，彼亦未暇爲婺之地也，只欲候滿二十日，便去討差遣耳。今旱勢已成，秘書必更被殃。若婺州更旱，則將誰屬乎？豈能以一身而及七州也！願便申錢守所請，仍以旱勢奏陳，留使再任，專以禱旱及將來救災之事責之，不容其不效力。聞下任乃是高子演，自是不螫務，本不相妨，令其及期自上足矣。若如此説破,廟堂亦知只爲婺州地,當無不可者。然此間事勢甚可憂,人情亦何樂於此,但期到則自去,須秘書移牒添倅廳不得擅自離任,使之聽候指揮乃可耳。疫氣流行,人家有連數口死,只留得一兩小兒,更無人收養者。聞趙倅已處置收養五六十人在州,儘可謂有心力。萬一天意悔禍,連得大雨,如社倉義役之事儘可以專責之。此人有心力,不患其無所濟也。況決無連不雨之理。秘書不可不早爲婺州地,臨期不知所委,徒自手忙脚亂耳。六月若一向遂無雨,田秧亦無所營救,但當去紹興請教,且求一椀現成飯喫,不能別生受。天下大計自責之長人,秘書何以處之? 紹興有梅雨否? 無不插之田否? 旱疫之餘而重以此,廟堂雖欲以恬然處之,可乎? 大虧了主上也。當今之世而不大更化以回天意,恐雖智者無以善其後。此不待深見遠識而後知,然而皆不知慮,何也? 慮者不當而當者不慮,是豈天下之事終不可爲乎? 亦在其人而已矣。到此亦不須大段推託,同舟遇風,亦各爲性命計耳。胸中所欲言萬端,微秘書無以發其狂;而困於俗事,又困於諸生點課,臨風引頸,徒劇此情。

前日偶説《論語》,到舜五人、周十亂、孔子所謂"才難"處,不覺慨然有感。自古力足以當天下之任者,多只一個兩個,便了一世事。超世邁往之才,豈可以人人而求之乎? 虞、周至於五人、九人,真可謂盛矣,亦古今之所無也。又因書院出"立太師、太傅、太保,兹惟三公,論道經邦，爕理陰陽，官不必備，惟其人”作義題，亮因爲破兩句：
“聖人不以才難而廢天下之大政，亦不以任重而責天下之
常才。”秘書以爲如何？紙尾及之，以共發五百里之一笑
也。區區尚須續具寄。千萬爲世道崇護。《陳亮集》卷
二〇。

案：壬寅，指淳熙九年。本書中所云“不獲聽博
約之誨，又復三月”，指二月間朱熹一至永康龍窟陳
亮居處暢談事，至此已過三月，則知本書當撰於是年
五、六月之際。本書又言“起居之問不到凡格，亦復
踰月矣”，則四月間朱熹曾致書陳亮一問起居。然此
書已佚。

朱熹《與陳同甫》：

君舉竟未有來期，老兄想亦畏暑，未必遽能枉顧，勢
須秋涼乃可爲期。但賤迹孤危，力小任重，政恐旦夕便以
罪去耳。旱勢已成，三日前猶蒸鬱，然竟作雨不成。此兩
日晨夜淒涼，亭午慘烈，無復更有雨意。雖祈禱不敢不盡
誠，然視州縣間政事無一可以召和而弭災者，未知將復作
何究竟也。本欲俟旬日間力懇求去，緣待罪文字未報，未
敢遽發。今遂遭此旱虐，如何更敢求自便？但恐自以罪
罷則幸甚，不然則未知所以爲計也。不審高明將何以見
教也？

新論奇偉不常，真所創見。驚魂未定，未敢遽下語，

俟再得餘篇，乃敢請益耳。婺人得錢守，比之他郡事體殊不同。他人直是無一點愛人底心，無醫治處也。趙倅之去甚可惜，鄙意亦欲具曾救荒官吏殿最以聞，以方俟罪，嫌於論功，遂不敢上。不知錢守曾再奏否？若其遂行，實可惜也。《書義破題》真張山人所謂“著相題詩”者，句意俱到，不勝嘆服。他文有可録示者，幸併五篇見教，洗此昏憒也。向説方巖之下伯恭所樂游處，其名爲何？其地屬誰氏？幸批示。近刊伯恭所定《古易》，頗可觀，尚未竟，少俟斷手，即奉寄。但恐抱膝長嘯人，不讀此等俗生鄙儒文字耳。社中諸友朋坐夏安穩，山間想見虛涼，無城市歊煩之氣。比所授之次第，亦可使聞一二乎？“可與立者，未可與權”，願明者之審此也。《晦庵文集》卷三六。

案：陳亮《癸卯秋書》有“自去年七月三日得教答之後”云云，《陳亮集》卷二〇。其所謂“教答”當指本書，故推知本書當撰於淳熙九年六月末。

陳亮《癸卯秋書》：

自去年七月三日得教答之後，不惟使車入丹丘，亮亦架數間潑屋，自朝至暮更不得頭舉，況能相從於數百里之外乎？徐子才云“須趕到縉雲相從”者，蓋意其如此也。開歲猶未畢工，又復理會些什物之類，凡五閱月亦未得了。蓋亮已爲一世所棄，只得就冷處自討箇安樂道路，以故久久不得拜起居之問。每空閒時，復念四方諸人過去見在，如秘書方做得一世人物。伯恭、欽夫敏妙固未易及，然正大之體，挺特之氣，豎起脊梁，當時輕重有無，獨於門下歸心而已。徐羨之風度凝重，猶足以壓倒謝、傅諸人，況不爲羨之者乎！春間嘗欲遣人問訊，不果，漏逗遂至今日，良可一笑。幾番意思悶頓時，欲裹包相尋於寂寞之濱，又復牽掣而止，尊仰殆不勝情。即日秋氣澄清，伏惟燕居有相，台候動止萬福。

　　台州之事，是非毀譽往往相半，然其爲震動則一也。世俗日淺，小小舉措已足以震動一世，使秘書得展其所爲於今日，斷可以風行草偃。風不動則不入，蛇不動則不行，龍不動則不能變化。今之君子欲以安坐感動者，是真腐儒之談也。孔子以禮教人，猶必以古詩感動其善意，動盪其血脈，然後與禮相入；未"興於詩"而使"立於禮"，是真嚼木屑之類耳。況欲運天下於掌上者不能震動，則天下固運不轉也。此説雖粗，其理卻如此。《震》之九四有所謂"震遂泥"者，處群陰之中，雖有所震動，如俗諺所謂"黃泥塘中洗彈子"耳，豈有拖泥帶水便能使其道光明乎？去年之舉，《震》九四之象也。以秘書壁立萬仞，雖群陰之中亦不應有所拖帶。至於人之加諸我者，常出於慮之所不及，雖聖人猶不能不致察。姦狡小人雖資其手足之力，猶懼其有所附託，況更親而用之乎？物論皆以爲凡其平時鄉曲之冤一皆報盡，秘書豈爲此輩所使哉，爲其陰相附託而不知耳。既爲此輩所附託，一旦出於群疑之上而有所舉措，豈不爲其拖帶乎？況更好人惡人皆因其平時所不快而致其拖帶之意，秘書雖屹然爲壁立萬仞之舉，固不能使其道光明矣。二家各持一論，惟亮此論爲甚平，未知秘書以爲如何？或更謂未然，不惜一往復其論也。

已往之事，正不足多論。蓋謂事會之來未有終極，秘書雖決意草野山巖之間，政恐緩急依舊被牽出來，無可辭之處耳。劉越石一世豪傑，乃爲令狐盛所附託。方知孔子所謂“遠佞人”者，是真不可不遠也。如亮已爲枯株朽木，與一世並無所關涉，惟於秘書不敢不致其區區耳。

且如東陽之事，此豈可放過？但當時有人欲在中附託，亮既爲人之客，只應相勸，不應相助。治人合在秘書自決之，卻因一停房人而治之，此於事理尤不可，又寧是當時爲人所附託耳。亮之本意，大抵欲秘書舉措灑然，使識與不識皆當其心而無所不滿，豈敢爲人游説乎？是真相期之淺。此人雖幸免，卒爲天所殺，今世煩天者多矣。亮平生不曾會説人是非，唐與正乃見疑相譖，是真足當田光之死矣。然窮困之中又自惜此潑命，一笑。亮方整頓室宇、什物就緒，且更就南邊營葺小園，架數處亭子，遂爲老死田間之計，不敢望今世之見知見恕也。秋初得潘叔昌柬，言秘書疑某見怪。某非多事者，秘書又作此言，亮真無所望於今世矣。《陳亮集》卷二〇。

案：本書撰於淳熙十年（癸卯，1183）秋中。

朱熹《答陳同甫》：

病中不能整理別頭項文字，閑取舊書諷詠之，亦覺有味，於反身之功亦頗有得力處，他亦不足言也。示喻見予之意甚厚，然僕豈其人乎？明者於是乎不免失言之累矣。《震》之九四，向來顏魯子以納甲推賤命，以爲正當此爻，常恨未曉其説。今同甫復以事理推配，與之暗合如此，然則此事固非人之所能爲矣。

附託之戒，敢不敬承。然其事之曲折，未易紙筆既也。叔昌所云，初實有之，蓋意老兄上未及於無情，而下決不至於不及情，是以疑其未免乎此。今得來喻，乃知老兄遂能以義勝私如此，真足爲一世之豪矣。而區區妄意，所謂淺之爲丈夫者，又以自愧也。

武夷九曲之中，比縛得小屋三數間，可以游息。春間嘗一到，留上旬餘。溪山回合，雲煙開斂，旦暮萬狀，信非人境也。嘗有數小詩，朋舊爲賦者亦多。薄宂，無人寫得，後便當寄呈求數語。韓丈亦許爲作記文也。此生本不擬爲時用，中間立腳不牢，容易一出，取困而歸。自近事而言，則爲廢斥；自初心而言，則可謂"爰得我所"矣。承許見顧，若得遂從容此山之間，款聽奇偉驚人之論，亦平生快事也。但聞未免俯就鄉舉，正恐自此騫騰，未暇尋此寂漠之濱耳。

《策問》前篇，鄙意猶守明招時説；後篇極中時弊，但須亦大有更張，乃可施行。若事事只如今日而欲廢法，吾恐無法之害又有甚於有法之時也。如何如何？去年《十論》大意亦恐援溺之意太多，無以存不親授之防耳。後生輩未知三綱五常之正道，遽聞此説，其害將有不可勝捄者，願明者之反之也。妄意如此，或未中理，更告反覆，幸幸。

《李衛公集》一本致几間，此公才氣事業當與春秋、戰國時何人爲比，幸一評之，早以見寄。幸甚。《晦庵文集》卷三六。

案：陳亮《癸卯秋書》有云"且如東陽之事，此豈可放過？但當時有人欲在中附託，亮既爲人之客，只應相勸，不應相助"，本書乃云"附託之戒，敢不敬承。然其事之曲折，未易紙筆既也"，知承其後，推知約撰於是年冬間。

朱熹《與陳同甫》：

比忽聞有意外之禍，甚爲驚歎。方念未有相爲致力處，又聞已遂辨白而歸，深以爲喜。人生萬事，真無所不有也。比日久雨蒸鬱，伏惟尊候萬福。

歸來想諸況仍舊，然凡百亦宜痛自收斂。此事合説多時，不當至今日遲頓不及事，固爲可罪。然觀老兄平時自處於法度之外，不樂聞儒生禮法之論，雖朋友之賢如伯恭者，亦以法度之外相處，不敢進其逆耳之論，每有規諷，必宛轉回互，巧爲之説，然後敢發。平日狂妄深竊疑之，以爲愛老兄者似不當如此，方欲俟後會從容面罄其説，不意罷逐之遽，不及盡此懷也。今茲之故，雖不知所由，或未必有以召之，然平日之所積，似亦不爲無以集衆尤而信讒口者矣。老兄高明剛決，非吝於改過者，願以愚言思之，絀去"義利雙行、王霸並用"之説，而從事於懲忿窒慾、遷善改過之事，粹然以醇儒之道自律，則豈獨免於人道之禍，而其所以培壅本根，澄源正本，爲異時發揮事業之地者，益光大而高明矣。荷相與之厚，忘其狂率，敢盡布其腹心，雖不足以贖稽緩之罪，然或有補於將來耳。不審高明以爲如何？悚仄悚仄。《晦庵文集》卷三六。

案：據陳亮《甲辰秋書》云其出獄歸家之後"始見潘叔度兄弟遞到四月間所惠教"，則知朱熹本書撰於淳熙十一年（甲辰，1184）四月間。陳亮《陳春坊墓碑銘》云"甲辰之春，余以藥人之誣，就逮棘寺，更七八十日而不得脱。"《陳亮集》卷二八。

陳亮《甲辰秋書》：

五月二十五日，亮方得離棘寺而歸，偶在陳一之架閣處逢一朱秀才，云方自門下來，嘗草草附數字。到家始見潘叔度兄弟遞到四月間所惠教，發讀恍然，時猶未脱獄也。訊後遂見秋深，伏惟燕居有相，台候動止萬福。

比過紹興，方見《精舍雜詠》。所謂《櫂歌》者，自宇宙而有茲山，卻賴羊叔子以發洩其光輝矣。恨不得從容其間以聽餘論，略分山水之餘味以歸，徒切健仰而已。韓記、陸詩亦見録本，深自歎姓字日以湮没，筆力日以荒退，不能以言語附見諸公之後塵，爲可愧耳。張果老下驢兒，豈復堪作推磨用？已矣，無可言者。司馬遷有言："貧賤未易居，下流多謗議。"因來教而深有感焉。亮之生於斯世也，如木出於嵌巖嶔崎之間，奇蹇艱澀，蓋未易以常理論，而人力又從而掩蓋磨滅之，欲透復縮，亦其勢然也。

亮二十歲時，與伯恭同試漕臺，所爭不過五、六歲，亮自以姓名落諸公間，自負不在伯恭後。而數年之間，地有肥磽，雨露之養，人事之不齊，伯恭遂以道德爲一世師表；而亮陸沉殘破，行不足以自見於鄉閭，文不足以自奮於場屋，一旦遂坐於百尺樓下，行路之人皆得以挨肩疊足，過者不看，看者如常，獨亮自以爲死灰有時而復然也。伯恭晚歲亦念其憔悴可憐，欲扶拭而俎豆之，旁觀皆爲之嘻笑，已而歎駭，已而怒罵。雖其徒甚親近者亦皆睨視不平，或以爲兼愛太泛，或以爲招合異類，或以爲稍殺其爲惡之心，或以爲不遺疇昔雅故。而亮又戲笑玩侮於其間；謗議沸騰，譏刺百出，亮又爲之揚揚焉以資一笑。凡今海内之所以云云者，大略皆出於此耳。

伯恭晚歲於亮尤好，蓋亦無所不盡，箴切誨戒，書尺具存。顏淵之犯而不校，淮陰侯之俛出跨下，俗諺所謂"赤梢鯉魚，虀甕可以浸殺"，王坦之以爲"天下之寶，當爲天下惜之"，所謂克己復禮者，蓋無一時不以爲言。亮不能一一敬遵其戒則有之，而來諭謂"伯恭相處於法度之外,欲有所言,必委曲而後敢及",則當出於其徒之口耳。

如亮今歲之事,雖有以致之,然亦謂之不幸可也。當路之意,主於治道學耳。亮濫膺無鬚之禍,初欲以殺人殘其命,後欲以受賂殘其軀,推獄百端搜尋,竟不得一毫之罪,而撮其投到狀一言之誤,坐以異同之罪,可謂吹毛求疵之極矣。最好笑者,獄司深疑其挾監司之勢,鼓合州縣以求賂。亮雖不肖,然口説得,手去得,本非閉眉合眼、矇瞳精神以自附於道學者也。若其真好賄者,自應用其口手之力,鼓合世間一等官人相與為私,孰能禦者?何至假秘書諸人之勢,干與州縣以求賄哉!獄司吹毛求疵,若有纖毫近似,亦不能免其軀矣。

亮昔嘗與伯恭言:"亮口誦墨翟之言,身從楊朱之道,外有子貢之形,內居原憲之實。"亮之居鄉,不但外事不干與,雖世俗以為甚美,諸儒之所通行,如社倉、義役及賑濟等類,亮力所易及者,皆未嘗有分毫干涉。只是口嘈噪,見人説得不切事情,便喊一響,一似曾干與耳。凡亮今日之坐謗者,皆其虛影也。惟經獄司鍛鍊,方知是虛。然亮自念有虛形而後有虛影,不恤世間毀譽怨謗,雖可以自立,亦可以招禍。"今年取金印如斗大",周伯仁猶以此取禍於王茂弘。自六月二日歸到家,方欲一切休形息影,而一富盜乘其禍患之餘,因亮自妻家回,聚衆欲篡殺之,其幸免者天也。不知今年是何運數,自是雖門亦不當出矣。秘書若更高著眼,亮猶可以舒一寸氣;若猶未免以成敗較是非，以品級論輩行，則塗窮之哭豈可復爲世人道哉！

李密有言："人言當指實，寧可面諛。"研窮義理之精微，辯析古今之同異，原心於秒忽，較禮於分寸，以積累爲功，以涵養爲正，睟面盎背，則亮於諸儒誠有愧焉。至於堂堂之陳，正正之旗，風雨雲雷交發而並至，龍蛇虎豹變見而出没，推倒一世之智勇，開拓萬古之心胸，如世俗所謂麄塊大臠，飽有餘而文不足者，自謂差有一日之長。而來教乃有"義利雙行、王霸並用"之説，則前後布列區區，宜其皆未見悉也。海内之人，未有如此書之篤實真切者，豈敢不往復自盡其説，以求正於長者！

自孟、荀論義利王霸，漢、唐諸儒未能深明其説。本朝伊洛諸公辯析天理人欲，而王霸義利之説於是大明。然謂三代以道治天下，漢、唐以智力把持天下，其説固已不能使人心服；而近世諸儒遂謂三代專以天理行，漢、唐專以人欲行，其間有與天理暗合者，是以亦能久長。信斯言也，千五百年之間，天地亦是架漏過時，而人心亦是牽補度日，萬物何以阜蕃，而道何以常存乎？故亮以爲漢、唐之君本領非不洪大開廓，故能以其國與天地並立，而人物賴以生息。惟其時有轉移，故其間不無滲漏。曹孟德本領一有蹺欹，便把捉天地不定，成敗相尋，更無著手處。此卻是專以人欲行，而其間或能有成者，有分毫天理行乎其間也。諸儒之論，爲曹孟德以下諸人設可也，以斷漢、唐，豈不冤哉！高祖、太宗豈能心服於冥冥乎！天地鬼神亦不肯受此架漏。謂之雜霸者，其道固本於王也。諸儒自處者曰義曰王，漢、唐做得成者曰利曰霸。一頭自如此說，一頭自如彼做；説得雖甚好，做得亦不惡，如此卻是義利雙行，王霸並用。如亮之説，卻是直上直下，只有一箇頭顱做得成耳。自來《十論》大抵敷廣此意。只如太宗亦只是發他英雄之心，誤處本秒忽，而後斷之以大義，豈右其爲霸哉？發出三綱五常之大本，截斷英雄差誤之幾微，而來諭乃謂其非三綱五常之正，是殆以人觀之而不察其言也。王霸策問，蓋亦如此耳。

夫人之所以與天地並立而爲三者，以其有是氣也。孟子終日言仁義，而與公孫丑論一段勇如此之詳，又自發爲浩然之氣，蓋擔當開廓不去，則亦何有於仁義哉？氣不足以充其所知，才不足以發其所能，守規矩準繩而不敢有一毫走作，傳先民之説而後學有所持循，此子夏所以分出一門而謂之儒也。成人之道，宜未盡於此。故後世所謂有才而無德，有智勇而無仁義者，皆出於儒者之口。才德雙行，智勇仁義交出而並見者，豈非諸儒有以引之乎！故亮以爲學者，學爲成人，而儒者亦一門户中之大者耳。秘書不教以成人之道，而教以醇儒自律，豈揣其分量則止於此乎？不然，亮猶有遺恨也。

狂瞽輒發，要得心膽盡露，可以刺劂而補正之耳。秘書勿以其狂而廢其往復，亦若今世相待之淺也。向時《祭伯恭文》，蓋亦發其與伯恭相處之實而悼存亡不盡之意耳。後生小子遂以某爲假伯恭以自高，癡人面前真是不得説夢。亮非假人以自高者也，擎拳撑脚，獨往獨來於人世間，亦自傷其孤另而已。秘書若不更高著眼，則此生真已矣。亮亦非縷縷自明者也。痛念二三十年之間，諸儒學問各有長處，本不可以埋没，而人人須著些針線，其無針線者，又卻輕佻，不是屈頭肩大擔底人。所謂至公血誠者，殆只有其説耳。獨秘書傑特崇深，負孔融、李膺之氣，有霍光、張昭之重，卓然有深會於亮心者，故不自知其心之惓惓、言之縷縷也。

去年承惠《李贊皇集》，令評其人，且欲與春秋戰國何人爲比。此公幹略威重，唐人罕有其比，然亦積穀做米、把纜放船之人耳。遇事雖打疊得下，胸次尚欠恢廓，手段尚欠跌蕩，其去姚元崇尚欠三兩級，要亦唐之人物耳，何暇論夫春秋戰國哉？管敬仲、王景略之不作久矣，臨染不勝浩歎之至。《陳亮集》卷二〇。

　　案：陳亮既“六月二日歸到家”，本書又云“遂見秋深”，推知當撰於八月間。又，陳亮五月二十五日遇朱秀才，所託寄朱熹書已佚。

朱熹《答陳同甫》：

昨聞汹汹，常託叔度致書奉問，時猶未知端的，不能無憂。便中忽得五月二十六日所示字，具審曲折，喜不可言。且得脱此虎口，外此是非得失置之不足言也。林叔和過此，又得聞其事首末尤詳，是亦可歎也已。還家之後，諸況如何？所謂少林面壁，老兄決做不得，然亦正不當如此。名教中自有安樂處。區區所願言者，已具之前書矣。大率世間議論不是太過，即是不及，中間自一條平穩正當大路，却無人肯向上頭立脚，殊不可曉。老兄聰明，非他人所及，試一思愚言，不可以爲平平之論而忽之也。偶有便，匆匆未暇索言。《晦庵文集》卷三六。

> 案：朱熹本書乃答陳亮五月二十六日書，然未述及陳亮《甲辰秋書》，而陳亮《甲辰秋書》亦未述及朱熹本書，故推知其當約撰於與陳亮《甲辰秋書》同時。

朱熹《答陳同甫》：

夏中朱同人歸，辱書，始知前事曲折，深以愧歎，尋亦嘗別附問，不謂尚未達也。茲承不遠千里專人枉書，尤荷厚意。且審還舍以來尊候萬福，足以爲慰。而細詢來使，又詳歸路戒心之由，重增歎駭也。事遠日忘，計今處之帖然矣。

熹衰病杜門，忽此生朝，孤露之餘，方深哽愴，乃蒙不忘，遠寄新詞，副以香果佳品，至於裳材，又出機杼，此意何可忘也。但兩詞豪宕清婉，各極其趣，而投之空山樵牧之社，被之衰退老朽之人，似太不著題耳。

示喻縷縷，殊激懦衷。以老兄之高明俊傑，世間榮悴得失本無足爲動心者。而細讀來書，似未免有不平之氣。

區區竊獨妄意,此殆平日才太高、氣太銳、論太險、迹太露之過,是以困於所長,忽於所短,雖復更歷變故,顛沛至此,而猶未知所以反求之端也。嘗謂"天理"、"人欲"二字,不必求之於古今王伯之迹,但反之於吾心義利邪正之間,察之愈密,則其見之愈明,持之愈嚴,則其發之愈勇。孟子所謂"浩然之氣"者,蓋斂然於規矩準繩不敢走作之中,而其自任以天下之重者,雖賁、育莫能奪也。是豈才能血氣之所爲哉?

老兄視漢高帝、唐太宗之所爲,而察其心果出於義耶,出於利耶?出於邪耶,正耶?若高帝,則私意分數猶未甚熾,然已不可謂之無。太宗之心,則吾恐其無一念之不出於人欲也。直以其能假仁借義以行其私,而當時與之爭者才能知術既出其下,又不知有仁義之可借,是以彼善於此而得以成其功耳。若以其能建立國家、傳世久遠,便謂其得天理之正,此正是以成敗論是非,但取其獲禽之多,而不羞其詭遇之不出於正也。千五百年之間,正坐如此,所以只是架漏牽補,過了時日。其間雖或不無小康,而堯、舜、三王、周公、孔子所傳之道,未嘗一日得行於天地之間也。

若論道之常存,却又初非人所能預。只是此箇自是亘古亘今常在不滅之物,雖千五百年被人作壞,終殄滅他不得耳。漢、唐所謂賢君,何嘗有一分氣力扶助得他耶?至於儒者成人之論,專以儒者之學爲出於子夏,此恐未可

懸斷。而子路之問成人，夫子亦就其所及而告之，故曰
“亦可以爲成人”，則非成人之至矣。爲子路，爲子夏，此
固在學者各取其性之所近。然臧武仲、卞莊子、冉求中間
插一箇孟公綽，齊手並脚，又要文之以禮樂，亦不是管仲、
蕭何以下規模也。

　　向見《祭伯恭文》，亦疑二公何故相與聚頭作如此議
論。近見叔昌、子約書中説話，乃知前此此話已説成了。
亦嘗因答二公書力辨其説。然渠來説得不索性，故鄙論
之發亦不能如此書之盡耳。老兄人物奇偉英特，恐不但今
日所未見，向來得失短長，正自不須更挂齒牙，向人分説。
但鄙意更欲賢者百尺竿頭進取一步，將來不作三代以下人
物，省得氣力爲漢、唐分疏，即更脱灑磊落耳。李、孔、霍、
張，則吾豈敢？然夷吾、景略之事，亦不敢爲同父願之也。

　　大字甚荷不鄙，但尋常不欲爲寺觀寫文字，不欲破例。
此亦拘儒常態，想又發一笑也。寄來紙却爲寫張公集句
《坐右銘》去，或恐萬一有助於積累涵養、睟面盎背之功耳。

　　聞曾到會稽，曾遊山否？越中山水氣象終是淺促，意
思不能深遠也。武夷亦不至甚好，但近處無山，隨分占取
做自家境界。春間至彼，山高水深，紅緑相映，亦自不惡。
但年來窘束殊甚，詩成而屋未就，亦無人力可往來，每以
爲念耳。《晦庵文集》卷三六。

　　案：本書校記：“夏中朱同人歸”句上，淳熙本有
“九月十九日某頓首再拜同甫上舍老兄”十六字。

"大字甚荷不鄙"句上,淳熙本有"武夷諸詩能爲下一語否? 韓記、陳詩納呈。韓丈又有《櫂歌》,今并録去也"二十七字。"曾游山否"句上,淳熙本有"丘宗卿頗款否? 更曾與誰相見? 項平父未受代否"十九字。"每以爲念耳"句下,淳熙本有"來人不欲久留,草草布此,不能盡所欲言。無物可伴書,古龍涎二兩、鍾乳四兩、藤枕一枚幸視入。更有《近思録》兩册并以唐突,勿怪勿怪。尊嫂郎娘均慶。徐子才今在何處? 或見,幸爲致意。向寒,珍重爲禱。有人之城,漫作數字寄叔度處,恐有便來此也。引領晤對,臨風悵然。不宣。熹頓首再拜"一百一十字。據此知本書撰於是年九月十九日。

又,本書"尋亦嘗別附問",指朱熹前書(昨聞汹汹);"忽此生朝"、"遠寄新詞",指九月十五日朱熹生日,陳亮爲作《蝶戀花·甲辰壽元晦》詞以爲壽,詞曰:"手撚黄花還自笑,笑比淵明,莫也歸來早。隨世功名渾草草,五湖却共繁華老。 冷淡家生冤得道,旖旎妖嬈,春夢如今覺。管今歲華須到了,此花之後花應少。"《陳亮集》卷一七。

陳亮《乙巳春書之一》:

去秋辱答教,委曲具盡,足見長者教人不倦之意。謂亮書中有不平之氣,則誠有之矣。自棘寺歸,閉門不與人交往。以妻弟之故，一出數日，便爲兇徒聚數十人而欲殺之，一命存亡，僅絲髮許。而告之州縣，漠然不應。不知今年是甚運數！事發之五日，頭重而不可扶，眼閉而不可擎，冥心靜念，以一死決不可免矣。負一世之謗，頹然未嘗自辯，設死後，誰當爲我明之？明日崛然而興，令小兒具紙筆，强作長者一書，冀死後有能明此心者耳，豈願自敷敘短長於門下者哉！書成復就枕，又二十日而後動止作息不異於平時。丘宗卿亦受群兒謗傷之言，半間半界，州府卒歸獄於趙穿，亮以此身既存而不復問矣。世途日狹，亮又一身不著行户，宜其宛轉陷於榛莽而無已時也。

今年不免聚二、三十小秀才，以教書爲行户。一面治小圃，多植竹木，起數處小亭子。後年隨衆赴一省試，或可僥倖一名目，遮蔽其身，而後徜徉於園亭之間以待盡矣。其他當一切付之能者。暇時策杖訪長者於武夷之山，盡布腹心，以求是正，留與千百年間做箇話説，亦庶幾不枉此一生一死矣。

亮舊與秘書對坐處，橫接一間，名曰燕坐。前行十步，對柏屋三間，名曰抱膝。接以秋香海棠，圍以竹，雜以梅，前植兩檜兩柏，而臨一小池，是中真可老矣。葉正則爲作《抱膝吟》二首，君舉作一首，詞語甚工。然猶説長説短，説人説我，未能盡暢抱膝之意也。同床各做夢，周公且不能學得，何必一一説到孔明哉！亮又自不會吟得，使此耿耿者無以自發。秘書高情傑句橫出一世，爲亮作兩吟：其一爲和平之音，其一爲悲歌慷慨之音。使坐此屋而歌以自適，亦如常對晤也。去僕已別齎五日糧，令在彼候五、七日不妨，千萬便爲一作，至懇至懇。

抱膝之東側，去五、七步作一杉亭，頗大，名曰小憩。三面臨池，兩傍植以黃菊，後植木樨八株，四黃四丹，更植一大木樨於其中。去亭可十步，池之上爲橋屋三間，兩面皆著亮窗，名曰舫齋。過池可十四、五步地，即一大池，池上作赤水堂三間。又作箔水，正臨大池，池可三十畝。池旁又一小池，小池之旁即驛路。去驛路百步，有一古松甚大而茂，當是七、八十年之松。赤水堂正對之，名曰獨松堂。堂後爲宇廊一間，中有大李樹，兩旁爲小廊，分趨舫齋。小廊之兩旁即植桃。堂之兩旁爲小齋以憩息，環植以竹。獨松堂尋赤水木未足，度與舫齋皆至秋可成。杉亭之池如偃月，西一頭既作柏屋，東一頭當作六柱榱亭一間，名曰臨野。正西岸上稍幽，作一小梓亭於其上，名曰隱見。更去西十步，即作小書院十二間，前又臨一池，以爲秀才讀書之所，度二年皆可成也。兩池之東有田二百畝，皆先祖先人之舊業，嘗屬他人矣，今盡得之以耕。如此老死，亦復何憾！田之上有小坡，爲園二十畝，先作小亭臨田，名曰觀稼。他時又可作一小圃，今且植竹，餘未有力也。此小坡，亮所居屋正對之。屋之東北，又有園二十畝，種蔬植桃李而已。“樓臺側畔楊花過，簾幕中間燕子飛”，可只作富貴者之事業乎！

　　魏公《座右銘》荷見教，非欲示人，而見者輒奪去，豈但妙畫爲人所寶愛，當是荒懶者無分當得此教耳。六大字不敢强，今以妻父之葬，輒欲求六大字以光墓上。男子不敢犯分以求，而荆婦心欲其夫轉以爲請，此於理宜可許也。願便得之爲禱。亮併欲求“抱膝”、“燕座”、“小憩”六大字，干冒但劇惶恐。納紙六幅，恐不中則書室自斥寫之，良妙。胸中所懷千萬，而一見終未可期。已經新元，伏惟燕居有相，尊候動止萬福。

　　前書大略爲死計耳。紙末之論，蓋非小故，卻只略言之而未竟，宜煩來教之辨答也。朋友之論，多教亮以無多聒撓長者。雖然，懷不盡於長者之前，又似不用情。理之所在，豈宜如此但已，願更一言之。

　　昔者三皇五帝與一世共安於無事，至堯而法度始定，爲萬世法程。禹、啓始以天下爲一家而自爲之。有扈氏不以爲是也，啓大戰而後勝之。湯放桀于南巢而爲商，武王伐紂取之而爲周。武庚挾管、蔡之隙，求復故業，諸嘗與武王共事者欲修德以待其自定，而周公違衆議，舉兵而後勝之。夏、商、周之制度定爲三家，雖相因而不盡同也。五霸之紛紛，豈無所因而然哉？老、莊氏思天下之亂無有已時，而歸其罪於三王，而堯、舜僅免耳。使若三皇五帝相與共安於無事，則安得有是紛紛乎？其思非不審，而孔子獨以爲不然。三皇之化不可復行，而祖述止於堯、舜。而三王之禮，古今之所不可易，萬世之所當憲章也。芟夷

史籍之繁詞，刊削流傳之訛謬，參酌事體之輕重，明白是
非之疑似，而後三代之文燦然大明，三王之心迹皎然不可
誣矣。後世之君徒知尊慕之，而學者徒知誦習之，而不知
孔氏之勞蓋若此也。當其是非未大明之時，老、莊氏之至
心豈能遽廢而不用哉？亮深恐儒者之視漢、唐，不免如
老、莊當時之視三代也。儒者之説未可廢者，漢、唐之心
迹未明也。故亮嘗有區區之意焉，而非其任耳。

夫心之用有不盡而無常泯，法之文有不備而無常廢。
人之所以與天地並立而爲三者，非天地常獨運而人爲有
息也。人不立則天地不能以獨運，捨天地則無以爲道矣。
夫“不爲堯存，不爲桀亡”者，非謂其捨人而爲道也。若謂
道之存亡非人所能與，則捨人可以爲道，而釋氏之言不誣
矣。使人人可以爲堯，萬世皆堯，則道豈不光明盛大於天
下？使人人無異於桀，則人紀不可修，天地不可立，而道
之廢亦已久矣。天地而可架漏過時，則塊然一物也。人
心而可牽補度日，則半死半活之蟲也。道於何處而常不
息哉？惟聖爲能盡倫，自餘於倫有不盡，而非盡欺人以爲
倫也。惟王爲能盡制，自餘於制有不盡，而非盡罔世以爲
制也。欺人者人常欺之，罔世者人常罔之，烏有欺罔而可
以得人長世者乎！“不失其馳，舍矢如破”，君子不必於得
禽也，而非惡於得禽也。範我馳驅而能發必命中者，君子
之射也。豈有持弓矢審固而甘心於空返者乎！御者以
正，而射者以手親眼便爲能，則兩不相值而終日不獲一

矣。射者以手親眼便爲能，而御者委曲馳驟以從之，則一朝而獲十矣。非正御之不獲一，射者之不以正也。以正御逢正射，則“不失其馳”而“舍矢如破”，何往而不中哉？孟子之論不明久矣，往往返用爲迂闊不切事情者之地。亮非喜漢、唐獲禽之多也，正欲論當時御者之有罪耳。高祖、太宗本君子之射也，惟御者之不純乎正，故其射一出一入；而終歸於禁暴戡亂、愛人利物而不可掩者，其本領宏大開廓故也。故亮嘗有言：“三章之約非蕭、曹之所能教，而定天下之亂又豈劉文靖之所能發哉！”此儒者之所謂見赤子入井之心也。其本領開廓，故其發處便可以震動一世，不止如見赤子入井時微眇不易擴耳。至於以位爲樂，其情猶可以察者，不得其位，則此心何所從發於仁政哉？以天下爲己物，其情猶可察者，不總之於一家，則人心何所底止？自三代聖人固已不諱其爲家天下矣。天下，大物也，不是本領宏大，如何擔當開廓得去？惟其事變萬狀而真心易以汩没，到得失枝落節處，其皎然者終不可誣耳。高祖、太宗及皇家太祖，蓋天地賴以常運而不息，人紀賴以接續而不墜；而謂道之存亡非人之所能預，則過矣。漢、唐之賢君果無一毫氣力，則所謂卓然不泯滅者果何物邪？道非賴人以存，則釋氏所謂千劫萬劫者是真有之矣。

　　此論正在於毫釐分寸處較得失，而心之本體實非鬭鈚輳合以成。此大聖人所以獨運天下者，非小夫學者之所能知。使兩程而在，猶當正色明辨。（此）〔比〕見秘書與叔昌、子約書，乃言"諸賢死後，議論蠭起"，有獨力不能支之意。伯恭，曉人也，自其在時固已知之矣。天地人爲三才，人生只是要做箇人。聖人，人之極則也。如聖人，方是成人。故告子路者則曰："亦可以爲成人。"來諭謂"非成人之至"，誠是也。謂之聖人者，於人中爲聖；謂之大人者，於人中爲大。纔立箇儒者名字，固有該不盡之處矣。學者，所以學爲人也，而豈必其儒哉！子夏、子張、子游，皆所謂儒者也，學之不至，則荀卿有某氏賤儒之説，而不及其他。《論語》一書，只告子夏以"女爲君子儒"，其他亦未之聞也。則亮之説亦不爲無據矣。管仲儘合有商量處，其見笑於儒家亦多，畢竟總其大體，卻是箇人，當得世界輕重有無，故孔子曰"人也"。亮之不肖，於今世儒者無能爲役，其不足論甚矣，然亦自要做箇人。非專徇管、蕭以下規摹也，正欲攬金銀銅鐵鎔作一器，要以適用爲主耳。亦非專爲漢、唐分疏也，正欲明天地常運而人爲常不息，要不可以架漏牽補度時日耳。

　　夫説話之重輕，亦係其人。以秘書重德爲一世所宗仰，一言之出，人誰敢非？以亮之不肖，雖孔子親授以其説，纔過亮口，則弱者疑之，强者斥之矣。願秘書平心以聽，惟理之從，盡洗天下之横豎、高下、清濁、白黑，一歸之正道，無使天地有棄物，四時有剩運，人心或可欺，而千四五百年之君子皆可蓋也。故亮嘗以爲"得不傳之絶學"

者，皆耳目不洪、見聞不慣之辭也。人只是這箇人，氣只是這箇氣，才只是這箇才。譬之金銀銅鐵只是金銀銅鐵，鍊有多少則器有精粗，豈其於本質之外換出一般，以爲絕世之美器哉？故浩然之氣，百鍊之血氣也。使世人爭騖高遠以求之，東扶西倒而卒不著實而適用，則諸儒之所以引之者亦過矣。

亮方治少屋宇，更無擧頭工夫，而新婦急欲爲其父遣人，倉卒具此，又未能究所懷。秘書必未肯遽以爲然，更三五往復，則其論定矣。亮亦不敢自以爲是也，秘書無惜極力鋪張以見教。論不到底，則彼此終有不盡之情耳。

君擧年大而學不止。正則學識日以超穎，非復向時建寧相見之正則也。亮人品庸俗，本非山水好樂，此間亦無所謂山水可樂者，且於平地粧點些子景致，所謂“隨分春”者是也。徐子才常相見，不獨有可用之才，而爲學之意方篤，亦甚思得一見長者，但要出不易耳。渠本約有便即作一書，偶亮遣人倉遽之甚，不暇更於五十里外取書。亮不敢拜壽之宣教專狀，計同台眷長少一一安寧，過庭以此示之爲幸。新婦兒女附拜再四起居。柑子一篋，內有真柑五十枚，乃是黃巖柑，聞其味頗勝溫州者，亮亦不能別也。大栗乾者八斤隨至，輕浼尚幸笑留。石天民此月二十三日赴上，未曾得相見。其貧日甚，而有力者念之不以情，今且得全家飽煖也。百冗中西望武夷，如欲飛動，而祠禄之滿，又恐秘書復被牽出。一見定何時？千萬爲世道崇護,不任區區之禱。《陳亮集》卷二○。

　　案：書中言"已經新元",則本書當撰於淳熙十二年(乙巳,1185)正月中。

朱熹《答陳同甫》：

　　人至,忽奉誨示。獲聞即日春和,尊候萬福,感慰并集。且聞葺治園亭,規模甚盛,甚恨不得往同其樂,而聽高論之餘也。"樓臺側畔楊花過,簾幕中間燕子飛",只是富貴者事,做沂水舞雩意思不得,亦不是躬耕隴畝、抱膝長嘯底氣象,却是自家此念未斷,便要主張將來做一般看了。竊恐此正是病根,與平日議論同一關捩也。二公詩皆甚高,而正則摹寫尤工,卒章致意尤篤,令人歎息。所惜不曾向頂門上下一針,猶落第二義也。君舉得郡可喜,不知闕在何時？正則聞甚長進,比得其書甚久,不曾答得。前日有便,已寫下,而復遺之,今以附納,幸爲致之。觀其議論,亦多與鄙意不同。此事儘當商量,但卒乍未能得相聚,便得相聚,亦恐未便信得及耳。《坐右銘》固知在所鄙棄,然區區寫去之意,却不可委之他人,千萬亟爲取以見還爲幸,自欲投之水火也。他所誨諭,其説甚長。偶病眼,數日未愈,而來使留此頗久,告歸甚亟,不免口授小兒,別紙奉報。不審高明以爲如何？《晦庵文集》卷三六。

　　案：本書校記："人至"句上,淳熙本有"熹頓首再拜同父上舍老兄：自頃人還,不得再附問,日以馳情。專人至止"二十八字。"二公詩皆甚高"句上,淳熙本有"所需惡札——納去,但《抱膝》詩以數日修整破屋,扶傾補敗,叢冗細碎,無長者臺池之勝而有其擾,以此不暇致思。留此人等候數日,竟不能成,且令空回。俟旦夕有意思却爲作,附便以往也"七十七字。"《坐右銘》固知在所鄙棄"句上,淳熙本有"令外舅何丈何時物故? 今乃葬邪? 墓額亦已寫去,似却勝六字。然回首向來道間相見,如昨日事,而便有幽明之隔。人世營營,欲何爲邪"五十二字。"不審高明以爲如何"句下,淳熙本有"此已覺昏澀,不能盡所欲言。惟冀以時自愛,臨紙不勝馳情。二月十四日,熹頓首再拜上狀"三十五字;又篇末多附言一段一百二十三字:"熹拜問:眷集伏惟佳慶,令郎爲學勝茂。從學諸君必有秀彥可與言者,恨未得見也。子才今得甚處差遣? 欲作書,以未知此,寫不得。爲學甚篤,尤慰所懷,但未知所學何學耳。惠貺柑栗,尤荷厚意。村落瀟然,無以伴書,金絲膾材十餅、紫菜少許,其作一小箬,幸視至。天民到官可喜,因見幸爲致意。日夕有便,自拜書也。熹再拜。"據此則朱熹答書在是年二月十四日。

朱熹《答陳同甫》:

來教累紙,縱橫奇偉,神怪百出,不可正視。雖使孟子復生，亦無所容其喙，況於愚昧蹇劣，又老兄所謂賤儒者，復安能措一詞於其間哉？然於鄙意實有所未安者，不敢雷同，曲相阿徇，請復陳其一二，而明者聽之也。

來教云云，其説雖多，然其大概不過推尊漢、唐，以爲與三代不異；貶抑三代，以爲與漢、唐不殊。而其所以爲説者，則不過以爲古今異宜，聖賢之事不可盡以爲法，但有救時之志、除亂之功，則其所爲雖不盡合義理，亦自不妨爲一世英雄。然又不肯説此不是義理，故又須説"天地人並立爲三，不應天地獨運而人爲有息"。今既天地常存，即是漢、唐之君只消如此，已能做得人底事業，而天地有所賴以至今。其前後反覆，雖縷縷多端，要皆以證成此説而已。若熹之愚，則其所見固不能不與此異，然於其間又有不能不同者。今請因其所同而核其所異，則夫毫釐之差、千里之繆將有可得而言者矣。

來書"心無常泯，法無常廢"一段，乃一書之關鍵。鄙意所同，未有多於此段者也；而其所異，亦未有甚於此段者也。蓋有是人則有是心，有是心則有是法，固無常泯、常廢之理。但謂之無常泯，即是有時而泯矣；謂之無常廢，即是有時而廢矣。蓋天理人欲之並行，其或斷或續，固宜如此。至若論其本然之妙，則惟有天理，而無人欲，是以聖人之教必欲其盡去人欲而復全天理也。若心則欲其常不泯而不恃其不常泯也，法則欲其常不廢而不恃其不常廢也。所謂"人心惟危，道心惟微，惟精惟一，允執厥中"者，堯、舜、禹相傳之密旨也。夫人自有生而梏於形體之私，則固不能無人心矣。然而必有得于天地之正，則又不能無道心矣。日用之間，二者並行，迭爲勝負，而一身之是非得失、天下之治亂安危，莫不係焉。是以欲其擇之精而不使人心得以雜乎道心，欲其守之一而不使天理得以流於人欲，則凡其所行，無一事之不得其中，而於天下國家無所處而不當。夫豈任人心之自危而以有時而泯者爲當然，任道心之自微而幸其須臾之不常泯也哉？夫堯、舜、禹之所以相傳者既如此矣，至於湯、武，則聞而知之，而又反之以至於此者也。夫子之所以傳之顏淵、曾參者此也，曾子之所以傳之子思、孟軻者亦此也。故其言曰："一日克己復禮，天下歸仁焉。"又曰："吾道一以貫之。"又曰："道不可須臾離也，可離非道也。是故君子戒慎乎其所不睹，恐懼乎其所不聞。"又曰："其爲氣也，至大至剛，以直養而無害，則塞乎天地之間。"此其相傳之妙，儒者相與謹守而共學焉，以爲天下雖大，而所以治之者不外乎此。

然自孟子既没，而世不復知有此學，一時英雄豪傑之士，或以資質之美、計慮之精，一言一行偶合於道者，蓋亦有之；而其所以爲之田地根本者，則固未免乎利欲之私也。而世之學者稍有才氣，便自不肯低心下意做儒家事業、聖學功夫，又見有此一種道理，不要十分是當，不礙諸般作爲，便可立大功名、取大富貴，於是心以爲利，爭欲慕而爲之。然又不可全然不顧義理，便於此等去處指其須臾之間偶未泯滅底道理，以爲只此便可與堯、舜、三代比隆，而不察其所以爲之田地本根者之無有是處也。

夫三才之所以爲三才者，固未嘗有二道也。然天地無心，而人有欲，是以天地之運行無窮，而在人者有時而不相似。蓋義理之心頃刻不存則人道息，人道息則天地之用雖未嘗已，而其在我者則固即此而不行矣。不可但見其穹然者常運乎上，頹然者常在乎下，便以爲人道無時不立，而天地賴之以存之驗也。夫謂道之存亡在人而不可舍人以爲道者，正以道未嘗亡而人之所以體之者有至有不至耳，非謂苟有是身則道自存，必無是身，然後道乃亡也。天下固不能人人爲堯，然必堯之道行，然後人紀可修、天地可立也。天下固不能人人皆桀，然亦不必人人皆桀而後人紀不可修、天地不可立也。但主張此道之人，一念之間不似堯而似桀，即此一念之間便是架漏度日、牽補過時矣。

且曰“心不常泯而未免有時之或泯”，則又豈非所謂半生半死之蟲哉？蓋道未嘗息而人自息之，所謂“非道亡也，幽、厲不由也”，正謂此耳。惟聖盡倫，惟王盡制，固非常人所及。然立心之本，當以盡者爲法，而不當以不盡者爲準。故曰“不以舜之所以事堯事君，不敬其君者也；不以堯之所以治民治民，賊其民者也”。而況謂其非盡欺人以爲倫，非盡罔世以爲制，是則雖以來書之辨，固不謂其絕無欺人罔世之心矣。欺人者人亦欺之，罔人者人亦罔之，此漢、唐之治所以雖極其盛，而人不心服，終不能無愧於三代之盛時也。

夫人只是這箇人，道只是這箇道，豈有三代、漢、唐之別？但以儒者之學不傳，而堯、舜、禹、湯、文、武以來轉相授受之心不明於天下，故漢、唐之君雖或不能無暗合之時，而其全體却只在利欲上。此其所以堯、舜、三代自堯、舜、三代，漢祖、唐宗自漢祖、唐宗，終不能合而爲一也。今若必欲撤去限隔，無古無今，則莫若深考堯、舜相傳之心法，湯、武反之之功夫，以爲準則而求諸身，却就漢祖、唐宗心術微處痛加繩削，取其偶合而察其所自來，黜其悖戾而究其所從起，庶幾天地之常經、古今之通義有以得之於我，不當坐談既往之迹，追飾已然之非，便指其偶同者以爲全體，而謂其真不異於古之聖賢也。

且如約法三章固善矣，而卒不能除三族之令，一時功臣無不夷滅。除亂之志固善矣，而不免竊取官人私侍其父，其他亂倫逆理之事往往皆身犯之。蓋舉其始終而言，其合於義理者常少，而其不合者常多，合於義理者常小，而其不合者常大。但後之觀者於此根本功夫自有欠闕，故不知其非而以爲無害於理，抑或以爲雖害於理，而不害其獲禽之多也。觀其所謂學成人而不必於儒，攬金、銀、銅、鐵爲一器而主於適用，則亦可見其立心之本在於功利，有非辨説所能文者矣。

　　夫成人之道，以儒者之學求之，則夫子所謂"成人"也。不以儒者之學求之，則吾恐其畔棄繩墨，脱略規矩，進不得爲君子，退不得爲小人。正如攪金、銀、銅、鐵爲一器，不唯壞却金銀，而銅鐵亦不得盡其銅鐵之用也。荀卿固譏游、夏之賤儒矣，不以大儒目周公乎？孔子固稱管仲之功矣，不曰"小器而不知禮"乎？"人也"之説，古注得之。若管仲爲當得一箇人，則是以子産之徒爲當不得一箇人矣。聖人詞氣之際，不應如此之粗屬而鄙也。

　　其他瑣屑，不能盡究。但不傳之絶學一事，却恐更須討論，方見得從上諸聖相傳心法，而於後世之事有以裁之而不失其正。若不見得，却是自家耳目不高、聞見不的，其所謂洪者，乃混雜而非真洪；所謂慣者，乃流徇而非真慣。竊恐後生傳聞，輕相染習，使義利之别不明，舜、蹠之塗不判，眩流俗之觀聽，壞學者之心術，不唯老兄爲有識者所議，而朋友亦且陷於收司連坐之法。此熹之所深憂而甚懼者，故敢極言以求定論。若猶未以爲然，即不若姑置是事，而且求諸身，不必徒爲譊譊，無益於道，且使卞莊子之徒得以竊笑於旁而陰行其計也。《晦庵文集》卷三六。

　　案：朱熹本書乃答陳亮《乙巳春書之一》而作，因前書（人至忽奉誨示）有云"偶病眼，數日未愈，而來使留此頗久，告歸甚亟，不免口授小兒，别紙奉報"，故知本書乃與前書同時而稍晚。

陳亮《乙巳春書之二》:

比者忽忽奉狀,聊以致其平時所欲言者耳,非敢與長者辨。乃承諄復下諭,所宜再拜受教,而紙末之諭尤使人惻然有感,自當一切不論。然其間亦有不可不言者。

如亮之本意,豈敢求多於儒先,蓋將發其所未備,以窒後世英雄豪傑之口而奪之氣,使知千塗萬轍,卒走聖人樣子不得。而來諭謂亮"推尊漢、唐以爲與三代不異,貶抑三代以爲與漢、唐不殊",如此則不獨不察其心,亦併與其言不察矣。某大概以爲三代做得盡者也,漢、唐做不到盡者也。故曰:"心之用有不盡而無常泯,法之文有不備而無常廢。"惟其做得盡,故當其盛時,三光全而寒暑平,無一物之不得其生,無一人之不遂其性。惟其做不到盡,故雖其盛時,三光明矣而不保其常全,寒暑運矣而不保其常平,物得其生而亦有時而夭閼者,人遂其性亦有時而乖戾者。本末感應,只是一理。使其田地根本無有是處,安得有來諭之所謂小康者乎? 只曰"獲禽之多",而不曰"隨種而收",恐未免於偏矣。

孔子之稱管仲曰:"威公九合諸侯,不以兵車,管仲之力也。如其仁,如其仁。"又曰:"一匡天下,民到於今受其賜。微管仲,吾其被髮左衽矣。"説者以爲孔氏之門,五尺童子皆羞稱五伯,孟子力論伯者以力假仁,而夫子稱之如此,所謂"如其仁"者,蓋曰似之而非也。觀其語脉,決不如説者所云。故伊川所謂"如其仁者,稱其有仁之功用也"。仁人明其道,不計其功,夫子亦計人之功乎?若如伊川所云,則亦近於來諭所謂"喜獲禽之多"矣。功用與心不相應,則伊川所論"心迹元不曾判"者,今亦有時而判乎?聖人之於天下,大其眼以觀之,平其心以參酌之,不使當道有棄物而道旁有不厭於心者。九轉丹砂,點鐵成金,不應學力到後反以銀為鐵也。前書所謂"攬金、銀、銅、鐵鎔作一器"者,蓋措辭之失耳。新婦急欲為其父遣人,一夕伸紙引筆而書,夜未半而書成,不能一一盡較語言,亦望秘書察其大意耳。

王通有言:"《皇墳》、《帝典》,吾不得而識矣。不以三代之法統天下,終危邦也。如不得已,其兩漢之制乎。不以兩漢之制輔天下者,誠亂也已。"仲淹取其以仁義公恕統天下,而秘書必謂其假仁借義以行之。心有時而泯可也,而謂千五百年常泯可乎?法有時而廢可也,而謂千五百年常廢可乎?至於"全體只在利欲上"之語,竊恐待漢、唐之君太淺狹,而世之君子有不厭於心者矣。匡章通國皆稱其不孝,而孟子獨禮貌之者,眼目既高,於駁雜中有以得其真心故也。波流犇迸,利欲萬端,宛轉於其中而能察其真心之所在者,此君子之道所以為可貴耳。若於萬慮不作,全體潔白,而曰真心在焉者,此始學之事耳。一生辛勤於堯、舜相傳之心法,不能點鐵成金,而不免以銀為鐵,使千五百年之間成一大空闕,人道泯息而不害天地之常運,而我獨卓然而有見,無乃甚高而孤乎!宜亮之不能心服也。

來書所謂“天地無心而人有欲，是以天地之運行無窮，而在人者有時而不相似”，又謂“心則欲其常不泯而不恃其不常泯，法則欲其常不廢而不恃其不常廢”，此名言也。而謂“指其須臾之間偶未泯滅底道理，以爲只此便可與堯、舜、三代並隆，而不察其所以爲之田地根本無有是處”者，不知高祖、太宗何以自別於魏、宋二武哉？來書又謂“立心之本，當以盡者爲法，不當以不盡者爲准”，此亦名言也。而謂漢、唐不無愧於三代之盛時，便以爲欺罔者，不知千五百年之間以何爲真心乎？亮輩根本工夫自有欠闕，來諭誠不誣矣。至於“畔棄繩墨，脱略規矩”，無乃通國皆稱其不孝而因謂之不孝乎？此夷、齊所以蒙頭塞眼，柳下惠所以降志辱身，不敢望一人之或知者，非敢以淺待人也，勢當如此耳。亮不敢有望於一世之儒先，所深恨者，言以人而廢，道以人而屈，使後世之君子不免哭途窮於千五百年之間，亮雖死而目不瞑矣！

“樓臺側畔楊花過，簾幕中間燕子飛”，當時論者以爲貧人安得此景致。亮今甚貧，疑此景之可致，故以爲“可只作富貴者之事業”。而來諭便謂“做沂水舞雩意思不得，亦不是抱膝長嘯底氣象”，如此則咳嗽亦不可矣。心之所欲言者甚多，來戒之及，過是決不敢更有所言。但所謂“不傳絕學，更須討論”者，猶恐如俗諺所謂“千錢藥卻在笆籬邊”耳。

許作《抱膝吟》，須如前書得兩篇可長諷詠者爲佳，不必論到孔明抱膝長嘯。各家園池，自有各家景致，但要得語言氣味深長耳。《陳亮集》卷二〇。

案：本書乃答朱熹來書（來教累紙）而作，時約在是年三月間。

朱熹《答陳同甫》：

示喻縷縷，備悉雅意。然區區鄙見，常竊以爲亘古亘今只是一體，順之者成，逆之者敗，固非古之聖賢所能獨然，而後世之所謂英雄豪傑者，亦未有能舍此理而得有所建立成就者也。但古之聖賢，從本根上便有惟精惟一功夫，所以能執其中，徹頭徹尾無不盡善。後來所謂英雄，則未嘗有此功夫，但在利欲場中頭出頭没，其資美者乃能有所暗合，而隨其分數之多少以有所立。然其或中或否，不能盡善則一而已。來喻所謂“三代做得盡，漢、唐做得不盡”者，正謂此也。然但論其盡與不盡，而不論其所以盡與不盡，却將聖人事業去就利欲場中比並較量，見有彷彿相似，便謂聖人樣子不過如此，則所謂毫釐之差、千里之繆者，其在此矣。且如管仲之功，伊、吕以下誰能及之？但其心乃利欲之心，迹乃利欲之迹，是以聖人雖稱其功，而孟子、董子皆秉法義以裁之，不少假借。蓋聖人之目固大、心固平，然於本根親切之地，天理人欲之分，則有毫釐必計、絲髮不差者。此在後之賢所以密傳謹守以待後來，惟恐其一旦舍吾道義之正，以徇彼利欲之私也。今不講此，而遽欲大其目、平其心，以斷千古之是非，宜其指鐵爲金，認賊爲子，而不自知其非也。

若夫點鐵成金之譬，施之有教無類、遷善改過之事則可，至於古人已往之迹，則其爲金爲鐵固有定形，而非後人口舌議論所能改易久矣。今乃欲追點功利之鐵，以成道義之金，不惟費却閑心力，無補於既往，正恐礙却正知見，有害於方來也。若謂漢、唐以下便是真金，則固無待於點化，而其實又有大不然者。蓋聖人者，金中之金也。學聖人而不至者，金中猶有鐵也。漢祖、唐宗用心行事之合理者，鐵中之金也。曹操、劉裕之徒，則鐵而已矣。夫金中之金乃天命之固然，非由外鑠，淘擇不净，猶有可憾。今乃無故必欲棄舍自家光明寶藏，而奔走道路，向鐵鑪邊查礦中撥取零金，不亦惑乎？帝王本無異道，王通分作兩三等，已非知道之言。且其爲道，行之則是，今莫之禦而不爲，乃謂不得已而用兩漢之制，此皆卑陋之説，不足援以爲據。若果見得不傳底絕學，自無此蔽矣。今日許多閑議論，皆原於此學之不明，故乃以爲笆籬邊物而不之省。其爲唤銀作鐵，亦已甚矣。

來論又謂"凡所以爲此論者，正欲發儒者之所未備，以塞後世英雄之口而奪之氣，使知千塗萬轍，卒走聖人樣子不得"。以愚觀之，正恐不須如此費力。但要自家見得道理分明，守得正當，後世到此地者，自然若合符節，不假言傳。其不到者，又何足與之争耶？况此等議論，正是推波助瀾，縱風止燎，使彼益輕聖賢而愈無忌憚，又何足以閉其口而奪其氣乎？

熹前月初間略入城，歸來還了幾處人事，遂入武夷，昨日方歸。宂甚倦甚，目亦大昏，作字極艱，草草布此，語言粗率，不容持擇，千萬勿過。其間亦有瑣細曲折，不暇盡辨，然明者讀之，固必有以深得其心，不待其詞之悉矣。

何丈墓文筆勢奇逸，三復歎息不能已。挽詩以心氣衰弱，不能應四方之求，多所辭却。近不得已，又不免辭多就少，隨力應副，往往皆不能滿其所欲。今若更作此，即與墓額犯重，破却見行比例矣。且乞蠲免，如何如何？《抱膝吟》亦未遑致思，兼是前論未定，恐未必能發明賢者之用心，又成虛設。若於此不疑，則前所云者便是一篇不押韻、無音律底好詩，自不須更作也。如何如何？《晦庵文集》卷三六。

案：此書乃答陳亮《乙巳春書之二》而作。陳亮《乙巳秋書》有云"春夏之交，辱報翰甚悉"，即指朱熹本書，則知本書撰於春、夏之交也。

陳亮《乙巳秋書》：

春夏之交，辱報翰甚悉，所以勞長者之心力而費其言語者亦不少矣，惶恐不可言。訊後又復數月，不任尊仰。即日秋氣愈肅，伏惟天生賢哲，茂對令辰，台候動止萬福。

千里之遠，不能捧一觴爲千百之壽，小詞一闋，香兩片，川筆十枝，川墨一挺，蜀人以爲絶品，不能别也；並樗蒲一緤，謾充背子用；雪梨、石榴四十顆，薄致區區贊祝之意。能爲亮自舉一觴於千里之外乎？恃愛忘分，庶不以薄少輕浼爲罪而笑留，幸甚。

亮自去載兩遭大變之後，意緒日以頹墮，鬚鬢亦種種矣。所幸椀飯粗足，可免營求。若得蕭散十年，高床大枕而死，夫復何憾！惜其胸中之區區不能自明於長者之前，人微言輕，不爲一世所察，秘書雖察之而不詳，多言又非所以相浼瀆，抱此不滿，秘書謂其亦何所樂也！

亮大意以爲本領閎闊，工夫至到，便做得三代。有本領無工夫，只做得漢、唐。而秘書必謂漢、唐並無些子本領，只是頭出頭没，偶有暗合處，便得功業成就，其實則是利欲場中走。使二千年之英雄豪傑不得近聖人之光，猶是小事，而向來儒者所謂“只這些子殄滅不得”，秘書便以爲好説話、無病痛乎？

來書所謂“自家光明寶藏”者，語雖出於釋氏，然亦異於“這些子”之論矣。天地之間，何物非道？赫日當空，處處光明。閉眼之人，開眼即是，豈舉世皆盲，便不可與共此光明乎？眼盲者摸索得著，故謂之暗合，不應二千年之間有眼皆盲也。亮以爲後世英雄豪傑之尤者，眼光如黑漆，有時閉眼胡做，遂爲聖門之罪人；及其開眼運用，無往而非赫日之光明，天地賴以撐拄，人物賴以生育。今指其

閉眼胡做時便以爲盲，無一分眼光；指其開眼運用時只以
爲偶合，其實不離於盲。嗟乎，冤哉！彼直閉眼耳，眼光
未嘗不如黑漆也。一念足以周天下者，豈非其眼光固如
黑漆乎？天下之盲者能幾？赫日光明，未嘗不與有眼者
共之。利欲汨之則閉，心平氣定，雖平平眼光亦會開得。
況夫光如黑漆者，開則其正也，閉則霎時浮翳耳。仰首信
眉，何處不是光明？使孔子在時，必持出其光明以附於長
長開眼者之後，則其利欲一時洿世界者，如浮翳盡洗而去
之，天地清明，赫日長在，不亦恢廓灑落、閎大而端正乎！
今不欲天地清明，赫日長在，只是“這些子殄滅不得”者便
以爲古今秘寶，因吾眼之偶開便以爲得不傳之絕學。三
三兩兩，附耳而語，有同告密；畫界而立，一似結壇，盡絕
一世之人於門外，而謂二千年之君子皆盲眼不可點洗，二
千年之天地日月若有若無，世界皆是利欲，斯道之不絕者
僅如縷耳。此英雄豪傑所以自絕於門外，以爲立功建業
別是法門，這些好説話且與留著粧景足矣。若知開眼即
是箇中人，安得撰到此地位乎！

　　秘書以爲三代以前都無利欲，都無要富貴底人，今
《詩》、《書》載得如此净潔，只此是正大本子。亮以爲才有
人心便有許多不净潔，《革》道止於革面，亦有不盡概聖人
之心者。聖賢建立於前，後嗣承庇於後，又經孔子一洗，
故得如此净潔。秘書亦何忍見二千年間世界塗洿、而光
明寶藏獨數儒者自得之，更待其有時而若合符節乎？遷

善改過，聖人必欲其到底而後止，若隨分點化，是不以人待之也。點鐵成金，正欲秘書諸人相與洗净二千年世界，使光明寶藏長長發見，不是只靠“這些子”以幸其不絕，又誣其如縷也。最可惜許多眼光抹漆者盡指之爲盲人，而一世之自號開眼者正使眼無翳，眼光亦三平二滿，元靠不得，亦何力使得天地清明、赫日長在乎！

亮之説話，一時看得極突兀，原始要終，終是易不得耳。秘書莫把做亮説話看，且做百行俱足人忽如此説。秘書終不成盡棄置不以入思慮也？亮本不敢望有合，且欲因此一發，以待後來云云。《陳亮集》卷二〇。

案：書中有云“即日秋氣愈蕭，……千里之遠，不能捧一觴爲千百之壽”，故寄物若干，“薄致區區贊祝之意”，故推知其當撰於是年八、九月之際，來賀朱熹生辰。

朱熹《答陳同甫》：

誨諭縷縷，甚荷不鄙。但區區愚見，前書固已盡之矣。細讀來諭，愈覺費力。正如孫子荆“洗耳”、“礪齒”之云，非不雄辨敏捷，然枕流漱石終是不可行也。已往是非不足深較，如今日計，但當窮理修身，學取聖賢事業，使窮而有以獨善其身，達則有以兼善天下，則庶幾不枉爲一世人耳。《晦庵文集》卷三六。

案：本書當答陳亮《乙巳秋書》，約撰於是年秋

末或冬間，然書中並未述及陳亮"薄致區區贊祝之
意"，故疑其有闕文。

陳亮《丙午秋書》：

不獲拜起居之問，又一年矣。七、八月之交，子約處
遞到所惠書，備飭存念不忘之意。陸沈至此，如門下之著
眼者幾人，遙望門牆，每欲飛動。即日秋高氣清，伏惟茂
對令辰，天人顯相，台候動止萬福。千里之遠，竟未能酬
奉觴爲壽之願，雪梨、甜榴四十顆，今歲鄉間遭大風，梨絕
難得，極大者僅如此；章德茂得蜀隔織一縑，疏不甚佳，只
堪粗裘用；蘇牋一百，鄙詞一闋，薄致祝贊之誠，不敢失每
歲常禮爾。無佳物自效，切幸笑留。

向來往還數書，非敢與門下爭辯，聊以明不敢自屈其
說以自附和。以亮之畸窮不肖，本應得罪於一世大賢君
子，秘書獨憐其窮，不忍棄絕之，亮亦因不敢自外於門下
爾。世以相附和爲黨而欲加之罪者，非也。此數書亦欲
爲免死之計，見世之有力者亦使一讀之，而秀才門見其怪
甚，相與傳説流布，非有意流傳之也。

亮平生不曾會與人講論，獨伯恭於空閒時喜相往復，
亮亦感其相知，不知其言語之盡。伯恭既死，此事盡廢。
子約、叔昌卒歲一番相見，不過寒温常談，而安得有所謂
講切者哉？來書問"有何講論"者，猶以亮爲喜與人語乎？
兼之浙間議論，自始至末，亮並不曉一句。道之在天下，

至公而已矣，屈曲瑣碎皆私意也。天下之情僞，豈一人之智慮所能盡防哉！就能防之，亦非聖人所願爲也。《禮》曰："人藏其心，不可測度也。美惡皆在其心，不見其色也。欲一以窮之，捨禮何以哉！"惟其止於理，則彼此皆可知爾；若各用其智，則迭相上下而豈有窮乎。聖人之於天下，時行而已矣，逆計、預防，皆私意也。天運之無窮，豈一人之私智所能曲周哉！就能周之，亦非聖人之所願爲也。《易》有太極而生兩儀，兩儀生四象，四象生八卦，八卦定吉凶，吉凶生大業。故聖人先天而天弗違，後天以奉天時。先天者所以開此理也，豈逆計、預防之云乎！世疑《周禮》爲六國陰謀之書，不知漢儒説《周禮》之過爾，非周公之本旨也。老、莊之所以深誚孔子者，豈非欲以一人之智慮而周天下乎？不知其本於至公而時行也。秘書之學，至公而時行之學也；秘書之爲人，掃盡情僞而一於至公者也。世儒之論，皆有官不容針、私通車馬之意，皆亮之所不曉。故獨歸心於門下者，直以此耳。有公則無私，私則不復有公。王霸可以雜用，則天理人欲可以並行矣。亮所以爲縷縷者，不欲更添一條路，所以開拓大中，張皇幽眇，而助秘書之正學也，豈好爲異説而求出於秘書之外乎！不深察其心，則今可止矣。

比見陳一之國録，説張體仁太博爲門下士，每讀亮與門下書，則怒髮衝冠，以爲異説；每見亮來，則以爲怪人，輒舍去不與共坐。由此言之，此數書未能免罪於世俗，而得罪於門下士多矣；不止，則楚人又將鉗我於市。進退維谷，可以一笑也。甚欲走武夷爲旬日之款，而近來亦自多病，眼前衮衮，更擺脱不暇，且看冬仲如何。始聞生理，亦頗費力。葉正則獨以爲“秘書不求容於世，吾人不當爲姑息之愛以相累”，此言良有理。天下之事豈人智所可粧做而輳合哉！要之，今世學者終是信命不及，尚未暇其安於義也。如亮之謬戾顛倒，分與世違而無所恤，則又別論也。定叟智出於父兄之外，而卒不免。虎狼、螻蟻，正未易擇。

亮方學爲治圃之事，亦欲治一二亭子，力所未能者甚多，其可及者又爲風撤去。“洛陽亭館是何人”，吾人真瓶中見粟之人爾。連書求作《抱膝吟》，非求秘書粧撰而排連也，只欲寫眼前景物，道今昔之變，一爲和平之音，一爲慷慨悲歌，以娛其索居野處耳。信手直寫，便自抑揚頓挫，何必過於思慮以相玩哉？去奴留待幾日儘不妨，願試作意而爲之。

入秋脚氣殊作梗，意緒極不佳，欲作一書，數日方能下筆，又不成語言，遣僕遂以蹉跎，秘書必察其非敢慢也。壽之宣教侍旁，爲學日粹，失子之戚，今能置之乎？台眷長少均慶。荆婦兒女附拜再四起居。未承晤間，千萬爲世道崇護，亮不任區區之禱。《陳亮集》卷二○。

案：本書有云“不獲拜起居之問，又一年矣。七、八月之交，子約處遞到所惠書”，然朱熹託吕祖儉

（子約）所轉交之書已佚。本書又述及"千里之遠，竟
未能酬奉觴爲壽之願，……薄致祝贊之誠，不敢失每
歲常禮爾"，則推知其約撰於淳熙十三年（丙午，
1186）八、九月之際。

朱熹《答陳同甫》：

方念久不聞動静，使至，忽辱手書，獲聞近況，深以爲
喜。且承雅詞下逮，鄭重有加，副以蜀縑、佳果、吳牋，益
見眷存之厚。顧衰病支離，霜露悽惻，無可以稱盛意者，
第增愧怍耳。"喫緊些兒"之句，尤荷高明假借之重，然鄙
儒俗生，何足語此。咏歎以還，不知所以報也。

熹今年夏中粗似小康，涉秋，兩爲鄉人牽挽，蔬食請
雨，積傷脾胃，遂不能食，食亦不化。中間調理，稍似復
常，又爲脚氣發動，用藥過冷，今遂大病，疲乏不可言。丹
附乳石，平日不敢向口者，今皆雜進，尚未見效。意氣摧
頹，如日將暮，恐不得久爲世上人矣。

來喻袞袞，讀之惘然。反復數過，尚不能該其首末。
蓋神思之衰落如此，況能相與往復、上下其論哉？向來讀
書頗務精熟，中間亦幸了得數書，自謂略能窺見古人用心
處，未覺千歲之爲遠。然亦無可告語者，時一思之以自笑
耳。其間一二有業未就，今病已矣，不能復成書矣。不知
後世之子雲、堯夫復有能成吾志者否？然亦已置之，不能
復措意間也。只今日用功夫，養病之餘，却且收拾身心，

從事於古人所謂小學者，以補前日粗疏脱略之咎，蓋亦心庶幾焉，而力或有所未能也。同父聞之，當復見笑。然韓子所謂“斂退就新懦，趨營悼前猛”者，區區故人之意，尚不能不以此有望於高明也。如何如何？此外世俗是非毀譽，何足挂齒牙間？細讀來書，似於此未能無小芥蒂也。大風吹倒亭子，却似天公會事發，彼洛陽亭館又何足深羨也？嘗論孟子“説大人則藐之”，孟子固未嘗不畏大人，但藐其巍巍然者耳。辨得此心，即更掀却卧房，亦且露地睡，似此方是真正大英雄人。然此一種英雄，却是從戰戰兢兢、臨深履薄處做將出來。若是血氣麤豪，却一點使不著也。伯恭平時亦嘗説及此否？此公今日何處得來！然其於朋友不肯盡情，亦使人不能無遺恨也。

《抱膝吟》久做不成，蓋不合先寄陳、葉二詩來，田地都被占却，教人無下手處也。況今病思如此，是安能復有好語道得老兄意中事耶？承欲爲武夷之游，甚慰所望。但此山冬寒夏熱不可居，惟春暖秋涼，紅綠紛葩，霜清木脱，此兩時節爲勝游耳。今春纔得一到，而不暇宿。秋來以病，未能再往，職事甚覺弛廢。若得來春命駕，當往爲數日款也。但有一事處之不安，不敢不布聞。私居貧約，無由遣人往問動静，而歲煩遣介存問生死，遂爲故事。既又闃然不報，而坐受此過當之禮，雖兄不以爲譴，而實非愚昧所敢安也。自此幸損此禮，因人入城，時以一二字付叔度、子約俾轉以來，亦足以道情素，不爲莫往莫來者矣。

如何如何？《晦庵文集》卷三六。

　　案：本書云及“且承雅詞下逮，鄭重有加，副以
蜀繡、佳果、吳牋，益見眷存之厚”，乃答陳亮《丙午秋
書》，約撰於是年秋末冬初。

朱熹《答陳同甫》：

　　熹衰病如昨，不足言。但所見淺滯，只是舊時人。承
喻正則自以爲進，“後生可畏”，非虛言也。想已相見，必
深得其要領，恨不得與聞一二。然自度愚暗，於老兄之言
尚多未解，政使得聞，決是曉會不得。如前書所報一二
條，計於盛意必是未契。又如今書所喻“過分不止”之説，
亦區區所未喻。如僕所見，却是自家所以自處者未能盡
絶私意之累，而於所以開導聰明者未盡其力爾。故《夬》
以五陽之盛而比一陰，猶欲決之，故其繇曰“揚于王庭，孚
號有厲，告自邑，不利即戎，利有攸往”。蓋雖危懼自修，
不極其武，而揚庭孚號，利有攸往，初不顧後患而小却也。
拙詩前已拜稟，大字固當如戒，但恨未識錢君，不知其所
謂“正”與“大”者爲如何，未敢容易下筆也。

　　來詩有“大正志學”之語，逢時報主，深悉雅志。此在
高明必已有定論，非他人所得預。然所謂“不能自爲時”
者，則又非區區所敢聞也。但願老兄毋出於先聖規矩準
繩之外，而用力於四端之微，以求乎兗公之所樂，如其所
以告於巍巍當坐之時之心，則其行止忤合付之時命，有不

足言矣。就其不遇，獨善其身，以明大義於天下，使天下之學者皆知吾道之正，而守之以待上之使令，是乃所以報不報之恩者，亦豈必進爲而撫世哉！佛者之言曰："將此身心奉塵刹，是則名爲報佛恩。"而杜子美亦云："四鄰耒耜出，何必吾家操？"此言皆有味也。夫聖賢固不能自爲時，然其仕久止速皆當其可，則其所以自爲時者，亦非他人之所能奪矣，豈以時之不合，而變吾所守以徇之哉？《晦庵文集》卷三六。

　　案：本書云及"又如今書所喻'過分不止'之説，亦區區所未喻"，然此陳亮來書未見，已佚。朱熹本書，《書信編年》云其當係於"丙午或其後"。據此數年朱熹、陳亮往來書函情況看，陳亮來書乃答朱熹之書（方念久不聞動靜），而朱熹再答，故約撰於淳熙十四年（1187）初。析朱熹答書文字，推知陳亮來書所討論者乃延續前述數書。

朱熹《答陳同父書》：

　　熹所遣人，度月半前後到都城，不知歲前便得歸否？但迂滯之見，書中已説盡，自看一過，亦覺難行，次第八九分是且罷休矣。萬一不如所料，又須別相度，今亦不可預定耳。來教所云，心亦慮之，但鄙意到此轉覺懶怯，況本來只是閒界學問，更過五七日便是六十歲人。近方措置種得幾畦杞菊，若一腳出門，便不能得此物喫，不是小事。

奉告老兄，且莫相擔掇，留取閑漢在山裏咬菜根，與人無相干涉，了却幾卷殘書，與村秀才子尋行數墨，亦是一事。古往今來，多少聖賢豪傑韞經綸事業不得做，只恁麽死了底何限？顧此腐儒，又何足爲輕重！況今世孔、孟、管、葛自不乏人也耶？來喻“恐爲豪士所笑”，不知何處更有豪士笑得？老兄勿過慮也。《晦庵文集》卷二八。

　　案：淳熙十五年（戊申，1188）朱熹五十九歲，此書中有“更過五七日便是六十歲人”語，故知其當撰於戊申十二月下旬，距己酉年僅“五七日”。《年譜長編》卷下以爲此書“熹所遣人，度月半前後到都城”，乃是指朱熹遣人去京城辭新任崇政殿説書一職。李心傳《建炎以來朝野雜記》乙集卷八《晦庵先生非素隱》云淳熙十五年“八月甲子朔，詔除（朱熹）直寶文閣、主管西京嵩山崇福宫。俄再召入，再辭。十五年十二月壬午，除主管太乙宫，兼崇政殿説書。蓋上禪意已決，欲留遺嗣君也。先生未聞命時已上封事，言輔翼太子、選任大臣、振擧綱維、變化風俗、愛養民力、修明軍政六事，而首之以天下之本，在人主之心。蓋自上躬以至於儲嗣、宰輔、守令、將帥、宦官、宮妾，凡所當言，無不傾盡。自敵已下受之，有不能堪者，孝宗曾不愠也。十六年春正月甲寅，除祕閣修撰，復奉祠。先生再辭職名，光宗褒許”。《宋史》卷三五《孝宗紀》亦云是年十二月“壬午，命朱熹主管西太一

宫、兼崇政殿説書,辭不至"。《年譜長編》卷下以爲
《晦庵先生非素隱》所記朱熹除主管太乙宫、兼崇政
殿説書乃"十一月壬午",而是年"十一月並無壬午,
則壬午必是壬子形誤,即十七日",於"十一月三十日
被省劄"。而《宋史·孝宗紀》乃"改爲'十二月壬午,
命朱熹主管西太一宫、兼崇政殿説書',乃非"。並由
此以爲《晦庵文集》中此書(即第一書)與第二書(熹
懇辭召命)"編排在時間有顛倒。第二書約作在十二
月二十一、二日,第一書約作在十二月二十四、五
日"。然《年譜長編》此説似不確,云《宋史·孝宗紀》
因"十一月並無壬午"而改爲"十二月壬午"之理由亦
顯欠充分。今析朱熹本書文義,並無辭職之意,而僅
是説及辭召命而已,與以下第二書顯有不同。且書
中有"但迂滯之見,書中已説盡,自看一過,亦覺難
行,次第八九分是且罷休矣"之語,實與《晦庵先生非
素隱》中所言"先生未聞命時已上封事,言輔翼太子、
選任大臣、振舉綱維、變化風俗、愛養民力、修明軍政
六事,而首之以天下之本,在人主之心"相吻合。可
證朱熹《辭免崇政殿説書奏狀》中所言"今月三十日,
忽準省劄奉聖旨差臣主管西太乙宫兼崇政殿説書"
之"今月三十日",乃十二月三十日,而非十一月。據
陈垣《二十史朔閏表》,是年十一月、十二月皆爲三
十日。

朱熹《答陳同父書》：

熹懇辭召命，不蒙開允，反得除用，超異非常。內省無堪，何以勝此？已上免奏，今二十餘日矣，尚未聞可報，踧踖不自勝。來書警誨，殊荷愛念。然使熹不自料度，冒昧直前，亦只是誦說章句，以應文備數而已，如何便擔當許大事？況只此僥冒，亦未敢承當，老兄之言，無乃太早計乎？然世間事思之非不爛熟，只恐做時不似說時，人心不似我心。孔子豈不是至公至誠，孟子豈不是麤拳大踢？到底無著手處。況今無此伎倆，自家勾當一個身心，尚且奈何不下，所以從前不敢容易出來，蓋其自知甚審。而世間一種不相識、有公論底人，亦莫不知之。只是吾黨中有相知日久、相愛過深者，好而不知其惡，誤相假借，以為粗識廉恥，而又年紀老大，節次推排，遂有無實之名，以至上誤君父之聽。有此叨竊，每中夜以思，悚懼慚怍，無以少答上下之望，未嘗不發汗沾衣也。不意以老兄之材氣識略過絕流輩，而亦下同流俗，信此虛聲，將欲彊僬僥以千鈞之重，而不憂其覆跌狼狽，以誤知人之明也。

辭免人行已久，旦夕必有回報。似聞後來廟論又有新番，從官已有以言獲罪而去者，未知事竟如何。封事雖無高論，然恐無降出之理。萬一果如所傳，則孤蹤尤是不復可出。自今以往，牢關固拒，尚恐不免於禍，況敢望入帝王之門乎？彼去都城不遠，想已見得近日爻象矣。萬一再辭不得，即不免束裝裹糧，為生行死歸之計。

承許見訪於蘭溪，甚幸，但恐無説話處。向來子約到彼，相守三日，竟亦不能一吐所懷。或先得手筆數行，略論大意，使未相見間，預得紬繹而面請其曲折，庶幾猶勝忽忽説話不盡，只成閒追逐也。《晦庵文集》卷二八。

　　案：此書中言“已上免奏，今二十餘日矣，尚未聞可報”。而李心傳《晦庵先生非素隱》云淳熙“十六年春正月甲寅，除祕閣修撰，復奉祠”。《建炎以來朝野雜記》乙集卷八。正月甲寅，乃二十三日。故知此書當撰於淳熙十六年（1189）正月下旬。

朱熹《與陳同父》：

某扣首再拜：訴哀叙謝，略具前幅，而痛苦之懷，終有不能以言語自見者。三復來教及所示奠文，則已略盡之矣。尚何言哉！尚何言哉！自聞意外之患既解而益急，地遠，無從詗知動息。親舊書來，亦不能言其詳，第切憂嘆而已。數日前得沈應先書，乃報云云，自是必可伸雪。今日忽見使人，得所惠書，乃知盲料亦誤中也。急拆疾讀，悲喜交懷。又念常年此時常蒙惠問，不謂今歲彼此況味乃如此，又益以悼嘆也。觀望既息，黑白自分，千萬更且寬以處之。天日在上，豈容有此冤枉事也！亡子卜葬已得地，但陰陽家説須明年夏乃可窆，今且殯在墳庵。其婦子却且同在建陽寓舍。小孫壯實粗厚，近小小不安，然觀其意氣橫逸，却似可望，賴有此少寬懷抱。然每抱撫之，悲緒觸心，殆不可爲懷也。五夫所居，眼界殊惡，不敢復歸，已就此卜居矣。然囊中纔有數百千，工役未十一二，已掃而空矣。將來更須做債，方可了辦，甚悔始謀之率爾也。但其處溪山却儘可觀，亡子素亦愛之，今乃不及見此營築，念之又不勝痛也。奠文説盡事情，已爲宣白。哀慟之餘，哽咽不能自已。此兒素知尊慕兄之文，此足以少慰之矣。更有少懇，將來葬處，欲得數語識之。此子自幼秀慧，生一兩月，見文書即喜笑咿嗚，如誦讀狀。小兒戲事，見必學，學必能，然已能輒棄去。後來得親師友，意甚望之。既而雖稍懶廢，然見其時道言語，亦有可喜者。但恐其騖於浮華，不欲以此奬之。去年到婺，以書歸云：異時還家，決當盡捐他習，刻意爲己之學。私竊喜之，日望其歸，不意其至此也。痛哉痛哉，尚忍言之？此語未嘗爲他人道，以老兄素有教誨奬就之意，輒以不朽爲託。伏惟憐而許之，千萬幸甚。更一兩月，當遣人就請也。奠禮有狀拜謝，但來人至江山遇盜，頗有所失亡。今賫到兩縑，云是他人所償。此不敢留，却封納，却可送官，給還本主也。無以伴書，白毛布一端，往奉冬裘之須，幸視至。未有承教之期，惟千萬自愛爲禱。某扣首再拜。《晦庵文集》續集卷七。

　　案：據朱熹《亡嗣子壙記》云：其長子朱塾卒於紹熙二年(辛亥)正月癸酉，明年十一月甲申葬。《晦庵文集》卷九四。又據童振福《陳亮年譜》云，陳亮於紹熙元

年十二月下衢州獄，至三年二月出獄。再本書中言
"又念常年此時常蒙惠問"，乃指歷年陳亮於九月朱熹
生辰前遣人致禮。由此推知本書當撰於紹熙三年（壬
子，1192）八、九月之際。《書信編年》係於紹熙二年
秋，不確。又，書中又有"訴哀敘謝，略具前幅"與"三
復來教及所示奠文"，知陳亮出獄後，朱熹嘗致書告
哀，而陳亮至此來書慰問並致奠文。然此二書皆佚。

　　此外，《全宋文》卷五六一七自《後村先生大全
集》卷一五八《方景楫墓誌銘》輯有朱熹佚文一篇《與
陳亮書》，云："小孫資稟壯實，他日可望。告廟則云
嗣子既亡，次當承緒。異日朝廷察其遺忠，或有恩
意，亦令首及。"今考此佚文，"小孫資稟壯實，他日可
望"見於朱熹此書；"告廟則云嗣子既亡，次當承緒。
異日朝廷察其遺忠，或有恩意，亦令首及"數句，乃出
自朱熹《致仕告家廟文》："茲行年七十，衰病侵凌，筋
骸弛廢，已蒙聖恩許令致事，所有家政，當傳子孫。
而嗣子既亡，藐孤孫鑑，次當承緒，但又年幼，未堪跪
奠。今已定議，屬之奉祀，而使二子塾、在相與佐之，
俟其成童，加冠於首，乃躬厥事。異時朝廷察熹遺
忠，或有恩意，亦令首及。"故此段佚文可刪。

朱熹《答陳同父書_{癸丑九月二十四日}》：

　　自聞榮歸，日欲遣人致問，未能然，亦嘗附鄰舍陳君

一書於城中轉達，不知已到未也。專使之來，伏奉手誨，且有新詞厚幣佳實之況，感認不忘之意，愧怍亡喻。然衰晚病疾之餘，霜露永感，每辱記存始生，過爲之禮，秖益悲愴，自此告略去之也。比日秋陰，伏惟尊候萬福。熹既老而病，無復彊健之理，比灼艾後，始粗能食，然亦未能如舊。且少寬旬月，未即死耳。新詞宛轉，説盡風物好處，但未知常程正路與奇遇是同是別，進御與不進御相去又多少。此處更須得長者自下一轉語耳。老兄志大宇宙，勇邁終古，伯恭之論無復改評，今日始於後生叢中出一口氣，蓋未足爲深賀。然出身事主，由此權輿，便不碌碌，則異時事業亦可卜矣。但來書諸論，鄙意頗未盡曉，如云無動何以示易，不知今欲如何其動，如何其易？此其區處必有成規，恨未得聞其詳也。又如二者相似而寔不同處，亦所未喻，若如鄙意，則須是先得吾身好、黨類亦好，方能得吾君好、天下國家好，而所謂好者，又有虛實大小久近之不同。若自吾身之好而推之，則凡所謂好者皆實，皆大，而又久遠。若不自吾身推之，則彌縫掩覆，雖可以苟合於一時，而凡所謂好者，皆爲他日不可之病根矣。蓋脩身事君，初非二事，不可作兩般看。此是千聖相傳正法眼藏，平日所聞於師友而竊守之，今老且死，不容改易。如來喻者，或是諸人事宜，非老僕所敢聞也，不知象先所論與此如何？向見此公差彊人意，恨未得款曲盡所懷耳。此中今夏不雨，早稻多損，秋初一雨，意晚稻可望。今又不雨，

多日山間得霜又早,次第亦無全功。幸日下米價低平,且
爾遣日,未知向後如何耳。抱膝之約,非敢食言,正爲前
此所論未定,不容草草下語,須俟他時相逢,彈指無言可
説,方敢通箇消息。但恐彼時又不須更作這般閑言語耳。
人還,姑此爲報,未即會晤,千萬以時自愛,倚俟詔除。
《晦庵文集》卷三六。

案:此書撰於紹熙四年(癸丑,1192)九月二十
四日。是年陳亮舉進士第一,夏七月除建康軍節度
判官廳公事。《陳亮年譜》。自陳亮"榮歸",朱熹嘗致
書。至此九月朱熹生辰,陳亮又遣人致書並"有新詞
厚幣佳實之況",故朱熹作此答書。朱熹前書及陳亮
來書皆佚。次年,陳亮卒。

陳夢良

陳夢良,字與叔,長樂(今福建福州)人。《閩中理學淵
源考》卷一七。餘不詳。

朱熹《答陳與叔夢良》:

《弟子職》音韻。

此非大義所繫,不暇深考。

夢良竊意《弟子職》一章,自"先生施教,弟子是則"
以下,似言學莫先於立教云云,自"志無虛邪"以下,又

詳言其學之之功如此云云。

此説得之，然亦本無奧義，不必如此之詳也。

夢良竊意《弟子職》一章論教學之方，其所以敬親事長、從師受業與夫洒掃應對、進退之要，皆括乎是。自二章至末十二章，又分明條具其節目之詳，由早至夜，周旋從事，蓋爲纖悉。其四章"弟子饌饋"注："饋，謂選具在食。"蓋饌乃訓具食，饋訓進食，恐饋者是進具在之食，疑"進"字誤作"選"字，未審如何？又"飯是爲卒"注："既飯而食。"則"卒"義未能通。五章"三飯二斗"注："三飯必毀二斗。"及"左執虛豆"，"斗"是何器？"毀"義如何？左執虛豆，欲何用？六章"拚前枚祭"，"枚"字何訓？用何物搜斂所祭？置之何地？八章"葉適已"，"葉"義如何？"葉是箕舌"，此句即《曲禮》所謂"以箕自鄉"者也。九章"措總之法"注："總設燭之束。"類今時何物？比段中小字先生批。

此數條多所未詳，但"貳"是《周禮》"再貳"、"一貳"之"貳"，蓋必所食已盡而增益之也。故執虛挾匕，視其不足者而貳之。但豆中有物而謂之虛，此不可曉爾。

《大學》明明德、新民，皆欲止於至善，而傳之一章結語止言自明，而二章結語乃言無所不用其極。

二章兼明自新、新民之事，故通結之。下章又自正解"止於至善"之意，初不相妨也。

胡子《知言》曰："天下莫大於心，患在不能推之爾；

莫久於性,患在不能順之爾;莫成於命,患在不能信之爾。不能推,故人物内外不能一也;不能順,故死生畫夜不能通也;不能信,故富貴貧賤不能安也。"先生嘗以延平先生讀《正蒙》書語示夢良,此後五峯胡子書竟未敢看。然此段語已嘗熟誦,自見得説心著"大"字、"推"字,性著"久"字、"順"字,命著"成"字、"信"字爲有理。恐"大"亦是與天地同體之意,"久"只是常而不變之意,"成"只是一定不易之意否?

此段好,但點出兩處理會不得。

"子在川上曰:'逝者如斯夫,不舍晝夜。'"程子曰:"自漢以來,儒者皆不識此義,此見聖人之心純亦不已也。純亦不已,乃天德也,有天德便可語王道,其要只在謹獨。"竊意其要在謹獨,莫是工夫無間斷否?

川流不息,天運也;純亦不已,聖人之心也。謹獨,所以爲不已,學者之事也。

"夫仁者,己欲立而立人,己欲達而達人。能近取譬,可謂仁之方也已。"《集注》以上一截説仁之體,下一截説仁之術,而程子於此二截乃合而言曰:"欲令如是觀仁,可以得仁之體。"

程子合而言之,上下句似不相應,不若分作兩截看。然惟其仁者之心如此,故求仁之術必如此也。《晦庵文集》卷五九。

案:《書信編年》以爲本書有陳夢良問《大學章

句》處,故係於淳熙十六年(1189)以後。待考。

朱熹《答陳與叔》:

所示疑義,各已批鑿附回。幸更思之,且於義理上留心,制度名物少緩亦不妨也。《晦庵文集》卷五九。

案:書中有云"所示疑義,各已批鑿附回",當爲上書(《弟子職》音韻)別紙,撰於同時。

陳彌作

陳彌作,字季若,閩縣(今福建福州)人。紹興八年(1138)黃公度榜進士。歷福建、兩浙運判,提舉四川都大茶馬,召爲大理少卿,除兵部侍郎,遷吏部侍郎,兼權尚書,知潭州、泉州,終敷文閣直學士、大中大夫。《淳熙三山志》卷二八。

朱熹《答陳漕論鹽法書季若 癸未》:

熹昨承垂示鹽法利害,累日究觀,竊以爲適今之宜,莫便於此。及詢諸鄉人,則其說不無同異,不敢不以聞。蓋問之崇安之人,則比其舊費略有所省,無不以爲便者。問之建陽之人,則云千金之産,今日買鹽,所折不過千錢,而新法輸錢半倍其舊,又須出錢買引鹽食之,計引鹽至建溪上流,比之今價,亦不能甚賤,則其爲利爲害未可知也。兩邑之數,具之別紙,可見其實。又不知他邑如何爾。然

熹竊謂法之大體,實已利便。蓋彊弱均敷,已寬下貧,應
役之民便省賠費。又凡種種弊倖,皆無所自而作,固不可
以輕變。但更須博盡衆謀,多方措置,使輸錢之數比舊稍
輕,買鹽之價比舊頓減,即公私兩便,法可久行。若其不
然,則官戶豪宗昔幸免而今例輸者,橫議紛紛,必有所緣
而起,雖有良法美意,不可行矣。

　　竊嘗思之,引價之所以貴,以引額之數拘之也;本錢
之所以多,以所支之數取之也。此鹽之所以貴也。賣引
之額所以狹,以所運之數拘之也;海船之錢所以取,以般
運之費計之也。此計產輸錢之所以重也。欲致二利、去
二害,在乎罷海倉之買納而已矣。誠能罷海倉及下四州
諸縣之買納,而使客人請引,南自漳、泉,北至長溪,各從
便路,徑就埕戶買鹽興販,則引價可減、本錢可輕,而鹽賤
矣。引額可增、海船可罷,而計產所輸亦薄矣。夫海倉爲
鹽法蠹害之根本,使臺知之詳矣。下四州諸縣買納之弊
不異乎海倉,而漳州以盜賣合支產鹽,重爲民害,使臺知
之亦詳矣。使其無害於今日所議之法,猶將廢置以蠲積
弊,況所以增官鹽之價而厚私鹽之利者,皆在乎此,豈可
以不罷而改圖其新乎?夫賣引之額,以上四州逐年運到
一千萬斤者爲率,而海倉每歲所取亦止此數,尚有乏絕不
繼、停留綱運之時,故引價至於二十三文而患其貴,引錢
止得二十三萬而患其少,皆此之由也。熹竊謂夫一千萬
斤者,官運之正數也。若夫出於埕戶、搭於綱船、漏於步

擔而散於四郡之間，食之無餘者，一歲又何啻數百萬斤？
此乃埕户所煎、民間所食之實數。而前日棄之，以爲私販
之資者，正以海倉侵盜本錢，稽留割剥，使埕户不願輸官，
而寧私爲賤鬻，以抹目前之急故也。今若罷去海倉，而收
此數百萬斤者併入引額，則引價每斤可減數錢，而所以收
引錢大數反增於舊矣。謂如增作一千五百萬斤引，而一斤止
賣二十文，亦得三十萬貫。恐不止此數，更乞籌之。又使埕户
更無私鹽可賣，而官鹽益快，何憚而久不爲此？

　　夫所以使客人納鹽本錢每斤十二文者，將以給埕户
爲循環本也。今官收而官給之，在客人則爲枉費，在埕户
則無實利，曷若使埕户、客人自爲貿易而官封之，沿海逐縣
專委令丞或簿尉。則客人不費四、五文可得鹽一斤，每斤所
省數錢，足以具舟楫、資往來。埕户售鹽一斤，實得四、五
文，比之請於官司，名爲十二文，而經過官吏攬子之手，什
不得其一二者，大相遠矣。所以使州縣椿海船錢五萬餘
貫者，本爲漕司自海倉運至懷安，以待客販也。若罷海
倉，而使客人徑從便路興販，則此錢固已在所蠲矣。行此
數者，使引價可減、本錢可省，則官鹽自賤而私販自戢。
引額可增，海船錢可罷，則此兩項所增所罷之數，以減計
産所輸之數，亦不啻什四五矣。下四州人户則使徑就埕
户買鹽，不限引法，但立法以防其興販透入上四州界可
也。此外非熹聞見思慮所及。但議者見使司自王侍郎以
來，三四年間代納上供，其數不少，或謂增鹽尚有可減之

數,更望計度。如其可減,則願更減分數,於三項立法之
中,均退幾錢,尤爲久遠之利。使閩中之人相與稱曰:鹽
法之利於吾民,自陳公始。子孫不忘,豈不休哉! 鄙見如
此,未知當否? 以下問之勤,不敢虛辱。既採民言,又竭
愚慮,以稱塞萬分。狂妄之罪,尚冀高明矜而恕之。幸甚
幸甚。《晦庵文集》卷二四。

　　案:癸未,即隆興元年。據《繫年要錄》卷一九
九紹興三十二年四月乙酉,"太府寺丞陳彌作爲福建
路轉運判官。彌作,侯官人也"。又閩帥汪應辰《上
陳丞相》有云:"惟是賣鹽一事,頃歲承乏,見帥司財
用窘迫殊甚,嘗謀于鄭少嘉、朱元晦、陳季若,惟元晦
以謂寧可作窮知州,不可與民争利,而少嘉、季若則
以爲可。故于三人中從二人之言,止是行于城中。"
《文定集》卷一六。而汪應辰《與朱元晦》(近建安附示
手誨)亦論及閩中鹽法,時在五月。故推知本書當撰
於是年(1163)初。

陳　薈

陳薈,事迹不詳。

朱熹《答陳薈》:

辱書甚厚。但所謂先知先覺,則今世自有慨然任其

責者，而熹非其人也。所論爲學之意亦甚善。顧此乃終身事業，非可索於咄嗟指顧之間者，但當循序講明，著實持守，不令日用之間少有間斷，如是久久，當自得之。不當較計功程，如世之出舉錢商子本者之營營也。《晦庵文集》卷六四。

案：本書撰時未詳。《書信編年》疑其撰於紹熙四年(癸丑，1193)以後。待考。

陳齊仲

陳齊仲，名不詳，同安(今屬福建)人。"從文公游，文公勉其務實"。與許升同肄業净隱寺。《閩中理學淵源考》卷一八。

朱熹《答陳齊仲》：

向所寄示《詩》解，用意甚深，多以太深之故，而反失之。凡所疑處，重已標出，及録舊説求教，幸試思之，因便垂誨，幸幸。三事之喻甚善，但既知其驕矜走失而猶以爲未可去，不知更欲如何方可去也？差之毫釐，繆以千里，豈容公然走失耶？相馬之説，恐與忠恕之意不同。蓋忠恕之理則一，而人之所見有淺深耳，豈有所揀擇取舍於其間哉？學者欲知忠恕一貫之指，恐亦當自"違道不遠"處著力，方始隱約得一箇氣象，豈可判然以爲二物而不相管耶？格物之論，伊川意雖謂眼前無非是物，然其格之也，亦須有緩急先後之序，豈遽以爲存心於一草木器用之間而忽然懸悟也哉？且如今爲此學而不窮天理、明人倫、講聖言、通世故，乃兀然存心於一草木、一器用之間，此是何學問？如此而望有所得，是炊沙而欲其成飯也。來論似未看破此處病敗，恐不免出入依違之弊耳。近嘗辯論雜學家數家之説，漫録此數條去，不審高明以爲如何？順之"不二法門則不可休"，"不可休"似未是不二法門，請更於此下語如何？渠所寄來《孟子》説，大抵其説亦苦於太高，却失本意。可更商量，須於平易明白中薦取，不必如此打遶也。《晦庵文集》卷三九。

案：朱熹約撰於乾道元年間之《答柯國材》(示諭忠恕之説甚詳)，有云"前此以陳、許二友好爲高奇，喜立新説，往往過於義理之中正，故常因書箴之"。《晦庵文集》卷三九。陳即陳齊仲，許即許升(字順之)。本書即針對陳齊仲爲學"用意甚深，多以太深之故，而反失之"之處極以"箴之"，故推知其約撰於隆興二年(1164)或稍後。又，書中言"近嘗辯論雜學家數家之説"，指朱熹《雜學辨》，成書於隆興二年七月。《年譜長編》卷上。

又，朱熹乾道二年夏《答許順之》(山間有一二學者相從)云"齊仲、元聘書中各有少辨論，大抵亦止是理會近時學者過高之失"。《晦庵文集》卷三九。然此書已佚。

陳　謙

陳謙，字抑之。事蹟不詳。

朱熹《答陳抑之謙》：

熹從士友間得足下之名而願交焉，爲日久矣。衰病
屏伏，無從際會，每以爲恨。而聽於往來之言，亦知足下
之不鄙我，而將有以辱況之也。年歲以來，私家多故，不
獲以聲問先自通於隸人，茲承枉書，感愧亡量。顧陳義高
遠，雖古之賢人君子，懼不足以堪足下之意。而熹之愚，
何敢當之以自取戾耶？然曩亦嘗有聞於先生長者矣，勤
勞半世，汨没於章句訓詁之間，黽勉於規矩繩約之内，卒
無高奇深眇之見可以驚世而駭俗者。獨幸年來於聖賢遺
訓，粗若見其坦易明白之不妄而必可行者，私竊以爲儻得
當世明達秀穎之士相與講之，抑彼之過，彊此之不及，吾
道庶其明且行乎？三復來書，果若有意於此，幸甚幸甚。
竄伏窮山，未知見日，繼此書疏之往來，猶足以見區區也。
餘惟藏器勉學，慰此遐想。《晦庵文集》卷五四。

　　案：本書撰時不詳。《朱子年譜·朱子論學切
　　要語》卷一云作於戊申（淳熙十五年，1188）後。
　　待考。

陳　守

陳守,字師中,莆田(今屬福建)人。陳俊卿次子。陳俊卿"嘗館朱子於白湖仰止堂,使子弟受業焉。守寬宏剛直,用蔭歷工部員外郎,凡六授郡符,三持使節,俱以廉介稱,除奉直大夫。晚爲將作監,卒"。《閩中理學淵源考》卷二九。

朱熹《與陳師中書》:

熹試郡無狀,以丞相庇臨之力,幸及終更,復叨除命。傳聞嘗汙丞相薦墨,是以有此。意者偶因臧否支郡及之。比歸見劉平父,乃知所以假借稱道者過實殊甚,使人愧懼踧踖,不知所言。丞相既已失之,老兄在旁又不力諫止,使熹負此無實之名,他日反爲門墻之累,追悔何可及耶?欲具書謝丞相,具道此意,偶值此便未暇,更旬日間,當有的便續修致也。

歸途所過,知識往往能道次舍經歷之狀,但未知果以何日至莆中舊第?區區不勝瞻仰也。熹閏月二十七日受代,即日出城,遊山玩水,自江州界渡江,在道十餘日,以前月十九日到家。疾病支離,且得休息。江西勅告尚未被受,衰懶豈復堪此?幸闕期尚遠,得以徐爲去就耳。

自明之亡,行且期矣,念之怛然,痛恨如新。不知向來所喻編次文字,今已就否?渠所立自足以不朽,然其議

論曲折，亦不可不使後人聞之也。其家事復如何？朋友
傳説令女弟甚賢，必能養老撫孤，以全《柏舟》之節。此事
更在丞相夫人獎勸扶植以成就之，使自明没爲忠臣，而其
室家生爲節婦，斯亦人倫之美事。計老兄昆仲必不憚贊
成之也。昔伊川先生嘗論此事，以爲餓死事小，失節事
大，自世俗觀之，誠爲迂闊。然自知經識理之君子觀之，
當有以知其不可易也。伏況丞相一代元老，名教所宗，舉
錯之間不可不審。熹既辱知之厚，於義不可不言。未敢
直前，願因老兄而密白之，不自知其爲僭率也。《晦庵文
集》卷二六。

　　案：《建炎以來朝野雜記》乙集卷八《晦庵先生
　　非素隱》云“八年夏，乃除先生提舉江西常平茶鹽公
　　事，待四年闕”。朱熹於淳熙八年閏三月末離南康
　　城，四月十九日歸家。書中言“以前月十九日到家”，
　　故知其撰於是年（1181）五月間。

陳宋霖

　　陳宋霖，字元雩，長樂（今福建福州）人。紹興五年
（1135）進士。歷國子博士，終朝散郎、提舉廣東常平。《淳
熙三山志》卷二八。《閩中理學淵源考》卷一七云宋霖一字元
滂，“知同安日，適朱子爲簿，日與講明經義，朱子稱其能躬行
實踐。後陞秘監，書問往來不絕。孫枅，受業朱子之門”。

朱熹《答陳宰書》：

昨夕坐間，蒙出示廣文公書，似未見察者，聊陳其一二。李君兄弟之賢，聞於閩中。熹少時見諸老先生道語其故，心甚慕之。及來此，道過三山，乃識其兄迂仲，即之粹然而温，無諸矜争之色。時未識李君，以謂其猶兄也。至官未久，聞其分教是邦，心甚喜，以爲所領縣學事有相關者，當大得其力助，故事有可不可，未嘗不因書文以喻意指，而不意其怒至此也。熹所辨七事如左：

李君書以爲熹有少年鋭氣。嘗爲論事者當以事理之長短曲直，而不當以其年之先後。若直以年長者爲勝，則是生後於人者，理雖長而終不可以自伸也。

又謂奚不於監司、郡守前論列。此李君之所能，而熹誠不敢也。所以然者，直不欲以監司、郡守之勢脅持上下耳。此李君之所能，而熹誠不敢也。

李君又自謂本無欲勝人之心，止是推車欲前耳。異哉，李君之欲前其車也！獨不思夫郡、縣之學本一車耶？譬則郡其輇蓋而縣其衡軛也，後其衡軛，而獨以蓋輇者驅馳之，曰吾欲前此耳，此熹所不曉也。

又謂四分錢乃郡、縣學通得用。熹既留其二，而歸其二於郡學矣，尚何言？使縣不得用其二分，是猶州不得用其二分也。假糧於道，是乃前所謂自備錢糧者，奚獨縣學則可，而郡學則不可乎？推此言之，前李君所自謂無勝人之心者，熹不信也。

又謂郡學，泉州學也；同安學，同安縣學也，各盡力於其中耳。此又不然。熹前疏所陳云云者，非以自高，乃所以極論究心一二而求見哀於李君耳。豈有一州之教官，上爲丞相所自擇用，下與大府部刺史分庭抗禮，而熹銓曹所擬一縣小吏，而敢有勝之之心乎？今李君所云，無乃與熹之私指謬也。

又謂熹不能有所養，而於此未能自克。此則中其病。但熹所爭，乃公家事，無毫髮私意於其間。此固官長之所深知，而其戒熹敢不思也！

熹已謝學事，但此色官錢終不可失，蓋此乃同安一縣久遠利害，非吾人所得用以徇一旦之私。伏惟持之不變，以幸此縣之人，而以熹所陳者曉李君無深怒也。李君書與熹前所爲劄並封納呈，他尚容面究。《晦庵文集》卷二四。

案：《朱子大同集》題作“答陳宰元霧”，於“昨夕坐間”前多“某頓首上覆經宿伏維尊侯起居萬福”十五字，“嘗爲論事者”前多一“某”字，“他尚容面究”下多“不宣某頓首上覆知縣學士長官陳丈”十五字。

因朱子與州學教授李楠書以爭縣學錢糧事，李楠不悦，故於與知同安縣陳宋霖書中責讓朱子。陳宰將李書示朱子，朱子即作此書以辨。此書中言“熹已謝學事”。據朱子《泉州同安縣學官書後記》：“紹興二十有五年春正月，熹以檄書白事大都督府廷中，已事而言於連帥方公曰：熹爲吏同安，得兼治其學事。……夏四月丁丑，具位謹記。"《晦庵文集》卷七七。
又朱子《朝散郎致仕陳公行狀》末署云"時紹興歲次
乙亥（二十五年）人日，左迪功郎、泉州同安縣主簿、
主管學事朱熹狀"。《晦庵文集》卷九七。而是年十月
宰相秦檜死，朱子自此至二十六年五月間多於縣學
《策問》中抨擊秦檜，主倡程學。二十六年（1156）七
月秩滿。隨之朱子至泉州候批書。《年譜長編》卷上。
故所謂"已謝學事"，當指朱子離縣主簿之任時同"謝
學事"而言，而離同安前夕陳宰向朱子出示李教授
書，故朱子特於途中致書陳宰，告之其爭學錢乃爲同
安士子長遠考慮，未嘗與李教授有私怨。

　　朱子此後與陳宋霖亦頗有交遊，其《答陳明仲》有
云："嘗見友人陳元滂說昔年趨事吏部許公於邵陽，許
公自言'吾作縣有八字法'，請問之，則曰'開收人丁，
推割産税'而已。此可謂知爲政之本者。"《晦庵文集》卷
四三。又《朱子語類》卷二載朱子云"天行至健，一日一
夜一周天，必差過一度。日一日一夜一周恰好，月却
不及十三度有奇。只是天行極速，日稍遲一度，月又
遲十三度有奇耳。因舉陳元滂云：'只似在圓地上走，
一人過急一步，一人差不及一步，又一人甚緩，差數步
也。'天行只管差過，故曆法亦只管差。堯時昏旦星中
於午，《月令》差於未，漢、晉以來又差，今比堯時似差
及四分之一。古時冬至日在牽牛，今却在斗"。

陳文蔚

　　陳文蔚（1154—1239），字才卿，號克齋，信州上饒（今屬江西）人。朱子門人。"著書立説，深得旨趣。朱子與手書往復，互相論正"。《江西通志》卷八五。嘗舉進士，端平二年（1235），以著《尚書解》，補迪功郎。《宋史》卷四二《理宗本紀二》。嘉熙三年卒，年八十六。《朱子門人》。著有《克齋集》等。

陳文蔚《通晦菴先生書問大學誠意章》：

　　文蔚近於邸報中得知先生復有召命，可見聖眷優隆。仕止久速，惟其所遇，萬一雲龍會合，蒼生有莫大之幸。不知先生於出處之計如何，非淺陋所及。文蔚於九月二十一日夜夢中偶得一詩，覺來尚能記省，其詩云："二更月已上，詔書來藉甚。巖穴被褒旌，海内必安枕。"文蔚初以爲適然，今觀再有召命，恐其所感在先生之遇合也，敢乞量宜進退。徐子融罷學到五夫，其志甚鋭。文蔚偶有牽制，不得偕行，徒切悵快。前書曾以《大學》"誠意"章請問，蒙尊諭已失其書，謹再録拜呈，乞賜明以見教。文蔚向來未得《章句》看，於此章嘗以意通之。謂自欺者，即無誠心於爲善，内實不肯爲善，而外竊爲善之名。如色莊者，是好好色，惡惡臭，乃中心實然之好惡。使吾好善、惡不善如此真實，則何適而非誠？爲善不出於中心之實，而

外以僞爲，此所謂自欺。謹獨者無隱顯、無内外。若有隱
顯、内外之間，烏得爲謹獨？所以小人閒居爲不善，無所
不至，見君子而後厭然揜其不善而著其善，是以隱顯二其
心也。然則自欺者，明知其不善而故爲之，即偷心之所
致。鄙見鄉來如此，及觀《章句》解自欺之説，乃有"不欲
其本心之明知之"之説，初以爲疑，反覆諦玩，乃知先生承
上文"物格知至"而言，蓋謂凡自欺者，皆不先格物致知，
而知有所不至，故本心之全體不明，而私意容或竊發。不
欲其本心之明知之，即自蔽其心之謂，經文所謂"知至而
後意誠"者，於此見得益親，而又説得自欺意出，誠非學者
所及。然文蔚於"欲"字猶不能無疑，以謂小人之爲不善，
若非昧然有所不知，即是肆然有所不恤。肆然有所不恤，
乃明知其不善而爲之也；昧然有所不知，乃不知其不善而
爲之。自欺者，意其不能格物致知，故心之全體不明，當
其爲不善之時，不自知其爲不善，非不欲其知也。若謂陰
爲蔽匿，不欲使其本心之靈得以知之，畢竟先已知其不善
矣，即肆然有所不恤者，欲不欲不足以言之也。文蔚前書
所疑如此。近來再讀《大學》，見得此章所主多在謹獨上，
故"君子必謹其獨"一句，凡兩言之。至引曾子曰："十目
所視，十手所指。"又依舊説歸謹獨上，其意乃不承上文致
知之説。文蔚恐當時立言之意，只宜據"誠意"一章自説，
謂誠其意者，乃毋自欺也。毋自欺便是謹獨。人或自欺，
則内裏是一般，外面又是一般，即小人閒居爲不善，見君

子而後厭然揜其不善而著其善者，是十目所視、十手所指
其嚴乎？言雖幽獨隱微之中，顯著如此，不可不謹也。傳
文只以謹獨爲誠意功夫，而經文知至而後意誠之旨自在
其中。如此看，庶得一章之意渾全，不識先生以爲如何？
幸併前説明賜開曉，不勝至望。《克齋集》卷二。

　　案：淳熙十五年七月，朱熹赴都奏事，授兵部郎
官，因遭兵部侍郎林栗奏劾而歸；九月二十六日，以
諫議大夫謝諤薦，復召，辭；十月趣赴行在，十一月復
辭，並上封事；十七日除朱熹主管西太乙宮、兼崇政
殿説書，十二月上旬，辭崇政殿説書；次年正月除秘
閣修撰，依舊主管西京嵩山崇福宮。《年譜長編》卷下。
本書首云“文蔚近於邸報中得知先生復有召命，可見
聖眷優隆。仕止久速，惟其所遇，萬一雲龍會合，蒼
生有莫大之幸。不知先生於出處之計如何，非淺陋
所及。文蔚於九月二十一日夜夢中偶得一詩”，即指
朝廷復召朱熹事。故推知本書約撰於是年(1188)十
月或稍後。

陳文蔚《請問晦菴先生書》：

　　文蔚嘗因讀《易》，至“恒雜而不厭”，偶有所感，以謂
人之厭紛雜者，緣無恒一之德也。苟有恒一之德，則所守
者定，雖處紛雜而不厭。自是每於應接之間，隨事區處，
遂見此道無時不在。惟是近來接應頗多，未免厭憚，豈有

心力未洪，尚有打不過處，以至如此？文蔚究其病根，皆生於固。緣文蔚每事動守常程，事出來於不意，必拂亂常度，一二事尚可支吾，至於十百則厭棄之矣。今欲放令此心疏豁，無所執滯，當有悠然自適之處。不識先生以爲如何？更乞提誨。明道先生引石曼卿詩"樂意相關禽對語，生香不斷樹交花"，以謂形容得浩然之氣。文蔚雖想像見得意思，終不瑩徹。近見子融舉先生所答語，竊有所悟，莫是天理自在流行，而萬物各遂發生和樂之意否？此等固不可求之言語，要當自得，但欲先生知鄙見大概如此耳。《克齋集》卷二。

> 案：朱熹下書（熹衰晚甚）有云"遇事固不當有所厭，然謂欲放令此心疏豁，無所執滯，此却恐硬差排不得"，又云"子融説得樂意生香處甚痛快，但恐又轉入舊腔裏也"，乃承本書"文蔚究其病根，皆生於固。……今欲放令此心疏豁，無所執滯，當有悠然自適之處""明道先生引石曼卿詩'樂意相關禽對語，生香不斷樹交花'，以謂形容得浩然之氣。……近見子融舉先生所答語，竊有所悟"云云，故推知本書約撰於淳熙十五年末。

朱熹《答陳才卿》：

熹衰晚甚幸，復安外祠之禄，深以自慶。但使賢者爲亂夢，不無愧耳。《大學章句》《或問》比復略修，大旨不殊，但稍加精約耳。《中庸》亦更欲删訂，大抵舊書太宂也。遇事固不當有所厭，然謂欲放令此心疏豁，無所執滯，此却恐硬差排不得，著意開放，却成病痛。但且守常程，久之純熟，自然疏豁乃佳耳。子融説得樂意生香處甚痛快，但恐又轉入舊腔裏也。《晦庵文集》卷五九。

案：據陳文蔚上書（文蔚近於邸報中得知先生復有召命）有"文蔚於九月二十一日夜夢中偶得一詩，覺來尚能記省，其詩"云云，而本書乃云"熹衰晚甚，幸復安外祠之禄，深以自慶。但使賢者爲亂夢，不無愧耳"，知承其後。又朱熹於淳熙十六年正月二十三日除秘閣修撰，依舊主管西京嵩山崇福宫。《年譜長編》卷下。故推知本書約撰於是年（1189）二月間。

朱熹《答陳才卿》：

正叔別後書來，復有疑問，已詳報之。託其轉寄才卿，可便依此作日用功夫，不須更生疑慮，空費談説，過却光陰也。《晦庵文集》卷五九。

案：書中云及"正叔別後書來，復有疑問，已詳報之"，據朱熹《答余正叔》（示喻已悉）有云"正叔本有遲疑支蔓之病，今此所論，依舊墮在此中，恐亦是當時鄙論不甚分明，致得如此。故今復如此剖析將去，使正叔知得鄙意不是舍敬談義、去本逐末，正欲兩處用功，交相爲助"，《晦庵文集》卷五九。與本書云云相合，當即"已詳報之"之書。《答余正叔》撰於淳熙十六年初，故推知本書約撰於是年春間。

朱熹《答陳才卿》：

方叔、子融曾相見否？方叔看得道理儘自穩實，却是子融去歲在此講論，多不合處。中間蓋嘗苦口言之，後來一向不得書，不知能相信否？似渠堅苦力量，朋友間豈易得？覺微有向外欲速意思，便做出許多病痛。學者於此，豈可不痛加省察？或因通書，幸爲致意。《晦庵文集》卷五九。

案：方叔爲余大猷字，乃余大雅（字正叔）弟。陳文蔚《余正叔墓碣》云余大雅"與弟大猷從其所帥相繼而往，文蔚亦因正叔拜先生於紫陽書堂"。《克齋集》卷一二。子融爲徐昭然字，淳熙十五年中朱熹入都奏事，往來鉛山時來受學，下半年又至五夫從學。《年譜長編》卷下。本書中云"方叔看得道理儘自穩實，却是子融去歲在此講論，多不合處。中間蓋嘗苦口言之，後來一向不得書，不知能相信否"，推知其或撰於十六年夏間。

陳文蔚《又請問晦菴先生書節文》：

文蔚因看《大學或問》，見於"誠意正心修身"章有防微謹獨、持志守氣、勝私去蔽之説，文蔚私竊喜之，以爲數語尤極簡要，不可斯須忘。今歲多廢讀書，於此三者隨所發見，省察鋤治，嘗欲置之牎牖，以示警省。《克齋集》卷二。

案：據《克齋集》卷二，朱熹下書（秋試不遠）乃本書之答書，故推知本書約撰於淳熙十六年夏間。

朱熹《答陳才卿》：

秋試不遠，計不免小忙，然以義理觀之，此亦當有處也。來書所喻，大率少寬裕之氣，有勁急之心，如此不已，恐轉入棒喝禪宗矣。切宜省覺，不可一向如此也。子融看得文字痛快直截，可喜，想時相見。正叔在此，無日不講説，終是葛藤不斷也。《晦庵文集》卷五九。

案：據陳文蔚《祭余正叔》，云余大雅“聞晦翁朱先生講道閩中，毅然登門”，於“今歲（淳熙十六年）之夏，公復入閩。九月之初，我往公歸，適相邂逅於武夷道上”，《克齋集》卷一一。而本書中有云“秋試不遠，計不免小忙，……正叔在此，無日不講説，終是葛藤不斷也”，故推知其約撰於十六年夏末秋初。

陳文蔚《通晦菴先生書》：

文蔚每日隨分工夫不敢弛廢。看《孟子》以至《盡心上》，諸有可疑處皆且録出，俟侍見之日請問。但所出愈遠，經歷愈多，縈拂於心者復不少，以此見學力未至，心力未洪。今但隨事省察，每與克下，亦止能剪除枝葉，未去病根。細思之，只爲有性偏難克處，其他旁出竊發者，只是因此，去得此根，方可進步。昨在番易，諸兄論誠，有書問往復，吳伯豐録至先生答書，知已達尊聽。往往論説之多，遂至纏蔓，要當熟加玩味，真實見得，即諸説不難判也。前録去數詩拜呈，皆文蔚隨所見而作，語意有差，當隨筆呈露，切幸警誨。《克齋集》卷三。

案：書中言及"昨在番易，諸兄論誠，有書問往復，吳伯豐録至先生答書，知已達尊聽"，正與朱熹下書（所喻"誠意"之説）中"所喻'誠意'之説"云云相合。故推知本書約撰於淳熙十六年初秋或稍後。

朱熹《答陳才卿》：

所喻"誠意"之説，只舊來所見爲是，昨來《章句》却是思索過當，反失本旨，今已改之矣。正叔、子融相聚累日，多得講論，甚恨才卿獨不在此也。諸書二兄處皆有本，歸日必同觀，有疑幸詳論及。康節文字，二兄亦已見之，熹亦不能盡究其説，只《啓蒙》所載爲有發於《易》，他則別成一家之學。季通近編出梗槩，欲刊行，旦夕必見之，然亦不必深究也。《晦庵文集》卷五九。

案：陳文蔚《余正叔墓碣》云"已酉秋九月，予往省先生，值正叔將歸，語別武夷溪上，未兩月而訃聞矣，寔十一月乙丑也"。《克齋集》卷一二。本書中云及

之《大學章句》序定於淳熙十六年（己酉），書中又云
"正叔、子融相聚累日，多得講論，甚恨才卿獨不在此
也"，故推知本書約撰於是年秋中。

朱熹《答陳才卿》：

正叔遽至於此，令人痛傷。人生虛浮，朝不保夕，深
可警懼，真當勇猛精進，庶幾不虛作一世人也。《晦庵文
集》卷五九。

案：據陳文蔚《余正叔墓碣》，"己酉秋九月，予
往省先生，值正叔將歸，語別武夷溪上，未兩月而訃
聞矣，寔十一月乙丑也"。《克齋集》卷一二。本書云
"正叔遽至於此，令人痛傷"，推知其約淳熙十六年
（己酉）十二月間。

陳文蔚《請問朱先生書》：

文蔚寓此，時在嘉禾郡齋。亦無甚事，每日不廢讀書，
窮究至於放心之求，惟是造次顛沛於是，雖思慮之橫出未
能頓去，但孳孳不敢自已，亦自覺住不得也。所恨無切磋
之益，日有寡陋之懼。昨在番易日，與萬正淳論《大學》二
條不合。正淳書來，再有論辨。適值文蔚治歸，不果再
答，今別紙拜呈，乞賜采目。以文蔚觀之，能慮能得一條，
渠雖易其辭，大槩不過前意。前段以謂聖人之治天下，故
欲夫人皆爲聖爲賢，然而林林蠢蠢之衆，未必皆能如聖人

之願。但秀異之才，則長養成就，以收格物致知之功。其他存神過化、日遷善而不自知者固多矣。文蔚謂天下雖不能皆如聖人之願，聖人立法以教人，豈復有異同？固欲各致其知，各誠其意，各修其身，而後爲天下平。若夫能不能則存乎人焉，非聖人所能强。伊川答或者"人皆可爲堯舜"之問可見，又謂"若人人而教之，使格物致知，不亦勞乎？"蓋聖人但示其法於天下，使緐此可以自明，豈必人人提耳而教之也。文蔚鄙意如此，不識先生以爲如何，有以折衷之乃幸。《克齋集》卷三。

案：陳文蔚上書（文蔚每日隨分工夫不敢弛廢）有"昨在番易"云云，而本書乃云"文蔚寓此，時在嘉禾郡齋。亦無甚事"，又云"昨在番易日，與萬正淳論《大學》二條不合。正淳書來，再有論辨。適值文蔚治歸，不果再答"，所言相合，知在其後。又本書有云"時在嘉禾郡齋"，而陳文蔚下書（文蔚竊自惟念綿力弱質）又言"恨以迫於親養，匏繫書館"，知承本書。故推知本書約撰於紹熙四年（1193）間。

朱熹《答陳才卿》：

彼中相聚，子弟幾人？有可告語者否？此亦時有朋友往來，但難得身心純一、功夫不間斷者耳。《晦庵文集》卷五九。

案：陳文蔚上書（文蔚寓此）有言"時在嘉禾郡

齋",推知時陳文蔚教於嘉興府,故本書乃問及"彼中相聚,子弟幾人? 有可告語者否?"約亦在紹熙四年間。

陳文蔚《通朱先生書》:

文蔚竊自惟念綿力弱質,每荷不棄,曲賜鐫誨。恨以迫於親養,匏繫書館,不得時詣函丈日夕親炙,以融化氣質,然此意未嘗頃刻暫忘。今從者又有千里之適,便回高隱,亦須在年歲後,見聞益孤陋,未能就有道而正焉,臨風徒切悵怏。但每日隨分事業,亦不敢廢。看《中庸》已終篇。子思之學廣大精微,固未能窺其萬一,乃得於《章句》、《或問》間竊見先生指示學者功夫切要處。且"戒謹恐懼"與"謹獨"二條,近世儒者多滾作一片說,不知其間該動靜體用之全,而先生剖析發明最爲精密,文蔚於此涵泳久之,若有所見。至卒章子思撮一篇之要言之,凡八引《詩》,至"潛雖伏矣,亦孔之昭",繼之以"內省不疚,無惡於志,君子所不可及者,其惟人之所不見乎";"相在爾室,尚不愧於屋漏",繼之以"君子不動而敬,不言而信",申明首章之意。其丁寧之旨,至深切矣。而學者鹵莽滅裂,至於條理錯繆,界限不明,則亦何以知古人爲學之功繇淺而深,自疏而密,而日用動靜之間,操存省察之機,有不可須臾離者。文蔚愚陋,以謂爲學之功無切於此,誓當力行以終此身,庶不負先生之大賜。未審尊意以爲如何? 便中更賜警誨，乃所願望。《克齋集》卷三。

　　案：本書言及"且'戒謹恐懼'與'謹獨'二條，近世儒者多滾作一片説，不知其間該動静體用之全，而先生剖析發明最爲精密，文蔚於此涵泳久之，若有所見"，而朱熹下書（前書所論方叔所説不同者）又云及"才卿所論《中庸》'戒懼'、'謹獨'二事甚善"，推知其承本書，則本書亦約撰於紹熙五年（1194）間。

朱熹《答陳才卿》：

　　前書所論方叔所説不同者，只是渠以知覺爲性，此是大病。後段所謂"本然之性，一而已矣"者，亦只是認著此物而言耳。本領既差，自是不能得合。今亦不能枉費言語，但要學者見得性與知覺字義不同，則於孟子許多説性善處方無窒礙，而告子"生之謂性"所以爲非者乃可見耳。才卿所論《中庸》"戒懼"、"謹獨"二事甚善，但首章之説性，或通人物，或專以人而言，此亦當隨語意看，不當如此滯泥也。蓋天命之性，雖人物所同稟，然聖賢之言本以修爲爲主，故且得言人。而修爲之功，在我爲切，故又有以"吾"爲言者。如言"上帝降衷于民，民受天地之衷以生"，不可謂"物不與有"。孟子言"我善養吾浩然之氣"，不可謂"他人無此浩然之氣"也。又謂："微細之物亦皆有性，不可以仁、義、禮、智而言。微物之性，固無以見其爲仁、義、禮、智，然亦何緣見得不是仁、義、禮、智？"此類亦是察之未精，當更思之。又謂"所謂率性，只就人物當體而言之"，却欲删去"而言之"三字，此亦誤矣。道只是性之流行分別處，非是以人率性而爲此道也。謝氏"天地不恕"之論，所説亦未當。凡此之類，有本不須致疑者，但且虚心反復，當自見得，不必如此橫生辯難、枉費詞説也。《晦庵文集》卷五九。

案：朱熹《答徐子融昭然》（有性無性之説）有言"有性無性之説，殊不可曉。當時方叔於此本自不曾理會，率然躐等，揀難底問。熹若照管得到，則於此自合不答，且只教他子細熟讀聖賢明白平易切實之言，就己分上依次第做功夫，方有益於彼，而我亦不爲失言。却不合隨其所問率然答之，致渠一向如此狂妄，此熹之罪也"，《晦庵文集》卷五八。而朱熹《答余方叔大猷》（所喻別紙奉報）録有余大猷問目曰："大猷竊謂仁、義、禮、智、信元是一本，而仁爲統體，故天下之物有生氣，則五者自然完具；無生氣，則五者一不存焉，只是説及本然之性。先生以爲枯槁之物亦皆有性有氣，此又是以氣質之性廣而備之，使之兼體洞照而無不徧耳。"《晦庵文集》卷五九。又《朱子語類》卷四載輔廣所記曰："徐子融以書問：'枯槁之中有性有氣，故附子熱、大黄寒，此性是氣質之性。'陳才卿謂即是本然之性。"據《朱子語類·姓氏》，輔廣乃甲寅（紹熙五年）以後所聞。故推知本書約撰於紹熙五年或稍後。

陳文蔚《乙卯三月廿五日拜朱先生書》：

文蔚伏自違去几席，跧伏鄉野，無緣訪便修書，非敢懈怠也。今歲已辭趙館，上饒徐簿相招，教一二子弟，已從其約。周提幹彥安、趙司戶皆遣子弟來學，共有三四人，所幸事簡，可以讀書。兼文蔚自覺有褊急之病，徐簿卻甚寬緩，日夕相聚，不無所助。但渠目今有部餉之役，相別動是數月，使人悵快耳。先生還山間，尊體想甚怡適，學者往來絡繹，當有進道精勇者。文蔚近誦《詩》，乃平日所未講，今且理會訓詁，將正文優游諷詠，不能得其意，卻驗之諸家之說，而折衷以先生《集傳》。方此下功，他日當請益也。近略見玉山縣庠所錄答問語，覺見皆是平日所聞者，似無可疑。此間士友多疑非先生言，謂其出於學者附會，有雖知其非附會而亦疑其離析太過者。文蔚再欲詳觀，竟未得其本。此間卻有子顏徐丈，持守頗嚴，時復相聚，亦能使人向前，但於先生此說亦未能釋然耳。文蔚去歲所答李守約書，□敬之收去，不審曾再呈否？慮有未穩，切望開示。《克齋集》卷四。

案：本書撰於慶元元年（乙卯，1195）三月二十五日。紹熙五年十一月中旬，朱熹自行在罷侍講而歸，塗徑玉山縣，應知縣司馬迈請，講學於縣庠。《年譜長編》卷下。即本書中之“玉山縣庠所錄答問語”。

陳文蔚《四月十八日拜朱先生書》：

文蔚竊自惟念荷先生教誨已十餘年，所恨資質凡陋，不能勇於進學，以變化氣質，有負提耳者甚多。惟自近日以來，操存省察之意不能自已，自朝至夕，無他用功。凡讀書應接，以至閒居獨處，存省底意思，未嘗不在念慮所發，雖未能一於善，但一念之微，若善若惡，隨即覺知。較之頃時，雖曰操存，記得之時常少，昏忘之時常多；雖曰省察，多是邪心妄念，至於昌熾，方始覺悟。今茲幸免此患，亦微有效驗。如向來苦於甚難者，今若稍易；向來病於窘束急迫者，今若稍從容順適。自此以後，或可冀其少進。更望先生終教之，文蔚誓當力行，以不負大惠。嘗誦康節先生詩，至"丹誠未貫日，白髮已華顛"之句，深以自警。竊謂世之學者，多緣其誠不至，於幽獨隱微之中一毫不慊，便做出無限阻障，況表裏二其心乎？惟當積其誠意，使至於貫日之地，方可以進學也。區區之志如此，先生以為如何？讀《詩》方到《衛風》，未有積累工夫，但見言語，不必求之艱險，意味惟當玩其深長，如斯而已。其他疑處皆且錄出，俟諷詠之久，當別有所見。前書虛心參驗之訓，敢不遵守？《克齋集》卷四。

案：本書撰於慶元元年四月十八日。

朱熹《答陳才卿》：

子顏一室蕭然，有以自樂，令人敬歎。看《詩》且如

此,亦佳。大凡讀書須且虛心參驗,久當自見,切忌便作
見解主張也。玉山所説,當已見之。若嫌離析,即却教他
捏做一團也。所答守約書,大槩得之,更當虛心玩味,當
更純熟也。《晦庵文集》卷五九。

　　案:陳文蔚上書(文蔚伏自違去几席)述及徐子
　　顏、"文蔚近誦《詩》"、"玉山縣庠所録答問語"等,本
　　書云云相合,知答其書。故推知本書約撰於慶元元
　　年四月或稍後。

朱熹《答陳才卿》:

詳來示,知日用功夫精進如此,尤以爲喜。若知此心
此理端的在我,則參前倚衡,自有不容捨者,亦不待求而
得、不待操而存矣。格物致知,亦是因其所已知者推之以
及其所未知,只是一本,元無兩樣工夫也。《晦庵文集》卷
五九。

　　案:本書乃答陳文蔚四月十八日來書,故推知
　　其約撰於慶元元年夏、秋間。

陳文蔚《九月十一日拜朱先生書》:

文蔚氣質薄弱,不獲日夕摳衣坐隅,雖循循不敢自
已,終恐識見局於淺陋。近於讀書之暇,或吟哦諷誦康節
詩,見得此老雖若疏放,至其用功處未嘗不密,抑能使人
於人情物理間,練之漸熟,處之漸安。文蔚謂閒時暇日優

游於此，是亦去物累、養性情之一助也。不識尊意以爲如何？偶子融寄詩，文蔚輒用此意和之，別紙録呈，語疵意病，當隨筆呈露。便中賜教爲幸。《克齋集》卷四。

案：本書撰於慶元元年九月十一日。

朱熹《答陳才卿》：

新詩甚佳。康節胸懷未易窺測，須更於實地加功，若只就之乎者也上學他，恐無交涉也。《晦庵文集》卷五九。

案：陳文蔚上書（文蔚氣質薄弱）云及"近於讀書之暇，或吟哦諷誦康節詩，……偶子融寄詩，文蔚輒用此意和之，別紙録呈"，而本書乃言"新詩甚佳。康節胸懷未易窺測"云云，知承上書，推知其約撰於慶元元年冬間。

朱熹《答陳才卿》：

熹碌碌如昨，但年老益衰，己分上自未有得力處，朋友功夫亦多間斷。方以爲憂，而忽此紛紛，遂皆不敢爲久留計，未知天意果何如也？《晦庵文集》卷五九。

案：書中所云"朋友功夫亦多間斷。方以爲憂，而忽此紛紛，遂皆不敢爲久留計"，《書信編年》以爲乃指慶元三年正月下旬朱熹落職罷祠省劄下到時事。故推知本書約撰於是年（1197）二月或稍後。

陳文蔚《丁巳六月拜朱先生書》：

文蔚每日隨分工夫不敢廢，間嘗溫誦《大學》，於“自欺”、“自慊”兩言深有所契。竊謂學者惟欲真知，真知則於惡不善真如惡惡臭，好善真如好好色，無一毫不足之意，固不容虛假於其間，然亦豈容虛假？自欺者正與此相反，聖人以“欺”字對“慊”字，形容情僞極盡精切。所以《大學》首篇無他語，止曰“在明明德”，明德既明，則知之必真，而於好惡之間無有不實矣。文蔚每於日用間驗之，深信聖賢之言不我欺也。誦《詩》必先求正文，亦得大意，但其中名物訓釋與夫精微曲折，必質諸《詩傳》及注疏。尚未終卷，未敢請問。前書所論《中庸》，併求是正。《克齋集》卷四。

案：本書撰於慶元三年（丁巳）六月間。

朱熹《答陳才卿》：

傅簿赴部，何時可歸？待次之間，且勉其讀書爲學，亦非細事也。熹今年足疾爲害甚於常年，氣全滿，凭几不得，緣此《禮書》不得整頓。且看向後病勢又如何，若有可奉煩者，即奉寄也。禮學是一大事，不可不講，然亦須看得義理分明，有餘力時及之乃佳。不然，徒弊精神，無補於學問之實也。《晦庵文集》卷五九。

案：朱熹以下數書皆喻及修撰《禮書》事，而本書乃云“熹今年足疾爲害甚於常年，氣全滿，凭几不

得,緣此《禮書》不得整頓",知在其前。又陳文蔚《祭
朱先生文》有云"丁巳之冬,戊午之春。招之使來,授
業諸孫。因獲終歲,侍教諄諄。冬暮告歸,拜於席
下。期以己未,復到精舍"。《克齋集》卷一一。則慶元
三年(丁巳)冬"招之使來",而自四年(戊午)春至是
年冬暮,陳文蔚皆在考亭"授業諸孫"。故推知本書
約撰於慶元五年(己未,1199)夏日或稍後。

朱熹《答陳才卿》:

熹衰病如昨,加以患難,今歲夏間復失一小孫,秋來
又有仲婦之戚,悲傷之餘,羸困益甚。細讀來喻,知亦有
災患,不知何故,然亦深爲怛然也。示喻憂懼所奪,工夫
不進,此亦別無他巧,但得勉力向前爾。《晦庵文集》卷
五九。

　　案:陳文蔚《祭朱先生文》有云"丁巳之冬,戊午
之春。招之使來,授業諸孫。因獲終歲,侍教諄諄。
冬暮告歸,拜於席下。期以己未,復到精舍。暨其及
家,老父病卧。此意雖厚,不容不謝。尚期再見,款
侍誨音。一再報書,疾病已侵。往省未果,訃告忽
臨"。《克齋集》卷一一。本書中"細讀來喻,知亦有災
患,……示喻憂懼所奪,工夫不進"云云,當指此。又
本書云及"熹衰病如昨,加以患難,今歲夏間復失一
小孫,秋來又有仲婦之戚",故推知其約撰於慶元五

年秋、冬之際。

陳文蔚《十月廿一日拜先生書_{己未}》：

文蔚以迂愚之性，未有親養可歸，棲處人館，亦煞多事。以義理自處，未免拂情，又不敢徇俗，坐是亦覺費力。已年齒到此，只得自立，但覺有時氣少充，今當益務培養，以配義與道耳。《儀禮》方借得一疏參究，有少文義疑惑，謹具別紙求教。文蔚於《儀禮》外，復取《禮記》兼讀，見得聖人不是杜撰，皆是於天理流行處分別許多節目次序、隆殺等級，具有條理。但衣服器用，古今異宜，好禮者依放而行之，不失古人之意可也。未審尊意以爲如何，併乞示教。《克齋集》卷四。

案：本書撰於慶元五年（己未）十月二十一日。

朱熹《答陳才卿》：

知看《儀禮》有緒，甚善。此書雖難讀，然却多是重複，倫類若通，則其先後彼此展轉參照，足以互相發明，久之自通貫也。此間所編，直卿及用之兄弟分去謄寫，尚未送來。熹以苦氣痞殊甚，不能俯伏几案。歲晚諸人或來，即開正，不免作數月功夫，自聽對讀，或可了也。傅兄相聚，看得甚文字？想其家務，不能專一，不免小作課程而令其日有常度，則積累久之，自見功效矣。明年只在水北，即亦相去不遠，猶不廢切磋之益也。子融日益孤高，深可歎羨,一書却煩達之。《晦庵文集》卷五九。

案:朱熹下書(精舍朋友往來不常)有云"《禮
書》得直卿、劉用之在此,漸可整頓",而本書乃云"此
間所編,直卿及用之兄弟分去謄寫,尚未送來。熹以
苦氣痞殊甚,不能俯伏几案。歲晚諸人或來,即開
正,不免作數月功夫,自聽對讀,或可了也",知在其
前。又,黃榦於慶元五年十一月來考亭,遷入新居。
《勉齋先生黃文肅公年譜》。本書云《禮書》黃榦等"分去
謄寫,尚未送來",是此時黃榦尚未至考亭。故推知
本書當撰於是年十一月間。

朱熹《答陳才卿》:

精舍朋友往來不常,早晚頗有講問之樂,但病軀應
接,比之日前頗費力耳。《禮書》得直卿、劉用之在此,漸
可整頓。然亦多費功夫,甚恨相去之遠,不得賢者之助
也。所示《儀禮》所疑,此等處難卒説,但看時隨手劄記,
向後因讀他處邂逅,或有發明,自不費力。今徒守此一處,
反成擔閣,虛度光陰,不濟事也。其他更讀何書? 子融相
聚,有何講論? 因筆及之,所願聞也。《晦庵文集》卷五九。

案:陳文蔚上書(文蔚以迂愚之性)言及"《儀
禮》方借得一疏參究,有少文義疑惑,謹具別紙求
教",本書乃云"所示《儀禮》所疑",知承其後。又,黃
榦於慶元六年(1200)二月十二日自考亭而歸。《勉齋

先生黄文肅公年譜》。故推知本書約撰於是年正月間。

陳知柔

　　陳知柔(？—1184)，字體仁，永春(今屬福建)人。紹興十二年(1142)進士，授台州判官，改建州、汀州教授，兩奉祠，歷知循州、賀州。“盛年從仕，即有歸志，自號休齋居士。雅好山水”。參議福建幕，卒於淳熙十一年初。所著有《易本旨》、《易大傳》、《詩聲譜》、《論語後傳》、《詩話》等。《閩中理學淵源考》卷一二。

朱熹《答陳體仁》：

　　蒙別紙開示説《詩》之意尤詳，因得以窺一二大者。不敢自外，敢以求於左右。來教謂《詩》本爲樂而作，故今學者必以聲求之，則知其不苟作矣。此論善矣，然愚意有不能無疑者。蓋以《虞書》攷之，則詩之作本爲言志而已。方其詩也，未有歌也，及其歌也，未有樂也。以聲依永，以律和聲，則樂乃爲詩而作，非詩爲樂而作也。三代之時，禮樂用於朝廷而下達於閭巷，學者諷誦其言以求其志，詠其聲，執其器，舞蹈其節以涵養其心，則聲樂之所助於詩者爲多。然猶曰“興於詩，成於樂”，其求之固有序矣。是以凡聖賢之言詩，主於聲者少，而發其義者多。仲尼所謂“思無邪”，孟子所謂“以意逆志”者，誠以《詩》之所以作，本乎其志之所存,然後《詩》可得而言也。得其志而不得其聲者有矣,未有不得其志而能通其聲者也。就使得之,止其鍾鼓之鏗鏘而已,豈聖人"樂云樂云"之意哉?

況今去孔、孟之時千有餘年,古樂散亡,無復可考,而欲以聲求《詩》,則未知古樂之遺聲、今皆以推而得之乎?三百五篇皆可協之音律而被之絃歌已乎?誠既得之,則所助於詩多矣,然恐未得爲《詩》之本也。況未必可得,則今之所講,得無有畫餅之譏乎?

故愚意竊以爲詩出乎志者也,樂出乎詩者也。然則志者詩之本,而樂者其末也。末雖亡,不害本之存,患學者不能平心和氣、從容諷詠以求之情性之中耳。有得乎此,然後可得而言,顧所得之淺深如何耳。有舜之文德,則聲爲律而身爲度,《簫韶》、《二南》之聲不患其不作。此雖未易言,然其理蓋不誣也。不審以爲如何?《二南》分王者、諸侯之風,《大序》之説恐未爲過。其曰聖賢淺深之辨,則説者之鑿也。程夫子謂《二南》猶《易》之《乾》《坤》,而龜山楊氏以爲一體而相成,其説當矣。試考之如何?《召南》"夫人"恐是當時諸侯夫人被文王太姒之化者,《二南》之"應",似亦不可專以爲樂聲之應爲言。蓋必有理存乎其間,豈有無事之理、無理之事哉?惟即其理而求之,理得,則事在其中矣。《晦庵文集》卷三七。

案:朱熹《祭陳休齋文》云"熹少日遊宦,獲從公遊於泉、漳之間,蒙公愛予,誘掖良厚。其後別去幾

三十年，而去歲之冬復得見公，相與開懷握手如平生
歡。公雖老矣，而意氣不衰，爲我置酒，談經論義，篇
什間作，亹亹不休。……然我之還，……未及兩月，
而公訃遽來。嗚呼痛哉！公於諸經皆有論述，許以
寄我，相與考評，而今而後不復得遂此願矣”，時淳熙
十一年三月二十七日。《晦庵文集》卷八七。朱熹於淳
熙十年冬南游，十月下旬抵泉州與陳知柔相會，十一
月北上，十二月中歸家。《年譜長編》卷上。本書論
《詩》及與樂、聲之關係，當即《祭文》中所言“公於諸
經皆有論述，許以寄我，相與考評”之一，故推知本書
約撰於十年(1183)末。

陳直中

陳直中，字頤剛，《止齋先生文集》卷四〇《分韻送王德修
詩序》。永嘉(今浙江溫州)人。《敬鄉録》卷一一。

朱熹《答陳頤剛》：

衰懶杜門，罕接人事，未嘗得見顔色，而足下不鄙，以
書先之，長牋短幅，爲禮以厚，而先集、高文并以見貺，則
此意又益勤矣。然區區頑鈍，自少爲學，知守章句、謹行
止，冀以獨善其身，無爲先人羞辱而已。有如足下志尚之
高，規模之廣，則非平生夢寐之所敢及也。無以爲報，愧

恨亡已。先公胸中之奇，凜有生氣，適有遠役，未及細觀，然竊窺一二，亦足以見蘊蓄之不凡矣。序引見屬，豈所敢當，況又不暇，固當蒙見察也。盛製兩編，言多適用，不爲苟作，三復嘆仰。所論治郡條目，尤切事情。宦學得此，不必以吏爲師矣。《晦庵文集》卷六四。

　　案：《書信編年》疑其撰於紹熙四年（癸丑）以後。本書中言及“而先集、高文并以見貺，……適有遠役，未及細觀”，此“遠役”似指紹熙五年赴潭州知州事，則推知本書約撰於是年（1194）春末、夏初。

陳　埴

　　陳埴，字器之，永嘉（今屬浙江）人。嘉定七年（1214）袁甫榜進士，以通直郎致仕。“從朱子於武夷，所見超卓。紹定間，趙善湘建明道書院，辟主講席。四方學者從游數百人，稱爲潛室先生”。著有《禹貢辨》、《洪範解》、《王制章句》、《木鐘集》。《浙江通志》卷一二七、卷一七七。

朱熹《答陳器之》：

　　所示四條，第一、第三兩條得之。但以公爲仁，似未精。伊川先生明言“仁道難言，惟公近之”，非以公便爲仁。又云“公而以人體之，故爲仁”。竊詳此意，公之爲仁，猶言去其壅塞則水自通流，然便謂無壅塞者爲水，則不可。更以此意推之，可見"仁"字下落也。又中之爲義，固非專爲剛柔相半之謂。然當剛則剛，當柔則柔，當剛柔相半則相半，亦皆自有中也。試更思之，如何？《晦庵文集》卷五八。

　　案：《朱子語類》卷一一七載葉賀孫所記曰："賀孫問：'安卿近得書否？'曰：'緣王子合與他答問，諱他寫將来，以此漳州朋友都無問難来。'……因言：'器之昨寫来問幾條，已答去。今再説来，亦未分曉。公之爲仁，公不可與仁比並看。公只是無私，纔無私，這仁便流行。程先生云"唯公爲近之"，却不是"近似"之"近"。纔公，仁便在此，故云近。猶云"知所先後，則近道矣"，不是道在先後上，只知先後，便近於道。如去其壅塞，則水自流通。水之流通，却不是去壅塞底物事做出来。水自是元有，只被塞了，纔除了塞便流。仁自是元有，只被私意隔了，纔克去己私，做底便是仁。'"所云"器之昨寫来問幾條，已答去"，即指本書。又云"緣王子合與他答問，諱他寫將来"，即指朱熹《答陳安卿》（太極者）所引録陳淳問語，《晦庵文集》卷五七。朱熹《答陳安卿》撰於紹熙四年初，故推知本書約撰於四年（1193）春間。

朱熹《答陳器之問《玉山講義》》：

性是太極渾然之體，本不可以名字言，但其中含具萬理，而綱理之大者有四，故命之曰仁、義、禮、智。孔門未嘗備言，至孟子而始備言之者，蓋孔子時性善之理素明，雖不詳著其條而説自具；至孟子時，異端蠭起，往往以性爲不善，孟子懼是理之不明而思有以明之，苟但曰渾然全體，則恐其如無星之秤、無寸之尺，終不足以曉天下，於是別而言之，界爲四破，而四端之説於是而立。

蓋四端之未發也，雖寂然不動，而其中自有條理、自有間架，不是儱侗都無一物，所以外邊纔感，中間便應。如赤子入井之事感，則仁之理便應，而惻隱之心於是乎形；如過廟過朝之事感，則禮之理便應，而恭敬之心於是乎形。蓋由其中間衆理渾具，各各分明，故外邊所遇隨感而應，所以四端之發各有面貌之不同，是以孟子析而爲四，以示學者，使知渾然全體之中而粲然有條若此，則性之善可知矣。

然四端之未發也，所謂渾然全體，無聲臭之可言、無形象之可見，何以知其粲然有條如此？蓋是理之可驗，乃依然就他發處驗得。凡物必有本根，性之理雖無形，而端的之發最可驗。故由其惻隱所以必知其有仁，由其羞惡所以必知其有義，由其恭敬所以必知其有禮，由其是非所以必知其有智。使其本無是理於内，則何以有是端於外？由其有是端於外，所以必知有是理於内而不可誣也。故孟子言“乃若其情，則可以爲善矣，乃所謂善也”，是則孟子之言性善，蓋亦遡其情而逆知之耳。

仁、義、禮、智，既知得界限分曉，又須知四者之中，仁、義是箇對立底關鍵。蓋仁，仁也，而禮則仁之著；義，義也，而智則義之藏。猶春、夏、秋、冬雖爲四時，然春、夏皆陽之屬也，秋、冬皆陰之屬也。故曰“立天之道，曰陰與陽；立地之道，曰柔與剛；立人之道，曰仁與義”。是知天地之道不兩則不能以立，故端雖有四，而立之者則兩耳。仁、義雖對立而成兩，然仁實貫通乎四者之中。蓋偏言則一事，專言則包四者。故仁者，仁之本體；禮者，仁之節文；義者，仁之斷制；智者，仁之分別。猶春、夏、秋、冬雖不同，而同出乎春。春則春之生也，夏則春之長也，秋則春之成也，冬則春之藏也。自四而兩，自兩而一，則統之有宗，會之有元矣。故曰五行一陰陽、陰陽一太極，是天地之理固然也。

仁包四端，而智居四端之末者，蓋冬者藏也，所以始萬物而終萬物者也。智有藏之義焉，有終始之義焉，則惻隱、羞惡、恭敬是三者皆有可爲之事，而智則無事可爲，但分別其爲是爲非爾，是以謂之藏也。又惻隱、羞惡、恭敬皆是一面底道理，而是非則有兩面。既別其所是，又別其所非，是終始萬物之象。故仁爲四端之首，而智則能成始、能成終。猶元氣雖四德之長，然元不生於元而生於貞，蓋由天地之化，不翕聚則不能發散，理固然也。仁、智交際之間，乃萬化之機軸，此理循環不窮，脗合無間。程子所謂動靜無端、陰陽無始者，此也。《晦庵文集》卷五八。

案：本書題下注"問《玉山講義》"。《玉山講義》乃朱熹紹熙五年十一月講於玉山縣庠，約刊印於慶元元年間，故推知本書約撰於是年(1195)或稍後。

陳　址

陳址(1170—1197)，字廉夫，莆田(今屬福建)人。宰相陳俊卿孫、提舉福建路市舶陳寔子。從學於朱熹。恩授承奉郎，轉承事郎、差監鎮江府戶部大軍倉，再調監泉州南安縣鹽稅。慶元三年七月卒，年二十八。事迹見朱熹《晦庵文集》卷九四《陳君廉夫壙誌》。

朱熹《答陳廉夫》：

示喻縷縷，足認雅意。但爲學功夫不在日用之外，檢身則動靜語默，居家則事親事長，窮理則讀書講義，大抵只要分別一箇是非而去彼取此耳，無他玄妙之可言也。論其至近至易，則即今便可用力；論其至急至切，則即今便當用力。莫更遲疑，且隨深淺，用一日之力便有一日之效。到有疑處，方好尋人商量，則其長進通達不可量矣。若即今全不下手，必待他日遠求師友然後用力，則目下蹉過却合做底親切功夫，虛度了難得底少壯時節，正使他日得聖賢而師之，亦無積累憑藉之資可受鉗錘，未必能真有益也。《晦庵文集》卷五八。

案：本書撰時未詳。據文意，當撰於陳埴初問學時。朱熹《與陳丞相書》（竊聞侍祠之詔至于再三）有云"井伯書云，廉夫有學《易》之意，甚善。然此書難讀，今之説者多是不得聖人本來作經立言之意，而緣文生義，硬説道理。……竊意莫若且讀《詩》、《書》、《論》、《孟》之屬，言近指遠，而切於學者日用功夫也"，《晦庵文集》卷二七。撰於淳熙十二年冬。是時陳埴十六歲，正從學之年，故推知本書約撰於是年冬（1185）或稍後。

程成甫

程成甫，名里未詳。乃二程後裔。

朱熹《答程成甫》：

熹服膺二先生之教有年矣，雖幸得誦其詩、讀其書，然猶以未得識其子孫爲恨。兹迺辱書，欣感無量。且承叙述世次行治之詳，使得聞之，又歎大賢之後，中間留落不偶至於如此，甚者遂至淪陷隔絶而無聞，獨幸賢者於此乃能守其門户而不失其問學之傳，猶足以自慰也。今郡博士又能屈致以爲學校之重，其所以望於賢者，豈不欲其服先生之服、誦先生之言、行先生之行，以警動其學者而勉勵之哉？荷意之勤，敢申其説，以致區區之意，惟左右者念之。《晦庵文集》卷五九。

　　案：本書撰時未詳。疑撰於淳熙年間，姑係於
淳熙十年(1183)。待考。

程大昌

　　程大昌(1123—1195)，字泰之，徽州休寧(今屬安徽)
人。登紹興二十一年(1151)進士第。孝宗即位，遷著作
佐郎，遷國子司業，直學士院，除浙東提點刑獄，徙江西轉
運副使，召爲秘書少監，兼中書舍人，累遷權吏部尚書，出
知泉州，遷知建寧府。光宗嗣位，徙知明州，尋奉祠，紹熙
五年(1194)以龍圖閣學士致仕。慶元元年卒，年七十三，
謚文簡。"大昌篤學，於古今事靡不考究，有《禹貢論》、
《易原》、《雍錄》、《易老通言》、《攷古編》、《演繁露》、《北邊
備對》行於世"。《宋史》卷四三三有傳。

朱熹《答程泰之》：

　　熹昨聞《禹貢》之書已有奏篇，轉借累年，乃得其全。
猶恨繪事易差，間有難攷究處。近乃得溫陵印本，披圖按
說，如指諸掌，幸甚幸甚。此書之傳，爲有益於學者。但
頃在南康兩年，其地宜在彭蠡、九江、東陵、敷淺原之間，
而考其山川形勢之實，殊不相應。因考諸說，疑晁氏九江
東陵之說以爲洞庭巴陵者爲可信。蓋江流自澧而東，即

至洞庭,而巴陵又在洞庭之東也。若謂九江即今江州之地,即其下少東便合彭蠡之口,不應言"至東陵然後東迆,北會于匯"也。

白氏所論敷淺原者亦有理而未盡,蓋詳經文,敷淺原合是衡山東北一支盡處,疑即今廬阜,但無明文可考耳。德安縣敷陽山正在廬山之西南,故謂之敷陽,非以其地即爲敷淺原也。若如舊説,正以敷陽爲敷淺原,則此山甚小,又非山脉盡處。若遂如晁氏之説,以爲江入海處,則合是今京口,所過之水又不但九江而已也。若以衡山東北盡處而言,即爲廬阜無疑。蓋自岷山東南至衡山,又自衡山東北而至此,則九江之原出於此三山之北者,皆合於洞庭而注於岷江,故自衡山而至此者必過九江也。此以地勢考之,妄謂如此,不審參以他書,其合否又如何?但著書者多是臆度,未必身到足歷,故其説亦難盡據,未必如今目見之親切著明耳。閣下向者固嘗經行,而留意之久、記覽之富,其必有以質之。故敢輒獻所疑,伏惟有以教之,幸也。《晦庵文集》卷三七。

案:"《禹貢》之書",指程大昌所撰《禹貢論》。明歸有光《跋禹貢論後》云"《禹貢論》五十二篇,得之魏恭簡公,而亡友吳純甫家藏有《禹貢圖》,皆淳熙辛丑泉州舊刻也"。《禹貢後論》卷末。淳熙辛丑爲淳熙八年。本書中言及"近乃得溫陵印本,披圖按説,如指諸掌",溫陵即泉州,故推知本書約撰於是年(1181)或稍後。

朱熹《答程泰之_{大昌}》：

道生一，一生二，二生三。

熹恐此"道"字即易之太極，"一"乃陽數之奇，"二"乃陰數之偶，"三"乃奇偶之積。其曰"二生三"者，猶所謂二與一爲三也。若直以"一"爲太極，則不容復言"道生一"矣。詳其文勢，與《列子》"易變而爲一"之語正同。所謂"一"，者皆形變之始耳，不得爲非數之一也。

策數。

策者，蓍之莖數，《曲禮》所謂"策爲筴"者是也。《大傳》所謂"《乾》、《坤》二篇之策"者，正以其掛扐之外見存蓍數爲言耳。蓋揲蓍之法，凡三揲掛扐，通十三策而見存三十六策，則爲老陽之爻；三揲掛扐，通十七策而見存三十二策，則爲少陰之爻；三揲掛扐，通二十一策而見存二十八策，則爲少陽之爻；三揲掛扐，通二十五策而見存二十四策，則爲老陰之爻。《大傳》專以六爻乘老陽、老陰而言，故曰乾之策二百一十有六，坤之策百四十有四，凡三百有六十。其實六爻之爲陰陽者，老少錯雜，其積而爲乾者未必皆老陽，其積而爲坤者未必皆老陰。其爲六子諸卦者，或陽或陰，亦互有老少焉。蓋老少之別，本所以生爻，而非所以名卦。今但以乾有老陽之象，坤有老陰之象，六子有少陰、陽之象，且均其策數，又偶合焉，而因假此以明彼則可；若便以乾六爻皆爲老陽，坤六爻皆爲老陰，六子皆爲少陽、少陰，則恐其未安也。但三百六十者，

陰陽之合，其數必齊於此。若乾坤之爻而皆得於少陰、陽
也，則乾之策六其二十八而爲百六十八，坤之策六其三十
二而爲百九十二，其合亦爲三百六十，此則不可易也。

　　河洛圖書。

　　論雖以四十五者爲《河圖》，五十五者爲《洛書》，然序
論之文多先《書》而後《圖》，蓋必以五十五數爲體，而後四
十五者之變可得而推。又況《易傳》明有"五十有五"之
文，而《洪範》又有九位之數耶？

　　當否。

　　《易》卦之位，震東、離南、兌西、坎北者爲一說，十二
辟卦分屬十二辰者爲一說。及焦延壽爲卦氣直日之法，
乃合二說而一之，既以八卦之震、離、兌、坎二十四爻直四
時，又以十二辟卦直十二月，且爲分四十八卦爲之公、侯、
卿、大夫，而六日七分之說生焉。若以八卦爲主，則十二
卦之乾不當爲巳之辟，坤不當爲亥之辟，艮不當侯於申
酉，巽不當侯於戌亥。若以十二卦爲主，則八卦之乾不當
在西北，坤不當在西南，艮不當在東北，巽不當在東南。
彼此二說，互爲矛盾。且其分四十八卦爲公、侯、卿、大夫
以附於十二辟卦，初無法象，而直以意言，本已無所據矣，
不待論其減去四卦二十四爻而後可以見其失也。揚雄
《太玄》次第乃是全用焦法，其八十一首蓋亦去其震、離、
兌、坎者，而但擬其六十卦耳。諸家於八十一首多有作擬
震、離、坎、兌者，近世許翰始正其誤。至立踦嬴二贊，則

正以七百二十九贊又不足乎六十卦六日七分之數而益之，恐不可反據其説以正焦氏之失也。

孔穎達。

孔氏"是一揲也"四字，先儒莫有覺其誤者。今論正之，信有功矣。但細詳疏文後段，孔氏實非不曉揲法者，但爲之不熟，故其言之易差而誤多此四字耳。其云"合於掛扐之處"，又云"合於掛扐之一處而總掛之"，則實有誤，然於其大數亦不差也。

畢中和。

畢氏揲法視疏義爲詳，柳子厚詆劉夢得，以爲膚末於學者，誤矣。畢論三揲皆掛一，正合四營之義。唯以三揲之掛扐分措於三指間爲小誤，然於其大數亦不差也。其言餘一益三之屬，乃夢得立文太簡之誤，使讀者疑其不出於自然而出於人意耳。此與孔氏之失固不可不正，然恐亦不可不原其情也。《晦庵文集》卷三七。

案：本書論及《老子》、《周易》，與下書（病中得窺《易老新書》之祕）所云相合，推知撰於其前，約在淳熙十三年（1186）左右。

朱熹《答程泰之》：

病中得窺《易老新書》之祕，有以見立言之指深遠奧博，非先儒思慮所及矣。尚以道中籃輿搖兀，神思昏憒，未容盡究底蘊。獨記舊讀"儼若容"止作"容"字，而蘇黄門亦解爲修容不惰之意,嘗疑此或非老子意。後見一相書引此,乃以"容"字爲"客"字,於是釋然,知老子此七句而三協韻,以"客"韻釋,脗若符契。又此凡言"若某"者,皆有事物之實,所謂客者,亦曰不敢爲主,而無與於事,故其容儼然耳。近見温公注本亦作"客"字,竊意古本必更有可考者。雖非大義所繫,然恐亦可備討論之萬一。不審台意以爲如何?《晦庵文集》卷三七。

　　案:《易老新書》,指程大昌所撰《易老通言》。明焦竑《老子翼》卷二《附録》云"光廟在潛邸,程文簡公大昌時爲宫僚,嘗索其所著《易老通言》,大昌以劄子繳納"。又,周必大《程泰之侍郎大昌淳熙十四年》有云"《易老通言》方歎服不暇,而處、通二郡相繼以《易原》見示,探先聖之秘,發後覺之蒙,何待後世揚子雲耶"。《文忠集》卷一九〇。故推知本書亦約撰於此時。淳熙十四年(1187)正月,朱熹南下莆田弔陳俊卿,至泉州訪舊,二月經福州而歸。《年譜長編》卷下。本書有言"尚以道中籃輿摇兀,神思昏憒,未容盡究底藴",疑即撰於此時。

程　鼎

　　程鼎(1107—1165),字復亨,自號韓溪翁,徽州婺源(今屬江西)人。程洵之父,朱松内弟。少孤,從朱松"學於閩中,因得講聞一時儒先長者之餘論而心悦之,抄綴誦習,晨夕不少懈"。歸,"好讀左氏書,爲文輒傚其體,不能屈意用舉子尺度,以故久不利於場屋。……晚益不得志,因自放於杯酒間"。乾道元年卒,年五十九。事跡詳見朱熹《晦庵文集》卷九〇《韓溪翁程君墓表》。

朱熹《簡十四表叔書一紹興十三年癸亥》:

熹叩首泣血拜覆十四叔座前:熹罪逆深重,不自殞滅,禍延先考,日月不居,奄經晦朔,哀慕號絶,尚延喘息。向裵賜去,荒迷中不及拜書,于念八叔翁書中曾伸哀訴,伏蒙尊念,賜書慰問,但切哀□□□□倍加保重,臨紙感激不備。熹叩首泣血拜覆。《婺源韓溪程氏梅山支譜》。

案:上海圖書館所藏清宣統元年木活字刻本《婺源韓溪程氏梅山支譜》,載有朱熹致十四表叔程鼎書信九通,未見他書記載。今據馮青《朱熹致程鼎書信九通考釋》載《圖書館雜誌》二〇一七年第三期。轉錄於此。

據載朱松卒於紹興十三年三月,年四十七。《晦庵文集》卷九四《朱府君遷墓記》。本書中云及"熹罪逆深重,不自殞滅,禍延先考,日月不居,奄經晦朔,哀慕號絶,尚延喘息",乃述喪父之痛;又云及"伏蒙尊念,賜書慰問",則程鼎先有來函慰問,朱熹作本書復之,約撰於是年(1143)中。

朱熹《簡十四表叔書二紹興十八年戊辰》：

熹拜覆十四叔解元尊前：即日秋涼，伏惟尊候萬福。
熹侍下幸遣，不煩念及。熹自頃年拜違，中間不得時時以
書拜問動止，下懷不勝瞻仰，諒蒙尊察。熹茲者蒙恩賜
第，自顧無似，非親戚尊長平日愛憐提獎，何以得此？但
知感幸。熹去歲遭四叔之禍，今甫練祭，且夕一至延平護
喪，歸葬政和，迎侍四嬸，以來同居。政感愴中，荷賜促
行，拜覆不謹，未得侍間，伏乞保重不備。熹拜覆舅婆太
孺，即日伏惟尊候萬福，娘子再三拜起居，信物一角，謾以
見意，伏乞容留。熹拜覆。《婺源韓溪程氏梅山支譜》。

案：朱熹於紹興十八年應舉得第五甲第九十人，
四月賜同進士出身。《紹興十八年同年小録》。本書中
云“熹茲者蒙恩賜第”，又云“即日秋涼”，故推知其當
撰於是年（1148）秋中。

據朱熹《朱府君遷墓記》稱“幼從先君子在臨安，
時時見君（程鼎）來，先君子或留與飲，君必盡醉而論
説衮衮，不能自休”，《晦庵文集》卷九〇。故本書中又
云“熹自頃年拜違，中間不得時時以書拜問動止”。

朱熹《簡十四表叔書三紹興二十年庚午》：

熹拜覆十四叔長解元尊前：比日遷里中，幸數參侍，殊
慰累年流落瞻仰之情。匆匆拜違，又復旬日，瞻戀不可言。
即日初正，伏惟尊候多福慶。熹初一日即發婺源，度芙蓉、

對鏡，皆沖霖雨、踏積雪，其勞不可言。六日方達城下，今已三日，外公堅相留，亦人事未了，未得起行。群僕坐磨裹糧，深爲非便，前途不能無缺乏之憂耳。性夫二叔兩日間皆已過此，而熹獨坐困，未知所以爲計，甚窘甚窘。叔長旦暮留長田否？方事之殷，想未即開講。子茂來，聞欽國書社定成，深爲助喜。前日臨行拜覆，所求文字，切乞留意，或只煩欽國料檢録出，附便來行朝甚便。熹一兩日亦要擺脱，且爲行計，未即拜見，伏乞保重不備。初八日二鼓表姪熹拜覆。

□□□□帖尾□□□□雅歌鄭舞，想權且倚閣也，一笑。子由《老子》，因便略借讀，感感！見俞順卿，煩爲借法界關本子。《婺源韓溪程氏梅山支譜》。

　　案：朱熹《跋李參仲行狀》稱“予之先世家婺源，與公爲同縣人，而客於建也久矣。紹興庚午歲，予年二十餘，始得一歸故鄉，拜其墳墓、宗族、姻黨”。《晦庵文集》卷八三。本書有云“比日還里中，幸數參侍，殊慰累年流落瞻仰之情”，即指此“一歸故鄉”。朱熹《朱府君遷墓記》亦稱朱熹“既長，歸鄉里，又得拜君，而君辱教誨之”。《晦庵文集》卷九〇。紹興庚午歲，即紹興二十年（1150）。又本書末稱“初八日二鼓表姪熹拜覆”，則其當撰於是年正月八日。

朱熹《簡十四表叔書四紹興二十二年壬申》：

　　熹拜覆十四叔長尊前：裘賜來領所賜書兩封，伏讀感

慰，無有量已。即日冬序尚温，伏惟尊候萬福。熹侍旁幸
遣，不煩遠念。會弟夭歿，聞之傷惻不已。伏想天性之
誼，何以堪之？尚冀寬釋，無至自苦爲望。熹寓此雖無
他，然今秋數月抱病悄悄，意緒殊不佳。冬事又不登，大
率每歲十分計，今歲之人適及其半，今年猶可支吾，來歲
春夏間未知何以爲計？此中人情習亂，一日不炊，輒已有
操戈之興，官司又不以爲意，掊克督責如平時，此大可慮
者。幸熹官期不遠，只夏初可赴上，但未知交代肯如期
否？欽國目疾想痊癒，一書與之，乞爲附行。承欲來此，
甚幸，熹第恨未有以相處耳。閩中學者雖多，亦無的實淵
源。大抵此事是自己分上事，孟子所謂"歸而求之有餘
師"者，是親切。□□□□當託相知於州郡開板，麻沙諸
處大率多開時文，其他見利稍遲者，往往不喜開也。山中
交遊，益寥落然，閉户讀書，以其暇日端居一室，寂然如一
老僧，不得已時亦有詩文，匆匆未及寫呈求改抹也。俞姨
丈葬事在近，禮當自爲挽詩，匆匆未暇，俟他日追作拜呈
也。裳賜歸速，拜狀不及一一，未拜侍間，伏乞保重不備。
十月九日熹拜覆。《婺源韓溪程氏梅山支譜》。

　　案：朱熹於紹興二十一年三月銓試中等，授左迪
功郎、泉州同安縣主簿，待次；二十三年五月赴同安
縣任。《年譜長編》卷上。本書中云"即日冬序尚温"，
又云"幸熹官期不遠，只夏初可赴上，但未知交代肯
如期否"，末署時"十月九日"，故推知其當撰於紹興

紹興二十二年(1152)十月九日。

朱熹《簡十四表叔書五》：

熹拜覆十四叔長解元尊前：即日春和，伏惟尊候萬福。熹拜違侍右，於今累年，隨牒遠方，疏於候問，下懷瞻仰，不可以言。昨還自泉南，始領去秋所賜批字，雖已歷歲時，猶足以少慰也。熹自癸酉之秋到官，至去年秋滿四考，而代者不至，遂求省罷以歸。一出六年，學殖荒落，貧病交切甚，困悴乃甚於往時。又以五六妹長成，劉氏來督姻期，已與約今冬成禮，奩具蕭然，無錢不能一舉手，此又貧窘中重費力事，他困不足言也。幸老幼俱粗安，無他惱耳。未拜侍間，伏乞保重不備。熹拜覆。《婺源韓溪程氏梅山支譜》。

案：朱熹紹興二十三年七月至同安任職，二十六年七月秩滿，八月至泉州候批書，二十七年十月以代者不至、四考滿罷歸，尚留泉州有日，至年末抵家。《年譜長編》卷上。本書有云"熹自癸酉之秋到官，至去年秋滿四考，而代者不至，遂求省罷以歸"，又云"即日春和"，推知其當撰於紹興二十八年(1158)春中。

朱熹《簡十四表叔書六》：

熹拜覆十四叔解元尊前：百五弟來，伏領賜書。共審即日暑中，尊候萬福。百五弟又出示送行佳句，既深歎

仰，而卒章有見及者，敢不頓首受教。熹昨以忘意古人爲
己之學，而未得求之之要，因遂出入佛老之門，冀萬一有
得焉，亦以其説誠有似於吾宗故也，既又無所得。近年以
來，賴師友之誨，幸於吾儒之學知所用心，向來雜學稍已
疏矣。今之所懼，懼理有未明、義有未精、行之有不力耳。
不審叔長何以教之？經濟之意未之敢忘，然方以在己者
爲憂，有如牧馬童子之謂也。蒙索近文，亦苦無事不便
作。爲一朋友作小記，方託一相知爲寫，別無本可寫呈，
請俟後便也。向來亦嘗有意學作文字，然苦無自得處，每
出一篇，輒愧悔，隨又竄削，比就繩約，則鉤裂補綴，索然
無完氣候。因復自思，既無此等才具，自不必作，無爲浪
自苦。然間爲人所迫，不得已而爲之，終未忘懷於工拙之
間也。假之數年，學倘少進，庶幾息此念乎？允夫賢弟學
當益進，亦嘗致意於義理間乎？未及拜書，有便示數字，
欲知所用心也。《婺源韓溪程氏梅山支譜》。

　　案：朱熹初“出入佛老之門”，至紹興二十七年始
致書李侗問學，六月李侗有答書。二十八年正月往
延平拜謁李侗，後屢有書問答；是年十一月請祠，十
二月差監潭州南嶽廟。《年譜長編》卷上。本書有云其
“昨以忘意古人爲己之學，而未得求之之要，因遂出
入佛老之門，冀萬一有得焉。……近年以來，賴師友
之誨，幸於吾儒之學知所用心，向來雜學稍已疏矣”。
又有“經濟之意未之敢忘，然方以在己者爲憂”云云，

且云及“即日暑中”，推知約其撰於紹興二十八年五、
六月間。

朱熹《簡十四表叔書七》：

熹拜覆十四叔長解元尊前：祖義來，伏領所賜書。伏
讀再三，如侍教誨，大慰累年違闊瞻仰之誠，且感親誼存
省不忘之意，幸甚幸甚。即日冬寒，伏惟侍奉舅婆太孺、
叔母孺人、表弟房下以次一一萬福。熹兩年疾病，贏憊之
極，至此秋末，遂發寒熱，狀若勞瘵，瘦削日甚。老人年來
亦多疾病，殊無好懷。舊學荒廢，無復倫理。伏讀誨諭誘
進之厚，愧怍不可言。前歲秋間，誤蒙召命，時病已有端，
遂不能行。其後亦聞深不爲公論所予，幾煩搏擊，賴既不
出，遂且無事，命之坎壈，如此可笑，恐非如叔所稱道也。
切承有意上書北闕，副封得以見教，幸甚。但付祖義處，
彼時有便人往來也。熹往年亦誤有此志，□□□□能成，
兀坐終日，時以所聞於師者反求諸心耳。恐欲知之，故具
以告。媽媽、新婦、禪月以次拜問舅婆起居，媽媽有虔布
一段拜獻，輕瀆愧恐。並致問叔婆以下各惟安慶。六姊
承問，感感！附此拜謝。百三嬸在五三妹家，去此不遠；
百四嬸歸吉溪多時矣。五六妹終歲僅一收書，次第歲交
當歸也。蒙問一一及之，未拜侍間，伏乞保重。熹病中倦
甚，拜書草草不備。十一月十日表姪朱熹拜覆。《婺源韓
溪程氏梅山支譜》。

案:書中言及"前歲秋間,誤蒙召命,時病已有端,遂不能行。其後亦聞深不爲公論所予,幾煩搏擊,賴既不出,遂且無事"。據《建炎以來朝野雜記》乙集卷八《晦庵先生非素隱》云"紹興己卯之秋,高宗聞其賢,已有召命,蓋陳魯公(康伯)初執政薦之也。時同召者四人,韓無咎尚書爲建安宰,得旨候終更乃入。而先生(朱熹)與徐敦立、呂仁甫皆當即赴。何司諫溥乃言徐、呂皆部使者,宜令滿任,意實欲以見沮。先生因援三人例,乞俟嶽祠滿日赴行在",即指此。又朱熹《答程欽國》(往年誤欲作文)云及"講學近見延平李先生,始略窺門户。而疾病乘之,未知終得從事於斯否耳",《晦庵文集》別集卷三。撰於紹興三十年時間。與本書"熹兩年疾病,羸憊之極,至此秋末,遂發寒熱,狀若勞瘵,瘦削日甚"云云相合。又本書有云"即日冬寒"、"十一月十日表侄朱熹拜覆",故推知其當撰於紹興三十年(1160)十一月十日。

朱熹《簡十四表叔書八》:

熹拜覆十四表叔解元尊前:久不拜問,葉仁來,忽領賜書,良慰瞻仰。信致益寒,伏惟尊候萬福。熹侍旁無他,但日益貧耳。昨嶽祠滿,妄意一近闕差遣,少助菽水之養,而不可得。復不能待遠次,遂再請祠祿,幸即得之,亦差勝無耳。學問不敢廢,但於此境界中,似打不過了,更有甚道理可説也。所諭正經事甚難，但恐時事更有甚於此者。若只就科舉中理會，亦有一二事可言。如經義，本只是敷繹義理，更欲詳審，則通詁訓、句讀、音切，及先儒異同得失，亦可觀學者用力之淺深、見識之高下，今乃破碎裂爲偶儷之文，累辭千百，求一言之合乎義理而不可得，果何爲哉？命題者又取字句之偶同者，兩兩合之，以網羅學者，思慮之所不及，而不惟義理之如何，此大弊也。近時又多附合時事，不顧經之本指，治《春秋》者尤甚，顛倒六經，侮瀆聖言，良可驚懼。不知薄俗何爲而頓至於此，不若不使人治經之爲愈。不審吾叔以爲如何？胡丞書納上，恐未必有效。未拜侍間，伏乞保重不備。十月二十五日熹拜覆。《婺源韓溪程氏梅山支譜》。

案：書中有言"昨岳祠滿，妄意一近闕差遣，少助菽水之養，而不可得。復不能待遠次，遂再請祠禄，幸即得之，亦差勝無耳"，據《年譜長編》卷上，紹興三十二年（1162）五月，朱熹因南嶽，祠秩滿，復請祠；六月十一日，孝宗即位，尋朱熹復差監南嶽廟。故推知本書當撰於是年十月二十五日。

朱熹《簡十四表叔書九》：

熹拜覆十四尊叔秘省尊前：即日夏熱，伏惟尊候萬福。熹拜違誨約，爲日寢久。去歲莊僕來，承賜書。時方西上，無由具報。近忽領遞中所賜教，尤切感慰。然亦止是尉司一公人持來，不知元是何官司遣至，又不能即答，下情區區，徒積瞻仰。熹侍奉領幼屬幸安，不煩賜念。去冬妄意一出，闊疏亡取，幸蒙寬恩，猶得除官以歸。然尚待三四年闕，食貧急祿，恐不能待，又未敢遽請祠，少忍數日，終當如鄙志耳。十一姨太孺奄忽終壽，聞訃豈勝哀惻，寓居阻遠，無由面慰，奈何！奈何！欲作書慰簡夫，況此便不甚的，不能致奠禮，當俟葉仁來也。敢煩話及此意，幸甚！幸甚！六姨婆想亦失助，蒙諭支穀，未知葉仁糶了所餘多少？又恐他已離彼，未敢寄批去支，俟其到此契勘，卻令納上，庶幾不失指準也。僧弟看墳了之說甚善，亦方慮此事，得族人有欲爲料理者，何幸如之。然須於近墳左右得數椽以居之乃可。此非他年一歸徐議營辦，恐難遙度也。孫遠之在武林屢見遇，匆匆遽歸，亦不及一面也。參仲向在里中數得從容，深所敬服。今承錄示佳句，尤以欣慕，恨未多見耳。十一姨婆誌文，蒙諭豈敢辭？但恐不當越鄉里前輩。□□□□乞早寄事狀來，不爾，只請於鄉里長上尤便也。允夫□□□□卒不能上，因棄去，久不作，不知所以爲助，然亦知其非所及也。別書與之，乞試取一觀，未知所言中理否？後便希望垂教，幸甚。前書欲先集近方，託寫數本未來，俟到，當尋便納上。但鄉人族人求者頗多，不能遍寄，當只寄一本共傳觀之耳。序跋志文，非不念之，但先友凋零，無可屬者，與其所託或失其人，徒爲羞辱，今姑任之，付之後世，自有公論

耳。近世士大夫更保不得，難得完人，可歎！可歎！舅婆
太孺尊候萬福。聞甚强健，深以爲慰。叔母孺人萬福。
允夫已別爲書矣。諸孫成行，亦可喜也。老母再三拜問，
新婦、六姊及二子悉附拜起居之問，便中未有可以爲寄
者。未拜侍間，乞保重不備。五月十二日表侄熹拜覆十
四秘省叔尊前。《婺源韓溪程氏梅山支譜》。

　　案：書中云及"去冬妄意一出，闊疏亡取，幸蒙寬
恩，猶得除官以歸。然尚待三四年闕，食貧急禄，恐
不能待，又未敢遽請祠，少忍數日，終當如鄙志耳"，
據《年譜長編》卷上，朱熹於隆興元年九月十八日赴
行在奏事，十月十九日至臨安，十一月六日入對垂拱
殿，十二日除武學博士，待次；十二月十二日南歸。
又汪應辰《與喻居中》亦稱"朱元晦以召命再下，諸公
迫之方行。既對，力排和議，其他皆人所難言者。得
武學博士，待四年闕。然其家貧母老，勢須再請嶽祠
也"。《文定集》卷一六。故推知本書當撰於隆興二年
（1164）五月二十日。

程端蒙

　　程端蒙（1143—1191），字正思，初名端頤，番陽（今江
西波陽）人。入太學，對策不合而歸。紹熙二年十一月一
日卒，年四十九。淳熙三年初見朱熹於"婺源，聞諸老先

生所以教人之大指，退即慨然發憤，以求道修身爲己任，討論探索，功力兼人。雖其精微或未究極，而其固守力行之功則已過人遠矣"。事蹟見朱熹《晦庵文集》卷九〇《程君正思墓表》。

朱熹《答程正思》：

設啓奠，祝詣殯前跪告，祝詞依高氏書，日内復具饌以辭訣。

葬前數日啓殯前，未可謂之辭訣，恐是日但設奠而啓殯，至葬前一夕，乃設奠辭訣。

啓喪遣奠，用高氏書祝文。

高氏祝詞云"形神不留"者，非是。據《開元禮》，當作"靈辰不留"，"旋"亦當作"柩"。今雖不用此詞，亦謾及之。

按《禮》，既虞之後，以吉祭易喪祭。吉祭、喪祭何辨？

未葬時奠而不祭，但酌酒陳饌再拜而已。虞始用祭禮，卒哭則又謂之吉祭，其説則高氏説已詳矣。但古禮於今既無所施，而其所制儀復無吉凶之辨，惟温公以虞祭讀祝於主人之右、卒哭讀祝於主人之左爲别，蓋得《禮》意。大抵高氏考古雖詳而制儀實疏，不若温公之愨實耳。《晦庵文集》卷五〇。

案：朱熹《程君正思墓表》云："喪母葬祭，推本

古經，以正流俗之謬，鄉人多以爲法。"《晦庵文集》卷九
〇。本書正答程端蒙來問葬儀。程端蒙初見朱熹於
淳熙三年，"淳熙七年領鄉貢，補太學生"。《江西通
志》卷八八。故推知其母約卒於淳熙四年（1177）間，
方能於守喪期滿參加鄉試。

朱熹《答程正思》：

示喻日用操存之意，甚善甚善。用功如此，所造豈易
量？然亦須藉窮理功夫，令胸次灑落，始有進步處。《大
學》所謂"知至而後意誠"者，正謂此也。讀《禮》之暇，宜
取《論語》逐章細看，每日不過兩三段，先令盡通諸說異
同，然後深求聖言本意，則久久自當見效矣。《晦庵文集》卷
五〇。

案：書中所謂"讀《禮》"，乃爲"推本古經"，則知
在程端蒙守喪期間，乃承上書。

朱熹《答程正思》：

所示禮文考訂詳悉，上合《禮》意，下適時宜，甚善甚
善。其間小未備處，已輒補之矣。幸詳擇而勉行之，使州
里之間有所觀法，非細事也。《晦庵文集》卷五〇。

案：書中所謂"使州里之間有所觀法"，即指"鄉
人多以爲法"，知承上書，推知其或撰於淳熙五年
（1178）間。

朱熹《答程正思》：

《論語》舊嘗纂定諸説，近細考之，所當改易者什過五六。知近讀此書有緒，亦甚欲相與商訂耳。《晦庵文集》卷五〇。

> 案：朱熹下書（《論語》三篇）云"《論語》三篇，説甚子細，……所訂《集注》中一二字，甚善"，知承本書，故推知本書約撰於淳熙七年（1180）。據朱熹《題落星寺》、《題石乳寺》，是年三月丁卯、五月重五日，程端蒙先後陪侍朱熹游落星寺、石乳寺，《晦庵文集》別集卷七。則本書當撰於程端蒙歸家以後，約在夏末、秋間。

朱熹《答程正思》：

《論語》三篇，説甚子細，衮衮未暇詳看。所訂《集注》中一二字，甚善。如"三事"之爲"三者"，當即改易也。此間講説不廢，能問者不過二、三人耳。《濂溪祠記》刻成已久，何爲未見？今併新刻三種内去，先人小集一册併往。此間無他物可爲寄也。《晦庵文集》卷五〇。

> 案：所謂"先人小集"，即朱松《韋齋集》。傅自得《韋齋集序》云"公之嗣子今南康太守熹，……明天子用寵嘉之，即其家拜二千石，君懇辭不獲命，强起視郡事，逾年而政成訟簡，一旦走介二千里，書抵予曰：'熹先人遺文，江西遂將刊行，而未有序引冠篇

首。先友盡矣，不孤之惠，誠有望於門下，敢以爲
請。'"時當"淳熙七年夏四月既望"。《韋齋集》卷首。
推知《韋齋集》刊成後寄與程端蒙，約在是年秋間或
稍後。

朱熹《答程正思》：

熹病倦，不敢極力觀書，閑中玩養，頗覺粗有進處。
恨相去遠，不得朝夕款聚。亦幸有一二朋友在此，不廢講
論，因事提掇，不爲無助。不知正思能一來否？沙隨程丈
聞亦欲入閩，不知何時定成行也？聞其制度之學甚精，亦
見其一二文字，恨未得面扣之耳。清卿省處恐靠不得，不
知他日來如何做功夫？離羣索居，易得鈍滯了人，甚可懼
也。《晦庵文集》卷五〇。

  案：書中云"聞其（程迥）制度之學甚精，亦見其
一二文字，恨未得面扣之耳"，據朱熹《答程可久迥》
（熹昨者拜書草率）論及其"所製古度量及《圖義》一
册"等，《晦庵文集》卷三七。所謂"一二文字"即指此。
《答程可久迥》撰於淳熙七年夏間。又據朱熹《與周
執政劄子》（熹竊以仲秋之月）云其近日"心痛寖劇，
而足疾復作，痛楚非常，不能履地，在告已旬日矣"，
《晦庵文集》卷二六。本書中所言"熹病倦，不敢極力觀
書"，當即指此。《與周執政劄子》書撰於七年仲秋八
月。故推知本書約撰於是年秋末、冬初。

朱熹《答程正思》：

承喻致知力行之意，甚善。然欲以"靜敬"二字該之，則恐未然。蓋聖賢之學，徹頭徹尾只是一"敬"字。致知者，以敬而致之也；力行者，以敬而行之也。"靜"之爲言，則亦理明心定，自無紛擾之效耳。今以靜爲致知之由，敬爲力行之準，則其功夫次序皆不得其當矣。《中庸》所謂"博學審問"、"謹思明辨"者，皆致知之事，而必以篤行終之，此可見也。苟不從事於學問思辨之間，但欲以靜爲主而待理之自明，則亦没世窮年而無所獲矣。《晦庵文集》卷五〇。

案：書中云"承喻致知力行之意，甚善"，下書（熹忽被改除之命）又云"致知力行，論其先後，固當以致知爲先，然論其輕重，則當以力行爲重"，知承本書。下書撰於淳熙八年（1181）十月、十一月之際，故推知本書約撰於秋、冬之際。

朱熹《答程正思》：

熹忽被改除之命，來日當往奏事。儻得遂瞻玉陛，不敢愛身以爲朋友羞，但恐疏拙，不能有以感動上意耳。致知力行，論其先後，固當以致知爲先，然論其輕重，則當以力行爲重。昨告擇之，正爲徒能知之、言之而不能行者設耳，於理固無大害也。《晦庵文集》卷五〇。

案：據朱熹《辛丑延和奏劄三》，朱熹於淳熙八

年九月二十二日改除提舉浙東常平公事，十月二十
八日允赴行在奏事，十一月二日登程。《晦庵文集》卷
一三。本書云"熹忽被改除之命，來日當往奏事"，則
知其撰於十月二十八日、十一月二日之間。

朱熹《答程正思》：

諸書再看，義理未安處甚多，皆是要切大頭項處，令
人恐懼不可言。《晦庵文集》卷五〇。

案：本書撰時不詳。《書信編年》係於淳熙八年
後。待考。

朱熹《答程正思》：

所示策，甚佳。然詞氣之間，亦覺尚欠平和處，豈有
所不能平於中耶？陳正己之論，何足深辨？杲老嘗說少
時見張天覺，或告之曰："蔡元長說相公極正當，只是少些
機數。"張應之曰："蔡京斫頭破肚漢，我若有機數，却與你
一般也。"若待它說伊川用處不周，即伊川與你一般矣。
此可付一笑也。《通書》注說善惡分明作兩節，何爲尚疑
無先善後惡之意耶？"性"字之說亦無可疑，然得賢者如
此發明，亦有助也。《晦庵文集》卷五〇。

案：朱熹《答潘叔昌》（示諭漢、唐初事）有云"若
必以爲然，即程正叔寧可終身只作國子祭酒，却讓他
陳正己作宰相也"，《晦庵文集》卷四六。本書亦云"陳

正己之論,何足深辨",似皆爲陳正己議論伊川先生而發,疑在一時。《答潘叔昌》約撰於淳熙十一年（1184）秋末冬初。

朱熹《答程正思》：

所喻《孟子》,前日因一二朋友看到此,疑其説之不明,方略改定,正與來喻合。叔重必自報去矣。答陳同父書,不知曾細看否？人皆以爲此不足深辨,此未察時學之弊者也。區區之意,豈爲一人發哉？鋟版乃此間吕沅州爲之,婺本初未有也。此等事當平心觀之,不必如此爲已甚也。《晦庵文集》卷五〇。

　　案：書中言"答陳同父書,不知曾細看否",朱熹與陳亮論辨主要在淳熙甲辰秋至乙巳秋。又吕沅州,據朱熹《贛州趙使君墓碣銘》稱,"淳熙十二年十一月某日,知贛州軍州事朝請郎趙公某卒于官,明年二月某日歸葬所居邵武軍城西南樵嵐山,其友沅州吕使君勝已實銘其行內壙中"。《晦庵文集》卷九二。故推知本書約撰於淳熙十三年（1186）末或稍後。

朱熹《答程正思》：

所論皆正當確實,而衛道之意又甚嚴,深慰病中懷抱。省試得失,想不復置胸中也。告子"生之謂性",《集注》雖改,細看終未分明。近日再改一過,此處覺得尚未有言語解析得出，更俟款曲細看。他時相見，却得面論。祝汀州見責之意，敢不敬承。蓋緣舊日曾學禪宗，故於彼說雖知其非，而不免有私嗜之意，亦是被渠說得遮前揜後，未盡見其底蘊。譬如楊、墨，但能知其"爲我"、"兼愛"，而不知其至於"無父"、"無君"。雖知其"無父"、"無君"，亦不知其便是"禽獸"也。去冬因其徒來此狂妄凶狠，手足盡露，自此乃始顯然鳴鼓攻之，不復爲前日之唯阿矣。浙學尤更醜陋，如潘叔昌、呂子約之徒，皆已深陷其中，不知當時傳授師說何故乖訛便至於此？深可痛恨。元善遂能辦此，深可歎賞。深慚老繆放過此著，今日徒勞煩舌，用力多而見功寡也。

"然則犬之性猶牛之性，牛之性猶人之性與?"犬、牛、人之形氣既具，而有知覺、能運動者生也。有生雖同，然形氣既異，則其生而有得乎天之理亦異。蓋在人則得其全而無有不善，在物則有所蔽而不得其全，是乃所謂性也。今告子曰"生之謂性"，如白之謂白，而凡白之白無異白焉，則是指形氣之生者以爲性，而謂人、物之所得於天者亦無不同矣。故孟子以此詰之，而告子理屈詞窮，不能復對也。

右第三章乃告子迷繆之本根、孟子開示之要切。蓋知覺運動者，形氣之所爲；仁、義、禮、智者，天命之所賦。學者於此正當審其偏正全闕，而求知所以自貴於物，不可以有生之同，反自陷於禽獸，而不自知己性之大全也。

“告子”一段,欲如此改定,仍删去舊論,似已簡徑。
但恐於一原處未甚分明,請看詳之。《晦庵文集》卷五〇。

案:據《臨汀志·郡守題名》,祝櫰於淳熙十四
年四月至十六年八月間知汀州。《永樂大典》卷七八九
三。書中“祝汀州”,當指此人。又書中云及“省試得
失,想不復置胸中也”,史載此數年內,僅淳熙十四年
(1187)春有省試,故推知本書約撰於是年夏、秋間。

朱熹《答程正思》:

所喻數説,皆善。《孟子》中間又改一過,不記曾録去
否? 今恐未曾,別寄一本。但初看甚分明,今讀之又似不
分曉,試更爲思之。如來喻固佳,初欲取而用之,又覺太
繁,注中著不得許多言語。今可更約其辭,爲下數語來。
若發脱得意思分明,又當改却此説乃佳也。“致知”説及
他數處近改者,德粹寫得。今有所改《或問》一二條,亦寫
寄之,可就取看。“日新”一條,似比舊有功也。發見之
説,已具叔重書中,可更相與詳之。此是日用功夫最精約
處,與向來五峯、敬夫之説不同,可更思之,恐説未透,却
又須別下語也。《大學或問》所引《孟子》,正是傳授血脉,
與援引牽合者不同,試更詳之。人心、道心,近書雖云無
疑,恐亦有未徹處,故猶有不善看之説,亦請更察之也。
其他所論,大槩皆正當,但於曲折處間有未察,則恐於所
謂亭亭當當恰好處未免不子細也。大抵近日朋友例皆昏

弱無志，散漫無主，鞭策不前，獨正思篤志勤懇，一有見
聞，便肯窮究，此爲甚不易得。常與朋友言之，以爲爲學
正須如此，方有可望。然亦覺得意思有粗疏處，辨論功夫
勝却玩索意思，故氣象間有喧鬧急迫之病，而少從容自得
之意，此爲未滿人意耳。《晦庵文集》卷五〇。

　　案：上書（所論皆正當確實）有云“告子‘生之謂
　　性’，《集注》雖改，細看終未分明。近日再改一過”。
　　而本書又云“《孟子》中間又改一過”，又云“‘致知’説
　　及他數處近改者，德粹寫得”，知承上書；而據朱熹
　　《跋滕南夫溪堂集》，知淳熙十四年九月前後滕璘（德
　　粹）“訪予崇安”。《晦庵文集》卷八二。由此推知本書
　　撰於是時。

朱熹《答程正思》：

　　熹再辭之章并一疏上之，頗推夏間所言之未盡者，語
似太訐，未知得免於戾否？所遣人以月初七、八間行，至
今未還，不知聖意定何如？自覺疏拙，無以堪此厚恩，冒
昧而前，必取顛踣。若得話行而身隱，乃爲莫大之幸耳。
所示諸書，甚善甚善。但臨川之辨，當時似少商量，徒然
合鬧，無益於事也。其書近日方答之，所説不過如所示者
而稍加詳耳。此亦不獲已而答，恐後學不知爲惑耳，渠則
必然不肯回也。此間書院近方結裹，江、浙間有朋友在彼
相聚。興國萬正淳不知舊在南康曾相識否？其間一二人

亦儘可講論也。《小學字訓》甚佳，言語雖不多，却是一部
大《爾雅》也。《晦庵文集》卷五○。

案：朱熹於淳熙十五年六月七日奏事延和殿，
八日除兵部郎官，辭，並請祠；七月上旬歸家；十月趣
赴行在；十一月七日復辭，並上封事；八日復書陸九
淵論無極太極；三十日除主管西太乙宫、兼崇政殿説
書之省劄下；十二月上旬，上狀辭崇政殿説書。《年譜
長編》卷下。本書所云"熹再辭之章并一疏上之，頗推
夏間所言之未盡者，語似太訐，未知得免於戾否？所
遣人以月初七、八間行，至今未還，不知聖意定何
如？……但臨川之辨，當時似少商量，徒然合鬧，無
益於事也。其書近日方答之，所説不過如所示者而
稍加詳耳"，正指此事，故可知本書當撰於十五年
(1188)十一月下旬。

朱熹《答程正思》：

答子静書無人寫得，聞其已謄本四出久矣。此正不
欲暴其短，渠乃自如此，可歎可歎。然得渠如此，亦甚省
力，且得四方學者略知前賢立言本旨，不爲無益。"不必
深辨"之云，似未知聖賢任道之心也。《晦庵文集》卷五○。

案："答子静書"，《書信編年》以爲即朱熹淳熙十
六年正月間答陸九淵論無極太極書。本書中云"答
子静書無人寫得，聞其已謄本四出久矣"，故推知其

約撰於是年(1189)中。

朱熹《答程正思》：

且歸侍旁，日與諸弟姪講學，甚善。所謂聖賢大旨斷然無疑，久知賢者有此意思，但覺有枯燥生硬氣象，恐却有合疑處不知致疑耳。所示《孟子》數條，大槩得之。但論心處以爲此非心之本體，若果如此，則是本體之外別有一副走作不定之心，而孔、孟教人却舍其本體而就此指示，令做工夫，何耶？此等處非解釋之誤，乃是本原處見得未明，無箇涵泳存養田地，所以如此，更願察之也。世學不明，異端蠭起，大率皆便於私意人欲之實而可以不失道義問學之名，以故學者翕然趨之。然諺有之："是真難滅，是假易除。"但當力行吾道，使益光明，則彼之邪説如見睍耳，故不必深與之辨。《晦庵文集》卷五○。

　　案：朱熹《程君正思墓表》云："其在太學，儕輩類趨時好，不復知有聖賢之學，正思擇其可告語者，因事推誠誨誘不倦，從而化者亦頗衆。然其爲人剛介不苟合，聞人講學議政有所未安，輒造門辨質，或移書譬曉，必極其是非可否之分而後已。會大臣有樂豪縱而賤名檢者，見修士即以'邪氣'目之，而又言於上曰：'是屬且能亡人之國。'於是學官承其風旨，因課試發策，直以王、程、蘇氏之學爲問，蓋將以其向背爲取舍。對者靡然無敢正言其失，正思獨奮筆抗

論，無所依違，而所以分別邪正之間，輕重淺深，又皆
中理。雖竟以是無所合而歸，然其抑邪與正之助亦
多矣。既歸，即以病不起，紹熙二年十一月一日也”。
《晦庵文集》卷九〇。《江西通志》卷八八載程端蒙“淳
熙七年領鄉貢，補太學生。時禁洛學，持書上諫議大
夫王自然，責其疏斥正學。及對蘇、程、王氏策問，主
司意在陰詆朱子，正思奮筆曰……自知所對不合時
好，投筆徑去，自是遂不復應舉”。又據《宋史全文》
卷二七下載：淳熙十五年十二月，朱熹上封事，“投
匭以進”云云，“凡十事，欲以爲新政之助。會執政有
指道學爲邪氣者，乃辭新命，除秘閣修撰，仍奉新
祠”。由此推知所謂“及對蘇、程、王氏策問，……投
筆徑去，自是遂不復應舉”，當指十六年秋國子監試；
而“且歸侍旁，日與諸弟姪講學”，似指程端蒙自太學
歸後之事。故推知本書約撰於十六年冬間。

朱熹《答程正思》：

遷葬重事，似不宜容易舉動，凡百更切審細爲佳，若
得已，不如且已也。異論紛紜，不必深辨，且於自家存養
講學處朝夕點檢，是切身之急務。朋友相信得及者，密加
評訂，自不可廢，切不可於稠人廣坐論説是非，著書立言，
肆意排擊，徒爲競辨之端，無益於事。向來蓋嘗如此，今
乃悔之，故不願賢者之爲之耳。《晦庵文集》卷五〇。

案：書中言"異論紛紜，不必深辨，……切不可於稠人廣坐論説是非，著書立言，肆意排擊，徒爲競辨之端，無益於事"，又上書（且歸侍旁）有云"世學不明，異端鼇起，……然嘗有之：'是真難滅，是假易除。'但當力行吾道，使益光明，則彼之邪説如見睍耳，故不必深與之辨"。二書當相先後也，故推知本書約撰於稍後。

朱熹《答程正思》：

所論"放心"之説，甚善。且更如此存養體驗，久久純熟，又須見得存養、省察不是兩事也。《晦庵文集》卷五〇。

案：上書（且歸侍旁）有云"所示《孟子》數條，大槩得之。但論心處以爲此非心之本體，若果如此，則是本體之外別有一副走作不定之心"，而本書又云"所論'放心'之説，甚善"，似承上書，故推知其約撰於十六年末或稍後。

朱熹《答程正思》：

向見印行《王謝論》，大意甚善。但論此兩人實事太草草，恐是看得史書未熟，亦不可不加意。今日正要見得此兩人功少罪多處，方見儒者大學功用之實耳。所喻心説，亦恐未精，大抵此心有正而無邪，故其存則正而亡則邪耳。《晦庵文集》卷五〇。

案：上書（所論“放心”之説）有云“所論‘放心’之説，甚善”，而本書又云“所喻心説，亦恐未精，大抵此心有正而無邪，故其存則正而亡則邪耳”，似承上書，故推知其約撰於紹熙元年（1190）中。

朱熹《答程正思》：

葬地之訟，想已得直。凡百更宜審處，與其得直於有司，不若兩平於鄉曲之爲愈也。觀書以己體驗固爲親切，然亦須遍觀衆理而合其歸趣乃佳。若只據己見，却恐於事理有所不周，欲徑急而反疏緩也。《晦庵文集》卷五〇。

案：上書（遷葬重事）云及“遷葬重事，似不宜容易舉動，凡百更切審細爲佳，若得已，不如且已也”，本書乃云“葬地之訟，想已得直。凡百更宜審處，與其得直於有司，不若兩平於鄉曲之爲愈也”，似由遷葬而致“葬地之訟”，故推知本書約撰於紹熙元年或稍後。

程端蒙《與朱元晦書》：

端蒙死不恨，恨不克終養而卒業於門耳。然已無可言，願先生自愛，蚤就羣書，以竢來哲。世不我知，天豈亦不我知也哉？《晦庵文集》卷九〇《程君正思墓表》。

府君諱汝能，字公才，天資純篤，不由學問，而孝弟忠信自有以絕人者。父性嚴，府君事之順焉，於其行事有未安者，必以正諫；諫而不入，則退而謹伺之；意解，復諫，卒

聽從乃已。母得末疾，三年衣不解帶，居不人室，時其起
居飲食之節而躬致養焉，雖矢溲之役，不以累它人也。事
兄謹甚，兄好飲佚遊，府君懼顯兄過，以貽親憂，委曲其
間，彌縫甚至，卒以無間言。親没，析其産，兄欲善田宅，
恣所取，無難色。平生口無惡言妄語，足迹不涉官府之
門。居鄉接物，恂恂謹敕，不怒而人敬畏之。周人之急，
必盡其力，雖或負之，不計也。鄉人有死而亡子者，治其喪
甚飭，或欲没入其貨産，爲告官立後，至今不絶。處家慈愛
而能嚴，子弟不敢爲纖芥非理事。今没三十年，鄉人行旅
言之，猶有思慕出涕者。《晦庵文集》卷九〇《程君公才墓表》。

　　案：程端蒙卒於紹熙二年十一月一日。朱熹
《程君正思墓表》云程端蒙“方疾革時手書來曰：端
蒙死不恨……”又朱熹《程君公才墓表》云：“紹熙二
年冬，番陽程君正思病且革，以書抵予告訣，且書其
先大父府君之行事而求識其墓。……按正思言：府
君諱汝能，……正思病亟作書，其詳如此，而字畫謹
細如常時，且謂它行之懿，猶有不及書者。”《晦庵文
集》卷九〇。知本書乃撰於紹熙二年（1191）十月末。
“府君諱汝能”，乃本書別紙。

程　珙

　　程珙，字仲璧，號柳湖，《江西通志》卷一三二錢德洪《二賢

書院記》。饒州德興（今屬江西）人。"師事晦翁，親授《玉山講義》"。所著有《易説》及《九疇策疏》。《江西通志》卷八八。

朱熹《答程珌》：

示喻正名之説，胡氏所論固有未盡，然其大義謹嚴，而聖人之妙用變通又自有不可測者，不可以私情常識議其方也。如以爲疑，則食肉不食馬肝，未爲不知味，姑置此而議其切於吾身者焉可也。《晦庵文集》卷六〇。

案：紹熙五年十一月中，朱熹南歸過玉山縣，應邀講學於縣庠。據《玉山講義》，程珌乃當時聽講之縣學生。《晦庵文集》卷七四。故推知本書約撰於慶元元年（1195）間。

程　迥

程迥，字可久，應天府寧陵（今屬河南）人。家於沙隨，故世號沙隨先生。靖康之亂，徙居紹興府餘姚。"二十餘，始知讀書。時亂甫定，西北士大夫多在錢塘，迥得以考德問業焉"。登隆興元年（1163）進士第，歷揚州泰興尉、饒州德興丞，改知隆興府進賢縣、信州上饒縣。辭官，歸老鄱陽，卒。"迥嘗授經學於崑山王葆、嘉禾聞人茂德、嚴陵喻樗"。所著有《古易考》、《古易章句》等。《宋史》卷四三七有傳。

朱熹《答程可久》：

太極之義，正謂理之極致耳。有是理即有是物，無先後次序之可言。故曰"易有太極"，則是太極乃在陰陽之中，而非在陰陽之外也。今以"大中"訓之，又以乾坤未判、大衍未分之時論之，恐未安也。形而上者謂之道，形而下者謂之器，今論太極而曰"其物謂之神"，又以天地未分、元氣合而爲一者言之，亦恐未安也。有是理即有是氣，氣則無不兩者。故《易》曰"太極生兩儀"，而老子乃謂道先生一，而後一乃生二，則其察理亦不精矣。老、莊之言之失大抵類此，恐不足引以爲證也。

兩儀四象之説，閩中前輩嘗有爲此説者，鄙意亦竊謂然，初未敢自信也。今得來示，斯判然矣。但謂兩儀爲乾坤之初爻，謂四象爲乾坤初二相錯而成，則恐立言有未瑩者。蓋方其爲兩儀，則未有四象也；方其爲四象，則未有八卦也，安得先有乾坤之名、初二之辨哉？妄意兩儀只可謂之陰陽，四象乃可各加以太、少之别，而其序亦當以太陽 ⚌、少陰 ⚏、少陽 ⚎、太陰 ⚍ 爲次。蓋所謂遞升而倍之者，不得越 ⚎ 與 ⚏ 而先爲 ⚍ 也。此序既定，又遞升而倍之，適得乾一、兑二、離三、震四、巽五、坎六、艮七、坤八之序也，與邵氏《先天圖》合。此乃伏羲始畫八卦自然次序，非人私智所能安排，學《易》者不可不知也。

晉公子貞屯悔豫之占，韋氏舊注固有不通，而來示之云，鄙意亦不能無所疑也。蓋以穆姜東宮之占言之，則所謂"艮之八"者,正指其所當占之爻而言之也。今云"貞屯悔豫皆八也",而釋之以爲指三爻之不變者而言,則非其當占之爻,而於卦之吉凶無所繫矣。據本文語勢,似是連得兩卦而皆不值老陽、老陰之爻,故結之曰:"皆八也。"而占之曰:"閉而不通,爻無爲也。"蓋曰卦體不動,爻無所用占爾。然兩卦之中亦有陽爻,又不爲偏言皆八,則此説似亦未安。且東宮之占,説亦未定,恐或只是遇艮卦之六爻不變者。但乃"艮其背不獲其身,行其庭不見其人"之占,史彊爲"之隨"之説,以苟悦于姜耳。故傳者記史之言而曰"是謂艮之隨",明非正法之本然也。然其九三、上九亦是陽爻,又似可疑。大抵古書殘闕,未易以臆説斷。惟占筮之法則其象數具存,恐有可以義起者推而得之,乃所謂活法耳。《晦庵文集》卷三七。

案:朱熹《答曹立之》(伊川先生帖摹勒甚精)有云"進賢宰昨日亦得書,論《易》數條,已據鄙見報之,未知以爲如何耳",《晦庵文集》卷五一。時程迥知隆興府進賢縣,朱熹所云即指本書。《答曹立之》撰於淳熙七年(1180)三月中旬,故推知本書撰於稍前,約三月初。

朱熹《答程可久》:

熹前書所謂太極不在陰陽之外者,正與來教所謂"不倚於陰陽而生陰陽"者合。但熹以形而上下者其實初不相雜,故曰在陰陽之中。吾丈以形而上下者其名不可相雜,故曰不在陰陽之外。雖所自而言不同,而初未嘗有異也。但如今日所引舊説,則太極乃在天地未分之前,而無所與於今日之爲陰陽,此恐於前所謂"不倚於陰陽而生陰陽"者有自相矛盾處。更望詳考見教。

兩儀四象,恐須如《先天》之序,乃爲自然之數。而始乾終坤,理勢亦無不可。若必欲初 ▬ 次 ▬▬,乃是以意安排,而非自然之序。又二象之上各生兩爻,即須以乾、兑、艮、坤爲次,復無所據。更乞詳考見教。

乾坤六爻圖位,鄙意亦有未曉處,更乞誨示。

揲蓍新圖内策數,不知於占筮有用處否? 亦乞開諭。
《晦庵文集》卷三七。

案:書中言"前書所謂太極不在陰陽之外者",即指上書(太極之義)"故曰'易有太極',則是太極乃在陰陽之中,而非在陰陽之外也"云云,故推知本書約撰於是年四月間。

朱熹《答程可久迥》:

熹昨者拜書草率,重蒙枉答,誨示懇懇,并劉掾轉示所製古度量及《圖義》一册,伏讀捧玩,開發良多。其爲感慰,不可具言。熹孤陋之學,於古人制度多所未講。近看《范蜀公集》引房庶《漢志》别本比今增多數字,又論院分、方分之差,亦甚詳悉,竊意其所以與司馬公、胡先生不同之端正在於此,所當明辨。今《圖義》中似已不取其説,然

未嘗質其所以不然之意，熹於此有未曉然者。因便更乞
詳以見教，幸甚。劉掾又云蒙許并寄古權，亦願早得之
也。溫公周尺刻本，舊亦嘗依放制得一枚，乃短於今鐵尺
寸許，不知何故如此差誤。俟檢舊本，續求教也。

　　"口賦"、"阡陌"二説，并荷指教，考證精博，歎服尤
深。但"阡陌"二字，鄙意未能無疑。因以來教"千百"之
義推之，則熹前説所謂"徑涂爲阡"者當爲陌，"畛道爲陌"
者當爲阡。蓋《史記索隱》引《風俗通》："南北曰阡，東西
曰陌。"又云："河南以東西爲阡，南北爲陌。"今以《遂人》
之法考之，當以後説爲正也。《遂人》鄭注："徑從畛橫，涂
從道橫。"今考一徑之内爲田百畝，一涂之内爲田百夫，而
徑涂皆從，即所謂南北之陌；一畛之内爲田千畝，一道之
内爲田千夫，而畛道皆橫，即所謂東西之阡也。其立名取
義，正以夫畝之數得之。而其字爲道路之類，則當以
"𨸏"，而不當从人，蓋《史記》其本字，而《漢志》則因假借
而亂之，恐不當引以爲據也。"馬阡陌之間成羣"，正謂往
來田間道路之上；"富者連阡陌"，亦謂兼并踰制，跨阡連
陌，不守先王疆理之舊界耳。若作"仟伯"字説，恐難分明
也。不審尊意以爲如何？卻望終賜誨示，幸甚。《晦庵文
集》卷三七。

　　案：本書有言"重蒙枉答，誨示懃懇，并劉掾轉
　　示所製古度量及《圖義》一册。……劉掾又云蒙許并
　　寄古權，亦願早得之也。溫公周尺刻本，舊亦嘗依放

制得一枚，乃短於今鐵尺寸許，不知何故如此差誤。
俟檢舊本，續求教也”，朱熹下書（熹昨承寵示公剳）
又云“熹昨承寵示公剳，諭及黍尺制度”，乃知其承本
書。故推知本書約撰於淳熙七年夏間。

朱熹《答程可久》：

熹昨承寵示公剳，諭及黍尺制度，極荷不鄙。但素所
未講，同官亦少有能知其說者，竊慮高明必有一定之論，
却乞垂教，幸甚幸甚。弊郡向來製造祭器時未準頒降此
册，只用臨川印本司馬《書儀》內周尺爲之，殊覺低小。今
雖得此制，亦已無力可修改矣，并幾台悉。少懇：《田
賦》、《夫田》二書，更欲求得數本，以廣長者救世之心。得
早拜賜，甚幸甚幸。《晦庵文集》卷三七。

案：朱熹《答曹立之》（所錄示二書）云其“近得
程丈文字，諭及黍尺制度”，《晦庵文集》卷五一。即本
書所云“熹昨承寵示公剳，諭及黍尺制度”。《答曹立
之》撰於淳熙七年秋中，故推知本書撰於一時先後。

朱熹《答程可久》：

程書《易原》近方得之，謹以授來使。《易學啓蒙》當
已經省覽矣，有未安處，幸辱鐫誨。上饒財賦源流得蒙錄
示，幸甚。伯謨說近有刻石記文，亦願得之也。又有小
懇，欲求妙墨爲寫《大戴禮·武王踐阼》一篇，以爲左右觀

省之戒,不審可否？卷子納上,得蒙揮染,不勝幸甚。《晦庵文集》卷三七。

案：朱熹《易學啓蒙序》撰於"淳熙丙午暮春既望",即淳熙十三年三月十六日。朱熹撰成《易學啓蒙》,廣寄諸《易》學名家以爲論辯,本書中言及"《易學啓蒙》當已經省覽矣,有未安處,幸辱鐫誨",故推知其是年(1186)夏間。

朱熹《與程可久》：

《孝經》獨篇首六、七章爲本經,其後乃傳文,然皆齊、魯間陋儒纂取左氏諸書之語爲之,至有全然不成文理處,傳者又頗失其次第,殊非《大學》、《中庸》二傳之儔也。《晦庵文集》卷八四《跋程沙隨帖》。

案：朱熹《跋程沙隨帖》："余嘗爲沙隨言：……程丈報書云：吾嘗聞之玉山汪公,亦若吾子之言是也。今覽其手書遺論,因記其語於後云。"《晦庵文集》卷八四。據下程迥《答朱元晦》及朱熹《孝經刊誤後記》,《晦庵文集》卷六六。推知本書約撰於淳熙十三年夏、秋之際。

程迥《答朱元晦》：

頃見玉山汪端明亦以爲此書多出後人傅會。《晦庵文集》卷六六《孝經刊誤後記》。

　　案：朱熹《孝經刊誤後記》云："熹舊見衡山胡侍郎《論語説》疑《孝經》引《詩》，非經本文，初甚駭焉，徐而察之，始悟胡公之言爲信，而《孝經》之可疑者不但此也。因以書質之沙隨程可久丈，程答書曰：……於是乃知前輩讀書精審，其論固已及此。……淳熙丙午八月十二日記。"《晦庵文集》卷六六。知本書乃答朱熹上書（《孝經》獨篇首六、七章爲本經），其撰時約在淳熙十三年七月間。

朱熹《答程沙隨可久迴》：

　　示及《古韻通式》，簡約通貫，警發爲多。四聲互用，無可疑者。但"切響"二字，不審義例如何？幸望詳賜指喻。又其間如"積"、"劾"、"植"、"囿"、"淺"、"昧"、"晰"七字，恐合入四聲互用例中，不知何故却入此門？亦乞見教。"麒"之爲"極"、"十"之爲"諶"。似亦是四聲例也。近因推考，見吳才老功夫儘多，但亦有未盡處。汎考古書及今方言，此類蓋不勝舉也。《詩説》見此抄寫未畢，畢即拜呈求教矣。聞人丈頃年見之三山，扣以《詩》中數事，甚蒙知獎。但恨不得款盡其説耳。《豳詩》之説，則恐未然，蓋《破斧》以後諸詩，未必是周大夫刺朝廷之詩，此自《小序》之誤耳。它日繆説得徹尊聽，當爲印證其可而掊擊其不然，乃所願也。所喻《詩》論十篇，便中幸早見教爲望。汀鹽之弊已極，子直之策未爲不然，橫爲諸司所排，使不得伸，一方之民可謂重不幸矣。晦伯書來，所欲更張者尤廣。觀此事勢，如何行得？近聞諸司於舊法中減落一二小小縻費，便謂可革宿弊。以一盃水救一車薪之火，無以異於小兒之戲論，甚可笑也。《孝經》妄意所疑，不謂汪丈亦有此說。近亦條具數處，并俟後便拜呈也。"四營成易"，正爲"易"字即是"變"字，故其下文便以十有八變承之。"再扐後掛"，即所謂再揲、三揲者，是又一四營也。凡爲四營者三，乃成一爻，爲四營者十八，乃爲一卦。此以積數文義求之，皆無所礙，不審尊意以爲如何也？月樁條對，亦乞頤指，錄以見教。此事從來只是得於耳學，竟未知其端的也。廣西鹽法，近得詹丈書，極以爲便。亦錄得中間解折范容州劄子畫一來，而自彼來者無不以州郡窘乏爲言，不知的是如何？地遠難遙度，傳聞亦難盡信。大抵近世作事利民者，常苦於掣肘而不得行，其爲民害者則因循苟且，上下尊守，以爲不可易。設使便有姚元崇，真有濟世之術，亦未必得如其意，此可歎也。又蒙別紙垂喻俞廣文立二公祠之意，使爲記文，尤荷不鄙。但此事今日老丈在彼，晚學小生豈當僭取而妄爲之？此決不敢承命。若廣文有請於門下，它日文成，區區得以題額，附名左方，亦云幸矣。幸達此意於廣文，敬泚筆以俟命也。前浦城主簿任希夷經由請見，幸與其進而教誨之。其人有志於學，守官不苟，王漕亦令去請教也。《晦庵文集》別集卷三。

案：書中云"《孝經》妄意所疑，不謂汪丈亦有此
說。近亦條具數處，并俟後便拜呈也"，乃承程迥上
書。又所謂"近亦條具數處"，即指撰此《孝經刊誤》，
故據《孝經刊誤後記》推知本書約撰於是年八月十二
日前後。

朱熹《答程可久》：

附子爲近世通用常藥，它人服之，未見其熱，老丈乃
獨覺其偏有所助，致生它疾，此見平時所養之厚，而所謂
無妄之藥者真不可試之驗也。《二賢祠記》前書已拜稟
矣，豈有大師在是而晚生小子敢肆妄言於其側者乎？況
陳公平生只得一見，若汪公，則老丈游從之久、投分之深，
又非小生之比，恐不得而辭也。因便寓此，偶數日禱雨倦
甚，又積書問頗多，未暇罄所欲言。《晦庵文集》別集卷三。

案：朱熹上書（示及《古韻通式》）有云"又蒙別
紙垂喻俞廣文立二公祠之意，使爲記文，尤荷不鄙。
但此事今日老丈在彼，晚學小生豈當僭取而妄爲之？
此決不敢承命"，而本書言及"《二賢祠記》前書已拜
稟矣，豈有大師在是而晚生小子敢肆妄言於其側者
乎"，乃承上書，推知約撰於淳熙十三年秋末。

朱熹《答程可久》：

向蒙喻及《詩》論，前書拜請，幸早寄示。謬說已寫

就，然尚有誤字，且夕校畢拜呈，以求教誨也。《易》中七、八、九、六之數何自而起，說者雖衆，終未甚安。不審尊意以爲如何？州縣祈水旱，《政和新禮》所不載，而《通典》、《開元禮》尚有可依放者。唯鄉村所禱全無可據，苟且從俗，於心有未安者，亦幸有以教之也。《晦庵文集》別集卷三。

案：上書（示及《古韻通式》）云及“《詩說》見此抄寫未畢，畢即拜呈求教矣。……所喻《詩》論十篇，便中幸早見教爲望”，而本書又言“向蒙喻及《詩》論，前書拜請，幸早寄示。謬說已寫就，然尚有誤字，且夕校畢拜呈，以求教誨也”，知承上書。《年譜長編》卷下以爲《詩說》即指《詩集傳》、“《詩》論十篇”即指《詩序辨說》。故推知本書約撰於是年十月間。

朱熹《答程可久》：

示諭曲折，令人慨歎。然今日上下相迫，勢亦有不得已者。故事之從違可否，常在人而不可必。唯審時量力，從吾所好爲在己而可以無不如志爾。先生研精於《易》，至有成書，樂行憂違，伏想胸中已有成筹，固非晚學所得而輕議也。《晦庵文集》卷三七。

案：上書（程書《易原》近方得之）言及“上饒財賦源流得蒙錄示”，與本書中所言“示諭曲折，令人慨歎。然今日上下相迫，勢亦有不得已者”，疑相關，似即《宋史》卷四三七本傳中所云：程迴"調信州上饒縣。歲納租數萬石，舊法加倍，又取斛面米，迴力止絕之。嘗曰：'令與吏服食者皆此邦之民膏血也，曾不是思而橫斂虐民，鬼神其無知乎？'州郡督索經總錢甚急，迴曰：'斯錢古之除陌之類，今其類乃三倍正賦，民何以堪？'反復言之當路"。故推知本書或撰於淳熙十四年（1187）間。

朱熹《答程可久》：

忽聞有奉祠之命，爲之惘然。得非反以貳車改正之舉而激之至此也邪？世路險巇，人情不可測。以長者之寬平博厚處之，尚未能坦然無所繫閡，況如鄙狹之姿，又安可望於少行其志耶？行亦力請祈還故官，仰繼後塵爾。《晦庵文集》卷三七。

案：書中言"忽聞有奉祠之命"，據《宋史》本傳，程迴於知上饒縣"奉祠寓居番陽"。又本書云"以長者之寬平博厚處之，尚未能坦然無所繫閡，況如鄙狹之姿，又安可望於少行其志耶？行亦力請祈還故官，仰繼後塵爾"，似指淳熙十五年中朱熹赴京奏事，因遭林栗彈劾而歸，遂辭江西提刑之命；八月十四日，又辭轉官朝奉郎、直寶文閣，皆不允，九月中遂拜命。《年譜長編》卷下。故推知本書約撰於是年（1188）八月中。

朱熹《答程可久》：

臨汀鹽筴既無可言，經界又不得行，民之窮困日以益甚，但有散為流庸、聚為盜賊兩事耳。廣右首議之人行遣甚峻，近世少見其比，益令人懶開口。奈何奈何？黃齊賢《韻語》用心甚苦，諸圖尤有功夫，甚不易得。已遵尊命，以數語附卷末。晚生淺學，何足為重？三復長者之言，為之慨歎。科舉之弊至於如此，奈何奈何？《晦庵文集》卷三七。

> 案：朱熹《跋通鑑韻語》云“沙隨先生程公以書見抵，盛稱臨川黃君齊賢為學之不苟也。既而齊賢亦橐其所著書六十卷以示余，余病衰目盲，不能徧讀，齊賢又親為指畫，乃得窺其大略，然猶恨未能有以究其蘊也。……齊賢又出艮齋先生諸公跋語，俾嗣書之”。署時淳熙己酉（十六年）三月癸卯。《晦庵文集》卷八二。本書中言“黃齊賢《韻語》用心甚苦，諸圖尤有功夫，甚不易得。已遵尊命，以數語附卷末”，即指此跋。故推知本書約撰於是年（1189）三月癸卯稍後。

朱熹《答程可久》：

《春秋例目》拜貺甚厚。其間議論小國自貶其爵以從殺禮，最為得其情者。頃年每疑胡氏“滕子朝桓”之説非《春秋》惡惡短之義，今已釋然。蓋後來鄭大夫亦有“鄭伯男也,而使從諸侯之賦"之説,則當時諸侯之願自貶者固多,但霸主必以此禮責之,故有不得而自遂爾。然其他尚有欲請教者,便遽未暇。大抵此經簡奧,立説雖易而貫通爲難,以故平日不敢措意其間。假以數年,未知其可學否爾。《晦庵文集》卷三七。

　　案:《朱子語類》卷二五載胡泳所記曰:"如滕國亦小,隱十一年来朝,書'侯',桓二年来朝,書'子'。解者以爲桓公弑君之賊,滕不合朝之,故貶稱子。某嘗疑之,以爲自此以後一向書'子',使聖人實惡其黨惡来朝之罪,則當止貶其一身,其子孫何罪,一例貶之,豈所謂惡惡止其身耶? 後来因沙隨云:'滕國至小,其朝覲貢賦不足以附諸侯之大國,故甘心自降爲子。子孫一向微弱,故終春秋之世常稱子。聖人因其實而書之耳。'"又卷八三載葉賀孫所記曰:"今日得程《春秋解》,中間有説好處,如難理會處他亦不爲決然之論。向見沙隨《春秋解》,只有説滕子來朝一處最好。"據朱熹《偶讀謾記》云"沙隨《春秋例説》滕子來朝爲自貶而用小國之禮,如鄭人爭承之比,最爲精當"。《晦庵文集》卷七一。《春秋例説》即本書中之《春秋例目》。《朱子語類·姓氏》稱葉賀孫乃辛亥(紹熙二年)以後所聞,胡泳乃戊午(慶元四年)所聞。因胡泳所記有云"後来因沙隨云",故推知本書約撰於淳熙末,姑係於淳熙十六年間。

朱熹《答程可久》：

所論爲學本末，甚詳且悉。前書所謂世道衰微，異言
蠭出，其甚乖剌者固已陷人於犯刑受辱之地，其近似而小
差者，亦足使人支離繳繞而不得以聖賢爲歸。歧多路惑，
甚可懼也。願且虛心，徐觀古訓，句解章析，使節節透徹、
段段爛熟，自然見得爲學次第，不須別立門庭，固守死法
也。《晦庵文集》卷三七。

案：本書又重載於朱熹《答孫敬甫》（便中再辱
手示）。《晦庵文集》卷六三。《答孫敬甫》撰於紹熙五
年（1194）十一月中。

程迥卒年，《年譜長編》卷下據《宋史》本傳云程迥
“卒官。朝奉郎朱熹以書告迥子絢曰”云云，以爲朱熹
於淳熙十五年七月轉官朝奉郎，十六年九月轉朝散
郎，又據朱熹《答吳伯豐》知程迥十六年七月尚在，故
推定程迥卒於十六年八月中。按束氏此説不確，似因
誤讀《宋史》本傳而然。據《宋史》本傳，程迥“調信州
上饒縣”，後“奉祠，寓居番陽之蕭寺”，未再復出任職
而卒。故《宋史》本傳此處文字，據史傳撰例當句讀
爲：“卒，官朝奉郎。朱熹以書告迥子絢曰”云云。如
此，不能得出程迥卒於淳熙十六年之結論。又據朱熹
《答吳伯豐》（衰晚遭此禍故）云“衰晚遭此禍故，殊不
可堪。既未即死，又且得隨分支吾，謀葬撫孤，觸事傷
懷，不如無生也。昨承惠書并致奠禮，哀感深矣。一

向無便，無從附報，但有馳情。比想秋清侍奉之餘，宦學增勝。沙隨諸書及茶已領，便邊未有物可奉報也。此間寓居近市，人事應接倍於山間”。《晦庵文集》卷五二。所謂“衰晚遭此禍故”、“謀葬撫孤”、“此間寓居近市”，當指紹熙二年正月朱熹長子卒，五月下旬自漳州歸抵建陽，寓居同縣橋事，而《答吳伯豐》書中又云“沙隨諸書及茶已領”，可證是時程迥尚無恙。又，《朱子語類》卷一〇七載王過所記曰：“先生初欲正甫以沙隨行實來，爲作墓碑，久之不到。既而以舊人文字稍多，又欲屬筆。汪季路亦不曾及是議，立祠堂於德興縣學，爲書‘沙隨先生之祠’六字。”《朱子語類·姓氏》稱王過乃甲寅（紹熙五年）以後所聞。故推知程迥當卒於紹熙末或稍後。

又，程珌《書朱文公與沙隨先生書後》曰：“沙隨承河南正派，其學主乎力行，際後世諸儒徒以口舌相授者，萬萬不侔，宜乎朱文公尊之以老，而退然以晚學小生自處也。……文公此書，往年沙隨之壻董季興嘗以示某，爲書其末矣。今沙隨之孫仲熊又攜以來。仲熊知承其家，且復津涯乎澹，貧不苟求，沙隨之澤深長哉。”《洺水集》卷九。

程　先

程先，字傳之，號東隱，徽州休寧（今屬安徽）人。“自以出伊洛後，爲學務躬行，不事佔畢，隱居東山。既老，猶請益不已。聞晦菴夫子爲世儒宗，以掃墓還婺源，擔簦見之。夫子示以聖學大要，時先生年已七十餘，不能從，遣其子侍入閩，夫子稱之”。事迹見方回《東隱程先生先墓表》。《新安文獻志》卷六九。

朱熹《答程傳之》：

熹與足下爲同郡人，然彼此未相識面，而足下以書先之，此意厚矣。夫佛老之言，不得以道名，足下之説是也。至於吾之所謂道，與其所以求之之方，則足下之言有略而未究其蘊者，無從面講，臨風悵然。異時因來，有以見語，千萬甚望。過此則有非衰拙之所敢知者，不知所以報也。《晦庵文集》卷六四。

案：方回《東隱程先生先墓表》云朱熹“掃墓還婺源”，程先“擔簦見之。夫子示以聖學大要”。《新安文獻志》卷六九。當指朱熹淳熙三年夏至婺源祭掃祖墓時事。本書有云“熹與足下爲同郡人，然彼此未相識面，而足下以書先之”，故推知本書約撰淳熙二年（1175）或以前。

明程敏政《書朱子所與先世二書後》曰：“按傳之諱先，休寧陪郭人，宋開州團練使全之子。痛父死節於金，誓守先墓不仕，力學好古，隱居邑之東山，號東隱。嘗以書問道於朱子，朱子嘉之。以老病不能卒業，遣子永奇從學於閩數載，學成乃還。永奇字次卿，號格齋。兩世著述悉燬於兵燹，惟《格齋雜藳》一帙與朱子二書猶存，惜哉！考《程氏譜》，友朱子者二人：休寧會里房大昌字泰之；樂平石城房起宗，嘗知建陽縣。師朱子者五人：婺源環溪房洵字允夫，德興新建房端蒙字正思，與其從曾孫珙字仲璧，其二則傳之與次卿也。當時所得朱子文字書簡之類間載《大全集》中，今撮爲一卷，以見家學淵源之所自，使後來者有所觀法，知自力於聖賢之道而不墮於俗學之陋云。"《篁墩文集》卷三七。所説"與朱子二書"，一答程傳之書，一答程次卿書。

程　絢

程絢，應天府寧陵（今屬河南）人。程迥子。"以致仕恩調巴陵尉，攝邑事。能理冤獄"。《宋史》卷四三七《程迥傳》。

朱熹《與程絢書》：

敬惟先德，博聞至行，追配古人，釋經訂史，開悟後學，當世之務又所通該，非獨章句之儒而已。曾不得一試，而奄棄盛時，此有志之士所爲悼歎咨嗟而不能已者。然著書滿家，足以傳世，是亦足以不朽。《宋史》卷四三七《程迥傳》。

案：《宋史》卷四三七《程迥傳》云：程迥"卒，官

朝奉郎。朱熹以書告迴子絢曰：……"程迴約卒於
紹熙末或稍後，參見本書"程迴條"考證。故係本書
於慶元元年（1195）間。

程　洵

程洵（1135—1196），字欽國，後更字允夫，號克庵，婺
源（今屬江西）人。父鼎，爲韋齋朱松内弟。洵從朱子學，
家有道問學齋，朱子爲改名曰尊德性齋。舉進士不第，以
特恩授信州文學，歷衡陽主簿、吉州録事參軍。慶元二年
卒於官，年六十二。著有《三蘇紀年》十卷、《尊德性齋集》
十卷。事見程瞳《程克庵傳》。《尊德性齋小集》補遺。

朱熹《與程允夫書》：

熹頓首：昨還里中，煩踏雪出山，以遂一見之歡，爲
意甚勤。且賦詩以屬之，雖知不足以當盛意，至於意格超
邁，程度精當，雖諸老先生猶撫手降歎，況某尚未足以盡窺
一二，其敢有妄議乎？想從者甚衆。即日新正，所覆多佳。

某前日發縣中，崎嶇道路者六日，乃抵城府，勞薾可
知。旦夕亦須西去，餘不足言。獨念相去之遠，不得時時
執手一笑爲樂耳。更有少事，欲與吾弟言之，前日匆匆，
不暇及此。某聞先師屏翁及諸大人先生皆言：作詩須從
陶、柳門庭中來，乃佳耳。蓋不如是，不足以發沖澹蕭散

之趣，不免於塵埃局促，無由到古人佳處也。如《選》詩及韋蘇州詩，亦不可以不熟讀。近世詩人，如陳簡齋絕佳，吳興有本可致也。張巨山愈沖澹，但世不甚喜耳，後旬當錄寄一讀。胸中所欲言者無他，大要亦不過如此。更須熟觀《語》、《孟》等書，以探其本。區區所禱，如此而已。初八日三鼓作此，不宣。某頓首上允夫賢弟。《新安文獻志》卷六九汪師泰《程知錄洵傳》注引。

　　案：程洵《尊德性齋小集》卷三《董府君墓表》注、方子《紫陽年譜》皆節引朱子本書。又洪嘉植《朱子年譜》紹興二十年亦節引本書，文字略異："聞之諸先生皆云：作詩須從陶、柳門庭中來乃佳。不如是，無以發蕭散沖淡之趣，不免於局促塵埃，無繇到古人佳處也。如《選》詩及韋蘇州詩，亦不可不熟觀。然更須讀《語》、《孟》，以深求其本。"王懋竑《朱子年譜》卷一引。又明程瞳《程克庵傳》載錄朱熹一書，云："意格超邁，程度精當，雖諸老先生猶撫手降歎，況某尚未足以盡窺一二，其敢有妄議乎？"《尊德性齋小集》補遺。亦節錄本書。

　　據載朱熹於紹興十九年十二月回婺源拜祭祖墓，二十年正月經徽州而歸。其間朱、程嘗晤面，程洵從朱熹問學論詩文。《年譜長編》卷上。本書撰於二十年（1150）正月初八夜，朱子離婺源東歸途中。程洵《陪晦庵尊兄山行小憩龍居院》詩曰："平生發興在

林丘,況復追隨長者遊。路入亂山青未了,秧分野水
綠初稠。劇談已有親朋樂,小憩仍逢寺宇幽。滿座
春風與和氣,對公無地可言愁。"《尊德性齋小集》卷一。
此當即朱熹書中所言"且賦詩以屬之"。

朱熹《與程允夫書》:

《三百篇》,性情之本。《離騷》,辭賦之宗。學詩而不
本之於此,是亦淺矣。然學者所急,亦不在此。學者之要
務,反求諸己而已。反求諸己別無要妙,《語》、《孟》二書
精之熟之,求見聖賢所以用意處,佩服而力持之可也。
《朱子遺集》卷二。

　　案:《朱子遺集》引録自洪嘉植《朱子年譜》,王懋
竑《朱子年譜》卷一轉引。係於紹興二十年。元陳櫟《跋
汪子磐詩》云"昔朱子復程允夫書,深欲其以《語》、
《孟》、《三百篇》爲作詩本源"。《定宇集》卷三。所云即
本書。李幼武《宋名臣言行録外集》卷一二引録本書
文字略異:"《三百篇》,性情之本。《離騷》,詞賦之
宗。學詩而不本之於此,是亦淺矣。後山詩固佳,然
前輩以爲盡力規模,已少變化。然學者要務在反求
諸己,精熟《語》、《孟》,求所以見聖賢用意處。"

朱熹《答程欽國後更字允夫》:

往年誤欲作文,近年頗覺非力所及,遂已罷去,不復

留情其間，頗覺省事。講學近見延平李先生，始略窺門戶。而疾病乘之，未知終得從事於斯否耳。大槩此事以涵養本原爲先，講論經旨特以輔此而已。向來泛濫出入，無所適從，名爲學問，而實何有？亦可笑耳。示喻蘇、程之學，愚意二家之説不可同日而語。黃門議論所守，僅賢其兄，以爲顔子以來一人而已，恐未然。頃因讀《孟子》，見其所説到緊要處便差了，"養氣"一章，尤無倫理。觀此，想淵源來歷不甚深也。《正蒙》建陽舊有本，近來久不曾見，俟病少間，當爲尋問也。然此書精深難窺測，要其本原，則不出六經、《語》、《孟》。且熟讀《語》、《孟》，以程門諸公之説求之，涵泳其間，當自有得。然後此等文字可循次而及，方見好處。如今不須雜博，却不濟事，無收拾也。若果於此有味，則世間一種無緊要文字皆是妄言綺語，自無功夫看得矣。近集諸公《孟子》説爲一書，已就稿。又爲《詩集傳》，方了《國風》、《小雅》。二書皆頗可觀，或有益於初學，恨不令吾弟見之。又恨相去稍遠，不能得吾弟來相助成之也。《晦庵文集》別集卷三。

　　案：書中言"講學近見延平李先生，始略窺門戶。而疾病乘之，未知終得從事於斯否耳"。據李侗《答元晦書》（庚辰五月八日書云）有云"元晦偶有心恙，不可思索，更於此一句内求之靜坐看如何"，又《答書》（庚辰七月書云）討論"二蘇《語》、《孟》説儘有好處"。《延平答問》。可見朱熹此答程洵書當撰於紹

興三十年(1160)。《年譜長編》卷上係於是年十二月
間。又《閩中理學淵源考》卷一六係此書於紹興三十
二年冬。似不確。

《新安文獻志》卷九亦載朱熹此書,題《與程允夫
書》,有虞集、汪澤民題記。虞集曰:"程君允夫,文公
先生之内弟也,嘗爲著《尊德性齋銘》者。家問諄諄,
尤極忠愛,君子片言隻辭,皆足觀感如此夫。"汪澤民
曰:"紫陽朱夫子於程氏爲彌甥,允夫其内弟也。此
帖辭意質直,親愛彌篤。世之人同氣且不相恤,況其
疏者哉。觀者亦可自反矣。"

朱熹《答程允夫》:

所示詩文,筆力甚快。書中所云,則未敢聞命。别紙
條析以往,試熟看數過,當自見得。大抵自道學不明千有
餘年,爲士者習於耳目見聞之陋,所識所趣不過如此。如
欲爲文章之士而已,則以吾弟之才,少加勉勵,自應不在
人後。但不當妄談義理,徒取誚於識者。若果有意於古
人之學,則如所示,皆未得其門而入者。要須把作一件大
事,深思力究,厚養力行,然後可議耳。但恐浮艷之詞染
習已深,未能勇決,棄彼而取此,則非僕之所敢知也。《晦
庵文集》卷四一。

案:下文朱熹《答書》(蘇氏議論切近事情)乃答
程允夫問目,逐條辨析,當即本書所謂"條析以往"

者，即本書之"別紙"，約撰於紹興三十一年
(1161)初。

又，汪師泰《程知録洵傳》注引云："洵初以詩文
求教文公，公答書曰：'如欲爲文章士而已，自應不在
他人後。如果有意古人之學，則所示猶未得其門。'
嘗以'道問學'名齋，文公易其扁曰尊德性，因爲作
銘。其他往復問答累數十書，載于《大全集》者僅十
三書耳。"《新安文獻志》卷六九。其中朱熹《答書》即節
録自本書。

朱熹《答程允夫洵》：

讀蘇氏書，愛其議論不爲空言，竊敬慕焉。

蘇氏議論切近事情，固有可喜處，然亦譎矣。至於衒
浮華而忘本實，貴通達而賤名檢，此其爲害又不但空言而
已。然則其所謂可喜者，考其要歸，恐亦未免於空言也。

爲學之道，憂憂乎難哉！

爲學之道，至簡至易，但患不知其方而溺心於淺近無
用之地，則反見其難耳。

潁濱"浩然"一段，未知所去取。

反復讀《孟子》此章，則蘇氏之失自見。

《孟子集解》先録要切處一二事，如論養氣、論性
之類。

《孟子集解》雖已具稿，然尚多所疑，無人商榷。此二

義尤難明，豈敢輕爲之説，而妄以示人乎？來書謂此二義爲甚切處，固然。然學者當自博而約，自易而難，自近而遠，自下而高，乃得其序。今舍七篇而直欲論此，是躐等也。爲學之序不當如此，而來書指顧須索，氣象輕肆，其病尤大。

　　窮理之要，不必深求，先儒所謂"行得即是"者，此最至論。若論雖高而不可行，失之迂且矯，此所謂過猶不及，其爲失中一也。

　　"窮理之要，不必深求"，此語有大病，殊駭聞聽。"行得即是"，固爲至論，然窮理不深，則安知所行之可否哉？宰予以短喪爲安，是以不可爲可也；子路以正名爲迂，是以可爲不可也。彼親見聖人，日聞善誘，猶有是失，況於餘人，恐不但如此而已。窮理既明，則理之所在，動必由之，無論高而不可行之理，但世俗以苟且淺近之見，謂之不可行耳。如行不由徑，固世俗之所謂迂；不行私謁，固世俗之所謂矯；又豈知理之所在，言之雖若甚高，而未嘗不可行哉？理之所在，即是中道。惟窮之不深，則無所準則而有過不及之患，未有窮理既深而反有此患也。《易》曰："精義入神，以致用也。"蓋惟如此，然後可以應務；未至於此，則凡所作爲皆出於私意之鑿，冥行而已。雖使或中，君子不貴也。

　　前所論蘇穎濱，正以其行事爲可法耳。

　　蘇黄門謂之近世名卿則可，前書以顏子方之，僕不得

不論也。今此所論，又以爲行事可法。本朝人物最盛，行
事可法者甚衆，不但蘇公而已。大抵學者貴於知道，蘇公
早拾蘇、張之緒餘，晚醉佛、老之糟粕，謂之知道，可乎？
《古史》中論黄帝、堯、舜、禹、益、子路、管仲、曾子、子思、
孟子、老聃之屬，皆不中理，未易殫舉，但其辨足以文之。
世之學者窮理不深，因爲所眩耳。僕數年前亦嘗惑焉，近
歲始覺其謬。

所謂行事者，内以處己，外以應物，内外俱盡，乃可
無悔。古人所貴於時中者，此也。不然，得於己而失於
物，是亦獨行而已矣。

處己接物，内外無二道也，得於己而失於物者無之。
故凡失於物者，皆未得於己者也。然得謂得此理，失謂失
此理，非世俗所謂得失也。若世俗所謂得失者，則非君子
所當論矣。“時中”之説，亦未易言。若如來諭，則是安常
習故、同流合汙、小人無忌憚之中庸，後漢之胡廣是也，豈
所謂時中者哉！大抵俗學多爲此説，以開苟且放肆之地，
而爲蘇學者爲尤甚。蓋其源流如此，其誤後學多矣。《晦
庵文集》卷四一。

案：朱熹上書（往年誤欲作文）有云“黄門議論
所守，僅賢其兄，以爲顔子以來一人而已，恐未然”；
又云“近集諸公《孟子》説爲一書，已就稿”。而本書
乃云“前書以顔子方之，僕不得不論也”，又云“《孟子
集解》雖已具稿，然尚多所疑，無人商榷”。則知本書

乃承上書。《書信編年》以爲本書乃上書（所示詩文）
之"別紙"，約撰於同時。

朱熹《答程允夫》：

熹承寄示前書，所諭皆未中理，不得不相曉。來書謂熹
之言乃論蘇氏之粗者，不知如何而論乃得蘇氏之精者？此
在吾弟，必更有説。然熹則以爲道一而已，正則表裏皆正，
譎則表裏皆譎，豈可以析精粗爲二致？此正不知道之過也。

又謂洗垢索瘢，則孟子以下皆有可論，此非獨不見蘇
氏之失，又并孟子而不知也。夫蘇氏之失著矣，知道愈
明，見之愈切，雖欲爲之覆藏而不可得，何待洗垢而索之
耶？若孟子，則如青天白日，無垢可洗，無瘢可索。今欲
掩蘇氏之疵而援以爲比，豈不適所以彰之耶？黃門比之
乃兄，似稍簡静，然謂簡静爲有道，則與子張之指清忠爲
仁何以異？第深考孔子所答之意，則知簡静之與有道蓋
有間矣。況蘇公雖名簡静，而實陰險。元祐末年，規取相
位，力引小人楊畏，使傾范忠宣公而以己代之。既不效
矣，則誦其彈文於坐，以動范公。此豈有道君子所爲哉？
此非熹之言，前輩固已筆之於書矣。吾弟乃謂其躬行不
後二程，何其考之不詳而言之之易也！二程之學，始焉未
得其要，是以出入於佛、老；及其反求而得諸六經也，則豈
固以佛、老爲是哉？如蘇氏之學，則方其年少氣豪，固嘗
妄觗禪學，如《大悲閣》、《中和院》等記可見矣。及其中

歲，流落不偶，鬱鬱失志，然後匍匐而歸焉，始終迷惑，進退無據。以比程氏，正楊子"先病後瘳、先瘳後病"之説。吾弟比而同之，是又欲洗垢而索孟子之瘢也。

又謂程氏於佛、老之言，皆陽抑而陰用之。夫竊人之財猶謂之盜，況程氏之學以誠爲宗，今乃陰竊異端之説而公排之，以蓋其迹，不亦盜憎主人之意乎？必若是言，則所謂誠者安在？而吾弟之所以敬仰之意果何謂也？挾天子以令諸侯，乃權臣跋扈，借資以取重於天下，豈真尊主者哉？若儒者論道而以是爲心，則亦非真尊六經者。此其心術之間反覆畔援，去道已不啻百千萬里之遠。方且自爲邪説詖行之不暇，又何暇攻百氏而望其服於己也？

凡此皆蘇氏心術之蔽，故其吐辭立論，出於此者十而八九。吾弟讀之，愛其文辭之工，而不察其義理之悖，日往月來，遂與之化，如入鮑魚之肆，久則不聞其臭矣。而此道之傳，無聲色臭味之可娛，非若侈麗閎衍之辭、縱橫捭闔之辨，有以眩世俗之耳目而蠱其心，自非真能洗心滌慮以入其中，真積力久，卓然自見道體之不二，不容復有毫髮邪妄雜於其間，則豈肯遽然舍其平生之所尊敬向慕者，而信此一夫之口哉？故伊川之爲《明道墓表》曰："學者於道知所向，然後見斯人之爲功；知所至，然後見斯名之稱情。"蓋爲此也。然世衰道微，邪偽交熾，士溺於見聞之陋，各自是其所是，若非痛加剖析，使邪正真偽判然有歸，則學者將何所適從以知所向？況欲望其至之乎？此熹之所不得不爲吾弟極言而忘其僭越之罪也。

程氏書布在天下，所至有之，此間所有，不過是耳。謾寄《大全集》一本、《龜山語録》一本去。《大全》中有他人之文，《目録》中已題出矣。恐已自有之，如未有，且留看，夏中寄來未晚也。程氏高弟尹公嘗謂《易傳》乃夫子自著，欲知其道者，求之於此足矣，不必傍觀他書。蓋《語録》或有他人所記，未必盡得先生意也。又言先生踐履盡一部《易》，其作《傳》，只是因而寫成。此言尤有味，試更思之。若信得及，試用年歲之功，屏去雜學，致精於此，自當有得，始知前日所謂蘇、程之室者，無以異於雜薰蕕、冰炭於一器之中，欲其芳潔而不汙，蓋亦難矣。

蘇氏文辭偉麗，近世無匹，若欲作文，自不妨模範。但其詞意矜豪譎詭，亦若非知道君子所欲聞。是以平日每讀之，雖未嘗不喜，然既喜，未嘗不厭，往往不能終帙而罷，非故欲絶之也，理勢自然，蓋不可曉。然則彼醉於其説者，欲入吾道之門，豈不猶吾之讀彼書也哉！亦無怪其一胡一越而終不合矣。蘇、程固嘗同朝，程子之去，蘇公嗾孔文仲齕而去之也。使其道果同，如吾弟之所論，則雖異世亦且神交，豈至若是之戾耶？文仲爲蘇所嗾，初不自知，晚乃大覺，憤悶嘔血，以至於死。見於吕正獻公之《遺書》，尚可考也，吾弟未之見耳。因筆及此，似傷直矣，然不直則道不見，吾弟察之，幸甚。《晦庵文集》卷四一。

案：書中有云“熹承寄示前書，所諭皆未中理，不得不相曉", 乃指上書(所示詩文)及"別紙", 故知本書實承上書。又書中云朱熹寄《大全集》與程洵, 有"如未有, 且留看, 夏中寄來未晚也"之語, 則知本書當撰於紹興三十一年春間。

朱熹《答程允夫》:

去冬走湖湘, 講論之益不少。然此事須是自做工夫於日用間行住坐臥處, 方自有見處。然後從此操存, 以至於極, 方爲己物爾。敬夫所見, 超詣卓然, 非所可及。近文甚多, 未暇録, 且令寫此一銘去, 此尤勝他文也。密院闕期尚遠, 野性難馴, 恐不堪復作吏, 然亦姑任之, 不能預以爲憂耳。

所示《語》、《孟》諸説, 深見日來進學之力, 別紙一一答去。更且加意, 如此探討不已, 當有得耳。丁寧葉仁來時去取書, 恐更有商量處, 一一示及。孤陋無所用心, 惟得朋友講論, 則欣然終日, 千萬有以慰此懷也。"可欲之謂善", 此句尋常如何看? 因來諭及。《龜山易傳》傳出時已缺乾、坤, 只有草藁數段, 不甚完備。《繫辭》三四段不絕筆, 亦不成書。此有寫本, 謾附去, 然細看亦不甚滿人意, 不若程《傳》之厭飫充足。潘子淳書, 頃亦見之, 蓋雜佛老而言之者, 亦不必觀。向所論蘇學之蔽, 吾弟相信未及, 今竟以爲如何? 他時於己學上有見處, 此等自然氷消瓦解, 無立脚處。"遊於聖人之門者難爲言", 真不虛語。

《正蒙》已領。近泉州刊行《程氏遺書》,乃二先生語錄,此間所錄,且夕得本,首當奉寄也。

此學寂寥,士友不肯信向。吾弟幸有其志,又有其才,每一得書,爲之增氣。更願專一工夫,期以數年,當有用力處。如《艮齋銘》,便是做工夫底節次。近日相與考證古聖所傳門庭,建立此箇宗旨,相與守之。吾弟試熟味之,有疑却望示諭。秋試得失當已決,早了此一事亦佳,然是有命焉,亦不足深留意也。《晦庵文集》卷四一。

案:本書校記:"去冬走湖湘"句上,淳熙本有"久不聞問,方以爲懷,人來,併得兩書,備審比來侍奉之餘,進學不倦。某"二十七字。

朱熹於乾道三年秋冬"走湖湘"訪張栻,故本書當在四年。又本書中言"秋試得失當已決",則推知其約撰於是年(1168)秋末冬初。

朱熹《答程允夫》:

仁者,天理也。理之所發,莫不有自然之節,中其節,則有自然之和,此禮樂之所自出也。人而不仁,滅天理,夫何有於禮樂?

此說甚善。但"仁,天理也",此句更當消詳,不可只如此說過。

明則有禮樂,幽則有鬼神。鬼神者,造化之妙用;禮樂者,人心之妙用。

此説亦善。

“禮之用，和爲貴”，禮之用，以和爲貴也。和如和羹，可否相濟。先王制禮，所以節人情，抑其太過而濟其不及也。若知和而和，則有所偏勝，如以水濟水，誰能食之？《中庸》曰：“發而皆中節謂之和。”知和而和，則不中節矣。

以“和”對“同”，則“和”字中已有“禮”字意思；以“和”對“禮”，則二者又不可不分。恐不必引和羹相濟之説。

政者，法度也。法度非刑不立，故欲以政道民者，必以刑齊民。德者，義理也。義理非禮不行，故欲以德道民者，必以禮齊民。二者之決，而王、伯分矣。人君於此，不可不審，此一正君而國定之機也。

此説亦善。然先王非無政刑也，但不專恃以爲治耳。

孔氏之門，雖所學者有淺深，然皆以誠實不欺爲主。子曰：“由！誨汝知之乎？知之爲知之，不知爲不知，是知也。”教之以誠也。若未得謂得，未證爲證，是謂自欺。如此人者，其本已差，安可與入道？樊遲問智，孔子既告之矣，又質之子夏，反覆不知已，不敢以不知爲知也。凡此皆爲學用力處。

此説亦善。

非其鬼而祭之，諂也。諂於鬼，則於人可知矣。

推説則如此亦可，但本文“諂”字止謂諂於鬼神耳。

自“孔子謂季氏八佾舞於庭”至“季氏旅於泰山”五

段，皆聖人欲救天理於將滅，故其言哀痛激切，與《春秋》同意。

此説亦然。

夏、殷之禮，杞、宋固不足徵，然使聖人得時得位，有所制作，雖無所徵，而可以義起者，亦必將有以處之。爲是言者，恐後生以私意妄議先王之典禮耳。

夏、殷之禮，夫子固嘗講之，但杞、宋衰微，無所考以證吾言耳。若得時有作，當以義起者，固必有以處之。但此言之發，非謂後生妄議而云耳。

身有死生，而性無死生，故鬼神之情，人之情也。

死生、鬼神之理，非窮理之至，未易及。如此所論，恐墮於釋氏之説。性固無死生，然"性"字須子細理會，不可將精神知覺做"性"字看也。

"居上不寬，爲禮不敬，臨喪不哀，吾何以觀之哉？"寬、敬、哀，皆其本也。聖人觀人必觀其本，實不足而文有餘者，皆不足以入道。

此説得之。

心有所知覺則明，明則公，故曰："惟仁者能好人，能惡人。"

仁者固有知覺，然以知覺爲仁則不可。更請合仁、義、禮、智四字思惟，就中識得"仁"字乃佳。

一念之善則惡消矣，一念之惡則善消矣，故曰："苟志於仁矣，無惡也。"又曰："未有小人而仁者也。"

此意亦是。然語太輕率，似是習氣之病，更當警察療治也。

行不由道而得富貴，是僥倖也，其可苟處乎？行不由道而得貧賤，是當然也，其可苟去乎？然則君子處貧賤富貴之際，視我之所行如何耳，行無愧於道，去貧賤而處富貴可也。故曰："富與貴，是人之所欲也，不以其道得之，不處也；貧與賤，是人之所惡也，不以其道得之，不去也。"當以"不以其道"爲一句，"得之"爲一句。
先生批：如此說，則"其"字無下落，恐不成文理也。

此章只合依先儒說有得富貴之道、有得貧賤之道爲是。張子韶云："此言君子審富貴而安貧賤。"亦甚簡當。

"朝聞道，夕死可矣"。天下之事，惟死生之際不可以容僞，非實有所悟者，臨死生未嘗不亂。聞道之士，原始反終，知生之所自來，故知死之所自去，生死去就之理了然於心，無毫髮疑礙，故其臨死生也如晝夜、如夢覺，以爲理之常然，惟恐不得正而斃耳，何亂之有？學至於此，然後可以託六尺之孤，寄百里之命，臨大節而不可奪也。

此又雜於釋氏之說。更當以二程先生說此處熟味而深求之，知吾儒之所謂道者與釋氏迥然不同，則知朝聞夕死之說也。

"君子懷德，小人懷土；君子懷刑，小人懷惠"。君子安於德義，如小人安於居處；君子安於法度，如小人之安於惠利。心之所安一也，所以用其心不同耳。

此蘇氏説之精者，亦可取也。

“放於利而行，多怨”。利與害爲對，利於己必害於人，利於人必害於己。害於己則我怨，害於人則人怨，是利者怨之府也。君子循理而行，理之所在，非無利害也，而其爲利害也公，故人不得而怨。人且不得而怨，而況於己乎？

此説得之。

德不孤，中德也。中必有鄰，夫子之道至今天下宗之，非有鄰乎？

此説非是。

心本仁，違之則不仁。顔子三月不違仁，不違此心也。

熟味聖人語意，似不如此，然則何以不言“回也，其身三月不違心乎”？

凡人有得於此，必有樂於此。方其樂於此也，寢可忘也，食可廢也，蓋莫能語人以其所以然者，唯以心體之乃可自見。周濂溪嘗使二程先生求顔子所樂者何事，而先生亦謂：“顔子不改其樂，‘其’字有味。”又云：“使顔子樂道，則不爲顔子。”夫顔子舍道，亦何所樂？然先生不欲學者作如是見者，正恐人心有所繫，則雖以道爲樂，亦猶物也。須要與道爲一，乃可言樂。不然，我自我，道自道，與外物何異也？須自體會乃得之。

此只是贊咏得一個"樂"字，未嘗正當説著聖賢樂處，更宜於著實處求之。

《易》曰："敬以直内，義以方外。"敬以養其心，無一毫私念，可以言直矣。由此心而發，所施各得其當，是之謂義。此與《中庸》言"喜怒哀樂未發謂之中，發而皆中節謂之和"相表裏。《中庸》言理，《易》言學。

此説是也。

聖言其所行，智言其所知，聖、智兩盡，孔子是也。若伯夷、伊尹、柳下惠者，其力皆足以行聖人之事，而其知不逮孔子，故惟能於清、和、任處知之盡、行之至，而其他容有所未周。然亦謂之聖者，以其於此三者已臻其極，雖使孔子處之，亦不過如此故也。前輩言人固有力行而不知道者，若三子非不知道，知之有所未周耳。知之未周，故伯夷於清則中，而於任、於和未必中也。伊尹、柳下惠於任、於和則中，而於清未必中也。《易大傳》論智常與神相配，而《中庸》稱舜亦以大智目之，則智之爲言，非天下之至神，孰能與於此？

此説亦是。但《易大傳》以下不必如此説。智有淺深，若孔子之金聲，則智之極而無所不周者也。學者則隨其知之所及而爲大小耳，豈可槩以爲天下之至神乎？

學道者始於知之，終於行之，猶作樂者始以金奏，終以玉節也。孟子之意特取其終始言之，不必於金玉上求其義。

此説亦是。但孟子正取金玉以明始終智聖之義。蓋金聲有洪纖，而玉聲則首尾純一故也。

不動心一也，所養有厚薄，所見有正否，則所至有淺深。觀曾子、子夏、子路、孟子、告子、北宮黝、孟施舍之議論趨操，則可見矣。

此章之説，更須子細玩索，不可如此草草説過。

郭立之以不動心處己，以擴充之學教人，與王介父以高明、中庸之學析爲二致何以異？

郭立之議論不可曉，多類此。尹和靖言："其自黨論起，不復登程氏之門，伊川没，亦不弔祭。"則其所得可知矣。此論未理會析爲二致，止恐其所謂不動心者，未必孟子之不動心也。《晦庵文集》卷四一。

案：朱熹上書（去冬走湖湘）有言"所示《語》、《孟》諸説，深見日來進學之力，別紙一一答去"，而本書皆答《語》、《孟》問目，當即上書之"別紙"，撰於同時。

朱熹《答程允夫》：

某重念先世南來，八人度嶺，今無一人在者。而老人暮年窮約，以不肖子與世不諧之故，憂窘萬狀，無一日舒泰，遂以至此，尤重不孝之罪。每一念至此，心肝如抽裂也。

某家中自先人以來，不用浮屠法，今謹用。但卜地未能免俗,然亦只求一平穩處,尚未有定論,計不出今冬也。所喻立戶事無不可,但先人已立戶,某又自立一戶,恐於理未安,更詳度示喻。《晦庵文集》別集卷三。

案:據朱熹《朱君孺人祝氏壙誌》,朱母祝氏卒於乾道五年九月戊午(五日)。《晦庵文集》卷九四。本書云及"但卜地未能免俗,然亦只求一平穩處,尚未有定論,計不出今冬也",則其當撰於是年(1169)冬初。

朱熹《答程允夫》:

"可欲"之說甚善。但云"可者欲之,不可者不欲,非善矣乎",此語却未安。蓋只可欲者便是純粹至善自然發見之端,學者正要於此識得而擴充之耳。若云"可者欲之",則已是擴充之事,非善所以得名之意也。又謂"能持敬則欲自寡",此語甚當。但紙尾之意以爲"須先有所見,方有下手用心處",則又未然。夫持敬用功處,伊川言之詳矣,只云:"但莊整齊肅,則心便一,一則自無非僻之干。"又云:"但動容貌、整思慮,則自然生敬,只此便是下手用功處,不待先有所見而後能也。須是如此,方能窮理而有所見。惟其有所見,則可欲之幾瞭然在目,自然樂於從事,欲罷不能,而其敬日躋矣。"伊川又言:"涵養須是用敬,進學則在致知。"又言:"入道莫如敬,未有致知而不在敬者。"考之聖賢之言,如此類者亦衆,是知聖門之學別無要妙,徹頭徹尾只是個"敬"字而已。

又承苦於妄念而有意於釋氏之學,此正是元不曾實下持敬工夫之故。若能持敬以窮理,則天理自明、人欲自消,而彼之邪妄將不攻而自破矣。至於"鳶飛魚躍"之問,則非他人言語之所能與,亦請只於此用力,自當見得。蓋子思言"君子之道費而隱",以至於天下莫能載、莫能破,因舉此兩句以形容天理流行之妙。明道、上蔡言之已詳。想非有所不解,正是信不及耳。欲信得及,捨持敬窮理,則何以哉!

所示《宗派》,不知何人爲之?昔子貢方人,而孔子自謂不暇,蓋以學問之道爲有急乎此者故也。使此人而知此理,則宜亦有所不暇矣。無見於此,則又何所依據而輕議此道之傳乎?若云只據文字所傳,則其中差互叢雜,亦不可勝道。今亦未暇泛論,且以耳目所及與前輩所嘗論者言之:圖內游定夫所傳四人,熹識其三,皆未嘗見游公,而三公皆師潘子醇,亦不云其出游公之門也。此殆見游公與四人者皆建人,而妄意其爲師弟子耳。至於張子韶、喻子才之徒,雖云親見龜山,然其言論風旨、規摹氣象自與龜山大不相似。胡文定公蓋嘗深闢之,而熹載其説於《程氏遺書》之後。試深考之,則世之以此學自名者,其真僞皆可覈矣。胡公答仲并語切中近時學者膏肓之病,尤可發深省也。

"三年無改",只是説孝子之心如此,非指事而言也。

存得此心，則雖或不得已而改焉，亦無害其爲孝矣。元祐之於熙、豐，固有所謂不得已者，然未知當時諸公之心如何，若蘇公"野花啼鳥"之句，得無亦有幸禍之心耶？

案：《書信編年》據夏炘《述朱質言》，而係本書於乾道五年（己丑）十一月。書中云及朱熹附胡文定之説於《程氏遺書》後，欲程洵"試深考之"，又程洵《復表兄朱元晦編修書》有"來書見教，委曲詳盡，皆至當之論，敢不服膺。又蒙寄以《程氏遺書》，大慰所望"云云，《新安文獻志》卷九。推知朱熹寄《程氏遺書》與程洵當在此時。

程洵《復表兄朱元晦編修書》：

洵拜覆至孝編修表兄坐前：洵去歲在祁門奉起居狀，初不知表伯母恭人之訃。既歸，拜所賜教，乃聞鍾此酷罰，驚呼失聲，不能自已。惟淑德懿範，表儀閨閫，奄棄榮養，孰不驚歎。矧中表子姪姻親契分之厚者，其悼惻之情，宜何如耶！伏惟天性之重於孝敬，嬰此大故，悲慟奈何。來書言"家世南來八人，今無存者"，讀之使人感歎不已。洵不肖，常恨之生也後，不逮事王父。嘗見祖母及先君爲言朱、程二家昔日中外往來之好，鄉閭莫及。自先表伯赴官閩中，遭時多故，因家於建，於是骨肉始有南北之異。自茲瞬間，垂五十年，中間人事變遷，如霧如電，有不可勝言者。今兩家所存當時之人，惟祖母幸無恙，每爲洵言此，未嘗不流涕太息也。祖母八十四矣，視聽幸不甚衰，飲啖亦健，但屢經憂患，子孫未有以少慰其意者。前日聞表伯母之喪，感涕不已。蓋人暮年，值此逆境，其傷今思昔之情，固宜倍於他人也。今歲不欲遠出侍下，以劉丞堅相挽，不得已復爲此來。二月初到此，初欲此月末略歸，偶劉丞檄出建寧鞫獄，須其歸乃告次第，尚在閏月末也。

　　來書見教，委曲詳盡，皆至當之論，敢不服膺。又蒙寄以《程氏遺書》，大慰所望。蓋洵前此所見，惟建陽舊刻《必明集》、《河南夫子書》及《大全》、《語録》，此數者，顛倒錯繆，《大全》爲甚。今兄所編，雖中間尚有闕疑者，然大略已有條不紊矣。兄之有功於程氏甚大，而洵拜兄所賜甚厚也。洵本欲辦少奠禮，以表區區，偶劉丞行速，姑寓此紙，託附便至。餘俟中夏還家，當奉狀。襄事聞在去冬，計已畢矣。路遠不能助執紼，申一慟之哀，何悵恨如之！四月二十日，表弟洵拜覆。《新安文獻志》卷九。

　　　案：此答朱熹書，撰於乾道六年（1170）四月二十日。

朱熹《答程允夫》：

　　亦足以發。

　　顏子所聞，入耳著心，布乎四體，形乎動静，則足以發明夫子之言矣。

忠、恕、誠、仁之別。

"誠"字以心之全體而言，"忠"字以其應事接物而言，此義理之本名也。若曾子之言忠恕，則是聖人之事，故其忠與誠、恕與仁得通言之。恕本以推己及物得名，在聖人則爲以己及物矣。侯氏説未嘗誤。"萬物"者誠有病。

"有德者必有言，有仁者必有勇"。洵竊謂有德者未必有言，然因事而言，則言之中理可必也；仁者未必有勇，然義所當爲，則爲之必力可必也。故皆曰"必有"。

有德者未必以能言稱，仁者未必以勇著。然云云以下，各如所説。

"天下有道，則庶人不議"。不議，謂不得與聞國政，非謂禁之使勿言也。如陽虎之流，以庶人而與國政者也。

恐不如此。陽虎饋豚於孔子，蓋以大夫自處，非庶人也。蘇説之誤。

"天何言哉？四時行焉，百物生焉。天何言哉！"洵竊謂四時行、百物生，皆天命之流行，其理甚著，不待言而後明。聖人之道亦猶是也，行止語默無非道者，不爲言之有無而損益也。有言，乃不得已爲學者發耳。明道先生言"若於此上看得破，便信是會禪"，亦非謂此語中有禪，蓋言聖人之道坦然明白，但於此見得分明，則道在是矣，不必參禪以求之也。

如此辨別，甚善。近世甚有病此言者，每以此意曉之，然不能如是之快也。

子夏曰："仕而優則學，學而優則仕。"洵竊謂仕優而不學則無以進德，學優而不仕則無以及物。仕優而不學固無足議者，學優而不仕，亦非聖人之中道也。故二者皆非也。仕優而不學，如原伯魯之不説學是也。學優而不仕，如荷蓧丈人之流是也。子夏之言似爲時而發，其言雖反覆相因，而各有所指。或以爲仕而有餘則又學，學而有餘則又仕，如此則其序當云"學而優則仕，仕而優則學"。今反之，則知非相因之辭也。不知此説是否？

此説亦佳。舊亦嘗疑兩句次序顛倒，今云各有所指，甚佳。

《遺書》載司馬温公嘗問伊川先生，欲除一人爲給事中云云。洵竊謂若以公言之，何嫌之足避，豈先生於此亦未能自信邪？

前賢語默之節，更宜詳味，吾輩只爲不理會此等處，故多悔吝耳。近正有一二事可悔，忽讀此問，爲之矍然。

《上蔡語録》中有"真我"之語，洵竊謂不必如此立論，恐啓後人好奇之弊。蓋"毋我"之"我"與"我所固有"之"我"字同義異，本自分明，只下一"真"字，便似生事，二程先生議論不如此。上蔡之學，所造固深，此亦似是其小疵也。

此説甚當。上蔡所云"以我視、以我聽"者，語亦有病。《晦庵文集》卷四一。

案：程洵《復表兄朱元晦編修書》云"又蒙寄以《程氏遺書》，大慰所望"，《新安文獻志》卷九。而本書所載程洵問目中有"《遺書》載司馬温公嘗問伊川先生"云云，知程洵來書、朱熹答書在其後。

朱熹《答程允夫》：

龜山曰："宰我問三年之喪，非不知其爲薄也，只爲有疑，故不敢隱於孔子。"只此無隱，便是聖人作處。

龜山之意當是如此。然聖人之無隱與宰我之無隱，亦當識其異處。

伊川舟行遇風，端坐不爲之變，自以爲誠敬之力。烈風雷雨，而舜不迷錯，其亦誠敬之力歟？

舜之不迷，此恐不足以言之。

善爲説辭，則於德行或有所未至；善言德行，則所言皆其自己分上事也。

此説得之。

"善與人同"，以己之善，推而與人同爲之也。"舍己從人"，樂取諸人以爲善，以人之善爲己之善也。

此説亦善。

賢賢、事父母、事君、與朋友交，此四者皆能若子夏之言，可以言學矣。然猶有"雖曰未學"之語，若猶賴乎學者。蓋雖能如是，而不知其所以能如是者從何而來，則所謂行之而不著，習矣而不察者也。

此句意思未見下落，請詳言之，方可議其得失也。

"羞惡之心，義之端"，故人不可使之無廉恥。無廉恥，則無以起其好義之心，若之何而可化？聖人之於民，必使之有恥且格者，此也。

人自是不可無恥，不必引"羞惡"、"好義"爲言也。

知敬親者其色必恭，知愛親者其色必和，此皆誠實之發見，不可以僞爲。故子夏問孝，孔子答之以"色難"。

據下文，恐是言承順父母之色爲難，然此説亦好。

"君子周而不比，小人比而不周"。君子循理之所在，周流天地之間，無不可者。其親之也，理之所當親也；其遠之也，理之所當遠也。何比之有？

尊賢容衆、嘉善而矜不能，此之謂周。溺愛徇私、黨同伐異，此之謂比。周，周徧也；比，偏比也。不必言"周流天地之間"。

謝上蔡曰："'慎言其餘'、'慎行其餘'，皆有深意，惟近思者可以得之。"蓋言行有絲毫不慎，則於理有絲毫之失，則與天地不相似矣。

"慎言其餘"、"慎行其餘"，"藉用白茅"之意。似此推言，於理不害，然恐未遽説到此也。

小人之陵上，其初蓋微僭其禮之末節而已。及充其僭禮之心，遂至於弒父弒君，此皆生於忍也。故孔子謂季氏："八佾舞於庭，是可忍也，孰不可忍也？"

敢僭其禮，便是有無君父之心。

人有中雖不然而能勉彊於其外者，君子當求之於其中。中者，誠也；外者，僞也。故父在當觀其事父之志。行者，行其志而有成者也。父没，則人子所以事父之大節始終可觀矣，故父没當觀其事父之行。事父之行既已終始無愧，而於三年之間又能不失其平日所以事父之道，非孝矣乎？

此説甚好，然文義似未安。

"敏於事"，如"必有事焉"之"事"，當爲即爲，不失其幾也。

事只是所行之事。"必有事焉"，不知尋常如何説，請詳論之，乃見所指之意。大抵説經以彼明此固爲簡便，然或失其本意，則彼此皆不分明，所以貴於詳説也。

"子貢曰貧而無諂"至"告諸往而知來者"，此爲學之法也，亦可以見聖賢悟入深淺處。凡窮理自有極致，觀聖人如此發明子貢，則可見矣。

此章論進學之實效，非論悟入深淺也。"悟入"兩字，既是釋氏語，便覺氣象入此不得。《大學》所謂知至格物者，非悟入之謂。

死生一理也，死而爲鬼，猶生而爲人也，但有去來幽顯之異耳。如一晝一夜，晦明雖異，而天理未嘗變也。

死者去而不來，其不變者只是理，非有一物常在而不變也。更思之。

"子聞之，曰：'是禮也。'"三字可以見聖人氣象宏大，後世諸子所不及也。

"《詩》三百，一言以蔽之，曰思無邪"，"與《關雎》樂而不淫、哀而不傷"，皆聖人教人讀《詩》之法。

此類言之太略，不曉所主之意，恐其間有差，或致千里之繆也。

見實理是爲智，得實理是爲仁。

惟仁者能得是理，而以得實爲仁，則仁之名義隱矣。

理之至實而不可易者，莫如仁。義、禮、智、信，非仁不成。如孝、弟、禮、樂、恭、寬、信、敏、惠，皆仁之用也。

此數句，亦未見下落。

學者須先有所立，故孔子三十而立，又曰"患所以立"。然則若何而能立？曰："窮理以明道，則知所立矣。"

立是操存踐履之效，所説非是。"患所以立"承"不患無位"而言，蓋曰患無以立乎其位云爾。

"古者言之不出，恥躬之不逮也"。如諸葛孔明草廬中對先主論曹、孫利害，其後輔蜀抗魏、吳，其言無一不酬者。蓋古人無侈心，故無侈言如此。

所引事不相類。

劉器之問"誠"之目於溫公，曰："當自不妄語人。"此《易》所謂"脩辭立其誠也"。

近之。

"子謂公冶長可妻也"。長之可妻，以其平昔之行也，非以無罪陷於縲絏爲可妻也。

雖嘗陷於縲絏，而非其罪，則其平昔之行可知。

"吾斯之未能信"，言我於此事猶未到不疑之地，豈敢茍官臨政、發之於用乎？

此"事"是何事？

"子謂子貢曰：'女與回也，孰愈？'"孔子以此問子貢，則子貢之才亦顏、曾之亞。然其所以不及二子者，正在於以見聞爲學。孔子未欲以見聞外事與之，故姑云"吾與女弗如"。他日，乃警之曰："汝以予爲多學而識之者歟？"道非多學所能識，則聞一知十，亦非所以爲顏子。

子貢言聞一知二、知十，乃語知，非語聞也。見聞之外，復謂何事，請更言之。

忠與清，皆仁之用。有覺於中，忠、清皆仁。無覺於中，仁皆忠、清。

以覺爲仁，近年語學之大病，如此四句，尤爲乖戾。蓋若如此，則仁又與覺爲二而又在其下矣。

"又敬不違"，非從父之令，謂事親以禮，無違於禮也，所謂"起敬起孝"。

"見志不從，又敬不違"，則不得已而從父之令者有矣。"勞而不怨"，則所謂"悅則復諫"、"不敢疾怨"也。若不從而遂違之，則父子或至相夷矣。

"居簡而行簡"，則有志大略小之患，以之臨事，必有怠忽不舉之處。"居敬而行簡"，則心一於敬，不以事之大小而此敬有所損益也。以之臨事，必簡而盡。

居敬則明燭事幾而無私意之擾，故其行必簡。

爲仁固難歟？曰孔子不以易啓人之忽心，亦不以難啓人之怠心。故曰："仁遠乎哉？我欲仁，斯仁至矣。"又曰："爲之難，言之得無訒乎？"

仁固不遠，然不欲則不至；仁固難，爲之則無難。

致知以明之，持敬以養之，此學之要也。不致知則難於持敬，不持敬亦無以致知。

二者交相爲用，固如此。然亦當各致其力，不可恃此而責彼也。

"丘之禱久矣"，聖人與天地合其德，與鬼神合其吉凶，我即天地鬼神，天地鬼神即我，何禱之有？

自他人言之，謂聖人如此可也，聖人之心，豈以此而自居耶？細味"丘之禱也久矣"一句，語意深厚，聖人氣象與天人之分、自求多福之意皆可見。

"以能問於不能，以多問於寡，有若無，實若虛，犯而不校"，此聖人之事也，非與天同量者不能。顏子所以未達一間者，正在此，故第曰“嘗從事於斯”，非謂己能爾也。

此正是顏子事，若聖人則無如此之迹。有如此說處，便有合内外之意。如舜“善與人同，舍己從人”、好察邇言、用中於民，必兼言之。惟顏子行而未成，故其事止於如此耳。

“子絶四”，蓋以此教人也，故曰“毋”。毋者，戒之之辭。

“毋”，《史記》作“無”，當以“無”爲正。

“未見其止也”，學必止於中，而止非息也，於中止行耳。百尺竿頭，猶須進步，豈有止法乎？

據上下章，“止”字皆但爲止息之意。學止於中，乃止其所之止，非止息之意，字同用異，各審其所施。竿頭進步，狂妄之言，非長於譬喻者。

四科乃述《論語》者記孔氏門人之盛如此，非孔子之言，故皆字而不名，與上文不當相屬。或曰《論語》之書出於曾子、有子之門人，然則二子不在品題之列者，豈非門人尊師之意歟？

四科皆從於陳、蔡者，故記者因夫子不及門之歎而列之。

君子之道，本末一致，灑掃應對之中，性與天道存焉，行之而著，習之而察，則至矣。孰謂此本也宜先而可傳，此末也宜後而可倦哉？譬諸草木，其始植也，爲之區別而已。灌溉之，長養之，自芽蘗以至華實，莫不有序，豈可誣也？然學者多慕遠而忽近，告之以性與天道，則以爲當先而傳；教之以灑掃應對，則以爲當後而倦焉。躐等陵節，相欺以爲高，學之不成，常必有此。惟聖人下學上達，有始有卒，故自志學充而至於從心不踰矩，自可欲之善充而至於不可知之神，莫不有序，而其成也不可禦焉。觀孟子謂徐行後長者爲堯、舜之孝悌，則灑掃應對進退之際，苟行著而習察焉，烏有不可至於聖者？

子夏言我非以灑掃應對爲先而傳之，非以性命天道爲後而倦教，但道理自有大小之殊，不可誣人以其所未至。惟聖人然後有始有卒，一以貫之，無次序之可言耳。二先生之說，亦是如此。但學者不察，一例大言，無本末精粗之辨，反使此段意指都無歸宿。須知理則一致，而其教不可闕，其序不可紊耳。蓋惟其理之一致，是以其教不可闕，其序不可紊也。更細思之。

篤，實也，學當論其實。論其實，則與君子者乎，與色莊者乎？君子，有實者也；色莊，無實者也。

得之。

克己之道，篤敬致知而已。非禮勿視、勿聽、勿言、勿動，篤敬也。所以知其爲非禮者，致知也。

克己乃篤行之事，固資知識之功，然以此言之，却似不切。只合且就操存持養處説，方見用力切要處。

“言顧行，行顧言”，故“古者言之不出，恥躬之不逮也”。《中庸》曰：“力行近乎仁。”《論語》：司馬牛問仁，“子曰：‘爲之難，言之得無訒乎？’”

答司馬牛之意，更宜思之。

“質直而好義，則能修身；察言而觀色，則能知人”。內能修身，外能知人，而又持之以謙，此盛德之士也。雖欲不達，得乎？此與“禄在其中”同意。名實相稱之謂達，有名無實之謂聞。察言觀色，如孟子所謂：“聽其言也，觀其眸子，人焉廋哉？”

孔子所言三句，皆誠實退讓之事。能如此，則不期達而自達矣，非謂能修身知人而持之以謙也。説知人，猶遠正意。

子路問政。子曰：“先之，勞之。”請益，曰：“無倦。”凡不教而殺、不戒視成、慢令致期，皆無以先之也。既有以先之，又當有以勞之。帝堯曰：“勞之來之。”凡生之而不傷、厚之而不困，皆勞之之謂也。此堯、舜之政也。其要在力行耳，故復告之以“無倦”。

先之，謂以身率之；勞之，謂以恩撫之。二者苟無誠心，久必倦矣，故請益，則曰“無倦”而已。

簿書期會，各有司存，然後吾得以留意教化之事，故曰“先有司”。

先有司，然後綱紀立而責有所歸。《晦庵文集》卷四一。

案：本書乃《論語》問目，其中云“以覺爲仁，近年語學之大病",據《年譜長編》卷上,朱熹於乾道八年秋、冬間撰《仁説》、《克齋記》,與張栻等湖南諸學者往復辯論知覺言仁之弊,故推知本書約撰於乾道九年(1173)或稍後。

朱熹《答程允夫》:

張子曰:"天性在人,猶水性之在冰,凝釋雖異,其爲物一也。"觀張子之意,似謂水凝而爲冰,一凝一釋,而水之性未嘗動;氣聚而爲人,一聚一散,而人之性未嘗動。此所以以冰喻人、以水性喻天性也。然極其説,恐未免流於釋氏,兄長以爲如何?

程子以爲橫渠之言誠有過者,正謂此等發耳。觀孔子、子思、孟子論性,似皆不如此。康節云:"性者,道之形體也;心者,性之郛郭也;身者,心之區宇也;物者,身之舟車也。"

鬼神之理,某向嘗蒙指示,大意云:氣之來者爲神,往者爲鬼。天地曰神曰祇,氣之來者也;人曰鬼,氣之往者也。此説與張子所謂"物之始生,氣日至而滋息;物生既盈,氣日反而游散。至之謂神,以其伸也;反之爲鬼,以其歸也"之意同。近見兄長所著《中庸説》亦引此,然張子所謂物者,通言萬物耶,抑特指鬼神也?若特指鬼神,則所謂物者,如《易大傳》言"精氣爲物"之"物"爾。若通言萬物,則上四句乃泛言凡物聚散始終

之理如此，而下四句始正言鬼神也。精氣爲物，嚮亦嘗
與季通講此，渠云："精氣爲物者，氣聚而爲人也；遊魂
爲變者，氣散而爲鬼神也。"此説如何？更望詳賜批教。

《易大傳》所謂物，張子所論物，皆指萬物而言。但其
所以爲此物者，皆陰陽之聚散耳，故鬼神之德體物而不可
遺也。所謂氣散而爲鬼神者，非是。《晦庵文集》卷四一。

案：書中引程洵問目言及"近見兄長所著《中庸
説》亦引此"云云，此《中庸説》疑即《中庸詳説》。朱
熹《答吕伯恭》(兒子歸)有云"《中庸章句》一本上納，
此是草本，幸勿示人。更有《詳説》一書，字多未暇，餘
俟後便寄去"。《晦庵文集》卷三三。《答吕伯恭》撰於
淳熙元年(1174)七月間，故推知本書約撰於其後。

朱熹《答程允夫》：

程子曰："鬼神者，天地之妙用，造化之迹也。"凡氣
之往來聚散，無非天地之用，而鬼神尤其妙者也。然既已動於
氣、見於用矣，是形而下者也，故曰"造化之迹"。吕氏曰："萬
物之莫不有是氣，氣也者，神之盛也；莫不有是魄，魄也
者，鬼之盛也。故人亦鬼神之會爾。"《中庸説》曰："鬼
神之爲德，雖不可以耳目見聞接，然萬物之聚散始終，
無非二氣之屈伸往來者，是鬼神之德爲物之體，而無物
能遺棄之者也。"向按此二説，則張子所謂"物之始生，氣日
至而滋息；物生既盈，氣日返而游散"，乃泛言萬物聚散始終之

理如此。而鬼神者，亦物之一爾。但其德在物之中爲尤盛，故爲物之體而莫有能遺之者。人亦物之一也，其斂散終始，亦二氣之屈伸往來，與鬼神同，故呂氏曰"人亦鬼神之會耳"。然則非特人也，凡天地之間，禽獸草木之聚散始終，其理皆如此也。其理一而其得於氣者有隱顯、偏正、厚薄之不同，兹其所以有鬼神、人物之異歟？謝氏曰："鬼神是天地妙用，流行充塞，觸目皆是，欲其有則有，欲其無則無。"鬼神，氣也，人心之動亦氣也。以氣感氣，故能相爲有無。呂氏曰："鬼神周流天地之間，無所不在，雖寂然不動，然因感而必通。"即此意也。

詳此兩段，皆是人物、鬼神各爲一物，是殆見廟中泥塑鬼神耳。呂氏所謂"人亦鬼神之會"者甚精，更詳細推之。《晦庵文集》卷四一。

案：本書與上書（張子曰）皆論鬼神，當撰於一時先後。

朱熹《答程允夫》：

昨來疑義，久不奉報，然後來長進，又見得前説之是非也。每與吾弟講論，覺得吾弟明敏，看文字不費力，見得道理容易分明，但似少却玩味踐履功夫，故此道理雖看得相似分明，却與自家身心無干涉，所以滋味不長久，纔過了便休。反不如遲鈍之人，多費功夫方看得出者，意思却久遠。此是本原上一大病，非一詞一義之失也。記得向在高沙，因吾弟説覺得如此講論都無個歸宿處，曾奉答云："講了便將來踐履，即有歸宿。"此語似有味，更告思之。草此爲報，不能多及，餘惟力學自愛。《晦庵文集》卷四一。

　　案：書中有云"記得向在高沙，因吾弟説覺得如此講論都無個歸宿處，曾奉答云"，據《年譜長編》卷上，朱熹於淳熙三年四月至婺源展墓，六月回，故所謂"高沙"云云，似指當時兩人相會之所。又書中言"昨來疑義，久不奉報"，故推知其或撰於淳熙四年（1177）春、夏間。

朱熹《答程允夫》：

示喻爲學之意，此正克己功夫所當用力，然猶是至粗淺處。若不痛加懲窒，非惟無以仰窺聖賢閫域，恐亦無以自立於州里之間矣。此甚可懼，不可視爲常事而緩於檢制也。上蔡之言警切至到，真當朝夕提撕。然論其細微，則區區所愧亦已多矣。尚何以爲賢者觀省之助乎？今當彼此各致其功，庶異時相見，無所愧於今日之言耳。觀書或有所疑，因便疏示，閑時寫得，便可旋寄德和處，此中時有便人往還也。所論向來解紛之意，固是如此，然亦平日持己不嚴，故擇交不審，而責善之道又有所不至，故其末流之弊至於如此。此當深自悔責而速改之。詳味來辭，似未有此意。恐更當反復鄙言，毋以前説自恕也。所要文字，正宂未暇致思。齋銘亦已忘記，又無草本。要不必爾，但得識之於心而見諸行事，則爲有以發於愚言矣。祠、閣二記皆不成文字，但欲略見此義理，故不得而辭。來喻之云，非所望於親友間也。《近思》已成，尚未寄到，到即附去。《中庸》無人寫得，只有一本，不敢遠寄。且亦未定，不欲廣傳也。《定性書解》在別紙，亦勿示人爲佳。《雲谷記》已寫寄李丈矣。《晦庵文集》別集卷三。

案：書中云及"《近思》已成，尚未寄到，到即附去"。據朱熹淳熙二年十二月間《答吕伯恭》（便中承書，良慰瞻仰）有云"《近思》刻板甚善，曲折已報叔度矣"。而淳熙三年四月中朱熹去婺源展墓時《答吕伯恭》（昨承遠訪）又云"《近思録》道中讀之，尚多脱誤，已改正送叔度處。横渠諸説告早補定，即刊爲佳。此本既往，無以應朋友之求假，但日望印本之出耳"。九月中旬《答吕伯恭》（奉八月六日手教）云"叔度向欲刻《近思》板，昨汝昭書來，云復中輟，何也"。《晦庵文集》卷三三。四年二月間《答吕伯恭》（昨黄仲本至）云"《近思》已寄來，尚有誤字，已校定寫寄之矣"。《晦庵文集》卷三四。而張栻《答朱元晦》（《章句序》文理暢達）云"《近思録》誠爲有益於學者之近思，前此伯恭尚未寄來也"。《南軒集》卷二四。又《答朱元晦》（學中重刻《責沈》）云"《近思録》方議刻，欲稍放字大耳"。《南軒集》卷二三。張栻二書撰於四年夏、秋間。

可知潘景憲（叔度）刊成《近思録》於淳熙四年春末、
夏間，隨即張栻亦議再刊於桂林。由此推知本書約
撰於淳熙四年夏間。

朱熹《答程允夫》：

《太極解義》以太極之動爲誠之通，麗乎陽，而繼之
者善屬焉；静爲誠之復，麗乎陰，而成之者性屬焉。其
説本乎《通書》，而或者猶疑周子之言本無分隸之意，陽
善陰惡又以類分。又曰："中也，仁也，感也，所謂陽也，
極之用所以行也；正也，義也，寂也，所謂陰也，極之體
所以立也。"或者疑如此分配，恐學者因之，或漸至於支
離穿鑿。不審如何？

此二義，但虚心味之，久當自見。若以先入爲主，則
辯説紛挐，無時可通矣。

"仁義中正"，洵竊謂仁義指實德而言，中正指體段
而言。然常疑性之德有四端，而聖賢多獨舉仁義，不及
禮智，何也？

中正即是禮智。

《解義》曰："程氏之言性與天道多出此圖，然卒未
嘗明以此圖示人者，疑當時未有能受之者也。"是則然
矣。然今乃遽爲之説以傳之，是豈先生之意耶？

當時此書未行，故可隱。今日流布已廣，若不説破，
却令學者枉生疑惑，故不得已而爲之説爾。

　　濂溪作《太極圖》，發明道化之原。横渠作《西銘》，
揭示進爲之方。然二先生之學，不知所造爲孰深？

　　此未易窺測，然亦非學者所當輕議也。

　　程子曰："無妄之謂誠，不欺其次矣。"無妄是聖人
之誠，不欺是學者之誠，如何？

　　程子此段似是名理之言，不爲人之等差而發也。

　　《近思錄》載横渠論氣二章，其説與《太極圖》動静
陰陽之説相出入。然横渠立論，不一而足，似不若周子
之言有本末次第也。

　　横渠論氣與《西銘》、《太極》各是發明一事，不可以此
而廢彼，其優劣亦不當輕議也。

　　程子曰："孔子言語，句句是自然。孟子言語，句句
是事實。"所謂事實者，豈非是當行可行底事耶？然未
可謂自然者，豈以其猶有思焉而得之歟？

　　大槩如此，更翫味之。

　　所教學者看《精義》説，甚善。然竊以爲學者須先
從師友講貫，粗識梗槩，然後如此用工。不然，恐眩於
衆説之異同也。

　　此乃憚煩欲速之論，非所敢聞，然亦非獨此書爲然。
若果有志，無書不可讀，但能剖析精微，翫味久熟，則衆説
之異同自不能眩，而反爲吾磨礪之資矣。《晦庵文集》卷
四一。

　　案：書中引録程洵問目中有"《近思録》載横渠

論氣二章"云云,據上書(示喻爲學之意)有云"《近思》已成,尚未寄到,到即附去",故推知程洵收到《近思録》後,致書朱熹請問,朱熹爲作本書答之,故推知本書約撰於淳熙四年下半年或稍後。

朱熹《答程允夫》:

表叔墓刻不敢忘,重煩督趣,愧恐。然此尚有少曲折,異時得面論而後下手,乃爲穩當。先集亦難於出之,正亦有所疑耳。吾弟近所爲詩文,有可寄示者否?某向到湘中,所語甚多,然皆草率,不足觀。謾令大兒寫《拜魏公墓》一篇去。此等閑言語正使絶出,亦何所用?況又不能佳乎。然姑以寄意焉可耳。《晦庵文集》別集卷三。

　　案:朱熹《韓溪翁程君墓表》首云"韓溪翁,先君子韋齋先生之内弟程君也",末署"淳熙八年八月乙卯,表姪具位朱熹述"。《晦庵文集》卷九〇。則知書中之表叔即程洵之父,所謂"表叔墓刻"乃指此《韓溪翁程君墓表》。據《年譜長編》卷上,朱熹於淳熙三年四月至婺源展墓,六年三月至八年閏三月知南康軍,八月撰此《墓表》。推知朱熹於婺源,程洵面請撰寫《墓表》,而書中云"重煩督趣",則當歷時甚久;而下書(先集無人寫得)又有云"墓刻不敢忘,幸且少寬之",辭義相承,且皆未及南康事,故疑本書約撰於淳熙五年(1178)中。

朱熹《答程允夫洵》:

先集無人寫得,亦多是應用文字,非吾弟今日問學所急,故不送。前書已詳言,何不見悉耶? 墓刻不敢忘,幸且少寬之。《譙傳》非病翁所作,乃原仲、致中二丈見之,其說亦有病,非學問正脉也。《遺書》中李端伯、劉質夫所錄極精,可熟味之,便見學問正當用力處矣。《晦庵文集》別集卷三。

> 案:上書(表叔墓刻不敢忘)云"先集亦難於出之,正亦有所疑耳",而本書乃言"先集無人寫得,亦多是應用文字,非吾弟今日問學所急,故不送",可知其先後相承;又本書中云"前書已詳言",當即指上書。故推知本書晚於上書,約在五年末、六年初。

朱熹《答程允夫》:

"觀志"、"觀行",此章上蔡謝先生言之最詳盡。大抵聖人本意只論孝子之心耳。至於事有不得不改者,又出於不得已,非其心本然也。此義亦通上下而言,不必專指人君也。

"天命之謂性",則通天下一性耳,何相近之有? 言相近者,是指氣質之性而言。孟子所謂犬、牛、人性之殊者,亦指此而言也。

自聖人言之,忠恕即道也,曾子之言是也。自學者言之,則由忠恕可以至道也,子思之言是也。二先生及上蔡論此詳矣，宜深體味之，不可只恁麼說過。

浩然之氣大剛直，當從伊川之說，更宜深思之。“必有事焉而勿正，心勿忘，勿助長”，此固是下功夫處。然於此須識得箇本體始得。明道舉“鳶飛魚躍”、“活潑潑地”，以爲與此意同，須要識得，方有下功夫處。不然，才着意便是正，才不着意便是忘，無有是處。

聖人之於天道，詳來問，似看此章大意未分明。摘句理會，宜其不通。

心性一段，語皆有病。心固未嘗亡，但人舍之，則有時而不自見耳。所謂道心惟微者，此也。《晦庵文集》別集卷三。

案：本書撰時不詳。《書信編年》以爲“疑在辛丑（八年，1181）以後”。待考。

朱熹《答程允夫》：

版籍固所職，然勢有所壓而不得爲，則亦無可奈何。潘憲却要理會事，俟出入少定，試更白之，或能相聽，亦百里之幸也。版籍分明，自是縣道理財之急務。今人只見重疊催稅之利，而不察鄉吏隱瞞之害，故不肯整理，此是上下俱落在廝兒計中，甚可歎也。石鼓之役，意思甚好，但恐擇之却難處耳。魏公好佛，敬夫無如之何。此正明道先生所謂“今之入人，因其高明”，所以爲害尤甚。不知這些邪見，是壞却世間多少好人，破却世間多少好事也。

"誠"字得力,甚善,然知之亦已晚矣,凡百就實事上更著力爲佳。《晦庵文集》卷四一。

案:書中云"版籍固所職",又云"潘憲却要理會事",又云"石鼓之役"。石鼓當指石鼓書院,在湖南衡陽。據周必大《程洵尊德性齋小集序》云程洵"久困場屋,五十由恩科入官,主簿衡陽"。《尊德性齋小集》卷首。程洵生於紹興五年(1135),故推知其於淳熙十一年(1184)入官爲衡陽縣主簿。又潘憲乃指湖南提刑潘時,據朱熹《衡州石鼓書院記》云"淳熙十二年,部使者東陽潘侯時德廊始因舊址列屋數間,牓以故額,……未竟而去。今使者成都宋侯若水子淵又因其故而益廣之"。《晦庵文集》卷七九。《宋會要輯稿·職官》六二之二六云十二年六月,湖南提刑潘時除直秘閣、知廣州。由此推知本書當撰於淳熙十二年(1185)上半年。

朱熹《與程允夫書》:

叔重録《廣叔墓表》來,細讀之益有味,近年絶少得此文矣。《尊德性齋小集》卷三。

案:本書殘,附載於《尊德性齋小集》卷三《董府君墓表》題下小注。據朱熹《答董叔重》(辱惠問)有云"允夫所作令祖墓表尤佳,近歲難得此文也"。《晦庵文集》卷五一。即指本書。又《答董叔重》云及朱熹

爲董銖(叔重)父董琦纂墓誌銘事："辱惠問,并以長
牋喻及銘墓之意。……獨不可辭,因留來人,累日不
得功夫。此三數日又覺傷冷,時作寒熱,意緒尤不
佳。今日小定,方能力疾草定奉寄"。董琦卒於紹熙
三年八月,"明年銖將葬君湖山之原,……且屬新吉
州録事參軍程洵允夫狀君行事如此來請銘"。《晦庵
文集》卷九三《迪功郎致仕董公墓誌銘》。由此推知本書
約撰於是年(1192)冬日。

朱熹《與程允夫書》:

欲令老僧升講座普説,使聽者通身汗出,快哉快哉。
《誠齋集》卷六八《答朱晦菴書》。

案:楊萬里《答朱晦菴書》(某伏以即日初冬猶
暖)有云"入城,郡官皆郊迎。令親程糾袖出契丈六
月二十一日手書,讀之,若督過其不力疾一出山者,
乃悟夢中事。程糾又出契丈與渠書,有'欲令老僧升
講座普説,使聽者通身汗出,快哉快哉'之語"。《誠齋
集》卷六八。朱熹下書(七月六日熹頓首)云及"前一
日再附問,想無不達",即指本書,推知其約撰於慶元
元年(1195)六月二十一日前後。

朱熹《與程允夫書》:

七月六日熹頓首:前一日再附問,想無不達。使至

承書,喜聞比日所履佳勝,小一嫂、千一哥以次俱安。老
拙衰病,幸未即死,但脾胃終是怯弱,飲食小失節,便覺不
快。兼作脾泄撓人,目疾則尤害事,更看文字不得也。吾
弟雖亦有此疾,然來書尚能作小字,則亦未及此之什一
也。千一哥且喜向安,若更要藥,可見報,當附去。呂集
卷帙甚多,曾道夫寄來者,尚未得看,續當寄去。不知子
澄家上下百卷者是何本也?子約想時相見。曾無疑書已
到未?如未到,別寫去也。葉尉便中復附此,草草。餘惟
自愛之祝。不宣。熹頓首允夫糾掾賢弟。《朱子遺集》
卷三。

案:《宋史‧寧宗紀一》載慶元元年四月,呂祖
儉送韶州安置;五月戊子,改送吉州安置。時程洵任
吉州錄事參軍,故本書中有"子約想時相見"語,則推
知其撰於元年七月六日。

朱熹《答程允夫》:

聞以職事忤上官,暫移他局,不知所爭何事?若所當
爭,乃見所守,此外榮辱不足道也。昨誤聞劉智夫得江西
倉臺,即以書道吾弟及一二知友姓名。得其書,乃云雖出
妄傳,然已爲轉語王南强矣,計必能相知。但未知新憲爲
誰耳。此辭職、告老皆未允,而向來阜陵異議之人,趙、詹
皆已行遣,此獨漏網,有所未安,已上自劾之章矣。上意
必無他,但勢必不免於何、劉之口,亦已判然於心,不復爲

求全計矣。《晦庵文集》別集卷三。

案：朱熹慶元元年五月上狀乞致仕，七月末上狀自劾。《年譜長編》卷下。本書有言"此辭職、告老皆未允，而向來阜陵異議之人，趙、詹皆已行遣，此獨漏網，有所未安，已上自劾之章矣"，故推知其約撰於是年八月間。

朱熹《答程允夫洵》：

詞職幸已如願，而忌之者以爲僭瀆，睥睨愈甚。近日葉總章中已有姓名，旦夕必有行遣矣。改正恩數，實無此例，前此但以衆論紛紛，故於奏狀中言之。後來得請而復不說分明，致此事故又申省陳乞。近又只得省劄檢會申明已降指揮行下。蓋諸公不敢將上，而羣小因此又益紛紛，細思此舉，實有未安。今且未令泰兒赴銓，其它姑置勿問，看數月間如何，又別相度也。餘干冤痛，莫能爲申理者，區區於此尤不能無愧也。《晦庵文集》別集卷一。

案：慶元元年十二月，詔朱熹依舊秘閣修撰、提舉南京鴻慶宮；二年正月，趙汝愚卒於衡陽；二月，朱熹申乞改正已受從官恩數。《年譜長編》卷下。本書中所言"詞職幸已如願，……改正恩數，實無此例，前此但以衆論紛紛，故於奏狀中言之。後來得請而復不說分明致此事，故又申省陳乞。近又只得省劄檢會申明已降指揮行下。……餘干冤痛，莫能爲申理者",即指此,故推知本書約撰二年(1196)三月間。

朱熹《答程允夫》：

某病脚恰一月矣,尚未能履地。而時論又攻之於外,因知語默之有時。然□語已在前矣,今欲默之,□能有所及乎？學徒不欲一旦盡遣,恐或反致張皇。然已不多,自此來者勿受可也。紙尾之喻已悉,然皐陶宥之而堯曰殺之,毋乃兩失其職耶？《晦庵文集》別集卷三。

案：慶元二年二月,知貢舉葉翥等奏論僞學之魁,乞毁《語録》;三月,葉翥等再論奏禁僞學,乞考察太學、州學;六月,國子監奏乞毁理學之書。《年譜長編》卷下。本書乃云"而時論又攻之於外,因知語默之有時。……學徒不欲一旦盡遣,恐或反致張皇。然已不多,自此來者勿受可也",故推知其約撰於二年中。

程洵《與朱元晦書》：

濫得美名,恐爲師門之辱。……老不解事,愧貽老兄之憂。……受代有日,骨肉俱安。《晦庵文集》卷八七《祭程允夫文》。

案：朱熹慶元二年十一月乙巳晦《祭程允夫文》云"此月之初,得吾弟九月六日書於便中,首言：'濫得美名,恐爲師門之辱。'次言：'老不解事,愧貽老兄之憂。'予蓋深有味乎其言,如接笑談之適也。既又視其字畫謹好，詞氣安閒，且言：'受代有日，骨肉俱安。'則又深以爲喜。及二十有九日，曾君無疑使以書來，乃言吾弟比以此月八日不幸死矣"。《晦庵文集》卷八七。又汪師泰《程知録洵傳》云其"再調廬陵録參，與新使君不協，臺章有'吉州知録程洵亦在僞學之流'之語。洵與文公書曰：'濫得美名，恐爲師門之辱。'"《新安文獻志》卷六九。則本書撰於是年九月六日。

朱熹《與程允夫書》：

今日方見吾弟行止分明。……滕琪兄弟謂與吾弟爲中表，因其有志，宜善誘之。鄉里少知此學，得從事者衆，漸以成風，亦非細事。《新安文獻志》卷六九汪師泰《程知録洵傳》。

　　案：汪師泰《程知録洵傳》載朱熹於十一月初得程洵九月六日來書，即"答曰：'今日方見吾弟行止分明。'又云：'滕琪兄弟謂與吾弟爲中表，……'"《新安文獻志》卷六九。推知本書約撰於慶元二年十一月初。

程永奇

程永奇（1151—1221），字次卿，號格齋，徽州休寧（今屬安徽）人。程先次子。淳熙三年（1176），朱熹還婺源掃墓，程先"挈君往拜請受教焉，因令君侍歸建安，問難究詰，所造益邃。踰年而歸，文公手書'持敬明義'之説百餘

言勉之。君歸，遂以'敬義'名其堂。邑人子弟從者雲集，
而郡縣大夫有稽古禮文之事，悉來咨訪。……用伊川先
生宗會法以合族人，舉行《呂氏鄉約》，而凡冠昏喪祭悉用
朱氏禮，鄉族化之"。嘉定十四年十二月卒，年七十一。
著有《六經疑義》二十卷、《四書疑義》十卷等，又"《文公語
類》出于衆手，純駁不一，自加詮擇，爲《朱子語粹》十卷。
中和之説，文公蓋有遺憾，爲集其語爲《中和考》三卷"。
事迹見葉秀發《格齋先生程君永奇墓誌銘》。《新安文獻志》
卷六九。

朱熹《答程次卿》：

示喻存心之説，此固爲學之本，然來喻又有所謂有是
事必有是理者，不知又何從而察之耶？若如所謂"當應事
然後思是事之理，當接物然後思是物之理"，則恐思之不
豫而無所及。若豫講之，則又陷於所謂出位而思、念慮紛
擾之病。竊意用力之久，必有説以處此矣，幸明告我，得
以反復之。《晦庵文集》卷五九。

案：《朱子語類》卷一二〇載葉賀孫所記云："程
次卿自述：'向嘗讀伊洛書，妄謂人當隨事而思，視時
便思明，聽時便思聰。視聽不接時，皆不可有所思，
所謂"思不出其位"。若無事而思，則是紛紜妄想。'
曰：'若閒時不思量義理，到臨事而思，已無及。若只
塊然守自家箇軀殼，直到有事方思，閒時都莫思量，

這却甚易，只守此一句足矣。聖賢千千萬萬，在這裏何用？如公所説，則《六經》、《語》、《孟》之書，皆一齊不消存得。以孔子之聖，也只是好學："我非生而知之者，好古敏以求之者也。""文武之道未墜於地，在人，賢者識其大者，不賢者識其小者，莫不有文武之道焉。夫子焉不學？而亦何常師之有！"若説閒時都莫思，則世上大事小事，都莫理會。如此，却都無難者。事事須先理會，知得了，方做得行得。何故《中庸》却不先説"篤行之"，却先説"博學之，審問之，慎思之，明辨之"？《大學》何故却不先説"正心誠意"，却先説致知是如何如何？《孟子》却説道"詖辭知其所蔽，淫辭知其所陷，邪辭知其所離，遁辭知其所窮"？若如公説，閒時都不消思量。'季通問：'程君之意是如何？'曰：'他只要理會自家這心在裏面，事至方思，外面事都不要思量理會。'"云云。所述與本書相合，推知《朱子語類》中"程次卿自述"云云，乃屬程永奇來書所問，故蔡元定（季通）有"程君之意是如何"之問。據《朱子語類·姓氏》，葉賀孫乃辛亥以後所聞。故推知本書約撰於紹熙三年（1192）左右。

池從周

池從周，字子文，黃巖（今屬浙江）人。嘉定七年

(1214)特科。"嘗遊晦庵朱子之門,屢以書請益,晦庵稱其嗜學,而勉以充拓之功"。而"又同邑杜貫道亦從朱子遊"。《浙江通知》卷一七六。

朱熹《答池從周》:

前此辱書未報,今又承惠問,尤以愧感。詢及所疑,足見嗜學之意。但讀《論語》、《大學》亦是初學門户,且得如此向前,更有多少功夫,豈可便慮其雜?但此二書亦須反復熟讀,著力研究,乃可見其意耳。所問《論語》首章,但將所學反復思繹,常切遵行,便是時習。習之之久,自有説處。此只是爲學實事,別無深遠旨趣也。泛愛雖非初學之切務,然既與物接,若都恝然與之相忘,亦非義理,自是須泛愛也。觀賢者之意,似只欲以兀然自守爲是,故所論每每如此,願少恢廓之。不然,只終不免於昏陋狹隘而無所發明也。《晦庵文集》卷六二。

　　案:本書撰時未詳。疑與杜貫道拜書問學之時相近,亦在紹熙三年(1192)前後。參見本書"杜貫道"條。

儲　用

儲用,字行之,晉江(今屬福建)人。淳熙十一年(1184)進士,知建陽縣,有惠政,會黨禁起,罷去。起知襄陽，後直文華閣、知惠州，未上卒。《閩中理學淵源考》卷一八。

朱熹《答儲行之》：

閑中讀書奉親，足以自樂。外物之來，聖賢所不能必，況吾人乎？但新學一旦措手而委之庸髦，數日前已互遷象設，令人憤歎不能已。而一縣下人，若貴若賤，若賢若愚，無有以爲意者。惟曾堅伯相見新帥來，以爲士子當相率訴之，范仲宣深以爲然，而漠然無有應者。此亦見人之識見分量之不同也。季通之行，浩然無幾微不適意，丘子服獨爲之涕泣流漣而不能已。處事變、恤窮交，亦兩得其理也。《晦庵文集》續集卷六。

案：蔡元定編管道州，於慶元三年（1197）正月末登程。本書有云“季通之行，浩然無幾微不適意，丘子服獨爲之涕泣流漣而不能已。處事變、恤窮交，亦兩得其理也”，當撰於其後未久，推知約在二月間。

朱熹《答儲行之》：

向來此間行事得失，當亦有可自警省者。或謂却是欠些偽學，其言雖可笑，然恐有理，不審於意云何也。《晦庵文集》續集卷六。

案：慶元二年十二月二十六日，奉聖旨朱熹落職罷祠、蔡元定編管道州、儲用特降兩官，至三年正

月二十七日省劄下到。《年譜長編》卷下。本書有云
"向來此間行事得失，當亦有可自警省者"，當是儲用
罷官歸家以後語，故推知其約在三年春間。

朱熹《答儲行之》：

前日廖子晦歸，說新闕已爲人所受，想已聞之，理勢
自應爾也。詞命已行，乃東山之筆，有"鹽課入己"之語。
渠自對人誦之，不知已被受否？聞某亦有之，渠却云是同
官作，其勢不應如此。但至今不下，亦不見人傳誦，必是
醜詆以媚用事者，而深藏以蓋其迹，甚可笑也。《晦庵文
集》續集卷六。

案：下書（吾人不合偶得一官）有云"某却至今
不曾受告，亦不見報行詞命。喫俸半年，未曾立案，
殊不可曉也"，而本書乃云"詞命已行，乃東山之筆，
有'鹽課入己'之語。渠自對人誦之，不知已被受否？
聞某亦有之，渠却云是同官作，其勢不應如此。但至
今不下"，推知當在其前，約撰於是年春間或稍後。

朱熹《答儲行之用》：

所喻縷縷，殊可駭歎。此其意不在左右，計必又須醞
釀播揚成一大事，亦不可知。然區區之心，有可以質於神
明者，以救民而獲罪，亦所不敢辭也。批書遲緩，亦且得
寬心忍耐爲佳。聞建安亦未得去，崇安却已得好消息矣。

縣中近日大騷幸已無它，但西路之窘日迫，官司要已再輪上户至八月初。然無人監督，以明者行之，尚且不免爲虚文，況今日耶？《晦庵文集》續集卷六。

　　案：朱熹《與鄭景實采》(示喻曲折)有言"儲宰既去，爲怨家所誣"，《晦庵文集》續集卷六。而本書又云"所喻縷縷，殊可駭歎。此其意不在左右，計必又須醖釀播揚成一大事，亦不可知"，當即指此。《與鄭景實采》撰於慶元三年春末、夏中，推知本書約撰於一時稍前。

朱熹《答儲行之》：

適得蔡倉書，尚有挽留之意。若能領其悃款，幡然一來，千萬幸甚。昨日劉居之相訪，具言麻沙事體，云一種貧民至有餓而死者，聞之惻然。今日文卿相過，亦説諸處輪糴已足，上户便謂事畢，雖有米者，亦不復糴，最是崇化一鄉可慮。梁文叔亦言長平一帶小民般運崇安旱穀，日不下百人，或恐彼中土人争占攔截，亦能生事，此皆可深慮者。竊意左右聞此，亦不必待其劍戟如林、流血成川，然後爲復來計矣。且是目今便覺上下人情不通，有話便難出口。適因蔡倉見問，已告之云，不若便關諸司，再煩左右一來，權領一職，帶取印杖，從間道直趨崇化、麻沙，往來監糴，并措置救荒事目，付之簿尉，以俟事之略定而歸，似亦無不可者。不知雅意如何？文卿亦説縣中士民

盛傳舊尹復來，其意似亦可憐，不應便恝然弃之也。適又
與文卿説，自今以往，境內有一夫不得其死，一夫身被刀
創，則左右皆不得辭其責。切幸察此苦言，少回必去之
志，勿信庸人徇己忘物之説，以誤遠圖。恐異日思之，不
能無追悔也。《晦庵文集》續集卷六。

案：朱熹《與黃知府》（撥米曲折）有云"儲宰行
已數日，縣郭近封，可保無虞。但崇化、麻沙以西一
帶素少旱田，唐石乃全無之，只此數十里間，尚爾瞥
瞥"，《晦庵文集》續集卷八。與本書"適得蔡倉書，尚有
挽留之意。若能領其悃款，幡然一來，千萬幸甚。昨
日劉居之相訪，具言麻沙事體，云一種貧民至有餓而
死者，聞之惻然。今日文卿相過，亦説……最是崇化
一鄉可慮"云云相合。《與黃知府》撰於慶元三年夏
間，本書當撰於一時先後。

朱熹《答儲行之》：

吾人不合偶得一官，遂以官爲業，一日投閑，便有食
不足之歎，彼此皆然。然在此則身自當之，無所怨悔，亦
知賢者以親養之故，不能不介念也。來春之行，不知都下
報者云何？若非以鈎黨之故，則不，雖重坐，但經赦宥，便
是無事人。只是一墮此城，却恐未有出期。雖然只是參
選，然亦須臺參，出人而前，恐又重遭指目。須更審而後
道。告詞傳聞數聯，不曾見全篇。尋常此等只拂略説過，

今乃鋪叙，如行遣禁從帥臣之體，不知果是誰筆？因便幸
略批喻也。某却至今不曾受告，亦不見報行詞命。喫俸
半年，未曾立案，殊不可曉也。避地蓋出於不得已，其他
却無説。但後受兩司對移之命，既行，彼乃深怨，以爲自
此發之，不知二公經年不通問也。時論率兩三月須有一
番引作，近報集議赦條，不知意果如何？恐亦只爲諸已行
遣人，恐死灰之復然耳。《晦庵文集》續集卷六。

　　案：本書有云“亦知賢者以親養之故，不能不介
　念也。來春之行，不知都下報者云何”，又云“近報集
　議赦條，不知意果如何”，與朱熹《答蔡季通》（客中得
　一二同志早晚講論）“近報令臺諫侍從集議赦條，前
　此未嘗有此，豈欲大施沛宥、盡釋纍囚也耶”云云相
　合。《答蔡季通》撰於慶元三年冬間。本書云及“喫
　俸半年，未曾立案，殊不可曉也”，當指年初落職罷
　祠，而猶“喫俸”，則推知約在是年秋間或稍後。

朱熹《答儲行之》：

　　所喻批滿今始得之，萬事遲速自有時節，固非人力所
能爲也。代人上書者，不知得之何人？此人固非佳士，然
恐亦未應遽至於此，當更察之。若其果然，則誠爲狗彘不
食其餘矣。彼挾怨妄言者，固自不足責也。前日亦料從
人不欲復過此，亟折簡呼文卿，令其往見，固欲寄聲。昨
日得報，乃云冬收方冗，未能自拔。今承喻及有問道過門

之意，似亦未便，幸更審之。大抵欲面言者無它，但欲每事詳審持重耳。觀人之失，亦坐自處未能深靜之故。若處晦觀明，處靜觀動，則無不察矣。《晦庵文集》續集卷六。

案：上書（所喻縷縷）有云“批書遲緩，亦且得寬心忍耐爲佳”，而本書乃云“所喻批滿今始得之，萬事遲速自有時節，固非人力所能爲也”，知在其後。本書又云“昨日得報，乃云冬收方宂，未能自拔”，則知其撰於三年冬中。

朱熹《答儲行之》：

張帥到未？此公遽去朝廷，不省所謂，議者蓋深惜之。彼當已得其説矣。來使方今還自府中，適此兩日所苦大作，力疾草此，不能究所欲言。然前書計亦非晚當至矣。《獨樂園圖》恐司馬守便之官，未暇刻得，與之議，爲辨一互刻之亦佳，但其詩頗有誤字，《見山臺》詩中“陶通明”乃陶隱居之別號，今作“淵明”，當改正耳。前賢遺迹正爾，何關人事？而使人想象愛慕不能忘，雖不得復至其處，而猶欲見之圖畫之間，使其流傳之廣且遠而未至於泯滅，然則爲士君子者，其可不力於爲善哉。《晦庵文集》續集卷六。

案：張帥指張构，慶元中知隆興府兼江西安撫使。本書有云“來使方今還自府中，適此兩日所苦大作，力疾草此，不能究所欲言”，朱熹慶元四年初嘗大

病累月。又上書（吾人不合偶得一官）言及"來春之
行，不知都下報者云何"，而本書乃云"張帥到未？此
公遽去朝廷，不省所謂，議者蓋深惜之"，故推知其約
撰於四年（1198）春間。

朱熹《答儲行之》：

帥幕無事，可以讀書。而西山、南浦號爲天下勝處，
公餘徙倚，亦有足樂。然亦更須擇交，勿忘前事之師，乃
所望耳。小坡一著高似一著，此甚不易。必是裏面説得
轉了，方下得此手腳。然此亦至危之機，更須深自防衛，
一種細故，得放過且放過，勿令人疑事事皆出於己，乃爲
佳耳。鄒公亦有安静之説，次第善類須少安也。王巽伯
未能去否？向語渠尋《獨樂園圖》摹刻流布，不知曾爲之
否？不及作書，因見幸爲扣之也。景初素守，於此可驗。
世路升沉，何足深計？但得此心無愧，所得多矣。衞公近
得書，寄《梅巖圖》來。初欲令作記，俄聞溪城之報，且罷
休矣。甚愧不得一遊其間，并以文字結緣也。至之且得
如此，亦是一事。大抵吾黨例多困窮，只得存活得過，但
是十分亨泰矣。後之晚娶，深入瘴地，似不善便。此邦之
侯一再通問，亦依樣畫胡盧答之，不爲難也。《晦庵文集》續
集卷六。

案：西山、南浦，乃江西南昌勝地。書中言"帥
幕無事，可以讀書。而西山、南浦號爲天下勝處，公

餘徙倚,亦有足樂",乃在儲用參贊江西幕府時。推
知其約撰於慶元四年中。

朱熹《答儲行之》：

張、鄭、黃、鄧相繼物故,呂子約前月亦不起疾,殊可
傷悼。亦是氣運使然,豈可專咎章子厚耶? 元善到雪後,
一再得書,殊恨失計。初亦有所迫而然,失之不能斷決
耳。季通在湖南耳根却静,然諸遷客聞高安之報,想亦不
免打草蛇驚也。人生由命非由他,此言雖淺,誠有味也。
《晦庵文集》續集卷六。

> 案：呂祖儉(子約)卒於慶元四年七月,蔡元定
> (季通)卒於是年八月九日。《年譜長編》卷下。本書言
> 及呂祖儉卒,而云"季通在湖南耳根却静",故推知其
> 約撰於八月中。

朱熹《答儲行之》：

偶有自江西來者,得東坡與何人手簡墨刻,適與意
會。今往一通,可銘坐右也。

　　東坡帖_{附見}

示及數書,皆有遠別惘然之意。雖兄之愛我厚,然
僕本以鐵心石腸望公,何乃爾耶? 吾儕雖老且窮,而道
理貫心肝、忠義填骨髓,直須談笑於死生之際。若見僕
困窮,便相爲邑邑,則與不學道者不大相遠矣。凡造道

深至，中必不爾，出於相好之篤而已。然朋友之義專務
規諫，故輒以狂言廣兄意耳。兄雖壈坎於時，遇事有可
尊主澤民者，便忘軀爲之，禍福得喪，付與造物，非兄，
僕豈發此？看訖便可火之，不知者以爲訕病也。某皇
恐。《晦庵文集》續集卷六。

　　案：本書撰時未詳。然所附《東坡帖》中有云
"示及數書，皆有遠別惘然之意。雖兄之愛我厚，然
僕本以鐵心石腸望公，何乃爾耶？吾儕雖老且窮，而
道理貫心肝、忠義填骨髓，直須談笑於死生之際。若
見僕困窮，便相爲邑邑，則與不學道者不大相遠矣"，
推知本書當撰於相別厄境時，故係於慶元四年間。

崔嘉彦

　　崔嘉彦，字子虛，成紀（今甘肅天水）人。道士，號紫
虛真人。朱熹《西原庵記》云其"少慷慨有奇志，壯歲避地
巴東、三峽之間，修神農、老子術，東下吳越，以耕戰之策
干故相趙忠簡公，趙公是之，會去相不果行。君自是絕迹
此山，按陳令舉所述圖記，得西原庵故址于卧龍瀑水之
東，築室居焉。耕田種藥，僅足以自給，而四方往來之士
皆取食焉。其疾病老孤無所與歸之人，至者亦收養之。
蓋年逾七十矣，而神明筋力不少衰。予往造之，而君不予
避也"。《晦庵文集》卷七九。

朱熹《與西原崔嘉彦》：

前日詣見，重有喧聒，媿不可言。奉告，獲審經宿道體佳勝爲慰。某前日出山，至上京陂頭遇雨，巾屨沾濕，狼狽可笑。喜幸之深，但恨已差晚耳。承問之及，感感。餘俟入城，得面布也。《晦庵文集》別集卷五。

案：據朱熹《題棲賢磨崖》，淳熙六年（1179）四月上休日，朱熹偕僚友游訪卧龍、玉淵等處，"門人丁克、王翰，甥魏愉，幼子在從"，《晦庵文集》別集卷七。結識隱居於此之崔嘉彦。《晦庵文集》卷七九《西原庵記》。本書有"某前日出山，至上京陂頭遇雨"云云，推知約撰於辭別後數日。

朱熹《與西原崔嘉彦》：

昨承枉顧棲賢，得款餘論爲慰，即刻伏惟動止佳勝。昨日之雨，城中不能斂塵，高隱必多得之也。米資少許，別紙送上，幸視至。魏甥恪即向來病甥之兄，到此病作，自有手簡求藥。幸審其證報之，當爲修製服餌也。《晦庵文集》別集卷五。

案：朱熹《記遊南康廬山》云"晦翁與程正思、丁復之、黄直卿俱来覽觀江山之勝，樂之忘歸。時淳熙己亥重午日。翁子在、甥魏恪侍行"。《晦庵文集》卷八四。書中"魏甥恪"，即魏恪，而"向來病甥"，當指朱熹《題棲賢磨崖》中之"甥魏愉"。《晦庵文集》別集卷七。又崔道士善醫藥，故魏恪"到此病作"，遂請爲醫治。故推知本書約撰於五月重陽日稍後。

朱熹《與西原崔嘉彥》：

昨日裴回三峽，奉候久之。既以日莫，遂東走楞伽、折桂，失此一見，□張想也。奉告，欣審即日殘暑，道体佳勝。庵屋□魄仰勤神用，方丈熜牖只於兩旁爲之，大小隨意可也。《晦庵文集》別集卷五。

案：朱熹《立秋日同子澄寺簿及僉判教授二同寮星子令尹約周君段君同遊三峽過山房登折桂分韻賦詩得萬字輒成十韻呈諸同遊》詩，《晦庵文集》卷七。即本書中所云"昨日裴回三峽，奉候久之。既以日莫，遂東走楞伽、折桂"，則其撰於七月立秋日後一日，故有"即日殘暑"之語。

朱熹《與西原崔嘉彥》：

承手示，聞還自德安，體用冲勝，良慰。昨夕聞山間雨頗沾足，城中殊少，未敢廢禱祠也。所喻當爲立之庵中，什器俟一面措辦，且夕得雨後，須一出郊，諸容面道。或因入城，幸左顧也。《晦庵文集》別集卷五。

案：淳熙七年（1180）七月，朱熹因南康軍大旱，大修荒政，禱祠山川。《年譜長編》卷上。本書中云"未敢廢禱祠也"，即指此，故推知本書約撰於七月間。

朱熹《與西原崔嘉彥》：

承誨示并□竹萌，良荷厚意。知煩親斸，尤珍感也。
臥龍亭子已下手否？向説栽竹木處，恐亦可便令施工也。
人還布謝，草草，復未有一物爲報。引領雲山，第增媿仰。
《晦庵文集》別集卷五。

> 案："臥龍亭子"，指臥龍起亭。朱熹《臥龍庵
> 記》云："因相其東崖，鑿石爲磴，而攀緣以度。稍
> 下，乃得巨石，橫出澗中，仰翳喬木，俯瞰清流，前對
> 飛瀑，最爲谷中勝處。遂復作亭於其上，既以爲吏
> 民禱賽之地，而凡來遊者，亦得以仿佛徙倚而縱目
> 快心焉。於是歲適大祲，因牓之曰'起亭'，以爲龍
> 之淵卧者可以起而天行矣"，署時淳熙庚子（七年）
> 冬十一月丙辰。《晦庵文集》卷七九。而"是歲適大
> 祲"，當指七年秋南康軍大旱事。故推知本書約撰於
> 是年秋中。

朱熹《與西原崔嘉彥》：

奉告，承乍寒道體增勝爲慰。臥龍新庵主入庵，未得
一往視之，承其寄筍，感感。人還草草，少間別奉問次。
《晦庵文集》別集卷五。

> 案：書中有"臥龍新庵主入庵"云云，據朱熹《臥
> 龍庵記》，庵成於淳熙七年十一月，《晦庵文集》卷七九。
> 故推知本書約撰於此時。

戴　邁

戴邁，生平未詳。《儒林宗派》卷一○列於朱子門人。

朱熹《答戴邁》：

熹來此，得足下於衆人之中，望其容色，接其議論，而知足下之所存若有所蓄積，而未得其所以發之者，心獨期足下可共進於此道。及以《論語》之説授諸生，諸生方愕眙不知所向，而足下獨以爲可信也，手抄口誦而心惟之。熹謂足下將得其所以發之者矣，甚慰所望。今辱書及以所抄四大編示之，而責其淺陋之辭託名經端，則非熹之任，而足下之過也。夫執經南面，而以其説與門人弟子相授受，此其非熹之任明矣。熹無所復道，獨敢竊議足下之所以過，願寬其僭易而幸聽之。

夫學，期以自得之而已，人知之、不知之，無所與於我也。今足下自謂其已自得之耶，則宜無汲汲於此，而熹之言亦何爲足下重？不然，雖熹妄言之，於足下何有？足下之爲甚過。足下勉自求之，期有以自得之而後已，熹雖荒落矣，尚能與足下上下其説而講評之。四編且以歸書室，而具其所以然者報足下，幸察。《晦庵文集》卷三九。

案：戴邁來書佚。《年譜長編》云紹興二十四年，朱子於同安縣學爲諸生講《論語》二十篇。戴即座中聽講者。朱子《答柯國材翰》（辱書示以顔子子貢）稱"戴、陳二生趣向文辭皆可觀,固知其所自矣"。
陳即朱子門人陳齊仲,戴即戴邁。《書信編年》係此
書於紹興二十五年(1155)。

鄧 絅

鄧絅,字衛老,將樂(今屬福建)人。"與其兄邦老同
遊朱子之門。著有《近思録問答》"。《閩中理學淵源考》卷
二二。

朱熹《答鄧衛老絅》問《近思録》:

乾,健也,健而無息之謂乾。

如何見得天之健處?

"四德之元猶五常之仁"云云。絅謂偏言一事,仁
之用也;專言四者,仁之體也。仁之用莫若愛,仁之體
則愛有所不能盡,必包四者論之,而後仁之體可見。

仁之一事乃所以包四者,不可離其一事而別求兼四
者之仁也。

"滿腔子是惻隱之心",莫只是不餒否?"心要在腔
子裏",莫只是不放却否? 所謂"腔子"之義,豈禪俗
語耶?

"腔子"猶言軀殼耳,只是俗語,非禪語也。"滿腔
子",只是言充塞周徧本來如此,未說到不餒處。下句所

說得之。

凡物有本末，不可分爲兩段事。灑掃應對是其然，必有所以然。綱竊謂是其然者，人事也；所以然者，天理也，下學而上達也。

大槩是如此，更詳玩之。

“楊子拔一毛不爲”云云。綱竊謂三子皆執一而不知權故也。使楊子之拔一毛不爲施之在陋巷之時，即顔子矣。墨子之摩頂放踵施之三過其門不入之時，即禹矣。故所謂中者，惟可與權者能之。

楊、墨學不足以知道，其心偏而不中，豈復能爲禹、顔之事？可更思之。

“昔受學於周茂叔，每令尋顔子、仲尼樂處，所樂者何事”。綱謂孔、顔之所樂者，循理而已矣。

此等處未易一言斷，且宜虛心玩味，兼考聖賢爲學用力處，實下功夫，方自見得。如此硬說，無益於事也。

“曾點、漆雕已見大意”。綱謂大意者，得非天理流行之妙、聖賢作用之氣象與？二子胸中灑落，無一毫虧欠，安行天理之至，蓋舜有天下而不與焉者也。但二子已能窺測乎此，未必身造乎此也，故曰已見大意。

且如此說，亦未有病。然須實下功夫，真有見處，方有意味耳。

“敬義夾持直上，達天德自此”。綱謂夾持者，豈內外並進之謂乎？直上者，豈進進不已之謂乎？

直上者，不爲物慾所累而倒東來西之謂也。

視聽、思慮、動作皆天理也，人但於其中要識得真與妄爾。

"識"字是緊要處，要識得時，須是學始得。

橫渠先生謂范巽之曰："吾輩不及古人，病源何在?"巽之請問，先生曰："此非難悟。"設此語者，蓋欲學者存意之不妄，庶游心浸熟，有一日脫然如大寐之得醒耳。

橫渠先生之意，正要學者將此題目時時省察，使之積久貫熟而自得之耳，非謂只要如此説殺也。

明道先生曰："某寫字時甚敬，非是要字好，只此是學。"綯謂此正在勿忘、勿助之間也。今作字忽忽，則不復成字，是忘也;或作意令好，則愈不能好，是助也。以此知持敬者正勿忘、勿助之間也。

若如此説，則只是要字好矣，非明道先生之意也。

伊川在講筵，不曾請俸，又不求封敘。綯謂若是應舉得官，便只當以常調自處，雖陳乞封蔭可也。

本以應舉得官，則當只以常調自處，此自今常人言之，如此可也。然朝廷待士却不當如此，伊川先生所以難言之也。但云其説甚長，則是其意以爲要當從科舉法都改變了，乃爲正耳。近看韓魏公論不當使道士於正殿設醮，而不知設醮之非，亦是此類。須説到廢道士而罷設醮，方是究竟也。

"介甫言律是八分書"。綱謂八分者,豈王氏謂其深刻猶未及於十分也?

律所以明法禁非,亦有助於教化,但於根本上少有欠闕耳。八分是其所長處,二分乃其所闕,此言是他見得者。蓋許之之詞,非譏之也。

"治天下不由井地,終無由得平。周道只是均平"。又曰"井田卒歸於封建乃定"。綱按:張氏言治,大抵以井田封建爲主。程先生論封建,頗取柳子厚之說,而范《唐鑑》亦推廣之。至胡氏《管見》,乃力詆子厚,并排蘇、范,其說反與程門不合,何也?

《遺書》中只有一條論封建而取柳子厚者,其他處却不如此,恐此一段乃記錄之誤也。范氏說多苟簡,不足爲法。胡氏之論雖正,然其言利害亦有所偏。要之封建、郡縣互有利害,但其理則當以封建爲公耳。此類且徐講之,非今日所急也。

釋氏之說,若欲窮其說而去取之,則其說未能窮,固已化而爲佛矣。綱素不喜讀異端之書,然徒知其迹而未究其去著,儻遇辯詰,詞必窮矣。綱自度決不至陷溺,則亦不至騁辯。然一物不知,君子所恥也,不知於此當何以處之?

理有未窮,則胸中不能無疑礙,雖不陷溺,亦偶然耳,況未必不陷溺耶?至於欲騁辯而恥不知,尤是末節,不足言。但窮理功夫不可有所遺,然又當審其緩急之序也。

明道先生曰："周茂叔窗前草不除去，子厚觀驢鳴亦謂如此。"又曰"子厚聞生皇子"云云。絅謂此即天地生物之心而人物所得以爲心者，蓋仁之事也。聖賢千言萬句，所謂傳心者，惟此而已。

大槩然矣，但不可只如此説了便休，須是常切玩味涵養也。《晦庵文集》卷五八。

案：《朱子語類》卷六八載廖德明所記云："問：衛老疑問中'天行健'一段，先生批問他云：'如何見得天之行健?'德明竊謂……"所記正是本書第一段文字。據陳榮捷《朱子門人》，廖德明先後六次問學朱子：一在乾道九年前後，二在淳熙五年前後，三在淳熙十三年前後，四在紹熙二年間，五在紹熙四年間，六在慶元五年末。又據朱熹淳熙四年二月間《答吕伯恭》(昨黄仲本至)云"《近思》已寄來，尚有誤字，已校定寫寄之矣"。《晦庵文集》卷三四。而張栻《答朱元晦》(《章句序》文理暢達)云"《近思録》誠爲有益於學者之近思，前此伯恭尚未寄來也"。《南軒集》卷二四。又《答朱元晦》(學中重刻《責沈》)云"《近思録》方議刻，欲稍放字大耳"。《南軒集》卷二三。張栻二書撰於四年夏、秋間。可知潘景憲(叔度)刊成《近思録》於淳熙四年春末、夏間，隨即張栻亦議再刊於桂林。故推知《朱子語類》所記乃在廖德明於淳熙五年(1178)前後問學時，則本書亦約撰於此時。

朱熹《答鄧衛老》：

昨所示卷子，久無便，不得報。所論鬼神者甚有條理，不易看得如此。但説乾健處，云只“行”之一字，便見草率之甚。下文云云，則又全不應所問矣，恐可更深思而詳説之也。又以楊、墨爲學仁義而過，亦非是。彼乃正爲不識仁義耳，非學之過而不得中也。曾點之説，乃不真實之允者。今亦未須便論見處，且當理會如何是實下功夫底方法次第而用力焉，久當自有得耳。若只如此揣摸籠罩將去，即人人會説，更要高妙亦得，但不濟事，反害事耳。《晦庵文集》卷五八。

案：本書中所言乾健處、楊墨、曾點諸義，皆朱熹上書中所論者，又本書首言“昨所示卷子，久無便，不得報”，知鄧絅得朱熹上書，又致書請問，朱熹再作本書答之。

丁 碩

丁碩，字賓臣。嘗舉進士。餘不詳。

朱熹《答丁賓臣碩》：

十二月十一日熹扣首上啓丁君省元老友：頃幸接承，便辱垂問。雖喜用意之高遠，然竊觀容止之間未甚和粹，意其未似聖門學者氣象，而所問又太多而不切，有不容以一詞相反復者，用是默默，不知所對。及承訪，逮至於再三，而不免少露鄙懷，則足下已艴然於色而不欲聞矣。自是以來，彼此之懷終不相悉。而今者承書，遂有督過之意。三復以還，愧怍亡已。夫道在生人日用之間，而著於聖賢方册之内，固非先知先覺者所獨得，而後來者無所與也；又非先知先覺者所能專，而使後來者不得聞也。患在學者不能虛心循序反復沈潛，而妄意躐等，自謂有見，講論之際，則又不過欲人之知己，而不求其益；欲人之同己，而不求其正。一有不合，則遂發憤肆罵而無所不至，此所以求之愈迫而愈不近也。足下誠以是而深思之，則熹之前日所以告足下者已悉矣。足下之學，其是非得失亦明矣。如以爲然，繼此見問，敢不敬對。如曰不然，則高明之蘊必有非愚昧所及知者，幸寬其咎而姑自信其說焉可也。惠貺江蟹，感領至意。江茶五瓶，少見微意。布則例不敢受，前日柯國材之子來饋，亦已却之，非獨於左右爲然也。《晦庵文集》卷五八。

案：據朱熹《祭柯國材文》，柯翰（國材）卒於淳熙四年初。《晦庵文集》卷八七。本書有云"前日柯國材之子來饋，亦已却之"，又云"熹扣首上啓丁君省元老友"，故推知本書約撰於淳熙後期，姑係於十三年（1186）十二月十一日。待考。

朱熹《答丁賓臣》：

來喻富貴利達，莫非天命，軒冕儻來，似未可必，足見信道之篤。然反復其言，乃於得失之間未免有尤人之意，似又全未得力，何耶？未由面扣，臨風馳想。切冀以時自愛，益遜志於義理之學，是所願望。《晦庵文集》卷五八。

  案：上書有云"頃幸接承，便辱垂問。……而所問又太多而不切，有不容以一詞相反復者，用是默默，不知所對。……自是以來，彼此之懷終不相悉"，而本書答曰"來喻富貴利達"云云，疑在其後，姑係於淳熙十四年（1187）間。

丁仲澄

  丁仲澄，名里未詳。朱熹《答丁仲澄》題下注云"見《臨漳語錄》"，故推知其或爲漳州（今屬福建）人。

朱熹《答丁仲澄》：

  來書深以異學侵畔爲憂，自是而憂之，則有不勝其憂者。惟能於講學體驗處加工，使吾胸中洞然無疑，則彼自不能爲吾疾矣。若不求衆理之明而徒恃片言之守，則雖早夜憂虞，僅能不爲所奪，而吾之胸中初未免於憒憒，則是亦何足道？願老兄專以聖賢之言反求諸身，一一曉然無疑，積日既久，自當有見。但恐用意不精，或貪多務廣，或得少爲足，則無由明耳。某比來溫習，略見日前所未到

一二大節，自頗覺省力。但昏弱之資，執之不固，尤悔日
積，計有甚於吾友之所患者。乃承訪以所疑，使將何辭以
對邪？然以所聞質之，則似不可不兩進也。程夫子曰：
"涵養須用敬，進學則在致知。"此二言者，體用本末無不
該備。試用一日之功，當得其趣。不然，空抱疑悔，不惟
無益，反有害矣。夫涵養之功，則非他人所得與，在賢者
加之意而已。若致知事，則正須友朋講學之助，庶有發
明。不知今者見讀何書？作何究索？與人辨論，惟無欲
速，又無蓄疑，先後疾徐適當其可，則功日進而不窮矣。
因書或有以見教，勿憚辭費，某亦不敢不盡愚也。向見前
輩有志於學而性猶豫者，其內省甚深，下問甚切，然不肯
沛然用力於日用間，以是終身抱不決之疑，此爲可戒而不
可爲法也。《晦庵文集》別集卷五。

案：本書重載於《晦庵文集》卷三五《答劉子澄》
（來書深以異學侵畔爲憂）。《答劉子澄》撰於乾道六
年秋或以後。而本書題下注云"見《臨漳語録》"，或
朱熹紹熙元年（1190）在漳州時抄録本書以教誨丁仲
澄，爲後人所誤輯録。

董　銖

董銖（1135—1214），字叔重，番陽德興（今屬江西）
人。既冠，從鄉賢程洵遊，"語以晦菴先生所以教人者，叔

重盡棄所學,取《大學》、《中庸》、《語》、《孟》諸書日夜玩
習,裹糧入閩,摳趨函丈,不憚勞苦。先生亦愛其勤且敏,
不倦以教之"。故"叔重學益勤,志益苦,往來師門,率不
一二歲輒一至,至必越累月而後歸,故于先生之書無不
通,而操存持守不負其所教"。晚年始中進士第,授迪功
郎、婺州金華尉,轉從事郎。嘉定甲戌卒,享年六十三。
事蹟見黃榦《勉齋集》卷三八《董縣尉墓誌銘》。

朱熹《答董叔重鉌》:

示喻日用功夫,更於收拾持守之中,就思慮萌處察其
孰是天理、孰是人欲,取此舍彼,以致敬義夾持之功爲佳。
讀書亦是如此,先自看大指,却究諸説,一一就自己分上
體當出來,庶幾得力耳。易字之説,前累奉報,鄙意但不
欲學者切切於此不急之外務耳。必欲與名相稱,則以"叔
重"易之,蓋取《通書》"其重無加焉耳"之義。如何如何?
《晦庵文集》卷五一。

案:本書撰時未詳。王懋竑《朱子年譜·朱子
論學切要語》卷一云在甲辰(淳熙十一年,1184)後。
姑係於是年,待考。

又,黃榦《董縣尉墓誌銘》云董鉌入閩問學,朱熹
教之,後又曰:"日用功夫,更于收拾持守中,就思慮
萌處察其孰是天理、孰是人欲,取此舍彼,以致敬義
夾持之功。讀書須是就自己分上體認出來,庶幾得

力。"《勉齋集》卷三八。即指本書。

朱熹《答董叔重》:

書中所喻兩義,比皆改定。《大學》在德粹處,《孟子》似已寫去矣。但所疑搜尋急迫之病,恐是用心太過使然。所云發見之端,只平日省覺提撕處便是。只要人就此接續向下推究,令其開闊,即不曾説等待尋討將來做功夫也。今所改者,亦其詞有未瑩或重複處耳,大意只是如此也。《晦庵文集》卷五一。

> 案:朱熹《答程正思》(所喻數説)有"發見之説,已具叔重書中,可更相與詳之",《晦庵文集》卷五〇。正指本書中"所云發見之端,只平日省覺提撕處便是"云云。《答程正思》撰於淳熙十四年(1187)九月前後,故推知本書約撰於稍前。

朱熹《答董叔重》:

所喻數説,甚善。更宜加意涵養於日用動静之間爲佳,不然徒爲空言,無益而有害也。《晦庵文集》卷五一。

> 案:本書撰時未詳。《書信編年》係於淳熙十四年(丁未)後。待考。
>
> 又,黄榦《董縣尉墓誌銘》云朱熹又教董銖曰:"更宜加意涵養于日用動静之間,不然徒爲空言,無益而有害也。"《勉齋集》卷三八。即指本書。

朱熹《答董叔重》：

人心之體，虛明知覺而已。但知覺從義理上去則爲道心，知覺從利欲上去則爲人心，此人心、道心之別也。所謂利欲如口之於味、目之於色之類，非遽不好，但不從義理上去，則墮於人欲，而不自知矣。

亦是。

“中庸”之“中”字，本是指“時中”之“中”而言。然所以能時中者，以其有是不偏倚者爲本，故“中庸”之“中”實兼二義，非如“中和”之“中”專指性也。致中者，如立乎天地四方之中，未感者，無一息之不然。致和者，如處一堂一室之中，隨處得宜，無少乖戾，無時而不然也。或者有疑於“中庸”、“中和”二“中”字不同，故妄論如此，不知於《章句》意無大悖否？

“無一息之不然”，當改云“無一息之少差”。

曾點言志，氣象固是從容灑落，然其所以至此，則亦必嘗有所用力矣。知其所用力處，則知堯、舜事業點優爲之。然堯、舜事業，亦非一事，要必如點用力，則不難爲。但道理自有淺深，所至亦有高下。點資質高，合下見得聖人大本如此，故其平日用力之妙，必有超乎事物之外而爲應事物之本者。其視三子規規於事爲之末者，固有間矣。然一事一物亦各有一事一物之理，學者大本功夫固當篤至，亦必循下學上達之序，逐件逐事理會到底，乃能内外縝密、親切不差。點言志甚高而行不

掩焉，觀其舍瑟倚門，亦可見矣。蓋道理無纖毫空闕不
周滿處，外面纔有罅漏，則於道體爲有虧矣。或謂曾點
只是天資見得大頭腦如此，元不曾用力。又謂點已見
到如此，天下萬事皆無不了者，恐皆一偏之論也。未知
是否？

此條大概近似，而語意不密。且看它見得道理分明、
觸處通貫處是個甚底可也。《晦庵文集》卷五一。

案：本書乃《中庸》問目，有“不知於《章句》意無
大悖否”之語，據朱熹《中庸章句序》，乃成於己酉（淳
熙十六年，1189）春，則知本書撰於此後。

朱熹《答董叔重》：

程先生論《中庸》“鳶飛魚躍”處曰：“與必有事焉而
勿正心之意同，活潑潑地。”銖詳先生舊説，蓋謂程子所
引“必有事焉”與“活潑潑地”兩語皆是指其實體，而形
容其流行發見無所滯礙倚着之意。其曰“必”者，非有人
以必之，曰“勿”者，非有人以勿之者，蓋謂有主張是者而實未
嘗有所爲耳。今説則謂“必有事焉而勿正心”者，乃指此
心之存主處；“活潑潑地”云者，方是形容天理流行、無
所滯礙之妙。蓋以道之體用流行發見雖無間息，然在
人而見諸日用者，初不外乎此心，故必此心之存，然後
方見得其全體呈露，妙用顯行，活潑潑地，略無滯礙耳。
所謂“必有事而勿正心”者，若有所事而不爲所累云爾。

此存主之要法。蓋必是如此，方得見此理流行無礙耳。銖見得此說似無可疑，而朋友間多主舊說，蓋以程子文義觀之，其曰"與"曰"同"，而又以"活潑潑地"四字爲注云，則若此兩句皆是形容道體之語。然舊說誠不若今說之實。舊說讀之不精，未免使人眩瞀迷惑。學者能實用力於今說，則於道之體用流行當自有見。然又恐非程子當日之本意，伏乞明賜垂誨。

舊說固好，似涉安排。今說若見得破，則即此須臾之頃，此體便已洞然，不待說盡下句矣。可更猛著精彩，稍似遲慢便蹉過也。

性與氣雖不相離，元不相雜。孟子論性，獨指其不雜者言之，其論情、才亦如此。要必如程、張二先生之說，乃爲備耳。不知是否？

甚善。《集注》中似已有此意矣。

呂芸閣云："性，一也，流形之分有剛柔昏明者，非性也。有三人焉，皆一目而別乎色，一居乎密室，一居乎帷箔之下，一居乎廣廷之中。三人所見昏明各異，豈目不同乎？隨其所居，蔽有厚薄爾。"銖竊謂此言分別得性氣甚明，若移此語以喻人物之性亦好。銖頃嘗以日爲喻，以爲大明當天，萬物咸覩，亦此日耳。蔀屋之下，容光必照，亦此日耳。日之全體未嘗有小大，只爲隨其所居而小大不同耳。不知亦可如此論人物之性否？伏乞指誨。

亦善。

“周霄問君子仕乎”一段，霄意蓋以孟子不見諸侯爲難仕，故舉此問以諷切之。孟子所言，皆告以君子急仕之意。所引“《禮》曰諸侯耕助以供粢盛”一段，疑指爲貧而仕者言。蓋仕非爲貧也，然有爲貧而仕者，則君子於仕亦可謂急矣。然仕之心未嘗不急，仕之道則不可以急而不由其道也。蓋欲急仕者，君子之仁；不由其道不敢仕者，君子之義。義行則仁存，未有違義而可以爲仁也。大率孟子教人多因人情而制之以義，此所以卓乎非異端之説所能知也。伏乞垂誨。

此章但言不仕無義，未見爲貧而仕之意。

《禮》曰：“別子爲祖，繼別爲宗，繼禰者爲小宗。有百世不遷之宗，有五世則遷之宗。”竊謂君適長爲世子，繼先君正統。自母弟以下，皆不得宗。其次適爲別子，不得禰其父，則不可宗嗣君，又不可無統屬，故立爲先君之族，大宗之祖，所謂“別子爲祖”也。其適子繼之，則爲大宗。凡先君所出之子孫皆宗之，百世不遷。故曰大宗者，繼別子之所自出也。呂氏言別子所自出者，謂別子所出之先君也。如魯季友，乃桓公別子所自出，故爲桓公一族之大宗。不知是否？百世不遷者，以其統先君之子孫，而非統別之子孫也。別子之庶長，義不敢禰別子，而自爲五世小宗之祖。其適子繼之，則爲小宗。小宗者，繼別子庶子之所自出也。故惟及五世，五世之外則無服。蓋以其統別之子孫而非統先君之子孫也。不知是否？伏乞垂誨。

宗子有公子之宗，有大宗、有小宗。國家之衆子不繼世者，若其間有適子，則衆兄弟宗之爲大宗；若皆庶子，則兄弟宗其長者爲小宗。此所謂公子之宗者也。別子即是此衆子既没之後，其適長者各自繼此別子，即是大宗。直下相傳，百世不遷。別子之衆子既没之後，其適長子又宗之，即爲繼禰之小宗。每一易世，高祖廟毁，則同此廟者是爲祖免之親，不復相宗矣。所謂五世而遷也。

《孟子集注序説》言，《史記》言孟子受業子思之門人，注云："趙氏注及《孔叢子》亦皆云孟子親受業於子思。"銖謂趙岐所注必有所考，《孔叢子》恐是僞書，似不必引此書。如何？

《孔叢子》雖僞書，然與趙岐亦未知其孰先後也，姑存亦無害。

《史記》謂《孟子》之書孟子自作。趙岐謂其徒所記。今觀七篇文字筆勢如此，決是一手所成，非《魯論》比也。然其間有如云"孟子道性善，言必稱堯、舜"，亦恐是其徒所記。孟子必曾略加删定也。此非甚緊切，以朋友間或有疑此者，嘗以此答之，恐未是也。伏乞垂誨。

或恐是如此。《晦庵文集》卷五一。

案：本書亦屬答《中庸》問目，亦在淳熙十六年以後。

朱熹《答董叔重》：

所論心之存亡，得之。前日得正思書，説得終未明了。適答之云："此心有正而無邪，故存則正，不存則邪。"不知渠看得復如何也？但來喻所謂深體大原而涵養之，則又不必如此。正惟操則自存，動静始終，不越"敬"之一字而已。近方見得伊洛拈出此字，真是聖學真的要妙功夫。學者只於此處著實用功，則不患不至聖賢之域矣。《晦庵文集》卷五一。

案：書中云"前日得正思書，説得終未明了。適答之云：'此心有正而無邪，故存則正，不存則邪。'"正朱熹《答程正思》(向見印行《王謝論》)中語。《晦庵文集》卷五〇。《答程正思》撰於紹熙元年(1190)中，則本書撰於稍後。

又，黄榦《董縣尉墓誌銘》云朱熹嘗教董鉄曰："此心操則自存，動静始終，不越'敬'之一字。伊洛拈出此字，乃是聖學真的要妙功夫。學者于此著實用功，不患不至聖賢之域。"《勉齋集》卷三八。即指本書。

朱熹《答董叔重》：

辱惠問，并以長牋喻及銘墓之意，尤以愧仄。今年多病，異於常時，又以築室遷居之擾，殊無好況。文字本不能作，前後所辭甚多，但以叔重如此見屬，獨不可辭，因留來人。累日不得功夫，此三數日又覺傷冷，時作寒熱，意緒尤不佳。今日小定，方能力疾草定奉寄。又更與允夫訂之，或有疑則見告，可改也。但此間辭人之多，幸且勿廣爲佳。今所作先丈誌文易就，亦因得好行狀，故不費力。數年前，有相屬作一大誌銘者，事緒既多，而狀文全類《新唐書》體，至今整頓不得也。允夫所作令祖墓表尤佳，近歲難得此文也。《晦庵文集》卷五一。

　　案：書中所云"銘墓"，即朱熹所撰董銖之父《迪功郎致仕董公墓誌銘》，董父卒於紹熙三年八月，"明年，銖將葬君湖山之原，……且屬新吉州錄事參軍程洵允夫狀君行事如此來請銘"。《晦庵文集》卷九三。故推知本書約撰於三年(1192)冬。

朱熹《答董叔重》：

　　或曰："天地之數五十有五，而大衍之數五十，何也?"銖竊謂天地之所以爲數，不過五而已。五者，數之祖也。蓋參天兩地，三陽而二陰，三、二各陰陽錯而數之，所以爲數五也。是故三其三、三其二而爲老陽、老陰之數，兩其三、一其二而爲少陰之數，兩其二、一其三而爲少陽之數，皆五數也。《河圖》自天一至地十，積數凡五十有五，而其五十者，皆因五而後得。故五虛中若無所爲，而實迺五十之所以爲五十也。一得五而成六，二得五而成七，三得五而成八，四得五而成九，五得五而成十。

無此定數，則五十者何自來耶？《洛書》自一五行至九五福，積數凡四十有五，而其四十者，亦皆因五而後得。故五亦虛中若無所爲，而實乃四十之所以爲四十也。一六共宗而爲太陽之位數，二七共朋而爲少陰之位數，三八成友而爲少陽之位數，四九同道而爲太陰之位數。不得此五數，何以成此四十耶？即是觀之，《河圖》、《洛書》皆五居中而爲數宗祖。大衍之數五十者，即此五數衍而乘之，各極其十，則合爲五十也。是故五數散布於外爲五十而爲《河圖》之數，散布於外爲四十而爲《洛書》之數，衍而極之爲五十而爲大衍之數，皆自此五數始耳。是以於五行爲土，於五常爲信。水、火、木、金不得土不能各成一氣，仁、義、禮、智不實有之，亦不能各爲一德。此所以爲數之宗，而揲蓍之法必衍而極於五十以見於用也。不知是否？

此說是。

變者化之漸，化者變之盡。蓋化無痕迹，而變有頭面。逐漸消縮以至於無者，化也。陽化爲陰、剛化爲柔、暖化爲寒是也。其勢浸長，突然改換者，變也。陰變爲陽、柔變爲剛、寒變爲暖是也。陽化爲陰，是進極而回，故爲退；陰變爲陽，則退極而上，故爲進。故曰變化者，進退之象也。陽化爲陰、陰變爲陽者，變化也。所以變化者，道也。道者，本然之妙，變化者所乘之機。故陰變陽化而道無不在，兩在故不測。故曰："知變化之道者,其知神之所爲乎?"不審可作如此看否?

亦得之。

陰陽若以推行言之,不過一氣之運而已,所謂"一動一靜,互爲其根"也。以闔闢言之,則有兩物,所謂"分陰分陽,兩儀立焉"也。既曰陰陽,又曰柔剛者,陰陽以氣言,剛柔則有形質矣。此猶四象之有老少,亦如以子、午、卯、酉分言陰陽也。不知是否?

闔闢與動靜無異,《易》中以對待言者自多,不必引此也。

"在天成象,在地成形,變化見矣"。變化非因形象而後有也,變化流行非形象則無以見,故因形象而變化之迹可見也。日月、星辰,象也;山川、動植,形也。象,陽氣所爲;形,陰氣所爲。然陽中有陰,則日星陽也,月辰陰也。陰中有陽,則山陰而川陽,然陰陽又未嘗不相錯而各自爲陰陽,細推之可見矣。不知是否?

亦是。

"乾以易知"與"易則易知"之"知"字不同。"乾以易知","知"猶主也,"知"如"知郡縣"之"知"。蓋乾健不息,惟主於生物,如瓶施水,無他艱阻,故以易知太始也。"易則易知",言人體乾之易,故白直無艱阻而人易知之也。

文義亦得之。

孟子曰:"口之於味也,目之於色也,耳之於聲也,鼻之於臭也，四肢之於安佚也，性也，此“性”字專指氣而言，如“性相近”之“性”。有命焉。此“命”字兼理與氣而言，如“貧賤之安分、富貴之有節”是也。仁之於父子也，義之於君臣也，禮之於賓主也，智之於賢者也，聖人之於天道也，命也，此“命”字專指氣而言，所遇應不應，所造有淺深、厚薄、清濁之分，皆係乎氣稟也。有性焉。此“性”字專指理而言，如“天地之性”之“性”。”不知可作如此看否？

此説分得好。

中和者，性情之德也。寂感者，此心之體用也。此心存，則寂然時皆未發之中，感通時皆中節之和。心有不存，則寂然者木石而已，大本有所不立也；感通者馳肆而已，達道有所不行也。故夫動靜一主於敬，戒謹恐懼而謹之於獨焉，則此心存而所寂感無非性情之德也。不知是否？

亦是。

“極”之爲言究竟至極，不可有加之謂，以狀此理之名義，則舉天下無以加此之稱也。故常在物之中，爲物之的，物無之則無以爲根主而不能以有立。故以爲在中之義則可，而便訓“極”爲中則不可。以有形者論之，則如屋之有脊棟，困廪之有通天柱，常在此物之中央，四面八方望之以取正，千條萬別本之以有生。《禮》所謂“民極”，《詩》所謂“四方之極”，其義一也。未知推説如此是否？

是。

近見一書，名《廣川家學》，蓋董逌彦遠所爲。所論亦稍正，不知有傳授否？其爲人如何？如曰："心者，性之所寓也。所貴於養心者，以性之在心也。"又曰："形之靈者曰魄，氣之神者曰魂。既生魄矣，魄内自有陽氣。氣之神者，名之曰魂。附形之靈者，謂初生時耳、目、手、足運動，啼呼爲聲，此則魄之爲靈也。附氣之神者，謂精神性識漸有所知，此則附氣之神也。魂在魄先，附魄以神。"此等説得亦無甚病否？

既生魄，陽曰魂，謂纔有魄便有魂，自初受胞胎時已具足矣，不可言漸有所知，然後爲魂也。董氏有《詩解》，自謂其論《關雎》之義暗與程先生合，但其它文澀難曉。《集傳》中論京師之屬，頗祖其説。又據黄端明《行狀》説，圍城中作祭酒，嘗以僞楚之命慰諭諸生。它事不能盡知也。

近見曾彦和論"彭蠡既瀦"，引《漢志》豫章九水合于湖漢，東至彭澤入江；《禹貢》漢水入江而湖漢九水見遏於江北，於是自匯爲彭蠡。則彭蠡之水本受湖漢之水，欲入江而爲江、漢所遏，因却而自瀦。蓋漢水未入江之前，則彭蠡未瀦，故曰東匯澤爲彭蠡，此説自當。但又有曰彭蠡之瀦以受其江、漢，而不能紬蘇氏味别之説，則非也。又言九江即是洞庭，引《漢志》沅水、漸水、元水、底水、叙水、酉水、澧水、湘水、資水皆合洞庭中，東入于江，江則過之而已，九水合于洞庭澤，故洞庭亦可名九江。若謂江分九道，則《經》當曰"九江既道"而不曰"孔殷"，當曰"播爲九江"而不曰"過九江"矣。然林少穎辨其不然，不知洞庭之澤果是受此水之入否？然彭蠡自有源，而非受江、漢而成。九江爲洞庭，而不在潯陽南，則無可疑矣。若彦和之於《禹貢》，雖未盡善，亦考索精詳，勝它人也。

曾彦和説《書》精博，舊看得不子細，不知其已有此説。但《漢志》不知湖漢即是彭蠡，而曰源出雩都，至彭蠡入江，此爲大謬。恐彦和亦不能正也。九江之説，今亦只可大概而言。恐當時地入三苗，禹亦不能細考。若論小水，則湖南尚有蒸、瀟之屬，況兼湖北諸水上流，其數不止於九。若實計入湖之水，只是湘、沅、澧之屬三四而已。又不能及九也。漢水未入江之前，彭蠡未瀦，此亦未是。江流甚大，漢水入之未必能有所增益也。大率今人不敢説經文有誤，故如此多方回互耳。

《孟子集註》"古公亶甫"下註云："太王，公劉九世孫。""五世而斬"下注云："父子相繼爲一世。"按《史記》自公劉至古公凡十世，今謂九世，豈不數古公己身耶？然按《豳詩集傳》云："公劉復修后稷之業，十世而太王徙居岐山之陽。"則疑《孟子集註》或錯"九"字否？又按《明道行狀》云："先生五世而上居中山之博野，高祖始賜第京師。"則高祖，五世祖也，"而上"即爲六世，是通已身數矣。伏乞垂誨。

通數即計已身爲數，曰祖曰孫，則不當計已身。蓋謂之祖孫，則是指它人而言矣。史傳及今人文字以高祖之父爲五世祖甚多，無可疑也。《晦庵文集》卷五一。

　　案：書中有云"既曰陰陽，又曰柔剛者，陰陽以氣言，剛柔則有形質矣"，而下書（參天兩地倚數）亦云"陰陽以氣言，剛柔則有形質可見矣"，當相先後，故推知本書約撰於慶元元年（1195）間。

朱熹《答董叔重》：

　　"參天兩地倚數"，天之象圓，圓者，徑一而圍三。參天者，參其一也。地之象方，方者，徑一而圍四。兩地者，兩其二也。故參其一而爲三者，因圓象而有三數也；兩其二而爲四者，因方象而爲四數也。參天兩地，則爲數者五，故天地之數皆五也。三三爲六，則爲老陽、老陰之數；兩其三、一其二，則爲少陰之數；兩其二、一其三，則爲少陽之數。故參天兩地者，數之祖也。未知是否？

　　圍四者，以二爲一，故其一陰而爲二，故曰"參天兩地"。今曰兩其二而爲四，則不得爲參天兩地矣。天一而圍三，地一而圍四，然天全用而地半用，故參天爲三而兩地爲二也。今曰二二爲四，非是。

　　揲蓍之數，以四爲主。蓋四者，數之用也。太陽一,少陰二,少陽三,太陰四,其位四也。分揲掛歸必四營也,揲之亦必以四,故皆以四爲主。故老陽三十六,少陰三十二,少陽二十八,太陰二十四,皆四約之也。及其扐也,五四爲奇,五除掛一,四不除掛一,皆爲四者一,所謂奇也。九八爲偶,九除掛一,八不除掛一,則爲四者二,所謂偶也。是皆以四數爲主。不知是否?

四營恐與四揲不相關。

《河圖》之數,不過一奇一偶相錯而已。故太陽之位即太陰之數,少陰之位即少陽之數,少陽之位即少陰之數,太陰之位即太陽之數。見其迭陰迭陽,陰陽相錯,所以爲生成也。天五地十居中者,地十亦天五之成數。蓋一、二、三、四已含六、七、八、九者,以五乘之故也。蓋數不過五也。《洛書》之數,因一、二、三、四以對九、八、七、六,其數亦不過十。蓋太陽占第一位,已含太陽之數;少陰占第二位,已含少陰之數;少陽占第三位,已含少陽之數;太陰占第四位,已含太陰之數。雖其陰陽各自爲數,然五數居中,太陽得五而成六,少陰得五而成七,少陽得五而成八,太陰得五而成九,則與《河圖》一陰一陽相錯而爲生成之數者,亦無以異也。不知可如此看否?《啓蒙》言其數與位皆三同而二異:三同謂一、三、五。二異謂《河圖》之二,在《洛書》則爲九;《河圖》之四,在《洛書》則爲七也。蓋一、三、五,陽也;二、四,陰也。陽不可易而陰可易,陽全陰半,陰常從陽也。然七、九特成數之陽，所以成二、四生數之陰，則雖陽而實陰，雖易而實未嘗易也。不知是否？

所論甚當，《河圖》相錯之説尤佳。

陰陽以氣言，剛柔則有形質可見矣。至仁與義，則又合氣與形而理具焉。然仁爲陽剛，義爲陰柔，仁主發生，義主收斂，故其分屬如此。或謂揚子雲“君子於仁也柔，於義也剛”，蓋取其相濟而相爲用之意。

仁體剛而用柔，義體柔而用剛。

“艮其背，不獲其身”者，止而止也，所謂“静而止其所”也。“行其庭，不見其人”者，行而止也，所謂“動而止其所”也。静而止其所者，是只見道理所當止處，不見己身之有利害禍福也。動而止其所者，只見道理所當行處，不見在人之有彊弱貴賤也。古人所以舍生取義、殺身成仁者，不獲其身也。所以不侮鰥寡、不畏彊禦者，不見其人也。然惟不獲其身者，乃能不見其人。故曰動静各止其所，而必以主夫静者爲本焉，所以自源而徂流也。程先生所謂“止於所不見，則無以亂其心，而止乃安”，是又就做工夫上言。

“不獲其身”、“不見其人”，推説甚善。然亦不專在此，日用精粗，蓋無不然也。程先生説自是其所見，如夫子《象傳》、《文言》，未必文王之本意也。《晦庵文集》卷五一。

案：本書校記：“則又合氣與形而理具焉”句下，

浙本又有"然亦□而已矣。蓋陰陽者，陽中之陰陽也。柔剛者，陰中之陰陽也。仁義者，陰陽合氣，剛柔成質，而是理始爲人道之極也"四十六字；又"所謂'動而止其所'也"句下，浙本又有"蓋艮之義，止而已。當止而止，止也；當行而行，亦止也。此所謂止其所也"二十七字；"乃能不見其人"句下，浙本又有"未有顧己身之利害禍福而能不畏侮於人之彊弱貴賤也"二十三字；"是又就做工夫上言"句下，浙本又有"猶所謂奸聲亂色不留聰明，淫樂慝禮不接心術之意。此蓋發明所以能止之義，故其《象傳》有曰：'相背，故不獲其身，不見其人，是以能止也。'此恐言外之意，未必《易》之本義。不知如此看得否"七十二字；"未必文王之本意也"句下，浙本又有"或問孟子言仁必對義，孔子言仁必配智，其不同也。銖妄意謂孟子之言，指偏言一事之仁也。孔子之言指專言包四者之仁也。然雖偏言各專一事，而不仁亦無以爲義；雖專言以包四者，而不智亦無以爲仁，其歸亦一而已矣。然孟子亦有專言之者，如'仁，人心'是也。孔子亦有偏言之者，如'愛人'是也。故羞惡、辭遜、是非者，惻隱之心隨感而應者也；是非之分素明，則惻隱、羞惡、辭遜之發始各得其當而不悖也。故元、亨、利、貞，而不貞亦無以爲元也。未知是否？""此條大概近似，而語意不密。且看他見得道理分明、觸處通貫處是個甚底可也"凡二百零六字。

本書中朱熹答董銖之問時嘗批曰："仁體剛而用
柔,義體柔而用剛。"而《朱子語類》卷六載有輔廣所
記云："先生答叔重疑問曰:'仁體剛而用柔,義體柔
而用剛。'廣請曰"云云。同上又載萬人傑所記曰:
"學者疑問中謂:'就四德言之,仁却是動,智却是
静。'曰:'周子《太極圖》中是如此説。'又曰:'某前日
答一朋友書云:"仁體剛而用柔,義體柔而用剛。"'"
據《朱子語類・姓氏》,輔廣乃紹熙五年(甲寅)以後
所聞。朱熹於紹熙五年四月中旬赴潭州任,八月上
旬離潭州東下,九月下旬抵臨安,閏十月下旬離臨安
南歸,十一月下旬抵武夷考亭,十二月中旬滄洲精舍
成。《年譜長編》卷下。故推知本書約撰於慶元元年或
稍後。

朱熹《答董叔重》:

"君子務本"一章,《集注》云:"本,猶根也。君子務
本,本立而道生,言君子凡事專用力於根本,根本既立,
其道自生。如孝弟則是行仁之本,不務乎此,則仁道無
自而生也。"銖竊安謂仁固孝弟之本,有仁而後有孝弟,
伊川曰:"仁是性,孝弟是用。"然仁道生也,生莫先於孝弟。
蓋其油然内發,至精實而無僞,自然不可已者,莫如愛
親從兄之心。故伊川曰:"仁主於愛,愛莫大於愛親。

愛則仁之施,仁則愛之理也。"仁者愛之理,而愛莫大於
愛親,故推行仁道,自孝弟始。是乃行仁之根本也。根
本既立,則親親而仁民,仁民而愛物,至於廓然大公,無
所不愛,而有以全盡其仁道之大,則皆由此本既立而自
生生,有不可遏者耳。此所謂本立而道自生也。生者,
生生不窮之意,伊川所謂其道充大是也,非無本而漸生
之謂。猶之木焉,根本既立,則枝葉生茂而不可已。苟
無其本,枝葉安自而生哉?又程子曰:盡得孝弟便是
仁。恐在"盡"字上是聖人人倫之至之意。蓋孝弟亦通上
下而言,猶忠恕之爲道也。或人謂由孝弟可以至仁,則孝
弟與仁是二本矣。妄意揣度如此,乞賜逐一垂誨。

大概且用此意涵泳,久之自見得失。後皆放此。

程子曰:"循物無違謂信。"竊謂物者,事物之物。
有是事,則循是事而無所違;無是事,則不鑿空而爲之
説。此與"以實之謂信"意相似。或者謂:物者,理也,
實循是理而無所違,有反身而誠之意。蓋孟子"有諸
己"之説。不知是否?又程子所謂"盡物之謂信"者,銖
所未喻。豈盡己之謂忠者,處於己者無不盡,盡物之謂
信者,施於物者必以實歟?則必以實施於物者亦無不
盡矣。其所謂表裏內外者,蓋惟其存於己者必盡,則其
施於物也必實。在己自盡之謂忠,推是忠而行之之謂
信。雖然,曾子之三省必亦各致其功,未必恃此而責彼
也。乞賜逐一垂誨。

或者之説，非是。

程子曰：“公而以人體之，故爲仁。”銖昔嘗問此語於先生，先生曰：“體猶體物之體，猶《易》所謂幹事。”其意若謂人之生具此形，即有此性，有此性則有此理，與生俱生，完具無欠。只爲蔽於私，所以不行。若能公，則此理便自周流充足，不假於外。此理即所謂仁也，仁者愛之理。故程子曰：“仁之道，只消道一‘公’字。”然伊川又恐人將公便唤作仁，故曰：“公須以人體之。”體猶主也。銖當時雖省記先生是此意，恐記得差誤，乞賜垂誨。

此下數説，大概皆近之，更宜涵泳而實履之，不可只如此説過，無益於事也。

“賢賢易色”一章，竊謂上蔡所謂“如惡惡臭，如好好色，天下之誠意無以加此。好德如好色，亦可謂好德之至也”，此語似甚精。而或者乃謂不若張子韶曰“學所以明人倫也，好德不好色，則夫婦之倫正”，似恐不必推説至此。然上蔡之説，與伊川所謂“見賢則變易顏色，愈加恭敬，好善而誠也”，二説孰精？又子夏之意以謂人能如此，則雖人以爲未嘗學，子夏必以爲已學也。玩其語意，則子夏未嘗不欲人學，然其語不無病，不若夫子所謂“行有餘力，則可以學文”者爲有本末先後。故《集註》特著吳氏之説，所以垂訓者精矣。乞賜垂誨。

當從謝氏説。

"夫子溫、良、恭、儉、讓以得之"一章，竊謂程子之意固已明白，謝氏曰："學者觀於聖人威儀之間，亦可以進德矣。"此語似甚精。而或者乃謂不若張子韶曰："溫、良、恭、儉、讓固不可以不學，要當學聖人之道，以求其自然發見者。若乃矯偽其行，粉飾其容，此又聖門所誅也。"銖竊謂夫子德容至於如是，固有德盛仁熟，而其自然之光輝著見於外。學者之學聖人，固不當矯情飾貌，徒見其外而不養其中也。然容色辭氣之間，亦學者所當用功之地而致知力行之原。今不於此等處存養涵蓄，學聖人氣象，不知復於何者爲學聖人之道乎？竊謂學者内外交相養之功，正當熟玩，此等氣象自別。不知是否？又儉，節制也，節制莫是自然有法度繩約之意否？溫、良、讓有和易氣象，恭、儉有儼恪氣象，謝氏所謂"泰然如春，儼然如秋"是也。併乞逐一垂誨。

如張氏說，則《鄉黨》篇可廢矣。

"三年無改於父之道"一章，銖自幼年則見先生與程先生反復論此一段，當時固莫能曉。近來思之，竊謂程子所謂"孝子居喪，志存守父在之道，不必主事而言"者，頗爲的當。請試言其所思而得之者以求教。志者，志趣，其心之所趣者是也。行者，行實，行其志而有成也。父在，子不得專於行事，而其志之趣向可知，故觀其志。父没，則子可以行其志矣，其行實暴白，故觀其行。然三年之間，疾痛哀慕，其心方皇皇然、望望然，若父之存而庶幾於親之復見，豈忍以爲可以得行己志，而遽改以從已志哉？存得此心，則於事有不得不改者，吾迫於公議，不得已而改之，亦無害其爲孝矣。若夫其心自幸，以爲於是可以行己之志，而於前事不如已意者則遂遽改以從己之志，則不孝亦大矣，豈復論其改之當與不當哉？蓋孝子處心，親雖有存没之間，而其心一如父在，不敢自專。況謂之父道，則亦在所當改而可以未改者。三年之間，如白駒過隙，此心尚不能存，而一不如志，率然而改，則孝子之心安在哉？故夫子直指孝子之心，推見至隱，而言不必主事言也。若乃外迫公議，内懷欲改，而方且隱忍遷就，以俟三年而後改焉，則但不失經文而已，大非聖人之意矣。妄論如此，不知稍不畔否？乞賜垂誨。

此説得之，然前輩已嘗有此意矣。更須子細體認，不可只如此説過。

　　“君子不重則不威”一章，程子曰：“人安重則學堅固。”范氏、游氏推明其説精矣。然味其經文，竊謂恐不若吕氏曰“學則知類通達，故不至於蔽固”。蓋若作一事説，則曷不曰“君子不重則不威，而學不固”乎？不重則不威，有篤敬意；學則不固，有致知意。學固兼知與行而言，而夫子言之於此，則學又自有專説知意。“主忠信”，竊謂忠信蓋誠實之意。蓋自理而言，則謂之誠實；自人所行而言，則謂之忠信，其實一也。故伊川曰：“忠信者，以人言之，要之則實理也。""無友不如己者"，程先生以謂上蔡云"與不勝己者友，鈍滯了人"，此語誠是。然人之求友，固不可無此心，而亦不可必也。必欲求勝己者而後友，則勝己者亦不與我友矣。聖人用心不如是。子夏教其門人以擇交之道，曰："可者與之，其不可者拒之。"此未爲過也。而子張猶以爲不可，則不勝己者不與之友，聖人氣象恐不如是。楊氏所謂"如己者，合志同方而已，不必勝己也"，似以此言爲當。銖嘗問之曰："恐如此其弊或至於無責善輔仁之益。"先生曰："道不同，不相爲謀。"然銖思之，終恐未安。蓋味聖人語意，正謂人好與不己若者處，故爲此言以戒之。"無"與"毋"通，禁止之辭。聞之李氏曰："人皆求勝己者友，則愚與魯幾於無友矣。然世人知與賢己處者常少，而軋己者常多，此學所以不進。有志於學，則不如己者宜非所友。"此意不知近是否？乞賜垂誨。

"學則不固"，程、范、游説是。"毋友不如己者"，李説是。

"顏子不改其樂"章，程子嘗曰："昔受學於周茂叔，每令尋仲尼、顏子樂處，所樂何事。"銖豈當躐等妄論及此？但近見一朋友講論次説及此，覺得説入玄妙，且又拘牽於鮮于侁之問，使"顏子樂道，則不爲顏子之説"説入空寂去，因試妄意揣度，以謂聖賢所以皇皇汲汲者，正謂欲求得本心而已。苟得其本心以制萬事，則天下之樂何以加此？區區貧窶，豈足以累其心？顏子在陋巷，人不堪憂，而顏子獨樂者，正樂此而已。此與“求仁而得仁，又何怨”之意近似。孟子曰：“君子所性，雖大行不加，窮居不損。”所性，謂所得於性者。君子所得於性分之内，雖大行、窮居不爲加損，樂莫大焉。不知如此揣度，不至大段礙理否？乞賜垂誨。

此等處不可彊説。且只看顏子如何做功夫，若學得它功夫，便見得它樂處，非思慮之所能及也。

《書·金縢》曰“我之弗辟，我無以告我先王”一段，按馬、鄭氏皆音“辟”爲“避”，其意蓋謂管、蔡流言，成王既疑周公，公乃避居東都二年之久，以待成王之察。及成王遭風雷之變，啓金縢之書，迎公來返，乃攝政，方始東征。所謂“罪人斯得”者，成王得其流言之罪人也。陳少南、吳才老從之，而詆先儒誅辟之説。銖竊謂周公之誅管、蔡，與伊尹之放太甲，皆聖人之變。唯二公至誠無愧、正大明白，故行之不疑，未可以淺俗之心窺之也。此“辟”字與《蔡仲之命》所謂“致辟”之“辟”同，安得以“辟”爲“避”？且使周公委政而去二年之久，不幸成王終不悟，而小人得以乘間而入，則周家之禍可勝言哉！周公是時不知何以告我先王也。觀公之告二公曰：“我之弗辟，我無以告我先王。”其言正大明白、至誠惻怛，則區區嫌疑有所不敢避矣。惟有此心無愧而先王可告也。自潔其身而爲匹夫之諒，周公豈爲之哉？

妄意如此，乞賜垂誨。

“辟”字當從古註説。

《微子》篇曰“詔王子出迪，我舊云刻子”一段，銖於三仁之去就死生，未知其所以當留、當去、當死之切當不可易處。嘗讀《微子》書，見其所以深憂宗國之將亡，至於成疾爲狂、瞶瞀無所置身，其心切矣。然終不言於紂，以庶幾萬一感悟，而遽爲之去，是必有深意者。東坡則曰：箕子在帝乙時，以微子長且賢，欲立之，而帝乙不可，卒立紂。紂忌此兩人，故箕子曰：“子之出，固其道也。我舊所云者害子，子若不出，則我與子皆危矣。”微子之告箕子，若欲與之俱去。然箕子曰：“吾三人者各行其志，自用其心之所安者而已，人各自以其意貢于先王。”微子去之，以續先王之國；箕子爲之奴，以全先王之祀；比干以諫而死，爲不負先王也。而林少穎亦從其説，以爲二人處危疑之地，身居嫌隙，不可彊諫，徒死又無益，故微子雖欲謀於箕子以救紂之顛隮，然箕子以謂“我興受其敗”，猶言我起而諫，則受其禍。不可以復諫，又不可居位，故微子遁逃以避禍，而箕子隱晦以自存。惟比干不處嫌疑，故彊諫而死。三人所處之勢不同，故各行其志，以自達于先王而已。審如是説，則微子、箕子皆未嘗諫，無乃屑屑然避嫌遠禍以苟存乎？唐孔氏曰：“‘我興受其敗’者，我適起而受其禍敗，不可逃免。然殷滅之後，我不事異姓，不能與人爲臣僕，示必欲以死諫紂。但箕子之諫，適值紂怒未甚，故得不死耳。微子告二人而獨箕子答者，比干與箕子意同，經省文也。"竊謂孔氏去古未遠，唐孔氏蓋推本安國之意。其言必有所據。蓋嘗因是妄謂微子以宗國將亡，不勝其憂愁無聊之心，而謀出處於箕子、比干，故箕子爲言"我與受其敗"，不可逃免，當與宗國俱爲存亡。故雖商祀或至淪亡，我亦誓不臣屬他人。蓋將諫紂，紂不聽，亦不敢苟全逃死。而比干無一言者，孔氏所謂心同，不復重言是也。其後比干果以諫死，而箕子乃不死者，比干初心豈欲徒死以沽名哉？所以諫者，庶幾吾言得行而紂改焉耳。紂既不改，而言益切，故紂遂殺之，則比干亦不得而逃死耳。箕子初心，亦豈欲隱晦自存，苟全其生哉？亦猶比干之諫，冀吾言得行而紂改焉耳。紂既不改而囚之，偶不死耳。紂囚之而不置之死，則箕子豈固欲自經於溝瀆而爲匹夫之諒哉？故因遂佯狂而爲奴，蓋亦未欲即死，庶幾彌縫其失，而冀其萬有一開悟耳。蓋諫行而紂改過者，二子之本心也；諫不行而或死或囚者，二子所遇之不同爾。使紂而囚比干，意比干亦未敢即死也；使紂而殺箕子，箕子敢求全哉？二子易地，則皆然矣。至於箕子爲微子之計，則其意豈不以謂吾二人者皆宗國之臣，利害休戚，事體一同，皆當與社稷俱爲存亡，不可復顧明哲保身之義？然而微子，國之元子也。往者紂未立，吾嘗言於帝乙而立子，帝乙不從而立紂，是以紂卒疑吾兩人。故吾舊所云者足以害于子，若起諫紂，則紂益生疑，非惟不從，害必先及子，而併我危矣。死，分也，不足惜，而未有毫髮益於紂而遽死，可惜也。東萊所謂人先有疑心，則雖盡忠與言，而未必不疑。蓋疑心先入而爲之主是也。故微子不可留，但當遯逃而出，乃合於道。又況我與比干既留諫以事紂，則存亡未可知。萬一不死，罔爲人臣僕。此心已堅定，則亦不可使成湯以來廟不血食。況汝爲元子，又居危疑之地，義當逃去，萬有一全宗祀可也。此三子者，其制行不同，各出於至誠惻怛之心，無所爲而爲之，故孔子並稱"三仁"，或以此歟？妄意如此，乞賜諄切垂誨。

此説得之，《史記》亦説箕子諫而被囚也。

"咸有一德"，竊謂一者，其純一而不雜。德至於純一不雜，所謂至德也。所謂純一不雜者，蓋歸於至當無二之地，無纖毫私意人欲間雜之，猶《易》之常、《中庸》之誠也。説者多以"咸有一德"爲君臣同德。"咸有一德"固有同德意，而一非同也，言君臣皆有此一德而已。蘇氏曰："聖人如天，時殺時生；君子如水，因物賦形，天不違仁，水不失平。惟一故新，惟新故一。一故不流，新故無斁。"此語似是，不知可以作如此看否？乞賜垂誨。

此篇先言常德、庸德，後言一德，則一者，常一之謂。終始惟一，時乃日新。蘇氏説未的當，可更退步就實做工夫處看。

《盤庚》言其先王與其群臣之祖父,若有真物在其上,降災降罰,與之周旋從事於日用之間者。銖竊謂此亦大概言理之所在,質諸鬼神而無疑爾。而殷俗尚鬼,故以其深信者導之,夫豈亦真有一物耶? 乞賜垂誨。

鬼神之理,聖人蓋難言之。謂真有一物固不可,謂非真有一物亦不可。若未能曉然見得,且闕之可也。

銖竊謂《書序》之作出於聖人無疑。學者觀《書》,得其序則思過半矣。班固言《書》之所起遠矣,至孔子纂時,上斷於堯,下訖于周,凡百篇,而爲之序,言其作意。而林少穎乃謂《書序》乃歷代史官轉相授受,以《書》爲之總目者,非孔子所作。今玩其語意,非聖人,其孰能與於此哉?《書序》言:“成湯既没,太甲元年。”玩其語意,則是成湯没而太甲立。“太甲既立,不明,伊尹放諸桐三年”,則是太甲服湯之喪,既不明,伊尹遂使居於湯之墓廬,三年而克終允德也。或者乃曰:《孟子》曰:“湯崩,太丁未立,外丙二年,仲壬四年。湯没六年而太甲立,太甲服仲壬之喪。”夫服仲壬之喪而廬於乃祖之墓,恐非人情。伊川謂太丁未立而死,外丙方二歲,仲壬方四歲,乃立太丁之子太甲。而或者又謂商人以甲乙爲兄弟之名,則丙當爲兄,而壬當爲弟。豈有兄二歲,弟乃四歲乎? 按《皇極經世圖》紀年之次,則太甲實繼成湯而立無疑。不知外丙二年、仲壬四年之説當作如何訓釋? 乞賜垂誨。

《書序》恐只是經師所作，然亦無證可考，但決非夫子之言耳。成湯、太甲年次尤不可考，不必妄爲之説。讀書且求義理，以爲反身自修之具，此等殊非所急也。

西伯戡黎，舊説多指文王，惟陳少南、吕伯恭、薛季隆以爲武王。吴才老亦曰："乘黎，恐是伐紂時事。"武王未稱王，亦只稱西伯而已。鉄按《書序》言"殷始咎周，周人乘黎"，則殷自此以前未嘗惡周也。殷始有惡周之心，而周又乘襲戡勝近畿之黎國，迫於王都，且見征伐。黎在漢上黨郡壺關。紂都朝歌，上黨在朝歌之西。此祖伊所以恐而奔告於受，曰："天既訖我殷命。"曰"恐"，曰"奔告"，曰"訖我殷命"，則其事勢亦且迫矣，恐非文王時事也。文王率殷之叛國以事紂，而孔子亦稱其三分天下有其二，以服事殷爲至德，所謂"有事君之小心"者，正文王之事，孔子所以謂之至德也。當時征伐雖或有之，未必迫於畿甸。然《史記》又謂文王伐犬戎、密須，敗耆國。耆即黎也。《史記》文王得專征伐，故伐之。二説未知孰是？乞賜垂誨。

此等無證據，可且闕之。

服父母之喪而祭祀祖先，當衣何服？與居母喪而見父、居父母喪而見祖父母，其朔旦歲節上壽爲禮，各衣何服？父母在而遭所生喪，謂非出母。不知合衣何服？合與不合設几筵、出聲哭？舅姑俱存，而子婦丁其父母憂，雖合奔喪，然卒哭後必當復歸，恐三年之服自不可改。遇節序變遷，不審可以發哀出聲否？見舅姑及從舅姑以祭，不知所易當何服？乞賜垂誨。

古者居喪，三年不祭。見《曾子問》。其見祖父母之屬，古人亦有節文，不盡記。然上壽之禮，自不合與所生母喪，禮律亦有明文，更宜詳考，亦當稍避尊者乃爲安耳。如女已適人，爲父母服朞，禮律亦甚明。若有舅姑，難以發哀，於其側從祭，但略去華盛之服可也。《晦庵文集》卷五一。

案：本書校記曰："但略去華盛之服可也"句下，浙本有"孟子曰：'反身而誠，樂莫大焉'，恐有'己欲立而立人，己欲達而達人'之意；'强恕而行，求仁莫近'，恐有'能近取譬，可謂仁之方也已'之意。蓋反求諸身而實有此理，如仁義忠孝、應事接物之理，皆實有之，非出於勉强僞爲，到此地位，則是以己及物，不待推矣。未至於此，則須强恕以去己私，求得天理之公，所謂推己及物也。未知是否？""此説非是"凡一百二十九字。

本書中云及"程子曰：'公而以人體之，故爲仁。'銖昔嘗問此語於先生，先生曰：'體猶體物之體，猶《易》所謂幹事。'"此語又見諸《朱子語類》卷九五董銖所記，曰："問：'"仁之道，只消道一'公'字。公是仁之理，公而以人體之，故曰仁。"竊謂仁是本有之理，公是克己功夫到處。公，所以能仁。所謂"公而以人體之"者，若曰己私既盡，只就人身上看，便是仁。體,猶骨也,如"體物不可遺"之"體","貞者事之幹"之類,非"體認"之"體"也。'曰:'公是仁之方法,人是仁之材料。有此人,方有此仁。蓋有形氣,便具此生理。若無私意間隔,則人身上全體皆是仁。如無此形質,則生意都不湊泊他。所謂"體"者,便作"體認"之"體",亦不妨。體認者,是將此身去裏面體察,如《中庸》"體羣臣"之"體"也。'"據《朱子語類·姓氏》,董銖乃丙辰(慶元二年)以後所聞,故推知本書約撰於慶元四年(1198)前後。

又,黃榦《董縣尉墓誌銘》云:"慶元初,先生歸自講筵,日與諸生論學于林竹精舍,命叔重長其事,諸生日所講習,叔重先與之反復辯難,然後即而折衷焉。偽學之禁方嚴,有平日從學而不通書問者,有諱言其學而更名他師者,有變節改行、狂歌痛飲、挑達市肆以自汙者,有昔嘗親厚、恨不薦己而反擠之者,至其深相愛者亦勉以散遣生徒爲遠害計。諸生雖從學,亦有爲之搖動、欲托辭以告歸者,叔重正色責之,喻以理義,然後諸生翕然以定。非其見之明、守之剛,能若是乎?"《勉齋集》卷三八。

竇從周

竇從周(1135—1196),字文卿,丹陽(今屬江蘇)人。

姿禀渾厚,志向冲雅,知朱熹"方講道建陽,翻然棄家往從
之,……遂得操心之要。既歸,乃屏舊習一切,從事於爲
己之學"。時"潤居淮、浙之間,見聞尤隘,後來者鄉方不
迷,實自從周始"。慶元丙辰卒,年六十二。《京口耆舊傳》
卷五。

朱熹《答竇文卿》:

辱書,知進學不倦之意,甚善甚善。但自以不能致
疑,便謂賢於辯論而不能行者,似有臨深爲高、不求進益
之病,亦未免爲自畫也。彼以空言生辯,我以實見致疑,
自不相妨,固不當以似彼爲嫌而倦於探討,亦不當一槩視
彼皆爲空言,而逆料其全無實見也。顏子以能問不能、以
多問寡,曷嘗敢是己非人而自安於不進之地哉?程先生
説"於不疑處有疑,方是長進",此不可不深念也。知日誦
《四書》,時時省察,此意甚善。但不知何故都無所疑?恐
只是從頭讀過,不曾逐段思索玩味,所以不見疑處。若果
如此,則不若且看一書,逐段思索,反復玩味,俟其畢而別
換一書之爲愈也。《近思録》説得近世學問規模病痛親
切,更能兼看,亦佳也。公謹未及附書,相見煩致意。渠
從吕東萊讀《左傳》,宜其於人情物態見得曲折,今乃如此
不解事,何耶?德章似亦不安其官,頗有責上責下而中自
恕之意,皆是學問不得力處。吾輩觀此,真當痛自警省、
實下工夫也。《晦庵文集》卷五九。

案：據《萬姓統譜》卷一一〇，竇從周往建陽從朱熹學時年五十，其弟澄同行。時在淳熙十三年（丙午）四月。又據《朱子語類》卷一一四曰："丙午四月五日見先生，坐定，問：'從何来？'某云：'自丹陽来。'問：'仙鄉莫有人講學？'某説：'鄉里多理會文辭之學。'問：'公如何用心？'某説：'收放心。慕顔子克己氣象，游判院教某常收放心，常察忘與助長。'曰：'固是。前輩煞曾講説，差之毫釐，繆以千里。今之學者理會經書，便流爲傳註；理會史學，便流爲功利；不然，即入佛老。最怕差錯。'問：'公留意此道幾年？何故向此？'某説：'先妣不幸，某憂痛無所措身。因讀《西銘》，見説"乾父坤母"，終篇皆見説得是，遂自此棄科舉。某十年願見先生，緣家事爲累。今家事盡付妻子，於世務絶無累，又無功名之念，正是侍教誨之時。'先生説：'公已得操心之要。'問：'公常讀何書？'答云：'看伊川《易傳》、《語孟精義》、《程氏遺書》、《近思録》。'先生説：'《語孟精義》皆諸先生講論，其間多異同，非一定文字，又在人如何看。公畢竟如何用心？'某説：'仰慕顔子，見其氣象極好，如"三月不違仁"，"得一善則拳拳服膺"，如克己之目。某即察私心，欲去盡，然而極難。頃刻不存，則忘；才著意，又助長，覺得甚難。'先生云：'且只得恁地。'先生問：'君十年用功，莫須有見處？'某謝：'資質愚鈍，未有見處，望先生教誨。’先生云：‘也只是這道理，先輩都説了。’問：‘仙鄉莫煞有人講學？’某説：‘鄉里多從事文辭。’先生説：‘早来説底，學經書者多流爲傳注，學史者多流爲功利，不則流入釋老。’某即説：‘游判院説釋氏亦格物，亦有知識，但所見不精。’先生説：‘近學佛者又生出許多知解，各立知見，又却都不如它佛元来説得直截。’問：‘都不曾見誰？’某説：‘只見游判院、薛象先略曾見。’先生説：‘聞説薛象先甚好，只是不相識，曾有何説？’某説：‘薛太博教某“居仁由義”，“仁者人之安宅，義者人之正路。”’‘別有何説？’某説：‘薛太博論顔子克己之目，舉伊川《四箴》。’某又説：‘薛太博説：“近多時不聞人説這話。”謂某學問實頭，但不須與人説。退之言不可公傳。道之在孟子，己私淑諸人。’先生云：‘却不如此。孟子説“君子之教者五”，上四者皆親教誨之，如“私淑艾”，乃不曾親見，私傳此道自治，亦猶我教之一等。如私淑諸人，乃孟子説，我未得爲孔子徒也，但私傳孔子之道淑諸人。’又説與同座二客：‘如竇君説話與公別，不用心於外。’晚見先生，同坐廖教授子晦敬之。先生説：‘向来人見尹和靖云：“諸公理會得簡學字否？只是學做簡人。人也難做。如堯舜方是做得個人。”’某説：‘天地人謂之三極，人才有些物欲害處，便不與天地流通，如何得相似？誠爲難事。’先生

曰：'是。'問：'鎮江耿守如何？'某説：'民間安土樂
業。'云：'見説好，只是不相識。'先生説與廖子晦：
'適間文卿説："明道語學者，要鞭逼近裏，切問而近
思，仁在其中矣。"又曰："言忠信，行篤敬，雖蠻貊之
邦行矣；言不忠信，行不篤敬，雖州里行乎哉？立則
見其參於前也，在輿則見其倚於衡也，夫然後行。"只
此是學，質美者明得盡，渣滓便渾然，却與天地同
體；其次莊敬持養，及其至則一也。明得盡時，渣滓
已自化了；莊敬持養，未能與已合。'"本書中言及
"辱書，知進學不倦之意"云云，知是竇從周歸鄉以
後來書求教。故推知本書約撰於是年（1186）秋、冬
間或稍後。

朱熹《答竇文卿》：

示喻問學之難，豈獨今日？吾黨但當日加持守省察
之功，而不廢講誦討論之業，專以古人之爲己者爲師，而
深以今人之爲人者爲戒，則庶乎其無負平生之志矣。《晦
庵文集》卷五九。

案：上書（辱書，知進學不倦之意）有云"知日誦
《四書》，時時省察，此意甚善。但不知何故都無所
疑？恐只是從頭讀過，不曾逐段思索玩味，所以不見
疑處"，而本書乃云"示喻問學之難，豈獨今日"，似承
上書，故推知其約撰於淳熙十四年（1187）間。

朱熹《答竇文卿》：

爲學之要，只在著實操存，密切體認，自己身心上理會，切忌輕自表襮，引惹外人辯論，枉費酬應，分却向裏工夫。《晦庵文集》卷五九。

案：上書（示喻問學之難）有云“吾黨但當日加持守省察之功，而不廢講誦討論之業”，而本書云及“爲學之要，只在著實操存，密切體認，自己身心上理會”，乃進而論析爲己之學，似承上書。

朱熹《答竇文卿》：

夫爲妻喪，未葬或已葬而未除服，當時祭否？不當祭則已，若祭則宜何服？

恐不當祭。熹家則廢四時正祭而猶存節祠，只用深衣涼衫之屬，亦以義起，無正禮可考也。節祠見韓魏公《祭式》。

未葬不當祭，時或遇先忌，又不知當祭否？若祭，則又何服？

忌者喪之餘，祭似無嫌，然正寢已設几筵，即無祭處，恐亦可暫停也。

凡題主，男子婦人無官稱者，宜何書？

伊川《主式》已詳言之，可考也。

夫在，妻之神主宜何書？何人奉祀？若用夫，則題“嬪某氏神主”，旁注“夫某祀”否？夫祭妻而云奉事，莫太尊否？

旁注施於所尊，以下則不必書也。

古者父在，子爲母期，夫爲妻期，其練、祥、禫之祭皆同。今制夫爲妻服與古同，而子爲母齊衰三年，則夫爲妻大祥之日，乃子爲母小祥之祭矣。至於子爲母大祥及禫，夫已無服，其祭當如何？恐只是夫爲祭主，其辭曰："夫某爲子某薦其祥事。"如《曾子問》宗子爲介子之禮，不識可否？

今禮，几筵必三年而除，則小祥、大祥之祭皆夫主之。但小祥之後，夫即釋服，大祥之祭，夫亦恐須素服如弔服可也。以祭，但改其祝詞，亦不必言爲子而祭也。

父在母没，父既除期之喪，子尚爲母服，其見父之時當以何服？

此於《禮》無文，但《問喪》有父在不杖之説，可更檢疏議參訂之。

子之所生母死，不知題主當何稱？祭於何所？祔於何所？

今法《五服年月》篇中，"母"字下注云："謂生己者。"則但謂之母矣。若避嫡母，則止稱"亡母"而不稱"妣"以別之可也。伊川先生云祭於私室。

《禮記》曰："妾母不世祭，於子祭，於孫止。"又曰："妾祔于妾祖姑。"既不世祭，至後日子孫有妾母，又安有妾祖姑之可祔耶？不知合祭幾世而止？

此條未詳，舊讀《禮》亦每疑之，俟更詢考也。

妾母若世祭，其孫異日祭妾祖母，宜何稱？自稱云何？

世祭與否，未可知。若祭，則稱之爲祖母，而自稱孫無疑矣。《晦庵文集》卷五九。

案：本書撰於未詳。疑在淳熙十四年後，姑係於是年。待考。

都昌縣學諸生

諸生姓名無考。時朱熹知南康軍，都昌（今屬江西）乃南康軍屬縣。

朱熹《答都昌縣學諸生》：

"溫故而知新，可以爲師矣"，伊川謂只此一事可師矣。如此等處，學者極要理會。若只認溫故而知新便可爲人師，則窄狹却氣象也。伊川先生之意，以溫故、知新止是一事。若謝先生之言，則以溫故知新猶言極高明而道中庸、致廣大而盡精微，非徇物踐迹者之所爲。如是則氣象似不窄狹，與伊川之説不同。未審孰是？

伊川先生之意，蓋以爲此事可師，非人能此即可師也。所謂只此一事者，亦非謂溫故、知新只是一事，故其解又曰："溫故則不廢，知新則日益，斯言可師。"則是以溫故、知新爲二事，而欲人之師此言耳。然於文義有所未安，謝説又失之過高。要之，此章正與《學記》所謂"記問之學不足以爲人師"者相對，試更思之。

"起予者商也"。詳觀諸先生説，皆以謂禮果可後。愚竊謂"乎"者，疑辭也。"禮後乎"，猶言禮不可後也。故夫子曰"起予"。若使子夏順從夫子之意，則不可謂之"起予"。未知是否？

此章之説，楊氏得之，禮不可後者非是。夫子方言"繪事後素"，而子夏於其言外發明禮後之意，非但順從而已也。

"行有餘力，則以學文"，"文"者，何文也？或曰"以學文飾之"。未審是否？

伊川先生云："學文便是讀書。"然則《詩》、《書》、《禮》、《樂》皆文也，不但以爲飾而已也。

子曰"巧言令色"，《詩》取"令儀令色"，何也？

《論語》與詩人之意，所指各異，當玩繹其上下文意以求之，不可只如此摘出一兩字看也。

子曰"父母唯其疾之憂"。范氏謂武伯弱公室，彊私家，得免其身而保其族者，幸也。故孔子告之如此。尹氏謂疾病人所不免，其遺父母憂者，不得已也。如以非義而遺其父母之憂，則不孝之大者。故范氏專爲武伯言，尹氏則爲衆人言，未知孰是？

孟武伯固必有以遺其親之憂者，如范氏之云，則未可知也。聖人之言固必切於其人之身，然亦未有衆人不可通行之理也。

"義之與比"，伊川先生曰："親於其身爲不善者，直是不入。"或曰"見善如不及，見不善如探湯"。是否？

"義之與比"，但言惟義是從耳。伊川先生似謂有義之人則親比之，恐非文意。然言"義之與比"，則決不從不義可知。"如不及"、"如探湯"固是當然，然此語意本寬，未須看得如此迫切。

子曰："父在觀其志，父没觀其行。三年無改於父之道，可謂孝矣。"有君子之道，有小人之道。三年無改於父所行君子之道可也，若其所行小人之道，其亦三年無改乎？ 適所以重父於不義，孝子果如是乎？

游、尹之説得之，可熟玩也。

子貢問君子，子曰："先行其言而後從之。"先儒謂子貢多言之人，故以此告之。未審是否？

或當有此。

子曰："攻乎異端，斯害也已。"異端者，雜楊、墨諸子百家而言之。或曰攻治乎異端，謂學而行之，適所以害先王之正道也。"如斯而已乎"，言先王之正道不得行於世也。或曰攻乎異端之學而不學焉，其爲害先王之正道者已止而不作，不能爲害先王之正道也。未審孰是？

伊川先生、范氏説得之，"已"字只是助辭，不訓

"止"也。

"觀過,斯知仁矣",過而知仁,何也?

伊川先生及尹氏説盡之。

或問禘之説,子曰:"不知也。知其説者之於天下也,其如示諸斯乎!"指其掌。或人問禘而夫子曰"不知",而又曰"知其説者之於天下也,其如示諸斯乎",是夫子深知之也。或曰夫子言不知,以躋僖公,爲魯諱也。又曰"知其説者之於天下也,其如示諸斯乎",指其掌,明其知而不言。雖然其説如此,聖人之意深矣。幸乞指教。

此章吕氏説爲得之,但云不可盡知則非。此所云爲魯諱者,恐不然。又云"明其知而不言",則尤非所以言聖人之心矣。

子曰:"射不主皮,爲力不同科。"何也?

前輩説"射不主皮",《儀禮·大射》篇文。"爲力不同科"者,夫子解《禮》所以如此者,爲人之力不同科故也。此説得之。

子曰:"古者言之不出,恥躬之不逮也。"侯先生曰:"古之學者非獨言之,皆是實能踐履。未能踐履而言之,所以恥也。"或曰"子路有聞未之能行,惟恐有聞",意同。

侯氏是矣,所引子路事亦近之,但不甚切耳。

子曰:"參乎,吾道一以貫之。"曾子曰:"唯。"子出門，人問曰："何謂也？"曾子曰："夫子之道，忠恕而已矣。"伊川先生曰："盡己之謂忠，推己之謂恕。忠，體也；恕，用也。"而明道先生云："'忠恕'兩字，要除一個除不得。"而吾夫子嘗曰"行之以忠"，是除"恕"字也；又曰"其恕乎"，是除"忠"字也。此一疑也。又忠恕果可以盡一，一果止於忠恕乎？

此一段是《論語》中第一義，不可只如此看，宜詳味之。"行之以忠"，行處便是恕；"其恕乎"，所以恕者便是忠。所以除不得也。忠恕相爲用之外無餘事，所以爲一。故夫子曰："吾道一以貫之。"而曾子曰："忠恕而已矣。"而已矣者，竭盡而無餘之詞也。

子謂子賤"君子哉若人"，子貢問曰："賜也何如？"子曰："女器也。"曰："何器也？"曰："瑚璉也。"《語錄》云："子貢問'賜也何如'，是自矜其長，而孔子則以瑚璉之器答之者，瑚璉，施之於宗廟，如子貢之才可使四方，可使與賓客言也。"或者謂子貢因孔子許子賤以"君子哉若人"之語，子貢意孔子不以君子許之，而遂有"賜也何如"之問，而孔子以瑚璉之器許之者，是未許其爲君子也。抑嘗聞"君子不器"之説，是以疑之。

二説初不相妨，但自矜其長，意夫子不以君子許之之意，則子貢不應若是耳。

子曰"吾未見剛者"云云，《語錄》謂目欲色、耳欲聲，以至鼻之欲臭，四肢之欲安佚，皆有以使之也。然則何以窒其慾？曰思而已矣。學莫貴於思，惟思爲能窒欲。或曰思而不正，不足以窒慾，適所以害事。思無邪，如何？

思而不正，是亦慾而已矣。思其理之是非可否，則無不正矣。

子曰"賢哉回也，一簞食，一瓢飲"云云，伊川言："天下有至樂，惟反身者得之，而極天下之欲者不與存焉。"此言顏子能反身，所以有天下之至樂。伊川又言顏子簞瓢非樂也，忘也。二説孰是？

前説至矣，後説非不善，但恐看者不子細，便入老、佛去耳。

"季文子三思而後行"云云，《語録》曰："爲惡之人未嘗知有思，有思則爲善矣。至於再，則已審，三則私意起而反惑矣。"楊先生、尹先生皆言三則惑，或者謂周公仰而思之，夜以繼日，幸而得之，坐以待旦，所思又不止三也。

横渠先生曰："未知立心，惡思多之致疑；已知立心，惡講治之不精。"講治之思，莫非術內，雖勤而何厭？推此求之可見。

"孰謂微生高直"云云，范氏曰："是曰是，非曰非，有謂有，無謂無，曰直。微生高以直聞，而夫子因乞醯知其不直。夫審其所以養心者，豈在大哉？"或者謂直，無妄之謂也。"誠"之一字，由無妄入。若微生高未至夫無妄，所以如此。若至誠，則無他事矣。未知如何？

無妄即誠，由無妄入者，非也。此章之説，范氏得之。所以害其養心者，不在於大，此語尤爲痛切。日用之間，不可不常警省也。《晦庵文集》卷五二。

案：本書校記："起予者商也"句上，浙本又有"子貢問'貧而無諂，富而無驕'，孔子謂'未若貧而樂，富而好禮'。而子貢引《詩》云'如切如磋，如琢如磨'，而孔子即以'始可與言《詩》'與之。子夏問'巧笑倩兮，美目盼兮'，而夫子答之以'繪事後素'，子夏因有'禮後乎'之對。夫子不惟以'可與言《詩》'與之，且曰"九十一字；"子曰父母唯其疾之憂"句上，浙本又有"孟武伯問孝"五字。

本書當撰於朱熹在南康軍時。朱熹《答蔡季通》（季通無事更能一來否）有云"法器都未見，都昌一二士人好資質，然亦無意於此"，《晦庵文集》續集卷二。似撰本書後之感喟。《答蔡季通》撰於淳熙八年（1181）三月間，故推知本書約撰於淳熙七年（1180）間。

朱熹《答都昌縣學諸生》：

季氏使閔子騫爲費宰。閔子，顏淵之倫也，不仕於大夫，亦不仕於諸侯。以仲弓之賢，猶爲季氏宰。若顏、閔者，夫子之"得邦家，斯仕矣"。吾夫子言"冉雍仁而不佞”,蓋冉雍亦顏子之倫也。閔子辭費宰,冉雍爲季氏宰,何也?

君子之行,不必盡同,孟子之論夷、惠、伊尹可見。然“冉雍仁而不佞”,非夫子之言,亦不可以此一句定其爲顏子之倫也。

“十室之邑”,范氏曰:“十室之邑,必有忠信者,不誣人也。‘不如丘之好學’者,不自誣也。”尹氏又云:“忠信,質也。人誰無質乎?”

注疏之讀,恐不成文理。蓋其意以爲夫子不應自謂人不如己,蓋不察夫聖人而自處以好學,爲貶己甚矣。范氏“誣人”、“自誣”之説,亦是贅語。尹氏“人誰無質”,亦非是。此蓋言美質人或有之耳。

仲弓問子桑伯子敬事而信矣,而仲弓之言有以契吾夫子之心,是以其言爲然。

“居敬”之“敬”與“敬事”之“敬”不同,試更思之。大凡讀書,只可以義理求聖賢之意,切忌如此牽合説了,便無餘味,使人不長進。

“子游爲武城宰”,謝先生言“未嘗至於偃室”,蓋其意不爲温懦以媚悦人。或者謂澹臺簡易正大之人也。謝説得之矣。

滅明二事,當熟玩味其氣象,不可只如此説過,無益於學也。

“知之者不如好之者,好之者不如樂之者”,明道先

生曰："好之者如遊他人之園圃，樂之者則己物耳。"或
者謂此理唯顏子好學，不改其樂得之矣。

此章當求所知、所好、所樂者爲何物，又當玩知之、好
之、樂之三節意味是如何，又須求所以知之、好之、樂之之
道，方於己分有得力處。只如此引證，殊無益也。

"樊遲問知"，樊遲之問一也，而夫子對之不同，
何也？

孔門問同答異者多，樊遲三問仁，再問智，答之皆不
同，必有説矣。然且當逐處理會，令有歸著，即自然見得
所答不同之意。今不曉其逐段指意，而遽欲論其異同，既
於己分無益，亦終不得聖人之意也。

"天厭之"，伊川既言"猶天喪予"矣，《語録》又言
"天厭吾道"。或人謂從《語録》之説，是夫子有怨天之
意，學者疑之。

"天喪予"，即與"天厭吾道"無異，不容是此而非彼。
然此章之義，恐只合從古注説及范説。

"述而不作"，夫子自比於老彭。不言他事，而止言
"述而不作，信而好古"者，言古人猶不作，猶好古，推而
上之，是古人行事未嘗無所本也。

夫子非是要自比老彭而稱此二事，蓋自言其有此二
事似老彭耳。"推而上之"以下云云，恐本無此意。

"孟武伯問子路仁乎"，范先生曰："仁唯克己復禮、
無欲者能之。苟有願乎其外，不足以爲仁，故非三子所

及也。"或者謂子路、冉有、公西華非不仁也,蓋吾夫子不輕以仁予人,亦不輕以不仁絕人,故於三子爲不知其仁。唯宰予爲不仁者,孝弟爲仁之本,既短喪矣,孝安在哉?是本不立,不仁孰甚焉?

當從范氏之説。不輕與絶之説,亦未端的。宰予不仁,若無"孝弟爲仁之本"一句,却如何説?大凡説書求義,須就實事上看出道理來,方有得力處。若如此引證,要作何用?《晦庵文集》卷五二。

案:本書亦爲《論語》問答,與上書同,當亦撰於淳熙七年。

杜貫道

杜貫道,黄巖(今屬浙江)人。與池從周"從朱子遊"。《浙江通志》卷一七六。

朱熹《答杜貫道》:

讀書課程甚善,但思慮亦不可過苦,但虛心游意,時時玩索,久之當自見縫罅意味。持守亦不必著意安排,但亦只且如此從容,纔覺散漫,即便提撕,即自常在此矣。《晦庵文集》卷六二。

案:本書撰時未詳。據下書(節次示及諸説皆善),疑亦撰於紹熙三年(1192)中。

朱熹《答杜貫道》：

節次示及諸說皆善，但不已其功，久之見處漸分明矣。其間雖有小未通處，今亦不暇一一條析奉報也。致道歸，草草附此，作書多不能詳細。仁里諸賢多得相處，但賢者與良仲、仁仲未得一見耳。或能相與一來，大幸，面見指說，殊勝書問往還也。《晦庵文集》卷六二。

案：書中云及"仁里諸賢多得相處，但賢者與良仲、仁仲未得一見耳"，朱熹《答杜仁仲》（得文叔書）有云"得文叔書，具道才質之美，恨未一見"，《晦庵文集》卷六二。又朱熹《答趙詠道》（熹求道不力）云及"令弟致道在此，相聚數月，雖未能悉力銳進，亦似頗識爲學之門戶經由，必能具道此間曲折"，《晦庵文集》卷五九。而本書乃云"致道歸，草草附此，作書多不能詳細"，所言相合。《答杜仁仲》撰於紹熙三年中，《答趙詠道》撰於紹熙三年十一月前後。故推知本書約亦撰於是年十一月前後。

杜　游

杜游，亦作杜斿，字叔高，婺州（今浙江金華）人。紹定六年（1233）十一月，以布衣特補迪功郎，差充秘閣校勘。端平元年（1234）七月，與在外合入差遣。《南宋館閣錄續錄》卷九。劉克莊《朝請郎直煥章閣林公墓誌銘》云端平改元，"江西曾三異、金華杜斿各年八十餘，起布衣入館閣"，《後村集》卷三九。則其當生於紹興年中。

朱熹《答杜叔高》：

示喻克己之説，甚慰所望。道理分明，本如大路，聖賢又如此指示提撕，不爲不切，今人都不理會，却別去千生萬受、杜撰百般、胡説亂道，於自己分上了無分毫利益，只可誆嚇他人。然亦只誆嚇得不識底人，若被識道理人旁邊冷看，成甚模樣？此區區所以於前日面論之際不能不失笑於賢者之言也。今承來喻，乃知後來思之有得力處，此又見賢者資質本自過人。但從前本欲誆人，却反爲人所誆，今日一聞逆耳，便能發晤於心，不易得也。然克己固學者之急務，亦須見得一切道理了了分明，方見日用之間一言一動何者是正、何者是邪，便於此處立定脚根，凡是己私、不是天理者，便克將去，不但"輕躁"二字也。辛丈相會，想極款曲。今日如此人物豈易可得？向使早向裏來有用心處，則其事業俊偉光明，豈但如今所就而已耶！彼中見聞，豈不有小未安者？想亦具以告之。渠既不以老拙之言爲嫌，亦必不以賢者之言爲忤也。《晦庵文集》卷六〇。

案：淳熙十五年六月，朱熹赴都奏事經桐廬，杜斿（游）等來問學，共游釣臺，杜作《從朱晦翁登釣臺詩》；後朱熹匆匆離京，駐舟蘭溪，杜斿再來會，行至信州分袂,朱熹南歸崇安,杜斿去鵝湖往訪辛棄疾。參見《年譜長編》卷下。故本書有云"此區區所以於前日面論之際不能不失笑於賢者之言也",又云"辛丈相會,想極款曲。……渠既不以老拙之言爲嫌,亦必不以賢者之言爲忤也",故推知本書約撰於是年(1188)秋、冬間。

朱熹《答杜叔高游》:

往歲辱訪於湖寺,且以佳篇爲贈,讀之知所志之不凡,然恨去國忽忽,未得從容罄所懷也。兹辱枉書,并寄兩論,詞意奇偉,則所以知足下者益以深矣。顧念頃與仁里諸賢屢講此事,尚多未契,足下必已聞之。若以愚言爲是,則固無今日之辨;若以爲非,則又何以見語爲哉?聖遠道湮,人心頗僻,險詞怪説,雜然並起,不憚於誣天罔聖、詭經破義,而務以適其利欲之私,自非剛健明哲之才,確然以勝私復理爲己任者,鮮不惑焉。率獸食人,人將相食,其兆已見於此,甚可懼也。足下試以愚言思之,反諸其身而驗以聖賢之明訓,必有以得其本心之正,然後可以燭理揆事而無不合,毋徒苦心勞力,爲此附會穿鑿,而卒以陷溺其良心也。《晦庵文集》卷六〇。

　　案:書中"往歲辱訪於湖寺,且以佳篇爲贈,……然恨去國忽忽,未得從容罄所懷也",即指淳熙十五年赴都奏事往來浙中晤面之事。書中又云

"顧念頃與仁里諸賢屢講此事,尚多未契,足下必已聞之",當指朱熹與金華吕祖儉諸賢論學事,故推知本書約撰於紹熙中,姑係於三年(1192)間。

朱熹《與杜叔高書》:

《子華子》非常可笑。《禮部集》卷一六《題子華子後》。

案:元吴師道《題子華子後》曰:"予幼時見鄉校壁間石刻朱子與杜叔高書,稱'《子華子》非常可笑'者,識之而未見其書。後購得而讀之,又攷朱子疏辨其可笑之實,竊悼夫爲是者之枉錯其心也。朱子以書出越中,恐王銍、姚寬所爲。晁公武以爲元豐後舉子所作。蓋因其中多《字説》淺謬也。"《禮部集》卷一六。所謂"朱子疏辨",指朱熹慶元年間所記《偶讀謾記》中辨析《子華子》爲僞託之書,"其不足信明甚,而近歲以來老成該洽之士亦或信之,固已可怪",《晦庵文集》卷七一。乃指葉適《習學記言序目》卷一六《子華子》而言。故推知本書或撰於慶元間,姑係於三年(1197)。

杜知仁

杜知仁(1160—1220),字仁仲,自號方山友民,台州黄巖(今屬浙江)人。"少有俊才,爲舉子文操筆即驚人,

措詞命意必異凡子"。已而以爲"是不足以爲學,於是即
《六經》、《語》、《孟》之言,考論一時諸老先生風旨,至武夷
之書,則拱而曰:'道其在是,窮理求仁,吾知所止矣。'偕
其伯氏反覆論説於朋友間,一言一字必明辨乃已"。數試
於鄉比,皆不中,乃棄科舉,絶意榮進。嘉定庚辰卒,年六
十一。有詩文十五卷,"訂《禮》、讀《易》、説《詩》,多所論
述,未及衰次"。事迹見《赤城集》卷一六趙師夏《方山隱
士杜君壙誌》。

朱熹《答杜仁仲》:

得文叔書,具道才質之美,恨未一見。兹辱惠書,喜
聞比日所履佳勝。示喻爲學之意,甚善。若果見得端緒,
常切提撕,不少自恕,則氣質昏弱非所病矣。千萬勉旃,
少副所望。《晦庵文集》卷六二。

　　案:本書有云"若果見得端緒,常切提撕,不少
自恕,則氣質昏弱非所病矣",而下書(示喻爲學之
意)又云"但常切提撕,勿計功效,久當自得力耳",知
承本書。又本書言及"得文叔書,具道才質之美,恨
未一見。兹辱惠書"云云,似屬初通書。故推知本書
約撰於紹熙三年(1192)中或稍前。

朱熹《答杜仁仲》:

示喻爲學之意,甚善。操存舍亡,此外無著力處。但

常切提撕，勿計功效，久當自得力耳。理固不可以偏正通
塞言，然氣稟既殊，則氣之偏者便只得理之偏，氣之塞者
便自與理相隔，是理之在人，亦不能無偏塞也。橫渠論
"受光有大小昏明，而照納不二"，其説甚備，可試考之。
人心、道心不能無異，亦是如此。然亦不須致疑，但惟精
惟一，是著力要切處耳。魂魄之説極詳密矣，文叔書中亦
論此，已答之，可取一觀。來喻得失亦已具其中也。《晦庵
文集》卷六二。

　　案：書中有云"魂魄之説極詳密矣，文叔書中亦
論此，已答之，可取一觀。來喻得失亦已具其中也"，
文叔即梁琭字，"文叔書"指朱熹《答梁文叔》（鄭康成
所説氣魄），《晦庵文集》卷四四。撰於紹熙三年中，故
推知本書約撰於稍後。

朱熹《答杜仁仲》：

良仲示喻"敬"字工夫，甚善。凡聖賢之言，皆貫動
靜。如云求其放心，亦不是閉眉合眼，死守此心，不令放
出也，只是要得識此心之正，如惻隱、羞惡之類，於動靜間
都無走失耳。所論氣稟有偏而理之統體未嘗有異，亦得
之。明道又謂"不可以濁者不爲水"，亦是此意也。但謂
"神即是理"，却恐未然，更宜思之。仁仲所論"朝聞夕
死"，則愚意見得二先生之説初不甚異。蓋道即事物當然
不易之理，若見得破，即隨生隨死，皆有所處，生固所欲，

死亦無害也。《晦庵文集》卷六二。

案：上書（示喻爲學之意）有云"理固不可以偏正通塞言，然氣稟既殊，則氣之偏者便只得理之偏，氣之塞者便自與理相隔，是理之在人，亦不能無偏塞也"，而本書乃云"所論氣稟有偏而理之統體未嘗有異，亦得之"，知承上書。

良仲，乃杜知仁兄杜曍字，嘉定元年（1208）進士，官終東陽縣主簿。"初與弟知仁學於克齋石先生墊，克齋致曍於紫陽，於是師事者十餘年"。人稱南湖先生。《浙江通志》卷一七六。

朱熹《答杜仁仲》：

良仲前書所論數條皆善。但更勉力研究玩味，久之自然見處明白，踐履從容，不費安排。仁仲蓋有意於切問近思之學者，然亦便如此不得，更須博之以文，始有進步處耳。《晦庵文集》卷六二。

案：書中有云"良仲前書所論數條皆善"，又云"仁仲蓋有意於切問近思之學者"，而上書（良仲示喻"敬"字工夫）亦兼論及良仲、仁仲所問，推知當承其後，約撰於紹熙四年（1193）前後。

朱熹《答杜仁仲》：

良仲所示疑義，已附己意於其後，試詳考之，更加虛心游意，反復玩味，久當自釋然也。仁仲反躬克己之意甚切，雖未知所病者何事，然既知其病，即內自訟而亟改之耳，何暇呫呫誦言，以咎既往之失而求改過之名哉？今不亟改而徒言之，又自表其未有改之之實也，則是病中生病，名外取名，不但無益而已。

五行之神。

神是理之發用而乘氣以出入者，故《易》曰："神也者，妙萬物而爲言者也。"來喻大概得之。但恐却將"神"字全作氣看，則又誤耳。

明道云"生之謂性"一條。

明道此章內，"性"字有指其墮在氣質中者而言，有指其本原至善者而言，須且分別此一字，令分明不差，方可子細逐項消詳。今來喻大概蓋已得之，只其間有未細密處，且更虛心玩味，久當益精耳。"繼之者善"，《易》中本指道化流行之妙而言，此却是就人身上指其發用之端而言。如孟子論性善只以情可爲善爲說，蓋此發用處便見本原之至善，不待別求。若可別求，則是"人生而靜"以上却容說也。孟子所論"天下之言性者則故而已矣"，亦是此意，更詳之。所云"水之方分派"者，未曉來意，恐非明道之本旨也。《晦庵文集》卷六二。

案：本書撰時未詳。上書（良仲前書所論數條皆善）有云"良仲前書所論數條皆善。但更勉力研究玩味，久之自然見處明白，踐履從容，不費安排"，而本書又言“良仲所示疑義,已附己意於其後,試詳考之,更加虛心游意,反復玩味,久當自釋然也”,疑撰時相近。

朱熹《答杜仁仲良仲》:

自頃聞昆仲之名,而願得一見久矣。中間僅得識良仲之面,而於仁仲尚復差池,至今爲恨。兹者乃承不鄙致問,許以來辱,此意厚矣。然理義不外於吾身,但能反躬力索,毋使因循有所間斷,則無不得之理。孟子所謂“歸而求之有餘師”者此也。願益勉旃,以副此望。異時有以自得之,則雖相望之遠,亦不異於合堂同席而居矣。《晦庵文集》卷六二。

案:本書乃答杜氏兄弟。朱熹《答杜貫道》(節次示及諸説皆善)有云“仁里諸賢多得相處,但賢者與良仲、仁仲未得一見耳”,《晦庵文集》卷六二。而本書乃云“自頃聞昆仲之名,而願得一見久矣。中間僅得識良仲之面,而於仁仲尚復差池,至今爲恨”,知在其後。《答杜貫道》撰於紹熙三年十一月前後,故推知本書約撰於紹熙末(1194)、慶元初。

朱子學文獻大系·朱子學史專題研究

朱熹師友門人往還書札彙編

顧宏義　撰

度　正

度正(1167—1235 後),字周卿,合州(今四川合川)人。
紹熙元年(1190)進士,歷國子監丞、軍器少監、太常少卿,遷權
禮部侍郎、禮部侍郎,守禮部侍郎致仕。卒於端平二年以後。
《宋人生卒行年考》。著有《性善堂文集》。《宋史》卷四二二有傳。

朱熹《答度周卿正》:

比來爲況如何? 讀書探道,亦頗有新功否耶? 歲月
易得,義理難明。但於日用之間,隨時隨處提撕此心,勿
令放逸,而於其中隨事觀理,講求思索,沈潛反復,庶於聖
賢之教漸有默相契處,則自然見得天道性命真不外乎此
身,而吾之所謂學者舍是無有別用力處矣。因書信筆,不
覺縷縷,切勿爲外人道也。《晦庵文集》卷六〇。

案:本書校記:"比來爲況如何"句上,《八瓊室金
石補正》卷一一二有"十月十六日熹頓首:去歲□河幸
辱遠訪,得遂少款爲慰。慰次客舍□別,忽忽期年又
兩三閱月矣。不審何日得遂舊隱? 官期尚幾何時"共
五十二字。"而吾之所謂學者舍是無有別用力處矣"句
下,《八瓊室金石補正》卷一一二有"相望數千里,奚由再
會一日"十一字。"切勿爲外人道也"句下,《八瓊室金石

補正》卷一一二有"此書附建昌包生去,渠云自曾相識,且欲求一致公書,不知果有□否? 刻舟求劍,似亦可笑,然亦可試爲物色也。所欲言者非書可盡,燈下目昏,萬萬,不宣。熹再拜周卿教授學士賢友。□溪大字後事處曾訪問得否? 去歲回建陽後,方得□此所惠書并書稿策問。所需□□,又何敢復告邪? 熹"共一百十一字。

據朱熹《跋度正家藏伊川先生帖後》,度正於慶元三年七月前後來從學。《晦庵文集》卷八四。《八瓊室金石補正》卷一一二所載本書中有云"十月十六日熹頓首:去歲□河幸辱遠訪,得遂少款爲慰。慰次客舍□別,忽忽期年又兩三閱月矣",故推知本書撰於慶元四年(1198)十月十六日。

段　鈞

段鈞,字元衡,上饒(今屬江西)人。《淳熙稿》卷一四《觀邢園梅偶成長句錄呈上饒故人段元衡鈞》。

朱熹《與元衡帖》:

見示佳句,……正使江西諸先達在,不過如此。《淳熙稿》卷一九《段元衡出示與晦翁九日登紫霄峯詩及手帖并及賈八十兄詩既敬讀之得三絶句》。

案:趙蕃《段元衡出示與晦翁九日登紫霄峰詩

及手帖并及賈八十兄詩既敬讀之得三絕句》之二云
“文章定價如金玉,入手可知高與低。今代師儒晦菴
老,許君先達並江西”。注曰:“晦翁《與元衡帖》‘見
示佳句’,有‘正使江西諸先達在,不過如此’之語。”
又其三云“紫霄峰上登高節,想見笑談賓主間。我亦
於今有遺恨,不隋巾屨上南山”。注曰:“晦翁比自浙東
歸過玉山,留數日。”《淳熙稿》卷一九。據《年譜長編》卷
上,淳熙九年九月,朱熹棄官自浙東南歸,塗經玉山,
於重陽日與段鈞諸人登紫霄峰賦詩;下旬抵家。本書
當於歸家後所撰,故推知其約在是年(1182)冬間。

范念德

范念德,字伯崇,建安(今屬福建)人。范如圭子。初
爲吉州龍泉縣主簿,以幹敏聞,辟吉州從事。淳熙間爲從
政郎、南劍州尤溪縣丞,《東萊集》附録卷三。遷知平江府長
洲縣。《晦庵文集》卷二一《史館擬上政府劄子》。遷朝奉郎、
江南東路安撫司主管機宜文字,仕終宜黃令。與朱熹爲
連襟。朱熹“疾革,囑其子在與念德、黃榦修正《禮書》”。
《閩中理學淵源考》卷二〇。

朱熹《答范伯崇》:

《王制》:“喪三年不祭。惟祭天地社稷,爲越紼而行

事。"鄭氏不解"不祭"之義。按呂博士云:"人事之重,莫甚於哀死,故有喪者之毁,如不欲生;大功之喪,業猶可廢。喪不貳事如此,則祭雖至重,亦有所不行。蓋祭而誠至則忘哀,祭而誠不至則不如不祭之爲愈。後世哀死不如古人之隆,故多疑於此。"鄭氏解"惟祭天地社稷"云:"不以卑廢尊也。"愚謂此説非是。按天子諸侯之喪,所不祭者惟宗廟爾,郊社五祀皆不廢也。天地可言尊於宗廟,五祀社稷不尊於宗廟也。但内事用情,故宗廟雖尊而有所不行;外事由文,故社稷五祀不可廢其祭。《曾子問》疏所謂"外神不可以己私喪久廢其祭",其説優於鄭氏矣。

內事用情者,以子孫哀戚之情推祖考之心,知其必有所不安於此,《曾子問》篇曰:"天子崩,國君薨,祝取羣廟之主而藏諸祖廟。"鄭氏注曰:"象有凶者聚也。"愚謂此蓋示與子孫同憂之意。而子孫之於祖考至敬不文,又不可使人攝事,必也親之,則衰麤不可以臨祭,又不可以釋衰而吉服、徇情而廢禮亦明矣。外事由文者,"有國家者,百神爾主",天子之於天地,諸侯之於社稷,大夫之於五祀,皆禮文之不可已者,非若子孫之於祖考也。以文爲尚,故不得以私喪久廢其祭,而其祭之也,必以吉禮吉服。故不得已隨其輕重而使人攝焉,期於無廢其文而已。雖哀戚方深,交神之意有所不至,不得已也。以文而行,其亦禮之稱乎?

又《曾子問》:"天子崩,殯,天子七日而殯。五祀之祭不行。哀戚方甚,故不祭。既殯而祭。疏曰:"五祀外神,不

可以己私喪久廢其祭，故既殯，哀情稍殺，而後祭也。"其祭
也，尸入，三飯不侑，酳不酢而已矣。不備禮也。自啓將
葬啓殯。至于反哭，既葬而反。五祀之祭不行。啓殯見
柩，哀情益深，故亦不祭。已葬而祭，義同既殯。祀畢獻而
已也。"未純吉也。鄭氏曰："郊亦然，社亦然，唯嘗禘宗廟俟吉
也。""諸侯自薨至殯，諸侯五日而殯。自啓至于反哭，奉
帥天子。"如天子之禮也。《左傳》僖公三十三年："凡君
薨，卒哭而祔，祔而作主，特祀於主，烝嘗禘於廟。"杜氏
注謂此天子、諸侯之禮，不通於卿大夫。蓋卒哭後特用喪禮祀
新死者於寢，而宗廟四時嘗祭自如舊也。此與《禮記》不同。
《釋例》又引晉三月而葬悼公，改服脩官，烝于曲沃，會于溴梁
之事爲驗。戰國禮變如此。蓋三年之喪，諸侯莫之行久矣。
《左傳》特記一時之事，而杜氏乃誤爲正禮也。

　　右三條皆非士大夫之制，然其禮有可得而推者。
古大夫宗廟有五祀，推"外事由文"之意，則五祀惟自卒
至殯、自啓至於反哭暫廢。既葬殯，則使家臣攝之。推
"內事用情"之理，則宗廟之祭宜亦廢也。今人家無五
祀，惟享先一事遭喪而廢，蓋無疑矣。

　　在喪廢祭，古禮可攷者如此。但古人居喪，衰麻之衣
不釋於身，哭泣之聲不絕於口，其出入居處、言語飲食皆
與平日絕異，故宗廟之祭雖廢而幽明之間兩無憾焉。今
人居喪與古人異，卒哭之後，遂墨其衰，凡出入居處、言語
飲食與平日之所爲皆不廢也，而獨廢此一事，恐亦有所未

安。竊謂欲處此義者，但當自省所以居喪之禮果能始卒一一合於古禮，即廢祭無可疑；若他時不免墨衰出入，或其他有所未合者尚多，即卒哭之前不得已準《禮》且廢，卒哭之後可以略放《左傳》杜注之說，遇四時祭日，以衰服特祀於几筵，用墨衰常祀於家廟可也。《左傳》之意，卒哭前亦廢祭也。但卒哭之期，須既葬，立主、三虞之後，卜日而祭以成事方可耳。溫公、高氏二書載此節文甚詳，可以熟攷。若神柩在而欲以百日爲斷，墨衰出入，則決然不可。愚見如此，不知伯崇以爲如何？然主奉喪祭乃令兄職，此事非伯崇所得專。但以此儀從容咨講，更與知禮者評之，庶其聽則可矣。萬一有所不合，則熹聞之，"喪與其哀不足而禮有餘，不若禮不足而哀有餘"。夫子亦言"喪與其易也寧戚"，熹常解此義，以爲具文備禮而非致慼焉之爲易。今人多此病，試思之。此則伯崇所當勉也。更思之。《晦庵文集》卷三九。

　　案：書中言及卒哭後之祭禮，又云"然主奉喪祭乃令兄職，此事非伯崇所得專"。據朱熹《范直閣墓記》云范如圭卒於紹興三十年六月，九月歸葬於建陽縣渭曲山；其子三人，長念祖，次念德，次念茲。《晦庵文集》卷九四。本書所云當是范如圭卒後，范家兄弟來詢所行之喪祭禮，故推知其約撰於是年(1160)季秋。

朱熹《答范伯崇》：
　　衛君待子而爲政。

　　熹嘗問先生瞽瞍殺人事，先生曰："蒯聵父子只爲無此心，所以爲法律所縛，都轉動不得。若舜之心，則法律縛他不住，終身訴然，樂而忘天下，求仁得仁，何怨之有？然此亦只是論其心爾，豈容他如此去得？"問先儒八議之説如何，曰："此乃蔽罪時事，其初須著執之，不執則士師失其職矣。"熹嘗以先生之意參諸明道及文定之説，明道説見《師訓》，文定説見哀二年。竊謂蒯聵父子之事，其進退可否只看輒之心如何爾。若輒有拒父之心，則固無可論；若有避父之心，則衛之臣子以君臣之義當拒蒯聵而輔之。若其必辭，則請命而更立君可矣。設或輒賢而國人不聽其去，則爲輒者又當權輕重而處之，使君臣父子之間道並行而不相悖，亦必有道。苟不能然，則逃之而已矣。義至於此，已極精微，但不可有毫髮私意於其間耳。

　　來喻以謂"蒯聵之來，諸大夫當身任其責，請命於天子而以逆命討之"，是矣。已嘗有天子之命而蒯聵違之，則不請命亦可。但又云"輒不與謀其事，避位而聽於天子"，則恐不免有假手於大夫以拒父，而陰幸天子之與己之心焉。掩耳盜鍾，爲罪愈大。許多私意都在，只是免得自家犯手，情理尤不好也。又云："遽然興師以脅其父，於人子之心安乎？"自衛國言之，則興師以拒得罪於先君而不當立之世子，義也。自輒言之，則雖己不與謀，而聽大夫之所爲，請命於天子而討之，亦何心哉？來喻本欲臣子之義兩得，立意甚善,但推而言之,便有此病。似是於輒之處心緊要處看得未甚灑落,所以如此。孟子所謂"不得於言,勿求於心不可"者,此也。故愚竊謂輒之心但當只見父子之親爲大,而不可一日立乎其位,自始至終,自表至裏,只是一箇逃而去之,便無一事,都不見其他,方是直截。不審伯崇以爲如何?

子貢問士。

伊川先生所云以子貢平時氣象知之,又味夫子所答之意,有恥不辱,纔是依本分,不疏脱,不是過當底事,儘似退後一步説。然考其實則甚難,所謂篤實自得之事也,便可見往來答問意旨。子貢所以請問其次者,蓋爲自省見得有未穩當處,可見孔門學者爲己之實。若曰固已優爲,便是失照管也。《晦庵文集》卷三九。

案:朱熹《答許順之》(承在縣庠爲諸生講説)有"伯崇去年春間得書,問《論語》數段,其説甚高妙,因以呈李先生。李先生以爲不然,令其愨實做工夫,後來便別"語,《晦庵文集》卷二二。《答許順之》撰於隆興元年,故推知本書云撰於紹興三十二年(壬午,1162)春。據朱熹《再題西林可師達觀軒》云:"紹興庚辰冬,予來謁隴西先生,退而寓於西林院惟可師之舍。……壬午春,復拜先生於建安,而從以來,又舍於此者幾月。"《晦庵集卷》卷二。朱熹向李侗請教《論語》事當在此時。

朱熹《答范伯崇癸未》:

前書所詢"民可使由之"一段,熹竊謂兩説似不相妨。蓋民但可使由之耳,至於知之,必待其自覺,非可使也。由之而不知,不害其爲循理。及其自覺此理而知之,則沛然矣。必使之知,則人求知之心勝,而由之不安,甚者遂不復由,而惟知之爲務,其害豈可勝言? 釋氏之學是已。大抵由之而自知,則隨其淺深,自有安處。使之知,則知之必不至,至者亦過之,而與不及者無以異。此機心惑志所以生也。《晦庵文集》卷三九。

案:據本書題下注,其撰於癸未年(隆興元年,1163)間。

朱熹《答范伯崇》:

蘇氏"陳靈以後未嘗無詩"之説,似可取而有病。蓋先儒所謂無詩者,固非謂詩不復作也,但謂夫子不取耳。康節先生云"自從删後更無詩"者,亦是此意。蘇氏非之,亦不察之甚矣。故熹於《集傳》中引蘇氏之説,而繫之曰:"愚謂伯樂之所不顧,則謂之無馬可矣。夫子之所不取,則謂之無詩可矣。"正發明先儒之意也。大抵二蘇議論皆失之太快,無先儒惇實氣象,不奈咀嚼。所長固不可廢,然亦不可不知其失也。十五《國風》次序,恐未必有意,而先儒及近世諸先生皆言之,故《集傳》中不敢提起。蓋詭隨非所安,而辨論非所敢也。歐陽公《本末論》甚佳,熹亦收在《後語》中矣。似此等且當闕之，而先其所急乃爲得耳。

"不可使知之"，謂凡民耳，學者固欲知之，但亦須積累涵泳，由之而熟，一日脫然自有知處乃可，亦非可使之彊求知也。機心惑志，就呂博士之說求之，則只如前日所說爲是。學者未知所止，則不必言機心惑志，只是冥心妄作耳。機心惑志，正謂見得一斑半點而鑿知自私之流也。聖人教人，不過博文約禮，而學者所造自有淺深，此"唒然"、"弗畔"所以不同也。顏子見聖人接人處都從根本上發見，橫渠所指是也。餘人但能因聖人所示之方，博文以窮理，約禮以脩身，如此立得定，則亦庶乎可以不爲外物誘怵、異端遷惑矣。自今觀之，顏子地位見處固未敢輕議，只"弗畔"一節，亦恐工夫未到此，不可容易看也。

"性中只有仁、義、禮、智，曷嘗有孝悌來?"此語亦要體會得是，若差了，即不成道理。蓋天下無性外之物，豈性外別有一物名孝悌乎? 但方在性中，即但見仁、義、禮、智四者而已。仁便包攝了孝悌在其中，但未發出來，未有孝悌之名耳。非孝悌與仁各是一物，性中只有仁而無孝悌也。仁所包攝不止孝悌，凡慈愛惻隱之心皆所包也。猶天地一元之氣，只有水、火、木、金、土，言水而不曰江、河、淮、濟，言木而不曰梧、檟、樲、棘，非有彼而無此也。伊川又云："爲仁以孝悌爲本，"事之本"、"守之本"之類是也。論性則以仁爲孝悌之本。"天下之大本"之類是也。"此皆要言，細思之則自見矣。《晦庵文集》卷三九。

　　案：本書又論及民"不可使知之"説，且云"機心惑志，就吕博士之説求之，則只如前日所説爲是"，則知其上承前書（前書所詢民可使由之一段），亦撰於隆興元年間。

朱熹《答范伯崇》：

　　來書謂"聖人未嘗以得天下爲心"，是矣。但謂"可取則取，未可以取則不取，莫非順乎天理"，如此則是有待而爲也，語似有病。嘗謂文王之事紂，惟知以臣事君而已，都不見其他，兹其所以爲至德也。若謂"三分天下，紂尚有其一，未忍輕去臣位，以商之先王德澤未忘、曆數未終、紂惡未甚，聖人若之何而取之"，則是文王之事紂非其本心，蓋有不得已焉耳。若是則安得謂之至德哉？至於武王之伐紂，觀政于商，亦豈有取之之心？而紂罔有悛心，武王灼見天命人心之歸己也，不得不順而應之，故曰："予弗順天，厥罪惟均。"以此觀之，足見武王之伐紂，順乎天而應乎人，無可疑矣。此説與來書云云，固不多争。但此處不容有毫髮之差，天理人欲、王道霸術之所以分，其端特在於此耳。來書以謂文、武之心初無異旨，固是如此。但恐此處不分明，即所謂無異旨者，乃是一時差却耳。孟子論取之而燕民不悦，則勿取，文王是也。取之而燕民悦，則取之，武王是也。此亦止爲齊王欲取燕，故引之於文武之道，非謂文王欲取商，以商人不悅而止，而武王見商人之悅而歸己，而遂往取之也。如言仲尼不有天下，益、伊尹、周公不有天下，豈益、周公、伊尹、仲尼皆有有天下之願，而以無天子薦之與天意未有所廢而不得乎？直是論其理如此耳。凡此類皆須研究體味，見得聖人之心脫落自在，無絲毫惹絆處，方見義理之精微，於日用中自然得力。所謂知至而意誠也。蓋幾微之間，衆理昭晰，雖欲自欺而不可得矣。至此方可說言外見意，得意忘言。不然，止是鑽故紙耳。愚意如此，不知伯崇以爲如何？恐有疏繆處，切望反復，幸甚。

"三分天下"一節，似因十亂之事而遂言之。兼此前後數章，皆是歷舉古聖王事，如孟子"舜明庶物"以下數章之比，更詳考見教爲幸。達巷黨人本不知孔子，但歎美其博學而惜其無所成名，謂不以一善得名也。此言至爲淺近，然自察邇言者觀之，則於此便見聖人道德純備，不可以一善名，愚夫愚婦可以與知，而其所以然者，聖人有所不知也。故孔子不欲以黨人之所稱者自居，而曰："必欲使我有所執而成名，則吾嘗執御矣，何不以是見名乎？"此章呂與叔說蓋如此，但其辭約耳。餘說似皆未滿人意。如何如何？《晦庵文集》卷三九。

案：本書撰時未詳。《書信編年》云本書"以序推之，當在癸未（隆興元年）以後"。姑置於隆興二年（1164）。待考。

朱熹《答范伯崇》:

須送行語,哀苦中不復能爲文。然觀伯諫之言,已是藥石,但更須求所以立其本耳。日用之間以莊敬爲主,凡事自立章程,鞭約近裏,勿令心志流漫,其剛大之本乎?由此益加窮理之功,以聖賢之言爲必可信,以古人之事爲必可行,則世俗小小利害不能爲吾累矣。當官廉謹,是吾輩本分事,不待多説。然微細處亦須照管,不可忽略,因循怠惰。吕氏《童蒙訓》下卷數條,防閑之道甚至,皆可佩服。自治既不苟,更能事上以禮,接物以誠,臨民以寬,御吏以法,而簿書期會之間亦無所不用其敬焉,則庶乎其少過矣。暇日勿廢温習,少飲酒,擇交遊。子澄相去不遠,真直諒多聞之益。果能受其實攻而不憚改焉,則彼亦將不憚啓告之煩矣。區區所以相告者不過如此,恐臨別匆匆,不能盡舉,預以拜聞,惟所材擇。《晦庵文集》卷三九。

案:書中云"哀苦中不復能爲文",朱熹母祝氏卒於乾道五年九月,《晦庵文集》卷九四《朱君孺人祝氏壙誌》。故知本書撰於朱熹居喪時。又據朱熹《盡心堂記》云:"予友范伯崇始仕爲廬陵屬邑主簿,不小其官,遇事亡所苟,遂以幹敏聞,州藉其才,奏取以代録事之病不能事者。……官以無事,則以暇日葺其問事之堂,而取君子盡心之云者牓之,又大書《噬嗑》之卦於屏上,且闢其後爲方丈之室,以會友講學焉"。

記文撰於乾道癸巳（九年）二月。《晦庵文集》卷七七。
而本書中云及"須送行語"，並言及爲官所須注意之
事項，知范念德初仕前有請朱熹爲撰"送行語"，而朱
熹爲本書以諄諄告語之，由此推知本書約撰於乾道
五年（1169）冬。

范念德《與朱元晦書》：

今日氣象，官無大小，皆難於有爲，蓋通身是病，無下
藥處耳。安得大賢君子正其根本，使萬目具舉，吾民得樂
其生耶？嚴陵之政，遠近能言之，蓋惻怛之心發於誠然，
加之明敏，何事不立？《朱子語類》卷一〇三。

案：《朱子語類》卷一〇三載："龍泉簿范伯崇寄
書來云：今日氣象……"龍泉乃吉州（廬陵）屬邑，故
此處"龍泉簿"，即朱熹《盡心堂記》所云之范伯崇"始
仕"之"爲廬陵屬邑主簿"。《晦庵文集》卷七七。又所
謂"嚴陵之政"，即指張栻知嚴州時所行之政，故推知
本書約撰於乾道六年（1170）春。

朱熹《答范伯崇》：

熹比攜二子過寒泉，招季通來相聚，更有一二朋友來
相聚，初不廢講議。但昏惰不敏，自救不給，何能有以及
人？而學者氣稟强弱不齊，各有病痛，未見卓然可恃者，
此亦殊可懼也。

　　知老兄官守不苟，又得賢守相聽從，得以少伸己志，深副所望。向來猶恐應變之才有所不周，今乃如此，信乎氣質之用小，道學之力大，而程子所謂"一命之士苟存心愛物，於人必有所濟"者，非虛語也。凡百勉旃，以大遠業之基，增吾黨之氣，幸甚。但久留郡中，於簿領之責竊恐曠弛，亦似非便。受納既畢，所謂他事，若他人所可辦者，即不若且歸邑中之爲愈也。如何？或未能歸，凡百亦須戒懼，遠避嫌疑，無爲恩怨之府乃佳。

　　欽夫得行所學，吾道之幸。但此事大難，不可喜而可懼。近復如何？得正月書，亦未有異聞也。論學依舊有好高傷快之弊。熹近覺此事全放在底下，著實涵養玩味，方見工夫。有一二段雜問答，漫寫呈，當否俟喻及。他所欲言，非書所能盡也。《晦庵文集》卷三九。

　　　案：書中云"熹比攜二子過寒泉"，據朱熹《朱君孺人祝氏壙誌》，乾道六年正月，朱熹葬其母祝氏於建陽縣後山天湖之陽，《晦庵文集》卷九四。並築室於其側，題曰寒泉精舍。《(嘉靖)建陽縣志》卷五。又書中云"欽夫得行所學"，指張栻召用除知嚴州。據陳公亮《嚴州圖經》卷一《題名》，張栻於乾道五年十二月二十九日以右承務郎權發遣嚴州，至六年閏五月十七日赴召。書中又云"得正月書"，故推知本書約撰於乾道六年(1170)春。疑本書乃答范念德上書(今日氣象)。

朱熹《答范伯崇》：

伯諫前日過此，季通亦來會，相與劇論儒、佛之異。因問伯諫：“‘天命之謂性’，此句爲實邪，爲空邪？”渠以爲實。熹云：“如此則作空見者誤矣。且今欲窮實理，亦何賴於前日之空見哉？”又爲季通指近事譬喻，渠遂釋然，似肯放下舊學。若自此不爲異議所移，則吾道又得此人，其資稟志尚過人數等，真有望矣。《晦庵文集》卷三九。

　　案：朱熹《與張敬夫》（竊承政成事簡）云：“此有李伯間者，名宗思。舊嘗學佛，自以爲有所見，論辨累年，不肯少屈。近嘗來訪，復理前語。熹因問之：‘天命之謂性，公以此句爲空無一法耶，爲萬理畢具耶？若空則浮屠勝，果實則儒者是。此亦不待兩言而決矣。’渠雖以爲實，而猶戀著前見，則請因前所謂空者而講學以實之。熹又告之曰：‘此實理也，而以爲空，則前日之見誤矣。今欲真窮實理，亦何藉於前日已誤之空見而爲此二三耶？’渠遂脫然肯捐舊習而從事於此。此人氣質甚美，內行脩飭，守官亦不苟，得其回頭，吾道殊有賴也。”《晦庵文集》卷三一。李伯間，即李伯諫。《與張敬夫》書撰於乾道六年夏中，推知本書約撰於同時。

朱熹《答范伯崇》：

欽夫日前議論傷快，無涵養本原工夫，終是覺得應事

匆匆。熹亦近方覺此病不是小事也。伯恭講論甚好，但
每事要鶻圇説作一塊，又生怕人説異端俗學之非，護蘇氏
尤力，以爲爭校是非，不如斂藏持養。頃見子澄有此論，
已作書力辨之，不知竟以爲如何也。子澄通書否？渠向
疑處當時答得却有病，近看此書病尤多。文定云：“好解
經而不喜讀書。”大抵皆是捉住一箇道理，便横説竪説，都
不曾涵泳文理，極有説不行處。如程子文字，往往尤看不
熟也。因作子澄書爲致意。《晦庵文集》卷三九。

　　案：書中云吕祖謙“護蘇氏尤力，以爲爭校是
　　非，不如斂藏持養”，指吕祖謙《與朱侍講元晦》（某前
　　日復有校官之除）所言“以吾丈英偉明峻之資，恐當
　　以顏子工夫爲樣轍，回禽縱低昂之用，爲持養斂藏之
　　功，斯文之幸也。……某氏之於吾道，非楊、墨也，乃
　　唐、景也，似不必深與之辨”。《東萊集》別集卷七。其
　　“某氏”即指蘇氏。吕書撰於乾道六年五月下半月，
　　故推知本書約撰於閏五月或六月間。

朱熹《答范伯崇》：

伯崇近日何以用功？官事擾擾，想不得一向静坐看
書。然暇時速須收斂身心，或正容端坐，或思泳義理，事
物之來，隨事省察，務令動静有節，作止有常，毋使放逸，
則内外本末交相浸灌而大本可立、衆理易明矣。此外別
無著力處。官事有可以及人處，想不憚出力。然檢身馭

下，尤不可不加意也。《晦庵文集》卷三九。

案：書中有"官事擾擾"云云，疑撰於范念德爲官廬陵時。《書信編年》係於乾道六年中。待考。

朱熹《答范伯崇》：

前書所論數事，大槩得之，但語意多未著實。曾子有疾之説，近嘗通考諸説，私論其故。今以上呈，幸更爲訂之。"心無死生"，所論意亦是。但所謂"自我而立，自觀我者而言"，此語却大有病。《知言》中議論多病，近疏所疑，與敬夫、伯恭議論，有小往復。文多未能録寄，亦懼頗有撼撼前輩之嫌。大抵如"心以成性，相爲體用"、"性無善惡，心無死生"、"天理人欲，同體異用"、"先識仁體，然後敬有所施"、"先志於大，然後從事於小"，如本天道變化，爲世俗酬酢，及論游、夏問孝之類。此類極多。又其辭意多迫急，少寬裕，良由務以智力探取，全無涵養之功，所以至此，可以爲戒。然其思索精到處，亦何可及也。"巨室"，恐如吕與叔《大學解》中云，乃"吾之一家"耳。"室"者，私室；"家"則室之巨者也。蓋承上文之意讀之，只合如此説，意思方正當，語勢亦穩帖。若以"巨室"爲彊家，便有著心牢籠之意，雖説不可違道干譽，終是專立此意爲標準，便有縫罅，不似聖賢平日規模也。如何？舊説"天下歸仁"，用吕與叔贊；説夫子言性與天道，用上蔡説。近覺皆未是。試更推之，復以見告。觀書比何所得？因來亦告及之,極所欲聞也。

欽夫近爲學者類集《論語》"仁"字,各爲之説,許寄來看。然熹却不欲做此工夫,伯崇以爲然否? 欽夫又説"當仁不讓於師",要當此時識所以不讓者何物,則知此仁矣。此説是否?《晦庵文集》卷三九。

案: 據張栻《答胡季隨》(辱惠書)有"歸來所作《洙泗言仁序》、《主一箴》録去"云云,《南軒集》卷二五。所謂"歸來",即指其乾道七年末自京師歸長沙。《洙泗言仁》亦名《論語仁説》。本書云及"欽夫近爲學者類集《論語》'仁'字,各爲之説,許寄來看",故推知其約撰於乾道八年(1172)初。

朱熹《答范伯崇》:

異端害正,固君子所當闢。然須是吾學既明,洞見大本達道之全體,然後據天理以開有我之私,因彼非以察吾道之正,議論之間,彼此交盡,而内外之道一以貫之。如孟子論"養氣"而及告子"義外"之非,因夷子而發天理"一本"之大,此豈徒攻彼之失而已哉,所以推明吾學之極致本原,亦可謂無餘蘊矣。如此然後能距楊、墨而列於聖賢之徒,不然譊譊相訾,以客氣爭勝負,是未免於前輩自敝之譏也。《晦庵文集》卷三九。

案: 本書撰時未詳。疑亦在乾道八年中。待考。

范念德《與朱元晦書》：

願有以記此堂而名其室，以幸教我，且使來者與有聞焉。《晦庵文集》卷七七《盡心堂記》。

> 案：朱熹《盡心堂記》云："予友范伯崇始仕爲廬陵屬邑主簿，……官以無事，則以暇日葺其問事之堂，而取君子盡心之云者牓之，又大書《噬嗑》之卦於屏上，且闢其後爲方丈之室，以會友講學焉。一日，書來曰：'願有以記此堂而名其室，以幸教我，且使來者與有聞焉。'"時在乾道癸巳（九年）二月丁亥。《晦庵文集》卷七七。故推知范念德來書約在乾道八年末。

朱熹《答范伯崇同呂子約、蔣子先》：

"易，變易也，隨時變易以從道也"。易也，時也，道也，皆一也。自其流行不息而言之，則謂之易；自其推遷無常而言之，則謂之時；而其所以然之理，則謂之道。時之古今，乃道之古今；時之盛衰，乃道之盛衰。人徒見其變動之無窮也，而不知其時之運也；徒見其時之運也，而不知其道之爲也。道之爲道，實造化之樞機、生物之根本，其隨其從，非有所隨、有所從也，一氣運行，自有所不得已焉耳。所謂易有太極，其此之謂歟？一說：當處便是時，其變動不居、往來無窮者，易也。其所以然者，道也。一說：易，道之生也，故曰"易，變易也"。然易有太極，故又曰"隨時變易以從道也"。故伊

川曰："君子順時，如影之隨形，可離非道也。"夏葛冬
裘，飢食渴飲，豈有一毫人爲加乎其間哉？隨時而已。
時至自從，而自不可須臾離也。以是知"隨時變易以從
道"，三者雖若異名，而易之於道，初無兩物也。然自學
者分上言之，苟未識夫所謂易，則時食而飲，時葛而裘，
毫釐之差，其應皆忒，則將以何爲道哉？又嘗以是思
之，盡天下之變而已不自道者，其易之體歟？未嘗截然
離析者，其斯之謂道歟？"易，變易也，隨時變易以從道
也"。此指易而言，謂人事也。以理言之，一流行而無
窮，則時之遷移固自未嘗不隨其所當然而然也。當然
而然，即從道也。就人言之，衆人不識易而不能體，則
時既遷而不知，遂以倒行逆施而違其時之所當然。惟
聖賢之流行無窮而識之體之，其身即易，故能變易以從
道。所謂"隨時變易以從道"，猶曰"時中"云耳。道不可
直謂之中，姑借"時中"而言耳。未知是否？

　"易"指卦爻而言，以《乾》卦之"潛"、"見"、"躍"、"飛"
之類觀之，則"隨時變易以從道"者可見矣。

　　"有以見天下之動而觀其會通，以行其典禮者，聖
人事也"。先觀"動"之一字，則知會通者，變動之總也。
天下之事變動無窮，而其所以至於如此變動無窮者，必
有一事爲之端由也。此一事者，萬變之所總也。聖人
則有以見天下之動而舉目即觀夫變動之所總，故無窮
之事變滔滔然各入其綱目，而事事物物各處之以其所

當然，所謂行其典禮也。典禮，事物中之所有而當然者
也。一説："觀會通以行典禮"，會通，綱要也，事物之樞
也。觀會通猶云"知至"，行典禮猶云"至之"也。如父
父、子子之會通，惟慈孝而已。至於父止於慈、子止於
孝，各止其則，是乃行其典禮也。苟不知父父之慈、子
子之孝，則將何自而行其禮乎？一説："會通"，會而且
通也。未知孰是？

"會"，以物之所聚而言；"通"，以事之所宜而言。

聖人，生而知之者也。然未生於天地之間，則始終
之理雖具，而大明之者誰乎？"雲行雨施，品物流形"，
聖人出焉，大明天道之終始，便是卦之六位應時俱成，
更無漸次，由是時乘六龍以御天而變化無窮焉。天地
設位，理固皆具；聖人成能，理乃大明。具者天也，明者
人也。先生批云："抹處説得甚巧，然極有病。"

自"大哉乾元"至"品物流形"，是言元亨之義；"大明
終始"至"以御天"，是説聖人體元亨之用耳。

四德之元，專言之則全體生生之理也，故足以包四
者；偏言之則指萬物發生之端而已，故止於一事。

孔子之言仁，專言之也。孟子之言仁義，偏言之也。

"保合大和"，即是保合此生理也。"天地氤氲"，乃
天地保合此生物之理，造化不息。及其萬物化生之後，
則萬物各自保合其生理，不保合則無物矣。

"各正性命"，言其稟則之初；"保合大和"，言於既得

之後。天地萬物蓋莫不然，不可作兩節說也。

“見龍在田，德施普也”，如日方升，雖未中天，而其光已無所不被矣。

九二君德已著，至九五然後得其位耳。

“元者，善之長也”，亦仁而已。體仁則痒疴疾痛舉切吾身，故足以長人。“亨者，嘉之會”。會，通也，會而通也。通有交之意。“嘉會”猶言慶會。會通而不嘉者有矣，如小人同謀，其情非不通也，然非嘉美之會，又安有亨乎？“利者，義之和”，和合於義即利也。利物足以和義，蓋義者得宜之謂也。處得其宜，不逆於物，即所謂利。利則義之行，豈不足以和義乎？“貞者，事之幹”，徹頭徹尾不可欠闕。人之遇事，所以頹惰不立而失其素志者，不貞故也。此所謂貞，固足以幹事。《文言》四德大槩就人事言之，自“君子體仁”以下，體乾之德，見諸行事者也。是以係之曰：“君子行此四德者，故曰：乾，元、亨、利、貞。”

“嘉之會”，衆美之會也，如萬物之長，暢茂蕃鮮，不約而會也。君子能嘉其會，則可以合於禮矣。如“動容周旋，無不中禮”是也。利是義之和處。義有分別斷割，疑於不和，然行而各得其宜，是乃和也，君子之所謂利也。利物，謂使物各得其所，非自利之私也。“幹”猶身之有骨，故板築之栽謂之楨幹。推此可以識貞之理矣。

“乾，元、亨、利、貞”，猶言“性，仁、義、禮、智”。

此語甚穩當。

初九龍德而潛隱，止言其自信自樂而已。至九二出見地上，始見其純，亦不已之功也。

潛者，隱而未見、行而未成，德雖已完，特未著耳。

既處無過之地，則唯在閑邪純敬而已。雖曰無過，然而不閑則有過矣。"確乎其不可拔"，非專謂退遜不改其操也。憂樂行違，時焉而已，其守無自而可奪。如富貴不淫、貧賤不移之意。"忠信脩辭"，且大綱説所以進德脩業之道。"知至知終"，則又詳言其始終工夫之序如此，親切縝密，無纖悉之間隙。忠信便是著實根基，根基不實，何以進步？脩辭立誠，只於平日語默之際，以氣上驗之，思與不思而發，意味自別。明道所謂"體當自家敬以直內、義以方外之實事"者，只觀發言之平易躁妄，便見其德之厚薄、所養之淺深矣。"知至"則知其道之所止，"至之"乃行矣而驗其所知也。"知終"則見其道之極致，"終之"乃力行而期至於所歸宿之地也。"知而行，行而知"者，交相警發而其道日益光明，終日乾乾，又安得一息之間哉？九三雖曰聖人之學，其實通上下而言，學者亦可用力。聖學淵源，幾無餘蘊矣。

忠信，心也；脩辭，事也。然蘊於心者，所以見於事也；脩於事者，所以養其心也。此聖人之學所以內外兩進，而非判然兩事也。"知至"、"至之"主至，"知終"、"終之"主終，程子此説極分明矣。

上下無常,進退無恒,非爲邪枉,非離群類,則其心之所處果安在哉?

隨時而變動,静不失其宜,乃進德脩業之實也。

《遺書》云:"仁道難言,唯公近之。"非以"公"訓仁,當公之時,仁之氣象自可默識。

公固非仁,然公乃所以仁也。仁之氣象於此固可默識,然學者之於仁,非徒欲識之而已。《晦庵文集》卷三九。

案:吕子約即吕祖儉,蒋子先事蹟不詳,然據吕祖謙《答潘叔度》諸書,《東萊集》別集卷一〇。知子先亦爲浙中學者。朱熹於乾道九年(1173)始與吕子約、潘叔度諸浙中學者通書。《年譜長編》卷上。書中"易,變易也,隨時變易以從道也"云云,出自《伊川易傳》程頤《序》中。據朱熹《答吕伯恭》(泰伯、夷、齊事)有云"新刻小本《易傳》甚佳,但籤題不若依官本作《周易程氏傳》",《晦庵文集》卷三五。《伊川易傳》其書刊成於乾道九年九月。而本書即朱熹答范伯崇問《易》,故推知其約撰於是年冬或此後。

朱熹《答范伯崇》:

"'有朋自遠方來',以平生之所聞驗之,若合符節,而無絲髮之差,豈不樂哉?"此出於上蔡,而其本説太廣,撮其要如此。

此但以志合道同,故可樂。謝先生謂無絲髮之差,不免過言。

事君則能格其非心，不至於以訐爲直。格君心之非者，大人之事。孝悌固是順德，然所造有淺深，未必皆能大人之所爲也。犯顏而諫，主於愛君。夫子之告子路，亦曰"勿欺也而犯之"。然則所謂犯上者，恐不如此，直謂出事公卿，凡在己上者，能移孝心以事之，不至犯分而已。

犯上不必專爲事君，凡在己上者皆是。舉事君如此，則其他可知。孟子曰："惟大人爲能格君心之非。"而穆王命伯冏以繩愆糾繆，格其非心，則不必大人也。前賢如董仲舒之流非一人，皆能使其君媿畏而不敢爲非，是亦格其非心也。

"《記》曰'辭欲巧'，《詩》美仲山甫而以'令儀令色'稱之，則巧言令色非盡不仁也。若巧言令色而無德以將之，以是説人之觀聽，此之謂失其本心，焉得仁？有諸中而形諸外，則其色必莊而非有意於令，其辭必順而非有意於巧。君子所以貴乎道者如此，詩人所以美仲山甫之德而非巧言令色之謂也"。"辭欲巧"自承上文"情欲信"爲説，蓋曰既有誠心，須善辭令以將之耳，與此異旨。"鮮"者，立言婉微之體，所謂辭不迫切而意已獨至者。若謂"非盡不仁"，則巧言令色有時而仁矣，義恐未安。又曰"無德以將之，故鮮仁"。竊謂巧言令色其本已不正，何能復有德以將之耶？

"辭欲巧"乃斷章取義，有德者言雖巧、色雖令無害，若徒巧言令色，小人而已。

"信近於義"，横渠説與謝説自不同。如横渠説"遠恥辱"一句，恐不通。竊謂此章意在謹始，如言須當近義，慮其後之不可復也；恭須當近禮，恐其自貽恥辱也；不敢失親於可賤之人，懼其非所可宗也。有言必慮其所終、行必稽其所敝之意。

此論頗善。

"退而省其私，亦足以發"。以"私"爲私室，如古注説，恐未安。竊謂"私"是顔子自受用處，夫子退而默省之，以爲亦足以啓予矣。此一句游大信説。蓋非顔子不能深喻夫子之言，非夫子不足以知顔子之所以潛心也。

以"私"爲顔子自受用處，恐未安。退非夫子退，乃顔子退也。發，啓發也。始也如愚人，似無所啓發。今省其私，乃有啓發。與"啓予"之"啓"不同。

"視其所以"，此章蓋述上文爲説。"退而省其私"，私，所安也。

《論語》立言雖間以類相從，每稱"子曰"即自爲一段，不必專以上下文求之。

"温故知新"，學至此而無窮矣。至於夫子而猶曰"學不厭"，非以其無窮哉？"可以爲師"者，以其足以待無方之問也。温故而不知新，雖能讀《三墳》、《五典》、《八索》、《九丘》，足以爲史而不足以爲師也。

此論甚佳。

"人而無信",車之與馬、牛本兩物,以輗軏交乎其間,而引重致遠,無所不至焉。物與我未合,亦二物,以信行乎其間,則物我一致矣,夫然後行。

本文只言車無輗軏不可行,譬如人無信亦不可行,今乃添入馬、牛於其間,此蘇氏之鑿。

"子入太廟",舊説謂禮主於敬,"每事問"所以爲敬,恐勝今説。

楊先生之説甚長。《晦庵文集》卷三九。

案:書中述及"巧言令色"云云,據朱熹《答張敬夫語解》有言"'巧言令色'一段,自'辭欲巧'以下少曲折。近與陳明仲論此,説具別紙"。《晦庵文集》卷三一。其書撰於九年八月以後。故推知本書約撰於是年冬或此後。

慶元末,朱熹卒,"門人范念德率同門之士祭於墓隅,曰:'天之生賢,蓋亦不數。儲精孕靈,及河維嶽。厥惟孔艱,是以殊邈。先生之生,黃河其清。先生之亡,維嶽其頹。不知何年,復此胚胎?徒友紛集,奄歲告期。山哀浦思。風慘雲悲、臨穴一慟。萬古長辭。'"《宋名臣言行録》外集卷一二。

范如圭

范如圭(1102—1160),字伯逵,建州建陽(今屬福建)

人。少從舅氏胡安國受《春秋》。建炎二年(1128)登進士第。紹興二十七年(1157)九月,以直秘閣提舉江西常平茶鹽,《繫年要録》卷一七七。二十八年九月移利州路提點刑獄,十二月改主管台州崇道觀。《繫年要録》卷一八〇。二十九年閏六月,起知泉州。三十年六月卒,年五十九。《晦庵文集》卷八九《直秘閣贈朝議大夫范公神道碑》。《宋史》卷三八一有傳。

朱熹《與范直閣》:

胡丈書中復主前日"一貫"之説甚力,但云:"若理會得向上一著,則無有内外、上下、遠近邊際,廓然四通八達矣。"熹竊謂此語深符鄙意。蓋既無有内外邊際,則何往而非一貫哉?忠恕蓋指其近而言之,而其意則在言外矣。聞子直説吾丈猶未以卑論爲然,敢復其説如此,幸垂教其是非焉。熹頃至延平,見李愿中丈,問以"一貫"、"忠恕"之説,見謂忠恕正曾子見處,及門人有問,則亦以其所見諭之而已,豈有二言哉!熹復問以近世儒者之説如何,曰:"如此則道有二致矣,非也。"其言適與卑意不約而合,謾以布聞。

李丈名侗,師事羅仲素先生。羅嘗見伊川,後卒業龜山之門,深見稱許,其棄後學久矣。李丈獨深得其閫奥,經學純明,涵養精粹。延平士人甚尊事之,請以爲郡學正。雖不復應舉,而温謙愨厚,人與之處久而不見其涯,鬱然君子人也。先子與之遊數十年，道誼之契甚深。《晦庵文集》卷三七。

　　案：據《年譜長編》，朱子於紹興二十八年初往延平見李侗（字愿中），三月歸。又朱子《與范直閣》（四月一日領所賜教帖）有云“前日因平甫遣人，亦嘗拜狀矣”，又云“即日初夏清和”，又云“但今日方聞伯崇欲以初三、四日行，迫遽未暇抄録所記”。故推知本書約撰於是年（1158）三月中，朱熹下書（四月一日領所賜教帖）撰於四月二日。時范如圭在提舉江西常平茶鹽任上。

　　胡丈指胡憲，其與朱子書已佚。《朱子語類》卷二七：“或問：先生與范直閣論忠恕還與《集注》同否？曰：此是三十歲以前書，大槩也是，然説得不似，而今看得又較別。”是年朱子二十九歲。

范如圭《答朱元晦問忠恕一貫之説》：

　　某蒙喻“一貫”之説，深所願聞。“忠恕”未可便謂之“一貫”也，正如“非禮勿視，非禮勿聽，非禮勿言，非禮勿動”與“己所不欲，勿施於人”，皆未可便謂之仁。蓋由此可至於仁耳。惟曾子端的見得“忠恕”決可至于“一貫”，故直指以告門人，無纖毫隱秘，實欲其事斯語也。然則“忠恕”乃所以爲“一貫”，何二致之有？至于“一貫”，則固“無有内外邊際，廓然四通八達矣”。又云“向上一着”，却自頭上安頭也。鄙見如此,未知是否? 更望明辨,勿憚往復之煩。所與原仲兄、李愿中問答“一貫”始末,幸全録示。三十年前,嘗見羅仲素與文定舅氏論《春秋》之書,後又見先吏部稱之。愿中師友本原,宜其經明行修矣,恨未識之耳。吾子所論著與所知之佳士,時以見告,少慰孤陋,乃區區之懇。《晦庵先生語録大綱領》附録上。

　　案: 朱熹上書(胡丈書中復主前日“一貫”之説甚力)有云“若理會得向上一著,則無有内外、上下、遠近邊際,廓然四通八達矣”,而本書乃云“至于‘一貫’,則固“無有内外邊際,廓然四通八達矣”。又云“向上一着”,却自頭上安頭也”,知承其後,約撰於三月末。

朱熹《與范直閣》:

　　四月一日領所賜教帖,伏讀再三,仰佩眷予之厚,感慰不可以言。前日因平甫遣人,亦嘗拜狀矣,不審已達台聽否? 即日初夏清和,伏惟班布多暇,台候起居萬福。熹奉親屏處,幸粗遣免。山間深僻,亦可觀書。又得胡丈來歸,朝夕有就正之所,窮約之中,此亦足樂矣。迫於親養,夏末須爲武林之行,計不三、四月未得定居也。

　　伏蒙別紙垂諭“忠恕”義,仰荷不棄其愚,與之反復,爲賜甚厚。謹以來教所示熟思之矣,敢復爲説以請益焉。熹所謂“忠恕”者,乃曾子於“一貫”之語默有所契,因門人

635

之間，故於所見道體之中，指此二事日用最切者以明道之無所不在，所謂"已矣"者，又以見隨寓各足，無非全體也。"忠恕"兩字，在聖人有聖人之用，在學者有學者之用。如曾子所言，則聖人之忠恕也，無非極致。二程所謂"維天之命，於穆不已，天地變化，草木蕃"者，正所以發明此義也。如夫子所以告學者與子思《中庸》之説，則爲學者言之也。故明道先生謂曾子所言與違道不遠異者，動以天爾。蓋動以天者，事皆處極，曾子之所言者是也。學者之於忠恕，未免參校彼己，推己及人，則宜其未能誠一於天，安得與聖人之忠恕者同日而語也？若曾子之所言，則以聖人之忠恕言之，而見其與性、與天道者未嘗有二，所以爲一貫也。然此所謂異者，亦以所至之不同言之，猶《中庸》"安行"、"利行"、"勉行"之別耳。苟下學而上達焉，則亦豈有所隔閡哉？愚見如此，更乞教其不至者，重賜鐫曉，使得所正焉。不勝幸甚。

　　他疑義尚多，蒙諭使得請教，此宿昔之願。但今日方聞伯崇欲以初三、四日行，迫遽未暇抄録所記。俟暇日料理，有便即附行也。前日在共父處見直閣丈還朝陛對副本，讀之不能捨去。愛君敬主之義，蓋終篇三致意焉。然久矣莫以此言謦欬吾君之側者矣。近日所用雖不能盡滿人望，其間若亦有一二端士焉。前言儻見思乎？思其言必用其人，延登之命，計亦非晚矣。願爲斯道斯民厚自保重，副此歸依。《晦庵文集》卷三七。

案：此書，淳熙本題作"答范直閣問忠恕説"，《五百家播芳大全文粹》卷六九題作"答范直閣帖"。平甫爲劉玶字。此書中云及"四月一日領所賜教帖"，又云"但今日方聞伯崇欲以三、四日行，迫遽未暇抄録所記"，故推知其作於四月二日，承范如圭上書（某蒙喻"一貫"之説）。

范如圭《答朱元晦問忠恕一貫之説》：

某蒙示及"一貫"之説，愈深精確，今復有問焉。經所謂"己所不欲，勿施於人"、"施諸己而不願，亦勿施諸人"、"我不欲人之加諸我，吾亦欲無加諸人"、"己欲立而立人，己欲達而達人"，皆"忠恕"之義，未審此是聖人之極致乎？抑學者之事乎？試深思之，即可見矣。更望明告，勿憚往復之煩。《晦庵先生語録大綱領》附録上。

案：朱熹上書（四月一日領所賜教帖）有云"'忠恕'兩字，在聖人有聖人之用，在學者有學者之用。如曾子所言，則聖人之忠恕也，無非極致"，而本書乃云"經所謂'己所不欲，勿施於人'……皆'忠恕'之義，未審此是聖人之極致乎？抑學者之事乎？"知承其後。

范如圭《答朱元晦問忠恕一貫之説》：

又蒙開喻"忠恕"之義，見處甚高，所守彌固，尤深歎服。然"忠恕"一也，而謂"學者之忠恕未免參較彼己，安得與聖人之忠恕同日而語”，則是有二矣。此愚所以不能無疑也。曾子之答門人，乃直指入道之門，欲學者之事斯語也。子思有見乎此，故述之于《中庸》，何不同之有？《晦庵先生語録大綱領》附録上。

　　案：朱熹上書（四月一日領所賜教帖）有云“學者之於忠恕，未免參校彼己，推己及人，則宜其未能誠一於天，安得與聖人之忠恕者同日而語也”，而本書乃云“而謂‘學者之忠恕未免參較彼己，安得與聖人之忠恕同日而語’，則是有二矣”，知承其後。

朱熹《與范直閣》：

　　伏奉賜教，獲聞邇日起居之詳，慰感亡以喻。信後暑雨應候，伏惟盛德所臨，百神勞相，台候萬福。熹親旁粗遣，未有可言者。伏蒙教諭“忠恕”之説，自非愛予之深，不鄙其愚，豈肯勤勤反復如此？感幸深矣。但伏思之，終未有契處，不敢隱然，請畢其詞，以求正於左右。

　　熹前書所論忠恕則一，而在聖人、在學者則不能無異，此正猶孟子言“由仁義行”與“行仁義”之别耳。孟子之言不可謂以仁義爲有二，則熹之言亦非謂忠恕爲有二也。但聖賢所論，各有所爲而發，故當隨事而釋之，雖明道先生見道之明，亦不能合二者而爲一也。非不能合，蓋不可合也。彊而合之，不降高以就卑，即推近以爲遠，始倚一偏，終必乖戾。蓋非理之本然，是乃所以爲不一也。

蓋曾子專爲發明聖人"一貫"之旨，所謂"由忠恕行"者也。子思專爲指示學者入德之方，所謂"行忠恕"者也。所指既殊，安得不以爲二？然核其所以爲忠恕者，則其本體蓋未嘗不同也。以此而論，今所被教問曲折，可以無疑矣。不識尊意以爲然否？

若夫曾子所言發明"一貫"之旨，熹前書一再論之，皆未蒙決其可否。熹又有以明之。蓋"忠恕"二字，自衆人觀之，於聖人分上極爲小事，然聖人分上無非極致，蓋既曰一貫，則無小大之殊故也。猶天道至教，四時行，百物生，莫非造化之神，不可專以太虛無形爲道體，而判形而下者爲粗迹也。此孔子所謂"吾無隱乎爾"者，不離日用之間。二三子知之未至而疑其有隱，則是正以道爲無形，以日用、忠恕爲粗迹，故曾子於此指以示之耳。此説雖陋，乃二程先生之舊説，上蔡謝先生又發明之。顧熹之愚，實未及此。但以聞見之知推衍爲説，是以不自知其當否而每有請焉。更望詳覽前書，重賜提誨，不勝幸甚。前日諸疑，亦望早賜鐫譬，俾毋疑爲望。時序向熱，伏乞爲道保重，以須環召。區區不勝大願，不備。《晦庵文集》卷三七。

李愿中曰："伊川先生有言曰：'"維天之命，於穆不已"，忠也。"乾道變化，各正性命"，恕也。'體會於一人之身，不過只是'盡己及物'之心而已。曾子於日用處，夫子自以見之，恐其未必覺此是'一以貫之'之理者，故卒然問曰：'參乎！吾道一以貫之。'曾子於是領會而有得焉，輒應之曰：‘唯。’忘其所以言也。東坡所謂‘口耳俱喪’者亦佳。至於答門人之問，只是發其心耳，豈有二耶？若以謂聖人‘一以貫之’道甚精微，非門人之問所可告，姑以‘忠恕’答之，恐聖賢之心不如是之支也。如孟子稱‘堯舜之道，孝悌而已’，人皆足以知之，但合内外之道，使之‘體用一源，顯微無間’、精粗不二，衮同盡是此理，則非聖人不能是也。《中庸》曰：‘忠恕，違道不遠’，特起此以示人相近處，然不能貫之，則‘忠恕’自是一‘忠恕’爾。”《晦庵先生語録大綱領》附録上。

案：本書《五百家播芳大全文粹》卷六九題作“答范直閣帖”；又自“李愿中曰”以下，據《晦庵先生語録大綱領》附録上補。

本書乃承范如圭上書（某蒙示及“一貫”之説）、（又蒙開喻“忠恕”之義）。書中有言“信後暑雨應候”、“時序向熱”，故推知其約撰於五月間。

范如圭《答朱元晦問忠恕一貫之説》：

某蒙録示李（原）〔愿〕中所論“忠恕”引伊川先生之言曰：“‘維天之命，於穆不已’，忠也。‘乾道變化，各正性命’，恕也。”竊謂此乃“忠恕”之極致，若夫初學之士，則須由《中庸》所謂“違道不遠”者入，然後可以至“維天之命，於穆不已”、“乾道變化，各正性命”，一以貫之，何二之有？曾子直指以示門人，而子思傳得其正矣。但將諸經典聖賢所言"忠恕"處類聚，熟看深思而體認之，則自見矣。
《晦庵先生語録大綱領》附録上。

案：朱熹上書（伏奉賜教）附録李愿中論"忠恕"，而本書乃稱"某蒙録示李（原）〔愿〕中所論‘忠恕’引伊川先生之言曰"云云，知承其後。

對此"忠恕"説之討論，《朱子語類》卷二七曾云："曾子説忠恕，如説小德川流，大德敦化一般，自有交關妙處。當時門弟想亦未曉得，惟孔子與曾子曉得。自後千餘年，更無人曉得，惟二程説得如此分明。其門人更不曉得，惟侯氏、謝氏曉得。某向來只惟見二程之説，却與胡籍溪、范直閣説，二人皆不以爲然。及後來見侯氏説得元來如此分明，但諸人不曾子細看爾。"又卷一〇四載陳淳所記曰："與范直閣説忠恕，是三十歲時書，大概也是，然説得不似，而今看得又較别。"

朱熹《與范直閣》：

熹向嘗以"忠恕"、"一貫"之説質疑於函丈，伏蒙鐫曉切至，但於愚見尚有未安。比因玩索，遂於舊説益有發明，乃知前者請教之時雖略窺大義，然涵泳未久，説詞未瑩，致煩辨析之勤如此。今再録近所訓義一段拜呈，乞賜批鑿可否示下，容更思索，續具咨請也。

去歲在同安，獨居幾閲歲，看《論語》近十篇，其間疑處極多,筆札不能載以求教,伏紙但切馳仰。《晦庵文集》卷三七。

案:本書,淳熙本及《五百家播芳大全文粹》卷六九題作"再答"。書中言"去歲在同安,獨居幾閱歲",知其亦作於紹興二十八年間,乃承前諸書。

范如圭《答朱元晦小柬》:

讀書惟恐不能無疑,疑而思,思則有通之理。承喻"去歲看《論語》近十篇,其間疑處極多",非篤志不及此。幸令念德一一録來,衰老雖益愚,當試思之,或有管見,則以求正於賢者。近所著述,皆願見之。《晦庵先生語録大綱領》附録上。

案:書中"承喻'去歲看《論語》近十篇,其間疑處極多'",正朱熹上書(熹向嘗以"忠恕")中語,知承朱熹上書。

范如圭《答朱元晦書》:

問《論語》疑義

有子曰:"信近於義,言可復也。恭近於禮,遠恥辱也。因不失其親,亦可宗也。"

熹謂:信或不近義,則言不可復。而信近於義者,又非必於復言也。然言自可復,而以動必趨義故也。恭或不近禮,則自貽恥辱,而恭近於禮者,又非期遠恥

辱也。然恥辱自不能及，以有禮而不懾故也。所因不
得其人，則不可以爲宗主。因不失其親，又非必欲宗之
也。然亦可宗矣，以其人誠賢故也。"亦"云者，言不特
可親而已，雖宗之亦可也。

答：信與義異名，恭未足以盡禮，皆相近而已。何
以見其近？惟有信者，言必慮其所終，未嘗一違於義，
何至於不可復哉？恭者不侮人，則人亦無以侮之。此
禮所以爲藏神之固，恥辱安得而及之？

言寡尤，行寡悔，禄在其中矣。

熹謂：此庸言庸行之所必然。"非以干禄"，而"禄
在其中矣"，與孟子論"經德不回"者同意。或謂告子張
以干禄之道，疑未安。

答：孔子非教子張干禄甚明。

子曰："不仁者不可以久處約，不可以長處樂。仁者
安仁，知者利仁。"

熹謂：不仁者中無所主，樂則思驕，約則思濫，若
有不能一朝居者，而況於長久乎？惟仁者心無内外、遠
近、精粗之間，所居而安者，仁而已矣。知者，真知仁之
爲美，以爲利而必趨焉，無物足以易之也。如此，然後
可以"久處約"、"長處樂"、"無入而不自得"矣。

答：仁者，"求在我者"也。豈以窮約、逸樂動其心
哉？不仁者，求在外者也。其處窮約、逸樂也，雖或暫
能勉强，而非出於誠心，則濫與驕不期而自至，是可以

久且長哉？

或曰："雍也，仁而不佞。"

熹謂：此章諸家文義皆不甚通，不知如何說爲是？

答：聖人嘗以木訥爲近仁，巧言爲鮮仁。佞蓋巧言而〔非〕木訥者也。則仲弓之仁，宜或人以爲"不佞"矣。然古人自謙之辭曰"不佞"，故説者謂佞爲口才，若仁人而又有口才，是有德而又有言者也。庸何傷？孔子因或人以"不佞"少仲弓，故明言"口給"、"屢憎"之不仁以辟之，謂不務德而徒事於煩舌者也。不曰"不仁"，而曰"不知其仁"，聖人之辭，雍容不迫，每每如此。再言"焉用佞"，而不足尚之意，深切著明矣。

聞一知十，聞一知二。

問：或謂顔子所以不可及，正不在此，子貢蓋失之，故夫子亦以爲弗如也。□謂"聞一知二"者，猶可以思慮考索而至，至於"聞一知十"，則非超然默會於言意之表者不能也。不審孰是？

答：恐當用後説。

吾未見剛者。

熹疑此語爲宰予晝寢而發，或以爲申棖對，則非吾夫子之所謂剛。

答：苟無以勝人慾之私，則志不足以帥氣，焉得剛？

非公事，未嘗至於偃之室也。

問：士民以公事至其宰之室，不知所謂"公事"者何事也。若邑之公事，則非士民所宜與。若身自有公事，則滅明之爲人亦多事矣。子游何賢爾也？某謂此所謂召之役而往役也。不知是否？以《周禮·鄉大夫》考之，則賢者、能者皆舍其後，子游知滅明之深如此而召役之，恐未安。

答：公事非若今所謂官司之事。

樊遲問知，子曰："務民之事，敬鬼神而遠之，可謂知矣。"

問：問知，而答之以此二句，何以見其爲知？"務民"之義者何事？所以務之，如何施設？鬼神之爲德，體物而不可遺，如之何而遠之？若謂此在外之鬼神，不知鬼神有內外否？

答：惟知天下國家之本而道之以德者，乃能務民之義。惟知幽明之故與鬼神之情狀者，乃能"敬鬼神而遠"。知斯二者，可不謂撰知乎？所謂鬼神者，即人所事天神、地祇、人鬼也。樊遲嘗請學稼圃之事，是不知"務民"之義也。其於鬼神未免有瀆屑諂媚之蔽，事雖不見於經，觀孔子答以"敬鬼神而遠之"，亦在於解其蔽也。

何有於我哉？《述而》篇："子曰：默而識之，學而不厭，誨人不倦，何有於我哉？"○《子罕》篇："出則事公卿，入則事父兄，喪事不敢不勉，不爲酒困，何有於我哉？"

645

問：此兩章所稱皆庸言庸行，理自當然，何有於我哉？某嘗爲此説，近見所答何監有知義，引此語意相近，不知如何？

答：吕與叔云："我之道舍是三者，復何所有？"黄繼道舊説："吾之道如是而已。外此，吾何有哉？"觀夫子有言事公卿父兄、勉喪事、不爲酒困，"何有於我哉"？與"學之不厭，誨人不倦"則"可謂云爾已矣"之意。則黄、吕之説似得之矣。且伊川解《子罕》篇"何有於我哉"意亦類此。

君子所貴乎道者三。

問：或説遠暴慢、鄙倍近信，猶曰"有諸中而形諸外"，動容周旋無不中禮也，只就有道者身上説。或説此三者解物之應、道之徵也，有風動神化之意，"籩豆之事則有司存"，疑末也，非君子所以化民成俗之本矣。兩説孰是？

答：動容貌、出辭氣、正顏色，乃"有諸中、形諸外"，"動容周旋中禮也"。惟其如此，故能遠暴慢、鄙倍而近信，自物之應、道之徵，化民成俗之本。兩説相通，不見其異也。

唐棣之華，偏其反而，豈不爾思，室是遠而。子曰："未之思也，夫何遠之有？"

此章舊説連上文，自蘇端明、范内翰、吕吉甫始離爲一章。蘇、范謂此思賢而不得見之詩，吕謂兄弟相遠之詩,蓋《小雅・常棣》之一章,夫子以其不合而删去之。近見洪伯山説,據《爾雅》,唐棣非常棣,棣自是兩物,非一詩也。洪名居仁,篤實之士,專静好學,嘗從胡廿二丈游。

熹謂:別爲一章,於文爲便。但三家所釋之意則有可疑者。竊詳詩意,止是覩物而有所思者,如"東門之墠,茹藘在陂,其室則邇,其人則遠"之類,夫子引之而斷章取義,以明學者之志於道則異於是矣。"欲之則至,何遠之有哉?"此或逸詩,或删去者,皆不可知也。然文章在彼而起義在此,亦"詩可以興"之意。

答:《論語疏》謂唐棣爲郁李。嘗觀其花稠密盈條,宜其以興兄弟也。然其開也,皆相背外向,所謂"偏其反而"也。猶周之同姓,分封諸國,壤地異處,手足之情寧不思念,其如遠何哉? 仲尼因此詩章句而發明之曰:"未之思也,夫何遠之有?"蓋如唐棣之華,其蒂所着,實同枝條。思而及此,不亦近乎? 于以明兄弟之恩,求道之要,無不切當。

不忮不求,何用不臧?

問:此章或連上文,或自爲一章,未知孰是?

答:似可以連上文爲一章。

迅雷風烈必變。

問:《禮》曰:"若有疾風、震雷、甚雨則必變,雖夜必興,衣冠而坐。"所以"敬天之怒"也。此章所記,文相類而旨意不同，不可不察也。蓋聖人與天地同體，其慘舒動静爲流通，無彼此之異，故天地之氣變於此，則吾變於此，有不期然者。此樂天者之事，"敬天之怒"不足以盡之。

答：《禮記》、《論語》之文相類，旨意亦未見其不同。所謂"聖人與天地同其體，其慘舒動静相爲流通，無彼此之異，故天地之氣變於彼而吾變於此，有不期然而然者"，此義甚妙。但不必以"樂天"二字結之云爾，則"敬天之怒"亦何患其爲"樂天"也。

問《論語》疑難

熹問："子張問善人之道。子曰：'不踐迹，亦不入於室。'"善人非豪傑特立之士，不能自達者也，苟不履聖賢之迹則亦不入其奥。善人，不爲不善者也。

答：答舜孳孳"取諸人以爲善"、"聞一善言，見一善行，若決江河，沛然莫之能禦"，顔子"得一善則拳拳服膺而弗失"。善人之道，學者之所由也。子張可謂切問矣，然其爲人狂且過之，則有不循軌轍之僻，故答以必"踐迹"，然後能"入於室"。室，道之極致處，學者所歸宿也。

問："仲弓問仁。子曰：'出門如見大賓，使民如承大祭。'"不知未出門、使民時如何？

答：仁，人心也。惟敬可以存心，出入起居，未嘗不敬。出門、使民時，言其與物接之際耳。苟有時而不敬，則安能"如見大賓"、"如承大祭"也？

問《孟子》疑義

熹問："敢問何謂浩然之氣。曰：'難言也。至大至剛，以直養而無害，則塞于天地之間。其為氣也，配義與道，無是，餒也。'"夫"浩然之氣"，雖曰"至大"不可撓、"至剛"不可屈，以直而無曲，養之而無害，則亦存乎一體而已。安知其能"塞于天地之間"乎？夫道一也，義亦道中物也。何以言"配義與道"？其謂養成浩然之氣，然後可以合于道義乎？其謂已有是氣與道義相配乎？則氣自氣，義自義，道自道，反成三物矣。又曰"是集義所生者"，則氣又獨本乎義者，何以不言道？

答：統天下一氣耳。其本在於吾身，順理以養之，固可"塞于天地之間"。不然，何以一身之微而能感格高厚，至於甘露降、醴泉出也。"立人之道，曰仁與義"，義即道也。別而言之，則人所共由之謂道。"事得其宜之謂義"，在我者無不得宜，則"自反而縮"，所以養吾浩然之氣者。至矣！斯氣也，雖所固有，然養之則生，害之則喪，故云"集義所生"。

問：孟子曰："堯、舜，性之也。湯、武，身之也。"堯、舜、湯、武均聖人，曷為一言"性之"，一言"身之"？性之者，得非以其孝悌之至乎？身之者，得非以其仗仁義而征伐乎？然則身之者不若性之者"不思而得"、"不勉而中"也，何以亦謂之聖人？

答：堯、舜爲天下，得人揖遜而治，自然之性，莫之違也。湯、武征伐，非其本心，特以身任天下，不得已焉爾。"性之"、"身之"雖不同，"及其成功一也"，故皆謂之聖人。若夫仗仁義，則霸者之事也。

問：孟子曰："言近而指遠者，善言也。守約而施博者，善道也。君子之言也，不下帶而道存焉。""君子之道'，近自目前而道德存焉。此'言近而指遠者'也。"

答：即心是道，豈他求哉？以此言之，可謂近也。斯道也，極乎天，蟠乎地，放諸四海、放諸萬物無所不通，其文之説如此。"帶"，所以束腰腹者也，而心處乎其上，腰腹近在吾身，自心觀之，猶以爲遠，所謂"不下帶者"，明乎近之甚耳。

問《中庸》

問：《中庸》曰："君子中庸，小人反中庸。"孔子曰："不得中行而與之，必也狂狷乎！"夫狂狷者，反中庸之類也，孔子何復有取焉？

答：小人無所執守，恣縱妄作，而自以爲中庸，實則相反。"狂狷"，性有所偏焉。儻能俯就企及，猶可以至於中庸也。

問乾坤二卦

問：《易》有六十四卦，俱有六爻，而乾坤二卦獨多"用九"、"用六"，何也？卦各有《彖》、《象》，諸卦之

《彖》、《象》皆居爻之前，而乾之《彖》、《象》獨居爻之後，又何也？諸卦之爻下復有"《象》曰"，而乾獨無，又何也？

答：乾坤二純卦，六子之父母，六十二卦之祖，故有"用九"、"用六"，與它卦不同。古《易》《上經》、《下經》、《彖》、《象》、《文言》、《上繫》、《下繫》、《序卦》、《説卦》、《雜卦》各爲一篇，謂"十翼"。後儒分《彖》、《象》各在逐卦爻之下以釋經，獨留乾一卦，存舊體也。《晦庵先生語録大綱領》附録上。

案：朱熹上書（熹向嘗以"忠恕"）有云"去歲在同安，獨居幾閲歲，看《論語》近十篇，其間疑處極多，筆札不能載以求教"，范如圭上書（讀書惟恐不能無疑）又云"承喻'去歲看《論語》近十篇，其間疑處極多'，非篤志不及此。幸令念德一一録來"，本書即朱熹"録來"問目而范如圭答之者。

范　氏

范氏，乃范元裕家。范元裕，字益之，建安（今屬福建）人。范如圭孫、范念德子。嘗舉進士。《朱子門人》。

朱熹《回范氏定書》：

兩翁抗議，已偕許國之忠；再世聯姻，遂忝通家之好。

及兹幸會，夫豈偶然？伏承某人《詩》、《禮》有聞，方謹好述之擇；而熹女德容未習，亦期吉士之歸。誤煩匪斧之求，遽委儷皮之聘。欽承嘉命，實重永懷。雖唐虞世禄之榮，莫容攀附；然鴻耀素風之懿，或可庶幾。欣荷之私，敷陳罔既。《晦庵文集》卷八五。

案：范元裕娶朱熹之女，其時未詳，當在黄榦之後。姑係於淳熙末(1189)。待考。

范叔應

范叔應，名里不詳。

朱熹《答范叔應》：

"絜矩"章專言財用，繼言用人，蓋人主不能絜矩者，皆由利心之起，故徇己欲而不知有人，此所以專言財用也。人才用舍最係人心向背，若能以公滅私，好惡從衆，則用舍當於人心矣。此所以繼言用人也。《晦庵文集》卷六四。

案：朱熹《答陳膚仲》(老老長長恤孤)有云"故欲平天下者，必須先有此個本領效驗，然後有以爲地而致其絜矩之功，所謂'平天下在治其國'者也。……其不能絜矩之病，《章句》、《或問》三處説極分明。如來喻所謂'奪其財力，使不得養其父母'者，亦無疑矣"。《晦庵文集》卷四九。與本書"'絜矩'章專言財用,繼言用人,蓋人主不能絜矩者,皆由利心之起,故徇己欲而不知有人,此所以專言財用也"相關。《答陳膚仲》淳熙十六年(1189)春後,疑本書亦撰於其先後。

范仲黼

范仲黼,字文叔,成都雙流(今屬四川)人。淳熙五年(1178)姚穎榜同進士出身。紹熙三年(1192)十月除秘書郎,四年八月爲著作佐郎,五年八月除著作郎,十月知彭州。《南宋館閣録續録》卷八。

朱熹《答范文叔》:

《大學》之序固以"致知"爲先,而程子發明未有"致知"而不在"敬"者,尤見用力本領親切處。今讀來喻,知於主一蓋嘗用功,則致知之學宜無難矣。而尚欲更求其說,何耶?熹舊讀《大學》之書,嘗爲之說,每以淺陋,有所未安。近加訂正,似稍明白。親知有取以鋟木者,今内一通,幸試考之。或有未當,却望誨喻。然切告勿以示人,益重不韙之罪也。《晦庵文集》卷三八。

案:朱熹《大學章句序》撰於"淳熙己酉二月甲子"。《晦庵文集》卷七六。本書有云"熹舊讀《大學》之書，嘗爲之説，每以淺陋，有所未安。近加訂正，似稍明白。親知有取以鋟木者，今内一通，幸試考之"，則其撰於朱熹修訂《大學章句》并刊行之後，推知約在淳熙十六年（己酉，1189）夏後。

范仲黼《與朱元晦書》：

仲黼不天，蚤失先人之教，先夫人撫育成就，甚艱且勤，以及於兹，而葬不及銘，無以發其潛懿，吾心怒然，不敢寧也，敢拜以請。《晦庵文集》卷九〇。

案：朱熹《安人王氏墓表》有云"國子博士成都范君文叔以書致其母夫人之事於熹曰……熹讀其書，既蹙然不敢當，又讀其狀，益惟文字之蕪淺而無以信夫人之德於後世，顧文叔之賢，未及識面，而心已敬之，且其所以屬我者又如此其重也，乃不敢辭"。《晦庵文集》卷九〇。《墓表》撰於紹熙三年九月戊子。故推知本書約撰於是年（1192）春、夏間。

朱熹《答范文叔》：

讀書不覺有疑，此無足怪。蓋往年經無定説，諸先生所發或不同，故讀書不能亡疑。比年以來，衆説盡出，講者亦多，自是無所致疑。但要反復玩味，認得聖賢本意、道義實體，不外此心，便自有受用處耳。尹和靖門人贊其師曰："丕哉聖謨,六經之編。耳順心得,如誦己言。"要當至此地位,始是讀書人耳。子約之去,私計良便。象先相從,所論云何? 去歲相見不款,未得盡所欲言,至今爲恨耳。講義反復詳明,深得勸誦之體。特寄此章,豈亦有感於時論耶?《大學》近閱舊編,復改數處。今往一通,試以舊本參之,當見鄙意也。《晦庵文集》卷三八。

　　案: 書中有云"子約之去,私計良便。象先相從,所論云何? 去歲相見不款,未得盡所欲言,至今爲恨耳"。據《宋史·寧宗紀一》,慶元元年"夏四月丁巳,太府寺丞吕祖儉坐上疏留趙汝愚及論不當黜朱熹、彭龜年等,忤韓侂胄,送韶州安置","五月戊子,吕祖儉(子約)改送吉州安置"。又象先爲薛叔似字,紹熙四年十月除秘書監,五年十月爲權户部侍郎,《南宋館閣録續録》卷七。朱熹五年中赴京任侍從,當有過從,故本書有"去歲相見不款"之語。則推知本書約撰於慶元元年(1195)夏間。

朱熹《答范文叔》:

《春風堂記》久已奉諾,安敢忘之? 但近覺孤危之迹爲當世所憤疾,日以益甚,遂絶口不敢爲人出一語。非獨畏禍,亦義理之當然也。兼亦覺得此等空言無益於實,僅同戲劇,區區裝點,是亦徒爲玩物喪志而已。若論爲己切實功夫,豈此等所能助? 而爲仁由己,亦何待他人之助耶？況明道先生氣象如此，乃是"不違仁"之影子。今於影外旁觀而玩其形似，孰若深察其心之所到而身詣之之爲實耶？竊謂爲仁之要固不出乎聖賢之言，若子夏所謂"博學篤志"、"切問近思"，夫子所謂"克己復禮"，所謂"恭敬忠恕"，可以備見其用力之始終矣。幸深味乎此而實加功焉，則爲有以慰區區之望，固不在於言語文字之間而已也。《晦庵文集》卷三八。

　　案：書中云及"但近覺孤危之迹爲當世所憤疾，日以益甚，遂絕口不敢爲人出一語"，當在慶元黨禁時也。魏了翁《跋朱文公帖》曰："右朱文公與月舟范公文叔帖，凡五，皆寧考初元也。是時孽韓枋國，黨禍方張，此何時也，而以予所見於蜀士大夫如劉文節公、李良仲宗丞、季章參政、君亮侍郎，與今范公之家所藏朱公報帖，則一時善類應與固自若也。權臣威燄，徒能怖赫庸貪，而終不能以間人心之同。"《鶴山集》卷六四。則本書及上書（讀書不覺有疑）當皆屬此五帖中，亦撰於慶元元年間。

方大壯

　　方大壯，字履之，莆田（今屬福建）人。少穎悟，"年長不事場屋，專心求道。朱子至莆，大壯舉所學就正。日與同志講明，自號履齋"。《閩中理學淵源考》卷九。

朱熹《答方履之》：

杜門讀書，謝去場屋，自計已決，夫復何言？遜聞高
風，第劇歎尚。但所謂難者過之，不復致疑，此則汎汎悠
悠，恐不得力。目前雖似無事，向後無歸宿處，茫然如未
始學者，則恐不免却有多事之累也。平生見朋舊間好資
質而似此者多矣，私心嘗竊深歎惜之，故不願賢者之爲之
也。因便寓書，并此奉曉，幸試思之，以爲如何也？《晦庵
文集》卷五九。

案：劉克莊《方子約墓誌銘》有云“履齋者諱大
壯，字履之，朱文公門人也，爲義理之學，終其身不應
舉”。其侄方符“中慶元己未進士第，時方弱冠，文公
喜貽書賀履齋焉”。《後村集》卷三八。又《閩中理學淵
源考》卷九載“朱子至莆，大壯舉所學就正”。故推知
朱熹赴任漳州途徑莆田時，方大壯始問學，朱熹抵漳
州後，又來書致問，則朱熹答書約撰於紹熙元年
（1190）秋、冬間。

方　禾

方禾，字耕叟，興化軍莆田（今屬福建）人。方耒弟。
“亦登文公之門。文公告以改過脩己之方，莫切於《論
語》‘弟子入則孝’一章。禾佩服之”。《閩中理學淵源考》
卷九。

朱熹《答方耕叟_禾》：

禾敬問改過行己之方，願先生賜之一二言，使禾自此得朝夕從事於斯，口誦心惟，知所敬畏，庶幾前姦之不復邇，其亦古人盤銘書紳之義云。禾拜稟。

夫子有言，弟子入則孝、出則弟，謹而信，泛愛衆而親仁，行有餘力則以學文。其言雖約，然在耕叟今日改過修己之方，莫切於此。耕叟勉旃，它未有以告也。五月十四日某書。《晦庵文集》別集卷五。

案：朱熹《與方耕道》（前書所布）有言"令弟書來甚佳，大慰久別之懷。欲別上狀，雪中手凍，不能辦"，《晦庵文集》別集卷五。其書撰於淳熙七年初。而本書所載方禾來書，似爲初問學時所作，當在七年以前，又據書末署時，疑本書撰於六年（1179）五月十四日。

方　耒

方耒，字耕道，莆田（今屬福建）人。少孤，"兄弟杜門力學，已而見文公于建陽"。乾道二年（1166）登第，調善化尉，歷知潭州攸縣，"因文公謁張南軒，南軒深器之"，後張栻帥荆南，辟耒及游九言爲屬。終宣教郎、知連江縣。《閩中理學淵源考》卷九。

朱熹《答方耕道_耒》：

開喻詳悉，足見進學不倦之意。以左右明敏彊毅之資，屬志於此，何患於不得？然以愚見論之，詞氣之間，似猶未免迫急之病，於所謂平心和氣、寬以居之者，恐未有得力處也。願更於日用、語默、動靜之間日立規程，深務涵養，毋急近效，要以氣質變化爲功。若程夫子所謂敬者，亦不過曰"正衣冠，一思慮，莊整齊肅，不慢不欺"而已。但實下功夫，時習不懈，自見意味。不必懸加揣料、著語形容，亦不可近捨顯然悔尤、預憂微細差忒也。其他尚多有可論處，來書偶留墳菴，不能盡記曲折，然其大槩亦具此矣。大抵學問之道，不敢自是，虛以受人，乃能有益。若一有所聞，便著言語撑拄過去，則終無實得矣。《晦庵文集》卷四六。

案：書中言"來書偶留墳菴，不能盡記曲折"，據李方子《紫陽年譜》載乾道"六年，先生居喪盡禮，既葬，日居墓側，旦、望則歸奠几筵"。真德秀《西山讀書記》卷三一。又是年（1170）四、五月間，李宗思、蔡元定等來墓廬寒泉精舍論學，共游建陽西北之蘆峰，《年譜長編》卷上。於蘆峰雲谷建草堂，題曰晦庵。《晦庵文集》卷七八《雲谷記》。故疑本書約撰於此時。

朱熹《答方耕道》：

示問詳複，具審比日進學不倦之志，甚善甚善。顧淺陋何足以及此，然荷意之厚，不敢虛也。向者妄謂自立規程，正謂“正衣冠，一思慮，莊整齊肅，不慢不欺”之類耳。此等雖是細微，然人有是身，內外動息不過是此數事。其根於秉彝，各有自然之則。若不於此一一理會，常切操持，則雖理窮玄奧、論極幽微，於我亦有何干涉乎？“弘毅”之云，雖聖賢所示之要，然恐其間更須細密，方有實用功處。不然，則所謂只作一場話説，務高而已者，不可以不戒也。若必謂有所見然後有所主，則程子所謂“未有致知而不在敬”者，是爲敬有待於見乎？見有待於敬乎？果以徒然之敬爲不足事，而必待其自然乎？長沙有二先生《文集》，朋友間亦必有《遺書》本子，暇日更求此二書，反覆熟讀，不計近功，則智當益明而有以審乎此矣。前書所謂捨顯過、憂小失，正謂放飯流歠而問無齒決之類。舍此憂彼，則爲失其序耳。若日用功夫果能謹之於微，不使至於形顯，則善何以加？但恐言太高而難踐，則非所謂“切問而近思”耳。《晦庵文集》卷四六。

　　案：朱熹上書（開喻詳悉）云有“願更於日用、語默、動靜之間日立規程，深務涵養，毋急近效，要以氣質變化爲功。若程夫子所謂敬者，亦不過曰‘正衣冠，一思慮，莊整齊肅，不慢不欺’而已”，而本書乃云“向者妄謂自立規程，正謂‘正衣冠，一思慮，莊整齊肅，不慢不欺’之類耳”，知承上書。

朱熹《答方耕道》：

老兄以明敏果決之資，挾凌高厲遠之志，士友間所難得。今兹需次，暫得閑日，所宜潛心味道，益進所學，以副區區期望之意。向來所探似亦太高，所存似亦太簡，又每有自喜己材、獨任己見之意。今當小立課程而守之以篤，博窮物理而進之以漸，常存百不能、百不解之心，而取諸人以爲善，則德之進也不可禦矣。愛慕之深，不覺縷縷，幸恕僭易也。《晦庵文集》卷四六。

　　案：朱熹上書（示問詳複）有云"若日用功夫果能謹之於微，不使至於形顯，則善何以加？但恐言太高而難踐，則非所謂'切問而近思'耳"，而本書進而言"向來所探似亦太高，所存似亦太簡，又每有自喜己材、獨任己見之意。今當小立課程"云云，故推知其承上書，亦約撰於乾道六年或稍後。

朱熹《與方耕道》：

問禮之意甚善，顧淺陋何足以議此？舊所遵守者，溫公《書儀》、程氏《新禮》耳。兩書想皆見之，擇其善者可也。嘉禮有日，本合遣人致區區，適此朞慘，不得如願，想能亮之。承許改月來訪，幸甚幸甚。《晦庵文集》續集卷六。

　　案："朞慘"，指期服，爲期一年之喪，爲伯叔父母、舅父母等皆服期服。乾道七年（1171）十一月，朱熹母舅祝嶠卒。《年譜長編》卷上。本書中云"適此朞慘"，推知其當撰於此時稍後。

朱熹《與方耕道_未》：

所示劄藁，備見勤懇之意。至誠感動，理必可伸。但未曉其名色，不知所論爲已明白與未耳。寇事亦不審其曲折，若如前書所喻，欲以不加桎梏之類爲感動之術，則在我者誠亦有以取之矣。大率天下事循理守法，平心處之，便是正當。如盜賊入獄而加以桎梏箠楚，乃是正理。今欲廢此以誘其心，欲其歸恩於我，便是挾私任術，不行衆人公共道理。況恩既歸己，怨必歸於他人，彼亦安得無忿疾於我耶？此等事病根不淺，須它時面見，更於源頭理會耳。明道先生記彭中丞語云："吾不爲它學，但自幼即學平心以待物耳。"此言可念也。信筆及此，深愧率易。然以老兄樂於聞過，勇於徙義，必不以爲怪也。

桂林春來未得書，不知爲況如何。求歸不獲，甚可念。程簿得安其職，幸甚。許宰書已領矣，所喻不敢爲久安計，在邑一日且料理一日事，甚善。然所謂不爲久計者，亦須決定去得，如其不然，即此言反爲害矣。《晦庵文集》別集卷五。

案：書中云"桂林春來未得書，不知爲況如何。求歸不獲，甚可念"，據張栻《答朱元晦》（某丐祠）亦云"某丐祠，乃不獲命，一味皇恐，已再具請，度必蒙

矜允"。《南軒集》卷二三。其書撰於淳熙四年冬間,故
推知本書約撰於淳熙五年(1178)春末或夏初。

朱熹《與方耕道未》:

某來此已八閱月,自覺得不成行止,亦不成政事,徒
然坐食俸禄,使人慚愧。然累求去不獲,近又再請,未知
如何。來喻云云,極感忠愛。然此意已決,雖欲自强而不
能,又安能承命而改轍耶?其曲折之詳,已具南軒書中,
此不能多及。想燕談之際,當必及之耳。皇甫路分意趣
極不易得,想同僚必相好也。《晦庵文集》別集卷一。

案:據朱熹《南康軍到任謝表》,朱熹於淳熙六
年三月三十日到任知南康軍,《晦庵文集》卷八五。本
書云"某來此已八閱月",故推知其撰於是年(1179)
十一月間。

朱熹《與方耕道》:

所喻南軒病證,極令人憂念。且夕專人候之,當并拜
狀也。幕客正要蚤晚從容,密罄忠益。來喻乃欲公廳揖
笏,納劄誦言,殊不成舉措,聞之駭歎。如是乃是專欲引
善歸己,明曲在人,非主人所以千里相招之意也。又況如
此,則必大激同官之怒,亦使主人難處。區區愚慮,深爲
老兄憂之。方念正論衰息,吾黨甚孤,正當凡百詳審,委
曲調護,使人無可指議,乃爲盡善。若以小故先自乖離,

外激衆怒，内致羣議，殊非策之得也。況向來所辟兩人，游已望風引却，今老兄若更做去就，豈不大損主人聲望？至來喻所謂官吏縱弛，此亦當以漸整頓，豈容一旦遽行商君之令乎？居上以寬，恐南軒自有規模。若一向糾之以猛，恐非吾輩平日所講之意。更請裁之，勿爲過舉，幸甚幸甚。《晦庵文集》續集卷六。

　　案：書中云"幕客正要蚤晚從容，密罄忠益"，又云"況向來所辟兩人，游已望風引却"，游當指游九言，故知此時乃張栻知江陵府辟方、游爲屬官時。又書中言"所喻南軒病證，極令人憂念"，據《張宣公年譜》，張栻於淳熙六年十一月病，七年二月卒。故推知本書約撰於六年末。

朱熹《與方耕道》：

前書所布，當蒙深察。既不欲密之，又不欲公言而發之盃酒之餘，恐尤未安。以愚意觀之，既爲辟客，即非泛泛屬官之比，有所見聞，正當密言之耳。但亦當斟酌是否，量度時宜，使有益於主人而無傷於事體，乃爲盡善。若一言不契，即欲忿然引去以爲高，則吾不知其説矣。千萬幸聽此言。蓋非獨老兄一身之得失，實吾道興衰所繫，切告詳思。此言有深味，不可草草看過也。暇日讀何書？《易傳》恐宜熟觀。且虛心玩味，未可便容易領略。亦不須更立新説，且只看他聖賢處事詳緩曲折處，不要作書

讀,且只作事看也。皇甫文仲甚不易得,老兄所以箴之者
甚善。聞渠亦嘗相勸,真得朋友之道矣。吾人之意,豈是
欲耕道爲容説媕阿之計? 只是要得是當耳。寬猛之説,
前書已具言之,更告留念。令弟書來甚佳,大慰久別之
懷。欲別上狀,雪中手凍,不能辦。又急欲遣人候南軒安
信,只附此見區區。凡百且勸賢兄寬以耐事,遠方既難得
朋友,兄弟便兼切偲之責,凡事仔細商量爲佳也。《晦庵文
集》別集卷五。

　　案:書中言"寬猛之説,前書已具言之,更告留
念",乃指朱熹上書(所喻南軒病證)所云"至來喻所
謂官吏縱弛,此亦當以漸整頓,豈容一旦遽行商君之
令乎? 居上以寬,恐南軒自有規模。若一向糾之以
猛,恐非吾輩平日所講之意",故知其承上書而作。
又書中云及"又急欲遣人候南軒安信"、"雪中手凍",
故推知本書約撰於淳熙七年(1180)初。

　　又,劉克莊《跋朱文公與方耕道帖》:"吾里前輩
方耕道耒乾道二年擢第,歷任有廉直聲,受學朱、張
之門。嘗從宣公辟,爲湖北帥屬。文公與之書云:
'既爲辟客,有見聞當密言。'又云:'當斟酌量度,有
益而後言。'又云:'若一言不契即欲忿然引去,則不
可。'文公性方峻,與他人言,多勉其剛烈激發,而與
耕道言,更欲其委曲和緩。若耕道者,可謂直諒之友
矣。"《後村先生大全集》卷一〇二。

朱熹《與方耕道》：

昨承書，知所苦增進，不勝驚憂。既稍甦惺，莫已旋向安矣？偶按事天台，奏久不報。此必有掩蔽聰明、黨護奸惡者，以此留滯多日，欲討少錢物奉助醫藥而不可得。今逐急那得五十千遣去，老兄且加意寬心將息，不必過慮。令兄伯華不及別書，想且相照管。恐耕道病倦，遣去錢物幸爲檢入也。《晦庵文集》別集卷五。

案：朱熹於淳熙九年（1182）七月二十一日入台州境内巡按，至八月十八日離台州，其間六上奏狀彈劾前知台州唐仲友。《年譜長編》卷上。本書云"偶按事天台，奏久不報。……以此留滯多日"，故推知其當撰於八月間。

又，劉克莊《跋朱文公與方耕道帖》："予既跋前一帖，又讀別帖云：'聞所苦增進，不勝驚憂。'又云：'欲助醫藥而不可得，今那五十千遣去。'烏虖！文公之金，伯夷之粟也。前帖見耕道之介，此帖見耕道之廉，遂併識之。"《後村先生大全集》卷一〇二。

朱熹《與方耕道》：

昨日遣書，匆匆不盡意，比想體中益佳健矣。人參三兩，恐客中或闕用，今遣致之，幸視至。迫邃，不及詳布。《晦庵文集》別集卷五。

案：本書當撰於上書（昨承書）稍後。

方芹之

方芹之,字子實,後改名泳之,莆田(今屬福建)人。方耒族兄弟。"亦與文公遊,廉介好學,不肯儳仰于世"。登淳熙十四年(1187)進士第,《福建通志》卷三四。教授衡州,改知南豐縣、巴陵縣,縣中稱治。《閩中理學淵源考》卷九。

朱熹《答方子實_{芹之}》:

昨者經由,幸獲一見。別又數月,豈勝馳情。令叔來,承書,獲審比日秋冷,德履佳勝爲慰。熹比幸粗遣,無足言。長泰令兄幸得同事,相去不遠,亦時相見也。跋語殊犯不韙,更勤刻畫,爲愧益深耳。示喻主敬之説,先賢之意蓋以學者不知持守,身心散漫,無緣見得義理分明,故欲其先且習爲端莊整肅,不至放肆怠墮,庶幾心定而理明耳。程子"無適"之"適"訓"之"、訓"往"而讀如字,《論語》"無適"之"適"訓"專"、訓"主"而讀如"的",其音義皆不同,不當以此而明彼,細考之可見。程子之云,只是持守得定,不馳騖走作之意耳。持守得定而不馳騖走作,即是主一,主一即是敬。只是展轉相解,非無適之外別有主一、主一之外又別有敬也。《晦庵文集》卷五九。

案:書中言及"跋語殊犯不韙,更勤刻畫,爲愧益深耳",指朱熹《書伊川先生與方道輔帖後》,有云

"公之曾孫長泰主簿壬又并其所藏數帖模刻於家,間以視熹,求書其後",時紹熙改元孟秋七日。《晦庵文集》卷八二。又本書中言"獲審比日秋冷",故推知本書約撰於紹熙元年(1190)九月秋深。

方　銓

方銓,字平叔,興化(今屬福建)人。淳熙二年(1175)進士,官朝請大夫。《福建通志》卷三四。嘉泰三年(1203),以朝散大夫、司封郎中除提點刑獄,十二月到任。開禧元年(1205)四月,改除江西運判。《吳郡志》卷七。

朱熹《答方平叔銓》:

伏承遠貽書劄,禮意甚勤,而所以教誨責望之者甚至。熹愚不肖,懼不足以當也。顧獨惟念自省事來,聞師友之訓、讀聖人之書,觀其教人,不過講學修身,以全其所受於天者。出爲世用,則隨其大小,推吾之所有以及人。至於用與不用、合與不合,則直任之。蓋未嘗以是必於人,亦未嘗以是變於己,以此自信,誓將終身由之,而不自知其力之果足以有至焉否也。今讀來教,其觀於當世之變詳矣,然誾誾然常有憂其不合而必於求合之意,其責君子也已詳,其徇小人也已甚,是雖憂世之心甚深,而古之聖賢非不憂世者,其規模氣象似或不如此也。孟子曰:

"人病舍其田而耘人之田,所求於人者重而所以自任也輕。"其論狂狷、鄉原之得失以及君子反經之意,尤所謂深切而著明者。孔子亦曰:"古之學者爲己,今之學者爲人。"有志之士深省乎此,亦足以判然無疑於舜、蹠之間矣。不審明者以爲如何?《晦庵文集》卷五八。

　　案:朱熹知潭州時《同監司薦潘燾韓逿蔡咸方銓狀》云"奉議郎、提刑司幹辦公事方銓,器資宏裕,識趨高明。向宰懷安劇邑,連事三帥,皆稱其寬簡不擾,急吏緩民,所薦之詞,如出一口,懷安之民,至今稱之。今任湖南屬官,其在幕中,靖重寡言,澹若無營,至於酬應事機,多所贊助"。《晦庵文集》卷一九。朱熹識方銓當在此時。本書有云"今讀來教,其觀於當世之變詳矣,然慇慇然常有憂其不合而必於求合之意,其責君子也已詳,其徇小人也已甚",似有關朱熹罷侍講離臨安而歸之事。故推知本書疑撰於紹熙五年(1194)末。

方　壬

　　方壬(1147—1196),字若水,莆田(今屬福建)人。方耒弟。"淳熙中遊太學,往謁朱文公,以進退之説爲請"。十四年(1187)擢第,除長泰主簿。"會文公守漳,請壬主學事。壬條上講説、課試、差補等十事,文公命屬邑皆倣之。會朱子召還，出《大學章句》付壬俾刻示學者”。《閩中理學淵源考》卷九。秩滿，知寧鄉縣，未上。慶元丙辰正月卒，年五十。事迹見劉克莊《後村集》卷四〇《方寧鄉墓誌銘》。

朱熹《答方若水壬》：

龍巖之行，若問得實，使無罪者不以冤死而有罪者無所逃刑，此非細事也。靜退之說亦甚善，但今亦未是教人求退，只是要得依本分、識廉恥，不敢自衒自鬻以求知求進耳。然亦須是讀書窮理，使方寸之間洞見此理。知得不求只是本分，求著便是罪過，不惟不可有求之之迹，亦不可萌求之之心；不惟不得說著求字，亦不可說著不求字，方是真能自守、不求人知也。《晦庵文集》卷五九。

　　案：《閩中理學淵源考》卷九言方壬爲永泰主簿，“明年，龍巖有蠻卒殺人，獄吏逼同行者誣伏；漳浦有僧死於佃，而鞫驗者皆曰飲鴆，壬皆閱實抵罪。文公聞之，與壬書曰：‘龍巖之行，使無罪者不冤、有罪者莫逃，此非細事。’”然劉克莊《方寧鄉墓誌銘》言“龍巖彎卒殺人，獄吏抑同行者誣伏；漳浦有僧斃於佃戶，鞫驗皆曰服毒，太守司諫鄧公委君閱實，卒、佃伏誅，二冤獲伸”。《後村集》卷四〇。太守司諫鄧公乃朱熹前之漳州知州，則推知本書約撰於朱熹抵漳之初，約在紹熙元年（1190）五、六月間。

朱熹《答方若水壬》：

承喻深悉。賢者才業如此，及此未爲世用之時，加意
講學，勉力職事，以脩其在我者。至如士民薦舉之類，亦
當有以禁之，勿令復出。不知它人如何，如某久居閑處，
見此等無非迎合，以是心常惡之。當官處遇有此等，或察
其情有姦弊，即繫治之，不少貸也。別紙所喻三先生祠
記，多事不暇作。兼長泰設此，似亦無謂也。縣學文字適
此擾擾，未暇詳閱。要之此等粗合有司程度足矣。學者
須令此外識得一用心處，乃有益耳。舊課新詩及啓皆善，
但四六須更看前輩歐、王、曾、蘇所爲乃佳，然亦不足深留
意也。《大學》近改兩處，及未印間改之爲善。其它民間
利害，當就州府理會。龍溪事亦不足深計，渠固未嘗喻及
也。程帖已領，白社本後跋有記明道一二事，并附入
亦佳。

大率諸義皆傷殘短，鋪陳略盡，便無可說，不見反復
論辨、節次發明工夫。讀之未終，已無餘味矣。此學不講
之過也。大率鬪揍已字太多，反失正意。據題意則治已
字輕，以仲尼字重，輕處只消拂掠說過，不必如此裝得太
重也。《晦庵文集》卷五九。

案：《閩中理學淵源考》卷九言"會朱子召還，出
《大學章句》付壬俾刻示學者"，而本書中云及"《大
學》近改兩處，及未印間改之爲善"，故推知其撰於紹
熙二年(1191)四月或稍前。

方士繇

方士繇(1148—1199)，一名伯休，字伯謨，號遠庵，莆陽(今屬福建)人。"既冠，遊鄉校，試屢在高等。聞侍講朱公元晦倡道學於建安，往從之。朱公之徒數百千人，伯謨甫年尚少，而學甚敏，不數年稱高弟，因徙家從之於崇安五夫籍谿之上。……伯謨甫既見朱公，既厭科舉之習，久之遂自廢，不爲進士，專以傳道爲後學師。六經皆通，尤長於《易》。亦頗好老子，……又曰：'釋氏固夷也，至於立志堅決，吾亦有取焉。'其博學兼取，不以百家之駁撟所長如此，亦足見其資之寬裕忠厚，與世俗異也"。慶元五年五月卒，年五十二。事蹟見陸游《渭南文集》卷三六《方伯謨墓誌銘》。

朱熹《答方伯謨》：

昨承致書，久無便可報，但每朋友講論，未嘗不奉懷耳。文字煩抄録爲愧，比復有更定一二，且未可出以示人也。所論數條，足見思索之深，甚副所望。"正所以守"，"守"字誠未安，但此字難下，不知曾爲思之否？因來及之，得以反復也。所論聖賢立言之意，亦中淺陋之失。蓋當時欲矯其顧慮遲疑之弊，不自覺其過而生病耳。頃嘗語伯恭，此是吾二人氣質之偏，當各加矯革，古人韋弦之戒，殆正爲此設也。所論陰陽、男女之説，則未然。天地之間，陰陽而已。以人分之，則男女也；以事言之，則善惡也。何適而不得其類哉？"中正仁義"，如"君子時中"，"順受其正"，"仁者愛人"，"義以爲質"之類，皆周子之意。他處有不同者，各隨所主而言，初不相妨。如子貢以學不厭爲智、教不倦爲仁，而《中庸》則以成己爲仁、成物爲智，此類亦可推矣。甚思晤語，秋前想未能來，有便時寄所疑爲望。《晦庵文集》卷四四。

案：書中所言"頃嘗語伯恭，此是吾二人氣質之偏，當各加矯革，古人韋弦之戒，殆正爲此設也"，指朱熹《答呂伯恭》（所論孟子論二子之勇處）中"大抵伯恭天資溫厚，故其論平恕委曲之意多，而熹之質失之暴悍，故凡所論皆有奮發直前之氣。竊以天理揆之，二者恐皆非中道"。《晦庵文集》卷三三。《答呂伯恭》撰於乾道八年（1172）春，故推知本書約撰於是年中。

朱熹《答方伯謨》：

昨王變還，承書至慰。不聞問又許久，劇暑，伏惟侍履佳勝。所喻心說似未安。蓋孔子説此四句，而以"惟心之謂與"結之，不應如此著力，却只形容得一箇不好底心也。來書所説自相矛盾處亦多，可更詳之。令舅府判侍次，嘗及此否？試爲質之，必有至當之説也。克明及諸朋友，皆煩以此詢之。誠之聞歸已久，不知今在甚處？或見，煩致意。南軒云有書附渠來，告早尋便示及也。《晦庵

《文集》卷四四。

　　案：朱熹下書（熹自春涉夏多病多故）有云"令
舅府判侍次，煩爲致問訊意"，又詢及"克明爲況何
如"，而本書乃云"令舅府判侍次"，並請"克明及諸朋
友，皆煩以此詢之"云云，知其相先後。又本書言及
"劇暑"，則其當撰於乾道九年（1173）盛夏。

朱熹《答方伯謨》：

　　熹自春涉夏多病多故，奔走出入，不得少休，近屏杯
杓，病才少愈。惟是事端無窮，未有寧息之期，又迫朝命
有"託故稽留，令憲府覺察"指揮，勢或當一出。前憂後
愧，未知所以爲計也。甚欲一與伯謨相見，不知能乘隙一
見過否？來月之初，須且扶送叔母之喪還政和，歸來月
末，方得爲去計也。擇之來此已兩月，秋間方歸。日間時
有講論，然苦人事斷續，不得專一。若伯謨能一來爲旬日
款，殊慰所望也。子澄亦到此三、四日而行。令舅府判侍次，
煩爲致問訊意。此便少遽，未及拜書。克明爲況何如？
曾再往光澤否？欲作書及附趙宰書，亦未暇，悉煩道區
區。或伯謨未能來，近日講學所得所疑，便還略告批喻。
李君到彼，略周顧之爲幸。未間，千萬力學自愛。《晦庵文
集》卷四四。

　　案：朱熹《答呂伯恭》（便中辱書教）云"熹昨以
叔母之葬走政和，往返月餘，今適反舍"。《晦庵文集》

卷三三。其書撰於乾道九年十一月中。是知本書中
"來月之初"乃指十月初,故推知本書當撰於九月中。

朱熹《答方伯謨》:

人還,承書至慰,比日遠惟侍履佳勝。篆字甚佳,然
其間不能無病筆,已封寄去。但恐彼欲磨崖,則所書大字
或不堪用。今其人過彼,更煩別為大書徑尺以上者封與
誠之,令轉呈南軒。但筆路亦須稍重,蓋恐崖石麤,若字
畫太細,即不可辨耳。向寄二刻,不必寄來,只留几間可
也。許來春見過,幸甚。但正初恐亦須略出,叔京又約相
會於邵武,若至此相聚尤便。但恐人事擾擾,不能從容
耳。所欲言者無窮,未即會面,千萬自愛。

《孟子説》附還,彼中朋友商量此書有疑處否?《晦
庵文集》卷四四。

案:書中云"許來春見過,幸甚。但正初恐亦須
略出,叔京又約相會於邵武,若至此相聚尤便",據載
朱熹於淳熙元年正月至建寧弔梁克家憂,又與林用
中、許升送石子重歸會稽;三月初至寒泉展墓,遂游
蘆峰、雲谷,蔡元定、何鎬、方士繇諸人同游。《年譜長
編》卷上。故推知本書約撰於九年末。

朱熹《答方伯謨》:

前日託俞尉附一書,當達,比日遠惟侍學增勝。前所

懇令舅府判兄作字，不知已爲落筆否？“二月甲子”下更著一“朔”字尤佳，仍望早附的便示及也。近作得《六先生畫象贊》，謾録去，煩呈令舅一觀，求其未當處。且夕畫成，當并以拜浼，早得刊定爲幸耳。李積微篆字墨本，近偶得之，似亦不滿人意。小技難精猶如此，況其大者乎？得連嵩卿書云：“廖子晦言‘天地之性即我之性，豈有死而遽亡之理？’”因引《大全集》中堯、舜託生之語爲證，渠諸人未有以折之。伯謨可與克明各下一語，便中見喻也。

月初至寒泉，叔京約來相聚旬日，不知能約諸同志者同爲此會否？但恐不欲令諸生又廢業耳。《晦庵文集》卷四四。

案：書中云及“月初至寒泉，叔京約來相聚旬日”，朱熹於淳熙元年（1174）三月初至寒泉展墓，故推知本書撰於三月中。又，朱熹“託俞尉附一書”，未見。

朱熹《答方伯謨》：

昨附俞尉及崇化兩書，不知皆達否？得兼善報，云所要文字已發去，想亦已到久矣。前書託稟令舅，向日所浼《敬箴》更求注字，“乾道癸巳二月甲子，新安朱熹作，建安呂□□書。”後書欲“甲子”下增一“朔”字，不知已爲寫否？如已寫下，即於空處別寫此字不妨，不必易紙也。《六先生象》内去，并煩求揮翰。但不知前日所呈本子曾經參訂否？今別録去，内略有改更處。又叔京疑《伊川贊》後四句不相應，本意謂伊川之言平易深遠，人所難識耳，不知叔京之意如何？渠又疑《横渠贊》中"逃"字，據《行狀》云"於是盡弃舊學，淳如也"，即是舊時嘗有雜學，下此字似亦不妨。更禀令舅，看如何？若無可疑，即乞爲書，付此便回。并所懇《敬箴》。此贊就畫象上寫一本，須依今寫去本首尾向背，蓋隨面所向也。就此界紙上寫一本。首尾亦依寫去本。此本伯諫欲刻石，如紙不好，界不匀，即煩爲易之。如叔京之説當改，或别有可疑處，即且留此畫於彼，人回喻及，俟却報去也。《敬箴》"大本乃立"一句，"乃"字不知舊作甚字？恐舊本不同，即改作"乃"字爲佳。數以鄙語塵溷妙筆，何愧如之！數日偶無事，了得數篇文字，未有人寫得去，俟後便也。向跋胡公帖，煩録一本，并跋語付此人回。或有講論，亦可付此便，此便甚的也。《晦庵文集》卷四四。

　　案：本書云云，實承上書（前日託俞尉附一書）。所託"崇化"一書，當即上書（前日託俞尉附一書），故推知本書約亦撰於三月間。

朱熹《答方伯謨士繇**》：**

　　"隨時變易以從道"，主卦爻而言，然天理人事皆在其中。今且以《乾卦》"潛"、"見"、"飛"、"躍"觀之，其流行而至此者易也，其定理之當然者道也。故明道亦曰"其體則謂之易，其理則謂之道”，而伊川又謂“變易而後合道，‘易’字與‘道’字不相似也”。又云“人隨時變易爲何？爲從道也”。此皆可以見其意矣。《易》中無一卦一爻不具此理，所以沿流而可以求其源也。

“會”以理之所聚而言，“通”以事之所宜而言，其實一也。

“或躍在淵”，九四中不在人，則其進而至乎九五之位亦無嫌矣。但君子本非有此心，故云“或躍”，而《文言》又以“非爲邪也”等語釋之。

九、六之説，楊遵道録中一段發明傳意與來喻不同，然亦未曉其説。嘗謂五行成數，去其地十之土而不用，則七、八、九、六而已。陽奇陰耦，故七、九爲陽，六、八爲陰。陽進陰退，故九、六爲老，七、八爲少。然陽極於九，則退八而爲陰；陰極於六，則進七而爲陽。一進一退，循環無端，此揲蓍之法所以用九、六而不用七、八，蓋取其變也。只以此説推之，似無窒礙，龜山所謂“參之爲九，兩之爲六”，乃康節以三爲真數，故以三、兩乘之而得九、六之數，今以一、三、五爲九，二、四爲六，則乃是積數，非參之、兩之之謂。且若此而爲九、六，則所謂七、八者，又何自而來乎？疑亦未安。

“大明終始”，傳意自明。其曰明、曰見、曰當，非人而何？更看楊遵道録中一段，則尤分明矣。天人一理，人之動乃天之運也。然以私意而動，則人而不天矣。惟其

"潛"、"見"、"飛"、"躍"各得其時，則是以人當天也。然不言"當天"，而言"御天"，以見遲速進退之在我爾。雖云在我，然心理合一，初無二體，但主心而言爾。

元者用之端，而亨、利、貞之理具焉。至於爲亨、爲利、爲貞，則亦元之爲爾，此元之所以包四德也。若分而言之，則元、亨誠之通，利、貞誠之復，其體用固有在矣，恐亦不得如龜山之説也。以用言則元爲主，以體言則貞爲主。

象詞乃卜筮詞。釋象，則夫子推其理以釋之也。以"安貞之吉，應地無疆"爲卜筮之詞，恐記之誤也。《晦庵文集》卷四四。

案：書中乃答方士繇程氏《易傳》問目。據朱熹《答范伯崇同呂子約、蔣子先》（易，變易也），亦答《易傳》問目，所言與本書相合，如云"'易'指卦爻而言，以《乾》卦之'潛'、'見'、'躍'、'飛'之類觀之，則'隨時變易以從道'者可見矣"是也，又如云"'會'，以物之所聚而言；'通'，以事之所宜而言"是也。《晦庵文集》卷三九。《答范伯崇》撰於乾道九年冬或此後。故推知本書約撰於淳熙元年間。

朱熹《答方伯謨》：

"正所以立"，近之；"全"字不穩當，俟更思之。

齊王見牛兩段，當未發見時，便合涵養。惟其平日有涵養之功，是以發見著明而擴充遠大也。若必俟其發見然後保夫未發之理，則是未發之時漠然忘之，及其發然後助之長也。

泄柳、申詳，聞李先生説正如是，林説恐非。

"天之生物，使之一本"，前説是。

"王驩"之説亦是。

"周公之過"，只依舊説。

孟子言"昔者所進，今日不知其亡"，故王問"何以識其不才而舍之"。而孟子告以"進賢如不得已"。蓋於進退之間無所不審，非但使之致察於去人、殺人也。

明道先生言："性即氣，氣即性，生之謂也。"又云："論性不論氣，不備；論氣不論性，不明。二之便不是。"大抵本然之性與氣質之性，亦非判然兩物也。前日之説，只是論性雖有五，然却亦不離乎一，未有磨瑩澄治之意也。

仁、覺兩段互有得失，然論愈精微，言愈易差，不若只遵伊川先生之説，以"公"字思量而從事乎克復之實，久當自有見也。

正固便是事之榦，故《傳》曰"亨貞之體，各稱其事"，明其義與乾坤不殊，但各主於其事而言耳。

觀六三，《傳》但以爲未至失道而求不失道耳，非直以爲不失道也。

鬼神功用之説，得之。李説不可曉，不知如何自有一種意，亦不解其文義也。

揲法，陽爻皆用九而不用七，故於純陽之卦發此凡例。凡揲而六爻皆九者，則以此辭占之。"見群龍"，謂值此六爻皆九也。"無首"，謂陽變而陰也。剛而能柔，故吉。而聖人因之以發明剛而不過爲用剛之道也。《左傳》蔡墨云："在乾之坤，曰見羣龍無首，吉。"杜注亦如此說。

"知至至之，知終終之"，舊來所說未是。《遺書》"'知至至之'主知，'知終終之'主終"。蓋上句則以"知至"爲重，而"至之"二字爲輕；下句則以"知終"爲輕，而"終之"二字爲重也。"存義"，言其有以存是理而不失，非有取乎不過之義也。

"碩果不食"，只不食便有復生之意，不必云推廣而言也。《晦庵文集》卷四四。

案：本書云"揲法，陽爻皆用九而不用七，故於純陽之卦發此凡例。凡揲而六爻皆九者，則以此辭占之"，乃舉上書（隨時變易以從道）"然陽極於九，則退八而爲陰；陰極於六，則進七而爲陽。一進一退，循環無端，此揲著之法所以用九、六而不用七、八，蓋取其變也"云云而引申論說之，故推知本書撰於其後。

朱熹《答方伯謨》：

昨承枉顧，別邃累月，馳向深矣。比日春晚，伏惟侍學增勝。所與處者爲誰？見作何等工夫？有可以見告者，便中及之爲幸。近嘗一至雲谷，留十餘日。朋友來集,隨分有少講論,大率追正舊説之太高者爲多也。克明、德柄皆未及書,煩爲致意。直翁聞問否?欲作書,亦未暇,俟後便也。濟之有少文字,欲至彼粥之。有可爲鄉導處,幸略爲致力,幸甚。長沙人歸未耶?《晦庵文集》卷四四。

　　案:朱熹《答呂伯恭》(自冬來五被誨示)云"但叔京自冬初與邵武朋友三兩人來寒泉,相處旬日,既歸即病。十一月末間,手書來告訣,得之驚駭,即走省,至則已不起數日矣",《晦庵文集》卷三三。撰於淳熙二年除夕日。方士繇亦與此會。而本書有云"昨承枉顧,別遽累月,……比日春晚",因三月中朱熹去婺源展墓,故推知其約撰於淳熙三年(1176)二、三月間。

朱熹《答方伯謨》:

熹此粗安,免章雖未報,然諸公已見許,章下必遂請無疑也。前日所説伯恭昏事,以書問之,得其兄弟報字,只要年長淑善、安貧睦族,他所不計。以吾輩度之,更須耐静。已悉以屬茂實,亦略與周佐説來,祝其密之,只與伯謨商量。若有七八分以上可問,即爲微扣之,却託茂實專人來報也。千萬留意,至祝至祝。茂實、仲本前日到此,不及登山,然却得静坐兩日説話,頗款。仲本託爲齋記,已爲草寄,當必見之也。虞祠刻已寄來,規模甚大,文固不稱,篆額似亦差小耳。未有別本,俟續得之,當分去也。前書所煩作字,便中示及爲幸,置物亦然。季通竟罹家難,窘迫可念。彼中葬事如何?勢須俟堯舉復來耳。仲本別時所寄聲奉聞者,想已發之,此不可已也。《晦庵文集》卷四四。

案:書中所云"齋記",乃朱熹所撰《復齋記》,其云"吾友黄君仲本以復名齋",而來請齋記,朱熹撰成於淳熙丙申(三年,1176)十月戊寅(二十五日)。故推知本書約撰於是年十月、十一月之際。

朱熹《答方伯謨》:

昨承遠訪,愧感良深。別去惘惘。人還奉告,聞比日侍履佳勝爲幸。熹悲悴如昨,無可言。甚感愛念寬勉之意,然觸事傷懷,亦未能遽平也。匕節衣被并領。季通屢得書,殊未有定論然,亦未聞其西去之期,不知果如何爾?錄示九江文字,甚發人意,大體只須如此,得失已自可見。但恐未足以盡其情僞曲折之變,彼或以吾曹爲真可欺耳。然世間自當有明眼人,此亦初不足辨也。得伯恭書,云到會稽,見伯諫守其所聞,牢不可破,自信之篤如此,亦良可尚耳。常德二書煩達之,想日相聚,所講論當益有緒,因便示一二爲幸。因孫巨源見過附此,草草。襄事之後,能一來顧,慰此幽鬱否乎?常德之官後,別有學徒相從否?因便早及之爲望。《晦庵文集》卷四四。

案：書中言"熹悲悴如昨"，乃指淳熙三年十一月朱熹妻劉氏卒；《年譜長編》卷上。又言"得伯恭書，云到會稽，見伯諫守其所聞，牢不可破"，乃指吕祖謙《與朱侍講元晦》（竊承遜牘再上）中云"某近嘗到會稽，李伯諫數次聚話，祖述李周翰之說，不敢復迴。其所攻排伊洛諸說，亦皆初無可疑者，自是渠考之不詳耳"。《東萊集》別集卷八。《與朱侍講元晦》書撰於淳熙三年十月、十一月之際，故推知本書約撰於是年末。

朱熹《答方伯謨》：

別後一得手書，亦無便可報。今復久不聞問，懷想可量。比想劇暑，侍履佳慶。熹衰悴如昨，欲往弔茂實，至今未能。不免且遣人致書，亦復因循，不能得遣。蓋目前百事敗人意，當此午暑時，兩眼幾不復可視物也。向見所作平父諸小詩，甚佳。章辰州爲人求詩，嬾甚，無佳思，輒以奉煩。渠本取韋賢語名閣，須略點破也。近讀何書？向見頗有因循之病，更宜勉彊。區區所望於賢者，不但如此而已也。季通病甚，彊起如建陽料理墳墓，數日不得書，不知爲況如何？聞欲遂過邵武，不知是否？遣此人，本欲子細作書，適意思不佳，草草附此，殊不及所懷之一二。季克、佐卿皆已得郡，季克侍闕否？佐卿想便赴官也。因見致意，倦甚，未及拜狀也。方暑自愛。《晦庵文集》卷四四。

案：朱熹妻劉氏卒於淳熙三年十一月，次年葬於建陽縣大林谷。故本書有云“熹衰悴如昨”，再云“季通病甚，彊起如建陽料理墳墓”，乃指蔡元定爲劉氏選卜葬地。書中又云“比想劇暑”、“方暑自愛”，故推知其撰於四年(1177)盛夏。

朱熹《答方伯謨》：

前日承書，人還匆匆，不能作報。比日秋暑，德履佳勝。永福收近信否？熹此諸況，如前所與廷老書。此後竟未得雨，祈禱萬方，平生所不欲爲者皆爲之，亦卒無驗。然每設醮處，爲人引去天師前燒香，即記著《後漢書》，此亦何緣有效也？救災之備，不敢不勉，但今日上下不相恤，雖已具奏及申省部諸司，未知復如何也。在今日，義不當求去，萬一所請不從，則亦可以已矣。但憲司有相料理之意，今日又聞其劾信州林子方，此亦是殺鳴犢底消息，旦夕或自以此去不可知耳。數日前寫得趙帥兄弟書，因欲致一奠，今爲此災傷，凡百皆廢，且往空書，因見幸略及之也。居仁遭誰喪？昨日欲作書，偶檢來書不見，下筆不得，因書更報及也。搬過建安，良便，恐此間動未得，秋涼能來爲幸。但恐薦送，即又不容來耳。諸刻昨已遣去，想已達。未相見，珍重。《晦庵文集》卷四四。

案：書中言“此後竟未得雨，祈禱萬方”，又言“救災之備，不敢不勉”，又言“今爲此災傷，凡百皆廢”，乃指淳熙七年南康軍救災事。是年七月，南康軍大旱，朱熹大修荒政，“盛暑中，禱祠山川，卻蓋暴露，蔬食踰月”。《年譜長編》卷上。書中又云“比日秋暑”，則當撰於是年（1180）初秋。

朱熹《答方伯謨》：

夫子夢寐周公，正是聖人至誠不息處。然時止時行，無所凝滯，亦未嘗不灑落也。故及其衰，則不復夢，亦可見矣。若是合做底事，則豈容有所忽忘耶？以忘物爲高，乃老、莊之偏説。上蔡所論曾點事似好，然其説之流，恐不免有此弊也。

“志於道”，“志”字如有向望求索之意，《大學》“格物致知”即其事也。

衛輒事，龜山以爲有靈公之命，《左傳》、《史記》皆無此説。冉有、子貢之疑，只以嫡孫承重之常法言之，似有可以得國之理耳。謂夷、齊不當去，此説深所未曉，且當闕之。

“不義而富且貴”，所謂富貴，非指天位天職而言，但言勢位奉養之盛耳。此等物，若以義而得，則聖人隨其所遇，若固有之，無鄙厭之心焉。但以不義而得，則不以易吾飯疏飲水之樂耳。

“富而可求”，以文義推之，當從謝、楊之説。東坡説亦是此意，似更分明。蓋上句是假設之詞，下句方是正意。下句説"從吾所好",便見上句"執鞭"之事非所好矣。更味"而"字、"雖"字、"亦"字,可見文勢重處在下句也。《晦庵文集》卷四四。

案:朱熹《答黄直翁》(衞君事)云"衞君事,伯謨書中已略論之。徐思不奉父命而逃去,固爲未善",《晦庵文集》卷四四。所云即本書"衞輒事,龜山以爲有靈公之命,《左傳》、《史記》皆無此説"。朱熹《答黄直翁》約撰於淳熙七年間,故推知本書約撰於同時。

朱熹《答方伯謨》:

《韓文考異》大字以國子監版本爲主,而注其同異,如云"某本某作某"。辨其是非,如云"今按云云"。斷其取舍,從監本者已定,則云"某本非是";諸別本各異,則云"皆非是"。未定,則吾加"疑"字。別本者已定,則云"定當從某本";未定,則云"且當從某本"。或監本、別本皆可疑,則云"當闕",或云"未詳"。其不足辨者略注而已,不必辨而斷也。

熹不及奉書,《考異》須如此方有條理,幸更詳之。《晦庵文集》卷四四。

案:本書有"《韓文考異》大字以國子監版本爲主,而注其同異"云云,下書(便中承書)又云"《韓文考異》已寫成未? 如無人寫,可懇元善轉借一二筆吏,速寫以來",知在其前。推知本書約撰於慶元二年(1196)初或稍前。

朱熹《答方伯謨》：

便中承書，具審即日所履佳勝爲慰。親闈安問，想不輟收也。惠及新茶，極感厚意。病軀更此蒸濕，却幸不動，飲食亦粗喫得。只願且得如此，則譴呵之及有以當之，他不足計也。《韓文考異》已寫成未？如無人寫，可懇元善轉借一二筆吏，速寫以來。只有此一事稍稍趨時，不可緩也。聞公試簾前語否？　《晦庵文集》卷四四。

　　案：書中言及“惠及新茶”，推知其約撰於慶元二年春末夏初。

朱熹《答方伯謨》：

比想所履日佳，端午莫須一歸否耶？《韓考》煩早爲并手寫來，便付此人尤幸。聞冰玉皆入僞黨，爲之奈何？爲之魁者不暇自謀，特爲賢者慮破頭耳。因便草草。《晦庵文集》卷四四。

　　案：書中云及“端午莫須一歸否耶”，推知約撰於慶元二年四月末或稍後。

朱熹《答方伯謨》：

適方遣人奉簡，忽承手示爲慰。幼恭書已領，少須手可作字，并奉報章。但不知其行期在幾時，幸批報也。《韓考》已領，今早遣去者，更煩詳閱籤示。適有人自三衢來，云璵闥以論陳源故補外。見詹卿，煩及之。人還草草。

《楊子》序篇有"冠乎群倫"之云，以爲無義者固可笑，而問人出處者亦疏脱也。《晦庵文集》卷四四。

案：上書（比想所履日佳）有云"《韓考》煩早爲并手寫來，便付此人尤幸"，本書乃云"《韓考》已領"，知承其後。又本書云及"瑣闥以論陳源故補外"，指慶元二年七月，内侍陳源"以恩許自便，不得入國門。給事中汪義端駁之，乃移源婺州，而義端亦出知鎮江府"。《兩朝綱目備要》卷三。故推知本書約撰於是年八月間。

朱熹《答方伯謨》：

承簡，喜聞佳勝。《韓考》所訂皆甚善。比亦別修得一例，稍分明。五夫人到日，能略過此少款一二日爲幸。勿以徒御爲憂，白餽青茢不難辦也，兼更欲有所扣耳。人還草草。《晦庵文集》卷四四。

案：上書（適方遣人奉簡）有云"《韓考》已領"，本書乃云"《韓考》所訂皆甚善"，知在其後。

朱熹《答方伯謨》：

熹今年之病久而甚衰，此月來方能飲食，亦緣灸得脾腎俞數壯，似頗得力也。《韓考》已從頭整頓一過，今且附去十卷，更煩爲看，籤出疑誤處，附來換下卷。但鄙意更欲俟審定所當從之正字後，却修過，以今定本爲主，而注諸本之得失於下，則方本自在其間，亦不妨有所辨論，而體面正當，不見排抵顯然之迹，但今未暇耳。緣其間有未甚定處，須更子細爲難也。記得籍溪先生曾寫得《陳希夷墓表》云是呂洞賓所撰。見與，偶尋不見。煩爲問子端，恐有本，即爲借寫一本附來也。廟額方礬得紙，且夕寫得，自從此寄去。所求龕額，便中望早寄也。天氣甚好，能下來數日否？《晦庵文集》卷四四。

　　案：上書（承簡，喜聞佳勝）有云"《韓考》所訂皆甚善。比亦別修得一例，稍分明"，本書乃言"《韓考》已從頭整頓一過，今且附去十卷，更煩爲看，籤出疑誤處，附來換下卷"，知承其後，推知約在冬中。

朱熹《答方伯謨》：

　　別近旬日，不審爲況復何如？前日匆匆，又以病作遽歸，不及拜尊夫人，皇恐不可言也。大哥來，聞子端竟有哭子之悲，深爲惘然，且煩致意，不及附書爲問也。欲煩篆數十字，納去紙兩卷，各有題識，幸便爲落筆，欲寄江西刻之巖石。有人在此等候，不能久也，千萬。便付此人回，仍不須大作意，只譬如等閑胡寫，則神全氣定，自然合作矣。更欲篆六十四卦名及一等小字數十，其界紙又作一封，請并書之。所寫之字，各在封內矣。熹忽聞有鐫職罷祠之命，尚未被受，不勝皇恐！何時可來相聚數日耶？

專人馳布，不宣。

大哥今日已行矣，已戒令速去，恐碑倒也，可因書更促之。《晦庵文集》卷四四。

案：朱熹慶元二年十二月二十六日落職罷祠；三年正月二十七日上謝表。《年譜長編》卷下。本書有云"熹忽聞有鐫職罷祠之命，尚未被受"，故推知其約撰於三年(1197)正月中。

朱熹《答方伯謨》：

詹卿昨日過此，尚在南林，更兩三日方行，不出見之否？《韓文》欲并《外集》及《順錄》作《考異》，能爲員滿此功德否耶？"宓子賤"，洪慶善《楚辭補注》中引顏之推説，云是"伏"字，濟南伏生即其後也。如何如何？《晦庵文集》卷四四。

案：本書言及"《韓文》欲并《外集》及《順錄》作《考異》，能爲員滿此功德否耶"，下書（昨辱惠書爲慰）又云"令子聞已歸，《韓文外集考異》曾帶得歸否"，知承本書，故推知本書約撰於三年中。

朱熹《答方伯謨》：

昨辱惠書爲慰。但見元興及小兒皆説伯謨頗覺衰悴，何爲如此？今想已彊健矣，更宜節適自愛。但彊其志，則氣自隨之，些小外邪不能爲害也。熹病軀粗遣，諸證亦時往來，但亦隨事損益，終是多服補藥不得。令子聞已歸，《韓文外集考異》曾帶得歸否？便中得早寄示，幸幸。正集者已寫了，更得此補足，須更送去詳定。莊仲爲點勘，已頗詳細矣。近又看《楚詞》，抄得數卷，大抵世間文字無不錯誤，可歎也。趙幹之喻，荷其不彼，冒此巇險，尤見所存異於流俗之意。但憂畏之餘，多所謝絶，固不容獨破戒。幸爲道此區區，多謝其意可也。異時未死之間，禁綱稍寬，則或尚可勉彊也。因便寓此，草草。《晦庵文集》卷四四。

　　案：書中"令子聞已歸"，下書（昨日承寄示《吕公奏議》）"令子程試必甚如意"云云，《年譜長編》卷下以爲乃指方士繇之子秋闈。故推知本書約撰於三年秋中。

朱熹《答方伯謨》：

　　昨日承寄示《吕公奏議》，至感至感。比想侍奉佳慶。令子程試必甚如意，聞將以望前一日揭牓，冀聞吉語也。《奏議》得一快讀，甚幸。朝廷無此議論六十年矣，可爲慨歎也。但末卷《乞詔定大舉策》一篇未竟，而《定策大舉》一篇全無，幸更爲補之乃佳耳。《韓考》後卷如何？得早檢示，幸甚。熹衰病百變，支吾不暇，近又得一奇證，若寒疝者，間或腹中氣刺而痛，未知竟如何，姑復任之耳。《晦庵文集》卷四四。

案：書中言“令子程試必甚如意，聞將以望前一
日揭牓，冀聞吉語也”，望，指望日，故推知本書約撰
於九月上旬。

朱熹《與方伯謨》：

閑中不能無爲，而所讀書又不能隨衆備禮看過，日間
趕趁程限，甚覺辛苦。偶記楊敬仲答人書云：“恭惟某官
讀聖人書，既飽而嬉。”甚可笑，然亦多着題也。《晦庵文
集》續集卷七。

案：本書撰時未詳。《朱子語類》卷一〇五載：
“方伯謨勸先生少著書。曰：‘在世間喫了飯後，全不
做得些子事，無道理。’伯謨曰：‘但發大綱。’曰：‘那
箇毫釐不到，便有差錯，如何可但發大綱？’”似與本
書云云相關，或在慶元四年（1198）中朱熹大病累月
以後。待考。

方叔珪

方叔珪，名不詳，永嘉（今屬浙江）人。知閩縣。

方叔珪《與朱元晦書》：

本朝人物甚盛，而功業不及於漢、唐，只緣是要去小
人。《朱子語類》卷一二九。

　　案：《朱子語類》卷一二九載鄭可學所記曰："閩
宰方叔珪永嘉人。以書來，稱'本朝人物甚盛，而功業
不及於漢、唐，只緣是要去小人'。先生曰：'是何等
議論，小人如何不去得？自是不可合之物，一薰一
蕕，十年尚猶有臭。觀仁宗用韓、范、富諸公是甚次
第，只爲小人所害。及韓、富再當國，前日事都忘了。
富公一向畏事，只是要看經念佛，緣是小人在傍故
耳。若謂小人不可去，則舜當時去四凶是錯了。'可
學問：'方君意謂不與小人競則身安，可以做事。'曰：
'不去小人，如何身得安？'"據《朱子語類·姓氏》，鄭
可學乃紹熙二年（辛亥，1191）所聞，故推知本書約撰
於是年。

方　誼

　　方誼，字賓王，桐廬（今屬浙江）人。侍郎方務德子。
乾道四年（1168）侍父徙居嘉興北門。朱文公門人。"家
有希賢齋扁，亦文公所書也"。《至元嘉禾志》卷一三。

朱熹《答方賓王誼》：

　　伏自先人實與先侍郎丈有遊從之好，而熹蚤歲又得
以州縣小吏趨走幕府之下，辱慰薦焉。衰悴無堪，不能有
以報效萬一，每念知顧之重，未嘗不愧且歎也。屏居衰

僻,病懶相仍,又不能一通問訊門下,然知舊間亦未嘗不詢扣動靜而鄉往不忘也。屬者入都,不能半月而匆匆以去,乃辱專人追路,惠以手書,意寄勤厚,三復增歎。且審即日極暑,尊候萬福,又以爲慰。

示喻爲學之意,親切的當而不失其序。近日所見朋友講習,未有能及此者,甚慰鄙意。但以所謂三條觀之,恐前日講貫之功猶有未究其極者,而今日所謂操存涵養者,又不免離却前日所講,別作一段不言不語底功夫也。《大學》之序,自格物致知以至於誠意正心,不是兩事,但其内外淺深自有次第耳。非以今日之誠意正心爲是,即悔前日之格物致知爲非也。不識明者以爲如何?如《延平行狀》中語,乃是當時所聞其用功之次第。今以聖賢之言、進修之實驗之,恐亦自是其一時入處,未免更有商量也。程子所論心指已發,後書明言此固未當,則是一時言語,不免小差,須如後説乃爲無病。蓋性爲體,情爲用,而心則貫之。必如横渠先生所謂"心統情性"者,其語爲精密也。忠信之説,大概甚善。但理之是非,事之當否,恐當於是非羞惡之端論之。忠信之得名,未必爲此設也。

道旁客舍,草草布此,言不盡意。恐有未安,更俟垂喻。有書只託吕子和發書至婺女,彼中時有便也。未由面講,豈勝悵然。唯冀以時珍衛,用慰遠懷,千萬之望。《晦庵文集》卷五六。

案:書中所言"屬者入都,不能半月而匆匆以去，乃辱專人追路，惠以手書”，乃指淳熙十五年中朱熹赴京奏事，六月十一日離臨安歸，七月上旬抵家。《年譜長編》卷下。又書中言及“且審即日極暑”、“道旁客舍，草草布此”，故推知本書約撰於是年（1188）六月下旬歸家途中。

朱熹《答方賓王》：

別紙所喻甚善。向亦見浙中士友多立一偏之論，故爾過憂。然存養之功，亦不當專在静坐時，須於日用動静之間無處不下功夫，乃無間斷耳。心、性、情之説亦已得之，但性即理也，今以爲萬理之所自出，又似別是一物。康節先生云：“性者，道之形體。”此語却似親切也。又云：“静而不知所存，則性不得其中。”性之必中，如水之必寒、火之必熱，但爲人失其性而氣習昏之，故有不中，而非性之不得其中也。鄙意如此，未知是否？《晦庵文集》卷五六。

案：上書（伏自先人實與先侍郎丈有遊從之好）有云“蓋性爲體，情爲用，而心則貫之。必如横渠先生所謂‘心統情性’者，其語爲精密也”，又云“如《延平行狀》中語，乃是當時所聞其用功之次第。今以聖賢之言、進修之實驗之，恐亦自是其一時入處，未免更有商量也”，而本書乃云“心、性、情之説亦已得之”，又云“然存養之功，亦不當專在静坐時，須於日用動静之間無處不下功夫，乃無間斷耳”，知承上書。

本書又云"向亦見浙中士友多立一偏之論,故爾過憂",即指淳熙十五年赴京往來塗經浙中事。故推知本書約撰於淳熙十六年(1189)間。

朱熹《答方賓王》:

"性者,道之形體",因記先生誨而思之,姑以所見布稟。《知言》云:"性立天下之有。"蓋萬物之所以有者,以是而已。苟無是,則氣化將斷絶、生物有窮終矣。故曰陰陽之根柢、造化之樞紐,而中也者,天下之大本而道之體也。然前賢之論性,未嘗一及於此,而必以人物稟受動靜而言者,蓋性不能捨物而自立。捨物而論性,則性蓋不可得而名,如"乾坤毀則無以見易矣"。道也者,言天之自然也;性也者,言天之賦予萬物,萬物稟而受之者也。雖稟而受之於天,然與天之所以爲天者初無餘欠。然則性與天道非二體也,語其分則當然耳。道體無爲也,人心則有動焉,而萬事萬物、人倫物理感通變化之機莫不備具,而仁、義、禮、智所以立人極也。譬之人有是身,頭、目、手、足,各有攸職而不相亂,而身之用乃全。性即理也。而繼之以康節之語,妄意恐出於此,未知是否? 義愈精則言愈難,矧以淺陋,恐不足以發其蘊,乞賜詳誨。

"性者,道之形體",乃《擊壤集序》中語,其意蓋曰:性者,人所稟受之實;道者,事物當然之理也。事物之理固具於性，但以道言，則冲漠散殊而莫見其實。惟求之於性，然後見其所以爲道之實初不外乎此也。《中庸》所謂"率性之謂道"，亦以此而言耳。來諭所云自是胡氏《知言》之意，與此不相關也。

或者曰，《易傳》曰："雖無邪心，苟不合正理，皆妄也，乃邪心也。"誼舊常疑此語，以爲離邪即歸於正，所謂閑邪存其誠，非閑邪之外別有誠可存也，但閑邪則誠自存矣。後來方覺看得不精，元不曾實體得，只是將言語尋求，所以草草如此。夫莊敬持養，此心既存，亦可謂之無邪心矣。然知有未至，理有未窮，則於應事接物之際不能處其當，則未免於紛擾而敬亦不得行焉。雖與流放而不知者異，然苟不合正理，則亦未免爲妄與邪心也，故致知所以爲《大學》之首與？其用力之次第，則先生所作《大學傳》所引程子、游氏、胡氏之言數條是也。但莊敬持養，又其本耳。近來學者多說萬理具於心，苟識得心，則於天下之事無不得其當，而指致知之説爲非。其意大率謂求理於事物，則是物外。誼竊謂知者，心之所覺，吾之所固有，蓋太極無所不該，而天下未嘗有心外之物也。惟其汩於物欲，亂於氣習，故其知乃始蔽而不明，而敬以持之、思以通之者，亦曰開其蔽以復其本心之知耳。程子曰"凡一物有一理，須是窮致其理"者，豈皆窮之於外哉？在物爲理，處物爲義，所以處之者欲窮其當，則固在我矣。程子曰："致思如掘井，

初有渾水，久後稍引動，則清者出來。人思慮始皆溷
濁，久自明快矣。”所謂渾水與明快，非自外來，蓋亦開
其蔽而本心之明漸見耳。此心分量之大而運用之無
窮，豈一事一物之所能該？一事適其當，他日或未然，
則亦不得爲心正，必也如程子所謂覺悟貫通，於天下萬
物之理無一毫之不盡，則義精而用妙，始可以言盡心知
性矣。不知或者識心之説，豈一超直入者乎？

　　所論《易傳》無妄之説甚善。但所謂雖無邪心而不合
正理者，實該動靜而言。如燕居獨處之時，物有來感，理
所當應，而此心頑然，固執不動，則雖無邪心，而只此不動
處便非正理。又如應事接物處理當如彼，而吾所以應之
者乃如此，則雖未必出於有意之私，然只此亦是不合正
理。既有不合正理，則非邪妄而何？恐不可專以莊敬持
養、此心既存爲無邪心，而必以未免紛擾、敬不得行然後
爲有妄之邪心也。所論近世識心之弊，則深中其失。古
人之學所貴於存心者，蓋將推此以窮天下之理；今之所謂
識心者，乃欲恃此而外天下之理。是以古人知益崇而禮
益卑，今人則論益高而其狂妄恣睢也愈甚，得失亦可
見矣。

　　或者曰，“立人之道曰仁與義”，謂“仁”、“義”二字
包括人道無遺。然而仁難言也，嘗即聖賢言心處及程
子講論及此者觀之，亦隨有所見。比因讀程子曰：“心
譬如穀種，生之性便是仁，陽氣發處乃情也。”此語以身

體之，似有省處，而後於聖賢之言與程子之說似可類推。夫仁者，天理之統體而存乎人者，蓋心德之合而流動發生之端緒也。心之具衆理，猶穀種之包容生意，而其流動發生之端，即所謂生之性。故曰惻隱之心仁之端，而元者善之長也。夫穀之生而苗，長而秀，成而實，根條花葉、形色臭味各有定體，不可相錯，然莫不根於種而具於生之性。譬之萬事萬物之理、父子之親、君臣之義，以至於屨履之微、語默之暫，亦皆有爲當然不易之理，莫不根於心而具於流動發生之端。此義之名所以立，而體用所以兼備也。故曰理一而分殊，蓋循其用則散殊雜擾、變化無窮，而大本一原初不二也。只此二者，包括人道已盡。然人之有是身，即有自私之蔽，心既不宰而情爲之主，發不以正，而人之生道息焉。故斯須之間有不存，則君子之不仁者有矣。蓋須是於統體上看其發用一出於天理之公，而無人欲之私以亂之，事事物物莫不皆然，始爲盡人之道。夫子未嘗許人以仁者如此。

所論“仁”字，大概近之。而以發生流動之端緒爲仁，則是孟子所謂惻隱之心、程子所謂陽氣發處，皆指情而言之，不得爲仁之體矣。又所謂事物之理皆具於流動之端，然後見義之名所以立，而體用所以兼備，此語亦似微有義外之病。大抵仁字專言之則混然而難名，必以仁、義、禮、智四者兼舉而並觀，則其意味情狀互相形比，乃爲易見。

蓋人之性皆出於天，而天之氣化必以五行爲用。故仁、
義、禮、智、信之性，即水、火、金、木、土之理也。木仁，金
義，火禮，水智，各有所主。獨土無位而爲四行之實，故信
亦無位而爲四德之實也。仁、義、禮、智同具於性，而其體
渾然，莫得而見。至於感物而動，然後見其惻隱、羞惡、辭
遜、是非之用，而仁、義、禮、智之端於此形焉，乃所謂情。
而程子以謂陽氣發處者，此也。但此四者同在一處之中，
而仁乃生物之主，故雖居四者之一，而四者不能外焉。此
《易傳》所以有"偏言則一事，專言則包四者"之説，固非獨
以仁爲性之統體，而謂三者必已發而後見也。大抵仁、
義、禮、智，性也；惻隱、羞惡、是非、辭遜，情也；心則統乎
性情者也。以此觀之，則區域分辨而不害其同，脈絡貫通
而不害其別，庶乎其得之矣。《晦庵文集》卷五六。

　　案：朱熹上書（別紙所喻甚善）言及"康節先生
云：'性者，道之形體。'此語却似親切也"，而本書所
答方誼問目之第一節即論"性者，道之形體"，故知承
上書。又下書（前書所喻）有云"前書所喻，思索皆甚
精密，不敢草草奉報。嘗徧以示諸來學者，使各以意
條析之。近方略爲刊訂，欲因婺女便人轉以寄呈，而
臨行適病，不能料理簡書，令人檢尋，不復可得"，其
所謂"近方略爲刊訂，欲因婺女便人轉以寄呈"者即
本書，而"臨行適病"，乃指朱熹赴官漳州，故推知本
書撰於紹熙元年（1190）二月中旬啓程以前。

朱熹《答方賓王》：

前書所喻，思索皆甚精密，不敢草草奉報。嘗徧以示諸來學者，使各以意條析之。近方略爲刊訂，欲因婺女便人轉以寄呈，而臨行適病，不能料理簡書，令人檢尋，不復可得。方以爲撓，而後問適至，欲追思録寄，而心氣衰弱，如墮渺茫，不復可得。今姑據所見，略具別紙，幸一觀之。有所未安，却望報及。

"性者，道之形體"，乃《擊壤集序》中語，其意若曰：但謂之道，則散在事物而無緒之可尋；若求之於心，則其理之在是者皆有定體而不可易耳。理之在心，即所謂性。故邵子下文又曰："心者，性之郛郭也。"以此考之，所論之得失可見矣。

人之應事，有不出於意欲之私，而但以不見義理之當然，遂陷於不正者多矣。董子所謂以善爲之而不知其義，是以被之空言而不敢辭者，正爲此耳，恐不必專以此心之存爲無邪心，敬不得施然後爲有邪心也。

心固不可不識，然靜而有以存之，動而有以察之，則其體用亦昭然矣。近世之言識心者則異於是，蓋其靜也初無持養之功，其動也又無體驗之實，但於流行發見之處認得頃刻間正當底意思，便以爲本心之妙不過如是，擎夯作弄，做天來大事看，不知此只是心之用耳。此事一過，此用便息，豈有只據此頃刻間意思，便能使天下事事物物無不各得其當之理耶？所以爲其學者，於其功夫到處，亦或小有效驗，然亦不離此處，而其輕肆狂妄、不顧義理之弊已有不可勝言者。此真不可以不戒。然亦切勿以此語人，徒增競辨之端也。

仁、義、禮、智，性也，體也；惻隱、羞惡、辭遜、是非，情也，用也；統性情、該體用者，心也。今曰流動發生之端即所謂生之性，又曰萬事之理莫不具於流動發生之端，此義之名所以立而體用所以兼備，似未安也。蓋孟子所謂四端，即程子所謂陽氣發處，不當以是爲性。而義之名，則自其未發之時固已立矣，羞惡之心，則其發見之端也。

所示諸說皆詳密，足見用功之深。其論天下無心外之物一條尤善。鄙意所未安者，只此數處爾。諸人所辨，雖不可見，然其大概具於此矣，或有未安，却望疏示。《晦庵文集》卷五六。

案：書中有言“近方略爲刊訂，欲因婺女便人轉以寄呈，而臨行適病，不能料理簡書，令人檢尋，不復可得。方以爲撓，而後問適至，欲追思録寄，而心氣衰弱，如墮渺茫，不復可得。今姑據所見，略具別紙”，則所謂“近方略爲刊訂，欲因婺女便人轉以寄呈”者即上書（“性者，道之形體”），其撰於朱熹赴任漳州前，故推知本書撰於四月下旬朱熹抵漳州稍後，約在五月間。

朱熹《答方賓王》：

沈君《易》書詞太汗漫，讀之多所未解，不敢遽下語。

其間撲著右手餘五之説甚新而整，似若有理，但恐不可謂之歸奇，尚有可疑耳。《易》於《六經》最爲難讀，穿穴太深，附會太巧，恐轉失本指。故頃嘗爲之説，欲以簡易通之，然所未通處極多，未有可下手處，只得闕其所不知，庶幾不至大差繆耳。《晦庵文集》卷五六。

　　案：本書中云"沈君《易》書詞太汗漫，讀之多所未解，不敢遽下語"，而下書（熹前日看所寄《易説》不子細）又云"熹前日看所寄《易説》不子細，書中未敢察察言之。遣書後歸故居，道間看得兩册，始見其底蘊"，其《易説》當即此"沈君《易》書"，故推知本書在前，約撰於紹熙二年(1191)春朱熹在漳州時。

朱熹《答方賓王》：

熹前日看所寄《易説》不子細，書中未敢察察言之。遣書後歸故居，道間看得兩册，始見其底蘊。如言四象及先天次序，皆非康節本指，其他亦多杜撰。如《九轉圖》引魏伯陽《參同契》、張平叔《悟真篇》尤爲無理，亦自不曉《參同契》中所説道理，可惜用許多功夫，都不濟事。大抵《易》之一書最不易讀，而今人喜言之，正所謂畫鬼神者，殊不知只是瞞得不會底，於自己分上成得何事？而世人自有曉得者，亦不可得而欺也。熹向來作《啓蒙》，正爲見人説得支離，因竊以謂《易》中所説象數，聖人所已言者不過如此。今學《易》者，但曉得此數條，則於《易》略通大體,而象數亦皆有用。此外紛紛,皆不須理會矣。聞已見之,嘗試推考,自當見得。其第二篇論太極、兩儀、四象之屬尤精,誠得其説,則知聖人畫卦不假纖毫思慮計度,而所謂"畫前有易"者,信非虛語也。然此書所論彼書之失幸勿語人,又生競辨。區區但恐老兄或信其説而講求之,則枉費功夫,故專附此奉報爾。《晦庵文集》卷五六。

　　案：書中言"遣書後歸故居,道間看得兩册",當指朱熹紹熙二年四月末離漳州而歸、至五月二十四日歸次建陽之舉,《年譜長編》卷下。故推知本書約撰於六月中。

朱熹《答方賓王》:

　　所寄《易説》,却以上内。諸疑義所得甚多,其未安者,亦各附己意於其下,并此封内,幸更詳之。前書所論《易説》已詳,然忽忽尚多未盡。大抵多是未得古人正意,而好自立説,此今世讀書者之通病也。

　　"視其所以"一章,誼謂"所以",所爲也。天理人欲同行異情,所爲雖曰善矣,抑不知其意之所發爲利乎,爲義乎? 所爲合於義,所發亦以義,則固善矣。又當察其平日所存所守果一出於正乎? 至是,則亦盡觀人之法矣。范氏曰:"視其所以,知其用心之邪正;觀其所由,考其所行之歸趣。"疑倒説了。

　　察其所安,正是察其所由之安與不安,若其爲善,如惡惡臭，如好好色，則居之安矣。范氏之説誠未當也。

“學而不思則罔”一章，誼竊意“學”謂視聖賢所言所行而效之也，“思”謂研窮其理之所以然也。徒學而不窮其理則罔，罔謂昏而無得，則其所學者亦粗迹爾。徒思而無踐行之實則殆，殆謂危而不安，則其所思者亦虚見爾。學而思則知益精，思而學則守益固，學所以致廣大，思所以盡精微。

學不專於踐履，如學以聚之，正爲聞見之益而言。

“知之爲知之”一章，誼謂學者之於義理、於事物，以不知爲知，用是欺人或可矣，本心之靈庸可欺乎？但知者以爲已知，不知者以爲不知，則雖於義理事物之間有不知者，而自知則甚明而無蔽矣，故曰“是知也”。以此真實之心學問思辨，研究不舍，則知至物格、心正意誠之事可馴致也。夫子以是誨子路，真切要哉！此意言之若易，而於學者日用間關涉處甚多，要當步步以是省察，則切身之用蓋無窮也。

此説甚善。

“德不孤”一章，按程子自有二説：曰各以類聚，曰與物同，曰爲善者以類應，有朋自遠方來，此一説也。曰一德立而百善從之，至德盛後，自無窒礙，左右逢其原，此又一説也。南軒云“善言之集，良朋之來，與夫天下歸仁，是亦不孤而已”，則是兼用程子二説。不知如何？

"德不孤"，《易》中所説與《論語》不同。德盛逢原者，《易》之説也；善以類應者，《論語》之説也。各指所之，不可兼用。

"漆雕開吾斯之未能信"一章，誼謂天理精微，深妙無窮，惟知至物格者然後能盡之。苟有一毫未盡，則心體未能周流而無滯也，其於事物之間，能自保其應之而必當乎？信者，理之全體實有諸己而無不盡之謂。漆雕開所見甚大，而不肯安於小，自察甚精，而不容以自欺，則其立志之宏而進道之勇，何可量哉！此夫子所以悦之。

此一章語意駁雜多病，更加玩索爲佳。

"不念舊惡"一章，不知舊惡爲何事？"怨是用希"，不知怨是人怨己，或己怨人？如蘇氏説，則指意皆明，又不知可以爲據否？程子不明説舊惡，竟未知此章之所指歸也。

舊惡是他人前日之過，如其冠不正之類。前日雖已望望然去之，然今日正冠而來，則取其改過，而不念前日之過矣。

"夫子爲衛君"一章，誼謂本意只是衛君以父子争國，夷、齊以兄弟讓位，類而言之，則輒之罪著矣。楊氏辨論最爲詳盡，但輒之罪則在據國拒父，無父子之義。而叔齊雖有父命，乃以天倫爲重而逃去之，則以叔齊當輒，輒之罪何所容於天地間乎？似不必引郢以爲説。

冉有之問，其不爲郢發也明矣。其後説爲勝。然所謂輒乃先君之命者，按《左氏》，靈公嘗欲立公子郢矣，輒乃郢讓之，夫人立之，不知此言別有所據否？如所謂蒯聵以父爭，輒便合避位，國人擇宗室之賢者立之，斯爲至當。然猶疑輒之逃避當在靈公既薨而夫人欲立之時，如此則庶乎叔齊之風焉。不知是否？

此説甚善。

"吾無隱乎爾"一章，誼謂聖人之作止語默無非教也，唯聖人然後能之。蓋聖人全體是此理，無物不體，無時不然也。故以此語二三子，亦道其實爾。若如謝氏、楊氏之説，則是我與二三子共此理，其仰觀俯察與夫百姓日用者，莫非此理之流行，則恐舉物而遺其則，將有運水般柴、揚眉瞬目之意矣。不知如何？

亦善。

"子路問事鬼神"一章，誼謂由聚散故有生死，由幽明故有人鬼。而所謂理，則無有聚散、幽明之異也。學者求盡乎理可也，盡乎事人之理，則鬼神之理不外是；知其所以生，則死之理可見。亦即其著見者而致其知、實其行而已。不然，將求諸恍惚茫昧之域，終亦不知焉耳矣。

亦善。然事人之道未易盡，所以生者亦未易知也。

"不踐迹"一章，程子謂循塗守轍，不知塗轍爲何也？張子所謂成法，不知何者爲成法？未有以見其所指之實也。

循塗守轍，猶言循規蹈矩云爾。

"仲弓問焉知賢才而舉之"一章，程子曰："人各親其親，然後不獨親其親。"又云："便見仲弓、聖人用心之大小，推此義則一心可以興邦，一心可以喪邦，只在公私之間而已。"反覆思之，未得其説，乞略示梗概。

人各舉其所知，則天下之事無不舉矣，不患無以知天下之賢才也。興邦、喪邦，蓋極言之。然必自知而後舉之，則遺才多矣，未必不由此而喪邦也。

語子貢一貫之理，誼謂五常百行、人倫物理紛紜雜揉，不可名狀，是可謂有萬而不同者矣。然一體該攝乎萬有，而萬殊歸乎一原，循其本而觀之，則固一矣，即其用而驗之，則是其本行乎事物之間，斯所謂一以貫之者也。聖人生知，固不待多學而識；學者非由多學，則固無以識其全也。故必格物窮理以致其博，主敬力行以反諸約，及夫積累既久，豁然貫通，則向之多學而得之者，始有以知其一本而無二矣。子貢致知之功已至，其於事物之間，灼然知天理之所在而不疑，特未究夫一之為妙爾。夫子當其可而問之，發其疑而告之，故能聞言而悟，不逆於心。觀夫子於曾子之外獨以告子貢，則其不躐等而施者抑可見矣。諸儒以多學為病者，不知其意如何？

此説亦善。《晦庵文集》卷五六。

案：書中"所寄《易説》，却以上内。……前書所論《易説》已詳，然忽忽尚多未盡"云云，當指上書（熹前日看所寄《易説》不子細）而言，則承其後。

方誼《與朱元晦書》：

"心者性之郛郭"，當是言存主統攝處？……南軒"發是心體，無時而不發"……及其既發，則當事而存，而爲之宰者也。《朱子語類》卷一○○。

案：《朱子語類》卷一○○載鄭可學所記曰："方賓王以書問云：'"心者性之郛郭"，當是言存主統攝處？'可學謂：'郛郭是包括。心具此理，如郛郭中之有人。'曰：'方説句慢。'問：'以窮理爲用心於外，是誰説？'曰：'是江西説。'又問：'"發見"説話，未是。如此，則全賴此些時節，如何倚靠？'曰：'湖南皆如此説。'曰：'孟子告齊王，乃是欲因而成就之，若只執此，便不是。'曰：'然。'又問：'"穀種之必生，如人之必仁。"如此，却是以生譬仁。穀種之生，乃生之理，乃得此生理以爲仁。'曰：'"必"當爲"有"。'又解南軒'發是心體，無時而不發'云：'及其既發，則當事而存，而爲之宰者也。'某謂：'心豈待發而爲之宰？'曰：'此一段强解。南軒説多差。'"據《朱子語類·姓氏》，鄭可學所記乃辛亥所聞。故推知本書約撰於紹熙二年（辛亥）間。

朱熹《答方賓王》：

前書下詢數條，類皆精當。敬夫未發之云，乃其初年議論，後覺其誤，即已改之。但舊説已傳，學者又不之察，便加模刻，爲害不細。往時常別爲編次，正爲此耳。然誤本先行，此本後出，遂不復售，甚可恨也。赤子之心，伊川先生最後一書言之甚詳。蓋人心莫不有未發之時，不但赤子爲然，而赤子之心亦莫不有已發之時，不得專指爲未發也。衞輒之事，《遺書》中亦有兩句與《胡傳》相似，劉質夫所録明道先生語。胡蓋祖其意，而不悟其失之毫釐之間也。此事舊嘗疑之，近日亦方與朋友説及，得來示，適契鄙懷，知閱理之不苟也。其他無可疑者，恨未得面講耳。《晦庵文集》卷五六。

案：《朱子語類》卷一〇〇載方誼以書問及“‘心者性之郛郭’，當是言存主統攝處”後，“又解南軒‘發是心體，無時而不發’云：‘及其既發，則當事而存，而爲之宰者也。’”並載朱熹答鄭可學問曰：“某謂：‘心豈待發而爲之宰？’曰：‘此一段强解。南軒説多差。’”據此推知本書所云“敬夫未發之云”，乃答方誼來問，故推知其當亦在紹熙二年間。

朱熹《答方賓王》：

前書所論《大學》、《論語》，大概皆得之。但《大學》次序，亦謂學之本末終始無非己事，但須實進得一等，方有立脚處，做得後段功夫，真有效驗爾。非謂前段功夫未到，即都不照管後段，而聽其自爾也。聞道方是理會得爲人底道理，從此實下功夫，更有多少事，豈可便謂都無餘事？但到此地，即所見不差，真有廣居可居，正位可立，大道可行，向上自然有進步處耳。《晦庵文集》卷五六。

　　案：本書撰時未詳。《書信編年》以爲在紹熙二年（辛亥）以後。姑係於紹熙三年（1192）。待考。

朱熹《答方賓王》：

閒中頗得講學之友否？比來道術分裂，人自爲師，真胡公所謂人人各説一般見解誑嚇衆生者。勢方橫流，力不能遏，可歎！《晦庵文集》卷五六。

　　案：書中有“閒中頗得講學之友否？比來道術分裂，人自爲師”云云，而下書（閑中想不廢玩索）又言“閑中想不廢玩索”者，疑撰時相近，姑係於紹熙五年（1194）間。

朱熹《答方賓王》：

閑中想不廢玩索，因書時有以見警，幸甚幸甚。此亦有一二學者，然極難得穎悟之質、又肯耐煩用力者，不絶如綫，甚可慮也。年來目盲愈甚，它病亦多，殊憒憒無好況。思復見賢者，深講所聞而不可得，奈何奈何？比雖已拜祠官之命，然辭職未報，尚此憂懼。萬一未遂，更須力請耳。浙中聞頗有船粟可濟民食,不知比來氣象復如何?外廷諸人不易扶持得且如此,如鄭補之輩尚可望也。向上一節,則遠方不得而聞矣。閑退之人雖不敢復發口,然畎畝之憂不能忘也。《晦庵文集》卷五六。

　　案:朱熹紹熙五年十二月詔依舊煥章閣待制,提舉南京鴻慶宮;慶元元年正月拜祠命,辭待制職名;三月三日,復辭待制職名。《年譜長編》卷下。本書有云"比雖已拜祠官之命,然辭職未報,尚此憂懼。萬一未遂,更須力請耳",當即指此,故推知本書約撰於慶元元年(1195)二月間。

朱熹《答方賓王》:

病軀雖幸小康,然亦未能輕健。老境益侵,而德學不進,朋友間亦未見卓然可望以爲永久之託者,甚可懼也。《晦庵文集》卷五六。

　　案:朱熹《答林井伯》(某向來一出)有云"某向來一出,略無補報,罷逐而歸,祇以自愧。還家初亦粗遣,至此夏初,痼疾復動,遂大狼狽,意必不全,亟遣告老,人行已五六十日,尚未有處分。然病軀却幸少蘇,未知竟何如也"。《晦庵文集》別集卷一。即指慶元元年五月朱熹上狀乞致仕。本書語"病軀雖幸小康,然亦未能輕健。老境益侵,而德學不進"云云,似指是年疾病而"少蘇",故推知本書約撰於是年秋末、冬初。

朱熹《答方賓王》：

懇辭遂請，深荷上恩，第孤迹殊未可保，且得私義少安，俯仰無愧，它則不暇計爾。舊書讀之，覺得平淡著實中意味愈長，亦有一二朋友漸知路徑，閑中少足自慰也。但時論咄咄逼人，一身利害不足言，政恐坑焚之禍遂及吾黨耳。《晦庵文集》卷五六。

　　案：朱熹累狀請辭焕章閣待制，慶元二年十二月二十六日，詔依舊秘閣修撰、提舉南京鴻慶宮；三年十二月二十六日，落職罷祠。《年譜長編》卷下。本書有云"懇辭遂請，深荷上恩，第孤迹殊未可保，……但時論咄咄逼人，一身利害不足言，政恐坑焚之禍遂及吾黨耳"，而未及落職罷祠，故推知其約撰於三年（1196）春。

朱熹《答方賓王》：

德聞知有進處，甚善。此亦賢者切磋之力，但不知時論既爾，能不退轉否耳？周南仲書來甚勤，然覺得安排準擬之意多，而無驀直向前之氣。若一向如此遲回擔閣，恐難得入頭處也。所喻涵養本原之功誠易間斷，然纔覺得間斷，便是相續處。只要常自提撕，分寸積累將去，久之自然接續，打成一片耳。講學功夫亦是如此，莫論事之大小、理之淺深，但到目前即與理會到底，久之自然浹洽貫通也。《晦庵文集》卷五六。

案：上書（懇辭遂請）有云"但時論咄咄逼人"，
而本書乃云"但不知時論既爾，能不退轉否耳"，似指
慶元學禁事，故推知本書約撰於慶元二年中。

朱熹《答方賓王》：

病中却於詭僞舊聞看得轉覺簡約精明，非昔時比，恨
不得相與講之也。周、高二君，恨未之識。近覺朋友未說
見得如何，且是做工夫未入腔窠，所以茫茫然終日無進步
處，非但新學小生爲然也。楊丞文字，累年以病不暇，今
年又禁作文字，然念其事與今日議論無干涉，欲留其人，
草成遣還。而去年病亟時失去所寄行狀，不免却令且回，
令別寫附來也。知其練事勤職，甚慰人意。頃一再試郡，
更無人可使，始知人才難得。若不加意收拾，緩急真無可
恃也。常平之積，所在空虛，無以爲水旱之備，此誠可慮。
然去年只緣和糴，故樂土亦爲凶歲，此又未有可爲之時
也。不知幕府之議何以處此耶？《晦庵文集》卷五六。

案：本書中"累年以病不暇，今年又禁作文字"
云云，又言及"去年病亟時"，即指慶元元年之病情，
故推知本書當撰於慶元二年間。

馮　椅

馮椅，字儀之，一作奇之，號厚齋，南康都昌（今屬江

西)人。舉紹熙四年(1193)進士,充江西運司幹辦公事,
攝上高令。《宋詩紀事》卷五八。後"家居授徒,所註《易》、
《書》、《詩》、《語》、《孟》、《太極圖》、《西銘輯說》、《孝經章
句》、《喪禮》、《小學》、《孔子弟子傳》、《讀史記》及詩文志
錄合二百餘卷"。傳附《宋史》卷四二五《馮去非傳》。

朱熹《答馮奇之_椅》:

某衰晚疾病,待盡朝夕,無足言者。細讀來示,備詳
別後進學不倦之意。世間萬事須臾變滅,不足置胸中。
惟有致知力行、修身俟死爲究竟法耳。余正父博學强志,
亦不易得。《禮書》中間商量多未合處,近方見其成編,比
舊無甚改易。所謂獨至無助者,誠然。然渠亦豈容它人
之助也?此間所集諸家雜說,未能如彼之好,然《儀禮》正
經段落注疏却差明白。但功力頗多而衰病耗昏,朋友星
散,不能得了耳。商伯時時得書,講論精密,誠可嘉尚。
李敬子堅苦有志,尤不易得。近與諸人皆已歸,只有建昌
二呂在此,蚤晚講論,粗有條理,足慰岑寂也。《晦庵文集》
續集卷八。

案:本書重載於《晦庵文集》別集卷六,題曰"答
馮儀之",惟闕篇首"某衰晚疾病,待盡朝夕,無足言
者"十三字。

書中有云"李敬子……近與諸人皆已歸,只有建
昌二呂在此,蚤晚講論,粗有條理,足慰岑寂也",建

昌二吕乃吕燾、吕煥兄弟,據《朱子語類‧姓氏》,其乃己未(慶元五年)所聞。又朱熹《答李繼善孝述》(熹頓首)云及"其餘曲折,敬子、元思必能言",《晦庵文集》續集卷七。撰於慶元五年十月間。故推知李燔(敬子)當於是時辭別朱熹而歸。則知本書當撰於是年(1199)冬中。

又,《朱子語類》卷八載沈僩所記曰:"又答人書云:'世間萬事須臾變滅,皆不足置胸中,惟有窮理脩身爲究竟法耳。"即本書中語。

馮允中

馮允中,字作肅,邵武(今屬福建)人。"從朱子學,朱子名其齋曰見齋"。《閩中理學淵源考》卷二三。紹熙五年(1194)時爲迪功郎、道州寧遠縣尉,奉朱熹之命祭祀道州三先生祠。《晦庵文集》卷八六《謁修道州三先生祠文》。

朱熹《答馮作肅》:

所諭兩條,如叔京兄所論"孔子非沮子貢,乃勉其進",此意甚善。而作肅所疑,亦有不得不疑者。但此章自不必別爲之説,但看伊川先生解云:"我不欲人之加諸我,吾亦欲無加諸人",仁也;"己所不欲,勿施於人",恕也。恕則子貢可勉而能,仁則非子貢之所及。此意極分明矣。"博施濟衆"之問與此語先後不可考,疑却因"能近取譬"之言用力有功,而有"欲無加人"之説也。熹嘗謂:"欲立人、欲達人,即子貢所謂'欲無加人',仁之事也;'能近取譬',求仁之方,即孔子所謂'勿施於人',恕之事也。"熟玩文意,似當如此。然諸先達未之嘗言,未知是否,幸試思之。更白叔京兄,質其可否,復以見諭,幸甚。又所引"與點"爲證,恐聖人與點之意不止如此,亦可并商量也。《晦庵文集》卷四一。

　　案:本書撰時不詳。《書信編年》係於乾道八年(1172)。待考。

朱熹《答馮作肅》:

　　所論懲創後生妄作之弊,甚善。然亦不可以此而緩於窮理,但勿好異求新,非人是己,則知識益明而無穿穴之害矣。若因陋畜疑,不爲勇決之計,又非所以矯氣質之偏而進乎日新也。《晦庵文集》卷四一。

　　案:本書撰時不詳。《書信編年》係於乾道八年。待考。

朱熹《答馮作肅》:

　　示諭頗爲他慮所牽,不得一意講習,只得且將明白義理澆灌涵養,令此義理之心常勝,便是緊切功夫,久之須得力也。《晦庵文集》卷四一。

案：本書撰時不詳。《書信編年》係於乾道八年。待考。

朱熹《答馮作肅》：

"敬義"之説甚善。然居敬、窮理，二者不可偏廢；有所偏廢，則德孤而無所利矣。"動靜，仁智之體"，對下文"樂壽爲仁智之效"而言，猶言其體段如此耳，非體用之謂也。學者求爲仁智之事，亦只如上章居敬、窮理之説，便是用力處。若欲動中求靜、靜中求動，却太支離，然亦無可求之理也。

以伊尹爲天民，蓋以其事言之，如耕莘應聘之事，即分明見得有此蹤迹也。治亦進，亂亦進，是指五就湯、五就桀而言，乃是就湯之後，以湯之心爲心，非不待可行而遽行之謂也。傅説是大賢，比伊尹須少貶，其見可而後行雖同，但所以行者或不及耳。周、孔又高，直是"正己而物正"之事，可行而行亦有所不足道矣。

《二南》乃天子、諸侯燕樂，用之鄉人，用之邦國，所以風天下也。然隨事自有正樂者，則兼及之；如燕禮自有《鹿鳴》等詩。無正樂者，則專用之。如鄉飲酒別無詩也。恐是如此，然亦未及考也。

可欲之"善"，與繼善之"善"同。有諸己之"信"與成之者"性"，理雖一，而所施則異。當更深察之。

性情等説，有已見叔京書者，但所與嵩卿論者，今議其得失於此。嵩卿云："理即性也，不可言本。"此言得之。
程子亦云"性即理也"，今見《遺書》二十二上。但其下分別感有
內外，則有病，作肅非之，是也。作肅又云："性者自然，理
則必然而不可悖亂者。"此意亦近之。語亦有病。但下云：
"理不待性而後有，必因性而後著。"此則有大病。蓋如
此，則以性與理爲二也。下云"性者理之會"，却好。"理
者性之通"，則又未然。蓋理便是性之所有之理，性便是
理之所會之地，而嵩卿失之於太無分別，作肅又失之於太
分別，所以各人只說得一邊也。作肅云："情本於性，故與
性爲對。心則於斯二者有所知覺，而能爲之統御者也。
未動而無以統之，則空寂而已。已動而無以統之，則放肆
而已。"此數句却好。但必以不動爲心，則又非矣。若心
本不動，則孟子又何必四十而後不動心乎？須知未動爲
性，已動爲情，心則貫乎動靜而無不在焉，則知三者之說
矣。《知言》曰："性立天下之有，情效天下之動，心妙性情
之德。"此言甚精密，與其他說話不同，試玩味之，則知所
言之失矣。《晦庵文集》卷四一。

　　案：朱熹《答何叔京》（未發之前）有云"答作肅
書所謂'性理之本'，此語未安。夫本對末之名也，今
以性爲理之本，然則以理爲性之末，可乎"，又云"又
難作肅云：'性者理之會，是性本無，須待理會於此方
以爲性。'此亦非也"，其下小注曰："餘已見《答作肅
書》。"《晦庵文集》卷四〇。即指本書。《答何叔京》撰

於乾道八年中，則知本書撰於同時。

符　初

符初，字復仲。師事陸象山。餘不詳。

朱熹《答符復仲<small>初</small>》：

聞向道之意甚勤，向所喻義利之間，誠有難擇者。但意所疑以爲近利者，即便舍去可也。向後見得親切，却看舊事，只有見未盡、舍未盡者，不解有過當也。見陸丈回書，其言明當，且就此持守，自見功效，不須多疑多問，却轉迷惑也。《晦庵文集》卷五五。

案：陸九淵《與符復仲》言“蒙示進學不替，尤以爲喜。常俗汩没于（貪）［貧］富、貴賤、利害、得喪、聲色、嗜欲之間，喪失其良心，不顧義理，極爲可哀。今學者但能專意一志於道理，事事要覰是，不肯徇情縱欲，識見雖未通明，行事雖未中節，亦不失爲善人正士之徒。更得師友講磨，何患不進？未親師友，亦只得隨分自理會，但得不陷於邪惡，亦自可貴。若妄意強説道理，又無益也”。《陸九淵集》卷四。朱熹本書中“見陸丈回書，其言明當”，當即指陸九淵《與符復仲》。據《宋元學案》卷七七載李伯敏“又嘗以書通問朱子，朱子答云：‘向來見陸删定所聞如何？……’同時有符初者字復仲，蓋符敘之族人也，亦師象山，而以書問朱子，答云⋯⋯"陸九淵自淳熙十年冬至十三年中爲敕令所删定官。《陸九淵集》卷三六《年譜》。故推知本書約撰於此期間，姑係於淳熙十一年(1184)間。

朱熹《答符復仲》：

且讀《易傳》，甚佳。但此書明白而精深、易讀而難曉，須兼《論》、《孟》及《詩》、《書》明白處讀之，乃有味耳。《晦庵文集》卷五五。

案：本書撰時未詳，或在上書(聞向道之意甚勤)後，姑係於淳熙十一年間。待考。

符國瑞

符國瑞，名里不詳。

朱熹《答符國瑞》：

辱書，具道爲學之志，又見令叔爲言曲折，甚善。既有此志，則窮理飭躬處且當勉力，未可便肆虛談，厭末求本，恐或流於輕妄而反失之也。所需墓額，偶苦臂痛，不能寫，然仁人孝子所以顯其親者，正亦不在此也。《晦庵文集》卷五五。

案：書中言"所需墓額，偶苦臂痛，不能寫"，又朱熹《答鞏仲至》(久不聞問)有言"扁榜便欲爲書,偶數日臂痛,不能運筆,且當少須也",《晦庵文集》卷六四。所云相合,似撰於一時先後。《答鞏仲至》撰於慶元五年(1199)五月中。

符 敍

符敍,字舜功,南康軍建昌縣(今江西永修)人。《朱子門人》。餘不詳。

朱熹《答符舜功敍》:

嘗謂"敬"之一字,乃聖學始終之要,未知者非敬無以知,已知者非敬無以守。若曰先知大體而後敬以守之,則夫不敬之人其心顛倒繆亂之不暇,亦將何以察夫大體而知之耶?《晦庵文集》卷五五。

案:朱熹《答胡廣仲》(欽夫未發之論)有云"近來覺得'敬'之一字,真聖學始終之要",《晦庵文集》卷四二。本書中所言"嘗謂'敬'之一字,乃聖學始終之要",即指此。又《朱子語類》載録數條朱熹答符敍問,如卷一五、卷三五、卷七八滕璘所記,卷一七、卷三五、卷四九、卷五五鄭可學所記,卷二九黄義剛所記,卷七九葉賀孫所記等。據《朱子語類·姓氏》,滕璘、鄭可學乃辛亥所聞,葉賀孫乃辛亥以後所聞,黄義剛乃癸丑以後所聞。故推知符敘約於紹熙初從學朱熹,本書或撰於此前後,姑係於紹熙元年(1190)間。

輔　廣

輔廣,字漢卿,號潛庵,秀州崇德(今浙江桐鄉西南)人。"素不願仕,潛心實學,從呂成公游,後登朱文公門"。《至元嘉禾志》卷一三。"慶元初,僞學禁興,學者多解散,廣獨不爲動,文公深器重之。嘉定間,仕止祠官。罷,歸隱浯溪,以著書爲務"。著有《五經註釋》、《四書問答》、《通鑑集義》、《日新錄》、《師訓編》諸書。學者稱爲傳貽先生。《萬姓統譜》卷七八。

朱熹《答輔漢卿廣》:

示喻所疑,足見探討不倦之意。前時所報,實有錯誤,已令直卿子細報去矣。熹向於《中庸章句》中嘗著其説,今并錄去,可見前説之誤也。漢卿身在都城俗學聲利場中,而能閉門自守,味衆人之所不味,雖向來金華同門之士,亦鮮有見其比者。區區之心,實相愛重,但恨前日相見不款,今又相去之遠,無由面講,以盡鄙意。更幾勉力,卒究大業。《晦庵文集》卷五九。

案:書中有云"漢卿身在都城俗學聲利場中,而能閉門自守,味衆人之所不味,雖向來金華同門之士,亦鮮有見其比者。區區之心,實相愛重,但恨前日相見不款,今又相去之遠,無由面講",據《朱子語類·姓氏》,輔廣從學始於紹熙五年。朱熹《答呂子約》(所喻博文約禮盡由操存中出)云及"今日輔漢卿忽來,甚不易。渠能自拔,向在臨安相聚,見伯恭舊徒無及之者",《晦庵文集》卷四六。故推知輔廣乃朱熹至臨安赴侍講任時從學。又朱熹《答黃直卿》(今日吾輩只有此事是着緊處)亦云及"輔漢卿、萬正淳皆留此兩月而後去",《晦庵文集》續集卷一。與《答呂子約》云云相合。《答黃直卿》撰於慶元三年二月間,則推知本書約撰於慶元元年(1195)間。

朱熹《答輔漢卿》:

近況如何?既失楊館之期,後來別有相聚處否?讀書既有味,想見自住不得。近看舊作諸書,其間有說未透處,見此略加刊削,深覺義理之無窮也。《晦庵文集》卷五九。

案:本書撰時未詳。《書信編年》係於慶元元年間。待考。

朱熹《答輔漢卿》:

所記鄙語,亦有小小差誤處,便中未暇詳報,并所改書亦未暇寫寄。不知近讀何書?有疑示及。此間今歲絕無人來，只所招上饒某人早晚講論耳。《晦庵文集》卷五九。

　　案：朱熹《答呂子約》（所喻博文約禮盡由操存
中出）云及"風色愈勁，精舍諸生方幸各散去。今日
輔漢卿忽來，甚不易"，《晦庵文集》卷四六。與本書"此
間今歲絕無人來，只所招上饒某人早晚講論耳"云云
相合。《答呂子約》撰於慶元二年末，故推知本書約
撰於是年(1196)冬中。

朱熹《答輔漢卿》：

　　知徙居寬曠，不廢讀書，足以爲慰。此間年來應接差
簡，然苦多病，不能用力文字間，又無朋友共講，間有一
二，則其鈍者既難湊泊，敏者又不耐煩，有話無分付處，甚
思賢者相聚之樂也。諸書無人整頓抄寄，然改處亦不多。
但所録語儘有商量，恐非面不能盡耳。風力稍勁，而此一
等人多是立脚不住。千萬更加勉力，以副所期，餘祝自愛
而已。柴中行聞報漕司考校之語，其詞甚壯，亦聞之否？
《晦庵文集》卷五九。

　　案：《兩朝綱目備要》卷五載慶元三年九月"禁
僞黨改官"，云："丁卯，言者又論僞學之禍，望申飭大
臣，監元祐調停之説，杜其根源。時有詔監司帥臣薦
舉改官，並於奏牘前聲説非僞學之人，且結朝典之
罪。秋當大比，漕司前期取家狀，必欲書'委不是僞
學'五字於後。時有柴中行者爲撫州推官，獨申漕司

云：‘自幼習《易》，讀程氏《易傳》，未委是與不是僞學。如以爲僞，不願考校。’士論壯之。”本書言及“柴中行聞報漕司考校之語，其詞甚壯，亦聞之否”，故推知其約撰於三年（1197）冬間。

朱熹《答輔漢卿》：

年滿七十，禮合休致，又以罪戾，不敢自上奏牘，百端懇禱，僅得州郡申省狀一紙。今託常寧游宰附與邸吏投之，已子細寫與十弟，更煩賢者同爲分付。此事或觸禍機，不可知，但已斷置，一切不計較矣。恐有浮議相阻止者，幸勿聽也。比來看何文字？做何工夫？亦頗有進處否？向所寄來冊子，方爲看得一半，其間亦有不足記者。其小未備者，已頗爲補足矣，後便方得寄去也。精舍亦有朋友數人相聚，李敬子、胡伯量尚未去，早晚頗有講説，但每相與共恨賢者之不同此樂也。只是《禮書》不能得成，又以氣痞，不可凭几，恐此事又成不了底公案也。省榜非久當出，不知一番朋友得失如何？味道聞寓書館，今尚留否耶？其在彼者頗皆相見否？當此時節，立得脚定者亦甚難得人，況更向上事耶？《晦庵文集》卷五九。

　　案：《宋會要輯稿・選舉》一之二五載慶元五年三月一日“得合格奏名進士蘇大璋以下二百五十四人”。本書有云“省榜非久當出，不知一番朋友得失如何？味道聞寓書舘，今尚留否耶”，是年葉味道亦預春闈,故推知本書約撰於五年(1199)二月中。

又,魏了翁《跋朱文公所與輔漢卿帖》云:"亡友漢卿端方而沈碩,文公深所許與,往來書帖當不止此。然其懷人憂世、勸學興善之心,於此亦可略見矣。末所謂'當此時節,立得腳定者亦難其人,況更向上事邪?'文公之所望於學者蓋若此,吾黨盍知所儆發云?"《鶴山集》卷六二。所云即本書。

朱熹《答輔漢卿》:

省闈不利,亦是時節如此,看此火色,且得安坐喫飯,已是幸事,豈可別有冀望耶?承許秋涼相訪,甚幸。此箇道理功夫,本不可有間斷時節,目下雖無人講貫,自己分上思索體認、持守省察,自不可頃刻虛度。如此積累功夫,則其間必有所大疑,亦必有所大悟。一旦相聚,覿面相呈,如決江河,更無凝滯矣。今以《謝致仕表》附便去,令十弟分付投下,及更料理一二事,渠相見必自說及,恐有可疑合商量處,亦望與之剖決也。昨承許借《博古圖》,甚欲見之,但重滯,如何得來?可更試爲籌度也。《晦庵文集》卷五九。

案:書中云及"今以《謝致仕表》附便去,令十弟分付投下,及更料理一二事,渠相見必自說及,恐有可疑合商量處,亦望與之剖決也",據朱熹《致仕謝表》曰"臣熹言:四月二十三日,準尚書省遞到勅牒

一道,伏奉聖旨,宜守本官致仕。臣已於當日望闕謝
恩訖者"。《晦庵文集》卷八五。故推知本書約撰於是
年四月末。

朱熹《與輔漢卿書》:

得趙昌父書,以致政大夫見呼,此甚真實,而又雅馴。
可爲報同社諸人,今後請依此例也。《游宦紀聞》卷八。

案:《游宦紀聞》卷八曰:"朱文公移簡輔漢卿
云:'得趙昌父書……'"朱熹於慶元五年四月二十三
日守朝奉大夫致仕。本書有云"得趙昌父書,以致政
大夫見呼",故推知其約撰於是年五、六月間。

朱熹《答輔漢卿》:

精舍有朋友十數人,講學頗有趣。仲秉甚不易遠
來,看得文字亦好,但恨漢卿不同此會耳。《晦庵文集》卷
五九。

案:書中云及"仲秉甚不易遠來,看得文字亦
好",據《朱子語類·姓氏》,李儒用(字仲秉)乃慶元
五年(己未)所聞。故推知本書約撰於是年中。

傅誠子

傅誠子,名里不詳。

朱熹《答傅誠子》：

兹承惠書，足見好學之篤，已足爲慰矣。比想冬溫，所履佳勝。所示疑問，皆有急迫之意，此最爲學之害，須且放下，只平平地讀書，玩味其意，理會未得處且記著，時時拈起看，恐久之須有得力處。若只如此，枉費心力，不濟事也。幾微之間，善者便是天理，惡者便是人欲，纔覺如此，便存其善、去其惡可也，何難剖析之有？第二條亦不須得如此理會。且討箇書讀，換却許多勞攘，久之須放得下。第三條既知得大有妨害，便掃除了，何問之有？如此紛紜，自作纏繞，無了期也。《晦庵文集》卷六二。

案：本書撰時未詳。《書信編年》疑傅誠子爲傅定（敬子）之兄弟輩，因傅定從學朱熹後而通書。書中有言"比想冬溫"，推知約在慶元三年（1197）冬中。

傅　定

傅定，字敬子，婺州（今浙江金華）人。慶元中來從朱熹學。

朱熹《答傅敬子》：

昨承遠訪，別來又已累月，辱書，欣審比日所履佳勝。講學須且著實自家理會，寬著意思涵泳思索，方能有得。如今來所喻，亦須且自看有疑處，方好商量。若只如此泛問不濟事。又所記心性之語,亦似語脈中不無差誤,今不省記當時如何説也。所欲大字及二卦説,尤是兒戲。若真實做功夫,何用此等裝飾耶?《晦庵文集》卷六二。

案:朱熹《答黃直卿》(前書所論《大學》兩條似未然)有云"書院中只古田林子武及婺州傅君定在此,讀書頗有緒。傅尤刻苦,前此亦多讀書,但未有端的用心處。近方令其專一,漸次讀書,覺得却有立作,將來或可望也",《晦庵文集》續集卷一。時在慶元三年季春、初夏間。本書中言及"昨承遠訪,別來又已累月",當在其後,約在是年(1197)夏、秋間。

傅　杰

傅杰(1167—1212),字才甫,鉛山(今屬江西)人。傅一飛子。歷南劍州順昌縣主簿、撫州崇仁主簿、監江陵府糧料院,嘉定壬申八月卒,年四十六。事迹見陳文蔚《克齋集》卷一二《監江陵府糧料院傅君墓誌銘》。

朱熹《答傅才甫書》:

小作課程,專讀一書,久自得力。《克齋集》卷一二。

案:陳文蔚《監江陵府糧料院傅君墓誌銘》曰:傅杰"喜道家修養書及釋氏語,自謂有據無據如藤倚樹,平日所得於釋氏者在此。朱夫子挽以吾儒問學,嘗因答書,令'小作課程,專讀一書,久自得力'。"《克齋集》卷一二。本書撰時未詳。《監江陵府糧料院傅君墓誌銘》又云傅杰"授迪功郎、主南劍州順昌縣簿,該慈福皇太后慶壽恩,循修職郎,將赴順昌,道建陽,首謁晦菴朱夫子。夫子舊嘗會東萊、象山諸老先生於鵝湖僧舍,識伯濟,問所從來,喜曰:'伯濟有子。'伯濟,一飛字也。臨別,屬以官業"。《宋史》卷二四三《后妃傳》云憲聖慈烈吳皇后於高宗"崩,遺詔改稱皇太后,……因名所御殿曰慈福,居焉。……紹熙四年,后壽八十,帝乃覲后奉册禮,加尊號曰隆慈備福"。則傅杰乃於紹熙四年赴順昌任,塗經建陽拜見朱熹,故推知本書或撰於紹熙末(1194)、慶元初。

傅夢泉

傅夢泉,字子淵,建昌軍南城(今屬江西)人。淳熙二年(1175)進士,爲澧州、衡州教授,立石鼓書院。知寧都,歷清江通判,有政聲。卒於官。嘗講學曾潭之滸,學者稱曾潭先生。著有《石鼓文集》。《江西通志》卷五〇、卷八三。陸九淵高弟,"象山於門人最稱許傅子淵"。《黃氏日抄》卷四二。

傅夢泉《復朱晦庵書》:

顯道於異說已自洗濯。《晦庵文集》卷五五《答包顯道揚》。

案：本書約撰於淳熙七年（1180）春間。參見朱
熹下書（示喻所得）考證。

朱熹《答傅子淵》：

示喻所得，日益高妙，非復愚昧所能窺測，但願更於
小心密察處稍加意焉，則所謂主敬窮理者，殆亦緝熙光明
之所不可已者，而初亦不在渙然心喻者之外也。包、黃諸
君各精進，捐去舊習，甚善，但恐似此一向掠虛，則又只是
改換名目也。超宗遠來，殊未有以副其意者，却似於己分
著實處未知用力，又與諸兄大相反也。已喻其就彼商量，
雖稍過於簡約，亦無害耳。《晦庵文集》卷五四。

案：朱熹《答包顯道揚》（所論"致曲"）有云"大率
來喻依舊有忽略細微、徑趨高妙之意，子淵書來云
'顯道於異說已自洗濯'，熹固疑之"，《晦庵文集》卷五
五。本書云及"包、黃諸君各精進，捐去舊習，甚善，
但恐似此一向掠虛，則又只是改換名目也"，當針對
其"子淵書來云'顯道於異說已自洗濯'"語而發，知
《答包顯道揚》於本書相先後。又朱熹下書（示喻戰
栗之義）云云，亦承本書。故推知本書約撰於淳熙七
年二、三月間。

朱熹《答傅子淵》：

示喻戰栗之義，反復思之，終未能曉。豈以宰我如此

注解，便涉支離，不能簡易故耶？熹看此章，只是宰我錯解了，故聖人深責之，不謂其纔下注解，便成支離，如來喻之云也。細詳來喻，是意外生説，附會穿鑿，有不勝其支離者，舉此一端，恐區區所見與賢者不同，不但此一事也。示及得朋進學之盛，深慰鄙懷。然二包、定夫書來，皆躐等好高之論，殊不可曉。顯道本領只是舊聞，正苦其未能猛舍，不謂已見絶於旦評也。《晦庵文集》卷五四。

　　案：朱熹《答曹立之》（伊川先生帖摹勒甚精）所云：“以故包顯道輩仍主先入，尚以讀書講學爲充塞仁義之禍。此語，楊子直在南豐親聞其説。”《晦庵文集》卷五一。其所謂“以讀書講學爲充塞仁義之禍”，殆即本書所言及“然二包、定夫書來，皆躐等好高之論，殊不可曉。顯道本領只是舊聞，正苦其未能猛舍，不謂已見絶於旦評也”之“不謂已見絶於旦評也”云云。《答曹立之》撰見淳熙七年夏初，故推知亦約撰於稍後。

朱熹《答傅子淵夢泉》：

　　荆州云亡，忽忽歲晚，比又得青田教授陸兄之訃，吾道不幸，乃至於此！每一念之，痛恨無窮。想平生師資之義，尤不能爲懷也。所示《江陵問答》讀之，敬夫之聲容怳若相接，悲愴之餘，警策多矣。但其間尚有鄙意所未安者，更容熟復，續奉報歸納也。大抵賢者勇於進道而果於自信，未嘗虛心以觀聖賢師友之言，而壹取決於胸臆，氣象言語，只似禪家，張皇鬭怒，殊無寬平正大、沉浸醲郁之意。荆州所謂有拈搥竪拂意思者，可謂一言盡之。然左右初不領略，而渠亦無後語，此愚所深恨也。德起得資友益，書來甚激昂，已報之云，更須講學封殖，不可專恃此矣。《晦庵文集》卷五四。

> 案：淳熙七年二月末，張栻卒；九月末，陸九齡卒。《年譜長編》卷上。本書中"荆州云亡，忽忽歲晚，比又得青田教授陸兄之訃"，推知其約撰於是年冬間。

朱熹《答傅子淵》：

示喻所以取舍於前日之論者甚悉。率爾之言，固不能保其無病，然道體規模、功夫節目只是一理，是則俱是，非則俱非，不容作兩種商量，去彼取此也。暇日平心定氣，試一思之，或有以變化氣質而救一偏之弊，則於成己成物之際，未必無小補耳。《晦庵文集》卷五四。

> 案：本書撰時不詳。《書信編年》以爲撰於淳熙七年冬以後。故係於淳熙八年（1181），待考。

傅夢泉《復朱晦庵書》：

比在此中，追繹去冬教旨，其於天人理欲之數，可謂劃然分明，使學者不致迷誤乖方。惟窮理以致其知之事，尚未有慊於中者。蓋理其目固不能以揭其綱，必物物而求之。而於一物之中稍有硋累，既曰不可即便放過，而尋此一物而求之，多歷晦明，靜虛之神既增憧擾，而天下萬事萬物皆爲之阻滯而不得前。豈他物盡通衢坦道，而此一物者獨成停淵斷渚，終不得放而至於海乎？此中議論尚須更作語言，毋令學者行坐支離，迷頭覓項也。《全宋文》卷六三六四。

　　案：朱熹《答陸子靜》(昨聞嘗有丐外之請而復未遂)有云"子淵去冬相見，氣質剛毅，極不易得。但其偏處亦甚害事，雖嘗苦口，恐未必以爲然"。《晦庵文集》卷三六。即本書所謂"追繹去冬教旨"云云。《答陸子靜》撰於淳熙十三年(1186)，則知本書亦撰於是年。

傅自得

　　傅自得(1116—1183)，字安道，泉州(今屬福建)人。乾道初知漳州，再知興化軍，改知漳州，乾道九年春除直秘閣、福建路轉運副使，《建炎以來朝野雜記》乙集卷九《傅安道不見曾覿》。除知建寧府，移知寧國府，復爲福建路轉運副使，改除兩浙西路提點刑獄公事，移浙東，奉祠。淳熙十年八月卒，年六十八。晚歲自定其文爲三十二卷，藏于家。朱熹爲撰《行狀》。《晦庵文集》卷九八《傅公行狀》。

朱熹《與建寧諸司論賑濟劄子》：

　　一、安撫司賑濟米合於冬前差船般運，免至冬後與民間般載租米互有相妨，或致延滯。

一、廣南最係米多去處，常歲商賈轉販，舶交海中。今欲招邀，合從兩司多印文榜，發下福州沿海諸縣，優立價直，委官收糴，自然輻湊。然後却用溪船節次津般，前來建寧府交卸。

一、般運廣米，須得十餘萬石，方可濟用。合從使府兩司及早撥定本錢，選差官員、使臣或募土豪，給與在路錢糧，令及冬前速到地頭，趁熟收糴。潮、惠州與本路界相近。往回別無疏虞，即與支賞。約運到米一千石，支錢三十貫充賞，更多尤好。其糴到米數最多之人，仍與別議保奏、推賞施行。

一、上件福、廣米既到府城，即城下居人自無闕食之理，不須過有招邀上溪般米，反致鄉村匱乏，將來却煩官司般米賑濟，勞費百端。今合先次出榜曉諭諸縣產户寺院，除日逐出糴、不得閉糴外，每產錢一貫，椿米三十石省。禾亦依此紐數，兩貫以下不椿。委社首遍行勸諭，親自封椿，開具本都椿管米數及所椿去處，限十一月內申縣，祗備覆實。不得輒徇顏情，虛申數目，及妄挾怨仇，生事搔擾。其社首家禾即委隔官封椿。

一、鄉下有外里產户等寄莊，即仰社首及本處居人指定，經官陳說，封椿十分之七。

一、鄉下有產錢低小而停積禾米之家，仰隣保重立罪賞陳告，亦與量數封椿十分之五，並依前法。

一、上戶有願於合椿數外別行椿糶之人，許具實數經縣自陳，收附出糶，量行旌賞。

一、所椿禾米更不預定價直，將來隨鄉原高下量估，平價出糶。不使太貴以病細民，亦不使太賤以虧上戶。

一、所椿禾米自來年正月為始，以十分為率，至每月終，即給一分還元椿產戶自行出糶。直至稍覺民飢，即據見數，五日一次差隅官監糶，大人一斗，婦人七升，小兒四升。如至六月中旬，民間不甚告飢，即盡數給還產戶自行出糶。

一、府城縣郭及鄉村居民合糶禾米之家，合預行括責，取見戶口實數，即見合用米數；及將來分定坊保，給關收糶，庶免欺弊。大人、婦人、小兒逐戶分作三項。

一、上戶自有蓄積，軍人自有衣糧，公吏自有廩祿，市戶自有經紀，工匠自有手作，僧道自有常住，並不在收糶之限。

一、鰥寡孤獨老病無錢糶米之人，候三、四月間別議措置。如是饑荒，須令得所。

右謹具呈。第一項至第三項，乞使府兩司早賜詳度定議。第四項以後，乞使府出榜通衢，恐有未盡未便之處，令諸色人詳其利害，疾速具狀陳述，廣詢審議，然後施行，庶使大戶、細民兩得安便。伏候台旨。

此米須留以待來歲之用，目今秋成在邇，般運到人已食新，切乞存留，無為虛費。椿米多則上戶不易，少又儲蓄不足,此數更乞裁酌,更以户口之數計之,方見實用米數。《晦庵文集》卷二五。

　　案:淳熙元年建寧府旱災。據《福建通志》卷六《建寧府》云"淳熙元年,守傅自得重建通安門",則朱熹此劄子乃與知府傅自得等官佐,以商議及時收糴禾米以備來春賑濟。此劄子内建議"合從使府兩司及早撥定本錢,選差官員、使臣或募土豪,給與在路錢糧,令及冬前速到地頭,趁熟收糴",又云"目今秋成在邇,般運到人已食新",故推知其當撰於是年(1174)九月間。

朱熹《與建寧傅守劄子》:

熹竊以秋冬之交,寒氣未應,恭惟某官台候起居萬福。熹北津建陽,凡兩拜問,必皆已呈徹矣。拜遠誨益,忽已累日,追思館遇勞眤之寵,已劇愧荷。至於連楊奉教,又皆潤澤忠厚老成人之言,感發多矣,幸甚。熹昨日已至山間,弛擔兩日,又當南下。然旱久水澀,更須數日乃可抵城下也。

歸塗訪問田畝,豐儉相補,計已未至甚虧常數。但備禦之策不可不講,而知舊往往見尤,不能深陳糜穀之害。且云未論醞釀所耗,只今造麴,崇安郭内度費萬斛,黄亭小市亦當半之,而鄉村所損,又未在數。與其運於他州,有風波之虞、舟楫之費,曷若坐完此穀了,無事而百全也。

萬斛之麴，將來所糜秫米又當以數萬計。若能果如前日收糴秫米之説，所完亦豈及此？聞邵武已行此令，彼以蕞爾小邦，尚能行之，豈堂堂使臺大府之力而反不能乎？到家得浦城知友書，亦頗及此。今謹納呈，願高明更與楊丈熟計之也。但恐已緩不及事耳。此人姓張名體仁，好學有志佳士也，似亦與景仁昆弟同年。前此因垂問人物，亦嘗及之矣。

又聞楊丈已行下主簿糴米，而未及秔秫之別，不知果如何？糴秔之害，前已陳之。然千里之内，户口不知其幾，若必人人糴米而食之，恐無以濟。其勢須令上户椿留禾米，如前日之説，儲備乃廣。但所遇縣道官吏之説，皆憚於此計，蓋恐上户見怨，又慮見欺。殊不知救災之政與常日不同，決無静拱而可以獲禽之理。夫富人之多粟者，非能獨炊而自食之，其勢必糴而取錢，以給家之用。今但使之存留分數，以俟來歲聽官司之命，以恤隣里之闕，何所不可？正使其間不無冥頑難喻之人，然喻之以仁恩，責之以大義，甚不從者俟之以刑，其樂從者報之以賞，何至憚其怨怒且慮其欺己而不敢爲哉！似聞建陽之西，已有自言於官，願以家貲二百萬糴米，以俟來歲之荒而以本價出之。若果如此，則人亦豈爲鬼爲魅，全不可化者？但患上之人先以無狀期之，故彊者視以爲深仇而肆其凌暴，弱者畏之如大敵而不復能以正義相裁，二者其失均也。

嘗讀蘇明允書，以爲權衡之論爲仁義之窮而作，竊以爲此乃不知仁義之言。夫舒而爲陽，慘而爲陰，孰非天地生物之心哉？仁義之於人，亦猶是已。若仁義而有窮，則是天道之陰陽亦有窮也，而可乎？故凡此所論，雖若柱後惠文一切之説，其實趨時救弊，不得不然。蓋其心主於救人而所及者博，故雖有人所不欲而彊之者，初亦不出乎仁術之外也。夜不能寐，起坐作此，信意直書，無復倫次，不審高明以爲然否？正使未必可行，亦足以當一劇論也。

前日所稟《弟子職》、溫公《雜儀》謹納上，字已不小，似可便刊。《女誡》本傳中有一序，恐可并刊。此印行紙内上數幅，字數疏密，須令作一樣寫乃佳。仍乞早賜台旨，當不日而就也。刻成之日，當以《弟子職》、《女誡》各爲一帙，而皆以《雜儀》附其後。蓋男女之教雖殊，此則當通知者，使其流行，亦輔成世教之一事也。《雜儀》之書，蓋頃年楊丈嘗以教授者，感今懷昔，歲月如流，而孤露至此，言之摧咽不能自已。語次及之，亦足爲慨然也。熹本更拜書楊丈，昨日方歸，今早有人行，鷄鳴起，僅能及此，遂不暇作。然所欲言不過此，想從容次必盡及之。未拜侍前，更乞以時自重。前即詔除，然區區竊與閩人俱不能無借留之願耳。《晦庵文集》卷二五。

　　案：本書首云“熹竊以秋冬之交，寒氣未應”，故知其當稍晚於《與建寧諸司論賑濟劄子》，約撰於淳熙元年十月初。

朱熹《答傅守劄子》:

垂喻曲折,極感眷念之勤。但茲事鄙意初固料其如此,蓋理法當然,無可疑者。台念不置,宛轉至今,事體益以明白。在使府雖欲奉承朝廷矜恤之美意,而在熹豈得執法令之疑文,以冒受所不當得之禄哉?熹雖貧病,然爲日已久,粗能自安,實不敢以此自毀廉隅,仰累執事。謹具狀申,乞寢罷其未行者,收毀其已行者,以安愚賤之迹。切望憐其誠懇,特與施行,千萬幸甚。《晦庵文集》卷二五。

案:詳本書義,當是因籌畫賑濟之勞,傅知府欲以便宜爲朱熹增秩添禄。據韓元吉《辭知建寧府表》云"右臣准尚書省劄子十二月三日三省同奉聖旨,差臣知建寧府,不候授告,疾速前去之任,候任滿前來奏事者"。《南澗甲乙稿》卷八。韓爲繼傅知建寧府者。考慮公文往來及韓之赴任所需時日,其到任當在淳熙二年(1175)初,故知本書當撰於元年末。又,傅自得來書佚。

朱熹《與傅漕書》:

熹竟不免真有前日之命,皇恐失措。龔公以書付陳舍人,遣人以來。此意雖厚,然熹出處之計已定於前歲受官之日矣,至此不容復有前却,已具狀申省,及以告劄寄納軍帑,乞賜台判送下,幸甚。宮觀恐合日下解罷,俸給亦乞住勘爲幸。龔公亦有書至門下,還書之際,幸略及鄙意，蓋終不可復出者。異時復得舊物，或奉香火於幔亭之祠，以畢誅茅夕陰之願，於熹足矣。若迫之不已，必發其狂疾，却恐倍費調護，不若及此而藥之之爲全也。熹申省狀已極詳備，不復爲第二狀之計矣。用此進呈，少假一言之助其勢，可以一請而遂，切乞力爲言之，盡此底蘊。千萬幸甚。《晦庵文集》卷二五。

案：淳熙三年六月，因參政龔茂良等薦，宋廷除朱熹祕書郎。朱熹力辭。《宋史全文》卷二六上。據朱熹是年七月八日《辭免秘書郎狀一》"右熹準六月二十一日尚書省劄子并告命一道授熹秘書郎者"云云，《晦庵文集》卷二二。推知本書當撰於是年（1176）七月八日上《辭免秘書郎狀一》稍後。

朱熹《與傅安道書》：

熹先人遺文，江西遂將刊行，而未有序引冠篇首。先友盡矣，不孤之惠，誠有望於門下，敢以爲請。錄自《韋齋集》卷首傅自得《序》。

案：朱熹《朱公行狀》云《韋齋集》之"序，則直秘閣傅公自得之文也"。《晦庵文集》卷九七。而傅自得《序》又稱朱松"嗣子今南康太守熹，……明天子用寵嘉之，即其家拜二千石，君懇辭不獲命，強起視郡事，逾年而政成訟簡，一旦走介二千里，書抵予曰"云云，時當"淳熙七年夏四月既望"。推知本書當撰於七年（1180）春。

甘　節

甘節，字吉父，臨川（今屬江西）人。紹熙癸丑（1193）
從朱熹學。《朱子語類·姓氏》。

朱熹《答甘吉父書》：

陰陽五行之爲性，各是一氣所稟，而性則一也。《朱子
語類》卷一。

　　案：《朱子語類》卷一載甘節所記曰：“問：‘前日
先生答書云：“陰陽五行之爲性，各是一氣所稟，而性
則一也。”兩“性”字同否？’曰：‘一般。’又曰：‘同者理
也，不同者氣也。’又曰：‘他所以道“五行之生各一其
性”。’”本書亦論及陰陽五行、性氣之説，或亦撰於慶
元間。姑係於慶元三年（1197）中。待考。

朱熹《答甘吉甫》：

此間爲况，幸亦如常，但朋友自不敢住，多已引去，亦
隨時之義也。所示之説，今却附還，大抵看得未甚浹洽，
言多窒礙，且宜少讀，而益加潛心反復玩味之功也。

《中庸》言“健順，仁義禮智之性”，妄意以爲：健
順，用也；仁義禮智之性，體也。健、順二字在上者，先
言用而後言體，又以配上文先言陰陽而後言五行。未
知是否？

健順之體即性也。合而言之則健順，分而言之則曰仁義禮智。仁禮健而義智順也。

先生前歲論伊尹樂堯、舜之道一段云："樂堯、舜之道，須是見得是獨自底，非是衆家常住底。"今歲先生又言："衆家常住底，何者非堯、舜之道？"又言："若堯、舜之道，便是衆家常住底，則不消更説堯、舜。"

後説近是，但所記語有差。今亦不記當時因何説此也。

蔡丈云："天根是好人之情狀，月窟是小人之情狀，三十六宫是八卦陰陽之爻。某疑人物二字，恐未可便以善惡斷之。"又言："三十六宫都是春，即月窟亦爲春也。"

陽善陰惡，聖賢如此説處極多。蓋自正理而言，二者固不可相無；以對待而言，則又各自有所主。康節所詠，恐是指生物之源而言，則正氣爲人、偏氣爲物，爲陰陽之辨。季通所論却是推説，然意亦通也。《晦庵文集》卷六二。

案：下書（《集注》中説曾點處）中有言"伏蒙賜教，以爲'陽善陰惡，聖賢如此説處極多。蓋自正理而言，二者固不可相無；以對待而言，則又各有所主'"，正本書朱熹答語，知承本書。故推知本書約撰於慶元三年秋、冬間。

朱熹《答甘吉甫》：

《集注》中説曾點處，有"樂此終身"一句，不知如何？

觀舜居深山之中，伊尹耕於有莘之野，豈不是樂此以終身？後來事業亦偶然耳。若先有一毫安排等待之心，便成病痛矣。《注》中若無此句，即此一轉語全無收拾，答它聖人問頭不著，只如禪家擎拳豎拂之意矣。

"君子所以異於人，以其存心。"昨蒙賜教，謂："存心者，處心也。"《集注》又曰："以仁存心，言以是存於心而不忘也。"而直卿說是以其心之所存處，看它念念在何處。某以爲若如先生之誨，則是以仁、禮存在心中。若直卿之言，則是以心存在仁、禮上。二說孰是？

直卿說得亦是。但要本文意義順，似《注》說。又須知不是將心去存在仁、禮上，亦不是將仁、禮存在心裏也。

蔡丈言："天根爲好人之情狀，月窟爲小人之情狀。"又云："陰陽都將做好說也得，以陰爲惡、陽爲善亦得。"伏蒙賜教，以爲"陽善陰惡，聖賢如此說處極多。蓋自正理而言，二者固不可相無；以對待而言，則又各有所主"。某疑康節先言天根月窟，是合偏正而言；後言以爲都是春者，是專以正者言之。不知是否？

看《遺書》中"善惡皆天理"，及"惡亦不可不謂之性"、"不可以濁者不謂之水"等語，及《易傳》"陽無可盡之理"一節，即此義可推矣。更以事實考之，只如鴟梟、蝮蠍、惡草、毒藥，還可道不是天地陰陽之氣所生否？《晦庵文集》卷六二。

案：朱熹《答萬正淳》（人傑昨答伯豐書云）亦論

及“夫子與點”之説,有云“甘節吉甫亦來問此事,并以示之”,《晦庵文集》卷五一。與本書“《集注》中説曾點處,有‘樂此終身’一句,不知如何”之問相合。《答萬正淳》撰於慶元四年(1198)初,故推知本書約撰於一時或稍後。

甘叔懷

甘叔懷,閤皀山道士。

朱熹《答甘道士》:

所云築室藏書,此亦恐枉費心力,不如且學静坐,閑讀舊書,滌去世俗塵垢之心,始爲真有所歸宿耳。《晦庵文集》卷六三。

案:朱熹《答蔡季通》(平江人欲遣行)有云“前日所説磨崖刻《河》、《洛》、《先天》諸圖,適見甘君説閤皀山中新營精舍處有石如削,似可鐫刻,亦告以一本付之”,《晦庵文集》續集卷二。本書“所云築室藏書”云云,當即指此。又朱熹《書河圖洛書後》云“閤皀甘君叔懷欲刻二圖山中。……慶元丁巳上元節日遯翁書”,《晦庵文集》卷八四。則所稱甘君、甘道士即甘叔懷。《答蔡季通》慶元二年(1196)冬,故推知本書約撰於稍前。

高 松

高松（1154—1211），字國楹，福州長溪（今福建霞浦）人。"少游陳止齋之門，又從朱子受學"。《閩中理學淵源考》卷二四。紹熙元年（1190）中第，授臨海主簿、青田尉，不赴，教授台州。嘉定四年十二月卒，年五十八。事迹見葉適《水心文集》卷一七《台州教授高君墓誌銘》。

朱熹《答高國楹》：

所喻不能處事，乃學者之通病。然欲別求方法，力與之競，轉成紛擾，而卒無可勝之理。不若虛心讀書觀理，收拾念慮，使之專一，長久則自然精明，而此病可除矣。但讀書亦有次第，且取其切於身心者讀之。若經理世務，商略古今，竊恐今日力量未易遽及，且少緩之，亦未爲失也。《晦庵文集》卷六二。

案：陳傅良《送長溪高國楹從學朱元晦》曰："洛學今無恙，東南屬此翁。從游雖已晚，趣向竟誰同？一第收良易，遺經語未終。歸期定何日，我欲叩新功。"《止齋先生文集》卷七。推知高松於進士及第後來從學。本書云及"所喻不能處事，乃學者之通病。然欲別求方法，力與之競，轉成紛擾，而卒無可勝之理"，似高松初仕時與同僚不合，故朱熹爲本書勸導之。故推知其約撰於紹熙中，姑係於三年（1192）間。

高宗商

高宗商，後改名商老，字應朝，會稽（今浙江紹興）人。乾道八年（1172）王定牓進士。《會稽續志》卷六。紹熙間知宜興縣，《晦庵文集》卷八〇《常州宜興縣學記》。後知撫州。《宋史》卷四三〇《黃榦傳》。

朱熹《答高應朝》：

所示講義發明深切，遠方學者得所未聞，計必有感動而興起者。然此恐但可爲初學一時之計，若一向只如此說，而不教以日用平常意思、涵養玩索功夫，即恐學者將此家常茶飯做個怪異奇特底事看了，日逐荒忙，陷於欲速助長、躁率自欺之病，久之茫然，無實可據，則又只學得一場大話，互相恐嚇而終無補於爲己之實也。只如三段所舉諸書大指雖同，然恐亦須更令子細看得逐段各有下落，方能浹洽通貫，有得力處。若只如此儱侗看了便休，却恐只是粗謾，政使便做得成，亦是捺生做熟，久遠畢竟無意味也。《晦庵文集》卷五三。

　　案：朱熹《常州宜興縣學記》云“予頃得高君於會稽而知其賢”，《晦庵文集》卷八〇。即朱熹初識高君於淳熙八、九年提舉浙東常平時。又楊簡《祭舒元英文》載“從政郎浙西安撫司幹辦公事楊某、迪功郎新邕州教授高宗商謹致奠于故友人元英舒兄”云云，

《慈湖遺書》卷四。據《慈湖遺書》附録《寶謨閣學士正奉大夫慈湖先生行狀》云"朱文公持廋節,薦先生學能治己、材可及人。居無何關陞。先是,太師史越王薦引諸賢,而先生居第二,……得旨任滿都堂審察,僅一考即移注,……差湔西撫幹"。本書中有云"所示講義發明深切,遠方學者得所未聞,計必有感動而興起者",推知其當在高宗商爲邕州教授時,故有"講義"、"遠方學者"云云,約在淳熙十二年(1185)前後。

耿　秉

耿秉,字直之,江陰(今屬江蘇)人。紹興三十年(1160)梁克家榜進士及第。紹熙元年(1190)十月除秘書監,二年九月爲權兵部侍郎。《南宋館閣録續録》卷七。終煥章閣待制。"律己清儉,兩爲浙漕,所至以利民爲事"。著《春秋傳》二十卷、《五代會史》二十卷。《明一統志》卷一〇。

耿秉《與朱元晦書》:

三代禮樂制度盡在聖人,所以用之則有可行。《朱子語類》卷三四。

案:《朱子語類》卷三四載有問"用之則行,舍之則藏"者,答"耿直之向有書云:‘三代禮樂制度盡在聖人,所以用之則有可行。’某謂此固其可行之具,但本領更全在無所係累處，有許大本領，則制度點化出來都成好物，故在聖人則爲事業。衆人沒那本領，雖盡得他禮樂制度，亦只如小屋收藏器具，窒塞都滿，運轉都不得”。又《朱子語類》卷一三二有云“向来耿守有一書，説用之則行，舍之則藏”，當爲一書中語。下書（熹生長窮僻）有言“兹者又承示及所與學官弟子講論之説”，又言“然頃於此書粗嘗討究，……因以文義求之，竊疑聖言簡直，未遽有此曲折，而孔、顔之所以爲聖賢，必有超然無一毫意、必、固、我之私者以爲之本，然後有以應事物之變而無窮”，似指本書而言。故推知本書約撰於淳熙十年（1183）間。

朱熹《答耿直之秉》：

熹生長窮僻，少日所聞於師友者，不過脩身窮理、守正俟命之説，雖行之不力，有愧夙心，亦未嘗敢舍之而從人也。頃歲入浙，從士大夫游，數月之間，凡所聞者無非枉尺直尋、苟容偷合之論，心竊駭之。而獨於執事者見其綜理名實、直道而行，卓然非當世之士也。顧雖未及一見，而職事之間適相首尾，乃有不約而合者，於是始復益信前日心期之不偶然也。兹者又承示及所與學官弟子講論之説，不唯有以見賢侯在泮弦歌之盛，而潛心大業，體用圓融之妙，所以警發昧陋者又爲深切。三復欣幸，不知所言。

　　然頃於此書粗嘗討究，亦見前輩之説有如此者。因以文義求之，竊疑聖言簡直，未遽有此曲折，而孔、顏之所以爲聖賢，必有超然無一毫意、必、固、我之私者以爲之本，然後有以應事物之變而無窮。以是止據舊説，不復致疑。今睹來示，雖若不異於前人，而其規模之大、體用之全，則非彼所到，而熹之愚亦未及也。更俟從容反復玩味，別以求教。它所論著，亦有欲就正者。私居乏人抄寫，後便寄呈也。去歲救荒後時，狼狽殊甚，不謂其人乃復見恕如此。來喻所及，令人恐懼不自安耳。《晦庵文集》卷三八。

　　案：書中言及"去歲救荒後時，狼狽殊甚"，當指淳熙九年朱熹提舉浙東常平行荒政之事，故推知本書當撰於淳熙十年間。

龔伯善

　　龔伯善，名里不詳。

朱熹《答龔伯善》：

　　示喻以門户之故，不免兩用其心，於道全未有得，此今日士子之通患。但窮達有命，非可力求。若其有之，當不待求而自至；如其無之，求亦奚益？惟道義在我，人皆有之而求無不得。今乃以彼而易此，其於利害之籌可謂

舛矣。願以此而反思之,庶乎其有決也。《晦庵文集》卷
五九。

案:本書校記云:"龔伯善",閩本、浙本、天順本
皆作"龔伯著"。

本書撰時不詳。《書信編年》以爲疑在淳熙十六
年(1189)後。待考。

龔茂良

龔茂良(1121—1178),字實之,興化軍(今屬福建)
人。紹興八年(1138)進士及第。累遷禮部侍郎,拜參知
政事。葉衡罷,茂良以首參行相事踰再歲。責降安置英
州。淳熙五年卒於貶所,年五十八。見《宋人傳記資料索引》
頁四五〇四。後復資政殿學士,謚莊敏。《宋史》卷三八五
有傳。

朱熹《答龔參政書》:

乃者明公還朝,一再旬朔,即被書贊,延登廟堂。近
歲以來,君臣之契,感會神速,未有若斯之盛者。熹竊聞
之,不勝其喜,即欲脩呎尺之書,以稱慶於門下。顧以衰
病懶廢,因循前却,以至于今,而遂不知所以進也。不謂
明公眷念不忘,枉賜手教,伏讀感懼,不知所言。又得本
府韓尚書報,朝廷以熹未敢受祿之故,申飭所司特給符

券,府司既受而行之矣。此非明公矜憐之厚,則亦何以得之？自是以往,不惟得以少逭溝壑之虞,抑使窮悴孤蹤,不以矯異詭激得罪於公正之朝,爲幸大矣。惟是支離尫拙,無由進趨賓客之後,自竭愚頓,以報萬分。伏惟明公深以平生所學爲念,仰體聖天子所以圖任仰成之心,端本清源,立經陳紀,使陰邪退聽,公論顯行,則羣生蒙福,海內幸甚。熹不勝瞻望惓惓之至。《晦庵文集》卷二五。

案:《宋史·宰輔表四》載淳熙元年十一月龔茂良拜參知政事。而據朱熹下書(伏自去春拜啓之後)所云,知本書乃撰於淳熙二年(1175)春。

朱熹《答龔參政書》:

伏自去春拜啓之後,不復敢貢起居之間,蓋懼瀆尊之咎,亦避援上之嫌。其於瞻仰之私,則不以一日而忘也。茲蒙賜之手書,眷撫甚厚,區區感激,蓋不勝言。惟是恩除過望,深所未安。此雖參政記憐疇昔,有以及此,然熹之平生,有志無才,少容多忤,參政固所深知。顧乃以是處之,似恐未得其適也。數年以來,私自揣度,決無可用於世。重以前歲冒受朝廷寵褒惠養之恩,其義不容復捨退閒,起趨名宦。非惟自處已審,至於友朋之論,亦皆以謂必其若此,庶或可以少補前日冒受之非也。敬以公狀申堂,伏惟矜憐,早爲敷奏,如其所請,或令仍舊充備祠官,則熹之受賜亡涯矣。熹其勢終不可出,萬一未蒙俞允,必至再辭。竊恐迫阨之甚,言語粗率,有以自取罪戾者。參政必不欲其至此,幸早圖之。所以記憐擁護之恩,宜無大此者焉。伏惟留意,千萬幸甚。《晦庵文集》卷二五。

案:《宋史全文》卷二六上載淳熙三年(丙午,1176)六月"甲午,龔茂良奏:'近奉詔旨,欲獎用廉退之士。有朱熹者,操行耿介,屢召不起,宜蒙錄用。'上問:'曾爲何官?'李彥穎奏:'聞曾歷州縣官一任,後以密院編修、武舉博士召,皆不起。近歲陛下特與改官,見任宮觀。'上曰:'記得其人屢辭官,此亦人所共知。今可與除一官。'於是詔除祕書郎。熹以改官之命正以嘉其廉退,顧乃冒進擢之寵,是左右望而罔市利,乃力辭。會有言虛名之士不可用者,以故再辭,即命主管沖祐觀"。據朱熹丙申七月八日《辭免秘書郎狀一》"右熹準六月二十一日尚書省劄子并告命一道授熹秘書郎者"云云,《晦庵文集》卷二二。推知本書約撰於《辭免秘書郎狀一》同時,即七月八日前後。龔茂良"手書"佚。

朱熹《與龔參政書》:

熹衰陋亡庸,誤蒙引拔,自知不稱,嘗力懇辭,未奉俞音,祇增震懼。今再有狀,欲望哀憐,早賜敷奏施行,則熹之幸也。

抑又有以聞于下執事者:熹自幼愚昧,本無宦情,既長,稍知爲學,因得側聞先生君子之教,於是幡然始復,誤有濟時及物之心,然亦竟以氣質偏滯,狂簡妄發,不能俯仰取容於世,以故所向落落,無所諧偶。加以憂患,心志凋零,久已無復當世之念矣。而明公乃欲引而致之搢紳之列,不識明公將何所使之也? 使之隨群而入,逐隊而趨耶? 則盛明之旦,多士盈庭,所少者非熹等輩也。使之彊顏苟祿,以肥妻子耶? 則熹於饑寒習安已久,所病者又不在此也。且必無已,而使之得以其所聞於古而驗於今者,效其愚於百執事之後,則熹之所懷,將不敢隱於有道之朝。竊料非獨一時權倖所不樂聞,意者明公亦未必不以爲狂而斥之也。由前二者,明公之計決不出此。由後之説,則懼熹之殺身無補,而反得罪於明公也。意迫情切,言不及究,伏紙隕越。《晦庵文集》卷二五。

　　案: 據朱熹《辭免秘書郎狀二》"右熹準八月三日尚書省劄子,以熹辭免新授秘書省秘書郎恩命,八月三日三省同奉聖旨不許辭免者"云云,《晦庵文集》卷二二。又據朱熹《答呂伯恭》(奉八月六日手教)有"然月末再狀已行,度旬月間必有決語",《晦庵文集》卷三三。推知《辭免秘書郎狀二》撰於八月末,本書約撰於同時。

朱熹《與龔參政書》:

熹竊伏田里,仰依大造,自頃拜勅奉祠,以書陳謝之後，無故不敢輒通牋敬，以犯等威，區區第切瞻仰。茲者竊聞還政宰路，歸榮故鄉，行道之難，不無私歎。然意者必得參候車塵，瞻望顏色，以慰積年引領之懷，而臥病田間，偶失偵伺，遂乖始願，尤劇惘然。獨念頃歲黃亭客舍拜違左右，屈指於今十有五年。其間事變反覆，何所不有？而其不如人意，使人悒悒不能無遺恨者，則已多矣。憂患之餘，衰病零落，雖已無復當世之念，然私所幸願，猶冀天啓聖心，日新厥德，公道庶幾其復可行乎。明公彊食自愛，應之於後，以遂初心，則海內幸甚。暑行良苦，引首馳情。《晦庵文集》卷二五。

案：《宋史·孝宗本紀》載，淳熙四年六月丁丑，參知政事龔茂良罷，七月"癸丑，龔茂良責授寧遠軍節度副使，英州安置"。五年閏六月，龔茂良卒于英州。丁丑爲六月九日，癸丑爲七月十六日。故推知朱熹本書約撰於四年（1177）六、七月之際。

龔惟微

龔惟微，名里不詳。

朱熹《答龔惟微》：

聞進學不倦之意，甚幸甚幸。但《春秋》之說，向日亦嘗有意，而病於經文之大略、諸說之太煩，且其前後抵牾非一，是以不敢妄爲必通之計，而姑少緩之。然今老矣，竟亦未敢再讀也。來喻以爲他處皆可執其一説以爲據，獨即位之説爲難通，愚恐其所執之説未必聖人之真意，而非獨即位之説爲無據也。若只欲爲場屋計，則姑取其近似而不害理者用之；若欲真實爲學，則不若即他書之易知者而求之，庶明白而不差也。《晦庵文集》卷五九。

案：本書撰時不詳。《書信編年》據書中"然今老矣"云云，疑在朱熹年六十以後，故次於淳熙十六年（1189）。待考。

鞏　豐

鞏豐（1148—1217），字仲至，號栗齋，婺州武義（今屬浙江）人。吕祖謙弟子。太學上舍對策高第，教授漢陽軍，改授江東提刑司幹辦公事，又改幹辦福建帥司公事，知臨安縣，後以宫觀罷。嘉定十年正月卒，年七十。事迹見葉適《水心文集》卷二二《鞏仲至墓誌銘》。

朱熹《答鞏仲至豐》：

聞名願見，爲日久矣，兹辱枉顧，乃遂夙心，慰幸可量。別後又承惠問，并示武夷佳句，獲聞于役之暇，不廢山水之娱，賦詠從容，曲盡佳致，尤以爲喜。比想已還官次久矣。霜寒之後，繼以暄暖，諒惟幕府有相，起處多福。

熹衰病益甚，最苦拘攣，不能信詘，起居動作，皆有所妨。樞帥經由，以此不得敬謁。然聞其寬和盡下，想於賢佐必知所敬禮也。昌父入城未歸，計必還此度歲矣。偶便寓此，病軀憚於憑几，口占不謹，幸深原照。《晦庵文集》卷六四。

　　案：本書有云"樞帥經由，以此不得敬謁"，下書（掌丞轉致近問）又云"樞帥經由，不及一見，荷其答書之意甚勤"，知承本書。故推知本書約撰於慶元四年(1198)末。

朱熹《答鞏仲至》：

　　掌丞轉致近問，獲聞比日春序浸暄，幕府優游，起處佳福，足以爲慰。熹衰病拘攣，日甚一日。死生長短，本所不計，但未死之前，轉動不得，亦令人無況耳。告老之章，州郡未肯騰奏，雖荷其見憐，不欲使觸禍機，然鄙意已決，無所復顧，爲此宿留，令人腹煩耳。樞帥經由，不及一見，荷其答書之意甚勤，繼此未敢爲問。往來多能道其政事之美，而來書之所發明，尤足起人意也。子約子弟近得書云，歲前明招大火，其樞幾不免，幸而獲全，却不知其厚葬之説。但得汪時發書，似頗有所不快意，不知曲折如何也。叔昌老不長進，亦是前日向外意多，脚根不牢實耳。"輕棄簞瓢"之句，令人深省，顧未知真樂所在，則雖欲不棄而不可得。此須別有箇著力處，乃足恃耳。

武夷續詩，讀之無非向來經行所歷，景物宛然，益歎摹寫之妙。詩序縱橫放肆，多出前人未發之祕。但詆江西而進宛陵，不能不駭俗聽耳。少時嘗讀梅詩，亦知愛之，而於一時諸公所稱道，如《河豚》等篇，有所未喻，用此頗疑張、徐之論亦未爲過。至於寂寥短章，閑暇蕭散，猶有魏、晉以前高風餘韻，而不極力於當世之軌轍者，則恐論者有未盡察也。不審賢者雅意謂何？所錄《警策》二卷者，亦可使得一見耶？此人還日，幸望錄寄，千萬之望。貴眷郎娘，一一佳裕。兒輩蒙問，感感。昌父昨日得書，已到家矣。寄詩甚富，孤瘦亦益甚矣。憲臺王幹前日過此，嘗託致區區。今有一書與之，煩爲轉達。書中囑渠一二事，幸爲扣其可否，以語直卿也。《晦庵文集》卷六四。

案：朱熹慶元四年十二月申建寧府乞保明申奏致仕，至五年四月二十三日有旨守朝奉大夫致仕。《年譜長編》卷下。本書有云"告老之章，州郡未肯騰奏，……然鄙意已決，無所復顧，爲此宿留，令人腹煩耳"，又云"獲聞比日春序浸暄"，故推知其約撰於五年（1199）初。

朱熹《答鞏仲至》：

稍不聞問，已劇馳情。昨日遞中奉告之辱，獲審比日春和，幕府多餘，體履佳適，良以爲慰。錄寄舊詩，得以快讀，雄麗精切，歎服深矣。簞瓢之句，得其全篇，又深感慨也。但梅詩之評，未能盡解，當俟得所集録，始敢扣也。
張巨山乃學魏、晉、六朝之作，非宗江西者，其詩閑澹高
遠，恐亦未可謂不深於詩者也。坡公病李、杜而推韋、柳，
蓋亦自悔其平時之作而未能自拔者，其言似亦有味，不審
明者視之以爲如何也？無由面論，臨風快想，因來更望切
磋。究之，老病久已無復此夢，亦聊以暇日銷憂耳。告老
之章已上，但已差晚爲可恨，故舊諸賢不得不任其責也。
留、徐方脱囚拘，彭、曾幾墮補處，世途艱險，吁，可畏哉！
然亦何可避也？《晦庵文集》卷六四。

　　案：書中有云“告老之章已上，但已差晚爲可
恨，故舊諸賢不得不任其責也”，又云“獲審比日春
和”，故推知其約撰於慶元五年春中。

朱熹《答鞏仲至》：

　　遞中兩辱惠書，并有詩筒之況，荷意勤矣。又知小
姪、劉親，皆以垂念之故，得以竊食，益深感愧。信後清
和，恭惟幕府有相，起處佳福。所需惡語，尤荷不鄙，此於
吾人，豈有所愛？但近年此等一切廢置。向已許爲放翁
作《老學齋銘》，後亦不復敢著語。高明應已默解，不待縷
縷自辨數也。抑又聞之，古之聖賢所以教人，不過使之講
明天下之義理，以開發其心之知識，然後力行固守以終其
身。而凡其見之言論、措之事業者，莫不由是以出，初非
此外別有歧路可施功力，以致文字之華靡、事業之恢宏

也。故《易》之《文言》於乾九三，實明學之始終，而其所謂"忠信所以進德"者，欲吾之心實明是理而真好惡之，若其好好色而惡惡臭也；所謂"修辭立誠以居業"者，欲吾之謹夫所發以致其實，而尤先於言語之易放而難收也。其曰"修辭"，豈作文之謂哉？今或者以修辭名左右之齋，吾固未知其所謂然。設若盡如《文言》之本指，則猶恐此事當在忠信進德之後，而未可以遽及；若如或者賦詩之所詠歎，則恐其於"乾乾""夕惕"之意，又益遠而不相似也。鄙意於此深有所不能無疑者。今雖不敢承命以爲記，然念此事於人所關不細，有不可以不之講者，故敢私以爲請，幸試思之，而還以一言判其是非焉。

至於佳篇之貺，則意益厚矣。顧惟頓拙於此，豈敢有所與？三復以還，但知贊歎而已。然因此偶記頃年學道未能專一之時，亦嘗間考詩之原委，因知古今之詩，凡有三變。蓋自書傳所記，虞、夏以來，下及魏、晉，自爲一等。自晉、宋間顏、謝以後，下及唐初，自爲一等。自沈、宋以後，定著律詩，下及今日，又爲一等。然自唐初以前，其爲詩者固有高下，而法猶未變。至律詩出，而後詩之與法，始皆大變，以至今日，益巧益密，而無復古人之風矣。故嘗妄欲抄取經史諸書所載韻語，下及《文選》漢、魏古詞，以盡乎郭景純、陶淵明之所作，自爲一編，而附于三百篇、《楚辭》之後，以爲詩之根本準則。又於其下二等之中，擇其近於古者，各爲一編，以爲之羽翼興衛。且以李、杜言之，則如李之《古風》五十首，杜之秦、蜀紀行、《遣興》、《出塞》、《潼關》、《石濠》、《夏日》、《夏夜》諸篇，律詩則如王維、韋應物輩，亦自有蕭散之趣，未至如今日之細碎卑宂無餘味也。其不合者，則悉去之，不使其接於吾之耳目，而入於吾之胸次。要使方寸之中，無一字世俗言語意思，則其爲詩，不期於高遠而自高遠矣。然顧爲學之務有急於此者，亦復自知材力短弱，決不能追古人而與之並，遂悉棄去，不能復爲。況今老病，百念休歇，寧尚復語此乎？然感左右見顧之重，若以爲可語此者，故聊復言之，恐或可以少助百尺竿頭更進一步之勢也。

　　來喻所云"漱六藝之芳潤，以求真澹"，此誠極至之論，然恐亦須先識得古今體製、雅俗鄉背，仍更洗滌得盡腸胃間夙生葷血脂膏，然後此語方有所措。如其未然，竊恐穢濁爲主，芳潤入不得也。近世詩人，正緣不曾透得此關，而規規於近局，故其所就皆不滿人意，無足深論。然既就其中而論之，則又互有短長，不可一概抑此伸彼。況權度未審，其所去取，又或未能盡合天下之公也。此說甚長，非書可究，他時或得面論，庶幾可盡。但恐彼時且要結絕"修辭"公案，無暇可及此耳。記文甚健，說盡事理，但恐亦當更考歐、曾遺法，料簡刮摩，使其清明峻潔之中，自有雍容俯仰之態，則其傳當愈遠，而使人愈無遺憾矣。僭易并及，愧悚之深，不審明者於意云何，亦幸有以反覆之也。

　　長溪王君之詩竟如何？此有一黃子厚者，其詩自楚、漢諸作中來，絕不類世人語，人亦少能知之。近以社倉出內譏察不謹，狼狽憂鬱，以至於死，甚可傷也。放翁詩書錄寄，幸甚。此亦得其近書，筆力愈精健。頃嘗憂其迹太近，能太高，或爲有力者所牽挽，不得全此晚節，計今決可免矣。此亦非細事也。仙遊之政，無人肯爲推出，此理勢之常，無足怪者。況在渠家法又自不當計此耶！偶得浙漕去秋策問，謾錄去，不知曾見之否？清議固知不可泯滅，然能出此，亦不易也。

　　熹病益甚，跬步不能自致，而神昏氣痞，支體酸痛，殆非久作人間客者矣。休致之請，前月初間附便以行，至今寂然未聞可報，恐所附人遲滯不達。設更淹留，當自有臺劾施行，不待催督矣。《晦庵文集》卷六四。

　　案：書中有云"休致之請，前月初間附便以行，至今寂然未聞可報"，又云"此有一黃子厚者，……近以社倉出內譏察不謹，狼狽憂鬱，以至於死，甚可傷也"，據朱熹《祭黃子厚文》云"維慶元五年四月二十八日己丑，雲谷老人朱熹謹遣男某，奉酒茗之奠告於亡友穀城隱君子厚黃廿八兄之靈"，《晦庵文集》卷八七。故推知本書約撰於五年四月中。

朱熹《答鞏仲至》：

久不聞問，良以鄉往。前日便中特承惠書，具聞近況，足以爲慰。訊後劇暑，恭惟幕府有相，尊履佳福。熹衰病沈痼，日甚一日。告老之章，且幸得請。將謂世已相忘，然猶未脫誰何之域，尸居餘氣，何足加念，彼亦正自過慮也。遠承垂問，深感愛念，餞敬固非所敢當者，然亦恨異時不得託名文集中耳。"修辭"齋名，本意乃如此，然《易》之本旨，自有先後，前書固已言之矣。"栗"字再見《虞書》，皆莊敬謹嚴之意，以是名齋，非徒有取於木也。扁榜便欲爲書，偶數日臂痛，不能運筆，且當少須也。

說詩之繆，甚愧率爾，然後來細讀前後所示諸篇，始能深味雋永之趣，蓋已自成一家之言矣，豈當復有所措說於其間哉？但來書所論"'平淡'二字誤盡天下詩人"，恐非至當之言，而明者亦復不以爲非是，則熹所深不識也。夫古人之詩，本豈有意於平淡哉？但對今之狂怪雕鎪、神頭鬼面，則見其平；對今之肥膩腥臊、酸鹹苦澀，則見其淡耳。自有詩之初，以及魏、晉，作者非一，而其高處無不出此。左右固自以爲亦嘗從頭看得一過，而諳其升降沿革矣，則豈不察於此者，但恐如李漢所謂，謂《易》以下爲古文，因以爲無所用於今世，不若近體之可以悅人之觀聽，以是不免有是今非古之意，遂不復有意於古人之高風遠韻耳。又謂有意於平淡者即非純古，然則有意於今之不平淡者，得爲純古乎？又謂水落石出，自歸此路，則吾未見終身習於鄭、衛之哇淫，而能卒自歸於《英》、《莖》、

《韶》、《濩》之雅正者也。鄙見如此，幸試思之，以爲如何也？

荆公《唐選》本非其用意處，乃就宋次道家所有而因爲點定耳。觀其序引有“費日力於此，良可惜也”之歎，則可以見此老之用心矣，夫豈以區區掇拾唐人一言半句爲述作，而必欲其無所遺哉？且自今觀之，其所集録，亦只前數卷爲可觀。若使老僕任此筆削，恐當更去其半乃厭人意耳。不知此說明者又以爲如何也？

放翁近報亦已掛冠，蓋自不得不爾。近有人自日邊來，云今春議者欲起洪景盧與此老付以史筆，置局湖山，以就閒曠。已而當路有忌之者，其事遂寢。今日此等好事亦做不得。然在此翁，卻且免得一番拖出來，亦非細事。前書蓋已慮此，乃知人之所見有略同者。或云張伯子實唱其說，此亦甚不易也。得江西書云，孫從之亦已物故。人物眇然，令人短氣，此亦非人力所能爲也。留衛公一書，恐有的便，煩爲遣去。似聞樞帥已有奉祠之命，不知然否？果爾，必送來，因得過留爲數日之款，幸甚。《晦庵文集》卷六四。

案：書中有云“告老之章，且幸得請”，又云“訊後劇暑”，故推知其約撰於五年五月中。

朱熹《答鞏仲至》：

遞中辱書，獲聞比日盛暑，幕府優游，起居超勝，良以爲慰。新詩見寄，尤荷不鄙，讀之便覺烏石、靈源去人不遠，當此炎燠，灑然如玵寒門而濯清風也。記文更定，莊重詳實，足以傳遠，悟老真不朽矣。放翁筆力愈健，但恨無故被天津橋上胡孫擾亂，卻爲大耳三藏覷見。柳州《南澗》等詩，最是放不下者，但其氣格高遠，旨趣幽深，故讀之者苦不甚覺。此亦古今文字言語得失利病之所由，可不審哉！景迂誌文謾令錄示亦幸，渠文要自不可曉也。氣候不佳，故舊中時復塌了一兩人，令人鬱鬱。仲止不謂乃能自立如此，深可愛敬，尤喜南澗之有後，足强人意也。黃巖老中間過此，亦嘗相訪，惠詩一篇，甚佳。亦見其刊行小集，冠以誠齋之詩，稱其似蕭東夫，且謂東夫似陳後山，而平生未見東夫詩也。此事至爲淺末，然看却魏、晉以前諸作，便覺無開口處，甚可笑耳。

　　焦山《瘞鶴銘》下有《冬日泛舟》詩一篇，句法既高，字體亦勝，與銘文意象大略相似，必是一手。作者自題王姓，而名逸。近世好事者亦少稱之，獨趙德夫《金石錄》題識頗詳，而以作者爲王瓚，必是當時所傳本其名尚完也。今《選》詩中有此名字，而此詩體製只似唐人，恐又或非一人。不知亦曾見之否？中間託陳安行子弟問之，云從來無問及者，獨張機仲臨鎮時嘗遣人摹之，因得數本。今往一通，幸試考之，以爲如何也。熹病日益侵，無足言者。承欲冬間謁告還浙，千萬迂轡爲數日之留，當得款晤，以盡所欲言者。《晦庵文集》卷六四。

案：上書（遞中兩辱惠書）有云"記文甚健，説盡事理，但恐亦當更考歐、曾遺法，料簡刮摩，使其清明峻潔之中，自有雍容俯仰之態"，本書乃言"記文更定，莊重詳實，足以傳遠"，當在其後。本書又言"獲聞比日盛暑"，故推知其約撰於五年六月間。

朱熹《答鞏仲至》：

熹以氣痞益甚，不能親布前幅。來書在遞角中，而詩卷乃似有拆動處，不知何故？以此知遠書亦難多談也。向説簡齋詩有合改定處，如能爲之料理，幸爲印一本來，只用粗紙，庶得就册塗改附回，改正易爲力。吕書奏議，近方得見印本，因得詳考當日規模機會，深可歎息。但其間亦不免有漏落。此間人有寫本，與此互有詳略，其間擊人者，恐其子弟避讎删去。如密奏條畫誅范瓊計策，後卒施行其語，亦是一大公案，不知何故亦不載也？前書方報黃子厚之死，今有方伯謨者亦死矣，其詩比子厚更温潤可觀，方進未已，乃年甫五十而逝，尤足傷惜也。

此間有劉叔通者，亦能詩。今日得其兩篇，謾以寄呈，不識高明以爲如何也？熹又上。《晦庵文集》卷六四。

案：書中有云"前書方報黃子厚之死，今有方伯謨者亦死矣"，方伯謨即方士繇，卒於五年五月末。《渭南文集》卷三六《方伯謨墓誌銘》。故推知本書約撰於是年六月或稍後。

朱熹《答鞏仲至》：

比日秋冷，恭惟幕府燕閑，起處佳福。此間數日前一水非常，今幸無他，聞下流頗有所損，不知果如何？但雨意未已，早稻十分成熟，而不得以時收割，此爲可慮耳。近日得昌父、斯遠書，附到書一角，今附往。中有大卷，意必是詩。累年不見斯遠一字，欲發封觀之，又不欲破戒，或看畢幸轉以見示也。但斯遠省闈不偶，家無內助，嗣續之計亦復茫然，急欲爲謀婚之計，而未有其處，不知親舊間亦有可爲物色處否？想二公書中，亦須説及此事。渠來見囑，此間無處可致力，只得并奉浼也。《晦庵文集》卷六四。

　　案：書中云及"但斯遠省闈不偶"，當指徐斯遠慶元五年春闈落第。書中又云"比日秋冷，……但雨意未已，早稻十分成熟，而不得以時收割"，故推知其約撰於是年秋初。

朱熹《答鞏仲至》：

前蔡君歸辱書，及此專人又奉手告，欣審比日秋暑，尊候萬福。一水遠近多罹其害，此間亦然，所不及門者，三五尺耳。簡齋詩已領，但得閩本就校，即刊脩覆校尤易爲力。旦夕稍暇，或取此間所有者，塗改寄呈也。呂公奏議，恨未見鄭武子所校本，鄭乃其客，必無舛繆也。王瓚詩誠如所諭。劉詩得經題品甚幸，旦夕當令録數篇奉寄也。所論自刊詩文,此風極可笑,又可歎也。樓記、姊銘筆力甚勁,歎仰亡已。尹少稷文近世誠不易得,晚節狼狽,殊可惜也。晁銘不可曉,亦不但此篇,不知當時何以得重名於世也。"日鑄"之惠,感領厚意,來使立俟,未有以爲報也。《晦庵文集》卷六四。

　　案:上書(比日秋冷)有"此間數日前一水非常,今幸無他,聞下流頗有所損,不知果如何",而本書乃云"一水遠近多罹其害,此間亦然,所不及門者,三五尺耳",乃承其後。本書又云"欣審比日秋暑",推知當撰於是年七月中。

朱熹《答鞏仲至》:

　　前日人還,草草附報,殊不盡意。比秋益涼,恭惟起處多勝。陳詩誤字,今別用紙錄去,須逐字分付修了看過,就此勾消了,方再付一字,乃可無誤。此雖細事,然亦須經歷,方見自然成法也。樓記不知已入石未?細看尚有兩三處可疑,具之別紙,幸更詳之也。匆匆附遞,不暇他及,未由承晤,千萬自愛。《晦庵文集》卷六四。

　　案:上書言及"樓記、姊銘筆力甚勁",本書乃云"樓記不知已入石未?細看尚有兩三處可疑,具之別紙,幸更詳之也",知承其後。本書又云"比秋益涼",推知其約撰於秋中。

朱熹《答鞏仲至》：

武夷非建山之全體，不待辨而知。且於此上下文無所
屬，似成剩語。若欲破蘇公茶圃之說，則語又太略，兼亦本不
相關也。漕司所領茶事，止爲土貢玉食之一端耳，非如他路
與鹽法並行，而領於一司也。今云“鹽爲大而茶次之”，似非
事實。又車運之策，此殊不聞，不知其説果如何也。“夫爲
政者材可以勝乎事，事不可以勝乎材”，此兩句頗類舉子
文，然亦謂“欲其材之勝乎事，不欲事之勝乎材”則可。今
此語勢似未妥帖，試深味之可見。“可以”二字，正富公碑
中趙濟“能揺”之類也。熹上呈。《晦庵文集》卷六四。

案：上書（前日人還）有云“樓記不知已入石未？
細看尚有兩三處可疑，具之別紙，幸更詳之也”，本書
實討論文字得失，推知即上書之別紙。

朱熹《答鞏仲至》：

置中奉告，欣審比日秋清，尊履佳福。兩詩三記併
領，嘉惠尤增慰懌。但鄭君之爲人，不復記憶，有如來示，
誠不易得也。宗司刻石，簡嚴得體，書亦清婉可愛。安濟
則似太詳，雖云合有許多説話，然亦當有所取舍，觀前輩
所作可見也。率易及此，如何如何？帥官稱蓋欲以見廟
堂之舊，然不知於古亦有初否？似不若只書職名之爲正
也。昌父得書，欲來相訪，而病復大作，但能口占一紙，及
寄未病時手寫詩一編，清苦寒瘦，如其爲人。其間亦有斯

遠、仲止數詩，皆有思致，足以慰離索。但未知訊後病已
差未耳。直卿久不得書，聞有徙家之興，此固所欲，但於
渠聚徒之計，則恐失之便無以爲生，亦須細商量耳。論作
官，則誠不若聚徒之爲安也。偶與應辰過門，云欲請見，
亟附此紙，不能究懷抱。衰病，中間嘗小愈，今復大作，拘
攣痞滿，有甚於前矣。

　　放翁得近書，甚健，謾知之。《蓍卦考誤》無別本，
當於番陽求之。但恐題跋者恐其累己，已遭投削耳。
《晦庵文集》卷六四。

　　案：《勉齋先生黃文肅公年譜》稱慶元五年七
月，黃榦免喪，遷朋友於城南；八月，始課諸生。本書
有云“直卿久不得書，聞有徙家之興，此固所欲，但於
渠聚徒之計，則恐失之便無以爲生，亦須細商量耳”，
又云“欣審比日秋清”，故推知其約撰於是年季秋。

朱熹《答鞏仲至》：

　　稍不聞問，積有馳情。比日冬溫，恭惟幕府多暇，動
履有休。眷集郎娘，一一佳慶。熹老病衰朽，有加無瘳，
置之不足道也。但書課未畢，而不能俯躬伏几以究其業，
此爲恨恨耳。適聞帥司行下，發諸舉子倉租米，變糶買
銀，赴司送納，不省何謂？前政辛勤規畫，爲此活人之計，
其心甚仁，其惠甚遠，何忍一旦遽破壞之耶？今之從政
者，固不可以此望之，特賢者適從事於其間，則似不宜有

此耳。不審文書所下，亦嘗關由參署而後行，抑吏輩徑下之，而初不以白也？州縣得之，直便行下，無復商量，所幸今非糴變之時，且得宿留，故爲奉扣，幸更審之。若無急切之用，不知亦可且與行下，仍舊收支否？況此一縣，所有不多，不過八百餘斛，糴之得千緡耳。帥司不待此而後富，而徒使自是以往，生子之家失救接之助，且將復起故時殺棄之風，則作俑之過，將於誰責而可耶？設若必有急切，須至移用，則向時後山千緡之米，似却可以抽回。蓋彼處已有社倉，市戶村民一例請貸，初無間隔，不必爲此偏惠，以厚游手。而又初無收貯之地，又無專掌之人，以今夏私糴之事驗之，亦可見其無用而有害矣。若不收回，將來不過又只如此，或更別生大害，負累後人。不若及今行下，令其收拾樁管，俟來春以後得價之時，發糴解赴使司之爲便也。兼此事今年行得非常乖繆，追呼驚擾，數月不定。及至胥吏乞覓飽足之後，有罪者不坐，而無辜者枉費。從旁觀之，令人扼腕。但以未決之時，嫌於請囑，不欲言之。今事已過，乃敢説耳。若欲收回，便可行下，徑自指定，專委一二人爲首，及早收拾。蔡姓者極富，且畏事，似可託也。即鄉時去相見名六瑞者之族。衰退之人，不當與此，若非幕府有吾人在，則亦不復能啓口矣。然其可否，當自以盛意財之，勿使外間人知拙者嘗有言，以重其咎也。亟作此，托任尉附便，或發遞以行，匆匆不暇他及。直卿一書，幸指揮送達。向見説冬間欲謁告暫歸浙中，計必取道於此，儻得左顧，庶幾少款。《晦庵文集》卷六四。

案：上書（遞中辱書）有云"承欲冬間謁告還浙，千萬迂轡爲數日之留"，本書又云"向見説冬間欲謁告暫歸浙中，計必取道於此，儻得左顧，庶幾少款"，知承其後。本書又言"比日冬温"，推知其約撰於是年初冬。

朱熹《答鞏仲至》：

前日方以尺書附遞，不審已達未也？便中獲書，得聞比日冬温，幕府從容，起處佳福，足以爲慰。水西之遊，甚恨不得陪杖履。然細讀詩文，已如身歷而目見之矣。舊聞此處頗佳，亦未嘗得到也。昌父後來不得書，只得彼中知識報來云，病未能出户，不知後來復如何，良可念也。《世本》舊聞先人説，家間亦嘗有之，以兵火失去。然則世間亦須尚有本。但今見於諸經注疏者，恐亦或出附會假託，未必可憑據，正亦不必苦求耳。謝鳳之文，不知果何如？近日廬陵人來，説紹興間有大府丞長樂陳剛中彦柔者，坐以啓賀胡澹庵，謫安遠宰而死，周益公尚識其人。因爲檢《長樂志》，則但云終於江陰簽判，都不及所歷官及謫死事。方此爲扣其鄉人，使尋訪之。此其不幸，又有甚於謝鳳者，尤可歎也。前書所論廩粟事，不知已爲料理否？切勿令外間知僕嘗有言也。福州舊有《楚詞》白本，不知印板今尚在否？字書板樣頗佳，歲久計或漫滅，然儻

校亦不至精，不知能爲區處，因其舊本再校重刻，以貽好
事否？如能作此，即幸報及，待爲略看過結緣也。近讀伯
恭所集《文鑑》，極有可商量處。前輩要亦多浪得名者，不
知後世公論竟如何爾。《晦庵文集》卷六四。

 案：書中有云"前日方以尺書附遞，不審已達未
也？便中獲書，得聞比日冬溫"，其"前日尺書"，當指
上書（稍不聞問），故上書論及"適聞帥司行下，發諸
舉子倉租米，變糴買銀，赴司送納"，本書乃云"前書
所論廩粟事，不知已爲料理否"，故推知其約撰於上
書稍後。

朱熹《答鞏仲至》：

熹近以兩書附遞，知皆達否？李教授過門甚遽，欲作
書而不暇。《蓍卦説》今日方得之，因以附納，幸視至。

江西諸郡，如《元城語録》之類，雖免雜燒，然皆束之
高閣。此獨幸免，豈非種樹、醫藥之儔，皆所不禁也耶？
可發一笑。《晦庵文集》卷六四。

 案：書中云及"熹近以兩書附遞"，當指上二書
（稍不聞問）、（前日方以尺書附遞），故推知本書約撰
於稍後。

朱熹《答鞏仲至》：

昨日吳應辰來，辱書，今日又得遞中答字，獲審比日

冬寒,尊履佳福,深用慰感。火後佳句,曲盡事情,引而伸之,有足爲長太息者,豈止此而已哉!示喻米事已悉,其人前日亦録得縣中所被倅廳公文來看,云奉帥司之命。本欲封呈,猝尋不見也。度今自不能已,須別得一文字,説破前日之誤,乃可止耳。須早行下爲佳,不可更待報矣。後山之人不待別儲而飽,收還乃爲上策,幸更審之。此却須俟見報。萬一必以前人已行,不欲廢罷,即俟丞歸,當如所諭也。但富家深懲往事,亦自畏其累己,未必敢承當耳。《晦庵文集》卷六四。

　　案:書中"示喻米事已悉",乃承上二書(稍不聞問)、(前日方以尺書附遞)而言,又本書有云"獲審比日冬寒",故推知其約撰於冬中。

朱熹《答鞏仲至》:

昨日遞中辱書,具審比日幕府優游,所履佳福,良以爲慰。痔疾想已平復。此疾人多有之,僕亦嘗爲所苦。然見人用刀仗毒藥攻之者,或至反爲大害。因只服黄連、枳殼等藥,及用馬藍菜煎湯薰,似覺有效。不審曾用之否? 熹足弱氣痞,遇寒益甚。此兩日來,雖用兩人扶掖,亦行不得。長至前後,因感冒伏枕,幾不能起。衰老自應如此,亦不足深怪也。

《楚詞》板既漫滅,雖修得亦不濟事。然欲重刊,又不可整理。使其可以,就加讎校。若修得了,可就彼中先校一番，却以一浄本見示，當爲參訂，改定商量。若別刊得一本，亦佳事也。近得古田一士人所著《補音》一卷，亦甚有功，異時當併以奉寄也。

陳寺丞事，巖老之兄尚未報來，年歲未遠，亦須尚可詢問。但當時作地志之人亦太草草耳。《文鑑》誠如所論。李文叔前此亦但見其論文數篇，頗有可觀，今亦不能記憶。但如《戰國策序》，則恐文健意弱，太作爲，傷正氣耳。要之文章正統，在唐及本朝，各不過兩三人，其餘大率多不滿人意，止可爲知者道耳。直卿尚未到此。初意其來，可以久遠相聚，不謂又爲諸生所留，亦其食貧不得不爲此耳。三詩皆佳作，但首篇用韻，多所未曉。前此所示諸篇，亦多有類此者，屢欲奉扣而輒忘之。古韻雖有此例，如《大明》詩"林"與"興"叶之類。然在今日，却恐不無訛謬之嫌耳。然"林"與"興"叶，亦是秦語，以"興"爲韻，乃其方言，終非音韻之正。今蜀人語猶如此，蓋多用鼻音也。

名畫想多有之，性甚愛此，而無由多見。他時經由，得盡攜以見，顧使獲與寓目焉，千萬幸也。彼中亦有畫手，能以意作古人事迹否？此間門前，衆人作一小亭，舊名"聚星"。今欲於照壁上畫陳太丘見荀朗陵事，而無可屬筆者，甚以爲撓。今録其事之本文去，幸試爲尋訪能畫者，令作一草卷寄及爲幸。但以兩幅紙爲之，此間却自可添展也。又有一事，鄉見聖泉寺有李邕碑，龜趺、螭首鑴刻甚精。六螭糾結既異今製，而龜狀逼真，雖稍破析，然猶有生意也。幸爲尋一木工巧於雕鏤者，以木寫之，用寸折尺，不過高尺餘，便中寄示爲望。

放翁老筆尤健，在今當推爲第一流。近聞復有載筆之招，不知果否？方欲往求一文字，或恐以此疑賤迹之爲累，未必肯作耳。悟老化去甚可傷。血疾渠舊有之，未必服藥之悞也。意公恨未之識見。劉叔通說向在三山見一老僧，自云客石林家甚久，頗能道其餘論，不知便是此人否？如其不然，亦可因令尋訪，計其年事，亦當是七十以上矣。"雖無老成人，尚有典刑"，此語深可念也。前懷安尉楊岳從事，乃龜山先生之孫，鄉來在官，不幸盲廢。稼軒憐之，爲之呼醫治療，竟不能視。後來鄭樞特爲請祠，今在彼城中寓居。因其便還，匆匆附此。渠必不能出謁，以其賢者之後，時遣人存問之。少有乏無，力可周卹，計亦所不憚也。病中迫不得已，不免作一文字，精力不逮，殊覺辛苦。此間窮陋，無人商量，甚恨相去之遠，不得就求訂正也。《晦庵文集》卷六四。

案：書中有云"熹足弱氣痞，遇寒益甚。此兩日來，雖用兩人扶掖，亦行不得。長至前後，因感冒伏枕，幾不能起"，故推知其約撰於五年十一月、十二月之際。

朱熹《答鞏仲至》：

陳太丘詣荀朗陵，貧儉無僕役，《陳寔傳》曰：寔字仲弓，潁川許昌人。爲聞喜令、太丘長，風化宣流。《先賢行狀》曰：荀淑字季和，潁川潁陰人也。所拔韋褐芻牧之中，執案刀筆之吏，皆爲英彥。舉方正，補朗陵侯相，所在流化。乃使元方將車，《先賢行狀》曰：陳紀字元方，寔長子也。至德絕俗，與寔高名並著，而弟諶又配之。每宰府辟召，羔鴈成羣，世號"三君"，百城皆圖畫。季方持杖從後，長文尚小，載著車中。既至，荀使叔慈應門，慈明行酒，餘六龍下食。張璠《漢紀》曰：淑有八子：儉、緄、靖、燾、汪、爽、肅、敷。淑居西豪里，縣令苑康曰："昔高陽氏有才子八人。"遂署其里曰高陽里。時人號曰"八龍"。文若亦小，坐著膝前。于時太史奏真人東行。檀道鸞《續晉陽秋》曰：陳仲弓從諸子姪造荀父子，于時德星聚，太史奏：五百里賢人聚。

　　所畫陳、荀聚星事，若作兩段，即前段當畫太丘乘牛車在塗，而元方等侍行，後段當畫叔慈應門，朗陵對客，七龍侍食。又當重畫太丘與朗陵相對，而二子一孫侍立。又叔慈本在門外迎客，客既入燕，則又不當久立門外，亦須畫其侍立於朗陵之側。此皆似涉重複。兩段之間，又須更作山石林麓分隔，前後皆費注解。若只畫作一段，則但爲太丘乘車到門之象，而叔慈在門外迎客，七龍扶侍朗陵出至庭中，而文若在其後，即免重複，亦有遺意。但却不見對飲行食，及坐文若於膝前，事有不備耳。凡此未能自決，不知盛意如何？更望相度，及與畫者商量，取令穩當乃佳耳。

　　更考後漢處士冠服教之。《晦庵文集》卷六四。

案：上書（昨日遞中辱書）有云"此間門前，衆人作一小亭，舊名'聚星'。今欲於照壁上畫陳太丘見荀朗陵事，而無可屬筆者，甚以爲撓。今録其事之本文去，幸試爲尋訪能畫者，令作一草卷寄及爲幸"，本書乃云"所畫陳、荀聚星事，若作兩段，……凡此未能自決，不知盛意如何？更望相度，及與畫者商量，取令穩當乃佳耳"，所云相關。又本書"陳太丘詣荀朗陵"一段所云，即述"陳太丘見荀朗陵事"。故推知本書似爲上書之别紙。

朱熹《答鞏仲至》：

春寒多病，不能奉一字以爲新歲之慶，遞中忽辱惠問，獲聞比日幕中多暇，起處寧適，足慰馳情。熹病益衰，無足云者，示喻所苦亦已向安，甚善。此疾最忌飲酒，若能痛節，當不藥而愈也。

《楚詞》脩未？旋了旋寄數板，節次發來爲幸。古田《補音》，此間無人寫得。今寄一書與蘇君，幸轉託縣官，差人齎去鄉下尋之，就其傳録尤便。亦聞渠寫本頗經删節，已囑令爲全録去矣。然此嘗編得《音考》一卷，"音"謂集古今正音、協韻通而爲一，"考"謂考諸本同異并附其間，只欲別爲一卷，附之書後，不必攙入正文之下，礙人眼目，妨人吟諷。但亦未甚詳密。正文有異同，但擇一穩者爲定可也。又可附此古田全書，俟旦夕稍暇，一面修寫寄

呈。彼中不知已曾下手未？亦望隨得已了者節次寄來
也。若已詳善，即此中本更不須寄去矣。

劉侍讀書氣平文緩，乃自經術中來，比之蘇公，誠有
高古之趣。但亦覺詞多理寡，苦無甚發明耳。大抵古人
文字，要當隨其所長取之，難以一時所見遽定品目也。李
文叔論文諸説，向見林擇之有之，不曾寫得，已書報令錄
去，或可并移書古田就取也。畫笥許觀甚幸，儻得附名，
尤所願也。聚星閣此亦已令草草爲之，市工俗筆，殊不能
起人意，亦嘗輒爲之贊，今謾錄去，幸勿示人也。余君之
作竟能否？便中并望早寄及也。石林胡僧頃亦見之，蓋
葉公自有鑒賞，其所使臨摹者，必當時之善工也。要之，
年來事事漸低，此等人物，亦自日少一日，爲可歎耳。龜
趺恐須作全者，向見所隤之元故亦在側也。吳生玄武信
爲奇筆，但龜背之文，正脊之甲五，應五行，次甲八，應八
卦，又次甲廿四，應節氣，亦自然之理。此却不足，亦欠子
細。然九方皋之相馬，又不當以此論耳。社記頃未之見，
世間此等遺落不遇知者，可勝數哉？放翁久不得書，欲往
從覓一文字，所繫頗重，又恐賤迹累其升騰，未敢啓口也。
楊君荷枉顧，此其不易得又有甚於前二公矣。滎陽始亦
甚趑趄，令汪季路百計脅之，乃肯聽耳。此君殊可念，有
可垂手處，幸曲爲拯拔也。長樂劉君一書，煩爲轉達。直
卿云渠有知識在城中，已令批在書背，幸令人問之。恐未
有便，即告專介爲送至縣中，託縣官遣人達之。蓋所編

《禮書》在渠處，欲亟取來，趁此疾病少間之際，并力了之，故不可緩，切幸垂念也。欲言甚衆，書不能盡，唯冀以時自愛，千萬之禱。悟老聞欲爲志其塔，果爾，亦甚幸也。《晦庵文集》卷六四。

　　案：上書(昨日遞中辱書)有云"近得古田一士人所著《補音》一卷，亦甚有功，異時當併以奉寄也"，本書乃言"古田《補音》，此間無人寫得。今寄一書與蘇君，幸轉託縣官，差人賫去鄉下尋之，就其傳録尤便"，知承其後。本書又云"春寒多病，不能奉一字以爲新歲之慶"，故推知其約撰於慶元六年(1200)正月中。

朱熹《答鞏仲至》：

　　兩承惠書，良慰馳想。比日春深，寒暖尚未定，恭惟幕府有相，所履佳福。葉帥昨日已過此。聞張書當來，不久計賢者必護印至境上，若得早來，使可宿留爲一兩日款，深所望也。《楚詞》當俟面議，元本字亦不小，可便以小竹紙草印一本，攜以見示。此間匠者工於剪貼，若只就此訂正，將來便可上板，不須再寫，又生一重脱誤，亦省事也。蘇君處所寫《補音》如已到，幸亦攜來。此間所有本子不全，恐將來闕略，却不滿人意也。《聚星圖》此間已先令人畫，今詳所寄大概不甚相遠。但此間者，車中、堂上有兩太丘，心頗疑之，今得所示，却差穩當，此必嘗經明者較量也。但閩中人不好事，畫筆幾絕，爲可歎耳。《禮書》半藁略可寫凈，旦夕寄直卿處，仍就使廳借筆吏數人抄過一本。王元石亦要抄一本，仍更爲寫一本，當俟彼中寫了，却寄莆中也。時論少寬，但置籍事予奪不同，而同出一手。要路諸人有忽從外補者，亦非意料所及。不知彼中所聞果如何也？放翁且喜結局，不是小事，尚未得以書賀之。熹衰病益甚，苦楚之態，亦非言語所能形容者，不能復縷縷也。會面有期，預以爲喜。《晦庵文集》卷六四。

案：上書（昨日遞中辱書）云及聚星亭作畫事，本書乃云“《聚星圖》此間已先令人畫”，知在其後。本書又云“比日春深，寒暖尚未定，……《禮書》半藁略可寫凈，旦夕寄直卿處，仍就使廳借筆吏數人抄過一本”，據《勉齋先生黃文肅公年譜》，黃榦於慶元六年“二月十二日自考亭登舟至家，二十一日，諸生擬試，遂行舍菜之禮”。故推知本書約撰於是年閏二月中。

郭德麟

郭德麟，字邦瑞，浦城縣（今屬福建）人。隆興元年（1163）進士。《福建通志》卷三四。淳熙九年（1182）六月以通直郎知奉化縣，十二年九月“召赴都堂審察”。《寶慶四明志》卷一四。“紹熙二年（1191）二月二十五日，銓試、公試、類試，命監察御史郭德麟監試”。《宋會要輯稿·選舉》二一之五。三年三月"庚子,監察御史郭德麟以察事失體,出爲湖北提舉常平茶鹽"。《宋史·光宗紀》。後自湖南提舉爲宗正少卿。《攻媿集》卷三七《湖南提舉郭德麟宗正少卿》。

朱熹《答郭察院邦瑞》:

副封垂示,尤荷不鄙。使任事者於事之幾微每每如此,則尚何朝綱不振之足憂哉?甚善甚善,甚盛甚盛。某衰晚多難,懇辭恩除,未遂私計之便,今不敢復以前請爲説矣。惟是前仕有妄乞施行經界一事,今已住罷,自合抵罪。而反冒褒擢,實無面目可將使指,不免自劾,以俟嚴譴。《晦庵文集》續集卷五。

案:朱熹知漳州時推行經界,紹熙二年春罷知州。九月,除湖南轉運副使。十月,朝廷因漳州進士吳禹圭上書經界擾人,詔罷三州經界。十二月,朱熹以經界不行,辭官自劾。《年譜長編》卷下。本書有云"惟是前仕有妄乞施行經界一事,今已住罷,自合抵罪。而反冒褒擢,實無面目可將使指,不免自劾,以俟嚴譴",故推知其約撰於是年(1191)十二月間。

朱熹《答郭察院邦瑞》:

忽聞抗疏觸邪,遂去言職,此於賢業爲有光,顧在治朝爲可恨耳。偶在病中,聞之增氣,與士友言,亦未嘗不俯而歎、仰而賀也。鄉黨交遊與有光寵,其何幸如之!

《晦庵文集》續集卷五。

案:《宋史・光宗紀》載紹熙三年三月"庚子,監
察御史郭德麟以察事失體,出爲湖北提舉常平茶
鹽"。本書有云"忽聞抗疏觸邪,遂去言職",故推知
其約撰於是年(1192)四月中。

朱熹《答郭察院邦瑞》:

録示諫草,三復永歎,知忠賢得志之難,而吾道果未
易行也。然清名直節,足爲里閭光寵,而去一凶人,亦足
少折陰邪之氣,於正論不爲無助,此又皆可賀者。《晦庵文
集》續集卷五。

案:上書(忽聞抗疏觸邪)有云"忽聞抗疏觸邪,
遂去言職",本書乃云"録示諫草,三復永歎,……而
去一凶人,亦足少折陰邪之氣,於正論不爲無助",知
承其後。

郭　津

郭津,字希呂,東陽(今屬浙江)人。其父郭欽止字德
誼創石洞書院。《浙江通志》卷一八九。

朱熹《答郭希吕津》:

示喻銘叙,此非有所愛,但老病心力衰耗,不能盡給

四方之求,不得不自爲性命計耳。鄙性拙直,向使可爲,即已爲之,何至今日更煩再喻然後作耶?況今又經一番悲惱,尤覺昏憒,決不能辦此。且銘重於叙,既已作銘,若有餘力,何惜於叙,而費許多詞説分疏耶?誠之若是合下不肯承當,即不應爲希呂移書,以其所不欲者施於人;若以其重而不敢爲,則熹已任其重者矣,渠在今日必不容復有詞也。恐此未必誠之之意,只是希呂不相亮,必欲熹自爲之而故爲此説耳。人之相知,貴相知心。而古之君子不盡人之歡,不竭人之忠,所以全交。千萬深察乎此言,憐其衰老,勿破已成之例,以速其就於死地,幸甚幸甚。《晦庵文集》卷五四。

案:書中所云"示喻銘叙",乃指朱熹《郭德誼墓銘》,《晦庵文集》卷九二。陸游《跋郭德誼墓誌銘》云"仲晦先生識郭公墓,或恨其太簡。然吾夫子銘季札曰'於虖有吳延陵季子之墓',財十字耳,至今傳以爲寶。彼賣菜求益之論,可付一歎。紹熙二年正月二十三日陸某謹書"。又《跋郭德誼書》云"予童子時嘗避兵東陽山中,距今六十年。予長德誼三歲,計其年可以相從而不及也,觀此遺墨,爲之太息。紹熙二年正月二十三日笠澤老漁陸某謹書"。《渭南文集》卷二七。故推知朱熹撰《郭德誼墓銘》當在紹熙元年以前。書中有云"況今又經一番悲惱,尤覺昏憒",似指淳熙十四年七月中朱熹第三女朱已卒,故推知本書約撰於是年（1187）仲秋以後。

朱熹《答郭希吕》：

知讀《論》、《孟》不廢，甚善。且先將正文熟讀，就自己分上看，更考諸先生説有發明處者，博觀而審取之。凡一言一句有益於己者，皆當玩味，未可便恐路徑支離而謂所有不必講也。墓銘之額，更著"宋"字亦佳，伯謨必已報去矣。大抵石長即以十字爲兩行，石短則以九字爲三行，隨事之宜可也。《晦庵文集》卷五四。

    案：上書（示喻銘叙）推辭撰墓叙，而本書乃言"墓銘之額，更著'宋'字亦佳，……大抵石長即以十字爲兩行，石短則以九字爲三行，隨事之宜可也"，當在其後，推知約在淳熙十五年（1188）或稍後。

朱熹《答郭希吕》：

示喻所以居家事長之意，甚善甚善。此事他人無致力處，正唯自勉而已。但謂學問大端不敢躐等言之，則鄙意有所未曉者。夫學問豈以他求？不過欲明此理而力行之耳。但其功夫所施有序，而莫不以愛親敬長爲先，非謂學問自是一事，可以置之度外，而姑從事於孝友之實也。故熹竊願昆仲相與深察此意，而講於所謂學問之大端者，以求孝弟之實，則閨門之内倫理益正，恩義益篤，將有不期然而然者矣。若以學問爲一大事，不可幾及，而汲汲然徒弊精神於科舉文字之間，乃欲別求一術以爲家庭雍睦悠久之計，竊恐天理不明、人慾橫生，其末流之弊將有不可勝慮、不可勝防者。不審賢者以爲如何？《晦庵文集》卷五四。

　　案：書中云“示喻所以居家事長之意”，又云“故熹竊願昆仲相與深察此意，而講於所謂學問之大端者，以求孝弟之實”，當指郭津其父卒後、郭氏家族事而言，故推知其約撰於淳熙末，姑係於十六年（1189）間。

朱熹《答郭希呂》：

　　來喻縷縷，似未悉前後鄙意者。蓋人心有全體運用，故學問有全體工夫。所謂孝弟，乃全體中之一事，但比他事爲至大而最急耳。固不可謂學者止此一事便了，而其餘事可一切棄置而不問也。故聖賢教人，必以窮理爲先，而力行以終之，蓋有以明乎此心之全體，則孝弟固在其中而他事不在其外。孝弟固不容於不勉，而他事之緩急本末，亦莫不有自然之序，苟不明此，則爲孝弟者未免出於有意，且又未必能盡其理而爲衆事之本根也。今以《六經》、《大學》、《論語》、《中庸》、《孟子》諸書考之可見矣。

　　希呂自謂多病，故不能精思博學，而姑用力於其所及，則固已爲自棄，而猶可諉曰近本。若遂以爲孝弟之外更無學問，則其繆見甚矣。且誠多病而不能精思博學矣，則又曷爲而苦心竭力以從事於科舉之文耶？此之不爲而彼之久爲，雖曰不厚於利而薄於義，吾不信也。希吕其更思之。

書院規模，且隨事隨力爲之，却就事實上考察整理，方見次第，不須如此預先安排。記文扁牓，尤是外事，但此等意思即見浮淺外馳之驗。若於學問全體上切己處用得功夫，即氣象自當深厚宏濶矣。《太極》、《西銘》、《通書》各往一本，試熟讀而思之，亦求理之一端也。大抵學者不可有放過底事，久之不已，雖無緊要功夫，亦有得力處也。《晦庵文集》卷五四。

案：上書（示喻所以居家事長之意）有云“故熹竊願昆仲相與深察此意，而講於所謂學問之大端者，以求孝弟之實”，且批評郭津“而汲汲然徒弊精神於科舉文字之間”，而本書乃言“來喻縷縷，似未悉前後鄙意者。蓋人心有全體運用，故學問有全體工夫。所謂孝弟，乃全體中之一事，但比他事爲至大而最急耳。固不可謂學者止此一事便了，而其餘事可一切棄置而不問也”，又言“且誠多病而不能精思博學矣，則又曷爲而苦心竭力以從事於科舉之文耶”，可見其承上書。又朱熹《題太極西銘解後》云“始予作《太極》、《西銘》二解，未嘗敢出以示人也。近見儒者多議兩書之失，或乃未嘗通其文義而妄肆詆訶，予竊悼焉，因出此解以示學徒，使廣其傳”，時淳熙戊申（淳

熙十五年）二月己巳。《晦庵文集》卷八二。本書中有
云"《太極》、《西銘》、《通書》各往一本"，故推知其約
在淳熙末。

朱熹《答郭希吕》：

示喻縷縷備悉。然所謂收心、正心，不是要得漠然無
思念，只是要得常自惺覺，思所當思，而不悖於義理耳。
別紙所示看得全未子細，更宜加功。專看《大學》，首尾通
貫，都無所疑，然後可讀《語》、《孟》。《語》、《孟》又無所
疑，然後可讀《中庸》。今《大學》全未曉了，而便兼看《中
庸》，用心叢雜如此，何由見得詳細耶？且更耐煩，專一細
看爲佳。日月易得，大事未明，甚可懼也。《晦庵文集》卷
五四。

案：上書（來喻縷縷）有云"今以《六經》、《大
學》、《論語》、《中庸》、《孟子》諸書考之可見矣"，而本
書乃言讀《大學》、《論語》、《孟子》、《中庸》四書之次
序，當承其後，約在淳熙十六年或稍後。

郭叔雲

郭叔雲，字子從，揭陽（今屬廣東）人。"紹熙中，朱子
倡道東南"，與同郡鄭南升往從之。"初見朱子求格致之
要，朱子以原本身心實效語之，由是專務躬修。嘗慨禮廢

滋久,無以維末俗,鋭然欲講行之,遂舉禮經所疑二十餘
條以質正於朱子,退而考宗法,定世適主祭之議,摭韋家
宗會之説,復取禮經族食族燕爲《宗禮》、《宗義》兩篇,及
朱子、蒙谷宗法各一册藏於家"。《廣東通志》卷四四。

朱熹《答郭子從叔雲**》:**

　　復,男子稱名。然諸侯薨,復曰:"皐,某甫復!"恐
"某甫"字爲可疑。又周人命字,二十弱冠,皆以甫字
之。五十以後,乃以伯仲叔季爲别。今以諸侯之薨,復
云甫者,乃生時少者之美稱,而非所宜也。

　　此等所記異詞,不可深考。或是諸侯尊,故稱字,大
夫以下皆稱名也。但五十乃加伯仲,是孔穎達説。据《儀
禮》賈公彦疏,乃是少時便稱"伯某甫",至五十乃去"某
甫",而專稱伯仲,此説爲是。如今人於尊者不敢字之,而
曰幾丈之類。

　　銘旌。

　　古者旌既有等,故銘亦有等。今既無旌,則如温公之
制亦適時宜,不必以爲疑也。

　　重。

　　《三禮圖》有畫象可考。然且如温公之説,亦自合時
之宜,不必過泥古禮也。

　　古者男子殊衣裳,婦人不殊裳。今以古人連屬之
衰加於婦人,殊裳之制加於男子,則世俗未之嘗見,皆

以爲迂且怪，而不以爲禮也。

若考得古制分明，改之固善。若以爲難，即且從俗，亦無甚害。

大帶申束衣，革帶以佩玉佩，及事佩之等。《喪服》無所佩，既有要絰，而絞帶復何用焉？

絞帶正象革帶，但無佩耳，不必疑於用也。革帶是正帶，以束衣者，不專爲佩而設。大帶乃申束之耳。申，重也，故謂之紳。

主式、祠版。

伊川《主式》雖云殺諸侯之制，然今亦未見諸侯之制本是如何。若以爲疑，則只用牌子可也。安昌公荀氏是晉荀勗，非孫氏也。但諸書所載厚薄之度有誤字耳。士大夫家而云幾郎、幾公，或是上世無官者也。

《江都集禮》晉安昌公荀氏祠制云：祭版皆正側長一尺二寸，博四寸五分，厚五分，八分大書云云。今按它所引或作厚五寸八分，《通典》、《開元禮》皆然。詳此八分字，連下大書爲文，故徐潤云：“又按不必八分，楷書亦可。”必是荀氏全書本有此文，其作五寸者，明是後人誤故也。若博四寸五分而厚五寸八分，則側面闊於正面矣，決無此理，當以《集禮》爲正。

孤哀子。

溫公所稱，蓋因今俗以別父母，不欲混并之也。且從之亦無害。

並有父母之喪，葬先輕而後重，其奠也先重而後輕，其虞也先重而後輕。同葬、同奠，亦何害焉，其所先後者，其意爲如何也？

此雖未詳其義，然其法具在，不可以己意輒增損也。

周制有大宗之禮，乃有立適之義。立適以爲後，故父爲長子，權其重者。若然，今大宗之禮廢，無立適之法，而子各得以爲後，則長子、少子當爲不異。庶子不得爲長子三年者，不必然也。父爲長子三年者，亦不可以適庶論也。

宗子雖未能立，然服制自當從古，是亦愛禮存羊之意，不可妄有改易也。如漢時宗子法已廢，然其詔令猶云“賜民當爲父後者爵一級”，是此禮意猶在也，豈可謂宗法廢而諸子皆得爲父後乎？

曾子問：“親迎女在塗，而壻之父母死，如之何？”孔子曰：“女改服，布深衣，縞總，以趨喪。”恐亦有礙。《開元禮》“除喪之後，束帶相見，不行初昏之禮”。趨喪後事皆不言之，何也？

趨喪之後，男居外次，女居內次，自不相見。除喪而後，束帶相見，於是而始入御。《開元》之制，必有所據矣。

曾子問：“取女有吉日，而女死，如之何？”孔子曰：“壻齊衰而弔，既葬而除之。夫死亦如之。”服用斬衰，恐今亦難行也。

未見難行處，但人自不肯行耳。

諒闇，以他經考之，皆以諒闇爲信默，惟鄭氏獨以爲凶廬。天子居凶廬，豈合禮制？

所引翦屏、柱楣是兩事。柱音知主反，似是從手，不從木也。蓋始者户北向，用草爲屏，不翦其餘；至是改而西向，乃翦其餘草。始者無柱與楣，簷著於地；至是乃施短柱及楣，以柱其楣，架起其簷，令稍高而下可作户也。來論乃於柱楣之下便云"既虞乃翦而除之"，似謂翦其屏而并及柱楣，則誤矣。諒陰、梁闇，未詳古制定如何，不敢輒爲之説。但假使不如鄭氏説，亦未見天子不可居廬之法，來喻所云，不知何據，恐欠子細也。滕文公五月居廬，是諸侯居廬之驗，恐天子亦須如此。

既除服，而父之主永遷於影堂耶，將與母之主同在寢耶？

遷主無文，以理推之，自當先遷也。

《儀禮》"父在爲母"。

盧履冰儀是，但今條制如此，不敢違耳。

《内則》云：女子"十有五而笄，二十而嫁。有故，二十三年而嫁"。言二十三年而嫁，不止一喪而已，故鄭并云父母喪也。若前遭父服未闋，那得爲母三年？則是有故二十四而嫁，不止二十三也。

《内則》之説，亦大概言之耳，少遲不過一年，二十四而嫁，亦未爲晚也。

離之謂以一物隔二棺之間於椁中也。魯則合並兩棺置槨中，無別物隔之，魯、衛之祔，皆是二棺共爲一槨，特離合之有異。

二棺共槨，蓋古者之槨乃合衆材爲之，故大小隨人所爲。今用全木，則無許大木可以爲槨，故合葬者只同穴，而各用槨也。

明器。

禮既有之，自不可去，然亦更在斟酌。今人亦或全不用也。

招魂葬。

招魂葬非禮，先儒已論之矣。

伊川《葬説》，其穴之次設：如尊穴，南向北首，陪葬前爲兩列，亦須北首。故《葬圖》穴一在子，穴二在丑，穴三在亥，自四至七皆隨其東西而北首，而丙、午、丁獨空焉。是則伊川之所謂北首者，乃南向也。又云昭者當南向，則穆者又不可得而然也。

此兩節不曉所問之意，恐是錯看了，請更詳之。昭南向、穆北向，是廟中祫祭之位，於此論之，尤不相關。

實葬。

壙中實築甚善。

伊川先生葬法有謂：某穴安夫婦之位，坐堂上則男東而女西，卧於室中則男外而女內，在穴則北方而北首，有左右之分，而無內外之別。

按昏禮，良席在東，北上，此是卧席之位，無內外之別也。

其祖已葬，係南首，其後將族葬，則不可得而北首，則祖墓不可復遷，而昭穆易位。

未見後葬不可北首之意。昭穆之説亦不可曉。

祔。

當如鄭説，伊川恐考之未詳也。但三年之後，遷主于廟，須更有禮。頃嘗論之，今并録去：

李繼善問："納主之儀，禮經未見。《書儀》但言遷祠版於影堂，別無祭告之禮。周舜弼以爲昧然歸匣，恐未爲得。先生前書有云：'諸侯三年喪畢皆有祭，但其禮亡，而大夫以下又不可考。'然則今當何所據耶？"答云："横渠説三年後祫祭於太廟，因其祭畢還主之時，遂奉祧主歸於夾室，遷主、新主皆歸于其廟。此似爲得禮。鄭氏《周禮注》'太宗伯享先王'處，似亦有此意。而舜弼所疑，與熹所謂三年喪畢有祭者，似亦暗與之合。但既祥而撤几筵，其主且當祔于祖、父之廟，俟祫畢然後遷耳。比已與敬子、伯量詳言之，更細考之可見。"又答王晉輔云："示喻卒哭之禮，近世以百日爲期，蓋自開元失之。今從周制，葬後三虞而後卒哭，得之矣。若祔則孔子雖有善殷之語，然《論語》、《中庸》皆有從周之説，則無其位而不敢作禮樂，計亦未敢遽然舍周而從殷也。況祔于祖、父，方是告祖、父以將遷它廟，告新死者以將入此廟之意，已祭則主復于寝，非有二主之嫌也。主復于寝，見《儀禮》鄭氏注。至三年之喪畢,則有祫祭而遷祖、父之主以入它廟,奉新死者之主以入祖廟。此見《周禮》鄭注及橫渠先生說。則祔與遷自是兩事,亦不必如殷之練而祔矣。禮法重事,不容草草。卒哭而祔,不若且從溫公之說,庶幾寡過耳。"

卒哭。

以百日爲卒哭,是《開元禮》之權制,非正禮也。

孟獻子禫,縣而不樂,比御而不入。孔子以獻子加於人一等矣。今之居喪者,當以獻子爲法,不可定以二十七月爲拘。

獻子之哀未忘,故過於禮,而孔子善之。所論恐未然也。

影堂序位。

古者一世自爲一廟,有門、有堂、有寢,凡屋三重,而墙四周焉。自後漢以來,乃爲同堂異室之廟,一世一室,而以西爲上,如韓文中《家廟碑》有"祭初室"、"祭東室"之語。今國家亦只用此制,故士大夫家亦無一世一廟之法,而一世一室之制亦不能備,故溫公諸家祭禮皆用以右爲尊之說。獨文潞公嘗立家廟,今溫公集中有碑,載其制度頗詳,亦是一世一室,而以右爲上,自可檢看。伊川之説亦誤。昭穆之説則又甚長。《中庸或問》中已詳言之,更當細考。大抵今士大夫家,只當且以溫公之法爲定也。

庶人吉凶皆得以同行士禮,以禮窮則同之可也,故不別制禮焉。不審若然否?

恐當如此。

今有人焉，其父尊信浮屠，若子若孫皆不忍改，將何時而已？恐人子之遭此，勿用浮屠可也。至於家舍所敬形像，必須三年而後改。不知如何？

如此亦善。《晦庵文集》卷六三。

案：本書乃朱熹答問目，時引及問、朱熹答書與答王晉輔書，朱熹答李繼善書即指《答李繼善》（嫡子已娶），《晦庵文集》卷六三。答王晉輔書指《答王晉輔》（示喻卒哭之禮）。《晦庵文集》卷六二。《答李繼善》撰於慶元四年三月末或稍後，《答王晉輔》撰於慶元三年。故推知本書約撰於慶元四年(1198)中。

朱熹《答郭子從》：

古人六禮，自請期以前皆用旦，親迎用昏。若妻家相去遠，只得先一日往，假館於近，次早迎歸。如何？

只得如此。

主人揖壻入，壻北面而拜，主人不答拜，何也？

乃爲奠鴈而拜，主人自不應答拜。

鄉人多先廟見舅姑，然後配，不知如何？

不是。古人必三日廟見，謂必宜其家中，夫婦已定意思，然後可以廟見。成禮之明日，便當見舅姑。畢，方往見於女氏之父母。婦至男家，未敢便廟見，故壻往女氏，亦未敢見其父母及其家廟、親戚也。緊要只是溫公與伊川禮。男至女家，温公本爲是。女至男家，伊川底爲是。古人親迎必乘馬。《晦庵文集》卷六三。

　　案：本書撰時未詳。《書信編年》係於慶元四年後。待考。

郭逍遥

　　郭逍遥，字邦逸，浦城（今屬福建）人。朱熹門人。《朱子門人》。郭德麟弟。《象山集》卷一三《與郭邦瑞》。餘未詳。

朱熹《答郭邦逸》：

　　志父中秘之除，此却未之聞，泉州之命亦然，山間真如井底也。某昨遣人請祠，今已竟月，杳無還耗。方以爲慮，承喻廟堂已有領略之意。若是監丞兄書中所報，想必得其實。兼林既去，亦須兩下有施行，乃見平平蕩蕩之意也。《晦庵文集》續集卷五。

　　案：朱熹淳熙十五年六月入朝奏事，授兵部郎官，因遭兵部侍郎林栗彈劾，而出朝南歸。七月上旬，辭官請祠。二十五日，林栗出知泉州。二十六日，朱熹除直寶文閣、主管西京嵩山崇福宮。八月十四日，朱熹辭職名、辭轉官，皆不允，遂拜命。《年譜長編》卷下。本書乃云及“志父中秘之除，此却未之聞，泉州之命亦然”，又云“某昨遣人請祠，今已竟月，杳無還耗。方以爲慮,承喻廟堂已有領略之意。……
兼林既去,亦須兩下有施行,乃見平平蕩蕩之意也",
故推知其約撰於是年(1188)八月上旬。

朱熹《答郭邦逸》:

奏函必已關乙覽,殊未聞宣召之旨,何耶?承當俯就臺
選,來歲發策大廷,始當披腹呈琅玕耳。《晦庵文集》續集卷五。

　　案:淳熙十五年十一月七日,朱熹復辭趣赴行
在,遂上封事;十七日,除主管西太乙宫、兼崇政殿説
書。《年譜長編》卷下。本書有云"奏函必已關乙覽,殊
未聞宣召之旨",疑即指此,故推知其約撰於是年十
一月中、下旬。

朱熹《答郭邦逸》:

吾人之學,要當以明理治身爲本,世間得失正不足深
計也。某衰病屏居,尚叨稍食,不復有與世俗較曲直之心
矣。聞以前事頗累鄭君,爲之踧踖。尚賴寬恩,不終抵罪
也。《晦庵文集》續集卷五。

　　案:紹熙元年十月,知漳州朱熹致書鄭興裔,懇
請其敦促朝廷推行經界。二年十月,朝廷因漳州進
士吴禹圭上書經界擾人,詔罷三州經界。十二月,朱
熹以經界不行自劾。《年譜長編》卷下。本書云及"聞
以前事頗累鄭君,爲之踧踖。尚賴寬恩,不終抵罪

也",疑指此事。故推知本書撰於其後,約在紹熙三
年(1192)間。

郭　雍

郭雍(1104—1187),字子和,洛陽(今屬河南)人。
"父忠孝,官至大中大夫,師事程頤,著《易說》,號兼山先
生"。雍傳其學,"通世務,隱居峽州,放浪長楊山谷間,號
白雲先生"。乾道中,朝廷旌召不起,賜號冲晦處士,後更
封頤正先生。淳熙十四年卒,年八十四。《直齋書録解題》
卷一。《宋史》卷四五九有傳。

朱熹《與郭冲晦》:

某竊以中夏劇暑,共惟冲晦處士老丈燕居靜勝,神相
尊候,動止萬福。某遠籍餘蔭,未由瞻晤,敢幾以時爲道
自重。前膺三聘,用慰輿論。區區不勝至望。《晦庵文集》
卷三七。

案:朱熹下書(熹窮鄉晚出)有云"今犬馬之年
五十有一矣",推知本書"中夏劇暑"乃在淳熙七年
(1180)五月間。

朱熹《與郭冲晦》:

仰望大名,得所論著而讀之,有年於此矣。某跧伏閩

嶺，忽忽半生，無從望見德容，聽受誨藥，引領函丈，徒切拳拳。比者寅緣附致悃款，乃蒙謙眷，先枉教函。三復以還，感慰既深，又重自愧其不敏也。附便致謝，言不逮意，幸察。《晦庵文集》卷三七。

案：書中云"比者寅緣附致悃款"，當指朱熹上書（某竊以中夏劇暑），故知本書乃朱熹撰於得郭雍來書之後。又，《宋史》卷四五九有傳云"淳熙初，學者裒集程顥、程頤、張載、游酢、楊時及忠孝、雍凡七家為《大易粹言》行于世"。書中所言"得所論著而讀之"，即指此著。

朱熹《與郭沖晦》：

熹窮鄉晚出，妄竊有志於道，雖幸有聞於師友，而行之不力，荏苒頹侵，今犬馬之年五十有一矣。脩身齊家，未有可見之效，而志氣不彊，不能固守貧賤之節，彊起從宦，舊學愈荒，施之於人，尤齟齬而不合。大抵志不能帥氣，理未能勝私，中夜以思，怛然內疚。高明不鄙，不知將何以教誨之？熹所拱而竢也。

向來次輯諸書，雖亦各有據依，不敢妄意損益，然疑信異傳，不無牴牾。嘗得汪丈端明示以執事所辨數事，方且復書質之汪丈，更求一二左驗，別加是正，則汪公已捐賓客矣。自此每念一扣門下，以畢其說，而相去絕遠，無從致問。今幸得通姓名，又以單車此來，無復文書可以檢索，不復記向之所欲質問者。尚俟異時還家，別圖寓信，但恐益遠難致耳。近刻程先生、尹和靖二帖及《白鹿》、《五賢》二記，各納一本，伏幸視至。其間恐有可因以垂教者，切望不棄。《晦庵文集》卷三七。

案：書中有云"今犬馬之年五十有一矣"，知撰於淳熙七年。書中又云"近刻程先生、尹和靖二帖及《白鹿》、《五賢》二記，各納一本"，據朱熹《跋所刻和靖帖》，和靖先生帖乃"淳熙庚子夏五月丙戌刻之白鹿洞書院"。《晦庵文集》別集卷七。因是年五月無丙戌日，疑"五月"或爲"六月"之誤。故推知本書約撰於是年秋初。

朱熹《與郭沖晦》：

《易說》云："數者，策之所宗，而策爲已定之數。"熹竊謂數是自然之數，策即著之莖數也。《禮》曰龜爲卜、筴爲筮是已。老陽一爻過揲三十六策，故積六爻而得二百一十有六策耳。

又云："大衍之數五十，是爲自然之數，皆不可窮其義。"熹竊謂既謂之數，恐必有可窮之理。

又云："奇者，所掛之一也；扐者，左右兩揲之餘也。得左右兩揲之餘實於前，以奇歸之也。"熹竊謂奇者，左右四揲之餘也。扐，指間也。謂四揲左手之策，而歸其餘於無名指間，四揲右手之策，而歸其餘於中指之間也。一掛之間凡再扐,則五歲之間凡再閏之象也。

又云:"三多三少,人言其數雖不差,而其名非矣。"熹竊謂多少之説雖不經見,然其實以一約四,以奇爲少,以偶爲多而已。九八者,兩其四也,陰之偶也,故謂之多;五四者,一其四也,陽之奇也,故謂之少。奇陽體員,其法徑一圍三而用其全,故少之數三;偶陰體方,其法徑一圍四而用其半,故多之數二。歸奇積三三而爲九,則其過揲者四之而爲三十六矣。歸奇積三二而爲六,則其過揲者四之而爲二十四矣。歸奇積二三、一二而爲八,則其過揲者四之而爲三十二矣。歸奇積二二、一三而爲七,則其過揲者四之而爲二十八矣。過揲之數雖先得之,然其數衆而繁;歸奇之數雖後得之,然其數寡而約。紀數之法,以約御繁,不以衆制寡。故先儒舊説專以多少決陰陽之老少,而過揲之數亦冥會焉,初非有異説也。然七八九六所以爲陰陽之老少者,其説又本於《圖》、《書》,定於四象,詳見後段。其歸奇之數亦因揲而得之耳。大抵《河圖》、《洛書》者,七八九六之祖也;四象之形體次第者,其父也;歸奇之奇偶方圓者,其子也;過揲而以四乘之者,其孫也。今自歸奇以上皆棄不録,而獨以過揲四乘之數爲説,恐或未究象數之本原也。

又云:"四營而後有爻。"又曰:"一掛再扐,共爲三變而成一爻。"熹竊謂四營方成一變,故云"成易",易即變也。積十二營三掛六扐乃成三變,三變然後成爻。

"易有太極，是生兩儀，兩儀生四象，四象生八卦。"熹竊謂此一節乃孔子發明伏羲畫卦自然之形體次第，最爲切要，古今説者惟康節、明道二先生爲能知之。故康節之言曰："一分爲二，二分爲四，四分爲八，八分爲十六，十六分爲三十二，三十二分爲六十四，猶根之有榦，榦之有枝，愈大則愈少，愈細則愈繁。"而明道先生以爲加一倍法，其發明孔子之言又可謂最切要矣。蓋以《河圖》、《洛書》論之：太極者，虛其中之象也。兩儀者，陰陽奇耦之象也。四象者，《河圖》之一含六、二含七、三含八、四含九，《洛書》之一含九、二含八、三含七、四含六也。八卦者，《河圖》四正四隅之位，《洛書》四實四虛之數也。以卦畫言之：太極者，象數未形之全體也。兩儀者，一爲陽而一爲陰，陽數 ― 而陰數 -- 也。四象者，陽之上生一陽則爲 ⚌ 而謂之太陽，生一陰則爲 ⚍ 而謂之少陰；陰之上生一陽則爲 ⚎ 而謂之少陽，生一陰則爲 ⚏ 而謂之太陰也。四象既立，則太陽居一而含九，少陰居二而含八，少陽居三而含七，太陰居四而含六。此六、七、八、九之數所由定也。八卦者，太陽之上生一陽則爲 ☰ 而名乾，生一陰則爲 ☱ 而名兑；少陰之上生一陽則爲 ☲ 而名離，生一陰則爲 ☳ 而名震；少陽之上生一陽則爲 ☴ 而名巽，生一陰則爲 ☵ 而名坎；太陰之上生一陽則爲 ☶ 而名艮，生一陰則爲 ☷ 而名坤。康節先天之説，所謂乾一、兑二、離三、震四、巽五、坎六、艮七、坤八者，蓋謂此也。至於八卦之上，又各生一陰一陽,則爲四畫者十有六。經雖無文,而康節所謂八分爲十六者,此也。四畫之上又各有一陰一陽,則爲五畫者三十有二。經雖無文,而康節所謂十六分爲三十二者,此也。五畫之上又各生一陰一陽,則爲六畫之卦六十有四,而八卦相重,又各得乾一、兑二、離三、震四、巽五、坎六、艮七、坤八之次,其在圖可見矣。今既以七、八、九、六爲四象,又以揲之以四爲四象,疑或有未安也。《河圖》、《洛書》,熹竊以《大傳》之文詳之,《河圖》、《洛書》蓋皆聖人所取以爲八卦者,而九疇亦并出焉。今以其象觀之,則虛其中者所以爲易也,實其中者所以爲《洪範》也。其所以爲易者,已見於前段矣;所以爲《洪範》,則《河圖》九疇之象、《洛書》五行之數有不可誣者,恐不得以其出於緯書而略之也。

《叢書》云:"理出乎三才,分出於人道。《西銘》專爲理言,不爲分設。"熹竊謂《西銘》之書,橫渠先生所以示人至爲深切,而伊川先生又以"理一而分殊"者贊之,言雖至約,而理則無餘矣。蓋乾之爲父,坤之爲母,所謂理一者也。然乾坤者,天下之父母也。父母者,一身之父母也,則其分不得而不殊矣。故以民爲同胞、物爲吾與者,自其天下之父母者言之,所謂理一者也。然謂之民,則非真以爲吾之同胞;謂之物,則非真以爲我之同類矣。此自其一身之父母者言之,所謂分殊者也。又況其曰同胞,曰吾與,曰宗子,曰家相,曰老,曰幼,曰聖,曰賢,曰顛連而無告，則於其中間又有如是差等之殊哉！但其所謂理一者貫乎分殊之中而未始相離耳。此天地自然古今不易之理，而二夫子始發明之，非一時救弊之言，姑以彊此而弱彼也。

又云："《西銘》止以假塗，非終身之學也。"熹竊謂《西銘》之言指吾體性之所自來，以明父乾母坤之實，極樂天踐形、窮神知化之妙，以至於無一行之不慊而没身焉。故伊川先生以爲"充得盡時，便是聖人"。恐非專爲始學者一時所見而發也。

又云："性善之善，非善惡之善。"熹竊謂極本窮原之善與善惡末流之善非有二也，但以其發與未發言之有不同耳。蓋未發之善只有此善，而其發爲善惡之善者亦此善也。既發之後，乃有不善以雜焉。而其所謂善者，即極本窮原之發耳。《叢書》所謂"無爲之時，性動之後"者，既得之矣；而又曰"性善之善非善惡之善"，則熹竊恐其自相矛盾而有以起學者之疑也。

又云："孟子以養氣爲學，以不動心爲始。"熹竊謂孟子之學蓋以窮理集義爲始、不動心爲效。蓋唯窮理爲能知言，唯集義爲能養其浩然之氣。理明而無所疑，氣充而無所懼，故能當大任而不動心。考於本章次第可見矣。《晦庵文集》卷三七。

案：朱熹上書（熹窮鄉晚出）有云"今幸得通姓名，又以單車此來，無復文書可以檢索，不復記向之所欲質問者。尚俟異時還家，别圖寓信"。因朱熹於淳熙八年四月中離南康歸家，九月中除提舉浙東常平，九年九月棄官南歸。《年譜長編》卷上。又《玉海》卷二六《淳熙易學啓蒙》云淳熙"十三年三月，《易學啓蒙》成，……又有《蓍卦考誤》。揲蓍之法見於《大傳》，郭雍爲《蓍卦辨疑》三卷。熹謂疏家小失其指，而辨之者又大失焉，説愈多而法愈亂，因爲《考誤》"。故此推知本書約撰於九年歸家以後，姑置於十年（1183）。待考。

郭雍《與朱元晦書》：

不獨是天、地、風、雷、水、火、山、澤謂之象，只是畫卦便是象。《朱子語類》卷七五。

案：《朱子語類》卷七五載林學蒙所記曰："問：'擬諸其形容者，比度陰陽之形容，蓋聖人見陰陽變化雜亂，於是比度其形容而象其物宜，是故謂之象。'曰：'也是如此。嘗得郭子和書云，其先人云"不獨是天、地、風、雷、水、火、山、澤謂之象，只是畫卦便是象"。也説得好。'"自"嘗得郭子和書云"以下又載於同書卷六六。朱熹上書（《易説》云）論《易》説，故推知本書撰時約相近。

朱熹《與郭沖晦》：

竊惟執事家傳正學，有德有言，遯世離群，聖主不得而致,清風素節,愈久愈高。今經帷諫列尚多缺員,衆謂當得高世之士以格君心,庶有變通於將來,非執事者,孰任其責邪?加璧之徵,計在辰夕。某辱在臭味,尤深欣矚之至。《晦庵文集》卷三七。

案:據《宋史·孝宗本紀》,乾道四年十一月"乙亥,詔峽州布衣郭雍赴行在"。五年三月"壬午,賜郭雍號沖晦處士"。淳熙十一年十一月"甲寅,令峽州歲時存問處士郭雍"。十三年五月"丙申,賜沖晦處士郭雍號曰頤正先生,仍遣官就問雍所欲言,備録來上"。本書有言"聖主不得而致,清風素節,愈久愈高",又言"加璧之徵,計在辰夕",推知其約撰於淳熙十一年(1184)十一月以後。

朱熹《與郭沖晦》:

僭易再拜上問,德門尊少,各惟佳福。是邦有委,幸示其目。《晦庵文集》卷三七。

案:《宋史》卷四五九《郭雍傳》云"孝宗稔知其賢,每對輔臣稱道之,命所在州郡歲時致禮存問,後更封頤正先生,令部使者遣官就問雍所欲言,備録繳進。於是雍年八十有三矣"。朱熹所謂"是邦有委",當指此"令部使者遣官就問雍所欲言,備録繳進"。故推知本書約撰於淳熙十三年(1186)季夏、秋間。

韓璧

　　韓璧，字廷玉，長樂（今福建福州）人。淳熙八年
(1181)以“經略使察廉表行州事”。《晦庵文集》卷七九《瓊州
知樂亭記》。《廣西通志》卷六五亦云其淳熙初爲主管廣西
經略司機宜文字，用張栻薦，知宜州事，“清介愷悌，修建
學宫，作興士類”。

韓璧《與朱元晦書》：

　　吾州在中國西南萬里炎天漲海之外，其民之能爲士者
既少，幸而有之，其記誦文詞之習，又不能有以先於北方之
學者，故其功名事業遂無以自白於當世，僕竊悲之。今其
公堂序室則既修矣，然尚懼其未能知所興起也，是以願有
謁焉，吾子其有以振德之。《晦庵文集》卷七九《瓊州學記》。

　　　案：朱熹《瓊州學記》云“淳熙九年，瓊管帥守長
　　樂韓侯（壁）［璧］既新其州之學，而使以圖來請記曰：
　　‘吾州在中國西南萬里炎天漲海之外……’”，撰於是
　　年十月庚申。《晦庵文集》卷七九。故推知本書約撰於
　　是年(1182)中。

韓元吉

　　韓元吉(1118—?)，字无咎，開封（今屬河南）人。“仕

至吏部尚書、龍圖閣學士,封潁川公。嘗師尹焞,與朱熹友善,又得呂祖謙爲壻。師傅淵源,儒林推重。徙居上饒,居前有澗水,號南澗"。所著有《愚戇錄》、《周易繫辭》。《兩宋名賢小集》卷一六〇。約卒於紹熙元年(1190)後。《宋人生卒行年考》)。

韓元吉《答朱元晦書》:

某叩首再拜啓:去冬既遣人修慰,即過宣城。春盡還舍,始覯所報教,甚以浣釋。欲再奉一記,乃久無佳便,愧向實不可言。旬日前方領詹機宜所附四月手墨,蓋濡滯如許也。且聞尊夫人已畢大事,以我之艱,知元晦辦集尤不易矣。仍審少留塋次動止之詳,豈勝慨歎。比日秋冷,孝履何如。某憂患寓居,號慕益遠,僅未死滅,無足念者。江左苦旱,早晚稻皆損,歲事殊可慮也。

哀苦亡聊,杜門頗得理舊業,但殊無晤語之益耳。見教不必觀佛書,固然,正以鄙性魯鈍,少年多寓僧寺,中歲復耽文詞,嘗出入其説。及粗窺聖學之門,若禪宗則久見其病,特欲窮佛之説所自,不敢便以他人之言爲據也。兩歲居喪,乃得取其經帙大者觀之。料元晦高明,染指絕塵,不必如是之迂也。今亦盡止矣,其詳未易遽陳。要之,吾聖人妙處在合,故一以貫之。釋氏之弊在分爾,餘不足論也,如何? 承諭亦悟口耳之習,至幸,惜相距數舍,末由面請爾。嘗謂學者要須有得,始能自信。故《易》與

《中庸》、《大學》中皆語其得,孟子又發明自得之説。此猶默識,非口耳之所及矣。至於自信,則所謂考諸三王,建諸天地,質諸鬼神,百世俟聖,無所疑惑,然後可也。向示胡子《知言》,有意乎窮理者,惜其著書之早爾。《程氏遺書》則極詳備,所謂不敢去取者,非所望于元晦也。愚意則以爲須去取爾。和靖先生甚不欲人觀,止令讀《易傳》,故其所編極簡,且云觀此足矣。近見王德脩秀才,從和靖于晚年者,則聞其説尤詳,蓋云所以令諸君只讀《易傳》者,《易傳》所自作也;《語録》他人作也,豈能盡記其意?有贈夏翌數語,因以録呈,試熟復之。

貸金荷不外,某窮悴,止江東有少俸,連遭二女子,且置得數畝飯米,去歲了兩處葬事,今年又從人假借矣。他時稍有餘,尚當相助。亦已轉語趙德莊矣,渠爲地主,必能周旋也。因其行,得以布問,不覺縷縷。向寒,更冀節哀,爲遺體愛重,不次。某叩首再拜。《南澗甲乙稿》卷一三。

案:書中云"且聞尊夫人已畢大事",據朱熹《祝氏壙誌》,朱熹母祝氏葬於乾道六年正月。《晦庵文集》卷九四。書中又云"比日秋冷"、"向寒",推知其約撰於是年(1170)秋末。又,韓元吉"去冬"致朱熹書以及朱熹年初答書、四月"手墨"皆佚。

朱熹《答韓無咎》:

誨諭儒、釋之異在乎分合之間,既聞命矣。頃見蘇子由、張子韶書皆以佛學有得於形而上者而不可以治世，嘗竊笑之。是豈知天命之性而叙、秩、命、討已粲然無所不具於其中乎？彼其所以分者，是亦未嘗真有得於斯耳。不審高明以爲如何？

和靖兩書，昔嘗見之，其謹於傳疑之意則是，而遂欲禁絕學者，使不復觀，則恐過矣。如以《春秋》改用夏時爲無此説，以"傳爲案、經爲斷"爲背於理，則疑其考之未精，或未盡聞他人所聞，而欲一以己所聞者樂之之失也。《春秋傳》乃伊川所自著，其詞有曰："周正月非春也，假天時以立義耳。"若果無改用夏時之意，則此説復何謂乎？況序文所引《論語》之言尤爲明白，不可謂初未嘗有此意也。又門人所記有答黄聱隅之語，謂以傳考經之事迹、以經別傳之真僞者，蓋見於兩家之書，是亦猶所謂"傳爲案、經爲斷"之意，而豈二人所記不期而皆誤乎？推此兩條，則凡和靖所謂非先生語者，恐特它人聞之而和靖亦未聞耳。今疑信未分而不復思繹，遽以一偏之説盡廢衆人所傳之書，似不若盡存其説而深思熟講，以考其真僞得失之爲善也。況《明道行狀》云："其辨析精微、稍見於世者，學者之所傳耳。"觀此則伊川之意亦非全不令學者看語録，但在人自着眼看耳。如《論語》之書，亦是七十子之門人纂録成書，今未有以爲非孔子自作而棄不讀者。此皆語録不可廢之驗，幸更深察之。如何如何？《晦庵文集》卷三七。

案：韓元吉上書（某叩首再拜啓）述及儒、釋之別,云"要之,吾聖人妙處在合,故一以貫之。釋氏之弊在分爾,餘不足論也",而本書首云"誨諭儒、釋之異在乎分合之間",知承韓書而作,約撰於乾道六年冬中。

朱熹《答韓尚書書》:

區區行役,前月半間,始得還家。忽聞除命,出於意望之外。自視才能,豈稱兹選?愧懼窘迫,不知所爲。然竊妄意此必尚書丈過恩推挽之力。既而府中遞到六月十五日所賜書,傅丈亦以所得別紙垂示,乃知台意所以眷念不忘者果如此,私感雖深,然非本心平日所望於門下也。

熹狷介之性,矯揉萬方而終不能回,迂疏之學,用力既深而自信愈篤,以此自知決不能與時俯仰,以就功名。以故二十年來自甘退藏,以求己志。所願欲者,不過脩身守道,以終餘年,因其暇日,諷誦遺經,參考舊聞,以求聖賢立言本意之所在。既以自樂,間亦筆之於書,以與學者共之,且以待後世之君子而已,此外實無毫髮餘念也。中間懇辭召命,反誤寵襃,初亦不敢奉承。既而思之,是乃君相灼知無用之實,而欲假以閔勞惠養之恩,故少進其官,益其祿,而卒許以投閑,似若有可受者,以故懇避踰年,而終於拜受。私竊以爲是足以上承朝廷之美意,而下得以自絶於名宦之途,自是以往,其將得以優游卒歲,就其所業,而無廹之慮矣。而事乃有大繆不然者,熹亦安得默然而亡言哉？

　夫以熹之狷介迂疏，不能俯仰，世俗固已聞風而疾之矣。獨賴一時賢公名卿或有誤而知之，然聽於下風，考其行事議論之本末，則於鄙意所不能無疑者尚多。今若不辭而冒受，則賓主之間，異同之論，必有所不能免者，無益於治，而適所以爲群小嘲笑之資。且熹之私願所欲就者，亦將汨没而不得成。其或收之桑榆而幸有所就，人亦必以爲已試不驗之書而不之讀矣。又況今日一出，而前日所以斟酌辭受而不敢苟然之意，亦且黯闇而不能以自明。諸公誠知之深、愛之厚，則曷爲不求所以伸其志、全其守，而必脅歐縱臾，使至此極也耶？

　且士大夫之辭受出處，又非獨其身之事而已，其所處之得失，乃關風俗之盛衰，故尤不可以不審也。若熹者，向既以辭召命而得改官矣，今又因其所改之官而有此授，熹若受而不辭，則是美官要職可以從容辭遜，安坐而必致之也。近世以來，風頽俗靡，士大夫倚託欺謾以取爵位者不可勝數，獨未有此一流耳。而熹適不幸，諸公必欲彊之，使充其數，熹雖不肖，實不忍以身蒙此辱，使天下後世持清議者得以唾罵而嗤鄙之也。

　且熹之言此於門下有年，苦言悲懇，無所不至，而執事者聽之藐然，方且從容遊談，大爲引重，而其要歸成效則不過使之内違素心、外貽深誚而後已。此熹所不能識，且復竊自計，其平生言行必有大不相副者，而使執事者不

815

信其言以至此也。深自悔責，無所歸咎，然亦不敢終默默於門下，是以敢復言之，伏惟憐而察焉。

　　熹前日所報大參書，忽忽不及盡此曲折，故今僭易有言，非獨以伸鄙意於明公，亦使因是以自達於龔公也。必若成命已行，不欲追寢，則願因其請免，復畀祠官之秩，其於出令之體，似未爲失。何必待其狂疾之既作，然後藥之乎？瞻望門墻，無由趨侍，情意迫切，言語無倫，伏惟高明垂賜矜察。《晦庵文集》卷二五。

　　　　案：淳熙三年夏初，朱熹至婺源展墓，至七月初歸家。是時，以參政龔茂良、尚書韓元吉等薦，授朱熹秘書省秘書郎。朱熹累辭之。《年譜長編》卷上。本書云“區區行役，前月半間，始得還家”，又據韓元吉下書（便人奉此月三日手教），則知本書撰於是年（1176）八月三日。

韓元吉《答朱元晦書》：

　　便人奉此月三日手教，至慰馳向之情。秋氣日清，伏想尊候燕居萬福。某竊食亡補，不足貽記。蒙諭出處，荷不外，前日因書偶及之，恃久照也，此自不當與吾兄商最爾。兄既久不出，則一出固宜，自審非若僕輩，平日汩汩仕塗，以爲貧者也。獄祠則須自請，朝廷意雖未可知，亦不應便以獄祠除下爾。至謂無用于世，非復士大夫流，不知元晦平日所學何事？願深攷聖賢用心處，不應如此忿激,恐取怒于人也。與世推移,蓋自有道,要不失己。但人于道不熟,便覺處之費力耳。如何如何?偶來介,不俟即歸,因趙仲縝行,得以附此。自餘仲縝當能言之。所冀若時爲器業倍萬珍厚,匆匆不宣。《南澗甲乙稿》卷一三。

案:朱熹上書(區區行役)有力辭薦召語,云"決不能與時俯仰,以就功名",又云"必若成命已行,不欲追寢,則願因其請免,復畀祠官之秩",故本書云云,知其承朱熹上書。本書又云"便人奉此月三日手教,至慰馳向之情",則知其撰於八月中。

何　鎬

何鎬(1128—1175),字叔京,邵武軍邵武縣(今屬福建)人。父兑,與朱松同年進士。鎬蔭補將仕郎,授泉州安溪縣主簿,辟江南西路安撫司書寫機宜文字,調汀州上杭縣丞,陞從政郎、潭州善化縣令,未上,以淳熙二年十一月卒,年四十八。事迹見《晦庵文集》卷九四《知縣何公壙誌》。

朱熹《答何叔京》:

五月十八日,新安朱熹謹再拜裁書復于知丞學士執事:熹少而魯鈍,百事不及人,獨幸稍知有意於古人爲己之學,而求之不得其要。晚親有道,粗得其緒餘之一二,方幸有所向而爲之焉,則又未及卒業而遽有山頹梁壞之歎，悵悵然如瞽之無目，擿埴索途終日而莫知所適，以是竊有意於朋友之助。顧以鄙樸窮陋，既不獲交天下之英俊以資其所長，而天下之士其聰明博達足以自立者，又往往流於詞章記誦之習，少復留意於此。熹所以趨趨於世，求輔仁之益，所得不過一二人而已。間者竊聞執事家學淵源之正，而才資敏銳，絕出等夷，其深造默識，固有超然非誦說見聞之所及也，而其口講心潛，躬行力踐，已非一日之積，是以嘗欲一見執事而有謁焉。聽於下風，又聞執事蓋嘗過聽遊談之誤，憐其願學之久而未始有聞，且將引而寘之交游之末，使得薰沐道誼之餘以自警飭，以此尤欲及時早遂此願。而貧病之故，不能贏糧數舍，求就正之益，以慰夙心而承厚意，自惟薄陋，聲迹本疏，又不敢率然奉咫尺之書以煩隸人，而爲異日承教之漸。惟是瞻仰不能一日而忘，而且愧且恨，亦未嘗不一日往來于心也。

不謂執事不鄙其愚，一日惠然辱貺以書。意者高明抱道獨立，亦病夫世之末學外騖不可告語，於是有取乎熹之鈍愚靜退，以爲臭味之或同，而不盡責其餘耳。至於詞旨奧博，反復通貫，三復竦然，有以仰見所存之妙。竊不自勝其振厲踴躍，以爲雖未獲瞻望於前，而亦無以異於親承指誨也。惟其稱道太過，責望太深，乃熹所欲請於左右者，而怠緩不敏，反爲執事所先，此則不能不以爲媿。

然道之在天下，天地古今而已矣。其是非可否之不齊，決於公而已矣。然則熹之所望於執事而執事之所以責於熹者，又豈有彼此先後之間哉！繼自今以往，執事有以見教而熹有以求教，願悉屏去形迹之私，商訂辨析，務以求合乎至當之歸，庶幾有以致廣大、盡精微而不滯於一偏之見，則熹之幸也，執事之賜也。其它未暇一二，姑先以此爲謝，復屬伯崇轉致，不審高明以爲如何？

暑雨煩鬱，伏惟承顏盡懽，尊候神相萬福。熹杜門奉親，日益孤陋，向風引領，不勝馳情。承許秋涼見過，何幸如之，而非所敢望也。未間，更冀以時爲道，千萬自愛，進爲時用，以張斯文，慰山野之望。幸甚。《晦庵文集》卷四○。

案：本書撰於乾道二年（1166）五月十八日。何鎬來書佚。此爲兩人論交講學之始。

何鎬《與朱元晦書》：

吾先君子辰陽府君少事東平馬公先生，受《中庸》之説，服習踐行，終身不懈。間嘗牓其燕居之堂曰“味道”，蓋亦取夫《中庸》所謂“莫不飲食，鮮能知味”之云也。今不肖孤，既無以嗣聞斯道，惟是朝夕糞除，虔居恪處，不敢忘先人之志。子其爲我記之，以告於後之人，而鎬也亦得出入覽觀焉，庶乎其有以自勵也。《晦庵文集》卷七七《味道堂記》。

案：朱熹《味道堂記》云：“武陽何君鎬叔京一日以書來，謂熹曰……”，記文撰於乾道癸巳（九年）二月。《晦庵文集》卷七七。據朱熹下書（伏蒙委撰《味道堂記》）有云"伏蒙委撰《味道堂記》，前者已嘗懇辭，今又辱貶喻，尤切悚畏"，所云即此。朱熹下書撰於乾道二年末，故推知本書約撰於是年中。

朱熹《答何叔京》：

熹孤陋如昨。近得伯崇過此，講論逾月，甚覺有益。所恨者不得就正於高明耳。它日伯崇相見或通書，當能備言之。或有差誤，不吝指誨，幸甚。

李先生教人，大抵令於靜中體認大本未發時氣象分明，即處事應物，自然中節。此乃龜山門下相傳指訣。然當時親炙之時貪聽講論，又方竊好章句訓詁之習，不得盡心於此，至今若存若亡，無一的實見處，辜負教育之意。每一念此，未嘗不愧汗沾衣也。脫然之語，乃先生稱道之過。今日猶如掛鉤之魚，當時寧有是耶？然學者一時偶有所見，其初皆自悅懌，以爲真有所自得矣。及其久也，漸次昏暗淡泊，又久，則遂泯滅，而頑然如初無所睹。此無他，其所見者非卓然真見道體之全，特因聞見揣度而知故耳。竊意當時日聞至言，觀懿行，其心固必有不知所以然者。洎失其所依歸，而又加以歲月之久，汩沒浸漬，今則猶然爲庸人矣。此亦無足怪者。因下問之及，不覺悵然，未知其終何所止泊也。

東平先生遺事，猥蒙垂示，得以究觀前賢出處之大致、先廷問學之淵源，與夫高明纂輯成書，以傳世垂後之意，幸甚幸甚。更容熟復，續得具稟也。《語錄》頃來收拾數家，各有篇帙首尾、記錄姓名，比之近世所行者差爲完善。故各仍其舊目而編之，不敢輒有移易。近有欲刻板於官司者，方欲持以畀之。前已刊行，當得其摹本以獻，今無別本可以持內也。《孟子集解》本欲自備遺忘，抄錄之際，因遂不能無少去取及附己意處。近日讀之，句句是病，不堪拈出。它時若稍有所進，當悉訂定以求教，今未敢也。見所與伯崇講論，敬仰之深。然有少疑，嘗與伯崇論之，恐未中理，更乞垂諭，以警不逮。幸甚幸甚。《晦庵文集》卷四〇。

　　案：朱熹《答許順之》（此間窮陋）云："夏秋間，伯崇來相聚，得數十日講論，稍有所契。"《晦庵文集》卷三九。則本書當撰於七、八月間。伯崇，范念德字。

朱熹《答何叔京》：

　　昨承不鄙，惠然枉顧，得以奉教累日，啓發蒙陋，爲幸多矣。杜門奉親，碌碌仍昔，體驗操存雖不敢廢，然竟無脫然自得處，但比之舊日，則亦有間矣。所患絕無朋友之助，終日兀然，猛省提掇，僅免憒憒而已。一小懈則復惘然，此正天理人欲消長之幾，不敢不著力。不審別來高明所進復如何？向來所疑，定已冰釋否？若果見得分明，則天性人心、未發已發，渾然一致，更無別物。由是而克己居敬，以終其業，則日用之間亦無適而非此事矣。《中庸》之書，要當以是爲主，而諸君子訓義，於此鮮無遺恨，比來讀之，亦覺其有可疑者。雖子程子之言，其門人所記錄，亦不能無失。蓋記者之誤，不可不審所取也。

《孟子集解》當悉已過目，有差繆處切望痛加刊削，警此昏憒，幸甚幸甚。伯崇云《論語要義》武陽學中已寫本，次第下手刊板矣。若成此書，甚便學者觀覽。然向上儘索眼力，若在本領處久不透徹，則雖至言妙論日陳於前，只是閑言語也。廣文更欲刊《通書》，此亦甚善。今人知趣向如此者亦自少得，往往伯崇遊談之助爲多也。《孟子》看畢，先送伯崇處。近成都寄得橫渠書數種來，其間多可附入者，欲及注補也。《淵源錄》亦欲早得，《邵氏》且留不妨也。本欲專人致書以謝臨辱，又苦農收乏人，只附此於伯崇處，未知達在何時。臨書悵惘不自勝。《晦庵文集》卷四〇。

　　案：朱熹《答羅參議》（某塊坐窮山）言及“何叔京秋間相過少款”。《晦庵文集》續集卷五。推知本書當撰於初冬。又本書有云“近成都寄得橫渠書數種來”，即朱熹《答羅參議》（極感留意）中所言之“汪丈寄橫渠三書來”。《晦庵文集》續集卷五。

朱熹《答何叔京》：

專人賜教，所以誨誘假借之者甚厚，悉非所敢當，然而此意不可忘也。謹當奉以周旋，益思其所未明，益勉其所未至，庶幾或能副期待之意耳。杜門奉親，幸粗遣日，無足言者。前此失於會計，妄意增葺弊廬以奉賓祭，工役一興，財力俱耗，又勢不容中止，數日袞兄方劇，幾無食息之暇也。來春又當東走政和展墓，南下尤川省親，此行所過留滯，非兩三月不足往返。比獲寧居，當復首夏矣。光陰幾何，而靡敝於事役塗路之間，動涉時序，雖隨事應物，不敢弛其警省之功，然客氣盛而天理微，才涉紛擾，即應接之間尤多舛逆。如來教"一言未終，已覺其有過言；一事未終，已覺其有過行"者，在高明未必然，而熹實當之矣。以此常恐因循汩沒，辜負平生師友之教。尚賴尊兄未即退棄，猶時有以振德之也。

前此所論，未能保其不無紕繆，乃殊不蒙指告，來諭勤勤，若真以其言爲不妄者，何哉？豈其以是進之，欲其肆志極言而無毫髮之隱，因有所擇取於其間哉？不然，則庸妄所聞必有偶合高明之見者矣。欣幸欣幸。

《中庸集說》如戒歸納，愚意竊謂更當精擇，未易一槩去取。蓋先賢所擇，一章之中文句意義自有得失精粗，須一一究之，令各有下落，方惬人意。然又有大者，昔聞之師，以爲當於未發已發之幾，默識而心契焉，然後文義事理，觸類可通，莫非此理之所出，不待區區求之於章句訓詁之間也。向雖聞此，而莫測其所謂，由今觀之，始知其爲切要至當之說，而竟亦未能一蹴而至其域也。僭易陳聞，不識尊意以爲如何？

《孟子集解》重蒙頒示，以《遺説》一編見教，伏讀喜幸，開豁良多。然方宂擾，未暇精思，姑具所疑之一二以求發藥。俟旦夕稍定，當擇其尤精者著之解中，而復條其未安者盡以請益。欽夫、伯崇前此往還諸説，皆欲用此例附之。昔人有《古今集驗方》者，此書亦可爲"古今集解"矣。既以自備遺忘，又以傳諸同志，友朋之益，其利廣矣。

《語録》比因再閲，尚有合整頓處。已略下手，會宂中輟。它時附呈未晚。大抵劉質夫、李端伯所記皆明道語，餘則雜有。至永嘉諸人及楊遵道、唐彦思、張思叔所記，則又皆伊川語也。向編次時有一目録，近亦修改未定，又忙，不暇拜呈，并俟它日。

《淵源》、《聞見》二録已領，《西山集》委示，得以披讀，乃知李丈議論本末如此，甚幸甚幸。其間有合請教者，亦俟詳觀，乃敢以進也。高文委示，尤荷意愛之厚。大抵必根於義理，而詞氣高妙，又足以發夫中之所欲言者，非近世空言無用之文也。《易説》序文敬拜大賜，三復研味，想見前賢造詣之深，踐履之熟，故辭無枝葉而藹然有篤厚愨誠之氣。它時若得盡見遺編，何幸如之！《遺録》、《行狀》并且歸内，改定後更望別示一本，幸幸。

《孔明傳》近爲元履借去，示喻孔明事，以爲天民之未粹者，此論甚當。然以爲略數千户而歸，不肯徒還，乃常人之態，而孔明於此亦未能免俗者，則熹竊疑之。夫孔明

之出祁山，三郡嚮應，既不能守而歸，則魏人復取三郡，必
齮齕首事者墳墓矣。拔衆而歸，蓋所以全之，非賊人諱空
手之謂也。近年南北交兵，淮、漢之間，數有降附，而吾力
不能守，虜騎復來，則委而去之，使忠義遺民爲我死者肝
腦塗地而莫之收省。此則孔明之所不忍也，故其言曰：
"國家威力未舉，使赤子困於豺狼之吻。"蓋傷此耳。此見
古人忠誠仁愛之心，招徠懷附之略，恐未必如明者之論
也。妄論如此，如有未當，因便有以見教，幸甚。

《雜學辨》出於妄作，乃蒙品題過當，深懼上累知言之
明，伏讀恐悚不自勝。宗禮處亦未有便，因書當如所戒
也。伯崇近過建陽相見，得兩夕之款，所論益精密可喜，
其進未可量也。大抵學者用志不分，必有進益。惟熹懶
墮日甚，不覺有分寸之進。世間無有不進而不退者，然則
其却行也必矣。自此予書，當痛加鞭策，庶乎不爲小人之
歸。捨是而唯唯焉，殆非所望於直諒多聞之友也。《晦庵
文集》卷四〇。

案：書中所謂"《雜學辨》出於妄作，乃蒙品題過
當"，指何鎬所撰《雜學辨跋》，時在"乾道丙戌孟冬晦
日"。《晦庵文集》卷七二。丙戌即乾道二年。故知本
書當撰於十一、二月間。

朱熹《答何叔京》：

伏蒙委撰《味道堂記》，前者已嘗懇辭，今又辱貶喻，

尤切悚畏。熹於文辭無所可取，使爲它文，則或可以率意妄言，無問嗤點。今欲發揚先志，昭示後來，兹事體重，豈宜輕以假人？切望更加三思，無輕其事，則非獨小人免於不韙之譏，亦不爲賢者失人之累。幸甚幸甚。

《戒殺子文》近建陽印本納上數紙，其間雖涉語怪，然施之盲俗，亦近而易知，不爲無助。幸以授鄰里，使張之通塗要津也。吕公之説，龜山嘗論之，亦以爲不過喻以利害，其論尤粹而切。向喻元履令附其説於後，今不見，恐是忘記。別紙録呈。若鄰里間有可説諭者，令別刻一版，附此吕説之後爲佳。不然，則別得老兄數語跋之，却於跋中載龜山之語一道發明，庶幾曲終奏雅之意尤善。如何？若然，則跋中更不須説機祥報應事矣。《晦庵文集》卷四〇。

　　案：據下朱熹《答何叔京》（熹奉親屏居）云云，推知本書約撰於是歲末。

朱熹《答何叔京》：

　　熹奉親屏居，諸況仍昔。所憂所懼，大略不異來教之云，而又有甚者焉耳。躁妄之病，在賢者豈有是哉？顧熹則方患於此未能自克，豈故以是相警切耶？佩服之餘，嘗竊思之，所以有此病者，殆居敬之功有所未至，故心不能宰物、氣有以動志而致然耳。若使主一不二，臨事接物之際真心現前，卓然而不可亂，則又安有此患哉？或謂子程子曰："心術最難執持，如何而可？"子曰："敬。"又嘗曰：

"操約者,敬而已矣。惟其敬足以直内,故其義有以方外。義集而氣得所養,則夫喜怒哀樂之發,其不中節者寡矣。"孟子論"養吾浩然之氣",以爲"集義"所生,而繼之曰"必有事焉而勿正,心勿忘,勿助長也。"蓋又以居敬爲集義之本也。夫"必有事焉"者,敬之謂也。若曰其心儼然,常若有所事云爾。夫其心儼然肅然,常若有所事,則雖事物紛至而沓來,豈足以亂吾之知思?而宜不宜、可不可之機,已判然於胸中矣。如此則此心晏然有以應萬物之變,而何躁妄之有哉?雖知其然,而行之未力,方竊自悼,敢因來教之及而以質於左右,不識其果然乎否也?

《遺説》所疑,重蒙鐫喻,開發爲多。然愚尚有未安者,及後八篇之説并以求教。有未中理,伏惟不憚反復之勞,有以振德之。

孔明失三郡,非不欲盡徙其民,意其倉卒之際,力之所及止是而已。若其心則豈有窮哉?以其所謂"困於豺狼之吻"者觀之,則亦安知前日魏人之暴其邊境之民不若今之胡哉?孔明非急近功、見小利、詭衆而自欺者,徙民而歸,殆亦昭烈不肯棄民之意歟?欽夫《傳論》并熹所疑數條請求指誨,幸以一言決之。

《味道堂記》誠非淺陋所敢當,故有前日之懇,非敢飾辭以煩再三之辱。既不蒙聽察而委喻益勤,益重不敏之罪,謹再拜承命,不敢復辭矣。然須少假歲月,使得追繹先志之所存,俟其略見彷彿而後下筆,庶幾或能小有發明，可以仰丐斤削耳。

下喻行己臨官之道，此在高明平日所學舉而措之，則夫世俗所謂廉謹公勤有不足言矣。區區乃方有媿於此，其何以仰助萬分之一乎？

《祠堂記》推尊之意甚善，而所謂"人心天理不容亡滅，學者於此百世以俟聖人而已"者亦佳，但亦有可議者。如以字謂諸先生，一也。"立不教，坐不議，無言心成"，乃莊周荒唐之說，非聖賢授受之旨，二也。以穆、尹、歐陽文章末技比方聖學，擬不以倫，三也。明道無恙時，學者甚衆，今曰"未嘗爲師"，四也。吕正獻之未薨，伊川已去講席，蓋其道有非當時諸賢所及知者，是以難合，非特以兩公之在亡爲輕重，今曰"二公薨而伊川去"，五也。又曰"正叔自謂道已大成，可以無媿"，氣象淺狹，恐非先生之志，六也。世傳了翁所序明道《中庸》，乃吕與叔所著，了翁蓋誤，而今又因之，七也。摭其語而論之，其失如此。蓋其大概切切然以辨謗釋言爲事，亦淺乎其知先生矣。嘗愛《明道墓表》有云："學者於道知所向，然後見斯人之爲功；知所至，然後信斯名之稱情。"蓋此事在人隨其所至之淺深而自知之，彼不知者豈可以口舌彊爭？彼知之矣，則又何待較短長而後喻哉？《記》中所稱"兼山氏"者名忠孝，《語錄》中載其問疾伊川之語。然頃見其《易》書溺象數之說，去程門遠甚。而尹子門人所記，則以爲忠孝自黨論起絶迹師門，先生没，不致奠，而問疾之語亦非忠孝也。

然則其人其學亦可見矣。愚見與所聞如此，不審明者謂之何哉？

歲前報葉、魏登庸，蔣參預政，陳應求同樞密知院事；南北之使，交贄往來；元夕有旨，州縣張燈。山間所聞者不過如此，羅、李之除，則未知也。聞相麻以四事戒飭：理財用、省冗官、汰冗兵，其一則未聞。蓋未嘗見麻，但傳聞爾。宰相帶知國用，參政、同知皆入銜，并恐欲聞之。金聲玉振之説改定舊説，寫呈求教，不知是否。《諸葛傳》所疑瑣細，不能盡録，其大者帖於册内矣。《晦庵文集》卷四〇。

案：書中言及"歲前報葉、魏登庸，蔣參預政，陳應求同樞密知院事"，據《宋史·宰輔表》，乾道二年十二月甲申，葉顒、魏杞拜左、右相，蔣芾拜參知政事，陳俊卿同知樞密院事。又云"元夕有旨，州縣張燈。山間所聞者不過如此"，故推知本書當撰於三年（1167）正月間。

朱熹《答何叔京》：

昨承示及《遺説》後八篇，議論甚精，非淺陋所至，或前儒所未發，多已附於解中。其間尚有不能無疑者，復以求教，更望反復之，幸甚。

"巨室"之説亦已附入，可以補舊説之未備。然廢舊説而專主此意，則又似有牢籠駕馭之心，非聖賢用處也。

麥丘邑人之語，亦陳天下之理以警其君耳。如孟子"聞誅一夫紂矣"之語，豈可謂脅其君哉？引之欲証"得罪"二字出於人君之身有不正，而非巨室怨望之私也，莫亦無害於理否？林少穎引裴晉公"豈朝廷之力能制其死命哉，直以處置得宜，能服其心"之語爲證，亦甚善。當時不能盡載，尋當添入，其意乃備耳。

"仁義"二字未嘗相離。今曰"事親以仁，守身以義"，恐涉支離隔截，爲病不細。"孝弟也者，其爲仁之本歟？"此言孝弟乃推行仁道之本，"仁"字則流通該貫，不專主於孝弟之一事也，但推行之本自此始耳。"爲"字蓋"推行"之意。今以對"乃"字立文，恐未詳有子之意也。程子曰："論行仁則以孝弟爲本，論性則以仁爲孝弟之本。"此語甚盡。

"手舞足蹈"，所論得之。然李説亦有不可廢者，今注於其下，則理自明矣。其間句意小有未安處，欲更定"躍如也"爲"左右逢原"、"神明其德"爲"從容中道"，如何？

乘輿濟人之説，與熹所聞於師者相表裏，但不必言姦人。聖賢所警，正爲仁人君子豪釐之差爾，姦人則尚何説哉？諸若此類，稍加密察爲佳。"辟除"之"辟"，乃趙氏本説，與上下文意正相發明。蓋與捨車濟人正相反也。此段注釋近略稍改，稍詳於舊。略云："惠謂私恩小利，政則有公平正大之體、綱紀法度之施焉。惠而不知爲政者，亦有仁心仁聞，而不能擴充以行先王之道云爾。"又云："十月成梁，蓋時將寒沍，不可使民徒涉，又農功既畢，可以役民之時。先王之政細大具舉，而無事不合民心、順天理，故其公平正大之體、綱紀法度之施，雖纖悉之間亦無遺恨如此，豈子產所及哉？諸葛武侯之治蜀也，官府次舍、橋梁道路莫不繕理，而民不告勞。蓋其言曰：‘治世以大德，不以小惠。’其亦庶幾知爲政矣。”又云：“君子能行先王之政，使細大之務無不畢舉，則惠之所及亦已廣矣。是其出入之際，雖辟除人，使之避己，亦上下之分固所宜然，何必曲意行私，使人知己出然後爲惠？又況人民之衆，亦安得人人而濟之哉？”

“有故而去”，非大義所係，不必深爲之説。臣之去國，其故非一端。如曰親戚連坐，則先王之制，父子兄弟罪不相及，亦豈有此事哉？但昔者諫行言聽，而今也有故而去，而君又加禮焉，則不得不爲之服矣。樂毅之去燕近之。

“非禮義之禮義”，所論善矣。但以爲其心皆在於異俗而邀名，則不必皆然。蓋有擇焉不精，以爲善而爲之者，《知言》所謂“緣情立義，自以爲由正大之德而不知覺”者也。此句之失，與論子產而指姦人相類。

孟子鄙王驩而不與言，固是，然朝廷之禮既然，則當是之時，雖不鄙之，亦不得與之言矣。鄙王驩事於出弔處已見之，此章之意則以朝廷之禮爲重。時事不同，理各有當。聖賢之言無所苟也，豈爲愧衆人爲已甚而始以是答之哉？正所以明朝廷之禮，而警衆人之失也。

"象憂喜亦憂喜"，此義《集解》之説初若不明，及細玩之，則詞不達意之罪也。今略改定云："言舜喜象之來，非不知其將殺己，但舜之心見其憂則亦憂，見其喜則亦喜。今見其喜而來，故亦爲之喜。蓋雖明知彼之將殺己，而自我觀之，則吾弟耳，兄弟之愛終豈能忘也哉？或曰云云，愚聞之師曰：'兄弟之親，天理人倫，蓋有本然之愛矣。雖有不令之人傲狠鬭鬩於其間，而親愛之本心，則有不可得而磨滅者。惟聖人盡性，故能全體此理，雖遭橫逆之變，幾殺其身，而此心湛然，不少搖動。'伊川先生所謂云云，正謂此耳。或者之云固善，然恐非所以語聖人之心也。"如此言之，莫稍盡否？

"罔"訓蒙蔽，"得之方"訓術數，恐未是。"罔以非其道"者，獨非術數耶？蓋愛兄、放魚，"欺以其方"也。市有虎，曾參殺人。"罔以非其道"也。"井有仁焉"亦是。君子不逆詐，故可欺。然燭理明，故彼以無是道之語來，則豈得而蒙蔽哉？

"艾"讀爲"乂"，《説文》云："乂草也，從丿乀。"左"丿"右"乀"，乂草之狀，故六書爲指事之屬。"自艾""淑艾"，皆有斬絶自新之意。"懲乂""創乂"，亦取諸此，不得復引彼爲釋也。

"金聲玉振"之説未安。金聲，博學之事；玉振，則反約矣。反約者，不見始終之異，而始終之理具焉。如射畢而觀破的之矢，不見其巧力而巧力皆可見，故下文又以射譬之。若以金聲始隆終殺兼舉博約之事，則玉振無所用矣。愚意如此，亦恐未盡，俟更思之。

"尚友"章所謂"口道先王語而行如市人"者，恐非孟子尚友之所取。以論其世者，正欲知其言行之曲折精微耳。兼兩意説不得。

"桐梓"之説甚善，但不必分身心爲兩節。又以木根爲譬，似太拘滯。蓋言身則心具焉，"壹是皆以脩身爲本"是已。今但云以理義養其心，則德尊而身安矣，意亦自見。

"狠疾"之訓甚善，然古字多通用，不必言誤也。如《孟子》中"由"、"猶"二字常互用之。

"天爵"二説，其一極善，其一未安，亦由《集解》之説自不明白，有以致疑。今改其答辭曰："亦觀其心之所存者如何耳。若假仁要利之心不去，則夫不捨其天爵者，亦將以固其所得之人爵而已。是或可以幸而不至於亡，然根於鄙吝之私，是豈可以入堯舜之道哉？必也真知固有之可貴，而寖忘其平日假仁要利之私，則庶乎其可矣。"大抵假仁與利仁不同，須曉析不差，然後可耳。《易傳》論聖人之公、後王之私亦是此意。見《比卦象辭》注中。

"鄉道"、"志仁"不可分爲二事。《中庸》曰："脩道以仁"，孟子言"不志於仁"，所以釋上文"不鄉道"之實也。又云："務引其君以當道，志於仁而已。"亦言志仁之爲當道爾。"舍生取義",諸先生說已盡之矣。義重於生,不假言也。

"夜氣",以爲休息之時則可,以爲寂然未發之時則恐未安。魂交而夢,百感紛紜,安得爲未發?而未發者又豈專在夢寐間耶?"赤子之心",程子猶以爲發而未遠乎中,然則夜氣特可以言"復而見天地心"之氣象耳。若夫未發之中,則無在而無乎不在也。

"耳目之官即心之官也",恐未安。耳目與心各有所主,安得同爲一官耶?視聽淺滯有方,而心之神明不測,故見聞之際必以心御之,然後不失其正。若從耳目之欲而心不宰焉,則不爲物引者鮮矣。觀上蔡所論顏、曾下功處,可見先立乎其大之意矣。《書》之"不役耳目,百度惟貞",亦此意也。

羿匠之說理則甚長,但恐文意繁雜,頭緒太多,不如尹氏之說明白而周盡。故云必如羿之彀率、大匠之規矩然後爲至,則是羿與大匠自別有彀率、規矩,與孟子意正相戾矣。若是所以教人之規矩、彀率,則只是衆所共由之法,又非所以言至也。

歐陽公論世宗之事未爲失,但以孟子爲爲世立言之說則害於理矣。夫聖賢之立言,豈不度其事之可行與否而姑爲是可喜之論,以供世之傳誦道説而已哉?蓋必有是理然後有是心,有是心而後有是事,有是事然後有是言,四者如形影之相須,而未始須臾離也。皋陶之執、舜之逃，天理人倫之至，聖人之心所必行也，夫豈立言之説哉？聖人顧事有不能必得如其志者，則輕重緩急之間於是乎有權矣。故緣人之情以制法，使人人得以企而八議之説生焉。然其所謂權者，是亦不離乎親親貴貴之大經，而未始出於天理人心之外也。今必以正理爲空言而唯權之爲徇，不幸而有毫釐之差，則不失於正者鮮矣。此義龜山亦嘗論之，見集第二十一卷。

"躍如也"，正是形容懸解頓進之意。"意有所感觸而動"却不親切，"感觸"二字自佳，但少頓進意耳。"引而不發，則其思也必深，思之既深，則有所感觸而動，其進也必驟矣。"如此而言，意似稍備，如何？

"好名之人"，如此説甚善，但"苟非其人"一句不通，而此章兩事亦無收拾結斷處。子臧、季札，守節者也，恐其不可謂役志於物。

"'反身而誠'，言能體而有之者如此。"欲作"言能體其全者如此"。"'强恕而行'，言既失而反之者如此。"欲作"言既失而所以反之者如此"。"'行之不著'者，所造未至也"。欲作"不先致知也"。

"機變之巧"，所論甚當，更欲增數語云："乘時逐便以快其欲，人所甚羞而己方且自以爲得計，蓋唯知有利而已，何所復用其愧耻之心哉？"如此乃盡其情，如何？

"人心亦皆有害"，趙氏謂人心爲利欲所害，此説甚善。愚謂飢渴害其知味之性，則飲食雖不甘，亦以爲甘；

利欲害其仁義之性，則所爲雖不可，亦以爲可。來喻辭費而理煩，恐非孟子長於譬喻之本旨也。

「執中當知時，苟失其時，則亦失中矣」，此語恐未安。蓋程子謂子莫執中比楊墨爲近，而中則不可執也。當知子莫執中與舜、禹、湯之執中不同，則知此説矣。蓋聖人義精仁熟，非有意於執中，而自然無過不及，故有執中之名，而實未嘗有所執也。以其無時不中，故又曰「時中」。若學未至、理未明，而徒欲求夫所謂中者而執之，則所謂中者，果何形狀而可執也？殆愈執而愈失矣，子莫是也。既不識中，乃慕夫時中者而欲隨時以爲中，吾恐其失之彌遠，未必不流而爲小人之無忌憚也。《中庸》但言擇善，而不言擇中，其曰「擇乎中庸」，亦必繼之曰「得一善」，豈不知善端可求而中體難識乎？夫惟明善，則中可得而識矣。

「仁義者道之全體」，此説善矣。又云「能居仁由義，則由是而推焉，無所往而非道」，則又似仁義之外猶有所謂道者矣，是安得爲全體哉？「親親而加以恩」，似有夷子「施由親始」之病。夫親親之有恩，非加之也。欲親親而不篤於恩，不知猶有病否？大抵墨氏以儒者親親之分仁民，而親親反有不厚；釋氏以儒者仁民之分愛物，而仁民反有未至。

「山徑之蹊」，恐不必言爲高子發。人心皆然，一息不存，則放僻邪侈之心生矣。

不聞君子之大道者，肆情妄作，無所不至，不但挾勢陵人而已。

　　"鄉原"之論甚佳，但孔子所稱具臣者，猶能有所不從者，若馮道之徒，則無所不從矣。許以具臣已過其分，有以更之，如何？《晦庵文集》卷四〇。

　　　案："昨承示及《遺説》後八篇"，乃上承《答何叔京》（熹奉親屏居）一書中"《遺説》所疑，重蒙鎬喻，開發爲多。然愚尚有未安者，及後八篇之説并以求教"之語，故知本書約撰於二月間。

朱熹《答何叔京》：

　　熹碌碌講學親旁，思索不敢廢。但所見終未明了，動静語默之間，疵吝山積，思見君子，圖所以洒濯之者而未可得。今年却得一林同人在此，名用中，字擇之。相與討論。其人操履甚謹，思索愈精，大有所益，不但勝己而已。欽夫亦時時得書，多所警發，所論日精詣。向以所示《遺説》數段寄之，得報如此。始亦疑其太過，及細思之，一一皆然。有智無智，豈止校三十里也？今録去上呈，其它答問反復及它記序等文尚多，以伯修行速，不能抄爲恨。

　　熹前此書中所請教者，於尊意云何？竊意其説不過如此，但持之不力，恐言語間不容無病。深望指誨，得以自警而改之，幸也。向曾上稟迓夫到日借數人來，爲相聚數日之計，今恐已熱，難出入。又意此人已到，不能久留，而尊兄已就道久矣。或已到官，亦未可知。三、四舍之遠，阻隔不相聞如此，可爲深恨也。

《武侯傳》讀之如何？更有可議處否？問疑數條例小差，以書問之欽夫，皆以爲然。但熹欲傳末略載諸葛瞻及子尚死節事，以見善善及子孫之義，欽夫却不以爲然，以爲瞻任兼將相而不能早去黄皓，又不能奉身而去，以冀其君之悟，可謂不克肖矣。此法甚嚴，非慮所及也。老兄以爲如何？

但欽夫極論復見天地心，不可以夜氣爲比。熹則以爲夜氣正是復處，固不可便謂天地心，然於此可以見天地心矣。《易》中之意亦初不謂復爲天地心也。又老兄云：“人皆有是善根，故好是懿德。”欽夫説見別紙，熹則竊以爲老兄此言未失，但不知“好”者爲可欲而以“懿德”爲可欲，此爲失耳。蓋好者，善根之發也。懿德者，衆善之名也。善根，無對之善也。衆善者，有對之善也。無對者以心言，有對者以事言。夫可欲之善乃善之端，而以事言之，其失遠矣。此兩條更望思之，却以見教。幸甚幸甚。《西山集》讀之，疑信相半，姑留此以俟的便。

近事一二傳聞可慶，然大病新去，尤要調攝將護，不知左右一二公日夕啓沃用何説耳。此又似可慮。如何如何？欽夫書令致願交之意，恨未詹識。它日有可見教者，無相棄也。恐願聞之。《晦庵文集》卷四〇。

案：書中“大病新去”之語，喻指乾道三年二月逐去龍大淵、曾覿事。又書中有“今恐已熱”之語，故推知本書約撰於初夏。

又，明程敏政《書諸葛忠武侯傳後》曰："予嘗見朱子有與何叔京書及《武侯贊》、《跋臥龍菴詩》，多與南軒此傳相發。"《篁墩文集》卷三六。

朱熹《答何叔京》：

示喻温習之益、體驗之功，有以見用力之深，無少逸豫。歎服之餘，悚厲多矣。録寄數條，無非精微廣大之致。顧鄙陋何足知之？然貪於求教，輒復以管見取正於左右，却望指擿見告，幸甚。

熹近來尤覺昏憒無進步處。蓋緣日前婾墮苟簡，無深探力行之志。凡所論説，皆出入口耳之餘，以故全不得力。今方覺悟，欲勇革舊習，而血氣已衰，心志亦不復彊，不知終能有所濟否？今年有古田林君擇之者在此，相與講學，大有所益。區區稍知復加激厲，此公之力爲多也。

《遺説》向來草草具稟，其間極有淺陋疏脱處，都不蒙一掊擊，何耶？前日伯脩書有欽夫所論數條甚精，試一思之，當有發耳。大率吾曹之病皆在淺急處，於道理上纔有一説，似打得過，便草草打過，以故爲説不難而造理日淺。今方欲痛自懲革，然思慮昏窒已甚，不知能復有所進否？左提右挈之所助，深不能無望於尊兄也。

所喻孔明於管、樂取其得君以行志，此説恐未盡。欽夫論瞻權兼將相而不能極諫以去黄皓，諫而不聽，又不能

奉身以退，以冀主之一悟，兵敗身死，雖能不降，僅勝於賣
國者耳。以其猶能如此，故書"子瞻嗣爵"，以微見善善之
長；以其智不足稱，故不詳其事，不足法也。此論甚精，愚
所不及，不知高明以爲如何？

　　所借書悉如所戒，但《易傳》無人抄得，只納印本去。
此有別本，遂留几間可也。《知言》所傳已借出，却借得一
本在此看。本欲轉以上內，然所借書已多，一目之力，何
能遽及？無乃有妨精思坐進之功耶？熹蓋宿有此病者，
今未能除，然已覺知是病矣。《西山集》前便恐有浮沉，不
敢附。今付來人，其間大有可疑處，未暇論也。《晦庵文
集》卷四〇。

　　　案：因本書與前書（熹碌碌講學親旁）所述林擇
之事、諸葛瞻事略同，故《書信編年》以爲前書"叔京
未復而又與之此書也"。然本書首云"示喻溫習之
益、體驗之功"，末及"《西山集》前便恐有浮沉，不敢
附。今付來人，其間大有可疑處，未暇論也"。而前
書有"《西山集》讀之，疑信相半，姑留此以俟的便"之
語。可知何鎬收到朱熹前書以後有回書，而朱熹再
作本書以答，時當在四、五月間。

朱熹《答何叔京》：

　　承喻及《味道堂記》文，惕然若驚。比既敬諾，安敢食
言？然須少假歲月，庶幾賴天之靈或有少進，始敢措辭耳。

“金聲玉振”，不知當時寫去者云何？近嘗思索，更定其說，始亦以爲無疑矣。比再閱之，又覺有礙。更望相與探討，異時各出其說以相參驗，亦進學之一方也。道理無窮，思索見聞有限，聖人之言正在無窮處，而吾以其有限者窺之，關鎖重重，未知何日透得盡耳。

自占之説，甚不足較。然舊説本之商賈，似亦無害。若農民，則先王制民之産自有常度，不待自占然後知其豐約矣。所謂掊斗折衡者，恐非先王之法。以舜之盛德，猶以同律度量衡爲先。孔子亦言謹權量、審法度，夫豈以掊折爲可耶？度量權衡，天理至公之器，但操之者有私心耳。以其操之者私而疾夫天理之公，是私意彼此展轉相生，而卒歸於大不公也。

近事久不聞，春間龍、曾皆以副帥去國，英斷赫然，中外震懾，而在廷無能將順此意者。今其黨與布護星羅，未有一人動，姦竪在途，亦復遲遲其行，亦豈尚有反予之望耶？倚伏之機，未知所決。雖在畎畝，竊不勝過計之憂。不審高明以爲如何？《晦庵文集》卷四〇。

　　案：書中有云“近事久不聞，春間龍、曾皆以副帥去國，英斷赫然，中外震懾”，故推知本書撰於三年夏中。

朱熹《答何叔京》：

奉親遣日如昔，但學不加進，鄙吝日滋，思見君子以求切磋之益而不可得，日以慣慣，未知所濟也。

向來妄論持敬之説，亦不自記其云何。但因其良心發見之微，猛省提撕，使心不昧，則是做工夫底本領。本領既立，自然下學而上達矣。若不察於良心發見處，即渺渺茫茫，恐無下手處也。中間一書論"必有事焉"之説，却儘有病，殊不蒙辨詰，何耶？

所喻多識前言往行，固君子之所急，熹向來所見亦是如此。近因反求未得個安穩處，却始知此未免支離。如所謂因諸公以求程氏，因程氏以求聖人，是隔幾重公案，曷若默會諸心，以立其本，而其言之得失自不能逃吾之鑒耶？欽夫之學所以超脱自在，見得分明，不爲言句所桎梏，只爲合下入處親切。今日説話雖未能絶無滲漏，終是本領是當，非吾輩所及，但詳觀所論自可見矣。

諸葛之論，乃是以《春秋》責備賢者之法責之，於瞻不薄矣。《春秋》褒死節，然亦有不書者甚多，取捨之間，必有微意。思之未精，考之未徧，不敢輕爲之説，請俟它日也。惟微者，心也；復者，所以傳是心也。若滔滔汨汨，與物競馳而不反，亦何自見此而施精一之功乎？

有對無對之説誠未盡善，然當時正緣"好是懿德"而立文耳。如《易》所謂"元者善之長"，元豈與善而二哉？但此善根之發，迥然無對，既發之後，方有若其情，不若其情而善惡遂分，則此善也不得不以惡爲對矣，其本則實無二也。凡此數端，據愚見直書，遠求質正。又疑《孟》之説尚有未盡之意，輒因來教引而伸之，別紙具呈。更有二段，擇之前日爲説甚精，偶其還家，未得寫内，且夕附便致之也。今此所論，且望不吝痛加反復，幸甚。

近日狐鼠雖去，主人未知室其穴，繼來者數倍於前。已去者未必容其復來，但獨斷之權，執之益固，中書行文書，邇臣具員充位而已。其姦憸者觀望迎合，至謂天下不患無財，皆欣然納之，此則可憂之大者。其它未易以言既也。北虜責歸降甚急，予之則失信生亂，不予又慮生釁隙，未有以應之。然廟堂之議斷然不予，但上近者損八十萬緡築楊州之城，羣臣之諫不聽，其附會贊成者遂得美遷，觀此，邊事亦不能久寧矣。根本如此，何以待之？可慮可慮。《晦庵文集》卷四○。

案：書中言及“北虜責歸降甚急”，據《宋史·孝宗紀二》云乾道三年六月“乙亥，金遣使來取被俘人，詔實俘在民間者還之，軍中人及叛亡者不預”。書中又云“上近者損八十萬緡築楊州之城”，據《宋史全文》卷二四下載乾道三年五月“辛酉，王炎奏近來士大夫議論太拘畏，且如近詔王琪至淮上相度城壁，朝士皆紛然以爲不宜。上曰：‘此何害！儒生之論真不達時變。昔徐庶言通世務者在乎俊傑。朕與卿等當守此議論，他不足恤。’”則本書當撰於是年五、六月間。

又，明程敏政《書朱子答吕子約何叔京書》曰：“按朱子此二書謂：‘學者自家一個身心不知安頓去處,而談王談霸,將經世事業別作伎倆。'謂'不察於良心發見處,則渺渺茫茫恐無下手處'。又謂:'多識前言往行,固君子所急。近因反求未得個安穩處,却始知此未免支離。'而陸子與人書曰:'事外無道,道外無事,前言往行,所當博識。顧其心苟病,則非徒無益,所傷實多,他日敗事如房琯、荆公,可勝既乎?'又曰:'若得平穩之地,不以動靜而變。苟動靜不能如一,是未得平穩也。'蓋兩先生之言不約而同者如此。"《篁墩文集》卷三八。

朱熹《答何叔京》:

所喻疑義,大抵諸説一槩多病。蓋於大本處未甚脱然見得,所以臆度想象,終亦有差。如云"持志則心自正,心正則義自明",又云"能體認之則爲天德",又云"心性仁義之道相去毫髮之間,此語尤有病。心者發而未動",及論鬼神能誠則有感必通,此數條皆句句有差,不知何故如此?豈偶思之未熟耶?《大學》之序格物致知至於知至意誠,然後心得其正,今只持志便欲心正義明,不亦太草草乎?性,天理也,理之所具,便是天德,在人識而體之爾。云"能體認之便是天德",體認乃是人力,何以爲天德乎?性、心只是體、用,體、用豈有相去之理乎?"性即道,心即仁",語亦未瑩,須更見曲折乃可。心者,體用周流,無不貫徹,乃云"發而未動",則動者不屬心矣,恐亦未安也。

鬼神之體便只是箇誠，以其實有是理，故造化發育，響應
感通，無非此理。所以云"體物而不可遺"，非爲人心能誠
則有感應也。此等處尚多，人事冗迫，不容詳遣布。此稟
亦已草略，且舉大綱，而老兄思之可也。仍恕僭易，幸甚。

又聞嵩卿之賢好學，得聞其餘論，尤以爲喜。此道知
好之者日衆，孤陋真有望矣。幸爲道意，未敢率然拜書也。

所欲細論者甚多，不知何日得會面也？所欲文字偶
在城中，無緣取內。然博觀草草，徒費心目之力，不若就
一處精思之爲有益也。如"仁"字，恐未能無疑。且告錄
出孔、孟、程、謝說處，反復玩味，須真見得，則其它自可
見。恕、性等說皆不待別立說也。嵩卿是韓子之言，固失
之，而老兄所論亦未盡得。博愛之不得爲仁，正爲不見親
切處耳。若見親切處，則博愛固仁者之事也。試以此意
思之，如何？博施濟衆一段，不知嵩卿如何看？恐更須子
細也。《晦庵文集》卷四〇。

案：本書有云"然博觀草草，徒費心目之力，不
若就一處精思之爲有益也"，下書（今年不謂饑歉至
此）有云"前此僭易拜稟博觀之弊，誠不自揆。乃蒙
見是，何幸如此"，知二書相承。下書撰於乾道四年
（1168）夏中，故推知本書約撰於春間。

朱熹《答何叔京》：

一出五旬而後反，歸來隨分擾擾，未得開卷。歲月逝

矣，天理未明，物欲方熾，每得朋友論辯之書，爲之愧汗不能已，未知終何以自脱於小人之歸也。幸閭里粗寧，老幼平遣，雖貧悴日甚，且復推遷。官期亦未及，區區甚憚此行，欲俟暫到，復爲請祠計。若不獲命，始當奉來教以周旋。敬夫相爲謀亦如此也。竊承深以去親爲念，又歎從仕之害其所學，浩然有歸與之志，此固吾人之所同。然仕州縣者遷就於法令之中，猶或可以行所志之一二，仕於朝者又不復有此。但知其不可而冒進自處，便不是了，更無可説。此所以徘徊之久而重於一行也。

承喻"溫厲"之説，不記當時如何及之。若直以厲爲主，誠可謂一偏之論矣。或恐以氣質之偏而欲矯以趨中，則有當如是者亦不爲過矣。然聖人之溫而厲，乃是天理之極致，不勉不思，自然恰好，毫髮無差處。要須見此消息，則用力矯揉、隨其所當自有準則，不至偏倚矣。不然，正恐如扶醉人也。來教所謂聖人所以處中，似非本旨，更告詳之。

伯崇近得書，講學不輟，似亦稍進。但爲偷兒入室，夜囊爲之一空，亦非貧者所宜遭也。寄示答問六條，得以見邇來用功處。然鄙意多所未安，輒敢條折以求訂正，亦未敢自以爲是也。

宗禮之亡可傷，不知後來所學如何？似未能脱去禪學也。今朋友間資質如此人亦不易得，惜其止於此耳。《晦庵文集》卷四〇。

案：朱熹《建寧府崇安縣五夫社倉記》云"乾道
戊子春夏之交，建人大飢，予居崇安之開耀鄉，知縣
事諸葛侯廷瑞以書來，屬予及其鄉之耆艾左朝奉郎
劉侯如愚……振之。劉侯與予奉書從事，里人方幸
以不飢。俄而盜發浦城，……劉侯與予憂之，不知所
出，則以書請于縣于府。時敷文閣待制信安徐公嘉
知府事，即日命有司以船粟六百斛泝溪以來。劉侯
與予率鄉人行四十里，受之黃亭步下，歸籍民口大小
仰食者若干人，以率受粟，民得遂無飢亂以死，無不
悅喜歡呼，聲動旁邑。於是浦城之盜無復隨和，而束
手就擒矣"。《晦庵文集》卷七七。據《宋史·孝宗紀》，
乾道四年五月丁亥（二十六日）"以饒、信二州、建寧
府飢民嘯聚，遣官措置振濟"。則朱熹賑濟之事歷時
五旬，至五月末罷，則本書當撰於六月間。

朱熹《答何叔京》：

今年不謂饑歉至此。夏初所至洶洶，遂爲縣中委以
賑糶之役。中間又爲隣境羣盜竊發，百方區處，僅得無
事。今早稻已熟，雖有未浹洽處，然想無它虞矣。對接事
變，不敢廢體察，以爲庶幾或可寡過。然悔尤之積，打不
過處甚多，即以自懼耳。

自老兄南去，日以爲念。讀來書，知志不獲伸，細詢
來使，乃盡知曲折。此朋友之責也，夫復何言？謹已移書

漕臺，且爲兄求一差檄來建、邵，到即又徐圖所處。因此且可暫爲寧親之計，亦急事也。今日所向如此，但臨汀深僻，王靈不及，當愈甚爾。

朝政比日前不侔矣，近又去一二近習，近臣之附麗者亦斥去之，但直道終未可行。王龜齡自夔府造朝，不得留，出知湖州，又不容而去。今汪帥來，且看又如何。上以薦者頗力，又熟察其所爲，其眷佇少異於前矣。然事係安危，未知竟如何耳。熹無似之蹤不足爲輕重，然亦俟此決之耳。

欽夫臨川之除，薦者意不止此，亦係時之消長，非人力能爲也。近寄得一二篇文字來，前日伯崇方借去，已寄語令轉録呈，其間更有合商量處也。

前此僭易拜稟博觀之弊，誠不自揆。乃蒙見是，何幸如此！然觀來喻，似有未能遽捨之意，何耶？此理甚明，何疑之有？若使道可以多聞博觀而得，則世之知道者爲不少矣。熹近日因事方有少省發處，如“鳶飛魚躍”，明道以爲與“必有事焉，勿正”之意同者，今乃曉然無疑。日用之間，觀此流行之體初無間斷處，有下工夫處，乃知日前自誑誑人之罪蓋不可勝贖也。此與守書册、泥言語全無交涉，幸於日用間察之，知此則知仁矣。所欲言甚衆，不欲久稽來使，草草略具報如此，殊不盡懷。

向蒙垂示先大夫《易集義》，得以伏讀。竊窺觀象玩辭之意，知前輩求道之勤蓋如此，不勝歎仰。顧恨不得執經門下，躬扣所疑。三復遺篇，徒深感悵。昨承見索，以在府中，不得即歸內。今謹封識，以授來人，至幸檢納，不勝幸甚。

《上蔡語録》上卷數段極親切，暇日試涵泳之，當自有味。不必廣求，愈令隨語生解，不得脱灑耳。《晦庵文集》卷四〇。

案：本書云及"今早稻已熟"，當在秋初。

朱熹《答何叔京》：

熹蒙喻《堂記》，悚仄之深。此固所不敢忘者，但題目大，未敢率爾措辭。意欲少假歲時，尚冀學有分寸之進而後爲之，庶有以窺測先志之一二而形容之，不爲虛作耳。區區此心，更望垂察，幸甚幸甚。

《知言》一册納上，《語録》程憲未寄來也。所疑《記善》，足見思索之深，然得失亦相半，別紙具稟其詳。向者瞽説固不能無病，來誨反復，深啓蒙滯。所未安處，亦具別紙，更望提耳，幸甚幸甚。和篇之喻，非所敢當。正此沉縣，未有以爲計，何暇捄人之疾乎？尹氏解"無終食違仁"處，蓋本明道先生之言而失之。明道云："純亦不已，天德也。造次必於是，是三月不違仁之氣象也。又其次，則日月至焉。此是三等人。""人心私欲，道心天理"，此亦程氏遺言。中間疑之，後乃得其所謂。舊書中兩段録呈，有未然者，更告指喻。《晦庵文集》卷四〇。

案：書中言"《語録》程憲未寄來也"，指乾道四年泉州市舶使程氏（程憲、程舶）刊《程氏遺書》於泉州。《遺書》刊成於是年底，《年譜長編》卷上。故推知本書約撰於年末。

朱熹《答何叔京》：

示喻所以居官之意，甚善。昔范巽之問政於橫渠，橫渠告之曰："尊所聞，力所及。"願尊兄益充此心，則力之所及初亦無限量也。來使云頗招得流亡復業，及募得新民願受一廛者，此最厚下固本之良策。然更有方便與寬得一兩項泛科，亦久遠之利，來者必益衆矣，如何？聞新倉使鄭景望甚賢，或可告語耳。

熹奉親粗遣，官期已及，再被堂帖趣行。然區區本志已不欲往，而近見交親入仕於朝，無不失其故步，學力未充，深有此懼，已遣書丐祠矣。萬一不遂，或當一行。但單行非所安，迎養又不便，只此一節，便自難處，其曲折又有非遠書所能致者。《晦庵文集》卷四〇。

案：朱熹上書（一出五旬而後反）云"官期亦未及"，本書云"熹奉親粗遣，官期已及，再被堂帖趣行"，據朱熹《乞嶽廟劄子》云"熹昨監潭州南嶽廟未滿，準勑差充樞密院編脩官。近準尚書省劄子，令熹疾速前來供職。竊緣熹近感濕氣，見苦足疾，未任就道。而家貧親老，急於禄養，久欲復備祠官，顧未敢請。今既迫以官期，深恐稽延，自取罪戾。欲望鈞慈特與陶鑄嶽廟差遣一次"。又《回申催促供職狀二》云"照對熹昨於五月內兩次準尚書省劄子，催促前來供職，已具因依回申，乞監嶽廟一次，未蒙施行"。《晦庵文集》卷二二。則其"遣書丐祠"在乾道五年(1169)五月間，而本書約撰於六月間。

朱熹《答何叔京鎬》：

"持敬"之說甚善，但如所喻，則須是天資儘高底人，不甚假修爲之力，方能如此。若顏、曾以下，尤須就視聽言動、容貌辭氣上做工夫。蓋人心無形，出入不定，須就規矩繩墨上守定，便自內外帖然。豈曰放僻邪侈於內，而姑正容謹節於外乎？且放僻邪侈正與莊整齊肅相反，誠能莊整齊肅，則放僻邪侈決知其無所容矣。既無放僻邪侈，然後到得自然莊整齊肅地位，豈容易可及哉？此日用工夫至要約處，亦不能多談。但請尊兄以一事驗之，儼然端莊，執事恭恪時，此心如何？怠惰頹靡，渙然不收時，此心如何？試於此審之，則知內外未始相離，而所謂莊整齊肅者，正所以存其心也。《晦庵文集》別集卷四。

案：朱熹下書（後書所論"持守"之說）有"然熹竊觀尊兄平日之容貌之間，從容和易之意有餘，而於莊整齊肅之功終若有所不足"諸語，乃承本書所云"若顏、曾以下，尤須就視聽言動、容貌辭氣上做工夫。……而所謂莊整齊肅者，正所以存其心也"，推知本書撰於乾道五年中。

朱熹《答何叔京》：

後書所論"持守"之説，有所未喻。所較雖不多，然此乃實下功夫田地，不容小有差互。嘗與季通論之，季通以爲尊兄天資粹美，自無紛擾之患，故不察夫用力之難而言之之易如此。此語甚當，然熹竊觀尊兄平日之容貌之間，從容和易之意有餘，而於莊整齊肅之功終若有所不足。豈其所存不主於敬，是以不免於若存若亡而不自覺其捨而失之乎？二先生拈出"敬"之一字，真聖學之綱領、存養之要法，一主乎此，更無内外精粗之間，固非謂但制之於外則無事於存也。所謂"既能勿忘勿助，則安有不敬"者，乃似以敬爲功效之名，恐其失之益遠矣。更請會集二先生言敬處子細尋繹，自當見之。《晦庵文集》卷四〇。

案：朱熹下書（"持敬"之説，前書已詳稟矣）云"去冬嘗有一書，請類集程子言敬處考之"，即指本書"更請會集二先生言敬處子細尋繹"云云，故知本書乃撰於乾道五年冬。

朱熹《答何叔京》：

"持敬"之説，前書亦未盡。今見嵩卿具道尊意，乃得其所以差者。蓋此心操之則存，而敬者所以操之之道也。

尊兄乃於覺而操之之際,操其覺者便以爲存,而於操之之
道不復致力,此所以不惟立説之偏,而於日用工夫亦有所
間斷而不周也。愚意竊謂正當就此覺處敬以操之,使之
常存而常覺,是乃乾坤易簡交相爲用之妙。若便以覺爲
存而不加持敬之功,則恐一日之間存者無幾何,而不存者
什八九矣。願尊兄以是察之,或有取於愚言耳。所喻旁
搜廣引,頗費筋力者,亦所未喻。義理未明,正須反復鑽
研,參互考證,然後可以得正而無失。古人所謂博學、審
問、慎思、明辯者,正爲是也。奈何憚於一時之費力而草
草自欺乎?竊謂高明之病或恐正在於此,試反求之,當自
見矣。《晦庵文集》卷四〇。

　　案:書中所謂"‘持敬’之説,前書亦未盡",乃指
　　上述("持敬"之説甚善)、("持敬"之説,前書亦未盡)
　　二書,故推知本書約撰於乾道六年(1170)初。

朱熹《答何叔京》:

　"持敬"之説,前書已詳槀矣。如今所諭先存其心,然
後能視聽言動以禮,則是存則操、亡則捨,而非操則存、捨
則亡之謂也。"由乎中而應乎外",乃《四箴》序中語。然
此一句但説理之自然,下句"制之於外所以養其中",方是
説下工夫處。以《箴》語考之可見矣。若必曰先存其心,
則未知所以存者果若何而著力耶?去冬嘗有一書,請類
集程子言敬處考之,此最直截。竊觀累書之喻,似未肯於

853

此加功也，豈憚於費力而不爲邪？《晦庵文集》卷四〇。

　　案：書中所謂"'持敬'之説，前書已詳稟矣"，乃指上書（"持敬"之説，前書亦未盡），知承上書。

朱熹《答何叔京》：

　　示喻根本之説，敢不承命。但根本枝葉本是一貫，身心内外元無間隔。今曰專存諸内而略夫外，則是自爲間隔，而此心流行之全體常得其半而失其半也。曷若動静語默由中及外，無一事之不敬，使心之全體流行周浹而無一物之不徧、無一息之不存哉？觀二先生之論心術，不曰"存心"，而曰"主敬"，其論主敬，不曰虚静淵默而必謹之於衣冠容貌之間，其亦可謂言近而指遠矣。今乃曰"不教人從根本上做起而便語以敬，往往一向外馳，無可據守"，則不察乎此之故也。夫天下豈有一向外馳、無可據守之敬哉？必如所論，則所以存夫根本者，不免著意安排、揠苗助長之患。否則雖曰存之，亦且若存若亡，莫知其鄉而不自覺矣。愚見如此，伏惟試反諸身而察焉。有所未安，却望垂教也。《太極》"中正仁義"之説，玩之甚熟。此書條暢洞達，絶無可疑。只以"乾，元亨利貞"五字括之，亦自可盡。大抵只要識得上下主賓之辨耳。《晦庵文集》卷四〇。

　　案：《朱子語類》卷一二："何丞説：'敬不在外，但存心便是敬。'先生曰：'須動容貌、整思慮，則生

敬。'已而曰：'各説得一邊。'"此條爲楊方於乾道庚
寅（六年）所記。《朱子語録·姓氏》。與本書云云相
關。據《年譜長編》卷上，是年四月，蔡元定、何鎬等
來會於寒泉。何鎬與朱熹論"敬"未合，離寒泉後再
作書論辨之，朱熹爲本書答之，故推知本書約撰於
秋、冬間。參見朱熹《答楊子直》（承喻太極之説）。
《晦庵文集》卷四五。

朱熹《答何叔京》：

示喻必先盡心知性，識其本根，然後致持養之功，此
意甚善。然此心此性人皆有之，所以不識者，物欲昏之
耳。欲識此本根，亦須合下且識得個持養功夫次第而加
功焉，方始見得。見得之後，又不舍其持養之功，方始守
得。蓋初不從外來，只持養得便自著見，但要窮理功夫互
相發耳。來喻必欲先識本根，而不言所以識之之道，恐亦
未免成兩截也。主於減者，以進爲文；主於盈者，以反爲
文；中間便自有個恰好處，所謂性情之正也。此固不離乎
中和。然只唤作中和，便説殺了。須更玩味，進反之間，
見得一個恰好處，方是實識得中和也。

學、仕是兩事，然却有互相發處。

"毋不敬"，是統言主宰處；"儼若思"，敬者之貌也；
"安定辭"，敬者之言也；"安民哉"，敬者之效也。此只言
大綱本領，而事無過舉自在其中。若只以事無過舉可以

安民爲説，則氣象淺迫，無涵畜矣。

敬則心有主宰而無偏系，惟"勿忘"、"勿助"者知之。

"體物而不可遺"，今人讀此句多脱却"可"字，故説不行。當知鬼神之妙始終萬物，物莫得而遁焉，所謂不可遺也。

窮盡物理，然後好善如好色、惡惡如惡臭，故必知至而後意誠。《晦庵文集》卷四〇。

案：朱熹上書（示喻根本之説）云"示喻根本之説，敢不承命"，而本書云"示喻必先盡心知性，識其本根，然後致持養之功，此意甚善"，疑撰於此後。待考。

朱熹《答何叔京》：

"盡心知性知天"，言學者造道之事。"窮理盡性至命"，言聖人作易之事。

"樂天知命"，天以理言，命以付與言，非二事也。"五十而知天命"，亦知此而已矣。"知"只是知得此道理，初無它説。"不知命無以爲君子"，此"知命"字真與"知天命"不同，程子嘗言之矣。

存心養性，便是正心誠意之事。然不可謂全在致知格物之後，但必物格知至然後能盡其道耳。

"體會非心"，不見横渠本語，未曉其説。

"至誠"之"至"，乃"極至"之"至"，如"至道"、"至德"

之比。

"惟精惟一"固是敬，然如來諭之云，却殊不端的。"精"、"一"二字亦有分別，請并詳之。

九德之目，蓋言取人不可求備，官人當以其等耳，豈德不可僭之謂耶？

"洗心"，聖人玩辭觀象，理與心會也。"齋戒"，聖人觀變玩占，臨事而敬也。

"明德"，統言在己之德本無瑕垢處。"至善"，指言理之極致隨事而在處。

蓍以七爲數，是未成卦時。所用未有定體，故其德員而神，所以知來。卦以八爲數，是因蓍之變而成，已有定體，故其德方以知，所以藏往。卦惟三《易》有之，皆筮法也。若灼龜而卜則謂之兆，見於《周禮》，可考也。

"安土"者，隨所遇而安也。"敦乎仁"者，不失其天地生物之心也。安土而敦乎仁，則無適而非仁矣，所以能愛也。"仁者樂山"之意，於此可見。

"無妄災也"，説者似已得之，不知所疑者何謂？却望批誨。

耕菑固必因時而作，然對穫畬而言，則爲首造矣。易中取象，亦不可以文害辭、辭害意。若必字字拘泥，則不耕而望穫、不菑而望畬，亦豈有此理耶？

建牧立監，與巡狩之義並行不悖。祭天、朝諸侯、躬巡撫之意，皆在其中矣。先王之政，體用兼舉，本末備具，非若後世儒者一偏之説，有體而無用、得本而遺末也。

"時習"、"三省"固未爲聖人成德事，然亦不專是初學事也，蓋通上下之言耳。《晦庵文集》卷四〇。

案：本書不詳撰時。然上書（示喻必先盡心知性）云云，而本書有"盡心知性知天"云云，或撰時相近。待考。

朱熹《答何叔京》：

未發之前，太極之静而陰也；已發之後，太極之動而陽也。其未發也，敬爲之主而義已具；其已發也，必主於義而敬行焉。則何間斷之有哉？

主敬存養雖説必有事焉，然未有思慮作爲，亦静而已。所謂静者，固非槁木死灰之謂；而所謂必有事者，亦豈求中之謂哉？

"真而静"是兩字，"純一無僞"却只説得"真"字。

仁是用功親切之效，心是本來完全之物。人雖本有是心，而工夫不到，則無以見其本體之妙。故熹向者妄謂人有是心而或不仁，則無以著此心之妙，以此故爾，非謂旋安排也，但著字差重耳，然捨此又未有字可下，只此似亦不妨。若下句則似初無病。"仁是用功親切之效"，此句有病，後別有説。

心主於身，其所以爲體者性也，所以爲用者情也。是以貫乎動静而無不在焉。以此言之，已似太粗露了，何得更爲無著莫乎？

孟子雖多言存養，然不及其目。至論養氣，則只以義
爲主，比之顏子便覺有疏濶處。程子之言，恐不專爲所禀
與氣象。蓋所學繫於所禀，氣象又繫於所學，疏則皆疏，
密則皆密，唯大而化之，然後不論此耳。

“雨木冰”，上溫，故雨而不雪；下冷，故著木而冰。

答楊庚書論存心明理、主敬窮理兩段意好，然無總
攝，却似相反，使人不知所先後。要之，須說二字交相養、
互相發而操存者爲主，乃分明耳。

答作肅書所謂“性理之本”，此語未安。夫本對末之
名也，今以性爲理之本，然則以理爲性之末，可乎？所引
“元者，善之長”爲比，亦不類。元在衆善之先，故爲衆善
之長，與此文意自不同也。吕與叔云“中者道之所由出”，
程子以爲若謂道出於中，則道在中内別爲一物，正今日之
異同也。“覺”與“動”字固不同，然“覺”字須貫動靜而無
不在。若睡覺之喻，則是動靜分屬性、情，只留得中間些
子欲動未動處屬心也，與前所謂心無時不在者亦自相矛
盾矣。又云“心、情亦可通言”，而又云“情即心也”，此皆
未安。又難作肅云：“性者理之會，是性本無，須待理會於
此方以爲性。”此亦非也。所謂理之會者，猶曰“衆理之總
會處”爾。又所引“率性之謂道”，亦正是吕氏之説。熹向
説此三句語雖未瑩，然却是程子意。見《東見録》。試參考
之，或有取爾。又云“所以言性理之本，以其一源也”，此

亦未安。體用是兩物而不相離，故可以言一源。"性理"兩字即非兩物，謂之一源，却倒説開了。餘已見《答作肅書》。

出母有服，所論得之。記得《儀禮》却説爲父後者則無服，此尊祖敬宗、家無二主之意，先王制作精微不苟蓋如此。子上若是子思嫡長子，自合用此禮，而子思却不如此説，此則可疑。竊意《檀弓》所記必有失其傳者。

云"能不改樂，仁便在此"，亦未安，唯仁故能不改樂耳。

云"敬久則誠，誠者忠信之積"，此語恐未安。

光武雖名中興，實同創業，所立廟制，以義起之，似亦中節。不審果何如？更望參訂也。餘論皆當，向見胡明仲侍郎論李固事，亦正如此也。《晦庵文集》卷四〇。

案：書中有云"仁是用功親切之效，心是本來完全之物"，朱熹下書（人之本心無有不仁）乃有"前書有'仁是用功親切之效'之説"云云，知撰於其前，當撰於乾道八年（1172）中。

朱熹《答何叔京》：

人之本心無有不仁，但既汩於物欲而失之，便須用功親切，方可復得其本心之仁。故前書有"仁是用功親切之效"之説。以今觀之，只説得下一截。"心是本來完全之物"，又却只説得上一截。然則兩語非有病，但不圓耳。若云心是通貫始終之物，仁是心體本來之妙；汩於物欲，則雖有是心而失其本然之妙，惟用功親切者爲能復之，如此則庶幾近之矣。孟子之言固是渾然，然人未嘗無是心，而或至於不仁，只是失其本心之妙而然耳。然則"仁"字、"心"字亦須略有分別始得。記得李先生説孟子言"仁，人心也"，不是將"心"訓"仁"字，此説最有味，試思之。

顔、孟氣象，此亦難以空言指説，正當熟讀其書而玩味之耳。

"體用一源"者，自理而觀，則理爲體、象爲用，而理中有象，是一源也。"顯微無間"者，自象而觀，則象爲顯、理爲微，而象中有理，是無間也。先生後答語意甚明，子細消詳，便見歸著。且既曰有理而後有象，則理象便非一物。故伊川但言其一源與無間耳。其實體用顯微之分則不能無也。今曰理象一物，不必分別，恐陷於近日含胡之弊，不可不察。

"天命之謂性"，有是性便有許多道理總在裏許，故曰性便是理之所會之地，非謂先有無理之性而待其來會於此也。但以伊川"性即理也"一句觀之，亦自可見矣。"心妙性情之德"，"妙"字是主宰運用之意。又所引"孝，德之本"雖不可以本末言，然孝是德中之一事，此孝德爲本而彼衆德爲末耳。今曰"性，理之本"，則謂性是理中之一事，可乎？又云天下之理皆宗本於此，則是天下之理從性生出而在性之外矣，其爲兩物，不亦大乎？記得前書所引程、吕答問者似已盡之，更乞詳考。

光武之事，始者特疑其可以義起耳，非以爲正法當然也。所論立伯升之子以奉私廟，此最得之。但成、哀以下，即陵爲廟，似已允當。蓋彼皆致寇亡國之君，又未嘗命光武以興復，自不當更立廟於京師也。如漢獻帝、晉懷帝又不同，蓋昭烈、元帝嘗受二帝之命矣。此等事乃禮之變節，須精於義理，乃能於毫釐之間處之不差。若只守常執一，便不相應。如溫公、伊川論濮園事之不同，亦可見矣。

龜山"人欲非性"之語自好，昨來胡氏深非之。近因廣仲來問，熹答之云云。此與廣仲書隨其所問而答之，故與今所諭者不相似，不能盡録。然觀來教謂不知自何而有此人欲，此問甚緊切。熹竊以謂人欲云者，正天理之反耳。謂因天理而有人欲則可，謂人欲亦是天理則不可。蓋天理中本無人欲，惟其流之有差，遂生出人欲來。程子謂善惡皆天理，此句若甚可駭。謂之惡者本非惡，此句便都轉了。但過與不及便如此。自何而有此人欲之問，此句答了。所引惡亦不可不謂之性，意亦如此。《晦庵文集》卷四〇。

案：書中言"龜山'人欲非性'之語自好，昨來胡氏深非之。近因廣仲來問，熹答之云云"，即朱熹《答胡廣仲》（"知仁"之說）所云"'人欲非性'之語，此亦正合理會。……龜山之意，正欲於此毫釐之間剖判分析，使人於克己復禮之功便有下手處"。《晦庵文集》卷四二。《答胡廣仲》撰於乾道八年秋、冬間，故推知本書約撰於稍後。

朱熹《答何叔京》：

《公羊》分陝之説可疑。蓋陝東地廣，陝西只是關中雍州之地耳，恐不應分得如此不均。周公在外，而其詩爲王者之風；召公在内，而其詩爲諸侯之風。似皆有礙。陳少南以其有礙，遂創爲分岐東西之説。不惟穿鑿無據，而召公所分之地愈見促狹，蓋僅得今隴西、天水數郡之地耳，恐亦無此理。《二南》篇義但當以程子之説爲正。

邶、鄘、衛之詩未詳其説，然非詩之本義，不足深究。歐公此論得之。

“罪人斯得”，前書已具報矣，不知看得如何？此等處須著個極廣大無物我底心胸看方得。若有一毫私吝自愛、惜避嫌疑之心，即與聖人做處天地懸隔矣。萬一成王終不悟，周公更待罪幾年，不知如何收煞？胡氏《家録》有一段論此，極有意思，深思之，如何？

“倬彼雲漢”，則爲章于天矣。周王壽考，則何不作人乎？遏之爲言何也。此等語言自有個血脉流通處，但涵泳久之，自然見得條暢浹洽，不必多引外來道理言語，却壅滯却詩人活底意思也。周王既是壽考，豈不作成人材？此事已自分明，更著個“倬彼雲漢，爲章于天”，喚起來便愈見活潑潑地。此六義所謂“興”也。“興”乃興起之義，凡言興者，皆當以此例觀之。《易》以“言不盡意”而“立象以盡意”,蓋亦如此。《晦庵文集》卷四〇。

案：本書題,校記云:“淳熙本作‘答王子合問詩
諸説’。”疑是。又本書撰時不詳,《書信編年》以爲
“疑在壬辰前後”。壬辰即乾道八年。《朱子遺集》卷
三作《答王子合問詩諸説》,分四書,係於紹熙二年。
待考。

朱熹《答何叔京》:

承示近文,伏讀一再,適此宂中,未及子細研味。但
如云“仁義者,天理之施”,此語極未安。如此則是天理之
未施時,未有仁義也,而可乎? 心性仁愛之説所以未契,
正坐此等處未透耳。竊意不若云“仁義者,天理之目;而
慈愛羞惡者,天理之施”。於此看得分明,則性、情之分可
見,而前日所疑皆可迎刃而判矣。《晦庵文集》卷四〇。

案：朱熹下書(雖曰未學)有云“仁愛之説,累書
言之已詳,請更檢看”,本書即爲“累書”之一,知撰於
其前,約淳熙元年(1174)初。

朱熹《答何叔京》:

天理既渾然,然既謂之理,則便是個有條理底名字。
故其中所謂仁、義、禮、智四者,合下便各有一個道理,不
相混雜。以其未發,莫見端緒,不可以一理名,是以謂之
渾然。非是渾然裏面都無分別,而仁、義、禮、智却是後來

旋次生出四件有形有狀之物也。須知天理只是仁、義、禮、智之總名，仁、義、禮、智便是天理之件數。更以程子《好學論》首章求之，即可見得。果然見得，即心性仁愛之說皆不辨而自明矣。《晦庵文集》卷四〇。

案：朱熹上書（承示近文）云"但如云'仁義者，天理之施'，此語極未安。……心性仁愛之說所以未契，正坐此等處未透耳"，而本書又云"須知天理只是仁、義、禮、智之總名，……果然見得，即心性仁愛之說皆不辨而自明矣"，知二書先後相承論心性仁愛之說。

朱熹《答何叔京》：

雖曰未學，吾必謂之學矣。

天下之理有大小本末，皆天理之不可無者。故學者之務有緩急先後而不可以偏廢。但不可使末勝本、緩先急耳。觀聖人所謂"行有餘力則以學文"者，其語意正如此。若子夏之論，則矯枉過其正矣。故吳才老病其言，蓋有見於此者。來喻之云，却似未領其意。唯呂伯恭謂才老蓋以記誦爲學者，故其言雖若有理，然其意之所主則偏矣。此論爲得之。蓋意偏論正，自不相妨也。

三年無改於父之道。

來喻云："父或行有不善，子不爲則可矣，何改之有？"熹謂"不爲"便是改，聖人之意正要於此處之得宜耳。此

865

章之指初不爲有國家者設也,大意不忍改之心是根本處,而其事之權衡,則游氏之説盡之。試詳考之可見。龜山之説施於此章,誠非本文之意。然其所謂不忍死其親者,恐與之死致生之病不同,幸并詳之。

　　小大由之。

　　當依伊川説。但"人自少時"即讀屬下句,故今乍見其説突兀耳。平心味之,自見歸著,省無限氣力也。若屬下句,即上句説不來,又與"知和而和"意思重疊。

　　信近於義。

　　來喻云"信必踐,言則復,言非信也",此句熹所未曉。

　　蜡賓之問,當時必有來歷,恐傳者或失其真,故其言不能無失耳。

　　伯恭夷、齊之論大槩得之,讓國之事,若使柳下惠、少連處之,不知又當如何?恐未遽飄然遠引也。

　　"危論"等語,此或者道伯恭之言,其間頗有可疑處,故因書扣之。而伯恭自辨如前所云耳。"隨時"云者,正謂或危或孫,無不可隨之時耳。若曰當視時之可隨與否,則非聖人所謂隨時矣。

　　"專心致志"等語,正是教人如此著力。教者但務講明義理、分別是非,而學者汎然聽之,若存若亡,則亦何由入於胸次而有所醒悟邪?

　　仁愛之説,累書言之已詳,請更檢看。更并仁、義、禮、智四字分別區處,令各有去著,則自當見之。不欲多言,以取瀆告之咎也。若如來喻,則孟子"惻隱之心,仁之端也",此語亦當有病。當云"公覺之心,仁之端也",乃爲備耳。如此立言,有何干涉乎? 《晦庵文集》卷四〇。

案:書中所云"唯呂伯恭謂才老蓋以記誦爲學者,故其言雖若有理,然其意之所主則偏矣",即呂祖謙《與朱侍講元晦》(某祥祭又復改月)中言"吳材老之説,就解《論語》上看則有味。原其所發,則渠平生坐在記誦考究處,故凡見何必讀書之類,辨之必力,其發亦自偏也"。《東萊集》別集卷八。《與朱侍講元晦》撰於淳熙元年三月。故推知本書約撰於春、夏間。

朱熹《答何叔京》:

伏蒙示及《心説》,甚善,然恐或有所未盡。蓋入而存者即是真心,出而亡者亦此真心,爲物誘而然耳。今以存亡出入皆爲物誘所致,則是所存之外別有真心,而於孔子之言乃不及之,何邪? 子重所論,病亦如此,而子約又欲并其出而亡者不分真妄,皆爲神明不測之妙,二者蓋胥失之。熹向答二公有所未盡,後來答游誠之一段方稍穩當。今謹錄呈,幸乞指誨。然心之體用始終雖有真妄邪正之分,其實莫非神明不測之妙;雖皆神明不測之妙,而其真妄邪正又不可不分耳。不審尊意以爲如何?

潘君之論,則異乎所聞矣。其所誦説環溪之書雖未之見,然以其言考之,豈其父嘗見環溪,而環溪者即濂溪

之子元翁兄弟也歟？元翁與蘇、黄遊，學佛談禪。蓋失其
家學之傳已久，其言固不足據。且潘君者又豈非清逸家
子弟耶？清逸之子亦參禪，雖或及識濂溪，然其學則異
矣。今且據此書論之，只文字語言便與《太極》、《通書》等
絶不相類。蓋《通書》文雖高簡，而體實淵愨，且其所論不
出乎陰陽變化、修己治人之事，未嘗劇談無物之先、文字
之外也。而此書乃謂“中”爲有物，而必求其所在於未生
之前，則是禪家本來面目之緒餘耳。殊不知“中”者，特無
偏倚、過不及之名，以狀性之體段；而所謂性者，三才、五
行、萬物之理而已矣，非有一物先立乎未生之前而獨存乎
既没之後也。其曰執、曰用、曰建，亦體此理以修己治人
而已矣，非有一物可以握持運用而建立之也。《通書》論
“中”，但云：“中者，和也，中節也。”又曰：“中焉止矣。”周子之意尤
爲明白。其後所謂立象示人以乾元爲主者，尤爲誑誕無
稽。大槩本不足辨，以來教未有定論，故略言之。因來誨
諭，幸甚幸甚。《晦庵文集》卷四〇。

　　案：書中有云“蓋入而存者即是真心，出而亡者
亦此真心，爲物誘而然耳。今以存亡出入皆爲物誘
所致，則是所存之外別有真心，而於孔子之言乃不及
之，何邪？子重所論，病亦如此，而子約又欲并其出
而亡者不分真妄，皆爲神明不測之妙，二者蓋胥失
之。熹向答二公有所未盡，後來答游誠之一段方稍
穩當。今謹録呈”，其答吕祖儉者，即朱熹《答吕子

約》(所示内外兩進之意),正云"子約又謂存亡出入,皆神明不測之妙,而於其間區別真妄又不分明,兩者蓋胥失之。要之,存亡出入,固皆神明不測之所爲,而其真妄邪正,始終動靜,又不可不辨耳"。《晦庵文集》卷四七。《答吕子約》撰於淳熙元年秋、冬間,故推知本書約撰於冬日。

朱熹《答何叔京》:

《心説》已喻,但所謂"聖人之心如明鏡止水,天理純全"者,即是存處。但聖人則不操而常存耳,衆人則操而存之。方其存時,亦是如此,但不操則不存耳。存者,道心也;亡者,人心也。心一也,非是實有此二心,各爲一物、不相交涉也,但以存亡而異其名耳。方其亡也,固非心之本;然亦不可謂別是一個有存亡出入之心,却待反本還原,別求一個無存亡出入之心來换却。只是此心但不存便亡,不亡便存,中間無空隙處。所以學者必汲汲於操存,而雖舜、禹之間,亦以"精一"爲戒也。且如世之有安危治亂,雖堯舜之聖,亦只是有治安而無危亂耳,豈可謂堯舜之世無安危治亂之可名邪?如此則便是向來胡氏"性無善惡"之説。請更思之,却以見教。《晦庵文集》卷四〇。

案:朱熹上書(伏蒙示及《心説》)云"蓋入而存者即是真心,出而亡者亦此真心,爲物誘而然耳。今以存亡出入皆爲物誘所致，則是所存之外別有真心"，而本書又云"方其亡也，固非心之本；然亦不可謂別是一個有存亡出入之心，却待反本還原，別求一個無存亡出入之心來換却"，知承上書而言。

何進之

何進之，字巨元，一作字巨源，池陽（今安徽池州）人。《文公易説》卷一。

何進之《與朱元晦書》：

邵子詩："須探月窟方知物，未躡天根豈識人?"又先生贊邵子"手探月窟，足躡天根"，莫只是陰陽否?《朱子語類》卷一〇〇。

案：《朱子語類》卷一〇〇載輔廣所記云："何巨源以書問：'邵子詩："須探月窟方知物，未躡天根豈識人?"又先生贊邵子"手探月窟，足躡天根"，莫只是陰陽否?'先生答之云：'《先天圖》自復至乾，陽也；自姤至坤，陰也。陽主人，陰主物。"手探足躡"，亦無甚意義。但姤在上，復在下；"上"，故言"手探"，"下"，故言"足躡"。'"其"先生答之"，即下書（杜門讀書）。據《朱子語類·姓氏》，輔廣所記乃紹熙五年（甲寅，1194）以後所聞。故係於五年中。

朱熹《答何巨元_{進之}》：

杜門讀書，固爲可樂，而入居學校，又可推以及人，想賢者於此亦不憚應接之煩也。示喻人物之説，未知康節之意果如何，但如來諭，以陰陽分之，似亦有理。大抵《先天圖》自復至乾爲陽，自姤至坤爲陰。陰陽所主既有淑慝之分，則人物所稟亦不能無純駁之辨也。"手探"、"足躡"，出於一時之謬説，無足深論。當時但以姤在上而復在下，故以手足言之耳。四端之説，若以體用言之，則體爲首而用爲末。若自其發處而言，則發之初爲首而發之終爲末。二説亦不相妨，熟玩之可見也。匆匆奉報，幸更思之，有所未安，復以見喻，幸甚。《晦庵文集》卷五九。

　　案：本書有言"杜門讀書，固爲可樂，而入居學校，又可推以及人，想賢者於此亦不憚應接之煩也"，似撰於朱熹在潭州時，約在紹熙五年夏末、秋間。

何通判

何通判，名里不詳。倅，州通判。

朱熹《答何倅》：

前蒙誨及經書中所説"欲"字，以鄙意所見，人之生不能不感物而動，曰"感物而動，性之欲也"，言亦性所有也，而其要係乎心君宰與不宰耳。心宰則情得正，率乎性之常，而不可以欲言矣。心不宰則情流而陷溺其性，專爲人欲矣。若夫所謂"可欲之謂善"，蓋指言體"元者善之長"之意，心之所爲宰者也。要當默識之，而不可以言語論也。不知是否，更望見教。尺書莫盡此悰。《晦庵文集》卷六四。

　　案：《書信編年》係本書於紹熙二年。《朱子大全劄疑輯補》卷六四《答何俌・節補》云："'元者善之長'，是程子説以理言，《集注》則以人言。此所謂體'元者善之長'云云者，謂體其理於心，似是以人言，與《集注》相近。而下卻云'心之所爲宰者也'，則是以'欲'爲己之欲，猶言欲其所可欲也，語意高妙而怳惚不平實，既與程子説不同，又與《集注》不同，明是初年説也。據先生與南軒書，初則從程子説，旋即改之，而爲《集注》説。此説則在兩説之間，豈自初説而爲《集注》説也，嘗爲是説耶？若然，則何俌當是何叔京，而丁亥、戊子間所往復也。不然，則或是他人書混入而誤編歟？"據朱熹《知縣何公壙誌》，何鎬（字叔京）官潭州善化縣令，未上卒。《晦庵文集》卷九四。則此何俌非何鎬。朱熹《答張敬夫問目》（孟子曰）有云"'可欲之謂善'，天機也，非思勉之所及也。'今人乍見孺子入井，皆有怵惕惻隱之心'，'小人閒居爲不善，無所不至，見君子而后厭然揜其不善而著其善'。玩'乍見'字、'厭然'字，則知'可欲之謂善'，其衆善

之首、萬理之先而百爲之幾也歟？可欲之謂善，幾
也。聖人妙此而天也，賢人明此而敬也，善人由此而
不知也，小人舍此而不由也”。《晦庵文集》卷三一。與
本書“若夫所謂‘可欲之謂善’，蓋指言體‘元者善之
長’之意，心之所爲宰者也”云云相合。《答張敬夫問
目》撰於乾道六年（1170）五月、閏五月間，疑本書撰
時相近。

胡大時

　　胡大時，字季隨，潭州衡山縣（今屬湖南）人。胡安國
孫，胡宏季子。“師事張敬夫，後從學於晦菴，問答甚多。”
《閩中理學淵源考》卷三。

朱熹《答胡季隨大時》：

　　《易傳》平淡縝密，極好看，然亦極難看。大抵講學須
先有一入頭處，方好下工夫。昨見文叔處所録近文，恐看
得文字未子細，無意味也。不必遠求，但看《知言》是下多
少工夫，不如此散漫泛説、無歸宿也。龜山《易》舊亦有寫
本，此便不甚的，未暇檢尋奉寄。不知詹丈所舉不同者何
事？因風詳論，此等處正好商権也。道理無形影，唯因事
物、言語乃可見得是非，理會極子細，即道理極精微。古
人所謂物格知至者，不過是就此下功夫。近日學者説得

太高了，意思都不確實，不曾見理會得一書一事徹頭徹
尾，東邊綽得幾句，西邊綽得幾句，都不曾貫穿浹洽。此
是大病，有志之士尤不可以不深戒也。《晦庵文集》卷五三。

  案：書中言及"近日學者說得太高了，意思都不
確實，不曾見理會得一書一事徹頭徹尾，……此是大
病，有志之士尤不可以不深戒也"，而下書(熹杜門衰
病如昔)亦云"所論文定專治《春秋》，而於諸書循環
誦讀，以爲學者讀書不必徹頭徹尾，此殊不可
曉。……前書鄙論，更望熟究"，其"前書"當指本書。
故推知本書約撰於淳熙十一年(1184)中。

朱熹《答胡季隨》：

  熹杜門衰病如昔，但覺日前用力泛濫，不甚切己，方
與一二學者力加鞭約，爲克己求仁之功，亦粗有得力處
也。《易傳》且熟讀，未論前聖作《易》本指，且看得程先生
意思，亦大有益，不必更雜看。大抵先儒於《易》之文義多
不得其綱領，雖多看亦無益。然此一事卒難盡說，不若且
看《程傳》，道理却不錯也。

  所論文定專治《春秋》，而於諸書循環誦讀，以爲學者
讀書不必徹頭徹尾，此殊不可曉。既曰文定讀《春秋》徹
頭徹尾，則吾人亦豈可不然？且又安知其於他書少日已
嘗反復研究，得其指歸，至於老年，然後循環泛讀耶？若
其不能，亦是讀得《春秋》徹頭徹尾，有得力處，方始汎讀

諸書,有歸宿處。不然,前輩用心篤實,決不如今時後生
貪多務得、涉獵無根也。前書鄙論,更望熟究。其説雖
陋,然却是三、四十年身所親歷,今日粗於文義不至大段
差錯之效,恐非一旦卒然立論所可破也。若如來諭,不能
俟其徹頭徹尾,乃是欲速好徑之尤,此不可不深省而痛革
之也。

　　熹於《論》、《孟》、《大學》、《中庸》一生用功,粗有成
説,然近日讀之,一二大節目處猶有謬誤,不住修削,有時
隨手又覺病生。以此觀之,此豈易事? 若只恃一時聰明
才氣,略看一過便謂事了,豈不輕脱自誤之甚耶? 吕伯恭
嘗言,道理無窮,學者先要不得有自足心,此至論也。幸
試思之。

　　《南軒文集》方編得略就,便可刊行。最好是奏議文
字及往還書中論時事處,確實痛切,今却未敢編入。異時
當以奏議自作一書,而附論事書尺於其後,勿令廣傳。或
世俗好惡稍衰,乃可出之耳。《晦庵文集》卷五三。

　　　案: 書中言及"《南軒文集》方編得略就,便可刊
　行",據朱熹《張南軒文集序》,序成於淳熙甲辰(十一
　年)十二月辛酉(六日)。《晦庵文集》卷七六。故推知
　本書約撰於是年十二月中。

朱熹《答胡季隨》:

　　所示諸説,似於《中庸》本文不曾虛心反覆詳玩,章句

之所絶、文義之所指，尚多未了，而便欲任意立説，展轉相高，故其説支蔓纏繞，了無歸宿。莫若且就本文細看，覺得章斷句絶、文理分明，即聖人指意所在與今日用力之方，不待如此紛拏辨説而思已過半矣。

恭叔所論，似是見熹舊説而有此疑。疑得大概有理，但曲折處有未盡耳。當時舊説誠爲有病，後來多已改定矣。大抵其言“道不可離，可離非道，是故君子戒慎乎其所不睹，恐懼乎其所不聞”，乃是徹頭徹尾、無時無處不下工夫，欲其無須臾而離乎道也。不睹不聞與“獨”字不同，乃是言其戒懼之至，無適不然。雖是此等耳目不及無要緊處，亦加照管，如云聽於無聲、視於無形，非謂所有聞見處却可闊略，而特然於此加功也。又言“莫見乎隱，莫顯乎微，故君子謹其獨”，乃是上文全體工夫之中，見得此處是一念起處、萬事根原，又更緊切，故當於此加意省察，欲其自隱而見、自微而顯，皆無人欲之私也。觀兩“莫”字，即見此處是念慮欲萌而天理人欲之幾，最是緊切，尤不可不下工處。故於全體工夫之中，就此更加省察。然亦非必待其思慮已萌而後別以一心察之，蓋全體工夫既無間斷，即就此處略加提撕，便自無透漏也。此是兩節，文義不同，詳略亦異。前段中間著“是故”字，後段中間又著“故”字，各接上文以起下意。前段即卒章所謂“不動而敬，不言而信”，後段即卒章所謂“内省不疚，無惡於志”，文義條理大小甚明。從來説者多是不察，將此兩段只作一段相纏説了，便以戒慎恐懼、不睹不聞爲謹獨，所以雜亂重複，更説不行。前後只是儱侗過了，子細理會，便分疏不下也。

又季隨云"純熟未易言也"，此語恐有病。蓋季隨意間常説工夫極至之地窮高極遠，決然是不可到。如中間熹説讀書須是精熟，季隨便云須如文定之於《春秋》方是精熟，今豈易及？亦是此意。夫謂功夫極至之地如此之高、如此之妙，則是矜己之獨能知此而以它人爲不知也。以爲人不可到，則是己亦甘自處於不能也。如此，則凡講論皆是且做好話説過，其與自謂"吾身不能居仁由義"者雖若有間，然其實亦無以大相遠矣。不除此病，竊恐百事放倒，都不到頭，非是小失，幸深省而痛矯之也。

又云："方其未至純熟，天理何嘗不可見乎？"此又不看本文本意，而逞快鬭高、隨語生説之過。夫《中庸》本意，欲人戒謹恐懼，以存天理之實而已，非是教人揣摩想象，以求見此理之影也。伯壽下一"見"字，已是有病；季隨又更節上生枝，更不復以純熟自期，只要就此未純熟處便見天理，不知見得要作何用？爲説至此，去本日遠。以言乎經，則非聖賢之本意；以言乎學，則無可用之實功。如此講論，恐徒紛擾，無所補於聞道入德之效也。其他小節，各具於所示本條之下，幸更與諸君詳評之也。《晦庵文集》卷五三。

案：書中言及"又季隨云'純熟未易言也'，此語恐有病。蓋季隨意間常説工夫極至之地窮高極遠，決然是不可到。如中間熹説讀書須是精熟,季隨便云須如文定之於《春秋》方是精熟,今豈易及?亦是此意",與上書(《易傳》平淡縝密)所云"近日學者説得太高了,意思都不確實,不曾見理會得一書一事徹頭徹尾,……此是大病,有志之士尤不可以不深戒也",又上書(熹杜門衰病如昔)所云"所諭文定專治《春秋》,而於諸書循環誦讀,以爲學者讀書不必徹頭徹尾,此殊不可曉。……前書鄙論,更望熟究"相合,故推知本書在上二書後,約撰於淳熙十二年(1185)間。

朱熹《答胡季隨》:

戒懼者,所以涵養於喜怒哀樂未發之前;當此之時,寂然不動,只下得涵養功夫。涵養者,所以存天理也。慎獨者,所以省察於喜怒哀樂已發之後。當此之時,一毫放過,則流於欲矣。判別義利,全在此時。省察者,所以遏人欲也。已發之後,蓋指已發之時,對未發而言,故云已發之後。不知經意與日用之工是如此否?友恭,字恭叔。

此説甚善。

惟能加涵養之功,則自然有省察之實。周椿伯壽。

此説好,然説未透。

戒懼,乃所以慎獨也。涵養、省察之際,皆所當然。未發之前,不容著力,只當下涵養工夫,來教得之。省察於已發之時,此句之病,恭叔已言之矣,正所以存天理、遏人欲也。恐不可分。一之。

作兩事説,則不害於相通;作一事説,則重複矣。不可分中,却要見得不可不分處,若是全不可分,《中庸》何故重複説作兩節?

"已發之後",立語自覺未穩。今欲改作"欲發之時"。然欲發即不屬静、不屬動,又欲改作"已發之初"。友恭。

作"欲發"是,但亦不是欲發時節別換一心來省察他,只是此個全體戒懼底略更開眼耳。

戒謹、恐懼、慎獨,統而言之,雖只是道,都是涵養工夫;分而言之,則各有所指。"獨"云者,它人不知,己所獨知之時,正友恭所謂已發之初者。不睹不聞,即是未發之前。未發之前,無一毫私意之雜。此處無走作,只是存天理而已,未説到遏人欲處。已發之初,天理人欲由是而分。此處不放過,即是遏人欲,天理之存有不待言者。如此分説,自見端的。

此説分得好,然又須見不可分處,如兵家攻守相似,各是一事,而實相爲用也。

涵養工夫實貫初終,而未發之前只須涵養,纔發處便須用省察工夫。至於涵養愈熟,則省察愈精矣。

此數句是。

"致中和,天地位,萬物育",若就聖人言之,聖人能致中和,則天高地下,萬物莫不得其所。如風雨不時,山夷谷湮,皆天地不位;萌者折,胎者闕,皆萬物不育。
就吾身言之,若能於"致"字用工,則俯仰無愧,一身之
間自然和暢矣。

此説甚實。

極其中,則大經正、大本立而上下位矣;極其和,則
事事物物各得其宜而萬物育矣。一之。

此只説得前一截。若聖人不得位,便只得如此。其
理亦無虧欠,但事上有不足爾。

如堯、湯,不可謂不能致中和,而亦有水旱之災。叔恭。

致中和而天地位、萬物育者,常也。堯、湯之事,非常
之變也。大抵致中和,自吾一念之間培植推廣,以至於裁
成輔相、匡直輔翼,無一事之不盡,方是至處。自一事物
之得所區處之合宜,以至三光全,寒暑平,山不童、澤不
涸,飛潛動植各得其性,方是天地位、萬物育之實效。蓋
"致"者,推致極處之名,須從頭到尾看,方見得極處。若
不説到天地萬物真實效驗,便是只説得前一截,却要準折
了後一截,元不是實推得到極處也。

省察於欲發之時,平日工夫不至而欲臨時下手,不
亦晚乎? 大時。

若如此説,則是臨時都不照管,不知平日又如何做工
夫也?

竊謂操存涵養乃脩身之根本,學者操存涵養,便是
未發之前工夫在其中矣。凡省察於已發,正所以求不

失其操存涵養者也。學者於是二者不可缺一,然操存涵養乃其本也。諸友互相點檢,多得之。然却不曾推出所謂根本,故論未發之前者,竟歸於茫然無著力處;或欲惟於欲發之初省察,則又似略平日之素;或兼涵養省察言之者,又似鶻突包籠。

此一段差勝,然亦未有的當見處。

喜怒哀樂之未發謂之中,即天命之謂性也。發而皆中節謂之和,即率性之謂道也。定。

詳程先生説"率性"文義,恐不如此。

未發之時能體所謂中,已發之後能得所謂和,則發而中節始可言矣,而中和未易識也。

未發之前,纔要體所謂中,則已是發矣。此説已差。又發而中節方謂之和,今曰得所謂和然後發而中節,亦似顛倒説了。記得龜山似有此意,恐亦誤矣。中和未易識,亦是嚇人。此論著實做處,不論難識易識也。《晦庵文集》卷五三。

案:朱熹上書(所示諸説)論及季隨、友恭、伯壽諸人《中庸》之説,末云"其他小節,各具於所示本條之下",而本書乃答季隨、友恭、伯壽諸人問目,故推知其爲上書之别紙,撰於同時。

朱熹《答胡季隨》:

所示問答皆極詳矣,然似皆未嘗精思實踐,而多出於一時率然之言,故紛紜繳繞而卒無定説也。夫謂未發之前不可著力者,本謂不可於此探討尋求也,則固無害於涵養之説。謂當涵養者,本謂無事之時常有存主也,則固無害於平日涵養之説。謂省察於將發之際者,謂謹之於念慮之始萌也;謂省察於已發之後者,謂審之於言動已見之後也。念慮之萌固不可以不謹,言行之著亦安得而不察?以熹觀之,凡此數條本無甚異,善學者觀之,自有以見其不可偏廢,不至如此紛紜競辨也。細看其間却有一段名一之者。説得平正的確,頗中諸説之病,不知曾細考之否?《晦庵文集》卷五三。

　　案:書中云及"所示問答皆極詳矣",乃指上書(戒懼者),而胡大時諸人回書復"多出於一時率然之言,故紛紜繳繞而卒無定説",故朱熹再爲本書以重論《中庸》未發之義。故推知本書亦撰於淳熙十二年間。

朱熹《答胡季隨》:

　　彼中議論大略有三種病,一是高,二是遠,三是煩碎。以此之故,都離却本文,説來説去,都不記得元是説甚底。但能放低,著實依本分、依次序做工夫,久久自當去此病也。《晦庵文集》卷五三。

　　案:書中所言"彼中議論大略有三種病",似指上述諸書所論析者,疑亦撰於淳熙十二年間。

朱熹《答胡季隨》：

元善書説與子静相見甚款，不知其説如何？大抵欲速好徑是今日學者大病，向來所講，近覺亦未免此。以身驗之，乃知伊洛拈出"敬"字，真是學問始終日用親切之妙。近與朋友商量，不若只於此處用力，而讀書窮理以發揮之。真到聖賢究竟地位，亦不出此，坦然平白，不須妄意思想頓悟懸絶處，徒使人顛狂粗率，而於日用常行之處反不得其所安也。不審別後所見如何？幸試以此思之，似差平易悠久也。《晦庵文集》卷五三。

案：陸九淵《與胡季隨》（辛丑之春）云"辛丑之春，在南康見所與晦庵書，深服邁往。丙午之夏，吴山廨舍，相從越月，以識面爲喜，以款爲幸"。《陸九淵集》卷一。本書乃云"元善書説與子静相見甚款"，推知其約撰於淳熙十三年（丙午，1186）秋、冬間。

朱熹《答胡季隨》：

《易傳》明白，無難看處。但此是先生以天下許多道理散入六十四卦、三百八十四爻之中，將作《易》看，即無意味。須將來作事看，即句句字字有用處耳。《詩》六義，本文極明白，而自注疏以來汩之，如將已理之絲重加棼亂。近世諸老先生亦殊不覺，不知何故如此。中間有答潘恭叔問説此甚詳，可更扣之，當見曲折。蓋不如此，即六義之名無所用之。當時自不必分别，祇益紛拏，無補於事也。近修《詩》説，別有一段，今録去。大概亦與前説相似，恐或可參照耳。學問大頭緒固要商量，而似此枝節合理會者亦不爲少。未得面論，徒增耿耿。《晦庵文集》卷五三。

案：書中所云"中間有答潘恭叔問説此甚詳"，即朱熹《答潘恭叔》（《詩》備六義之旨），《晦庵文集》卷五〇。其書撰於撰於淳熙十四年（1187）初。故推知本書約撰於同時稍前。

朱熹《答胡季隨》：

熹衰病之餘，幸安祠禄，誤恩起廢，非所克堪，已力懇辭，未知可得與否？自度尫殘，決是不堪繁劇。又況蹤迹孤危，恐亦無以行其職業，後日别致紛紛，又如衡陽轉動不得。出門一步，更須審處也。但今年病軀衰瘁殊甚，秋中又有哭女之悲，轉覺不可支吾矣。

目昏不能多看文字，閑中却覺看得道理分明。向來諸書隨時修改，似亦有長進處，恨相去遠，不得朝夕討論也。《易》書刊行者，只是編出象數大略。向亦以一本浼叔綱，計必見之。今乃聞其有亡奴之厄，計此必亦已失去矣。别往一本，并《南軒集》，幸收之也。

所喻克己之學，此意甚佳。但云藉此排之，似是未得用工要領處。近讀《知言》，有問以放心求心者，嘗欲别下一語云："放而知求，則此心不爲放矣。"此處間不容息，如夫子所言克己復禮功夫，要切處亦在"爲仁由己"一句也，豈藉外以求之哉？"性其情"，乃王輔嗣語，而伊洛用之，亦曰以性之理節其情，而不一之於流動之域耳。以意逆志，而不以詞害焉，似亦無甚害也。"不遷怒"，當如二先生說，無可疑者。"不貳過"，亦唯程、張得之。而橫渠所謂"歉於已者，不使萌於再"，語尤精約也。

宋漕所委記文，屢欲爲之，而夏秋以來，一向爲女子病勢驚人，不得措詞。兼觀其所喻爲教者，不過舉子事業，亦有難措詞者，故因循至此。今病方小愈，未堪思慮，勢當小須後也。因邵武便，草草布此，復託象之致之。目昏，未能他及，惟以時進德自愛爲禱。大抵爲學不厭卑近，愈卑愈近，則功夫愈實而所得愈高遠。其直爲高遠者則反是，此不可不察也。《晦庵文集》卷五三。

　　案：書中言及"而夏秋以來，一向爲女子病勢驚人"，又及"秋中又有哭女之悲"，據朱熹《女已埋銘》，其女朱已卒於淳熙十四年秋。《晦庵文集》卷九三。故推知本書約撰於是年冬。

朱熹《答胡季隨》：

《南軒集》誤字已爲檢勘，今却附還。其間空字向來固已直書，尤延之見之，以爲無益而賈怨，不若刊去。今亦不必補，後人讀之自當默喻也。但序文後段若欲刪去，即不成文字。兼此書誤本之傳不但書坊而已，黃州印本亦多有舊來文字，不唯無益，而反爲累。若不如此説破，

將來必起學者之疑。故區區特詳言之，其意極爲懇到，不
知何所惡而欲去之耶？且世之所貴乎南軒之文者，以其
發明義理之精，而非以其文詞之富也。今乃不問其得失
是非而唯務多取，又欲刪去序文緊切意思，竊恐未免乎世
俗之見，而非南軒所以望乎後學之意。試更思之。若必
欲盡收其文，則此序意不相當，自不必用，須別作一序，以
破此序之説乃可耳。若改而用之，非惟熹以爲不然，南軒
有靈，亦必憤歎於泉下也。久不聞講論之益，深以懷想。
前日諸賢相繼逝去，後來未有接續。所望於季隨，實不勝
其懃懇。今觀此事，竊疑其用力之不篤也。更願勉旃，以
副所望，千萬千萬，至扣至扣。《晦庵文集》卷五三。

　　案：朱熹《答尤尚書袤》(示喻程門諸人行事附
見)有云“《南軒集》誤字有是元本脱誤者，……今承
疏示，當以示刊者，有姓字處且令鑱滅，後人亦須自
曉得也”，《晦庵文集》續集卷五。即本書所言“《南軒
集》誤字已爲檢勘，今却附還。其間空字向來固已直
書，尤延之見之，以爲無益而賈怨，不若刊去。今亦
不必補，後人讀之自當默喻也”。《答尤尚書袤》撰於
淳熙十二年間。又上書(熹衰病之餘)有云“別往一
本，并《南軒集》，幸收之也”，而據本書云云，推知乃
胡大時得《南軒集》後，爲校勘誤脱，並來書質疑朱熹
《南軒文集序》後段文字不妥，建議删改，故朱熹撰本
書解釋之，則其約撰於淳熙十五年(1188)中。

朱熹《答胡季隨》：

閑中時有朋友遠來講學，其間亦有一二可告語者。此道之傳，庶幾未至斷絕，獨恨相望之遠，不得聚首盡情極論，以求真是之歸，尚此恨恨耳。君舉先未相識，近復得書，其徒亦有來此者。扣其議論，多所未安。最是不務切己，惡行直道，尤爲大害。不知講論之間頗亦及此否？王氏《中說》，最是渠輩所尊信依做以爲眼目者，不知所論者云何？復、艮之說，則程子已盡之，不知別有何疑？因書須詳及之，乃可下語也。《晦庵文集》卷五三。

　　案：書中言"君舉先未相識，近復得書，其徒亦有來此者。扣其議論，多所未安"，君舉，陳傅良字，"近復得書"，當指紹熙二年春中陳傅良《與朱元晦》（某衰惰之迹），內云"念長者前有長樂之爭，後有臨川之辨，□如永康往還，動數千言。更相切磋，未見其益。學者轉務誇毗，浸失本指，蓋刻畫太精，頗傷易簡，矜持已甚，反涉吝驕"。《止齋先生文集》卷三八。而"其徒亦有來此者"，指是年春陳傅良弟子曹叔遠來訪問學。《年譜長編》卷下。故推知本書約撰於是年（1191）三月前後。

朱熹《答胡季隨》：

前書諸喻，讀之憫然。季隨學有家傳，又從南軒之久，何故於此等處尚更有疑？向見意思大段寬緩，而讀書不務精熟，常疑久遠無入頭處，必爲浮説所動，今乃果然。艮、復之義，正當思惟，方見親切。別紙諸疑，正當解釋，方得分明。今乃曰"才涉思惟，便不親切"，又云"非不能以意解釋，但不欲杜撰耳"，不知却要如何下工夫耶？夫子言"學而不思則罔"，《中庸》説博學、審問、謹思、明辨，聖賢遺訓明白如此，豈可舍之而徇彼自欺之浮説耶？來書譏項平父出入師友之間不爲不久，而無所得，愚亦恐賢者之不見其睫也。日月逝矣，歲不我與，願深省察，且將《大學》、《論語》、《孟子》、《中庸》、《近思》等書子細玩味，逐句逐字不可放過，久之須見頭緒。不可爲人所誑，虛度光陰也。荆門《皇極説》曾見之否？試更熟讀《洪範》此一條詳解，釋其文義，看是如此否？君舉奏對，上問以讀書之法，不知其對云何也？《晦庵文集》卷五三。

　　案：書中言及"荆門《皇極説》曾見之否"，據《陸九淵集》卷三六《年譜》，紹熙三年正月十三日，陸九淵"會吏民講《洪範五皇極》一章"。即此《皇極説》。故推知本書約撰於是年（1192）中。

朱熹《答胡季隨》：

　　學者問曰："《延平先生語録》有曰：'大抵學者多爲私欲所分，故用力不精，不見其效。若欲進步，須打斷諸路頭，静坐默識，使其泥滓漸漸消去。'又云：'静坐時收拾將來，看是如何，便如此就偏處著理會。'又云：'學者未袪處，只求諸心。思索有窒礙處，及於日用動靜之間有咈戾處，便於此致思，求其所以然者。'又云：'大凡只於微處充擴之，方見礙者大爾。'又引上蔡語云：'凡事必有根，必須有用處尋討要用處，將來斬斷便沒事。此語可時時經心。'又云：'靜中看喜怒哀樂未發時作何氣象，不惟於進學有功，兼亦是養心之要。'觀此數說，真得聖賢用工緊要處。但其間有一段云：'學者之病，在於未有灑然冰釋凍解處。縱有力持守，不過只是苟免顯然尤悔而已，恐不足道也。'竊恐所謂灑然冰釋凍解處，必於理皆透徹而所知極其精妙，方能爾也。學者既未能爾，又不可以急迫求之，只得且持守，優柔厭飫，以俟其自得。如能顯然免於尤悔，其工力亦可進矣。若直以爲不足道，恐太甚也。"大時答曰："所謂灑然冰釋凍解，只是通透灑落之意。學者須常令胸中通透灑落，則讀書爲學皆通透灑落而道理易進，持守亦有味矣。若但能苟免顯然悔尤，則途之人亦能之，誠不足爲學者道也。且其能苟免顯然悔尤，則胸中之所潛藏隱伏者固不爲少，而亦不足以言學矣。"

此一條嘗以示諸朋友，有輔漢卿者下語云："灑然冰解凍釋，是功夫到後疑情剝落，知無不至處。知至則意誠而自無私欲之萌，不但無形顯之過而已。若只是用意持守，著力遏捺，苟免顯然尤悔，則隱微之中，何事不有？然亦豈能持久哉？意懈力弛，則橫放四出矣。今曰學者須常令胸中通透灑落，恐非延平先生本意。"此説甚善。大抵此箇地位乃是見識分明、涵養純熟之效，須從真實積累功用中來，不是一旦牽彊著力做得。今湖南學者所云"不可以急迫求之，只得且持守，優柔厭飫，而俟其自得"，未爲不是，但欠窮理一節工夫耳。答者乃云"學者須常令胸中通透灑落"，却是不原其本而彊欲做此模樣，殊不知通透灑落如何令得？纔有一毫令之之心，則終身只是作意助長、欺己欺人，永不能到得灑然地位矣。

學者問曰："《遺書》曰：'須是大其心使開闊，譬如爲九層之臺，須大做根脚方得。'恐大其心胸時，却無收斂縝密底意思，則如何？"大時答曰："心目不可不開闊，工夫不可不縝密。"

答語無病，然不知如何地得開闊？

學者問曰："《遺書》曰：'執事須是敬，又不可矜持太過。'竊謂學者之於敬，常懼其放倒。既未能從容到自然處，恐寧過於矜持，亦不妨也。"大時答曰："頃年劉仲本亦曾舉此條以爲問，蓋嘗答之，曰：'敬是治病之大藥，矜持是病之旁證。藥力既到，病勢既退，則旁證亦除矣。'"

"敬是病之藥，矜持是病之旁證"，此兩句文意齟齬，不相照應。若以敬喻藥，則矜持乃是服藥過劑反生他病之證。原其所因，蓋爲將此敬字別作一物，而又以一心守之，故有此病。若知敬字只是自心自省，當體便是，則自無此病矣。

學者問曰："《遺書》曰：'有諸中，必形諸外。惟恐不直内，直内則外必方。'至論釋氏之學，則謂'於敬以直内則有之，義以方外則未之有也'。又似以敬義、内外爲兩事矣。竊謂釋氏之學亦未有能敬以直内，若有此，則吾儒之所謂'必有事焉'者，自不容去之也。"大時答曰："前一段其意之所重在'有諸中，必形諸外'上，後一段其意之所重在'義以方外'上。且謂其'敬以直内，上則有之'，味'有之'二字，則非遽許之，以爲與吾儒之學所謂敬者便可同日而語矣。"

《遺書》説釋氏有直内、無方外者，是游定夫所記，恐有差誤。《東見錄》中别有一段説"既無方外，則其直内者豈有是也"，語意始圓。可細考之，未可如此逞快，率然批判也。

學者問曰："《遺書》曰：'釋氏只曰止，安知止乎？釋氏無實，譬之以管窺天，只務直上去，惟見一偏。'又却有曰：'釋氏只到止處，無用處，無禮義。'竊謂既無實，惟見一偏，則其學皆憑虚鑿空，無依據矣，安可謂其到止處，而責之以有用、有禮義乎？"大時答曰："'釋氏曰止，安知止乎'，此以吾學之所謂止而論之也。'禪學只到止處，無用處，無禮義'，此'止'字就其學之所謂止而論之也。"

答語甚善。論程子説釋氏不知止是以吾學所謂止者而言，又云'釋氏到止處'是以彼所謂止者而言。

　　學者問曰："《遺書》曰：'孟子曰盡其心者，知其性也。彼所謂識心見性是已。若存心養性一段事，則無矣。'竊謂此一段事釋氏固無之，然所謂識心見性，恐亦與孟子盡心知性不同。盡心者，物格知至，積習貫通，盡得此生生無窮之體，故知性之稟於天者蓋無不具也。釋氏不立文字，一超直入，恐未能盡其心而知其性之全也。"大時答曰："釋氏云識心見性，與孟子之盡心知性固是不同，彼所謂'識心見性'之云，蓋亦就其學而言之爾。若'存心養性一段則無矣'之云，所以甚言吾學與釋氏不同也。"

《遺書》所云釋氏有盡心知性，無存心養性，亦恐記錄者有誤。要之，釋氏只是恍惚之間見得些心性影子，却不曾子細見得真實心性，所以都不見裏面許多道理。政使有存養之功，亦只是存養得他所見底影子，固不可謂之無所見，亦不可謂之不能養，但所見、所養非心性之真耳。

　　學者問曰："《遺書》曰：'學者所貴聞道，若執經而問，但廣聞見而已。'竊謂執經而問，雖止於廣聞見而已，須精深究此，而後道由是而可得也。不然，恐未免於説空説悟之弊矣。"大時答曰："所謂'學者所貴聞道，若執經而問，但廣聞見而已'，蓋爲尋行數墨而無所發明者設。而來喻之云，謂必須深究乎此然後可以聞道，則亦俱墮於一偏矣。"

執經而問者知爲己，則所以聞道者不外乎此。不然，則雖《六經》皆通，亦但爲廣聞見而已。問者似有此意，然見得未分明，故說不出。答者之云，卻似無干涉也。

學者問曰："《遺書》曰：'根本須先培壅，然後可立趨嚮。'竊謂學者必須先審其趨嚮，而後根本可培壅。不然，恐無入頭處。"大時答曰："必先培其根本，然後審其趨嚮，猶作室焉，亦必先有基址，然後可定所向也。"

先立根本，後立趨嚮，即所謂"未有致知而不在敬"者。又云"收得放心後，然後自能尋向上去"，亦此意也。

學者問曰："《遺書》曰：'誠然後能敬，未及誠時須敬，而後能誠。'學者如何便能誠？恐不若專主於敬而後能誠也。"大時答曰："誠者天之道也，而實然之理亦可以言誠。敬道之成，則聖人矣，而整齊嚴肅，亦可以言敬。此兩事者，皆學者所當用力也。"

敬是竦然如有所畏之意，誠是真實無妄之名，意思不同。誠而後能敬者，意誠而後心正也。敬而後能誠者，意雖未誠，而能常若有畏，則當不敢自欺而進於誠矣。此程子之意也。問者略見此意，而不能達之於言，答者卻答不著。

學者問曰："《遺書》曰：'只外面有些罅隙，便走了。'學者能日用間常切操存，則可漸無此患矣。"大時答曰："其中充實，則其外無罅隙矣。"

"外面只有些罅隙，便走了"，此語分明，不須注解。

只要時時將來提撕，便喚得主人公常在常覺也。

　　學者曰："《樂記》曰：'人生而靜，天之性也。感於物而動，性之欲也。'五峯有曰：'昧天性，感物而動者，凡愚也。'向來朋友中有疑此說，謂靜必有動，然其動未有不感於物。所謂性之欲者，恐指已發而不可無者爲言。若以爲人欲，則性中無此。五峯乃專以感物而動爲言昧天性而歸於凡愚，何也？"大時答曰："按本語云：'知天性，感物而通者，聖人也；察天性，感物而節者，君子也；昧天性，感物而動者，凡愚也。'曰知、曰察、曰昧，其辨了然矣。今既不察乎此，而反其語而言'乃以感物而動爲昧天性'者，失其旨矣。"學者又曰："曰知、曰察、曰昧，其辨固了然。但鄙意猶有未安者，感物而動爾。《樂記》曰止云'感物而動，性之欲也'，初未嘗有聖人、君子、凡愚之分，通與節之說。今五峯乃云'知天性，感物而通者，聖人也；察天性，感物而節者，君子也；昧天性，感物而動者，凡愚也。'是不以感物而動爲得也。更望垂誨。"大時答曰："人生而靜，天之性也；感於物而動，性之欲也。物格知至，然後好惡形焉。好惡無節於內，知誘於外，不能反躬，天理滅矣。夫物之感人無窮，而人之好惡無節，則是物至而人化於物也。人化於物者，滅天理而窮人欲者也。觀其下文明白如此，則知先賢之言爲不可易矣。且昧'感於物而動，性之欲也'兩句，亦有何好，而必欲舍其正意而曲爲之說以主張之

乎？程子云‘寂然不動，感而遂通天下之故者，天理具
備，元無少欠，不爲堯存，不爲桀亡。父子、君臣，常理
不易，何曾動來？因不動，故言寂然不動，感而遂通，天
下便感，非自外來也。’又曰：‘寂然不動，萬象森然已
具；感而遂通，感則只是自内感，不是外面將一個物來
感於此也。’又曰：‘寂然不動，感而遂通，此言人分上
事。若論道，則萬理皆具，更不説感與未感。’又曰：‘蓋
人萬物皆備，遇事時各因其心之所重者更互而出，纔見
得這事重，便有這事出。若能物各付物，則便自不出來
也。’以此四條之所論者而推之，益知先賢之言不可
易，而所謂‘感物而動，性之欲’者，不必曲爲之説以主
張之矣。《湘山詩》云：‘聖人感物静，所發無不正。衆
人感物動，動與物欲競。’殆亦與先賢之意相爲表裏
云爾。”

此兩條，問者知其可疑，不易見得如此。但見得未
明，不能發之於言耳。答者乃是不得其説而彊言之，故其
言粗橫而無理。想見於心，亦必有自不過處，只得如此撑
拄將去也。五峯云“昧天性，感物而動”，故問者云“五峯乃專以
感物而動爲昧天性”，於五峯本説未見其異。答者乃責以反其語
而失其旨。問者又疑《樂記》本文“感物而動”初無聖愚之别，與五
峯語意不同，而答者但云“觀其下文明白如此，則知先賢之言不可
易”，而不言其所以明白而不可易者爲如何。又謂《樂記》兩句亦
有何好，而不言其所以不好之故。及引程子四條，則又與問者所

895

疑了無干涉，但欲以虛眩恐喝而下之，安得不謂之儱橫無理而撑拄彊説乎？今且無論其他，而但以胡氏之書言之，則《春秋傳》"獲麟"章明有"聖人之心，感物而動"之語，頃時與廣仲書常論之矣。不知今當以文定爲是乎，五峯爲是乎？要之此等處，在季隨誠有難言者，與其曲爲辨説而益顯其誤。不若付其是非於公論，而我無與焉爲愈也。須知感物而動者，聖愚之所同，但衆人昧天性，故其動也流；賢人知天性，故其動也節；聖人盡天性，故其動也無事於節而自無不當耳。文義之失，猶是小病，却是自欺彊説，乃心腹膏肓之疾。他人鍼藥所不能及，須是早自覺悟醫治，不可因循揜諱而忌扁鵲之言也。《晦庵文集》卷五三。

　　案：書中云及"此一條嘗以示諸朋友，有輔漢卿者下語云……"，據《朱子語類·姓氏》等，輔廣（字漢卿）於紹熙五年以後來問學。故推知其約撰於慶元元年（1195）間。

朱熹《答胡季隨》：

　　所喻兩條，前書奉報已極詳悉。若能平心定氣，熟復再三，必自曉然。今乃復有來書之喻，其言欲以灑落爲始學之事而可以力致，皆不過如前書之説。至引延平先生之言，則又析爲兩段，而謂前段可以著力，令其如此，則似全不曾看其所言之文理。所謂"反覆推究，待其融釋"者，"待"字之意是如何，而自以己意橫爲之説也。大率講論文字，須且屏去私心，然後可以詳考文義，以求其理之所在。若不如此，而只欲以言語取勝，則雖累千萬言，終身競辨，亦無由有歸著矣。是乃徒爲多事而重得罪於聖人，何名爲講學哉？故熹不敢復爲論説，以增前言之贅，但願且取前書子細反復。其間所云"才有令之之心，即便終身不能得灑落"者，此尤切至之論。蓋纔有此意，便不自然，其自謂灑落者，乃是疏略放肆之異名耳。疊此兩三重病痛，如何能到真實灑落地位耶？古語云："反者道之動，謙者德之柄，濁者清之路，昏久則昭明。"願察此語，不要思想準擬融釋灑落底功效，判著且做三五年辛苦不快活底功夫，久遠須自有得力處，所謂先難而後獲也。

"灑落"兩字，本是黄太史語，後來延平先生拈出，亦是且要學者識個深造自得底氣象，以自考其所得之淺深。不謂不一再傳，而其弊乃至於此。此古之聖賢所以只教人於下學處用力，至於此等則未之嘗言也。顏、曾以上，都無此等語；子思、孟子以下乃頗有之，亦有所不得已也。

《樂記》、《知言》之辨，前書亦已盡之。細看來書，似已無可得説，但未肯放下此一團私意耳。如此，則更説甚講學？不如同流合汙、著衣喫飯、無所用心之省事也。其餘諸説，未暇悉報，願且於此兩段反復，自見得從前錯處，然後徐而議之，則彼亦無難語者，幸早報及也。《晦庵文集》卷五三。

案：本書所云"灑落"之説、"《樂記》、《知言》之

辨"，皆上書（學者問曰）所討論者，故推知其撰於上
書以後。

朱熹《答胡季隨》：

熹憂患侵凌，來日無幾，思與海内知友痛相切磨，以
求理義全體之至極，垂之來世，以繼聖賢傳付之重，而離
羣索居，無由會合。如季隨者，尤所期重，而相去甚遠，再
見恐不可期，此可爲深歎恨也。先訓之嚴，後人自不當置
議論於其間，但性之有無善惡，則當舍此而別論之，乃無
隱避之嫌，而得盡其是非之實耳。"善惡"二字，便是天
理、人欲之實體。今謂性非人欲可矣，由是而并謂性非天
理，可乎？必曰極言乎性之善而不可名，又曷若直謂之善
而可名之爲甚易而實是也。比來得書，似覺賢者於此未
有實地之可據，日月易得，深可憂懼，幸加精進之力，入細
著實，子細推研，庶幾有以自信，益光前烈，千萬至望。
《晦庵文集》卷五三。

案：《朱子語類》卷一〇一曰："因言：'久不得胡
季隨諸人書。季隨主其家學，説性不可以善言。本
然之善，本自無對，才説善時，便與那惡對矣。才説
善惡，便非本然之性矣。本然之性，是上面一箇，其
尊無比。善是下面底，才説善時，便與惡對，非本然
之性矣。孟子道性善，非是説性之善，只是贊嘆之
辭，説好箇性，如佛言善哉。某嘗辨之云……'"乃黄

卓所記，並注云“僴録略”。此段文字正與本書云云相關。據《朱子語類·姓氏》，黄卓問學時間無載，沈僴所録在慶元四年（戊午）以後。由“久不得胡季隨諸人書”，推知本書約撰於慶元初，姑此係於慶元二年（1196）或稍後。

又，《陸九淵集》卷三四《語録上》載：“先生言：胡季隨從學晦翁，晦翁使讀《孟子》。他日問季隨如何解‘至於心獨無所同然乎’一句，季隨以所見解，晦翁以爲非，且謂季隨讀書鹵莽不思。後季隨思之既苦，因以致疾。晦翁乃言之曰：‘然讀如“雍之言然”之“然”，對上同聽、同美、同嗜説。’先生因笑曰：‘只是如此，何不早説與他？’”

胡大原

胡大原，字伯逢，建陽（今屬福建）人。五峯從子。《閩中理學淵源考》卷三。嘗任官建康府，張栻爲作《送胡伯逢之官金陵》詩。《南軒集》卷四。

朱熹《答胡伯逢》：

男女居室，人事之至近，而道行乎其間，此君子之道所以費而隱也。然幽闇之中，袵席之上，人或褻而慢之，則天命有所不行矣。此君子之道所以造端乎夫婦之微

密,而語其極則察乎天地之高深也。然非知幾、慎獨之君
子,其孰能體之?《易》首於《乾》、《坤》而中於《咸》、《恒》,
《禮》謹大昏,而《詩》以二《南》爲正始之道,其以此歟?
《知言》亦曰"道存乎飲食男女之事,而溺於流者不知其
精",又曰"接而知有禮焉,交而知有道焉,惟敬者能守而
不失耳",亦此意也。《晦庵文集》卷四六。

　　案:朱熹《答林擇之》(熹奉養粗安)有"伯逢來
問'造端夫婦'之説",《晦庵文集》卷四三。即指本書。
《答林擇之》撰於乾道四年(1168)八、九月間,故推知
本書約撰於一時先後。

朱熹《答胡伯逢》:

　　昨承喻及"知仁"之説,極荷開曉之詳。然愚意終覺
未安。來喻大抵專以自知自治爲説,此誠是也。然聖人
之言有近有遠、有緩有急,《論語》一書,言知人處亦豈少
耶? 大抵讀書須是虛心平氣,優游玩味,徐觀聖賢立言本
意所向如何,然後隨其遠近淺深、輕重緩急而爲之説。如
孟子所謂"以意逆志"者,庶乎可以得之。若便以吾先入
之説橫於胸次,而驅率聖賢之言以從己意,設使義理可
通,已涉私意穿鑿而不免於郢書燕説之誚,況又義理窒
礙,亦有所不可行者乎?

　　竊觀來教,所謂"苟能自省其偏,則善端已萌,此聖人
指示其方,使人自得,必有所覺知,然後有地可以施功而

爲仁"者，亦可謂非聖賢之本意，而義理亦有不通矣。熹
於晦叔、廣仲書中論之已詳者，今不復論，請因來教之言
而有以明其必不然者。

昔明道先生嘗言，凡人之情易發而難制者，惟怒爲
甚。能於怒時遽忘其怒而觀理之是非，亦可以見外誘之
不足惡，而於道亦思過半矣。若如來教之云，則自不必忘
其怒而觀理之是非，第即夫怒而觀夫怒，則吾之善端固已
萌焉而可以自得矣。若使聖賢之門已有此法，則明道豈
故欲捨夫徑捷之塗而使學者支離迂緩以求之哉？亦以其
本無是理故爾。且孟子所謂"君子深造之以道，欲其自得
之"者，正謂精思力行，從容涵泳之久，而一日有以泮然於
中，此其地位亦已高矣。今未加克復爲仁之功，但觀宿昔
未改之過，宜其方且悔懼愧赧之不暇，不知若何而遽能有
以自得之邪？"有所知覺然後有地以施其功"者，此則是
矣。然"覺知"二字所指自有淺深，若淺言之，則所謂覺知
者，亦曰覺夫天理、人欲之分而已。夫有覺於天理、人欲
之分，然後可以克己復禮而施爲仁之功，此則是也。今連
上文讀之而求來意之所在，則所謂覺知者乃自得於仁之
謂矣。如此，則"覺"字之所指者已深，非用力於仁之久不
足以得之，不應無故而先能自覺，却於既覺之後方始有地
以施功也。觀孔子所以告門弟子，莫非用力於仁之實事，
而無一言如來諭所云"指示其方，使之自得"者。豈子貢、
子張、樊遲之流皆已自得於仁，而既有地以施其功邪？其

亦必不然矣。

　　然熹前説其間亦不能無病,<small>如云爲仁淺深之驗、觀人觀</small>
<small>己之説,皆有病</small>。以今觀之,自不必更爲之説。但以伊川、
和靖之説明之,則聖人之意坦然明白,更無可疑處矣。
<small>《晦庵文集》卷四六。</small>

　　　　案:據朱熹《答吳晦叔》("觀過"一義)有云"'觀
過'一義,思之甚審。如來喻及伯逢兄説,必謂聖人
教人以自治爲急,如此言乃有親切體驗之功,此固是
也。然聖人言知人處亦不爲少,自治固急,亦豈有偏
自治而不務知人之理耶?"又答書(臣下不匿之刑)云
"前書所論'觀過'之説,時彪丈行速,怱遽草率,不能
盡所懷。然其大者亦可見,不知當否如何? 其未盡
者,今又見於廣仲、伯逢書中,可取一觀"。<small>《晦庵文</small>
<small>集》卷四二。</small>前書撰於乾道八年四、五月之際,後書撰
於是年秋。本書云"昨承喻及'知仁'之説,……來喻
大抵專以自知自治爲説,此誠是也。然聖人之言有
近有遠、有緩有急,《論語》一書,言知人處亦豈少
耶?"又云"熹於晦叔、廣仲書中論之已詳者,今不復
論,請因來教之言而有以明其必不然者",其所謂晦
叔"書",即朱熹《答吳晦叔》("觀過"一義),而《答吳
晦叔》(臣下不匿之刑)中所云"今又見於……伯逢書
中",即指本書。故推知本書約撰於是年(1172)夏、
秋之際。

朱熹《答胡伯逢》:

《知言》之書,用意深遠,析理精微,豈末學所敢輕議?向輒疑之,自知已犯不韙之罪矣。兹承誨喻,尤切愧悚。但鄙意終有未釋然者,知行先後,已具所答晦叔書中,其說詳矣,乞試取觀,可見得失也。至於性無善惡之説,則前後論辨不爲不詳,近又有一書與廣仲丈論此,尤詳於前。因龜山《中庸》首章而發,及引《易傳·大有》卦及《遺書》第二十二卷者。此外蓋已無復可言者矣。然既蒙垂諭,反復思之,似亦尚有一説,今請言之。

蓋孟子所謂性善者,以其本體言之,仁、義、禮、智之未發者是也。程子曰"'止於至善'、'不明乎善',此言善者義理之精微,無可得而名,姑以至善目之"是也。又曰"人之生也,其本真而静。其未發也,五性具焉,曰仁、義、禮、智、信"。所謂可以爲善者,以其用處言之,四端之情發而中節者是也。程子曰"'繼之者善',此言善卻言得輕,但謂繼斯道者莫非善也,不可謂惡"是也。蓋性之與情,雖有未發、已發之不同,然其所謂善者,則血脈貫通,初未嘗有不同也。程子曰"喜怒哀樂未發,何嘗不善?發而中節,則無往而不善"是也。此孟子道性善之本意,伊洛諸君子之所傳而未之有改者也。《知言》固非以性爲不善者,竊原其意,蓋欲極其高遠以言性,而不知名言之失,反陷性於摇蕩恣睢、駁雜不純之地也。所謂"極其高遠以言性"者,以性爲未發,以善爲已發,而(推)[惟]恐夫已發者之混夫未發者也。所謂"名言之失"者,不察乎至善之本然,而槩謂善爲已發也。所謂"反陷性於搖蕩恣睢、駁雜不純之地"者,既於未發之前除却"善"字,即此"性"字便無著實道理,只成一個空虛底物,隨善隨惡,無所不爲。所以有"發而中節,然後爲善;發不中節,然後爲惡"之説。又有"好惡性也,君子好惡以道,小人好惡以己"之説。是皆公都子所問、告子所言而孟子所闢者,已非所以言性矣。又其甚者,至謂天理、人欲同體異用,則是謂本性之中已有此人欲也,尤爲害理,不可不察。竊意此等偶出於前輩一時之言,非其終身所守不可易之定論。今既未敢遽改,則與其爭之而愈失聖賢之意、違義理之實,似不若存而不論之爲愈也。

"知仁"之説,亦已累辨之矣。大抵如尊兄之説,則所以知之者甚難而未必是,而又以知仁、爲仁爲兩事也。所謂"觀過知仁",因過而觀,因觀而知,然後即夫知者而謂之仁,其求之也崎嶇切促,不勝其勞,而其所謂仁者乃智之端也,非仁之體也。且雖如此,而亦曠然未有可行之實,又須別求爲仁之本,然後可以守之。此所謂"知之甚難而未必是,又以知與爲爲兩事"者也。如熹之言,則所以知之者雖淺而便可行,而又以知仁、爲仁爲一事也。以名義言之,仁特愛之未發者而已。程子所謂"仁,性也;愛,情也"。又謂"仁,性也;孝弟,用也"。此可見矣。其所謂"豈可專以愛爲仁"者,特謂不可指情爲性耳,非謂仁之與愛了無交涉,如天地、冠屨之不相近也。而或者因此求之太過,便作無限玄妙奇特商量。此所以求之愈工,而失之愈遠。如或以覺言仁,是以知之端爲仁也;或以是言仁,是以義之用爲仁也。夫與其外引智之端、義之用而指以爲仁之體,則孰若以愛言仁,猶不失爲表裏之相須而可以類求也哉？故愚謂欲求仁者,先當大槩且識此名義氣象之彷彿與其爲之之方,然後就此愨實下功,尊聞行知以踐其實,則所知愈深而所存益熟矣。此所謂“知之甚淺而便可行,又以知與爲爲一事”者也。不知今將從其難而二者乎,將從其易而一者乎？以此言之,則兩家之得失可一言而決矣。

來教又謂方論知仁,不當兼及不仁。夫觀人之過而知其愛與厚者之不失爲仁,則知彼忍而薄者之決不仁,如明暗、黑白之相形,一舉目而兩得之矣。今乃以爲節外生枝,則夫告往知來、舉一反三、聞一知十者,皆適所以重得罪於聖人矣。竊謂此章只合依程子、尹氏之說,不須別求玄妙,反失本指也。直敘胸臆,不覺言之太繁,伏惟高明裁擇其中,幸甚幸甚。《晦庵文集》卷四六。

　　案：書中所云“知行先後,已具所答晦叔書中,其說詳矣”,指朱熹《答吳晦叔》（熹伏承示及先知後行之說）,《晦庵文集》卷四二。撰於乾道八年冬；又書中言“至於性無善惡之說,則前後論辨不爲不詳,近又有一書與廣仲丈論此,尤詳於前”,指朱熹《答胡廣仲》（熹承諭向來爲學之病）,《晦庵文集》卷四二。撰於乾道八年中。故推知本書約撰於是年末。

朱熹《答胡伯逢》：

赤子之心,固無巧僞,但於理義未能知覺,渾然赤子之心而已。大人則有知覺擴充之功,而無巧僞安排之鑿,故曰不失赤子之心。著個"不失"字,便是不同處。南軒所說固善,然必謂從初不失,此恐太拘。既失而反之,却到此地位,亦何害其爲不失乎?《晦庵文集》卷四六。

　　案:本書述及張栻所謂"不失赤子之心"之義,據呂祖謙《與張荆州問論語孟子說所疑》云張栻嘗云《孟子》"'大人不失赤子之心'章。大人,能反之者也,所謂'自明而誠'者也。若夫上智生知之聖,則赤子之心元不喪失,所謂'自誠而明'者也"。《東萊集》別集卷十六。因張栻於淳熙五年知江陵府,故推知本書當撰於是年(1178)前後。《書信編年》以爲本書在朱熹《答胡伯逢》(男女居室)之前,而係於乾道三年。不確。

胡大壯

　　胡大壯,字季履,潭州衡山縣(今屬湖南)人。胡安國孫,胡宏子。衛涇《奏舉布衣胡大壯乞賜褒録狀》稱其學於其父胡宏,"研究經術,博通墳典,其持論以明義利爲本,其立己以尚誠實爲要。冠歲學成,即不事科舉,隱居衡嶽之下,躬耕自給,讀書自娱",邦人尊之曰西園先生。帥臣曹彥約聘爲嶽麓書院堂長,力辭未就。《後樂集》卷一二。

朱熹《答胡季履<small>大壯</small>》：

向來雖幸一見，然忽忽於今已二十餘年矣。時於朋友間得窺佳句，足以見所存之一二，顧未得會面爲歉耳。今承惠問，荷意良勤。區區每患世衰道微，士不知學，其溺於卑陋者固無足言，其有志於高遠者，又或騖於虛名，而不求古人爲己之實，是以所求於人者甚重，而所以自任者甚輕。每念聖人樂取諸人以爲善之意，意其必有非苟然者，恨不得與賢者共詳之也。季隨明敏，朋友中少見其比。自惟衰墮，豈足以副其遠來之意？然亦不敢虛也。歸日當相與講之，有所未安，却望見告，得以反復爲幸。昆仲家學門庭，非他人比，而區區所望，又特在於其實而不在於名，願有以深察此意也。《晦庵文集》卷五三。

案：朱熹《與陳伯堅》云及"胡季隨近到此數日，明敏有志，甚可喜也"。《晦庵文集》卷五三。本書中乃云"季隨明敏，朋友中少見其比。自惟衰墮，豈足以副其遠來之意？然亦不敢虛也"，故推知其約撰於一時先後。《與陳伯堅》撰於淳熙九年（1182）末。

胡晉臣

胡晉臣（？—1193），字子遠，蜀州（今四川崇州）人。登紹興二十七年（1157）進士第。歷遷侍御史。光宗嗣位,遷工部侍郎,除給事中,拜端明殿學士、簽書樞密院事,除參知政事兼同知樞密院事。紹熙四年六月卒,謚文靖。《宋史》卷三九一有傳。

朱熹《與執政劄子》:

云云。熹伏自違遠門墻,積有年所,疾病不間,無從脩致縶御者之問。邇者竊承延登宥密,中外交慶。辱知有素,欣賀尤深,而亦不敢進越,輒以姓名自通。不意今者誤恩橫被,擢自閑散,付以一路軍民之寄。此蓋某官顧念疇昔,曲借推揚,有以及此。餘同前。《晦庵文集》卷二九。

　　案:紹熙三年(1192)十二月,朱熹因宰相留正薦,除知靜江府、廣南西路經略安撫使。朱熹致書宰相留正、執政辭免。書中有言"云云"、"餘同前",皆照應朱熹《與留丞相劄子》(熹竊以季冬極寒)《晦庵文集》卷二九。而言。《與留丞相劄子》撰於是月十九日或稍後,本書約撰於同時。據《宋史‧宰輔表四》,是時參知政事惟胡晉臣一人,以參知政事兼同知樞密院事。故本書當與胡晉臣。

胡　璟

胡璟,字文叔。餘不詳。

朱熹《答胡文叔璟》：

承書喻及先世交遊之好，不勝感愴。三復書詞，乃知有志傳家之學，又以爲慰。今世徇俗爲人之學固不足道，其稍知用心於內者，往往又以騖於高遠而失之，是可歎也。來喻之云，似已察於此者，但常專心致志，思繹踐行，有疑則與同志講而明之，則庶乎其有得矣。《晦庵文集》卷六二。

案：本書撰時未詳。《書信編年》疑在慶元年前。姑係於紹熙四年(1193)。待考。

胡寬夫

胡寬夫，名里不詳。

朱熹《答胡寬夫》：

示喻疑義數條，足見別後進學之篤，甚慰甚慰。大槩如此看，更須從淺近平易處理會，應用切身處體察，漸次接續，勿令間斷，久之自然意味浹洽，倫類貫通。切不可容易躁急，厭常喜新，專揀一等難理會、無形影底言語暗中想像，杜撰穿鑿，枉用心神，空費日力。更勿與人辨論釋氏長短，自家未有所見，判斷它不得，況廢却自家合做底緊切工夫，却與人爭一場閑口舌，有損無益，尤當深戒也。主一之功，學者用力切要處，承於此留意，甚善。但其它推説，似太汗漫，多病痛。以熹觀之，似不必如此。只就如今做書會處理會，便見漸次。大抵自家所看文字，及提督學生工夫，皆須立下一定格目，格目之內常切存心，格目之外不要妄想，如看《論語》，今日看到此段，即專心致意只看此段，後段雖好，且未要看。直待此段分曉，説得反復不差，仍且盡日玩味。明日却看後段。日用凡事皆如此，以類推之可見。不然，雖是好事，亦名妄想。此主一之漸也。若不如此，方寸之間，頃刻之際，千頭萬緒，卒然便要主一，如何按伏得下？試更思之。"我不欲人之加諸我，吾亦欲無加諸人"，與子思所謂"施諸己而不願，亦勿施於人"，此言且只各就本句中體味踐履，久之純熟，自見淺深。今亦不須彊分別也。大抵學者之患在於好談高妙，而自己脚根却不點地，正所謂道在邇而求諸遠、事在易而求諸難也。《大學解》想亦看未到，四哥又自有日課，不欲妨它。教人者須常存此心。郭子和《中庸》，頃曾見之，切不可看，看著轉迷悶也。其它所欲文字，合用者前已附去，其他非所急者更不上內，想自曉此意。千萬息却此心，且就日課中逐些理會，愨實踐履，方有意味，千萬千萬。後生輩誦書，亦如吾人講學，只是量力，不要貪多。仍須反覆熟讀，時時溫習，是要法耳。《晦庵文集》卷四五。

　　案：本書撰時未詳。《朱子年譜·朱子論學切要語》卷一列之"癸巳後"，癸巳即乾道九年(1173)，《書信編年》從之。待考。

胡　寔

胡寔(1136—1173)，字廣仲，建州崇安(今福建武夷山市)人，紹興間徙家衡嶽之下。胡宏從弟。早以門蔭補將仕郎，後得欽州靈山縣主簿，未上。乾道九年十月卒，年三十八。張栻《南軒集》卷四○《欽州靈山主簿胡君墓表》。

朱熹《答胡廣仲》：

欽夫未發之論，誠若分別太深，然其所謂無者，非謂本無此理，但謂物欲交引，無復澄静之時耳。熹意竊恐此亦隨人稟賦不同，性静者須或有此時節，但不知敬以主之，則昏憒駁雜，不自覺知，終亦必亡而已矣。故程子曰："敬而無失，乃所以中。"此語至約，是真實下功夫處。願於日用語默動静之間，試加意焉，當知其不安矣。近來覺得"敬"之一字，真聖學始終之要，向來之論，謂必先致其知，然後有以用力於此，疑若未安。蓋古人由小學而進於大學，其於灑掃應對進退之間，持守堅定，涵養純熟，固已久矣。是以大學之序，特因小學已成之功，而以格物致知爲始。今人未嘗一日從事於小學，而曰必先致其知，然後敬有所施，則未知其以何爲主而格物以致其知也？故程子曰："入道莫如敬，未有能致知而不在敬者。"又論"敬"云："但存此久之，則天理自明。"推而上之，凡古昔聖賢之言，亦莫不如此者。試考其言而以身驗之，則彼此之得失見矣。《晦庵文集》卷四二。

　　案：乾道五年春，朱熹爲《與湖南諸公論中和第一書》與張栻等湖南學者討論未發、已發之説，明湖湘學者先察識後涵養之非。此後討論累年未止。本書云"欽夫未發之論，誠若分別太深"，即論此。疑其撰於是年（1169）末或稍後。

朱熹《答胡廣仲》：

久不聞問，向仰良深，即日秋涼，伏惟燕居味道，神相尊候萬福。熹哀苦不死，忽見秋序，觸緒傷割，不能自堪，時來墳山。幸有一二朋友溫繹舊聞，且爾遣日，實則不若無生之愈也。欽夫召用，甚慰人望，但自造朝，至今未收書。傳聞晦叔且歸，亦久未至，使人懸情耳。吾丈比來觀何書？作何功夫？想所造日益高明，恨無從質問。向嘗附便寄呈與欽夫、擇之兩書，不審於尊意云何？有未中理，幸賜指誨。此書附新清遠主簿楊子直方，因其入廣西，取道嶽前，屬使求見。渠在此留幾兩月，講會稍詳，此間動靜可問而知。其人篤志於學，朋友間亦不易得也。恐其或欲寓書，告爲尋便遣來，幸甚幸甚。今日當還家，臨行草草布此，不能它及。邈無承教之期，惟冀以時珍衛，千萬幸甚。

　　熹再拜上問閤政孺人，伏惟懿候萬福，郎娘均慶。伯逢兄不及拜狀，昨鄭司法行，已嘗寓書矣，不知達否？子

直亦欲求見，幸遣人導之，并及此意，此委勿外。熹再拜
上問。

　　昨承季立兄慰問，欲具疏上謝，又恐子直之行繚
繞，反致稽緩。旦夕還家，作書附子飛處，未必不先達
也。熹又覆。《晦庵文集》卷四二。

　　案：書中有言"欽夫召用，甚慰人望，但自造朝，
至今未收書"，據《張宣公年譜》，張栻於乾道六年五
月召爲吏部員外郎，閏五月十七日赴京。書中又言
"熹哀苦不死，忽見秋序，觸緒傷割，不能自堪，時來
墳山"，朱熹母劉氏卒於乾道五年九月，由此推知本
書撰於六年(1170)秋中。

朱熹《答胡廣仲》：

　　《大極圖》舊本極荷垂示，然其意義終未能曉。如陰
静在上而陽動在下，黑中有白而白中無黑，及五行相生先
後次序，皆所未明。而來諭以爲太極之妙不可移易，是必
知其説矣，更望子細指陳所以爲太極之妙而不可移易處
以見教，幸甚幸甚。

　　解釋文義，使各有指歸，正欲以語道耳。不然，則解
釋文義將何爲邪？今來諭有云"解釋文義，則當如此，而
不可以語道"，不知如何立言而後可以語道也？"仁義"之
説，頃答晦叔兄已詳。今必以爲仁不可對義而言，則《説
卦》、《孟子》之言皆何謂乎？來諭又云"仁乃聖人極妙之

913

機”，此等語亦有病，但看聖賢言仁處，還曾有一句此等説話否？

來論又謂“動静之外，別有不與動對之静，不與静對之動”，此則尤所未諭。“動静”二字相爲對待，不能相無，乃天理之自然，非人力之所能爲也。若不與動對，則不名爲静；不與静對，則亦不名爲動矣。但衆人之動，則流於動而無静；衆人之静，則淪於静而無動。此周子所謂“物則不通”者也。惟聖人無人欲之私而全乎天理，是以其動也，静之理未嘗亡；其静也，動之機未嘗息。此周子所謂“神妙萬物”者也。然而必曰主静云者，蓋以其相資之勢言之，則動有資於静而静無資於動。如乾不專一，則不能直遂；坤不翕聚，則不能發散；龍蛇不蟄，則無以奮；尺蠖不屈，則無以伸。亦天理之必然也。

來論又有動則離性之説，此尤所未諭。蓋人生而静雖天之性，感物而動亦性之欲。若發而中節，欲其可欲，則豈嘗離夫性哉？惟夫衆人之動動而無静，則或失其性耳。故文定《春秋傳》曰“聖人之心，感物而動”，《知言》亦云“静與天同德，動與天同道”，皆未嘗有聖人無動之説也。却是後來分別感物而通、感物而動，語意迫切，生出許多枝節。而後人守之太過，費盡氣力，百種安排，幾能令臧三耳矣。然甚難而實非，恐不可不察也。

《知言》“性之所以一”，初見一本無“不”字，後見別本有之，尚疑其誤。繼而遍考此書，前後説頗有不一之意，如"子思子曰"一章是也。故恐實謂性有差別,遂依別本添入"不"字。今既遺藁無之,則當改正。但其它説性不一處,愈使人不能無疑耳。昨來《知言疑義》中已論之,不識高明以爲然否?

上蔡雖説明道先使學者有所知識,却從敬入。然其記二先生語,却謂"未有致知而不在敬"者。又自云:"諸君不須別求見處,但敬與窮理,則可以入德矣。"二先生亦言:"根本須先培擁,然後可立趨向。"又言:"莊整齊肅,久之則自然天理明。"五峯雖言"知不先至,則敬不得施",然又云"格物之道,必先居敬以持其志",此言皆何謂邪?熹竊謂明道所謂先有知識者,只爲知邪正、識趨向耳,未便遽及知至之事也。上蔡、五峯既推之太過,而來喻又謂"知"之一字便是聖門授受之機,則是因二公之過而又過之。試以聖賢之言考之,似皆未有此等語意,却是近世禪家説話多如此。若必如此,則是未知已前,可以怠慢放肆、無所不爲,而必若曾子一"唯"之後,然後可以用力於敬也。此説之行,於學者日用工夫大有所害,恐將有談玄説妙以終其身而不及用力於敬者,非但言語之小疵也。

上蔡又論橫渠以禮教人之失,故其學至於無傳。據二先生所論,却不如此。蓋曰"子厚以禮教學者最善,使人先有所据守",但譏其説"清虛一大",使人向別處走,不如且道敬耳。此等處,上蔡説皆有病,如云"正容謹節,外面威儀,非禮之本",尤未穩當。子文、文子,《知言疑議》

亦已論之矣。僭冒不韙,深以愧懼,但講學之際,務求的當,不敢含糊,不得不盡言耳。《晦庵文集》卷四二。

案:書中有云"昨來《知言疑義》中已論之",據朱熹《答呂伯恭》(久不聞問)云"《知言疑義》再寫,欲奉呈,又偶有長沙便,且寄欽夫處,屬渠轉寄",《晦庵文集》卷三三。其書撰於乾道七年六月下旬,故推知本書約撰於是年(1171)秋中或稍後。

又,《全宋文》卷五八四四收載胡實《與朱熹書》,云:"《大極圖》舊本,極荷垂示,然其意義終未能曉。如'陰靜在上,而陽動在下','黑中有白,而白中無黑',及五行相生先後次序,皆所未明。"實爲朱熹本書第一段部分文字,《全宋文》誤收。

朱熹《答胡廣仲》:

伊川先生曰:"天地儲精,得五行之秀者爲人。其本也真而靜,其未發也,五性具焉,曰仁、義、禮、智、信。形既生矣,外物觸其形而動於中矣,其中動而七情出焉,曰喜、怒、哀、樂、愛、惡、欲。情既熾而益蕩,其性鑿矣。"熹詳味此數語,與《樂記》之説指意不殊。所謂靜者,亦指未感時言爾。當此之時,心之所存渾是天理,未有人欲之僞,故曰"天之性"。及其感物而動,則是非真妄自此分矣。然非性,則亦無自而發,故曰"性之欲"。"動"字與《中庸》"發"字無異,而其是非真妄,特決於有節與無節、中節與不中節之間耳。來教所謂"正要此處識得真妄"是也。然須是平日有涵養之功，臨事方能識得。若茫然都無主宰，事至然後安排，則已緩而不及於事矣。

至謂"静"字所以形容天性之妙，不可以動静真妄言，則熹却有疑焉。蓋性無不該，動静之理具焉。若專以"静"字形容，則反偏却"性"字矣。《記》以静爲天性，只謂未感物之前，私欲未萌，渾是天理耳，不必以"静"字爲性之妙也。真妄又與動静不同，性之爲性，天下莫不具焉，但無妄耳。今乃欲并與其真而無之，此韓公"道無真假"之言所以見譏於明道也。伊川所謂其本真而静者，"真"、"静"兩字，亦自不同。蓋真則指本體而言，静則但言其初未感物耳。明道先生云："人生而静之上不容説，纔説性時，便已不是性矣。"蓋人生而静，只是情之未發，但於此可見天性之全，非真以静狀性也。愚意如此，未知中否？《晦庵文集》卷四二。

案：朱熹《記論性答藁後》言"此篇出於論定之初，徒以一時之見，驟正累年之失，其向背出入之際，猶有未服習者，又持孤論以當衆賢，心亦不自安，故自今讀之，尚多遺恨。如廣仲之言，既以静爲天地之妙，又論性不可以真妄動静言，是《知言》所謂歎美之善而不與惡對者云爾。應之宜曰"云云。其文撰於"壬辰（乾道八年）仲秋日"。《晦庵文集》卷七五。由此可知其答胡寅書非當時所作，乃屬"舊藁"，故推知其約撰於乾道八年(1172)初。

朱熹《答胡廣仲》:

"知仁"之説,前日答晦叔書已具論之。今細觀來教,謂釋氏初無觀過功夫,不可同日而語,則前書未及報也。夫彼固無觀過之功矣,然今所論亦但欲借此觀過而知觀者之爲仁耳。則是雖云觀過,而其指意却初不爲遷善改過求合天理設也。然則與彼亦何異邪?嘗聞釋氏之師有問其徒者曰:"汝何處人?"對曰:"幽州。"曰:"汝思彼否?"曰:"常思。"曰:"何思?"曰:"思其山川、城邑、人物、車馬之盛耳。"其師曰:"汝試反思,思底還有許多事否?"今所論因觀過而識觀者,其切要處正與此同。若果如此,則聖人當時自不必專以觀過爲言。蓋凡觸目遇事,無不可觀,而已有所觀,亦無不可因以識觀者而知夫仁矣。以此譏彼,是何異同浴而譏裸裎也耶?

"人欲非性"之語,此亦正合理會。熹竊謂天理固無對,然既有人欲,即天理便不得不與人欲爲消長。善亦本無對,然既有惡,即善便不得不與惡爲盛衰。譬如"普天之下,莫非王土。率土之濱,莫非王臣",此本豈有對哉?至於晉有五胡,唐有三鎮,則華夷逆順不得不相與爲對矣。但其初,則有善而無惡,有天命而無人欲耳。龜山之意,正欲於此毫釐之間剖判分析,使人於克己復禮之功便有下手處。如孟子道性善只如此説,亦甚明白慤實,不費心力。而《易傳·大有卦》,《遺書》第二十二篇棣問孔、孟言性章。論此又極分明,是皆天下之公理,非一家所得而私者。願虛心平氣,勿以好高爲意,毋以先入爲主,而熟察其事理之實於日用之間,則其得失從違不難見矣。

蓋謂天命爲不囿於物可也,以爲不囿於善,則不知天之所以爲天矣;謂惡不可以言性可也,以爲善不足以言性,則不知善之所自來矣。《知言》中此等議論與其他好處自相矛盾者極多,却與告子、楊子、釋氏、蘇氏之言幾無以異。昨來所以不免致疑者,正爲如此,惜乎不及供灑掃於五峯之門而面質之,故不得不與同志者講之耳。亦聞以此或頗得罪於人,然區區之意只欲道理分明,上不負聖賢,中不誤自己,下不迷後學而已,它固有所不得而避也。《晦庵文集》卷四二。

案:書中討論"觀過知仁"之說,據張栻《答朱元晦》(近伯逢方送所論"觀過"之說來)有言"近伯逢方送所論'觀過'之說來。……大抵以此自觀,則可以察天理人欲之淺深;以此觀人,亦知人之要也。岳下諸公尚執前說,所謂簾窺壁聽者,甚中其病耳"。《南軒集》卷二〇。又朱熹《答張敬夫》(大抵"觀過知仁"之說)云"大抵'觀過知仁'之說,欲只如尹說,發明程子之意,意味自覺深長"。《晦庵文集》卷三一。張、朱二書皆撰於乾道八年(1172)春,故推知本書撰於此後,約在秋、冬間。

朱熹《答胡廣仲》：

熹承諭向來爲學之病，足見高明所進日新之盛，一方後學，蒙惠厚矣。然以熹觀之，則恐猶有所未盡也。蓋不務涵養而專於致知，此固前日受病之原；而所知不精，害於涵養，此又今日切身之病也。若但欲守今日之所知，而加涵養之功以補其所不足，竊恐終未免夫有病，而非所以合内外之道，必也盡棄今日之所已知而兩進夫涵養格物之功焉，則庶乎其可耳。蓋來書所論，皆前日致知之所得也，而其病有如左方所陳者，伏惟幸垂聽而圖之。

夫太極之旨，周子立象於前，爲説於後，互相發明，平正洞達，絶無毫髮可疑。而舊傳《圖》、《説》皆有繆誤，幸其失於此者猶或有存於彼，是以向來得以參互考證，改而正之。凡所更改，皆有據依，非出於己意之私也。舊本圖子既差，而《説》中“靜而生陰”，“靜”下多一“極”字，亦以《圖》及上下文意考正而削之矣。若如所論，必以舊《圖》爲據而曲爲之説，意則巧矣。然既以第一圈爲陰靜，第二圈爲陽動，則夫所謂太極者果安在耶？又謂先有無陽之陰，後有兼陰之陽，則周子本説初無此意，而天地之化似亦不然。且程子所謂無截然爲陰爲陽之理，即周子所謂互爲其根也。程子所謂升降生殺之大分不可無者，即周子所謂分陰分陽也。兩句相須，其義始備。故二夫子皆兩言之，未嘗偏有所廢也。今偏舉其一，而所施又不當其所，且所論先有專一之陰，後有兼體之陽，是乃截然之甚者。此熹之所疑者一也。

"人生而静，天之性"者，言人生之初，未有感時，便是渾然天理也。"感物而動，性之欲"者，言及其有感，便是此理之發。程子於《顏子好學論》中論此極詳，但平心易氣，熟玩而徐思之，自當見得義理明白穩當處，不必如此强説，枉費心力也。程子所謂"常理不易"者，亦是説未感時理之定體如此耳，非如來諭之云也。此熹之所疑者二也。

《知言疑義》所謂"情亦天下之達道"，此句誠少曲折，然其本意却自分明。今但改云"情亦所以爲天下之達道也"，則語意曲折備矣。蓋非喜怒哀樂之發，則無以見其中節與否，非其發而中節，則又何以謂之和哉？心主性情，理亦曉然，今不暇别引證據，但以吾心觀之，未發而知覺不昧者，豈非心之主乎性者乎？已發而品節不差者，豈非心之主乎情者乎？"心"字貫幽明、通上下，無所不在，不可以方體論也。今曰"以情爲達道，則不必言心矣"，如此，則是專以心爲已發，如向來之説也。然則謂未發時無心，可乎？此義程子答吕博士最後一書説已分明，今不察焉，而必守舊説之誤，此熹之所疑者三也。

"性善"之"善"，不與"惡"對，此本龜山所聞於浮屠常總者。宛轉説來，似亦無病。然謂性之爲善未有惡之可對則可，謂終無對則不可。蓋性一而已，既曰無有不善，則此性之中無復有惡與善爲對，亦不待言而可知矣。若乃善之所以得名，是乃對惡而言，其曰性善，是乃所以別天理於人欲也。天理、人欲，雖非同時並有之物，然自其先後、公私、邪正之反而言之，亦不得不爲對也。今必謂別有無對之善，此又熹之所疑者四也。

《中庸》鄙説誠有未當，然其説之病正在分曉太過，無復餘味，以待學者涵泳咀嚼之功。而來諭反謂未曾分曉説出，不知更欲如何乃爲分曉説出耶？天命之性不可形容，不須贊歎，只得將它骨子實頭處説出來，乃於言性爲有功。故熹只以仁、義、禮、智四字言之，最爲端的。"率性之道"，便是率此之性無非是道，亦離此四字不得。如程子所謂"仁，性也，孝悌是用也。性中只有仁、義、禮、智而已，曷嘗有孝弟來"，此語亦可見矣。蓋父子之親、兄弟之愛固性之所有，然在性中只謂之仁，而不謂之父子、兄弟之道也。君臣之分、朋友之交，亦性之所有，然在性中只謂之義，而不謂之君臣、朋友之道也。推此言之，曰禮曰智，無不然者，蓋天地萬物之理無不出於此四者。今以此爲倒説，而反謂仁義因父子、君臣而得名，此熹之所疑者五也。

中和體用之語，亦只是句中少曲折耳。蓋中者，所以狀性之德而形道之體；和者，所以語情之正而顯道之用。熹前説之失，便以中和爲體用，則是猶便以方圓爲天地也，近已用此意改定舊語。如來諭所疑，却恐未然。又云

“中，自過不及而得名”，此亦恐説未發之中不著。此熹之所疑者六也。

至於仁之爲説，昨兩得欽夫書，詰難甚密，皆已報之。近得報云，却已皆無疑矣。今觀所諭，大槩不出其中者，更不復論。但所引《孟子》“知”、“覺”二字，却恐與上蔡意旨不同。蓋孟子之言知、覺，謂知此事、覺此理，乃學之至而知之盡也。上蔡之言知、覺，謂識痛癢、能酬酢者，乃心之用而知之端也。二者亦不同矣。然其大體皆智之事也。今以言仁，所以多矛盾而少契合也。憤驕險薄，豈敢輒指上蔡而言，但謂學者不識仁之名義，又不知所以存養，而張眉努眼、説知説覺者，必至此耳。如上蔡詞氣之間，亦微覺少些小溫粹，恐亦未必不坐此也。夫以愛名仁固不可，然愛之理則所謂仁之體也。天地萬物與吾一體，固所以無不愛，然愛之理則不爲是而有也。須知仁、義、禮、智四字一般，皆性之德，乃天然本有之理，無所爲而然者。但仁乃愛之理、生之道，故即此而又可以包夫四者，所以爲學之要耳。細觀來論，似皆未察乎此，此熹之所疑者七也。晦叔書中論此，大略與吾丈意同，更不及別答，只乞轉以此段呈之。大抵理會“仁”字，須并“義”、“禮”、“智”三字通看，方見界分分明，血脉通貫。近世學者貪説“仁”字而忽略三者，所以無所據依，卒并與“仁”字而不識也。

夫來教之爲此數説者，皆超然異於簡册見聞之舊，此其致知之功亦足以爲精矣。然以熹之所疑考之，則恐求精之過而反失之於鑿也。大抵天下事物之理，亭當均平，無無對者，唯道爲無對。然以形而上下論之，則亦未嘗不有對也。蓋所謂對者，或以左右，或以上下，或以前後，或以多寡，或以類而對，或以反而對，反復推之，天地之間，真無一物兀然無對而孤立者。此程子所以中夜以思，不覺手舞而足蹈也。究觀來教，條目固多，而其意常主於別有一物之無對。故凡以左右而對者，則扶起其一邊；以前後而對者，則截去其一段。既彊加其所主者以無對之貴名，而於其所賤而列於有對者，又不免別立一位以配之。於是左右偏枯，首尾斷絶，位置重疊，條理交併。凡天下之理勢，一切畸零贅剩、側峻尖斜，更無齊整平正之處。凡此所論陰陽、動靜、善惡、仁義等説，皆此一模中脱出也。常安排此個意思規模横在胸中，竊恐終不能到得中正和樂、廣大公平底地位。此熹所以有“所知不精，害於涵養”之説也。若必欲守此，而但少加涵養之功，別爲一事以輔之於外，以是爲足以合内外之道，則非熹之所敢知矣。要須脱然頓舍舊習，而虛心平氣，以徐觀義理之所安，則庶乎其可也。仰恃知照，不鄙其愚，引與商論，以求至當之歸，敢不整竭所懷以求博約。蓋天下公理，非一家之私，儻不有益於執事之高明，則必有警乎熹之淺陋矣。《晦庵文集》卷四二。

　　案：書中所論，乃承上二書（《大極圖》舊本極荷垂示）、（伊川先生曰）。又書中云“但所引《孟子》

'知'、'覺'二字,却恐與上蔡意旨不同",即朱熹《答
張欽夫又論仁説》所云"廣仲引《孟子》'先知先覺'以
明上蔡'心有知覺'之説,已自不倫,其謂'知此覺
此',亦未知指何爲説",《晦庵文集》卷三二。《答張欽
夫又論仁説》約撰於乾道九年(1173)夏,本書撰於
其前。

胡　憲

　　胡憲(1086—1162),字原仲,號籍溪,居建州崇安(今
福建武夷山市)。胡安國從子。紹興中,賜進士出身,授
左迪功郎,添差建州教授。二十九年(1159),以大理司直
召,未行,改祕書省正字。三十一年正月,改秩與祠歸。
《繫年要録》卷一八二、卷一八三、卷一八八。三十二年卒,年
七十七。《宋史》卷四五九有傳。

朱熹《與胡籍溪先生》:

　　昨日節略禮儀,尚有二節可疑,敢以求教。《書儀》中
云:"壻揖婦,降自西階,至婦轎所立,舉簾以俟。"前日見
先生云:古人用車,不可升階,乃就階下置車,故有降自
西階之禮。今既用轎子,不知只就廳上否? 如此則婦先
入轎,然後降自西階以出矣。又婦既入壻之家,壻導婦以
入,不見有舉蒙首之禮,未知今如何? 乞批以見教。《晦庵

文集》別集卷三。

案：王懋竑《朱子年譜》卷一云紹興二十五年
(1155)朱子於同安任上定釋奠禮,並申請嚴婚禮：
“初,縣學釋奠舊例,止以人吏行事。先生至,求《政
和五禮新儀》印本於縣,無之,乃取《周禮》、《儀禮》、
《唐開元禮》、《紹興祀令》更相參考,畫成禮儀、器用、
衣服等圖,訓釋辨明,纖悉畢備。俾執事、學生朝夕
觀覽,臨事無舛。”《晦庵文集》卷二〇有《申嚴昏禮
狀》。是知本書乃朱子此時編纂民庶婚禮,請教籍溪
先生耳。

《文叔》：

婦既用轎子,則只就廳上,壻却須就廳前上馬。舉蒙
首之禮,溫公不説,少間檢《伊川集》,續報去也。《晦庵文
集》別集卷三。

案：本書校記:《記疑》云“《文叔》兩條疑上篇答
語”。如此則本書乃屬胡憲答書。待考。

《文叔》：

舉蒙首之禮,適檢《伊川集》有之,乃未就坐飲食時行
之。今想已不及矣。《晦庵文集》別集卷三。

案：上書(婦既用轎子)云及“舉蒙首之禮,……
少間檢《伊川集》,續報去也”,故本書即“續報”之書。

朱熹《與籍溪胡原仲先生》：

熹拜覆正字丈丈尊前：熹拜違教席，忽已月餘，瞻慕
之誠，食息不置。即日秋暑未闌，伏惟秘府清暇，尊候動
止萬福。熹侍親養疾，幸粗遣，不煩賜念。但自別後，殊
不聞動靜。今日拜省二十姑，亦云未得到在所消息，不勝
懸想耳。計程月初可到，今想視事久矣。官居廩食之況
不敢問，物情時變，必已了然於胸中矣。如有用我，而將
奚先？此則區區所欲聞也。因來賜書，願以開示，少紓畎
畝之憂。幸甚幸甚。

吾道不幸，范丈前月十八日遂不起疾。憂時深切，信
道篤誠，世豈復有斯人哉！前此往哭其殯，視其家生理蕭
然，未知所稅。衆議葬於渭曲，從其卜居之志，甚善。但
聞其家欲居泰寧，似非良計。然伯修樂之，人不得而間
也。熹初與元履諸人議，以爲居建陽一則便於墳墓，二則
便於講學，三則便於生事，言之甚詳，未有見從之意。竊
惟范丈平日教誨之誼，未敢默然，故敢復言於左右。伏想
一慟之餘，亦當念之至此。因書一提其耳，或能改轍束
來，則甚善也。

八哥此月亦物故，其重不幸如此，可傷！伯逢令姪自
崇安徑趨邵武，聞留止數日，想今已行矣。不得一見，甚
以爲恨。共父數相見否？迎侍乍到，不知爲況又如何？
旬父後月初可歸，到時恐尚留邵武，旦夕亦當歸也。

山中絶無事，早秔收熟，斗穀售十五錢，小民無他恙，

幸可寧息。謾恐欲知之。熹衰疾幸不作，氣體似亦差勝。
向欲得真齊州半夏合固真丹，不知都下有之否？如可尋
訪，乞爲置得一二兩，便中寄示，幸甚。蓋病雖小愈，不得
不過爲隄防也。伯誠仙尉尊兄想非晚可歸矣，不敢別狀。
天氣向涼，伏願順時保重，行奮壯猷，以慰人望。謹啓，不
備。《晦庵文集》卷三七。

　　案：書中有云“范丈前月十八日遂不起疾”，范
丈指范如圭，紹興三十年六月卒。《晦庵文集》卷八九
《直秘閣贈朝議大夫范公神道碑》。朱子爲作《范直閣墓
記》，稱“從表侄……謹記”。《晦庵文集》卷九四。則推
知本書撰於是年（1160）七月間，時胡憲入行在赴秘
書省正字任。

朱熹《與籍溪胡先生》：

　　熹拜覆正字丈丈尊前：前月附便拜書，不知已達尊
視否？自拜違後，一向不聞問。數日前拜省二十姑宜人，
蒙出示家問，獲聞詳實，深以爲喜。承嘗有賜書，然亦未
拜領也。即日秋氣澄明，伏惟尊候動止萬福。熹奉親養
疾，幸安田里，不敢上勤紀録。但里中秋來闕雨，此數日
來晚稻秀而將實，尤覺焦渴爲患。方議祈禱，謾恐欲知。

　　范丈卜以重陽日葬，近得伯崇書，令爲處葬禮一二變
節，一日爲檢閱，今日方略定矣。遠地不得求正於丈丈。
及有爲撰壙中誌石文，并俟他日請教。倦甚，拜書不能

詳。范家事於共父書中言之頗子細，乞轉詢之也。熹前書所議謀居一事，與前日所見家問中意偶合。此事勢難復與，蓋其家已目元履與熹爲伯崇之黨矣，可歎之甚。然不能息意者，政以范丈平日教誨之德不敢忘耳。得丈丈因書告語之，甚善。

秋已向深，江上消息如何？得且平善，甚幸。然愚意反以爲憂，蓋今出師防戍，轉輸科斂所不能免，聞沿江海州縣已騷然矣。歲歲如此，何以支吾？此不待兩兵相加而坐受敝之勢也。

前日劉子源來此，道嶺上拜別所聞誨言，以爲必極論天下事，至於慷慨灑涕，有以見仁人之心不能忘世如此。近又見其父家兵士說丈丈至彼耳聽漸聰，天其或者將一試大儒之效乎？聞之喜而不寐，伏計必有規模素定於胸中。

熹竊謂天下形勢如前所云者，亦當路所不可不知也。救之之術，獨在救其本根而已。若隨其變而一一應之，則其變無窮，豈可勝救也哉？而所謂救其本根之術，不過視天下人望之所屬者舉而用之，使其舉措用捨必當於人心，則天下之心翕然聚於朝廷之上，其氣力易以鼓動。如羸病之人，鍼藥所不能及，炳其丹田氣海，則氣血萃於本根而耳目手足利矣。不審丈丈以爲如何？因筆不覺及此。燈下作書，目力方倦，極草草不如法，伏乞尊察。未拜侍間，伏乞保重，以俟休命。中秋前一日，謹拜啓，不備。熹拜覆。《晦庵文集》卷三七。

　　案：本書撰於"中秋前一日"，即八月十四日。朱子《跋胡五峰詩》云："初紹興庚辰，熹臥病山間，親友仕於朝者以書見招，熹戲以兩詩代書報之"云云。《晦庵文集》卷八一。

　　本書節文又載於《宋名臣言行錄外集》卷一一《胡憲籍溪先生》，然文字稍有異同，故載之於下："晦翁致書略曰：'前日聞極論天下事，至於慷慨洒涕，有以見仁人之心不能忘世如此。天其或者一試大儒之效乎？聞之喜而不寐，伏計必有規模素定於胸中。某切謂天下形勢，當路所不可不知也。救之之術，獨在救其本根而已，不過視天下人望之所屬者舉而用之，使其舉措用舍必當於人心，則天下之心翕然，其氣力易以鼓動。如羸病之人，針藥所不能及，灸其丹田氣海，則氣血萃於本根而耳目手足利矣。'"

胡　　泳

　　胡泳，字伯量，南康建昌（今江西永修）人。"嘗從朱子游，不樂仕進，學者翕然尊之，稱爲洞源先生。從祀白鹿洞三賢祠"。《江西通志》卷九一。

朱熹《答胡伯量泳**》：**

　　治喪不用浮屠，或親意欲用之，不知當如何處？

且以委曲開釋爲先。如不可回,則又不可咈親意也。

李敬子説"居喪欲嚴内外之限,莫若殯於廳上,庶幾内外不相通"。周舜弼云:"終喪不入妻室,雖漢之武夫亦能。吾人稍知義理,當不待防閑之嚴,而自不忍爲矣。"某竊疑周丈之言未密,不知果當何從?

敬子説是。古人殯於西堦之上,設倚廬於庭中,皆在中門之外也。

某舊聞風水之説斷然無之。比因謀葬先人,周旋思慮,不敢輕置,既以審諸己,又以詢諸人。既葬之後,略聞或者以爲塋竁坐向少有未安,便覺惕然不安,乃知人子之喪親,盡心擇地,以求亡者之安,亦未爲害。然世俗之人,但從時師之説,專以避凶趨吉爲心,既擇地之形勢,又擇年月日時之吉凶,遂致踰時不葬。某竊謂程先生所謂道路窋井之類,固不可不避,土色生物之美,固不可不擇。然欲盡人子之心,則再求衆山拱揖、水泉環繞,藏風聚氣之地。至於擇日,則於三日中選之。至事辦之辰,更以決其卜筮,某山不吉?某水不吉?既得山水拱揖環繞於前,又考其來去之吉凶。雖已脗合,又必須年月日時之皆合其説,則恐不必如此,不知然否?

伊川先生力破俗説,然亦自言須是風順地厚之處乃可。然則亦須稍有形勢拱揖、環抱無空闕處,乃可用也,但不用某山某水之説耳。

　　某昨者營葬之時，結屋數椽于先壠之西。既葬後，與諸弟常居其間，庶得朝夕展省，且免在家人事混雜。敬子以爲主喪者既葬當居家，蓋神已歸家，則家爲重。若念不能忘，却令弟輩宿墓，時一展省可也。程先生論古人直是誠實處最可觀。又以質之舜弼，云：“廬墓一節，不合聖賢之制，切不須爲之。”某既聞此二説，不欲更遂初志，日即則在家間中門外別室，更常令一二弟居宿墳庵，某時一展省。未知可否？

　　墳土未乾，時一展省，何害於事？但不須立廬墓之名耳。

　　《士虞禮·記》曰：“卒哭明日，以其班祔。”《禮記》曰：“卒哭明日，祔于祖父。”又曰：“殷練而祔，周卒哭而祔。孔子善殷。”《開元禮》、《政和禮》皆曰“禫而祔”。伊川先生、横渠先生《喪紀》又皆曰“喪三年而祔”。温公《書儀》雖“卒哭而祔”，然祔祭畢只反祖考神主於影堂，仍置亡者神主於靈座。此是《儀禮》注中説。以爲不忍一日未有所歸，則既祔自當遷主于廟。若復主于靈坐，以盡哀奉之意，則先設祔祭，又復文具，不知《書儀》之意如何？續觀先生復陸教授書云：“吉凶之禮，其變有漸。卒哭而祔者，漸以神事之。復主于寢者，猶未忍盡以事死之禮事之也。”又按《儀禮》：“始虞之下，猶朝夕哭，不奠。”《書儀》亦謂葬後饋食爲俗禮。如此，則几筵雖在，朝夕哭之外全然無事。《文集》以先王制禮爲言者，但以朝夕哭爲猶有事生之意爾，别有所據。《儀禮》"朔月奠"下鄭《注》："大祥之後，則四時祭焉。"如此，則朔奠於祭後亦似不廢，未知是否？某向來卒哭後既失祔祭之禮，不知可以練時權宜行之否？併乞賜教。

祔與遷是兩事。卒哭而祔，禮有明文。遷廟則《大戴記》以爲在練祭之後。然又云主祭者皆玄服，又似可疑。若曰"禫而後遷"，則大祥便合徹去几筵，亦有未便。記得横渠有一說，今未暇檢，俟後便寄去。

按《禮》居喪不弔，其送葬雖無明文，然"執紼"即是執事，在禮亦有所妨。據鄉俗，不特往弔、送葬，凡親舊有吉凶之事，皆有所遺，不知處此當如何？

吉禮固不可預，然送弔之禮却似不可廢，所謂"禮從宜"者此也。

居喪月朔殷奠、薦新及歲時常祀，合與不合舉行？

薦新、告朔，吉凶相襲，似不可行。未葬可廢，既葬則使輕服或已除者入廟行禮可也。四時大祭，祭葬亦不可行。如韓魏公所謂節祠者，則亦如薦新行之可也。

居喪貧窘多事，哀思不能接續常存，遇時節時終覺勉强，不知如何？

思親之感發於自然，但不以事奪之可也。此又豈可别作道理計較，而必其哀之至耶？

某居喪讀《禮》，欲妄意隨所看所見，逐項編次，如《書儀》、《送終禮》之篇目，仍取《儀禮》、《禮記》、朝制條法、《政和儀略》之類，及先儒議論，以次編入，庶幾得以維持哀思。不知如何？

有餘力則爲之，不必問人。若力未及，即且先其功夫之急切者乃爲佳耳。

某始成服時，據《三圖禮》、溫公《書儀》、高氏《送終禮》參酌爲冠絰、衰裳、腰絰、絞帶。按禮衰麻合皆用生麻布，今之麻布類經灰治，雖縷數不甚密，然似與"有事其縷，無事其布"之總異，不知於禮合別造生布，或只隨俗用常時麻布爲之？先生於此處批云："若能別造生布，則別造可也。"

此等處但熟考注疏即自見之，其曲折難以書尺論也。然"喪，與其易也，寧戚"，此等處，未曉亦未害也。廖庚字西仲，大冶縣人，有《喪服制度》。

又按程先生定《主式》中，尺法注云："當今省尺五分弱。"初欲用此，及以裁度，覺全然短狹。舜弼云："沙隨程氏尺法與今尺相近，曾聞先生以爲極當。其尺法已失之矣，不若且只以人身爲度。"某乃遵用。及因讀《禮》，見鄭氏注"苴絰大絰"之下云："中人之扼圍九寸。"以今人之手約之，覺得程先生之法深合古制。未審先生當時特取沙隨尺法者何意？續得沙隨尺法，比古尺只長六寸許。

尺樣溫公有圖，後人刻之於石，其説甚詳。沙隨所據，即此本也。

又按《三禮圖》所畫苴絰之制，作繩一圈而圈之，又似以麻橫纏，與畫繩之文不同。疑與先儒所言環絰相似，不諭其制，又質之周丈，云："當只用一大繩，自喪冠額前繞向後結之。或以一繩，兩頭爲環，別以小繩束其兩環。"某遂遵用。然竟未能明"左本在下"之制。近得廖丈西仲名庚。所畫圖，乃似不亂麻之本末，紐而爲繩，屈爲一圈，相交處以細繩繫定，本垂於左，末屈於內，似覺與"左本在下"之制相合。然竟未知適從，不知當如何？

未盡曉所説，然恐廖説近之。廖君説每得之。若相去不遠，可面扣也。

又按《三禮圖》"絰之四旁綴短繩四條，以繫于武"。周丈云："就武上綴帶子四條。"某竊疑用繩者似爲宜。但未知既用繩，則齊衰以下武既用布，繫絰亦當用布否？

此項不記，今未暇檢，可自詳看注疏。

又周丈以苴絰著冠武稍近上處，廖丈以爲繫冠於絰上，絰在冠之武下。二説不同，未知孰是？

絰當在武之外。

又按《喪服大傳》"苴絰大搹，五分去一以爲帶"，《書儀》因論"五分去一以爲腰絰"。然考《喪服》經文，只言苴絰，鄭注謂在首、腰皆曰絰，如此則以絞帶獨小五分之一，而首絰、腰絰皆大搹。惟《士喪》有"腰絰小焉"之文，鄭注乃謂"五分去一"，不知當以此爲據否？然《喪服》所以總二絰而兼言之，覺無分別。伏乞指誨。

此如道服之橫襴，但綴處稍高耳。《儀禮》衰服用布有尺寸，衣只到帶處，此半幅乃綴於其下以接之，廖說是也。

某向借到周丈舊所録《喪禮》，内批云："先生説衰服之領，不比尋常衫領用邪帛盤旋爲之，只用直布一條，夾縫作領，如州府承局衫領。"然比見黄丈寺丞乃云："常以此禀問先生，報云：'如承局衫領者，乃近制杜撰，非古制，只當如深衣直領。'"未知是否？

周説誤也，古制直領只如今婦人之服。近年禮官不曉，乃改云直襴衫，又於其下注云："謂上領不盤。"遂作上領襴衫，而其領則如承局之所服耳。黄寺丞説近是，但未詳細耳。

又按《喪服記》云"袀二尺有五寸"，注謂凡用布三尺五寸。周丈云："三尺五寸布裁爲兩處，左右相沓，此一邊之袀也；更用布三尺五寸，如前爲之，即兩邊全矣。"及觀廖丈圖説，則惟衰服後式有之，似只用三尺五寸之布，裁爲兩袀，分爲左右，亦相沓在後，與《心聲啓》圖合。但恐不足以掩裳之兩際，如何？先生批云："既分於兩旁，便足以掩裳之兩旁矣。"

以丈尺計，恐合如廖説，可更詳之。廖圖煩畫一本，并其注釋全文録示。

又按《書儀》"要経交結處，兩旁相綴白絹帶繫之，使不脱"。周丈云："以小帶綴衰服上，以繫経。"繼考廖丈之説，謂以二小繩牢綴於要経相交處，以紐繫腰経，象大帶之紐約用組也。三説言繫要絰不同，不知孰是？
廖説與温公之説同，似亦是注疏本文，可更考之。

又按《儀禮》"絰五分去一以爲帶"，始疑帶即絞帶，
續又觀"齊衰以下帶用布不用麻"，則布帶必難以圍量，
《喪服》所指須別有義，但未知絞帶大小以何爲定？先生
批云："此等小節，且以意定而徐考之可也。"《書儀》謂以細
繩帶繫於其上，恐指絞帶。先生批："非是。"然絞帶以爲
束，要絰以爲禮，則絰在上矣。未委然否？

吉禮先繫革帶，如今之皮束帶，其外又有大帶，以申
束衣，故謂之紳。凶服先繫絞帶，一頭作環，以一頭穿之而
反扱於腰間，以象革帶。絰帶則兩頭皆散垂之，以象大帶。
此等處注疏言之甚詳，何不熟考，而遠遠來問耶？女之服，
古禮不可考，今且依《書儀》之説可也。《晦庵文集》卷六三。

案：本書校記："治喪不用浮屠，或親意欲用之"
句，浙本作"治喪不用浮屠法，而老母之意必欲用之，
違之則咈親意，順之則非禮"。又，"李敬子説'居喪
欲嚴內外之限，莫若殯於廳上，庶幾內外不相通'。
周舜弼云"句，浙本作"舊見親舊家居喪多略于內外
之限，其間類多犯禮。李丈云：'如不得已，殯勿於堂
上，只於廳上，帷次夾截，勿令相通，庶稍可杜絕此
弊。'某聞此言後，自先人捐棄，遂用李丈説，諸孤寢
處柩旁，無故不入中門，似覺稍免混雜。後以質周
丈，云"。又"伊川先生、橫渠先生《喪紀》又皆曰'喪

三年而祔’。温公《書儀》雖‘卒哭而祔’”句,《考異》
引一本云“伊川先生、横渠先生《喪紀》又皆曰‘喪三
年而祔’。向來不暇深考,只謂禮儀從重,始有循俗。
繼考温公《書儀》雖是‘卒哭而祔’”。又“以爲不忍一
日未有所歸”句上,《考異》引一本有“揆撰人情却似
可行然”九字。又“以盡哀奉之意,則先設祔祭,又復
文具,不知《書儀》之意如何？續觀先生復陸教授書
云”句,《考異》引一本作“庶幾人子得盡其朝夕哀奉
之意,則又似不須先設祭以爲祔之之名,不知《書儀》
之意如何？續觀麻沙所印先生文集中,有復陸教授
書,大概云”。又“又按《儀禮》”句,《考異》引一本作
“竊意《文集》所説,固是深察乎仁人孝子之情,然《禮
記》言祔亦别有指,又且《儀禮》”。又“按《禮》居喪不
弔”句上,浙本有“某自執喪之後,營墳外,凡幹皆不
敢出,直至葬後方出謝人。雖知《士喪服》有‘成服拜
賓’之文,然中疑惑,不敢循用。不知緩出可否？又
既出之後,親舊有喪事,在鄉俗常禮必須往弔,且往
送喪”七十二字。又“不知處此二事當如何”句上,浙
本有“凶事送遺固已悖禮,古禮尤覺不安”十四字。
又“居喪月朔殷奠、薦新及歲時常祀,合與不合舉行”
句,浙本作“某居父喪時,遇月朔,先行殷奠,次入影
堂薦新。雖然常事頗能不廢,第先後之序似乎紊亂。
又既奠之餘,哀情未盡,便薦獻,疑爲未安。李丈云：

'莫若先薦新而後朔奠。'然亦各不安，欲冬至歲節雖知禮有'喪不祭'之文，然未敢輕廢影堂之祀，但行禮之際稍從簡略。周丈云：'既居重喪，何暇如此？'不知居重喪者歲時常祀合與不合舉行，殷奠薦新可與不可並舉？伏乞裁誨"。又"居喪貧窘多事"句，浙本作"居父母之喪，祭葬之後"。又"某居喪讀《禮》，欲妄意隨所看所見"句，浙本作"某自居喪以來，於哭泣之餘，家事之隙，與諸弟日讀《喪禮》。今妄意隨所看見"。又"如《書儀》、《送終禮》之篇目"句下，浙本有"而更加詳焉"五字。又"庶幾得以維持哀思"句上，浙本有"固知僭越妄易，不應爲此，然區區哀誠，止欲與弟輩盡心考禮"二十四字。又"據《三圖禮》、溫公《書儀》、高氏《送終禮》參酌爲冠経、衰裳、腰絰、絞帶"句，浙本作"以荒迷中無所考，據鄉俗之制，用粗布作襴衫及三梁冠，麻爲腰繩。續覺不安，遂用《三禮圖》及溫公《書儀》、高氏《送終禮》、麻沙所印《心聲啓》所畫格式，質之周丈，粗已了辨。第其間尚有多未安，敢以就正"。又"不知於禮合別造生布"句，浙本作"不知要得當禮時合當別造生布爲之"。

本書乃朱熹答胡泳問喪禮，據朱熹《答黃直卿》（《禮書》便可下手抄寫）有云"南康李敬子與一胡君同來，見在書院。……胡君堅苦，讀《喪禮》甚子細，亦不易得"，《晦庵文集》續集卷一。此胡君，即指胡泳。

故推知此答喪禮問目,乃胡泳來武夷從學時所呈而朱熹答之之卷。《答黃直卿》撰於慶元四年(1198)三月末或稍後,則本書約撰於一時先後。

朱熹《答胡伯量》:

《喪大記》有"吉祭而復寢"之文,疏謂:"禫祭之後,同月之內值吉祭之節,行吉祭訖而復寢。若不當四時吉祭,則踰月吉祭乃復寢。"不審所謂吉祭,即月享或禘祫之禮否?

月享無明文,只《祭法》、《國語》有之,恐未足據。吉祭者,疑謂禘祫之屬,然亦無明據。今以義起可也。不然,即且從《大記》疏說。

比者祥祭止用再忌日,雖衣服不得不易,惟食肉一節欲以踰月爲節,不知如何?

踰月爲是。

忌日之變,吕氏謂自曾祖以下,變服各有等級。聞先生於諱日亦變服,不知今合如何?

唐人忌日服黲,今不曾製得,只用白生絹衫帶黲巾。

《主式》用尺,程先生所謂省尺者,先生以爲即温公三司布帛尺,不知其制長短如何?

温公有一小圖刻石,偶尋不見,然此等但得一書爲據足矣,不必屑屑較計,不比聲律有高下之差也。

先兄乃先人長子,既娶而死。念欲爲之立後,但既立後，則必當使之主祭，則某之高祖亦當祧去否？

既更立主祭者，即祠版亦當改題無疑。高祖祧去，雖覺人情不安，然別未有以處也。家間將來小孫奉祀，其勢亦當如此，可更考之。

中月而禫。

"中月而禫"，猶曰中一以上而祔。《漢書》亦云"間不一歲"，即鄭注《虞禮》爲是，故杜佑亦從此説，但《檀弓》云"是月禫"及"踰月異旬"之説爲不同耳。今既定以二十七月爲期，即此等不須瑣細，如此尋討，枉費心力。但於其間自致其哀足矣。《晦庵文集》卷六三。

案：書中論及溫公尺，云"溫公有一小圖刻石，偶尋不見"，而上書（治喪不用浮屠）中云"尺樣溫公有圖，後人刻之於石，其説甚詳"，知本書當在上書以後。

朱熹《與胡伯量書》：

所定《禮》編，恨未之見。此間所編《喪禮》一門，福州尚未送來。將來若得賢者持彼成書，復來參訂，庶幾詳審不至差互。但恐相去之遠，難遂此期耳。《朱子語類》卷八四。

案：《朱子語類》卷八四載胡泳所記曰："泳居喪時，嘗編次《喪禮》，自始死以至終喪，各立門目。嘗以門目呈先生，臨歸，教以編《禮》亦不可中輟。泳曰：'考《禮》無味，故且放下。'先生曰：'橫渠教人學《禮》，呂與叔言如嚼木札。今以半日看義理文字，半日類《禮》書亦不妨。'後蒙賜書云：'所定《禮》編，恨未之見。此間所編《喪禮》一門，福州尚未送來。將來若得賢者持彼成書，復來參訂，庶幾詳審不至差互。但恐相去之遠，難遂此期耳。'福州謂黄直卿也。"據朱熹《答黄直卿》（《禮書》便可下手抄寫），《晦庵文集》續集卷一。胡泳於慶元四年春來問學，當年即歸，故推知本書約撰於慶元五年（1199）中。

胡元衡

胡元衡，字平一，隆興武寧（今屬江西）人。淳熙八年（1181）黄由榜上舍進士出身。開禧二年（1206）三月以右司員外郎兼國史院編修官。《南宋館閣録續録》卷九。

朱熹《答胡平一元衡》：

白鹿聞極留念，甚善甚善。所謂時文之外別無可相啓發者，語似過謙，此亦在夫爲之而已，豈真有限隔而不容一窺其門户哉！

所喻三代正朔之説，舊嘗疑此而深究之，卒至於不可稽考而益重其所疑，因置不論。今讀來喻，考究雖詳，然反復再三，亦未有以釋所疑也。如云周家記年，必首十一月，而《春秋》乃書春正月，又云未嘗改月號，以冬爲春，假夏月而亂周典，則未知《春秋》所謂春正月者，其下所書之事爲建子月之事耶？建寅月之事耶？若云建子月事，則春正月者，豈非改月號而以冬爲春？若云建寅月事，則是用夏正月而亂周典矣，安得云未嘗云云如是耶？前人蓋已見此不通，故爲胡氏之學者爲之說曰：春正月者，夫子意在行夏之時，而以建寅之月爲歲首也。其下所書之事即建子月之事，無其位而不敢自專也。如此，則或可以不礙。然《春秋》所書之月，遂與月下之事常差兩月，則恐聖人作經又不若是之紛更多事也。凡此之類，反復推說，儘有可通，亦儘有可難。雖嘗遍問前輩，亦未有決然堅定不可移之說。

竊謂讀書凡若此類，與其求必通而陷於鑿，且又虛費日力而無補於日用切己之功，則似不若闕之之爲愈也。若夫所謂日用切己之功，則聖賢言之詳矣。其在《大學》、《論語》、《中庸》、《孟子》者文義分明，指意平實，讀之曉然，如見父兄說門內事，無片言半詞之可疑者什八九也。曷爲不少置其心於此，而必用意於彼之崎嶇哉？因書附報，偶及於此，幸明者有以察之也。《晦庵文集》卷五八。

案：書中有云“白鹿聞極留念”，又云“所謂時文之外別無可相啓發者，語似過謙，此亦在夫爲之而已”，因白鹿洞故址發現於淳熙六年十月下旬，朱熹隨即申狀修復，《年譜長編》卷上。而胡元衡舉淳熙八年進士，故自胡元衡所謂“時文之外別無可相啓發者”，推知當在其初中進士時，故推知本書約撰於八年(1181)夏間或稍後。

晏　淵

晏淵（1135—1198），字亞夫，號蓮蕩，世居襄陽（今屬湖北），後徙居蜀，家涪坪山。受學於晦庵。《蜀中廣記》卷九一。

朱熹《答晏亞夫_淵》：

奉別逾年，思念不置。然一向不聞問，不知何時到家，州舉得失復如何也？比日冬寒，爲況想佳，門中尊幼，一一佳適。熹去歲到闕，不及五旬而罷。罷前一日，送范文叔於北關。歸家未久，已聞劉德脩亦罷歸矣。游判院相見，不及款而別，近亦聞其補外，不知今在何許。信蜀士之多奇也。亞夫別後，進學如何？向見意氣頗多激昂，而心志未甚凝定，此須更於日用之間，益加持敬工夫，直待於此見得本來明德之體，動靜如一，方是有入頭處也。因夔州江教授便人附此，託趙守轉致。地遠不能多談，唯千萬進德自愛而已。《晦庵文集》卷六三。

　　案：書中所言"熹去歲到闕，不及五旬而罷"，指紹熙五年冬至臨安赴職事。故書中既言"去歲"，又云"比日冬寒"，推知其撰於慶元元年（1195）冬日。

朱熹《答晏亞夫》：

長沙之別，忽忽累年，都不聞動靜，深以爲念。度周卿來，略知還家已久，不審比日爲況定何如？德門尊少，計各平安。家居爲學，所進復如何也？熹連年疾病，今歲差勝，然氣體日衰，自是無復彊健之理。所幸初心不敢忘廢，亦時有朋友往來講習。僞學汙染，令人恐懼，然不得辭也。周卿相見，必能道此間事，與所商榷之曲折。因其歸，謾附此紙，相望之遠，會面無期，唯以慨嘆耳。《晦庵文集》卷六三。

案：據下書（一別累年）"去年度周卿歸，嘗託致意"云云，而本書有言"度周卿來，略知還家已久……因其歸，謾附此紙"，推知其撰於慶元三年（1197）間。

朱熹《答晏亞夫》：

一別累年，都不聞動靜，不審比日爲況何如？計且家居奉養，讀書求志，不必遠游以弊歲月也。熹衰朽疾病，更無無疾痛之日。明年便七十矣。區區僞學，亦覺隨分得力，但文字不能得了，恐爲千載之恨耳。蔡季通、吕子約、吴伯豐相繼淪謝，深可傷歎。眼中朋友，未見有十分可望者，不知亞夫比來所進如何？今因建昌包君粥書之行，附此奉問。別後爲學功夫次第，所得所疑，可因其還，一二報及。渠説欲求其醫書，必能自言曲折，幸略爲訪問也。去年度周卿歸，嘗託致意，不知曾相見否？劉、范、李、游諸賢，計各安健。前此便中亦時得通聲問也。無由會面，千萬進學自愛，以慰千里相望之懷。目昏，燈下草草。《晦庵文集》卷六三。

案：書中云"明年便七十矣"，則知其在慶元四

年間。書中又云"蔡季通、吕子約、吳伯豐相繼淪
謝",而吕祖儉卒於七月、蔡元定卒於八月,故推知本
書約撰於四年(1198)冬間。

皇甫斌

皇甫斌,字文仲。皇甫倜子。開禧元年(1205)四月,
爲江陵副都統兼知襄陽府。二年四月,兼京西北路招撫
副使,六月,以唐州之敗奪三官。三年末,再奪五官,英德
府安置。《宋史全文》卷二九下。

朱熹《與皇甫文仲斌》:

因遣人至九江市省馬,恐爲駔者所欺,令一稟指揮,
幸與留意,千萬之望。又有一事,軍中請給條例,合支細
色者,每碩只支六斗,不審軍府見作如何施行? 幸子細批
喻。《晦庵文集》別集卷五。

案:時皇甫斌與其父皆在江州,故本書中云有
"因遣人至九江市省馬,……幸與留意"之語,故知其
時朱熹在南康軍任上。《書信編年》以爲本書撰於淳
熙六年(1179)夏。

朱熹《與皇甫文仲》:

鞫會向熱,想未可來。此中見治一教場甚闊,亦未

竟,竟即可試馳射,容續奉報也。《晦庵文集》別集卷五。

案:書中云"鞫會向熱",推知其約撰於六年盛夏。

朱熹《與皇甫文仲》:

辟書已下否?行之遲速,若有嚴君之命,不必遷延。《賁》之初九,其義甚明,此不足為笑,而適足以見高誼耳。然行日千萬更遣一報,欲附書也。四九姪專去請見,非有素約,亦不敢令輒往,幸早遣其歸也。《晦庵文集》別集卷五。

案:書中言"辟書已下否?行之遲速,若有嚴君之命,不必遷延",而下書(示喻淮上新田偶有水患)有云"示喻淮上新田偶有水患,此天意更欲太尉且為國家立功立事,未許就此閑適耳",或此"行之遲速"云云,即指淮上之行,疑在是年夏、秋之際。

朱熹《與皇甫文仲》:

示喻淮上新田偶有水患,此天意更欲太尉且為國家立功立事,未許就此閑適耳。《大學或問》今付來介,看畢幸示及。《易傳》跋語未敢容易,更容擬定,續奉報也。荆州之行果在何日?未即承晤,臨風依然。《晦庵文集》別集卷五。

案:書中所云"《易傳》跋語未敢容易,更容擬

定,續奉報也",據朱熹《書伊川先生易傳板本後》云
"華山皇甫斌嘗讀其書而深好之,蓋嘗大書深刻,摹
以予人,惟恐傳者之不廣而讀者之不多也。顧猶来
請其所以讀之之説,熹不得讓,輒書此以遺之。淳熙
六年秋八月丙戌朔"。《晦庵文集》卷八一。所謂"《易
傳》跋語",即此,故推知本書約撰於是年七月間。

朱熹《與皇甫文仲》:

人至辱書,知還侍安穩,即爲荆渚之行,甚慰所望。
大丈夫所爲,正應如是耳。張帥書煩致之,暇日從容,更
可詳扣立身行道之曲折也。但秋風已高,衝冒良勞,千萬
加愛爲禱。弓弩甚荷留念,已別具數呈稟太尉。但斗力
太强,非羸卒所能發,須少損之耳。復之尤感深念,但藥
材之屬,又不免爲賢者之費,甚以爲愧。幸早遣還,此姪
子亦不須久恩館人也。《晦庵文集》別集卷五。

　　案:上書(辟書已下否)所云"四九姪專去請
　　見……,幸早遣其歸也",而本書云"幸早遣還,此姪
　　子亦不須久恩館人也",知承其後。又本書云"秋風
　　已高",推知其約撰於深秋。

朱熹《與皇甫文仲》:

某昨來求去不獲,近復有請,其詳具南軒書中,此不
備言也。左右到彼既久,南軒必朝夕相見,講論當有深

趣。所喻恢復規模，誠不可易之論。然今日亦惟南軒實做得此功夫，某輩衰懶，只思縮頭，豈可夢想此事也？龍山佳句，可見一時賓主之勝，恨不得爲坐上客也。所喻《易》説，實未成書，非敢有所吝於賢者。然其義理不能出程《傳》，但節得差簡略耳。大抵讀書且當盡心於一家之説，不可如此貪慕疑惑。況在今日，老兄讀書便要道理受用，又與章句儒生事體不同。但子細反復，看教程《傳》浹洽，或更就上自節出緊要處看，尤當得力也。因見南軒，試以此説扣之，亦必以爲然耳。《晦庵文集》別集卷五。

案：上書云及"知還侍安穩，即爲荆渚之行，……張帥書煩致之"，而本書又云"某昨來求去不獲，近復有請，其詳具南軒書中，……左右到彼既久，南軒必朝夕相見，講論當有深趣"，即在皇甫斌登程去荆州前夕，知承上書。又朱熹《答呂伯恭》（久不拜書）有"江州皇甫帥之子歲前至彼（指張栻），見其未病時"云云，《晦庵文集》卷三四。故推知本書約撰於是年冬。

朱熹《與皇甫文仲》：

朋友數人往遊山北，因欲請見太尉公，以觀軍容之盛。諸君皆有志者，而蔡君嘗欲講於刑名分數奇正之學，幸爲通之，使得聞其所未聞者。因與俱來，爲數日之款，千萬幸甚。《晦庵文集》別集卷五。

案：淳熙七年（1180）五月中，朱熹偕友人蔡元定等遊城北華蓋石，《年譜長編》卷上。本書中所言"朋友數人往遊山北"之事，當在此前後。江州在廬山之北，南康軍在廬山之南。

皇甫倜

皇甫倜，南宋初武將。紹興三十二年（1162）七月，馬軍司中軍統制趙撙、忠義軍統領皇甫倜復光州，遂知光州。《宋史》卷二三《光宗紀》。後任江州都統。

朱熹《與皇甫帥》：

似聞戎車將有湖、廣之役，不審定以何日戒塗？伏計運籌決勝自有成筭，疏遠不當僭有所陳。然慕用之私懷不自已，輒效其愚，惟高明裁之。

熹生長閩中，又嘗試吏泉、漳之間，其地密邇江西頃歲山寇出沒之處。紹興十八、九年間，朝廷屢遣重兵，卒不得志，甚者至於敗衄，狼狽不還。及後專委陳太尉敏招募士兵而後克之，所謂左翼軍者是也。蓋此輩初無行陳部伍，憑恃險阻，跳踉山谷之間，正得用其長技，而官軍乃以堂堂之陳當之，地形兵勢，凡彼之所長者，皆我之所短，是以每戰而每不勝也。近年茶寇形勢正亦如此，所以江西官兵屢爲所敗，而卒以摧鋒敢死之兵困之，此往事之明驗也。竊計今日湖、廣之寇正亦類此，熹願太尉養威持重,擇形勝之地,堅壁以待之,而廣募土人鄉兵,厚其金帛,結以恩意,使之出入山林,上下溪谷,以與此獠從事。則彼之長技正與賊同,又倚太尉之威聲,以順討逆,彼假息遊魂之衆,亦將何所逃其命哉?

　熹書生也,輒語兵事,近於僭率而可笑。然私心惓惓,竊恐太尉不勝忠義奮發之心,直欲以輕兵銳進,深窮巢穴,草薙而禽獮之,則非計之得也。大率東南形勢絶與西北不同,願更博訪而審度之,以圖萬全之功,則區區之望也。仰恃知照,敢布陳之,以竢采擇。惟不以其狂妄畏怯而鄙棄之,則幸甚幸甚。《晦庵文集》卷二六。

　　案:《建炎以來朝野雜記》甲集卷一四《江茶》云"淳熙二年,茶寇賴文政反於湖北,轉入湖南、江西,侵犯廣東,官軍數爲所敗。辛棄疾幼安時江西提刑,督諸軍討捕,命屬吏黄倬、錢之望誘致,既而殺之。江州都統制皇甫倜因招降其黨隸中軍"。又,《宋史》卷二四《孝宗紀》載淳熙二年四月,"茶寇賴文政起湖北,轉入湖南、江西,官軍數爲所敗。命江州都統皇甫倜招之"。五月,"命鄂州都統李川調兵捕茶寇"。六月,"以倉部郎中辛棄疾爲江西提刑,節制諸軍討捕茶寇";"振濟湖南、江西被寇州縣。是月,茶寇自湖南犯廣東"。八月,"江西總管賈和仲以捕茶寇失律除名,賀州編管";"蠲湖南、江西被寇州縣租稅"。閏九月,"辛棄疾誘賴文政殺之,茶寇平"。而本書中云"似聞戎車將有湖、廣之役,不審定以何日戒塗",故推知其約撰於是年(1175)六月間。

朱熹《與皇甫帥倜》:

某頃者星江密邇聲光,不獲一見,至今爲恨。年來奔走,疾病多故,又不得以時致問起居,尤切瞻鄉之勤。茲辱惠書,且承喻及有以知賤迹之不敢爲江右之行,足見高明相知之深,相信之篤。三復感慰,不知所言。又聞謀居筠陽,極爲得策。但太尉丈忠誠勇略,上所深知,而公廉之功見於今日者又如此,竊計不日浮謗自消,亦不容久此閒退矣。某疏拙自信,仇怨滿朝,幸上聖明,未忍誅斥。今又叨竊祠禄,安處田間,戴此厚恩,豈有涯量?亦不復敢有當世之念矣。無由會面,罄此心曲,引領齋閣,臨風拳拳。《晦庵文集》別集卷五。

案:書中言"且承喻及有以知賤迹之不敢爲江右之行",又言"今又叨竊祠禄,安處田間",據《年譜長編》卷上,淳熙九年八月,除朱熹江西提刑,朱熹辭,並請祠;十年正月,差主管台州崇道觀。故推知本書撰於淳熙十年(1183)間。

黃 裳

黃裳(1146—1194),字文叔,隆慶府普成(今四川梓潼東北)人。登乾道五年(1169)進士第。光宗登極,除太學博士,進祕書郎,遷嘉王府翊善。紹熙二年遷起居舍人,未幾除給事中,以顯謨閣待制充翊善。寧宗即位,改禮部尚書,尋兼侍讀。紹熙五年九月卒,《攻媿集》卷九九《端明殿學士致仕贈資政殿學士黄公墓誌銘》。年四十九,謚忠文。《宋史》卷三九三有傳。

朱熹《答黄冕仲》:

所論爲學功夫甚善,但若果是見得日用周旋無非至善,則亦不必大段著力把捉,却恐迫切而反失之。但且悠悠隨其所向,便是持守,久之純熟,自見次第矣。讀書且就分明處看覰涵泳,不必過爲考索,久之浹洽,自然通透也。向説小善不足爲重輕,非是以小善爲不足爲,但謂要識得大體,有用功處,不專恃此爲本領耳。善之所在,即當從之,固不可以其小而忽之也。《晦庵文集》卷五四。

案:本書校記:書題"黄冕仲",浙本作"黄文叔"。當時黄姓字文叔者除黄裳,別一人名黄度,紹興新昌人,隆興元年(1163)進士,紹熙四年守監察御史,寧宗初,改右正言,以直顯謨閣出知平江府,卒於嘉定六年十月。《宋史》卷三九三有傳。朱熹《答黄文叔度》有云"熹跧伏窮山,聞執事之名舊矣。未獲既見,每竊恨焉",《晦庵文集》卷三八。撰於慶元元年八月二十二日。可知本書非致黄度。又《山堂肆考》

卷六六《說宗朱熹》云"宋黄裳字冕仲爲嘉王府翊善"。《愛日齋叢鈔》卷二亦載"前輩有兩黄裳,皆爲端明殿學士。其一字冕仲,延平人,元豐進士第一,崇寧禮部尚書。其一字文叔,蜀人,事茂陵潛邸爲翊善。……冕仲亦紹興五年進士第一,以有官降居次"。似黄裳一字冕仲,故本書一題"答黄冕仲",一題"答黄文叔"。然《愛日齋叢鈔》其"紹興五年進士第一"者不確,當作"乾道五年"。

本書撰時未詳,據"所論爲學功夫甚善",似在黄裳科舉及第後不久。姑係本書於乾道九年(1173)。待考。

黄　東

黄東(?—1200),字仁卿,閩縣(今福建福州)人。黄榦仲兄。以蔭補將仕郎,歷任監吉州酒務、全州法曹、南劍州沙縣丞,轉文林郎,監衢州稅務,轉承直郎,改秩通直郎,知吉州萬安縣,再任知撫州樂安縣事。慶元六年五月卒於撫州郡學官舍。事蹟見黄榦《勉齋集》卷三八《仲兄知縣墓表》。

朱熹《答黄仁卿_東》:

所示《春秋大旨》,甚善。此經固當以類例相通,然亦先須隨事觀理，反復涵泳，令胸次開闊，義理貫通，方有意味。若便一向如此排定説殺，正使在彼分上斷得十分的當，却於自己分上都不見得箇從容活絡受用，則亦何益於事邪？大抵不論看書與日用功夫，皆要放開心胸，令其平易廣闊，方可徐徐旋看道理，浸灌培養。切忌合下便立己意，把捉得太緊了，即氣象急迫，田地狹隘，無處著功夫也。此非獨是讀書法，亦是仁卿分上變化氣質底道理也。然看《春秋》外，更誦《論》、《孟》及看《近思錄》等書，以助其趣乃佳。若只如此，實恐枯燥，難見功耳。《晦庵文集》卷四六。

案：朱熹《朝散黃公墓誌銘》云黃瑀（字德藻）卒於乾道四年八月，後其季子黃榦來問學，“一日，出其兄東之書與其母之外弟今提舉廣東市舶江君文叔之狀，泣而……請銘”，至朱熹撰《墓誌銘》時，其長子黃杲已“後公十二年卒”，其仲子黃東官“從政郎南劍州沙縣丞”。《晦庵文集》卷九三。據黃榦《祭晦菴朱先生文》云“榦丙申之春，師門始登”。《勉齋集》卷三九。丙申乃淳熙三年（1176）。又朱熹《跋陳了翁責沈後》云沙縣丞黃東始摹寫陳瓘《責沈》“礱石刻之縣學祠堂”，時在淳熙戊申（十五年）十一月。《晦庵文集》卷八二。由上可知黃東問學當在淳熙三年至十五年之間。又因本書中述及《近思錄》，據朱熹淳熙四年二月間《答呂伯恭》（昨黃仲本至）云“《近思》已寄來，尚

有誤字，已校定寫寄之矣"。《晦庵文集》卷三四。而張
栻《答朱元晦》（《章句序》文理暢達）云"《近思録》誠
爲有益於學者之近思，前此伯恭尚未寄來也"。《南軒
集》卷二四。又《答朱元晦》（學中重刻《責沈》）云"《近
思録》方議刻，欲稍放字大耳"。《南軒集》卷二三。張
栻二書撰於四年夏、秋間。可知潘景憲（叔度）刊成
《近思録》於淳熙四年春末、夏間，隨即張栻亦議再刊
於桂林。由此推知本書約撰於淳熙四年（1177）下半
年以後。

朱熹《答或人》：

謝、游、楊、尹、侯、郭、張，皆門人也。

程門高第，不止此數人，如劉質夫、李端伯、呂與叔諸
公所造尤深，所得尤粹。

四端、五典者，窮理之本。

恐當云："明四端、察五典者，窮理之要。"大凡盡此而
可以推及其餘者，本也，一事而有首尾之名也；了此而可
以次及其餘者，要也，衆事而有緩急之名也。以此推之，
則三十條者之得失，略可見矣。

或以"仁"訓"覺"、訓"公"者。

此二訓，程子已嘗明其不然，恐不必更著於此。

藍田呂侍講。

呂終於正字，未嘗作講官。

張無垢。

此書深闢釋氏，而所引之言以此爲號，終不穩當，請更詳之。又諸公稱號，合立一條例差等，如泰山、海陵、徂徠、濂溪、明道、伊川、横渠、康節稱"先生"，如云泰山孫先生。公卿稱諡，如云王文正公。無諡稱爵，如云王荆公。無爵稱官，如云范太史。程、張門人及近世前輩亦如之。其無官者稱字，如云張思叔。或兼以號舉。如上蔡、龜山、衡麓、横浦之類。今人稱郡、姓名。如東萊呂某。凡姦邪，則直書姓名。如云章惇。

當惻隱時體其仁。

孟子論四端只欲人擴而充之，則仁、義、禮、智不可勝用，不言當此之時別起一念，以體其爲何物也。無垢此言猶是禪學意思，只要想象認得此箇精靈，而不求之踐履之實。若曰一面充擴，一面體認，則是一心而兩用之，亦不勝其煩且擾矣。疑此不足引以爲證。又云"一處通透，四處廓然"，此亦禪學意思，正前章所譏初學躐等之病，尤不當引以爲證也。

復何言哉。

當云：然《世本》豈得而出哉。

格物以窮之，多識前言往行以擇之，就有道以正之，歸諸心以居之。

多識而擇之，乃所以格物，不當分格物、多識爲二事，而反以格物爲先、多識爲後也。格物、就正固皆心之所爲，不待更歸諸心而後可居也。且歸諸心者，亦想象之而已矣，未見其踐履之實，亦若之何而能居乎？竊恐此語不能無病。若論爲學之序，則《中庸》所謂博學、審問、謹思、明辨、篤行者盡之，故程子以爲五者廢其一則非學，而藍田吕氏解釋甚詳，其語皆慤實而有味也。

“察於天行”止“樂循理也”。

窮理者，欲知事物之所以然，與其所當然者而已。知其所以然，故志不惑；知其所當然，故行不謬。非謂取彼之理而歸諸此也。程子所謂“物我一理，纔明彼，即曉此，不必言觀物而反諸身”者，蓋已説破此病，況又加所謂宛轉者焉，則其支離間隔之病益已甚矣。

吕氏謂“誠者，理之實然”。

誠之爲言實也，然經傳用之，各有所指，不可一概論也。如吕氏此説，即周子所謂“誠者，聖人之本”，蓋指實理而言之者也。如周子所謂“聖，誠而已矣”，即《中庸》所謂“天下至誠”者，指人之實有此理者而言也。温公所謂誠，即《大學》所謂“誠其意”者，指人之實其心而不自欺者言也。此條“誠”字援引不一，使學者不能曉，當稍分別之。

吕侍講論寡欲。

此乃吕原明侍講。

安人、安百姓，則又擴而大之也。

修己以安人，以安百姓，蓋其積愈盛而其效益廣爾。廣非有擴而大之之意也。

致用者，窮經之本。

程子曰："窮經，將以致用也。"則其本末先後固有在矣。今以致用爲窮經之本，恐未安也。若曰"求實用者，窮經之本"，其庶幾乎。

推己及人者，治道之本；恕者，待人之本。

推己及人即所謂恕。此兩條不惟重復，而別出"恕"字，恐有流於姑息之病。

程明道立門庭以"慎獨"兩字。

前賢據實理以教人，初無立門庭之意，慎獨固操存之要，然明道教人，本末具備，亦非獨此二字而已。

審勢者，平天下之本。

此語未安，下文亦多此類。唯澄源、節用、立志、守正四語爲最穩耳。

順人情。

人情不能皆正，故古人治世，以大德不以小惠，然則固有不必皆順之人情者。若曰順人心，則氣象差正當耳。井田、肉刑二事儘有曲折，恐亦未可遽以爲非。

知良心者，去惡之本。

此段意思未安。封建之説，與井田、肉刑相類，皆未易輕論也。

賞罰者，行師之本。又曰：師之道，又貴乎以正耳。

此二語似倒置。

弘毅者，任重之本。

據曾子説，"弘"主任重，"毅"主致遠。

　伊川論守令云云。康節論新法。

此二事恐不類上下文意。

　原思爲宰。

衡麓之説，其文義恐未安。

　知止。

詳下文所引云云，至"物我俱敗矣"，是量力之事。伊川、元城及《易》三節，是防微慮遠之事。陳希夷以下，乃爲知止之事。今概以知止目之，恐未盡也。

　和靖《論語録》云云。

此語恐非通論。孔門之教，未嘗專恃《春秋》而直廢《論語》也。

　道之大本。

程子論未發之"中"，與無過不及之"中"不同，恐更當詳考。

　吕氏、楊氏"中"字之説。

此二説恐有未安處。

　東學温公語常不及變。

此語甚佳，然終恐難持，不若不論之爲愈。

　學者於已發處用工，此却不枉費心力。

程子言存養於未發之前則可，求中於未發之前則不可。然則未發之前，固有平日存養之功矣，不必須待已發然後用工也。《晦庵文集》卷六四。

案：書中引録或人問云"東學温公語常不及變"，此"東"似指黄東。其撰時未詳，疑在淳熙間，姑係於淳熙十年(1183)。待考。

朱熹《與黄仁卿書》：

累承諭及女子歸期，即已隨事經葺，以趁此月中澣之期。忽得直卿書，欲且緩，殊不可曉。不免且令兒輩送此女及二甥，定三十日就道，約直卿來建、劍間接去。《勉齋先生黄文肅公年譜》。

案：《勉齋先生黄文肅公年譜》云本書撰於淳熙十五年(1188)四月十日，云"文公有書與樂安云"。

朱熹《與黄仁卿書》：

直卿在此，甚安。……承諭女子諸孫安穩。《勉齋先生黄文肅公年譜》。

案：《勉齋先生黄文肅公年譜》云淳熙十五年夏末或秋間，黄榦自沙縣復至朱熹處，故朱熹"有書與樂安"云云。

朱熹《與黄仁卿》：

熹行義不修，無以取信交遊，遂使中傷之禍上及先賢，若非神聖鑒知，則其流害將不止於不肖而已。負此悚惕，無以自容。

熹竟不免臨漳之行，示喻積弊，此固當然。其横斂擾民，爲害有大於此者，到官之後，須次第討論更革之，今未敢洩此意。若過劍、福，得左右在彼面議爲幸。或出沙縣，亦當先附報，奉約一出相會也。於州縣事體本自生疏，又多時不出，意思疏懶，既承當了擔子，便又苟簡不得，甚欲子細商量也。

請祠事亦似不必如此，隨分仕宦，不起患得失之心，何處不是安地？政不須如此。若論爲學，則在官何嘗不可爲學？直患自不愛日用功耳。買田舉子之説甚善，此間周居晦、劉晦伯皆有此議。但愚意以爲如此則只做得一事，不如斂散，既可舉子，兼可救荒，又將來田租亦爲豪民坐欠，催督費力，此建陽已見之弊，須更子細商量。大抵事無全利，亦無全害，但筭其多者爲之耳。只恐一日饑荒，却思此米無討處也。《晦庵文集》卷二八。

案：朱熹於淳熙十六年十一月改知漳州，十二月始拜命，次年紹熙元年二月中旬啓程赴任，三月上旬至沙縣，與黃榦相見。《年譜長編》卷上。本書有"熹竟不免臨漳之行……到官之後"云云，又言"或出沙縣，亦當先附報，奉約一出相會也"，可推知其約撰於元年(1190)元月中或二月初。

朱熹《與黃仁卿書》：

病中得直卿攜女子、姪孫歸來，甚慰。《勉齋先生黃文肅公年譜》。

案：《勉齋先生黄文肅公年譜》云紹熙元年春，黄榦復歸朱熹側，故朱熹於"三月二十四日與樂安書"云云。

朱熹《與黄仁卿書》：

直卿告歸，併挈女子一房歸侍。《勉齋先生黄文肅公年譜》。

案：《勉齋先生黄文肅公年譜》云紹熙二年（1191）春，黄榦"自臨漳歸三山。正月二日，文公有書與樂安"云云。

朱熹《答黄仁卿》：

示諭食貧之狀，深爲歎息。向見擬此闕，意官期必近，不謂尚許久也。然從官兩世，清貧如此，益見家法之有傳，足使貪濁知所愧矣。所恨自困涸轍，不能少致濡沫之助，但有歎恨耳。改葬之議，既非人謀所及，假卜筮以決之，亦古人所不廢，更詳思之，如何？熹自劾之章已批，上旨喻以事不相關，則是已經進呈矣。遜詞避寵，亦事之宜，紛紛不已，又似過甚。今已幸得請矣，只用省劄令還故官，更不再出敕牒，亦甚省事。位高言廢，又是上一等人。今人則位未高時已無及物之志矣，可爲深太息也。此間親知有仕於汀者，書來説彼民望行經界尤切，韜仲歸，說趙書亦請行之，當軸頗難之。彼於汀無利害，只恐牽連，并及泉、漳耳。□□之政且得如此亦善，人固難得每事皆善也。漳人亦淳，但淳者太淳，故其有勢力者得肆殘暴，爲可憐耳。向來繆政撫其淳者甚至，而治其豪猾不少貸，亦有精力不及而誤縱舍者，然或者至今以爲嚴，殊不可曉。深自愧恨，不得如仁卿者爲寮友而規正之也。《晦庵文集》卷四六。

　　案：書中云："向來繆政撫其淳者甚至"，知其在離任漳州知州以後。又書中云"熹自劾之章已批，上旨喻以事不相關"，據朱熹《辭免湖南運使狀三》有云紹熙三年二月二十日"奉聖旨：漳州經界議行已久，湖南使節事不相關，可依已降指揮疾速之任"。《晦庵文集》卷二三。朱熹再上章辭，請補祠秩，三月中許之。《年譜長編》卷上。故推知本書當撰於是年（1192）春、夏之際。

朱熹《答黄仁卿》：

　　所示劄子語簡意足，李倉必須留意。但恐見黄商伯狼狽後，打草蛇驚，亦不敢放手做事耳。鹽利向時不暇整頓，但初出關時，陳時中名庸，台州人，時作檢正，清和豈弟人也。相訪於浙江亭，說此利害甚詳。時不甚曉，又失於詢訪，且以捄荒方急，不暇及，既而悔之。今得來諭，乃審曲折，甚愧見事之遲也。趙公相見有何語？當時大事不得

不用此輩,事定之後,便須與分界限、立紀綱。若不能制
而去,亦全得朝廷事體,不就自家手裏壞却。去冬亦嘗告
之,而不以爲然,乃謂韓是好人,不愛官職。今日弄得朝
廷事體郎當,自家亦立不住,畢竟何益?且是羣小動輒以
篡逆之罪加人,置人於族滅之地,以苟自己一時之利,亦
不復爲國家計,此可爲寒心者。惜乎此公有憂國之心,而
無其術,以至於此也。熹一目已盲,其一亦漸昏暗,勢亦
必盲而後已。今年脚氣幸未發,而脾胃先衰,飲食不化,
兀坐更無好況。辭職趙公已相諾,再請可得。而今已去,
方復請之,未知如何?然勢不可已,或只得次等職名,不
作從官,亦便可受,却是來書所説鄙夫見識。蓋位卑勢
遠,只得如此,亦不奈何也。《晦庵文集》卷二九。

案:據《宋史·宰輔表四》,趙汝愚於慶元元年
二月罷相,出知福州。朱熹於三月三日上《乞追還待
制職名奏狀三》,《晦庵文集》卷二三。與本書所云“辭
職趙公已相諾,再請可得。而今已去,方復請之,未
知如何”合,故推知本書約撰於是年(1195)三月中。

朱熹《與黃仁卿書》:

直卿到此葺治園屋,方粗成次第,而彼中諸生復來迎
致。此間殊恨失助,然又不可爽彼之約。今便登舟,極令
人作惡也。《勉齋先生黃文肅公年譜》。

案:《勉齋先生黃文肅公年譜》云黃榦於慶元六

年"二月十二日自考亭登舟至家,二十一日諸生擬
試,遂行舍菜之禮"。故"文公與樂安書云:'直卿到
此葺治園屋……'"是知本書撰於六年(1200)二月十
二日。

黄　度

黄度(1138—1213),字文叔,紹興新昌(今屬浙江)
人。隆興元年(1163)進士。紹熙四年(1193)守監察御
史,寧宗初,改右正言,以直顯謨閣出知平江府,奉祠,起
知婺州,復奉祠。韓侂胄誅,召除太常少卿,權吏部侍郎,
以集英殿修撰知福州,改知建康府兼江淮制置使,以焕章
閣學士知隆興府。歸,提舉萬壽宫。嘉定六年十月卒,年
七十六。《會稽續志》卷五。著《詩説》三十卷、《書説》二十
卷、《周禮説》五卷、《歷代邊防》六卷、《藝祖憲監》三卷、
《仁皇從諫録》三卷、奏議及雜著一編、《屯田便宜》一卷等
行於世。《宋史》卷三九三有傳。

朱熹《與正言啓》:

懇辭使節,敢擇地以求安? 申畀郡符,忽自天而疏
寵。凜難回於上命,耿莫遂於初心。以數年疾病之餘,任
千里撫摩之寄。雖加强勉,尤切凌兢。伏念熹林壑閑蹤,
布韋故習。少而慕古,師出處於前修;介不通今,恥浮沈

於流俗。曩荷聖神之眷,屢加選用之榮。當官而行,蓋圖報上;知難則止,匪欲爲高。既疾疢之交攻,且形神之俱耗。久便田廬之偃伏,詎堪原隰之驅馳?辭尊居卑,豈爲貧而猶仕;投閑置散,或揣分之誠宜。敢期宸渥之過優,復使侯藩之假守。意昔時之游宦,固嘗習熟於鄰封;謂晚歲之衰殘,尚可從容於道院。然比年之非舊,由積弊之相仍。財賦既促,而費用寖浮;田産不均,而姦欺滋出。要必更張而乃善,恐非臥治之能勝。深虞五技之窮,仰負九重之託。伏惟正言大明國論,力振朝綱。心正意誠,蓋得本原之學;諫行言聽,汔臻膏澤之流。每於獻納之雍容,尤務推揚於疏逖。肆如枯朽,誤玷承宣。二千石之第循良,已預慚於共理;八十日而賦《歸去》,初何俟於終更。悃愊之私,剡摩罔既。《晦庵文集》卷八五。

案:朱熹於紹熙五年五月五日到知潭州任,七月十一日召赴行在奏事,八月六日上狀辭召命,乞祠,并解印出城東歸。《年譜長編》卷下。本書中言"懇辭使節,敢擇地以求安?申畀郡符,忽自天而疏寵",又言"二千石之第循良,已預慚於共理;八十日而賦《歸去》,初何俟於終更",當指此時。又《續宋編年資治通鑑》卷一一載紹熙五年八月丁卯,黃度爲右正言。本書中言"伏惟正言大明國論,力振朝綱。心正意誠,蓋得本原之學;諫行言聽,汔臻膏澤之流。每於獻納之雍容,尤務推揚於疏逖",約在黃度初任右正言時。故推知本書約撰於是年(1194)九月前後。

朱熹《答黃文叔_度》：

八月二十二日，具位朱熹頓首復書于知府顯謨正言執事：熹跧伏窮山，聞執事之名舊矣。未獲既見，每竊恨焉。去歲趨召北歸，道聞新天子以執事爲賢，擢居言路，方與善類同深喜幸，以爲上新即位，首擇一人以爲諫官，即得執事之賢以充其選，是必將用其言以新庶政無疑矣。以執事之賢如此，又遭難得之時如此，其必將有以開寤上心、謹始建極，以慰中外之望又無疑矣。而未一二日，已聞出守之命，則又爲之惘然昏惑，莫曉所謂。比至中都，亟問其故，則凡有識無不扼腕，而劉德脩獨取執事所上免章謄本相視，熹於是時亦復慨然浩歎，蓋不唯爲執事惜此事會，亦爲朝廷惜此舉措。且自恨其失一見之便，而又決知吾道之將不行矣。曾未兩月，果已罷遣。道間聞當來婺，又以行役有程，不能宿留以俟車騎之來。還家又苦疾病，重以春夏之交，氣候大變，邪毒薰心，危證悉見，自謂必死矣，固不能先自通於左右，乃於呻吟之中，忽奉手教之辱，三復醒然，過望幸甚。然而執禮過謙，稱道浮實，比擬非倫，則非淺陋之所敢當也。豈其戲耶？則執事莊士也，非以言爲戲者也。以爲誠耶？則懼其有傷執事者閱理之明、知人之哲也。至論古昔聖賢所處之難易，則執事之意可知矣。如熹之愚，蓋嘗不自揆度，而妄竊有志於此。然學未聞道，言語無力，精神不專，不足以動人悟物。蓋昔人所謂說將尚不下者，而又何足以議此耶？雖然，今亦老矣，衰病益侵，旦暮且死，此心雖不敢忘，亦無復有望於將來矣。顧今運祚方隆，聖德日新，有永之圖必將與明者慮之，則夫所謂致一以格天者，乃執事事也。執事其亦察乎舜之所謂人心道心者爲如何，擇之必精，而不使其有人心之雜，守之必固，而無失乎道心之純，則始終惟一，而伊尹之所以格天者在我矣。於以正君定國而大庇斯人於無窮，豈不偉哉！鄙見如此，不識執事以爲如何？如有未當，願反復之，以卒承教之願，千萬幸也。

前此承書未久，即聞去郡，來使遂不復來取報章。今想已還會稽，不審爲況復何如？時論日新，尚復何説！因趙主簿歸天台，寓此爲謝。不能盡所欲言，又苦目痛，不能多作字，不得親書，深以愧恨。相望千里，邈無晤見之期，惟冀以時自重，使斯世猶有賴焉，則幸甚。不宣。《晦庵文集》卷三八。

　　案：書中首云"八月二十二日"，又言及"去歲趨召北歸，道聞新天子以執事爲賢，擢居言路"，則知本書撰於慶元元年（1195）八月二十二日。

黃　榦

黃榦（1152—1221），字直卿，號勉齋，福州閩縣（今屬福建)人。"及廣漢張栻亡,熹與榦書曰:'吾道益孤矣,所望於賢者不輕。'後遂以其子妻榦"。寧宗即位,補將仕郎,授迪功郎、監台州酒務。朱熹卒,榦持心喪三年。調監嘉興府石門酒庫,後知新淦縣,爲安豐軍通判,以病乞祠,主管武夷冲祐觀,尋起知安慶府。後又通判建康、知漢陽軍,差主管亳州明道宮。卒,謚文肅。有經解、文集行于世。《宋史》卷四三〇有傳。

朱熹《答黄直卿》:

所示《論語》疑義,足見別後進學之勤,甚慰所懷。已各奉報矣。《晦庵文集》續集卷一。

案:《書信編年》以爲本書似黄榦"初從學不久時書"。《宋史》本傳云其"父瑀……没,榦往見清江劉清之。清之奇之曰:'子乃遠器,時學非所以處子也。'因命受業朱熹。榦家法嚴重,乃以白母,即日行,時大雪。既至,而熹他出,榦因留客邸,臥起一榻,不解衣者二月,而熹始歸。榦自見熹,夜不設榻,不解帶,少倦則微坐,一倚或至達曙。熹語人曰:'直卿志堅思苦,與之處甚有益。'嘗詣東萊吕祖謙,以所聞於熹者相質正"。據《勉齋先生黄文肅公年譜》,黄榦於淳熙三年春來見朱熹,朱熹館黄榦於屏山潭溪側。是歲,黄榦又"自建安如金華,從學於東萊吕先生,逾年始歸"。是年三月中旬,朱熹如婺源展墓,七

月上旬歸家。《年譜長編》卷上。而吕祖謙是年三月末
赴衢州石巖寺會朱熹，十月中赴臨安任職。《吕祖謙
年譜》。推知黃榦如金華當在四月至十月間，并推知
本書約撰於是年（1176）秋、冬間。

朱熹《答黃直卿》：

喻及讀書次第意思，甚善甚善。且更勉力，以俟後
會。但未知幾時能復來？此間少人講論，殊憒憒也。《晦
庵文集》續集卷一。

案：《書信編年》亦云本書似黃榦“初從學不久
時書”。因書中問及“但未知幾時能復來？”頗有歷時
不短之義，當撰於上書（所示《論語》疑義）後，疑在淳
熙四年（1177）間。

朱熹《答黃直卿》：

子澄遂以憂歸，聞之驚駭。渠素體羸，能堪此苦否？
今有一縑，煩爲貨之，置少酒果食物，往致奠禮。鄙文一
通，并煩令人讀之也。直卿向留東陽之久，做得何功夫？
《詩》及《論語》看到甚處？因便喻及。《晦庵文集》續集卷一。

案：書中有云劉清之（子澄）“遂以憂歸”，據朱
熹所撰劉父《朝奉劉公墓表》云：“淳熙五年正月丙辰
（二十一日），朝奉郎、主管台州崇道觀劉公卒於豫章
之私第。”《晦庵文集》卷九○。故知本書約撰於是年

（1178）二、三月間。

朱熹《答黄直卿》：

子春聞時相過，甚善。爲學直是先要立本，文義却可且與説出正意，令其寬心玩味，未可便令考校同異、研究纖悉，恐其意思促迫，難得長進。將來見得大意，略舉一二節目，漸次理會，蓋未晚也。此是向來差誤，今幸得見，却須勇革，不可苟避譏笑，却誤人也。《晦庵文集》卷四六。

案：本書又重載於《晦庵文集》續集卷一，僅個別文字有異，云："爲學直是先要立本，文義却可且與説出正意，令其寬心玩味，未可便令考校同異、研究纖密，恐其意思促迫，難得長進。將來見得大意，略舉一二節目，漸次理會，蓋未晚也。此是向來差誤，今幸得見，却須勇革，不可苟避譏笑，却誤人也。"

本書云及"子春聞時相過"，當指黄榦在廬陵時與許子春往還論學，並據朱熹《答劉子澄》（此間文字修改不定）云云，《晦庵文集》卷三五。推知本書約撰於淳熙五年秋初。《勉齋先生黄文肅公年譜》摘引本書"爲學直是先要立本"至"蓋未晚也"，云是紹熙三年中與黄榦書，似不確。

朱熹《答黄直卿》：

南軒去冬得疾，亟遣人候之。春中人回，得正月半後書,猶未有他。不數日聞訃,則以二月二日逝去矣。聞之痛悼,不可爲懷。聞其臨終,猶手書遺劄數千言,不數刻而終。劄中大槩說親君子、遠小人,甚切當世之弊。此尤可傷痛也。此若得脱,即便道往哭之而後歸耳。庚子。
《晦庵文集》續集卷一。

案:張栻卒於淳熙七年(庚子,1180)二月二日,則推知本書約撰於二、三月間。

朱熹《答黄直卿》:

南軒云亡,吾道益孤,朋友亦難得十分可指擬者,所望於賢者不輕,千萬勉旃!此中文字彦忠皆寫得,已屬令一一呈似矣。鄭台州相見否?更勸其子細講學爲佳。書來,所説殊未端的,可惜只如此,便更不求進步也。《晦庵文集》續集卷一。

案:朱熹"聞故友敬夫張兄右文修撰大葬有期",於淳熙七年六月六日遣人致奠。《晦庵文集》卷八七《又祭張敬夫殿撰文》。本書中云"南軒云亡,吾道益孤",似爲此而感發,當撰於此時前後。

朱熹《答黄直卿》:

昨收書,報及鄭台州之訃,執書驚愕失聲,何天無意於斯世,而偏禍吾黨如此之酷?痛哉痛哉!自此每一念,未嘗不酸鼻也。此間今年枯旱可畏,有彌望十數里而無一穗之可收者。政惡所招，無可言者。然不敢不究心措置，但勢亦有不得行者，未知終能不得罪於斯人否耳。《晦庵文集》續集卷一。

> 案：鄭台州，指知台州鄭鑑（字自明）。朱熹《祭鄭自明文》云：“粵今茲之秋孟，又札書以申之。眷予心之悃款，實千載以爲期。書適往而訃來，噭然號其焉及。”《晦庵文集》卷八七。又朱熹淳熙七年八月十九日《答吕伯恭》（久不辱問，向仰良深）有云“自明之亡，極可痛惜”，《晦庵文集》卷三四。知鄭鑑卒於是年孟秋七月，本書撰於稍後。

朱熹《答黄直卿》：

力請丐歸，計亦未必可得，但恐自以罪戾罷逐耳。世態不佳，老病益厭俯仰，但思歸卧林間，與如直卿者一二人相與講論，以終素業耳。《晦庵文集》續集卷一。

> 案：書中云“力請丐歸，計亦未必可得”，《年譜長編》卷上云七年八月朱熹請祠，不報。當即指此。故推知本書約撰於八、九月間。

朱熹《與黄直卿書》：

看書一過，頗有省發，因得讀書訣云：斂身正坐，緩視微吟，虚心玩味，切己省察。《勉齋集》卷一七《答余瞻之》。

> 案：本書附載於黄榦《答余瞻之》（榦侍旁苟安）

書後,云：“比收先生書云：云云。敬録呈。”《勉齋集》
卷一七。因《答余瞻之》中有云“來春擬過藍田尋舊
約，爲屏山之行。比收先生書，又爲會稽行”，此“會
稽行”指朱熹淳熙八年十二月至紹興府任提舉浙東
常平事，故推知本書當撰於是年（1181）末。

朱熹《與黃直卿書》：

賑濟無效，丏歸甚力，不知果遂否，恐欲知之。浙間
二麥亦不全好，重以疾疫，目下日色可畏，一日之熱比尋常
三五日，近郊之田已龜坼，瀕海者已絶望矣。不知他處何
如？若大率皆然，則甚可慮也。《勉齋集》卷一七《答余瞻之》。

　　案：本書見載於黃榦《答余瞻之》（榦奉親幸安）
内，云：“比收先生四月十三日書，爲況甚適，但云云
云。”《勉齋集》卷一七。時朱熹在浙東任上，故知其書
撰於淳熙九年（1182）四月十三日。

黃榦《與晦菴朱先生書》：

榦侍親幸安，病餘倦乏，無他往還，番閱舊書，不敢自
廢。向日看《書》，獨《盤》、《誥》殊未通，今始玩繹，俟異日
求質正。如《盤庚》上篇，疑是誥戒有位者之辭。蓋將教
於民，由乃在位者始，此史臣述經之大旨。自“盤庚遷於
殷”至“底綏四方”，乃史官紀述民不願遷，而盤庚自以其
意言之如此，以起下文誥戒有位之言。“其如台”以上是

民不願遷之辭，"卜稽"恐當爲句絕，言先王常以卜稽其疑，而龜筮之辭云云也。其他曲折未能盡述。此乃向日最不通處，以此讀之，稍成倫理，然亦未知其是否。又看《大學》、《中庸》、《易傳》，循環讀之，乃知人心持守常欲明覺，然義理未通貫，則羣疑塞胸，觸事面牆，所謂明覺者殆不足恃。朋友猶以辨析已甚爲疑，恐卒墮於滅裂鹵莽、擿埴索塗之地也。林際可在帥書院，自謂艾軒嘗以《盤》、《誥》授之。以不欲見帥，故不得亟見之，俟其罷局，當叩其曲折。但謂《康誥》爲周公攝政時書，故稱"朕其弟"，則於"王曰"之辭無所當矣。特恐其他或有長處也。三哥比得書，意思甚佳，蓋天姿之美、詩禮之訓，自應若此。榦以來歲彼中不招館客，欲得朋友相切磋，遂欲開歲四五日即離此。適得彥忠書，聞欲來春歸尋地，季通蔡丈亦同行。恐其至此，無他深密相識，勢須少候，已與之約，二十日不到此，榦當即啓行。不審尊意如何？書稱"主管徽猷先生"，又有"歲晚天寒"之問。　《勉齋集》卷四。

　　案：朱熹於淳熙十年正月以直徽猷閣差主管台州崇道觀，十二年四月復差主管華州雲臺觀，十四年四月差主管南京鴻慶宮，十五年七月除直寶文閣。《年譜長編》卷上、卷下。又據朱熹《答劉子澄》（七月二十一日）有云"直卿赴試長沙，病於清江，賴向丈軫視之。前日聞得，亟遣人往覓信，至今兩旬未還，甚令人懸心。然必是已向安，遂西行矣"，《晦庵文集》卷三

五。而本書有云"榦侍親幸安，病餘倦乏，無他往
還"，又書稱"主管徽猷先生"，並有"歲晚天寒"之問，
故推知本書約撰於淳熙十年(1183)末。

朱熹《與某後生書》：

便中承書，知比日侍奉安佳。吾子讀書，比復如何？
只是專一勤苦，無不成就。第一更切檢束操守，不可放
逸。親近師友，莫與不勝己者往來，熏染習熟，壞了人也。
景陽想已赴省，季章當只在家，凡百必能盡心苦口，切須
承稟，不可有違。諺云："成人不自在，自在不成人。"此言
雖淺，然實切至之論，千萬勉之。《大學》説漫納試讀之，
不曉處可問季章也。未即相見，千萬爲門户自愛。《鶴林
玉露》卷九《朱文公帖》。

案：《鶴林玉露》卷九《朱文公帖》曰："廬陵士友
藏朱文公一小簡真迹云：'便中承書⋯⋯'此簡蓋與
其親戚卑行也，《大全集》所不載。後生晚輩，能寫一
通，置之坐側，朝夕觀省，何患不做好人？景陽姓許，
名子春，季章姓劉，名黼，皆廬陵醇儒，從文公學。季
章後爲特奏第一人。"本書，羅大經《鶴林玉露》以爲
朱熹"與其親戚卑行"。束景南《朱熹佚文輯考》以爲
乃與廬陵後生王峴，撰於慶元四年間。然細析本書
語氣，羅大經所云"與其親戚卑行"者似頗有理，疑即
與黄榦之書。據朱熹《答劉子澄》(七月二十一日)有

云"直卿赴試長沙，病於清江，賴向丈軫視之。前日
聞得，亟遣人往覓信，至今兩旬未還，甚令人懸心。
然必是已向安，遂西行矣。此間後生中只有渠尚可
望，但亦傷太狹耳。昨渠行時，亦屬令過省景陽、公
度，不知病後能枉道經由否"，《晦庵文集》卷三五。其
論黄榦爲學"傷太狹"，與本書所云"吾子讀書，比復
如何？只是專一勤苦，無不成就"相合。《答劉子澄》
撰於淳熙十年七月二十一日。劉清之(字子澄)乃廬
陵人，黄榦嘗從學。檢《勉齋先生黄文肅公年譜》，淳
熙十年下未有記事。據黄榦《仲兄知縣墓表》，黄榦
仲兄黄東以蔭補將仕郎，歷任迪功郎、監吉州酒務、
全州法曹，陞從政郎南劍州沙縣丞，轉文林郎，監衢
州稅務，轉承直郎，改秩通直郎，知吉州萬安縣，再任
知撫州樂安縣事。《勉齋集》卷三八。又朱熹《跋陳了
翁責沈後》云沙縣丞黄東始摹寫陳瓘《責沈》"礱石刻
之縣學祠堂"，時在淳熙戊申(十五年)十一月。《晦庵
文集》卷八二。故推知淳熙十年前後，黄東監吉州酒務，
黄榦奉母隨兄赴任。故而本書有"知比日侍奉安佳"
語。又黄榦上書(榦侍親幸安)云及"榦侍親幸安，病
餘倦乏，無他往還，番閱舊書，不敢自廢"，與朱熹《答
劉子澄》云云相合，可證。本書又言及"景陽想已赴
省"，而淳熙十一年正逢春闈。許子春字景陽，温陵
人，淳熙八年春嘗從朱熹游廬山。《晦庵文集》別集卷七

《題尋真觀》。卜居廬陵,遂爲"廬陵醇儒"。故可推知本書乃與黃榦,約撰於淳熙十一年(1184)春中。

朱熹《答黃直卿》:

膚仲寄此來,云陳是陸學,王是吕學。以今觀之,王是矮子。渠乃疑爲直卿之文,不知前日所試果如何?《晦庵文集》續集卷一。

案:朱熹《答陳膚仲孔碩》(所論《詩序》之疑)有云"陸學固有似禪處,然鄙意近覺婺州朋友專事聞見,而於自己身心全無功夫",《晦庵文集》卷四九。本書中言"膚仲寄此來,云陳是陸學,王是吕學",似即指此。故推知本書約撰於一時先後。《答陳膚仲孔碩》撰於淳熙十一年初秋。

朱熹《答黃直卿》:

子澄得書,問直卿動静。南紀在長沙,與同官不協求去,未知如何。《愛直堂記》一本謾往,子澄此文勝它篇也。近看《外書》有一段伊川答王信伯之問曰:"勿信某言,但信取理。"不知曾見此話否? 前書所論伊川先生語甚善。聖賢之教固不一端,然專執僻見,不信人言,又豈信理之謂乎? 此處似更有商量,要非面見不能盡也。《晦庵文集》續集卷一。

案:朱熹《答劉子澄》(某還自莆中)有"但趙南

紀云長沙中冬已見報"云云，又言"《愛直記》文甚佳"，《晦庵文集》卷三五。而本書乃云"南紀在長沙，與同官不協求去，未知如何。《愛直堂記》一本謾往，子澄此文勝它篇也"，則當在一時先後。《答劉子澄》撰於淳熙十四年（1187）四月間。

朱熹《答黃直卿》：

所喻《先天》之説，後來看得如何？若如所論，即天人各是一般義理，不相統攝矣。恐更當子細玩索也。近見朋友殊少長進，深可憂慮。任伯起到此，昨夕方與痛説，覺得上面更無去處了，未知渠能領略否耳。廣西寄得《語孟説》來，細看亦多合改。以醫藥之擾，未得專心，方略改得數段。甚恨相去之遠，不得子細商量也。《晦庵文集》續集卷一。

案：任伯起名希夷。朱熹《跋任伯起家藏二蘇遺蹟》云任希夷"其家藏兩蘇公文記詩篇甚衆，……希夷將刻石以視子孫，而屬予序之"。署時淳熙丁未（十四年）七月己酉（十二日）。《晦庵文集》卷八二。本書中有"任伯起到此，昨夕方與痛説"云云，故推知其約撰於此日前後。

朱熹《答黃直卿》：

伯起説去年見陸子静説游、夏之徒自是一家學問，不能盡棄其説，以從夫子之教，唯有琴張、曾晳、牧皮，乃是真有得於夫子者。其言怪僻乃至於此，更如何與商量討是處也。可歎可歎。浙中旱甚，當宁憂勞，聞之令人恐懼，奈何奈何。《晦庵文集》續集卷一。

案：上書（所喻《先天》之説）云及"任伯起到此，昨夕方與痛説"，而本書又云"伯起説去年見陸子静説游、夏之徒自是一家學問，不能盡棄其説，以從夫子之教"，當承上書。

又，明程敏政《書朱子與黃直卿書》："按陸子之書最尊顔子、曾子，以爲曾子傳子思，子思傳孟子，外此不可以言道，絕不見有推尊琴張、曾晳、牧皮之説，是豈門人流言，朱子一時聽之而以爲實然者邪？"《篁墩文集》卷三八。

朱熹《答黃直卿》：

江西除命緣上封事云云，上感其言，故有是命。諸公初只欲與郡，上命與此。更有少曲折，甚可疑怪。大抵此番盡出聖命，或者以爲不當力辭，其説亦是。但衰悴如此，孤危如此，勢豈可出？初欲且受而臨期請祠，明年四月缺。又思不可不先做張本，已申省辭免矣。得請甚幸，不然，却用前説，以必得爲期耳。《晦庵文集》續集卷一。

案：朱熹除江西提刑在淳熙十四年七月，再辭。《道命録》卷六。本書有言"江西除命緣上封事云云，上感其言,故有是命。……已申省辭免矣",其"緣上封事云云",乃指楊萬里七月十三日所上《旱嘆應詔上疏》,《誠齋集》卷六二。故推知其約撰於七月末、八月初。

朱熹《答黃直卿》:

前書所論《先天》、《太極》二圖,久無好況,不暇奉報。《先天》乃伏羲本圖,非康節所自作,雖無言語,而所該甚廣。凡今《易》中一字一義,無不自其中流出者。《太極》却是濂溪自作,發明《易》中大槩綱領意思而已。故論其格局,則《太極》不如《先天》之大而詳;論其義理,則《先天》不如《太極》之精而約。蓋合下規模不同,而《太極》終在《先天》範圍之內,又不若彼之自然,不假思慮安排也。若以數言之,則《先天》之數自一而二,自二而四,自四而八,以爲八卦;《太極》之數亦自一而二,剛柔。自二而四,剛善、剛惡、柔善、柔惡。遂加其一,中。以爲五行,而遂下及於萬物。蓋物理本同而象數亦無二致,但推得有大小詳略耳。近日講論及脩改文字頗多,當候相見面言之。《晦庵文集》卷四六。

案:上書(所喻先天之說)有云"所喻《先天》之說,後來看得如何",本書乃詳述《先天》、《太極》二圖之別及其出處由來,且云"久無好況,不暇奉報",故推知當承其後,約在是年秋末或稍後。

朱熹《答黃直卿》：

示喻讀書次第，甚善。但所論《先天》、《太極》之義，覺得大段局促。日用之間只教此心常明，而隨事觀理以培養之，自當有進。才覺如此狹隘拘迫，却恐不能得展拓也。子細已別錄去，可更詳之。《晦庵文集》卷四六。

案：本書又重載於《晦庵文集》續集卷一，然無"子細已別錄去，可更詳之"十字。

朱熹上書（前書所論《先天》、《太極》二圖）論及《先天》、《太極》二圖之別及其出處由來，本書又云"但所論《先天》、《太極》之義，覺得大段局促"，似承其後，約撰於冬中。

朱熹《答黃直卿》：

所論太極散爲萬物，而萬物各具太極，見得道不可須臾離之意，而與一貫之指、川上之歎、萬物皆備之說相合，學者當體此意，造次顛沛不可間斷，此說大槩得之。但周子之意若只如此，則當時只說此一句足矣，何用更說許多陰陽、五行、中正、仁義及《通書》一部種種諸說邪？《通書》中所謂"誠無爲"者，太極也；"幾善惡"者，陰陽也；德曰仁、義、禮、智、信者，五行也，皆就圖上說出。其餘如静虛動直、禮先樂後、淡且和、果而確之類，亦是圖中陰陽動静之意。蓋既曰各具太極，則此處便又有陰陽、五行許多道理，須要隨處一一盡得。如《先天》之說亦是太極散爲六十四卦，三百八十四爻。而一卦一爻莫不具一太極，其各具一太極處，又便有許多道理，須要隨處盡得，皆不但爲塊然自守之計而已也。然此亦只是大槪法象，若論日用功夫，則所守須先有個自家親切要約處，不可必待見圖而後逐旋安排。其隨處運用，亦須虛心平氣，徐觀事理，不可只就圖上想像思惟也。既先有個立脚處，又能由此推考證驗，則其胸中萬理洞然，通透活絡，而其立處自不費力而愈堅牢開闊矣。若但寸寸銖銖比量湊合，逐旋將來做工夫，則亦何由有進步處邪？《晦庵文集》卷四六。

案：上書有云"但所論《先天》、《太極》之義，覺得大段局促。……才覺如此狹隘拘迫，却恐不能得展拓也。子細已別録去，可更詳之"，而本書乃詳論《太極圖》義，並云"若論日用功夫，則所守須先有個自家親切要約處，不可必待見圖而後逐旋安排。……若但寸寸銖銖比量湊合，逐旋將來做工夫，則亦何由有進步處邪？"故疑上書"子細已別録去"，即指本書，故推知其與上書約撰於一時先後。

朱熹《答黃直卿》：

此間番陽近有一二朋友來，頗佳。恨直卿不在此，無人與商量文字耳。《晦庵文集》續集卷一。

案：《年譜長編》載淳熙十四年十一月中，程洵、程端蒙、董銖來武夷問學。程洵婺源人，程端蒙、董銖皆番陽人。本書云及"此間番陽近有一二朋友來，頗佳"，似指此時。

朱熹《答黃直卿》：

子澄乃令副端章疏言其以道學自負，不曉民事，與監司不和，而不言所爭之曲直，又言其修造勞民而已。聞之趙倉，已嘗按之，而復中輟，必是畏此惡名，而陰往臺諫處納之耳。韜仲事甚可笑，今之君子無以大相過者，大率如此，直是使人煩惱也。彼中新宰已交印否？觀其舉措，又似了不得。然今日若無變通，便是管、葛之才亦了不得，況於常人？近嘗因書說與兩漕，而林漕才到延平，便以威勢迫脅小官，使之爲縣，是全然不曉會人說話矣，可怪可怪。楊元禮亦爲漕司不取願狀迫換長汀。渠乞來稟議，又不許，却欲以倉檄來辦其事，不知又如何。今時做官，不論大小，直是全然睹是不得。子澄冬至書云已遣家歸廬陵，只與一姪子在彼俟命，則是此消息來得已多時矣。若道一例如是，他人又却無是，只是吾黨便有許多築磕，亦可笑。豈亦大家行着一個不好底運氣耶？抑亦老子命薄，帶累諸朋友也？《晦庵文集》續集卷一。

案：淳熙十五年正月，劉清之（子澄）自知衡州奉祠。《永樂大典》卷八六四七引《衡陽府圖經志》。據《宋會要輯稿·職官》七二之四九，淳熙"十四年十二月二十七日，知衡州劉清之主管華州雲臺觀。言者論其以道學自負,于吏事非所長,財賦不理,倉庫匱乏,又與監司不和,乞與宮祠。從之"。而本書中云"子澄冬至書云已遣家歸廬陵,只與一姪子在彼俟命",故推知其約撰於淳熙十四年末。

朱熹《答黃直卿》:

聞有奏事之命,前月廿五日方被省劄。見已寫書,只一兩日,須可遣人。得請固幸,萬一不得,即不免再入文字,而往前路衢、信以來聽命,又看如何?似聞上意頗相念,而士大夫亦多有以爲言者。此亦似一幾會,但覺得事有難得盡如人意者,腳甚澀,懶向前。道之興廢,只此一念間亦可卜得八九分,不必勞蓍龜也。《晦庵文集》續集卷一。

案:淳熙十五年正月初,朱熹被旨趣入朝奏事,上章以疾辭,請祠,不允;三月中啓程赴都,至信州,復上章再辭。《年譜長編》卷下。本書中云"聞有奏事之命,前月廿五日方被省劄。見已寫書,只一兩日,須可遣人。得請固幸,萬一不得,即不免再入文字,而往前路衢、信以來聽命",故推知"前月廿五日"當指正月二十五日,則本書約撰於是年(1188)二月中。

朱熹《答黃直卿》:

被旨一行,不免一出。但上恩如此,不得不竭其愚。

聖德寬洪，必不深罪言者。然亦不能不以爲慮，若便得罷
逐還家，乃爲厚幸。《晦庵文集》續集卷一。

案：朱熹於十五年三月十八日應詔啓程赴都上
書。《年譜長編》卷下。本書言及"被旨一行，不免一
出。……聖德寬洪，必不深罪言者"，當即指此，故推
知約撰於三月中旬朱熹啓程以前。

朱熹《答黃直卿》：

此女得歸德門，事賢者，固爲甚幸。但早年失母，闕
於禮教，而貧家資遣不能豐備，深用愧恨。想太夫人慈
念，必能闕略。然婦禮不可缺者，亦更賴直卿早晚詳細與
説，使不至於曠敗爲善。輅孫骨相精神，長當有立。輔亦
漸覺長進，可好看之。《晦庵文集》續集卷一。

案：《勉齋先生黃文肅公年譜》云淳熙十五年
夏，朱熹以女及二甥歸於沙縣黃榦母夫人侍下，並於
四月十日又與黃榦書云云。即指本書。

朱熹《答黃直卿》：

道間看得格物意思稍覺通透，日前元未曾説着緊要
處也。講學不可不熟如此，可懼可懼！《晦庵文集》續集
卷一。

案：本書撰時未詳。《書信編年》以爲似撰於淳
熙末。朱熹淳熙十五年中嘗赴臨安奏事，旋歸。本

書云及"道間看得格物意思稍覺通透",似在此時。

朱熹《答黃直卿》:

辭免人度今已到,不知所請如何。頭勢如此,又非前日之比,只得力辭。鄙意更欲乘此一有所言,亦爲餵鷹飼虎之計,又度得無益於事,亦未必中於語默之宜,且更籌之。若其不可,但只力辭,亦無害於義也。若已得請,便不須説,只恐未允,故有此念。蓋猶是從官,不應默默也。《晦庵文集》續集卷一。

案:淳熙十五年七月二十六日,朱熹除直寶文閣、主管西京嵩山崇福宮;八月十四日,朱熹辭職名,不允;九月,朱熹拜命。《年譜長編》卷下。本書有云"辭免人度今已到,不知所請如何",故推知其約撰於是年九月間。

朱熹《答黃直卿》:

所遣去辭免人病久未還,昨日便中方被告劄,但又忽有召命,云是謝坡所薦。旦夕申省辭免,萬一未允,即欲再辭,而以封事并進。前日者太草草,已別草定甚詳。到彼亦不過是許多説話,況口説未必得如此之詳,又免再出頭面一番。若其可取,徐出未晚。不然,則魏主奚少於一夫耶?省狀薰錄去,只呈二公,勿示他人。試爲思之,并與仁卿、景思商量,度亦無以易此也。《晦庵文集》續集卷一。

案：謝坡，指諫議大夫謝諤。淳熙十五年九月二十六日，以謝諤薦，復召朱熹赴京；十一月七日復辭，遂並上封事。《年譜長編》卷下。本書中云"但又忽有召命，云是謝坡所薦。旦夕申省辭免，萬一未允，即欲再辭，而以封事并進"，故推知本書約撰於是年十月間。

朱熹《答黄直卿》：

辭免文字至今未得遣去，蓋封事字數頗多，昨日方寫得了，更須裝三兩日方得發也。所欲言者，不論大小淺深，皆已説盡，明主可爲忠言，想不至有行遣。但能寢罷召命，即爲幸耳。萬一不遂，不免一行，更不能做得文字，只是面奏乞歸也。或更要略説道學。《大學》《中庸集註》中及《大學或問》改字處附去，可子細看過，依此改定令寫。但《中庸或問》改未得了爲撓耳。今年早晚禾皆損，州縣官員不足恃賴，未知明年復如何？此外可深慮者不止一端，亦非獨爲一身一家慮也。時論未平，不謂閑廢無能之人，每煩君大夫旰食之憂如此。比讀邸報，不勝恐懼。今章中所及，如泉相者已行遣，湖守疏中亦及彭子壽，田子真以蠱毒事又下漕司究治，其勢駸駸，恐未容飽食而安坐也。《晦庵文集》續集卷一。

案：朱熹於淳熙十五年六月至臨安奏事，七月歸；九月復召，辭；十月趣赴行在；十一月七日復辭，

並上封事。《年譜長編》卷下。朱熹《戊申封事》首言
"十一月一日"云云,《晦庵文集》卷一一。而本書乃云
"辭免文字至今未得遣去,蓋封事字數頗多,昨日方
寫得了,更須裝三兩日方得發也",故推知其當撰於
十一月二日。

朱熹《答黃直卿》:

初七日方遣得辭免近四十紙,奏劄所欲言者,略已盡
之。但猶有記不起者,不奈何耳。今必已到彼多日,不知
聖意如何。若得遂退藏,千萬之幸。如其不然,到彼亦別
無話可説,只是乞歸耳。直卿來歲之計果何所定?此人
回,幸見報。若在後山,此間諸生亦有能往者,老拙亦時
可一到也。近日朋友來者頗多,萬正淳與黃子耕、吳伯豐
皆在此。諸人皆見陸子靜來,甚有議論。此間近亦有與
之答問論太極書,未及寫去,大率其論與林明州不相遠
也。《晦庵文集》續集卷一。

　　案:上書(辭免文字至今未得遣去)云及"辭免
文字至今未得遣去,蓋封事字數頗多,昨日方寫得
了,更須裝三兩日方得發也",而本書乃言"初七日方
遣得辭免近四十紙,……今必已到彼多日,不知聖意
如何",知承上書,推知約撰於淳熙十五年十一月
中旬。

　　又,《勉齋先生黃文肅公年譜》云淳熙十五年冬,

黄榦復至沙縣，故朱熹“有書與樂安”云“直卿來歲之
計果何所定？此人回，幸見報。若在後山，此間諸生
亦有能往者，老拙亦可時一到也”。此乃朱熹答黄榦
書中語，非與黄東者。《勉齋先生黄文肅公年譜》云
云不確。

朱熹《答黄直卿》：

所喻學業大槩甚善。此間之約，諸人不見説着，次第
不成頭緒。但季通、韜仲説欲相約來後山，若得在彼，亦
易相見，衰老之幸也。《晦庵文集》續集卷一。

案：本書撰時不詳。疑在淳熙末，姑係於淳熙
十六年（1189）。待考。

朱熹《答黄直卿》：

輅孫不知記得外翁否？渠愛壁間獅子，今畫一本與
之，可背起與看，勿令揉壞却也。此是陸探微畫，東坡集
中有贊。願他似此獅子，奮迅哮吼，令百獸腦裂也。《晦庵
文集》續集卷一。

案：《勉齋先生黄文肅公年譜》云黄榦子黄輅生
於淳熙十一年十二月，十五年黄榦攜妻、子歸於沙縣
黄榦母“侍下”；紹熙元年春，黄榦攜妻、子“復歸文公
之側”。本書中云“輅孫不知記得外翁否？渠愛壁間
獅子，今畫一本與之，可背起與看，勿令揉壞却也”，

推知"輅孫"尚幼，則本書似撰於淳熙末，故係於十六年間。待考。

朱熹《答黃直卿》：

子約頗愛泰兒，亦已囑令隨諸生程課督察之矣。但婺州近日一種議論愈可惡，大抵名宗呂氏而實主同父。潘家所招館客往往皆此類，深可憂歎。亦是伯恭有以啓之，令人不無可恨耳。近日郡事浸簡，歲事亦可望。但經界指揮不下，恐復爲浮議所搖。<small>前此留、葛報書皆謂可行，獨王不報書。</small>疑此間受漳浦之賕者或與當路厚善，必實爲此謀耳。若果如此，乃漳人之不幸而老守之幸，歲裹即可丐歸矣。寄來算法已收，只此一事，其説數端，信知義理之難窮也。《晦庵文集》續集卷一。

案：書中云"近日郡事浸簡，歲事亦可望。但經界指揮不下，恐復爲浮議所搖"，又云"前此留、葛報書皆謂可行，獨王不報書"，知在紹熙元年夏至二年春朱熹知漳州時。據《宋史·宰輔表四》，紹熙元年，宰相爲留正，王藺知樞密院事兼參知政事，葛邲同知樞密院事，至七月，葛邲改參知政事，王藺改樞密使，胡晉臣自給事中除簽書樞密院事。又《勉齋先生黃文肅公年譜》云是年夏，黃榦從行至漳州，秋自漳州歸三山。故推知本書約撰於紹熙元年（1190）秋中。

朱熹《答黄直卿》:

《大學》向所寫者自謂已是定本,近因與諸人講論,覺得"絜矩"一章尚有未細密處。文字元來直是難看。彼才得一說、終身不移者,若非上智,即是下愚也。此番出來,更歷鍛煉,儘覺有長進處。向來未免有疑處,今皆不疑矣。《晦庵文集》續集卷一。

　　案:書中所云"《大學》向所寫者自謂已是定本,……此番出來,更歷鍛煉,儘覺有長進處",《大學》當指《大學章句》,"此番出來"當指知漳州。據《勉齋先生黄文肅公年譜》云紹熙元年秋,黄榦自漳州歸福州,十一月,復如漳州。又是年十二月,朱熹於漳州學宫刊刻《大學章句》等,屬黄榦等"臨視"。《年譜長編》卷下。故推知本書約撰於是年九、十月間。

黄榦《與晦菴朱先生書》:

榦同二姐領兒女輩以十九日達侍旁。途中賴尊芘,皆無恙。至家,兄弟畢集,親老歡喜,蓋累年所願欲而不可得者,獨區區懷慕道德之情未易釋耳。三哥苧溪得爲一宿之款,意緒甚佳。彼中諸事得所付託,諒深慰愜。莆中見鄭子上,已與約行期,今遣六人並轎往從之。趙帥小不安,未欲見之。渠遣人相呼,昨晚往見之。問及先生所以戒其用寬之實,榦謂"不知其故,想是自有見處"。帥云:"南康之政,凡事皆欲搜索理會,雖前官已結斷者亦多改正。"又謂："如前官已斷者，合只令經由以次官司，不必理會，一是免得發前人之失，二亦得事簡。若一一理會，恐反長姦猾。"榦答以"事到面前，亦只得爲他理會。況前官所斷已錯，人情或有冤抑，安能不爲之動心？"帥卻云："只令經以次官司，亦不到全無一人理會得。"偶渠坐間人吏群立，不欲力與之辨。似此等議論，百姓何賴焉？義理不明，雖有美質，終爲邪説所惑也。浦城之寇嘯聚百餘人，臨江一市焚毀太半，幸已撲滅，此皆非細故。石應之以王黨見逐，徐居厚不知其故。呂子約除藉田令，方羣憸彙征，不知子約知幾之明、克亂之才，果可以周旋其間否？榦一兩日人事擾擾，書院中六七小童，得方大哥監視之，可以杜門終日尋繹遺經，足以自樂。未有請教益者，當俟後便也。彼中有便，數蒙誨賜，慰此拳拳，幸甚。《勉齋集》卷四。

案：《勉齋先生黃文肅公年譜》云黃榦紹熙元年十一月如漳州，二年"春自臨漳歸三山。正月二日，文公有書與樂安云：'直卿告歸，併挈女子一房歸侍。'"是時趙汝愚知福州，"以館借"黃榦。本書云"榦同二姐領兒女輩以十九日達侍旁"，又云"趙帥小不安，未欲見之。渠遣人相呼，昨晚往見之"，故推知其約撰於二年（1191）正月下旬。

朱熹《答黃直卿》：

此間數日來整頓《綱目》，事却甚簡，乃知日前覺得

繁,只是局生。要之天下事一一身親歷過,更就其中屢省
而深察之,方是真實窮理,自然不費心力也。趙帥所云前
官事不須理會,亦是一説,未可便以爲非。然只此便見合
得顯榮通達處,如今世路未論邪正,只剛强底便是八九分
不得便宜了也。《晦庵文集》續集卷一。

> 案:黄榦上書(榦同二姐領兒女輩以十九日達
> 侍旁)中稱趙汝愚云"如前官已斷者,合只令經由以
> 次官司,不必理會",黄榦以爲"似此等議論,百姓何
> 賴焉? 義理不明,雖有美質,終爲邪説所惑也",故本
> 書有"趙帥所云前官事不須理會,亦是一説,未可便
> 以爲非"之語,知承其後。

朱熹《答黄直卿》:

《中庸》不暇看,但所改"物之終始"處殊未安,可更思
之。近却改得《論語》中兩三段,如葉公、子路、曾晳之志,
如"知我其天"之類,頗勝舊本,旦夕録去。子約除官可
喜,今固未有大段擔負,且看歲寒如何耳。《晦庵文集》續集
卷一。

> 案:《朱子語類》卷九○有云"在漳州日,陳請釋
> 奠禮儀,到如今只恁地白休了。子約爲籍田令,多少
> 用意主張,諸禮官都没理會了,遂休"。本書云及"子
> 約除官可喜,今固未有大段擔負,且看歲寒如何耳",
> 而黄榦《與晦菴朱先生書》(榦同二姐領兒女輩以十

九日達侍旁)有云"呂子約除藉田令,方羣憸彙征,不知子約知幾之明、克亂之才,果可以周旋其間否",所云相合。《勉齋集》卷四。《與晦菴朱先生書》撰於紹熙二年正月下旬,故推知本書當在其後,約撰於是年春中。

朱熹《答黃直卿》:

《中庸》三紙已細看,但元本不在此,記得不子細。然大槩看得,恐是《或問》簡徑而《章句》反成繁宂。如"鳶魚"下添解說之類。又《集解》逐段下駁諸先生說,亦恐大迫,不穩便,試更思之。或只如舊而添《集解》、《或問》以載注中之說,如何?《晦庵文集》續集卷一。

　　案:上書有云"《中庸》不暇看",而本書云及"《中庸》三紙已細看",當撰於稍後。

朱熹《答黃直卿》:

陳君舉門人曹器遠來此,不免極力爲言其學之非,又生一秦矣。所謂艱窘之狀,令人惻然。不知何故前此都不說着,今乃一旦驟至此也?自困涸轍,無力相賙,深負愧歎也。然於此患難之際,正當有以自處,不至大段爲彼所動,乃見學力,不然,即與世俗戚戚於貧賤者何以異耶?《晦庵文集》續集卷一。

　　案:朱熹《答陳君舉》(前書所扣未蒙開示)有云

"近曹器之來訪,乃得爲道曲折。計其復趨函丈,必以布露",《晦庵文集》卷三八。本書乃言"陳君舉門人曹器遠來此,不免極力爲言其學之非",知在稍前。《答陳君舉》撰於紹熙二年朱熹自漳州歸建陽以後。朱熹於是年五月二十四日歸次建陽,寓居同縣橋。《年譜長編》卷下。黃榦從朱熹自三山"至武夷,尋復歸鄉",《勉齋先生黃文肅公年譜》。故推知本書約撰於是年夏末、秋初。

黃榦《與晦菴朱先生書》:

榦門戶衰替,大懼先世儒業之不振,收教子姪輩,使粗知孝弟忠信。每自謂留心於此,亦居家職分所當然者。間有親舊之子,爲之授句讀、解釋訓詁者,則受其束脩,以贍老幼。又年長好讀先生書者,則與之切磋,以更相勸勉,舉業聽其自爲。讀書次第、用心要領,則尹先生所謂"臣師程某曰"者所當遵守也。榦大要且勉令立志,其次以收放心,義理訓詁,則先生之書詳且明矣。有不甚曉者,則以所聞告之。張先生所謂"五益"者,亦信乎不能無補也。但歲月如流,城居人事紛擾,無復靜坐觀書之樂,此爲可慮耳。警勵之誨,敢不服膺。繼此數蒙教誨,以警怠廢,幸甚幸甚。前日偶出山間,及歸之日,館中諸友忽爲大帥斥逐,榦亟遷以歸。朋友十餘人,有居鄉者,卒無僕隸,大爲吏卒所辱。反覆自省,無一毫得罪者,涼薄自

合至此，闔門引咎，蓋無見幾之明，無辟世之操，所以至
此。其他曲折，不足瀆尊聽。至此益思平日狷介，未爲失
也。後數日，履常乃以簡來，別爲占一僧舍，令遷居之。
榦雖至不肖，亦何至一旦食嗟來之食，再拜謝之而已。林
擇之丈欲招周醫爲古田丞療病，適周有公事在直司，林丈
與履常謀，使虞候傳語職官，令早爲結絶，蓋欲周之亟行
也。訟者執其人以爲教唆，其人以實告，諱履常不言而專
指擇之。帥大怒，杖虞候而逐之。擇之以此勉榦，使勿以
帥不禮於人爲意。榦卻欲以此勉擇之以早爲去就，毋數
招人不禮爲辱也。林丈乃欲以嬉笑處之，是或一道也。
此紙告焚之，勿以示人。近日事多出不測，更莫曉其意，
自反以求，免禍而已。《喪服》偶此人行急，後便録呈大
略。司馬公不言冠之有武，其制若何。齊衰武纓用布，今
不言，則無以別於斬衰矣。衣領正方，疑是安項處，三面
皆方，斜裁而下。謂之方，則當有曲角處，不但如今背子
領也。衣袂相屬處，長短皆齊，而聯縫之無空缺處。曲裾
以一幅布交解裁之爲兩條，上闊下狹，綴之兩旁，如燕尾
然，非兩條相遄如燕尾也。故《深衣》溫公注中云：“或謂
之圭者，上狹下鋭，指一條而言也。”謂如燕尾者，兩鋭相
向，總一身而言也。今人以四條綴兩旁，如兩燕尾然，則
失之矣。未知是否？榦過此尚百日，便圖趨侍。世路險
巇，人心頗僻，捨先生將安歸？新居聞見締創，異日若得
結茆附庸其側，爲朝夕依歸之地，則幸矣。潘丈誌文，得

與朋友拜觀，令人慨然念之，真高世之士也。家兄卜築小菴先墳之側，一往輒旬月，庶幾可庵之風矣。賜書旦夕附往，後便或可拜謝。此書稱"主館修撰郎中先生"，又有"秋高極涼"之問。　《勉齋集》卷四。

案：《勉齋先生黃文肅公年譜》云紹熙二年中，"初，趙公以館借先生，未幾有公事當隔勘者，吏以館空閑對，趙公不察，遂令置獄館中。先生移會葉氏家塾，名其堂曰悅樂。趙公後悔，又別占一僧舍，令遷居其中，先生謝之而已"。本書"前日偶出山間，及歸之日，館中諸友忽爲大帥斥逐，榦亟遷以歸。朋友十餘人，有居鄉者，卒無僕隸，大爲吏卒所辱。……後數日，履常乃以簡來，別爲占一僧舍，令遷居之。榦雖至不肖，亦何至一旦食嗟來之食，再拜謝之而已"，即指此事。又本書有云"秋高極涼"，故推知其當撰於是年九月間。

朱熹《答黃直卿》：

泰兒挈其婦歸，粗慰老懷。衰遲至此，無復他念。但更得數年整頓，了却諸書。此兒粗知向學，它時稍堪直卿諸人提挈足矣。《晦庵文集》續集卷一。

案：本書撰時未詳。詳其"衰遲至此，無復他念。但更得數年整頓，了却諸書"云云，似在長子朱塾卒後，故係於紹熙二年秋間或稍後。

朱熹師友門人往還書札彙編

朱熹《答黃直卿》：

湖南初且以私計不便，未可往。今緣經界住罷，遂不可往矣。已草自劾之章，旦夕遣人。若且得祠禄，亦已幸矣。生計逼迫非常，但義命如此，只得堅忍耳。聞欲相訪，千萬速來，所欲言者非一。知彼中學徒甚盛，學業外，亦須説令知有端的合用心處及功夫次第乃佳。徐、葉至此已久，終是脱去舊習未得。近日看得後生，且是教他依本子認得訓詁文義分明爲急。自此反復不厭，日久月深，自然心與理熟，有得力處。今人多是躐等妄作，誑誤後生，輾轉相欺，其實都曉不得也。此風永嘉爲甚。 《晦庵文集》續集卷一。

案：紹熙二年九月，除朱熹荆湖南路轉運副使；十月九日辭，不允；十二月復辭，以經界不行自劾。《年譜長編》卷下。本書中言"湖南初且以私計不便，未可往。今緣經界住罷，遂不可往矣。已草自劾之章，旦夕遣人"，故推知其約撰於是年十二月間。

朱熹《答黃直卿》：

書來，知甚長進，可喜。近得漳州陳淳書，亦甚進也。今老病無它念，只得朋友多見得此道理，即異時必須有立得住者，萬一其庶幾耳。《晦庵文集》續集卷一。

案：朱熹紹熙二年五月下旬自漳州歸建陽，秋、冬間陳淳有書來問學。本書云及"近得漳州陳淳書，

1000

亦甚進也"，又云"今老病無它念"，推知其約撰於是
年冬。

黃榦《與晦菴朱先生書》：

榦侍旁幸安，偷閒温習，比去歲差得暇耳。聞祠命已
下，竟遂閒退之志，學者之幸也。此間朋友數人，亦難得
志尚堅苦者，反顧年不後人，亦有痛自點檢耳。蔡丈想不
久須到，意思斂退就實，殊可敬重。相聚不款，別去深用
懷想。膚仲地未入手，有準備者近特遡流爲圖之，又爲他
人所先。其人乃無心得之，地之難圖如此。不知大哥窀
穸有定所未邪？蔡丈爲膚仲言，閩清一穴極佳，膚仲之力
不能辦，不知先生肯遠就此否？榦少稟。劉仲則來訪，云
渠見攝帥幕，帥於同列多不相下，辛憲又非能下人者，一
旦有隙，則禍有所歸。渠欲得先生道其姓名於辛憲，榦與
之有世契，不能辭。可否，幸裁酌。《勉齋集》卷四。

　　案：朱熹於紹熙三年二月下旬復辭湖南漕使
任，並請補祠秩；三月許之。《年譜長編》卷下。本書中
云"聞祠命已下，竟遂閒退之志"，故推知其約撰於是
年(1192)三月中。

黃榦《與晦菴朱先生書》：

仲則相訪，已悉以尊意達之。仲則近已得鄉樞薦章。
劉邑長終是清勁明決。郡官有章司理者極曉事，趙司户

者純粹，皆可喜。章司理以小眚爲帥斥責對移，自是僚屬皆束手，莫敢任事，喜怒之不可不謹如此。先生將漕之命，恐是廟堂決意欲行三州經界，其勢亦恐難辭。果爾，鄉邦不世之遇也。尊體小小不快，想亦無甚害。榦身爲人束縛，不能走侍，不勝慕戀之情。七月初便當一出。書會人情不美，自是初以爲貧而受之，既而以親戚尊長不可辭。若無閒事出入應接，則在我者得盡其職，在彼者亦自無辭以相怪。受人子弟而不免出入，則彼雖未形之辭色，而此已愓然不自安矣。若必曰但據自家任便出入，彼不足恤，則非榦所敢爲。所幸止有百餘日耳。人情不美不足怪，最苦是有妨日力也。朋友往還十餘人，實用力者一二耳，又多相遠，不得朝夕講切。然自省之功，亦不能全恃他人也。朱曾叔兄弟今亦到此。通老知丞丈過，終是篤實，可愛可重，想不久須造席下。偶李簿行，附此。《勉齋集》卷四。

　　案：黃榦上書（榦侍旁幸安）言及"劉仲則來訪，……渠欲得先生道其姓名於辛憲"，而本書云"仲則相訪，已悉以尊意達之"，又云"七月初便當一出，……所幸止有百餘日耳"，故推知本書約撰於紹熙三年四月前後。

朱熹《答黃直卿》：

聞今歲便欲不應科舉，何其勇也。然親闈責望，此事恐未得自專。更入思慮，如何？通老過此，留三日，已過去矣。誠實可敬，但業未甚修耳，亦非細事。《晦庵文集》續集卷一。

　　案：黄榦上書（仲則相訪）云及“通老知丞丈過，終是篤實，可愛可重，想不久須造席下”，本書乃云“通老過此，留三日，已過去矣。誠實可敬，但業未甚修耳”，知承上書。又紹熙四年春省試，解試在三年秋。本書有云“聞今歲便欲不應科舉”，故推知其約撰於三年五月間。

朱熹《答黄直卿》：

前書所論鬼神之説，後來看得如何？程書中説此話處數條，《東見録》中尤多。可類聚看，須自見諦當處也。遷居擾擾，中亦有一二學者在此，雖不得子細討論，然大抵未有擔荷得者，此甚可慮。陳正己來自建昌，實亦明爽，但全別是一般説話。所謂伯恭之學，一傳到此，甚可懼耳。《晦庵文集》續集卷一。

　　案：紹熙三年六月，朱熹遷居考亭新居。《年譜長編》卷下。本書中言“遷居擾擾”，即指此。故推知其約撰於是年六月間。

朱熹《答黄直卿》：

晦伯人來，得近問，知山中讀書之樂，甚慰。但不應舉之説終所未曉，朋友之賢者，亦莫不深以爲疑，可更思之。固知試未必得，然以未必得之心隨例一試，亦未爲害也。痰嗽已向安否？亦不可不早治也。牒試中間辛憲、湯倅過此，皆欲爲問，既而皆自有客，不復可開口。其僞冒者固不容復動念，知却劉倅之請，甚善。宗官衡陽之嫌，固亦所當避也。吾人所處，着个"道理"二字，便自是隨衆不得。此是不可易之理，但看處之安與否。《晦庵文集》續集卷一。

案：朱熹上書（聞今歲便欲不應科舉）云"聞今歲便欲不應科舉，何其勇也。然親闈責望，此事恐未得自專。更入思慮，如何"，本書進而云"但不應舉之説終所未曉，朋友之賢者，亦莫不深以爲疑，可更思之。固知試未必得，然以未必得之心隨例一試，亦未爲害也"，知在其後。書中又云"牒試中間辛憲、湯倅過此"，故推知本書約撰於是年夏、秋之際。

朱熹《答黃直卿榦**》：**

別紙之喻，如此處心甚善，然亦似有先立標準之病。武侯所謂"鞠躬盡力，死而後已"，成敗利鈍，非能逆睹者，非獨建立事功爲然也。如此，則知處不期寬而自寬、行處不期遠而自遠矣。試更思之。《晦庵文集》卷四六。

案：本書撰時未詳。然書中"別紙之喻，如此處心甚善，然亦似有先立標準之病。……成敗利鈍，

非能逆睹者,非獨建立事功爲然也"云云,疑是朱熹
上書(晦伯人來)有"但不應舉之説終所未曉,朋友
之賢者,亦莫不深以爲疑,可更思之"之問,黄榦有
所解釋,故朱熹如此云云。則本書約撰於是年
秋中。

黄榦《與晦菴朱先生書》:

□□□□起居之詳,且聞有感冒及齒痛之苦,
□□□□不安,然終年常覺如此,恐亦應酬勞□□□□念
欲趨侍,終是以舅氏之命不欲重違,□□□□徐處之,看
如何。資禀拙鈍,於古人文□□□曉,於今之程文又不
習,隨隊一試,亦擾擾□□□□得寧静。家兄將樂之行,
以辟書上日□□□□老幼,以辟書下日爲期,自是從師奉
□□□□便,不勝幸甚。榦試後倦憊,且朋友畢□□□□
冗,偶趙丞行,拜覆草率。此書稱"修撰鴻慶郎中先",下缺,僅
殘存一"十"字。 《全宋文》卷六五三六。

案:朱熹於紹熙二年三月除秘閣修撰、主管南
京鴻慶宮。《年譜長編》卷下。書末注云"修撰鴻慶",
知在其後。又書中有云"終是以舅氏之命不欲重
違",又云"於今之程文又不習,隨隊一試,亦擾擾
□□□□得寧静……榦試後倦憊"。紹熙四年有春
闈,則此"隨隊一試"當指三年秋闈。故推知本書約
撰於秋試以後。

朱熹《答黃直卿》：

歲晚矣，何時定可來？前日因書，亦以直卿昆仲告鄭帥。此公厚德，能一見之否？來時恐亦須人，便中報及，當爲作諸公書去也。書會此中無有，已囑子約，但殊未可必。且夕更囑祝汝玉，若得在衢，尤便也。此中已爲圖得一小屋基，但未有錢物造得耳。《晦庵文集》續集卷一。

案：鄭帥，指鄭僑，於紹熙三年十一月至四年七月知福州。《淳熙三山志》卷二二。書中云"歲晚矣，何時定可來？前日因書，亦以直卿昆仲告鄭帥"，又《勉齋先生黃文肅公年譜》云三年"冬，自三山如建安"。故推知當約撰於十一月中或稍晚。

朱熹《答黃直卿》：

彼中且如來喻亦善。世道如此，吾人幸得竊聞聖賢遺教，安可不推所聞以拯斯人之溺？政使不得行於當年，亦須有補於後也。常教整頓學校，亦甚不易。可與晦伯説，渠家有兩世奏議，煩晦伯爲借録得一本見寄爲幸。辛卿鬻鹽，得便且罷却爲佳。《晦庵文集》續集卷一。

案：書中所云"常教整頓學校"，據朱熹《福州州學經史閣記》云"紹熙四年，今教授臨邛常君濬孫始至。既日進諸生而告之以古昔聖賢敎學之意，又爲之飭廚饌葺齋館以寧其居，然後謹其出入之防，嚴其課試之法，朝夕其間，訓誘不倦，於是學者競勸。……又爲之益置書史,合舊爲若干卷,度故御書閣之後更爲重屋以藏之"。記文撰於是年九月丁亥。《晦庵文集》卷八〇。故推知本書約撰於四年(1193)夏間。《勉齋先生黄文肅公年譜》引本書"世道如此"至"亦須有補於後也",云是三年中朱熹與黄榦書。不確。

朱熹《答黄直卿》:

揆路曾相見否? 其説果何如? 邸報中見外間事賴諸賢維持,且爾無大疏失。但定省一節,都不見人説著,此甚可懼,非小故也。彼中親所見聞,有何節目? 因便煩子細報來。《晦庵文集》續集卷一。

案:揆路,指宰臣。書中云及"但定省一節,都不見人説著",《宋史》卷三九一《胡晉臣傳》云"上自南郊後,久不御朝。晉臣與丞相留正同心輔政,中外帖然。其所奏陳,以温清定省爲先,次及親君子、遠小人、抑僥倖、消朋黨,啓沃剴切,彌縫縝密,人無知者。未幾,薨于位"。據《宋史・光宗紀》云,光宗於紹熙二年十一月"有事于太廟",隨即發病,"自是不視朝"。又據《后妃傳下》,光宗因李皇后之故,"久不朝太上,中外疑駭",至紹熙四年九月重明節復朝重華宮,又爲李皇后所阻。故推知本書約撰於紹熙四年中,且黄榦嘗一至京中。

黄榦《與晦菴朱先生書》：

榦初八晚已抵侍旁，老幼幸無恙。更留二十餘日，方可告歸。一房兒女，久勞撫念，重以爲媿。家兄此間亦能盡職，俸雖薄，亦足奉親。凡事只得逐日驅遣，不暇爲異日謀也。特老人於榦一房尤所鍾愛，甚欲令挈爲此來，亦俟相度事勢如何耳。過玉山，六七舅已爲古人。生平意氣不凡，雖欲爲生產之計，亦無所就，客居蕭然，殊可傷悼。玉山境内，彌望如赭，塘井盡涸。三衢粗勝，聞□尤甚。此數日雨意不成，細民嗷嗷，良可念也。鄧子禮尚留此，九月可與之同歸。此書稱"主管修撰先生"，乃八月十日書也。 《勉齋集》卷四。

案：《年譜長編》卷下係本書於紹熙三年八月十日。據《勉齋先生黄文肅公年譜》云，紹熙四年"冬，仲兄奉太夫人之官衢州，先生又如建安。十二月，歸三山"。書中所云"榦初八晚已抵侍旁，老幼幸無恙。更留二十餘日，方可告歸"，又云"家兄此間亦能盡職，俸雖薄，亦足奉親"，又云"過玉山，……玉山境内，彌望如赭，塘井盡涸。三衢粗勝，聞□尤甚"，當是黄榦經玉山抵衢州省親時也，在紹熙四年八月十日，《年譜長編》所係不確。又《勉齋先生黄文肅公年譜》云"冬，仲兄奉太夫人之官衢州"之"冬"，當指黄榦於是年冬"如建安"，非指黄東於冬日赴衢州任。

朱熹《答黃直卿》：

見謀於屋後園中作精舍，規摹甚廣，他時歸來，便可
請直卿挂牌秉拂也。作此之後，并爲直卿作小屋亦不難
矣。《晦庵文集》續集卷一。

案：朱熹下書（近有臨江軍張洽秀才來）云及
"書院方蓋屋"，而本書乃云"見謀於屋後園中作精
舍，規摹甚廣"，知在其前。又朱熹《答劉智夫》（某二
十日已到家）有云"某二十日已到家，疲憊雖劇，然溪
山之樂足以自慰，精舍功夫漸見次第"。《晦庵文集》別
集卷二。知朱熹於紹熙五年（1194）十一月二十日抵
達考亭，故推知本書約撰於是月下旬。

朱熹《答黃直卿》：

近有臨江軍張洽秀才來，資質甚好，可喜可喜。書院
方蓋屋，未得成就，度須更兩月方可居耳。《晦庵文集》續集
卷一。

案：書院指滄洲精舍（竹林書院）。李方子《紫
陽年譜》云紹熙五年"冬，竹林書院成，率諸生行釋菜
之禮，以告成其事"。《西山讀書記》卷三一。《朱子語
類》卷九○云"新書院告成，明日欲祀先聖先師，古有
釋菜之禮，約而可行，遂檢《五禮新儀》，令具其要者
以呈。先生終日董役，夜歸即與諸生斟酌禮儀，雞鳴
起，平明往書院，以廳事未備，就講堂禮"。據朱熹

《滄洲精舍告先聖文》，時在紹熙五年十二月十三日。
《晦庵文集》卷八六。本書云"書院方蓋屋，未得成就，
度須更兩月方可居耳"，故推知其約撰於此日前後。

朱熹《答黄直卿》：

黄商伯事，殊不聞首末，子約書亦言其舉措有未善
處。不知救荒何所關於近習，而惡之若是耶？駭機飛語
殊可憂畏，疏遠遁藏，然猶不敢不跼蹐也。《晦庵文集》續集
卷一。

案：書中"黄商伯事"云云，據《宋史》卷四三
〇《黄灝傳》，黄灝（商伯）任提舉浙西常平行荒政而
遭貶。《吳郡志》卷七載朝請郎黄灝於紹熙五年十月
到提舉浙西常平任，慶元元年三月以前"追兩官放
罷"。故推知本書約撰是年（1195）三月中或稍前。

朱熹《答黄直卿》：

時事大槩，此亦聞之。但諸人狼狽，殊非所望耳。子
約終是好，不知已行遣未？此事未開口，斷置已定，多少
快活。可爲致意，未及奉慶也。《晦庵文集》續集卷一。

案：慶元元年四月二日，呂祖儉上書攻韓侂胄，
貶官安置韶州。《年譜長編》卷下。《勉齋先生黄文肅
公年譜》云呂祖儉"孟夏抵貶所。……是時，朝命甚
峻，呂公之行，莫敢餞之者，先生獨出城與別送"。本

書言"子約終是好，不知已行遣未"，知此時朱熹知吕
祖儉已上疏遭貶，然未知其"行遣"赴貶所否，故推知
其約撰於四月中。

黄榦《與晦菴朱先生書》：

榦以初八日抵侍旁，所幸尊幼皆安，親老尤安健，稍
足自慰。家兄以近制成資，須得部符，乃聽解罷，已遣人
料理未回。解任須在八月初。復以乳婢感冒不能行，未
可即登途，度歸計須在此月末。抵建陽須當暫留。恐雙
溪有妨縣官釀飲，則近市別得一小屋亦佳。望囑儲宰爲
預謀之。家兄歸計及參部之計，未知所濟，已懇一二親舊
爲假貸之策。過上饒，趙守亦許以歸日相周旋。但未知
所假足用與否，亦且只得挨去看如何。休致不允之命，想
榦離後三兩日即到，再上之章想已遣行。楊子直、劉智夫
皆在此遷延避暑，且候迓兵。蓋以近日有臺疏言，過家、
上冢、宿留不行者，皆爲故稽君命，其意指林和叔、樓大防
而言。故諸公皆爲遷延中道之計，而不敢過家、上冢矣。
田子真之語，或者謂其對人稱許止吕、秦之事，果爾，亦可
謂輕率之甚也。然指斥如此，乃得罷去，稍涉權要，遂至
遷謫，輕重不倫，豈所以爲尊君哉？汪季路之罷，蓋以臺
官先論孫元卿、袁和叔、陳武三人考校涉私。有錢原者，
臨安人，家巨富，偶試屢中，故三人者遂坐此謗。季路爲
之辯析，故臺論並及之，別無他罪，但以臺諫論事，不當復

辯矣。楊元範遷祭酒，蓋亦自覺其已甚，而能自悔，同列以其有異意，故去之。張鎡乃昌黎莫逆，與其兄爭分業，張鎡主昌黎，而其兄主王德謙，元範乃論張鎡罷之，此所以爲異意也。黃元章除殿院，蓋實嘗與昌黎有雅好，但黃亦善人，想亦不敢爲已甚也。昌黎麻辭甚褒，雖其祖之功莫能過。中有一語，初云"獨成與子之功"。余揆貼云"力參與子之功"。昨聞詔語，亦貼二三字如此，則余豈能久安相位哉？余、鄭皆非能久安者。何公舊物之除，意或在此也。鄧千里昨日方到此，則云欲褫餘干職名，故以囑何公耳。但諸賢豈能皆自保哉？道學之圖，聞高文虎之子所爲。又有一圖云"右道學"，則以鄭惠叔爲首，楊元範次之，以其助佑道學也。高文虎短喪之請，復有一劄，乞置都虞候如監軍之類，以上所親信爲之，庶幾可以相繼而無專兵之患。或以其意蓋主王德謙也。其無知敢於欺君黨惡乃如此！吳斗南有書，力排短喪之議，然吳斗南已彈冠而赴架閣矣。其不變而從者幾希。近日所聞大抵如此，無可言者。年穀大熟，可以寬生靈旦夕之死，未知造物竟何如也。《勉齋集》卷四。

案：《勉齋先生黃文肅公年譜》云黃榦於慶元元年"二月，銓中"，時在臨安，故諗知朝中政事。《慶元黨禁》云"六月十七日，(劉)德秀又劾國子博士孫元卿、太學博士袁燮、國子正陳武皆罷去。司業汪逵入劄子辨之，劉德秀以爲言，逵亦罷"。本書中言"汪季路之罷,蓋以臺官先論孫元卿、袁和叔、陳武三人考校涉私。……季路爲之辯析,故臺論並及之",故推知書首"初八日"乃指七月八日黃榦自京師歸衢州日,時其母隨其子黃東官衢州,故推知本書約撰於慶元元年七月中旬。

又,《勉齋先生黃文肅公年譜》云"丞相(趙汝愚)之逐也,文公不勝憤抑,草封事欲上,直指姦邪,以明丞相之冤。先生(黃榦)力諫,勸以筮決之,遂止"。據《年譜長編》卷下,力諫朱熹並請以筮決之者乃蔡元定,時慶元元年六月中。《勉齋先生黃文肅公年譜》所云似不確。

黃榦《與晦菴朱先生書》:

辭職休致之請,楊子直、劉智夫皆以爲可以已之。子直以爲不已,則亦當婉其辭,但力言辭受之義,而不必他及。智夫以爲不已,則受職名,而後求休致。榦以謂子直之說近是,而智夫之謀甚疏。要之,二公之論皆主於畏禍。榦謂禍不足畏,但使吾之所處者一合於義,則死生禍福一聽之天命可也。詘道以畏禍,非也;非道以取禍,亦非也。故前日封事不可上,今日辭職休致不可已。以此決之,似可以質諸聖賢而不惑矣。智夫之論不足深怪。子直素稱學者,然其言論操守矜持嚴整,而考其用意皆出於畏禍,此所謂同行異情者。與之語,殊使人駭笑。自謂今日之事全出其力,蓋當初欲行遣二三十人,某爲之首,卻被某輪對,爲平平之論,許多事都蓋抹。此非所謂枉尺而直尋者乎?又言先生不可復論事,但婆娑山林以聽之。且云晏子以其君顯,這個人亦□□□□□崔杼之難他都不管,蓋人主又□□□□□之主,管他做甚?其議論大率如□□□□□知有君,不知是何見識,如此且□□□□□此亦更不見州郡及賓客低聲□□□□□之已臨其頸矣。故至此,亦但一見□□□□□云京之客有趙善括者,朝夕唱□□□□□説,謝之爲人甚深,鄉者王謙仲排□□□□謝實教之。二人皆非可託,恐先生通□□□□深防此輩也。都下人想已遣矣。《勉齋集》卷二。案:"且云晏子以其君顯"以下據《全宋文》卷六五三六補。

案:黃榦上書(榦以初八日抵侍旁)有云"家兄以近制成資,……解任須在八月初。復以乳婢感冒不能行,未可即登途,度歸計須在此月末。抵建陽須當暫留"。又朱熹有詩題《乙卯八月晦日浮翠亭次叔通韻》,《晦庵文集》卷九。黃榦有和詩《侍晦翁飲浮翠用劉叔通韻》。《勉齋集》卷四〇。故推知本書約撰於是年七、八月之際。

朱熹《答黃直卿》:

目疾不觀書,緣此看得道理亦漸省約。不成不讀書後,便都無道理也。所論氣稟之病固然,然亦大段着力,乃能去之。近日爲朋友説《滕文公》首章，有些意思，他日相見面論之也。《晦庵文集》續集卷一。

　　案：朱熹《答吳伯豐》(《孟子集解序説》引《史記》列傳)引録吳必大問云"先生……而於《滕文公》首章道性善處。注則曰'門人不能盡記其詞'；又於第四章決汝、漢處。注曰'記者之誤'，不知如何"，答曰"前説是，後兩處失之。熟讀七篇，觀其筆勢如鎔鑄而成，非綴緝所就也。《論語》便是記録綴緝所爲，非一筆文字矣"。《晦庵文集》卷五二。與本書"近日爲朋友説《滕文公》首章，有些意思"云云相合。《答吳伯豐》撰於慶元元年八月稍後。故推知本書約是年九月或稍後。

朱熹《答黄直卿》：

　　《儀禮疏義》已附得《冠義》一篇，今附去看。《家》、《鄉》、《邦國》四類已付明州諸人，依此編入。其《喪》《祭禮》可便依此抄節寫入。只《覲禮》一篇在此，須自理會。《祭禮》亦草編得數紙，不知所編如何？今并附去，可更斟酌。如已別有規摹，則亦不須用此也。可早爲之，趁今年秋冬前了却，從頭點對，并寫得十數本分朋友，藏在名山，即此身便是無事人，不妨閉門静坐作粥飯僧，過此殘年也。《晦庵文集》續集卷一。

　　案：朱熹下書(《禮書》緣遷徙擾擾)有云"彼中更

有《祭禮》，工夫想亦不多。若伯豐、寶之能便下手，亦只須數月可也。但《儀禮》只有士大夫祭法，不可更以王侯之禮雜於其中。……幸亦時爲促之，并得歲前了當爲佳"，而本書乃云"《祭禮》亦草編得數紙，不知所編如何？今并附去，可更斟酌。……可早爲之，趁今年秋冬前了却"，當在其前，約慶元二年（1196）夏中。

又，《勉齋先生黃文肅公年譜》云慶元二年，黃榦"自建安歸三山。……時文公被旨落職罷祠閑居，分界門人編輯《禮書》。先生實爲分經類傳，文公删修筆削條例，皆與議焉。初，文公雖以《喪》、《祭》二禮分界先生，其實全帙自《冠》、《昏》、《家》、《鄉》、《邦國》、《王朝》等類皆與先生平章之。文公嘗與先生書云：'所喻編《禮》次第甚善。'又云：'千萬更與同志勉勵，究此大業。'又云：'將來送彼參訂，修歸一塗。'又云：'此事異時直卿當任其責。'其他往復條例，文多不能盡載。明年三月乙亥朔，竹林精舍編次《儀禮》集傳、集注書成。修理經傳，寫成定本，文公當之；而分經類傳，則歸其功於先生焉。……是秋，自三山復如文公之側"。上述所載當非出一書，亦非撰於一時，因難加細論，故總係於此。

朱熹《答黃直卿》：

《禮書》緣遷徙擾擾，又城中人事終日汩没，不得功夫點對。所編甚詳，想多費心力。但以王侯之禮雜於士禮之中，不相干涉，此爲大病。又所分篇目頗多，亦是一病。今已拆去大夫以上，別爲《喪大記》一篇。其間有未及填寫處，可一面令人補足，更照別紙條目整頓諸篇，務令簡潔而無漏落，乃爲佳耳。修定之後，可旋寄來看過，仍一面附入音疏，速於歲前了却，亦是一事。蓋衰老疾病，旦暮不可保，而罪戾之蹤又未知所稅駕。兼亦弄了多時，人人知有此書，若被此曹切害，胡寫兩句取去燒了，則前功俱廢，終爲千載之恨矣。明州書來，亦説前數卷已一面附疏。《王朝禮》初欲自整頓，今無心力看得，已送子約，託其□定，仍令一面附疏。彼中更有《祭禮》，工夫想亦不多。若伯豐、寶之能便下手，亦只須數月可也。但《儀禮》只有士大夫祭法，不可更以王侯之禮雜於其中。須如前來所定門目，別作《廟制九獻》及《郊社》諸篇，乃爲盡善。已再條具寄之矣。幸亦時爲促之，并得歲前了當爲佳。榮 䨓之説，別紙奉報。可更詳考，便中報及也。近日眼病，全看文字不得。但因講論，見得此理愈見分明，門路愈見徑直。前日答吉州王峴書中，有數句頗甚簡當，今謾録去，可以示甘吉父也。峴乃鄉來子約所館之家，因子約來通問也。子約又入王南强章疏，只此數人東湧西没，到處出見，甚可笑也。周樸甚可念，一書并信，煩因便寄與，勿令浮湛爲佳。趙恭父竟坐其事，部中行下取索，不知意欲坐以何罪。州郡知其無辜，欲爲回申，而恭父不願也，已發去矣。此却差强人意也。孫之、李和卿甚不易，因書或相見，須各爲致區區。當暑目昏，不及拜書也。楊子直甚入時宜，不知亦只避得可避底，枉了做許模樣也。《晦庵文集》續集卷一。

　　案：本書中有云"前日答吉州王峴書中，有數句頗甚簡當，今謾録去，可以示甘吉父也。峴乃鄉來子約所館之家，因子約來通問也"，又云"楊子直甚入時宜，不知亦只避得可避底，枉了做許模樣也"，又云"當暑目昏"。據《宋史·寧宗紀一》，慶元二年七月"戊子，量徙流人吕祖儉等于内郡"。《宋史》卷四五五《吕祖儉傳》云其編管吉州，"遇赦，量移高安"。又據朱熹《跋王信臣行實》，吉州王峴致書問學在吕祖儉移高安前。《晦庵文集》卷八四。又據《宋會要輯稿·職官》七三之六五載，慶元二年"六月二十二日，朝請郎、知吉州楊方降兩官放罷，奉議郎項安世降兩官。以監察御史張伯垓言其適當危疑之時，懷私自營，不顧君上，委之而去；逮其事定，相繼復來"。故推知本書約撰於慶元二年初秋。

朱熹《答黄直卿》：

　　《喪服篇》。所説析出經傳，破碎重複，不相連屬，不可行也。

　　此篇已略修定，似有條理。且其間有"見上條"、"見本條"之類，尚涉重複。然去之又似太疏略，可更裁之。或於本條下依重出例注之，而逐條之下却皆削去，亦自簡便。後有通例一條，甚好，恐更有可入者，當補之。

《喪服義》。

此篇都未編，可更考之。恐當以"三年問"一篇爲首，蓋其言所以制服行喪，出於人情之實，最爲明切，又包三年期功以下皆盡。其後乃取諸篇中論喪輕重意義者附之。若此類不多，即不若依舊只附前篇作傳記，亦得。

《士喪禮》上下。

兩卷略定，更詳之。

《士虞禮》。

當以士卒哭、祥、禫之禮附其後，而於篇目下注云："祔、卒哭、祥、禫禮附。"

《喪大記》上下。

自天子達於庶人者，居喪之禮也。若其送死之節、禮文制數，則貴賤之等固不同矣。今以天子、諸侯、大夫之禮附於士禮之篇，殊不相入，自合採集別爲一篇。但以世俗拘忌，不敢別立篇名，故欲只因《喪大記》篇包舉王侯士庶之禮，而放士禮次第分其章段。凡言禮之法而似經者，則依經例雜法，與此篇相表裏。凡記事實有議論者，則依記例，似稍明白。但恐其間尚有脱漏差舛，可更詳之。其《虞禮》以下尚闕，如"天子九月而卒哭"及"九虞"、"七虞"等語，當別爲下篇，依士禮次第編集，却於見編卒哭等禮篇内删出。《三傳》作主等説，亦當附入。其杜預邪説，前輩已有掊擊之者，亦當載。王侯、大夫制度，皆入此篇。其《書》、《禮》、《論語》内説諒陰制度及《左傳》説天子、諸侯喪事，亦皆依記例，隨事附於章目之後。如諒陰及后、世子皆爲三年之類，即附祥禫章後。譏華元、樂舉及仲幾對宋公椁柎藉幹語之屬，即附棺椁、窆葬等章。楚恭王能知其過之類，即入誄謚章。如此類更推廣求之，可附即附。但《顧命》、《康王之誥》恐尤不可遺，然又不可分，只於篇末附入，如何？

《奔喪》。

道喪附此篇之目下，依《虞禮》例。並喪恐更有説，此所取似疏略，可更考之。

《居喪記》。

弔喪附此篇之目下，依《虞禮》例。

《喪義》。

以《檀弓》"哀戚之至"一條爲首，此條甚長，今注疏皆誤分斷了，今當合之。其餘有通説喪禮或沿喪事，如"孔子早作"、"子張庶幾"等語，皆合附入。別紙更有説。又剪下碎段一束，恐亦可附。邾婁復以矢、天生地藏、子羔之襲、喪不剥奠之類已削去，皆可入。

以上共十篇。

重出例不須如來喻，但於初見處注尾著圈而注其下曰"後某章某章放此"。《喪服》篇説中亦有一例依此，可并詳之。《士虞禮》記"既封"至"除之"，此一項不入例，可更詳之。

"上大夫之虞"，此條當入《大記》下篇。

《周禮》喪車更詳之，若是上下通用，即入《喪服》通例經中，若是王禮，即入《大記》初用車處。

凡已剪下重複碎段，恐有漏落或當載者，可更詳之。所寄數卷，若前此旋次得之，即可子細看。今并寄來，又值事宂目痛，只看得一兩卷子細。自"既夕"以後，多不及詳，可更加功脩此數卷也。《卒哭》篇附《虞禮》後，以本記補經。

"始死三日而殯"止"遂卒哭"注。"用剛日，曰哀薦成事"節注。"將旦而祔"止"辭一也"注，末云"'哀薦成事'一句，未知當附何處"。"饗辭"止"之饗"注。

　　右卒哭。○記云云。

"明日以其班祔"止"尚饗"。

　　右祔。○云云。○祔杖不上於堂。

"朞而小祥，曰薦此常事。"

　　右小祥。○記云云。

"又朞而大祥，曰薦此祥事。"

　　右大祥。○記云云。

"中月而禫"止"未配"。

　　右禫。○記云云。

注中云"見某篇云云"者，更契勘今所定本，恐已删去，隨事改正。

所論士廟之制，雖未能深考，然所論堂上前爲三間、後爲二間者，似有證據。但假設尺寸大小，無以見其深廣之實，須稍展樣，以四五尺以上爲一架，方可分畫許多地頭、安頓許多物色。而中間更容升降、坐立、拜起之處，净埽一片空地，以灰畫定，而實周旋俯仰於其間，庶幾見得通與不通，有端的之驗耳。

若如此圖，則堂基之上便分前段三間、後段四間及兩邊夾室之位矣，即不見得殿屋横棟從甚處斷、兩霤之分從甚處起，又不見厦屋兩翼如何似今之門廊，又不見兩夾堂外既無墇，亦合有柱與否？云有柱，則於經無文；云無柱，則兩屋角懸空，無寄託處。又恐間架次第雖如所説，其殿屋分四霤處亦合如前來寄去之説，但移得洗更稍向東，當簷滴水處耳。夏屋亦須作次棟以覆兩夾，但設搏風版於兩夾之外，次棟盡頭，而設洗於其南，如此乃有門廊之狀。先之説福州人所謂君臣門也。蓋屋之前後皆爲五間，而中三間爲直棟，旁兩間爲兩夾。其上椽瓦或爲東西霤之上流，或爲次棟而設搏風於其外也。若不如此，則殿屋直棟反短於夏屋之棟，等殺不應爾也。

古者降殺以兩，恐士廟深廣，當自天子制度三降而得之。又於其間細分間架，乃見其實也。

適又思之，恐只是作三大間，旁兩間之中爲墻，以分房室兩夾之界，略如趙子欽説，但“門廊”二字未合耳。可更考之。《晦庵文集》卷四六。

案：朱熹上書（禮書緣遷徙擾擾）有云“所編甚詳，……但以王侯之禮雜於士禮之中，不相干涉，此爲大病。又所分篇目頗多，亦是一病。今已拆去大夫以上，別爲《喪大記》一篇。其間有未及填寫處，可一面令人補足，更照別紙條目整頓諸篇”，而本書中云及“今以天子、諸侯、大夫之禮附於士禮之篇，殊不相入，自合採集別爲一篇”，語正相合，知本書爲上書之別紙，撰於同時。

朱熹《答黃直卿》：

《禮書》想已有次第，吳伯豐已寄得《祭禮》來。渠以職事，無暇及此，只是李寶之編集，又不能盡依此中寫去條例。其甚者如《祭法》、《祭義》等篇，已送還令其重修，《特牲》等篇亦有未入例處。且夕更取《家》《鄉禮》參校令歸一，却附去，煩看過。《王朝禮》已送與子約，令附音疏。但恐渠亦難得人寫，不能得耳。《晦庵文集》續集卷一。

案：朱熹上書（《禮書》緣遷徙擾擾）有云“《王朝禮》初欲自整頓，今無心力看得，已送子約，託其□定，仍令一面附疏。彼中更有《祭禮》，工夫想亦不多。若伯豐、寶之能便下手，亦只須數月可也”，而本書乃言“吳伯豐已寄得《祭禮》來。渠以職事，無暇及此，只是李寶之編集，……《王朝禮》已送與子約，令附音疏。但恐渠亦難得人寫，不能得耳"，知在其後，推知約撰於二年秋間。

朱熹《答黄直卿》:

偽學之章首辨張非偽學，蓋前此劉元秀力薦王炎作察官，而韓以受知張門爲疑，故此章着意如此分別。非獨欺天，亦欺韓也。故其後復申炎所陳薦舉之説，乃是首尾專爲王地，冷眼旁觀，手足俱露，甚可笑也。且看此人終必得志。蓋此事中間已似稍緩，却緣近日一繳，其徒得以藉口，復肆沸騰，已行遣人勢必從頭再有行遣。張乃孟遠之弟，本依韓、劉，今此以官滿欲差遣之故上書，外爲直言而中實删去，又以未删之本示劉，而劉以示沈，故及於禍。此乃以邪攻邪，自貽伊戚。然遂死於道路，亦可傷也，又可懼也。今冬上饒、括蒼、興國學者近十餘人到此，新書院已可居矣。逐日幸有講論，足以自警。其間亦頗有可説話者，所恨直卿不在此，不得與之琢磨也。《晦庵文集》續集卷一。

案：《慶元黨禁》云慶元二年正月"二十四日甲辰，諫議大夫劉德秀劾留正四大罪，首論其招引偽學，以危社稷。'偽學'之稱自此始"。本書中言"偽學之章首辨張非偽學，蓋前此劉元秀力薦王炎作察官，而韓以受知張門爲疑，故此章着意如此分別"，又言"今冬上饒、括蒼、興國學者近十餘人到此，新書院

已可居矣。逐日幸有講論,足以自警",推知其約撰
於慶元二年冬中。

朱熹《答黄直卿》:

所諭羞惡未亡者,此乃真是當得"僞學"二字。朋友
中只此一番拍試,揀汰僞冒,大段得力。但此道之傳不絕
如綫,深使人憂懼也。來歲聚徒,勢所不免。但此間屋子
空虛多時,不知如何處置也。本領分明,義利明白,閑時
都如此説,及至臨小利害,便靠不得,此則尤可慮也。《晦
庵文集》續集卷一。

案:本書中言"所諭羞惡未亡者,此乃真是當得
'僞學'二字",又云"來歲聚徒,勢所不免。但此間屋
子空虛多時,不知如何處置也。本領分明,義利明
白,閑時都如此説,及至臨小利害,便靠不得",故推
知其約撰於慶元二年季冬。

朱熹《答黄直卿》:

古之禪宿有慮其學之無傳而至於感泣流涕者,不謂
今日乃親見此境界也。前書所説常惺惺,此是最切要處。
諸朋友行持亦頗見功效否? 向來學者得此一番試過,虛
實遂可辨,殊非小補。王子合前日過此,觀其俯仰,亦可
憐也。《晦庵文集》續集卷一。

案:朱熹上書(所諭羞惡未亡者)有云"朋友中

只此一番拍試,揀汰僞冒,大段得力。但此道之傳不絕如綫,深使人憂懼也",而本書又云"古之禪宿有慮其學之無傳而至於感泣流涕者,不謂今日乃親見此境界也。……向來學者得此一番試過,虛實遂可辨,殊非小補",疑兩書相近,推知本書約撰於二年末或稍後。

朱熹《答黄直卿》:

今日吾輩只有此事是着緊處,若打不過,即上蔡所謂能言空如鸚鵡者爲不虛矣。伯豐,劉五哥説已得諸司文字,以彼之才,固有以取之。但正用此時得之,亦不能使人無疑耳。目前朋友思索明快未有其比,心甚惜之。然於事有難言者。因與之語,要當有以警之。救得此人,亦非細事。若此處打不過了,更説甚操存涵養耶? 輔漢卿、萬正淳皆留此兩月而後去,其他朋友數人亦將去矣。諸人皆爲外間浮論攻擊,不敢自安而去。其實欲見害者,亦何必實有事迹與之相違,但引筆行墨數十行,便可使過嶺矣。此亦何地可避耶? 世人見處淺狹例如此,令人慨歎。又來學者亦未見卓然可恃以屬此道之傳者。今更有此間隔,益難收拾,不謂吾道之否一至此也。思慮及此,又使人深惜伯豐之不能自立,曷嘗見有顔子而爲桓司馬家臣耶? 子約却是着實,但又有一種不通透處激惱人。時魚多骨,金橘太酸,天下事極難得如人意也。《禮書》如何? 此已了得《王朝禮》,通前幾三十卷矣。但欲將《冠禮》一篇附疏，以爲諸篇之式，分與四明、永嘉并子約與劉用之諸人，依式附之，庶幾易了。適已報與子約，或就令編此一篇，或直卿自爲編定此一篇，并以見寄，當擇其精者用之。此本已定，即伯豐、寶之輩皆可分委也。病軀脚氣未動，但目益昏，恐更數月遂不復見物。以此急欲了此書，及未盲間讀得一過，粗償平生心願也。得曾致虛書，云江東漕司行下南康，毀《語》、《孟》板。劉四哥却云被學官回申不可，遂已。此其勢決難久存，只此《禮書》傳者未廣，若被索去燒了，便成枉費許多工夫，亦不可多向人前説着也。謝表謾録去看，勿以示人。初時更有數語，後爲元善所删。然亦無甚緊要。若謂取禍，則只此亦足以發其機也。《晦庵文集》續集卷一。

　　案：書中云"謝表謾録去看，勿以示人。初時更有數語，後爲元善所删"，此"謝表"當指朱熹落職罷祠謝表。朱熹《落職罷宫祠謝表》云"臣前任祕閣修撰、提舉南京鴻慶宫，今年五月十三日已該滿罷。至二十七日，伏準尚書省慶元二年十二月劄子節文，臣寮論臣罪惡，乞賜睿斷，褫職罷祠，奉聖旨依。臣已於當日謝恩祇受訖者"。又《落祕閣修撰依前官謝表》云"臣昨於慶元三年正月二十七日準尚書省劄子節文，臣寮奏臣罪惡，乞與褫職罷祠，奉聖旨依，劄臣照會。臣即於當日望闕謝恩，解罷職名，仍奉表稱謝去訖"。《晦庵文集》卷八五。故推知本書約撰於三年

（1197）二月間。

朱熹《答黃直卿》：

親舊皆勸謝絕賓客，散遣學徒，然其既來，即無可絕之理，姑復任之。若合過嶺，亦是前定，非關門閉戶所能避也。《晦庵文集》續集卷一。

案：書中所云"親舊皆勸謝絕賓客，散遣學徒"，當在朱熹落職罷祠、蔡元定編管道州之後，故推知約在慶元三年春間或稍後。

朱熹《答黃直卿》：

前書所論《大學》兩條似未然，如此則是"明德"、"新民"其初且苟簡做一截，到"止於至善"處又子細做一截也。"知至"之"至"，向來却是誤作"切至"之"至"，只合依舊爲"極至"之"至"。然此"至"字雖與"至善"之"至"皆訓"極"字，而用處不同。至善是自然極至之至，知至是功夫極至之至，難作一例説也，可試思之。此義非獨熹不謂然，以示季通諸人，亦皆疑直卿不知何故作此見也。病中看得《孟子要略》數章分明，覺得從前多是衍説，已略脩正寫去。此書似有益於學者，但不合顛倒却聖賢成書，此爲未安耳。《大學》諸生看者多無入處，不如看《語》、《孟》者漸見次第，不知病在甚處？似是規模太廣，令人心量包羅不得也。《晦庵文集》卷四六。

病中看得《孟子要略》章章分明，覺得從前多是衍説。已略修正，異日寫去。此書似有益於學者，但不合顛倒却聖賢成書，此爲未安耳。《大學》諸生看者多無入處，不知病在甚處，似是規摹太廣，令人心量包羅不得也。不如看《語》、《孟》者漸見次第。季通比已得其到道州書，地主頗寬假之。計渠亦能自處，不知赦後還可得量移否？周純夫甚可念，欲寄一書問勞之，亦復不暇，亦恐彼中難得便耳。謝表爲衆人改壞了，彼猶有語，是直令人不得出氣也。此輩略不自思自家是何等物類，乃敢如此，殊可憫笑也。書院中只古田林子武及婺州傅君定在此，讀書頗有緒。傅尤刻苦，前此亦多讀書，但未有端的用心處。近方令其專一，漸次讀書，覺得却有立作，將來或可望也。孫丈書已收，書中盛稱仁卿政事之美，恨不得聞其詳也。《晦庵文集》續集卷一。

案：本書前後兩部分分置《晦庵文集》卷四六、續集卷一，然重複語句之文字亦略有異同，故全録如上。

書中言及“季通比已得其到道州書，地主頗寬假之”，據《宋史全文》卷二九上云慶元二年十二月“辛未，詔落熹祕閣修撰，罷宫觀，蔡元定編管道州”。三年正月，“是月，行遣朱熹、蔡元定省劄始至。熹方與諸生講論，有以小報來言者，熹略起視之，復坐講論如初，詞色更爲和平。翌旦，諸生乃知其有指揮。時郡縣捕元定甚急，元定色不爲變，毅然上道。熹與諸所遊從百餘人送別蕭寺"。故推知本書約撰於三年季春、初夏間。

朱熹《答黃直卿》:

近報誤舉僞學人許令首正,觀此頭勢,恐子合受得王漕文字,亦不穩當。人生仕宦聊爾隨緣,亦何必須改官而包羞忍恥,處此危疑之地乎?《晦庵文集》續集卷一。

案:《宋史·寧宗紀一》載慶元二年八月"丙辰,以太常少卿胡紘請,權住進擬僞學之黨"。三年二月"丁巳,以大理司直邵褒然請詔大臣自今權臣僞學之黨勿除在内差遣,詔下其章"。本書有云"近報誤舉僞學人許令首正",當指其事,故推知本書約撰於慶元三年中。

朱熹《與黃直卿書》:

五夫不可居,不如只此相聚。爲謀一屋,不就別討屋基了,相去又十數步,若作小屋三間,儘可居也。《勉齋先生黃文肅公年譜》。

案:《勉齋先生黃文肅公年譜》云慶元三年中,"文公爲築室於考亭新居之旁。……是時,文公書與先生云……:'五夫不可居,不如只此相聚。爲謀一屋,不就別討屋基了,相去又十數步,若作小屋三間,儘可居也。'"故係本書於慶元三年中。

朱熹《答黃直卿》：

伯豐絕交之事，渠必不能辦，只韜藏避謗，逡巡引却，似亦不爲甚難。如游誠之，但以誤受舉削之故，至今不爲改秩，計已近十年。彼其人固多可議，而爲學又非伯豐比。且其親年已高，而身亦五十餘歲矣，乃能斷置如此，則其長處亦不可誣也。若與之交淺言深，但微與說及此意，勸之以晦迹避謗，當無不可也。好朋友難得，近日數爲人所誤，令人意緒不佳。深恐又失此人，故不能不關念耳。《晦庵文集》續集卷一。

案：本書所云"伯豐絕交之事"，據《朱子語類》卷一二二載曾祖道所記云："又言：'吳伯豐有見識，力學不倦。'祖道因言伯豐自植立事。曰：'此某知之有未盡，不意伯豐能如此。'"知朱熹有所誤會，故有"此某知之有未盡，不意伯豐能如此"之語。《朱子語類·姓氏》云曾祖道乃丁巳（慶元五年）所聞。又吳必大（伯豐）卒於慶元三年十一月或稍後。而三年黃東爲官廬陵，黃榦奉母從行；七月，母卒，黃東、黃榦護喪而歸。《勉齋先生黃文肅公年譜》。故推知本書約撰於慶元三年秋間。

朱熹《答黃直卿》：

伯豐書云，其所厚者以其無所私禱，寄聲欲繩治之，子約亦甚稱其所守之固。但世路如此，所可憂者，不但道學而已。任尉甚不易得，然不欲深與之交，恐復累渠入僞黨也。季通家爲鄉人陵擾百端，幾不可存立，因書囑其陰護之爲佳。《晦庵文集》續集卷一。

案：朱熹上書（伯豐絕交之事）有責及吴必大"絕交"之語，本書有云"伯豐書云，其所厚者以其無所私禱，寄聲欲繩治之，子約亦甚稱其所守之固"，乃辨說所謂"絕交"傳言，故推知其當在其後，約在慶元三年初冬。

朱熹《答黄直卿》：

覺得歲月晚，病痛深，恐不了此一事，夢寐爲之不寧也。近又得正父書目，亦有好處。其長處是詞語嚴簡近古，其短處是粗率不精緻，無分別也。《晦庵文集》續集卷一。

案：朱熹《答余正甫》（示喻編《禮》）有云"示喻編《禮》，并示其目"，《晦庵文集》卷六三。而本書所云"近又得正父書目"，即指此編《禮》并目，時在慶元三年。又本書中云"覺得歲月晚，病痛深"，故推知其約在是年末。

朱熹《答黄直卿》：

《大學或問》"齊家治國"章"令善好惡"改作"令反其好"，《中庸章句》"素隱"下添"隱謂卑陋也"，在"本來也"之

下。"本無可稱"改作"本來卑陋"。得江西書,吳伯豐果
以去冬得疾不起。見其思索通曉,氣象開闊,朋友中少能
及之。又子約、元德書來,皆言其自樹立之意,尤不可及。
法門衰敗之秋,又適喪如此等人,尤可痛悼也。子約累書
來,辨《中庸》首章戒謹恐懼與謹其獨不是兩事,又須説心
有指未發而言者,方説得"心"字,未説得"性"字,又須説
是耳無聞、目無見、心無知覺時,方是未發之中。其説愈
多,愈見紛拏。又爭"配義與道"是將道義來配此氣。如
何有人讀許多書,胸中乃如此黑暗?彭子壽初亦疑《中
庸》首章,近得書,却云已釋然矣,方知《章句》之説爲有功
也。張元德説得頗勝子約,而其兄元瞻看得尤好。若得
伯豐且在,與之切磨,可使江西一帶路徑不差。今既不如
所望,而子約輩湛滯膠固,不可救拔,每得其書,輒爲之數
日作惡也。《晦庵文集》續集卷一。

　　案:吳必大(伯豐)卒於慶元三年冬,本書云"得
　　江西書,吳伯豐果以去冬得疾不起",故推知本書約
　　撰於四年(1198)春中。

朱熹《答黄直卿》:

　《禮書》便可下手抄寫,此中却得用之相助,亦頗有
益。南康李敬子與一胡君同來,見在書院。敬子甚卓立,
然未細密。胡君堅苦,讀《喪禮》甚子細,亦不易得。永嘉
林補字退思者,亦暫來,其人甚敏,然都不曾讀聖賢書,只

一味胡走作，甚可惜也。彼中學者今年有幾人？可更精切，自做功夫，勤於接引爲佳。《晦庵文集》續集卷一。

　　案：朱熹《答輔漢卿》(年滿七十)有云"精舍亦有朋友數人相聚，李敬子、胡伯量尚未去，早晚頗有講説"，又云"年滿七十，禮合休致，又以罪戾，不敢自上奏牘，百端懇禱，僅得州郡申省狀一紙，今託常寧游宰附與邸吏投之"。《晦庵文集》卷五九。本書中云"南康李敬子與一胡君同來，見在書院"，知即同時。又，朱熹上書(所説論致仕文字)云及"所説論致仕文字，……然此文字三月半間已得之，後來節次有便，而游宰以爲渠有專人，又便有回信，不若令帶去爲便，遂以付之。渠乃遷延至此，不知今文字在何處留滯"，正與《答輔漢卿》"今託常寧游宰附與邸吏投之"云云相合。故推知《答輔漢卿》約撰於慶元四年三月末或稍後，本書約撰於同時。

朱熹《答黃直卿》：

此間朋友間有一箇半箇，然不甚濟事。但不易其敢來，亦可憐耳。彼中朋友真肯用力者名姓謂何？因書報及，仍略品目之，慰此窮寂之望也。學古、魯叔相繼逝者，可傷。吳伯豐尤可惜，朋友間似渠曉得人説話者極少。始者猶疑其守之未固，後來得子約、張元德、劉季章書，又知其所立如此。不幸蚤死，亦是吾道之衰，念之未嘗不慘然也。季章書語録去，切勿示人，足令同時輩流負愧入地也。《晦庵文集》續集卷一。

　　案：書中云及"學古、魯叔相繼逝者，可傷。吳伯豐尤可惜。……始者猶疑其守之未固，後來得子約、張元德、劉季章書，又知其所立如此。不幸盍死"，因吳伯豐卒於慶元三年冬，而吕祖儉卒於四年七月，《年譜長編》卷下。故推知本書約撰於四年春末、夏初。

朱熹《答黄直卿》：

借得黄先之數册陸農師説，初意全是穿鑿，細看亦有以訂鄭注之失者，信開卷之有益。俟用之行，附去看也。《晦庵文集》續集卷一。

　　案：朱熹上書（《禮書》便可下手抄寫）有云"《禮書》便可下手抄寫，此中却得用之相助，亦頗有益"，而本書乃云"俟用之行，附去看也"，故推知其約撰於慶元四年四月前後。

朱熹《答黄直卿》：

用之去時所附書想已達，所帶去文字想皆見之，今則此等功夫全做不得矣。精舍相聚不甚成條理，蓋緣來有先後，人有少長，鄉有南北，才有利鈍，看文字者不看大意正脉，而却泥着零碎，錯亂纏繞，病中每與之酬酢，輒添了

三四分病。以此每念吳伯豐，未嘗不愴然也。履之兄弟
却差勝，若更加功，或恐可望耳。伯崇已赴官番陽，留其
季子在李敬子處，姿質亦淳謹，但未有奮迅拔出之意耳。
《晦庵文集》續集卷一。

　　案：朱熹上書（借得黃先之數冊陸農師說）有云
"俟用之行，附去看也"，而本書乃云"用之去時所附
書想已達，所帶去文字想皆見之"，推知其約撰於四
年五月或稍後。

黃榦《與晦菴朱先生書》：

　　□□□□列薦之地於富沙，富沙語鄭子仁云："榦當
爲之遊談諸司。"聞其說，蓋云呂仙遊雖與呂子約爲再從
兄弟，然其議論趨向絕不似子約，可歎可歎。名家之子不
能安分，求榮得辱，其襃也，乃所以爲貶也。榦去歲扶護
還家，家兄相謀葬地，告以蔡丈所遷穴，只是蓋得不密，地
中雖有水痕，而所藏之禾兩年尚發青牙，此可見地氣之
暖。家兄不從，乃自見行視數處，皆全不成形局。後乃注
意兩處，其一號庵前，其一號後窟。庵前卻在舊墳包内，
止是山包向裏，卻於山背開穴，形尖勢反，風氣宣洩，土石
頑礦。後窟乃在背，逼窄反逆，又更全不成地頭。此兩處
雖村夫牧童亦知其不可，家兄執之甚堅，其說以爲合宗廟
水法。及親舊如膚仲、景思、謙之、彥忠、溥之諸人來說，
即以無風水、無禍福卻之，以爲蔡季通信風水邪說，故有

身竄子死之禍,惟吕東萊真是大賢,見得明白。諸弟力以爲言,則欲委而不葬。見其所執之堅如此,決欲以六月十六日葬庵前穴内。舅氏勸其併舉先人合葬。及開壙,見欹側之狀,方惻然欲寬葬期。以去歲曾用磚結砌兩處,作兩小壙,試其可用與否。及開庵前一穴,則滿穴皆臭水,不可近。恐其説之不勝,遂開後窟一穴,偶山燥無水,遂決以爲可葬,目下用工開掘。其地頭全無可取,全不成形勢,但欲幸其説之勝,而不思親體之安;但以爲無水,而不思水之外尤有可慮。所幸葬期尚寬,猶可商議。但家兄既堅不用蔡丈之穴,以爲便試得無水,亦不可用,則無復可言者矣。日夜思之,心神昏亂,無以處此。以兄弟論之,則止得順從;以父母遺體論之,則人子之心實有所不忍;以目前未葬論之,則不可以不速葬;以既葬而有水蟻之患論之,則不如緩葬之爲愈。咈長上之意以不葬其親,其名固不美;欲兄弟之歡以虧父母之遺體,其實又不安。智識淺陋,莫能決此,欲望先生爲熟思之,賜以一言。若以爲可從,則止得俯首聽命;若當熟諫,則亦乞先生反覆爲家兄言之,以釋其惑。榦亦率親故力言之,少遲一二年,以俟其定。望先生爲斟酌之,存没均受大賜。《全宋文》卷六五三六。

案:本書《勉齋集》題曰"與某書失名"。書中云及"家兄……決欲以六月十六日葬庵前穴内。舅氏勸其併舉先人合葬。及開壙,見欹側之狀,方惻然欲寬葬期。以去歲曾用磚結砌兩處，作兩小壙，試其可用與否。及開庵前一穴，則滿穴皆臭水，不可近。恐其說之不勝，遂開後窟一穴，偶山燥無水，遂決以爲可葬，目下用工開掘”，故推知其約撰於慶元四年六月中。

朱熹《答黃直卿》：

居廬讀《禮》，學者自來，甚善甚善。但亦不易，彼中後生乃能如此。前此嘗患來學之徒真僞難辨，今却得朝廷如此開大爐韛煅煉一番，一等渾殽夾雜之流，不須大段比磨勘辨，而自無所遁其情矣。《晦庵文集》續集卷一。

案：《勉齋先生黃文肅公年譜》云慶元三年七月，黃榦母卒，黃榦歸三山守喪；四年，“諸生從學於箕山廬居”。本書“居廬讀《禮》，學者自來”云云，當指守喪期內授學事，故推知其約撰於慶元四年中。

朱熹《與黃直卿書》：

諸友相向，甚不易得。年來此道爲世排斥，其勢愈甚，而後生鄉之者曾不少變，自非天意，何以及此？《勉齋先生黃文肅公年譜》。

案：《勉齋先生黃文肅公年譜》云慶元四年中，“文公與先生書云：‘居廬讀《禮》，學者自來……’又云：‘諸友相向，甚不易得。年來此道爲世排斥，其勢愈甚,而後生鄉之者曾不少變,自非天意,何以及此?'"本書約後於朱熹上書(居廬讀《禮》),亦撰於慶元四年中。

朱熹《答黄直卿》:

吴元士曾相識否?昨看王伯照《雜説》,中間有一段理會不得。或云渠嘗學於王公,恐能知其説。試爲宛轉託人扣之,却見報也。《晦庵文集》續集卷一。

案:朱熹上書(向留丞相來討《詩傳》)有云"吴元士説六十律爲京房之謬,亦是。但前此所扣,乃是只以十二律旋相爲宫而生六十調,非爲六十律也",所扣問者當即本書中"昨看王伯照《雜説》,中間有一段理會不得"云云。故推知本書約撰於慶元四年中。

朱熹《答黄直卿》:

所説論致仕文字,其大槩止爲一二人。如減年,乃指沈正卿而言。初亦疑此語迂回無下落,以"宗師"之語推之,意其爲沈。而近得元善書,乃云果爾,則此自無可疑。而城中諸人苦相沮抑,不令剗奏,爲可罪也。然此文字三月半間已得之,後來節次有便,而游宰以爲渠有專人,又便有回信,不若令帶去爲便,遂以付之。渠乃遷延至此,不知今文字在何處留滯。若今尚未到,則便遭論列,亦是本分,怪他不得矣。然此如破甖,若不打破做兩片,亦須打做兩截，不復能顧慮也。詔旨正爲戒敕僞黨不得自比元祐，想已見之。器數命題却已寢罷，然此等事亦有士人合理會者。前日之弊乃爲汎濫細碎，徒擾擾而無益。今遽罷之，又不究其弊之所自來。大抵此輩用心豈復更有是處？自不須論也。《晦庵文集》續集卷一。

案：書中言“詔旨正爲戒敕僞黨不得自比元祐，想已見之”，據《宋史全文》卷二九上載，慶元四年四月，姚愈上言“近世行險僥倖之徒，倡爲道學之名，權臣力主其説，結爲死黨，願下明詔播告天下”，韓侂胄大善，五月命直學士院高文虎草詔，有云“甚至竊附於元祐之衆賢，而不思實類乎紹聖之姦黨”。故推知本書約撰於是年六、七月間。

朱熹《答黄直卿》：

林正卿歸自湖外，少留兩夕，亦頗長進。但恐將來流成釋老耳。其弟學履安卿中間到此，近寄得疑問來，亦看得好，甚不易。一書報之，可分付入試朋友，俟其到城日付之也。題壁揭牓者，正不足怪。但不易諸生能自安於是，賢於子合矣。初見渠時，聞其説曾子寢大夫之簀，以爲不欲咈季孫之意，便疑其意趣之不高。後來講磨，尚庶幾其有改，不謂止是舊來見識也。《晦庵文集》續集卷一。

案：書中云“林正卿歸自湖外，少留兩夕，……其弟學履安卿中間到此，近寄得疑問來，亦看得好”，據《朱子語類‧姓氏》載，林學履所記乃己未（慶元五年）所録。又書中云"一書報之，可分付入試朋友，俟其到城日付之也"，所謂"入試"，當指秋闈，林學履永福人，需至福州與試。故推知本書約撰於慶元四年初秋。

朱熹《答黃直卿》：

想聞子約之亡，重爲吾道傷歎也。近事似稍寧息，而求進者納忠不已，復有蘇轍、任伯雨之奏，想已見之，大率是徐、葉耳。然似此紛紛，何時是了？兩日無事，閑讀《長編》，崇觀以來率是如此，甚可懼也。《晦庵文集》續集卷一。

案：《宋史全文》卷二九上載慶元四年"秋七月己未，都大川秦茶馬丁逢入見，極論元祐、建中調停之害，且引蘇轍、任伯雨之言爲證。時薛叔似、葉適坐趙汝愚黨久斥，皆起家爲郡，故逢有是言。宰執京鏜、何澹大然之，翌日遂除軍器監"。本書中"而求進者納忠不已，復有蘇轍、任伯雨之奏"云云即指此。又本書中云"想聞子約之亡"，而未及蔡元定之卒，故推知本書約撰於四年八月中。

朱熹《答黃直卿》：

子約之亡，傷痛未定，而季通八月九日又已物故。朋友間豈復有此人？尤足爲痛哭也。但其家至今未得的信，只魏才仲自桂林寫來。前日李彦中歸道長沙，見子蒙及趙漕説得分明矣。今年不知是何厄會，死了許多好人。老拙尤覺衰憊，非昔時比。藏府不秘即滑，脚弱殊甚，杖而後能行，恐亦非復久於此世也。《晦庵文集》續集卷一。

案：書中云"子約之亡，傷痛未定，而季通八月九日又已物故。……但其家至今未得的信，只魏才仲自桂林寫來。前日李彦中歸道長沙，見子蒙及趙漕説得分明矣"，故推知本書約撰於九月初或稍後。

朱熹《答黄直卿》：

諸經舊説皆看得一過，其間亦有改定處。"自慊"却須用舊説，方見得自家有力。緊要是從本原上説來，比前日尤親切。《晦庵文集》續集卷一。

案：本書撰時不詳。朱熹《答孫敬甫》(所論"才説存養，即是動了")論及"又論誠意一節，極爲精密。但如所論，則是不自欺後方能自慊，恐非文意。蓋自欺、自慊，兩事正相抵背。纔不自欺，即其好惡真如好好色、惡惡臭，只爲求以自快自足，如寒而思衣以自温，飢而思食以自飽，非有牽強苟且、姑以爲人之意。纔不如此，即其好惡皆是爲人而然，非有自求快足之意也。故其文曰：'所謂誠其意者，毋自欺也。'而繼之曰：'如惡惡臭，如好好色。'即是正言不自欺之實。而其下句乃云：'此之謂自慊。'即是言如惡惡臭、好好色便是自慊，非謂必如此而後能自慊也”。
《晦庵文集》卷六三。本書亦云“‘自慊’却須用舊説，方
見得自家有力”，似撰於一時先後。《答孫敬甫》撰於
慶元四年季秋或稍後。

朱熹《答黄直卿》：

向留丞相來討《詩傳》，今年印得寄之。近得書來云，
日讀數板，秋來方畢，甚稱其間好處，枚舉甚詳。不意渠
信得及，肯如此子細讀。如趙子直，却未必肯如此。渠前
此見《中庸説》，極稱序中危微精一之論，以爲至到。亦是
曾入思量，以此見其資質之美。惜乎前此無以此理謦欬
於其側者，而今日聞之之晚也。所論曾皙事甚佳，但云道
體虛靜而無累，恐鈍滯了道體耳。吳元士説六十律爲京
房之謬，亦是。但前此所扣，乃是只以十二律旋相爲宫而
生六十調，非爲六十律也。《晦庵文集》續集卷一。

案：《朱子語類》卷一二一載郭友仁所聞曰：“留
丞相以書問《詩集傳》數處，先生以書示學者曰：‘他
官做到這地位，又年齒之高如此，雖在貶所，亦不曾
閒度日，公等豈可不惜寸陰？’”《朱子語類·姓氏》云
郭友仁所記乃戊午（慶元四年）所聞。本書中云“向
留丞相來討《詩傳》，今年印得寄之。近得書來云，日
讀數板，秋來方畢，甚稱其間好處，枚舉甚詳”，即此，
故推知其約撰於是年冬初。

朱熹《答黃直卿》：

季通之柩已歸，陳坂上對面一寺中。蓋先買得一小地在其前，只今冬便葬也。萬事盡矣，尚何言哉！一慟之餘，行自病也。《晦庵文集》續集卷一。

案：朱熹《祭蔡季通文》云"維慶元四年歲次戊午十月二十有九日癸巳，新安朱熹竊聞亡友西山先生蔡君季通羈旅之櫬遠自舂陵言歸故里"。《晦庵文集》八七。本書中云"季通之柩已歸，陳坂上對面一寺中"，又云"一慟之餘，行自病也"，推知約在是年十月末、十一月初。

黃榦《與晦菴朱先生書》：

榦罪逆不孝，二親已畢葬事，音容永隔，痛慕何窮！葬非其地，此心如割，每一起念，不如無生。以尊長之意，止有抑遏含忍而已。辱存撫之至，不勝哀感。適此痛苦，復迫隆冬，病軀爲寒氣所襲，輿病還家。復聞後山蔡丈之訃，拊心號慟，累日不能已。該博通達如斯人者，豈易得哉？以是氣疾轉甚，累夜不能就枕，多服疏導藥如紫蘇、香附之屬，方少瘥。念欲即走侍師席，以病後尚怯寒，更旬日方可離此。《喪禮》旦夕攜往拜呈，其條例先具別紙，乞先入思慮。只條例定，則其中小小曲折易整頓矣。扶病拜覆，草草。此書稱"侍講先生"，十一月十九日書也。《勉齋集》卷四。

案：據書末注，知撰於慶元四年十一月十九日。

朱熹《答黃直卿》：

知與劉、潘諸人相聚甚樂，恨不在近，資講論之益。但《春秋》難看，尤非病後所宜。且讀他經《論》、《孟》之屬，如不食馬肝，亦未爲不知味也。所以答手約者甚佳，但恐亦不必如此。今所慮者，獨恐物不格、知不至耳。知至則自見得義利公私之下毫髮不放過也。《晦庵文集》續集卷一。

案：黃榦上書（榦罪逆不孝）有云"適此痛苦，復迫隆冬，病軀爲寒氣所襲，輿病還家"，而本書言及"但《春秋》難看，尤非病後所宜"，似承其後。

朱熹《答黃直卿》：

日暮塗遠，心力疲耗，不復更堪討論矣。日者多言今年運氣不好，不知得見此書之成否？萬一不遂，千萬與諸同志更相勉勵，究此大業也。《晦庵文集》續集卷一。

案：書中所云"不知得見此書之成否"之"此書"，乃指朱熹委託黃榦等所編之《禮書》。書中又云"日者多言今年運氣不好"，乃指慶元四年中朱熹大病瀕危，呂祖儉、蔡元定等又先後卒於貶所，故有是語。推知本書約撰於是冬間。

朱熹《答黃直卿》：

收近問，知齋館既開，慕從者衆，尤以爲喜。規繩既定，更且耐煩勉力，使後生輩稍知以讀書脩己爲務，少變前日淺陋儇浮之習，非細事也。《晦庵文集》續集卷一。

案：《勉齋先生黃文肅公年譜》載慶元五年"諸
生從學於新河所居，文公遣其孫來執經"，並載朱熹
來書曰"齋館既開……"云云。因朱熹遣兩孫"來執
經"在慶元五年初，故黃榦"齋館"初開當在四年冬，
故推知本書約撰於四年末。

朱熹《答黃直卿》：

致仕文字州府只爲申省，不肯保奏。此亦但得粗伸
己志，不暇求十全矣。旦夕當附人去，成敗得失一切任
之，不能以爲念也。通老來未？志仁能與俱否？病倦，不
暇作書，煩爲致意，春暖一過此爲幸。公度必已至，亦未
及書。謙之數字，可付之。此間朋友不多，亦未見大有進
者。然早晚略得舉揚一番，亦不爲無補也。試後江浙間
必更有故舊來，恨直卿不在此，不得與之商量耳。此理要
處無多説話，不知如何人自不曉？以此追念伯豐，愈深傷
惜。如子約輩，亦不謂其所造只到此處，便死却也。李公
晦《禹貢集解》編得稍詳，今附去試看，如可用，可令人抄
下一本，別發此册回來爲佳。《晦庵文集》續集卷一。

案：朱熹《申建寧府乞保明致仕狀》云："熹年滿
七十，疾病衰殘，尚忝階官，義當納禄。伏緣見係謫
籍，不敢冒貢封章，乞依條備錄申奏，令熹守本官致
仕，庶得偷安田里，以盡餘年。"《晦庵文集》卷二三。據

《道命録》卷七下，朱熹申建寧府"乞保明致仕"在慶元四年十二月。本書"致仕文字州府只爲申省，不肯保奏"云云即此，故推知其約撰於是年末。

朱熹《答黄直卿》：

益公每得一書，必問昆仲動静，且云嘗附書，不知已達否？此便回，能以數字報之亦佳。仁卿不殊此也。《晦庵文集》續集卷一。

案：慶元三年，黄東爲官廬陵，黄榦從行，遂與家居之周必大游從。七月，黄榦母葉氏卒，黄榦兄弟護喪而歸，至五年七月免喪。《勉齋先生黄文肅公年譜》。故有本書"益公每得一書，必問昆仲動静，且云嘗附書"云云，推知本書約撰於慶元四年間。

朱熹《答黄直卿》：

鉅、鈞到彼，煩直卿鈐束之，勿令私自出入及請謁知舊，有合去處，亦須令隨行，不可令自去。早晚在齋隨衆讀書供課之外，更煩時與提撕，痛加鑴戒，勿令怠惰放逸，乃幸之甚。《晦庵文集》續集卷一。

案：朱熹下書（二孫隨衆讀書供課）有云"二孫隨衆讀書供課，早晚教誨之爲幸"，而本書"鉅、鈞到彼，煩直卿鈐束之"云云，鉅、鈞當即朱熹二孫之名，是知本書當屬朱熹託付黄榦教誨之語，故推知約在慶元五年(1199)初，二孫離家前所撰。

朱熹《答黄直卿》：

二孫隨衆讀書供課，早晚教誨之爲幸。鄭齊卿亦要去相從，渠此幾日却稍得。然以病倦，不能聽其講解。念其志趣堅苦，亦不易得。可因其資而善道之，度却不枉費人心力也。致仕文字爲衆楚所咻，費了無限口頰，今方得州府判押。但求保官，更無人肯作，只有伯崇一員。或者以爲俞山甫必肯，近以書扣之，乃漠然不應。今不免專人去問田子真，想不至有他詞也。《晦庵文集》續集卷一。

案：朱熹《答任行甫書》（謝事文字極荷留念）云及"保官俞宰書中已説，但亦恐其難之，故不欲直求之，但云託其宛轉而已。今果如所料，可付一笑。……只南劍田右司雖是放罷，然屢已經赦，罷後又曾磨勘轉官，恐或可作，已專令吴定往求之"。《晦庵文集》卷二九。與本書"致仕文字……但求保官，更無人肯作，只有伯崇一員。或者以爲俞山甫必肯，近以書扣之，乃漠然不應。今不免專人去問田子真，想不至有他詞也"云云相合。《答任行甫書》撰於慶元五年正月上旬，推知本書亦撰於同時或稍後。

朱熹《答黄直卿》：

人家禍患重復如此，可畏。此又豈章子厚之所能爲耶？《晦庵文集》續集卷一。

　　案：《續宋編年資治通鑑》卷一二載慶元五年正月，"蔡璉誣告趙汝愚定策時有異謀，乃議送大理。佹冑欲問彭龜年以實其事，中書舍人范仲藝謁佹冑語之曰：'章、確之權不爲不盛，然至今得罪於清議者，以同文之獄故耳。相公胡爲蹈之？'佹冑曰：'某初無此心，京鏜、劉德秀實主其議。'既而臺諫官連疏有請。詔以累經赦宥，於是彭龜年追元官勒停，曾三聘追元官，而璉補進義副尉"。本書云云當指此，故推知其約撰於是年正月中。

朱熹《答黃直卿》：

　　二孫切煩嚴教督之。聞外邊搜羅鼎沸，如今便得解，亦不敢赴省，況於其他？只可着力學做好人，是自家本分事。平時所望於兒孫者不過如此，初不曾說要入太學、取科第也。致仕文字近方發得去，度今尚未到，聞已有臺章指目矣。此却是城中諸賢牽挽之力，他人不足責。曹晉叔老大隱約，號爲有思慮者，前日聞有此章，尚以不及見止爲恨，不知此是何等見識？處事不問義理，只顧利害，已爲卑鄙，況今利害又已曉然，猶作是論，真是不可曉也。彭子壽行遣想已聞之，此事是放了徐子宜，又要個人填窠子，圖得舊話加色，一番光鮮，不知如此有何了期也。渠前日有一書，今附去。似亦是去年秋間附來，近方到，不知有何語也。書社甚盛，以善及人而信從者衆，亦非細事。可且勉力講論，令其反已，着實用功爲佳。然此外亦須防俗眼讒口橫生浮議也。《禮書》附疏須節略爲佳，但勿大略。《晦庵文集》續集卷一。

案：朱熹《答任行甫書》（休致文字）云及“休致文字，……只爲欲因赴省人帶行。然亦不敢令到日即投，計程未合到，須令正月下旬以後投之，決不至爲州郡之累也”，又《答任行甫書》（保官久求不得）云“保官久求不得，已絶意不求，只欲懇州府乞一申省狀”。《晦庵文集》卷二九。二書皆撰於慶元五年正月中。本書乃云“致仕文字近方發得去，度今尚未到，聞已有臺章指目矣”，故推知其約撰於是年正月末、二月初。

朱熹《與黃直卿書》：

書社想亦漸成次第，更宜勉力交相磨切，使有成就，非細事也。《勉齋先生黃文肅公年譜》。

案：《勉齋先生黃文肅公年譜》云慶元五年“諸生從（黃榦）學於新河所居”，而“文公與先生書云：‘書社想亦漸成次第……’”。因本書云及“書社想亦漸成次第”，而下書（二孫在彼如何）有云“書社諸事既有條理，想自不容其違犯”，推知本書在前。

朱熹《答黄直卿》：

二孫在彼如何？書社諸事既有條理，想自不容其違犯。更望痛加鞭策，少寬暮年却顧之憂，千萬千萬。小四郎與劉五哥莫須常來咨問否？雖不在齋中宿食，亦望有以遥制之也。《晦庵文集》續集卷一。

　　案：朱熹上書（二孫切煩嚴教督之）有云"二孫切煩嚴教督之"，而本書又云"二孫在彼如何？書社諸事既有條理，想自不容其違犯。更望痛加鞭策，少寬暮年却顧之憂"，知在其後。

朱熹《答黄直卿》：

彭子壽、劉德脩二事想已聞之，楊惲之説何言歟？吁可畏也！《晦庵文集》續集卷一。

　　案：書中云及"彭子壽、劉德脩二事想已聞之"，《宋史·寧宗紀一》載慶元五年"正月庚子，樞密院直省官蔡璉訴趙汝愚定策時有異謀，詔下大理捕鞫彭龜年、曾三聘等以實其事。中書舍人范仲藝力争之于韓侂胄，事遂寢。張釜等復請窮治，詔停龜年、三聘官"。二月"乙酉，張釜劾劉光祖附和偽學，詔房州居住"。故推知本書約撰於是年二月末、三月初。

朱熹《答黄直卿》：

所喻惺惺之説甚善。但見説講授亦稍勞，似當節省並合，令其簡約，庶可久也。《晦庵文集》續集卷一。

　　案：《勉齋先生黃文肅公年譜》云黃榦於守喪期間聚諸生講學。又黃榦上慶元四年十一月十九日書（榦罪逆不孝）言及其葬母時“適此痛苦，復迫隆冬，病軀爲寒氣所襲，輿病還家。復聞後山蔡丈之訃，拊心號慟，累日不能已。……以是氣疾轉甚，累夜不能就枕，多服疏導藥如紫蘇、香附之屬，方少瘥”，故來書有“見説講授亦稍勞”語，推知本書約撰於慶元五年春間。

朱熹《答黃直卿》：

　　普之却能如此，甚不易得。《禮書》病起亦怕看，却只看得少閑文字。元來世間文字被人錯注解者，只前人做下，才隔一手，便看得別，而況此道之廣大精微也耶。諸生相從者，亦頗能有志否？近報時學小變，舉子輩往往相賀。然此豈足爲重輕耶？《晦庵文集》續集卷一。

　　案：《宋史》卷三九四《胡紘傳》云“詔僞學之黨，宰執權住進擬，用（胡）紘言也。自是學禁益急。進起居郎，權工部侍郎，移禮部，又移吏部，坐同知貢舉考宏詞不當而罷。未幾，學禁漸弛”。據《宋史全文》卷二九下載，胡紘罷吏部侍郎在慶元五年二月。本書中言“近報時學小變，舉子輩往往相賀”，當即指此。故推知本書約撰於是年春末、夏初。

朱熹《答黄直卿》：

通老到彼，住得幾日？講論莫須更有進否？已勸渠
莫便以所得者爲是，且更鄉前更進一步，不知後來意思如
何也。渠説冬間更欲來訪，但恐迫於赴官，不能款曲耳。
《晦庵文集》續集卷一。

　　案：本書中云“通老到彼，住得幾日？講論莫須
　　更有進否”，而黄榦下書（林井伯歸）云及“楊丞此來
　　留半月餘，學者如此人誠不多得，其胸襟無一物，只
　　有向先生之道而已”，楊丞名楫字通老。知楊楫先至
　　考亭拜訪朱熹，再去福州晤見黄榦，故推知本書約撰
　　於是年四月中或稍前。

朱熹《答黄直卿》：

致仕文字雖已得之，但諸賢切齒怒目之意殊不能平，
不知更欲如何搏噬，姑亦任之耳。《晦庵文集》續集卷一。

　　案：朱熹《致仕謝表》云“臣熹言四月二十三日
　　準尚書省遞到勑牒一道，伏奉聖旨，宜守本官致仕。
　　臣已於當日望闕謝恩訖者”。《晦庵文集》卷八五。本
　　書中言“致仕文字雖已得之”，故推知其約撰於慶元
　　五年四月末。

黄榦《與晦菴朱先生書》：

林井伯歸，聞先生尊體不安，甚以懷念。及得此書，

筆劃辭意殊無病狀，且見鄭子仁具言啓處之詳，方稍自慰。終以書會相絆，未能走侍爲恨。兩日方聞引年之請已下，先生拳拳宗社之意固未忍忘，然禮與時合，且得省分疏，亦是一事也。榦衰病之軀，日困多事，自妨己業，甚以爲懼。朋友亦有五七人可與語，初亦且令識得性情部伍，認得虛靈體面，庶幾讀書存養不至全無落著。然學者之患在於志卑氣弱，度量淺狹，規模褊陋，則雖與之細講，恐終無任道之意。故須是有大規模，又有細工夫，方且成個人物，故常以此提撕之。恐《中庸》所謂高明中庸、廣大精微，亦此意也。榦自治未至，何以教人？顧誦先生之言，與朋友共講之，亦賴以自警耳。幸先生有以警教之。精舍朋友聞稍有人，雖多方以禁之，而卒不能以尼其來，亦足見先生之道益尊，而人心之理未易泯也。楊丞此來留半月餘，學者如此人誠不多得，其胸襟無一物，只有向先生之道而已。讀書窮理，比舊似稍通曉，但説不甚出，亦不甚能問辨。且自言其平生仕宦，視辛幼安輩如小兒，獨於先生之前則畏憚不敢發一語。更望先生詳細與之語，若其有所得，卻勝似世間一種心地紛擾、利欲膠固底人物也。鞏仲至屢相見，其説多而雜，虛泛而無倫理，然其蕭散樂易之意，亦今之所難得。見先生與渠書，句句皆藥石。又見渠今所拜先生書稿，則又止似溺於所好，未必能增其所不能也。鄭齊卿下喬入幽，大爲失計。讀書似得路逡漸直，亦勉其再往。然苦多病，未能也。庚一、庚二哥,觀其氣象亦漸律貼,但後生心性難馴易變,安得一旦幡然棄其童習,而惟家學之是慕耶?丁寧誘掖,以漸率之,看其久久如何耳。此間曲折,楊丞能言之,不敢縷縷。此書稱"致政侍講先生",五月朔旦日書也。此後有別稟,間及同慶始祖墳塋,大率與公劄、事目一同,已見第四卷,不錄於此。《全宋文》卷六五三六。

案:《勉齋集》卷四載本書,然缺末尾數句。

本書末注"此書稱'致政侍講先生',五月朔旦日書也",知撰於慶元五年五月一日。

朱熹《答黃直卿》:

致仕且是己分一事粗了,然外面攻擊之意殊未已,不知更待如何,可付一笑。但前日得劉季章書云,孫從之得郡,非其自請,乃復被繳。適病牙癰,已逝去矣。看此亦是吾黨同一氣運,不得不然,非但虎食其外也。季章又云,彭子壽相見亦甚衰悴,題目不小,想見憂懼,然亦正自不必如此也。所說大規摹、細功夫者甚善,諸朋友中必有向進者,恨未得從容其間耳。《晦庵文集》續集卷一。

案:朱熹致仕得請,在慶元五年,四月二十三日拜命謝表。《年譜長編》卷下。本書云及"致仕且是己分一事粗了,然外面攻擊之意殊未已"。又孫從之名逢吉,卒於慶元五年四月丁丑。《攻媿集》卷九六《寶謨

閣待制獻簡孫公神道碑》。而本書有云"孫從之得郡，非
其自請，乃復被繳。適病牙癰，已逝去矣"，故推知其
約撰於是年五月中。

朱熹《答黃直卿》:

精舍諸友講論頗有緒，通老果如所論，甚慰人意。
得渠如此，所助非細，非他人比也。但渠到此，適以病
倦，又以諸幼疾患爲撓，不得甚與之款曲。以此知人之
學所以不進，只緣從初無入處，不見其有可嗜之味。而
所以無入處，又只是不肯虛心遜志，耐煩理會，更無他病
也。所論鞏仲至兩句，切中其病。前日與語，正怪其如
此。渠苦心欲作詩，而所謂詩者又只如此。大抵人若不
透得上頭一關，則萬事皆低，此話卒乍説不得也。二孫
久煩教誨，固不敢以向上望之。但得其漸次貼律，做得
依本分舉業秀才，不至大段狼狽猖獗足矣。《晦庵文集》
續集卷一。

　　案: 黃榦上書(林井伯歸)云及"楊丞此來留半
月餘，學者如此人誠不多得，其胸襟無一物，只有向
先生之道而已"；又言"鞏仲至屢相見，其説多而雜，
虛泛而無倫理，然其蕭散樂易之意，亦今之所難得"。
本書乃云"通老果如所論，甚慰人意。得渠如此，所
助非細，非他人比也"，又云"所論鞏仲至兩句，切中
其病。前日與語，正怪其如此"，知承黃榦上書，推知

約撰於是年五月間。

朱熹《答黄直卿》：

伯謨自去秋病不能食，中間一再到此，甚悴。前月晦日，竟不能起。以其胸懷趨操，不謂乃止於此，深可傷悼。而母老家貧，未有可以爲後日之計，又深可慮。想聞之亦爲一愴然也。《晦庵文集》續集卷一。

案：方士繇（伯謨）卒於慶元五年五月三十日。陸游《渭南文集》卷三六《方伯謨墓誌銘》。本書云"伯謨……前月晦日，竟不能起"，故推知其撰是年六月中。

朱熹《答黄直卿》：

伯崇之子見留精舍，隨敬子作舉業，亦淳謹朴實可喜也。仙遊不成舉措，然與今之受"不係偽學"舉狀者，分數亦不多爭。前日得致道書云，鄭明州臨行欲薦潘恭叔，恭叔對以必於章中刊去此說，然後敢受，鄭亦從之。此亦差強人意，而在鄭尤不易。聞楊敬仲乃大不以爲然，不知今竟作如何出場也。《晦庵文集》續集卷一。

案：鄭明州，指知明州鄭興裔，於"慶元四年三月十七日到任，五年四月初五日乞致仕，奉旨除武泰軍節度使，依所乞"。《寶慶四明志》卷一《郡守》。本書云"前日得致道書云，鄭明州臨行欲薦潘恭叔"，故推知其約撰於五年五、六月中。

朱熹《答黃直卿》：

外間洶洶未已，樓大防亦不免。聞林采訴冤於朝，已下本路究實。先所委官見其案牘駁異，不敢下筆，已改送他官，如其所請，此諸人撏剥已盡，或須作語頭來相料理。老朽寧復計此？一聽諸天而已。伯謨不幸，前書報去。未去時，亦安静明了，但可惜後來一向廢學，身後但有詩數篇耳。然亦足遠過今日詩流也。《晦庵文集》續集卷一。

案：自"外間洶洶未已"至"一聽諸天而已"，又重載於《晦庵文集》別集卷二。

書中言及"伯謨不幸，前書報去"，即上書（伯謨自去秋病不能食）中"前月晦日，竟不能起"云云，故本書撰於其後，約在是年六月末或稍後。

朱熹《答黃直卿》：

齋中諸友，甚不易相信得及。年來此道爲世排斥，其勢愈甚，而後生鄉之者曾不少衰，自非天意，何以及此？老拙以此衰病之極而不敢少懈，但精力不逮，日月無多，無以副其遠來之意，深愧懼耳。前日鄭齊卿去彼如此，聞後來亦有一二如此者，初甚慮之，近亦漸漸開明，甚悔當昨不且留之也。《晦庵文集》續集卷一。

案：朱熹上書（二孫隨衆讀書供課）言及"鄭齊

卿亦要去相從，渠此幾日却稍得。然以病倦，不能聽
其講解。念其志趣堅苦，亦不易得。可因其資而善
道之，度却不枉費人心力也"。本書乃云"前日鄭齊
卿去彼如此，聞後來亦有一二如此者，初甚慮之，近
亦漸漸開明，甚悔當昨不且留之也"，知去其後，推知
約撰於慶元五年中。

朱熹《答黄直卿》：

諸生仍舊相聚否？此間朋友只南康節次有人來，甚
不易得肯向此來。如廬陵處，即全未有轉動意思也。知
彼中誨誘稍有次弟，甚慰所望。諸人誰是最精進者？因
來喻及爲佳。《晦庵文集》續集卷一。

案：書中云"此間朋友只南康節次有人來，甚不
易得肯向此來。如廬陵處，即全未有轉動意思也"。
據《書信編年》云戊午李敬子、胡伯量來，己未呂燾、
呂煥來，皆南康人。又《年譜長編》卷下云己未十月
上旬，廬陵人周季宏來訪。故推知本書約撰於慶元
五年夏、秋間。

朱熹《答黄直卿》：

聞欲遷居此來，甚慰，不知定在何日也。但授徒之計
復何如？此中甚欲直卿來相聚，然恐此一事未便，不知曾
入計度否耶？《晦庵文集》續集卷一。

案：朱熹《答鞏仲至》(置中奉告)有云"直卿久
不得書，聞有徙家之興，此固所欲，但於渠聚徒之計
則恐失之，便無以爲生，亦須細商量耳"。《晦庵文集》
卷六四。與本書"聞欲遷居此來，甚慰，不知定在何日
也。但授徒之計復何如"云云相合。《答鞏仲至》撰
於慶元五年九月間，本書約撰於一時先後。

朱熹《答黃直卿》：

齋中朋友終年相聚，當有極精進者。此間諸人來去
不常，然氣習偏蔽，各任已私，亦難盡責一人不是。大率
江鄉人太的確而失之固執，此間人太平易而流於苟簡，此
古人所以有矯性齊美之戒也。今敬子已歸，臨行又與安
卿不足，只恐向後精舍規繩又曠闊耳。安卿將來却須移
出舊齋，自不與精舍諸人相干也。《禮書》須直卿與二劉
到此并手料理，方有汗青之日。老拙衰病日甚於前，目前
外事悉已棄置，只此事未了爲念。向使只如余正父所爲，
則已絕筆久矣。不知至後果便能踐言否？予日望之也。
《晦庵文集》續集卷一。

案：書中云"今敬子已歸，臨行又與安卿不足"，
據陳淳(字安卿)《竹林精舍録後序》云："某……至己
未冬，始克與妻父同爲考亭之行。十一月中澣到先
生之居，即拜見於書樓下之閤內"。《北溪大全集》卷一
〇。故推知本書撰於慶元五年十一月下旬或稍後。

朱熹《答黃直卿》：

病日益衰，甚望賢者之來，了却《禮書》。前書所説且從閩宰借人，先送定本及諸書來，如可，用之歲前能上否？渠送得《冠禮》來，因得再看一過，其間有合脩處尚多，已略改定，如前書入《名器篇》者，却移不得。及重編得《冠義》一篇頗穩當。然病衰，精力少，又日短，窮日之力，只看得三五段。如此若非償促功夫，未來了絶也。以此急欲直卿與用之上來，庶可并力，此外無他説也。《晦庵文集》續集卷一。

> 案：朱熹上書（齋中朋友終年相聚）有云“《禮書》須直卿與二劉到此并手料理，方有汗青之日”，本書乃云“病日益衰，甚望賢者之來，了却《禮書》。……以此急欲直卿與用之上來，庶可并力，此外無他説也”，故推知本書約撰於五年十一月、十二月之際。

朱熹《與黃直卿書》：

三月八日，熹啓：人還得書，知已至三山，一行安樂，又知授學次第，人益信向，所示告文規約皆佳，深以爲慰。今想愈成倫理，凡百更宜加勉力。吾道之託在此者，吾無憾矣。

衰病本自略有安意，爲俞夢達薦一張醫來，用礜砂、巴豆等攻之，病遂大變。此兩日愈甚，將恐遂不可支吾。

泰兒又遠在千里外，諸事無分付處，極以爲撓。然凡百已定，只得安之耳。異時諸子諸孫，切望直卿一一推誠力賜教誨，使不大爲門户之羞，至祝至祝！恩老昏事，餘干有許意，彼所言者，上有外家之嫌，不可問也。

《禮書》今爲用之、履之不來，亦不濟事，無人商量耳。可使報之，可且就直卿處折衷，如向來《喪禮》，詳略皆已得中矣。《臣禮》一篇兼舊本，今先附案，一面整理。其他并望參考條例，以次脩成。就諸處借來，可校作兩樣本，行道大小并附去，并紙各千番可收也。謙之、公庶各煩致意，不意遂成永訣，各希珍重。仁卿未行，亦爲致意。病昏且倦，作字不成，所懷千萬，徒切悽黯。不具。《晦庵文集》卷二九。

案：蔡沈《夢奠記》載慶元庚申（六年，1200）三月初八日，“又作黄直卿榦書，令收《禮書》底本，補葺成之”；初九日卒。王懋竑《朱子年譜》卷四。即本書，是爲朱熹平生最後之書也。

黄　灝

黄灝，字商伯，南康都昌（今屬江西）人。擢紹興三十年（1160）庚辰梁克家榜進士第。《江西通志》卷五〇。爲隆興府學教授、知德化縣，召除登聞鼓院。光宗即位，遷太常寺簿，“論今禮教廢闕，請勑有司取政和冠昏喪葬儀及

司馬光、高閌等書參訂行之”。除太府寺丞,出知常州,提
舉本路常平。後知信州,改廣西轉運判官,移廣東提點刑
獄,告老不赴,卒。“熹守南康,灝執弟子禮質疑問難。熹
之没,黨禁方屬,灝單車往赴,徘徊不忍去者久之”。《宋
史》卷四三〇有傳。

朱熹《答黃商伯》:

　　某欲借盛府祭器祭服,依做製造。有牒上幕府書懇
府公,更望一言之助,使必得之爲幸。或恐有大不可攜
者,得令人畫圖,詳識其尺度之廣狹高下淺深以見授,亦
幸也。《晦庵文集》別集卷六。

　　　　案:書中“祭器祭服”云云,當與立濂溪、五賢諸
祠相關。朱熹《答吕伯恭》(前日兒子行)有云“學中
元範教授立得濂溪祠堂,并以二程先生配食,又立得
陶靖節、劉凝之父子、李公擇、陳了翁祠,通榜曰‘五
賢’。……周祠已求記於欽夫矣,五賢之記,意非吾
伯恭不可作”。《晦庵文集》卷三四。《答吕伯恭》撰於
在淳熙六年(1179)五月初,故推知本書約在五、六月
間。時黃灝任隆興府學教授。

　　　　杜範《黃灝傳》云:“建安朱熹守南康,灝登其門,
執弟子禮,問難商確,豁然有契于心。自是書問往
還,疑必質之,多所許可。”《清獻集》卷一九。朱熹於淳
熙六年三月末至南康交接郡事。《年譜長編》卷上。

朱熹《答黃商伯》：

祭器尤荷垂念，但期日已迫，未及製造，亦有事力所未及者，且復專人納還，幸付主者。然亦疑其未便盡如古制度也。《晦庵文集》別集卷六。

> 案：書中云及"祭器尤荷垂念，但期日已迫，未及製造，……且復專人納還"，當承上書（某欲借盛府祭器祭服）。又據朱熹是年十月辛亥《隆興府學濂溪先生祠記》云"隆興府學教授南康黃君灝既立濂溪先生之祠於其學"。《晦庵文集》卷七八。知隆興府學祀儀在近，故朱熹將所借之"祭器""復專人納還"，推知本書約秋中或稍後。

黃灝《與朱先生書》：

先生之學，自程氏得其傳，以行於世，至於今而學者益尊信之。以故自其鄉國及其平生遊宦之所歷，皆有祠於學，以致其瞻仰之意。若此邦者，蓋亦先生之仕國也，而視於其學，獨未有所祠奉。灝也既言於府而敬立之，且奉程氏二先生以配焉，又將竊取其書，日與學者誦習之，而患未知其所以說也。吾子蓋嘗為是以幸教吾邦之人，是殆有以識其意者，願得一言以記茲事，庶乎其有以發也。《晦庵文集》卷七八《隆興府學濂溪先生祠記》。

> 案：朱熹《隆興府學濂溪先生祠記》云："隆興府

學教授南康黃君灝既立濂溪先生之祠於其學,而書
來語熹曰:‘先生之學,……’熹謝不敏,而黃君要之
不置。熹惟先生之學之奧固非末學所敢知,抑不敢
謂無其志者,矧黃君之請之勤若是,亦安得而不爲之
言乎。”署時淳熙六年十月辛亥(二十七日)。《晦庵文
集》卷七八。故推知本書約是年秋、冬之際。

朱熹《答黃商伯》:

示諭,極感愛念之意。此亦近方聞之,惕然内懼,即
已行下戒約,及令住催下户它負之可寬者矣。又得鑴論,
益信所聞之不妄,更當申儆之。自此有所聞,更望子細批
誨,直截譬曉。今者來教似已未委曲矣,切懇切懇。《晦庵
文集》別集卷六。

案:朱熹《答吕伯恭》(人還,領所報書)云“治財
太急,……傳者之言,似爲建昌而發,便是向來自劾
事。初以此縣不辨,令户掾往代之。此公性鋭質薄,
作事不無過當。初蓋亦慮之,但以無人,不免再三丁
寧而遣之。到彼果然過甚,大失民和。亟遣簽判親
往慰喻,然後粗定”。《晦庵文集》卷三四。其所述與本
書云云當指一事,而本書所云乃初聞此事時。《答吕
伯恭》撰於淳熙七年正月四日。“向來自劾事”,指朱
熹於淳熙六年十月因建昌縣秋旱失於檢放、致人户
流移而上書自劾。《年譜長編》卷上。故推知本書約撰

於六年九、十月之際。

朱熹《答黄商伯》：

此幸無他，但建昌之事聞之不早，見告者又皆不得其真，僅若爲强豪遊説，使人愈疑惑。近不免煩僉判自往調護，始得其真，乃知此郎不長厚，誤事如此。然縣小無官，未有可遣代之者，甚以爲撓耳。山野之人不堪吏職，此亦可見。旦夕遣冬書，更當力請，庶不久爲吏民患苦也。《晦庵文集》別集卷六。

案：朱熹《答吕伯恭》（人還，領所報書）云“亟遣簽判親往慰喻，然後粗定”，《晦庵文集》卷三四。與本書云云相合，當即此事。本書又云“旦夕遣冬書”，即當撰於是年十月間。

朱熹《答黄商伯》：

某衰病如昨，緣建昌事憂撓不可言。雖已遣官檢旱，且以後期申省自劾，勢須略減得分數，但此縣官吏無一人能爲百姓分別黑白，自此之後，凌弱暴寡，將有不勝其弊者。未知所以爲計，令人曉夕不皇。都昌亦甚費力。二十年無事之身心一旦至此，深以自歎，他無可言也。《晦庵文集》別集卷六。

案：朱熹於十月間因建昌失於檢放上疏自劾，本書云“雖已遣官檢旱，且以後期申省自劾”，推知其撰於此時稍後。

朱熹《答黃商伯》：

某昨嘗專以建昌事自劾求去，昨日人歸，諸公又不將上。勢當復請耳。《晦庵文集》別集卷六。

案：本書乃承上書（某衰病如昨）。朱熹於十二月再因建昌失於檢放上疏自劾，《年譜長編》卷上。故推知本書約撰於十一月、十二月之際。

朱熹《答黃商伯》：

某俯仰塵俗，日負初心，率意妄行，無所聞過。自決其不可久於此，但以向議陳請一二事計論未備，牽留至今。此數日來，奏牘始具，一二日遣行，即并上請祠之章矣。姚泉近方歸番陽，木炭之請亦未果往，亦三、五日間中行也。老兄下車已久，學中規範計當一新。所以爲教，使之聞之諸生，莫亦有可與進於此者否？此中課程不敢懈，然亦未大有益，爲可懼耳。□門不遠，計常通問，恐於鄙繆之政或有所聞，人還，幸賜批誨，至懇至懇。愚頓見事極遲，非面命提耳，反復諄悉不能諭，切幸不惜痛言之也。《晦庵文集》別集卷六。

案：書中言及"木炭之請亦未果往，亦三、五日間中行也"，朱熹四月二十一日《庚子應詔封事》有云"故臣自外任之初，即嘗具奏乞且將星子一縣稅錢特賜蠲減，又嘗具申提點坑冶司，乞爲敷奏，將夏稅所折木炭價錢量減分數。其木炭錢已蒙聖慈曲賜開允"。《晦庵文集》卷一一。《年譜長編》卷上以爲朱熹論木炭錢利害三劄，其第一劄在淳熙七年（1180）正月，第二劄在三月，第三劄子在四月。本書撰於上第一劄稍前，亦在正月。

朱熹《答黃商伯》：

警誨諄復，敢不銘佩。但區區每見凌弱暴寡之徒，心誠疾之，故其發每有過當。今當承命而改之，然恐終不能盡去也。《晦庵文集》別集卷六。

案：朱熹《與曹晉叔書》（熹求去久不獲）有云"近得陳勝私書，責以煩刑暴斂數條"。《晦庵文集》卷二六。與本書"但區區每見凌弱暴寡之徒，心誠疾之，故其發每有過當"云云相合，《與曹晉叔書》撰於淳熙七年正、二月之際；又據下書（勝私書來）所云，故推知本書約撰於七年正月。

朱熹《答黃商伯》：

勝私書來，説此間受租米事，初疑其過，徐究之，果然。雖已究治，然人生精力能有幾何，若事事如此索關防，則無復閑泰之時矣。其所論弊政非一，已封呈廟堂，冀必得去。萬一如欲，此助爲不小也。所懷萬端，無由面

論。但日來愈覺歸思浩然，不可遏耳。《晦庵文集》別集
卷六。

案：朱熹《與曹晉叔書》（熹求去久不獲）有云
"近得陳勝私書，責以煩刑暴斂數條，已封與王季海，
託其轉呈東府矣。今但得脱去爲上，更不論此是非
虛實也"。《晦庵文集》卷二六。所云與本書"勝私書
來，……其所論弊政非一，已封呈廟堂，冀必得去。
萬一如欲，此助爲不小也"相合，故推知本書撰於一
時先後，約在正、二月之際。

朱熹《答黃商伯》：

木炭事申泉司果見却，未知所以爲計。幸復思其説，
以見教也。《晦庵文集》別集卷六。

案：由上書（某俯仰塵俗）推知本書約撰於二
月中。

朱熹《答黃商伯》：

某月初已專人丐祠，後得臨安相識書，速令來請，云
諸公已有許意。至今尚未歸，必是適值四明訃至，未敢將
上，度不過旬日，必可得矣。建昌納苗，實有照管不到處，
然與抑强似不相干。税務依法收税，亦非州郡所得與。
況士大夫下争商賈之利，無恥至此，亦何足卹？近日曾編
管建昌一健訟假儒，傳者必又喧沸。此事自信甚篤，絶無

可疑。是非毀譽，付之衆口。少忍旬日，則吾已在汝上矣。《晦庵文集》別集卷六。

　　案："四明訃"，乃指淳熙七年二月辛卯（九日），魏王愷卒於明州。《宋史·孝宗紀三》。故推知本書約撰於二月下旬。

朱熹《答黄商伯》：

此間白鹿洞已畢功，前日往釋菜開講矣。延合肥吴君爲職事，但渠爲書社所拘，恐未必能往，却有楊學録者與一二後生欲往也。《晦庵文集》別集卷六。

　　案：書中言"此間白鹿洞已畢功，前日往釋菜開講矣"，朱熹《白鹿洞成告先聖文》云"維淳熙七年歲次庚子三月癸丑朔十八日庚午，具位敢昭告於先聖至聖文宣王。……鼓篋之始，敢率賓佐合師生，恭修釋菜之禮，以見於先聖"。《晦庵文集》卷八六。故推知本書撰於三月下旬。

朱熹《答黄商伯》：

白鹿洞成，未有藏書，欲干兩漕，求江西諸郡文字，已有劄子懇之，及前此亦嘗求之陸倉矣。度諸公必見許，然見已有數册，恐致重複。若以呈二丈，托并報陸倉，三司合力爲之，已有者不别致，則亦易爲力也。書辦，乞以公牒發來，當與收附，或刻之金石，以示久遠，計二公必樂爲之也。旦夕遣人至金陵，亦當徧干本路諸使者也。《晦庵文集》別集卷六。

案：本書約後於上書（此間白鹿洞已畢功），亦在三月間。

朱熹《答黃商伯》：

某再上祠請，皆未報。日夕思歸，而兩縣破壞，姦民亂政，不得不有所更革鉏治。似聞傳者以爲不恕，然亦只此數日間決遣事竟，亦當少息矣。蓋大慝既懲，小者自當退聽耳。但木炭事泉司不從，又以蠲租未報，未敢再列上前請。若遂臨行，須更上此奏，以償夙心也。《晦庵文集》別集卷六。

案：書中言"某再上祠請，皆未報"。淳熙七年正月、三月，朱熹兩上奏請祠，皆未允。《年譜長編》卷上。故推知本書約在三、四月之際。

朱熹《答黃商伯》：

某請祠先遣人昨夕已歸，後輩尚未到。周子充、曾厚伯極爲致力，而竟不效。且更看後信如何，恐亦且悠悠也。初來不爲久計，近復動却歸心，在此殊不便。今既如此，便再請得之，亦是一兩月事，不免又且整頓此破落家計，以俟譴逐耳。昨緣收江溥親戚船税，幾爲所論。當時得此一章，亦是草草出場也。《晦庵文集》別集卷六。

案：上書（某再上祠請）云"某再上祠請，皆未報"，而本書云"某請祠先遣人昨夕已歸，後輩尚未到"，故推知其約撰於四月初。

朱熹《答黃商伯》：

某衰病支離，求去未得，日惟得罪於士民是懼。然近日兩邑得同官叶力，詞訴却粗衰少。但賦租之弊未能有以寬之，殊不自安耳。學中講説不敢廢，近亦頗有能問者。兩邑亦令整葺教養，庶幾有嚮風者。敝政恐有所聞，切告垂諭，至懇至懇。《晦庵文集》別集卷六。

案：朱熹《乞宫觀狀》有云"近於三月六日視事之際，風痰大作，頭目旋暈，幾至僵踣。今已累日，精神愈見昏憒，委是狼狽，不可支持"。《晦庵文集》卷二二。本書中云"某衰病支離，求去未得"，推知約撰於四月中。

朱熹《與黃教授書》：

熹無狀，居此一年有餘，率意直前，不能違道干譽，得罪於士民多矣。請祠雖已報聞，然旦夕自當以他罪行遣，不至久爲仁里之害也。示喻曲折，深荷愛念。然必欲使熹餧啗虎狼，保養蛇蝎，使姦猾肆行，無所畏憚，而得歌頌之聲洋溢遠近，則亦平生素心所不爲也。姓高人事，文叔在此備見首尾。此而可恕，則亦無以官吏爲矣。至如木

炭錢事，亦是州郡所當爲，而幸上司之見聽，方恨不能推
類盡蠲苛擾，初不以是而求歌頌於斯人也。此錢都昌所
減獨多，又是毛掾考究之力。此人固有過當處，然細詢田
野之言，而考之案牘以求其實，則前日銷骨之毁，亦云甚
矣。此舉錯枉直之間所以難明，非有道以照之，則所自謂
公正者，未必非私意之尤也。區區不喜自辯，又於老兄不
可有隱情，故久不知所以爲報。今偶有便，信筆及之，非
欲較比是非，亦欲老兄深察於公私名實之間，而真得其所
謂本心之正耳。

太極之說甚善，南軒遺言兩句，不知其本文上下所指
何事，俟更問之定叟也。《晦庵別集》卷二六。

　　案：黃教授即隆興府學教授黃灝。自本書首句
至"而真得其所謂本心之正耳"，又重載於《晦庵文
集》別集卷六《與黃商伯》。本書中所謂"至如木炭錢
事，亦是州郡所當爲，而幸上司之見聽，……此錢都
昌所減獨多"，據《年譜長編》卷上，時在淳熙七年四
月。又書中云"居此一年有餘"，故推知其約撰於四、
五月之際。

朱熹《答黃商伯》：

此間楊僉忽丁憂，郡中事愈費力。萬一不得去，狼狽
不可言也。奈何？木炭却已得減免矣。《晦庵文集》別集
卷六。

案：楊僉指南康軍簽判楊王休（字子美），"遭内艱以歸矣，扶護暑行"。樓鑰《攻媿集》卷九一《文華閣待制楊公行狀》。《年譜長編》卷上云楊王休是年五月丁憂。本書當撰於此時稍後。

朱熹《答黃商伯》：

此邦圖經不齊整，而都昌爲甚。數日來，欲略爲條整而不得工夫，又無人能爲物色圖畫，諸邑供來皆不可曉，甚覺費力也。楊僉之去甚失助，新來兩掾，似亦可使也。少浼：西山有徐騎省篆書"游帷觀"大字，及許真人井銘，煩爲致一二本，便中示及。《五賢祠記》納去一本，更有一兩刻續致也。都昌恐有合入圖經事，望垂諭，它委勿外。某鄉辱誨諭，奉報疏率，既而思之，殆無以答愛我之厚，深以愧仄。自此有聞，不以虛實，尚望不替前日之念，乃幸之甚。《晦庵文集》別集卷六。

案：書中述及"楊僉之去甚失助"，又云"《五賢祠記》納去一本，更有一兩刻續致也"，而下書（某請祠不得）有云"《白鹿洞記》納去一本，……《五賢祠記》楊廣文自納去矣"，則在其前矣。故推知本書約撰於五月末。

朱熹《答黃商伯》：

某請祠不得，比復狂妄，輒有所陳。計程三、五日間，當以罪去,已盡遣書册冗長還家。此數日來,翹足俟命,但未知何所向耳。此間諸縣狼狽,税務絶無南來舟楫,勢亦不可復爲矣。比復苦旱,近始得雨,然亦未能沾足也。日間雖無事,然意思不佳,絶不得近書册,懶困即思睡耳。《白鹿洞記》納去一本,又一本寄梁文叔,煩遣致之,不及作書也。《五賢祠記》楊廣文自納去矣。《晦庵文集》別集卷六。

案:書中云"比復狂妄,輒有所陳",指朱熹四月二十一日應詔上封事。《晦庵文集》卷一一《庚子應詔封事》。又言"《白鹿洞記》納去一本",《白鹿洞記》乃吕祖謙所撰《白鹿洞書院記》。《東萊集》卷六。朱熹《答吕伯恭》(元範人回)云"白鹿書院承爲記述,……此邦之士蒙益既多,而傳之四方,私淑之幸又不少矣。謹以十一本投納書几"。《晦庵文集》卷三四。此記,朱熹嘗刻石拓印饋贈諸友。《答吕伯恭》撰於六月六日,故推知本書約撰於一時先後。

朱熹《答黃商伯》:

旱甚不雨,禱祠未有以感格,日夕憂懼。隆興不至此否?家貧顧隣富,若亦似此間,則更無可仰矣。奈何奈何?《晦庵文集》別集卷六。

案:洪嘉植《朱熹年譜》云"是夏大旱,盛暑中,禱祠山川,卻蓋暴露,蔬食踰月,恐懼憂勞,無頃刻

暇"。《年譜長編》卷上引。本書中"旱甚不雨，禱祠未
有以感格，日夕憂懼"云云正相合，故推知本書約撰
於夏、秋之際。

朱熹《答黃商伯》：

此間爲旱災所撓，都昌縣官稍解事，又請得盛族黃省
幹同措置，必可無慮。但建昌官員皆不足倚仗，又遍詢彼
邑寄居士人，無有能分此憂者。意欲懇南卿爲同邑官區
處，庶幾下情稍通，吏不敢肆其姦罔，不知渠肯俯聽否？
渠雖德安人，而建昌亦有產業，知彼民情，故欲倚以爲重
耳。敢煩語次試爲叩之，若許幸早見報，當專致書禮請
也。《晦庵文集》別集卷六。

案：本書述及修荒政事，約在初秋七月間。

朱熹《答黃商伯》：

某比日懍懍丐祠，得知舊報云恐可得，果爾甚幸。然
救荒之備什已七八成矣。旱苗約須放及八分，勸諭發廩，
得盛族倡率，三縣共得穀十萬斛矣。但前書所扣王南卿
事，不知曾爲偵之否？幸早報及也。得子澄書云，廬陵發
策持論甚正，甚慰甚慰。小録求一本，便中早寄，幸甚。
此間中選者數人，甚厭物論。白鹿諸生文字老成，其次曹
生秀發可喜，但尚欠琢磨。小榜之首，彭君尤佳，惜不與
薦書也。已約兩榜之士來白鹿相聚，未知皆能來否爾。

此間事未去間,不敢一日少弛。恐得鄉間有所聞,望一一見諭也。《晦庵文集》別集卷六。

案:上書(此間爲旱災所撓)云"意欲懇南卿爲同邑官區處,……不知渠肯俯聽否?……敢煩語次試爲叩之,若許幸早見報,當專致書禮請也",本書又云"但前書所扣王南卿事,不知曾爲偵之否?幸早報及也",知承其後。

朱熹《答黃商伯》:

税錢事荷留念。都昌納米分數,方兩日有定論,已減八分以上。亦已申奏,乞截留上供。若得之,即只納占米,無不可者。只恐未必如人意耳。《晦庵文集》別集卷六。

案:上書(某比日懍懍丐祠)有云"旱苗約須放及八分",本書乃云"都昌納米分數,方兩日有定論,已減八分以上",知承其後。

朱熹《答黃商伯》:

某力疾救荒,未見涯涘,而傳聞遽云云,聞之甚懼,未知將何以副其實也。南卿已到此,相處甚款。但渠欲入浙,不敢邀留之。度其歸程,正是急時,當賴其出一隻手。又恐其到闕,或爲諸公所留耳。告耀荷帥漕留念,然縣下或更作難。此乃軍粮所須,若賑耀則已有備矣。軍粮尤不可闕者,更得從容一言,得二公喻意屬縣,無爲阻節,幸甚。《晦庵文集》別集卷六。

案：上書（某比日懍懍丐祠）云"但前書所扣王南卿事，不知曾爲偵之否"，本書乃云"南卿已到此，相處甚款"，知承其後。又書中言"此乃軍糧所須，若賑糶則已有備矣。軍糧尤不可闕者，更得從容一言，得二公喻意屬縣，無爲阻節"，朱熹《與周參政劄子》有云"熹竊以仲秋之月，暄涼未定，……頃有狀奏乞截綱運充軍糧事，并以申省"。《晦庵文集》卷二六。所云皆留軍糧充賑濟用事，故推知本書約撰於仲秋八月。

朱熹《答黃商伯》：

歸見張帥，更勸其通放米船，濟此艱阨，千萬千萬。《晦庵文集》別集卷六。

案：朱熹《申諸司乞行下江西不許遏糴》云"今却據差去公吏吕棋狀申，在本軍建昌縣管下三陂山田等處，四散收糴靖安、新建縣鄉人米斛，欲裝上船，覩奉新縣尉司弓手五十餘人，各持鎗棒，沿江巡綽，不容裝發米斛。又被奉新縣差人越界釘斷建昌縣管下三陂潭德爻口陂水，把截不放船隻上下往來。已申建昌縣差保正隅官防護。所糴米船今於十月二十四日被奉新縣差弓級徐成等部領弓手保正等於要路把截，不容鄉人搬糴米穀"。《晦庵文集》別集卷一〇。

本書中所云"張帥"，即江西帥張子顔。故推知本書約撰於十月間。

朱熹《答黄商伯》：

張帥寄《鹽鐵論》來，末卷前少却一板，告爲印寄。更煩於《太宗實録》中檢白鹿洞一事，在太平興國五年《會要》作六年，更詳之。六月，以洞主明起爲褒信主簿，其下有少本(未)〔末〕，並告録示。此已有之，但不知是《實録》語否耳。恐此人等候回文，告只付前日送崔子虚人回尤便，千萬千萬。更問看何人來速，即付之也。賑糶減半價乃得推賞，乃朝廷之命。方欲論其不可，乞只減二分五釐，而建昌乃有願賑濟者，已令邑官敦勸盛族，若以穀二萬碩省賑濟，可得兩名霑賞也。因書更告及之，亦美事也。《晦庵文集》别集卷六。

　　案：朱熹《奏乞推賞賑濟上户》略云"照會本軍去歲旱傷至重，細民闕食，撥到常平米斛數目不多，隨行勸諭到管屬上户承認米數。……内建昌縣稅户張世亨五千石，乞補承節郎，進士張邦獻五千石，乞補迪功郎，稅户劉師輿四千石，乞補承信郎，并都昌縣待補太學生黄澄五千石，乞補迪功郎，及差官監轄賑濟，已於去年十二月二十八日先具奏聞及申本路諸監司照會去訖"。《晦庵文集》别集卷一〇。本書有云"而建昌乃有願賑濟者，已令邑官敦勸盛族，若以穀二萬碩省賑濟,可得兩名霑賞也。因書更告及之,亦美事也",故推知其約撰於十一月間。

朱熹《答黄商伯》:

前兩月配一作過寨兵於隆興,中間忽爲彼府押回,公文中備坐判府安撫龍圖待制臺判押回本寨,殊不可曉,已回牒復押去矣。煩閑爲詢之,想是忘記是外路外州配來,誤以爲所部,不則別有他意也。彼中幕府僉書滿紙,此等事不能覺其繆,甚可笑也。《晦庵文集》別集卷六。

案:朱熹《論馬辛獄情劄子》云"熹契勘本軍軍院昨準使帖,押下承局馬辛,根勘凌犯階級情罪,依條施行。已據本院勘到招伏情節,依條合徒二年,配鄰州"。《晦庵文集》卷二〇。本書"前兩月配一作過寨兵於隆興"云云,疑即指此,約在淳熙七年間。待考。

朱熹《答黄商伯》:

强盗三人配隸嶺海,乃向來驚恐都昌之人。昨以其情重法輕,稍加毒手。經由隆興,恐有司以爲疑。幸爲白錢丈一言於帥座,交管傳押爲望。此輩吾人所共疾,想二公不以爲過也。《晦庵文集》別集卷六。

案:上書(前兩月配一作過寨兵於隆興)云及"前兩月配一作過寨兵於隆興,中間忽爲彼府押回",故本書有"强盗三人配隸嶺海,乃向來驚恐都昌之

人。……經由隆興，恐有司以爲疑。幸爲白錢丈一
言於帥座，交管傳押爲望"云云，似在其後，故係於淳
熙七年間。

朱熹《答黃商伯》：

喻及帥座下喻之意，已悉。此是兩路三州利害，如此
理會，甚善。向來亦欲申請而未暇，安得謂之侵官？本軍
今方欲援例有請也。然謙德之盛，不敢不承，幸語及之。
《晦庵文集》別集卷六。

案：朱熹《論都昌創寨劄子》云"本軍都昌縣者，
地實瀕江，然上有棠陰、木門、四望，下有楮溪、大孤
山大小五寨，近者四、五十里，遠者亦不過百餘里，逐
處可以卓望把截，是爲要害。其縣郭去處，正在五寨
之間。又有尉司弓級額管七十五人，四至八到，在隆
興、饒、江三州，星子、建昌兩縣之間"。《晦庵文集》卷
二○。本書所云疑指此。《論都昌創寨劄子》，《年譜
長編》卷上係於淳熙八年(1181)初。

朱熹《答黃商伯》：

石守以憂不來，殊失所望。亦已遣人速後政吳守矣。
儻得如期解去，幸甚。比益昏倦，不堪支吾矣。《晦庵文
集》別集卷六。

案：朱熹《答呂伯恭》(熹在此支撐甚費力)云

"子重不來,已遣人通吳守書,速其來矣"。《晦庵文集》卷三四。《答呂伯恭》撰於二月初,故推知本書撰於一時先後。

朱熹《答黃商伯》:

某在此不久,又子重不來,後日之計未有所付,須及此自了也。其子弟能來亦佳,但濡沫不能多,須預令知此意耳。得都昌諸人書,已復苦旱,奈何奈何!今年公私之積蕩然一空,萬一復旱,便無着手處矣。《晦庵文集》別集卷六。

案:據上書(石守以憂不來)云云,又本書言及"某在此不久,又子重不來",推知約承其後。

朱熹《答黃商伯》:

辛帥之客舟販牛皮過此,掛新江西安撫占牌,以帘幕蒙蔽船窗甚密,而守卒僅三數輩,初不肯令搜撿。既得此物,遂持帥引來,云發赴淮東總所。見其不成行徑,已令拘沒入官。昨得辛書,却云軍中收買,勢不爲已甚,當給還之。然亦殊不便也。因筆及之,恐傳聞又有過當耳。《晦庵文集》別集卷六。

案:辛帥,辛棄疾,淳熙七年末除知隆興府兼江西安撫使。《辛棄疾年譜》。故推知本書撰於八年春中。

朱熹《答黃商伯》:

某無似,復叨除目,恐懼不自勝。尚幸遠次,得以從容進退。還家數月,當申祠吏之請也。前月之晦已書二考,代者度此月中旬可到,今日復遣人速之矣。老兄許來,固願少款,但恐文法有拘,亦非細事,更冀審度之也。

案:“復叨除目”,指朱熹南康任滿,復除提舉江西常平茶鹽公事待次。朱熹《繳納南康任滿合奏稟事件狀》云“臣熹……至今年三月已係成資,方欲等候替人前來交割職事,即依元降指揮前去奏事。忽於三月二十五日準尚書省劄子奉聖旨除臣提舉江南西路常平茶鹽公事。自顧疏頑,已試無狀,薦蒙任使,恩重命輕,未敢遽有辭避,已於當日望闕謝恩祗受訖”。《晦庵文集》卷一六。又書中言“前月之晦已書二考,代者度此月中旬可到,今日復遣人速之矣”,故推知本書撰於八年閏三月上旬。

朱熹《答黃商伯》:

前書奉叩白鹿買田事如何?幸早示報,及某未去間有定論爲佳。此錢已送庫寄收以俟矣,千萬留念。《晦庵文集》別集卷六。

案:書中言及“及某未去間有定論爲佳”,則知其當晚於上書(某無似)。

朱熹《答黄商伯》：

示喻趙宗丞田，極感留意。已撰得四百千省，半是糶米剩錢，半是某所得諸處餽送。前日錢丈所惠，亦在其中。今即移文庫中，令項椿管，以俟其報。告爲發書扣之，路運幹不是彦豐否？若是，即某已識之。并煩爲致意，早得一報爲幸。雖某去此，後人亦當能成此勝緣也。來書已付案中爲事祖矣。《晦庵文集》別集卷六。

案：上書（前書奉叩白鹿買田事如何）言“前書奉叩白鹿買田事如何？幸早示報”，本書云“示喻趙宗丞田，極感留意”，乃承上書。

朱熹《答黄商伯》：

熹頓首再拜：前日專遣人行拜狀，想達。春卿來，近問殊用慰感。即日清和，伏惟尊候萬福。某代者已到，二十七日定交郡事，即略轉山北，迤邐東歸矣。脱此樊籠，欣快無量。但念相見未有近期，不能無愴恨耳。白鹿田錢已撥，正牒教授，候彼回文，即可支付也。

春卿之歸，深荷津遣。又辱餽賮之厚，渠深不敢受。朋友皆以爲仁者之惠，所不敢辭，渠必以具謝矣。《晦庵文集》別集卷六。

案：書中云“某代者已到，二十七日定交郡事”，據朱熹《答吕伯恭》（自頃謀歸）云“以及今春，遂有江西之命。又俟代者至，閏月二十七日方得合符而歸”，《晦庵文集》卷三四。故推知其約撰於八年閏三月下旬初。

朱熹《與黄商伯帖》：

舊有監本《荀子》"節奏"皆作"族"，常疑其誤，後見《漢書》亦然。蓋古字通用，未可以臆見輕改也。魏了翁《古今考》。

案：魏了翁《古今考》曰："晦翁云：'舊有監本《荀子》"節奏"皆作"族"，常疑其誤，後見《漢書》亦然。蓋古字通用，未可以臆見輕改也。'《與黄商伯帖》。又云：'大丈夫當斬新自做家計，豈可碌碌隨人後乎？'"。《說郛》卷一二下。本書撰時未詳，姑係於淳熙十年(1183)。待考。

朱熹《答黄商伯》：

永卿主簿老兄尚留齋館否？昨承惠書，此便又遽，未能別狀。但所問《先天圖》曲折甚善，細詳圖意，若自乾一橫排至坤八，此則全是自然。故《說卦》云易逆數也，皆自已生以得未生之卦也。若如圓圖，則須如此，方見陰陽消長次第。震一陽，離、兌二陽，乾三陽，巽一陰，坎、艮二陰，坤三陰。雖似稍涉安排，然亦莫非自然之理。自冬至至夏至爲順，皆自未生而反得已生之卦，蓋與前逆數者相反。自夏至至冬至爲逆，蓋與前逆數者同。其曰左右，與今天文家說左右不同。蓋從中而分，自北至東爲左，自南而西爲右，其初若有左右之勢耳。鄙見如此，更冀詳之。《啓蒙》改本未成，後便寄去。近塑得伏羲像，欲奉之武夷精舍，恨賢者不能一來觀之耳。此紙煩商伯兄呈似，更同爲訂之也。《晦庵文集》別集卷六。

　　案：書中言"《啓蒙》改本未成，後便寄去"，據朱熹撰於淳熙丙午(十三年)暮春既望之《易學啓蒙序》云其"因與同志頗輯舊聞，爲書四篇，以示初學"。《晦庵文集》卷七六。故推知其約是年(1186)初。

朱熹《答黃商伯》：

黃南康之政如何？渠向在昭武甚佳，爲人所擠而罷。今能不改其舊，則三邑之幸也。《晦庵文集》別集卷六。

　　案：黃南康當指朱熹之後知南康軍者。淳熙八年朱熹離任，後任爲錢聞詩，再後任爲朱端章，任內撰《南康志》八卷，時淳熙十二年。《直齋書錄解題》卷八。此黃南康疑於淳熙後期知南康，姑係於淳熙十三年。待考。又，朱熹淳熙十年十二月撰《傅公行狀》有"前昭武守黃君維之"云云，《晦庵文集》卷九八。昭武即邵武之別稱。本書中所稱黃南康"渠向在昭武甚佳"，或即此人。

朱熹《答黃商伯》：

至前申省自劾未回……《道園學古錄》卷四〇《跋朱文公

先生與黃商伯書後》。

案：元虞集《跋朱文公先生與黃商伯書後》曰：
"按此書當是先生守漳州時與南康黃君灝之書也。
淳熙十七年庚戌四月，先生至漳州。所謂'至前申省
自劾未回'者，當是去年十一月改知漳州之初文字
也。十月地震，并以足疾不能赴錫宴自劾求去，又明
年始去州。商伯與先生論學如陰陽五行、仁義禮智、
物格知至、心喪等書，具見先生所答書。先生嘗有書
與商伯云：'所論讀《易》之説，真無欲之説，皆平正精
切，非一曝悠悠之論。且年亦過中，而更閲世故又已
多矣，乃能切切用力於此，愈於年少新學之爲者，是
可尚已。'學者凋喪，古道闊絶，所謂平正精切之學，
歷練世變而用力尤切者，讀之竦然。"《道園學古録》卷
四○。則本書約撰於紹熙元年(1190)中。

朱熹《答黃商伯》：

熹請祠人未還，計亦不出數日。蓋其去已餘兩旬，計
程當歸已久，必是已如所請，等候出敕留滯耳。萬一未
遂，愚計所處正如來喻之云也。年來衰病，支離日甚，今
無他望，但願殘年飽喫飯耳。往年遊豫章，每至東湖之
上，未嘗不慨然有懷陳仲舉、徐孺子之高風。出處之間，
禍福不同，然亦各行其志。未知此漂漂者竟如何耳。

示喻向來喪服制度，私固疑之。幞頭四脚，所喻得之

矣。但後來報狀中有幞頭，又有四脚，各爲一物，與此注文又不同。不知當日都下百官如何奉行，固無一人來問，以書扣禮官，竟亦未報也。至於直領襴衫上領不盤，此間無人曉得，遂有爲之説者云但用布夾縫繞頸直過，略作盤領之狀，而不用斜帛接續盤繞。州縣多用此制。詳此只是杜撰，但禮官之意却未必不是如此。然想官人亦未必曉，只是手分世界中化現出來耳。

竊疑直領者，古禮也；檢《三禮圖》可見。襴衫者，今禮也。如公服之狀，乃有橫襴。必是故事中曾有兩説，各用一説，而今遂合爲一。既矛盾而不合，於是爲此杜撰之説以文之耳。更以報中第一項證之，既有斜巾，又有帽，又有四脚，又有冠，一日之中，一元之上并加四服，此亦并合古今之誤。蓋斜巾本未成服之冠，如古之免帽，却與四襆衫爲稱。四脚即與襴衫爲稱。冠即見《三禮圖》者，當與直領衫裙爲稱。今則并加四者，而下服有襴有裙，亦是重複，而真直領之衣遂廢。只此一事，便令人氣悶。今幸有討論之命，然亦未見訪尋士大夫之好古知禮者，次第又只是茅纏紙裹，不成頭緒。

近報作百日禮數，此亦不經之甚。且唐制本爲王公以下，豈國家所宜用邪？禮器之失，不但一爵。今朝廷所用宣和禮制局樣度，雖未必皆合古，然庶幾近之。不知當時禮部印本何故只用舊制？向來南康亦無力，但以爵形太醜，而句容有新鑄者，故易之耳。其實皆當遣人問於禮寺而盡易之，乃爲盡善。但恐其費不貲，州郡之力不能辦耳。福州余丞相家有當時所賜，甚精，然今亦莫能用也。

濂溪之祠，郡將乃能留意如此，并及陶、劉，亦甚善。此等事自世俗言之似無緊要，然自今觀之，於人心政體所繫亦不輕。如今日荒政，便與此事相表裏。若如庚子年中守令見識，彼安肯作此事邪？《晦庵文集》卷四六。

案：本書自“禮器之失”至“然今亦莫能用也”，又重載於《晦庵文集》別集卷六《答黃商伯》（禮器之失）。

紹熙五年（1194）七月十一日，朱熹被召命赴行在奏事，上《辭免召命狀》，并乞祠：“右熹準七月十一日尚書省劄子奉聖旨令熹赴行在奏事者，聞命震懼，不知所爲，謹已望闕祗受稱謝訖。……況熹衰晚，疾病摧殘，方以不堪治劇爲憂，故敢輒以投閑爲請，又以未蒙開允，未敢再干朝聽。……今亦不敢仰稽朝命，久留軍府，已將職事牌印交割本路運判何異，迤邐前路，聽候指揮。”《晦庵文集》卷二三。八月癸巳（五日），“以朱熹爲煥章閣待制兼侍講”。《宋史》卷三七《寧宗紀一》。朱熹《答蔡季通》（至臨江）云“至臨江，忽被改除之命”。《晦庵文集》卷四四。又《辭免煥章閣待制侍講奏狀一》云“右臣昨任潭州日蒙恩令赴行在奏事，方以迂疏疾病，力具懇辭，已歷兩旬，未奉報可。今者東歸道中，忽被省劄，誤蒙聖恩，除臣煥章

閣待制兼侍講者"。《晦庵文集》卷二三。而本書云及
"熹請祠人未還，計亦不出數日。蓋其去已餘兩旬，
計程當歸已久，必是已如所請，等候出敕留滯耳"，然
未及爲焕章閣待制事，故推知其約撰於八月中旬初。

朱熹《答黄商伯》：

方喪無禫，見於《通典》，云是鄭康成説。而遍檢諸
篇，未見其文，不敢輕爲之説。但今日不可謂之方喪，則
禮律甚明，不可誣耳。《儀禮·喪服傳》"爲君之祖父母、
父母"條下疏中趙商問答極詳，分明是畫出今日事。往時
妄論，亦未見此，歸乃得之，始知學之不可不博如此，非細
事也。左、杜所記，多非先王禮法之正，不可依憑。要之，
三代之禮，吉凶輕重之間，須自有互相降厭處。如《顧
命》、《康王之誥》之類，自有此等權制，禮畢却反喪服，不
可爲此便謂一向釋服也。

心喪無禫，亦見《通典》，乃是六朝時太子爲母服期已
除，而以心喪終三年。當時議者以爲無禫，亦非今日之比
也。此事本不欲言，以自是講學一事，故及之，切勿爲外
人道也。

跪坐近得楊子美書，引僧人禮懺、道士宣科爲比，彼
蓋未嘗以爲難，只是慣耳。其説亦爲得之。《皇祐祭式》
却未之見，如有本，幸因的便借及。彼時所用，只是《開寶
通禮》。此有其書，欲一參校也。《開寶》與《開元》大槩相

襲，《開元》只有先師二位，無諸從祀，或是《開寶》所增也。位牌於法亦只臥之於地，與獻官位版相似，非此爲神位也。今獻官位版亦有植之，以跗而立之者，皆誤也。塑象如《開元禮》則無之，想當時初加夫子王號，即内出袞冕以被之，則爲有象。不知何故牴牾如此。豈所修禮書亦姑以存古而實未必行邪？而韓退之、劉禹錫諸廟學碑，亦皆言有象，本朝則固有之久矣。可更試考之也。《晦庵文集》卷四六。

案：書中言及"《儀禮·喪服傳》'爲君之祖父母、父母'條下疏中趙商問答極詳，分明是畫出今日事。往時妄論，亦未見此，歸乃得之"，朱熹紹熙五年閏十月嘗上《乞討論喪服劄子》。《晦庵文集》卷一四。又《朱子語類》卷一○七曰："在講筵時，論嫡孫承重之服，當時不曾帶得文字行，旋借得《儀禮》看，又不能得分曉，不免以禮律爲證。後來歸家檢《注疏》看，分明說：'嗣君有廢疾不任國事者，嫡孫承重。'當時若寫此文字出去，誰人敢爭！此亦講學不熟之咎。"正與本書所云相合。朱熹於是年十一月中旬歸武夷，《年譜長編》卷下。故推知本書約撰於是年末。

朱熹《答黃商伯灝》：

"心喪"問大意甚善，但云本生之服視其屬之親疏，却似不然。蓋不問其親疏，而槩以齊衰不杖期服之也。本生繼母，蓋以名服。如伯、叔父之妻，於己有何撫育之恩？但其夫屬乎父道，則妻皆母道，況本生之父所再娶之妻乎？此兩節幸更考之。"恕"説亦佳，但《大學》絜矩常在格物之後，蓋須理明心正，則吾之所欲、所不欲，莫不皆得其正，然後推以及物，則其處物亦莫不皆得其正，而無物我之間。如其不然，而以私己自便之心爲主，又欲以是而及人，則人道不立而驅一世以爲姑息苟且之場矣。此處亦幸更思之也。熹嘗於《大學》"治國平天下"《或問》中極論此事，此便遽，未及奉寄，旦夕別附致也。《晦庵文集》卷四六。

　　案：上書（方喪無禫）論及"六朝時太子爲母服期已除，而以心喪終三年"，而本書亦云及"心喪"義，以爲"不問其親疏，而槩以齊衰不杖期服之也。本生繼母，蓋以名服。如伯、叔父之妻，於己有何撫育之恩？但其夫屬乎父道，則妻皆母道，況本生之父所再娶之妻乎"，故疑承上書，約撰於慶元元年（1195）中。

朱熹《與黃商伯書》：

時論日變……《家藏集》卷五三《題朱陸二先生遺墨後》。

　　案：明吳寬《題朱陸二先生遺墨後》曰："朱、陸二先生道學之妙，皆傑出于百世之下者也。世之論者謂其學不同，此特因其議論之不合耳。夫惟不合，故各得發其所藴而理愈明，豈非後學之幸哉？二先生並稱于世,其遺墨乃亦聯焉。朱子書與黃商伯,作于提舉鴻慶宮時,正韓侂胄用事,故有'時論日變'等語。若陸子書則殘缺不完,莫知所與主名,獨其語及晦翁者猶存。"《家藏集》卷五三。故推知本書約撰於慶元元年中。

朱熹《答黃商伯》:

某竟以無狀自致人言,上累師傅,下及朋友,愧負憂惕,如何可言!傳聞賢者亦有里巷侵侮之虞,不知云何?今日惟可凡事省縮,豈復更與此輩争是非、較曲直也。彼中諸書板本聞幾有焚滅之禍,又云下官有持不可者,遂已,不知果然否耶?然計此恐終不免。向來得本甚多,皆爲人取去。今欲復得一兩本,不知能及未爲煨燼之間印以見寄否?《晦庵文集》別集卷六。

　　案:朱熹《答孫敬甫》(熹衰病)有云"毀板事近復差緩,未知何謂?然《進卷》之毀,不可謂無功",《晦庵文集》卷六三。與本書所云"彼中諸書板本聞幾有焚滅之禍,又云下官有持不可者,遂已,不知果然否耶"相合。《答孫敬甫》撰於慶元二年(1196)秋間,推知本書約撰於一時先後。

朱熹《答黃商伯》:

向見楊伯起有《切韻》書,只三四十板而聲形略備,亦嘗傳得,而爲人借失之。今欲得一本,敢煩爲借,抄録一本,校令審諦,便中見寄,幸甚。或語趙守刻得一板流行亦佳。此非僞學,想亦不至生事也。五老新瀑曾往觀否?夢寐不忘也。《晦庵文集》別集卷六。

　　案:所謂"五老新瀑",據朱熹《詩送碧崖甘叔懷游廬阜兼簡白鹿山長吳兄唐卿及諸耆舊三首》詩注曰:"諸人已致書者,此不復及。此外更有陳勝私在九疊屏下田舍,彭師範在隔江都昌縣界中,皆勝士也。趙南紀病卧城中,不知今能出入否?叔懷皆可爲一訪致鄙意,不敢輒以爲迹相汙染也。山間勝處,皆有前賢題詠可尋,獨新泉近出,最名殊勝,非三峽漱石所及,而余未之見,故詩中特言之。"《晦庵文集》卷九。即指此。又據朱熹《書河圖洛書後》,甘叔懷於慶元三年初來訪。《晦庵文集》卷八四。五老新瀑之勝,當得之於甘叔懷。故推知本書約撰於三年(1197)春間。

朱熹《答黃商伯》:

新泉之勝,聞之爽然自失。安得復理杖屨,扶此病軀,一至其下,仰觀俯濯,如昔年時?或有善畫者,得爲使畫以來,幸甚。《晦庵文集》別集卷六。

　　案:上書(向見楊伯起有《切韻》書)有云"五老新瀑曾往觀否?夢寐不忘也",本書乃言"新泉之勝,……或有善畫者,得爲使畫以來,幸甚",知承其後，約在夏間。

朱熹《答黄商伯》：

《洪韻》當已抄畢，幸早示及。此間付之書坊鏤板，甚不費力。況非僞學，亦無嫌也。新泉圖子和成既爲定藁，必已能盡寫其佳處。只就覓此草本，不必重摹，俗工或能反敗人意也。自聞此泉新出，恨未能一遊其下，以快心目。濺雷噴雪，發夢寐也。《晦庵文集》別集卷六。

　　案：上書（新泉之勝）有云“或有善畫者，得爲使畫以來，幸甚”，本書乃云“新泉圖子和成既爲定藁，必已能盡寫其佳處。只就覓此草本，不必重摹”，知承其後，約在秋間。

朱熹《答黄商伯》：

《瀑圓》、《韻譜》近方得之。圖張屋壁，坐起對之，恨不身到其下也。《晦庵文集》別集卷六。

　　案：上書（《洪韻》當已抄畢）有云“《洪韻》當已抄畢，幸早示及。……新泉圖子和成既爲定藁，必已能盡寫其佳處。只就覓此草本，不必重摹”，本書又云“《瀑圓》、《韻譜》近方得之”，知承其後。又朱熹《答楊伯起》（新年幾歲）云及“但聞五老峯下新泉三疊，頗爲奇勝。計此生無由得至其下，嘗託黄商伯、陳和成摹畫以來，摩莎素墨，徒以慨歎也”，《晦庵文集》別集卷六。與本書云云相關。《答楊伯起》慶元四年（1198）初，推知本書約撰於其後。又"瀑圓"之"圓"，疑當作"圖"。

朱熹《答黃商伯》：

《大學》"知止能得"，《或問》云："知止云者，物格知至而於天下之事皆有以知其至善之所在。"又曰："能知止，則事事物物皆有定理。"至"能慮"，則又曰："隨事觀理，極深研幾，無不各得其所止之地而止之。"程子則曰："格物，非欲盡窮天下之物。"又曰："今日格一件，明日格一件，積習多後，脫然有貫通處。"妄謂一物既格，則能知一物至善之所在，而亦可得其所止。然猶有定、靜、安、慮之四節，學者必知止而用其力，然後求得所止也。今《或問》以爲必盡窮天下之理，然後可以知至善所在而得所止，與程子所言格物工夫似若不同，得非《或問》所指是舉《大學》之全體極致而言之歟？

經文"物格"，猶可以一事言；"知至"，則指吾心所可知處，不容更有未盡矣。程子一日一件者，格物工夫次第也；脫然貫通者，知至效驗極致也。不循其序而遽責其全，則爲自罔；但求粗曉而不期貫通，則爲自畫。故古經、程子之言未見其有不同也。

《中庸章句》言："人物之生，各得其所賦之理，以爲健順五常之德，所謂性也。"竊謂二五之精，妙合而凝，

則賦健順五常之德，理無可疑。然自昔袛言五常而不
及健順，體之於心，得非敏於爲善者是其健、循其自然
者是其順乎？然自昔袛言五常而不及健順，何邪？

陰陽之爲五行，有分而言之者，如木火陽而金水陰
也；有合而言之者，如木之甲、火之丙、土之戊、金之庚、水
之壬皆陽，而乙、丁、己、辛、癸皆陰也。以此推之，健順五
常之理可見。

《中庸章句》謂："人物之生各得其所賦之理，以爲
健順五常之德。"《或問》亦言："人物雖有氣稟之異，而
理則未嘗不同。"《孟子集注》謂："以氣言之，則知覺運
動人與物若不異；以理言之，則仁義禮智之稟，豈物之
所得而全哉？"二説似不同，豈氣既不齊，則所賦之理亦
隨以異歟？

論萬物之一原，則理同而氣異；觀萬物之異體，則氣
猶相近而理絶不同也。氣之異者，粹駁之不齊；理之異
者，偏全之或異。幸更詳之，自當無可疑也。

石氏《集解》引"生之謂性，性即氣，氣即性"一章，
竊謂此章先明理與氣不相離，遂言氣質之性雖有善惡，
然性中元無此兩物相對而生，其初只是善而已。由氣
稟有昏濁，又私欲汙染，其善者遂變而爲惡。當爲惡
時，非別有一善性也。故有惡不可不謂之性、濁不可不
謂之水之説，似指"成之者性"以後而言，與《孟子》拔本
窮源性善之論不同。然惡或不萌，則本體亦有時發見。

若能澄治，則復其初矣。至於水流而就下，以爲"繼之者善"，則是以喜怒哀樂已發之後皆指爲繼。竊謂須如《易解》之說，在"成之者性"以前，方是本旨。以濁比惡，亦是專指"欲動情流"之後。竊謂須如《大學集解》之說，因氣稟之不齊，而又私欲生其間，分比兩節，然後精盡也。未審是否？

"繼之者善"，《易》中本是就造化上說；到下句"成之者性"，方以人物而言。程子所引，乃借上一句，便就人性上說，而指其已發動之所爲也。不容說處，即性之本體。如水則只是水，別著一字不得。至謂之善，則性之發如水之下矣。清濁之喻，又是一節，來喻已得之矣。大抵此一條說"性"字最多，須分別得甚句是本來之性、甚句是氣質之性，即語脉自分明矣。

"未發之前，唯當敬以持養；既發之後，又當敬以察之。未發之中，不待推求而已瞭然於心目。一有求之之心，則其未發者固已不得而見矣"。剖析可謂明白。呂氏欲求中於未發之前而執之，誠無是理。然既發之情是心之用，審察於此，未免以心觀心。前章《或問》謂別以一心求此一心、見此一心爲甚誤，《論語或問》"觀過知仁"章亦有此說。豈非學者不能居敬以持養、格物以致知，專務反求於心，迫急危殆，無科級依據，或流入於異端，與始終持敬、體用相涵、意味接續者爲不同也？

已發之處，以心之本體權度，審其心之所發，恐有輕重長短之差耳，所謂"物皆然，心爲甚"是也。若欲以所發之心別求心之本體，則無此理矣。此胡氏"觀過知仁"之説所以爲不可行也。

《中庸》第二十章之問語"誠"始詳。明善、擇善所以爲誠之基本者，亦始於此章併言之。舊嘗觀《乾》九三、九四與《坤》六二，覺聖人説乾之修爲易，而坤則工夫緊實，似有聖賢之分。《大學》初説致知格物，《中庸》首章惟言戒懼謹獨，工夫規模覺得似比《大學》爲高遠。直至二十章，始言明善、擇善，與《大學》所以教者同。亦似二書隨學者器質爲教也。

《大學》是通言學之初終，《中庸》是直指本原極致處，巨細相涵，精粗相貫，皆不可闕，非有彼此之異也。

五行各一其性，宜五行亦各一其德。舊聞先生説義理分界至處須要截然，要貫通處又自貫通。竊謂仁發而爲愛，愛而得宜便是義，有品節便是禮之類，則體雖各立，而亦相貫通。竊恐五行亦如此。嘗見人言五行之體質，便是土如木之堅，則亦有金；金之從革，亦有曲直之性也。未審是否？理有未明，雖於事非急，亦不可終於不知。略乞賜教。

曲直、稼穡各是兩事，餘亦合準此例。潤下者，潤而下也；炎上者，炎而上也；從革者，一從一革，互相變而體不變也。

一曰水，二曰火，三曰木，四曰金，五曰土。竊謂氣之初,溫而已,溫則蒸溽,蒸溽則條達,條達則堅凝,堅凝則有形質。五者雖一有俱有,然推其先後之序,理或如此。

向見吳斗南説五事庶證皆當依此爲序,其言似有理,幸試推之。

鬼神之理,未易測識,然學者亦欲隨所見決其是非。祀先之義,向來因聖人不言有無之説,竊謂氣散而非無,苟誠以格之,則有感通之理。況子孫又其血氣之所傳,則其感格尤速也。未審是否?

三條皆善。橫渠説五行數段甚精,可并考之。

陳勝私嘗説雷霆震擊,真有鬼物,先生不答。次日乃言:"學者當於正理上立得見識,然後理之變者可次第而通。若將理之變者先入於心,立爲定見,則正理終不能曉矣。"竊嘗服膺。妄謂夫子所言與答宰我之問,程子、張子之論,無非正理。但張子"神與性乃氣所固有"之語,似主氣而言,却恐學者疑性出於氣,而不悟理先於氣,語似未瑩。未審然否? 上蔡之説,《或問》以爲善。竊疑石氏所集其言有及於理之變者,如"自家要有便有,要無便無,始得",又似以心起滅,不問有無之正理。上蔡之意必不如是。某因"致死不仁,致生不智"之訓思之,恐宗廟祭祀,不致死之也;葬埋壇墠,不致生之也。理之有者,聖人制禮,使人誠意以感通。其間曲折精微,莫非仁智之盡。若理所無者,聖人不道也。至於理之變者，竊謂皆氣之所爲而皆因於人，雖復多端，似可以次第而曉。所謂天地之妙用，豈非造化陰陽之理、人心精神之聚、上下感化之所自歟？妄意如此，殊未明徹，乞指教。

此論甚善，但張子語不記子細。然論鬼神，則氣爲近，未至遽有先於理之嫌也。上蔡《論語爲政》卒篇論鬼神甚詳，大槩亦如來喻，恐可參攷也。《晦庵文集》別集卷六。

案：本書校記：自"今《或問》以爲"至"而言之歟"，浙本作"今《或問》云'天下之事皆有以知至善所在'，其釋知止之本文全體可謂當矣。然恐學者見其有'天下'字、有'皆'字，以爲必盡窮天下之理然後可以知至善所在而得所止。如程子所言格物工夫未足以知至善，必待物盡格、知盡至，始爲知至。身修以至天下平，皆得所止之效歟？所以繼綱目三語之後言之，蓋舉《大學》之全體極致歟？乞賜指教"。又"以爲健順五常之德"句下，浙本有"所謂性也"四字。又《孟子集注》謂"句，閩本、浙本皆作《孟子集注》'生之謂性'章"。又"二說似不同，豈氣既不齊，則所賦之理亦隨以異歟"句，浙本作"告子徒知知覺運動之蠢然者人與物同，而不知仁義禮智之粹然者人與物異。某謂□論性不論氣之說、置器如中之喻與《章句》、《或問》同，而《集注》仁義禮智之稟非物所得而

1101

全，則以所賦之理亦異矣。乞賜開示，以啓愚蔽"。
又"亦似二書隨學者器質爲教也"句下，浙本有"未審
是否"四字。

《朱子語類》卷一載胡泳、沈僴所記曰："問：黃
寺丞云'金木水火，體質屬土'。"卷三載胡泳所記曰：
"問：黃寺丞云'氣散而非無'。"卷四載沈僴所記曰：
"先生答黃商伯書有云：'論萬物之一原，則理同而氣
異；觀萬物之異體，則氣猶相近而理絕不同。'"所引
皆本書中語。據《朱子語類·姓氏》，沈僴所聞在戊
午以後，胡泳乃戊午所聞。故推知本書約撰於慶元
四年間。

朱熹《答黃商伯》：

定叟終於落星，何不就館城中耶？ 鄭溥之、黃伯耆相
繼物故，皆盛年也，亦是一時氣數。然張、鄭尤可惜耳。
《晦庵文集》別集卷六。

案：定叟，張构字，卒於慶元五年。《宋人生卒行
年考》。本書有云"定叟終於落星，何不就館城中耶"，
故推知其約撰於五年(1199)中。

朱熹《答黃商伯》：

熹自少日幸蒙師友之訓，得窺聖學門户。退與朋友
講之，聞而信者固多，然能終始用力而不爲中道之廢者甚

少。況年大官達，則其忽然忘之者益以速矣。區區以此每深憂之，恐先師傳付之旨至此而遂絕也。今得來問，每以此事爲念，而其論說亦多與鄙意合，乃知此道猶有望也，幸甚幸甚。如前時所論仁義禮智之説、此是去年信州發來書。今者所論讀《易》之説，真無欲之説，皆平正精切，非一槩悠悠之論。且年亦過中，而更閲世故又已多矣，乃能切切用力於此，愈於年少新學之爲者，是可尚已。更願勉旃，有以卒副所望，則又大幸之甚也。熹再拜。《晦庵文集》卷四六。

　　案：上書（《大學》"知止能得"）浙本所引黄灝問語有"告子徒知知覺運動之蠢然者人與物同，而不知仁義禮智之粹然者人與物異"云云，當即本書"此是去年信州發來書"所指者。故推知本書約撰於慶元五年間。

朱熹《與黄寺丞商伯書》：

　　伯量依舊在門館否？《禮書》近得黄直卿與長樂一朋友在此，方得下手整頓。但疾病昏倦時多，又爲人事書尺妨廢，不能得就緒。直卿又許了鄉人館，未知如何。若不能留，尤覺失助。甚恨鄉時不曾留得伯量相與協力。若渠今年不作書會，則煩爲道意，得其一來，爲數月留。千萬幸也。《朱子語類》卷八四。

　　案：《朱子語類》卷八四載胡泳所記曰："庚申二

月既望,先生有書與黄寺丞商伯云:'伯量依舊在門館否?……'作書時,去易簀只二十有二日。"朱熹卒於慶元六年三月九日,前二十二日在閏二月中,故推知本書當撰於是年(1200)閏二月十六日。

又,宋杜範《黄灝傳》有云朱熹"嘗復書曰:'深憂先師傳付之旨至此遂絶,今得來問,乃知此道猶有望也。'聞朱熹訃,爲位哭之哀。時僞禁尚譁,其徒或有聞葬而不敢訃者,灝單車儋篋,扶曳千里。既卒葬,徘徊不忍去者旬日"。《清獻集》卷一九。朱熹復書,即慶元五年上書(熹自少日幸蒙師友之訓)中語。

又,《郡齋讀書附志》卷下云:"《朱文公帖》六卷,右南康黄西坡所藏先生之帖,而郡守錢明德并項平菴跋語刻之,于中可以補《晦翁大全集》之闕者爲多。"西坡,黄灝之號。

黄景申

黄景申,字嵩老。《朱子語類》卷五三。餘不詳。

朱熹《答黄嵩老》:

大抵人情苦於猶豫,多致因循,一向嬾廢。今但心所欲爲,向前便做,不要遲疑等待,即只此目下頃刻之間,亦須漸見功效矣。年運易往,時不待人,況中歲以後,尤宜汲汲也。《晦庵文集》卷五八。

案：《朱子語類》卷五三載葉賀孫所記"黃景申
嵩老問仁兼四端"，又記云"黃嵩老云韓子欠説一箇
氣稟不同"，據《朱子語類·姓氏》，葉賀孫乃紹熙二
年(辛亥，1191)以後所聞。故推知本書約撰於此後。

黄　洽

黄洽(1122—1200)，字德潤，福州侯官(今屬福建)
人。隆興元年(1163)第二人及第。歷任著作郎、右正言、
侍御史，除右諫議大夫、御史中丞，拜參知政事、知樞密院
事，出爲資政殿大學士、知隆興府。慶元二年(1196)致
仕，六年七月卒，年七十九。有文集、奏議八十五卷。《宋
史》卷三八七有傳。

朱熹《與臺端書》：

熹未見顏色，比輒妄以名姓自通，方以僭瀆自咎，乃
蒙教答，又枉手帖之誨，降屈威重，謀及疏遠。此古人之
事，而執事者行之，甚盛甚盛。顧熹之愚不足以當之，然
敢無詞以對？

蓋嘗竊謂欲起膏肓之疾者，必攻其受病之處，而其用
功之緩速、制藥之寒溫，又有不可以頃刻毫釐差者。今天
下之病在膏肓者久矣，夫人而能知之，夫人而欲言之，顧

以不當其任，則雖欲一效其伎而無所施耳。乃者天子以
執事有廉靖貞孤之操，擢寘諫垣，納用其言，屏去姦惡，皆
所謂膏肓之餘證。海內有志之士知上之心蓋已深悟隱疾
之在躬，而欲假執事之藥以去之也，又知執事之心所以姑
從事於此者，蓋亦以爲之兆耳。其必將有以譴之，則夫所
謂病本者可去無疑也。然而側聽累月，未有所聞，則又懼
夫二豎子者知良醫之傷己，而先爲術以去之，以是憂疑，
不知所定。尚幸聖心堅定，不入其言，而又進執事於臺端
之重，是必君臣之間已有一定之計，足以少慰士大夫心。
然熹之愚，竊獨私憂過計，意夫姦賊窺見端倪，則其所以
自爲謀者，必將愈深愈切，而有先執事以發其機者。不審
執事何以處之？蓋伐木而翦其枝葉，不若斧其根；壅水而
捍其波流，不若塞其源；鳴金鼓、耀戈甲而譟呼以逐虎，不
若乘其方睡而斃之之速也。今執事則既撼而覺之矣，又
猶欲緩視徐趨，以當其虓怒決裂之勢，熹竊爲執事者危之
也。然此等小人有生以來，自朝至暮，無非罪惡，不可殫
數。且又人主素以倡優奴僕畜之，初不責以名檢，而間者
議臣乃復抉摘苛細而一一以陳之，其不納則宜矣。唯其
日侍燕閒，逢迎縱臾，使人主之心恬於逸欲，而法家拂士
之言不得以進，狃於卑近，而正大久遠之計不得以聞。賄
賂公行，姦邪堵立，蓋凡所以爲天下國家之綱紀者，日傾
月壞，而上下相蒙，莫敢以告，是則此一二人之罪所以上
通於天，而深爲今日膏肓之病者。執事誠能聲此爲罪，揚

于王庭，深贊聖主去邪勿疑之志，又引同列之賢，合謀并力以決去之，則天下膏肓之病者庶幾其可去矣。太平萬歲，熹雖不武，尚能爲執事誦之，不識執事亦有意乎？

熹比因三月九日指揮，已略爲明主言之矣。顧疏賤之言未足取信，而或以取戾，謹已束裝，恭俟嚴譴。惟執事者毋以爲戒而亟深圖之，則天下幸甚。亟遣此人，專此布稟，交淺言深，分疏禮簡。蓋區區之心深以古人之事望於執事，而不復以世俗之常態自疑，伏惟深察。然此書也，一讀焉而采其意，然後削而投之火中，不足爲外人道也。引領臺寺，不勝拳拳。

小貼子

此事所繫不輕，其成否不可必，但義所當爲，有不得而避者，願早決計。萬一不濟，此心固無負於幽明，四方忠義之士必有聞風而興起者。直言日聞，聖主之心終必感寤矣。葵藿野心，言及於此，不勝憤激痛恨之至。《晦庵文集》卷二六。

案：書中言及朱熹應詔上封事，據朱熹《庚子應詔封事》云"臣伏覩三月九日陛下可議臣之奏，申敕監司郡守條具民間利病悉以上聞，無有所隱"，故上此封事，時在淳熙七年（庚子，1180）四月二十一日。《晦庵文集》卷一一。又，臺端，指侍御史。據《宋會要輯稿·職官》七二之六，黄洽是時正爲侍御史。書中言"熹比因三月九日指揮，已略爲明主言之矣"，故推知其當撰於四月末。

黃樵仲

　　黃樵仲(？—1191)，字道夫，一作名樵，字牧仲，龍溪（今屬福建）人。淳熙五年(1178)與弟黃杰同登進士，初調永福尉，再調漳州錄參，俱有善蹟。"謝事歸，每晨興，率子弟衣冠見家廟，退而默坐，或至終日"。後"朱文公守漳，禮請入學，牒文稱其氣質渾厚，操履端方，杜門讀書，不交權利，若屈居教導，必能使諸生感化興起。及講《小學》書，文公每稱善。奉檄校文漕闈，撤棘疾作，卒之日神采自若，文公遣倅經紀後事"。有《禮記口義》、《小學口義》行世。《閩中理學淵源考》卷一三。按朱熹《漳州延郡士入學牒》，乃紹熙二年正月初二日禮請黃樵仲諸人入學。《晦庵文集》別集卷九。而朱熹又於是年四月末離漳州而歸，《年譜長編》卷下。故推知黃樵仲約卒於是年二、三月間。

朱熹《與黃道夫書》：

　　郡庠秋補諸生，欲請賢者臨之，非惟仰藉藻鑒之公，亦欲使後生少知尊賢尚德之意。朝鮮古寫徽州本《朱子語類》卷一○六。

　　　　案：朝鮮古寫徽州本《朱子語類》卷一○六云："秋補，牒請黃樵牧仲考校，其詞曰：'文學德行，爲衆

所推。今宜禮請同行考校。'復致書曰：'郡庠秋補
諸生，欲請賢者臨之，非惟仰藉藻鑒之公，亦欲使後
生少知尊賢尚德之意。'"轉引自《年譜長編》卷下。故
推知本書撰於紹熙元年（1190）知漳州時，約在
秋中。

朱熹《答黃道夫》：

天地之間，有理有氣。理也者，形而上之道也，生物
之本也；氣也者，形而下之器也，生物之具也。是以人物
之生，必稟此理然後有性，必稟此氣然後有形。其性其形
雖不外乎一身，然其道器之間分際甚明，不可亂也。若劉
康公所謂天地之中所謂命者，理也，非氣也。所謂人受以
生，所謂動作威儀之則者，性也，非形也。今不審此，而以
魂魄鬼神解之，則是指氣爲理而索性於形矣，豈不誤哉！
所引《禮運》之言，本亦自有分別。其曰天地之德者，理
也；其曰陰陽之交、鬼神之會者，氣也。今乃一之，亦不審
之誤也。《詩》曰："天生烝民，有物有則。"周子曰："無極
之真，二五之精，妙合而凝。"所謂真者，理也；所謂精者，
氣也；所謂則者，性也；所謂物者，形也。上下千有餘年之
間，言者非一人、記者非一筆，而其說之同如合符契，非能
牽聯配合而强使之齊也。此義理之原，學者不可不察。
《晦庵文集》卷五八。

案：朱熹知漳州，黃樵仲始來問學，故推知本書

約撰於紹熙元年秋、冬間。

朱熹《答黃道夫》：

示喻性氣之説，甚善。但"則者，人之所以循乎天"，"循"字恐未安。蓋"則"之一字，方是人之所受乎天者，至於所謂養之以福，乃所謂循乎天耳。《西銘》"天地之塞"，似亦著"擴充"字未得。但謂充滿乎天地之間莫非氣，而吾所得以爲形骸者皆此氣耳。天地之帥，則天地之心而理在其間也。五行，謂水、火、木、金、土耳，各一其性，則爲仁、義、禮、智、信之理，而五行各專其一，人則兼備此性而無不善。及其感動，則中節者爲善，不中節者爲不善也。《晦庵文集》卷五八。

案：上書與本書（天地之間）皆討論理氣性形，當前後相承，約撰於上書稍後。

黃士毅

黃士毅，字子洪，自號壺山，自興化徙吳中（今江蘇蘇州）。"自幼嗜學，知向上爲聖賢事業。慶元中，學禁方嚴，徒步入閩，遵朱子命，日觀一書，夜叩所見，告以静坐勿雜、喚醒勿昏。居數月，授以《大學章句》而歸，終其身從事於斯，號稱有得。著述甚多，譔次朱子《書説》七卷、《文集》一百五十卷、《語類》一百三十八卷，又嘗類注《儀禮》，未克成書"。《閩中理學淵源考》卷一九。

黄士毅《與朱元晦書》：

近乃微測爲學功用，知此事乃切己事，所係甚重。
《朱子語類》卷一一九。

　　案：《朱子語類》卷一一九載朱熹訓黄士毅曰：
"初投先生書，以此心不放動爲主敬之説。先生曰：
'"主敬"二字只恁地做不得，須是内外交相養。蓋人
心活物，吾學非比釋氏，須是窮理。'"注云："書中有
云：'近乃微測爲學功用，知此事乃切己事，所係甚
重。'先生舉以語朋友，云：'誠是如此。'"據同上卷一
〇四載黄士毅所記曰："理會得時，今老而死矣，能受
用得幾年！然十數年前理會不得，死又却可惜。"注
云"丙辰冬"。故知黄士毅乃慶元二年（丙辰，1196）
冬來從學，本書約撰於此時。

黄　氏

黄氏，福州閩縣（今福建福州）人。黄榦之叔。

朱熹《回黄氏定書》：

摳衣問政，夙仰吏師之賢；受幣結婚，兹喜德門之舊。
遠承嘉命，良慰鄙懷。令兄察院位第四令姪直卿宣教，屬

志爲儒,久知爲己。熹第二女子,服勤女事,殊不逮人,雖貪同氣之求,實重量材之愧。惟異日執笄以見,倘免非儀;則他年覆瓿之傳,庶無墜失。此爲忻幸,曷可喻云。《晦庵文集》卷八五。

案:《勉齋先生黄文肅公年譜》云淳熙九年,朱熹將第二女嫁黄榦,"館於紫陽書堂"。本書即撰於是年(1182)。

黄 樞

黄樞,字幾先,南豐(今屬江西)人。慶元五年(1199)曾從龍榜進士。爲南雄軍司法。"峒寇猖獗,郡檄樞督餉,且調度破之。賊率衆數萬,空巢而出,官軍不滿千,遂死之"。事聞,贈通直郎。《江西通志》卷五〇、卷八三。

朱熹《答黄幾先》:

示喻已悉。但既曰"各勉其志以自立,而有待於歲寒",則何必爲此縷縷而煩執禮之恭哉?衰病比劇,舜功遣人行速,布此不及詳,然亦無以詳爲矣。《晦庵文集》卷五五。

案:舜功,符敘字。《朱子語類》載録朱熹答符敘問數條,如卷一五、卷三五、卷七八滕璘所記,卷一七、卷三五、卷四九、卷五五鄭可學所記,卷二九黄義剛所記，卷七九葉賀孫所記等。據《朱子語類·姓氏》，滕璘、鄭可學乃辛亥（紹熙二年）所聞，葉賀孫乃辛亥以後所聞，黃義剛乃癸丑（紹熙四年）以後所聞。故推知符敘約於紹熙初從學朱熹。本書乃云"衰病比劇，舜功遣人行速，布此不及詳"，故推知當在其後，姑係於紹熙三年（1192）間。

黃維之

黃維之，原名偉，字維之，後以字爲名，更字叔張，自號竹坡居士，永春（今屬福建）人。"弱冠從兄巽之入太學，屢試占首。與黃槐同時，人稱二黃"。紹興二十七年（1157）第進士，除太學錄，遷國子監簿。轉對，進所撰《太祖政要論》。除大理寺丞，出知邵武軍，後歷官江西提舉。"居閑十年，手不釋卷。嘗與朱子論學。後進以鄉先生事之"。年七十九卒。《閩中理學淵源考》卷一二。

朱熹《答黃叔張維之》：

示及三書，感感。誠立誠通之論，誠如尊喻，不敢多遜。竊意自有此書，無人與之思索至此。《西銘》、《太極》諸說亦皆積數十年之功，無一字出私意。釋氏以胸襟流出爲極則，以今觀之，天地之間自有一定不易之理，要當見得不假毫髮意思安排、不著毫髮意見夾雜，自然先聖後聖如合符節,方是究竟處也。《晦庵文集》卷三八。

案:書中云"《西銘》、《太極》諸説亦皆積數十年之功,無一字出私意",據朱熹《題太極西銘解後》云"始予作《太極》、《西銘》二解,未嘗敢出以示人也。近見儒者多議兩書之失,或乃未嘗通其文義而妄肆詆訶,予竊悼焉,因出此解以示學徒,使廣其傳。……淳熙戊申二月己巳晦翁題"。《晦庵文集》卷八二。故推知本書約撰於淳熙十四年(戊申,1187)中以後。

黄孝恭

黄孝恭,字令裕,邵武(今屬福建)人。"從朱熹學,治身嚴整,起居有常度,論著確實"。《萬姓統譜》卷四七。

朱熹《答黄令裕》:

示喻道之大本未有真見之期,此只是急迫之病。道之大本,豈别是一物?但日用中隨事觀省,久當自見。然亦須是虚心游意,積其功力,庶幾有得。若一向如此急迫,則方寸之間躁擾不寧,終無可得之期矣。《晦庵文集》卷五八。

案:書中云及"示喻道之大本未有真見之期,此只是急迫之病",下書(收書)乃云"雖見鄉道之切,然更宜寬以居之,使其優柔漸漬,有以自得,乃爲有益,

正不在如此迫切也"，語義相承，故推知本書約撰於
淳熙十六年(1189)間。

朱熹《答黄令裕》：

收書，雖見鄉道之切，然更宜寬以居之，使其優柔漸
漬，有以自得，乃爲有益，正不在如此迫切也。《大學》文
義通貫，所不難見，須更反復，要見下手用力處而從事焉，
乃爲有諸己耳。若只如此安排布置，口説得，行未至，未
當得功夫也。《晦庵文集》卷五八。

案：本書題下原注："一作黄敬之"。黄顯子，字
敬之，永嘉(今屬浙江)人。《儒林宗派》卷一〇。《朱子
語類》記載朱熹答黄敬之問多條。

書中所云"《大學》文義通貫，所不難見，須更反
復，要見下手用力處而從事焉，乃爲有諸己耳"，似當
序成《大學章句》以後，故推知其約撰於淳熙十六
年間。

朱熹《答黄令裕》：

所喻日用功夫甚親切，但更就此勉力爲佳。然書策
亦不可廢，若一向如此，又恐偏枯，別生病也。《左氏》之
説，未暇及此。若論當讀之書，何止《左氏》？但朋友只看
《論語》、《孟子》已無餘力，何暇更及他書也？《晦庵文集》卷
五八。

案：本書題下原注："一作黃敬之"。

上書（收書）云及"《大學》文義通貫，所不難見，須更反復，要見下手用力處而從事焉"，本書乃云"所喻日用功夫甚親切，但更就此勉力爲佳"，當承上書。

黃　儆

黃儆（1150—1212），字子耕，隆興分寧（今江西修水）人。嘗從郭雍、朱熹學。舉進士，爲瑞昌主簿，知盧陽縣，通判處州。主管官告院、大理寺簿、軍器監丞，歲餘三遷，出知台州，遷袁州。嘉定五年九月卒，年六十三。《水心文集》卷一七《黃子耕墓誌銘》。所著有《復齋集》。《宋史》卷四二三有傳。

朱熹《答黃子耕》：

新除甚佳，闕亦不遠否？但聲利海中溺人可畏耳。前書所謂格物主敬者，甚善。但主敬方是小學存養之事，未可便謂篤行。須修身齊家以下，乃可謂之篤行耳。日用之間，且更力加持守，而體察事理，勿使虛度光陰，乃是爲學表裏之實。近至浙中，見學者工夫議論多靠一邊，殊可慮耳。《晦庵文集》卷五一。

案：《朱子語類》卷一二二載黃儆所記曰："問：

'前蒙賜書中,有"近日浙中學者多靠一邊",如何?'
曰:'往往泥文義者只守文義,淪虚静者更不讀書。'
又有陳同父一輩説又必求異者。某近到浙中,學者
却別,滯文義者亦少。只沈晦叔一等,皆問着不言不
語,説着文義又却作怪。"正指本書。據《朱子語類·
姓氏》,黄螯所記乃戊申(淳熙十五年)所聞。其"某
近到浙中,學者却別,滯文義者亦少",當指十五年中
朱熹赴臨安奏事,來回途經浙中事,故知本書"近至
浙中,見學者工夫議論多靠一邊"云云,當指淳熙九
年朱熹任提舉浙東常平,九月罷官南歸、途經浙中
事。故推知本書約撰於淳熙十年(1183)間。

朱熹《答黄子耕》:

時事傳聞不一,然亦未知是否。衰病閑散,既無所效
其區區,亦不敢深問也。

示諭且看《大學》,俟見大指,乃及它書,此意甚善。
但看時須是更將大段分作小段,字字句句不可容易放過,
常時暗誦默思,反覆研究,未上口時須教上口,未通透時
須教通透,已通透後便要純熟,直得不思索時此意常在心
胸之間驅遣不去,方是此一段了。又換一段看,令如此數
段之後,心安理熟,覺得工夫省力時,便漸得力也。近日
看得朋友間病痛尤更親切,都是貪多務廣,匆遽涉獵,所
以凡事草率粗淺,本欲多知多能,下稍一事不知、一事不

能；本欲速成，反成虚度歲月。但能反此，如前所云，試用歲月之功，當自見其益矣。

至於作無益語，以本心正理揆之誠是，何補於事？但人不作自己功夫，向外馳走，便見得此等事重。若果見得自己分上合做底事千條萬端，有終身勉勉而不能盡者，則亦自當不暇及此矣。《晦庵文集》卷五一。

案：書中"時事傳聞不一，然亦未知是否"云云，《朱子晚年定論》以爲指孝宗内禪事，《朱子年譜》係本書於戊申後。據《宋史・孝宗紀》，孝宗於淳熙十六年（戊申）二月内禪。則本書約撰於淳熙十五年（1188）末或稍後。

朱熹《答黄子耕》：

示喻爲學之意，甚善。但恐更須看令簡潔明白親切，令下功夫處約而易守乃佳耳。別紙兩條，亦覺繁雜。本末始終之説，只是要人先其本、後其末，先其始、後其終耳，不必如此多説也。格物只是就一物上窮盡一物之理，致知便只是窮得物理盡後，我之知識亦無不盡處，若推此知識而致之也。此其文義只是如此纔認得定，便請依此用功。但能格物，則知自至，不是別一事也。

格物致知只是窮理，聖賢欲爲學者説盡曲折，故又立此名字。今人反爲名字所惑，生出重重障礙，添枝接葉，無有了期。要須認取本意，而就中看得許多曲折分明，便依此實下功夫，方見許多名字並皆脱離，而其功夫實處却無欠闕耳。《晦庵文集》卷五一。

    案：本書有云"示喻爲學之意，甚善。但恐更須看令簡潔明白親切，令下功夫處約而易守乃佳耳。别紙兩條，亦覺繁雜"，而下書（示及疑義）又云"示及疑義，比舊益明潔矣。但尚有繁雜處"，乃前後相承，故推知本書約撰於紹熙元年（1190）間。

朱熹《答黄子耕》：

示及疑義，比舊益明潔矣。但尚有繁雜處，且就正經平白玩味，久當自見親切處，自然直截簡易也。正淳、伯豐近皆得書，學皆進益可喜。泉、漳之間亦得一、二學者，將來可望，不虚爲此行也。但經界一事，恐未有人承當，而豪右不樂，異論蠭起，遂且悠悠耳。在官一年，不能爲民興利，而除害亦未能盡，此爲可恨也。長孺之去甚勇，但曾守解事，何乃至此？昨晚得趙帥書亦云然，甚可怪也。《晦庵文集》卷五一。

    案：書中云及"泉、漳之間亦得一、二學者，將來可望，不虚爲此行也。但經界一事，恐未有人承當，而豪右不樂，異論蠭起，遂且悠悠耳。在官一年，不能爲民興利，而除害亦未能盡，此爲可恨也"，朱熹乃紹熙元年四月下旬抵漳州莅任，故推知本書約撰於二年（1191）三、四月間。

朱熹《答黃子耕》：

熹憂悴無憀，無足言者。治葬、結廬二事，皆在來年。今且造一小書院，以爲往來幹事休息之處，它時亦可藏書宴坐。然已不勝其勞費，未知來年復如何也。來喻云云，足見講學自脩之力，甚慰所望。所謂動上求靜，亦只是各止其所，皆中其節，則其動者乃理之當然而不害其本心之正耳。近脩《大學》此章《或問》頗詳，今謾錄去，可以示斯遠也。

或問喜怒憂懼，人心之所不能無也。而曰有是一者，則心不得正而身不可脩，何哉？人之心湛然虛明，以爲一身之主者，固其本體。而喜、怒、憂、懼隨感而應者，亦其用之所不能無者也。然必知至意誠，無所私係，然後物之未感，則此心之體寂然不動，如鑑之空、如衡之平；物之既感，則其妍媸高下隨物以應，皆因彼之自爾而我無所與。此心之體用所以常得其正，而能爲一身之主也。以此而視，其視必明；以此而聽，其聽必聰；以此而食，食必知味，身有不脩者哉？苟其胸中一有不誠，則物之未感而四者之私已主於内，事之已至而四者之動常失其節，甚則暴於其氣而反動其心，此所以反覆循環常失其正而無以主於身也。以無主之身應無窮之物，其不爲“仰面貪看鳥，回頭錯應人”者幾希。孟子所論平旦之氣與先立乎其大者，正謂此耳。《晦庵文集》卷五一。

案：書中有言“熹憂悴無憀，無足言者。治葬、結廬二事，皆在來年。今且造一小書院，以爲往來幹

事休息之處，它時亦可藏書宴坐"，朱熹因喪子於紹
熙二年五月下旬歸至建陽，故推知本書約撰於是年
夏末、秋間。

朱熹《答黃子耕》：

熹湘中之行，初但以私計不便懇辭，然愚意尚無固
必。既而乃有決不可行者，遂至投劾。諸公蓋已厭之，然
猶不肯以此爲名，又以病辭，然後得免。世途艱險，乃至
如此，本非欲以是爲高也。歸來已一年矣，而卜葬未遂，
築室未成。自春來無日不病，見苦腳氣寒熱，伏枕已兩日
矣。大抵血氣日衰，雖是舊病，亦如新證，未知能復得幾
時也。示諭爲學之意及《中庸》疑義，皆比舊儘詳密矣。
病中看得恐不子細，略疏一二在別紙，餘俟旦夕附便奉報
也。《晦庵文集》卷五一。

案：書中言"熹湘中之行，初但以私計不便懇
辭，然愚意尚無固必。既而乃有決不可行者，遂至投
劾。諸公蓋已厭之，然猶不肯以此爲名，又以病辭，
然後得免"，乃紹熙二年秋、冬間事。書中又言"歸來
已一年矣，而卜葬未遂，築室未成。自春來無日不
病"，故推知其約撰於紹熙三年(1192)四、五月間。

朱熹《答黃子耕別紙》：

所論二先生説《中庸》，以體用言之，甚善。

　　吕氏"詭激"之説，本亦無病。聖人之道，廣大寬平，豈以詭激爲事？但世之狃常習故者，借之以成其私，則不可不察耳。不可以此而廢彼也。

　　吕氏"盡心以知性"，此語有病。"躬行以盡性"，此却得之。蓋孟子言"盡其心者，知其性也"，則是人之所以能盡其心者，以其能知性故也。《大學》所謂"知至而後意誠"是也。

　　"民受天地之中以生"，是"始生"之"生"，義與"産"字相似。

　　"忠信所以進德"，此段初只是解"終日乾乾"，是"終日對越在天"之義，下文因而説"天"字道理，其間有許多分别。如説"如在其上"、"如在其下"，亦只是實有此理，自然昭著，形而上爲道，形而下爲器。如今事物莫非天理之所在，然一物之中，其可見之形即所謂器，其不可見之理即所謂道。然兩者未嘗相離，故曰道亦器，器亦道。於此見得透徹，則亦豈有今與後、己與人之間哉？

　　"率性之謂道"，非是人有此性而能率之乃謂之道，但説自然之理循將去，即是道耳。"道"與"性"字，其實無甚異，但"性"字是渾然全體，"道"字便有條理分别之殊耳。"脩道之謂教"，乃是聖人脩此道以爲教於天下，如禮樂刑政之類是也。諸説多端，然細考程先生説，其要不過如此。其間亦有説得不相似處，恐是當時論亦未定也。

　　"人心"、"道心"之説，甚善。蓋以道心爲主，則人心亦化而爲道心矣。如《鄉黨》所記飲食衣服，本是人心之發，然在聖人分上，則渾是道心也。《晦庵文集》卷五一。

案：上書（熹湘中之行）有云"示諭爲學之意及《中庸》疑義，皆比舊儘詳密矣。病中看得恐不子細，略疏一二在別紙"，本書即此別紙。

朱熹《答黄子耕》：

熹數年來疾病日侵，患難交至，氣血凋瘁，大非往時之比。來日無幾，甚思與四方士友并力切磋，以求無負師傅之託而不可得。每一念之，徒增永歎而已。子耕近日所用工處頗得力否？向時説得"致知"兩字亦頗散漫，望更思之，復以見諭也。《晦庵文集》卷五一。

案：書中有云"熹數年來疾病日侵，患難交至，氣血凋瘁，大非往時之比"，其"患難交至"似指紹熙二年初朱熹長子病卒。故係本書於紹熙三年間。

朱熹《答黄子耕》：

病中不宜思慮，凡百可且一切放下，專以存心養氣爲務。但加趺静坐，目視鼻端，注心臍腹之下，久自温暖，即漸見功效矣。《晦庵文集》卷五一。

案：朱熹《答吴伯豐》（長沙除命）中云"子耕久聞其病，未得端的，且喜向安也"，《晦庵文集》卷五二。與本書"病中不宜思慮"云云相合。《答吴伯豐》撰於紹熙五年春，故推知本書約撰於紹熙四年（1193）冬間。

朱熹《答黃子耕》：

熹初意到此即遣人招正淳、伯豐及余正叔，而此間事繁財匱，時論又方擾擾，令人憂懼，不知所以爲計，遂未能及。幸因書爲致此意，徐觀事勢如何，乃敢議此也。《晦庵文集》卷五一。

案：朱熹《答吳伯豐》（長沙除命）云及"長沙除命，再辭不獲，……前日亦已寄書約正父來官所修纂《禮書》，……正淳書來，亦有意於衡嶽之遊"，《晦庵文集》卷五二。而本書有云"熹初意到此即遣人招正淳、伯豐及余正叔，而此間事繁財匱，時論又方擾擾，……遂未能及"，故推知其撰於朱熹知潭州時。朱熹紹熙五年五月上旬至潭州，六月九日孝宗崩，七月五日光宗内禪，寧宗即位。《年譜長編》卷下。故推知本書約撰於五年（1194）七月前後。

朱熹《答黃子耕》：

祭禮極難處，竊意神主唯長子得奉祀，之官則以自隨，影像則諸子各傳一本自隨無害也。支子之祭，先儒雖有是言，然竟未安。向見范丈兄弟所定，支子當祭，旋設紙牓於位，祭訖而焚之，不得已此或可采用。然禮文品物

亦當少損於長子，或但一獻無祝亦可也。《晦庵文集》卷
五一。

案：本書所云"支子之祭"，與朱熹《答潘立之》
"竊謂只於宗子之家立主而祭，其支子則只用牌子，
其形如木主，而不判前後、不爲陷中及兩竅，不爲櫝，
以從降殺之義"云云相合，《晦庵文集》卷六四。疑撰時
相近。《答潘立之》約撰於紹熙五年前後。

朱熹《答黄子耕》：

兩書皆領，所云云，何不安之甚？今日仕宦只是如
此，既未免出來，只得忍耐，勉其力之所及而已。日用之
間，更看自家分內許多道理甚底是欠闕底，隨處操存，隨
處玩索，不妨自有餘樂，何至如此焦躁耶？所聞豈有是
事？政使有，便遭貶責，亦是臣子之常分，但恨力不及耳。
《晦庵文集》卷五一。

案：本書云及"今日仕宦只是如此，既未免出
來，只得忍耐，勉其力之所及而已"，而下書（伏枕月
餘）又云"所喻職事縷縷備悉，既是出來仕宦，此等自
不能免"，知承本書，故推知本書慶元三年(1197)末
或稍後。

朱熹《答黄子耕》：

伏枕月餘，已分必死，自入夏以來，却稍輕減。但今

餘證狂來，頗亦廢事。明年便當七十，據《禮》而論，亦合衰殘，無足深歎也。但此道衰微，方賴朋友潛思固守，以庶幾於久遠。年來僅得伯豐最爲可望，乃復盛年奄至大故，聞之傷悼，不能爲懷，非獨以平日往來遊好之情而已。聞其親年高，遭此何以堪處？江西朋友書來，却皆言其子曉事，此則猶爲不幸之幸。欲遣一人持書致奠，并弔其家，而力不能辦。今有書信，不免奉煩爲尋的便附往。若相去不遠，更得專人取其回書以來，尤所望也。所喻職事縷縷備悉，既是出來仕宦，此等自不能免。耗金文字，以目昏未能盡讀，然其大概已可見矣。改秩後，授一湖北、淮南僻縣，優哉悠哉，聊以卒歲，此乃今日最上策也。《晦庵文集》卷五一。

案：書中有云"明年便當七十，據《禮》而論，亦合衰殘，……年來僅得伯豐最爲可望，乃復盛年奄至大故，聞之傷悼，不能爲懷"，伯豐乃吳必大字，卒於慶元三年冬，而朱熹慶元四年乃六十九歲。又朱熹《答黃直卿》(《大學或問》"齊家治國"章)云及"得江西書，吳伯豐果以去冬得疾不起"，《晦庵文集》續集卷一。撰於慶元四年(1198)春中。故推知本書約撰於一時先後。

朱熹《答黃子耕》：

兩辱手示，得詳近況，良以爲慰。竟從銓部調遠邑而歸，既無冒進之嫌，又絕矯亢之累，所處甚精，吾黨足以增氣矣。甚幸甚賀。聞湖北深僻，民少事稀，無迎送督促之煩，以優游讀書，此今日仕宦之最佳處。想歲下了却令兄位下一二事，便可行矣。自分寧取道，應亦不遠，但恨相望益遠，衰晚沈痼，無復相見之期，此爲恨耳。伯豐子弟如何？自其云亡，念之不能已。蓋朋友中敏悟未有其比，意其它日可以任傳付之責者，非獨爲遊好之私情也。《晦庵文集》卷五一。

　　案：上書（伏枕月餘）有云"改秩後，授一湖北、淮南僻縣，優哉悠哉，聊以卒歲，此乃今日最上策也"，本書乃云"竟從銓部調遠邑而歸，……聞湖北深僻，民少事稀，無迎送督促之煩，以優游讀書，此今日仕宦之最佳處"，知承上書後。

朱熹《答黃子耕》：

　　知赴官有期，僻遠之鄉，官事簡少，可以讀書進學。若如此實做得三年功夫，比之奔走塵埃、俯仰應接，殊未爲失計也。來喻更欲於經史中求簡易用功處，此亦別無它巧，只是且將所已學者反復玩味，不厭重複，久之當覺意味愈深遠、理致愈明白耳。此外，昔所未學亦有切於修己治人之實者，更以暇時量力探討，使其表裏精粗通貫浹洽，則於本原之地亦將打成一片，無處不得力矣。有如衰朽，百病交攻，常時氣滿心腹，今日乍寒，痛甚幾不能起。

觀此氣象，餘日幾何？然每開卷，及與朋友講論，未嘗不覺其有起予之益。況如賢者，春秋尚富，精力尚彊，其可不自勉乎？

安仁經界文字，其畫一中所言戶部行下者，即是李仲永所行。其言本縣措置者，即是當來邑中推廣。其説雖未及一一細觀，然亦可以見其不苟之意。鄉在臨漳，訪問打量算法，得書數種，比此加詳。然鄉民卒乍不能通曉，反成費力。後得一法，只於田段中間先取正方步數，却計其外尖斜屈曲處，約湊成方，却自省事。恨爲私意浮議所搖，不得盡力其間，以見均田平賦之效。今讀所示，尤使人悵然也。《晦庵文集》卷五一。

案：上書（兩辱手示）有云“竟從銓部調遠邑而歸，……此今日仕宦之最佳處。想歲下了却令兄位下一二事，便可行矣”，本書乃言“知赴官有期，僻遠之鄉，官事簡少，可以讀書進學”，知承其後。又本書云及“今日乍寒”，故推知本書約撰於慶元四年冬中。

黃　寅

黃寅，字直翁，邵武（今屬福建）人。《儒林宗派》卷一〇。《萬姓統譜》卷一二四誤作“葉寅”，云其“少時飄蕩豪爽，方士繇語之曰：‘以子之才俊，何善不可爲，乃甘心里巷，以辱其身耶？’寅感泣，問過可改否？曰：‘惟狂克念作

聖。'於是奮勵修飭,登朱熹之門,問學精詣,言行準繩,鄉
人敬歎之"。《閩中理學淵源考》卷二三亦誤作"葉寅"。

朱熹《答黄直翁寅》:

"商因於夏禮,所損益可知也。周因於殷禮,所損
益可知也。"是周監二代之制而損益之,其文大備,亦時
使然也。聖人不能違時,烏得不從周之文乎?然亦少
有不從處,如行夏之時、乘商之輅是也。

周之文固可從,而聖人不得其位,無制作之時,亦不
得不從也。使夫子而得邦家,則將損益四代,以爲百王不
易之法,不專於從周矣。

程子曰:"三讓者,不立一也,逃之二也,文身三
也。"寅竊意求之,繼立以嫡,聞父喪而奔,身體不敢毀
傷,萬世之通義也。泰伯胡爲而不然耶?蓋不立者,泰
伯知王季之賢,又有文王之聖,必能基成王業,從而讓
之,亦太王之志也。不奔父喪,非本心也,奔則王季辭
立矣。太王欲立之而未有命,季歷必爲叔齊之事。逃而適他
國足矣,必之荆蠻,斷髪文身而後已者,蓋不示以不可立
則心不安,其位未定,終無以仁天下、繼父志而成其遠者
大者也。三者,權也。夫泰伯之讓,上以繼太王之志,下
以成王季之業,無非爲天下之公而不爲一身之私。其事
深遠,民莫能測識而稱之,兹其德所以無得而加也。

此説亦是。但以天下讓,只依龜山説推本而言之爲

是。所云不示以不可立，則王季之心不安而位未定，此意甚好。非惟説得泰伯之心，亦説得王季之心也。蘇子由云：“漢東海王以天下授顯宗，唐宋王成器以天下授玄宗，皆兄弟終身無間言，何必斷髮文身？”若使王季之心如漢顯宗、唐玄宗，則此説可也。若有叔齊之心，則不能一朝居矣。王季之賢，豈下叔齊也哉？然泰伯三讓，權而不失其正，是乃所以爲時中也，故夫子以至德稱之。《晦庵文集》卷四四。

案：書中云“非惟説得泰伯之心，亦説得王季之心也”，而下書（衛君事）有云“但居勢如此，不逃却不得，如泰伯、王季之事”，知先後相承。又下書（示喻‘誠’、‘敬’異同之説）約撰於淳熙八年初，故《書信編年》以爲本書約在此前。姑係於淳熙七年（1180）間。待考。

朱熹《答黄直翁》：

衛君事，伯謨書中已略論之。徐思不奉父命而逃去，固爲未善，故程子亦以爲不可。但居勢如此，不逃却不得，如泰伯、王季之事，亦非常理，但變而不失其正耳。《晦庵文集》卷四四。

案：本書乃承上書（商因於夏禮）。

朱熹《答黄直翁》：

示喻“誠”、“敬”異同之説，已具德功書中矣。且既曰

"誠之者,擇善而固執之",則敬者但可爲誠之之一事,不可專以敬爲誠之之道也。明道先生蓋舉其一事而言爾。大凡看文字,須認正意,不可如此支蔓,無了時也。《晦庵文集》卷四四。

　　案：朱熹《答江德功》(示喻"誠"、"敬"之別)撰於淳熙七年秋、冬間,又(示喻諸説已悉)"前書所論'誠'、'敬'字義不同,正爲方此論敬,不當引誠爲説,本欲高妙,反成支離耳"云云撰於淳熙八年(辛丑)正月二日,《晦庵文集》卷似四。故推知本書約撰於八年(1181)初。

黄　通

　　黄通,字景聲,邵武(今屬福建)人。隆興元年(1163)木待問榜進士出身。紹熙二年(1191)八月除秘書丞,十月爲浙西提舉。《南宋館閣録續録》卷七。紹熙五年正月改任浙西提刑,當年除荆湖南路轉運判官。《吳郡志》卷七。"以不附韓侂胄,出爲江西提刑,遂請老歸。自號熙堂野老"。《萬姓統譜》卷四七。

朱熹《與黄知府》：

　　聞有臺劾,亦既施行,而未有被受,亦未見章疏,遣書著銜,頗有所礙,幸辱情照。或章疏已報行,得賜指撝録示爲幸。《晦庵文集》續集卷八。

案：慶元二年十二月二十六日，奉旨朱熹落職
罷祠，三年正月二十七日省劄下到。《年譜長編》卷下。
本書有云"聞有臺劾，亦既施行，而未有被受，亦未見
章疏"，故推知其撰於三年(1197)正月中。

朱熹《與黃知府》：

昨蒙垂示報狀，極荷眷念，區區尋亦已拜恩命矣。罪
戾彰徹，固不可逃，然縣宰批罷一事，至乃上玷清重，尤切
愧恐而不敢自明。竊計高明固已洞照其實矣。至於友生
連坐，亦蒙矜念，委曲周至，益見仁人之用心爲不可及，感
歎亡已。《晦庵文集》續集卷八。

案：本書原與上書(聞有臺劾)混爲一書。

本書中言及"昨蒙垂示報狀，極荷眷念，區區尋
亦已拜恩命矣。……至於友生連坐，亦蒙矜念，委曲
周至"，朱熹於慶元三年正月二十七日接落職罷祠省
劄，上謝表；月末蔡元定登程赴道州編管。故推知本
書約撰於二月初。

朱熹《與黃知府》：

但既鐫罷，名書罪籍，不知寄禄餘俸合與不合幫勘？
已戒幹人計會所司，更乞台旨稽考法令，然後施行。恐不
應得，免貽後日之紛紛也。《晦庵文集》續集卷八。

案：朱熹既已命落職罷祠之命，然未得依原官之旨，故疑不合得"寄禄餘俸"，故致書知府黃通詢問。則其當撰於此後不久，約在是年春間。

朱熹《與黃知府》：

輒有不獲已之懇，事涉鄉閭利病，勢甚迫切，敢忘分守，已具公劄，干冒公聽。幸賜采覽，斟酌行下，千萬幸甚。前日迎候之初，便蒙誨諭，仰見仁人之心，視斯人之不獲，真不啻若癢痾疾痛之切其身。竊意樂聞斯言，不以爲罪，是以敢布其愚。《晦庵文集》續集卷八。

案：慶元三年建陽災荒，故朱熹上書知建寧府黃通討論賑荒事宜，《年譜長編》卷下。本書中云"輒有不獲已之懇，事涉鄉閭利病，勢甚迫切，敢忘分守，已具公劄"，故推知其撰於是年青黃不接時，約在夏間。

朱熹《與黃知府》：

撥米曲折，固知仁民之切，無所吝於此。況又使府自認脚費，此尤出於望外。下邑饑民荷更生之賜，感戴宜如何耶？儲宰行已數日，縣郭近封，可保無虞。但崇化、麻沙以西一帶素少早田，唐石乃全無之，只此數十里間，尚爾嗸嗸。私居杜門，亦不知其詳細爲如何。《晦庵文集》續集卷八。

案：上書（輒有不獲已之懇）朱熹上請知府同意

賬濟,而本書乃云"撥米曲折,固知仁民之切,無所吝
於此。況又使府自認脚費,此尤出於望外",知承
其後。

黄　中

黄中(1096—1180),字通老,邵武(今屬福建)人。紹
興五年(1135)進士第二人。累遷權禮部侍郎,兼給事中。
乾道改元,適七十,即告老,以集英殿修撰致仕,進敷文閣
待制。居六年,復召爲兵部尚書兼侍讀,力求去,除龍圖
閣學士致仕。進職端明殿學士。淳熙七年八月卒,年八
十五,謚曰簡肅。著有奏議十卷。《宋史》卷三八二有傳。

朱熹《上黄端明》:

八月十一日,具位熹敢齋沐裁書,請納再拜之禮於致
政尚書端明丈丈台座:熹聞之,孟子有言,天下有達尊
三:爵一,齒一,德一。此言三者之尊達于天下,人所當
敬而不可以慢焉者也。雖然,爵也,齒也,蓋有偶然而得
之者,是以其尊施于朝廷者則不及於鄉黨,施於鄉黨者則
不及於朝廷,而人之敬之也亦或以貌而不以心。惟德也
者,得於心,充於身,刑於家而推於鄉黨,而達於朝廷者
也。有是而兼夫二者之尊焉,則通行天下,人莫不貴。雖
斂然退避,不以自居,而人之所以心悦而誠服者,蓋不可

解矣。

恭惟明公以兩朝侍從元老，上還印綬，而退處於家，自天子不敢煩以政，賜之几杖而乞言焉，其位與年固非偶然而得之者矣。而明公則未嘗以是而自異於人，其所以默而成之，不言而信者，則日新又新而未嘗有止也。此天下知德之士所以莫不竊慕下風之義，俱有執鞭之願，而熹之愚則有甚焉者。蓋其平生氣稟偏駁，治己則不能謹於細微，立志則不能持於常久，以至待人接物之際，溫厚和平之氣不能勝其粗厲猛起之心，是以常竊自悼，以爲安得朝夕望見明公之盛德容貌而師法其萬一，庶幾可以飭身補過於將來，而不遂爲小人之歸也。今日之來，蓋將頓首再拜于堂下，以償其夙昔之願。伏惟明公坐而受之，使得自進於門人弟子之列，而不孤其所以來之意，則熹之幸也。鄉往之深，不自知其僭越，敢以書先于將命者而立於廡下，以聽可否之命。熹不勝皇恐之至。《晦庵文集》卷三七。

案：《愛日齋叢鈔》卷二曰："按《文公年譜》：乾道三年如長沙，訪張宣公，道昭武，謁黃端明，先之以書云：'將頓首再拜于堂下，伏惟坐而受之，使得自進於門人弟子之列。'此正黃通老尚書。"又王柏《跋朱子帖》亦云："乾道丁亥秋，文公朱先生訪張宣公於長沙，道由昭武，拜端明黃公中於里第，先之以長書，其辭前後有曰：'八月十一日，具位朱某敢齋沐裁書，請納再拜之禮於尚書端明丈台座。<small>云云。</small>今日之來，蓋將頓首再拜于堂下，以償夙昔之願。伏惟明公坐而受之，使得自進于門人弟子之列，而不孤其所以來之意，則某之幸也。鄉往之深，不自知其越僭，敢以書先于將命者而立于廡下，以聽可否之命。'其書見於《文集》。九月抵長沙，此書則在長沙時，遺東萊先生呂成公之手筆也，故書中首言見端明事，稱其德履，且自愧淺之爲丈夫。時朱子年三十有八，其景行前修，氣識宏遠，度越一時，至今使人躍然興起。"《魯齋集》卷一三。然據朱熹《端明殿學士黃公墓誌銘》，黃中以乾道六年召爲兵部尚書兼侍讀，淳熙元年進職端明殿學士。《晦庵文集》卷九一。則本書當撰於淳熙元年以後。朱熹《答呂伯恭》（奉八月六日手教）有云："熹前月至昭武見端明黃丈，旬日而歸，幸粗遺日，無足言者。黃丈端莊渾厚，老而不衰，議論不爲詭激，而指意懇切，亦自難及，見之使人不覺心服，益自愧其淺之爲丈夫也。"《晦庵集》卷三三。撰於淳熙三年九月，故推知本《上黃端明》書當撰於是年（1176）八月十一日。

黃　銖

黃銖（1131—1199），字子厚，甌寧（今福建建甌）人。

年十五六，與朱熹同學於劉屏山先生，切磋讀書，爲文略相上下。其“文學太史公，詩學屈、宋、曹、劉而下，及於韋應物，視柳子厚猶以爲雜用今體，不好也。其隸古尤得魏、晉以前筆意”。《晦庵文集》卷七六《黃子厚詩序》。卒於慶元五年初。《晦庵文集》卷八七《祭黃子厚文》。

朱熹《答黃子厚銖》：

所說賑貸事，想已蒙留念矣。今日復有數人來，云是六十二都人户，不知與昨日狀子是同都否？不免并煩契勘，令社首保正等人結保具狀來請。恐亦只有三百來石，勢亦不能廣及也。社首輩或自呼喚不得，今一書至伯起，託其喚集，幸爲付此輩自持去。又恐去建陽遠，俟見人數，即報彼縣般載來黃亭東岸，等候人來請貸也。老兄閑中無事，不合相擾，然想閔此疲民，不憚少勞也。《晦庵文集》續集卷七。

案：朱熹《延和奏劄四》云“臣所居建寧府崇安縣開耀鄉，有社倉一所，係昨乾道四年鄉民艱食，本府給到常平米六百石，委臣與本鄉土居朝奉郎劉如愚同共賑貸，至冬收到元米，次年夏間本府復令依舊貸與人户，冬間納還，臣等申府措置每石量收息米二斗，自後逐年依此斂散。或遇小歉，即蠲其息之半，大饑即盡蠲之。至今十有四年，其支息米造成倉敖三間收貯，已將元米六百石納還本府，其見管三千一百石，並是累年人户納到息米"。《晦庵文集》卷一三。五夫社倉建於乾道七年五月間。《晦庵文集》卷七七《建寧府崇安縣五夫社倉記》。本書中云"所說賑貸事，……恐亦只有三百來石，勢亦不能廣及也。……又恐去建陽遠，俟見人數，即報彼縣般載來黃亭東岸，等候人來請貸也"。故推知本書約撰於社倉創置之初。又淳熙元年(1174)秋，建寧大旱，朱熹往建寧府與漕司、倉司及府官商議賑濟事項。《年譜長編》卷上。疑本書即撰於此時。

朱熹《答黃子厚》：

知讀《精義》有得，允以爲喜。大指固不出二先生之說，然並觀博考，見其淺深疏密於毫釐之間，尤能發人意思，使人益信二先生之說不可易也。忠信只是一事，但自我而觀謂之忠，自彼而觀謂之信，此先生所以有盡己爲忠、盡物爲信之論也。鄙意如此，試思之然否，却見諭。登山之興，前日失之於跬步之間，今復冒暑而往，則有所不能矣。或恐欲尋舊約，即請見過，却議行計也。伯恭甚愛上嵐山水，前日經行，適值風雨，尤快心目也。《晦庵文集》卷四一。

案：書中云"伯恭甚愛上嵐山水"，指淳熙二年四月一日吕祖謙自婺州抵五夫拜訪朱熹，入崇安縣界，十里溪源橋，又"二里上嵐，林巒秀潤，小山石瀨

點綴，曲有思致。半里上嵐橋。一里上嵐嶺。二里
會仙橋"等，"至五夫訪朱元晦館于書室"。《東萊集》
卷一五《入閩錄》。此後五月間朱熹、呂祖謙一行去鵝
湖與陸九淵兄弟相會，六月上旬分袂而歸。《年譜長
編》卷上。又本書有云"登山之興，前日失之於跬步之
間，今復冒暑而往，則有所不能矣"，然朱熹於淳熙三
年三月中旬如婺源展墓，七月中歸家。《年譜長編》卷
上。故推知本書約撰於淳熙四年(1177)盛夏。

朱熹《答黃子厚銖》：

罪戾之蹤，不容掩覆，竟蒙臺劾，褫職罷祠。昨日已
被省劄，而季通遂有舂陵之行，已入府聽命矣。《晦庵文
集》續集卷七。

　　案：朱熹《落職罷宮祠謝表》云："臣熹言：臣前
任祕閣修撰、提舉南京鴻慶宮，今年五月十三日已該
滿罷。至二十七日，伏準尚書省慶元二年十二月劄
子節文，臣寮論臣罪惡，乞賜睿斷，褫職罷祠，奉聖旨
依，臣已於當日謝恩祗受訖者。"又《落祕閣修撰依前
官謝表》云："臣熹言：臣昨於慶元三年正月二十七
日準尚書省劄子節文，臣寮奏臣罪惡，乞與褫職罷
祠，奉聖旨依，劄臣照會。臣即於當日望闕謝恩，解
罷職名，仍奉表稱謝去訖。"《晦庵文集》卷八五。故知
本書撰於慶元三年(1197)正月末。

朱熹《答黄子厚銖》：

示喻縷縷，極感勤念。然此何足置意中耶？季通只是編置，無他刑名。正緣有司欲秘其事，却致傳聞張皇。前日就道，臨老遠謫，殊可念耳。告訐之門既啓，世間羣小無非敵國，便能因樹爲屋，自同傭人，亦已晚矣，況不能耶？死生禍福，正當付之造物耳。《晦庵文集》續集卷七。

案：《慶元黨禁》云：慶元二年十二月，臣僚上疏攻訐朱熹，"乞褫職罷祠，其徒蔡元定佐熹爲妖，送别州編管。二十六日，旨依，蔡元定編管道州。慶元三年丁巳春正月，省劄始至。熹方與諸生講論，有以小報來言者，熹略起視之，復坐講論如初，詞色更爲和平。翼旦，諸生乃知其有指揮。時郡縣捕蔡元定甚急，元定色不爲變，毅然上道。熹與諸所從遊百餘人送别蕭寺，坐客感嘆有泣下者。熹微視元定，不異平時，因曰：'朋友相愛之情，季通不挫之志，可謂兩得之矣。'"本書中云蔡元定"前日就道，臨老遠謫，殊可念耳"，故推知其約撰於二月間。

黄祖舜

黄祖舜（？—1165），字繼道，福州福清（今屬福建）人。宣和六年（1124）進士。《淳熙三山志》卷二八。紹興三十一年（1161）九月，自給事中同知樞密院事。次年七月，

兼權參知政事。隆興元年(1163)二月,罷知潭州。乾道
元年正月,提舉太平興國宮。三月卒,《宋宰輔編年錄校補》
卷十七。謚莊定。《宋史》卷三八六有傳。

朱熹《與黃樞密書辛巳冬》:

竊聞虜酋隕命,種人遁走,淮北遺民悉降我師,此蓋
天命眷顧宗廟社稷之靈,廓清中原,以全畀付,莫大之慶,
海內同之。然熹之愚慮,獨不勝私憂過計,敢以布於下
執事。

蓋自戊午講和,以至於今,二十餘年,朝政不綱,兵備
弛廢,國勢衰弱,内外空虛。近歲以來,天啓聖心,稍加振
理,始復漸有條緒。然宿弊已深,非得同心同德之臣,素
爲海內所屬望者爲之輔佐,進賢退姦,修滯補弊,要之以
盡而持之以久,使其勢翕然而大變,則未可以有爲也。

前日不量事勢,亟下親征之詔,則既失之易矣。然理
直言順,庶幾有成,事同發機,有進無退。而曠日引月,不
聞進發之期。任國政者,不聞有寇忠愍之謀。典宿衛者,
不聞有高烈武之請。使諸將惰心,六軍解體,敵騎橫突,
深入兩淮,兵少而敵益彊,事急而糧已匱。於是戒嚴未及
兩月,而募兵科借之禍已及民矣。向非天佑皇家,降罰於
彼,則勝負之決,蓋未可知。今日之事,其不可謂諸公謀
於廟堂之效、羣帥攻城野戰之功亦已明矣。愚謂正宜君
臣相戒,兢慎祗肅,改圖柄任,益修政理,以答揚上天眷顧

之命，不宜坐虞鄰國之難，以幸爲利，而遽自以爲安也。

抑今中原之地幅員萬里，虜人奔走震駭之餘，力未能爭，朝廷坐視而不取則非計，取之則功緒廣而勞費多。此正安危得失之機，差之毫釐，繆以千里，不可以不審也。熹竊以爲必能因其人以守，因其糧以食，使東南之力不困，然後根本固而不搖，必有以大慰其來蘇之望，而深結其同濟之心；使西北之情益堅，然後藩籬密而可恃，必使虜人他日痛定力全之後，不能復窺吾盧龍之塞，然後朝謁陵廟，還反舊京之事乃可言也。

不知今日朝廷之上，侍從之列，誰爲能辦此者？獨舊人之賢，起而未用者一二公，使之出則重於今日視師之人，授之政則賢於今日秉鈞之士，獨恐朝廷終不聽用，則無如之何耳。失今不早爲計，虜人士馬精彊，固未有損，今茲所失，獨完顏亮一夫耳。萬一旬月之間，復悉其衆，挾其喪君之恥以來，修怨於我，不知朝廷之議復以何計禦之？斂民則民憔悴而不堪，募兵則兵脆弱而無用。將據中原而與之爭，則形勢未習；將棄中原而守淮泗，則恢復無期。不知議者何以處此？苟處之未審，而曰姑又以待天幸之來，則非愚之所敢知者。是以私憂過計，夙夜拳拳而不能已也。

顧衰病之餘，氣短辭拙，不能言利害之實。然其大要不遠是矣。閣下以道學履踐致身廟堂，在諸公間最有人望，故熹敢以此言進。觸冒威尊，皇恐無地。狂妄之罪，惟左右者裁之。《晦庵文集》卷二四。

案：據《宋史·宰輔表》，紹興三十一年（辛巳，1161）冬黃姓長樞密院者唯黃祖舜。金主完顏亮於是年十一月二十七日被殺於揚州龜山寺。朱子有《聞二十八日之報喜而成詩》七首，《晦庵文集》卷二。是知此書當作於十二月間。

季光弼

季光弼（1127—1183），字觀國，溫州平陽（今屬浙江）人。登紹興二十七年（1157）進士第，除臨安府鹽官縣主簿，授左儒林郎充邵州教授、福州寧德縣丞，改知紹興府嵊縣，代者且至，俄疾，淳熙十年四月卒於縣治，年五十七。有文集八卷藏于家。事迹見樓鑰《攻媿集》卷一〇一《知嵊縣季君墓誌銘》。

朱熹《與季觀國》：

省刑緩賦，以回天意，非體國愛民之切，不及此也。《攻媿集》卷一〇一《知嵊縣季君墓誌銘》。

案：樓鑰《知嵊縣季君墓誌銘》云：季光弼“既爲縣，又遭洊饑，山谷窮民易致嘯聚，君加意拊摩，豫令富室致吳中之米七千餘斛，丐于府，得常平緡錢二萬于鄰邑，始得按堵。而嗣歲尤甚，禾未登場，民已菜色。秘丞朱公熹力舉一道荒政，尤詳于越。君求哀諸司，得米四萬斛。縣有二十七鄉，凡爲賑糶場、賑濟場、養濟坊三十餘所，戴星出入，以課督之，數月之後，鬚髮爲變。朱公每貽書勞勉曰：'省刑緩賦……'"《攻媿集》卷一○一。朱熹提舉浙東常平，於淳熙九年初巡歷屬境，正月七日至嵊縣，二月間歸紹興府；於七月十八日再次巡歷嵊縣，此後於九月中去官南歸。《年譜長編》卷上。故推知本書約撰於九年（1182）上半年中。

江端伯

江端伯，名里不詳。

朱熹《答江端伯》：

示喻爲學之方，足見留意。事物未見，不可逆料，誠如所論，唯有因聖賢之所已言者而求之，爲庶幾耳。故爲學不可以不讀書，而讀書之法，又當熟讀沈思，反覆涵泳，銖積寸累，久自見功。不惟理明，心亦自定。若欲徒爲涉獵而求此理之明，又欲別求方便以望此心之定，其亦難矣。《晦庵文集》卷六四。

案：本書撰時未詳。《書信編年》云疑在淳熙十六年（己酉，1189）以後。待考。

江　明

　　江明(1126—1187)，字清卿，建陽縣(今屬福建)人。嘗舉進士，未第而歸，"遂無復有進取之念，而獨于修身進德益孳孳焉"。淳熙十四年二月卒，年六十二。事迹見朱熹《晦庵文集》卷九三《江君清卿墓誌銘》。

朱熹《答江清卿》：

　　蒙喻湖北書，極荷不外。但年來藏拙，不敢復與外事。又伯升書言周憲於麟之自有薦論之意，而麟之不欲爲自銜鬻者，此意皆甚美。竊謂寧少忍之，以遂麟之之高，不當共爲煦濡之態，以虧其一簣之功也。《晦庵文集》續集卷八。

　　　　案：麟之，諸葛廷瑞字。其"擢紹興二十七年進士，授龍溪尉，改知崇安。時朱文公家食，廷瑞每造詣。……歲歉，屬書文公，請於郡倅得粟賑饑。守王淮與轉運使者具以政績聞"。《閩中理學淵源考》卷三三。據朱熹《建寧府崇安縣五夫社倉記》云"乾道戊子春夏之交，建人大飢，予居崇安之開耀鄉，知縣事諸葛侯廷瑞以書來屬予"。《晦庵文集》卷七七。乾道戊子即乾道四年。又書中所云"周憲"，疑指周自強，乾道四年七月，自大理少卿除直秘閣、提點江西刑獄公事。《宋會要輯稿·選舉》三四之二一。則推知諸葛廷瑞知崇安縣後嘗官江西，時約在乾道五年(1169)或六年。

朱熹《答江清卿》：

先夫人高識懿行，宜得當世大賢紀述，以詔後世，而尊兄過聽，誤以見屬。自顧淺陋，何以稱此？然以委重之勤、慕仰之素，勉竭其愚，以承尊命，謹繕寫納呈。幸賜裁訂而取舍之，乃所願望。即不可用，不必過存形迹，以累先德之美也。向來所苦何疾？今想已脫然矣。細觀妙畫，知目疾之向平，爲可喜也。然中年氣血非前日之比，服藥亦難見效，惟有虛心調氣，靜以養之，庶或少可補助耳。《晦庵文集》續集卷八。

案：朱熹《江君清卿墓誌銘》有云其"母夫人有賢行，自寡居即布衣疏食以終身。及春秋高，遂抱羸疾，清卿左右奉養無違。既没，葬祭如法"。《晦庵文集》卷九三。又朱熹所撰江明母《夫人虞氏墓誌銘》，云虞氏卒，"其嗣子明將以淳熙甲辰二月庚申朔旦葬于其居里普光之原，而使介子嗣奉書及承議郎同里賈君應之狀來請銘"。《晦庵文集》卷九二。甲辰即淳熙十一年。故推知本書約撰於淳熙十年(1183)間。

江　默

江默，字德功，崇安(今福建武夷山市)人。登乾道五年(1169)進士,調安溪尉。"丁外艱,歸詣武夷,從朱子講學,因攜所著《易訓解》、《四書訓詁》以質"。後歷光澤、建寧宰,卒於官。《閩中理學淵源考》卷二〇。

朱熹《答江德功》:

"有禮則安"說,立意甚善。但詳本文之意,只說施報往來之禮,人能有此,則不忤於物而身安耳,未遽及夫心安也。況古人之所以必由於禮,但爲禮當如此,不得不由,豈爲欲安吾心而後由之也哉?若必爲欲安吾心,然後由禮以接於人,則是皆出於計度利害之私,而非循理之公心矣。大抵近世學者溺於佛學,本以聖賢之言爲卑近而不滿於其意,顧天理民彝有不容殄滅者,則又不能盡叛吾說以歸於彼,兩者交戰於胸中而不知所定,於是因其近似之言以附會而說合之。凡吾教之以物言者,則挽而附之於己;以身言者,則引而納之於心,苟以幸其不異於彼而便於出入兩是之私。至於聖賢之本意,則雖知其不然,而有所不顧也。蓋其心自以爲吾之所見已高於聖賢,可以咄嗟指顧而左右之矣。又況推而高之,鑿而深之,使其精神氣象有加於前,則吾又爲有功於聖賢,何不可者?而不自知其所謂高且深者,是乃所以卑且陋也。此近世雜學之士心術隱微之大病,不但講說異同之間而已。不審賢者以爲如何?

《大學》諸說,亦放前意,蓋不欲就事窮理,而直欲以心會理，故必以格物爲心接乎物；不欲以愛親敬長而易其所謂清浄寂滅者，故必以所厚爲身而不爲家，以至"新民"、"知本"、"絜矩"之説，亦反而附之於身，蓋惟恐此心之一出而交乎事物之間也。至於分别君、相、諸侯、卿、大夫、士、庶人之學，亦似有獨善自私之意，而無公物我、合内外之心。此蓋釋氏之學爲主於中，而外欲强爲儒者之論，正如非我族類而欲强以色笑相親，意思終有間隔礙阻不浹洽處。若欲真見聖賢本意，要當去此心而後可語耳。

格物之説，程子論之詳矣。而其所謂"格，至也，格物而至於物，則物理盡"者，意句俱到，不可移易。熹之謬説，實本其意，然亦非苟同之也。蓋自十五、六時知讀是書，而不曉格物之義，往來於心，餘三十年。近歲就實用功處求之，而參以他經傳記，内外本末，反復證驗，乃知此説之的當，恐未易以一朝卒然立説破也。夫"天生烝民，有物有則"，物者形也，則者理也，形者所謂形而下者也，理者所謂形而上者也。人之生也固不能無是物矣，而不明其物之理，則無以順性命之正而處事物之當，故必即是物以求之。知求其理矣，而不至夫物之極，則物之理有未窮，而吾之知亦未盡，故必至其極而後已，此所謂"格物而至於物，則物理盡"者也。物理皆盡，則吾之知識廓然貫通，無有蔽礙，而意無不誠、心無不正矣。此《大學》本經之意，而程子之説然也。其宏綱實用，固已洞然無可疑者，而微細之間，主賓次第、文義訓詁詳密精當，亦無一毫之不合。今不深考，而必欲訓"致知"以"窮理"，則於主賓之分有所未安；知者，吾心之知。理者，事物之理。以此知彼，自有主賓之辨，不當以此字訓彼字也。訓"格物"以"接物"，則於究極之功有所未明。人莫不與物接，但或徒接而不求其理，或粗求而不究其極，是以雖與物接而不能知其理之所以然與其所當然也。今日一與物接而理無不窮，則亦太輕易矣。蓋特出於聞聲悟道、見色明心之餘論，而非吾之所謂窮理者，固未可同年而語也。且考之他書，"格"字亦無訓"接"者。以義理言之則不通，以訓詁考之則不合，以功用求之則又無可下手之實地。竊意聖人之言必不如是之差殊疏略，以病後世之學者也。

又所謂"非特形之所接，乃志之所至"，所謂"格物與小學同，致知與小學異"，亦皆無當之言。其爲闕字增語，反致讀者之疑多矣。至於彊解程子之意以附己説，其如他語之可證何？又謂熹解以格物致知混爲一説，則其考之亦未詳也。又謂老、佛之學乃致知而離乎物者，此尤非是。夫格物可以致知，猶食所以爲飽也。今不格物而自謂有知，則其知者妄也；不食而自以爲飽，則其飽者病也。若曰老、佛之學欲致其知，而不知格物所以致其知，故所知者不免乎蔽陷離窮之失而不足爲知，則庶乎其可矣。

所厚者，謂父子兄弟骨肉之恩，理之所當然，而人心之不能已者。今必外此而厚其身，此即釋氏滅天理、去人倫以私其身之意也。必若是而身修，則雖至於六度萬行具足圓滿，亦無以贖其不孝不弟之刑矣。"此謂知本"，以例推之，凡言"此謂"者，皆傳文，非經之結句也。

"無所不用其極"，觀上文三引《詩》、《書》，而此以"無所"二字總而結之，則於"自新"、"新民"皆欲用其極可知矣。自新固新民之本，然天下無一物非吾度内者，亦無一事非吾之所當爲者。譬如百尋之木，根本枝葉生意無不在焉。但知所先後，則近道耳。豈曰專用其本而直棄其末哉？今曰不求爲新民，而專求之德化，則又賤彼貴我之私心，而無以合内外之道矣。

"盛德至善，民不能忘"，此言聖人之事蓋渾然一體，不可得而分焉者也。但以人言則曰德，以理言則曰善，又不爲無辨耳。今曰"體至善以成德"，則乃學者之事，而非傳文所指矣。然體而成德，以至於盛而無思勉之累焉，則亦聖人而已矣。

聽訟與新民之説略同，請併詳之。又古人言語有序，此傳未解格物以下數節，不應先解結句。況"此謂知本"之云，又非經之結句乎。

"誠意"一章，大意頗善。然此傳文意但解經文所謂"誠意"者，只是教人不得自欺，而欲其好善惡惡皆如好色惡臭之實然耳，非以聖人而言也。今之所發聖人所以即事即物而止於至善，又恐人不信，故即人所知者以明之，則失其指矣。"心廣體胖"之説，甚善甚善。"人之其所親愛而辟焉"，訓"之"爲"至"，非是。此等處，雖非大義所係，然亦須虛心平氣，徐讀而審思之，乃見聖賢本意，而在

己亦有著實用處。不必如此費力生説，徒失本指而無所
用也。

"此以心感，彼以心應，其效如此之速"，感應神速，理
固如此。但著一"以"字，便有欲速之意，所謂"憧憧往來，
朋從爾思"者，正病此也。

"絜矩"者，度物而得其方也，以下文求之可見。今曰
度物以矩，則當爲"矩絜"，乃得其義矣。

治國、平天下，與誠意、正心、脩身、齊家只是一理，所
謂格物致知，亦曰知此而已矣。此《大學》一書之本指也。
今必以治國、平天下爲君相之事，而學者無與焉，則内外
之道異本殊歸，與經之本旨正相南北矣。禹、稷、顔回同
道，豈必在位乃爲爲政哉？"風濤洶湧"之説，亦所未喻。
此篇所論，自一身而推之以及天下，平正簡易，不費纖毫
氣力，與横渠所論《周官·冢宰》法制之事意思不同。《晦
庵文集》卷四四。

案：書中言及《大學》，有"蓋自十五、六時知讀
是書，而不曉格物之義，往來於心，餘三十年"云云，
推知當在淳熙元年前後。又是年四月朱熹編訂《大
學》新本，分經、傳重定章次。《年譜長編》卷上。故推
知本書約撰於是年(1174)下半年或稍後。

又，《朱子語類》卷一五所記一段文字與此相關：
"元昭問：'致知、格物，只作窮理説？'曰：'不是只作
窮理説，格物，所以窮理。'又問：'格物是格物與人。

知物與人之異，然後可作工夫。'曰：'若作致知在格物論，只是亂説；既知人與物異後，待作甚合殺。格物，是格盡此物。如有一物，凡十瓣，已知五瓣，尚有五瓣未知，是爲不盡。如一鏡焉，一半明，一半暗，是一半不盡。格盡物理，則知盡。如元昭所云，物格、知至當如何説？'子上問：'向見先生《答江德功書》如此説。'曰：'渠如何説，已忘却。'子上云：'渠作接物。'曰：'又更錯。'"

朱熹《答江德功》：

"致知格物"，前説已詳。來書只舉得一截，正當説"格"字、"致"字處，乃遺而不道，恐考之有未詳。若但以格爲法度之稱，而欲執之以齊天下之物，則理既未窮，知既未至，不知如何爲法而執之？且但守此一定之法，則亦無復節節推窮以究其極之功矣。此義且當以程子之説爲主，而以熹説推之，不必彊立説，徒費力也。

經文末後兩句，來喻固與舊説有間矣。但所論先後之序，經中上文已屢言之；而"本亂末治"之云，又已該舉，自不須説。但聖人於此特下此語，正要讀者有以知夫人道之大有在於此，不可同於仁民愛物之例，而一以末視之。此意不可不著眼耳。今不領此，而又必以身言，非釋氏之意而何哉？衍文得失不足深辨，然以所謂免作衍文者觀之，便見苟且遷就之意。若信未及，莫若兩存而徐玩之，不必決取舍於今日也。

"盛德至善"，盛也，至也，皆無以復加之詞。而上下文規模氣象皆聖人事，則此不得獨爲賢人事矣。且賦詩斷章，此但取其咏歎不忘之意，與衛武公初無干涉也。

"絜矩"之説，蓋以己之心度物之心，而爲所以處之之道爾。來喻殊不可曉，而所謂先自度者，尤無所當。今以鄙説畫爲兩圖，合而觀之，則方正之形隱然在目中矣。

<pre>
                上
側圖   前   己   後
                下

                前
地圖   左   己   右
                後
</pre>

"有禮則安，無禮則危"，如云"仁則榮，不仁則辱"，初無身心本末之辨。蓋聖賢之言各有所指，隨其淺深而莫非至理之極也。今必以內外爲精粗而欲去彼取此，豈非有所陷溺其心而然耶？且學者之勉彊力行，亦勉其所當爲者而已，若曰勉焉以冀其有以自慰，則是先獲後難而爲謀利計功者之所爲矣。聖學、異端之別，於此亦略可見，試深察之可也。《晦庵文集》卷四四。

案：書中所云"'致知格物'，前説已詳"，指上書（"有禮則安"説）而言，故推知本書乃承上書。

朱熹《答江德功_默》：

道千乘之國。

以此五者爲人君之德，意則甚善。然程先生只云"論其所存，故不及治具"，龜山只云"苟無是心，雖有政，不行焉"，以此二言觀之，則"德"事似太重矣。兼亦不必引"道之以德"爲證，似有牽合之病。

子入太廟。

所云已當執事，不可不問，固然。然亦須知聖人平日於禮固已無所不知，而臨事敬慎又如此也。

德不孤。

據此文意，但言同聲相應、同氣相求，德不孤立，必以類至而已。若如所訓，則其文當云"德不私於己，必不私於人"，如此則成何文理耶？

吾道一以貫之。

一以貫之，不專爲彼己而發。忠恕，亦非專爲一彼己而已也。二程先生論此甚詳，且宜潛心，未容輕議也。

子謂仲弓。

此意甚佳，東坡之説正如此。但不必以"仲弓"字爲絕句，如"子謂顏淵未見其止"，亦非與顏淵言也。

加我數年。

無大過，恐只是聖人之謙辭，蓋知吉凶消長之理、進退存亡之道，然後可以無大過耳。謂易道無大過差，雖是程先生説，然文意恐不甚安。謂使後人不敢輕立説，聖人未必有此意，然在今日，深足以有警於學者。

聖人吾不得而見之矣。

此但爲思其上者而不可得，故思其次之意，無不觀其質而觀其學之意也。若論質學之異，則聖人君子以學而言，善人有恒者則其質美而已。張敬夫説如此，似頗有理。

曾子有疾。

此章之指，蓋言日用之間，精粗本末無非道者，而君子於其間所貴者，在此三事而已。謂其動容貌，則能和敬而無暴慢也；其正顏色，則非色莊而能近信也；其出詞氣，則能當於理而無鄙倍也。凡此三者，皆其平日涵養功夫至到之驗，而所以正身及物之本也，故君子貴之。若夫籩豆之事，則道雖不外乎此，然其分則有司之守，而非君子之所有事矣。蓋平日涵養功夫不至，則動容貌不免暴慢，正顏色不出誠實，出詞氣不免鄙倍矣。一身且不能治，雖欲區區於禮文度數之末，是何足以爲治哉？此乃聖門學問成己成物著實效驗，故曾子將死，諄諄言之，非如異端揚眉瞬目、妄作空言之比也。所謂道在容貌、顏色、詞氣者，文意義理皆有所不通。必若此言，則道固無所不在，君子所貴，又何止於三乎？且其氣象狂易恍惚，不近聖賢意味，尤非區區之所敢聞也。

士不可以不弘毅。

謂"仁以爲己任"者，體之而不違是也。若曰循頂至踵,知痛癢處都是仁,則非聖賢之本意矣。體而不違,只是克己復禮、無一念之不仁耳。死而後已,來説亦太過,若曰"生有限量,仁無紀極",則豈以死而遂已耶?

吾有知乎哉。

"無知"者,聖人之謙詞。"叩其兩端而竭焉",又言己雖無知,而於告人不敢不盡。大凡聖人氣象只是如此。著實看自然見得,無世俗許多玄妙虛浮之説也。"扣兩端而竭",只如程先生、范、尹諸公説盡之。若曰只舉兩端,教人默識,取中間底,此又近世禪學之餘。三代以前,風俗淳厚,亦未有此等險薄浮誕意思也。

(康)〔唐〕棣之華。

別爲一章,甚是。《精義》中范公已有此説,東坡亦然,但其爲説或未盡耳。

其言似不足者。

此説謝氏得之。所謂"意有餘"者,恐未是。

當暑袗絺綌。

先儒之説,皆如來喻。但鄙意常疑其不然,似却是先著裏衣,表絺綌而出之於外,乃得文意,不知如何?

不撤薑食。

恐只合依舊説。若如所云,則是他物有可棄之於地者矣,恐不然也。

南人有言。

此但甚言無常之不可,初不論道藝之别也。

其言之不怍。

此但謂大言不怍者，其實難副耳。來説理意亦善，但文勢稍倒，恐不若依舊説。

子路問君子。

諸説之中，此條尤爲險怪，深非鄙拙之所敢聞也。若曰修己以安百姓，幾時安得了？故曰"堯舜其猶病諸"。然則其曰"修己以安人"，而不曰"堯舜病諸"者，又何謂耶？

君子疾没世而名不稱焉。

只合依程先生説。

誰毀誰譽。

所論毀譽，是加減了底，甚當。但此章更有曲折，當熟玩之。所謂"如有所譽"者，又何謂耶？

見善如不及。

聖人之用舍行藏，非但求志行義而已。且此章文勢斷續，或有闕文，或非一章，皆不可考，不必彊爲之説。

性相近也。

此只合依程先生説。若如所論，似欲深而反淺、欲密而反疏也。性之在人，豈得以相近而爲言耶？

子張問仁。

所論"行"字之意，甚善。聖言著實，大抵類此。推之以及其餘，則聖人之意可得，而浮誕之見無所入於其中矣。

飽食終日。

此不欲啓博奕之端,防慮甚密。然聖人乃假此以甚彼之辭,不必過爲之説,文義不通,却成穿鑿也。

君子有惡。

諸先生有説夫子所惡以戒人、子貢所惡以自警者,此意得之,恐無天人之别。

子夏之門人小子。

此章之説,明道先生曰:"先傳後倦,君子教人有序。先傳以小者近者,而後教以遠者大者,非是先傳以近小,而後不教以遠大也。"愚按諸家之説,惟此數句明白的當。試詳味之,可見文義。"譬諸草木,區以别矣",只是説大小有序、不可躐等之意。"君子之道,焉可誣也",東坡得之。"有始有卒,其惟聖人",尹氏得之。

猶之與人也。

舊説"猶"字只爲"譬"字之意,文義亦通。若覺未穩,即且闕之,不必强爲之説也。《晦庵文集》卷四四。

案:本書乃答《論語》問,撰時不詳。《書信編年》係於淳熙元年。待考。

朱熹《答江德功己亥十一月五日**》:**

《中庸集解》"程先生曰'生之謂性,性即氣,氣即性'"止"舜有天下而不與焉者也",默竊謂此段反復譬喻,皆是生之謂性,而必以性善之説間乎其中,以性善之言證之於後,何也?若曰性只是理,則夫爲惡者謂之非理可也,何以言惡亦是性,濁亦是水?此理不爲堯桀存亡,何以言流之遠近、清之遲速?此皆氣稟之譬,於性善之説自當分別,却衮説了,不知如何?直翁以水譬氣稟,清譬天理,濁譬人欲,初亦可喜,恐“只是元初水”一句又解不得。直翁又爲之説曰:“夫所謂‘繼之者善’者以下,皆因言性善而爲説,水譬性,就下與清譬性善;流而至於海,終無所汙者,此譬聖人之全天理;流而濁者,譬人欲也。‘不可以濁者不爲水’,謂感物而動,皆性之欲也。‘及其清明,却只是元初水’,謂復其本然之善也。”此説於“不可以濁者不爲水”一句似失性善之意,不知先生以爲何如?

此説但以性善爲本,而以氣稟有善惡者錯綜之,反復玩味,自然見得。

《中庸》曰:“人莫不飲食也,鮮能知味也。”竊謂此兩句大意言百姓日用而不知。程先生“牲牢”之譬,却是不曾飲食而不知,非日用不知也。據程先生所言,只譬如道者,如人食牲牢,須曾喫了方知,非爲此章。至於吕與叔謂必察於芻豢之性、草木之滋、火齊之節、調飪之宜,恐非本旨。默竊謂“味”即指飲食而言,若曰“人莫不飲食,鮮能知味也”,即飲食則行之而著,習矣而察者也。“味”與“飲食”只是作互用文耳。不知如何?直翁以飲食譬日用,味譬理,此説亦似當,不知是否？

直翁説是。

《中庸》曰："君子之道，造端乎夫婦，及其至也，察乎天地。"默竊謂此四句若本上文，謂道始於夫婦之愚不肖，意味殊少。默竊妄意謂"上下察"是知得此理，"察乎天地"是行到處。"君子之道，造端乎夫婦"者，子思下章已申言之，曰："君子之道，譬如行遠必自邇，譬如登高必自卑。《詩》云：'妻子好合，如鼓瑟琴。兄弟既翕，和樂且耽。宜爾室家，樂爾妻孥。'子曰：'父母，其順矣乎！'"此察乎天地之次序也。本意言君子所語，而繼之以上下察，故默謂是知此理，蓋《孟子》難言之意也。言君子之道而繼之以察乎天地，故默謂是行到處，蓋文王"刑于寡妻"之氣象也。不知如何？直翁云先生《或問》中已有"易重咸、恒"之説，默未之見也。

此"察"字訓"著"，不訓"到"。觀此兩句，只是疊説上文意思，未有知到、行到之意。

《論語精義》："伊川先生曰'學必盡其心，盡其心則知其性，知其性云云，反而誠之，聖人也。故《洪範》曰："思曰睿，睿作聖。"誠之之道在乎信道篤，信道篤則行之果，行之果則守之固。'"直翁所疑曰："學而至於盡心，則與道不隔，非信道篤者能之也。則所以誠之者，特在存養而已，至此豈待言信道篤？而伊川云爾者，蓋信道者通貫上下者也。爲學之始，固在夫信道之篤；至於盡心之後,亦在夫信道之篤也。"默以爲惟與道不隔者爲能信篤,若與道隔,則尚未識道,安能信哉?其所信者,特信聖賢之言耳,非自信也。故伊川信道篤必在於盡心知性之後。學者要當先明盡心性爲何學,然後知學之可以爲聖人決矣。不知先生以爲如何?

信有淺深,有是篤信聖賢而信之者,有是自見得道理當然而信之者。伊川之意,蓋如德功之説。然謂如此然後能信,則又過矣。又"道"字之義,恐伊川之意與德功亦不同也。

伊川先生曰:"不違仁,是無纖毫私慾。有少私慾,便是不仁。"直翁推之曰:"仁者,天理也。人能無慾,則天理之妙渾然于中,其心無所越於仁矣。"然謂"越"字與"違"别,"違"字乃違背之意,只私欲蔽了仁,便是違也。"越"字却是違越之意,豈得違越得他?直翁云:"纔有放心,便是違越仁矣。"默云放心亦只是不能存其心,云"放心",非是越也。惟禮有品節,可以言越,仁者無外,不可言越。不知先生以爲如何?

"違",猶離也、去也。

此卷據鄙見奉報,未知是否,幸反復論之也。

《易》説則全然草率,不通點檢,未敢奉報。告且子細,未要如此容易立論。千萬千萬,至懇至懇。《晦庵文集》卷四四。

案:本書撰於淳熙六年(己亥,1179)十一月五日。

朱熹《答江德功》：

所喻《易》、《中庸》之説，足見用心之切，其間好處亦多。但聖賢之言意旨深遠，子細反復，十年二十年尚未見到一二分，豈可如此纔方撥冗看得一過，便敢遽然立論？似此恐不但解釋文義有所差錯，且是氣象輕淺，直與道理不相似。願且放下此意思，將聖賢言語反覆玩味，直是有不通處，方可權立疑義，與朋友商量，庶幾稍存沉浸醲郁氣象，所繫實不輕也。直翁謹願詳審，好相聚講習，所論"遮攔"意亦佳。然前賢固已言之矣，但在力行如何。《晦庵文集》卷四四。

案：本書所言"所喻《易》、《中庸》之説，足見用心之切"，即朱熹上書（《中庸集解》）所論《中庸》、《易》者；又本書云"但聖賢之言意旨深遠，……豈可如此纔方撥冗看得一過，便敢遽然立論"，即與上書所云"《易》説則全然草率，不通點檢"云云相合；又上書江默屢言及直翁如何如何，而本書即云"直翁謹願詳審，好相聚講習"，故疑兩書撰於一時，上書乃本書之別紙。

朱熹《答江德功》：

示喻"誠"、"敬"之别，此猶是以地位而言。須看其命字之本意，則"誠"是真實，"敬"是畏謹，指意自不同也。又論今昔用功之異，此固曉然。但不知今日之有、昔日之無是同是別？是相妨是不相妨？更須他日款曲面論，今未敢懸斷可否也。二銘意甚佳，然亦皆有未安處。如"天理既循，人欲自克"、"彼己既融，萬物同體"等語，亦當俟面講之。但此等文字，非有不得已者亦不必作，不若默存此理於胸中，而驗之行事之實也。《晦庵文集》卷四四。

案：朱熹下書（示喻諸説已悉）有"前書所論'誠'、'敬'字義不同"，所指即本書。下書撰於淳熙八年正月二日，故推知本書約撰於淳熙七年（1180）秋、冬間。

朱熹《答江德功 辛丑正月二日》：

示喻諸説已悉。前書所論"誠"、"敬"字義不同，正爲方此論敬，不當引誠爲説，本欲高妙，反成支離耳。意皆因事物而有，然事物外至而意實內生，但於中有邪正耳，難以誠意爲內、邪意爲外也。來喻又云"誠者體物而不可遺，敬亦體物而不遺"，此語殊不可曉。大率左右向來不曾子細理會文義、反復涵泳義理，故於此等處多是鹵莽，恐更須加詳細也。所喻舊學之誤，但爲不將事試，故不能自合義理。今就義理上用工，又患未能全合。詳此意思，似是欲因舊學所見而加事試之功，以補其闕耳。正恐所見有差，根脚便不是了，雖加事試之功，終不免兩截也。義理名字呼喚得尚自有差，却如何便得全合義理耶？此等處仍是舊病躐等欲速之意，尤不可不察也。《晦庵文集》

卷四四。

案：本書撰於淳熙八年（辛丑，1181）正月二日。

朱熹《答江德功》：

疑義俟細看奉報。《易説》知頗改更，甚善。然學者以玩索踐履爲先，不當汲汲於著述，既妨日用切己工夫，而所説又未必是，徒費精力。此區區前日之病，今始自悔，故不願賢者之爲之也。絶學捐書，是病倦後看文字不得，正緣前日費力過甚，心力俱衰，且爾休息耳。然亦覺意思安静，無牽動之擾，有省察之功，非真若莊生所謂也。《晦庵文集》卷四四。

案：朱熹《答程正思》（熹病倦）有云“熹病倦，不敢極力觀書，閑中玩養，頗覺粗有進處”，《晦庵文集》卷五〇。而本書乃云“絶學捐書，是病倦後看文字不得，正緣前日費力過甚，心力俱衰，且爾休息耳”，推尋一作“病倦”，一作“病倦後”，知本書當在其後。《答程正思》撰於淳熙七年秋末、冬初，故推知本書當在其後，疑約撰於淳熙八年春間。

朱熹《答江德功》：

示及《易説》等書，實不曉所謂，不敢開卷。累承喻及，必欲見彊，使同其説，隱之於心，有未能安者，遂不敢奉報。今承見語，欲成書而不出姓名，以避近名之譏，此與掩耳偷鈴之見何異？不知賢者所見何故日見邪僻，至於如此？夫天下之理，惟其是而已。若是，則出名何害？若不是，則不出名何益？若如所論"乾坤"二字，乃是將一部《周易》從頭鶻突了，豈能使易道著明乎？若曰人人親見三聖而師之，此尤不揆之言。如所說"乾坤"字義，恐自家未夢見三聖在，如何敢開此大口耶？元書謹用封納，拙直之言，盡於此書，今後不復敢聞命矣。千萬見察。《晦庵文集》卷四四。

　　案：上書（疑義俟細看奉報）有云"《易說》知頗改更"，而本書乃云"示及《易說》等書"，知撰於其後，約在夏間朱熹自南康歸家以後。

朱熹《答江德功》：

　　所示經說，《孟子》大意頗佳。其間亦有少未合處，徐議未晚也。但《易說》愈見乖戾，三復駭然。因復慨念鄉里朋友清素朴實，刻意讀書，無世間種種病痛，未有如德功者，所以平日私心嘗竊愛慕，思有以補萬分者。亦荷德功不鄙，三數年來，雖所論不合，加以鄙性淺狹，譏誚排斥無所不至，而下問之意愈勤不懈，此在他人，亦豈能及？然自頃至今，爲日愈久而所執愈堅，所見愈僻，孜孜矻矻，日夜窮忙，不暇平心和氣，參合彼己異同之說，反覆論難，以求至當之歸，而專徇己意，競出新奇，以求己說之勝，以至於展轉支離、日益乖張而不悟，不知用心錯誤，何故至此？使人更不可曉，但竊歎恨而已。今且據來示而舉其一二言之。

如既曰“乾，健也”，而又曰“能體其健之謂乾”。若乾本是健，即別無體此健者；若更要體得此健方謂之乾，則是乾在健外，以此合彼，而後得謂之乾也。又如“羣龍无首”，乃用程《傳·无妄》六二之説，雖於理不謬，然安頓不是地頭，全然不是文理，又且歧而爲二，互相矛盾。蓋乾爲萬物之始，故天下之物无不資之以始，但其六爻有時而皆變，故有“羣龍无首”之象。而君子體之，則當謙恭卑順，不敢爲天下先耳。非謂“可天德而不可爲首”也，又非謂“乾不爲首”也。“可天德而不可爲首”，不成文理，無可言者。若曰“乾不爲首”，則萬物無所資始，而又誰使爲之首乎？且程《傳》之説，爲人不可以私意造始，故爲之戒耳。若乾之爲始，乃是天理自然，非若人有形體心思而能以私意造始也。

此二説者，其失甚不難見。原其所以失之，大抵只是日前佛學玄妙之見尚在，故以理爲外，以事爲粗，而必以心法爲主。然又苦其與《大易》體面不同，須至杜撰捏合，所以欲高而反下、欲密而反疏耳。此是義理本原大差謬處，不但文義之失。然在今日，德功病痛尚是第二義，却是日用之間、自己分上更不曾實下功夫，而窮日夜之力，以爲穿鑿附會之計，此是莫大之害。正使撰得都是，亦無用處，不得力，況其乖戾日甚一日，豈不枉費功夫，虛度光陰，不惟無益，而反有害乎！

　　熹之鄙意竊願德功放下日前許多玄妙骨董，即就日用存主應接處實下功夫，理會個敬肆義利、是非得失之判。若要讀書，即且讀《語》、《孟》、《詩》、《書》之屬，就平易明白、有事迹可按據處，看取道理體面，涵養德性本原，久之漸次踏著實地。即此等說話，須自見得黑白，不須如此勞心費力矣。若必欲便窮竟此說，亦請先罷穿鑿己見，且更追思今日以前凡熹所說與德功不同者，并合兩家，寫作一處，子細較量，考其是非，痛加辯詰，亦庶幾有究竟處，不至如今日只見一邊，不相照應，而信口信筆，無有了期也。病起倦甚，懷不能已，略此奉報，千萬詳之。若以爲是，幸即加功；若以爲非，即此書不煩見答，今後亦不須更下喻矣。《晦庵文集》卷四四。

　　案：上書（示及《易說》等書）云及"示及《易說》等書，實不曉所謂"，而本書更言及"所示經說，《孟子》大意頗佳。……但《易說》愈見乖戾，三復駭然"，知在其後。

朱熹《答江德功》：

熹災病相仍，衰悴萬狀，昨被按刑之命，判不能往赴矣。正初忽聞奏事指揮，疲曳進趨，尤覺費力，專人懇辭，竟不得命，且夕不免就道。或入文字，而於前路俟報，萬一不獲，即一到都下，面懇而歸。度此衰殘，必蒙聖照也。

所示諸經序解，偶此宂劇，未及細看。然觀其大略，似亦未離舊也。《渾儀詩》甚佳，其間黃簿所謂渾象者是也。三衢有印本蘇子容丞相所撰《儀象法要》，正謂此俯視者爲渾象也。但詳吳掾所說平分四孔，加以中星者，不知是物如何制作，殊不可曉，恨未得見也。《晦庵文集》卷四四。

　　案：淳熙十五年正月初，有旨趣朱熹入朝奏事後赴江西提刑任；二月，朱熹以疾辭，請祠，不允；三月十八日啓程入朝。《年譜長編》卷下。本書中言“昨被按刑之命，判不能往赴矣。正初忽聞奏事指揮，疲曳進趨，尤覺費力，專人懇辭，竟不得命，旦夕不免就道”，故推知其約撰於是年（1188）二月末、三月初。

朱熹《答江德功》：

　　老病之餘，扶曳造朝，自取羞辱。雖幸天日有以辨明，然罪終有未盡滌者，已力請奉祠矣。理直義明，計必可得。不然，雖使得罪，亦勝忍恥作官也。璣衡之制，在都下不久，又苦足痛，未能往觀。然聞極疏略，若不能作水輪，則姑亦如此可矣。要之，以衡窺璣，仰占天象之實，自是一器，而今人所作小渾象自是一器，不當并作一說也，元祐之制極精，然其書亦有不備，乃最是緊切處。必是造者秘此一節，不欲盡以告人耳。《晦庵文集》卷四四。

　　案：十五年六月七日奏事延和殿，次日授兵部郎官，然遭兵部侍郎林栗上奏彈劾，遂請祠南歸，七月上旬至家。《年譜長編》卷下。本書有云"老病之餘，扶曳造朝，自取羞辱。……已力請奉祠矣"，故推知其約撰於七月中或稍後。

朱熹《答江德功》：

"圓而神"也，其所以藏往者，向之所謂"方以知"者也。"神武不殺"，言聖人不假卜筮而知吉凶也。"是以明於天之道"以下，言教民卜筮之事，而聖人亦未嘗不敬而信之，以神明其德也。此章文義只如此。程先生説，或是一時意到而言，不暇考其文義。但今玩味其意，別看可也。若牽合經旨，則費力也。《晦庵文集》卷四四。

  案：本書又爲朱熹《答王子合》(聖人以此洗心)第一段之一部分。《晦庵文集》卷四九。陸九淵《象山集》卷一〇《與江德功》有云"蒙示晦翁書，敬領回書，徑自此遣往矣。副本録在邵叔誼處，可索觀之"。是知江默嘗爲朱熹傳遞書信。疑朱熹乃抄録《答王子合》之部分文字與江默。《答王子合》撰於淳熙十五年秋、冬間。

江 史

  江史，字夢良，崇安(今福建武夷山市)人。"家貧好學，嘗慕大魁木待問之名，不遠千里而就正。木曰：'吾

《易》東矣。'後就試，果第一人"。《萬姓統譜》卷三。淳熙十四年(1187)王容榜進士，紹熙間爲汀州司法參軍，歷袁、泰、吉三州學官。《福建通志》卷二六、卷三四。

朱熹《答江夢良史》：

示喻學校曲折，具悉雅志。今時教官能留意如此者誠不易得，然更在勉其學業。雖未能深解義理，且得多讀經史，博通古今，亦是一事。不可只念時文，爲目前苟簡之計也。《晦庵文集》卷五四。

案：書中云及"示喻學校曲折，具悉雅志。今時教官能留意如此者誠不易得，然更在勉其學業"，知在江史任學官時，推知約撰於紹熙三年(1192)或四年間。

江彥謀

江彥謀，名里不詳。

朱熹《答江彥謀》：

所論《正蒙》大旨，則恐失之太容易爾。夫道之極致，物我固爲一矣，然豈獨物我之間驗之？蓋天地鬼神、幽明隱顯、本末精粗無不通貫而爲一也。《正蒙》之旨誠不外是，然聖賢言之則已多矣，《正蒙》之作復何爲乎？恐須反復研究其説，求其所以一者，而合之於其所謂一者，必銖銖而較之至於鈞而必合，寸寸而度之至於丈而不差，然後爲得也。孟子曰："博學而詳説之，將以反説約也。"正爲是爾，今學之未博，説之未詳，而遽欲一言探其極致，則是銖兩未分而臆料鈞石，分寸不辨而目計丈引，不惟精粗二致，大小殊觀，非所謂一以貫之者，愚恐小差積而大繆生，所謂鈞石丈引者，亦不得其真矣。此躐等妄意之蔽，世之有志於爲己之學而未知其方者，其病每如此也。《明道先生行狀》云："先生教人，自致知至於知止，誠意至於平天下，洒掃應對至於窮理盡性，循循有序。病世之學者舍近而趨遠，處下而窺高，所以輕自大而卒無得也。"此言至矣，彦謀以爲如何？《晦庵文集》卷六四。

　　案：本書撰時未詳。《書信編年》云姑係於紹熙二年（1191）。待考。

江　泳

　　江泳（1124—1172），字元適，衢州開化（今屬浙江）人。從南塘徐誠叟學。以再應舉不利，遂不復謀仕。"榜家塾曰明善，命其子震、升、謙、蒙、革肄業其中，所訓先德行後文藝，絶口不以利達啓其心"。乾道八年八月卒，年四十九。"遺文曰《西莊題意》、曰《朋遊講習》、曰《天籟編》、曰《因心録》，《易》、《中庸》有解，他論述尚多，藏于家,未傳也"。事迹見樓鑰《攻媿集》卷一〇〇《江元適墓誌銘》。

江泳《與朱元晦書》:

頃歲獨學,常窺求仁之端。……須明識所謂元者,體諸中而無疑,則道之進也、化也基諸此矣。《晦庵文集》卷三九《答柯國材》。

案:朱熹《答柯國材》(熹頓首再拜國材丈執事)云:"近衢州一江元適登仕泳以書來云:'頃歲獨學,常窺求仁之端。'又謂'須明識所謂元者,體諸中而無疑,則道之進也化也基諸此矣'。"《晦庵文集》卷三九。《答柯國材》撰於隆興二年(1164)閏十一月晦日,則江泳來書當在此前未久。

朱熹《答江元適泳》:

孤陋晚生,屏居深僻,未嘗得親几杖之遊,乃蒙不鄙,使賢子遺之手書,致發明道要之文三編,加賜親札,存問繾綣,反若後進之禮於先進。熹愚不肖,不知所以得此於門下者,拜受踧踖,若無所容。退而伏讀以思,至於三四。雖昏憒無聞,未獲直闚所至之堂奧,然竊有以識夫所謂求仁之端者,而知其玩心高明,深造自得,非世儒之習也。幸甚幸甚。

熹天資魯鈍,自幼記問言語不能及人,以先君子之餘誨，頗知有意於爲己之學，而未得其處，蓋出入於釋老者十餘年。近歲以來，獲親有道，始知所向之大方，竟以才質不敏，知識未離乎章句之間。雖時若有會於心，然反而求之，殊未有以自信。其所以奉親事長、居室延交者，蓋欲寡其過而未能也。日者誤蒙收召，草野之臣，其義不敢固辭。造朝之際，無以待問，輒以所聞於師友者一二陳之。豈胸中誠有是道以進之吾君哉，特欲發其大端，冀萬一有助焉耳。不謂流傳，復誤長者之聽。伏讀誨諭，慚負不知所言。然厚意不可虛辱，敢因所示文編，其間有不能無疑者，略抒其愚，以請於左右，伏惟幸復垂教焉。

《無極齋記》發明義理之本原，正名統實於毫釐幾忽之際，非見之明、玩之熟，詎能及此？然其間有曰“《易》姑象其機，《詩》、《書》、《禮》、《樂》姑陳其用”。熹竊謂“姑”者，且然而非實之辭也。夫《易》之象其機，《詩》、《書》、《禮》、《樂》之陳其用，皆其實然而不可易者，豈且然而非實之云乎？又有曰“髣髴”，曰“强名”，曰“假狀”，凡此皆近乎老、莊溟涬鴻蒙之説。以《六經》、《語》、《孟》攷之，凡聖人之言皆愨實而精明、平易而精奧，似或不如是也。又有曰“禮樂政事，典謨訓誥，皆斯齋之土苴耳”。“土苴”之言亦出於莊周，識者固已議之。今祖其言以爲是説，則是道有精粗内外之隔，此恐未安。又曰“老兮釋兮，付諸大鈞範質之初”，語意隱奧，亦所未喻。又曰“西伯‘不識不知’，仲尼‘毋意毋我’，兹蓋乾坤毀無以見易；易不可見，乾坤或幾乎息矣"。熹竊謂詩人之稱文王，雖曰"不識不知"，然必繼之曰"順帝之則"，孔門之稱夫子，雖曰"毋意毋我"，然後之得其傳者語之，必曰"絕四之外，必有事焉"。蓋體用相循，無所偏滯，理固然也。且《大傳》所謂易不可見則乾坤息者，乃所以明乾坤即易，易即乾坤，乾坤無時而毀，則易無時而息爾，恐非如所引終篇之意，乃類於老氏復歸於無物之云也。若夫《中庸》之終所謂"無聲無臭"，乃本於上天之載而言，則聲臭雖無，而上天之載自顯，非若今之所云并與乾坤而無之也。此恐於道體有害，自所謂求仁之端者推之，則可見矣。

《士箴》本末該備，說天人貫通其餘，指示仁體，極其親切。《三要書》推天理而見諸人事，其曰"體不立而徒恃勇斷以有爲，一旦智窮力屈，善後之謀索矣"，可謂切中今日之病。又曰"體中心之誠實者，達於禮樂刑政之間，而加之四方萬里之遠"，可謂善補袞職之闕，皆非淺陋所及也。然熹竊嘗聞之，聖人之學所以異於老、釋之徒者，以其精粗隱顯體用渾然，莫非大中至正之矩，而無偏倚過不及之差。是以君子智雖極乎高明，而見於言行者未嘗不道乎中庸。非故使之然，高明、中庸實無異體故也。故曰："道之不行也，智者過之，愚者不及也。道之不明也，賢者過之，不肖者不及也。"又曰："差之毫釐，謬以千里。"聖人丁寧之意，亦可見矣。凡此謬妄之言，皆不知其中否，正欲求教於左右以啓其未悟，故率意言之，無復忌憚。

蓋以爲不如是不足以來警切之誨爾。因來不吝垂教，實
所幸願，而非敢望也。《晦庵文集》卷三八。

案：本書乃答江泳來書而作，時約在隆興二年
閏十一月、十二月間。書中"日者誤蒙收召"，指朱熹
上年（隆興元年）赴行在奏事一事。

朱熹《答江元適》：

熹嘗謂天命之性流行發用、見於日用之間，無一息之
不然，無一物之不體，其大端全體，即所謂仁。而於其間
事事物物莫不各有自然之分，如方維上下定位不易，毫釐
之間不可差謬，即所謂義。立人之道不過二者，而二者則
初未嘗相離也。是以學者求仁精義，亦未嘗不相爲用。
其求仁也，克去己私以復天理，初不外乎日用之間。其精
義也，辨是非、別可否，亦不離乎一念之際。蓋無適而非
天理人心體用之實，未可以差殊觀也。孟子告齊王曰：
"權然後知輕重，度然後知長短，物皆然，心爲甚。王請度
之。"嗚呼，此求仁之方也，而精義之本在焉，孟子其可謂
知言之要矣。今執事以反身自認、存真合體者自名其學，
信有意於求仁矣。而必以精義之云爲語道之精體，而無
與乎學者之用力，又以辨是非、別可否爲空言，不充實用
而有害乎簡易之理，則熹恐其未得爲至當之論也。蓋曰
道之精體，則"義"不足以名之，以"義"强名，則義之爲名
又無所當。此蓋原於不知義之所以爲義，是以既失其名，

因昧其實，於是乎有空言、實用之説。此正告子義外之蔽
也。既不知義，則夫所謂仁者亦豈能盡得其全體大用之
實哉？近世爲精義之説，莫詳於《正蒙》之書，而五峰胡先
生者，名宏，字仁仲。亦曰"居敬，所以精義也"。此言尤精
切簡當，深可玩味。

恐執事未以爲然，則試直以文義攷之。"精義入神"，
正與"利用安身"爲對。其曰"精此義而入於神"，猶曰"利
其用而安其身"耳。揚子所謂"精而精之"，用字正與此
同，乃學者用功之地也。若謂"精義"二字只是道體，則其
下復有"入神"二字，豈道體之上又有所謂神者，而自道以
入神乎？以此言之，斷可決矣。

抑所謂反身自認、存真合體者，以孔子"克己復禮"、
孟子"勿忘勿助"之説驗之，則亦未免失之急迫，而反與道
爲二。大抵天人初無間隔，而人以私意自爲障礙，故孔、
孟教人，使之克盡己私，即天理不期復而自復。惟日用之
間所以用力循循有序，不凌不躐，則至於日至之時，廓然
貫通，天人之際不待認而合矣。今於古人所以下學之序，
則以爲近於傀儡而鄙厭之，遂欲由徑而捷出，以爲簡易，
反謂孔、孟未嘗有分明指訣，殊不知認而後合，揠苗助長，
其不簡易而爲傀儡亦已大矣。熹竊以爲日用之間無一事
一物不是天真本體，孔、孟之言無一字一句不是分明指
訣。故孔子曰："吾無隱乎爾。"又曰："天何言哉！"而子貢
曰："夫子之文章可得而聞也，夫子之言性與天道不可得

而聞也。"夫豈平日雅言常行之外,而復有所謂分明指訣
者哉?

此外牴牾尚多,然其大綮節目具於是矣。以執事教
誨不倦,念未有承晤之期,不敢久虛大賜,是以冒昧罄竭
其愚。伏惟恕其狂妄,少賜覽觀,還以一言,示及可否,虛
心以竢。如有所疑,不敢不以復也。《晦庵文集》卷三八。

　　案:上書(孤陋晚生)朱熹有"强名"、"體用"之
　　説,而本書亦述及之,語氣相承,故推知其當後於上
　　書,約撰於乾道元年(1165)初。

朱熹《答江隱君》:

每承諄切之誨,若將挈而寘諸聖賢之域。顧愚昧未
知所以仰稱期待教督之意,而又未得親奉指畫於前,其爲
向仰,不勝此心之拳拳。

別紙所喻,汪洋博大,不可涯涘,仰見所造之深,所養
之備,縱橫貫穿,上下馳騁,無所窮竭底滯。雖若某之蒙
昧,誠不足以語此,亦已昭然若發蒙矣。幸甚幸甚。然竊
以平生所聞於師友者驗之,其大致規模不能有異,獨於其
間語夫進脩節序之緩急先後,則或未同。蓋某之所聞,以
爲天下之物,無一物不具天理,所謂寂然不動、感而遂通
者,舉目無不在焉。是以聖門之學,下學之序始於格物以
致其知,不離乎日用事物之間,別其是非,究其可否,由是
精義入神,以致其用。其間曲折纖悉,容有次序,而一理

貫通，無分段，無時節，無方所。以爲精也而不離乎粗，以爲末也而不離乎本，必也優游潛玩，饜飫而自得之，然後爲至。固不可自畫而緩，亦不可以欲速而急。譬如草木，自萌芽生長以至於支葉生實，不至其日至之時而揠焉以助之長，豈不無益而反害之哉？凡此與來教所謂傷時痛俗，急於自反，且欲會通其旨要，以爲駐足之地者，其本末指意似若不同。故前後反復之言率多違異，而語其所詣之極，則又不敢以爲不同也。姑論其大槩異同之端，以爲求教之目，其他曲折，不敢執着言語，以取再三之瀆。要之非得面承，不能究此心之所欲言也。《晦庵文集》續集卷六。

　　案：《晦庵文集》續集卷六載録《答江隱君》五書，其第一、第二書，據文義當爲一書如上。其第一、第二、第五書又載於《晦庵文集》卷三八而稍有詳略異同，其文如下：

　　　別紙所喻，汪洋博大，不可涯涘，然竊以平生所聞於師友者驗之，雖其大致規模不能有異，至其所以語夫進修節序之緩急先後者，則或不同矣。蓋熹之所聞，以爲天下之物，無一物不具夫理，是以聖門之學，下學之序始於格物以致其知，不離乎日用事物之間，別其是非，審其可否，由是精義入神，以致其用。其間曲折纖悉，各有次序，而一以貫通，無分段，無時節，無方所。以爲精也而不離乎粗，以爲末也而不離乎本，必也優游潛玩，饜飫而自得之，然後爲至。固不可自畫而緩，亦不可以欲速而急。譬如草木，自萌芽生長以至於枝葉華實，不待其日至之時而揠焉以助之長，豈不無益而反害之哉？凡此與來教所謂傷時痛俗，急於自反，且欲會通其旨要，以爲駐足之地者，其本末指意似若不同。故前後反復之言，率多違異。今姑論其大槩，以爲求教之目，其它曲折，則非得面承不能究也。

"精義"二字，聞諸長者，所謂義者，宜而已矣。物之有宜有不宜，事之有可有不可，吾心處之，知其各有定分而不可易，所謂義也。精義者，精諸此而已矣。所謂精云者，猶曰察之云爾。精之之至而入於神，則於事物所宜，毫釐委曲之間無所不悉，有不可容言之妙矣。此所以致用而用無不利也。來教之云，似於名言之間小有可疑，雖非大指所繫，然此乃學者發端下手處，恐不可略，故復陳之。不審高明以爲如何？

然"精義二字"以下，與上段文義實不連貫，疑《文集》誤將二書部分文字合爲一書。其説見下書（伏辱墜教）。又，本書收録《文集》及《續集》時文字有異，因收録《續集》者文句較完整，故疑收録《文集》時有所刊削。

由上可證此處江隱君即江元適，乃因江泳不復謀仕而被稱爲隱君。江泳來書佚。本書爲朱熹答書，推知其時約在乾道元年春。

朱熹《答江隱君》：

伏辱墜教，所以訓督孜孜不倦，有加於昔。顧惟庸昧，重勞提耳，既感且愧，不知所以爲謝也。

始者獻疑，亦非敢以所示大旨爲不然，但疑"精義入神"一句文義或不如此，恐如所論，則日用方外之一節，似少功用耳。及蒙垂喻再三，每加精密，讀之恍然自失，於直截根源處更無纖芥可疑。只是"精義入神"一句，依前未免扭捏。愚謂大體已是正當，即不須强以此句説合，費多少心力言語，於道體無所發明，於文理反有所累。某竊終疑之，願平心以觀聖人立言之意，當信某非敢妄言，而此句工夫自有所謂，不但如來喻所指而已。拙於文詞，又迫私宂，來使不能久駐，然此非難知，以吾丈高明，尤不難見。若無義以方外一節，即儒者與異端又何異乎？此似未易以內外隔截看也。前書別紙變化、機要二者之分，亦非愚妄所曉。竊意聖賢之言則一，而見之淺深在學者所證，本非有預如此分別也。昔有人見龜山先生請教，先生令讀《論語》。其人復問《論語》中要切是何語，先生云"皆要切，且熟讀可也"。此語甚有味，乍看似平淡，没可説，只平淡中有味，所以其味無窮。今人説得來驚天動地，非無捷徑可喜，只是味短，與此殊不倫矣。且看《論語》中一句一字，孰有非要切之言者？若學者體會履踐得，皆是性分內緊切愨實事，便從此反本還源，心與理一去，豈有剩法哉？若如吾丈所謂變化者，則聖賢之門無有是也，其莊、老、竺學之緒餘乎。反復以思，未見其可。大抵聖門立言制行自有規矩，非意所造，乃義理之本然也。故日用之間，內主於敬而行於義。義不擇則不精，不精則雖其大體不離於道，而言行或流於詭妄，則亦與道離而不自知矣。故曰和順於道德而理於義，而孟子養浩然之氣，亦必曰是集義所生者。不識此爲對仁之義乎？爲精微之義，若來喻所云乎？且對仁之義，亦何以知其不精微也？但《大傳》中"精"字之義不如此耳。

前幅所陳，謬妄不中理之言必多，蓋未敢以爲是而求正於左右，切望指教。區區之病，正坐執滯於文字言語之間，未能脫然有貫通處。其於道體，固患夫若存若亡而未有約卓之見耳。但"精義"二字，聞諸長者，所謂義者，宜而已矣。物之有宜有不宜，事之有可有不可，所謂義也。精義者，精諸此而已矣。所謂精云者，猶曰察之云爾。精之之至而入於神，則於事物所宜，毫釐委曲之間無所不悉，有不可容言之妙矣。此所以致用而用無不利也。來教之云，似於名言之間小有可疑。雖非大指所係，然亦學者發端下手處，恐不可略，故復陳之。《晦庵文集》續集卷六。

案：《晦庵續集》卷六《答江隱君》之第三、第四、第五書，據其文句詞義，當屬一書。"前幅所陳"以下文字，當屬對"精義"之義之進一步解釋，故其末有"故復陳之"之語。本書當撰於是年春末、夏時。

姜大中

姜大中，字叔權，嚴州建德（今浙江建德梅城鎮）人。中乾道五年（己丑，1169）進士。《景定嚴州續志》卷五。餘不詳。

朱熹《答姜叔權大中》：

程子言"性即理也"，而邵子曰"性者，道之形體"，兩說正相發明。而叔權所論，乃欲有所優劣於其間，則不惟未達邵子之意，而於程子之語亦恐未極其蘊也。方君所謂"道者，天之自然；性者，天之賦予萬物，萬物稟而受之"，亦皆祖述先儒之舊。蓋其實雖非二物，而其名之異，則有不可不分者。且其下文有曰："雖稟而受之於天，然與天之所以爲天者初無餘欠。"則固未嘗判然以爲兩截也。但其曰"道體無爲，人心有動"，則"性"與"心"字所主不同，不可以此爲説耳。如邵子又謂"心者，性之郛郭"，乃爲近之。但其語意未免太麤，須知心是身之主宰，而性是心之道理，乃無病耳。

所謂識察此心，乃致知之切近者，此説是也。然亦須知所謂識心，非徒欲識此心之精靈知覺也，乃欲識此心之義理精微耳。欲識其義理之精微，則固當以窮盡天下之理爲期。但至於久熟而貫通焉，則不待一一窮之，而天下之理固已無一毫之不盡矣。舉一而三反，聞一而知十，乃學者用功之深、窮理之熟，然後能融會貫通，以至於此。今先立定限，以爲不必盡窮於事事物物之間，而直欲僥倖於三反、知十之效，吾恐其莽鹵滅裂而終不能有所發明也。

知仁爲愛之理，則當知義爲宜之理矣。蓋二者皆爲未發之本體，而愛與宜者乃其用也。今乃曰"義者理之宜"，則以義爲本體之發也，不幾於仁內義外之失乎？又以仁爲性之全德，則與方君所謂天理之統體者無一字不相似；又以爲仁爲心體之流行發見，則與方君之流動發生之端緒，皆以仁爲已發之用矣，又何足以相譏乎？方君"循其本"、"循其用"數語自無病，而亦非之，恐未安也。《晦庵文集》卷五二。

案：書中有言"方君所謂'道者，天之自然；性者，天之賦予萬物，萬物稟而受之'，亦皆祖述先儒之舊"，即朱熹《答方賓王》（"性者，道之形體"）中方誼所云"道也者，言天之自然也；性也者，言天之賦予萬物，萬物稟而受之者也"。《晦庵文集》卷五六。《答方賓王》撰於紹熙元年（1190）初，推知本書約撰於一時先後。

朱熹《答姜叔權》：

所喻益見灑落，甚慰所望。但《西銘》之疑，則恐未然。横渠之意，直借此以明彼，以見天地之間隨大隨小，此理未嘗不同耳。其言則固爲學者而設，若大賢以上，又豈須説耶？伊川嘗言："若是聖人，則乾、坤二卦亦不消得。"正謂此也。《晦庵文集》卷五二。

案：本書校記曰："正謂此也"句下，浙本有"聞與長孺俱爲廬阜之行，甚喜。渠亦以爲叔權於此不免過疑，然其爲説又似草草，未足以釋賢者之所疑也。向來所論方君之説有未盡者，具於長孺書中，計必見之。更有可論，無惜痛相反覆，彼此有得也"七十九字。

本書中言及"向來所論方君之説，有未盡者，具於長孺書中，計必見之"，其"長孺書"，指朱熹《答汪長孺德輔》（"道無方體，性有神靈"），《晦庵文集》卷五二。撰於紹熙元年初，故推知本書約撰於稍後。

朱熹《答姜叔權》：

示喻日用工夫，甚善。然若論實下工夫處，却使許多名字不著，須更趨要約而自然不害衆理之默契，乃爲佳耳。所論《西銘》名虚而理實，此語甚善。蓋名雖假借，然其理則未嘗有少異也。若本無此理，則又如之何而可彊假耶？《晦庵文集》卷五二。

案：本書校記曰："則又如之何而可彊假耶"句下，浙本有"方賓王之説，昨日方得答之，今録去。有未安處，却幸喻及。沙隨《孟子》已領，文義考證間尚有少疑處，臨行宂甚，未暇條析。前途稍暇，當具出，託爲宛轉求教也"六十字。

本書中言"方賓王之説，昨日方得答之，今録去。……臨行宂甚，未暇條析。前途稍暇，當具出，託爲宛轉求教也"，當指紹熙元年二月中旬啓程赴漳州任。《年譜長編》卷下。故推知本書約撰於是年二月上旬，在朱熹《答方賓王》（"性者，道之形體"）後一日。

朱熹《答姜叔權》：

所云"既真實而又無妄"，鄙意初不如此，只是兩下互説，夾持令分明耳。如云"至公無我"，至公即是無我，無我即是至公，豈可言既至公而又無我耶？《晦庵文集》卷五二。

案：書中有言"所云'既真實而又無妄'"，即朱熹《答方賓王》（"性者，道之形體"）中"所論《易傳》無妄之説甚善"云云，《晦庵文集》卷五六。故推知本書約撰於朱熹赴任漳州時，約在是年中。

朱熹《答姜叔權》：

示喻曲折，何故全似江西學問氣象？頃見其徒自説見處，言語意氣、次第節拍正是如此，更無少異，恐是用心過當，致得如此張皇。如此不已，恐更有怪異事，甚不便也。長孺所見亦然，但賢者天資慈祥，故於惻隱上發；彼資稟粗厲，故別生一種病痛。大抵其不穩帖而輕肆動盪，則不相遠也。正恐須且盡底放下，令胸中平實，無此等奇特意想，方是正當也。《晦庵文集》卷五二。

案：本書撰時未詳。《書信編年》以爲在紹熙二年（辛亥，1191）或其後。待考。

金朋説

金朋説（1147—1199），字希傅，休寧（今屬安徽）人。淳熙丁未（1187）進士。知鄱陽縣。"時屬僞學之禁，凡薦舉改官，悉令漕帥取狀，方得擢用。朋説應薦，上狀言：'素師朱熹，講孔、孟及程氏遺書，實不知爲僞。'遂解職歸"。《江南通志》卷一六四。慶元己未卒，年五十三。《朱子遺集》卷二引《休寧縣志》）。

朱熹《與金希傅書》：

君子事君當官，必以其道，希傅盍自勉。……《朱子遺集》卷二。

案：《休寧縣志》云金朋説"先是從晦翁問學信州，……及知鄱陽，晦翁又遺書言：'君子事君當官……'"。《年譜長編》卷上。據《續編兩朝綱目備要》卷五，慶元三年九月"禁僞黨改官"，并云"時有詔監司帥臣薦舉改官，並於奏牘前聲説非僞學之人，且結朝典之罪"。此即《江南通志》卷一六四所謂"時屬僞學之禁，凡薦舉改官，悉令漕帥取狀，方得擢用"。故推知本書約撰於慶元元年(1195)或稍後。

康文虎

康文虎，字炳道。《朱子門人》。吕祖謙門人。《東萊集》附録卷三收録門人康文虎《哀詩》二首。餘不詳。

朱熹《答康炳道》：

所論學者之失，由其但以致知爲事，遂至陷溺，此於今日之弊誠若近之，然恐所謂致知者，正是要就事物上見得本來道理，即與今日討論制度、較計權術者意思功夫迴然不同。若致得吾心本然之知，豈復有所陷溺耶？正坐論事而不求理，遂至生此病痛耳。熹於此非敢有所與奪，但見邪説横流，恐爲吾道之害，故不得不極言之，信之與否，則在乎人焉。若既排闢之，又假借之，則恐其弊將有至於養虎而遺患者矣。然區區於此，亦固未嘗有所絶於人而不與其進也。彼若幡然覺悟，去邪歸正，又豈熹之所能拒哉？東萊文字須子細整頓成編，乃可商量，但此事亦不宜甚緩，蓋人生不堅固，若過却眼前諸人，即此事無分付處矣。《晦庵文集》卷五四。

案：朱熹《答滕德章》（熹衰病益侵）有云"南軒之文，近方爲編得一本，然尚有不敢盡載者。東萊文字，須其弟編定乃可行"。《晦庵文集》卷四九。據朱熹《張南軒文集序》乃云"於是乃復亟取前所蒐輯參伍相校，斷以敬夫晚歲之意，定其書爲四十四卷"。時在淳熙甲辰（十一年）十二月辛酉。《晦庵文集》卷七六。本書中云"東萊文字須子細整頓成編，乃可商量，但此事亦不宜甚緩，蓋人生不堅固，若過却眼前諸人，即此事無分付處"，與《答滕德章》相應，故推知本書撰於其後，約在淳熙十二年（1185）初。

康仲穎

康仲穎，字縕之，婺州東陽（今屬浙江）人。淳熙十四年（1187）丁未王容榜進士及第。嘉定五年（1212）十月除校書郎，六年十月爲秘書郎，十二月除著作佐郎，七年六月知台州。《南宋館閣錄續錄》卷八。官尚書吏部郎官，嘉定十二年閏三月與祠。《後村集》卷四四《玉牒初草·皇宋寧宗皇帝》。

朱熹《答康户曹仲穎》：

熹衰懶杜門，少與人接。頃歲偶見足下省闈條對之文，愛其詞氣議論之不凡，每恨無因緣相見，數爲士友言之。兹辱惠書，乃知此意嘗得徹聞，而又喜賢者之不予鄙也。示喻縷縷，足見所存之遠大矣。然嘗以熹所聞聖賢之學，則見其心之所存不離乎日用尋常之近小，而其遠者大者自不待於他求，初不若是其荒忽放浪而無所歸宿也。故曰下學而上達，又曰學問之道無他，求其放心而已矣。此聖賢終身事業，熹也少而嘗有志焉，今老且死，尚恨未能有以得其彷彿之萬分也。足下不以愚言爲無取，幸試思之。異時肯來如約，其從與否，熹將望足下之眉睫而有以得之也。《晦庵文集》卷五五。

案：書中有云"頃歲偶見足下省闈條對之文"，康仲穎淳熙十四年進士及第，故推知本書或撰於紹熙間，故係於紹熙三年(1192)。待考。

柯　翰

柯翰(？—1177)，字國材，同安(今屬福建)人。"孝謹誠愨，自守介然，及門授經人以百數。文公朱子簿同安，屬治學事，引翰自助。翰內行峻潔，衆嚴憚之，久皆化服。葺廬以居，取揚子所謂三年通一經者以名其堂，文公爲作《一經堂記》"。《閩中理學淵源考》卷十八。朱熹《舉柯翰狀》云"照對縣學見缺直學一員。竊見進士柯翰守道恬退，不隨流俗，專以講究經旨爲務，行年五十，亹亹不倦，置之學校,必能率勵生徒,興於義理之學,少變奔競薄惡之風"。《晦庵文集》卷二〇。卒於淳熙四年初。《晦庵文集》卷八七《祭柯國材文》。《儒林宗派》卷一〇列於朱子門人。《朱子門人》以爲"國材顯然爲長輩下交於朱子"。

朱熹《答柯國材翰》:

辱書,示以顏子、子貢俱以仁爲問,而夫子告之有若不同者。此固嘗思之,而非如足下之説也。"爲仁由己",此論爲仁之至要,蓋始終不離乎此。夫其所以求師友而事之之心豈自外至哉?既得師友而事之矣,然不求諸己,則師友者自師友耳,我何有焉?以此意推之,則二説者初不異也。如足下之言,恐非長善救失之意。足下思之而反覆其説,則熹之願。他所以見屬者,豈熹所敢當哉?戴、陳二生趣向文辭皆可觀,固知其所自矣。有友如此,足以輔仁,敢以爲足下賀,而僕亦將有賴焉。齋居無事,宜有暇日,以時過我,幸得講以所聞,而非所敢望也。《晦庵文集》卷三九。

案:朱熹《一經堂記》云:"紹興二十三年秋七月,予來同安。明年,乃得柯君而與之游,相樂也。時君以避地邑居,教授常百餘人。屬予治學事,因得引君以自助。君行峻,不爲苟合,由是衆始有所嚴憚,至他事亦多賴以濟焉。又明年,君將反其先人之廬,因舊葺壞以居,而取揚子所謂古之學者耕且養,

三年通一經者,號其寢居曰一經之堂,間謁予記
之。……今年冬,予將辭吏以去,而君又以爲請,既
不得辭,乃爲之言曰……紹興二十六年閏月辛丑。"
《晦庵文集》卷七七。《年譜長編》卷上云紹興二十七年
春,朱子再還同安候代者,因廨署屋舍摧隳,假縣人
館以居,名其室曰畏壘庵,日與友人諸生讀書講學其
中。十月,代者不至,遂以四考滿罷歸。本書中有云
"齋居無事,宜有暇日,以時過我",則知其當作於紹
興二十七年(1157)春、秋間。

又朱熹淳熙四年二月《祭柯國材文》云:"余少之
時,試吏君里。實始識君,敬慕興起。致君序室,以
表後生。弦誦洋洋,德義振聲。闊焉□□,反復講
評。匪同而和,肺腑以傾。自兹一別,遂隔死生。"
《晦庵文集》卷八七。是知朱熹離同安之後,兩人雖時
有書信往來,然未再得晤面。

朱熹《批柯國材辨孟》:

《辨孟》不知何處得? 仁廟時有一孫抃,仕至樞密副
使、參知政事,不知便是此人否? 據溫公《記聞》,此人敦
厚,無他才,以進士高第,累官至兩府。今讀此書氣象似
是,兼紙□亦是百十年前物。所論雖無甚奇,孟子意亦正
不如此,似亦可以見其淳質之風。不審左右以爲如何?
前輩不可得而見,其遺物要可寶,豈必其賢哉!《朱子大同

集》卷七。

　　案：本書《朱子遺集》題作《與柯國材》，似是。《朱熹佚文輯考》係於隆興二年，云此時朱子與諸學友討論修定《孟子集解》。《朱子遺集》係於乾道元年、二年間。清館臣《朱子大同集提要》云是集“宋陳利用編，明林希元增輯”，“皆朱子官同安時所作”。又《年譜長編》云紹興二十六年間，朱子於泉州客邸熟讀《孟子》，而通曉其意脈，始解説《孟子》。二十七年又居同安候代者。此書似當作於此時。

　　又，題名孫抃之《辨孟》一書，未見他書記載。

朱熹《答柯國材》：

　　熹頓首再拜國材丈執事：蔡彊來，領三月、六月、九月三書，急拆疾讀，如奉誨語，良慰久別不聞問之懷，幸甚幸甚！信後歲已晚矣，不審爲況何如？伏惟味道有相，尊候萬福。

　　熹奉親粗遣，武學闕尚有三年，勢不能待。目今貧病之迫已甚，旦夕當宛轉請祠也。親年日老，生事益聊落，雖吾道固如此，然人子之心不能不慨然耳。

　　時事竟爲和戎所誤，今歲虜人大入，據有淮南，留屯不去。監前事之失，不汲汲於渡江，欲圖萬全之舉，此可爲寒心。而我之所以待敵者，内外本末一切刓弊，又甚於往年妄論之時矣。奈何奈何？遠書不能詳言也。

　　熹自延平逝去，學問無分寸之進，汩汩度日，無朋友之助，未知終何所歸宿。邇來雖病軀粗健，然心力凋弱，目前之事十亡八九。至於觀書，全不復記，以此兀兀，於致知格物之地，全無所發明。思見吾國材精篤之論而不可得，臨書恍然也。

　　所示《易》卦次敘，此未深究，不敢輕爲之説。但本圖自初爻而陰陽判，左三十二卦共一陽，右三十二卦共一陰。次爻又一變而又陰陽交，左下十六卦之陽，右下十六卦之陰，上交於右上之陰，下交於左上之陽。又次爻又一變而又交，兌與艮交，震與巽交。而八卦小成矣。其上因而重之，而成六十四卦。此次叙甚明。其所以爲易者，蓋因陰陽往來相易而得名，非專謂震、巽四五相易而然也。此理在天地間無時不然，仰觀俯察，暑往寒來，莫非運用，恐不待考諸圖象而後明也。然古人製作之妙，顯發乾坤造化之機有如此者，是亦可樂而玩之耳。

　　不合無愧之説，在我固然。第所不能無恨者，精神言語不足以感悟萬一爲恨耳。若人人持不合無愧之説，則君臣之大倫廢矣。如何如何？李君好學禮賢，其志可嘉。國材想亦推誠與之講論，有可採處。若得同爲此來，真寡陋之幸也。

　　《春秋》工夫未及下手，而先生棄去。蓋亦以心志凋殘，不堪記憶。此書雖云本根天理，然實與人事貫通，若不稽考事迹，參以諸儒之説，亦未易明也。故未及請其説。然嘗略聞其一二，以爲《春秋》一事各是發明一例，如看風水移步換形，但以今人之心求聖人之意，未到聖人灑然處，不能無失耳。此亦可見先生發明之大旨也。

《論語》比年略加工夫，亦只是文義訓詁之學，終未有脫然處。更有《詩》及《孟子》，各有少文字。地遠，不欲將本子去，又無人別寫得，不得相與商確爲恨爾。若遂此來之約，則庶幾得講之耳。

三序示及，想見用心之精。但每每推與過當，恐未得爲不易之論。又《論語序》云學爲仁一節，不知見得"仁"字如何分明？後面節次如何成就？此義須句句有下落始得，不可只如此含糊也。近衢州一江元適登仕泳以書來云："頃歲獨學，常窺求仁之端。"又謂"須明識所謂元者，體諸中而無疑，則道之進也、化也基諸此矣"。此論似非苟然默識，試一思之如何？江君未相識，書多好議論，亦是一老成前輩也。《易序》中云"此以無思相似以至有思"。此恐亦不能無病。試更思之。近方再讀此經，建陽一學者亦欲講之，因招之來年教兒輩。得與共學，用年歲工夫，看如何。

昨齊仲寄疑義來，乃不知是石丞者，妄意批鑿，非所施於素昧平生之人。然渠既以此道相期，必不相怪，但在熹有僭率之咎耳。

所欲言者無窮，以久不得書，無所發端。今得來示，又以來人立俟，天寒手冷，作字不成，不能究悉胸中所欲言。千里相望，豈勝慨嘆！但願果能乘便一來，庶得傾倒,不然,終非紙札所能具也。閤正孺人、令郎各安佳,老人以下幸安。每勤問念,至感。未由會晤之前,千萬以時進道自愛。不宣。閏月晦日,熹頓首再拜國材丈執事。

欲識"仁"字大槩,且看不仁之人可見。蓋其心頑如鐵石,不問義理,事任已知,是以謂之不仁。識此氣象,則仁之爲道可推而知矣。因書試言所得,以答合否如何耳。《晦庵文集》卷三九。

案:柯翰三月、六月、九月來書皆佚。隆興元年十月,李侗卒。十一月,朱子除武學博士,"待四年闕"。二年十月,金軍大舉入南侵淮南。十二月,宋、金"隆興和議"成。《年譜長編》。本書有云"時事竟爲和戎所誤,今歲虜人大入,據有淮南,留屯不去",故推知其撰於隆興二年(1164)之閏十一月晦日。

朱熹《答柯國材》:

傳序鄙意不欲如此,昨因《論語小傳》之作,已罄鄙懷。不蒙領略,遂更不敢復言。今所惠書反謂有所愛於言,何耶?行行之號,尤非所以矯氣習之偏而反之於中和之域,區區之意亦不願老丈之爲此稱也,如何?《晦庵文集》卷三九。

案:本書所言"傳序"所指不詳,然據文義,知朱、柯二人曾數有書札往來。《書信編年》云本書"疑承第二書"(熹頓首再拜國材丈執事)。故推知其約撰於乾道元年（1165）春、夏間。

朱熹《答柯國材》：

　　示諭忠恕之説甚詳，舊説似是如此，近因詳看明道、上蔡諸公之説，却覺舊有病。蓋須認得忠恕便是道之全體，忠體而恕用，然後"一貫"之語方有落處。若言恕乃一貫發出，又却差了此意也。如未深曉，且以明道、上蔡之語思之，反復玩味，當自見之，不可以迫急之心求之。如所引"忠恕篤欽"以下，尤不干事。彼蓋各言入道之門、求仁之方耳，與聖人之忠恕道體本然處初不相干也。一陰一陽，不記舊説，若如所示，即亦是謬妄之説。不知當時如何敢胡説？今更不須理會，但看一陰一陽往來不息，即是道之全體，非道之外別有道也。逆順之説，康節以爲先天之數。今既曉圖子不得，彊説亦不通，不若且置之。《易序》兩句大病在"彼此"二字上，今改得下面，不濟事也。凡此數説，姑塞來問，未知中否？有便却望垂教，幸甚幸甚。

　　石丈相聚所談何事？其篤誠好學已不易得，而議論明快，想講論之際少所凝滯也。書來有少反復，草草作答，不能盡所言。大抵講學只要理會義理非人所能爲，乃天理也。天理自然，各有定體，以爲深遠而抑之使近者，非也；以爲淺近而鑿之使深者，亦非也。學者患在不明此理而取決于心。夫心何常之有？好高者已過高矣，而猶患其卑；滯於近者已太近矣，而猶病其遠。此道之所以不明不行，而學者所以各自爲方而不能相通也。前此以陳、許二友好爲高奇，喜立新説，往往過於義理之中正，故常因書箴之。蓋因其病而藥之，非以爲凡講學者皆當畫於淺近而遂止也。然觀聖賢之學與近世諸先生長者之論，則所謂高遠者，亦不在乎創意立説之間。伊川云："吾年二十時，解釋經義與今無異。然思今日意味，覺得與少時自别。"又尹和靖門人稱尹公於經書不爲講解，而耳順心得，如誦己言，此豈必以創意立説爲高哉？今吾輩望此地位甚遠。大槩讀書且因先儒之説，通其文義而玩味之，使之浹洽於心，自見意味可也。如舊説不通，而偶自見得别有意思，則亦不妨。但必欲於傳注之外别求所謂自得者，而務立新説，則於先儒之説或未能究而遽捨之矣。如此則用心愈勞而去道愈遠，恐駸駸然失天理之正而陷於人欲之私，非學問之本意也。且謂之自得，則是自然而得，豈可彊求也哉？今人多是認作"獨自"之"自"，故不安於他人之説，而必己出耳。

凡此皆石丈書中未及盡布者，或因講論之次，閑爲及之，幸甚幸甚。并以呈齊仲、順之，不知如此卑説還可高意否？二公更不及别書也。徐丈惠書云有疑難數板，却未見之，豈封書時遺之耶？偶數時村中乏紙，亦不别拜狀，只煩爲致此意，幸甚幸甚。順之書中似以横渠"平易其心"之説爲不然，談何容易！更且思之爲佳。蓋所謂平易者，非苟簡輕易之謂也。群居終日，别作何工夫？便中

千萬示及一二。苟有未安，不憚獻所疑以求益也。《晦庵
文集》卷三九。

　　案：石丈即指石𡼖（一作墪），字子重，會稽（今
浙江紹興）人。《書信編年》以爲此時朱熹與石子重
尚無往來，石子重嘗爲同安縣丞，而柯國材、陳齊仲
皆居同安，故本書有"石丈相聚所談何事"之問；而
"據《尤溪縣志》，石子重乙酉（乾道元年）至丁亥（三
年）調爲尤溪縣待次，故此書當在甲申（隆興二年）爲
近"。然據朱熹《知南康軍石君墓誌銘》，石𡼖生於建
炎二年，紹興十五年年十八擢進士第，丁外艱，服除，
授左迪功郎、郴州桂陽縣主簿，秩滿，改從事郎，調泉
州同安縣丞，改宣教郎、知常州武進縣事，更調南劍
州尤溪縣，待次家食三年。《晦庵文集》卷九二。又據
朱熹《南劍州尤溪縣學記》云石子重"始至而病"尤溪
縣學"用陰陽家説，爲門斜指寅、卯之間以出，而自門
之内因短就狹，遂無一物不失其正者"，然"顧以敦學
之初，未遑外事，歲（乾道九年）之正月，乃始撤而新
之"，九月功成。《晦庵文集》卷七七。石氏《韋齋記跋》
云"乾道七年，墪猥當邑寄"。《豫章文集》卷一六。則
知其於乾道七年至尤溪赴任，因宋制職官一般三年
一任，則其待次家居三年當始於乾道四年或稍後，
《尤溪縣志》所言不確。又推知石子重任同安縣丞約
在隆興末，而上書（熹頓首再拜國材丈執事）有"昨齊

仲寄疑義來，乃不知是石丞者，妄意批鑿，非所施於
素昧平生之人"之語，則石子重是年中已赴同安任。
故推知本書約撰於乾道元年中。

又，本書中言及"徐丈惠書"，徐丈似指徐元聘，
其書亦佚。

黎季忱

黎季忱，一作字季成，名不詳，贛州寧都（今屬江西）
人。《儒林宗派》卷一○。

朱熹《答黎季忱》：

示及兩卷，各已批注封還，幸細考之。《語》、《孟》更
須寬心細意看，令通徹。《易》則恐未易讀，如此穿鑿，似
枉費心力也。蓋《易》本卜筮之書，故先王設官，掌於太
卜，而不列於學校。學校所教，《詩》、《書》、《禮》、《樂》而
已。至孔子，乃於其中推出所以設卦觀象繫詞之旨，而因
以識夫吉凶、進退、存亡之道。蓋聖人當時已曉卜筮之法
與其詞意所在，如說田狩即實是田狩；說祭祀即實是祭祀。征
伐、昏媾之類皆然，非譬喻也。故就其間推出此理耳。若在
今日，則已不得其法，又不曉其詞，而暗中摸索，妄起私
意，竊恐便有聖賢復生，亦未易通。與其虛費心力於此，
不若且看《詩》、《書》、《禮》、《樂》之爲明白而易知也。然

《大學》、《論》、《孟》、《中庸》又在四者之先，須都理會得透徹，方可略看《易》之大指，亦未爲晚。今所論《論語》尚爾未通，豈宜遽及此耶？《晦庵文集》卷五。

案：《朱子語類》卷五二、卷五九、卷九七、卷一二〇載龔蓋卿、鍾震所記黎季成問語。據《朱子語類·姓氏》，龔蓋卿、鍾震皆甲寅（紹熙五年）所聞。是知其當問學於潭州，本書當撰於其後。又朱熹《答鄭仲禮》（示喻爲學之意）有云"季隨、季忱爲學如何？近來有何講論？因書幸致此意"，《晦庵文集》卷五〇。時約在慶元元年（1195）以後。故推知本書當在《答鄭仲禮》稍後。

李　壁

李壁（1159—1222），字季章，眉州丹陵（今屬四川）人。李燾仲子。登進士第，召試爲正字。寧宗即位，徙著作佐郎兼刑部郎、權禮部侍郎兼直學士院，進權禮部尚書，拜參知政事。韓侂胄誅，兼同知樞密院事，罷，謫居撫州。後復除端明殿學士、知遂寧府，尋引疾奉祠。嘉定十五年六月卒，年六十四，真德秀《西山文集》卷四一《故資政殿學士李公神道碑》。謚文懿。其"嗜學如飢渴，羣經百氏搜抉靡遺，于典章制度尤綜練，爲文儁逸，所著有《鴈湖集》一百卷"等。《宋史》卷三九八有傳。

朱熹《答李季章書》：

熹扶曳殘骸，幸抵田舍，行藏之計，無復可言。但向來職事不能無遺恨，此獨深愧耳。東府爲況如何？故宇淒涼，新居鼎盛，行路之人忘其前事，頗復有爲之不平者。此處不早調護，將有乘人之隙者，此大可慮。又向來放過大體已多，今亦不容坐視，不爲收救之計。此外則無他說，唯有去耳。欲去則不可不早，然未去之間，亦不可一日不葺理。季章相與之深，不可不力爲言此也。近事因來語及一二大者，幸幸。《晦庵文集》卷二九。

　　案：書中言及"熹扶曳殘骸，幸抵田舍，行藏之計，無復可言。但向來職事不能無遺恨，此獨深愧耳"，當指紹熙五年朱熹罷侍講、離臨安歸家事。據《年譜長編》卷下，朱熹於閏十月下旬離臨安，十一月二十日還至武夷考亭。故推知本書約撰於是年（1194）十一月、十二月之際。

朱熹《答李季章書》：

熹歸來粗遣，但左目全盲，右目昏甚，又脾泄時作，頗妨應接耳。前日始拜祠命，職名義不當受，已復上免章。賤迹何繫重輕，計必得之也。昨聞子壽、德夫之去，方爲歎惜。忽報德脩繼往，令人尤不能爲懷。今日之勢，政使衆賢交輔，未必能濟，顧乃椓之如此，其將奈何？不知德脩徑歸蜀耶，或且留江、湖間也？一書煩附便，幸勿沉浮。

計此形勢,與集賢不能無關涉,不知能復幾許時耳。《晦庵文集》卷二九。

案:書中云"前日始拜祠命,職名義不當受,已復上免章",據朱熹《乞追還焕章閣待制奏狀二正月十四日》,《晦庵文集》卷二三。知朱熹拜祠命在慶元元年(1195)正月十一日,辭待制職名在十四日。故推知本書約撰於正月下半月。

朱熹《答李季章書》:

台鼎動搖,想諸事又一新。外日聞茂獻亦補外,是何故耶?文叔除命可喜,且歸鄉里作村監司,亦不惡也。德脩赴湖南否?近皆得書,目疾未暇報,因書更煩道意。旦夕寫得,却別寄也。去相彈文云何?因風語及。聞當序遷者乃下兼參與,然則當卜相於外矣,不知果誰得之也?《晦庵文集》卷二九。

案:茂獻乃章穎字。《宋史·寧宗紀一》載,慶元元年二月"庚辰,兵部侍郎章穎以黨趙汝愚罷"。本書云及"外日聞茂獻亦補外",故推知其約撰於是年三月間。

朱熹《答李季章璧》:

兩書縷縷,皆有飄然遠引之意,不審果以何日決此計耶?熹懇祠得請,深荷上恩。既還舊官,無復可辭之誼。

孤危之迹雖未可保，然姑無媿於吾心可也。承問及先人紹興中文字，遺藁中劄子第三篇，疑即此奏。豫章所刊集中有之，今以納呈，已加籤貼於其上矣。筆削之際，儻得附見，千萬幸甚。諸公爭和議時，先人與胡德輝、范伯達諸公同入文字，皆史院同寮也。當時此一宗議論不知有無登載？魏元履所集《戊午讜議》一書甚詳，亦嘗見之否耶？如館中未有，得行下建寧抄録上送，亦一事也。

慶遠計程已到零陵久矣，又聞其自處泰然，亦不易也。但未知便得一向安坐否耳。前年與陳君舉商量，拈出孝宗入繼大統一事。當時議臣如婁寅亮、趙張二相、岳侯、范伯達、陳魯公皆未有褒録，恐可更詢訪當時曾有議論之人，并與拈出也。《晦庵文集》卷三八。

案：書中有言"熹懇祠得請，深荷上恩。既還舊官，無復可辭之誼"，朱熹依舊秘閣修撰、提舉南京鴻慶宮命下於慶元元年十二月下旬；《年譜長編》卷下。又書中言"前年與陳君舉商量，拈出孝宗入繼大統一事"，此當指紹熙五年冬朱熹、陳傅良同在史院時事。故推知本書約撰於慶元二年(1196)初。

朱熹《與李季章書》：

平生少年日，分手易前期。及此同衰暮，非復別離時。勿言一樽酒，明日難重持。夢中不識路，何以慰相思？史院同僚餞別靈芝，坐間或誦此言。李季章見謂平生亦甚愛此，盍書以見贈？予謂如僕乃知此味，季章未也，胡爲亦愛此耶？既而思之，解攜之際，但有一人衰暮，便足令滿坐作惡，乃知隱侯之言猶有所未盡也。因并書以寄季章，以爲如何也？

已作前幅送行之處，渠未遣行，而熹復從渠借人去上謝表，方得并令帶去。衡陽之訃，聞者傷歎，況吾人相與之厚耶？歸葬之恩，可見上意未嘗忘之。復書雖未遂，恐終不能久沮格也。熹前所請封贈蔭補等五事未得指揮，不免再申朝廷，只得付之有司，使以法裁之足矣。若不可辭，熹亦無固必。但衆議論紛紛，至今未已，熹非固欲如此也。幸因見諸公一言及之，仍懇鄭丈早得回降，付去人歸爲幸。此是借人，難令久伺候也。昨聞宣入試闈，今想已出。前書所説歸計果如何耶？行之昨日過此，亦疑久未踐也。《晦庵文集》卷二九。

　　案：書中言"衡陽之訃"，指慶元二年正月"二十日庚子，趙汝愚歿於衡州。汝愚既責零陵，過衡陽而病，又爲守臣錢鍪所窘，逐服藥而卒，天下冤之。……二十七日訃聞，有旨復原官，許歸葬。二月省闈，……"《慶元黨禁》。而本書又云"昨聞宣入試闈，今想已出"，故推知其約撰於是年三月間。

朱熹《答李季章》：

熹罪戾之蹤，竟不免吏議，然已晚矣，又幸寬恩，未即流竄,杜門念咎,足以遣日,不足爲故人道也。累年欲脩《儀禮》一書,釐析章句而附以傳記,近方了得十許篇,似頗可觀。其餘度亦歲前可了。若得前此別無魔障,即自此之後便可塊然兀坐,以畢餘生,不復有世間念矣。元來典禮消訛處古人都已説了,只是其書袞作一片,不成段落,使人難看。故人不曾看,便爲憸人舞文弄法,迷國誤朝。若梳洗得此書頭面出來,令人易看,則此輩無所匿其姦矣,於世亦非少助也。勿廣此説,恐召坑焚之禍。

荆公奏草不記曾附去否?今往一通,可見當日規摹亦不草草也。《禹迹圖》云是用長安舊本翻刻,然東南諸水例皆疏略。頃年又見一蜀士説蜀中嘉州以西諸水亦多不合,今其顯然者,如蜀江至瀘州東南乃分派南流,東折逕二廣自番禺以入海。以理勢度之,豈應有此?必是兩水南北分流,而摹刻者誤連合之,遂使其北入江者反爲逆流耳。然柳子厚詩亦言“牂牁南下水如湯”,則二廣之水源計必距蜀江不遠,但不知的自何州而分爲南北耳。又自瀘以南諸州今皆不聞,必已廢併。幸爲詢究,一一見喻。其圖今往一紙,可爲勾抹貼説,却垂示也。《晦庵文集》卷三八。

案:慶元二年十二月二十六日,因遭言官奏劾,朱熹落職罷祠;三年正月二十七日,朱熹接落職罷祠省劄,上表謝。《年譜長編》卷下。本書“熹罪戾之蹤,竟不免吏議,然已晚矣,又幸寬恩,未即流竄”云云,即指此,故推知本書約撰於三年(1197)春中。

朱熹《答李季章》:

昨承喻及先君奏疏已蒙筆削,得附史氏篇末,幸甚。痛念先君早歲讀書,即爲賈、陸之學。遭時艱難,深願有以自見,而不幸不試,所得陳於當世者止此而已。今乃得託史筆以垂不朽,豈不幸甚?但恐賢者去國之後,或爲不肖之孤所累,因見刊削,未可知耳。又聞黃文叔頃年嘗作地理木圖以獻,其家必有元樣,欲煩爲尋訪,刻得一枚見寄。或恐太大,難於寄遠,即依謝莊方丈木圖,以兩三路爲一圖,而傍設牝牡,使其犬牙相入,明刻表識以相離合,則不過一大掩可貯矣。切幸留念。

河西爲一　陝西爲一　河東、河北、燕雲爲一　京東西爲一　淮南爲一　兩浙、江東西爲一　湖南北爲一　西川爲一　二廣、福建爲一

大略如此,更詳闊狹裁之。相合處須令脗合,不留縫罅乃佳。《晦庵文集》卷三八。

案:上書(兩書縷縷)言及"承問及先人紹興中文字,遺槀中劄子第三篇,疑即此奏。豫章所刊集中有之,今以納呈,已加籤貼於其上矣。筆削之際,儻得附見,千萬幸甚",而本書乃云"昨承喻及先君奏疏已蒙筆削,得附史氏篇末,幸甚",知承其後。又本書有云"又聞黃文叔頃年嘗作地理木圖以獻,其家必有

元樣，欲煩爲尋訪，刻得一枚見寄”，而下書（熹今歲
益衰）乃云“前此附書，似是因李普州便。書中欲煩
借黃文叔家地里木圖爲製一枚，不知達否？此近已
自用膠泥起草，似亦可觀。若更得黃圖參照尤佳。
但恐此書或已浮沉，不曾製得，即亦不必爲矣”，知在
其前。故推知本書約撰於慶元三年中。

朱熹《答李季章》：

熹伏承不鄙，既以先正文簡公詩編行實，并及三夫人
二壙刻文，跽領伏讀，足慰平生高山仰止之心。而反復再
三，又見其立德立言明白磊落，所以開發蒙者有不一而足
者，幸甚幸甚。至於不察熹之愚陋，而將使之纂次其事，
刻之幽宮以視來世，則熹之不德不文，人知其不足以勝此
寄矣。顧念平生未嘗得拜文簡公之函丈，而讀其書、仰其
人則爲日蓋已久。又嘗聽於下風，而知公之所以相知，亦
有不待識其面目而得其心者，是以願自附焉而不敢辭也。
唯是今者方以罪戾書名僞籍，平居杜門，屏氣齰舌，不敢
輒出一語以干時禁，而凜凜度日，猶懼不免，乃於此時忽
爾破戒，政使不自愛惜，亦豈不爲公家之累？是以彷徨顧
慮，欲作復止，而卒未有以副來命之勤也。伏惟執事姑少
察此而深計之。竊意高文大筆，取之今世不爲無人，固不
必眷眷於一無狀罪廢之人，而使盛德百世之傳不得以時
定也。

熹區區鄙意,前幅具之詳矣。始者亦嘗深念,欲便草定而託以前日所爲。既而思之,又似不誠而不可爲也。又念劉、孫所定本出賢昆仲之手者,自足傳信後世,但循例必欲更經一手删節,則雖在今日陰竊爲之,亦自不害。只是目下未可使人知有此作,將來草定,亦不可使人見有此書,此則難遮護耳。來使本欲留以少俟,渠亦以丁寧之切,不來相逼。但覺此終是未敢落筆,不如且遣之還。俟一面更將所示者子細繙閱,隨記所當增損處,密託人送令弟處。又恐經由都下不便,不若且少忍之。若未即死,固當有以奉報。或使溘先朝露,亦當以付兒輩令轉奉聞也。平生多做了閑文字,不能無愧詞。今此好題目,可惜不做。但又適當此時,令人鬱鬱耳。

《續通典》見詩中及之,恐有印本,求一部。《長編》改定本只寫改處,不知有多少册? 得爲致之爲幸。或云建炎、紹興事亦已成書,不知然否? 尤所欲得,但恐字多難寫耳。頃見靖康間事,楊龜山多有章疏,不曾編入,不知後來曾補否? 蓋汪丈所刻本不曾載,福州、成都二本皆然。其奏議,後來南劍一本却有之,恐亦不可不補也。

《晦庵文集》卷三八。

案:書中云"唯是今者方以罪戾書名僞籍",據《宋史·寧宗紀》載,慶元三年十二月"丁酉,以知綿州王沇請,詔省部籍僞學姓名"。又《宋史·韓侂胄傳》載"三年,劉三傑入對,言前日僞黨,今變而爲逆黨。侂冑大喜，即日除三傑爲右正言，而坐僞學逆黨得罪者五十有九人。王沇獻言令省部籍記僞學姓名，姚愈請降詔嚴僞學之禁，二人皆得遷官”。故推知本書當撰於慶元四年（1198）中。

朱熹《答李季章》：

熹今歲益衰，足弱不能自隨，兩脅氣痛，攻注下體，結聚成塊，皆前所未有，精神筋力大非前日之比。加以親舊凋零，如蔡季通、吕子約皆死貶所，令人痛心。益無生意，決不能復支久矣。所以未免惜此餘日，正爲所編禮傳已略見端緒而未能卒，就若更得年餘間未死，且與了却，亦可以瞑目矣。其書大要以《儀禮》爲本，分章附疏，而以小戴諸義各綴其後。其見於它篇或它書可相發明者，或附於經，或附於義。又其外如《弟子職》、《保傅傳》之屬，又自別爲篇，以附其類。其目有家禮、有鄉禮、有學禮、有邦國禮、有王朝禮，有喪禮、有祭禮，有大傳、有外傳。今其大體已具者蓋十七八矣。因讀此書，乃知漢儒之學有補於世教者不小。如國君承祖父之重，在經雖無明文，而康成與其門人答問，蓋已及之，具於賈疏，其義甚備，若已預知後世當有此事者。今吾黨亦未之講，而憸佞之徒又飾邪説以蔽害之，甚可嘆也。

喻及仁里士人有志於學而能不事科舉者，近亦似曾聞説，但不知其姓名。此殊不易得，幸因風略報及也。舊來諸經説三四年來幸免煨燼，今亦恐未可保。然間因講説時有更定，欲寄一本去，恐可與西州同志者共之而未暇也。留衛公得《詩》説，日閱數版，手加點抹，書來頗極稱賞，仍盡能提其綱，亦甚不易。老年精力乃能及此，又不厭章句訓詁之煩也，要是天姿深静純實，故能若此。亦恨其聞此之晚，不得早效區區之愚耳。

德脩、文叔家居亦何所務？各有一書，煩爲致之，子直亦然也。今年閩中鄭、黄、鄧皆物故，氣象極覺蕭索。楊子直得祠又遭駁，項平父聞亦杜門不敢見人，其它吾人往往藏頭縮頸，不敢吐氣，甚可笑也。熹明年七十，已草告老之章，只從本貫依庶官例陳乞，亦不欲作廟堂書劄。而或者尚恐觸犯禍機。顧念禮律自有明文，而罪戾之餘，尚忝階官，亦無不許致仕之法，並已決意爲之，不復顧慮。政使不免，亦所甘心。蓋比之一時輩流，已獨爲優幸矣。尚欲低回貪戀微禄，以負平生之懷，復何爲哉！

前此附書，似是因李普州便。書中欲煩借黄文叔家地里木圖爲製一枚，不知達否？此近已自用膠泥起草，似亦可觀。若更得黄圖參照尤佳。但恐此書或已浮沉，不曾製得，即亦不必爲矣。禮殿圖舊亦有之，但今所寄摹畫精好，想正得古本筆意也。三五之目不可考，古事類此者多矣，今日豈能必其是非也邪？但既有是名號，則必有是人，《易大傳》但舉其制作之盛者而言耳。如漢人但言高祖、孝文，豈可便謂其間無惠帝耶？

洮研發墨，鋒鋩可畏，此所難得，足爲佳玩矣。《晦庵文集》卷三八。

　　案：書中云"加以親舊凋零，如蔡季通、呂子約皆死貶所，令人痛心。……熹明年七十，已草告老之章，只從本貫依庶官例陳乞，亦不欲作廟堂書劄"。呂祖儉（子約）卒於慶元四年七月，蔡元定（季通）卒於八月；又十二月中，朱熹具申建寧府，乞保明申奏致仕。《年譜長編》卷下。故推知本書約撰於四年十一月、十二月間。

李伯敏

　　李伯敏，字敏求，一字好古，高安（今屬江西）人。"少時嘗與其宗人交訟于官，劉靜春清之見之，爲説《易》之《訟》、《家人》二卦，先生瞿然，即以訟貲市程《傳》歸，遂爲學者"。後"又嘗以書通問朱子，朱子答云：……先生得書，遂終身爲象山之學，不復名他師"。《宋元學案》卷七七。

朱熹《答李好古》：

　　向來見陸删定，所聞如何？若以爲然，當用其言，專心致志，庶幾可以有得，不當復引他説，以分其志。若有所疑，亦當且就此處商量，不當遽舍所受而遠求也。東問西聽，以致惶惑，徒資口耳，空長枝葉，而無益於學問之實。不願賢者爲之，是以有問而未敢對也。《晦庵文集》卷六四。

案：陸九淵自淳熙十年冬至時爲敕令所删定官。《陸九淵集》卷三六《年譜》。本書有云"向來見陸删定，所聞如何"，故推知其約撰於此期間，姑係於淳熙十一年(1184)間。

李 訸

李訸(1144—1220)，字誠之，泉州晉江(今屬福建)人。紹興時參政李邴孫。歷漳州通判，知汀州、黄州、袁州，提點夔路刑獄，未幾除轉運判官，召除吏部郎，遷大理少卿，尋遷卿，出帥廣西，以敷文閣待制知建寧府，告老以歸。嘉定十三年十月卒，年七十七。著有文藁七十卷、《續通鑑長編分類》三十八卷、《談叢》七卷藏于家。事迹見真德秀《西山文集》卷四二《通議大夫寶文閣待制李公墓誌銘》。

李訸《與朱元晦書》：

訸之請非有他，獨願得一言以發明公之大節，使後世之知公者不獨以其文而已爾。《晦庵文集》卷七六《雲龕李公文集序》。

案：朱熹《雲龕李公文集序》有云"頃年公孫故

建康通守誼嘗以公之遺文屬熹爲序,熹以不文,謹謝
不敢。今年通守之弟齊安史君訢又以爲請,且曰:
'訢之請非有他⋯⋯'熹於是乃敢拜受其書而三復
焉,因竊論其所感者如此,以附篇後"。撰於"紹熙元
年冬十有一月"。《晦庵文集》卷七六。時李訢官黃州
知州,故朱熹稱之"齊安史君",故推知本書約撰於紹
熙元年(1190)中。

朱熹《答李誠之》:

昨蒙不鄙,俾撰先正文集後序。自知不文,不足以副
厚意,顧以先契之重,鄉往之深,且欲託此以少見尊獎節
義、別嫌明微之意,以是不敢力辭,而輒草定其説,以求商
訂。區區之心,蓋未敢自以爲是也。所欲更定"尊復明
辟"四字,刊去繁冗,著語精切,前輩所謂自有穩字,正此
謂也。玩味歎服,不能自已。但"平賊之功,雖由外濟"之
語,乃是區區鄙意分功紀實,以息爭論之微指。朱丞相所
記當時之事非不詳明,正以欲專其功而反詆吕、張爲敗
事,又其後深詆李、趙諸公,誣謗已甚,故讀者往往心非而
鼻笑之,并與其可信者而不信之也。願熟思之,恐不可
改,如何?《晦庵文集》卷六〇。

案:書中"俾撰先正文集後序"云云,即指朱熹
《雲龕李公文集序》,撰於紹熙元年十一月,而本書又
言"而輒草定其説,以求商訂。⋯⋯所欲更定'尊復

明辟'四字,刊去繁宂,著語精切。……但'平賊之功,雖由外濟'之語,乃是區區鄙意分功紀實,以息爭論之微指,……願熟思之,恐不可改",則李訧收悉《雲龕李公文集序》後再致書討論序中文字,朱熹作本書以答,故推知本書當撰於紹熙二年(1191)中或稍後。

朱熹《答李誠之_訧》:

特承寄示新刻《二先生祠記》,并枉長書一通。《記》文鄙淺而書意勤厚,非區區所敢當也。然先生之道,即伏羲、堯、舜、禹、湯、文、武、周公、孔、孟所傳之道;先生之書,即所以發明《六經》、孔孟之書。初非別有玄妙奇特、自爲一家之説,而與古之聖賢異軌殊轍也。世之君子固未必嘗讀其書,而驟讀其書,亦未能遽曉,是蓋不唯不知程氏之學,實乃并與古昔聖賢之學而不之知也。舉世昏冥,恬不覺悟,而其聰明辯博能爲文字語言、名有氣概才力者,則其惡之爲尤甚。今以門下之才之美,宜已無愧此數者,而其用心獨不然,蓋不惟立祠伐石以著其尊慕之意,而來書之喻,又將不鄙迂陋而辱問津焉,此其志豈獨賢於今世之士也哉!竊感下問之勤,故粗論其梗概如此。近所刊定《大學章句》一通,今致几下。所欲言者,不能外此,幸一讀而三思之,其必將有以得之,而異時所以見於文章事業者愈有光矣。僭率皇恐。《晦庵文集》卷六〇。

案：書中"特承寄示新刻《二先生祠記》，并枉長書一通"，指《黄州州學二程先生祠記》，撰於紹熙三年秋九月戊子，《晦庵文集》卷八〇。李訦此後將《記》文刻石，而寄拓本與朱熹，朱熹再爲本書答之，故推知本書當撰於紹熙四年（1193）中。

李 椿

李椿（1111—1183），字壽翁，洺州永平（今屬河北）人。歷知鄂州，移廣西提點刑獄，召爲吏部郎官，除樞密院檢詳，遷左司，除直龍圖閣、湖南運副，除司農卿，兼知臨安府，出知婺州，召除吏部侍郎，除集英殿修撰、知寧國府，改太平州。年六十九，以敷文閣待制致仕。越再歲，復命顯謨閣待制、知潭州、湖南安撫使，未滿歲，復進敷文閣直學士致仕。淳熙十年卒，年七十三。其"年三十始學《易》，其言於朝廷，措諸行事，皆《易》之用"。《宋史》卷三八九有傳。

李椿《與朱元晦書》：

即如君言，斯人而能爲此書，亦吾所願見也。幸爲津致，使其一來。《晦庵文集》卷八一《再跋麻衣易説後》。

案：朱熹《再跋麻衣易説後》載其守南康時有前湘陰主簿戴師愈來謁，即託名撰作《麻衣易説》者，

"欲以其事馳報敬夫,則敬夫亦已下世,因以書語呂伯恭曰,……時當塗守李壽翁侍郎雅好此書,伯恭因以予言告之。李亟以書来曰:'即如君言……'予適以所見聞報之"。《晦庵文集》卷八一。張栻卒於淳熙七年二月,《張宣公年譜》。故推知本書約撰於淳熙七年(1180)夏間。

朱熹《答李壽翁》:

熹竊嘗聞之,侍郎知《易》學之妙,深造理窟,每恨不得執經請業。茲辱誨諭,警省多矣。《麻衣易説》熹舊見之,常疑其文字言語不類五代、國初時體製,而其義理尤多淺俗,意恐只是近三、五十年以来人收拾佛、老術數緒餘所造。嘗題數語於其後,以俟知者。及去年至此,見一戴主簿者名師愈,即今印本卷後題跋之人,初亦忘記其有此書,但每見其説《易》,專以《麻衣》爲宗,而問其傳授來歷,則又祕而不言,後乃得其所著他書觀之,則其文體意象多與所謂《麻衣易説》者相似,而間亦多有附會假託之談,以是心始疑其出於此人。因復徧問邦人,則雖無能言其贋作之實者,然亦無能知其傳授之所從也。用此決知其爲此人所造不疑。然是時其人已老病昏塞,難可深扣,又尋即物故,遂不復可致詰。但今考其書,則自《麻衣》本文及陳、李、戴注題四家之文如出一手,此亦其同出戴氏之一驗。而其義理,則於鄙意尤所不能無疑。今以台諭之及，當復試加考訂，他日別求教也。

程君《著説》亦嘗見之，其人見爲進賢令，至此數得通書，愷悌博雅，君子人也。自別有《易説》，又有《田制書》，近寄印本及所刻范伯達丈《夫田説》來。今各以一編呈納，伏幸視至。他所欲請教者非一，屬以歲凶，郡中多事，留此便人日久，且草具此拜稟，早晚別尋便拜啓次。《晦庵文集》卷三七。

案：書中云"及去年至此，見一戴主簿者名師愈，……但每見其説《易》，專以《麻衣》爲宗"，據朱熹《再跋麻衣易説後》云"予……後二年假守南康，始至，有前湘陰主簿戴師愈者來謁"，《晦庵文集》卷八一。故知本書撰於淳熙七年。書中又言"程君……見爲進賢令，至此數得通書，……自別有《易説》，又有《田制書》，近寄印本及所刻范伯達丈《夫田説》來。今各以一編呈納，伏幸視至。他所欲請教者非一，屬以歲凶，郡中多事"，七年秋間南康大旱，朱熹急於荒政，又據朱熹《答程可久》(熹昨承寵示公劄)言及"《田賦》、《夫田》二書，更欲求得數本，以廣長者救世之心。得早拜賜，甚幸甚幸"，《晦庵文集》卷三七。《答程可久》撰於是年秋間，故推知本書約撰於秋末、冬間。

又，朱熹《敷文閣直學士李公墓誌銘》云"然熟公(李椿)聞望蓋久，中間一再通書，荷公見予良厚"。

《晦庵文集》卷九四。然存者僅此一書。

李次張

李次張,名里未詳。

朱熹《答李次張》:

承留意七篇之指,想深有所契。義利之際,固當深明而力辨,然伊洛發明未接物時主敬爲善一段功夫,更須精進乃佳。不爾,幾無所據以審夫義利之分也。試以此質之南軒,當亦以爲然耳。《晦庵文集》卷五八。

案:張栻淳熙六年十一月病,次年二月二日卒。《張宣公年譜》。本書云及"試以此質之南軒",推知當撰於是年(1179)或稍前。

李端甫

李端甫,名里不詳。

朱熹《答李端甫》:

聞小豸既逐,零陵即將次及,亦欲置之叛逆之科,不知如何又却中輟?不免命也,臧氏其如予何!《晦庵文集》別集卷二。

案:《宋史全文》卷二九上載慶元元年十一月丙
午(二十五日),"監察御史胡紘奏趙汝愚唱引偽徒,
謀爲不軌,責授寧遠軍節度副使,永州安置";次年正
月庚子(二十日),"責授清遠軍節度副使趙汝愚卒於
衡州。汝愚既責零陵,過衡陽已病,又爲守臣錢鍪所
窘逐,遂服藥而卒,天下冤之。時有迪功郎趙師召
者,上書乞斬汝愚,事雖不行,然韓侂胄之黨以汝愚
有定策功,惟恐其復進,故當時謂汝愚不死,事固未
可知也"。永州零陵郡,此代指趙汝愚。本書有云
"零陵即將次及,亦欲置之叛逆之科,不知如何又却
中輟",故推知其約撰於元年(1195)末、二年初。

李　燔

李燔(1166—1235),字敬子,南康建昌(今江西永修)
人。中紹熙元年(1190)進士,授岳州教授,未上,往建陽
從朱熹學。改襄陽府教授,後添差江西運司幹辦公事,改
潭州通判,不數月辭歸,以直秘閣主管慶元至道宫。卒,
年七十,謚文定。《宋史》卷四三〇有傳。《吳文正集》卷
四四《弘齋記》曰:"昔南康李文定先生燔,字敬子,登科之
後,年三十五,始受學于朱子。朱子告以曾子'弘毅'之
説,於是文定歸而取'弘'之一字名齋室。"故推知其生於
乾道二年,卒於端平二年。

朱熹《答李敬之_燔余國秀_{宋傑}》：

燔氣質躁迫，每於先生強探力取之戒、積漸涵泳之訓，玩味用功，但臨事時終覺爲害。今只靠定視聽言動，常於此四事上著力，又以義理融液之，頗覺得力，然終是病根常在。

不須如此做伎倆，但才覺時便克將去，莫更計較功效遲速也。後段放此。

燔竊謂顏子四勿，今人非不欲如此，只爲不知其孰爲禮，孰爲非禮。顏子所以纔聞克復之語，便知請問其目，纔聞四勿之語，便承當去，雖是資質絕人，亦必是素於博文約禮上用功。今之學者，且先以博約爲先，而四勿之戒隨其所知施之應酬，漸漸望其貼近，庶有實效。

既知如此，何不用力？然博文約禮亦非二事，而異時之深純，亦不外乎今日之勉強也。

燔竊妄謂：性之者，多由内以達諸外，而自不廢夫在外之功；反之者，多資外以養乎内，而始有契夫内之理。如顏子之四勿、曾子之三省，與夫博文約禮、動容正顏之事，皆資外養内之事也。今之學者，唯當悉意於此。

勿之、省之亦由内。要之内外不是判然兩件事也。

燔竊謂先生教人，只是欲人持敬、致知、克己以復其性，其間條目却自多端。

自做功夫看即自見得，不須如此泛問也。

燔謂《敬齋箴》後面似少從容意思，欲先生更著數語，使學者遵守，庶幾無持之太甚，轉不安樂之弊。

前已言之矣。

燔祖妣捐棄，朋友以劉輝嫡孫承重事見告，遂申州以請于朝，續準報許。後見范蜀公亦嘗論及，乃知輝非苟然者，而舜弼始終以爲此事只當從衆。今事已無及，但朋友間不幸而值此，不知當如何？

若父是祖之嫡長子，己是父之嫡長子，即合承重無疑。如其不然，則前日之舉爲過於厚，亦不必以爲悔也。朋友之問，則但當以禮律告之，不可使人從己之誤也。當言循理守法，不當言從衆。

燔嘗疑伊川平日斷不肯與人作墓誌，不知其意何在。至太中及明道，又却用之，而其叔父、姪女之類，亦復自作，何也？

伊川先生初無斷不作志之說，疑以不能甚工於文，又或未必得其事實，故少作耳。《集》中亦有《叔父墓誌》者，施之於家，可無前二者之慮也。

燔家中舊有祖産，今欲稟家叔，諸房各以人口多少備辦經用，儲之堂前，以爲久遠團欒之計。然衆志難諧，未有所處。

諸位各辦歲計，其力不能辦者如之何？此須熟慮，博訪其宜，不可草草也。

燔免喪之後，親戚朋友勸以赴部，以病不能行。或以爲教官可以請祠，燔欲姑守前志，且爲養病、讀書計。

未知不仕之意有何義理？只可自以大義裁之，不須問人，亦非它人所能決也。若無正定義理，則爲貧而仕，古人有之，不須如此前卻也。

燔嘗謂：欲君德之美，當重保傅之選。欲士風之美，當正教取之法。欲吏道之良，當久其任。欲民俗厚，當興禮樂。欲彊甲兵，當倣寓兵之意。欲足財用，當急農桑之務。

大概是如此。然須更讀書窮理，博觀古今聖賢所處之方，始有實用，不爲空言也。

燔謂後世人才不振，士風不美，在於科舉之法。然使便用明道貢興之論，伊川看詳之制，則今之任學校者皆由科舉而出，亦豈能遽變而至道哉？

明道所言，始終本末次序甚明。伊川立法，姑以爲之兆耳。然欲變今而從古，亦不過從此規模，以漸爲之。其初不能不費力矯揉，久之成熟，則自然丕變矣。

燔謂釋、老之學所以舛謬，只緣未能致知，但據偏見，直情徑行，所以與吾道背馳。使其能求通於聖人，則其所至豈小小哉？又嘗求二氏之學所以盛衰之故，釋氏主於心，緣其就根本上用力，故久而愈熾；老氏主於身，緣其所執亦淺狹，故久而微削。

且熟觀義理，久之自然精密，未須如此樁定死法也。

燔外家司姓，外祖早世，外曾祖復子一戴姓者。戴死無子，只一女，舅氏爲之服三年喪，且合葬祖塋，祠之家廟。屢棄之舅氏，遷戴氏葬之它所，改外祖合葬外祖母之側，除戴氏之享，使其女主之，量分產業，使之備禮。事今雖未行，而朋舊多以爲然。續又思之云云。

初説甚善，然亦有一句未是，以《河廣》之義推之可見。"又思"以下則又過矣。"不共戴天"，謂父母見殺而其人不死者耳，移之於此，似非其倫。若果如此，則禮經何爲而制服邪？夫死而嫁，固爲失節，然亦有不得已者，聖人不能禁也，則爲之制禮以處其子，而母不得與其祭焉，其貶之亦明矣。

燔見朋友間多有增親年以希恩霈者，且悔之，又恐兄弟間有堅欲陳乞者。燔以爲不若作一狀子刺破，乞備申省部照會，方爲堅決。

兄弟若欲陳乞，但委曲爲陳不可誣親以欺其君之意足矣，何必作此痕迹邪？

燔因與朋友論及冒貫赴試事，以爲豈可不攻，獨國秀以爲不須攻。幸一言以定衆志。

不知要如何攻？若只經官陳狀，乞泛行約束，即不妨。若指名告示，聚衆毆擊，則非所宜矣。

燔竊謂明德新民，不是自己一切事都做了後方去新民，隨所及所值而爲之耳。

兩語有病。

至善乃萬理盡明，各造其極，然後爲至。

至善是自然底道理，如此説不得。

至善，如堯、舜、文王之爲聖，湯、武之爲征伐，周公之爲臣，孔子之爲師，伊尹之爲志，顔子之爲學。又謂至善在己則爲天命之性，在事則爲率性之道，推之天下則爲脩道之教，此聖人之事也。若學者則就教上尋求向上去，到得極處，皆只一般，元無加損。

説得未是，亦不須如此閑説。

“知止能得”，燔嘗謂洞然無蔽之謂知，確然有實之謂得，明則誠矣。

近之，但語未瑩。

知，善之明也；得，身之誠也。

近之。

慮謂知之尤精，而心思所值無不周悉。

是。

燔謂知止則志不惑亂而有定嚮，志定則此心無擾而靜，心靜則此身無適而不安，心靜身安則用自利。事物之來，不特能即事見理，又能先事爲防，如“後甲三日”、“後庚三日”之云云。其於事之終始先後、已至未然，皆無遺鑒，皆無失舉矣。如是而後爲得其所止，則可以謂之“誠有是善，而誠極是”矣。

此段得之。

燔謂知則知其所當然，慮則并極其未然。

知是閑時知得，慮是到手後須要處置得是。

燔謂知止有明而未誠處，得止則一一皆誠矣。到
得至誠田地上面，更有變化不測在。

未須如此閑思想。看文字且理會當處義理，漸覺意
味深長乃佳。如此支離，不濟事也。

燔謂大學之意，當持敬以養其所知之本，格物以廣
其所知之端，使吾心虛明洞徹，舉無不燭，則是非當否
各以呈露，而至善所在自不容有所蔽矣。周舜弼以謂
知止者，非萬理併皆昭徹，然後謂之知止。一事便有一
理，即其所知而求得其所止。所謂能得者，非是動容周
旋，各當其則。一事得其所止，如仁敬孝慈之類，皆爲
至善。若必以動容周旋當則言之，則將使學者没世窮
年，無復可以知止，而得其所止矣。

經之所言，是學之等級。然知有淺深，得有大小，存
乎其人，難以一概論也。

“物有本末”云云。燔謂先後之中更有輕重，本末
之先後重，始終之先後輕。

不須如此分別，枉費心思，道理又不如此，無益而有
害也。

燔謂《注》文於“明明德於天下者”之下，似少自己
推之之意。

經文次序已自詳悉，何用更説。

《或問》於“明明德於天下”處，只言誠意、正心、脩
身，而不及致知，又益以親親、長長，而不及齊家、治國、

平天下，願聞其指。

致知所以明之，親親、長長即齊家之大者。

平天下之事，蓋新民之極功，則用益廣而法宜益詳。今考《傳》文，則皆感發維持之意，而不及乎它，似未免乎略。

"平天下"章以絜矩推之，而詳言同貨利、公好惡之事，其法可謂詳矣，何謂略耶？

《大學傳》九章"其家不可教"，竊疑"可"字當爲"能"字。

彼之不可教，即我之不能教也。"可"之與"能"，彼此之詞也。若作"家不能教"，則不詞矣。

《傳》之九章，大率皆躬行之事，而未及乎爲政。八章亦然。

成教於國，則政事之施在其中矣，但須以躬行爲本，故特詳之。本末輕重，固自不同也。

宋傑嘗於"親愛而辟"上用功，如兄之子常欲愛之如己子，每以第五倫爲鑒，但愛己子之心終重於愛兄之子。

"常欲"二字即十起之心也。須見得天理發見之本然，則所處厚薄雖有差等，而不害其理之一矣。

燔近於家間區處一二事，便覺上下睽隔，情意寖薄。欲遂置而不問，則諸事不整。不知且只於身上自理會，莫屑屑問它，如何？

"威如之吉"，反身之謂也。

　　宋傑嘗觀《傳》文論脩身在正其心,嘗每用力自克,亦頗得力。而敬子不以爲然,以謂“若論是當,須還是喜怒中節乃可”。然宋傑今日之所謂得力者,仍是隨意之所便者以致力,而實未深察夫不能自已者也。

　　正心之功,若自知至、意誠中來,則不須如此安排,而自無不正矣。未到此地,則亦隨力隨分省察持守可也。不須如此計較,且向格物處用功,乃爲知所先後耳。

　　燔謂喜怒憂懼之氣,心實帥之。帥稍動搖,氣不聽命,則必有是四者之累。學者固當逐件上用功,然非先正其帥,亦未見其爲全功也。

　　如此則與此《傳》文意全然背戾矣。試更推之,如何?

　　誠意謹其發,正心存其體。又曰:誠意者,實所發於我,而我命之。心正則不問寂感,而本體常在。

　　兩條説意誠皆未安。

　　宋傑嘗觀《傳》之六章,注文釋自欺、謹獨處,皆以物欲爲言;《或問》則兼氣稟言之,似爲全備。

　　此等處不須疑,語意自合有詳略處也。

　　宋傑竊謂:動於物欲而假善以自欺,易識而易治;雜於氣稟而爲善之不切,難識而難治。欲得精察氣稟之爲害而克治之,當以何道?

　　考之經文可也。

　　燔居常好善惡惡,覺得直是分明,然或至自傷其和。而施之於人,亦多彊猛固必而無容養之意。夫好惡真切如此,而病復隨之者,何哉?

此等處自覺是病,便自治之,不須問人,亦非人所能預也。

康叔臨_淵以爲一物格則一知至。燔謂所謂物格者,乃衆理俱窮,相發互通,以至透徹,無復餘蘊,然後爲格。若謂一物明一知進則可,一物格一知至則不可。

伊川先生曰:"今日格一件,明日格一件。"

叔臨又謂:《或問》所謂"内外昭融",内謂理之在己者,外謂理之在物者。

内謂理之隱微處,外謂理之周徧處。

燔謂釋氏不務格物,而但欲自知,故一意澄定而所見不周盡。吾儒靜以養其所知之本,動以廣其所知之端,兩者互進,精密無遺,故所見周盡而有以全其天然自有之中。

大概近之,然亦未盡。

《或問》所謂"詣其極而無餘,隨所詣無不盡"。燔謂詣其極猶渠成,隨所詣猶水隨渠至。

譬喻未精,然亦不須如此模寫。

程先生説"學者之知道,必如知虎者"。燔謂不待勢迫法驅而自不能已,無所爲而樂於爲之者,真知者也。然知而習,習而熟,又精思而後浸得其真,非一知即能洞徹也。

此亦以中人言之,前已略論之。

宋傑讀書遇曉不得處，即掉下再三讀之。竟不曉，即置不復問，不知其病何在？

其病在是。

論古今人物而別其是非。宋傑。

人之過惡豈可輕論，但默觀之而反諸己，或有未明，則密以資於師友，而勿暴於外可也。

論天地之所以高深。燔。

天之外無窮，而其中央空處有限。天左旋而星拱極，仰觀可見。四遊之說則未可知。然曆家之說，乃以籌數得之，非鑿空而言也。若果有之，亦與左旋、拱北之說不相妨。如虛空中一圓毬，自内而觀之，其坐向不動而常左旋；自外而觀之，則又一面四遊以薄四表而止也。

康節“天地自相依附”之說。燔以爲此説與周子《太極圖》、程子“動静無端，陰陽無始”之義一致，非曆家所能窺測。

康節之言，大體固如是矣。然曆家之説，亦須考之方見其細密處。如《禮記·月令疏》及《晉·天文志》，皆不可不讀也。近見一書名《天經》，只是近世人所作，然類集古今言天者極爲該備，不知曾見之否？

鬼神之所以幽顯，上蔡云：“動而不已，其神乎；滯而有迹，其鬼乎？”燔謂鬼雖爲屈，久而必散，似無滯留於迹之理。云云。

神顯而鬼幽，上蔡“滯而有迹”之語，誠如所論，其它大概亦是如此。然夫子所以答季路之問者，又所當思也。

《小學》注："子事父母，孫事祖父母同。"燔謂諸父諸母親同服同，而不及之者，何哉？

諸父異宮，非可以徧詣而定省之，且若如此則將不得專乎事父母矣，此愛敬之等差也。

程先生"齊不容有思"之説，燔嘗以爲齊其不齊，求與鬼神接。一意所祭之親，乃所以致齊也。《祭義》之言，似未爲失，不知其意果如何？

《祭義》之言，大概然爾。伊川先生之言，乃極至之論，須就事上驗之，乃見其實。

程先生云："致知之要，當知至善之所在，如父止於慈、子止於孝之類。"燔謂物之大旨，各有精要，若泛求之，殆亦徒爲紛紛，無所底止。

伊川先生所論格物功夫數條，須通作一義看，方見互相發明處。如此一條，須與求其所以奉養温清之法者通看也。《晦庵文集》卷六二。

案：本書校記云書題"浙本無'余國秀'及注'宋傑'五字，天順本有之"。然據其内容，知本書乃與李燔、余宋傑二人。

書中有云"燔免喪之後，親戚朋友勸以赴部，以病不能行。或以爲教官可以請祠"，據《宋史·李燔傳》云其任岳州教授，"以祖母卒，解官承重而歸。改襄陽府教授，復往見熹，熹嘉之"。朱熹《答楊伯起》

（某衰朽益甚）有言“某衰朽益甚，已上告老之章，……李敬子得襄陽教官，見在此相聚，或傳其闕已到，未知然否”，《晦庵文集》別集卷六。朱熹於慶元四年十二月申建寧府，以年七十，乞保明申奏致仕。《道命錄》卷七下。五年四月守朝散大夫致仕。故推知《答楊伯起》撰於慶元五年春，而李燔“免喪”當在四年中，則本書約撰於四年（1198）秋、冬間。

李方子

李方子，字公晦，號果齋，邵武（今屬福建）人。李呂孫。嘉定七年（1214）進士第三人，調泉州觀察推官，除國子錄，罷歸。嘉定末起辰州通判，尋卒。著有《朱子年譜》、《傳道精語》及《禹貢解》等書。《宋史》卷四三〇有傳。《閩中理學淵源考》卷二七。

朱熹《答李公晦》：

所喻數條，蘇氏“遠慮”之說只是譬喻，未必專以地言。“謀道”一章，若取舊說，則二語爲複出矣，兼又有以學求禄之嫌，恐不若今文協而義精也。“知及仁守”之說則是，但此亦泛言，如云“知之非艱，行之惟艱”，古之聖賢亦未嘗無此戒也。“恕”之示義亦佳，先儒訓詁直是不草草也。正思所言，覽之令人感歎，偶其鄉人有在此者，當

轉致其家也。至之一族，被擾非常，極可念。渠近日講論
儘精細，但前日忿不思難，生此事端，累及無辜，爲可恨
耳。聞其敵近日遣人四出捕緝，至有來此登門尋覓者，惜
不及知，不得收（縛）[縛]送官耳。近日章、徐、皇甫、黄商
伯四章，各出何人之手？幸密批示。《晦庵文集》卷五九。

案：書中云及"正思所言，覽之令人感歎，偶其
鄉人有在此者，當轉致其家也"，其語氣似在程端蒙
（字正思）卒後。據朱熹《程君正思墓表》，程卒於紹
熙二年十一月一日。《晦庵文集》卷九〇。又書中云及
"至之一族，被擾非常，極可念。渠近日講論儘精細，
但前日忿不思難，生此事端，累及無辜。……聞其敵
近日遣人四出捕緝，至有來此登門尋覓者"，朱熹《與
留丞相》（前此蒙喻楊至秀才事）有云"前此蒙喻楊至
秀才事，率易報稟。似聞已荷寬慈，許以容恕，足見
大人之度至公無我有如此者，不勝敬服。然聞有司
尚以前日符移之峻，追捕未已，其人至今竄伏，無所
容寄"，《與留丞相別紙》（伏蒙別紙垂諭楊至曲折）又
云"伏蒙別紙垂諭楊至曲折，不勝皇恐"，《晦庵文集》
卷三八。所述當爲一事。《與留丞相》二書撰於紹熙
四年（1193）中，故推知本書約撰於一時先後。

朱熹《答李公晦書別紙**》：**

或者以爲鄉來封贈奏補磨勘之屬，皆已引用次對恩

數,今日不當反有辭避,遠近知識所説亦多如此。而熹鄙
意竊謂前此供職講筵之日,帶此職名,便合受此恩例;今
年已罷講職,則自不合帶此職名,便不合受此恩例。前日
之受,今日之辭,彼此一時,自不相須。設使前日爲不當
受,則今日只有改正納還,豈可却因已嘗誤受而終遂其非
之理? 至於所謂已罷講職不當復帶侍從職名,則其理亦
甚分明,但人不察耳。且如侍郎、給舍班皆在待制上,及
其補外,則往往止帶論撰職名,如近日鄧舍人是也。豈可
以其在內嘗任侍從差遣,而補外亦必待帶侍從職名乎?
嘗試屏去一切利害之私,而平心以觀之,則此理曉然不難
知也。《晦庵文集》卷二九。

案:據本書所述辭免職名之理由云云,推知其
當在下書(兩請既皆不遂)之前,推知約撰於慶元元
年(1195)春。

朱熹《答李公晦書》:

兩請既皆不遂,不免再告。鄙意休官尚可少緩,而辭
職不容不力,正與諸人之見相反。然又未知今此果能遂
此志否? 累書所喻,得所未聞,然事已爾,無可奈何,只得
任之耳。試後去住如何? 鄉里雖窮寂,然却無閑是非,亦
可樂也。《晦庵文集》卷二九。

案:書中云"兩請既皆不遂,不免再告。鄙意休
官尚可少緩,而辭職不容不力",據《年譜長編》卷下,

慶元元年正月中,朱熹辭焕章閣待制職名;三月初,復辭待制職名;五月,復辭職名,並乞致仕;七月末,又上章自劾,乞追還職名;十一月上旬,復辭職名;十二月下旬,詔依舊秘閣修撰、提舉南京鴻慶宫。故推知本書約撰於是年五、六月間。

朱熹《答李公晦》:

墓銘前已爲令叔言之矣,若無此慮,豈敢辭也。子約之亡,深可痛悼。不知諸公能因此事惻然於中,盡還諸遷客否? 如其不然,舂陵之請適足爲禍,亦尚未見復之,當即作書以力止其行耳。近日蘇子由、任德翁文字當已見之,宜春之詬,至今未知,此近事之鑒也。《晦庵文集》卷五九。

案:慶元四年七月,吕祖儉卒於高安;八月,蔡元定卒於道州。《年譜長編》卷下。本書中云“子約之亡,深可痛悼。……舂陵之請適足爲禍,亦尚未見復之,當即作書以力止其行耳”,舂陵即指蔡元定,由此可推知本書撰於四年(1198)七月末、八月初。

朱熹《答李公晦》:

所喻四説,往歲在彼固皆聞之,只是欠却明理,其説如東坡所謂“不以火點終不明耳”。説《詩》,近修得《國風》數卷,舊本且未須出,甚善。《晦庵文集》卷五九。

案：朱熹《答葉彥忠》(《詩傳》兩本)有云“《詩傳》兩本，煩爲以新本校舊本，其不同者，依新本改正”，《晦庵文集》續集卷八。本書云及“説《詩》，近修得《國風》數卷，舊本且未須出，甚善”，疑朱熹又重訂《詩傳》而後刊印之。《答葉彥忠》撰於慶元五年或稍前，故推知本書約撰於慶元四年間。

李閎祖

李閎祖，字守約，號綱齋，光澤(今屬福建)人。李呂長子。“蚤授庭訓，與其二弟登晦菴先生之門，篤志强力，精思切論，晦菴延之家塾以訓諸孫。爲編《中庸章句》《或問》《輯略》”。登嘉定四年(1211)進士，調静江府臨桂縣簿，任福州古田令，終廣西經略安撫司幹官。著有《師友問答》十卷。《閩中理學淵源考》卷六。

朱熹《答李守約》：

“克己復禮爲仁”，曾子言容貌、顏色、辭氣，而其要在動、正、出之際。

大抵得之。但曾子之語功夫更在三字之前，此特語其效驗處耳。

“自古皆有死”，《集注》云：“無信則雖生無以自立，不若死之爲安。”恐語有未瑩。

"安"字極有味，更宜玩之。

"仲弓爲季氏宰，問政"，程子曰："便見聖人與仲弓用心之小大。"謂仲弓爲蔽於小則可，若曰仲弓必欲舉賢之權皆出於己，有若要譽而市恩者，則恐仲弓之賢，未必至是。

程子之意，固非謂仲弓有固權市恩之意而至於喪邦，但一蔽於小，則其害有時而至，此亦不爲難矣。故極言之，以警學者用心之私也。

"衛君待子而爲政"，胡氏所謂"具其事之本末告諸天王，請於方伯，命公子郢而立之，於名正矣"。然孔子之於衛，重非世臣，親非貴戚之卿，則恐衛君之未能安己以聽之也。

胡氏之言乃聖人大用之全體，但其間曲折之微，聖人須更有隨宜裁處處，不患其不從也。若但令出從蒯聵，爲輒之私計則可，其如衛國何哉？程子論請討陳常處云："所以勝齊者，孔子之餘事。"此可見聖人之用矣。

衛公子荊善居室。

言居室，則似是處家之意。

"定公問一言可以興邦"，舊點"言不可以若是"爲句，今以"言不可以若是其幾也"作一句，不識別有微意否？

如《集注》說，恐二字亦自相應。以"若是"絕句，恐不詞也。

夫子不答南宫适。

适雖非問，然其言可取，則亦不應全然不答，疑其實有貶當世而尊夫子之意，夫子不欲承當，故不答耳。

管仲奪伯氏駢邑。

亦嘗疑蘇説少異，然牽於愛而存之。此但當用吴氏説，引荀子以證之可也。

避地、避世、避色、避言。

所遇不同，固有未及徵於色而已發於聲者矣。

閎祖比會江西一士人，謂《太極圖》主静之説，乃出於老氏之説。

江西士人大抵皆對塔説相輪之論，未嘗以身體之，故敢如此無忌憚而易其言耳。

《敬齋箴》云：“須臾有間，毫釐有差。”

須臾之間以時言，毫釐之差以事言，皆謂失其敬耳，非兩事也。

十月未嘗無陽之説，發明程子之所未盡，至爲明白。

此理分明，列、莊之徒蓋已窺見之矣，故有密移之説。《晦庵文集》卷五五。

案：本書校記云：“乃出於老氏之説”句上，浙本有“非吾儒之所宜言”七字；“須臾有間”下，浙本有“私欲萬端，不火而熱，不冰而寒”十二字；“毫釐有差”下，浙本有“天壤易處，三綱既淪，九法亦斁”十二字。

　　陸九韶《與朱元晦書》曰"《太極圖説》與《通書》不類,疑非周子所爲",《陸九淵集》卷二《與朱元晦》引。又陸九淵《與陶贊仲》有云"《太極圖説》,乃梭山兄辨其非是,大抵言'無極而太極'是老氏之學,與周子《通書》不類。《通書》中言太極不言無極,《易大傳》亦只言太極不言無極。若於'太極'上加'無極'二字,乃是蔽於老氏之學"。《陸九淵集》卷一五。本書"閎祖比會江西一士人,謂《太極圖》主静之説,乃出於老氏之説"云云,即述陸氏之説。陸氏《與陶贊仲》撰於淳熙十二年六、七月間,故推知本書約撰於淳熙十三年(1186)前後。

朱熹《答李守約—本作"答李時可"》:

　　所論克復工夫甚簡潔,知用心之精切也。但依此用力,更加講學之功,則必有所至矣。前所寄者,今答于後。史論大概亦甚正也。

　　"好仁惡不仁"章,某竊觀之,人之資禀固有偏重如此,如顔、孟之事亦可見矣。顔子嫉惡不仁之事罕見於經,可謂好仁者。於孟子則辨數不仁者之情狀,無一毫少貸,可謂惡不仁者。

　　此説得之。

　　"斯仁至矣","至"若"來至"之意。

昔者亡之，今忽在此，如自外而至耳。如《易》言"來復"，實非自外而來也。

"君子所貴乎道者三"，"正"之爲言猶有待乎用力之意，非如"動容貌"、"出辭氣"文意自然。

言君子所貴於道者，在此三事，而籩豆之事則其所賤也。"動"、"出"非是全不用力，"正"亦非是大段用力。惟正之而非僞飾，所以爲可貴耳。更詳《集注》以解經文，自見曲折。

"驕吝"章，《集註》曰："驕，矜誇；吝，鄙吝。"某竊思之，似謂誇其有於己，驕也；不以其有與人，吝也。然又載程子之言曰："驕氣盈，吝氣歉。"夫自以爲有餘則氣盈，自以爲不足則氣歉，似於《集註》之説不同。

吝之所有，乃驕之所恃也，故驕而不吝無以保其驕，吝而不驕無所用其吝。此盈於虛者所以必歉於實，而歉於實者所以必盈於虛也。

"執御"章，《集註》謂"然則吾當執御矣"，則以爲夫子真執御。至於末後載尹氏之説曰"吾將執御矣"，則以爲夫子之設詞。某竊以後説於上下文意爲順。

黨人之稱孔子如此，不知孔子當以嘗執賤事告人，而辭其無所成名之大耶，當故爲自屈之詞，以顯其所稱之失耶？二者氣象之大小，必有能辨之者。

"沽之哉"，"哉"之爲義，以常例言之，則爲疑辭。《集注》直曰"固當賣之"，而不以爲疑詞，何也？

“哉”本歎辭，其或爲疑辭者，亦歎以疑之也。此言“沽之哉”，而繼以“待價”，則不得爲疑辭矣。

“巍巍乎，舜、禹之有天下也，而不與焉”，伊川曰：“舜、禹之有天下也，而不與求焉。”《集注》不取，何也？

“有”字與“與”字相應，若爲“不與求”，則“有”當作“得”矣，恐不然也。

“不忮不求”，不嫉人之有，故無害人之心，此之謂不忮；不恥己之無，故無貪欲之心，此之謂不求。則是以一人而兼二病。然末後載呂氏説曰：“貧與富交，强者必忮，弱者必求。”似非此意，而於本文不明，如何？

不嫉人之有，不恥己之無，正是呂氏意，不知更有何疑？更詳言之。

“不得其醬不食”，“醬”者當是鮓醢之物。

如魚膾不得芥醬、麋腥不得醯醬則不食，謂其不備或傷人也。

《孟子》“口之於味”章，言人之性命有此二端，自口之嗜味以至四體之嗜安逸，形氣之性，君子有弗性焉；自仁之於父子以至聖人之於天道，道義之性，君子性之。猶舜所謂人心道心之在人，特要精別而力行之耳。

看得儘好。《晦庵文集》卷五五。

案：上書（克己復禮爲仁）答問“‘克己復禮爲仁’，曾子言容貌、顏色、辭氣，而其要在動、正、出之際”曰：“大抵得之。但曾子之語功夫更在三字之前，此特語其效驗處耳。"而本書乃答問"'君子所貴乎道者三','正'之爲言猶有待乎用力之意,非如'動容貌'、'出辭氣'文意自然"云:"言君子所貴於道者,在此三事,而籩豆之事則其所賤也。'動'、'出'非是全不用力,'正'亦非是大段用力。惟正之而非僞飾,所以爲可貴耳。"又云"所論克復工夫甚簡潔,知用心之精切也。……前所寄者,今答于後",推知本書乃承上書。李時可,即李相祖,李閎祖弟。

朱熹《答李守約》:

三詩甚善,然爲學當以修身窮理爲急,不患不能此也。師禮,自度未有以大爲朋友之益,故不敢當。來喻似未悉鄙懷也。《晦庵文集》卷五五。

> 案:《朱子語類·姓氏》云李閎祖乃"戊申(淳熙十五年)以後所聞",而本書有云"師禮,自度未有以大爲朋友之益,故不敢當。來喻似未悉鄙懷也",推知其撰於此前,約在淳熙十四年(1187)或稍前。

朱熹《答李守約》:

熹目益盲,而《中庸》未了,數日來不免力疾整頓一過。勢須作三書,《章句》、《或問》粗定,但《集略》覺得尚有未全備處。今併附去,煩子細爲看過。記辯併往,册頭有小例子,可見去取之意。但覺删去太多,恐有可更補者,可爲補之。或有大字合改作小字、小字合改作大字者,煩悉正之,早遣一介示及爲佳。《章句》、《或問》中有可商量處,幸喻及。《晦庵文集》卷五五。

> 案:朱熹《中庸章句序》云:"……既爲定著《章句》一篇,以竢後之君子。而一二同志復取石氏書,删其繁亂,名以《輯略》,且記所嘗論辨取舍之意,别爲《或問》,以附其後",時淳熙己酉三月戊申。《晦庵文集》卷七六。本書有云"勢須作三書,《章句》、《或問》粗定,但《集略》覺得尚有未全備處。今併附去,煩子細爲看過",當在其前,約在淳熙十六年(己酉,1189)初或稍前。

朱熹《答李守約》:

《中庸》看得甚精,《章句》大概已改定,多如所論。但致中和處,舊來看得皆未盡,要須兼表裏而言。如致中則欲其無少偏倚而又能守之不失,致和則欲其無少差繆而又能無適不然,乃爲盡其意耳。蓋致中如射者之中紅心而極其中,致和如射者之中角花而極其中,又所發皆中,無所間斷。近來看得此意稍精,舊説却不及此也。《晦庵文集》卷五五。

> 案:上書(熹目益盲)有云"《章句》、《或問》粗定,但《集略》覺得尚有未全備處",本書乃云"《中庸》看得甚精,《章句》大概已改定,多如所論",知在其

後，約撰於淳熙十六年春中。

朱熹《答李守約》：

王子合過此，說失解曲折，甚以爲恨。此等事遲速自
有時節，若斷置得下，則自與我不相干矣。上蔡於此發明
甚有力，正好於實地上驗之也。前書所問"誠"字之說，大
概已得之。禽獸於義禮上有見得處，亦自氣稟中來，如飢
食渴飲、趨利避害之類而已。只爲昏愚，故上之不能覺
知，而下亦不能作僞。來喻上文蓋已言之，不知如何又却
更疑著也？大中之說，不記向來所論首尾。此亦只是無
事之時涵養本原，便是全體；隨事應接各得其所，便是時
中；養到極中而不失處，便是致中；推到時中而不差處，便
是致和。不可說學者方能盡得一事一物之中，直到聖人
地位方能盡得大中之全體也。仁包五常之說，已與令裕
言之。大抵如今朋友就文義上說，如守約儘說得去，只恐
未曾反身真箇識得，故無田地可以立脚，只成閑話，不濟
事耳。《晦庵文集》卷五五。

案：上書（《中庸》看得甚精）有云"但致中和處，
舊來看得皆未盡，要須兼表裏而言。如致中則欲其
無少偏倚而又能守之不失，致和則欲其無少差繆而
又能無適不然，乃爲盡其意耳"，本書乃云"大中之
說，不記向來所論首尾。此亦只是無事之時涵養本
原，便是全體；隨事應接各得其所，便是時中；養到極

中而不失處，便是致中；推到時中而不差處，便是致和。不可説學者方能盡得一事一物之中，直到聖人地位方能盡得大中之全體也"，當在其後。本書又言"王子合過此，説失解曲折，甚以爲恨。此等事遲速自有時節"，因紹熙元年有春闈，故此"失解"或指淳熙十六年秋間解試，則推知本書約撰於是年冬間。

朱熹《答李守約》：

熹向來所苦只是勞心所致，尋以般移應接，内外勞擾，遂不藥而愈。乃知君逸臣勞，真養生之要訣也。《晦庵文集》卷五五。

案：紹熙三年六月，考亭新居落成，朱熹居之。《年譜長編》卷下。本書有云"熹向來所苦只是勞心所致，尋以般移應接，内外勞擾，遂不藥而愈"，疑即指此，故推知其約撰於是歲（1192）夏末、秋初。

朱熹《答李守約闔祖》：

讀書之法無他，唯是篤志虛心、反復詳玩爲有功耳。近見學者多是率然穿鑿，便爲定論，或即信所傳聞，不復稽考，所以日誦聖賢之書而不識聖賢之意，其所誦説只是據自家見識撰成耳。如此豈復能有長進？前輩蓋有親見有道，而其所論終不免背馳處者，想亦正坐此耳。所説持敬工夫，恐不必如此，徒自紛擾，反成坐馳。但只大綱收斂,勿令放逸,到窮理精後,自然思慮不至妄動,凡所營爲無非正理,則亦何必兀然静坐然後爲持敬哉?《晦庵文集》卷五五。

案:朱熹《答陳才卿》(子顏一室蕭然)有云"大凡讀書,須且虛心參驗,久當自見,切忌便作見解主張也。玉山所說當已見之,若嫌離析,即却教他捏做一團也。所答守約書大槩得之,更當虛心玩味,當更純熟也",《晦庵文集》卷五九。與本書"讀書之法無他,唯是篤志虛心、反復詳玩爲有功耳。近見學者多是率然穿鑿,便爲定論,或即信所傳聞,不復稽考,……如此豈復能有長進"云云相合,似撰於一時先後。《答陳才卿》撰於慶元元年(1195)四月或稍後。

朱熹《答李守約》:

所示課程及日用功夫甚善,但有疑雖當識以俟問,然亦不可不時時提起閑看,儻或相值,殊勝問而後通也。《晦庵文集》卷五五。

案:本書撰時不詳。因亦論讀書用功之事,疑在上書(讀書之法無他)後。待考。

朱熹《答李守約》:

示喻爲學之病,此非他人所能與,直須痛自循省,勇猛奮發,方有下工夫處。若只如此悠悠,恐無入德之期也。《晦庵文集》卷五五。

案：本書撰時不詳。因論及爲學之病，疑在上
書（所示課程及日用功夫甚善）之後。待考。

朱熹《答李守約》：

前日所喻，舉世皆謂當然，熹亦豈敢以爲不然？但恐
禍福之來亦有定分，非智力所能免，不欲枉作此忽忽耳。
若謂與時消息，固並行而不悖也。《晦庵文集》卷五五。

案：書中云及"但恐禍福之來亦有定分，非智力
所能免，不欲枉作此忽忽耳"，疑指慶元黨禁之事，故
係本書於慶元三年（1197）間。

朱熹《答李守約》：

所問喪禮，久以病勢侵迫，無復心情可以及此。又見
所說皆已失其大體，而區區於其小節若隨宜區處，則恐亦
自失其正而陷於以禮許人之罪，故一向因循，不能奉報。
今又承專人以來，不免以屬劉用之，令其條析，具如別紙。
又不知能行否也？大率平日見得賢者鄉學之意雖力，而
終不免多有世俗之心，凡事必生宛轉回護、遮前掩後之
意，常不快意，今乃悉見於此，蓋其處己處人無不然者，不
知亦嘗内省及此否耶？《晦庵文集》卷五五。

案：書中所云"所問喪禮，久以病勢侵迫，無復心
情可以及此"之"病勢侵迫"，似指慶元四年初大病瀕

危,故推知本書撰於下書之前,約在是年(1198)秋中。

朱熹《答李守約》:

所喻庶母之名,亦未正。庶母,自謂父妾生子者,士服緦麻而大夫無服。若母,則《儀禮》有"公子爲其母"之文。今令甲,其下亦明有注字曰"謂生己者",則是不問父妻、父妾而皆得母名矣。故注中則有嫡母之文,又以明此生己者之正爲母也。至如封叙封贈,亦但謂之所生母而不謂之庶母也。《通典》之說未暇檢,但以"公子爲母練冠麻衣、既葬除之"爲比,則承宗廟社稷之重者,恐不得爲父所生之祖母者持重矣。更俟病間續考奉報。數日因人說琴,謾爲考之,頗有條理。然不能琴,不識其聲,但以文字求之,恐未必是,亦須面論。《晦庵文集》卷五五。

　　案:朱熹《答孫敬甫》(所論"才說存養,即是動了")有云"父妾之有子者,《禮經》謂之'庶母',死則爲之服緦麻三月",《晦庵文集》卷六三。而本書亦云"庶母,自謂父妾生子者,士服緦麻而大夫無服",疑撰時相近。《答孫敬甫》撰於慶元四年季秋或稍後。

朱熹《答李守約》:

所喻《春秋》難讀,固然。大抵今所可見者,但程先生所謂"大義數十,炳如日星",然亦時有所謂"隱之於心而未能愜當"者,況其精微之意乎? 此須異時別商量也。

《集古後録》甚荷留念，但向見傅漕處本中有一跋古鍾鼎帖銘，載翟伯壽説，或分一字作兩三字、或合兩三字爲一字者，甚有理。後來見延之説常州有葛子平推此説以讀《尚書》甚有功，以是常欲得之，而悔當時不及傳録。今此本乃無之，不知何故？試煩更爲尋訪，恐有別本，只爲檢此一段來也。《晦庵文集》卷五五。

案：朱熹《答李時可》（諸家説見今方尋檢）有云"諸家説見今方尋檢，元祐《説命》《無逸講義》乃晁以道、葛子平、程泰之、吴仁傑數書先附去，可便參訂序次"，《晦庵文集》卷五五。而本書亦云"後來見延之説常州有葛子平推此説以讀《尚書》甚有功，以是常欲得之，而悔當時不及傳録。今此本乃無之，不知何故？"故推知本書撰時在前。《答李時可》撰於慶元四年冬間。

朱子學文獻大系·朱子學史專題研究

顧宏義　撰

朱熹師友門人往還書札彙編

三

李 煇

李煇,字晦叔,建昌(今江西永修)人。與同邑周謨、余宗傑、劉貴"四人同學於朱子之門,並有時名,不求仕進"。《江西通志》卷九一。

朱熹《答李晦叔煇》:

所説工夫,亦且如此做去,看久遠如何,有疑却喻及。吳掾亦聞其人,相處有何議論邪?隆興江法曹有書寄渠處,必時有便也。其人清苦力學,但溺佛,好穿鑿耳。令弟今在何處?前得其書,未能別答。所論顔子準的甚善,但難如此泛論,須子細説出日用工夫次第曲折,方見得是非耳。幸以此意語之也。《晦庵文集》卷六二。

　　案:本書校記:淳熙本書題作"答南康李晦父"。"所説工夫"句上,淳熙本有"熹昨承遠訪,別後又辱枉書,感慰感慰。比想所履益佳,何時當遂免喪?日月易得,想終身之慕也"三十七字。"江法曹"下,淳熙本有"此間人"三字。"幸以此意語之也"句下,淳熙本有"熹今年疾痛患難,殆不可堪,勢決不能復出。未有相見之期,千萬力學自愛"二十九字。

　　淳熙本本書云及"熹今年疾痛患難,殆不可堪,勢決不能復出",似指朱熹紹熙二年初,長子朱塾卒,五月自漳州歸建陽,九月除荆湖南路轉運副使,十月九日上章辭,不允,十二月復辭,三年二月有旨趣任,再辭,並請補祠禄,許之。《年譜長編》卷下。故推知本書約撰於紹熙二年(1191)冬間。

朱熹《答李晦叔》:

所論持敬讀書,表裏用力,切須實下功夫,不可徒爲虚説。然表裏亦非二事,但不可取此而舍彼耳。其實互相爲用,只是一事。纔説性字,便是以人所受而言,此理便與氣合了。但直指其性,則於氣中又須見得別是一物始得,不可混并説也。江揉所言"物性本惡",安有是理?來論已得之矣,更切涵養爲佳耳。《晦庵文集》卷六二。

案:本書校記:"所論持敬讀書"句上,淳熙本有"熹啓:承書,獲審比日所履佳勝爲慰"十四字。"更切涵養爲佳耳"句下,淳熙本有"未即相見,臨書惘惘,餘幾自愛"十二字。

上書(所説工夫)中有云"隆興江法曹有書寄渠處,……其人清苦力學,但溺佛,好穿鑿耳",而本書乃云"江揉所言'物性本惡',安有是理",下書(持敬讀書)有"江法揉清苦力學,不可多得,人之所見,要亦未能盡同,但偏執不通,輕於述作,此爲大不便耳",知皆承上書(所説工夫)。故推知本書約撰於紹熙三年(1192)中。

朱熹《答李晦叔》：

持敬讀書，只是一事，而表裏各用力耳。若有所偏，便疑都不曾做工夫。今且逐日著實做將去，未須比量難易，計較得失，徒然紛擾，不濟事，反害事。要令日用之間只見本心義理，都不見有它物，方有得力處耳。所問祭禮，各以所見報去，可更詳之。聞戶曹多學禮說，唐人議論可試扣之，可檢看也。江法掾清苦力學，不可多得，人之所見，要亦未能盡同，但偏執不通，輕於述作，此爲大不便耳。

程氏《祭儀》謂："凡配，止以正妻一人。或奉祠之人是再娶所生，即以所生母配。"輝竊謂：凡配止用正妻一人是也。若再娶者無子，或祔祭別位亦可也。若奉祀者是再娶之子，乃許用所生配，而正妻無子遂不得配享，可乎？

程先生此說恐誤。《唐會要》中有論，凡是嫡母，無先後，皆當並祔合祭，與古者諸侯之禮不同。《古今家祭禮》中亦有此段，但恐彼無本耳。

"夫主不可以二者也，四明高氏之說云耳"。輝詳此意，謂有宗子之家主祭，故庶子止以其牲祭于宗子之家可也，是不可以有二主也。今人若兄弟異居，相去遼遠，欲各祭其父祖，亦謂不可以二主乎？

兄弟異居，廟初不異，只合兄祭，而弟與執事，或以物助之爲宜。向見說前輩有如此而相去遠者，則兄家設主，弟不立主，只於祭時旋設位，以紙榜標記，逐位祭畢焚之。

如此似亦得禮之變也。更詳之。

魏公贈諡只告于廟，疑爲得禮。但今世皆告墓，恐未免隨俗耳。更冀裁之。

大抵讀書當擇先儒舊説之當於理者，反覆玩味，朝夕涵泳，使與本經之言之意通貫，浹洽於胸中，然後有益。不必段段立説，徒爲觀美，而實未有得於心也。《晦庵文集》卷六二。

　　案：本書校記：“持敬讀書”句上，淳熙本有“熹承書，具審比日所履佳勝。大祥想已過，終身之慕，亦何日而忘邪”二十六字。“此爲太不便耳”句下，淳熙本有“舜弼今歲復在何許？令弟想亦時收安問，爲況復如何耶？未由會面，千萬自愛”三十字。

　　下書（煇曩者因舉“肌膚之會，筋骸之束”兩句）有云“煇頃看程氏《祭儀》，謂：‘凡配，用正妻一人。或奉祀之人是再娶所生，即以所生配。’煇嘗疑之。謂凡配止用正妻一人是也，若再娶者無子，或祔祭別位亦可也，若奉祀者是再娶之子，乃許用所生配，而正妻無子，遂不得配享。可乎？先生答云：‘程先生此説恐誤。《唐會要》中有論，凡是嫡母，無先後，皆當並祔合祭，與古者諸侯之禮不同。’”即本書中語，故推知本書在前。又淳熙本上書（所説工夫）云及“何時當遂免喪？日月易得，想終身之慕也”，而淳熙本本書乃云“大祥想已過，終身之慕，亦何日而忘邪”，故推知其或撰於紹熙三年冬間。

朱熹《答李晦叔》：

所問數條大概相類，只是所從言之不同，其實則無異義，但虛心遊意，兼存而並觀之，久當自見其實固並行而不悖也。程子不得於言之說，恐記者之誤，不必深疑。呂后稱制、武氏革命，事體不同，自分明。光武追廢，自其私意，不得爲中理也。《晦庵文集》卷六二。

案：本書撰時未詳，或在紹熙四年（1193）前後。待考。

朱熹《答李晦叔》：

范氏曰："聖人同於人者，血氣也；異於人者，志氣也。血氣有時而衰，志氣則無時而衰也。"先生於《集注》中去却上句"血"字及下句"氣"字，然今南康所刊本又却仍舊從范說，不知如何？

氣一也，主於心者則爲志氣，主於形體者即爲血氣，范氏本說蓋如此。向來誤去其本文兩字，後來覺得未穩，故改從舊說。

《集注》解"不知命，無以爲君子"，謂："知有命而信之，人不知命則避害趨利，何以爲君子？"而解"公伯寮愬子路"章，乃云："聖人於利害之際，則不待決於命而後安。"二說似相反。某謂"公伯寮"章指聖人言所以不決之於命，而此章乃爲欲爲君子者而設，不知如何？

來說是也。上蔡說得此意思好，《語錄》中有之。

肌膚之會，筋骸之束，乃是持敬用力之久，便覺得身心如此。東萊謂“操存則血氣循軌而不亂，收斂則精神內守而不浮”，恐是此意。某尋常試之，誠覺得如此，然於鬧處又却不然。

東萊此説是也，然不當作兩句看。此處只是放去收來頃刻間事，只一“操”字已是多了，不須如此著意安排也。

先生頃者次對，實以侍講之故除，此與伊川除説書而授朝官者何異？伊川罷説書而辭朝官，先生罷侍講而辭待制，事體實同。伊川素不曾陳乞封叙，先生既用次對奏薦，又却力辭職名，學者多未喻。陳和父以爲伊川出處與先生不同，居其位則受其恩數，乃理之常，至他日不合而去，但當辭其職耳，不當并辭恩數也。不知如何？

此事不敢自分疏，後世須自有公論也。

子事父母，劉元承所編二先生《語錄》謂：婦當拜於堂下，子不當拜於堂下，蓋父子主恩，婦乃義合。

子婦一例，恐不當有分別。温公祭畢獻壽，雖言叙立如祭所之位，而不言陞降，恐亦皆在堂上也。

爲長子三年，及爲伯叔兄弟皆菁服而不解官，爲士者許赴舉。不知當官與赴舉時，還吉服耶、衰服耶？若須吉服，則又與五服所載年月有戾矣。

此等事只得遵朝廷法令。若心自不安，不欲赴舉，則勿行可也。當官則無法可解罷。伊川先生《看詳學制》亦云“不禁冒哀守常”，此可見矣。但雖不得不暫釋衰，亦未可遽純吉也。《晦庵文集》卷六二。

案：朱熹紹熙五年冬入臨安任侍講，去國後，於十二月詔依舊煥章閣待制、提舉南京鴻慶宫，遂於慶元元年正月、三月、七月、十一月屢上章辭待制職名，十二月詔依舊秘閣修撰、提舉南京鴻慶宫。二年二月，申乞改正已受從官恩數。《年譜長編》卷下。本書中引李語有言“先生頃者次對，實以侍講之故除，此與伊川除説書而授朝官者何異？伊川罷説書而辭朝官，先生罷侍講而辭待制，事體實同。伊川素不曾陳乞封叙，先生既用次對奏薦，又却力辭職名，學者多未喻。陳和父以爲伊川出處與先生不同，居其位則受其恩數，乃理之常，至他日不合而去，但當辭其職耳，不當并辭恩數也。不知如何”，故推知其約撰於慶元二年（1196）中。

朱熹《答李晦叔》：

輝曩者因舉“肌膚之會，筋骸之束”兩句，竊意謂與東萊所謂“操存則氣血循軌而不亂，收斂則精神内守而不浮”正是此意。先生批誨云：“此説是也，然不必作兩句看。”輝因思之，未見有重疊處。

此等處只是閑説，不須著力更下注脚，枉費心力。

先生又批誨云：“此處只是放去收來頃刻間事，只一‘操’字已是多了，不須如此著意安排也。”輝竊謂心

之存亡出入,特繫於人之操舍如何耳。但聖人則不操
而常存,衆人則操之而後存也。先生云只一"操"字已
是多了,煇久而未喻。近者看龜山解"七十而從心所
欲"之義,謂聖人從容中道,無事乎操,然後始悟先生批
誨之意,正是爲已存者設。若心不能無放,則固不可不
操;但太著意安排,是助長也。未審先生以爲如何?

　　此是至親切處。龜山之說,亦不謂此須反之於心。
只就放去收來時體看,只此操時,當處便存,只要功夫接
續,不令間斷耳。

　　煇竊嘗謂:學者却須當常存此心於莊端静一之
中,毋使一毫私意雜乎其間,則方寸之間自有主宰,不
致散漫走作,而虛靈洞徹之本體庶乎可以默識矣。然
欲真實識其虛靈洞徹之本體,則又須是日與義理相親,
克去已私,然後心之本體可得而識。

　　罷却許多閑安排,除却許多閑言語,只看"操則存"一
句是如何,亦不可重疊更下注脚。

　　煇竊嘗謂:自昔明明德於天下者,亦須由格物致
知功夫次第曲折,然後始能自明其明德也。今使天下
之人皆有以明其明德,便能各誠其意,各正其心,各修
其身,各親其親,各長其長,而格物致知之功略不煩於
用力焉,豈不墮於不擇其本而直圖其末之弊?

　　若欲正心誠意,須是格物致知。然若説道各格其物,
各致其知,則似不成言語,只得如此説過。如云一是皆以

修身爲本,豈是删了上四事耶?

《或問》曰:"但其氣質有清濁偏正之殊,物欲有淺深厚薄之異,是以聖之於愚、人之與物,相與懸絶而不能同耳。"輝竊詳此段所説氣質物欲,分聖愚、人物處,似覺可疑。若以清濁分聖愚、偏正分人物,則物欲厚薄淺深一句復將何指? 若謂指聖愚,則聖人無物欲之私;若謂説人物,則物又不可以淺深厚薄論,未曉。

清濁偏正等説,乃本《正蒙》中語,而吕博士《中庸詳説》又推明之。然亦是將人物賢、智、愚、不肖相對而分言之,即須如此。若大概而論,則人清而物濁,人正而物偏。又細别之,則智乃清之清,賢乃正之正,愚乃清之濁,不肖乃正之偏。而横渠所謂物有近人之性者,又濁之清、偏之正也。物欲淺深厚薄,乃通爲衆人而言,若作有無,則此一等人甚少,難入羣隊,故只得且如此下語。若以爲疑,則不若改"聖"字作"賢"字,亦省得分解,而聖人自不妨超然出於其外也。

横渠先生曰:"袝葬、袝祭,極至理而論,只合袝一人。夫婦之道,當其初婚,未嘗約再配,是夫只合一娶,婦只合一嫁。今婦人夫死而不可再嫁,如天地之大義,然夫豈得而再娶? 然以重者計之,養親承家、祭祀繼續,不可無也,故有再娶之理。然其葬其袝,雖爲同穴同几筵,然譬之人情,一室中豈容二妻? 以義斷之,須袝以首娶,繼室别爲一所可也。"輝頃看程氏《祭儀》,謂:"凡配,用正妻一人。或奉祀之人是再娶所生,即以所生配。"煇嘗疑之。謂凡配止用正妻一人是也，若再娶者無子，或祔祭別位亦可也，若奉祀者是再娶之子，乃許用所生配，而正妻無子，遂不得配享。可乎？先生答云："程先生此説恐誤。《唐會要》中有論，凡是嫡母，無先後，皆當並祔合祭，與古者諸侯之禮不同。"伏詳先生批誨已自極合人情，然橫渠所説又如此。尋常舍弟亦疑祔葬、祔祭之義未安，適與橫渠所論暗合。煇竊疑橫渠乃是極至理而論，不得不然。若欲處之近人情，只合從先生所答。萬一從橫渠説，則前妻無子而祀奉者却是再娶之子，又將何以處之？

夫婦之義，如乾大坤至，自有等差。故方其生存，夫得有妻有妾，而妻之所天不容有二。況於死而配祔，又非生存之比。橫渠之説似亦推之有大過也，只合從唐人所議爲允。況又有前妻無子、後妻有子之礙，其勢將有甚扤陧而不安者。唯葬，則今人夫婦未必皆合葬，繼室別營兆域宜亦可耳。

問缺。

理固如此。然須實用其力，不可只做好語説過。又當有以培養之，然後積漸純熟，向上有進步處。《晦庵文集》卷六二。

案：本書校記："先生答"三字，浙本作"煇舊曾如此請問先生，後來拜領批誨"十五字。

本書所言"先生批誨云：‘此説是也，然不必作兩句看。’"又言"先生又批誨云：‘此處只是放去收來頃刻間事,只一"操"字已是多了,不須如此著意安排也。'"乃上書(范氏曰)中語,知承其後。

朱熹《答李晦叔》:

《大學或問》中陰陽五行之説,先生答黄寺丞云:"陰陽之爲五行,有分而言之,有合而言之。"煇嘗推之云云。

分合之説固如此,然就原頭定體上説,則未分五行時,只謂之陰陽;未分五性時,只謂之健順;及分而言之,則陽爲木、火,陰爲金、水,健爲仁、禮,順爲智、義。

《或問》曰:"然於其正且通之中,又或不無清濁美惡之異,故其所賦之質,又有智愚賢不肖之殊。"煇竊嘗謂:命可言所賦,性可言所受,而智愚賢不肖是其所稟之氣有清濁美惡之不同也。先生却以智愚賢不肖不歸於所稟,而歸於所賦,何耶?

賦猶俗語云分俵均敷之意。書傳之説或以性言,或以形言,當隨處看。

《或問》曰:"然而本明之體得之於天,終有不可得而昧者。是以雖其昏蔽之極,而恍惚之間一有覺焉,則即此介然之頃,而其本體已洞然矣。"煇竊詳數句只是發明本明之體終有不可得而昧之意,若就學者用工夫上説,則恍惚之間斷無自覺之理,須是格物致知、誠意正心脩身功夫次第曲折,然後本明之體可得而明。

若是冥然都無覺處,則此能致知者是何人耶? 此是最親切處，所宜深察。《晦庵文集》卷六二。

　　案：上書（煇曩者因舉"肌膚之會，筋骸之束"兩
句）論及《或問》氣質清濁偏正之殊，而本書亦又論及
之，故推知其或承上書。

李　楢

　　李楢，字承叔，福州（今屬福建）人。紹興十二年
（1142）進士。歷泉州通判、知饒州、衡州，終朝奉大夫。
《淳熙三山志》卷二八。

朱熹《與李教授書》：

　　竊惟朝廷興建學官，以養天下之士，使州之士以學於
州，縣之士以學於縣，以便其仰事俯育之私，而非以別異
之也。然其制財用之法，所謂贍學錢者，蓋州縣通得用
之。今執事之議於提學司曰："業於州者得食於縣官，而
業於縣者無與焉。"以熹觀之，朝廷立學養士之意與夫制
財用之法，似皆不如此。今且置此，而以私言之：蓋朝廷
以執事宜爲人師，故以執事教泉之人爲士者，執事固不得
而盡教之。雖使教不能盡，亦不愈於坐而棄之乎？今執
事之議曰："使縣之任其費。"執事以爲縣將焉取之？縣之
取之於民者悉矣，今茲民力困竭，官吏愁勞，日不暇給，而
責之以此，是其不能有以教而將直棄之明其。於執事不

爲有補，執事何苦而必行之，以棄此縣之人也？如曰縣學
所以教者不能如州，則諸縣者熹所不能知，如熹所領學，
其誦説課試大小條科，熹自以爲亦無甚愧於執事之門。
而其師生相接之勤，則竊自隱度，以爲雖執事，力或有所
未能也。謂宜得在假借之域，而反以例削之，使不得自
盡，此何説哉？熹已具公狀申稟，而以此私於左右。伏惟
思究朝廷立學養士之意，而攷其制財用之法，痛念吏民之
艱弊，而深察熹之所領，其於州縣有異焉，於不可與之中
捐而與之，亦所以視高明之意有在，而不專於已勝，足以
勸其能者，而不能者知所屬焉，又況理法有可與者乎？干
冒威嚴，不勝皇恐。《晦庵文集》卷二四。

　　案：朱熹《答陳宰書》有云：“昨夕坐間，蒙出示
廣文公書，似未見察者，聊陳其一二。李君兄弟之
賢，聞於閩中，熹少時見諸老先生道語其故，心甚慕
之。及來此，道過三山，乃識其兄迂仲，即之粹然而
温，無諸矜争之色。時未識李君，以謂其猶兄也。至
官未久，聞其分教是邦，心甚喜，以爲所領縣學事有
相關者，當大得其力助，故事有可不可，未嘗不因書
文以喻意指，而不意其怒至此也。”《晦庵文集》卷二四。
此“廣文公”當指此李教授。《年譜長編》云此兩書皆
作於朱熹至同安主縣學事後不久，並以爲此李教授
即閩人李欄，李楠（字和伯）、李樗（字迂仲）之弟，又
云：“《艾軒集》卷六有《與泉州李倅》，稱此李倅爲‘迂

仲之弟’，必即此李橺，當是其初任泉州教授，後爲泉
州倅。《朱子語類》卷一百零六：‘某向爲同安
簿，……時某人爲泉倅，簿書皆過其目。後歸鄉與説
及，亦懵不知。’此泉倅疑即李橺。”此説不確。王應
麟《困學紀聞》卷三注云“和伯弟樗迁仲，吕成公所謂
‘二李伯仲’也”。所謂“二李伯仲”，即福州人李葵之
子李（枏）［楠］、李樗。《四庫全書總目》卷一五八《拙齋文
集提要》。爲林之奇從兄。考林之奇嘗撰《代舅祭迁
仲文》，略云：“疇昔八年之前，素秋之孟，吾哭送汝兄
於西城之西，俾從汝祖之佳城。今兹孟秋，吾復將哭
送汝於北城之北，寔祔于汝外祖之墳塋。”又《代舅祭
迁仲文》略云：“嗚呼！我之五男，如手五指。墮指之
痛，痛入骨髓。……我初得男，爾兄及爾，粤自孩提，
天鍾粹美，坐我兩膝，咸誦經史，日數千言，瀾飜不
已。壽十六七，蜚聲閭里。人言佳兒，必稱二李。施
及諸弟，亦精業履。有子如斯，云胡不喜。意當聯
榮，芥拾青紫，五桂一椿，竇郎可擬。並試南宮，反後
叔季。尚期晚成，蔚爲國器。豈料爾兄，不禄而逝，我
痛未忘，爾復繼斃。”《拙齋文集》卷十九。是知李氏兄弟
五人，而李楠、李樗早卒。又《淳熙三山志》卷二八載
紹興二十四年甲戌榜特奏名有李葵，“楷、橺之父”。
又載紹興五年乙卯汪應辰榜進士李格，“芘之姪，字文
叔，終文林郎、知四會縣”。十二年壬戌陳誠之榜進士

李楢，"芘之姪，字承叔，歷泉州通判、知饒州、衡州，終
朝奉大夫"；李椆，"楢之弟，字常季，終文林郎、漳州教
授"。又卷二九載乾道二年丙戌蕭國梁榜進士李椆，
"康之孫，字伯廣"。而卷二七云大觀三年進士李芘，
"康之姪，字積仁。……除知泉州，尋罷，終左中奉大
夫"。綜上知李葵五子乃李楠、李樗、李楢、李楢、李
椆，而李椆似爲李樗從弟，李芘爲李葵之從兄弟。並
由此推知上述之"李教授"當指李楢，因李椆官終漳州
教授，李椆直至乾道二年方舉進士，當皆非於紹興二
十三年間任泉州教授者。又循宋時轉官例，州學教授
需遷知縣之後，方有任州通判之資，故《朱子語類》卷
一〇六所云之泉倅，亦非指李椆或李楢，乃別一人。

　　本書，《年譜長編》係於紹興二十三年，《書信編
年》係於紹興二十五年。因朱熹於紹興二十三年七
月至同安赴任，而本書中云"如曰縣學所以教者不能
如州，則諸縣者熹所不能知，如熹所領學，其誦說課
試大小條科，熹自以爲亦無甚愧於執事之門。而其
師生相接之勤，則竊自隱度，以爲雖執事，力或有所
未能也"。又其《答陳宰書》有云"至官未久，聞其分
教是邦，心甚喜，以爲所領縣學事有相關者，當大得
其力助，故事有可不可，未嘗不因書文以喻意指，而
不意其怒至此也"。《晦庵文集》卷二四。推知此書當
作於紹興二十五年(1155)間爲是。

李亢宗

李亢宗,字子能,泉州南安(今屬福建)人。"刻志問學,服習儉素,儼然一儒生,無貴介氣習,文公稱之"。《閩中理學淵源考》卷一八。

朱熹《答李子能亢宗》:

累承喻及爲學之意,甚善甚善。但如此用力,頭緒太多,令人紛擾無進步處。故程先生說涵養須是敬,進學則在致知,若只於此用力,自然此心常存,衆理自著,日用應接各有條理矣。《近思録》前三四卷專説此事,近修定《大學解》,亦説得此次第分明。《近思》必已有之,《大學》今往一本,可細考之,依此節次做一兩年功夫,自當見得門路、立得根本也。陳後之持守見識皆不易得,不知今年曾復來城中否? 與之講貫,當有深益。劉叔文守得亦好,但未知後來所見如何耳。爲學十分要自己著力,然亦不可不資朋友之助,要在審取之耳。朱飛卿遠來,見此相聚,但亦苦多病,未嘗不相與談及子能也。《晦庵文集》卷五六。

案:朱熹紹熙二年夏自漳州歸居建陽,本書云及"陳後之持守見識皆不易得,不知今年曾復來城中否",知非一年。本書又云"近修定《大學解》,亦説得此次第分明。《近思》必已有之,《大學》今往一本",此《大學解》當指朱熹修訂之《四書集注》之一種,紹熙三年五月由知南康軍曾集刻板於南康軍，次年中刊印。《年譜長編》卷下。故推知本書約撰於紹熙四年（1193）夏、秋間。

又，陳宓《跋朱文公答李從事書》曰："右朱文公先生與子能帖。先生於海內人士莫不引而進之，況子能好學能文，又出於名臣之後，宜其禮貌之勤勤、勸誘之拳拳也。先生歿未久，殘編遺墨已爲世寶。歲月其邁更百年，此豈直與兼金白璧較輕重哉？翰墨言語尚如此，則先生殫精竭力所著之書，學者讀之，又當如何哉？"《復齋集》卷一〇。

李　吕

李吕（1122—1198），字濱老，一字東老，號澹軒，邵武軍光澤（今屬福建）人。從李郁學，"年四十即棄科舉，讀《易》六十四卦皆爲義說，觀史傳百家之書，尤留意《資治通鑑》，手抄至數四，凡興衰得失論著數百篇"。慶元四年六月卒，年七十七。有《澹軒集》十五卷傳世。事蹟見周必大《文忠集》卷七五《澹軒李君吕墓誌銘》。

朱熹《答李濱老吕**》：**

熹愚陋，無聞於世，足下不鄙，辱貺以書，甚盛禮也。熹少好讀程氏書，年二十許時，始得西山先生所著《論》、

《孟》諸説讀之，又知龜山之學橫出此枝，而恨不及見也。既而得從何兄叔京遊，乃知足下蓋得其家傳者。是時家居，西距高隱不能甚遠，而以事牽，不得一往質其所疑，徒日往來於心不忘也。不謂此來各去其家數百里之外，乃承惠音，許以臨辱，奉讀驚喜不可言。既又聞以微疾東轅，爲之恨然累日也。

示喻向來爲學之意，有以知家庭授受之要，感歎無已。蓋竊嘗病今世學者幸得諸老先生爲之先唱，指示要途，以趣聖賢之域，而不能自淺及深、自近及遠，循序以進，或乃探測幽微，馳騖於言意之表，以是徒爲談説之資，而卒無所得於造理行事之實。其幸不至於中道而廢者，則必流於老、佛之歸而不悟。今足下之學之傳遠有端緒，其必有以異於此者，顧恨未得面扣其詳耳。

《通鑑》之書，頃嘗觀考，病其於正閏之際、名分之實有未安者。因嘗竊取《春秋》條例，稍加驪括，別爲一書。而未及就，衰眊浸劇，草藳如山，大懼不能卒業，以爲終身之恨。今聞足下亦嘗有所論著，又恨其未得就正，以資博約之誨也。

廬阜固爲東南雄麗奇特之觀，而又有陶靖節祖孫、劉西澗父子之遺風，濂溪暮年嘗守其地，而西山舅氏陳忠肅公亦嘗謫居焉，今老儒生猶有及見之者。然前此未嘗有留意者。區區此來，適會學官楊君訪得西澗遺象，與元祐李公擇尚書並祠於學，因與復議，并取靖節、忠肅及西澗之子秘丞公合而祠之，更立濂溪之祠於其右，配以程氏二夫子焉。陶公有醉石，在郡西北數十里所謂栗里者也。劉公之墓在西門外荒草中，幾無復知其處者。今皆作亭以表之。以來教之語及之，知足下之有意乎此也，故并以告，想聞之亦爲一太息也。

叔京進德未已，遂爲古人，每一念之，潸然出涕。往時見其遺槀有與足下往來詩句，竊計傷惜之懷不減於此，不獨爲姻戚之好也。端明黃公盛德高年，中間一病，亦甚可駭，今聞其已能步履，豈弟君子，神明所扶，固當如此，抑亦見其平日持養之功矣。凡此皆因來教之及，所欲爲足下言者，蓋不止此也。來使還自九江，撥冗修復草草，幸察。不宣。《晦庵文集》卷四六。

案：書中有云“不謂此來各去其家數百里之外，乃承惠音，許以臨辱，奉讀驚喜不可言。既又聞以微疾東轅，爲之悵然累日也”，據李吕《上晦菴干墓誌書》云“今歲夏初，幡然有廬阜之興，……故繼至洪井，以事而歸，引領悵然，走介裁叙，自狀其過。方虞獲戾，豈意明公辱賜之書，情誼灑落，與進之意甚于傾蓋”，知李吕因事東歸後，致書朱熹謝過，朱熹撰本書以答。又朱熹《特奏名李公墓誌銘》云“淳熙六年，吕始見予廬阜之陽，如舊相識”。《晦庵文集》卷九一。由上推知本書約撰於淳熙六年（1179）秋間。

李呂《上晦菴干墓誌書》：

十一月日，孤子李某謹齋宿裁書，稽顙再拜，獻于知府祕書明公閣下：某嘗觀蘇公子瞻之集有《祭張太保》文，其辭曰："某于天下未嘗誌墓，銘者五人，皆盛德故。"求其所謂五人者，曰司馬文正、富文忠、趙清獻、趙康靖及文定而五。其後復銘范蜀公、李太師而已。如王郎子、陸道士暨保母妻妾之徒，蓋不與也。竊隘其言，以爲此五君子者勳在王室，太常紀之，史册書之，使無蘇公之筆，愚知其不朽也，非若抱道懷義，無所設施，儻非盛德之士或誌或銘，則草木俱腐矣。審如蘇公之云，則得銘者無非達官偉人，彼清介自守，禮法是蹈，厄窮而無位者，皆在所棄矣，不幾于失人乎？愚意立言之君子，于所紀録，特視其自立如何耳，蘇公未足爲通論也。某之先人不幸夭閼，自其幼年服儒者之行，以終身焉。平生安于義命，不得少見于世。在殯二十年餘，某不孝罪逆，始克遷奉。惟是表墓之石歲久未立，非故緩也，蓋有待也。共以明公果行育德，出于生知，正心誠意，得之《大學》，極高明而道中庸，尊所聞而行所知，真積力久，內外昭融。某雖頑鈍，竊高明公下風亦有年矣。今歲夏初，幡然有廬阜之興，實非爲廬阜也，正欲解履崇牖，摳衣函丈，少得望見君子之容，以償其夙昔之願耳。無何行止，非人所能，而會合之期如此其難也。故纔至洪井，以事而歸。引領悵然，走介裁叙，自狀其過。方虞獲戾，豈意明公辱賜之書，情誼灑落，與進之意，甚于傾蓋。顧惟一介之賤，何以得此！下拜啓緘，三復愧歎。是以冒霜凌雪，奔走千里，使幸而得一見足矣。豈圖謙撝與進，一旦寘之坐客之右，慰喜過望。輒有瀝血之懇，久欲訴于明公之坐，嗫不敢發。然念昔之壯，而今已老，若復遷延，是自陷于因循之罪，晝思夜夢，度未免一吐下悃，執事庶幾乎哀而憐之。竊料明公仁恕存心，仁斯立人，恕斯推己，純孝優于錫類，全德富于有言，尚論人物，主于至當，初不以貧賤利達爲間，是誠小子之幸會也。早夜以思，儻獲明公賜以一言，雖華衮之贈何以加焉。故持所親游君之狀，稽顙俛伏于明公之堂下，惟明公惻然興懷，憫其所以來之意，奮筆大書而遂賜之，豈特先人得伸于泉壤，抑所以加惠李氏者爲無窮。凡某中外，銜戴大造，及雲礽而未已也。痛念先人不逮中壽，事迹不白，行狀所述，特取有據，雖小必録，冒塵聽瑩，不敢毫髮自誣。至于筆削之際，明公取其應于銘法者存之可也。嘗聞之，季札之葬，吾夫子實爲之銘，石刻具在，曰："嗚呼！有吳延陵季子之墓。"萬世景仰，想其爲人，徒以兩語重也。然則某之望于明公，意有在矣。惟是哀誠所迫，曾不自知其僭越，短書見意，荒陋不文，退而屏息，俟命廡下，明公決有以察之而不加罪也。區區不勝惶懼戰越之至，不宣。《澹軒集》卷六。

案：李吕《跋晦翁和玉澗詩》云"其己亥之冬謁公於星渚"，《永樂大典》卷九○九。是知淳熙六年（己亥)冬,李吕拜見朱熹於南康軍。本書首云"十一月日",知其撰於十一月間。

李如圭

李如圭,字寶之,廬陵(今江西吉安)人。紹熙四年(1193)進士。官福建撫幹。《直齋書録解題》卷二。《東南紀聞》卷一稱李如圭"七歲能誦書。淳熙間,孝宗諭云誦《尚書》,即誦《無逸》,孝宗大喜,……遂授迪功郎"。

朱熹《答李寶之》:

《祭禮》略看,已甚可觀。但《特牲》第一條準前篇例,合入《祭義》耳。其他更俟詳考,續奉報。唯《祭法》及《宗廟》兩篇附諸篇後,不見祭祀綱領,恐須依向寫去者移在諸篇之前,爲《祭禮》之首。但舊作兩篇太細碎,今可只通作《祭法》一篇,如此則《王制》一段,《周禮》事鬼神示之目及《祭法》本文,皆可全載,不必拆開矣。《祭法》禘郊祖宗,更攷《國語》去取,又鄭注恐不可用。次《特牲》,次《少牢》,次《有司》,次《諸侯礿廟》,次《諸侯遷廟》,次《祼獻》,易名甚當,但前篇之例依《儀禮》本文皆自下而上,故其序當如此。次《祭義内事》,此如來示,合《祭義》、《祭統》爲之,通言上下祭先之義,故又加"内事"二字,以别後篇。次《中霤》,次《郊社》,次《祭義外事》,此爲《中霤》、《郊社》兩篇之義,其蜡祭等説亦附此。此《祭禮》

篇目也。其他《大傳》、《外傳》向已附去者，可并爲之。只此目中《祭義》内外二篇及《中霤》、《郊社》二篇亦未編定，幸并留念也。禘郊祖宗之說，《公》、《穀》、《國語》、《家語》、趙氏《春秋纂例》、《中説》、横渠《禮説》皆當考也。

《祭法》、《祭義》及《遷廟》附記三篇，今附還，可照前説重定爲佳。《中霤》、《郊社》二篇可并編定，其《祭義》内外事兩篇，并處諸篇之後亦佳。《祭法内》"郊之祭也"一章，當入《外事》篇，他皆放此。《晦庵文集》卷五九。

　　案：本書語及所編《祭禮》篇目，與朱熹《答吳伯豐》（又聞攝事郡幕）所云"編禮直卿必已詳道曲折，《祭禮》嚮來亦已略定篇目，今具别紙。幸與寶之商量，依此下手編定"《晦庵文集》卷五二。相合。《答吳伯豐》撰於慶元三年（1197）中，故推知本書約撰於稍後。

李唐咨

李唐咨，字堯卿，漳州龍溪（今屬福建）人。"與貢士、州學士石洪慶、林易簡、施允壽皆以旦評推重。朱文公守郡日，延之於學，爲諸生楷式"。《閩中理學淵源考》卷二一。

朱熹《答李堯卿》：

前書所喻《大學》改字處，已報方簿矣。鄭氏字不必去,亦無害也。"盡"字固可兼得"切"意,恐"切"字却是盡於内之意。若只作"盡"字,須兼看得此意乃佳耳。《康誥》小序以爲成王封康叔之書,今考其詞,謂康叔爲弟而自稱寡兄,又多述文王之德,而無一字及武王者,計乃是武王時書,而序者失之。向來於《或問》中曾有此一段,後覺其非急,遂删去之,今亦不必添也。但存此一句,讀者須自疑著,別去推尋也。《晦庵文集》卷五七。

　　案:書中云"前書所喻《大學》改字處,已報方簿矣",方簿即方壬(若水),紹熙初年爲長泰縣主簿,主縣學事。是年十二月,朱熹於漳州郡齋刊《四子》;次年四月末,離漳州而歸。《年譜長編》卷下。"會朱子召還,出《大學章句》付壬俾刻示學者"。《閩中理學淵源考》卷九。故推知本書約撰於紹熙二年(1191)秋間。

朱熹《答李堯卿唐咨》:

　　示及疑義,已悉奉報。但恐且當據見成文義反復玩味,自見深趣,不必如此附會立説,無益於事也。安卿書來,看得道理儘密,此間諸生亦未有及之者。知昏期不遠,正爲德門之慶。區區南官,亦喜爲吾道得此人也。鄧守下車既久,諸事當一新。鹽筴已囑鄭丞、趙糾言之,未知能勇爲否?

　　所示鬼神之説甚精,更宜玩索,使凡義理皆如此見得有分別而無滯礙,則理其可窮矣。但所云非實有長存不滅之氣魄者，亦須知未始不長存耳。《晦庵文集》卷五七。

案：《漳州府志》卷九《秩官一》載朱熹於紹熙元年任知州，鄧驛於二年任。轉引自《年譜長編》卷下。書中"鄧守下車既久，諸事當一新"之鄧守，當即鄧驛。因朱熹紹熙二年四月末離漳州，故推知本書約撰於是年末。

朱熹《答李堯卿》：

《集注》："仁者，愛之理，心之德也。"妄意推求其說，以謂老者安之，朋友信之，少者懷之，此固仁也，而亦莫非愛也。親親而仁民，仁民而愛物，此亦仁也，而亦莫非愛也。所以安之，所以信之，所以懷之，此則理也，非愛也。理則根原來處確然不可易者也，愛則指其見於用者言之，故愛屬乎情，愛乃仁之一事；理屬乎性，而理乃仁道之大全。故愛不是仁，而愛之理則仁也。理者性也，愛者情也。性則體，情則用。仁之爲道，本性而該情，而心乃性情之主乎？主乎性，則所以然之理莫不具於心；主乎情，則所當然之愛莫不發於心。由是而理完於此，由是而愛行於彼，皆心有以主之，則仁豈非心之德歟？

愛之理，所說近之；心之德，更以程子穀種之譬思之。

"道千乘之國"章，《集注》謂五者相承，各有次序。竊意有土有民，無非事者，敬其事則心專在是，纔敬便

有信底意思，民便有觀感之心。不敬則心不在焉，事便
鹵莽，便無終始，全無誠意，何以示信於民哉？既敬而
信，則主一之功到而無不愨實者，其自奉必薄，必能節
以制度矣。制度無非出於民者，既知省節，必是以民爲
念，而知所以愛之也。愛之則不敢傷之，必欲厚其生。
然非及時以耕，則其生亦無自而厚，故使之必不違其時
矣。不審於相承之意是否？

此等處須看有能如此後方能如此之意，又看有能如
此後又不可不如此之意，反復推之，乃見曲折。

主與尸，其別如何？既設主祭於其所，又迎尸祭於
其奧，本是一神，以奧爲尊，以主爲卑，何也？宗廟之祭
設尸，謂以人類求之。五祀有尸，其義如何？

不是尊奧而卑主，但祭五祀皆設主於其處，則隨四時
更易；皆迎尸於奧，則四時皆然而其尊有常處耳。据禮家
説，祭山川亦有尸，其詳不可考矣。

論《韶》、《武》者，大概不出揖讓、征伐二條。程子
則兼《大傳》爲説，《集注》兼性之反之爲説。以《中庸》
三知三行觀之，及其成功一也。既謂之成功則一，而見
於樂又有不同之實，何也？莫是生知安行終不可得而
並，雖曰學知利行有可企及之理，恐亦只是全盡得許多
道理，論其天成渾然處，其氣象終有間否？

不惟《大傳》之説不足信，但看兩聖人事業氣象，自是
有等差。如性之反之，成功雖一，然武王地位終是覺得有

痕迹在。

樊遲問知，告以敬鬼神而遠之。在三代之時，民間所謂鬼神，士則有五祀與其先祖。此樊遲之所當祭，想無後世之所謂淫祠者。告以敬而遠，莫只以五祀爲戒也？然以子路請禱觀之，則曰"禱爾于上下神祇"，程子謂子路以古人之誄對，則是子路但舉此誄詞，謂其有此禱之理爾，意不在指所禱之神以爲請否？

鬼神固不謂淫祀，然淫祀之鬼神既不當其位，未能除去，則亦當敬而遠之耳。

先生答安卿，忘食忘憂，是逐事上看，一憤一樂，循環代至。今略借一事明之：學樂至於三月不知肉味，此發憤忘食底意。及其得之深，乃曰"不圖爲樂之至於斯"，此樂以忘憂底意。想其逐事上皆有此義，故一憤一樂，循環代至。然亦不以此而終身，其言"不知老之將至"，蓋謙己勉人耳。觀耳順從心之年，樂且不可得而言，況所謂憤耶？

此説得之，然亦太拘滯矣。須看它立言意思如何，不可似此泥著也。

明道先生云："百官萬務、金革百萬之衆、飲水曲肱，樂在其中。萬變皆在人，其實無一事。"某竊意宅百揆、總元戎之任，與高卧草廬、悠然自樂者，其理則一，本無大小之分。所謂禹、稷、顏回同道也。萬變乃人之萬變，在吾心實無一事。吾之所以爲心者，蓋無入而不自得，素富貴行乎富貴，素貧賤行乎貧賤而已。不審是否？

吾之所以爲心者，如何而能無入而不自得？此須意會，不可只作閑話說過便休也。

太王有翦商之志，而太伯不從。太王欲傳位季歷以及昌，則太伯遜位而去。莫是翦商之事在我雖不從，而難必於後人，若不遜位而去，則又兄弟爭國，違父之命，已先失德，此所以固讓也？太王既有避狄之心，何故又萌翦商之志於數十年之前？莫是以其理與天命推之，知商之必亡，周家世世脩德，知不能違天命之眷付耶？方其去豳也，爲民之故，不欲驅之鋒鏑。及其傳季歷以及昌，亦爲民之故，必欲救之水火之中。故避狄翦商，亦時焉耳而已。事雖不同，其心則一，均之爲民，無所利也。

太伯只是不欲爲此事耳，今亦未見其曲折，不須如此穿鑿附會也。

“成於樂”，是古人真簡學其六律八音，習其鍾皷管絃，方底於成。今人但借其意義以求和順之理，如孟子“樂之實，樂斯二者”，亦可以底於成否？

古樂既亡，不可復學，但講學踐履間可見其遺意耳，故曰“今之成材也難”。

子罕言利，程子謂計利則害義。害義則勿道可矣，罕言，何也？

有自然之利,如云"利者義之和"是也。但專言之,則流於貪欲之私耳。

夫子教人,不出博文、約禮二事。在門人莫不知有此學,惟顏子獨於博約之間有所進、有所得,故高者有可攀之理,堅者有可入之理,在前在後者有可從而審其的之理,非若其它,僅可以弗畔而已,此門人之所以不可企及也。

此説得之。

升堂摳衣用兩手,則手中無所執矣。若有贄及執圭,則升堂有不必摳衣,但防其不至攝齊否?

執圭而升,則足縮縮如有循,自不至攝齊矣。

執圭上如揖,下如授。既曰平衡,而又有上下,莫是心與手齊,如步趨之間,其手微有上下,但高不至過揖、下不至過授否?

得之。

明衣之制。

未詳,當闕。《晦庵文集》卷五七。

案:本書校記:"當闕"下,浙本有"《近思録》'生之謂性,性即氣'一段"及"此段看得好,更詳味之"凡二十一字。

朱熹上書有云"示及疑義,已悉奉報",又云"所示鬼神之説甚精,更宜玩索",而本書乃論及"鬼神固不謂淫祀,然淫祀之鬼神既不當其位,未能除去,則亦當敬而遠之耳"，則本書疑爲上書之"别紙"。

朱熹《答李堯卿》：

《禘説》舉趙伯循謂魯太廟以周公爲始祖，以文王爲配。趙莫只是以意推之否？

《春秋纂例》中引證甚詳。

"每事問"之義，如何？

蓋平日講學，但聞其名而未識其器物，未見其事實，故臨事不得不問耳。

比干之忠，方始謂之仁，然亦只是一事之仁。

詳味孔子之言，比干恐不是一事之仁。

祭有小大，有天地之祭、山川之祭、社稷之祭，又有所謂五祀之祭及先祖之祭。不知隨其大小各有其神耶，抑天地間只一理感通耶？竊嘗思其説，天地之間，自其成形而觀之，或小或大，不能無别。故王者既爲天下之主，則天地之大，王者當之，故王者祭天地。而推之諸侯，爲一國之主，則境内之名山大川，諸侯祭之。士爲一家之法，則家之有門户中霤之屬，爲士者祭之。若夫社稷，則專爲民而設，凡有土有民者，莫不各有所建社稷而祭之。必有祖，而祖在所祭，自天子以至於庶人，莫不有先祖之祭。若論小大之制，則因王公士庶而爲之等差，其祭秩不能無分别也。若論其所以致祭之理，則所謂"如在其上"、"如在其左右"、"誠之不可揜"

處,則上而王者之於天地,下而士庶之於五祀、祖先,其感通只一理耳。上蔡謂"祖考精神便是自家精神",即此而推,天地精神便是王者精神,其鬼神之德、感通之理,不容有所分別也。妄意推求,不審是否?

大概如此。然更有分別曲折處,宜詳味之。

三代革命,何故要改正朔?夏時既正,必欲改之,商、周無乃好異而未盡相承之義?春夏秋冬,以成一歲,此時序之正。必欲改之,無益於事,祇見亂天時耳。其改之之義謂何?

改正朔,所以新民之耳目。古人蓋有深意,而子丑之月亦有可爲歲首之義。

孔子於定公時墮三都,欲收其甲兵。孟氏不肯墮郕,圍之不克。聖人舉事自是精審,何故郕不肯從命?及圍之,又不克,何也?

三都當墮,是時又有可墮之勢,故因而乘之。孟氏亦非不肯墮,但其守者不肯,因喚醒了孟氏耳。

某往年與先兄異居,不知考《禮經》,輒從世俗,立家先龕子。妄意按溫公《書儀》立牌子,不知用古尺,只用匠者尺,頗長大。且實植於趺,考用紫囊,妣用緋囊,考妣共用一木匣,從上罩下至趺。伏承台誨云"而今不可動",謹輒再有懇請。家中所設之主既不可動,尋常只講俗節之祭。向來祭禮行於先兄之家,時祭及禰祭,某皆預陪祭執事之列。自先兄去後,舍姪承祭祀,祧高

祖而祀先兄爲禰。某家中既有家先，上闕高祖之祭，下
無禰祭，於心實不安。欲於時祭畢，移饌一分祭高祖於
某家，某主之。遇當祭禰之月，亦欲私舉禰祭，如何？
若舉此二祭，又成支子有祭、庶子祭禰，於《禮經》不合。

此事只合謹守《禮》文，未可遽以義起也。況有俗節，
自足展哀敬之誠乎？

某家中自高祖而上三墓埋没草間，高祖墓又被曾
叔祖以不利其房下欲改葬。方發故壙，見其中甚溫燥，
倉皇掩塞，墓面磚石狼籍，自先世皆不及整。三墓相去
三、四里之内，又在田頭，某往來其下，甚不遑安。今欲
重脩整，春秋薄講墓祭之禮，令舍姪主之。不審於親盡
之墓合祭否？

墓祭無明文，雖親盡而祭，恐亦無害。

自高祖至禰，忌日之衣服飲食主祭者當如何？衆
子孫當何如？伯叔父母、兄弟、孫姪、嫡子、衆子及再
從、三從已往，忌日又當如何？

横渠忌日衣服有數等，今恐難遽行，且主祭者易以黲
素之服可也。《晦庵文集》卷五七。

案：本書校記："如何"下，浙本有"又恐祭禮既
行於嫡子之家，在某只得講俗節之祭"二十字。

朱熹上書(《集注》)答《論語》問，論及祭祀之禮
儀，而本書亦答《論語》問，並因論祭祀之法而李唐咨
又問及自家祭祀禮儀之疑，故推知其承上書後，約紹

熙三年(1192)春、夏間。

朱熹《答李堯卿》：

《或問》所釋，皆因經文，獨"致知"舉程子五條於格物之前，何也？莫是格物致知亦難截然分先後，故《或問》於此章一衮說去否？

格物致知只是一事，難分先後。

"窮理"，舉延平先生說，推其意亦不出於程子。謂其規模之大、條理之密有所不逮者，莫是延平窮一事必待其融釋脫落，然後別窮一事？若偶於此一事尚未能遽爾融釋，是終爲此一事所拘，不若程子云"且別窮一事"，或先其易，或先其難，此便是所不逮處否？

程子之言誠善，然窮一事未透，又便別窮一事亦不得。彼謂有甚不通者，不得已而如此耳，不可便執此說，容易改換，却致功夫不專一也。

窮理之學，於六十四卦大象便是貫通處否？

貫通須是無所不通，如此說却拘束了。

經文先從"明明德於天下"節次說來，說至下工夫之處，始謂"致知在格物"。又從"物格知至"節次說去，說至成功之終處，謂"天下平"。所以如此反覆推說者，欲人知夫進功之序，則不可不勉；又知夫成功之終，則不可不至。於傳之十章，則專以進功爲言。蓋進功之序，在學者當深知其然，則成功之驗自可終耳。此傳文釋經之意也。

此説得之。

"樂意相關禽對語，生香不斷樹交花"，此語形容得浩然之氣。莫是那相關不斷底意可以見浩然者本自聯屬，又"交花"、"對語"，便是無不慊與不餒底意否？

只是大意如此，難似此逐字分析也。

仁則通上下言，聖則造其極。孟子於三子清、和、任各以聖言之，此語涉於通上下否？

三子清、和、任，正是造其極處。

"天地之塞吾其體"云云，塞者，日月之往來、寒暑之迭更，與夫星辰之運行、山川之融結，又五行，質之所具，氣之所行，無非塞乎天地者。

"塞"字意，得之。《晦庵文集》卷五七。

案：《朱子語類》卷一八載李壯祖所記曰："李堯卿問：'延平言窮理工夫，先生以爲不若伊川規模之大、條理之密，莫是延平教人窮此一事，必待其融釋脱落然後別窮一事。設若此事未窮，遂爲此事所拘，不若程子若窮此事未得，且別窮之言爲大否？'曰：'程子之言誠善，窮一事未透，又便別窮一事亦不得。彼謂有甚不通者，不得已而如此耳，不可便執此説，容易改換，却致工夫不專一也。'"正指本書。李壯祖於紹熙三、四年間從學朱熹。參見本書"李壯祖"條"案"語考證。故推知約撰於紹熙三年或稍後。

李 侗

李侗(1093—1163),字愿中,南劍州劍浦(今福建南平)人。從羅從彥學,與朱松爲同門友。退居山田,謝絶世故,餘四十年。其接後學,答問不倦,雖隨人淺深施教,而必自反身自得始。學者號延平先生。隆興元年十月卒,年七十一。《文定集》卷二二《延平李先生墓誌銘》。《宋史》卷四二八有傳。

李侗《答朱元晦書》:

丁丑六月二十六日書云:承諭涵養用力處,足見近來好學之篤也,甚慰甚慰。但常存此心,勿爲他事所勝,即欲慮非僻之念自不作矣。孟子有夜氣之説,更熟味之,當見涵養用力處也。於涵養處著力,正是學者之要。若不如此存養,終不爲己物也。更望勉之。《延平答問》。

案:紹興二十三年朱熹赴同安任,經南劍州拜見李侗。《朱子語類》卷一〇四有云:"後赴同安任,時年二十四、五矣,始見李先生。與他説,李先生只説不是。某却倒疑李先生理會此未得,再三質問。李先生爲人簡重,却是不甚會説,只教看聖賢言語。某遂將那禪來權倚閣,起意中道,禪亦自在,且將聖人書來讀。讀來讀去,日復一日,覺得聖賢言語漸漸有味。却回頭看釋氏之説,漸漸破綻,罅漏百出。"至二十七年(丁丑,1157)朱熹致書李侗問學,李侗本書撰於六月二十六日。

李侗《答朱元晦書》:

戊寅七月十七日書云:某村居一切只如舊,有不可不應接處,又難廢墮,但靳靳度日爾。朝夕無事,齒髮已邁,筋力漸不如昔。所得於師友者往來,於心求所以脫然處,竟未得力。頗以是懼爾。

《春秋》且將諸家熟看,以胡文定《解》爲準。玩味久,必自有會心處,卒看不得也。伊川先生云:《春秋》大義數十,炳如日星,所易見也;唯徵辭奧旨,時措從宜者,所難知爾。更須詳考其事,又玩味所書抑揚予奪之處,看如何。積道理多,庶漸見之。大率難得學者無相啓發處,終憒憒不灑落爾。

問:子曰:"父在觀其志,父没觀其行。三年無改於父之道,可謂孝矣。"東坡謂:可改者不待三年。熹以爲使父之道有不幸,不可不即改者,亦當隱忍遷就,於義理之中,使事體漸正,而人不見其改之之迹,則雖不待三年,而謂之無改可也。此可見孝子之心,與"幾諫"事亦相類。

先生曰:"三年無改",前輩論之詳矣。類皆執文泥迹,有所遷就,失之。須是認聖人所説,於言外求意乃通。所謂道者,是猶可以通行者也。三年之中,日月易過,若稍稍有不愜意處，即率意改之，則孝子之心何在？如説《春秋》者不忍遽變左氏有官命未改之類。有孝子之心者，自有所不忍耳。非斯須不忘、極體孝道者，能如是耶？東坡之語有所激而然，是亦有意也。事只有箇可與不可而已。若大段有害處，自應即改何疑？恐不必言隱忍遷就，使人不見其改之之迹。此意雖未有害，第恐處心如此，即駸駸然所失處却多。吾輩欲求寡過，且謹守格法爲不差也。"幾諫"事意恐不相類。更思之。

問：孟武伯問孝，子曰："父母唯其疾之憂。"舊説孝子不妄爲，非唯疾病然後使父母憂。熹恐夫子告孟孫之意不然。蓋言父母之心，慈愛其子無所不至。疾病人所不免，猶恐其有之以爲憂，則餘可知也。爲人子者知此，而以父母之心爲心，則所以奉承遺體而求免於虧辱者，豈一端而已哉？此曾子所以戰戰兢兢，啓手足而後知免焉者也。"不遠遊，遊必有方"，"不登高，不臨深"，皆是此意。

先生曰："父母唯其疾之憂"，當如上所説爲得之，舊説不直截。聖人之告人，使知所以自求者，惟深切庶可用力也。

問：子游問孝，子曰："今之孝者，是謂能養。至於犬馬，皆能有養。不敬，何以別乎？"熹謂犬馬不能自食，待人而食者也，故蓄犬馬者必有以養之，但不敬爾。然則養其親而敬有所不至，不幾於以犬馬視其親乎？

敬者,尊敬而不敢忽忘之謂,非特恭謹而已也。人雖至愚,孰忍以犬馬視其親者!然不知幾微之間,尊敬之心一有不至,則是所以視其親者,實無以異於犬馬而不自知也。聖人之言,警乎人子,未有若是之切者。然諸家之說,多不出此。熹謂當以《春秋》所書歸生、許止之事觀之,則所謂犬馬之養,誠不爲過。不然,設譬引喻,不應如是之疏,而子游之賢,亦不待如此告戒之也。

先生曰:此一段,恐當時之人習矣而不察,只以能養爲孝。雖孔門學者,亦恐未免如此。故夫子警切以告之,使之反諸心也。苟推測至此,孝敬之心一不存焉,即陷於犬馬之養矣。孟子又有"養口體"、"養志"之說,似亦說破學者之未察處,皆所以警乎人子者也。若謂以《春秋》所書之事觀之,則所謂犬馬之養,誠不爲過。恐不須如此說,歸生、許止各是發明一例也。

問:子曰:"吾與回言終日,不違如愚,退而省其私,亦足以發。回也不愚。"熹竊謂"亦足以發",是顏子聞言悟理、心契神受之時,夫子察焉而於心有感發也。子夏"禮後"之問,夫子以爲"起予",亦是類也。但子夏所發在言語之間,而顏子所發乃其所自得處,有以默相契合,不待言而喻也。然非聖人有所未知,必待顏子而後發。如言"非助我者",豈聖人待門弟子答問之助耶?

先生曰:"亦足以發",前說似近之,恐與"起予"不類,深玩之可見。"非助我者",豈聖人待門弟子答問之助,固是如此;然亦須知顏子默曉聖人之言,便知親切道體處,非枝葉之助也。他人則不能見如此精微矣。妄意如此氣象,未知如何?

問:子張學干祿,夫子告以多聞多見闕疑殆,而謹言行其餘。蓋不博無以致約,故聞見以多為貴。然不闕其所未信未安,則言行之間意不誠矣,故以闕之為善。疑殆既闕,而於言行有不謹焉,則非所謂無敢慢者,故以謹之為至。有節於內若此,尤悔何自而入乎?然此皆庸言庸行之所必然,非期以干祿也,而祿固已在其中矣。孟子曰"經德不回,非以干祿也",與夫子之意一也。伊川先生亦曰:子張以仕為急,故夫子告之以此,使定其心而不為利祿動。恐亦是此意。未知是否?

先生曰:古人干祿之意,非後世之干祿也。蓋胸中有所蘊,亦欲發洩而見諸事爾。此為己之學也。然求之有道,苟未見所以求之之道,一萌意焉,則外馳矣。故夫子以多聞見而闕疑殆告之,又使之慎其餘,則反求諸己也切矣。故孟子有"經德不回,非以干祿"之語。苟能深體得此,則馳外之心不作矣。伊川所謂"才有縫罅便走了"之意。《延平答問》。

案:紹興二十八年(1158)初,朱熹又至延平見李侗問學,三月歸後又致書請問,《年譜長編》卷上。故七月十七日李侗作此答書。其中問者為朱熹來書之問目,"先生曰"為李侗答問之辭。

李侗《答朱元晦書》：

戊寅冬至前二日書云：承示問，皆聖賢之至言，某何足以知之。而吾元晦好學之篤如此，又安敢默默也。輒以昔所聞者，各箋釋於所問目之下，聊以塞命爾。他日若獲款曲，須面質論難，又看合否，如何？大率須見灑然處，然後爲得。雖説得行，未敢以爲然也。

問：向以"亦足以發"之義求教，因引"起予"爲證，蒙批諭云"亦足以發"與"起予"不類。熹反覆思之，於此二者，但見有淺深之異，而未見全不相似處，乞賜詳喻。

先生曰：顏子氣象與子夏不同，先玩味二人氣象於胸中，然後體會夫子之言"亦足以發"與"起予者商也"之語氣象如何。顏子深潛淳粹，於聖人體段已具，故聞夫子之言，即默識心融，觸處洞然，自有條理，故終日言，但見其"不違如愚"而已，退省其私，則於語默日用動容之間，皆足以發明夫子之道，坦然由之而無疑也。子夏因問《詩》，如不得"繪事後素"之言，即"禮後"之意未必到，似有因問此一事，而夫子印可之意。此所以不類也。不知是如此否？偶追憶前日所問處意不來，又未知向日因如何疑而及此也，更俟他日熟論。

問：《春秋》威公二年："滕子來朝。"按：滕本稱侯，伊川謂服屬於楚，故貶稱子。熹按楚是時未與中國通，滕又遠楚，終春秋之世未嘗事楚，但爲宋役爾。不知伊

川別有何據？又陳、蔡諸國後來屬楚者，亦未嘗貶爵
也。胡文定以爲爲朝威而貶之，以討亂賊之黨。此義
似勝。然滕自此不復稱侯，至定公之喪，來會葬，猶稱
子。夫豈以祖世有罪，而并貶其子孫乎？然則胡氏之
説亦有可疑者。不知當以何説爲正？胡氏又謂凡朝威
者皆貶，獨紀侯以咨謀齊難而來，志不在於朝威，故再
朝皆無貶焉。熹竊以爲果如此，則是義理之正，可以危
急而棄之也。不知《春秋》之法果如此否？<small>二年"紀侯來
朝"，《左氏》作"杞"字，後有入杞、會鄧事，《傳》皆有説可據。
伊川、胡氏依《公》、《穀》作"紀"字。</small>

先生曰："滕子來朝"，考之《春秋》，夫子凡所書諸侯
來朝，皆不與其朝也。胡文定謂春秋之時諸侯之朝，皆無
有合於先王之時世朝之禮者，故書皆譏之也。滕本稱侯，
威二年來朝稱子者，以討亂賊之黨貶，於諸家之説義爲
精。先儒又以爲時王所黜者，胡氏以爲果如此，則《春秋》
不作矣。恐先儒之説非。來喻以謂自此終春秋之世不復
稱侯，"豈以祖世有罪，而并貶其子孫乎？"若如此言，大段
害理。《春秋》與人改過遷善，又善善長、惡惡短，不應如
此，是可疑也。某竊以謂從胡之説，於理道爲長。觀夫子
所書討亂之法甚嚴，滕不以威之不義而朝之，只在於合黨
締交，此夷狄也。既已貶矣，後世子孫碌碌無聞，無以自
見於時，又壤地褊小，本一子男之國。宋之盟，《左傳》有
"宋人請滕"，欲以爲私屬，則不自强而碌碌於時者久矣。

自一貶之後，夫子再書，各沿一義而發，遽又以侯稱之，無乃紛紛然淆亂，《春秋》之旨不明而失其指乎？蓋聖人之心，必有其善，然後進之。若無所因，是私意也，豈聖人之心哉！若如此看，似於後世之疑不礙，道理爲通，又不知如何？《春秋》所以難看者，蓋以常人之心推測聖人，未到聖人灑然處，豈能無失耶？請俟他日反復面難，庶幾或得其旨。伊川之說，考之諸處，未見春秋之前服屬於楚事迹，更俟尋攷。又來喻以謂紀侯來咨謀齊難，志不在於朝威，故再朝無貶，則是義理之正，可以危急而棄之。若果如此，尤害義理。《春秋》有誅意之說，紀侯志不在於朝威，則非滕子之類也。列國有急難，以義而動，又何貶耶？"紀侯來朝"，《左氏》作"杞"字，後有入杞之事，《傳》皆有說。胡氏因《公》、《穀》作"紀"字。《春秋》似此類者多。如齊子糾，《左傳》只云"納糾"，伊川乃以二傳爲證。又嘗有看《春秋》之法，云"以傳考經之事迹，以經別傳之真僞"。參考義理之長，求聖人所書之意，庶或得之。

問："禮之用，和爲貴"一章之義。

先生曰：孟子曰："仁之實，事親是也。義之實，從兄是也。""禮之實，節文斯二者是也。"禮之道，雖以和爲貴，然必須體其源流之所自來而節文之，則不失矣。若"小大由之"，而無隆殺之辨，"知和而和"，於節文不明，是皆不可行，則禮之體用失矣。世之君子，有用禮之嚴至拘礙者，和而失其節者，皆非知禮者也。故有子以是語門人，使知其節爾。

問："因不失其親,亦可宗也。"橫渠先生曰："君子
寧孤立無與,不失親於可賤之人。"熹據此,則因也、親
也、宗也,皆依倚附託之名,但言之漸重爾。所因或失
其所親,謂可賤之人不可親也。則亦不可宗。人之可親者
必可宗,其不可親者,必不可宗也。故君子非孤立無與之
患,而不失其親爲難。其將欲有所因也,必擇其可親者
而因之。使彼誠賢,則我不失其所親,而彼亦可宗矣。
其文與上二句相似,皆言必慮其所終,行必稽其所敝之
意。不審尊意以爲如何?

先生曰:伊川先生曰:"信本不及義,恭本不及禮。
然信近於義,恭近於禮也。信近於義,以言可復也;恭近
於禮,以遠恥辱也。因恭信而不失親,近於禮義,故亦可
宗也。猶言禮義者不可得見,得見恭信者可矣。"詳味此
語,則失親於可賤之人,自無有矣。蓋以禮義爲主故也。

問:"《詩》三百,一言以蔽之,曰思無邪。"蘇東坡
曰:"夫子之於《詩》,取其會於吾心者,斷章而言之。頌
魯侯者,未必有意於是也。"子由曰:"思無邪,則思馬而
馬應;思馬而馬應,則思之所及無不應也。故曰思無
邪。'思馬斯徂',此頌魯侯者之意也。"兩説未知孰是?

先生曰:詩人興刺,雖亦曲折達心之精微,然必止乎
禮義。夫子刪而取之者以此爾。若不止於禮義,即邪也。
故三百篇,一言足以蔽之,只是"思無邪"而已。所以能興

起感動人之善心，蓋以此也。頌魯侯者，偶於形容盛德如此，故曰"思無邪"。於馬言之者，又有"秉心塞淵"，然後"騋牝三千"之意。

問："吾十有五而志於學"一章，橫渠先生曰："常人之學日益而莫自知也。仲尼行著習察，異於他人，故自十五至於七十，化而知裁。其進德之盛者與！"伊川先生曰："孔子生而知之，自十五至七十，進德直有許多節次者，聖人未必然，亦只是爲學者立一下法。盈科而後進，不可差次，須是成章乃達。"兩説未知孰是？

先生曰：此一段，二先生之説各發明一義，意思深長。橫渠云"化而知裁"，伊川云"盈科而後進"，不成章不達，皆是有力處，更當深體之可爾。某竊以謂聖人之道中庸，立言常以中人爲説，必十年乃一進者。若使困而知學，積十年之久，日孳孳而不倦，是亦可以變化氣質而必一進也。若以鹵莽滅裂之學，而不用心焉，雖十年亦只是如此，則是自暴自棄之人爾。言十年之漸次，所以警乎學者。雖中才，於夫子之道皆可積習勉力而至焉，聖人非不可及也。不知更有此意否？

問："禘自既灌而往者，吾不欲觀之矣。"伊川曰："灌以降神，祭之始也。既灌而往者，自始及終皆不足觀，言魯祭之非禮也。"謝氏引《禮記》曰："吾欲觀夏道，是故之杞，而不足證也。我欲觀殷道，是故之宋，而不足證也。我觀周道，幽、厲傷之。吾舍魯何適矣！魯之

郊禘，非禮也，周公其衰矣。"以此爲證，而合此章於上
文杞、宋不足證之説，曰："考之杞、宋，則文獻不足，考
之當今，則魯之郊禘又不足觀，蓋傷之也。"呂博士引荀
子"大昏之未發、祭之未納户，喪之未小斂，一也"解此，
與趙氏《春秋纂例》之説，不審何者爲是？

先生曰：《記》曰："魯之郊禘，非禮也，周公其衰矣。"
以其難言，故《春秋》皆因郊禘事中之失而書譏，魯自在其
中。今曰"禘自既灌而往者，吾不欲觀之矣"，則是顛倒失
禮，如昭穆失序之類，於灌而求神以至於終，皆不足觀，蓋
歎之也。對或人之問，又曰不知，則夫子之深意可知矣。
既曰不知，又曰："知其説者之於天下也，其如示諸斯乎！"
指其掌。則非不知也，只是難言爾。原幽明之故，知鬼神
之情狀，則燭理深矣，於天下也何有！

問："或問禘之説"一章，伊川以此章屬之上文，曰：
"不知者，蓋爲魯諱。知夫子不欲觀之説，則天下萬物
各正其名，其治如指諸掌也。"或以爲此魯君所當問而
不問，或人不當問而問之，故夫子以爲不知，所以微諷
之也。餘如伊川説云。龜山引《禮記》："禘嘗之義大
矣，治國之本也，不可不知也。明其義者君也，能其事
者臣也，不明其義，君人不全，不能其事，爲臣不全。"非
或人可得而知也。其爲義大，豈度數云乎哉。蓋有至
賾存焉。知此，則於天下乎何有！此數説，不審孰是？

先生曰：詳味"禘自既灌"以下至"指其掌"，看夫子

所指意處如何，却將前後數説皆包在其中，似於意思稍
盡，又未知然否？

問：“祭如在，祭神如神在。”熹疑此二句乃弟子記
孔子事。又記孔子之言於下以發明之，曰“吾不與祭，
如不祭”也。

先生曰：某嘗聞羅先生曰：“祭如在，及見之者。祭
神如神在，不及見之者。”以至誠之意與鬼神交，庶幾享
之。若誠心不至，於禮有失焉，則神不享矣，雖祭也何爲！

問：“居上不寬，爲禮不敬，臨喪不哀，吾何以觀之哉？”
熹謂此非謂不足觀，蓋不誠無物，無物則無以觀之也。

先生曰：居上寬，爲禮敬，臨喪哀，皆其本也。有其
本而末應。若無其本，粲然文采，何足觀！

問：子曰：“參乎，吾道一以貫之。”曾子曰：“唯。”
子出，門人問曰：“何謂也？”曾子曰：“夫子之道，忠恕而
已矣。”熹謂曾子之學主於誠身，其於聖人之日用觀省
而服習之，蓋已熟矣，惟未能即此以見夫道之全體，則
不免疑其有二也。然用力之久，而亦將有以自得，故夫
子以“一以貫之”之語告之，蓋當其可也。曾子惟此少許
未達，故夫子直以此告之。曾子於是默會其旨，故門人有
問，而以忠恕告之。蓋以夫子之道不離乎日用之間，自
其盡己而言則謂之忠，自其及物而言則謂之恕，莫非大
道之全體。雖變化萬殊於事爲之末，而所以貫者，未
嘗不一也。然則夫子所以告曾子，曾子所以告其門人，

豈有異旨哉！而或者以爲忠恕未足以盡一貫之道，曾子姑以違道不遠者告其門人，使知入道之端，恐未嘗盡曾子之意也。如子思之言"忠恕違道不遠"，乃是示人以入道之端。如孟子之言行仁義，曾子之稱夫子乃所謂由仁義行者也。

先生曰：伊川先生有言曰："'維天之命，於穆不已'，忠也。'乾道變化，各正性命'，恕也。"體會於一人之身，不過只是盡己及物之心而已。曾子於日用處，夫子自有以見之，恐其未必覺此亦是一貫之理，故卒然問曰："參乎，吾道一以貫之。"曾子於是領會而有得焉，輒應之曰"唯"，忘其所以言也。東坡所謂口耳俱喪者，亦佳。至於答門人之問，只是發其心耳，豈有二耶？若以謂聖人"一以貫之"之道，其精微非門人之問所可告，姑以忠恕答之，恐聖賢之心不如是之支也。如孟子稱堯舜之道孝弟而已，人皆足以知之，但合內外之道，使之體用一源，顯微無間，精粗不二，袞同盡是此理，則非聖人不能是也。《中庸》曰"忠恕違道不遠"，特起此以示人相近處，然不能貫之，則忠恕自是一忠恕爾。《延平答問》。

案：此朱熹承上書而再問，李侗於是年冬至前二日再作答書。

李侗《答朱元晦書》：

十一月十三日書云：吾人大率坐此窘窶，百事驅遣不行，唯於稍易處處之爲庶幾爾。某村居兀坐，一無所爲，亦以窘迫，遇事室塞處多。每以古人貧甚極難堪處自體，即啜菽飲水，亦自有餘矣。夫復何言！

來喻以爲人心之既放，如木之既伐。心雖既放，然夜氣所息，而平旦之氣生焉，則其好惡猶與人相近。木雖既伐，然雨露所滋，而萌蘖生焉，則猶有木之性也。恐不用如此説。大凡人禮義之心何嘗無，唯持守之，即在爾。若於旦晝間不至梏亡，則夜氣存矣。夜氣存，則平旦之氣未與物接之時，湛然虛明氣象自可見。此孟子發此夜氣之説，於學者極有力。若欲涵養，須於此持守可爾。恐不須説心既放、木既伐，恐又似隔截爾。如何如何？

又見喻云伊川所謂未有致知而不在敬者，考《大學》之序則不然。如夫子言非禮勿視聽言動，伊川以爲制之於外以養其中數處，蓋皆各言其入道之序如此。要之，敬自在其中也，不必牽合貫穿爲一説。又所謂但敬而不明於理，則敬特出於勉强，而無灑落自得之功，意不誠矣。灑落自得氣象，其地位甚高。恐前數説，方是言學者下工處，不如此則失之矣。由此持守之久，漸漸融釋，使之不見有制之於外，持敬之心，理與心爲一，庶幾灑落爾。

某自聞師友之訓，賴天之靈，時常只在心目間。雖資質不美，世累妨奪處多，此心未嘗敢忘也。於聖賢之言，亦時有會心處，亦間有識其所以然者。但覺見反爲理道所（縛）[縛]，殊無進步處。今已老矣，日益恐懼。吾元晦乃不鄙孤陋寡聞，遠有質問所疑，何愧如之。《延平答問》。

　　案：此朱子承上書而再問，李侗答書作於是年十一月十三日。

　　李幼武《宋名臣言行録》外集卷一二《朱熹晦菴先生徽國文公》云："延平與其友羅博文宗禮書曰："元晦進學甚力，樂善畏義，吾黨鮮有。晚得此人商量所疑，甚慰。'又云："此人極穎悟，力行可畏。講學極造其微處論辨，某因此追求有所省。渠所論難處，皆是操戈入室，須從原頭體認來，所以好説話。某昔於羅先生得入處，後無朋友，幾放倒了，得渠如此，極有益。渠初從謙開善處下工夫來，故皆就裏面體認。今既論難，見儒者路脈，極能指其差誤之處。自見羅先生來，未見有如此者。'又云："此子別無他事，一味潛心於此。初講學時，頗爲道理所縛，今漸能融釋，於日用處一意下工夫。若於此漸熟，則體用合矣。此道理全在日用處熟，若静處有而動處無，即非矣。'"又《朱子語類》卷一一三云："問："前承先生書云：李先生云：賴天之靈，常在目前。如此安得不進？蓋李先生爲默坐澄心之學，持守得固。後來南軒深以默坐澄心爲非，自此學者工夫愈見散漫，反不如默坐澄心之專。'先生曰："只爲李先生不出仕，做得此工夫。若是仕宦，須出來理會事。向見吳公濟爲此學，時方授徒，終日在裏默坐，諸生在外都不成模樣。蓋一向如此不得.'問:'龜山之學,云以身體之,以心驗之,從容自得於燕閒静一之中。李先生學於龜山,其源流是如此?'曰:'龜山只是要閒散,然却讀書。尹和靖便不讀書。'"

李侗《答朱元晦書》:

己卯六月二十二日書云:聞不輟留意於經書中,縱未深自得,亦可以驅遣俗累,氣象自安閒也。《延平答問》。

案:李侗此書作於紹興己卯(1159)六月二十二日。

李侗《答朱元晦書》:

己卯長至後三日書云:今學者之病,所患在於未有灑然冰解凍釋處,縱有力持守,不過只是苟免顯然尤悔而已。似此恐皆不足道也。《延平答問》。

案:李侗此書作於紹興己卯冬至後三日。

李侗《答朱元晦書》:

庚辰五月八日書云:某晚景別無他,唯求道之心甚切。雖間能窺測一二,竟未有灑落處。以此兀坐,殊憒憒不快。昔時朋友絶無人矣,無可告語,安得不至是耶?可嘆可懼。示諭夜氣説甚詳,亦只是如此,切不可更生枝節尋求,即恐有差。大率吾輩立志已定,若看文字,心慮一澄然之時，略綽一見與心會處，便是正理。若更生疑，即恐滯礙。《伊川語錄》中有記明道嘗在一倉中坐，見廊柱多，因默數之，疑以爲未定，屢數愈差，遂至令一人敲柱數之，乃與初默數之數合，正謂此也。夜氣之説所以於學者有力者，須是兼旦晝存養之功，不至梏亡，即夜氣清。若旦晝間不能存養，即夜氣何有！疑此便是日月至焉氣象也。某曩時從羅先生學問，終日相對静坐，只説文字，未嘗及一雜語。先生極好静坐。某時未有知，退入室中，亦只静坐而已。先生令静中看喜怒哀樂未發之謂中，未發時作何氣象。此意不唯於進學有力，兼亦是養心之要。元晦偶有心恙，不可思索，更於此一句内求之静坐看如何，往往不能無補也。此中相去稍遠，思欲一見，未之得。恐元晦以親旁無人傔侍，亦難一來。奈何！切望隨宜攝養，勿貽親念，爲至禱也。

承惠示濂溪遺文與潁濱《語》、《孟》，極荷愛厚，不敢忘，不敢忘。邇書向亦曾見一二，但不曾得見全本。今乃得一觀，殊慰卑抱也。二蘇《語》、《孟》説儘有可商論處，俟他日見面論之。嘗愛黄魯直作《濂溪詩序》云："舂陵周茂叔，人品甚高，胸中灑落，如光風霽月。"此句形容有道者氣象絶佳。胸中灑落，即作爲盡灑落矣。學者至此雖甚遠，亦不可不常存此體段在胸中，庶幾遇事廓然，於道理方少進。願更存養如此。

羅先生山居詩，某記不全，今只據追思得者録去。

《顏樂齋》詩云："山染嵐光帶日黃，蕭然茅屋枕池塘。自
知寡與真堪笑，此一句似非。賴有顏瓢一味長。"《池畔亭
曰濯纓》詩云："擬把冠纓挂牆壁，等閒窺影自相酬。"《邀
月臺》詩云："矮作牆垣小作臺，時邀明月寫襟懷。夜深獨
有長庚伴，不許庸人取次來。"又有《獨寐榻》、《白雲亭》
詩，皆忘記。白雲亭坐處，望見先生母氏墳，故名。某向
日見先生將出此詩，《邀月臺》詩後兩句不甚愜人意，嘗忘
意云："先生可改下兩句，不甚渾然。"先生別云："也知鄰
鬭非吾事，且把行藏付酒杯。"蓋作此數絕時，正靖康
間也。

聞召命不至，復有指揮。今來亦執前説辭之，甚佳。
蓋守之已定，自應如此。縱煎迫擾擾，何與我事。若於義
可行，便脱然一往，亦可也。某嘗以謂遇事若能無毫髮固
滯，便是灑落，即此心廓然大公，無彼己之偏倚，庶幾於理
道一貫。若見事不徹，中心未免微有偏倚，即涉固滯，皆
不可也。未審元晦以爲如何？爲此説者，非理道明，心與
氣合，未易可以言此。不然，只是説也。《延平答問》。

案：李侗此書作於紹興庚辰（三十年，1160）五
月八日。"聞召命不至"，《繫年要錄》卷一八三云：
紹興二十九年八月甲子，"詔左朝請郎兩浙東路提點
刑獄公事徐度、左朝請郎兩浙西路提點刑獄公事吕
廣問、左迪功郎朱熹並召赴行在，……皆用輔臣薦
也。……熹，松子也。少孤，從延平李侗學。弱冠中

進士第，調泉州同安簿。官滿，當路尊敬，不敢以屬
吏相待。同安之民不忍其去，五年而後罷。於是慨
然有不仕之志，築室武夷山中，四方游學之士從之者
如市。上聞其賢，故召之。熹卒不至。"因朱熹辭召
命，故此時朝廷再下指揮召之，卒不行。

李侗《答朱元晦書》：

庚辰七月書云：某自少時從羅先生學問，彼時全不
涉世故，未有所入，聞先生之言，便能用心靜處尋求。至
今淟汩憂患，磨滅甚矣。四、五十年間，每遇情意不可堪
處，即猛省提掇，以故初心未嘗忘廢，非不用力，而迄於今
更無進步處。常切靜坐思之，疑於持守及日用儘有未合
處，或更有關鍵未能融釋也。向來嘗與夏丈言語間稍無
間，因得一次舉此意質之。渠乃以釋氏之語來相淘，終有
纖奸打訛處，全不是吾儒氣味，旨意大段各別，當俟他日
相見劇論可知。大率今人與古人學殊不同。如孔門弟
子，羣居終日相切摩，又有夫子爲之依歸，日用間相觀感
而化者甚多。恐於融釋而脫落處，非言說可及也。不然，
子貢何以謂"夫子之言性與天道，不可得而聞"耶？元晦
更潛心於此，勿以老邁爲戒，而怠於此道。乃望承欲秋涼
一來，又不知偏侍下別無人，可以釋然一來否？只爲往來
月十日事，疑亦可矣。但亦須處得老人情意帖帖無礙，乃
佳爾。

　　所云見《語録》中有"仁者渾然與物同體"一句,即認得《西銘》意旨,所見路脈甚正,宜以是推廣求之。然要見一視同仁氣象,却不難。須是理會分殊,雖毫髮不可失,方是儒者氣象。

　　又云因看"必有事焉而勿正,心勿忘,勿助長"數句,偶見全在日用間非著意、非不著意處,才有毫髮私意,便没交涉。此意亦好,但未知用處却如何,須喫緊理會這裏始得。某曩時傳得吕與叔《中庸解》甚詳。當時陳幾叟與羅先生門皆以此文字説得浸灌浹洽,比之龜山《解》却似枯燥。晚學未敢論此。今此本爲相知借去,亡之已久,但尚記得一段云:"謂之有物,則不得於言;謂之無物,則必有事焉。不得於言者,視之不見,聽之不聞,無聲形接乎耳目而可以道也。必有事焉者,莫見乎隱,莫顯乎微,體物而不可遺者也。"學者見乎此,則庶乎能擇乎中庸而執之隱微之間,不可求之於耳目,不可道之於言語。然有所謂昭昭而不可欺、感之而能應者,正惟虚心以求之,則庶乎見之。又據孟子説"必有事焉",至於"助長"、"不耘"之意,皆似是言道體處。來諭乃體認出來。學者正要如此,但未知用時如何?脗合渾然,體用無間乃是。不然,非著意、非不著意,溟溟涬涬,疑未然也。某嘗謂進步不得者,髣髴多是如此類窒礙,更望思索。他日熟論,須見到心廣體胖,遇事一一灑落處,方是道理。不爾,只是説也。

　　又云"便是日月至焉氣象"一段。某之意,只謂能存養者，積久亦可至此。若此之"不違"，氣象又迥然別也。
今之學者雖能存養，知有此理，然旦晝之間一有懈焉，遇
事應接舉處，不覺打發機械，即離間而差矣。唯存養熟，
理道明，習氣漸爾消鑠，道理油然而生，然後可進，亦不易
也。來諭以謂能存養者，無時不在，不止日月至焉。若如
此時，却似輕看了也。如何？

承諭"心與氣合"及所注小字，意若逐一理會心與氣，
即不可。某鄙意止是形容到此解會融釋，不如此，不見所
謂氣、所謂心渾然一體流浹也。到此田地，若更分別那箇
是心，那箇是氣，即勞攘爾。不知可以如此否？不然，即
成語病無疑。若更非是，無惜勁論，吾儕正要如此。

録示明道二絶句，便是吟風弄月，有"吾與點也"之氣
味。某尚疑此詩，若是初見周茂叔歸時之句即可，此後所
發之語，恐又不然也。

二蘇《語》、《孟》説儘有好處。蓋渠聰明過人，天地間
理道不過只是如此，有時見到，皆渠聰明之發也。但見到
處却有病，學者若要窮理，亦不可不論。某所謂儘有商議
者謂此爾。如來諭云："説養氣處皆顛倒了。"渠本無淵
源，自應如此也。然得惠此本，所警多矣。

某兀坐於此，朝夕無一事，若可以一來，甚佳。致千
萬意如此。然又不敢必覬，恐侍旁乏人，老人或不樂，即
未可。更須於此審處之。某尋常處事，每值情意迫切處，
即以輕重本末處之，似少悔吝。願於出處間更體此意。

《延平答問》。

案：李侗此書作於紹興庚辰七月間。因李侗屢召，朱熹於是年冬至延平見李侗。朱熹《再題西林可師達觀軒》有云："紹興庚辰冬，予來謁隴西先生，退而寓於西林院惟可師之舍，以朝夕往來受教焉。閱數月而後去。"《晦庵文集》卷二。

李侗《答朱元晦書》：

辛巳上元日書云：昔嘗得之師友緒餘，以謂學問有未愜適處，只求諸心。若反身而誠，清通和樂之象見，即是自得處。更望勉力以此而已。《延平答問》。

案：李侗此書作於紹興辛巳（三十一年，1161）上元日。此書原誤置於辛巳二月二十四日書後，今改置於此。

李侗《答朱元晦書》：

辛巳二月二十四日書云：示下所疑，極荷不外。已有鄙見之説繼其後矣。但素來拙訥，發脱道理不甚明亮，得以意詳之可也。

問："性相近也，習相遠也。"二程先生謂此言氣質之性，非性之本。尹和靖云："性一也，何以言相近？蓋由習相遠而爲言。"熹按：和靖之意，云性一也，則正是言性之本，萬物之一源處。所以云"近"，但對"遠"而言，非實有異品而相近也。竊謂此説意稍渾全，不知是否？

先生曰：尹和靖之説雖渾全，然却似没話可説，學者無著力處。恐須如二先生謂此言氣質之性，使人思索體認氣質之説道理如何，爲有力爾。蓋氣質之性不究本源，又由習而相遠，政要玩此曲折也。

問：公山弗擾、佛肸二章，程先生謂：欲往者，聖人以天下無不可改過之人，故欲往。然終不往者，知其必不能改也。又云：欲往者，示人以迹，子路不喻。居夷，浮海之類。熹疑召而欲往，乃聖人虛明應物之心，答其善意，自然而發。終不往者，以其爲惡已甚，義不可復往也。此乃聖人體用不偏、道並行而不相悖處。不知是否？又兩條告子路不同者，即其所疑而喻之爾。子路於公山氏，疑聖人之不必往，故夫子言可往之理。此語意中微似竿木隨身之意，不知然否？於佛肸，恐其浼夫子也，故夫子告以不能浼己之意。不知是否？又謂示人以迹者，熹未喻其旨。

先生曰：元晦前説深測聖人之心，一箇體段甚好，但更有少礙。若使聖人之心不度義，如此易動，即非。就此更下語。又兩條告子路不同，即其疑而喻之以下，亦佳。竿木隨身之説，氣象不好，聖人定不如是。元晦更熟玩孔子所答之語，求一指歸處方是。聖人廓然明達，無所不可，非道大德宏者不能爾也。子路未至此，於所疑處即有礙。龜山謂之包羞，誠有味也。示人以迹，恐只是心迹。

據此，事迹皆可爲，然又未必爾者，蓋有憂樂行違確然之不同，無定體也。

問："予欲無言"，明道、龜山皆云此語爲門人而發。熹恐此句從聖人前後際斷，使言語不著處不知不覺地流出來，非爲門人發也。子貢聞之而未喻，故有疑問。到後來自云"夫子之文章可得而聞也，夫子之言性與天道不可得而聞也"，方是契此旨趣。顏、曾則不待疑問。若子貢以下，又不知所疑也。

先生曰：此一段說甚佳。但云"前後際斷，使言語不著處不知不覺地流出來"，恐不消如此說。只玩夫子云"天何言哉？四時行焉，百物生焉，天何言哉"數語，便見氣味深長，則"予欲無言"，可知旨歸矣。

問："殷有三仁焉"，和靖先生曰："無所擇於利害而爲所當爲，惟仁者能之。"熹未見微子當去，箕子當囚，比干當死，端的不可易處。不知使三人者易地而處，又何如？東坡云："箕子常欲立微子，帝乙不從而立紂，故箕子告微子曰：'我舊云刻子，王子不出，我乃顛隮。'言我舊所言者害子，子若不去，并我得禍。是以二子或去或囚。蓋居可疑之地，雖諫不見聽，故不復諫。比干則無所嫌，故諫而死。"胡明仲非之曰："如此是避嫌疑、度利害也。以此論仁，不亦遠乎？"熹按：此破東坡之說甚善，但明仲自解乃云："微子，殷王元子，以存宗祀爲重，而非背國也。比干，三孤，以義弼君，以存人臣之義，而非要名也。箕子，天畀九疇，以存皇極之法，爲天而非貪生也。"熹恐此説亦未盡善。如箕子一節，尤無意思。不知三人者端的當爲處，當何如以求之？

先生曰：三人各以力量竭力而爲之，非有所擇。此求仁得仁者也。微子義當去。箕子囚奴，偶不死爾。比干即以死諫，庶幾感悟。存祀、九疇，皆後來事，初無此念也，後來適然爾。豈可相合看，致仁人之心不瑩徹耶？仁只是理，初無彼此之辨。當理而無私心，即仁矣。胡明仲破東坡之説可矣，然所説三人後來事相牽，何異介甫之説三仁？恐如此政是病處，昏了仁字，不可不察。

問："太極動而生陽"，先生嘗曰："此只是理，做已發看不得。"熹疑既言"動而生陽"，即與《復卦》一陽生而"見天地之心"何異？竊恐"動而生陽"，即天地之喜怒哀樂發處，於此即見天地之心；二氣交感，化生萬物，即人物之喜怒哀樂發處，於此即見人物之心。如此做兩節看，不知得否？

先生曰："太極動而生陽"，至理之源，只是動靜闔闢。至於終萬物、始萬物，亦只是此理一貫也。到得二氣交感、化生萬物時，又就人物上推，亦只是此理。《中庸》以喜怒哀樂未發已發言之，又就人身上推尋，至於見得大本達道處，又袞同只是此理。此理就人身上推尋，若不於未發已發處看，即緣何知之？蓋就天地之本源與人物上推來，不得不異。此所以於"動而生陽"，難以爲喜怒哀樂已發言之。在天地只是理也。今欲作兩節看，切恐差了。《復卦》"見天地之心"，先儒以爲靜見天地之心，伊川先生以爲動乃見，此恐便是"動而生陽"之理。然於《復卦》發出此一段示人，又於初爻以顏子"不遠復"爲之，此只要示人無間斷之意，人與天理一也，就此理上皆收攝來，"與天地合其德，與日月合其明，與四時合其序，與鬼神合其吉凶"，皆其度內爾。妄測度如此，未知元晦以爲如何？有疑，更容他日得見劇論。語言既拙，又無文采，似發脱不出也。元晦可意會消詳之，看理道通否。《延平答問》。

案：李侗此書作於紹興辛巳二月二十四日。

李侗《答朱元晦書》：

辛巳五月二十六日書云：某村居一切如舊，無可言者。窘束爲人事所牽，間有情意不快處，一切消釋，不復能恤。蓋日戾之離，理應如此爾。

承諭近日學履甚適，向所耽戀不灑落處，今已漸融釋。此便是道理進之效，甚善甚善。思索有窒礙，及於日用動靜之間有怫戾處，便於此致思，求其所以然者，久之自循理爾。

"五十知天命"一句，三先生之説皆不敢輕看。某尋常看此數句，竊以謂人之生也，自少壯至於老耄，血氣盛衰消長自不同，學者若循其理，不爲其所使，則聖人之言自可以馴致。但聖賢所至處淺深之不同爾。若五十矣，

尚昧於所爲，即大不可也。横渠之説似有此意。試一思
索看如何。《延平答問》。

　　案：李侗此書作於紹興辛巳五月二十六日。

李侗《答朱元晦書》：

　　辛巳中元後一日書云：諭及所疑數處，詳味之，所見
皆正當可喜。但於灑落處，恐未免滯礙。今此便速，不暇
及之，謹俟涼爽，可以來訪，就曲折處相難，庶彼此或有少
補焉爾。《延平答問》。

　　案：李侗此書作於紹興辛巳中元後一日。

李侗《答朱元晦書》：

　　辛巳十月十日書云：看文字必覺有味，静而定否？

　　承録示《韋齋記》，追往念舊，令人淒然。某中間所舉
《中庸》始終之説，元晦以謂“肫肫其仁，淵淵其淵，浩浩其
天”，即全體是未發底道理，惟聖人盡性能然。若如此看，
即於全體何處不是此氣象？第恐無甚氣味爾。某竊以謂
“肫肫其仁”以下三句，乃是體認到此“達天德”之效處。
就喜怒哀樂未發處存養，至見此氣象，儘有地位也。某嘗
見吕芸閣與伊川論中説。吕以謂循性而行，無往而非禮
義。伊川以謂氣味殊少。吕復書云云，政謂此爾。大率
論文字切在深潛縝密，然後蹊徑不差。釋氏所謂一超直
入如來地，恐其失處正坐此，不可不辨。

某衰晚，碌碌只如舊，所恨者，中年以來即爲師友捐棄，獨學無助，又涉世故，沮困殆甚。尚存初心，有端緒之可求，時時見於心目爾。《延平答問》。

案：李侗此書作於紹興辛巳十月十日。《韋齋記》，羅從彥撰。

李侗《答朱元晦書》：

壬午四月二十二日書云：吾儕在今日，止可於僻寂處草木衣食，苟度此歲月爲可，他一切置之度外，惟求進此學問爲庶幾爾。若欲進此學，須是盡放棄平日習氣，更鞭飭所不及處，使之脫然有自得處，始是道理少進。承諭應接少暇即體究，方知以前皆是低看了道理。此乃知覺之效，更在勉之。有所疑，便中無惜詳及，庶幾彼此得以自警也。《延平答問》。

案：朱熹《再題西林可師達觀軒》："紹興庚辰冬，予來謁隴西先生，退而寓於西林院惟可師之舍，以朝夕往來受教焉。閱數月而後去。……壬午春，復拜先生於建安，而從以來，又舍於此者幾月。"時三月九日。《晦庵文集》卷二。李侗此書乃作於朱熹別後之紹興壬午（三十二年，1162）四月二十二日。

李侗《答朱元晦書》：

壬午五月十四日書云：承諭處事擾擾，便似內外離絕,不相該貫。此病可於靜坐時收攝,將來看是如何。便如此就偏著處理會,久之知覺,即漸漸可就道理矣。更望勉之也。《延平答問》。

　　案:李侗此書作於紹興壬午五月十四日。

李侗《答朱元晦書》:

　　壬午六月十一日書云:承諭仁一字條陳所推測處,足見日來進學之力,甚慰。某嘗以謂仁字極難講說,只看天理統體便是。更心字亦難指說,唯認取發用處是心。二字須要體認得極分明,方可下工夫。仁字難說,《論語》一部,只是說與門弟子求仁之方。知所以用心,庶幾私欲沈、天理見,則知仁矣。如顏子、仲弓之問,聖人所以答之之語,皆其要切用力處也。孟子曰:"仁,人心也。"心體通有無、貫幽明,無不包括,與人指示於發用處求之也。又曰:"仁者,人也。"人之一體,便是天理,無所不備具。若合而言之,人與仁之名亡,則渾是道理也。來諭以謂仁是心之正理,能發能用底一箇端緒,如胎育包涵其中,生氣無不純備,而流動發生自然之機,又無傾刻停息,憤盈發洩,觸處貫通,體用相循,初無間斷。此說推擴得甚好。但又云:"人之所以為人而異乎禽獸者,以是而已,若犬之性、牛之性,則不得而與焉。"若如此說,恐有礙。蓋天地中所生物,本源則一,雖禽獸草木,生理亦無頃刻停息間斷者。但人得其秀而最靈,五常中和之氣所聚,禽獸得其偏而已。此其所以異也。若謂流動發生自然之機，與夫無頃刻停息間斷，即禽獸之體亦自如此。若以爲此理唯人獨得之，即恐推測體認處未精，於他處便有差也。又云"須體認到此純一不雜處，方見渾然與物同體氣象"一段，語却無病。又云"從此推出分殊合宜處便是義以下數句，莫不由此，而仁一以貫之。蓋五常百行，無往而非仁也。"此説大概是，然細推之，却似不曾體認得伊川所謂"理一分殊"，龜山云"知其理一，所以爲仁，知其分殊，所以爲義"之意，蓋全在知字上用著力也。《謝上蔡語録》云：不仁便是死漢，不識痛癢了。仁字只是有知覺了了之體段。若於此不下工夫令透徹，即緣何見得本源毫髮之分殊哉？若於此不了了，即體用不能兼舉矣。此正是本源體用兼舉處。人道之立，正在於此。仁之一字，正如四德之元。而仁義二字，正如立天道之陰陽、立地道之柔剛，皆包攝在此二字爾。大抵學者多爲私欲所分，故用力不精，不見其效。若欲於此進步，須把斷諸路頭，靜坐默識，使之泥滓漸漸消去方可。不然，亦只是説也。更熟思之。

"葉公問孔子於子路，子路不對"一章，昔日得之於吾黨中人，謂葉公亦當時號賢者，夫子名德經天緯地，人孰不識之，葉公尚自見問於其徒，所見如此，宜子路之不對也。若如此看仲尼之徒，渾是客氣，非所以觀子路也。蓋弟子形容聖人盛德，有所難言爾。如"女奚不曰"下面三句，元晦以謂發憤忘食者言其求道之切。聖人自道理中流出，即言求道之切，恐非所以言聖人。此三句只好渾然作一氣象看，則見聖人渾是道理，不見有身世之礙，故不知老之將至爾。元晦更以此意推廣之，看如何。大抵夫子一極際氣象，終是難形容也。尹和靖以謂皆不居其聖之意，此亦甚大。但不居其聖一節事，乃是門人推尊其實如此。故孔子不居，因事而見爾。若常以不居其聖橫在肚裏，則非所以言聖人矣。如何如何？

以今日事勢觀之，處此時，唯儉德避難，更如韜晦爲得所。他皆不敢以姑息自恕之事奉聞也。元晦更切勉之。上蔡先生語，近看甚有力。渠一處云："凡事必有根。"又云："必須有用處尋討要用處，病根將來斬斷便沒事。"此語可時時經心也。《延平答問》。

案：李侗此書作於紹興壬午六月十一日。

李侗《答朱元晦書》：

壬午七月二十一日書云：某在建安，竟不樂彼。蓋初與家人約，二老只欲在此。繼而家人爲兒輩所迫，不能謹守，遂往。某獨處家中，亦自不便，故不獲已往來，彼此不甚快。自念所寓而安，方是道理，今乃如此，正好就此下工夫，看病痛在甚處以驗之，他皆不足道也。某幸得早從羅先生遊，自少時粗聞端緒，中年一無伙助，爲世事溉汩者甚矣。所幸比年來得吾元晦相與講學於頹隤中，復此激發，恐庶幾於晚境也。何慰之如！

封事熟讀數過，立意甚佳。今日所以不振，立志不定、事功不成者，正坐此以和議爲名爾。書中論之甚善。見前此《赦文》中有和議處一條，又有"事迫，許便宜從事"之語，蓋皆持兩端，使人心疑也。要之，斷然不可和。自整頓紀綱，以大義斷之，以示天下向背，立爲國是可爾。此處更可引此。又"許便宜從事"處，更下數語以曉之，如何？某不能文，不能下筆也。封事中有少疑處，已用貼紙貼出矣，更詳之。明道語云"治道在於修己、責任、求賢"，封事中此意皆有之矣。甚善甚善。吾儕雖在山野，憂世之心但無所伸爾。亦可早發去爲佳。《延平答問》。

案：紹興三十二年（1162）六月，高宗内禪，孝宗即位，隨即詔求"中外士庶直言極諫，詣登聞檢鼓院投進，在外於所在州軍實封附遞以聞"。《繫年要録》卷二〇〇紹興三十二年六月甲申。故朱熹草成封事，寄李侗修訂。李侗答書作於七月二十一日。

李侗《答朱元晦書》：

辛巳八月七日書云：某歸家，凡百只如舊，但兒輩所見凡下，家中全不整頓，至有疏漏欲頹敝處，氣象殊不佳。既歸來，不免令人略略修治，亦須苟完可爾。家人猶豫未歸，諸事終不便，亦欲於冷落境界上打疊，庶幾漸近道理，他不敢恤。但一味窘束，亦有沮敗人佳處，無可奈何也。

謝上蔡語極好玩味，蓋渠皆是於日用上下工夫，又言

語只平説，尤見氣味深長。今已抄得一本矣，謹以奉内，
恐亦好看也。

　　問：熹昨妄謂仁之一字，乃人之所以爲人而異乎
禽獸者，先生不以爲然。熹因以先生之言思之而得其
説，敢復求正於左右。熹竊謂天地生物，本乎一源，人
與禽獸、草木之生，莫不具有此理。其一體之中，即無
絲毫欠剩，其一氣之運，亦無頃刻停息，所謂仁也。先生
批云："有有血氣者，有無血氣者，更體究此處。"但氣有清濁，
故稟有偏正。惟人得其正，故能知其本、具此理而存
之，而見其爲仁。物得其偏，故雖具此理而不自知，而
無以見其爲仁。然則仁之爲仁，人與物不得不同；知人
之爲人而存之，人與物不得不異。故伊川夫子既言"理
一分殊"，而龜山又有"知其理一，知其分殊"之説，而先
生以爲全在知字上用著力，恐亦是此意也。先生勾斷批
云："以上大概得之。他日更用熟講體認。"不知果是如此
否？又詳伊川之語推測之，竊謂"理一而分殊"，此一句
言理之本然如此，全在性分之内、本體未發時看。先生
抹出批云："須是兼本體已發未發時看，合内外爲可。"合而言
之，則莫非此理。然其中無一物之不該，便自有許多差
別。雖散殊錯糅，不可名狀，而纖微之間，同異畢顯，所
謂"理一而分殊"也。"知其理一，所以爲仁，知其分殊，
所以爲義"，此二句乃是於發用處該攝本體而言，因此
端緒而下工夫以推尋之處也。蓋"理一而分殊"一句，

正如孟子所云"必有事焉"之處,而下文兩句,即其所以有事乎,此之謂也。先生抹出批云:"恐不須引孟子說以證之。孟子之說,若以微言,恐下工夫處落空,如釋氏然。孟子之說,亦無隱顯精微之間。今錄謝上蔡一說於後,玩味之,即無時不是此理也。此說極有力。"大抵仁字正是天理流動之機,以其包容和粹,涵育融漾,不可名貌,故特謂之仁。其中自然文理密察,各有定體處,便是義。只此二字,包括人道已盡。義固不能出乎仁之外,仁亦不離乎義之內也。然則理一而分殊者,乃是本然之仁義。先生勾斷批云:"推測到此一段甚密,爲得之。加以涵養,何患不見道也。甚慰甚慰。"前此乃以從此推出分殊合宜處爲義,失之遠矣。又不知如此上則推測,又還是不?更乞指教。

先生曰:謝上蔡云:"吾常習忘以養生。明道曰:施之養則可,於道則有害。習忘可以養生者,以其不留情也。學道則異於是,'必有事焉勿正',何謂乎?且出入起居,寧無事者?正心待之,則先事而迎,忘則涉乎去念,助則近於留情。故聖人心如鑑,所以異於釋氏心也。"上蔡錄明道此語,於學者甚有力。蓋尋常於靜處體認下工夫,即於鬧處使不著,蓋不曾如此用功也。自非謝先生確實於日用處便下工夫,又言吾每就上作工夫學。即恐明道此語亦未必引得出來。此《語錄》所以極好玩索,近方看見如此意思顯然。元晦於此更思看如何?唯於日用處便下工夫，或就事上便下工夫，庶幾漸可合爲己物。不然，只是說也。某輒安意如此，如何如何？

問：熹又問《孟子》"養氣"一章，向者雖蒙曲折面誨，而愚意竟未見一總會處。近日求之，頗見大體，只是要得心氣合而已，故說"持其志，無暴其氣"，"必有事焉而勿正，心勿忘，勿助長也"，皆是緊切處。只是要得這裏所存主處分明，則一身之氣，自然一時奔湊翕聚，向這裏來。存之不已，及其充積盛滿，晬面盎背，便是塞乎天地氣象，非求之外也。如此則心氣合一，不見其間，心之所向，全氣隨之。雖加齊之卿相，得行道焉，亦沛然行其所無事而已，何動心之有！《易》曰："直方大，不習无不利。"而《文言》曰"敬義立而德不孤"，"則不疑其所行也"，正是此理。不審先生以爲如何？

先生曰：養氣大概是要得心與氣合。不然，心是心，氣是氣，不見所謂集義處，終不能合一也。元晦云"晬面盎背，便是塞乎天地氣象"，與下云"亦沛然行其所無事"二處爲得之，見得此理甚好。然心氣合一之象，更用體察，令分曉路陌方是。某尋常覺得於畔援歆羡之時，未必皆是正理，亦心與氣合，到此若彷彿有此氣象。一差則所失多矣。豈所謂浩然之氣耶？某竊謂孟子所謂養氣者，自有一端緒，須從知言處養來，乃不差。於知言處下工夫，儘用熟也。謝上蔡多謂"於田地上面下工夫"，此知言之說。乃田地也，先於此體認，令精審，認取心與氣合之時，不倚不偏氣象是如何，方可看《易》中所謂"直方大，不習无不利"，然後"不疑其所行"，皆沛然矣。元晦更於此致思看如何？某率然如此，極不揆是與非，更俟他日面會商量可也。

問：熹近看《中庸》"鬼神"一章，竊謂此章正是發明顯微無間只是一理處。且如鬼神有甚形迹，然人却自然有畏敬之心，以承祭祀，便如真有一物在其上下左右。此理亦有甚形迹，然人却自然秉彝之性，才存主著這裏，便自見得許多道理。參前倚衡，雖欲頃刻離而遁之而不可得，只爲至誠貫徹，實有是理。無端無方，無二無雜。方其未感，寂然不動，及其既感，無所不通。濂溪翁所謂"静無而動有，至正而明達"者，於此亦可以見之。不審先生以爲如何？

先生曰：此段看得甚好，更引濂溪翁所謂"静無而動有"作一貫曉會，尤佳。《中庸》發明微顯之理，於承祭祀時爲言者，若謂於此時鬼神之理昭然易見，令學者有入頭處爾。但更有一説：若看此理，須於四方八面盡皆收入體究來，令有會心處方是。謝上蔡云："鬼神，横渠説得來別這箇，便是天地間妙用，須是將來做箇題目入思慮始得。講説不濟事。"又云："鬼神自家要有便有，要無便無。"更於此數者一併體認，不可滯在一隅也。某偶見如此，如何如何？《延平答問》。

案：朱熹來書乃承李侗紹興壬午六月十一日答

書而作，李侗再作此書爲答，故此書首云"辛巳八月七日"實誤，當作"壬午八月七日"。

李侗《答朱元晦書》：

壬午八月九日書云：此箇氣味爲上下相咻，無不如此者，這箇風俗如何得變。某於此有感焉。當今之時，苟有修飭之士，須大段涵養韜晦始得。若一旦齟齬，有所去就，雖去流俗遠矣，然以全體論之，得失未免相半也。使衰世之公子皆信厚，須如文王方得。若未也，恐不若且誦龜山與胡文定《梅花》詩，直是氣味深長也。如何？龜山詩："欲驅殘臘變春風，只有寒梅作選鋒。莫把疏英輕鬭雪，好藏清艷月明中。"右《渚宮觀梅寄康侯》。

韜晦一事，嘗驗之，極難。自非大段涵養深潛，定不能如此，遇事輒發矣。亦不可輕看也。如何如何？書後注此數語。　《延平答問》。

案：李侗此書作於紹興壬午八月九日。

李侗《答朱元晦書》：

十月朔日書云：承諭"近日看仁一字，頗有見處。但乍喧乍靜，乍明乍暗，子細點檢，儘有勞攘處"。詳此，足見潛心體認用力之效。蓋須自見得病痛窒礙處，然後可進，因此而修治之，推測自可見。甚慰甚慰。孟子曰："夫仁，亦在夫熟之而已。"乍明乍暗，乍喧乍靜，皆未熟之病也。更望勉之。至祝至祝。《延平答問》。

案：李侗此書作於紹興壬午十月一日。

李侗《答朱元晦書》：

癸未五月二十三日書云：近日涵養，必見應事脫然處否？須就事兼體用下工夫，久久純熟，漸可見渾然氣象矣。勉之勉之。《延平答問》。

案：李侗此書作於隆興元年（癸未，1163）五月二十三日。

李侗《答朱元晦書》：

六月十四日書云：承諭令表弟之去，反而思之，中心不能無愧悔之恨。自非有志於求仁，何以覺此？《語錄》有云：罪己責躬不可無，然亦不可常留在心中為悔。來諭云悔吝已顯然，如何便銷隕得胸中？若如此，即於道理極有礙。有此氣象，即道理進步不得矣。政不可不就此理會也。某竊以謂有失處，罪己責躬固不可無，然過此以往，又將奈何？常留在胸中，却是積下一團私意也。到此境界，須推求其所以愧悔不去為何而來。若來諭所謂，似是於平日事親事長處，不曾存得恭順謹畏之心，即隨處發見之時，即於此處就本源處推究涵養之，令漸明，即此等固滯私意當漸化矣。又昔聞之羅先生云："橫渠教人，令且留意神化二字。所存者神，便能所過者化。私吝盡無，

1320

即渾是道理，即所過自然化矣。"更望以此二説，於静默時及日用處下工夫看如何？吾輩今日所以差池道理不進者，只爲多有坐此境界中爾。禪學者則不然。渠亦有此病，却只要絶念不採，以是爲息滅，殊非吾儒就事上各有條理也。元晦試更以是思之，如何？或體究得不以爲然，便中示報爲望。後見先生又云："前日所答，只是據今日病處説，《語録》中意却未盡。它所以如此説，只是提破，隨人分量看得如何。若地位高底人微有如此處，只如此提破，即涣然冰釋，無復凝滯矣。"

某人之去，傳者以爲緣衆士人於通衢罵辱之，責以講和誤國之罪，時事遂激而一變。或以爲逐此人誠快輿論，然罵辱之者亦無行遣，恐使人失上下之分。某竊以爲不然。今日之事，只爲不曾於原本處理會，末流雖是亦何益。不共戴天，正今日第一義。舉此不知其它，即弘上下之道而氣正矣。夷狄所以盛者，只爲三綱五常之道衰也。《延平答問》。

案：李侗此書作於隆興癸未六月十四日。

李侗《答朱元晦書》：

七月十三日書云：在此粗安。第終不樂於此，若以謂隨所寓而安之，即於此齪齪便不是。此微處皆學者之大病。大凡只於微處充擴之，方見礙者大爾。《延平答問》。

案：朱熹《延平先生李公行狀》云："晚以二子舉
進士，試吏旁郡，更請迎養。先生不得已，爲一行。
自建安如鉛山，訪外家兄弟於昭武，過其門弟子故人
于武夷潭溪之上，徜徉而歸。"《晦庵文集》卷九七。時
李侗子友直爲鉛山縣尉。又朱熹《祭延平李先生文》
云"安車暑行，過我衡門"。《晦庵文集》卷八七。李侗
六月十四日書注有"後見先生又云"之文，推知李侗
於六月下旬過武夷與朱熹相見，至鉛山後於七月十
三日作此書。

李侗《答朱元晦書》：

七月二十八日書云：今日三綱不振，義利不分。緣
三綱不振，故人心邪辟不堪用，是致上下之氣間隔，而中
國之道衰，夷狄盛，皆由此來也。義利不分，自王安石用
事，陷溺人心，至今不自知覺。如前日有旨有陞擢差遣之
類，緣有此利誘，故人只趨利而不顧義，而主勢孤。此二
事皆今日之急者，欲人主於此留意。二者苟不爾，則是
"雖有粟，吾得而食諸"也。《延平答問》。

案：李侗此書作於七月二十八日，時在鉛山。
是年初，因宰相陳康伯薦，孝宗召朱熹赴行在。故李
侗過武夷時，朱熹嘗與之討論奏事所言，至此李侗又
於書中以"三綱不振，義利不分"二事上奏，"欲人主
於此留意"。

朱熹《與延平李先生書》：

熹拜違侍右，倏忽月餘。頃嘗附兩書於建寧，竊計已獲關聽矣。熹十八日離膝下，道路留滯，二十四日到鉛山，館於六十兄官舍。路中幸無大病。今日戴君來診脉，其言極有理，許示藥方矣。云無他病，只是稟受氣弱，失汗多，心血少，氣不升降，上下各爲一人。其他曲折，皆非俗醫所及。頃在建陽，惟見大湖一親戚語近此耳。至於心意隱微，亦頗得之，信乎其不可揜也。

熹向蒙指喻二説，其一已叙次成文，惟義利之説見得未分明，説得不快。今且以泛論時事者代之，大略如日前書中之意。到關萬一得對畢，即錄呈也。但義利之説，乃儒者第一義，平時豈不講論及此？今欲措辭斷事，而茫然不知所以爲説，無乃此身自坐在裏許而不之察乎？此深可懼者。此間亦未有便，姑留此幅書，以俟附行。若蒙賜教，只以附建寧陳丈處可也。天氣未寒，更乞爲道保重，以慰瞻仰。九月二十六日拜狀，不備。《晦庵文集》卷二四。

案：朱熹《祭延平李先生文》云："安車暑行，過我衡門。返斾相遭，涼秋已分。熹於此時，適有命召。問所宜言，反覆教詔。最後有言：'吾子勉之。凡兹衆理，子所自知。'奉以周旋，幸不失墜。歸裝朝嚴，訃音夕至。"《晦庵文集》卷八七。李侗鉛山七月十三日書有云"第終不樂於此"，故八月間又自鉛山返建安，過武夷時再見朱熹，仍討論赴關奏事所言。別後，朱熹嘗有二書致李侗，佚。朱熹九月十八日登程赴京，二十四日至鉛山，此書作於二十六日，時在鉛山。

據朱熹《延平先生李公行狀》，李侗歸延平後，"會閩帥玉山汪公（汪應辰）以書禮車乘來迎，蓋將相與講所疑焉。先生因往見之。至之日疾作，遂卒于府治之館舍。是年七十有一矣，隆興元年十月十有五日也"。《晦庵文集》卷九七。

李相祖

李相祖，字時可，光澤（今屬福建）人。李閎祖弟。"嘗以晦菴命編《書説》三十餘卷，辨質詳明，用心精切。平居謹飭，雅言矩步，見者爲之肅敬"。《閩中理學淵源考》卷六。

朱熹《答李時可》：

《中庸》"非自成己而已也"章，求之《章句》，曰："誠雖所以自成，然在我者無僞，則自然及物矣。蓋仁、知皆性之德，故在内外無二道，所以時措之而各得其宜也。"審如是説，則是以仁、知爲合内外二道，而非以誠爲合内外之道，恐於"合"字有疑礙。

唯誠爲能盡仁、知之德而合内外之道，《章句》語有未瑩處耳。

《中庸》"不見而章"章，求之《章句》，則曰："不見而章，以配地言，不動而變，以配天言。"何也？且觀上下文，雖先言博厚，次言高明，先言配地，後言配天，然繼此而論天地山川，則又以天爲稱者，是蓋錯綜而言之耳，不必以地爲先也。

此等處不須深求，只是隨文贊歎，大略看過可也。

《中庸》"喜怒哀樂未發謂之中"止"萬物育焉"。竊謂中也者，言性之體也，此屬"天命之謂性"；和也者，言道之用也，此屬"率性之謂道"；致中和者，言教之推也，此屬"脩道之謂教"。伏讀《章句》、《或問》，則致中和專言自己之事，恐欠"推以及人"數句。

既曰天下之大本、天下之達道，則只是此箇中和便總攝了天地萬物，不須說推以及乎人也。

前章今承先生曲賜指教，思之大概有二說。能推致中和之極，而又得時得位以行之，則道民以德，齊民以禮，以吾之先知覺彼之後知，以吾之先覺覺彼之後覺，使中和之化浹于天下，然後中道之所感格，天地以位，萬物以育。此以事言者也。雖不得位以行之，而既以全大中之極致，即天地之所以定位者也。既已全至和之極致，即萬物之所以育者也。此以理言之也。

所論中和兩段大意，皆是。但前段說得新民意思大多,致和處猶可如此説;若致中,却如何得天下之人皆如吾之寂然不動而純亦不已耶? 只是自家有些小本領,方致得和,然後推以及人,使人觀感而化,而動天地、感鬼神耳。自其已成而論之,則見天地之位本於致中,萬物之育本於致和,各有脈絡,潛相灌輸,而不可亂耳。

"誠者物之終始"章云云。

凡有一物,則其成也必有所始,其壞也必有所終。而其所以始者,實理之至而向於有也;其所以終者,實理之盡而向於無也。若無是理,則亦無是物矣。此誠所以爲物之終始。而人心不誠,則雖有所爲,皆如無有也。蓋始而未誠,則事之始非始,而誠至之後,其事方始;終而不誠,則事之終非終,而誠盡之時,其事已終。若自始至終皆無誠心,則徹頭徹尾皆爲虛僞,又豈復有物之可言哉? 此即向來所説之意,但《章句》、《或問》説得都不分明,故讀者不能曉。今得時可反復問辨,方説得到次第。兩處皆須更定,此可并以示守約也。《晦庵文集》卷五五。

案: 本書末答李相祖問《中庸章句》"誠者物之終始"章云"此即向來所説之意,但《章句》、《或問》説得都不分明,故讀者不能曉。今得時可反復問辨,方説得到次第。兩處皆須更定,此可并以示守約也",《中庸章句》成書於淳熙十六年春,李閎祖(守約)乃助朱熹編纂《中庸章句》《或問》者,故推知本書約撰於是年(1189)或稍後。

朱熹《答李時可》：

所論《大學》之要，甚善。但定靜只是知止之效，不須言"養之以定靜"，又別做一項工夫也。所引"孟敬子"章《集注》中語"有餘"云者，恐是"有素"，豈印本之誤耶？然莊敬、誠實、涵養，亦非動容貌、正顏色、出詞氣之外別有一段工夫，只是就此持守著力，至其積久純熟，乃能有此效而不費力耳。魯秉周禮，蓋於是時地醜德齊之中，猶能守得舊日禮樂文章耳。若三綱九法之亡，則當時諸侯之國蓋莫不然，亦非獨魯之責也。《晦庵文集》卷五五。

案：本書撰時未詳。《書信編年》以爲撰於淳熙十六年（己酉）後。待考。

朱熹《答李時可》：

所喻子文事，大概得之。但專以愛言，似未盡耳。嘗聞延平先生說三仁事云："當理而無私心，則仁矣。"今以此語推之，則子文合下便有未仁處，不待語其愛之不廣然後知其未仁也。三仁之心，只欲紆改過而圖存。比干之殺身，蓋非得已；箕子亦偶未見殺耳，非有意於爲奴也；事勢既爾，微子自是只得全身以存先王之祀，皆理不得不然者。使其先有殺身強諫之心，則亦不得爲仁矣。《晦庵文集》卷五五。

案：本書撰時未詳。《朱子語類》卷四八載陳淳所記云："問：三仁皆出於至誠惻怛之公，若箕子不死而爲之奴,何以見惻怛之心? 曰:箕子與比干心只一般,箕子也嘗諫紂,偶不逢紂大怒,不殺他也,不是要爲奴,只被紂囚係在此,因佯狂爲奴。然亦不須必死於事,蓋比干既死,若更死諫也無益,適足長紂殺諫臣之罪,故因得佯狂。然他處此最難,微子去却易,比干則索性死,他在半上半下處,最是難。"與本書所論商"三仁之心"相合。《朱子語類・姓氏》云陳淳所記乃庚戌、己未所聞。故疑本書撰於紹熙元年(庚戌,1190)前後。

朱熹《答李時可》:

示喻執中之說。程先生云:"惟精惟一,所以至之;允執厥中,所以行之。"明此"中"字無過不及之"中",初非未發之"中"也。向於《中庸章句序》中曾發此義,今謾錄去。《晦庵文集》卷五五。

案:《中庸章句序》撰於淳熙十六年春,本書中乃云"向於《中庸章句序》中曾發此義,今謾錄去",故推知其約撰於紹熙元年後。

朱熹《答李時可》:

諸家說見今方尋檢,元祐《說命》、《無逸講義》及晁以道、葛子平、程泰之、吳仁傑數書先附去,可便參訂序次。當以注疏爲先,疏節其要者,以後只以時世爲先後可也。

西山間有發明經旨處，固當附本文之下，其統論即附篇末也。記得其數條理會點句及正《多方》、《多士》兩篇，可併考之。《晦庵文集》卷五五。

案：慶元四年（1198）冬，朱熹分委李方子、李相祖諸人編纂《尚書》集注。《年譜長編》卷下。本書云及"諸家説見今方尋檢，……數書先附去，可便參訂序次。當以注疏爲先，疏節其要者，以後只以時世爲先後可也。西山間有發明經旨處，固當附本文之下，其統論即附篇末也"，即指此事。故推知本書約撰於此時。

朱熹《答李時可》：

所寄《堯典》，以目視頗艱，又有他冗，未暇討究。已付諸朋友看，俟其看了却商量也。《書序》不須引冠篇首，但諸家所解却有相接續處，恐當作注字附于篇目之下，或低一字作傳寫，而於首篇明著其繆亦可。但恐諸家元無此説，即且闕之，以俟書成別加訂正也。王氏《書義序》中明言是雱説，然荆公《奏議》却云"一一皆經臣手"，今但以《序》爲正可也。餘未報者，併俟後信。《晦庵文集》卷五五。

案：上書（諸家説見今方尋檢）有云"數書先附去，可便參訂序次"，而本書云及"所寄《堯典》，以目視頗艱，又有他冗，未暇討究。已付諸朋友看，俟其看了却商量也"，乃李相祖先編成《堯典》寄來，故推知本書約撰於慶元五年(1199)中。

朱熹《答李時可》:

所喻固知孝思之切,於此不能自已者,然風色如此,不論他人,雖賢昆仲,寧能保其不漏露於三族之間耶?此須他日面見子細商量,亦未爲晚。但恐衰朽風燭不定,則是天之命也,亦無可奈何矣。《書説》緣此間《禮書》未了,日逐更無餘功可及他事,只略看得《禹貢》。如冀州分爲三段,頗有條理,易照管。而諸州皆只作一段,則太闊遠而叢雜矣。恐皆合依冀州例,而逐句之下夾注"某人曰某地在某州某縣"。其古今州縣名不同,有復見者,亦並存之,以備參考。段後低一字,大書"右某州第幾節",以圈隔斷。而先儒有辨論通説處,即亦大字附於其下。如"逾于河"、"過九江"等處,今所取程説只有辨而無解,大是欠闕,須更子細補足。若今日自有所疑,有所斷,則更低一字寫之。如"治梁及岐",恐晁説爲是,其餘固草草。程泰之最著力説,然亦不通。蓋梁山在同州,近河,猶可言河流波及。若岐山則在今鳳翔府,自京兆府西去猶有六七百里,觀地理圖可見其地勢之高且遠,河水何由可及耶?此類須載其本説而斷以非是,則讀者曉然矣。如無此兩項,則各留一二行空紙以俟,恐後有補入者。其導山處,須以四列爲四段,導水則一水爲一段。段後亦如前例云"右導山第幾節"、"右導水第幾節"。其通論疑斷亦如之。如此,則庶幾易看矣。所寄册子今却封

還,請依此格目作一草卷,便中寄及也。《晦庵文集》卷
五五。

案:本書細論《尚書》集注編例,推知當在上書
(所寄《堯典》)以後。

李孝述

李孝述,字繼善,建昌(今江西永修)人。李燔從子。
《儒林宗派》卷一〇。

朱熹《答李繼善孝述》:

前此雖未識面,然辱惠書,知託事契。而來書所喻辭
氣激昂,意象懇確,三復竦然。竊喜公家後來之秀,世不
乏人也。所喻數條,已得用力之端,此事無它巧,但就已
用力處更著功夫,反復純熟,自當別有見處,無假它求也。
《晦庵文集》卷六三。

案:書中有云"前此雖未識面,然辱惠書,知託
事契",乃初通書時語氣,推知其或撰於慶元三年
(1197)或稍後。

朱熹《答李繼善》:

中間菩慘,諒不易堪。所示條目已悉奉報矣,幸更參
考之。敬子每稱賢者志業之美,甚恨無由相見。然天所

賦予，不外此心，而聖賢遺訓具在方册，苟能屬志而悉力以從事焉，亦不異乎合堂同席而居矣。千萬勉旃。《晦庵文集》卷六三。

案：書中有云"中間碁慘，諒不易堪。所示條目已悉奉報矣，幸更參考之"，而下書（嫡子已娶）即朱熹答李孝述問喪禮，則下書當爲本書之別紙，約撰於慶元四年（1198）三月末或稍後。

朱熹《答李繼善》：

嫡子已娶，無子而没，或者以爲母在宜用尊厭之例，不須備禮。

宗子成人而無子，當爲之立後，尊厭之説非是。

嫡子死而無後，當誰主其喪？

若已立後，則無此疑矣。

昨者遭喪之初，服制只從俗，苟簡不經，深切病之。今欲依古禮而改爲之，如何？

服已成而中改，似亦未安，不若且仍舊。

《政和儀》六品以下至庶人無朔奠，九品以下至庶人無誌石。而温公《書儀》皆有之。今當以何者爲據？

既有朝奠，則朔奠且遵當代之制，不設亦無害。但誌石或欲以爲久遠之驗，則略其文而淺瘞之，亦未遽有僭偪之嫌也。嘗見前輩説，大凡誌石須在壙上二三尺許，即它日或爲畚鍤誤及，猶可及止。若在壙中，則已暴露矣，雖或見之，無及於事也。此説有理。

《檀弓》云：“殷練而祔，周卒哭而祔，孔子善殷。”程、張二先生以爲須三年而祔，若卒哭而祔，則三年却都無事。禮卒哭猶存朝夕哭，若無主在寢，哭於何處？若如《左傳》杜氏注、《士虞禮》鄭氏注所説，於經又未有所見，不知如何？

周禮卒哭而祔，其説甚詳。殷禮只有一句，餘不可考。孔子之時，猶必有證驗，故善殷，今則難遽復矣。況祔與遷自是兩事，謂既祔則無主在寢者，似考之未詳。若謂只是注文，於經無見，即亦未見注疏之所以不可從者，不當直以注爲不足信也。

《檀弓》既祔之後，唯朝夕哭拜、朔奠。而張先生以爲三年之中不徹几筵，故有日祭。溫公亦謂朝夕當饋食，則是朝夕之饋當終喪行之不變，與禮經不合。不知如何？

此等處，今世見行之禮，不害其爲厚，而又無嫌於僭，且當從之。

納主之儀，禮經未見。《書儀》但言“遷祠版於影堂”，別無祭告之禮。周舜弼以爲昧然歸匣，恐未爲得。先生前書又云：“諸侯三年喪畢皆有祭，但其禮亡，而大夫以下又不可考。”然則今當何所據耶？

横渠説三年後祫祭於太廟，因其祭畢還主之時，遂奉祧主歸於夾室，遷主、新主皆歸于其廟。此似爲得體。鄭氏《周禮》注"大宗伯享先王"處，似亦有此意。而舜弼所疑，與熹所謂三年喪畢有祭者，似亦暗與之合。但既祥而撒几筵，其主且當祔于祖、父之廟，俟祫畢然後遷耳。比已與敬子、伯量詳言之，更細考之可見。《晦庵文集》卷六三。

案：書中有云"比已與敬子、伯量詳言之，更細考之可見"，據朱熹《答黃直卿》（《禮書》便可下手抄寫）"南康李敬子與一胡君同來，見在書院"，《晦庵文集》續集卷一。時在慶元四年三月末或稍後。故推知本書約撰於一時先後。

朱熹《答李繼善孝述》：

熹頓首：便中辱書爲慰。信後初寒，侍奉佳慶。所示疑義，各以所見附于左方矣。來喻甚精到，但思之過苦，恐心勞而生疾；析之太繁，恐氣薄而少味，皆有害乎涵養踐行之功耳。其餘曲折，敬子、元思必能言。今日疾作，執筆甚難，不容盡布，惟冀以時自重。不宣。熹再拜。《晦庵文集》續集卷七。

案：本書自"所示疑義"至"不容盡布"，又重載於《晦庵文集》卷六三。

書中有云"其餘曲折，敬子、元思必能言"，據《宋史》卷四三〇《李燔傳》，李燔於紹熙中往建陽從學；又元思乃蔡元思，《朱子語類》卷一二、卷六二鄭可學

所記,卷一五、卷一七沈僴所記,卷三〇陳淳所記皆
及元思致問,據《朱子語類·姓氏》,鄭可學乃辛亥
(紹熙二年)所聞,沈僴乃戊午(慶元四年)以後所聞,
陳淳乃庚戌(紹熙元年)、己未(慶元五年)所聞。則
蔡元思嘗於紹熙二年及慶元五年來問學於朱熹,而
本書當撰於慶元五年間。又本書云及"信後初寒",
故推知其當撰於慶元五年(1199)十月間。

朱熹《答李孝述繼善問目燔之姪》:

孝述嘗求夫心之爲物,竊見《大學或問》中論心處
每每言虛言靈,或言虛明,或言神明。《孟子·盡心》注
云:"心,人之神明。"竊以爲此等專指心之本體而言。
又見孟子舉心之存亡出入,《集注》以爲心之神明不測,
竊以爲此兼言心之體用,而盡其始終反覆變態之全。
夫其本體之通靈如此,而其變態之神妙又如此,則所以
爲是物者,必不囿於形體,而非粗淺血氣之爲。竊疑是
人之一身神氣所聚,所以謂之神舍。人而無此,則身與
偶人相似,必有此而後有精神知覺,做得箇活物,恐心
又是身上精靈底物事。不知可以如此看否?孝述又嘗
求所以存是心者,竊見伊川言人心作主不定,如破屋中
禦寇,又云如一個翻車,每每教學者做個主,或云立個
心。又云人心須要定,使他思時方思乃是。明道亦云
人有四百四病,皆不由自家,則是心須教由自家。以此

似見得心雖是活物，神明不測，然是自家身上物事，所主在我，收住後放去，放去後又復收回，自家可以自作主宰。但患不自做主，若自家主張着便在，不主張着便走去，及才尋求着又在，故學者須自爲之主，使此心常有管攝方得。又嘗求所以爲主之實，竊見伊川論如何爲主，敬而已矣，又似見得要自做主宰須是敬。蓋敬便收束得來謹密，正是着力做主處，不敬便掉放疏散，不復做主了。孝述於存心功夫又粗見如此，不知是否？

先生批云：“理固如此，然須用其力，不可只做好話説過。又當有以培養之，然後積漸純熟，向上有進步處。”

孝述按《大學章句》云：“明德者，人之所得乎天而虛靈不昧，以具衆理而應萬事者也。”竊疑人得正且通之氣，故心體中虛，虛則靈。如水之清，火之明，鑑之光，皆是體虛，所以透明。心亦然。濂溪云“静虛則明，明則通”，似亦可見。近驗之於心，則日用間覺得一事累心，便有滯礙，更不通快。是以竊恐虛故靈，心惟虛靈，所以方寸之内體無不包，用無不通，能具衆理而應萬事。但以氣稟物欲之私有以昏之而不得全其虛靈之本體，故理之在是者遂有所蔽，而應事接物亦皆雜以私欲，不盡出於義理之正，是無以具衆理而應萬事矣。學者之學，恐只是求去其氣稟物欲之昏，以復其虛靈之全體。蓋心既虛靈，則寂然不動，感而遂通，於所謂具衆理而應萬事者得矣。是以《大學》之教以明明德爲主，

《章句》、《或問》之言明德，必以虛靈爲質。其言明德功夫，又不過欲全其虛靈之體。言存養，則曰聖人設教，使人嘿識此心之靈而存之於端莊静一之中；言格物致知，則曰人心之靈莫不有知，而欲其表裏洞然，無所不盡；言誠意，則曰人之本心至虛至靈，衆理畢具，而欲其應物皆由此心以發而無所雜；言正心，則曰心之本體湛然虛明，而欲其順應事物而無所動；言脩身，則曰隨事省察之，以審其當然之則，似亦主虛靈者爲説。徹頭徹尾許多功夫，皆欲全此心之虛靈，以融會衆理、酬酢萬事而已。以此觀之，恐虛靈不昧，乃心之所以爲心而聖學之基本也。不知是否？

先生批云："同上。"

孝述覺得間嘗心存時，神氣清爽，是時視必明，聽必聰，言則有倫，動則有序，有思慮則必專一。若身無所事，則一身之内，如鼻息出入之麁細緩急，血脉流行間或凝滯者而有纖微疾癢之處無不分明，覺得當時别是一般精神，如醉醒寐覺。不知可以言心存否？

先生批云："理固如此，然亦不可如此屑屑計功效也。"

孝述自覺心放時精神出外，更不自知，如夢然。才知得放時，即是心便不放了。如知得夢時，即是夢覺。孔子言我欲仁便是仁至，似亦此意。故日用間覺得直須謹操持、勤檢點，蓋操持容有懈時，若不測地猛省起來,則其懈時之放自不得遠去,且不得久去。如此維繫之久,恐此心只得住裏面。如欲睡底人,須自家打起精神,不可放倒。間或精神倦時,不覺坐睡,又自家擺灑起來,不容睡著。每每如此,自是睡不得。愚見如此,不知是否?

先生批云:"是是,但説太多了。"

孝述謂健有爲,順無爲,二者陰陽動静之分。仁禮之爲健,義智之爲順。竊疑仁之發,即有怵惕惻隱之意動於中;頑然不動,即爲不仁。禮之行,即有恭敬辭遜之容著於外。故仁恐爲動之始,動静恐皆以漸致。猶春之生物,萌芽甲拆方動而微。禮恐爲動之極,猶夏之長物,而長短小大莫不盡見。義則所以制仁禮之宜,蓋即其中而爲之裁制,使隆殺厚薄各適其分,似有裁節,又收斂之意,雖略有所爲,其亦嚴且約矣。智但分別是非當否,略無作爲,又所以爲動之本,而仁禮之所由發也。故義恐爲静之始,猶秋之收而去華就實;智恐爲静之極,猶冬之藏而歸根復命。妄意推測如此,不知是否?

先生批云:"此元、亨、利、貞所以如循環之無端也。橫渠先生曰:'虚静者仁之本。'亦此意。"

孝述又見先生答黃寺丞健順仁義禮智之問云:"有分而言之者,有合而言之者。"孝述於分而言者,已隨愚見陳於上矣,復以合而言者求之。竊意仁義禮智若以用言,則有有爲者,有無爲者,故仁禮爲健,義智爲順。

若論其所以爲是四者之實，則仁是人之不忍之心，似有柔順之意；禮之品節一定而不可易，似有陰靜之意，二者恐是健中有順。義之裁制方嚴，似有剛斷之意；智之周流不滯，似有陽動之意，二者恐是順中有健。於此可見陰陽本不相離之意。不知是否？

先生批云："當時之意，恐謂分則爲四，合則爲二耳。然如所説，又自是一意，即所謂水陰根陽、火陽根陰者。"

孝述又謂木火之爲陽動，金之爲陰靜，皆可言。若水當爲陰靜之極，然水流而不息，未見所以爲至靜處，不知當於何處觀之？

先生批云："水寒火熱，水下火上，其爲動靜之分者明矣。"

孝述妄謂五常是五行之德。五行之氣其行於天者固未易見，若質之在地者，竊疑與德之在人者無往而不相配。今隨愚陋所見言之。五常之未發，則本體中存，恐如木之在山，火之在燧，金之在礦，水之在地，土之未動。及其既發，而有惻隱、羞惡、恭敬、是非、誠實之情，恐如火之出而炎上，水之流而潤下。及由其情充積成行，如仁之爲孝爲弟、爲睦爲姻之類，恐如木之爲棟梁欂櫨，火之爲燈燭炬燎，金之爲刀斧盤盞，水之爲池沼江海，土之爲塼瓦墻壁。故五常之未發，只可謂之五常，而不可以萬行名。及其發而成行，隨在不同，則各隨其所成之行名之，而不得復以五常名矣。恐如五行之未動，只可謂之五行，而不可以它物名。及其動而爲物，有萬不同，則各隨其所成之物名之，而不得復以五行名矣。但方其爲五常之性也，而萬行之理已無不包。及其爲萬殊之行也，而五常之體亦未嘗不存。恐如五行之方具，而萬用之質已無不全。及其爲萬殊之用，而五行之體亦未嘗不立。極而言之，則人道周乎四海，無非五常之爲，如物充乎地上，而無非五行之爲。凡此雖未知是否，似皆説得去。但木之曲直，金之從革，土之稼穡，皆待人爲，而仁之惻隱，義之羞惡，信之誠實，皆發於性之自然，相配不得。又土之稼穡與孝述所謂爲瓦塼之類，又説不上。不知五行之與五常，本不可如此牽合耶，爲復可以配説而未得其説耶？仁之行固有可言，若義、禮、智、信之行，皆未見其實然可指之目。得非四者之行無往不在，而不可一一强名耶？區區求之，而未得其説。

先生批云："萬物雖不可以五行名，然其分各有所屬，則亦未離其類也。萬行之於五常亦然；從革、曲直、稼穡是其本性之發，非人之所能爲也。若曰人爲，則胡不能使木從革而金曲直乎？"

孝述妄謂仁義禮智之施恐皆自吾身始，次親，次民，次物。仁恐始於愛身，禮恐始於敬身，義恐始於制此身之宜，智恐始於明此身之理。蓋不愛其身則是自絕，故必不愛親而亦無以愛親。不敬其身則是自賤，故必不敬親而亦無以敬親。至於義、智皆然。妄意如此，不知是否？

先生批云："身者，仁義禮智之主，不可書施由此始。以有子、孟子之言爲仁之本、仁義之實者觀之，其當自親始可見矣。"

孝述妄謂仁義禮智合而成行，其發也，竊疑先智，次仁，次禮，次義。且就身言之，恐必知此身受形所自，而四肢百骸血氣皆相貫屬，吾所當愛，然後有自愛之心。知愛之而不忍傷，則必敬之而不敢忽。愛敬既生，方可裁制其宜，以全愛敬之道。若獨指心而言，亦恐必先知此心至靈至貴，爲一身之主，然後自愛。既愛之而不肯甘心放棄，則必嚴敬自持，而惟恐以慢易失之。既愛既敬，然後有可得而裁制者。蓋愛而失宜，則或至枯守不用而爲虛無寂滅，或只知養護而不能痛自克治，反非所以爲愛。敬而失宜，則恐持之太甚，而有把捉不定之患，反不得其所以爲敬。此愛敬各有其宜，而必有斷制之者。然未愛未敬，則恐無所施其裁制之道；自暴自棄，則又爲復莊敬自重之心；不知身心之當愛，則恐雖可之而頑然不省，豈復有自愛之意？區區之愚，所以疑是四者之發，必有次第而不可棄也。若未發之前，則四者之體渾然在中，不可謂先有此而後有彼。但方發之際，勢必有序，無雜然並發之理。然知識一開，則餘三者踵乎其後，自有不容已者。是以既發之後，則即其一行之中而四者之實無一不在,以其本一理故也。若以四時言之,則恐智爲冬藏,仁爲春生,禮爲夏長,義爲秋成。歸藏者,發生之本;發生者,長養之漸;而生長又所以爲收成之體也。夫四時者,五氣之布,五氣之生定於其初,恐非至此而序生。但氣之流布,則其序必如是而後可。然冬令既行,則三時之斷起亦有不容過者。是以造化既成之後,則即其一物之微而五氣之功無一不在,以其本一氣故也。以此觀之,則仁義禮智合而成行,其發之先後亦有可言者。妄意如此,不知是否?

先生批云:"此即前循環之説,然説得太破碎,又不好,且静以養之可也。"

《大學或問》云:"以理而言之,則萬物一原,固無人物貴賤之殊。以其氣而言之云云,是則所謂明德者也。"

孝述竊疑人物之性有偏全之異者,不知是受得本同,但做處不同?爲復是受得本不同乎?按伊川云:"天所賦爲命,物所受爲性。"恐是受得已不同。蓋理之在天,本只是一個渾然全體,但人物隨形而受,故受得來別。人得形氣之正,故承當得盡;物得形氣之偏,故承當不盡。偏底物事,難爲有全底道理。《孟子集註》論生之謂性處云:"以理言之,則仁義禮智之稟,豈物之所得而全?"似亦此意。人之形體受盡得這道理,所以亦做得這道理盡;物之形體受不盡這道理,所以亦只隨

1342

其所受做得。更就其做處言之，人得形氣之正，故心虛而體全，心之知覺便周流貫徹，在處通得去，形之運動便千變萬化，是般做得去。是以於其理之精微，知亦知得盡，做亦做得盡。人之所以可爲堯舜，可參天地，皆爲有此體質，儘做得。但患不爲，或爲之而有不充，却無不能之理。孟子謂王之不王，非不能，是不爲，與所謂有是四端而自謂不能，吾身不能居仁由義，恐皆是安於不爲者。物得形氣之偏，故心塞而體拘，心之知覺便拘礙而不能通，形之運動便短狹而不能周。是以於此理之本體，知亦知得淺狹，做亦做得淺狹，被形氣局定，更開不來，所以求爲人之所爲不得。如慈烏父子、螻蟻君臣之類，若論父子君臣之道，豈止如慈烏、螻蟻之爲？但此二物所知只止此，所能亦止此，更去不得了。就其所得之分言之如此，恐又是人與物做得別處。然又有可疑者，蓋物雖受此理不盡，若隨其所受而發，則仁義禮智須皆做得出來。然所舉二物，又每物只做得一般道理出，不能相兼以通其全。如此者恐是物所得之理既不能盡其全體，又爲氣昏隔在裏面，發處復不能充其所得之分劑，是則容有得爲而未爲者。此二物又是昏塞中各有一點明處，所以各發得一般道理，特特著見，於其他道理便全微了。至其餘物，又或不能爾。此可見物之氣稟又自有不齊處。此等性命之説，固不當妄意揣量，然須略識其梗槩方得。隨所見寫呈，乞賜開示大端，使知所向而求之，庶乎其略識矣。

先生批云："既是不曾受得，自是不能做得，更不須説。然横渠先生亦説人有近物之性、物有近人之性者，又是一理。如貓相乳之類，温公集中亦説有一貓如此而加異焉。此其賦性之近人而或過之，但爲形所拘耳，亦可悲也。"

又云："然於其正且通之中，又或不無清濁善惡之異，故其所賦之質又有智愚賢不肖之殊。"孝述竊謂陰陽五行總其大全而言之，則恐同出一本，而人物均稟焉。所謂人物之生，必得是氣然後有以爲百骸九竅五藏之身是也。若別其體，則恐一氣之中有偏正兩等，而爲人物貴賤之分。所謂得其正且通者爲人，得其偏且塞者爲物是也。至極其變，則恐偏正之中又自萬殊，而爲人品、物品之分。所謂於其正且通之中，又不無清濁美惡之異，故其所賦之質又有智愚賢不肖之殊者，是言人品之異也。蓋體之既分，則固一定而不可易矣。然恐是氣之運一息不留，所以俄頃之間，變爲萬狀。彼人物之生，各隨其所值以爲體，是固不能齊也。但用變而體不變，故人之所稟雖或至濁至惡，而所謂正且通者未嘗不在。而其爲濁惡又自是一般，與餘氣之濁惡不同。以其是正且通之濁惡，故其濁惡澄之爲清，其惡可易之爲美。既清既美，則所謂正且通者，即得其本然之正矣。鳥獸草木各以類分，而每類中又有等色不同。然其形聲臭味各不能變其本體，則亦與人相似。但人能自化，物不能自化耳。妄意推測如此，不知是否？

先生批云："此大槩然矣，亦宜并以上章之意推之。"

孝述謂美惡恐即《通書》所謂剛柔善惡。竊疑清濁以氣言，剛柔美惡以氣之爲質言。清濁恐屬天，剛柔美惡恐屬地。清濁屬知，美惡屬才。清濁分智愚，美惡分賢不肖。上智則清之純而無不美，大賢則美之全而無不清。上智恐以清言，大賢恐以美言，其實未嘗有偏。若《中庸》稱舜知、回賢是也。下此則所謂智者，是得清之多而或不足於美；所謂賢者，是得剛柔一偏之善，而或不足於清。於是始有賢智之偏。故其智不得爲上智，其賢不得爲大賢。雖愚不肖，恐亦自有等差。蓋清濁美惡似爲氣質中陰陽之分，陽清陰濁，陽善陰惡。故其氣錯揉萬變，而大要不過此四者。但分數參互不齊，遂有萬殊。不知是否？

先生批云："陳了翁云'天氣而地質'。前輩已有此說矣。"

孝述又疑氣之始有清無濁，有美無惡。濁者清之變，惡者美之變。以其本清本美，故可易之，以反其本。然則所謂變化氣質者，似亦所以復其初也。不知是否？

先生批云："氣之始固無不善，然騰倒到今日，則其雜也久矣。但其運行交錯，則其美惡却各自有會處。此上智下愚之所以分也。"

1345

又云："然而本明之體得之於天,終有不可得而昧者云云,所以使之即其所養之中,因其所發而啓其明之之端也。"

孝述竊謂覺是人之本心不容泯没,故乘間發見之時,直是昭著,不與物雜。於此而自識,則本心之體即得其真矣。上蔡謂人須是識其真心,竊恐謂此。然此恐亦隨在而有,蓋此心或昭著於燕間靜一之時,如孟子言平旦之氣。或發見於事物感動之際,如孟子言人乍見孺子將入井,皆有惊惕惻隱之心。或求之文字而怡然有得,如伊川先生所謂有讀《論》了後,其中得一兩句喜者。或索之講論而恍然有悟,如夷子聞孟子極論一本之説,遂憮然爲間而受命。凡此恐皆是覺處。若素未有覺之前,但以爲已有是心而求以存之,恐昏隔在此,不知實爲何物。必至覺時,方始識其所以爲心者。既嘗識之,則恐不肯甘心以其虛明不昧之體迷溺於卑汙苟賤之中。此所以汲汲求明,益不能已,而其心路已開,亦自有可進步處。與夫茫然未識指趣者,大不侔矣。故孝述竊疑覺爲小學、大學相承之機,不知是否?

先生批云："所論甚精,但覺似少渾厚之意。"

"知止而后有定,定而后能靜,靜而后能安,安而后能慮,慮而后能得。"

孝述謹按《章句》以物格知至爲知止,意誠以下爲得所止。又《或問》以定、靜、安爲知之所以得之。故孝述竊疑定、静、安在物格知至之後，意誠以下六事未然之前，慮則在意誠以下六事將然之際。如此言之，則定、静、安、慮在知止、得止之間，似皆有可實之處。不知可否？

先生批云："解中似已有此意矣。"

孝述又按《或問》云："不有以知其所當止之地，則不能有以得其所當止者而止之。"又云："知是知其至善之所在，得是得其所止之地而止之。"孝述竊疑知是知之在彼，得是得之在我。得則心理俱融，理爲我有。得恐亦只是知，不可便指爲已止其處。但恐知虚而得實，才得之則身亦隨之矣。妄意如此，不知是否？

先生批云："知與得兩事，經文可見。"

孝述竊疑既知之後，復有所謂慮而後得者，恐知是知之至，慮是審之詳。夫物格知至，則萬理貫通，固無不知其至善之所在。然恐身有未接，則其義理精微容有毫釐之未察。或所接之際事復異宜，故必於此精加審慮，然後始無纖微滲漏之處。此知後必慮，然後爲審。不知是否？

先生批云："定、静、安是未有事時胸次洒然，慮是正與事接處對同勘合也。"

"致知在格物。"

孝述竊謂人之本心至虚至靈，無所不照，但以氣稟物欲有以蔽之，是以其明不能不昏。欲開其明，須藉事物之實以運其知思,然後其明有可通之理。蓋心既有蔽,無從下手以開之。所以窮究物理者,恐是因窮究其所未知而將此心憂刮擦磨,治其麤鄙而反覆往來,求出其明。是以研窮之深,其明必將穿漏而出,而物之理亦無所遁矣。此其所以能格也。伊川先生曰:"思曰睿,思慮久後,睿自然生。"又曰:"致思如掘井,初有渾水,久後稍引動得清者出來,久自明快。"其説似皆以爲人心之明既有所蔽,須即事致思,然後其明自出。孝述恐所謂致知在格物者,亦有此意。蓋窮至事物之理,即所以推極吾之知識也。不知是否?

先生批云:"理有未明,則見物而不見理。理無不盡,則見理而不見物。不見理,故心爲物蔽而知有不極,不見物;故知無所蔽而心得其全。"

孝述竊疑心具衆理,心雖昏蔽,而所具之理未嘗不在。但當其蔽隔之時,心自爲心,理自爲理,不相贅屬。如一物未格,便覺此一物之理與心不相入,似爲心外之理,而吾心邈然無之。及既格之,便覺彼物之理爲吾心素有之物。夫理在吾心,不以未知而無,不以既知而有。然則所以若内若外者,豈其見之異耶?抑亦本無此事,而孝述所見之謬耶?

先生批云:"極是。"

《或問》云:"或考之事爲之著,或察之念慮之微。"孝述竊謂,事爲是身之所履善行之著處,念慮是心之所發善端之萌處，於此考察，則心迹不遺，可以得理之真實。然當事爲念慮之時，又欲着心考察，則是一心二用，互有妨礙，似難於着力。然《或問》又云："人之明德，全體大用，無時不發見於日用之間。人惟不察乎此，是以汩於人欲而不知所以自明。"《孟子集註》云："衆人雖有不忍人之心，然物欲害之，存焉者寡，故不能察識。而推之政事之間，則又似必着意體察，然後有見。"孝述恐所謂考察，是此心常常反求，不教外馳。心存而不外馳，則精神知覺常只照管自家，步步不離，所以事爲之形，念慮之起自然默有所見。若此心尋常逐外，不自管顧，則雖間或真心見前，亦不知其所發。非是臨時以此心爲之，而又以此心察之也。若齊王愛牛，孟子屢發之，使反求其所以然，却在既發之後，儘可着力追求，意不相妨，恐又與當事體察不同。以此觀之，則此所謂考察，既以當事言，則似不可重看。孝述愚見如此，不知是否？

先生批云："不必如此説，只是隨處理會是與不是，以爲取舍向背之決耳。"

又云："昔聞延平先生之教云云，雖其規模之大、條理之密，若不逮於程子。"孝述竊謂，規模之大、條理之密，恐如序所論經文外有以極其規模之大，而内有以盡其節目之詳者。規模之大，恐自"積習既多，然後脱然有貫通處"以下四段即是，蓋舉其始終全體而言。條理之密，恐自"物必有理，皆所當窮"以下六段，與前所謂讀書論人應事數端即是，蓋備夫功夫項目而言之。先生謂其爲説遠近虛實、大小精粗無不兼盡，而復分先後緩急，恐亦言其條理之密。不知是否？

先生批云："只是如此。"

誠意。

孝述妄謂人之本心得之於天，初無不善，所以有不善者，恐是人爲逆之也。誠以動静驗之：静者天，動者人，是以静則無不善，動則常有不善。使其如伊川所謂動以天焉，則恐仍只是善。奈何其不全以天而必雜以人，遂流於不善。今求其實而言之，人心未發，無爲思，則其本然之體渾然在此，人更不曾動着，似即南軒所謂天心者。是時安得有不善來？《中庸》所謂喜怒哀樂未發謂之中，《樂記》所謂人生而静，天之性，伊川所謂其本真而静，五性具焉，又云喜怒哀樂未發，何嘗不善，又云心本善，恐皆指此心而言也。及其既發，有思有爲，即屬之人。既屬之人，即是氣質爲之。若質純粹，則惟其所發，無往不與理俱，故本然之性得以順達而無害。若有偏駁，則其偏駁之發即與理相違。至其知思嗜好感物而生者，又多求快血氣之私，而不由義理之節。故本具焉，又每每爲所拂害，不得沛然順發。曩時之善，至是遂流於惡矣。甚則窮人欲、滅天理，曩時之善盡反而純於惡。《中庸》所謂發而皆中節謂之和，《樂記》所

謂感物而動性之欲，以及夫好惡無節而天理滅，孟子所
謂人性之善，猶水之就下，其可使爲不善，猶水可使過
顙在山，濂溪所謂五性感動而善惡分，明道所謂性善猶
水之清，其繼猶水之流，有流至海而終不濁，其次有遠
近，有多少，清濁雖不同，然非善與惡在性中爲兩物相
對，各自出來，伊川所謂其中動而七情出，情蕩而性鑿，
又云發而中節，則無往而不善，又云發於思慮，則有善
有不善，先生所謂心體本靜，然亦不能不動，其用固本
無不善，然亦能流而入不善，見印行《文集》。恐皆指心之
動處言也。夫靜則善，動則有不善，是心本善而人每拂
之爲不善。聖人之所以有教，衆人之所以有學，恐只爲
此。濂溪云：“聖人立教，俾人自易其惡，自至其中而
止。”伊川云：“學問之道無他，唯知其不善，則速改以從
善而已。”橫渠云：“領惡而全好必由學。”又云：“爲學大
益在自求變化氣質。”則所謂教，所謂學，只是去其惡以
全其善耳。若其緊切着力處，只在此心發動之初。蓋
私欲之根既埋伏在內，不動則已，才動便牽引起來，勢
之所必然者。真心之發，其間當有私欲夾雜，不能得純
一。此處雜了，前面便流行不去。是以必於此處清本
正源，使人欲淨盡，查滓不留，則自此以往，天理流行，
更無梗拂，而於其本然者得矣。學必以誠意爲要，竊恐
謂此。妄以《或問》之意如此推測，是否？

　先生批云：“説得太多，然却未見誠字之意。”

孝述按孟子言上世有見親暴露者，其顙有泚，而非爲人泚，中心達於面目。又云人乍見孺子將入井，皆有怵惕惻隱之心，非爲内交要譽，惡其聲而然。竊以爲此等是惻隱之心發得實處。楊震莫夜遺之金而不受，上蔡自負記問，聞明道玩物喪志之譏，遂汗流浹背，面發赤，竊以爲此等是羞惡之心發得實處。張湛居幽室必整，遇妻子若嚴君，竊以爲此是恭敬之心發得實處。孔子誨子路知之爲知之，不知爲不知，范氏云是曰是、非曰非爲直，竊以爲此是是非之心發得實處。人心之發，每每如此而無所雜，方是意誠。若見賢而不能舉，舉而不能先，見不善而不能退，退而不能遠，與第五倫兄子嘗病，一夜十往，退而安寢，子有疾，雖不視而竟夕不眠，竊以爲此等是意未誠處。不知是否？

先生批云："未親切。"

孝述妄謂顔子之樂，恐在克復之後。已過此關，克盡己私，故日用間是這道理在胸中平鋪地順流將去，無分毫私欲爲之梗拂，故不待勉強作爲，自無往而不與此理相周旋，所以觸處皆樂。雖行乎窮途逆境，亦只如此，曾不改吾樂焉。曾晳之志，恐是其胸中脫洒，略無繫累，遐想其動静語默之節，反覆其所陳之志，似把這道理做家常茶飯相似。日用間只如此平平地順行將去，似將使萬事萬物各止其所，而吾心蕭然，略不用意作爲於其間。亦見夫此理所在，天然自有，觸目皆然，

自可坦然順適，不假作爲故也。如孝述自覺是初學，不
曾窺見一分半分道理，便妄自驚喜，把來攙劵。行時本
不自在，間只是分付着意，似要於道理上加添些做，與
這氣象天淵不侔。若曾晳，可謂真知其爲天理。但伊
川則謂其雖知之，而未必實能爲耳。漆雕開之未能自
信，恐是正在此處着力，過關未得。竊疑其雖未盡見是
理自然流行之妙，而於本然實體固已識之。但恐識認
未至真的，又自度此心了他未下，然亦可見其直要於打
鬪處下死功夫勝過去，不但及此而遂已也。孝述妄意
揣料如此，不知是否？

先生批云："漆雕開恐不止如此。"

孝述近來自覺此心分明如有物蒙蔽在內。若以存
養言，當其放時，固是紛紛擾擾，全無是處。其知把捉
時，覺得此心在此，不曾從他處去。但依舊蕩漾糊塗，
蒙蒙然要光不能得光。及至忽然清明時，方是襟懷開
爽、耳目聰明，氣象迥別。若以窮格言，當其求而不得
時，固是茫然無入處，昏憒之極。至反覆尋求，以揣約
得大意，又依舊覺得隔了一重，更發不破。又至暫時看
得發時，方識認稍明，心地方開。若以誠意言，則日用
間身雖物接，而此心頑然不動時，是全然昏隔了。有隨
接便動時，亦有徐徐略省而後動時。動如在親前有愛
心，在長上之側有敬心。但其愛敬意就間發得些，又只
據見在休了，雖欲勉進，自是做得來無意味，是時心依

舊昏。有時忽地感悟，動得別時，其愛直是真切，其敬直是嚴畏，非有所强而自不能已，是時心方大明。故存養而至於心地明爽，窮理而至於識認分明，誠意而至於真心發見，如此者極是少。三者之中，意誠時尤少，每日省來，覺得白日在夢。明道先生所謂醉生夢死，伊川先生所謂未知道者如醉人，恐可説此。雖知得是夢，要教省只是不能得省。如此者豈非質昏之甚而難開，汙染之深而難滌耶？仰惟先覺憐而教之，無使終陷，則不勝願幸。

先生批云："但且着實持守，不須如此想象計較作弄，恐思慮過當，別生病痛。"

孝述又自覺質弱，心極易動，日用間才有小小得失，便過喜過懼，此心全體動了。雖欲自家做主，更做不在，以至在喧雜繁擾之地，多處置不下，甚至於亂。大槩覺是氣怯，而志復無以帥之。不知治此病痛，孰爲要切？

先生批云："只此便是病根，前説正慮其如此耳。"

孝述曩以先兄在嫡，未及有子而没，疑於所主。蒙賜教云："若已立後，則無此疑。"但復有曲折，先兄嘗收一襁褓之子爲嗣，既没，孝述以其未勝喪，又別無同居長上，遂自主喪。才兩月，而此子卒。曩時之問，正此子已卒之後，孝述遂不曾言及。先兄將葬，孝述復求從兄之子爲之後，亦在襁褓。孝述仍前自主，祠板之題，只從弟稱。及領尊教，始悟其非，猶有不能勝喪之疑。
聞之伯量，亦云嘗以此問先生，先生答云有攝主。又按
《喪大記》云："子幼則以衰抱之人爲之拜。"是當以所立
之子主喪，而孝述爲之攝。自是即欲俟練祭換栗板時
易題所稱，復有他慮。先兄之後，固爲宗子之子，今既
收立，不知亦謂之嫡孫否？若可爲嫡孫，則廟祭當使之
主。又未知襁褓之子即可主祭，爲復待其成人或稍長
方可？若即可主祭，則今日祠板之變，固合異日遷廟之
稱矣。如或未可，則今日易從子稱，異日復易從弟稱，
有瀆慢之嫌。又按《喪服小記》云："婦之喪，虞、卒哭，
其夫若子主之，祔則舅主之。"所主不同而各有所宜。
既不嫌數更，則異日再易祠板所稱，恐亦無害。又衆議
以爲必從幼子主之，理勢方順。孝述於換栗板日已更
稱矣，不知是否？

先生批云："攝主但主其事，名則宗子主之，不可易
也。細考《曾子問》諸説可見。"

孝述又疑，幼子若即可嗣主宗祀，則異時納主，恐
即據主祀之子祧遠祖矣。若未可主祀，且從孝述主之，
則異時所納之主即爲旁親。不知旁親當別設位而有
祧，爲復只祔于祖而無祧？

先生批云："納主旁親之説未曉所謂，可更詳之。"

孝述議親十年，展轉牽制，尚未成畢。老母欲令今
冬畢親，但先兄几筵未徹，老母乃齊衰三年之服，復有

妨礙。然主婚却是叔父，欲姑從鄉俗就親，不知可否？若就畢挈歸，凡百從殺，衣服皆從素淡，不知可否？

先生批云："若叔父主婚，即可娶婦無嫌，禮律皆可考也。但母在而叔父主婚，恐亦未安，可更詳考也。"

孝述謹按《禮》，壻將親迎，父醮而命之。今孝述父兄俱没，上惟母在，旁尊有叔父，不知往迎之時，當受母命耶，爲復受叔父之命耶？

先生批云："當受命於母。然母既有服，又似難行。記得《春秋》隱二年《公羊傳》有母命其諸父兄，而諸父兄以命使者之説，恐可檢看，爲叔父稱母之命以命之否？更詳之。更以上條并考之。"

孝述又按《禮》，婦盥饋舅姑。若舅已没，不知可以叔父受盥饋禮否？

先生批云："叔父無盥饋之文。蓋與姑受禮，禮相妨也。母若有服，則亦難行此禮。要是本領未正，百事俱礙耳。"《晦庵文集》續集卷一〇。

案：上書（嫡子已娶）有云"若已立後，則無此疑矣"，而本書中乃云"孝述曩以先兄在嫡，未及有子而没，疑於所主。蒙賜教云：'若已立後，則無此疑。'"知在其後。又上書（熹頓首）有云"所示疑義，各以所見附于左方矣。來喻甚精到，但思之過苦，恐心勞而生疾；析之太繁，恐氣薄而少味，皆有害乎涵養踐行之功耳"，而本書朱熹答目云"但且着實持守，不須如此想象計較作弄,恐思慮過當,別生病痛",故推知當爲上書(熹頓首)之別紙。

李信甫

李信甫,名友諒,以字行,復字誠父,南劍州劍浦(今福建南平)人。李侗次子。與兄友直同登紹興二十七年(1157)進士第,孝宗初年官左修職郎、建寧府建安縣主簿。歷監察御史,出知衢州,擢廣東提刑,以特立不容罷去。《晦庵文集》卷九七《延平先生李公行狀》、《閩中理學淵源考》卷五。

朱熹《與李誠父書己酉五月二日》:

久不拜狀,兹聞榮被親擢,進居六察之聯,深以爲慰。比日清和,伏惟台候動止萬福。

先生抱道不試,然其心未嘗忘當世也。門人弟子既不足以少承厥志,而家有賢子足繼其業,學者之望,蓋非常人之比。況新天子繼照之初,慨然有志於治,而外則夷虜憑陵,國威不振;內則陰邪朋結,國論未定,此亦賢人君子效忠宣力、垂名竹帛之秋也。尊兄平日立志持身固有定論,然區區更願一意爲國,無徇常日往還厚善之私,深察天下公議之所在,精慮而決行之,使陰消於上而陽長於下,政事脩理而國勢尊安,不亦老先生平日之所望於後人者乎?熹託契深厚,不敢效常人進諛詞以贊除用之喜,狂妄及此，不審尊兄以爲如何？

胡公論時，皆合公論，甚彊人意，但二小諫之去，殊可惜，乃不能遂其言，何耶？諸公排逐正人，乃以尊兄塞責，此相輕之甚，謂兄必不能爲薛、許耳。不可懷此小恩而忘大辱，幸深念之。《晦庵文集》卷二八。

案：本書撰於淳熙十六年(己酉，1189)五月二日。

朱熹《答李誠父書》：

副本垂示，極感不外之意。三復以還，伏念頃侍先生教誨，所論無非此事，感念疇昔，不勝悲歎。又喜家學有傳，遂爲世用，有以慰九原之思也。

首章所論，乃古今不易之常道，而在今日尤爲要切。然自世俗觀之，不以爲迂闊之常談、道學之邪氣者鮮矣。尊兄既發其端，此必已爲彼等所惡。然吾所以告君之道，無以易此，則亦何顧於彼？但當守此一言，以爲平生議論之本。他日論事，每每拈出此個話頭，不論甚事，都從此話上推出去，則百病之根無所藏匿，而於人主所以反躬正事之幾，亦約而易操矣。若把此話別爲一事，而當世之弊又自各爲一事，則内外精粗不相聯屬，而真不免乎迂闊之譏矣。切望勿忘此言，每見必須拈出，常令接續，無少間斷，則久久自見效矣。

恢復一事，以今事力，固難妄動，然此意則不可忘。頃見先生亦常常説今日但當將"不共戴天"四字貼在額頭上，不知有其他，是第一義。今觀老兄所論，亦得此意。但當因此便陳內脩政事之意，而稍指切今日宴安放倒之弊，乃爲有力耳。

至於分察職事，計亦默有所處。此則大要在於詳審，勿徇偏詞爲善；而覆護善人，掩其疵疾之意，亦不可忘耳。又其大本，則欲正人者必先正己，況欲正君，而可自有不正之累耶？此在高明處之必已素定，既承下問，不容不盡耳。《晦庵文集》卷四七。

案：朱熹上書（久不拜狀）云"兹聞榮被親擢，進居六察之聯"，指李信甫除監察御史事。而本書乃及李上章論事，當承其後，故推知其約撰於是年秋間。

李巽卿

李巽卿，名里未詳。

朱熹《答李巽卿》：

所喻進學處事之意，省察警懼，固當如此，然頭緒太多，却成紛擾。但將聖賢之書小立程課，熟讀深思，反復玩味，以此栽培澆灌，自有長進處，不必如此閑計度也。《晦庵文集》卷五九。

案：本書撰時不詳。《書信編年》曰疑撰於淳熙十六年（1189）以後。待考。

李彥中

李彥中，名里不詳。嘗任建寧府推官。

朱熹《與李彥中帳幹論賑濟劄子》：

示喻勸分之說，足見仁人之心。區區所慮，蓋亦如此。但閑中不敢數與外事，前日但以船粟盡輸城中，鄉落細民無所得食，恐有他患，不免以書扣府公。久未得報，未知竟如何？但此說又與來喻浦城發米之說正相戾，恐不容自有異同。竊意莫若邀率鄉里諸長上，先次相與合議可行之策，使城郭鄉村、富民貧民皆無不便，然後共以白於當路而施行之。蓋此事利害稍廣，非一夫之智所能獨決。又筆札敷陳，未必盡意，不若面言之可究底蘊也。但此事之行，於富民必不能無所不利，但以救民之急，不得不小有所忍，權以濟事。若爲富民計較太深，則恐終無可行之策也。

告急朝廷，丐糴鄰部，恐亦不能有補。吾鄉在重山複嶺之中，朝廷縱有應副，不識何路可以運致？鄰部唯有廣東船米可到泉、福，然彼中今年亦旱，近得福州知識書，言之甚詳。此固無可指準，就使有之，亦如何運得到此？

浦城之米，想亦不能甚多，發之無節，恐山谷間細民饑餓，將復有貽州郡諸司之憂者，尤不可不深慮也。度今城下惟有兩縣勸分之說須作措置，然亦且令愛惜撙節，接續長遠，乃爲至策。若乘快督迫，數日之間散盡所畜，則無以爲後日之計矣。但上戶有米無米之實最爲難知，若一槩用産錢高下爲數，此最不便。顧恐今勢已迫，不暇詳細，不免只用此法耳。若説不拘多少，勸諭任其自糶，則萬無是理也。要須別有一法以核其實乃佳耳。浦城之米，必不得已可就糶，而不可通販。蓋就糶猶爲有限，而通販則其出無窮，必傾此縣而後已。凡此數端，恐可以裨商論之末，故略陳之，不識高明以爲如何也？《晦庵文集》卷二九。

　　案：書中云"但閑中不敢數與外事"，當在慶元黨禁時；又書中所言"府公"，指知建寧府黄逋。《年譜長編》卷下云本書撰於慶元三年（1197）八月間。

李　墊

　　李墊，字叔文，南康（今江西星子）人。《萬姓統譜》卷七二云高安人李師愈"博學多聞，從劉子澄講學廬山，朱文公高第李墊嘗訪師愈，有詩稱之"。當即此人。

朱熹《答李叔文》：

　　熹到官之初，首辱惠顧，陳義甚高。顧恨未及少款而從者遽去，悵想迨今。向者妄以學職延致，正欲借重賢德以化邑人，不謂滯留豫章，未得歸視講席。茲辱惠問，良以嘆恨。熹衰病抗拙，不堪俯仰，前月已上祠請，命下即行矣。代者石侯，學行才力皆有以過人者，其爲政尤以教化爲先務。異時來歸，共圖所以發明墜緒、興起頹俗，固爲未晚。幸勿以今日之未暇，而遽有所辭避也。周子書、《近思錄》各一本納上，暇日試深玩之。餘惟珍重，千萬之懇。《晦庵文集》卷五二。

　　案：本書校記云：“此題淳熙本作‘答南康李叔文墊’。”

　　書中云及“代者石侯”，即石憝子重。朱熹《知南康軍石君墓誌銘》云“予前年守南康，朝廷以君與予善，除以爲代。予亦日夜望君至，冀得用疲甿學子爲寄，而君不果來”。《晦庵文集》卷九二。據呂祖謙《與朱侍講元晦》（丐祠雖未愜雅志）云“至於南康，……子重繼之，必能遵守”，《東萊集》別集卷八。撰於淳熙七年五月間；朱熹《答呂伯恭》（熹幸粗安）云“已遣人迓子重，至即合符而行矣”，撰於淳熙八年正月間；又（熹在此支撐甚費力）云“熹在此支撐甚費力，子重不來，已遣人通吳守書，速其來矣”，《晦庵文集》卷三四。撰於二月初。故推知本書約撰於七年（1180）秋中。

朱熹《答李叔文》：

　　熹奉別忽許久，每深嚮往之懷。奉告，獲聞比日清秋，尊履萬福爲慰。秋試不得賢者爲重，深以爲恨。初見考官，說恐在小牓中，既又不然，殊不可曉。葉學錄能誦

首章,遠過今所取者,相與嘆惜。此正未足爲左右輕重
也。示諭知府丈台意,極知不當再三煩瀆,然恐向後米
貴,則此所出金亦自折閱耳。已囑法曹面懇,更望老兄左
右之也。郡中所糴不佳,已聞之。今亦一面作處置,度至
仲冬不致遽壞,即無慮矣。它諭諄悉,深荷留念,當悉施
行。放旱通計須及七分,若逐户全損,自不妨全放也。何
時入城,冀得款晤。民間利害有聞,願悉見告,尤所深望
也。《晦庵文集》卷五二。

案:淳熙八年春省試,故秋試在七年。本書云
及"秋試不得賢者爲重,深以爲恨",則在秋試發榜之
後,故推知本書約撰於七年季秋。

朱熹《答李叔文》:

熹杜門竊食,貧病不足言。但操存玩索之功雖不敢
廢,而未見有以進於前日,以是憂愧,殆無以見朋友也。
白鹿知亦嘗一到,甚善甚善。每念疇昔相與登臨遊從之
樂,未嘗不發於夢寐,然亦恨當時所以相切磋者猶有所未
盡也。相望千里,何時復得從容反覆如往時耶? 更願益加
持守之功,以求義理之歸,是所願望。《晦庵文集》卷五二。

案:本書校記云:"熹杜門竊食"句上,淳熙本有
"熹別久,殊不聞問。忽辱惠書,獲聞比日德履佳福,
深以爲喜"二十三字;"是所願望"句下,淳熙本有"便
遽,草草奉報,不究所欲言也"十二字。

　　朱熹於淳熙八年閏三月末離南康，四月中抵家，至九月下旬除提舉浙江常平公事，九年九月去任而歸。至十五年三月復入都奏事，除兵部郎官，旋爲林栗劾罷而歸。《年譜長編》卷上、卷下。本書言"熹杜門竊食，貧病不足言"，又言"白鹿知亦嘗一到，甚善甚善。每念疇昔相與登臨遊從之樂，未嘗不發於夢寐"，又云"別久，殊不聞問"，推知其上距離南康時頗久，姑置於淳熙十二年（1185）間。

朱熹《答李叔文》：

　　喻及爲學次第，甚慰所懷。但向來所説性善，只是且要人識得本來固有，元無少欠，做到聖人方是恰好，纔不到此，即是自棄。故孟子下文再引成覸、顔淵、公明儀之言，要得人人立得此志，勇猛向前，如服瞑眩之藥，以除深錮之病，直是不可悠悠耳。"求放心"，不須注解，只日用十二時中常切照管，不令放出，即久久自見功效，義理自明，持守自固，不費氣力也。若添著一"求仁"字，即轉見支離，無摸索處矣。歎美之辭，乃胡氏説，大非孟子本意。今亦未須論，但看孟子本説足矣。此不是要解説"性"字，蓋是要理會此物善惡，教自家信得及，做得功夫不遲疑耳。《晦庵文集》卷五二。

　　案：本書撰時不詳，據文義推知似在上書（熹杜門竊食）後。《書信編年》以爲在淳熙八年以後。

李　泳

　　李泳，字深卿，福州閩縣（今屬福建）人。乾道八年（1172）壬辰進士。《淳熙三山志》卷三〇。從學呂東萊。淳熙八年（1181）爲紹興府新昌縣丞。《東萊集》附錄卷二。十四年爲建康府溧水縣知縣。《景定建康志》卷三〇。

朱熹《答李深卿泳》：

　　昨擇之持示別紙，教告甚悉。時亦不暇奉報，然因其行，嘗口附區區，不知高明以爲然否？夫儒、釋正邪之異，未易以口舌爭，但見得分明，則觸事可辨。今未暇遠引，且以來教所舉《中庸》首章論之，則吾之所謂一者彼以爲二，吾之所謂實者彼以爲虛，其邪正得失於此已判然矣。然世之學者於吾學初未嘗端的用功，而於彼説顧嘗著力研究，是以於彼説日見其高妙，而視吾學爲不足爲。陷溺益深，則遂不復自知其爲陷溺。是雖以孟子之辨守而告之，恐未易拔，而況今日才卑德薄之人乎？然有一於此，疑若可捄：蓋天理人心，自有至當，我順彼逆，體勢不侔。是以爲吾學者深拒力排，未嘗求合於彼；而爲彼學者支辭蔓説，惟恐其見絶於我。是於其心疑亦有所不安矣。誠如是也，則莫若試於吾學，求其所以用力者，如往時之一意於彼而從事焉。假以歲時，不使間斷，則庶乎其可以得本心之正而悟前日之非矣。

所論不當啓後學輕視前輩之弊，此則至論，敢不承教。然觀聖賢議論，雖未嘗不推尊前輩，而其是是非非之際，亦未嘗有毫髮假借之私。若孟子之論伊尹、夷、惠，抑揚其辭，不一而足，亦可見矣。若呂氏之學，在近世則亦近正矣，然觀正獻對神祖空寂之問，則以堯舜所知所急爲兩途；觀原明述正獻學佛之事，則見正獻所學所言爲二致。諸若此類，不可殫舉。蓋猶未免於習俗之蔽，而以前輩之故一例推尊，禁不得復議其失，是孔子不當論臧文仲之不仁不智，且當直許子文、文子以仁然後爲可也。擇之講論精密，務求至當，似未爲過，但其間却實不免有輕視前輩之心，此則不可。去年因書蓋嘗箴之，正如老兄之意，但不敢謂緣此都不得別白是非也。

凡此二條，皆近世學者深錮之弊，是以因來喻之及而極論之，願試以愚言思之，一事正則其餘皆正矣。蓋理無二致，非如老兄所論《中庸》首章三句別爲兩事，與呂氏所知所急、所學所言有彼此之殊也。鄙見如此，或有未當，因來却望見教，勿憚反復。不有益於彼，則必有益於此矣。千萬，至懇至懇。《晦庵文集》卷四五。

　　案：朱熹《答林擇之》（得欽夫書）云"某向答深卿書，渠以爲如何？前日方答此書了，李伯諫來訪，劇論兩三日"，《晦庵文集》別集卷六。撰於乾道六年五月、閏五月間。其中"某向答深卿書"，當指本書，故推知其亦撰於是年(1170)春間。

又，朱熹於乾道五年七、八月之際所作《答林擇之》（某所請竟未報），有云"向與深卿書，乃附劍浦劉親，不謂留滯至今"，《晦庵文集》别集卷六。推知五年春、夏間朱熹曾與李泳一書，未見。

李元翰

李元翰，名里不詳。

朱熹《答李元翰》：

元翰前日説得儘近似，今看所示，又説開了。蓋前日所説，尤非實見，故把捉不定，又會走作爾。如前日云"存得此心即便是仁"，此句甚好。但下面説"合於心者行之，不合於心者勿爲"，又説"從義上去了，不干仁事矣"。今所寫來者，乃"先存得此心"一句，便只説"合於心爲之"云云，却是全説不著也。今且只以孟子"仁，人心也；義，人路也"兩句看來，便見仁、義之别。蓋仁是此心之德，纔存得此心，即無不仁。如説克己復禮，亦只是要得私欲去後，此心常存爾，未説到行處也。纔説"合於心者"云云，則便侵過"義，人路"底界分矣。然義之所以能行，却是仁之用處，故學者須是此心常存，方能審度事理。如其不然，則方寸之間自無主宰，亦不復能審度可否而行所當行矣。此孔門之學所以必以求仁爲先，蓋此萬理之原、萬事之本,且要先識認得、先存養得,方有下手立脚處爾。其他所論未穩者多,但先看此一節,久之自見得也。《晦庵文集》卷五九。

　　案:《朱子語類》卷四一載周明作所記:"元翰問:'克去己私最是難事,如今且於日用間每事尋箇是處,只就心上驗之,覺得是時,此心便安。此莫是仁否?'曰:'此又似説義,却未見得仁。……'"與本書所答"克己復禮"相合。據《朱子語類·姓氏》,周明作所記乃紹熙三年(壬子)以後所聞。本書云及"元翰前日説得儘近似,今看所示,又説開了",故推知其約撰於四年(1193)前後。

李　繪

　　李繪(1117—1193),字參仲,新安婺源(今屬江西)人。絶意科舉,"築室山間,爲隱居計,名其山曰鍾山"。後"郡守徐侯誼聞其風高仰之,馳使奉書幣迎至郡庠,使諸生衿式焉。先生勉强爲其一行,然亦竟不爲留也"。紹熙四年八月卒,年七十七。著《論語解義》、《西銘解義》等。事迹見程洵《尊德性齋小集》卷三《鍾山先生行狀》。

朱熹《與某人帖》:

　　熹頓首拜覆:竊聞卜築鍾山,以便親養,去囂塵而就清曠，使前日之所蹔游而寄賞者，今遂得以爲耳目朝夕之玩，竊計雅懷亦非獨爲避衰計也，甚善，甚感。所恨未獲一登新堂，少快心目耳。蒙諭鄙文，此深所不忘者。但向來不度，妄欲編輯一二文字，至今未就，見此整頓，秋冬間恐可録净。向後稍閒，當得具稿求教也。所編乃《通鑑綱目》，十年前草創，今夏再修，義例方定，詳略可觀。亦恨未得拜呈，須異時攜歸，請數日之間，庶可就得失耳。未由承晤，伏紙馳情。熹頓首上覆。《珊瑚網》卷七《徽國文公朱夫子手帖》。

案：書中“頓首拜覆”，清李佐賢《書畫鑑影》卷三作“頓首又覆”，“鍾山”作“鐘山”，“數日之間”作“數日之閒”。

本書，《朱熹佚文輯考》以爲收書人爲李繒。朱熹《通鑑綱目》初撰於乾道八年，至淳熙九年恰過十年。又書中言“今夏再修”、“見此整頓，秋冬間恐可録净”，然九年九月朱熹始去提舉浙東常平之任而南歸家，故推知本書約撰於十年（1183）秋初。

李之翰

李之翰（1123—？），字周翰，號中洲，蘄州（今湖北蘄春）人。“始學於佛，既悟其説，然後歸而求之聖人之道”。《水心文集》卷九。葉適紹熙三年正月四日所撰《煙霏樓記》稱“直通判廳之西其下中洲隱士李之翰所居”，又《李氏中洲記》稱李之翰字周翰，"隱約於蘄久矣，在城西中洲，依水爲圃，蔭茆而宅。……君已七十，中洲之上，木老花殘，不復計惜，所察將益警，所進將益深，不惰不昏，以俟天命"。《水心文集》卷九。故推知其當生於宣和五年，卒年不詳。

朱熹《答李周翰》：

示喻縷縷，備見本末。但原説之辨，歲月浸久，不復記憶。獨髣髴其間頗有陽尊孔子而陰主瞿、聃之意耳。今乃承有未全伏罪之言，又恐當時看得不子細也。所謂終焉位天地、育萬物、厚人倫者，乃吾道之正，亦未見其上文，不知盛意之微果何所寄，未容遽陳鄙見，便中幸復有以教之，則雖自顧無關可抽，無鑰可啓，然亦不敢不披露胸臆以求訂證也。《晦庵文集》卷五六。

案：書中有云"但原説之辨，歲月浸久，不復記憶。獨髣髴其間頗有陽尊孔子而陰主瞿、聃之意耳。今乃承有未全伏罪之言，又恐當時看得不子細也。所謂終焉位天地、育萬物、厚人倫者，乃吾道之正，亦未見其上文，不知盛意之微果何所寄，未容遽陳鄙見，便中幸復有以教之"，而下書乃云"來喻諄復，益見謙光，又愧向來妄論之率爾也。然是非得失之間，正當精察而明辨。或者内實安於舊習而陽爲是言，則非熹之愚所望於高明也"，似承本書而言，則推知本書約撰於淳熙十六年(1189)或稍前。

朱熹《答李周翰》：

熹跧伏累年，不獲以時候問作止，區區鄉往，蓋不自勝。今歲適滿六十，而衰病支離，無復四方之志，恐不復得遂既見之願矣。兹辱惠書，三復感歎。來喻諄復，益見謙光，又愧向來妄論之率爾也。然是非得失之間，正當精察而明辨。或者内實安於舊習而陽爲是言，則非熹之愚所望於高明也。無由面論，臨書浩歎。《晦庵文集》卷五六。

　　案：淳熙十六年朱熹六十歲，書中言及"今歲適滿六十，而衰病支離，無復四方之志"，故知其撰於是年。

李壯祖

李壯祖，字處謙，光澤（今屬福建）人。李閌祖弟。"初以書見朱子求教，朱答書嘉其有志，遂語以爲學之要"。後與其兄閌祖同登嘉定四年（1211）進士，調閩清尉，"真西山薦之稱爲典型人物"。《閩中理學淵源考》卷六。

朱熹《答李處謙》：

昨辱遠訪，深以不獲一見爲恨。及得所留書而讀之，益知賢者之有志、慶閥之多才，又重以爲喜也。大抵爲學當以存主爲先，而致知力行亦不可以偏廢。縱使己有一長，未可遽恃以輕彼，而長其驕吝克伐之私，況其有無之實，又初未可定乎？凡日用間知此一病而欲去之，則即此欲去之心，便是能去之藥。但當堅守，常自警覺，不必妄意推求，必欲舍此拙法而必求妙解也。《晦庵文集》卷五九。

案：本書撰時未詳。《朱子語類·姓氏》失載李壯祖聞記之時。然《朱子語類》卷三載李壯祖所記"汪德輔問祖考精神"云云；卷二七載周明作所記"先生問坐間學者云吾道一以貫之如何"云云，注云"壯祖錄云"；卷六七載李壯祖所記"晏亞夫問中正二字之義"等。據《朱子語類·姓氏》所載諸人從學所記年歲，汪德輔在壬子（紹熙三年），周明作在壬子以後，晏淵（亞夫）在癸丑（紹熙四年）。推知李壯祖於紹熙三、四年間從學朱熹。又本書中云"昨辱遠訪，深以不獲一見爲恨"，推知其約在紹熙二年（1191）五月下旬朱熹自漳州返居建陽、又短暫外出歸後。

又，包恢《跋晦翁先生帖》曰："學必有存主之處以爲本，必有持守之功以爲實。其致知講習，乃所以精此本實之所在而非末非虛也。我先君從文公學四十有餘年，受其啟誨最多且久，每於侍下竊聞之，繼於先生《文集》中飫觀之。庚申之春，又嘗躬拜先生于考亭而受學焉，詳其所主，無非先存主而重持守。今者獲讀所與李丈二書，實有契於前聞。雖二書未足以盡見先生之學，而大旨則有在矣。獨疑近世爲先生之學者，往往多以格物爲主，至或偏於致知而廢力行、泛於講習而乏持守。其所謂致知講習者,又類失其本而流於末、無其實而入於虛,殊戾先生誨人之旨。大抵不過從事於解釋文義之間,卒之皆墮於空言而已。李丈處謙師友淵源萃于一家,其天資既謙厚,其學問加誠實,其有得於先生之旨獨深,而過人亦遠矣。"《敕帛稿略》卷五。所云與李壯祖二書,今《晦庵文集》中僅見其一。

李宗思

李宗思,字伯諫,建寧建安(今屬福建)人。"從朱子學,朱子稱其敎深好修,篤志問學。登隆興元年(1161)進士,乾道末爲蘄州敎授。專以古人爲己之學敎人"。《閩中理學淵源考》卷二○。

朱熹《答李伯諫甲申》:

詳觀所論,大抵以釋氏爲主,而於吾儒之説,近於釋者取之,異於釋者,在孔、孟,則多方遷就以曲求其合,在伊洛,則無所忌憚而直斥其非。夫直斥其非者,固未識其旨而然,所取所合,亦竊取其似是而非者耳。故語意之間,不免走作。不得於言而求諸心,則從初讀孔孟、伊洛文字,"止是資舉業",此来書之語。固無緣得其指歸,所以敢謂聖學止於如此。至於後來學佛,乃是"怕生死",此亦來書中之語。而力究之，故陷溺深。從始至末，皆是利心，所謂差之毫釐者，其在兹乎？然敢詆伊洛而不敢非孔孟者，直以舉世尊之，而吾又身爲儒者，故不敢耳，豈真知孔孟之可信而信之哉？是猶不敢顯然背畔，而毁冠裂冕、拔本塞源之心已竊發矣。學者豈可使有此心萌於胸中哉！

來書云：於程氏雖未能望其堂奧，而已窺其藩籬矣。熹竊謂聖人道在六經，若日星之明。程氏之説，見於其書者亦詳矣。然若只將印行册子從頭揭過，略曉文義，便爲得之，則當時門人弟子亦非全然鈍根無轉智之人，豈不能如此領會？而孔門弟子之從其師，厄窮飢餓，終其身而不敢去；程氏之門，“已仕者忘爵禄，未仕者忘飢寒”，此游察院語。此亦必有謂矣。試將聖學做禪樣看，日有孜孜，竭力而進，竊恐更有事在，然後程氏藩籬可得而議也。

來書謂聖門以仁爲要，而釋氏亦言“正覺”，亦號“能仁”。又引程氏之説爲證。熹竊謂程氏之説，以釋氏窮幽極微之論觀之，似未肯以爲極至之論。但老兄與儒者辨，不得不借其言爲重耳。然儒者言仁之體則然，至語其用，則毫釐必察，故曰“仁之實，事親是也”，又曰“孝弟也者，其爲仁之本與”。此體用所以一源，而顯微所以無間也。釋氏之云“正覺”、“能仁”者，其論則高矣美矣，然其本果安在乎？

來書引“天下歸仁”以證滅度衆生之説。熹竊謂恐相似而不同。伊川先生曰：“克己復禮，則事事皆仁，故曰天下歸仁。"試用此意思之，毫髮不可差，差則入於異學矣。

來書云：夫子語仁以克己爲要，佛氏論性以無心爲宗，而以龜山"心不可無"之説爲非。熹謂所謂己者，對物之稱，乃是私認爲己而就此起計較、生愛欲，故當克之。克之而自復於禮，則仁矣。心乃本有之物，虛明純一，貫徹感通，所以盡性體道，皆由於此。今以爲妄而欲去之，又自知其不可而曰"有真心存焉"，此亦來書之語。則又是有心矣。如此，則無心之説何必全是？而不言無心之説，何必全非乎？若以無心爲是，則克己乃是有心，無心何以克己？若以克己爲是，則請從事於斯而足矣，又何必克己於此而無心於彼，爲此二本而枝其辭也？

來書云：輪回因果之説，造妖捏怪，以誑愚惑衆，故達磨亦排斥之。熹竊謂輪回因果之説，乃佛説也。今以佛爲聖人而斥其言至於如此，則老兄非特叛孔子，又謗佛矣。豈非知其説之有所窮也，而爲是遁辭以自解免哉？抑亦不得已於儒者，而姑爲此計以緩其攻也？嗚呼！吾未見聖人立説以誑愚惑衆，而聖人之徒倒戈以伐其師也。孰謂本末殊歸、首尾衡決如是，而尚可以爲道乎？

來書云：韓退之排佛而敬大顛，則亦未能排真佛也。熹謂退之稱大顛"頗聰明，識道理，能外形骸，以理自勝，不爲事物侵亂"而已，其與《原道》所稱"以之爲己則順而祥，以之爲人則愛而公，以之爲天下國家則無所處而不當"者，果如何邪？

來書云：形有死生，真性常在。熹謂性無僞冒，不必言真；未嘗不在，不必言在。蓋所謂性，即天地所以生物之理，所謂"維天之命，於穆不已"、"大哉乾元，萬物資始"者也，曷嘗不在而豈有我之所能私乎？釋氏所云真性，不知其與此同乎否也？同乎此，則古人盡心以知性知天，其學固有所爲，非欲其死而常在也。苟異乎此，而欲空妄心、見真性，惟恐其死而失之，非自私自利而何？是猶所謂廉賈五之，不可不謂之貨殖也。伊川之論，未易遽非，亦未易遽曉。他日於儒學見得一箇規模，乃知其不我欺耳。

來書謂伊川先生所云內外不備者爲不然，蓋無有能直內而不能方外者。此論甚當。據此，正是熹所疑處。若使釋氏果能敬以直內，則便能義以方外，便須有父子、有君臣，三綱五常，闕一不可。今曰能直內矣，而其所以方外者果安在乎？又豈數者之外別有所謂義乎？以此而觀伊川之語，可謂失之恕矣。然其意不然，特老兄未之察耳。所謂有直內者，亦謂其有心地一段工夫耳，但其用功却有不同處，故其發有差。他却全不管著，此所以無方外之一節也。固是有根株則必有枝葉，然五穀之根株則生五穀之枝葉，華實而可食；稊稗之根株則生稊稗之枝葉，華實而不可食，此則不同耳。參术以根株而愈疾，鉤吻以根株而殺人，其所以殺人者，豈在根株之外而致其毒哉？來書云：不能於根株之外別致其巧也。故明道先生又云："釋氏惟務上達而無下學。然則其上達處豈有是也？元不相連屬，但有間斷，非道也。"此可以見内外不備之意矣。然來書之云，却是從儒向佛，故猶藉先生之言以爲重。若真胡種族，則亦不肯招認此語矣。如何如何？

來書云：以理爲障者，特欲去其私意小智。熹謂認私意小智作"理"字，正是不識"理"字。來書又謂上蔡云"佛氏不肯就理者爲非"。熹謂若不識"理"字，則此亦未易以口舌争也。他日解此，乃知所言之可笑耳。

來書云：儒、佛見處既無二理，其設教何異也？蓋儒教本人事，釋教本死生。本人事，故緩於見性；本死生，故急於見性。熹謂既謂之本，則此上無復有物矣。今既二本，不知所同者何事？而所謂儒本人事、緩見性者，亦殊無理。三聖作《易》，首曰："乾，元亨利貞。"子思作《中庸》，首曰："天命之謂性。"孔子言性與天道，而孟子道性善，此爲本於人事乎，本於天道乎？緩於性乎，急於性乎？然著"急"字亦不得。俗儒正坐不知天理之大，故爲異説所迷，反謂聖學知人事而不知死生，豈不誤哉？聖賢教人盡心以知性，躬行以盡性，終始本末，自有次第，一皆本諸天理，緩也緩不得，急也急不得，直是盡性至命方是極則，非如見性之説，一見之而遂已也。上蔡云："釋氏之論性，猶儒者之論心；釋氏之論心，猶儒者之論意。"此語剖析極精，試思之，如何？

來書云：子貢之明達，性與天道猶不與聞。熹竊謂此正癡人前説夢之過也。來書又謂釋氏本死生，悟者須徹底悟去，故祖師以來，由此得道者多。熹謂徹底悟去之人，不知本末内外是一是二？二則道有二致，一則死生人事一以貫之，無所不了。不知《傳燈録》中許多祖師，幾人做得堯、舜、禹、稷？幾人做得文、武、周、孔？須有徵驗處。

來書云：特聖人以中道自任，不欲學者躐等。熹謂此正是王氏"高明處己，中庸處人"之説，龜山嘗力詆之矣。須知所謂"不欲學者躐等"者，乃是天理本然，非是聖人安排教如此。譬諸草木，區以別矣。且如一莖小樹，不道他無草木之性，然其長須有漸，是亦性也。所謂"便欲當人立地成佛"者，正如將小樹來噴一口水，便要他立地干雲蔽日，豈有是理？"便欲當人立地成佛"，亦是來書中語。設使有此幻術，亦不可謂之循理。此亦見自私自利之規模處。

來書云：引《大易》生死之説，程氏語默、日月、洪爐之論。熹按此四者之説，初無二致。來書許其三，排其一，不知何所折衷而云然？然則所許三説，恐未得其本意也。愚意以爲不必更於此理會，且當按聖門下學工夫求之，久自上達，所謂"未知生，焉知死"也。

來書云：聖人體易，至於窮神知化、未之或知之妙。熹疑此語脉中有病。又云：生死之際，必不如是之任滅也。熹謂"任滅"二字亦是釋氏言之，聖人於死生固非任滅，亦初不見任滅之病。更以前段參之。

來書云：曹參、楊億不學儒，不害爲偉人。熹前書已奉答矣。而細思之，則老兄固云“夫子之道乃萬世仁義禮樂之主”，今乃有不學儒而自知道者，則夫子何足爲萬世仁義禮樂之主也？且仁義禮樂，果何物乎？又曹參、楊億二人相擬，正自不倫。曹參在漢初功臣中，人品儘粗疏，後來卻能如此避正堂、舍蓋公，治齊相漢，與民休息，亦非常人做得，其所見似亦儘高。所可惜者，未聞聖人之道而止於是耳。楊億工於纖麗浮巧之文，已非知道者所爲，然資稟清介，立朝獻替，略有可觀，而釋子特以爲知道者，以其有“八角磨盤”之句耳。然既謂之知釋子之道，則於死生之際宜亦有過人者。而方丁謂之逐萊公也，以他事召億至中書，億乃恐懼，至於便液俱下，面無人色。當此時也，“八角磨盤”果安在哉？事見蘇黃門《龍川別志》第一卷之末。蘇公非詆佛者，其言當不誣矣。然則此二人者，雖皆未得爲知道，然億非參之倫也。子比而同之，過矣。蓋老氏之學淺於佛，而其失亦淺，正如申、韓之學淺於楊、墨，而其害亦淺。因論二人謾及之，亦不可不知也。

來書云：鹽官講義急於學者見道，便欲人立地成佛。熹於前段已論之矣。然其失亦不專在此，自是所見過中，無著實處，氣象之間，蓋亦可見。

來書所謂發明西洛諸公所未言者，即其過處也。嘗聞之師曰：“二蘇聰明過人，所說《語》、《孟》儘有好處。蓋天地間道理不過如此，有時便見得到，皆聰明之發也。但見到處却有病，若欲窮理，不可不論也。""見到處却有病"，此語極有味。試一思之，不可以爲平常而忽之也。《晦庵文集》卷四三。

　　案：本書撰於甲申年（隆興二年，1164）。

朱熹《答李伯諫》：

　　誨諭勤勤，深荷不鄙。然人之爲學，各有所見，豈能必於盡同？亦各信其所信而勉焉耳。今高明所造日深日遠，而愚蒙底滯，不能變其初心，竊意必無可合之理。來書乃欲曲加鐫誨，期之異日，雖荷眷舊之私，然恐亦徒爲競辨而無補於進修之實也。謹此少謝厚意之辱，伏幸裁照。《晦庵文集》卷四三。

　　案：據朱熹《答范崇伯》（伯諫前日過此）、《晦庵文集》卷三九。《答林擇之》（此有李伯諫）《晦庵文集》卷四三。諸書，李宗思於乾道六年四月間過訪朱熹，論辯儒、釋之學，遂棄釋歸儒。書中云及"然人之爲學，各有所見，豈能必於盡同？亦各信其所信而勉焉耳"，又云"今高明所造日深日遠，而愚蒙底滯，不能變其初心"，再云"來書乃欲曲加鐫誨，期之異日"，推知李書當在李宗思過訪朱熹之前，約在是年（1170）初或稍前。

朱熹《答李伯諫》：

　　承喻及從事心性之本，以求變化氣質之功之説，此意甚善。然愚意此理初無内外本末之間，凡日用間涵泳本原、酬酢事變，以至講説辨論、考究尋繹，一動一靜，無非存心養性、變化氣質之實事。學者之病在於爲人而不爲己，故見得其間一種稍向外者，皆爲外事。若實有爲己之心，但於此顯然處嚴立規程，力加持守，日就月將，不令退轉，則便是孟子所謂深造以道者。蓋其所謂深者，乃功夫積累之深；而所謂道者，則不外乎日用顯然之事也。及其真積力久，内外如一，則心性之妙無不存，而氣質之偏無不化矣。所謂自得之而居安資深也，豈離外而内、惡淺而深，舍學問思辨力行之實而别有從事心性之妙也哉？至於《易》之爲書，因陰陽之變以形事物之理，大小精粗無所不備，尤不可以是内非外、厭動求靜之心讀之。鄙意如此，故於來喻多所未安，竊恐向來學佛病根有未除者，故敢以告。然恐亦未必盡當於理，惟高明擇之。《晦庵文集》卷四三。

　　案：朱熹有《伯諫和詩云邪色蛙聲方漫漫是中正氣愈駸駸予謂此乃聖人從心之妙三歎成詩重以問彼二首》，其二曰：“闕里當年語從心，至今縱迹尚難尋。況君真到無心處，肯向人前話淺深。”《晦庵文集》卷六。其詩中語義與本書略相關。《年譜長編》卷上云此詩作於乾道七年春。然據詩題中有云“伯諫和詩云‘邪色蛙聲方漫漫’”，則當在夏日爲是。又書中云“承喻及從事心性之本，……竊恐向來學佛病根有未除者"，由上推知本書約撰於七年（1171）中。

朱熹《答李伯諫》：

某陸陸如昨，無可言者。兩月來修得數書，亦有一二
論說文字，甚思與老兄評之。而相望邈然，又無人抄得，
徒此鬱鬱，想聞之亦不無欺恨也。比來觀書進學、誘掖後
進次第如何？深所欲聞，因書詳及之爲幸。《通鑑綱目》
三國以後草藁之屬，臨行忘記說及。今想隨行有的便，旋
付及，幸甚。唐事已了，但欲東漢之末接三國脩之，庶幾
有緒，易爲力耳。然伯起者亦尚悠悠，近游誠之伯鈞之子。
相過，開爽可喜。渠南北事甚熟，或取過伯起者託渠料理
也。《晦庵文集》續集卷八。

案：書中云"近游誠之相過，開爽可喜"，據朱熹
《答林擇之》（聞學中已成次第）亦言"游誠之來訪，其
人開爽，有用之才也，極可喜可喜"，《晦庵文集》別集卷
六。《答林擇之》約撰於乾道八年（1172）九月中、下
旬，推知本書約撰於一時先後。

朱熹《答李伯諫》：

某碌碌之況，已具前書。《通鑑》文字近方得暇脩得
數卷，南北朝者伯起不承當，已託元善矣，度渠必能成之。
但見脩者已殊費功夫，蓋舊看正史不熟，倉卒無討頭處。
計今秋可了見到者，餘者望早付及。此間杜門山中，尚不

能免賓客書問之擾,想官下少暇也。《壁記》已在前書中,但《齋記》未成耳。惡札不堪用,不若別託善書者書之也。周翰書詞傾倒,相與甚至,恨未識面耳。子禮兄金,渠已認還七月以後息錢矣。但書肆狼狽日甚,深用負愧。要之,此等自非吾曹所當爲,宜其至此。但恨收拾得又不好,愈使人意不滿耳。揚州書已別付遞去,彼此各是破戒,甚覺難措辭也。此事長沙必能爲辨,吾人徒自擾擾,未必有益,第好笑耳。因書亦當督之也。《晦庵文集》續集卷八。

案:書中所謂"《壁記》已在前書中"之《壁記》,指朱熹所撰《蘄州教授廳記》,云"乾道八年秋,予友建安李君宗思爲蘄州學官,始至,入學釋菜,召諸生坐堂上而告之曰",末書時"九年秋七月壬子"。《晦庵文集》卷七七。又書中言"《通鑑》文字近方得暇脩得數卷,⋯⋯計今秋可了見到者",故推知本書約撰於乾道九年(1173)八月間。

朱熹《答李伯諫》:

《通鑑》諸書全不得下功,前此却脩得晉事,粗定條例,因事參考,亦頗詳密。但晉事最末兩三卷未到,故前書奉速。今承喻已寄少興處,必是少興遺下不曾送來也。此亦不難,俟卒成之耳。宋以後事分屬張元善,已脩得大字數卷來,尚未得點勘。若得年歲間無出入,有人抄寫,此甚不難了，但恐不得如人意耳。六象似亦送少興，不知何故未到，俟別摹去。近得曲江濂溪象，比舊傳南安本殊丰厚精彩，亦當改正也。讀《易》想有味，有可論者，便中語及爲幸。

案：朱熹上書（某碌碌之况）云及"南北朝者伯起不承當，已託元善矣，度渠必能成之"，本書乃言"宋以後事分屬張元善，已脩得大字數卷來，尚未得點勘"，知承上書，推知約撰於是年冬間。

朱熹《答李伯諫》：

欽夫此數時常得書，論述甚多。《言仁》及江西所刊《太極解》，蓋屢勸其收起印板，似未甚以爲然，不能深論也。大抵近日議論《語孟解》已見一二篇，雖無鄉時過高之失，而寬縱草率，絶難點檢，不知何故如此。無由相見，殊使人憂之。長沙書來，説又分門編本朝事及作《論篤》一書，雖盗跖之言，有可取者，亦載其中。不知作此等文字是何意思？使人都理會不下。因書蓋略諷之，不知又以爲然否也。書肆之敗，始謀不臧，理必至此，無可言者。既敗之後，紛紛口語，互相排擊，更不可理會。幸已自脱去，不能復問。晦伯必自報去，某於此却似放得下，但馬謖未易根究耳。一笑。所示近文甚佳，但似太高，不着題。大凡立言，要須因人變化而無包含不盡處，乃爲善言耳。向見欽夫文字病痛正是如此也。近有文字數篇及與

伯恭問答數條,偶當入城,未能寄往。少懇:欲煩爲尋訪
龐安常《難經説》,及聞別有論醫文字頗多,得并爲訪問,
傳得一本示及爲幸。《晦庵文集》續集卷八。

　　案:書中有云"欽夫此數時常得書,論述甚
多。……大抵近日議論《語孟解》已見一二篇,雖無
鄉時過高之失,而寬縱草率,絶難點檢",而張栻《答
朱元晦》(《章句序》文理暢達)乃云"某比改定,得《語
解》數篇,未及寫去。《先進》以後,後來過目,有可示
教,一一條示",《南軒集》卷二四。可知本書當在其後。
《答朱元晦》撰於淳熙四年(1177)春、夏間,故推知本
書約撰於四、五年間。

利元吉

　　利元吉,南城(今屬江西)人。紹熙四年(1193)陳亮
榜進士。《江西通志》卷五〇。

利元吉《與朱元晦書》:

　　今日教人取士之法,誠有異於古者,然其所以取之之
意,則亦固有在也。顧士之由此而幸得之者,乃或不能刮
磨奮勵,以自見於斯世,則亦不必論其教法之是非,而吾
之所以負其見取之意者,已不勝言矣。故今吾徒相率爲
此,非敢以爲夸,乃欲以爲鑒。邦人士子,咸願得子之一

言,冠其顛以發之,庶乎嗣而書者,相與讀之而知所警也。《晦庵文集》卷八〇《建昌軍進士題名記》。

案:朱熹《建昌軍進士題名記》:"建昌之爲郡,據江西一道東南上游,……其士多以經術論議文章致大名,如直講李公、中書翰林曾公兄弟,尤所謂傑然者也。其他能以詞藝致身取高科而登顯仕者,亦不絕於當世。前此乃未有以著其名氏而傳於後世者。比年以来,鄉之先達始病其闕,乃率其徒,考自國初以至今日,得若干人,且將礱石刻之,寘諸郡學講堂之上,以竢來者之嗣書焉。而利君元吉、鄧君約禮以書来曰……",記文撰於慶元元年秋八月丙寅。《晦庵文集》卷八〇。故推知本書約撰於是年(1195)中。

連　崧

連崧,字嵩卿。《閩中理學淵源考》卷二三。餘不詳。

朱熹《答連嵩卿》:

"正顏色,斯近信矣"。此言持養久熟之功,正其顏色即近於信,蓋表裏如一,非但色莊而已。以上下兩句考之,可見非謂正顏色即是近信也。若非持養有素,則正顏色而不近信者多矣。

宿諾者,未有以副其諾而預諾之,如今人未有此物而先以此物許人之類。《集解》不用此義。

盡心，以見處而言；盡性，以行處而言。

易簀、結纓，未須論優劣，但看古人謹於禮法，不以死生之變易其所守如此，便使人有"行一不義、殺一不辜而得天下不爲"之心。此是緊要處。子路仕衛之失，前輩論之多矣，然子路却是見不到，非知其非義而苟爲也。

以道左爲無用，則道乃無用之物也，而可乎？但仁是直指人心親切之妙，道是統言義理公共之名，故其言有親疏，其實則無二物也。《中庸》曰"脩道以仁"，胡子亦謂"人而不仁，則道義息"，意亦可見。

"天地設位，而易行乎其中"，以造化言之也。"乾坤成列，而易立乎其中"，以卦位言之也。

乾者，萬物之始，對坤而言，天地之道也；元者，萬物之始，對亨、利、貞而言，四時之序也。錯綜求之，其義乃盡。

功用、妙用之説，來諭得之。

所謂"天地之性即我之性，豈有死而遽亡之理"，此説亦未爲非，但不知爲此説者以天地爲主耶，以我爲主耶？若以天地爲主，則此性即自是天地間一個公共道理，更無人物彼此之間、死生古今之別。雖曰死而不亡，然非有我之得私矣。若以我爲主，則只是於自己身上認得一個精神魂魄、有知有覺之物，即便目爲己性，把持作弄，到死不肯放舍，謂之死而不亡，是乃私意之尤者，尚何足與語死

生之説、性命之理哉？釋氏之學，本是如此。今其徒之黠
者，往往自知其陋而稍諱之，却去上頭別説一般玄妙道
理，雖若滉漾不可致詰，然其歸宿實不外此。若果如此，
則是一個天地性中別有若干人物之性，每性各有界限，不
相交雜，改名換姓，自生自死，更不由天地陰陽造化，而爲
天地陰陽者亦無所施其造化矣。是豈有此理乎？煩以此
問子晦，渠必有説，却以見諭。《晦庵文集》卷四一。

　　案：書中有言“所謂‘天地之性即我之性，豈有
死而遽亡之理’”云云，據朱熹《答方伯謨》（前日託俞
尉附一書）中云“得連嵩卿書云：廖子晦言‘天地之
性即我之性，豈有死而遽亡之理？’”《晦庵文集》卷四
四。即指本書。《答方伯謨》撰於淳熙元年三月中，
故推知本書約撰於是年（1174）春、夏之際。

朱熹《答連嵩卿》：

　　“爲其多聞也，爲其賢也”。多聞何以謂之師？夫
賢有小大，《記》曰：“以人望人，則賢者可知。”至於“多
識前言往行，以畜其德”，《易》之《大畜》，故可以爲師。

　　賢與多聞，細分固當有別，但若只如此理會，則與王
氏《新經》何異？恐不必深致意也。下段《春秋》補助之説
放此。

　　“配義與道”而不言仁，充塞天地之間，則仁在其中
矣。孟子言氣，主於集義故也。

更熟看上下文，子細思索，不可只如此草草説過。

樂正子"有諸己之謂信"與"反身而誠，則能動人也"，如何？信有諸己，誠則能動人也？

信與誠，大槩相似，但反身而誠，所指處地位稍高，亦未論能動人否也。

孟子不見儲子，謂其儀不及物。夫儲子之平陸，特遣人致幣交於孟子，則其接也不以禮，孟子何以受其幣而不見？豈非不屑教誨之道，與孔子不見孺悲而鼓瑟之義同？

初不自來，但以幣交，未爲非禮。但孟子既受之後，便當來見，而又不來，則其誠之不至可知矣。故孟子過而不見，施報之宜也，亦不屑之教誨也。

楚令尹子南之子棄疾、雍（斜）［糺］之妻，一告而殺夫，一不告而殺父。二者亦不幸而遇此，然當如何爲正？

居二者之間，調護勸止，使不至於相夷者，上也；勸之不從，死而以身悟之，次也。舍是亦無策矣。

桓公不足以有爲，民不免左衽。管仲之不死，得爲仁乎？或以爲管仲自信其才，雖不遇，而仲之仁自若也。若夫成功,則天也。

孔子許管仲以仁，正以其功言之耳，非以管仲爲仁人也。若其無功，又何得爲仁乎？《晦庵文集》卷四一。

案：本書撰時未詳。《書信編年》以爲在上書

（正顏色）後，係於淳熙元年（甲寅）後。待考。

朱熹《答連嵩卿》：

"恭"、"敬"二字，《語》、《孟》之言多矣。如"敬而無失，與人恭而有禮"、"居處恭，執事敬"、"行己也恭，事上也敬"、"責難於君謂之恭，陳善閉邪謂之敬"。伊川先生言："發於外者謂之恭，有諸中者謂之敬。"蓋恭敬只一理表裏之言，以此意解《語》、《孟》之言，似不契，莫是有輕重否？

恭主容，敬主事。自學者而言，則恭不如敬之力；自成德而言，則敬不如恭之安。

鬼神馮依，此亦有理，"莫見乎隱，莫顯乎微"而已。此莫只是誠之不可揜，感而遂通之意否？

鬼神馮依之說，大槩固然。然先生蓋難言之，亦不可不識其意也。

窮神則無易矣。

此言人能窮神，則易之道在我矣，豈復別有易哉？

乾是聖人道理，坤是賢人道理。

乾是自然而然，坤便有用力處。

論性不論氣，不備；論氣不論性，不明。

論性不論氣，則無以見生質之異；論氣不論性，則無以見理義之同。

兵法遠交近攻，須是審行此道。智崇禮卑之意。蓋學者其知要高明，其行須切近。"立則見其參於前"，所見者何事？竊謂"言忠信，行篤敬"，所主者誠敬而已。所主者既誠敬，則所見者亦此理而無妄矣。故坐必如尸，立必如齊，此理未嘗不在前也。

二説皆善。

顏淵問仁，孔子告之以仁與禮。仁與禮果異乎？竊謂五常百行，理無不貫。仁者，人此者也；義者，宜此；禮者，履此。仁之與禮，其命名雖不同，各有所當，皆天理也。人之所以滅天理者，以爲人欲所勝耳。人能克去己私，則天理者自復，動容周旋中禮，仁孰大焉！

仁禮之説，亦得之。但仁其統體，而禮其節文耳。

《晦庵文集》卷四一。

案：本書撰時未詳。《書信編年》係於淳熙元年後。待考。

朱熹《答連嵩卿》：

"德輶如毛，民鮮克舉之"，孔子所謂"爲仁由己"也。"仁以爲己任，不亦重乎"，程子所謂"克己最難"也。周子亦曰："至易而行難，果而確，無難焉。"蓋輕故易，重故難。知其易，故行之必果；知其難，則守之宜確。能果能確，則又何難之有乎？恐不必引"堯舜病諸"以爲任重之證也。

"死生有命"，言稟之素定，非今日所能移；"富貴在天”，言制之在彼，非人力所能致。如所諭却費力也。

“天下歸仁”，熟考經文及程氏説，似只謂天下之人以仁歸之，與呂氏贊不同。蓋事事合理，則人莫不稱其仁，如宗族稱孝、鄉黨稱悌之比。若有毫髮之私留於胸中，則見乎外者必有所不可揜矣，人亦必以其實而稱之，又何歸仁之有？

“知化”，只是知化育之道，不必以知爲主。但“窮神知化”、“存神過化”，伊川、横渠説此二義皆不同。試考其説，當孰從耶？

忠、質、文，不見於經，然亦有理。蓋忠則只是誠實，質便有損文就質之意矣。

曾子言“仁，人此”、“義，宜此”，只就孝上説。孟子言仁之實、義之實，則兼孝悌而言。程子言此雖只是一理，然須分別得出，是亦理一而分殊之意。大凡道理皆如此也。此是説《遺書》第一卷中“仁，人此”一段。

“夫仁者，己欲立而立人，己欲達而達人”，所謂“以己及物，仁也”。“能近取譬，可謂仁之方也已”，所謂“推己及物，恕也”。

“並行不悖”一章，甚善，此君子所以不謂命也。但堯、舜、孔子爲疏戚之異，似未然。此各是發明一事，皆不以天而廢人者。然所謂人者，是亦天而已矣，此所以並行而不相悖也。《晦庵文集》卷四一。

案：本書撰時未詳。《書信編年》係於淳熙元年後。待考。

又，《朱子語類》卷三載葉賀孫所記曰："光祖問：'先生所答崧卿書云云。如伊川又云："伯有爲厲，別是一理。"又如何？'曰：'亦自有這般底。然亦多是不得其死，故強氣未散。要之，久之亦不會不散。如漳州一件公事，婦殺夫，密埋之。後爲祟，事才發覺，當時便不爲祟。此事恐奏裁免死，遂於申諸司狀上特批了。後婦人斬，與婦人通者絞。以是知刑獄裏面這般事，若不與決罪償命，則死者之冤必不解。'"據《朱子語類·姓氏》，葉賀孫乃辛亥以後所聞。故知朱熹嘗有答連崧書在紹熙二年（辛亥，1191）以後，《文集》失載。

梁克家

梁克家（1128—1187），字叔子，泉州晉江（今屬福建）人。紹興三十年（1160）廷試第一。累遷中書舍人、給事中。乾道五年（1169）二月，拜端明殿學士、簽書樞密院事，明年參知政事，又明年兼知院事，八年二月拜右丞相兼樞密使，九年十月罷相，以觀文殿大學士知建康府。淳熙八年（1181）知福州，召除醴泉觀使，九年九月拜右丞相，封儀國公，逾月而疾，十三年以內祠兼侍讀。十四年六月卒，年六十，諡文靖。《宋史》卷三八四有傳。

朱熹《答梁丞相書》:

熹伏讀賜教,盛德不居,退託愚懦,仰惟明公之心正大光明,表裏洞徹,無一豪有我自私之意。而熹以妄庸受知之久,又勤下問至於如此,亦豈能恝然自閉,一無所進,以效其尺寸之愚哉?但以正此退藏,不當出位,是以於政體之是非,人材之邪正,一豪不敢有所陳說,而獨請以王通所謂"願君侯正身以統天下"者,敬爲明公誦之。其言雖近,其指則遠。伏惟明公於此試留意焉,廣引人材,勤攻己闕,使凡政事之出於我者無一疵之可指,則上以正君,下以正人,將無所求而不得。如其不然,則事之小不正者積之之多,亦足以害吾之大正,使吾至大至剛之氣日有所屈於中,而德望威名日有所損於外,是則且將見正於人之不暇,尚何望其能有正君定國之功哉?今天心未豫而民力已殫,國威未振而虜情叵測,惟明公於此深念而亟圖之,則熹也受賜多矣。狂言犯分,亦惟高明有以寬之。《晦庵文集》卷二七。

案:據朱熹《辭免召命狀壬辰二月》云:"右熹正月十七日準建寧府遞到乾道七年十二月二十六日尚書省劄子,令熹遵依已降指揮疾速起發赴行在。……熹已於二月十日就本家望闕謝恩訖。伏念熹才不逮人,學無所就,累蒙召擢,訖無補報。近者喪制未終,復叨收召之命,甫及除禫,朝旨又趣其行。熹雖至愚,仰戴恩遇,豈不感激奮勵,庶以圖報萬分?

實以凡庸，自知甚審，頃希微禄，徒以爲親。……伏
望參政、僕射平章相公洞鑒悃愊，曲賜矜憐，都俞之
間，特賜敷奏，早與寢罷元降指揮，庶使微賤小官獲
安愚分，免以稽留威命抵冒刑誅，則熹不勝幸甚。"
《晦庵文集》卷二二。壬辰，乃乾道八年。又乾道九年
五月"己未，進呈左迪功郎朱熹辭免召命，乞差嶽廟
一次。梁克家奏朱熹博學有守，而安於静退，屢召不
起，執政俱稱之。或曰：'熹學問淹該，但泥於所守，
差少通耳。'上曰：'士夫雖該博，然亦須諳練疏通。
如朕在潛邸，但知讀書爲文，及即位以來，今十餘年，
諳歷物情世故，豈止讀書爲文所能該貫？雖博學，要
須爲有用乃可。朱熹今以疾辭，然安貧樂道，廉退可
嘉，可特與改合入官，主管台州崇道觀。'"《宋史全文》
卷二五下。本書雖題曰"梁丞相"，然文中稱"明公"而
未稱"相公"，似在梁克家拜丞相之前爲參知政事時。
因當時朱熹辭免赴行在召命，故有"但以正此退藏，
不當出位，是以於政體之是非，人材之邪正，一豪不
敢有所陳説"之語，推知其約撰於乾道七年(1171)間。

梁　琭

　　梁琭，《萬姓統譜》卷五〇、《儒林宗派》卷一〇、《閩中
理學淵源考》卷二三皆作梁琢，字文叔，邵武（今屬福建）

人。"從遊朱子，刻志勵學，所論爲學工夫及體氣魂魄鬼神之説，朱子多許可之。又輯朱子語録、澹臺石刻"。《閩中理學淵源考》卷二三。

朱熹《答梁文叔璟》：

澹臺石刻已領，考證詳密，亦自是一種工夫也。略於制度之説，不知謂何？往往亦多是問得繁碎，非學者所先。或是從來剖判不得，如《論語》"千乘之國"，注家自是兩説，此等如何强通？況又舍所急之義理而從事於此，縱得其説，亦何所用乎？昨日有人問看史之法，熹告以當且治經，求聖賢脩己治人之要，然後可以及此，想見傳聞又説不教人看史矣。《晦庵文集》卷四四。

案：朱熹《答吕伯恭》（熹昨見奇卿）有言"蓋爲學之序，爲己而後可以及人，達理然後可以制事。故程夫子教人先讀《論》、《孟》，次及諸經，然後看史，其序不可亂也"，《晦庵文集》卷三五。而本書有云"昨日有人問看史之法，熹告以當且治經，求聖賢脩己治人之要，然後可以及此"，似即指此。《答吕伯恭》撰於乾道六年（1170）秋，疑本書約撰於稍後。

朱熹《答梁文叔》：

日用功夫如此，甚善。然須實下功夫，只説得，不濟事也。李先生意只是要得學者静中有個主宰存養處，然一向如此，又不得也。"皇極"之説，來説亦得之。大抵此章自"皇建其有極"以下，是總説人君正心脩身、立大中至正之標準以觀天下而天下化之之義；"無偏無陂"以下，乃是反覆贊歎，正説皇極體段；"曰皇極之敷言"以下，是推本結殺一章之大意。向見諸葛誠之説略是如此，但渠説有過當處耳。《晦庵文集》卷四四。

案：朱熹《答石天民》（平生爲學）云及"昨在丹丘見誠之"，《晦庵文集》卷五三。又《答劉晦伯》（浙東學者脩潔可喜者多）云"浙東學者脩潔可喜者多，楊敬仲、孫季和皆已薦之，諸葛誠之兄弟亦時來相處"，《晦庵文集》續集卷四上。是其乃朱熹淳熙九年任浙江提舉常平時所結識之浙江學者。本書中有云"向見諸葛誠之説略是如此"，故推知其約撰於十年（1183）或稍後。

朱熹《答梁文叔》：

示喻所處，甚善。不知幾道相聚作何工夫？近看孟子見人即道性善，稱堯舜，此是第一義。若於此看得透，信得及，直下便是聖賢，更無一毫人欲之私做得病痛。若信不及，孟子又説簡第二節功夫，又只引成覵、顔淵、公明儀三段説話，教人如此發憤，勇猛向前，日用之間，不得存留一毫人欲之私在這裏，此外更無別法。若於此有箇奮迅興起處，方有田地可下功夫。不然，即是畫脂鏤冰，無真實得力處也。近日見得如此，自覺頗得力，與前日不同，故此奉報，可以呈幾道也。《晦庵文集》卷四四。

案：朱熹《答陸子靜》(昨聞嘗有丐外之請而復未遂)有云"熹衰病日侵，……所幸邇來日用工夫頗覺有力，無復向來支離之病"，《晦庵文集》卷三六。本書中有云"若於此有箇奮迅興起處，方有田地可下功夫。不然，即是畫脂鏤冰，無真實得力處也。近日見得如此，自覺頗得力，與前日不同"，疑在一時先後。《答陸子靜》撰於淳熙十三年(1186)中。

朱熹《答梁文叔》：

鄭康成所說氣魄，《雜學辨》云："精聚則魄聚，氣聚則魂聚。"蓋精是陰氣，如耳目之聰明，乃陰精之所爲，故謂之魄。或欲於魄中求魂，魂中求魄，璩竊謂氣在人之一身，陽即爲魂，陰則爲魄，噓吸聰明，乃是一身之中魂魄之所發見而易見者耳，恐不必於魂中求魄、魄中求魂也。

精氣周流，充滿於一身之中，噓吸聰明乃其發而易見者，固如來喻。然既周流充滿於一身之中，則鼻之知臭、口之知味，非魄耶？耳目之中皆有煖氣，非魂耶？推之遍體，莫不皆然。佛書論"四大"處，似亦祖述此意。

體魄歸于地，先生云："體、魄自是兩物。"不知如何分別？以目之明言之，則目之輪一成而不可變者，體也;睛中之明而能照鑑萬象者,魄也。魄既降,則目之輪雖存而其精光則無矣。以耳之聰求之,未透,蓋耳但見其竅而不見其他故也。

所論目之體魄,得之。耳則竅即體也,何暇他求耶?

體、魄既是兩物,不知魂與氣亦爲兩物否? 孔穎達謂魂附於氣,《中庸或問》直指康成之說,則孔氏之說亦未得爲通論。體魄,從前所聞只指爲一物,是以今人言目魄,亦皆以黑處爲魄。若以眼光落地之説推之,竊恐月之全輪受光處爲魄,及其月光漸虧,亦如人之魄降,其黑處却是體。注疏之説皆不然,思之未通。

魂氣,細推之亦有精粗,但其爲精粗也微,非若體魄之懸殊耳。《或問》之意誠少子細也。所論月魄,恐不然,日月不可以體言,只有魂魄耳。月魄即其全體,而光處乃其魂之發也。

且鬼神魂魄,就一身而總言之,不外乎陰陽二氣而已。然既謂之鬼神,又謂之魂魄,何耶? 琭竊謂以其屈伸往來而言,故謂之鬼神;以其靈而有知有覺而言,故謂之魂魄。或者乃謂屈伸往來不足以言鬼神,蓋合而言之,則一氣之往來屈伸者是也;分而言之,則神者陽之靈、鬼者陰之靈也。以其可合而言,可分而言,故謂之鬼神。以其可分而言,不可合而言,故謂之魂魄。或又執南軒"陽魂爲神,陰魄爲鬼"之説,乃謂鬼神魂魄不容更有分別。琭竊謂如《中庸或問》雖曰"一氣之屈伸往來",

然屈者爲陰、伸者爲陽,往者爲陰、來者爲陽。而所謂陽之靈者、陰之靈者,亦不過指屈伸往來而爲言也。

鬼神通天地間一氣而言,魂魄主於人身而言。方氣之伸,精魄固具,然神爲主。及氣之屈,魂氣雖存,然鬼爲主。氣盡則魄降而純於鬼矣,故人死曰鬼。南軒説不記首尾云何,然只據二句,亦不得爲無別矣。《晦庵文集》卷四四。

案:朱熹《答陳安卿》(太極者天地之性)有云“又先生答梁文叔書,謂‘鼻之知臭,口之知味,魄也;耳目中之煖氣,魂也’,《晦庵文集》卷五七。即指本書。《答陳安卿》撰於紹熙四年初,故推知本書約撰於三年(1192)中。

廖德明

廖德明,字子晦,南劍州(今福建南平)人。“少學釋氏,及得龜山楊時書,讀之大悟,遂受業朱熹”。登乾道五年(1169)進士第,《福建通志》卷三四。慶元初知莆田縣,《晦庵文集》卷八三《書廖德明仁壽廬條約後》。累官知潯州,提舉廣東刑獄。嘉定四年(1211)徙知廣州,《廣東通志》卷二六。遷吏部左選郎官,奉祠,卒。“在南粵時,立師悟堂,刻朱熹《家禮》及程氏諸書。公餘延僚屬及諸生,親爲講説,遠近化之”。有《槎溪集》行於世。《宋史》卷四三七有傳。

朱熹《答廖子晦》：

所喻禮文，此等事平昔不曾講究，一旦荒迷，又不暇問，所以例多苟簡，不滿人意。然"喪與其易也寧戚"，但存其大節，使不失吾哀痛之誠心爲急。此等雖小不備，亦不得已也。禮服制度見於《儀禮》爲詳，諸家皆祖之而有更變爾。若必欲致詳，可細考也。據今所急，卜葬爲先，葬後三虞，卒哭而祔。祔畢，主復于寢，以俟三年而後撤几筵。此《禮經》皆有明文，不必用它説改易也。《晦庵文集》卷四五。

案：本書論述喪儀，有云"然'喪與其易也寧戚'，但存其大節，使不失吾哀痛之誠心爲急。此等雖小不備，亦不得已也。……據今所急，卜葬爲先，葬後三虞，卒哭而祔。祔畢，主復于寢，以俟三年而後撤几筵"。據朱熹《韶州州學濂溪先生祠記》，廖明德淳熙八年爲韶州學教授。《晦庵文集》卷七九。上距其科舉登第多年，疑期間曾有丁憂。又淳熙元年朱熹答廖德明書中多有討論生死鬼神者，似因此而生發。故推知本書或撰於乾道末，姑係於乾道九年（1173）間。

朱熹《答廖子晦德明》：

德明舊嘗極力尋究，於日用事上若有所感，而知吾身之具有者，廣大虛静，範圍天地，根本萬物，《易》所謂

"寂然不動"、《中庸》所謂"喜怒之未發"者是也。德明將以此爲大本,漸加修治之功,未知所見是否?

聖門之學,下學而上達,至於窮神知化,亦不過德盛仁熟而自至耳。若如釋氏理須頓悟,不假漸脩之云,則是上達而下學也,其與聖學亦不同矣。而近世學者每欲因其近似而説合之,是以爲説雖詳、用心雖苦而卒不近也。《中庸》所謂"喜怒哀樂之未發謂之中,發而皆中節謂之和",只是説情之未發,無所偏倚。當此之時,萬理畢具,而天下萬物無不由是而出焉。故學者於此涵養栽培,而情之所發自然無不中節耳。故又曰"中者,天下之大本;和者,天下之達道"。此皆日用分明底事,不必待極力尋究,忽然有感,如來喻之云然後爲得也。必若此云,則是溺於佛氏之學而已。然爲彼學者自謂有見,而於四端五典、良知良能、天理人心之實然而不可易者,皆未嘗略見彷彿,甚者披根拔本,顛倒錯繆,無所不至。則夫所謂見者,殆亦用心大過,意慮泯絶,恍惚之間,瞥見心性之影象耳。與聖門真實知見、端的踐履、徹上徹下一以貫之之學,豈可同年而語哉?

程子以敬教人,自言主一之謂敬,不之東又不之西,不之此又不之彼,如此則何時而不存?然欲到得此功夫,須如釋氏攝心坐禪始得。德明又慮至此成正與助長,故近日又稍體究"禮樂不可斯須去身"之説。蓋禮則嚴謹,樂則和樂,兩者相須而後能。故明道先生既以敬教人，又自謂於外事思慮儘悠悠。又曰："既得後便須放開，不然却只是守。"故謝子因之爲"展托"之論。德明又恐初學勢須把持，未敢便習展托。於斯二者，孰從孰違？雖然，是固操存舍亡之意，而孔氏教人求仁爲先。竊謂仁，人心也。克己之私而循天之理，則本心之仁得矣，夫復何事？嘗試求之，覺得難甚。先難後獲，寧不信然？

二先生所論"敬"字，須該貫動靜看方得。夫方其無事而存主不懈者，固敬也；及其應物而酬酢不亂者，亦敬也。故曰："毋不敬，儼若思。"又曰："事思敬，執事敬。"豈必以攝心坐禪而謂之敬哉？禮樂固必相須，然所謂樂者，亦不過謂胸中無事而自和樂耳，非是著意放開一路而欲其和樂也。然欲胸中無事，非敬不能。故程子曰"敬則自然和樂"，而周子亦以爲禮先而樂後，此可見也。"既得後須放開，不然却只是守"者，此言既自得之後，則自然心與理會，不爲禮法所拘而自中節也。若未能如此，則是未有所自得，纔方是守禮法之人爾。亦非謂既自得之，又却須放教開也。克己復禮，固非易事，然顏子用力乃在於視聽言動、禮與非禮之間，未敢便道是得其本心而了無一事也。此其所以先難而後獲歟？今言之甚易，而苦其行之之難，亦不考諸此而已矣。

明道先生云："'鳶飛戾天，魚躍于淵'，言其上下察也，與'必有事焉而勿正心'同。"德明竊謂萬物在吾性分中，如鑑中之影，仰天而見鳶飛，俯淵而見魚躍，上下之見，無非道體之所在也。方其有事而勿正之時，必有參乎其前而不可致詰者。鳶飛魚躍，皆其分内耳。活潑潑地，智者當自知之。

鳶飛魚躍，道體無乎不在。當勿忘勿助之間，天理流行正如是爾。若謂萬物在吾性分中，如鑑之影，則性是一物，物是一物，以此照彼，以彼入此也。橫渠先生所謂"若謂萬象爲太虚中所見，則物與虚不相資，形自形，性自性"者，正譏此爾。

夫子告子路曰："未能事人，焉能事鬼？未知生，焉知死？"意若曰：知人之理則知鬼之理，知生之理則知死之理，存乎我者，無二物也。故《正蒙》謂"聚亦吾體，散亦吾體，知死而不亡者，可與言性矣。"竊謂死生鬼神之理，斯言盡之。君子之學，汲汲修治，澄其濁而求清者，蓋欲不失其本心，凝然而常存，不爲造化陰陽所累。如此，則死生鬼神之理將一於我，而天下之能事畢矣。彼釋氏輪回之説，安足以語此？

盡愛親、敬長、貴貴、尊賢之道，則事鬼之心不外乎此矣。知乾坤變化、萬物受命之理，則生之有死可得而推矣。夫子之言固所以深曉子路，然學不躐等，於此亦可見矣。近世説者多借先聖之言以文釋氏之旨，失其本意遠矣。

德明伏讀先生《太極圖解義》第二章曰："動而生陽，誠之通也。繼之者善，萬物之所資始也。静而生陰,誠之復也。成之者性,萬物各正其性命也。"德明謂無極之真,誠也,動而生陽,靜而生陰,動靜不息,而萬物繼此以出,與因此而成者,皆誠之著。固無有不善者,亦無非性也,似不可分陰陽而爲辭。如以資始爲繫於陽,以正性命爲繫於陰,則若有獨陽而生、獨陰而成者矣。詳究先生之意,必謂陽根於陰、陰根於陽,陰陽元不相離。如此,則非得於言表者不能喻此也。

繼善、成性分屬陰陽,乃《通書》首章之意,但熟讀之,自可見矣。蓋天地變化不爲無陰,然物之未形則屬乎陽。物正其性不爲無陽,然形器已定則屬乎陰。嘗讀張忠定公語云:"公事未著字以前屬陽,著字以後屬陰。"似亦窺見此意。《晦庵文集》卷四五。

案:本書"二先生所論敬字"至"亦不考諸此而已矣"一段文字,重載於《晦庵文集》卷六四,題《答或人一云與余正甫》。又《經濟文衡》前集卷二三、《五百家播芳大全文粹》卷六九亦題作《答余正甫》。或本書又嘗抄示余正甫。

本書答"未能事人,焉能事鬼?未知生,焉知死"而云"盡愛親、敬長、貴貴、尊賢之道,則事鬼之心不外乎此矣。知乾坤變化、萬物受命之理,則生之有死可得而推矣",而朱熹下書(德明平日鄙見)又云"死生之論,向來奉答所論'知生事人'之問已發其端。而近答嵩卿書,論之尤詳",由此知下書乃承本書,又朱熹"近答嵩卿書",乃指《答連嵩卿》(正顏色),《晦庵文集》卷四一。約撰於淳熙元年春、夏之際,故推知本書約撰於是年(1174)春。參見下書(德·明平日鄙見)考證。

朱熹《答廖子晦》:

德明平日鄙見,未免以我爲主。蓋天地人物,統體只是一性。生有此性,死豈遽亡之?夫水有所激與所礙則成漚,正如二機闔闢不已,妙合而成人物。夫水固水也,漚亦不得不謂之水,特其形則漚,滅則還復是本水也。人物之生,雖一形具一性,及氣散而滅,還復統體是一而已,豈復分別是人、是物之性?所未瑩者,正惟祭享一事推之未行。若以爲果饗耶,神不歆非類,大有界限,與統體還一之說不相似。若曰饗與不饗蓋不必問,但報本之道不得不然,而《詩》、《書》却明言"神嗜飲食"、"祖考來格"之類,則又極似有饗之者。竊謂人雖死無知覺,知覺之原仍在。此以誠感,彼以類應。若謂盡無知覺之原,只是一片太虛寂,則似斷滅無復實然之理,亦恐未安。君子曰終,小人曰死,則智愚於此亦各不同。故人不同於鳥獸草木,愚不同於聖,雖以爲分共道理,然人須全而歸之,然後足以安吾之死。不然,則人何用求至賢聖,何用與天地相似?倒行逆施,均於一死而不害其爲人,是直與鳥獸禽魚俱壞,懵不知其所存也。

死生之論，向來奉答所諭“知生事人”之問已發其端。而近答嵩卿書，論之尤詳。意明者一讀，當已洞然無疑矣。而來書之諭，尚復如此。雖其連類引義，若無津涯，然尋其大指，則皆不出前此兩書所論之中也。豈未嘗深以鄙説思之，而直以舊聞爲主乎？既承不鄙，又不得不有以奉報，幸試思之。

蓋賢者之見所以不能無失者，正坐以我爲主、以覺爲性爾。夫性者，理而已矣。乾坤變化，萬物受命，雖所稟之在我，然其理則非有我之所得私也。所謂“反身而誠”，蓋謂盡其所得乎己之理，則知天下萬物之理初不外此，非謂盡得我之知覺，則衆人之知覺皆是此物也。性只是理，不可以聚散言。其聚而生、散而死者，氣而已矣。所謂精神魂魄有知有覺者，皆氣之所爲也。故聚則有，散則無。若理則初不爲聚散而有無也。但有是理，則有是氣。苟氣聚乎此，則其理亦命乎此耳，不得以水漚比也。

鬼神便是精神魂魄。程子所謂“天地之功用，造化之迹”，張子所謂“二氣之良能”，皆非性之謂也。故祭祀之禮，以類而感，以類而應。若性則又豈有類之可言耶？然氣之已散者，既化而無有矣，其根於理而日生者，則固浩然而無窮也。故上蔡謂“我之精神，即祖考之精神”，蓋謂此也。

然聖人之制祭祀也，設主立尸，炳蕭灌鬯，或求之陰，或求之陽，無所不用其極，而猶止曰"庶或享之"而已。其至誠惻怛、精微恍惚之意，蓋有聖人所不欲言者，非可以世俗麤淺知見執一而求也。豈曰一受其成形，則此性遂爲吾有，雖死而猶不滅，截然自爲一物，藏乎寂然一體之中，以俟夫子孫之求而時出以饗之耶？必如此説，則其界限之廣狹、安頓之處所，必有可指言者，且自開闢以來，積至于今，其重併積疊，計已無地之可容矣。是又安有此理耶？且乾坤造化，如大洪爐，人物生生，無少休息，是乃所謂實然之理，不憂其斷滅也。今乃以一片大虛寂目之，而反認人物已死之知覺，謂之實然之理，豈不誤哉？

又聖賢所謂歸全安死者，亦曰無失其所受乎天之理，則可以無愧而死耳。非以爲實有一物可奉持而歸之，然後吾之不斷不滅者得以晏然安處乎冥漠之中也。夭壽不貳，脩身以俟之，是乃無所爲而然者。與異端爲生死事大、無常迅速然後學者，正不可同日而語。今乃混而言之，以彼之見爲此之説，所以爲説愈多而愈不合也。

凡此皆亦粗舉其端，其曲折則有非筆舌所能盡者。幸併前兩説參考而熟思之，其必有得矣。若未能遽通，即且置之，姑即夫理之切近而平易者，實下窮格工夫，使其積累而貫通焉，則於此自當曉解，不必別作一道理求也。但恐固守舊説，不肯如此下工，則拙者雖復多言，終亦無所補耳。《晦庵文集》卷四五。

案：朱熹《答連嵩卿》(正顏色)有云："所謂'天

地之性即我之性，豈有死而遽亡之理'，此説亦未爲
非，但不知爲此説者以天地爲主耶，以我爲主耶？"
《晦庵文集》卷四一。而本書所引廖德明云"德明平日
鄙見，未免以我爲主"，又云"死生之論，向來奉答所
諭'知生事人'之問已發其端。而近答嵩卿書，……
則皆不出前此兩書所論之中也"，可知廖德明來書所
云乃由朱熹《答連嵩卿》而發，朱熹再作本書以答。
《答連嵩卿》約撰於淳熙元年春、夏之際，則推知廖德
明來書及朱熹答書約皆在是年夏間。

朱熹《答廖子晦》：

德明自得賜誨，日夕不去手，紬繹玩味，未能盡究，
亦嘗隨所知而爲之説。蓋天人無二理、本末無二致，盡
人道即天道亦盡，得於末則本亦未離。雖謂之聖人，亦
曰人倫之至而已。佛氏離人而言天，歧本末而有所擇，
四端、五常之有於性者以爲理障，父子、君臣、夫婦、長
幼所不能無者以爲緣合，甚則以天地、陰陽、人物爲幻
化，未嘗或過而問焉，而直語太虛之性。夫天下無二
理，豈有天人本末輒生取舍而可以爲道乎？夫其所見
如此，則亦偏小而不全矣，豈所謂徹上徹下、一以貫之
之學哉？ 聖門下學而上達，由灑掃、應對、進退而往，雖
飲食男女，無所不用其敬。蓋"君子之道費而隱"，費即
日用也，隱即天理也。即日用而有天理，則於君臣、父

1409

子、夫婦、長幼之間，應對、酬酢、食息、視聽之頃，無一而非理者，亦無一之可紊。一有所紊，天理喪矣。故君子無所不用其敬。由是而操之固、習之熟，則隱顯混融、內外合一而道在我矣。佛者烏足以語是哉？佛氏之所謂悟，亦瞥見端倪而已。天理人心，實然而不可易者，則未嘗見也。其所謂修，亦攝心寂坐而已。棄人倫，滅天理，未見其有得也。此先生所以謂其卒不近也。

喜怒哀樂之未發，即寂然不動者是也。即此爲天地之心，即此爲天地之本。天下無二本，故乾坤變化，萬類紛揉，無不由是而出。而形形生生，各有天性，此本末之所以不可分也。得其靈而爲人，而於四者之際淵然而虛靜，若不可以名言者。而子思以其無所偏倚而謂之中，孟子以其純粹而謂之善，夫子即謂生生之體而言之以仁，名不同而體一，亦未嘗離於日用之間。此先生所以謂其分明不待尋究者也。

某昔者讀紛然不一之書而不得其要領，泛觀乎天地陰陽、人物鬼神而不能一，在邇求遠，未免有極力尋究之過。亦嘗聞於龜山先生之說曰：「未言盡心，先須理會心是何物。若體得了然分明，然後可以言盡。」某前日之說，正坐是也。然道無須臾可離，日用昭昭，奚俟於尋究？此先生所爲丁寧開諭，某敢不敬承。

至於鑑影之惑，非先生之教幾殆也。某昔者閒居默坐，見夫所謂充周而洞達者，萬物在其中，各各呈露，遂以鑑影之譬爲近，故推之而爲鳶魚之説，竊以爲似之。先生以太虛萬象而闢其失，某讀之久，始大悟其非。若爾，則鳶魚、吾性分爲二物矣。詳究先生之意，蓋鳶魚之生，必有所以爲鳶魚者，此道體之所在也。其飛其躍，豈鳶魚之私，蓋天理發越而不可已也。“勿忘”、“勿助長”之間，天理流行，無纖毫之私，正類是，此明道先生所以謂之同。某鄙見如此，未知合於先生之意否乎？其它死生鬼神之説，須俟面求教誨。

來喻一一皆契鄙懷，足見精敏，固知前此心期之不謬也。其間尚一二未合，亦非大故。屬此客中冘冘，未及一二條對。更願益加辨學之功，所見當漸真實也。《晦庵文集》卷四五。

案：書中引廖德明云“至於鑑影之惑，非先生之教幾殆也。……先生以太虛萬象而闢其失，某讀之久，始大悟其非”，知其亦承上書（德明舊嘗極力尋究）；又本書有云“屬此客中冘冘”，據《年譜長編》卷上，元年秋朱熹因建寧大旱，嘗入府與知府傅自得等討論賑濟事宜，故推知本書或撰於是時。

朱熹《答廖子晦》：

來書疑著生死鬼神之説，此無可説，只緣有個“私”字分了界至，故放不下耳。除了此字，只看太極兩儀、乾父坤母體性之本然，還有此間隔否耶？《晦庵文集》卷四五。

案：本書撰時未詳，因其有“來書疑著生死鬼神之說”，與前數書所討論者相關涉，故《書信編年》係於淳熙元年。待考。

朱熹《答廖子晦》：

熹頓首再拜：使至奉告，欣審比日秋清，尊履佳福。熹此諸況，已具平父書中矣。輕犯世禍，非欲如此，顧恐邂逅蹉跌，亦非所能避耳。要之惟是不出，可以無事。一行作吏，便如此計較不得，才涉計較回互，便是私意也。劉家大哥聞甚知好學，皆教導之力，感不可言。此衰拙之任，而老兄當之，其效又如此，爲幸甚矣。行期想有定論，渠家叔姪意甚拳拳也。

問及學舍次第，此間事既隔手，又生徒希少，殊不成次第，無可言者。然亦未嘗不告之以窮理脩身之事，但無緣朝夕與之親接，又其間知爲己求益者絕少，故亦無以用其力耳。《論語集注》已移文兩縣，并作書囑之矣。今人得書不讀，只要賣錢，是何見識？苦惱殺人，奈何奈何！余隱之所刊，聞之已久，亦未之見。此等文字不成器，將來亦自消滅，不能管得也。鄭台州奇禍可駭，天意殊不可曉，令人憂懼。人還草此，未暇它及。惟千萬自愛，不宣。

熹再拜上問，慈闈安問日至。作肅家事處置甚善，示及疑義，各以鄙見條析。但宗法從來理會不分明，此間又無文字檢閱,恐只依鄭氏舊說,亦自穩當也。《晦庵文集》卷四五。

案:書中言及"鄭台州奇禍可駭",指知台州鄭鑑事。《建炎以來朝野雜記》乙集卷八《孝宗獎鄭自明魏元履》云:鄭鑑(字自明)淳熙五年"秋,出知台州。自明在班行號敢言,然竟以是不能久居中而出。及除天台,未上,偶散步於所居之門,忽巨木仆焉,壓而死,士大夫甚傷悼之"。鄭鑑卒於淳熙七年七月,《年譜長編》卷上。又本書中云"欣審比日秋清",故推知本書約撰於是年(1180)秋中。

朱熹《答廖子晦》:

所論《詩》說,先儒本謂周公制作時所定者爲正《風》《雅》,其後以類附見者爲《變風》《雅》耳,固不謂變者皆非美詩也。《大序》之文,亦有可疑處,而《小雅》篇次允多不可曉者,此未易考。但聖人之意,使人法其善、戒其惡,此則炳如日星耳。今亦不須問其篇章次序、事實是非之如何,但玩味得聖人垂示勸戒之意,則《詩》之用在我矣。鄭、衛之詩,篇篇如此,乃見其風俗之甚不美。若止載一兩篇,則人以爲是適然耳。大抵聖人之心寬大平夷,與今人小小見識、遮前掩後底意思不同。此語亦卒乍與人說不得,且徐思之,俟它日面講也。《晦庵文集》卷四五。

案:本書校記:淳熙本云本書題作"答廖教授"。

據朱熹《韶州州學濂溪先生祠記》，廖德明於淳熙八年到韶州州學教授任，《晦庵文集》卷七九。故推知本書約撰於是年（1181）或稍後。

朱熹《答廖子晦》：

乾之四德，以貞配冬，無可疑。人之四德，以智配冬，猶未瑩。豈以一歲之功、萬物之成畢見於此，如智之明辨者乎？

智主含藏分別，有知覺而無運用，冬之象也。

以五常之道配五典之倫，則仁行於父子，義行於君臣，禮行於長幼，智行於夫婦，智所以別。信行於朋友，皆不易之定理。《中庸或問》首章不以禮主長幼、智主夫婦，何也？豈以禮與智通行無間，不當指定分配也歟？

"智"字分配，似稍費力，正不必如此牽合也。

"一陰一陽之謂道"，其在人者不越仁義兩端而已。陽爲仁，陰爲義，自此推之四端。竊謂禮亦陽德，仁之屬也；智亦陰德，義之屬也。如火、木皆陽，水、金皆陰之類。不識然否？

此段無可疑者。

德明讀先生《詩傳》，極有感發，始知《詩》真可以興也。所疑正、變《風》《雅》，已荷開曉，又見教讀書之説，且云"聖人之心寬大平夷，與今人小小見識、遮前掩後

底意不同"。夫溫柔敦厚、寬大平夷,固《詩》之教,求諸
《綠衣》、《終風》、《柏舟》、《考槃》,尤曉然可見。但所謂
"小小見識、遮前掩後"者,不知所主何意? 於《詩》何
與? 豈只以所載刺詩有淫褻不可告語者,聖人亦存而
不删也耶? 所疑未得,伏乞批誨。

鄙意初亦正謂如此,但寬大平夷,亦舉大體而言,不
專指此一類也。《晦庵文集》卷四五。

案:書中有言"所疑正、變《風》《雅》,已荷開曉,
又見教讀書之説,且云'聖人之心寬大平夷,與今人
小小見識、遮前掩後底意不同'"云云,知其承上書
(所論《詩》説),約撰於淳熙九年(1182)間。

廖德明《與朱元晦書》:

韶故名郡,士多愿慤,少浮華,可與進于善者,蓋有張
文獻、余襄公之遺風焉。然前賢既遠,而未有先生君子之
教以啓迪於其後,雖有名世大賢來官其地,亦未聞有摳
衣請業而得其學之傳者。此周侯之所爲惓惓焉者,而德
明所以奉承於後而不敢怠也。今既訖事,而德明亦將終
更以去矣,夫子幸而予之一言,庶幾乎有以卒成周侯之
志,是亦德明之願,而諸生之幸也。《晦庵文集》卷七九《韶州
州學濂溪先生祠記》。

案:朱熹《韶州州學濂溪先生祠記》中言及廖德
明任韶州學教授之明年,於故址復建濂溪先生祠,

"又明年以書來告曰"云云。《祠記》撰於淳熙十年癸卯歲五月丁卯。《晦庵文集》卷七九。故推知廖氏來書約在是年(1183)初。

朱熹《答廖子晦_{德明}》：

去冬嘗苦臂痛，累月不能詘伸。今幸少安，又以武夷精舍初成，不免與諸友朋來集。甚恨賢者之不在是，其溪山之勝，言有不能喻也。祠記見屬，所不敢辭。但此間擾擾，俟還家草定，尋便寄去。只恐子晦官滿，不及刻耳。朱舍人進用正當秦、范之時，畫策事卻未聞。說者必有來歷可考也。向見濂溪家本畫象服紫，當是提憲所借。明道廟象服緋，但伊川不知所服。向來南康只用野服，蓋伊川晚年已休致，可不用朝服也。二先生朝服當時未有履，只合用韡了。《鄉飲酒禮》石刻本所未見也。所寄文字碑刻留家間未見，而來書不及其名件，不知果何書也。《近思錄》字大，甚便老眼，有便幸寄一二本。《晦庵文集》別集卷四。

案：書中所云"祠記"，即朱熹所撰《韶州州學濂溪先生祠記》，撰於淳熙十年五月丁卯；而是年四月中武夷精舍成，四方士友來集。故推知本書即撰於是年四月中。

朱熹《答廖子晦》：

德明向者侍坐，嘗問降衷之性具有五典之彝，既已知之，而行之或有未至，只是爲私欲所撓耳，其要在窒欲。先生賜教云："一分私欲，便有一分見不盡。"時道中妄陳所見，以及無極太極、動靜陰陽、五氣五性與夫萬事善惡之出，因言："大端人倫，似只如此，不審如何著工夫方見得盡?"先生云："據説，亦只是如此，無可思索。此乃'雖欲從之，末由也已'處，只要時習，常讀書，令常在目前，久之自然見得。"某佩服至訓，罔敢失墜。兹者辱書，又蒙誨以"離羣索居之際自能提撕，不廢講習體驗之功，則與同堂合席、朝夕講磨無以異矣"。某執書三復，不勝感發。生我者父也，教我者夫子也。俛焉孳孳，斃而後已。因念顏子鑽仰堅高，恍惚前後，喟然發歎，既知道體之無窮，又無所用其力，將欲罷之，而此理已躍如于中，有不容已者。而夫子循循善誘，復示以用力之方，博之以文，約之以禮。顏子窮格克復，既竭吾才，日新不息，於是實見此理卓然，若有所立，昭昭而不可欺。且又非力行之所能至，故曰"雖欲從之，末由也已"。如顏子者，可謂真知者哉! 夫博文約禮，先生所謂講習體驗之功也。所立卓爾，亦豈離降衷之性固有之彝哉? 而顏氏之真知如彼，後人之不能及又如此，進寸退尺，每誦師言，惕然警懼。輒敢推廣先生之説，復以求教，詳賜開曉，幸甚。

所論顏子之歎，大槩得之，然亦覺有太煩雜處。約而言之，則高堅前後者，顏子始時之所見也；博文約禮者，中間用力之方也；欲罷不能以後者，後來得力之效驗也。《中庸》所謂"得一善，則拳拳服膺而不失"者，正謂此博文約禮工夫不可間斷耳。若能如此實用其力，久之自然見得此個道理無處不在，不是塊然徒守一物而硬定差排，喚作心性也。若不如此，政使思索勞苦，説得相似，亦恐隨手消散，不爲吾有，況欲望其融會貫通而與已爲一耶？舊見李先生常説少從師友，幸有所聞，中間無講習之助，幾成廢墮。然賴天之靈，此箇道理時常只在心目間，未嘗敢忘。此可見其持守之功矣。然則所見安得而不精，所養安得而不熟邪？近時朋友漫説爲學，然讀書尚不能記得本文，講説尚不能通得訓詁，因循苟且，一暴十寒，日往月來，漸次老大，則遂漠然忘之，更無頭緒可以接續，至有不獲講學之利而徒取廢錮之禍者，甚可歎也。來喻蓋已得此大意，然持之以久，全在日用工夫勿令間斷，久當自有真實見處也。

　　"班朝治軍，涖官行法，非禮威嚴不行；禱祠祭祀，非禮不誠不莊。"先生謂古人以誠莊對威嚴，蓋爲政以嚴爲本，寬以濟嚴之太過也。某向聞其語，猶未深訂。近讀《蒙》卦初六曰："發蒙，利用刑人，用脱桎梏。"而程氏《傳》曰："聖王設刑罰以齊其衆，明教化以善其俗，刑罰立而後教化行。治蒙之功，若非威之以刑，使之脱去昏蒙之桎梏，則善教無由而入。"某反覆深思，若威信不立，誠不足以立政，然猶有疑焉。孔子曰："居上不寬，

吾何以觀之哉?"竊謂居上以寬爲本,寬則得衆,嚴以濟
寬之不及耳。若一意任威,是《蒙》爻所謂"以往吝"也,
其弊將有至於法令如牛毛者。抑又聞之:四德之元,
猶五常之仁。故元爲善之長,仁包義、禮、智三者,先之
以仁,裁之以義。三代得天下以仁,莫不有慘怛之愛、
忠利之教,所以不免於刑者,亦好仁惡不仁耳。今之爲
州縣者,不念民生之艱,刑罰失平,征取無藝,箠楚流
血,苟以逃上官之責;而過於寬者,又一切廢弛不立,所
在有之。此固不足道,然先王爲政之本,寬嚴先後之異
施者,不敢不詳講。伏乞賜誨。

　　爲政以寬爲本者,謂其大體規模意思當如此耳。古
人察理精密,持身整肅,無偷惰戲豫之時,故其政不待作
威而自嚴,但其意則以愛人爲本耳。及其施之於政事,便
須有綱紀文章、關防禁約,截然而不可犯。然後吾之所謂
寬者得以隨事及人,而無頹弊不舉之處;人之蒙惠於我者
亦得以通達明白,實受其賜,而無間隔欺蔽之患。聖人說
政以寬爲本,而今反欲其嚴,正如古樂以和爲主,而周子
反欲其淡。蓋今之所謂寬者,乃縱弛;所謂和者,乃哇淫,
非古之所謂寬與和者,故必以是矯之,乃得其平耳。如其
不然,則雖有愛人之心,而事無統紀,緩急先後、可否與奪
之權皆不在己,於是姦豪得志而善良之民反不被其澤矣。
此事利害只在目前,不必引書傳、考古今然後知也。緩急、
可否是兩事,無程限則緩急不在己,不親臨則可否不在己。今見

争訟人到官，常苦不得呈覆，須當計會案吏，然後得之，便可見其無政事，不待可否失當然後知其繆矣。又如縣道送兩稅簿上州磨審，皆有日限，有違失則糾正之，無即簽押用印給還。今有數月不還者，守倅漫不加省。如此之類，不可勝數。以此爲寬，不知孔子意裏道如何也。但爲政必有規矩，使姦民猾吏不得行其私，然後刑罰可省、賦斂可薄。所謂以寬爲本，體仁長人，孰有大於此者乎？

河出《圖》，洛出《書》，而起八卦九疇之數；聽鳴鳳而生六律六呂之聲。因思黃帝造律一事，與伏羲畫卦、大禹錫疇同功。況度量權衡皆起於律，而衡運生規，規生圓，圓生矩，繩直準平，至於定四時、興六樂，悉由是出。故曰"律者萬事之根本"，學者詎可廢而不講哉？夫黃鍾之管九寸，三分損一，下生林鍾。林鍾之管六寸，三分益一，上生太蔟。周旋十二律，復生黃鍾而還相爲宮之義。又一宮各生五聲，總十二律，凡生六十聲。如八卦重而爲六十四，皆自然之理也。然司馬遷律數與班固《志》不同者多未曉，考其實亦無不同，但司馬《曆書》微隱，此等尤費思索耳。如黃鍾長八寸七分，或謂"七"字是誤，蓋十分也，是爲九寸。此等不審然否？十二律還相爲宮，今考《禮運》疏義，黃鍾爲第一宮，下生林鍾，爲徵；上生太蔟，爲商；下生南呂，爲羽；上生姑洗，爲角。林鍾爲第二宮，終於中呂，爲第十二宮，各有上生、下生所管之聲。此數蓋本於司馬遷《曆書》，然與黃鍾爲宮、太蔟爲商、姑洗爲羽、林鍾爲徵、南呂爲羽、應鍾爲變宮、蕤賓爲變徵者不同。其次大吕、太蔟，終於無射、應鍾，凡十二律，迭相爲宮，其下各有商、角、羽、徵、變宮、變徵之聲。向見書堂七絃琴準用此法以定清濁高下之聲，但不知疏義各爲一説，孰是孰否？其必各有所主也。變宮、變徵，其聲清耶？不知古律已用之否，或後來增加之也？至於埋律候氣一事，尤所未曉。書傳所載候氣之法，置十二律於密室，實葭灰管埋之地中，一氣至則一律飛灰。或疑所置諸律方不踰數尺，氣至，獨本律應之，何也？此必有造化密相感召之理。或又按《隋志》之説曰：“律之長短不同，各齊其上，隨深淺入地中。冬至陽氣距地面九寸而止，惟黃鍾之管九寸，故達。”此説似爲有理。今因其説而推之：十一月，黃鍾，管長九寸；十二月，大吕，八寸四分；正月，太蔟，管長八寸；二月，夾鍾，長七寸。推而下之，其長者遞減，至九月，無射，五寸；十月，應鍾，四寸五分。雖埋律之地方不踰數尺，氣至無有不達，然候管長短不同，管長者氣必先達，灰亦先動；管短者氣達在後，亦如所謂南枝春先到，北枝差遲耳。不審然否？

律吕之説，今有《新書》并《辨證》各一册及向時所撰序一篇并往，可細考之，當得其説。凡十二律，各以本律爲宮而生四律。如黃鍾爲宮，則太蔟爲商，姑洗爲羽，林鍾爲徵，南呂爲角，是黃鍾一均之聲也。若林鍾爲宮，則

南呂爲商，應鍾爲角，太蔟爲徵，姑洗爲羽，是林鍾一均之
聲也。各就其宮以起四聲，而後六十律之聲備。非以黃
鍾定爲宮、太蔟定爲商、姑洗定爲羽、林鍾定爲徵、南呂定
爲角也。但黃、大、太、夾、姑、中、蕤、林、夷、南、無、應爲
十二律長短之次，宮、商、角、徵、羽爲五聲長短之次。黃
鍾一均，上生、下生長短皆順，故得各用其全律之正聲。
十二律名，今俗樂亦用之。合字即是黃鍾，但其律差高
耳。《筆談》言之甚詳，可呼俗工問之。自林鍾之宮而生
太蔟之徵，則林鍾六寸而太蔟八寸，徵反長於宮而聲失其
序矣。故以十二律而言，雖當爲林鍾上生太蔟，而以五聲
而言，則當爲宮下生徵，而得太蔟半律四寸之管，其聲方
順。又自太蔟半律四寸之徵而生南呂五寸有奇之商，則
於律雖本爲下生，而於聲反爲上生矣。自南呂五寸有奇
之商而生姑洗七寸有奇之羽，則於律雖本爲上生，而於聲
則又當用其半而爲下生矣。自姑洗半律三寸有奇之羽而
生應鍾四寸有奇之角，則於律雖爲下生，而於聲反爲上生
矣。其餘十律皆然。孔疏蓋知此法，但言之不詳耳。半
律，杜佑《通典》謂之子聲者是也。此是古法，但後人失之，而
唯存黃鍾、大呂、太蔟、夾鍾四律，有四清聲，即此半聲是
也。變宮、變徵始見於《國語》注中及《後漢·樂志》，乃十
二律之本聲，自宮而下，六變七變而得之者，非清聲也。
如黃鍾爲宮，則第六變得應鍾，爲變宮；第七變得蕤賓，爲
變徵。如林鍾爲宮，則第六變得蕤賓，爲變宮；第七變得

大吕,爲變徵是也。凡十二律,皆有二變,一律之内,通前五聲合爲七均。祖孝孫、王朴之樂皆同。所以有八十四調者,蓋每律各添此二聲而得之也。《新書》此説甚詳。候氣之説,其中亦已論之。蓋埋管雖相近,而其管之長短、入地深淺有不同,故氣之應有先後耳,非以方位而爲先後也。但畫一圖,朝夕看誦,仍於指掌間輪之,久久自熟,乃見其妙。此又可驗凡事皆然,別無奇巧,只是久而習熟,便是妙處也。《禮書》有此一卷,比《新書》差約。偶在他處,俟取到寄去看也。

天有黄、赤二道,沈存中云非天實有之,特曆家設色以記日月之行耳。夫日之所由,謂之黄道。史家又謂月有九行:黑道二,出黄道北;赤道二,出黄道南;白道二,出黄道西;青道二,出黄道東;并黄道而九。如此即日月之行,其道各異。況陽用事則日進而北,晝進而長;陰用事則日退而南,晝退而短。月行則春東,從青道;夏南,從赤道;秋西,從白道;冬北,從黑道。日月之行,其不同道又如此。然每月合朔,不知何以同度?而會於所會之辰,又有或蝕或不蝕?悉未能曉。向承指喻,其行或高而出黄道之上,或低而出黄道之下,或相近而偪,或差遠而不相值,則皆不蝕。是時不能反覆,今望賜誨。

日月道之説,所引皆是。日之南北雖不同,然皆隨黄道而行耳。月道雖不同,然亦常隨黄道而出其旁耳。其合朔時，日月同在一度；其望日，則日月極遠而相對；其上下弦，則日月近一而遠三。如日在午，則月或在卯、或在酉之類是也。故合朔之時，日月之東西雖同在一度，而月道之南北或差遠，於日則不蝕。或南北雖亦相近，而日在内，月在外，則不蝕。此正如一人秉燭，一人執扇，相交而過。一人自内觀之，其兩人相去差遠，則雖扇在内，燭在外，而扇不能掩燭。或秉燭者在内，而執扇者在外，則雖近而扇亦不能掩燭。以此推之，大略可見。此説在《詩·十月之交》篇，孔疏説得甚詳。李迂仲引證亦博，可并檢看，當得其説。

《易啓蒙》曰：“圓者《河圖》之數，方者《洛書》之文。”夫《河圖》無四隅之位，截然四正而方，謂之圓，何也？又曰：“圓者，星也，曆紀之數，其肇於此乎？”注云：“曆法合二始以定剛柔，二中以定律曆，二終以紀閏餘。”今考班固《志》，天數始於一，中於三，終於二十五；地數始於二，中於六，終於三十。夫始、中、終蓋如此，推之於剛柔、律曆、閏餘，却有未深瑩者。抑亦“履端於始，舉正於中，歸餘於終”之義乎？然亦不合。願求其説。

《河圖》既無四隅，則比之《洛書》固爲圓矣。注中三句，本《唐書·曆志》一行之説。二始者，一、二也。一奇，故爲剛；二耦，故爲柔。二中者，五、六也。五者，十日；六者，十二辰也。二終者，十與九也。閏餘之法，以十九歲爲一章，故其言如此。然一章之數，似亦附會，當時姑借其說以明十數之爲《河圖》耳。

"甯武子邦有道則智，邦無道則愚。其智可及也，其愚不可及也。"此章一句，初理會不得。今讀《集注》，參考《左氏傳》，乃知武子當衛成公無道失國之時，周旋其間，盡心竭力而不去。及成公囚京師，武子求掌橐饘，賂醫薄酖，免衛侯於死，終以復國。及元咺之訟，武子又獨以忠而獲免。其能保身以濟其君如此，雖謂之智可也。而夫子曰"其愚不可及"。夫子嘗曰："君子哉蘧伯玉！邦有道則仕，邦無道則可卷而懷之。"以伯玉之事責武子，雖謂之愚不識時，亦可也。然武子惓惓忠君，不避險艱，能爲人所不能爲，抑亦難矣。故夫子曰"其愚不可及"，蓋閔之也。今觀《論語》一書，於有道無道之世屢致意焉。其稱南容曰"邦有道則仕，邦無道則免於刑戮"。武子之免者，亦幸矣。然武子仕衛兩世，其君信任之，義不可棄之而去，其幾於東漢王允乎？允又不免被害。嘗聞先生誦周子之言曰："學顏子之學，志伊尹之志。"夫伊尹以天下爲己任者也，治亦進，亂亦進。然使成湯不興，聘幣不至，雖五就桀，其志曷施？陳蕃，漢代人豪，驅馳險阨之中，與刑人腐夫同朝爭衡，屢退而不去者，以仁而爲己任，非人倫莫相恤也。卒以謀疏見殺，亦昧於夫子免刑戮之戒矣。然陳蕃、王允猶是當時朝廷倚任，身居鼎軸，義當與國存亡。故程子曰："亦有不當愚者，比干是也。"若無言責官守，則如東海逄萌，當先漢之亂，憤三綱之既絕，挂冠東都門，浮海而去，惟恐其或緩也。君子之道，或出或處，或默或語，詎可不識時幾？聊發狂言，以驗中否。

所疑甯武子事，大槩得之。但爲蘧伯玉、南容之愚則易，而爲武子之愚則難。所以聖人有"不可及"之歎也。陳蕃、王允固不得爲伯玉、南容之愚，然蕃事未成而謀已泄，允功未就而志已驕，則又不能爲甯武子之愚矣。此其所以取禍也。然爲逄萌則甚易，爲二公則甚難，又不可以彼而責此，但當問其時義之如何與其所處之當否耳。《晦庵文集》卷四五。

案：書中言"律呂之說，今有《新書》并《辨證》各一册及向時所撰序一篇并往"，其"向時所撰序"乃指朱熹《律呂新書序》，撰於淳熙丁未正月朔旦。《晦庵文集》卷七六。既稱"向時"，則歷時稍久，故推知其淳熙十五年（戊申，1188）或以後。

《朱子語類》朱子語類卷一一三載："廖德明赴潮倅，來告別，臨行求一安樂法。曰：'聖門無此法。'"又載："問：'前承先生書云："李先生云：'賴天之靈，常在目前。'如此，安得不進？蓋李先生爲默坐澄心之學，持守得固。後來南軒深以默坐澄心爲非。自此學者工夫愈見散漫，反不如默坐澄心之專。''先生曰：'只爲李先生不出仕，做得此工夫。若是仕宦，須出來理會事。向見吳公濟爲此學,時方授徒,終日在裏默坐。諸生在外,都不成模樣,蓋一向如此不得。'"所謂"前承先生書",即指本書。

又,廖德明來書中云及朱熹嘗致書曰"離羣索居之際自能提撕,不廢講習體驗之功,則與同堂合席、朝夕講磨無以異矣"。此書未見。

廖德明《與朱元晦書》:

三先生之道,得夫子而益彰,幸賜之教,以勵南土。《粵西文載》卷三七廖德明《四先生祠堂碑》。

案:廖德明《四先生祠堂碑》云淳熙十五年十一月,知潯州韓邈始於郡城作四先生祠堂,而請從事郎、潯州州學教授延平廖德明爲記,廖"謝不敢,走書新安先生之居而言曰:'三先生之道,得夫子而益彰,幸賜之教,以勵南土。'而先生方臥家辭官,曰:'吾病不及也,……'潯幸而有先生晏遊之迹,未知尊先生之學,洗凡而破陋,或者不此之恨,而咎夫山川風氣偏戾之感,真若有南北之不同者,則亦過矣。新安翁閒居幾四十年,凡先生之碩德美行,與夫精微廣大而不得其涯者,釐析訓詁,敷暢厥旨,燦然如繁星麗天,無毫髮遺憾。竊嘗同諸君論習者二年于茲矣,今又辱賜之言"。文後署時"明年己卯十二月朔旦"。《粵西文載》卷三七。然淳熙十五年之明年乃十六年,干支爲己酉,此處作"己卯"者誤。故推知本書約撰於十六年初,而朱熹答書約在是年(1189)下半年。

又,《宋史》卷四三七本傳云"德明初爲潯州教授,爲學者講明聖賢心學之要"。

朱熹《答廖子晦》:

吾病不及也,二三子勉焉,則有周子、程子之書在。夫天理民彝,豈有遠近南北之間哉?竊嘗因是而仰觀國家文物之盛,雖嶺海萬里,莫不建學而立之官師。古者師嚴道尊而人知敬學,與後世口耳之習不相似。繇周以來千五百餘歲,而三先生者始並世而作,推論陰陽動靜、仁義中正,以極夫天倫之蘊,發明四端五典、良知良能,使知夫人倫之不得以滅也。剛柔善惡之幾,體驗涵養之術,始終本末,備具條貫。傳曰"存則人,亡則書",是跨百世之師也。《粵西文載》卷三七廖德明《四先生祠堂碑》。

案:本年約撰於淳熙十六年下半年。參見上廖德明《與朱先生書》考證。

朱熹《答廖子晦》:

所論《易傳》"無妄"之説,甚善。但所謂"雖無邪心而不合正理"者,實該動靜而言,不專爲莊敬持養、此心既存設也。蓋如燕居獨處之時,物有來感,理所當應,而此心頑然固執不動,則此不動處便非正理。又如應事接物處理當如彼，而吾所以應之者乃如此，則雖未必出於血氣人欲之私，然只似此，亦是不合正理。既有不合正理，則非邪妄而何？恐不必言未免紛擾、敬不得行，然後爲有妄之邪心也。

所論近世識心之弊，則深中其失。古人之學所貴於存心者，蓋將即此而窮天下之理；今之所謂存心者，乃欲恃此而外天下之理。其得失之端，於此亦可見矣。故近日之弊，無不流於狂妄恣肆而不自知其非也。《晦庵文集》卷四五。

案：朱熹《答方賓王》（性者，道之形體）有云“所論《易傳》無妄之説甚善。但所謂雖無邪心而不合正理者，實該動静而言。如燕居獨處之時，物有來感，理所當應，而此心頑然固執不動，則雖無邪心，而只此不動處便非正理。又如應事接物處理當如彼，而吾所以應之者乃如此，則雖未必出於有意之私，然只此亦是不合正理。既有不合正理，則非邪妄而何？恐不可專以莊敬持養、此心既存爲無邪心，而必以未免紛擾、敬不得行然後爲有妄之邪心也。所論近世識心之弊，則深中其失。古人之學所貴於存心者，蓋將推此以窮天下之理；今之所謂識心者，乃欲恃此而外天下之理。是以古人知益崇而禮益卑，今人則論益高而其狂妄恣睢也愈甚，得失亦可見矣”，《晦庵文集》卷五六。與本書云云大體相合，僅個别字句稍異，其撰時當相近。《答方賓王》撰於紹熙元年（1190）二月上、中旬。

朱熹《答廖子晦》：

唐臣問：《中孚》傳曰："中虛爲中孚之象，中實亦爲孚義。"又曰："中虛信之本，中實信之質。"又曰："中虛爲誠之象，中實爲孚之象。"夫有本則有質，有誠則有孚，蓋即質生於本，而孚出於誠也。似有終始，似有先後，然不可得指而名之，以爲終始先後也。故分而言之則曰中實，合而言之則曰中虛。分謂二體，兌與巽也；合謂全體，中孚是也。二體以剛而得上下之中，雖曰實矣，及其成體，則二柔在中而又生於虛焉。蓋中虛未嘗無實，而中實未嘗不虛也。以虛爲實之體，而實爲虛之用，雖曰體曰用，又不可歧而爲二也。大抵虛根於實，實出於虛。及其虛也，實之理未嘗不在焉；於其實也，虛之義未嘗不存焉。但不可執其虛而忘其實，忘其實則無質也，無信也；又不可泥其實而失其虛，失其虛則無本也，不誠也。是猶陰根於陽，陽根於陰，靜無而動有，道並行而不相悖者也。今夫天地之間，一元之氣杳冥無迹，豈非虛耶？萬物生成，各具形器，豈非實耶？然物雖成形，豈能離於一元之氣？豈能捨於物而自用哉？在今學者，體天地之化，盡形色之則，中不可不虛，亦不可不實。存養在我，則中心廣大，纖毫不留，不失於信之本，不忘於誠之象，豈非虛耶？應接於外，則必矜細行，克勤小物，不失於信之質，不忘於孚之象，豈非實耶？此亦伊川先生所謂"由乎中以應乎外，制於外所以養其中"之義也。如是,則體用一源,内外交養,豈不美哉!某讀《易傳》而有此疑義,萬望詳教。

德明答云:中孚之義微奥,豈德明所能識?嘗試考諸卦體,二五皆陽而中實者,中心純實而有信之義也;内外皆實而中虚者,中心虚明而能信之義也。就所主而言,則中實爲信之質;就所感而言,則中虚爲信之本。又以澤、風二象言之,則水以虚而受風之入,下以虚而受上之感,皆所以爲信也。其體、其實、其虚,一歸於信,此易之所以變易而無不各極其道,而中孚之義著矣。來説謂"虚中未嘗無實,實中未嘗無虚",固善。又謂"虚根於實,實根於虚";又以一元之氣爲虚,萬物生成爲實,其言竊恐有病。《精義》云:"冲漠無朕,而萬象森然已具。"其曰萬象已具,則雖冲漠無朕之際已不爲虚矣,況於一元之氣所既有者,得爲虚乎?此幾於老氏"有生於無"之論,見闢於《正蒙》之書者也。又以存養於中、應接於外爲兩截,恐失程子"由乎中以應乎外"之本意。不審高明以爲如何?

唐臣問:"吕與叔嘗言思慮多,不能驅除。曰:此正如破屋中禦寇,東面人來未逐得,西面又一人至矣。左右前後,驅逐不暇。蓋四面空疏,盜固易入,無緣作得主定。又如虚器入水,水自然入。若以一器實之以水,置之水中,水何能入來?蓋中有主則實,實則外患不能入,自然無事。""學者先務,固在心志,然有謂欲屏

去聞見知思，則是絕聖棄智。有欲屏去思慮，患其紛
亂，則須坐禪入定。如明鑑在此，萬物畢照，是鑑之常，
難為使之不照。人心不能不交感萬物，難為使之不思
慮。若欲免此，唯是心有主。如何為主？敬而已矣。
有主則虛，虛謂邪不能入；無主則實，實為物來奪之。
大凡人心不可二用，用於一事，則它事更不能入者，事
為之主也。事為之主，尚無思慮紛擾之患，若主於敬，
又焉有此患乎？所謂敬者，主一之謂敬；所謂一者，無
適之謂一。且欲涵泳主一之意，不一則二三矣。至於
不敢欺，不敢慢，尚不愧於屋漏，皆是敬之事也。"此二
條一以實為主，一以虛為主，而皆收入《近思錄》。唐臣
以愚意度之，虛以敬言，實以事言。以敬為之主則虛，
虛則邪不能入；以事為之主則實，實則外患不能入。故
程先生於"有主則實"下云"自然無事"，於"無主則實"
下云"實謂物來奪之"。詳此二條之意，各有所在，不可
併作一意看，未知是否？

德明答云：有主則實、有主則虛，虛實二說雖不
同，然意自相通，皆謂以敬為主也。敬則其心操存而不
亂，虛靜而能照。操存不亂，外患自不能入；虛靜而能
照，外物自不能干，無有二事。程子曰："主一之謂敬。"
又曰："敬則自虛靜。"又曰："敬勝百邪。"意亦可見。只
緣呂氏患思慮多，程子謂其中無主，所致如虛器入
水、破室致寇，故言有主則實，實則外患不能入。後來

學者又欲盡屛見聞知思，程子以爲人心不能無感，如鑑不能不照，但涵養清明，則自無紛擾，不待屛除也，故言"有主則虛，虛謂邪不能入"。各有攸當，皆是以敬爲主。若歧而爲二，恐非程子本意。又前言"有主則實"，則是心有主也。後言"無主則實"，則是物來奪之，中心昏塞也，辭雖同而意則異。所言虛者亦然。

李君二說亦佳，但太支蔓作病耳。"有本則有質，有誠則有孚，蓋質生於本，而孚出於誠"，此四句自好。"似有始終"以下則贅矣。分合則是論卦體，非爲不可以先後指名而言也。"虛中未嘗無實"以下，亦是衍說，與此義初不相干。所云"實出於虛"，此尤無理。至謂"執虛忘實，泥實失虛"，皆極有害。大抵如今一念之間，中無私主，便謂之虛；事皆不妄，便謂之實，不是兩件事也。其說又以存養於中爲虛，應接於外爲實，亦誤矣。子晦之言大抵近之，但語有未親切處耳。後段虛實之說亦類此。子晦之說甚善，但敬則内欲不萌、外誘不入。自其内欲不萌而言則曰虛，自其外誘不入而言故曰實，只是一時事，不可作兩截看也。《晦庵文集》卷四五。

案：本書撰時未詳，疑在紹熙中，姑係於紹熙三年(1192)間。待考。

朱熹《答廖子晦》：

廟議當時只用荆公之說，蓋伊川先生之意也。所謂不備九廟之制,蓋議者欲并祧僖、宣二祖,而祔孝宗一室,則自太祖而至孝宗纔八世耳。兄弟共爲一世。正使荊公之說未必當理,宣祖亦未合在祧毀之限也。此事不當私議,然蒙見問,故謾及之,不必爲它人言也。所問葬法,大槩得之。但後來講究木椁瀝青,似亦無益。但於穴底先鋪炭屑築之,厚一寸許,其上之中即鋪沙灰,四傍即用炭屑,側厚寸許,下與先所鋪者相接。築之既平,然後安石椁於其上,四傍又下三物如前。椁底及棺四傍、上面,復用沙灰實之。俟滿,加蓋,復布沙灰,而加炭屑於其上,然後以土築之,盈坎而止。蓋沙灰以隔螻蟻,愈厚愈佳。頃嘗見籍溪先生説,嘗見用灰葬者,後因遷葬,則見灰已化爲石矣。炭屑則以隔木根之自外入者,亦里人改葬者所親見。故須令嘗在沙灰之外,四面周密,都無縫罅,然後可以爲固。但法中不許用石椁,故此不敢用全石,只以數片合成,庶幾不戾法意耳。《晦庵文集》卷四五。

案:書中所云"廟議當時只用荊公之説,蓋伊川先生之意也。所謂不備九廟之制,蓋議者欲并祧僖、宣二祖,而祔孝宗一室,則自太祖而至孝宗纔八世耳",乃指紹熙五年閏十月七日所上《祧廟議狀》。《年譜長編》卷下。故推知本書約撰於慶元元年(1195)中。

朱熹《答廖子晦》:

守官得上官相知,可以行志,然獲上有道,自守亦不可失也。獄事人命所繫，尤當盡心。近世流俗惑於陰德之論，多以縱出有罪爲能，而不思善良之無告，此最弊事，不可不戒。然哀矜勿喜之心，則不可無也。所示疑義甚善，但一二處小未圓備，別紙具去。職事之餘，更能玩意於此，固佳，然觀書亦須從頭循序而進，不以淺深難易有所取舍，自然意味詳密。至於浹洽貫通，則無緊要處所下功夫亦不落空矣。今人多是揀難底好底看，非惟聖賢之言不可如此間別，且是只此心意便不定疊，縱然用心探索得到，亦與自家這裏不相干，突兀聱牙，無田地可安頓，此病不可不知也。

子晦所論"始終條理"，甚善。然去歲見三山上游諸論皆不可曉，何耶？豈同官所見不同，難力爭耶？至中固不當以始終言，然射之所以中者，亦是其未用力時眼中見得親切，故其發而能中耳，發處方用得力也。其它則所論皆善矣。

國材以仁喻心之說，恐渠記之誤，不應如此謬妄也。"理一分殊"，便是仁義之理，不待行之而後爲義也。以行之爲義，乃是告子"義外"之說，自韓子失之矣。大抵仁、義、禮、智皆心之理，而仁在其中又無所不包，故孟子以人心言之。如四端皆心之用，而惻隱之心無所不貫，亦可見也。"信近於義，言可復也"，未可便說言不必信，蓋言欲其信，然須是近義，然後言可復而能全其信，此正言慮所終之意也。"竭力"，非不敢有其身之謂。"卒至於不敢慢"，語尤無序。皆不必如此說。"四端"一段甚好，此義理之綱領，能如此推明，甚慰所望也。"說大人"之義，熹嘗說孟子不是教人去藐大人，但教人勿視其巍巍然者而已。今人不是畏大人，只是畏其巍巍然者而已，如蘇秦嫂所謂"見季子位高金多"，正是此見識也。若能勿視其巍巍然而不失夫畏大人之心，則是乃真能畏大人者矣。"萬物皆備於我"，下文"反身"、"强恕"皆蒙此句爲義，不可只說一截。所謂"反身而誠"，乃窮理力行、功夫成就之效，貫通純熟，與理爲一處，不可只以"敬"字盡之也。《晦庵文集》卷四五。

案：《朱子語類》卷九一載葉賀孫所記云："子晦將赴莆陽，請於先生：'今屬邑見郡守，不問官序列堦墀，如何？'曰：'若欲自行其志，勿從俗可也。'因云：'今多相尚如此，以此去事人固是無見識，且是爲官長者安受而不疑，更是怪。'"卷一一三載黃義剛所記云："直卿言：'廖子晦作宰不庭參，當時忤了上位，但此一節最可服。'先生曰：'庭參底固不是，然待上位來争，到底也不是。'"與本書"守官得上官相知，可以行志，然獲上有道，自守亦不可失也"云云似相關。據《朱子語類·姓氏》，黃義剛所聞在癸丑（紹熙四年）以後，葉賀孫在辛亥（紹熙二年）以後。又據朱熹《書廖德明仁壽廬條約後》，廖德明作莆田縣宰在慶元初。則推知本書約撰於慶元元年或稍後。

朱熹《答廖子晦》：

"巧言令色爲失其本心"，此語非不是，但近時說者多因孟子之言，遂以"心"字替却"仁"字，此則不可。當更於此思之，得其説，則凡言仁者皆可默識，不但此章之義而已。且巧言亦不專爲譽人過實，大凡辭色之間務爲華飾以悦人之觀聽者皆是。《上蔡語録》中説寫柬請客之類皆是。

"察私心所從起"，亦不記當時如何説。然亦非謂平居無事而伺其所起，但操存有功，即念慮之萌無不知覺。未能如此，即此心應物之際，不可不審其邪正公私，而施克復之功也。

曾子易簀非記者之誤，所論得之。

"千乘"之説，未有端的證據。《司馬法》説雖占地太廣，然以《周禮》考之，又不止此。如云"九夫爲井，四井爲邑，四邑爲丘，四丘爲甸"，鄭氏讀"甸"爲"乘"，云四丘之地出車一乘，乃是十六井也。所云未聞七家出一人之役，後來宇文周制府衛法，乃是七家共出一兵，疑於古制亦有所考，然今不可知矣。此類恐當細考而兼存之，以俟知者決焉，不必自爲之説也。《晦庵文集》卷四五。

案：上書（守官得上官相知）有云"所示疑義甚善，但一二處小未圓備，別紙具去"，本書正答問目，當即上書別紙，撰於一時先後。

朱熹《答廖子晦》：

所喻已悉，但事已如此，不若且靜以聽之。吾人所學，正要此處呈驗。若看些利害，便不免開口告人，却與不學之人何異？向見李先生説，若大段排遣不去，只思古人所遭患難有大不可堪者，持以自比，則亦可以少安矣。始者甚卑其説，以爲何至如此，後來臨事，却覺有得力處，不可忽也。若閤中不快，亦無可奈何，事已至此，已展不縮，已進不退，只得硬著脊梁與它廝捱，看他如何，自家決定不肯開口告他。若到任滿，便作對移批書離任，則它許多威風都無使處矣，豈不快哉！東坡在湖州被逮時，面無人色，兩足俱軟，幾不能行，求入與家人訣，而使者不聽。雖伊川先生謫涪陵時，亦欲入告叔母而不可得。惟陳了翁被逮，聞命即行，使人駭之，請其入治行裝，而翁反不聽。奇哉奇哉！願子晦勉旃，毋爲後人羞也。

此間有吴伯起者，不曾講學，後聞陸子静門人説話，自謂有所解悟，便能不顧利害。及其作令，纔被對移它邑主簿，却不肯行，而百方求免。熹嘗笑之，以爲何至如此。若對移作指使，即逐日執杖子去知府廳前唱喏；若對移做押録，即逐日抱文案去知縣案前呈覆。更做箇長壯丁，亦不妨與它去做，況主簿乎？吴不能用，竟至憤鬱成疾而死。當時若放得下，却未必死。今不免死，而枉陪了許多下情，所失愈多。雖其臨機失於斷決，亦是平日欠了持論也。

"志士不忘在溝壑，勇士不忘喪其元"，此夫子所以有取於虞人，而孟子亦發明之。李先生説"不忘"二字是活句，須向這裏參取。愚謂若果識得此意，辦得此心，則無

入而不自得，而彼之權勢威力亦皆無所施矣。前幅未盡
鄙意，故復布此。試反復之，當自有判決處。《晦庵文集》卷
四五。

　　案：《鶴林玉露》甲編卷四曰："廖子晦爲小官，
遭長官以非理對移，殊不能堪。朱文公以書曉之云：
'吾人所學，正要此處呈驗，已展不縮，已進不退，只
得硬脊梁與他廝捱，看如何？自家決定不肯開口告
他，若到任滿，便作對移批書離任，則他許多威風都
無處使，豈不快哉！此間有吳伯起者，不聞講學，後
聞陸子靜説話，自謂有所得。及作令，被對移他邑主
簿，却不肯行，百方求免。某嘗笑之，以爲何至如此。
若對移作指使，即逐日執杖子去知府廳前唱喏；若對
移作押録，即逐日抱文書去知縣廳前呈覆。便作耆
長壯丁，亦未妨與他去做，況主簿乎？'文公之意，蓋
謂心無愧怍，則無入而不自得；心無貪戀，則無往而
不自安。此不在於臨事遇變之時，而在於平居講學
之際。講之素精，見之素定，真知夫進退得喪死生禍
福之不足以累吾心，則雖鼎鑊刀鋸，視之如寢席之安
矣，況於一升黜予奪之間者哉！"所云"朱文公以書曉
之"云云，即指本書。上書（守官得上官相知）云及
"守官得上官相知，可以行志，然獲上有道，自守亦不
可失也"，本書乃云"所喻已悉，但事已如此，不若且
靜以聽之。……若到任滿，便作對移批書離任，則它

許多威風都無使處矣，豈不快哉"，又云"前幅未盡鄙意，故復布此"，當承其後。

朱熹《答廖子晦》：

顔淵之歎一段，是顔子見處，今無的慤證驗之可言。但以義理推之，且得如諸先生及《集註》之説，庶幾少病。"如有所立卓爾"，只是見得比之舊時愈見親切，不似鄉來無捉摸處，但亦未有道理便得入於其間，據爲己物耳。今此謂在顔子心目之間，則是先來所見者不在顔子心目之間；又以爲方是實見，則前此非是實見矣，恐不然也。大抵此等處，吾輩既未到彼地位，臆度而言，只可大槩實説，却於其中反履涵泳，認取它做工夫處，做自己分上工夫，久之自當心融神會，默與契合。若只似此直以今日所見附會穿鑿，只要説得成就，正使全無一字之差，亦未有益。況以近觀遠、以小觀大，又自不能無所失乎？

心性一段，大槩則然。但中間方説心爲之主，不知從前説太極、二五、四端之未發時，此心却任甚處？可更思之。

實見一段，大意極善，然非熹之説也，程先生《遺書》中自有一段説得極分明。章首云"皆實理也，人知而信者爲難"云云，即此意也。《大學》"誠意"章説"如惡惡臭，如好好色"，亦是此意，可并詳之。

曾點一段，《集註》中所引諸先生説已極詳明。蓋以

其所見而言，則自源徂流、由本制末，堯舜事業，何難之
有？若以事實言之，則既曰行有不揜，便是曾點實未做
得，又何疑哉？聖人與之，蓋取其所見之高、所存之廣耳，
非謂學問之道只到此處便爲至極而無以加也。上蔡所記
伊川先生與之答問"天下何思何慮"一段，語意亦正類此。見於
《外書》，可并檢看。然則學者觀此，要當反之於身，須是見
得曾點之所見、存得曾點之所存，而日用克己復禮之功却
以顏子爲師，庶幾足目俱到、無所欠闕。橫渠先生所謂心
要弘放，文要密察，亦謂此也。來喻大槩得之，然其間言
語亦多有病，其分根原、學問爲兩節者，尤不可曉，恐當更
入思慮也。

《禮書》中青史氏之記，見《大戴禮》。

《經世紀年》，其論甚正，然古人已嘗言之。如漢高后
之年，則唐人已於《武后》《中宗紀》發之；蜀漢之統，則習
鑿齒《晉春秋》已有此論矣。堯以甲辰年即位，乃邵康節
《皇極經世》説，諸家之説亦有同者。此則荒忽，不可究
知。敬夫所説牴牾處，必是謂武王克商之年，《泰誓》序作
十一年，經作十三年，而編年之書乃定從序説。鄉見柯國
材説，以《洪範》考之，訪于箕子是十三年事，必是當年初
克商時便釋其囚而問之，不應十一年已克商，至兩年後
乃問之也。其説似有理。亦嘗以告敬夫，敬夫大以爲
然。其書已嘗刊行，至是遂止。敬夫之服善如此，亦難
及也。

潮州王尚書舊嘗識之，其人勁正，忠實有餘，在言路嘗論湯思退之姦而逐之。但爲人頗疏率，學問偏任己見，諸經極有怪說，立朝議論亦有不到頭處，然不害爲一代正人。今所得奏議，煩錄一本見寄。傅景初是其壻，恐必有本，且夕當寄書問之也。

《樂記》圖譜，甚荷錄示，但尚未曉用律次第。此間有人頗知俗樂，方欲問之，偶以事冗未暇。此固未必盡合古制，然未及百年而淪廢已如此，是可歎也。

《韓文考異》，袁子質、鄭文振欲寫本就彼刻版，恐其間頗有僞氣，引惹生事，然當一面錄付之。但開版事，須更斟酌耳。若欲開版，須依此本別刊一本《韓文》方得，又恐枉複勞費工力耳。

《禮書》入疏者，此間已校定得《聘禮》以前二十餘篇，今錄其目附去。彼中所編，早得爲佳。此間者已送福州，令直卿與劉履之兄弟參校，寫成定本，尚未寄來。若有可增益處，自不妨添入也。然因此得看《禮》疏一番，亦非小補。不然，此等如嚼木札，定無功夫看得也。《晦庵文集》卷四五。

案：書中有云"《禮書》入疏者，此間已校定得《聘禮》以前二十餘篇，今錄其目附去。彼中所編，早得爲佳。此間者已送福州，令直卿與劉履之兄弟參校，寫成定本，尚未寄來"，據朱熹《答應仁仲》（久不聞問）云"《禮書》方了得《聘禮》已前，已送致道，令與

四明一二朋友抄節疏義附入，計必轉呈。有未安者，
幸早見教，尚及改也。《觀禮》以後，黃壻攜去廬陵，
與江右一二朋友成之，尚未送來，計亦就草藁矣"，
《晦庵文集》卷五四。所言相合。又據《勉齋先生黃文
肅公年譜》，慶元三年，黃榦隨仲兄赴官廬陵；七月，
其母安人卒，黃榦護喪而歸。故推知本書約撰於是
年(1197)秋、冬間。

朱熹《與廖子晦書》：

《大學》又修得一番，簡易平實，次第可以絕筆。《四書
蒙引》卷一。

案：明蔡清《四書蒙引》卷一曰："又至庚申年，
七十一歲，易簀之前三日，尚修改《大學》'誠意'章。
而其戊午年與廖德明帖云：'《大學》又修得一番，簡
易平實，次第可以絕筆。'以此觀之，信乎是書之成久
矣。"《四書蒙引》卷二所載略同。戊午年乃慶元四年
(1198)。又，明呂柟《朱子抄釋》卷一作："先生捐館
前一月，以書遺廖子晦曰：'《大學》又修得一番，簡易
平實，次第可以絕筆。'"所云年月有誤。

朱熹《答廖子晦》：

陳君全未有用心處，相見殊未有益。近時後生多只
如此，難可以向上事期望之。只如老蘇，但爲學做些小語

言文字,直將聖賢之言兀然端坐終日讀了七八年。今人說要學道,乃不曾略挤得旬月工夫讀一卷書,不曾成行記得。如此而望有成,吁,亦難矣!《晦庵文集》卷四五。

　　案:本書撰時未詳。書中所云陳君,疑指陳希真,慶元五年(1199)七月中來訪。《年譜長編》卷下。

廖德明《與朱元晦書》:

有本原,有學問。《朱子語類》卷一一三。

　　案:《朱子語類》卷一一三載:"廖子晦得書來云:'有本原,有學問。'某初不曉得,後來看得他們都是把本原處是別有一塊物來模樣。聖人教人,只是致知格物,不成真箇是有一箇物事,如一塊水銀樣,走來走去那裏。這便是禪家說'赤肉團上自有一箇無位真人'模樣。"下書(前此屢辱貽書)有云"來喻又疑《考異》中說韓公見道之用而未得其體,以爲亦若自謂根原、學問各有一種功夫者,此亦不然",知答本書。故推知本書約撰於慶元五年末、六年初。

朱熹《答廖子晦》:

前此屢辱貽書,有所講論,每竊怪其語之不倫,而未能深曉其故,只據一時鄙見所未安處,草草奉答,往往只是說得皮膚,不能切中其病,所以賢者亦未深悉,而猶有今日之論也。此雖微陋疏率之罪,然因此却得左右明辨力扣,敷述詳明,然後乃能識得前後所説之本意,而區區愚見,亦因得以自竭,非小補也。

蓋詳來喻,正謂日用之間別有一物光輝閃爍,動蕩流轉,是即所謂"無極之真"、所謂"谷神不死"。二語皆來書所引。所謂無位真人,此釋氏語,正谷神之酋長也。學者合下便要識得此物,而後將心想象照管,要得常在目前,乃爲根本功夫。至於學問踐履,零碎湊合,則自是下一截事,與此粗細迥然不同。雖以顏子之初鑽高仰堅、瞻前忽後,亦是未見此物,故不得爲實見耳。此其意則善矣,然若果是如此,則聖人設教,首先便合痛下言語,直指此物,教人著緊體察,要令實見,著緊把捉,要常在目前,以爲直截根原之計。而却都無此説,但只教人格物致知、克己復禮,一向就枝葉上零碎處做工夫,豈不誤人枉費日力耶?《論》、《孟》之言平易明白,固無此等玄妙之談。雖以子思、周子喫緊爲人,特著《中庸》、《太極》之書以明道體之極致,而其所説用功夫處,只説擇善固執、學問思辨而篤行之,只説"定之以中正仁義而主靜"、"君子修之吉"而已。未嘗使人日用之間,必求見此天命之性、無極之真而固守之也。蓋原此理之所自來,雖極微妙,然其實只是人心之中許多合當做底道理而已。但推其本,則見其出於人心,而非人力之所能爲,故曰天命。雖萬事萬化,皆自此中流出,而實無形象之可指,故曰無極耳。若論功夫,則只擇善固執、中正仁義便是理會此事處，非是別有一段根原功夫又在講學應事之外也。如説求其放心，亦只是説日用之間收斂整齊，不使心念向外走作，庶幾其中許多合做底道理漸次分明，可以體察，亦非捉取此物藏在胸中，然後別分一心出外以應事接物也。

來書又云，事事物物皆有實理，如仁義禮智之性，視聽言動之則，皆從天命中來，須如顔、曾洞見全體，即無一不善。此説雖似無病，然詳其語脉，究其意指，亦是以天命全體者爲一物之渾然，而仁義禮智之性、視聽言動之則，皆是其中零碎查滓之物，初不異於前説也。至論所以爲學，則又不在乎事事物物之實理，而特以洞見全體爲功。凡此似亦只是舊病也。且曰洞見全體而後事無不善，則是未見以前未嘗一一窮格以待其貫通，而直以意識想象之耳。是與程子所訶對塔而説相輪者何以異哉？

來喻又疑《考異》中説韓公見道之用而未得其體，以爲亦若自謂根原、學問各有一種功夫者，此亦不然。前日鄙意正爲韓公只於治國平天下處用功，而未嘗就其身心上講究持守耳，非病其不曾捉得此物藏在懷袖間也。此是學問功夫徹上徹下細密緊切處，向使不因來喻之詳，終亦未覺其病之在是。今幸見得，不是小事。千萬詳看此説，子細尋繹，更推其類，盡將平生所認有相關處一一勘驗，當自見得。如有未契，更宜反覆，不可容易放過也。

安卿之病正亦坐此，向來至此，説得既不相合，渠便藏了，更不説著，遂無由與之極論，至今以爲恨。或因與書，幸亦以此曉之，勿令久自拘縶也。

大顛問答，初疑只是其徒僞作，後細思之，想亦有些彷彿。計其爲人山野質樸，雖不會説，而於修行地位做得功夫著實，故其言語有力，感動得人。又是韓公所未嘗聞，而亦切中其病，故公既聞其語，而不覺遂悦之也。然亦只此便見得韓公本體功夫有欠闕處，如其不然，豈其自無主宰，只被朝廷一貶、異教一言而便如此失其常度哉？此等處極不可草草看過，更宜深體之也。其餘已具見於《考異外集》卷中者，今不復論。然若不得此碑，亦無由見得許多曲折也。

坡公海外意況，深可歎息。近見其晚年所作小詞，有"新恩雖可冀，舊學終難改"之句，每諷詠之，亦足令人慨然也。二詩亦未甚曉，不敢又便率然奉答。然恐亦只是舊來意思，但請只就前説觀之，恐亦可自見得矣。蓋性命之理雖微，然就博文約禮實事上看，亦甚明白，正不須向無形象處東撈西摸，如捕風繫影，用意愈深而去道愈遠也。《晦庵文集》卷四五。

案：書中有言"如有未契，更宜反覆，不可容易放過也。安卿之病正亦坐此，向來至此，説得既不相合，渠便藏了，更不説著，遂無由與之極論，至今以爲恨"，據陳淳《竹林精舍録後序》云其"自辛亥夏送別先生於沈井之後，……至乙未冬，始克與妻父同爲考亭之行，十一月中澣到先生之居，即拜見於書樓下之閣内。……越明年庚申正月五日，拜别而歸”。《北溪大全集》卷一〇。故推知本書約撰於慶元六年（1200）春中。

《朱子語類》卷一一三載：“安卿問：‘前日先生與廖子晦書云：“道不是有一箇物事閃閃爍爍在那裏。”固是如此，但所謂“操則存，捨則亡”，畢竟也須有箇物事。’曰：‘操存只是教爾收斂，教那心莫胡思亂想，幾曾捉定有一箇物事在裏。’”此段問答又載於《朱子語類》卷一一七。所云“前日先生與廖子晦書”，當在陳淳五年十一月到朱熹之居前，失傳。

廖　倈

廖倈，字季碩，開封（今屬河南）人。乾道五年（1169）鄭僑榜同進士出身，開禧二年（1206）正月，以軍器少監兼國史院編修官。《南宋館閣録續録》卷九。

朱熹《答廖季碩倈》：

久不聞動靜，正此馳情，漕臺使至，忽辱惠問。獲審比日熱暑，關決有相，台候萬福，爲慰爲感。誠齋薦語精當，真無愧詞。第顧衰蹤不足爲重，而恐或反爲累耳。

《西銘》首論天地萬物與我同體之意，固極宏大，然其所論事天功夫，則自"于時保之"以下方極親切。承喻日誦此書，計必有以深得乎此矣。戴在伯向見朋友間多稱之，恨未之識也。《晦庵文集》卷四九。

案：書中云及"誠齋薦語精當，真無愧詞。第顧衰蹤不足爲重，而恐或反爲累耳"，乃《宋史》卷四三三《楊萬里傳》中所云："王淮爲相，一日問曰：'宰相先務者何事？'曰：'人才。'又問：'孰爲才？'即疏朱熹、袁樞以下六十人以獻，淮次第擢用之。"據于北山《楊萬里年譜》，楊萬里上《淳熙薦士錄》於左相王淮，薦朱熹、袁樞等六十人，係於淳熙十二年八月。蕭東海《楊萬里年譜》同。然書中言及"比日熱暑"，故推知本書約撰於是年（1185）六月間，則《楊萬里年譜》將楊萬里上《淳熙薦士錄》係於八月，似不確。

朱熹《答廖季碩》：

比兩辱書，良以爲慰，又深愧感。尤異登聞，士友咸喜。修塗逸駕，自此其可量耶！累書下問勤懇，顧何愛於一言？但欲以其所以自信自守者爲獻，則誤賢者於迂闊而不可行之地；欲舍其所以自信自守者爲說，則又不知所以言也。是以久而不知所以對。惟高明之有以擇焉，則於此二柄其必有所處矣。《晦庵文集》卷四九。

案：本書撰時未詳。書中言及"尤異登聞，士友咸喜"，疑在上書（久不聞動靜）後。又書中有"比兩辱書"、"累書下問勤懇"云云，推知當與上書相隔稍久，疑在淳熙十三年（1186）後。

朱熹《答廖季碩》：

熹衰晚遭此大禍，痛苦不可爲懷。請祠得歸，已及里門矣。去家益近，觸目傷感，尤不易堪也。見剛之詞，三復悚歎，足見屬志之篤。至於見屬之意，則有所不敢承也。誠齋直道孤立，不容於朝，然斂其惠於一路，猶足以及人也。知有講評之樂，尤以歆羨。越上親朋久不聞問，泰州計亦不久當受代，乃有悼亡之悲，人生信鮮歡也。《晦庵文集》卷四九。

案：紹熙二年正月下旬，朱熹長子朱塾卒，四月末請祠自漳州而歸，五月二十四日歸抵建陽，寓居焉。《年譜長編》卷下。本書中云"熹衰晚遭此大禍，痛苦不可爲懷。請祠得歸，已及里門矣"，故推知其約撰於是年（1191）五月下旬。

林　補

林補，字退思，永嘉（今屬浙江）人。《儒林宗派》卷一〇。餘未詳。

朱熹《答林退思》：

　　某區區之見，亦惟以儒者職分實不易盡。今之學者，皆有小器易盈之患，於所當知，或聞而不講，或講而不精，是以見道不全，而應用有闕。用是憤悱，不遑自安，懼所見之有偏，則所至之不遠。反復聖賢之典，泛參百氏之書，師事名儒以證所疑、以質所見，庶幾識斯道之全體、明入德之大方。事有大變，則有以處之；時有大幾，則足以應之。顧瞻海內之君子，自治嚴密，規摹廣大，而進修不已，體用兼該，本末具舉，惟先生一人。今屈於貧困，寸步不能自致，不獲以酬其所欲。身雖在此，而心則在函丈也。某在天地間甚不足道，亦知不肯爲小人儒。慨念往古，道學素明，到春秋時，賢士大夫議論與夫經理其國，尚有標置。正學既晦，人物便不耐檢點。資稟粹溫者間有暗合古人仁心處，尚足以維持國體，使意脈未絕；資稟奇偉者間有暗合古人仁政處，尚足以把持事務，使世變未極。更要進前擔負，自應是去不得。此某所以欲汲汲講究成己之仁、成物之知，庶幾識古人所謂大學者。今以乏財，不得進拜函丈，誰其成就之？律曆、兵法，要識端涯，莫指其蹤。古今損益大變，職分所當急，朝夕看諸儒之論，以己見揣摩，迄不知其旨。鄉間諸賢無有收而教之者，只得將《六經》涵泳耳。

　　某聞明學問之全體，而後可以底夫大成，蓋知至其所至而不能終其所終者有矣，未有不知至其所至而能終其所終者也。孔門之高弟，若子夏、子游、子張，止於有聖人一體，則造夫全體者，寧有幾人？然全體之不知，則有同門異户之患，雖欲有其一體，不可得矣。古之君子所以終日孜孜，惟恐學不足以知性命之正，才不足以成天下之務，識不足以周萬物之情者，以爲不如是則有所偏倚，而無以立乎其大者也。大者之不立，猶不登泰山，無以見天下之小，不遊大海，無以見衆流之同歸一源。所存既卑，安藜藿之甘，難語太牢之味。固有以聰明爲障，思慮爲賊，自以爲見性成佛，終不明寂然不動之體也。以智力之所操持、謀略之所駕馭，自許以致功立業，終不明行所無事之知也。涉獵先民之論，泛觀古今之書，自許以博學多聞，終不知"皮之不存，毛將焉傅"也。夫是之謂無以立乎其大者也。若知從事於其本，而以道之全體爲準的，則學足以知性命之正，必通乎死生之説，而異端不能惑矣；才足以成天下之務，則坦然見王道之易行，不至於不以堯之所以治民者治民矣；識足以周萬物之情，則所識前言往行，無非畜德，不至泛濫無統，迄無立身之地矣。君子反經而已，經正，則由天下之正路而業可大也，德可新也。血氣有盛衰，而與生俱生者，未嘗變也；所遇有窮達，在我未嘗有加損也。智及乎此，則可與造全體矣。某雖昏蒙，尚知自勉，追懷古人，夫豈無志？今世英才，誰肯自卑？今欲考百氏之同異，收斂其偏，以求其全，鄉居僻陋，書册無所取；欲廣交四方之名人，合其所長，用以自反，貧窶無資，寸步不能自致。深慮日月易流，有負初志，結茅爲庵，以退爲名，奉親之暇，涵泳《六經》，退省乎日用之間，自求日新之功，庶乎有得焉耳。敢望先生發揮其義。

來示備悉。學者之志，固不可不以遠大自期，然觀孔門之教，則其所從言之者，至爲卑近，不過孝弟忠信、持守誦習之間，而於所謂學問之全體，初不察察言之也。若其高弟弟子，多亦僅得其一體。夫以夫子之聖、諸子之賢，其於道之全體，豈不能一言盡之，以相授納，而顧爲是拘拘者以狹道之傳、畫人之志，何哉？蓋所謂道之全體雖高且大，而其實未嘗不貫乎日用細微切近之間，苟悅其高而忽於近、慕於大而略於細，則無漸次經由之實，而徒有懸想跂望之勞，亦終不能以自達矣。故聖人之教循循有序，不過使人反而求之至近至小之中。博之以文，以開其講學之端；約之以禮，以嚴其踐履之實，使之得寸則守其寸，得尺則守其尺。如是久之，日滋月益，然後道之全體乃有所鄉望而漸可識，有所循習而漸可能。自是而往，俛焉孳孳，斃而後已。而其所造之淺深、所就之廣狹，亦非可以必詣而預期也。故夫子嘗以先難後獲爲仁，又以先事後得爲崇德。蓋於此小差，則心失其正，雖有鑽堅仰高之志，而反爲謀利計功之私矣，仁何自而得，德何自而崇哉？聊誦所聞，以答下問之意。至於庵記大字之需，則非學之急，亦老懶之所不暇也。舒大夫向嘗相見於會稽，所論未合，今想其學益有成矣。聞其政亦甚佳，有本者固如是也。不及爲書，因見幸略道意。《晦庵文集》卷六二。

案：朱熹《答黃直卿》(《禮書》便可下手抄寫)有云“永嘉林補字退思者，亦暫來，其人甚敏，然都不曾讀聖賢書，只一味胡走作，甚可惜也”，《晦庵文集》續集卷一。與本書教導林補讀書云云相關。本書録林補言“顧瞻海内之君子，自治嚴密，規摹廣大，而進修不已，體用兼該，本末具舉，惟先生一人。今屈於貧困，寸步不能自致，不獲以酬其所欲。身雖在此，而心則在函丈也”，乃屬初通書之語。《答黃直卿》撰於慶元四年三月末或稍後，故推知本書約撰於三年(1197)或稍前。

朱熹《答林退思補》：

知讀書有漸，甚善甚善。但亦須且讀一書，先其近而易知者，字字考驗，句句推詳，上句了然後及下句，前段了然後及後段，乃能真實該徧，無所不通，使自家意思便與古聖賢意思泯然無間，不見古今彼此之隔，乃爲真讀書耳。《晦庵文集》卷六二。

案：本書疑撰於林補來武夷問學以後，或在慶元四年(1198)中。

林成季

林成季,字井伯,莆田(今屬福建)人。林艾軒從子。有學行,從朱熹游。趙汝愚禮爲上客,每事必咨。官興國軍判官。《閩中理學淵源考》卷八。

朱熹《答林井伯》:

示喻福公令孫好學之意,甚慰鄙懷。昨擇之書來,亦嘗及此。遺書中間編得草本,未曾寫净。兼亦止是記得諸公行事大略,若欲究其學問根源,則不如讀其所著之書爲有益也。伊川先生多令學者先看《大學》,此誠學者入德門户。某向有《集解》兩册,納呈福公。其間多是集諸先生説,不若且看此書。其間亦有少未安處,後來多改動,且夕別寫得,當寄去換舊本也。

陳公令孫之字謂何? 幸批報。《近思録》亦好看,煩并爲説達之也。《晦庵文集》別集卷四。

案:朱熹《與陳丞相書》(竊聞侍祠之詔至于再三)有云"井伯書云,廉夫有學《易》之意",《晦庵文集》卷二七。即本書所云之"示喻福公令孫好學之意"。《與陳丞相書》撰於淳熙九年(1182)九月以前,則推知本書約撰於一時先後。

朱熹《答林井伯》：

錄示《氣訣》，極荷留念，不知曾試如此行持否？效驗果如其說否？然尚有一二處未盡曉，異時須面扣也。福公書來，亦說不成爲三山之行，可見審重之意。又蒙寄惠武夷長句，平易宏深，真有德者之言也。欲作書和韻，附此便致謝，以"雯"字韻險，捏合未成，且俟後便。恐因見次問及，幸爲道此意也。

趙帥進職因任，可喜。但聞開湖事都下亦頗紛紛，人之多言，真可畏也。《晦庵文集》別集卷四。

案：趙帥指知福州趙汝愚。據《淳熙三山志》卷二二，趙汝愚於淳熙九年五月以集英殿修撰知福州，十一年五月進敷文閣待制，仍知福州，十二年十二月移四川制置使。本書中言"趙帥進職因任"，故推知其約撰於十一年（1184）五、六月間。

朱熹《答林井伯》：

某去秋今春兩次大病，今夏第三女子得疾，療治驚憂，凡百餘日，竟不可救。老懷傷痛，不可堪忍，病軀緣此愈見衰弱，奄奄度日，無復生意。江西之除，雖感聖恩，然形神如此，豈復更堪仕宦？已申省懇辭矣。萬一未遂，臨期須力請，以得爲期也。通老所言極荷留念，成都事已報過，未知果如何？若真有此，可謂疏脫，幕府諸人亦不得爲無過矣。擇之去住不知如何，正恐子直亦不自安也。

《晦庵文集》別集卷四。

案：淳熙十四年七月中，朱熹第三女卒，《年譜長編》卷下。本書言及"今夏第三女子得疾，療治驚憂，凡百餘日，竟不可救"，故推知其約撰於是年(1187)秋、冬間。

朱熹《答林井伯成季》：

某碌碌如昔，近旬日來，訟牒頓希，可以藏拙。但經界指揮未下，不知竟如何。昨夕地再震，不知彼中如此否？趙帥有來期未？此但聞帥司已發牌印去，它則無所聞也。經界若行，欲挽退翁、仲則一來。但其地皆煙瘴之鄉，不知二君肯一來否？煩爲微扣之，別有有精神、耐勞苦、肯任事而能戢吏愛民者，不妨更爲尋訪喻及。此或亦專人去約□誠之。此不厭人多，分頭勾當，庶事易集也。
《晦庵文集》別集卷四。

案：朱熹《與留丞相劄子》(熹輒有誠懇)有云"前九月中，州境屢有地震之異，未及自劾以聞。……又況所請罷科茶錢、無額經總之屬，皆久不蒙開允，經界聞亦有陽爲兩可而陰實力沮之者"，《晦庵文集》卷二八。而本書中言"但經界指揮未下，不知竟如何。昨夕地再震"，故推知本書約撰於紹熙元年(1190)九月間。

朱熹《答林井伯》：

承喻諸賢肯來之意，尤以愧荷。但指揮至今未下，聞有陽操兩可而陰實力沮之者。此雖兩郡貧民之不幸，然使區區之願不讎，則亦拙者無窮之恨也。蔡、周諸君雖未識之，然既爲賢者所稱，已筆之於簡矣。惠安文字，此正以皋事之故，不敢數與之通問，無由可致力也。某前月脚氣大作，兩旬然後愈。又苦臂痛，中間小愈，今復大作，作字如此，它況可知。它不可意者甚多，已專人求去矣。《晦庵文集》別集卷四。

　　案：上書（某碌碌如昔）有云"經界若行，欲挽退翁、仲則一來"，本書乃云"承喻諸賢肯來之意，尤以愧荷。但指揮至今未下，聞有陽操兩可而陰實力沮之者"，知承其後。又朱熹《與留丞相劄子》（熹輒有誠懇）有云"經界聞亦有陽爲兩可而陰實力沮之者，只今已近冬至，更五十日即是新春，設使便蒙施行，亦無日子可以辦集"，《晦庵文集》卷二八。而朝廷實於紹熙元年十一月二十六日令漳州經界措置施行，至二年正月九日朱熹方接指揮。《年譜長編》卷下。故推知本書約撰於元年十一月、十二月間。

朱熹《答林井伯》：

某衰病發歇不常，醫者以爲風氣，非脚氣，似亦有理。此數日來却幸小定，然亦未敢自保也。經界之命雖下，然已後時，恐妨農功，未敢下手，又不免費分疏。尚恐有避事飾詞之責，然亦無可奈何也。學古之薦，昨得帥書，嘗語及此。公論所在，人無異詞也。簡卿文字極荷不外，但某平生畏人來奪文字，亦自守不敢求知之戒，不敢以其所賤者施之於人，故未嘗敢作此等書。如學古亦只是自首薦之，未嘗為轉求也，千萬見亮為幸。《晦庵文集》別集卷四。

案：據朱熹《回申轉運司乞候冬季打量狀》，措置施行漳州經界指揮於紹熙二年(1191)正月九日方至漳州，《晦庵文集》卷二一。本書云及“經界之命雖下，然已後時，恐妨農功，未敢下手”，故推知其約撰於是月中下旬或稍後。

朱熹《答林井伯》：

某憂苦杜門，卜葬未定，忽叨收用之恩。顧此私計，實有未便，已力懇辭，勢必得之。此間築室之舉作未及一，已覺費支吾，甚悔始謀之不審也。臨漳紛紛，後來又不止此。薄德繆政，累及僚友，深以自愧。師中必已歸到，前日便人尚未回也。彼中諸朋友喜各安佳，便遽事冗，未及上狀，各煩致意。趙卿文字未得下筆，前日被潘恭叔來守乃翁志銘，略為草得一兩紙，便覺便旋白濁，夢寐不寧，此豈治筆硯之時哉！永嘉林復以墨來見，觀其所製，頗似可用。求書南遊，因附以此。朋舊間恐有可為可譽處，幸略道意。已深喻之，不敢有望於賢者矣。郡侯好事，或使知之亦佳。《晦庵文集》別集卷四。

案：朱熹紹熙二年九月下旬除荆湖南路轉運副使，十月九日上狀辭免，不允；十二月中，復辭，并以經界不行自劾。《年譜長編》卷下。本書中云及"某憂苦杜門，卜葬未定，忽叨收用之恩。顧此私計，實有未便，已力懇辭，勢必得之。……臨漳紛紛，後來又不止此。薄德繆政，累及僚友，深以自愧"，然未言及經界不行自劾事，故推知其約撰於是年十一月前後。

朱熹《答林井伯成季》：

餘干久不得書，日月愈遠，令人傷歎。山谷語云："歸來兮逍遙，西江波浪何時平？"真可以泣鬼神也。《晦庵文集》別集卷一。

案：餘干，指趙汝愚。其慶元元年二月罷相；七月落觀文殿大學士，罷宫觀；十一月責授寧遠軍節度副使，永州安置；二年正月卒。《宋史·寧宗紀一》。本書有云"餘干久不得書"，而未及罷祠行遣事，故推知其約撰於慶元元年（1195）夏中。

朱熹《答林井伯》：

某向來一出，略無補報，罷逐而歸，祇以自愧。還家初亦粗遣，至此夏初，痼疾復動，遂大狼狽。意必不全，亟遣告老，人行已五六十日，尚未有處分。然病軀却幸少蘇，未知竟何如也。餘干屢得書，處之甚安，亦殊不易。

擇之昨日自彼歸過此,尤能道其曲折。始者風波甚可駭愕,今却少定,不知事且止於此耶?或更未已也?相看狼狽,不能仰首一鳴,深負憂愧。子約一舉却甚奇特,令人歎服也。《晦庵文集》別集卷一。

案:上書(餘干久不得書)有云"餘干久不得書,日月愈遠,令人傷歎",本書乃云"餘干屢得書,處之甚安,亦殊不易",知承其後。又朱熹於慶元元年五月上章乞致仕。《年譜長編》卷下。本書又言"至此夏初,痼疾復動,遂大狼狽。意必不全,亟遣告老,人行已五六十日,尚未有處分",故推知其約撰於是年七月間。

朱熹《答林井伯》:

衡陽之報,令人悲痛。所幸便蒙歸骨之恩,今當次第在道矣。前日走寒泉,與韜仲父子聚哭之,極不能為懷也。既無廷試,從者歸期想亦不遠,莫須更為過餘干否?子欽後來相見否?幾道亦當赴部,今或已到,必相見也。某詞職得請,私義粗安。若命懸庖廚,則非人力所能避矣。鄉樞相見,有何言句耶?因遣人上謝表附此,草草。《晦庵文集》別集卷一。

案:書中所云"衡陽之報",指趙汝愚慶元二年正月二十日卒於衡陽。《道命錄》卷七上。二月辛酉(十一日),"詔追復趙汝愚官,許歸葬"。《宋史·寧宗紀一》。本書中言"衡陽之報,令人悲痛。所幸便蒙歸骨之恩,今當次第在道矣。……既無廷試,從者歸期想亦不遠,莫須更爲過餘干否",故推知其約撰於二年(1196)二月中下旬或稍後。

朱熹《答林井伯》:

某今年頓覺衰憊異於常時,百病交攻,支吾不暇,服藥更不見效,只得一兩日靜坐不讀書,則便覺差勝。但魔障未除,不容如此。兩日偶看《長編》,至燕雲事,便覺胸次擾擾,如在當時廟堂邊境之人,甚可笑也。閩中一歲而喪三雋,皆未老而遽化。近又聞子約之喪,貶死異鄉,尤足傷悼,想聞之亦爲悵然也。鄭公得請奉祠,歸享甲第之勝,想不復以當世爲念矣。自其開府之初,得一通問,後恐蹤迹累人,不敢再遣。今却不可不致書,輒有一緘,外題只納左右處,幸攜見面納之,免思憂慮。渠向書來,亦只封與詹元善,蓋恐人之知之也。《晦庵文集》別集卷四。

案:吕祖儉卒於慶元四年七月,本書云及"近又聞子約之喪",而未及蔡元定之卒,故推知其約撰於是年(1198)八月或稍後。

朱熹《答林井伯》:

閑中何以閲日?想不廢探討之功。伏臘之計,不至入思慮否?來春當復爲一出計否?風波渺然,未知所止泊也。某去年不甚病，今春乃大作，幾不能起。廖子晦到此見之，經由相見，必當語及也。今幸且能喫飯讀書，然明年便七十矣，來日能復幾何？不知不覺輥到此窮極處，亦可笑也。餘干久不得書，今年爲黃子由、徐子宜觸動機關，又復飜騰一上，未知何時得平静也。仁里諸賢想各安佳，草堂想論著不輟。今年病中，看性理文字不得，僅繙得一二小小文書。有未識來歷處，欲質所疑而不可得，殊鄉往也。師是兄弟爲况如何？師中想非久赴官矣。履之亦相聚否？別後所進何業也？《晦庵文集》別集卷四。

　　案：書中有云"來春當復爲一出計否？風波渺然，未知所止泊也。某去年不甚病，今春乃大作，幾不能起。……今幸且能喫飯讀書，然明年便七十矣"，故推知其約撰於慶元四年秋、冬間。

林大春

　　林大春，字熙之，號憴齋，福州古田（今屬福建）人。家世宗尚理學，"嘗題十六字云：仲尼再思，曾子三省，予何人也，敢不修整"。《閩中理學淵源考》卷一七。林用中初學於林大春，後從朱熹。《晦庵文集》別集卷五《答林師魯》。

朱熹《答林熙之》：

　　《易·文言》"德不孤"，正是發明"大"字意思。謂德盛者,得之矣。然"與物同",亦是此意。試玩"敬義立而與物同"之意,當得之,恐不可云"只是説與物同"也。《晦庵文集》卷四九。

案:本書撰時未詳。《書信編年》係於乾道三年(1167)。待考。

朱熹《答林熙之》:

去冬枉顧,幸得數日款奉名理,感慰之深,所恨空疏,無以少助潛思之妙耳。奉告,承別來春暖,德履萬福,爲慰爲慰。第聞師魯遽不起疾,深爲悲惋。美才高志,未克有成,既足深惜,而朋從零落,道學寡助,此尤深可憂也。想惟平日切磋義重,有不易處者,奈何奈何! 喻及仁説,大概得之。但所謂三者皆心,似便指作仁體,此似不安。又謂推而上之,尤覺間隔有病。莫若只於"敬"字加功,久之自然當處見得,不用如此臆度,轉見汗漫支離,不精切也。《詩》之比興,舊來以《關雎》之類爲興,《鶴鳴》之類爲比,嘗爲之説甚詳。今此本偶爲人借去,未及錄呈。大概興詩不甚取義,特以上句引起下句,亦有取義者。比詩則全以彼物譬喻此物,有都不説破者,有下文却結在所比之事上者,其體蓋不同也。上蔡言學《詩》要先識六義而諷詠以得之,此學《詩》之要。若迂迴穿鑿,則便不濟事矣。不識高明以爲何如?《晦庵文集》別集卷五。

案:據朱熹《祭雲谷文》,林師魯卒於乾道五年初,《晦庵文集》别集卷七。本書中言及"去冬枉顧",又言"第聞師魯遽不起疾,深爲悲惋",則知其撰於五年(1169)春。

林光朝

林光朝(1114—1178),字謙之,興化軍莆田(今屬福建)人。"聞吳中陸子正嘗從尹焞學,因往從之游,自是專心聖賢踐履之學,通六經,貫百氏,言動必以禮,四方來學者亡慮數百人。南渡後,以伊洛之學倡東南者自光朝始"。隆興元年(1163)進士及第。歷著作佐郎兼禮部郎官,乾道八年(1172)進國子司業兼太子侍讀。出爲廣西提點刑獄,移廣東,徙轉運副使,加直寶謨閣,召拜國子祭酒兼太子左諭德。淳熙四年(1177)除中書舍人,以集英殿修撰出知婺州,引疾提舉興國宮。淳熙五年卒,年六十五。《宋史》卷四三三有傳。

朱熹《答林謙之光朝》:

兹承祗召還朝,不獲爲問以候行李。伏奉黃亭所賜教帖,恭審執御在行神相,起居萬福,感慰之至。比日伏想已遂對揚,從容啓沃,必有以發明道學之要,切中當世之病者,恨未得聞。至於不次之除、非常之數,則不足爲執事道也。

　　熹愚不適時，自量甚審，所願不過力田養親，以求寡
過而已。所謂趨赴事功，自當世賢人君子事，豈熹所敢議
哉？過蒙諄譬，荷愛之深，書尾丁寧尤爲切至。屬數日前
已申祠官之請，聞命不早，雖欲奉教而不可得矣。抑熹久
欲有請於門下，而未敢以進。今輒因執事之問而一言之：

　　蓋熹聞之，自昔聖賢教人之法，莫不使之以孝弟忠
信、莊敬持養爲下學之本，而後博觀衆理，近思密察，因踐
履之實以致其知。其發端啓要，又皆簡易明白，初若無難
解者，而及其至也，則有學者終身思勉而不能至焉。蓋非
思慮揣度之難，而躬行默契之不易。故曰："夫子之文章
可得而聞也，夫子之言性與天道不可得而聞也。"夫聖門
之學所以從容積累，涵養成就，隨其淺深，無非實學者，其
以此與？今之學者則不然，蓋未明一理而已傲然自處以
上智生知之流，視聖賢平日指示學者入德之門至親切處
例以爲鈍根小子之學，無足留意。其平居道説，無非子貢
所謂不可得而聞者，往往務爲險怪懸絶之言以相高。甚
者至於周行却立，瞬目揚眉，内以自欺，外以惑衆。此風
肆行，日以益甚，使聖賢至誠善誘之教反爲荒幻險薄之
資，仁義充塞，甚可懼也。

　　熹緜力薄材，學無所至，徒抱憂歎，末如之何。竊獨
以爲非如執事之賢，素爲後學所觀仰者，不能有以正而救
之，故敢以爲請。執事誠有意焉，則熹雖不敏，且將勉策
駑頓以佐下風之萬一，不識執事亦許之否乎？謹此布聞，

因謝先辱。餘惟爲道自重，以慰後學之望。上狀不宣。
《晦庵文集》卷三八。

案：據周必大《林光朝神道碑》，林光朝"改左承
奉郎、知永福縣。大臣論薦不已，召試館職。乾道五
年七月，遂入爲秘書省正字兼國史編修、實録檢討
官"。《艾軒集》卷一○。又《宋會要輯稿·選舉》三一
之二三云乾道"五年六月十九日，詔左承事郎林光朝
召試館職"。知是年（1169）六月林光朝赴召途徑黃
亭時，未能晤見朱熹，故留劄而去。本書乃答書，因
有言"比日伏想已遂對揚，從容啓沃"，故推知其當撰
於七月中。林光朝留劄佚。

林光朝《與朱編修元晦》：

前此數得來書，每祝耕老有五夫便人去，令來取書，
因循如許，言之愧甚。去年過黃亭，只相隔得三二日，所
欲道者亦何數，唯耿耿。比承除書之下，此在公論以爲太
遲，不知賢者出處自有時，直道之信，善類增氣。見教"恭
而安"數語，乃是從根株上説過來。別後對此如一對面
語，但所謂與虞仲達及此一節，更記憶不上。是日説數件
話，當不止此耳。林用中聞以館舍處之，得質正所聞而求
所未聞，甚善。復之到官已三月，偶痰唾中有血雜出，令
人憂懸也。《艾軒集》卷六。

案：本書乃答朱熹書，有"去年過黃亭"之語，知

其撰於乾道六年。又，復之爲劉朔字，莆田人。乾道六年二月除秘書省正字，閏五月因疾除福建安撫司參議官。《南宋館閣錄》卷八。六月卒，年四十四。葉適《水心集》卷一六《著作正字二劉公墓誌銘》。本書云"復之到官已三月"，故推知其撰於是年(1170)五月間。

林　枅

林枅(？—1192)，字子方，莆田(今屬福建)人。紹興二十一年(1151)趙逵榜進士出身。淳熙元年(1174)元年六月除校書郎，二年六月知信州。《南宋館閣錄》卷八。後提舉廣東常平鹽茶，移使江西，改知泉州，徵爲吏部郎，改知福州，《福建通志》卷四四。紹熙三年九月卒。《淳熙三山志》卷二二。

朱熹《答林子方》：

比嘗顓使拜書，伏承誨答，所懇牓文，亦蒙留念，感幸不可言。區區此來所苦萬狀，僅了今春荒政，即欲丐祠以歸。而所部皆以旱告，蓋去歲之災所不及處無不病者，而衢、婺荐凶，公私匱竭，尤未知所以爲計。獨念貴境猶可告糴，已請於朝，降本收糴。且散牓自廣以東諸州，以招誘之矣。恐番禺以西更有出米通販去處，謹復具公移，并以牓文三百道仰累頤指，散下曉諭，不勝幸甚。此米到得

四明,尚須般運,方得至衢、婺,正自不易爲力。鼠伎已
窮,日夕憂懼。高明有可以見教者,深所欲聞。切望因風
指示一二,幸甚。《晦庵文集》別集卷五。

案:朱熹於淳熙八年末任職提舉浙江常平,九
年七月去職歸。《年譜長編》卷上。本書中云"區區此
來所苦萬狀,僅了今春荒政,即欲丐祠以歸",故推知
其當撰於九年(1182)春間。

朱熹《答林子方枅》:

伏奉賜教,恭審即日春和,吏部郎中節傳所臨神相,
台候起居萬福,至感至慰。但區區本欲一走前路謁見,少
償夙昔之願,已托徐丞遣人見報。日今未至,而來使及
門,則云台斾已從東路而上矣。此亦有山路可至大湖,但
衰病之軀,兩三日來飲食失節,氣痞腹痛,似是所服腳氣
之藥多有涼性,以致如此。復此山雨,陰寒薄人,勢不容
進。引領旌纛,徒切馳情。失此一見之便,台坐徑躋華
要,而賤迹跧伏窮山,出處不齊,何由復遂鄙願?所冀益
懋德業,有以振起末俗衰懦之氣,使吾黨之士與有光焉,
則亦不必同堂合席然後爲相見也。頒惠茶藥,極感厚意。
方意極佳,服之有效,別當致謝也。《晦庵文集》別集卷五。

案:書中言"吏部郎中節傳所臨神相",又言"則
云台斾已從東路而上矣。……失此一見之便,台坐
徑躋華要",似指林枅自閩徵爲吏部郎,北上途經建

陽事。史載淳熙十三年十二月，"知泉州林枅言"云云。《宋會要輯稿·兵》一九之三三。十四年六月八日，"詔朝奉大夫林枅屢更事任，具著勤勞，除直祕閣、福建轉運判官"。《宋會要輯稿·職官》六二之二六。紹熙元年正月，林枅以朝請大夫、直煥章閣任江東轉運判官，十二月内改知明州。《景定建康志》卷二六。紹熙二年十月，林枅以朝請大夫、直徽猷閣知福州；三年九月，卒。《淳熙三山志》卷二二。因淳熙十五年初有旨趣朱熹入朝奏事，三月中朱熹啓程赴臨安，七月歸。《年譜長編》卷下。故推知林枅乃自福建轉運判官任上徵爲吏部郎，時在淳熙十六年中。又本書中有云"恭審即日春和"，故知本書撰於十六年(1189)二、三月間。

朱熹《與林安撫 名枅，字子方》：

竊聞開府以來，蠲除逋負以大萬計，號令所下，至簡而嚴，是以舉措不苟而人自不犯。方地數千里，吏畏民安，近歲所未有也。區區仰德，爲日固久，而究觀規摹，斂衽心服，則自今始。乃蒙垂問見聞所及，又有以見高明之度不自賢智乃如此，尤以歎仰。苟有所懷，安敢不盡？顧實未有以塞訪逮之勤耳。又承詢及所知，別紙具稟。恨所識不多，未足以副好賢樂善之意也。《晦庵文集》續集卷五。

案:《淳熙三山志》卷二二云林栖於紹熙二年十月以朝請大夫、直徽猷閣知福州，三年九月卒。本書中有云"竊聞開府以來，蠲除逋負以大萬計，號令所下，至簡而嚴"，當在其知福州不久，故推知本書約撰於二年(1191)末。

朱熹《答林子方》:

伏見大禮赦書有薦士之文，而鄉人之議，欲以布衣曹南升爲請，如熊左史諸長者皆已列名具狀，而某亦已書其後矣。某與之遊爲最久，知其人爲最深。蓋其學問不爲空言，舉動必循正理，識慮精審，才氣老成。雖自中年即謝場屋，而安常務實，不爲激發過中之行，本實當世有用之才，非但狷介一節之士也。昨陳正獻公作帥之日，嘗欲論薦，會以移鎮不果，論者至今惜之。若蒙臺慈參考眾言，察其行實，以時列上，使得稍被朝廷招徠之選，足以見明使者爲國薦賢、不遺草澤之意，下使學士諸生有所矜式，興於廉遜，誠非小補。東臺王丈亦知其人，語次扣之，足以知鄙言之不妄也。《晦庵文集》別集卷五。

案:陳正獻公即陳俊卿，謚正獻，淳熙二年三月至四年七月間知福州。《淳熙三山志》卷二二。本書中云"昨陳正獻公作帥之日，嘗欲論薦，會以移鎮不果"，又云"若蒙臺慈參考眾言，察其行實，以時列上，使得稍被朝廷招徠之選"，則推知時當林栖任官福

州。又書中云"伏見大禮赦書有薦士之文",此"大禮
赦書"當指紹熙二年"冬十一月壬申日南至,合祭天
地于南郊,大赦天下"事。《宋史全文》卷二八。故推知
本書約撰於三年(1192)初。

林教授

林教授,名不詳,嘉興(今屬浙江)人。紹熙末爲信州
州學教授。

林教授《與朱元晦書》:

殿既訖功,將以来歲正月丁亥朔旦謁,守貳合羣吏率
諸生而釋菜以落之。前日之請,願卒有以賜之。《晦庵文
集》卷八○《信州州學大成殿記》。

案:朱熹《信州州學大成殿記》云:"紹熙五年秋
九月,熹自長沙蒙恩召還,道過上饒,其州學教授嘉
興林君某来見,請問所以爲學之意甚勤。"言及作新
州學大成殿,"儻遂有成,願得一言以記之"。是年
"歲晚還家,甫爾休息,而林君復以書来曰……",記
文撰於十二月辛巳。《晦庵文集》卷八○。據載,朱熹
於是年(1194)閏十一月二十六日離臨安,經衢州、玉
山,十二日抵信州上饒,至二十日歸考亭。《年譜長
編》卷下。而辛巳乃十二月二十五日,故推知本書約

撰於是月中旬末。

林恪

林恪,字叔恭,天台(今屬浙江)人。紹熙間從朱熹學。《朱子語類·姓氏》。

朱熹《答林叔恭》:

爲學只要致誠耐久,無有不得,不須別生計較、思前算後也。《晦庵文集》卷六○。

> 案:據《朱子語類·姓氏》,林恪乃紹熙四年(癸丑,1193)所聞。推知本書約撰於其前後。

林撰

林撰,字一之。《福建通志》卷三五載龍溪(今屬福建)人林撰,嘉定十六年(1223)特奏名。推知其約生於乾道九年(1173)前。當即此人。餘不詳。又朱熹《漳州延郡士入學牒》有云"前州學施學正允壽、石學正洪慶皆以耆艾之年,進學不倦,强毅方正,衆所嚴憚。林貢士易簡、李進士唐咨或究索精微,或持循雅飭,察其志行,久益可觀。貢士陳淳、太學生楊士訓齒雖尚少,學已知方"。《晦庵文集》別集卷九。林易簡亦字一之,龍溪人。然陳淳生於紹興二十三年（1153），而稱其"齒雖尚少，學已知方"，則推知林易簡時已壯歲，則與林攃時年方二十餘不合，當屬二人。《書信編年》以爲林攃疑爲林易簡之誤，似不確。

林攃《與朱元晦書》：

生物之心，我與那物同，便會相感。這生物之心，只是我底，觸物便自然感，非是因那物有此心，我方有此心。且赤子不入井、牛不觳觫時，此心何之？須常粧箇赤子入井、牛觳觫在面前，方有此惻隱之心。《朱子語類》卷一二○。

案：《朱子語類》卷一二○載陳淳所記曰："先生以林一之問卷示諸生，曰：'一之恁地沉淪，不能得超脱。他説"生物之心，……"無那物時，便無此心乎？又説義利作甚？此心才有不存，便錯了。未説到那義利處？'"據《朱子語類·姓氏》，陳淳所記乃紹熙元年（庚戌）所聞，故推知本書約撰於是年（1190）冬間。

朱熹《答林一之》：

二解垂示，足見別後進學之功。悲宄亡憀，未暇細考，然其大指似已多得之矣。但《西銘》中申生、伯奇事，張子但要以此心而事天耳。天命不忒，自無獻公、吉父之惑也。《集注》所疑亦甚精密，但天之生物不容有二命，只是此一理耳。物得之者，自有偏正、開塞之不同，乃其氣禀使然，此理甚明。程、張論之亦甚詳悉，可更詳考，當見其意。告子之失，乃是不合以生爲性，正是便認氣爲性，故其禀不能不同，此亦當更細消詳也。

二十五畝爲貢，恐是印本多"二十"字，此眼前事，不應如此之誤。至如實皆什一之説，記得亦用廬舍折除公田二十畝，如先儒之舊，但此却只説得百畝而徹耳。七十而助之法，則須就公田七十畝中剗除廬舍而實計，則亦可揍成什一。注中必是不曾説此一節，此間無本，檢不得。然此亦是大概依約，不見古法果如何，且當取其大指之略通可也。如來喻商人以七畝爲助，此語亦疏。蓋貢、助異法，貢則直計其五畝之入，自賦於官。助法則須計公田之中，八家各助七畝，只得五十六畝，其十四畝須依古法折除一家各得一畝若干步爲廬舍，方成八家各助耕公田七畝也。如謂熹説商人九分取一，周人十分取一，恐亦非熹本文。商人九分取一，除廬井則爲十分取一，如前所云，固自分明。周人則鄉遂溝洫，用貢法而自賦，自不妨十分取一。唯都鄙井田用助法，則爲九一。然如前説，去其廬井，則亦不害爲十之一矣，周人未嘗專用九一也。張子遺法不可見，李泰伯《平土書》集中有之，亦不在此。然此等姑緩之亦無害，正唯義理之大原與日用親切功夫不可不汲汲耳。《晦庵文集》卷五七。

案：書中云及"足見別後進學之功。悲宂亡憀，未暇細考"，則指朱熹在漳州時，林摅嘗來問學；此時朱熹因喪子辭任自漳州而歸,故推知本書當在紹熙二年五月末朱熹寓居建陽以後,約在是年(1191)秋、冬間。

朱熹《答林一之{揆}》:

疑問兩條,至誠之説固難躐等遽論,熹於《四子後序》中已略言之矣。"不謂性命",《集注》甚明,恐未詳考之過。宜且平心寬意;反復玩味,必當自見。或與朋友講之,亦必得其説也。《晦庵文集》卷五七。

案:本書重載於《晦庵文集》卷六四《答林質》。

《四子後序》指《書臨漳所刊四子後》,撰於紹熙改元臘月庚寅。書中述及"疑問兩條,至誠之説固難躐等遽論,熹於《四子後序》中已略言之矣",知在其後,故推知本書約撰於紹熙三年(1192)前後。

朱熹《答林一之》:

所示疑義,悉已附注鄙見於其下。大抵向來見賢者言語論議頗多繁雜牽連之病,今者所示亦復如此,此是大病,須痛掃除。凡有文字,只就一段内看,並不須引證旁通。如此看得,久之自直截也。"養氣"一章却條暢,所以如此,只爲此章不雜其它説支蔓耳。此得失之證甚明,不待遠求也。《晦庵文集》卷五七。

案:本書撰時未詳。疑亦在紹熙三年間。待考。

林　栗

　　林栗(? —1190)，字黃中，一字寬夫，《老學庵筆記》卷九。福州福清(今屬福建)人。紹興十二年(1142)進士登第。孝宗初，遷屯田員外郎、皇子恭王府直講，出知江州。淳熙末爲兵部侍郎。因與朱熹論學不合，遂攻訐朱熹"本無學術，徒竊張載、程頤之緒餘爲浮誕宗主，謂之道學，妄自推尊。所至輒攜門生十數人，習爲春秋戰國之態，妄希孔、孟歷聘之風，繩以治世之法，則亂人之首也"。故爲言者論劾，罷知泉州，改知慶元府，奉祠。紹熙元年卒，李裕民《宋人生卒行年考》。謚簡肅。有《周易經傳集解》三十六卷。《宋史》卷三九四有傳。

朱熹《與林黃中書》：

　　濂溪先生，二程之師也，身没而道顯，歲久而名尊。今營道、零陵、南安、邵陽皆已俎豆泮宫，江獨未舉，顧非[闕]典歟？《周元公集》卷六附録林栗《江州學濂溪祠記》。

　　　案：林栗《江州學濂溪祠記》略云："始予讀河南程氏兄弟語録，聞茂叔先生道學之懿。其後閱蘇端明、黃太史所作濂溪詩，而想見其爲人。及來九江，前武學博士朱熹元晦自建寧之崇安，以書至曰：'濂溪先生……'予聞之矍然。適會先生之曾孫直卿來訪，敬請其象與其遺文，併《通書》、《拙賦》而讀之曰：

'此之謂立言者也,可無傳乎?'甌鑿諸板,而繪事於
學宮,使此邦之人知所矜式。既成"云云。時"乾道
二年二月二十六日"。《周元公集》卷六附錄。是朱熹
此書撰於乾道元年(1165)間。

又,朱熹《與魏元履書》(所喻杜征南語)云:"頃
見林黃中説在宮邸讀《史記》秦伐楚,王翦、李信爭兵
多少處,偶及近事,因云:'今乃欲以數萬之卒橫行中
原,何其慮事之不詳也!'熹因爲言此事正不爾,秦滅
六國,楚最無罪,故楚既亡,而其國人悲思,有三户之
謠。則當時秦人之攻、楚人之守,勢可知矣。今日之
事與此正相反,奈何以爲比乎?"《晦庵文集》卷二四。
據《宋史·林栗傳》,林栗於"孝宗即位,遷屯田員外
郎、皇子恭王府直講。時金人請和,約爲叔姪之國,
且以歸疆爲請。栗上封事言:'前日之和,誠爲非計,
然徽宗梓宮、慈寧行殿在彼,爲是而屈,猶有名焉。
今日之和,臣不知其説也,宗廟之讎而事之以弟姪,
其忍使祖宗聞之乎?'"而朱熹於隆興元年九月間赴
行在奏事,年底歸。則朱熹與林栗當始識於此時。

朱熹《答林黃中栗》:

"室户"之説屢蒙指教,竟所未曉。蓋如所論,即室户
乃在房之西偏,而入室者先必由房而後進至于室矣。歷
考禮書,不見此曲折處。邵子之登,必自西階,房户雖在

室户之東，蓋亦無所經見，恐未足以證室户之必東出也。愚意於此深所未解，更丐一言以發其蔽，幸甚幸甚。又見《易圖》深詆邵氏先天之説，舊亦嘗見其書，然未曉其所以爲説者。高明既斥其短，必已洞見其底蘊矣。因來并乞數語掊擊其繆，又大幸也。《晦庵文集》卷三七。

案：朱熹《答蔡季通》（人還承書爲慰）云"近得林黄中書，大罵康節數學、横渠《西銘》"。《晦庵文集》卷四四。又《答蔡季通》（所喻蓍數少參多兩之説）云"比近得林潭州《易》説甚可笑，書多重滯，不可寄去，無事可一來觀之也"。《晦庵文集》續集卷二。據《玉海》卷三六《淳熙周易集解》："十二年四月二十六日，知潭州林栗進《經傳集解》三十二卷、《繫辭》上下二卷、《文言》《説卦》《序》《雜》本文共爲一卷、《河圖》《洛書》《八卦九疇大衍總會圖》《六十四卦立成圖》《大衍揲蓍解》共爲一卷，總三十六册。詔付祕省，敕書獎諭。"此即朱熹所云之"林潭州《易》説"。《年譜長編》卷下以爲林栗寄其《易》書，乃針對朱熹《易學啓蒙》、《太極圖説解》、《西銘解》。而《易學啓蒙》，據朱熹《序》，成書於淳熙十三年暮春既望。《晦庵文集》卷七六、故推知朱熹答書當撰於淳熙十三年（1186）下半年。

朱熹《答林黄中》：

誨喻縷縷，備悉。樂章必已得之，因風幸早示及。丘推參選未還,尚未得聞"室戶"之誨。大抵所欲知者,此戶南鄉西鄉,果安所決?而經傳實據,果安所取?不論傳授之有無也。邵氏"先天"之說,以鄙見窺之,如井蛙之議滄海。而高明直以不知而作斥之,則小大之不同量,有不可同年而語者。此熹之前書所以未敢輕效其愚,而姑少見其所疑也。示諭邵氏本以發明易道,而於《易》無所發明。熹則以爲《易》之與道非有異也,易道既明,則《易》之爲書,卦爻象數皆在其中,不待論說而自然可覩。若曰道明而書不白,則所謂道者恐未得爲道之真也。不審高明之意果如何?其或文予而實不予,則熹請以邵氏之淺近疏略者言之:

蓋一圖之内,太極、兩儀、四象、八卦生出次第、位置行列不待安排而粲然有序。以至於第四分而爲十六,第五分而爲三十二,第六分而爲六十四,則其因而重之,亦不待用意推移而與前之三分焉者未嘗不脗合也。比之并累三陽以爲乾,連疊三陰以爲坤,然後以意交錯而成六子,又先畫八卦於内,復畫八卦於外,以旋相加而後得爲六十四卦者,其出於天理之自然,與人爲之造作蓋不同矣。況其高深閎闊、精密微妙,又有非熹之所能言者。今不之察,而遽以不知而作詆之,熹恐後之議今猶今之議昔,是以竊爲門下惜之,而不自知其言之僭易也。《晦庵文集》卷三七。

案:本書有"尚未得聞'室戶'之誨"之語,乃承上書"'室户'之説屢蒙指教,竟所未曉。……更丐一言以發其蔽"而來,故推知其撰於淳熙十三年。

朱熹《答林黄中》:

所扣《鄉飲酒》疑義,近細考所奏樂有不用《二南》、《小雅》六笙詩,而用南呂、無射兩宫十章,不知何據?豈有以見古之鄉樂用此律而寫其遺聲邪,將古樂已亡,不可稽考,而別製此樂也?然則特用此律,其旨安在?又所奏樂必有辭,聲必有譜,而律之短長必有定論。凡此數端,皆所未諭,幸因風詳悉指教。《晦庵文集》卷三七。

案:本書"所扣《鄉飲酒》疑義,近細考所奏樂"云云,似承上書"樂章必已得之,因風幸早示及",林栗來書扣問"《鄉飲酒》疑義"而發。故推知其亦撰於淳熙十三年末或十四年初。

林 㠭

林㠭,泉州晉江(今屬福建)人。《儒林宗派》卷一○列於朱熹門人。《閩中理學淵源考》卷一八亦云其"文公門人,能推所聞以講學閭里"。《朱子門人》卻以爲乃講友,所謂"能推所聞以講學閭里"之語,乃"林㠭致朱子書中所自白也"。

朱熹《答林巒》：

辱示書及所爲文三篇，若以是質於熹者。熹少不喜辭，長復嬾廢，亡以副足下意。然嘗聞之，學之道非汲汲乎辭也，必其心有以自得之，則其見乎辭者非得已也。是以古之立言者其辭粹然，不期以異於世俗，而後之讀之者知其卓然非世俗之士也。今足下之詞富矣，其主意立說高矣，然類多採摭先儒數家之說以就之耳。足下之所以自得者何如哉？夫子所謂德之棄者，蓋傷此也。足下改之，甚善。示喻推所聞以講學閭里間，亦甚善。《記》曰："教然後知困。"知困則知所以自彊矣。熹所望於足下者在此，足下勉旃。《晦庵文集》卷三九。

案：《年譜長編》以爲《答林巒》等書爲朱熹與同安縣學諸生講論問答之劄。《書信編年》係此書於紹興二十五年（1155）。

朱熹《答林巒》：

率性之謂道，脩道之謂教。

伊川先生説"率性之謂道"，通人物而言，更以其説思之。"脩道之謂教"，二先生及侯氏説却如此，然恐不如吕、游、楊説。尤溪《集解》想已見之。

喜怒哀樂未發謂之中。

伊川先生云："涵養於未發之時則可，求中於未發之前則不可。"宜更思之，檢此段熟看。

　　"民鮮能久矣"與"甚矣,吾衰也久矣"之"久"同。"久矣"之意得之。

　　夫婦之愚。

　　伊川先生論之已詳。大抵自夫婦之所能知能行直至聖人天地所不能盡,皆是説"費"處,而所謂"隱"者不離於此也。

　　道不遠人。

　　此段文義未通,又多用佛語,尤覺走作。且更熟玩其文義爲佳。

　　正己而不求人則無怨。

　　凡讀書,且虚心看此一處文義,令語意分明,趣味浹洽乃佳。切不可妄引他處言語來相雜,非惟不相似,且是亂了此中正意血脉也。《晦庵文集》卷三九。

　　案:《閩中理學淵源考》卷一八言朱熹又《答書》論《中庸》"喜怒哀樂未發"數章云云。又此答書有"尤溪《集解》想已見之"之語,當指石子重《中庸集解》,撰成於乾道九年癸巳九月,《晦庵文集》卷七五《中庸集解序》。時石子重知尤溪,故有"尤溪《集解》"之説。次年正月,石子重尤溪任滿歸會稽。《年譜長編》卷上。則知此書當作於是年(1173)冬。

林　鼐

　　林鼐(1144—1192),字伯和,一字元秀,台州黄巖(今屬浙江)人。乾道八年壬辰（1172）黄定榜進士，《浙江通志》卷一二五。歷明州奉化縣主簿、定海縣丞、知福州侯官縣，通判筠州，未行。紹熙三年七月卒，年四十九。事迹見葉適《水心文集》卷一五《林伯和墓誌銘》。

朱熹《答林伯和》：

示諭前此蓋嘗博求師友，而至今未能有得，足見求道懇切之意。以熹觀之，此殆師友之間所以相告者，未必盡循聖門學者入德之序，使賢者未有親切用力之處而然耳。大抵聖人之教，博之以文，然後約之以禮，而大學之道以明明德爲先，新民爲後。近世語道者務爲高妙直截，既無博文之功，而所以約之者又非有復禮之實。其工於記誦文詞之習者，則又未嘗反求諸身，而嚚然遽以判斷古今、高談治體自任。是皆使人迷於入德之序，而陷於空虚博雜之中，其資質敦篤慤實，可以爲善而智識或不逮人者，往往尤被其害。此不可不察也。

爲老兄今日之計，莫若且以持敬爲先，而加以講學省察之助。蓋人心之病，不放縱即昏惰。如賢者必無放縱之患，但恐不免有昏惰處。若日用之間務以整齊嚴肅自持，常加警策，即不至昏惰矣。講學莫先於《語》、《孟》，而讀《論》、《孟》者又須逐章熟讀，切己深思，不通然後考諸先儒之説以發明之。如二程先生説得親切處，直須看得爛熟，與經文一般成誦在心，乃可加省察之功。蓋與講學互相發明，但日用應接、思慮隱微之間每每加察：其善端之發，慊於吾心而合於聖賢之言，則勉厲而力行之；其邪志之萌，愧於吾心而戾於聖賢之訓，則果決而速去之。大抵見善必爲，聞惡必去，不使有頃刻悠悠意態，則爲學之本立矣。異時漸有餘力，然後以次漸讀諸書，旁通當世之務，蓋亦未晚。今不須預爲過計之憂，以失先後之序也。若不務此而但欲爲依本分、無過惡人，則不惟無以自進於日新，正恐無本可據，亦未必果能依本分、無過惡也。無由面諭，姑此布萬一，幸試留意焉。此紙勿以示人，但叔和、幾道及林兄昆仲諸人，亦不可不知耳。《晦庵文集》卷四九。

　　案：本書撰時未詳。《朱子年譜·朱子論學切要語》卷一係於己酉（淳熙十六年）後。據葉適《杜君墓誌銘》，淳熙十五年末，林鼏官爲承議郎、通判筠州。《水心文集》卷一三。朱熹本書中有"大抵聖人之教，博之以文，然後約之以禮，而大學之道以明明德爲先，新民爲後"，疑即在林鼏居家侯官時。姑係於淳熙十六年（1189）。待考。

林師魯

　　林師魯（？—1169），名不詳，又字魯山，號芸谷，古田（今屬福建）人。其父芸齋與韋齋朱松善。"師魯品行純

篤,講學得朱子遺規,林用中師事之"。《閩中理學淵源考》
卷一七。卒於乾道五年春。著有《孟子說》、《禮記文解》、
《易解》等書。《晦庵文集》別集卷七《祭芸谷文》。

朱熹《答林師魯》:

　　某自幼年侍立先君子之側,則聞先芸齋公之名,而知
其相與遊之善矣。不幸既遭大禍,來居深山窮谷中,與世
絕不相聞。雖先君子之執友,如芸齋公者,亦無由一望其
顏色而受教誨焉。孤陋塊處,徒有嚮往之誠而無以自致
也。比年鼎山蔣丈來尉茲邑,因得從容請間,以訪先君子
之舊遊,然後知芸齋公之没亦既久矣。私心方竊自悲,既
又聞其有賢子者,問學行義克世其家,則又以自慰也。去
年林擇之不鄙過門,以講學爲事,怪其温厚警敏,知所用
心,皆如老於學者。因扣其師友淵源所自,而得三人者
焉,曰程深父,曰林熙之,而其一人則向者所聞吾芸齋公
之子也,於是始恨向者所聞之未盡。既而擇之又出送行
序引讀之,蓋所以見屬之意甚厚。雖竊自知其庸妄,無以
堪之,而愛其文,悦其義,不覺其三復而不能已也。以是
益知擇之之賢,其來果若有自,而願見賢者之心日以切
切。方其歸時,適在城府,不能爲書,而徒屬以問訊,蓋亦
憑恃事契之重而不自外焉。茲者乃承捐惠長牋,副以劄
目,情義周渥,足以見不忘舊故之厚。而其禮與詞,則惴
惴然若後進之於先達,是豈所望於通家之舊哉! 不敢當,

不敢當。自是以往,行李往來,幅紙之書有以警誨,則爲
賜大矣。若復爲是使人不敢當之禮,而又告之曰先知覺
後知、先覺覺後覺而已,則非某之所敢聞也。《大學集傳》
雖原於先賢之舊,然去取之間,決於私臆。比復思省,未
當理者尚多。暇日觀之,必有以見其淺陋之失。因來告
語,勿憚諄切,豈勝幸甚! 擇之此來,得日夕聚首,啓其不
逮,實有望焉。社中兩賢,亦未獲見,敢煩寄聲,以爲異時
承教之地爲幸。《晦庵文集》別集卷五。

　　案:據朱熹《林用中字序》,林擇之於乾道元年
春來從學。《晦庵文集》卷七五。本書云"林擇之不鄙
過門,以講學爲事",則其當撰於乾道三年(1167)。
又云"方其歸時,適在城府,不能爲書,而徒屬以問
訊,……茲者乃承捐惠長牋,副以劄目",則知三年初
林擇之復來問學,並捎來林師魯書劄,故朱熹作本書
以答,時當在春間。林師魯來書佚。

　　又,朱熹《答林擇之》(師魯、深父皆有書來)云
"師魯、深父皆有書來,相屬勤甚。……師魯寄來《論
解》數篇,極佳"。《晦庵文集》別集卷六。據朱熹乾道
戊子(四年)四月丁酉《芸齋遺文跋》云此時林師魯
"不遠數百里過某於潭溪之上,道語舊故",而五年三
月十四日《祭芸谷文》則云"而吾師魯又不鄙某愚,嘗
不遠數百里過我潭溪之上,蓋將從容講學以共進于
斯道也。顧以姻喪,欲留不可,自是一別,遂訣終

天"。《晦庵文集》別集卷七。故推知林師魯於別後又有書致朱熹,亦佚。

林　湜

林湜(1132—1202),字正甫,福州長溪(今屬福建)人。紹興三十年(1160)進士。歷通判南劍州,除監察御史,出爲江西轉運判官。歷太府、司農卿,慶元間除湖北轉運副使,進直龍圖閣致仕。嘉泰二年七月卒,年七十一。著《盤隱類藁》十卷。事迹見葉適《水心文集》卷一九《中奉大夫直龍圖閣司農卿林公墓誌銘》。

朱熹《答林正夫湜》:

慕仰高風,固非一日。中間雖幸寅緣再見,然苦忽忽,不得款奉誨語,至今以爲恨也。歸來抱病,人事盡廢,無繇奉記以候起居,每深馳跂。今兹楊通老來,忽奉手誨之辱,假借期許,既非愚昧之所敢當,而執禮過恭,尤使人恐懼踧踖而無所避也。雖然,高明之所以見屬之意,豈若世之指天誓日而相要於聲利之場者哉?況在今日而言之,尤足以見誠之至而好之篤。是以不敢隱其固陋,而願自附於下風焉。

蓋嘗聞之先生君子,觀浮圖者,仰首注視而高談,不若俯首歷階而漸進。蓋觀於外者雖足以識其崇高鉅麗之爲美,孰若入於其中者能使真爲我有而又可以深察其層累結架之所由哉？自今而言,聖賢之言具在方册,其所以幸教天下後世者固已不遺餘力；而近世一二先覺又爲之指其門户、表其梯級而先後之,學者由是而之焉,宜亦甚易而無難矣。而有志焉者或不能以有所至,病在一觀其外,粗覰彷彿,而便謂吾已見之,遂無復入於其中,以爲真有而力究之計。此所以驟而語之,雖知可悦,而無以深得其味,遂至半途而廢,而卒不能以有成耳。竊計高明所學之深、所守之正,其所蘊蓄蓋已施之朝廷而見於議論之實,於此宜不待於愚言矣。然既蒙下問,不可以虚辱；而熹之所有不過如此,若不以告於門下,以聽執事者之采擇,則又有非區區之所敢安者,是以敢悉布之,可否之决,更俟來教,熹所虚佇而仰承也。

通老在此相聚甚樂,比舊頓進,知有切磋之益。惜其相去之遠,忽起歸興而不可留也。從之聞以牙痛爲庸醫所誤,投以涼劑,一夕之間遂至長往,深可痛惜,然此亦豈醫之所能爲哉！德脩崎嶇遠謫,令人動心。然聞其平居對客誦言,固每以此自必,乃今爲得所願,然所關繫則不淺矣。有寫其記文以來者,已屬通老呈白,想亦深爲廢卷太息也。元善寓雪川,殊不自安,且晚必歸。子宣今日方得書也。熹氣痞,不能久伏几案,作字草草,且亦未能究所欲言。臨風引領,悵想亡量,惟高明察之。《晦庵文集》卷三八。

案：書中言及"德脩崎嶇遠謫，令人動心"，據朱熹《與劉德修光祖》（方念久不聞動靜），乃指劉光祖（德修）奪職謫居房州事。《晦庵文集》卷三八。《宋史·寧宗紀一》載慶元五年二月"乙酉，張釜劾劉光祖附和僞學，詔房州居住"。又《與劉德修光祖》撰於是年五、六月間，且葉適《中奉大夫直龍圖閣司農卿林公墓誌銘》亦云"朱公元晦既謫，士諱其學，公執弟子禮不變，未歿數月，猶走書問疑義云"。《水心文集》卷一九。故推知本書約撰於是年（1199）冬間。

林學蒙

林學蒙，字正卿，一名羽，永福（今福建永泰）人。"初從朱子游，後卒業於黃勉齋。僞學禁起，築室龍門菴下，講明性命之旨。陳師復守延平，作道南書院，聘爲堂長。朔望設講席，執經座下者數百人。及師復去任，學蒙亦浩然引歸"。著《梅塢集》。弟學履，亦朱熹門人。《閩中理學淵源考》卷一七。

朱熹《答林正卿》：

季通書來，亦謂正卿甚進，不知乃有異論如此，此正是渠病處，蓋不先其在己，而欲廣求於外，所以向裏不甚得力。又不察學者才識之高下，而槩欲其無所不知，所以誤得他人亦多馳騖於外。吾人當識其好處，而略其所偏也。聞渠謫居却能自適，亦甚不易。歸期正不須問，旬呈亦不必求免。如陳了翁曾作諫官，及被謫，猶著白布衫、繫麻鞋赴旬呈。朝廷行遣罪人，正欲以此困辱之，若必求免，是不受君命也；不受君命，不受天命也，而可乎？

所論《易》大槩得之，但時事人位等字說得太早，今只可且作卦爻看，看得通透了，到推說處，方說得平居無事處時應事之法，是第二節事也。如乾之初九，只是陽氣潛藏之象，未可發用之占耳，若便著箇不易乎世、不成乎名、隱而未見、行而未成底人坐在裏面，便死殺了，非所謂潔靜精微者。若會得卦爻本意，却不妨當此時、居此位、作此人也。頃年嘗因人問《易》，應之曰："公曾看靈棋課否？《易》之模樣，便只是如此也。"後有人問："豈以其不足告而云爾耶？"此錯認了話頭，也試思之。《晦庵文集》卷五九。

案：書中有云"聞渠謫居却能自適，亦甚不易。歸期正不須問，旬呈亦不必求免"，當在蔡元定謫居道州未久。蔡元定約慶元三年三月末、四月初抵道州，則推知本書約撰於是年(1197)夏、秋間。

朱熹《答林正卿》：

所示《易》疑，恐規模未是。蓋讀書之法，須是從頭至尾逐句玩味，看上字時如不知有下字，看上句時如不知有後句，看得都通透了，又却從頭看此一段，令其首尾通貫。

然方其看此段時，亦不知有後段也。如此漸進，庶幾心與理會，自然浹洽，非惟會得聖賢言語意脉不差，且是自己分上身心義理日見純熟。若只如此匆匆檢閱一過，便可隨意穿鑿、排布硬説，則不唯錯會了經意，於己分上亦有何干涉耶？且如看此幅紙書，都不行頭直下看至行尾，便只作旁行橫讀將去，成何文理？可試以此思之，其得失亦不難見也。《晦庵文集》卷五九。

案：本書撰時未詳，似在上書（季通書來）後。《書信編年》係於慶元三年間。

朱熹《答林正卿》：

觀變於陰陽而立卦，發揮於剛柔而生爻。

分奇偶便是畫，積畫便成卦，卦中看畫便是爻。若如所説，只是引證作文，不知四句之義又如何説？諺所謂囫圇吞棗者是也，何由知其味耶？

伏羲畫卦，以寫陰陽之變化；文王、周公作繇、爻辭，以斷天下之疑；孔子作《彖》、《象》，以推明事物當然之理。然爻畫既具而三者已備乎其中，前聖後聖互相發明耳。

此説近之，然亦未盡。

所以名卦之例非一端，有兼取二義二象者，有專取二義者，有專取二象者，有兼取二象與人情者，有專取人情者，有兼取二象與陰陽之位者，有取爻畫之多寡者,有取爻畫兼二象者,有取變卦者,有取爻畫之形與二義者,有不可曉者。

且逐卦玩索,當見各有意味,不須如此安排,貪多涉淺,勞心費力,不濟得事。

家人卦。乾,剛也,施於家則離。兌,説也,施於家則亂。坤,静也,施於家則廢。震,動也,施於家則擾。坎、艮,非所取義,惟明而順家之道也。

穿鑿得不好。

革與睽相類。睽上火下澤,則不相入,此火在澤下,有變革之理。睽中女在前,少女在後,有相離之義,而此以中女繼少女,故曰革。

鑿。

豫四以震體之陽爲陰主,如大臣轉天下之危爲安,上無爲而下佚樂,故曰豫。

此等處,孔子分明説"順以動,豫",理甚分明,安得舍之而自爲説耶? 大病只是著力安排,不曾虛心玩味耳。

中孚外剛中柔,至誠惻怛之人也。

得無色屬内荏之姦耶? 大抵此一類都不是,此特其小失耳。

以伏羲易觀之,則看《先天圖》如寒暑往來、陰陽代謝,若有推排而又莫知其所以然者。以文王、周公易觀之,則六十四卦之名乃十八變以後之私記,三百八十四爻乃三變奇偶之私記,潛龍、牝馬等物如今之卦影,"勿用”、“利有攸往”等語如今斷卦之文。以孔子易觀之，則卦名者，時也，事也，物也。初、二、三、四、五、上者位也，而初、上又或爲始末之義。九、六者，人之才也。處某事、居某時、用某物，其才位適其所當則吉，不然則凶。

此説近之，然乃知此，而又不免爲前段之支蔓穿鑿，何耶？

《易》有取兩卦象以爲法者，有取卦名之義而思所以處之者，有取二義而思所以處之者。

亦不必如此籠罩。

《易》疏論《連山》、《歸藏》，一以爲伏羲、黄帝之書，一以爲夏、商之書，未知孰是？

無所考，當闕之。

論上下二經爲文王所分，果可信否？

亦不必論。

論六十四卦重於伏羲，果否？

此不可考。或耒耜、市井已取重卦之象，則疑伏羲已重卦。或者又謂此十三卦皆云“蓋取”，則亦疑詞，未必因見此卦而制此物也。今無所考，只説得到此，以上當且闕之。但既有八卦，則六十四卦已在其中，此則不可不知耳。《晦庵文集》卷五九。

案：上書（所示《易》疑）有云“所示《易》疑，恐規模未是。……若只如此匆匆檢閲一過，便可隨意穿鑿、排布硬説,則不唯錯會了經意,於己分上亦有何干涉耶",而本書乃答《易》,屢斥林學蒙所論爲"穿鑿得不好"、"鑿"、"支蔓穿鑿",故知本書乃上書之別紙。

朱熹《答林正卿》:

季通云亡,凡在同志,無不痛傷。然人生要必有死,遲速遠近,亦何足較? 聞其臨行,却甚了了,區處付屬,皆有條理,亦足强人意也。所示《中庸》疑義,略此條析奉報。大率朋友看文字多有淺迫之病,淺則於其文義多所不盡,迫故於其文理亦或不暇周悉。兼義理精微,縱橫錯綜,各有意脉,今人多是見得一邊,便欲就此執定,盡廢他説,此乃古人所謂執德不弘者,非但讀書爲然也。要須識破此病,隨事省察,庶幾可以深造而自得也。《晦庵文集》卷五九。

案:蔡元定卒於慶元四年八月中,本書有言"季通云亡,凡在同志,無不痛傷",故推知其約撰於是年(1198)九、十月間。

林易簡

林易簡,字一之,龍溪(今屬福建)人。朱熹《漳州延郡士入學牒》有云"前州學施學正允壽、石學正洪慶皆以耆

艾之年，進學不倦，强毅方正，衆所嚴憚。林貢士易簡、李
進士唐咨或究索精微，或持循雅飭，察其志行，久益可觀。
貢士陳淳、太學生楊士訓齒雖尚少，學已知方"。《晦庵文
集》別集卷九。陳淳生於紹興二十三年(1153)，而稱其"齒
雖尚少，學已知方"，則推知林易簡時已壯歲，嘗舉進士。
餘不詳。

朱熹《答林易簡》：

盡得孝弟便是仁云云。

立説太宂而意不精切，大抵後多類此。

言語輕躁，動輒有忤。知和緩可療，而臨事復然。
《小學》之書，先在於一切世味淡薄，自然見富貴不歆
羨，見貧賤不厭惡，臨患難無求免。一向優人抑己、損
躬裕物之事，皆可優爲之。先生編集是書，此意尤多，
如《顔氏家訓》六事，豈貪名徇俗羨慕者能之！推此則
貽教之始以至五品之遜，各盡其道，皆由此充。按伏罪
過，全在不能去一矜心，所以諸病皆由於此。

看文字且逐條看，各是一事，不須如此牽合。

《小學》之書，自《明倫》五段，《明父子》章全在一
"親"字上，《明君臣》章全在一"義"字上，《明夫婦》章全
在一"別"字上，《明長幼》章全在一"序"字上，《明朋友》
章全在一"交"字上。始讀昏禮，萬世之始，至男女有
別，然後父子親。

漢武帝溺於聲色，游燕後宮，父子不親，遂致戾太子之變，此亦夫婦無別而父子不親之一證。語在《戾太子傳》，可檢看。然亦非獨此也。

問敬。

敬不是萬慮休置之謂，只要隨事專一謹畏，不放逸耳，不須許多閑說話也。

《小學》賓客之禮見於《朋友》之章，莫以一時之交亦有切偲之意、相觀而善之理否？

不須如此理會。賓主自是朋友之類，如鄉鄰還往及師弟子之屬，於五達道，亦朋友之類也。不入此門，則無管攝處矣。

讀書求意義，雖知爛熟之爲美，而氣習已慣，惟恐不多之念未能頓忘。

既知其非，便當改之，不須更如此支蔓。

《小學》載《內則》“三十有室，遜友視志”。

男女之教，溫公已有說，其餘亦大概立一節限耳，不必如此細碎。

馬援以譏議戒諸子而不免於譏議。

馬援之言自可爲法，不須如此支蔓。如此則須削去此段，後生又如何得聞此一段說話，而以爲戒乎？

理之根原，推演孝義。

不記此話頭因何而起。若與安卿所問同是一時所聞，則渠說已得之矣。

敬勝怠者吉，怠勝敬者滅；義勝欲者從，欲勝義者凶。

敬義自有輕重，然所説太宂。

孟子養氣説。

此條差勝，然却只是依放《集注》，別無新説。看文字且要如此理會，敎本文説精熟，久之自隨淺深有見處，正不必支蔓生説，穿鑿援引也。《晦庵文集》卷六四。

案：書中有云"若與安卿所問同是一時所聞，則渠説已得之矣"，陳淳字安卿，據《朱子語類·姓氏》，陳淳所記乃庚戌（紹熙元年）、己未（慶元五年）所聞。故推知本書約撰於紹熙二年（1191）五月朱熹自漳州歸寓建陽以後。

林用中

林用中，字擇之，號東屏，福州古田（今屬福建）人。"始從林艾軒光朝學，後登文公之門，與建安蔡季通齊名，文公每稱爲畏友。……早厭科舉業，不求仕進。石𡘙宰尤溪，延掌學政，僅爲一往，士民率化，而頑傲者亦莫不翕服。趙汝愚帥閩，日過其門，訪以政事。邑宰洪天錫表其門曰通德，學者稱草堂先生。著有《草堂集》"。《閩中理學淵源考》卷一七。慶元二年（1196）文舉特奏名。《淳熙三山志》卷三一。

朱熹《答林擇之用中》：

熹以崇安水災，被諸司檄來，與縣官議賑恤事，因爲之遍走山谷間，十日而後返。大率今時肉食者漠然無意於民，直是難與圖事，不知此箇端緒，何故汩沒得如此不見頭影？因知若此學不明，天下事決無可爲之理。王丞文字足罷去，因力薦何叔京攝其事。若得此人來，將來檢放一段事須有條理。但只恐才不足，然終是勝今日諸公耳。此水所及不甚廣，但發源處皆是高山，裂石涌水，川原田畝無復東西，皆爲巨石之積，死傷幾百人。行村落間，視其漂蕩之路，聽其冤號之聲，殆不復能爲懷。云云。

所寄李先之記文，體面甚佳，趣向甚正，但緊切處殊不端的。只云“此爲仁”、“此爲義”，却何如便由此而用之？且若真知仁義之實，則又不可云“以誠而意，以正而心”。此類非一。大抵此是尤緊切處，只如此，他可勿論也。恐更有可指處，因來更論之，以起惰氣也。《晦庵文集》卷四三。

案：崇安水災，王懋竑《朱子年譜》係於乾道三年七月，《年譜長編》卷上係於乾道四年七月。朱熹《建寧府崇安縣五夫社倉記》云“乾道戊子春夏之交，建人大飢，予居崇安之開耀鄉，知縣事諸葛侯廷瑞以書來，屬予及其鄉之耆艾左朝奉郎劉侯如愚……振之。劉侯與予奉書從事，里人方幸以不飢”。《晦庵文集》卷七七。又據朱熹《林用中字序》，林用中乾道二年春來學。《晦庵文集》卷七五。年中歸，次年初又來，八月隨朱熹西去長沙訪張栻，年末東歸後還家。四年初再來，至五、六月辭歸參加解試。《年譜長編》卷上。則本書當撰於乾道四年(1168)夏、秋之際。

朱熹《答林擇之》：

某侍旁粗安。早稻既登，民饑亦少瘳矣。然朝廷所遣使者方來，所至揭榜，施米十日，市井游手及近縣之人得之，深山窮谷尚有飢民，却不沾及。然所謂十日，亦只虛文，只輼車過後，便不施矣，其實亦無許多米給得也。世衰俗薄，上下相蒙，無一事真實，可歎可歎。

長沙人來，得南軒兄弟、湘西朋友書，有吾友書四封一角。來人云自經由古田，今并附此，令自往相尋也。書中所論疑義，如論浩然之氣處極好。蓋餒則便是缺了此正氣，而氣之本體常浩浩然也，但自家身上自間隔了耳。不知賢者以爲如何？其他不能遍論，以去人立索書，不能子細也。書來并爲詳論之。《文定祠記》、《知言序》、《遺書》二序并録呈，和章想書中自有，更不寫去。《祠記》渠令爲看未穩處，讀之數過，但見叢雜難整頓。煩子細僉出，及注合作如何改易，附遞來漕司東廳，令轉致此。南軒甚欲速得之，語張帥改定，寫來芮漕處也。三序并告參詳喻及，幸更呈諸同志議之。既欲行遠，不厭詳熟也。千萬并《祠記》發來。《晦庵文集》別集卷六。

案：書中云“《文定祠記》、《知言序》、《遺書》二序并録呈”，其《遺書》二序，即朱熹《程氏遺書後序》、《程氏遺書附録後序》，撰於乾道四年四月，《晦庵文集》卷七五。《文定祠記》疑即朱熹《建寧府崇安縣學二公祠記》，云乾道三年崇安知縣諸葛侯“始至，則將葺新學校，以教其人，而深以（趙清獻公、胡文定公）兩公之祠未立爲己病，於是訪求遺像，因新學而立祠焉。明年五月甲子訖功，命諸生皆入於學，躬率丞掾與之釋菜於先聖先師，而奠於兩公之室”。《晦庵文集》卷七七。又據《宋史·孝宗紀》，乾道四年五月丁亥（二十六日）“以饒、信二州、建寧府飢民嘯聚，遣官措置振濟”。正與本書中“然朝廷所遣使者方來，所至揭榜，施米十日”相合。本書中又云“早稻既登，民饑亦少瘳矣”，並云林來書“附遞來漕司東廳，令轉致此”，可“寫來芮漕處也”，芮漕指福建轉運判官芮燁，四年十月改浙東提點刑獄。《年譜長編》卷上。由此推知本書當撰於乾道四年初秋。

朱熹《答林擇之》：

《知言序》如所論，尤有精神，又照管得前來貫穿，甚善甚善。寄得《郴學》、《擴齋》二記，其文亦此類，不知何故如此？不只是言語文字之病，試爲思之，如何？書中云常與右府書，云“願公主張正論，如太山之安；綱繆國事，

無累卵之慮",此語却極有味。大抵長於偶語韻語,往往
嘗説得事情出也。湘江諸人欲心不知果能便消否?第恐
"野火燒不盡,春風吹又生"耳。渠如此易其言,正如廣仲
説納交要譽易去一般。《晦庵文集》卷四三。

  案:書中所云"《郴學》、《擴齋》二記",指張栻所
撰之《郴州學記》《南軒集》卷九。和《擴齋記》。《南軒
集》卷一一。《郴州學記》撰於乾道四年春二月。又朱
熹上書有"《文定祠記》、《知言序》、《遺書》二序并録
呈"之語,而本書云首"《知言序》如所論,尤有精神,
又照管得前來貫穿",知撰於其後。

朱熹《答林擇之用中》:

古田亦小荒窘,今年到處如此,可□。平父歸,説信
州恐有剽掠者。建陽、江墩邵武之境。近一夕爲盜所焚,
氣象如此,而浦城渠魁州府止從配隸,又聞中道而逸矣。
姦民愈無忌憚,未知所以爲善後之計也。元履近日議論
多如此,如論人材尤要一種穩當不任事之人,此不可曉。
要是本原不正,更事之多,愈見畏縮耳。《晦庵文集》別集
卷二。

  案:朱熹《建寧府崇安縣五夫社倉記》云"乾道
戊子春夏之交,建人大飢,……振之。劉侯與予奉書
從事,里人方幸以不飢。俄而盜發浦城,……劉侯與
予憂之,不知所出,則以書請于縣于府。時敷文閣待

制信安徐公矗知府事，即日命有司以船粟六百斛沂溪以來。劉侯與予率鄉人行四十里，受之黃亭步下，歸籍民口大小仰食者若干人，以率受粟，民得遂無飢亂以死，無不悅喜歡呼，聲動旁邑。於是浦城之盜無復隨和，而束手就擒矣"。《晦庵文集》卷七七。而本書乃云"而浦城渠魁州府止從配隸，又聞中道而逸矣"，推知其約撰於是年秋中。

朱熹《答林擇之》：

熹奉養粗安。舊學不敢廢，得擴之朝夕議論，相助爲多，幸甚。敬夫得書，竟主"觀過"之說。因復細思，此說大害事，復以書扣之。擴之錄得藁子奉呈，不知擇之以爲如何也？伯逢來問"造端夫婦"之說，偶亦嘗思之，前此說得泛濫，不縝密，今答之如此，擴之亦已錄去矣。近見古人下工夫處極是精密，日用之間不敢不勉，庶幾他時相見或有尺寸之進耳。

敬夫又有書理會祭儀，以墓祭節祠爲不可。然二先生皆言墓祭不害義理，又節物所尚，古人未有，故止於時祭。今人時節隨俗燕飲，各以其物，祖考生存之日蓋嘗用之，今子孫不廢此，而能恝然於祖宗乎？此恐太泥古，不盡如事存之意。方欲相與反復，庶歸至當，但舊儀亦甚草草，近再修削，頗可觀。一歲只七祭爲正祭，自元日以下皆用告朔之禮以薦節物，於隆殺之際似勝舊儀。便遽，未及寫去。《晦庵文集》卷四三。

案：擴之，林允中字，乃林用中弟。據朱熹《林允中字序》："始予得古田林生用中，愛其通悟修謹，嗜學不倦，因其請字，字之曰擇之。一日，擇之又請曰：'用中之弟允中，亦知有志於學，而其才小不足，願推所以見命之意，字之曰擴之，何如？'予時未識允中，而以擇之之言知其爲人也，則應曰諾。明年，擴之亦來，視其志與其才，信乎其如擇之之言也。自是從予遊，今四五年矣。……乾道壬辰（八年）九月丙午。"《晦庵文集》卷七五。因林用中於乾道四年夏辭歸應舉，而林允中留學於朱熹，故朱熹答書中述及"舊學不敢廢，得擴之朝夕議論，相助爲多"，故推知其約撰於四年秋中或稍後。

朱熹《答林擇之》：

游尉能與師魯游，必有志者。因一見之，啓其要，未見他事。且令於百姓分上稍發些不可得身心，亦是一事也。《晦庵文集》卷四三。

案：師魯，即林師魯，據朱熹《祭芸谷文》，其卒於乾道五年春。此云"游尉能與師魯游"，《晦庵文集》別集卷七《祭芸谷文》。朱熹乾道四年四月所撰《芸齋遺文跋》云林師魯嘗"不遠數百里過某於潭溪之上，道語舊故"，《晦庵文集》別集卷七。故推知本書約撰於乾道四年秋、冬間。

朱熹《答林擇之》：

師魯、深父皆有書來，相屬勤甚。吾友相聚之久，視此凡陋，寧堪諸賢許與之過耶？師魯寄來《論解》數篇，極佳，未暇細讀，已覺儘有合商量處。旦夕因書相與評之，又看如何？擇之所造想日深，累日不聞益論，塵土滿襟矣。《晦庵文集》別集卷六。

案：林師魯卒於乾道五年春。據朱熹乾道戊子（四年，1168）四月丁酉《芸齋遺文跋》云此時林師魯"不遠數百里過某於潭溪之上，道語舊故"，而五年三月十四日《祭芸谷文》則云"而吾師魯又不鄙某愚，嘗不遠數百里過我潭溪之上，蓋將從容講學以共進于斯道也。顧以姻喪，欲留不可，自是一別，遂訣終天"。《晦庵文集》別集卷七。故推知林師魯別後有書致朱熹，而本書約撰於四年秋、冬間。

朱熹《答林擇之》：

敬夫寄得書論二先生事實中數段來，改正謬訛，所助頗多。但記二蘇排伊川處，只欲改正云"同朝之士有不相知者"，其説以爲二蘇之於先生，但道不同，不相知耳。不審賢者以爲如何？又欲削去常夷父、張茂則兩段，以爲決無此事。他議論亦尚多，不能一一及之。甚恨地遠，不得相與訂正也。《晦庵文集》卷四三。

> 案：書中"同朝之士有不相知者"云云，乃指朱熹《伊川先生年譜》中"由是同朝之士有以文章名世者，疾之如讎，與其黨類巧爲詆謗"一語。《伊川先生年譜》附載於《程氏遺書·附錄》。據朱熹《程氏遺書後序》及《程氏遺書附錄後序》，《程氏遺書》編訂於乾道四年四月。《晦庵文集》卷七五。並刻印於泉州，刊成已在秋後。故推知本書約撰於是年冬。

朱熹《答林擇之》：

《酒誥》已領，前日讀之不詳，但所疑悉如來示。然初亦不曾得致思，但覺礙人耳。《晦庵文集》卷四三。

> 案：本書撰時未詳，《書信編年》云"疑在戊子（乾道四年）以後"。待考。

朱熹《答林擇之》：

所諭聞人說性、說命、說仁、說學等語，自覺羞愧，此又矯枉過直之論。其下論注疏與諸老先生得失亦然。大抵近見擇之議論文字、詩篇及所以見於行事者，皆有迫切輕淺之意，不知其病安在？若如此書所論，則凡經典中說性、命、仁、學處皆可刪，而程、張諸公著述皆可焚矣。願深察之，此恐非小病也。《晦庵文集》卷四三。

> 案：本書撰時未詳，《書信編年》云"疑在戊子

（乾道四年）以後"。待考。

朱熹《答林擇之》：

所答二公問，甚精當。熹亦嘗答之，只説得大槩，不能如此之密。然勸深父且看《語》、《孟》、《大學》，其意亦如所示也。"仲弓"一段太迫切，觀渠氣質與識致所及，似禁不得如此鉗鎚也。晉叔亦是自悠悠，諸公覺得且如此。何丞近得書，亦未有進處，餘則不聞問也。季通兩日儘得講論，亦欲附書，未暇。渠終是未專一，若降伏得此病痛下，方有可用力處。已深告之，未知如何？終日憒憒，自救不了，更添得此累，思與吾擇之相聚，觀感警益之助，何可得邪？瞻仰非虛言也。

昨日書中論"未發"者，看得如何？兩日思之，疑舊來所說，於心性之實未有差，而"未發"、"已發"字頓放得未甚穩當。疑"未發"只是思慮事物之未接時，於此便可見性之體段，故可謂之中，而不可謂之性也。發而中節，是思慮事物已交之際皆得其理，故可謂之和，而不可謂之心。心則通貫乎已發、未發之間，乃大易生生流行、一動一靜之全體也。云云。舊疑《遺書》所記不審，今以此勘之，無一不合。信乎天下之書未可輕讀，聖賢指趣未易明，道體精微未易究也。《晦庵文集》卷四三。

案：朱熹《已發未發說》有云"比觀程子《文集》、《遺書》，見其所論多不符合，因再思之，乃知前日之說雖於心性之實未始有差，而未發、已發命名未當”。
《晦庵文集》卷六七。與本書“兩日思之，疑舊來所説，
於心性之實未有差，而‘未發’、‘已發’字頓放得未甚
穩當”之語相關，又書中云“昨日書中論‘未發’者，看
得如何”，可知本書撰於《已發未發說》後，約在乾道
五年(1169)春。

朱熹《答林擇之》：

所引“人生而靜”，不知如何看“靜”字？恐此亦指未
感物而言耳。蓋當此之時，此心渾然，天理全具，所謂“中
者狀性之體”，正於此見之。但《中庸》、《樂記》之言有疏
密之異。《中庸》徹頭徹尾説個謹獨工夫，即所謂敬而無
失平日涵養之意。《樂記》却直到好惡無節處，方説“不能
反躬，天理滅矣”。殊不知未感物時，若無主宰，則亦不能
安其靜，只此便自昏了天性，不待交物之引然後差也。蓋
“中和”二字，皆道之體用，以人言之，則未發、已發之謂。
但不能慎獨，則雖事物未至，固已紛綸膠擾，無復未發之
時。既無以致夫所謂中，而其發必乖，又無以致夫所謂
和。惟其戒謹恐懼，不敢須臾離，然後中和可致而大本達
道乃在我矣。此道也，二先生蓋屢言之。而龜山所謂“未
發之際能體所謂中，已發之際能得所謂和”，此語爲近之，
然未免有病。舊聞李先生論此最詳，後來所見不同，遂不
復致思。今乃知其爲人深切，然恨已不能盡記其曲折矣。

如云"人固有無所喜怒哀樂之時,然謂之未發,則不可言無主也"。又云"'致'字,如'致師'之'致'"。又如先言慎獨,然後及中和,此意亦嘗言之。但當時既不領略,後來又不深思,遂成蹉過,孤負此翁耳。云云。"致"與"位"字,非聖人不能言,只以此觀之,亦自可見。蓋包括無窮意義而言之,初不費力,此其所以難及耳。《晦庵文集》卷四三。

案:本書亦論中和未發、已發,當承上書(所答二公問)。

朱熹《答林擇之》:

"精一"之説誠未盡。但擇之之説乃是論其已然,須見得下工夫底意思乃佳。伊川云:"惟精惟一,言專要精一之也。"如此方有用力處。如擇之之説,却不見"惟"字意思如何。前日"中和"之説看得如何?但恐其間言語不能無病,其大體莫無可疑?數日來玩味此意,日用間極覺得力,乃知日前所以若有若亡、不能得純熟,而氣象浮淺、易得動搖,其病皆在此。湖南諸友,其病亦似是如此。近看南軒文字,大抵都無前面一截工夫也。大抵心體通有無、該動靜,故工夫亦通有無、該動靜,方無透漏。若必待其發而後察,察而後存,則工夫之所不至多矣。惟涵養於未發之前,則其發處自然中節者多、不中節者少,體察之際,亦甚明審,易爲著力,與異時無本可據之説大不同矣。用此意看《遺書》,多有符合,讀之上下文極活絡分明、無凝滯處。亦曾如此看否？《晦庵文集》卷四三。

案：書中有云"前日'中和'之説看得如何？但
恐其間言語不能無病，其大體莫無可疑"，亦承上書
（所答二公問）"昨日書中論'未發'者，看得如何？兩
日思之，疑舊來所説，於心性之實未有差，而'未發'、
'已發'字頓放得未甚穩當"之語；又云"湖南諸友，其
病亦似是如此。近看南軒文字，大抵都無前面一截
工夫也"，所指與朱熹《與湖南諸公論中和第一書》
《晦庵文集》卷六四。相關。

朱熹《答林擇之》：

古人只從幼子常視無誑以上、灑掃應對進退之間，便
是做涵養底工夫了。此豈待先識端倪而後加涵養哉？但
從此涵養中漸漸體出這端倪來，則一一便爲己物。又只
如平常地涵養將去，自然純熟。今曰"即日所學，便當察
此端倪而加涵養之功"，似非古人爲學之序也。又云"涵
養則其本益明，進學則其智益固，表裏互相發也"，此語甚
佳。但所引《三傳》語，自始學以至成德節次，隨處可用，
不必以三語分先後也。蓋義理、人心之固有，苟得其養而
無物欲之昏，則自然發見明著，不待別求。格物致知，亦
因其明而明之爾。今乃謂"不先察識端倪，則涵養箇甚
底"，不亦太急迫乎？

"敬"字通貫動靜，但未發時則渾然是敬之體，非是知

其未發,方下敬底工夫也。既發則隨事省察,而敬之用行焉,然非其體素立,則省察之功亦無自而施也。故敬義非兩截事。"必有事焉而勿正,心勿忘,勿助長",則此心卓然,貫通動靜。敬立義行,無適而非天理之正矣。

伊川論"中"、"直"、"靜"之字,謂之就常體形容是也。然"靜"字乃指未感本然言,蓋人生之初,未感於物,一性之真,湛然而已,豈非常體本然未嘗不靜乎?惟感於物,是以有動。然所感既息,則未有不復其常者,故熹常以爲靜者性之貞也,不審明者以爲如何?"主靜"二字,乃言聖人之事,蓋承上文"定之以中正仁義"而言,以明四者之中又自有賓主爾。觀此則學者用工固自有次序,須先有個立脚處,方可省察,就此進步。非謂靜處全不用力,但須如此方可用得力爾。前此所論敬義,即此理也。《晦庵文集》卷四三。

案:上書("精一"之說誠未盡)有云"惟涵養於未發之前,則其發處自然中節者多、不中節者少",而本書乃進而指出"先識端倪而後加涵養"說之非,約撰於其後。

朱熹《答林擇之》:

昨得晉叔書,説"剛毅木訥近仁",云擇之嘗告以"仁者,人所以肖天地之機要,須就發見處看得通神,自然識得"。細看此説,似非所以曉人,乃所以惑人。晉叔緣此説得來轉没交涉，不免就其説答之，似稍平穩。今謾録去，不知還更有病否？孔門求仁工夫，似只是如此著實説，未有後來許多玄妙也。"通神"之語，恐亦有病。況不務涵養本根而直看發處，尤所未安。"仁者，人所以肖天地之機要"，此句極好，然却只是一句好説話，正如世俗所謂卦影者，未知仁者定理會不得，知仁者又不消得如此説與它。要之，聖賢言仁自不如此，觀《論語》、《孟子》可見矣。如何如何？《晦庵文集》卷四三。

案：書中言"不務涵養本根而直看發處，尤所未安"，亦辨"先識端倪而後加涵養"説之非，約撰於夏間。

朱熹《答林擇之》：

答熙之仁説甚佳，其頗未盡處，熹答其書復詳言之。"仁著於用，用本於仁"，當時自不滿意，今欲改云"仁者，心體之全，其用隨事而見"。所舉伊川先生格物兩條，極親切。上蔡意固好，然却只是説見處。今且論涵養一節，疑古人直自小學中涵養成就，所以大學之道只從格物做起。今人從前無此工夫，但見《大學》以格物爲先，便欲只以思慮知識求之，更不於操存處用力，縱使窺測得十分，亦無實地可據。大抵"敬"字是徹上徹下之意，格物致知乃其間節次進步處耳。《晦庵文集》卷四三。

案：書中云"答熙之仁説甚佳，其頗未盡處，熹答其書復詳言之",熙之,乃林大春字。朱熹《答林熙之》(去冬枉顧)撰於乾道五年春,故推知本書約撰於夏間。

朱熹《答林擇之》:.

熹侍旁如昨。祠官再請,若更不得請,當如所戒。近事則無可說,觀左史之除,可見綱紀之紊。但如諸公若不相捨,不得不一行。又聞亦有招致南軒之意,果爾,猶或庶幾,但恐終不能用爾。所欲言甚衆,遠書不欲多談,可默會也。元履竟爲撲路所逐,雖其多言未必一一中節,亦坐臘藥四出之故。然其爲吾君謀也則忠,士大夫以言見逐,非國家美事,亦使幽隱之賢難自進耳。

近得南軒書,諸說皆相然諾。但先察識、後涵養之論,執之尚堅;未發、已發條理亦未甚明。蓋乍易舊說,猶待就所安耳。"敬以直內"爲初學之急務,誠如所諭。亦已報南軒,云擇之於此無異論矣。此事統體操存,不作兩段,日用間便覺得力,嘗驗之否?康節云:"若非前聖開蒙吝,幾作人間小丈夫。"誠哉是言。近讀《易傳》,見得陰陽剛柔一箇道理儘有商量,未易以書見也。兩段之疑、動静之說,甚佳。"赤子之心",前書已嘗言之。謂言其體,則無賢愚少長之別,今日"赤子之心",已是指其用而言之。前此似亦未理會到此,試爲思之,如何?來諭謂其言非寂然不動,與未發不同,爲將動静做不好說,似初無此意,但言不專此而言,則兼已發感通之用在其中耳。今者只如前書推明程子之意,則亦不須如此分別費力矣。《晦庵文集》卷四三。

案:《建炎以來朝野雜記》乙集卷六《孝宗黜曾龍本末》云乾道五年曾覿"將復入",時"舍人王養源在省中,揚言云:'詞頭下,必繳。'時養源已引病求去,乃除次對奉祠。乾道五年七月乙丑。……太學錄魏元履聞覿且來,亟上封事以諫,又見應求切責之,應求亦不能堪,乃因其告歸,罷爲台州州學教授,待六年闕。覿時至龍山已久,伺候元履之去,然後入國門焉。有某者,坐秦黨失右史已久,自福唐隨覿至行在,遂以爲起居郎。晁子西《日記》云耳。子西時爲兵部郎官,除左史在七月丁卯。"七月乙丑爲十一日,丁卯爲十三日。本書中所云"覿左史之除,可見綱紀之紊"、"元履竟爲攧路所逐",即指此事。故推知本書約撰於七月下半月。

朱熹《答林擇之》:

某所請竟未報。元履傳聞有添差台學之除,此不待其自請而擊逐之,當路聽言待士之意可見矣。所示諸説皆甚精,然鄙意有未安者,別紙具之。擴之亦有説,當自封去。因來幸反復之,以歸至當。計此所校亦不多,但却是不容小差處,望速垂報也。見喻太着之病,此不能無。

但與其浮泛無根，不如腳踏實地爲有進步處耳。《祭儀》
稿本納呈，未可示人，且煩仔細考究喻及。《日曆》中事雖
不多，然可以補事實之缺，此書異時要須別刊乃佳耳。知
與諸賢遊從，日有直諒多聞之益，甚善甚善。數詩皆佳，
率易和去，不成言語，勿示人也。伯山家事如何？晞之似
亦曾相見來，今不記仔細也。伯山質實可愛敬，但亦染禪
學耳。向與深卿書，乃附劍浦劉親，不謂留滯至今。欲撿
稿本再錄去，又思擇之所以告語之者，必已甚悉而不能
迴，則此書雖達，亦未必有效耳。今且煩致意，但信得孔、
孟、程子說話，及時試將許多詖淫邪遁說話權行倚閣一兩
年，却就自家這下實做工夫，看須有些巴鼻也。今只管狐
惑，不肯放捨，又引明道少時出入釋、老之事以飾其說，何
不將它平生說話仔細思惟，看他所以出入釋、老處與自家
只今全身陷溺處是如何，而直爲此悵悵也。又如前書所
論馮道、呂舜徒事，此尤害理。曾與之劇論否？此等處不
理會，則朋友之職廢矣。發明義理，此亦有之，向來何故
不曾見？渠家似此文字固自有好處尚多，向見汪書，甚珍
秘之。然便只向這死水裏潾殺，則更無超脫處矣。不知
世間見有《六經》、《語》、《孟》、程子文字，既有志於學，因
甚不向裏面做工夫？而收拾此等以爲奇特，枉却身心，可
歎可恨也。《靜勝軒錄》却未見之，如文字不多，幸爲錄
寄。此近於蔡季通處見《庭聞稿錄》一篇，乃楊昭遠記龜
山所舉二先生語，殊無精神，悶人，看不得。不知《靜勝》

之説又如何耳。前日劉子澄寄得《滎陽公家傳》即吕原明也。中數段來，一段説吕初學於伊川，後與明道、橫渠、李公擇、孫莘老遊，所見日益廣大。然公亦未嘗專主一説，晚更從高僧宗本脩顒遊。觀此，則吕家學問更不須理會，直是可以爲戒。亦不可不使深卿知。若不信，則無如之何也。拙齋有何説？數詩幸早示及。《籍溪行狀》更爲促深卿早寫寄來。舜臣相見未？向遞中亦附書矣。項㙜果如何？若果有志，當痛與説，恐頹波之中救得一箇半箇，亦非細事也。前書説有一賢宗室，從來復相從否？福州有一同年趙彦德，任丈之甥。氣質亦甚好，但一向習詞科，頃嘗略勸之。聞今年又往試，可惜錯了路陌也。近聞張安國消息極不佳，果如所傳，亦可惜耳。南軒久不得書，不知爲況復何如？所論異同處亦未報，不知後來看得又如何也。

深卿詩"市廛差可隱，未暇泛滄洲"，此兩句便是個因循猶豫底意思，宜其不能勇猛自奮於異學之中也。擇之押此韻處正中其膏肓，不知渠還覺否？此亦是偏處。然吾儕中人之質若無這個意思，定是埋没了，出頭不得也。《晦庵文集》別集卷六。

案：朱熹上書（熹侍旁如昨）云"祠官再請，若更不得請，當如所戒"，又云"元履竟爲撰路所逐"，而本書乃云"某所請竟未報。元履傳聞有添差台學之除"，知承上書，約撰於七、八月之際。

朱熹《答林擇之》：

所論顏、孟不同處。極善極善。正要見此曲折，始無窒礙耳，比來想亦只如此用功。熹近只就此處見得向來所未見底意思，乃知"存久自明，何待窮索"之語是真實不誑語。今未能久，已有此驗，況真能久邪？但當益加勉勵，不敢少弛其勞耳。

拙齋和篇莊重和平，讀之如見其人，煩爲多致謝意。《莊子詩》亦皆有味，但可惜只玩心於此耳。竊恐《論語》、《孟》、程之書平易真實處更有滋味，從前咬嚼未破，所以向此作活計。然不敢僭易獻此説，顧無以謝其不鄙之意，只煩擇之從容爲達此懷也。

《吕公家傳》深有警悟人處，前輩涵養深厚乃如此。但其論學殊有病。如云"不主一門，不私一説"，則博而雜矣。如云"直截勁捷，以造聖人"，則約而陋矣。舉此二端，可見其本末之皆病。此所以流於異學，而不自知其非邪？而作此《傳》者，又自有不可曉處。如云"雖萬物之理本末一致，而必欲有爲"，此類甚多，不知是何等語。又義例不明，所載同時諸人，或名或字，非褒非貶，皆不可考。至於蘇公，則前字後名，尤無所據。豈其學無綱領，故文字亦象之而然邪？最後論佛學，尤可駭歎。程氏之門千言萬語，只要見儒者與釋氏不同處。而吕公學於程氏，意欲直造聖人，盡其平生之力，乃反見得佛與聖人合，豈不背戾之甚哉？夫以其資質之粹美、涵養之深厚如此，疑若

不叛於道，而窮理不精，錯謬如此。流傳於世，使有志於
道而未知所擇者坐爲所誤，蓋非特莠之亂苗、紫之亂朱而
已也。奈何奈何！《晦庵文集》卷四三。

案：朱熹上書（某所請竟未報）有"前日劉子澄
寄得《滎陽公家傳》中數段來"語，又云"拙齋有何説？
數詩幸早示及"，而本書乃云"《吕公家傳》深有警悟
人處"、"拙齋和篇莊重和平，讀之如見其人"，知承上
書，推知約撰於八月間。

朱熹《答林擇之》：

喜怒哀樂，渾然在中，未感於物，未有倚著一偏之患，
亦未有過與不及之差，故特以"中"名之，而又以爲天下之
大本。程子所謂"中者，在中之義"，所謂"只喜怒哀樂不
發，便是中"，所謂"中所以狀性之體段"，所謂"中者，性之
德"，所謂"無倚著處"，皆謂此也。擇之謂"在中"之義是
裏面底道理，看得極子細。然伊川先生又曰"中即道也"，
又曰"不偏之謂中"，"道無不中，故以中形道"，此言又何
謂也？蓋天命之性者，天理之全體也；率性之道者，人性
之當然也。未發之"中"，以全體而言也；時中之"中"，以
當然而言也。要皆指本體而言。若吕氏直以率性爲循性
而行，則宜乎其以中爲道之所由出也，失之矣。《晦庵文
集》卷四三。

案：書中論"未發""在中"之義，乃由己丑之悟

而發,故推知其約撰於乾道五年、六年間。

朱熹《答林擇之》:

"何事於仁",恐是"何止於仁"。但下兩句却須相連說。蓋博施濟衆,非但不止於仁,雖聖人猶以爲病,非謂仁者不能而聖者能之也。"民鮮久矣",只合依經解說。但《中庸》"民鮮能久",緣下文有"不能朞月守"之說,故說者皆以爲"久於其道"之"久"。細考兩章,相去甚遠,自不相蒙,亦只依合《論語》說。蓋其下文正說道之不明不行,鮮能知味,正與伊川意合也。前寄三章,大槩皆是,但語氣有未粹處耳。石兄向論"在中"之說甚精密,但疑盡己便是用,此則過之。大抵此盡己、推己皆是賢人之事,但以二者自相對待,便見體用之意。盡己是體上工夫,推己是用上工夫。若聖人之忠恕,則流行不息、萬物散殊而已,又何盡己、推己之云哉?《師訓》中一段極分明,正是此意,可更詳之。《晦庵文集》卷四三。

　　案:書中論及"在中"、仁說,亦由己丑之悟而發,約與上書(喜怒哀樂)相先後。

朱熹《答林擇之》:

此有李伯諫,往時溺於禪學,近忽微知其非。昨來此留數日,蔡季通亦來會,劇論不置,遂肯捨去舊習,此亦殊不易。蓋其人資稟本佳,誠心欲爲爲己之學。雖一邊陷溺，而每事講究，求合義理，以故稍悟天命之性非虛空之物。然初猶戀著舊見，謂不相妨，今則已脫然矣，可尚可尚。"仲尼焉學"、"體物而不可遺"、"春王正月"、胡《傳》之說如何？"谷神不死"，此數義近皆來問者，幸各以數語明之。《遺書》論天地之中數段，亦告爲求其旨見喻，更以《周禮》、《唐天文志》系之爲佳。《晦庵文集》卷四三。

案：李宗思（伯諫）乾道六年（1170）四月中來寒泉，論辯儒、佛之學。《年譜長編》卷上。本書撰於此後不久。

朱熹《答林擇之》：

得欽夫書，論太極之說，竟主前論，殊不可曉。伯恭亦得書，講論頗詳，然尤鶻突。問答曲折，謾錄去一觀。遣人遽，不能盡錄，其大槩是如此。欽夫云已得擇之前書，亦殊不以爲然也。拙齋、深卿近有何議論？某向答深卿書，渠以爲如何？前日方答此書了，李伯間來訪，劇論兩三日，舊疑釋去，遂肯盡棄所學而從事於此。乃知此理卒不可得而殄滅，彼迷溺而不返者亦可憐矣。近何叔京過此，少留未去。伯間、季通皆來集，講論甚衆，恨擇之不在此耳。適因舉"滿腔子是惻隱之心"，江民表云："腔子外是甚底？請諸公下語。"已各有說，更請擇之亦下一語，便中早見喻也。石子重得書，云來年赴官，欲約擇之相聚，不知能赴其約否。某意甚欲相挽一來，而卒不可得，爲恨耳。擴之得安信否？比來氣體如何？前欲此來，今極暑，未可動。秋、冬間能同一來慰此哀苦否？墳所已略就緒，儘可相聚矣。

陸崇安相會否？渠今冬必來赴官。某表兄丘子野欲求一依託書館處，不知渠請人否？告爲託朋友宛轉問之，便中見報。此兄近日爲況益牢落，欲此甚急，幸千萬留意。或託拙齋、深卿問之尤佳。《晦庵文集》別集卷六。

　　案：書中亦述李伯諫（伯間）、蔡元定、何鎬（叔京）來寒泉事，又云"今極暑，未可動"，故推知其約撰於五月、閏五月間。

朱熹《答林擇之》：

所論大抵皆得之，然鄙意亦有未安處。如"滿腔子是惻隱之心"，此是就人身上指出此理充塞處，最爲親切。若於此見得，即萬物一體，更無內外之別。若見不得，却去腔子外尋覓，則莽莽蕩蕩，愈無交涉矣。陳經正云："我見天地萬物皆我之性，不復知我身之爲我矣。"伊川先生曰："他人食飽，公無餒乎？"正是説破此病。《知言》亦云"釋氏以虛空沙界爲己身，而不敬其父母所生之身"，亦是説此病也。

三代正朔，以元祀十有二月考之，則商人但以建丑之月爲歲首而不改月號。時亦必不改也。以《孟子》七、八月、十一月、十二月之説考之，則周人以建子之月爲正月而不改時。改月者，後王之彌文。不改時者，天時不可改。故祭祀、田獵猶以夏時爲正。以《書》"一月戊午"、"厥四月哉生明"之類考之，則古史例不書時。以程子"假天時以立義"之云考之，則是夫子作《春秋》時特加此四字以繫年，見行夏時之意。若如胡《傳》之説，則是周亦未嘗改月，而孔子特以夏正建寅之月爲歲首，月下所書之事却是周正建子月事。自是之後，月與事常相差兩月。恐聖人制作之意不如是之紛更煩擾，其所制作亦不如是之錯亂無章也。愚見如此，而考之劉質夫説，亦云先書"春王正月"，而後書二百四十二年之事，皆天理也，似亦以"春"字爲夫子所加。"王"字亦非史策舊文。但魯史本謂之《春秋》，則又似元有此字。而杜元凱《左傳後序》載《汲冢竹書》，乃晉國之史，却以夏正建寅之月爲歲首，則又似胡氏之説爲可據。此間無《竹書》，煩爲見拙齋扣之，或有此書，借録一兩年示及，幸甚幸甚。又《漢書》"元年冬十月"，注家以爲武帝改用夏時之後，史官追正其事，亦未知是否？此亦更煩子細詢考也。

　　金聲或洪或殺，清濁萬殊；玉聲清越和平，首尾如一。故樂之作也，八音克諧，雖若無所先後，然奏之以金，節之以玉，其序亦有不可紊者焉。蓋其奏之也，所以極其變也；其節之也，所以成其章也。變者雖殊，而所以成者未嘗不一；成者雖一，而所歷之變，洪纖清濁，亦無所不具於至一之中。聖人之知，精粗大小，無所不周；聖人之德，精粗大小，無所不備，其始卒相成蓋如此。此"金聲而玉振之”，所以譬夫孔子之集大成，而非三子之所得與也。然即其全而論其偏，則纖而不能洪、清而不能濁者，是其金聲之不備也。不能備乎金聲，而遽以玉振之，雖其所以振之者未嘗有異，然其所振一全一闕，則其玉之爲聲亦有所不能同矣。此與來喻大同小異，更請詳之，却以見告。

“仲尼焉學”，舊來説得太高。詳味文意，文武之道，只指先王之禮樂、刑政、教化、文章而已，故特言“文武”，而又以“未墜於地”言之。若論道體，則不容如此立言矣。但向來貪説箇高底意思，將此一句都瞞過了。李光祖雖亦曲爲之説，然費氣力，似不若四平放下意味深長也。但聖人所以能無不學、無不師而一以貫之，便是有箇生而知之底本領。不然，則便是近世博雜之學，而非所以爲孔子。故子貢之對雖若遜辭，然其推尊之意，亦不得而隱矣。《晦庵文集》卷四三。

　　案：朱熹上書（得欽夫書）云及“適因舉‘滿腔子是惻隱之心’，江民表云：‘腔子外是甚底？請諸公下語。’已各有説，更請擇之亦下一語，便中早見喻也”，而本書乃云“所論大抵皆得之，然鄙意亦有未安處。如‘滿腔子是惻隱之心’，此是就人身上指出此理充塞處”，知承上書，約撰於夏末、秋初。

朱熹《答林擇之》：

比因朋友講論，深究近世學者之病，只是合下欠却持敬工夫，所以事事滅裂。其言敬者，又只説能存此心，自然中理。至於容貌詞氣，往往全不加工。設使真能如此存得，亦與釋、老何異？上蔡説便有此病了。又況心慮荒忽，未必真能存得耶？程子言敬，必以整齊嚴肅、正衣冠、尊瞻視爲先，又言未有箕踞而心不慢者，如此乃是至論。而先聖説克己復禮，尋常講説，於“禮”字每不快意，必訓作“理”字然後已，今乃知其精微縝密，非常情所及耳。近略整頓《孟子》説，見得此老直是把得定，但常放教到極險處，方與一斡轉，斡轉後便見天理人欲直是判然。非有命世之才，見道極分明，不能如此。然亦只此便是英氣害事處，便是才高無可依據處，學者亦不可不知也。《晦庵文集》卷四三。

案：書中言及“比因朋友講論”“持敬”者，乃指與何鎬等辯説存心主敬，以爲“近世學者之病，只是合下欠却持敬工夫，所以事事滅裂”，故推知本書約撰於淳熙六年秋。

朱熹《答林擇之》：

熹哀苦之餘，無他外誘，日用之間，痛自斂飭，乃知“敬”字之功親切要妙乃如此。而前日不知於此用力，徒以口耳浪費光陰。人欲橫流，天理幾滅，今而思之，怛然震慄，蓋不知所以措其躬也。《晦庵文集》卷四三。

案：書中乃論“主敬”，約與上書（比因朋友講論）撰於一時先後。

朱熹《答林擇之》：

《經說》依後書所定甚善，但止謂之《經說》，不同諸字
尤好。又"春秋傳序"四字不須別出，但序文次行不須放
低，則自然可見。《論語說》下不須注"孟子附"字，又欲移
《禮記》作第七卷，而第一行下著"二先生"三字，其後却題
"明道先生改正大學"、"伊川先生改正大學"。其小序則
仍舊附於第六卷尾《論孟說》後，蓋此六卷乃其本書，而後
一卷今所附者，使不相亂乃佳也。更白鄭丈看如何。向
借劉子駒本，改字多是胡家改定者，非先生本書。今不必
用，然恐有合參考者。偶此本在家中，今令此人去取納
上，更仔細商量爲佳。《外書》既未備，不欲遽出。此事正
不須忙，今草草做了，將來有不如意，又不免更易，傳者人
人殊異，無復可信天下後世，非所以爲久遠計也。并白鄭
丈看如何，示及爲幸。《孟子解》此亦見從頭看起，未容寄
去，更俟幾日也。《晦庵文集》別集卷六。

案：朱熹於乾道六年秋、冬間校訂《程氏遺書》、
《文集》、《經說》，由鄭伯熊刊於建寧。《年譜長編》卷上。
本書乃請林用中校訂於刊刻前，故推知撰於此時。

朱熹《答林擇之》：

某憂苦如昨，至節復不遠，痛割不自堪。幸朋友不鄙

棄,責以講習,忽忽度日,且復支持耳。擴之來此相聚,極有益。其專志苦學,非流輩所及。但於展拓處終未甚滿人意耳。昨欲往臨安,以資用不饒,又南軒蹤迹不定,且令中輟。今却欲且歸而歲暮復來,再三留之,以其歸省之意甚堅,不免聽之。此間事渠必能一一言之,不復縷縷。但元履適過此,云得其子九月末書,南軒求去不獲,數日甚撓。此極知其必然,不知渠又何以處之?尚幸擴之之輟行也。來書所論數條,有未合處,別紙具之。但覺大槩氣象有粗疏處,不知何故如此?似更宜警省也。某近覺向來乖繆處不可縷數,方惕然思所以自新者,而日用之間,悔吝潛積又已甚多,朝夕惴懼,不知所以爲計。若擇之能一來,輔此不逮,幸甚。然講學之功比舊却覺稍有寸進,以此知初學得些靜中功夫,亦爲助不小。尚恨未免泛然應接,不得專一於此耳。《晦庵文集》別集卷六。

　　案:據《張宣公年譜》,張栻於乾道六年夏召入爲官,至七年夏去國。本書云及"但元履適過此,云得其子九月末書,南軒求去不獲",又云"至節復不遠",知其撰於乾道六年冬至日前。

朱熹《答林擇之》:

　　"太山爲高矣,然太山頂上已不屬太山",此喻道體之無窮,而事業雖大,終有限量爾。故下文云云,意可見也。又"既得後須放開",此亦非謂須要放開,但謂既有所得,自然意思廣大，規模開廓。"須"字如用"必"字。若未能如此，便是未有所得，只是守爾。蓋以放開與否爲得與未得之驗，若謂有意須放教開，則大害事矣。上蔡論周恭叔放開忒早，此語亦有病也。"鳶飛魚躍，察見天理"，正與《中庸》本文"察"字異指。"便入堯舜氣象"，亦只是見得天理自然，不煩思勉處爾。若實欲到此地位，更有多少功夫，而可易其言耶？疑上蔡此語亦傷快也。近來玩索，漸見聖門進趣實地，但苦惰廢，不能如人意爾。《晦庵文集》卷四三。

案：據朱熹下書（竹尺一枚），推知本書約撰於乾道七年（1171）初。

朱熹《答林擇之》：

竹尺一枚，煩以夏至日依古法立表以測其日中之景，細度其長短示及。《孟説》正欲煩訂正，俟見面納。向來數書所講，亦併俟面論。但顯道記憶語中數段，子細看皆好，只"太山頂上已不屬太山"，此但論道體之無窮，而事業雖大，終有限量耳。故下文云云，意可見矣。欽夫春來未得書，聞歲前屢對，上意甚向之。然十寒衆楚，愛莫助之，未知竟何如耳。鄭丈至誠樂善，當時少比，必能相親。其德器粹然，從容厚重，亦可佳也。《晦庵文集》卷四三。

案：書中言及"太山頂上已不屬太山"，知承上書（太山爲高矣）。又書中言及"夏至日"云云，言及

"欽夫春來未得書",知本書約撰於是年夏間。

朱熹《答林擇之》:

某哀苦之憬,秋來增劇。顧念日月易得而音容邈然,發於夢寐,尤痛切不能堪也。此間諸人相聚,自五月以後,以季通大病,無甚倫理。近又以事歸,旬日間復來,便爲入城計,亦無復講論之暇矣。南軒竟不免去國,道之難行乃如此,可歎可歎!初意其自上饒歸,可以一見。今却由浙中水路還湖外,又聞少留吳興避暑,不知果如何?渠在榻前儘説得透,初謂可以轉得事機,要是彼衆我寡,難支撐耳。《晦庵文集》別集卷六。

案:據《張宣公年譜》,張栻於乾道七年夏去國。又書中云"某哀苦之憬,秋來增劇",知其撰於是年秋中。

朱熹《答林擇之》:

"不仁者不可以久處約,長處樂",後説得之。蓋君子而不仁者有矣,夫未有小人而仁者也。此皆所謂不仁者,但所失亦有淺深久速之差耳。大抵聖人之言,雖渾然無所不包,而學者却要見得中間曲折也。

好仁者無以易其所好,則尚自尚也。惡不仁者不使加乎其身,則加自加也。若謂人不能加尚之,恐未遽有此意也。兼我方惡不仁於此,又安能必彼之不見加乎?用力於仁，又是次一等人，故曰"蓋有之矣"。若好仁、惡不仁之人，則地位儘高，直是難得。《禮記》"無欲而好仁、無畏而惡不仁者，天下一人而已"，正是此意。

曹交識致凡下，又有挾貴求安之意，故孟子拒之。然所以告之者，亦極親切，非終拒之也。使其因此明辨力行而自得之，則知孟子之發已也深矣，顧交必不能耳。

子思、泄柳之事，恐無空留行道之別，但謂穆公之留子思出於誠意，今客之來，非有王命耳。

程子有言："志壹、氣壹，專一之意。若志專在淫僻，豈不動氣？氣專在喜怒，豈不動志？"當只依此說。來喻此一段皆好，但此兩句正倒說，却與本文下句不相應耳。

按《喪服傳》：出母之服，朞，但爲父後者無服耳。子思此事不可曉，兼汗隆之說亦似無交涉，或記者之誤與？

易簀事，據曾子自言，則非不知者。蓋因季孫之賜而用，雖有所緣，然終是未能無失，但舉扶而易之，當下便冰消凍釋耳。

"文之不可無質，猶質之不可無文。若質而不文，則虎豹之鞹猶犬羊之鞹矣"。"鞹"須依舊說，細看來喻，却覺文義不通。

"天以誠命萬物，萬物以誠順天"，此語固有病，而所改云"天命萬物，萬物奉天，誠也"，亦枯槁費力。若曰"天之命物也以其誠，誠之在物也謂之天"，不知如何？《晦庵文集》卷四三。

案：朱熹下書（誠之在物謂之天）有云"'誠之在
物謂之天'，前書論之已詳"，即指本書，推知其約撰
於乾道八年（1172）春。

朱熹《答林擇之》：

"誠之在物謂之天"，前書論之已詳。來書所説，依舊
非本意。向爲此語，乃本"物與無妄"之意，言天命散在萬
物，而各爲其物之天耳。意雖如此，然窮窘迫切，自覺殊
非佳語也。

"觀過知仁"，只依伊川説，更以和靖説足之，聖人本
意似不過如此。《記》曰："仁者之過易辭也。"《語》曰："苟
志於仁矣，無惡也。"如此推之，亦可見矣。

子張所問子文、文子，只説得事，不見其心所以處此
者的實如何，所以見他仁與不仁未得。伊川云："若無喜
愠，何以知其非仁乎？"如此理會，方見得聖門所説"仁"字
直是親切。若如五峰之説，却説出去得更遠了，與"仁"字
親切處轉無交涉矣。《知言》中説"仁"字多類此。

"切脉"、"觀雞"之説，固佳。然方切脉、觀雞之際，便
有許多曲折，則一心二用，自相妨奪，非唯仁不可見，而脉
之浮沉緩急，雞之形色意態，皆有所不暇觀矣。竊意此語
但因切脉而見血氣之周流，因觀雞雛而見生意之呈露，故
即此指以示人，如引醫家手足頑痺之語，舉周子不去庭草
之事，皆此意爾。若如來諭，"觀雞"之説，文義猶或可通；

至"切脉"之云,則文義決不如此。又所云"同一機"者,頗
類無垢句法。

"孟敬子問疾"一章,但看二先生及尹和靖説,可見曾
子之本意,而知上蔡之爲彊説矣,蓋非惟功夫淺迫,至於
文義亦説不去也。

盡心之説,謂"盡"字上更有工夫,恐亦未然。《晦庵文
集》卷四三。

案:本書所云"觀過知仁"説,與朱熹《答蔡季
通》("觀過"終無定論)云云語義相同,《晦庵文集》續集
卷二。朱熹《答蔡季通》撰於乾道八年四、五月之際,
本書約撰於一時先後。

朱熹《答林擇之》:

辱書,如講學有緒,深以爲慰。是日偶與元履及諸朋
友在鑪峰新庵,共增懷想也。《縣學須知》甚精密,但寫得
未有倫理。方欲爲略整頓,會少宂未暇也。所論仁恕之
説,恐不必如此立説,只當以《語解》爲正。《遺書》所云,
或是一時之説,不必如此牽合補綴也。午節在近,想須歸
省。古田既未可必,即不若且來尤溪耳。《精義》印造未
辦,辦即如所喻也。游誠之甚欲一見之,恨相去稍遠耳。
彪德美赴省回,過此相見,得一夕款,只是舊時議論。且
云欽夫見大本未明,所以被人轉却。亦聞擇之所在,恨不
一見也。《晦庵文集》別集卷六。

案：書中云"是日偶與元履及諸朋友在鑪峰新庵"，據朱熹《國録魏公墓誌銘》，魏掞之（元履）卒於乾道九年閏正月；《晦庵文集》卷九一。書中又云"午節在近"，故推知其約撰於乾道八年五月初。

朱熹《答林擇之》：

深父遂死客中，深爲悲歎。其弟已爲了後事過此，無以助之。又此數時艱窘不可言，向來府中之餽自正月以來辭之矣。百事節省，尚無以給旦暮，欲致薄禮，比亦出手不得。已與其弟説，擇之處有文字錢，可就彼兌錢一千官省。并已有狀及香茶在其弟處，煩爲於其靈前焚香點茶，致此微意。累年相聞而不得一見，甚可恨也。林宰興學之意如何。可尚可尚。但聞其非久受代，亦須得後人信得及乃佳。不然，恐徒費力，而爲主其事，亦難爲進退耳。擇之已辭尤川耶？彼學中今復何人料理？欽之、寬中諸人能左右提挈否？石宰久不得信，不知其子病如何？文字錢除前日發來者，外更有幾何在彼？擇之爲帶得幾千過古田？千萬早示一數，於建寧城下轉托晉叔寄來爲幸。或已去手，能爲收拾，專雇一穩當人送來尤便。此中束手以俟此物之來，然後可以接續印造。不然，便成間斷費力也。千萬早留意爲妙。

《須知》昨已修定，送伯諫處未取。大率事體亦只如所示，但條目差分明耳。欽夫屢得書，有少反復議論，未及録去。其大檗曲折，亦非面未易布也。力行固不易，而講論要得是當亦復如此之難，可歎可懼！渠所論如云《論》《孟序》中不當言漢儒得其言而不得其意，蓋漢儒雖言亦不得也，不知擇之以爲如何？某則絶不愛此等説話。前輩議論氣象寬宏，而其中自有截然不容透漏處，豈若是之迫切耶？近又得《皇王大紀》諸論，其間大有合商量處，不但小小可疑而已。此間朋友亦無甚進益，不知擇之比來功夫如何？甚欲一見，而相去益遠，無由會面，此情鄉往，殆不自勝也。向來召命屢下，既懇辭之，又託人宛轉，近得諸公消息，似已許其辭矣。此事只得如此，而貧病殊迫，亦只得萬事減節，看如何？欽夫頗以刊書爲不然，却云別爲小小生計却無害，此殊不可曉。別營生計，顧恐益猥下耳。《晦庵文集》別集卷六。

　　案：朱熹上書（辱書，如講學有緒）言及“《縣學須知》甚精密，但寫得未有倫理。方欲爲略整頓，會少冗未暇也”，本書乃云“《須知》昨已修定，送伯諫處未取”，推知其約撰於秋中。

朱熹《答林擇之》：

　　聞學中已成次第，甚善。但尤川學者不無恨於遽去耳。更能到彼少留，以慰其意否？若能因遂過此，小款旬月，尤所望也。某此如常，所欲言者前書已具之矣。游誠之來訪，其人開爽，有用之才也，極可喜可喜。然更能加沈潛義理工夫，所就當益可觀耳。渠到此之日，擴之亦來，得數日遊談，少快幽鬱之懷。但聞浙中學者議論多端，亦殊使人憂悶耳。以此深欲早就前書之志，庶幾小補於世，不爲天地間一蠹物者。而理義未精，日力不足，爲之奈何！《晦庵文集》別集卷六。

案：書中云"聞學中已成次第，甚善"，據朱熹《南劍州尤溪縣學記》云"乾道九年九月，尤溪縣修廟學成"；《晦庵文集》卷七七。書中又言及"游誠之來訪"、"擴之亦來，得數日遊談"，據朱熹《林允中字序》，林允中（擴之）來學亦在九月，《晦庵文集》卷七五。故推知本書約撰於乾道八年九月中、下旬。

朱熹《答林擇之》：

聞縣庠始教，閭里鄉風之盛，足以爲慰。所示文字皆甚佳，深父埋銘讀之，使人惻然興於朋友之義。答問後便多寄，使得反復爲佳。恐有建寧便，只寄晉叔處可也。承許見訪，因往尤川，甚善。但經營創始之勞如此，未能數月，而林宰解官，擇之辭職，畫一之規，又將安所付授耶？須及此物色得可相繼者，庶幾不虛費賢宰許多心力商量爲佳。近看《中庸》，於章句文義間窺見聖賢述作傳授之意，極有條理，如繩貫棊局之不可亂。因出己意，去取諸家，定爲一書，與向來《大學章句》相似。未有別本可寄，只前日略抄出節目，今謾寄去，亦可見其梗槩矣。《論語》

"未知焉得仁"，後來竟如何説？因來幸詳及。然此須與雍也仁而不佞、孟武伯問三子、原憲問克伐怨欲不行、夫子不爲衛君、殷有三仁、管仲如其仁數章相貫推説，方見指意耳。"吾斯之未能信"，"斯"字何所指而言？或云自指其心，然否？"晝寢"之義孰安？凡皆望思之見報。《晦庵文集》別集卷六。

案：朱熹上書（深父遂死客中）言及"深父遂死客中，深爲悲歎。其弟已爲了後事過此，無以助之"，本書乃云"深父埋銘讀之，使人惻然興於朋友之義"，知在其後。本書又云"承許見訪，因往尤川"，據朱熹撰於乾道九年秋間所撰《答林擇之》（某此碌碌如昨）云云推知，本書約撰於是年（1173）春、夏間。

朱熹《答林擇之》：

某此碌碌如昨，無足言。但獨學□不長進，而遠近朋友亦未見超然有所造詣者。歲月如流，良可憂懼耳。擇之尤川留幾何時？所論何事？此亦久不得書矣，因便仔細報來。還家已來，爲況又何如？日下作何功夫？亦可一一報及。相去既遠，難得相聚，相聚往往又不能盡所懷，別後令人常有耿耿不滿之意。後會不知復在何時，又不知便得相見，果能彼此廓然，無許多遮障隔礙否？它人固難語此，而於擇之猶不能無遺恨，不知擇之又自以爲如何也？二余在此日久，占之警敏，彝孫淳静，皆可喜。但亦未敢與説向上去,恐別生病。然又似太冷淡。今其告歸,云過邑中,須爲一兩日留,可更與切磋也。熙之不及別書,相見煩致意,擴之亦然。得婺州報,云薛士龍物故,甚可傷。而不及識之,尤可恨也。

《尤溪學記》及《克齋記》近復改定,及改去歲《仁説》、答欽夫數書。本欲寫去,而二公行速不暇。且寄欽夫《語解》去,看畢寄還,并論其説。《晦庵文集》別集卷六。

　　案:朱熹《答方伯謨》(熹自春涉夏多病多故)云"擇之來此已兩月,秋間方歸",《晦庵文集》卷四四。而本書乃問"擇之尤川留幾何時"、"還家已來,爲況又何如",即及林用中別朱熹後歸古田途經尤溪諸況。又書中云"得婺州報,云薛士龍物故,甚可傷",據呂祖謙《薛公墓誌銘》,薛季宣(士龍)於乾道九年七月戊申(十七日)卒於家,《浪語集》卷三五。故推知本書約撰於七、八月之際。

朱熹《答林擇之》:

歸自政和,住家十餘日,祭祀、賓客、書問之擾,不得少暇,固無暇讀一字書。今又當出崇安,見新守令石宰相招,極欲往觀盛禮,及與朋友相聚講論。而日月匆卒如此,無緣去得,甚以爲恨。不知擇之能撥忙一行否?昏期既在後月,度尚可一行也。擴之寄來文字皆已領,前便承寄海物,允愧感也。《中庸》固論致曲而能有誠,然自明能動人以下，已是誠之成功，孟子所謂"至誠而不動者未之有也"，亦可見矣。蓋生知學知雖異，然及其知之成功，則一而已。《通書》正用此意，然下文擬議便是致曲之事，亦若無異處也。無所不用其極之說甚巧，然恐其本意未必果出於此。必不可通，闕之可也。《大學》正經云云，亦以意言耳。傳中引"曾子曰"，知曾氏門人成之也。南軒《語解》在尤川未到，所論大槩甚當，鄙意正如此。又《言行錄》流布甚廣，其間多合商量處，中間以書告之，然不勝毛舉。近得報云欲改數處，亦未妥帖。要之此書自不必作，既作而遽刻之，此尤非便。昨日得伯諫書，亦深議此事也。近與伯恭往返議論稍多，此人却向進未已。今日臨行，無暇錄寄，俟後便也。《晦庵文集》別集卷六。

案：乾道九年十月，朱熹送叔母喪至政和，十一月上旬歸。《年譜長編》卷上。故知本書約撰於十一月下旬。又，《年譜長編》卷上云本書撰於乾道七年十一月，書中所稱"新守令石宰"乃指石䃤，不確。

朱熹《答林擇之》：

已經新歲，學不加進而年歲日侵，甚可懼也。承昏期在歲裏，想慰老人之意。又聞葺居奉祀，并講盛禮，想營治不無少勞。適此涸轍，不能少奉助爲愧耳。文王之事，考之《詩》、《書》，誠如所疑。然此馬肝之論也，不若姑闕之，以俟來者，不必身質之也。問答方得草草一閱，俟徐

看,有疑即報去。偶此歲首多事,未暇也。南軒一書,比
亦附致尤川,不知達否? 聞欲來延平別石丈,能與擴之垂
興一來,相聚數日否? 及諸朋友在此,得一講論,亦快事
也。擴之不及別書,承書并寄元禮、耕老書信已領,所欲
言者不過如前,更不及別狀。樓名既犯朋友尊長名,則亦
難用。況稠乃木稠,非雲稠也,更可擬得一二見報,當為
擇其安者。《晦庵文集》別集卷六。

  案:石丈,即石𡐴,時知尤溪縣。據石𡐴《韋齋
記跋》,其於乾道七年中"猥當邑寄",《豫章文集》卷一
六。至九年末任滿,故書中有"聞欲來延平別石丈"
之語。又書中云"已經新歲"、"偶此歲首多事",故知
本書當撰於淳熙元年(1174)正月初。

朱熹《答林擇之》:

  得失既往不足言,正惟立身行道,是乃榮親之大耳。
比來少得通問,而累書無所講論,不知進學功夫如何? 深
以為念也。此間朋友亦無與薦者,但邵武饒克明赴省,前
日過此耳。季通、伯謨皆苦貧,極無憀也。某不敢受俸,
乃以無太府曆頭,於法有礙,非敢以為高。而時俗已不相
察,況其大者? 可歎可歎。遊山開正即行,承有偕行之
意,甚善。但恐來已不相及。然某過衢、信,到婺女須少
留,能來彼相及亦佳耳。欽夫書適有便,已發去。渠得疾
之由,說者多端,似亦非一朝一夕之故,所由來遠矣。近

數得書,云安健勝前,此必病起過意將護之力也。今日聞
有靜江之除,蓋近日羣小屢有敗露,上意必是開寤,思向
日之言,故龔實之入參,時事似欲小變,未知竟何如耳。
此間文字亦未有緒,《通鑑》功夫浩博,甚悔始謀之大銳,
今甚費心力。然業已爲之,不容中輟,須來年春、夏間近
入山僧寺,謝絕人事,作一兩月期,畢力了之乃可。蓋心
力不强,其間稍似間斷,便覺條例不貫,故須如此耳。《晦
庵文集》別集卷六。

　　案:據《宋史・宰輔表四》,龔茂良(實之)於淳
　　熙元年十一月除參知政事;又書中云"故龔實之入
　　參,時事似欲小變",又云"遊山開正即行",故推知其
　　當撰於元年歲末。

朱熹《答林擇之》:

　"心有忿懥"之説,似亦無可疑。"心"字只是喚起下
文"不得其正"字,非謂心有是四者也。《遺書》云:"易無
思無爲也,此戒夫作爲也。"向來欲添"非"字,以今觀之,
似不必然。此意蓋明聖人之所謂"無",非漠然無所爲也,
特未嘗作爲耳。只此便是天命流行,活潑潑地。戒之者,
非聖人之自戒,特以作爲爲不可耳。大抵立言欲寬舒平
易。云云。　《晦庵文集》卷四三。

　　案:朱熹下書所云"戒夫作爲",即《程氏遺書》
　　中語,而本書"只此便是天命流行,活潑潑地",亦與

下書"此便是天命流行、鳶飛魚躍之全體"相連,故知其乃承本書,其約撰於淳熙元年。

朱熹《答林擇之》:

"戒夫作爲",此對老子之無爲而言。既不爲老子之無爲,又非有所作爲,此便是天命流行、鳶飛魚躍之全體。"感而遂通天下"之故,未嘗離此。然體用自殊,不可不辨,但當識其所謂一源者耳。《晦庵文集》卷四三。

　　案:朱熹下書("費而隱"一節)言即"熟味……'鳶飛魚躍,上下察之'意",與本書"此便是天命流行、鳶飛魚躍之全體"云云相關,疑承本書,故推知本書亦約撰於淳熙元年。

朱熹《答林擇之》:

"費而隱"一節,正是叩其兩端處。其實君臣父子、人倫日用無所不該,特舉夫婦而言,以見其尤切近處。而君子之道所以造端,其微乃至於此而莫能破也。但熟味上下文意,及"鳶飛魚躍,上下察之"意,即見得顯微巨細渾是此理,意義曉然也。《晦庵文集》卷四三。

　　案:朱熹《答廖子晦》(德明自得賜誨)載廖德明來書有云"蓋君子之道費而隱。費即日用也,隱即天理也。即日用而有天理,則於君臣、父子、夫婦、長幼之間,應對、酬酢、食息、視聽之頃,無一而非理者,亦

無一之可紊"。《晦庵文集》卷四五。其語與本書"'費
而隱'一節,正是叩其兩端處。其實君臣父子、人倫
日用無所不該,特舉夫婦而言,以見其尤切近處"相
合,疑當撰於一時先後。朱熹《答廖子晦》撰於淳熙
元年。

朱熹《答林擇之》:

遊山之計,束裝借人,行有日矣。得伯恭書,却欲此
來,遂復中輟。山水之興,雖未能忘,然杜門省事,未必不
佳也。

潘丈之政爲閩中第一,其愛民好士,近世誠少比,恨
未識之耳。端叔向見欽夫稱之,恭叔昨在建寧得一見,匆
匆不能款,然知其惑於世俗高妙之虛談矣。大抵好高欲
速,學者之通患,而爲此説者,立論高而用功省,適有以投
其隙,是以聞其説者欣然從之,唯恐不及,往往遺棄事物,
脱略章句,而相與馳逐於虛曠冥漠之中,其實學禪之不至
者,而自託於吾學,以少避其名耳。道學不明,變怪百出,
以欺世眩俗,後生之有志者爲所引取,陷於邪妄而不自
知,深可悼懼也。擇之既從其招致,要當有以開之,使決
然無惑於彼,乃爲不負其相向之意。然擇之向來亦頗有
好奇自是之弊,今更當虛心下意,向平實處加潛玩浸灌之
功,不令小有自主張之意,則自益益人之功庶乎其兩進
矣。《晦庵文集》卷四三。

案：朱熹上書（得失既往不足言）有云"遊山開正即行"，而本書則云"遊山之計，束裝借人，行有日矣。得伯恭書，却欲此來，遂復中輟"，推知其約撰於淳熙二年（1175）初。

朱熹《答林擇之》：

所示疑義，已略看。端叔、恭叔惠書，極感其意。但如此用功，鄙意不能無疑。要須把此事來做一平常事看，朴實頭做將去，久之自然見效，不必如此大驚小怪、起模畫樣也。且朋友相聚，逐日相見，晤語目擊，爲益已多，何必如此切切，動形紙筆，然後爲講學耶？如此，非惟勞攘無益，且是氣象不好，其流風之弊，將有不可勝言者。可試思之，非小故也。

其間所論操存、涵養，苦要分別先後，已是無緊要，而元禮忽然生出一句"心有未嘗放者"，遂就此上生出無限枝葉。不知今苦苦理會得此一句，有甚緊切日用爲已功夫處耶？又如"可欲之善"，向來說得亦太高了，故端叔所論雖失之，而擇之亦未爲得也。擴之云已子細報去，此不復縷縷矣。卷尾二段却好，大抵說得是當，自然放下穩帖，無許多枝蔓杌陧處。且如二公所論"可欲之善"，是欲向甚處安頓也？《晦庵文集》卷四三。

案：朱熹上書（遊山之計）有云"潘丈之政爲閩中第一，……恨未識之耳。端叔向見欽夫稱之，恭叔昨在建寧得一見，匆匆不能款"，而本書乃云"端叔、恭叔惠書，極感其意"，知承上書，亦當撰於淳熙二年間。

朱熹《答林擇之》：

某竟不免爲此來，初到事多，殊不堪，今漸定疊矣。但野性危蹤，皆非宜久於此者。見爲此邦料理減稅事，旦夕剳奏列上，即繼以奉祠之請矣。得否未可期，但若不去，必無好出場。蓋已有氣類不同、望風相疾者，此要爲不足恤，然亦何苦將身博彈射耶？云云。來此間，非□案牘即有賓客之擾，比於退食，則形神俱憊，只得瞑目危坐，收拾魂魄，以待事之復來，殊不得看一字。平生論著，用盡心力，皆已有緒，今乃墮此紛擾中，不得卒其業，精力又已衰耗如此，大以爲懼。朋友中有知識者，亦皆爲某危之。乃知伊川先生做得《易傳》，却是得涪州一行氣力也。擇之彼中相從者有可與進於此者乎？此中一旬兩到學中，然殊未有慰人意處。未去之間，亦且試撈摸看，若幸指撥得一二人，亦是一方久遠利害也。《晦庵文集》別集卷六。

案：書中言"見爲此邦料理減稅事，旦夕剳奏列上，即繼以奉祠之請矣"，據《年譜長編》卷上，朱熹於淳熙六年三月抵南康軍蒞任，六月奏請減星子縣稅錢，又再上章請祠。故推知本書約撰於是年（1179）

夏、秋之際。

朱熹《答林擇之》：

此中見有朋友數人，講學其間，亦難得樸實頭負荷得者。因思日前講論，只是口說，不曾實體於身，故在己在人都不得力。今方欲與朋友說日用之間常切檢點氣習偏處、意欲萌處，與平日所講相似與不相似，就此痛著工夫，庶幾有益。陸子壽兄弟近日議論，却肯向講學上理會。其門人有相訪者，氣象皆好。但其間亦有舊病。此間學者却是與渠相反，初謂只如此講學漸涵，自能入德，不謂末流之弊，只成說話，至於人倫日用最切近處，亦都不得毫毛氣力，此不可不深懲而痛警也。《晦庵文集》卷四三。

案：據朱熹《答呂伯恭》（子壽相見）云"子壽相見，其說如何？子靜近得書。其徒曹立之者來訪，氣質儘佳，亦似知其師說之誤"，又書（人至、辱手書）云"子壽學生又有興國萬人傑字正純者亦佳，見來此相聚，云子靜却教人讀書講學"。《晦庵文集》卷三四。其上一書撰於淳熙六年十月，後一書撰於七年三月中旬。本書云"陸子壽兄弟近日議論，却肯向講學上理會。其門人有相訪者，氣象皆好"，其"門人有相訪者"，即指曹立之、萬人傑，故推知本書約撰於七年（1180）夏初。

又，明程敏政《書朱子與林擇之書》曰："按朱子

此書云：'日前講論，只是口説，不曾實體於身，故在
己在人都不得力。'又云：'陸子壽兄弟近日議論，却
肯向講學上理會。其門人有相訪者，氣象皆好。'蓋
朱子自是有取于象山日加一日矣。"《篁墩文集》卷
三八。

朱熹《答林擇之》：

某區區粗遣，無足言者。但齒髮日衰，德不加進，日
負憂愧耳。潘丈處人已歸，欲俟秋冬遣人相取，想所報書
自言其詳矣。如此却得且從容家居，區處庶務，亦是一
事。但郡中之約，恐又不得不應。切須審處，使久遠無悔
吝乃佳耳。必不得已，入學亦不妨。只要自處得是當，此
更在子細也。趙帥久不得書，湖事想已畢。自此宜且安
靜，勿興功役爲佳。相見亦可力勸之也。渠昨許草堂之
貲，因話爲扣之。然不可破官錢，恐又作鄭景望也。《晦庵
文集》別集卷六。

　　案：趙帥指趙汝愚，時知福州。書中言"渠昨許
草堂之貲，因話爲扣之。然不可破官錢"。據朱熹
《與趙帥書》(適聞崇安宰丞同到精舍)云"適聞崇安
宰丞同到精舍，云被使檄有所營造，……聞之憂恐，
急作此附遞拜懇，乞且行下罷役"。《晦庵文集》卷二
七。《與趙帥書》撰於淳熙十年(1183)夏初，故推知
本書撰於此前，約在晚春時。

朱熹《答林擇之》：

福公爲賦武夷詩，押"舞雩"字，更和不得，遂至今未得報謝其書。兩日前方和得成，亦不免只躡故迹。欲作書煩附達之，恐已歸，旦夕自別宅去也。造屋事得帥且止之，甚善。昨關自思量，許多紛紛，都從十二詠首篇中一"我"字生出來。此字真是百病之根，若斫不倒，觸處作災怪也。《晦庵文集》別集卷六。

　　案：朱熹《答林井伯》（錄示《氣訣》）有云"福公書來，……又蒙寄惠《武夷》長句，……欲作書和韻，附此便致謝，以'雩'字韻險，捏合未成"；又云"趙帥進職因任"。《晦庵文集》別集卷四。據《淳熙三山志》卷二二，淳熙十一年五月，趙汝愚除敷文閣待制，再任。則《答林井伯》約撰於季夏。而本書亦云"福公爲賦武夷詩，押'舞雩'字，更和不得，遂至今未得報謝其書。兩日前方和得成，亦不免只躡故迹"，故推知其約撰於是年（1184）夏、秋之際。

朱熹《與林擇之書》：

彼中旱勢如何？得雨莫已沾足否？槁苗尚可救否？此中燥濕不均，山間有頻得雨處，有極枯槁處，度其勢短長相補，亦足以相救。所患者人心喜亂，不待飢餓而已生狂妄之意。又患些小米穀爲他處般販，則亦無以爲繼，而實有飢餓之憂以速變亂耳。已累書白帥，宜亟糴廣米及台州米。近聞永嘉亦有米可來，此皆不可不早爲之計。如福州闕米，則此間米不可仰。近觀其所處置，却只是禁上流攔米及遣人來收糴。此二策者，不過取之吾之境内，譬如一家之中，二子皆飢，乃奪甲以哺乙耳。亦已極論其非是，不知以爲然否？幸以累年以來見聞之驗告之，此非細事也。唯壬午、癸未陳應之守建時禁港甚嚴，而汪丈在福州一無所問，此最爲得。其後趙清卿、任元受在福州，則陳邦彦在建與之爭，王瞻叔在福州，則任希純在建與之爭。二公雖悍，然卒不能奪建人之守，然後無事。今上流諸州，其小者不敢抗大府之命，其大者又未必有意於民，而亦不知其利害之若此也。帥府又快於吾令之得行，吾民之可以無飢，而未及慮夫建、劍之俗一有紛紜，則將爲吾之憂有大於此者而不及救也。只如建寧，向來屢飢，亦不免用諸縣自給之説，不得般米下船，然後村落獲濟。城中又泝流發米以助諸縣，然亦不聞城中之飢。今任事者曾不察此，諸縣以舊事告，皆不之信。此必不能有説以告帥司，全在帥司自爲一路之計，籌其長者而爲之耳。聞延平積粟皆已匱竭，此可深憂。宜檄諸州照例禁港，不得般販存米。無致將來闕食生事。大凡盜賊皆起於深山遠官府處，不可不慮也。此於帥府事體，蓋所當然。而一面多方招邀運致外道米斛入界，乃爲上策。廣中雖云不熟，然亦當勝本路。如溫、台則粒米狼戾，今正及時，可招可糴，不可失也。如本路糴米，則非計之得，又非其時，枉費多錢，反

得少米。不若且看將來，如他處米來多，即不須糴。若不
得已，亦且俟十月以後間晚禾成熟後方可糴。此理之然。
前日書中亦説不盡，更煩子細爲陳之，不可有一字之遺
也。《晦庵文集》卷二七。

　　案：趙汝愚帥閩時，召林用中入幕，故朱熹與其
論析閩中旱情及賑濟事宜。《宋史》卷三五《孝宗本
紀三》云淳熙十一年，福建、廣東諸地旱。《宋史全
文》卷二七上云淳熙十一年七月，"以泉、福州、興化
軍饑，……並命賑之"。故推知本書約撰於夏、秋
之際。

朱熹《與林擇之書》：

　　近因便兵附狀，想達。秋涼，遠惟德履佳勝。不知到
城中居甚處？必已不復入學矣。前書所論，曾言之否？
聞汀寇甚熾，想幕府無暇及他事矣。近例帥須親到地頭
督戰，此甚非策。然既有此指揮，恐不得不一出，但未可
遽深入，且到延平，徐議進退可也。

　　此賊已敗官兵，殺將吏，決不可招，只有盡力撲討。
然其所以致此，必是官司前後非理侵擾有以致之。却須
詢究其由，將元來官吏奏劾，重作施行，以謝其人。仍計
盜起縣分合起發支遣錢物，並令一切倚閣，以慰人心，不
令別致響應。即支遣不可闕者，令漕司撥錢應副。此兩
項是第一義，若能行之，即一面多出印牓，簡約其詞，令人

於地頭散貼曉諭。其次即須非時接見賓客僚吏，務通下情，以資計策。此事平日已是欠闕，今尤不可循舊失也。其次須有將有兵，乃可責效。若只用見今兵官統見今兵卒，此則決然敗事無疑。聞辛幼安只是得所募敢死之力，見馮湛說亦招得賊中徒黨作鄉導，方能入山破賊巢穴。本路左翼軍向來便是此等人，所以陳敏用之有功。今已無復舊人，只與諸州禁軍、土軍無異。却恐歸正官及牢城中有可募者，但得有心膽事藝者，勿問其所從來可也。向見帥喚得商榮者在彼，後來看得如何？沙世堅者，本亦只是此流，欽夫拔之徒隸之中，使捕小賊，輒有功。至李接之亂，遂收其用耳。

起發諸州禁軍，決是無用。然今卒未有人，其勢不可以不起。但亦止可遙爲聲勢，切不可使入山與賊交鋒，適所以長賊威而沮官軍之勢。亦防賊人乘虛衝突旁近州郡，或本處有嘯亂應賊之人，須稍分留，令足彈壓。必不得已，寧可申朝廷撥廣東淬鋒軍與左翼相掎角，亦是一事。但正當此荒歉，供億之費不貲，不知何以爲計耳。聞沙縣宰頗有才，南劍推官趙師淵、劍浦令丞皆曉事。此是將來帥到南劍可備使令之人，亦不可不知也。此皆老生常談，恐或可裨思慮之所不及，相見煩爲言之。

前日通放米船之說，當此火色，尤不宜力主偏見，以搖人心。更可細說，得作訪聞行下建、劍，云恐上流州郡闕米，本司日前行下通放米船約束更不施行。仍委本州逐縣隨宜相度，措置儲蓄，以備賑恤。如此即事體正當，物情便安矣。

今日向前進討，勝負之外，更有衝突、響應二事，甚可慮。西南慮衝突，東北慮響應。此間諸公，只宋倉尚可告語，然非捕盜職事，不知新憲如何？若亦未有長策，即一路之命全在趙帥一身獨自擔當，不是小事。昨夕聞此，令人展轉不寐。偶有歐陽慶嗣便，託渠先發此書。此間事不暇及，渠到必自相見也。《晦庵文集》卷二七。

案：周必大淳熙十一年《答趙子直丞相》（某辱前月二十七日書誨）云"汀、劍之寇如何？昨庚牌所降指揮甚詳"。《文忠集》卷一九一。與本書"聞汀寇甚熾"云云相合。又書中"秋涼"云云，知其撰於淳熙十一年深秋。

朱熹《答林擇之》：

近見莆中《西銘解義》，其胡公説莫是向來所説呂氏別本否？謂之胡説固非，然恐亦不是呂説。似初無甚發明，不知何人所作，而如此流行誤人。兼其後有數段言語，極可怪也。《晦庵文集》卷四三。

案：據《直齋書錄解題》卷九："《西銘集解》一卷，……有趙師俠者，集呂大臨、胡安國、張九成、朱熹四家之説爲一編，刻之興化軍。"書中所言"莆中《西銘解義》"，當即此。又據樓鑰《益陽縣丞趙君墓誌銘》，紹熙四年冬，時趙師俠爲"興化使君"。《攻媿集》卷一○二。由此推知莆中《西銘解義》刊於紹熙四年前後，而朱熹本書約撰於紹熙五年（1194）間。

朱熹《答林擇之》：

某杜門如昨，無足言者。但吾人罪戾蹤迹顯不可揜，只得屏迹念咎，切不可多與人往來。至如時官及其子弟賓客之屬，尤當遠避，勿與交涉，乃可自安。此不惟擇之當深戒之，如充之亦不可不知此意也。《晦庵文集》別集卷六。

案：慶元三年末，宋廷置僞學之籍，朱熹乃"待制以上"之第一人。本書"但吾人罪戾蹤迹顯不可揜，只得屏迹念咎，切不可多與人往來"云云當指此，故推知其約撰於四年（1198）春。

林允中

林允中，字擴之，福州古田（今屬福建）人。林用中弟。"亦受業朱子之門。文公稱其外晦內明、外樸內敏"。《閩中理學淵源考》卷一七。朱熹《林允中字序》云："始予得古田林生用中，愛其通悟修謹，嗜學不倦，因其請字，字之曰擇之。一日，擇之又請曰：'用中之弟允中，亦知有志於學，而其才小不足，願推所以見命之意，字之曰擴之，何如?'予時未識允中，而以擇之之言知其爲人也，則應曰諾。明年，擴之亦來，視其志與其才，信乎其如擇之之言也。自是從予遊，今四、五年矣。徐深察之，則其爲人蓋晦外而明於內，樸外而敏其中，是以予有取焉。今年還自吳中，過予潭溪之上，留語三日，則聞見益廣，而將有以充其才矣。"時乾道壬辰（1172）九月丙午。《晦庵文集》卷七五。

朱熹《答林充之》：

所論陰陽動靜之説，只以四方五行之位觀之，便可見矣。優柔平中，如充之所論得之。"中"字於動用上説，亦然。明道云"惟精惟一，所以至之；允執厥中，所以行之"，即此意也。然只云"於動用上説"，却覺未盡。不若云"於動用上該本體説"，如何？"喪事不敢不勉"，恐只是一句。程子亦有云"喪事人所不勉"，恐解中亦且欲成文，不免如此作句，未必以四字包上三字也。"不成章不達"，此通上下而言，所謂有節次者是也。伊川所引"充實光輝"，特舉一事以明之耳，非必以成章專爲此地位也。《晦庵文集》卷四三。

案：本書校記：篇題"'充'，浙本作'擴'缺筆，避寧宗諱也。文中及下篇題、文均同"。是知林充之即林擴之，因避諱而改字。如此則本書當撰於紹熙五年（1194）寧宗即位之後，姑係於此年。待考。

朱熹《答林充之》：

　　充之近讀何書？恐更當於日用之間爲仁之本者深加省察，而去其有害於此者爲佳。不然，誦説雖精而不踐其實，君子蓋深恥之。此固充之平日所講聞也。《晦庵文集》卷四三。

　　　案：本書撰時未詳，或與上書一時先後。待考。

林　振

　　林振，字子玉。朱熹《答劉子澄》（某幸如昨）云"子玉不聞問，旦夕有尤川便，當寄書與之"。《晦庵文集》別集卷三。知其尤溪（今屬福建）人。《福建通志》卷三四載乾道五年己丑（1169）鄭僑榜進士尤溪縣林振，當即此人。

朱熹《答林子玉振》：

　　　竊讀《太極圖傳》云："陽之變也，陰之合也。"不知陽何以言變，陰何以言合？

　　陽動而陰隨之，故云變合。

　　　又"水陰盛，故居右；火陽盛，故居左"，不知陰盛何以居右，陽盛何以居左？

　　左右但以陰陽之分耳。

　　　又"木陽穉，故次火；金陰穉，故次水"，豈以水生木、土生金耶？

　　以四時之序推之可見。

又"五殊二實,無餘欠也",不知何以見得無餘欠?又云"陰陽一太極,精粗本末無彼此也",不知何以見得無彼此?又云"五行之生也各一其性,無假借也",不知何以謂之無假借?

此三段意已分明,更玩味之,當自見得。

又"乾男坤女,以氣化者言;萬物化生,以形化者言",不知何以見得以氣化言?又何以見得以形化言?

天地生物,其序固如此。《遺書》中論氣化處可見。

又"分陰分陽,兩儀立焉,分之所以一定而不可移也",不知謂"名分"之"分","性分"之"分"?

"分",猶定位耳。

又"動靜者,所乘之機也",此豈言其命之流行而不已者耶?

此句更連上句玩味之,可見其意。

又"以質而語其生之序,則曰水、火、木、金、土,而水、木,陽也;火、金,陰也",此豈就圖而指其序耶?而水、木何以謂之陽?火、金何以謂之陰?

天一生水,地二生火,天三生木,地四生金。一、三,陽也;二、四,陰也。

又"以氣而語其生之序,則木、火、土、金、水,而木、火,陽也;金、水,陰也",此豈即其運用處而言之耶?而木、火何以謂之陽?金、水何以謂之陰?

此以四時而言,春、夏爲陽,秋、冬爲陰。

又伊川先生解《孟子》云:"'不得於言,勿求於心',此觀人之法。"擇之乃謂"不得於言"謂在己失之於言也,而孟子與公孫丑問答論知言,大槩謂知人之言。不知擇之之説還可從否?

《孟子》文義正謂在己者失之於言耳。然言爲心聲,則在己在人皆如此也。

又伊川先生云:"志,氣之帥,不可小觀。"某竊謂以志帥氣,此爲養氣者而言。不知所謂"小觀"之意如何?

"不可小觀",只是不可小看了之意,更熟味之。

又"切要之道,無如敬以直内",又云"有主於内則虚",不知直内還只是虚其内耶?

敬則無委曲,故直。直則無係累,故虚。不可便以直内爲虚其内也。

又云:"'德不孤,必有鄰',到德盛後,自無窒礙,左右逢其原也。"某畢竟曉"不孤"之義未得。

"不孤"只是盛德意。

又云:"集義所生者,集眾義而生浩然之氣,非義外襲而取之也。"不知集義何以能生氣?而"生"之意義又如何義外襲我而取氣?

熹常謂孟子之意蓋謂此氣乃集義而生,事皆合義,則胸中浩然,俯仰無所愧怍矣。非行義而襲取此氣於外,如"掩襲"之"襲",以此取彼也。

又見濟之兄云:"中和以性言,寂感以心言。"言伊川曾有此語，不知此語如何？

伊川無此語，只是此間朋友如此商量耳。

又見濟之兄云："喜怒哀樂未發謂之中，此'中'是'在中之義'，猶言喜怒哀樂是在中底道理。"而伊川云："中所以狀性之體段。"濟之云："此與'在中之義'一般看。"某竊恐有異同。

頃見石兄論此甚好，可更質問商量，當見異同之實。

又《中庸》言："鳶飛戾天，魚躍于淵，上下察也。"某竊謂此"察"字是道理著見之義，不知如何？

"察"是著見之義，然須見其所著見者是何物始得。細觀所問，似思索未深，如此汎問，恐無所益。當更革去好高之弊，且就平易處深思，反復句讀，沉潛訓義，久之自然習氣消除、意思開闊也。《晦庵文集》卷四九。

案：書中首引林振所問"竊讀《太極圖傳》云：'陽之變也，陰之合也。'"乃指朱熹《太極圖說解》，撰成於乾道九年四月。又朱熹答林振問"在中之義"時云"頃見石兄論此甚好"，即指石子重《中庸集解》，朱熹爲之序，撰成於乾道九年九月間。故推知本書約撰於是年（1173）末或次年中。

林　至

林至，字德久，嘉興府華亭（今上海松江）人。淳熙四年(1177)上舍釋褐出身。嘉定二年(1209)十二月除秘書郎,三年二月罷。《南宋館閣録續録》卷八。《至元嘉禾志》卷一五稱其淳熙十六年光宗登極上舍釋褐。

朱熹《答林德久_至》:

示喻進學之意,甚善甚善。從事於此,自當有味,但畏間斷不接續爾。然續與不續,其機亦在我而不在人也。《晦庵文集》卷六一。

> 案:朱熹《信州州學大成殿記》云"紹熙五年秋九月,熹自長沙蒙恩召還,道過上饒。其州學教授嘉興林君某来見,請問所以爲學之意甚勤。與之語,知其平日所用力者皆古人爲己之學,而進則未己也",《晦庵文集》卷八〇。本書乃云"示喻進學之意,甚善甚善。從事於此,自當有味,但畏間斷不接續爾",當在別後不久,林至致書問學,朱熹答之。又下書(收斂之喻)有云"然須博約相資,方有進步處。而讀書之法,又只是要專一,久自見功。難以歲月期速效也",疑承本書。故推知本書約撰於五年(1194)十月間。

林至《與朱元晦書》:

殿既訖功,將以来歲正月丁亥朔旦,謁守貳,合羣吏,率諸生而釋菜以落之。前日之請,願卒有以賜之也。《晦庵文集》卷八〇《信州州學大成殿記》。

案：朱熹《信州州學大成殿記》云紹熙五年信州教授林至重修大成殿，請朱熹“一言以記之”。朱熹“歲晚還家，甫爾休息，而林君復以書来曰：‘殿既訖功……’”朱熹爲撰記文，時是年十二月辛巳。《晦庵文集》卷八〇。朱熹於十一月十一日抵玉山縣，二十日還至武夷考亭。《年譜長編》卷下。故推知本書約撰於十一月中下旬。

朱熹《答林德久》：

《殿記》正以病思昏塞，不能有所發明爲愧。斯遠書來，疑一兩處，已報之矣。恐更有未安，且更商量，未可便入石也。彭書荷留意，此公之去深爲可惜。今外廷尚得諸人扶持，未至甚有過事。但本根之慮，外間無由知其深淺，令人憂歎耳。所喻日用功夫，甚慰所望。但云“一著力便覺多事”，此恐未然。此心操舍存亡，只在瞬息間，本不須大段著力，然又不可不著力。如此久之，自然見效。若如此論，竊恐非晚定須別求捷徑矣。窮理亦無它法，只日間讀書應事處，每事理會便是。雖若無大頭段增益，然亦只是積累，久後不覺自浹洽貫通，正欲速不得也。《易象説》似未條暢，所論《小過》、《中孚》，先儒之説却似未爲過也。熹所論別紙録去，然其大意不過欲姑存而未論耳。後書所疑，不知後來看得曉然未耶？熹嘗愛韓子説：所以爲性者五，而今之言性者皆雜佛、老而言之，所以不能不異，在諸子中最爲近理。蓋如吾儒之言，則性之本體便只是仁、義、禮、智之實；如老、佛之言，則先有箇虛空底性，後方旋生此四者出來；不然亦説性是一箇虛空底物，裏面包得四者。今人却爲不曾曉得自家道理，只見得它説得熟，故如此不能無疑。又纔見説四者爲性之體，便疑實有此四塊之物磊塊其間，皆是錯看了也。須知性之爲體，不離此四者，而四者又非有形象方所可撮可摩也，但於渾然一理之中，識得箇意思情狀，似有界限，而實亦非有墻壁遮欄分別處也。然此處極難言，故孟子亦只於發處言之，如言四端，又言"乃若其情，則可以爲善"之類。是於發處教人識取，不是本體中元來有此，如何用處發得此物出來，但本體無著莫處，故只可於用處看便省力耳。所引程子之言，乃暢潛道本，前輩疑其間或非先生語，以今觀之，誠是不精切也。所論春不可以包夏秋冬，亦未然。若如所論，則是"元"字是總説，下面須更添一字與"亨"、"利"、"貞"別爲四德矣，豈理也耶？"禮"、"智"二字，當時只是漫説，初無緊要，然亦不可不理會得。今但以四時觀之，即自可見也。中庸游、楊説得不精切，不必深求。中庸對高明而言，是就事物上説，各要得中而平常，正是三千三百底事，安得不謂之小？凡此類，更熟味之，自見意思也。目盲，作此數紙，已極費力，未能盡鄙意。如更有疑，遞中附數字來，子細反復，此處正好劇論也。《晦庵文集》卷六一。

案：本書有云"《殿記》正以病思昏塞，不能有所
發明爲愧。斯遠書來，疑一兩處，已報之矣。恐更有
未安，且更商量，未可便入石也"。據朱熹《信州州學
大成殿記》云《殿記》撰於紹熙五年十二月辛巳（二十
五日），則本書約撰於一時先後。

朱熹《答林德久》：

目盲益甚，它疾亦浸劇。辭免未報，且爾杜門，無足
言也。新齋已略就，而學子至者終少，難得穎悟可告語、
篤信肯用力之人，兀坐殊憒憒耳。賢者敎學之功，當日有
緒，見讀何書？有可商量者，便中示及一二爲幸。《晦庵文
集》卷六一。

案：書中云及"新齋已略就"，乃指竹林精舍初
成之事。書中又云"辭免未報，且爾杜門"，當指慶元
元年正月中辭免煥章閣待制事，故推知其約撰於是
年（1195）春間。

朱熹《答林德久》：

新齋雖就，而竹木未成陰，學者居之多不安。然今歲
適有科舉之累，來者亦無多人。又病中無氣力，不能與人
劇論，甚覺負其來意也。疑義兩紙，各已奉報。鬼神之
説，只且如此涵泳聖賢諸説，久自分明，不必穿鑿，彊作見
解也。持敬之云，誠如所喻，此是最緊切處。大病之餘，

又苦目昏，讀書不得，兀坐終日，於此甚有味也。界限之說，亦是要見得五者之在性中各有體段，要得分辨不雜，不可説未感時都無分別，感物後方有分別也。觀程先生"沖漠無朕"一段可見矣。德脩王丈逝去，甚可惜，雖其所講未甚精到，然朴厚誠實，今亦難得此等人也。《晦庵文集》卷六一。

案：上書（目盲益甚）云及"目盲益甚，它疾亦浸劇。……新齋已略就，而學子至者終少，難得穎悟可告語、篤信肯用力之人，兀坐殊憒憒耳"，而本書乃言"新齋雖就，而竹木未成陰，學者居之多不安。然今歲適有科舉之累，來者亦無多人。……大病之餘，又苦目昏，讀書不得，兀坐終日"，知承其後。又慶元元年有秋闈，"然今歲適有科舉之累"者當指此，故推知本書約撰於是年夏或稍後。

朱熹《答林德久》：

收斂之喻，足見信道之勇，然須博約相資，方有進步處。而讀書之法，又只是要專一，久自見功。難以歲月期速效也。《易》説大概多與《啓蒙》相出入，但後數條旁通衆説，亦有功，俟更徐考奉報。然既知其無取，自不必深究，王輔嗣所謂"縱或復值，而義無所取"，此一言切中事理。中間亦嘗有數語論之，後便寫寄也。向在玉山道間，見徐彦章説離爲龜，故卦中言龜處皆有離象，如《頤》之

"靈龜",《損》、《益》"十朋之龜",以其卦雖無離,而通體似離也。頤六爻,損自二至上,益自初至五。此其求之巧矣。然頤猶取龜義,而無取於離;損、益則但言其得益之多,而義亦不復繫於龜矣。今乃不論其所以得益之故,以爲求益之方,而必窮其龜之所自來,亦可謂枉費心力矣。《大學》歸來不暇整理,蓋此等多因朋友辨論間,彼此切磨,説得細密。今無事時自作文字,却有搜索不到處。因暇試爲追記前日所論,便中示及,或便可用也。昨在玉山學中與諸生説話,司馬宰令人錄來,當時無人劇論,説得不痛快。歸來偶與一朋友説,因其未喻,反復曉譬,却説得詳盡。因并兩次所言,録以報之。試取一觀,或有助於思索也。《晦庵文集》卷六一。

　　案:朱熹於紹熙五年十一月中至玉山縣,應邀講學於縣庠,即《玉山講義》。《年譜長編》卷下。本書乃云"昨在玉山學中與諸生説話,司馬宰令人錄來,當時無人劇論,説得不痛快。歸來偶與一朋友説,因其未喻,反復曉譬,却説得詳盡。因并兩次所言,録以報之",故推知其約撰於慶元元年中。

朱熹《答林德久》:

　　所示疑義,各附鄙説於其後。近覺向來所論,於本原上甚欠工夫,間爲福州學官作一説發此意,欲寫奉寄,以斯遠呕欲附家報,未能辦,俟後便也。《中庸章句》已刻成，尚欲脩一兩處，以《或問》未罷，亦未欲出，次第更一兩月可了。大抵日困應接，不得專一工夫，今又目盲，尤費力爾。不知天意如何，且留得一隻眼了些文字，以遺後來，亦是一事。今左目已不可治，而又頗侵右目矣。

伊川曰："性中只有箇仁義禮智而已，曷嘗有孝悌來？"事親、從兄，雖人之良能，論性之體，則仁義禮智。所謂孝悌，乃仁之發見者。未知是否？伊川所以謂仁主於愛，愛莫大於愛親。

伊川先生固曰"仁，性也；孝悌，用也"，此可見矣。

夫子溫良恭儉遜。伊川以爲盛德光輝接見於人者也。學聖人者，其德性當如何涵養？恐是持敬爲先否？

持敬固是本原，然亦須隨事省察，去其不如此者。

"因不失其親"，二程先生謂信、恭因不失親近於義、禮，橫渠先生謂"不失親於可賤之人"。當從何説？

橫渠得之。但全章文意却微有病。

"吾十有五而志于學"一章，伊川以爲且爲學者立下一法，所以勉進後人。橫渠以爲行著習察，則皆聖人進德次序。二説不同，未知孰是？今讀《集註》"是其日用之間必有獨覺其進，而人不及知者，因其近似以自名"，所謂"近似"之説未能盡曉。

此三説未須理會，只且就自己分上點檢。

"不思而得、不勉而中"，《中庸》皆以爲誠之事，初無節次。以耳順爲不思而得，不踰矩爲不勉而中，所謂不思不勉有十年工夫，未知如何？

同上。

"欲"是聖人作用處否？妄意聖人所謂從心所欲，蓋自志學至此，則純是義理。心之所欲，即道體流行，自不踰乎天。則莊、老猖狂妄行，蹈乎大方，立脚處義理皆差。彼所謂大方，豈真法度也？未知是否。

"欲"字分明，聖人作用處却難曉。如此解經，轉見迷昧矣。猖狂妄行，便是不依本分了。

上蔡曰："聖人未嘗無思，故有所欲；未嘗放，故不踰矩。聖人之心澹如止水，體用未嘗相離。"竊意無思、收與放，恐是學者分上事。

上蔡語無病。

"四十而不惑"，伊川曰"明善之徹"，又曰"言不惑則自誠"。敢問不惑已至誠之地位否？若横渠言不惑則於功用上見。二説如何？

二先生之言未嘗有異，更宜玩索。

"由，誨汝知之乎？"竊意子路勇於進，其於學問，恐欠深潛密察之功，故夫子誨之者如此。上蔡謂："死生之説、鬼神之情狀，為學者當知；千歲之遠，六合之外，為學者所不必知。"死生、鬼神之所以然，非窮神知化者不足以與此，夫子嘗告之以"未知生"、"未能事人"，正子路從事於功用之間，豈强其所未易知者？恐非誨其務實之意。

不必如此説。上蔡之説，且以文意論之，已自不是也。

“巧言令色，鮮矣仁。”諸儒皆以爲其心未必不仁，志在於善而失其所習與。若實之以君子之德，雖巧、令未爲過。竊意巧、令者務悦於人，失其本心甚矣。若如諸説，恐離心、迹於二，而容悦於外者曰：“吾心不如是也。”可乎？

諸説蓋爲“鮮”字所惑，又爲“詞欲巧”、“令儀令色”所牽，皆以詞害意之失。故伊川先生直截説破，云：“謂非仁也。知巧言令色之非仁，則知仁矣。”此足以破千載之謬矣。

伊川曰：“心具天德。心有不盡處，便是天德處未能盡，何緣知性、知天？”觀諸先生議論，皆謂盡心而後知性、知天。而先生《盡心》第一章，以謂知性而後能盡心，與諸先生議論不同。盡心知性，此是學者第一。如孟子教人，皆從心上用功，如操舍存亡、求放心之類。不知先自知性始，當從何處實下工夫？敢告指教。

以文勢觀之，“盡其心者，知其性也”，言人之所以能盡其心者，以其知其性故也。蓋“盡心”與“存心”不同。存心即操存求放之事，是學者初用力處。盡心則窮理之至，廓然貫通之謂。所謂知性，即窮理之事也，須是窮理，方能知性。性之盡，則能盡其心矣。

“至大至剛以直養而無害。”若“直”字絶句，則“直”

仍論氣之體。若"剛"字絶句，則"直"是養氣矣。二者未知孰是？如楊遵道録伊川語與《龜山語録》"嫌將一物養一物"之説，則"直"爲絶句。至常思之，人心平氣定，不爲私慾所誘，氣之本體覺廣大不可屈；一爲私意所撓，則便有歉。所謂"直養而無害"者，是全義理、去私慾否？

"以直養而無害"，即上文"自反而縮"之意。人能集義，則無不直，而氣浩然矣。

"配義與道"，伊川謂："以義理養成此氣，合義與道。"又云："既生得此氣，語其體，則與道合；語其用，則莫不是理義。配義與道，自養氣者而言，或自養而既成者也。"龜山謂："氣無聲之可名，故難言之也。而以道義配之，所以著名也。"一似氣、道、義各爲一物，姑借此以明彼爾。尹和靖謂："其爲氣也，至大至剛以直。其體則名曰道，其用則名曰義。學者能識之，然後能養之。"則三者皆一事，而氣爲之主。兩説未知如何？《集註》謂"合而有助"之詞，亦未能盡曉，併告開發。

《集註》説得分明，更宜深考，當見不敢曲從楊、尹之意。

"必有事焉而勿正"，二程多主於敬。一説須當集義，是承上文"是集義所生者"而言。所謂"必有事"，則積集衆善工夫否？

孟子上下文無"敬"字，只有"義"字，程子是移將去

"敬"字上説,非孟子本意也。《集註》亦可細玩。

有子以孝悌爲仁之本,孟子分事親、從兄爲仁、義之實。"義"主敬,或主於事之宜也?

以宜爲主,而敬在其中。

"故者以利爲本",故者,謂其本如是也? 或是已然之故也? 謂其本如是,則自其稟受之初者觀之。若已然之故,則必待端緒著見而後可也。伊川謂:"'必求其故'者,只是欲順而不害之謂,所謂順利者。"得非《中庸》率性之道,而人爲不得參於其間耶? 又曰:"凡性之初,未嘗不以順利爲主。則是性本順利,不待矯揉成就也。"此只就性之本而言也。至觀"順杞柳之性"與夫"水無有不下"兩章,則性本善,凡所謂不善,皆拂其本也。伊川二説恐參合看而後全也。如龜山以故爲氣質之性,竊類莊子"去智與故"之言,蘇黄門亦有此説,不知如何?

故者,已然之迹也,如性之有仁義禮智,不可得而見,而惻隱、羞惡、恭敬、是非,則有已然之迹矣。然四者之發,非有所矯揉而後成也,非以利爲本耶? 楊、蘇之説皆非是,蘇之失尤甚。此類須痛與辨析,方見工夫。

孟子論三聖,獨伊尹不言聞其風者,亦不言其流弊如夷、惠者,何也? 豈以其樂堯舜之道於畎畝之中,必待湯往聘之,乃幡然而起,行止近於聖之時也?

此恐亦偶然耳。如所論者,恐或亦有之也。

"智聖"一章,自"集大成也者"以下,舊見鄉人陳先生説孟子教學者集大成門户,故分智、聖、始、終之事以示人,謂其知有偏全,則行亦有偏全,必自致知而入也。竊觀此章前言聖人之時,後方兼明智、聖、始、終之義。獨言孔子者,恐爲智、聖功用而言也。三子者或不足於知,或知有所偏也。如横渠謂"聖者不勉而中,不思而至",似不特智之事也,豈所謂智亦生而知之者否?

孟子此言固專爲孔子而發,然亦可見三子欠闕處,及學者功夫次第,不是説教學者以集大成門户,及聖人之功用而言也。集大成乃聖賢地位極至處,豈有門户之可言?然其所謂"知有偏全,則行亦有偏全,必自致知處而入",則得之矣。

孟子曰:"人無有不善,水無有不下。"程氏謂:"善亦性也,惡亦不可不謂之性也。"若指上文氣稟而言,則如子越椒之生,世偶有之,不應稟氣賦形有善惡存焉。若指下文水就下而言,則若有可使爲不善之意。然濁水、沙石非水本然也。"惡亦不可不謂之性",此語未曉所指。

此章"性"字説得最雜,有是説本性者,有是説氣稟者。其言水之下與水之清,亦是兩意。須細分别耳。

"生之謂性"一章,《集註》以"知覺運動者"言也。仁義禮智,性也。嘗觀釋氏之説,止以知覺運動者爲性。今其徒之説,亦有以是靈靈昭昭者爲非者。前此常被其惑。今析性與氣而言性之大本，雖已分曉，更有疑處。人賦氣成形之後，便有知覺，所有知覺者，自何而發端？又死之後，所謂知覺運動者，隨當與形氣俱亡；性之理則與天地古今周流而無間。橫渠所謂"非有我之得私"者，而有"形聚成物，形潰反原"之説，如何？釋氏以謂覺性常存，不受沉墜。如其説，誠有一物在造化之外。老氏亦謂死而不亡。至於聖人之於喪祭，求諸幽漠如此其至者，果有物無物耶？

知覺正是氣之虛靈處，與形器、查滓正作對也。魂游魄降，則亦隨以亡矣。橫渠"反原"之説，程子蓋嘗非之。今《東見録》中"不可以既反之氣復爲方伸之氣"，此類有數條，皆爲此論發也。喪祭之禮，是因其遺體之在此，而致其愛敬以存之，意思又別。

"若夫爲不善，非才之罪也。"孟子謂人之才無有不善。伊川謂性出於天，才出於氣，氣清則才清，氣濁則才濁。才則有善不善，性則無不善。其説似與孟子相反。或四端著見處是才？或所以能充拓者爲才也？

性既本善，則才只可爲善；爲氣有不善，故才有不善耳。然孟子不論氣之病，《集注》言之詳矣，請更詳之。

"君子不謂性命"一章，上言"不謂性也"，下言"有性焉"，上下言性不同，恐上是氣質之性，下是天地之性否？橫渠所謂"形而後有氣質之性，善反之則天地之性存焉，故氣質之性，君子有弗性者焉"，正本此意否？

以口之於味之屬爲性，非專指氣質，蓋以理之屬於血氣者而言，如《書》之言人心也。《中庸章句序》中已詳之，可考。

“大而化之之謂聖。”横渠謂：“大而化不可爲也，在熟之而已矣。”此則與《易》之“擬議以成其變化”同。或說大猶有迹，化無迹，謂充實光輝者使泯然無形迹之可見。竊疑與釋氏銷礙入空之說相似。不知如何？

孟子說“化”字與《易》之“變化”不同，後說得之。然非銷礙入空之謂，更分別之，自可見矣。

横渠曰：“由太虚有天之名，由氣化有道之名，合虚與氣有性之名，合性與知覺有心之名。”横渠所謂性者，恐兼天地之性、氣質之性而言否？ 所謂心者，併人心、道心言否？

非氣無形，無形則性善無所賦，故凡言性者，皆因氣質而言。但其中自有所賦之理爾。人心、道心亦非有兩物也。

“‘忠信所以進德’，‘終日乾乾’，君子當終日對越在天也。蓋‘上天之載，無聲無臭’，其體則謂之易，其用則謂之神，其命于人則謂之性，率性則謂之道，脩道則謂之教。孟子去其中又發揮出浩然之氣，可謂盡矣。故說神如在其上，如在其左右，大小大事而只曰‘誠之不可掩如此夫’，徹上徹下，不過如此。形而上爲道，形而下爲器，須著如此說。器亦道、道亦器，但得道在，不係今與後、己與人。"至竊謂此段論至理徹上徹下,本自完具,初無天人微顯之間。誠敬者,所以體當是理者也,一不誠敬,則幾於無物矣。其能貫通而無間此終始,專在誠敬上著力,是否?

此是因解"乾"字,"乾"字即是"天"字,遂推言許多名字。只是一理,而各有分別,雖各有分別,又却只是一箇實理。誠者,實理之謂也,非論人當以誠敬體當是理也。

"中者,天下之大本,天地之間,亭亭當當,直上直下之正理。出則不是,唯敬而無失最盡。"至竊謂此段論中之體,直上直下,無所偏倚,發而中節,雖謂之和,而中之體固存。所論"出則不是"者,出謂發而不中節者否?"敬而無失",持養於未發之前否?

"出則不是",蓋謂發即便不可謂之中也。且如喜而中節,雖是中節,便是倚於喜矣,但在喜之中無過不及,故謂之和耳。《晦庵文集》卷六一。

案:書中言及"近覺向來所論,於本原上甚欠工夫,間爲福州學官作一説發此意",乃指《福州州學經史閣記》,撰於慶元元年九月丁亥。《晦庵文集》卷八〇。故推知本書約撰於是年冬間。

朱熹《答林德久》:

"盡心知性"之説恐未然。今亦未論義理如何,只看文勢"者"、"也"二字便可見。近有朋友引"得其民者得其

心也"以證之,亦自有理。若如所論,私意脱落,無有查滓
爲盡心,即不知却如何説"存心"兩字? 兼既未知性,即是
於理尚有未明,如何便到得此田地耶? 此處一差,便入釋
氏見解矣。此理甚明,更宜思之。況知者,有漸之詞,盡
者,無餘之義,其意象規模,自應有先後也。太虚實理,正
是指形而上者而言。既曰形而上者,則固自無形矣,然謂
之無理可乎? 以此思之,亦自曉然也。《晦庵文集》卷六一。

　　案:上書(所示疑義)有言"以文勢觀之,'盡其
　　心者,知其性也',言人之所以能盡其心者,以其知其
　　性故也",而本書乃云"'盡心知性'之説恐未然。今
　　亦未論義理如何,只看文勢'者'、'也'二字便可見",
　　當承上書,推知約撰於是年末。

朱熹《答林德久》:

　　別紙所論敬爲求仁之要,此論甚善。所謂"心無私欲
即是仁之全體",亦是也。但須識得此處便有本來生意融
融洩洩氣象,乃爲得之耳。顔子不改其樂,是它功夫到後
自有樂處,與貧富貴賤了不相關,自是改它不得。仁智壽
樂亦是功夫到此,自然有此效驗。來喻雖亦無病,然語意
終未親切活絡,更宜涵養玩索,更於仁智實處下工夫,則
久當自見矣。《西室所聞》,未見全書,恐是陳長方所記。
此只有《震澤記善録》,乃淮郡印本,想已有之。其間議論
亦多可疑也。《晦庵文集》卷六一。

案：本書撰時未詳，因亦言及“敬爲求仁”，疑在
上書（所示疑義）後，故係於慶元二年（1196）間。

朱熹《答林德久》：

近地教官，闕次必遠，既非禄養之宜，又不更治民，亦
使人怠惰苟簡，非所以磨厲器業，似不若參選，擬一近闕
丞佐之屬爲佳也。熹屏居如昨，朋舊多勸謝客省事者，亦
嘗試之，似難勉强。又揀別取舍，却恐反生怨怒，不若坦
懷待之。若合須過嶺，此亦何可避也？《晦庵文集》卷六一。

案：慶元三年正月下旬，朱熹鐫職罷祠省劄下
到，蔡元定編管道州。《年譜長編》卷下。本書中言“熹
屏居如昨，朋舊多勸謝客省事者，亦嘗試之，似難勉
强”，似即指此，故推知其約撰於三年（1197）春或
稍後。

朱熹《答林德久》：

待次閑中，足得爲學，未爲失計。要之仕宦只合從選
部注擬，是家常茶飯，今人干堂慣了，不覺其非，故有志之
士亦不免俯首其間，爲人所前却，此可爲後來之戒也。無
事靜坐，有事應酬，隨時處無非自己身心運用，但常自提
撕，不與俱往，便是功夫。事物之來，豈以漠然不應爲是
耶？疑義已略用己意説釋其後，恐有未安，更望反復。大
抵似用意未精、齩嚼未破也。漢卿甚不易得，想亦難得相

聚也。齋中自去秋後，空無一人，亦幸省事。今復頗有來者，然亦不多，目前未見卓然可望也。唯江西吳必大伯豐者相從累年，明敏過人，儘能思索，從事州縣，隨事有以及民，而自守勁正，不爲時勢所屈，甚不易得。今乃不幸短命而死，甚可傷悼耳。《晦庵文集》卷六一。

案：書中有言"齋中自去秋後，空無一人，亦幸省事。今復頗有來者，然亦不多，目前未見卓然可望也。唯江西吳必大伯豐者相從累年，明敏過人，儘能思索，……今乃不幸短命而死"，吳必大卒於慶元三年冬，《年譜長編》卷下。故推知本書約撰於四年（1198）春間。

朱熹《答林德久》：

熹疾病益侵，氣痞足弱，不能屈伸。屏居無事，尚能讀書，而以病故，不能俯伏几案。所幸猶有一二朋友，早晚講論，少足爲慰耳。引年告老，昨以鄉間橫議，官吏過憂，久不得上，至煩臺評播告，後乃得之。尸居餘氣，何足爲世重輕，而每煩當路注意如此，既以自歎，又自笑也。二陸《祠記》甚佳。此題目本不好做，想亦只得且如此說過耳。幕中無事，儘可讀書，不知比來作何功夫？因書幸略及之也。《武成》錯簡，尋常如何讀？韓退之《與大顛書》，歐、蘇之論孰當？因風幸及之。《晦庵文集》卷六一。

案：朱熹於慶元五年四月二十三日奉旨致仕。

《晦庵文集》卷八五《致仕謝表》。本書有云"引年告老，……至煩臺評播告，後乃得之"，故推知其約撰於是年(1199)五、六月間。

林　質

林質，事迹不詳。

朱熹《答林質》：

疑問兩條，至誠之説固難躐等遽論，熹已於《四子後序》中已略言之矣。"不謂性命"，《集注》甚明，恐未詳考之過。宜且平心寬意，反復玩味，必當自見。或與朋友講之，亦必得其説也。《晦庵文集》卷六四。

案：本書重載於《晦庵文集》卷五七《答林一之揆》。《答林一之揆》約撰於紹熙三年(1192)前後。

林　鼐

林鼐(1146—1216)，字叔和，台州黄巖(今屬浙江)人。林鼏弟。以學行知名，不仕。鄉人尊之曰草廬先生。嘉定九年十月卒，年七十一。事迹見葉適《水心文集》卷一九《草廬先生墓誌銘》。

朱熹《答林叔和》：

示喻爲學本末，足見雅志。嘗觀當世儒先論學，初非甚異，止緣自視太過，必謂它人所論一無可取，遂致各立門庭，互相非毀，使學者觀聽惶惑，不知所從。竊意莫若平視彼己，公聽並觀，兼取衆長以爲己善，擇其切於己者先次用力，而於其所未及者姑置而兩存之，俟所用力果有一入頭處，然後以次推究，纖悉詳盡，不使或有一事之遺，然後可謂善學。不可遽是此而非彼、入主而出奴也。《晦庵文集》卷四九。

　　案：本書撰於未詳。《朱子語類》卷一二〇載李閎祖所記曰："林叔和別去，請教曰：'根本上欠工夫，無歸宿處。如讀書、應事接物，固當用功；不讀書、不應事接物時如何？'林好主葉正則之說。曰：'病在先立論，聖賢言語，却只將來證他說。凡讀書須虛心，且似未識字底。將本文熟讀平看，今日看不出，明日又看。看來看去，道理自出。"據《朱子語類·姓氏》，李閎祖所録乃"戊申（淳熙十五年）以後所聞"。疑林蕭歸後致書朱熹述"爲學本末"，本書乃所答，故推知其約撰於淳熙十五年（1188）或稍後。

朱熹《答林叔和》：

襄事既在秋冬，日下想亦少寬。雖或紛宂，不得近書册，然此心此理隨處操存，隨處體察，亦無往而非學也。

只在日間常切警省,勿令昏惰耳。《晦庵文集》卷四九。

　　案:所謂"襄事",似指林鼐葬事。據葉適《林伯和墓誌銘》,林鼐卒於紹熙三年七月,葬於四年九月。《水心文集》卷一五。故推知本書約撰於四年(1193)春、夏間。

朱熹《答林叔和》:

　　孟子、程子所說"才"字之意不同,既是聖賢之言,後學如何便敢判斷? 但此事道理只就自己身上體認,便自見得。而其所以爲是非得失者,亦不容無分別也。如《集註》中以程子爲密,即是見得孟子所說未免少有疏處。今但以程子爲主而推其說,以陰補孟子之不足,則於理無遺,而兩書之說亦不至甚相妨矣。《晦庵文集》卷四九。

　　案:本書撰時未詳。疑在上書之後,姑係於紹熙四年。待考。

留　正

　　留正(1129—1206),字仲至,泉州永春(今屬福建)人。紹興三十年(1160)第進士。歷起居舍人、中書舍人兼侍講等,除端明殿學士、簽書樞密院事,參知政事,同知樞密院事。孝宗密諭内禪意,拜右丞相。紹熙元年(1190)進左丞相。五年八月,以少師、觀文殿大學士判建康府，尋落職，責授中大夫、光禄卿分司西京，邵州居住。後詔復元官職致仕，嘉泰元年（1201）進封魏國公，復少師、觀文殿大學士。開禧二年七月卒，年七十八，謚忠宣。《宋史》卷三九一有傳。

朱熹《與留參政劄子》：

熹未嘗有一日奔走之勞於門下，而參政所以知遇獎借不後於衆人。越自頃年，叨被改秩之恩，參政實掌書命，褒與之詞，已浮其實，而所以告戒之者，又若憂其不能保夫晚節末路之難。此其所以愛之之深，可謂至矣。熹雖至愚，亦知佩服。顧以君臣之義不可終廢，自此以來，雖在疏遠，而聖主之知益深益厚，遂不自量，妄意陳力。然每起輒仆，狼狽不支。今者之來，一前一却，雖獲扶病進望清光，然獨未及一見參政，而衰病復作，遂以煩言逡巡引去。切聞進呈之際，參政猶欲少加意焉，誠不自知其何以得此於大君子之門也。區區南歸，已迫所部。竊伏惟念來章所指，在臣子爲不赦之罪，被此以出，復何面目以見吏民？今輒具狀申省待罪，并具劄目禀聞。伏惟機政之餘，少賜垂念，使熹便即得罪，而江西不久闕官，則所以寬其後咎餘責者莫大於此。庶幾收之桑榆，有以卒副前日丁寧眷予之意，幸甚。熹當暑病目，作字不成，貢問之初，遽爾草率，并望鈞慈，特賜矜恕。《晦庵文集》卷二七。

案：書中云“今者之來，一前一却，雖獲扶病進望清光，……而衰病復作，遂以煩言逡巡引去"，乃指朱熹淳熙十五年六月入京奏事延和殿，然因"煩言"而詔"令依舊職名、江西提刑"，故隨即離臨安南歸。《建炎以來朝野雜記》乙集卷八《晦庵先生非素隱》。書中又云"區區南歸，已迫所部"，而據朱熹《辭免江西提刑狀二》云"今迤邐西行，浸迫所部，竊自思念爲人臣子而有此名，罪當誅戮，豈可復任外臺耳目之寄？政使聖恩寬貸，在熹亦何面目可見吏民？兼熹所患足疾，日困奔馳，不得休息，乍止乍休，未能一向痊平。而江西憲司久闕正官，若更遷延日月，則是以熹衰病嫌疑之故，久廢一路之事，稽留朝命，爲罪愈深"，《晦庵文集》卷二二。所言與本書云云相合，當撰於一時先後。又朱熹《辭免江西提刑狀三》有云"今準尚書省劄子六月二十六日奉聖"劄下朱熹"可依已降指揮疾速之"江西提刑任。《晦庵文集》卷二二。本書未及此，故推知其約撰於是年（1188）六月下旬初朱熹南歸塗中。

朱熹《與留丞相劄子》：

熹昨具短劄懇辭恩命，方懼進越自取罪戾，不謂乃蒙鈞慈還賜手教，拜領伏讀，感悚益深。又蒙鐫喻丁寧，褒與隆厚，仰認至意，尤切凌兢，誠宜即日拜命，便道之官，服勤職業，深求所以仰稱吾君吾相知遇使令之意。而疾病之餘，昏耗已甚，竊自揆度，決無以堪一道委寄之重，不免復具公牘，再干朝聽，而別以此私于下執事。伏惟丞相國公詳加省覽，特賜矜憐，曲爲敷陳，仍畀祠禄，使得卒逃吏議，以遂餘生，則熹不勝幸甚幸甚。或恐朝廷未知熹之實病，誤謂尚堪使令，不忍終身置之閑散，則謀議之官，若蒙陶鑄，或可自效；然以禮秩太優，不敢有請。伏惟相公試詳度之。但熹雖出，終不能久，近則半年，遠則周歲，決須再有祈懇，復勞區處，不若及今便與祠禄之爲便耳。

抑嘗聽於道路，側聞乃者相公蓋嘗白發左右之姦，斥之遠外，所以輔君德、振朝綱者，甚慰中外之望。熹雖愚懦，亦不勝其喜幸。竊意相公必將乘此機會，大有建明，以爲宗社永久無窮之計，而伏聽累月，未有聞也。夫陽長而不遂進，陰消而不遂滅，此最安危治亂之機，而昔人所深畏。以熹之愚，猶竊爲相公慮之，不識高明何以處此而善其後也？

遠迹田間，無由伏謁黃閣之下仰首一言，以贊大慮，引領東望，不勝惓惓。伏惟上爲國家，俯爲人望，千萬自重，熹不勝懇禱真切之至。

小貼子

熹目力昏耗，不能細書楷字，墨色濃淡，行道攲斜，殊不成禮。本不能親書，以所被教出於手墨，勉彊作此，率略殊甚。伏乞鈞慈矜恕，幸甚幸甚。熹皇恐上覆。《晦庵文集》卷二八。

案:《宋史·光宗紀》云淳熙十六年五月戊申,"由丞相留正論知閣門事姜特立,罷之"。本書中"側聞乃者相公蓋嘗白發左右之姦,斥之遠外"云云,即指此事。又朱熹《辭免江東運使狀一》所云"右熹見任主管西京嵩山崇福官,忽於今年九月準尚書省劄子奉聖旨朱熹除江東轉運副使,填見闕,不候受告,疾速之任,任滿前來奏事",《晦庵文集》卷二三。與本書所云"誠宜即日拜命,便道之官"云云相合,故推知本書撰於是年(1189)九月間。

朱熹《與留丞相劄子己酉十月二十一日》:

熹竊以仲冬嚴寒,伏惟丞相國公鈞候起居萬福。熹頃以衰疾,再辭恩命,方懼僭瀆,自速罪戾,乃蒙丞相矜憐,曲爲敷奏,改畀符竹,以便其私,固已甚幸。至於那移闕次,不一而止,倍費生成之力,仰累公平之政,此又熹之所大懼也。若使稍堪勉彊,豈復更敢辭避,以招尤取闒,而自棄於明時? 實以所苦目疾浸以增加,臨漳雖名事簡,然一郡千里,生齒萬數,獄訟財計,所繫不輕。若以愛身之故,漫不加省,而委之他人,豈得自安? 若欲一一親臨,則竊自揆度,決有所不能堪者。前日所以力辭江東之行,良以此故。竊意爲熹言者,亦未究知其實,而或雜以他說,是以丞相雖已憐之,而猶未深信其必然也。

以熹今日精力之所堪,惟有奉祠一官,可竊升斗之禄。又復惟念君相之恩隆厚至此，而熹必求閑退，固執不回，則或者之論，必又有以爲羞薄詔除，而加以傲上無禮之罪者。是以今者冒昧朝聽，不敢專以祠禄爲請，蓋已出怵迫無聊之計，而陷於貪冒苟求之譏矣。伏惟丞相試加察焉，賜之一言，明其實病，而復與之祠官之禄，使得休養神明，避遠讒謗，庶幾未死之間，及見丞相格君定國之效，使羣邪屏伏而衆賢彙進，姦言熄滅而公論顯行，國勢尊崇於上，民心悦豫於下，則熹雖在田野之中，亦得以安心肆意，明目開口，爲太平之民。其與懷抱憂畏，側肩屏息，以寄其身於吏民之上者，屈伸苦樂，萬萬不侔矣。若丞相亦以熹前所疑有不得不慮者，則謀曹之請，願垂意焉。然此已爲甚不得已之計，萬一近地或無見次，則又不必謄那增創，以致人言。但與祠官，乃其舊物，縱使得罪，亦易辭也。

熹未嘗有一日灑掃之勞於門下，而丞相知之之深，念之之悉，至於如此，故熹不敢不盡其愚。伏惟丞相擇而處之，千萬幸甚。未由趨拜門館，伏乞上爲兩宮倍保崇重，永扶公道，以福蒼生。熹不勝至願。《晦庵文集》卷二八。

案：本書撰於淳熙十六年（己酉）十月二十一日。其《辭免江東運使狀二》云"右熹十月二十一日準尚書省劄子，據熹辭免新除江南東路轉運副使恩命及回避祖鄉田産事，十月五日奉聖旨免回避，依已降指揮疾速之任"，并云及"在熹孤蹤，固難逃於吏議,而於公朝推擇之意,亦豈不至上累聖明?反復思惟,益增惶懼,不免復此控訴,祈免誤恩,欲望朝廷特賜敷奏,令熹仍舊奉祠竊禄,以安愚分",《晦庵文集》卷二三。撰於同日。

朱熹《與留丞相劄子》:

熹輒有誠懇,仰瀆鈞聽:熹衰病餘生,不堪從宦,茲蒙誤恩假守,黽勉南來,意謂若幸無他疾痛,可以冒昧歲月,然於職事亦不敢不盡其愚。前此依準通融蠲減指揮,乞免上供,罷科茶錢及減無額經總制錢之額,以至恭奉聖旨相度經界利病,皆是一郡永久利害,而經界尤利害之大者。所以不避僭率,極意盡言,不敢少有顧望前郤、首鼠兩端之意。退而講究,巨細本末,不敢不盡,規摹措畫,蓋已什八九成矣。鄙意無他,蓋以本州田税不均,隱漏官物動以萬計,公私田土皆爲豪宗大姓詭名冒占,而細民産去税存,或更受俵寄之租,困苦狼狽,無所從出。州縣既失經常之入,則遂多方擘畫,取其所不應取之財,以足歲計。如諸縣之科罰、州郡之賣鹽是也。上下不法,莫能相正,窮民受害,有使人不忍聞者。熹自到官,蓋嘗反復討論,欲救其弊,而隱實郡計,入不支出,乃知若不經界,實無措手之地。所以前此申奏,欲得及此秋冬之交,早賜行下。竊聞廟堂有意施行,版曹亦無異論,亦蒙丞相賜書喻意,謂必可行。熹區區自喜,竊謂漳民自此可脱塗炭之苦,而熹區區彊顏扶病，亦不虛爲此來矣。

不幸心勞事拙，賦政不平。前九月中，州境屢有地震之異，未及自劾以聞，而舊疾發動，遍傳兩足，連及右臂，痛楚呻吟，不可堪忍。以至滿散錫宴之日，皆不得少伸臣子歸美報上之誠。今雖少能自力，扶曳出廳，執捉批判，而病中服藥，多是疏利發散之劑，精神氣血衰竭殆盡，無復筋力可以支吾。又況所請罷科茶錢、無額經總之屬，皆久不蒙開允。經界聞亦有陽爲兩可而陰實力沮之者。只今已近冬至，更五十日即是新春，設使便蒙施行，亦無日子可以辦集。至於按劾弛慢不虔之吏，諸司又不主張，甚或已行取勘而無故自引罷者。如此，使熹寧復更有顏面可臨吏民？鄙性狷急，不能俯仰，前日所以杜門空山，甘忍窮餓而不敢有意於仕宦，正以此耳。今年六十有一，衰病侵凌，行將就木，乃欲變心從俗，以爲僥倖俸錢禄米之計，不亦可羞之甚乎？憤懣無聊，不能自抑，已具奏牘，干犯天威，乞從罷黜，而并以此私布腹心于下執事。伏惟某官少賜矜憐，曲加陶鑄，或使復得奉祠，歸死巖壑，則又千萬之幸，而非熹之所敢望也。抵冒崇嚴，俯伏俟命，熹不任恐懼震栗之至。《晦庵文集》卷二八。

案：書中云“今年六十有一”，乃在紹熙元年（1190）。書中又言“只今已近冬至，更五十日即是新春”，故推知其撰於十一月上旬。時朱熹任漳州知州。

朱熹《與留丞相劄子》:

經界已被漕檄,竊聞此事丞相極勞經畫,乃得施行,千里貧民無不知感。但恨聞命之日已是正初,農事方興,不容措手,已申漕司,乞候十月一日下手打量矣。其合預行措置事件,則目今不住施行講究,令益精審,以俟及期而行,必不致有誤事。但此事之行,雖細民之所願欲,而豪家右族倚勢并兼者惡其害己,莫不陰謀詭計,思有以動搖。未知此八、九月之間,事體又復如何? 更願丞相深察其情,而以天下至公之理裁之,有以終惠此邦之人,而不憚於騰口間說之計,則如熹等輩尚得以奔走塵坌泥塗之中,上爲國家均愛赤子,而徼幸於有成。如其不然,則雖賤軀自可支吾,亦當別以微罪自劾而歸,不敢遊丞相陶鈞之內矣。

熹以本郡不曾被受省劄,不敢具申。其回報漕司狀檢謹錄一通,冒浼鈞聽,僭率皇恐。蠲減錢物,竊知已下漕司,亦當一面條具申稟彼司,聽候處分。更望廟堂力賜主張,使不奪於有司出納之吝,則非熹之幸,乃此邦之幸,非此邦之幸,乃此民之幸也。國家愛惜斯人,如護元氣,不忍以毫髮擾之。詔令所頒,戒飭州縣,未嘗不以嚴禁科罰爲言,而其所以取之州縣者乃如此,是則陽爲禁止而陰實縱之,又從而驅之,使必出於此。聖主在御,丞相秉鈞,豈忍爲是以欺其民哉?

熹前書僭越,冒進所聞。中間伏奉手教,開納誨諭周至。三復以還，喜懼交集。然逖聽累月，竟未聞公論之勝、邪說之消，如丞相之言者，顧其當勝而反消、當消而反勝者則有之矣。州縣麗官，不當議此，惟丞相深圖之，則天下幸甚，天下幸甚！熹瞻望台躔，不勝依仰，敢乞上爲兩宮益加鼎食之衛，千萬至懇。《晦庵文集》卷二八。

　　案：書中言"經界已被漕檄，……但恨聞命之日已是正初，農事方興，不容措手，已申漕司，乞候十月一日下手打量矣"，據上書（熹輒有誠懇）云云，知本書當撰於紹熙二年（1191）正月間。

朱熹《與留丞相劄子》：

　　熹誤蒙選擇，備數海邦，又被詔旨特許本州推行經界，以惠疲甿。方幸得以罄竭駑頓，仰副使令，而不幸遽聞長男之訃，悲痛不堪。自度精神思慮將有不可得而黽勉者，已具公劄申稟，乞賜陶鑄宮觀差遣，使得亟歸營辦喪葬，收拾孤嫠。切望哀憐，早賜敷奏，千萬幸甚。

　　熹又有愚懇：本州判官葉機，假滿百日，依條離任，念其貧病，已許爲伸嶽祠之懇，未及而遽遭此禍，然不欲食言，并有劄子率易投納。伏惟鈞慈不忍一物之失其所，并賜垂念，則不惟葉機之幸，亦熹之幸也。方寸迷亂，言無倫次，伏紙不勝皇恐俟罪之至。《晦庵文集》卷二八。

　　案：朱熹長子朱塾紹熙二年正月二十四日卒於婺州。《年譜長編》卷上。本書中云"而不幸遽聞長男

之訃,悲痛不堪",計及訃聞自婺州傳至漳州之時間,
故推知本書當撰於二月中。

朱熹《與留丞相書四月二十四日》:

熹竊以孟夏漸熱,伏惟丞相國公鈞候起居萬福。熹
遠守偏城,日荷臨庇,昨以哭子悲傷,私計不便干冒威嚴,
已深震悚。而前此人還,蒙賜手教,存撫甚至,且有憐其
久處瘴鄉之意。伏讀反側,不知所爲。熹去歲之病,乃是
宿疾發動,即非染瘴,不知趙帥何故乃爾具稟,致煩軫念?
況此邦事簡俗淳,今歲以來,吏民亦粗相安,又經界已得
指揮,若非家有私故,則熹非唯義不當去,亦不願舍此僻
遠之安,而就繁會之危也。幸今已聞奉祠之請既有成命,
此蓋丞相察其哀懇而陶鎔及此,千萬幸甚。雖論譔華資,
所不當得,然亦且得去此,只俟受命,一面控辭,而於前路
聽從欲之報也。計差去人不三數日會當至此,但今郡中
却有二事,不免具狀申奏:

其一爲昨來所乞蠲免罷科茶錢,已蒙行下漕司相度。
今計郡中自可樁辦,只乞降旨約束官吏,不得沿此爲名,
似前科擾,不敢更煩蠲免應副,而所乞除減無額一項五千
緡者,即乞特詔有司便與施行,庶爲一郡久遠之利。其一
爲漳浦高知縣登忠言直節,不幸貶死,欲望聖恩特與昭
雪,褒錄其家。二事皆乞丞相留意開陳,得從所請,千萬
幸甚。雖當去此,而惟君相所以遣之此來之意似非偶然,

欲圖以報萬分者，是以於此有所不能忘懷。其他瑣細，亦有合因革者，然其事在州郡而不在朝廷，又不敢以煩鈞聽也。

其他至如經界一事，若非丞相力賜主張，則浮議動搖，其罷久矣。茲者又蒙垂諭諄悉，尤切感歎。此事貧民所欲而富者不願，理勢甚明，似不難曉。而羣言胥動，噂沓萬端，則不唯愚者惑之，而賢且智者亦或不免，此可怪也。然此邦之人富者尚少，其力能沮議而得關說於前者亦不甚多。熹之所憂，獨恐溫陵富室既多，其間豈無出入門牆之下、承眄睞之恩者，必將巧爲詞說，乘間伺隙，以濟其私。竊願高明審加察焉，使此邦之績，不敗於將成，則泉、汀以次，悉蒙其利，而三州之境窮苦無告之民，無不感戴生死肉骨之恩矣。

昨來陳憲委官來此商度，因令行視田野，汀之行賈聞之驚喜，相率拜其車下，問此法何時可及吾州？此可以見夫人之真情矣。而必爲說以敗之而圖自利，其亦不仁也哉！往時有閤門舍人林宗臣者，亦丞相之邑子，嘗因奏對論及此事，其言憤激痛切，蓋有所指。今泉之貧民愿士，人人能誦道之，公議良心不可泯沒。彼沮之者，設不出此，子孫決不乞食，獨何必過爲之慮而蒙此訴於其身耶？是可歎已。惟丞相深念有以反之，此又自爲門下之計，而非獨爲三州貧民計也。

熹又蒙垂諭，深以士大夫之朋黨爲患，此古今之通

病,誠上之人所當疾也。然熹嘗竊謂朋黨之禍,止於縉
紳,而古之惡朋黨而欲去之者,往往至於亡人之國。蓋不
察其賢否忠邪,而惟黨之務去,則彼小人之巧於自謀者,
必將有以自蓋其迹;而君子恃其公心直道,無所回互,往
往反爲所擠而目以爲黨。漢、唐、紹聖之已事,今未遠也。
熹雖至愚,伏讀丞相所賜之書,知丞相愛君憂國之心,無
一言一字不出於至誠惻怛,此天下之賢人君子所以相率
而願附於下風也。而未能不以朋黨爲慮,熹恐丞相或未
深以天下之賢否忠邪爲己任,是以上之所以告于君者,未
能使之判然不疑於君子小人之分;下之所以行於進退予
奪者,未能有以服天下之心、慰天下之望,而陰邪讒賊,常
若反有侵凌干犯之勢。丞相又慮此身自陷於君子之黨,
而使彼之蓄憾久而爲禍深也,又稍故爲迷亂昏錯之態以
調柔之,反使之氣豪意健,旁若無人,敢於干禄之章,肆爲
誣善之語,而朝廷亦不之問也。夫杜門自守、孤立無朋
者,此一介之行也。延納賢能,黜退姦險,合天下之人以
濟天下之事者,宰相之職也。奚必以無黨者爲是而有黨
者爲非哉? 夫以丞相今日之所處,無黨則無黨矣,而使小
人之道日長、君子之道日消,天下之慮將有不可勝言者,
則丞相安得辭其責哉? 熹不勝愚者之慮,願丞相先以分
別賢否忠邪爲己任,其果賢且忠耶,則顯然進之,惟恐其
黨之不衆而無與共圖天下之事也;其果姦且邪耶,則顯然
黜之,惟恐其去之不盡而有以害吾用賢之功也。不惟不

疾君子之爲黨，而不憚以身爲之黨；不惟不憚以身爲之黨，是又將引其君以爲黨而不憚也。如此則天下之事其庶幾乎？前年逐二諫官，去年逐一御史，近聞又逐一諫官矣，上下不交，而天下將至於無邦。丞相不此之慮，而慮士大夫之爲黨，其亦誤矣。

熹雖荷知獎，而未遂掃門之願，顧蒙出語之勤，似不爲無可取者，是以輒空胸臆，少答恩顧，不自知其狂且妄也。干冒威尊，俯伏震懼。伏惟寬容，有以裁之。瞻望黄閣，無由趨拜。敢冀上爲國家，倍保崇重。熹不勝下情千萬懇禱之至。

熹竊見紹興初年，趙忠簡公爲相，一時收用人材之盛，後來莫及。然細考其間，亦豈無不滿人意者？但其多寡之勢，此彊彼弱，故雖少雜而不能害治，當時有“小元祐”之號。今者竊觀丞相之心即趙公之心，然論一時人材賢佞之勢，則此少而彼多，此弱而彼彊，此則區區所以不能不深憂，而輒以分別賢否忠邪之說爲獻於門下也。伏乞鈞照，熹皇恐又覆。

熹又蒙垂諭陳憲、趙守曲折，謹悉。陳憲於此極留意，熹前劄已具稟矣。昨見移節，方竊憂之，不謂鈞念已及此也，幸甚。趙守舊識之，有心力，肯向前，誠如尊命。然更得一言勉之，幸甚。近因遣官下鄉分界，且遍喻父老以所爲方量之意，并以筭法授之，人見其簡易易行，無不悦喜。今見熹去，頗以爲憂，而不知丞相主張之力，初不爲熹一介作輟也。更乞加意垂念，千萬至幸。熹皇恐又覆。《晦庵文集》卷二八。

案：本書撰於紹熙二年四月二十四日。時朱熹在漳州。

朱熹《與留丞相書七月十日》：

熹竊以孟秋猶熱，伏惟丞相國公鈞候起居萬福。熹區區賤迹，自四月二十六日解罷郡事，越三日遂發臨漳，五月二十四日遂抵建陽，因遂寄寓，以畢喪葬。但悲惱之餘，無復生意，仰賴巨庇，偶未即死耳。

七月四日始被省劄，并領手教之賜，仰荷鈞慈垂念之厚。但所請上還進職恩命，未奉俞允。上恩隆重，威令已行，知友皆謂不當復有干冒，而反覆以思，竟未得其所以可受之説，不免復從建寧借人，持狀申省。愚慮悃款罄竭亡餘，不敢重溷崇聽，得賜省覽，詳悉開陳，上謹聖朝予奪之公，下全匹夫辭受之義，則熹不勝千萬幸甚。

又蒙垂喻經界利病，乃是溫陵士夫猶有公論。始者但見漳人有仕於朝者奔走權門，日肆搖沮，而妄疑之耳。數日前，陳憲按部經由，亦有所聞，深不自安。改送之請，殆必爲此。然周漕始至，相見首問及此，云恐朝廷或從陳憲之請，即欲略知曲折，未知後來既聞浮議紛紜之後，又復如何？此非閑人所敢干預，第因下喻之及，敢布所聞耳。無額錢事，曲蒙垂念，尤深感戢。版曹今當已有定

論，但恐出内之吝，有司常態，須仰廟堂力賜主張，始可不
乖所望也。高古縣事不審已作如何施行？此事南方之人
無不聞知，況如丞相尤是目睹，而梁文靖公向來亦嘗爲之
申雪，固不待鄙言而後信。但得榻前委曲敷陳，特與昭
洒，則不唯直既往之冤，申泉壤之恨，而自今以往，忠言日
聞於丞相，效美遜直之心，亦不爲無所助矣。如聞比日朝
士有以不願爲忠臣之説當上心被親擢者，遠方傳聞，不知
信否？如審有之，則小人過計之憂，恐其不得爲興邦之言
也。又聞其人亦嘗出入門墻，深辱知顧，當是其時未有此
論。如又不然，則知言知人之訓，妄意丞相更當留意。博
求直諒之賢，置之東閣，與圖天下之事，則大人格心之效
不日可見，而勳業之茂，不但踰於前後數公矣。諸葛武侯
之教有曰：“諸有忠慮於國者，但勤攻吾之闕，則事可成，
賊可死，功可翹足而待矣。”太祖皇帝嘗語侍臣：“唐太宗
虛心求諫，容受盡言，固人主之難事，然曷若自不爲非，使
人無得而諫之爲愈乎？”至哉言乎！大哉言乎！愚竊願以
武侯之言爲丞相獻，又願丞相以太祖聖訓日啓迪於上
前也。

　　至如朋黨之論，則前記所陳有未究者，致煩鐫喻，至
於勤緺。三復愧悚，不知所言。章、蔡之禍，誠如尊命，但
忠賢奔播，至於如此，推本其原，蓋自有在。而九年之間，
黜幽陟明，培固根本，其效見於靖康、建炎之際者，民到于
今賴之，又自有不可誣者。若其無此，而元豐、紹聖便相

傳襲，則後日之禍豈但若此而已哉？前輩有論嘉祐、元豐
兼收並用異趣之人，故當時朋黨之禍不至於朝廷者。世
多以爲名言。熹嘗謂此乃不得已之論，以爲與其偏用小
人而盡棄君子，不若如是之猶爲愈耳。非以爲君子不可
專任、小人不可盡去，而此舉真可爲萬世法也。若使當時
盡用韓、富之徒而并絀王、蔡之屬，則其所以卒就慶曆之
宏規、盡革熙寧之秕政者，豈不盡美而盡善乎？後之覽
者，得其言而不得其心，知退守其所爲不得已之論，而不
知進求其盡美盡善之策，是以國論日卑，而天下之勢卒至
於委靡而不振，此可悲也。至如元祐，則其失在於徒知異
己者之非君子，而不知同己者之未必非小人，是以患生於
腹心之間，卒以助成仇敵之勢，亦非獨章、蔡之能爲己禍
也。然則元祐之失，乃在於分別之未精，而丞相以爲太
甚，熹竊有所未喻也。是以知言知人，聖有明誡，區區已
效於前矣，深願丞相之加之意也。

　抑又聞之：天下事勢有消長賓主之不同，以《易》而
言，方其復而長也，一陽爲主於下，而五陰莫之能遏。及
其遇而消也，五龍夭矯於上，而不足以當一陰羸豕蹢躅之
孚，甚可畏也。丞相觀於今日之勢，孰爲主而方長乎？孰
爲客而方消乎？孰能制人，而孰爲制於人者乎？於是焉
而汲汲乎以求天下之賢以自助，使之更進迭入，日陳安危
治亂之明戒，以開上心，排抑陰邪，無使主勢小傾而陷入
其黨，尚恐後時而無及於事，不精而未免有失，亦何遽至

預憂其分別太甚而爲異日之患乎？

　　熹未獲趨拜，而辱知至深，且今分甘投老，無復世念，故不自嫌而冒昧及此。伏惟赦其狂妄而取其愚忠，千萬幸甚。當暑目昏，作字不謹，并丐原恕。自餘唯冀上體兩宮之眷，俯慰四方之望，加毖重茵列鼎之衛，以究久大之業，千萬幸甚。《晦庵文集》卷二八。

　　案：本書撰於是年七月十日。

朱熹《謝政府啓漳州解罷得祠》：

　　迫憂患以求閑，方陳危懇；即便安而誤寵，并沐殊私。弗遂懇辭，迄成忝冒。伏念熹學惟信己，材不逮人。生際休明，豈自甘於淪棄；病侵遲暮，久莫奉於驅馳。比叨民社之臨，猶冀桑榆之效。屬私門之變故，致公務之弛隳。黽俛旬時，已積簡書之罠；顧瞻疇昔，未忘香火之修。仰洪造之不違，服明恩而已厚。敢意便蕃之錫，更陞論譔之華。顧壽皇特達之深知，昔幸容其遜避；而聖上丁寧之申命，今復軫於眷懷。惟拜賜之無名，屢騰章而自列。重煩睿旨，曲借寵光。仰戴皇慈，欲終辭而不敢；自憐末路，知仰報之難圖。祇命以還，措躬無所。兹蓋伏遇丞相國公妙熙天緯，獨運化鈞，樞使相公力扶皇極，獨運鴻樞。參政同知相公鳳推衆望，久贊化鈞。欲儲材於朽鈍之餘，肯垂意於事功之外，遂令衰晚，有此叨踰。熹敢不思稱榮名，勉終素業？考諸前聖，倘不謬於正傳；覺彼後知，或少裨於大化。過此以往，未知所裁。《晦庵文集》卷八五。

　　案：據《宋史·宰輔表四》，紹熙元年七月，留正自右丞相除左丞相，十二月，胡晉臣自簽署樞密院事除參知政事兼同知樞密院事、葛邲自參知政事除知樞密院事。本書中所云"丞相國公"、"樞使相公"、"參政同知相公"即指此三人。紹熙二年二月，朱熹因長子朱塾卒，辭知漳州請祠；三月，除秘閣修撰、主管南京鴻慶宮；四月，辭職名，二十九日去漳州而歸建陽；七月復辭職名，不允；八月二十三日乃拜命。《年譜長編》卷下。本書言及"屬私門之變故，致公務之弛隳"，又言"惟拜賜之無名，屢騰章而自列。重煩睿旨，曲借寵光。仰戴皇慈，欲終辭而不敢；自憐末路，知仰報之難圖"，知在拜受職名以後，約在紹熙二年八月下旬，致留正、葛邲、胡晉臣三人。

朱熹《與留丞相書十月四日》：

　　竊以孟冬漸寒，伏惟丞相國公鈞候起居萬福。熹昨者人還，伏奉省劄，喻以聖恩褒借，不許終辭之旨。又蒙鈞慈加賜手教，所以開曉尤極懇至。伏讀再三，仰體吾君吾相委曲眷憐之意如此其厚，謹已齋祓祗拜告命，奉表稱謝矣。恭惟丞相國公知遇之深，固不以世俗常禮見望，然亦有不敢廢者，鄙語卒章，少見所以圖報之實，儻蒙照察，千萬幸甚。

高古縣事，特蒙主張，得被仁聖漏泉之澤，九原忠憤，一旦獲伸，丞相所以褒顯忠直、擯抑姦諛之意，不但施之今日，周行之間，所勸多矣。龍溪亦蒙收召之恩，始望蓋不及此，第切惶恐。無額錢事，近聞已蒙施行，邑中尚未見報，未敢致謝。此錢雖是州額，從來拋下諸邑，漳浦爲多。此縣比年殘廢已甚，熹向來措置，州郡自爲抱認罷科茶錢數千緡，今若得更免此，則此邑庶幾有可整葺之望。萬一今來方是行下漕司指定，即將來更望丞相力賜主張，始終其惠，使此邑疲民免於非理科罰之苦，千萬之幸。或已俯從所乞，盡賜蠲除，則熹昨奏抱認罷科茶錢事雖無施行，亦乞行下本州遵守，不得再拋下縣。仍切覺察，勿令諸縣以此爲名妄行科罰，此又永久之利也。此錢自係上供之數，不敢求免，本自不必具奏，所以有前日之請，良以此耳。伏乞鈞察。

熹未嘗有一日灑掃之勞於門下，而丞相所以知獎優異不在衆人之後，顧今精神耗竭，筋力疲憊，無復可期以伸報效。區區願丞相深觀《大易》陰陽消長、否泰往來之變，謹察君子小人之分，而公進退之，毋爲調停之説所誤，使忠言日聞，聖德日新，而天下之人真享富壽康寧之福，朝廷之上真見平平蕩蕩之風，則衰病之軀老死丘壑，無所憾矣。如於忠邪之分察之有未明、消長之戒信之有未篤，而又以一身利害之私參錯乎其間，則今所謂持平者，是乃所以深助小人之勢以爲君子之病，將見彼黨日盛，此勢日孤，天下之事將有不可爲者。丞相雖欲奉身而退，窮勝事而樂清時，亦不得辭後世良史之責矣。熹不勝感德之至，輒復冒昧言之。伏惟恕其狂妄，而采其千慮之一得焉，則又幸之大者。瞻望門墻，無由伏謁，伏乞以時爲國，千萬自重。熹至懇至禱，死罪死罪。《晦庵文集》卷二八。

案：本書撰於是年十月四日。

朱熹《與留丞相劄子》：

熹竊以孟冬冰寒，伏惟某官鈞候起居萬福。熹昨蒙聖恩，超遷職秩，懇辭不獲，更被寵褒，又得竊食祠官之禄，以便私計而卒其舊業，公朝誤恩，於熹已爲厚矣。故熹前日奏記，蓋嘗略陳其説以伸謝悃，意謂必蒙矜察，不意今者又被省劄，乃復將有所使令。聞命驚惶，進退失據。至以家門患難之私，賤軀殘朽之故，反復推較，則又皆有所未安者，已具申狀稟劄，一二條陳，以干公朝之聽。顧猶有未敢盡其言者，而復以此私于下執事。

伏惟某官特賜矜憐，少垂寬假，使得躬視埋葬，以塞老牛舐犢之悲；休養神明，以駐衰頹就盡之景。更以餘日討繹舊聞，以副聖主華袞之褒，而助明時風化之美，則某官之恩之德，又將被于存没而無窮矣。

干冒威尊，不勝戰灼。又以近方拜啓，不敢復以累幅仰勤聽覽，并冀垂察。唯是瞻望門墻，無復趨拜之日，下情尊仰，不勝拳拳。敢乞上爲兩宮倍保崇重，長輔聖主，永康兆民。熹區區無任祈懇激切之至。《晦庵文集》卷二八。

    案：書中言"超遷職秩，懇辭不獲"，乃指授朱熹秘閣修撰，朱熹屢辭不允，而於八月二十三日始拜命；《晦庵文集》卷八五《除秘閣修撰謝表》。"故熹前日奏記，蓋嘗略陳其説以伸謝悃"，指十月四日《與留丞相書》；"不意今者又被省劄，乃復將有所使令"，指十月九日朱熹又得"尚書省劄子奉聖旨除熹荆湖南路轉運副使，填見闕，不候受告，疾速之任"，《晦庵文集》卷二三《辭免湖南運使狀一》。因"近方拜啓，不敢復以累幅仰勤聽覽"，故爲此《劄子》。故推知本書亦撰於十月九日，故朱熹下書（熹區區賤懇）有"熹區區賤懇，已具前幅，必蒙矜念，俾遂退閒，不敢重出，以煩公聽"。

朱熹《與留丞相書十月十二日》：

    熹區區賤懇，已具前幅，必蒙矜念，俾遂退閒，不敢重出，以煩公聽。惟是昨因致謝，輒罄鄙懷，狂妄僭率，不勝皇恐。然自遣人之後，即得朝士私書，語及近事。恭聞丞相忠誠感格，天意爲回，重陰之底，復有陽復之漸，乃竊自幸其言之不效。既又反覆以思，則恐今日之事未足爲喜，而前日之論猶有可思者也。

    蓋自古君子小人雜居並用，非此勝彼，即彼勝此，無有兩相疑而終不決者，此必然之理也。故雖舉朝皆君子，而但有一二小人雜於百執事之間，投隙抵巇，已足爲患，況居侍從之列乎？況居丞弼之任而潛植私黨、布滿要津乎？蓋二三大臣者，人主之所與分別賢否、進退人材以圖天下之事，自非同心一德，協恭和衷，彼此坦然，一以國家爲念而無一豪有己之私間於其間，無以克濟。若以小人參之，則我之所賢而欲進之者，彼以爲害己而欲退之；我之所否而欲退之者，彼以爲助己而欲親之。且其可否異同，不待勉爭力辨而後決，但於相與進對之間，小爲俯仰前却之態，而已足以敗吾事矣。是豈可不先以爲慮，而輕爲他計，以發其害我之機哉？此猶姑以鈞敵之常勢言之耳，況今親疏新舊之情本自不侔，忠邪遜逆之趣又各有在，彼已先據必勝之地，而挾羣黨以塞要衝，凡一舉手、一搖足，皆足以爲吾之害，下至近習纖人，亦或爲之挾持簡牘，關通內外，以助其勢；而吾乃兀然孤居，孑然特立，絕無蚍蜉蟻子之援，可與用力於根本之地，以覺上心而清言路，其可望以爲公道之助者，不能留之頗步之間，而欲求之千里之外。彼方爲主而我方爲客，彼方爲刀而我方爲肉，此固天下之危機敗證，而又時取彼所甚惡之人，置之不能爲助之處，徒益其疑而無補於事。愚恐雖能遍起天下之賢人君子置之內外，彼亦不必動其聲氣，但陰拱而微伺其勢似能害己，則便一眴目而羣吠起，使來者或未及門，至者或未暖席，而已狼狽倉皇，奔迸四出矣，尚何國事之可圖哉？今日之事，丞相以爲但去一人，班列便無小人,臺閣便無異論乎？胡不觀於鄭尚書、王著作、孫司業之遂去而不留,袁溫州之已除而中寢,此皆誰實爲之也哉？以愚觀之,但見其操心益危、慮患益深,而爲崇益甚耳。語曰:"治水不自其原,末流彌增其廣。"又曰:"射人先射馬,禽賊當禽王。"蓋慮此也。去年劉副端初除,抗論震動朝野,善類相慶,而熹獨深憂之。今日之勢,何以異此？伏願丞相試熟計之,而亟陰求學士大夫之有識慮氣節者相與謀之,先使上心廓然,洞見忠邪之所在,而自腹心以至耳目喉舌之地,皆不容有毫髮邪氣留於其間,然後天下之賢可以次而用,天下之事可以序而爲也。如其不然,則自今以往,丞相之憂乃有甚於前日,是以熹竊危之,而未敢以爲喜也。

辱知之厚,不敢不盡愚,惟高明察之。抑天下之事固多以欲速而致敗,然見幾不審,猶豫留時,亦智者所甚懼也。今日在我之勢固爲甚危,然乘隙疾攻,正在此時,投機之會,間不容息。惟丞相深計而亟圖之,則不唯善類之幸,實宗社生靈之幸。熹死罪死罪。《晦庵文集》卷二八。

案:本書撰於是年十月十二日。書中所言"惟是昨因致謝,輒罄鄙懷",指十月四日《與留丞相書》。

朱熹《與留丞相劄子》:

熹竊以季冬極寒,伏惟丞相國公鈞候起居萬福。熹昨者妄以小夫竿牘干冒崇聽,方懼僭瀆以取罪咎,乃蒙賜教累番，加以真翰，所以慰答其意者甚厚。至於懇避恩除，以便私計，亦蒙矜憐，委曲鐫喻。而馬侍郎、黄寺簿、吕司令又皆以書具道鈞意甚悉，區區下情，不勝感激之至。謹已仰體盛旨，不敢復以家事爲言。但經界妄議竟煩寢罷，則熹之罪戾有不敢自赦者。朝廷寬大，雖不忍真之重辟，亦豈宜更加寵擢，以紊賞刑之典？而熹雖無狀，不識廉恥，然亦豈宜適當此時復叨任使，以乖去就之方哉？省狀公劄別具浼聞，伏惟鈞慈幸賜財察。趙侍郎前日經此，亦嘗託其面稟。今以被受日久，方借得人，亟此申陳，不暇他及。瞻望門墻，無從進謁，敢乞上爲國家千萬自重。熹不任祈懇激切之至。《晦庵文集》卷二八。

案：朱熹《辭免湖南運使狀二》有“昨者蒙恩假守漳州，伏值聖旨行下臣僚申請乞行本州經界，令熹相度聞奏。……即以己見論其當行，本路諸司審此曲折，亦已條具申奏，伏蒙聖恩特從所請，貧民下户欣幸方深，而鄉官土豪已慘然不樂，怨謗鼟起矣。今者果聞已行住罷”云云，《晦庵文集》卷二三。即本書所云“但經界妄議竟煩寢罷，則熹之罪戾有不敢自赦者”，則本書亦撰於紹熙二年。又書中云及“季冬極寒”，知撰於十二月中。

朱熹《與留丞相劄子》：

熹竊以季冬極寒，伏惟丞相國公鈞候起居萬福。熹伏自春間一再干冒，竟蒙恩厚，獲安祠館。區區感戴，蓋不勝言。顧以罪戾之餘，不敢復以姓名自通門墻之下。不意今者曾未踰年，又叨除目，付以一路軍民之寄。此蓋某官愛惜人才，不忍使其終身棄於無用之地，故以及此。德意良厚，感激難勝。但熹衰病益侵，精神益耗，使之從政，其所施爲悖眊顛錯，必有甚於前者。而廣西一路，地廣民貧，邊面闊遠，得失所繫，又非内地監司郡守之比。在熹自度，實難冒受，以誤使令之意。謹已具狀辭免，欲望鈞慈俯察愚誠，特與將上，令熹終滿今任祠禄之後，別聽指揮。若其精神筋力足以堪之，熹不敢復辭避也。干冒威嚴，俯伏俟命，惟某官裁之。熹瞻望台躔，無由趨拜履舄，伏乞上爲兩宫垂意茵鼎之衞，光輔神聖，永福寰區。熹不勝願望之至。伏惟鈞照。《晦庵文集》卷二九。

　　案：書中所云"熹伏自春間一再干冒，竟蒙恩厚，獲安祠館"，乃紹熙二年事。朱熹《辭免知静江府狀一》云"右熹十二月十九日準尚書省劄子奉聖旨除知静江府"云云，《晦庵文集》卷二三。即本書所謂"不意今者曾未踰年，又叨除目，付以一路軍民之寄"。本書又云"謹已具狀辭免"，故推知其撰於紹熙三年（1192）十二月十九日或稍後。

朱熹《與留丞相》：

前此蒙喻楊至秀才事，率易報禀。似聞已荷寬慈，許以容恕，足見大人之度至公無我有如此者，不勝敬服。然聞有司尚以前日符移之峻，追捕未已，其人至今竄伏，無所容寄，有足矜者。如蒙推念，更得一言明喻所屬罷其捕逮，仍俾互相關白，使知盛德雅量不讎匹夫之意，則此人終受賜矣。熹辱知素厚，不敢復避嫌疑而冒昧及此，并冀容察。皇恐死罪。《晦庵文集》卷三八。

案：楊至，泉州人。蔡元定壻。下書（伏蒙別紙垂諭楊至曲折）有言"熹前此本以異議得罪於丞相，幸蒙矜察"，指朱熹於紹熙二年三月末、七月中兩次致書丞相留正斥"朋黨"之説；九月中，除荊湖南路轉運副使，三年十二月，以留正薦，除知靜江府、廣南西路經略安撫使，皆辭。《年譜長編》卷下。又據《朱子語類·姓氏》，楊至於紹熙四年、五年間從學朱熹。故推知本書約撰於紹熙四年（1193）中。

朱熹《與留丞相別紙》：

伏蒙別紙垂諭楊至曲折，不勝皇恐。熹前此本以異議得罪於丞相，幸蒙矜察。今又失於周防，有此疏脱，意必已重得罪而遂見絶矣。不謂丞相采聽不遺，洞見底蘊，至於誨諭之詳，雖使熹自爲辯數，不過如此，幸甚。然聞州縣奉行之間不無觀望，囚繫箠撻，橫及無辜，程督之嚴，至今未解，遠近傳聞，過有疑論。此殆未知丞相與其外家自有契分；而仁心曠度本不忍使其狼狽至此也。熹既蒙

鐫誨，感懼之深，尚恐未有以此聞于鈞聽者，輒復稟白，伏
惟照察。千萬幸甚。《晦庵文集》卷三八。

　　案：朱熹上書（前此蒙喻楊至秀才事）與本書皆
爲楊至求情於留正，推知稍後於上書。

朱熹《與留丞相書》：

　　熹輒有愚悃，仰塵鈞聽：孤賤鄙儒，迂闊有素，中間
諸公不知其不肖，往往誤有收拾使令之意，而熹方拙不能
奉承，是以多致齟齬，而不能無遺恨於其後。爰自戊申之
夏，狼狽出關，杜門空山，蓋已無復當世之念矣。不意相
公曾未識其面目，乃於秉鈞之初首加拔用。熹以衰懶不
堪劇部爲辭，又蒙改命，更畀郡符。到官一年，有請必遂，
如褒贈漳浦高公、減免經總制錢之屬，皆前日守臣所屢請
而不得者。是相公於熹知之不爲不深，而於漳之士民愛
之不爲不厚矣。至於經界一事，乃獨屢上而不報，至其甚
不得已而陽許之，則又多爲疑貳之言，以來讒賊之口，曾
不一年而卒罷之。則熹於是始疑相公所以知熹者，不若
其於鄉里小兒之深；所以愛夫漳之士民者，不如其於瑣瑣
姻婭之厚；而匹夫之志，因以慨然自知其決不可以復入相
公之門矣。是以湖南、廣西再命再辭，蓋不唯以粗伸己
志，亦庶幾陰以解謝臨漳千里狼狽失業之民，而於相公則
不敢以爲恨也。

　　今者相公郊居累月，一旦來歸，未遑他事，而復首以

不肖之姓名言於上前，付以湖南一路之寄。聖主以相公之言爲重，即使出命，而相公又申以手札之賜，慰喻勸勉，禮意勤渥，有加於前。君相之恩隆厚若此，政使賤軀羸頓，不堪上道，神識昏昧，不任治劇，亦當黽勉拜命，走伏官次，以稱所蒙。而熹之私心反復思之，終以前事有未能忘者，又竊惟念相公自居大位，悉引海内知名之士，無一不聚於朝。今兹之事，雖相公出舍於郊，不得親回天意，而諸賢在列，各攄忠悃，並進苦言，不遺餘力，是乃無異出於相公之口。相公於此得士之多，致君之效，其亦以無愧古人矣。然則若熹之愚，姑亦勿問而置之度外，似亦未足以虧盛德之萬分，而況啓擬之恩、謙尊之美，相公又已行之乎？夫宰相以得士爲功，下士爲難，而士之所守，乃以不自失爲貴。今相公之得士如此，下士如此，已爲盛美，若又能容熹使不自失其所守，則是古人所謂人有其寶者，亦何必使之回面汙行而爲終身之羞哉？

抑今日之勢，天意雖若暫回，而恐未固；禍機雖若暫息，而恐未除。事會之來，乃有大於漳州之經界者，而恐不但如前日之易平也。願相公深以前事爲戒，公其心，遠其慮，毋使天下之士賢於熹者復有所激而不肯出於門牆，則熹今日之言猶未爲無以報德也。區區此意，但欲相公知之。所有省狀公劄，則不敢盡吐所懷矣，儻蒙將上早賜施行，勿使至於再瀆，則熹千萬幸甚。《晦庵文集》卷二九。

案：據《宋史·光宗紀》，紹熙四年"六月丙申朔，留正出城待罪”；七月己巳，留正復“待罪于范村”；十一月庚辰，留正“始入朝，復赴都堂視事”。書中“今者相公郊居累月”云云，即指此。又朱熹《辭免知潭州狀一》云“右熹十二月初十日，準尚書省劄子奉聖旨差知潭州者”，《晦庵文集》卷二三。故推知本書撰於紹熙四年十二月中旬。

朱熹《與留丞相書》：

昨者伏蒙丞相少保國公降屈威重，先辱手書，雖以奏記略陳謝悃，而語意狂率，不知所裁。竊意相公必將怒而絕之，則熹因得以伸匹夫之志，而相公方且坦懷虛受，不以爲忤，加賜真筆，眷眷益勤，此已出於望外矣。至於所乞寢罷誤恩，則又未蒙贊可，顧以元日奉觴盛禮之次，開陳督遣，且因書指喻以宜行。熹誠狹中不足以窺大人之度，然私心猶竊不能無所疑者，則以爲此雖足以見相公含垢納汙之量，屈己下士之誠，而未知相公之心以熹前日之事、今日之言爲果何如也？

熹今承命再三，固已不敢必於退避，但恐衰年精力，不足以勝一道之責。欲丐相公都俞之際，委曲一言，換一小壘，若帥幕謀曹之屬，庶幾可以扶曳衰殘，仰承恩指。然其所以事相公者，則不敢少有毫髮異於前日之心也。亦願相公深以前事爲戒，於天下之事有可否，則斷以公道，而勿牽於內顧偏聽之私；於天下之議有從違，則開以誠心，而勿誤以陽開陰闔之計，則庶乎德業盛大，表裏光明，中外遠邇心悅誠服，非獨如熹等輩終身服役而不敢有議於萬分矣。如其不然，則殆不若及其去就之未定，而遂其本志之爲愈也。干冒馨竭，恐懼殊深。進之退之，唯相公之所以命。《晦庵文集》卷二九。

案：書中所云"昨者伏蒙丞相少保國公降屈威重，先辱手書，雖以奏記略陳謝悃，而語意狂率，不知所裁"，乃指上書（熹輒有愚悃）中責留正於經界一事上"乃獨屢上而不報，至其甚不得已而陽許之，則又多爲疑貳之言，以來讒賊之口，曾不一年而卒罷之"。又本書中又云"顧以元日奉觴盛禮之次，開陳督遣，且因書指喻以宜行"，則推知本書當撰於紹熙五年（1194）正月間。留正是年元日來書佚。

朱熹《與留丞相書》：

熹自少鄙拙，凡事不能及人，獨聞古人爲己之學而心竊好之，又以爲是乃人之所當爲而力所可勉，遂委己從事焉，庶幾粗以塞其受中以生之責，初不敢爲異以求名也。既而閭里後生有相問者，因以所聞告之。而流傳之誤，乃有自遠至者。其才之高下、質之厚薄雖爲不同，然皆以是心至，熹不得拒也。不謂熹之無狀，偶自獲罪於世，而詿誤連染，上累斯道，下及眾賢，例得詭僞之名，詆以不道之法，至有初不相識而橫罹其禍者。杜門循習，私竊負愧，雖欲悔之，而厥路無繇矣。顧其繼而來者，又未忍邰，然每對之，未嘗不自笑其愚，而又憐彼之愚甚於熹也。今幸旬月以來，各以事歸，計亦聞知外間風色，自不敢復來矣。垂問之及，深感鈞慈風諭保全之意，故敢詳布委折。昨日李袁州過此，能言近事。又知僥冒獲附下風之義，尤竊自慶幸也。《晦庵文集》卷二九。

案：《慶元黨禁》云慶元二年正月"二十四日甲辰，諫議大夫劉德秀劾留正四大罪，首論其招引偽學，以危社稷。'偽學'之稱自此始"。本書所云"又知僥冒獲附下風之義，尤竊自慶幸也"，當即指此。故推知本書約撰於是年（1196）春。

朱熹《答留丞相》：

李通判歸，出示所賜手教，拜領伏讀，慰幸已深。至於垂喻諄複勤懇，則又竊仰德盛禮恭、樂取諸人、不難舍己之意，蓋有一介布衣之士所不易者。歆慕感激，所得多矣。前此偶因垂問，率易呈獻，亦以姑備燕申餘暇遮眼止睡之須。不謂乃蒙親賜點閱，日有程課，以及終篇；而斟酌取予詳審精切，又有專門名家所不逮者。此周公執贄還贄之心、畢公克勤小物之意，此所以爲聖賢之盛節，而非近世諸公所及也。熹雖凡陋，然其用力於此不爲不久，而歷選平生，講磨論説，其得此於人蓋鮮。不意臨老乃有遇於明公也。更有它書，欲遂傾困倒廩以跪進於几下，而

私居乏人，艱於繕寫，少假歲月，當遂此心。儻得一一悉
蒙印證，則亦足以自信而無憾於方來矣。顧所不能無恨
者，猶以登門之晚，而其質疑請益乃有十年之遲。伏想明
公於此亦不能不慨然其間也。謹因李倅還便奏記叙謝。
目昏不得謹好，尤以皇懼，并乞矜察。《晦庵文集》卷三八。

　　案：書中云“前此偶因垂問，率易呈獻，亦以姑
備燕申餘暇遮眼止睡之須。不謂乃蒙親賜點閱，日
有程課，以及終篇”，據朱熹《答李季章》(熹今歲益
衰)知留正所點閱者乃朱熹《詩集傳》。《朱子語類》
卷一二一載郭友仁所聞曰：“留丞相以書問《詩集傳》
數處，先生以書示學者曰：‘他官做到這地位，又年齒
之高如此，雖在貶所，亦不曾閒度日，公等豈可不惜
寸陰？’”《朱子語類·姓氏》云郭友仁所記乃戊午(慶
元四年，1198)所聞。故推知本書撰於是年間。

劉　炳

　　劉炳，字韜仲，建陽(今屬福建)人。與兄劉鑰皆受學
於朱熹、呂祖謙。淳熙五年(1178)進士。累知應城縣，
“創上蔡先生祠於講堂東隅，朱文公爲記”。累官兵部郎
中、朝散大夫，乞祠閑居，誦讀不輟，自號悠然翁。所著有
《睦堂類藁》若干卷、《四書問目》等傳於世。《閩中理學淵源
考》卷六。

朱熹《答劉韜仲》：

某還家粗遣，但心耗目昏，老相頓見，雖看書亦不能復如舊日矣。得子澄書，盛稱韜仲居官不苟。前日晦伯一再相聚，亦甚進益。得後來朋友向前如此，老朽無復恨矣。子澄樂於訓誘，知數相見，甚善甚善。伯恭竟不起疾，令人痛恨，非但朋舊之私情而已。《晦庵文集》續集卷四下。

案：書中言"某還家粗遣"，指朱熹淳熙八年（1181）閏三月離南康任歸家。又言"伯恭竟不起疾"，呂祖謙實卒於是年七月二十九日。故推知本書約撰於八月間。

朱熹《答劉韜仲》：

示喻數條，皆切中其病。然迫當去，恐不及改耳。拂衣之舉，尤所未能。比遣人持書入都，兩月未還，計此遲緩，是必將從其請矣。若得脫此，且當恣意遊山，不能聽得世間許多是非毀譽也。《晦庵文集》續集卷四下。

案：朱熹於淳熙九年屢上章彈劾知台州唐仲友，並於八月二十二日再上狀乞罷黜，九月十二日上狀辭江西提刑，去任歸。《年譜長編》卷上。本書中有"然迫當去，恐不及改耳。……比遣人持書入都，兩月未還，計此遲緩，是必將從其請矣"，即指此，故推知其約撰於是年（1182）八、九月之際。

朱熹《答劉韜仲》：

又得尊丈書，知莆田未行，已被尤川之檄，朋友深以
爲慮。昨日得居晦書云，沙隨已爲宛轉，想必無他，不知
竟如何？但鄙意終是不能無疑耳。今雖不攝邑事，而往
督賦，正是索千金於乞丐之夫，亦自無下脚手處。若椎敲
不恤，則得罪於民；若事不辦，則又得罪於上官。兩者之
間，亦須勇決斷置，此恐無好出場也。《晦庵文集》續集卷
四下。

　　案：書中云及"已被尤川之檄"，而下書（尤川之
　　行）乃云"尤川之行，初甚駭聽"，知在其前。故推知
　　本書約撰於淳熙十二年（1185）中。

朱熹《答劉韜仲》：

尤川之行，初甚駭聽，亟以書報趙帥，趙帥報書云已
奏，俟鈔法定，行差韜仲添充漕司屬官，專一奉行。諸人
必未敢動，當已聞之矣。尤川今竟差何人？只此一事，已
足見鹽法之弊，漕司何乃全不覺悟耶？所論鹽法皆善，曾
與應倉說否？若未，即及早詳告之，恐其爲漕司所惑，誤
申却文字也。上四州誠不必盡改，但建寧以東兩邑利害
亦與尤、劍無異。此等縣道，須別立一法乃佳。若其他有
利無害處，一例改却，又却害事，反爲汀州及諸邑之累耳。
如何如何？《山記》乃煩重刻，愧甚。不知所費幾何？今
却勝前本矣。《龜山別錄》刊行甚善，跋語今往，幸附之。

《晦庵文集》續集卷四下。

　　案：趙帥指知福州趙汝愚，應倉指提舉福建常
平公事應孟明。《宋史》卷四二二《應孟明傳》稱其拜
大理寺丞，出爲福建提舉常平，後除浙東提點刑獄，
“以鄉部引嫌，改使江東”。《宋史全文》卷二七下云
淳熙十三年十二月辛巳，“臣僚言汀州科鹽之害，詔
令漕臣趙彥操、王師愈同提舉應孟明措置聞奏”。又
據《淳熙三山志》卷二二，趙汝愚於淳熙九年七月知
福州，十二年十二月移四川制置使去。故推知本書
約撰於淳熙十二年中。

朱熹《答劉韜仲》：

　　鹽筴已悉聞之，帥説王漕亦頗有意相招奉扣，不知定
如何？此君累歷州縣，理事亦甚詳細。向來正緣兩下情
意不通，所以擔閣至今。若果相問，詳爲言之，得其幡然，
一方之幸也。《晦庵文集》續集卷四下。

　　案：上書（尤川之行）有云“所論鹽法皆善，曾與
應倉説否？若未，即及早詳告之，恐其爲漕司所惑，
誤申却文字也”，而本書乃云“鹽筴已悉聞之，帥説王
漕亦頗有意相招奉扣，……若果相問，詳爲言之，得
其幡然，一方之幸也”，知承上書。王漕指福建轉運
判官王回。《兩朝綱目備要》卷一載“淳熙十四年四
月，福建轉運判官王回代還入見”云云，又據楊萬里

《提刑徽猷檢正王公墓誌銘》云王回字亞夫,溫州瑞安人,登紹興甲戌(1154)第,歷提舉江西常平茶鹽,改江西轉運判官,移福建轉運判官,召還爲尚書戶部郎官。《誠齋集》卷一二五。當時任福建運判者尚有王師愈。《宋史全文》卷二七下。然其爲朱熹同年,亦紹興十八年(1148)進士,《紹興十八年同年小録》。與朱熹聯繫頗多,而據本書云云,朱熹實與此王漕不相熟,故非指王師愈。由此推知本書亦撰於淳熙十二年中。

朱熹《答劉韜仲》:

鹽法利害曉然,無可疑者。王漕不知曾去相招否?此是趙帥從初不與漕司通情之患。若早以規模大槩語之,當不至此齟齬也。林守事,某既不成入府,閑人又不欲以書懇之,但見趙帥説嘗爲言之,彼雖領略,然未知其果誠實否? 與其坐待汰斥,不若先事請祠。且以此意懇二漕少緩其事,渠亦嘗相聽也。某答林守書不欲盡言,因見煩爲宛轉,亦所以答其不見鄙外之惓惓也。《晦庵文集》續集卷四下。

　　案:上書(鹽筴已悉聞之)言及"鹽筴已悉聞之,帥説王漕亦頗有意相招奉扣,不知定如何",本書乃云"鹽法利害曉然,無可疑者。王漕不知曾去相招否",知承上書。

朱熹《答劉韜仲》：

示喻社倉已畢，甚善。所差官吏事且循春間例可也。五、六月附籍牓，不知平父如何處置？恐可會崇安已如何施行，若未行，即且俟帥司報應，亦未晚也。闕支一節，却須早申，免至臨時費力。建陽火災異常，今時官吏例是如此，不容深責，但可歎喟而已。《晦庵文集》續集卷四下。

　　案：朱熹《建寧府建陽縣大闡社倉記》云"招賢里大闡羅漢院之社倉，新侯官大夫周君某之所爲，而長灘之別貯也。……淳熙甲辰，周君始以常平使者宋公之檄司其發斂之政。……民已悦於受賜矣，周君因益問以因革之宜，而有以道里不均之説告者。……於是白之宋公，而更爲此倉，以適遠近之中，且令西南境之受粟者即而輸焉。來歲，遂以遠近分土，使各集于其所以待命。民既歲得飽食，而又無獨遠甚勞之患，於是咸德周君，而相率來請文以記其成"，並云"周君字居晦"。朱熹撰文於淳熙"十三年丙午歲七月甲午"。《晦庵文集》卷七九。本書中云"示喻社倉已畢"，當指社倉建筑完畢，故推知其約撰於淳熙十二年秋、冬間。

朱熹《答劉韜仲》：

《社倉條目》適平父攜以見過，已商量一一奉報矣。大體最是關防隨行人減尅乞覓之弊，此爲最急。向來某在倉中，專治此一事，其他亦無甚事也。《晦庵文集》續集卷四下。

案：上書（示喻社倉已畢）云及"社倉已畢"，而本書有云"《社倉條目》適平父攜以見過，已商量一一奉報矣"，乃討論社倉管理之事，似承上書，故推知其約撰於淳熙十二年末、十三年初。

朱熹《答劉韜仲》：

社倉交足甚善，此足以破浮説之紛紛矣。建陽措置官居晦無以易，收支官恐不免煩居厚，不知渠屑就否。兩倉闕米，只得且那融。然亦須申請，使知支遣不足之故。蓋此消息不可斷絶也。《晦庵文集》續集卷四下。

案：上書（示喻社倉已畢）云及"社倉已畢"，而本書乃云"社倉交足甚善"，又云"兩倉闕米，只得且那融"，疑其撰於十三年（1186）秋間。

朱熹《答劉韜仲》：

讀書既有程課，想日有趣。季通思索甚精，但恐有太過處耳。諸書恐有所疑，疏示一二大者爲幸。《晦庵文集》續集卷四下。

案：朱熹《答吳伯起》（成都之諾）云及"成都之諾，乃爾輕發，……渠近辟韜仲不下，次第愈縮手矣"。《晦庵文集》卷四五。所稱"渠"，乃指新任四川制

置使之趙汝愚。據《淳熙三山志》卷二二,趙汝愚於
淳熙十二年十二月移官四川,淳熙十三年赴任。《年
譜長編》卷下。劉炳原受知福州趙汝愚辟爲幕府,至
此不受辟入蜀,而歸家讀書,故朱熹有"讀書既有程
課,想日有趣"云云,推知其約撰於淳熙十三年秋、
冬間。

朱熹《答劉韜仲問目》:

"無求生以害仁,有殺身以成仁",炳以爲理當死而
求生,是悖理以偷生,失其心之德也,故曰害仁。理當
死而不顧其身,是舍生而取義,全其心之德也,故足以
成仁。若比干諫而死,夫子稱其仁,所謂殺身以成仁
也。雖死不顧,只是成就一個是而已。使比干當諫不
諫而苟免於難,則求生以害仁矣。未知是否?

此説得之。然更要見得失其心之德、全其心之德各
是如何氣象,方見端的。

君子義以爲質,禮以行之,孫以出之,信以成之,何
故不及仁?

更思之。

"有一言可以終身行之者,其恕乎","己所不欲,勿
施於人",今之人多以姑息爲恕,且自居官者言之,爲州
縣則不敢擊豪彊,爲監司則不敢按贓吏,爲臺諫則不敢
排姦慝,爲宰相則不敢退小人,皆自以爲恕,而不知恕

者,如心之謂也。所惡於上毋以使下,所惡於下毋以事上,豈姑息之謂乎? 夫仁者,謂之能好人可也,而孔子兼能惡人言之。炳謂"恕"字亦當如此體認,未知是否?

此說固善,然被排擊、遭按退,決非己心之所欲,今乃欲施於人,又何以爲如心乎? 請更推之。

"莊以涖之,動之不以禮","莊敬者,禮之容也",兩句意疑相重。炳謂端莊不慢者,敬心之發,躬行之事也。所謂禮者,化民成俗之具,若爲之冠昏喪祭之品節,以教民孝弟者是也。未知是否?

"動",猶"動民以行不以言"之"動",禮只是在己者。

"民之於仁也,甚於水火。水火吾見蹈而死者矣,未見蹈仁而死者也。"《集注》之說曲折雖多,然詞意精密,發明聖人勉人爲仁之意,最爲緊切有功。《或問》節取范氏之說,詞雖平而意則緩,且未見"蹈仁而死"一句,與上文不相應。如范氏"仁不傷人"之說,則與上句不合。如程子"殺身成仁"之說,與上句合矣,而地位不侔。炳謂不如《集注》之說,未知是否?

"殺身成仁"、"蹈仁而死"同異如何? 更思之。

陽貨之惡如此,聖人恐無不終絕之意。時其亡而往者,亦非欲其稱,蓋終不欲見之耳。遇諸塗者,乃不期而會,不可得而避,非得已也。未知是否?

恐未然。

伊川先生云性即是理,炳謂所謂理者,仁、義、禮、智是也。未知是否？

四者固性之綱維，然其中無所不包。更詳味之。

子曰"性相近也"，又曰"惟上智與下愚不移"。夫人之氣質雖有偏正昏明、純駁厚薄之不齊，然稟生之初，未甚相遠也，故謂之相近。至於上智之所以爲智，下愚之所以爲愚，亦皆其氣質使然。既謂之相近矣，何故又有上智下愚如是之懸絶也？

氣象雖相近，然亦有如是懸絶者。蓋既曰氣矣，便有此不同，不足怪也。

"吾豈匏瓜也哉，焉能繫而不食"，《集注》云："匏瓜繫於一處而不食物。"古注云："言匏瓜得繫一處者，不食故也。吾自食物，當東西南北，不得如不食之物，繫滯一處。"然匏瓜未嘗不可食，而謂之不食物，何也？

不食謂不求食，非謂不可食也。今俗猶言"無口匏"，亦此類。

公山、佛肸之召，諸家之説善矣，愚必以楊氏解佛肸章爲得其要。蓋公山之召而子路不悦，夫子雖以東周之意論之，而子路之意似有所未安也，故於佛肸之召，又舉其所聞以爲問，其自信不苟如此。學者未至聖人地位，且當以子路爲法，庶乎不失其親，不可以聖人體道之權藉口，恐有學步邯鄲之患也。未知是否？

得之。

"人而不爲《周南》、《召南》"，横渠先生之説所以與

諸家不同者何故？若曰告之教之則是爲之也，説得
"爲"字太重，經意恐不然也。未知是否？

爲，猶學也。

"今之愚者，詐而已矣"，智則能詐，愚者本無智巧
也，何故能詐？

如狂不直、侗不愿之類。

"予欲無言"，蓋夫子以子貢專求之於言語之間，告
之此以發之。子貢未能無疑，故夫子曰："天何言哉？
四時行焉，百物生焉。"蓋欲其察之於踐履事爲之實也。
程子所論孔子之道如日星一段，雖引"無言"之文，然其
大意却似説無隱之義。至其言，猶患門人未能盡曉，故
曰"予欲無言"。夫恐其不能盡曉，當更告之，而曰"予
欲無言"，何也？或曰"予欲無言"一章實兼"無隱乎爾"
之義，蓋四時行、百物生，所謂無隱也。程子之説蓋推
明夫子啓發子貢之意，欲其求之於踐履事爲之實者。
未知是否？

恐人不能盡曉而反欲無言，疑得甚好。更熟玩之，當
自見得分明也。

"四時行，百物生"兩句自爲體用，蓋陰陽之理運行
不息，故百物各遂其生。聖人之心純亦不已，故動容周
旋自然中禮。未知是否？

有此意。

宰我遊聖人之門而有短喪之問，不類學者氣象。

諸家之説或謂至親以期斷，而宰我欲質其所知，有疑而不敢隱，所以爲宰我，蓋欲聞其過也。炳以爲宰我在聖門雖列於言語之科，然哀公問社，而有使民戰栗之對；方晝而寢，夫子有朽木糞土之譏。觀其地位如此，則宜有短喪之問也。未知是否？

短喪固是不仁，然其不隱不害爲忠信。此一事而兼有得失，又有重輕。

"年四十而見惡焉，其終也已"，聖人立言之意，固是勉人及時進德，然鄉人之善者好之，其不善者惡之，苟有特立獨行之士，不徇流，俗衆必羣嘲共罵，何爲而不見惡？學者亦不可不知也。未知是否？

見惡亦謂有可惡之實，而得罪於能惡人者，非不善者惡之之謂也。

柳下惠三黜而不去，其言若曰："苟以直道事人，雖適他國，終未免三黜。若肯枉道事人，自不至三黜，又何必去父母之邦？"觀其意，蓋自信其直道而行，不以三黜爲辱也。此其所以爲和而介歟！若徒知其不去之爲和，而不知其所以三黜者之爲有守，未足以議柳下惠也。未知是否？

得之。

接輿歌而過孔子，蓋欲以諷切孔子。孔子欲與言之，則趨而避之。孔子使子路問津於長沮、桀溺，固將有以發之，而二人不苔所問，傲然有非笑孔子之意。至於荷蓧丈人知子路之賢,則止子路宿,殺雞爲黍而食之,見其二子焉,其親之厚之如此。孔子使子路反見之,則先去而不願見矣。數子者若謂其無德而隱,則祥狂耕耘以避亂世,澹然不以富貴利達動其心,而確然自信不移,若有所得者。若謂其無故而隱,則危邦濁世,道既不行,亦未見其必可以仕也。特其道止於歸潔其身,而不知聖人所謂仕止久速者,知所謂可無者矣,而未知所謂無不可者也。故其規模氣象不若聖人之正大。若以素隱行怪視之,愚意未知是否。

無道而隱,如蘧伯玉、柳下惠可也。被髮佯狂,則行怪矣。沮、溺、荷蓧亦非中行之士也。

“柳下惠爲士師,三黜而不去”。所謂降志,如不去之類;所謂辱身,如三黜之類。然聖人列之於逸民者,不知於何處見得柳下惠遺逸處?

見上。

“君子不施其親”,謝氏曰:“對報之謂施。如親黨,特無失其爲親而已,豈有施報往來之意也?”謝氏之意不明。竊意其説若曰,君子所以厚於親黨者,特欲不失其親親之義而已,豈有施報來往之意? 猶(吉)［言］其豈望施報來往也,其説與經文不通。炳所録《或問》解此段内有兩句云:“人之所以害其親親之恩者,其失在於望報而不在於施。”炳謂“施”字上漏却“不”字,未知是否?

謝説不通,故《或問》中辨之,文意分明,不脱字也。

明道先生云："人生而静以上不容説，才説性時便已不是性。""人生而静"以上何故不容説？才説性時，何故已不是性？未明其旨。

"不容説"者，未有性之可言。"不是性"者，已不能無氣質之雜矣。《晦庵文集》續集卷九。

案：本書撰時未詳。《書信編年》係於淳熙十六年（1189）。待考。

劉炳《與朱元晦書》：

格物未盡處義未精。《朱子語類》卷一二〇。

案：《朱子語類》卷一二〇載童伯羽所記曰："劉炳韜仲以書問：'格物未盡處義未精。'曰：'此學者之通患，然受病不在此，這前面別有受病處。'余正叔曰：'豈其自然乎？'曰：'都不干別事，本不立耳。'"據《朱子語類·姓氏》，童伯羽乃紹熙元年（庚戌，1190）所聞。故推知本書撰於是時。

朱熹《答劉韜仲》：

道之屈伸，自關時運，區區人謀，豈能爲力？但其所論紹聖之事，却錯認了對頭，甚可笑耳。右揆求去復留，殊未知所以。或云只緣何疏有及赦文差互處，係同擬定，或云何別有疏攻之，或云何已補外，皆未審也。葛、顏之報亦未聞。元善求滁已諾，緣范有疏禁朝士之求去者，乃且宿留,廟堂亦留此闕俟之。月初輪對,或云已除檢詳,恐未應如此之峻,皆不得端的也。二記當作,但時論正如此,豈是作文字、刻金石之時?近王子合、陳膚仲來求記,皆郤之矣,不復得偏爲韜仲作也,千萬諒之。李簿所説甚善,但此事近亦多弊。今建議者意亦闌珊,未知將作如何收殺也。《晦庵文集》續集卷四下。

案:書中言及"右揆求去復留,殊未知所以。或云只緣何疏有及赦文差互處,係同擬定,或云何別有疏攻之,或云何已補外,皆未審也",當指右丞相趙汝愚事。《慶元黨禁》載慶元元年"二月二十一日丁丑,右正言李沐上殿,乞罷汝愚政柄,以奠安天位,塞絶奸原。是日,右丞相趙汝愚乞罷政,出浙江亭待罪。詔使宣押,赴都堂治事,沐又乞更不宣押,是晚鎖院。二十二日戊寅,汝愚罷右丞相,除觀文殿大學士、知福州"。本書云云,當即此,故推知其約撰於是年(1195)二月下旬。

劉朝弼

劉朝弼,名里不詳。

朱熹《答劉朝弼》:

承示以文編,感相與之意甚厚。讀之三日,未得其所以然,故敢布之左右。熹聞之,君子之於學,非特與今之學者並而爭一旦之功也,固將求至乎古人之所至者而後已,然後可與語學矣。夫將求至乎古人之所至者而後已,則非規撫綴緝之所能就,其必有以度越世俗庸常之見,而直以古人之事自期,然後可得而至也。夫古人之學何爲哉?致知以明之,立志以守之,造之以精深,充之以光大,雖至乎聖人可也。不出乎此,而營營馳騖於末流,竭精憊思,惟懼夫蓄藏之不富,誦說之不工,雖曰能之,非吾之所謂學也。蓋循乎古人之事,上之可以至聖賢之域,下之可以安性命而固貧窮,得時而行,亦何所不利哉! 由今之所爲,極其效,足以與今之爲士者並而爭一旦之功,其得與失,又未可知也。心存得失,非棄學與? 故足下之患,患知之不明、志之不果、造之未至乎剛大而已。蓄藏之不富、誦說之不工,則君子不患矣。僕之所聞如此,故於足下之文,詞義之間,不知所以裁,惟足下有以亮之。《晦庵文集》卷六四。

案:本書撰時未詳。《書信編年》疑其撰於紹熙四年(癸丑,1193)以後。待考。

劉崇之

劉崇之,字智父(智夫),號瑞樟先生,建陽(今屬福建)人。淳熙二年(1175)進士,歷遷太府丞、秘書省校書郎。"光宗内禪,上書請朝重華宮。除行太常寺丞,權兵部郎中。朱文公罷經筵,命從中出,崇之率同列請留之,辭極剴切。僞學禁興,力請外,得荊湖南路常平使者"。嘉泰初,起知贛州,請祠。久之,除成都路提刑,已而除戶部郎中、領四川宣撫兩司節制。吳曦變平,除荊湖北路提刑,"被論,永州安置",開禧中詔復原官。卒,謚文忠。《閩中理學淵源考》卷六。

朱熹《答劉智夫》:

疏近方見之。昨日見張宰云,大坡親戚過者能□,由婺女報復而然,遂使前日之言不幸而偶中。□此紛紛,又未知所底止也。《晦庵文集》別集卷二。

> 案:書中有言"由婺女報復而然",婺女當指丞相王淮,淳熙八年八月至十五年五月在相位。故推知本書約撰於期間,姑係於淳熙十一年(1184)。

朱熹《答劉智夫崇之》:

某方辭命召,遽被恩除,控免踰月,未聞賜報,益重憂恐。來書縷縷,備悉至意。區區本懷,亦豈恝然於此世?但恐陰盛陽微,未容措手而已墮機穽耳。反復諄喻,蓋已慮之。袁丈前日相見於大湖,恨其發之太輕,反爲群枉之助也。以近事一二參較,已是什八九分不可復出。但所遣人未還,未知端的耳。《晦庵文集》別集卷二。

案：淳熙十五年十一月七日，朱熹復辭趣赴行在；十七日，除朱熹主管西太乙宫、兼崇政殿説書，十二月上旬，朱熹辭崇政殿説書；十六年正月，除秘閣修撰、主管崇福宫；二月中旬，朱熹辭職名。《年譜長編》卷下。本書有云"某方辭命召，遽被恩除，控免踰月，未聞賜報"，故推知本書約撰於十六年（1189）三月中。

朱熹《答劉智夫》：

某前月望日遣人入都，至今未還，必是值祥祭，一番禮數，未得將上，不知竟可得請否耳。日間邸報遲緩，近亦殊無異聞，但編類奏劄一事，恐有深意，不知出於何人。或恐偶然妄發，未必思慮到此，亦不可知耳。聞近到城中，恐有所聞，幸子細喻及也。機仲相見必款，或云集賢曾於榻前及前日事，如此恐須得一州郡，但不知所傳端的否耳。周貴卿來相訪，云當赴省，無力可辦行計。某不能如之何，因其歸謾附此。恐鄉里或前路有可周旋處，得與留念，幸甚。《晦庵文集》別集卷二。

案：淳熙十六年八月，除朱熹江東路轉運副使，朱熹上狀辭。十一月，改知漳州。《年譜長編》卷下。本書中言"某前月望日遣人入都，至今未還，必是值祥祭，一番禮數，未得將上，……或云集賢曾於榻前及前日事，如此恐須得一州郡，但不知所傳端的否耳"，"須得一州郡"，當即指改知漳州事；又宋高宗崩於淳熙十四年十月，"祥祭"在十六年十月。故推知本書約撰於是年十月間。

朱熹《答劉智夫》：

近報相君已參告，復給朝假，馬會叔竟以林和叔文字除職守潤，却召趙德老爲版曹，而趙俊臣移溫陵，恐顏當改除或得祠也。林擇之書云，天官此一二宣對，言語頗契合。而得其書與其壻書，乃皆有丐外之意，不知何也？前日以書勸其勿深論細事，如舍法之類，得報殊不謂然，方欲再論甚力。其不知務如此，亦可怪耳。《晦庵文集》別集卷二。

> 案：天官，當指吏部尚書趙汝愚。《淳熙三山志》卷二二載趙汝愚於紹熙二年十月自知福州召爲吏部尚書。書中云及"林擇之書云，天官此一二宣對，言語頗契合"，正指此，故推知其約撰於是年（1191）季冬。

朱熹《答劉智夫》：

都下久不得書，但聞未御常朝，臣子之心殊不自安耳。蜀相之召，想已聞之，不知何意也。廷老歸塗必相見，所慮大槩不相遠也。身在遠外，無從效尺寸，但知勉脩在我，敬俟天命耳。《晦庵文集》別集卷二。

案：據《宋史》卷三六《光宗紀》，紹熙二年十一月，光宗"感疾，……自是不視朝"；十二月"丁亥，帝始對輔臣于内殿"。三年三月"辛巳，帝疾稍愈，始御延和殿聽政"。本書乃云"都下久不得書，但聞未御常朝，臣子之心殊不自安耳"，推知其約撰於三年（1192）初。

朱熹《答劉智夫》：

近報所見，至臘月六日矣，奉聞所喻之説。但仲本書亦云然，殊不可曉。泰亨之世，庸璉自當處外，顧乃爲此，則其爲慮亦過矣。且使人如何可受邪？小報沙世堅自請於朝，得僧牒以治邊防，今具支遣之數申省，如此則帥復安用？此等事若整頓著便成痕迹，只得力辭耳。鄭溥之遣人來，亦有近事未有異於前日之歎。豈惟不異，正恐有不如矣。《晦庵文集》别集卷二。

案：書中言及"小報沙世堅自請於朝，得僧牒以治邊防，今具支遣之數申省，如此則帥復安用？此等事若整頓著便成痕迹，只得力辭耳"，據《宋史》卷三六《光宗紀》，紹熙三年三月"庚寅，宜州蠻寇邊，改知鬱州沙世堅知宜州以討之"。又紹熙三年十二月，朱熹除知靜江府、廣南西路經略安撫使，十九日辭；四年正月六日有旨趣任，二十三日復辭；二月差主管南京鴻慶宮。《年譜長編》卷下。本書中所云"力辭"者即此,故推知其約撰於三年末。

朱熹《答劉智夫》:

得子約書,聞已御延和,非久當出視外朝也。又云揆亦久以小事積累忤意,近有隨龍□姓名人守楚者差除,遂致不安。中間有投匿名於省中專斥之,復有客自王信州處來,云聞已出六和,復入居僧坊,不知此數日又如何也。境外傳聞亦不一,識者憂之,不知果如何耳。得書,却殊不及昨來除命中曲折也。此既不是爲時勢重輕,而衰晚且得休息,亦良幸爾。《晦庵文集》別集卷二。

　　案:《宋史全文》卷二八載紹熙四年五月,"左丞相留正以論姜特立不行,待罪于六和塔";又云"先是,正以論姜特立事不行,待罪于六和塔,復繳還上前後所賜賚及出身以來告敕,……正累不得命,乃復待罪于范村之佛寺,奏乞歸田里,不許"。本書有云"聞已御延和,非久當出視外朝也。又云揆亦久以小事積累忤意,近有隨龍□姓名人守楚者差除,遂致不安。……云聞已出六和,復入居僧坊,不知此數日又如何也",正指此。故推知本書約撰於是年(1193)六月間。

朱熹《答劉智夫》:

郭丈得上饒附來書,昨日答之,略言泉相舉措雖不無可議,然其向正之意亦多。或當言路,不可令以罪去,不知渠以爲如何? 縱未必盡以爲然,亦須少減分數也,渠却云因從官夜對及臺諫之去國者,故特問之。然不問孫、劉而獨問此,恐亦不能無説也。《晦庵文集》別集卷二。

案:泉相,即丞相留正。上書(得子約書)有云"又云揆亦久以小事積累忤意,……云聞已出六和,復入居僧坊,不知此數日又如何也",本書乃云"略言泉相舉措雖不無可議,然其向正之意亦多。或當言路,不可令以罪去,不知渠以爲如何",知承其後。

朱熹《答劉智夫》:

時事後來復如何? 竟已清明堅定否? 諸公似欲便以無事處之,何慮之淺! 乘此正當力爲久遠計耳。諸公誰爲可告語者? 想已不憚力言之也。《晦庵文集》別集卷二。

案:朱熹《與留丞相書》(熹輒有愚悃)有云"今者相公郊居累月,一旦來歸,……抑今日之勢,天意雖若暫回,而恐未固;禍機雖若暫息,而恐未除",《晦庵文集》卷二九。本書"時事後來復如何? 竟已清明堅定否? 諸公似欲便以無事處之,何慮之淺"云云,似正指此。《與留丞相書》撰於紹熙四年十二月中旬。又朱熹四年十一月初除知潭州、荆湖南路安撫使,而本書未及之,故推知其約撰於是月中。

朱熹《答劉智夫》：

外間諸傳聞虛實相半，要是大勢已定，其間小小變動，彼其斟酌分數蓋不草草，政未足爲吾道欣戚也。《晦庵文集》別集卷二。

案：據《宋史·光宗紀》，紹熙四年十一月"戊寅，帝朝重華宮，都人大悦。遣右司郎官徐誼召留正于城外。庚辰，正始入朝，復赴都堂視事。命姜特立還故官。日中黑子滅。癸未，帝率羣臣奉上皇太后冊寶于慈福宮"。本書"外間諸傳聞虛實相半，要是大勢已定，……政未足爲吾道欣戚也"云云似即指此，故推知其約撰於上書（時事後來復如何）稍後。

朱熹《答劉智夫》：

新除未厭士友之望，然以足以優游，除爲請外之計。但有江湖佳闕，不可蹉過耳。不然，則自此一向直前，捐身爲國，亦無不可。但恐未得當此地矣，做得未甚有益，則又不若初計平平之爲善耳。某懇辭未獲，不敢固必。但欲換得一小小軍壘，或謀議官之屬，爲三徑資，不知諸公能許之否。聞長沙頗費力，得免，幸也。《晦庵文集》別集卷二。

案：朱熹《與留丞相書》（昨者伏蒙丞相少保國公降屈威重）有云"熹今承命再三，固已不敢必於退避，但恐衰年精力，不足以勝一道之責。欲丐相公都

1631

俞之際,委曲一言,換一小壘,若帥幕謀曹之屬,庶幾可以扶曳衰殘,仰承恩指",《晦庵文集》卷二九。與本書"某懇辭未獲,不敢固必。但欲換得一小小軍壘,或謀議官之屬,爲三徑資,不知諸公能許之否"云云相合,當撰於同時。《與留丞相書》撰於紹熙五年(1194)正月間。

朱熹《答劉智夫》:

某兹聞時事曲折,差慰人意。最是北内康復,尤爲莫大之慶,宗社幸甚。某再辭不獲,無可奈何,只得勉强一行。但心力短耗,目昏尤甚,未知果能勝此重寄否耳?《晦庵文集》別集卷二。

案:紹熙五年二月,朱熹再辭潭州命不獲,遂拜命;四月中旬啓程赴任。《年譜長編》卷下。本書有云"某再辭不獲,無可奈何,只得勉强一行。但心力短耗,目昏尤甚,未知果能勝此重寄否耳",推知當撰於啓程前,約在是年三、四月之際。

朱熹《答劉智夫》:

某扶病此來,已交郡事。破壞空乏,不可支吾,皆未暇言,而氂不恤緯之憂,有不勝言者,奈何奈何!版築之計直當罷休,但陶甓之費已六七萬,散積曠野之中,若不收拾結抹,則此皆爲棄物矣,正自未有處也。《晦庵文集》別集卷二。

案：書中言及"某扶病此來，已交郡事"，指朱熹紹熙五年五月四日抵潭州，五日交接職事。《年譜長編》卷下。故推知本書約撰於五月中旬或稍前。

朱熹《答劉智夫》：

某涕泣再拜：恭聞至尊壽皇聖帝奄棄萬方，痛纏普率。況以孤賤蒙被恩私，悲痛崩摧，豈勝號訴！想在朝之久，尤當同此情也。比來物情事勢復如何？人還，千萬悉以所聞見告。濫叨藩守，不能有以匡衛王室，永負臣子之責，爲萬世之罪人矣。《晦庵文集》別集卷二。

案：至尊壽皇聖帝指孝宗，崩於紹熙五年六月九日。本書言及"恭聞至尊壽皇聖帝奄棄萬方，痛纏普率"，故推知其約撰於是月中。

朱熹《答劉智夫》：

某衰晚闊疏，守藩亡狀，已不堪收召之恩矣。忽於道間又被除目，超躐殊甚，豈所敢當？已上免章，却於上饒俟命。若便得請，即自彼而歸，亦不難也。《晦庵文集》別集卷二。

案：朱熹紹熙五年八月六日離潭州東歸，至臨江獲煥章閣待制兼侍講除命，上狀辭免，九月初抵信州待命。《年譜長編》卷下。本書有云"守藩亡狀，已不

1633

堪收召之恩矣。忽於道間又被除目，超躐殊甚，豈所敢當？已上免章，却於上饒俟命。若便得請，即自彼而歸"，故推知本書約撰於八月末。

朱熹《答劉智夫》：

所喻行止之計，誠爲難處。且看所遣人還消息如何，若勇猛直前，便以頭目腦髓布施，亦無不可也。邑中之事，不知所聞如何？其人見事明快，頗分曲直，不樂者衆，恐傳聞或過當。然亦不能無少失。要之善良自安，強猾者不便耳。《晦庵文集》別集卷二。

案：《慶元黨禁》云：朱熹自長沙東至信州，聞"內批逐首相留正"，"益有懼色"。朱熹於九月初抵達信州，十四日行至衢州。《年譜長編》卷下。本書"所喻行止之計，誠爲難處。且看所遣人還消息如何，若勇猛直前，便以頭目腦髓布施，亦無不可也"云云，當指此。故推知其約撰於紹熙五年九月十日左右。

朱熹《答劉智夫》：

再詞未允，勢須一行，已入文字，乞許且以舊官入對，面辭新命矣。若得改授次等講官，使得效其尺寸，亦萬幸也。但事體已如此，捧土以塞孟津，恐未必能有益耳。《晦庵文集》別集卷二。

案：朱熹五年九月十四日在衢州得再趣前來供

職之命,復上狀辭免,並乞帶原官職奏事。《晦庵文集》卷二三《辭免煥章閣待制侍講乞且帶元官職詣闕奏狀三》。本書乃云"再詞未允,勢須一行,已入文字,乞許且以舊官入對,面辭新命矣",故推知其約撰於九月十四日稍後。

朱熹《答劉智夫》:

某二十日已到家,疲憊雖劇,然溪山之樂,足以自慰。精舍功夫漸見次第,遠方朋友亦已漸有來者。江陵勢必難赴,今遣人上奏懇辭,計必得之。或別有行遣,亦且得免作帥也。機仲竟不免,不知何自而發?卒章所論江陵暴政,則將軍都郎屬耳,燕王何自知之耶?近事大者都無所聞,徙宮、祧廟、改服諸議,後竟如何?皆幸詳報。長沙廟額已得之否?趙主事如何?渠更旬月須復往,且得少須,勿令觸罷爲幸。吳、彭二文學到都,吳已年及,只可得祠祿,已託平父語南強,早發遣之,并煩道及尤幸。聞又須關儀曹,亦已爲作季路書,亦告爲督之。士老而貧,尤可念也。《晦庵文集》別集卷二。

案:朱熹紹熙五年閏十月二十六日離臨安,二十九日除知江陵府、荊湖北路安撫使,上狀辭;十一月二十日還至武夷考亭;十二月十二日,滄洲精舍(竹林精舍)成。《年譜長編》卷下。本書云及"某二十日已到家,……精舍功夫漸見次第,遠方朋友亦已漸有來者。江陵勢必難赴，今遣人上奏懇辭，計必得之"，故推知其約撰於十一月末。

朱熹《答劉智夫》：

祠請度未必遂，見元善説建議之人雖有睥睨之意，而集議者僉不謂然。或者又謂劉公碩年，於狀中塗去數字，其人雖甚不樂而不能止。今又徙官，計且迤邐矣。某中聞亦甚杌楻，此數日却無所聞。然後生可畏，各欲奮其才力以赴事功，麋鹿雖走山林，其命固亦有所懸矣。如復從之，不能預以爲慮也。陳、彭、楊、項竟又不免，子直數日前得書，方引孔子微服事見教。今乃懸鶉百結而不能自免，亦可笑也。里中今歲艱食，一番紛擾，今猶未定。想諸人自能報去矣。所幸早稻極佳，公私亦多方捄恤，或可不至狼狽。杜門待盡，且願如此，它皆有所不暇問也。《晦庵文集》別集卷二。

案：書中云及"里中今歲艱食，……所幸早稻極佳"，又云"陳、彭、楊、項竟又不免，子直數日前得書，方引孔子微服事見教，今乃懸鶉百結而不能自免，亦可笑也"，陳、彭、楊、項，指陳傅良、彭龜年、項安世諸人，皆於紹熙五年末、慶元元年初罷官；子直乃趙汝愚字，慶元元年二月罷右丞相，出知福州。《宋史·宰輔表四》。故推知本書約撰於慶元元年（1195）夏間。

朱熹《答劉智夫》：

鄉里一番荒擾，今方小定。又苦雷風，慮損秋稼，嗣歲尚可慮。想治下當不至此，聞衢、信亦自寬裕，不知何獨困我里也。《晦庵文集》別集卷二。

案：上書（祠請度未必遂）云及"里中今歲艱食，一番紛擾，今猶未定。……所幸早稻極佳，公私亦多方捄恤，或可不至狼狽"，而下書（湖湘聞亦得中熟）又云"湖湘聞亦得中熟，諸事想不至甚費力"，本書乃云"鄉里一番荒擾，今方小定。又苦雷風，慮損秋稼，嗣歲尚可慮。想治下當不至此"，所言相關，故推知其約撰於上、下二書間。

朱熹《答劉智夫》：

湖湘聞亦得中熟，諸事想不至甚費力。然今時勢如此，亦豈吾人展布四體之秋耶？官閑讀書，益進德業，所可勉者惟在此耳。一路官吏向在任不久，不能遍知，所知者略已舉之矣。但零陵丞彭銓者，子壽之姪，人多稱之，深以不及爲恨耳。潭幕支使王棨、善化令張維、寧鄉簿劉正學皆有才可使，今嘗薦之。長沙丞管姓者忘其名。亦可使，善化尉吾姓浦城人者，脩學斷事亦可觀，未及薦也。潘叔昌在全州老矣，方用得關陞狀，亦嘗薦之。方謀率諸司列言之而未及。近聞林和叔舉自代，舉主無氣，恐未必可賴。今將滿矣，甚可念也。李衡陽亦甚佳，近見諸司薦之,不知已滿未也？其代者即趙希漢,却有才,但當裁其過甚耳。諸郡惟武岡是姨弟,明敏有素,政必可觀。亦幸詧之,勿以厥弟爲累也。廷老法應相避,何以處之？渠爲作湘西精舍已成,恐有合求助處,幸留念也。元善、益之、德夫相繼罷逐,搜羅抉剔,無遺力矣,吾徒皆不可保。道學文字鈎連隔落,如武侯營壘,非華宗浪戰之比也。辭職告老再上未報,今必已有處分。勢須鐫職罷祠,但恐向上更有行遣耳。山谷説吳畫《佛入滅圖》中大魔王舉措,可發一笑。 《晦庵文集》別集卷二。

　　案:慶元元年五月,朱熹復辭焕章閣待制,並乞致仕;七月末,以辭職告老未得請,遂以議陵事自劾,乞追還待制職名。《年譜長編》卷下。本書云及"辭職告老再上未報",而未及議陵自劾事,故推知其約撰於夏、秋之際。

朱熹《答劉智夫》:

適報機仲諸人檢舉奉祠,宋臣得竟陵而復繳罷,張巖復入臺,想皆已見之,不知其間一二曲折果何謂也？除目未頒,然想已有定議,且晚當有聞也。仲本得書否？計自此未必遽敢越竟而東也。《晦庵文集》別集卷二。

　　案:機仲乃袁樞字,《宋史》卷三八九《袁樞傳》載袁樞"知常德府,寧宗登位,擢右文殿修撰、知江陵府。……尋爲臺臣劾罷,提舉太平興國宫"。本書云及

"適報機仲諸人檢舉奉祠",推知約撰於慶元元年間。

朱熹《答劉智夫》：

近報荷垂示。比得機仲書,今録呈。但邑中不逞又作詭名,訴儲宰遷學於儀曹,叔通亦爲所指。邑宰乃不敢唤上詞人供對,數日擾擾,未知作何出場。大抵所訴無一詞之實,詞人乃學長卓定等。彼固非學長,然亦未嘗出門也。然官司諸生無一人敢正其妄者,可歎可歎。 《晦庵文集》別集卷二。

　　案：御史奏劾朱熹罪狀之一,即知建陽縣儲用遷縣學事。《道命録》卷七上。本書中云"但邑中不逞又作詭名,訴儲宰遷學於儀曹",即指此。然未及罷斥之命,故推知其約撰於慶元二年(1196)中。

朱熹《答劉智夫》：

邑中數日爭戰報復,洶洶未定,而罷書已至,絕不見邸報。所喻文字,得城中相識書云有之。雖未見全文,然意其必借此美名以行私意也。德夫之説,以此所聞參之,亦有此理。然殊非所望於蕭傅,亦可歎息耳。南昌昨聞已移汪宣城,而沈維祖者代之。今此副樞之傳,又何謂耶？然則三山果誰得之？金陵聞尚前却未定,計未必能力辭也。叔通事竟不得所起,或云即向來起事之人,又云嘗入城遊説,不效而歸,不知果然否也？《晦庵文集》別集卷二。

> 案：書中云及"邑中數日争戰報復，洶洶未定，而罷書已至"，當指慶元三年(1197)正月二十七日朱熹落職罷祠之命下到，故推知其撰於二月初。

朱熹《答劉智夫》：

忽聞季通聲問殊惡，令人傷悒，不能爲懷。聞彦中、居晦、正之諸人皆已薄周之，恐不能給歸塗之費，不知能爲作江西、湖南兩趙漕書否？其它沿路有可囑者，并丐垂念，乃幸之甚。《晦庵文集》別集卷二。

> 案：朱熹《答劉公度》(承書，聞爲況之適)有云"季通聲問殊不佳，……如所傳今已兩月矣"，《晦庵文集》別集卷二。與本書"忽聞季通聲問殊惡，令人傷悒，不能爲懷"云云相合。《答劉公度》撰於慶元四年(1198)十月中，推知本書約撰於一時先後。

朱熹《答劉智夫》：

季通之傳浸密，而其家問竟不至，不知何故如此。必是遣人在道阻滯也。諸書荷留念，但歸期恐亦難料。蓋所屬官司有檐負，未必容其自便耳。《晦庵文集》別集卷二。

> 案：書中云及"季通之傳浸密，而其家問竟不至，不知何故如此。必是遣人在道阻滯也"，推知當撰於上書(忽聞季通聲問殊惡)之後、下書(某前日走

後山）稍前。

朱熹《答劉智夫》：

某前日走後山，聞季通之柩已過翠嵐，遂過彼哭之，悲不能自勝。然人生會如此，亦將不暇悲彼而自悲矣。昨夕方歸，疲憊殊甚。外事未有所聞，但歲儉可憂，所至皆然。崇安山間有絕收處，細民不易，可憐也。嘗以書語機仲，令達此意於有位，大蒙痛詆，以爲所損未見分數，公私莫以爲慮，不當遽言。又謂今夏緣官司勸喻椿米，致上戶發糶不得，無以自存。緩急之際，官司自有常平義倉之積，足以爲備，不當求細民之譽，斂上戶之怨。此皆其來語，如上戶無以自存者，尤可怪也。不謂賢者亦爲此言，他尚何望耶？《晦庵文集》別集卷二。

　　案：朱熹《祭蔡季通文》云“維慶元四年歲次戊午十月二十有九日癸巳，新安朱熹竊聞亡友西山先生蔡君季通羈旅之襯遠自舂陵言歸故里，謹以家饌隻雞斗酒，酹於柩前”。《晦庵文集》卷八七。本書有云“某前日走後山，聞季通之柩已過翠嵐，遂過彼哭之”，故推知其約撰於十一月初。

劉　砥

劉砥（1157—1201），字履之，別號存菴，福州（今屬福建)人。"六歲時，日誦千言，至覽忠孝大節，輒激憤感慨。十歲通九經傳記，綴詞賦。與其弟礪舉乾道二年童子科"。故推知其約生於紹興二十七年。"嘗讀錫老詩，歎曰：'此不足習。'乃治舉子業，又歎曰：'此不宜專習。'因徧取伊洛諸書讀之。偕弟礪往受業於朱文公，文公授之《先天太極圖傳》，充然有得。文公晚(收)[修]《禮書》，砥預編次。以時方攻道學，益無復仕進意。年四十五卒。爲文醇雅宏博，詩不加琢而能達其意。著《論語解》、《孟子解》、《王朝禮編》"。《閩中理學淵源考》卷一○。

朱熹《答劉履之》：

衰朽益甚，思與朋友反復講論，而外事紛擾，不能如願。如履之者，又相去之遠，不得早晚相見爲恨。然此事全在當人自家著力，雖日親師友，亦須自做功夫，不令間斷，方有入處。得箇入處，却隨時游心，自不相妨，雖應科舉，亦自不爲科舉所累也。《晦庵文集》卷五九。

案：《朱子語類》卷一一九載："砥初見先生，問曾做甚工夫，對以'近看《大學章句》，但未知下手處'。曰：'且須先操存涵養，然後看文字，方始有浹洽處。若只於文字上尋索，不就自家心裏下工夫，如何貫通？'"據《朱子語類·姓氏》，劉砥所聞在紹熙元年(庚戌)。本書中云"衰朽益甚，思與朋友反復講論，而外事紛擾，不能如願。如履之者，又相去之遠，不得早晚相見爲恨"，又云"得箇入處，却隨時游心，自不相妨，雖應科舉，亦自不爲科舉所累也"，則推知劉砥初謁朱熹於紹熙元年。此所云"外事紛擾"，似指其長子朱塾卒，朱熹自漳州歸建陽等事。故推知本書約撰於紹熙二年(1191)下半年或稍後。

劉　黼

劉黼，字季章，吉安府(今屬江西)人。特奏名第一人。乃"廬陵醇儒，從文公學"。《鶴林玉露》乙編卷三《朱文公帖》。

朱熹《答劉季章》：

劉袁州不謂遂止於此，令人心折。細讀來書，知所以經紀其家者，不以生死從違二其心，不勝歎服，益見袁州之知人、交道之不汙也。更望始終此志，使其後人有以承繼前人之志，千萬之幸也。文會規模只如舊耶，或有小改易也？此間朋友，只令專一自看一書，有疑問處却與商量，似却不枉費功夫。然亦未見卓然可望者，殊可慮也。《晦庵文集》卷五三。

　　案：劉袁州指劉清之，光宗即位，除知袁州，淳熙十六年九月卒。《宋名臣言行録外集》卷一四。本書云及"劉袁州不謂遂止於此，令人心折。細讀來書，知所以經紀其家者，不以生死從違二其心，不勝歎服”，推知其約撰於十六年(1189)末或稍後。

朱熹《答劉季章》：

賢者比來爲學如何？雖未相見，然覺得多是不曾寬著心胸細玩義理，便要扭捏造作，務爲切己，所以心意急迫而理未大明，空自苦而無所得也。熹桂林之行辭免未報，未知竟如何。此間有數士友講學方就緒，從官未必有益，若得免行，成就得一二學者，非小事也。《晦庵文集》卷五三。

案：朱熹紹熙三年十二月得除靜江府、廣南西路經略安撫使，十九日辭；四年正月有旨趣任，二十三日復辭；二月差主管南京鴻慶宮。《年譜長編》卷下。本書有云“熹桂林之行辭免未報，未知竟如何”，故推知其約撰於四年(1193)正月中。

朱熹《答劉季章》：

講會想仍舊，專看何書？此書附廬陵葉尉，渠此中人，時有往來之便，有疑可講，不待面諭。但覺得季章意思急迫不寬平，務高不務切，而不肯平心實看道理。只此意思，亦殊礙人知見也。《晦庵文集》卷五三。

案：上書(賢者比來爲學如何)有“賢者比來爲學如何？雖未相見，然覺得多是不曾寬著心胸細玩義理，便要扭捏造作，務爲切己，所以心意急迫而理未大明,空自苦而無所得也"云云,本書乃云"但覺得季章意思急迫不寬平,務高不務切,而不肯平心實看道理",語義相接,故推知其約撰於紹熙四年間。

朱熹《答劉季章》:

熹去歲入都,不能兩月,略無報效,罷遣而歸,深以自愧。今幸復得祠禄,杜門養痾,足以待盡,無足言者。但衰病愈甚,左目已盲,其右亦昏。此數日來,幾全不見物矣。深欲整頓舊書,而病愈如此,則所謂有補於將來者,亦不復可期矣。《晦庵文集》卷五三。

案:朱熹紹熙五年九月赴臨安任職,閏十月二十六日離臨安而歸,慶元元年正月十一日拜受提舉南京鴻慶宮祠命。《年譜長編》卷下。本書有云"熹去歲入都,不能兩月,略無報效,罷遣而歸,深以自愧。今幸復得祠禄,杜門養痾",故推知其約撰於慶元元年(1195)正月、二月間。

朱熹《答劉季章》:

近得益公書,聞且寓晉輔家,甚善。所欲改字,已別報去,前書竟未得下落也。文集之議,當已罷止。此實於彼無益而於此不便。衰老扶病如此,又豈能更去廣南行脚耶?千萬力爲止之,更勉其著實爲學,勿爲此等慕名徇外之事,方是吾人氣象也。

來喻所云"書能益人與否，只在此心"等説，此又是病根不曾除得。以鄙見觀之，都無許多閑説，只著實依文句玩味，意趣自深長。不須如此，又只是立説取勝也。前與無疑書，亦有少講論，曾見之否？敬子諸人却甚進，此亦無他，只是渠肯聽人説話，依本分、循次序平心看文字，不敢如此走作閑説耳。大率江西人尚氣，不肯隨人後，凡事要自我出，自由自在，故不耐煩如此逐些理會，須要立箇高論籠罩將去。譬如讀書，不肯從上至下逐字讀去，只要從東至西一抹橫説。乍看雖似新巧，壓得人過，然橫拗粗疏，不成義理，全然不是聖賢當來本説之意，則於己分究竟成得何事？只如臨川前後一二公，巨細雖有不同，然原其所出，則同是此一種見識，可以爲戒而不可學也。因見無疑，可出此紙，大家評量。趁此光陰未至晚暮之時，做些著實基址，積累將去，只將排比章句、玩索文理底工夫換了許多杜撰計較、別尋路脈底心力，須是實有用力處，久之自然心地平夷，見理明徹，庶幾此學有傳，不至虛負平生也。如於雅意尚未有契，可更因書極論，勿遽罷休，乃所望也。《晦庵文集》卷五三。

案：慶元元年四月，吕祖儉因上書攻韓侂胄，貶官，安置韶州；五月戊子，改送吉州安置；二年七月戊子，"量徙流人吕祖儉等于内郡"。《宋史·寧宗紀一》。據《宋史》卷四五五《吕祖儉傳》，吕祖儉"至廬陵，將趨嶺，得旨改送吉州，遇赦，量移高安"。吕祖儉謫居

吉州時，寓祖當地人王峴（字晉輔家。《晦庵文集》續
集卷一《答黃直卿》。本書"近得益公書，聞且寓晉卿
家，甚善"，即指此，故推知本書約撰於是年六月或
稍後。

朱熹《答劉季章》：

所喻爲學之意甚善，但覺如此私下創立條貫太多，指
擬安排之心太重，亦是大病。子約自有此病，賢者從來亦
未免此，今又相合打成一片，恐非所以矯偏補敝而趨於顯
明正大之塗也。聖賢教人自有成法，其間又自有至簡約、
極明白處。但於本原親切提撕，直便向前，著實進步，自
可平行直達、迤邐向上，何必如此迂曲繚繞，百種安排，反
令此心不虛，轉見昏滯耶？《晦庵文集》卷五三。

　　案：劉黼吉州人，吕祖儉時謫居吉州，故本書有
"子約自有此病，賢者從來亦未免此，今又相合打成
一片，恐非所以矯偏補敝而趨於顯明正大之塗也"之
語，則推知其約撰於慶元元年秋或稍後。

朱熹《答劉季章》：

曾再到晉輔處否？後生知所趣向，亦不易得。且勉
與成就之，令靠裏著實做工夫爲佳。季章近讀何書？作
何事業功夫？意思比舊如何？無疑亦久不得信，不知後
來於鄙説能信得及否？近來福州得黃直卿、南康得李敬

子説，誘得後生多有知趣鄉者。雖未見得久遠如何，然便覺得此個氣脈未至斷絶，將來萬一有可望者，却是近上一種老成朋友，若得回頭，便可倚賴。乃復安於舊習，不肯放下，深可歎惜耳。益公聞甚康健，終日應接不倦，深爲可喜。熹則衰病日益沈痼，死生常理，無足深計，但恨爲學未副夙心，目前文字可以隨分發明聖賢遺意、垂示後來者，筆削未定、纂集未成，不能不耿耿耳。《晦庵文集》卷五三。

　　案：朱熹《答黄直卿》(《禮書》緣遷徙擾擾)有云"前日答吉州王峴書中，有數句頗甚簡當，今謾録去，可以示甘吉父也。峴乃鄉來子約所館之家，因子約來通問也"，《晦庵文集》續集卷一。吕祖儉謫居吉州時居王峴家。本書云及"曾再到晉輔處否"，故推知其約撰於慶元元年末、二年初。

朱熹《答劉季章》：

省闈不合，浩然西歸，無愧於心，所得多矣，甚賀甚賀。公度近亦得書，自是不肯求去，致得如此。如近日王與之、龜齡之子。雷季仲、陳和父，皆以力請得去，又何嘗有人苦留之也？潘友□者近亦遭逐，正與公度事體一般。此輩進不能爲君子，退不能爲小人，不與人出氣，令人憤悶也。子約想時相聚，渠近書來，頗能向裏用力。然亦有小未善，已爲詳説，久之必自見得也。景陽前此已嘗附書，今不暇再作，煩爲致意。近日目昏，今日又加手痛，作字頗費力也。承欲就文義事物上做功夫，甚善。然讀書且要虚心平氣，隨他文義體當，不可先立己意，作勢硬説，只成杜撰，不見聖賢本意也。《晦庵文集》卷五三。

案：書中言"子約想時相聚"，知在吕祖儉慶元二年七月移高安以前。又慶元二年有春闈，"是科取士，稍涉義理，悉見黜落"。《慶元黨禁》。本書言及"省闈不合，浩然西歸，無愧於心，所得多矣"，當指此。故推知本書約撰於二年(1196)夏間。

朱熹《答劉季章》：

辱書，知所苦向安，已可行坐，深以爲慰。比來想彊健勝前矣；然計亦不能無廢書册之功。但齋居謹疾，當亦自有用心處也。熹衰朽杜門，無足言者，但精神昏憒，益甚於前。雖不敢廢書，然度不復能有長進矣。外事絶不敢掛口，但見朋友當此風頭多是立脚不住，況欲望其負荷此道，傳之方來？應是難準擬也，可慮可慮。《晦庵文集》卷五三。

案：慶元二年正月，趙汝愚卒於衡陽；二月，知貢舉葉翥等奏論僞學之魁，乞毁《語録》；三月，葉翥等再上奏攻僞學，乞考察太學、州學；六月中，國子監上奏乞毁理學之書；八月，太常少卿胡紘奏論僞學，請權住進擬僞黨；十二月，御史沈繼祖奏劾朱熹，落職罷祠。《年譜長編》卷下。本書有云"熹衰朽杜門，……外事絶不敢掛口，但見朋友當此風頭多是立脚不住"，而未及落職罷祠，故推知其約撰於是年中。

朱熹《答劉季章》：

熹今年之病發作雖輕，而日月甚久，又氣體衰乏，精神昏耗，大與常年不同。亦是年紀催促，理應如此，不足爲怪。但恨平生功夫只到此地頭，前面地步有餘而日月有限，又不得與朋友之賢者相聚，日夕切磋，恐此意思一旦斷絶，更爲後賢之憂耳。劉五十哥且得如此擸掇結裹，向後事不可知，但願前人遺德有以誘其衷者，庶幾可望於後耳，言之令人於邑短氣也。時論静作不常，子壽事後又有舊争之激，其黨稍違忤者已不能容，旦夕必更有一番聳動觀聽底事，以扶國是，覺得懍懍，未知所税駕處。但朋友來者無可拒之理，得早行遣了，亦是一事收殺也。子約幸逢寬恩，且得有北歸之漸。其實高安窮僻，無朋友過從之益、書疏往來之便，却未必得如廬陵也。益公寄惠《六一集》，纂次讎正之功勤亦至矣。古人所謂後世子雲者信非虛語，然亦正自難遇耳。《晦庵文集》卷五三。

案：書中言"子約幸逢寬恩，且得有北歸之漸。其實高安窮僻，無朋友過從之益、書疏往來之便，却未必得如廬陵也"，吕祖儉移高安在慶元二年七月，故推知本書約撰於是年秋間。

朱熹《答劉季章》:

熹不免,果如所料,餘年無幾,區區舊學足以自娛,不能深以爲念也。若後段,則安能保其必無耶？所示五條,各已附以己意。大抵來喻於事理情實多是不曾究竟,而專以輕重深淺爲言,故不親切。更以此意推類求之,則可見矣。

"未盡善也",注云:"舜之德,性之也,武王之德,反之也,故其實有不同者。"某竊謂反之雖異於性之,然其至焉則一而已。使武王於反之之後猶有未盡查滓,至於感格發露,著于樂聲,則其所反之工夫必有未盡之處矣。

樂觀其深矣,若不見得性之、反之之不同處,又豈所謂聞其樂而知其德乎？舜與武王固不待論,今且論湯、武,則其反之至與未至恐須有別。此等處雖非後學所敢輕議,然今但細讀其書,恐亦不待聞其樂而後知之也。

令尹子文之忠、陳文子之清,固非不仁者之所能爲,聖人特許其忠、清而不許其仁。今因夫子之不許其仁,而遂疑二子之忠、清未必皆出於理之所當然,而猶未免乎怨悔之私,則聖人之所以許之者,亦有不盡之意矣。

二子忠、清而未盡當理,故但可謂之忠、清而未得爲仁,此是就其事上著實研究出來。若不如此看,即不知忠、清與仁有何分別。此須做箇題目,入思議始得,未易如此草草説過也。

　　"默而識之，學而不厭，誨人不倦"，注云："三者已非聖人之極至，而猶不敢當。"然則彼所謂夫子既聖之論，豈非極至歟？詳本文之意，説得雖輕，然如此解得，又似太過。如何？

　　正爲合"若聖與仁"一段看，見得不厭、不倦非極至處。然夫子之不厭不倦，又須與衆人不同，故子貢、公西華皆有云云之説。可更詳之。

　　"未可與權"，《集註》之末有云："然以孟子嫂溺援之以手之義推之，則權與經亦當有辨。"某竊謂天下之事只有一箇理，所重在此，則其理不外乎此。當嫂溺之時，只合援之以手，雖出於急遽不得已之爲，乃天理人事之不容已者也。今云有辨，開此一線路，恐學者因以藉口而小小走作，不暇自顧矣。如何？

　　既云急遽不得已之爲，即是權不可常而經可常，自有不容無辨處。若只説權便是經，都無分別，却恐其弊不止開一線路而已。

　　"膚受之愬不行焉"，注云："愬冤者急迫而切身，則聽者不及致詳而發之暴矣。"某竊恐解得言詞太峻，人非昏暴之甚，亦未遽至此，而乃云因子張之失而告之，不惟形容得子張太過，且言外求意，亦非解經之體。如何？

　　且論事理還是如此與否，不須疑怕觸忤子張也。《晦庵文集》卷五三。

案：本書校記："則其所反之工夫必有未盡之處矣"句下，浙本有"若曰聖人垂象終是微有不同，則當別論；儻樂以觀之，則似太重矣，如何"二十八字。"亦有不盡之意矣"句下，浙本有"竊詳本文之意似不如此，恐是看得仁字與忠、清事俱重，不曾分別求之，遂至疑於太過。如何"三十六字。

書中所云"熹不免，果如所料，餘年無幾"，當指慶元三年正月二十七日接獲落職罷祠之命。《年譜長編》卷下。故推知本書約撰於是年（1197）春。

朱熹《答劉季章》：

郊禑已行，不知黨錮諸人果得及雞竿下坐否？所論配義與道，其説甚當，所以孟子下文便言"是集義所生"者，此正如來喻之意也。但子約終看不透，殊不可曉。前日已爲極力言之，不知其信得及否也？《晦庵文集》卷五三。

案：朱熹《答蔡季通》（客中得一二同志早晚講論）有云"近報令臺諫侍從集議赦條，前此未嘗有此，豈欲大施沛宥、盡釋纍囚也耶"，又（霈恩曠蕩）云及"霈恩曠蕩，未聞施行，而留、趙四公存没之恩皆格不下"，《晦庵文集》續集卷三。與本書"郊禑已行，不知黨錮諸人果得及雞竿下坐否"相合。《答蔡季通》（客中得一二同志早晚講論）撰於慶元三年冬，又（霈恩曠蕩)撰於三年末。故推知本書約撰於是年冬。

朱熹《答劉季章》：

昨已具前幅，而細看來書，方論董子功利之語，而下句所説曾無疑事，即依舊是功利之見。蓋天下只有一理，此是即彼非，此非即彼是，不容並立。故古之聖賢心存目見，只有義理，都不見有利害可計較。日用之間應事接物，直是判斷得直截分明，而推以及人，吐心吐膽，亦只如此，更無回互。若信得及，即相與俱入聖賢之域；若信不及，即在我亦無爲人謀而不盡底心，而此理是非昭著明白。今日此人雖信不及，向後他人須有信得及底，非但一時之計也。若如此所論，則在我者，未免視人顏色之可否以爲語默。只此意思，何由能使彼信得及乎？然此亦無他，只是自家看得道義自不曾端的，故不能真知是非之辨而爲此回枉，不是説時病痛，乃是見處病痛也。試思之如何？《晦庵文集》卷五三。

　　案：書中云及"而下句所説曾無疑事，即依舊是功利之見"，朱熹與曾三異(字無疑)書札往還於慶元二、三年間。本書撰時未詳，疑在此時。姑係於三年間。

朱熹《答劉季章》：

孟子説"未有仁而遺其親，未有義而後其君"，便是仁義未嘗不利。然董生却説“正其義不謀其利,明其道不計其功”,又是仁義未必皆利,則自不免去彼而取此。蓋孟子之言雖是理之自然,然到直截剖判處,却不若董生之有力也。向聞餘論,似多以利隨義而言,今細思之,恐意脈中帶得偏僻病患。試更思之如何?《晦庵文集》卷五三。

　　案:上書(昨已具前幅)有云“而細看來書,方論董子功利之語,而下句所説曾無疑事,即依舊是功利之見”,而本書又云“然董生却説‘正其義不謀其利,明其道不計其功’,又是仁義未必皆利,則自不免去彼而取此”,乃承上書。

朱熹《答劉季章》:

熹歲前得益公書,報吳伯豐病瘡甚危。適得子約書,乃聞其訃,深爲傷痛。近年朋友讀書講學如此君者,絶不易得,此爲可惜,不但交遊之私情也。聞後事深荷老兄與無疑周全之,足見朋友之義。《晦庵文集》卷五三。

　　案:吳必大(字伯豐)卒於慶元三年冬。本書云及“熹歲前得益公書,報吳伯豐病瘡甚危。適得子約書,乃聞其訃”,推知約撰於慶元四年(1198)春。

朱熹《答劉季章》:

熹今春大病,幾不能起,今幸小康,然尚未能平步也。初意若得未死,且當屏棄書册,虚心待盡。今又覺不能頓爾捐去，亦苦頭緒太多，不是老年活計，徐當以漸節減也。益公清健可喜，近答其書論范文正公墓碑事，以病草草，今始能究其說，然自覺語言有過當處，不知能不相怪否也。伯豐初亦不知其能自植立如此，但見其於講論辦得下功，剖析通貫，非一時諸人所及，心固期以遠到。不謂乃止於此，殊可痛惜。今承來喻，又得聞其後來所守之堅，此尤不易。吾道不幸遽失此人，餘子紛紛，纔有毛髮利害，便章皇失措，進退無門，亦何足爲軒輊耶？疾少間，亦可漸理舊聞，向前進步否？博文約禮，不可偏廢。雖孔子之教、顏氏之學，不過是此二事。更惟勉旃，乃所深望也。《晦庵文集》卷五三。

　　案：書中云“益公清健可喜，近答其書論范文正公墓碑事”，指朱熹《答周益公》（前者累蒙誨諭范碑曲折），《晦庵文集》卷三八。撰於慶元二年十一月、十二月間。本書又云“熹今春大病，幾不能起，今幸小康”，又云“伯豐初亦不知其能自植立如此，……今承來喻，又得聞其後來所守之堅，此尤不易”，故推知其約撰於慶元四年夏中。

朱熹《答劉季章》：

　　熹今年一病狼狽，入夏方粗可支吾，但衰憊殊甚。講貫之樂，只一二朋友在此，訓導諸孫，時時整頓得舊書訓詁間有差誤而已。《禮書》四散，未得會聚參校，其它亦更有合料理文字,覺得精力不逮,皆不復敢萌意矣。賢者作何功夫? 因書幸及一二。《晦庵文集》卷五三。

> 案:上書(熹今春大病)有云"熹今春大病,幾不能起,今幸小康,然尚未能平步也",而本書乃言"熹今年一病狼狽,入夏方粗可支吾,但衰憊殊甚",當在其後。

朱熹《答劉季章》:

《禮書》此數日來方得下手,已整頓得十餘篇,但無人抄寫爲撓。蓋可借人處皆畏"僞學"之汙染而不肯借,其力可以相助者,又皆在遠而不副近急,不免雇人寫,但資用不饒,無以奉此費耳。《晦庵文集》卷五三。

> 案:上書(熹今年一病狼狽)有云"《禮書》四散,未得會聚參校",而本書乃云"《禮書》此數日來方得下手,已整頓得十餘篇",知在其後。

朱熹《答劉季章》:

王晉輔來,求其尊人銘文,久已齰舌,何敢爲此? 以其再來,不免題其行狀之後,少答其意。又慮其便欲刊刻流布,則大不便,已作書力戒之矣。渠又説欲得鄙文編次鋟木,此雖未必果,然亦不可有此聲。恐渠後生未更事,不識時勢,不知此是大禍之機,或致脱疏。書中又不敢深説,恐欲蓋而愈章,敢煩爲痛説此利害,當此時節,只得杜門讀書、潛形匿迹，豈可爲此喧譁以自取禍耶？況如老拙蹤迹，又比仁里諸賢事體不同，彼或可言，而此但當默，其理勢不難曉也。只如今所題跋，亦切不可便將出與人看。又刻石、鏤板二事，并望痛爲止之，千萬，至懇至懇！此杜元凱所謂既作之後，又復隱諱以避患者，固爲可笑，然亦以子約之故，無以答其意而浸淫至此。全藉賢者相與致力，遏其橫流，千萬幸也。《晦庵文集》卷五三。

　　案：書中所謂"王晉輔來，求其尊人銘文，久已齰舌，何敢爲此？以其再來，不免題其行狀之後，少答其意"，其"題其行狀之後"指朱熹《跋王信臣行實》，有云"子約內徙高安以卒，而峴亦以王君之没來赴，且述其事狀一通，而以銘墓爲請。余病疾久廢筆研，既弔且謝不能，而峴請益堅，乃記其後而歸之，以見余意"。時慶元四年戊午中冬丙申朔旦。《晦庵文集》卷八四。故推知本書約撰於四年十一月間。

朱熹《答劉季章》：

　　熹再啓：熹病愈甚，遇寒尤劇，如今日則全然轉動不得，藥餌雖不敢廢，然未必能取效，姑復任之，無計可爲也。所喻已悉，但所謂語句偶爾而實却不然者，只此分疏，便是舊病未除。所謂誠於中、形於外，此又何可諱耶？無疑之病，亦是如此，適答其書，説得頗痛快，可試取觀，

可見鄙意，此不復縷縷也。又謂病只在懶惰者，亦只消得
此一病，便是無藥可醫。人之所以懶惰，只緣見此道理不
透，所以一向提掇不起。若見得道理分明，自住不得，豈
容更有懶惰時節耶？所謂此外無難除之病者，亦信未及，
況自以爲無，則其有者將至矣。便敢如此斷置，竊恐所以
自省者亦太疏耳。又謂海内善類消磨摧落之後，所存無
幾，此誠可歎。若鄙意則謂纔見消磨得去，此等人便不濟
事。若使真有所見，實有下工夫處，則便有鐵輪頂上轉
旋，亦如何動得他？

《大學》定本修換未畢，俟得之即寄去。王晉輔好且
勸它莫管他人是非長短得失，且理會教自家道理分明，
是爲急務。此事之外，不可使有毫髮雜用心處也。然人
要閑管，亦只是見理不透，無頓自己身心處，所以如此。
願更察此，有以深矯揉之，乃爲佳耳。年來頓覺衰憊殊
甚，死期將至，而朋友間未有大可望者，令人憂懼，不知
所以爲懷。季章千萬勉旃，乃所深望。《晦庵文集》卷
五三。

案：上書（王晉卿來）有請劉季章勸說王峴勿
"刊刻流布"朱熹文字，勿"編次鋟木"朱熹文章，以
免致禍。本書乃言"王晉輔好且勸它莫管他人是非
長短得失，且理會教自家道理分明，是爲急務"，實
勸王峴莫輕舉而爲禍基，知承上書。又本書云及
"熹病愈甚，遇寒尤劇，如今日則全然轉動不得，藥

餌雖不敢廢，然未必能取效"，推知約在慶元五年
（1199）初。

朱熹《答劉季章書》：

告老得謝，固爲甚幸，而無狀之蹤乃復累及從之。方
此踟躕不能自安，忽得來書，乃聞其訃，尤深痛惜。欲寄
一書慰其子弟，不知曾作何差遣來？有便幸批報也。子
壽憂悴，殊可念。近日樓大防又已行遣，一時流輩芟夷略
盡，其勢必從頭別尋題目整頓一番。聞鄉日湖南所按吏
有訴冤於朝者，已下本路體量改正，次第首見及矣。知在
晉輔處相聚，甚善。可更勉其收拾身心，向裏用力，不須
向外枉費心神，非唯無益，當此時節，更生患害不可知。
鄉日石刻及今所刊三册，勸其且急收藏，不可印出。鄉後
或欲更爲此舉，千萬痛止之也。無疑志趣誠實，但惜其橫
起猜疑，自立界限，不肯鄉上進步，書中枉費心力分疏。
《晦庵文集》卷二九。

　　案：本書自"近日樓大防又已行遣"至"次第首
　　見及矣"，又重載於《晦庵文集》別集卷二。

　　朱熹《致仕謝表》云"臣熹言四月二十三日準尚
　　書省遞到勑牒一道，伏奉聖旨宜守本官致仕。臣已
　　於當日望闕謝恩訖者"。《晦庵文集》卷八五。本書云
　　及"告老得謝，固爲甚幸"，故推知本書約撰於慶元五
　　年五、六月間。

朱熹《答劉季章》：

讀書只隨書文訓釋玩味，意自深長。今人却是背却
經文，橫生它説，所以枉費工夫，不見長進。來喻似已覺
此病者，更望勉旃，千萬之望。然又當以草略苟且爲戒，
所謂隨看便起是非之心，此句最説著讀書之病。蓋理無
不具一，事必有兩途。今纔見彼説畫，自家便尋夜底道理
反之，各説一邊，互相逃閃，更無了期。今人問難往往類
此，甚可笑也。《晦庵文集》卷五三。

案：《朱子語類》卷一三九載吕燾所記云：“又
云：‘劉季章近有書云，他近來看文字，覺得心平正。
某答他，令更掉了這箇，虛心看文字。蓋他向來便是
硬自執他説，而今又是將這一説來罩正身，未理會得
在。大率江西人都是硬執他底橫説，如王介甫、陸子
静都只是橫説。且如陸子静説文帝不如武帝，豈不
是橫説？’”與本書“讀書只隨書文訓釋玩味，意自深
長。今人却是背却經文，橫生它説，所以枉費工夫，
不見長進”云云相合，當即指本書。據《朱子語類·
姓氏》，吕燾所聞在慶元五年（己未）。故推知本書約
撰於是年中。

又，明人程敏政《書朱子答劉季章書》云：“按此
書乃朱、陸不同之肯綮。蓋陸子方以學者口耳爲憂，
欲其以尊德性爲先，以收放心爲要。朱子乃欲學者
依文句玩味，意趣自深，又欲其趁此光陰排比章句，

玩索文理,正與象山之教相左。然朱子晚歲乃深有
取於陸說。"《篁墩文集》卷三八。或指本書而言。

朱熹《答劉季章》:

晉輔亦開敏有志趣,不易得。但涉學尚淺,志氣輕
率,須痛與切磨爲佳耳。《大學》、《中庸》看得如何?《大
學》近修改一兩處,旦夕須就板改定,斷手即奉寄也。
比閱邸狀,時論似寖平。榛中蜿蜒稍稍引去,但恐主
人意不堅牢,或有反覆,即其禍愈甚耳。《晦庵文集》卷
五三。

案:朱熹《跋王信臣行實》有云"子約內徙高安
以卒,而峴亦以王君之没来赴,且述其事狀一通,而
以銘墓爲請",《晦庵文集》卷八四。據上書(王晉輔來)
云云,本書當承其後。又慶元五年春,"時韓侂胄之
黨欲捕(彭)龜年、(曾)三聘及徐誼、沈有開、葉適、項
安世等送棘寺。中書舍人范仲藝草駁奏,袖録黄見
侂胄語之曰:'公今日得君,凡所施爲當一以魏公爲
法,章、蔡之權非不盛,至今得罪清議者,以同文之獄
故爾。'侂胄曰:'某初無此心,以諸公見迫,不容但
已。'……侂胄取録黄藏之,事遂格"。《宋史全文》卷二
九上。此後七月丁逢、劉德秀等罷,黨禁稍緩。本書
"榛中蜿蜒稍稍引去,但恐主人意不堅牢,或有反覆,
即其禍愈甚耳",似即指此,則推知本書約撰於慶元

五年秋或稍後。

朱熹《答劉季章》：

益公處所懇是先人墓碑，幸垂念。但行狀它人未見之，更告爲言及，得不示外人爲幸也。又前書求精舍大字及呈一二文字，語次幸并扣之。大字願早拜賜，鄙文幸痛揩擊也。《晦庵文集》卷五三。

案：元吳澄《跋朱子慶元己未十二月四日與益公書》云“朱子以慶元庚申之季春卒，此書貽丞相益國周公，乃己未之季冬，相距四月爾”，《吳文正集》卷六二。其書乃朱熹懇請周必大撰作朱松墓誌，即本書所云“益公處所懇是先人墓碑”，《年譜長編》卷下。知本書撰於慶元五年（己未）十二月中。

劉　珙

劉珙（1122—1178），字共父，建寧崇安（今福建武夷山市）人。劉子羽子。母卓氏慶國夫人。紹興十二年（1142）中進士第。乾道元年（1165）三月，除敷文閣待制、知潭州、荊湖南路安撫使，以平郴賊李金。三年正月召除赴行在，除翰林學士、知制誥兼侍讀。十一月，拜同知樞密院事，四年七月兼參知政事，八月除端明殿學士在外宮觀，改知隆興府、江南西路安撫使。五年四月，除資政殿

學士、知荊南府、荊湖北路安撫使。六年九月，丁慶國夫
人憂。八年十二月服除，除知潭州、荊湖南路安撫使。九
年三月赴闕奏事，進大學士以行。淳熙二年（1175）正月，
除知建康府、江南東路安撫使。五年七月卒，年五十七，
謚忠肅。朱熹代劉坪（平甫）撰《劉樞密墓記》。《晦庵文
集》卷九四。《宋史》卷三八六有傳。

朱熹《與劉共父》：

近略到城中，歸方數日。見平父示近問，承寄聲存
問，感感。但所論二先生集，則愚意不能無疑。伯逢主張
家學，固應如此，熹不敢議。所不可解者，以老兄之聰明
博識，欽夫之造詣精深，而不曉此，此可怪耳。若此書是
文定所著，即須依文定本爲正。今此乃是二先生集，但彼
中本偶出文定家，文定當時亦只是據所傳錄之本，雖文定
蓋不能保其無一字之訛也。今別得善本，復加補綴，乃是
文定所欲聞，文定復生，亦無嫌間。不知二兄何苦尚爾依
違也？此間所用二本固不能盡善，亦有灼然却是此間本
誤者，當時更不曾寫去。但只是平氣虛心看得義理通處
便，當從之。豈可肚裏先橫却一個胡文定後，不復信道
理耶？

如《定性書》及《明道叙述》、上富公與謝帥書中删却
數十字，及《辭官表》倒却次序，《易傳序》改"沿"爲"泝"，
《祭文》改"姪"爲"猶子"之類，皆非本文，必是文定删改。

熹看得此數處有無甚害者，但亦可惜改却本文，蓋本文自不害義理故也，《叙述》及富、謝書是也。有曲爲回互而反失事實、害義理者，《辭表》是也。曲爲回互，便是私意害義理矣。惟《定性書》首尾雖非要切之辭，然明道謂横渠實父表弟，聞道雖有先後，然不應以聞道之故傲其父兄如此。《語錄》説二先生與學者語有不合處，明道則曰“更有商量”，伊川則直云“不是”。明道氣象如此，與今所删之書氣象類乎，不類乎？且文定答學者書雖有不合，亦甚宛轉，不至如此無含蓄，況明道乎？今如此删去，不過是減得數十個閑字，而壞却一個從容和樂底大體氣象。恐文定亦是偶然一時意思，欲直截發明向上事，更不暇照管此等處。或是當時未見全本亦不可知。今豈可曲意徇從耶？向見李先生本出龜山家，猶雜以游察院之文。比訪得游集，乃知其誤。以白先生，先生歎息曰：“此書所自來可謂端的，猶有此誤，況其它，又可盡信耶？”只此便是虚己從善、公平正大之心。本亦不是難事，但今人先着一個私意横在肚裹，便見此等事爲難及耳。

又“猶子”二字，前論未盡。《禮記》云：“喪服，兄弟之子猶子也。”言人爲兄弟之子喪服猶己之子，非所施於平時也。況“猶”字本亦不是稱呼，只是記禮者之辭，如下文嫂叔之“無服”、姑姊妹之“薄”也。今豈可沿此遂謂嫂爲“無服”，而名姑姊妹以“薄”乎？古人固不謂兄弟之子爲姪，然亦無云猶子者，但云“兄之子”、“弟之子”，孫亦曰

"兄孫"耳。二先生非不知此,然猶從俗稱姪者,蓋亦無害
於義理也。此等處,文定既得以一時己見改易二程本文,
今人乃不得據相傳別本改正文定所改之未安處,此何理
耶?又明道《論王霸劄子》等數篇,胡本亦無,乃此間録
去,有所脱誤,非文定之失。伊川《上仁廟書》,此間本無,
後來乃是用欽夫元寄胡家本校,亦脱兩句。此非以它人
本改文定本,乃是印本自不曾依得文定本耳。似此之類,
恐是全不曾參照,只見人來説自家刻得文字多錯,校得不
精,便一切逆拒之,幾何而不爲訑訑之聲音顏色,拒人於
千里之外乎?夫樂聞過、勇遷善,有大於此者,猶將有望
於兩兄,不意只此一小事,便直如此,殊失所望。然則區
區所以劇論不置者,正恐此私意根株消磨不去,隨事滋
長,爲害不細,亦不專爲二先生之文也。

　　如必以胡氏之書一字不可改易,則又請以一事明之。
集中《與吕與叔論中書》注云:"子居,和叔之子。"胡氏編
《語録》時,意其爲邢恕之子,遂削此注,直與正文"子居"
之上加一"邢"字。頃疑吕氏亦有和叔,因以書問欽夫。
答云:"嘗問之邢氏,果無子居者。"以此例之,則胡氏之書
亦豈能一無繆誤,乃欲不問是非,一切從之乎?況此乃文
字間舛誤,與其本原節目處初無所妨,何必一一遵之而不
敢改乎?近以文定當立祠於鄉郡説應求、邦彥,二公皆指
其小節疑之,魏元履至爲扼腕。今二兄欲尊師之,而又守
其尤小節處以爲不可改,是文定有所謂大者,終不見知於

後世也。此等處非特二先生之文之不幸，亦文定之不幸耳。今既用官錢刊一部書，却全不睹是，只守却胡家錯本文字以爲至當，可謂直截不成議論。恐文定之心却須該遍流通，決不如是之陋也。若説文定決然主張此書，以爲天下後世必當依此，即與王介甫主張《三經》、《字説》何異？作是説者，却是謗文定矣。設使微似有此，亦是克未盡底己私，所謂賢者之過。橫渠所謂"其不善者共改之"，正所望於後學，不當守己殘而妒道真，使其遺風餘弊波蕩於末流也。程子嘗言，人之爲學，其失在於自主張太過。橫渠猶戒以自處太重，無復以來天下之善。今觀二兄主張此事，得無近此？聖賢稽衆舍己、兼聽並觀之意似不然也。胡子《知言》亦云："學欲約，不欲陋。"此得無近於陋耶？如云當於他處別刊，此尤是不情悠悠之説，與"月攘一雞"何異？非小生所敢聞也。

每恨此道衰微，邪説昌熾，舉世無可告語者.望二兄於千里之外，蓋不翅飢渴之於飲食，乃不知主意如此偏枯。若得從容賓客之後，終日正言，又不知所以不合者復幾何耳。欽夫尊兄不及別狀，所欲言者不過如此，幸爲呈似。所云"或不中理，却望指教"，熹却不敢憚改也。向所録去數紙合改處，當時極費心力，又且勞煩衆人，意以爲必依此改正，故此間更無別本。今既不用，切勿毀棄，千萬盡爲收拾，便中寄來，當十襲藏之，以俟後世耳。向來數十本，欲遍遺朋友，今亦不須寄來，熹不敢以此等錯本文字誤朋友也。天寒手凍，作字不成，不能傾竭懷抱，惟加察而恕其狂妄可也。《晦庵文集》卷三七。

案：朱熹《答羅參議》（極感留意）有云"校書極難，共父刻《程集》於長沙，欽夫爲校，比送得來，乃無板不錯字"。《晦庵文集》續集卷五。知本書當撰於此稍後，即乾道二年（1166）末，故有"天寒手凍，作字不成"之語。

朱熹《與劉共甫_珙》：

伏奉教帖，甚慰久不聞問瞻仰之意。然此書之後，傳聞動静千條萬端，皆非村落所得詳。此兩日忽聞有全蜀之命，意其是乎？未得其真，未敢遽奉慶也。行期定何如？若果西去，能略歸鄉曲否？此却未須遽行，但亦當求對。向來聖錫正如此也。若所傳非的，當奉行前詔，則交印後似却不必迂路來歸，只令平父來臨川上下迎侍以歸足矣。

二姦雖去，氣象全未迴。蓋上心猶以向來所爲爲是，未有敢乘此痛言其非者。昨告邦彦，以所當論者惟"獨斷"二字，頗以爲然。又未知果能發之否？間讀《陸宣公奏議》，一一切中今日之病。試取一讀，從容前席爲上一談之，當有助耳。若果造朝，以亟行爲上，早得一日是一日事。然今已似太遲，若更過此，則又無可説矣。惟近臣愛君體國之義，想又非畎畝縷縷之比，固不當以私計之安，便爲先而後圖之也。聞欽夫亦勸行，果爾，又無疑矣。《程集》及諸書拜領厚意，但誤字處更不吝脩改爲善。略讀所改數處，似少吝矣。如何如何？李先生碑額試煩問子駒，不知可爲別寫數字示及否？比及宗禮歸到，又須數月。其家早欲成就，已先刻銘文，只俟此字耳。駮病之説，不記前書拜稟云何。誨諭之及，乃知僭率之爲咎。然所自比乃爾，豈故人之望耶？《晦庵文集》別集卷一。

　　案：《宋史全文》卷二四下云乾道三年（1167）閏七月癸巳，劉珙"自湖南召還。初入見，首論'獨斷雖英主之能事'"云云。而張孝祥於六月間至潭州，餞送前任劉珙入朝，故《年譜長編》卷上係本書於六月間。然從本書中有"若果造朝，以亟行爲上"語，催促劉珙儘早入朝面聖，則其當撰於劉珙離潭州之前。

朱熹《與劉共父》：

修德之説，但云主上憂勤恭儉，非不修德，然而上而天心未豫，下而人心未和，凡所欲爲，多不響應，疑於修德之實有未至焉。蓋修德之實在乎去人欲、存天理。人欲不必聲色貨利之娛、宮室觀遊之侈也，但存諸心者小失其正，便是人欲。必也存祇懼之心以畏天，擴寬宏之度以盡下，不敢自是而欲人必己同，不徇偏見而謂衆無足取，不甘受佞人而外敬正士，不狃於近利而昧於遠猷，出入起居，發號施令，念兹在兹，不敢忘怠，而又擇端人正士剛明忠直、能盡言極諫者，朝夕與居左右，不使近習便利捷給之人得以窺伺間隙，承迎指意，汙染氣習，惑亂聰明，務使此心虛明廣大，平正中和，表裏洞然，無一毫私意之累，然後爲德之脩，而上可以格天，下可以感人，凡所欲爲，無不如志。陛下自省於是數者，其心有得於中乎？其方從事於此而有未至乎？其無乃謂此無益而正背馳乎？一有不合乎此，則臣恐所謂修德之實者有所未至也。

恢復之形一段，切中今日之病。前日籤帖更定數語，非是欲苟全正論，蓋只此豪釐之間，便是人欲、天理同行異情處，不可不精察而明辨也。夫內修自治，本是吾事所當爲，非欲與人爲敵然後爲之。而爲之之道，必急其實而緩其名，必以深厚淵塞爲務，而不爲浮薄淺露之態，然後可以蓄可久之德而成可大之功。亦非爲畏泄其機而固爲是不可測也。若謂姑爲純正之論，而其實必用機心、扶陰謀然後可，則是心迹乖離，內外判析，孔子讀而儀、秦行矣。彼管仲、商君、吳起、申不害非無一切之功，而所以卒得罪於聖人之門者，正在於此。願明者之熟察之也。《晦庵文集》卷三七。

案：據文義，此乃朱熹爲劉珙修改潤色面對上奏文稿。據朱熹《觀文殿學士劉公神道碑》，乾道"三年召還，見上，首論：獨斷雖英主之能事，然必合衆

智而質之以至公,然後有以合乎天理人心之正而事
無不成。若棄僉謀徇私見而有獨御區宇之心焉,則
適所以蔽其四達之明,而左右私昵之臣將有乘之以
干天下之公議者矣。……上皆然之,以爲翰林學士、
知制誥兼侍讀"。《晦庵文集》卷八八。推知本書或即
撰於劉珙面對之前。《續宋編年資治通鑑》卷八云乾
道三年閏七月,"以劉珙爲翰林學士"。

朱熹《與劉共甫》:

竊承延登廟堂,參貳樞筦,君子之仕至此,亦可謂得
時得位,可以不負其所學矣。遞聞明命,贊喜亡涯。某去
月六日始得離長沙,與敬夫同行,謁魏公墓下,遂登祝融
絶頂。已乃東歸,至儲洲始分手。蓋講論之樂尚未曾有,
別去殊憫然也。至醴陵,始微聞兄有此拜。至清江,始得
其真。然伏讀十一月五日詔書,奴訴大臣,豕視庶位,甚
矣其間而不然也。不知出兄筆否?當時何不略開諫耶?
自見此詔,連三日寢食不安,其曲折未易以一言盡。大抵
自此人主心益肆,勢益孤,賢人君子日益消縮,不願立於
其朝,而讒諂面諛、持禄保位之士益聚而肆然其無所不爲
矣。反復念此,惻然寒心,中夜以興,不覺欷歔。此殆聖
主思之未熟,而奉令承教之臣與有責也。不知比來訏謨
之際,頗亦及此語否?失之於前,尚可捄之於後,願益思
所以矯正之術而亟諫之。某嘗譬之人子事親之道不至,

至於父母之顏色不和，爲子者當左右承順，以祈悅適耶？當訴嚚妻孥，毆擊僮隸，以快己之忿耶？此閭巷之人知之，不待曾參、孝己而後委也。至於人主事天之道，何獨不然？今日之爲，其亦異乎吾所聞矣。《晦庵文集》別集卷一。

　　案：據《宋史·宰輔表》，乾道三年十一月癸酉（九日），陳俊卿自同知樞密院事兼權參知政事除參知政事，劉珙自翰林學士、知制誥除同知樞密院事。本書云及“竊承延登廟堂，參貳樞筦”，又言“某去月六日始得離長沙，與敬夫同行，謁魏公墓下，遂登祝融絶頂。已乃東歸，至儲洲始分手”，而朱熹《南嶽遊山後記》云十一月“丙戌（二十二日）至儲州，熹與伯崇、擇之取道東歸，而敬夫自此西還長沙矣”。《晦庵文集》卷七七。故推知本書約撰於十一月末。

朱熹《與劉共甫》：

　　某至豫章，宿上藍寺，偶復感此，通夕不眠。夜漏未盡，呼燭作此，不能既所懷之萬一。欲作陳公書，不暇，然作亦不過如此。只老兄語次達此懷足矣，何以書爲哉？然今日之事，政須爲其大者，論薦人材，亦有次第。今日遠則益州，近則吳興，皆第一義諦，而敬夫尤不可後。如某輩草野之臣，則雖有憂歎之心，然以義分觀之，似未當出。兄果相念，當且徐之，不須抑迫，恐一旦大發狂疾，彼此爲不利。俟兩公有成,則彈冠群彦之後,殊未爲晚。某許多年過了,豈計此年歲間事耶? 此是實情相告,某豈不欲及今一見明主,極陳胸中之憤懣? 但思之言語必有太甚處,恐却誤兩公協贊彌縫之意,所以斷然自誓,決未敢出。不獨爲身,亦以爲親,爲二公,爲國計也。千萬幸詧。《晦庵文集》別集卷一。

  案: 書中言"某至豫章,宿上藍寺",朱熹自湖南東歸至豫章,宿上藍寺,有《觀上藍賢老所藏張魏公手帖次王嘉叟韻》詩,《晦庵文集》卷五。又撰《跋張魏公爲了賢書佛號》,署時"乾道丁亥冬十有二月九日"。《晦庵文集》卷八一。是知朱熹本書撰於十二月九日前後。

朱熹《與劉共甫》:

比至豫章,見蔣參政文字,慨然有出身任事之意,所以告吾君者粗亦可觀。但不知渠本領如何。若只是如此說得,亦不濟事。況本領若不甚正,則所謂是者非,所謂賢者否,又如何其可恃耶? 聞奏請令卿監郎曹舉士,限五日奏,又不得發照牒,此是何措置? 只此一事,可見風采,奈何奈何? 陳公少進,有何處畫? 觀今日氣象,雖非有危機交急之慮,然大根大本處被羣小壞得八九分以上了,日往月來,不是小事。苦痛苦痛! 兄與陳公素有物望,非它人比。今日雖未爲宰相,然實斷國論。若只似常人遷延歲月，保持禄位，以俟人主厭棄而擊逐之，則非惟大失人望，隳隕家聲，亦豈吾平日讀書問學之意邪？亦豈吾平日致身事國之意耶？在長沙時，未覩近詔，但已不勝憂慮，日與欽夫語此，幾至隕涕。不知當其任者視以爲何如耳。願亟與陳公謀之。《晦庵文集》別集卷一。

> 案：上書（某至豫章）有云"某至豫章，宿上藍寺，……欲作陳公書，不暇，然作亦不過如此"，而本書乃云"比至豫章，見蔣參政文字，慨然有出身任事之意，所以告吾君者粗亦可觀。……陳公少進，有何處畫"，知承其後，推知約在上書稍後。

劉珙《與朱元晦書》：

> 案：元吴澄《跋劉忠肅公與朱文公帖》云："劉忠肅公，朱先生之父黨。先生以乾道丁亥冬除密院編脩官。劉書稱先生爲編脩，當是次年戊子之秋作。劉公憂江、淮、兩浙水旱，豫爲歉備。其年建寧亦饑，且繼之以水災。又明年秋，而先生丁母憂矣。此書蓋在前也。"《吴文正集》卷六三。劉珙此書撰於乾道四年（戊子，1168）七、八月間，已佚。

劉珙《與朱元晦書》：

陳丈力爭此事，恐亦不能久。《晦庵文集》卷二四。

> 案：朱熹《與魏元履書》（里中大稔）有云"共父

前月二十間因論王琪專被密旨築真州城，不經由三省、密院，大忤上旨，批與端殿、宮觀，次日又批與知隆興。乞放謝，却令朝辭；乞以念八日，又令初四日，却似悔前舉之失。然共父書云：'陳丈力爭此事，恐亦不能久。'兩公在朝雖做大事不得，然善類不無所持，今各辭去，亦可慮也。書中令致意尊兄，云事體與昔不同，陳丈若去，則此事當自審處"。《晦庵文集》卷二四。據《宋史·孝宗紀二》，乾道四年七月壬戌，"召建寧府布衣魏掞之赴行在"。《續宋編年資治通鑑》卷八云是年"十一月，召魏掞之入對"。又據《宋史·宰輔表四》，是年八月辛亥，同知樞密院事兼參知政事劉珙以知隆興府罷。推知劉珙此書撰於九月間，僅存此殘句。

朱熹《與劉共甫》：

自領鄂渚所賜書後，一向不聞問。或云體候嘗小不快，不知所苦何恙？淺深如何？遠方無由得的信，徒有懸情耳。比日秋涼，伏惟忠勤有相，鈞候萬福。向來微恙，失去久矣。宰路虛席，國論一新，幾微之間，安危所係。眾謂明公宜還鈞軸，尚此遲遲，不無觖望。然上流之重，當此之際，寄任亦不爲輕。更願進德愛身，審於舉措，毋使中外窺覘，有所竊議。此爲增崇望實，填服夷夏之本。甚恨相望之遠，不獲以時密罄所懷。雖在荒迷，不忘憂歎耳。區區過計，以爲萬一氣體小或未復故常，則塞垣高秋，不宜久處。伏惟深以家國大慮爲心，勿爲目前華靡細娱牽制回奪，則於此不難處矣。孔明擇婦，正得醜女，奉身調度，人所不堪。彼其正大之氣，經綸之蘊，固已得於天資，然竊意其智慮之所以日益精明，威望之所以日益隆重者，則寡欲養心之助與爲多焉。某自罹禍罰，號慕之餘無復外事，稍得温習舊學。苦淡寂寥之中，時有絲髮之見，乃知前日所□學問者極爲草草，而欲以此仰希聖賢，下脱塵俗，亦已難矣。方作書爲欽夫言之，想其未免於此也。然此事自古聖賢、近代先覺言之已詳，病在學者自立意見，別作一般主張耳。其詳非面莫能究，顧所謂寡欲養心者，其大端也，不識高明亦有意乎？荆州聞極荒涼，無賢士大夫可奉談燕。人心至危，恐久流放，難復收拾。願日取古聖賢書熟讀深思，以袪物欲之蔽，幸甚。欽夫造朝後，至今未得書，不知所論如何，想彼却時得。《晦庵文集》別集卷四。

案：朱熹《劉樞密墓記》云劉珙於乾道“五年四月除資政殿學士、知荆南府、荆湖北路安撫使，六月被旨措置荆襄邊面，六年九月丁慶國夫人憂”。《晦庵文集》卷九四。又張栻於是年夏自知嚴州召赴行在，六月“丁卯，新除尚書吏部員外郎張栻進對”云云。《宋史全文》卷二五上。而本書中述及“比日秋涼”，故推知其撰於乾道六年(1170)秋。

劉珙《與朱元晦書》：

吾少讀程氏書，則已知先生之道學德行，實繼孔孟不傳之統。顧學之雖不能至，而心鄉往之。及來此邦，屬邑有上元者，先生少日宦遊處也。考之書記，均田、塞堤，及民之政爲多；脯龍折竿，教民之意亦備。然問諸故老，以稽其實，則兵革變故之餘，風聲氣俗，蓋已無復有傳者矣。始至慨然，即欲奉祠以致吾意，使此邦之爲士者有以興於其學，爲吏者有以法於其治，爲民者有以不忘於其德。不幸歲適大祲，救饑之事方急，於今乃克成其志。以吾子之嘗誦其詩而讀其書也，故願請文以記之。《晦庵文集》卷七八《建康府學明道先生祠記》。

　　案：朱熹《建康府學明道先生祠記》有云"資政殿大學士建安劉公某居守建康之明年春某月，始立明道先生之祠于學，而以書走新安之婺源抵熹，曰：'吾少讀程氏書……'"《晦庵文集》卷二四。"春某月"，校記云淳熙本作"二月"。據朱熹《劉樞密墓記》，劉珙於淳熙二年正月除知建康府、江南東路安撫使兼行宮留守。《晦庵文集》卷九四。故知是書撰於是年（1175）二月間。

朱熹《與劉共甫》：

歲前嘗以書附族叔司理，除夕得書，云開正方得行，今不審已達未也。此叔年已礙選格，今該慶恩，恐可參部。得少垂念幸甚，渠亦非敢有過望也。舊甌寧宰劉元升者，不知曾識之否？其人潔廉曉事，再爲甌寧，事辦而民安之，前後莫能及。近宰新喻，無故爲程泰之按罷，客於臨江，貧甚，幾不能自食，江西人士皆稱而憐之。如此人者，苟未有所歸，亦可召而使也。前書所稟孫教授者果何如？近復細續其文，必自重而不苟合者。似此一等人，恐又當降意求之。若俟其僕僕以求己，則終不可以得之矣。此有邵武守楊獬、浦城宰吳燠，政皆可觀。近以事涉其境，見其士民交口稱頌。浦城之政，細民尤安樂之。兩人皆有文學，非俗吏，它時恐亦可備使令，幸略記之也。安道此來，未及相見。浦城爲守侯所窘，渠來始安迹。建陽科斂煩擾，首劾治之。此兩事甚佳也。欽夫歲前得書，爲政之意甚美。但所請與諸司均節一路財賦者，不知者必以爲侵官，不知終能協濟否？所論鹽法利害，頗與閩中相似。渠但深排鈔法，而以官般爲善，不知官般果能無弊否？其求訪人才之意孜孜不倦，不自以其才爲可恃而留意於此，此尤可敬者。使當世王公大人一皆以此爲心，不俟人之求己而汲汲於求人，則天下豈有遺才廢事乎？其可歎也。《晦庵文集》別集卷四。

　　案：本書述及張栻訂立廣西鹽法事。淳熙二年春，張栻赴知靜江府任。《南軒集》卷一〇《堯山灘江二壇記》。《宋史全文》卷二六上云是年“八月甲戌，廣西經略張栻言：‘諸郡賦入甚寡，用度不足，近年復行般賣鹽；此誠良法。然官般之法雖行，而諸郡之窘猶故。蓋以此路諸州全仰於漕司，漕司發鹽使之自運，除本脚之外，其息固有限，而就其息之中，以十分爲率，漕收其八，諸州僅得其二。逐州所得既微，是致無力盡行般運，而漕司據已撥之數責八分之息，以爲寄椿，則其窮匱何時而已。幸有僅能般到者，高價抑買，豈保其無？欲乞委本司及提刑鄭丙、漕臣趙善政公共將一路財賦通融斟酌，爲久遠之計。既於漕計不乏，又使一路州郡有以支吾，見行鹽法不致弊壞。'從之"。又張栻《答朱元晦》（某黽勉於此）正論及其訂立廣西鹽法事，首云"某黽勉於此，亦赴一載"。《南軒集》卷二三。則其書撰於淳熙三年（1176）春。故推知朱熹得張栻來書後即致書劉珙，似在春末。

劉珙《與朱元晦書》：

案：本書佚。元袁桷《題劉共甫與朱文公書》云："劉共甫樞密世濟忠節，而其文詞昭示於隆興、乾道之際，四方聳動，詎止一經生學士哉！樞密隧碑，實文公所撰。文公受知樞密，實繇韋齋吏部先友事契。此書蓋在江東留守時所作，扶植故家，解釋僚友，非盛德不至。是古道寥落，肅觀益增泚顙。"《清容居士集》卷四六。所謂"扶植故家，解釋僚友"，似與朱熹上書（歲前嘗以書附族叔司理）言及"此叔年已礙選格，今該慶恩，恐可參部。得少垂念幸甚，渠亦非敢有過望也"相關，故係於此。

朱熹《與劉共父》：

平父示別紙，論及明道冠服事。熹初意既在學校立祠，密邇先聖先師之側，則不應直用野服爲象，故有此議。兼在延平學中見曹御史、陳了翁象，亦是爻冠法服。二公自去諫職，流落於此，皆非卒於其官者。見聞習熟，因欲援以爲例，而未嘗計其當時之得失也。今如或者之言固亦有理，但明道之爲御史，初非攝官，而宗正之除未嘗就職，此其考之亦恐有未精也。竊謂今日御史法冠乃是追用其平生冠服之最盛者，似亦無害於理。不然，則直用承議郎本品法服亦佳。據《會要》，則九品官皆有法服，但不知元豐官制後寄祿官有法服與否耳。又不然，則直用幞頭公服亦可，嘗見其家畫本緋衣也。但太不近古耳。鄙見如此，更惟高明裁之。或者所謂伊川祠堂之制，不知何謂？更告詢之，并問何人所立，今在何處可也。《晦庵文集》卷三七。

案：據朱熹《建康府學明道先生祠記》云："資政殿大學士建安劉公某居守建康之明年春某月，始立明道先生之祠于學，而以書走新安之婺源"，請以爲記。朱熹撰記於"淳熙三年夏四月丙申"。《晦庵文集》卷七八。而《景定建康志》卷三一所載《明道先生祠記》首云"資政殿大學士建安劉公珙居守建康之明

年夏四月,始立明道先生之祠於學"。故推知本書亦
撰於四月間。

朱熹《與劉共父》:

杜門如昨,無足道者。但傳聞淮北音問不一,心竊憂
之。及問平父,云屢得近書,初不及此,則彼爲妄傳矣。
然事之可憂者,正亦不在是也。近一二士大夫斥言近習,
無所隱避,上亦嘉納,但崇信如初,略無變改之效,不知又
是何人陳此秘計,欲以柔道不戰而屈天下忠義之兵。彼
自爲謀則巧矣,而爲國患日深,奈何? 昨承委撰王公集
序,已嘗具稟,恐不能事,以病高明。前日偶與平父諸人
小飲醉卧,中夜少甦,因不復能寐。感慨俯仰之間,若有
開其意者,忽得數十百言,蹶然起坐,取火書之。竊意以
是爲王公集序,若可無愧,但未知尊意如何耳。聞莫子齊
所作《行狀》甚詳,故序文中及之。得求一本見寄爲幸。今屬平
父附便拜呈,恐不中用,却乞示下,當略改入題處,別作跋
語,爲某之自言者授其子,以見區區。或粗可用而有當改
處,亦告垂喻曲折,當如所戒也。平父昨令與伯謨説招致
之意,近聞復當少緩,亦已報之矣。渠既未成詣門下,欲
邀來此相聚。而鄉人子弟不可率,貧家又不能有以資之,
度其邵武亦未必有相聚處。貧悴日侵,殊可念耳。

元履之弟誠之者,中間得所予賻金,數年貿易,稍有
資聚。今秋因索債毆人,邂逅致死,遂盡索所賣,又舉貸

以繼之，然後得脫。今一房四五口立見狼狽，殊可憐。然無術以捄之。往時元履病中亦以此弟見屬，今無如之何。親舊向來干擾殆徧，又不容復有請。不審樞密或有不費之惠，得賜哀憐，千萬之幸。然渠初不敢有此望，更在裁處也。《晦庵文集》別集卷四。

　　案："王公集序"，即朱熹代劉珙所撰王十朋文集序。"但傳聞淮北音問不一，心竊憂之"，似指淳熙三年間事："初，湯邦彥敢爲大言，虞允文深器之。允文出爲四川宣撫也，辟邦彥以行。允文没，邦彥還朝爲右司諫，奉詔充申議使使敵，求陵寢地。邦彥至燕，敵人拒不納，既旬餘，乃命引見，夾道皆控弦露刃之士，邦彥大怖，不能措一詞而出。上大怒，詔流新州。上諭輔臣：'敵既不受本朝禮物，邦彥乃受敵中所賜，辭受之際，理亦易曉，乃不顧名節，辱命如此。'邦彥既一斥不復，自是河南之議始息，不復遣泛使矣。"時在四月間。《宋史全文》卷二六上。而下書（私門不幸）所述及"近時鄭鑑對策事"，即六月間，"上謂執政曰：'有魏掞之今安在？'龔茂良等奏已物故。上曰：'其人直諫，方欲稍加擢用，不謂已死。朝廷不可無直諒之士，近有鄭鑑議論亦甚切直，觀其所言，似出於肝膽，非矯僞爲之者。因看鄭鑑劄子，頗思魏掞之。'鑑時爲太學正，遂命召試館職。又曰：'掞之雖死，欲少加旌別，可贈宣教郎、直秘閣。'"七月，"以鄭鑑爲校

書郎。上語執政曰：'鄭鑑所試館職策議論切直，甚
可取。'因問今合除何官，龔茂良等對曰：'前此學官
召試，往往止除正字。'上曰：'可除校書郎，賞其盡
言。'因曰：'策中所言或是或非，大率剴切不易。'"
《宋史全文》卷二六上。故推知本書當撰於夏、秋之際。

朱熹《與劉共父》：

私門不幸，老婦自去夏得疾，荏苒踰年，療治無瘳，此
至後一日，遂至不起。痛悼悽切，不能自堪。加以幼累滿
前，將來百緒便有不能不關心者，尤非衰懶所宜，未知所
以爲計也。昨聞尊體微不安，深以憂念。及此奉告，乃始
釋然。請祠未遂，又聞繼有勞賜之寵，此蓋事功較著，聖
明深知，雖有讒邪，無間可入，或者不復久勞于外矣。然
想亦未免再請也。某祠敕已下，適此衰麤，尚未及拜受。
聞昨來諸公將上辭免文字，上復有除職之命。幸諸公白
其不可，遂止，不爾，則愈見顛沛。然聖恩深厚，何以論
報？唯有脩身守道，以求無負寵嘉之意而已。欽夫得書，
云長沙傳聞某病，消息殊惡。此雖非實，然亦竟遭凶禍，
可怪也。又具道其經理財賦之詳，此足以惠一方矣。但
趙漕去時，意象甚不平，不知今相見後復如何也。昨蒙喻
及徽絹文字，不知曾爲剡奏否？更得留念幸甚。蓋雖已
有爲之者，更得一言之助，則尤有力也。近時鄭鑑對策
事，想悉聞之。明主可爲忠言，自是士大夫顧望蓄縮，委

曲避就，養成今日之勢。今又自彼七言之後，寂然無復繼者，消長之幾，正在此毫釐頃刻之間，益可寒心。計高明雖在外服，未忘根本之憂，亦當拳拳於此。況望實益隆，眷禮益厚，則圖所以收拾人才、紀綱政體者，其本末先後必有一定不易之論。區區於此更望勉旃，千萬幸甚。

《祠記》、《責沈》二刻，拜賜甚厚。但記中"默契於中者矣"誤作"也"字，不知尚可改否？繆文本不足以發揮崇德尚賢之意，讀之既久，愈覺紕漏，益增愧耳。《責沈》之義，昨已報平父，正爲子高沈姓耳。承許續致，只得未背者尤便也。別紙垂喻永隆葬事，具悉尊旨。但彥集於此正自憂勞，唯恐不足以集事。但素不更事，凡百過於憂懼急迫而已。不審高明所慮何自得之？自此竊恐聽言之際更當每加審諦，使忠實日親、讒慝日遠，則久大之業粹然無疵，不獨施於州里親族之間者，其愛憎賢否各得其當而已。僭易皇恐。余隱之事，前日已嘗具稟。二孫之禾，恐止可撥四百秤。蓋宋家所收自不多，若可少增，恐亦不可過百秤也。唯是隱之父子不解事，來此干預宋家產業，出言不遜，其子尤甚。恐將引惹方氏復來生事。已令陳、吳二婦作狀，經府告示之矣。此非得已，不審尊意以爲如何？《晦庵文集》別集卷四。

案："私門不幸，老婦自去夏得疾，荏苒踰年，療治無瘳，此至後一日，遂至不起"，乃指朱熹夫人劉氏卒於淳熙三年冬至後一日。"又聞繼有勞賜之寵，此蓋事功較著，聖明深知"，據《劉樞密墓記》，實指劉珙淳熙三年"七月，以賑濟事畢，賜詔獎諭。十一月，又賜御札鞍馬器物"。《晦庵文集》卷九四。故推知本書當撰於是年十二月。

朱熹《與劉共父》：

過崇安日，首詣三里，視彥集所開地，岡巒形勢目前無大虧缺，而水泉湧溢，殊不可曉。問之邑人，亦無一人能言其所以爲病者，但謂間壙太深使然，今若移穴近高而淺其壙，則無患矣。此語使人不敢信，因語彥集，莫若更呼術人別卜它處。此數日亦未聞有定議，政恐不易得耳。然留彼三日，三往諦觀，亦覺形勢有可疑處。所以致水，蓋非偶然。顧高明未必信，故不復白，直論日前所處曲折耳。想聞此亦深軫念也。《晦庵文集》別集卷四。

案：朱熹此次去三里，乃爲其亡妻劉氏卜葬地。《年譜長編》卷上係本書於淳熙四年（1177）年春。

朱熹《與劉共父》：

熹前幅所稟訪問人材事，初若率然，既而思之，此最急務。然其意有未盡者。輒詳論之如左云：

古之大臣，以其一身任天下之重，非以其一耳目之聰明、一手足之勤力爲能周天下之事也。其所賴以共正君心、同斷國論，必有待於衆賢之助焉。是以君子將以其身任此責者，必咨詢訪問，取之於無事之時，而參伍校量，用之於有事之日。蓋方其責之必加於己而未及也，無旦暮倉卒之須，則其觀之得以久；無利害紛拏之惑，則其察之得以精。誠心素著，則其得之多；歲引月長，則其蓄之富。自重者無所嫌而敢進，則無幽隱之不盡；欲進者無所爲而不來，則無巧僞之亂真。久且精，故有以知其短長之實而不差；多且富，故有以使其更迭爲用而不竭。幽隱畢達，則讜言日聞而吾德脩；取舍不眩，則望實日隆而士心附。此古之君子所以成尊主庇民之功於一時，而其遺風餘韻猶有稱思於後世者也。

今之人則不然，其於天下之士固有漠然不以爲意者矣，其求之者又或得之近而不知其遺於遠，足於少而不知其漏於多，求之備而不知其失於詳也。其平居暇日所以自任者雖重，而所以待天下之士者不過如此，是以勤勞惻怛雖盡於鰥寡孤獨之情，而未及乎本根長久之計；恩威功譽雖播於兒童走卒之口，而未諭乎賢士大夫之心。此蓋未及乎有爲，而天下之士先以訑訑之聲音顏色待之矣。至於臨事倉卒而所蓄之材不足以待用，乃始欲泛然求己所未知之賢而用之，不亦難哉？

或曰：然則未當其任而欲先得天下之賢者，宜奈何？曰：權力所及則察之舉之，禮際所及則親之厚之，皆不及則稱之譽之，又不及則鄉之慕之。如是而猶以爲未足也，又於其類而求之，不以小惡揜大善，不以衆短棄一長，其如此而已。抑吾聞之李文公之言曰："有人告曰，某所有女，國色也，天下之人必將極其力而求之，無所愛也；有人告曰，某所有人，國士也，天下之人則不能一往而先焉。此豈非好德不如好色者乎？"嗚呼！欲任天下之重者，誠反此而求之，則亦無患乎士之不至矣。《晦庵文集》卷三七。

案：書中所言"是以勤勞惻怛雖盡於鰥寡孤獨之情，而未及乎本根長久之計；恩威功譽雖播於兒童走卒之口，而未諭乎賢士大夫之心"，亦見朱熹《答張敬夫》（諸諭一一具悉），云"建康連得書，規模只如舊日。前日與之書，有兩語云：'憂勞惻怛雖盡於鰥寡孤獨之情，而未有以爲本根長久之計；功勳名譽雖播於兒童走卒之口，而未有以喻乎賢士大夫之心。'此語頗似著題，未知渠以爲如何？"《晦庵文集》卷三二。《答張敬夫》撰於淳熙五年（1178）春末、夏初。則推知本書約撰於一時先後。

劉珙《與朱元晦書》：

案：朱熹《答呂伯恭書》（遞中兩辱手教）云"熹來日出紫溪，迎哭劉樞之柩，昨得其訣書，猶以國恥未雪爲恨，亦可哀也"。《晦庵別集》卷二五。劉珙卒於淳熙五年（1178）七月甲子，則其"訣書"撰於此日稍前，已佚。

劉光祖

　　劉光祖（1142—1222），字德修，簡州陽安（今四川簡陽）人。登進士第。光宗即位，除軍器少監兼權侍左郎官，除殿中侍御史。寧宗即位，除侍御史，改司農少卿，進起居舍人、起居郎。除主管玉局觀，韓侂胄擅朝政，奪職謫居房州。韓侂胄誅，召除右文殿修撰、知襄陽府，歷知遂寧府、京湖制置使、知潼川府，後升顯謨閣直學士，提舉西京嵩山崇福宮。嘉定十五年卒，年八十一，《西山文集》卷四三《劉閣學墓誌銘》。謚文節。著《後溪集》十卷。《宋史》卷三九七有傳。

朱熹《答劉德修光祖》：

　　欽聞德義，有年於此。中間入都，雖嘗蒙枉顧，然稠人中不暇交一語，至今爲恨，如未始得見顏色也。前年竊聞進登言路，有識相慶。繼讀邸狀，又得所上章疏，分別邪正，明白剴切，三復懵然，爲之汗下。蓋久矣莫有以此聲欬吾君之側者矣。然於是時，竊已深爲執事者憂之。顧前此未嘗得通聲問，無從效其區區。且又意其駭機之發近在旦暮，雖欲言之，亦已無及。然猶懷不能已，竊竊私爲同志一二君子道之。蓋不唯欲以少效慕用之誠，亦冀轉以聞於左右而求所以善其後也。曾未幾時，果聞去國。時在臨漳，無可與話此心者。燕居深念，撫几浩歎而

已。嗚呼！此豈吾人一身之休戚？而造物者之意乃不可
測知如此哉！茲承不鄙，遠貽教墨，所以撫存之意甚厚。
自視卑薄，何以克堪？因便布謝，適有土木之擾，言不盡
意，伏紙增跋。《晦庵文集》別集卷一。

　　案：書中有言"欽聞德義，有年於此。中間入
都，雖嘗蒙枉顧，然稠人中不暇交一語，至今爲恨，如
未始得見顏色也"，知始通書。又言及"前年竊聞進
登言路，有識相慶。繼讀邸狀，又得所上章疏，分別
邪正，明白剴切。……曾未幾時，果聞去國。時在臨
漳，無可與話此心者"，據《宋史》卷三六《光宗紀》，紹
熙元年二月"辛亥，殿中侍御史劉光祖言道學非程氏
私言，乞定是非、別邪正。從之"。夏四月"丁未，殿
中侍御史劉光祖以論帶御器械吳端罷"。則推知本
書當撰於紹熙二年。又本書云"因便布謝，適有土木
之擾"，當即朱熹《答吳伯豐》（衰晚遭此禍故）所言之
"目今且架一小書樓，更旬月可畢工也"。《晦庵文集》
卷五二。知撰於一時先後。《答吳伯豐》撰於紹熙二
年(1191)秋。

朱熹《答劉德修光祖**》：**

　　《東溪語説》拜賜甚寵，伏讀再三，乃知師友淵源所自
深遠如此。士不知經，果不足用，信矣如韓子之言也。地
遠無從親扣餘論，又以歎恨耳。嘗患今世學者不見古經，

而《詩》、《書》小序之害爲尤甚。頃在臨漳刊定經子，粗有補於學者。前此欲寄傳之及宋子淵家，而便人不爲帶行。今内一通，幸爲過目，還以一語訂其是非，幸甚。《大學》鄙説一通并往，所懇不殊前也。此書附制司幹官孫應時，頃在浙東時所舉吏也。後生好學，志趣不凡，經由必得進見，儻辱延納而教誨之，幸也。趙天官所得書，尚滯從班，未厭人望。中間進對，陳説甚苦。有識雖益歸心，然似已不爲上下所安矣。消長之決，諒已非遠。嫠不恤緯之憂，伏想同之也。傳之爲況如何？未及寓書，并深馳仰耳。《晦庵文集》別集卷五。

　　案：孫應時字季和，朱熹《答孫季和》（示及《易》説）有言"近得劉德脩一書，今有報章，并書册一匣寄之，煩爲帶行達之。此公未識面，而書來極勤懇"，《晦庵文集》別集卷三。而本書中云"頃在臨漳刊定經子，……今内一通，……《大學》鄙説一通并往，……此書附制司幹官孫應時，頃在浙東時所舉吏也"。知本書乃附孫應時轉達。《答孫季和》撰於紹熙二年秋，故推知本書稍後於上書（欽聞德義）。

朱熹《答劉德修》：

今春既辭桂林之役，幸復續食祠廩。而自夏初一病，迄今未愈，中間幾致委頓者數矣，幸而獲免。然今餘息奄奄，未能復常。呻吟少間，謾讀舊書，姑以繫思遺老耳，不

足爲左右道也。昨聞諸公於門下數有裏言,而群賢亦有
彙進之勢,作鎮夔門,是爲東來之兆。而間者所聞乃若小
異。雖賢者所居而安,無適不樂,然當典戎幹方之任,以
蕃衛王室爲心,亦豈能恝然於今日之事乎? 相望數千里,
無由一見,傾倒此心,引領鄉風,浩歎而已。

　某所爲《大學》《論》《孟説》,近有爲刻板南康者,後頗
復有所刊正。今内一通,暇日一觀,爲訂其謬,并以質於
東溪翁,因風見教,千萬幸也。《晦庵文集》別集卷一。

　　案:書中有言"今春既辭桂林之役,幸復續食祠
廩。而自夏初一病,迄今未愈,中間幾致委頓者數
矣,幸而獲免",朱熹紹熙三年十二月除知静江府、廣
南西路經略安撫使,辭;四年二月差主管南京鴻慶
宫。《年譜長編》卷下。故推知本書約撰於四年(1193)
夏末、秋初。

朱熹《答劉德修》:

　相望數千里,既無會面之期,而聲問亦不得數往來,
每懷道義,馳想亡已。不審比來爲況果何如? 統内軍民
計自寧謐。但前此時事傳聞多端,想不能不深根本之慮。
今雖小定,然諸公書來,似已便謂無事,未知果便無事否
耳。所幸仁賢萃集,未至空虛,朋來彙征,猶有可望。如
門下者,恐終不得辭此責也。某多難餘生,近日復有季婦
之戚。長沙除目,未之敢承。其間蓋有小小曲折,非敢決

然忘此世也。因風寓音，不究懷抱，伏紙恨恨。

鄉人江泰分教大府，得親誨範，甚以自幸。其人明敏，有志於善。嘗爲邑宰，以平易惻怛，甚得民和。不幸遭讒，遂至罷免。竊意高明當自有以察之，收拾教誨，亦或可以備使令也。《晦庵文集》別集卷一。

案：朱熹於紹熙四年十一月除知潭州、荆湖南路安撫使，辭；五年正月再辭，二月拜命。《年譜長編》卷下。本書云及“長沙除目，未之敢承。其間蓋有小小曲折，非敢決然忘此世也”，則推知其約撰於紹熙四年末。

朱熹《答劉德修》：

某衰晚廢學，守藩亡狀，忽蒙收召，已不知所以然，旋被除書，尤非所據。力辭未獲，冒昧以來，則承門下到闕已久，且拜螭坳之命矣。正人得路，羣議交慶，此不待説而委也。區區只一兩日便當入門，對罷方得修敬，諸容面叙，以罄鄙懷。《晦庵文集》別集卷一。

案：書中有云“某衰晚廢學，守藩亡狀，忽蒙收召，已不知所以然，旋被除書，尤非所據。力辭未獲，冒昧以來，……區區只一兩日便當入門”，朱熹於紹熙五年七月詔赴行在奏事，八月五日除煥章閣待制兼侍講；離潭州東來，九月末抵臨安城外，十月二日入國門，四日奏事便殿。《年譜長編》卷下。故推知本書撰於是年(1194)九月末。

朱熹《答劉德修》：

竊聞榮被除書，進參講席，輔導得人，善類同慶。某幸得爲僚，尤切忻幸。姑此布聞，餘容面慶。《晦庵文集》別集卷五。

案：《慶元黨禁》載"僞黨共五十九人"，内劉光祖官起居郎兼侍讀。《止齋先生文集》卷一八有《起居舍人兼侍講劉光祖除起居郎司農少卿鄧馹除起居舍人》，注曰"十月二十八日"。本書中云"竊聞榮被除書，進參講席，輔導得人，善類同慶。某幸得爲僚，尤切忻幸"，則推知劉光祖兼侍講當在紹熙五年十月中。

朱熹《答劉德修》：

昨承載酒訪別，情誼纏綣，豈勝感歎。恨坐遠，不得款承餘論，而遽爲數千里之别也。今晚或來早即行，無由詣違，亦不及一見東溪先生，重以悵惘。又不敢拜簡以勤誨答也。小史汪致明頗謹，欲事左右，不審可容留否？謹此遣前，可否唯命。它冀以時節宣，訖致格君定國之效，千萬幸望。《晦庵文集》別集卷五。

案：朱熹於紹熙五年閏十月十九日罷講筵，除宮觀；二十五日除寶文閣待制，與州郡差遣；二十六日，史院李壁、葉適及劉光祖諸人餞別於靈芝寺。《年譜長編》卷下。本書云及"昨承載酒訪別，情誼繾綣，豈勝感歎。……今晚或來早即行，無由詣違"，則知其撰於二十七日。

朱熹《答劉德修》：

生平慕用，昨幸爲僚，荷相與傾倒之深，蓋同世道之憂而非爾汝之私情也。別去恰一月矣，每懷德義，鄉往不忘。某扶曳驅馳，幸已稅駕。道間忽拜江陵之命，罪疾如此，豈堪復出？不免上奏力辭，計必可得。自此杜門，當日有趣。但恨虛辱招延，無所裨補，猶不能忘懷於吾君進學之淺深也。因人往記，目盲愈甚，不能多及。正遠，唯冀以時珍衛，勿忘致君行道之本懷，緝熙光明，以扶廟社，區區至懇。

老先生必且宿留，後便拜狀。子壽千里，茂獻想時相會。前幅之云，僕於二三公亦不能無後望。幸密爲言之，勿以語他人也。遠近人材，必更有可與共贊王業者，不知爲誰？亦望并見告也。文叔行後時得書否？北關之集風流雲散，甚可歎也。《晦庵文集》別集卷一。

案：朱熹於紹熙五年閏十月二十六日別臨安，二十九日，除知江陵府、荆湖北路安撫使，辭；十一月二十日還至考亭。《年譜長編》卷下。本書有云"別去恰一月矣，每懷德義，鄉往不忘。某扶曳驅馳，幸已

稅駕。道間忽拜江陵之命，罪疾如此，豈堪復出？不
免上奏力辭，計必可得"，故推知其撰於是年十一月
下旬。

朱熹《答劉德修》：

忽聞去國，深爲悵然。蓋有識之士無不同此歎息，而
昨日機仲經由，相與仰德，尤不能忘懷也。今日之勢，政
使群賢悉力交輔，猶懼不濟，顧乃爲是以速之耶！不審能
便歸蜀耶？或且宿留江湖間耶？即今已到何許也？某前
日始拜祠命，不免復辭近職，小贖前日失職之罪耳。因便
寓此，托季章致之。目昏，不能多作字，要亦無可言者。
但祝眠食之間千萬自愛耳。天若祚宋，彼將如我何哉！

東溪先生久欲寓書，今復未暇，附此致瞻仰意。文叔
郎中前途必相見，亦告爲道鄙懷也。集賢益孤，勢難復
久，然亦有以自取也。《晦庵文集》別集卷一。

案：書中言及"忽聞去國，深爲悵然。……某前
日始拜祠命，不免復辭近職。……集賢益孤，勢難復
久"。《宋史》卷三七《寧宗紀一》載紹熙五年十二月
"辛未，監察御史劉德秀劾起居舍人劉光祖罷之"。
而朱熹於慶元元年正月十一日拜提舉南京鴻慶宮祠
命，十四日辭煥章閣待制職名。《年譜長編》卷下。又
"集賢"指右相趙汝愚，二月二十二日罷相。《慶元黨
禁》。故推知本書約撰於慶元元年(1195)正月中旬。

朱熹《答劉德修》：

兩辱惠書，承且暫寓京口，諸況便安，足以爲慰。但比來時事大變，殊駭聽聞。流竄斥逐，下及韋布，近年以來所未有也。國事至此，是豈細故？而身遠病衰，不能一言以悟主聽，愧恨悲痛，不知所言。伏惟執事愛君憂國，當同此懷也。比日不審台候何似，神相正直，起居當益輕健也。某前月之初曾約機仲會於一山寺中，爲兩日之款，時未有近日事也。然已不勝憂歎，懷抱抑鬱，又感風濕，歸來舊疾發動，證候輕於往時，而氣體積衰，遂不能當。藥未有效，而傳聞愈甚，病勢遂進，不可支吾。今雖未死，然必無復全理。已上告老之章，只從本州保明，別無陳乞文字。次第諸公見之，意其已死，必遂其請也。因定叟有人在此，得附此書。臂痛不能作字，口占亦覺氣乏，不得盡所欲言。自度此生決無再見之期，千萬爲天下國家厚自愛重，乃所深望。東溪先生體候何如？得季章書，聞亦不快，深以爲念。文叔已別附書，欲作傳之數字，而建康人留此已久，不能復俟。異時相見，幸爲深道此意也。

《晦庵文集》別集卷一。

案：書中言"但比來時事大變，殊駭聽聞。流竄斥逐，下及韋布"，指慶元元年二月，韓侂胄使御史攻罷宰相趙汝愚；四月二日，太府寺丞呂祖儉上書攻韓侂胄，爲趙汝愚、朱熹辯誣，送韶州安置；六日，太學生楊宏中等六人伏闕上書言政，送五百里外編管。

又五月中,朱熹上狀復辭職名,並乞致仕。《年譜長編》卷下。本書"已上告老之章"云云,即指此。故推知本書撰於是年五月或稍後。

朱熹《答劉德修》:

昨大病中奉狀告訣,今未成行,且復宿留,亦可笑也。然病亦氣衰,終難扶持,未知復有後會之期否耳。單守人還,奉告之辱,乃聞賢兄東溪先生遽啓手足,而令女亦不起疾,爲之怛然。此在德門固爲不淑,然前輩淪没,使一方學者失所依歸,所繫尤不細也。區區鄉慕之久,去冬尚幸一見,雖不及款承教約,然亦足以粗慰平生矣。遡峽定在何日?相望益遠,非獨吾黨無以慰離索之懷,未知世事終何所底止耳。病中痙發狂疾,欲舒憤懣,一訴穹蒼。既復自疑,因以《易》筮之,得遯之家人,爲"遯尾好遯"之占,遂呕焚橐齰舌,然胸中猶勃勃不能已也。餘干數日前得書,處之甚適,亦甚不易。只去歲忙亂中得其書,字畫言語皆晏然如平日,固已服其有定力矣。時相恩禮一新,季章超遷甚美,論功第賞,固自有次序耶。正則請祠竟如何?相見煩爲致鄙意。此兩日來,右臂方能屈伸,未暇奉記也。向見焦山《瘞鶴銘》側,有謫丹楊工曹掾王瓚題詩,詩詞甚佳,字亦絶類《鶴銘》,疑出一手。"瓚"字已闕,但據趙德夫《金石録》云爾。而《文選》詩中亦有此人名姓,不知便是一人否?然詩□□□□□□疑耳。近年乃絶不見,不知今尚存否？暇日試爲訪之，屬正則摹數本寄及爲幸。某挂冠之請，人尚未還，而小報已不允，勢須再請。但得冷撰舊秩，亦可以已矣，不敢必其悉從也。定叟人來，因得寓此。殘暑未衰，萬萬以時自重。不浸近而愈疏，臨風惘惘。

王瓚詩首句云"江外水不凍，今年寒復遲"者是也。或正則已得請，即以屬陳安行可也。《晦庵文集》別集卷一。

> 案：上書（兩辱惠書）云及因"舊疾發動，……病勢遂進，不可支吾"，故"已上告老之章"，而本書乃云"某挂冠之請，人尚未還，而小報已不允，勢須再請"，知在其後。本書又云"殘暑未衰"，故推知其約撰於慶元元年秋初。

朱熹《答劉德修》：

張子真轉致去冬十一月十一日所惠書，乃聞涂中患難曲折，爲之太息。吾人運數如此，向來乃欲妄意以扶顛持危爲己任，豈不誤哉！比日伏想稅駕里門，休息神觀久矣。某辭職終年，幸蒙聽許，而諸人睥睨，其勢愈急。前日正則之疏已行，旦夕必當次及矣。餘干竟以柩還，卜以此十日葬矣。冤哉痛哉！聞有爲之賦詩，摹印揭之都市而匿其名者，不知亦傳到蜀中否？得其子壻書云，道間渴甚，誤服涼劑，遂不能食。又感風寒，遂至大故。臨行亦甚了了，然向更不死，今必已度嶺矣。前日聞訃，因就其壻家哭之，聞要路已有切齒者，亦且得行止分明也。

傳之云亡，深可傷歎。文叔竟成之郡否？平父比亦
得書，去住無策，甚可念也。季章得書，每以丐外爲言，而
未有聞，恐是求之不力。如王興之、雷孝友，亦何嘗有人
苦留之耶？《晦庵文集》別集卷一。

　　案：書中言"餘干竟以柩還，卜以此十日葬矣"，
指趙汝愚卒於慶元二年正月，歸葬於餘干。書中又
言"前日正則之疏已行，旦夕必當次及矣"。指是年
三月十二日，"試太府卿、總領淮東軍馬錢糧葉適降
兩官放罷，以臣僚言適阿附權臣，過從僞黨，誣衊君
上"。《宋會要輯稿·職官》七三之二一。故推知本書約
撰於是年（1196）三月下半月間。

朱熹《答劉德修》：

似聞祠官秩滿，不知亦爲再請之計否耶？東方之事，
想日聞之。某竟不免吏議，然已晚矣，正使苟安，亦何足
爲輕重？顧未知世道終何如耳。餘干時有人往來，履常
兄弟且如此。昨得其書，具道所教戒，令人感歎。但觀時
勢恐未有補，徒促禍耳。機仲、元善各已爲致盛意，皆屬
道謝。子宜在宜春時得書，其母年高，不肯來就養，甚可
念。子直罷廬陵後，去之章貢外邑寓居，亦不甚安。子壽
間亦得書，平父聞亦歸江陵，却不得近書也。季章必已到
闔中，文叔寓居，不知爲況定何如，亦已託君亮附書問訊
矣。東溪志銘高古峻潔，法度深嚴，而渾然不見刻琱之

迹，三復歎仰，以得見爲幸。老先生學行之懿，遂託此文
以不朽矣。春間當已就窆，恨不得陪素車之會也。傳之
計亦已襄事，其子弟幾人？ 當能世其學也。天雄、鐵杖、
石刻之况，荷意甚厚，第顧衰懦，有不能堪，重以爲愧耳。
今年脚氣幸未大作，但耳聵目昏，日以益甚。舊書不復可
讀，而頃年整頓《儀禮》一書，私居乏人抄寫，學徒又多在
遠，不能脱稿，深慮一旦無以下見古人。又恨地遠，不得
就明者而正之也。《晦庵文集》續集卷六。

　　案：書中"東溪志銘高古峻潔"之東溪，乃指劉
　　光祖兄。上書（昨大病中奉狀告訣）有云"乃聞賢兄
　　東溪先生遽啓手足，而令女亦不起疾"，故此"東溪志
　　銘"當指劉光祖所爲撰之墓誌銘。本書又言"春間當
　　已就窆，恨不得陪素車之會也"，故推知其約撰於慶
　　元二年夏間。

朱熹《答劉德修》：

　　某屏處如昨，近以鄉邑不静，挈家入城，擾擾踰月，今
且歸矣。間讀邸報，幸復聯名，而賤迹區區乃先衆賢，爲
不稱耳。側聽久之，未有行遣，勢不能免，姑静以俟之耳。
度君周卿來訪，志趣不凡。知嘗出入門墻，固應如此。雖
已不敢隱其固陋，然磨礱浸潤之功，尚不能無望於終教之
也。《晦庵文集》別集卷一。

　　案：書中所言"間讀邸報，幸復聯名，而賤迹區

區乃先衆賢"，乃指慶元三年十二月所置"僞學之籍"，朱熹乃待制之首，劉光祖爲餘官之首。《兩朝綱目備要》卷五。故推知本書當撰於是年（1197）末。

朱熹《答劉德修》：

盡室游山，大是一段奇事。衰病窮蹙，不復能出門户矣。引領高風，徒切歎仰。李良仲恨未參識，聞其養生頗有奇效，恨不得一扣玄旨。《參同契》絶無善本，近校得一通，令人刊行方就，尚有紕謬處。今納一册，或因書煩爲扣之，渠必於此深有得。恐其有錯誤，得筆示幸甚也。屈平以往者不及，來者未聞，而有長生度世之願，亦是不堪時人之妄作，而欲見其末稍作如何出場耳。每讀至此，未嘗不發一大笑也。《晦庵文集》別集卷一。

案：朱熹《答蔡季通》（精舍闃然）有云"魏《書》一哥已刻就，前日寄來，此必寄去矣。校得頗精，字義音韻皆頗有據依，遠勝世俗傳本"，《晦庵文集》續集卷三。魏《書》即指《周易參同契》。《答蔡季通》約撰於慶元四年（1198）春末、夏初。本書乃云"《參同契》絶無善本，近校得一通，令人刊行方就，尚有紕謬處。今納一册"，故推知約撰於一時稍後。

朱熹《答劉德修書》：

二月十一日，熹頓首再拜上記，德修宫使直閣左史舍人老兄：頃因閩中人還，拜狀，不知已達未也？不聞動靜又許久，鄉往德義，未嘗去心。比已春和，恭惟燕居超勝，台候萬福。某自去冬得氣痛足弱之疾，涉春以來，益以筋攣，不能轉動。懸車年及，不敢自草奏，又懶作群公書，只從州府申乞騰上，乃無人肯爲作保官者。近方得黃仲本投名入社，亦不知州郡意如何？萬一未遂，即不免徑自申省矣。機穽冥茫，不容顧避，姑亦聽之而已。去歲數月之間，朋舊凋落，類足關於時運氣脉之盛衰，下至布衣之士亦不能免，令人愴恨，無復生意。然此豈人力之所能爲也哉！偶劉主簿還蜀，附此草草。邈無會面之期，唯冀以時自愛，爲吾道倚重，千萬至懇。不宣。熹頓首再拜上記。

熹僭易拜問台眷，中外各惟佳慶，賢郎學士昆仲侍學有休。此間有委勿外。熹再拜上問。《朱子遺集》卷三。

案：本書自"某自去冬得氣痛足弱之疾"至"然此豈人力之所能爲也哉"，又重載於《晦庵文集》別集卷一。又，自"熹僭易拜問台眷"至書末，《朱子遺集》卷三作別一書，不確。

朱熹於慶元四年冬具申建寧府，乞保明申奏致仕；次年四月二十三日有旨守朝散大夫致仕。《年譜長編》卷下。本書有云"懸車年及，不敢自草奏，又懶作群公書，只從州府申乞騰上，乃無人肯爲作保官者。近方得黃仲本投名入社，亦不知州郡意如何。萬一未遂，即不免徑自申省矣"，故推知其撰於五年(1199)二月十一日。

朱熹《與劉德修_{光祖}》：

方念久不聞動靜，忽閱邸報，有房陵之行，爲之悵然，寢食俱廢，累日不能自釋。不審彼以何日就道？自簡至房，道里幾何？取道何州？閱幾日而後至？風土氣候不至甚異否？居處飲食能便安否？官吏士民頗知相尊敬否？吾道之窮，一至於此！然亦久知會有此事，但不謂在目前耳。偶有鄂便，託劉公度轉致此問。如有的便，亦望得一書之報，使知動息，少慰遠懷，千萬之幸。馮、李亦復不容，季章得郡而名見乃弟疏中，恐亦非久安者。李良仲鴻飛冥冥，使人深羨，第恨不得扣其玄中之趣。范文叔却幸未見物色，想亦深自晦也。熹足弱氣痞已半年矣，策杖人扶，僅能略移跬步。而腹脇脹滿，不能俯案，觀書作字，一切皆廢。獨於長者未敢依例口占耳。數日又加右臂作痛，寫字不成。衰憊至此，無復久存之理。承教無期，尚冀以時深爲世道自愛耳。熹隨例納禄，幸已得請。中間蓋亦小有紛紛，後雖粗定，然猶不免爲從之之累，亦可歎也。《晦庵文集》卷三八。

案：本書又重載於《晦庵文集》續集卷六。

書中言及"熹隨例納禄，幸已得請"，據朱熹《致仕謝表》，乃於慶元五年四月二十三日得守朝奉大夫致仕勑牒。《晦庵文集》卷八五。又書中云及"方念久不聞動靜，忽閱邸報，有房陵之行"，據《宋史‧寧宗紀一》，慶元五年二月"乙酉，張釜劾劉光祖附和僞學,詔房州居住"。故推知本書約撰於是年五、六月間。

朱熹《答劉德修》:

昨聞當有房陵之役,蓋嘗因便拜狀,不審得達几下否?但一向不聞聲問,馳仰不自勝耳。不審比日台候何似?竊惟以道自勝,無適不安,神相忠賢,起居萬福。某衰晚疾病,去秋以來,足弱氣痞,遂爲廢人。然而罪戾至深,幾亦不能自脱。兹幸告休得請,人謂庶幾少安,自料則亦未敢保也。東方事宜計悉聞之,子壽近亦通書,自云頗安。然士友見之,多云亦覺衰瘁也。從之遂爲古人,尤足傷歎。干越得書,寄示涪刻,亦能道示衆語。不審比來閑中何以閱日?老來始覺讀書有味,所恨來日無多,光陰真可惜也。建昌陳剛正己舊見吕伯恭稱之,實奇士也,不知曾相識否?因其便人寓以此書,所欲言者,非幅紙可既。

聞房州山水自佳,向見張巨山集説有微王峽,乃"微盧"之"微",不知有傳記可考否?因風幸筆示,聊爲廣異聞耳。文叔、季章想時通問。聞馮挍書極佳士,遽爾殂殞,深可惜也。《晦庵文集》別集卷一。

案:書中有云"昨聞當有房陵之役,蓋嘗因便拜狀,不審得達几下否",當指上書(方念久不聞動静)。故推知本書約撰於慶元五年秋、冬間。

劉　榘

　　劉榘，字仲則，興化軍莆田（今屬福建）人。淳熙八年
（1181）黄由榜進士及第。嘉定元年（1208）十一月除著作
郎，二年正月爲左司諫。八年七月，以權工部尚書兼同修
國史。《南宋館閣録續録》卷八、卷九。

朱熹《答劉仲則榘》：

　　示喻學問之道不專在書册，而在持身接物之間，理固
如此，然便全舍去書册，不復以講學問辨爲事，則恐所以
持身接物之際，未必皆能識其本源而中於幾會，此子路人
民社稷何必讀書之論所以見惡於聖人也。試以治民理事
之餘力益取聖賢之言而讀之、而思之，當自覺有進步處，
然後知此言之不妄也。《大學章句》一通謾奉。致思之
地，大抵讀書唯虛心專意、循次漸進爲可得之。如百牢九
鼎，非可以一喢而盡其味也。《晦庵文集》卷五四。

　　　　案：書中云“《大學章句》一通謾奉”，《大學章
　　句》成於淳熙十六年春，始刊印於紹熙元年末知漳州
　　時，《年譜長編》卷下。故推知本書約撰於紹熙二年
　　（1191）或稍後。

　　　　又，劉克莊《劉尚書集序》云：“故詹事、尚書文肅
　　劉公集三十卷，自奉大對至歷館殿、給諫、方面，凡所
　　建白，多者萬言，少者數語，皆條達懇切；自古律詩至

駢儷、記序、誌狀之屬,皆典實嚴重;自朝廷大議、至
交親小往復、出告吏民、入語子弟者,皆忠信誠愨。
訂公之文,命意主乎厚,非資鍥博薄者所能道;措語
極其平,雖尚奇崛者無以加。其在言路,方誅權臣,
召故老,朝無大姦慝,故公無大擊搏,爲國家扶公道、
合善類而已。其宰嵊縣,大蝗,因出詔蠲越諸邑丁
稅。既而止及會稽、山陰、蕭山,公投甌固爭,請如初
詔。後歷臺院,乞增糴本,賑饑疫,埋戰骼,掩道殣,
罷四川魚水錢,毋鬻不濟寺產。秤提法行,觸罪者
衆,公累疏諫止,因宰掾白事峻責之,以此獲怨。其
論天下事大指如此。素有至性,敬伯兄如父,愛二季
如子。築第西郭,即虛山絕頂爲友于堂。俄而伯先
逝,公繼薨,角巾之志未酬,對牀之約不遂,悲夫!求
己齋者,公自號也。初,公以邑最薦,與四轄。時學
禁方嚴,諸賢皆逐,力乞漳(猝)［倅］而去。留滯七
年,始見進用。及由樞掾出漕湖外,舟至蘭溪,中司
以臺法辟,去而復留。考公本末,未嘗求合於世,而
世於公自不能捨,所謂求諸己而不求諸人者歟。"《後
村先生大全集》卷九五。

劉君房

劉君房,北宋元祐名臣劉安世裔孫。嘗知松溪縣事。

《福建通志》卷二五。

朱熹《回劉知縣諱君房》：

嘗念兒時侍立先君之側，見其每得杼山侍郎公書，未
嘗不把玩歎息而善藏之。是時雖幼，無所識知，然窺其詞
意筆蹟之妙，亦意其超然非當世之士也。其後僅三四年，
先君即弃諸孤，蓋已不及見更化之日矣。是以一時去國
諸賢次第收用，侍郎公亦再登近班。而某跧伏窮山，不得
一拜牀下，以脩子弟之恭，至今以爲恨也。不意垂老，得
其賢孫而與之游，幸亦甚矣。三復來誨，俯仰今昔，甲子
殆將一周，又自歎其老而無聞也。《晦庵文集》續集卷六。

案：朱熹十四歲喪父，則其“侍立先君之側，見
其每得杼山侍郎公書”約在九、十歲時，故所謂“俯仰
今昔，甲子殆將一周”，乃爲概數。又本書云及“不意
垂老，得其賢孫而與之游，幸亦甚矣”，當屬初往還時
事。據下書（先正忠定公有德有言）之考證，則推知
本書約撰於慶元元年（1196）初秋或稍前。

朱熹《答劉君房元城之孫》：

先正忠定公有德有言，没而不朽，百世之下，聞者興
起。而熹之外舅聘士劉公，嘗得親見而師承之。熹少時
猶及竊聞其餘論，於忠定公之言行志節詳矣，是以雖不得
及其門墻，而想望其聲容，猶若相接，不止於今世紙上所

傳而已也。今辱惠書，乃知其後人所以繼業承家之意如此，而所以見顧者又甚厚，非淺陋之所敢承也。但來喻頗以未有世其祿者爲憂，此則賢者慮之過矣。先德遺風具在方册，有能誦其言、行其行，不替其志節，則所以世其家者孰大於是？彼區區之外物，何足道哉！又承類次遺文，已就篇帙，見使爲之序引，以傳來世，此則又豈晚生妄意所敢幾及？但願亟遂鋟木，傳之其人，使熹與有聞於大體之純全，則爲幸甚矣。《晦庵文集》卷六〇。

　　案：劉安世，號元城，諡忠定。朱熹《跋劉雜端奏議及司馬文正公帖》有云"今觀熙寧雜端劉公之奏議，知其致君澤民之願勤懇切至，不啻其身之疾痛。……劉公之事，紹興大參晉陵張公記之已詳，一時衆賢又從而推明之，亦皆足以見其鄉慕之意矣。公之□世孫君房又出以示熹，使得託姓名焉。自惟晚出，何敢復贊一詞於其間，特因或者所疑而妄論之，以附于後云。慶元丙辰（元年）八月戊申朔朱熹"。《晦庵文集》卷八四。其與本書所云相合，當撰於同時。

朱熹《答劉君房》：

　　所喻讀《易》，甚善。此書本爲卜筮而作，其言皆依象數以斷吉凶。今其法已不傳，諸儒之言象數者例皆穿鑿、言義理者又太汗漫，故其書爲難讀。此《本義》、《啓蒙》所以作也。然《本義》未能成書，而爲人竊出，再行模印，有誤觀覽。《啓蒙》本欲學者且就《大傳》所言卦畫蓍數推尋，不須過爲浮說。而自今觀之，如論《河圖》、《洛書》，亦未免有剩語。要之，此書真是難讀，不若《詩》、《書》、《論》、《孟》之明白而易曉也。此是僞學見識，不審明者以爲如何？《晦庵文集》卷六○。

案：度正《書晦菴易學啓蒙後》云其來建陽問學，"一日，先生使人呼之，親以《古今家儀》一書、了翁《台州謝表》一道、書藁一紙、筆一束授焉。正退閱其書藁，其一答王峴秀才書，……其一乃答劉宰君房論《易》書，謂'此書本爲卜筮而作，今其法已不傳，諸儒言象數者例皆穿鑿，言義理者又太汗漫。此《本義》、《啓蒙》所以作也。然《本義》未成書，爲人竊出，有誤觀覽。《啓蒙》且欲學者就《大傳》所言卦畫蓍數推尋。自今觀之，如論《河圖》、《洛書》，亦未免有剩語。要之，此書難讀，不若《詩》、《書》、《論》、《孟》之明白易曉'。先生之於《易》，其說蓋如此。所謂《本義》者，今世所傳《易傳》是也"。《性善堂稿》卷一四。其"答劉宰君房論《易》書"，正爲本書。度正來問學歲月，據度正《主友齋銘并序》云"正向從傅用之得伊川所遺其祖大夫手謁，攜至晦菴，先生爲書其後，謂'大夫周旋周、程師弟子間，知所主友'"。《性善堂稿》卷一四。而據朱熹《跋度正家藏伊川先生帖後》，作

"傅君周旋周、程師弟子間,知所主友"云云,署時慶元丁巳(三年,1197)七月二十二日。由此推知本書當撰於是日前後。

劉孟容

劉孟容,字公度,臨江(今江西清江)人。劉清之族侄。《晦庵文集》卷九〇《朝奉劉公墓表》。淳熙八年(1181)黄由榜同進士出身。紹熙五年(1194)十一月除秘書省正字,慶元元年(1195)九月與添差差遣。《南宋館閣錄續錄》卷九。

朱熹《答劉公度孟容》:

示喻爲學之意,終覺有好高欲速之弊。其説亦已見令叔書中矣,願更詳之。講學不厭其詳,凡天下事物之理、方册聖賢之言,皆須子細反覆究竟。至於持守,却無許多事。若覺得未穩,只有默默加功,著力向前耳。今聞廢書不講,而反以持守之事爲講説之資,是乃兩失其宜,下梢弄得無收殺,只成得杜撰捏合而已。至謂彼中朋友只有季章一人可望,此未論其許與之當否,然其言之發亦太輕矣。舊見公度不如此,只此便是新學效驗。向見伯恭説孔子順答魏王問天下之高士,而曰"世無其人",此一句似全不是孔子家法。此言有味,願試思之。如何?《晦庵文集》卷五三。

案：朱熹《與劉子澄七月九日》有云"近日建昌說得動地，撐眉努眼，百怪俱出，甚可憂懼。渠亦本是好意，但不合只以私意爲主，更不講學涵養，直做得如此狂妄。……公度書來，似有此病痛"，《晦庵文集》卷三五。而本書中乃云"示喻爲學之意，終覺有好高欲速之弊。其說亦已見令叔書中矣。……今聞廢書不講，而反以持守之事爲講說之資，是乃兩失其宜，下梢弄得無收殺，只成得杜撰捏合而已"。其"令叔書"，即此朱熹《與劉子澄七月九日》。《與劉子澄七月九日》撰於淳熙十二年（1185）七月九日，故推知本書約撰於一時稍後。

朱熹《答劉公度》：

所論爲學之意，甚善。初蓋不能不以爲疑，今得如此，甚慰意也。究觀聖門教學，循循有序，無有合下先求頓悟之理。但要持守省察，漸久漸熟，自然貫通，即自有安穩受用處耳。千歧萬徑，雜物並出，皆足以惑世誣民。其信之者既陷於一偏而不可救，其不信者又無正定趣向而泛濫於其間，是亦何能爲有亡耶？平父相處，覺得如何？似亦未有箇立脚處也，因書更勸勉之。《晦庵文集》卷五三。

案：上書（示喻爲學之意）"示喻爲學之意，終覺有好高欲速之弊"云云，與本書所云"究觀聖門教學，循循有序，無有合下先求頓悟之理"相合，當在其後。

朱熹《答劉公度》：

奮發猛舍之喻，甚善。然亦須以義理浸灌涵養，庶幾可以深固久遠。不然，一時意氣恐未可恃也，如何便敢自保不復變耶？《晦庵文集》卷五三。

> 案：上書（示喻爲學之意）有云"示喻爲學之意，終覺有好高欲速之弊"，而本書又云"奮發猛舍之喻，甚善。然亦須以義理浸灌涵養，庶幾可以深固久遠"，疑承其後，亦在是年。

朱熹《答劉公度》：

建昌士子過此者多，方究得彼中道理，端的是異端誤人不少。向見賢者亦頗好之，近亦覺其非否？書中所喻衡州數句，爲己之意雖切，然恐未免有迫切之病也。《晦庵文集》卷五三。

> 案：書中所云"衡州"，乃指知衡州劉清之。據明初《衡陽府圖經志》載，劉清之於淳熙十三年四月到任，十五年正月奉祠。《永樂大典》卷八六四七引。又書中云論析江西陸學之弊，"向見賢者亦頗好之，近亦覺其非否"，故推知其約撰於十三年（1186）秋、冬間或稍後。

朱熹《答劉公度》：

所喻"世豈能人人同己、人人知己？在我者明瑩無瑕,所益多矣",此等言語,殊不似聖賢意思。無乃近日亦爲異論漸染,自私自利,作此見解耶?不知聖賢辨異論、闢邪説如此之嚴者,是爲欲人人同己、人人知己而發耶?抑亦在我未能無瑕,而猶有待於言語辨説耶?今者紛紛,正爲論《易》、《西銘》而發。雖未免爲失言之過,然未嘗以此爲悔也。臨川近説愈肆,《荆舒祠記》曾見之否?此等議論,皆學問偏枯、見識昏昧之故,而私意又從而激之。若公度之説行,則此等事都無人管,恣意横流矣。試思之,如何?衡州之去,爲有邇近,政不須深自懲創,便相學不説話也。《晦庵文集》卷五三。

案:《陸九淵集》卷三六《年譜》云淳熙十五年正月,"作《荆國王文公祠堂記》"。即本書中所云《荆舒祠記》。又書中云及"今者紛紛,正爲論《易》、《西銘》而發。雖未免爲失言之過,然未嘗以此爲悔也",據《宋史·朱熹傳》,十五年五月朱熹入都奏事,"侍郎林栗嘗與熹論《易》、《西銘》不合,劾熹本無學術",大起紛争,故朱熹請祠而歸,七月中至家。《年譜長編》卷下。故推知本書約撰於是年(1188)秋中或稍後。

明程敏政《書朱子答劉公度書》曰:"按朱子此書深斥《荆公祠記》之非,而陸子亦與其門人胡季隨書曰:'《王文公祠記》乃是斷百餘年未了底大公案,餘子未嘗學問,妄肆指議,無足多怪。同志之士猶或未能盡察,良可慨嘆。'殆謂朱子也。今考其記所云,多與朱子《讀兩陳奏議遺墨》相出入，而又率本諸司馬溫公及明道先生之言。今摘其大略附註諸説，以見其語意所從來，亦後學考求探討之不能已者。然朱子《讀兩陳奏議遺墨》，其詞峻；陸子乃荆公鄉人，其詞婉，殆各有攸當。而朱子拔本塞原之論，尤不可少也。”又《書陸子記荆公祠略》曰：“按《文公語録》，門人吳琮問：‘萬世之下，王臨川當作如何評品？’曰：‘陸象山嘗記之矣，何待他人？’問：‘莫只是學術錯否？’曰：‘天姿亦有拗強處。’觀此語，則又與《答劉公度》書不同。《語録》雖未足盡據，然亦不應牴牾若是。學者詳之。”《篁墩文集》卷三八。

朱熹《答劉公度》：

來書深以不得卒業於湖、湘爲恨，此見志道之篤，然往者以銜鬻之嫌而緩於請益，亦太不勇矣。彼自干名，我自講學，彼亦安能浼我耶？三千之徒，豈皆確然爲道而來？若以自附爲嫌，則顔、曾之流亦且不屑於孔氏之門矣，豈不誤哉。所論主敬之説，固學者之切務，然此亦要得講學窮理之功，見得世間道理，歷歷分明，方肯如此著力。若於聖賢之言有所忽略，不曾逐句逐字子細理會，見得道理都未分明，卻如何捺生硬做得成？如所謂齊心致敬於平旦之頃，以求理之所在者，亦恐徒勞而無補也。古人之學欲其造次顛沛之不離，今乃獨求之平旦之頃，則其他時節,是勾當甚事耶? 所論濂溪見處亦恐未然。濂溪所見,正爲與異端不同,故立言垂教,句句著實如此。若如此論,即是所見一般,但此公而彼私,此大而彼小耳,且既有公私大小之不同,則其所同者又何事耶? 凡此皆恐未易遽論,要當降心遜志,且就讀書講學上子細用功,久之自有見處也。義理細密,直是使麤心看不得,乍看極似繁碎,久之純熟貫通,則綱舉目張,有自然省力處。向見論事文字綱領不甚分明,今乃知其病之在此也,儻易及之,千萬照亮。

胡文定《春秋》,曾熟看否? 未論義理,且看其文字,亦便見此老胸中間架規撫,不草草也。直卿志堅思苦,與之處甚有益,此道不是小事,須喫些辛苦,方可望也。《晦庵文集》卷六四。

案:本書撰時未詳。疑撰於淳熙末,姑係於淳熙十六年(1189)。待考。

朱熹《答劉公度》:

見喻舊見不甚分明,更欲別作家計,未知底裏果是如何? 但此事別無奇妙,只是見成説底便是道理。只要虛心熟玩,久之自然見得實處,自是不容離叛,便是到頭。若更欲別求見解,即是邪説,鮮不流於異端矣。君舉春間得書,殊不可曉。似都不曾見得實理,只是要得雜博。又不肯分明如此説破,却欲包羅和會衆説,不令相傷,其實都曉不得衆説之是非得失，自有合不得處也。葉正則亦是如此，可歎可歎！《晦庵文集》卷五三。

案：書中"君舉春間得書，殊不可曉。似都不曾見得實理，只是要得雜博。又不肯分明如此説破，却欲包羅和會衆説，不令相傷"云云，乃指陳傅良《與朱元晦》(某衰惸之迹)所云"念長者前有長樂之争，後有臨川之辨，□如永康往還，動數千言。更相切磋，未見其益"。《止齋先生文集》卷三八。《與朱元晦》撰於紹熙二年春中，故推知本書約撰於是年(1191)夏、秋間。

朱熹《答劉公度》：

承書，聞爲況之適，足以爲慰。患難如此，乃是玉汝於成。切宜强自振拔，勿令頽墮爲佳。向來長沙時，已覺意思不似南康時，後來尤覺不長進。今已議親，爲誰氏？此尤不可不謹。季通聲問殊不佳，而其家未得的耗。其季子沉，字仲默，第三。在侍旁，不知何故不以命之？如所傳今已兩月矣。交游四十年，於學無所不講，所賴以袪蒙蔽者爲多。不謂晚年乃以無狀之迹株連及禍，遂至於此。聞之痛怛，不知涕泗之流落也。《晦庵文集》別集卷二。

案：蔡元定(季通)卒於慶元四年八月九日。《年譜長編》卷下。本書云及"季通聲問殊不佳，……如所傳今已兩月矣"，故推知其約撰於是年(1198)十月中。

劉　玶

　　劉玶(1138—1185)，字平父，建寧府崇安(今福建武夷山市)人。劉珙弟。蔭補邵武軍户曹，力請復南嶽祠官。師胡籍溪，請問講學之要。隱居屏山之下，悟古人日損日益之意，自號七者翁，名齋曰七者寮。每與朱文公諸賢倡和。《閩中理學淵源考》卷六。淳熙十二年六月卒，年四十八。有詩集十卷。朱熹爲撰《從事郎監潭州南嶽廟劉君墓誌銘》。《晦庵文集》卷九二。

朱熹《答劉平甫》：

　　近收耕老書，説一貫之旨甚善，但忠恕即説成兩貫了。兩貫之理，全然透不過忠恕裏面來。如此即惡在其爲一貫耶？此事政須自得，而渠堅守師説，自作障礙，無如之何。但循循不差，却無躐等之患，亦可貴爾。《晦庵文集》卷四〇。

　　　案：耕老，即吴耕老。吴致朱熹書，《年譜長編》卷上係於紹興二十八年十一月，則本書當撰於是年(1158)末。據朱熹《劉君墓誌銘》，朱熹“初嘗受學于平甫先君子之門，因得與平甫相長大。其後平甫諸兄遊宦四方，平甫多家居不從，以故予與平甫又獨得久相與，於今四十有餘年矣”。《晦庵文集》卷九二。

朱熹《答劉平甫玶》：

新年人事，幾日而定？定後進業，恐不可廢。昨日歲前有欲奉聞者，以無間處，不暇及。亦嘗令四弟相告，曾及之否？大抵家務冗幹既多，此不可已者。若於其餘時又以不急雜務虛費光陰，則是終無時讀書也。愚意講學幹蠱之外，挽弓鳴琴、抄書讎校之類皆可且罷。此等不惟廢讀書，亦妨幹也。平甫試思此等於吾身計果孰親且急哉？

又比來遊從稍雜，與此曹交處，最易親狎，而驕慢之心日滋。既非所以養成德器，其於觀聽亦自不美，所損多矣。有國家者猶以近習傷德害政，況吾徒乎？然亦非必絕之，但吾清心省事，接之以時，遇之以禮，彼將自疏。如僕輩固不足道，然平甫亦嘗見衡門之下有雜賓乎？以禮來者以禮接之，亦嘗有留連酒炙、把臂並遊、對床夜語者乎？此不足爲外人道，但欲平甫自知而節之。若徒暴露於外，而無見聽之實，但使衆怨見歸，爲僕作禍耳。千萬幸察。裴丈正歲出山來，幸爲道區區。此公勁直，凡所告戒，千萬信受，不可如聽熹言之悠悠，恐不能堪耳。《晦庵文集》卷四〇。

案：分析以下朱熹《答劉平甫》諸書，本書當撰於其前。又本書首云"新年人事"，故推知其當撰於紹興二十九年(1159)正月間。

朱熹《答劉平甫》：

前日奉聞，可且自觀書，恐衆説紛紜，未能自決，即且理舊書如何?《二南》説未編次,可及今爲之,它日相聚裁定也。《論語》向者看四篇似未浹熟,可兼新舊看爲佳。去歲所治,大抵未熟者,今悉温尋之爲善。向數奉語,可録出所作工夫次第作一紙,時復省察了與未了分數。此最善,可便爲之。蓋雖相聚一年,所進業殊少,所當爲而未爲者殊多。今又疾病,如此羸頓,勢未能出與兄相聚,相聚亦思索講究未得,恐負太碩人與共甫兄相責望之意。特復奉白,幸惟思之。無事勿出入,蓋共甫兄不在,宅中別無子弟,户門深濶,事有不可勝虞者。不惟惰遊廢業爲不可,賓客至者,談説戲笑,度無益於身事、家事者,少酬酢之,則彼自不來矣。切祝且温習勿廢,使有常業而此心不放,則異日復相聚亦易收拾。試思自去冬以來已過之日多少,其間用心處放蕩幾何,存在幾何,則亦足以自警矣。《晦庵文集》卷四〇。

　　案:本書自"《二南》説未編次"以下,重載於《晦庵文集》續集卷七《與劉平父》,惟篇末多"病倦,不勝思慮"一句。

　　本書約稍後於上書(新年人事)。因朱熹於紹興二十七年末自同安歸崇安,至是已有一年,故書中有"相聚一年"之語。

朱熹《答劉平甫》:

　昨因聽兒輩誦《詩》,偶得此義,可以補横渠説之遺。

漫録去，可於疑義簿上録之。

一章言后妃志於求賢審官，又知臣下之勤勞，故采卷耳、備酒漿雖后妃之職，然及其有懷也，則"不盈頃筐"而棄置之於"周行"之道矣，言其憂之切至也。

二章、三章皆臣下勤勞之甚，思欲酌酒以自解之辭。凡言"我"者，皆臣下自我也。此則述其所憂，又見不得不汲汲於采卷耳也。

四章甚言臣下之勤勞也。

又《定之方中》"匪直也人"云云，言非特人化其德而有塞淵之美，至於物被其功，亦至衆多之盛也。《晦庵文集》卷四〇。

案：本書乃述解《卷耳》詩義，與上書（前日奉聞）言及"《二南》說未編次，可及今爲之"語相承，當撰於是年春、夏間。

朱熹《答劉平甫》：

《關雎》章句亦方疑之，當作四章，三章章四句，一章章八句乃安。但於舊說俱不合，莫可兼存之否？"好述"如字乃安，毛公自不作"好"字說。更檢《兔罝》"好仇"處看音如何，恐不須點破也。蘇黄門併《載馳》詩中兩章四句作一章八句，文意亦似《關雎》。末後兩章"琴瑟友之"、"鐘鼓樂之"作一章八句，依故訓說亦得。

案：本書說《關雎》詩義，約與上書（昨因聽兒輩誦《詩》）同時稍後。

朱熹《答劉平甫》：

墓表須看令式合高多少，若所有石不及格，便可買石，不必問字之多少也。臨時分上一截寫額，下一截刻文，却看廣狹如何，爲字大小今難預定也。舊文兩日多所更定，漸覺詳備。銘文亦已得數語，但不甚佳。并歸日面議也。

尊嫂聞向安，殊可喜。點視湯藥之暇，可以理舊學矣。日月易過，毋因循失之，乃所深望。前以戲謔奉規，能留意否？先聖言“君子不重則不威，學則不固”，向曾講此至熟。日用之間，只此一句勿令違失，則工夫已過半。千萬千萬。熹以同召者例有任滿指揮，不免援例陳請。范丈亦以爲兄至此，渠冗甚，不得款語。然却儘有合處，不至如早賦之矛盾也。歸日當面言之，惟益力進所學、力行所知。元履向至泰寧，譽兄於諸人間不容口，無使爲過情之聞，則甚善。《晦庵文集》卷四〇。

案：范丈即范如圭，劉玶岳父。“熹以同召者例有任滿指揮，不免援例陳請”，指紹興二十九年八月甲子，“詔左朝請郎兩浙東路提點刑獄公事徐度、左朝請郎兩浙西路提點刑獄公事呂廣問、左迪功郎朱熹並召赴行在，右通直郎知建州建安縣韓元吉令任滿日赴行在，皆用輔臣薦也。既而左司諫何溥言：

'仰度聖意，必以百里之民方安元吉之政，不欲遽奪其去。然度、廣問近除提刑方及數月，使果得人，則爲陛下平反庶獄，刺舉百吏，兩路受賜，所繫非輕。今遽令造朝，高不過爲郎，而使兩路失賢監司，視一邑之令反不重耶？近者朝廷屢擇郎吏以爲監司，每患才難，今既知其可用，而復不使少安厥職，兼恐來者未必如舊，重爲勞擾。望須其終更，特加召擢。'詔度、廣問並俟任滿日與在内陞等差遣"。《繫年要錄》卷一八三。據朱熹《辭免召命狀》有云："欲乞且依徐度、呂廣問、韓元吉例，令熹候嶽廟滿日前赴行在。"時在九月二十六日。《晦庵文集》卷二二。則本書當撰於九月末、十月初。

朱熹《答劉平甫》：

夫子云："不學《詩》，無以言。"先儒以爲心平氣和則能言。《易繫辭》曰："易其心然後語。"謂平易其心而後語也。明道先生曰："凡爲人言者，理勝則事明，氣忿則招拂。"告子云："不得於言，勿求於心。"孟子以爲不可。此凡言與人交際之道。《記》曰："子事父母，父母有過，下氣怡色，柔聲以諫。"此事親事長之道也。適以此意奉聞大略，然此等事更留意體察，勤加鐫治爲妙。此別須有旬月之期，懷不能已，聊復言之。他日相見，只此可驗進學工夫，更不須問疑難也。在彼凡事存此意，善處爲佳。途中望寬懷自愛。

孟子之意以言有不順、理不自得處，即是心有不順、理不自得處，故不得於言，須求之於心，就心上理會也。心氣和則言順理矣。然亦須就言上做工夫始得。伊川曰"發禁躁妄，内斯静専"是也。内外表裏照管無少空闕，始得相應。試如此用工夫，如何？《晦庵文集》卷四〇。

案：本書中言及"此別須有旬月之期"，又云"途中望寬懷自愛"，知其撰於劉玶出行前夕。據朱熹《劉君墓誌銘》云"平甫諸兄遊宦四方，平甫多家居不從，以故予與平甫又獨得久相與"，"蓋平甫自始仕即爲南嶽祠官，嘗調諸路提點坑冶鑄錢司幹辦公事、福建路安撫司準備差遣，皆未及赴而以省員罷。最後從兄忠肅公强使出爲注官，得邵武軍司户參軍，……亦會忠肅公薨，平甫遂……復得爲祠官"。《晦庵文集》卷九二。而下書有云"承示及行在諸書已領"，則知紹興三十年(1160)上半年劉玶嘗至行在所。疑本書即撰於劉玶北行前夕。

朱熹《與劉平父》：

承示及行在諸書已領，今納胡丈書及陳、賀二公祭狀、葉樞與沈倉書、共甫與黄守劄子去。平父至彼，可與伯修昆仲熟議居止處。如有意東來，即遣人持沈、黄二緘授元履，令見二公面道曲折。蓋共甫書中之説如此。但前此某嘗妄發卜居之議，未有定論。既而聞居泰寧之意甚決，且謂勸居建陽者皆挾黨徇私，其説乖悖，不知誰主倡此説，真賊伯修昆仲者也。范丈素志不欲居泰寧，見於書札者非一。況啓手足之際，又有道學失傳之歎，不屬意可知矣。今纜息未定而異議紛然，不顧義理之所安，妄言同異，雖其意謂范丈爲不復有知，其如義理有出於人心之所同然者，不可幽明而殊觀也。胡丈之旨不約而同，幸持以示修崇，老僕之言今可思未？二公賻金尚在胡丈許，某不曉求田事，諸公已屬元履矣。當於建陽近墓買田，則建陽不憂食不足，斷然可居無疑。況近三世之墳墓，而范丈之門人子弟布滿左右，伯修兄弟動息必聞，小有過失，必有交謁而更諫之者，其於范氏門户久長之計，豈不優於入泰寧范丈所不欲居之地，去墳墓、背朋友而自肆其心乎？然則伯修兄弟今日之計不患於食之不足，而患乎身之不修，爲前人羞辱而已。平父至彼，便宜論此。某月末至麻沙，或扶曳一至邵武不可知。然此議之責，今在平父。向者某已不復有意啓口，偶因胡丈之言，復發其狂。

《琴志》已領，看畢即納上。亦方是五、七十年來文字，非古書也。小報却納還，言者聽者皆不易得，但欠一行字耳。草澤中却有此等人，使人益深素餐之愧也。《晦庵文集》續集卷七。

案：范如圭卒於紹興三十年（1160）六月，九月甲申自邵武歸葬建陽，見《晦庵文集》卷九四《范直閣墓記》。朱熹曾往邵武哭祭范如圭，作《挽范直閣二首》，末云：“素車今日會，誰與共傷神？”《晦庵文集》卷二。則本書中“某月末至麻沙”之月末當指八月末，其當撰於是月下旬之初。

朱熹《答劉平甫》：

聞已遣兩使議和，虜人待遇甚厚，或疑虜勢實衰，故欲且緩我師耳。所遣乃歸正人也。楊已罷御營，用周元特之言也。周已還南榻矣。山中已聞否？伯崇兄不及別上狀，想且留屏山。比日讀何書？講論切磋之益，想不但文字間也。上蔡帖中儒異於禪一節，道間省記，頗覺有警。試相與究之，見日面論也。

與陳書謾寫去，只可呈大兄一讀而焚之，勿留也。此言之發，其不能受也固宜，然萬一成行，則所言必有甚於此者。又將何以堪之耶？觀此氣象，不若杜門之為愈，下計終當出此耳。元履云，若為貧，即不妨。己以行道自任，而以為貧處人，此正吳材老之論古音也，可以一笑。《晦庵文集》卷二四。

案：“楊”指楊存中。據《宋史》卷三三《孝宗紀一》，隆興元年八月“丙戌，遣淮西安撫司幹辦公事盧仲賢等齎書至金帥府，戒勿許四州，差減歲幣。……九月己酉，楊存中罷”御營使。“十一月己丑，盧仲賢自宿州以金都元帥僕散忠義遣三省樞密院書來。庚子,遣王之望等爲金國通問使。辛丑,詔侍從臺諫於後省集議講和、遣使、禮數、土貢四事,仍各薦可備小使者。丙午,盧仲賢擅許四州,下大理寺,奪三官。召張浚。癸丑,以胡昉、楊由義爲使金通問國信所審議官。十二月己未,陳康伯罷。……丁丑,以湯思退爲尚書左僕射、張浚爲右僕射,並同中書門下平章事兼樞密使"。本書未及貶責盧仲賢事與召拜張浚爲相事,其庚子爲十三日,故推知其當撰於是年(1163)十一月下半月。

朱熹《與平父書中雜説》:

近得《廟堂記》一本奇甚,蓋百十年前物,刻畫完好,尚有界行,恨未令平甫見也。

《論語》讀之想有味。《訓蒙》草草不堪看,只看《要義》自佳也。

沙縣羅家傳得先聖像甚佳,并武侯成都本,與閣本大異。此像嚴毅沈正,恐差近之也。

二先生、邵、張公四象,今並欲煩爲背之。惟橫渠一象服章不類,或有此瀾絹,并告爲摹易之,如二先生野服,如何?

元履此劄曾寄呈樞兄否? 此題目難做,非"籲俊尊上帝"之比,而彼易爲之,亦不思矣。又時宰何嘗知有此事? 率爾發之,殊不中節。比以書正之,已不及矣。可笑可笑。

裘父詩勝他文，近體又勝古風，今及見之，幸甚。曾詩有《廬山圖》者，不知有此圖否？若未得遊，且得一圖想像勝處亦佳。

熹碌碌如初，貧病日侵，而仕宦之意愈薄，吾命有所制矣。《程氏遺書》細看尚多誤字，蓋元本如此，今以它本參之，乃覺其誤耳。

文定《春秋》并二書傳之甚善，更問欽夫看如何。渠似不甚愛《通旨》，愚意則以爲亦可傳也。《晦庵文集》卷九四。

案：本書中"樞兄"指劉珙，其乾道三年十一月除同知樞密院事，次年七月兼參知政事，八月出知隆興府。《宋史·宰輔表四》。故推知其約撰於乾道四年（1168）上半年。

朱熹《答劉平甫》：

熹承詢及影堂，按古禮，廟無二主。嘗原其意，以爲祖考之精神既散，欲其萃聚於此，故不可以二。今有祠版，又有影，是有二主矣。古人宗子承家主祭，仕不出鄉，故廟無虛主，而祭必於廟。惟宗子越在他國，則不得祭，而庶子居者代之，祝曰："孝子某宗子名。使介子某庶子名。執其常事。"然猶不敢入廟，特望墓爲壇以祭。蓋其尊祖敬宗之嚴如此。今人主祭者遊宦四方，或貴仕於朝，又非古人越在他國之比，則以其田禄修其薦享尤不可闕，不得以身去國而使支子代之也。

禮意終始全不相似，泥古則闊於事情，徇俗則無復品節。必欲酌其中制，適古今之宜，則宗子所在，奉二主以從之，於事爲宜。蓋上不失萃聚祖考精神之義，二主常相依，則精神不分矣。下使宗子得以田禄薦享，祖宗宜亦歆之。處禮之變而不失其中，所謂"禮雖先王未之有，可以義起"者蓋如此。但支子所得自主之祭，則當留以奉祀，不得隨宗子而徙也。所喻留影於家，奉祠版而行，恐精神分散，非鬼神所安。而支子私祭上及高曾，又非所以嚴大宗之正也。明則有禮樂，幽則有鬼神，其禮一致。推此思之，則知所處矣。學絕道喪，此語世所罕聞，聞之必以爲笑。然以吾友下問之勤，不敢不以正對。俟次試以禀知，更與圭甫熟講，斷然行之，一新弊俗。共甫博學多聞，亦不應以此爲怪也。更詳思之。《晦庵文集》卷四〇。

案：劉玶"詢及影堂"，當與劉玶欲遠遊有關。據朱熹《屏山先生劉公墓表》，屏山先生劉子翬卒於紹興十七年十二月，至二十一年後即乾道四年劉玶方請朱熹爲撰《墓表》，"西府建安公亦以書來"詢及之。《晦庵文集》卷九〇。而是年冬，劉玶赴隆興府會其兄知府劉珙。《年譜長編》卷上。行前，劉玶來書"詢及影堂"，並告知其欲"留影於家，奉祠版而行"。故朱熹作此書以答。

朱熹《答劉平甫書》：

領武昌五月下旬書，知行李平安，登覽雄勝，甚慰所懷。而安國諸詞更勤手筆，讀之使人飄然直有凌雲之氣也。比日新秋尚熱，伏惟到荊已久，侍奉萬福。

熹請祠久不報，昨得元履書，云相君怒甚，恐不可得。然三得汪尚書書，已兩報之，竭盡底蘊，次第亦須見怒矣。或恐更有備禮文字來，即當再入文字，彊勉一到衢、婺間聽朝命。又不得請，即須一到，面懇諸公，恐到彼終無好出場耳。

元履竟不容於朝，雖所發未爲中節，然比之尸位素餐、口含瓦石者，不可同年語矣。陳固無可觀，汪亦碌碌，知人之難乃如此，此則拙者之誤一兄也。聞到鄂已有所處置，威望隱然，甚善甚善。到荊不知又別有何施行？想規模素定，不勞而政舉也。邊候既未聳，統帥之命當且中止，似亦不必切切以爲言。熹向兩書爲一兄言此，知皆達否？《晦庵文集》卷二四。

案：據朱熹《劉樞密墓記》，劉珙於乾道“五年四月除資政殿學士、知荊南府、荊湖北路安撫使，六月被旨措置荊襄邊面，六年九月丁慶國夫人憂”。《晦庵文集》卷九四。劉玶隨行。本書中言及“到荊已久”、“比日新秋尚熱”，故推知其當撰於五年（1169）七月間。又，劉玶五月下旬武昌來書已佚。

劉起晦

劉起晦(？—1205)，字建翁，興化軍莆田(今屬福建)人。淳熙五年(1178)姚穎榜進士及第。任福清主簿、監建康府榷貨務、知貴溪縣、江西安撫司機宜。嘉泰四年(1204)六月召試除秘書省正字，十一月罷。《南宋館閣錄續錄》卷九。開禧元年五月卒。事迹見葉適《水心文集》一八《劉建翁墓誌銘》。案：起晦，乃劉克莊叔祖劉朔子。

朱熹《與劉建翁書》：

仲則辭中除而就外補，不可及也。《後村先生大全集》卷九五《劉尚書集序》。

案：劉克莊《劉尚書集序》云："慶元初，朱文公與余叔父麟臺書字公曰：'仲則[辭](仲)[中]除而就外補，不可及也。'絜齋袁公誌公墓逸此一事，因附見之。公諱槼。"《後村先生大全集》卷九五。麟臺書字，乃秘書省正字之別稱。本書撰於慶元元年(1195)間。

劉清之

劉清之(1133—1189)，字子澄，號静春，吉州廬陵(今江西吉安）人。紹興二十七年（1157）第進士，歷任州縣官，至知袁州。淳熙十六年九月卒，年五十七。《宋名臣言行錄外集》卷一四。所著有《曾子內外雜篇》、《訓蒙新書》《外書》、《戒子通錄》、文集等。《宋史》卷四三七有傳。

劉清之《與朱元晦書》：

王承告其子毗："學之所入者淺，體之所安者深。閑習禮學，不如式瞻儀刑；諷誦文辭，不如親承音旨。"某讀此，未嘗不慨然太息也。學之於人切矣，宜乎父子之間見其至情，丁寧而不敢忽也。始某讀《論語》，得元祐以來諸老先生説，以爲世徒有此書耳。他日有告以今時二三君子之所在者，于時坐不安席，遂欲起而從之。已而不能，則有三焉：體弱不能徒行，貧無僕馬，不可以遠適，一也。位卑身賤，有在上者，則不可扳而求之，二也。世道之衰，屈身於勢利者不怪，一從學士真儒考德而問業，則曰是好名者，三也。云云。二三君子不幸已死，則無可言者；幸而執事者在此，有可見之便，其又奚説？願見蓋十五、六年矣。語曰："經師易遇，人師難遭。"願以素絲之質附近朱藍，伏惟誨之。《宋名臣言行錄外集》卷一四《劉清之》。

案：元王禮《靜春先生傳》云劉清之"紹興二十七年第進士，授袁州宜春簿，未上，丁外艱。服除，改嚴州建德簿。欲應博學宏詞科，及見新安朱公熹，即盡焚所業，慨然義理之學。……初，先生贄晦翁以書,略曰"云云。《宋名臣言行録外集》卷一四對此亦云劉清之"初以進士得官也,欲應博學宏詞科,及見朱晦翁,即盡取所習詞業焚之,慨然志於義理之學"。宋制官員守喪三年,實二十七月。宋車垓《内外服制通釋》卷二《五服喪制名義》釋"喪稱三年"曰:"實計二十七月,而謂之三年者,蓋以年辰計之,而不以月日計之也。謂如子年死,至丑年而小祥,又至寅年而大祥,既跨涉子、丑、寅三年矣,故謂之三年也。"故推知劉清之當於紹興二十九年下半年"服除,改嚴州建德簿"。又據《繫年要録》卷一八四載,紹興三十年二月戊午,"貢院言應博學宏詞科西安尉唐仲友合格,詔與堂除"。可知劉清之嘗應是年博學宏詞科,然未中。朱熹下書(四月十三日)稱劉清之"枉道垂顧",並"留連竟日"而別去。故知劉清之此"書贊晦翁"當撰於是年(1160)春間。

劉清之《與朱元晦書》:

某少壯不務學力,長大懶拙,於義理少所開明,又獨立無朋,夙夜兢兢,而學未加進,臨事接物,亦多齟齬。非時異事殊,某未之學耳。《宋名臣言行録外集》卷一四《劉清之》。

案:朱熹下書(四月十三日)有"復書主簿學士足下"云云,推知劉清之拜訪朱熹別去西歸途中,曾

致書朱熹；本書有"某少壯不務學力"云云，而朱熹下
書（四月十三日）乃云"執事以盛年壯氣、清節直道發
軔進塗，既有聞於當世矣"，語義相關，知朱熹所答者
即本書。又朱熹答書有"西向再拜"、"連日快晴，計
已次昭武矣"之語，故推知本書約撰於四月上旬。

朱熹《答劉子澄》：

四月十三日，左迪功郎、監潭州南嶽廟朱熹謹向西再
拜，復書主簿學士足下：熹至愚極陋，自幼事事不能及
人，顧乃不自度量，妄竊有意於古人爲己之學。雖講之有
年矣，而未始有聞也。徒以從事之久，足迹相接於先生長
者之門，反覆論辨，不絕於一二朋友之口，是以人或以務
學之名歸之。而世之不識其面目、不接其言議者，遂相與
疑之，以爲是果何如人也。誠使一日見其面目，聽其辭
氣，而徐察其所爲，則宂然一庸人耳，其不唾之而去者
幾希。

執事以盛年壯氣、清節直道發軔進塗，既有聞於當世
矣，而説學好問之意勤勤有加，又將有意於古人爲己之學
者而然邪？誠如是，則所以取友而輔仁者，擇之亦宜審
矣。乃道聽於人，枉道垂顧，以禮於名爲務學而未始有聞
之庸人，畀之手書，辭高而禮下。熹誠不佞，不識執事於
夫人之言何所取信，而遽爲謙屈以至於此也？既又留連
竟日，告語不倦，雖蔬食菜羹，相與共之，略無厭怠之色，

則又疑執事真若有取於熹者。顧朴陋荒淺，殆不能有以
裨補一二爲慚，率意妄言，間亦自知其可笑也。然則執事
果何所取於斯哉？恐懼增劇，因風陳布，莫究所懷。連日
快晴，計已次昭武矣。承顔盡懽，退有怡怡之樂，爲況良
不惡。向暑，千萬以時自重。《晦庵文集》卷三五。

案：本書撰於紹興三十年四月十三日。

劉清之《與朱元晦書》：

"此學"二字，向來愚見只説學之爲學，無與爲對。言
"此學"，則是吾亦自招彼學，而與之抗耳，故不必言"此
學"。若世人不肯明言此學者，乃要與外邊鶻突臨時向背
耳，尚何云學哉！《宋名臣言行録外集》卷一四《劉清之》。

案：書中言"此學"、"彼學"，而朱熹答以下書
（來書深以異學侵畔爲憂）云云，參見《宋名臣言行録外
集》卷一四《劉清之》。故推知本書約撰於乾道六年
（1170）中。

朱熹《答劉子澄》：

來書深以異學侵畔爲憂，自是而憂之，則有不勝其憂
者。惟能於講學體驗處加功，使吾胸中洞然無疑，則彼自
不能爲吾疾矣。若不求衆理之明而徒恃片言之守，則雖
早夜憂虞，僅能不爲所奪，而吾之胸中初未免於憒憒，則
是亦何足道？願老兄專以聖賢之言反求諸身，一一體察，

須使一一曉然無疑，積日既久，自當有見。但恐用意不精，或貪多務廣，或得少爲足，則無由明爾。

熹比來溫習，略見日前所未到一二大節目，頗覺省力。但昏弱之姿，執之不固，尤悔日積，計有甚於吾友之所患者。乃承訪以所疑，使將何辭以對耶？然以所聞質之，則似不可不兩進也。程夫子曰："涵養須用敬，進學則在致知。"此二言者，體用本末無不該備。試用一日之功，當得其趣。不然，空抱疑悔，不惟無益，反有害矣。夫涵養之功，則非他人所得與，在賢者加之意而已。若致知之事，則正須友朋講學之助，庶有發明。不知今者見讀何書？作如何究索？與何人辨論？惟毋欲速，毋蓄疑，先後疾徐，適當其可，則功日進而不窮矣。因書或有以見教，勿憚辭費，熹亦不敢不盡愚也。向見前輩有志於學而性涉猶豫者，其內省甚深，下問甚切，然不肯沛然用力於日用間，以是終身抱不決之疑，此可以爲戒而不可以爲法也。

伯恭近通問否？比亦嘗附一書，不知達否？所示三錄，極有警發人處，然亦有合商量者。所云只被公家學佛，又顧子敦治《通典》之說，此兩條曾與伯恭商量否？既云從容侍食，告語之詳，而又云云，則疑若有欲告而不得盡之意。既云專治《通典》，使應變浹洽，而元祐經筵駁議，乃似未始略知今古之人，此不知亦有說耶？如未嘗語及，告因書爲扣伯恭，却以見教爲幸。今世學者語高則淪於空寂，卑則滯於形器，中間正當緊要親切合理會處，却無人留意，此道之所以不明不行，而邪説暴行所以肆行而莫之禁也。不知伯恭後來見得此事如何？所欲言似此者非一，無由面論，徒增耿耿。《晦庵文集》卷三五。

案：本書自"來書深以異學侵畔爲憂"至"此可以爲戒而不可以爲法也"，重載於《晦庵文集》別集卷五《答丁仲澄》。

本書中有云"程夫子曰：'涵養須用敬，進學則在致知。'此二言者，體用本末無不該備"，而據朱熹《答吕伯恭》（竊承進學之意甚篤）有云"熹舊讀程子之書有年矣，而不得其要。比因講究《中庸》首章之指，乃知所謂'涵養須用敬，進學則在致知'者，兩言雖約，其實入德之門無踰於此"。《晦庵文集》卷三三。其書約撰於乾道六年四、五月之際，故推知本書約撰於是年秋或稍後。

朱熹《答劉子澄壬辰》：

《知言》之書用意精切，但其氣象急迫，終少和平。又數大節目亦皆差誤，如性無善惡、心爲已發、先知後敬之類，皆失聖賢本指。頃與欽夫、伯恭論之甚詳，亦皆有反復，雖有小小未合，然其大槩亦略同矣。文字頗多，未能寫去，又有掎摭前輩之嫌，亦不欲其流傳也。然此等文字且未須看，俟自家於《論》、《孟》、諸經平易明白處見得分明無疑，然後可以逐一考究，判其是否。固未可盡以爲是，亦未易輕以爲非也。

天運不息，品物流形，無萬物皆逝而己獨不去之理。故程子因韓公之歎而告之曰："此常理從來如是，何歎焉？"此意已分明矣。韓公不喻，而曰："老者行去矣。"故夫子又告之曰："公勿去可也。"以理之所必無者曉之，如首篇所云"請別尋一個好底性來，換了此不好的性著"之意爾。及公自知其不能不去，則告之曰："不能，則去可也。"言亦順夫常理而已。反復此章之意只如此，恐不必於"不去"處別求道理也。

明道德性寬大，規模廣闊；伊川氣質剛方，文理密察。其道雖同，而造德各異。故明道嘗爲條例司官，不以爲浼，而伊川所作《行狀》，乃獨不載其事。明道猶謂青苗可且放過，而伊川乃於西監一狀較計如此，此可謂不同矣。然明道之放過，乃孔子之"獵較"爲"兆"；而伊川之一一理會，乃孟子之"不見諸侯"也。此亦何害其爲同耶？但明道所處是大賢以上事，學者未至而輕議之，恐失所守。伊川所處雖高，然實中人皆可跂及，學者只當以此爲法，則庶乎寡過矣。然又當觀用之淺深、事之大小，裁酌其宜，難執一意，此君子所以貴窮理也。橫渠龍女衣冠事，却是一時偶見未到。若見得到，橫渠必不肯放過。蓋此乃禮官職事，使明道當之，亦不肯放過也。

劉、李、游、楊四公所到固未敢輕議，然如所論，亦近之矣。但却不專爲仕宦奪志而然，蓋劉、李未嘗不仕，游、楊非固徇俗，自其所見有淺深，故所就有純駁耳。大抵學問緊要是見處要得透徹，然不自主敬致知上著功夫，亦無入頭處也。

學者所志固當大，至於論事，則當視己之所處與所論之事、所告之人而爲淺深，則無失言失人之患、出位曠官之責矣。吾學若果未至，見若果未明，既未能自信，且不爲人所信，則寧退而自求耳。言而背其所學，用而不副其言，皆不可也。

卒章所問甚切，在賢者處之必已熟矣，淺陋何足以及此？然竊謂此事難以言語定論，須且虛心觀理，積習功夫，令一日之間胸次洞然，則隨事隨物無不各有一定之理矣。無補於事而祇以取名固所不爲，然亦有義所當爲，而或疑於二者，則亦不得而避也。如此處極要斟酌，須是理明義精，則源源自見，不待問人矣。《晦庵文集》卷三五。

案：本書撰於乾道八年（壬辰，1172）間。

朱熹《答劉子澄清之》：

昨承有召命，深以爲喜，然亦不知行止之計。偶到城中，黃子來相尋，具言近況，爲慰。但求教竟不之領，又以爲恨。比日伏惟于役有相，今或已至在所矣。奏對得以伸吐所學，甚慰士友之望。正學以言而不失淺深緩急之宜，在賢者必已講之熟矣。黃子又説頗欲多所論白，此恐徒取草野倨侮之譏。而匆匆晷刻之間，勢必不容詳細反復，則是無故徧觸衆事之機，紛宂錯雜而終無感寤之理。不若略舉大體切於上心者，專指而極言之。幸而開納，固爲莫大之幸；萬一未即聽從，亦足以爲之兆，異日猶可尋繹其端緒而終其說也。它則非閑人遠書可以一二指陳者，在明者熟慮而徐應之，毋爲匆匆，以致後日之悔也。黃子又說見問人材之意，此等事度非吾輩事力所及，正不須太遽也。《晦庵文集》別集卷三。

　　案：書中所言“黃子”，指黃榦。據黃榦《祭臨江劉靜春先生文》云：“乙未之冬，歲暮天寒，奉命造朝，艤舟江干，折簡來呼，治予行李，武夷金華，惟子所止。”《勉齋集》卷三九。武夷指朱熹，金華指呂祖謙。《勉齋先生黃文肅公年譜》云淳熙“二年乙未冬，仲兄（黃東）官於吉州，先生從行，因識清江劉公子澄，以書進之晦庵朱文公，先生遂以歲除之夕，登舟如建安”。又云“既抵屏山，朱夫子適他出。先生留客邸，……不解衣者兩月，而後夫子歸，遂終身焉”。故推知本書約撰於淳熙三年（丙申，1176）二月末或稍後。

朱熹《答劉子澄》：

　　此間文字修改不定，朝成暮毀，甚覺可笑。直卿必能言之。所喻學者心粗，愛看見成義理，此亦人之通患。但雖如此，終是須要自家玩味浹洽，考訂精詳，方信得及。通計亦是許多工夫也。《綱目》亦修得二十許卷，此一卷是正本五卷。義例益精密，上下十有餘年，亂臣賊子真無所匿其形矣。恨相去遠，不得少借餘力，一加訂正。異時脫藁，終當以奉累耳。

近有溫公論史漢名節處，覺得有未盡處。但知黨錮諸賢趨死不避爲光武、明、章之烈，而不知建安以後，中州士大夫只知有曹氏，不知有漢室，却是黨錮殺戮之禍有以敺之也。且以荀氏一門論之，則荀淑正言於梁氏用事之日，而其子爽已濡迹於董卓專命之朝，及其孫彧，則遂爲唐衡之壻、曹操之臣，而不知以爲非矣。蓋剛大直方之氣折於凶虐之餘，而漸圖所以全身就事之計，故不覺其淪胥而至此耳。想其當時，父兄師友之間，亦自有一種議論文飾蓋覆，使驟而聽之者不覺其爲非而真以爲是，必有深謀奇計可以活國救民於萬分有一之中也。邪說橫流，所以甚於洪水猛獸之害，孟子豈欺予哉！年來讀書，只覺得此意思分明，參前倚衡，自不能舍。雖知以是爲人所惡，而終窮以死，其心誠甘樂之，不自以爲悔也。來喻之云，真知我者，尚何言哉！然亦願子澄深察此意，有以自振於頹波之中也。欽夫得書云嘗得子澄書，於所謂云云者，亦頗所疑也。《晦庵文集》卷三五。

案：書中云“《綱目》亦修得二十許卷，義例益精密”，據朱熹《答呂伯恭》（久不聞問，積有馳情）云

"《綱目》近亦重脩及三之一，條例整頓，視前加密矣"，《晦庵文集》卷三四。所云相符。《答呂伯恭》撰於淳熙五年六月間。又本書中言"欽夫得書云嘗得子澄書，於所謂云云者，亦頗所疑也"，當指張栻《答朱元晦》（某新歲來，即欲申前請）中云"近得劉子澄書云：□□正似范淳父避世金馬，此是何議論?"《南軒集》卷二三。《答朱元晦》撰於淳熙五年春。故推知本書約撰於是年（1178）六月前後。

朱熹《答劉子澄》：

反復書辭，具悉近況。但學者正欲胸中廓然大公、明白四達，方於致知窮理有得力處。今乃追咎往昔，念念不忘，竊恐徒自煎熬，無復理義悅心之味也。程子所謂"迫切不中理，則反爲不誠"，而正慮此耳。升高自下，陟遐自邇，能不遺寸晷而不計近功，則終必有主矣。如何如何?張、呂時得書，有所講論，然亦頗有未定者，未欲報去也。大抵聖賢立言，本自平易；而平易之中，其旨無窮。今必推之使高，鑿之使深，是未必真能高深，而固已離其本指、喪其平易無窮之味矣。所論《綠衣》篇意極溫厚，得學《詩》之本矣。但添入外來意思太多，致本文本意反不條暢，此《集傳》所以於諸先生之言有不敢盡載者也。試更思之，如何?《晦庵文集》卷三五。

案：書中言及"但添入外來意思太多，致本文本

意反不條暢，此《集傳》所以於諸先生之言有不敢盡
載者也”，據朱熹《詩集傳序》云：“問者唯唯而退。余
時方輯《詩傳》，因悉次是語以冠其篇云。淳熙四年
丁酉冬十月戊子。”《晦庵文集》卷七六。推知本書約撰
於淳熙五年或稍後。

朱熹《答劉子澄》：

熹頓首再拜：荆林、豫章人還，兩辱手示，深以得聞
動靜爲喜。又念別日之易久，爲之悵然。不審豫章留幾
日，今已歸廬陵未耶？秋氣已清，復有餘暑，起居定爲何
如？熹粗如昔，但兩縣易置之後，訟牒頓稀，減往時略半
矣。臨安人竟未歸，亦杳無消息，不知何故也。承以所聞
見警，甚感念。但此數輩若不能少懲治之，即無以爲政，
鰥寡貧弱永無休息之期。三數日間，以次決遣，當奉來
教，與之更始耳。

《行記》甚佳，但人説天池光怪，有飛空往來，或入簷
楹，或出自房闥者，與所記不類，豈偶有所遺，抑所見適止
此耶？此爲陳寶之屬，無足深怪。世人胸次昏瞶隘狹，自
以爲疑耳。此《記》流傳，亦足以少祛其惑也。

四君書意，拳拳於此，甚幸甚幸。各以鄙意報之，不
知能中其意否？或下語未當，幸爲説破，勿令誤人也。陳
君克己來見，云在建昌解逅，亦不易得。又有趙希漢書記
自武昌丁憂來此寄居，亦知趨尚，但悔不留老兄作主耳。

先集荷留，念悲感亡已兩日。楊漕在此，汨汨度日。附此。托商伯轉致，未暇如及，惟以時進德自愛。不宣。八月九日，熹頓首再拜子澄寺簿兄。

東園小堂近水者，欲以"愛蓮"榜之，仍刻濂溪舊説，并繫數語其後，尚未下手也。直節堂牌已刻，跋語並《易傳》後題識並上呈。有未安者，訂之幸甚。熹又拜。

煩於《會要》中檢白鹿洞事，録示熹。清姚氏《鳳墅殘帖釋文》。

案：朱熹本書見載於清歸安姚氏所編刻《鳳墅殘帖釋文》。轉引自彭國忠《朱熹佚書二通考》。又，自"《行記》甚佳"至"亦足以少祛其惑也"一段，又載於《晦庵文集》卷三五。

書中云"直節堂牌已刻，跋語並《易傳》後題識並上呈"，其"《易傳》後題識"，即朱熹《書伊川先生易傳板本後》，署時"淳熙六年秋八月丙戌朔"；其"跋語"，即朱熹《跋蘇文定公直節堂記》，署時"八月丁亥"。《晦庵文集》卷八一。由此知本書撰於淳熙六年（1179）八月九日。

朱熹《答劉子澄》：

熹在此忽忽鮮況。建昌竟失民和，吏困不良，民亦頑狡，今方來祈旱，不免亦與料理，然歸興益穩。比遣冬書，並申省自劾矣。若得早以微罪行，幸；其不然，亦當繼請嗣禄，或乞充白鹿洞主矣。白鹿山水極佳，見議建五、七間小屋於其處，亦已申省部，乞行下，庶幾久遠不至廢壞。

若開斷未去，不知子澄更能一來視之否？臨汀楊子直在此，相聚甚樂，更得賢者臨之，幸也。公度若歸，能與俱來，甚佳。許、陳諸君能攜以來，尤所願耳。伯恭屢得書，卻不及抱子事，且得如此，亦是一事定疊，吾人亦且放心也。國書丐歸，甚悠悠，此正所謂作禮數者，得渠且在彼亦善，蓋亦粗足破白也。

近有雜詩文數篇，偶此呂龍泉便，未暇録呈。卧龍聞伯恭許爲作記，未知如何？子澄所作，稱道過當，不敢用也。白鹿亦並屬伯恭矣。叔度書云伯恭"稍安，又弄書册，招學徒，殊非病者所宜，今痛箴之"。此意甚善。然病中若不作此，又太冷静，過生活不得也。所欲言者無限，匆匆不能書致。所委文字，稍暇當爲之。但逐日公私袞袞，苦無好意思耳。熹再拜。清姚氏《鳳墅殘帖釋文》。

案：朱熹本書見載於清歸安姚氏所編刻《鳳墅殘帖釋文》。轉引自彭國忠《朱熹佚書二通考》。書中有云"亦當繼請嗣禄，或乞充白鹿洞主"，又云"比遣冬書，並申省自劾矣"，據朱熹《白鹿洞成告先聖文》有"維淳熙七年歲次庚子三月癸丑朔十八日庚午，具位敢告於先聖至聖文宣王"云云；《晦庵文集》卷八六。又朱熹因建昌縣失於檢放事，於淳熙六年十二月申省自劾，並於七年正月請祠。故推知本書約撰於六年末。

朱熹《答劉子澄》：

如今是大承氣證，渠却下四君子湯，雖不爲害，恐無益於病爾。《鶴林玉露》甲編卷二。

案：宋羅大經《鶴林玉露》甲編卷二云："周益公參大政，朱文公與劉子澄書云：'如今是大承氣證，渠却下四君子湯，雖不爲害，恐無益於病爾。'嗚呼！以乾、淳之盛，文公猶恨當國者不用大承氣湯，況下於乾、淳者乎？……益公初在後省，龍大淵、曾覿除閤門，格其制不下，奉祠而去，十年不用，天下高之。後入直翰林，覿以使事還，除節鉞，人謂公必不草制，而公竟草之。……宜其不敢用大承氣湯也。"益公即周必大，淳熙七年五月除參知政事。《宋史·宰輔表四》。又朱熹《答呂伯恭》(承局回，承書)亦云"新參近通問否？大承氣證，却下四君子湯，如何得相當"。《晦庵文集》卷三四。《答呂伯恭》撰於約撰於是年(1180)七月末，故本書亦撰於一時先後。

朱熹《答劉子澄》：

某幸如昨，但伯恭逝去，令人悲痛不可言。昨嘗以子約訃告作書，宛轉托子靜送去相報。近聞渠已入浙，此書恐未即達。然訃報中必已見之，傷悼之懷，相與同之也。
去年方哭敬夫，今伯恭又如許，吾道之衰一至於此，不知
天意如何？吾人不可不自勉，未死已前，協力支撐也。

　　某在家應接，隨分擾擾。偷閑脩得《中庸》及《孟子》
下册。《孟子》得公度卷子，甚濟事也。今且修此經書，
《通鑑》看將來如何。恐心目俱昏，未必了得，終遺恨於身
後耳。西山長句及還家四言意象蕭散，吟玩不能去心。
欲作數語奉答，自覺意思局迫，恐不能佳。此是膏盲之
病，不知如何醫治得寬平間暇些子，庶晚年身心稍安樂
也。沅倅令兄墓表草定納呈，不知可用否？公度何爲至
今未歸？報中亦未見所擬官，何耶？《曾子》跋語并往。
歸來方得細看，雖《雜篇》所收不如前，意思終是好。本子
見録，未得附還，更有一二處當略脩耳。《近思續録》俟旦
夕看畢奉報。第三録亦佳，但如此編録，得無勞心否？因
看書所得，隨手抄録不妨。若作意收拾，搜尋布置，即費
心力，亦須且省節爲佳也。蓋中年精力非少日之比，不可
不愛惜耳。諸葛“學須静也”全文告因便録示，千萬。荆
州《論語》甚改得好，比舊本大不干事。若不死，更長進，
深可痛惜。伯恭詳審穩當有餘，却不及此公俊偉明快也。
韜仲不苟如此，不易。其兄晦伯亦甚好，它日皆未可量
也。子玉不聞問，旦夕有尤川便，當寄書與之。擇之何爲
至今不見歸？直卿近遣人來納幣，甥女不成，却是某女子
也。渠來春同爲金華之行，今既聞伯恭訃，決當如約。某

當一與俱往哭伯恭,亦不欲爽前約也。鄭景望亦殊可傷,前書當報去矣。陳正己今在甚處?公度當已歸,來春之約,不知竟如何也?

某忽隨例沾誤恩,念有罪無功,不敢受。又昨奏與獻米人推賞,諸公不爲施行,前日不免於詞免狀中極論其事。遞中得周參書,亦於報書中懇之,未知竟如何。聞江湖間水旱螟蟲,民已薦饑,不知州縣有無措置?然今年比之去年,事體尤不易也。廬陵當不至此,此間却差稔。但剽掠公行,甚於常歲,州縣坐視,不復介意,此亦殊可慮耳。眷集中外俱安,諸郎一一佳茂。愛女夭折,可傷。平父次女與泰兒同歲,向許議昏,近亦不育。其女幼而解事,甚可惜。今此兒未有親,不能不掛懷抱耳。向丈得書,却來說及《薌林集》要序,甚恨未得見也。序文豈敢僭易?然此却好題目。但恨晚輩不當作,又苦心力衰,畏作文字耳。景陽明年且在致遠家否?向見其説話意趣儘好,恨不得款曲講論。今既相遠,又無由得相聚耳。向得書,朱君岑何字?偶不記憶,更告批喻。彼中交遊學生,并爲一一品題以來尤幸。史老所薦,皆涮東知名士,亦不易。但陸子静亦入此保社,不知果已行未耳。惠況紙墨筆帖,良以愧感。無物可寄,《祭禮》及二小書謾往,幸收之。昨得延之處《祭禮》三家,方屬鄭丈補入,而渠已物故,旦夕更屬新將也。《弟子職》、《女戒》本各爲册,而皆以《雜儀》附之。令人家小兒女各取一本讀誦爲便也。今此册

爲印者所并，又缺《雜儀》一本，不容復改。然此無多字，
致遠更能鋟版流行，亦教化善俗之一事也。但《女戒》向
見伯恭説欲删修一兩處，忘記問之，不知向來曾説及否？
吕氏二書，似亦可刻，并廣之也。《晦庵文集》别集卷三。

　　　　案：吕祖謙（伯恭）卒於淳熙八年七月二十七
　　日，《吕祖謙年譜》。又書中言"《曾子》跋語并往"，指朱
　　熹《書劉子澄所編曾子後》，撰於淳熙八年九月丁丑。
　　《晦庵文集》卷八一。故推知本書約撰於是年（1181）九
　　月中。

朱熹《答劉子澄》：

　　七月二十一日，熹頓首再拜子澄通守奉常老兄：詹
總幹、章參議兩致手帖，良以爲慰。比日秋以復涼，伏惟
尊候萬福。熹五月間因曹挺之行附書，想已達矣。悲惱
之餘，心氣間作，加以瘡腫諸疾交攻，更無一日寧帖，恐不
復能支久矣。日前爲學緩於反己，追思凡百多可悔者。
所論著文字，亦坐此病，多無著實處。回首茫然，計非歲
月功夫所能救治，以此愈不自快。前時猶得敬夫、伯恭時
惠規益，得以警省。二友云亡，耳中絶不聞此等語，因循
婾惰，安得不至於此？今乃深有望於吾子澄，自此惠書，
痛加鐫誨，乃君子愛人之意也。

　　朗、澧之行，覽觀山川，感今慨古，亦足償其勞矣。又
有同行令弟感發精進，此尤可樂者。恐有行記，撰録一時

之勝，願以相寄也。李丈到闕，未聞有何大議論。經筵直宿，足以從容起沃，亦非細事也。游誠之聞到三山已久，一向不得書。其人彊敏可喜，而忮狠之根不除，又計較世俗利害太切切，恐不免上蔡「鸚鵡」之譏耳。許生初意其飄然無累，方欲約之來此教小兒，今聞其既授室，此事又差池矣。塊坐窮山，無嚴師畏友之益，其不爲小人之歸也鮮矣。奈何奈何？直卿赴試長沙，病於清江，賴向丈軫視之。前日聞得，亟遣人往覓信，至今兩旬未還，甚令人懸心。然必是已向安，遂西行矣。此間後生中只有渠尚可望，但亦傷太狹耳。昨渠行時，亦屬令過省景陽、公度，不知病後能枉道經由否。

《小學書》曾爲整頓否？幸早爲之，尋便見寄，幸幸。昨來奉報，只欲如此間所編者。今細思之，不若來教規模之善。但今所編皆法制之語，若欲更添「嘉言」、「善行」兩類，即兩類之中自須各兼取經史子集之言，其說乃備。但須約取，勿令太泛乃佳。如管仲「畏威如疾」之語，心每愛之。文章尤不可泛，如《離騷》忠潔之志固亦可尚，然只正經一篇已自多了。此須更子細決擇。《叙古蒙求》亦太多，兼奥澀難讀，恐非啓蒙之具。却是古樂府及杜子美詩意思好，可取者多，令其喜諷詠，易入心，最爲有益也。來喻又有避主張程氏之嫌，程氏何待吾輩主張？然立言垂訓，事關久遠，亦豈當避此嫌耶？其詳雖已見於《近思》，然其一言半句，灼然親切，不可不使後學早聞而先入者，自不妨特見於此書也。若只欲其合於世俗而使庸人愛之，則《符讀書城南》一篇足矣，何事勞吾人捃摭之功哉？

荒田如何措置？能録示其施行條目爲幸。更如何勸得離軍歸正人情願耕佃尤佳。向曾於封事中及此，去冬奏對，猶蒙上記憶宣喻，以爲善也。學校頗得人表率否？不然，亦恐無益，徒費錢糧耳。精舍四言并十詠幸早爲賦之。適得祁師忠書，聞書堂中元前後可立木。又寄得所爲編定《武當集録》，甚簡當。但與王叔堅、林質夫論兵一二篇頗佳，何爲不録耶？

熹向承見語有爲昆弟之約，未敢遽信。而忽蒙加以非據之稱，一向因循，不得辭避。今欲復尋故約而罷去無實之稱，如蒙報書，須用此禮，即大幸也。千萬痛察痛察。《社記》得爲撰數十言，叙致本末，亦使拙者省得一半氣力，尤妙。

荆州地勢四平，其守當在外，楚人所謂“方城爲城，漢水爲池”是也。若不能守，直至城下，則無説矣。《晦庵文集》卷三五。

案：元王禮《静春先生傳》云劉清之“丁内艱，服闋，倅鄂州”。《麟原前集》卷九。劉清之《祭吕伯恭文》云“維淳熙八年八月乙丑，奉議郎、新權通判鄂州軍州事劉清之謹束芻再拜，以清酌庶羞之奠，寓祭于亡友太史、直閣吕公伯恭之靈”。《東萊集》附録卷二。羅願《鄂州張烈女祠堂碑》文末，有“淳熙十一年二月甲戌，……奉議郎權通判軍州事臨江劉清之子澄書”。
《羅鄂州小集》卷四。則劉清之通判鄂州在淳熙八年至
十一年間。本書中有言“去冬奏對，猶蒙上記憶宣
喻”，其間朱熹於淳熙八年十一月奏對，然次年七月
二十一日朱熹正任浙東提舉巡歷浙東，而與本書中
所言“悲惱之餘，心氣間作，加以瘡腫諸疾交攻，更無
一日寧帖，恐不復能支久矣”、“塊坐窮山，無嚴師畏
友之益”不合，故推知本書當撰於淳熙十年（1183）七
月二十一日，而所謂“去冬”，非指去年之冬。

朱熹《答劉子澄》：

《程子遺書》廣東未寄來，道遠難督趣，甚撓人耳。近
一朋友借得游先生家本，有鮑若雨錄數條頗佳，昨所未見
也。它雜出者已一面編集，但殊費心力。《知言》已刊行，
謹納一本，幸視至。暇日熟觀，亦發人意思也。周之想時
過從，所論何事？異時來簿延平，則有承教之期矣。所委
記文非敢忘之，亦衮衮未暇，旦夕當思所以應命者，幸察。
《晦庵文集》卷三五。

案：朱熹上書（七月二十一日）有云“《社記》得
爲撰數十言，叙致本末，亦使拙者省得一半氣力，尤
妙”，而本書乃云“所委記文非敢忘之，亦衮衮未暇，
旦夕當思所以應命者”，知承上書，當亦撰於十年秋
中。此《社記》即《鄂州社稷壇記》，朱熹撰成於淳熙

十一年春正月甲辰。《晦庵文集》卷七九。

朱熹《答劉子澄》：

熹一出三月，歸已迫歲。病軀幸無他，臂痛竟不脫然去體，但不甚妨事，可置不問。却是精神困憊，目力昏暗，全看文字不得，甚覺害事耳。舊書且得直卿在此商量，逐日改得些少，比舊儘覺精密。且令寫出淨本，未知向後看得又何如也。

到泉南，宗司教官有陳葵者，處州人，頗佳。其學似陸子靜，而溫厚簡直過之。但亦傷不讀書，講學不免有杜撰處。又自信甚篤，不可回耳。後生中亦有一二可教，其一已入陳君保社，其一度今歲當來此。然亦恐只堪自守，未必可大望。自餘則更是難指望，此甚可慮。蓋世俗啾喧，自其常態，正使能致焚坑之禍，亦何足道？却是自家這裏無人接續，極爲可憂耳。

讀所寄文字，切切然有與世俗爭較曲直之意，竊謂不必如此。若講學功夫實有所到，自然見得聖人所謂“不知不慍”不是虛語。今却只爲學人弄故紙，要得似他不俗，過了光陰，所以於此都無實得力處。又且心知其爲玩物喪志而不能決然捨棄，此爲深可惜者。且既謂之玩物喪志，便與河南數珠不同，彼其爲此，正是恐喪志耳。《班范外事》不知編得於己分有何所益？於世教有何所補？而埋沒身心於此，不得超脫，亦無惑乎子靜之徒高視大言而竊笑吾徒之枉用心也。且羅守之賢如此，與之同官相好，乃不能補其所不足，而反益其所有餘，又從而自陷焉，亦獨何哉？數年來，此道不幸，朋舊凋喪，區區所望以共扶此道者，尚賴吾子澄耳。今乃如此，令人悼心失圖，悵然累日，不知所以爲懷。不審子澄能俯聽愚言而改之乎？不然則已矣，無復有望於此世矣。奈何奈何！

《小學書》却非此比，幸早成之。精舍詩拈筆可就，亦不妨早見寄也。羅守之文，可謂有意於古矣。《社壇記》已寫送，似矣。此是狀體文章，不古不今，不知是何亂道，而人來求不已，殊不可曉，但可笑耳。于尉策題亦不易，此等人且收拾教減得分數，亦是一事。《桃原詩卷》甚佳，但李習之《復性書》已有禪了，石林考其年是未見藥山時作。必是有此根苗，韓公不曾斬截得斷，後來遂張王耳。詩中所辯，却恐未必然也。向丈詩初亦未解，承喻乃荷其見愛之深，當因書謝之也。拙詩并序錄呈。韓丈爲作記來，意態閑暇，甚可愛。渠更欲改一二處，未及寫去也。祁居之論兵處，何爲不取？願聞其説。《説易》詩誠可疑也。

濂溪書堂聞規模甚廣，鄙意恐不必如此。將來無人住得，亦只是倒了。不若裁損制度而壯其材植，更爲買少田以贍守者，使其可以長久，乃爲佳耳。《壽安銘》乃大佳，恨得之晚，今亦當刻板散施也。趙蘄水書來，聞嘗就取“庶人”章解。當時草草，説得不周徧。後在會稽，因探禹穴，見壁間有古靈《勸喻文》，愛其言簡切有理，因刻印散之。凡投牒者，亦與人一本，并刻石置臺門外。今各往一通，恐亦可散施，或有益也。公度聞近到建昌娶婦，甚念一見之而不可得，奈何奈何？因書更勸其向裏做工夫，莫又錯了路頭也。知通不受互送，罪不在專殺譚、賴之下，可惜不作一章劾了，少快公論耳。一笑一笑。

然老兄宿逋已盡償，又有菜飯可喫，又已穿壙買棺，可謂了事快活人。如僕則債未盡償，食米不足，將來不免永作祠官，方免溝壑。儉德亦方用力，但惜乎其已晚耳。有意入閩相見，甚善。熹固衰憊，意老兄未至此。然觀來書，說得亦可畏，誠不可不謀一再會合。但恐諸公迫於公議，有不得已而相挽者，或能敗此約耳。然若能遂吐至言，力扶公議，則其功不細，又不敢以私計不遂爲恨也。

楊子直何爲到彼？相聚幾日？曾說廟學配祀升黜之議否？不合與晁家人相聚來，遂一向與孟子不足，亦可怪也。三山見趙子直，稍款。莆中過龔實之墓下，并見其子弟，令人感歎。陛辭論恢復，乃是勸勿輕舉之意，反遭醜詆，甚可傷耳。《晦庵文集》卷三五。

案：朱熹《鄂州社稷壇記》撰成於淳熙十一年（1184）春正月甲辰（十四日）。《晦庵文集》卷七九。本書中云"《社壇記》已寫送"，則推知其約撰於正月下半月。

朱熹《與劉子澄》：

吳生之傳，甚駭人聽，不謂禍根乃爾。近日此類非一，不了官事，連累平人，其勢駸駸，恐未遽已，使人憂懼。奈何奈何？襄陽之役不爲無補，細讀來書及詩，令人慨歎。此事未知將來分付甚人，天意必有在矣。吾徒之力，無如之何，只有講學修身，傳扶大教，使後生輩知有此道理，大家用力，庶幾人材風俗，它日有以爲濟世安民之助而已。

所喻戲謔本欲詞之巧而然，此固有之。然亦是自家有此玩侮之意以爲之根，而日用之間流轉運用，機械活熟，致得臨事不覺出來。又自以爲情信詞巧主於愛人，可以無害於義理，故不復更加防遏，以至於此。蓋不惟害事，而所以害於心術者尤深。昔橫渠先生嘗言之矣。見之《近思》四。此當痛改，不可緩也。近覺所聞所知真實行得，令人大段歡喜，與尋常會得說得不同。此不可不知，不可不勉也。博雜之病，亦是把做小事忽略了，以爲不足以喪人之志，又不自知是自家病痛，却以應副人情爲解。此亦是大病，非小病，須痛斬截也。吾人未老先衰，餘日幾何，而費日力於此，却於自家身心上都不著力，豈不是顛倒迷惑之甚耶？《小學書》却於此殊科，只用數日功夫便可辦，幸早成之，便中遣寄也。

得公度書，有哭弟之悲，又云甚窘，深以爲念。地遠無力，不能少助之爲恨。季章甚不易，比來作何功夫？須更切己用力,乃有實頭進步處耳。此間學者未有大段可分付者,然亦有一二,將來零星揍合,或可大家扶持也。《晦庵文集》卷三五。

案:朱熹上書(熹一出三月)有云"《小學書》却非此比,幸早成之",而本書又云"《小學書》却於此殊科,只用數日功夫便可辦,幸早成之",知承上書,當撰於十一年中。

朱熹《答劉子澄》:

喻及治財、聽訟、望祀之意,甚善。所刻之書皆有益,但《小學》惜乎太遽,又不蒙潤色耳。近略修改,每章之首加以本書或本人名字,又別爲題詞韻語,庶便童習。今謾錄去一觀,它日有暇,終望爲補故事之缺也。《羅集》等異時刻就,各求一二本。端良止此,極可傷惜。信道不及,亦是合下看得記誦詞章太重了,後來又於此得味,所以一向不肯放下,未必專爲禁忌指目也。若使見得此道理重,便斬作萬段,亦須向前,豈容復有顧慮耶?

近年道學外面被俗人攻擊,裏面被吾黨作壞,婺州自伯恭死後,百怪都出。至如子約,別説一般差異底話,全然不是孔、孟規模,却做管、商見識,令人駭歎。然亦是伯恭自有須拖泥帶水,致得如此,又令人追恨也。子静一味是禪,却無許多功利術數。目下收斂得學者身心,不爲無力。然其下稍無所據依,恐亦未免害事也。

　去年被人強作張、呂《畫贊》及敬夫《集序》，今并錄
呈。婺州學者甚不樂也。李丈奏議、行狀可得一觀，幸
甚。甚恨不得一見此老，然讀其書，却是大模樣、大手段，
非如一種左右掇拾、委曲計校小小家計，爲無用之學也。
它時與《羅鄂州小集》皆願附名於其後，然亦只能作題跋，
無力做得大文字也。被薌林向丈來催後序，正冗，未能下
筆。近得書，乃以死見要，甚令人皇恐也。《社記》樸拙粗
疏，不成文字，不知端良以爲如何？ 渠文字細密，有經緯
可愛，真如來喻之云也。

　汝昭歲前到山間，只得一宿，便發病遽歸。近聞尚未
全安。渠却是將護太過，易得生疾耳。伯起聞已到官，想
經由必款曲。居晦近一再相會，皆爲人多，説話不得。旦
夕無事，當招其入山，或過武夷相聚數日也。蔡季通、劉
韜仲諸人近日皆長進，潘德夫之子友端廷對甚切直，尤延
之甚愛之。爲同寮所抑，頗降其等。此不足計，渠兄弟皆
好，此輩後生將來皆可望也。

　熹又三、四日祠禄便滿，前日因便已託尤延之爲再
請，勢必得之。食貧，不得已復爲此舉，甚不滿人意。前
此聞諸人頗有蓋抹之意，決難承當，此不過徒與談者藉口
耳。然若得其用汝昭故事，亦可優游卒歲也。不審明者
以爲如何？

　建陽有丘伯與者，字敦詩，廉謹質實，今爲武安節度
推官。得書云趙清獻嘗爲此官，嘗即廨舍營一堂，求名以

見師慕趙公之意。熹爲名曰"愛直"，蓋取碑額云爾。渠復求記，以不暇作辭之。已語之，將爲轉求於子澄矣。不識能爲作否？此亦好題目，得勉爲出數語爲幸。

公度不及別書，向來諸生頗復來集否？離羣之後，誰更進益耶？西山詩，蘇、黃之外，却是三孔有筆力，但不知所謂"攙槍枉矢"指何人耳。晁、張一時聲價如此，詩在衆人中未覺穎出也。此等小技，直是有定分，況其大者，功力不到處，可强耶？廣陵歸途必取道浙中，到衢、信間，能略見過，唤集朋友説話數日否？老矣多病，後會不可知，"此日足可惜"也。《晦庵文集》卷三五。

案：書中有言"熹又三、四日祠禄便滿，前日因便已託尤延之爲再請，勢必得之"。據《年譜長編》卷上，朱熹於淳熙十二年二月祠秩滿，復請祠，四月，差主管華州雲臺觀。又書中云"被薌林向丈來催後序，正宂，未能下筆"，此"後序"即《向薌林文集後序》，署時"淳熙十二年春二月甲子"，《晦庵文集》卷七六。二月甲子，即十日。推知本書約撰於是年（1185）正、二月之際。

又書中云"喻及治財、聽訟、望祀之意"。《宋名臣言行録外集》卷一四《劉清之静春先生》云："或言公在衡州立望祀山川壇，晦翁曰：'而今有司只合奉行朝廷制度，士大夫自去創立，亦自不便。張敬夫亦好如此，恐非《中庸》不敢作禮樂之意。'"

朱熹《與劉子澄七月九日》：

諸書今歲都修得一過，比舊儘覺簡易條暢矣，恨不得呈似商量也。《小學》見此修改，益以古今故事，移首篇於書尾，使初學開卷便有受用，而末卷益以周、程、張子教人大略及《鄉約》、《雜儀》之類別爲下篇，凡定著六篇。更數日方寫得成，恨仲叔不能等候，得後便當附呈也。

知欲一來建安，甚善甚善。前書亦嘗奉問，欲就中路深避處相聚數時，不知曾踏逐得此去處否？麻姑當是佳處，但聞去城差近，不免人事之擾，却不濟事耳。武夷結茅雖就，然亦苦此。覺得却是朋友直來相訪，只就書院中寢食，則都無外面閒人相擾也。晉陵將來如何？尤丈得書，亦云甚願得賢守臨之，但恐難合耳。今豐守稍正當，諸司已不樂之，不知將來竟如何？前此似有相物色作史官者，今又寂然，想又有不主張者。此等自有時節，但景色日見不佳，萬一不免，即難出手耳。

向丈“著甚來由”之語，是此老子受用得力處，然却不是薌林句法也。序文極力只做得如此，却是好箇題目，所恨筆力弱耳。仲叔來此，前此在社倉宿食，相去差遠，近方移來閣下，渠又告歸。其人資性平和，看文字亦易曉，然似亦習成閒懶，離羣之後，全不曾做得功夫。到此方討册子看，便未有可商量處。如倉庫無紅腐貫朽之積，軍士無超距投石之勇，只是旋收旋支，或鼓或罷，終是不成頭緒。已向渠説，別後惜取光陰，須看教滿肚疑難，不能得相見，相見後三、五日説不透，方是長進也。希仲相見，每問動静，亦甚以晉陵之行爲慮也。居晦才力有餘，晦伯、韜仲恐不及。然意趣則皆可喜。誠之久不相見，不知後來遊諸賢間所進如何？但向覺其物我太深，胸中不甚坦夷，此甚礙著事耳。

伯恭無恙時愛説史學，身後爲後生輩糊塗説出一般惡口小家議論，賤王尊霸，謀利計功，更不可聽。子約立脚不住，亦曰“吾兄蓋嘗言之”云爾。中間不免極力排之，今幸少定。然其彊不可令者，猶未肯竪降幡也。但昨日得婺人書云，子約五月間得眩瞀之疾，繼以藏府不安，或作或止。地遠，未得安信，甚令人念之也。子静寄得對語來，語意圓轉渾浩，無凝滯處，亦是渠所得效驗。但不免些禪底意思。昨答書戲之云：“這些子恐是葱嶺帶來。”渠定不伏。然實是如此，諱不得也。近日建昌説得動地，撐眉努眼，百怪俱出，甚可憂懼。渠亦本是好意，但不合只以私意爲主，更不講學涵養，直做得如此狂妄。世俗滔滔，無話可説，有志於學者又爲此説引去，真吾道之不幸也。

公度書來，似有此病痛，不知季章如何？學問固是須著勇猛，然此勇猛却要有箇用處。若只兩手握拳，努筋著力，枉費十分氣力，下稍無可成就，便須只是怪妄而已。吳伯起資質本是大段昏弱，故得此氣力，便能振厲而短長相補，不至於怪，然亦失之偏枯，恐不能大有所就。若資性中本有些子精神，被此發作，如陽藏人喫却伏火丹砂，其不發狂者幾希耳。近日因看《大學》，見得此意甚分明。聖賢已是八字打開了，但人自不領會，却向外狂走耳。

所寄諸書刻皆佳。端良之亡，爲可惜也。然其文意亦傷宂，乃是困於所長耳。《郡守題名記》法戒甚備，《射亭》詞筆皆佳，不知兩君爲如何人也。《晦庵文集》卷三五。

案：朱熹上書(喻及治財、聽訟、望祀之意)有云"被薌林向丈來催後序，正宂，未能下筆"，本書中言"向丈……序文極力只做得如此"，當承其後。又本書題下注曰"七月九日"，是其撰於淳熙十二年七月九日。

朱熹《與劉子澄》：

衡陽改命，不省所縣。今日忽聞蘇訓直又有別與近次之命，此於取舍之際，不無可疑。不審何以處之？計必有定論，不容草草也。學館答問甚佳，曾君亦不易得，但所須有的當存主處，此等始爲有助耳。家塾祀夫子，於古未聞。若以義起，當約釋菜禮爲之乃佳。《開元》、《政和》兩書必有之，可參考也。時令之書恨未得見，不知所補於家國者何事爲急？因便幸示及，并喻及子細也。

子路不能變化氣質之論，言之不難，政懼行之不易，是以難輕言耳。周子有言："聖人之教，使人自易其惡，自至其中而已爾。"竊意如子路者，可謂能易其惡矣。若至其中一節功夫，則雖夫子每每提撕，然未見其有用力處也。人百己千者終可必至，宜若登天則終不可及，兩論正自不同，又何疑耶？《大學》近再看過，方見得下手用功處路陌徑直。日前看得誠是不切，亂道誤人也。

趙子直入蜀，前日至武夷別之。亦與説游誠之、周居晦，渠却云今只要尋個不説話底人。看此議論，似已怕此一等人了，宜乎作貴人也。更進一步，便參到周子充地位矣。張甥向學不易得，可喜。但讀《大學章句》恐無長進，須向裏面尋討實下手處乃佳耳。直卿去冬暫歸，今已復來。仁卿亦來相訪，見在此，意思亦甚好也。

便人告行，復作此附之，未能盡所欲言。但念果爲湖南之行，即相望益遠，令人作惡耳。宋憲樂善愛民，可與共事。諸子頗有意向學，但前此未得師友，今在彼又爲戴溪鶻突。若到彼，可力與救拔，亦一事也。《晦庵文集》卷三五。

案：書中云"衡陽改命"，指劉清之自鄂州通判改知衡州。據明初《衡陽府圖經志》載，劉清之於淳熙十三年四月到任，十五年正月奉祠。《永樂大典》卷八六四七引。本書又言"但念果爲湖南之行"，則其時尚未成行，故推知其約撰於十三年（1186）春。

朱熹《與劉子澄》：

使至，辱誨示，得聞到郡諸況，深用慰喜。信後秋深益熱，恭惟尊候萬福。條教所先，必有以大慰遠人之望者,不審謂何？今既累月,上下亦必已相安矣。酒引竟作如何處置？宋憲亦當可商量。天下事有極要委曲者。趙子直在此講求臨汀鹽法利病甚悉,竟以諸司議論不一而罷,甚可惜。然亦是渠合下不與漕司商量之過,不可專罪他人也。居官無修業之益,若以俗學言之,誠是如此。若論聖門所謂德業者,却初不在日用之外,只押文字,便是進德修業地頭,不必編綴異聞乃爲修業也。近覺向來爲學實有向外浮泛之弊,不惟自誤,而誤人亦不少。方別尋得一頭緒,似差簡約端的,始知文字言語之外真別有用心處,恨未得面論也。

浙中後來事體大段支離乖僻,恐不止似正似邪而已。極令人難説,只得皇恐,痛自警省,恐未可專執舊説以爲取舍也。《小學》能爲刊行,亦佳。但須更爲稍加損益乃善。近得韓丈書,云如鄧攸縛子於樹之屬,似涉已甚,恐此等處誠可削也。若不欲盡去其事,且刊前此語亦佳耳。史傳中嘉言善行及近世諸先生教人切近之語,亦多有未載者。更望刷出補入,乃爲佳也。衡州劉德老,宋憲嘗言之,二君却未聞。僻郡有此,亦可喜,此間却自難得也。《晦庵文集》卷三五。

案：劉清之於淳熙十三年四月到知衡州任,本書中言"得聞到郡諸況,深用慰喜。信後秋深益熱,……今既累月,上下亦必已相安矣",故推知本書當撰於是年秋初。

朱熹《答劉子澄》：

某還自莆中，道間大病，幾不能支。臥家月餘，幸未即死。然神氣衰憊，比之春中又什四五矣。雲臺將滿，方欲俟批書畢，遣人宛轉致懇，復求舊秩，忽尤延之送勑來，乃蒙朝廷檢舉直差。雖似小小行遣，聞新揆却甚以爲恩意，亦爲一番勞擾。但去冬案後收坐，未曾決遣，不知此又折得過否耳。只恐反露綫索，觸着駭機，亦復任之，不能深以爲憂也。王漕送示二月十一日手書，三復喜慰不自勝。但趙南紀云長沙中冬已見報，而老兄正初始得知之，何其晚耶？今自劾之章復久未報，不知何以處之？要當極力再請，以得爲期。得朝士書皆云爾，其相鄉慕而未相識，如張元善者，尤拳拳也。先聖象荷寄示，然此乃湖學所藏昭陵賜安定本，向見陳明仲有之，因託定叟傳得。其溫良恭遜之容，比此又精善，恨未得令兄見之也。所謂顏子者，相傳是伯魚，薛士龍亦云恐湖學當有所傳也。偶有便人，草率附此，不知書到時朱轓皂蓋已在甚處。所欲言甚衆，例不敢出。自覺近日意思，頗似向來所甚惡者喻玉泉之論矣。年力頹侵，志不勝氣，至於如此，可懼可懼！

《愛直記》文甚佳。昨日拜鴻慶勑，偶得一絕云：“舊京原廟久烟塵，白髮祠官感慨新。北望千門空引籍，不知何日去朝真？”年衰易感，不覺涕泗之橫集也。《晦庵文集》別集卷三。

案：朱熹淳熙十四年三月差主管南京鴻慶宮，

四月拜命。《年譜長編》卷上。本書中有言"昨日拜鴻慶勑,偶得一絕云",推知其撰於是年(1187)四月間。

朱熹《答劉子澄》:

吳大年附到春間所予書,足以爲慰。比想經暑涉秋,尊體益佳健。但不知求去不遂之後,諸事又當如何,想亦不以此而改其度也。細讀來書,似於此未能忘懷。"獨蒙記憶"之語,又似戲謔病根依然故在也。克己功夫不是易事,願益加意而勉焉,則區區之幸也。《晦庵文集》別集卷三。

案:朱熹上書(某還自莆中)云"今自劾之章復久未報,不知何以處之",本書又云"但不知求去不遂之後,諸事又當如何",知承上書。又本書有"比想經暑涉秋"語,故推知其撰於淳熙十四年秋間。

朱熹《與劉子澄》:

承寄示所和鴻慶舊詩,三復感歎。但麻鞵之契,今何敢望有如此事耶?槐陰詩文、講卷皆佳,季章蓋所謂爲切問近思之學者,真不易得。但似有迫切狹吝之意,見得道理到處十分到,不到處亦十分不到。想見都不讀書理會文義,雖理會,亦是先將己意向前攙斷,扭捏主張,所以有來喻云云之病。景陽又忒寬慢,自己分上想見是不親切也。公度向時得見,資質儘過諸人,但後來覺得亦有局促私吝之意,不知今又如何也。

卷子隨看，各以鄙見批在紙背，請更詳之。似此講論，初聞之以爲當有益，故嘗往來問目，欲令諸生條對。以今觀之，則問者本無所疑，而答者初無所見，多是臨時應課塞白。似此講論，恐無所益，又有一種切己病痛。日用功夫，只在當人著實向前，自家了取，本不用與人商量，亦非他人言説所能干預。縱欲警覺同志，只合舉起話頭，令其思省，其聞之者亦只合猛省提掇，向自己分上著力，不當更著言語，論量應對。如人有病，只合急急求藥，既得藥，只合急急服餌，不當更著言語形容此病，更著言語贊歎此藥也。今將實踐履事却作閑言語説了，方其説時，意在於説而不在於行，此恐不惟無益，而又反有害也。以愚見觀之，似不若將聖賢之書大家講究一件，有疑即問，有見即答，無疑無見者，不必拘以課程，如此却以實有功夫，不枉了閑言語。不知老兄以爲如何也？《晦庵文集》卷三五。

案：朱熹上書（某還自莆中）言“昨日拜鴻慶勅，偶得一絶云”，撰於淳熙十四年四月間。本書又云“承寄示所和鴻慶舊詩”，知承上書。又朱熹上書（吳大年附到春間所予書）云朱熹秋間方收到劉清之春間來書，故推知約撰於是年冬。

朱熹《與劉子澄》：

老兄歸來無事，又得祠禄添助俸餘，無復衣食之累，杜門讀書，有足樂者。不審比來日用事復如何？且省雜看，向裏做些功夫爲善。

　　熹病雖日衰，然此意思却似看得轉見分明親切。歲前看《通書》極力説個“幾”字，儘有警發人處。近則公私邪正，遠則廢興存亡，只於此處看破，便斡轉了。此是日用第一親切功夫。精粗隱顯，一時穿透。堯舜所謂“惟精惟一”，孔子所謂“克己復禮”，便是此事。食芹而美，甚欲獻之吾君也。

　　去歲作《高彦先祠堂記》，前日漳守方送來，今往一本。此等議論亦觸時忌，會帶累人喫章也。廬陵舊學子却須聚集，高、劉諸人頗長進否？今日無事可爲，只有收拾後生，磨礪成就，是著得力處。而此間朋友鼓作不起，深爲可慮。不知彼中如何？更望留意，以身率之，乃所望也。

　　向讀《女戒》，見其言有未備及鄙淺處，伯恭亦嘗病之。間嘗欲別集古語，如《小學》之狀，爲數篇，其目曰正靜，曰卑弱，曰孝愛，曰和睦，曰勤謹，曰儉質，曰寬惠，曰講學。班氏書可取者，亦删取之。如《正静》篇，即如杜子美“秉心忡忡，防身如律”之語亦可入。凡守身事夫之事皆是也。和睦，謂宜其家人；寬惠，謂逮下無疾妬，凡御下之事。病倦不能檢閲，幸更爲詳此目有無漏落，有即補之，而輯成一書，亦一事也。向見所編《家訓》，其中似已該備。只就彼采擇，更益以經史子集中事，以經爲先，不必太多，精擇而審取之尤佳也。《晦庵文集》卷三五。

　　案：知衡州劉清之於淳熙十五年正月奉祠。《永樂大典》卷八六四七引《衡陽府圖經志》。本書中云"老兄歸來無事,又得祠祿添助俸餘",即指此事。又朱熹於是年三月中啓程上京奏事,六月延和殿奏對,七月歸自行在。《年譜長編》卷上。而本書對此一無涉及,故推知其約撰於是年(1188)正、二月間。

又,高斯得《跋朱文公與劉静春帖專言戊申去國之事》略云:"嗚呼,先生古之大人也,而林栗詆其傲慢,沈繼祖斥其不孝,千載之下,將惟先生之信,抑二僉人之信乎?"《恥堂存稿》卷五。然此書未見。

劉叔文

劉叔文,名里不詳。《閩中理學淵源考》卷一八疑劉叔文乃劉叔光之誤。按劉鏡字叔光,惠安(今屬福建)人。"厭科舉之習,淳熙間從朱子學,主於涵養體察,稱高弟"。又稱"朱子集中泉郡諸門徒多掛及其姓氏,即往復書中亦多及之,獨遺劉叔光鏡,或疑叔光、叔文字畫相近,或傳寫差訛,或別有其人"。

朱熹《答劉叔文》:

所謂理與氣,此決是二物。但在物上看,則二物渾淪,不可分開各在一處,然不害二物之各爲一物也。若在理上看,則雖未有物而已有物之理,然亦但有其理而已,未嘗實有是物也。大凡看此等處須認得分明，又兼始終，方是不錯。只看《太極圖》熹所解第一段，便見意思矣。若未會得，且虛心平看，未要硬便主張，久之自有見處，不費許多閑說話也。如此虛心理會不得時，却守取舊來所見，亦未爲晚耳。如或未然，且放下此一說，別看他處，道理尚多，或恐別因一事透著此理，亦不可知，不必守此膠漆之盆枉費心力也。《晦庵文集》卷四六。

案：本書撰時未詳。《書信編年》以爲朱熹在漳州時批其所問，故係於紹熙二年（1191）間。待考。

朱熹《答劉叔文》：

細詳來喻，依舊辨別"性"、"氣"兩字不出。須知未有此氣已有此性，氣有不存，性却常在。雖其方在氣中，然氣自氣，性自性，亦自不相夾雜。至論其偏體於物，無處不在，則又不論氣之精粗而莫不有是理焉。不當以氣之精者爲性、性之粗者爲氣也。來說雖多，只以此意思之，便見得失。如云精而又精，不可名狀，所以不得已而强名之曰"太極"，又曰"氣愈精而理存焉"，皆是指氣爲性之誤。又引《通書解》云云，亦是不察陰陽二字是形而下者，便指爲誠。不知此是誠之流行歸宿處，不可便指爲誠也。又引無極之真，以爲真固是理，然必有其氣，是以可與二五妙合而凝，此尤無理矣。夫真者理也，精者氣也，理與氣合，故能成形。豈有理自有氣，又與氣合之理乎？其間瑣細,不暇一一辨論,但更看《太極圖解》第一段初兩三行,便見理之與氣各有去著,不待如此紛紜矣。《晦庵文集》卷四六。

案:上書(所謂理與氣)有云"所謂理與氣,此決是二物。……只看《太極圖》熹所解第一段,便見意思矣",而本書又云"但更看《太極圖解》第一段初兩三行,便見理之與氣各有去著,不待如此紛紜矣",知承其後。

劉　穎

劉穎(1136—1213),字公實,衢州西安(今浙江衢州)人。紹興二十七年(1157)進士。累遷太常寺丞,兼兵部郎官,提舉浙西常平茶鹽,遷提刑,除江西運判,除淮東轉運副使、戶部郎中、淮東總領,遷司農少卿、淮西總領,遷宗正少卿、起居郎,以集英殿修撰知寧國府,改知紹興府、平江府、泉州,以敷文閣待制致仕。嘉定改元落致仕,除刑部侍郎,辭,進龍圖閣待制、知婺州,請老,以寶謨閣直學士致仕。六年卒,年七十八。《宋史》卷四〇四有傳。

朱熹《答劉漕書》:

熹平生戇拙,無以瘉人,揣分自安,非有他望。公朝過聽,拔用過宜,方起輟仆,上累聖神之知,於此再矣。尚賴皇明洞照幽隱,所以慰藉撫循,有非小臣所當得者。極欲彊扶衰朽，起奉明詔，而自度孤危，尚須辟人以全末路，而疾疢交攻，有不容自力者。以是仰煩開諭，反復熟悉，引義慷慨，詞旨不凡。三復竦然，敢不斂衽。然前請已行，度一二日當有進止之命。儻遂退藏，是爲大幸。區區此意，諒亦蒙深照也。《晦庵文集》卷二七。

　　案：書中言"熹平生戇拙，……公朝過聽，拔用過宜，方起輾仆，上累聖神之知，於此再矣"云云，當指淳熙十五年辭免江西提刑事。是年六月，朱熹入京奏事，除兵部郎官，爲侍郎林栗所劾，詔依舊職名江西提刑趣任，朱熹屢上狀辭免，並請祠；七月二十六日除直寶文閣、主管西京嵩山崇福宮。《年譜長編》卷下。而本書又有"然前請已行，度一二日當有進止之命。儻遂退藏，是爲大幸"，故推知其約撰於是年（1188）七月中。而劉漕當指劉穎，時正任江西轉運判官。葉適《寶謨閣直學士贈光禄大夫劉公墓誌銘》云劉穎"除江西轉運判官，緣紹熙登極科進奉千餘，公亟奏黜，而薦其名士潔廉者十數，除直祕閣、淮東運副"。《水心文集》卷二〇。因朱熹辭免江西提刑之任，故劉穎來書勸勉赴任。

劉　爚

劉爚（1144—1216），字晦伯，建陽（今屬福建）人。

與弟韜仲受學于朱熹、呂祖謙。乾道八年（1172）舉進士。歷連城令、知閩縣，通判潭州，未上，丁父憂。僞學禁興，爐從熹武夷山講道讀書，怡然自適。築雲莊山房爲終老隱居之計。調贛州坑冶司主管文字，差知德慶府，提舉廣東常平。召入奏事，遷浙西提點刑獄。遷國子司業，"言於丞相史彌遠，請以熹所著《論語》、《中庸》、《大學》、《孟子》之說以備勸講，正君定國，慰天下學士大夫之心"。"又請以熹《白鹿洞規》頒示太學，取熹《四書集註》刊行之"。進國子祭酒。累遷權工部尚書，兼太子右庶子。嘉定九年二月卒，年七十三，真德秀《西山文集》卷四一《劉文簡公神道碑》。賜謚文簡。《宋史》卷四〇一有傳。

朱熹《答劉晦伯》：

浙東學者脩潔可喜者多，楊敬仲、孫季和皆已薦之，諸葛誠之兄弟亦時來相處。但心地不虛、我見太重，恐亦爲學道之障也。彼中亦有朋友過從如此間否？《晦庵文集》續集卷四上。

案：朱熹《答劉德修光祖》（《東溪語說》拜賜甚寵）云"此書附制司幹官孫應時，頃在淛東時所舉吏也"。《晦庵文集》別集卷五。本書有云"楊敬仲、孫季和皆已薦之"，孫應時字季和。故推知其約撰於淳熙九年（1182）春間、夏初。

朱熹《答劉晦伯》：

到此半年，百術俱試，而不足以出餓殍於溝中，不敢罪歲，徒自咎耳。蠶麥既收，船米輻湊，民食幸少寬。而疫氣大作，死者紛然。見此醫救埋瘞，又慮夏末尚須闕米，亦一面措置。若幸過此一厄，則亦且告歸矣。精力凋耗，又非昔時之比。兼離家日久，百事不便，此間俯仰費人心力，易得言語，不容久居也。《晦庵文集》續集卷四上。

案：書中云“到此半年，百術俱試，而不足以出餓殍於溝中”，據載朱熹於淳熙八年十二月六日接任提舉浙江常平，賑濟飢民，《會稽續志》卷二。故推知本書約撰於淳熙九年六月間。

朱熹《答劉晦伯》：

示喻文字，非有所愛，顧恐晦伯方欲讀書，則其序不應始於此耳。如何如何？韜仲向語及，欲來春與居厚同爲此來，不知果否？更早得一報，則兒輩不復別爲招客之計。不爾，卻須早有定論也。《晦庵文集》續集卷四上。

案：朱熹於淳熙九年九月中去任，自浙中南歸，次年初於武夷山下經營武夷精舍，四方士友來集。《年譜長編》卷上。本書中云及“韜仲向語及，欲來春與居厚同爲此來，不知果否？更早得一報，則兒輩不復別爲招客之計”，故推知其約撰於九年冬中。

朱熹《答劉晦伯》：

某以按發贓吏之故，諸公相害不遺餘力，獨賴聖主保全，未至斥逐耳，其勢豈可復出？到官之後，或更有一唐仲友，又作如何處置耶？只得力辭，得罪亦無如之何，但兩脚不可過分水嶺一步耳。《晦庵文集》續集卷四上。

案：淳熙九年九月中，朱熹自浙中南歸；十月，詔任江東提刑，辭；十二月，受直徽猷閣職名，仍辭江東提刑任；十年正月，差主管台州崇道觀。《年譜長編》卷上。本書云"其勢豈可復出？到官之後，或更有一唐仲友，又作如何處置耶"，又云"只得力辭，得罪亦無如之何"，故推知其約撰九年十一月、十二月間。

朱熹《答劉晦伯》：

仕宦遲速，要有時命。正唯盡心職業，安以俟之，庶幾不失所守。張憲到未？向在浙東同官，甚好士，某所薦楊敬仲、孫季和、項平公，原注："公"疑當作"父"。渠皆薦之。《晦庵文集》續集卷四上。

案：據真德秀《劉文簡公神道碑》，劉爚中第後，歷任紹興府山陰縣主簿，再調饒州錄事參軍，調連城令，知福州閩縣等。《西山文集》卷四一。又據《會稽續志》卷二，張詔於淳熙八年十一月以武經大夫到浙東提刑任，十年五月改江東提刑。正與朱熹任職浙江、劉爚任職江東之饒州之時相合，本書中所云"張憲"，當即指張詔,而又云"張憲到未",是其尚未蒞任。故推知本書約撰於淳熙十年(1183)秋初。

朱熹《答劉晦伯》:

武夷精舍已成,近與諸生往留旬日,甚適,但屋宇未備耳。立之墓文已爲作矣,而爲陸學者以爲病己,頗不能平。鄙意則初無適莫,但據實直書耳。余君書來,詞義甚可觀。今有書報之,可就取觀也。《晦庵文集》續集卷四上。

　　案:朱熹《曹立之墓表》撰於淳熙十年五月乙酉,《晦庵文集》卷九〇。而本書中言"立之墓文已爲作矣,而爲陸學者以爲病己,頗不能平"。又朱熹《與陸子靜書》(勅局時與諸公相見)云"立之墓表今作一通,顯道甚不以爲然,不知尊意以爲如何",《陸九淵集》卷三六《年譜》引。《與陸子靜書》撰於淳熙十一年初。又十一年二月,朱熹與士友學子遊武夷九曲溪。故推知本書約撰於十一年(1184)二、三月間。

朱熹《答劉晦伯》:

度量素不曾講究,今有書扣之。然此是千古未結絶底公案,恐終未易以一言定也。書煩遣去,并趙憲、程正思、曹挺之書爲一一致之爲幸。程在沙隨寓居處不遠,可并遣也。知趙憲已相薦,甚善。此等物合得終是得,正不須汲汲也。《晦庵文集》續集卷四上。

案：書中所云"趙憲"，當指江東提刑趙燁。宋
蔡戡《朝奉郎提點江南東路刑獄趙公墓誌銘》云趙燁
改江東提點刑獄，"既至，興利除弊，不煩設施，郡邑
相安，吏民信服，獄訟衰息，盜賊消弭，坐以無事。期
年卒於官，時淳熙十二年二月三日也"。《定齋集》卷一
五。沙隨即程迥，嘗知信州上饒縣，辭官，歸老鄱陽；
程正思即程端蒙，鄱陽人。鄱陽與上饒相近，故朱熹
託劉燁轉交書信。由此推知本書約撰於淳熙十一
年中。

朱熹《答劉晦伯》：

渠論度量權衡之制甚精，若相見，煩爲求其樣，製造
古升、古尺、古秤各一枚，便中示及爲幸。《晦庵文集》續集
卷四上。

案：上書(度量素不曾講究)云"度量素不曾講
究，今有書扣之"，而本書又云"渠論度量權衡之制甚
精"，此"渠"當指程沙隨，故推知本書當撰於得程沙
隨回書以後，約在十一年下半年。

朱熹《答劉晦伯》：

鹽筴欲行於一州，尚不能勝衆説之排沮，況欲通行四
郡，其間豈無見行之法自不爲害之處，而何必爲此紛紛
乎？若必爲此，恐其説尤易沮而難行也。應倉自江、浙間

乍來,固不諳此利病。然當時若一到汀州,親訪民言,更廣詢有識,以審其是然後回奏,亦未爲晚。不知何故忽忽如此?便欲入城見之,以此行蓋難開口説話也。來書所喻,固皆一方永久之至計,然度今之君子決不能用,徒自譊譊耳。趙帥在此,所爲不無未滿人意處,然自今觀之,又豈易得也。學中教養人數頗多,甚不易。既難得人可招致,只可撥忙自到彼中與之講説,就他卑陋處錐劄喚省,庶幾猶不爲無益也。《晦庵文集》續集卷四上。

案:《宋史全文》卷二七下載,淳熙十三年十二月辛巳,"臣僚言汀州科鹽之害,詔令漕臣趙彦操、王師愈同提舉應孟明措置聞奏。彦操等尋奏:……並從之"。又《宋史》卷一八三《食貨志下五》云"淳熙十三年,四川安撫制置趙汝愚言汀州民貧而官鹽抑配,視他州尤甚,乞以汀州爲客鈔。事下提舉應孟明及汀州守臣議。孟明等言'上四州軍有去産鹽之地甚邇者,官不賣鹽則私禁不嚴,民食私鹽則客鈔不售,既無翻鈔之地,則客賣銷折,所以鈔法屢行而屢罷。四州澗遠猶不可翻鈔,汀州將何所往?故鈔法雖良,不可行於汀州,惟裁減本州并諸縣合輸内錢,而嚴科鹽之禁,庶幾汀民有瘳矣'。復下轉運趙彦操等措置裁減"。本書乃云"鹽筴欲行於一州,尚不能勝衆説之排沮,況欲通行四郡",又云"應倉自江、浙間乍來,固不諳此利病。然當時若一到汀州,親訪民言,更廣詢有識，以審其是然後回奏，亦未爲晚”，故推知其約撰於淳熙十四年（1187）中。

朱熹《答劉晦伯》：

某復得祠，只用省劄令還舊任，更不曾別出敕也。《晦庵文集》續集卷四上。

> 案：朱熹《辭免秘閣修撰狀一》云“右熹昨具奏狀辭免主管西太乙宮兼崇政殿説書恩命，今月十一日準尚書省劄子，奉聖旨依所乞，可除秘閣修撰，仍舊宮祠”，《晦庵文集》卷二二。時在淳熙十六年（1189）二月。本書云及“某復得祠，只用省劄令還舊任，更不曾別出敕也”，當即指此，故推知其撰時稍後。

朱熹《答劉晦伯》：

此間竟未得雨，田之有水者亦有螟螣之災，歲事甚可慮。且是熱氣可畏，日甚一日，未知終如何也。小兒極荷留念，不知作文竟能入律否？看得只合小做規模，庶幾浄潔緊巧，易照管。渠却汎濫胡説，不勒字數，令人看得心煩。切望痛與鑴切塗抹，令其自改，立限再呈，勿令懶惰，推托放過，乃幸耳。謝公之去，傳者不一。昨日得元善書，乃云以不言罪之。此蓋只爲不協力攻周揆耳，誠甫之傳妄也。輪對文字亦正當，但不甚切。然亦不問那下次第，亦爲所疾。蓋首論正心，近似道學也。自除一黄掄，不知是何人也？密訪往往有之，然重華却照知諸姦朋結之狀，時有聖語云："周有甚黨？却是王黨盛耳。"此語儘鎮壓了怪事也。聞於中外且得如此，亦是幸事。尤丈本無向背，似與婺尤厚，今亦不免，尚未見章疏，不知坐何事也？《晦庵文集》續集卷四上。

　　案：《宋會要輯稿・職官》六之七〇云"淳熙十六年五月二十八日，宰執進呈謝諤仍兼侍講。上曰："諤供中司之職已久，而全不言事，恐其不能任此責。改移之優閑之地，可令仍舊兼講筵，其人卻該通經學。'"又同上七二之五二載是年六月"二十二日，詔權禮部侍郎尤袤與郡。以言者論袤兼翰苑、詞掖、史館、經筵，疏謬曠失，士論不服，乞賜罷黜，故有是命"。本書言及"謝公之去，傳者不一。昨日得元善書，乃云以不言罪之"，又云"尤丈本無向背，似與婺尤厚，今亦不免"，故推知其約亦撰於淳熙十六年秋初。

朱熹《答劉晦伯》：

　　某衰病之餘，支吾郡事甚覺費力。諸邑惟漳浦最狼狽，諸事如鬻鹽、子斗、折豆皆非法，子斗者，廢寺之田租也。坐視半年，未有可下手處。近方因有旨條具，輒以一二事爲請。若蒙施行，則科罰之類可以盡禁。經界若行，則子斗之弊亦可革去。折豆見與同官商量，雖或未能盡去，亦

可去其太甚。但鬻鹽一事最爲非法，而未敢遽議。蓋郡
計所行，萬數不少，一旦失之，便恐狼狽也。經界已得旨
相度，奏檢謾録呈。此亦已一面訪問區處，以俟命下，即
便施行。意欲及此農隙并力打量田産，攢造文字，夏料便
行新税，未知力能辦否。同官中亦有一二人可仗，但四縣
須得六七人分頭勾當，郡中須得一兩人總統大綱，乃可集
事。意欲奉煩賢者一來，只就郡中檢校，或以時循行諸
縣，指教督趣。元禮亦許來，旦夕到矣。不知能爲一來
否？可稟知判官丈，如許相助，此有數卒送劉壻歸，得便
就之以行爲幸。更欲并邀季通、伯崇一處，可得六七人
也。《晦庵文集》續集卷四上。

    案：紹熙元年朱熹知漳州，六月申請行經界，七
月再申請行經界，八月詔相度泉州、漳州先行經界。
《年譜長編》卷下。本書中云"經界已得旨相度，奏檢謾
録呈。此亦已一面訪問區處，以俟命下，即便施行。
意欲及此農隙并力打量田産，攢造文字，夏料便行新
税，未知力能辦否"，故推知其約撰於是年（1190）八
月或稍後。

朱熹《答劉晦伯》：

經界之議，此間同官商量，正如來喻。但漕司便欲施
行，其意甚美，故或初欲先量城市及山坂無田去處。又深
計之，亦有未便，不免回申，乞且先分保界、立土封，以俟

秋成,而後併手行之。今鉏草子去一觀,若得前期一到此間,與一二同官預定規模尤幸,不必俟臨時也。漕使書又云,開正即欲到此,恐未有益。不若賢者先來議定,却請漕使親臨,以察其當否之爲便也。要是秋中乃來,方有益耳。《晦庵文集》續集卷四上。

　　案:上書(某衰病之餘)言及"經界已得旨相度,……意欲奉煩賢者一來,只就郡中檢校,或以時循行諸縣,指教督趣",而本書又云"不若賢者先來議定,……要是秋中乃來,方有益耳",知承上書,約在是年八、九月之際或稍後。

朱熹《答劉晦伯》: ·

經界事目荷留念,打量法中間劉子禮寫來正如此,以其無奇煩費而忽之。近日較量,此法雖拙而易曉,亦一面雕印下諸邑矣。但今孟冬已盡而指揮未下,恐有陰沮之者。某又見病,旦夕不免上奏爲歸田計矣。讀韜仲書,爲之慨然。此雖作郡,反不若彼得行其志也。此間因不經界,失陷省計以大萬數,故爲不法擾民之計以補之。若不經界,真無下手處也。只漳浦一項官米錢貳萬二千餘緡,今實催五千餘緡而已。凡事如此,令人太息。昨聞交代有日,適詢劍浦人乃云來春方歸,不知何故尚爾遲遲也?韜仲書報經界復行,不知却作如何措置,第恐復爲諸司所敗耳。《晦庵文集》續集卷四上。

　　案：紹熙元年十一月二十六日，詔漳州經界先
措置施行。《年譜長編》卷下。本書中云"經界事目荷
留念，……但今孟冬已盡而指揮未下，恐有陰沮之
者"，故推本書當撰於是年十月末。

朱熹《答劉晦伯》：

　　韜仲近得書否？養士訓兵，想已有條理。此間兩事
都做不得，深以愧耳。蓋作郡之勢不如作縣之親也。《晦
庵文集》續集卷四上。

　　案：朱熹於紹熙元年四月下旬至漳州。又上書
（經界事目荷留念）有云"讀韜仲書，爲之慨然。此雖
作郡，反不若彼得行其志也"，而本書乃云"韜仲近得
書否？……蓋作郡之勢不如作縣之親也"，推知前後
相續，約撰於紹熙元年十一月、十二月間。

朱熹《答劉晦伯》：

　　經界爲鄰邦陰沮，久已絕望，今日忽得一信，却恐且
令此州先行。此是何等處置？廟堂無人，乃使一統之中
國有異政，甚可笑也。然今已向春，田功方起，如何更可
下手？萬一行下，亦須回申，且俟農隙也。復業之牓不妨
早出，但此間田荒已是三十餘年，目下却無逃移，更俟詢
訪也。諸論皆切當，紙札之費，諸司或不肯認，此亦可自
備。見有一項閑錢，若不因此用却，亦須別作一有利益

事，不然，徒爲後人妄費竊取之資也。萬一求去未遂，來年秋冬間當舉此役。是時恐晦伯已赴官，不知更有何人相助。幸爲籌之，便中報及。趙帥之來，留意愈切。但所下約束全無檢察姦欺、督趣逋負之意。因其來問，已力言之。仍爲之言，若更如此數年，鄉官徒守空倉，舉子之家無復得米之望矣。不知渠能信否？大率其政尚寬，未免有要人道好之意，此亦通人之一蔽也。仲宣自連城遣盛僕來此云，提宮丈俸錢尚未得，已爲作書懇趙守，未知能應副否也。季通欲來，不知已起離未？恐其已行，更不作書。或未行，且煩致意也。應城書信已領，手痛未及作答。渠要學記、堂額，當俟後便也。《晦庵文集》續集卷四上。

案：朱熹《回申轉運司乞候冬季打量狀》中云"本州今月初九日準轉運銜牒，錄白到尚書省十二月二日劄子：福建轉運、提刑、提舉司奏，相度到漳、泉、汀州經界，十一月二十六日降指揮，令福建轉運司照相度到事理，先將漳州措置施行"。《晦庵文集》卷二一。其"今月初九日"指紹熙二年正月九日。本書云及"經界爲鄰邦陰沮，久已絕望，今日忽得一信，却恐且令此州先行。……然今已向春，田功方起，如何更可下手？萬一行下，亦須回申，且俟農隙也。……萬一求去未遂，來年秋冬間當舉此役"，故推知其當撰於紹熙元年末。

朱熹《答劉晦伯》：

所論經界利害極爲明白。向見何叔京每持此論，趙若海陛辭日，亦嘗以爲請。但説者多以爲不可行，私固疑之。而楊子直近日過此，亦以爲汀州民力大困，如人大病虛羸，未堪汗下，當且厚加調養，然後可以節次調治，其説亦似有理。所與諸司劄子事理甚明，但諸公何嘗以此等事經意？想亦只是虛發耳，未敢望其思量到子直所憂處也。韜仲相度鈔鹽利害何如？兩司之議不協，恐亦終無益也。世間萬事類皆如此，令人慨歎。但吾力所可及者，不可不勉，庶幾隨事有補，救得兩三分也。《晦庵文集》續集卷四上。

案：本書亦論及行經界事，當承上諸書；又未及因其子朱塾卒而請祠事，故推知其約撰於紹熙二年（1191）正月或稍後。

朱熹《答劉晦伯》：

韜仲亦得書，説彼中事甚有條理，讀之快人也。如來書簡約，不惹閑事，又自是一種好意思也。《晦庵文集》續集卷四上。

案：上書（所論經界利害極爲明白）有云"韜仲相度鈔鹽利害何如？兩司之議不協，恐亦終無益也。世間萬事類皆如此，令人慨歎"，而本書乃云"韜仲亦得書，説彼中事甚有條理，讀之快人也。如來書簡約,不惹閑事,又自是一種好意思也",似承其後,推知約在紹熙二年中。

朱熹《答劉晦伯》:

經界中間更有無限不好意思,不得不力辭。今決此計,一以明田賦之不可不均,一以使秉權者知士大夫之不可以美官好語牢籠。然此意難以語人,以來喻者默契,故輒及之耳。人來往者傳聞政聲甚美,足以慰所懷,正惟不倦以終之耳。林帥入境,具知吏治美惡,嚴毅有體,甚彊人意,想必能相知也。《晦庵文集》續集卷四上。

案:林帥指林枅,紹熙二年十二月以朝請大夫、直徽猷閣知福州。《淳熙三山志》卷二二。本書中云"林帥入境,具知吏治美惡,嚴毅有體,甚彊人意,想必能相知也",推知當在林帥初蒞任時,故本書約撰於是年末。

朱熹《答劉晦伯》:

林帥政事,近年已甚艱得,聞其雖嚴而簡,此自爲得體。如鄭溥之,却似傷煩碎,然亦不易得也。《晦庵文集》續集卷四上。

案:書中語"林帥政事,近年已甚艱得"之"林帥",當指知福州林枅,紹熙二年十二月到任,三年九月卒。《淳熙三山志》卷二二。故推知本書當撰於紹熙三年(1192)中。

朱熹《答劉晦伯》：

薛漕之來，方議所以寬民力者未得要領，而遽有他除。雖諸公意不苟，然失之此爲可恨耳。直卿罷舉，不復可勸，殊不可曉。書信及諸處書悉煩達之。向令渠奉煩根究笛材，乃欲以驗季通之律者，不知曾根究得否？幸更留念也。《晦庵文集》續集卷四上。

案：書中云及"直卿罷舉，不復可勸，殊不可曉"，與朱熹《答黃直卿》(聞今歲便欲不應科舉)所云"聞今歲便欲不應科舉，何其勇也。然親闈責望，此事恐未得自專。更入思慮，如何"相合。《晦庵文集》續集卷一。《答黃直卿》撰於紹熙三年五月間，故推知本書約撰於是年夏末、秋初。

朱熹《答劉晦伯》：

林帥遽至此，可駭可惜。昨夕趙丞至，方得其書。人生浮脆如此，而某又與之同庚得病，尤覺可懼可懼。章掾事已爲言之，但今年緣與憲車相款，大得罪於鄉人。其實不曾開口說一字，渠問亦不深應，不謂乃得此謗。今此事雖不同，然此亦不可廣也。林帥固賢，然近聞其與憲司不協，亦大有行不得處。豈其神明將去而不思至此耶？抑爲州者固得以捍制使，而使者果不可以察縣耶？大抵范忠宣所謂恕己則昏者,甚不可不戒。使渠自作監司,能堪此耶?《晦庵文集》續集卷四上。

　　案:知福州林枅卒於紹熙三年九月。本書中言"林帥遽至此,可駭可惜",推知約撰於是年九月或稍後。

朱熹《答劉晦伯》:

饒廷老歸,聞諸公相許,已有成説。而辛卿適至,以某嘗扣其廣右事宜,疑其可以彊起,乃復宿留。然近又有書懇尤延之,計必從初議矣。萬一不允,不敢憚遠畏瘴。但恐迂拙無補於事,而徒失家居講學、接引後來之益。歲月愈無多愈可惜耳。《晦庵文集》續集卷四上。

　　案:書中云"而辛卿適至,以某嘗扣其廣右事宜,疑其可以彊起,乃復宿留。然近又有書懇尤延之,計必從初議矣。萬一不允,不敢憚遠畏瘴",指紹熙三年十二月除朱熹知靜江府、廣南西路經略安撫使,十九日辭;四年正月辛棄疾召赴行在,經建陽與朱熹會晤;六日有旨趣任,二十三日復辭,二月差主管南京鴻慶宮。《年譜長編》卷下。故推知本書約撰於紹熙四年(1193)正月末、二月初。

朱熹《答劉晦伯》:

長坂鼠輩之擾,兩日未平。縣中得黃德威申狀,云已

過羅溪、范坑，屬吉陽界。縣宰昨日親行，募以重賞，計必
得之。不爾，亦不過深入山林，四散奔逸，或無所得食，縊
死而已，無能爲也。但蔡一哥簡來，乃云後山傳聞賊入石
溪，市中驚疑，此決是虛傳。此間亦虛傳賊到大田，即是
此一路也。但市中群小却不可不防，鎮官無權，不足恃。
此是晦伯當爲鄉里任責，且静以撫之，爲一往，使別無變
動爲佳。若論長坂之賊，只有七人，尉司申來，已獲兩人
矣，決不能來，不須爲備也。《晦庵文集》續集卷四上。

　　案：書中云"長坂鼠輩之擾，兩日未平。縣中得
　　黄德威申狀，云已過羅溪、范坑，屬吉陽界。……但
　　蔡一哥簡來，乃云後山傳聞賊入石溪，市中驚疑，此
　　決是虛傳。此間亦虛傳賊到大田，即是此一路
　　也。……此是晦伯當爲鄉里任責"。長坂、羅溪、范
　　坑、吉陽、石溪、大田等皆建陽附近地名，書中"此是
　　晦伯當爲鄉里任責"，據真德秀《劉文簡公神道碑》所
　　載劉爚爲宦經歷推知，《西山文集》卷四一。似是劉爚
　　知閩縣時事，故係於紹熙四年中。

朱熹《與劉晦伯書》：

　　十二月十日某頓首：霜寒遠，惟侍奉吉慶。武夷鄭
知觀來，説賜田紐租事，欲求一言於徐丞，渠自去面懇，幸
與詳度言之，亦須不礙官府事體乃佳爾。提宮丈不敢拜
書。韜仲已有新除未耶？　向（須）［煩］料理買山事，近又

嘗託季通言之，不知竟如何，更覓一信，若十千可就，即納錢去也。因鄭君行，草草附此。歲晚珍重，以迓新祉，不宣。某再拜晦伯知郡賢契友。元虞集《道園學古錄》卷一一《晦翁與劉晦伯書》。

案：束景南《朱熹佚文輯考》據元虞集《道園學古錄》卷一一《跋晦翁書後》，以爲朱熹本書當撰於乾道五年十二月十日，因是年劉爚尚未入仕，故"疑末句爲後人所妄加"。此説誤。據《閩中理學淵源考》卷六，韜仲乃劉炳字，劉爚弟，"舉淳熙五年進士。授迪功郎、知應城縣，好賢禮士，修飾儒學，訪求前令謝良佐遺迹，創上蔡先生祠於講堂東隅，朱文公爲記。再調劍浦丞"。而朱熹《德安府應城縣上蔡謝先生祠記》云："應城縣學上蔡謝公先生之祠，今縣令建安劉炳之所爲也。"記文撰於"紹熙辛亥（二年）冬十月丙子朔旦"。《晦庵文集》卷八〇。又《雲莊劉文簡公年譜》云紹熙"五年甲寅九月，至自閩縣，公入京師。十一月，差通判潭州軍州事"。故書中所言"韜仲已有新除未耶"，乃指劉炳罷知應城縣後、再任劍浦丞前之事，此時劉爚正任知閩縣，由此推知本書約撰於紹熙四年（1193）十二月十日，而本書末句之"知郡"當爲"知縣"之譌。

又，錄元虞集《跋晦翁書後》如下，云："集嘗見文公與東萊先生一帖云：'福建人劉氏兄弟爚、炳同預

薦送，乃翁亦以免舉試禮部，皆欲見於門下。某新阡
與其居密邇，兩年相從甚熟，知其嗜學其教，幸與之
進。'蓋東萊時在館閣也。此書所謂晦伯，爣也；韜
仲，炳也。十千所買之山，豈即所謂新阡之近、而季
通之所擇乎？昔者野人有食芹曝暄，而美者持以獻
其君。野人猶然，而況君子之於其君也？心知其善，
而忍後其事而弗告哉？紹興山陵改卜之議，季通竟
坐貶死，孰知君子之於君親蓋無二致也？得於親，而
不得於君，其勢然也。觀買山之帖，新阡之好，豈勝
慨然？文公之書，豈欲以此藝成名者？而子昂、仲章
氏舉以爲言，豈子昂獨舉其所深解者，而仲章贊之
耶？公少年蓋嘗學曹操書，而劉共父誚之，公以時之
古爲解，然則其可以書求公乎？"《道園學古錄》卷一一。

朱熹《答劉晦伯》：

昨日得報，君舉以謝章奉祠而去。未見文字，不曉其
由，亦可駭也。少意欲招一同人教諸孫，而未有便近可招
者，不知知識間有此人否？須得兼通經義聲律，嚴毅通
曉，奈煩善誨諭人者乃佳。必不得已，只能作義亦得，其
餘則不可闕也。《晦庵文集》續集卷四上。

案：《宋史‧寧宗紀一》載紹熙五年十二月乙
丑，"御史中丞謝深甫劾陳傅良罷之"。本書"君舉以
謝章奉祠而去"云云即指此。乙丑乃十二月九日，故

推知本書約撰於五年(1194)末。

朱熹《答劉晦伯》：

向承寄及沙隨古鐵尺，置之几上，忽然失之，不知彼中見有此樣否？如有之，幸爲別造一枚，較令精審，勿令一頭長短乃佳。仍不必鑿苟勗名字可惡，只云"溫公周漢尺"可也。《晦庵文集》續集卷四上。

> 案：朱熹《答程可久迥》(熹昨者拜書草率)中云及"溫公周尺刻本，舊亦嘗依放制得一枚，乃短於今鐵尺寸許，不知何故如此差誤。俟檢舊本，續求教也"。《晦庵文集》卷三七。本書有云"向承寄及沙隨古鐵尺，置之几上，忽然失之，不知彼中見有此樣否？如有之，幸爲別造一枚，較令精審，勿令一頭長短乃佳"，沙隨乃程迥號。因程迥卒於紹熙末、慶元初，參見本書"程迥"條朱熹《答程可久》(所諭爲學本末)下考證。而朱熹遺失"向承寄及沙隨古鐵尺"，而未向程迥詢問"見有此樣否"，推知其當已卒，則本書約撰於慶元中，姑係於慶元二年(1196)間。

朱熹《答劉晦伯》：

所喻南安韓文，久已得之，舛訛殊甚。蓋方季申尊信閣本及舊本，反將後來諸家所校定者妄行改易。世俗傳訛，競稱善本，誤人多矣。昨爲《考異》一書，專爲此本發也。近日潮州取去，隱其名以鏤板，異時自當見之。今不必寄來，但細讀數篇，便見紕繆矣。《晦庵文集》續集卷四上。

案：朱熹《韓文考異序》云"南安韓文出蒲田方氏，近世號爲佳本，予讀之信然，然猶恨其不盡載諸本同異，而多折衷於三本也。……是以予於此書，姑考諸本之同異而兼存之，以待覽者之自擇"。《晦庵文集》卷七六。其撰成於慶元三年（1197）九月間，《年譜長編》卷下。本書有云"昨爲《考異》一書，專爲此本發也。近日潮州取去，隱其名以鏤板"，故推知其約撰於是年冬。

朱熹《答劉晦伯》：

年及告老，乃禮之常，而異議鄉評橫爲沮抑，若非臺章催促，幾不得遂。今幸得之，而一二要津亦肯放過，亦是一事結抹，如來喻所謂結五十年之公案者。然閱邸報，猶未免有旁及之詞，只恐諸賢更欲子細看詳，未肯放過來哲手中也。《晦庵文集》續集卷四上。

案：慶元五年四月，朱熹守朝奉大夫致仕，二十三日上《致仕謝表》。《晦庵文集》卷八五。本書云及"年及告老，乃禮之常，而異議鄉評橫爲沮抑，若非臺章催促，幾不得遂。今幸得之"，則推知其約撰於是年（1199）四月末或稍後。

朱熹《答劉晦伯》：

所喻泉司事體乃爾，亦是地理太遠，事權太輕，其勢不得不然。比見王南卿在番陽本司時，以洴水不辦，親自到彼料理數月，其課遂登。渠精敏過人，其事距今未遠，想尚可訪問稽考也。孫、薛二守一章繳罷，孫又長往，尤可傷惜。大抵時論洶洶，殊未定也。《晦庵文集》續集卷四上。

案：書中所云"孫、薛二守一章繳罷，孫又長往，尤可傷惜"之孫，乃指孫逢吉，據樓鑰《寶謨閣待制獻簡孫公神道碑》，孫卒於慶元五年四月丁丑。《攻媿集》卷九六。故推知本書約撰於是年五、六月間。

劉允迪

劉允迪，字德華，玉山（今屬江西）人。隆興初年進士。知德安縣，爲政一本儒術，以惠愛得民。累官至朝奉郎、參議沿海制置司軍事。後居家建義學，以教族子弟及鄉人之願學者。《江西通志》卷八五。

朱熹《與劉德華允迪》：

某聞風甚久，屏迹丘樊，無由瞻奉。茲焉假守，密邇治封，政化流聞，益勤傾跂。謹因致問，布此腹心，諒辱深照。《晦庵文集》續集卷一一。

案：朱熹《玉山劉氏義學記》云"始予守南康，鄰境德安有宰焉，爲政一本儒術，甚以惠愛得其民。……予聞而竊心善之，而問其邑里姓名，則曰玉山劉侯也。南康屬邑有越德安而縣屬者，每遣掾吏循行，則必戒使謁劉侯"。《晦庵文集》卷八〇。本書中云"兹焉假守，密邇治封，……謹因致問，布此腹心"，乃初通書之語，約在淳熙六年（1179）夏間。

朱熹《與劉德華》：

某衰病餘生，不堪吏事，兹蒙聖恩，强畀民社，扶曳至此，不敢爲久居計，顧念未有以仰報使令之意者。訪聞管下諸縣有與貴邑地勢交錯、税籍猥并之處，所以賦重民貧，凋殘特甚。向來貴邑得賢守令力爲申請，已蒙蠲減之恩，而此間獨仍其舊。念欲以此哀告朝廷，仰祈寸澤，輒擬就借貴邑當來申請一宗文字以爲楷式，諒仁人之心無間彼此，得檢示去人，令就抄録以歸，實爲厚幸。《晦庵文集》續集卷一一。

案：南康星子縣與江州德安縣相接。時朱熹欲奏乞減免星子税錢，故向鄰縣知縣劉允迪取經。據朱熹《自劾不合用劄子奏事狀》云"近於今年六月二十二日，因本軍陳乞蠲減税錢事，曾具劄子奏聞"。《晦庵文集》卷二二。故推知本書約撰於六月初。

朱熹《與劉德華》：

建昌利病恐有所聞，幸以見警，千萬至禱。《晦庵文集》續集卷一一。

案：淳熙六年十月，朱熹因建昌縣秋旱失於檢放，致人戶流移，申省自劾。《年譜長編》卷上。本書所云，似指此事，故推知其撰於稍前。

朱熹《與劉德華》：

某久不奉問，鄉往馳情。比以郡境枯旱異常，夙夜憂勞，不知所以為計。意者君子所臨，當不至是也。備災之具，經營似頗有緒，但檢放一事未有長策。蓋太詳則民有勞費，太略則又恐有不均之歎。竊恐貴邑施行規模次第必有可見教者，專人咨請，切幸毋吝。法曹經由，曾請見否？已囑其歸塗面扣詳細矣。引領以俟，至懇至懇。《晦庵文集》續集卷一一。

案：淳熙七年(1180)七月，南康軍大旱，朱熹大修荒政，申乞放免租稅。《年譜長編》卷上。本書所云"檢放一事"當即指此。又朱熹《申倉部及運司檢放三縣苗米數》云七月十六日後，"委從政郎、司法參軍陳祖永前去建昌縣，同逐縣知縣躬親詣旱傷田段地頭逐一對帳檢視"，《晦庵文集》別集卷一〇。本書所云"法曹"，即司法參軍陳祖永。故推知本書約撰於七月末。

朱熹《與劉德華》:

某承示及公文,已行下通放矣。聞貴邑所勸未甚多,恐不可不早爲之所。諸司未必可指準,此間多是兌那合起官錢,遣人收糴,將來糴畢還錢,蓋未晚也。奉新、臨川聞頗有米,市井販鬻之家,亦可勸諭使往糴也。但陳法還自建昌,聞元檢放分數過多,今又不可失信。王星子與毛揆遍行其境還,亦言僅可得一分耳。民窮固可哀,而官司之計將如之何? 積憂熏心,百病交作,求去不得,未知所以爲計也。《晦庵文集》續集卷一一。

案:上書(某久不奉問)云"但檢放一事未有長策。……竊恐貴邑施行規模次第必有可見教者,專人咨請,切幸毋吝。法曹經由,曾請見否?"而本書云"但陳法還自建昌,聞元檢放分數過多,今又不可失信。王星子與毛揆遍行其境還,亦言僅可得一分耳",乃承上書,約撰於八月間。

朱熹《與劉德華》:

某數日爲江西舡粟不下,憂窘不可言。今聞始得少通,然財賦有經而饑民猥衆,雖竭所有以糴,不能爲旬月之備。今再遣陳揆走建昌,更令請教。陳謹實勤懇,同官中不多得。建昌諸人既難深託,百里之命,正在此人耳。切告推誠毋隱,使鄰道之人均被惠澤,而守官者賴以不得罪於其民,固仁人所樂爲者。是以忘其再三之瀆而敬以爲請，當辱垂念也。《晦庵文集》續集卷一一。

　　案：是年十月末，朱熹申諸司乞下江西不許遏
糴，《晦庵文集》別集卷九《申諸司乞行下江西不許遏糴》。
本書言及“某數日爲江西舡粟不下，憂窘不可言。今
聞始得少通”，則其約撰於十一月上旬。

朱熹《與劉德華》：

昨見三牓，懇惻之心形於文墨，讀之令人感歎不能自
已。貴境放及幾分？別作如何措畫？皆望見教。中間小
報言者有謂州官檢放但憂郡計之不足，不恤民力之已困
者，可謂平論。聞聖心極焦勞，但無如有司出内之吝耳。

某又聞檢放得實，州家悉已施行，此見懇惻之誠孚于
上下，尤深喜慰。《晦庵文集》續集卷一一。

　　案：朱熹於十一月末申尚書倉部與轉運司檢放
所屬三縣苗米。《年譜長編》卷上。而本書乃詢及劉允
迪德安“放及幾分？別作如何措畫？”故推知本書約
撰於十一月中。

朱熹《與劉德華》：

某示喻，仰見憂民之切，不勝感慨。但此雖號鄰邦，
然情意素不相通，豈敢輒爾干預？恐或徒爲紛紛而無益
也。向來嘗爲錢漕僭道賢德，今一書禱之，幸試達之。然
須更得民户自言，乃相應耳。吾人相求而不相值，彼亦果

何心哉？可歎可歎。《晦庵文集》續集卷一一。

　　案：下書（某衰病多故）有云“錢漕前日通書，已道區區”，而本書有云“向來嘗爲錢漕僭道賢德，今一書禱之，幸試達之”，似相承，故推知本書約撰於淳熙七年末。

朱熹《與劉德華》：

某衰病多故，久不得附致問訊。然采聽道塗，竊知救荒之政究心悉力，不勝歎仰。恨有封壤之拘，不得少佐下風也。某昨移建昌之粟於都昌，此兩日給散方畢，遂可上奏，與之丐賞，庶不失信於此人，幸甚幸甚。孫僉適到此，首談長者救荒之意，相與歎息。錢漕前日通書，已道區區，然政不須此也。敝郡兩邑月解千緡，自去夏之供，至今不得一文。郡中獨力支吾，幸不至大段曠闕。前日猶恐將來爲縣道之累，已悉與削其籍矣。今日爲縣誠難，若郡不恤縣，則亦何以責縣之不恤其民乎？顧上供給餉種種有不可闕者，未知朝廷終何以惠綏之耳。《晦庵文集》續集卷一一。

　　案：據朱熹《繳納南康任滿合奏稟事件狀》，因都昌縣“所管義倉米會計賑濟不周，本軍遂於建昌縣張世亨等賑濟米內撥米四千石，本軍措置官錢和雇腳夫舟船裝載發送都昌縣交管，分於置場去處，責令監轄賑濟，至閏三月十五日終”；又朝廷於三月二十五日除朱熹提舉江南西路常平茶鹽公事,故朱熹上奏乞朝廷依原下指揮給賞"承認賑濟米"者。《晦庵文集》卷一六。故推知本書約撰於淳熙八年(1181)閏三月間。

朱熹《與劉德華》:

某孤拙亡庸,不自揆度,妄意一出,竟速顛隮。尚賴聖明照知本末,假寵從欲,所以矜憐慰藉之者甚厚。顧無涓塵可以伏伸報效,感之多不若愧之甚也。《晦庵文集》續集卷一一。

案:淳熙十五年(1188)三月中,朱熹上京奏事,五月下旬至臨安,六月七日奏事延和殿,八日除兵部郎官,因侍郎林栗上章彈劾,而詔依舊職江西提刑,十二日離京南歸,七月上旬至家。《年譜長編》卷下。本書所謂"某孤拙亡庸,不自揆度,妄意一出,竟速顛隮",當即指此。又朱熹《玉山劉氏義學記》云"及予將終更,乃得納謁劉侯之館,而拜賜焉。……後數歲,予以事過玉山,則劉侯以待次家居,復得相見如平生懽"。故推知本書當撰於歸家之初,即在七月中。

朱熹《與劉德華》:

某復蒙垂喻《義學記》文,極荷不鄙,謹已略述數語,具道雅意。但卒章之意,不欲但以勢榮祿利爲言,故不復叙植桂之名。將來入石,只用今所寫去八字書額足矣。

文字荒淺，指意闊疏，不審尊意以爲如何？不知當屬何人書之？更告詳酌也。《晦庵文集》續集卷一一。

> 案：朱熹《玉山劉氏義學記》云其過玉山，與劉允迪相見，劉請撰“劉氏義學記”。淳熙十五年九月己未，朱熹撰成記文。《晦庵文集》卷八〇。故推知本書約撰於同時。

朱熹《與劉德華》：

某昨蒙不鄙，委撰《義學記》文，不敢固違，草具求教。茲辱垂示，乃知已便刊石。未加指摘，遽爾流播，愧懼多矣。記中第十行“周”字下元有“澹”字，今似脱去，恐寫去時脱了。問兒子，乃云寫時亦嘗疑之，曾來請問，乃知是古“瞻”字，不應遺忘，恐或刻時失之耳。此於大義無妨，但細讀之，覺比上句少一字，想無害也。其文雖鄙，然所叙契丈二事皆可以爲世法。更欲多得數十本散施知舊，庶有能勉慕其萬分者。《晦庵文集》續集卷一一。

> 案：本書乃述劉允迪將朱熹《玉山劉氏義學記》刊石後，拓印墨本饋寄朱熹，朱熹再爲本書，故推知其約撰於是年末。《晦庵文集》續集卷一一。

劉　止

劉止，字定夫，南豐（今屬江西）人。“師象山，號子

路,與里人黃幾先、彭明甫相講學"。《隱居通議》卷一六《劉
氏族譜序》。

朱熹《答劉定夫》：*

所喻爲學之意甚善,然説話亦已太多。鄙意且要得
學者息却許多狂妄身心,除却許多閑雜説話,著實讀書。
初時儘且尋行數墨,久之自有見處。最怕人説學不在書,
不務佔畢,不專口耳,下稍説得張皇,都無收拾,只是一場
大脱空,直是可惡。細讀來書,似尚有此意思,非區區所
欲聞也。《晦庵文集》卷五五。

　　案:朱熹《答傅子淵》(示喻戰栗之義)有"然二
　　包、定夫書來,皆躐等好高之論,殊不可曉"云云。
　　《晦庵文集》卷五四。所云當即本書。《答傅子淵》撰於
　　淳熙七年(1180)夏初或稍後,故推知其約撰於是年
　　春、夏之際。

朱熹《答劉定夫》：

來書詞氣狂率又甚往時,且宜依本分讀書做人,未須
如此胡説爲佳。《晦庵文集》卷五五。

　　案:上書(所喻爲學之意甚善)言及"鄙意且要
　　得學者息却許多狂妄身心,除却許多閑雜説話,著實
　　讀書",批評"人説學不在書,不務佔畢,不專口耳,下
　　稍説得張皇,都無收拾,只是一場大脱空,直是可惡。

細讀來書,似尚有此意思”。而本書又云“來書詞氣狂率又甚往時”,當在其後。

劉仲升

劉仲升,名里不詳。

朱熹《答劉仲升》:

別紙所示季章議論,殊不可曉。恐不至如此之謬,却是仲升聽得不分明、記得不子細,語脈間轉却他本意。不然,則真非吾之所敢知矣。大抵學問專守文字、不務存養者,即不免有支離昏惰之病,欲去此病,則又不免有妄意躐等、懸空杜撰之失。而平日不曾子細玩索義理,不識文字血脈,別無證佐考驗,但據一時自己偏見,便自主張,以爲只有此理,更無別法,只有自己,更無他人,只有剛猛剖決,更無溫厚和平,一向自以爲是,更不聽人説話。此固未論其所説之是非,而其粗厲激發,已全不似聖賢氣象矣。季章意思正是如此。若只解義有差、下字不穩,猶未爲深害,却是人心、道心、思理、思事等説大段害事。若如其言,即是四端之發皆屬人心,而頑然不動者方是道心;所謂格物者只是分別動與不動,而不復計其動之是否矣。此於體道之要、入德之門皆有所妨,決然不是道理無疑。

但如仲升,則又墮在支離昏惰之域,而所以攻彼者未必皆當於理。彼等所以不服，亦不可不自警省，更就自己身心上做功夫。凡一念慮、一動作，便須著實體認此是天理耶，是人欲耶？子細辨別，勇猛斷置，勿令差誤。觀書論理，亦當如此剖判，自然不至似前悠悠度日矣。所論《語》、《孟》兩條，亦似未安，此等處且玩索見在意趣，不須如此立說，枉費心力也。《晦庵文集》卷五三。

案：本書撰時未詳，《朱子年譜·朱子論學切要語》卷二以爲在乙卯（慶元元年）後，《書信編年》云疑在淳熙末，係於淳熙十五年。姑置本書於慶元元年（1195）間。待考。

朱熹《答劉仲升》：

所諭玩味見成義理，甚善。然亦須就自己分上體當，方見真實意味也。顏子之樂，原憲之問，此等處說時各是一義，其實卻只是平日許多功夫到此成就，見處通透無隔礙，行處純熟無齟齬，便自然快活，自無克伐怨欲之根，不是別有一項功夫理會此事也。但未知仲升平日所用功夫如何耳，此不可不勉也。《晦庵文集》卷五三。

案：上書（別紙所示季章議論）有云"所論《語》、《孟》兩條，亦似未安，此等處且玩索見在意趣，不須如此立說，枉費心力也"，而本書乃云"所諭玩味見成義理，甚善。……顏子之樂，原憲之問，此等處說時各是一義"，知承上書。

樓 鑰

樓鑰(1137—1213)，字大防，號攻媿主人，明州鄞縣（今浙江寧波）人。隆興元年(1163)登第。光宗嗣位，除考功郎兼禮部，改國子司業，擢起居郎兼中書舍人，試中書舍人，俄兼直學士院。寧宗即位，遷給事中、吏部尚書，以顯謨閣學士提舉江州太平興國宮，尋知婺州，移寧國府，罷。韓侂胄誅，詔起爲翰林學士，遷吏部尚書兼翰林侍講，除端明殿學士、簽書樞密院事，升同知，進參知政事，除資政殿學士、出知太平州，進大學士，提舉萬壽觀。嘉定六年卒，年七十七，諡宣獻。《宋史》卷三九五有傳。

樓鑰《答朱晦菴書》：

鑰伏自壬寅夏間修敬紹興臺治之下，伏蒙與進，加以宴犒，獲侍博約之誨。未幾，先生賦歸，鑰亦繼遭外艱，沈迷憂患。後數年，赴官永嘉，才聞台旆造朝，已復還山。後知起鎮臨漳，俱不得一拜記史之問。請違台範，遂一紀矣。青天白日，奴隸知仰，歎慕師席，無由進拜。時得門下所著作，誦詠探索，尚庶幾在弟子之列。仰惟名德爲一世師表，今日端揆而下，諸公無不有先登之媿。嘗見講筵班退，黃夕郎對人浩歎，或問之，曰：“好一箇去處，吾曹冒處此。如晦菴，乃不使一來耶？”鑰學殖荒疏，無所可用，三入脩門，推遷至此，進無補于君上，退不能寧其親。蕪纇之詞，不足以代絲綸之言；屑瑣之資，不足以立雷霆之下。日坐針氊，未知自免于戾。前者表兄陳舍人之子赴楚州戶曹一見，即言嘗拜牀下，蒙齒及賤姓名，固已慚惕感著之不暇。蔡季通傾蓋如故，亦言輈記之意。晚出何以得此？季通定交日淺，而得益已多，而況得親炙于先生乎？諸公方謀以麾節强起門下，庶幾因得伏謁，以遂師承之願。因季通歸，敢此少見悃愊，不敢累牘以爲苟禮。顧雖承顔接辭未有其便，或以爲可教，欲得警誨，使知所歸，不勝幸甚。《易學啓蒙》之書反復熟觀，無從叩請，亦託季通寓下意一二。何當摳衣以請，伏紙馳誠之切。《攻媿集》卷六六。

　　案：書中有言“鑰伏自壬寅夏間修敬紹興臺治之下，伏蒙與進，加以宴犒，獲侍博約之誨。……請違台範，遂一紀矣。……諸公方謀以麾節强起門下”，壬寅爲淳熙九年，是年夏朱熹在提舉浙東常平任上，後十二年乃紹熙四年，而“諸公方謀以麾節强起門下”，乃指詔除朱熹知潭州。故推知本書約撰於紹熙四年（1193）中。

盧提幹

　　盧提幹，名里不詳。提幹，宋時官名。

朱熹《答盧提幹》：

承問及爲學之意，足見志尚之遠，甚慰甚慰。蓋嘗聞之，人之一身應事接物，無非義理之所在。人雖不能盡知，然其大端宜亦無不聞者。要在力行其所已知而勉求其所未至，則自近及遠，由粗至精，循循有序，而日有可見之效矣。幸試思而勉之，幸甚幸甚。《晦庵文集》續集卷六。

案：本書撰時不詳，據下書（此有樂靜李公文集），推知亦約在紹熙元年（1190）或稍前。提幹，宋李劉《四六標準》卷二《代許提幹上丞相》注云："宋建炎四年，詔諸路提刑司除武臣提刑，添置幹辦公事官，許其存留文臣一員。此提刑幹也。熙寧六年，提舉常平司置主管官，五年改爲幹辦公事。此常平幹也。宣和間，置茶鹽提舉屬官一員。此茶鹽幹也。紹興十一年，置提舉坑冶司幹辦公事一員。此提泉幹也。"

朱熹《答盧提幹》：

此有樂靜李公文集，謾納一本。其《後序》所云，深可以爲干名求進之戒。幸試觀之。區區奉寄，意不在於文字也。令兄寺簿詞翰兩絕，把玩不能去手。然豈敢輒以無能之詞，妄取僭越之譏？回書幸爲遣行李集并往，亦足以見區區也。《晦庵文集》續集卷六。

案：朱熹《雲龕李公文集序》云："蓋公嘗受學於

其世父右史樂靜先生,而樂靜之學又得之高郵孫中丞、眉山蘇承旨,其丁寧付授之意,今略見公所撰《樂靜文集後語》中,有本者固如是也。紹熙元年冬十有一月某日,具位朱熹序。"《晦庵文集》卷七六。本書所云"此有樂靜李公文集,謾納一本。其《後序》所云,深可以爲干名求進之戒",即指此。故推知本書約撰於紹熙元年末或二年中。

陸九齡

陸九齡(1132—1180),字子壽,號復齋,撫州金溪(今屬江西)人。陸九淵兄。補郡學弟子員,尊程氏學。入太學,司業汪應辰舉爲學録。登乾道五年(1169)進士第,調桂陽軍教授,改興國軍,淳熙七年春調全州教授,未上,九月得疾卒,年四十九,謚文達。與弟九淵相爲師友,和而不同,學者號二陸。《宋史》四三四有傳。

朱熹《答陸子壽》:

蒙喻及祔禮,此在高明考之必已精密,然猶謙遜,博謀及於淺陋如此,顧熹何足以知之? 然昔遭喪禍,亦嘗攷之矣。竊以爲衆言淆亂,則折諸聖,孔子之言萬世不可易矣,尚復何説? 況期而神之之意,揆之人情,亦爲允愜。但其節文次第,今不可考。而周禮則有《儀禮》之書,自始死以至祥禫，其節文度數詳焉。故溫公《書儀》雖記孔子之言，而卒從《儀禮》之制。蓋其意謹於闕疑，以爲既不得其節文之詳，則雖孔子之言亦有所不敢從者耳。程子之說意亦甚善，然鄭氏說"凡祔，已反于寢，練而後遷廟"，《左氏春秋傳》亦有"特祀于主"之文，則是古人之祔固非遂徹几筵，程子於此恐其考之有所未詳也。《開元禮》之說，則高氏既非之矣。然其自說大祥徹靈坐之後，明日乃祔于廟，以爲不忍一日未有所歸，殊不知既徹之後、未祔之前，尚有一夕，其無所歸也久矣。凡此皆有所未安，恐不若且從《儀禮》、溫公之說，次序節文亦自曲有精意，如《檀弓》諸說可見。不審尊兄今已如何行之？願以示教。若猶未也，則必不得已而從高氏之說。但祥祭之日未可撤去几筵，或遷稍近廟處。直俟明日奉主祔廟然後徹之，則猶爲亡於禮者之禮耳。鄙見如此，不審高明以爲如何？《晦庵文集》卷三六。

　　案：據《象山年譜》，淳熙四年正月十四日，陸九齡"丁繼母孺人鄧氏憂"。《陸九淵集》卷三九《年譜》。因對祔禮有疑，故九齡致書朱熹請問。朱熹《答葉味道》（祔說向嘗細攷）有云："頃年陸子壽兄弟親喪，亦來問此。時以既祔復主告之，而子靜固以爲不然，直欲於卒哭而祔之後，徹其几筵。子壽疑而復問，因又告之，以爲如此則亦無復問其禮之如何，只此卒哭之後便徹几筵，便非孝子之心，已失禮之大本矣。子靜終不謂然,而子壽遂服,以書來謝,至有'負荆請罪'之語。"《晦庵文集》卷五八。因禮制百日卒哭而祔,故推知朱熹此書約撰於是年(1177)三、四月之際。又,陸氏兄弟來書佚。

朱熹《答陸子壽》:

先王制禮,本緣人情。吉凶之際,其變有漸。故始死全用事生之禮。既卒哭祔廟,然後神之。然猶未忍盡變,故主復於寢,而以事生之禮事之。至三年而遷於廟,然後全以神事之也。此其禮文見於經傳者不一,雖未有言其意者,然以情度之,知其必出於此無疑矣。其遷廟一節,鄭氏用《穀梁》練而壞廟之說,杜氏用賈逵、服虔說,則以三年爲斷。其間同異得失雖未有攷,然《穀梁》但言壞舊廟,不言遷新主,則安知其非於練而遷舊主,於三年而納新主邪?至於《禮》疏所解鄭氏說,但據《周禮》"廟用卣"一句,亦非明驗。故區區之意竊疑杜氏之說爲合於人情也。來諭考證雖詳,其大槩以爲既吉則不可復凶,既神事之則不可復以事生之禮接爾。竊恐如此非惟未嘗深考古人吉凶變革之漸,而亦未暇反求於孝子慈孫深愛至痛之情也。

至謂古者几筵不終喪,而力詆鄭、杜之非,此尤未敢聞命。據《禮》,小斂有席,至虞而後有几筵,但卒哭而後不復饋食於下室耳。古今異宜,禮文之變,亦有未可深攷者。然《周禮》自虞至祔曾不旬日，不應方設而遽徹之如此其速也。

又謂終喪徹几筵，不聞有入廟之説，亦非也。諸侯三年喪畢之祭，魯謂之"吉禘"，晉謂之"禘祀"，《禮》疏謂之"特禘"者是也。但其禮亡，而士大夫以下則又不可攷耳。夫今之《禮》文，其殘闕者多矣，豈可以其偶失此文而遽謂無此禮邪？

又謂壞廟則變昭穆之位，亦非也。據禮家説，昭常爲昭，穆常爲穆，故《書》謂文王爲"穆考"，《詩》謂武王爲"昭考"。至《左傳》，猶謂畢、原、酆、郇爲"文之昭"，邗、晉、應、韓爲"武之穆"，則昭穆之位，豈以新主祔廟而可變哉？但昭主祔廟則二昭遞遷，穆主祔廟則二穆遞遷爾。此非今者所論之急，但謾言之，以見來説考之未精類此。

又謂古者每代異廟，故有祔于祖父祖姑之禮。今同一室，則不當專祔於一人。此則爲合於人情矣。然伊川先生嘗譏關中學《禮》者有役文之弊，而呂與叔以守經信古，學者庶幾無過而已，義起之事，正在盛德者行之。然則此等苟無大害於義理，不若且依舊説，亦夫子存羊愛禮之意也。熹於《禮經》不熟，而考證亦未及精，且以愚意論之如此，不審高明以爲如何？然亦不特如此，熹常以爲大凡讀書處事，當煩亂疑惑之際，正當虛心博采以求至當。或未有得，亦當且以闕疑闕殆之意處之。若遽以己所粗通之一説而盡廢己所未究之衆論，則非惟所處之得失或未可知，而此心之量亦不宏矣。閑併及之，幸恕狂妄。
《晦庵文集》卷三六。

　　案：據上書所述朱熹《答葉味道》（祔説向嘗細
致）云云，推知此書當撰於是年四月或稍後。又，陸
九齡再來問書以及接朱熹此書後之謝書皆佚。

陸九韶

　　陸九韶，字子美，號梭山，撫州金溪（今屬江西）人。
陸九淵兄。不事科舉，兄弟共講古學。其學淵粹，隱居山
中，晝之言行，夜必書之。"臨終自撰終禮，戒不得銘墓"。
《陸九淵集》卷三九《年譜》。著有《梭山文集》等。《宋史》四
三四有傳。

陸九韶《與朱元晦書》：

　　《太極圖説》與《通書》不類，疑非周子所爲。不然，則
或是其學未成時所作；不然，則或是傳他人之文，後人不
辨也。蓋《通書·理性命章》言中焉止矣。二氣五行，化
生萬物，五殊二實，二本則一。曰一，曰中，即太極也，未
嘗於其上加"無極"字。《動静章》言五行、陰陽、太極，亦
無"無極"之文。假令《太極圖説》是其所傳，或其少時所
作，則作《通書》時不言無極，蓋已知其説之非矣。《陸九淵
集》卷二《與朱元晦》。

案：陸九韶本書已佚，陸九淵《與朱元晦》（黃易二生歸）書中所引僅此。《陸九淵集》卷二。元吳澄《答田副使第二書》所引"梭山陸子美《與晦庵書》"稍簡，云："《太極圖説》與《通書》不類，疑非周子所爲。不然，則是其學未成時所作；不然，則或是傳他人之文，後人不辨也。蓋《通書》言五行、陰陽、太極，未嘗加'無極'字。假令《太極圖説》是其所傳，或其少時所作，則作《通書》時不言無極，蓋已知其説之非也。"《吳文正集》卷三。

據陸九淵《與陶贊仲》有云"《太極圖説》，乃梭山兄辨其非是，大抵言'無極而太極'是老氏之學，與周子《通書》不類。《通書》中言太極不言無極，《易大傳》亦只言太極不言無極。若於'太極'上加'無極'二字，乃是蔽於老氏之學。又其《圖説》本見於朱子發附録，朱子發明言陳希夷《太極圖》傳在周茂叔，遂以傳二程，則其來歷爲老氏之學明矣。周子《通書》與二程言論絶不見'無極'二字，以此知三公蓋已皆知無極之説爲非矣。梭山曾與晦翁面言，繼又以書言之，晦翁大不謂然。某幸是梭山之説，以梭山謂晦翁好勝，不肯與辨。某以爲人之所見偶有未通處，其説固以己爲是，以他人爲非，且當與之辨白，未可便以好勝絶之，遂尾其説，以與晦翁辨白，有兩書甚詳"。《陸九淵集》卷一五。又陸九淵與陸九韶書亦云：

"八月廿四日，九淵拜覆六九哥居士座前：即日秋氣澄肅，伏惟尊候動履萬福。望之輩來，得尊翰，見所與元晦書稿，甚平正。同官沈正卿見之，不能去手，嘉歎至于再三。"《寶真齋法書贊》卷二七《陸文安書稿泛舟二帖》。《年譜長編》卷上係本書於淳熙十二年，故推知陸九韶致朱熹書約撰於是年（1185）六、七月間。

朱熹《答陸子美》：

伏承示諭《太極》、《西銘》之失，備悉指意。然二書之説，從前不敢輕議，非是從人脚根、依他門户，却是反覆看來，道理實是如此，別未有開口處，所以信之不疑。而妄以己見輒爲之説，正恐未能盡發其奥而反以累之，豈敢自謂有扶掖之功哉！今詳來教及省從前所論，却恐長者從初便忽其言，不曾致思，只以自家所見道理爲是，不知却元來未到他地位，而便以己見輕肆抵排也。今亦不暇細論，只如《太極》篇首一句，最是長者所深排。然殊不知不言無極，則太極同於一物，而不足爲萬化之根；不言太極，則無極淪於空寂，而不能爲萬化之根。只此一句，便見其下語精密，微妙無窮。而向下所説許多道理，條貫脈絡，井井不亂，只今便在目前，而亘古亘今，攧撲不破。只恐自家見得未曾如此分明直截，則其所可疑者乃在此而不在彼也。

至於《西銘》之説，猶更分明。今亦且以首句論之：

人之一身，固是父母所生，然父母之所以爲父母者，即是乾坤。若以父母而言，則一物各一父母。若以乾坤而言，則萬物同一父母矣。萬物既同一父母，則吾體之所以爲體者，豈非天地之塞，吾性之所以爲性者，豈非天地之帥哉？古之君子惟其見得道理真實如此，所以親親而仁民，仁民而愛物，推其所爲，以至於能以天下爲一家，中國爲一人，而非意之也。今若必謂人物只是父母所生，更與乾坤都無干涉，其所以有取於《西銘》者，但取其姑爲宏闊廣大之言，以形容仁體而破有我之私而已，則是所謂仁體者全是虛名，初無實體，而小己之私却是實理，合有分別；聖賢於此却初不見義理，只見利害，而妄以己意造作言語，以增飾其所無，破壞其所有也。若果如此，則其立言之失，“膠固”二字豈足以盡之？而又何足以破人之梏於一己之私哉？

大抵古之聖賢千言萬語，只是要人明得此理。此理既明，則不務立論而所言無非義理之言，不務正行而所行無非義理之實，無有初無此理，而姑爲此言以救時俗之弊者。不知子静相會，曾以此話子細商量否？近見其所論王通續經之説，似亦未免此病也。此間近日絕難得江西便，草草布此，却託子静轉致。但以來書半年方達推之，未知何時可到耳。如有未當，切幸痛與指摘，剖析見教。理到之言，不得不服也。《晦庵文集》卷三六。

案：朱熹本書言及陸九韶“來書半年方達”，則推知其約撰於淳熙十三年（1186）初。據《象山年譜》，此時陸九淵在臨安任敕令所删定官。《陸九淵集》卷三六。

朱熹《答陸子美》：

前書示諭《太極》、《西銘》之説，反復詳盡。然此恐未必生於氣習之偏，但是急迫看人文字，未及盡彼之情而欲遽申己意，是以輕於立論，徒爲多説而未必果當於理爾。且如太極之説，熹謂周先生之意恐學者錯認太極別爲一物，故著“無極”二字以明之。此是推原前賢立言之本意，所以不厭重複，蓋有深指。而來諭便謂熹以太極下同一物，是則非惟不盡周先生之妙旨，而於熹之淺陋妄説亦未察其情矣。

又謂著“無極”字便有虚無好高之弊，則未知尊兄所謂太極是有形器之物耶，無形器之物耶？若果無形而但有理，則無極即是無形，太極即是有理明矣，又安得爲虚無而好高乎？熹所論《西銘》之意，正謂長者以横渠之言不當謂乾坤實爲父母，而以“膠固”斥之，故竊疑之，以爲若如長者之意，則是謂人物實無所資於天地，恐有所未安爾，非熹本説固欲如此也。今詳來誨，猶以横渠只是假借之言，而未察父母之與乾坤，雖其分之有殊，而初未嘗有二體，但其分之殊則又不得而不辨也。

熹之愚陋，竊願尊兄更於二家之言少賜反復，寬心游意，必使於其所説如出於吾之所爲者而無纖芥之疑，然後可以發言立論而斷其可否，則其爲辨也不煩，而理之所在無不得矣。若一以急迫之意求之，則於察理已不能精，而於彼之情又不詳盡，則徒爲紛紛，而雖欲不差，不可得矣。然只此急迫，即是來論所謂氣質之弊，蓋所論之差處雖不在此，然其所以差者則原於此而不可誣矣。不審尊意以爲如何？

子靜歸來，必朝夕得款聚。前書所謂異論卒不能合者，當已有定説矣。恨不得側聽其旁，時效管窺以求切磋之益也。延平新本《龜山別録》漫内一通。

近又嘗作一小卜筮書，亦以附呈。蓋緣近世説《易》者於象數全然闊略，其不然者，又太拘滯支離，不可究詰，故推本聖人經傳中説象數者只此數條，以意推之，以爲是足以上究聖人作《易》之本指，下濟生人觀變玩占之實用，學《易》者決不可以不知。而凡説象數之過乎此者，皆可以束之高閣而不必問矣。不審尊意以爲如何？《晦庵文集》卷三六。

　　案：書中所云"近又嘗作一小卜筮書"，乃指《易學啓蒙》。朱熹《易學啓蒙序》署時"淳熙丙午（淳熙十三年）暮春既望"。《晦庵文集》卷三六。據《象山年譜》，陸九淵於十一月二十九日得旨主管台州崇道觀。"既歸，學者幅輳"。《陸九淵集》卷三六。本書中有云"子靜歸來，必朝夕得款聚"，故推其時日，約撰於淳熙十四年(1187)初。又，陸九韶來書佚。

朱熹《答陸子美》：

示諭縷縷，備悉雅意。不可則止，正當謹如來教，不敢復有塵瀆也。偶至武夷，匆匆布叙，不能盡所欲言。然大者已不敢言，則亦無可言者矣。《晦庵文集》卷三六。

案：據陸九淵《與陶贊仲》有云"梭山曾與晦翁面言，繼又以書言之，晦翁大不謂然。某幸是梭山之說，以梭山謂晦翁好勝，不肯與辨"。《陸九淵集》卷一五。並致書朱熹以明此意，故朱熹有"不可則止，正當謹如來教"之語。陸九韶來書佚。又淳熙十四年三月朱熹改主管南京鴻慶宮，四月尤袤送來敕書。隨後朱熹"屬以一至城府，歸憩武夷，繚繞還家"。《晦庵文集》續集卷五《答尤尚書袤》(奉三月四日手教一通)。本書中所云"偶至武夷"，即指此。故推知本書當撰於是年五月朱熹在武夷時。此外，是年五月二日，朱熹有《答陸子靜》書，本書或同時撰。

陸九淵

陸九淵(1139—1192)，字子静，撫州金溪(今屬江西)人。登乾道八年(1172)進士第，初調隆興靖安縣主簿，改建寧崇安縣，歷任國子正、敕令所删定官，除將作監丞，爲給事中王信所駁,詔主管台州崇道觀。還鄉,學者輻湊,每開講席,戶外屢滿,耆老扶杖觀聽。自號象山翁,學者稱象山先生。光宗即位,差知荊門軍。紹熙三年十二月卒,享年五十四。謚曰文安。宋楊簡《慈湖遺書》卷五《象山先生行狀》。《宋史》四三四有傳。

朱熹《與陸子靜書》:

某未聞道學之懿,茲幸獲奉餘論。所恨匆匆別去,彼此之懷,皆若有未既者。然警切之誨,佩服不敢忘也。還家無便,寫此少見拳拳。《陸九淵集》卷三六《年譜》引。

案:淳熙二年(1175)五月末,朱熹、呂祖謙一行至鉛山鵝湖,陸九齡、九淵兄弟來會,"留止旬日"以講論,六月八日別去。參見《年譜長編》卷上。此爲朱、陸二人初會,然論學不合。本書乃撰於朱熹歸家未久時。

陸九淵《與朱元晦書》:

看見佛之所以與儒異者,止是他底全是利,吾儒止是全在義。《朱子語類》卷一二四。

案:《朱子語類》卷一二四曰:"向在鉛山得他書:'看見佛之所以與儒異者,……'某答他云:'公亦只見得第二著。'看他意,只説儒者絕斷得許多利欲,便是千了百當,一向任意做出都不妨。"淳熙六年(1179)朱熹差知南康軍,二月四日至信州鉛山"管下歇泊,聽候指揮"。《晦庵文集》卷二二《乞宮觀狀》。三月間,陸九齡來訪於鉛山觀音寺。《朱子語類》卷一二四。象山本書當由九齡攜來。

朱熹《與陸子靜書》:

公亦只見得第二著。《朱子語類》卷一二四。

　　案:本書乃承陸九淵上書(看見佛之所以與儒異者)。參見上書(看見佛之所以與儒異者)考證。

朱熹《與陸子靜書》:

包顯道尚持初説,深所未喻。《陸九淵集》卷六《與包顯道》。

　　案:陸九淵《與包顯道》云:"得曹立之書云:晦菴報渠云:'包顯道猶有讀書親師友是充塞仁義之説。'註云:'乃楊丞在南豐親聞其語。'故晦菴與某書亦云:'包顯道尚持初説,深所未喻。'某答書云:'此公平時好立虛論,雖相聚時稍減其性,近却不曾通書,不知今如何也。'來書云:'即楊丞所學,只是躬行踐履,讀聖賢書,如此而已。'"《陸九淵集》卷六。朱熹《答曹立之》(伊川先生帖摹勒甚精)述及"近大冶萬正淳來訪",又云"且夕亦有人去臨川,自當作書更扣陸兄也"。《晦庵文集》卷五一。本書當即"作書更扣陸兄也"。萬氏來訪在淳熙七年(1180)三月,則朱熹《答曹立之》約撰於夏初,故此與象山書當在稍後。

陸九淵《與朱元晦書》：

此公平時好立虛論，雖相聚時稍減其性，近却不曾通書，不知今如何也。《陸九淵集》卷六《與包顯道》。

案：本書乃答朱熹上書（包顯道尚持初説），約撰於夏、秋間。參見上書（包顯道尚持初説）考證。

朱熹《與陸子静書》：

即楊丞所學，只是躬行踐履，讀聖賢書，如此而已。《陸九淵集》卷六《與包顯道》。

案：本書乃答陸九淵上書（此公平時好立虛論），約撰於秋間或稍後。參見上書（包顯道尚持初説）考證。

朱熹《與陸子静書》：

比約諸葛誠之在齋中相聚，極有益。浙中士人，賢者皆歸席下，比來所得爲多，幸甚。《陸九淵集》卷三六《年譜》。

案：淳熙十年三月，諸葛千能（字誠之）來武夷問學。《年譜長編》卷上。本書撰於是年（1183）稍後，約在春末夏初。

朱熹《與陸子静書》：

歸來臂痛，病中絕學捐書，覺得身心收管，似少有進處。向來泛濫，真是不濟事。恨未得款曲承教，盡布此懷也。《陸九淵集》卷三六《年譜》。

　　案：朱熹自浙東罷任歸來即病臂痛，至淳熙十年夏初方小愈，故推知本書約撰於夏初。

　　本書文句頗見争議。元虞集《跋朱先生答陸先生書》嘗細加論辯，詳録於下："按《朱子年譜》載陸先生與人帖云：'朱元晦在浙東大節殊偉，劾唐與正一事尤快台人之心，雖士大夫議論不免紛紜，今其是非已明白。江東之命出於九重，特達於羣疑之中，此尤可喜。'即書中所謂長者亦不以其力辭爲過者也。又案朱子《答葉公謹書》云：'近日亦覺向来説話有大支離處，反身以求，正坐自己用功亦未切爾。因此減去文字工夫，覺得氣象甚適。'又《與胡季隨書》云：'衰病如昔，但覺日前用工泛濫，不甚切己，方與一二學者力加鞭約，爲克己求仁之功，亦粗有得力處。'此兩書皆同時所書，正與書中所謂'病中絶學捐書，却覺得身心頗相收管，似有少進步處。向来泛濫，真是不濟事'之語合。蓋其所謂泛濫，正坐文字太多，所以此時進學用功實至於此也。然竊觀其反身以求之説、克己求仁之功，令學者且看孟子道性善、求放心之説，直截如此用功。蓋其平日問辨講明之説極詳，至此而切己反求之功愈切，是以於此稍却其文字之支離，深憂夫詞説之泛濫，一旦用力，而其效之至速如此，故樂爲朋友言之也。病中絶學捐書，豈是槁木死灰心如墻壁以爲功者？朱子嘗歎道問學之功多、

尊德性之意少,正謂此也。噫！陸先生之問傳之未
久,當時得力者已盡,而後來失其宗。而後知朱子之
說先傳後倦之有次第也。因見揭集賢'無客氣'之
語,有慨然於予心者,故爲申其說如此云。"《道園學古
録》卷四〇。而明程敏政《書虞道園所跋朱陸帖》亦
云:"按朱子此書與陸子,有'病中絶學捐書,覺得身
心頗相收管,向來泛濫,真不濟事'之語,然不見于
《大全集》中,殆門人去之也。明道嘗爲新法條例司
官,而伊川作《行狀》略之;歐陽公記吕、范解仇事,而
忠宣公於碑文删之。況學識之下先正者,宜其不能
釋然於此也。"又《書朱子答陸子七書》云:"按以上七
書曰'日用工夫頗覺有力,無復向來支離之病';曰
'近日方實見得向日支離之病';曰'却始知此未免支
離',曰'覺得外馳支離繁碎';曰'向來説話有大支離
處';曰'向來誠是太涉支離';曰'若只如此支離,漫
無統紀,展轉迷惑,無出頭處'。蓋朱子深悔痛艾于
支離而有味于陸子之言,既以之自咎,又以之語人,
鞭策淬礪,極其警惻。所謂豪傑之才,聖賢之學,知
有義理之公,而無彼我之見,百世之下,所當刻骨而
師之者也。"《篁墩文集》卷三八。

朱熹《與陸子静書》:

勅局時與諸公相見,亦有可告語者否? 於律令中極

有不合道理、不近人情處，隨事改正得一二亦佳。中薦程可久於法令甚精，可以入局中。然此猶是第二義，不知輪對班在何時？果得一見明主，就緊要處下得數句爲佳，其餘屑屑不足言也。謙仲甚不易得，今日尚有此公，差強人意。元善爽快，極難得，更加磨琢沉浸之功乃佳。機仲既得同官，乃其幸會，當能得日夕親炙也。浙東諸朋友想時通問，亦有過來相聚者否？立之墓表今作一通，顯道甚不以爲然，不知尊意以爲如何？《陸九淵集》卷三六《年譜》。

案：楊簡《象山先生行狀》云淳熙“十年冬，遷勅命所刪定官。同志之士相從講切不替，僚友多賢，相與問辨，大信服。先生自少時聞長上道靖康間事，慨然有感於復讐之義，至是遂訪求智勇之士與之商確，益知武事利病、形勢要害、人物短長。十一年，當輪對期迫甚，獨未入思慮，所親累請，久乃下筆，繕寫甫就，厥明即對，上屢俞所奏。脩寬恤詔令書成，有旨改承奉郎”。《慈湖遺書》卷五。本書有云“勅局時與諸公相見”，故推知其約撰於淳熙十一年（1184）初。

陸九淵《與朱元晦書》：

勅局見編類隆興以來寬恤詔令，書鄉成矣。去留之間，亦可致力建請，蕪顪多所刪削，詔旨則直錄之。著令縱有未安，非被旨不得修。惟諸處申陳疑似，必下本所，或有不便，乃可修改。

局中同官皆可人，機仲尤相向。元善以殊局，近少得相款。謙仲屹然特立如故，若向上事，要亦難責。比一再見，以座客多，魚鱗而至，未得達尊意，俟從容當致之也。

淳叟事，此中初傳，殊駭人聽，徐覈其實，乃知多小人傅會之辭。要之後生客氣如此，足見無學力也。近見剡章全用金谿三胥之詞，尤可笑。彭仲剛子復者，永嘉人，爲國子監丞，近亦遭論。此人性質不至淳美，然亦願自附於君子。往歲求言詔下，越次上封，言時事甚衆，其辨天台事尤力，自此已有睥睨之者矣。近者省場檢點試卷官以主張道學，其去取與蔣正言違異，又重得罪。此人不足計，但風旨如此，而隱憂者少，重爲朝廷惜耳。

某對班或尚在冬間，未知能得此對否？亦當居易以俟命耳。

立之墓表亦好，但敘履歷，亦有未得實處。某往時與立之一書，其間敘述立之平生甚詳，自謂真實錄，未知尊兄曾及見否？顯道雖已到劉家，渠處必有此本，不然後便錄去。

近得家書，姪輩竟未能詣前，可謂不勇矣。

明、越諸公無在此者，敬仲夏間必來赴官，舒元賓亦當赴江西漕掾，其弟元英與諸葛誠之欲因此時過此相聚，尚未見來。呂子約與誠之，近與舒元英相款，稍破其執己自是之意。此皆據各人自謂如此，未知果如何也？元英諸公間號爲日進,能孚於人者,向亦曾造函丈,曾記憶否? 令嗣伯仲,令壻直卿,爲學日進,近更有得力者否? 薄遽遣此,未究所欲言。《陸九淵集》卷七。

案:本書乃答朱熹上書(勅局時與諸公相見),《象山年譜》云撰於是年三月十三日。《陸九淵集》卷三六《年譜》。

朱熹《寄陸子静》:

奏篇垂寄,得聞至論,慰沃良深。其規模宏大而源流深遠,豈腐儒鄙生所能窺測? 不知對揚之際,上於何語有領會? 區區私憂,正恐不免萬牛回首之歎。然於我亦何病? 語圓意活,渾浩流轉,有以見所造之深、所養之厚,益加歎服。但向上一路未曾撥轉處,未免使人疑著,恐是葱嶺帶來耳。如何如何? 一笑。熹衰病益侵,幸叨祠禄,遂爲希夷直下諸孫,良以自慶。但香火之地,聲教未加,不能不使人慨歎耳。《晦庵文集》卷三六。

案:《象山年譜》云陸九淵淳熙十一年中上殿輪對五劄。因“時有言奏劄差異者,元晦索之”,陸“納去一本”,故“元晦貽書”云云。《陸九淵集》卷三六。據朱熹淳熙十二年(1185)七月九日《與劉子澄》有云“子静寄得對語來,語意圓轉渾浩,無凝滯處,亦是渠所得效驗。但不免些禪底意思。昨答書戲之云:‘這些子恐是葱嶺帶來。’渠定不伏。然實是如此,諱不

得也。"《晦庵文集》卷三五。故知本書約撰於十二年
(1185)五、六月間。

《黄氏日抄》卷四二《陸象山文集·輪對劄子》
云:"象山之門人傅琴山與陳習庵書云:'朱晦庵得象
山奏篇,極其賞音,而其終則有曰:"但向上一路未曾
撥著。"象山復書云:"某自以爲所學所蘊竭盡於此,
而尊兄乃有向上一路不曾撥着之疑,何耶?"文公却
別無説。'愚按《晦庵》《象山集》中皆無此書,而琴山
言之要非虛語,但平心而觀,未見所謂竭盡之説,而
象山自言亦云粗陳梗槩,又與竭盡之説不同,當諗知
者。"據《晦庵文集》,知朱熹來書收載,《象山集》失載
陸九淵答書。

又,明程敏政《書朱子與陸子静書》云:"按陸子
輪對五劄,首言版圖未復,讐恥未雪,願博求天下之
俊傑,相與舉論道經邦之職;次言漢、唐之治因陋就
簡,願益致尊德樂道之誠,以慰天下;次言人主莫難
於知人之明,不宜信俗耳庸目,以是非古今臧否人
物;次言天下之事有可立致者,有可馴致者,三代之
政豈終不可復? 願爲之以漸而不可驟;次言人主不
宜親細事,致叢脞之失。皆不見所謂禪者,然析理之
精,擇言之審,百代之下,孰有加於紫陽夫子者哉?
殆必有毫釐之差、千里之謬者矣。學者諦玩而自得
之可也。"《篁墩文集》卷三八。

陸九淵《答朱元晦書》：

奏劄獨蒙長者褒揚獎譽之厚，俱無以當之。深慚疏愚，不能回互藏匿，肺肝悉以書寫，而兄尚有“向上一路未曾撥着”之疑，豈待之太重，望之太過，未免金注之昏耶？《陸九淵集》卷三六《年譜》。

　　　　案：本書乃答朱熹上書（奏篇垂寄），約撰於秋間。

朱熹《答陸子静》：

昨聞嘗有丐外之請而復未遂，今定何如？莫且宿留否？學者後來更得何人？顯道得書云嘗詣見，不知已到未？子淵去冬相見，氣質剛毅，極不易得。但其偏處亦甚害事，雖嘗苦口，恐未必以爲然。今想到部，必已相見，亦嘗痛與砭劑否？道理雖極精微，然初不在耳目聞見之外，是非黑白，即在面前。此而不察，乃欲別求玄妙於意慮之表，亦已誤矣。熹衰病日侵，去歲災患亦不少。此數日來，病軀方似略可支吾，然精神耗減，日甚一日，恐終非能久於世者。所幸邇來日用工夫頗覺有力，無復向來支離之病。甚恨未得從容面論，未知異時相見，尚復有異同否耳？《晦庵文集》卷三六。

　　　　案：《象山年譜》亦略引本書，於“恐未必以爲然”下多“近覺當時説得亦未的，疑其不以爲然也”一句，并係本書於淳熙十三年。《陸九淵集》卷三六。陸九淵是年十一月奉祠，而本書有"子淵去冬相見"語，推知其當撰於是年（1186）中。

朱熹《答陸子静_{丁未五月二日}》：

税駕已久，諸況想益佳。學徒四來，所以及人者在此而不在彼矣。來書所謂利慾深痼者已無可言。區區所憂，却在一種輕爲高論，妄生内外精粗之别，以良心日用分爲兩截，謂聖賢之言不必盡信，而容貌詞氣之間不必深察者。此其爲説乖戾狠悖，將有大爲吾道之害者，不待他時末流之弊矣。不審明者亦嘗以是爲憂乎？此事不比尋常小小文義異同，恨相去遠，無由面論，徒增耿耿耳。

李子甚不易，知向學，但亦漸覺好高。鄙意且欲其著實看得目前道理事物分明，將來不失將家之舊，庶幾有用。若便如此談玄説妙，却恐兩無所成，可惜壞却天生氣質，却未必如乃翁樸實頭，無許多勞攘耳。《晦庵文集》卷三六。

案：本書撰於淳熙十四年（丁未，1187）五月二日。陸九淵來書佚。

陸九淵《與朱元晦》：

朝廷以旱暵之故，復屈長者以使節，儻肯俯就，江西之民，一何幸也！

冬初許氏子來，始得五月八日書，且聞令小娘竟不起，諒惟傷悼。前月來又得五月二日書，開慰之劇。

　　某不肖，禍釁之深。仲兄子儀，中夏一疾不起，前月末甫得襄事。七月末，喪一幼穉，三歲，乃擬爲先教授兄後者。比又喪一姪孫女。姪壻張輔之抱病累月，亦以先兄襄事之後長往。痛哉！禍故重仍，未有甚於此者。觸緒悲摧，殆所不堪。某舊有血疾，二三年寖劇，近又轉而成痔，良以爲苦，數日方少瘳矣。

　　傅子淵前月到此間，聞其舉動言論，類多狂肆。渠自云“聞某之歸，此病頓瘳”。比至此，亦不甚得切磋之。渠自謂刊落益至，友朋視之，亦謂其然。其長子自一二年來，鄉人皆稱其敦篤循理，過於子淵。子淵亦甚譽其子。比日不知何疾，一夕奄然而逝。

　　劉定夫氣稟屈強恣睢，朋儕鮮比，比來退然，方知自訟。大抵學者病痛，須得其實，徒以臆想，稱引先訓，文致其罪，斯人必不心服。縱其不能辯白，勢力不相當，強勉誣服，亦何益之有？豈其無益，亦以害之，則有之矣。《陸九淵集》卷一三。

　　案：《象山年譜》云本書乃撰於初冬。《陸九淵集》卷三六。陳榮捷《朱陸通訊詳述》載氏著《朱學論集》。及陳來《書信編年》皆承其說。然本書中云“冬初許氏子來，始得五月八日書”，又云“前月來又得五月二日書”，再云“仲兄子儀，中夏一疾不起，前月末甫得襄事”。據《象山年譜》，“冬十月庚辰，葬仲兄子儀於臨川之羅首山下"。庚辰乃十三日。由此推知本書當撰於十一月間。又,朱熹五月八日書佚。

朱熹《答陸子静》:

學者病痛誠如所諭,但亦須自家見得平正深密,方能藥人之病。若自不免於一偏,恐醫來醫去,反能益其病也。所諭與令兄書辭費而理不明,今亦不記當時作何等語,或恐實有此病,承許條析見教,何幸如之。虚心以俟,幸因便見示。如有未安,却得細論,未可便似居士兄遽斷來章也。《晦庵文集》卷三六。

案:據陸九淵淳熙十五年四月望日與朱熹書云"黄、易二生歸,奉正月十四日書",知朱熹本書撰於是年(1188)正月十四日。

陸九淵《與朱元晦》:

黄、易二生歸,奉正月十四日書,備承改歲動息,慰浣之劇。不得嗣問,倏又經時,日深馳鄉。聞已赴闕奏事,何日對敭?伏想大攄素蘊,爲明主忠言,動悟淵衷,以幸天下。恨未得即聞緒餘,沃此傾渴。外間傳聞留中講讀,未知信否?誠得如此,豈勝慶幸!

鄉人彭世昌得一山,在信之西境,距敝廬兩舍而近,實龍虎山之宗。巨陵特起,嶷然如象,名曰象山。山間自爲原塢,良田清池,無異平野。山澗合爲瀑流,垂注數里。

兩崖有蟠松怪石，却略偃蹇，中爲茂林。瓊瑤冰雪，傾倒激射，飛灑映帶於其間，春夏流壯，勢如奔雷。木石自爲階梯，可沿以觀。佳處與玉淵、臥龍未易優劣。往歲彭子結一廬以相延，某亦自爲精舍於其側。春間攜一姪二息，讀書其上。又得勝處爲方丈以居，前挹閩山，奇峰萬疊，後帶二溪，下赴彭蠡。學子亦稍稍結茅其傍，相從講習，此理爲之日明。舞雩詠歸，千載同樂。

某昔年兩得侍教，康廬之集，加款於鵝湖，然猶鹵莽淺陋，未能成章，無以相發，甚自愧也。比日少進，甚思一侍函丈，當有啓助，以卒餘教。尚此未能，登高臨流，每用悵惘！往歲覽尊兄與梭山家兄書，嘗因南豐便人，僭易致區區，蒙復書許以卒請，不勝幸甚。古之聖賢，惟理是視，堯、舜之聖，而詢於芻蕘，曾子之易簀，蓋得於執燭之童子。《蒙》九二曰："納婦，吉。"苟當於理，雖婦人孺子之言所不棄也。孟子曰："盡信書，不如無書。""吾於《武成》取二三策而已矣。"或乖理致，雖出古書，不敢盡信也。智者千慮，或有一失，愚者千慮，或有一得，人言豈可忽哉？

梭山兄謂："《太極圖說》與《通書》不類，疑非周子所爲。不然，則或是其學未成時所作；不然，則或是傳他人之文，後人不辨也。蓋《通書·理性命章》言中焉止矣。二氣五行，化生萬物，五殊二實，二本則一。曰一，曰中，即太極也，未嘗於其上加'無極'字。《動靜章》言五行、陰陽、太極，亦無'無極'之文。假令《太極圖說》是其所傳，或其少時所作,則作《通書》時不言無極,蓋已知其説之非矣。"此言殆未可忽也。兄謂梭山"急迫,看人文字未能盡彼之情,而欲遽申己意,是以輕於立論,徒爲多説,而未必果當於理"。《大學》曰:"無諸己而後非諸人。"人無古今、智愚、賢不肖,皆言也,皆文字也。觀兄與梭山之書,已不能酬斯言矣,尚何以責梭山哉?

尊兄向與梭山書云:"不言無極,則太極同於一物,而不足爲萬化根本;不言太極,則無極淪於空寂,而不能爲萬化根本。"夫太極者,實有是理,聖人從而發明之耳,非以空言立論,使後人簸弄於煩舌紙筆之間也。其爲萬化根本固自素定,其足不足、能不能,豈以人言不言之故耶?《易·大傳》曰:"易有太極。"聖人言有,今乃言無,何也?作《大傳》時不言無極,太極何嘗同於一物,而不足爲萬化根本耶?《洪範》五皇極,列在九疇之中,不言無極,太極亦何嘗同於一物,而不足爲萬化根本耶? 太極固自若也,尊兄只管言來言去,轉加糊塗,此真所謂輕於立論,徒爲多説,而未必果當於理也。兄號句句而論、字字而議有年矣,宜益工益密,立言精確,足以悟疑辨惑,乃反疏脱如此,宜有以自反矣。

後書又謂"無極即是無形,太極即是有理。周先生恐學者錯認太極別爲一物,故著'無極'二字以明之。"《易》之《大傳》曰"形而上者謂之道",又曰"一陰一陽之謂道",一陰一陽,已是形而上者,況太極乎? 曉文義者舉知之

矣。自有《大傳》，至今幾年，未聞有錯認太極別爲一物
者。設有愚謬至此，奚啻不能以三隅反，何足上煩老先生
特地於"太極"上加"無極"二字以曉之乎？且"極"字亦不
可以"形"字釋之。蓋極者，中也，言無極則是猶言無中
也，是奚可哉？若懼學者泥於形器而申釋之，則宜如《詩》
言"上天之載"，而於下贊之曰"無聲無臭"可也，豈宜以
"無極"字加於"太極"之上？朱子發謂濂溪得《太極圖》於
穆伯長，伯長之傳出於陳希夷，其必有考。希夷之學，老
氏之學也。"無極"二字，出於《老子·知其雄章》，吾聖人
之書所無有也。《老子》首章言"無名天地之始，有名萬物
之母"，而卒同之，此老氏宗旨也。"無極而太極"，即是此
旨。老氏學之不正，見理不明，所蔽在此。兄於此學用力
之深，爲日之久，曾此之不能辨，何也？《通書》"中焉止
矣"之言，與此昭然不類，而兄曾不之察，何也？《太極圖
説》以"無極"二字冠首，而《通書》終篇未嘗一及"無極"
字。二程言論文字至多，亦未嘗一及"無極"字。假令其
初實有是圖，觀其後來未嘗一及"無極"字，可見其道之
進，而不自以爲是也。兄今考訂注釋，表顯尊信，如此其
至，恐未得爲善祖述者也。潘清逸詩文可見矣，彼豈能知
濂溪者？明道、伊川親師承濂溪，當時名賢居潘右者亦復
不少，濂溪之誌，卒屬於潘，可見其子孫之不能世其學也。
兄何據之篤乎？梭山兄之言恐未宜忽也。

　　孟子與墨者夷之辯，則據其"愛無等差"之言；與許行

辯，則據其“與民並耕”之言；與告子辯，則據其“義外”與
“人性無分於善不善”之言，未嘗泛爲料度之説。兄之論
辯則異於是。如某今者所論，則皆據尊兄書中要語，不敢
增損。或稍用尊兄泛辭以相繩糾者，亦差有證據，抑所謂
“夫民今而後得反之也”。

　　兄書令梭山“寬心游意，反覆二家之言，必使於其所
説如出於吾之所爲者而無纖芥之疑，然後可以發言立論，
而斷其可否，則其爲辯也不煩，而理之所在無不得矣”。
彼方深疑其説之非，則又安能使之如出於其所爲者而無
纖芥之疑哉？若其如出於吾之所爲者而無纖芥之疑，則
無不可矣，尚何論之可立、否之可斷哉？兄之此言，無乃
亦少傷於急迫而未精耶？兄又謂：“一以急迫之意求之，
則於察理已不能精，而於彼之情又不詳盡，則徒爲紛紛，
雖欲不差，不可得矣。”殆夫子自道也。

　　向在南康，論兄所解《告子》“不得於言，勿求於心”一
章非是，兄令某平心觀之。某嘗答曰：甲與乙辯，方各是
其説，甲則曰願某乙平心也，乙亦曰願某甲平心也，平心
之説，恐難明白，不若據事論理可也。今此“急迫”之説，
“寬心游意”之説，正相類耳。論事理，不必以此等壓之，
然後可明也。梭山氣稟寬緩，觀書未嘗草草，必優游諷
詠，耐久紬繹。今以急迫指之，雖他人亦未喻也。夫辨是
非，別邪正，決疑似，固貴於峻潔明白，若乃料度、羅織、文
致之辭，願兄無易之也。

梭山兄所以不復致辯者，蓋以兄執己之意甚固，而視人之言甚忽，求勝不求益也，某則以爲不然。尊兄平日惓惓於朋友，求箴規切磨之益，蓋亦甚至。獨羣雌孤雄，人非惟不敢以忠言進於左右，亦未有能爲忠言者。言論之橫出，其勢然耳。向來相聚，每以不能副兄所期爲愧。比者自謂少進，方將圖合并而承教。今兄爲時所用，進退殊路，合并未可期也。又蒙許其吐露，輒寓此少見區區，尊意不以爲然，幸不憚下教。

政遠，惟爲國保愛，倚需柄用，以澤天下。《陸九淵集》卷二。

案：《象山年譜》云本書撰於是年夏四月望日。

朱熹《答陸子靜》：

十一月八日，熹頓首再拜上啓子靜崇道監丞老兄：今夏在玉山，便中得書，時以入都旋復還舍，疾病多故，又苦無便，不能即報。然懷想德義與夫象山泉石之勝，未嘗不西望太息也。比日冬溫過甚，恭惟尊候萬福，諸賢兄、令子姪、眷集以次康寧，來學之士亦各佳勝。

熹兩年冗擾，無補公私，第深愧歎。不謂今者又蒙收召，顧前所被已極叮嚀，不敢冒進以速龍斷之譏，已遣人申堂懇免矣。萬一未遂，所當力請，以得爲期。杜門竊廩，溫繹陋學，足了此生。所恨上恩深厚，無路報塞，死有餘憾也。

前書誨論之悉，敢不承教。所謂古之聖賢惟理是視，言當於理，雖婦人孺子有所不棄；或乖理致，雖出古書，不敢盡信。此論甚當，非世儒淺見所及也。但熹竊謂言不難擇而理未易明，若於理實有所見，則於人言之是非，不翅黑白之易辨，固不待訊其人之賢否而爲去取。不幸而吾之所謂理者，或但出於一己之私見，則恐其所取舍未足以爲羣言之折衷也。況理既未明，則於人之言恐亦未免有未盡其意者，又安可以遽絀古書爲不足信，而直任胸臆之所裁乎？

來書反復其於無極、太極之辨詳矣。然以熹觀之，伏羲作《易》，自一畫以下，文王演《易》，自乾元以下，皆未嘗言太極也。而孔子言之。孔子贊《易》，自太極以下，未嘗言無極也，而周子言之。夫先聖後聖，豈不同條而共貫哉？若於此有以灼然實見太極之真體，則知不言者不爲少，而言之者不爲多矣，何至若此之紛紛哉？今既不然，則吾之所謂理者，恐其未足以爲群言之折衷，又況於人之言有所不盡者，又非一二而已乎？既蒙不鄙而教之，熹亦不敢不盡其愚也。

且夫《大傳》之太極者何也？即兩儀、四象、八卦之理，具於三者之先，而縕於三者之內者也。聖人之意，正以其究竟至極，無名可名，故特謂之太極，猶曰"舉天下之至極無以加此"云爾，初不以其中而命之也。至如"北極"之"極"、"屋極"之"極"、"皇極"之"極"、"民極"之"極"，諸儒雖有解爲中者，蓋以此物之極常在此物之中，非指“極”字而訓之以中也。極者，至極而已。以有形者言之，則其四方八面合輳將來，到此築底，更無去處；從此推出，四方八面都無向背，一切停勻，故謂之極耳。後人以其居中而能應四外，故指其處而以中言之，非以其義爲可訓中也。至於太極，則又初無形象方所之可言，但以此理至極而謂之極耳。今乃以中名之，則是所謂理有未明而不能盡乎人言之意者一也。

《通書·理性命章》，其首二句言理，次三句言性，次八句言命，故其章内無此三字，而特以三字名其章以表之，則章内之言固已各有所屬矣。蓋其所謂“靈”、所謂“一”者，乃爲太極；而所謂“中”者，乃氣稟之得中，與“剛善”、“剛惡”、“柔善”、“柔惡”者爲五性，而屬乎五行，初未嘗以是爲大極也。且曰“中焉止矣”，而又下屬於二氣五行、化生萬物之云，是亦復成何等文字義理乎？今來諭乃指其中者爲太極，而屬之下文，則又理有未明而不能盡乎人言之意者二也。

若論“無極”二字，乃是周子灼見道體，迥出常情，不顧旁人是非，不計自己得失，勇往直前，説出人不敢説底道理，令後之學者曉然見得太極之妙不屬有無、不落方體。若於此看得破，方見得此老真得千聖以來不傳之秘，非但架屋下之屋、疊牀上之牀而已也。今必以爲未然，是又理有未明而不能盡人言之意者三也。

　　至於《大傳》既曰"形而上者謂之道"矣，而又曰"一陰一陽之謂道"，此豈真以陰陽爲形而上者哉？正所以見一陰一陽雖屬形器，然其所以一陰而一陽者，是乃道體之所爲也。故語道體之至極，則謂之太極；語太極之流行，則謂之道。雖有二名，初無兩體。周子所以謂之"無極"，正以其無方所、無形狀，以爲在無物之前，而未嘗不立於有物之後；以爲在陰陽之外，而未嘗不行乎陰陽之中；以爲通貫全體，無乎不在，則又初無聲臭影響之可言也。今乃深詆無極之不然，則是直以太極爲有形狀、有方所矣。直以陰陽爲形而上者，則又昧於道器之分矣。又於"形而上者"之上復有"況太極乎"之語，則是又以道上別有一物爲太極矣。此又理有未明而不能盡乎人言之意者四也。

　　至熹前書所謂"不言無極，則太極同於一物而不足爲萬化根本；不言太極，則無極淪於空寂而不能爲萬化根本"，乃是推本周子之意，以爲當時若不如此兩下説破，則讀者錯認語意，必有偏見之病，聞人説有即謂之實有，見人説無即以爲真無耳。自謂如此説得周子之意已是大煞分明，只恐知道者厭其漏洩之過甚，不謂如老兄者，乃猶以爲未穩而難曉也。請以熹書上下文意詳之，豈謂太極可以人言而爲加損者哉？是又理有未明而不能盡乎人言之意者五也。

　　來書又謂《大傳》明言"易有太極"，今乃言無，何耶？此尤非所望於高明者。今夏因與人言易，其人之論正如此。當時對之，不覺失笑，遂至被劾。彼俗儒膠固，隨語生解，不足深怪。老兄平日自視爲如何，而亦爲此言耶？老兄且謂《大傳》之所謂"有"，果如兩儀、四象、八卦之有定位、天地五行萬物之有常形耶？周子之所謂"無"，是果虛空斷滅、都無生物之理耶？此又理有未明而不能盡乎人言之意者六也。

老子"復歸於無極"，"無極"乃無窮之義。如"莊生入無窮之門，以遊無極之野"云爾，非若周子所言之意也。今乃引之而謂周子之言實出乎彼，此又理有未明而不能盡乎人言之意者七也。

高明之學超出方外，固未易以世間言語論量、意見測度，今且以愚見執方論之，則其未合有如前所陳者，亦欲奉報，又恐徒爲紛紛，重使世俗觀笑。既而思之，若遂不言，則恐學者終無所取正。較是二者，寧可見笑於今人，不可得罪於後世，是以終不獲已而竟陳之，不識老兄以爲如何？《晦庵文集》卷三六。

案：本書撰於是年十一月八日。書中所言"今夏因與人言易，其人之論正如此。當時對之，不覺失笑，遂至被劾"，即指六月間在臨安與林栗論《易》、《西銘》不合，而此後遭林栗上章彈劾一事。

陸九淵《與朱元晦》：

伏自夏中拜書，尋聞得對，方深贊喜。冒疾遽興，重爲駭歎。賢者進退，綽綽有裕，所甚惜者，爲世道耳。承還里第，屢欲致書，每以冗奪，徒積傾馳。江德功人至，奉十一月八日書，備承作止之詳，慰浣良劇。比閲邸報，竊知召命不容辭免，莫須更一出否？吾人進退，自有大義，豈直避嫌畏譏而已哉。前日面對，必不止於職守所及，恨不得與聞至言，後便儻可垂教否？

前書條析所見，正以疇昔負兄所期，比日少進，方圖自贖耳。來書誨之諄復，不勝幸甚。愚心有所未安，義當展盡，不容但已，亦尊兄教之之本意也。近浙間一後生貽書見規，以爲吾二人者所習各已成熟，終不能以相爲，莫若置之勿論，以俟天下後世之自擇。鄙哉言乎！此輩凡陋，沉溺俗學，悖戾如此，亦可憐也。人能弘道，非道弘人。此理在宇宙間，固不以人之明不明、行不行而加損。然人之爲人，則抑有其職矣。垂象而覆物，天之職也。成形而載物者，地之職也。裁成天地之道，輔相天地之宜，以左右民者，人君之職也。孟子曰：“幼而學之，壯而欲行之。”所謂行之者，行其所學以格君心之非，引其君於當道，與其君論道經邦，燮理陰陽，使斯道達乎天下也。所謂學之者，從師親友，讀書考古，學問思辨，以明此道也。故少而學道，壯而行道者，士君子之職也。吾人皆無常師，周旋於羣言淆亂之中，俯仰參求，雖自謂其理已明，安知非私見蔽説？若雷同相從，一唱百和，莫知其非，此所甚可懼也。何幸而有相疑不合，在同志之間，正宜各盡所

懷，力相切磋，期歸於一是之地。大舜之所以爲大者，善
與人同，樂取諸人以爲善，聞一善言，見一善行，若決江
河，沛然莫之能禦。吾人之志，當何求哉？惟其是已矣。
疇昔明言善議，拳拳服膺而勿失，樂與天下共之者，以爲
是也。今一旦以切磋而知其非，則棄前日之所習，勢當如
出陷穽，如避荆棘，惟新之念，若決江河，是得所欲而遂其
志也。此豈小智之私，鄙陋之習，榮勝恥負者所能知哉？
弗明弗措，古有明訓，敢悉布之。

　　尊兄平日論文，甚取曾南豐之嚴健。南康爲別前一
夕，讀尊兄之文，見其得意者，必簡健有力，每切敬服。嘗
謂尊兄才力如此，故所取亦如此。今閱來書，但見文辭繳
繞，氣象褊迫，其致辨處，類皆遷就牽合，甚費分疏，終不
明白，無乃爲"無極"所累，反困其才耶？不然，以尊兄之
高明，自視其說亦當如白黑之易辨矣。尊兄當曉陳同父
云："欲賢者百尺竿頭，進取一步，將來不作三代以下人
物，省得氣力爲漢、唐分疏，即更脫灑磊落。"今亦欲得尊
兄進取一步，莫作孟子以下學術，省得氣力爲"無極"二字
分疏，亦更脫灑磊落。古人質實，不尚智巧，言論未詳，事
實先著，知之爲知之，不知爲不知。所謂"先知覺後知，先
覺覺後覺"者，以其事實覺其事實，故言即其事，事即其
言，所謂"言顧行，行顧言"。周道之衰，文貌日勝，事實湮
於意見，典訓蕪於辨説，揣量模寫之工，依放假借之似，其
條畫足以自信，其習熟足以自安。以子貢之達，又得夫子

而師承之，尚不免此多學而識之之見。非夫子叩之，彼固晏然而無疑。先行之訓，予欲無言之訓，所以覺之者屢矣，而終不悟。顏子既没，其傳固在曾子，蓋可觀已。尊兄之才，未知其與子貢如何？今日之病，則有深於子貢者。尊兄誠能深知此病，則來書七條之説，當不待條析而自解矣。然相去數百里，脱或未能自克，淹回舊習，則不能無遺恨，請卒條之。

來書本是主張“無極”二字，而以明理爲説，其要則曰：“於此有以灼然實見太極之真體。”某竊謂尊兄未曾實見太極，若實見太極，上面必不更加“無極”字，下面必不更著“真體”字。上面加“無極”字，正是疊床上之床，下面著“真體”字，正是架屋下之屋。虛見之與實見，其言固自不同也。又謂：“極者，正以其究竟至極，無名可名，故特謂之太極，猶曰舉天下之至極，無以加此云耳。”就令如此，又何必更於上面加“無極”字也？若謂欲言其無方所、無形狀，則前書固言，宜如《詩》言“上天之載”，而於其下贊之曰“無聲無臭”可也，豈宜以“無極”字加之太極之上？《繫辭》言“神無方矣”，豈可言無神？言“易無體矣”，豈可言無易？老氏以無爲天地之始，以有爲萬物之母，以常無觀妙，以常有觀竅，直將“無”字搭在上面，正是老氏之學，豈可諱也？惟其所蔽在此，故其流爲任術數，爲無忌憚。此理乃宇宙之所固有，豈可言無？若以爲無，則君不君、臣不臣、父不父、子不子矣。楊朱未遽無君，而孟子以爲無君，墨翟未遽無父，而孟子以爲無父，此其所以爲知言也。極亦此理也，中亦此理也，五居九疇之中而曰皇極，豈非以其中而命之乎？民受天地之中以生，而《詩》言“立我烝民，莫匪爾極”，豈非以其中命之乎？《中庸》曰：“中也者，天下之大本也，和也者，天下之達道也，致中和，天地位焉，萬物育焉。”此理至矣，外此豈更複有太極哉？

以極爲“中”則爲不明理，以極爲“形”乃爲明理乎？字義固有一字而數義者，用字則有專一義者，有兼數義者，而字之指歸，又有虛實，虛字則但當論字義，實字則當論所指之實。論其所指之實，則有非字義所能拘者。如“元”字有“始”義，有“長”義，有“大”義。《坤》五之元吉，《屯》之元亨，則是虛字，專爲“大”義，不可復以他義參之。如乾元之“元”，則是實字。論其所指之實，則《文言》所謂善，所謂仁，皆元也，亦豈可以字義拘之哉？“極”字亦如此，太極、皇極，乃是實字，所指之實，豈容有二。充塞宇宙，無非此理，豈容以字義拘之乎？中即至理，何嘗不兼至義？《大學》、《文言》皆言“知至”，所謂至者，即此理也。語讀《易》者曰能知太極，即是知至；語讀《洪範》者曰能知皇極，即是知至，夫豈不可？蓋同指此理，則曰極、曰中、曰至，其實一也。“一極備凶，一極無凶”，此兩“極”字，乃是虛字，專爲至義。却使得“極者，至極而已”。於此用“而已”字，方用得當。尊兄最號爲精通詁訓文義者，何爲尚惑於此，無乃理有未明，正以太泥而反失之乎？

至如直以陰陽爲形器而不得爲道，此尤不敢聞命。易之爲道，一陰一陽而已，先後、始終、動靜、晦明、上下、進退、往來、闔闢、盈虛、消長、尊卑、貴賤、表裏、隱顯、向背、順逆、存亡、得喪、出入、行藏，何適而非一陰一陽哉？奇偶相尋，變化無窮，故曰："其爲道也屢遷，變動不居，周流六虛，上下無常，剛柔相易，不可爲典要，惟變所適。"《説卦》曰："觀變於陰陽而立卦，發揮於剛柔而生爻，和順於道德而理於義，窮理盡性以至於命。"又曰："昔者，聖人之作《易》也，將以順性命之理。是以立天之道，曰陰與陽；立地之道，曰柔與剛；立人之道，曰仁與義。"《下繫》亦曰："《易》之爲書也，廣大悉備，有天道焉，有人道焉，有地道焉。兼三才而兩之，故六；六者非他也，三才之道也。"今顧以陰陽爲非道而直謂之形器，其孰爲昧於道器之分哉？

辯難有要領，言辭有指歸。爲辯而失要領，觀言而迷指歸，皆不明也。前書之辯，其要領在"無極"二字。尊兄確意主張，曲爲飾説，既以無形釋之，又謂"周子恐學者錯認太極別爲一物，故著'無極'二字以明之"。某於此見得尊兄只是強説來由，恐無是事。故前書舉《大傳》"一陰一陽之謂道"、"形而上者謂之道"兩句，以見粗識文義者，亦知一陰一陽即是形而上者，必不至錯認太極別爲一物，故曰"況太極乎"？此其指歸，本自明白，而兄曾不之察，乃必見誣以道上別有一物爲太極。《通書》曰："中者，和也，中節也,天下之達道也,聖人之事也。故聖人立教,俾人自易其惡,自至其中而止矣。"周子之言中如此,亦不輕矣,外此豈更別有道理,乃不得比虛字乎?所舉《理性命章》五句,但欲見《通書》言"中"言"一"而不言"無極"耳。"中焉止矣"一句,不妨自是斷章,兄必見誣以屬之下文。兄之爲辯,失其指歸,大率類此。"盡信書,不如無書",某實深信孟子之言。前書釋此段,亦多援據古書,獨頗不信"無極"之説耳。兄遽坐以直紲古書爲不足信,兄其深文矣哉!《大傳》、《洪範》、《毛詩》、《周禮》與《太極圖説》孰古,以極爲"形"而謂不得爲"中",以一陰一陽爲"器"而謂不得爲"道",此無乃少紲古書爲不足信,而微任胸臆之所裁乎?

來書謂"若論'無極'二字,乃是周子灼見道體,迥出常情,不顧傍人是非,不計自己得失,勇往直前,説出人不敢説底道理"。又謂"周子所以謂之無極,正以其無方所、無形狀"。誠令如此,不知人有甚不敢道處,但加之太極之上,則吾聖門正不肯如此道耳。夫乾確然示人易矣,夫坤隤然示人簡矣,太極亦曷嘗隱於人哉?尊兄兩下説無説有,不知漏洩得多少。如所謂"太極真體不傳之秘,無物之前,陰陽之外,不屬有無,不落方體,迥出常情,超出方外"等語,莫是曾學禪宗所得如此。平時既私其説以自高妙,及教學者,則又往往秘此而多説文義,此漏洩之説所從出也。以實論之,兩頭都無著實,彼此只是葛藤末

1845

說。氣質不美者樂寄此以神其姦，不知繫絆多少好氣質底學者。既以病己，又以病人，殆非一言一行之過，兄其毋以久習於此而重自反也。

區區之忠，竭盡如此，流俗無知，必謂不遜。《書》曰："有言逆於汝心，必求諸道。"諒在高明，正所樂聞，若猶有疑，願不憚下教。政遠，惟爲國自愛。《陸九淵集》卷二。

別幅：《大傳》曰："在天成象，在地成形。"又曰："見乃謂之象，形乃謂之器。"見乎上者，可得而見矣，猶不謂之形，而謂之成象。必形乎下，可得而用者，乃始謂之器。《易》之言器，本於聖人備物致用，立成器以爲天下利。如網罟、耒耜、車輿、門柝、杵臼、弧矢、棟宇、棺椁之類，乃所謂器也。昔者聖人之制斯器也，蓋取諸《易》之象。《易》有聖人之道四，而制器尚象與居一焉。道者，天下之所由，而聖人則能知之。器者天下之所利，而聖人則能制之。由其道而利其器，在一身則爲有道之人，在天下則爲有道之世。不由其道而利其器，則爲無道矣。誰能足不出戶？何莫由斯道也。然中人以下，則由而不知，蓋其知識卑近，所見淺末，形而下者所能由，形而上者所不能知。故曰："民可使由之，不可使知之。"非有知道者，以長治之，左右之，則趨於下，唯利之見，而不由其道矣。上必有下，下必有上。上而無下，何以爲上？下而無上，何以爲下？道之與器，未始相無。不由其道而利其器，器者非其有矣。"負且乘，

致寇至"，此之謂也。故惟聖人爲能制器。精義入神，
所以致用，利用安身，所以崇德，百慮一致，道固然也。
化而裁之謂之變，推而行之謂之通，舉而措之天下之民
謂之事業。非知道者孰能與於此？故道者，形而上者
也。器者，形而下者也。器由道者也。一陰一陽之謂
道，繼之者善也。而謂其屬於形器，不得爲道，其爲昧
於道器之分也甚矣。《陸九淵集》卷三六《年譜》。

案：《象山年譜》載本書撰於十二月十四日。
"別幅"不載於《象山集》。又朱熹下答書（來書云）有
"來書云'書尾'止'文耶'"云云，未見於本書，則《象
山集》所載尚非全本。

朱熹《答陸子静》：

來書云："浙間後生貽書見規，以爲吾二人者所習各
已成熟，終不能以相爲。莫若置之勿論，以俟天下後世之
自擇。鄙哉言乎！此輩凡陋，沈溺俗學，悖戾如此，亦可
憐也。"

熹謂天下之理有是有非，正學者所當明辨。或者
之説誠爲未當。然凡辨論者，亦須平心和氣，子細消
詳，反覆商量，務求實是，乃有歸著。如不能然，而但於
匆遽急迫之中肆支蔓躁率之詞，以逞其忿懟不平之氣，
則恐反不若或者之言安静和平，寬洪悠久，猶有君子長
者之遺意也。

來書云"人能弘道"止"敢悉布之"。

熹按此段所說,規模宏大,而指意精切,如曰"雖自謂其理已明,安知非私見蔽説",及引大舜善與人同等語,尤爲的當。熹雖至愚,敢不承教。但所謂"莫知其非"、"歸於一是"者,未知果安所決?區區於此亦願明者有以深察,而實踐其言也。

來書云"古人質實"止"請卒條之"。

熹詳此説,蓋欲專務事實,不尚空言,其意甚美。但今所論"無極"二字,熹固已謂不言不爲少,言之不爲多矣。若以爲非,則且置之,其於事實亦未有害。而賢昆仲不見古人指意,乃獨無故於此創爲浮辨,累數百言,三四往返而不能已,其爲湮蕪亦已甚矣。而細考其間緊要節目,並無酬酢,只是一味慢罵虛喝,必欲取勝。未論顏、曾氣象,只子貢恐亦不肯如此。恐未可遽以此而輕彼也。

來書云"尊兄未嘗"止"固自不同也"。

熹亦謂老兄正爲未識太極之本無極而有其體,故必以"中"訓"極",而又以陰陽爲形而上者之道。虛見之與實見,其言果不同也。

來書云"老氏以無"止"諱也"。

熹詳老氏之言有無,以有無爲二;周子之言有無,以有無爲一,正如南北、水火之相反,更請子細著眼,未可容易譏評也。

來書云"此理乃"止"子矣"。

更請詳看熹前書曾有"無理"二字否。

來書云"極亦此"止"極哉"。

"極"是名此理之至極,"中"是狀此理之不偏。雖然同是此理,然其名義各有攸當,雖聖賢言之,亦未嘗敢有所差互也。若"皇極"之"極"、"民極"之"極",乃爲標準之意。猶曰立於此而示於彼,使其有所向望而取正焉耳,非以其中而命之也。"立我烝民","立"與"粒"通,即《書》所謂"烝民乃粒,莫匪爾極",則"爾"指后稷而言,蓋曰使我衆人皆得粒食,莫非爾后稷之所立者是望。"爾"字不指天地,"極"字亦非指所受之中。此義尤明白,似是急於求勝,更不暇考上下文。推此一條,其餘可見。"中者天下之大本",乃以喜怒哀樂之未發,此理渾然,無所偏倚而言。太極固無偏倚而爲萬化之本,然其得名自爲"至極"之"極",而兼有標準之義,初不以"中"而得名也。

來書云"以極爲中"止"理乎"。

老兄自以"中"訓"極",熹未嘗以"形"訓"極"也。今若此言,則是己不曉文義,而謂他人亦不曉也。請更詳之。

來書云《大學》、《文言》皆言知至。

熹詳"知至"二字雖同,而在《大學》則"知"爲實字,"至"爲虛字,兩字上重而下輕,蓋曰"心之所知無不到"耳。在《文言》則"知"爲虛字,"至"爲實字,兩字上輕而下重,蓋曰"有以知其所當至之地"耳。兩義既自不同,而與太極之爲至極者又皆不相似。請更詳之。此義在諸說中亦最分明,請試就此推之,當知來書未能無失,往往類此。

來書云"直以陰陽爲形器"止"道器之分哉"。

若以陰陽爲形而上者,則形而下者復是何物?更請見教。若熹愚見與其所聞,則曰凡有形有象者皆器也,其所以爲是器之理者則道也。如是則來書所謂始終、晦明、奇偶之屬,皆陰陽所爲之器;獨其所以爲是器之理,如目之明、耳之聰、父之慈、子之孝,乃爲道耳。如此分別,似差明白。不知尊意以爲如何?此一條亦極分明。切望略加思索,便見愚言不爲無理,而其餘亦可以類推矣。

來書云"《通書》曰"止"類此"。

周子言"中",而以"和"字釋之,又曰"中節",又曰"達道"。彼非不識字者,而其言顯與《中庸》相戾,則亦必有說矣。蓋此"中"字是就氣稟發用而言其無過不及處耳,非直指本體未發,無所偏倚者而言也。豈可以此而訓"極"爲"中"也哉?來書引經必盡全章,雖煩不厭,而所引《通書》乃獨截自"中焉止矣"而下,此安得爲不誤?老兄本自不信周子,政使誤引《通書》亦未爲害,何必諱此小失而反爲不改之過乎?

來書云"《大傳》"止"孰古"。

《大傳》、《洪範》、《詩》、《禮》皆言極而已，未嘗謂極為中也。先儒以此極處常在物之中央，而為四方之所面內而取正，故因以中釋之，蓋亦未為甚失。而後人遂直以極為中，則又不識先儒之本意矣。《爾雅》乃是纂集古今諸儒訓詁以成書，其間蓋亦不能無誤，不足據以為古。又況其間但有以"極"訓"至"，以"殷齊"訓"中"，初未嘗以"極"為中乎。

來書云"又謂周子"止"道耳"。前又云"若謂欲言"止"之上"。

"無極而太極"，猶曰"莫之為而為、莫之致而至"，又如曰"無為之為"，皆語勢之當然，非謂別有一物也。向見欽夫有此說，嘗疑其贅。今乃正使得著，方知欽夫之慮遠也。其意則固若曰非如皇極、民極、屋極之有方所形象，而但有此理之至極耳。若曉此意，則於聖門有何違叛而不肯道乎？"上天之載"，是就有中說無；"無極而太極"，是就無中說有。若實見得，即說有說無、或先或後都無妨礙。今必如此拘泥，強生分別，曾謂不尚空言，專務事實，而反如此乎？

來書云"夫乾"止"自反也"。

太極固未嘗隱於人，然人之識太極者則少矣。往往只是於禪學中認得個昭昭靈靈能作用底，便謂此是太極，而不知所謂太極乃天地萬物本然之理，亘古亘今，擴撲不破者也。"迴出常情"等語，只是俗談，即非禪家所能專有，不應儒者反當回避。況今雖偶然道著，而其所見所說即非禪家道理，非如他人陰實祖用其說，而改頭換面，陽諱其所自來也。如曰“私其說以自妙而又秘之”，又曰“寄此以神其姦”，又曰“繫絆多少好氣質底學者”，則恐世間自有此人可當此語。熹雖無狀，自省得與此語不相似也。

來書引《書》云“有言逆于汝心，必求諸道”。

此聖言也，敢不承教。但以來書求之於道而未之見，但見其詞義差舛，氣象粗率，似與聖賢不甚相近，是以竊自安其淺陋之習聞，而未敢輕舍故步以追高明之獨見耳。又記頃年嘗有平心之說，而前書見喻曰：“甲與乙辨，方各自是其說，甲則曰願乙平心也，乙亦曰願甲平心也，平心之說恐難明白，不若據事論理可也。”此言美矣。然熹所謂平心者，非直使甲操乙之見、乙守甲之說也，亦非謂都不論事之是非也，但欲兩家姑暫置其是己非彼之意，然後可以據事論理，而終得其是非之實。如謂治疑獄者當公其心，非謂便可改曲者爲直、改直者爲曲也，亦非謂都不問其曲直也。但不可先以己意之向背爲主，然後可以審聽兩造之辭，旁求參伍之驗，而終得其曲直之當耳。今以龐淺之心，挾忿懟之氣，不肯暫置其是己非彼之私，而欲評義理之得失，則雖有判然如黑白之易見者，猶恐未免於誤，況其差有在於毫釐之間者，又將誰使折其衷而能不謬也哉？

來書云"書尾"止"文耶"。

中間江德功封示三策，書中有小帖云："陸子靜策三篇，皆親手點對，令默封納。先欲作書，臨行不肯作。"此並是德功本語。不知來喻何故乃爾？此細事不足言，世俗毀譽亦何足計。但賢者言行不同如此，爲可疑耳。德功亦必知是諸生所答，自有姓名，但云是老兄所付，令寄來耳。

熹已具此，而細看其間亦尚有説未盡處。大抵老兄昆仲同立此論，而其所以立論之意不同。子美尊兄自是天資質實重厚，當時看得此理有未盡處，不能子細推究，便立議論，因而自信太過，遂不可回。見雖有病，意實無他。老兄却是先立一説，務要突過有若、子貢以上，更不數近世周、程諸公，故於其言不問是非，一例吹毛求疵，須要討不是處。正使説得十分無病，此意却先不好了。況其言之粗率，又不能無病乎？夫子之聖，固非以多學而得之。然觀其好古敏求，實亦未嘗不多學，但其中自有一以貫之處耳。若只如此空疏杜撰，則雖有一而無可貫矣，又何足以爲孔子乎？顏、曾所以獨得聖學之傳，正爲其博文約禮，足目俱到，亦不是只如此空疏杜撰也。子貢雖未得承道統，然其所知似亦不在今人之後，但未有禪學可改換耳。周、程之生，時世雖在孟子之下，然其道則有不約而合者。反覆來書，竊恐老兄於其所言多有未解者，恐皆未可遽以顏、曾自處而輕之也。顏子以能問於不能，以多問於寡，有若無，實若虛，犯而不校；曾子三省其身，惟恐謀之不忠、交之不信、傳之不習，其智之崇如彼，而禮之卑如此。豈有一毫自滿自足、強辯取勝之心乎？來書之意，所以見教者甚至，而其末乃有"若猶有疑，不憚下教"之言，熹固不敢當此，然區區鄙見亦不敢不爲老兄傾倒也。不審尊意以爲如何？如曰未然，則"我日斯邁，而月斯征"，各尊所聞，各行所知，亦可矣，無復可望於必同也。言及於此，悚息之深，千萬幸察。

近見《國史・濂溪傳》載此《圖説》，乃云"自無極而爲太極"。若使濂溪本書實有"自"、"爲"兩字，則信如老兄所言，不敢辨矣。然因渠添此二字，却見得本無此字之意愈益分明，請試思之。《晦庵文集》卷三六。

案：《象山年譜》云此書撰於淳熙十六年(1189)正月。又以"熹已具此"以下爲"別紙"所云。《陸九淵集》卷三六。明程敏政《書朱陸二先生所論無極書後》有云："按以上七書幾數千言，二先生所以論無極者，援引摘發，纖悉畢具，後學不容復置喙矣。然陸子第一書云：'周子若懼學者泥於形器而申釋之，則宜如《詩》言"上天之載"，於下贊之曰"無聲無臭"可也。'朱子第一書云：'孔子贊《易》，自太極以下，未嘗言無極也。周子言之，若於此實見太極之真體，則知不言者不爲少，而言之者不爲多矣。'竊窺二先生之言無易此兩端,然猶反復不已者。尹氏所謂'有所疑於心而不敢強焉爾',是正《中庸》'辨之弗明弗措'之義,豈若後世口耳之學,隨人立説,不復求之心,得而苟焉以自欺,泛焉以應人者哉? 抑此皆二先生早歲之事,考兩家之書,陸子他日不復論無極,而朱子註《太極圖説》,首曰:'上天之載,無聲無臭,而實造化之樞紐,品彙之根柢,故曰無極而太極。'實陸子語意。豈非二先生晚年有合而然與?"《篁墩文集》卷三八。

陸九淵《與朱元晦》:

往歲經筵之除,士類胥慶,延跂以俟吾道之行,乃復不究起賢之禮,使人重爲慨歎! 新天子即位,海内屬目,然罷行陞黜,率多人情之所未諭者,羣小駢肩而騁,氣息怫然,諒不能不重勤長者憂國之懷。某五月晦日拜荊門之命,命下之日,實三月二十八日,替黃元章闕,尚三年半,願有以教之。

首春借兵之還,伏領賜報,備承改歲動息,慰沃之劇。惟其不度,稍獻愚忠,未蒙省察,反成唐突,謙抑非情,督過深矣,不勝皇恐。向蒙尊兄促其條析,且有"無若令兄遽斷來書"之戒,深以爲幸。別紙所謂:"'我日斯邁,而月斯征',各尊所聞,各行所知,亦可矣,無複望其必同也。"不謂尊兄遽作此語,甚非所望。"君子之過也,如日月之食焉,過也,人皆見之,及其更也,人皆仰之。"通人之過,雖微箴藥，久當自悟，諒今尊兄必渙然於此矣。願依末光，以卒餘教。《陸九淵集》卷二。

案：《象山年譜》云本書撰於淳熙十六年七月四日。《陸九淵集》卷三六。

朱熹《答陸子静書》：

荊門之命，少慰人意。今日之計，惟僻且遠，猶或可以行志，想不以是爲厭。三年有半之間，消長之勢，又未可以預料，流行坎止，亦非人力所能爲也。聞象山墾闢架鑿之功益有緒，來學者亦益甚，恨不得一至其間，觀奇覽勝。某春首之書，詞氣粗率，既發即知悔之，然已不及矣。《陸九淵集》卷三六《年譜》。

案：《象山年譜》云本書撰於是年八月六日。《陸九淵集》卷三六。

陸九淵《與朱元晦》：

外臺之除，豈所以處耆德，殆新政起賢之兆耳。當今肺石，平時亦有物望，不應徒呼唱於内庭外衢而已，豈抑自此有意推賢耶？

金陵虎踞江上，中原在目。朝廷不忘《春秋》之義，固當自此發迹。今得大賢，暫將使旨，則軺車何啻九鼎？中外倚重，當增高衡、霍，斯人瞻仰，爲之一新矣。竊料辭免之章，必未俞允。願尊兄勉致醫藥，俯慰興情。縱筋力未强，但力疾卧護，則精神折衝者，亦不細矣。若乃江東吏民，善良有養，奸惡知畏，而行縣之餘，或能檢校山房，一顧泉石，此尤區區之私願也。

王順伯在淮間，宣力甚勤，然不能無莫助之患。倘得長者一照映之，爲益又不細矣。《陸九淵集》卷一三。

案：書中所謂"外臺之除"，指淳熙十六年八月間宋廷授朱熹江東路轉運使。"王順伯在淮間，宣力甚勤"，順伯乃王厚之字，會稽人，於淳熙十六年正月除直秘閣、淮南路轉運判官。《南宋館閣續録》卷八。《年譜長編》卷上係本書於八月下旬間。又，陳榮捷《朱陸通訊詳述》係本書於淳熙十四年中朱熹辭免江西路提點刑獄公事時，不確。

朱熹《與陸子靜書》：

去歲辱惠書慰問，尋即附狀致謝。其後聞千騎西去，相望益遠，無從致問。近辛幼安經由，及得湖南朋友書，乃知政教並流，士民化服，甚慰。某憂苦之餘，疾病益侵，形神俱悴，非復昔時。歸來建陽，失於計度，作一小屋，朞年不成，勞苦百端，欲罷不可。李大來此，備見本末，必能具言也。渠欲爲從戎之計，因走門下，撥冗附此，未暇他及。政遠，切祈爲道自重，以幸學者。彼中頗有好學者否？峽州郭（文）[丈]，著書頗多，悉見之否？其論易數頗詳，不知尊意以爲如何也？近著幸示一二，有委併及。

《陸九淵集》卷三六《年譜》。

案：《象山年譜》云此書撰於紹熙三年（1192）四月十九日。《陸九淵集》卷三六。其云峽州郭丈，乃指郭雍。陸九淵去歲來書及朱熹致謝回書皆佚。

又，陸九淵於是年十二月十四日卒。《陸九淵集》卷三六《年譜》。

陸　游

陸游（1125—1210），字務觀，越州山陰（今浙江紹興）人。蔭補登仕郎，除敕令所删定官。孝宗即位，遷樞密院編修官，賜進士出身。出通判建康府，尋改隆興府，免歸。久之，通判夔州，爲川陝宣撫司幹辦公事。“范成大帥蜀，游爲參議官，以文字交，不拘禮法，人譏其頹放，因自號放翁”。累遷江西常平提舉，與祠，召除軍器少監。紹熙元年（1190），遷禮部郎中兼實録院檢討官。嘉泰二年（1202），權同修國史實録院同修撰，尋兼祕書監。三年，升寶章閣待制，致仕。嘉定二年十二月卒，年八十五。《江西通志》卷五〇。“游才氣超逸，尤長於詩”。《宋史》卷三九五有傳。

朱熹《致某人劄子》：

熹昨蒙賜書，感慰之劇。偶有小職事，當至餘姚，

歸途專得請見。人還，撥冗布稟，草草，餘容面既。右
謹具呈提舉中大契丈台座。六月日，宣教郎、直秘閣、
提舉兩浙東路常平茶鹽公事朱熹劄子。《朱子遺集》
卷二。

　　案：《式古堂書畫彙考》卷一四載此帖，題"朱晦
翁賜書帖"，按曰："行書，紙本，內有項氏五字編號，
并項氏諸印。"本書當撰於朱熹提舉浙東常平任上。
淳熙九年七月十六日，朱熹巡歷屬境，次日至上虞
縣，再至嵊縣、新昌縣等地，《年譜長編》卷上。故推知
本書約撰於是年（1182）六月間。又，《朱子佚文輯
考》考證本書乃朱熹致陸游之書。故置此。

朱熹《與陸放翁帖》：

力疾南去。……《朱子遺集》卷二。

　　案：朱熹於淳熙九年七月十六日再次巡歷，二
十一日入台州天台縣、寧海縣。《年譜長編》卷上。故
推知本書當撰於七月下旬。

朱熹《與陸放翁帖》：

以罪戾遠行，迤邐南歸。……《朱子遺集》卷二。

　　案：朱熹因彈劾唐仲友事，改除江西提刑，遂於
九月十二日上狀辭免新命，去任南歸。《年譜長編》卷
上。故推知本書約撰於稍後。

朱熹《與陸放翁帖》：

再辭，未有處分。……昨發會稽，遂不詣違。……杜門讀書，畢此數年爲上策，自餘真可付一大笑。《朱子遺集》卷二。

案：朱熹去任南歸，淳熙九年十月復有江東提刑之命，力辭請祠，十一月再辭職名，十二月十四日受職名，仍辭江東提刑任，再請祠，十年正月差主管台州崇道觀。《年譜長編》卷上。本書云"再辭，未有處分"，故推知其約撰於九年末。

又，明吳寬《跋朱文公三帖》云："朱文公先生以淳熙初提舉浙東，力論台守唐仲友不職。朝廷雖從其言，實忤時宰陰庇仲友之意。自是先生遂歸，且乞奉祠。僞學之論遂起，而先生棄於時者數年。此三帖蓋皆與越中陸放翁者。首在官時所發，其二則既歸後發者。爲宮諭靳君充道所藏。惟先生書札在集中者最多，無非論治道、講理學之語，若此類固不得而備載也。然所謂'杜門讀書，畢此數年爲上策，自餘真可付一大笑'等語，讀之亦可以觀世道矣。"《家藏集》卷五五。

陸游《與朱元晦書》：

法楊者，讀書至老不輟，持論甚正。常云："農家有百錢斗粟之贏，必謹藏之，與僧乃已，民安得不貧？"故其住山不營土木，不遣其徒出勾，曰："吾不忍助民蠹也。"權貴人有所求，一毫不予，而凶年作糜粥以活人餓者，豈易得哉，豈易得哉！願公併書之，可乎？《晦庵文集》卷八二《跋周元翁帖》。

案：朱熹《跋周元翁帖》云："明州大梅老法楊者，故龍圖閣學士鄭公向之曾孫也，藏周元翁帖與其先世手書一軸，嘗屬山陰陸務觀求予跋尾，未及遣而下世。務觀乃以書致之，且言楊既死，此軸無所付，寫畢，願爲送濂溪書堂藏之。元翁詞翰之美，前輩已多稱之，無所俟於予言者，獨味其言，知老先生之學之傳，乃專在於程氏，此可歎也。……務觀別紙，筆札精妙，意寄高遠，楊公所賴以不朽，蓋有在於是者。因剟以附卷中，而識其後云。淳熙乙巳孟夏既望。"《晦庵文集》卷八二。乙巳乃淳熙十二年，故推知本書約撰於是年（1185）春。

路　芾

路芾，字德章。《淳熙稿》卷一《贈路芾德章》。呂東萊門人。嘗官襄陽司理參軍。《水心文集》卷九《金壇縣重建學記》。

朱熹《答路德章》：

所與子約書甚善。但謂東萊遺言有"涉於經濟維持者,別爲一事",而異於平日道學之意,則恐亦未免有累於東萊也。龜山嘗譏王氏之學離内外、判心迹,使道常無用於天下,而經世之務皆私智之鑿,正謂此耳。又謂儻遇漢祖、唐宗,亦須有争不得、且放過處,亦是舊時意思尚在。方寸之地,只有一毫此等見識,便是枉尺直尋底根株,直須見得正當道理分明,不容些兒走作,即自然無復此等意思,雖欲宛轉回護,亦有所不可得矣。古之聖賢以枉尺直尋爲大病,今日議論乃以枉尺直尋爲根本,若果如此,即孟子果然迂闊,而公孫衍、張儀真可謂大丈夫矣。德章已見大意,自不必如此説,因筆及之,亦恐餘證未解,聊復云云耳。《儀禮》編已收,此間朋友未有能辦此者。《春秋》想亦不輟用工,此文字未爲切己,然亦可惜中廢,但稍減課程,令日力有餘,不至忙迫,即玩索涵養之功不至欠闕矣。《晦庵文集》卷五四。

案:朱熹《答吕子約》(熹再叨祠禄)有云"熹嘗論此間朋友,孟子一生忍窮受餓,費盡心力,只破得'枉尺直尋'四字。今日諸賢苦心勞力,費盡言語,只成就'枉尺直尋'四字",《晦庵文集》卷四七。與本書"古之聖賢以枉尺直尋爲大病,今日議論乃以枉尺直尋爲根本,若果如此,即孟子果然迂闊,而公孫衍、張儀真可謂大丈夫矣"云云相合。《答吕子約》撰於淳熙十二年(1185)夏中,故推知本書約撰於一時先後。

朱熹《答路德章》：

奉一日告，獲聞安勝爲慰。但聞忍窮益堅，未有卒歲之計，則未能不相爲動心也。然詳來喻，似所以處者亦有未盡善。蓋若謂羞於出入，則不應去冬未覺而今夏方覺；謂厭請託，則此等以義裁之，一切不與，人自不能相干；謂所入不足自資，則又將去此而有求，其得失既未可期，而豐約亦未可料。此恐皆非所以決爲去就之實，或者但以平日意氣不能俯仰，而忽然有所激觸，遂憤然爲此，而不暇顧計耳。

大抵德章平日爲學，於文字議論上用功多，於性情義理上用功少，所以常有憤鬱不平之意見於詞氣容貌之間，而所向者，無非崎嶇偪仄、不可容身之地。此在世俗苟且流徇之中觀之，固亦足爲高，然在吾輩學問義理上看，則豈非膏肓深錮之疾，而不可以不早治者耶？

即今且置此勿論，而以所喻讀《論》、《孟》者言之，則所謂“不愛把來作口頭説話，故不敢作問而墮於寡陋”者，豈亦不爲憤鬱不平之氣所發耶？夫學者讀書有疑而不能自決，故不得已而不能不問。今人無疑而飾問以資談聽者固不足道，然遂懲此而不問，則未知其果已洞然而無疑耶？抑有疑而恥自同於飾問，遂飲默以自愚？將未至乎有疑而不能問，遂發其憤悶、肆其忌克而託於不問以自欺也？若已洞然而無疑，則善矣，然非上智之資不能及。若不幸而彷彿於後兩者之所謂，則吾恐其深有妨於進學而大有害於養心也。

昨見編集《春秋》，蓋嘗奉勸此等得暇爲之，不可以此而妨吾涵養之務，正爲此爾。但當時又見所編功緒已成，精密可愛，他人決做不得，遂亦心利其成，不欲一向説殺。以今觀之，則所謂爲人謀而不忠者，無大於此，乃始惕然自悔自咎，蓋不獨爲賢者惜之也。讀書爲學，本以治心，今乃不唯不能治之，而乃使向外奔馳，不得休息，以至於反爲之害，是豈不爲迷惑之甚乎？德章氣節偉然，非流輩所可及，私心常所愛敬，而區區之懷猶有未得盡者，每竊以爲愧且恨也。因風布問，輒盡言之。想所樂聞，不至以爲罪也。《晦庵文集》卷五四。

案：上書（所與子約書甚善）云及"《春秋》想亦不輟用工，此文字未爲切己，然亦可惜中廢，但稍減課程，令日力有餘，不至忙迫，即玩索涵養之功不至欠闕矣"，而本書又云"昨見編集《春秋》，蓋嘗奉勸此等得暇爲之，不可以此而妨吾涵養之務，正爲此爾。但當時又見所編功緒已成，精密可愛，他人決做不得，遂亦心利其成，不欲一向説殺"，知承上書。又本書有云"蓋若謂羞於出入，則不應去冬未覺而今夏方覺"，故推知其約撰於十二年秋、冬間或稍後。

朱熹《答路德章》：

示喻縷縷備悉，然其大概皆自恕之詞，以此存心，亦無惑乎德之不進而業之不脩也。吾人爲貧,只有禄仕一途可以苟活,無害於義。彼中距臨安不遠,豈不能一爲参選計而長此羈旅乎?此則未論義理,而只以利害計之,亦未得爲是也。大抵是日前爲學只是讀史傳、説世變,其治經亦不過是記誦編節,向外意多,而未嘗反躬内省,以究義理之歸,故其身心放縱,念慮粗淺,於自己分上無毫髮得力處。此亦從前師友與有責焉。而自家受病,比之它人尤更重害,此又姿稟不美而無以洗滌變化之罪也。今日正當痛自循省,向裏消磨,庶幾晚節救得一半。而一向如此苟簡自恕,若不怨天,即是尤人,殊非平日所望於德章者也。

來諭每謂熹有相棄之意,此亦尤人之論,區區所以苦口相告,正爲不忍相棄耳。若已相棄,便可相忘於江湖,何至如此忉怛,愈增賢者忿懟不平之氣耶?只今可且捺下身心,除了許多閑説話,多方擘畫,去參了部,授一本等合入差遣歸來,討一歇泊處,將《論語》、《孟子》正文端坐熟讀,口誦心惟,雖已曉得文義,亦須逐字忖過,洗滌了心肝五臟裏許多忿憾怨毒之氣,管取後日須有進步處,不但爲今日之路德章而已也。

向見伯恭説少時性氣粗暴,嫌飲食不如意,便敢打破家事,後因久病,只將一册《論語》早晚閑看,忽然覺得意思一時平了,遂終身無暴怒。此可爲變化氣質之法。不知平時曾與朋友説及此事否?德章從學之久,不應不聞,

如何全不學得些子？是可謂不善學矣。《晦庵文集》卷
五四。

　　案：上書（奉一日告）言及路昺因貧而多有不平
之語，有云"此恐皆非所以決爲去就之實，或者但以
平日意氣不能俯仰，而忽然有所激觸，遂憤然爲此"，
又云"大抵德章平日爲學，於文字議論上用功多，於
性情義理上用功少，所以常有憤鬱不平之意見於詞
氣容貌之間"，而本書乃云"示喻縷縷備悉，然其大概
皆自恕之詞，以此存心，亦無惑乎德之不進而業之不
脩也"，並批評路昺"大抵是日前爲學只是讀史傳、説
世變，其治經亦不過是記誦編節，向外意多，而未嘗
反躬内省，以究義理之歸，故其身心放縱，念慮粗淺，
於自己分上無毫髮得力處"，知承上書。又朱熹《答
竇文卿》（辱書，知進學不倦之意）有云"德章似亦不
安其官，頗有責上責下而中自恕之意"，與本書"示喻
縷縷備悉，然其大概皆自恕之詞"《晦庵文集》卷五九。
云云，當指一事。《答竇文卿》撰於淳熙十三年（1186）
秋、冬間或稍後，故推知本書約撰於一時先後。

朱熹《答路德章》：

　　關期不遠，便可得禄。襄陽古郡，多前賢遺迹，宦游
得此，亦正自不惡也。示喻爲學功夫，果充此言，何患不
進？但讀書亦須隨章逐句子細研窮，方見意味。若只用

麤心，但求快意，恐終無以滌蕩塵埃、剗除麟甲也。直卿在此，問以來書所云，渠殊不省。然聞過則喜，吾人正當勉力，不須便懷不平之意，必求伸己而屈人也。踏雪之遊，果能踐約，幸甚。《晦庵文集》卷五四。

　　案：上書（示喻縷縷備悉）云“吾人爲貧，只有禄仕一途可以苟活”，勸路荩禄仕，“去參了部，授一本等合入差遣歸來，討一歇泊處”，而本書又云“闕期不遠，便可得禄”，知承上書。又本書云及“踏雪之遊，果能踐約”，故推知其約撰於十四年（1187）中。

朱熹《答路德章》：

　　所喻水到渠成之説，意思畢竟在渠上，未放水東流時，已先作屈曲準備了矣。毫釐之差，千里之繆。孟子、程子所以爲有功於天理、有力於聖門、有德於後學者，正在此處。不知何故前日直如此看倒了？今日雖欲回頭，而尚爲舊習所牽，不得自由也。《晦庵文集》卷五四。

　　案：書中言及“孟子、程子所以爲有功於天理、有力於聖門、有德於後學者，正在此處。不知何故前日直如此看倒了？”其“前日直如此看倒了”，疑指上書（奉一日告）所云“而以所喻讀《論》、《孟》者言之，則所謂‘不愛把來作口頭説話，故不敢作問而墮於寡陋’者，豈亦不爲憤鬱不平之氣所發耶？”故推知本書當撰於路荩得襄陽官闕之後，約在淳熙十四年冬或稍後。

朱子學文獻大系·朱子學史專題研究

顧宏義 撰

朱熹師友門人往還書札彙編

吕道一

吕道一,名里未詳。然據朱熹《答吕士瞻竦》云吕道一"告歸,……須更於過庭之際,入大鑪鞴,與之鍛鍊,始可放行耳"。《晦庵文集》卷四六。故知其當屬吕竦晚輩。

朱熹《答吕道一》:

三復來示,詞義通暢,爲之爽然。但其所論有於鄙意未安者。大凡論學,當先辨其所趨之邪正,然後可察其所用之能否。苟正矣,雖其人或不能用,然不害其道之爲可用也。如其不正,則雖有管仲、晏子之功,亦何足以稱於聖賢之門哉?且古之君子所以汲汲於學者,不爲其終有異於物而勤,故亦不爲其終無異於物而肆也;不爲其有名而勸,故亦不爲其無名而沮也;不爲其有利而爲,故亦不爲其無利而止也。是其設心蓋儻然一無有所爲者,獨以天理當然而吾不得不然耳。

若夫萬物散爲太虚之説,則雖若有以小異於輪回之陋,然於天地之化育,蓋未得爲深知之者也。此未易言,今且當熟讀聖賢之書而以漸求之耳。《晦庵文集》卷四六。

案:朱熹《答吕士瞻竦》有云"道一遠來,甚慰孤陋。天資明敏,極不易得。……觀其意趣,事事通曉,但於爲己一著未有肯心,此區區所深惜。故其告歸,再三留之,今日乃言有信得及處",《晦庵文集》卷四六。而本書乃有"三復來示,詞義通暢,爲之爽然。但其所論有於鄙意未安者。大凡論學"云云,故推知其當撰於辭別朱熹之後。《答呂士瞻詠》撰於淳熙十二年或稍後,姑係本書於是年(1185),待考。

朱熹《答呂道一》：

示喻已悉。但爲學之功且要行其所知,行之既久,覺有窒礙,方好商量。今未嘗舉足而坐談遠想,非惟無益,竊恐徒長浮薄之氣,非所以變化舊習而趨於誠實也。《晦庵文集》卷四六。

　　案：朱熹上書(三復來示)論"大凡論學,當先辨其所趨之邪正,然後可察其所用之能否",而本書又云及"但爲學之功且要行其所知",似屬進而論述之語,故推知其約撰於其後,姑亦係之於淳熙十二年。

呂紹先

呂紹先,名里不詳。

朱熹《答呂紹先》：

示喻所以持守門户,不妄取予之意,甚慰所望。更冀勉旃,以承先訓。地遠,無以致區區此意,不敢不盡也。《晦庵文集》卷六四。

案：本書撰時未詳。《書信編年》以爲其疑在淳熙十六年(己酉，1189)後。待考。

朱熹《答呂紹先》：

承喻亦苦食貧，此吾輩之常。唯當益堅所守，庶不墜先訓爲佳耳。《晦庵文集》卷六四。

案：上書(示喻所以持守門户)云及"更冀勉旃，以承先訓"，本書又云"唯當益堅所守，庶不墜先訓爲佳耳"，推知約在其後。

呂　佖

呂佖，生平未詳。《儒林宗派》卷十列於朱子門人，《朱子門人》以爲非朱子弟子。

朱熹《答呂佖》：

惠書甚慰。所守審如是，足下之所存誠遠且大，非熹所能及也。顧不能不以貧自累而求有以得於人，則足下之忍其大而不忍其細，又非熹之所能知也。抑熹之官於此，禄不足以仁其家，而無以副足下之意，敢以所聞爲謝，冀足下之堅其守也。貧者士之常，惟無易其操，則甚善。《晦庵文集》卷三九。

案："惠書甚慰所守審如是"，《朱子大同集》卷八作"惠書喻以所守審如是"。

《年譜長編》以爲《答吕佽》等書爲朱熹與同安縣學諸生講論問答之劄。《書信編年》係本書於紹興二十五年（1155）。

吕勝己

吕勝己，字季克，邵武（今屬福建）人。自號渭川居士。"與張南軒、朱晦翁講學。工隸書，得漢法"。爲湖南幹官，歷江州通判，《六藝之一録》卷三四八。知沅州。《晦庵文集》卷九二《贛州趙使君墓碣銘》。

朱熹《答吕季克》：

承示及環叟之書，粗釋所疑。此公舊亦聞之，平父、伯崇皆與之相識，然不聞其爲濂溪家子弟也。其所著書乃如此，若《原說》者，則可謂青過於藍矣。道學不明，異端競起，士雖有意於學，而浮沉世故，不能篤信聖言，躬行默體，以至不疑之地，鮮有不没溺者，甚可歎也。八桂久不得書，昨亦見其所與尊兄書論《原說》者，大意甚正，但似未究其巧譎之情耳。《晦庵文集》卷四五。

案：朱熹《江州重建濂溪先生書堂記》云："淳熙丙申，今太守潘侯慈明與其通守吕侯勝己始復作堂其處，揭以舊名，以奉先生之祀。"署時"四年丁酉春二月丙子”。《晦庵文集》卷七八。與本書云云相合。
是時張栻正知靜江府，故本書有“八桂久不得書”之
語。又，張栻《答呂季克》(《原説》中弊病似不難見)
云“《原説》中弊病似不難見，不知李伯諫何故下喬木
而入幽谷如此”，又《答王居之》(《原説》前日呂季克
己寄來)云“《原説》前日呂季克己寄來，觀其言，殊無
統紀，其所安乃是釋氏，而又文其説，説亦淺陋，本不
足以惑人，不意伯諫乃爾。……前日答季克書謾録
去。今得所示伯諫之語，益知蘄州李君乃是類告子
之不動心者”。《南軒集》卷二六。本書所云“昨亦見其
所與尊兄書論《原説》者”，即張栻《答呂季克》書。又
張栻《答朱元晦》(某黽勉於此，亦復一載)云“近見季
克寄得蘄州李士人周翰一文來，殊無統紀。其人所
安本在釋氏，聞李伯諫爲其所轉，可慮可慮”。《南軒
集》卷二三。張栻《答朱元晦》撰於淳熙三年(1176)二
月間。由上諸書推知本書約撰於是時或稍後。

呂　竦

呂竦，字士瞻。餘不詳。

朱熹《答呂士瞻竦》：

道一遠來，甚慰孤陋。天資明敏，極不易得。到此數

日，適值小宂，撥置與語，令人不倦。觀其意趣，事事通曉，但於爲己一著未有肯心，此區區所深惜。故其告歸，再三留之，今日乃言有信得及處。此事體大，日月長遠，政使實得，亦須接續功夫常不間斷，方可保任。況一時意思，未知果如何，須更於過庭之際，入大鑪鞴，與之鍛鍊，始可放行耳。

示喻艮背之説，周、程先生意是如此，尋常亦只如此曉會，於道理功夫無不是處。但近讀《易》，見得象辭解云：“艮其止，止其所也。”正説此句之意。則所謂艮乃止也，背乃當止之所也。程先生於此句下亦作此説，却不本上文卦辭之義。蓋理自兩通，但文王意則只當依孔子所解爲是，不須更引不見之説以雜之也。不審尊意以爲如何？

南軒辨吕與叔《中庸》，其間病多，後本已爲删去矣。但程先生云“涵養於未發之前則可，求中於未發之前則不可”，此語切當，不可移易。李先生當日用功，未知其於此兩句爲如何，後學未敢輕議。但今當只以程先生之語爲正，則欽夫之説亦未爲非。但其意一切要於鬧處承當，更無程子涵養之意，則又自爲大病耳。渠後來此意亦改，晚年説話儘不干事也。《晦庵文集》卷四六。

案：本書校記云：“士瞻”，浙本作“知録”。

書中言及“南軒辨吕與叔《中庸》，其間病多，後本已爲删去矣”，此“後本”當指朱熹所編定之《南軒文集》，朱熹並撰序，時淳熙十一年（甲辰）十二月辛酉。故推知本書當撰於淳熙十二年(1185)或稍後。

吕祖儉

　　吕祖儉(？—1198)，字子約，開封(今屬河南)人，南宋初始居金華(今屬浙江)。吕祖謙弟。監明州倉，將上，會吕祖謙卒，終期喪赴銓，調衢州法曹，召除籍田令，除司農簿，出通判台州。寧宗即位，除太府丞，上封事論事被貶，安置吉州，遇赦量移高安。慶元四年七月卒。有《大愚集》。《宋史》卷四五五有傳。

朱熹《答吕子約》：

　　示諭縷縷，備見篤學力行之意，然未免較計務獲之病，著此意思橫在方寸間，日夕紛擾，非所以進於日新也。所讀書亦太多，如人大病在床，而衆醫雜進，百藥交下，決無見效之理。不若盡力一書，令其反復通透而復易一書之爲愈。蓋不惟專力易見功夫，且是心定不雜，於涵養之功亦有助也。又謂不欲但爲聞見之知，此固當然，然聞見之知要得正當，亦非易事，誠未可輕厭而躐等也。《晦庵文集》卷四七。

　　　案：《朱子語類》卷一三〇云“《涑水記聞》，吕家子弟力辨以爲非温公書，蓋其中有記吕文靖公數事，如殺郭后等。某嘗見范太史之孫某説親收得温公手

寫藁本，安得爲非温公書？某編《八朝言行録》，吕伯
恭兄弟亦來辨"。此指吕祖謙《與朱侍講元晦》（近麻
沙印一書）以爲《五朝名臣言行録》中"其間頗多合考
訂商量處，若信然，則續次往求教"云云，《東萊集》別
集卷八。時在乾道八年冬。朱熹九年正月有答書（專
使奉教）。《晦庵文集》卷三三。可見吕祖儉是時已與
朱熹通書問。本書撰時未詳，然據朱熹下書（時習之
義）推斷，其約撰於九年（1173）八月以前。又，吕祖
儉來書佚。

朱熹《答吕子約》：

示喻縷縷，足見力學之志，然所讀書似亦太多矣。大
抵今人讀書務廣而不求精，是以刻苦者迫切而無從容之
樂，平易者泛濫而無精約之功，兩者之病雖殊，然其所以
受病之源則一而已。今觀來喻，雖云數書之外有所未暇，
然只此已是多少功夫！又《論》、《孟》、《中庸》、《大學》乃
學問根本，尤當專一致思，以求其指意之所在。今乃或此
或彼，泛然讀之，此則尤非所以審思明辨而究聖學之淵源
也。愚意此四書者當以序進，每畢一書，首尾通貫，意味
浹洽，然後又易一書，乃能有益。其餘亦損其半，然後可
以研味從容，深探其立言之旨，而無迫切泛濫之累。不審
賢者以爲如何？《晦庵文集》卷四七。

案：朱熹上書（示諭縷縷，備見篤學力行之意）

以爲呂祖儉"所讀書亦太多"，勸其"不若盡力一書，令其反復通透而復易一書之爲愈"，而本書指出"大抵今人讀書務廣而不求精，是以刻苦者迫切而無從容之樂，平易者泛濫而無精約之功"，並針對呂氏讀書"太多"之病，故進而勸其"尤當專一致思"《論語》、《孟子》、《中庸》、《大學》四書，而"深探其立言之旨，而無迫切泛濫之累"。故知其乃承上書。

朱熹《答呂子約》：

喻及日來進學之功，尤慰孤陋，且深有助於警省，爲惠厚矣。氣質未化，偏重難反，學者之通病。今亦但當用力於恭敬持養之地，而玩索義理以培養之，不必反復較計、悔吝尅責，如此太深，却恐有害清明和樂之氣象，亦足以妨日新之益也。《晦庵文集》卷四七。

案：朱熹上書（示喻縷縷，足見力學之志）勸導呂祖儉"專一致思"於"四書"，而本書又云"氣質未化，偏重難反，學者之通病"，故"進學之功""但當用力於恭敬持養之地"，"不必反復較計、悔吝尅責"，以免"有害清明和樂之氣象"、"妨日新之益"。可知其當承上書。

朱熹《答呂子約》：

所喻日用工夫，足見爲己之意，甚善。然別紙所論

《論語》首章，便是讀書玩理之樣轍，更無別塗。請只如此
用功，不必切切論功計獲也。《晦庵文集》卷四七。

　　案：書中云"然別紙所論《論語》首章"，而朱熹
　　下書（時習之義）即論《論語》首章之義，屬答呂祖儉
　　別紙問目，撰於是年九月中（詳見下書考證）。

朱熹《答呂子約》：

　　"時習"之義。程子云"習，重習，時復思繹，浹洽於
中則説"，此恐是學原於思之意。凡所當事者皆學也，
不致其思繹以通之，則無自而進。苟苦思力索，則淺迫
無味，亦失所謂"説"矣。惟學焉而時復思繹，勿忘勿
助，積累停蓄，浹洽涵養，杜元凱所謂"如江海之浸，如
膏澤之潤，涣然冰釋，怡然理順，然後爲得"。此即時習
而説之注釋也。張先生所云，似與程子之意未合。

　　此説甚佳。南軒《解義》爲人借去，不盡記其説，然覺
得儘有未安處也。

　　"巧言令色，鮮矣仁"，恐止當從尹氏説。

　　尹説固好，然其間曲折恐亦不可不講。若有人引上
蔡所引許多同異問之尹公，他必有説，不只如此打過也。

　　"傳不習乎"，恐止當從明道説。蓋恐不習而傳之，
則在己審問明辨之功有加無已，篤於自反而懼於傳之
或差。上蔡之説，恐與章指未合。

　　如明道説，文勢似不甚順。若從上蔡之説，則先忠

信、後講學，乃與上下章意思相似，又文勢安帖，不煩多訓，似亦有理。試更思之。

"父在觀其志"一章，恐指意在下。又志，所存也；行，所爲也。有父兄在，安得擅斯行之？雖欲成父之美，而親心未順焉；雖欲爲不善，而莫得肆焉，止觀志之所存可也。若親没矣，吾之所欲爲者遂矣，故必觀其所爲之專與不專而後可。蓋雖爲之善，然不能忍而遽改，則亦謂之死其親可也。至於三年之間，事死如事生，而無伸己之意，迺謂之孝。"可謂孝矣"云者，深嘉之辭。若曰如其非道，則何待三年，是未深體觀其行之意也。夫不幸而有所當改，是乃吾平日之拳拳而未能孚於吾親者，今也哀痛之深，固有所斡旋改移於不動聲氣之中者矣。苟有決厲之意，則縱有丘山之善，然此心不幾於息乎？

此説甚好。但謂"固有斡旋改移於不動聲氣之中者"，此句未安。熹舊來亦嘗有此意，後看史書，見有居官不改前人之政，但因事遷就，使人不見其迹者，必大悦之，以爲代人居官，猶有能如此者，況於所天乎？因以此問於李先生，先生曰："此意雖好，但每事用心如此，恐駸駸然所失却多。聖人所謂'無改'者，亦謂尚可通行者耳。若不幸而有必不可行者，則至誠哀痛而改之，亦無可奈何，不必如此回互也。"此意竊謂學者不可不知，恐當更思之也。又有謂"其志"、"其行"皆指父而言，意亦自好。試并思之，如何？

日月，謂一日一箇亦得，論氣之感也；謂古今一箇亦得，論氣之本也。

“感”字未安。李文饒謂“日月終古常見，而光景常新”，此亦善言天者。

季路問事鬼神，告以“事人”；問死，告以“知生”。欲令子路原始觀終，聚而通之也。“未知生，焉知死”，是固然矣。“未能事人，焉能事鬼”，恐救子路忽於近之病。蓋在目今雖曰未能事人，然隱微之間，如執虛奉盈，所以事之者，自當深用其力。苟於此知所事，則事人之道亦可進。但闕略於事人，則益不能事鬼矣。

熹嘗謂知乾坤變化、萬物受命之理，則知生而知死矣；盡親親、長長、貴貴、尊賢之道，則能事人而能事鬼矣。只如此看，意味自長。戒慎隱微，又別是一事，不必牽合作一串也。

“體物而不可遺”之義，蓋物是形而下者。物其物則息生不窮，是所謂“體物而不可遺”也，即形於上者也。苟物而不物，則死矣。“體”云者，其流行發見非物自爾，而必有體之者也。

體物之意，剖析得甚好。但本是鬼神之德爲此萬物之體，非是先有是物而鬼神之德又從而體之也。“物而不物，則死矣”，此句有病。須知若初無體之者，則亦無是物矣。

“游魂爲變”之義如何？

精，魄也；耳目之精明爲魄。氣，魂也，口鼻之噓吸爲魂。二者合而成物。精虛魄降，則氣散魂遊而無不之矣。魄爲鬼，魂爲神。《禮記》有孔子答宰我之問，正説此理甚詳。雜書云：“魂，人陽神也；魄，人陰神也。”亦可取。横渠、上蔡論此亦詳。

“誰毀誰譽”一章，恐當看“誰”字，此正見聖人大公無我之心。“如有所譽者，其有所試矣”，此又聖人無所私好，而於善善之意亦不侵過分毫。來誨所謂但有先褒之善而無預詆之惡，似恐於公平之意思未完。

熹昨來之説善善速、惡惡緩，正《書》所謂“與其殺不辜，寧失不經”、“罪疑惟輕，功疑惟重”，《春秋傳》所謂“善善長、惡惡短”，孔子“樂道人之善，惡稱人之惡”之意，而仁包五常、元包四德之發見證驗也。聖人之心雖至公至平，無私好惡，然此個意思常在，便是天地生物之心。若但一向恝然無情，則恐或有流於申、商慘覈之科矣。試更思之。《洪範》、《皇極》亦有此意。　《晦庵文集》卷四七。

案：本書論《論語》義，當屬朱熹上書（所喻日用工夫）之别紙。朱熹《答吕伯恭别紙》（上蔡“堯、舜事業横在胸中”之説）有云“‘誰毀誰譽’，已具答子約書中”，《晦庵文集》卷三三。即指本書中答子約問“‘誰毀誰譽’一章”一段。故本書與《答吕伯恭》撰於同時，在是年九月中。又，書中記吕祖儉來書云“來誨所謂但有先褒之善而無預詆之惡”，此朱熹“來誨”未見。

朱熹《答吕子約》：

示喻日用功夫有未到處，此見省身克己用力之深，不勝歎仰。然前後已屢奉聞，不必如此計較迫切，但措其心於中和平正之地，而深以義理灌溉培養之，自然日有進益。如其不然，則存養講習之功未及一二，而疑悔勞殆之病已奪其千百矣。試更思之。至如讀書，只且立下一個簡易可常底程課，日日依此，積累功夫。不要就生疑慮，既要如此，又要如彼，枉費思慮言語，下梢無到頭處。昔人所謂多歧亡羊者，不可不戒也。《晦庵文集》卷四七。

案：朱熹上書（所喻日用工夫）云“所喻日用工夫，足見爲己之意，甚善”，而本書有“示喻日用功夫有未到處，此見省身克己用力之深，不勝歎仰。然前後已屢奉聞”云云，乃知其承上書。

朱熹《答吕子約》：

“巧言令色，鮮矣仁”，論章旨則尹氏之説爲完。若旁通其義，如“辭欲巧”之類，是迺修省細密工夫，其發原自别。然修辭之功，亦易得入於安排計較，而不自知其所發之偏者，亦爲“鮮矣仁”也。

“發原自别”之説甚好。修辭之功，固易入於安排計校，然亦只得就發原處謹之耳。若捨此而别生疑慮，則又轉見繳繞，不得剖決也。

曾子之三省，爲人謀、與朋友交、傳諸人，惟恐應物之或不如己而篤於自反也。尹子言："諸公遠來依先生之門，某豈敢輒爲他説？萬一有少差，豈不誤他一生？"恐正是"傳不習"之意。"先忠信、後講學"，固是如此，但忠因謀言，信因交言，恐與"行有餘力，則以學文"之意未類。上蔡之説，竟未敢安。

所引尹公語甚好。然於此文句中，似覺少兩三字，聖賢立言不如是之巧而晦也。謀不忠則欺於人，交不信則欺於友，傳不習則欺於己、欺於師，是亦忠信之類耳。更思之。

"其志"、"其行"，皆指父而言，意亦好，但於本章之旨恐未安。"父在觀其志"，觀其所志之善惡也；"父没觀其行"，觀其所行之肆與否也。"三年無改於父之道"，則事亡如事存而不忍死其親焉，故曰"可謂孝矣"。翰旋改移，其始止於隱惡諱過，本在於愛親。駸駸而往，易入於私，其病固不細，然彌縫調停之工又不可廢。所謂"度不可行，至誠哀痛而改之"，固不必回互，但弗知所以改之之方，則或傷於張皇驟快而無遲遲浸漸之意味，亦非篤於愛親者也。謝方明事，祖儉舊看得甚可爲法，然李先生之言亦要於此致察。

先生之言，恐更當思之。"至誠哀痛"四字儘有意思，存得此心，自不至張皇也。據今日病證，似當且服此藥，便自胸次開闊、黑白分明。若更主張"調停"兩字，正是以水濟水，竊恐昏昧隘促，轉見無進步處。父没觀行，必如舊説，亦爲是非邪正之類，所包甚廣。今只云"肆與否"，却覺拘滯。兼又與上句參差、下句重併，尤未穩當。

"日月終古常見而光景常新"，其理固如此。然所謂常見、所謂常新，必有科別。

日月，陰陽之精，終古不易。然非以今日已映之光復爲來日將升之光也，故常見而常新。

未能事人而欲事鬼，未能知生而欲知死，是猶未知其首而欲知其尾也。知首之旨，當如來教。又思事人之旨，恐止是不敢欺、不敢慢，出門如賓之類皆是。如此而致敬密察，庶幾可以交神明矣。"事"如"祗事"之"事"，所謂盡親親、長長、貴貴、尊賢之道，恐於"事"字未叶。

此説甚好，比熹説尤親切。蓋親親、長長、貴貴、尊賢之道固不外乎愛敬，但如此説方親切耳。然四者之目亦不可廢，請更思之。

"視之不見，聽之不聞，體物而不遺"，此三句乃指鬼神之德而言。視不見、聽不聞，無形聲臭味之可聞可見也，然却體物而不遺，則甚昭然而不可揜也。所謂體物者，固非先有是物而後體之，亦非有體之者而後有是物。萬物之體即鬼神之德，猶云氣即性、性即氣而不可離也，可離則無物矣。所謂不可遺者，猶言無遺闕滲漏,蓋常自洋洋生活,不間乎晦明代謝也。

物之聚散始終,無非二氣之往來伸屈,是鬼神之德爲物之體,而無物能遺之者也。所謂"非有體之者而後有是物"與所謂"無遺闕滲漏"者,皆非是。

魂者其氣也,"氣散魂遊而無不之",所謂"無不之"者,已屈之氣尚有在於天地之間邪,抑否也？然氣聚則生,氣盡則死,何者爲遊魂？玩"遊"之一字,謂其即便消散,又似未盡也。體魄藏於地,恐指成質而言。如月魄以無光明者言。謂"耳目之聰明爲魄",有所未曉。合耳目之聰明而言,則魂不離魄。聰明即氣之運,乃是魂也。失其耳目之聰明而言,則魂去魄存,恐難以耳目聰明命之爲魄也。

程子曰:"魂氣歸于天,消散之意,遊魂亦是此意。"蓋離是體魄,則無所不之而消散矣。雖未必皆即時消散,要必終歸於消散也。魂魄之分,更當熟究陰陽之分。體、魄自是二物。魄之降乎地,猶今人言眼光落地云爾。體即所謂"精氣爲物",蓋必合精與氣,然後能成物也。

《洙泗言仁》及契丈《仁説》,竊得諷味。《復》之九二"休復之吉,以下仁也",謂初九也。《易傳》云:"一陽復於下,乃天地之心。"此正與"元者,善之長"同理。竊謂五常之仁猶四時之春,至善醇釀不雜。孟子指乍見之心爲仁之端,下即論非内交要譽而然,蓋因乍見之真而可知其有仁也。"端"云者,苗裔端倪之謂也。覺痛

癢則非不仁,則覺者所以驗乎仁。有彼我心則爲不仁,
則公者是仁之意思。愛是仁之用,恕是仁之施。而樂
山靜壽,又乃形容仁之體段也。程子"氣類相合"之言,殊
覺有味。要須先以萬善之先名仁,而後可以用工致力。
若所謂克己復禮、如見如承之類,皆用功致力之道也。
要皆當一一剖析,又不敢太成支離,失其全體。

"以萬善之先名仁",殊不親切,且以所引《易傳》及四
時之春者體之即見。熹前所論統仁、義、禮、智及四端而
言者,其分界限明而血脈通貫,不必別立名字。但要用工
致力,使真不失此心,然後爲得耳。《晦庵文集》卷四七。

案:吕祖儉來書乃承朱熹上書("時習"之義),
朱熹再答之。《書信編年》以爲本書疑乃上書(示喻
日用功夫有未到處)"別紙",撰於同時。恐是。據朱
熹《答吕伯恭》(人還,承答字)云"《言仁》諸説録呈,
渠別寄《仁説》來,比亦答之,并録去"。《晦庵文集》卷
三三。其書撰於八月間。故吕祖儉來書有云"《洙泗
言仁》及契丈《仁説》,竊得諷味"。又朱熹《答吕伯
恭》(《仁説》近再改定)云"《仁説》近再改定,比舊稍
分明詳密,已復録呈矣"。《晦庵文集》卷三三。其撰於
秋末冬初。故推知本書亦撰於一時先後。

朱熹《答吕子約》:

修省言辭,誠所以立也;修飾言辭,僞所以增也。

發原處甚不同。夫子所謂巧令鮮仁，推原辭意而察巧令之病所從來，止是有所爲而然。如未同而言、以言餂人、脅肩諂笑、以喜隨人之類，皆有所爲也。曰"鮮矣仁"云者，獨言巧令之人於仁或幾乎息而不敢謂之全無也。

"有所爲"之説，甚善。但"不敢謂之全無"，指意畢竟如何，幸更喻及。伊川先生解中却云"謂非仁也"，便如此直截説破，意又如何？

曾子之三省，忠信而已，則程子包"傳不習乎"一語解之矣。所謂欺於己、欺於師，想是程子之意。但祖儉竊謂"傳不習乎"亦須兼就不習而傳於人上説。蓋不習而傳，則是中有未盡而與欺人無異也，與上文同旨。而傳習又所當省者，故專言之。如子夏後爲莊周之類，皆由傳之有所未習，故流傳之久，不能無弊。觀"老於西河之上"氣味，謂之講習之功全盡，未可也。惟曾子謹其所傳，故至今無弊。然"彼以其富"之言、"摽使者出大門"之義、"説大人，則藐之"之訓，其血脈貫通，皆似有少傷和粹處。信乎，傳而習之爲難也！所謂傳，非如釋氏半夜傳法之謂。蓋在己有所未克，則其動止之間不能無失，苟時習之功有所未至，流傳於後，豈不有害？

所論甚善，末後注脚尤好，但恐文意未如此耳。恐當放下許多道理，且平心看他文義向甚處去，都不要將道理向前牽拽他。待他文義有歸著去處，穩帖分明後，却有個自然底道理出來，不容毫髮有所增損抑揚，此處正好玩味也。大抵先要虚心爲要耳。如"禹無間然"一段,五峯説得甚好。然近日細看,恐聖人當日贊歎之時未有此意。他似此者甚多。

李先生之論,蓋欲拯世人計較之病,大要恐人思前算後、遷就回互,入於不誠不直而弗自覺知。然人之資稟剛柔不齊,則藥其所偏者,又恐難一槩論。止是要認得此意旨所發,而於計較思算時常常點檢也。

日用功夫固當縝密,然覺得如此煩碎繳繞,又似自縛殺了。故先生之意大抵且要簡節疏目,先整頓得大體是當,然後却就上面子細點檢,是亦學不躐等之意也。

坎、離,陰陽之成質,故爲上篇之終。既濟,坎、離之合;未濟,坎、離之交,故爲下篇之終。五行之運,獨言水火,又謂爲成質,何也?

陰陽成質,水火爲先,故《洪範》一曰水,二曰火。《正蒙》中亦有一段論五行次序,説得分明,可更檢看。數學有乾、坤付正性於離、坎之説,似亦有理。

日月,陰陽之精氣,向時所問殊覺草草。所謂"終古不易"與"光景常新"者,其判別如何?"非以今日已映之光復爲來日將升之光",固可略見大化無息而不資於已散之氣也。然竊嘗觀之,日月虧食,隨所食分數,則光没而魄存,則是魄常在而光有聚散也。所謂魄者在天,豈有形質邪?或乃氣之所聚而所謂"終古不易"者邪?

日月之說，沈存中《筆談》中說得好，日食時亦非光散，但爲物掩耳。若論其實，須以終古不易者爲體，但其光氣常新耳。然亦非但一日一箇，蓋頃刻不停也。

二氣五行，造化萬物，一闔一闢，萬變是生。所謂五行之氣，即雷、風、水、火之運邪？又即二氣之參差散殊者邪？先儒謂物物皆具，則人之氣稟有偏重者，謂之皆具可乎？或謂雖物皆具，而就五行之中，有得其多者，有得其少者。於此思之，殊茫然未曉。

五行之氣，如温涼、寒暑、燥濕、剛柔之類，盈天地之間者，皆是舉一物無不具此五者，但其間有多少分數耳。五音、五色、五味之類皆是也。

鬼神之德，蓋甚難知，於此粗入思慮，竟於體物不遺上看得未極分明。於此不透，故不自知而溺於釋氏處多。明道答上蔡語謂："向你道有來，又恐賢問某討；向你道無來，你又怎生信得及？"每每於此思量，乍得乍失。近因相識有饋生鶿者，欲殺之，則甚不忍；欲貨之，則取其利而殺其身，恐有冤之之意，常感於中。此病不已，便入因果上去。又因夜夢，疑若有世間所謂鬼者欲出，雖未睡覺，然心知其無，以理却之，竟無有也。雖曰以理却之，然中心不無驚悸。若此類，則釋氏之說，久久極易惑人，但先入者爲主，可以主張，然非實曉，亦安能保也？

鬼神只是氣之屈伸，其德則天命之實理，所謂誠也。

天下豈有一物不以此爲體而後有物者邪？以此推之，則體物而不可遺者見矣。著實見得此理，則聖賢所論一一分明。不然，且虛心向平易分明處別理會個題目，勿久留情於此，却生別種怪異底病痛也。生鶯之論，“只以子釣而不綱，弋不射宿”、孟子“遠庖廚”之義斷之，便自直截。

　　吳才老之論亦是一意，然覺得未完。“吾必謂之學”云者，謂夫世人不知以是爲學而專以講論爲學也。“則以學文”者，謂夫世人不知修其當位之職而徒欲學文也。意各有當，言各有指，似難以未該徧論之。

　　伯恭論得此意甚好，謂才老之論不可謂不然，但其發處有病耳。誠然誠然。今日兩端之論，恐亦正坐此也。但若論文義，子夏所説終是倚著一邊，豈亦矯枉過直而然邪？

　　“乾知大始”，程子云：“乾當始物，乾以易知。”程子又云：“乾，始物之道易。”似不以此“知”字爲知崇及極高明之意。“當”字如何形容？

　　乾便是物之太始，故以“當”字言之，最爲密切。

　　魂，陽也，屬天；魄，陰也，屬地。魂氣歸于天，體魄藏于地是也。聚而復散者爲魂，聚而不散者爲魄。魄，非氣也。精氣爲物者，合氣之聚而復散與夫聚而不散言也。遊魂者，專指聚而復散言也。來教謂“體、魄自是兩物”，未能深曉，更願詳賜批誨。

　　魂陽而魄陰，故魂之盡曰散，散而上也。魄之盡曰降。降而下也。古人謂之徂落，亦是此義。林少穎云然。今以聚而不散者爲魄，恐未然。體、魄是二物，“精氣爲物”，猶言魂魄爲體爾。以此推之，更有曲折。

“仁者，天下之正理”，此一語與“仁”意義如何？

此是對下文禮樂而言，非專以訓“仁”之名義也。大率前賢語意寬廣，不若今人之急迫。今人見得些道理，便要鐫鑿開却，正是心量小，不耐煩耳。近日甚覺前日説得惡模樣也。然説得如此，人尚不會，況不説乎？此又不可廢也。《晦庵文集》卷四七。

案：呂祖儉來書有云“來教謂‘體、魄自是兩物’”，知其乃承朱熹上書（巧言令色）。本書又有“伯恭論得此意甚好，謂才老之論不可謂不然，但其發處有病耳”，據朱熹《答呂伯恭》（便還奉教）云“近看吳才老《論語説》論子夏‘吾必謂之學矣’一章與子路‘何必讀書’之云其弊皆至於廢學，不若‘行有餘力則以學文’、‘就有道而正焉’、‘可謂好學’之類，乃爲聖人之言也”，及（昨已具前幅）書中云“所論吳才老説經之意，切中其病”，《晦庵文集》卷三三。所言相及。案：《答呂伯恭》（便還奉教）撰於是年二月末，又（昨已具前幅）撰於三、四月之際，故推知本書亦約撰於一時先後。

朱熹《答呂子約》：

承喻專看《論語》，寖覺滯固，因復看《易傳》及《繫辭》。此愚意所未喻。蓋前書布此曲折已再三矣，似已略蒙聽察，不知何爲而復蹈舊轍也？夫《論語》所記，皆聖人言行之要，果能專意玩索，其味無窮，豈有滯固之理？竊恐却是不曾專一，故不見其味，而反以爲滯固耳。至如讀《易》，亦當遵用程子之言，卦、爻、《繫辭》自有先後。今亦何所迫切而手忙脚亂一至於此邪？所論主一、主事之不同，恐亦未然。主一只是專一，蓋無事則湛然安靜而不驚於動，有事則隨事應變而不及乎他。是所謂主事者，乃所以爲主一者也。觀程子書中所論敬處，類集而考之，亦可見矣。若是有所係戀，却是私意。雖似專一不舍，然既有係戀，則必有事已過而心未忘、身在此而心在彼者。此其支離畔援，與主一無適非但不同，直是相反。今比而論之，亦可謂不察矣。惟其不察於此，是以未能專一，而已有固必矜持之戒，身心彼此實有係戀支離之病，而反不自知其非。又凡前後所言，類皆瞻前顧後、一前一却之論，不曾坦然驀直行得數步，此亦一個大病根株，恐當痛下功夫刊削，不可悠悠又只如此説來説去，久之看得只似尋常也。《晦庵文集》卷四七。

　　案：書中云"承喻專看《論語》，寖覺滯固，因復看《易傳》及《繫辭》。此愚意所未喻。蓋前書布此曲折已再三矣，似已略蒙聽察，不知何爲而復蹈舊轍也"，又云"又凡前後所言，類皆瞻前顧後、一前一却之論，不曾坦然驀直行得數步，此亦一個大病根株"。

據朱熹《答呂伯恭》(子約惠書)云"子約惠書,已奉報矣,不知何故如此猶豫前却? 此不誠不敬之本,於進道中正是莫大之病",《晦庵文集》卷三三。其"已奉報"者,正謂本書,約撰於淳熙元年(1174)四月前後。

朱熹《答呂子約》:

程氏《葬説》:"父祖子孫同氣,彼安則此安,彼危則此危。"墓以藏體魄也,所謂"安"者,何所指邪?

正指體魄而言耳。程子論此意思甚詳,讀之使人惻然感動。有此疑者,豈非惑於莊生"愛其使形者"之論邪? 此異端之言,賊恩之大者,不可以不辨。

上蔡"以我視我聽"等言,以"子絶四"之旨觀之,終未免有"我"底意思。雖與放而不知求者遠甚,然其究極似未平正也。見於文句者,每每有"我"底意思。

五峯作《復齋記》云"知自反而以理視",此語無病。如此所引,非惟有"我"不平於下學切己功夫,亦有任意而失理之病。其流弊之甚,多至於妄作。

"主忠信"之言後於"不重則不威",其意如何?

聖賢所言爲學之序例如此,須先自外面分明有形象處把捉扶豎起來,不如今人動便説正心誠意,却打入無形影、無稽考處去也。

"傳不習乎",據文勢章脈,當以明道言爲正。

此等處義理亦兩通,存之可也。

程子"知周乎萬物而道濟天下，故不過"，釋之曰"義之所包，知也"，文意如何？

程子説"易"字，皆爲《易》之書而言，故其説如此，但鄙意似覺未安。蓋《易》與天地準，故能彌綸天地之道，此自指書而言。自"仰觀俯察"以下，須是有人始得。蓋聖人因《易》之書而窮理盡性之事也。近讀此書，方見得一端緒，非面論不能既也。

夏、商損益，繼周者亦必有損益。蓋氣運升降，不容不爾。特聖人能因時而不逆之耳。

理大槩如此，然非夫子告子張之意。請更詳之。

"林放問禮之本"，歷考程子之言，有曰"飾過則失實，故寧儉"，又曰"儉則實所出"，又曰"節文太過，則和那些誠意都不見"，則儉近本，而不可正名曰本也。

禮正在恰好處。泝而上之則儉爲本，沿而下之則奢爲末，當以《易傳》之言爲正。龜山發明得亦佳。

生死者，氣運往來之常也。異端以有生爲幻而謂之無常，是不明乎天地之性、陰陽之本也。

此説固然，程子蓋言之矣。

"每事問"，程子謂："雖知亦問，欽慎之至。"問者，問所未知也。問所知焉，似於未誠。謝氏之説，聖人之心恐不如是。程子之意，雖知其意味甚深，然看得未分明。

以石慶數馬與張湯陽驚事相對觀之可見。雖知亦問，自有誠僞之别。兼或人謂夫子爲鄹人之子，則亦夫子始仕,初入太廟時事。雖平日知其説,然未必身親行之而識其物也,故問以審之。理當如此,必不每入而每問也。然大綱節目與其變異處,亦須問也。

不以其道得去貧賤,當如明道説。若曰“不以其道得貧賤則不去”,恐君子之心不如是也。

明道説意甚密,但文義似費力耳。

近看得忠恕只是體用,其體則純亦不已,其用則塞乎天地;其體則實然不易,其用則擴然大通。然體用一源而不可析也,故程子謂“看忠恕二字,自見相爲用處”,而夫子曰:“吾道一以貫之。”

此説甚善。

“出入無時,莫知其鄉”,只是大槩言人之心如是,甚言此心無時不感而不可以不操也,不操則感動於不善而失其本心矣。雖曰失其本心,而感處即心也,故程子曰“感乃心也”。而程子答“心有亡也”之問,又曰:“纔主著事時,先生以目視地。便在這裏,纔過了,便不見。”又云:“心豈有出入?亦以操舍而言。”蓋寂然常感者,心之本體。惟其操舍之不常,故其出入之無止耳;惟其常操而存,則動無不善,而瞬息頃刻之間亦無不在也。顔氏之子三月不違,其餘則日月至,政以此心之常感而易危故也。

寂然常感者,固心之本體也,然存者,此心之存也;亡者,此心之亡也。非操舍存亡之外别有心之本體也。然亦不須苦説到此，只到朱勾處便可且住也。《晦庵文集》卷四七。

案：吕祖儉來書中所論"傳不習乎"、"體魄"等，皆承朱熹上書（修省言辭），故推知其約撰於是年夏。

朱熹《答吕子約》：

示喻讀書用力之意，甚善。所謂收拾向裏，固爲急務，但亦當虛以待之，則心體自存、善端自著，不可一向抑遏安排也。近作一文字，正述此意，録寄伯崇矣，亦屬轉以奉呈也。謝説未安者多此類，所論孝弟之説，蓋本有不屑卑近之意，故其言日用切身處往往多有此意思。且如此章不以事親從兄爲本分當然之事，而持藉之以爲知仁之資，則方其事親從兄之時，其心亦不專於所事，而又别起知仁之想矣。往年與正字兄論《知言》中病痛，亦多如此。蓋其所授受有自來也。却是吕與叔先生論"民可使由之"處意思極好。昔侍李先生，論近世儒佛雜學之弊，因引其説，先生亦深然之。凡百但以此等意思存之，便自平實。至於近世專門之説，蓋亦不必深論其失，取其可取者焉可也。《晦庵文集》卷四七。

案：書中云"往年與正字兄論《知言》中病痛"，正字兄指吕祖謙。據《吕祖謙年譜》，吕於乾道七年九月除秘書省正字，淳熙元年六月主管台州崇道觀。又書中云"近作一文字，正述此意，録寄伯崇矣"，此

"文字"當即指朱熹《觀心説》。《晦庵文集》卷六七。
又,書中言"謝説未安者多此類,所論孝弟之説",而
下書("時復思繹"之義)亦云"謝氏説多類此,大抵過
於高遠也",並論程子、謝氏"孝弟爲仁之本"説之旨。
故推知下書當屬本書之"別紙",約撰於淳熙元年
夏間。

朱熹《答呂子約》:

"時復思繹"之義,如何? 長沙説中謂紬繹其端緒,
又何也? 又"時習"專以思繹爲訓,又何也?

凡言學,多指講論誦讀言之,故以習爲思繹。長沙説
不記云何,紬繹端緒亦苦無異義也。

學即行也,所謂"所以學者,將以行之也",意必
有在。

《中庸》言博學,又言篤行,則學與行自是兩事。

"説"、"樂"之分如何? 所謂"説"在心,政孟子"理
義悦我心,猶芻豢悦我口"之意。但所謂"樂主發散在
外",朋友之樂,蓋亦實見其可樂,但比"説"爲發舒耳。
謂之"主發散在外",願明其説。

謂之"發散在外",即是由中而出,但"樂"字之義主於
發散在外而得名耳。

謝氏"時習、朋來、不愠"一章,意脈似與本章之旨
不貫,所謂"不必同堂合席謂之朋",則於朋來而樂之意

似不切。所謂"知我者希則我貴",既以知者希爲貴,則亦與人不知而慍者相去只一間耳,非所謂不見是而無悶者也。

謝氏説多類此,大抵過於高遠也。

"孝弟爲仁之本",程子、謝氏之旨如何?程子謂孝弟行於家,而後仁愛及於物,蓋以本立而道生也。謝氏謂知此心則知仁,蓋以自是而仁可見,是固然也,却恐非爲仁自孝弟始之意。

只當從程子説。近年論者多欲設爲機械,以求知仁,其原蓋出於謝氏。且若如其説,則其事親從兄之際,心亦不專於所事矣。

明道論"孝弟","本其所以生,乃爲仁之本"。而又論"守身,守之本","不失其身而能事其親,乃誠孝也,推此可以知爲仁之本"。此意如何?

明道因論事親,又推本守身之意,以明必如此,然後爲能事其親,乃所謂孝子成身之義。

"其爲人也孝弟,自然和順慈祥,豈復萌犯上之心?況於爲逆理亂常之事乎?"此蓋深言孝弟之爲順德而人道之根柢也。自是而積習著察,則爲仁之道自然周溥充大,所謂"老吾老以及人之老,幼吾幼以及人之幼",而非過情違道之小仁也,故曰"本立而道生"。而又贊之曰:"孝弟也者,其爲仁之本歟。"若夫仁民而推親親,固曰無本,然所謂仁民者,亦必有甚不仁者矣。

自仁民而推親親，本不足辨，然亦不必言必有甚不仁者。

巧令鮮仁，尹氏之説爲完。程子直指爲非仁，何也？詳考程子辭意，蓋直指修飾之爲非仁，欲學者深知乎仁與不仁之分，故他有所未暇論也。昨領來喻，謂程子如此直截説破，恐是此意否？

程子固是直指修飾之爲非仁，而聖人本意初亦不兼持養者而爲言也。但聖人辭意舒緩，程子恐人不會，更向巧令中求其少有之仁，故如此直説破耳。

曾子之三省，忠信而已，而不及“傳不習乎”一語，何也？前雖求教，謂已兼釋之，今却未曉。

程子説“傳不習乎”，是不習而傳與人，是亦欺人之事，故以忠信舉三省。此句須更思之與謝氏孰長？

入孝出弟、謹行信言、泛愛親仁，蓋爲弟爲子日用出入之實職。曠此而徒區區於文義章句間，抑末也。程子謂非爲己之學，意蓋如此。然必曰學文者，誠以未能著察，而品節等差、重輕緩急不得其宜，則或有所害。以此見周伯忱之説甚當。謝氏盡孝盡弟以及乎親仁成己，至“行有餘力，則以學文”，則看得學文頗輕，而説得入孝出弟之類一節便做成德，似非本旨意。

修弟子之職，固所以爲己，然博學於文以明義理之歸，亦爲己也。洪慶善説“未有餘力而學文，則文滅其質；有餘力而不學文，則質勝而野”，此意亦好。

"道千乘之國"，政與"道之以德"、"道之以政"之"道"同。道，猶導也，與齊治之義別。"敬事而信"以下，或以爲五者，或以爲三者，當從何説？程子釋此章謂"今之諸侯能如是，足以保其國矣"，非小乎此也，政以今之諸侯所以導其國者不能如是也。然否？

分别"道"、"齊"二字，甚善。此章當爲五事，然先後相因，不可相無，則亦一事而已。程子之言固非小此，蓋以其略，故其言之若不足耳。

程子謂論性則以仁爲孝弟之本，又謂仁是性也，孝弟是用也，因此得求仁之方，要須是從克己入。程子論季路、顔淵言志一段可見。蓋喜怒好惡之偏，頃刻胡、越霄壤之判，如何得氣脈通貫、本末連屬？每覺於至親上尚有物我處多，況於他人乎？直須是由身至家，由家至外，檢察消磨，漸漸融通，則庶乎仁矣。前輩謂公近仁，愛屬仁；而《魯論》所謂己欲立、達，而立人、達人爲仁之方；而孟子所謂"仁者如射，正己而發，發而不中，不怨勝己，反求諸己"，如此之類，皆是欲人之求仁當自克治己私而入，學者但當於此下手耳。向者所謂以萬善之先名仁，誠不親切。

論性則以仁爲本，此只是泛説。論義理則性中只有仁、義、禮、智，而孝弟本出於仁。論爲仁之功夫，則孝弟是仁中之最緊切處，當務此以立本，而仁道生也。來喻雖善，然非程子立言之本意也。

一心之謂誠，盡心之謂忠，其分如何？又謂忠，天道也，其與盡心之義同否？

一心之謂誠，專以體言。盡心之謂忠，是當體之用。忠，天道也，對恕推己而言，正指盡心之義。《晦庵文集》卷四七。

案：書中言"昨領來喻，謂程子如此直截説破"，即指朱熹上書（修省言辭）中"伊川先生解中却云'謂非仁也'，便如此直截説破"句；書中言"傳不習乎"一語"前雖求教，謂已兼釋之"，乃指上書（程氏《葬説》）中"此等處義理亦兩通"句；書中言"向者所謂以萬善之先名仁，誠不親切"，乃指上書（巧言令色）中"'以萬善之先名仁'，殊不親切，且以所引《易傳》及四時之春者體之即見"。故推知本書乃答問目，約撰於是年夏間，屬上書（示喻讀書用力之意）之別紙。

朱熹《答呂子約》：

所示心無形體之説，鄙意正謂如此，不謂賢者之偶同也。然所謂"寂然之本體殊未明白"之云者，此則未然。蓋操之而存，則只此便是本體，不待別求。惟其操之久而且熟，自然安於義理而不妄動，則所謂寂然者，當不待察識而自呈露矣。今乃欲於此頃刻之存遽加察識，以求其寂然者，則吾恐夫寂然之體未必可識，而所謂察識者，乃所以速其遷動，而流於紛擾急迫之中也。程夫子所論"纔思便是已發，故涵養於未發之前則可，而求中於未發之前則不可"，亦是此意。然心一而已，所謂操存者，亦豈以此一物操彼一物，如鬥者之相捽而不相舍哉？亦曰主一無適，非禮不動，則中有主而心自存耳。聖賢千言萬語，考其發端，要其歸宿，不過如此。子約既識其端，不必別生疑慮，但循此用功，久而不息，自當有所至矣。《晦庵文集》卷四七。

案：朱熹上書（程氏《葬説》）末有云"寂然常感者，固心之本體也，然存者，此心之存也；亡者，此心之亡也。非操舍存亡之外別有心之本體也"，而本書乃云"然所謂'寂然之本體殊未明白'之云者，此則未然。蓋操之而存，則只此便是本體，不待別求"，知承上書而言。推知本書約撰於淳熙元年夏間。

朱熹《答吕子約》：

向來所喻數條，亦皆窮理之要。今承喻及有不曉毫髮之語，此又范太史所謂小其所知以爲不知之弊。竊謂莫若因其所知者玩繹而推廣之，自當有味，不可捨此而別求，恐轉益荒遠而終無得也。此類猶是好高之病，不可不警。《晦庵文集》卷四七。

案：書中云"向來所喻數條，亦皆窮理之要"，《書信編年》以爲乃指上書（承喻專看《論語》）以下諸書，故係於淳熙元年中。

朱熹《答呂子約》：

示喻縷縷具悉。但泛說尚多，皆委曲相合。恐更當放下，且玩索所讀書，依本分持養爲佳耳。陸子静之賢，聞之蓋久，然似聞有脱略文字、直趨本根之意，不知其與《中庸》學問思辨然後篤行之旨又如何耳。《晦庵文集》卷四七。

案：據《呂祖謙年譜》，淳熙元年五月二十六日，陸九淵自臨安抵金華相訪，六月一日呂祖謙自衢州歸，與陸九淵論學多日，陸遂"又留七、八日"始行。本書言陸九淵而未及陸九齡，當指陸九淵來訪事，故推知本書約撰於是年夏、秋之際。

明程敏政《書朱子答呂子約書》云："按此書朱子未與陸子相見時語。所謂脱略文字，直趨本根，與《中庸》先學問思辨而後篤行之説，乃朱、陸最異處。今考陸子與其門人書，亦孜孜以講學爲務，而獨切切以空言爲戒。疑所謂空言者，指朱子也。朱子豈倡爲空言者哉？其説可謂大不審矣。此所以來議者之紛紛乎？陸子之説略附一二，以見其早年所以爲不同者之甚焉。"《篁墩文集》卷三八。

朱熹《答呂子約》：

所喻日用功夫，甚善。然必謂博學詳説非初學事，則大不然。古人之學，固以致知格物爲先，然其始也，必養之於小學，則亦洒掃、應對、進退之節，禮、樂、射、御、書、數之習而已。是皆酬酢講量之事也，豈以此而害夫持養之功哉？必曰有害，則是判然以動靜爲兩物，而居敬窮理無相發之功矣。大抵聖賢開示後學進學門庭、先後次序極爲明備，今皆舍之，而自立一說以爲至當，殊非淺陋之所聞也。

向示心說，初看頗合鄙意，細觀乃復有疑。亦嘗竊與朋友論之，而未及奉報。今得所論，益知向所疑者之不謬也。蓋操舍存亡雖是人心之危，然只操之而存，則道心之微便不外此。今必謂此四句非論人心，乃是直指動靜無端、無方、無體之妙，則失之矣。又謂“荒忽流轉，不知所止；雖非本心，而可見心體之無滯”，此亦非也。若心體本來只合如此，則又何惡其不知所止，而必曰主敬以止之歟？近與一朋友論此，錄以奉呈，幸試思之，復以見告。昨日得欽夫書，亦論此，於鄙意亦尚有未盡者。異時相見面論之，筆札不能既其曲折也。《晦庵文集》卷四七。

案：書中所云“昨日得欽夫書，亦論此”，當指朱熹《問張敬夫》(《遺書》有言)書所附張栻答書，云“要當於存亡出入中識得惟微之體，識得則道心，初豈外是？不識只爲人心也，然須實見方得”。《晦庵文集》卷三二。是書約撰於是年初秋，故推知本書當撰於秋間。

朱熹《答呂子約》：

所示內外兩進之意，甚善。此是自古聖賢及近世諸老先生相傳進步真訣，但當篤信而力行之，不可又爲他説所搖，復爲省事欲速之計也。近聞陸子静言論風旨之一二，全是禪學，但變其名號耳。競相祖習，恐誤後生。恨不識之，不得深扣其説，因獻所疑也。然想其説方行，亦未必肯聽此老生常談，徒竊憂歎而已。操舍存亡之説，諸人皆謂人心私欲之爲，乃舍之而亡所致，却不知所謂存者，亦操此而已矣。子約又謂存亡出入，皆神明不測之妙，而於其間區別真妄又不分明，兩者蓋胥失之。要之，存亡出入，固皆神明不測之所爲，而其真妄邪正，始終動静，又不可不辨耳。《晦庵文集》卷四七。

案：本書又論及陸九淵之學，“近聞陸子静言論風旨之一二，全是禪學，但變其名號耳。……恨不識之，不得深扣其説，因獻所疑也”，而要求呂祖儉“但當篤信而力行之，不可又爲他説所搖，復爲省事欲速之計也”，則推知其仍撰於是年，後於上書（示喻縷縷具悉），約在是年秋、冬間。

明程敏政《書朱子答呂子約蔡季通二書》云：“按以上二書，朱子始謂陸子‘全是禪學’，且嘆其深誤後生之好資質者。今考象山之書，往往以異端爲憂，其於儒、釋之辨亦嚴。蓋朱子直以其主尊德性之説太過，而疑其爲禪耳。然陸子與朱子書，則又譏其爲葛藤末説,不知縈絆多少好氣質底學者。殆其言皆出於早年氣盛語健之時,學者未可執以爲定論也。"《篁墩文集》卷三八。

朱熹《與呂子約》:

諸況已具恭兄書中,腐儒之效如此,豈復敢有傳道授業之意?但欲杜門念咎,以畢餘生也。……一請往來,動踰兩月也。元黃溍《文獻集》卷四《朱文公與大愚帖》。

案:元黃溍《跋乾淳四賢墨蹟・朱文公與大愚帖》云:"淳熙丙申,公用執政薦除祕書郎,而羣小間之,尋降御批曰:'引虛名之士,恐壞朝廷。'公亦辭不拜,且有與東萊書。時公新作草堂於雲谷,以待來學,故帖中云:'諸況已具恭兄書中……'公以六月辭除命,七月不允,再辭,十月乃奉祠崇道,故帖中云:'一請往來,動踰兩月也。'大愚任四明倉曹在壬寅冬,距公之得祠首尾七年,帖中稱之曰'監倉'者,必作於其需次之時也。"《文獻集》卷四。書中所云"恭兄書",乃指朱熹《答呂伯恭》(奉八月六日手教),《晦庵文集》卷三三。撰於淳熙三年(丙申,1176)九月中旬。本書約撰於同時。

朱熹《答呂子約》:

來書所喻程門議論,鄙意正謂如此,此《或問》之書所爲作也。但掎摭前賢，深負不韙之罪耳。管仲之喩甚正，但以夫子之言考之，恐無此意。程子之意，蓋欲主張名教，而以爲夫子許其不死，却不如以爲存而不論之可畏也。試更思之。《晦庵文集》卷四七。

案：書中所云“《或問》之書”，乃指《論語或問》。李方子《紫陽年譜》云淳熙“四年，《論語孟子集註》《或問》成。初，先生既編次《語孟集義》，又約其精粹妙得本旨者爲《集註》，又疏其所以去取之意爲《或問》。然恐學者轉而趨薄，故《或問》之書未嘗出以示人。然辨析毫釐，無微不顯，真讀書之龜鑑也”。《西山讀書記》卷三一。又《玉海》卷四六《淳熙論語孟子集注或問》云“朱文公熹撰，淳熙四年六月癸巳成”。推知本書約撰於淳熙四年（1177）下半年或稍後。

朱熹《答呂子約祖儉》：

某向來杜門，本無一事，而恭兄誤使此來，以爲到郡引疾，便可得去。今乃不然，不意德人亦時出此蘇、張之計也。近復冒昧以書懇左司曾丈，意其有以察此而力言之。因通家問，幸啓恭兄同爲一言，以助其請，幸甚。累書求恭兄爲記五賢祠堂，未蒙見報。亦告侍次語及，但得數語略記事實爲幸。仍須及早得之，乘某未去刻石尤佳也。豫章欲刻《精義》大字版，意欲令并刻老兄所增橫渠諸説，此間傳録未及數篇，專作此數字，今後遣人就借，得以付之爲幸。彼有教授黃君者，此邦人，甚向學。令寫了即送來，此轉寄還不妨也。

案：朱熹《答呂伯恭》（久不聞動静）云"熹昨懇求盛文，以記五賢祠事，想已蒙念。得早示及爲幸，恐熹去不及刻矣。又嘗附隆興書，浼子約借《精義》，補足橫渠説，定本欲與隆興刻板，亦乞爲子約言，早付其人，或徑封與彼中黄教授可也"。《晦庵文集》卷三四。撰於淳熙六年八月間，而本書"豫章欲刻《精義》大字版，意欲令并刻老兄所增橫渠諸説，此間傳録未及數篇，專作此數字，今後遣人就借，得以付之爲幸"云云相合，故推知其撰於稍前，約在是年（1179）七、八月之際。

朱熹《答呂子約》：

叔度忽爲佛學，私竊憂之。前嘗因書扣之，今此書來，不答所問，但云"實病難除，實功難進，不敢容易言之"而已。如此，則是以爲求進實功、除實病必求之釋氏然後可，而吾聖賢立言垂訓，與吾黨平日講學存養，皆容易之空言也。叔度所見不應如此，蓋不欲人之議己而設此以峻却之耳。區區雖欲再進其説，而已覺難於發口，然鄙意猶有未能已者。願子約從容自以己意言之，勸其且讀《論語》，看諸先生説而深思之，以求聖人之意。聖人之意即是天地之心，思而得之，則實理可見而實病可除、實功可進，初不待求之釋氏之言矣。且求之釋氏，却是適越北轅，却行求進，此區區所以深惜叔度平日之用心，而不欲其陷於此也。

頃在靜安，見其議論之間，每不欲人攻釋氏之非，私心固已疑之，今果如此。蓋本其平日用功只以博學力行爲事，而未嘗虛心平氣熟玩聖賢之言，以求至理之所在，故其弊至於如此。熹恐伯恭亦不得不任其責，不知其聞此消息以爲如何？然熹之愚，猶竊有疑於伯恭詞氣之間，恐其未免有陰主釋氏之意，但其德性深厚，能不發之於口耳。此非小病，吾輩於此若猶或有纖芥之疑，速須極力講究，以去其非而審其是，不可含胡隱忍，存而不決，以貽他日走作之患也。大抵彼中朋友立說過高，立心太迫，不肯相聚討論，只欲閉門劇讀，以必其自得，故人自爲學，而或不免蔽於一己之私見，此亦殊非小病耳。《晦庵文集》卷四七。

案：書中言"叔度忽爲佛學，私竊憂之。前嘗因書扣之，今此書來，不答所問"云云，據朱熹《答呂伯恭》（昨聞尊嫂宜人奄忽喪逝）有云"叔度比日爲況如何？……昨得其書，自言於佛學有得，未諭是否"。《晦庵文集》卷三四。所云當爲一事。《答呂伯恭》撰於淳熙六年九月中、下旬，故推知本書約撰於稍後之秋、冬之際。

朱熹《答呂子約》：

前書所喻正容謹節之功，比想加力。此本是小學事，然前此不曾做得工夫，今若更不補填，終成欠闕，却爲大學之病也。但後書又不免有輕内重外之意，氣象殊不能平，愚意竊所未安。大抵此學以尊德性、求放心爲本，而講於聖賢親切之訓以開明之，此爲要切之務。若通古今、考世變，則亦隨力所至，推廣增益，以爲補助耳。不當以彼爲重，而反輕凝定收斂之實、少聖賢親切之訓也。若如此說，則是學問之道不在於己而在於書，不在於經而在於史，爲子思、孟子則孤陋狹劣而不足觀，必爲司馬遷、班固、范曄、陳壽之徒，然後可以造於"高明正大，簡易明白"之域也。八字乃來書本語。

夫學者既學聖人，則當以聖人之教爲主。今六經、《語》、《孟》、《中庸》、《大學》之書具在，彼以了悟爲高者既病其障礙而以爲不可讀，此以記覽爲重者又病其狹小而以爲不足觀。如是，則是聖人所以立言垂訓者徒足以誤人而不足以開人，孔子不賢於堯、舜，而達磨、遷、固賢於仲尼矣，無乃悖之甚邪！

前書所示《中庸》、《詩頌》、《西銘》等說，皆極精密，意者後書所謂"不能下心細意"，特一時憤激所發耳。如其不然，則不能下心細意於孔、孟，乃能下心細意於遷、固，何邪？此則尤非區區所素望於賢者，不敢不盡所懷也。禮樂之云，前此只恐未必史遷有此意耳。正使有之，乃是挾禮樂動化之權，以爲智力把持之用，學者所以謹於毫釐之差而懼其有千里之繆者，正爲此耳。今不之察，而遂指人欲爲天理，吾恐其不止於議論之小失，而且爲心術之大害也。

“阡陌”二字，熹前説亦未是，當如《風俗通》，後説乃爲得之，蓋“阡”之爲言“千”也，“陌”之爲言“百”也。《遂人》徑是百畝之界，涂是百夫之界，而二者皆從，即所謂南北之陌。畛是千畝之界，道是千夫之界，而二者皆橫，即所謂東西之阡。蓋二字名義本以夫畝之數得之，決是井田舊制所本有。若曰秦始爲之，則決裂二字，牽彊説合，費氣力而無文理。且井田既有徑畛之制，而秦人去之，則又何必更取東西南北之正以爲阡陌，然後可以静生民之業而一其俗哉？此細事，不足辨，或恐有助於古今事變之學耳。

《徽録》新書近方看得數卷，大抵是用《長編》添修，然亦有不盡處。《長編》亦據曾布、蔡絛爲多，此二書雖無狀，然亦見其不可掩者。禍敗之釁，豈偶然哉？讀之令人憤鬱，殊損道心也。

同父事解後得書，亦甚呶呶。前此蓋已作書慰勞之，勸其因此一洗舊轍，斂就繩墨。若能相信，失馬却未必不爲福耳。此事向來朋友畏其辯博，不究其是非而信奉其説，遂無一言及於儆戒切磋之意，所以使渠至此，蓋有不得不任其責者。子約既敬之，於此恐不可不盡情也。

叔晦必且家居待除，象先呈身之説，恐是且欲揚此虚聲，以避守高之嫌，然亦不必如此也。李和聞亦不爲久計，相見勸其早歸，亦是一事。渠却甚歸心恭兄教誨，與他人不同也。誠之恐難説話，蓋本是氣質有病，又被杜撰扛夯作壞了，論其好處，却自可惜也。

恭兄文字狀子已投之當路，如醉如夢，面前事尚不能管得，何可望以此等？但近日百怪競出，不可禁遏，又甚於前。此既無可奈何，但當修其本以勝之，早爲收拾平生文字訓説之略成書而可傳者，著爲篇目而公傳道之，則彼託真售僞者將不禁而自息矣。若但築堤堙水，決無可救之理也。《晦庵文集》卷四七。

案：書中所謂"同父事解"，指陳亮爲人所誣陷而下獄，至淳熙十一年五月始得釋之事。陳亮《甲辰秋（答朱元晦秘書）書》有云"五月二十五日，亮方得離棘寺而歸，偶在陳一之架閣處逢一朱秀才，云方自門下來，嘗草草附數字。到家始見潘叔度兄弟遞到四月間所惠教，發讀恍然"。《陳亮集》卷二〇。即本書中所云"同父事解後得書，亦甚呶呶。前此蓋已作書慰勞之，勸其因此一洗舊轍，斂就繩墨"，"嘗草草附數字"即本書之"同父事解後得書，亦甚呶呶"，而"四月間所惠教"即本書之"前此蓋已作書慰勞之，勸其因此一洗舊轍，斂就繩墨"。故推知本書約撰於是年（1184）夏末秋初。

朱熹《答吕子約》：

所論江西之弊，切中其病。然前書奉告者，非論其人也,乃論吾學自有未至,要在取彼之善以自益耳。謂彼全無本原根柢,則未知吾之所恃以爲本原根柢者果何在邪?幸更思之,復以見教。《晦庵文集》卷四七。

　　案:書中云"所論江西之弊,切中其病。然前書奉告者,非論其人也",而下書(熹衰病如昨)乃言及"大率向外底意思多,切己底意思少,所以自己日用之間都不得力,前書因論陸子静處及説韓岩時話,似已詳説此病",兩書相承,故推知本書約撰於淳熙十一年初秋。

朱熹《答呂子約》:

　　熹衰病如昨,無足言者。暇日自力觀書,惟覺聖賢之言意味深長,盡有向來見不到處。若於子約所謂經史貫通之妙,則未有得也。然既曰千里一曲,則便不如且就不曲處理會之爲愈。且如《史記‧禮書》篇首四言,恐只是大槩説道理如此,豈爲秦、漢把持天下而設?且既曰把持天下矣,則又豈有不由智力而致者邪?此等處,恐是舍却聖賢經指,而求理於史傳,故只見得他底高遠,便一向隨他脚跟轉,極力贊歎他。若看得聖賢説禮樂處有味,決定不作此見。兼謂其爲秦、漢而發此四言,亦恐反説低了他意思也。讀《詩》諸説,乃是《詩小序》説,非《詩》説,疑亦是從前太於世變一事留意得重,故只見得此意思。大率向外底意思多,切己底意思少,所以自己日用之間都不得力。前書因論陸子静處及説韓岩時話，似已詳説此病，奈何都不見察，至今日然後始覺身心欠收拾乎？兼此語前此已屢聞之，恐今日所覺亦未必是真覺也。所謂秦、漢把持天下有不由智力者，乃是明招堂上陳同甫説底。平日正疑渠此論未安，不謂子約亦作此見、爲此論也。

大抵讀書寬平正大者，多失之不精；而精密詳審者，又有局促姦巧之病。雖云人之情僞有不得不察者，然此意偏勝，便覺自家心術亦染得不好了。近年此風頗盛，雖純誠厚德之君子，亦往往墮於其中而不自知，所以區區常竊憂之，而不願子約之爲之也。子約何不試取《論語》、《孟子》、《中庸》、《大學》等書讀之，觀其光明正大、簡易明白之氣象，又豈有如此之狡獪切害處邪？世路險窄，已無可言，吾人之學聖賢者，又將流而入於功利變詐之習，其勢不過一傳再傳，天下必有受其禍者，而吾道益以不振，此非細事也。子約思之，如何？

《大事記》尚有第十一卷半卷未寫，今附元册去，幸爲寫足附來。不須裁截裝背，却恐與前後册大小不同也。此書固佳，然昨看論張湯、公孫弘處，亦不能無疑也。《晦庵文集》卷四七。

案：朱熹《答陳同甫》（夏中朱同人歸）論及漢、唐人物，有云"近見叔昌、子約書中説話，乃知前此此話已説成了。亦嘗因答二公書力辨其説。然渠來説得不索性，故鄙論之發亦不能如此書之盡耳"。《晦庵

文集》卷三六。其所謂答"子約書"云云，當即指本書
所云"所謂秦、漢把持天下有不由智力者，乃是明招
堂上陳同甫説底。平日正疑渠此論未安，不謂子約
亦作此見、爲此論也"。《答陳同甫》撰於淳熙十一年
九月十九日，故推知本書約撰於是年秋中。

朱熹《答呂子約》：

日用功夫，比復何如？文字雖不可廢，然涵養本原而
察於天理人欲之判，此是日用動靜之間不可頃刻間斷底
事。若於此處見得分明，自然不到得流入世俗功利權謀
裏去矣。熹亦近日方實見得向日支離之病，雖與彼中證
候不同，然其忘己逐物、貪外虛內之失則一而已。程子説
"不得以天下萬物撓己，己立後，自能了得天下萬物"。今
自家一個身心不知安頓去處，而談王説霸，將經世事業別
作一箇伎倆商量講究，不亦誤乎？相去遠，不得面論，書
問間終説不盡，臨風歎息而已。《晦庵文集》卷四七。

　　案：淳熙十二年（1185）春，陳亮作《乙巳春（答
朱元晦秘書）書》之一、之二，《陳亮集》卷二〇。朱熹作
《答陳同甫》（人至，忽奉誨示）《晦庵文集》卷三六。諸
書，往復論析義利王霸之辨。本書有云"今自家一個
身心不知安頓去處，而談王説霸，將經世事業別作一
箇伎倆商量講究，不亦誤乎"，疑撰於朱、陳論辨王霸
義利之際。

又，明程敏政《書朱子答呂子約何叔京書》曰：
"按朱子此二書謂學者'自家一箇身心不知安頓去
處，而談王談霸，將經世事業別作伎倆'，謂'不察於
良心發見處，則渺渺茫茫，恐無下手處'，又謂'多識
前言往行，固君子所急，近因反求未得箇安穩處，却
始知此未免支離'。而陸子與人書曰：'事外無道，道
外無事，前言往行，所當博識。顧其心苟病，則非徒
無益，所傷實多，他日敗事如房琯、荆公，可勝既乎?'
又曰：'若得平穩之地，不以動靜而變。苟動靜不能
如一，是未得平穩也。'蓋兩先生之言不約而同者如
此。"《篁墩文集》卷三八。

朱熹《答呂子約》：

熹再叨祠禄，遂爲希夷法眷，冒忝之多，不勝慚懼。
今年病軀粗覺勝前時，但心目俱昏，不堪繙閱，深以爲
撓耳。

所喻向來立論之偏，近日用功之實，甚慰所望。兩卷
所論，皆精義也。其間亦有鄙意未合處，具之別紙，幸更
思之。或猶未安，却更反復極論以歸至當乃佳耳。

同父後來又兩得書，已盡底裏答之。最後只問他三
代因甚做得盡，漢、唐因甚做得不盡，見頓著聖賢在面前，
因甚不學，而必論漢、唐，覓他好處，并《文中子》一併破
除，一上似頗痛快著題，未知渠復如何做轉身一路也。可

因書扣之，令錄去，此無人寫得也。<small>兩書皆引"惟精惟一"</small>
<small>者是。</small>

來書亦於"智力"二字必竟看不破、放不下，殊不知此
正是智力中之仁義，賓中之主，鐵中之金。若苦向這裏覓
道理，便落在"五伯假之"以下規模裏，出身不得。孟子、
董子所以拔本塞原，斬釘截鐵，便是正怕後人似此拖泥帶
水也。熹嘗論此間朋友，孟子一生忍窮受餓，費盡心力，
只破得"枉尺直尋"四字。今日諸賢苦心勞力，費盡言語，
只成就"枉尺直尋"四字。不知淆訛在甚麼處？此話無告
訴處，只得仰屋浩歎也。

史遷固非班、范之比，然便以爲學者於此不可有所未
足，而欲專就此處尋討道理，則亦陋矣。公謹前日一二書
來問所疑，覺得却似稍通曉，勝往時也。此一等人不能談
王說霸，然終是愨實謹厚，是這一邊人。鄙意近來覺得只
愛此等人也。

兩卷之說，今亦不能易紙。"仁"字固不可專以發用
言，然却須識得此是個能發用底道理始得。不然，此字便
無義理，訓釋不得矣。且如"元者善之長"，便是萬物資始
之端，能發用底本體，不可將仁之本體做一物，又將發用
底別做一物也。"平旦之氣"以下一節，譬喻得不甚相似。
至以元氣淋漓、星斗清潤爲利貞之象，亦不可曉。"合而
言之"一句，文意亦似未安。大抵仁之爲義，須以一意一
理求得，方就上面說得無不通貫底道理。如其不然，即是

所謂"儱侗真如，（顢）[顡]頇佛性"，而"仁"之一字遂無下落矣。向來鄙論之所以作，正爲如此。中間欽夫蓋亦不能無疑，後來辨析分明，方始無説。然其所以自爲之説者，終未免有未親切處。須知所謂純粹至善者，便指生物之心而言，方有著實處也。今欲改"性之德，愛之本"六字爲"心之德，善之本"，而天地萬物皆吾體也，但心之德可以通用，其他則尤不著題。更須細意玩索，庶幾可見耳。

"求其放心"與"克己復禮"，恐亦不可分爲兩事。蓋放却心，即視、聽、言、動皆非禮，非禮而視、聽、言、動，即是放却心，此處不容更作兩節。今所論却似太支離也。

"養氣"一節，只説得程子意。若論孟子門庭指意，又却不然。"至大至剛"，只合四字爲句。"以直養而無害"，此"直"字便是上文"縮"字、下文"義"字。孟子之意只是説每事做得是當，即自然無所愧怍，意象雄豪，所以雖當大任而無所畏懼耳。推其本原，固未有不立敬而能集義者，然此章之意則未及夫"敬"字也。此自程子門庭功夫，因此説出來耳。

《易》所謂"寂然不動，感而遂通天下之故"，乃指著卦而言之。推之天下萬物，無一不如此者。初不爲心而發，而遂不可以言性也。五峯議論，似此拘滯處多，惜乎不及其時而扣之，反復究窮，必有至當之論也。

"孝悌則心下，心下則此心溥"，此意甚巧，然却走了"孝弟"二字親切本意。若但如此，則只"卑巽"兩字亦得，不必云"孝弟"矣。此蓋本因立下"仁，人心也"四字，要得貫穿許多去處道理，又怕惹著"愛"字，故不免有此牽彊。似不必如此，却只成立議論做文字也。

"未知，焉得仁"，文義句讀恐亦不如此。若如此説，則前所謂"不知其仁"等句又作如何説耶？程子所謂"仁者，天下之公，善之本也"，止是贊歎"仁"字之言，非是直解字義。如云"仁者，天下之正理"，此亦只是包涵在内，不可便以此爲盡得"仁"字之義也。

"正顔色，斯近信矣"，蓋謂學者平日心不誠實，則雖正顔色，而不免於欺僞，如所謂"色取仁而行違"者，故以正顔色而能近信爲貴耳，亦非如來示注中所云也。

《論語》所記有失無失，須見到夫子地位，方判斷得。今此所論，亦侏儒之觀優耳。吾人但當玩索涵養，以到爲期，自不必如此預先安排，此等閒議論，無益於學也。

"所過者化"，程子於《易傳》中引之，《革》九五。及其《語録》中説，似皆以爲身所經歷處人化其德。此意平實，亦與上下文意相應，似不必更爲他説。若論人心本虚，事物過了便無朕迹，却自不妨有此理也。凡此數説，不知賢者以爲如何？如有未安，幸更反復也。《晦庵文集》卷四七。

案：書中"熹再叨祠禄，遂爲希夷法眷"，乃指淳熙十二年四月朱熹差主管華州雲臺觀。《年譜長編》卷上。希夷，指宋初隱居華山之陳摶。又書中言"同父後來又兩得書，已盡底裏答之。最後只問他三代因甚做得盡，漢、唐因甚做得不盡”，乃指朱熹《答陳同甫》（示喻縷縷）所云“來喻所謂‘三代做得盡，漢、唐做得不盡’者，正謂此也。然但論其盡與不盡，而不論其所以盡與不盡”。《晦庵文集》卷三六。故推知本書約撰於是年夏中。

朱熹《答呂子約》：

自頃承書，有專介存問之約，日望其至。忽得郭希呂書，聞嘗感疾不輕，甚以爲慮，而無從附問，但切懸情。前日使至，忽領手書，未及發視，亟問來人，知已無他，憂疑頓釋。既而細讀，乃審向來疾證誠亦可畏，今幸平復，而又自能過意調攝，尤副所望。比日竊惟體候益佳健矣。但來書以爲勞耗心力所致，而諸朋友書亦云讀書過苦使然，不知是讀何書？若是聖賢之遺言，無非存心養性之事，決不應反至生病，恐又只是太史公作祟耳。孟子言學問之道，惟在“求其放心”，而程子亦言“心要在腔子裏”。今一向耽著文字，令此心全體都奔在册子上，更不知有己，便是個無知覺、不識痛癢之人。雖讀得書，亦何益於吾事邪？況以子約平日氣體不甚壯實，豈可直以耽書之故，遂忘飢渴寒暑，使外邪客氣得以乘吾之隙？是豈聖人謹疾、孝子守身之意哉？今既能以前事爲戒，凡百應酬，計亦例加節嗇，然區區之意，於此猶不能忘言，更祝深以門户道學之傳爲念，幸甚幸甚。

"枉尺直尋"，素未嘗以此奉疑也。但見頃來議論一變，如山移河決，使學者震蕩回撓，不問愚智，人人皆有趨時徇勢、馳騖功名之心，令人憂懼，故不得不極言之。蓋非獨爲子約惜，實爲伯恭惜，又重爲正獻、滎陽諸公惜也。

"漢、唐本體，只是智力，就中有暗合處，故能長久"，如此言之，却無過當。但若講得聖門學問分明，則此固無足言者。而王道正理未嘗一日而可無者，亦不待引此然後爲有徵也。設若接引下根，亦只須略與説破，仍是便須救拔得他跳出功利窠窟，方是聖賢立教本指。今乃深入其中，做造活計，不惟不能救得他人，乃并自己陷入其中而不能出，豈不誤哉？陳正己書來，説得更是怕人。今録所答渠書去，幸一觀，此尤可爲歎息也。

"仁"字之説，論之愈詳，愈覺迷昧。然竊恐所謂"衹就發用之端而言，則無由見仁之本體"，只此一句，便是病根也。蓋孟子論仁雖有惻隱人心之殊，程子於此亦有偏言專言之別，然若實於惻隱之偏言處識得此人心專言者，其全體便可見。今只爲於此認得不真，故不能有以識其全體，乃欲廣大其言，以想象而包籠之，不知言愈廣大而意愈不親切也。程子之言，惟"穀種"一條最爲親切，而"非以公便爲仁"者，亦甚縝密。今乃反皆不認，而必以《易傳》偏旁贊歎之言爲直解字義，則不惟不識仁，亦錯看了《易傳》矣。

"克己復禮"，前説已得之，却是看得不子細，誤答了。

今承再喻，愈詳密無疑矣。

"浩然之氣"一章，恐須先且虛心熟讀《孟子》本文，未可遽雜他説。俟看得孟子本意分明，却取諸先生説之通者錯綜於其間，方爲盡善。若合下便雜諸説混看，則下梢亦只得周旋人情，不成理會道理矣。近日經説多有此弊，蓋已是看得本指不曾分明，又著一尊畏前輩、不敢違異之心，便覺左右顧瞻，動皆窒礙，只得曲意周旋，更不復敢著實理會義理是非、文意當否矣。夫尊畏前輩，謙遜長厚，豈非美事？然此處纔有偏重，便成病痛，學者不可不知也。

又"非義襲而取之"句内，亦未見外面尋義理之意，請更詳之。橫渠先生言"觀書有疑，當且濯去舊見，以來新意"，此法最妙。

凡言"易"者，多只是指著卦而言。著卦何嘗有思有爲？但只是扣著便應，無所不通，所以爲神耳，非是別有至神在著卦之外也。

曾子告孟敬子三句，不是説今日用功之法，乃言平日用功之效。如此看得，文義方通。來喻糾紛，殊不可曉也。

"不知其仁"之説，恐未安。且未論義理，只看文勢，已自不通。若更以義理推之，尤見乖戾矣。蓋知自是知、仁自是仁，孔門教人，先要學者知此道理，便就身上著實踐履。到得全無私心、渾是天理處，方唤作"仁"。如子路諸人，正爲未到此地，故夫子不以許之，非但欲其知之而已也。若謂未知者做得皆是，而未能察其理之所以然，則諸人者又恐未能所爲皆是，固未暇責其察夫理之所以然也。《晦庵文集》卷四七。

案：上書(熹再叩祠禄)有言"熹嘗論此間朋友，孟子一生忍窮受餓，費盡心力，只破得'枉尺直尋'四字。今日諸賢苦心勞力，費盡言語，只成就'枉尺直尋'四字"，而本書乃云"'枉尺直尋'，素未嘗以此奉疑也。但見頃來議論一變，如山移河決，使學者震蕩回撓，不問愚智，人人皆有趨時徇勢、馳鶩功名之心，令人憂懼，故不得不極言之"，知承上書。又朱熹《與劉子澄七月九日》有云"但昨日得婺人書云，子約五月間得眩瞀之疾，繼以藏府不安，或作或止。地遠，未得安信，甚令人念之也"，《晦庵文集》卷三五。即與本書所云"忽得郭希呂書，聞嘗感疾不輕，甚以爲慮，而無從附問，但切懸情"相合，又云"前日使至，忽領手書，未及發視，亟問來人，知已無他，憂疑頓釋"，故推知其約撰於十二年秋中。

又，自"'克己復禮'，前説已得之"至篇末，乃重載於《晦庵文集》卷五七《答沈叔晦》(克己復禮)。因本書所謂"'克己復禮'，前説已得之，却是看得不子細，誤答了"，當指上書(熹再叩祠禄)中"'求其放心'與'克己復禮'，恐亦不可分爲兩事。蓋放却心，即視、聽、言、動皆非禮，非禮而視、聽、言、動，即是放却心，此處不容更作兩節。今所論却似太支離也"云云。故此段文字當屬本書，疑當時沈煥（叔晦）與呂祖儉同在明州，朱熹或一書兩示之，致分別收於各人名下。

朱熹《答呂子約》：

所論爲學之意，比向來儘正當矣。但所謂"省節視聽"及"閒得心地半時，便是半時功夫"者，却似微有趣静之偏。所謂"鬼神雖無形聲可求，而須著視聽"者，又似推求考索之過。由前之説，且可爲目前養病之計，而非所以爲學。由後之説，則不惟義理有差，而亦非所以休養已憊之精神也。《晦庵文集》卷四七。

案：上書（自頃承書）言及呂祖儉"感疾不輕"，本書乃云"由前之説，且可爲目前養病之計，而非所以爲學。由後之説，則不惟義理有差，而亦非所以休養已憊之精神也"，知承上書，推知約撰於十二年秋末、冬間。

朱熹《答呂子約九月十三日》：

日用功夫不可以老病而自懈，覺得此心操存舍亡，只在反掌之間，鄉來誠是太涉支離，蓋無本以自立，則事事皆病耳。來喻拈出劉康公語，甚善甚善。但上面蹉却話頭,恐亦是義理太多,費了精神,故向裏時少耳。

《詩》説久已成書,無人寫得,不能奉寄,亦見子約專治《小序》,而不讀《詩》,故自度其説未易合而不寄耳。謂《變風》止乎禮義,其失甚明。但若只以《小序》論之,則未見其失耳。讀古人書,直是要虛著心,大著肚,高著眼,方有少分相應。若左遮右攔,前拖後拽,隨語生解,節上生枝,則更讀萬卷書亦無用處也。《易》書似已納去,何爲未見?恐此誤記,後便喻及,却納去。此亦是見近日説者多端,都將自然底道理穿鑿壞了,固不得已而出之耳。聞子約教學者讀《禮》,甚善。然此書無一綱領,無下手處。頃年欲作一功夫,後覺精力向衰,遂不敢下手。近日潘恭叔討去整頓,未知做得如何。但《禮》文今日只憑注疏,不過鄭氏一家之説,此更合商量耳。

齋中見作如何理會?必有一規模樣轍,因風幸示一二也。又聞講授亦頗勤勞,此恐或有未便。今日正要清源正本,以察事變之幾微,豈可一向汩溺於故紙堆中,使精神昏弊,失後忘前,而可以謂之學乎?《晦庵文集》卷四八。

案:書中所云"《易》書",當指成於淳熙十三年之《易學啓蒙》。朱熹之《易學啓蒙序》,撰於淳熙丙午暮春既望。《晦庵文集》卷七六。故書中"《易》書似已納去,何爲未見?恐此誤記,後便喻及,却納去",當是《易學啓蒙》初成時呂祖儉來索書耳。故推知本書撰於是年(1186)九月十三日。

又明程敏政《書朱子答呂子約書》曰:"按朱子謂'覺得此心操存舍亡,只在反掌之間',又謂'豈可汨沒於故紙堆中,使精神昏蔽,而可謂之學'。陸子之言則曰'念慮之正不正在頃刻之間',又謂'非明實理、有實行之人,往往乾沒于文義間爲蛆蟲識見以自喜而已'。朱子前所謂道合志同者,於是益驗。"《篁墩文集》卷三八。

朱熹《答呂子約》:

聞欲與二友俱來,而復不果,深以爲恨。年來覺得日前爲學不得要領,自做身主不起,反爲文字奪却精神,不是小病。每一念之,惕然自懼,且爲朋友憂之。而每得子約書,輒復恍然,尤不知所以爲賢者謀也。且如臨事遲回,瞻前顧後,即此亦可見得心術影子。當時若得相聚一番,彼此極論,庶幾或有判決之助。今又失此機會,極令人悵恨也。訓導後生,若説得是,當極有可自警省處,不會減人氣力。若只如此支離,漫無統紀,則雖不教後生,亦只見得展轉迷惑,無出頭處也。《晦庵文集》卷四八。

案:朱熹上書(日用功夫不可以老病而自懈)有云"又聞講授亦頗勤勞",而本書又有"訓導後生,若説得是,當極有可自警省處",當承其後。

朱熹《答呂子約》：

示諭授學之意，甚善。但更須小作課程，責其精熟，乃爲有益。若只似日前大餐長啜、貪多務速，即不濟事耳。灑掃應對，乃小子之學，今既失之於前矣，然既壯長，而專使用力於此，則恐亦無味而難入。須要有以使之内外本末兩進而不偏，乃爲佳耳。向見説書旁推曲説，蔓衍太多，此是大病。若是初學便遭如此纏繞，即展轉迷闇，無復超脱之期矣。要當且令看得大意正當精約，則其趣味自長，不在如此支離多説也。《晦庵文集》卷四八。

　　案：上書（聞欲與二友俱來）云及"訓導後生，若説得是，當極有可自警省處"，又下書（聞後來有來依講席者）"聞後來有來依講席者，教學之功，交相爲助，政自不惡。但所論經指，頗覺支蔓，如云《維清》一篇，又《周禮》之所寓，此等議論，又支蔓之尤甚者，只似時文"云云，正與本書所云"示諭授學之意，甚善。但更須小作課程，責其精熟，乃爲有益。……向見説書旁推曲説，蔓衍太多，此是大病。若是初學便遭如此纏繞，即展轉迷闇，無復超脱之期矣"相關，故推知本書約撰於淳熙十四年（1187）春間或稍後。

朱熹《答呂子約丁未五月十三日》：

聞後來有來依講席者，教學之功，交相爲助，政自不惡。但所論經指，頗覺支蔓，如云《維清》一篇，又《周禮》

之所寓，此等議論，又支蔓之尤甚者，只似時文。如此，即
《我將》亦《周禮》之所寓矣。太皥、皋陶之祀一旦廢絕，固
足以見世衰道喪之徵，然其未泯，則於世道却未能大有所
扶助。如胡致堂兄弟極論《關雎》專美后妃之不妒忌，而
以獨孤亡隋爲證。熹嘗論之，以爲妒忌之禍固足以破家
滅國，而不妒忌之美未足以建極興邦也。此等處，恐皆是
道理太多，隨語生解。要須滌除，令胸次虛明直截，然後
真箇道理方始流行，不至似此支蔓勞攘，徒爲心害，有損
無益也。《詩》說鄙意雖未必是，然看子約議論如此，自是
無緣得契合。更請打併了此一落索後看，却須有會心處
也。《晦庵文集》卷四八。

　　案：本書撰於淳熙十四年（丁未）五月十三日。

朱熹《答呂子約丁未七月三日》：

　　示諭《維清》、須句二義，既是真實見得，足以自信，則
亦何待他人之言？但鄙意覺得此般偏旁寄搭議論，無光
明正大氣象，終不甚喜聞，故前此輒爾獻疑。而今雖承誨
諭之悉，竟亦不能深曉也。戰國時，秦、趙出伯益，齊出
舜，楚出祝融，魏出畢公，燕出召公，韓亦姬姓之國，此獨
非聖賢之後邪？又有一事，向讀《元城譚錄》論劉壯輿字
畫處，嘗疑其言之過，以今觀之，則似信而有徵者，不審明
者以爲何如？公謹之言，不記云何，來喻云云，得無有尤
人之意邪？《晦庵文集》卷四八。

案：本書撰於淳熙十四年(丁未)七月三日。

朱熹《答呂子約十一月十二日》：

前書所論四事，不審雅意云何？竊意賢者用力於此不爲不久，其切問近思之意不爲不篤，而比觀所講與累書自叙説處，覺得瞻前顧後，頭緒太多，所以胸次爲此等叢雜壅塞纏繞，不能得明快直截。反不得如新學後生聞一言且守一言、解一義且守一義，雖未能便有所得，亦且免得如此支離紛擾，狼狽道途，日暮程遥，無所歸宿也。《晦庵文集》卷四八。

案：書中有言"而比觀所講與累書自叙説處，覺得瞻前顧後，頭緒太多，所以胸次爲此等叢雜壅塞纏繞，不能得明快直截。反不得如新學後生聞一言且守一言、解一義且守一義"，與上書(示諭授學之意)所云"向見説書旁推曲説，蔓衍太多，此是大病。若是初學便遭如此纏繞，即展轉迷闇，無復超脱之期矣"相類，則推知本書約在其後，撰於是年十一月十二日。

朱熹《答呂子約》：

所喻數條，足見玩理之深。然《論》、《孟》兩説，恐看得太幽暗支離了，所謂欲密而反疏者，須更就明白簡約處看，一句只是一句，截斷兩頭，都無許多枝蔓，方是真實見處也。太極諸説，亦未見端的處。又所謂"萬化未嘗止息"者，是矣，然却爲甚於復然後見天地之心邪？請更下此一轉語，如何如何？《晦庵文集》卷四七。

　　案：本書撰時未詳。然書中言及"太極諸説，亦未見端的處"，疑亦在朱熹、陸九淵論辯"太極"説前後，故係於淳熙末(1189)。待考。

朱熹《答呂子約》：

　　前書所喻原憲一條，似於鄙意有未安者。而來書云云，支蔓繳繞，只如舊日。更望詳細思繹，勇猛掃除，庶於正大光明之域有進步處也。《晦庵文集》卷四七。

　　案：上書（所喻數條）有云"然《論》、《孟》兩説，恐看得太幽暗支離了，所謂欲密而反疏者，須更就明白簡約處看，一句只是一句，截斷兩頭，都無許多枝蔓，方是真實見處也"，而本書又云"而來書云云，支蔓繳繞，只如舊日"，似在上書後。

朱熹《答呂子約書》：

　　目下放過了合做底親切工夫，虛度了難得少壯底時日。《朱子語類》卷一二二。

　　案：《朱子語類》卷一二二載李方子所記曰："答子約書云：'目下放過了合做底親切工夫，虛度了難得少壯底時日。'"本書撰時未詳。據《朱子語類·姓氏》，李方子乃戊申（淳熙十五年）以後所聞。故係於淳熙十六年間。

呂祖儉《與朱元晦書》：

近來看《詩》甚有味。……昨讀《左傳》劉康公説"民受天地之中以生"，下云"君子勤禮，小人盡力"，見得古人説道理平實，不張皇，而著實下手，隨貴賤高卑皆有地位。非如後世此之爲可，而彼之爲不可，人有所不可爲，道有所不可行也。《朱子語類》卷一一六。

案：《朱子語類》卷一一六載沈僴所記曰："向者呂子約書來，説'近來看《詩》甚有味'，録得一册來，盡是寫他讀《詩》有得處。及觀之，盡是説《詩序》。如《關雎》只是説一箇'后妃之德也'，《葛覃》只是説得箇'后妃之本'與'化天下以婦道也'，自'關關雎鳩'、'葛之覃兮'已下，更不説著。如此讀《詩》，是讀箇甚麽？呂伯恭《大事紀》亦是如此，盡是編排《詩序》、《書序》在上面。他們讀書，盡是如此草草。以言事則不實，以立辭則害意。"又同上卷一二二載鄭可學所記曰："觀呂子約書，有論讀《詩》及劉壯輿字畫一段。曰：'某之語《詩》，與子約異。《詩序》多附會，須當觀《詩經》。渠平日寫書來，字畫難曉。昔日劉元城戒劉壯輿，謂此人字畫不正，必是心術不明，故寫此一段與之。'子約書又云：'昨讀《左傳》劉康公說"民受天地之中以生"，下云"君子勤禮，小人盡力"，見得古人說道理平實，不張皇，而著實下手，隨貴賤高卑皆有地位。非如後世此之爲可，而彼之爲不可，人有所不可爲，道有所不可行也。'先生曰：'此一段議論却好。'"據《朱子語類·姓氏》，沈僩乃戊午（慶元四年）以後所聞，鄭可學乃辛亥（紹熙二年）所聞。因沈僩所記有"向者呂子約書来"云云，故推知本書約撰於紹熙二年（1191）間。

朱熹《答呂子約書》：

《詩》有止乎禮義者，亦有不止乎禮義者。《朱子語類》卷二三。

　　案：《朱子語類》卷二三載鄭可學所記曰："今所謂鄭、衛樂，乃《詩》之所載。伯恭云此皆是雅樂，曰雅則《大雅》、《小雅》，風則《國風》，不可紊亂，言語之間，亦自可見。且如《清廟》等詩，是其力量。鄭、衛風如今歌曲，此等詩豈可陳於朝廷宗廟？此皆司馬遷之過。伯恭多引此爲辨，嘗語之云：'司馬遷何足證?'子約近亦以書問'止乎禮義'，答之云：'《詩》有止乎禮義者，亦有不止乎禮義者。'"據《朱子語類·姓氏》，鄭可學乃紹熙二年（辛亥）所聞者。故推知本書當撰於是年，似即答呂祖儉上書（近来看《詩》甚有味）。

朱熹《答呂子約十一月二十七日》：

子合到此，亦略能言彼中相聚曲折，云子約頗訝熹書中語太峻。不記是何事？若只是説《易》處，則來書又有"權術"及"伯恭心迹未明"等語，殊不可曉。竊恐今亦不須如此支蔓，只且做一不知不會底人，虛心看聖賢所説言語，未要便將自家許多道理見識與之爭衡，退步久之，却須自有個融會處。蓋自家道理見識未必不是，只是覺得太多了，却似都不容他古人開口，不覺蹉過了他説底道理耳。至如前人議論得失，今亦何暇爲渠分疏？且救取自家目今見處，是要切事。若舍却自己，又救那一頭，則轉見多事，不能得了矣。前日借得荊公《日録》閒看，其論某人"但能若古，未能稽古"，此等説話，想平日已知其失而笑之。然不知其病所以至此者，亦只是道理太多，不得聖賢言語中下一兩個閒慢字，便著緊説出許多道理來，楦塞得更轉動不得。只此便是病根，未論所説之邪正得失也。

所論《易》是聖人模寫陰陽造化，此説甚善，但恐於盡其言處未免多著道理，説煞了耳。此非面論，未易究竟。然向於《啟蒙》後載所述四言數章，説得似已分明，卒章尤切，不知曾細看否？幸試考之，有所未安，却望見教也。

對班在何時？今日極難説話，而在疏遠爲尤難。看得且只收斂得人主心念，不至大段走作，是第一義。其他道理，非不可説，只恐説得未必應急救病耳。若此處不下功夫，便要飜騰拆洗了安靜和平底家計，做艱難辛苦底功夫，恐尤不相當耳。

《禮書》已領，但《喪禮》合在《祭禮》之前乃是。只恐不欲改動本書卷帙，則且如此亦不妨也。但士、庶人祭禮都無一字，豈脫漏邪？若其本無，則亦太草草矣。鄉人欲者甚多，便欲送書坊鏤版，以有此疑，更俟一報，幸早示及也。恰寫至此，忽報已有農簿之命，此亦可喜，但不知不蹉却對班否？却恐釋奠祭器等文字又因循也。然舊同官有可語者，得更叮囑之尤佳。

幾道且得改秩，亦是一事。其弟在此亦佳。台州又有一師郱者在此，亦儘知用力，不易得也。子欽恨未識面，寄得禮圖來，甚精，未暇細考，此却好一員禮官也。但說《易》亦多瑣碎穿穴耳。十弟事，不知竟如何？今日一箇風俗如此，不知士大夫是何等見識也？別紙數事，皆切中其病，如偏執、濶疏、貴氣之云，尤是親切。一種樂因循者，已不足言，其有作爲之意，又有此病，豈天固不生材於今日邪？前日因饒廷老去，嘗寄聲痛箴之，不知能聽受否？奉常差彊人意，但覺亦欠子細商量，甚恨前此匆匆，不能甚款也。其可喜處，却是簡潔而不支蔓，故力專而勢不分，又沈静而有思量，故機圓而語有力。若安排得在要地，須儘可望也。叔昌必已之官，同父爲況如何？頗亦謀所以善後之計否？因書幸痛箴之，此却是箇改過遷善底時節幾會，所謂乃今可爲者，正謂此耳，切告留念。《晦庵文集》卷四八。

案：書中言及"恰寫至此，忽報已有農簿之命，此亦可喜"。《宋史》卷四五五本傳云呂祖儉"除司農簿，已而乞補外，通判台州"。據《赤城志》卷一〇，呂祖儉於紹熙四年六月赴台州通判任，十一月除太府丞。故推知呂祖儉除司農簿在紹熙三年中，則本書當撰於三年(1192)十一月二十七日。

朱熹《與呂子約書》：

熹以官則高於子約，以上之顧遇恩禮則深於子約，然坐視羣小之爲，不能一言以報效，乃令子約獨舒憤懣，觸羣小而蹈禍機，其愧歎深矣。《宋史》卷四五五《呂祖儉傳》。

案：《宋史》卷四五五《呂祖儉傳》曰："祖儉之謫也，朱熹與書曰：'熹以官則高於子約……'祖儉報書曰：'在朝行聞時事，如在水火中，不可一朝居。使處鄉間，理亂不知，又何以多言爲哉?"據《宋史·寧宗紀一》，慶元元年四月丁巳(二日)，呂祖儉安置韶州，五月戊子改吉州安置。故推知本書約撰於是年(1195)四月間。

朱熹《與呂子約書》：

時事已非所及，不能復道。……往者予弗及，來者吾不聞。《吳文正集》卷六〇《跋朱文公帖》。

案：元吳澄《跋朱文公帖》曰："此朱先生遺金華

呂子約書，蓋慶元乙卯之夏也。按先生紹熙甲寅八月被侍講之命，發長沙，至中途已聞近習用事而憂，比及閏十月，先生去國還家矣。明年春，趙丞相罷，呂子約以論救丞相貶韶州。書云：‘時事已非所及，不能復道。’則先生之憂可知也。其曰：‘往者予弗及，來者吾不聞。’乃述屈子《遠遊》篇中之語。屈子以忠放逐，而蔽君誤國之人方得志，適與先生所值之時同。……書中述此二語，而《楚辭集註》亦成於是歲，先生之意深哉。”《吳文正集》卷六〇。本書撰於慶元元年夏，或與朱熹上書（熹以官則高於子約）屬一書之不同部分。

呂祖儉《與朱元晦書》：

在朝行聞時事，如在水火中，不可一朝居。使處鄉間，理亂不知，又何以多言爲哉？《宋史》卷四五五《呂祖儉傳》。

案：參見上之朱熹《與呂子約書》（熹以官則高於子約）。推知本書約撰於是年四、五月間。

呂祖儉《與朱元晦書》：

罪大責輕，念咎之餘，復何所道？獨所寓居得王氏別館，有臺榭花木之勝，而江山雲物，晨夕萬變，足以遊目騁懷，尤過望不落寞耳。《晦庵文集》卷八四《跋王信臣行實》。

案：朱熹《跋王信臣行實》曰："慶元紀號之初，余友呂子約謫居廬陵，間遣詞其動息。子約報書，具言'罪大責輕……'。因極道王君之爲人，以爲好賢樂善，所交盡其鄉之名公卿、才大夫，又能同其憂樂，不隨世俗爲俛仰。既又以書來，稱王君之子峴爲方有意於學，謂余當有以告語之者。峴亦以書來贊甚勤，余讀之，信子約之言不誣也。"《晦庵文集》卷八四。故推知本書約撰於慶元元年秋間。

又，《朱子語類》卷一二二載曾祖道所記曰："先生問：'呂子約近況如何？'曰：'呂丈在鄉里，方取其家來，骨肉得團聚，不至落寞。'曰：'得渠書，多説仙郡士友日夕過從，以問學爲樂。罪大責輕，遷客得如此，過分矣。亦是仙郡士友好學樂善，豈非衡州流風餘韻所及乎！'嗟嘆久之。"即指本書。

朱熹《答呂子約》：

示諭日用功夫如此，甚善。然亦且要見得一大頭腦分明，便於操舍之間有用力處。如實有一物，把住放行在自家手裏，不是謾説求其放心，實却茫茫無把捉處也。"公而以人體之"，只是無私心而此理自然流行耳，非是公後又將此意尋討他也。《晦庵文集》卷四八。

案：書中有云"示諭日用功夫如此，甚善。然亦且要見得一大頭腦分明，便於操舍之間有用力處。

如實有一物，把住放行在自家手裏，不是謾說求其放心，實却茫茫無把捉處也"，而下書（誨諭工夫且要得見一個大頭腦）乃云載吕祖儉問曰"誨諭'工夫且要得見一個大頭腦，便於操舍間有用力處，如實有一物，把住放行在我手裏，不是漫說收其放心'"，知承本書，故推知本書約撰於慶元元年間。

朱熹《答吕子約》：

所示日用功夫，大慰所望。舊讀《胡子知言》答或人以放心求放心之問，怪其觀縷散漫不切，嘗代之下語云："知其放而欲求之，則不放矣。"嘗恨學者不領此意。今觀來論，庶幾得之矣。所論"必有事焉"、"鳶飛魚躍"，意亦甚當。孔子只說箇"先難後獲"一句，便是這話。後來子思、孟子、程子爲人之意轉切，故其語轉險，直說到活潑潑地處耳。知得如此，已是不易，更且虛心寬意，不要回頭轉腦，計較論量，却向外面博觀衆理，益自培殖，則根本愈固而枝葉愈茂矣。若只於此静坐處尋討，却恐不免正心助長之病，或又失之，則一蹴而墮於釋子之見矣，亦可戒也。

讀書如《論》、《孟》，是直說日用眼前事，文理無可疑。先儒説得雖淺，却別無穿鑿壞了處。如《詩》、《易》之類，則爲先儒穿鑿所壞，使人不見當來立言本意。此又是一種功夫，直是要人虛心平氣，本文之下打疊，交空蕩蕩地，不要留一字先儒舊說，莫問他是何人所說，所尊所親、所憎所惡，一切莫問，而唯本文本意是求，則聖賢之指得矣。若於此處先有私主，便爲所蔽而不得其正，此夏蟲井蛙所以卒見笑於大方之家也。

且如向來主張《史記》時變之學，以近日"都人觀美，出涕沱若"之章觀之，亦可見其流弊之所極矣。此乃前人有醇德而無虛心之弊，反爲所誘，以墮一偏之見。今日子弟欲發其所長而覆其所短，正在專於自己分上公聽並觀，打破前來窠臼，乃可以發明前人本來心事之正，而使學者戒其所偏。此在子約，比之他人又有此擔負，尤不可以不勉也。《晦庵文集》卷四八。

案：下書（誨諭工夫且要得見一個大頭腦）有云呂祖儉問曰"誨諭'《胡子知言》舉或人以放心求心之問，怪其齟齬散漫不切，嘗代之下語云："知其放而欲求之，則不放矣。"'"、"誨諭'讀書如《論語》、《孟子》，是直說日用眼前事，文理無可疑。先儒說得雖淺，却別無穿鑿壞了處。……'"，皆本書中語，故推知本書約撰於慶元元年間。

朱熹《答呂子約》：

誨諭"工夫且要得見一個大頭腦，便於操舍間有用力處，如實有一物，把住放行在我手裏，不是漫說收其放心"，某蓋嘗深體之，此個大頭腦本非外面物事，是我

元初本有底。其曰"人生而静",其曰"喜怒哀樂之未
發",其曰"寂然不動",人汩汩地過了日月,不曾存息,
不曾實見此體段,如何會有用力處?程子謂"這個義
理,仁者又看做仁了,智者又看做智了,百姓日用而不
知,此所以君子之道鮮。此箇亦不少,亦不剩,只是人
看他不見,不大段信得此話"。及其言"於勿忘、勿助長
間認取"者,認乎此也。認得此,則一動一静皆不昧矣。
惻隱、羞惡、辭讓、是非,四端之著也,操存久則發見多;
忿懥、憂患、好樂、恐懼,不得其正也,放舍甚則日滋長。
記得南軒先生謂"驗厥操舍,乃知出入",乃是見得主
腦,於操舍間有用力處之實話。蓋苟知主腦,不放下,
雖是未能常常操存,然語默應酬間,歷歷能自省驗,雖
非實有一物在我手裏,然可欲者是我底物,不可放失;
不可欲者非是我物,不可留藏。雖謂之實有一物在我
手裏,亦可也。若是謾説,既無歸宿,亦無依據,縱使彊
把捉得住,亦止是襲取,夫豈是我元有底邪?愚見如
此,敢望指教。

此段大緊甚正當親切。"操存久則發見多,放舍甚則日
滋長",此二句甚好。

誨諭《胡子知言》舉或人以放心求心之問,怪其觀
縷散漫不切,嘗代之下語云:'知其放而欲求之,則不放
矣。'某竊謂或者之問元不識心體,所對雖欲使人察夫
良心之苗裔,致操存之功,然説得驚惶不縝密,便是用

功處未到。恐方説時，亦未免是放也。自家所知固有廣狹淺深處，然曾云省察，則是我元初者、非我元初者，真妄客主，亦豈不識個體段模樣？操存稍熟，則省察寖精；省察寖精，則操存愈固。昨之所謂非放者，今猶覺其爲放；昨之所謂相近者，今猶覺其尚遠。近看《遺書》説"修辭立其誠"，乃是體當自家"敬以直内，義以方外"之實事。又説"聖賢千言萬語，只是欲人將已放之心約之，使反復入身來，自能尋向上去"。

"下學而上達"，此語方是不颭縷散漫，自覺用力雖未能勇敏，然實欲從事於斯也。又嘗深自體驗，固是知其放而求之則不放，然其間幾多艱難曲巧；方其志不勝氣，其爲抑遏掩蔽，心固知之，如醉中知醉而未醒，夢中知夢而未覺，非澄治平帖，亦未易遽存；及其身心向裹，有頓放處，非不是我來爲主，然浮念忽起，病根隱然，又思乎此也方有端緒，他思便來間之，展轉牽引，把捉不住。近得一法，於致思之時而思慮忽起，若所當思也，則便以筆識之，不使之累吾心。然亦難槩論，蓋適有所感，當便尋繹，則只得放下元初所思，却致思乎此。若非所當思也，則當深省而消去之，亦頗有效驗。第於主一功夫未至，不能如程子所謂"使他思時方思"，然且得隨力量如此存察。更望指教。

此意大槩亦好，但太支蔓，不直截，不覺却將此心放了。恐當一切掃去，且將所代五峰一語早晚提撕，令有箇要約處乃佳。不然，又似程子説温公爲"中"所亂矣。

誨諭謂"'必有事焉'、'鳶飛魚躍'，孔子只説個'先難後獲'一句，便是這話。後來子思、孟子、程子爲人之意轉切，故其語轉險，直説到活潑潑地"。某竊謂此個義理固是自家元有底，無少無剩，初無差異，然亦須實見到這裏，不可少有鶻突。聖賢設教，固不越於"下學而上達"，然著書立言必有不容己者。如"鳶飛魚躍"，子思雖以"上下察"爲言，固已示諸人，然非得伊洛諸君子再拈掇出來，如何理會得是子思吃緊爲人處？其曰"與'必有事焉而勿正'之意同"，既説得親切，與我相應，又曰"會得，活潑潑地；不會得時，只是弄精魂"，則又恐人將此玩弄走作，以爲神通妙用，却入私意，却成助長，却失了元初本有底，其爲害又不特入於語險而已。大抵窮理工夫，若不能認取，則非我所及者皆爲涉虛；若能認取，則一動一靜，天理流行，莫非無極之真也。程子又云："勿忘勿助，只是養生之法。不識怎養生？"此語極善。蓋識個主腦，則勿忘勿助而無害，非勿忘勿助是本體，於勿忘勿助之間認取本體也。此全在學者於己分上實自體認，方信得聖賢之言、先儒之論都是將實得者説與人，不是説分外事，顧我之領略淺深何如耳。敢望誨示。

此段看得亦未親切。須知"必有事焉"，只此一句便合見得天理流行，活潑潑地。方要於此著意尋討，便窒礙了。如説"先難"，只此二字已見得爲仁工夫。然於此處才有計較，便夾雜了。故才説上句，便説下句以急救之，如方安頓一物在此，又便即時除却，是非教人先安排此有事勿正之兩端，而就其中以求之也。

誨諭謂"只於静坐處尋討，却恐不免助長之病，或又失之，則一蹴而墮於釋氏之見"。某自顧涣散之久，近稍收拾，粗有静養工夫。然工夫淺薄，客慮猶多，雖未至便有此病，然亦豈敢不常自警省也。兼亦自覺未墮釋氏之見者，蓋釋氏是從空處求，吾儒是自實處見。喜怒哀樂之未發，初非空無；寂然不動，本皆完具。釋氏於此看得偏闕，所以隨在生病。又"元者善之長"底意思，釋氏既不識元，絶類離羣，以寂滅爲樂，反指天地之心爲幻妄，將四端苗裔遏絶閉塞，不容其流行。若儒者，則要於此發處認取也。近看周子"動而無動，静而無静"之語，頗有所省。夫動而無動，則唤不有止；静而無静，則唤不森然。此雖非天下之至神不能與於此，然一動一静之本體，蓋元如是。因此静存動察，既無交互，亦不落空。今所慮者，非在於墮釋氏之見，乃在於日用之間主敬守義工夫自不接續而已。若於此能自力，則敬義夾持，此心少放，自不到得生病痛也。所見如此，更願指誨。

此正如明道所説扶醉人語，不溺於虚無空寂，即淪於紛擾支離矣。

　　誨諭"讀書如《論語》、《孟子》，是直說日用眼前事，文理無可疑。先儒說得雖淺，却別無穿鑿壞了處。如《詩》、《易》之類，則爲先儒穿鑿所壞，不見當來立言本意。此又是一種功夫，直是要人虚心平氣，本文之下打疊，教空蕩蕩地，不要留先儒一字舊説，莫問他是何人所説，所尊所親、所憎所惡，一切莫問，而唯本文本義是求，則聖賢之指得矣"。某深惟訓誨，真可謂直截指示，雖非某所及，未能言下即承，然敢不默會此意。第有所欲論辨當吐露者，亦不敢不詳陳之。某往者讀書，有時自驗於會心處，固有不待注釋訓説而見得明白，然此心稍有蔽虧，即便忘失。且又閱理不熟，大指精義弗能致察。若非自生意見，即便讀過不覺，終歸之因循鶻突而已。日來豈敢以爲能讀，然稍能收拾身心，有個主腦，義理之實漸漸相親，玩索先覺所説，時時有契于心，反復讀之，其於本文本義固能打疊到空蕩蕩田地，然於用意深處，漸能進其所知，隨其文義，亦各略見所説著落。因此見得讀書之法固是要見得立言本意，不要繳繞支離，然須是自有工夫，使義理來相浹洽，方能與書相應。若與書相應，始能善思，通其精微而意味無窮。雖當讀時固不可先留舊説在胸中，然虚心平氣，待其自見，有意要掃去他亦不得。苟要掃去，則又是我底意見，亦未必是真實指義也。如讀《易》，只以程子《易傳》爲主，非不知象占爲不可廢，然文王、夫子作《彖》、《象》、《文言》、《大傳》，所發明者却不在於象上，直是要人得其辭以通其意。其曰"易，變易也，隨時變易以從道也"，其間"吉凶消長之理、進退存亡之道備於辭，推詞考卦，可以知變，象與占在其中"，其曰"至微者理，至著者象。體用一源，顯微無間"，其曰"乾、坤爲易知，諸卦爲難知"，今學者不求諸象占，固有所闕，然學有本末，若未能玩索乎此而欲求之於象占，則於程子"備於詞"、"在其中"之意不能無失也。又自孟子後，《易》書非不以象占而傳，然非所謂"自秦而下，其學不傳"者，果何所指邪？雖所見如此，然先生謂又是一種工夫，則殊未詳，更望指教也。

大凡讀書，須是虛心以求本文之意爲先。若不得本文之意，即見任意穿鑿。如説會心處之類，正是大病根本。如《易》之詞，乃是象占之詞。若舍象占而曰有得於詞，吾未見其有得也。此皆過高之弊，所以不免勞動心氣，若只虛心以玩本文，自無勞心之害。

誨諭"公而以人體之，只是無私心，而此理自然流行耳，非是公後又將此意思尋討也"。某深味此語，固是恐人添個意思尋討，然覺得下語自傷於快。竊謂仁固難名，以覺名仁，而覺非仁也；以愛名仁，而愛則屬情也；以公名仁，特近仁耳，亦難指公爲仁也。先生謂"仁者愛之理"，別出性情，最爲明白。然程子"公而以人體之"，意則於"公"字上兼"愛之理"意思言之。蓋公雖近仁,然又須實下工夫,物物皆體。若有扞格,各不相貫屬,便有未仁。若只是説個"公"字,便此理自流行,却欠却體仁工夫也。又近看南軒先生《復卦贊》有云:"其在於人,純是惻隱。動匪以斯,則非天命。曰義禮智,位雖不同。揆厥所基,脈絡流通。"及近來玉山所刻先生講説,於程子所謂"偏言之則一事,專言之則包四者",雖未能昭晰,然却見得此意脈分明。其曰"偏言",則本末次第不可以混言。其曰"專言",則莫不始於此、本於此而皆一貫也。孟子論乍見孺子怵惕惻隱之心,便説由是觀之,無惻隱之心非仁,無羞惡之心非義,無辭讓之心非禮,無是非之心非智。其只舉惻隱一端發見處示人,餘三端更不一一拈出,夫豈有所略哉?蓋此乃良心苗裔發見最先處,乃天地之心、萬物之元,必自此而後流行不息,亨而利貞。則是章雖曰"偏言",而所謂"專言"之者,亦不離此矣。

仁是本來固有之理,不因公而有,特因公而存爾。如溝渠窒塞,故水不通流,去其窒塞,則水流矣。水固不因去塞而有,然亦非既去其塞而又別有一段工夫使水流通也。以此推之,所論之得失自見矣。又論"偏言"、"專言"處,語意未瑩,使人難曉。《晦庵文集》卷四八。

案:朱熹《答林德久》(收斂之喻)有云"昨在玉山學中與諸生説話,司馬宰令人錄來,當時無人劇論,説得不痛快。歸來偶與一朋友説,因其未喻,反復曉譬，却説得詳盡。因并兩次所言，錄以報之"。
《晦庵文集》卷六一。撰於慶元元年中。本書乃有"及
近來玉山所刻先生講説"云云，當承其後，約在慶元
二年（1196）中。

朱熹《答呂子約》：

所喻博文約禮盡由操存中出，固是如此。但博文自
是一事，若只務操存而坐待其中生出博文功夫，恐無是
理。大抵學問功夫，看得規模定後，只一向著力，挨向前
去，莫問如何若何，便是先難後獲之意。若方討得一個頭
緒，不曾做得半月十日，又却計較，以爲未有效驗，遂欲別
作調度，則恐一生只得如此移東換西，終是不成家計也。

益公近亦收書，於歐《集》考訂益精，亦不易老來有許
多心力也。需《中庸》、《詩傳》，此便未可寄。又恐且要操
存，無暇看讀，更俟後便也。蘇黃門初不學佛，只因在筠
州陷入此漩渦中，恐是彼中風土不好，一生出不得。今請
著些精彩，莫只管回頭轉腦，忽然不知不覺也旋入去，即
不相奈何也。風色愈勁，精舍諸生方幸各已散去。今日
輔漢卿忽來，甚不易渠能自拔。向在臨安相聚，見伯恭舊
徒無及之者，説話儘有頭緒，好商量，非德章諸人之比也。
《晦庵文集》卷四八。

案：書中云及"蘇黃門初不學佛，只因在筠州陷
入此漩渦中，恐是彼中風土不好，一生出不得。今請

著些精彩，莫只管回頭轉腦，忽然不知不覺也旋入
去，即不相奈何也”，當指呂祖儉移筠州以後。《宋
史·寧宗紀一》載慶元二年七月，“量徙流人呂祖儉
等于內郡”。又朱熹《答黄直卿》(今日吾輩只有此事
是着緊處)有云“輔漢卿、萬正淳皆留此兩月而後去，
其他朋友數人亦將去矣。諸人皆爲外間浮論攻擊，
不敢自安而去”，《晦庵文集》續集卷一。正與本書“風
色愈勁，精舍諸生方幸各已散去。今日輔漢卿忽來，
甚不易渠能自拔”云云相合。《答黄直卿》撰於慶元
三年二月間，故推知本書約撰於慶元二年十二月或
稍前。

呂祖儉《與朱元晦書》：

須是識得喜怒哀樂未發之本體。《朱子語類》卷一
〇四。

案：《朱子語類》卷一〇四載葉賀孫所記曰：“先
生曰：‘静坐自是好，近得子約書云：“須是識得喜怒
哀樂未發之本體。”此語儘好。’漢卿又問：‘前年侍坐
所聞，似與今别。前年云：“近方看得這道理透，若以
前死，却亦是枉死了。”今先生忽發歎以爲只如此，不
覺老了。還當以前是就道理説，今就勳業上説。’先
生曰：‘不如此，自是覺得無甚長進，於上面猶覺得隔
一膜。’”又同上卷一二二載黄士毅所記曰：“‘今日得

子約書,有"見未用之體"一句。此話却好。'"原注曰:"廣録云:'近得子約書,有"未發之本體"一句,此語甚好,人須是看得這箇分曉始得。'"此數條所云乃一書。據《朱子語類‧姓氏》,葉賀孫乃辛亥(紹熙三年)以後所聞,輔廣(漢卿)乃甲寅(紹熙五年)所聞,黄士毅,"慶元中,學禁方嚴,徒步入閩,遵朱子命,日觀一書,夜叩所見,告以静坐勿雜,唤醒勿昏。居數月,授以《大學章句》而歸,終其身從事於斯,號稱有得",《閩中理學淵源考》卷一九。故推知本書約撰於慶元二年或稍後。

朱熹《與吕子約書》:

知其所以爲放者而收之,則心存矣。《朱子語類》卷一二〇。

案:《朱子語類》卷一二〇載錢木之所記曰:"子升問遇事心不存之病。曰:'只隨處警省,收其放心。收放只在自家俄頃瞬息間耳。'或舉先生與吕子約書有'知其所以爲放者而收之,則心存矣。'此語最切要。"據《朱子語類‧姓氏》,錢木之乃丁巳(慶元三年,1197)所聞。推知本書約撰於是年中或稍前。

朱熹《答吕子約》:

代語之喻,甚善。妄爲此語,今已是十餘年,每以告

人，無領略者，今乃得子約書，知其爲切要之語，始有分付
處也。但前日張富歸所惠書，所論《或問》中語，却似未
安。請且自反於心，分別未發、已發界分令分明，却將册
子上所説來合看，還是如此否？自心下看得未明，便將衆
説回互，恐轉生迷惑，斷置不下也。且如子約平生還曾有
耳無聞、目無見時節否？便是祭祀，若耳無聞、目無見，即
其升降饋奠皆不能知其時節之所宜，雖有贊引之人，亦不
聞其告語之聲矣。故前旒黈纊之説，亦只是説欲其專一
於此而不雜他事之意，非謂奉祭祀時都無聞見也，所謂王
乃在中，尤無交涉，讀書最忌如此支蔓。況又平居無事之時
乎？故程子云：“若無事時，耳須聞，目須見。”既云耳須
聞、目須見，則與前項所答已不同矣，又安得曲爲之説而
强使爲一義乎？至静之時，但有能知能覺者，而無所知所
覺之事，此於《易》卦爲純坤，不爲無陽之象。若論復卦，
則須以有所知覺者當之，不得合爲一説矣。故康節亦云：
“一陽初動處，萬物未生時。”此至微至妙處，須虛心静慮，
方始見得。若懷一點偏主彊説意思，即方寸之中先自擾
擾矣，何緣能察得彼之同異邪？《晦庵文集》卷四八。

　　案：本書有云“所論《或問》中語，却似未安。請
且自反於心，分別未發、已發界分令分明，……且如
子約平生還曾有耳無聞、目無見時節否”，而朱熹下
書（所示四條）又云“蓋今所論，雖累數百言之多，然
於《中庸》，但欲守程門問者之説，謂未發時耳無聞、

目無見而已”，知承本書。故推知本書約撰於慶元三
年中。

朱熹《答呂子約》：

張元德訓“道”爲“行”，固爲疏闊，子約非之，是也。
然其所説“行”字，亦不爲全無來歷。今不就此與之剖析，
而別引程子“沖漠氣象”者以告之，故覺得有墮於窈冥恍
惚之病。程子所説，乃因對義而言，故自有歸著而不爲病。而
所以破其説者，又似彼東我西，不相領略。此乃吾之所見
自未透徹，未免臆度籠罩而强言之，所以支離浮汎而不能
有所發明也。若如鄙意，則道之得名，只是事物當然之
理。元德直以訓“行”，則固不可。當時若但以“當行之
路”答之，則因彼之説發吾之意，而“沖漠”之云亦自通貫
矣。今且以來示所引一陰一陽、君臣父子、形而上下、沖
漠氣象等説合而析之，則陰陽也、君臣父子也，皆事物也，
人之所行也、形而下者也，萬象紛羅者也。是數者各有當
然之理，即所謂道也，當行之路也，形而上者也，沖漠之無
朕者也。若以形而上者言之，則沖漠者固爲體，而其發於
事物之間者爲之用；若以形而下者言之，則事物又爲體，
而其理之發見者爲之用。不可槩謂形而上者爲道之體、
天下達道五爲道之用也。元德所云“道不能以自行”以下
自無病，而答語却説開了。其説自是好語，但答他不着爾。
今更爲下一語云：“形而上者謂之道，物之理也；形而下者

1951

謂之器，物之物也。"且試屏去他說，而只以此二句推之，若果見得分明，則其他說亦自通貫而無所遺也。《晦庵文集》卷四八。

　　案："書中有云"張元德訓'道'爲'行'，固爲疏闊，子約非之，是也"，而下書（所以不以元德以"道"訓"行"爲然者）乃云"所以不以元德以'道'訓'行'爲然者，蓋以'道'爲'行'，則'道'非'行'字所能盡"，知承本書。推知本書約撰於慶元三年秋間。

朱熹《答呂子約》：

　　所以不以元德以"道"訓"行"爲然者，蓋以"道"爲"行"，則"道"非"行"字所能盡，又須以所以行者言之，則毋乃欲一而反二乎？故以程子"道有沖漠氣象"告之，欲渠深探夫峻極之體，而默識夫無聲無臭之妙，則自知非"行"之一字所能盡。若謂"當行之路"，則恐秖可言達道耳，於論道之原，則恐難如此著語也。形而下即形而上者，《易傳》謂"至微者理"，即所謂形而上者也；"至著者象"，即所謂形而下者也。"體用一源，顯微無間"，則雖形而上、形而下，亦只是此箇義理也。

　　元德所說之病，前書盡之。如來喻之云，却攻他不著。恐是只見自家底是，於鄙論却未深考也。

　　謂當行之理爲達道，而沖漠無朕爲道之本原，此直是不成說話。不謂子約見處乃只如此，亦無怪他說之未契也。須看得只此當然之理沖漠無朕，非此理之外，別有一物沖漠無朕也。至於形而上下，却有分別。須分得此是體、彼是用，方説得一源；分得此是象、彼是理，方説得無間。若只是一物，却不須更説一源、無間也。

元德訓"道"爲"行"，便似來義訓"學"爲"義理之蘊"一般，一則以所能爲能，一則以能爲所能也。佛書有"能"與"所能"之説，能謂人所做作，所能謂人所做作底事，其分別文義亦甚密。如道即所能之謂，學即所謂能也。如今小兒屬對，"看花折柳"，"看"與"折"字是能，"花"與"柳"是所能，此不可亂也。此等倫類尚不能通，是乃心意大段粗在，豈能及其深微之奧邪？《晦庵文集》卷四八。

案：書中有云"元德訓'道'爲'行'，便似來義訓'學'爲'義理之蘊'一般"，而下書（所謂《五帝紀》所取多《古文尚書》及《大戴禮》爲主）乃録呂祖儉問云"學之爲言，蓋指義理之蘊"，朱熹答云"以'義理之蘊'訓'學'字，恐非字義，不成文理"，當承本書。故推知本書約撰於慶元三年冬間。

朱熹《答呂子約》：

"戒懼於不睹不聞"者，乃謹獨之目，而謹獨者，乃戒懼於不睹不聞之總名，似未可分爲二事也。今曰"道固無適而不在，而其要切之處，尤在於隱微。雖無所不謹，而所謹者尤在於獨"，固欲學者用功轉加切近。云云。若末章"潛雖伏矣"、"不愧屋漏"分爲兩節，雖可以各相附屬，然前一節謂人所不見則屬乎人，後一節謂己之所有則猶有迹，比之己之不睹不聞，則又有間矣。今以人之所不見爲謹獨，意雖切而反輕，以不愧屋漏爲不睹不聞，則又幾於躐等。

來示所疑《中庸》首章數句，文義亦通，比之《章句》之説尤省力而有味。但以上文考之，既言"道不可須臾離"，即是無精粗隱顯之間，皆不可離，故言"戒謹乎不睹不聞"以該之。若曰"自其思慮未起之時早已戒謹，非謂不戒謹乎所睹所聞，而只戒謹乎不睹不聞也"。此兩句是結抹上文"不可須臾離"一節意思了。下文又提起説無不戒謹之中，隱微之間念慮之萌尤不可忽，故又欲於其獨而謹之，又別是結抹上文"隱微"兩句意思也。若如來説，則既言不可須臾離而當戒謹矣，下句却不更端，而偏言唯隱微爲顯見而不可不謹其獨，則是所睹所聞、不隱不微之處皆可忽而不謹。如此牽連，即將上句亦説偏了。只這些子意思，恐於理有礙，且於文勢亦似重複而繁宂耳。所謂"固欲學者用功轉加謹密"，熹之本意却不如此。蓋無所不戒謹者，通乎已發、未發而言，而謹其獨則專爲已發而設耳。卒章所引"潛雖伏矣"，猶是有此一物藏在隱微之中，"不愧屋漏"，則表裏洞然，更無纖芥查滓矣。蓋首章本静以之動，卒章自淺以及深也。且所不見，非獨而何？不動而敬，不言而信，非戒謹乎其所不睹不聞而何？若首章不分別，即此等處皆散漫而無統矣。《晦庵文集》卷五〇。

案：下書（不睹不聞既即是隱微之間）有呂祖儉
"不愧屋漏，亦未免於微有迹也。謂之表裏洞然，更
無查滓，則恐幾於陵節矣"云云，乃承本書"'不愧屋
漏'，則表裏洞然，更無纖芥查滓矣"而致問。故推知
本書約撰於慶元三年冬或稍後。

朱熹《答呂子約》：

所示四條，其前二義雖有小差，然猶不至難辨，各已
略報去矣。至於"未發"、"浩氣"二義，則皆雜亂膠轕，不
可爬梳，恐非一朝之辨所能決。本欲置而不論，以俟賢者
之自悟，又恐安於舊説，未肯致疑，不免略啓其端，千萬虛
心垂聽，不可一向支蔓固執，只要彌縫前人闕誤，不知却
礙自家端的見處也。

蓋今所論，雖累數百言之多，然於《中庸》，但欲守程
門問者之説，謂未發時耳無聞、目無見而已。於"浩氣"之
説，但欲謂此氣元是配合道義而成，無道義則氣爲之餒而
已。其他援引之失，皆緣此文以生異義，自爲繁冗。若一
一究析，往復不已，則其説愈繁、其義愈汩，而未必有益。
故今奉勸，不若只取子思、孟子之言虛心平看，且勿遽增
他説，只以訓詁字義隨句略解，然後反求諸心，以驗其本
體之實爲如何，則其是非可以立判。若更疑著，則請復詳
論之：

　　夫"未發"、"已發"，子思之言已自明白。程子數條引寂然感通者，皆與子思本指符合，更相發明。但答吕與叔之問，偶有"凡言心者，皆指已發"一言之失，而隨即自謂未當，亦無可疑。至《遺書》中"纔思即是已發"一句，則又能發明子思言外之意，蓋言不待喜怒哀樂之發，但有所思，即爲已發。此意已極精微，説到未發界至十分盡頭，不復可以有加矣。問者不能言下領略，切己思惟，只管要説向前去，遂有無聞、無見之問。據此所問之不切，與程子平日接人之嚴，當時正合不答，不知何故却引惹他，致他如此記録，前後差舛，都無理會。後來讀者若未敢便以爲非，亦且合存而不論。今却拘守其説，字字推詳，以爲定論，不信程子手書。此固未當之言，而寧信他人所記自相矛盾之説，彊以"已發"之名侵過"未發"之實，使人有生已後、未死已前更無一息未發時節，惟有爛熟睡著可爲未發，而又不可以立天下之大本。此其謬誤，又不難曉，故《或問》中粗發其端。今既不信，而復有此紛紛之論，則請更以心思、耳聞、目見三事校之，以見其地位時節之不同。

　　蓋心之有知與耳之有聞、目之有見爲一等時節，雖未發而未嘗無；心之有思乃與耳之有聽、目之有視爲一等時節，一有此則不得爲未發。故程子以有思爲已發則可，而記者以無見、無聞爲未發則不可。若苦未信，則請更以程子之言證之。如稱許渤持敬，而注其下云："曷嘗有如此聖人？"又每力詆坐禪入定之非，此言皆何謂邪？若必以未發之時無所見聞，則又安可譏許渤而非入定哉？此"未發"、"已發"之辨也。

若氣配道義，則孟子之意不過曰此氣能配道義，若無此氣，則其體有不充而餒然耳。此其賓主向背、條理分合，略無可疑，但粗通文理之人，無先入偏滯之説以亂其胸次，則虛心平氣而讀之，無不曉會。若反諸身而驗之，則氣主乎身者也，道義主乎心者也；氣形而下者也，道義形而上者也。雖其分之不同，然非謂氣在身中而道義在皮外也，又何嫌於以此配彼，而爲崎嶇詰曲以爲之説曰"道義本存乎血氣，但無道義，則此氣便餒而止爲血氣之私，故必配義與道，然後能浩然而無餒"乎？語勢不順，添字太多，不知有何憑據見得如此？若果如此，則孟子於此當別有穩字，以盡此意之曲折，不當下一"配"字，以離二者合一之本形，而又以氣爲主，以倒二者賓客之常勢也。且其上既言"其爲氣也"以發語，而其下復言"無是餒也"以承之，則所謂"是"者，固指此氣而言。若無此氣，則體有不充而餒然矣。

若如來喻，以"是"爲指道義而言，若無此道義，即氣爲之餒，則孟子於此亦當別下數語，以盡此意之曲折，又不當如此倒其文而反其義，以疑後之讀者，如今之云也。且若如此，則其上本未須説"以直養而無害"，其下亦不須更説"是集義所生矣"。今乃連排三句，只是一意，都無向背彼此之勢，則已甚重複而太繁冗矣。而其中間一句又如此其暗昧而不分明、如此其散緩而無筋骨，依以誦說，使人迷悶，如口含膠漆，不可吞吐。竊意孟子胸中明快灑落，其發於言語者必不至於如此之猥釀而紕繆也。又況來喻已指無是而餒者爲浩氣於前矣，其後又謂無道義則氣爲之餒而但爲血氣之私，不亦自相矛盾之甚邪？若程子之言，則如以金爲器、積土爲山之喻，皆有不能使人無疑者。來喻雖亦不敢據以爲說，然其所慮恐爲二物者，亦程子之常言。今又不察其施安之所當，而冒取以置於此也。

其他分別血氣浩氣、小體大體，皆非孟子正意，而妄爲離合，却自墮於二物之嫌。原其所以，只因"配義與道"一句不肯依文解義，著實平說，故須從頭便作如此手勢翻弄，乃可以迤邐遷就，委曲附會而求其通耳。孟子言"毋暴其氣"，而釋之曰"氣體之充"，又言"其爲氣也"，而指之曰"無是餒也"。是數語者，首尾相應，表裏相發，其所指者正一物耳。今必以無暴者爲血氣而其爲氣者爲浩然，而又恐犯二物之戒，故又爲之說曰"浩氣不離乎血氣"，徒爲紛擾，增添冗長，皆非孟子之本意也。

今亦不暇悉數以陷於來喻之覆轍，然只如此說，已覺不勝其冗矣。幸深思之，且以自己分上明理致知爲急，不須汲汲以救護前輩爲事。蓋其言之得失，白黑判然，已不可揜，救之無及，又況自家身心義理不曾分明，正如方在水中，未能自拔，又何暇救他人之溺乎？

但所云未發不可比純坤而當爲太極，此却不是小失，不敢隨例放過。且試奉扣，若以未發爲太極，則已發爲無極邪？若謂純坤不得爲未發，則宜以何卦爲未發邪？竊恐更宜靜坐，放教心胸虚明浄潔，却將《太極圖》及十二卦畫安排頓放，令有去著，方可下語。此張子所謂“濯去舊見，以來新意”者也。如決不以爲然，則熹不免爲失言者，不若權行倚閣之爲愈，不能如此紛拏彊聒，徒費心力，有損而無益也。《晦庵文集》卷四八。

案：《朱子語類》卷九六載沈僩所記曰：“問：‘舊看程先生所答蘇季明喜怒哀樂未發耳無聞、目無見之説，亦不甚曉。昨見先生答吕子約書，以爲目之有見、耳之有聞、心之有知未發與目之有見、耳之有聽、心之有思已發不同，方曉然無疑。不知足之履、手之持，亦可分未發、已發否？’”即指本書“蓋心之有知與耳之有聞、目之有見爲一等時節，雖未發而未嘗無；心之有思乃與耳之有聽、目之有視爲一等時節，一有此則不得爲未發。故程子以有思爲已發則可，而記者以無見、無聞爲未發則不可”。據《朱子語類·姓氏》，沈僩乃戊午（慶元四年）以後所聞。則推知本書約撰於慶元三年末或稍後。

吕祖儉《與朱元晦書》：

“寂然不動”是耳無聞、目無見、心無思慮，至此方是工夫極至處。《朱子語類》卷一二二。

案：《朱子語類》卷一二二載沈僴所記曰："可憐子約一生辛苦讀書，只是竟與之説不合。今日方接得他三月間所寄書，猶是論'寂然不動'，依舊主他舊説。時子約已死。它硬説'"寂然不動"是耳無聞、目無見、心無思慮，至此方是工夫極至處'。伊川云：'要有此理，除是死也。'幾多分曉。某嘗答之云：'《洪範》五事，貌曰僵，言曰啞，視曰盲，聽曰聾，思曰塞，方得。還有此理否？'渠至死不曉，不知人如何如此不通？"朱熹答書之語見於朱熹下書（不睹不聞既即是隱微之間），故推知本書約撰於慶元三年末、四年初。

朱熹《答吕子約下《論語》雜論同戊午二月五日》：

所謂《五帝紀》所取多《古文尚書》及《大戴禮》爲主，爲"知所考信"者，然伏羲、神農見《易大傳》，乃孔子之言，而八卦列於《六經》，爲萬世文字之祖，不知史遷何故乃獨遺而不録，遂使《史記》一書如人有身而無首，此尚爲知所考信者邪？

"太史公之洋洋美德，即蘇黄門之驪虞竊脂"，觀其下文，全書不知還撑柱得此數句起否？學者於聖人之道徒習聞其外之文而不考其中之實者，往往類此。王介父所以惑主聽而誤蒼生，亦只是此等語耳，豈可以此便爲極摯之談而躋之聖賢之列、屬以斯道之傳哉？以此等議論爲極至，便是自家見得聖賢道理未曾分明，被他嚇倒也。

以史遷能貶卜式與桑羊爲伍，又能不與管仲、李克，爲深知功利之爲害，不知《六國表》所謂“世異變，成功大”、“議卑易行”、“不必上古”，《貨殖傳》譏長貧賤而好語仁義爲可羞者，又何謂邪？

《伯夷傳》辨許由事固善，然其論伯夷之心，正與求仁得仁者相反。其視蘇氏之《古史》，孰爲能考信于孔子之言邪？

謂遷言公孫弘以儒顯爲譏弘之不足爲儒，不知果有此意否？彼固謂“儒者博而寡要，勞而少功，是以其事難盡從”，然則彼所謂儒者，其意果何如耶？

所示數條，不暇悉辨。若以馬遷與班固並論，則固不無優劣。而其書數十萬言，亦豈無好處？但論其大旨，則蘇氏兩語，恐史遷復生不能自解免也。今乃諱其所短、暴其所長，以爲無一不合聖人之意，推尊崇獎，至與《六經》比隆，聞有議其失者，則浡然見於詞色，奮拳攘臂，欲起而扔之，一何所見之低矮耶！此事不唯見偏識淺、去取差謬，爲明眼人所笑，亦正犯子惡苗碩之戒，大爲心術之害，不可不知。

論語

學之爲言，蓋指義理之蘊。至于感乎而復有講習相滋之説，自夫始學而所願者外，則其本已虧矣。謝氏

“坐如尸，坐時習；立如齋，立時習”，觀聖人立言之旨，有不在于彼者。尹氏“學在己，知不知在人”，微有立我之病。

以“義理之蘊”訓“學”字，恐非字義，不成文理。後“不重”章更有說。“感孚”之說與“所願者外”意似相反。且程子於朋來之樂何故不如此說？恐更當細思之。尹氏說未見立我之病。此章是說初學入道之門，未須大段說得玄妙也。

鮮則和順積諸中者未厚，所積者既厚，其於逆理亂常之事，可以保其必無也。

犯上之過小，作亂之罪大，故其言之序如此，非謂未厚、已厚而然也。“務本”、“道生”是泛言，以起下句之實，《集註》之說，宜更詳之。

“巧言令色，鮮矣仁”，此章論明善之功。

此章只是戒人勿爲巧言令色，如何便說得明善之功？

有所未習，其傳或差，如師之過、商之不及，不能不生流弊。唯傳而習、習而傳，然後爲得其正傳。

“傳不習乎”，文勢恐不如此。曾子之學，其傳不差，乃是合下見得通透的確，非習之功也。若所見不是而徒習之，愈增其誤耳。讀書窮理，須認正意，切忌如此緣文生意、附會穿穴，只好做時文，不是講學也。

敬以事言，而信則無不盡也。

信是與民有信，期會賞罰，不欺其民。淺言之，則魏文侯之期獵、商君之徙木亦其類也。不須如此高説，失聖言之本意。

行有餘力而後學文，夫豈以講切爲可緩哉？

書固不可不讀，但比之行實差緩耳。不然，則又何必言行有餘力而後學邪？

究義理之蘊，言學者不可不究夫義理之蘊也。因此語爲子夏之言，而遂致疑於其間。

以子夏之言爲不如孔子，亦未爲貶，不必如此回護，但當虛心觀理而隨宜斟酌耳。義理之蘊，上著一“究”字，比首章稍成文理。然首章之義實當兼踐履而言，故謝説亦不可廢。若如此説，却只説得窮理一邊也。

“由乎中而應乎外，制乎外，所以養其中。”

“由乎中而應乎外”，是推本視、聽、言、動四者，皆是由中而出，泛言其理之如此耳，非謂從裏面做功夫出來也。“制乎外，所以養其中”，方是説做功夫處全是自外而內、自葉流根之意，非謂內外交相養，與此章之文本不相戻，不須如此分疏也。如《視》、《聽》二箴云：“心兮本虛，秉彝天性。”亦皆是推本而言。若其功夫，則全在制之於外、閑邪勿聽處，可更詳之。向見叔昌之弟摹刻尹和靜所書《四箴》，作“由乎中，所以應乎外”，嘗辨其謬。後見尹書他本，却皆不錯。然既有此誤，則尹公想亦未免錯會其師之意也。《晦庵文集》卷四八。

案：據本書題注，其撰於慶元四年（戊午，1198）

二月五日。

朱熹《答吕子約》:

不睹不聞既即是隱微之間,念慮之萌則所謂"莫見乎隱,莫顯乎微"者,蓋非別有一段工夫在戒懼不睹不聞之後明矣。

只爲"道不可須臾離"與"莫見乎隱,莫顯乎微"不同,"戒謹不睹,恐懼不聞"與"謹獨"不同,所以文意各別。今却硬説做一事,所以一向錯了也。

既以不睹不聞爲己所不知,若能於此致謹,則所謂隱微之間、念慮之萌,固已不能不謹。

若果如此,則上段文意已足,不知何故又須再説必謹其獨邪? 曷嘗有如此煩絮底聖賢?

不愧屋漏,亦未免於微有迹也。謂之表裏洞然,更無查滓,則恐幾於陵節矣。

若猶有迹,便是未能無愧於屋漏矣。此段説得愈更支離,若只管如此纏繞固執,則只己見便爲至當之論,亦不須更講論矣。前書寫去已極分明,只是不曾子細看,先橫著一箇人我之見在胸中,於己説則只尋是處,雖有不是,亦瞞過了;於人説則只尋不是處,吹毛求疵,多方駁難。如此,則只長得私見,豈有長進之理? 此亦便是論司馬遷底心也。今更不能再説得,只請將舊本再看,將此兩節虛心體認,只求其分,勿求其合,認來認去,直到認得成兩段了，方是到頭。如其未然，更不須再見喻也。

來教又謂心之有思與耳之有聞、目之有見爲一等時節。

所圈出“思”字，初看即疑恐當作“知”字，而尋舊本未見，不知當時的是何字。又恐或是筆誤，方欲再請舊本來看，子細剖析奉報，偶復尋得舊本，果是“知”字，不知來喻何故如此錯誤？豈舊本脱漏此一節邪？如其不然，則此等處尚爾疏略，又安能得其精微之意邪？元本兩行，今再錄去，可更詳之。舊本云：“心之有知與耳之有聞、目之有見爲一等時節，雖未發而未嘗無。心之有思乃與耳之有聽、目之有視爲一等時節。”云云。再看來書，他處所説已有“知”字，即是舊本元無脱漏，是直看得老草，將“知”字、“思”字作一樣看耳。

前書無聞、無見之説，只做未有聞、未有見平看過。若看得過重，以爲無所聞、無所見，則誠近於異端矣。

未有聞見與無所聞見，平看、重看不知如何分別？更請子細説。

謂未有聞、未有見爲未發，所謂沖漠無朕，萬象森然已具，不知衆人果能有此時乎？學者致知居敬之功積累涵養，而庶幾有此爾。

子思只説喜怒哀樂，今却轉向見聞上去，所以説得愈多，愈見支離紛宂，都無交涉。此乃程門請問記録者之罪，而後人亦不善讀也。不若放下，只白直看子思説底。

須知上四句分別中和，不是説聖人事，只是汎説道理名色地頭如此。下面説"致中和"，方是説做功夫處，而唯聖人爲能盡之。若必以未有見聞爲未發處，則只是一種神識昏昧底人，睡未足時被人驚覺，頃刻之間，不識四到時節，有此氣象。聖賢之心湛然淵静、聰明洞徹，決不如此。若必如此，則《洪範》五事當云貌曰僵、言曰啞、視曰盲、聽曰聾、思曰塞乃爲得其性，而致知居敬費盡工夫，却只養得成一枚癡獃罔兩漢矣。千不是萬不是，痛切奉告莫作此等見解。若信不及，一任狐疑，今後更不能説得也。詳看此段來意，更有一大病根，乃是不曾識得自家有見聞覺知而無喜怒哀樂時節。試更著精彩看，莫要只管等間言語，失却真的主宰也。

以未發爲太極。

以未發爲太極，只此句便不是，所以下文一向差却。未發者太極之静，已發者太極之動也。須如此看得，方無偏滯，而兩儀四象、八卦十二卦之説皆不相礙矣。

太極動而生陽，動則爲已發矣。

以動而生陽爲已發，是也。即不知静而生陰爲已發、爲未發邪？

前日所稟，未嘗敢以已發爲無太極也。而又云已生兩儀四象八卦，難以爲未發。

未嘗以已發爲無太極，是也。而又云已生兩儀四象八卦，難以爲未發，何邪？

《易》之無思無爲比未發，猶是以心爲言，於性之體段已是猶欠拈出。

以無思無爲爲説心而不及性，不知"心"、"性"兩字是一物邪？兩物邪？

來教謂有此氣來配道義，始能充其體而無餒，若無此氣來配，則雖有道義亦不能不餒矣。

孟子兩言"其爲氣也"云云，即當以"氣"字爲主，而以下文"天地道義"等字爲客，方是文意。今却硬將文義紐轉，以道義爲主而氣爲客，又將熹説亦添入一"來"字，則區區所見雖謬，決不至如此之顛倒也。前書之言已盡，今更不能説得。只請且依此意捩轉舊來話頭，依《孟子》本文主客形勢排齷教成行道，有歸著，直候將來見得舊説全然不是，方是究竟。如其不然，不若忘言之爲愈也。《晦庵文集》卷四八。

案：本書仍論辨"戒謹恐懼"與"謹獨"、"未發"與"已發"、"配義與道"諸説，據朱熹《答黄直卿》(《大學或問》"齊家治國"章)有云"子約累書來，辨《中庸》首章戒謹恐懼與謹其獨不是兩事，又須説心有指未發而言者，方説得'心'字，未説得'性'字，又須説是耳無聞、目無見、心無知覺時，方是未發之中。其説愈多，愈見紛拏。又争'配義與道'是將道義來配此氣。……彭子壽初亦疑《中庸》首章，近得書，却云已釋然矣，方知《章句》之説爲有功也"。《晦庵文集》續集卷一。書中既言"累書來",乃指此論辯已屢次往復。
《答黃直卿》撰於四年春中,故推知本書約撰於一時
先後。

又《朱子語類》卷四一載:"'呂子約書来,争"莫
見乎隱,莫顯乎微",只管滾作一段看。某答它書,江
西諸人將去看,頗以其説爲然。彭子壽却看得好,
云:"前段不可須臾離,且是大體説。到謹獨處,尤見
於接物得力。"'先生又云:'呂家之學重於守舊,更不
論理。'德明問:'"道不可須臾離,可離非道",是言道
之體段如此;"莫見乎隱,莫顯乎微"亦然。下面君子
戒謹恐懼,君子必謹其獨,方是做工夫。皆以"是故"
二字發之,如何滾作一段看?'曰:'"道不可須臾離",
言道之至廣至大者;"莫見乎隱,莫顯乎微",言道之
至精至密者。'"所指即本書。

朱熹《答呂子約》:

兩書所喻,備見日來進學新功,甚慰牢落。兩卷悉已
條對納呈,幸更詳之也。大抵爲學,只是博文、約禮兩端
而已。博文之事,則講論思索要極精詳,然後見得道理,
巨細精粗,無所不盡,不可容易草略放過。約禮之事,則
但知得合要如此用功,即便著實如此下手,更莫思前算
後,計較商量。所以程子論《中庸》未發處答問之際,初甚
詳密,而其究竟,只就"敬"之一字都收殺了。其所謂敬,

又無其他玄妙奇特，止是教人每事習個專一而已，都無許多閒話説也。今詳來喻，於當博處既不能虛心觀理以求實是，如論《易》、《詩》處是也。於當約處乃以引證推説之多反致紛擾。如論"求其放心"而援引論説數十百言，不能得了，只此便是放其心而不知求矣。凡此之類，皆於鄙意深所未安。竊謂莫若於此兩塗各致其極，無事則專一嚴整，以求自己之放心，讀書則虛心玩理，以求聖賢之本意，不須如此周遮勞攘、枉費心力，損氣生病而實無益於得也。

横渠謂："心寧静，於此一向定疊，目前縱有何事，亦不恤也。休將閒細碎在思慮。"近雖見此漸明，然養得未熟，有時不好底意思上心來，則此見便若有物昏蔽。雖目前小小事，亦能來相礙，因是知得尚未屬己。

此理固然，然亦須是真實知至物格，方得自然如此。若但説時快活，間或又不如此，則只是想像搏量，不足恃也。

"子在川上"云云。觀諸天地古今事變，莫非逝者，然故故新新，相因不已，以何爲始？以何爲終？故周子發明太極之蕴，則曰太極本無極云云。聖人之心純亦不已，此乃天德。有天德便可語王道，其要只在謹獨。終歸於謹獨者，莫見乎隱，莫顯乎微，不於獨而致謹，則天命流行遏于躬而不知矣。

理固如此，然援引太多，反汨没了正意。兼所引亦有不相似者，如周子無極之語。純亦不已，只是無間斷。於獨而不謹焉，則有間斷而與天地不相似矣。

　　太極動而生陽，以本體言之，即《易》所謂"繼之者善也"。以氣運言之，即《易》所謂"復其見天地之心"也。以卦言之，即《震》之"一索"、《咸》之"男下""下"字疑。也。然《易傳》謂"動則終而復始，所以恒而不窮。雖物有終始，而此理無窮，則雖動極而靜，靜極復動也"云云。學者固當兼致靜存動察之功，然於動之端而有見乎天地之心，斯能窺乎太極之蘊矣。其曰"元亨誠之通，利貞誠之復"，其曰"利貞者，乾之性情"，蓋以夫人徒見生意之發於春夏，而不知夫藏於根荄也。觀諸草木搖落之時，生意若息矣，而根荄膏潤，苞芽潛萌，是乃終而復始，蓋性情然也。有以明乾之性情，則知太極之性情矣；有以見天地之心，則知太極之動而生陽矣。

　　此段尤多可疑，請且就《通書》太極體認，令此數項歷落分明，未要添入《復》卦、《震》、《咸》、性情等説，夾雜得都不明，不濟事也。《震》、《咸》尤無干涉，性情之義亦非是，須各自看乃佳。

　　程子《睽》卦傳曰："物雖異而理本同，故天下之大、羣生之衆，睽散萬殊，而聖人爲能同之。"某觀至此，於"不有兩，則無一"之義稍分明。但所謂理本同者，程子之説雖詳，終未能實見其理。

　　天施地生，男倡女隨，此感彼應，蓋不能以相無也。非理之本同，何以如此？

“其爲氣也”云云。某竊詳此段所言“其爲氣也”非有異義。上言此氣之浩然，體段本如是，養之之法，勿忘勿助，則無所耗傷，而此氣流行充塞，無所抑遏，蓋不待自反而縮也。故“直”之一字當因大、剛而爲三德，若坤之“直方”，即浩然之剛直，其可虧欠乎？下言此氣合義與道而成，而血氣循乎軌轍，到此則血氣便是道義矣。非是養氣之後，又待此而爲助也。所以再言“其爲氣也，配義與道”，蓋深明夫此氣之發見本是義道，若識得此氣之本然，則知所養，而其動非血氣矣。其曰“無是餒也”，欲人知夫此身之所以爲主者苟或虧失，則便枵然矣。愚見如此，不敢不竭言之。

“自反而縮”是本章上文，坤爻“直方”是他書異義，二者孰爲親疏？試請思之，得失可見。

氣是形而下者，道義是形而上者，如何合得？況配義與道，分明是將此氣配彼道義而爲之助，豈是養氣之後，又將此而爲助也？如此看得，全然不識文義，更宜深思，未易遽立説也。

此是胸中先有舊説，爲所牽制，不得虛平，故爾滯礙，枉費心力。可且將舊説權行倚閣，而只將本文反復玩味，久久自然漸虛漸平，則於此無疑矣。

“朝聞道，夕死可矣”，近看得程子所謂“除了身，只是理”之説，於此最親切。蓋私乎此身，則莫知主乎此身者爲何如，其生其死，真有同於醉夢矣。云云。故大程子謂:"動容周旋中禮者,盛德之至,君子行法以俟命而已,'朝聞道,夕死可矣'之意。"小程子既謂死得是,又謂:"苟有此志,則不肯一日安。於所不安,何止一日?須臾不能。"皆是發明"除了身,只是理"底意思。詳觀《遺書》,亦載大程子有云:"皆實理也,人知而信者爲難。死生亦大矣,非誠知道,豈以夕死爲可乎?"則雖槩言之,而日月寒暑、屈伸往來之常理同乎晝夜死生者,皆可致察。小程子有云:"聞道者,知所以爲人也。夕死可矣,是不虛生也。"則又指切言之,以明實理所存。是亦"除了身,只是理"之意。至於小程子經解,乃親筆也,則止云:"人不可以不知道,苟得聞道,雖死可也。"雖不加一辭,而語意則甚不輕矣。今《集注》本大程子實理之説,而以"事物當然之理"名之,固不使人求之恍惚,然果足以究斯義乎? 又大程子"非誠知道"之言,以尹氏所説考之,固爲切實,然恐所謂得者,或流於偏差,而未必得其總腦也。某據所曉者吐露,以求誨剖。

"道"字、"理"字、"禮"字、"法"字、"實理"字,"日月寒暑、往來屈伸之常理","事物當然之理",此數説不知是同是別?"除了身,只是理",只是不以血氣形骸爲主而一循此理耳,非謂身外別有一物而謂之理也。流於偏差,則非所謂得矣。

"一陰一陽之謂道",天地絪緼也。"繼之者善",物與无妄也。“成之者性”，各正性命也。各正性命，則屬乎氣稟矣。《遺書》言：“凡人說性，只是說繼之者善也，孟子言人性善是也。”又若先言氣稟而後及此。

周子以萬物資始爲善、各正性命爲性，此是就造化處說。今欲以“物與无妄”言之，則此句屬性，而以上句“天下雷行”爲善，方始相對得過。程子所云“今人說性，只是說繼之者善”，此又是近下就人性分上說。語各有當，更請詳之。只看本文，都不得引外來一字，方始見得。

向觀《遺書》所載：“人生而静，以上不容說，才說性時，便已不是性也。凡人說性，只是說繼之者善也，孟子言人性善是也。”茫然不曉所謂，今始粗曉此文義。“人生而静”，天之性也，周子所謂主静者，以此也。然所謂“不容說”者，是豈終不可得而說乎？周子不得已而言之曰“無極而太極”，則指不容說者以喻諸人耳。所謂“才說性時，便已不是性”，此却因上文而言之，或指太極爲性，則非矣。蓋天命之謂性，命之於人始謂之性也。所謂“凡人說性，只是說繼之者善”，此說得性善最爲親切。若祇論成而不論繼，則有二本，非性之果善也。故孟子道性善，既因其繼而得其本源，其言惻隱仁之端、羞惡義之端，則又因其發見之苗裔而知其爲固有。學者於此，唯有操存之功不舍，使漸著察耳。

此條尤覺紊亂，更請且以前段之說識認文義，令有條理，未可如此引援衮雜，轉見不分明也，所謂治絲而棼之也。《晦庵文集》卷四八。

案：書中"所以程子論《中庸》未發處答問之際，初甚詳密，而其究竟，只就'敬'之一字都收殺了"，乃就上述諸書所論辨《中庸》未發、已發之說而言，故推知其約撰於其後。

朱熹《答呂子約》：

所喻"前論未契，今且當以涵養本原、勉強實履爲事"，此又錯了也。此是見識大不分明，須痛下功夫鑽研勘覈教透徹了，方是了當。自此以後，方有下手涵養踐履處。如橫渠先生所見，只是小小未瑩，伊川先生猶令其且涵泳義理，不只說完養思慮了便休也。如今乃是大段差舛，卻不汲汲向此究竟，而去別處閒坐，道我涵養本原，勉強實履。又聞手寫《六經》，亦是無事費日，都不是長進底道理。要須勇猛捐棄舊習，以求新功，不可一向如此悠悠閒過歲月也。

本欲俟德華人回附書，今日偶有南豐便至道夫處，且先附此奉報。此事不比尋常，不可頃刻失其路脈也。大抵學問只有兩途，致知、力行而已。在人須是先依次第十分著力，節次見效了，向後又看甚處欠闕，即便於此更加功夫，乃是正理。今卻不肯如此，見人說著自家見處未是，卻不肯服，便云"且待我涵養本原，勉強實履"，此如小兒迷藏之戲，你東邊來，我即西邊去閃；你西邊來，我又東邊去避，如此出没，何時是了邪？區區本已不能説得，今更説此後番，若更不相領略，便且付之忘言矣。如人上山，各自努力，到此時節，豈更有心情管得他人邪？《晦庵文集》卷四八。

　　案：書中云及"今日偶有南豐便至道夫處，且先附此奉報"，推知吕祖儉此時當謫居江西。又云"所喻'前論未契，今且當以涵養本原、勉强實履爲事'，此又錯了也"，《書信編年》以爲當指未發、已發之辨。故推知本書或撰於慶元四年夏間。

吕祖謙

　　吕祖謙（1137—1181），字伯恭，開封（今屬河南）人，南宋初始居金華（今屬浙江）。登隆興元年（1163）進士，復中博學宏詞科，累除直秘閣、著作郎、國史院編修。淳熙八年七月卒，年四十五，《東萊集》附録卷一《年譜》。謚曰成。撰有《東萊集》等。《宋史》卷四三四有傳。

朱熹《答吕伯恭》：

　　三山之别，闊焉累年，跧伏窮山，不復得通左右之問。而親友自北來者，無人不能道盛德，足以慰瞻仰也。比日冬寒，伏惟侍奉吉慶，尊候萬福。熹不自知其學之未能自信，冒昧此來，宜爲有識者鄙棄。而老兄不忘一日之雅，念之過厚。昨日韓丈出示家信，見及枉誨甚勤。不知所以得此，顧無以堪之，三復愧汗，無所容措。區區已審察一兩日當得對，恐未能無負所以見期之意。而心欲一見，面論肺腑，不知如何可得。自度恐非能久於此者，故專裁此以謝盛意，并致下懷。餘惟進德自愛爲禱。《晦庵文集》卷三三。

> 案：書中云"區區已審察一兩日當得對"，又云"比日冬寒"。因呂祖謙生前，朱熹僅隆興元年十一月六日一次登對，故知本書撰於是年（1163）十一月初。

> 據《年譜長編》卷上，紹興二十五年，呂祖謙侍父呂大器來福州任福建提刑司幹官。是年春，朱熹至福州帥府，初識呂祖謙。此後兩人闊別，未通書問。至此，朱熹至行在，謁見京官韓元吉（呂祖謙岳父），韓出示呂祖謙"家信，見及枉誨甚勤"，故朱熹撰此書爲答。

朱熹《與呂伯恭書》：

仲春後三日寓劍川，書寄伯恭友丈。朱某載拜。《西陂類稿》卷二八《跋朱文公書杜詩卷》。

> 案：宋犖《跋朱文公書杜詩卷》曰："右朱文公書少陵《送路六侍御入朝》詩，後題：'仲春後三日寓劍川，書寄伯恭友丈。朱某載拜。'前有黔寧王'子子孫

孫永保之’方印，又錢氏‘素軒書畫之記’花邊圓印、
錢氏合縫鼎印，後有‘素軒清玩珍寶’花邊大方印，又
合縫鼎印。”《西陂類稿》卷二八。《朱子遺集》卷三以爲
本書撰於隆興二年（1164）春二月，時朱熹因弔李侗
而來南劍州（劍川）。

呂祖謙《與朱侍講元晦》：

某侍旁粗遣，但獨學固陋，念欲咨請訂正，適以有德
清親迎之役，遂復未果。俟至秋末，當謀西安之行，以踐
子澄所諭山寺之約也。少意此間有一士人，欲以伊川《易
傳》鋟板。近聞書府所藏本最爲善，子澄之言云爾。今於賓
之丈處，假專人拜請，敢望暫付去介，異時卻得面納也。
迫行淩遽，姑以幅紙問起居。它祈厚爲斯文護重。《東萊
集》別集卷七。

案：書中有云“適以有德清親迎之役”，指乾道
五年五月二十日呂祖謙至德清親迎繼室韓氏。《呂祖
謙年譜》。推知本書約撰於是年（1169）五月間。

朱熹《答呂伯恭》：

前日因還人上狀，不審達否？暑氣浸劇，伏惟道養有
相，尊候萬福。《易傳》六册，今作書託劉衢州達左右。此
書今數處有本，但皆不甚精。此本讎正稍精矣，須更得一
言喻書肆，令子細依此膳寫，勘覆數四爲佳。曲折數條，

別紙具之。或老兄能自爲一讀，尤善也。前書所稟語録，渠若欲之，令來取尤幸。近世道學衰息，售僞假真之説肆行而莫之禁。比見婺中所刻無垢《日新》之書，尤誕幻無根，甚可怪也。己事未明，無力可救，但竊恐懼而已，不知老兄以爲如何？因書幸語及。前此附便所予書，至今未拜領也。未即承教，萬望以時爲道加重。《晦庵文集》卷三三。

　　案：此承呂祖謙來書，書中有"暑氣浸劇"語，約撰於六月間。

呂祖謙《與朱侍講元晦》：

　　某官次粗安，學宮無簿領之煩。又張丈在此，得以朝夕諮請。雖於習察矯警不敢不勉，第質鈍識昏，殊少進益。深味來教所謂"見下學上達之要而實加功"之語，切中平日之病，悚然累日。所恨相去阻邈，不得面請。若蒙指示其要，俾知所用力，豈勝幸甚。竊自揆度，領解敏悟固後輩流，至於篤信確守，雖不敢謂能，妄意或庶幾焉。苟有以教之，則必不至若存若亡，負諄誨之厚也。

　　《伊川先生行實》，其間合商量處，既見於張丈書中矣，尚有欲言者：吾道本無對，非下與世俗較勝負者也。汪丈所謂"道不同不相知"，昨因其説，既而思之，誠未允當。但詳觀來諭，激揚振厲，頗乏廣大溫潤氣象。若立敵較勝負者，頗似未弘。如注中"東坡"字改爲"蘇軾"，不知以諸公例書名而釐正之耶？或者因辨論有所激而加峻耶？出於前説固無害，出於後説，則因激增怒，於治心似不可不省察也。

《通書》已依《易傳》板樣刊，但邵康節一段，所謂"極論天地萬物之理，以及六合之外"，不知六合如何有外？末載"伊川"之類，亦恐是邵家子弟欲尊康節，故託之伊川，不知可削去否？其他所疑，張丈已報去，更不重出。《太極圖解》，近方得本玩味，淺陋不足窺見精蘊，多未曉處，已疏於別紙。人回，切望指教。又讀龜山《中庸》，有疑處數條録呈，亦幸垂喻。

科舉之習，於成己成物誠無益。但往在金華，兀然獨學，無與講論切磋者。閭巷士子，舍舉業則望風自絶，彼此無緣相接。故開舉業一路，以致其來，卻就其間擇質美者告語之，近亦多向此者矣。自去秋來，十日一課，姑存之而已。至於爲學所當講者，則不敢怠也。伊川《學制》，亦嘗與張丈參酌，如改"試"爲"課"，歲時歸省皆太學事，郡庠則初無分數利誘，而歸省者固往來不絶也。增關齋舍，俟秋間郡中有力迺爲之。尊賢堂之類，但當搜訪有經行之人，延請入學，使諸生有所矜式，則已不失先生之意，恐不必特揭堂名也。婺州《易傳》已畢工，今先用草紙印一部拜納。告更爲校視，標注示及，當令再修也。

吉州士人劉德循，樸實有志於學，冒暑專往掃灑門牆，幸與之進。渠與郡中人偕發，恐徒步不及健步之駛，後此書三兩日到亦未可知。此間詳悉,當能備道也。《東萊集》別集卷七。

案:呂祖謙乾道五年八月至嚴州爲州學教授。十二月二十一日,張栻知嚴州,二十九日蒞任。《呂祖謙年譜》。本書有云"又張丈在此,得以朝夕諮請",又有"自去秋來,十日一課,姑存之而已"云云,故其當撰於乾道六年(1170)春間。

呂祖謙《與朱侍講答問》:

太極圖義質疑:

無聲無臭,而造化之樞紐,品彙之根柢系焉。

太極即造化之樞紐、品彙之根柢也,恐多"系焉"兩字。

所謂"一陰一陽之謂道",誠者,聖人之本,物之終始,而命之道也。動而生陽,誠之通也,繼之者善,萬物之所資始也。靜而生陰,誠之復也,成之者性,萬物各正其性命也。

以動而生陽爲繼之者善,靜而生陰爲成之者性。恐有分截之病。《通書》止云:"一陰一陽之謂道,繼之者善也,成之者性也。元、亨,誠之通;利、貞,誠之復。"却自渾全。

太極,道也。陰陽,器也。

此固非世儒精粗之論,然似有形容太過之病。

太極立，則陽動陰静而兩儀分。

太極無未立之時，"立"之一字，語恐未瑩。

然五行之生，隨其氣質而所稟不同，所謂"各一其性"也。各一其性，則各具一太極。而氣質自爲陰陽剛柔，又自爲五行矣。

"五行之生，隨其氣質而所稟不同，所謂各一其性，則各具太極"，似亦未安。深詳立言之意，似謂物物無不完具渾全。竊意觀物者當於完具之中識統宗會元之意。

有無極二五，則妙合而凝。

二五之所以爲二五者，即無極也。若"有無極二五"，則似各爲一物。陰陽，五行之精，固可以云"妙合而凝"。至於無極之精，本未嘗離，非可以"合"言也。

"妙合"云者，性爲之主，而陰陽五行經緯乎其中。

陰陽五行，非離性而有也。有"爲之主"者，又有"經緯錯綜乎其中"者，語意恐未安。

男女雖分，然實一太極而已。

分而言之，一物各具一太極也。

道一而已，隨事著見，故有三才之別，其實一太極也。

此一段前後皆粹，中間一段似未安。

生生之體則仁也。

"體"字似未盡。

静者,性之貞也。萬物之所以各正性命,而天下之大本所以立也,中與仁之謂也。蓋中則無不正,而仁則無不義也。

"中則無不正"、"仁則無不義",此語甚善,但專指"中"與"仁"爲静,却似未安。竊詳本文云"聖人定之以中正仁義,而主静",是静者用之源,而中正仁義之主也。

五行順施,地道之所以立也。中正仁義,人道之所以立也。

"五行順施",恐不可專以地道言之。"立人之道,曰仁與義",亦似不必加"中正"字。立人之道,統而言之,仁義而已。自聖人所以立人極者言之,則曰"中正仁義"焉,文意自不相襲。

☾者,陽之動也,○之用所以行也。☽者,陰之静也,○之體所以立也。☾者,☽之根也。☽者,☾之根也。

無極二五,理一分殊。

"理一分殊"之語,恐不當用於此。

非中,則正無所取。非仁,則義無以行。

未詳。

陽也,剛也,仁也,☾也,物之始也。陰也,柔也,義也,☽也,物之終也。

後章云:"太極之妙,陰中有陽,陽中有陰,動静相涵,仁義不偏,未有截然不相入而各爲一物者也。"此語甚善,似不必以陰陽、剛柔、仁義相配。

中庸集解質疑：

自其天地之位而以“中”言之，自其萬物之育而以“和”言之，區別固未有害也。深觀其所從來，則天地之所以位，萬物之所以育，蓋有不可析者。子思曰：“致中和，天地位焉，萬物育焉。”龜山曰：“中，故天地位焉。和，故萬物育焉。”參觀二者之論，則氣象自可見矣。與孟子論始終條理似不類。知之在先，然後行其所知以終之。此自當剖判。

“中庸不可能”一章章句可疑處，恐是立語太高。如“有能斯有爲之者，則與道二矣”。“不可以爲道”，其末云：“然則道終不可爲乎？曰：自道言之，執柯伐柯，猶以爲遠也。自學者觀之，則所謂求仁者，其可廢乎？”如此説破，却似無病。

“鬼神之爲德”、“鳶飛魚躍”兩章，平處看未出，却望批教。

“達道”、“達德”兩章，細讀婺本，文句有脱漏不相屬處，誠如來諭。但“困而知，勉强而行，勇也”，殊未能達。如湯天錫之勇，曾子、孟子所謂大勇，豈“困而知，勉强而行”者乎？如“學而知之，利而行之”，也似未安。仁者安仁，智者利仁，此則有輕重。《中庸》論智、仁、勇，總結之曰：“三者天下之達德。”恐不可分輕重淺深也。

“至誠無息”，解云：“誠，自成也，非有假於物也。而其動以天，故無息。”前此蓋疑“而其動以天”一句。下文云："無息者，誠之體也。不息，所以體誠也。"既曰"無息者誠之體"，則其動即天也。若下"以"字，則已是"不息所以體誠"矣。

"不尊不信"一章，經文云："下焉者雖善不尊。"龜山解云："三代而下卑陋而不尊。""卑陋"二字恐與經文"善"字相妨，若改定云："三代而上，遠而無徵。三代而下，近而不尊。"頗似穩當。如漢人所謂親見揚子雲狀貌不能動人之意。《東萊集》別集卷一六。

　　案：呂祖謙上書（某官次粗安）有"《太極圖解》，近方得本玩味，淺陋不足窺見精蘊，多未曉處，已疏於別紙。人回，切望指教。又讀龜山《中庸》，有疑處數條録呈，亦幸垂喻"語，當即此《與朱侍講答問》，故知其約撰於同時。

朱熹《答呂伯恭》：

竊承進學之意甚篤，深所望於左右。至於見屬過勤，則非區區淺陋所堪。然不敢不竭所聞，以塞厚意。

熹舊讀程子之書有年矣，而不得其要。比因講究《中庸》首章之指，乃知所謂"涵養須用敬，進學則在致知"者，兩言雖約，其實入德之門無踰於此。方竊洗心以事斯語，而未有得也。不敢自外，輒以爲獻。以左右之明，尊而行之，不爲異端荒虛浮誕之談所遷惑，不爲世俗卑近苟簡之論所拘牽，加以歲月，久而不舍，竊意其將高明光大，不可量矣。

承喻所疑，爲賜甚厚。所未安者，別紙求教。然其大概，則有可以一言擧者。其病在乎略知道體之渾然無所不具，而不知渾然無所不具之中，精粗本末，賓主内外，蓋有不可以豪髮差者，是以其言常喜合而惡離，却不知雖文理密察，縷析豪分，而初不害乎其本體之渾然也。往年見汪丈擧張子韶語明道“至誠無内外”之句，以爲“至誠”二字有病，不若只下箇“中”字。大抵近世一種似是而非之説，皆是此箇意見，惟恐説得不鶻突，真是謾人自謾、誤人自誤。士大夫無意於學，則恬不知覺；有志於學，則必入於此。此熹之所以深憂永嘆，不量輕弱而極力以排之。雖以得罪於當世，而不敢辭也。

注中改字，兩説皆有之。蓋其初正是失於契勘凡例，後來却因汪丈之説，更欲正名以破其惑耳。然謂之因激增怒則不可。且如孟子平時論楊、墨，亦平平耳。及公都子一爲好辯之問，則遂極言之，以至於禽獸。蓋彼之惑既愈深，則此之辯當愈力。其禽縱低昂，自有準則，蓋亦不期然而然。然禽獸之云，乃其分内，非因激而增之也。

來教又謂“吾道無對，不當與世俗較勝負”。此説美則美矣，而亦非鄙意之所安也。夫道固無對者也，然其中却著不得許多異端邪説，直須一一剔撥出後，方曉然見得箇精明純粹底無對之道。若和泥合水，便只著箇“無對”包了，竊恐此“無對”中却多藏得病痛也。孟子言楊、墨之道不熄，孔子之道不著，而《大易》於君子小人之際，其較量勝負，尤爲詳密，豈其未知無對之道邪？蓋無對之中，有陰則有陽，有善則有惡，陽消則陰長，君子進則小人退，循環無窮，而初不害其爲無對也。況熹前説已自云“非欲較兩家已往之勝負，乃欲審學者今日趣向之邪正”，此意尤分明也。康節所著《漁樵對問》，論天地自相依附，形有涯而氣無涯，極有條理。當時想是如此説，故伊川然之。今欲分明，即更注此段於其下，如何？

科舉之教無益，誠如所喻，然謂欲以此致學者而告語之，是乃釋氏所謂“先以欲勾牽，後令入佛智”者，無乃枉尋直尺之甚，尤非淺陋之所敢聞也。伊川《學制》固不必一二以循其迹，然郡學以私試分數較計餔啜，尤爲猥屑，似亦當罷之。若新除已下，則上説下教，使先生之説不遂終廢於時，乃吾伯恭之責，又不特施於一州而已也。《晦庵文集》卷三三。

案：本書乃承呂祖謙上書（太極圖義質疑）而作，呂氏書有“吾道本無對，非下與世俗較勝負者也”語，故朱熹答以“此説美則美矣，而亦非鄙意之所安也”。又五月七日除呂祖謙太學博士命下，《呂祖謙年譜》。本書有云“若新除已下，則上説下教，……又不特施於一州而已也”，可知其約撰於四、五月之際。

呂祖謙《與朱侍講元晦**》：**

某前日復有校官之除，方俟告下迺行，而張丈亦有召命,且夕遂聯舟而西矣。惟是以淺陋之學,驟當講畫之任,雖所聞不敢不尊,而恐聞未必的;所知不敢不行,而恐知未必真。此所以夙夜皇懼而未知所出者也。開示涵養進學之要,俾知所以入德之門,敢不朝夕從事,庶幾假以歲月,粗識指歸,無負期待誘進之意。《中庸》、《太極》所疑,重蒙一一鐫誨,不勝感激。所諭"渾然無所不具之中,精粗本末,賓主内外,蓋有不可以豪髮差者",誠爲至論。喜合惡離之病,砭治尤切。數日玩味來誨,有尚未諭者,復列於別紙。所以喋喋煩瀆者,政欲明辨審問,懼有豪髮之差,初非世俗立彼我、校勝負者也。人回,切望詳以見教,幸甚。

孟子"楊、墨禽獸"之喻,乃其分内,非因激而增,禽縱低昂,自有準則,此語甚善。然區區竊有所獻:大凡人之爲學,最當於矯揉氣質上做工夫。如懦者當強,急者當緩,視其偏而用力焉。以吾丈英偉明峻之資,恐當以顔子工夫爲樣轍,回禽縱低昂之用,爲持養斂藏之功,斯文之幸也。孟子深斥楊、墨,以其似仁義也。同時如唐勒、景差輩,浮詞麗語,未嘗一言與之辨,豈非與吾道判然不同,不必區區勞煩舌較勝負耶?某氏之於吾道,非楊、墨也,乃唐、景也,似不必深與之辨。

邵氏載康節一段,意主於稱康節,而濂溪之語無所見,恐不載亦無害。科舉枉尋直尺,誠如來諭,自此當束之高閣矣。

《易傳》差誤處，旦夕便遞往金華，諉謹厚士人釐正。《噬嗑》"和且治矣"一段，發明尤善，蓋當時草草之過也。更看得有誤處告，徑附置來臨安，俟刊改斷手，即摹印數本拜納次。

吕與叔《中庸序説》，前此每以示學者。伊川崇寧後出處，以無文書考正。西邊棄地始末，以治行倥偬，俟到臨安少定，當討論求教也。謝先生語，其意似謂徒事威儀而不察所以然，則非禮之本。若致其知，則所以正、所以謹者，乃禮之本也。

時事當略聞之。近時論議者，非頹惰即孟浪，名實先後，具舉不偏，殆難乎其人。此有識者之所深憂也。所欲言者，非紙墨能究。《東萊集》別集卷七。

案：書中有言"《中庸》、《太極》所疑，重蒙一一鐫誨，不勝感激。所諭'渾然無所不具之中，精粗本末，賓主內外，蓋有不可以豪髮差者'，誠爲至論。喜合惡離之病，砭治尤切"，可見乃承朱熹來書（竊承進學之意甚篤）而作。《晦庵文集》卷三三。又云"某前日復有校官之除，方俟告下迤行，而張丈亦有召命，旦夕遂聯舟而西矣"，而據《吕祖謙年譜》，吕於閏五月四日歸婺州省父，故推知本書約撰於五月下半月。

朱熹《答吕伯恭》：

示喻曲折，深所望於左右。顧其間有未契處，不得不極論,以求至當之歸。至於立彼我、較勝負之嫌,則熹雖甚陋,豈復以此疑於左右者哉?持養斂藏之誨,敢不服膺,然有所不得已者。世衰道微,邪詖交作,其他紛紛者固所不論,而賢如吾伯恭者,亦尚安於習熟見聞之地,見人之詭經誣聖,肆爲異説,而不甚以爲非,則如熹者誠亦何心安於獨善,而不爲極言覼論以曉一世之昏昏也?使世有任其責者,熹亦何苦而譊譊若是耶?設使顔子之時,上無孔子,則彼其所以明道而救世者,亦必有道,決不退然安坐陋巷之中以獨善其身而已。故孟子言“禹、稷、顔子,易地則皆然”。惟孟子見此道理,如揚子雲之徒,蓋未免將顔子只做個塊然自守底好人看。若近世則又甚焉。其所論顔子者,幾於釋、老之空寂矣。熹竊謂學者固當學顔子者,如“克己復禮”、“不遷怒貳過”、“不伐善施勞”之類,造次顛沛,所不可忘。但亦須審時措之宜,使體用兼舉,無所偏廢,乃爲盡善。若用有所不周,則所謂體者乃是塊然死物而已,豈真所謂體哉?觀伊川先生十八歲時上書所論顔子、武侯所以不同,與上蔡論《韶》、《武》異處,便見聖賢之心無些私意,只是畏天命、循天理而已。此義與近世論“内脩”“外攘”之説者亦相貫。夫吾之所以自治者,雖或有所未足,然豈可以是而遂廢其討賊之心哉?

示喻“蘇氏於吾道,不能爲楊、墨,乃唐、景之流耳”。向見汪丈亦有此説。熹竊以爲此最不察夫理者。夫文與道,果同耶異耶?若道外有物,則爲文者可以肆意妄言而

無害於道。惟夫道外無物，則言而一有不合於道者，則於
道爲有害，但其害有緩急深淺耳。屈、宋、唐、景之文，熹
舊亦嘗好之矣。既而思之，其言雖侈，然其實不過悲愁、
放曠二端而已。日誦此言，與之俱化，豈不大爲心害？於
是屏絕不敢復觀。今因左右之言，又竊意其一時作於荆、
楚之間，亦未必聞於孟子之耳也。若使流傳四方，學者家
傳而人誦之，如今蘇氏之説，則爲孟子者亦豈得而已哉？
況今蘇氏之學上談性命，下述政理，其所言者非特屈、宋、
唐、景而已。學者始則以其文而悦之，以苟一朝之利，及
其既久，則漸涵入骨髓，不復能自解免，其壞人材、敗風
俗，蓋不少矣。伯恭尚欲左右之，豈其未之思邪？其貶而
置之唐、景之列，殆欲陽擠而陰予之耳。向見《正獻公家
傳》語及蘇氏，直以浮薄談目之，而舍人丈所著《童蒙訓》
則極論詩文必以蘇、黃爲法，嘗竊歎息，以爲若正獻、滎陽
可謂能惡人者，而獨恨於舍人丈之微旨有所未喻也。然
則老兄今日之論，未論其它，至於家學，亦可謂蔽於近而
違於遠矣。更願思之，以求至當之歸，不可自誤而復誤
人也。

　　前書奉問謝公之説，正疑其不能無病。詳考從上聖
賢以及程氏之説，論下學處，莫不以正衣冠、肅容貌爲先。
蓋必如此，然後心得所存而不流於邪僻。《易》所謂“閑邪
存其誠”，程氏所謂“制之於外，所以養其中”者，此也。但
不可一向溺於儀章器數之末耳。若言“所以正、所以謹

者,乃禮之本",便只是釋氏所見,徒然橫却個所以然者在胸中,其實却無端的下功夫處。儒者之學,正不如此。更惟詳之。《晦庵文集》卷三三。

案:本書云"示喻'蘇氏於吾道,不能爲楊、墨,乃唐、景之流耳'",可知乃答呂祖謙來書(某前日復有校官之除),《東萊集》別集卷七。故推知其約撰於閏五月。

朱熹《答呂伯恭問龜山中庸》:

龜山《中庸》首章之語,往者蓋以爲疑,欽夫亦深不取。自今觀之,却未有病。但集中云:"喜怒哀樂未發之際,以心體之,則中之體自見。執而勿失,無人欲之私焉,發必中節矣。"此則不可。

天地之所以位,萬物之所以育,雖出一理,然亦各有所從來。玩其氣象,自可見龜山之語亦不爲病。如孟子語始終條理,則亦豈不分別而言耶?

"達道達德"一章,婺本因有兩"達德"字,而脱去中間數句,以故不成文理。今以爲勝嚴本,是亦喜合而惡離之過耳。

"成己成物之道無不備,故能合內外之道而得時措之宜。蓋融徹洞達,一以貫之而然也。"然細分之,亦有龜山之意,但不當專以此爲説,却無總統耳。

"誠,自成也。"此説恐是。蓋此是道理自然如此,但人却只要誠之耳。

"尊德性"一章，龜山從上說下，吕與叔從下說上，蓋無所不通。

"不尊不信"，此段未得其説。向見伊川亦只如此説，且當從之。有説勝此，乃可易耳。

龜山《中庸》有可疑處，如論"中庸不可能"、"不可以爲道"、"鬼神之爲德"等章，實有病。而來教所指，却不爲疵也。《晦庵文集》卷三五。

　　案：吕祖謙來書（某官次粗安）有云"又讀龜山《中庸》，有疑處數條録呈，亦幸垂喻"，《東萊集》別集卷七。而朱熹答書（竊承進學之意甚篤）有"承喻所疑，爲賜甚厚。所未安者，別紙求教"語，《晦庵文集》卷三三。其"別紙"當指此二書。又，吕祖謙下書（某官下粗遣）即承此而作，《東萊集》別集卷七。故推知其約撰於六、七月間。

朱熹《別紙》：

聖賢之言，離合弛張各有次序，不容一句都道得盡。故《中庸》首章言"中"、"和"之所以異，一則爲"大本"，一則爲"達道"。是雖有善辨者，不能合之而爲一矣。故伊川先生云："大本言其體，達道言其用。"體用自殊，安得不爲二乎？學者須是於未發已發之際識得一一分明，然後可以言體用一源處。然亦只是一源耳，體用之不同，則固自若也。天地位，便是大本立處；萬物育，便是達道行處。此事灼然分明，但二者常相須，無有能此而不能彼者耳。子思之言與龜山氣象固不同，然若使龜山又只道個“致中和、天地位、萬物育”，則不成解書矣。釋氏便要如此。嘗見其徒說李遵勖請某僧注《信心銘》，其人每句大書而再注本句於其下，便是只要如此鶻突也。

“中庸不可能”，明道但云“克己最難，故曰中庸不可能也”。此言貫徹上下，不若龜山之奇險也。龜山之說，乃是佛、老緒餘，決非孔子、子思本意。兼“人之爲道而遠人，不可以爲道”兩句，若如龜山之意，則文理自不通。但人悅其新奇，不覺其礙耳。若今人依本分做文字，則“而遠人”處下“而”字不得，須下“則”字方成文理。後面雖有求仁之說，然其言“自道言之”、“自學者言之”，又似王氏說話。道若果不可爲，則學者又安可求仁以爲道？若學者可求，則不可爲之說又贅矣。枉費說詞，無益學者，而反有害於義理之正，不可從也。向見李先生亦自不守此說，又言羅先生、陳幾叟諸人嘗以爲龜山《中庸》語意枯燥，不若呂與叔之浹洽，此又可見公論之不可揜矣。呂與叔說“道不遠人”處記得儘好，可更檢看。

“鳶魚”、“鬼神”兩章，却是上蔡說得通透，有省發人處。如此說，雖是排著一片好言語，然却無個貫穿處也。

“智”、“仁”、“勇”須做有輕重看，若言仁者必有勇，則仁、勇一而已，豈有輕重？然言勇者不必有仁，則又豈可便言無輕重乎？此三者，"天下之達德"，然逐人稟賦成就不同，故有生知安行、學知利行、困知勉行之異。然仁則渾然全體，智、勇固在其中。生知安行則從容中道，而學利、困勉不足言矣。

"其動以天，聖人之事。"龜山此章若以上章"誠者天之道"言之，則"以"字不爲害。若直指道體而言，則"以"字下不得矣。

"近而不尊"者謂何等事？試舉一二以證之。要之此章説得常不快人意也。《晦庵文集》卷三五。

案：本書乃上書（龜山《中庸》首章之語）別紙，約撰於同時。

吕祖謙《與朱侍講元晦》：

某供職已月餘，雖不敢不恪守所聞，但風俗安常習故之久，齟齬頗多。此皆誠意未孚之咎，惟日省所未至，不敢諉其責於人也。開諭累幅，仰見誨人不倦之意。其間亦有尚欲諮請處，但以吴晦叔聞妻父之訃，匆匆亟歸，又某轉對適在一兩日間，未暇詳布，當別尋便上狀也。亦有一二條託吴晦叔口陳，不復縷縷。某更數日遷居，政與張丈相鄰，又得朝夕講肄，殊以爲幸。尋常每有所見，固自傾盡，拳拳所懷，亦政如來諭之意也。《東萊集》別集卷七。

案：據《吕祖謙年譜》，吕於閏五月九日復還嚴州，遂赴臨安供職。本書云及"某供職已月餘"，推知其約撰於七月初。

吕祖謙《與朱侍講元晦》：

月初吳晦叔歸，嘗拜起居問，計已呈徹。即日秋暑未艾，恭惟尊候動止萬福。某官次粗安，職守所及，敢不盡心。但學力淺薄，齟齬者亦多，敢不益思所未至，警省策屬，不敢求諸外也。張丈又復連牆，得朝夕講論，但恨几席在遠，不得咨扣爲恨耳。李教授聞進學甚力，其餘有志趣者當不乏人。此道孤微，惟不倦誘掖，使向此者多，吾道之幸也。

某上旬輪對，對劄謹錄呈請教，有未安處，望一一指示。上不間疏遠，問答甚詳，所懷粗得展盡，但恨誠意不素積，無以感動耳。

《易傳》聞婺女刊正已畢，以相去遠，不能一一如來諭，但改正誤字而已。其版樣未整者，皆未暇知也。已令印數本，俟到上納次。晦叔必常相聚，本欲作書，又恐已歸長沙，或尚未歸，語次望道區區。

適今日往武成王廟致齋，而建寧適有便行甚遽，略此拜稟。向者來問數條，俟稍按堵，當得款曲商搉也。《東萊集》別集卷七。

案：吕祖謙於七月上旬輪對，本書云及"即日秋暑未艾"，又云"某上旬輪對"，故推知當撰於是月中。

朱熹《答吕伯恭》：

學校之政，名存實亡，徒以陷溺人心、敗壞風俗，不若無之爲愈。聞嘗有所釐正，而苟且放縱者多不悦其事，亦可想而知矣。然當留意於立教厲俗之本，乃爲有補。若課試末流，小小得失之間，則亦不足深較也。向見所與諸生論説《左氏》之書極爲詳博，然遣詞命意，亦頗傷巧矣。恐後生傳習，益以澆漓，重爲心術之害，願亟思所以反之，則學者之幸也。

前書所引"文理密察"，初看得不子細，近詳考之，似以"密"爲"祕密"之"密"、"察"爲"觀察"之"察"，若果如此，則似非本指也。蓋"密"乃"細密"之"密"、"察"乃"著察"之"察"，正謂豪釐之間一一有分別耳。故曰"文理密察，足以有別"。只是一事，非相反以相成之説也。若道理合有分別，便自顯然不可掩覆，何必潛形匿迹以求之，然後爲得邪？大抵聖賢之心，正大光明，洞然四達，故能春生秋殺，過化存神，而莫知爲之者。學者須識得此氣象而求之，庶無差失。若如世俗常情，支離巧曲，瞻前顧後之不暇，則又安能有此等氣象邪？不審高明以爲如何？《晦庵文集》卷三三。

案：朱熹《答吕伯恭》(竊承進學之意甚篤)有"却不知雖文理密察，縷析豪分，而初不害乎其本體之渾然也"語，約撰於四、五月之際。此後對"密察"之義生別解，故本書再論之。據吕祖謙下書(某官下粗遣），推知朱熹本書約撰於七、八月間。

朱熹《答呂伯恭》：

熹昨見奇卿，敬扣之以比日講授次第，聞只今諸生讀《左氏》及諸賢奏疏，至於諸經、《論》、《孟》，則恐學者徒務空言而不以告也。不知是否？若果如此，則恐未安。蓋爲學之序，爲己而後可以及人，達理然後可以制事。故程夫子教人先讀《論》、《孟》，次及諸經，然後看史，其序不可亂也。若恐其徒務空言，但當就《論》、《孟》、經書中教以躬行之意，庶不相遠。至於《左氏》、奏疏之言，則皆時事利害，而非學者切身之急務也。其爲空言，亦益甚矣。而欲使之從事其間而得躬行之實，不亦背馳之甚乎？愚見如此，不敢不獻所疑，惟高明裁之。《晦庵文集》卷三五。

案：朱熹上書（學校之政）有云“向見所與諸生論說《左氏》之書極爲詳博，然遣詞命意，亦頗傷巧矣。恐後生傳習，益以澆漓，重爲心術之害”，故本書疑亦在此時。

呂祖謙《與朱侍講元晦》：

某官下粗遣，學淺力薄，視職業日增愧負。雖不敢苟簡自恕，然殊未能大有所釐正耳。至於區區課試之末，則固未嘗深較也。張丈鄰牆，日夕相過講論。士子有志於此者，亦有一二輩，切摩工夫，粗不歇滅斷續。又時閱來

誨,策厲警省者殊多。但書不盡意,終不若侍坐隅難疑答
問爲親切耳。邪説詖行,辭而闢之,誠今日任此道者之
責。竊嘗謂異端之不息,由正學之不明。此盛彼衰,互相
消長,莫若盡力於此。此道光明盛大,則彼之消鑠無日
矣。孟子所謂"吾爲此懼,閑先聖之道",舊説以"閑"爲
"閑習",意味甚長。楊、墨肆行,政以吾道之衰耳。孟子
所以不求之它,而以閑習吾先聖之道爲急先務,而淫辭詖
行之放,則固自有次第也,不知吾丈以爲如何?所以爲此
説者,非欲含糊縱釋,黑白不辨,但恐專意外攘,而内修處
工夫或少耳。

　　向來所論智、仁、勇,終恐難分輕重。蓋三者天下之
達德,通聖、賢、常人而言之也。在聖人,則智也仁也勇
也,皆生知安行也。在賢人,則智也仁也勇也,皆學知利
行也。在常人,則智也仁也勇也,皆困知勉行也。恐難指
定"智爲學知利行,勇爲困知勉行",龜山之説,終不免有
疑也。周子"仁義中正"主静之説,前書所言"仁義中正",
皆主乎此,非謂"中正仁義"皆静之用而别有塊然之静也。
人生而静,天之性也,乃中正仁義之體,而萬物之一源也。
中則無不正矣,必並言之,曰"中正"。仁則無不義矣,必
並言之,曰"仁義"。亦猶"元"可以包四德,而與"亨"、
"利"、"貞"俱列。仁可以包四端,而與義、禮、智同稱。此
所謂合之不渾、離之不散者也。

　　昨所云"文理密察",蓋亦如來諭,初非以爲"秘密"之

“密”、“觀察”之“察”也。謂如《易傳》中“以形體謂之天，以主宰謂之帝，以功用謂之鬼神，以妙用謂之神，以性情謂之乾”等語，銖分粒剖，各有攸當，而未嘗有割裂杌桅之病，析理精微如此，乃可謂之“文理密察”耳。

陰陽仁義之說，鄙意未達，終覺未安，當更潛思玩味，續得求教也。“中庸不可能”、“道不遠人”兩章，反覆思之，龜山之說誠爲奇險，非子思本指。向日不覺其非者，政緣爲程文時考觀新説，餘習時有在者故耳。所與諸生講説《左氏》，語意傷巧，病源亦在是，自此當力掃除也。

婺本《易傳》納三本去，不敢加裝治。誤字皆已改，但卦畫粗細、行數疏密之類，不能如人意悉釐正耳。《遺書》建本未到，已用去冬所寄本刊板，故其間一兩段更易次序處，姑仍其舊，餘皆以建本爲正，聞旦夕亦畢工矣。《二程先生集》，款曲亦當令婺人刊之。然新添伊川二子所爲序引，殊無家風，恐適足爲先生之累，欲削去之，更望一報。

見所寄張丈所論時事，一一精當，不勝歎服。此間所共講者，亦十八九同也。

《知言》，往在嚴陵時與張丈講論，亦嘗疏出可疑者數十條。今觀來示，其半亦相類。見與張丈參閱，續當咨請也。其餘已見於張丈書者，更不重出。相去之遠，惟祈因便時賜教督，不惜語言，痛加砭治，乃所願望。《東萊集》別集卷七。

案：乾道六年六月十五日，宋廷遣范成大爲祈請使至金求陵寢地,《攬轡録》。朱熹有書(奏草已得)致張栻,分析宋廷遣使之失策。《晦庵文集》卷二五。時在八月間。即本書所云"見所寄張丈所論時事,一一精當,不勝歎服"。故推知本書約撰於八、九月之際。

朱熹《答吕伯恭》:

所喻"閑先聖之道",竊謂只當如"閑邪"之"閑",方與上下文意貫通。若作"閑習",意思固佳,然恐非孟子意也。政使必如是説,則閑習先聖之道者,豈不辨析是非,反復同異,以爲致知格物之事。若便以爲務爲攘斥,無斂藏持養之功而不敢爲,則恐其所閑習者終不免乎豪釐之差也。若顔子則自不須如此,所以都無此痕迹耳。此事本無可疑,但人自以其氣質之偏,緣情立義,故見得許多窒礙。若大其心,以天下至公之理觀之,自不須如此回互費力也。

所論智、仁、勇之意,則甚精密。然龜山之説亦不可廢。蓋以其理言之,則所至雖不同,而皆不可闕,如左右之説是也。若以其所至之地言之,則仁者安之,知者利之,勇者強焉,又自各有所主,如龜山之説矣。然此兩説者要之皆不可廢,經緯以觀,其意始足。如何?

動靜陰陽之説,竟未了然,何耶? 豈非向來奉答者未得其要,有以致賢者之疑乎? 比再觀之,方以爲病,欲別爲説以奉報。今以來喻所引者推明之，似却更分明也。夫謂人生而静是也，然其感於物者，則亦豈能終不動乎？今指其未發而謂之中，指其全體而謂之仁，則皆未離乎静者而言之。至於處物之宜謂之義，處得其位謂之正，則皆以感物而動之際爲言矣。是則安得不有陰陽、體用、動静、賓主之分乎？故程子曰"仁體義用也。知義之爲用而不外焉者，可以語道矣。世之論義者多外之，不爾則混然而無别，非知仁義之説者也。"此意極分明矣。且體、用之所以名，政以其對待而不相離也。今以静爲中正仁義之體，而又謂中正仁義非静之用，不亦矛盾扤捏之甚乎？意者專以知覺名仁者，似疑其不得爲静，恐當因此更加究察。所謂仁者，似不專爲知覺之義也。《晦庵文集》卷三三。

案：此乃上承吕祖謙來書（某官下粗遣）而作，約撰於秋、冬之際。

朱熹《答吕伯恭》：

郎中丈伏惟安問日至，熹近亦領賜書，即已附便拜答。今有妻兄一書，煩爲附的便。有報章，只託漕臺遞下建陽可也。右司韓丈，因見爲道區區，幸幸。昨承惠教，便遽不及拜狀。趙卿所刻尹論甚精，鄙意却於跋語有疑，不知趙守曾扣其説否？蓋尹公本是告君之言，今跋但以誨人爲説，恐不類耳。又云"伊川出《易説》七十餘家"，不知伊川教人果如此周遮否？語次試爲扣之爲幸。謹嚴之誨,敬聞命矣。但以是心至者,無拒而不受之理。極知其間氣質不無偏駮,然亦未嘗不痛箴警之,庶幾不負友朋之責。却聞門下多得文士之有時名者,其議論乖僻,流聞四方,大爲學者心術之害,使人憂歎不自已,不知亦嘗摘其邪僞否? 久欲奉聞,復忘記,今輒布之,然其曲折,非面莫能究也。《晦庵文集》卷三三。

　　案:韓元吉《書尹和靖論語後》云:"和靖先生《論語解》,……乾道庚寅歲,某憂居上饒,過先生門人王德修,問此書亡恙,且曰:'子異時官守,不刊行之耶?'某于是愧其言。會明年復將官中都,度未可輯也,乃以舊年兄弟手所抄本,往累故人趙德莊于建安,庶可成焉。昔和靖嘗云:少從伊川先生學《易》,時伊川出《易傳》七十餘家,和靖茫然,未知所從。伊川曰:'日觀一爻可也。'繼有所質問,伊川色莊而氣嚴,未嘗語也。或曰:'未也,姑求之。'已而意有所會,伊川始忻然爲之剖析諸傳,而伸以己説。"《南澗甲乙稿》卷一六。所謂"復將官中都",指乾道六年(庚寅)冬韓元吉復入爲右司郎中。《年譜長編》卷上。則推知本書乃針對韓元吉《書尹和靖論語後》而云,約撰於七年(1171)初。

朱熹《答呂伯恭》:

久不聞問,方切懷仰,得元履書,乃知賢閤安人奄忽

喪逝，驚愕良深。伏惟伉儷義重，傷悼難堪，區區所願約
情就禮，爲君親德業千萬自重，幸甚。欽夫去國，聞之駭
然。想驟失講論之益，無佳況也。道遠，不敢請其說。然
吾道之難行，亦可知矣。奈何奈何？因便草此奉慰，不敢
別具狀疏，諒蒙識察，不次。

國器云亡，極可傷。今日又聞賓之亦逝去，善類凋
殘，甚可慮也。《知言疑義》再寫，欲奉呈，又偶有長沙
便，且寄欽夫處，屬渠轉寄。若到，千萬勿示人，但痛爲
指摘爲幸。功夫易間斷，義理難推尋，而歲月如流，甚
可憂懼。奈何奈何？《晦庵文集》卷三三。

案：據《呂祖謙年譜》，呂祖謙夫人韓氏卒於乾
道七年五月十三日。又據葉適《著作正字二劉公墓
誌銘》，劉夙字賓之亦卒於乾道七年五月。《水心文
集》卷一六。而據呂祖謙下書，張栻“去國”在六月十
三日，本書云及“得元履書，乃知賢閣安人奄忽喪
逝”，又云“國器云亡，極可傷。今日又聞賓之亦逝
去”，故推知其約撰於六月下旬。

呂祖謙《與朱侍講元晦》：

某以六月八日離輦下，既去五日，而張丈去國，群陰
崢嶸，陽氣斷續，理自應爾。然以反己之義論之，則當修
省進步處甚多，未可專咎彼也。聞以漕渠淺涸，尚濡滯
蘇、常間，今當已泝江南下矣。某既畢亡婦袝事，即還婺

女城中，修葺寓舍，而大人亦歸自廬陵。前此學中亦已考滿，比改秩告下，遂得解罷。累請祠便養，未報，而有召試之命，已復申前請矣。倘得如志，閉戶爲學，殊爲僥倖。或敦迫而出，亦當以心之所安條對，然後徐度進退之宜。要之所學未成，輕犯世故，招尤取累，不若退處之爲得也。向來一出，始知時事益難平，爲學工夫益無窮，而聖賢之言益可信。所恨離群索居，無從侍坐質正耳。《易傳》復納三本去，告檢收。此迤附閩漕叔祖行，繼此讀書有所疑問，當皆附漕便，或遞足，可往來商搉也。向蒙教以矯厲氣質之偏，此誠要論。大抵根澤未盡，氣稟偏重處，不免時時露見，政當澄之又澄耳。《太極圖解》，昨與張丈商量未定，而匆匆分散。少暇當理前說也。山間游從者爲誰？用工次第有可見教者，毋惜批諭。《東萊集》別集卷七。

　　案：據《呂祖謙年譜》，乾道七年六月間，呂祖謙葬妻韓氏於明招山；七月八日，侍父呂大器歸婺州；二十四日，改左宣教郎，召試館職；九月十六日，除秘書省正字。本書述及"比改秩告下，遂得解罷。累請祠便養，未報，而有召試之命，已復申前請矣。倘得如志，閉戶爲學，殊爲僥倖"，可知其約撰於八月初。

呂祖謙《與朱侍講元晦**》：**

　　某丐祠兩請，而堂帖屢下，黽勉復爲此來。昨日方條對，姑致區區之心，政恐害理處多。稍定，當錄往求教矣。

苟尚留此，暇日自可讀書。惟是同志者鮮，所鄉不相近者，又不敢輕拈出。塊然索居，殊以爲懼，第當時於書尺中請益耳。《東萊集》別集卷七。

> 案：呂祖謙於九月十六日，除秘書省正字，入京供職並條對。《呂祖謙年譜》。故本書約撰於九月末。

呂祖謙《與朱侍講元晦》：

向見論治道書尺，其間如欲做井田之意，而科條州郡財賦之類，竊謂此固爲治之具，然施之當有次第。今日先務，恐當啓迪主心，使有尊德樂道之誠，衆建正人以爲輔助。待上下孚信之後，然後爲治之具以次而舉可也。倘人心未孚信，驟欲更張，則衆口譁然，終見沮格。雖成功則天，本非君子之所計，然於本末先後之序爲有憾焉，則不可不審也。今事雖已往，亦不得不講論過耳。《東萊集》別集卷七。

> 案：本書不詳撰時，然其亦論及治道，疑撰於是年秋間。待考。

呂祖謙《與朱侍講元晦》：

大人書前日已附便張丈。旬日前得京口書，想今已泝江矣。今歲善類凋喪特甚，王、芮、劉三公相繼下世，殊令人短氣。陽氣微茫如縷，其將奈何！從游者亦有可望者否？根本不實者，所宜深察。往時固有得前輩聲欬言語以藉口，而行則不撿焉。媚嫉學問者，往往指摘此輩以姍侮吾道，紹興之初是也。雖有教無類，然聖門固自有可語上、不可語上之辨。況今日此道單微，排毀者舉目皆是，恐尤須謹嚴也。《東萊集》別集卷七。

案：書中有云“王、芮、劉三公相繼下世”，王指王十朋，卒於乾道七年七月。汪應辰《文定集》卷二三《龍圖閣學士王公墓誌銘》。故推知其約撰於秋末冬初。

呂祖謙《與朱侍講元晦》：

致知、力行，本交相發工夫，初不可偏。學者若有實心，則講貫玩索，固爲進德之要。其間亦有一等後生，推求言句工夫常多，點檢日用工夫常少。雖便略見彷髴，然終非實有諸己也。默而成之，不言而信，存乎德行，訓誘之際，願常存此意。夫子教人，亦有可以語上、不可以語上之別。如堅確有志、實下工夫者，自當使之剖析毫芒，精講細論，不可留疑。如初基乍入者，似未可遽示之所見未到之理，卻恐其輕看了也。然亦非謂使之但力行而以致知爲緩，但示之者當循循有序耳。《東萊集》別集卷八。

案：呂祖謙上書（大人書前日已附便張丈）有“然聖門固自有可語上、不可語上之辨”，而本書亦云“夫子教人，亦有可以語上、不可以語上之別”，似撰時相近。

朱熹《答吕伯恭》:

前日因便附書,今既達否?比日冬深,氣候暄燠,伏惟進德有相,尊候萬福。熹去喪不死,痛慕亡窮,它無可言者。但塵務汩没,舊學蕪廢,思得從容,少資警益而不可得。欽夫又一向不得書,懷想既深,憂懼亦甚,奈何?今以舅氏之葬,當走尤溪,魏應仲來墓次,得以略聞動静。因其行附訊,匆匆不及究所欲言者。歲晚,願言爲道學自重。因便來時枉書,有以警策疲懦者不憚煩,深所願望。前書許寄條對之文,亦幸早得之也。《晦庵文集》卷三三。

案:吕祖謙來書(某丐祠兩請)有言"昨日方條對,⋯⋯稍定,當録往求教矣",而本書乃言"前書許寄條對之文,亦幸早得之也",又云"比日冬深,氣候暄燠",故推知其當撰於十月中。又,朱熹"前日因便附書"之書已佚。

吕祖謙《與朱侍講元晦》:

某黽勉復來供職已踰月,但少耦寡徒,爲況殊索寞耳。示下《太極圖》《西銘解》,當朝夕玩繹。若猶有所未達,當一一請教,亦不敢以示人也。先人之説,非敢固執,但意有未安,要須反覆講論,至釋然無疑而後止。如孔門之問仁智,至於再三往復。昔人爲學,大氐皆然。蓋主於求益,而非立論也。論治之説,本末誠當備舉,但言之亦恐須有序。如孟子先以見牛啓發齊王之良心,至語意浹洽之後，乃條五畝、百畝之説。若未孚信之時，遽及施行古先制度，則或逆疑其迂，而吾説格而不得入矣。不識以爲如何？《知言疑義》，亦竢後便。蓋七、八日來孟享及誕節，奔走擾擾，思慮未能精詳耳。《對策》謹録呈，未是處因便乞批誨。《東萊集》別集卷七。

　　案：書中云"《對策》謹録呈"，乃上承朱熹來書（前日因便附書）"前書許寄條對之文，亦幸早得之也"。又書中言"七、八日來孟享及誕節，奔走擾擾"，此"誕節"乃指孝宗誕辰會慶節，在十月二十一日。《錦繡萬花谷》前集卷四〇。故推知本書撰於十月、十一月之際。

朱熹《答吕伯恭》：

近因元履之子附狀，必達。比日冬温，伏惟德業有相，尊候萬福。建人劉氏兄弟燼、炳。同預薦送。乃翁亦以免舉試禮部，皆欲見於門下。熹新阡與其居密邇，兩年相從甚熟，知其嗜學可教。因其行，復附此爲先容，幸與之進。餘已具前書，此不縷縷，幸察。《晦庵文集》卷三三。

　　案：魏元履之子即魏應仲。劉燼（字晦伯）、劉炳（字韜仲）乃乾道八年舉進士及第，《宋史》卷四〇一《劉燼傳》。於年前上京準備參加省試。本書云及"比日冬温"，又云"建人劉氏兄弟燼、炳。同預薦送"，故推知其約撰於十一月或十二月間。

呂祖謙《與朱侍講元晦》:

　　某官次怉遭,爲學固不敢荒廢,第微言淵奧,世故峥嶸,益知進步之難。倘蒙時賜方藥,不勝幸願。

　　"曾子答孟敬子"一章,竊謂上蔡所解與二先生之意不異。其曰"人之應事,不過顔色、容貌、辭氣三事,特繫所養如何耳",此可見其平日涵養之功矣。其曰"動也,正也,出也,君子自牧處",此可見其臨事持守之力矣。語意頗似完備,恐難以臨事作主張斷之。惟是"遠自遠也"一語,不若二先生之言工夫細密耳。

　　《知言疑義》,比與張丈訂正者,既已附去,今復有欲商搉者,謹疏於後:

　　來喻以"道生一爲太極,太極動而生陽"。陽恐不可指爲一,既曰陽,則有對矣,安得謂之一乎?"好惡性也"一章,誠如來諭所云。若前章"天理人欲同體而異用"者,卻似未失。蓋降衷秉彝,固純乎天理也。及爲物所誘,人欲滋熾,天理若泯滅,而實未嘗相離也。同體異用,同行異情,在人識之爾。首章"成性"固可疑,然今所改定,乃兼性情而言,則與本文設問不相應。來諭以盡心爲集大成者之始,條理則非不可以爲聖人事,但胡子下"者也"兩字,卻似斷定耳。若云"六君子由盡其心,而能立天下之大本",如何? 釋氏直曰"吾見是性",此述釋氏之辭耳,非許釋氏爲見性也。若後章"釋氏見性而不盡性"之類,則誠有病。"夫婦之道"一章,雖指釋氏之病,然讀者或不察，當刪。孔子曰"吾未見好德如好色者也"，蓋世之病在彼不在此。"氣感於物"一章，來諭謂不見平日涵養之意。竊謂涵養、致知，爲學者固當並進，然昔人立言亦各有所指。如《中庸》"不明乎善"一章，不可謂不見涵養之意也。《孟子》"拱把桐梓"一章，不可謂不見致知之意也。若此類不可概舉。《知言》本文卻似無病。"大哉性乎"一章，所謂類指一理而言者，猶曰"一端"云耳，非"理一而已"之"一"也，但"理"字下得未穩。若謂一理之外別求天命之全，卻恐此章無此意也。"欲爲仁，必先識仁之體"，仁體誠不可遽語，至於答"放心求心"之問，卻自是一說。蓋所謂"心操存舍亡，間不容息，知其放而求之，則心在是矣"，平居持養之功也。所謂"良心之苗裔，利欲之間而一見焉，操而存之"者，隨事體察之功也。二者要不可偏廢。苟以此章欠説涵養一段，"未見之間，此心遂成間斷，無復用功處"是矣。若曰"於已放之心置不復問，乃俟其發於它處，而後從而操之"，語卻是太過。蓋"見牛而不忍殺"，乃此心之發見，非發見於它處也。又謂"所操者亦發用之一端"，胡子固曰"此良心之苗裔"，固欲人因苗裔而識本根，非徒認此發用之一端而已。"漢文顧命"章，説得太重，恐須刪改。凡此未知中否，望一一指教。

又竊觀所講諸章，有云"淺迫不安，汗漫無守"，有云"一何輕詆世儒之過，而不自知其非"，有云"蓋不由涵養，先要知識，故須至如此强探力取，方始窺見彷彿"。若此類,恐氣未和而語傷易。孟子説楊、墨、許行、陳相輩,皆直截道斷。至於論孟施舍、北宫黝,則曰:"二子之勇,未知其孰賢。"然而孟施舍守約也,所以委曲如此者,以其似曾子、子夏而已。若使正言聖門先達,其敢輕剖判乎?析理當極精微,雖毫釐不可放過,至於尊讓前輩之意,亦似不可不存也。

近事頗似有陽復之漸,但"出入無疾,朋來無咎"兩句,大索致意耳。《東萊集》別集卷七。

　　案:呂祖謙上書(某黽勉復來供職已踰月)嘗言"《知言疑義》,亦竢後便",而本書又云"《知言疑義》,比與張丈訂正者,既已附去,今復有欲商搉者,謹疏於後",故推知其約撰於十二月間。

呂祖謙《與朱侍講元晦》:

某官下粗遣,第索居無講論之益,恐日就湮廢,殊自懼耳。向承示以改定《太極圖論解》,比前更益覺精密,《西銘義》前人所未發處益多。其間亦尚有所未達,恐思之未精,不敢輕往求教。當更假以歲月,平心玩索,若猶疑滯,不敢煩提耳之誨也。所先欲請問者,如《易傳序》"體用一源,顯微無間",先體後用、先顯後微之説,恐當時未必有此意。又解剥圖義太了了,恐不善學者不復致思。《西銘》諸本皆作"體其愛而歸全",今批示本以"愛"爲"受",於"歸全"之義甚協,但不知用何本改定?因便並望

2011

批教。《東萊集》別集卷七。

　　案：呂祖謙上書（某電勉復來供職已踰月）有
"示下《太極圖》《西銘解》，當朝夕玩繹。若猶有所未
達，當一一請教"語，本書言及"向承示以改定《太極
圖論解》，比前更益覺精密，《西銘義》前人所未發處
益多。其間亦尚有所未達，恐思之未精，不敢輕往求
教。當更假以歲月，平心玩索，若猶疑滯，不敢煩提
耳之誨也"，故推知其當承上書，約撰於乾道七年末。

朱熹《答呂伯恭》：

便中辱書，感慰。信後已經新歲。伏惟君子履端，多
納福祐。熹免喪不死，無足言者。去冬以舅氏之喪再走
尤溪，逼歲方歸。而目前俗冗事狀殊迫猝，無佳思，舊學
益荒蕪矣。向所附呈諸說，幸反覆痛箴藥之，區區猶有望
也。立論相高，吾人固無此疑，然只要得是當，亦良不易
耳。論治固有序，然體、用亦非判然各爲一事，無今日言
此而明日言彼之理。如孟子論愛牛制産，本末雖殊，然亦
罄其說於立談之間。大抵聖賢之言隨機應物，初無理事
精粗之別。其所以格君心者，自其精神力量有感動人處，
非爲恐彼逆疑吾說之迂，而姑論無事之理以嘗試之也。
若必如此，則便是世俗較計利害之私，何處更有聖賢氣象
耶？愚見如此，更惟精思而可否之。區區之論所以每不
同於左右者，前後雖多，要其歸宿，只此毫釐之間，講而通

之,將必有日矣。奏篇伏讀,感發良多。愚意尚恐其詞有未達者,此人立俟,未暇詳叩。臨書傾想無已,正遠,惟益進德業,自愛重,是所願望。《晦庵文集》卷三三。

案:本書乃上承吕祖謙上書(某畾勉復來供職已踰月),故針對吕書"論治之説,本末誠當備舉,但言之亦恐須有序"等語,《東萊集》別集卷七。而有"論治固有序,然體、用亦非判然各爲一事"云云。書中又云"信後已經新歲",則本書撰於乾道八年(1172)初。

朱熹《答吕伯恭》:

所論孟子論二子之勇處,文意似未然。蓋"賢"字只似"勝"字,言此二人之勇,未知其孰勝,但孟施舍所守得其要耳。蓋不論其勇之孰勝,但論其守之孰約,亦文勢之常,非以爲二子各有所似而委曲回互也。且二子之似曾子、子夏,亦豈以其德爲似之哉?直以其守氣、養勇之分量淺深爲有所似耳。此亦非孟子之所避也。大抵伯恭天資溫厚,故其論平恕委曲之意多,而熹之質失之暴悍,故凡所論皆有奮發直前之氣。竊以天理揆之,二者恐皆非中道,但熹之發足以自撓而傷物,尤爲可惡;而伯恭似亦不可專以所偏爲至當也。無以報箴誨之益,敢效其愚,不審然否?因來及之,幸甚幸甚。

欽夫書來,具道近事曲折,少釋憂懣。想贊助之力爲多。"出入無疾,朋來無咎",大率致意此語尤切當。然想已有成規，更願凡百愁重，以圖萬全。最是人材難全，懲其所短則遺其所長，取其所長則雜其所短，此須大段子細著眼力，乃可無悔吝耳。《晦庵文集》卷三三。

案：呂祖謙上書（某官次艴遺）有論孟施舍、北宫黝"二子之勇，未知其孰賢"語，故本書答云"所論孟子論二子之勇處，文意似未然"，故推知其約撰於乾道八年春。

朱熹《答呂伯恭》：

慰問之誠，謹具前幅。比日中夏久雨，伏惟純孝感格，體力支勝。熹自泉、福間得侍郎中丈教誨，蒙以契舊之故，愛予甚厚。比年以來，闊別雖久，而書疏相繼，獎厲警飭，皆盛德之言。感激銘佩，何日敢忘！區區尚冀異時得奉几杖於寂寞之濱，以畢餘誨，豈謂不淑，遽至於此！聞訃悲咽，不能爲懷。而山居深僻，無媵女之便，以故至今不能致一書以道此懷，且候左右哀疚以來興寢之狀，往來於心，如食物之不下也。不審能亮之否？左右孝誠切至，何以堪此？然門户之寄，朋友之望，實不爲輕，千萬節抑，以慰遠懷。人物眇然，伏紙增涕。《晦庵文集》卷三三。

案：郎中丈，指呂祖謙父呂大器。乾道八年正月九日，宋廷敕差省試知貢舉官員，秘書省正字呂祖謙等爲點檢試卷。《宋會要輯稿·選舉》二〇之二二。二月四日，呂祖謙於試院得父感疾之訊，七日奔歸至家時,其父已卒。見呂祖謙下書(某二月四日試院中)。又本書中言及呂大器之卒,又云及"比日中夏久雨",故推知其約撰於四、五月之際。

朱熹《答呂伯恭》:

襄奉卜吉,定在何時? 只就婺女否? 熹貧窶之甚,不能致一奠之禮,又以地遠,不得伏哭柩前,楚愴之懷,無以自見,奈何! 此書因趙守轉示韓丈書,始得宛轉附此,却託韓丈致之,不知達在何時。過此又復悠悠,無通問處矣。熹向以召命不置,欲自載一至近縣,庶幾得以一見。尋念無益,且亦貧甚,無辦裹糧處,遂復中輟。已瀝懇哀祈諸公,儻得報聞,何幸如之。所欲言者無窮,此書亦未敢旁及也。《晦庵文集》卷三三。

　　案:據朱熹《辭免召命狀》、《辭免召命狀二》,"乾道七年十二月二十六日,尚書省劄子令熹遵依已降指揮疾速起發赴行在",而"五月三日準建寧府遞到尚書省劄子一道,四月十三日三省同奉聖旨,林枅、朱熹依已降指揮疾速起發赴行在",朱熹再上疏辭行。《晦庵文集》卷二二。故本書有"熹向以召命不置,……已瀝懇哀祈諸公"以辭,以此推知其當撰於五月上半月。

呂祖謙《與朱侍講元晦》:

某二月四日試院中,奉先人感疾之問,倉皇奔歸。七日未後至家，先人既以巳、午間易簀。酷痛冤毒，貫徹肺腑，求死無所。去秋廬陵之歸，自處極安裕，齒髮、飲食皆勝往時。違侍旁未半年，遽至大故。一官拘縻，疾不奉藥餌，沒不聞理命，不孝之罪，上通於天矣。忍死營辦，以五月十六日敬終襄事。音容永隔，攀號摧裂，哀慕無窮。扶力布稟，執筆氣塞，不能多述。喪禮，鄉無羔時，屢戒飭令一遵典制，毋參以戾禮，今不敢有違。祭禮，數年來尤勤催督，竟不及裁定。竢暑退，亦欲稍稍講訂。往時吾丈所定條目，便望早付下，或有暇更爲參酌，令使可遵行，尤幸。某自遭變故，窮苦危迫，粗有困而反則意思，頗知前此汗漫之非。但意緒荒塞，未能詳求誨益耳。憂居罕遇便，今復屬韓丈附達，遲速未可料。瞻望函丈，第深慘愴。《東萊集》別集卷七。

案：本書云及"忍死營辦，以五月十六日敬終襄事"，故推知其約撰於六月中或稍後。

朱熹《答呂伯恭》：

便中伏奉手疏，伏讀感愴不能已。且審反虞之久，又恨不得從執紼者之後也。即日霜寒，伏惟哀慕有相，孝履支福。熹窮陋如昔，比復遭叔母之喪，憂悴之外，無可言者。舊學雖不敢廢，然章句誦説之間，亦未見一安穩處。所欲相與講評反覆者，非書札所能寄也。示喻深知前此汗漫之非，幸甚。比來講究必已加詳密矣。累得欽夫書，亦深欲伯恭更於此用力也。別紙數事求教，幸一一批誨。比日讀書，此類甚多，少宂，不能詳錄，當俟後便耳。《祭禮》略已成書，欲俟之一兩年，徐於其間察所未至。今又遭此朞喪，勢須卒哭後乃可權宜行禮，考其實而修之，續奉寄求訂正也。因便附此，復因韓丈致之。未由承晤，千萬以時節哀，爲遺體自愛，幸甚幸甚。《晦庵文集》卷三三。

　　案：本書上承呂祖謙來書（某二月四日試院中），又云"即日霜寒"，則當撰於秋末。

呂祖謙《與朱侍講元晦》：

　　某哀苦日深，奄奄待盡，它無足言者。自罹禍變以來，困心衡慮，始知前此雖名爲嗜學，而工夫泛漫，殊未精切。追味往年喜合惡離之誨，誠中其病。推原病根，蓋在徒恃資稟，觀書粗得味，即坐在此病處，不復精研，故看義理則汗漫而不別白，遇事接物則頹弛而少精神。今乃覺氣質粗厚，思慮粗少，元非主敬工夫。而聖賢之言，本末完具，意味無窮，尤不可望洋向若而不進也。但恨無緣親承誨語的實下手處，因便告詳指示。自度今必稍能信受奉行，非如疇昔草草領略也。《尹和靖錄》見令鈔，冬深當專遣人往求教。所欲言者，非此能究。它祈爲斯文葆衛。《東萊集》別集卷七。

　　案：本書云及守喪事，又云"《尹和靖錄》見令鈔，冬深當專遣人往求教”，故推知其約撰於八年初冬。

吕祖謙《與朱侍講元晦》：

《論語精義》近得本，日夕玩繹，類聚皆在目前，工夫生熟，歷然可見，與分看甚不同。此間學者多欲看而難得本，告諭販書者，令多發百餘本至此爲佳。序引中説魏、晉及近世講解，此意尤好。但中間説横渠及伊川門人處，如伯夷、伊尹與顏、曾等語，卻似筋骨太露耳。更潤色，令意微而顯乃善。蔡子資質，在流輩中頗惇厚。對策病痛，前此固嘗面諭之矣。委曲之説，誠切於近日學者之病。計校避就，真是私意。比看《易·無妄傳》云“雖無邪心，苟不合正理，則妄也，乃邪心也”，益悚然自失。因思去歲給札，當時本意，欲俟數月間得對，展盡底蘊，故事事未欲説破。緣此回互，卻多暗昧處，此政《易傳》之所謂“邪心”也。來教“藏頭露影”等十數語，句句的當，敢不虛心敬承。繼此如有舊病餘疾，切望不可一毫放過，痛加砭治乃幸。《東萊集》別集卷八。

案：乾道八年正月，《語孟精義》成，始鋟板於建陽。《年譜長編》卷上。書中言“因思去歲給札，當時本意，欲俟數月間得對，展盡底蘊，故事事未欲説破”，指七年九月吕祖謙除秘書省正字兼國史院編修官時“條對”事。書中有云“《論語精義》近得本，……此間學者多欲看而難得本，告諭販書者，令多發百餘本至此爲佳”，故推知其約撰於八年冬。

吕祖謙《與朱侍講元晦》：

近麻沙印一書，曰《五朝名臣言行録》，板樣頗與《精義》相似，或傳吾丈所編定，果否？蓋其間頗多合考訂商量處，若信然，則續次往求教。或出於它人，則雜録行於世者固多，有所不暇辨也。《東萊集》别集卷八。

案：乾道八年朱熹編成《五朝名臣言行録》與《三朝名臣言行録》，約與《語孟精義》同下建寧刊板，九月《五朝録》先成。《年譜長編》卷上。本書有云“近麻沙印一書，曰《五朝名臣言行録》”，則推知其約撰於是年冬間。

又，吕祖謙《與汪端明聖錫》（治疊想已就緒）有云“近建寧刊一書，名《五朝名臣言行録》，云是朱元晦所編。其間當考訂處頗多，近亦往問元晦，未報。不知嘗過目否？前輩言論風旨日遠，記録雜説，後出者往往失真，此恐亦不得不爲之整頓也”。書末注“癸巳”。《東萊集》别集卷七。則《與汪端明聖錫》當撰於乾道九年初。

朱熹《答吕伯恭》：

歲律更新，伏惟感時追慕，何以堪之？神相孝思，體力支勝。熹此粗如昨。歲前附一書於城中尋便，不知達否？紙尾所扣婺人番開《精義》事，不知如何？此近傳聞稍的，云是義烏人。説者以爲移書禁止，亦有故事。鄙意甚不欲爲之，又以爲此費用稍廣，出於衆力，今粗流行，而遽有此患，非獨熹不便也。試煩早爲問故，以一言止之，渠必相聽。如其不然，即有一狀煩封至沈丈處，唯速爲佳。蓋及其費用未多之時止之，則彼此無所傷耳。熹亦欲作沈丈書，又以頃辭免未獲，不欲數通都下書，只煩書中爲道此意。此舉殊覺可笑，然爲貧謀食，不免至此，意亦可諒也。正遠，萬萬節哀自重，餘已具前書矣。便遽草草。《晦庵文集》卷三三。

　　案：本書有云"歲律更新"，又云"紙尾所扣婺人番開《精義》事，不知如何"，推知其當撰於乾道九年（1173）初。

吕祖謙《與朱侍講元晦》：

某罪逆不死，復見改歲，攀號摧慕，無復生意。爲學固不敢怠棄，但終少師友策屬之益。日用間，精明新鮮時節，嘗苦不續，而弛惰底滯意思，未免閒雜，殊以自懼。主一無適，誠要切工夫。但整頓收斂則易入於著力，從容涵泳又多墮於悠悠。勿忘勿助長，信乎其難也。堅坐不出，觀時義誠當如此。若或督趣不置，則略爲一起展盡所欲言者，積養之久，若庶幾動悟，幸莫大焉。如其不然，則辭順意篤，發於忠愛，亦不慮於觸駭機也。《太極説》竢有高安便,當屬子澄收其板。《精義》此間卻不聞有欲再刊者。兩三日間訪問得的實,即當如來諭作沈漕書,蓋不欲虛發耳。別紙批問,謾以所見求是正,不安處望痛賜擿誨。今專遣人往候起居。凡有可砭飭,幸無細大疏示。近者論著及與學者問答,併詳賜錄下,使得日夕玩繹。蓋道遠私居,遣介頗費力故也。《東萊集》別集卷七。

　　案:書中言"復見改歲",亦當撰於乾道九年初。

呂祖謙《答朱侍講所問》:

　　"子在川上",范內翰記程子之言,指此逝者爲道體,龜山以不逝者爲道體,同異如何?

　　龜山之論,疑未完粹。"維天之命,於穆不已",貞也,所謂道體也。若曰知逝者如斯,則知有不逝者異乎此。是猶曰"不已"者如斯,則知有貞者異乎此。其可乎?

　　"脩道之謂教","自明誠謂之教",兩"教"字同否?其説如何?明道、伊川説"脩道"自不同,吕、楊、游氏皆附明道説,古注亦然,但下文不相屬,又與"明誠"處不相貫,不知如何?

　　"脩道之謂教",設教者也。"自明誠謂之教",由教以成者也。"教"字本同,但所從言之異耳。天下皆不失其性,則教不必設,道不必脩,惟自誠明者不能人人而然,故爲此脩道設教,然後人始得由此教,故自明而至於誠也。使道之不脩,設教有所偏,則由教者亦必有所差,安能自明而至於誠乎？二程、諸家脩道之説，或主乎設教，或主乎爲此而設教。如言已失其本性，故脩而求復之，此言爲此而設教。其歸趣則一而已。

"中和"之"中"與"中庸"之"中"有同異否？《遺書》十八卷所謂"中之道"與"在中之義"何別？

"中和"之"中"，以人言也。喜怒哀樂之未發，就人上説。"中庸"之"中"，以理言也。統論中之道。《遺書》所論"在中之義"，蓋當喜怒哀樂之未發，此時則在中也。

參前倚衡，指何物而言？

誠之形，行之著也。

艮背之指，在學者當如何用？

艮背之義，在學者用之，莫若止其所。有所止，則外物之交乎前不能止之，故夫子釋象之辭不曰"艮其背"，而曰"艮其止"，其意可見。

"仁"字之義如何？周子以愛言之，程子以公言之，謝子以覺言之。三者孰近？程子言仁，性也；愛，情也。豈可專以愛爲仁？又曰："或謂訓人、訓覺者皆非也。"然則言愛、言覺者皆非耶？孟子曰："仁，人心也。"前輩以爲言仁之切無如此者。其説安在？且程子以爲性，孟子以爲心，其不同者又何邪？

指其用則曰"愛"，指其理則曰"公"，指其端則曰"覺"。學者由此，皆可以知仁。若直以愛、以覺爲仁，則不識仁之體，此所以非之。孟子曰："仁，人心也。"此則仁之體也。程子以爲性，非與孟子不同。蓋對情而言，情之所發，不可言心。如《遺書》所謂"自性之有動者謂之情"，不曰"自心之有動者謂之情"。程子之言，非指仁之體，特言仁屬乎性爾。有未是處，望一一指教。 《東萊集》別集卷一六。

案：本書所答涉《論語精義》。呂祖謙下書（近者人還）有"艮背之用，前説誠過高而未切"語，正與本書所云"艮背之義，在學者用之，莫若止其所。有所止，則外物之交乎前不能止之，故夫子釋象之辭不曰'艮其背'，而曰'艮其止'，其意可見"合。又呂氏上書（某罪逆不死）有"別紙批問，謾以所見求是正"，故知本書當即上書之"別紙"，撰於同時。

朱熹《答呂伯恭》：

專使奉教，承新春以來孝履支福，感慰深矣。教告諄復，警策殊多。離羣索居，其害至此，良可警懼。蓋初心之善未始不明，但失照管，即隨事汩没，不自覺耳。來介市書未還，偶有便人，亦欲令持此書以往，因復附此。未暇它及，先此少謝厚意。《言行》二書，亦當時草草爲之，其間自知尚多謬誤，編次亦無法，初不成文字。因看得爲訂正示及爲幸。餘俟盛价還日，別得奉問。便遽草草。《晦庵文集》卷三三。

案：本書乃答呂祖謙來書（近麻沙印一書），故有"《言行》二書，亦當時草草爲之，其間自知尚多謬誤,編次亦無法,初不成文字",又云"專使奉教,承新春以來孝履支福",撰於乾道九年正月或稍後。

又,《朱子語類》卷一三〇對此亦有記載:"《涑水記聞》,呂家子弟力辨以爲非温公書,蓋其中有記呂文靖公數事,如殺郭后等。某嘗見范太史之孫某說親收得温公手寫藁本,安得爲非温公書?某編《八朝言行録》,呂伯恭兄弟亦來辨。爲子孫者,只得分雪,然必欲天下之人從己,則不能也。"

呂祖謙《與朱侍講元晦》:

某既拜書矣。義烏欲再刊《精義》者,兩日詢問得方寫畢而未鋟板,已屬義烏相識審詢其實而就止之,更數日須得耗也。然婺本例賈高,蓋紙籍之費重,非貧士所宜,勢必不能奪建本之售,政使其不肯止,亦不足慮。若令官司行下,卻恐有示不廣之嫌,更告斟酌一報。蓋此介往反不過半月,足可商量也。然尚有所疑者,君子之動静語默,雖毫釐間有未到處,要當反求其所以然。蓋事雖有巨細大小,爲根本之病則一也。來教所謂本不欲如此者,意其爲心之正,既而以雕鏤之費、用度之乏,不得已而止之,或者漸近於自恕,而浸與初心不類乎?此非不識痛癢,蓋吾徒講學,政須於日用間就事上商量,似爲親切,故欲以未達處請教耳。"觀其生,志未平"之意,亦恐當深玩也。《東萊集》別集卷七。

案：呂祖謙上書（某罪逆不死）云及"《精義》此間卻不聞有欲再刊者。兩三日間訪問得的實，即當如來諭作沈漕書，蓋不欲虛發耳"，正與本書所及"義烏欲再刊《精義》者"事符，是本書當撰於稍後。

朱熹《答呂伯恭閏正月》：

承喻"整頓收斂則入於著力，從容游泳又墮於悠悠"，此正學者之通患。然程子嘗論之曰："亦須且自此去，到德盛後，自然左右逢其原。"今亦當且就整頓收斂處著力，但不可用意安排，等候即成病耳。"勿正"之"正"，其字義正如今人所謂"等候指準"。《春秋傳》云："師出不正，反戰不正勝。"用字之意亦正如此耳。《晦庵文集》卷三五。

案：呂祖謙上書（某罪逆不死）有"但整頓收斂則易入於著力，從容涵泳又多墮於悠悠"，《東萊集》別集卷七。可知本書乃答書，故云"承喻'整頓收斂則入於著力，從容游泳又墮於悠悠'，此正學者之通患"云云，推知約撰於乾道九年閏正月間。

朱熹《答呂伯恭別紙》：

"川上"之論甚當，"不逝"之云極知非是，然須如此說破，乃可以釋學者之疑耳。

以"脩道之謂教"爲設教，此固有諸儒之說。以程子之言爲"爲此而設教"，則恐微有牽合之弊。大抵諸先生解經不同處多，雖明道、伊川亦自有不同處。蓋或有先後得失之殊，或是一時意各有指，不可彊牽合爲一説也。“脩道之謂教”，疑只與“自明誠謂之教”之“教”皆同言由教而入者耳。所謂“以失其性，故脩而求復”，只是直解此文，非有爲此設教之曲折也。故下文遂言“戒慎”、“恐懼”及“致中和”，乃脩道之始終也。近得侯氏《中庸》亦正如此説，不知高明以爲如何。先生自注云：“此説非是。”

“中和”、“中庸”，如所論得之。然“中和”之“中”專指未發而言，“中庸”之“中”則兼體用而言。

參前倚衡之説甚簡當。尹公云：“此只是收拾心，令有頓放處。”此意亦好。

“艮背”之用固在於止其所，然能止其所，乃知至物格以後事，始學者還便可用否？更告喻及也。

“仁”字之義，孟子言心，該貫體用，統性情而合言之也。程子言性，剖析疑似，分體用而對言之也。其他已具別説。如來喻之云固好，然恐未爲直截分明耳。

學者推求言句工夫常多，點檢日用工夫常少，今日此等人極多。然或資質敏利，其言往往有可采者，則不免資其講論之益。而在我者躬行無力，又無以深矯其弊，方此愧懼。今得來喻，敬當徧以警告常所與往來者，使自省察耳。却是老成敦篤、志行可保之人，往往又却遲鈍，看道理不透。求其有精神而醇者，真難得耳。

近看《中庸》古注，極有好處。如説篇首一句，便以五行、五常言之。後來雜佛、老而言之者，豈能如是之愨實耶？因此方知擺落傳注，須是兩程先生方始開得這口。若後學未到此地位，便承虛接響，容易呵叱，恐屬僭越，氣象不好，不可以不戒耳。又注"仁者，人也"云："人也，讀如'相人偶'之'人'，以人意相存問之言。""相人偶"此句不知出於何書，疏中亦不說破，幸以見告。所謂"人意相存問"者，却似說得字義有意思也。《晦庵文集》卷三五。

案：本書乃上承呂祖謙《答朱侍講所問》而作，屬上書（承喻整頓收斂則入於著力）之別紙，撰於同時。

呂祖謙《與朱侍講元晦》：

某待盡倚廬，哀苦日劇，爲學固不敢自怠，然塊處索居，無師友發明之益，殊自懼耳。《仁說》及往來議論，屢嘗玩繹，所謂"愛之理蓋猶曰動之端、生之道云耳"，固非直以愛命仁也。然學者隨語生解，却恐意思多侵過用。上舉其用而遺其體，立言者雖未有此病，而異時學者或不免此病矣。再答長沙書"因性有仁，故情能愛"一段，剖判明白，而命辭却無病。夫子罕言及言仁之方之意，願詳思之。

薛士龍自湖歸溫，經從相聚半月，甚款。渠甚願承教而無繇也。今鬻書人告歸，略此附承起居。度其到，遲速未可前期，故不暇詳悉。《劉質夫墓誌》嘗有之否？或未有，告批示，當納上。《菴僧榜帖》久已納去，已到否？

案：書中言薛季宣（字士龍）"渠甚願承教而無繇也"，則薛尚未結識朱熹。而朱熹下書（伏奉近告）已云"薛湖州昨日又得書，其相與之意甚勤"，故推知本書亦當撰於閏正月或稍後。

朱熹《答呂伯恭》：

伏奉近告，竊審已經祥祭，追慕無窮，尊體神相多福。買茶人書尚未領，當是已徑之府中矣。謝遣學徒，杜門自治，深爲得策，所造詣想日深矣。恨未有承教之期，爲悵悵耳。但爲舉子輩抄録文字流傳太多，稽其所敝，似亦有可議者。自此恐亦當少訒其出也，如何如何？

《禮運》以五帝之世爲大道之行，三代以下爲小康之世，亦略有些意思。此必粗有來歷，而傳者附益，失其正意耳。如程子論"堯、舜事業非聖人不能，三王之事大賢可爲也"，恐亦微有此意。但《記》中分裂太甚，幾以二帝三王爲有二道，此則有病耳。胡公援引太深，誠似未察也。鄙見如此，高明復以爲如何？因便附問，草草。

眷集伏惟均慶，山中有委勿外。熹拜問。

薛湖州昨日又得書，其相與之意甚勤。聞其學有用，甚恨不得一見之。然似亦有好高之病，至謂義理之學不必深窮，如此則幾何而不流於異端也耶？其進爲甚驟，亦所未曉。因書幸見告以其所自。熹又拜。

密菴主僧從穆近已死，其徒法舟見權管幹。此菴元只作右丞莊屋，如可且令看守，即求一榜并帖付之。恐或別有可令住者，遣來尤佳。但此菴所入亦薄，非復謙老之時矣。只令法舟守之亦便也。《晦庵文集》卷三三。

案：祥祭，此指呂祖謙父喪一周年之祭儀。書中言"竊審已經祥祭"，當懸想之辭耳，故推知本書撰於乾道九年二月間。又，據書中義，呂氏"近告"當有"謝遣學徒，杜門自治"語，未見。

呂祖謙《與朱侍講元晦》：

近者人還，伏領教字，所以誘誨飭厲者甚備。玩復數四，如親坐隅。但歲前及販書人所附兩函，則猶未之領，不知其間別無它説否。即日春序過半，恭惟尊候動止萬福。某罪逆不死，奄經練祭，時序流邁，追慕摧殞，殊無生意也。示諭出處之際，讀之慨然。前書所以有請者，政謂向來諸人類皆自有可恨，若得培養厚、閲理熟、處心平者一出焉，庶或有濟耳。苟堂帖出於舉行前命，則其意誠；悠悠遷延許時而忽復出，於義誠無當也。或改命督趣，則是尊信之意加於前日矣。勉爲一行，以致吾義焉。盡誠意而猶不合，卷而懷之，進退固有餘裕也。不識高明以爲何如？

別紙批諭，一一敬領。諸先生訓釋，自有先後得失之異。及漢儒訓詁不可輕，此真至論。蓋差排牽合、輕議下視之病，學者每每有之，誠當深戒。獨《中庸》首句之注，非無來歷意思，猶竊意鄭氏特傳襲舊語，未必真有所見耳。"艮背"之用，前說誠過高而未切。竊謂在學者用之，政當操存戒懼，實從事於夫子告顏子視聽言動之目，馴致不已，然後可造安止之地耳。《仁說》、《克齋記》及長沙之往來論議，皆嘗詳閱。長沙之論，固疑其太寬。如來示雖已明指其體，猶疑侵過用處分數稍多，更俟深思熟看，當以所未曉處往請教。以此便歸速，不能俟也。

令嗣欲見過，甚幸。久不得親炙，若得親炙，因扣過庭所聞，其益良多。但裹十日糧，其他皆不須辦。蓋此間有同年潘景憲教授者，篤信力學，用工著實。兩弟意鄉，亦皆不凡近。渠兄弟素拳拳歸心於牆仞，前此累欲通書而未敢聞。令嗣欲來，欣然欲任館舍、飲食種種之責。渠所居相去甚近，往來爲便，而其家自有餘，亦非勉強。且爲人介甚，與之處者，只有責善迫切之過，而無寬縱容養之病。潘頃歲執父喪，極毀瘠如禮。今免喪兩年，以母老，不復往調官。所以詳及之者，蓋欲吾丈知其實有慕用之誠，而初非内交要譽之徒耳。不然，不敢以拜聞也。

《泛舟榜帖》幸檢至。義烏刊《精義》，初不曾下手也。所欲咨請者，皆俟後便。《東萊集》別集卷七。

案：書中言"某罪逆不死，奄經練祭"。練祭，又稱祥祭。《禮記·曾子問》："小祥者，主人練祭而不旅。"是本書當撰於二月間。

吕祖謙《與朱侍講元晦》：

某闔戶待盡，奄奄僅有餘息。但索居獨學，殊少講貫之益。日用間，視向來稍不甚廢惰，收斂持養，雖未免有斷續，卻無蘄獲計功之病。每取聖賢書，平心玩誦，雖未甚得味，然漸覺少向來□□揣摩之失。儻蒙時賜教督，俾得警省，不勝厚幸。

魏元履不起甚可傷，後事種種，想皆出調護。某有其子慰書，敢望附達。薛士龍歸塗道此，留半月。向來喜事功之意頗銳，今經歷一番，卻甚知難。雖尚多當講晝處，然胸中坦易無機械，勇於爲善。於世務二三條，如田賦、兵制、地形、水利，甚曾下工夫，眼前殊少見其比。渠亦甚有倦倦依鄉之意。“義理不必深窮”之説，亦嘗扣之，云初無是言也。長沙嘗得書否？近亦累月不聞問也。《通鑑》聞嘗有所是正，亦既鋟板，果否？恨未得一見也。今因新興化潘守經從，云專欲求見，恩恩附此起居。它祈厚爲斯文護重。《東萊集》別集卷七。

案：書中言嘗扣薛士龍“義理不必深窮”之説，正承朱熹上書（伏奉近告）中云薛士龍“亦有好高之病，至謂‘義理之學不必深窮’”而言，故推知其當撰於三月間。

朱熹《答吕伯恭》：

便中累辱手書，伏審已經練祭，哀慕如新。即日溽暑，孝履支福，感慰之至。熹昨已作書，欲遣兒子詣席下，會連雨未果行，俟梅斷，看如何也。但此兒懶惰之甚，在家讀書絕不成倫理，到彼冀親警誨，或肯向前。萬一只如在家時，即乞飛書一報，當呼之使歸，不令久奉累也。

"仁"字之説，欽夫得書云已無疑矣。所諭"愛之理猶曰動之端、生之道云爾"者，似頗未親。蓋"仁者愛之理"，此"理"字重；"動之端"，"端"字却輕。試更以此意秤停之，即無侵過用處之嫌矣。如何？

《劉博士墓誌》不曾收得，早録寄幸甚。欲作《淵源録》一書，盡載周、程以來諸君子行實文字，正苦未有此及永嘉諸人事迹首末。因書士龍，告爲託其搜訪見寄也。士龍相款，所論大者，幸喻及一二，亦甚恨無因緣得相見。渠更待闕耶？其改命必有以也。前時湖州買茶人回，曾附書，不知收得否？因書煩扣之，并爲致千萬意也。庵牓已付之，其僧有狀，今附此便去。擇之來此相聚甚樂，有書納上。元履春間不幸不起疾，甚可傷。近方爲卜得地，旦夕往與謀葬也。承問及之。因便拜狀，草草，餘已具所遣兒子書矣。《晦庵文集》卷三三。

案：書中言"所諭'愛之理猶曰動之端、生之道云爾'者"，知上承呂氏來書（某待盡倚廬）而作。又言"即日溽暑"，約撰於四、五月間。

呂祖謙《與朱侍講元晦》：

某待盡倚廬，哀苦日深，它無足言者。示諭"愛之理、

動之端”，兩字輕重不同，細思誠然。蓋愛者仁之發，仁者
愛之理，體用未嘗相離，而亦未嘗相侵。所私竊慮者，此
本講論形容之語，故欲指得分明，卻恐緣指出分明，學者
便有容易領略之病，而少涵泳玩索之工，其原殆不可不謹
也。長沙近得書，亦寄往復論仁及新定《語》、《孟》諸説
來。論議比向來殊深穩平實，其間亦時有未達處，旦夕因
便，當往商搉也。令嗣猶未聞來音，不知今尚留膝下或已
即路？若遂成此行，與衆中質美勤苦者游處相夾持，想亦
不無益。所謂《劉質夫墓誌》上內永嘉諸公遺事，當屬薛
士龍訪求。士龍之歸，蓋以近郡多有難回互處，故不能安
耳。《東萊集》別集卷七。

　　案：本書云及“士龍之歸，蓋以近郡多有難回互
處，故不能安耳”，乃上承朱熹來書（便中累辱手書）
“因書士龍，……渠更待闕耶？其改命必有以也”語，
故推知本書約撰於六月或稍後。

呂祖謙《與朱侍講元晦》：

“危論駭世，清風激時”，不記曾有此語，意與此相近
亦不可知，恐聽傳或轉了語脈耳。然夫子所謂“危行言
孫”與夫“孫以出之”，恐卻須深留意。蓋隨時如此，則處
之者如此，乃易直之理，與回互避就似不相干。不知是
否？陳同甫近一二年來，卻翻然盡知向來之非，有意爲
學。其心甚虛，而於門下鄉慕尤切。但渠目下以家事勢

未能出,兩三年間必專往求益也。長沙卻常得書,亦彼此時有所講論也。《東萊集》別集卷八。

案:張栻自乾道七年至淳熙元年居長沙未仕。又吕祖謙《與陳同甫書》(示及近作)有云"長沙張丈比累得書,平實有味,歎然益知工夫之無窮,往年豪氣,殊覺銷落。朱元晦以召命益峻,秋涼欲上道,且云至衢、婺少留,引疾俟命,皆恐欲知"。《東萊集》別集卷一〇。其所述朱熹事見朱熹《答吕伯恭》(潘守附致所予書)所云"近被堂帖,督趣逾峻,勢須一行。至衢、婺間恭俟罷遣,或得承晤,何幸如之"。可見吕祖謙欲引見朱、陳相識之意甚明,故疑本書約撰於是年中。

朱熹《答吕伯恭》:

潘守附致所予書,得聞近況,感慰之深。信後暑毒異常,伏惟讀《禮》之餘,孝履支福。熹窮居碌碌,無可言,召命竟未能免。近被堂帖,督趣逾峻,勢須一行。至衢、婺間恭俟罷遣,或得承晤,何幸如之。子澄過此兩三日,諸況其能言之。因其行附此,不復縷縷。餘惟以時保衛,區區至懇。眷集伏惟鈞安,此間有訃勿外。

兒子寓食之計,似終未穩,豈可終歲擾人耶?幸更爲處之,使賓主之間可久處而不厭,乃佳耳。與叔度書不欲深言此,但老兄以意裁之,則善矣。叔度惠書,觀其論説,氣質良厚,不易得也。聞薛士龍物故,可駭可歎,且恨竟不識斯人也。《晦庵文集》卷三三。

案：據呂祖謙《薛常州墓誌銘》，薛季宣乾道九年七月戊申（十七日）卒於家。（原作“九月戊申”，誤。）《東萊集》卷一〇。本書云及“聞薛士龍物故”，故推知約撰於七月末前後。

朱熹《答呂伯恭》：

昨以召旨之嚴，不免爲造朝計，意經由必獲一見。子澄之行，草草附問，已嘗及其故矣。既而忽有改秩奉祠之命，知獲遂退藏之願。然褒寵過厚，又有所不敢當者，力爲懇辭，未知諸公頗見亮否？萬一再三不如所請，其將何以爲計？有以見教，幸甚。

兒子久欲遣去，以此擾擾，未得行，謹令扣師席。此兒絕懶惰，既不知學，又不能隨分刻苦作舉子文。今不遠千里以累高明，切望痛加鞭勒，俾稍知自屬。至於擇交游、謹出入，尤望垂意警察。如其不可教，亦幾早以見報，或便遣還爲荷，千萬勿以形迹爲嫌也。賤迹如此，又未有承晤之日，臨風怳然。惟以時節哀，爲道自愛。《晦庵文集》卷三三。

案：朱熹上書（潘守附致所予書）云“子澄過此兩三日，諸況其能言之。因其行附此，不復縷縷”。本書云“子澄之行，草草附問，已嘗及其故矣”，知此爲後書，約撰於七、八月之際。

朱熹《答吕伯恭》：

前書所諭仁愛之説，甚善甚善。但不知如何立言，可使學者有所向望，而施涵泳玩索之功，又無容易領略之弊耶？因來喻及，幸甚幸甚。劉博士誌文，得之幸甚。此類文字此間所已有者，旦夕録呈，切告據此以訪其所無，異時成得一書，亦學者之幸也。近得毗陵周教授數篇《論語》，令兒子帶去，試一讀之，以爲與程門諸君子孰高孰下也？以一言語及爲幸。長沙此三兩月不得書，邵武有《孟子説》，不知所疑云何，預以見告，俟得本考之也。然此等文字流傳太早，爲害不細。昨見人抄得節目一兩條，已頗有可疑處，不知全書復如何？若《洙泗言仁》，則固多未合，當時亦不當便令盡版行也。吾人安得數月相攜於深山無人之境，共出其書一商訂之，以求至當之歸乎？更有數條，又具別紙，幸早垂教也。《晦庵文集》卷三三。

案：朱熹遣其子朱塾去婺州時攜本書，據前後諸書推知，約在八月初。書中云“前書所諭仁愛之説”，指吕祖謙上書（某待盡倚廬）之“蓋愛者仁之發，仁者愛之理，體用未嘗相離，而亦未嘗相侵”云云。

吕祖謙《與朱侍講元晦》：

某哀苦待盡，它無足言者。引辭今有報否？格以近制，以事勢觀之，恐未必得伸。祠禄正協“周之則受”之義，獨改秩有當商量處。然前代於賢者不能致而就官之者,蓋多矣。竊謂少逡巡而受之可也。若確然不回,則名愈高而禮愈加,異時有難居者耳。君子之謀,始終皆舉之,要須審慮也。

令嗣氣質甚淳,已令就潘叔度舍傍書室寢處。不在其家。同窗者乃叔度之弟景愈,字叔昌。年三十餘,甚有志趣,有意務實,相處當有益。叔昌亦自工於程試,足可商量。五、六年前嘗爲太學解魁。近三兩歲來,卻都放下舉業,專意爲學。已立定課程,令嗣當自寄呈。唯每日到某處,則與叔度兄弟偕來,不許過它齋舍。雖到某處,亦不許獨來。蓋城市間不得不如此過防。又衆中人亦多端,恐志未定或遷易耳。自餘慮之所及,不敢不盡,幸少寬念也。別紙疏諭,以不欲滯此介,未得詳稟。令嗣更留一兵在此,俟半月,諸事及課程見得次第,當遣歸,恐欲知其肄習居處之詳也。周教授《論語》方借看,併俟遣此兵時縷縷求教。此間方刊《橫渠集》,斷手當首拜納。《説文》苦無善本,見令嗣説方讎校。昨見劉子澄説贛州方欲刊書,自可徑送渠令鋟木也。《洙泗言仁》未合處,因便望録示,亦欲得思索也。《東萊集》別集卷七。

　　案:朱塾抵婺州,吕祖謙作本書以報,時在八月中。

朱熹《答吕伯恭》:

人還,承答字,感慰之深。比日秋高,伏惟孝履支福。

熹碌碌無足言者,誨諭辭受之義,此亦方以爲撓。若如來教,雖可逆避將來之患,顧恐於今日義理未安耳。幸更爲思之,因書見告爲望,懇懇。

兒子既蒙容受,感佩非常,不知能應程課、入規矩否?凡百更望矜念愚懇,痛賜鞭策,爲幸之甚。即不可教,亦告早以垂喻,即遣還尤幸也。

《橫渠集》刊行甚善,但不知用何處本?若蜀中本,即所少文字尚多。俟寄來看,或當補,即作別集也。《説文》此亦無好本,因便已作書與劉子和言之矣。欽夫近得書,寄《語解》數段,亦頗有未合處。然比之向來,收斂愨實則已多矣。《言仁》諸説録呈,渠別寄《仁説》來,比亦答之,并録去。有未安處,幸指誨也。因便致問,正遠,節哀自重爲請。《晦庵文集》卷三三。

案:書中云"比日秋高",又云"兒子既蒙容受",推知朱熹獲知其子抵婺之訊後答書,約在八月末。

吕祖謙《與朱侍講元晦》:

某哀苦待盡,無足言者。日用間,比向來頗似不甚怠,而工夫亦知可向前,無銷沮徘徊之意。但索居獨學,殊少講貫,殊自懼耳。引辭曾得報否?不爲已甚之義,恐亦須玩索耳。令嗣到此半月,諸事已定疊。朝夕潘叔度相與切磨,勢不容懶。某亦數數提督之,見令編《書疏》訓詁名數。蓋既治此經,須先從此歷過。飯後令看《左傳》。

舉業已供兩課，亦非全無蹊徑，但不曾入衆，故文字間步驟規矩未如律令，久久自熟矣。凡百不須掛念慮。

周教授《語解》，看得平實有工夫，雖章句間時有所疑，要是有益後學。如所謂"譬如登高，勤勤積步，及升其極，咸在目中，無非實見"。凡此類樣轍，殊不差也。

浙東諸郡秋旱，歲事甚可慮，閩中不知復何似？比聞五夫旁近料理補助已有端緒，不知其詳如何？頗聞豪右間有旅拒者，或不免封倉送郡之類。此於時位頗似侵過，恐更須於"意必"兩字上點檢。伊川莊上散藥，謂只做得此等事。此意可玩也。耳目所接，疾痛凍餒，惻然動心，蓋仁之端。至於時位，則有所止，乃仁之義也。莫若擇其可告語者，至誠勸率之。其不可告語者，容養而使之自發足矣。就上增添，便成意必。自葉知根，所當加澄治之工也。《東萊集》別集卷八。

　　案：本書云朱塾至婺已半月，則當撰於八月末、九月初。

呂祖謙《答朱侍講所問》：

夷、齊之逃，蓋不降其志，不辱其身。平日規模自如此，此所以爲聖之清也。程子之言，祇是平論事理耳。

太伯端委以治吳，則斷髮文身，自是仲雍事。蘇氏所引漢明帝、唐玄宗却不相當。《詩》稱"王季因心則友，則友其兄"，推此心也。太伯而不去，王季必有所不敢居矣。

明帝、玄宗則以位爲樂者也。東海王讓帝,方晦迹以避猜疑,決無推挽不容釋之患,又何煩高舉遠引乎?

"富而可求"一章,舊從上蔡説,近看伊川《經解》爲長。蓋上蔡以命言,天下之士徒能言富不可求,夫子則知真不可求。伊川以義言。聖人分上,固不必論命也。

將堯、舜事業橫在胸中,此傅説所謂有其善者也。孔子夢見周公,則心潛誠篤,寤寐無間者也。

"傳不習乎",恐衹是不習而傳與人。蓋三者皆是與人際接之事,知用之難,而懼動之差,曾子用密察之功也。

"吾之於人也,誰毀誰譽。如有所譽,其有所試矣。"在事不在己也。"斯民也,三代所以直道而行也。"言三代之俗,毀譽皆由直道,亦未嘗以己參之也。夫子傷當時毀譽亂真,故示之以吾心,而復慨然懷先王之舊俗也。不言毀者,蓋如《易》象,舉上文包下句。以譽包毀,語勢當然。只語勢當然,便可見"元者善之長"意,但拈出則味却薄。蓋矢口自如此,不是特地也。班固歸於上之人,推本而言,亦在其中,第章指未必如此。

"脩道之謂教",依吕、楊説甚穩。

《仁説》,竊謂己分上工夫與語學者不同。精講明辨,剖析毫釐,□□不留一字之義,此己分上工夫也。若語學者,聖賢門中多是指示下手處,或拈出親切處,鮮有正言其體者,所謂"輔之翼之,使自得之"也。命辭立言,欲使學者有所向望,大是難事。固有立言者,所見本不差,衹緣未熟，到得流布，語下生病者多矣。此《易傳》所以不輕出。

改定《仁説》，比去歲本殊完粹。《言仁録》所疑，如論“未知，焉得仁”等處，科條極精密。又所云：“思慮、語言、躬行，皆不可廢，但欲實到，即須躬行，非是道理，全不可思量講説。”此誠不可易之論，深中談玄之病。然□□□却有懲創太過處。凡《言仁録》中“仁道無窮，非思慮、言語可盡”之類固有過高處，恐不必例看疑之。“冥然莫覺，悚動乎中”之類，非指言仁體，似不必疑之。蓋無所歸宿，則誠不可。若所謂“性與天道不可得而聞”，固有非言語所可盡者也。以覺爲仁，則誠不可。若所謂“天民之先覺”，固非“覺”字不道著也。大抵論學之難，其高者，其病墮於玄虛，就平者，其末流於章句。校二者之失，高者便入於異端，平者浸失其傳，猶爲勤訓故、惇行義。輕重不同，然要皆是偏耳。如寄示諸説，固足以深捄窮大失其所居、無所倚著之病。然天下事未嘗無對，懲創太過，獨不思倚著之病乎？執中之難，深願體之。五、六年每見誨示，下而復高，高而復下，非飽經歷、真切磨，何以臻此？用功之實，進德之新，於此可窺。然惓惓之意，猶謂要必中立不倚，則慮所終、稽所敝，無傳習之舛。不識如何？

晁景迂其學固雜，然質厚而句法少穿鑿，可取者固多也。大抵北方前輩議論雖各有疵，然要可養忠厚、革囂浮，自當兼存也。《東萊集》別集卷一六。

　　案：呂祖謙上書（某哀苦待盡，它無足言者）有云"令嗣更留一兵在此，俟半月，諸事及課程見得次第，當遣歸，恐欲知其肄習居處之詳也。周教授《論語》方借看，併俟遣此兵時縷縷求教"，本書當即所謂"縷縷求教"者，則本書推知其約撰於八月末、九月初；又上書（某哀苦待盡，無足言者）云"令嗣到此半月，諸事已定疊"，則知本書當屬其別紙，撰於同時。

朱熹《答呂伯恭》：

　　方作書欲附便，未行而兵子還，辱書至感。又得竊聞比日秋清，孝履支福，至慰至慰。熹賤迹且爾，辭免未報爲撓。不爲已甚之戒，甚荷愛念。此非所以爲高。但坐邀禮命，有所未安。今且得力辭，冀蒙相捨。若其不獲，又別相度耳。若初意則直欲力辭，雖使得罪，亦無所避也。欽夫得書，觀其語意，亦似不以爲可受也。更望審思，復以見教，幸甚幸甚。

　　時位之戒，敢不敬承。欽夫移書見戒一二事亦類此，顧恐偏蔽已甚，矯革爲難，未知終能副朋友所期否耳。今歲紛紛，蓋爲初不爲備，率然整頓，故有此患。近已預爲嗣歲之備，亦自不至此也。

　　周教授《語解》誠如所喻，愚意其篤實似尹公，謹嚴過之，而純熟或不及也。高明以此語爲如何？

　　小兒無知，仰累鞭策，感愧深矣。在家百計提督，但無奈其懶何。今得嚴師畏友，先與擎去此病，庶或可望其及人也。又得叔度、叔昌書、兒子書中及回兵口説，荷其照屬之意良厚，益深愧怍。偶欲入城，臨行宂甚，作此附便，餘俟後便也。匆匆。《晦庵文集》卷三三。

　　　　案：此乃朱熹得呂祖謙來書後之答書，又書中言"比日秋清"，故推知約撰於九月初。

朱熹《答呂伯恭》：

　　泰伯、夷、齊事，鄙意正如此。蓋逃父非正，但事須如此，必用權然後得中，故雖變而不失其正也。然以《左傳》為據，便謂泰伯未嘗斷髮文身，此則未可知。正使斷髮文身，亦何害也？

　　"富而可求"，以文義推之，恐只得依謝、楊説。伊川説雖於義理為長，恐文義不妥帖，似硬説也。

　　上蔡本説學《詩》者"不得以章句橫在胸中，因有堯、舜事業橫在胸中"之説，然則非為"有其善"之意矣。竊疑此乃習忘養心之餘病，而《遺書》中上蔡所記亦多此等説話。如"玩物喪志"之類。此恐須更有合商量處，不可草草看過也。

　　"誰毀誰譽"一章，所論得之。但只説得三代直道而行意思，更有"斯民也之所以"六字未有下落。疑"斯民也"是指當時之人而言，今世雖是習俗不美，直道難行，然三代盛時所以直道而行者，亦只是行之於此人耳，不待易民而化也。諸儒之説，於此文義殊不分明，却是班固《景贊》引得有意思，注中説得亦好。大抵聖人之意，止是説直道可行，無古今之異耳。"言譽而不及毀"之意，來喻亦善，但"毀譽"兩字更須細看。譽者，善未顯而亟稱之也；毀者，惡未著而遽詆之也。"試"亦驗其將然而未見其已然之辭。聖人之心欲人之善，故但有所試而知其賢，則善雖未顯，已進而譽之矣。不欲人之惡，故惡之未著者，雖有以決知其不善，而亦未嘗遽詆之也。此所以言譽而不及毀，蓋非全不別白是非，但有先褒之善，而無預詆之惡，是則聖人之心耳。

周教授《語解》誠如所喻，愚意其篤實似尹公，謹嚴過之，而純熟不及。高明以爲如何？

新刻小本《易傳》甚佳，但籤題不若依官本作《周易程氏傳》。舊嘗有意，凡經解皆當如此，不以傳先乎經，乃見尊經之意。漢、晉諸儒經注皆如此也。後見朋友説晁景迂亦有此論，乃知前輩意已及此矣。今日又得景迂《語解》，亦有好處。大抵北方之學終是近本實也。《晦庵文集》卷三五。

案：本書乃答呂祖謙來書《答朱侍講所問》（夷、齊之逃），約撰於九月中。

朱熹《答呂伯恭別紙》：

上蔡"堯、舜事業橫在胸中"之説，若謂堯、舜自將已做了底事業橫在胸中,則世間無此等小器量底堯、舜。若說學者,則凡聖賢一言一行,皆當潛心玩索,要識得他底蘊,自家分上一一要用,豈可不存留在胸次耶?明道"玩物喪志"之説,蓋是箴上蔡記誦博識而不理會道理之病。渠得此語,遂一向掃蕩,直要得胸中曠然無一毫所能,則可謂矯枉過其正矣。觀其論曾點事,遂及列子御風,以爲易做,則可見也。大抵明道所謂"與學者語如扶醉人",真是如此。來喻有"懲創太過"之説,亦正謂此。吾人真不可不深自警察耳。

"誰毀誰譽",已具答子約書中。然頃時聞伯恭議論常有過厚之意,今此所論,却與往者不同,豈亦前所謂矯枉過正之論耶?聖人大公至正處,似無人情。然其隱惡揚善之心,則未嘗無也。此乃天地生物之心,孔門教人求仁,正是要得如此耳。試更思之,復以見教爲幸。

《言仁》諸説,欽夫近亦答來,於舊文頗有所改易,然於鄙意亦尚有未安處。大率此書當時自不必作,今既爲之,則須句句字字安頓得有下落始得,不容更有非指言仁體而備禮説過之語在裏面,教後人走作也。"性與天道不可得而聞",但是聞者未易解耳。聖賢之言固無所不盡,如孟子説箇"浩然之氣",大小面生,然亦只説得個難言了,下面便指陳剖析,一向説將去,更無毫髮不盡處也。伊尹"先知"、"先覺",伊川以爲"知是知此事,覺是覺此理",與上蔡所謂"心有知覺"意思迥然不同。向來晦叔諸公亦正引此相難，蓋不深考也。且如而今還敢道"伊尹天民之先仁"否？試更子細較量，便可見矣。"懲創太過，不免倚著"之病，近亦深覺其然。然嘗見明道有言學者須守"下學上達"之語，乃學之要，又似且如此用功，基脚却稍牢固，未敢便離却下學之地，別求上達處也。但當更於存養踐履上著力，不可只考同異、校詳略，專爲章句之學而已。大抵道理平鋪放著，極低平處有至高妙底道理，不待指東畫西，説南道北，然後爲得不傳之妙也。明者思之，以爲如何？

"養忠厚、革澆浮"之論甚善，要當以此爲主，而剖析精微之功自不相妨耳。和靖録中説伊川未嘗言前輩之短，此意甚善。今人往往見二先生兄弟自許之高，便都有個下視前輩意思。此俗不可長。和靖之言，要當表而出之也。《晦庵文集》卷三五。

　　　案：本書所言與上書（泰伯、夷、齊事）互見，當爲上書之別紙，撰於同時。

吕祖謙《與朱侍講元晦》：

某哀苦如昨。令嗣在此讀書，漸有緒。經書之類，卻頗能誦憶，但程文未入律。今且令破三兩月工夫專整頓。蓋既欲赴試，悠悠則卒難見工也。此段既見涯涘，則當於經史間作長久課程。大抵舉業若能與流輩相追逐，則便可止，得失蓋有命焉，不必數數然也。

劉子澄已改官，部中以近郊祀不給假，尚留臨安。薛士龍七月後以疾不起，極可傷。其爲人坦平堅決，其所學確實有用。春來相聚，比舊甚虛心。方欲廣咨博訪，不謂其止此也。撫州士人陸九齡子壽，篤實孝友，兄弟皆有立。舊所學稍偏，近過此相聚累日，亦甚有問道四方之意。每思學者所以徇於偏見，安於小成，皆是用工有不實。若實用工，則動靜語默日用間自有去不得處，必悚然不敢安也。《東萊集》別集卷八。

案：據《呂祖謙年譜》，陸九齡八月來訪。本書“撫州士人陸九齡子壽，……近過此相聚累日”云云，故推知其約撰於九月中。

朱熹《答呂伯恭》：

《仁說》近再改定，比舊稍分明詳密，已復錄呈矣。此說固太淺，少含蓄，然竊意此等名義，古人之教，自其小學之時已有白直分明訓說，而未有後世許多淺陋玄空、上下走作之弊，故其學者亦曉然知得如此名字。但是如此道理，不可不著實踐履。所以聖門學者皆以求仁爲務，蓋皆已略曉其名義，而求實造其地位也。若似今人茫然理會不得，則其所汲汲以求者，乃其平生所不識之物，復何所向望愛說而知所以用其力邪？故今日之言，比之古人誠爲淺露，然有所不得已者。其實亦只是祖述伊川仁、性、愛、情之說，但剔得名義稍分界分，脈絡有條理，免得學者枉費心神,胡亂揣摸,喚東作西爾。若不實下恭敬存養、克己復禮之功,則此說雖精,亦與彼有何干涉耶?故却謂此說正所以爲學者向望之標準,而初未嘗侵過學者用功地步。明者試一思之,以爲如何?似不必深以爲疑也。自己功夫與語人之法固不同,然如此說,却似有王氏所論高明、中庸之弊也。須更究其曲折,略與彼說破乃佳。《晦庵文集》卷三三。

　　案:朱熹上書(人還承答字)嘗云"《言仁》諸說錄呈",本書又云"《仁說》近再改定,比舊稍分明詳密",則推知其約撰於秋末冬初。

呂祖謙《與朱侍講元晦》:

諧俗以自便,有此病痛者滔滔皆是。談空以爲高,眼前却不多見。蓋異教桀黠者皆盡,而士人多墮在苟且委靡,鮮有能自開户牖者。今所患者,吾道之未明,而異端則非如向時之熾然也。《東萊集》別集卷八。

　　案:朱熹上書(《仁說》近再改定)有云"古人之教,自其小學之時已有白直分明訓說,而未有後世許多淺陋玄空、上下走作之弊",而本書有云"談空以爲高,眼前却不多見",疑撰於一時先後。

朱熹《答呂伯恭》:

昨嘗奉懇一言於韓丈,又專書禱之,幸早爲贊成,使得速如所志，幸甚。區區所以不得不力辭者，實以無功受爵，求退得進，於心有所不安。若一請不遂，勢必再三，以得請爲期而後已。然又不敢肆然直遂，漠然不以爲意者，則以君臣之義平昔講聞不爲不熟，今此除授，雖未必直由中出，而名爲君命，在臣子之心，亦何敢傲然以不受爲高哉？此所以不免委曲懇祈，宛轉調護，計誠欲兩全公私，不使交病而已。區區此心，非特世俗所疑，雖平生知友，其不哂笑者幾希。度惟忠厚惻怛如吾伯恭者，乃有以亮此心耳。前日申狀及與韓、沈書不能盡述此意，幸請爲言之，有以發明某所不能言者。《晦庵文集》續集卷五。

　　案：本書云及“區區所以不得不力辭者，實以無功受爵，求退得進，於心有所不安。若一請不遂，勢必再三，以得請爲期而後已”，而下書（昨日作書）乃云“不知可煩老兄因書一言所以不敢受之意，非出矯僞，得自廟堂上辭免文字，特依所乞，再授元官，差監嶽廟，便是一個出場也。前日作書忘記及此，因問之及，復此忉忉，千萬垂念也”，於力辭新爵外，又述及將“前日作書忘記及此”之乞請“再授元官，差監嶽廟”之意，則推知本書當即下書（昨日作書）所云之“前日作書”。

朱熹《答呂伯恭》：

昨日作書，欲附便行，今日忽得手示，獲聞比日冬寒，孝履支福。既以感慰，又得別紙誨諭之詳，伏讀再三，警發甚至，其爲欣荷，又不自勝。但所謂飽經歷、真切磨者，不敢當耳。區區已復詳具求教，顧俟益論也。

　　辭免文字附沈尹專人，自七、八月間去此，意其已到。近託人致懇廟堂，求聽所請，得報乃云文字未至，良以爲疑。得子澄書，乃其人更過何處取書，計今必已至矣。當時若知其迂回如此，只發遞去，自無浮沉也。然部中行下建寧，又云“已給批書”，此須作熹狀申部出給。熹既不受，不知此文字是如何行遣？都不可曉，亦不知此物今在何處。杜門無事，乃有此撓。聞是韓丈拈出，前此亦未知。今既如此狼狽，却須得韓丈出手，大家收救，莫令到無收拾處，乃荷相念。然又不欲作書，彼亦未必以爲誠然，不知可煩老兄因書一言所以不敢受之意，非出矯僞，得自廟堂上辭免文字，特依所乞，再授元官，差監嶽廟，便是一個出場也。前日作書忘記及此，因問之及，復此忉忉，千萬垂念也。

　　康節恐是打乖法門，非辭受之正。伊川再受西監，止是叙復元官、還苴舊職，又可逡巡解去，即與今日事體全不相似，皆未敢援以自比。欽夫書來，亦云“豈可逆料後患，而先汩所守之義”，此語亦甚直截。然渠却不曾爲思量如何解免得脱。若只如此厮唯，恐非臣子所敢安也。千萬便爲盡以此意達之韓丈，得早爲解紛，幸甚幸甚。夜作此書，不能它及。《晦庵文集》卷三三。

案：本書最末一段自"康節恐是打乖法門"至
"得早爲解紛"，又重載於《晦庵文集》續集卷五，僅個
別文字有異。

書中有云"比日冬寒"，當撰於是年冬日。

呂祖謙《與朱侍講元晦》：

某哀苦待盡，它無足言者。示諭懇辭曲折，謹即作韓
丈書，縷縷如來示，政恐諸公未必能相體察耳。《淵源
錄》、《外書》皆領。且夕即遣人往汪丈處借書。永嘉事
蹟，亦當屬陳君舉輩訪尋，當隨所得次第之。《淵源》序
錄，本非晚輩所當涉筆。然既辱嚴誨，當試草具求教。但
服制中未嘗作文字，須俟來春祥祭後，乃可措思也。《祭
禮》聞久已裁定，因便望錄示，幸甚。受之課程不輟，亦每
督趣之，不敢自外也。《東萊集》別集卷八。

案：朱熹上書(昨日作書)懇請呂祖謙致書韓元
吉，轉訴其辭免新授官職之意，本書答云"示諭懇辭
曲折，謹即作韓丈書，縷縷如來示"，知其亦撰於冬
日。受之，朱塾字。

朱熹《答呂伯恭》：

便中辱書教，感慰之深。信後忽忽，已迫長至，伏惟
感時追慕，何以爲懷，神相孝履，起處萬福。熹昨以叔母
之葬走政和，往返月餘，今適反舍，汩没無好況，它無足言

者。臨行寓書，有所咨扣，想已聞徹，得早報及爲幸。

兒子極感教誨，不知近復如何？正唯懶惰，不肯勤謹檢飭，此爲大患，計必有以變化之。爲文稍能入律否？初欲歲下令略歸，今思之，恐徒勞往返，不若且令留彼度歲。既蒙矜念如此，當不異父兄之側矣。但久溷潘宅，不自安耳。

子澄一書，告爲附便。陸子壽聞其名甚久，恨未識之。子澄云其議論頗宗無垢，不知今竟如何也？學者用工不實之弊，誠如來誨。不但學問，今凡一小事，才實理會，便自然見道理漸漸出來也。

近見建陽印一小冊，名《精騎》，云出於賢者之手，不知是否？此書流傳，恐誤後生輩，讀書愈不成片段也。雖是學文，恐亦當就全篇中考其節目關鍵。又諸家之格轍不同，左右采獲，文勢反戾，亦恐不能完粹耳。因筆及之，本不足深論也。因便稟此，草草。《晦庵文集》卷三三。

案：書中云"已迫長至"，則已在十一月中。又"臨行寓書，有所咨扣"，指請呂祖謙致書韓元吉之事。

朱熹《答呂伯恭》：

便中連辱手教，感慰亡喻。即此歲除，伏惟感時追慕，神相純孝，起居支福。熹碌碌如昨，無所可言。但懇辭既不得請，又被堂帖檢坐近降行下。然觀立法之意，乃爲有官職之事者設，與此避過恩、辭逸祿者初不相關。已復注釋此意，別作狀回申矣。亦得韓丈書，敦勉甚至。却爲合下見得此一邊義理稍重，未能勇從。萬一果掇疑怒，亦無所避之也。韓丈必已開府，前日臨安人回，已附書致謝。此便遽，又當除日百冗，不暇再作也。

兒子蒙教督甚至，舉家感激不可言。但所作大義似未入律，聞亦已令專治此業，甚善。觀其氣質，似亦只做得舉子學。初尚恐其不成，今既蒙獎誘，不知上面更能進步否？此亦必待其自肯，非他人所能彊也。

子澄去就從容，甚可喜。昨聞周子充辭郡得請，今又睹此，益知辭受由人，而不在於時，豈彼能之，而我不能哉？若來喻所云親切用工處，誠亦更當致力。想相見必熟講之矣。范伯崇云歸途亦欲請見，今皆已到未耶？《淵源錄》許爲序引，甚善。兩處文字告更趣之。《祭禮》已寫納汪丈處，託以轉寄，不知何爲至今未到？然其間有節次修改處，俟旦夕別錄呈求訂正也。

所論克己之功，切中學者空言遙度之病。然向來所論，且是大綱要識得仁之名義氣味，令有下落耳，初不謂只用力於此，便可廢置克己之功。然亦不可便將克己功夫占過講習地位也。中間有一書論古人小學已有如此訓釋一段甚詳，幸更考之。然克己之誨，則尤不敢不敬承也。

欽夫近得書，別寄《言仁錄》來，修改得稍勝前本。《仁說》亦用中間反覆之意改定矣。聞其園池增闢，盡得江山之勝，書來相招。屬此蹤迹未自由，又鄉里饑儉，未

敢輕諾之也。王教授來，值熹入城，不得相見。以老兄所
稱許如此，甚恨未及識之耳。

小本《易傳》尚多誤字，已令兒子具稟。大本校讎不
爲不精，尚亦有闕誤。"掃塵"之喻信然，能喻使改之爲
幸。聞又刻《春秋胡傳》，更喻使精校爲佳。大抵須兩人
互讎乃審耳。兩人一誦一聽看，如此一過，又易置之。
《横渠集》已畢未耶？得本早以見寄，幸甚。如此間《程
集》，似亦可作小本流布。蓋版在官中，終是不能廣也。
向議欲刊《説文》，不知韓丈有意否？試扣其説，因贊成之
爲佳。偶便附此。除日百冗，不能既所欲言。惟千萬節
哀自愛，以振吾道爲祝。忽忽不宣。《晦庵文集》卷三三。

案：本書中言"即此歲除"、"除日百冗"，知其撰
於是年除夕。

朱熹《答吕伯恭》：

自經新歲，未及上問，竊惟孝思有相，起處支福。祥
禪計亦不遠，追慕想難爲懷也。熹屏居如昨。向來辭免，
堂中竟用檢會近降海行指揮行下，不免再具狀懇辭矣。
梁公至此，相見之後，始知前此請之由衷，亦爲言於諸公。
今茲之請，其必遂矣。此外無致力處，姑復任之，但惕息
俟罪而已。

去冬了叔母葬事，又人事出入，迫歲方小定。開正復
擾擾，才得旬日休息，又以梁公遭憂，不免入城弔之，計又

須旬日往返。加以親舊間死喪弔送，犇走不暇，鄉民又已
嗷嗷告飢，此皆不免勞心費力。殊覺胸次塵埃，學業固無
由進益，至於尤悔之積，亦有不暇點檢者。每一念之，如
此紛紛，竟亦何益？欲舍此以求講論規誨之助而不可得，
則亦悵然而已。欽夫得書，相招為湘中之遊，以此未能
行。然它亦有使人不欲前者。至於老兄相去不遠，亦無
從相見，胸中所欲言者無窮。偶有便行，臨出不及拜書，
道中作此，寄家中令付之，匆匆不及究所懷之一二。若免
喪之後，不免復為祿仕，能求一官南來否乎？引領馳情，
尚冀節哀自愛。不宣。《晦庵文集》卷三三。

> 案：書中言"去冬了叔母葬事，又人事出入，迫
> 歲方小定。開正復擾擾，才得旬日休息"，則其當撰
> 於淳熙元年(1174)正月中。梁公指梁克家。

呂祖謙《與朱侍講元晦》：

某罪逆不死，奄復祥除，追慕荼毒，益無生意。它不
足勤齒記。懇辭不知曾有報否？政恐未必得通。然以目
下時義論之，亦只得靜待順聽也。受之近一兩次作義，方
有意思，更整頓數月，須見次第矣。士子登門者想不乏，
亦有篤實可望者否？某竊謂學者氣質各有利鈍，工夫各
有淺深，要是不可限以一律，政須隨根性、識時節，箴之中
其病，發之當其可，乃善。固有恐其無所向望而先示以蹊
徑者，亦有必待其憤悱而後啟之者，全在斟酌也。又往來

講論，一問一答，謂之無意嚮氣味則不可。然歇滅斷續，玩歲愒日，終難見功。須令專心致志，絕利源，凝聚停蓄，方始收得上。某自看得頃年悠悠，政坐此病，故恐誨誘之際不可不知耳。向來所論尤溪所刊一二種書，猶未拜賜，因便蒙付示爲幸。《東萊集》別集卷八。

　　案：書中言“奄復祥除”，祥除指大祥期滿除服，則本書當撰於是年正月間。

　　本書節文又載《宋名臣言行録外集》卷一三，文字稍異，云：“與晦庵書曰：‘學者須是專心致志，絕利一源，凝聚停瀦，方始收拾得上。’”

吕祖謙《與朱侍講元晦》：

　　某釁逆餘喘，遂經除祥，荼毒殊鮮生意。今歲以韓丈來此，舊相聚士子頗多，恐其間或有門户訴謁之類，自正初一例謝遣。掩關蕭然，無復它事，但與有志肯爲學者數人過從，遂得專意讀書。入細點檢，欠闕鹵莽處甚多。向來悠悠，真是爲己不切耳。然既往者追計何益，繼自今當勉自鞭策，庶幾日用間不至虚過。惟望時賜箴警乃幸。

　　比看胡文定《春秋傳》，多拈出《禮運》“天下爲公”意思，“蜡賓”之歎，自昔前輩共疑之，以爲非孔子語。蓋“不獨親其親、子其子”，而以堯、舜、禹、湯爲小康，真是老聃、墨氏之論。胡氏乃屢言《春秋》有意於天下爲公之世，此乃綱領本源，不容有差，不知嘗致思否？《東萊集》別集卷八。

案：書中言"遂經除祥"，則當撰於二月中。

朱熹《答吕伯恭》：

便還奉教，感慰之深。即日春和，伏惟孝履支福。已經祥祭，追慕何窮。然俯就先王之制，誠有望於賢者。熹再辭未報，惕息俟命，未知所以爲計也。承問感感。衢、溫文字幸早留意。寄及《横渠文集》，此有一寫本，比此增多數篇，偶爲朋友借去，俟取得寄呈，可作別集，以補此書之闕也。

所喻講學、克己之功袞多益寡，政得恰好，此誠至論。然此二事各是一件功夫，學者於此須是無所不用其極，然後足目俱到，無偏倚之患。若如來喻，便有好仁不好學之蔽矣。且《中庸》言學、問、思、辯而後繼以力行，程子於涵養、進學亦兩言之，皆未嘗以此包彼，而有所偏廢也。若曰"講習漸明，便當痛下克己功夫以踐其實，使有以真知其意味之必然，不可只如此說過"，則其言爲無病矣。昨答欽夫言《仁說》中有一二段已說破此病。近看吴才老《論語說》論子夏"吾必謂之學矣"一章與子路"何必讀書"之云其弊皆至於廢學，不若"行有餘力則以學文"、"就有道而正焉"、"可謂好學"之類，乃爲聖人之言也。頗覺其言之有味。不審高明以爲何如？因便附此，不盡所懷。餘惟節抑餘哀，千萬保重。眷集伏惟均休，子約已別奉書矣。

兒子久累教拊，舉家愧荷，不可勝言。更願終賜，使

隨其資之高下有所成就,幸甚。固不敢大望之也。子澄、
伯崇到彼所講何事?伯崇且還江西,尚未到里中也。叔
度寄得薛士龍行狀,讀之使人慨歎不已。不知所著諸書
嘗見之否?今有書弔其家,煩爲致之。欲求《中庸》《大
學》《論語説》及《陰符》《握奇》《撰蓍》《本政叙》凡七書,不
審能爲致之否?此委却望不外。《晦庵文集》卷三三。

　　案:書中言"即日春和"、"已經祥祭",又據下書
(前月末及此月初兩附便拜狀),則本書當撰於二月末。

朱熹《答吕伯恭》:

　　熹僭易拜問台眷,伏惟上下均安。子約賢友不及奉狀。
前書所講,必有定論,因來幸示及。兒子久累誨督,春來不
得書,不知爲學復如何?向令請問選録古文之意,不知曾
語之否?此間與時文皆已刊行,於鄙意殊未安也。近年文
字姦巧之弊熟矣,正當以渾厚朴素矯之,不當崇長此等,推
波以助瀾也。明者以爲如何?尤川新學二刻,令兒子持納
求教,幸爲一觀。記文之謬,千萬指示也。《晦庵文集》卷三三。

　　案:書中言"兒子久累誨督,春來不得書",又據
下書(前月末及此月初兩附便拜狀),則其當撰於三
月初。

吕祖謙《與朱侍講元晦》:

　　某祥祭又復改月,追慕荼毒,無復生意。數日前攜受

之及兩舍弟過墳旁十數里，至小庵中，在瀑泉之下，山水雄峻，人迹罕到，耳目清净，殊可繙閲也。自春初謝遣生徒，應接既簡，遂得專意讀書，亦漸似靠實。但相遠未得質正咨請爲恨耳。所論致知、克己不可偏，甚善。前此多見友朋，每校量義理，而於踐履處少點檢，故發“哀多益寡”之論，然要如來諭迺完粹耳。吳材老之説，就解《論語》上看則有味。原其所發，則渠平生坐在記誦考究處，故凡見何必讀書之類，辨之必力，其發亦自偏也。揀擇時文、雜文之類，向者特爲舉子輩課試計耳。如去冬再擇四十篇，正是見作舉業者明白則少曲折，輕快則欠典重，故各舉其一，使之類爲耳，亦别無深意。今思稽其所敝，誠爲至論。此等文字，自是以往，決不復再拈出，非特刌其出而已也。

《禮運》誠是輾轉附益之差，但胡氏以此爲綱領，則可疑耳。《學記》、《中庸集解》及它石刻皆領。《學記》所論甚正，但《序》述縣尹語言，微似過重。若“深造自得”等語。雖曰文字之常，然聞石子重乃篤志於學者，吾人分上所以相期，政當損飾就實耳。大抵論義理，談治道，闢異端，則不當有一毫迴避屈撓。至於説自己及著實朋友，只當一味斂縮。時義與工夫，皆當然也。《集解》序引指出高奇等弊，極有益。但李翱似不足言，而“哀公問政”以下六章，雖載在《家語》，皆同時問答之言，然安知非子思裁取之以備《中庸》之義乎？有未然處，望見教。《東萊集》别集卷八。

　　案：本書乃上承朱熹來書（便還奉教），書中言
“某祥祭又復改月”，則當撰於三月中。

朱熹《答呂伯恭》：

　　前月末及此月初兩附便拜狀，不知達否？府中轉致
近教，獲聞比日春晚，尊候萬福，感慰深矣。熹屏居如昨。
近出展墓，遂登蘆山，小菴在孤峯絶頂之側，少留旬日。舉
目雲山，盡數百里，足以稍滌塵滯，它無足言也。懇辭未報，
若不將上，則不若不報之爲愈。今幸如此，且爾偷安耳。

　　示喻專心致志之功，警發昏惰，爲幸甚矣。但年來浸
益多事，雖書策功夫亦不能得相接續，此爲可懼。至於朋
友，亦正自難得人。大抵氣習已偏而志力不彊，殊未有以
慰人意者。門墻之下，渠亦有其人乎？誘接之道雖各不
同，要是且令於平易明白處漸加功夫，時加警策，而俟其
自得，此爲正法耳。《弟子職》、《女戒》二書，以《溫公家
儀》系之，尤溪欲刻未及，而漕司取去。今已成書，納去各
一本。初欲遍寄朋舊，今本已盡，所存只此矣。如可付書
肆摹刻，以廣其傳，亦深有補於世教。或更得數語題其
後，尤幸也。《外書》、《淵源》二書頗有緒否？幸早留意。

　　兒子荷教誨，舉家感刻。昨深慮其經義疏闊，今得略
有條理，甚幸甚幸。新茶三十夸，謾到左右。因便附此，
草草不宣。《晦庵文集》卷三三。

　　案：書中言“比日春晚”，則撰於三月間。

朱熹《答呂伯恭》：

昨已具前幅，而便信差池，便中又辱況書，慰感亡量。聞攜書入山水勝處，想講學之餘，日有佳趣。小兒亦得從行，荷意愛厚矣，感刻何敢忘也。所論吳才老説經之意，切中其病。然在今日平心觀之，却自是好語也。《學記》"深造自得"之語，初亦覺其過，欲改之，則已刻石不及矣。以此知人心至靈，只自家不穩處，便須有人點檢也。李習之在唐人特然知《中庸》之爲至，亦不可多得。然其所論實本佛、老之説，故特於序文發之。蓋不遺其善，而抑揚之間亦不爲無意，似不可謂不足而略之也。"哀公問政"以下數章，本同時答問之言，而子思删取其要，以發明傳授之意，鄙意正謂如此。舊來未讀《家語》，嘗疑數章文章相屬，而未有以證之。及讀《家語》，乃知所疑不繆耳。"天斯昭昭之多"以下四條譬諭，似以天地爲積而至於大者，文意頗覺有礙，不知當如何説？幸見教。他所欲請者甚衆，臨書忽忽忘之。顧未有面論之日，兹爲恨恨耳。《晦庵文集》卷三三。

案：本書上承呂祖謙來書（某祥祭又復改月），推知約撰於三、四月之際。

呂祖謙《與朱侍講元晦》：

某荼毒不死，遂經吉祭，摧傷之餘，形神可想。初擬少定丐祠，今猶復宿留也。雖生業甚尠，然比來伏臘調度，損之又損，所求於世者益寡，若得免與之相聞，則大善耳。塊處爲學，殊無進益。差自慰者，矻矻向學之意頗似勝前，而日用間甚知難，亦卻不至疑沮。自此庶幾箴誨不爲虛辱。游從間亦有三數人，志尚資稟甚可望，政坐譾薄，無以發之。用力於平易明白，而時警策之，古法政如此。講論之際，不敢不推此意也。

《外書》、《淵源録》，亦稍稍裒集得數十條，但永嘉文字殊未至，亦屢督之矣。《弟子職》、《女戒》、《温公居家儀》，甚有補於世教。往在嚴陵刊《閫範》，亦是此意，但不若此書之徑直。所惠兩帙皆《弟子職》，而《女戒》都未之領，不知亦有删削否？如"和叔妹"章句語，蓋多有病也。《東萊集》別集卷八。

案：吉祭，據《儀禮注疏》卷一四，當指二十七月上旬行禫祭。則本書當撰於四月間，上承朱熹來書（前月末及此月初兩附便拜狀）。

朱熹《答呂伯恭》：

子約惠書，已奉報矣，不知何故如此猶豫前却？此不誠不敬之本，於進道中正是莫大之病，須痛加治療。熹書中已極言之，想從容之際，亦必有以警之也。吳晦叔來犇其母之喪，今日方見之，能道欽夫病狀。亦得欽夫書，今已復常矣。晦叔亦多病癉瘁也。人各有偏，非見徹克盡，所不能免，此誠至論，佩服不敢忘也。

小兒無知，荷教誨之意甚厚。異時稍識去就，不知何以爲報也。但久擾叔度兄弟，甚不自安。又聞浙東艱食，恐向後道路難行，今專此人去，恐可遣歸。即從韓丈借人送歸，或尚可少留，即亦唯長者之命。歸來却無讀書處也。熹書中已詳稟韓丈矣。其去住遲速，却在裁度也。

《大學》、《中庸》墨刻各二本，子魚五十尾，并以伴書，幸留之，它委勿外。熹再拜上問。《晦庵文集》卷三三。

　　案：書中言"欽夫病狀。亦得欽夫書，今已復常矣"，指是年初張栻重病。推知本書約撰於四月間。

朱熹《答呂伯恭》：

便中連三辱書，感慰無量。即日庚伏酷暑，伏惟禮制有終，永慕何已，神相尊候，動止萬福。熹杜門如昨，辭免不遂，今日已拜命矣。屢煩惇勸，愧荷之深。前日得王漕書，亦具道盛意也。三釜之樂，永負初心。方此感愴，忽又聞一表兄之喪，明日當復犇赴，亟遣此人喚小兒還家。草草布此，未暇它及。

此兒久荷教育，舉家感德無窮。今迫試期，幸聽其歸。異時復遣卒業，終以累高明也。已有書懇韓丈借人，更告借以一言，得早還家爲幸。承從人嘗至三衢，汪丈必甚款，所論何事，因書及之。

熹辭免已決。秋、冬間無事，或可出入。甚思承教，但未敢預期耳。正唯以時進德自重爲禱，不宣。熹頓首再拜上狀。

　　聞懷玉山水甚勝，若會於彼，道里均矣，如何？《晦庵文集》卷三三。

　　　案：據朱熹《謝改官宮觀奏狀》，其“特改左宣教郎、主管台州崇道觀”告命，“於六月二十三日望闕謝恩祗受訖”。《晦庵文集》卷二二。書中言“辭免不遂，今日已拜命矣”，又言“即日庚伏酷暑”，則本書撰於六月二十三日。

吕祖謙《與朱侍講元晦》：

　　《淵源録》事書稿本復還納，此間所搜訪可附入者併録呈。但永嘉文字屢往督趣，猶未送到。旦夕陳君舉來，當面督之也。《淵源録》其間鄙意有欲商推者，謹以求教。大抵此書其出最不可早，與其速成而闕略，不若少待數年而粗完備也。汪丈説高抑崇有伊洛文字頗多，皆其手澤，故子弟不肯借人。已許爲宛轉假借，若得此，則所增補者必多。推此類言之，則毋惜更搜訪爲善。只如《語》《孟精義》，當時出之亦太遽，後來如周伯忱《論語》、横渠《孟子》等書，皆以印板既定，不可復增。此前事之鑑也。《横渠集》續收者，本欲便刊，以近得張丈書，復尋得一二篇，俟其送至乃下手。此亦開板太遽之失也。《東萊集》別集卷八。

　　　案：本書云及“《淵源録》其間鄙意有欲商推者，

謹以求教”，朱熹下書（兒子歸）有“《淵源》、《外書》皆
如所喻”之語，故推知本書約撰於夏、秋之際。

朱熹《答呂伯恭》：

兒子歸，承手書之貺，感慰良深。秋氣漸涼，伏惟尊
候萬福。熹昨以事一至城中，還家諸況如昨，蓋無足言
者。懷玉之約，遲以明年，無所不可。但兒子說車馬自會
稽遂如天台、鴈蕩，不審亦可留此勝概，以俟來春相與俱
行否？若爾，則不必登懷玉，只自此徑走婺女，相就而
行也。

兒子歸來，不惟課業勝前，至於情性作爲，亦比往時
小異，信乎親炙薰陶之效，舉家感德，不可名言。但惜乎
其氣質本凡，又無意於大受，不足以希升堂之列耳。還日
又蒙借人津遣，尤以懼荷。但歸來衮衮，俗務汩没，不得
如臨行所戒次第。場屋得失，初非所期，亦復任之耳。

損減收斂之喻，真實切當，謹銘坐右，不敢忘也。汪
丈進德不倦，後學幸甚。但其所辨《石林燕語》頗留意於
儀章器數之間，此曾子所謂“則有司存”者，豈其餘力之及
此耶？專意於此，則亦非區區所敢知者矣。長沙頻得書，
地遠，難得相見。此公疏快，書中不敢盡言，心之所憂，亦
微詞以見。晦叔歸，因託寄懷，想其亦樂聞之。但事有日
生者，須推類以通之，則告者不費而聞者有深益耳。《中
庸章句》一本上納，此是草本，幸勿示人。更有《詳說》一書，

字多未暇，餘俟後便寄去。有未安者，一一條示爲幸。《大學章句》并往，亦有《詳説》，後便寄也。"此謂知之至也"一句，爲五章闕文之餘簡無疑。更告詳之，系於經文之下，却無説也。《淵源》、《外書》皆如所喻，但亦須目下不住尋訪，乃有成書之日耳。別紙所論，更俟參訂奉報。

叔度此人已留數日，不欲久稽之，且附此書遣還也。未即承教，馳想亡窮，惟千萬爲道自愛。《晦庵文集》卷三三。

　　案：書中言"兒子歸"，又言"秋氣漸涼"，知其當撰於七月或稍後。

朱熹《答吕伯恭論淵源録》：

元豐中詔起吕申公，此段初固知其有誤，然以其不害大體，故不復刊。今欲正之，亦善。但去"司馬温公温公不起"八字，及依程集本題改"寄"爲"贈"可也。

明道言當與元豐大臣共政，此事昨來已嘗論之，然亦有未盡。今詳此事乃是聖賢之用、義理之正，非姑爲權譎，苟以濟事於一時也。蓋伊川氣象自與明道不同，而其論變化人材亦有此意。見《外書》胡氏所記。《易傳》於《睽》之初爻，亦有"不絶小人"之説，足見此事自是正理當然，非權譎之私也。然亦須有明道如此廣大規模，和平氣象，而其誠心昭著，足以感人，然後有以盡其用耳。常人之心既不足以窺測此理，又無此等力量，自是信不及。設有信者，又不免以權譎利害之心爲之，則其悖理而速禍也爲尤甚矣。此今之君子所以不能無疑於明道之言也。胡氏所記，尹氏亦疑之，豈所謂未可與權者耶？邵子文晚著此書，於其早歲之所逮聞者，年月先後容或小差，若語意本末，則不應全誤。且所謂“二公並相”，蓋終言之；召宗丞未行，以疾卒，亦記其不及用耳。非必以爲二公既相，然後召明道也。又謂邵録多出公濟，恐亦未然。蓋其父子文體自不同也。

折柳事有無不可知，但劉公非妄語人，而《春秋》有傳疑之法，不應遽削之也。且伊川之諫，其至誠惻怛、防微慮遠既發乎愛君之誠，其涵養善端、培植治本又合乎告君之道，皆可以爲後世法。而於輔導少主，尤所當知。至其餘味之無窮，則善學者雖以自養可也。故區區鄙意深欲存之，蓋其説如此，非一端也。今乃以一説疑之而遽欲刊去，豈不可惜？若猶必以爲病，則但注其下云“某人云：國朝講筵儀制甚肅，恐無此事”，使後之君子以理求者得其心，以事考者信其迹，其亦庶乎其可矣。

范公不爲程門弟子，下卷范公語中論之已詳。此《年譜》所載，特鮮于所録之本文耳。然不削去“門人”二字者，范公語中既引以爲説，則此不可削。史固有變例也。但來喻引范公《日記》，以爲伊川所爲，范公未必盡知。若率先具素饌，則應大與東坡忤，何以能處程、蘇之間而無違言乎？此則恐於事理皆未盡也。蓋范公所記正叔獨奏，乞就寬涼處講讀，而并及脩展邇英次第，則固善之之辭，而非有譏貶之意也。但伊川已奏而事方施行，則自不必更言。而在范公之自處，則亦或有不敢言者。至於國忌齋筵，葷素所宜，則以范公之賢，於己之所行，自當顧義理之是非以爲從違，不當視同列之喜怒以爲前却也。使其果欲依違兩間，曲全交好，則具素饌既忤東坡，具酒肉亦忤伊川。若慮於彼而忽於此，則亦非所以兩全矣。況范公之意未必出此，而他書所記亦云范醇夫輩食素，秦、黃輩食肉，則所記雖不同，而范公之不畏東坡而每事徇從，亦當時所共知矣。故嘗竊意范公雖不純師程氏，而實尊仰取法焉。其於東坡，則但以鄉黨游從之好，素相親厚，而立朝議論趣向略同。至其制行之殊，則迥然水火之不相入。且觀其辨理伊川之奏，則其心豈盡以東坡爲是哉？但不能辨之於當時，而發之於數年之後，此則剛强不足，不免乎兩徇之私者，而其所重在此，故率不能勝其義理之公也。大抵程、蘇學行邪正不同，勢不兩立，故東坡之於伊川素懷憎疾，雖無素饌之隙，亦不相容。若於范公，則交情既深，而其氣象聲勢無足畏者，故雖有右袒之嫌，而不以害其平生之驪也。

侯師聖論二先生，大概亦得之，但語意少不足耳，亦不必删去也。

文潞公事，但注其後云：“某人云：先生判監時，潞公未嘗尹洛，疑此有小誤。”

"以管窺天"，此伊川本語，見於《遺書》，不必曲爲隱諱。兼其語有抑揚，善讀者當自知之。若爲其不善讀而毀吾説以避之，則古今書傳之得存者寡矣。

《橫渠墓表》出於呂汲公，汲公雖尊橫渠，然不講其學而溺於釋氏，故其言多依違兩間，陰爲佛、老之地，蓋非深知橫渠者。惜乎當時諸老先生莫之正也。如云"學者苦聖人之微，而珍佛、老之易入"，如此則是儒學、異端皆可入道，但此難而彼易耳。又稱"橫渠不必以佛、老而合乎先王之道"，如此則是本合由老、佛然後可以合道，但橫渠不必然而偶自合耳。此等言語與橫渠著書立言攘斥異學、一生辛苦之心全背馳了。今若存之，非但無所發明，且使讀者謂必由老、佛易以入道，則其爲害有不可勝言者，非若前段所疑年月、事迹之差而已也。又《行狀》記事已詳，《表》文所記無居《狀》外者，亦不必重出。

呂侍講學佛、老似不必載，如何？

溝封奉聖鄉雖非封建，然亦可以爲封建之漸，且無時不可爲。若曰分茅胙土，大封王侯，則主少國疑，誠非可爲之時矣。但伊川決不至如此不曉事，必待晚年更歷之多然後知其不可也。大抵前輩議論不能無小不同，今兩存之，學者正好思索商量，非若汲公之論橫渠，大本不同，其流有害也。

楊應之事，以少見，故悉取之，亦變例也。恐可訪問，更增廣之。

楊於程門，亦未必在弟子列也。

呂進伯、和叔本當別出，以事少無本末，故附之與叔，甚非是。告訪問增益，別立兩條。臨川有薛氏，汲公甥也，可因人問之。

蘇博士語中胡公所論，蓋以越職言事，便非語默之當然。又以其得罪之重，知其言必有過當處耳。詞之未瑩，故若可疑。然蘇乃元符末年應詔上書，恐未可以越職罪之也。此事吾輩更合商量，非特爲蘇公之是非也。

《楊公墓志》首尾聯貫，不容剪截，故全書之，亦變例也。胡公所辨發明述作之意最爲有功，似不可去。

胡公《行狀》取屏斥學生事，乃爲作學錄、行學規之樣轍，非獨爲後來論列張本也。然明道叙述中亦有如此者，劉立之記罷判武學事。伊川存而不去，蓋欲備見事情，雖知氣象之小，而不得避也。其他浮辭多合删節，當時失於草草耳。卷首諸公，當時以其名實稍著，故不悉書。自今觀之，誠覺曠闕。但此間少文字，乏人檢閱，須仗伯恭與諸朋友共成之也。《晦庵文集》卷三五。

　　案：朱熹上書（兒子歸）有言"《淵源》、《外書》皆如所喻，……別紙所論，更俟參訂奉報"，此別紙當即本書，撰於同時。

朱熹《答呂伯恭》：

昨自叔度人還之後，一向不得奉問，豈勝向仰。比日冬溫，伏惟味道有相，尊候萬福。熹杜門如昔，無足言者。昨附去《中庸》、《大學》等書如何？未相見間，便中得條示所未安者，幸幸。近稍得暇，整頓得《通鑑》數卷，頗可觀，欲寄，未有別本，俟來春持去求是正也。聞老兄亦爲此功夫，不知規摹次第如何？此間頗苦難得人商量，正唯條例體式亦自難得合宜也。如溫公舊例，年號皆以後改者爲正，此殊未安。如漢建安二十五年之初，漢尚未亡，今便作魏黃初元年，奪漢太速，與魏大遽，大非《春秋》存陳之意，恐不可以爲法。此類尚一二條，不知前賢之意果如何爾？所欲言者甚衆，此便又遽，不及究一二。春初即治溫、台之行，承教且不遠矣。向寒，伏冀爲道自愛，不宣。十月十四日，熹頓首再拜上狀。

熹僭易再拜上問眷集，伏惟均慶。子約賢友不及拜書，兒輩附拜問禮。大兒本即遣去席下，又一動亦費力，來春當自攜行。但恐又難去叔度處，不知當置何許也？前書所扣一二事，因便告早及之，欲爲之備。貧家辦事爲難，須及早料理也。此書附建陽范澤民解元，渠去赴省，云欲便道請見。其人老成，孝友誠愨，朋輩間所難得。然苦貧，此行甚費力。或有可接手處，得與垂念，幸甚幸甚。此委不外，熹僭易拜問。

韓丈政成，想多暇日相見。便遽，不敢草草爲書，語次告略及之，幸甚幸甚。熹拜懇。《晦庵文集》卷三三。

案：本書撰於十月十四日。

朱熹《答呂伯恭》：

近以書附建陽范澤民秀才，計已次第問達。人至，伏奉手誨。竊審比日冬寒，尊候萬福，感慰之劇。功衰之戚，不易爲懷。痁疾想一向平復久矣。杜門進學，所造想日深。所謂凝聚收斂是大題目，此不易之論，乃功夫根本。至謂察助長之失，乃其間節宣之宜耳，此語却恐未盡。蓋平論之，則“有事”、“勿正”、“勿忘”、“勿助”自是四事，不應偏察其一。若偏論之，則“助”者已是用意太過之病，若又以“察”隨之，竊恐轉見紛擾。此須更審之，恐或立辭之病耳。

《中庸解》固不能無謬誤，更望細加考訂，來春面叩，以盡鄙懷也。叔度云欲傳録，此非所愛者，況在同志，何所不可？但恐未成之書，若緣此流布，不能不誤人耳。已書懇其且俟相見商榷之後，度可傳則傳之，亦未爲晚也。

聘禮謹如所戒。來春到彼，便可先畢此禮。但叔度書云其令女方年十三歲，此則與始者所聞不同。此兒長大，鄙意欲早爲授室。如溫公之儀，則來歲已可爲婚。此并候到彼面議。來日欲爲次子納婦。入夜百冗，草草修報，目昏不成字。承教不遠，預以自幸。未間，更冀以時珍重。《晦庵文集》卷三三。

案：書中言“比日冬寒”，當撰於是年冬深。

朱熹《答呂伯恭》：

昨承枉過，得兩月之款，警誨之深，感發多矣。別去忽忽兩月，向仰不少忘。便中奉告，承已稅駕，欣慰之劇。信後秋氣已清，伏惟尊候萬福。熹還家數日，始登廬山之頂，清曠非復人境。但過清，難久居耳。至彼，與季通方議丹丘之行，忽得來教，爲之憫然。却悔前日不且挽留，或更自鵝湖追逐入懷玉深山坐數日也。

損約收斂，此正區區所當從事。日前外事有不得已而應者，自承警誨，什損四五矣。自此向裏漸漸整治，庶幾寡過。但恐密切處不似外事易謝絶也。《綱目》草藁略具，俟寫校净本畢，即且休歇數月。向後但小作功程，即亦不至勞心也。向來之病，非書累人，乃貪躁内發而然。今當就此與作節度，庶幾小瘳耳。汪丈文字已寫寄之矣。韓丈近得書，問"清議"二字所出何書，殊不省記，但憶劉元城語耳。因書告見教。唐裝之説，此亦多知其誤紊官制，此欲救其小而不知其□於大者之過也。專人奉問，未究所懷，惟千萬爲道自重，不宣。熹頓首再拜上狀。

別紙誨示，開發良多。太伯、夷、齊事，鄙見偶亦如此也。復有少反復，更望垂誨。

已作書，又得府中寄來七月九日所惠書，爲慰尤深。但所謂前兩惠書者，其一未到，不知附何人，可究問也。數日來蟬聲益清，每聽之未嘗不懷高風也。熹又覆。《晦庵文集》卷三三。

案：據《年譜長編》卷上，淳熙二年（1175）四月一日，呂祖謙入建寧五夫訪朱熹；五月十六日，朱、呂

赴鉛山，二十八日至鵝湖，會陸九齡、陸九淵；至六月
八日分手而歸。本書中言"別去忽忽兩月"，則當撰
於八月初。

朱熹《答呂伯恭》：

昨專人反，附府中一書，想比日秋涼，伏惟尊候萬福。
《近思録》近令抄作册子，亦自可觀。但向時嫌其太高，去
却數段，如"太極"及明道論性之類者。今看得似不可無。如
以《顔子論》爲首章，却非專論道體，自合入第二卷。作第
二段。又事親居家事直在第九卷，亦似太緩。今欲別作一
卷，令在出處之前，乃得其序。卷中添却數段，草卷附呈，
不知於尊意如何？第五倫事，《閫範》中亦不載，不記曾講
及否？不知去取之意如何？因來告諭及也。此書若欲行
之，須更得老兄數字附於目録之後，致丁寧之意爲佳。千
萬勿吝也。

《遺書》節本已寫出，愚意所删去者亦須用草紙抄出，
逐段略注删去之意，方見不草草處。若只暗地删却，久遠
却惑人也。記《論語》者只爲不曾如此，留下《家語》，至今
作病痛也。往時商量，欲以"程子格言"爲名，不如只作
"微言"如何？雖有時氏所編已用此名，然將來自作序説
破不妨也，更裁之。又欲煩就汪丈處借吕和叔集，檢看有
《西銘解》否。有望録示也。此三事切望留念。又向時所
許録寄文字，及前書所請者，或去人已遣歸，所寄未盡，望

續附來爲幸。更説有何人《語》《孟》説，亦望見寄也。叔度、叔昌二兄未及拜狀，因見煩致區區，不宣。熹頓首再拜，八月十四日。

所云"府中一書"無之，誤記也。《晦庵文集》卷三三。

案：本書撰於八月十四日。

朱熹《答吕伯恭》：

便中承書，良慰瞻仰。比日冬温異常，伏惟尊候萬福。熹窮陋如昨，諸公許不彊致，其計甚便。所喻諄復，深見仁者憂世之心。然初辭甫上，便有前却，此似有制之者，非人力所能計較也。近得建業轉致定叟報甚詳，此亦不可便謂無妄之疾，要是自處有不至耳。得韓丈書，甚以老兄爲念。然諸公不先其難者，以開進賢之路，而區區用力於末流，適足以信其讒口，於事竟何補耶？近事一二，似亦可喜。然勿貳勿疑，古人之深戒，適足爲寒心耳。

竊承讀《詩》終篇，想多所發明，恨未得從容以請。熹所《集解》，當時亦甚詳備，後以意定，所餘才此耳。然爲舊説牽制，不滿意處極多。比欲修正，又苦別無稽援，此事終累人也。不審所欲見教者何事？亟欲聞之，恐不能悉論，姑得大者數條見示，亦足以有警也。

《論語説》得暇亦望早爲裁訂示及。會稽之行，計亦不多日也。近看《周》《儀》二禮，頗有意思。但心力短，過眼即復惘然，又似枉費工夫耳。"相人偶"更有一二處，但皆注中語，不應《禮記》注中又自引此注文。不知別有成文，或當時人語如此耶？《近思》刻板甚善，曲折已報叔度矣。

垂喻昏議，此極不忘。但熹未敢輕易，已具以來誨諭諸往來者，有可問處，別馳報也。擴之不曾相見，擇之欲來，亦未見到，不知何故。季通有母之喪，貧迫甚可念也。董氏《詩》建陽有版本，旦夕託人尋訪納去。其間考證極博，但不見所出，使人未敢安耳。近讀《大學》，疑"人之其所親愛而辟焉"，只合讀爲"僻"字，則與上章同體，而於下文甚順。幸試思之見報，如何？桂林近得書，區處一路財計甚有條理，但云"州兵閱習已成次第"，不知如何也，亦甚覺向來講論過高之弊矣。近復一到武夷，留近旬月，窮探通歷，乃知昔之未始遊也。摩挲舊題，俯仰陳迹，而叔京遂爲古人，重以傷嘆耳。塾子久累誨督，感刻已深，又承許其稍進，尤切銘篆。苦淡之習，欲其自知進步，恐無此日。更得明示好惡而痛加撙節，則爲幸又不可言矣。相望千里，未有承教之日，臨風不勝黯然。願言爲道自重，副此禱懇。《晦庵文集》卷三三。

案：何叔京卒於淳熙二年十一月晦日。《晦庵文集》卷九一《何叔京墓碣銘》。本書中云"比日冬溫異常"，又云"而叔京遂爲古人"，則當撰於十二月中。

朱熹《答呂伯恭》：

自冬來五被誨示，出入多故，復苦少便，都不得奉報，

豈勝愧仰。昨聞幼弟之喪，復遭功衰之慘，伏惟悲痛何以
堪處？而營治襄事，亦不能不勞神觀，區區尤劇馳情。比
日歲窮，伏惟尊候萬福。熹碌碌粗安，無足言。但叔京自
冬初與邵武朋友三兩人來寒泉，相處旬日，既歸即病。十
一月末間，手書來告訣，得之驚駭，即走省，至則已不起數
日矣。朋友間如此公者不易得，極可傷痛。然其病中極
了了，語不及私，所以教子弟者語皆可記。所與熹書，并
令致意諸朋友。今錄去一通。度其意，於當世之慮，不無
望於伯恭，當亦爲愴然也。然不必以示它人爲幸。熹開
正當復往，爲料理葬。比來甚覺衰憊，不堪犇走，然不得
不爲一行也。

兒子蒙收教，極感矜念，更望痛加鞭策，千萬幸甚。
昨所獻疑本末倒置之病，明者已先悟其失。不知近來所
以開導之際，其先後次第復如何？因來見告爲幸。

機仲、擴之來，皆未相見。擴之過此日，熹往邵武未
歸，但留書云老兄有所見教一二事，甚恨未得聞也。其間
略説"《遺書》不須删定"，與來書似不相照，不知果如何？
然渠開正須復來此，當細扣之，便中亦望批喻也。渠託於
縣宰之館，誠似未便，聞老兄亦嘗警告之，并俟其來，細與
商榷，令去請教也。

修定《書》説甚善，得并程書、《詩外傳》等節次見寄，
甚幸。前書託求《本政書》、《續添圖子》、《論事錄》等，望
留意。近桂林寄《本政書》後，更有一二種文字，已屬其別

寄老兄處，或可并補足，成一家之書也。欽夫書來，及其爲政之意甚美。令作脩舜廟碑文，題目不小，勉彊成之，不及求教爲恨。今亦未暇録呈，它時當見之耳。間更欲脩堯廟，此其勢必當屬筆於老兄也。

　　熹近讀《易》，覺有味。又欲脩《吕氏鄉約》、《鄉儀》，及約冠昏喪祭之儀，削去書過行罰之類，爲貧富可通行者。苦多出入，不能就。又恨地遠，無由質正。然旦夕草定，亦當寄呈，俟可否然後敢行也。所懼自脩不力，無以率人，然果能行之，彼此交警，亦不爲無助耳。季通昨欲出浙，竟不能行。今復欲謀之，亦未定。旦夕相見，當致盛意。應仲書亦未有報也。今日歲除，鄉人有告行者，草草附此，未究所懷。願言爲道自重，以對大來之亨。區區至望，不宣。熹頓首再拜。《晦庵文集》卷三三。

　　案：書中云“今日歲除”，則撰於是年除夕日。

朱熹《答吕伯恭》：

　　廟碑恐未刻間尚可改，録呈一本，幸指喻。或因書徑報桂林，令緩刻也。叔京家屬爲埋銘，方草定如此，亦以求教。此全未成，尤望斤削，然亦不必示人也。元善遭祖母之喪，遽投解官文字而歸，州郡以法不許，目今進退無據。前日來問，欲請祠或尋醫，勸其不若尋醫。蓋渠以自幼鞠於祖母，故欲如此，然亦太輕率矣。渠前日寫得亂道詩數篇去，囑其勿示人，近聞乃嘗呈似子約，云已寫得。

切告掩藏，勿令四出爲幸。《晦庵文集》卷三三。

案：朱熹上書（自冬來五被誨示）有云“令作脩舜廟碑文，題目不小，勉彊成之，不及求教爲恨”，而本書云“廟碑恐未刻間尚可改，録呈一本，幸指喻”，即承上書。又據朱熹下書（正初以書附便人），則本書當即淳熙三年（1176）正月初所寄者。

朱熹《答呂伯恭》：

正初以書附便人，想已達。自此過小溪旬日，遂來富沙見韓丈，略聞近況爲慰。比日春雨應候，伏惟尊候萬福。汪丈遽至於此，想同此傷歎。此始聞之，猶未敢信，到城中始知果然。此公實爲今日善類之宗主，一旦隕没，何痛如之。即欲犇往哭之，又不敢輒至近甸，然旦夕歸婺源，或當便道一過其家。情義所在，有不得而避者。然亦不敢見人，幸勿語人也。因擴之行，附此草草，不暇它及。蟄獲依師席，幸甚。凡百望痛加鞭勒。餘惟以道自重爲禱，不宣。正月晦日，熹頓首再拜上狀。

眷集均慶，子約不及別狀。《晦庵文集》卷三三。

案：撰於正月晦日。

朱熹《答呂伯恭》：

近因韓丈得附狀，計不至浮湛。人至奉告，欣審即日春和，尊候萬福。承喻以期會之所，甚幸。但區區此行迫不得已，須一至衢，正以不欲多歷郡縣，故取道浦城以往。只擬夜入城寺，遲明即出，却自常山、開化過婺源，猶恐爲人所知，招致悔咎。今承誨諭欲爲野次之款，此固所深願。但須得一深僻去處，跧伏兩三日乃佳。自金華不入衢，徑趣常山道間尤妙。石巖寺不知在何處？若在衢、婺間官道之旁，即未爲穩便。蓋去歲鵝湖之集，在今思之，已非善地矣。更熟籌度之。又熹行期亦尚未定，大約在後月半間，經過宿留，度月盡可到衢耳。未敢預約，候到浦城，專遣一介馳報，回日即告喻以定處爲幸。亟遣此人，草草修報。它惟爲道自重，不宣。熹頓首再拜上狀。

　前書所懇爲韓丈言者，告留念。前日自言之己力，似已蒙領略。然恐或忘之，脫致紛紜，不得不深防耳。千萬。《晦庵文集》卷三三。

　　案：朱熹於三月中旬登程去婺源展墓，本書云及“欣審即日春和”，又云及“又熹行期亦尚未定，大約在後月半間，經過宿留，度月盡可到衢耳。未敢預約，候到浦城，專遣一介馳報，回日即告喻以定處爲幸”，推知在臨行前所撰，約在二月間。

朱熹《答呂伯恭》：

　近因韓丈遣人拜狀，計先此達矣。比日春和，伏惟尊候萬福。行期想只數日間，自此屈指以望車音，幸疾其驅，慰此傾跂也。叔度兄昨小違和，今已安否？不知諸朋

友孰能同來？因便信過門，草草附問，餘惟面言。《晦庵文
集》卷三三。

案：書中言"行期想只數日間"，則當撰於二、三
月之際。

朱熹《答呂伯恭》：

便中兩辱誨示，感慰之深。即日雨寒，伏惟尊候萬
福。熹正初復至邵武，還走富沙，上崇安，四旬而後歸。
將爲婺源之行，未及而韓丈召還，道出邑中，寄聲晉叔，必
欲相見。不免又出山一巡，疲曳不可支矣。極欲一到三
衢哭汪丈之喪，而未敢前，未知所以爲決。且夕上道，却
徐思其宜耳。叔昌寄示所作奠文，曲盡其爲人之梗概，讀
之令人隕涕也。何兄誌文語病誠如所喻，前此固已疑而
改之矣。它所更定尚多，怱怱未暇録呈，草本告收毀之
也。子澄已對未？所欲言者，想已子細商較。大抵今日
發口，欲其盡己而不失時義之中，此爲難耳。尊嫂葬事想
已畢，自此無事，以次整頓諸書以惠後學，甚善。然亦願
早下手也。熹所欲整理文字頭緒頗多，而日力不足。今
又方有遠役，念念未始一日去心也。

讀《易》之法，竊疑卦爻之詞本爲卜筮者斷吉凶，而因
以訓戒。至《彖》、《象》、《文言》之作，始因其吉凶訓戒之
意，而推說其義理以明之。後人但見孔子所說義理，而不
復推本文王、周公之本意，因鄙卜筮爲不足言，而其所以

言《易》者，遂遠於日用之實，類皆牽合委曲，偏主一事而言，無復包含該貫、曲暢旁通之妙。若但如此，則聖人當時自可別作一書，明言義理以詔後世，何用假託卦象，爲此艱深隱晦之辭乎？故今欲凡讀一卦一爻，便如占筮所得，虛心以求其詞義之所指，以爲吉凶可否之決，然後考其象之所已然者，求其理之所以然者，然後推之於事，使上自王公，下至民庶，所以脩身、治國皆有可用。私竊以爲如此求之，似得三聖之遺意。然方讀得上經，其間方多有未曉處，不敢彊通也。其可通處，極有本甚平易淺近，而今傳註誤爲高深微妙之説者。如"利用祭祀"、"利用享祀"，只是卜祭則吉；"田獲三狐"、"田獲三品"，只是卜田則吉；"公用享于天子"，只是卜朝覲則吉；"利建侯"，只是卜立君則吉；"利用爲依遷國"，只是卜遷國則吉；"利用侵伐"，只是卜侵伐則吉之類。但推之於事，或有如此説者耳。凡此之類不一，亦欲私識其説，與朋友訂之，而未能就也。不審尊意以爲如何？因來，幸以一言可否之。

禮書亦苦多事，未能就緒。書成，當不俟脱藳，首以寄呈，求是正也。示喻令學者兼看經史，甚善甚善。此間來學者少，亦欲放此接之。但少通敏之姿，只看得一經或《論》、《孟》，已無餘力矣。所抄切己處，便中得數段見寄，幸甚。然恐亦當令多就經中留意爲佳。蓋史書鬧熱，經書冷淡，後生心志未定，少有不偏向外去者，此亦當預防也。如何？

季通行計久未能辦，近復有同母兄之喪，旦夕或同過婺源，然後入浙。擴之已去，今想到彼久矣。到邑中擾擾，臨行作此書，不盡懷。子約兄不及別狀，意蓋不殊此。塾蒙收教，舉家知感。恐其懶惰未能頓革，更望痛加鞭策，千萬幸甚。餘惟爲道自重。《晦庵文集》卷三三。

　　　　案：書中言"旦夕上道"，"到邑中擾擾，臨行作此書"，則其當撰於三月上旬。

朱熹《問呂伯恭三禮篇次》：

《儀禮附記》上篇

　　《士冠禮》《冠義》附。　　　　《士婚禮》《婚義》附。

　　《士相見禮》　　　　　　　《鄉飲酒禮》《鄉飲酒義》附。

　　《鄉射禮》《射義》附。　　　　《燕禮》《燕義》附。

　　《大射禮》　　　　　　　　《聘禮》《聘義》附。

　　《公食大夫禮》　　　　　　《覲禮》

《儀禮附記》下篇

　　《喪服》《喪服小記》、《大傳》、《月服問》、《閒傳》附。

　　《士喪禮》　　　　　　　《既夕禮》

　　《士虞禮》《喪大記》、《奔喪》、《問表》、《曾子問》、《檀弓》附。

　　《特牲饋食禮》　　　　　《少牢饋食禮》

　　《有司》《祭義》、《祭統》附。

《禮記》篇次

　　《曲禮》、《內則》、《玉藻》、《少衣》、《投壺》、《深衣》。

六篇爲一類。

《王制》、《月令》、《祭法》。三篇爲一類。

《文王庶子》、《禮運》、《禮器》、《郊特牲》、《明堂位》、《大傳》。與《喪小記》誤處多，當釐正。

《樂記》。七篇爲一類。

《經解》、《哀公問》、《仲尼燕居》、《坊記》、《儒行》。六篇爲一類。

《學記》、《中庸》、《表記》、《緇衣》、《大學》。五篇爲一類。

以上恐有未安，幸更詳之。《晦庵文集》卷七四。

案：朱熹上書（便中兩辱誨示）有云"禮書亦苦多事，未能就緒。書成，當不俟脫藁，首以寄呈，求是正也"，本書乃討論三《禮》篇次之疑，故推測其約亦撰於此前後。

朱熹《答呂伯恭》：

昨承遠訪，幸數日款，誨論開警良多。別忽五、六日，雖在道途，不忘向仰。乍晴漸熱，伏惟尊候萬福。熹十二日早達婺源，乍到，一番人事冗擾，所不能免。更一兩日，遍走山間墳墓，歸亦不能久留也。

道間與季通講論，因悟向來涵養功夫全少，而講說又多彊探必取、尋流逐末之弊，推類以求，衆病非一，而其源皆在此。恍然自失，似有頓進之功。若保此不懈，庶有望

於將來。然非如近日諸賢所謂頓悟之機也。向來所聞誨
諭諸說之未契者，今日細思，吻合無疑。大抵前日之病，
皆是氣質躁妄之偏，不曾涵養克治、任意直前之弊耳。自
今改之，異時相見，幸老兄驗其進否而警策之也。

《近思錄》道中讀之，尚多脫誤，已改正送叔度處。橫
渠諸說告早補定，即刊爲佳。此本既往，無以應朋友之求
假，但日望印本之出耳。千萬早留意，幸甚。《精義》可補
處，亦望補足見寄。只寫所補段字，注云“入某段下”。《精義》
或以屬景望刊行，如何？熹書中已言之矣。昨所問趙公
時曾有虜使到闕事，想已得之。此人回，幸批示。前日過
拜石門墓下，甚使人悽愴也。因便拜狀，草草。正遠，惟
爲道自重爲禱。《晦庵文集》卷三三。

案：書中言“熹十二日早達婺源，乍到，一番人
事冗擾，所不能免”，則推知其撰於四月十二日後
數日。

朱熹《與呂伯恭書》：

熹六月初始得離婺源，扶病觸熱，幸免他虞。到家未
幾，忽聞除命，出於望外，不知所爲。然向年所叨異恩，已
是朝廷憫勞惠養之意，況今又兩三年，精力益衰，豈復尚
堪從官？不免復以此意懇辭，當以力請必得爲期耳。

昨日得韓丈書，遣時未有是說。然見人說韓丈嘗於
榻前復及姓名，勢必緣此。若然，則是向來哀懇都無絲毫

之效,足見平生言行不相副,無以取信於人如此,使人皇恐,無地自容。向來冒受恩命,已是辭却一年,後來見無收殺,又思此既是朝廷美意,又直許其退閑,於理疑若可受,故不能終辭。然朋友四面之責,已不勝其喋喋。況昔已取彼,今復受此,則是真爲壟斷,無復廉恥,雖有子貢之辨,亦不復能自明矣。在熹一身固無足道,然區區自守,略已半生,辛勤勞苦,無所成就,今日韓丈又豈忍必破壞之邪?況世衰道微,士大夫假真售僞、託公濟私者方騖於世,若又開此一塗,使清官美職可以從容辭遜而得,年除歲遷,何所不至?則是此弊由熹致之。平生所以自任者雖不足言,然又不至如此之輕,實不忍以身啓此弊,爲後世嗤笑。已作韓丈書懇之,幸因書更爲一言,使其察此衷誠,力贊廟堂,因其辭避,早爲寢罷,不使蹤迹布露,反取譴訶,則拙者之幸也。又況如老兄者,未忘經世之心,而又富有其具,乃未收用,而使此荒拙猥在其先,此又豈所宜邪?

年來百念俱息,唯覺親勝己、資警益之樂爲無窮,何時復奉從,容豁此意耶?又向來見人陷於異端者,每以攻之爲樂,勝之爲喜。近來唯覺彼之迷昧爲可憐,而吾道不振之可憂,誠實痛傷,不能自已耳。此不知年老氣衰而然耶,抑亦漸得情性之正也?向見吾兄於儒、釋之辨不甚痛說,此固爲深厚,然不知者便謂高明有意陰主之,此利害不小。熹近日見得學者若於此處見得不分明,便使忠誠孝友

有大過人之行，亦須有病痛處，其爲正道之害益深。正當
共推血誠，力救此弊，乃是吾黨之責耳。《晦庵文集》卷二五。

  案：書中言“熹六月初始得離婺源，扶病觸熱，
幸免他虞。到家未幾，忽聞除命，出於望外，……不
免復以此意懇辭，當以力請必得爲期耳”，朱熹《辭免
秘書郎狀一》上於淳熙三年（丙申）七月八日，故推知
本書當撰於是月中旬。

朱熹《與呂伯恭書》：

  區區出處之計，極感誨喻。異時難處，亦深慮之。但
目下便有許多間阻，使人難於進退。平生多所愧恥，於此
自信未及，打不過耳。又更有一二事，平生自知無用，只
欲脩葺小文字，以待後世，庶小有補於天地之間。今若一
出，此事便做不成。設使異時收拾得就，將來亦無人信
矣。又今日諸公推挽之意，人人知之，若到彼之後，所見
一有不同，便爲背負知己。如陳了翁事，亦是賢者之不
幸，非其所欲也。若每事唯唯，緘默隨衆，則其爲負益深，
又非鄙性所堪。然則亦何爲必出，以犯此數患乎？今日
聞元履褒贈之命，使人感傷。渠亦正坐當時不量諸公相
知之淺深、趣向之同異，故後來不免紛紛之論耳。康節之
慮，前此固嘗講之。所以受却前年恩命，亦政爲此。然曾
不足以止今日之所蒙者，而或反以爲梯，此又豈計慮之所
及乎？猜阻之患，亦深憂之。但既出之後，或有妄發不能

自已處,則其爲猜阻甫益深耳。

前日龔參自以書來,當時煩撓中答之,不盡此意,旦夕或別以書言之。今且望老兄以此兩書曲折盡達韓丈,今日別無醫治方法,只有早聽其辭,便自帖帖無事。若更降指揮,一下一上,則干冒頻煩,傳聞廣而譏議多,必別致生事矣。熹祠官向滿,方患未敢再請,只得再差一次,爲幸甚厚。此外實不敢有一毫意想也。前書勇往之説,以今觀之,又似舊病依然,略未痊減一二分。易言之責,深以自懼耳。《晦庵文集》卷二五。

案:據朱熹《與龔參政書》(熹衰陋亡庸)“熹衰陋亡庸,誤蒙引拔,自知不稱,嘗力懇辭,……今再有狀,欲望哀憐,早賜敷奏施行,則熹之幸也”,《晦庵文集》卷二五。《辭免秘書郎狀二》“右熹準八月三日尚書省劄子,以熹辭免新授秘書省秘書郎恩命,八月三日三省同奉聖旨不許辭免者”云云,《晦庵文集》卷二二。又朱熹《答吕伯恭》(奉八月六日手教)有“然月末再狀已行,度旬月間必有決語”,《晦庵文集》卷三三。推知《辭免秘書郎狀二》撰於八月末,《與龔參政書》約撰於同時。本書云“前日龔參自以書來,當時煩撓中答之”,故其當撰於九月初。

朱熹《答吕伯恭》:

奉八月六日手教,開警良深。信來踰月,秋霖爲冷,不審尊候復何如？伏惟德業有相，起處多福。熹前月至昭武，見端明黃丈，旬日而歸，幸粗遣日，無足言者。黃丈端莊渾厚，老而不衰，議論不爲詭激，而指意懇切，亦自難及。見之使人不覺心服，益自愧其淺之爲丈夫也。

伏承誨諭辭受之説甚詳，蓋一出於忠誠義理之心，非世俗欣厭利害之私所能及。三復玩味，使人心平氣和，恨其聞之晚也。然中間亦嘗妄意出此，及被不許之命，則臨事又覺有忸怩處，遂復以狀懇辭，而甚婉其説。但昨以書謝韓丈及此并懇廟堂，則已頗盡其詞。蓋來教所謂不當廣者，悉已陳之矣。諸公悉其狂妄，必相垂念，萬一不然，則熹亦不爲有隱於今日，冒昧一行，蓋非所惜，但恐所處亦不能如來教之所謂者，則反有所激，以爲身世之害，未可知耳。昨日得伯崇書，道其所聞於周子正者，則行止又似別有所制，非復諸公所能斟酌矣。然月末再狀已行，度旬月間必有決語，亦恭以俟命而已，復何説哉！

儒、釋之辨，誠如所喻。蓋正所當極論明辨處，若小有依違，便是陰有黨助之意，使人不能不致疑，而不知者遂以迷於向背，非小病也。自今切望留意於此，豈可退託以廢任道之實，幸其衰熄而忽防微之戒哉？

《近思》數段，已補入逐篇之末，今以上呈。恐有未安，却望見教。所欲移入第六卷者，可否，亦望早垂喻也。喪禮兩條承疏示，幸甚。或更有所考按，因便更望批報也。偶有便人，夜作此附之，未及究所欲言，臨風惘惘。

子約兄未及別狀。近讀何書？所進何如？有可見語者，
願聞之。

叔度向欲刻《近思》板，昨汝昭書來，云復中輟，何也？
此人行速，亦未及作書。此事試煩商訂，恐亦有益而無損
也。未承教中，正惟以道自重爲禱。《晦庵文集》卷三三。

案：書中言“奉八月六日手教，開警良深。信來
踰月，秋霖爲冷”，又言“然月末再狀已行，度旬月間
必有決語”，則約撰於九月中旬。

朱熹《答呂伯恭》：

前日專人拜狀，想達。偶至建陽，竊聞新除，不勝慰
喜。而區區私請亦遂從欲，尤以欣幸。諸公若早知出此，
則無如許紛紛矣。老兄憂時之切，惓惓不忘，竊計裂裳裹
足，不俟屨而就途矣。所願慨然以身任道，無所回隱，因
上心之開明，及時進説，以慰善類之望，千萬幸甚。往者
固憂鄭自明之舉莫之或繼，其爲安危禍福之機，有不容息
者。今得賢者進，爲少寬畎畝之憂矣。熹亦未知差敕在
甚處，想諸公必已發來。或尚留彼，告爲早取附便也。

大兒方幸依託，不知今當如何？欲便遣人取之，又以
懇叔度催畢親事，更俟其報。若只此歲裏，則未能便喚歸
也。然老婦之病日益進，深以此事爲憂。得并爲一言速
之，千萬幸甚。因黃尉行，附此草草。自此不欲數以名姓
入都，音問不得數通矣。千萬爲道自愛。

案：朱熹於九月中差管武夷山沖佑觀。《年譜長編》卷上。十月二十六日呂祖謙授秘書省秘書郎兼國史院編修官。《呂祖謙年譜》。本書有云"偶至建陽，竊聞新除，不勝慰喜。而區區私請亦遂從欲，尤以欣幸"，故推知其撰於十月末。

呂祖謙《與朱侍講元晦》：

竊承遜牘再上，竟遂奉祠之請。雖易退之風足以興起薄俗，然善類爲國長慮者，蓋莫不憮然自失也。某屏居，方幸藏拙，諸公竟不見置，真所謂舍蘇合而取蛄蟪之轉者。但反覆思維，終不可解之說，不免一往供職。往者臨安兩年，遇事接物，或躁率妄發而失於不思，或委曲求濟而失於不直，大抵誠意淺薄，將以動人悟物，而手忙脚亂，出位踰節處甚多。憂患以來，雖知稍自懲艾，而工夫緩慢，向來病痛猶十存四五。今復遽從事役，夙夜自懼，未知所措。素荷愛予教誨之厚，敢望痛加砭治，以警發不逮，至望至望。

受之相處累年，深愧無所裨益。某既往臨安，隨分有職事，恐講論闊疏，故不欲攜行。只今遷過叔度書院，不知令且歸侍旁，唯復尚留婺，一聽財處也。

某近嘗到會稽，李伯諫數次聚話，祖述李周翰之說，不敢復迴。其所攻排伊洛諸說，亦皆初無可疑者，自是渠考之不詳耳。

報狀中見辭免文字藹然,甚得告君之體。聞上意甚倦倦,且欲除職,卻是諸公不承領。兩日後復將上,則令少緩。當時此命若下,雖無可受之義,但人主尊鄉賢者,蓋盛德事,惜乎不使天下聞之耳。名高責深,重之主眷,此地位政未易居。惟覬深圖所以進德修業,慰答上下之望。某旦夕爲之官計,度郊前可到輦下。迫行作此,留叔度處附達,它未暇及。《東萊集》別集卷八。

案:書中"某屏居,方幸藏拙,諸公竟不見置,真所謂舍蘇合而取蛣蜣之轉者"云云,乃指呂祖謙授秘書郎之官,故推知其當撰於十月、十一月之際。

朱熹《答呂伯恭》:

前月半間遣人拜書及建陽附黃尉二書,想已達。不審從人竟用何日入都? 比日初寒,伏惟尊候萬福,任道濟時,此中外所深望於明哲,而區區尤所不能忘者。計所處素定,以時發之,當不待它人之贊也。熹祠請已遂,尚未知敕命所在,不知諸公發在甚處也? 前書所懇大兒姻事,今楊元禮教授經由,專託渠見叔度面議。若老兄未行,亦望留意,庶得便遣其歸也。昨所寓李主管書,今日方到,恐閑知之,未即承教,惟千萬爲道自愛。眷集伏惟均福。

承惠筆墨、霜柿,感領厚意。便遽,未有以爲報也。有委勿外。熹拜問。《晦庵文集》卷三四。

案:"前月半間遣人拜書及建陽附黃尉二書",即指上述〈奉八月六日手教〉與〈前日專人拜狀〉二書，故本書約撰於十一月上旬。

呂祖謙《與朱侍講元晦》：

某到都輦已將兩旬，一番酬酢初定。但《徽錄》已逼進書，而其間當整頓處甚多。自此即屏置它事，專意料理。所幸院長及同僚皆無齟齬，但期限極迫，纔能訂正其是非，不至倒置而已，其他繁蕪舛誤，皆力所不及也。諸公蓋有區區之意，隨事補益亦時有之，第於清原正本處欠工夫，故每每倍費曲折，而左支右梧之不暇耳。受之前書已嘗拜稟，不知且留叔度及舍弟處，或令歸侍旁？惟所財處也。深居玩養，想日益精邃。有可發藥，望時賜誨示。《東萊集》別集卷八。

案：呂祖謙十月二十九日赴臨安，十一月五日供史職。《呂祖謙年譜》。本書云“某到都輦已將兩旬”，則當撰於十一月下旬。

朱熹《答呂伯恭》：

昨附建陽黃尉兩書，不審已達未？得子約書，聞已供職矣，甚善甚善。又得向來便中所惠書，尤以慰幸。比日冬寒，伏惟尊候萬福。熹私門禍故，老婦竟不起疾，悲悼不可爲懷。兒子遠歸，已後其母，又切傷痛也。一體判合，情義不輕，而自此門內細碎，便有不得不關心者。衰

懶詎復堪此，奈何奈何？又聞叔度之病亦復不尋常，深以
懸念，不知竟如何？此公清介，在朋友中最爲可畏者，且
願其早平復也。

　　老兄到館而已旬月，諸況如何？近年一種議論，專務
宛轉回互，欲以潛回主意，陰轉事機。此在古人，固有以
此而濟事者，然皆居亂世、事昏主，不得已而然者。竊謂
今日主相樂聞忠言非不切至，特蔽於陰邪，不能決然信
用。而或者乃欲以彼術施之，計慮益巧，誠意益衰。以上
聰明，亦豈不悟其爲此？此所以屢進而卒不效也，不審高
明以爲如何？然當默之，勿以語人也。前附黃尉書或未
到，亦宜索之。其間亦有一二語非它人所欲聞者，不可浮
湛也。自此拜狀不能及此等矣。熹祠命已下，偶值喪禍，
未及拜受。上恩如此，何以爲報！正惟脩身守道，以求無
負獎寵之意而已。因便拜狀，衰宂不暇它及。千萬爲德
業自愛爲禱。《晦庵文集》卷三四。

　　案：朱熹夫人劉氏卒於十一月十三日。《年譜長
　編》卷上。本書又云“老兄到館而已旬月”，則知其撰
　於十二月初。

吕祖謙《與朱侍講元晦》：

　　某供職亦既踰月，以史事期限迫促，殊無少暇，它亦
不足言者。中間受之之歸，聞以尊嫂屬疾，其行頗速。後
來詢訪自建寧至者，多云疾勢不輕。方作書問范伯崇，區

區不能無憂，不知已有退證否？前此便中辱書賜，非忠告之深，何以及此？某自抵此，於當塗諸公無所親疏，蓋鄙見偶與來教所慮政合。目前善類單寡，若又揀退，恐益孤危耳。今因黃丞行，略此附拜起居。未緣會晤，敢乞厚爲斯文護重。《東萊集》別集卷八。

案：書中有云“某供職亦既踰月”，則當撰於十二月中。

呂祖謙《與朱侍講元晦》：

歲時黃仲本行，既上狀矣，是時雖聞尊嫂音問不佳，而未得的報，故不敢拜慰。近舍弟轉致誨字，乃知所傳不虛，累日悵怏，不能自釋也。

示諭明白勁正，誠中近歲諸人之病。蓋所謂委曲將護者，其實夾雜患失之病，豈能有所孚格？到此兩月，此等議論盈耳塞胸，忽聞至論，心目洗然爲之開明也。某輪對初謂在三、四月間，近乃知所謂閣門舍人亦輪對，班序在下，如此則須迤邐至五、六月也。鄭自明遷小著，亦可見主意未嘗以狂直爲忤，第人自不肯展盡耳。陳仲舉已到官。近來議論卻簡徑，無向來崎嶇周遮氣象，甚可喜也。《東萊集》別集卷八。

案：書中“所謂委曲將護者”云云，乃上承朱熹來書（昨附建陽黃尉兩書）中“近年一種議論，專務宛轉回互，欲以潛回主意，陰轉事機”而發。書中又云

"到此兩月",則當撰於淳熙四年(1177)正月中。

朱熹《答呂伯恭》:

私家不幸,室人隕喪,悲悼酸楚,不能自堪。黄仲本來,伏承惠書慰問,哀感之深。并辱歸賻,尤以愧荷。即日春寒,伏惟尊候萬福。史篇計已奏御,勾考計良勞,然得是非黑白不至貿亂,足以傳信久遠,亦非細事也。熹自遭禍故,益覺衰憊,内外瑣細,自此便有不得不關心者。加以目下一番賓客書問之宂,至今未定,形神俱耗,不復能堪矣。偶婺源滕秀才珙在上庠,其兄來爲求書請見,因得附此致謝。滕生未相見,聞資質頗佳,亦知向學,得與其進爲幸。未有承教之期,臨風傾仰。惟千萬爲道自重,慰此遠誠。《晦庵文集》卷三四。

案:朱熹得黄仲本(黄丞)所致呂氏之書及呂氏"歸賻"後作此書爲謝,故約在正、二月之際。

朱熹《答呂伯恭》:

昨黄仲本至,并領回書,弔問甚勤,且辱賻襚,尋以數字附婺源滕生致謝,不知今已達否? 即日春和,伏惟尊候萬福。熹杜門忽忽,意緒殊不佳。雨多,卜葬至今未定。更旬日間,且出謝親知,并看一兩處,若可用,即就近卜日也。今日得叔度書,知已向安,甚慰。《近思》已寄來,尚有誤字,已校定寫寄之矣。汝昭聞已復官,諸公必有以處之,但不知後來竟自陳否耳?《徽録》當已進呈,自此或少事矣。小魏過門,附此問訊,它不敢及。惟千萬爲道自愛,亟推所有以正君及物爲幸,不勝吾黨拳拳之望。《晦庵文集》卷三四。

案:朱熹上書(私家不幸)言"偶婺源滕秀才珙在上庠,其兄來爲求書請見,因得附此致謝",本書云"尋以數字附婺源滕生致謝,不知今已達否",故推知當撰於二月間。

朱熹《答呂伯恭》:

前日魏應仲行,拜狀想達。比日春暖,伏惟尊候萬福。熹所欲言者已見前書,適記一事,嚴州《遺書》本子初校未精,而欽夫去郡。今潘叔玠在彼,可以改正,并刻《外書》以補其遺。前附叔玠書,因忘及此,今此便遽,又未暇作渠書。告因便爲達此意,并求一印本,便中示及,容爲校定送彼。蓋此中已無其本也。切幸留意。友人王欽之主簿赴調過此,因得附訊。欽之有意於學,而病悠悠,因見有以警之爲幸。正遠,爲道自愛。《晦庵文集》卷三四。

案:朱熹上書(昨黃仲本至)言"小魏過門,附此問訊",本書言"前日魏應仲行,拜狀想達",又云"比日春暖",推知約撰於三月間。

呂祖謙《與朱侍講元晦》:

某官次粗遣,自前月進書後,頗有暇日。館中無事,

亦可隨分讀書。但浮沈衆中，無能短長，每自愧耳。對班
猶在七、八月之間，雖不敢不自竭，政慮淺薄無以動寤耳。
有可儆飭者，因便毋惜疏示，幸甚。見應仲説比來復有族
姻之喪，亦費料理，而孺人葬地猶有所未定，今莫皆就緒
否？人事書問之類，亦莫有可簡省者否？精神氣力稟賦
要有限，不可不厚爲此道保惜也。匆匆作此，轉託張元善
轉致。其遲速未可知，故所欲言者不能詳布。《東萊集》別
集卷八。

　　案：據《南宋館閣録》卷四，淳熙“四年三月九
日，實録院上《重修徽宗皇帝實録》二百卷、《考異》二
十五卷、《目録》二十五卷”。本書云“自前月進書後，
頗有暇日”，推知其當撰於四月初。

吕祖謙《與朱侍講元晦》：

　　某到官行且半歲，雖職守所及，不敢不勉，然不過區
區綴緝簡牘，外此無所關預。低佪隨衆，殊以自愧。對班
猶在兩三月後。有可警誨者，毋惜詳悉批示，不勝願望。
尊嫂想已得地，不知安厝有日否？陰陽家説要不足信，但
得深密處足矣。日來書問人事亦少簡否？悼亡之後，氣
血豈無耗損，聞尚茹蔬，此殊非便，切須隨宜肉食，以自輔
養也。

　　史丞相來日渡江將迎，又一番擾擾也。日來可與
晤語者益少，蓋在此風俗中，立脚不牢者往往波蕩，僅

餘三數人，又皆力弱不足爲軒輊耳。《東萊集》別集卷八。

案：呂祖謙淳熙三年十一月五日供職，書中言
"某到官行且半歲"，則推知當撰於四年四月間。

呂祖謙《與朱侍講元晦》：

某官次粗遺，無足言者。對班不出數十日間，愚慮之
所及者，敢不展盡？政慮誠意淺薄，無以感動耳。回互覆
藏，徒爲崎嶇，決無所益，此病久已知之矣。史事以文籍
不備，闕遺處極多，但是非邪正所繫，不敢草草也。李儀
曹所論文格，竟爲群議所屈。大抵習俗移人之深，每事扞
格類如此，殊可歎也。葬地已有定卜，安厝莫須有期？莫
若隨分，蚤了爲善。近事邸報中當得之。章辰州歸，偶
值，政有一番出入奔走，無少暇。略此，附承起居。它祈
以時厚爲斯文護重。《東萊集》別集卷八。

案：書中言及"李儀曹所論文格，竟爲群議所
屈"，此李儀曹即李燾（字仁甫）。據周必大《敷文閣
學士李文簡公燾神道碑》，李燾於淳熙三年三月權禮
部侍郎，"四年春，駕幸太學，命公執經，……公自郎
署時，已極論科舉及特奏名，去冬乞依紹興二十七年
二月詔書，用經義、詩賦、論策四場如元祐時，仍采蘇
軾議，量收恩科，至是力請變文體，取實學，以致人
才。上袖公奏付三省，下學宮議。國子司業鄭伯熊
等請如公言，而老生晚學譁言不便，議遂格。八月，

2099

真拜侍郎仍兼工部"。《文忠集》卷六六。又呂祖謙下書（某官次粗遣）有云"去夏與李仁甫議文體,政是要救此弊",故推知本書約撰於四年夏、秋之際。

呂祖謙《與朱侍講元晦》:

某冗食册府已十閱月,空餐亡補,徒積愧負。對班不出此月下旬,雖愚慮所及不敢留藏,但慮學識淹昧,誠意淺薄,不能有損益耳。聞纂述甚勤,竊謂憂傷之餘,且須休養舒適,使血氣完復,不宜使形神太勞。非特衛生之經應爾,以進道言之,亦須平衍寬暢,然後充大長楙也。静江近復喪耦,甚可念。請祠已不允,若再三申請,恐可得也。《東萊集》別集卷八。

案:書中言"某冗食册府已十閱月,……對班不出此月下旬",則當撰於八月上、中旬間。

呂祖謙《與朱侍講元晦》:

某冗食館下,行已及期。雖職業所及,勉自鞭策,粗不曠廢。但目前可告語者極鮮,雖私懷憼不恤緯之憂,無所展布,惟竊愧負耳。芮氏姻期在歲暮。長年甚覺勉强,但理不容已也。静江時得書,喪耦後頗無況,求去見卻,勢須申前請耳。《東萊集》別集卷八。

案:書中言"某冗食館下,行已及期",則當撰於十月間。

呂祖謙《與朱侍講元晦》：

某冗食三館，比又冒著作之命，益重愧畏。鉛槧事業雖粗不廢，但此外無一毫補益耳。日來善士間有一二還班列，進對者亦時聞昌言，但力微勢弱，終莫能有所軒輊。此憂國者之所深慮也。桂林以其子病甚殆，力請去，遂得湖漕，遂可出嶺，亦是一事。劉子澄近喪其兄，甚可念，亦嘗通問否？聞清湍度夏，想爲況甚適，但或者傳著述探索過苦，要須放令閒暇從容爲善。劉淳叟舊從二陸學，今釋褐還鄉，專往求教，敢望不倦誨誘。蓋往歲某爲學官，與之游處甚久，見其有志而質美，士人中不易得也。近有宣諭付史館謹録呈天語，眞王者之言，但對揚殊欠語言耳。告不必廣示人爲幸。淳叟到，遲速未可必，故不及詳布。它祈厚爲斯文護重。《東萊集》別集卷八。

　　案：書中言“某冗食三館，比又冒著作之命，益重愧畏”，據《呂祖謙年譜》，淳熙五年四月二十三日，呂祖謙除著作佐郎兼史職，則其當撰於是年（1178）四、五月之際。

朱熹《答呂伯恭》：

久不聞問，積有馳情。元善歸承書，少慰。其後曾丞經由，亦道存問之意爲感。然久不致問訊，雖聞遷進之寵，曾不能一致賀。顧此亦未足以甚慰所望云爾。比日劇暑，伏惟尊候萬福。來書諸諭差彊人意，更願益以其大

2101

者自任，上有以正積弊之源，下有以振久衰之俗，則區區
之望也。今瞑眩之藥屢進未效，其他小小溫平可口之劑，
固無望其有補矣。不勝盰盰私憂，輒復及此，惟高明深念
之也。欽夫北歸，私計甚便。近收初夏問書，云其子病。
繼聞音耗殊惡，果爾，殊可念也。梀仲到必已久，子重時
相見否？叔度兄弟久不得書，不知爲況如何？《詩說》所
欲脩改處，是何等類？因書告略及之。比亦得閒刊定，大
抵《小序》盡出後人臆度，若不脫此窠臼，終無緣得正當
也。去年略脩舊說，訂正爲多。向恨未能盡去，得失相
半，不成完書耳。《綱目》近亦重脩及三之一，條例整頓，
視前加密矣。異時須求一爲檃括，但恐不欲入此千古是
非林中擔當一分。然其大義例，熹已執其咎矣。但恐微
細事情有所漏落，却失眼目，所以須明者一爲過目耳。

　　《文海》條例甚當，今想已有次第。但一種文勝而義
理乖僻者，恐不可取。其只爲虛文而不說義理者，却不妨
耳。佛、老文字，恐須如歐陽公《登真觀記》、曾子固《仙都
觀》、《（菜）〔萊〕園記》之屬乃可入，其他贊邪害正者，文詞
雖工，恐皆不可取也。蓋此書一成，便爲永遠傳布，司去
取之權者，其所擔當，亦不減《綱目》，非細事也。況在今
日，將以爲從容說議、開發聰明之助，尤不可雜置異端邪
說於其間也。欽夫寄得所刻《近思錄》來，却欲添入說舉
業數段，已寫付之。但不知渠已去彼，能了此書否耳？近
時學子有可收拾者否？近兩得子壽兄弟書，却自訟前日

偏見之説，不知果如何？曾丞説劉醇叟者欲來相訪，而久不至，豈不成行邪？近看《論》、《孟》等書，儘更有平高就低處，恨未得從容面論耳。子約昨聞欲過湖、秀，今已歸否？塾等拜起居。正遠，千萬爲道自重，區區至禱。《晦庵文集》卷三四。

　　案：書中言"元善歸承書"，指呂氏上書（某官次粗遣，自前月進書後）"轉託張元善轉致"者；"曾丞説劉醇叟者欲來相訪，而久不至"，即呂氏上書（某冗食三館）所云"劉淳叟舊從二陸學，今釋褐還鄉，專往求教，敢望不倦誨誘"事；又有"然久不致問訊，雖聞遷進之寵，曾不能一致賀。……比日劇暑"云云，則推知其撰於六月間。

呂祖謙《與朱侍講元晦》：

　　某官次粗遣，邇來同舍例權郎，偶占禮曹。雖目前文書極簡省，然偶有討論，便繫禮典，責任實不輕也。長夏不知愒息何地？密菴去山大近，嵐霧蒸薄，要非可久處之地。卻是寒泉平曠，於度暑爲宜耳。比得桂林書，猶未聞移漕之命，計今當出嶺矣。書中具道所以箴戒儆屬之意，不勝感悚。去冬舍弟轉致教賜，一一深中膏肓之疾，朝夕玩省，不敢忘。獨所論永嘉文體一節，乃往年爲學官時病痛，數年來深知其繳繞狹細，深害心術，故每與士子語，未嘗不以平正樸實爲先。去夏與李仁甫議文體，政是要救此弊,恐傳聞或不詳耳。前此拜答時匆匆,偶不及之,非敢忽忘也。人苦不自知,離群索居,尤易得頹弛。惟覬繼此時賜砭治,不勝厚幸。石子重、袁機仲時相見。子重已請得般家假,七月初當可去此。機仲輪對,亦即在數月間。日來輪對者,亦間有正論。雖塵霧未必能裨益,要且得氣脈不斷耳。《東萊集》別集卷八。

案:書中言"邇來同舍例權郎,偶占禮曹",指呂祖謙六月十三日兼權禮部郎官,則其書約撰於六月、閏六月之際。

朱熹《答呂伯恭》:

前日所稟密菴事,想蒙垂念。近以久不得報,净昇者益無禮,至於聞官,已令回申云熹遣人齎書往門下審其虛實矣。切望早白知府令叔,早發一信相報,或別遣一僧來,追收静昇文帖爲佳。不然,此事無收殺,必壞此菴,可惜也。千萬至懇至懇。子重所遷何官?未及上狀,因見煩致區區。《晦庵文集》卷三四。

案:呂祖謙上書(某官次粗遣,邇來同舍例權郎)述及"子重已請得般家假,七月初當可去此",故本書有"子重所遷何官"之問,由此推知約撰於閏六月中。

呂祖謙《與朱侍講元晦》:

某館下碌碌,無足比數,但史程限過促,又《文海》未

斷手,亦欲畨送官,庶幾去就可以自如。以此窮日繙閱,
它事皆廢。每思往歲所謂范淳夫看忙時書,未嘗不欣然
獨笑也。目前益復不強人意,雖私竊懷夌不恤緯之慮,在
事者蹤迹素疏,既無緐與之深語,從班一二公又復力不逮
心,滿懷愊塞,無所紓寫,徒以職在鉛槧,猶粗可藏拙,然
要非所安耳。欽夫猶未得長沙書,近有兼知鄂渚之命。
鄉云欲請祠,猶未見文字到。或傳已索迿吏,未知信否?
今外郡猶可行志,苟其子葬畢,體力無它,且往之官,亦自
無害也。燕居必甚安適,中間服餌小誤,雖知旋即平痊,
調護莫已復舊否? 石子重比方謁告,欲還天台,而有奉常
之遷,又須娭一番禮數了,乃能就道也。《東萊集》別集
卷八。

案:朱熹上書(前日所稟密菴事)問"子重所遷
何官",本書答"石子重……而有奉常之遷",則推知
約撰於夏、秋之際。

朱熹《答呂伯恭》:

前日便中伏辱近告,感慰亡量。信後秋清,伏惟尊候
萬福。熹比與純叟及廖子晦同登雲谷,遂來武夷。數日
講論甚適,今將歸矣。偶浦城林叔文見訪,亦累日,云嘗
從徐誠叟學,頗能道其緒言。今欲至浙中謁知舊,以葬其
親,意亦可憐。或恐有求館客者,其人老成篤實,得垂記
念,幸甚。臨行草草附此,未暇他及。惟千萬爲道自重。

《晦庵文集》卷三四。

案：書中言"熹比與純叟及廖子晦同登雲谷，遂來武夷。數日講論甚適，今將歸矣"，按朱熹有《淳熙戊戌七月二十九日，與子晦、純叟、伯休同發屏山，西登雲谷，越夕乃至，而季通、德功亦自山北來會，賦詩記事，以雲臥衣裳冷分韻，賦詩得冷字》詩，《晦庵文集》卷六。又有武夷山響石巖題字云："淳熙戊戌八月乙未，劉彥集、岳集、純叟、廖子晦、朱仲晦來。晦翁。"《朱熹佚文輯考》。八月乙未乃八月四日，故推知本書撰於八月初。

呂祖謙《與朱侍講元晦》：

近因便拜書，當既呈徹。恭審分符南康，雖未足大慰善類之望，然縕積之久，小見諸行事，亦吾道興起之漸，所繫政不輕也。去就想有定論。某竊謂起家爲郡，乃前輩常事。而軍壘地望不高，無辭卑居尊之嫌。遠方事事自如，可以行志，非此間局促如轅下駒之比。前後除目，無如此穩貼可受。況吾丈平昔惓惓君民之念至深至篤，今幡然一起，上可以承領朝家善意，下可以澤一方之民，而出處之義，考之聖賢，亦無不合。若謂今之州郡不可爲，則朋友間隨其分量得行其志者亦不少。況學力之深、德望之重，又在僻遠之地，亦何齟齬之慮耶？堂帖專納上，幸視至。秋清，不審尊體起居何似？亟遣書，未暇它及。

劉樞之亡，可爲天下痛惜，不知旅柩已至里中否？張欽夫
亦候葬其子即之官矣。它惟厚爲道義自重。

　　南康見任人趙彦逾已赴召，張戒仲復殂，乃是見次
諸公所以斟酌以小壘相處，政欲可受，切不須苦辭。若
意猶不能已，只一辭足矣。觀察時義，非不可作郡之
時。至於再，則似長往不來者之爲，非中道也。《東萊
集》別集卷八。

　　案：據朱熹下書（遞中兩辱手教）所云，推知本
書約撰於八月初。

呂祖謙《與朱侍講元晦》：

　　今早發南康堂帖，行方拜書矣。適右揆送敕令上納，
且俾作書敦勉。竊謂前後除目，無如此除穩愜。蓋軍壘
地望不高，無辭卑居尊之嫌；遠方自如，無掣肘牽制之患。
吾丈平昔惓惓君民志念未嘗少忘，幡然一起，既可以承領
朝家美意，又可以澤及一方，使世少見儒者之效，所繫自
不輕也。善類衰微，元氣漓薄，稍有萌動，政當扶接導養。
雖如孔、孟，交際苟善，未有不應之者。若到官後，或有齟
齬，則卷舒固在我也。目前相識作郡，粗能行志者不少，
況學力之深，德望之積，上下自應孚信，亦何齟齬之慮耶？
若意未能已，猶欲自列，須令其辭平穩。若不允，則便宜
受命，不可至於再也。苟懇辭不已，紛紛者便以長往不來
見處，甚者將有厭薄當世之議，使上之人貪賢樂善之意由

此少怠,亦可惜也。匆匆再此布稟。它惟厚爲道義護重。
《東萊集》別集卷八。

 案:呂祖謙上書(近因便拜書)云"堂帖專納上,
幸視至",本書又云"今早發南康堂帖,行方拜書矣。
適右撰送勅令上納,且俾作書敦勉",則其撰時稍後
於上書。

朱熹《答呂伯恭書》:

遞中兩辱手教,獲聞邇日秋清,尊候萬福,感慰之至。
但所被恩命,以熹之資歷分義、精神筋力,皆無可受之理。
雖感君相矜憐之意,重以仁賢説誘之勤,終未敢起拜而恭
受也。申省狀已附遞回付奏邸,副本録呈。叙説雖詳,然
似無過當之語,只是須如此説,方盡底藴耳。如以未安,幸
爲却回,仍別爲作數語見教,庶幾可以無怍。若只熹自作,
終只有此等詞氣出來也。觀此氣象,豈是今日仕途物色?
當路者必欲彊之,大是違才易務矣。區區之志,狀中備見。

更有一事,自數年來絶意名宦,凡百世務,人情禮節,
一切放倒。今雖作數行書與人,亦覺不入時樣。唯在山
林,則可以如此恣意打乖,人不怪責。一日出來作郡,承
上接下,豈容如此? 又已慣却心性,雖欲勉彊,亦恐旋學
不成,徒爾發其狂疾,此是一事。又數年來次輯數書,近
方略成頭緒,若得一向無事,數年不死,則區區所懷,可以
無憾,而於後學亦或不爲無補。今若出補郡吏,日有簿書

期會之勞,送往迎來之擾,將何暇以及此？因循歲月,或爲終身之恨,而其爲政又未必有以及人,是其一出,乃不過爲兒女飢寒之計,而所失殊非細事。

此皆未易與外人道,故狀中不敢及之,只欲老兄知之,更爲宛轉緩頰,使上不得罪於君相,下不見疑於士大夫足矣。扶接導養之功,正應於此用力,想不以爲煩也。撲路未敢作書,煩爲深達此意。只俟此事定疊,再得宮觀如舊,便自作書謝之也。武夷今冬當滿,今既未受命,亦未敢便落舊銜,但未敢請俸耳。或恐得祠,別有所加,此亦決然難受。亦可微詞風曉之,免臨時復紛紛也。千萬留念,至懇至懇。保全孤迹,使不至疏脱,深有望於高明也。

熹來日出紫溪,迎哭劉樞之柩。昨得其訣書,猶以國恥未雪爲恨,亦可哀也。臨行甚宂,又急遣回遞中,草草作此,殊不盡意。八月十七日上狀,不宣。熹頓首再拜。

子重不及拜狀,昨日亦嘗以書附政和行者,想未能即達也。此事亦告調護,得免疏脱,朋友之賜厚矣。欽夫久不得書,彼想時聞問也。王程驅迫,不得少休,聞此尤使人怕出頭耳。《晦庵文集》卷二五。

案：本書撰於八月十七日。"遞中兩辱手教",即呂祖謙撰於八月初之兩書。

呂祖謙《與朱侍講元晦》：

某伏蒙疏喻,即以達之當路。凡雅志所欲言者,悉爲啓白。而貪賢之意確然莫奪，遂以向與劉圭父議者與之商量。今不許辭免旨揮與任滿奏事偕下。詔旨既嚴，又省往來之勞，斟酌得亦曲盡。恐當勉強一出，以承美意。若到官或有齟齬，則如陶彭澤翩然賦歸山林之樂，蓋未失也。若深關固拒，使知吾意之所存無幾，而滔滔之徒便有憤世疾邪之論矣。使義果不可出，則此等議論本非所計。今幸不至此，何惜不少逶迤以全大體也？劉柩託孤，蓋以終身相付，暫出年歲間，固非所校。陳相入對，甚忠懇，一兩日即之官矣。所論東漢末事，因便望錄示。子澄處雖可轉致，然道里繚繞，未能亟見耳。密庵事，近南安家叔方到，即以曲折具稟。家叔云已嘗有文字拜託，一面別擇僧令舍弟納去，不知已到否？鄭自明力琢磨之，甚善。渠比之流輩，卻無脂韋顧惜意思，但失在不學。倘自此能用力，蓋未可量也。張欽夫亦兩月不收書，當是道中不暇耳。遞中略此附問，它祈爲道義自厚。《東萊集》別集卷八。

　　案：書中言“陳相入對，甚忠懇，一兩日即之官矣”，此陳相即陳俊卿，九月中赴闕入對奏事，隨至建康赴江南安撫使任。《年譜長編》卷上。故推知本書當撰於九月中。

吕祖謙《與朱侍講元晦》：

　　某尸食館下，秋毫無補，日惟愧慄。不允之命既下，又許徑之官，恩意既隆厚，而所以相處者，商量亦得曲盡，撲又云已自親作書相勉甚詳。竊謂仲尼不爲已甚，恐須勉爲一起，以承領上意。況今陳相爲帥，丁子章、潘德夫皆素相慕用，王齊賢、顏魯子亦士類也，到郡想別無齟齬。若隨分，可少蘇疲瘵，使世見儒者之效，於斯文非小補也。苟確然不反，卻恐似長往不來一偏之行，而異意者轉益紛紜。切乞深入思慮爲幸。近潘監勠南康簽判遷延不發迂吏，並乞催趣赴任，皆得旨揮。今再以堂帖拜納。度此事勢，雖雅志倦於應接，恐須勉强到官。若果不可爲，則引疾丐祠，卻是熟事，甚易爲力。若或再辭，或道中俟命，則此間未必有相察者，轉見牢攘也。想高明必深悉此。程泰之《禹貢圖》如欲寫，當一面爲鈔。《文海》近方略成次序，止於南渡前，蓋不如此，則無限斷也。俟去取得當，即以目錄拜呈。以遞中略此拜稟，它祈爲斯文護重。《東萊集》別集卷八。

　　案：書中言“撲又云已自親作書相勉甚詳”，而朱熹下書（近因劉家便人一再上狀）即有言“丞相又以私書鐫喻懇切”，則本書約撰於九、十月之際。

朱熹《答呂伯恭》：

近因劉家便人一再上狀，想達。人日遞中忽被報聞之命，丞相又以私書鐫喻懇切，勢不容復辭，已即拜受。但敕劄尚留府中，旦夕當請以歸也。朝廷厚意如此，豈敢不承？但衰懶決不堪仕宦，其勢須專人致書謝丞相，而復申宮廟之請耳。初謂夤緣可得一對，使君相親見其衰悴不堪之狀，或可脫免。今既有任滿奏事指揮，則正自不如所料，只得罄竭懇請，庶免疏脫耳。遞中具此，幸預爲一言，庶得旦夕遣人，到日便得遂請，勿使至再。不唯陰芘孤蹤，不使至於狼狽，亦使斗升微禄不至斷絕，實爲幸甚。適獲忝覽《册府麐歌》，從容風議之辭，獨得之於高明耳，歎仰歎仰。比日初冬，寒氣未應，伏惟尊候萬福。更幾以時深爲吾道自重，幸甚幸甚。《晦庵文集》卷三四。

　　案：書中言“比日初冬，寒氣未應”，又言“其勢須專人致書謝丞相，而復申宮廟之請耳”。據朱熹《乞宮觀劄子》云“續奉聖旨，不許辭免，令疾速前去之任，候任滿日前來奏事。熹聞命震懼，已於十月二十三日望闕謝恩，祇受勅命訖。……欲望鈞慈，俯賜矜念，特與陶鑄宮廟差遣一次”。《晦庵文集》卷二二。則知本書當撰於十月中。

朱熹《答呂伯恭》：

月末人還，承書，具審比日冬寒，尊候萬福，感慰之劇。進長著廷，行膺獻納之選，吾道爲有望矣。熹所請不遂，諸公意則甚勤，但私計爲甚不便，私義爲甚不安。加以近來疾病益衰，前日欲略入城，將就車而病作，兩日不能起。今方粗支，然尚未敢出門户也。未論其他，觀此氣象，豈復更堪遠宦？今亦無可奈何，且一面呼迓兵，爲興病獨往之計。萬一臨行不堪勉彊，又當別致情懇。且前後誨諭之意非不詳悉，亦竊自念一向如此，實於大義有所不安。又思今日致身事主以扶三綱者，世不乏人，決不至以熹故遂使大倫至於廢闕，故願乞其庸繆衰殘之身，以偷安自逸，盡此餘年。且萬一不免復有祈請，全仗老兄力爲主張，使不至大段狼狽也。子約得書否？亦甚爲熹憂此行。蓋此理灼然，況今又甚於前日邪？便中寓此，不敢他及，惟以時爲道自愛。《晦庵文集》卷三四。

　　案：書中言"進長著廷"，指吕祖謙十月十七日除著作郎；又云"月末人還，承書，具審比日冬寒"，則其當撰於十月末。

吕祖謙《與朱侍講元晦》：

　　某伏蒙垂喻，固深悉雅意，即一一達之當路。而其意確然不移，又以已有不許辭免旨揮，不敢再將上，遂復有趣行堂帖，謹以拜納。恐須免強一至治所。若相事勢果不可爲，則引疾丐祠，卻是常程事。辭免則礙旨揮，到任丐祠則非辭免也。又載疾之官，亦見奉命之共，纔文字到便可得，卻無今日許多牢攘也。況江東帥、漕、憲、監皆舊相知，或素慕用，上下相應，當無齟齬。或粗可施展，使一方之民息肩，亦豈小補哉！欽夫得書，亦以爲須一出爲善。雖去就出處素有定論，然更須斟酌消息，勿至已甚。苟一向固拒，則上之人謂賢者不肯爲用，於大體卻有害

也。程侍郎《禹貢圖》，潘叔昌曾録得，可徑問渠取。不
然，稍暇亦可録去。黄叔張陞辭，甚見領略。一二年來小
小灌溉，豈無萌蘖之生，但寒者衆耳。專介回，謹此拜稟。
它乞爲斯文護重。《東萊集》別集卷八。

案：本書承朱熹上書（月末人還），故有“又載疾
之官，亦見奉命之共”之語，推知約撰於十一月間。

朱熹《答吕伯恭》：

月初遞中辱書并省劄，良感眷念。比日霜寒，伏惟尊
候萬福。熹昨以祠請不遂，欲俟迓兵到即行。今忽以此
故累及他人，心不自安，不免復伸前請，納去劄子三通。
其中但是説病不可支，更上煩一爲宛轉。不欲作諸公書，
又非倉卒所能辦。兼亦不敢家居俟命，已一面前走饒、信
間俟指揮，若得回降，告只發來鉛山、弋陽以來尋問也。
非欲故違丁寧之誨，顧以私心實不自安，亦以（鹽）［監］司
前日之舉似太輕率，恐致人言，故不免復爲此請。切幸見
亮，早爲料理，使得免於後日之患，則所望也。熹今雖行，
亦未敢越番陽而西，且宿留安仁、餘干界中俟命耳。更有
少懇，劉樞之葬，此間無曉飾棺制度者。府中有狀申部，
得戒吏屬分明圖畫、寫注行下爲幸。熹暫到城中，留此付
其所遣人。連日人事紛宂，已不能支，不復他及。《晦庵文
集》卷三四。

案：書中言“月初遞中辱書并省劄”，又云“熹暫

到城中,留此付其所遣人",故推知約撰於十二月中。

朱熹《答呂伯恭》:

昨在城中附府司持申部狀人一書,不知達未?比日霜寒,伏惟尊候萬福。熹還家兩日,南康已略遣得數人來,而今日復被堂帖趣行,勢不敢久居家。但開正須略到近處墳墓省視,及欲略走邵武問黃丈之疾,歸來方得就道,計在燈夕前後矣。昨所懇三劄,不知已投否?幸早爲宛轉,得及行之未遠而被命以還爲幸。不然,亦須早得一報。蓋在道不容久宿留也。千萬留念。至懇至懇。

劉家葬禮,得早爲指揮圖畫注釋行下爲幸。或假未開,亦告督趣行下。蓋其家葬已有期,欲及時早辦也。渠家昨受過建康買棺錢,今欲還納。聞周內翰深以爲不可,不識何謂?試煩叩之,子細批報爲幸。遞中拜狀,不敢他及。歲晚珍重,以對大來之慶,吾黨甚望甚望。《晦庵文集》卷三四。

> 案:朱熹上書(月初遞中辱書并省劄)言及"劉樞之葬"事,本書又言,乃承上書;又云"歲晚珍重",則其撰於歲末。

朱熹《答呂伯恭》:

歲前累奉狀,今想皆達。但得伯崇書,聞嘗苦末疾,甚駭聞聽。不知賢者清修寡欲,何以忽有此疾?當是耽

書過甚，或失飲食起居之節，致外邪客氣得以乘虛投隙而
入耳。然計根本完固，非久當遂平復，尚恃此以不恐耳。
熹昨懇請祠，不知曾爲致力否？恐不曾爲料理，再遣此人
去，託機仲宛轉求之。或前日所懇已有回降指揮，即語機
仲，更不必投也。蓋病軀日來雖無他苦，但一味昏耗倦
怠，應對隨輒遺忘，坐久即思臨睡，此豈堪作吏者？諸公
想亦能哀之也。然亦不敢居家俟命，且夕略過分水一兩
程，以俟得請而還。幸語機仲早爲致力爲幸。急遣此人，
不暇他及。惟千萬加意調養，以取全安爲望。《晦庵文集》
卷三四。

案：書中言"歲前累奉狀"，又言"但得伯崇書，
聞嘗苦末疾，甚駭聞聽"，據《呂祖謙年譜》，呂祖謙於
淳熙五年"十二月十四夜，感末疾，給假半月將治"，
則推知本書當撰淳熙六年(1179)正月中。

朱熹《答呂伯恭》：

數日來聞體中不安，懸情不可言。建卒還，得子約
書，知已有退證，甚慰。以老兄平日存養之厚，根本深固，
必無他慮，今當日勝一日矣。熹二十五日已離家，前至鉛
山即止，以俟前請之報。但機仲不爲投下文字，此甚費
力。向使當時即投前劄，今或已免此行。今若更不爲投，
即不免遣還迓兵，決爲歸計矣。深不欲至此，但事勢使
然，不得已耳。交歲以來，十病九痛，甚不堪此勞頓。正

使遂以罪罷,不得祠禄,亦所願欲。因見機仲,幸更爲督
之。若必欲熹赴官,亦須更得朝旨乃可去。蓋已報本軍
官吏以嘗請祠,今無故忽然撞到面前,亦可笑也。老懶殊
甚,若得遂所請尤幸。此但爲不得已之言耳。子約不及
別書,意不殊此。引疾丐閑,計已屢上,若度三兩月間未
能就職,不若力請爲宜也。遞中草此。《晦庵文集》卷三四。

　　案:書中言"熹二十五日已離家,前至鉛山即
止,以俟前請之報",據朱熹《乞宮觀狀》云:"右熹昨
以疾病衰耗,不堪吏役,曾於正月二十日具狀申尚書
省,陳乞宮廟差遣。然以被命已久,不敢寧居,即於
當月二十五日扶病起離前來,二月四日至信州鉛山
縣管下歇泊,聽候指揮。"《晦庵文集》卷二二。則知本
書撰於二月上旬。

朱熹《答吕伯恭》:

　　自發鉛山後,一向不聞動靜,殊以爲懷。到此始得叔
介書,知已出都門,體候益輕快,喜可知也。比日清和,伏
惟尊候萬福。休養既久,計日覺平復矣。熹去月之晦已
交郡事,違負夙心,俯仰愧歉。重以衰病,精力昏耗,驟從
吏役,尤覺不堪。尚幸地狹人稀,獄訟絶簡少。然猶治事
終日,不得少休。亦緣乍到,不知事之首尾,綱紀又皆廢
墜,諸邑無復稟畏,極費料理。民貧財匱,不得不少勞心
力,更看一二日後如何。若更如此,則住不得,便須告歸。

若能少定,則或推遷至夏末也。始至,首下書訪陶桓公、靖節、劉凝之、周先生諸公遺迹。教授楊元範已作劉祠,因并立周像,配以二程先生,尚未成也。四、五日一到學中,爲諸生誦説,只此一事,猶覺未失故步。其他不能盡報,塾必能略道之。或有未當,幸口授子約,細條畫見教爲望,千萬至懇。廬阜勝絶,粗慰鄙懷。漱玉、三峽皆已一到,簡寂亦深秀可喜也。每至勝處,輒念向來鵝湖之約,爲之悵然。今殊未有並遊之日,但願早脱此覊縶,亟往問訊,庶獲款教耳。未間,千萬珍重。《晦庵文集》卷三四。

　　案:書中言"熹去月之晦已交郡事",據朱熹《南康軍到任謝表》云"臣熹言伏奉勅命,差臣權發遣南康軍,……臣已於淳熙六年三月三十日到任,交割職事訖者"。《晦庵文集》卷八五。書中又言"自發鉛山後,一向不聞動静,殊以爲懷。到此始得叔介書,知已出都門,體候益輕快,喜可知也",據《吕祖謙年譜》,吕祖謙四月七日"買舟東歸,十三日至婺"。故推知本書約撰於四月中、下旬。

朱熹《答吕伯恭》:

前日兒子行,拜狀矣。即日天氣不定,不審尊候復何似?竊惟斯文有相,益向平復。熹到此初不自料,欲小立綱紀,爲民整頓一二久遠弊。兩日來,覺氣象殊不佳,已走介請祠矣。却有小事拜懇：學中元範教授立得濂溪祠堂，并以二程先生配食，又立得陶靖節、劉凝之父子、李公擇、陳了翁祠，通榜曰“五賢”。蓋四公此間人，而了翁亦嘗謫居於此也。周祠在講堂西，五賢在東。周祠已求記於欽夫矣，五賢之記，意非吾伯恭不可作。本欲專人拜懇，而小郡寒陋之甚，不敢多遣人出入，只令入都人附此於汝昭兄弟處。書到，切望便爲落筆，却懇韓丈借一介送來。或恐熹已行，即徑送楊教授處可也。陶公栗里只在歸宗之西三、四里，前日略到，令人歆慕不能已已。《廬山記》中載前賢題詠亦多，獨顏魯公一篇獨不干事，尤令人感慨。今謾録呈，想已自見之也。極知老兄體候未平，不當有此請。然恐已清安，不妨運思，故敢以爲請耳。韓丈不暇拜書，蓋此所避，正韓丈向來所遭躪籍之流，甚恨失計輕去山林，踙踖于此，如坐針氈之上也。相見煩爲説及。此來不曾了得公家一事，但做得此祠堂，看得廬山耳。然非暇日不敢出，出又有所費，初亦不敢數數。今覺日子無多，不免每旬一出也。罷書才到郡，徑走谷廉，轉山北，拜濂溪書堂之下而歸，亦足以少復鴈門之跂矣。今日周先生之子來訪，令人悵然。明日亦約與俱游山也。亟遣人，所欲言者尚多，皆未暇及。惟千萬加愛爲禱，不宣。《晦庵文集》卷三四。

案：朱熹上書（自發鉛山後）言及“教授楊元範已作劉祠，因并立周像，配以二程先生，尚未成也”，而本書云“學中元範教授立得濂溪祠堂，并以二程先生配食”，則承上書。又本書言“前日兒子行，拜狀矣”，而下書（自承病訊之後）有“叔度昆仲、子約諸兄友皆未及上狀。兒子到彼必已久矣”云云，故推知本書約撰於在五月初。

朱熹《答呂伯恭》：

自承病訊之後，雖聞已漸向安，然殊不得手字。今又月餘，不聞動靜，懸仰不可言也。比日暑溽，不審起居復何似？計益輕健也。熹到官四閱旬矣，俯仰束縛，良有不可堪者。見爲料理一二利害文字，且夕列上，并申歸田之請也。叔度昆仲、子約諸兄友皆未及上狀。兒子到彼必已久矣，乞嚴賜檢束爲幸。顧雖無海門之禍，然亦不免了翁之憂也。因便附此，令郡吏轉達。蓋恐已歸婺女，如或未行，亦可早命駕也。必以無醫藥爲憂者惑也，高明必深矚此，聊言之以助思慮之所不及云爾。他惟爲道珍重。《晦庵文集》卷三四。

案：朱熹三月晦日到任，此云“熹到官四閱旬矣”，則在五月中旬。

朱熹《答呂伯恭》：

近得子約書，知已還舊隱。又見德化主簿經過，云亦嘗得望顔色，喜慰深矣。比日想益輕健。但數日暑氣異常，不知宜如何耳。又聞尊嫂亦嘗不快，想亦無他也。熹失計此來，百事敗人意。此月內當遣人丐祠祿，得與不得，復未可知。然不以病去，則必以罪去矣。前請祠記，近已畢事奉安，不審能爲抒思否？此不敢必，但若得之，不惟爲此邦之幸，亦使四方善類知老兄病中猶不廢此，足以少自慰也。盧阜奇處盡在山南，玉淵、三峽蓋已屢到。但此數日來，不欲暑行勞人，徒夢想水石間也。三峽之西有懸瀑瀉石龕中，雖不甚高，而勢甚壯。舊名臥龍，有小菴，已廢。近至其處，不免捐俸金結茅，欲畫孔明像壁間。俟得解郡事，且入其間，盤礴旬日而後去耳。此來百事敗人意，獨此差自慰耳。塾不知已到否？此兒來，自此徑去，渠至中路，又聞同中子歸家，其不聽人言語皆類此。到彼幸時呼來痛鐫責之，渠於老兄教誨即不敢忽也，千萬至懇。聞少嘉爲真曲折，甚彊人意。此亦一大幾會，惜渠輩伎倆止此，不能乘勢立作也。此間斗海，殊不聞事，不知近事復如何耳。子約不及別狀，意不殊前。

　　熹來此，日間應接衮衮，莫夜稍得閒向書册，則精神已昏，思就枕矣。以此兩月間只看得兩篇《論語》，亦是黃直卿先爲看過，參考同異了，方爲折中，尚且如此。渠昨日又聞兄喪歸去，此事益難就緒矣。近年百念灰冷，只此一事庶幾少慰平生之願。今又如此，亦命矣夫。因毛掾告有便，附此，未能究所懷。惟千萬爲道自重，因便數頻寄聲爲幸。潘叔介書來，云老兄能書大字，書中得一二字，幸甚幸甚。不宣。六月七日，熹頓首再拜上狀伯恭參議直閣大著契兄。

荆州久不聞問，遣人去亦未回，但傳其政甚偉，不知果如何也。《晦庵文集》卷三四。

案：本書撰於六月七日。

朱熹《答呂伯恭》：

昨日方以書託毛掾附便，未行，今晨人還，忽領手字，把玩無斁，喜可知也。但聞尊嫂復不甚安，何乃如是？計今服藥調理，亦當平復矣。

誨諭數事，極感垂念。學中向來略爲説《大學》，近已終篇。今却只是令教官挑覆所授《論語》諸生説未到處，略爲發明。兼亦未嘗輒升講坐，侵官瀆告，如來教所慮也。但只如文翁、常衮之爲，區區志願止於如此耳。

政事固欲簡静，但今時仕宦之人不務恤民，多是故縱吏胥、畏憚權豪，凡有公事，略加點檢，無不坐此二病者。勢不得已，須差擇一二根治，此外則絶不敢有毫髮之擾。

財賦適諸縣皆不得人，弛廢殊甚。爲丞佐所迫，亦不免追人吏監禁斷遣。然思爲縣者亦豈不欲了辦財賦、見知州郡，何苦如此遞慢？想亦是有做不行處。每握筆欲判此等文字，未嘗不慨然大息。乃知真是腐儒，不敢諱人指目也。趙守規模具在，但終是意思不如此，自使不行。然亦恐官私俱竭，政使人存政舉，亦未必能爲可繼也。此事可慮，真是使人不忍。所以急欲丐去，非是苟求自佚，亦是下不得如此毒手也。見爲星子縣討論經界添稅重定，旦夕申乞蠲減得三、五百匹和買，未知朝廷肯相從否？此爲益殊不多，然亦勝於不減耳。所懇漕司者，乃是上供餘米，兩漕近皆相許，但未得明文撥下耳。蓋本軍年額秋苗四萬六千石，而上供四萬石，餘六千石，漕司椿管在軍，往往亦催不足。其見催到者，本軍既不敢支，漕司又無所用，但陳腐積壓，消折見欠數。而本軍官無支給，並是額外加耗，巧作名色取之。故今欲從漕司乞此餘數，科撥在軍，應副軍糧。然亦僅可供四、五月之用，其他依舊須自辦也。平生讀書，要作如何利益底事。今到此，此等事便做不得。中夜以思，實不遑安處。每誦韋蘇州句云“身多疾病思田里，道有流亡愧俸錢”，此中百姓條來忽往，更無固志，未嘗不低徊愧歎也。

寄居積俸，只是初到有以本身料錢爲請者，量與逐月帶支，所費不多。他如見任官員使臣任滿當去而未支者，亦量事制宜，不敢一例放行，亦不敢一切不恤也。

修造事，學中二祠只是因舊設像，別無地步可起造。其他方作得劉凝之菴亭并門。凡此等皆用初到送代者折送香藥及逐月供給中不應得者椿管爲之，不敢破使官錢。至如前書所說臥龍菴，又自用俸錢，亦不敢破此錢矣。園中蓬蒿沒人，尚未能芟除，何暇及他事耶？

求去之說，如前所云。又以衰病之餘，精力耗損，每對吏民、省文案，或至坐睡，不惟有所不堪，亦恐吏輩乘隙爲姦，貽患千里，故欲急去。且承喻之及，故悉具報如此，只得勤尊慮也。有未當理處，却幸垂教，所深望也。

前書懇作五公祠記，計今可以抒思矣。因來千萬早寄示爲幸。蓋已具石，恐熹或去此，又不能得了耳。承教未期，千萬加意調衞，以取十全之安，至望。《晦庵文集》卷三四。

案：朱熹上書（近得子約書）云“因毛掾告有便，附此”，本書首云“昨日方以書託毛掾附便，未行，今晨人還，忽領手字，把玩無斁，喜可知也”，知其稍後於上書一、二日。

朱熹《答吕伯恭》：

數日前毛掾人行，附狀想達。比日庚伏暑盛，竊計尊體日益清安矣。熹昏眊短拙，支吾不行，已遣人上減税之奏，并以奉祠請於諸公矣。其鳴甚哀，恐必可得。不然，亦須再請，以得爲期也。

熹向嘗拜書以五賢祠記爲懇，後來不及遣行，而嘗因書申懇。昨偶檢閱故書得此，恐後書首尾不見，今以納呈，幸爲出數語爲賜也。近得荆州書，已許爲記三先生祠。若得老兄之文與之並傳，真此一方之幸也。“五賢”欲作“五君子”，如何？更告誨諭。然此文大概當以教官爲主，蓋劉、李之祠本楊元範所立，今但增數公耳，不欲掩其善。且近以此著於薦書，不可於此有異同也，切幸留念。

去意已決，他無可言。亦不及作叔度昆仲書，因見煩致此意。子約亦不殊此。塾已成昏未？亦不及與之書，告呼來喻之。《辨志録》偶不帶來，欲令塾寫一本，并告語之也。尊嫂所苦當已向安矣。暑氣未衰，更冀加意珍重，不宣。六月十八日，熹頓首再拜上狀伯恭參議直閣大著契兄坐下。

子約不及別書。塾在叔度處，只令就學書館亦幸。可否更在尊意裁度也。適又領四月三日所寄郡吏書，不及作報也。《晦庵文集》卷三四。

案：本書撰於六月十八日。

朱熹《答呂伯恭》：

僭易拜問，尊嫂宜人向來聞不安，今想亦平復矣。子約老友未及別書。前便奉問，達否？比讀何書？所進想日超詣，因來及之，滌此塵坌，幸甚。熹此來不得讀書，胸次覺茆塞。至於平日疾惡之心，施之政事，亦不免有刻急之譏，無復寬裕和平之氣，甚可懼也。不知所聞如何？幸有以警之。熹再拜上問。

熹汨没吏事，心力益衰。前書記得有數事致懇，今皆忘之，幸檢看，一一還報也。《晦庵文集》卷三四。

案：上書（昨日方以書託毛掾附便）云“但聞尊嫂復不甚安，何乃如是”，而本書有言“尊嫂宜人向來聞不安，今想亦平復矣”，是承上書，故推知約撰於六月末。

朱熹《答呂伯恭》：

久不聞問，正此馳情，忽奉手告，竊審尊候日益輕安，喜不可言。子澄適亦在此，相與慶抃也。尊嫂所苦亦喜向平，浙中醫藥計不難致也。熹前日所請，只乞減星子一縣偏重稅錢，及減和買三二百匹耳。此未足以慰益上下之望，前日度力量恐不能有以加，且爾粗塞責耳。請祠已并上，甚恨聞教之晚，然衰病疏拙，實非所堪，勢不得不爲此也。李嶧之事，顏漕已燭其妄，昨亦宛轉附之。但恐此人前路復有譸張，不得不移書朝列一二故舊，使之聞之，非有咎顏漕意也。通書初實甚懶，近因申請減稅，已例與之矣。凡此隨俗，漸乖宿心，勢豈容久住？只有力懇而去，他皆不暇計也。子約不及別狀，意不殊此。餘惟爲道千萬自愛，不宣。《晦庵文集》卷三四。

案：上書（僭易拜問）有云“尊嫂宜人向來聞不安，今想亦平復矣”，本書云“尊嫂所苦亦喜向平，浙中醫藥計不難致也”，乃承上書。書中又言“子澄適亦在此”，劉清之於六、七月間來游南康。《年譜長編》卷上。故推知本書約撰於七月初。

朱熹《答呂伯恭》：

便中屢拜狀，當一一關徹矣。比日清秋，伏惟尊候萬福。但久不聞動静,懸想不可言。向來所苦,今當洗然矣。願更加意飲食起居之節,以壽斯文。區區之禱,非獨朋友之私情也。

熹在此不樂,求去不遂,無以爲計。近因輒用劄子奏蠲租事,爲廷議所折,已申省自劾矣。祠禄不敢冀,只得罷逐而歸,亦爲幸甚也。郡事得同官相助,近却稍不費力,但所治無非米鹽籌撻之事,殊使人厭苦。得早去,真如脱兔也。汝玉竟不免彈射,此亦仁鳥增逝之秋矣。前書拜懇記文,千萬勿拒,便付此人以來爲幸,千萬至禱。因遣人弔叔度,草草附此。《晦庵文集》卷三四。

　　案:書中言"比日清秋",又言"近因輒用劄子奏蠲租事,爲廷議所折,已申省自劾矣",據朱熹《自劾不合用劄子奏事狀》云"近於今年六月二十二日,因本軍陳乞蠲減税錢事,曾具劄子奏聞,雖在上項指揮之前,實亦有違舊制,……謹具狀申尚書省,欲望敷奏,亟行罷黜,以爲疏遠小臣慢上不恭之戒"。《晦庵文集》卷二二。故推知其當撰於七月間。

朱熹《答呂伯恭》:

久不聞動静,不勝懸仰。比日秋涼,竊計尊候益輕健矣。熹昨懇求盛文,以記五賢祠事,想已蒙念。得早示及爲幸,恐熹去不及刻矣。又嘗附隆興書,浼子約借《精義》,補足横渠説,定本欲與隆興刻板,亦乞爲子約言,早付其人，或徑封與彼中黃教授可也。千萬留念，至懇至懇。今日釋奠處，見楊教授説有便，亟作此，不暇他及。亦不暇作叔度昆仲書，幸爲致意。塾亦不及書，只乞喚來，以此示之。餘惟爲道自重爲禱。《晦庵文集》卷三四。

案：書中言"比日秋涼"，推知約撰於八月間。

朱熹《答吕伯恭》：

熹昨拜書，以五君子祠堂記文爲請，屢辱教字，都未蒙喻及可否之意。竊觀書札語意，似已不妨出此數語，以慰一方學者之望，況發明前賢出處之意，又高明平昔所以自任之重乎？非專出於鄙意也。《濂溪祠記》荆州已寄來矣，已屬子澄書而刻之，旦夕刻成即寄。但所請竊望便爲留意，及熹未去得之，幸甚。石謹具矣，顒俟顒俟，至懇至懇。熹上覆。

塾子時乞呼來戒教之爲幸。熹又拜懇。《晦庵文集》卷三四。

案：上書（久不聞動静）有言五君子祠記"得早示及爲幸，恐熹去不及刻矣"，而本書又云"但所請竊望便爲留意，及熹未去得之，幸甚"，自語義推知當稍後之，約撰於八、九月之際。

朱熹《答吕伯恭》：

昨聞尊嫂宜人奄忽喪逝，深爲驚愕，即欲遣人致慰問而未暇及。便中乃辱手書訃告，益愧不敏。竊惟伉儷義重，痛悼難堪。然尊體未盡平復，深宜節抑，以慰友朋之望也。

熹黽俛於此，恰已半年，求去不得，深以爲撓。自秋中得報，即欲再請，而諸公皆以爲雖大臣故老典藩，亦必朞年而後敢請，意若以犯分僭越爲咎者，是以遲遲。又以秋來若不甚大病，作書懇請雖極諄諄，覺得亦有難説處，不免少忍踰冬，以應朞年之説，庶幾得之。今亦託人先達此意，逼歲通賀正書時便并遣也。前此或恐有不相樂者，或相中害，此亦無如之何，任其彈射，不能如此切切顧慮也。

郡事比亦甚簡靜。秋間以兩縣破壞，不免暫易其人，即日詞訟便減什七八，今或至當日而無訟者。亦緣略鉏去一二亂政生訟者之故，戒令勸率，民間亦肯相信。如中間舉行別籍異財之令，父子復合者數家。此緣子澄力勸下令，初恐其未必從令，不謂其能爾也。但財計全仰商税，盈虛之數繫於風水，非人力所及。近以風故，虧欠甚多，亦殊可慮耳。文字亦稍得功夫整頓，隨分有應接，但終不似在家專一耳。亦爲黃生歸去，無人相助，頗覺闕事也。

子約書致盛意，欲得《語解》定本，此亦有欲修改處。今且納二册，餘却續寄也。但聞又欲修定向來所集，告且斟酌，不可太用精力也。熹解中有未安處，望口授子約，一一録示，千萬千萬。或呼塾子來，令受其説，子細寫來，亦幸。此子在彼如何？進見之際，幸痛加教戒，使知有所畏忌爲幸。叔度比日爲況如何？前已遣人弔之，尚未還也。昨得其書，自言於佛學有得，未諭是否？計亦當有以處此，顧乃不堪，何耶？子壽得書云欲往見，今已到未耶？向見所集《詩》解《出車》篇，説戒嚴之日，建而不施，不知此有何證？幸見教。若果有證，説文義殊省力也。其間亦有數處可疑，今不盡記。大抵插入外來義理太多，又要文勢連屬，不免有彊説處。不知近日看得如何？亦望垂喻也。

此有周彦諴之書甚富，比借得一二，而不暇細讀。大抵多出臆見，然恐其間有可取處也。世有《麻衣心易》者，亦出此間人所造，嘗見之否？九日嘗登紫霄峯頂，昨日又到陶翁醉石處，過簡寂、開先而歸。山水之勝，信非他處所及。尚恨拘繫，不得恣遊，又恨不得賢者之同也。

今遣此人附狀奉問，并有賻禮，具別狀，幸視至。餘惟以時自重。因風時枉教督，只口授諸生，令子細寫來爲幸。《晦庵文集》卷三四。

案：據《吕祖謙年譜》，吕氏夫人芮氏卒於淳熙六年七月二十八日。書中云“熹奄俛於此，恰已半年”，又云“九日嘗登紫霄峯頂，昨日又到陶翁醉石處，過簡寂、開先而歸”，則當撰於九月中、下旬。

朱熹《答呂伯恭》：

子壽相見，其說如何？子靜近得書。其徒曹立之者來訪，氣質儘佳，亦似知其師說之誤。持得子靜近答渠書與劉淳叟書，却說人須是讀書講論，然則自覺其前說之誤矣。但不肯飜然說破今是昨非之意，依舊遮前掩後，巧爲詞說。只此氣象，却似不佳耳。立之寫得伊川先生少年與人書三、四幅來，規模氣象合下便如此大了，決非人所能僞作。已託渠摹勒來此刻石矣，云藏趙德莊壻方子家也。今且録一本去。見刻康節手筆數紙，旦夕可先寄也。尤延之已寄五賢祠記來矣，旦夕刻就寄去。今日見劉生策卷後語，令人心膽墮地，奈何奈何？熹再拜伯恭兄。

《晦庵文集》卷三四。

案：朱熹上書（昨聞尊嫂宜人奄忽喪逝）云"子壽得書云欲往見，今已到未耶"，本書云"子壽相見，其說如何"，乃承上書。據《呂祖謙年譜》，陸九齡十月中來婺訪呂祖謙。故本書約撰於十月間。

朱熹《答呂伯恭》：

昨專人拜狀奉慰，當已達矣。叔度人來，領近書，甚慰。比日冬溫，伏惟履茲陽復，起居益輕安矣。擊彊之戒，固知如此，鄙性疾惡，終不能無過當處。毛掾之於建昌，亦正坐此而有甚焉者。雖已遣官慰喻，寬租期，檢旱傷，然終不能無愧於已病之民。比復申省自劾矣。去留

2131

未知竟如何，然意緒益懶，無復好況。

《詩》説前已納上，不知尊意以爲如何？聞所著已有定本，恨未得見，亦可示及否？鄙説之未當者，并求訂正。只呼塾子來，面授其説，令録以呈白，而後遣來可也。桐鄉志文質實寬平，無所爲作，文字利病不足言，正足以見養德之效，甚幸甚幸。顧深自病其年愈衰而氣愈屬，未知可以進此否也。近作兩記納呈，可發一笑耳。初請諸賢祠記，蒙見喻不欲勞心，不敢固請。今見此志，乃恨其請之不力。然叔度却報云有意爲記卧龍山居，此固甚幸。然今事又有大於此者，敢以爲請，別紙所具白鹿洞事迹是也。幸賜之一言，非獨以記其事，且使此邦之學者與有聞焉，以爲入德之門，則此惠深矣厚矣。千萬勿辭。仍願亟以見寄，恐劾章忽下，不得竟其事也。郭功父舊記納呈，向怪前輩多靳侮之，果不虚得也。

荆州近寄一詩來，讀之令人感慨，今亦録去。渠以信陽事甚不自安，叔度、子約書云都下諸人頗不直，果如何？然世間人口無真是非，未知果孰爲是也。

叔度人回，草此，不能究所欲言。千萬爲吾道自重，不宣。十一月七日，熹頓首再拜上啓伯恭冲祐直閣大著契兄侍史。

復有專人隨叔度人去，令候得白鹿、卧龍記文而歸。幸一揮付之，千萬。建陽人來，聞欲刊新《文海》，此本已傳出耶？甚恨未見。向機仲許寄其目，亦未得也。靖康間有處士陳安節召對，授通直郎、崇政殿説書者，今史録中有其事否？幸子細批喻。其子弟見屬叙述，以不知其本末，不敢作也。千萬留念。熹又拜。
《晦庵文集》卷三四。

案：本書撰於十一月七日。"桐鄉志"，指呂祖謙所撰《潘叔度妻朱夫人墓誌銘》。載《東萊集》卷一三。

朱熹《答呂伯恭》：

人還，領所報書，得聞尊體日益輕安，而來書字畫又足爲驗，幸不可言。記文之賜，尤荷垂念，思致筆力蓋不減未病時也。此又慰幸之甚者。既以爲賀，又以爲謝也。但鄙意有少未安處，別紙上呈，幸更爲詳酌示報。此已礱石，只俟定本，即託人寫刻也。"並山而東"，地勢略是如此，但此處已是山麓，自郡城望之，北多而東少，不知別當如何下語？或云"東北入廬山下"，不知可否？又"率損其舊十三四"，今亦不見得舊來規模廣狹，但據地基，則亦略是如此，恐此語説得亦太牢固，不若爲疑詞以記之，如云"度損其舊七八"，如何？又此役乃星子令王仲傑董之，亦欲特附名其間，以傳久遠，并望因筆及之也。其人老成忠厚，民甚愛之。此不必言，但欲知之耳。洞主命官事，記亦見之，決非僻書，但此無書可檢耳。此類傳疑，正不必深説也。

誨諭數條，極荷愛念。但前日未得回報間，已再申矣。又因地震之變，心自不安，不免具奏乞降付三省密院。此亦面生，或恐觸忤憎嫌，因得遂請也。未去以前，郡事一日不敢廢，但終是心意自懶，覺得難勉彊耳。更看回報如何，不得請，即當如所教也。

治財太急、用刑過嚴二事，亦實有之。蓋州郡用度猶可支吾，最是上供綱運拖下兩年不起，令人坐臥不安，不得不緊急。然比之他人，已是寬了。稍可寬處無不放過，若更寬著，即倒却人州縣矣。傳者之言，似爲建昌而發，便是向來自劾事。初以此縣不辨，令戶掾往代之。此公性鋭質薄，作事不無過當。初蓋亦慮之，但以無人，不免再三丁寧而遣之。到彼果然過甚，大失民和。亟遣簽判親往慰喻，然後粗定。此則選擇不精、戒喻不詳之罪，今已令且還矣。但此縣便覺無分付處，撓不可言。來喻所謂未斟酌者，可謂切中其病。少俟訟竟，事經憲司，當以尊意開喻之也。

士人犯法者，教唆把持，其罪不一，但後來坐法結斷贓罪爲重耳。然亦但送學夏楚，編管江州。其人經赦，便計會彼州官吏違法放還。今日到家，明日便陪涉宗室，教唆詞訟，爲人所訴。復追來欲撻之，而同官多不欲者，只決却小杖數下，再送他州，亦不爲過也。弊政固多疏脱，至此一事，往來之人雖有苦口見規者，問於道途，無不以此事爲當也。判語之失，誠如所喻。前亦覺之，但已施行,無及於改耳。其所爭者,乃是一人與妻有私,而共殺其夫,暑中繫獄病死,而此宗室者乃認爲己僕,而脅持官吏,禁近十人在獄,踰年不決。勢不得已,須與放却。但一時不勝其忿,故詞語不平至此耳。

《詩》說昨已附《小雅》後二册去矣。《小序》之說,未容以一言定,更俟來誨,却得反復。區區之意,已是不敢十分放手了。前諭未極,更須有說話也。恐尊意見得不如此處,却望子細一一垂喻,更容考究爲如何,逐旋批示尤幸。并得之,却難看也。近看吳才老說《胤征》、《康誥》、《梓材》等篇,辨證極好。但已看破《小序》之失而不敢勇決,復爲序文所牽,亦殊覺費力耳。

所欲言者甚多,亟遣此人,未暇詳布。正遠,千萬爲道自愛。塾子更望時賜誨飭,令不至怠惰放逸爲幸。千萬至懇。欲趁此有人,令其挈婦還家。叔度書來,又似留其就學。二者之計,未知所處,不審尊意以爲如何? 此人回,幸報及。韓丈何爲忽有此命? 此未見報,不知果爲何事? 今想已行矣,不知却歸何處? 後便當致書也。正月四日上狀,不宣。熹頓首再拜上狀伯恭冲祐直閣大著契兄坐下。

《卧龍菴記》聞已蒙落筆,願并受賜也。欽夫寄一詩來,當并刻之耳。信陽事誠如來誨,然此言非獨欽夫當佩服也,在於戇拙,所警多矣。叔昌書中有數語,可發一笑。子約書中所論,却望喻其當否也。熹又覆。

今日得蘄州寄來王信伯集并語録，讀之駭人。此《洞記》所爲作也。然以一噎而廢食，又似過當，故愚意欲明者更加意也。恐後人觀之，復如今之視昔也。《晦庵文集》卷三四。

案：本書撰於淳熙七年(1180)正月四日。

朱熹《與東萊論白鹿書院記》：

當是時，士皆上質實，實則入於申、商、釋、老而不自知。

祖宗盛時風俗之美固如所論，然當時士之所以爲學者，不過章句文義之間，亦有淺陋駁雜之弊。故當時先覺之士往往病其未足以明先王之大道，而議所以新之者。至於程、張諸先生論其所以教養作成之具，則見於明道學制之書詳矣，非獨王氏指以爲俗學而欲改之也。王氏變更之議，滎公初亦與聞。王氏之學，正以其學不足以知道，而以老、釋之所謂道者爲道，是以改之，而其弊反甚於前日耳。今病於末俗之好奇而力主文義章句之學，意已稍偏，懲於熙、豐、崇、宣之禍而以當時舊俗爲極盛至當而不可易，又似太過。且所以論王氏者，亦恐未爲切中其病也。

明道程先生止卑忠信而小之也。

世固有忠信而不知道者，如孔子所稱忠信而不好學者，伊川所譏篤學力行而不知道者是也。然則王氏此言亦未爲失，但不自知其不知道，而反以知道者爲不知道，此則爲大惑耳。其以忠信目明道，以爲卑明道而小之則可，以爲卑忠信而小之則不可。蓋以忠信對知道，固當自有高卑小大之辨也。

關、洛緒言止盍思所以反之哉。

程氏之言學之本末始終無所不具，非專爲成德者言也。今此語意似亦少偏，兼於上文無所繫屬。

政使止於章句文義之間止三代之始終也。

三代之教，自離經辨志以後，節次有進步處，是以始乎爲士而終乎爲聖人也。今但如此言之，則終於此而已，恐非三代教學之本意也。

自有此山以來止亦君子之意也。

所謂與日月參光者，不知何所指？更望批喻。其曰“區區濬之”者，又恐卑之已甚，有傷上文渾厚之氣，如馬伏波之論杜季良也。兼此役本爲發明先朝勸學之意，初不專爲濬之。今但得多說此邊意思出來，而略帶續其風聲之意，則事理自明，不必如此罵破也。

鄙意欲如第一段所論，引明道劄子後，即云“不幸其說不試，而王氏得政，知俗學不知道之弊，而不知其學未足以知道，於是以老、釋之似亂周、孔之實，雖新學制、頒經義、黜詩賦，而學者之弊反有甚於前日。建炎中興，程氏之言復出，學者又不考其始終本末之序，而爭爲妄意躐等之說以相高，是以學者雖多,而風俗之美終亦不迨於嘉祐、治平之前,而況欲其有以發明於先王之道乎?今書院之立,蓋所以究宣祖宗興化勸學之遺澤,其意亦深遠矣。學於是者,誠能考於當時之學以立其基,而用力於程、張之所議者以會其極,則齊變而魯,魯變而道矣。"此語草略不文,而其大體規模似稍平正,久遠無弊。欲乞頗采此意,文以偉辭,不審尊意以爲可否?若只如此示,却恐不免有抑揚之過,將來別生弊病,且將盡變秀才而爲學究矣。蓋此刻之金石,傳之無窮,不比一時之間爲一兩人東說西話,隨宜說法,應病與藥也。《晦庵文集》卷三四。

案:朱熹上書(人還,領所報書)云"記文……但鄙意有少未安處,別紙上呈",本書當即"別紙",撰於同時。

朱熹《答呂伯恭》:

人至,辱手書,得聞春來尊體益輕健,放杖徐行,又有問花隨柳之樂,甚慰。記文定本辭約義正,三復欽仰,已送山間,屬黃子厚隸書,到即入石矣。

欽夫竟不起疾,極可痛傷。蓋緣初得疾時,誤服轉下之藥,遂致虛損。一向不可扶持,從初得疾,又緣奏請數事例遭譴却,而同寮無助之者,種種不快而然。雖云天數,亦人事有以致之,此尤可痛耳。熹前月初遣人請祠,至今未還。今又專人再懇,勢必可得。只俟命下,便自此便道一過長沙哭之也。

《詩傳》已領,《小雅》何爲未見?此但記得曾遣去,即不記所附何人。或已到,幸早批喻也。《綱目》此中正自難得人寫,亦苦無專一子細工夫,所脩未必是當,請更須後也。"雷頻失威"之喻,敬聞命矣。諸喻皆一一切當,謹當佩服。但《小序》之說,更有商量。此人亟欲遣請祠者,不欲稽留之,別得奉扣耳。

塾蒙收拾教誨,感幸不可言。望更賜程督文字之外,因語及檢束身心大要,幸甚幸甚。

子壽學生又有興國萬人傑字正純者亦佳,見來此相聚,云子靜却教人讀書講學。亦得江西朋友書,亦云然。此亦皆濟事也。忽忽作此,未及詳,唯爲道珍重。《晦庵文集》卷三四。

案:朱熹《乞宮觀狀》云"右熹……遂於去年三月三十日扶病到官,交割職事,今來在任已是踰年,疾病支離,不堪吏責,中間節次具狀陳乞宮觀差遣,亦未準回降指揮。近於三月六日視事之際,風痰大作,頭目旋暈,幾至僵踣。今已累日,精神愈見昏憒,委是狼狽,不可支持,謹具狀申尚書省,欲乞鈞慈檢會熹累乞宮觀文字,早賜敷奏,特依所請,不勝幸甚"。《晦庵文集》卷二二。本書中言"熹前月初遣人請祠,至今未還。今又專人再懇,勢必可得",又言"欽夫竟不起疾",而張栻乃卒於二月二日,《晦庵文集》卷八九《張公神道碑》。故推知當撰於三月中旬。

朱熹《答吕伯恭》：

吾病廢有年，乃復爲吏，然不爲他郡，而獨来此，豈天固疾此書之妄，而欲使我親究其實耶？《晦庵文集》卷八一《再跋麻衣易説後》。

案：朱熹《再跋麻衣易説後》："予……假守南康，始至，有前湘陰主簿戴師愈者来謁，老且躄，使其壻自披而前坐。語未久，即及《麻衣易説》，其言暗澀，殊無倫次。問其師傳所自，則曰'得之隱者'，問'隱者誰氏'，則曰'彼不欲世人知其姓名，不敢言也'。既復問之邦人，則皆曰：'書獨出戴氏，莫有知其所自来者。'予……後至其家，因復扣之，則曰：'學《易》而不知此，則不明卦畫之妙，而其用差矣。'予問'所差謂何'，則曰：'坎、兑皆水，而卦畫不同。若煮藥者不察而誤用之，則失其性矣。'予了其妄，因不復問，而見其几間有所著雜書一編，取而讀之，則其詞語氣象宛然《麻衣易》也。其間雜論細事，亦多有不得其説而公爲附託以欺人者。予……既歸，亟取觀之，則最後跋語固其所爲，而一書四人之文，體製規模乃出一手，然後始益深信所疑之不妄。然是時戴病已昏，不久即死，遂不復可窮詰。獨得其《易圖》數卷閲之，又皆鄙陋瑣碎，穿穴無稽，如小兒嬉戲之爲

者。欲以其事馳報敬夫，則敬夫亦已下世，因以書語
呂伯恭曰：‘吾病廢有年……’”云云。《晦庵文集》卷八
一。又朱熹上書（昨聞尊嫂宜人奄忽喪逝）亦云“世
有《麻衣心易》者，亦出此間人所造，嘗見之否”，故推
知約撰於此時前後。

呂祖謙《與朱侍講元晦》：

某病體萎痹，雖無加損，卻無它撓，爲況亦甚安適也。
張五十丈遂至於此，痛哉痛哉！聞時適方飯，驚愕氣通，
手足厥冷，幾至委頓。平生師友間可以信口而發，不須揀
擇，只此一處爾。祭文謹錄呈。雖病中語言無次序，然卻
無一字妝點做造也。丐祠復不允，勢難再煎迫諸公。又
目前亦無大齟齬可決去就，莫若暫爲小安計，整頓郡事爲
善。其詳口授舍弟拜稟。它乞厚爲道義護重。《東萊集》
別集卷八。

    案：張五十丈，指張栻。祭文，乃指呂祖謙《祭
張荆州文》。據呂祖謙《庚子辛丑日記》，三月“十九
日，作《張（十五）〔五十〕丈祭文》”。《東萊集》卷一五。
書中言“祭文謹錄呈”，則推知其撰於三月下旬。

朱熹《答呂伯恭》：

久不拜書，適潘復州來，略聞動靜，粗足爲慰。比日
春晚清和，伏惟尊候萬福。熹祠請竟未聞命，昨再遣人，

亦無消息，不知何故如此？此心已去，住此殊無好況，百事皆嬾。雖彊爲一日必葺之計，終是無十分功夫。吏民知其不久，亦不馴服，倍費心力駕馭。細思何苦造此惡業？以此思歸益切，不知所以爲計也。

荆州之訃，前書想已奉聞。兩月來，每一念及之，輒爲之泫然。朋舊書來，無不相弔。吾道之衰，乃至於此，爲將奈何？得江西書，傳聞其柩已徑歸魏公壙所祔葬矣。昨遣人致奠，亦未歸，未知端的也。江州皇甫帥之子歲前至彼，見其未病時奏請多不遂，且多爲人所賣，中語亦不與之，團教、義勇亦不與支例物錢，放散之日，人得五百金而去。以此上下之情不甚和輯，馴致疾病，端亦由此，益令人痛憤。又以知今日仕宦之不可爲也。但其身後所上遺奏，乃爲人摹刻石本，流傳四出，極爲非便。或云是定叟意，其不解事不應至此，殊不可曉也。遺奏想已見之，更不錄去。想聞此曲折，亦深爲慨然耳。

《洞記》專人託子厚隸書未到，甚以爲撓。然雖去此，同官必能爲成其事也。十八日已入院開講，以落其成矣。講義只是《中庸》首章《或問》中語，更不錄呈也。

向來所喻《詩序》之說，不知後來尊意看得如何？“雅”、“鄭”二字，“雅”恐便是大、小《雅》，“鄭”恐便是《鄭風》，不應概以《風》爲《雅》，又於《鄭風》之外別求鄭聲也。聖人刪録，取其善者以爲法，存其惡者以爲戒，無非教者，豈必滅其籍哉？看此意思甚覺通達，無所滯礙，氣象亦自公平正大,無許多回互費力處。不審高明竟以爲如何也?

得韓丈上饒書及尤延之書,皆令勸老兄且屏人事,捐書册,專精神,近醫藥,區區之意亦深念此。幸更於此少留意焉,千萬之望。學者之來,略隨分量接之,不可更似前日命題改課,爲此無益而有損也。塾子在彼,不能無望於此,然不敢以私計妨此至情,尤當蒙見亮耳。

因楊教授遣人,草此爲問。子約老友不及別書。前日書尾之戒甚有警發,近日更不敢申請,已忍却一兩事,但惜乎聞命之晚耳。

案:書中言"比日春晚清和",又言"荆州之訃,……兩月來,每一念及之,輒爲之泫然",故推知當撰於三月末。《晦庵文集》卷三四。

呂祖謙《答朱侍講詩説辨疑》:

"思無邪"、"放鄭聲",區區樸直之見,只守此兩句。縱有他説,所不敢從也。《論語集注》解"思無邪"一段,雖説得行,終不若舊説之省力。至於"放鄭聲"一句,決與鄭漁仲之説不可兩立。橫渠謂夫子自衛反魯,樂正,《雅》、《頌》各得其所,後伶人賤工識樂之正。及魯下衰,三桓僭竊,自太師而下皆知,散之四方。聖人俄頃之助,功化如此。若如鄭漁仲之説,是孔子反使《雅》、《鄭》淆亂。然則正樂之時,師摯之徒便合入河入海矣。可一笑也。《集傳》所以誤取渠仲與石虎語,雖無復君臣之禮,然麤樸愚戀,終是愛君。

今北人痛惜親戚之不可捄藥，其語往往似罵，其實愛之切也。忽是正嫡，又資質愿善，國人深憐之，故刺如是之多，不可作欺善怕惡看也。宋玉《登徒子賦》用《遵大路》之語，《左傳》韓起解褰裳之義，均爲他書之引《詩》者也，皆非《詩》之本說也。今《集傳》一則采之，一則以斷章而棄之，謂韓起之言非《詩》之本說，則《登徒子賦》亦可如此說也。無乃猶以同異爲取舍乎？此却須深加省察。若措之事業如此，則甚害事也。或喜漁仲之說方銳，乞且留此紙，數年之後試取一觀之，恐或有可采耳。《東萊集》卷一六。

　　案：朱熹上書（久不拜書）論及"'雅'、'鄭'二字"云云，本書亦辨析《雅》、《鄭》之說，當承上書，故推知亦約撰於四、五月間。

呂祖謙《與朱侍講元晦》：

　　丐祠雖未愜雅志，然諸公不欲賢者家食，雖未必由衷，然亦善意也。但有畏不能容賢者之謗，比之全不分皂白者亦有間矣。張荊州病中請祠，亦有苦勸當途令從其請者，亦以向來之嫌，畏人議論不能容之，遂堅不肯從。但作帥與小軍壘不同，但須内外至誠相與，首尾相應，乃不誤事。既非心相與，則自有首尾衡決處，如來教數條皆是也。符節在身，不得擅去，此所以憂而至於病，病而至於死，每誦"量而後入，不入而後量"之語，爲之泫然。至於南康，地既非要害，民又非浩穰，雖事之不如人意處固多，然無旦夕立至之憂，若且耐煩忍垢，拊摩疲民，苟稍成頭緒，子重繼之，必能遵守。使一方之民小小休息，亦不爲無補也。今去終更纔半年餘耳，交印後身便自由，惟吾志所欲無不可者。或未終更，別有除改，半道引疾而歸，亦甚省力。

陸子壽前日經過，留此二十餘日，幡然以鵝湖所見爲非，甚欲著實看書講論，心平氣下，相識中甚難得也。近因荆州之赴，深思渠學識分曉周正如此，而從游之士往往不得力。記得往年相聚時，雖未能盡領解渠説話，然覺得大段有益，不知其他從遊者何故乃如此？蓋五十丈不能察人情虚實，必如某之專愚毋它，其教誨乃有所施耳。若胸中多端者，雖朝夕相處，未必能有益也。《中庸》論盡己之性，又繼之以盡人之性、盡物之性，工夫無窮如此。此豈追往事，亦要高明深勉之耳。五十丈所作《濂溪祠堂記》，告妝褫一本送示，欲挂壁間觀省耳。親舊間多相勉撤去書册，固知此理，但舊所偏嗜，未能頓去，近亦十減五六矣。如時文却不曾與人看，受之在此作課，亦只是舍弟爲之點檢也。《東萊集》別集卷八。

案：朱熹上書（久不拜書）有言"得韓丈上饒書及尤延之書，皆令勸老兄且屏人事，捐書册，專精神，近醫藥，區區之意亦深念此"，又言"不可更似前日命題改課，爲此無益而有損也。塾子在彼，不能無望於此，然不敢以私計妨此至情，尤當蒙見亮耳"，本書乃云及"親舊間多相勉撤去書册",則承上書。又據朱熹《與執政劄子》云"熹昨緣疾病不堪吏役,累具劄目乞備祠官,至五月間,伏準尚書省劄子奉聖旨不允",《晦庵文集》卷二六。而本書有云"丏祠雖未愜雅志,然諸公不欲賢者家食,雖未必由衷,然亦善意也",故推知當撰於五月間。

朱熹《答呂伯恭》:

元範人回,承手字,獲聞比日尊體益輕健,爲慰之劇。又承誨諭數條,尤荷愛念。信後雨餘蒸鬱,伏惟玩心有相,起處享福。熹自被報聞之命,不敢復有請。但前日妄發,本蘄密贊聖聰,昨日乃聞降付後省。不密失身,從是始矣。然業已致身事主,生死禍福惟其所制,非己所得專也。此間只有三五擔行李及兒甥一兩人,去住亦不費力,但屏息以俟雷霆之威耳。前日如自明諸人文字及近習者皆不降出,此乃付外,又不可曉。區區愚忠,猶不能無冀幸於萬一耳。

欽夫之逝,忽忽半載,每一念之,未嘗不酸噎。同志書來,亦無不相弔者,益使人慨歎。蓋不惟吾道之衰,於當世亦大有利害也。自向來人還,至今不得定叟書,今日方再遣人往致葬奠。臨風哽愴,殆不自勝。計海內獨尊兄爲同此懷也。援筆至此,爲之淚落。痛哉痛哉!《祭文》真實中有他人所形容不到處,歎服。今此人去,亦有一篇，謹録呈。蓋欽夫向來嘗有書來，云見熹諸經説，乃知閑中得就此業，殆天意也。因此略述向來講學與所以相期之意，而嘆吾道之孤且窮，於欽夫則不能有所發明也。

盛文所叙從善受言，使言者得自盡，施於褊狹，所警尤多。平日亦知敬服渠此一節，而不能學。今老矣，而舊病依然，未知所以藥之也。不唯如此，近日覺得凡百應接，每事須有些過當處，不知如何整頓得此身心四亭八當，無許多凹凸也？耐煩忍垢之誨，敬聞矣。今大綱固未嘗敢放倒，但不免時有偷心，以爲何爲自苦如此？故事有經心而旋即遺忘者，亦有不敢甚勞心力而委之於人者，亦有上説不從、下教不入而意思闌珊、因循廢弛者。此兩月來，既得不允指揮，不敢作此念。又爲狂妄之舉，準備竄謫，尤不敢爲久計。身寄郡舍，而意只似燕之巢於幕上也。言事本只欲依元降指揮條具民間利病，亦坐意思過當，遂殺不住，不免索性説了。從頭徹尾，只是此一箇病根也。

獄訟極不敢草草，然見人説亦多過處，乃與塾子所論諸葛政刑相似。然欲一切姑息，保養姦凶，以擾良善，而沽流俗一時之譽，則平生素心深竊恥之，亦未知其果如何而得其中也？所論荆州從遊之士多不得力，此固當深警。然彼猶是他人不得力，今自循省，乃是自己不曾得力，此尤爲可懼也。不知老兄看得此病合作如何醫治，幸以一言就緊切處見教，千萬之望。子壽兄弟得書，子静約秋涼來遊廬阜，但恐此時已換却主人耳。渠兄弟今日豈易得，但子静似猶有些舊來意思。聞其門人説，子壽言其雖已轉步而未曾移身，然其勢久之亦必自轉。回思鵝湖講論時是甚氣勢，今何止什去七八耶？

元範立碑之説，向曾見告。嘗語之云："熹固不足道，但恐人笑老兄耳。"意其已罷此議，不謂乃復爲之，聞之令人汗下。幸已蒙喻止，必且罷休矣。平生性直，不解微詞廣譬道人於善，故見人有小失，每忍而不欲言，至於不得已而有言，則衝口而出，必至於傷事而後已。此亦太陽之餘證也。

塾書説近建家廟、立宗法，此正所欲討論者，便中得以見行條目子細見教爲幸。

白鹿書院承爲記述，非惟使事之本末後有考焉，而所以發明學問始終深淺之序尤爲至切。此邦之士蒙益既多，而傳之四方，私淑之幸又不少矣。謹以十一本投納書几，内一本裝褾與《濂溪祠堂記》爲對，又有雜刻數種并往。伊川先生與尹和靖者可背作一卷。此人亟行，不暇也。然伊川先生才説病便有藥，和靖却似合下便作死馬醫。此道之傳，真未易以屬人也。

觀書實非養病所宜，若不能已，當有以程之，日讀若干以下也。

因人往永嘉督新簽赴任，附此。其人姓薛名洪，不是

士龍之宗族否？中間旱甚，田幾不可耕。今幸數得雨，然
鬱蒸未解，亭午揮汗，未能盡所欲言。惟千萬爲道自重，
不宣。六月六日，熹頓首再拜，上啓伯恭武夷直閣大著契
兄坐下。

令子想日佳茂。周子充遂參大政，不知嘗有以告
之否？至此若復暗默，則更無可説，不知其計安出也？
熹又拜。

此專遣人至叔度處，令便歸。告早批數字，或口授
子約見報。蓋至彼問兒婦消息，望其速還也。《晦庵文
集》卷三四。

案：呂祖謙上書（丐祠雖未愜雅志）云“若且耐
煩忍垢，拊摩疲民，苟稍成頭緒，子重繼之，必能遵
守”，又言“五十丈所作《濂溪祠堂記》，告妝褙一本送
示，欲挂壁間觀省耳”，本書即云“耐煩忍垢之誨，敬
聞矣”、“白鹿書院承爲記述，……謹以十一本投納書
几，内一本裝褾與《濂溪祠堂記》爲對”，則知承上書，
撰於六月六日。

呂祖謙《與朱侍講元晦》：

降付後省之説，必是虛傳，此間卻不聞也。尋常條陳
利害文字，乃送後省看詳。若深於此者，有時或宣付宰執
略看，即復進入，少有付外者。似聞揆及新參皆常於榻前
調護。以近例觀之，縱使無人調護，亦不至有它甚不相諒

者,不過以爲好名耳。比得檢正舅氏書,云“嘗得來教,微及有所建白”之意。如舅氏之靜密,固自無害。萬一於其他親舊書亦復及之,則非密贊聰明、居以俟命之意。至於播揚招悔咎尚所不論,繼此望深以爲戒也。交印之後,既不過三季。若郡中別無大齟齬,不若安心爲之整頓郡計,俟終更還家,然後請祠,最爲穩當。鄭景望自寧國歸,過此,渠亦是未滿。前年歲間不曾通政府書,直至細滿,亦無問。此法自可用也。保養姦凶以擾善良,固君子之所恥,要當無忿疾之意乃善。《詩》云:“豈弟君子,民之父母。”須使人入境問俗,便覺此氣象。若霜雪勝雨露,則不可也。

　　陸子靜近日聞其稍回。大抵人若不自欺,入細著實,點檢窒礙做不行處,自應見得。渠兄弟在今士子中不易得,若整頓得周正,非細事也。

　　受之所謂建家廟,初不能備廟制。但所居影堂,在堂之西邊,位置不當,又去人大近,不嚴肅。廳之東隅有隙地,前月下手,一間兩廈,頗高潔,秋初可斷手。作主只依前所示《祭儀》中制度。時祭及朔望薦新之類,亦隨力就其中撙節耳。《宗法》,春夏間嘗令諸弟讀《大傳》,頗欲略見之行事。其條目未堪傳。家間與叔位同居。向來先人以先叔久病之故,盡推祖業畀之。後來看得兩位藐然,卻無係屬處。今年商量兩位隨力多少椿辦一項錢,共祭祀、賓客等用,令子弟一人主之。今方行得數月,須俟數年行得有次序，條目始可定也。受之近日漸解事，性氣方亦減。同舍間及渠家上下皆稱之，殊可喜也。

伊川、和靖墨蹟已刊。向聞刊康節詩，因便求一本。某近日看書甚少，每早飯後卻不復繙閱。如《詩》方整頓到《車攻》。蓋每日只理會一章或兩章，可見其少也。

新簽聞是士龍宗族，往時卻不曾見士龍説及，不知其人如何。周子充入參，雖不能大有所正，度亦必時有微益。尋常病中不曾特作臨安書，俟渠或有書來，自當盡誠告之也。定叟以喪事請祠，差慰人意，因書望時有以啓告之。父兄擔子雖不易承當，若隨分數勸得些少，於渠門户非小補也。《王信伯集》初謂印板所刊必多，此數篇則舊固見之矣，今復還去。《東萊集》別集卷八。

案：朱熹上書（元範人回）云記其上奏，"昨日乃聞降付後省"，而本書亦云"降付後省之説，必是虛傳"，乃承上書。又書中云"如《詩》方整頓到《車攻》。蓋每日只理會一章或兩章"，據呂祖謙《庚子辛丑日記》，其於六月十八日"整頓""《車攻》一章、二章"，"二十日《車攻》三章、四章"，"二十二日《車攻》五章、六章"，"二十四日《車攻》終篇"。則知本書當撰於六月十八日至二十四日間。

呂祖謙《與朱侍講元晦》：

某病體夏中粗無它，雖深風遠痺，非藥石所能料理，

然神氣漸似完固。杜門養靜,亦殊有味也。奏封出於忠
憤懇切,固不可遏。上容受讜言,亦不以爲忤。但以鄙見
言之,不若積此誠意,當其可而發,乃深厚有力爾。張五
十丈祭文,前月已見初本,今又復領後篇,精義至到,讀之
令人泫然。不惟痛逝者之不可作,又竊以窺任道之志屹
然益堅,幸甚。願言勉之,使弘大平粹,則見諸行事,垂諸
方册,皆可以爲後學模轍,吾道之幸也。大抵稟賦偏處,
便使消磨得九分,觸事遇物,此一分依前張王,要須融化
得盡方可爾。來諭所謂未得力,恐只是用力猶未至耳。
自己工夫緊切,則游從者聽講論、觀儀容,所得亦莫不深
實矣。不識高明以爲如何?

　《白鹿洞記》摹刻精甚,但淺陋無所發明,祗增愧怍。
它石刻皆已領。盛熱不能多作字,謹口授舍弟拜稟。它
祈爲斯文崇重。《東萊集》別集卷八。

　　案:朱熹上書(元範人回)云及上疏事,本書云
"奏封出於忠憤懇切,固不可遏。上容受讜言,亦不
以爲忤";朱熹上書又云"所論荆州從遊之士多不得
力,此固當深警。然彼猶是他人不得力,今自循省,
乃是自己不曾得力,此尤爲可懼也",而本書亦云"來
諭所謂未得力,恐只是用力猶未至耳";朱熹上書言
"謹録呈"其所撰《祭張五十丈文》,而本書亦云"張五
十丈祭文,前月已見初本,今又復領後篇,精義至到,
讀之令人泫然",則知其乃上承朱熹來書。又書中言

"某病體夏中粗無它"、"盛熱不能多作字,謹口授舍弟拜稟",當是呂祖謙於上書(降付後省之説)後,因便又作本書,當推知其當撰於六月末。

朱熹《答呂伯恭》:

承局回,承書,得聞比日尊候萬福。細觀筆札,又比前日不同,深以爲慰。熹前被不允指揮,今已三月,方始再上祠請。適此旱災,祈禱未能感格,今早禾已不可救,若更數日不雨,即晚禾亦不可保。觀此事勢,必致大段狼狽,遂不敢言去,只得竭盡駑力。若自以曠敗抵罪,則無可奈何耳。竊觀事勢萬一不稔,即軍食所須是第一義,而後可及賑恤。已多方擘畫,未知其濟否如何。切幸因風有以見教於其思慮之所不及者,幸甚幸甚。

囊封付出,乃邸吏云爾。方竊怪之,當時誠亦輕發,然今已不可悔矣。積其誠意,待時而發,固所當然,但恐如諺所謂"今年自家雪裏凍殺,不知明年甚人喫大椀不托"耳。言之痛心,苦事苦事。謹密之戒,乃今聞之。初但不敢以草本示人及與人説其中所論,不謂乃并此題目不得漏洩也。數年前風俗尚不如此,自今當深戒之耳。既云有調護者,即是嘗有譴怒之意,亦幸密見告也。

近緣旱虐,百事放寬,又覺得雨露太勝雪霜。然亦且得如此,前日誠有過當處也。二陸後來未再得信,救荒方急,未暇遣人問之。子静欲來遊山,聞此中火色如此,又未知能來否耳。立廟等事甚善，他時脩定，當得求教也。
康節刻成甚久，何故不曾寄去耶？今往五本，他刻恐欲分
人，亦各并致一二也。塾不知果能漸解事否？人家後生，
只得自有意做好人，便有可望。此郎正坐無此根本，使人
憂心耳。今令歸鄉應舉，臨行更望丁寧之也。試罷，略令
此來，有可見教，書不能盡者，幸以語之。但恐亦不是寄
附處耳。知看書不多，甚善。《詩》不知竟作如何看？近
來看得前日之説猶是泥裏洗土塊，畢竟心下未安穩清脱。
便中求所定者節目處一二篇一觀，恐或有所警發也。尤
延之見祭敬夫文，以爲意到而詞語不若平日之温潤，鄙意
亦頗疑其如此。渠令深勸且省思慮，意甚拳拳也。

新參近通問否？大承氣證，却下四君子湯，如何得相
當？然尚幸其不發病耳。老兄與之分厚，須痛箴之。吾
輩與百萬生靈性命盡在此漏船上，若喚得副手稍工不至
沉醉，緩急猶可恃也。

再去長沙人未回，前日因便又作書與定叟，略致盛意
矣。與説今日請祠，便是奉行敬夫遺戒第一義，時時勿忘
此心而充擴之，則甚善。老兄因書更自勸勉之爲佳耳。
承教未期，臨風引領，千萬爲道自重。《晦庵文集》卷三四。

案：吕祖謙上書（降付後省之説）云"降付後省
之説，必是虚傳，此間卻不聞也"，又云"似聞揆及新
參皆常於榻前調護"，又云"須使人入境問俗，便覺此
氣象。若霜雪勝雨露，則不可也"。而本書亦云"囊

封付出，乃邸吏云爾”，又云“既云有調護者，即是嘗有譴怒之意，亦幸密見告也”，又云“近緣旱虐，百事放寬，又覺得雨露太勝雪霜”，顯承呂氏上書之語。又書中云“積其誠意，待時而發，固所當然，但恐如諺所謂‘今年自家雪裏凍殺，不知明年甚人喫大椀不托’耳”，顯承呂祖謙來書（某病體夏中粗無它）中“但以鄙見言之，不若積此誠意，當其可而發，乃深厚有力爾”語而發。又書中言“熹前被不允指揮，今已三月”，朱熹“被不允指揮”在五月間，故推知本書約撰於七月末。

朱熹《答呂伯恭》：

再祭敬夫之文，語意輕脫，尋亦覺之，則已不及改矣。誨諭之意，微婉深切，銘佩何敢忘也。“弘大平粹”四字謹書坐隅，以爲終身之念。稟賦之偏，前日實是不曾用力消磨，豈敢便論分數？然自今不敢不勉，更望時有以提撕警策之也。專此布謝，言不盡意。熹再拜。

熹既不得去，景望之事可以爲法。值此災傷，恐有合理會事，不得不通政府書，然非甚不得已，亦不敢發也。此間幸亦無大齟齬，諸司頗亦相悉。泉司近爲奏請，減得三縣人户木炭錢二千緡，殊非始望所及，却是漕司不識好惡，雖當予者或反奪之。前日作書已大罵之，復思老兄之言，且忍須臾，只細與條析事理，庶幾其或悟耳。《晦庵文集》卷三四。

案：呂祖謙上書（某病體夏中粗無它）云"願言勉之，使弘大平粹，則見諸行事，垂諸方册，皆可以爲後學模轍，吾道之幸也。大抵稟賦偏處，便使消磨得九分，觸事遇物，此一分依前張王，要須融化得盡方可爾"，而本書亦云"'弘大平粹'四字謹書坐隅，以爲終身之念。稟賦之偏，前日實是不曾用力消磨，豈敢便論分數？然自今不敢不勉，更望時有以提撕警策之也"，知承呂氏上書，稍晚於朱熹前書（承局回），推知約撰於七、八月之際。

呂祖謙《與朱侍講元晦》：

稍不上記，政劇傾仰。伏辱手教並墨刻，不勝欣懌。旱勢甚廣，不知封内近得雨否？荒政措畫次第，無所不用其極。尋常小郡，患於叫唤不應，如南康今日事體則不然。苟爲民而屈至誠懇惻無疑外，入細商搉，使彼可從，自應有濟。但恐辭氣勁厲，在事者便謂欲獨爲君子，愈扞格不可入爾。其他皆高明所洞達，獨此説似可爲獻也。再祭張五十丈文，本以告逝者，復何所嫌？第不必示不知者爾。前書拜稟，蓋謂世衰道微，正欠人擔荷此事，幸而有之，唯願其進德修業，日新又新，使學者有所矜式而已，非於此有所疑也。示諭自反深切，益令人歎服。"當仁不讓"、"檢身若不及"兩句，初不相妨，堅任道之志而致細察之工,乃區區所望也。新參非無惓惓之意,但病在力不足,往年相聚論之熟矣。比因答書,亦嘗詳告之,政恐未必能有益也。

受之日來儘解事,唯是志向非它人所能與,每相見,亦未嘗不盡區區也。某病體只如故,但無求痊望愈之心,度歲月卻不覺費力。省思慮之戒,敢不佩服!尤延之說祭文極是,蓋當時傷感之意多,自應迫切耳。《詩說》止爲諸弟輩看,編得訓詁甚詳。其他多以《集傳》爲據,只是寫出諸家姓名,令後生知出處。唯太不信《小序》一說,終思量未通也。其他受之當能道,已詳語之矣。餘乞爲道愍重。《東萊集》別集卷八。

案:朱熹上書(承局回)言"《詩》不知竟作如何看",又言"尤延之見祭敬夫文,以爲意到而詞語不若平日之溫潤,鄙意亦頗疑其如此",又言"新參近通問否?大承氣證,卻下四君子湯,如何得相當?然尚幸其不發病耳。老兄與之分厚,須痛箴之";又朱熹上書(再祭敬夫之文)言又"却是漕司不識好惡,雖當予者或反奪之。前日作書已大罵之,復思老兄之言,且忍須臾,只細與條析事理,庶幾其或悟耳"。而本書亦言"《詩說》止爲諸弟輩看,編得訓詁甚詳。其他多以《集傳》爲據,只是寫出諸家姓名,令後生知出處",又言"尤延之說祭文極是,蓋當時傷感之意多,自應迫切耳",又言"新參非無惓惓之意,但病在力不足,

往年相聚論之熟矣。比因答書，亦嘗詳告之"，又言
"苟爲民而屈至誠懇惻無疑外，入細商推，使彼可從，
自應有濟。但恐辭氣勁厲，在事者便謂欲獨爲君子，
愈扞格不可入爾"，則知其上承朱熹二書而作，推知
當撰於八月中。

朱熹《答吕伯恭》：

久不辱問，向仰良深。比日秋雨稍涼，伏惟尊候萬
福。熹夏秋以來，以旱暵祈禳犇走，日日暴露，不得少休。
既無所效，又不得不爲救荒之備，郡小財匱，無擘畫處，日
夕究心，遂發心疾，上炎下潦，勢甚可畏。已急遣人呼二
兒及約子澄，恐有不測，無人主宰。既而飲藥，僅得少定。
又苦脚跟痛，不能履地，此兩日方能移步，然亦終未脫然。
郡中賑助檢放等事，却已稍有緒。但軍糧無所指擬，不免
具奏祈哀，并以衰病之實丐求罷免，未知復如何。但欲退
縮省事，以俟終更，而事勢驅迫，有不自由者。今且信緣，
未知果安所稅駕也。

夏秋以來，今日方得竟日之雨，民間遂可種麥蒔蔬，
庶幾有以係其心志而不至於流移。此後公私多方接濟，
到得春來，則麥可食而無所事矣。但其間日月尚多，又未
知果能如人所料否耳。其間隨事措置，曲折甚多，未暇一
一求教。所幸民間却稍相信，鄉村士人有事便可來説，上
下之情稍通，官吏不敢十分相罔，凡事省力。但一味無

錢，没撰處耳。今日見省符并致文字，有相及者。此固不
足爲重輕，亦殊可笑也。

比來計益輕健，《詩說》可見示一二大節目處否？不
似《書說》又被人傳印也。別有論著可見教者，勿吝幸甚。
子約不及別書。兒輩計今日方終場，度後月十間可到此
也。所欲言者甚衆，急遣此人，不暇。正遠，惟千萬保重，
不宣。八月十九日，熹頓首再拜上啓。

長沙人至今未還，亦不得明信，令人懸心耳。子壽兄
弟久不得書，子靜欲來，想以旱故，未必能動。且夕或遣
人候之也。自明之亡，極可痛惜，天亦爲此曹復讎也耶？
不可曉。《晦庵文集》卷三四。

案：本書撰於八月十九日。

朱熹《答呂伯恭》：

昨專人去拜狀，想達。比日秋冷，伏惟尊候萬福。熹
彊勉於此，精力日衰，大抵罔罔，如夢寐間度日耳。救荒
不得不經心，然亦失前忘後，不成倫理。告歸已三請，未
知可得否，方以爲憂。近再得大農曾丈報云必可得，幸
甚。不知今已命下未也。大兒來自里中，嬾慢如故，令誦
程文，僅能記三兩句耳。數日鄉間寂然，必是又遭黜矣。
且令往挈婦孫歸家，但恐自此遠去師席，愈益怠惰，奈何？
此中事渠亦略能言之。偶作書多，心忡目澀，不能詳布。
昨日答胡伯逢書，戲語之云："元來禹、稷如此不好做。"今

日作此，又思尊兄之病未必不爲福也。子約老友承書，多感。病倦，不及別狀。正遠，千萬加意攝理，以慰遠懷。幸甚幸甚。《晦庵文集》卷三四。

案：書中言"大兒來自里中，嬾慢如故，令誦程文，僅能記三兩句耳。數日鄉間寂然，必是又遭黜矣"，指秋闈落榜，故推知約撰於九月中。

吕祖謙《與朱侍講元晦》：

某病倦，稍不上狀，惓惓第有傾鄉。疚心荒政，聞極勞瘁。然到得措畫不行，求牧與芻而不獲，便有歸諸其人之義，不必耗損神氣，所繫殊不輕也。一月前得原伯舅氏書，政府許求祠，已專奉報，想久已入文字。如不遂請，而郡中漸可枝柱，爲飢民少留，亦君子之志也。但報狀中猶未見得請，何耶？某病體只如舊，但近常發痁，又加疲薾爾。昨日忽被堂帖還故官，病廢如此，尚未能出門戶，況仕宦乎？但虛煩除書爲愧耳。聞臨安知舊皆知其不能就，特揆欲以示善意。一兩日自列乞依舊奉祠，計必見聽也。舊從學毛大方仲益往視其弟，因欲請見。此子和易知自愛，卻可與語也。匆匆未能它及。向寒，惟祈［爲］斯文毖重。《東萊集》別集卷八。

案：書中言"昨日忽被堂帖還故官"、"一兩日自列乞依舊奉祠"，據《吕祖謙年譜》，吕祖謙於九月二十五日再除著作郎兼國史院編修官，又據《庚子辛丑日記》，十月一日"作書辭官"，則本書撰於九月末。

朱熹《答吕伯恭》：

熹近因塾行，已拜狀。今日求得西山地黄五斤，恰毛
掾有便，謹以附内，向見塾説藥裏所須也。宂甚目昏，不
容他及。十月九日，熹再拜。

子約不及別書。曾丈聞已過京口，欲遣人致問，尚
未暇也。但所報祠請殊不效耳。《晦庵文集》卷三四。

案：朱熹上書（昨專人去拜狀）云"大兒來自里
中，……且令往挈婦孫歸家"，本書云"熹近因塾行，
已拜狀"，知稍晚於上書。據書末云，知撰於十月
九日。

吕祖謙《與朱侍講元晦》：

某稍不聞問，政此傾鄉。受之來，辱手教，且能道近
況之詳，極以爲慰。荒政既粗可枝梧，又諸公略相應副，
自無辭求去，只得爲民少屈，以須終更也。某痁疾方安，
尋被除目，不免親作數字懇政府，甚覺疲倦，所幸相諒，既
見聽矣。但傳聞猶有參議官指揮，病中亦何緣赴得？又
須費一番書劄也。陸子壽不起，可痛。篤學力行，深知舊
習之非，求益不已，乃止於此，於後學極有所關繫也。痛
痛！張五十丈遺文，告趁郡中有筆力，早寫一本見示，極
所渴見，不必待編定，亦不以示人。方其無恙時，謂相見

之日長，都不曾鈔録，今乃知其可貴重也。言之涕下，手倦不能多及。向寒，唯爲道義自重。《東萊集》別集卷八。

案：書中言"但傳聞猶有參議官指揮"，據《東萊集》附録卷一《年譜》，十月十二日添差兩浙東路安撫司參議官，據吕祖謙《除參議官辭免劄子》云"右某近以病控免恩命，十月二十九日准勑特添差兩浙東路安撫司參議官，仍釐務"，《東萊集》卷三。則所謂"傳聞猶有參議官指揮"，乃指宋廷十月十二日已有授吕參議官動議，然至二十九日方"准勑"宣出。故推知本書是撰於十月下半月。

朱熹《答吕伯恭》：

久不奉問，向來微恙，計已平復矣。著庭、議幕之命相繼而下，殊不可曉。不知果彊起承上意否？熹衰病日益昏耗，恐不堪郡事。目下民間雖未告饑，然盜賊頗已有端，日夕憂窘，不知所以爲計，惟望祠請之果遂耳。昨曾丈報甚的，既而復不然，造物之意果難測也。陸子壽復爲古人，可痛可傷！不知今年是何氣數，而吾黨不利如此也？趙景昭官滿過此，甚款，意思甚好。今日如此等人亦難得也。塾到復何如？近得叔度書，似未許其歸。此番破戒差人借請，糜費公私不少，若不成行，不惟枉費，向後恐亦無人可使，轉見費力。幸爲一言及此，令其早歸爲望。元範歸，偶連日宂甚，夜作此書，未暇他及。惟千萬爲道自重。《晦庵文集》卷三四。

案：書中言“著庭、議幕之命相繼而下”，又云“陸子壽復爲古人”，據《呂祖謙年譜》，呂祖謙於十月二十九日添差兩浙東路安撫司參議官；又據《陸九淵集》卷三六《年譜》，九月二十九日陸九齡（字子壽）卒。故推知其約撰於十一月上半月。

呂祖謙《與朱侍講元晦》：

某手凍未及拜書。祠官幸已得請，自此遂可奠枕矣。解組不遠，至時趣子重來，合符而歸，最爲上策。切不須求祠，恐諸公意不過別有除改，卻是自引惹也。《東萊集》別集卷八。

案：書中言“祠官幸已得請”，據《呂祖謙年譜》，呂祖謙於十一月二十二日主管亳州明道宮，則本書當撰於十一月、十二月之際。

朱熹《答呂伯恭》：

久不拜狀，日以馳情。比聞已遂祠官之請，良以爲慰。即日霜寒，伏惟尊候萬福。熹黽俛於此，再見歲晚。祠請未報，然去替只百餘日，今亦不復請矣。幸再乞旱餘苗米，已盡得之。所遣人猶未還，而已被堂帖之命，計此周參之力爲多也。得此不唯軍士得食，官吏免責，民間亦免將來縣道預借之擾，上恩此爲厚也。賑濟當自元旦舉行,民間歲前有闕食處,稍已賑濟之。但聞頗苦乏錢,此則無如之何。然見脩江隄,役工買木,亦足以散錢於民間,但不多耳。

子壽云亡,深可痛惜。近遣人酹之。吾道不振,此天也。奈何奈何!欽夫遺文見令抄寫,其間極有卓絕不可及處。然亦有舊說不必傳者,今便不令抄矣。每一開卷,令人慘然。只俟解印,徑往哭之,小洩此哀也。遣人迓子重,草草附此,此亦是小三昧矣。未即承晤,惟千萬爲道自重,不宣。《晦庵文集》卷三四。

　　案:呂祖謙上書(某手凍未及拜書)云"祠官幸已得請",本書言"比聞已遂祠官之請",則承上書。又書中云"熹黽俛於此,再見歲晚",則知撰於歲末。

朱熹《答呂伯恭》:

熹幸粗安,已遣人迓子重,至即合符而行矣。賑恤之備粗有支吾,奏請數事,悉蒙朝廷應副,衰拙之幸。大抵今歲江東諸郡放旱分數稍寬,緣此民間未至流徙。此間諸縣鄉村四十里置一場,糶官米及勸喻到富民米穀。元日初糶,殊未有來糴者。以賞格募得三家米近二萬石賑濟,當得官者四人,而飢民受惠不少矣。然今未敢散,須俟深春也。昨楊教授人還,領至日批示,具曉至意,不復有他請矣。子壽之亡,極可痛惜,誠如所喻。近得子靜書云已求銘於門下,屬熹書之。此不敢辭,但渠作得《行狀》

殊不滿人意，恐須別爲抒思，始足有發明也。毛仲益自江
西來，逼歲方領前此所惠書，已久，猶足慰意。又得細詢
昨來動靜，如著書日有課程，甚恨未得一窺草藁。然朋友
之論多以爲病中未可勞心，深不欲老兄之就此編也。《大
事記》想尤奇，尤有益，然尤費力，此更望斟酌也。二書告
令人録一二卷多發明處見寄，甚幸。只送潘卿處，令付郡
吏以來。汝昭過此小款，渠當時自合請祠，此行極費力，
於義亦覺未安。不審尊意以爲如何？因奇卿人還附此，
雪寒手凍，未能詳悉。惟益自愛，以慰惓惓之望。《晦庵文
集》卷三四。

　　案：朱熹上書（久不拜狀）云"遣人迓子重，草草
　　附此"，本書云"已遣人迓子重，至即合符而行矣"，知
　　承上書。又書中言"元日初糶，殊未有來糴者"，故推
　　知其當撰於淳熙八年（1181）正月間。

朱熹《答呂伯恭》：

　　熹在此支撐甚費力，子重不來，已遣人通吳守書，速其
來矣。境內目今幸未至流殍，未知將來復如何。但願早
去，庶免疏脱耳。即今覺闕雨，若更數日如此，即可慮也。

　　少懇：向來劉樞之亡，以其兒女爲託。今其女年漸
長，未有許婚之所。來議者多，往往未滿人意，不敢輕諾。
與平父議，恐今年新進士中有佳士，老兄所素知者，得爲
物色一人，報劉氏與之定議。平父欲自拜書，專人致懇。

幸與留念推擇,使其家得佳壻,而熹不孤逝者之託,千萬
幸甚幸甚。此書恐未遽達,不復他及。正遠,惟以時加
衛,幸甚幸甚。子約不及書,叔度亦然,并煩爲道意。塾
子望時賜檢責,不至怠惰爲望。《晦庵文集》卷三四。

　　案:朱熹上書(熹幸粗安)云"已遣人迓子重,至
　　即合符而行矣",此書云"子重不來,已遣人通吳守
　　書,速其來矣",子重即石𡼖,宋廷原除其知南康軍以
　　代朱熹,卻未上而丁憂,而吳守當爲新除知南康軍
　　者,故朱熹遣人"速其來",則本書乃承上書,約撰於
　　二月初。

吕祖謙《與朱侍講元晦**》:**

　　某方作書畢,劉平父轉教賜謹悉。尋常雖未嘗預此
事,以吾丈之委屬,劉樞之賢,敢不盡力?但目前未有其
人,年歲間倘見有可者,當關白也。近有建昌士人陳剛正
己相訪,種種皆與人合,十年來所未見也。工夫淺深,自
是渠事,大槩只是當耳。渠今冬來春爲五夫之行。如此
等人,方始不枉與説話也。《東萊集》別集卷八。

　　案:本書言"劉平父轉教賜謹悉",乃答朱熹上書
　　(熹在此支撐甚費力)所託,故推知其約撰於二月間。

朱熹《答吕伯恭》:

　　便中伏奉近書,筆蹟輕利,視前有異,深以爲喜。比

日春和,伏想日益佳健。熹疾病幸不至劇,飢民亦幸未至流徙,軍食想可支吾。比連得雨雪,麥秀土膏,人情似有樂生之望矣。子重不來,可恨。吳守度閏月初可到,到即合符而南矣。去年之旱非常,幸賴朝廷留意得早,諸處奏請悉皆應副,故得不至大段狼狽。此於國計所損幾何,而其利甚博。此間即是周參政調護之力爲多也。

欽夫遺文俟抄出寄去。子靜到此數日。所作子壽埋銘已見之,叙述發明,此極有功,卒章微婉,尤見用意深處。歎服歎服。子靜近日講論比舊亦不同,但終有未盡合處。幸其却好商量,亦彼此有益也。《詩説》、《大事記》便中切幸垂示。子約不及別書,意不殊前。正遠,切冀爲道自重。《晦庵文集》卷三四。

　　案:據《年譜長編》卷上,陸九淵於二月上旬至南康軍訪朱熹,十日至白鹿書院講論"君子小人喻義利"章。本書中云"子靜到此數日。……子靜近日講論比舊亦不同,但終有未盡合處";又云"吳守度閏月初可到",是年閏三月,故推知其約撰於二、三月之際。

呂祖謙《與朱侍講元晦》:

便中伏領教字,殊以慰懌。前日見邸報,江西之命聞尚有兩政闕,足可優遊求志,想甚稱愜也。某病體萎痺,雖不復可料理,然意緒日日增勝,觀書亦粗有味。舊來寬弛昏惰之病，似漸刊落。今方可奉承誨藥，而疾病又錮而留之，徒鄉風浩歎而已。前歲問疾之諾，目下雖非其時，它年終覬踐言也。

陸子靜留得幾日，講論必甚可樂，不知鵝湖意思已全轉否？若只就一節一目上受人琢磨，其益終不大也。大抵子靜病在看人而不看理。只如吾丈所學十分是當，無可議者，所議者只是工夫未到耳。在吾丈分上卻是急先務，豈可見人工夫未到，遂並與此理而疑之乎？某十年前初得五峰《知言》，見其間滲漏張皇處多，遂不細看。病中間取繙閱，所知終是端的。向來見其短而遂忽其長，政是識其小者耳。子靜許相訪，終當語之也。

長沙之行，須寄徑新治，不知不以爲嫌否？定叟書漫納去，書中欲求五峰《皇王大紀》及《正蒙內篇》。若只遣人行，亦乞附行也。受之挈家歸五夫，匆匆上布。渠近來漸解事，性氣亦減，已是人家佳子弟。但志業未甚立，此乃擇師不審之咎，一味悚惻而已。它祈厚爲道義毖重。《東萊集》別集卷八。

案：朱熹上書（便中伏奉近書）云"子靜到此數日"，本書云"陸子靜留得幾日，講論必甚可樂"，乃承上書。又本書云"前日見邸報，江西之命聞尚有兩政關"，據朱熹《繳納南康任滿合奏稟事件狀》云"忽於三月二十五日準尚書省劄子，奉聖旨除臣提舉江南西路常平茶鹽公事"，《晦庵文集》卷一六。則推知本書約撰於三月、閏三月之際。

呂祖謙《與朱侍講元晦》：

某不聞動止，惓惓第劇尊仰。代者必如期合符，計程當已達五夫。適此梅雨，跋涉亦不至勞頓否？某病體雖不復可料理，然自去秋稍稍勉習執匕筯、繫衣帶，入夏來浸覺可牽强，飲食衣服遂不須人，亦病中一快也。心閑無事，讀書亦粗似有味。但塊然索居，無從質正。夢寐問疾之語，殆以日爲歲耳。張五十丈遺文想已鈔錄，得付此介，甚幸。定叟書不知已附便否？匆匆布禀。它祈厚爲斯文保重。

受之未及別書，近日不知作何工夫？《通鑑綱目》只欲傳大字，此便回，先錄戰國、西漢寄示，字數亦不多也。《東萊集》別集卷八。

案：書中云"代者必如期合符，計程當已達五夫"，據朱熹下書（自頃謀歸）所言，推知其當撰於四月間。

朱熹《答呂伯恭》：

自頃謀歸，即無暇奉問，而辱書至三四，感慰不可言。近書報及飲食衣服已不須人，尤以爲喜。吾道之衰，日以益甚，天意亦不應如此之恝然也。比日庚暑，伏惟尊候益輕健。熹一出兩年，無補公私，而精神困弊，學業荒廢，既往之悔，有不可言者。自去年秋冬災傷之後，不能求去，以及今春，遂有江西之命。又俟代者至，閏月二十七日方得合符而歸。初欲乘此一走長沙，自彼取道分寧，往還甚徑。尋以女弟之訃，悲傷殊甚，誼不可以他適，遂罷前議。替後只走山南山北旬日，拜謁濂溪書堂而歸，以四月十九日至家。雖幸（悉）[息]肩，又苦人事紛宂，老幼病患，未能有好況。然大概已是入清涼境界中矣。

道中看《中庸》，覺得舊說有費力處，略加脩訂，稍覺勝前。計他書亦須如此。義理無窮，知識有限，求之言語之間，尚乃不能無差，況體之身、見諸事業哉？稍定，從頭整頓一過，會須更略長進也。

子靜舊日規模終在，其論爲學之病，多説如此即只是意見，如此即只是議論，如此即只是定本。熹因與説既是思索，即不容無意見；既是講學，即不容無議論；統論爲學規模，亦豈容無定本？但隨人材質病痛而救藥之，即不可有定本耳。渠却云"正爲多是邪意見、閑議論，故爲學者之病"。熹云："如此即是自家呵叱亦過分了，須著'邪'字、'閑'字方始分明，不教人作禪會耳。又教人恐須先立定本，却就上面整頓，方始説得無定本底道理。今如此一概揮斥，其不爲禪學者幾希矣。"渠雖唯唯，然終亦未竟窮也。

來喻"十分是當"之説，豈所敢當？"功夫未到"，則乃是全不曾下功夫，不但未到而已也。子静之病，恐未必是看人不看理，自是渠合下有些禪底意思，又是主張太過，須説我不是禪，而諸生錯會了，故其流至此。如所喻陳正己，亦其所訶，以爲溺於禪者。熹未識之，不知其果然否也。大抵兩頭三緒，東出西没，無提撮處。從上聖賢，無此樣轍。方擬湖南，欲歸途過之，再與子細商訂，偶復蹉跌，未知久遠竟如何也。然其好處自不可掩覆，可敬服也。他時或約與俱詣見，相與劇論尤佳。俟寄書扣之，或是來春始可動也。

敬夫遺文不曾謄得，俟旦夕略爲整次寫出，却并寄元本求是正也。詹體仁寄得新刻欽夫《論語》來，比舊本甚不干事。若天假之年，又應不止於此，令人益傷悼也。

劉家事極感垂念。渠家爲閑人來問者多，頗費應酬，又招怨怒，亦欲早聞定論也。塾子蒙招撝，令寫《綱目》大字。渠懶甚，向令寫一二年《大事記》及他文字一兩篇，竟不寫來，不知竟能爲辦此否耳。意緒本自不佳，見此等事，益令人歎惋，奈何奈何？子澄相聚月餘，意思儘好，直至湖口渡頭方分手也。聞浙中水潦疾疫，死者甚衆，聞之令人酸鼻。諸公直是放得下，可歎服也。未即承教，引領馳情，切冀厚自愛重，以幸斯人。《晦庵文集》卷三四。

案：書中云"來喻'十分是當'之説，豈所敢當？'功夫未到'，則乃是全不曾下功夫，不但未到而已也"，乃上承吕祖謙來書（便中伏領教字）"只如吾丈所學十分是當，無可議者，所議者只是工夫未到耳"。

又書中言"比日庚暑"，又言"以四月十九日至家"，故推知當撰於四、五月之際。

呂祖謙《與朱侍講元晦》：

某比因南康人行拜狀，當既呈徹。承聞有令妹之戚，手足之重，何以堪任？唯覬勉自開釋，至扣至扣。乍還田廬，釋簿領之勞，爲況必甚安釋。病廢無緣陪侍，猶恃問疾之約，賴以自寬耳。毛掾所附手教已領。此郎舊雖相從作舉業，不登門久矣。它祈爲斯文愛重。

受之乍別，甚思念。辱書及竹紙皆收。《通鑑綱目》且錄兩漢以上送示，只要大字，注不須。字數亦不多也。《東萊集》別集卷八。

案：朱熹上書云及"以女弟之訃，悲傷殊甚"，本書有云"承聞有令妹之戚"，則承上書。書中又言朱熹"乍還田廬，釋簿領之勞，爲況必甚安釋"，古推知其約撰於五、六月間。

朱熹《答呂伯恭》：

夏中潘家人還，奉問無便，不能嗣音，良以向仰。比日新秋已半，天氣漸涼，伏惟尊體益勝健。熹衰病如昨，非但人事縈絆，不得一意讀書爲恨。比一至郡中，鄭守時已久病，應接甚費力，又放不下。覺其精力凋耗而郡事不理，諸司數有譴問，勸其力請引去，渠甚以爲然，未及用而已不起矣。如此人材，用之違其所長，中道夭喪，甚可傷也。

熹一出兩年，仙洲久不到。前日方得一往，會大雨竟日，瀑水甚壯。既而復霽，遂得窮搜澗壑，水石可觀處非止一二，悉已疏薙，而聚土累石爲臺以臨之。自此往遊，觀賞益富，不但如前日矣。但恨不能致杖屨之一來。論著當益有次第，每書各得數段見教爲幸。比看《文鑑》目録，無書者固不論，其可檢者尚有不能無疑處，恨不得面扣其説，當有深意也。數時絶無學者講學，便覺頽惰，無提撕警策之助。旦夕亦欲作一課程，未必有益於人，庶幾自有益耳。但塾子歸家，讀書殊無頭緒，未有以處之。因來幸有以教督之，并令如何度此光陰也。歸自山中，倦甚，草草布此。子約未暇別書，亦不能異此。惟千萬自愛爲禱。《晦庵文集》卷三四。

案：據朱熹《遊密菴記》云："淳熙辛丑秋七月癸未，朱仲晦父……向夕冒大雨，涉重澗，登晝寒亭，觀瀑布壯甚。明日，仲晦父復與彦集、平父步自野鶴亭，下尋澗底，得水石佳處三四，規築亭以臨之。……遂復登晝寒，會雨小霽，日光璀璨，尤覺雄麗。……明日，復循澗疏理泉石，飲罷而還。"《晦庵文集》卷八四。癸未，即七月九日。朱熹於十一日自山中歸。本書所述仙洲行遊即如《遊密菴記》所云。書中又云"自山中，倦甚，草草布此"，故知其當撰於此時。

吕祖謙《與朱侍講元晦》：

某病體度暑粗安。前書所説著衣喫飯不復仰人，其實仰人。但是勉强積習，僅能執捉。自病中言之，則稍自如耳。若比平人，不爲快便。蓋萎痺已成沈痼，非湯劑所能料理也。所幸閑中浸有趣，俯仰一室，極覺安適。度去死尚遠，未爲師友憂。讀書雖略有課程，如《詩解》多是因《集傳》，只寫出諸家姓名，縱有增補，亦祇堪曉童蒙耳。《大事記》以不敢勞力索考，有時取編過者看，百孔千瘡，不堪點檢，且欲住手再整頓。若盡此歲以前，須稍見頭緒，是時當逐旋録數段往求教也。

鄭景望不起，極可痛。善類凋落如此，奈何？詹體仁近亦送葵軒《論語》來，比癸巳本益復穩密。以此尤欲見晚年論述。刊定畢，併與元稿送示爲幸。

受之近日肄習稍勤否？資質本明爽，向來在外舍深居罕出，所以悠悠。今擇勤苦有志之士與之游處，必須勉厲也。仙洲增勝，雖無緜陪談賞，然年來屋後花竹成陰，隨分亦可自娛，猶覬杖履一臨之也。《文鑑》以趣辦，去取不當，必多有大悖理處。因筆望條示，雖不可追改，猶得以警省爾。匆匆拜禀。它祈厚爲斯文崇重。《東萊集》別集卷八。

案：朱熹上書（夏中潘家人還）述及遊仙洲事，故本書承云“仙洲增勝，雖無緜陪談賞，然年來屋後花竹成陰，隨分亦可自娛”。又吕祖謙卒於七月二十九日，故知此書當撰於七月下旬。

羅博文

羅博文（1116—1168），字宗約，一字宗禮，南劍州沙縣（今屬福建）人。蔭補將仕郎，授福州司户參軍，再調静江府觀察支使，改知贛州瑞金縣事。後入張浚幕府，張浚再入相，得知和州，未上，而爲四川制置使汪應辰奏辟爲參議官以行。累遷承議郎，秩滿，自請奉祠，得主管台州崇道觀，隨汪應辰東歸，乾道四年四月至嘉州而卒，年五十三。事迹見朱熹《晦庵文集》卷九七《羅公行狀》。

朱熹《答羅參議》：

九月廿日至豫章，及魏公之舟而哭之。云亡之歎，豈特吾人共之，海内有識之所同也。自豫章送之豐城，舟中與欽夫得三日之款。其名質甚敏，學問甚正，若充養不置，何可量也！但云頃在富陽，與尊兄辨論甚苦。是時左右似未以外學爲不然，却與前此相聚時所聞小異，何耶？汪丈日相聚，所講論者何事？當有可見語者。某頃以書論數事，似皆未以爲然者，未敢苟已，復以此書扣之。《論語序》一篇欲寫呈之，書中已言之，而便速寫札不謹，只納左右，幸因語呈似，幸甚幸甚。先生埋銘，頃欲只求汪丈寫，不知見許不？想嘗懇之，不待言也。前書所欲更易數處，欽夫又欲刪去一句，乃《行狀》中本語，不知汪丈以爲如何。乘間試爲扣之。所寄彦豐處書未到，今此便過餘干，却令往取矣。《晦庵文集》續集卷五。

案：羅博文亦爲李侗弟子。朱熹《羅公行狀》有云："熹嘗受學李先生之門，先生爲熹道公之爲人甚詳。……時熹未識公也。及先生没，乃獲從公遊，而得其志行之美，然後益信先生爲知人。然公自是入蜀，相望數千里，書問歲亦一再至，所以勸勵從學者殊厚。"《晦庵文集》卷九七。因汪應辰於隆興二年五月一日自知福州改除四川安撫制置使兼知成都府。據朱熹《答汪尚書》（熹兹者累日侍行），汪應辰於六月間離福州途徑崇安時，朱熹來見，併從行數日。推知朱熹與羅博文即相識於此時。

魏公，指張浚，卒於是年八月末。朱熹於九月二十日至豫章哭祭，登舟"自豫章送之豐城"，歷時三日。又云"所寄彦豐處書未到，今此便過餘干，却令往取矣"，則本書修於是年（1164）九月末自豐城東歸途中。

朱熹《答羅參議》：

示及汪丈書，知已爲緣況虚志銘，《四庫全書》文淵閣本同，並注："'緣況虚'等語恐有誤字。"幸甚幸甚。容附書端父兄弟，借來一觀也。端父兄弟已祥祭，先生德容日遠，益使人痛心耳。《記善録》荷傳示，甚慰所望。亟作書遣人，未及細觀，然其大致可見，於此始得聞和靖言行之詳。蓋其見道極明白，故其言之極平易，似淺近而實深遠，卓乎義不可及也。祁居之相見，其議論云何？有可以見示者否？龜山《論語序》本爲世學膠固，學者類多以分文析字、執辭泥迹爲務，故有視其所視，遺其所不視之説。但所引用之事，從《莊》、《列》中説作太過，遂致微失本意，却似精粗本末真有二致，所以中間竊以爲疑。非疑其意，特疑其語耳。後見張欽夫、吴晦叔，乃知文定亦嘗疑之，不審尊意以爲如何？幸有以見教。胡仁仲所著《知言》一册内呈，其語道極精切，有實用處。暇日試熟看，有會心處，却望垂喻。某於汪丈書中已説及，恐欲見，即爲呈似也。欽夫嘗收安問，警益甚多。大抵衡山之學，只就日用處操存辨察，本末一致，尤易見功。某近乃覺知如此，非面未易究也。明仲兄不及拜别狀，想旦夕從容，有講道之樂。中間説看《易傳》，不知後來所得如何？某亦欲讀此書，如有可以見教者，因來及之，幸甚幸甚。元履、晉叔近皆相見，亦甚瞻仰也。前書懇求書籍、碑刻等，不知曾辱留意否？《晦庵文集》續集卷五。

　　案：端父，李侗之子。祥祭，《儀禮注疏》卷一四《士虞禮》釋曰："自袝以後至十三月小祥。"李侗隆興元年十月十五日病卒於福州。本書述及"端父兄弟已祥祭"，則知本書當撰於二年（1164）冬。

　　又本書述云"示及汪丈書"，又云"某於汪丈書中已説及",又云"前書懇求書籍、碑刻等",則知朱熹前此曾致羅博文一書,此時收到羅博文來書,書中並"示及汪丈書",故朱熹於答羅博文書時又致書汪應辰,然除本書外,其他三書皆佚。

朱熹《答羅參議》:

先生諸書,想熟觀之矣。平日講論甚是如此,奇論所未及者。別後始作書請之,故其説止此,然其大槩可知矣。老兄既知外學之非,而欲留意於此,恐於《論》、《孟》、《中庸》、《大學》之書不可不熟讀而詳味。章句之間,雖若淺近,不足用心,然聖賢之言無不造極,學之不博,則約不可守。今於六經未能遍考,而止以《論》、《孟》、《中庸》、《大學》爲務,則已未爲博矣,況又從而忽略之,無乃太約乎?《晦庵文集》續集卷五。

案:書中所云"先生諸書",指朱熹所編《延平答問》。據《年譜長編》卷上考證,《延平答問》編纂於隆興元年八月朱熹與李侗別後,故所編李侗之書至於七月二十八日。推知當朱熹初會羅博文時,贈與此書,故本書有"先生諸書,想熟觀之矣"一語。由此推知本書當撰於乾道元年(1165)初。

朱熹《答羅參議》:

《知言》後來必已熟看,其説如何?汪丈曾説及否?

可否之間，必有定論，因來及之，幸幸！《記善錄》細看，却似馮公所見未透，記得無精彩。長者所見，莫亦是如此否？《晦庵文集》續集卷五。

　　案：本書乃承隆興二年冬《答書》（示及汪丈書）而作，推知約撰於乾道元年中。

朱熹《答羅參議》：

　　時得欽夫書，聞其進德之勇，益使人歎息。郴寇掩擊官軍，反爲官軍所蹙，勢已小衄，但未知終當如何耳。閩中人情却甚安帖，時和歲豐，天所賜也。第州縣以催發上供之故，頗行刻急哀斂之政，此爲可慮耳。建陽鄉人李秉義舊嘗從寶學劉丈入蜀，今老且病，往投舊識諸將，因來求書，得以附此。渠不敢有所求，但得一顧之寵，亦足以爲重也。元履來山間相訪，適值此便，亦有一書附之。《晦庵文集》續集卷五。

　　案：據朱熹《劉公行狀》云，乾道元年，因郴州李金等"作亂"，宋廷以劉珙知潭州、荆湖南路安撫使，劉珙五月入境，然"賊勢愈盛"，於六月間勢逼州城"僅六十里"。晦日，宋軍"大敗李金於郴州城下，追奔二十餘里，殺獲甚眾"。八月，平定李金之亂。《晦庵文集》卷九七。本書有云"郴寇掩擊官軍，反爲官軍所蹙，勢已小衄，但未知終當如何耳"，故推知其約撰於七、八月間。

朱熹《答羅參議》：

　　某塊坐窮山，絕無師友之助，惟時得欽夫書問往來，講究此道，近方覺有脫然處。潛味之久，益覺日前所聞於西林而未之契者，皆不我欺矣。幸甚幸甚！恨未得質之高明也。元來此事與禪學十分相似，所爭毫末耳。然此毫末却甚占地位。今學者既不知禪，而禪者又不知學，互相排擊，都不刋著痛處，亦可笑耳。何叔京秋間相過少款，相與懷想高致者，俱不自勝也。《晦庵文集》續集卷五。

　　案：何叔京名鎬。其造訪朱熹，《書信編年》定於丙戌秋，《年譜長編》係於九月。由"何叔京秋間相過少款"之語，推知本書當撰於是年(1166)初冬。

朱熹《答羅參議》：

　　□□極感留意，以耳目之玩煩長者，愧愧。向附還三書已領矣，書中忘記稟知也。汪丈寄橫渠三書來，此爲校補甚多，勢須刊作一本乃佳，蓋補綴不好看也。大抵集中脫誤盡在第二至第五卷中，只換却此四卷亦得也。第七卷中有一論邊事狀，却只於卷末添版便得。恐汪丈事多，告請出爲點對，付之工人，幸甚幸甚！此道既寂寥，而諸先賢之子孫亦復流落不振。自幕府之西，訪其書，恤其人，不遺餘力，此亦一時節因緣耶。校書極難，共父刻程集於長沙，欽夫爲校，比送得來，乃無板不錯字。方盡寫寄之，不知今改正未也。張家事已於共父書中言之，不知其人已來未也。人家僮僕乃有如此者，可尚可尚！今士大夫食君之禄不爲不厚，而臨事面謾，辭難就利，無所不至，亦有愧此僕也哉。此書轉託欽夫尋便，亦方索然，無一物可伴書者，可笑可笑。《晦庵文集》續集卷五。

案：張栻《書明道先生遺文後》曰："右明道先生遺文九篇，長沙學官既刻《二先生文集》，後三年，新安朱熹復以此寄栻，云得之玉山汪應辰。敬以授教授何蘊，俾嗣刻之。乾道己丑四月朔，廣漢張（拭）〔栻〕謹書。"《二程文集》附錄卷下。己丑，乃乾道五年。則劉玶（共父）、張栻校刻《二程集》在乾道二年。又朱熹《與劉共父》（近略到城中）述及校訂《二程先生文集》文字，並云："向所錄去數紙合改處，當時極費心力，又且勞煩衆人，意以爲必依此改正，故此間更無別本。今既不用，切勿毀棄，千萬盡爲收拾，便中寄來，當十襲藏之，以俟後世耳。……天寒手凍，作字不成，不能傾竭懷抱，惟加察而恕其狂妄可也。"《晦庵文集》卷三七。此《與劉共父》當撰於是年歲末，則本書撰時稍前。

朱熹《答羅參議》：

竊承幕府無事，得以儉游，坐進此道，而所以與謀贊畫者，莫非便民聲勞之事，甚休甚休！《晦庵文集》續集卷五。

案：朱熹《羅公行狀》云羅博文隨汪應辰入蜀，

"軍府之政,必以咨焉。汪公既虛心好問,公亦推誠
啓告,反復殫盡,必歸於至當而後已。成都之政,遂
最天下,公之助爲多也"。《晦庵文集》卷九七。本書云
及"竊承幕府無事",故推知約撰於乾道二年(1166)
或三年間。

羅師孟、羅師舜

羅師孟、師舜兄弟,羅博文二子。據朱熹《羅公行狀》
云羅博文有"子男二人,曰問,曰闢"。《晦庵文集》卷九七。
汪應辰《沙縣羅宗約墓誌銘》所云同。《文定集》卷二二。二
人事蹟皆無考。

朱熹《與羅師孟師舜兄弟》:

某昨承面喻,將以先公行實見委。始者徒感知遇之
深,不自知其不可。既而思之,先公平日交游,皆海內老
成賢雋之士,其間相處之久,相知之深,而文字言語足以
發揚潛德者尚多有之,某之不才,豈宜進越,輒任此責?
若昆仲以先公嘗一顧之,不欲鄙棄,它時草定行事本末,
因使得預討論而致之諸公,則某雖愚,不敢不勉竭駑鈍以
承命,萬望裁之。又向蒙示教,於輩行間自貶過甚,亦不
敢當。自此枉書,率刊正之。《晦庵文集》續集卷五。

案:朱熹《羅公行狀》有云羅博文於乾道四年四

月十三日卒於嘉州，“遂以柩歸，其年冬十有一月葬
于沙縣嚴地祖塋之旁”。“而公乃以喪歸，熹……嘔
往哭焉，諸孤既號哭受弔，則以公從弟頤所叙官閥梗
櫽一通授熹，使狀次之，將以請銘於作者。熹誼不獲
辭，既趣以就事矣。惟是從遊之晚，於公之行治有不
盡知，大懼闕漏放失，將無以備采擇爲罪。伏惟立言
之君子有以財之”。時乾道五年五月。然汪應辰《沙
縣羅宗約墓誌銘》云羅博文葬於“十有二月壬寅”。
是月戊子朔，壬寅乃十五日。故《羅公行狀》中“冬十
有一月”，當爲“冬十有二月”之譌。故推知本書當撰
於乾道五年（1169）初。

朱熹《與羅師孟師舜兄弟》：

先公銘文已爲題額，并託上饒程文書之。字畫淳古
可愛，想便刻石也。其間有少曲折，已爲四哥言之矣。
《晦庵文集》續集卷五。

案：上書（某昨承面喻）有云“某昨承面喻，將以
先公行實見委”，而本書乃言“先公銘文已爲題額，并
託上饒程文書之”，當在其後，約撰撰於是年中。

羅時用

羅時用，《福建通志》卷三四載南劍州沙縣（今屬福

建)人，淳熙十四年(1187)丁未王容榜進士。當即此官縣尉之沙縣人羅氏。

朱熹《答羅縣尉南劍沙縣人**》：**

讀書治病之説，誠如所喻，但古人之學以莊敬持守爲先，而讀書窮理以發其趣。至於讀書之法，則又當循序專一，反復玩味，一日之課，不可過三五條。譬如良藥，雖無劫病之功，而積日累月，自當漸覺四大輕安矣。《晦庵文集》續集卷五。

案：本書撰時未詳。推知此縣尉當屬羅時用之初仕，故本書約撰於淳熙末、紹熙初，姑係於淳熙十六年(1189)。

羅　願

羅願(1136—1184)，字端良，號存齋，徽州歙縣(今屬安徽)人。羅汝楫子。紹興二十五年(1155)，蔭補承務郎事。乾道八年(1172)，通判贛州，攝州事。歷知南劍州，改知鄂州。淳熙十一年七月卒，年四十九。《新安文獻志》卷九四下曹涇《鄂州太守存齋羅公願傳》。事蹟附《宋史》卷三八〇《羅汝楫傳》，云其"博學好古，法秦漢爲詞章，高雅精鍊，朱熹特稱重之。有《小集》七卷、《爾雅翼》二十卷。知鄂州有治績，以父故不敢入岳飛廟，一日自念吾政善，姑往祠之,甫拜,遽卒于像前,人疑飛之憾不釋云"。

羅願《與朱元晦書》:

吾州羣祀之壇始在中軍寨,去年秋,通守清江劉君清之至而往謁焉,視其地褊迫洿下,燎瘞無所,不稱藩國欽崇命祀之意。且念比年郡多水旱札瘥之變,意其咎或在是,則言於州,請得度地更置如律令。已而劉君行州事,遂以屬錄事參軍周明仲行視,得城東黃鶴山下廢營地一區,東西十丈,南北倍差。按《政和五禮》畫爲四壇,而屬其役事於兵馬監押趙伯烜。作治未半,而願適承乏,又屬都監王椿董之,以速其成焉。某月壇成,東社西稷居前,東風伯、西雨師、雷師居後少郤。壇皆三成,有壝,壝四門。前二壇趾皆方二丈五尺,崇尺二寸。後二壇趾皆方一丈六尺五寸,崇八寸。其再成方面皆殺尺,崇四分而去一。三成方殺如之,而崇不復殺。前二壝皆方四丈二尺,門六尺,間丈五尺。後二壝皆方二丈八尺,門五尺,間四丈九尺,其崇皆四尺。社有主,崇二尺五寸,方尺。剡其上,培其下半,石也。南五丈,爲門三間。北二丈有奇,爲齋廬五間。繚以重垣,蟄以堅甓,而植以三代之所宜木,亦既練時日、屬寮吏、修祝號以告于神而妥之矣。則又與劉君謀,以吾子之嘗學於《禮》也,是以願請文以記之,俾後人之勿壞也。《晦庵文集》卷七九《鄂州社稷壇記》。

案:羅願此書見載於朱熹《鄂州社稷壇記》,略云"淳熙十年春,朝奉郎、知鄂州事新安羅侯願以書來曰:'吾州羣祀之壇始在中軍寨……'"。書中"某月壇成",校記云"'某月',淳熙本作'二月朔'"。故推知本書約撰於十年(1183)二、三月間。

馬大同

馬大同(? —1194),字會叔,嚴州(今浙江建德梅城鎮)人。登紹興二十四年(1154)進士第,仕至戶部侍郎。"自爲小官,即以剛介聞"。《景定嚴州續志》卷三。學者稱爲鶴山先生。《萬姓統譜》卷八五。據陳傅良《馬大同特復元官致仕》有云"肆予初政,洊有煩言,屬爾沉痾,姑從薄責,諒兼忘於寵辱,何遽隔於幽明",《止齋先生文集》卷一八。撰於紹熙五年十一月二十一日、十二月二十三日間。故推知其當卒於是年中。

朱熹《與馬會叔書》:

所請亦幸開允,更被褒詔。《文獻集》卷四《跋晦菴先生帖》。

案:元黃溍《跋晦菴先生帖》曰:"右朱文公先生與侍郎馬公十一帖。先生以淳熙八年冬爲浙東常平使者。九年累疏劾知台州唐公仲友,而唐公亦自訴於朝,丞相王文定公與唐公居同里,且有連,頗陰右之,亟俾以江西憲節而去。先生抗章不已,乃罷唐公新任,而以先生填其闕。先生以爲蹊牛奪田,三尺童子知其不可,力辭不赴;改江東,又不赴,乞祠而歸。十四年秋,復命先生代馬公持江西憲節,未赴。而十五年夏五月去相位,六月先生入對,除兵部郎官,以林侍郎栗論奏,有旨仍赴江西,竟辭避不赴。帖中雖謂馬公爲交代,而實未嘗交承也。先生既用磨勘轉官,除職予祠,尋召入主管西太一宮兼崇政殿説書,未及上,俄俾以秘閣修撰,奉外祠。前兩帖結銜稱'朝奉郎主管嵩山崇福宮',方辭論撰而未允也。逮得旨依所乞,仍舊職,且降詔褒諭。次兩帖迺以'直寶文閣'入銜,帖中云'所請亦幸開允,更被褒詔'是也。又其次兩帖止稱階官貼職者,時已有旨起先生將漕江東,即帖中云'不知除授所由'者,先生方授辭,故祠官使職悉不以繫銜也。婺相蓋指文定,所謂'邪説姦心,陰自憑結,廟社之靈,實糾殛之'者,言若有激,恐未必專以前事爲憾也。此六帖皆在十六年夏、秋之間,最後兩帖,一稱'權發遣漳州事',在紹熙元年春;一稱'秘閣修撰主管鴻慶宮',在其二年秋。餘三帖則問眷請委之副楮也。先生文集所載尺牘,分時事、出處、問答三門,共四十卷,而此諸帖皆不見集中。謹備著其歲月,庶俟采録,以補闕逸云爾。"《文獻集》卷四。朱熹依舊直寶文閣,降詔獎諭,在淳熙十六年(1189)五月間,《年譜長編》卷下。故推知本書約撰於稍後。

元許有壬《跋周益公而下廿四人寄馬會叔四十七帖》曰:"周益公而下廿四人四十七帖,皆簡鶴山馬公侍郎者也。侍郎與晦庵友善,德望伏一時,簡所稱非溢美也。而廿四人者,林栗、京鎧在焉。尺牘往來,人情有不能免焉者,非有私於子我之私也。鎧後大拜,而侍郎止法從,予因有以見宋之不綱焉。陵谷變遷,國不能有其圖籍,而馬氏傳守遺墨,寶襲如新。"《至正集》卷七二。

朱熹《與馬會叔書》:

邪説姦心,陰自憑結,廟社之靈,實糾殛之。《文獻集》卷四《跋晦菴先生帖》。

案:元黄溍《跋晦菴先生帖》云"婺相蓋指文定,所謂'邪説姦心,陰自憑結,廟社之靈,實糾殛之'者,言若有激,恐未必專以前事爲憾也。此六帖皆在十六年夏、秋之間",《文獻集》卷四。推知本書約撰於淳熙十六年中。

朱熹《與馬會叔書》:

其徒持怭尺書干監司州郡,朝至暮獲,如取諸懷,以陵篤縉紳。《至正集》卷七一《跋晦庵寄馬會叔十一帖》。

案：元許有壬《跋晦庵寄馬會叔十一帖》曰："鶴山馬侍郎嘗有言曰：'時無孔子，子朱子不當在弟子列。'觀十一帖，則侍郎之賢愈遠愈彰，而子朱子交友之篤，疾惡之誠，論薦之公，進退之審，可覼見也。謂'其徒持咫尺書干監司州郡，朝至暮獲，如取諸懷，以陵轢縉紳'者，果何人哉？百世之下，邪正益判矣。"《至正集》卷七一。本書疑與上書（邪說姦心）爲一書，姑係此，待考。

朱熹《與馬會叔書》：

不知除授所由。《文獻集》卷四《跋晦菴先生帖》。

案：元黃溍《跋晦菴先生帖》云"又其次兩帖止稱階官貼職者，時已有旨起先生將漕江東，即帖中云'不知除授所由'者，先生方授辭，故祠官使職悉不以繫銜也"，《文獻集》卷四。朱熹於淳熙十六年八月九日除江東路轉運副使，上狀以有墳墓族產在本路婺源辭，十月五日詔免迴避，疾速之任，二十一日朱熹再辭。故推知本書約撰於是年八、九月間。

朱熹《與馬會叔書》：

時論一變，朝士多不自安。所幸已在山中，誤恩又得丏免，似可少安。然事不可料，正恐亦難自保。《待制集》卷一八《跋朱文公與馬會叔尚書二帖》。

　　案：元柳貫《跋朱文公與馬會叔尚書二帖》云：
"右徽文公手書二帖，淳熙禮部尚書馬公從曾孫瑩彥
珍所藏。文公與尚書同朝，有交游之誼。前一帖謂：
'時論一變，朝士多不自安。所幸已在山中，誤恩又
得丐免，似可少安。然事不可料，正恐亦難自保。'此
正免南康、辭江東轉運副使歸武夷山居時所遺。"《待
制集》卷一八。朱熹於淳熙十六年八月除江南東路轉
運副使，累上狀辭，十一月改知漳州，十二月始受命。
《年譜長編》卷下。故推知本書約撰於是年十月、十一
月之際。

朱熹《與馬會叔書》：

　　舉子倉今歲不免自爲受輸。……此間歲支三四百
石，而倉息僅及其半。若得檢照舊例支除本錢，乘此冬收
糴數百石，更三兩年，當無闕乏之患也。《待制集》卷一八
《跋朱文公與馬會叔尚書二帖》。

　　案：元柳貫《跋朱文公與馬會叔尚書二帖》云：
"後一帖謂：'舉子倉今歲不免自爲受輸。'又謂：'此
間歲支三四百石……'此必除知漳州上任後所遺。
蓋時尚書公爲福建安撫、知福州，漳其屬郡。公至
漳，知其事弊，欲稍爲疏理，故有是請耳。于以見前
輩士大夫出處進退之間，不惟沉幾先識足以表世，
而憂國愛民之意尤懇懇如也。子澄則靜春先生劉

氏,其諱清之。前帖言其始病,而後帖遂悼其死,又
以見兩公篤夫交友之誼,死生以之,亦豈今人所可
企及哉！所謂時論之變,何世無之,在朝在野,顧其
自處何如耳。"《待制集》卷一八。據《淳熙三山志》卷
二二載,馬大同於淳熙十六年四月知福州,紹熙元
年中被召。本書中云"乘此冬收糴數百石",故推知
其約撰於十六年冬末,時朱熹尚未赴任,柳貫云朱
熹"至漳,知其事弊,欲稍爲疏理,故有是請耳",
不確。

朱熹《與馬會叔書》:

榮被召還之命。《文憲集》卷一三。

案:明宋濂《題宋名公與馬鶴山諸帖》曰:"煥章
閣待制、知鎮江府馬公會叔以政事聞於乾道、淳熙
間,一時所交皆龐才碩德,尺牘之存於今者猶可徵
也。公以直顯謨閣、福建安撫使知福州日,朱文公元
晦出守于漳。元晦帖云:'榮被召還之命。'蓋公時召
入爲太常大卿兼檢正,實紹熙元年之八月也。"《文憲
集》卷一三。則本書約撰於是年(1190)季秋。

毛朋壽

毛朋壽,名里不詳。

朱熹《答毛朋壽》：

向見季通說甚俊敏，更能勉力操脩，以世家學爲佳耳。《大學》文字，季通者尚未爲定本，旦夕當取來，更爲改正，乃可傳也。場屋之文，固知賢者未能免俗。然先有以立乎其大者，然後出而應之，則得失榮枯不能爲吾累矣。不識高明以爲如何？《晦庵文集》續集卷八。

案：書中有云"《大學》文字，季通者尚未爲定本，旦夕當取來，更爲改正，乃可傳也"，據朱熹《答蔡季通》(初欲專人)云及"《大學》本敬付來人，看畢早寄及"，《晦庵文集》續集卷二。似與之相關。《答蔡季通》撰於乾道八年(1172)末，故推知本書約撰於一時先後。

朱熹《答毛朋壽》：

就補遠行，爲榮親計，此意甚美。然古人亦有所謂不以得於外者爲親榮者，亦不可不知也。《晦庵文集》續集卷八。

案：上書云及"場屋之文，固知賢者未能免俗"，本書又云"就補遠行，爲榮親計，此意甚美"，當指毛朋壽補官遠宦，推知其約撰於乾道九年(1173)後。

毛舜卿

毛舜卿，名里不詳。

朱熹《答毛舜卿》：

示喻功夫次第，似覺頭緒太多，今且以"敬"、"義"二字隨處加功，久久自當得力。義利之間，只得著力分別，不當預以難辨爲憂。聖門只此便是終身事業，亦不須別妄想向上一路也。《晦庵文集》卷五四。

案：本書撰時未詳。《書信編年》係於淳熙十年（1183）。待考。

孟　猷

孟猷，字良甫，居蘇州（今屬江蘇）閶丘坊。哲宗元祐皇后族人。祖信安郡王、判平江府孟忠厚。其歷婺州通判，又知婺州，四持使節，官至朝議大夫、太府卿兼刑部侍郎。卒，年六十七。《姑蘇志》卷五一。

朱熹《答孟良夫猷》：

示喻爲學之意，甚善。但伊洛垂訓，以持敬爲先，此要切之語。若不於此處立得根本，即讀書應事、思惟計度，徒成紛擾，卒無歸宿之地。若能於此用力，則動靜之間，無適而不爲學矣。有書數冊，託茂實送學中，與諸生共之。能往一觀，當有益也。聞當路有奉薦者，足見公論之不泯，甚慰。然更深其本以須時用，乃所望耳。《晦庵文集》卷五〇。

案：書中言"有書數冊，託茂實送學中，與諸生

共之",茂實爲吳英字。《書信編年》以爲"學"乃指朱
熹知南康時之軍學或白鹿洞書院,故係本書於淳熙
七年(1180)。待考。

某朝士

姓名不詳,紹熙年間仕於朝中。

朱熹《與朝士書》:

林和叔初不識之,但聞其入臺,無一事不中的,去國
一節,風誼凜然,當于古人中求之。《攻媿集》卷九八《簽書樞
密院事致仕贈資政殿學士正惠林公神道碑》。

　　案:樓鑰《簽書樞密院事致仕贈資政殿學士正
惠林公神道碑》云:"朱待制嘗貽書朝士,有曰:'林和
叔初不識之……'後同在從班,相得愈深。"《攻媿集》
卷九八。《宋史》卷三九三《林大中傳》云御史林大中
"以言不行求去,改吏部侍郎,辭不拜,乃除大中直寶
謨閣,而大同、之瑞俱與郡。初,占星者謂朱熹曰:'某
星示變,正人當之,其在林和叔耶?'至是,熹貽書朝士
曰:'聞林和叔入臺,無一事不中的,去國一節,風義凜
然,當於古人中求之。'給事中尤袤、中書舍人樓鑰上
疏云:'大中言官,當與被論者有別。'尋命知寧國府,
又移贛州。寧宗即位,召還試中書舍人,遷給事中,尋

兼侍講”。又據《簽書樞密院事致仕贈資政殿學士正惠林公神道碑》，淳熙十六年光宗初即位，林大中擢監察御史，紹熙元年五月遷殿中侍御史，二年八月除侍御史，三年三月兼侍講，“在臺首尾四年，最爲稱職”。則林大中去國在紹熙三年（1192）間，本書即撰於其時。《朱熹佚文輯考》以爲此“朝士”或即樓鑰。

朱熹《與朝士書》：

世間猶大，自有人在，鼠子輩未可跳梁也。《陳亮集》卷一九《與林和叔侍郎》。

案：陳亮《與林和叔侍郎》略曰：“朱元晦人中之龍也，屢書與朝士大夫，歎服高誼不容已，亦深歎二屬能相上下其論爲不易得，且曰：‘世間猶大，自有人在，鼠子輩未可跳梁也。’其降歎如此，舉天下無不在下風矣。”《陳亮集》卷一九。《朱子佚集》卷三以爲《與林和叔侍郎》撰於紹熙四年秋，且疑此“朝士大夫”亦爲樓鑰。然據陳亮書云云，朱熹“屢書與朝士大夫”當在此前，推知或在紹熙三年間，故疑其與上書（林和叔初不識之）乃屬一書之不同部分。

某　人

與朱熹書信往還而其姓名不詳、且身份無考者，皆歸於此。

朱熹《答或人》：

前書所論仁義禮智，不記別有何語，然其大概，今且是要識此四字之名件訓詁而已。如所示説，似太高遠，反不的當也。更檢《遺書》論"孝弟爲仁之本"，及"仁，性也；孝弟，用也"處，及"博愛之謂仁"，又答"心如穀種"之説，但看此三段，更以前聖賢之言參之，則自見無所疑。"惻隱"不能貫三者，向見何兄亦深以爲疑，竟不能決。此不難曉，更熟看《孟子》"不忍人之心"一章，及《外書》中明道説謝子玩物喪志之説，則亦自分明矣。"夜氣"一章，所示尤未安，去年曾答順之，此可就取看，有疑處却喻及。大抵所論多未著實，不周匝，又時爲險句奇語軒輊於其間，尤覺不穩當。似是看文字少，又忽略了平易處，而專揀艱難高遠底看，故其用力愈勞，而爲説愈雜。可試更思之。復以見示，幸幸。

所示多所未安，別紙具報。幸更平心詳緩紬繹，令意味浹洽，自然安頓穩帖，不如此蹩踔奇險也。《晦庵文集》卷六四。

案：書中言及"'夜氣'一章，所示尤未安，去年曾答順之，此可就取看"。其答順之書，當指朱熹《答許順之》（乾之爲卦）中答許升（順之）"夜氣不足以存"之問，曰"人皆本有仁義之心，但爲物欲所害，恰似都無了。然及其夜中休息之時，不與物接，其氣稍清，自然仁義之良心却存得些子。所以平旦起來，未與物接之際，好惡皆合於理。……學者正當於旦晝之所爲處理會克己復禮、懲忿窒慾，令此氣常清，則仁義之心常存，非是必待夜間萬慮澄寂，然後用功也"。《答許順之》撰於乾道二年冬，故推知本書當撰於乾道三年(1167)間。

朱熹《還鄉謝人惠書啓》：

遠勤車蓋，已欣獲奉於清標；寵被函書，復喜與聞於雅趣。第慚衰陋，莫稱揄揚。雖請誦其所聞，蓋嘗自竭；尚敬修其可願，式副深期。過是以還，未知所報。《晦庵文集》卷八五。

案：朱熹一生數番遠宦歸鄉，然除任同安主簿、知南康軍外，多有波瀾紛湧。而書中有云"第慚衰陋，莫稱揄揚"，故推知其約在淳熙八年(1181)夏日自南康而歸鄉時。

朱熹《答或人書》：

熹不度時宜，自取困辱，比嘗自劾，幸上照知，申諭趣行，有非小臣所當得者。但顧罪垢未盡滌除，未敢即引道耳。祠請之上，勢必可得也。《晦庵文集》卷二七。

案：淳熙九年七月至九月，朱熹連上六狀彈劾知台州唐仲友。八月十四日朝廷差浙西提刑來究辦唐仲友案,朱熹遂上狀乞罷黜。十八日,改除朱熹爲江西提刑。二十二日,朱熹再上狀乞罷黜。九月十二日,朱熹上狀辭免江西提刑任,並去任南歸。《年譜長編》卷下。對比本書中云云,可推知本書約撰於是年(1182)九月十二日上辭免狀後不久。

朱熹《答或人》:

爲學兩途,誠如所喻,然循其序而進之,亦一而已矣。心有不存,物何可格?然所謂存心者,非拘執係縛而加桎梏焉也。蓋嘗於紛擾外馳之際,一念之間,一有覺焉,則即此而在矣。勿忘,勿助長,不加一毫智力於其間,則是心也,其庶幾乎!《晦庵文集》卷六四。

案:本書撰時未詳。或撰於淳熙間,姑係於淳熙十年(1183)。待考。

朱熹《答或人》:

"仁者,人也。合而言之,道也。"

此章解釋"仁"字、"道"字之所以名。

"君子引而不發,躍如也。"

"引而不發",謂漸啓其端而不竟其説。"躍如",謂義理昭著,如有物躍然於心目之間。《晦庵文集》卷六四。

案:本書撰於未詳。或在淳熙間,姑係淳熙十年。待考。

朱熹《與或人書》：

熹頓首再拜上覆：熹所居深僻，黜陟不聞。近者吕
□□來，乃聞已遂奉祠之請，寓居清曠，起處裕如，尉懌不
可名狀。伏□長才遠略，效於已試，□□□之食，高明
□□□一從吾所好焉可也。時寢□事，當路之君子以進
退人物、圖起事功爲職業，豈得恝然無意乎？熹之所深感
者，非敢私門下也。退□□來，將在朝夕，願强食自愛，拱
而竢之耳。熹頓首再拜時所覆。《朱子遺集》卷三。

案：本書撰時未詳。推詳其云云，似在淳熙間。
據《朱子年譜》，朱熹淳熙三年授秘書郎，辭，并請祠，
遂差管武夷山沖佑觀；九年自浙東歸，請祠，差主管
台州崇道觀；十二年復請祠，四月差主管華州雲臺
觀；十四年差主管南京鴻慶宫，尤袤送勅來；十五年
七月自京歸，除直寶文閣、主管西京嵩山崇福宫。疑
本書撰於淳熙十二年(1185)四月前後。

朱熹《答或人》：

知得如此是病，即便不如此是藥，若更問何由得如
此，則是騎驢覓驢，只成一場閑説話矣。誠敬固非窮
理不能，然一向如此牽連説過前頭，却恐蹉過脚下工
夫也。

博文約禮，學者之初，須作兩般理會而各盡其力，則久之見得功效，却能交相爲助而打成一片。若合下便要兩相倚靠，互相推託，則彼此擔閣，都不成次第矣。然所謂博，非泛然廣覽雜記，掇拾異聞，以讀多取勝之謂，此又不可不知。

“惟后非賢不乂”，言人君必任賢而後可以致治也；“惟賢非后不食”，言人君當任養賢之責也。高宗本意如此，問者疑其成病，固察之不詳，而答者亦無一人説破此意，何耶？

《近思録》本爲學者不能徧觀諸先生之書，故掇其要切者，使有入道之漸。若已看得浹洽通曉，自當推類旁通，以致其博。若看得未熟，只此數卷之書尚不能曉會，何暇盡求頭邊所載之書而悉觀之乎？又云少輟功夫，取而詳味，不知是輟何功夫？此語尤不可曉。

義利之大分，武侯知之有非他人所及者，亦其天資有過人處。若其細微之間，則不能無未察處，豈其學有未足故耶？觀其讀書之時，他人務爲精熟，而己則獨觀大旨，此其大者固非人所及，而不務精熟，亦豈得無欠闕耶？若極言之，則以孟子、顔子亦未免有如此處，故横渠先生云：“孟子之於聖人，猶是麤者。”

以聖爲志而忌立標準者，“必有事焉而勿正”也。循循不已而自有所至者，“心勿忘，勿助長”也。“先難後獲”意亦類此。

學者講論思索，以求事物義理、聖賢指意，則當極其博。若論操存舍亡之間，則只此毫釐之間便是天理人欲、死生存亡之分，至簡至約，無許多比並較量、思前筭後也。今問頭自有病痛，答者又不能一剪剪斷，直下剖判，言愈多而道愈遠矣。

問者所謂思慮邊、義理上者，亦曰思所以處事之宜耳。但其語不莊，故正叔疑其誤，而直卿亦似未得其語意也。

程子曰："動靜者，陰陽之本。況五氣交運，則益參差不齊矣。賦形之類，宜其雜揉者衆，而精一者間或值焉。"以此觀之，則陽一陰二之云，恐亦未可以爲非也。蓋理則純粹至善，而氣則雜揉不齊，内君子，外小人，凡所以抑陰而扶陽者，乃順乎理以裁成輔相，而濟夫氣數之不及者也，又何病乎？

鄉原是一種小廉曲謹、阿世徇俗之人，今曰云云，非其義也。又云"胸懷明爽，一日千里"者，此爲實曾用力之人，與他説雖善而未必實有功夫者不同。然其迫切之病，驕吝之私，亦非他人所及也。又有謂"墮於習俗之見、釋氏之善者，杜門獨善則可"，此亦非是，更思之。

見善明是平日功夫，用心剛是臨事決斷，二者皆不可闕，而當以平日功夫爲先。不然，則其所謂剛者，未必不爲狂妄激發過中之行矣。《晦庵文集》卷六四。

案：書中言及"問者所謂思慮邊、義理上者，亦曰思所以處事之宜耳。但其語不莊，故正叔疑其誤，

而直卿亦似未得其語意也”。正叔乃余大雅字，直卿
乃黃榦字。陳文蔚《祭余正叔》稱，余大雅於淳熙十
一年秋至武夷問學，卒於淳熙十六年十一月。《克齋
集》卷一一。故推知本書撰於其間，姑係於淳熙十四
年（1187）。

朱熹《答或人》：

仁者與天爲一，智者聽天所命。與天爲一者，嘉人之
善，矜人之惡，無所擇於利害，故能以大事小；聽天所命
者，循理而行，順時而動，不敢用其私心，故能以小事大。
然此亦各因一事而言，惟仁者能如此，智者能如此耳，非
專以事大事小爲仁、智之分，樂天、畏天之別也。仁者固
能事小，然豈不能事大？智者固能事大，然豈不能事小？
但其事之情，則有樂天、畏天之異耳。保天下、保一國，以
其德之厚薄、量之大小而言，亦無一定之拘。“畏天之威，
于時保之”，此智者畏天而保天下之事也。所云忘私克
己，乃畏天之事，樂天則無私之可忘、無己之可克矣。度
勢量力，乃計利害之私，智者知天理之當然，而敬以循之，
所以爲畏天也。《晦庵文集》卷六四。

　　案：本書撰時未詳。朱熹《答潘謙之》(《孟子》
首數篇與齊、梁君語)云潘柄問及“‘樂天’、‘畏天’不
同”，《晦庵文集》卷五五。與本書云云相似，或撰時相
近。《答潘謙之》撰於淳熙十六年（1189）夏以後。

朱熹《答或人》：

昨來所示疑義，久無便可奉報，今并納還。鄙説或恐未安，不惜痛加辨析也。《大學》等書，近復刊訂，體製比舊亦已不同，恨未有人可録寄耳。《尚書》頃嘗讀之，苦其難而不能竟也。注疏程、張之外，蘇氏説亦有可觀，但終是不純粹。林少穎説《召誥》已前亦詳備。聞新安有吳材老《裨傳》，頗有發明，卻未曾見，試并考之。諸家雖或淺近，要亦不無小補，但在詳擇之耳，不可以篇帙浩瀚而遽憚其煩也。大抵讀書先且虛心考其文詞指意所歸，然後可以要其義理之所在。近見學者多是先立己見，不問經文向背之勢，而橫以義理加之。其説雖不悖理，然非經文本意也。如此則但據己見自爲一書亦可，何必讀古聖賢之書哉？所以讀書，政恐吾之所見未必是，而求正於彼耳。惟其闕文斷簡、名器物色有不可考者，則無可奈何；其他在義理中可推而得者，切須字字句句反復消詳，不可草草説過也。《晦庵文集》卷六四。

案：本書撰時未詳，因述及"《大學》等書，近復刊訂"，疑在淳熙末。姑係於淳熙十六年。待考。

朱熹《答或人論心書》：

心之虛靈，無有限量。如六合之外，思之則至。前乎千百世之已往，後乎千萬世之未來，皆在目前。……人心至靈。千萬里之遠，千百世之上，一纔發念，便到那裏。

神妙如此，却不去養他，自旦至暮，只管轉展於利欲之中，都不知覺。《游宦紀聞》卷九。

案：《游宦紀聞》卷九曰："晦翁先生答或人論心之問曰：'心之虛靈，無有限量。如六合之外，思之則至。前乎千百世之已往，後乎千萬世之未來，皆在目前。'又曰：'人心至靈。千萬里之遠，千百世之上，一纔發念，便到那裏。神妙如此，却不去養他，自旦至暮，只管轉展於利欲之中，都不知覺。'此説通透極妙。"本書撰時未詳，姑係於淳熙十六年。待考。

朱熹《與某人書》：

熹僭易再拜上問台眷，伏惟中外均休，賢郎昆仲具佳侍，兒輩附拜問禮。此間有委，幸不外。熹僭易再拜上問。清李佐賢《書畫鑑影》卷三。

案："具佳侍"，《朱子遺集》卷三作"有侍詩"，似誤。

本書撰時未詳，姑係於淳熙十六年。待考。

朱熹《答或人》：

前書妄論，想荷不鄙，然亦未知果中理否，但所聞於師友者如此，驗之聖賢之言又如此，竊獨安之，不敢自棄以徇流俗耳。執事議論文章多出於忠厚之意，反身自求，宜有以自樂者，乃獨以無名爲患，不得試爲憂，而欲思其次者，何耶？題跋用意尤懇惻，推此足以善一世之俗矣，歎服之深,不容復措詞也。《晦庵文集》卷六四。

案:本書撰時未詳。或撰於紹熙間,姑係於紹
熙三年(1192)。待考。

朱熹《答或人》:

《大學》、《中庸》無異道,而所自立者有淺深,但循序
以進,其義自見,今未須懸料也。孟子"盡心"之説,熹於
《大學或問》中嘗略言之,其序可見。大抵讀書且求句中
大意,令逐處各自分明,即彼此深淺自然可見。今未及各
求本處文義,便於彼此參考,所以費力多而未易合也。見
得分明,反復涵泳,此是要切功夫。淺深之辨,本非學之急務
也。 《晦庵文集》卷六四。

案:本書言及"孟子'盡心'之説,熹於《大學或
問》中嘗略言之,其序可見",推知其或撰於紹熙中,
姑係於紹熙三年。待考。

朱熹《答或人》:

前賢之説,雖或煩宂,反晦經旨,然其源深流遠,氣象
從容,實與聖賢微意泯然默契。今雖務爲簡潔,然細觀
之,覺得却有淺迫氣象,而玩索未精,涵養不熟,言句之
間,粗率而礙理處却多有之。尹和靖嘗言:"經雖以誦説
而傳,亦以講解而陋。"此言深有味也,近方見此意思。若
更得數年閑放未死,當更於閑靜中淘汰之,庶幾内外俱

進,不負平日師友之訓,但恐無復此日耳。龜山立言,却似有意於含蓄而不盡,遂多假借寄託之語,殊不快人意。聖賢之言,則本是欲人易曉,而其中自然有含蓄耳。《晦庵文集》卷六四。

　　案：書中言及"若更得數年閑放未死"云云,推知其或撰於紹熙中,姑係於紹熙三年。待考。

朱熹《答或人》：

示喻爲學次第,甚慰所望。果能充此,聖賢門户真可策而進矣。近世學者多是向外走作,不知此心之妙是爲萬事根本,其知之者,又只是撐眉努眼,喝罵將去,便謂只此便是良心,本性無有不善,却不知道若不操存踐履、講究體驗,則只此撐眉努眼,便是私意人欲,自信愈篤,則其狂妄愈甚。此不可不深察而遠避之也。《晦庵文集》卷六四。

　　案：書中"其知之者,又只是撐眉努眼,喝罵將去,便謂只此便是良心,本性無有不善",似指陸學。故推知本書約撰於紹熙間,姑係於紹熙三年。

朱熹《與某人帖》：

熹再拜上白：提舉丈賜書云亦欲過定海,恐已到,幸爲致問訊意。尊堂恭人伏唯尊候萬福,眷集均休。恭叔尚未到,只文叔到已兩日矣,[見約]誠之在此相聚也。熹再拜上白。《六研齋三筆》卷一。

　　案：明李日華《六研齋三筆》卷一曰：“晦翁行草一帖，粉箋書，瘦勁疏秀，用唐法。語云：‘熹再拜上白……’宋景濂細楷跋云：‘太師徽國朱文公帖一紙，韻度潤逸，比他日所書，人以爲尤可玩。濂雖不敏，則非特玩其字畫而已也，蓋有所感也。帖中云：“恭叔尚未到，只文叔到已兩日矣，見約誠之在此相聚也。”文叔名友文，恭叔名友恭，姓潘氏，二人實爲兄弟。恭叔通《禮》學，文公之修三《禮》，以《儀禮》與《禮記》相參，通爲一書，其不合者爲五類，《周官》則別爲一書，恭叔實與討論之列。文叔尤善問辨，文公與論《大學》“致知格物”之義，雖反覆數次而弗措。誠之，尤澹軒也，澹軒蚤從張宣公遊，晚復事文公，文公遇之如黃直卿。則三人者皆其高第弟子。計其一時師友相從[之]盛，聚精會神，德義充洽，如在泗沂之上。自今道隱民散時觀之，不啻應龍遊乎玄間，欲一見之而不可得，徒以貽有識者之感慨，不亦悲夫！此帖無歲月，不知何年所發，其或學禁未興、講道於竹林精舍時耶？前史官金華宋濂題。’又一跋云：‘我徽國文公雖不役志於臨池之學，而講道餘閒，頗亦留意筆札，以故伸紙行墨皆有法度。其真蹟之流落人間者，尤爲世所寶玩，況其片言隻字皆至理所寓耶？此帖浦陽鄭君仲涵所藏，宋先生爲之題識其左，因帖中言及潘恭叔、文叔、尤誠之三人者，遂歷敍三人平

2207

生學力之所至，以示仲涵，得無深意乎？蓋仲涵太史
門人也，篤學而嗜古，必得因太史之所指示而感發
焉，而以古昔師友之所相從者以自期，不獨寶玩其筆
墨而已也。後學義烏朱世濂謹題。"宋濂題跋，載於
宋濂《文憲集》卷一三，名《題朱文公手帖》。據朱熹
《旌忠愍節廟碑》云：知信州王自中肇建旌忠愍節
廟，"既屬役於玉山令芮立言、永豐令潘友文"，又於
紹熙三年十月己酉"以書來請銘於熹"，紹熙四年五
月戊寅成文；並附記云：次年朱熹"祗召造朝，道出
祠下"，而知"王侯既去，而歲惡民饑，兩令尋亦終更"
云云。《晦庵文集》卷八九。朱熹《答潘文叔》（所喻讀
書求道）有云"承許官滿見訪，會面非遠"，《晦庵文集》
卷五〇。似指潘友文永豐"官滿"，而推知其約撰於紹
熙四年（1193）秋、冬間。故本書有言"恭叔尚未到，
只文叔到已兩日矣"，推知其約撰於紹熙四年（1193）
末、五年初。

朱熹《與某人書》：

至微之理，至著之事，一以貫之。《朱子語類》卷六。

　　案：《朱子語類》卷六載甘節所記曰："先生與人
書中曰：'至微之理，至著之事，一以貫之。'"據《朱子
語類·姓氏》，甘節乃紹熙四年（癸丑）以後所聞。本
書撰時不詳，姑係於四年間。待考。

朱熹《與某人書》：

　　熹伏蒙別紙督過，伏讀震悚。顧實病衰，不堪思慮。若所記者一身一家一官之事，則猶可以勉强。至如元臣故老，動關國政，則首尾長闊，曲折精微，實非病餘昏昧之人所能熟考傳載。此熹所以不得詞於潘、李諸丈之文，而於先正銘識之屬，則有取不敢當也。卅年前，率爾記張魏公行事，當時只據渠家文字草成，後見它書所記，多或未同，常以爲愧。故於趙忠簡家文字初已許之，而後亦不敢承當，已懇其改屬陳太史矣，不知今竟如何也。況今詞官萬一不遂，則又將有王事之勞，比之家居，見擾彌甚。切望矜閔，貸此餘生，毋勞竭其精神，以速就於溘然之地，則千萬之幸也。若無性命之憂，則豈敢有所愛於先世恩契之門如此哉。俯伏布懇，惶恐之劇。右謹具呈。朝散郎、秘閣修撰朱熹劄子。清李佐賢《書畫鑑影》卷三。

　　案：本書載於清李佐賢《書畫鑑影》卷三，文前題"朱文公手劄卷，紙本，高一尺四寸七分，長七尺四寸，凡三紙，計三劄，字（經）[徑]一寸内外。"末題"草書，十八行"。書中"則有取不敢當也"之"取"，似當作"所"，而"所以不得詞於潘、李諸丈之文"、"況今詞官萬一不遂"之"詞"，通"辭"。

　　書中言"卅年前，率爾記張魏公行事"，即指朱熹所撰《張魏公行狀》。據朱熹《少師保信軍節度使魏國公致仕贈太保張公行狀》，其撰於乾道三年（1167）

十月。《晦庵文集》卷九五下。此後三十年，即慶元二年(1196)。而書中又言"所以不得詞於潘、李諸丈之文"，并書末署官名"朝散郎、秘閣修撰"。據《年譜長編》卷下，朱熹於淳熙十六年正月除秘閣修撰，辭之；九月，轉朝散郎。紹熙二年三月，復除秘閣修撰，辭之，不允，八月拜命。而潘、李指潘畤、李椿，卒於淳熙十六年、十年，朱熹乃於紹熙初、紹熙四年爲撰二人墓志銘，載《晦庵文集》卷九四。故推知書中所言"況今詞官萬一不遂，則又將有王事之勞"，當指紹熙四年十一月，以宰臣留正、趙汝愚薦，除知潭州，十二月十日辭之；五年正月初，有旨趣任，復辭之，二月拜命。故推知本書當撰於紹熙五年(1194)正月、二月之際。由此知"卅年"乃屬概數而已。又，本書致何人已無考，然據書中稱"至如元臣故老，動關國政"，又有"先世恩契"云云，可推知爲當爲某一朝廷顯宦或宰執之後，而此顯宦或宰執嘗與朱松交遊。

清王士禎《池北偶談》卷九《李忠定公》記曰"何彦澄家藏朱晦翁墨蹟一帖云：'十年前，率爾記張魏公行實，當時只據渠家文字草成。後見他書所記多不同，常以爲恨。'"即爲本書之節文，且又誤"卅年"作"十年"。

《朱子語類》卷一三一載："問：'《趙忠簡行狀》，

他家子弟欲屬筆於先生，先生不許，莫不以爲疑，不知先生之意安在？'曰：'這般文字利害，若有不實，朝廷或來取索，則爲不便。如某向來《張魏公行狀》，亦只憑敬夫寫來事實做將去。後見《光堯實錄》，其中煞有不相應處。故於這般文字不敢輕易下筆。'《趙忠簡行實》，向亦嘗爲看一過，其中煞有與魏公同處。或有一事，張氏子弟載之則以爲盡出張公，趙公子弟載之則以爲盡出趙公。某既做了魏公底，以爲出於張公，今又如何説是趙公耶？故某答他家子弟，盡令他轉托陳君舉做，要他去子細推究參考當時事實，庶得其實而無牴牾耳。"

朱熹《答某人書》：

不須如何説話，不濟事。若資質弱，便放教剛；若過剛，便放教稍柔些；若懶，便放教勤。讀《論語》，便徹頭徹尾理會《論語》；讀《孟子》，便徹頭徹尾理會《孟子》，其他書皆然。此等事，本不用問人，問人只是杭唐日子，不濟事。只須低著頭去做。若做底，自是不消問人。《朱子語類》卷一三二。

> 案：《朱子語類》卷一三二載沈僴所記曰："先生因問：'某人如何？'或曰：'也靠不得。'曰：'然。見他寫書来，皆不可曉。頃在某處得書来，説學問又如何，資質又如何，讀書不長進又如何。某答之云："不

須如何説話……”這番又得他書,亦不可曉。’”據《朱子語類·姓氏》,沈僩乃慶元四年(戊午)以後所聞。上云“頃在某處得書來”,當指朱熹離家赴官時,故推知本書或撰於紹熙五年中朱熹知潭州間。

朱熹《答某人書》:

程子固曰:“權即經也。”人須著仔細看,此項大段要仔細。經是萬世常行之道,權是不得已而用之,須是合義也。如湯放桀,武王伐紂,伊尹放太甲,此是權也。若日日時時用之,則成甚世界了?《朱子語類》卷三七。

案:《朱子語類》卷三七載曾祖道所記曰:“或有書來問經、權。先生曰:‘程子固曰:……’”據《朱子語類·姓氏》,曾祖道乃慶元三年(丁巳,1197)所聞,故推知本書約撰於是年。

某人《與朱元晦書》:

我只是踐履未至,涵養未熟,我如今且未須考究,且理會涵養。《朱子語類》卷九。

案:《朱子語類》卷九載胡泳所記曰:“因説一朋友有書來,見人説他説得不是,却來説‘我只是踐履未至……’,被他截斷,教人與它説不得,都只是這个病。”據《朱子語類·姓氏》,胡泳乃慶元四年(戊午,1198)所聞,故推知本書約撰於是年或稍前。

朱熹《謝人投生日詩啓》：

年及無聞，已負蓬弧之志；日臨初度，復增莪蔚之悲。誤辱謙光，俯加賁飾。顧兹衰朽，雖黼黻以何施；仰歎瑰奇，用襲藏而爲好。《晦庵文集》卷八五。

案：朱熹生辰在九月中，而"年及無聞"當指五十歲（《論語·子罕》："四十五十而無聞焉，斯亦不足畏已。"）。故推知本書約撰於淳熙六年（1179）九月中旬。

附：朱熹《與某人書》：

講明正學，其道必本乎人倫，明乎物理。其教自小學灑掃應對以往，修其孝悌忠信，周旋禮樂。其所以誘掖激勵、漸磨成就之道，皆有節序，其要在於擇善脩身，至於化成天下，自鄉人而可至於聖人之道。《游宦紀聞》卷八。

案：張世南《游宦紀聞》卷八云："世南從三山故家，見朱文公一帖云：'講明正學……自鄉人而可至於聖人之道。'先生教人，自致知至於知止誠意，至於平天下；灑掃應對，至於窮理盡性，循循有序。病世之學者舍近而趨遠，處下而闚高，所以輕自大而卒無得也。"束景南《朱熹遺文輯考》、《朱子遺集》卷二以爲此乃朱熹與人書，與何人則無考。然檢《二程文集》卷二，此段文字正見載於程顥《請修學校尊師儒取士劄子》中。可證此乃朱熹抄録之程氏文字，而"帖"字亦非指書函。束氏誤輯。特辨附此。

附：朱熹《與或人書》：

　　□□秋暑高炎，共惟□□□文侍郎奉使察州，□□□□動止萬福。熹□審上心念舊，□畀使節，有如碩德重望，內更禁近□□之選，外歷留都名藩之寄，獨未嘗駕軺而展澄清。今茲所以少迂涂轍，然後進長地官，遂躋丞弼，□□祖宗用人之法也。多賀多賀。□比蒙思復帖職，實出吹噓，第罪戾之餘，豈應得此？一味悚慄。□□去歲若不緣心疾大作，勉赴武夷，則今日受察□□，其樂豈有涯哉！盧陵䆉稻本信收，六月間偶大熱，微有生蟲處，遂損一二分，秋後尤酷暑，晚稻渴雨，見今祈禱。閩中想成樂歲。鮮于子駿福星也，復何患耶？□自聆臨遺之報，屢欲遣記。訪便莫獲。適泰寧李宰來求先容，因得附此。松悸殊未愈，書無倫理，切乞恕罪。餘蘄順令珍厚，以對璽召。右謹下缺。徐邦達《古書畫過眼要錄》。

　　案：本書，前人或以爲朱熹致向子諲，或以爲致趙汝愚或王佐等。束景南《朱子佚文辨僞考錄》以爲書中"勉赴武夷"、"盧陵䆉稻本信收，六月間偶大熱，微有生蟲處，遂損一二分，秋後尤酷暑，晚稻渴雨，見今祈禱。閩中想成樂歲"云云，可證作書人乃盧陵人，因病而去閩中赴任，實非朱熹所撰。故束氏以爲本書乃後人挖改填補而假冒朱熹之作；又書中有"外歷留都"語，而留都乃明人稱呼南京者，而宋人無此稱，故斷定此乃明以後之人所作僞。束氏云本書非朱熹所撰，此説是；然云留都乃明人稱呼南京者，而宋人無此稱，此説則不確。宋人亦稱陪都爲“留都”，《景定建康志》中即稱建康府爲“留都”。且書中“今兹所以少迂涂轍，然後進長地官，遂躋丞弼，□□祖宗用人之法也”，亦合宋制。又書中云及“鮮于子駿福星也”，鮮于侁字子駿，閬州人，神宗時累遷轉運使、知揚州，元祐時爲太常少卿。《宋史》卷三四四有傳。則推知本書當撰於北宋神、哲宗時，其撰人姓名已遭後人挖改，難以考證。

某士友

某士友，姓名不詳。紹熙五年時嘗問學於朱熹。

某士友《與朱元晦書》：

讀書不用精熟，……不要思惟。《朱子語類》卷一二一。

案：《朱子語類》卷一二一載龔蓋卿所記曰：“謂一士友（日）〔曰〕：‘向嘗收書，云“讀書不用精熟”，又云“不要思惟”。讀書正要精熟，而言不用精熟；學問正要思惟，而言不可思惟，只爲此兩句在胸中做病根。正如人食冷物留於脾胃之間，十數年爲害。所以與吾友相別十年只如此者，病根不除也。’”據《朱子語類·姓氏》，龔蓋卿乃紹熙五年（甲寅，1194）所聞，故推知此士友致朱熹書當在是年或稍前。

某學者

某學者,姓名不詳。

朱熹《與某學者書》:

陸子静專以尊德性誨人,故遊其門者多踐履之士,然於道問學處欠了。某教人豈不是道問學處多了些子,故遊某之門者,踐履多不及之。《象山語録》卷上。

案:《象山語録》卷上曰:"朱元晦曾作書與學者云:'陸子静專以尊德性誨人……'觀此,則是元晦欲去兩短,合兩長。然吾以爲不可,既不知尊德性,焉有所謂道問學?"《陸九淵集》卷三四。據朱熹《答項平父》(所喻曲折及陸國正語)有云"今子静所説,專是尊德性事,而熹平日所論,却是問學上多了。所以爲彼學者多持守可觀,而看得義理全不子細,又別説一種杜撰道理遮蓋,不肯放下。而熹自覺雖於義理上不敢亂説,却於緊要爲己、爲人上多不得力。今當反身用力,去短集長,庶幾不墮一邊耳",《晦庵文集》卷五四。《陸九淵集》卷三六《年譜》係朱熹《答項平父》於淳熙十年,並載陸九淵言:"朱元晦欲去兩短,合兩長。然吾以爲不可,既不知尊德性,焉有所謂道問學?"故推知本書當撰於淳熙十年(1183)春或稍後。

朱熹《答某學者書》：

南渡以來，八字着脚，理會著實工夫者，惟熹與子静二人而已。某實敬其爲人，老兄未可以輕議之也。《陸九淵集》卷三六《年譜》。

　　案：《陸九淵集》卷三六《年譜》載：“包顯道侍晦庵，有學者因無極之辨貽書詆先生者，晦庵復其書云：‘南渡以來……’”係於淳熙十六年（1189）中。此學者，與上書所致當非一人。

　　又《朱子語類》卷一二四載陳文蔚所記：“因説陸子静，謂：‘江南未有人如他八字著脚。’”

歐陽光祖

歐陽光祖，字慶嗣，崇安（今福建武夷山市）人。“九歲能文，人稱童瑞。從劉子翬、朱文公講學，子翬甚重之，文公亦遣子師事焉”。乾道八年（1172）再舉登第，不赴。“趙汝愚、張栻列薦於朝，方欲召用，而趙公去國”。後爲江西轉運幹辦公事，致仕，卜築松坡之上以終老。《閩中理學淵源考》卷六。

朱熹《答歐陽慶似光祖**》：**

頃在里中，雖屢獲見，而常苦匆匆，不及盡所欲言，然已固知所志之不凡矣。今辱惠問，乃慨然有志於學，甚善

甚善。抑嘗病今之學者不知古人爲己之意,不以讀書治
己爲先而急於聞道,是以文勝其質,言浮於行,而終不知
所底止。方竊以是反而求之,而未之有得也。愧辱下問
之勤,無以稱塞,敢私布之,不識明者謂之然否?《晦庵文
集》卷四五。

　　案:朱熹《與林擇之書》(近因便兵附狀)有云
　　"偶有歐陽慶嗣便,託渠先發此書";《晦庵文集》卷二
　　七。又朱熹《答王子合》(向來觀復其見天地之心乎)
　　有云"歐陽慶嗣書云甚賴切磨之益,想日有至論也"。
　　《晦庵文集》卷四九。故疑本書題作"慶似"或誤,或歐
　　陽光祖一字慶似。又據朱熹《答王子合》(向來觀復
　　其見天地之心乎)所云,本書或亦撰於一時先後。
　　《答王子合》撰於乾道九年(1173)或稍後。

朱熹《答歐陽慶似》:
　　所需序文,迫歲冗甚,不暇執筆。然爲學治己之方,
前此講之熟矣。當官之務,推此而達之,則奉法愛民,不
求聞達,皆吾分內事耳。此固不待拙者之言,又況其外之
文乎?呂氏《童蒙訓》下卷論守官之法亦頗明備,暇日更
試考之,當有益也。《晦庵文集》卷四五。

　　案:本書言及"當官之務"、"守官之法",當撰
　　於歐陽光祖爲江西運幹時,唯歲月不詳。朱熹《與
　　林擇之書》(近因便兵附狀)有云"偶有歐陽慶嗣

便，託渠先發此書"。《晦庵文集》卷二七。《與林擇之書》撰於淳熙十一年（1184）深秋，本書或撰於此前後。

歐陽謙之

歐陽謙之，字希遜，一云字亨父，廬陵（今江西吉安）人。學於朱子。《宋詩紀事》卷五八。《朱子語類·姓氏》作字晞遜。

朱熹《答歐陽希遜謙之》：

所示疑義，比舊甚進。所未安，各已疏出，幸更思之，因風喻及也。所謂"徒守紙上語，擬規畫圓、摸矩作方"，此初學之通病，然尚有不能守紙上之語，雖擬規矩而不能成方圓者，而未必自知其非也。以愚計之，但且謹守規矩，朝夕模之，不暫廢輟，積久純熟，則不待模擬而自成方圓矣。切不可輒萌妄念，求之於言語文字之外也。

觀孔子言仁，如告顏子以克己復禮，所以爲仁之機，殆若發露而無餘蘊。至孟子論仁，雖嘗指人心而言，然其意使人自惻隱之心推之，要其旨歸，多主於愛之一辭。雖所以指示於人者豈不精切而確實，然不似聖人之言仁廣大渾全，而使人自得於精思力行之餘也。意者孟子適當夫好戰嗜殺人之時，爲救焚拯溺之計，不可不自夫受病之所而藥之歟？

程子曰：“四德之元，猶五常之仁，偏言則一事，專言則包四者。”惻隱之類，偏言之也；克己之類，專言之也。然即此一事，便包四者，蓋亦非二物也。故《論語集注》中云：“仁者，心之德，愛之理也。”此言極有味，可更思之，不可謂孟子之言不如孔子之周偏。孟子亦有專言之者，“仁，人心”是也。孔子亦有偏言之者，“愛人”是也。又謂孟子以世人好殺而言惻隱，尤非也。孔子雖不以義對仁，然每以智對仁，更宜思之。

“君子所貴乎道者三”，君子之所以重乎此者，爲其發乎吾身，而非有待於外也；爲其得於不勉不思，而非出於造作而然也。豈若籩豆之事、器數之末，皆身外之物，可以品節劑量、安排布置而爲之者乎？

曾子之意，只是説人之用力有此三處，此大而彼小，此急而彼緩爾，亦未説到不勉不思處。籩豆之事，固是末節，然亦非全然忽略而不以爲意，但當付之有司，使供其事，而非吾之所當切切留意者耳。所云“身外之物”以下云云者，尤非本文之意也。

《論語集註》曰：“曾點氣象從容，辭意灑落。”某竊想像其舍瑟之際，玩味其詠歸之辭，亦可以略識其大概矣。程子謂其“便是堯、舜氣象”。竊嘗以程子之意求之，所謂堯、舜氣象者，得非若所謂不以位爲樂，與夫“有天下而不與”之意乎？《集註》又云：“是雖堯、舜事業，固優爲之。"不知所謂事業者，就其得於己者而言？
就其得於事功者而言？孟子之所謂狂者，蓋謂"夷考其
行而不掩焉者"也。所謂行不掩焉者，若曰"言不顧行，
行不顧言"，所行不能掩其所言也。不知曾點行不掩焉
者，何處可見？《檀弓》曰："季康子死，曾子倚其門而
歌。"於此而作歌，可以見其狂否？

曾點氣象固是從容灑落，然須見得它因甚到得如此
始得。若見得此意，自然見得它做得堯、舜事業處，不可
以一事言也。行有不掩，亦非言行背馳之謂，但行不到所
見處耳。倚門而歌，亦略見其狂處。只此舍瑟言志處，固
是聖人所與，然亦不害其爲狂也。過此須流入老、莊去矣。

孟子曰："我知言，我善養吾浩然之氣。"《集註》云：
"浩然，盛大流行之貌。氣即所謂體之充者。本自浩
然，失養故餒。"某竊味"氣，體之充"與下面"浩然之
氣"，兩箇"氣"字大意似同，而精微密察處略似有異。
前面"氣"字若專主形於外者而言，後面"氣"字若專主
發於內者而言。

氣無二義，但"浩然之氣"乃指其本來體段而言，謂
"體之充"者，泛言之耳，然亦非外此而別有浩然之氣也。

"反身而誠"者，知至之功；"強恕而行"者，力行之
事。知之在前，行之在後。與篇首"盡其心者，知其性
也；知其性，則知天矣。存其心、養其性，所以事天也"，
文勢略同。未審是否？

"反身而誠",乃是反求諸身而實有是理,如仁義忠孝,應接事物之理,皆真有之,而非出於勉强僞爲也。此是見得透、信得及處。到此地位,則推己及物,不待勉强,而仁在我矣。下言"强恕而行"者,蓋言未至於此,則當强恕以去己私之蔽,而求得夫天理之公也。

《孟子》"施於四體,四體不言而喻",《集註》云:"言四體雖不能言,而其理自可曉也。"似若指在人而言。

《集註》此義,近看得似未安,恐只是説四體不待安排而自然中禮也。

"舜不告而娶",告則廢人之大倫,則娶爲重而告爲輕,不幾於禮輕而色重?"賢者飢餓於土地,賙之則受,免死而已",則免死爲重,潔身爲輕,不幾於禮輕而食重?

禮固重於食色矣,然禮亦有大體、小節之殊,而食色所係亦自有小大緩急之不同。孟子言之詳矣,無可疑也。《晦庵文集》卷六一。

案:朱熹《答嚴時亨》(問目各已批出)答問"曾點言志一段",有云"此一段説得極有本末。學者立志要當如此,然其用力却有次第,已爲希遜言之矣"。《晦庵文集》卷六一。即指本書。《答嚴時亨》撰於慶元二年(1196)冬日前後,本書約撰於一時稍前。

朱熹《答歐陽希遜》:

所示卷子已悉疏其後矣。時亨處亦有三紙,可互見也。元德爲況如何？元瞻已歸未也？吾人爲學，自爲己事，豈以時論而少變？千萬勉力。

　　謙之前此請問："曾點氣象從容，辭意灑落"，"堯、舜事業亦優爲之"，先生批教云："曾點氣象固是從容灑落，然須見得它因甚得到如此始得。若見得此意，自然見得它做得堯、舜事業處。"謙之因此熟玩《集註》之語，若曰："但味其言，則見其日用之間，無非天理流行之妙，而用舍行藏，了無所與於我。"見得曾點只是天資高，所見處大，所以日用之間，無非天理流行之妙。惟其識得這道理破，便無所係累於胸中，所謂"雖堯、舜事業亦優爲之"。自其所言，以逆諸其日用之間，而知其能爾也。何者？堯、舜之聖，只是一箇循天理而已。然曾點雖是見處如此，却無精微縝密工夫。觀《論語》一書，點自言志之外，無一語問答焉，則其無篤實工夫可見矣。使曾點以此見識加之以鑽仰之功，謹於步趨之實，則其至於堯、舜地位也孰禦？本朝康節先生大略與點相似。伏乞指教。

　　人有天資高，自然見得此理真實流行、運用之妙者，未必皆由學問之功。如康節、二程先生，亦以爲學，則初無不知也。來喻皆已得之。大抵學者當循下學上達之序，庶幾不錯。若一向先求曾點見解，未有不入於佛、老也。

　　謙之前此請問《語》、《孟》"仁"不同處，先生批教曰："《集註》中云'仁者，心之德，愛之理也'，此言極有味，可更思之。"近來却覺看得《論語》中答諸弟子問仁處，如告之以主敬行恕、告之以先難後獲之類，往往不是先藥其人之病痛，則是其人未到仁者地位，未可以抽關啓鑰告之，且爲它安下一箇爲仁底根脚。根脚平正牢固，然後却可語之以仁。若答子貢之問，直曰："工欲善其事，必先利其器。"此可以觀矣。樊遲問仁，告之以"居處恭，執事敬，與人忠"。胡氏以爲："樊遲問仁者三，此最先，'先難'次之，'愛人'其最後乎？"似得聖人之意矣。若是根脚不穩，而語之以仁，縱使能用力焉，果能爲我有乎？根脚既正，雖不告語之，亦自然能尋求向上去也。前此讀《論語》，見聖人答問仁之語其説不一，便將作聖人言仁廣大周徧底意思看了，是以求其要領而不可得，却把孟子言仁處看小了，遂謂孟子之言不如孔子廣大周徧。今此却看得孟子所言"惻隱之心"與夫"人心"等語，乃是實指仁之端倪，學者便可體認尋求，便有靠實下手處。於此益見得所謂心之德者，乃是仁之真體。蓋事事要得此心之安，不使有一毫之不足處。而愛者乃是仁之實，不以吾身之外皆無與於我，而一毫不卹也。程子以《西銘》爲仁之體，其以此歟？不知是否？伏乞指教。

此段看得大有病。告樊遲三語便與告顔淵、仲弓都無異，故程子曰："此是徹上徹下語。"安得謂姑爲之安立根脚乎？若此只是安立根脚，即不知如何方是正下手爲仁處耶？大率孔子只是說箇爲仁工夫，至孟子方解"仁"字之義理。如"仁之端"、"仁，人心"之類。然仁字又兼兩義，非一言之可盡，故孔子教人亦有兩路，"克己"即孟子"仁，人心"之說，"愛人"即孟子"惻隱"之說。而程子《易傳》亦有專言、偏言之說。如熹訓釋，又是孟子、程子義疏。可更詳之。

謙之前此請問孟子、程子論才處，曾妄爲之說曰："性無不善，而氣有清濁，人之有昏明强弱者，氣使之然也。才發於性，固無有不善也，氣稟之清而本性常用，則才固無不明且强也；氣稟之濁而本性障蔽，則或有以梏其才之美，而使之昏且弱矣。氣稟昏濁既蔽其性之善，則遂併與其才而失之。何者？性固才之根本也，此孟子所謂不能盡其才，而非才之罪也。故夫氣之清，則能盡其才；氣之濁，則不能盡其才。然其才發於性，自人氣之有清濁，而後才始有盡不盡者焉。則夫昏明强弱，其本固不係於才，而係於氣也。"已上前時請問之語。此時先生賜答，不以爲不可。然謙之近來玩味《孟子》本文與《集註》之說，又覺前說殊未爲當。孟子之言，若曰：惻隱、羞惡、恭敬、是非之心，人皆有之可見其性之善也。夫人之受此性以生也，則必具此形體也。有此形體，則其才能固具於此形體之中。若是器爲刃也，必能刺物也；是器爲舟也，必能行水也。是故有此惻隱、羞惡、辭遜、是非之心，能思而求之，以充惻隱、羞惡、辭遜、是非之心，是所謂盡其所能也。彼其不思、不求、不知所以充之者,非無是能也,不知所以盡其所能也。其所以不盡其所能者,則稟是氣之濁,與夫陷溺其心者也。程子所謂"學而知之",即孟子"求則得之"之論也。程子所謂"自暴自棄",即孟子"不盡其才"之論也。二說雖異,不害其爲同也。不知是否?伏乞指教。謙之又觀《集註》曰:"才固有昏明强弱之不同。"竊疑昏明是氣,强弱是才,不知於"才"字上下昏明字如何?伏乞指教。

氣稟之殊,其類不一,非但清濁二字而已。今人有聰明通達、事事曉了者,其氣清矣;而所爲或未必皆中於理,則是其氣之不淳也。人有謹厚忠信、事事平穩者,其氣醇矣;而所知未必能達於理,則是其氣之不清也。推此類以求之,才自見矣。

程子曰:"'生之謂性',性即氣,氣即性,生之謂也。"又曰:"'人生而静'已上不容説,才説性時,便已不是性也。"謙之竊意明道所言"生之謂性"與告子所言"生之謂性"不同。明道之意,若謂人生而後方始謂之性,前此天命流行,未有所寄寓,只可謂之善,不可謂之性。然以無可得名,又是性之本源,只且謂之性;若論其體段,則不可謂之性。此"'人生而静'以上不容説,才説性時,便已不是性也"。"性即氣,氣即性",蓋必稟是氣,然後人之形體始立;必命之以是性,然後人之良知良能始具。必有是性,而後有是氣,必有是氣,而後有是性，二者蓋不能以相離也。人物未生之時，天命之流行，雖其未有底止，不可謂之性，而性之本真實渾然而無所間雜。人物已生之後，氣質之成形，雖其理已命于人，始得謂之性，而性之本體始與氣質交雜，而有待於察識其端倪矣。程子所謂"性即氣，氣即性"，非謂氣便是性，性便是氣，蓋言其不相離也。此程子所謂"論性不論氣，不備；論氣不論性，不明。二之則不是"，蓋以此也。不知是否？伏乞指教。

此段近之。

程子曰："人生氣稟，理有善惡，然不是性中元有此兩物相對而生也。有自幼而善，有自幼而惡者，是氣稟使然也。善固性也，然惡亦不可不謂之性也。"謙之竊考夫下文所引水流爲喻，是所謂不是元有兩物相對而生也。然既謂之流，而復有濁，則非自幼而惡矣。既曰"水之清，則性善之謂也"，則不可謂之"惡亦不可不謂之性矣"。既曰"有流而至海，終無所汙；有流而未遠，已有所濁；有出而甚遠，方有所濁"，又曰"清濁雖不同，然不可謂濁者不爲水也"。謙之竊以謂：既是初流出時無濁者，則後來雖有濁者，或是泥沙溷之、外物汩之，不是元初水裏面帶得濁來，到此方見也。此則孟子所謂"陷溺其心"者也，豈得以惡爲不可不謂之性哉？程子之言必有深意，伏乞指教。

此所謂泥沙、外物，正指氣稟而言。

程子曰："凡人說性，只是說'繼之者善'也，孟子言性善是也。"近觀先生答嚴時亨所問，云："《易大傳》言'繼之者善'，是指未生之前；孟子言性善，是指已生之後。"與程子之說似若有異，伏乞指教。

明道先生之言，高遠宏闊，不拘本文正意如此處多。若執其方而論，則所不可通者，不但此句而已。須知性之原本善，而其發亦無不善，則《大傳》、孟子之意初無不同矣。

《鄉黨》"非帷裳必殺之"，《集註》云："朝祭之服用裳。"問時遺此一句。"正幅如帷，要有襞積，而旁無殺縫。其餘如深衣，要半下，齊倍要，則無襞積而有殺縫矣。"所謂有襞積，恐是若今裙制近要有殺入聲是也。要半下，謂近要者狹半，放下面齊也。齊倍要，謂向下者闊倍於上面要也。不知旁無殺縫之制如何？恐是深衣之制，裳下面是裁布爲之，近要者殺從其小，以就半下之法，所以旁有殺縫也。伏乞指教。

此讀《集註》遺下首句，故其下皆無文理。昨乍看之，亦自曉不得也。今添此句讀之，自合見得分明矣。帷裳如今之裙是也。襞積即是摺處耳。其幅自全，安得謂近要者有殺縫耶？

《論語》"君子周而不比"字舊音毗志反，《集註》無音。古註、《集註》皆爲偏黨之義。"義之與比"舊音毗志反，《集註》音必二反。《孟子》"願比死者一洒之"與"且比化者無使土親膚"，其義與音又俱備，無可疑者。

若“御者且羞與射者比”，《集註》亦爲偏黨之義，音必二反。不知“比”字爲偏黨之義者，皆當作必二反如何？至“將比今之諸侯而誅之”，《集註》曰：“比，連也。音去聲。”所謂去聲者，想却是作毗志反否？伏乞指教。

記得此字是用賈昌朝《羣經音辨》改定，“比今之諸侯”一處，改未盡耳，更俟契勘。然亦無甚緊要。今目昏甚，此等處恐不暇料理矣。

孟子曰：“我不貫與小人乘。”貫，舊音慣，註曰：“貫，習也。”《集註》無音，亦曰：“貫，習也。”恐是不須音轉亦可。此等不應以煩瀆尊聽，鄉里後生或來質問，不敢以私意揣量以告。伏乞尊察。

貫若不音慣，不知讀作何字？如有別音，即須補之；若依舊只是貫字，則自不須音也。此不暇檢，可更詳之，後便批來。《晦庵文集》卷六一。

案：本書有云“謙之前此請問：‘曾點氣象從容，辭意灑落’，‘堯、舜事業亦優爲之’，先生批教云：‘曾點氣象固是從容灑落，然須見得它因甚得到如此始得。若見得此意，自然見得它做得堯、舜事業處。’”即上書（所示疑義）中語，知在其後。又，本書有云“近觀先生答嚴時亨所問，云：‘《易大傳》言“繼之者善”，是指未生之前；孟子言性善，是指已生之後。’”即朱熹《答嚴時亨》（問目各已批出）中語。故本書乃承其後，推知約撰於慶元三年（1197）中。

朱熹《答歐陽希遜》：

所論程先生“鳶飛魚躍，必有事焉”之語，元德亦以爲疑。此乃爲《或問》中舊説所誤。今詳味之，方見程先生説“鳶飛魚躍”是子思喫緊爲人處，以其於事物中指出此理，令人隨處見得活潑潑地；“必有事焉”是孟子喫緊爲人處，以其教人就己分上略綽提撕，便見此理活潑潑地也。非以其文義相似而引以爲證也。今看《中庸》，且看子思之意見得分明，即將程先生所説影貼出，便見所引孟子之説只是一意，不可以其文字言語比類牽合，而使爲一説也。凡若此類，更宜深思。

所論鬼神一章，全不子細，援引太多，愈覺支離，不見本經正意。可且虛心將經文熟看，甚不能曉處，然後參以《章句》説，教文義分明，道理便有去著。體物之義，兩處説得如此分明，足可致思。乃更泛然而問，可見元不曾入思慮也。《祭統》所説“如有見聞”，《論語》所説“祭神如在”，皆是主於祭者而言。此章言“使天下之人齊明盛服以承祭祀”，是主於鬼神而言，自有賓主，如何却如此看？“體物”、“使人”兩句更須深體。又來喻言“如其神之在焉，非真有在者也”，此言尤害理。若如此説，則是僞而已矣，又豈所謂誠之不可掩乎？昭明、焄蒿、悽愴，《疏》説非是。昭明謂光景，焄蒿謂氣象，悽愴使人神思灑淅，如《漢書》云“風肅然”者。宰我答問一章所論鬼神，正與《中庸》相表裏，今且先看令《中庸》意思分明，却看此章，便見子細。

智仁勇一章,雖非經文正意,然文勢相聯,讀者亦須識得去著,方見義理大小精粗縱橫貫穿,無空闕處。今觀所論,全未致思。至如所引《論語》"仁者安仁,智者利仁",豈是不知有此兩句,所以如此筆之於書?決須更有深意。今乃如此草草看過,率然發問,殊非所望於朋友也。《晦庵文集》卷六一。

案:本書有云"所論程先生'鳶飛魚躍,必有事焉'之語,元德亦以爲疑",據朱熹《答張元德》("配義與道"之説殊不可曉)乃云"其它所論時習、率性、鳶魚等説,今皆未暇論",知撰時相近。《答張元德》撰於慶元三年秋間或稍前。

潘　柄

潘柄,字謙之,侯官(今福建福州)人。"年十六有志於道,朱熹悉以所學授之。平生多著述,如《易解》、《尚書解》之類。號瓜山先生。卒,祠于三山書院"。《明一統志》卷七四。兄潘植字立之。"兄弟承父命,俱往事文公於武夷"。《閩中理學淵源考》卷二七。

朱熹《答潘謙之》:

所示問目,如伊川亦有時教人靜坐,然孔、孟以上,却無此説。要須從上推尋,見得靜坐與觀理兩不相妨,乃爲

的當爾。《易》説大概得之，但一陰生之卦，本取一陰而遇
五陽之義，今如此説亦佳，但更須子細看，不知能兼此兩
意否？《萃》卦三句是占詞，非發明萃聚之意也。此是諸
儒説《易》之大病，非聖人係辭焉而明吉凶之意。卜田之
吉占，特於《巽》之六四言之。此等處有可解者、有不可解
者，只得虚心玩味，闕其所疑，不可强穿鑿也。"成性"、
"成之者性"，"成"字義同而用異。"成性"是已成之性，如
言成説、成法、成德、成事之類；"成之者性"是成就之意，
如言成己、成物之類。"神之所爲"與"祐神"同，與"神德
行"之"神"小異。法象變通，如此説亦得，但不免微有牽
合之病耳。近日別看甚文字？有疑，幸語及也。《晦庵文
集》卷五五。

案：本書撰時未詳。《朱子語類·姓氏》云潘柄
於淳熙癸卯（十年）後所聞，則其自此始從學朱熹。
又，《朱子語類》卷七二載潘柄所記："或問：'《易傳》
云：正家之道在於"正倫理，篤恩義"。今欲正倫理
則有傷恩義，欲篤恩義，又有乖於倫理，如何？'曰：
'須是於正倫理處篤恩義，篤恩義而不失倫理，方
可。'"疑本書乃潘柄此後來書致問，朱熹答之。故且
置本書於淳熙十一年（1184）間。待考。

朱熹《答潘謙之_柄》：

所喻心性分別，不知後來見得如何？性只是理，情是

流出運用處,心之知覺,即所以具此理而行此情者也。以智言之,所以知是非之理,則智也,性也。所以知是非而是非之者,情也。具此理而覺其爲是非者,心也。此處分別只在毫釐之間,精以察之,乃可見耳。愛、恭宜別,喜怒哀樂皆情也。以前説推之,可以三隅反矣。看《論語》只看《集注》,涵泳自有味。《集義》、《或問》不必句句理會,却看一經一史,推廣此意尤佳。《晦庵文集》卷五五。

案:本書撰時未詳。下書(《孟子》首數篇與齊、梁君語)論及《孟子或問》等,而本書云云相關聯,疑在其前,姑係於淳熙十五年(1188)。待考。

朱熹《答潘謙之》:

《孟子》首數篇與齊、梁君語,大抵皆爲國治民之事,特患學者不能用之耳。即義利之對而定所趨,充易牛之心以廣其善端,閨門之内,妻子臣妾,皆有以察其温飽、均其勞佚而無尊賤之僻焉,亦與民同樂之意。又何往而非切身之事哉?

所論《孟子》書首,若能如此推類反求,固不害爲切己,但初學者便教如此看,却又添了一重事。不若且依本文看,逐處各自見箇道理,久久自然通貫,不須如此費力也。

"樂天"、"畏天"不同。以仁者而居小國,固不免爲智者之事;使智者而居大國,則未必能爲仁者之舉。何者？智者分別曲直，未必能容忍而不與之較，如仁者之爲也。

得之。

禹、稷、顏子，時不同而出處不同，乃義之宜。伯夷、伊尹，時同而出處異，一是則一非，一善則一惡，孟子何以皆謂之聖人耶？

謂伯夷、伊尹所爲爲非，恐未安。

許行欲君民並耕，則於人無貴賤之別；欲市價不貳，則於物無貴賤之差。事雖異而意則同。孟子因齊王易牛以發其不忍之心，因夷之厚葬其親以箴其兼愛之失，皆因其發見處以啓之。

得之。

伊川云“養志莫如敬以直内”，此是就未發上説。孟子所謂“自反而縮”、“以直養而無害”、“集義所生”，皆指事而言，就已發上説。孟子方辨告子，故專救其偏。

孟子論養氣，只合就已發處説。程子説養志，自是當就未發處説。各是一義，自不妨内外之交養，不可説孟子爲救告子義外之失而姑爲此言也。

恐大人所以爲大人者，不過不失其赤子之心而已。

論赤子之心，恐未然。若大人只是守箇赤子之心，則於窮理應事皆有所妨矣。

王子墊以人之爲士，下既不爲農工商之事，上又未

　　有卿大夫之職，故疑其若無所事者。孟子言士雖未得位以行道，而其志之所尚，則有仁義焉。

　　尚志之説甚善。"志"字與"父在觀其志"之"志"同，蓋未見於所行而方見於所存也。

　　"説大人則藐之"，蓋主於説而言。如曰"見大人則藐之"，則失之矣。

　　得之。

　　"於不可已而已"一節，以仁言；"於所厚者薄"一節，以義言。夫不可已而已、當厚而薄，則怠惰自私而無力行篤義之心，而失之不及矣。或有發憤勇進者，則又失之助長。迨夫意氣一衰，則私心邪念潰出而不可遏，此又失之大過也。

　　仁義之説未是，進鋭退速之説亦未精切，蓋其病正在意氣方盛之時已有易衰之勢，不待意氣已衰之後然後見其失也。

　　《盡心》第一章，游氏以知天爲造其理，事天爲履其事，固善矣。然"夭壽不貳"一節，又乃承上二節而言。上乃知而行之，此乃守而不變，游氏之説恐未當。

　　"夭壽不貳"，亦是知天之效，但游氏説得下句太輕耳。

　　《或問》中，以楊氏所譏王氏之失爲非是。柄竊以高明之與中庸雖非二物，然細分之，亦不爲無別。中庸者，理之所當然也；高明者，理之所以然也。聖人處己應物固無二道，然處己而盡其理之當然者，所以爲中庸也；知處己所以當然之理，則高明也。應物而盡其理之當然者，所以爲中庸也；知應物所以當然之理，則高明也。王氏判而爲二固非矣，而楊氏又渾然無所區别，則亦不察中庸、高明所以得名之實也。其曰“智不足以致知，明不足以盡誠”者，其意蓋以智爲高明、誠爲中庸。但“明”字與“誠”字不類，而反與上句所謂“智”者爲一律，豈牽於“自明而誠”之語而誤乎？若如其意，竊欲易曰：知不足以致知，誠不足以力行。惟不足以致知，故以高明爲淵深微妙，而非局於一事爲之末，而不知高明所以爲中庸；惟誠不足以力行，故以中庸爲出於人力之所勉强，而非天理之自然，而不知中庸所以爲高明。此則王氏受病之處。

高明是説中心所存、不爲物欲之所累處，非指理而言也。

首章明道第四説云：“凡人説性，只是説繼之者善也，孟子言人性善是也。”似以孟子所言爲氣稟之性。若以爲氣稟之性，則固有善惡矣，不得專謂之善也。以下文水流之喻觀之，則又似以氣稟本善，發而後有善惡也。使氣稟皆善，則所發之惡何自來哉？

孟子所言不是氣稟之性，但是性自不容説，纔説性時便只説箇“善”字。所謂“天下之言性，則故而已”者，正謂此也。

横渠冰水凝释之喻，似亦無害，但以受光納照爲言，則幾於釋氏所謂一靈真性者矣。其所謂未嘗無者，豈以其靈照之中，實無一物之不具耶？此則心之知覺，而非性之實迹也。

既如此説，即是有害矣。

舜察邇言，所以無智者之過，蓋智者之過常在於騖高遠而厭卑近也。

舜之智不過，非獨爲此一事，須以全章體之。

舜隱惡而揚善，聽言之道當如此，蓋不隱其惡，則人將恥而不言矣。後之當進賢退不肖之任者，亦以隱惡揚善盜兼包并容之名，是不知隱惡揚善之義也。

隱惡揚善，不爲進賢退不肖言，乃爲受言擇善者發也。

和而不流，則非不恭之和；中而不倚，則非執一之中。中和而不流不倚者擇之精，有道而不變者守之固。擇之精則不患乎道之難明，守之固則不患乎道之不行。能勉乎此，則無賢智之過矣。《章句》中謂四者各有次序，不知如何？豈不流尚易，而不倚爲難，如富而無驕易、貧而無怨難乎？

和而不流，中立而不倚，須就“强”字上看，如此説無功夫矣。

武王、周公之所以爲達孝者，柄竊以爲舜之大孝，所遭之至不幸也；文王之無憂，所遭之至幸也。至幸與至不幸，皆不可以爲常，惟武王、周公之孝，而天下通行之孝也。

恐無此意。

《章句》中以學知利行爲仁，困知勉行爲勇，竊恐未盡乎仁勇之德也。夫仁者安仁，固不容以利行爲言。知、仁、勇皆謂之達德，則勇固通上下而言也，不可專以困知勉行者目之。以柄觀之，三知三行云者，所以總言達道達德之在人，其氣質雖有不同，而及其至之則一也。三近云者，言人未至乎達德而求至之者，其用功當如是也。似不必以三知三行分知、仁、勇，如何？

此等處，且虛心看到並行不悖處，乃佳。

“敬大臣則不眩”，《章句》中以爲信任專而小臣不得以間之，故臨事則不眩也。柄竊觀下文官盛任使之意，似以爲不使之役役於細事，乃所以敬之也。惟其不役役於細事，故其精神暇逸，不至昏眩而迷於大體也。

不然。

二十七章既言“大哉聖人之道”矣，而復以“優優大哉”冠於禮儀之上者，蓋言道體之大，散於禮儀之末者如此。

得之。

二十五章“成己仁也，成物智也”，以柄觀之，《論語》以學不厭爲智，誨不倦爲仁，又與此相反。且學不厭與成己，雖皆在己之事，然一則學以明其理，一則實體是理於吾身，一知一仁，猶可言也。若夫成物，乃仁之事，何所與於知而歸之耶？

若非有智，何以成物？

二十章"生乎今之世，反古之道，如此者災及其身"，夫子非使後人不得復古也，但以爲生於春秋之世，既無得位之理，徒欲以匹夫之微而復古之道則不可耳。使得時得位，何不可者？

"反古之道"，連上文"愚賤"説。

前輩多以夫子損益四代之制以告顔子，而又曰"吾從周"，其説似相牴牾者。然以二十八章"吾學周禮，今用之，吾從周"之意觀之，則夫子之從周，特以當時所用而不得不從耳，非以爲當盡從周。若答爲邦之問，乃其素志耳。

得之。

"君子動而世爲天下道，行而世爲天下法，言而世爲天下則"，"世"猶言世上也，"法"是法度，"則"是準則。有可跂之實故言"法"，言未見於行事，故以其言爲準而行之也。

得之。《晦庵文集》卷五五。

案：本書校記云：浙本於"恐大人所以爲大人者"句上有"大人不失其赤子之心，《集注》之意似以爲德雖至大人而初不失赤子之心也。然以'者'字與'也'字觀之"三十九字，"恐"字下有"以爲"二字。

本書中言及《中庸章句》。據朱熹《中庸章句序》,其成書於淳熙己酉(十六年,1189)三月戊申。《晦庵文集》卷七六。故推知本書約撰於是年夏後。

潘柄《上朱晦翁書》:

《蹇》與《困》相似。"君子致命遂志"、"君子反身修德",亦一般。《朱子語類》卷七二。

案:《朱子語類》卷七二:"潘謙之書曰:'《蹇》與《困》相似……'殊不知不然。《象》曰:'澤無水,《困》。'是盡乾燥,處困之極,事無可爲者,故只得'致命遂志'。若'山上有水,《蹇》',則猶可進步,如山下之泉曲折多艱阻,然猶可行,故教人以'反身修德'豈可以《困》爲比? 只觀'澤無水,《困》',與'山下有水,《蹇》',二句便全不同。"注曰林學履所聞,又曰沈僩所聞同。據《朱子語類·姓氏》,沈僩"戊午(慶元四年)以後所聞",林學履"己未(慶元五年)所錄"。可知潘柄來書當在慶元五年(1199)間。

潘景憲

潘景憲(1134—1190),字叔度,婺州金華(今屬浙江)人。九歲以童子貢京師,"詔許特試禮部,且賜束帛。後入太學,益自刻厲。一時學官如汪公應辰、芮公燁、王公

十朋皆推重焉"。擢隆興元年（1163）進士第，請爲南嶽
祠。"與東萊呂祖謙伯恭父同年而齒長，聞其論説行身探
道之意，慨然感悟，遂棄所學而學焉"。既而遭父憂，服
除，不復仕，"日遊呂氏之門，躬執弟子之禮，誦詩讀書，旁
貫史氏，下至于兹，靡不該覽，而尤於程氏之《易》爲盡心
焉。至它書史考訂蒐輯，日有程課，鉛黄朱墨未嘗去手"。
紹熙庚戌致仕，六月卒，年五十七。其長女適朱熹子朱
塾。事蹟見朱熹《晦庵文集》卷九三《承事郎致仕潘公墓
誌銘》。

朱熹《答潘叔度》：

邵子文記明道先立標準之言，深中近日朋友之病，且
孟子亦有"襲而取之"之戒，尤當深念也。《晦庵文集》卷
四六。

案：朱熹《答呂伯恭》（潘守附致所予書）有言
"兒子寓食之計，似終未穩，豈可終歲擾人耶？幸更
爲處之，使賓主之間可久處而不厭，乃佳耳。與叔度
書不欲深言此，但老兄以意裁之，則善矣。叔度惠
書，觀其論説，氣質良厚，不易得也"，《晦庵文集》卷三
三。撰於乾道九年七月下旬。時朱熹遣子朱塾至金
華從學呂祖謙，因呂氏爲介，而與潘景憲兄弟相交而
始通書。又《答呂伯恭》（方作書欲附便）又云"比日
秋清，……又得叔度、叔昌書"。《晦庵文集》卷三三。

撰於是年九月初。本書云云，當在其後，約撰於是年
（1173）冬。

朱熹《答潘叔度》：

所論標準襲取之戒，極爲精密。然所謂“有爲若是，
如舜而已”者，必自有的實平穩下功夫處，非是徒然晝思
夜度，以己所爲校舜所爲，而切切然惟恐不如舜也。譬如
病人，正當循序服藥，積漸將理，使氣體浸充，可及平人而
後已，豈可責效於一丸一散、一朝一夕之間，而遽怪其不
及平人哉？默誦《中庸》一卷於寐覺之時，此亦甚善。然
與其必誦一過，不若虛心玩理之從容而有味也。《晦庵文
集》卷四六。

案：本書“所論標準襲取之戒”云云，乃承朱熹
上書（邵子文記明道先立標準之言）而云。

朱熹《答潘叔度》：

來喻縷縷，備見立志之遠，歎服良深。但所謂“敬之
爲言，所以名持存之理”者，於鄙意似未安。蓋人心至靈，
主宰萬變，而非物所能宰，故纔有執持之意，即是此心先
自動了。此程夫子所以每言坐忘即是坐馳，又因默數倉
柱發明其説，而其指示學者操存之道，則必曰“敬以直
內”，而又有“以敬直內，便不直矣”之云也。蓋惟整齊嚴
肅，則中有主而心自存，非是別有以操存乎此而後以敬名

其理也。此類初若名言小失，不足深辨，然欲放過，則恐於日用之功不能無害，故輒言之。子約書中有所反覆，亦是此意。幸參考而互評之，則其辨益明，而儒、釋之殊亦可因以判矣。《横渠集》云云，大凡作事匆匆，不能博盡異同，便有遺恨。前輩所謂“甚事不因忙後錯了”者，誠有味也。《晦庵文集》卷四六。

　　案：書中所云“子約書中有所反覆，亦是此意”，指朱熹淳熙元年（1174）秋、冬間所作《答吕子約》諸書。《晦庵文集》卷四七。故推知本書亦撰於此時。

朱熹《答潘叔度》：

　　所喻“敬者，存在之謂”，此語固好，然乃指敬之成功而言。若只論敬字下功夫處，蓋所以持守此心而欲其存在之術耳。只著一“畏”字形容，亦自見得。故和靖尹公只以收斂身心言之，此理至約。若如來喻，却似太瀾翻也。大抵諸所誨諭，似皆傷於語言道理頭緒多云云。愚意且欲賢者於此稍加屏置，而虚心觀理於平易專一之地，不審於意果如何也？《晦庵文集》卷四六。

　　案：《書信編年》云本書與上書（來喻縷縷）“皆論操存持敬之道，乃屬相承”。推知其約撰於冬間。

朱熹《答潘叔度》：

　　熹衰病，今歲幸不至劇，但精力益衰，目力全短，看文字不得。瞑目閒坐，却得收拾放心，覺得日前外面走作不少，頗恨盲廢之不早也。

看書鮮識之喻誠然，然嚴霜大凍之中，豈無些小風和日暖意思？要是多者勝耳。江南之業，恐自是慶曆、元祐之功，不當以此論也。此語甚長，非面莫既。大抵鄙見與彼中議論不同處非一，而此爲其最，是乃天理人欲之分，直截剖判，不相交雜處，安得相與極論以會至當之歸乎？忿疾之意，發於羞惡之端，固有不可已者。然至於加一"忿"字，便和自家這裏有病了。此亦深欲面諭之尤緊切者，恨未有其便耳。醍醐毒藥之喻，恐亦過當。聖賢只得立言垂世，從違真僞却在他人，如何必得？況吾輩所急在於自明，正不當常以此念橫在胸中也。

陳膚仲近得書，云欲旦夕過此。此等人未欠講論，却是欠收斂。此又是別一箇話頭，要之須面論乃究耳。吾人無用於世，只自己身心一段事，又不曾講究得徹，衆盲摸象，各説異端，不知却如何收殺？可慮可慮，奈何奈何？
《晦庵文集》卷四六。

案：書中言及"熹衰病，今歲幸不至劇，但精力益衰，目力全短，看文字不得。瞑目閒坐，却得收拾放心"，與朱熹《答潘叔昌》(示喻天上無不識字底神仙)中"熹以目昏，不敢著力讀書，閒中静坐，收斂身心，頗覺得力"《晦庵文集》卷四六。云云相合。《答潘叔昌》撰於淳熙十一年(1184)秋中，故推知本書約撰於一時先後，當亦在秋間。

潘景憲《與朱元晦書》：

此吾父師之志，母兄之惠，而吾子之所建，雖予幸克成之，然世俗不能不以爲疑也。子其可不爲我一言以解之乎？《晦庵文集》卷七九《婺州金華縣社倉記》。

案：朱熹《婺州金華縣社倉記》有云其淳熙八年間任提舉浙江常平，“既而尚書下予所奏社倉事於諸道，募民有欲爲者聽之，民蓋多慕從者。而未幾，予亦罷歸，又不果有所爲也。是時伯恭父之門人潘君叔度感其事而深有意焉，且念其家自先大夫時已務賑恤，樂施予，歲捐金帛，不勝計矣，而獨不及聞於此也。於是慨然白其大人出家穀五百斛者，爲之於金華縣婺女鄉安期里之四十有一都，斂散以時，規畫詳備，一都之人賴之，而其積之厚而施之廣，蓋未已也。一日，以書來曰：‘此吾父師之志……’”。《晦庵文集》卷七九。記文撰於淳熙十二年乙巳冬十月庚戌朔。故推知本書約撰於是年（1185）秋間。

潘景憲《與朱元晦書》：

甚願一見，以慰離索。然子今日之行，名爲召客，吾是以不果來也。《晦庵文集》卷九三《承事郎致仕潘公墓誌銘》。

案：朱熹《承事郎致仕潘公墓誌銘》云其“往年

以江西使事入奏，舟過蘭溪，蘭溪距金華不百里，金華親故往往來相勞問，獨君以書來曰：'甚願一見……'"。《晦庵文集》卷九三。淳熙十五年（1188），朱熹赴都奏事，五月十日前後至蘭溪。《年譜長編》卷下。故推知本書約撰於此時。

潘景憲《與朱元晦書》：

子今幾過七里灘矣，可以已乎，其未耶？《晦庵文集》卷九三《承事郎致仕潘公墓誌銘》。

案：朱熹《承事郎致仕潘公墓誌銘》云其赴都奏事，"比以口語罷歸，君又以詩來若曰：'子今幾過七里灘矣……'予不能答，而嘗以是愧其爲人"。《晦庵文集》卷九三。時淳熙十五年六月中旬，朱熹離臨安南歸，經桐廬、蘭溪、衢州等抵家，《年譜長編》卷下。故推知本書約撰於六月中、下旬。

潘景愈

潘景愈，字叔昌，婺州金華（今屬浙江）人。潘景憲弟。登進士第，仕至安慶府學教授。《敬鄉錄》卷一三。

朱熹《答潘叔昌》：

熹講聞雋譽，爲日蓋久，每恨未及際晤，以慰所懷。

兹承不鄙,遠貽誨帖,傾倒甚至。自顧涼薄,何以堪之?
反復再三,有愧而已。即日冬寒,伏惟進德日新,尊履
多福。

熹蚤獲執侍先生君子之側,粗知以問學爲事,而躬行
不力,老大無聞,顧省平生第有愧恨。左右才高識明,所
以自期蓋已不淺,乃不知其如此而辱垂問焉,則已誤矣。
況所謂日用之間不放不亂者,又熹之所以早夜竭力而未
能彷彿者,其何以有助於高明之萬一乎?然先其所難而
不計其獲,聖賢所以示人爲仁之方也。熹雖不敏,願與賢
者共勉焉。因風脩報,未究所懷。繼此有可以開警者,願
日聞之,幸甚幸甚。《晦庵文集》卷四六。

　　案:乾道九年秋,朱熹遣子朱塾至金華從學吕
祖謙,時因吕氏爲介,而與潘景憲兄弟相交而始通
書。朱熹《答吕伯恭》(方作書欲附便)有云"比日秋
清,……又得叔度、叔昌書"。《晦庵文集》卷三三。時
是年九月初。而本書乃言"熹講聞雋譽,爲日蓋久,
每恨未及際晤,以慰所懷。兹承不鄙,遠貽誨帖,傾
倒甚至。自顧涼薄,何以堪之"云云,乃屬初通書語
也。又本書云"即日冬寒",故推知其撰於是年
(1173)冬。

朱熹《答潘叔昌》:

細讀來喻,足見爲己之力。但學者先須置身於法度

規矩中，使持於此者足以勝乎彼，則自然有進步處。如孔子之告顏淵，以非禮勿視、聽、言、動爲克己之目，亦可見矣。若自無措足之地，而欲搜羅抉剔於思慮隱微之中，以求所謂人欲之難克者而克之，則亦代翕代張、没世窮年而不能有以立矣。躬所未逮，姑誦所聞，已深愧靦，惟明者有以裁之。《晦庵文集》卷四六。

案：本書撰時未詳。《書信編年》係於乾道九年"癸巳以後"。待考。

朱熹《答潘叔昌》：

所示"内外交養，勿使偏枯；聞斯行之，不必猶豫"，此正今日應病良藥也。薛氏書已領，觀其用功纖密，良可歎服。而昨得其《論語》及《春秋》，却有難曉解處。豈其用力於彼者深，固所謂藝之至者不兩能邪？學者於此要當知所擇耳。《仁傳》正類南軒所爲，鄙意亦所未安。伯恭昨補《外書》《震澤語録》"問聖賢之言要切處思"一段，意思却極好也。陳齊之文乃如此，尤所不解，亦嘗究其失否？微言既絶，大義益乖，甚可悼懼，不覺傾倒至此。此紙不可以示人也，只欲賢者知之，不枉用心耳。《晦庵文集》卷四六。

案：書中所云"伯恭昨補《外書》《震澤語録》"，據朱熹《答吕伯恭》（前月末及此月初兩附便拜狀）有云"《外書》、《淵源》二書頗有緒否？幸早留意"，《晦庵

文集》卷三三。乃指吕祖謙爲此二書作補也。《答吕
伯恭》撰於淳熙元年三月間。故推知本書約撰於是
年(1174)春、夏之際。

朱熹《答潘叔昌》：

示喻讀史曲折，鄙意以爲看此等文字，但欲通知古今
之變，又以觀其所處義理之得失耳，初不必於玩味究索以
求變化氣質之功也。若慮其感動不平，遂廢不讀，則進退
之間，又恐皆失之太過而兩無所據也。

昨聞叔度兄頗爲佛學，因獻所疑，大蒙峻却，愧悚深
矣。今不敢復言，而其未已之意，不免因子約達之。恐其
過江未還，煩爲略道鄙意。大抵近世儒者，於聖賢之言未
嘗深求其義理之極致，而惟以多求劇讀爲功，故往往遂以
吾學爲容易之空言，而求所以進實功、除實病者，皆必求
之於彼。殊不知將適千里而迷於所向，吾恐其進步之日
遠而稅駕之日賒也。今若未能決意自拔，得且姑置其説，
而專意於吾學，捐去雜博，專讀一書，虛心游意，以求夫義
理之所在。如此三年，不得而後改圖，則朋友之心無所復
恨，而於其所以進功除病之實，亦未爲晚也。如何如何？
《晦庵文集》卷四六。

　　案：朱熹《答吕伯恭》(昨聞尊嫂宜人奄忽喪逝)
有云"叔度比日爲況如何？……昨得其書，自言於佛
學有得，未諭是否"。《晦庵文集》卷三四。又朱熹《答

吕子約》（叔度忽爲佛學）云"叔度忽爲佛學，私竊憂
之。前嘗因書扣之，今此書來，不答所問，但云'實病
難除，實功難進，不敢容易言之'而已"，并言"區區雖
欲再進其説，而已覺難於發口，然鄙意猶有未能已
者。願子約從容自以己意言之，勸其且讀《論語》，看
諸先生説而深思之，以求聖人之意"。《晦庵文集》卷四
七。而本書乃云"昨聞叔度兄頗爲佛學，因獻所疑，
大蒙峻却，愧悚深矣。今不敢復言，而其未已之意，
不免因子約達之"，實承其後。《答吕子約》撰於淳熙
六年秋、冬之際，故推知其約撰於是年（1179）冬間。

朱熹《答潘叔昌》：

示喻天上無不識字底神仙，此論甚中一偏之弊，然亦
恐只學得識字，却不曾學得上天，即不如且學上天耳。上
得天了，却旋學"上大人"，亦不妨也。中年以後，氣血精
神能有幾何？不是記故事時節。熹以目昏，不敢著力讀
書，閒中静坐，收斂身心，頗覺得力。間起看書，聊復遮
眼。遇有會心處，時一哂然耳。蜀學之弊，誠如所喻，《唐
論》却未暇細看也。《六國表》議論，乃是衰世一種卑陋之
説，吾輩平日講誦聖賢，何爲却取此等議論以爲標的？殊
不可曉。建州有徐柟者，常言秦始皇賢於湯武、管仲賢於
夫子，朋友間每每傳以爲笑，不謂來説亦頗似之也。此恐
是日前於根本上不曾大段用功，而便於討論世變處著力

太深,所以不免此弊。向答子約一書,亦極言之,正恐赤
幟已立,未必以爲然耳。熹老矣,不復有意於此世,區區
鄙懷,猶欲勉率同志之士熟講勤行,以趣聖賢之域。不謂
近年異論蠭起,高者溺於虛無,下者淪於卑陋,各執己見,
不合不公,使人憂歎,不知所以爲計。而今而後,亦不復
敢以此望於今世之人,姑抱遺經以待後之學者而已。不
審明者以爲如何?《晦庵文集》卷四六。

案:朱熹《答陳同甫》(夏中朱同人歸)有云"向
見《祭伯恭文》,亦疑二公何故相與聚頭作如此議論。
近見叔昌、子約書中説話,乃知前此此話已説成了。
亦嘗因答二公書力辨其説。然渠來説得不索性,故
鄙論之發亦不能如此書之盡耳",《晦庵文集》卷三六。
而本書亦有"向答子約一書,亦極言之,正恐赤幟已
立,未必以爲然耳"云云,當指一事。《答陳同甫》撰
於淳熙十一年(1184)九月十九日,故推知本書約撰
於稍前秋中。

朱熹《答潘叔昌》:

示諭漢、唐初事,以兩家論優劣則然,以三代之天吏
言之,則其本領恐不但如此。若子房、孔明之所黽勉,亦
正是渠欠闕處。吾輩正當以聖賢爲師,取其是而監其非,
不當以彼爲準則也。今人只爲不見天理本原,而有汲汲
以就功名之心,故其議論見識往往卑陋,多方遷就,下梢

頭只是成就一個私意,更有甚好事？若必以爲然,即程正叔寧可終身只作國子祭酒,却讓他陳正己作宰相也。可怪可怪。《晦庵文集》卷四六。

案:朱熹《答陳同甫》(夏中朱同人歸)有云"老兄視漢高帝、唐太宗之所爲,而察其心果出於義耶,出於利耶？出於邪耶,正耶?"《晦庵文集》卷三六。而本書亦有"示諭漢、唐初事"云云,故推知其約撰於一時先後,疑在淳熙十一年秋末冬初。

朱熹《答潘叔昌》:

前書示及《易傳》二義,陰陽交和,恐非是指君子小人而言。君子之於小人,固不當過爲忿疾,然無交和之理。韓、富當時事力蓋不足以勝二姦,非固欲與之和也。元祐誠有過甚處,然當時事勢,恐不如此亦不免禍。要當有以開悟人主之心,乃絶後患耳。東漢誅宦官事,前輩多論之,大略皆如來喻。然嘗細考其事,恐禍根不除,終無可安之理。後人據紙上語指點前人,甚易爲力,不知事到手頭實要處斷,毫髮之間便有成敗,不是容易事。若使陳、竇只誅得首惡一二人,後來未必不取王允、五王之禍也。《晦庵文集》卷四六。

案:上書(示諭漢、唐初事)論及漢、唐史事,本書亦云及"東漢誅宦官事",似爲上書所討論之深入,故推知本書約撰於是年末。

朱熹《答潘叔昌》：

向來鄙論初無深旨，來書誦及，足見不遺一善之意。然所謂有主於中者，亦只是此持守之意耳。《遺書》首篇答李端伯之問者，正是此意，不可離此持守，別想像一物以主乎中也。《晦庵文集》卷四六。

案：本書，《書信編年》疑“向來鄙論初無深旨”，指上述諸書所論漢、唐之説。故推知本書約撰於淳熙十二年(1185)初。

朱熹《答潘叔昌》：

承喻讀李、陸、孫氏之書，慨然有感，此見進學不倦之意。然熹愚意，學者當且就聖門文字中研究，得個入頭處，却看此等，其合者固所不遺，而其不合者亦易看破，自然不費功力也。嘗竊私怪彼中朋友不肯於《論語》、《孟子》、《中庸》、《大學》深下功夫，而泛觀博取於一時議論之間，所以頭緒多而眼目少、規模廣而意味不長。試以《孟子》論子路、管仲處觀之，可見其得失矣。不審明者以爲如何？沈叔晦章疏出於何人？大抵世俗近年一種議論愈見卑狹，令人擡頭不起、轉身不得。看此頭勢，只有山林是安樂處，別無可商量也。《晦庵文集》卷四六。

案：朱熹《答沈叔晦》(帥幕非所以處賢者)有云“然近日又有一般學問，廢經而治史，略王道而尊霸術，極論古今興亡之變，而不察此心存亡之端。若只如此讀書,則又不若不讀之爲愈也。況又中年,精力有限,與其汎觀而博取,不若熟讀而精思,得尺吾尺,得寸吾寸,始爲不枉用功力耳"。《晦庵文集》卷五三。而書中乃云"嘗竊私怪彼中朋友不肯於《論語》、《孟子》、《中庸》、《大學》深下功夫,而泛觀博取於一時議論之間,所以頭緒多而眼目少、規模廣而意味不長。……沈叔晦章疏出於何人?大抵世俗近年一種議論愈見卑狹,令人擡頭不起、轉身不得"。其語頗有相合處,疑撰於一時先後。《答沈叔晦》撰於淳熙十二年中。

朱熹《答潘叔昌書杜生兩論後》:

荀彧之死,胡文定引宋景文説,以爲劉穆之、宋齊丘之比,最爲得其情狀之實,無復改評矣。考其議論本末,未見其有扶漢之心也,其死亦何足悲?又据本傳,彧乃唐衡之壻,則彧之失其本心久矣。顔公之智,誠有所不足,非獨弃平原一事也。但仁、義、禮、智、信列於五常,聖人皆顯之以爲教,未嘗偏有所隱也。今曰"聖人獨顯仁、義、忠、信以爲教,而神智以爲幾",不知何据而言?若其果然,則是仁、義、忠、信乃無用之樸,而智乃仁、義、忠、信之賊矣。學術不正,使人心頗僻如此,甚可憂懼。不知老兄曾見此論否?聞其託於賓館,必嘗相與講學者,幸有以警之,毋使東萊宗旨轉而爲權謀機變之學也。《晦

2254

庵文集》卷四六。

案：朱熹《答尤延之袤》(熹杜門竊食)有云"蒙教
楊雄、荀彧二事，……胡氏論彧爲操謀臣，而劫遷、九
錫二事皆爲董昭先發，故欲少緩九錫之議，以俟它日
徐自發之。其不遂而自殺，乃劉穆之之類，而宋齊丘
於南唐事亦相似。此論竊謂得彧之情"，《晦庵文集》
卷三七。與本書所云"荀彧之死，胡文定引宋景文説，
以爲劉穆之、宋齊丘之比，最爲得其情狀之實，無復
改評矣"相合，故推知二書約撰於一時先後。《答尤
延之袤》撰於淳熙十三年(1186)秋末冬初。

潘履孫

潘履孫，字坦翁，金華(今屬浙江)人，居紹興(今屬浙
江)。潘友恭子。朱熹門人。仕至奉議郎、通判江陵府。
《敬鄉錄》卷二。

朱熹《答潘坦翁履孫》：

《集注》解"多聞，擇其善者而從"，謂所從不可不
擇；"多見而識"，謂善惡皆當存之，以備參考。某恐經
文止曰"識之"，未有皆存善惡以備參考之意。

本文之義只如此，不容別爲之説。蓋"擇"字生於
"從"字，"識"則未有便從之意，故不言擇善也。

"子與人歌而善"，程子曰："歌必全章也，與'割不正不食，席不正不坐'同。"某未曉其義。

"反之"，猶言從頭再起也。若只就中間接續便和，則不成全章矣，故必使其歌已畢，從頭再起，然後和之，則得全章。程子意蓋如此，然其意亦恐未盡也。

"師摯之始，《關雎》之亂"，某謂"亂"者，指其成言之爾。蓋樂章至亂而始成，不要其成，無以見其美盛爾，非專指亂而言也。

此等處今不得聞古人之樂，難以深論，且如《集注》大概說過可也。

"不踐迹"一章，《集注》曰："善人，質美而未學者也。"某謂質美故不爲惡，未學故不能知古人所以行者而踐之。惟其不踐迹，故亦無自而入於室也。

《集注》用程、張二先生說，其理甚精，恐非如來喻之云也，更詳之。《晦庵文集》卷六二。

案：《朱子語類·姓氏》載潘履孫乃紹熙五年（甲寅）所聞。本書撰時未詳，疑在武夷問學以後。《書信編年》係於慶元元年（乙卯，1195）後。

潘時舉

潘時舉，字子善，臨海（今屬浙江）人。嘉定十五年（1222）上舍釋褐，終無爲軍教授。《赤城志》卷三三。

朱熹《答潘子善_{時舉}》：

辱書，備知學問之志，甚善甚幸。杜門獨學與周旋師
友之間，學之難易固不同矣，然其用力實在於我，非他人
所能代也。況彼中朋友以書來者已自數人，切切偲偲，相
觀而善，似亦不可謂之全然無助者，更在勉力而已。《晦庵
文集》卷六〇。

案：本書云云，似爲初通書時語氣，或撰於慶元
元年(1195)初或稍前。

朱熹《答潘子善》：

便中兩承惠書，深以爲慰。比日秋涼，所履佳勝。熹
衰病，涉秋似有向安之漸，但辭職、告老皆未報可，日深悚
惕之懷耳。恭父留此甚久，儘得從容。因其行，草草附
此，其他恭父必能言之。未間，唯冀以時自愛，眷集一一
佳慶。

諸疑問，各疏其下矣，恭父當能道其詳。《晦庵文集》卷
六〇。

案：朱熹慶元元年五月上章辭煥章閣待制，並
乞致仕；七月末，又上章自劾，乞追還待制職名。本
書有云"比日秋涼，所履佳勝。熹衰病，涉秋似有向
安之漸，但辭職、告老皆未報可，日深悚惕之懷耳"，
而未及上章乞追還待制職名事，故推知其約撰於慶
元元年七月中。

朱熹《答潘子善**問《易傳》、《近思録》》：

《大畜·象》曰："能止健，大正也。"《傳》曰："能止乎健者，非大正則安能？"據大畜天在山中之象，則是能止其健於下也。今曰止乎健者，不知是止於健，還是止其健耶？伏乞批誨。

能止健，言以艮之止止乾之健也。《傳》意亦是如此，但其文勢似倒，他亦多此類也。

習坎，八卦中獨坎加"習"字，説者多矣，未知義果如何？

此等不必深求其説。

習坎卦義，《傳》云："一始於中，有生之最先者也，故爲水。"夫陽氣之生，必始於下，復卦之象是也。今曰始於中，其義如何？

氣自下而上爲始，程説別是一義，各有所主，不相妨，然亦不可相雜。

《咸》上六："咸其輔頰舌。"竊意此爻宜有悔吝，而不言悔吝，何也？

吉凶悔吝，係乎邪正，此但見其不足以感人之意耳，未見有失，故不得以悔吝言也。

《遯》九三："畜臣妾，吉。"《傳》曰："係戀之私恩，懷小人女子之道也，故以畜養臣妾則得其心爲吉也。"小人女子近之則不孫、遠之則怨，若專以私恩懷之，未必不有悔吝，而此爻以爲吉，何耶？

此爻不可大事，但可畜臣妾耳。御下而有以懷之，未爲失正，但恐所以懷之者失其正耳。

《大壯》上六："羝羊觸藩，不能退，不能遂，無攸利，艱則吉。"《傳》以"艱"字爲遇艱困則失其壯而得柔弱之分，故吉。竊意不能退遂而無所利，則是以艱困矣，而又曰遇艱，何也？恐此"艱"字只作艱難其事，而不敢求進不已則吉，如《大畜》九三"利艱貞"之"艱"説，如何？

當如《大畜》之例。

《晉·序卦》："物不可以終壯，故受之以晉。"《傳》曰："物無壯而終止之理，既壯盛，則必進。"竊意物進而後至於壯盛，既壯盛，則衰退繼之矣。今曰壯盛則必進，此義如何？

物固有壯而後進者，亦有進而後壯者，各隨其事而言，難以一説拘也。且以十二月卦論，大壯之爲夬，夬之爲乾，豈非壯而後進乎？至乾乃極而衰耳。

《晉·傳》曰："晉之盛而無德者，無用有也。"然大有可謂盛矣，而卦有卦德，不知如何？

元、亨、利、貞本非四德，但爲大亨而利於正之占耳。《乾》卦之《彖傳》、《文言》乃借爲四德，在他卦尤不當以德論也。

《晉》六三："衆允，悔亡。"《傳》曰："或曰不由中正而與衆同，得爲善乎？曰衆所允者，必至當也。"竊謂世固有不義而得衆，如齊之陳氏、魯之季氏者矣，顧可以為善乎？

《易》是虛設之辭，不可以實迹論。若以卦象言之，則"順而麗乎大明"，自不應有不善也。

"家人有嚴君焉"，《傳》曰："家人之道，必有所尊嚴而君長者，謂父母也。"如此，則嚴君作兩字説。然自舊諸家只作一字説，未知如何？

所尊嚴之君長也。

《蹇》九五："大蹇，朋來。"《傳》以其無剛陽之臣，不足以濟蹇。竊謂自古患君之不剛明耳，未有有其君而無其臣者也。《傳》又以李固、王允、周顗、王導為言，竊意當時正以無剛明之君故耳，設使有之，數子未必能有為也。更乞指教。

讀《易》當看卦畫時節，不可以此論。

《夬·象》曰："居德則忌。"《傳》曰："則，約也；忌，防也。謂約立防禁，則無潰散。"某於此義不能無疑，更乞批報。

未詳。

《艮》："行其庭，不見其人。"《傳》曰："庭除之間，至近也。在背，則雖至近不見，謂不交於物也。外物不接，內慾不萌，如是而止，乃得止之道。"夫人豈能不交於物而孑然自立於世哉？意此所謂不交者，謂非己之所當應，則雖在至近而猶不見也。若非所當應亦感之而動，則非所以為止矣。未知是否？

熟讀《彖傳》之詞，可見文義。"艮其背"，乃止其所之意，程《傳》恐非本文之旨。

《啓蒙・述旨》篇云："仰觀俯察，始畫奇偶，教之卜筮，以斷可否。"不知伏羲之後，文王、周公之前，未有卦及辭，何以定吉凶？敢乞批示。

此無可考。但《周禮》：三《易》經卦皆八，別皆六十有四。則疑已有辭矣。

義訓宜，禮訓別，智訓知，仁當何訓？竊意仁只是人心一箇生理，不知以"生"字訓得否？

不必須用一字訓，但要曉得大意通透耳。

明道先生曰："學只要鞭辟近裏，著己而已，故切問而近思，則仁在其中矣。言忠信、行篤敬，雖蠻貊之邦行矣；言不忠信，行不篤敬，雖州里行乎哉？立則見其參於前也，在輿則見其倚於衡也，夫然後行。只此是學。質美者明得盡，查滓便渾化却，與天地同體。其次惟莊敬以持養之，及其至，則一也。"竊謂切問近思是主於致知，忠信篤敬是主於力行，知與行不可偏廢。而此條之意謂隨人資質，各用其力，而其至則一，如是則亦有行不假於知者，未知如何？伏乞指教。

切問、忠信只是泛引切己底意思，非以爲致知力行之分也。質美者固是知行俱到，其次亦豈有全不知而能行者？但因持養而所知愈明耳。

"恕則仁之施，愛則仁之用"，施與用，不知如何分？

恕之所施，施其愛耳；不恕，則雖有愛而不能及人也。

"人之爲學，忌先立標準，若循循不已，自有所至矣"。竊意若以聖人爲標準，何不可之有？若無所指擬，茫然而去，將何所歸宿哉？伏乞指教。

忌先立標準，如孟子所謂勿正者。學者固當以聖人爲標準，然豈可日日比並而較量之乎？觀顏子喟然之嘆，不於堅高瞻忽處用功，却就博文約禮上進步，則可見矣。

"德不勝氣，性命於氣；德勝其氣，性命於德。窮理盡性，則性天德、命天理。氣之不可變者，獨死生脩夭而已"。竊謂知所攝養者則多壽考，肆其嗜慾者則多夭喪，是死生脩夭亦可變也，故程子以火爲喻，與此説不合。如何？

《正蒙》之言，恐不能無偏。

横渠云："心要洪放。"又曰："心大則百物皆通，心小則百物皆病。"孫思邈云："膽欲大而心欲小。"竊謂横渠之説是言心之體，思邈之説是言心之用，未知是否？

心自有合要大處，有合要小處，若只著題目斷了，則便無可思量矣。

"且見得路逕後，各自立得箇門庭，歸而求之可矣"。竊謂門庭豈容各立耶？有所未解，伏乞指教。

此是説讀《六經》只要從師講問，且識得如何下工夫，便是立得門庭，却歸去依此實下工夫，便是歸而求之。《晦庵文集》卷六〇。

案：上書（便中兩承惠書）又云“諸疑問，各疏其
下矣”，本書乃批答問目，當即上書別紙，撰於同時。

朱熹《答潘子善》：

比奉從容累月，別去不勝悵惘。比日秋冷，計還舍之
久，諸況安適，家務酬酢之餘，當亦不廢學也。此間朋友
去多來少，早晚亦且講論如常，但精力愈衰，愧無警切之
功耳。《晦庵文集》卷六〇。

案：朱熹《與留丞相書》（熹自少鄙拙）有云“初
不敢爲異以求名也。既而閭里後生有相問者，因以
所聞告之。而流傳之誤，乃有自遠至者。……今幸
旬月以來，各以事歸，計亦聞知外間風色，自不敢復
來矣”，《晦庵文集》卷二九。本書“此間朋友去多來少，
早晚亦且講論如常”云云相合。《與留丞相書》撰於
慶元二年春禁僞學間，本書云及“比日秋冷”，故推知
其約撰於是年（1196）秋間。

朱熹《答潘子善》：

所論爲學之意善矣，然欲專務靜坐，又恐墮落那一邊
去。只是虛著此心，隨動隨靜，無時無處不致其戒謹恐懼
之力，則自然主宰分明、義理昭著矣。然著箇“戒謹恐懼”
四字，已是壓得重了。要之，只是略綽提撕，令自省覺，便
是工夫也。所示數條，今各奉答，可更詳之。所論《孟

子》、《大學》説"正心"處，不知敬仲如何説？如何是二説相似處，如何是有此四者心便不正？可更扣之，須盡彼説，方可判斷，未可便以己意障斷他人話頭也。純仁可念，此間方爲季通遠謫作惡，忽又聞此，其禍乃更甚於季通，使人不能忘懷。然此中近日改移新學復爲僧坊，塑象摧毁，要脅斷折，令人痛心。彼聖賢者尤不免遭此厄會，況如吾輩，何足道哉！精舍春間有朋友數人，近多散去，僅存一二，未有精進可望者。亦緣無長上在彼唱率，功夫殊無次第，諸友頗思董叔重也。

或疑《清廟》詩是祀文王之樂歌，然初不顯頌文王之德，止言助祭諸侯既敬且和，與夫與祭執事之人能執行文王之德者，何也？某曰：文王之德不可名言，凡一時在位之人，所以能敬且和與執行文王之德者，即文王盛德之所在也。必於其不可容言之中，而見其不可掩之實，則詩人之意得矣。讀此詩，想當時聞其歌者，真若洋洋乎如在其上、如在其左右，又何待多著言語、委曲形容而後足之哉？妄意如此，不知是否？

此説是。

《谷風》詩四章："就其深矣，方之舟之；就其淺矣，泳之游之。"《集傳》以爲興體，某疑是比體，未知如何？乞指教。

若無下面四句即是比，既有下四句，則只是興矣。凡此類皆然，非獨此章也。

“事君數，斯辱矣”。胡氏曰：“事君，諫不行則當去；導友，善不納則當止。至於煩瀆，則言者輕、聽者厭矣。是以求榮而反辱，求親而反疏也。”某竊以爲事君而納忠，交友而責善，職所當然而心之不能已者，本非有求榮求親之心也，胡氏之説恐不能無過。未知如何？

胡氏説盡人情，未有不是處。

“柳下惠進不隱賢”。《集註》謂“不隱賢、不枉道也”。某竊疑與下文“必以其道”意莫重疊否？尚乞指教。

兩句相承，只作一意讀，文勢然也。

“乃孔子則欲以微罪行”。微罪不知是指魯言，還是孔子自謂也耶？乞指教。

自謂。

“知性則知天矣”。不知知性便能知天，亦有淺深耶？乞指教。

窮理到知天處，自然見得。

“飢者甘食，渴者甘飲”。某竊謂此章是借飢渴之害以言人心之害，所謂人心之害，恐不止爲貧賤而已，凡一切欲有、求之不得而遂不暇擇焉皆是也。所謂人能無以飢渴之害爲心害者，謂人能無以飢渴害口腹之類爲其心害，則不憂其不及人矣。未知如此説得否？

此章從來有兩説：以意則此説勝，蓋不欲人以利欲害其心，如飢渴之害口腹也；以語則不以飢渴之害動其心者爲切於文義。未知果孰是,但後説差不費力耳。

温公《稽古録·秦論》謂"知及之,仁不能守之,雖
得之,必失之。秦之謂矣"。又引賈生之論曰:"仁義不
施,而攻守之勢異也。"某竊謂秦以虎狼并天下,設使守
之以道且不可保,況又非其道耶? 論者不當徒咎其守
之非道而不論其攻之已不善也。更乞指教。

賈生、温公之論,若究其極,固爲有病。然彼其立論,
非爲攻取者謀,以爲可以如是取之而無害也,乃爲既得之
後而謀,以爲如是則或可以守耳。今且試以身處胡亥、子
嬰之地,而自謀所以處之之宜,則彼前日取之之逆者既不
可及矣,吾乃可以拱手安坐以待其亡耶?

《魏論》,温公謂魏太祖取天下於盜手而非取之于
漢室,某於此有所未喻。蓋盡忠以事君、興衰而撥亂,
此人臣之職也,安可因其危亂,自多其功,遂掩取之耶?
今有巨室,一夕寇至,據其室廬而攘其貨財,有强奴悍
僕却其群盜而復其室廬,不歸之於主而遂以爲己有,謂
吾取之於盜手,而非取之於主人,其可乎? 温公之論,
殆將啓天下姦雄之心,故不能無疑。併乞教誨。

温公此論殊不可曉,知其非是足矣,不須深論前賢之
失也。《晦庵文集》卷六〇。

案:本書校記:"某竊謂秦以虎狼并天下"至"更
乞指教",浙本作"某竊以爲守固不當如此守,然攻亦
豈可如此攻耶? 秦之兼并天下,不啻如禦人於國門

之外者。設使守之有道且不可保，況又非其道耶？然則論秦之亡者，豈可徒咎其守之非道，而不論其攻之已不善哉？更乞指教”。

本書有云“此間方爲季通遠謫作惡，……精舍春間有朋友數人，近多散去，僅存一二”，蔡元定（字季通）編管道州在慶元三年正月末，故推知本書約撰於是年（1197）春末或稍後。

朱熹《答潘子善》：

所論爲學工夫亦甚穩密，尤以爲喜。更切勉力，乃所望也。楊敬仲其人簡淡誠愨，自可愛敬，而其論議見識自是一般。又自信已篤，不可復與辨論正，不必徒爲嘵嘵也。《晦庵文集》卷六〇。

案：上書（所論爲學之意善矣）有云“所論《孟子》、《大學》說‘正心’處，不知敬仲如何說？可更扣之，須盡彼說，方可判斷，未可便以己意障斷他人話頭也”，而本書又言“楊敬仲其人簡淡誠愨，自可愛敬，而其論議見識自是一般。又自信已篤，不可復與辨論正”，知承其後，約撰於三年中。

朱熹《答潘子善》：

“欽明文思”。某謂恐當從去聲讀。若只作“思慮”之“思”，未見其發揮於事業處。

作去聲讀爲是。

“克明俊德”止“黎民於變時雍”。“俊德”，或以爲己之明德，或以爲俊德之士。百姓，或以爲民，或以爲百官。未知二說如何？若以《大學》之序觀之，則俊德爲己之明德，百姓爲民，似無可疑者。

俊德，當依《大學》說。百姓，程先生以爲畿内之民，是也。

“平秩南訛，敬致”。林氏謂如《周禮》“致日”之“致”。此乃致南方之中星耳，未知是否？

致日乃考日中之景，如《周禮》土圭之法，非考中星也。

“戒之用休，董之用威，勸之以《九歌》”。林氏謂自戒、自董、自勸，未知此說如何？

《九歌》今亡其詞，不可稽考。以理觀之，恐是君臣相戒，如《賡歌》之類。

“皐陶矢厥謨，禹成厥功，帝舜申之”。未知“申”字如何看？

此是三篇之叙。第一句說《皐陶謨》，第二句說《大禹謨》，第三句說《益稷》。所謂申之，即所謂“汝亦昌言”者也。此書伏生本只是二篇，《皐陶謨》、《益稷》之間語勢亦相連，孔壁中析爲三篇，故其序如此，亦不足據。而說者又多失之，甚可笑也。

“念兹在兹，釋兹在兹”，“允出兹在兹”。諸說皆以禹欲舜念臯陶，而林氏以爲禹自言其念之如此，未知二説如何？

林説是。

"允迪厥德，謨明弼諧"。疑是稱臯陶，未知是否？

若以爲稱臯陶，則下句"禹曰俞"者爲何所"俞"耶？恐此八字是臯陶之言，禹善之而問其詳，故臯陶復説下句，解此八字之義。或云此八字是言臯陶之德，"諧"字下別有臯陶之言，今脱去，未知是否？姑存之可也。

"亦行有九德"。或以爲人之性行，或以爲君之行，未知二説當何從？

亦行有九德，泛言人之行有此九德，故言其人之有德，則當以此而論之。"載采采"，古語，不可曉，當闕之。

"夙夜浚明有家"止"亮采有邦"。古注以爲可以爲卿大夫及諸侯，林氏以爲卿大夫、諸侯用此三德六德之人，未知孰是？

林説恐得之。猶《孝經》説争臣之類，蓋曰如是足矣，非必以是爲限也。

"天聰明，自我民聰明；天明畏，自我民明威"。不知"明畏"是兩字還是一字？林氏以爲聰明言視聽，明畏言好惡，未知如何？

林氏似是。"明畏"，言天之所明所畏，所明如"明明揚側陋"之"明"，上"明"字。所畏如"董之用威"、"威用六極"之意。

“以出内五言”。林氏以爲宫、商、角、徵、羽之言，古注以爲仁、義、禮、智、信之言，未知當孰從？

未詳，當闕。自“俟以明之”以下皆然。

“關石和鈞”。竊謂此只是鈞石之名，如《周禮》嘉量之類耳，未知是否？

恐是。

“鬼神其依，龜筮協從”。不知是已卜還是未卜？

恐是初未嘗卜。

“先時者殺無赦，不及時者殺無赦”。林氏謂是誓衆之辭，非言昏迷天象之人。

以上文考之，林説非是，然此篇自可疑，當闕之。

“矧予之德，言足聽聞”。據古注云“道德善言”。某竊意“言足聽聞”自當作一句，言吾之德，言之足使人聽聞，彼安得不忌之？未知是否？

是。

“賁若草木，兆民允殖”。諸家説多不同，未知當如何看？

連上句言天命不僭，明白易見，故人得遂其生也。

“自周有終”。古注及諸家皆以“周”訓忠信，竊謂以忠信自周則可，以忠信訓周恐未安，未知如何？

“自周”二字，本不可曉。

“王惟庸罔念聞”。諸家皆於“庸”字絶句，竊謂只作一句讀，以“庸”訓“用”，如《説命》中“王庸作書以告”

之"庸",未知是否?

六字一句。

"若虞機張"。諸家皆訓"虞"爲"度",竊謂"虞"只作"虞人"説,如何?

作虞人爲是。

"臣爲上爲德,爲下爲民"。諸家説各不同,不知此四"爲"字當如何音?

四"爲"字並去聲。爲上者,輔其德而不阿其意之所欲;爲下者,利於民而不徇已之所安。

《武成》一篇,諸家多以爲錯簡,然反覆讀之,竊以爲自"王若曰"以後皆是史官歷叙以前之事,雖作武王告群后之辭,而實史官叙述之文,故其間如"有道曾孫周王發"及"昭我周王"之語,皆是史官之言,非武王當時自稱如此也。亦如五《誥》中,"王若曰"以下多是周公之語。若如此看,則似不必改移,亦自可讀。又"既生魄"恐是晦日,"既"者言其魄之既足也。以曆推之,當爲四月晦。未知此篇先生尋常如何看?

"王若曰"以下固是告群后之辭,兼叙其致禱之辭,亦與《湯誥》相類,但此詞却無結殺處,只自叙其功烈政事之美,又書戊午、癸亥、甲子日辰,亦非誥命之體,恐須是有錯簡。然自王氏、程氏、劉原父以下,所定亦各不同。舊嘗考之,劉以爲王語之末有闕文,似得之。彼有《七經小傳》否?可檢看。又《漢書·曆志》謂是歲有閏,亦是也。

《洪範》之書。林氏以爲洛出《書》之説，不可深信，謂"帝乃震怒，不畀洪範九疇，彝倫攸斁"，猶言天奪之鑒也。"天乃錫禹洪範九疇，彝倫攸叙"，猶言所謂天誘其衷也。又云《洪範》之書大抵發明彝倫之叙，本非由數而起。又曰"天乃錫禹洪範九疇"，猶言天乃錫王勇智耳，不必求之太深也。某竊謂河出《圖》、洛出《書》，《易》中明有此説，豈得而不之信耶？未知林氏之説如何，望折衷。

便使如今天錫《洛書》，若非天啓其心，亦無人理會得，兩説似不可偏廢也。

"八，庶徵"，"曰時"。林氏取蔡氏説，謂是歲月日之時，自"五者來備"而下，所以申言"曰雨、曰暘、曰燠、曰寒、曰風"之義；自"王省惟歲"而下，所以申言"曰時"之義。某竊謂此"時"字當如孔氏五者各以其時之説爲長。林氏徒見"時"字與雨、暘、燠、寒、風五者並列而爲六，則遂以此"時"字爲贅，不知古人之言如此類者多矣。且仁、義、禮、智是爲四端，加一"信"字則爲五常，非仁、義、禮、智之外別有所謂信也。故某以爲時之在庶徵，猶信之在五常，不知是否？

林氏之説只與古説無異，但謂有以歲而論其時與不時者，有以月而論其時與不時者，有以日而論其時與不時者，可更推之。

某讀《書》至《盤庚》及五《誥》諸篇，其疑不可數舉。

若以諸家之説勉强解去，亦説得行，但恐當時指意未必如此耳。如此等處只得姑存之，如何？

漳州所刻《四經》，《書序》有此説。

《需》卦六四"出自穴"，上六"入于穴"。程《傳》謂"穴，物之所安也"。《本義》謂"穴者，險陷之所"。某以爲謂之險陷之所，正得坎體之象，未知是否？

坎即穴也。

《訟》六三"或從王事無成"，《本義》謂必無成功，似與《象辭》"從上吉也"之意不協，又與《坤》六三《文言》亦不協。竊意《本義》是直作占辭解，如此，未知是否？

《易》中經傳不同如此處多，且兼存之。然經意是本，傳辭是第二節話也。

《小畜》九五"富以其鄰"，《本義》謂巽體三爻同力畜乾，鄰之象也。據程《傳》則曰："以一陰畜五陽。"某竊謂以統體言之，固是以一陰畜五陽，然就九五而言，則下與四比，上與下連，爲鄰之象。謂巽三爻同力畜乾，却見得自上畜下之意分明，未知是如此否？

更以《泰》卦"不富以其鄰"對之，即可見其文意。

大過上六爻，《本義》謂是殺身成仁之事，莫是如晉荀息之類否？

荀息所處，未得爲成仁者。

《遯》"小利貞"，《本義》謂小人也。按《易》中"小"字未有以爲小人者，如"小利有攸往"與"小貞吉"之類，皆"大小"之"小"耳。未知此義如何？

經文固無此例，然以《象傳》推之，則是指小人而言，今當且依經而存傳耳。

《豐彖》曰："天地盈虛，與時消息，而況於人乎？況於鬼神乎？"程子曰："鬼神者，造化之迹。"然天地盈虛，即是造化之迹矣，而復言鬼神，何耶？

天地舉全體而言，鬼神指其功用之迹，似有人所爲者。以《謙》卦《象辭》推之尤明白。

"聖人有以見天下之賾"，《本義》云："賾，雜亂也。"訓詁皆云深也，未知如何？

先儒有此訓，今忘記，檢不得。字書無"賾"字，臣、口同義。只作"嘖"，云大呼也。《左傳》曰"嘖有煩言"，非謂深也。若是深義，即與"隱深遠"三字一義矣，且又何以云不可惡乎？

《本義》云："變化云爲，故象事可以知器；吉事有祥，故占事可以知來。"不知變化云爲，主於人而言否？

變化者，陰陽之所爲；云爲者，人事之所作。

"幽贊於神明而生蓍"，《本義》謂"蓍生滿百莖"。某謂恐只與"立卦"、"生爻"同義，猶言立蓍而用之耳。

卦爻是人所畫，蓍是天地所生，不可作一例説。兼以立蓍而用之爲生蓍，亦不成文理。

"勞乎坎"，某恐"勞"字當作去聲讀。

恐或如此，然此一節多難曉處。

辟雍,天子之學。不知從來是天子之學名,還是文王始爲之,後遂以爲定制,亦如皋門、應門始立於太王,而後遂以爲天子之門也?

見不得。

《召旻》第六章,《集傳》作賦體,竊疑是比體。

作比爲是。

"仁者不憂",《集注》云:"理足以勝私,故不憂。"某嘗推之,恐只是此心常存,不暇閑思慮,惹起閑煩惱耳。未知是否未是?

未是。

《春秋》"翬帥師"。某謂《春秋》爲聖人褒貶之書,其説舊矣,然聖人豈損其實而加吾一字之功哉?亦即其事之固然者而書之耳,如"翬帥師"之類是也。蓋不待君命而固請以行,則書之如是宜也。或以爲若是則一代之事自有一代之史,《春秋》何待聖人而後作哉?曰《春秋》即魯史之舊名,非孔子之創爲此經也。使史筆之傳翬不失其實,聖人亦何必以是爲己任?惟官失其守,而策書記注多違舊章,故聖人即史法之舊例以直書其事,而使之不失其實耳,初未嘗有意於褒之貶之也。以是而觀《春秋》,庶足以見聖人光明正大之意,而非持夫一字之功以私榮辱之權也。惟夫不失其實,則爲善者安得而不勸,爲惡者安得而不懼?孟子曰:"孔子作《春秋》而亂臣賊子懼。"宜哉!

不知書"翬帥師",如何見得其不待君命而行之罪？又如何見得舊例合如此書？此須更有商量,未達則闕之可也。《晦庵文集》卷六〇。

案：本書校記："某謂恐當從去聲讀。若只作思慮之思,未見其發揮於事業處",浙本作"某竊謂'思'猶'意思'之'思',若只作'思慮'之'思',未見其發揮於事業處。惟從去聲讀,則見其發於事業者莫不切中情否,煥然可觀,彷彿如《論語》'中倫'、'中慮'之類。未知是否,伏乞批誨"。又,"不知是已卜還是未卜"句,浙本作"不知已是曾卜一番了,還是未曾卜？按文義,恐是已曾卜了,禹更請枚卜,故舜言其不必再卜之意。'鬼神其依'者,以鬼神不可得而知,但人謀既協,則鬼神亦必依之,亦是言向者卜時已是無可疑者,今不必更卜也。未知是否？伏乞批誨"。又,"非言昏迷天象之人"句,浙本作"不是言昏迷天象之人,未知是否"。又,"'既'者言其魄之既足也"句下,浙本注云"此句非是"。又,"未知此篇先生尋常如何看"句下,浙本有"伏乞指教"四字,並注云"段内小字先生批"。又,"《需》卦六四'出自穴'"以下,浙本另作一篇。又,"險陷之所"句下,浙本有小字注云"二說不同"。又,"然天地盈虛,即是造化之迹矣,而復言鬼神,何耶"句,浙本作"今既言天地,而復言鬼神,未知如何分"。又,自"《本義》謂"至"猶言立蓍而用之耳"，浙本作"《本義》引《龜筴傳》'蓍生滿百莖'爲證，某竊謂'生'字似只當與下面對'立卦''立'字、'生爻''生'字同例看。所謂生蓍者，猶言立蓍而用之耳。未知是否"。又，"某恐'勞'字當作去聲讀"句，浙本作"據下文云'萬物之所以歸也，故曰勞乎坎'，竊意'勞'字當作去聲讀，未知是否"。又，自"辟雍"至"而後遂以爲天子之門也"，浙本作"'於倫鼓鍾，於樂辟雍'，注云：'辟雍，天子之學也。'不知辟雍從來是天子之學否？還是文王始爲之，及周有天下，遂以爲天子之學，亦如皋門、應門始立於太王，而後遂以爲天子之門耶？伏乞指教"。又，"竊疑是比體"句下，浙本有"未知如何"四字。又，"作比爲是"句下，浙本有"小序《麟趾》詩：'雖衰世之公子，皆信厚如麟趾之時也。'此句似無義理。《江有汜》詩是媵自作，非美媵也。此二處皆未曾注，未知如何？當補"計五十一字。又，"仁者不憂"句，浙本作"《論語》'仁者不憂'一句"。又，"某嘗推之，恐只是此心常存"句，浙本作"某前此看這一句，覺得未分曉，近方得之。竊謂仁所以不憂者"。又，"《春秋》翬帥師"句，浙本作"某讀《春秋》至翬帥師會宋公、陳侯、蔡人、衛人伐鄭處，略窺見聖人所以作《春秋》之意，僭易錄呈，伏乞指教"。

下書（所喻主一功夫）有云"《書》説今再報去。

去歲卷子,八月間已寄往黃巖矣",又云"子約之亡深可傷痛,此間蔡季通亦死貶所",故推知本書即"去歲卷子八月間已寄往黃巖矣",約撰於慶元三年七、八月間。

朱熹《答潘子善》:

《漢志》引《武成》篇曰:"惟一月壬辰,旁死霸,若翌日癸巳,武王乃朝步自周,于征伐紂。"此與《古文》合,但一二字差。又曰:"粵若來三月,既死霸,粵五日甲子,咸劉商王紂。"顏氏曰:"《今文尚書》之辭。"又曰:"惟四月,既旁生霸,粵六日庚戌,武王燎于周廟。翌日辛亥,祀于天位。粵五日乙卯,乃以庶國祀馘于周廟。"顏氏曰:"亦《今文尚書》也。"又《畢命》、《豐刑》曰:"惟十有二年六月庚午朏,王命作策《豐刑》。"孟康曰:"《逸書》篇名。"今按:伏生《今文尚書》無《武成》,獨孔氏《古文尚書》乃有此篇。今顏氏注劉歆所引兩節,見其與《古文》不同,遂皆以爲《今文尚書》,不知何所考也? 諸家推曆,以爲此年二月有閏,四月丁未爲十九日,庚戌爲二十二日。若無閏,即四月無丁未、庚戌。然二日皆在生魄之後,則《古文》爲倒而此《志》所引者爲順。但其言燎于周廟,似無理耳。況《古文》此篇文皆錯繆,安知"既生魄,庶邦冢君暨百工受命于周"十四字非本在"示天下弗服"之下、"丁未祀于周廟"之上,而"王若曰"以下乃"大告武成"之文耶? 以《湯誥》考之,此說爲是。《畢命》,

《古文》有此篇，其年月日與此同，而"王命作册"乃序文。
唯《豐刑》爲無據，然年月之下亦有"至于豐"字，豈又若
《伊訓》之"方明"耶？但《古文》之序，"册"下更有"畢"字，
孔《傳》以爲命爲册書以命畢公，如此則全不成文理。本
文似亦有闕語，疑"作册"二字乃衍文，而闕一"公"字也。
以此可見劉歆所見《古文》已非其正，而今本亦有闕誤，難
盡信也。孟康便以《豐刑》爲《逸書》篇名，則亦不復本上
文自有《畢命》矣，此又誤之甚也。此恐是劉氏《七經小傳》之
說，當考。 《晦庵文集》卷六〇。

　　案：本書亦論《尚書》，似在上書（欽明文思）後。

朱熹《答潘子善》：

　　所喻主一功夫，甚善。千萬更加勉力爲佳。《書》說
今再報去。去歲卷子，八月間已寄往黄巖矣，不知何故未
到？然大抵看得似皆疏淺，更宜玩索其間曲折意味，方有
得力處也。學《禮》之意甚善，然此事頭緒頗多，恐精力
短，包羅不得。今可且讀《詩》，俟他日所編書成，讀之未
晚。《書》雖讀了，亦更宜温習。如《大學》、《語》、《孟》、
《中庸》則須循環不住温習，令其爛熟爲佳。《春秋》一經，
從前不敢容易令學者看，今恐亦可漸讀正經及三《傳》。
且當看史功夫，未要便穿鑿說褒貶道理，久之却別商量，
亦是一事也。《公食禮》至今未寄來，已報恭叔、致道趣之
矣。子約之亡，深可傷痛，此間蔡季通亦死貶所，尤可惜，

目前便覺無人説得話也。《晦庵文集》卷六〇。

案：吕祖儉卒於慶元四年七月，蔡元定卒於八月九日。《年譜長編》卷下。本書有云"子約之亡，深可傷痛，此間蔡季通亦死貶所"，推知其約撰於是年（1198）秋末、冬初。

朱熹《答潘子善》：

《洪範》中休徵、咎徵，諸家多以意推説。竊以爲五者不出陰陽二端：雨、寒，陰也；暘、燠、風，陽也。肅謀深沉而屬静，陰類也，故時雨、時寒應之；乂哲聖發見而屬動，陽類也，故時暘、時燠、時風應之。狂反於肅，急失於謀，故恒雨應之。未知如此看得否？

大概如此。然舊以雨屬木，暘屬金，燠屬火，寒屬水。而或者又欲以雨屬水，暘屬火，燠屬木，寒屬金。其説孰是，可試思之。

《旅獒》"人不易物"，諸家皆讀"易"如字。某竊意當讀作"輕易"之"易"。

恐不然。

"時庸展親"，諸家多訓展作信，是否？

展，審視也，不當訓信。

《召誥》文，只説召公先至洛而周公繼至，不説成王亦來也。然召公出取幣入錫，周公乃曰"旅王若公"，其辭又多是戒成王，未知如何？

此蓋因周公以告于王耳。但《洛誥》之文則有不可曉者，其後乃言王在新邑，而其前已屢有問答之詞矣。可試考之。

《立政》"兹乃三宅無義民"，據此三宅即上文"宅事"、"宅牧"、"宅準"之"宅"。今孔氏、蘇氏以爲居無義之民，猶《舜典》五宅三居之意，吕氏以"三宅無義民"一句，"桀德惟乃弗作往任"，謂當桀之時，三宅者曾無義民。未知二説孰長？

吕説是。

司徒、司馬、司空、亞旅，不知何故叙於太史、尹伯、庶常吉士之下，吕氏以爲諸侯之官，未知是否？

謂三官之副與其屬耳。亞謂小司徒之屬，旅則下士也。見《周禮》序官。

"奠麗陳教則肆"，"麗"字，據孔氏音力馳反，施也。諸家多作"附麗"之"麗"，謂土著也。"奠麗"謂養之，"陳教"則教之。未知其説如何？某竊謂從孔氏説亦自平直，"奠麗"者謂定其所施之號令也，"陳教"則陳其所以教之之道也。"肆"或訓"勞"、"習"，愚意謂從"習"爲長。未敢自決，尚幸批誨。

前篇有以"麗"訓"刑"者，"肆"當訓"習"。

爾無以釗冒貢於非幾。

幾者，事之微也。

康王釋喪服而被衮冕，且受黄朱圭幣之獻。諸家皆以爲禮之變,獨蘇氏以爲禮之失。

天子、諸侯之禮,與士、庶人不同,故孟子有"吾未之學"之語,蓋謂此類耳。如《伊訓》元祀十二月朔,亦是新喪,伊尹已奉嗣王祗見厥祖,固不可用凶服矣。漢、唐新主即位皆行册禮,君臣亦皆吉服,追述先帝之命,以告嗣君。《韓文外集·順宗實録》中有此事,可考。蓋易世傳授,國之大事,當嚴其禮,而王侯以國爲家,雖先君之喪,猶以爲己私服也。五代以來,此禮不講,則始終之際殊草草矣。

程先生《文集》中《主式》與《古今家祭禮》長短不同,所謂古尺,當今五寸五分弱,不知當用今何尺?《古今家祭禮》中有古尺樣,較之今尺又不止五寸五分,注云"省尺"。省尺莫是今準尺否?

主式,適檢二書,高低雖有少不同,然本只要見式樣,其高廣之度自有尺寸,初不取此爲準也。省尺乃是京尺,温公有圖子,所謂三司布帛尺者是也。會稽司馬侍郎家必有此本,可轉求之。其圖并有古尺數等,此舊有之,今久不見矣。《晦庵文集》卷六〇。

案:本書校記:"竊以爲五者不出陰陽二端"句,浙本作"竊以爲此猶《易》中取象相似,但可以彷彿看,而不可以十分親切求也。庶徵雖有五者,大抵不出於陰陽二端而已"。又,"某竊意當讀作'輕易'之'易'"句,浙本作"某竊意當作去聲讀,蓋此二句接上文'無替厥服'與'時庸展親'之意,謂人不敢輕易其物，惟知德其物也。德其物者，謂以所賜之物爲德也。至下文‘德盛不狎侮’，却自是別生意，不與‘惟德其物’相接。諸家往往以‘惟德其物’之‘德’接下文‘德盛不狎侮’之‘德’，而不以接上‘時庸展親’之意，故以‘易’作如字讀。未知是否”。又，“諸家多訓展作信”句下，浙本有“謂信其親親之意。某竊意只作‘展省’之‘展’，自是平直，不知”二十二字。又，“爾無以釗冒貢於非幾”句，浙本作“‘思夫人自亂於威儀，爾無以釗冒貢於非幾’，‘幾’字多訓危，某竊謂幾即事也，猶‘萬幾’之‘幾’。‘冒貢於非幾’，謂冒進於非所當爲之事。未知是否”。又，“且受黃朱圭幣之獻。諸家皆以爲禮之變，獨蘇氏以爲禮之失”句，浙本作“受虎賁之逆于南門之外，且受黃朱圭幣之獻。諸家皆以爲禮之變，獨蘇氏以爲失禮，使周公在，必不爲此。未知當此際合如何區處”。又，“程先生《文集》中《主式》與《古今家祭禮》長短不同”句，浙本作“程先生《文集》中《主式》與《古今家祭禮》長短闊狹不同，不知此二書開時，皆曾經先生校過否”。

本書，《書信編年》以爲是上書（所喻主一功夫）之別紙。

朱熹《答潘子善》：

六月二十七日熹頓首：久不聞問，便中辱書，具審比日所履佳勝，又知已遂親迎，良以爲慰。熹衰病益侵，本無足言，最是氣痞，不可伏几觀書，殊以爲撓耳。近日作何工夫？前此問目，已嘗奉報矣。此間朋友亦有十餘人，頗有講論之益，然亦皆不能久留也。不知秋冬間能率諸同志一來爲旬月之集，以盡所欲言者否？因便口占布此，草草，餘唯以時自愛。《晦庵文集》卷六〇。

案：朱熹《答陳才卿》(知看《儀禮》有緒)亦云"熹以苦氣痞殊甚，不能俯伏几案"，《晦庵文集》卷五九。與本書所云"熹衰病益侵，……最是氣痞，不可伏几觀書，殊以爲撓耳"相合。《答陳才卿》撰於慶元五年十一月間，故推知本書撰於是年(1199)六月二十七日。

潘　　燾

潘燾，字無愧，蘭谿(今屬浙江)人。以祖任補官，仕至廣南東路經略安撫使。"其權知邵州日，朱子安撫湖南，與周必大聯章薦之，稱其以問學持身，以文雅飭吏政，先教化，囹圄屢空，雖湖北猺寇犯邊，而處置得宜，民用安堵。其爲大賢所稱如此"。《浙江通志》卷一七〇。

潘燾《與朱元晦書》：

郡學故有濂溪先生周公之祠，蓋治平四年，先生以零

陵通守来攝郡事，而遷其學，且屬其友孔公延之記而刻
焉。其後遷易不常，乾道八年乃還故處，而始奉先生之祀
於其間。既又以故府張公九成之學爲出於先生也，則亦
祠以侑焉，於今蓋有年矣。熹之始至，首稽祀典，竊獨惟
念先生之學，實得孔孟不傳之緒，以授河南二程先生而道
以大明。然自再傳之後，則或僅得其彷彿，或遂失其本
真，而不可以若是其班矣。乃更闢堂東一室，特祀先生，
以致區區尊嚴道統之意。今歲中春，釋奠于先聖先師，遂
命分獻而祝以告焉。以吾子之嘗講於其學也，敢謁一詞
以記之，使來者有考而無疑也。《晦庵文集》卷八〇《邵州州
學濂溪先生祠記》。

　　案：朱熹《邵州州學濂溪先生祠記》云：“邵陽太
守東陽潘侯熹以書來曰：‘郡學故有濂溪先生周公之
祠⋯⋯’”記文撰於紹熙癸丑（四年，1193）冬十月庚
申。《晦庵文集》卷八〇。故推知本書約撰於是年中。

潘友端

　　潘友端（1155—？），字端叔，婺州金華（今屬浙江）人，
居紹興上虞（今屬浙江）。潘時子。登淳熙甲辰（1184）進
士第，爲太學博士。“聰敏俊秀。從南軒張公，超然有得，
士類服從。授徒里門，屨滿户外”。《會稽續志》卷五。又乾
道六年間張栻《答朱元晦》（某邇來思慮）云“潘友端年方

十七,而立志殊不凡,皆肯用力",《南軒集》卷二二。故推知
其生於紹興二十五年。

朱熹《答潘端叔友端》:

示諭講學之意,甚善甚善。但此乃吾人本分事,只以
平常意思密加慤實久遠功夫,而勿計其效,則從容之間日
積月累,而忽不自知其益矣。近時學者求聞計獲之私勝,
其於學問思辨之功未加毫末,而其分畫布置、準擬度量之
意已譁然於其外矣。是以內實不足而游聲四馳,及其究
也,非徒無益於己,而其爲此學之累,有不可勝言者。惟
明者思有以反之,則友朋之望也。《晦庵文集》卷五〇。

案:朱熹《答林擇之》(遊山之計)云"潘丈之政
爲閩中第一,其愛民好士,近世誠少比,恨未識之耳。
端叔向見欽夫稱之";其書撰於淳熙二年初。又《答
林擇之》(所示疑義)云"端叔、恭叔惠書,極感其意。
但如此用功,鄙意不能無疑。要須把此事來做一平
常事看,朴實頭做將去,久之自然見效,不必如此大
驚小怪、起模畫樣也"。《晦庵文集》卷四三。其書撰於
淳熙二年間。其語與本書中"但此乃吾人本分事,只
以平常意思密加慤實久遠功夫,而勿計其效,則從容
之間日積月累,而忽不自知其益矣"云云相合,當即
指此,故推知本書亦撰於淳熙二年(1175)間。又,潘
丈指潘友端父潘時,累遷提轄行在雜買務雜賣場、知

興化軍、浙西提舉，改江東提舉等。《會稽續志》卷五。
而據《吳郡志》卷七載潘時於淳熙四年二月到浙江提
舉常平任，五年六月易江東提舉。則所謂"潘丈之政
爲閩中第一"，乃指其淳熙初知興化軍時事。

朱熹《答潘端叔》：

示喻子約曲折，甚當。渠所守固無可疑，但其論甚
怪，教得學者相率而舍道義之塗以趨功利之域，充塞仁
義，率獸食人，不是小病，故不免極力陳之。以其所守言
之，固有過當，若據其議論，則亦不得不説到此地位也。
承需《論語或問》，此書久無功夫脩得，只《集注》屢改不
定，却與《或問》前後不相應矣。山間無人録得，不得奉
寄，可只用舊本看，有不穩處子細喻及，却得評量也。今
年諸書都脩得一過，《大學》所改尤多，比舊已極詳密，但
未知將來看得又如何耳。義理無窮，精神有限，又不知當
年聖賢如何説得如此穩當精密、無些滲漏也。《晦庵文集》
卷五〇。

案：書中云"示喻子約曲折，甚當。渠所守固無
可疑，但其論甚怪，教得學者相率而舍道義之塗以趨
功利之域，充塞仁義，率獸食人，不是小病，故不免極
力陳之"，乃指朱熹與吕祖儉論辨浙江功利之學。朱
熹《答吕子約》（自頃承書）有云"'枉尺直尋'，素未嘗
以此奉疑也。但見頃來議論一變，如山移河決，使學

2287

者震蕩回撓，不問愚智，人人皆有趨時徇勢、馳騖功
名之心，令人憂懼，故不得不極言之”，《晦庵文集》卷四
七。與本書所云相合。又本書中有“今年諸書都脩
得一過，《大學》所改尤多”，朱熹《與劉子澄七月九日》
亦云“諸書今歲都修得一過”，《晦庵文集》卷三五。當
撰於同歲。《答呂子約》撰於淳熙十二年秋中，《與劉
子澄》撰於淳熙十二年七月九日，故推知本書亦當撰
於是年(1185)八、九月間。

朱熹《答潘端叔》：

持守省察，不令間斷，則日用之間不覺自有得力處
矣。《禮記》須與《儀禮》相參，通修作一書方可觀。中間
伯恭令門人爲之，近見路德章編得兩篇，頗有次第。然渠
輩又苦盡力於此，反身都無自得處，亦覺枉費工夫爾。
《晦庵文集》卷五〇。

    案：本書又重載於本書本卷《答潘恭叔書》（示
喻爲學之意）中。《答潘恭叔書》撰於淳熙十三年
(1186)秋中。

朱熹《答潘端叔》：

子曰：“回也其心三月不違仁，其餘則日月至焉而
已矣。”友端竊謂仁，人心也，蓋非二物。曰心不違仁
者，分而言之，則心猶言仁之形，仁猶言心之理也。顏

子心不違仁,雖無時而或違,然視聖人則猶有以此合彼氣象。聖人以三月言其久,蓋常而不變也。顏子未達一間者,政在不違處,以尚有些小思勉而已。或謂不違,則有時而或違,不違者三月,則或違於三月之外,非也。

三月不違,則三月之外或有時而少違矣。以此合彼,亦恐説得心與仁真成二物了。所謂仁之形者亦然。此類更涵養意思看,不容如此太急迫也。

子曰:"志於道,據於德,依於仁,游於藝。"友端竊謂事事物物皆有理也,志於道,則思以極之於涵泳之中也。

志者,求知是理而期於必至之謂。

子曰:"天生德於予,桓魋其如予何!"友端竊謂:夫子之身,桓魋所能害也;夫子之德,桓魋其如之何哉!

以畏匡之語參之,此聖人決知桓魋不能害己之詞。"之身"、"之德",其説過矣。

"子與人歌而善,必使反之,而後和之。"伊川先生解,歌必全章也,與"割不正不食"、"席不正不坐"同也。未曉,乞開誨。

嘗謂此章見聖人謙退詳審,不掩人善之意,乃爲盡其曲折。伊川先生但言其不從中間一截和起耳,雖亦是一意思,然恐未盡。

子曰:"泰伯其可謂至德也已矣。三以天下讓,民無德而稱焉。"友端竊謂文王有聖德,蓋天命之所在也。泰伯知天命之所在,故其讓也純乎天下之公,而不係乎一己之私,雖斷髮文身,舉世不見知而不悔,止於至善而已,庸他計乎? 非精於義、達於權者,其孰能與於此? 至德云者,人心之安,天理之極,無過與不及,而不可一毫加損者也。

此段意思甚佳。

曾子曰:"可以託六尺之孤,可以寄百里之命,臨大節而不可奪也,君子人與? 君子人也。"友端竊謂"臨大節而不可奪也"貫上二句,蓋惟臨大節而不可奪,方見得可以託、可以寄耳。夫託孤寄命,幸而無大變,未見其難也。唯其幾微之間,義理精明,危疑之時,志意堅定,雖國勢搶攘,人心搖兀,猶能保輔幼孤而安其社稷,維持百里而全其生靈,利害不能移其見,死生不能易其守,故曰"臨大節而不可奪"也。斯足以當夫所謂可以託、可以寄矣。

此段亦好,鄙意正如此說。然"可以"二字,蓋猶以其才言之;"不可奪"處,乃見其節,重處正在此也。

子曰:"如有周公之才之美,使驕且吝,其餘不足觀也矣。"友端竊謂驕則挾爲己有,專於夸己者也;吝則固爲己私,不肯舍己者也。二者皆生於有己而已。但驕者驕於人,吝者吝於己;驕則外若有餘,吝則內常不足耳。曰"其餘不足觀"者,"其餘"指才美而言。蓋善者,天下之公善也，人之有善，如才美在身，雖若周公之多，亦人之所當爲耳，夫何有於己？以爲己有，則所謂才美者，皆出於一己之私，雖善猶利也。故曰"有其善，喪厥善"，是以其餘不足觀也。二者之病，未易去也。自學者言之，以一能自居，以一知自喜，皆所謂驕也；善而不公於人，過而憚改於己，皆所謂吝也。惟深致其知而勇於克己者，始知二者之誠有害，而後能覺其起而化其萌矣。

此義亦善。

子曰："三年學，不至於穀，不易得也。"友端竊謂三年之間，存察之功無斯須之忘也，則工夫亦熟矣，積累亦久矣，其必至於善矣。有不至焉者，難得也，則以夫所學之差謬、施工之斷續而然耳。

此章文義難通，嘗意當從楊先生説，但"至"當作"志"乃通耳。考上下章意亦此類。

"子畏於匡"至"匡人其如予何"。友端竊謂堯、舜、禹、湯、武王、周公有其時而道行於世者也。文王，非其時而道傳之書者也。孔子，聖人之在下者，老而不遇，退而將傳之書，故此章以斯文爲言，而獨曰"文王既没"也。

此章意恐未然。文王道行於當時，澤及於後世矣。

子曰"從我於陳蔡者"至"子游、子夏"。友端竊謂顏、閔、冉、雍稱其學，宰我、子貢以下稱其才。顏、閔四子非無才，才不足以名之，故所稱者學也；宰我以下非不學，學未至於成，故所稱者止於才也。皆舉其重者言之耳。然非由、賜、游、夏之徒終身之事而止於所稱者而已也。蓋才有不同，學則無不同，因其才之偏而抑揚進退之，教者之事也；因其才之偏而求有以化之，學者之事也。今程先生曰有以文學入者，有以政事入者，有以言語入者，有以德行入者，是學有多歧而所入之門各不同也。蓋恐記者之誤耳。

學不可以一事名，德行、言語、政事、文章皆學也。今專以德行爲學，誤矣。伊川先生之言，恐當深味而以實事驗之。由、賜、游、夏之徒終身之事，孔子所稱蓋亦如此，不必過爲辭説，曲加尊奉也。

子曰："君子耻其言而過其行。"友端竊謂"過其行"猶《易》所謂"行過乎恭，喪過乎哀，用過乎儉"之"過"，非言過其行也，以"而"字貫其中，可見矣。范氏以下之説，恐文勢不順。

舊嘗疑此章當如此説，今得來喻，甚合鄙意也。

"子張問行"至"子張書諸紳"。友端竊謂言忠信、行篤敬，存養之工繼而不息，則事來知起，不爲物欲所昏，而理之所在，不能揜於省察之際矣。若如楊氏，"其"者指物之辭，所謂"其"者果何物？學者見此而後行，則"無入而不自得"之説置之胸中，則恐事物之來，反成疑貳，却反無下手處。

"其"字正指忠信、篤敬耳。"參前倚衡"謂言必欲其忠信，行必欲其篤敬，念念不忘，常如有此二物在目前也。
《晦庵文集》卷五〇。

案：本書校記云："然視聖人則猶有以此合彼氣
象"句下，浙本有"蓋聖人不勉而中，不思而得，從容
中道，純乎天理，己則仁也。顔子必勉而中，必思而
得，私欲不萌，天理常存，心不違仁也。然其用力也
甚微，而其所存者無息，故"六十一字；"非也"句下，
浙本有"其餘則日月至，日至謂一日無間斷，月至謂
一月無間斷。雖不若顔子之常存，然亦必工夫純熟。
積累深久者，始能至於此耳"四十八字；"則思以極之
於涵泳之中也"句下，浙本有"身者，理之所在也。據
於德，則躬以踐之，敦篤於行也。心者，身之主也，依
於仁，則體切於仁，全體此心也。若夫游於藝，則又
所以防閑於外而涵養於中耳"五十八字；"友端竊謂"
句下，浙本有"聖人索其位而行，無人而不自得也，豈
若常人隕穫於患難，畔天之命哉"二十八字；"施工之
斷續而然耳"句下，浙本有"此章之意，竊恐聖人欲使
人知夫善非作輟之可成，必積而後至。蓋不惟可以
懲學者玩善之病，而又足以啓學者進善之心也"四十
九字；"澤及於後世矣"句下，浙本有"'顔淵喟然歎
曰'至'末由也已'。某竊謂自'仰之彌高'至'忽焉在
後'，此顔子贊歎道體之大也。道無方也，非力之所
能中，故雖仰之鑽之而益高堅也；道無形也，非見之

所能及，故雖瞻之而在前在後也。蓋至理中著一物不得，只仰之、鑽之、瞻之處便已非中矣。恐須物格知至以上始能及此，而非學者知力之所能到也。然在學者，却當用力從事於致知主敬之功，所以求止乎中也。乃若知至格物，則聽夫工夫之自至，而非旦暮之可期也。所以夫子循循善誘，使學者循序以求，而不使之躐等以進，博文約禮，乃實下手處。張先生所謂‘集衆議於聞見之間，宅至理於隱微之際’是也。‘欲罷不能’，顏子無一息間斷而自不能也。‘既竭吾才’，工夫深而力到也。‘如有所立卓爾’，誠之形而行之著也。‘雖欲從之，末由也已’，雖見是而未能遂止乎是，非顏子未止乎中，蓋未能從容中道，由中而行耳。故曰‘末由也已’。未達一間者，其在茲歟”及換行“抹處皆有病，約禮當從侯先生說，‘主敬’二字亦該未盡”共三百三十六字；“友端竊謂言忠信”句，浙本作“友端竊謂此章謂言忠信”；“不能撝於省察之際矣”句下，浙本有“夫然後可行也。參前倚後云者，理之形，非實有物也。今以日用言之，以存主爲本，至事物之來，知之所覺，心之所慊，乃力行之，庶幾此意循循而有進焉”五十八字；“常如有此二物在目前也”句下，浙本有“子曰：‘不曰如之何、如之何者，吾未如之何也已矣。’某竊謂‘如之何’猶言無可奈何也。天下無不可爲之事，聖人不曰如之何也。學未至而歸咎於質,事不成而歸咎於命,國不治而歸咎於時,皆付之無可奈何者。苟付之無可奈何則已矣,雖聖人亦無可奈何矣"及換行"此章數說皆通,未知何者的是正意。且存之可也"一百十八字,又有"子曰:'惟女子與小人爲難養也。近之則不遜,遠之則怨。'某竊謂此所謂小人,乃服役之人,僮僕之類。若泛言小人,則不應謂之養也。女子、小人近之則傷褻,遠之則寡恩,不遜與怨,皆感之之道有未至耳。其惟嚴於治己,恕以待人,則不遜與怨庶幾免乎"及換行"此章鄙意亦如此"一百零二字。

本書撰時未詳。《書信編年》以爲當在淳熙十三年或其後。待考。

又,宋陳著《跋萬壽主僧圓鑑藏朱文公答潘端叔書》云:"萬壽主禪圓鑑出示朱文公《答潘端叔書》,拱而讀之,肅如也。昔妙珣了怡得忠肅陳公《有門頌》及《與明智師辯論》二帖,宣猷樓公猶爲忠肅公之故而爲之跋。是書自是吾道中物,師乃惓惓如獲至寶。佛者尊儒,尤爲可敬,安得而不贊以數語? 甲午中秋,嵩毛陳某書。"《本堂集》卷四六。

潘友恭

潘友恭(1155—?),字恭叔,婺州金華(今屬浙江)人,

居紹興上虞（今屬浙江）。潘友端弟。爲江淮宣撫司幹
官。"詳雅沈静，從晦菴朱公，深造理趣。居官可紀，居鄉
有行"。《會稽續志》卷五。

朱熹《答潘恭叔友恭》：

友恭坐時亦間有虚静之象，此時却是無欲。而未能
無欲也。此謂平時。所恨工夫未能接續，故憚煩失錯之
處極多。惟其憚煩，愈多失錯。深知之而不能改，蓋欲
静意勝也。

所論皆善，但不可如此迫切計功，非惟無益，反有所
害，宜深戒之。

横渠説"性命於氣"、"性命於德"之"命"，恐只是聽
命之意。"性天德，命天理"，"天理"云者，亦曰聽命於
德，無非天理之當然耳。不知是否？

"性命於氣"，恐"性"、"命"兩字須作一般看，言性命
皆出於氣稟之偏也。"性天德，命天理"，即所謂"性命於
德"。

"惟聖人可以踐形"云者，踐行當來吾身所具之理
也。"可"云者，盡理而無餘欠也。楊氏體性之説如何？

程先生以充人之名解"踐形"字，甚善。"踐"猶"踐
言"、"踐約"之"踐"，非謂踐行所具之理也。楊氏體性之
語不可曉。

太子蒯聵得罪靈公，出奔晉趙氏。靈公嘗遊於郊，

謂公子郢曰：“我將立若爲後。”靈公卒，夫人奉遺命而
立郢。郢以輒在爲辭，於是國人立輒。輒立十二年，輒
出亡，蒯聵入，是爲莊公。莊公立三十年而出奔。友恭
竊詳此事，妄意謂輒不顧其父而自立，固已失父子之義
矣。蒯聵得罪於父而出奔，乃因豎良夫及孔悝母劫悝
升臺而盟立之，是不用先君之遺命，父子、君臣之義俱
失之矣。然則宗國所宜立者何人？其必郢乎？當郢辭
國之日，國人立輒之時，輒能逃去，則郢無得而辭，蒯聵
亦無復君衛之意。及夫蒯聵既入，良夫、悝母相與劫
悝，是時悝能守之以死，則蒯聵安得而立哉？惜乎孔悝
不知出此，一切付之無可奈何，此蒯聵所以立也。雖
然，天下豈有無父子、君臣之國哉，宜乎蒯聵未幾而復
奔也。

　此論大槩得之。但謂輒逃去，則蒯聵無復君衛之意，
及蒯聵既立而復奔者，非是。蓋輒自當逃去，非欲爲是以
拒蒯聵之來也。蒯聵脱或能守其國，亦不可知，但義理自
不是耳，不必如此牽合也。

　　孔悝有母，不能禁而使之爲亂，及爲衛之臣，又不
能有所立。以子路之賢，爲其家臣，其事如何？心甚疑
之，亦何所見而如此？乞賜教。

　　聖人之門，不使人逃世避人以爲潔，故羣弟子多仕於
亂邦。然若子路、冉有之徒，亦太不擇矣。此學者所當深
戒也。

"仲尼元氣"段中"并"字,莫是包上兩句否?"時焉而已","時"字恐是戰國風氣所致。

"并秋殺盡見",則以春生爲主而兼舉之也。"時焉而已",語意不分明,未知端的指趣。如此所説亦通,或恐更有"時既無人,不得不自任"之意。或説秋殺氣象不常如此,蓋有時而或見之也。未知孰是,試并思之。

或謂游氏以"犯上作亂"爲兩節,據友恭所見,只是一節。遽説"不好犯上"處,亦貫忠順而言,則知其非兩節也。

"作亂"以上,後説得之。"爲仁之本"一句,似皆未得其説。程説自與謝説不同,不可混爲一説也。看得程説分明,則自見謝説之非矣。

或謂"傳不習乎"是得於人而不習,友恭謂不習而傳與人。或謂忠信能相有而不能相無,故程先生以爲內外表裏。友恭謂盡己者自反而無慊於中,故曰內;以實者即此而施之於人,故曰外。或謂謝氏雖推廣見得不止踐言爲信,亦恐包括不盡。後結云"幾於無我則能之,莫傷易否?"友恭謂説信處却不少包總,只欠以踐言爲信作本意。幾於無我亦不爲過。

傳習,恐當如前説。忠信,後説近之,而亦未盡。蓋忠信一理,但以所從言之則異耳。所云"自反無慊"、"即此而施"之語,皆失之,更當別下語也。"踐言"後説得之,"無我"前説得之。大率前説看得文意平直而傷於草略,後説子細而失之支蔓,有回互遷就之意。不知前説誰所論,不罪輕率也。

閔子侍側。

舊説:"誾誾,和悅而諍也。侃侃,剛直之貌。"此訓得之,更宜詳味。"子樂",但爲樂得英才而教育之之意。如云不害爲自得,皆其力分之所至,似皆衍説也。楊氏所引傷勇,亦非孟子之意。

"師過,商不及"。詳味此章,歷考二子言行之間,有以知其因氣稟之偏而失性情之正。

此説甚佳。二子晚年進德雖不可知,然子張之語終有慷慨激揚之氣,子夏終是謹守規矩也。所云"氣稟雖爲未化,亦不可謂全未化也",此語亦是。但似此立語,微覺有病耳。楊、墨之説恐未然。楊氏之學出於老聃之書,墨子則晏子時已有其説也,非二子之流也。

屢空。

只是"空乏"之"空"。古人有"簞瓢屢空"之語是也。但言顏子數數空匱而不改其樂耳。下文以子貢貨殖爲言,正對此相反而言,以深明顏子之賢也。若曰心空,則聖人平日之言無若此者,且數數而空,亦不勝其間斷矣。此本何晏祖述老、莊之言,諸先生蓋失不之正耳。

程子曰:"孔子弟子,顏淵而下有子貢。"夫子門人,要其歸而論之,則曾子、仲弓、閔子、冉子恐不在子貢之下,莫以其天資穎悟而言否? 程子所指意果如何?

此等不須遙度，造理深後當自見得。《晦庵文集》卷
五〇。

案：朱熹《答林擇之》（所示疑義）云“端叔、恭叔
惠書，極感其意”。《晦庵文集》卷四三。其書撰於淳熙
二年間。又本書乃答問目，下書（友恭竊謂性命主理
而言）有“先生謂‘踐言’、‘踐約’之‘踐’”、“先生曰：
‘侃侃，剛直之貌。’”，知其上承本書，約撰於淳熙四
年下半年以後，故本書約撰於是年（1177）中。

又，《朱子語類》卷九八云：“用之問：‘“德不勝
氣，性命於氣；德勝於氣，性命於德。”前日見先生説，
以“性命”之“命”爲“聽命”之“命”。適見先生舊《答
潘恭叔書》，以“命”與“性”字只一般，如言性與命也，
所以後面分言“性天德，命天理”。不知如何？’曰：
‘也是如此，但“命”字較輕得些。’間問：‘若將“性命”
作兩字看，則“於氣”、“於德”字，如何地説得來？則
當云“性命皆由於氣，由於德”始得。’曰：‘橫渠文自
如此。’”所云“舊《答潘恭叔書》”，即指本書。

朱熹《答潘恭叔》：

友恭竊謂性命主理而言，德氣主身而言。性命之
理得之於身者，德也；而其梏亡陷溺之者，氣也。蓋德
無不善，而氣則有偏。善所以成性立命，而氣偏則隔之
耳。兩端之在身，相爲消長，隨其多寡，迭爲勝負。德

不勝氣，是無以勝其偏，偏日以勝而善日以微，則是性命之理反亂於氣矣。故德不勝氣，性命於氣。德勝其氣，是有以勝其偏，善日以充而偏日以化，則是性命之理不外於德矣。故曰"德勝其氣，性命於德"。未知是否？

氣亦有純有駁，不得專以梏亡陷溺爲言。但德不勝氣，則其善者亦出於血氣之稟耳。

孟子曰："形色，天性也，惟聖人可以踐形。"先生謂"踐言"、"踐約"之"踐"，反復紬繹，極覺有味。竊謂有是性則有是形色，單舉形色則天性固在其中矣，故曰"形色，天性"。故孟子言聖人，不曰盡性，而曰踐形也。"踐形"云者，猶言"爽厥子，不愆于素"云耳。曾子全而歸之，曰"啓予足，啓予手"，亦此意，蓋幾於踐矣。學者主忠信，所以求夫踐也，一息不存，則非踐矣。游氏之説比楊氏爲密，曰"形者，性之質"，曰"能盡其性，則踐形而無愧"，又曰"未能盡性，則於質有所不充"，如此發明固好，但終不若程先生充人之形爲的也。蓋盡性乃能踐形，在性則言盡，在形則言踐，其實一也。如引"反身而誠"之説及"豈不慊於形哉"之論，則亦本程先生之意矣。楊氏指形色爲物，指天性爲則，固佳。如謂踐形體性，恐未善。尹氏引程先生之説，蓋亦充人之形之意也。不知此語見於何書？先生之説皆善，但其間微有疏密。妄意如此，乞賜批誨。

學者求至於可以踐形之功，非但主忠信一事而已。“非踐”語亦未瑩，蓋曰形有所不踐云耳。盡性然後可以踐形，今曰“盡性乃能踐形”，亦未瑩。

先生曰：“忠信一理，但所從言之異耳。”友恭竊謂忠信一理，而於己言忠、於物言信者，蓋己則主心而言，物則主理而言，故盡己之心爲忠，循物之理爲信，雖內外之不同，要之皆誠於我耳。

心、理不可以彼己分，以理爲事可也。“循物無違”，非謂循物之理，但言此物則循於此物之實而無所違，則是所謂信耳。

“冉有、子貢，侃侃如也”。先生曰：“侃侃，剛直之貌。”二子剛直之象，無顯言者。以《論語》考之，妄意冉有自謂“非不悅子之道，力不足也”，有以見其不肯掩覆、不敢欺隱。爲子華請粟，夫子與之釜；請益，與之庾；不滿其意，便往，自與粟五秉。至於子貢，因叔孫武叔毀夫子，便曰：“人雖欲自絕，其何傷於日月乎？多見其不知量也。”夫子答問友曰：“不可即止，毋自辱焉。”意者子貢平日多直己見，因其質而語之。凡此恐帶剛直之象，恐別有所據。

“侃侃”只是比之“誾誾”者微有發露顯著氣象，便是涵養未甚深厚處。

先生所云“子張、子貢氣質雖爲未化，亦不可謂全未化”，此語亦是。似此立語，漸覺有病耳。友恭竊謂學者氣質苟未至於聖人，皆不可以言化，以二子進工之久，殆曰變而未已者，然尚當用力，則未可謂之化也。

"變化氣質"之"化"，與"大而化之"之"化"不同。

或問："程子以薄昭之言證桓公之爲兄，信乎？"曰："荀卿嘗謂桓公殺兄以爭國，而其言固在薄昭之前矣，蓋亦未有以知其必然。但孔子之於管仲，不復論其所處之義，而獨稱其所就之功耳。蓋管仲之爲人，以義責之，則有不可勝責者，亦不可以復立於名教之中。以功取之，則其功所以及人者未可以遽貶而絶之也。是以置其所不勝責者，而獨以其不可貶者稱之。稱之固若與之，而其所置而不論者，又若將有時而論之也。夫若將有時而論之，則其所以爲存萬世之防者，亦不可不謂之切至耳矣。蓋聖人之心至明至公，人之功罪得失固無所逃於其間，而其抑揚取舍之際，亦未嘗有所偏勝而相掩也。非可與權者，其孰能知之？"曰："然則程子非與？"曰："彼於聖人之所存而不論者曲加意焉，其所以微顯闡幽、建立民彝之意至深遠矣。學者當熟考而深求之，未可以率然議也。"

友恭竊詳二子之問，子路曰："召忽死之，管仲不死，未仁乎？"以召忽對管仲言之，是以召忽之死爲是，以疑仲不死難爲非，故以爲未仁也。子貢曰："不能死，又相之。"既言"不能死"，復繼以"又相之"，是疑仲不特不能死，而又事殺其主之人，故亦以爲非仁也。意者子

路以仲爲當死而不當生，而子貢則并以爲設使可生，桓
公亦不當事，而俱有未仁之問也。殊不知仲同糾謀，則
雖有可死之道，而桓乃當立，則無不可事之理。蓋仲雖
糾之傅，然非糾之臣，乃齊之臣也。桓公當立，則桓乃
吾君，所當事也。但仲之罪乃在於不能諫糾之爭而反
輔糾之爭耳。是其不死，殆知前日之爭爲不義，而非求
生之比也。桓公舍其罪而用之，則名不正而事正，亦非
反覆不忠之比也。故夫子答子路爲未仁之問，則稱九
合之功，曰"如其仁"，以爲不死之未仁，不如九合之仁
也。夫以九合之仁過於不死之未仁，則夫子之意未真
以不死爲非可知矣。答子貢不死又相桓爲非仁之問，
則復稱其功，又辨其不死，而曰："豈若匹夫匹婦之爲
諒，自經於溝瀆而莫之知。"曰"豈若"云者，是又以仲之
不死過於死也。是夫子之意皆以不死、相桓爲可，而不
以其所處爲非也。故舊日讀此一章，以程先生之説爲
正，以桓公爲兄、子糾爲弟，召忽之死爲守節、管仲不死
爲改過。二子不仁之問，正疑其所處之非，而夫子答之
乃論其所處之義，而非專取其所就之功也。今伏讀先
生之説，恍然自失，玩味累日，迄未有得。區區之意，竊
謂若從荀卿之説，則桓公爲殺兄，管仲爲事讎，是仲不
可復立於名教之中，聖人當明辨之，以存萬世之防可
也。舍二子之所問而旁及其所就之功，毋乃以功而揜
義乎？使二子問仲之功，夫子置其所處之義，而以不可

貶者稱之可也。今所問者不答，而所答者非問，則是略
其義而取其功也。且不明以辨二子之問，而陰以存萬
世之防，當其時而不論，而將有時而論之，幾於不切而
謂之切至，何也？薄昭之言，雖未知其必然，然以聖人
取之之意，則妄意謂桓公非殺兄、管仲非事讎可也。

此論甚善。向吕子約亦來辨之，然不若來喻之詳也。
但管仲之意未必不出於求生，但其時義尚有可生之道，未
至於害仁耳。《晦庵文集》卷五〇。

案：書中論管仲"不死"及"未仁"，又云"向吕子
約亦來辨之，然不若來喻之詳也"。據朱熹《答吕子
約》（來書所喻程門議論），吕祖儉來書云"管仲之喻
甚正，但以夫子之言考之，恐無此意。程子之意，蓋
欲主張名教，而以爲夫子許其不死，却不如以爲存而
不論之可畏也"。《晦庵文集》卷四七。其書撰於淳熙四
年下半年或稍後，故推知本書約撰於是年末或稍後。

朱熹《答潘恭叔》：

性固不能不動，然其無所不有，非爲其不能不動而後
然也。雖不動，而其無所不有，亦曷嘗有虧欠哉？釋氏之
病，乃爲錯認精神魂魄爲性，非爲不知性之不能不動而然
也。使其果能識性，即不可謂之妄見。既曰妄見，則不可
言見夫性之本空。此等處立語未瑩，恐亦是見得未分明
也。《晦庵文集》卷五〇。

案：本書撰時不詳。然其亦論"性"，疑在上二書後，或撰於淳熙五年(1178)間。

潘友恭《與朱元晦書》：

友恭少受室于穀熟之王氏，于今十有五年矣。與之俱從家君以適南海，而不幸疾病以没。二親哭之過時而哀，友恭亦不自勝其悲也。惟王氏婦自居家時事親孝，親愛之。年十有九而嫁，移所以事親者事舅姑，舅姑亦愛之。處娣姒長幼之間，肅穆無間言。御下寬而有節，爲人簡静莊重，恭儉信實。於婦功不少懈，然不務爲纂組華靡之習。所以謹嫌微、安貧約，又有人所難者。喜讀《論語》、《大學》、《中庸》、《孟子》諸書，略通大義。每語人曰："吾嘗自省終日之間，承上接下幸無一失，然後得以退休而少安。"此意日新而未已也。淳熙丙午某月某日卒，年甫三十有三。今將以其枢歸葬會稽上虞之徐山，惟先生幸哀而與之銘，則猶足以少慰也。王氏曾祖甡，光禄大夫。祖令洙，朝議大夫。父琮，奉議郎。母孺人潘氏。王氏歸友恭，生子曰履孫，用家君奏補將仕郎，年十有三矣。《晦庵文集》卷九二《潘氏婦墓誌銘》。

案：朱熹《潘氏婦墓誌銘》曰："新海門尉金華潘友恭以書來曰：'友恭少受室于穀熟之王氏，于今十有五年矣。……淳熙丙午某月某日卒，年甫三十有三。今將以其枢歸葬會稽上虞之徐山，惟先生幸哀

而與之銘，則猶足以少慰也。……'"《晦庵文集》卷
五〇。故推知本書撰於淳熙十三年(1186)中。

朱熹《答潘恭叔》：

示喻爲學之意，甚善。然不須如此計較，但持守省
察，不令間斷，則日用之間不覺自有得力處矣。讀《詩》之
說甚善，頃見祁居之《論語說》，此一段亦好，大槩如來喻
之云也。其他各據偏見，便爲成說，殊不能有所發明，此
固無足怪者。而伯恭《集解》首章便引謝氏之說，已落一
邊。至《桑中》篇後爲說甚長，回護費力，尤不能使人無
競。不審亦嘗致思否？近年讀書，頗覺平穩不費注解處
意味深長。脩得《大學》、《中庸》、《語》、《孟》諸書，頗勝舊
本。《禮記》須與《儀禮》相參，通脩作一書乃可觀。中間
伯恭欲令門人爲之，近見路德章編得兩篇，頗有次第。然
渠輩又苦盡力於此，反身都無自得處，亦覺枉費功夫。熹
則精力已衰，決不敢自下功夫矣。恭叔暇日能爲成之，亦
一段有利益事。但地遠，不得相聚評訂爲恨。如欲爲之，
可見報，當寫樣子去也。今有篇目，先錄去，此又是一例，
與德章者不同也。《綱目》亦苦無心力了得，蓋心目俱昏，
不耐勞苦，且更看幾時如何，如可勉强，或當以漸成之耳。
《晦庵文集》卷五〇。

案：朱熹《答呂子約九月十三日》有云"聞子約教
學者讀《禮》，甚善。然此書無一綱領，無下手處。頃

年欲作一功夫，後覺精力向衰，遂不敢下手。近日潘恭叔討去整頓，未知做得如何"，《晦庵文集》卷四八。而本書乃云"《禮記》須與《儀禮》相參，通脩作一書乃可觀。……熹則精力已衰，決不敢自下功夫矣。恭叔暇日能爲成之，亦一段有利益事。……今有篇目，先錄去"，所云相合。《答吕子約九月十三日》撰於淳熙十三年九月十三日，故推知本書約撰於是年秋中。

朱熹《答潘恭叔》：

學問根本在日用間持敬集義工夫，直是要得念念省察，讀書求義，乃其間之一事耳。舊來雖知此意，然於緩急先後之間，終是不覺有倒置處，誤人不少，今方自悔耳。《詩》說已注其下，亦未知是否，更告詳之。大抵近日學者之弊，苦其說之太高與太多耳。如此，只見意緒叢雜，都無玩味功夫，不惟失却聖賢本意，亦分却日用實功，不可不戒也。范公立子之說，誠有未盡，然太王之明、太伯之讓、王季之友，皆有非唐高祖父子所及者。蓋此意思不是一朝一夕揑合得成，故范公寧守經據正，而不敢遽以用權達節論之也。《儀禮》已附高要范令去，不知今已到否？此等功夫，度有餘力乃可爲，不可使勝却涵養省察之實也。《晦庵文集》卷五〇。

案：上書（示喻爲學之意）有云"《禮記》須與《儀禮》相參，通脩作一書乃可觀。……熹則精力已衰，決不敢自下功夫矣。恭叔暇日能爲成之,亦一段有利益事。但地遠,不得相聚評訂爲恨。如欲爲之,可見報,當寫樣子去也",故此後寄《儀禮》與潘友恭,至此又致書詢之。故推知本書約撰於十三年末。

朱熹《答潘恭叔》:

《詩》備六義之旨。

六義次序,孔氏得之。但六字之旨極爲明白,只因鄭氏不曉《周禮·籥章》之文,妄以《七月》一詩分爲三體,故諸儒多從其説,牽合附會,紊亂顛錯,費盡安排,只符合得鄭氏曲解《周禮》一章,而於《詩》之文義意旨了無所益。故鄙意不敢從之,只且白直依文解義,既免得紛紜枉費心力,而六義又都有用處,不爲虛設。蓋使讀《詩》者知是此義,便作此義,推求極爲省力。今人説《詩》,空有無限道理,而無一點意味,只爲不曉此意耳。《周禮》以六詩教國子,亦是使之明此義例,推求《詩》意,庶乎易曉。若如今説,即是未通經時無所助於發明,既通經後徒然增此贅説。教國子者,何必以是爲先? 而《詩》之爲義,又豈止於六而已耶?《籥章》之《豳雅》、《豳頌》,恐《大田》、《良耜》諸篇當之。不然,即是別有此詩而亡之,如王氏説。又不然,即是以此《七月》一篇吹成三調,詞同而音異耳。若如鄭説,即兩章爲《豳風》,猶或可成音節,至於四章半爲《豳雅》,三章半爲《豳頌》,不知成何曲拍耶?

《關雎》，疑周公所作。

凡言“風”者，皆民間歌謠，採詩者得之，而聖人因以爲樂，以見風化流行，淪肌浹髓，而發於聲氣者如此。其謂之《風》，正以其自然而然，如風之動物而成聲耳。如《關雎》之詩，正是當時之人被文王、太姒德化之深，心膽肺腸一時換了，自然不覺形於歌詠如此。故當作樂之時，列爲篇首，以見一時之盛，爲萬世之法，尤是感人妙處。若云周公所作，即《國風》、《雅》、《頌》無一篇是出於民言，只與後世差官撰樂章相似，都無些子自然發見活底意思，亦何以致移風易俗之效耶？

《卷耳》詩，疑文王征伐四方、朝會諸侯時后妃所作。

《卷耳》詩，恐是文王征伐四方、朝會諸侯時后妃所作。首章來喻得之；後三章疑承首章之意而言，欲登高望遠而往從之，則僕馬皆病而不得往，故欲酌酒以自解其憂傷耳。大意與《草蟲》等篇相似。又《四愁詩》云“我所思兮在太山，欲往從之梁父艱”，亦暗合此章耳。

《樛木》序文。

有嫉妬之心，則必無逮下之思矣。此序却未有害也。

《螽斯》序文。

《螽斯》不妬忌，未有以察之。小序又非的確可信之書，詩中亦無不妬忌之意，但見其衆多和集之狀，如人之不妬忌耳。

《桃夭》詩曰華曰葉，自其生意之所及以至無所不及，言室家、家室、家人，亦其德之所及以至無所不及也。一則生意浸大，一則德意浸廣，宛轉取譬，此言意之所以無窮也。

《桃夭》序文首句恐已涉附會矣。他說得之。

《羔羊》之序與《桃夭》相似，《二南》篇中類多如此。“委蛇”，如毛氏說，即於“正直”二字意尤親切。然小序本未必能盡《詩》意，即鄭、張二說，意亦自佳，更須審擇取舍，或兼存而自爲一義不妨，不可彊合爲一說也。

“振振君子”，即是家室思念君子，不著其惡而著其善，蓋居者念行者，事之常也。

《殷其雷》本無著其惡之意，不必爲此說。但如《死麕》之“吉士”，《日月》之德音，則須說破耳。

《摽有梅》上二句，蓋言男女之念人皆有之，而若是者，皆女子之發乎情而不能以自達者也。下兩句蓋言必待媒妁之言、婚禮之備而後可行，亦止乎禮義之謂也。此詩即人情之近以感切當時之爲人父母者，使之婚姻之不失其時而已。或曰是皆當時女子自賦之辭，則不足以爲《風》之正經矣。

“發乎情，止乎禮義”之說，甚善。“感切人之父母”，却恐未必有此意。或是女子自作亦不害，蓋里巷之詩但如此已爲不失正矣。

《小星》兼取程說，甚善。

"江沱"之序恐未安。又始則不能無悔，至"不我與"，則隨其所遇而安，終"不我過"，則處之已熟，知其無可奈何，無復憂慮。"嘯"，如淵明之"舒嘯"。

小序固不足信，然謂江沱之間，則未有以見其不然。蓋或因其所見山川以起興也。"其後也悔"、"其後也處"兩句，若如今説，以爲媵之自言，則"後"字不通。而三章"其"字皆指物之稱，亦非所以自命也。《集傳》"歗"字之義，向來伯恭深以爲然。《野有死麕》，言彊暴者欲以不備之禮爲侵凌之具者，得之。《騶虞》驅發之説，近亦疑之。《楚詞》云"君王親發兮憚青兕"，此爲發矢之義明矣。然舊説虞人翼五豝以待公射，中則殺一而已，恐文勢不順。疑此亦爲禽獸之多，見蒐田以時，不妄殺伐。至於當殺而殺，則所謂取之以時、用之以禮，固不病其殺之多也。蓋養之者仁也，殺之者義也，自不相妨，不必曲爲之説。兼文勢如此乃順，如杜詩"一箭正墜雙飛翼"之比。若如所解，即當先言"五豝"而後言"一發"，乃可通耳。

疑《何彼穠矣》。

《何彼穠矣》，此詩義疑，故兩存之。東遷之初，王室猶未甚卑也，王命諸侯固有不斥其名者，如微子、畢公之類。文侯當時既有大功，稱字或是禮秩當然，未可便爲王室衰弱之證。《晦庵文集》卷五〇。

案：本書校記云："疑《何彼穠矣》"句下，浙本有"平王之爲文王、之爲宜臼"十字注。

上述〈示喻爲學之意〉、〈學問根本在日用間持敬
集義工夫〉二書中皆言及《詩》説，而本書乃答《詩》問
目，疑在其後，故推知本書約撰於淳熙十四年
(1187)初。

朱熹《答潘恭叔》：

讀《詩》諸説，前書已報去。近再看《二南》舊説，極有
草草處，已略刊訂，別爲一書，以趨簡約，尚未能便就也。
《周禮》恐五峯之論太偏，只如冢宰一官，兼領王之膳服嬪
御，此最是設官者之深意。蓋天下之事無重於此，而胡氏
乃痛詆之，以爲周公不當治成王燕私之事，其誤甚矣。胡
氏《大紀》所論井田之屬，亦多出臆斷，不及注疏之精密。
常恨不曾得見薛、陳諸人，不知其説又如何也。《通鑑舉
要》詳不能備首尾，略不可供檢閲，此《綱目》之書所爲作
也。但精力早衰，不能卒業，終爲千古之恨耳。《小學》未
成，而爲子澄所刻。見此刊脩，旦夕可就，當送書市別刊，
成當奉寄，此書甚有益也。《晦庵文集》卷五〇。

案：書中言"讀《詩》諸説，前書已報去"，其所謂
"前書"，當指上書〈《詩》備六義之旨〉，知承其後。又
書中云及"《小學》未成，而爲子澄所刻。見此刊脩，
旦夕可就，當送書市別刊，成當奉寄"，據朱熹《小學
序》，末題曰"淳熙丁未三月朔旦晦庵題"。《小學》卷
首。故推知本書約撰於十四年(丁未)二月前後。

朱熹《答潘恭叔》：

"敬"之一字,萬善根本,涵養省察、格物致如,種種功夫皆從此出,方有據依。平時講學非不知此,今乃覺得愈見親切端的耳。願益加功,以慰千里之望。

《禮記》如此編甚好,但去取太深,文字雖少而功力實多,恐難得就,又有擔負耳。留來人累日,欲逐一奉答所疑,以客宂不暇。昨夕方了得一篇,今別錄去。冊子必有別本可看,却且留此,俟畢附的便去也。《儀禮附記》似合只依德章本子,蓋免得拆碎《記》文本篇。如要逐段參照,即於章末結云:"右第幾章。"《儀禮》即云:"《記》某篇第幾章當附此。"不必載其全文,只如此亦自便於檢閱。《禮記》即云:"當附《儀禮》某篇第幾章。"又如此《大戴禮》亦合收入,可附《儀禮》者附之,不可者分入五類。如《管子·弟子職》篇,亦合附入《曲禮》類,其他經傳類書說禮文者并合編集,別爲一書。《周禮》即以祭禮、賓客、師田、喪紀之屬事別爲門,自爲一書。如此,即禮書大備。但功力不少,須得數人分手乃可成耳。

所論讀《通鑑》正史曲折,甚善。學不可不博,正須如此,然亦須量力,恐太拽出精神向外,減却内省功夫耳。

若作集注,即諸家說可附入。或有己見,亦可放温公《楊子法言》、《太玄》例也。若只用注疏,即不必然,亦悶人耳。

分爲五類,先儒未有此説。第一類皆上下大小通用之禮,第二類即國家之大制度,第三類乃禮樂之説,第四類皆論學之精語,第五類論學之粗者也。《大戴禮》亦可依此分之。

卷數之説,須俟都畢,通計其多少而分之,今未可定也。其書則合爲一書者爲是,但通以《禮書》名之,而以《儀禮附記》爲先,《禮記分類》爲後。如《附記》初卷首即云"禮書第一",本行下寫"儀禮附記一"五字。次行云"士冠禮第一",本行下寫"儀禮一"三字;"冠義第二",本行下寫"禮記一"三字。《分類》初卷首第一行云"禮書第幾",本行下寫"禮記分類一"五字;次行云"曲禮上第一",本行下寫"禮記幾"。通前篇數計之。其《大戴》、《管子》等書亦依此分題之。

首章言君子脩身,其要在此三者,而其效足以安民,乃禮之本,故以冠篇。"毋不敬"止"安民哉"。

"賢者"至"能遷",此言賢者於其所狎能敬之,於其所畏能愛之,於其所愛能知其惡,於其所憎能如其善,雖積財而能散施,雖安安而能徙義,可以爲法,與上下文禁戒之辭不同,舊説非是。"安安而能遷",來説得之,但辭太煩耳。"疑事毋質,直而勿有"兩句,連説爲是。"疑事毋質",即《少儀》所謂"毋身質言語"是也。"直而勿有",謂陳所見,聽彼決擇,不可據而有之,專務彊辨,不能如此,則是以身質言語矣。

"敖不可長"云云,此篇雜取諸書精要之語,集以成編，雖大意相似而文不連屬。如首章四句，乃《曲禮》古經之言，"敖不可長"以下四句，不知是何書語，又自爲一節，皆禁戒之辭也。"賢者"以下六句，又當別是一書。說見前段。"臨財毋苟得"以下六句，又是一書，亦禁戒之辭。若夫"坐如尸，立如齊"，劉原父以爲此乃《大戴記》曾子事父母篇之辭，曰："孝子惟巧變，故父母安之。若夫坐如尸，立如齊，弗訊不言，言必齊色，此成人之善者也，未得爲人子之道也。"此篇蓋取彼文，而"若夫"二字失於删去。鄭氏不知其然，乃謂此二句爲丈夫之事，其説誤矣。此説得之。又"立如齊"，注疏所説立容甚詳，今皆不取，而所取者乃無所發明之剩語，此類恐更宜詳擇也。"禮從宜，使從俗"，當又是一書，其説舊注亦得之。劉氏《七經小傳》有《儀禮》等説，不可不看，"若夫"二字與《中庸》"好學近乎智"上"子曰"二字相似，皆失於删去者也。

"聖人作"絕句，舊見蜀中印本有如此點者，似亦有理。又"人生十年曰幼"亦爲絕句，"學"字自爲一句，下文至"百年曰期頤"皆然，似亦得之。"取於人"，此與《孟子》"治人""治於人"、"食人""食於人"語意相類。"於人"者，爲人所取法也。"取人"者，人不來而我引取之也。下文"來學往教"，即其事之實也。齋戒，《儀禮》雖無娶妻告廟之文，而《左傳》曰"圍布几筵，告於莊、共之廟而來"，是古人亦有告廟之禮，不知何故不同耳。《晦庵文集》卷五〇。

案：朱熹上書（示喻爲學之意）有云"禮書"因

"熹則精力已衰,決不敢自下功夫矣。恭叔……如欲爲之,可見報,當寫樣子去也。今有篇目,先録去"。又朱熹《答吕子約九月十三日》亦云"頃年欲作一功夫,後覺精力向衰,遂不敢下手。近日潘恭叔討去整頓,未知做得如何",《晦庵文集》卷四八。朱熹上述二書皆撰於淳熙十三年秋間,而據本書云及"《禮記》如此編甚好,但去取太深,文字雖少而功力實多,恐難得就",又言"《儀禮附記》似合只依德章本子,蓋免得拆碎《記》文本篇。……又如此《大戴禮》亦合收入,可附《儀禮》者附之,不可者分入五類。如《管子·弟子職》篇,亦合附入《曲禮》類,其他經傳類書説禮文者并合編集,别爲一書。《周禮》即以祭禮、賓客、師田、喪紀之屬事别爲門,自爲一書。如此,即禮書大備。但功力不少,須得數人分手乃可成耳",則潘友恭已撰出"禮書"初稿,故推知本書約撰於淳熙十四年秋、冬或以後。

朱熹《答潘恭叔》:

"成於樂",如學樂誦詩,舞勺舞象,豈不是學者事?舜命夔典樂教胄子,豈不是學者事?但漸次見效,直至聖人地位,始可言成耳。

"敖惰",讀者多以爲疑,嘗欲於《或問》中補數語以發之而未暇。大抵此本有一等人,上不至於可親愛畏敬,下不至於可賤惡哀矜，使人視之泛然，不入念慮者耳。然於此而猶以恐其有偏爲戒，則豈真敖忽而忘之哉？

“己欲立而立人，己欲達而達人”，欲立謂欲自立於世，立人謂扶持培植，使之有以自立也。欲達謂欲自遂其志，達人謂無遏塞沮抑，使之得以自達也。

此説是。

“隱居求志，行義達道”，《集注》謂伊尹、太公之流可當之，是也。顔子所造所得，二賢恐無以過之，而云“亦庶乎此”，下語輕重抑揚處，疑若於顔子少貶者。若云“古之人有行之者，伊尹、太公之流是也。若顔子，可以當之矣。然隱而未見，又不幸蚤死，故夫子言然”，不知可否？

當時正以事言，非論其德之淺深然也。語意之間，誠有如所論者，更俟詳之。

“驕吝”二字，平時作兩種看。然夫子“使驕且吝”之言，則若不分輕重者。程子“氣盈氣歉”之説亦然。今《集注》引程子之言而復有本根枝葉之論，此説雖甚精，但與程子説不同。而以“鄙嗇”訓釋“吝”字，若語意未足者，蓋先生將“吝”字看得重，直是説到蔽固自私、不肯放下處，故凡形於外者無非私己之發，此驕之所由有如此，則工夫全在“吝”上。

此義亦因見人有如此之弊，故微發之。要是兩種病痛彼此相助，但細看得“吝”字是陰病裏証，尤可畏耳。

《禮記》言"鄙詐慢易之心入之",則是內外有兩心。曰"入之",則此心是在外矣。"鄙詐慢易",似非所以言心。

"入"之一字,正是見得外誘使然,非本心實有此惡也。雖非本有,然既爲所奪而得以爲主於內,則非心而何?恐不必致疑也。《晦庵文集》卷五〇。

案:本書撰時不詳。《書信編年》以爲當承上書("敬"之一字),故在淳熙十四年後。待考。

潘友恭《與朱元晦書》:

滕文公問"間於齊、楚"與"竭力以事大國"兩段,注云"蓋遷國以圖存者,權也;效死勿去者,義也","義"字當改作"經"。《朱子語類》卷七六。

案:《朱子語類》卷七六載沈僩記曰:"昨得潘恭叔書,説:'滕文公問"間於齊、楚"與"竭力以事大國"兩段……'思之誠是。蓋義便近權,如或可如此,或可如彼,皆義也;經則一定而不易。既對'權'字,須著用'經'字。"據《朱子語類·姓氏》,沈僩所記乃慶元四年(戊午,1198)以後所聞。故推知本書當撰於慶元四年或稍後。

潘友文

潘友文,字文叔,東陽(今屬浙江)人。"朱熹、呂祖謙

皆與友善”。《姑蘇志》卷四一。紹熙間，爲永豐令。《晦庵文
集》卷八九《旌忠愍節廟碑》。開禧初，知崑山縣，寬慈愛人，
人呼爲潘佛子。《姑蘇志》卷四一。嘉定初，知真州，“時兵
燹後，民無屋廬，饑饉相望，乃築翼城，架屋居之，開賑局，
施藥餌，全活數萬户”。《江南通志》卷一一五。

朱熹《答潘文叔友文》：

所喻爲學利病，至纖至悉。既知如此，便當實下功
夫，就其所是，去其所非，久之自然有得力處，正不必如此
論量計較，却成空言，無益己事也。況其所説一前一却，
纏綿繳繞，終日勞攘，更不曾得下功夫，只如此疑惑擔閣，
過却日時，深爲可惜。向見子約書來，多是如此，嘗痛言
之。近日方覺撒手向前行得數步，雖未必盡是，且免如此
遲疑惶惑、首鼠兩端也。

“知行”之説，恐古人説“知”字不如此。《大學》所謂
格物致知，乃是即事物上窮得本來自然當然之理，而本心
知覺之體光明洞達、無所不照耳，非是回頭向壁隙間窺取
一霎時間己心光影，便爲天命全體也。斵輪、相馬之説，
亦是此病。紙尾所謂壞證者，似已有之。切宜便就脚下
一切掃去，而於日用之間稍立程課，著實下工夫，不要如
此胡思亂量過却日子也。《晦庵文集》卷五〇。

案：下書(瞥然知見之説)有云“瞥然知見之説，
前書似已奉聞矣”，當承本書“而本心知覺之體光明

洞達、無所不照耳,非是回頭向壁隙間窺取一霎時間
己心光影,便爲天命全體也"而言,故推知本書約撰
於淳熙十三年(1186)歲晚。

朱熹《答潘文叔》:

瞥然知見之説,前書似已奉聞矣。《尚書》亦無他説,
只是虛心平氣,闕其所疑,隨力量看教浹洽,便自有得力
處,不須預爲較計,必求赫赫之近功也。近亦整頓諸家
説,欲放伯恭《詩説》作一書,但鄙性褊狹,不能兼容曲徇,
恐又不免少紛紜耳。《詩》亦再看,舊説多所未安,見加删
改,別作一小書,庶幾簡約易讀。若詳考,即自有伯恭之
書矣。《大學》之格物、《中庸》之明善,近日方亦看得親
切。恨相遠,無由面論耳。《晦庵文集》卷五〇。

　　案:書中云及"欲放伯恭《詩説》作一書,……
《詩》亦再看,舊説多所未安,見加删改,別作一小書,
庶幾簡約易讀",而朱熹《答潘恭叔》(讀《詩》諸説)有
云"近再看《二南》舊説,極有草草處,已略刊訂,別爲
一書,以趨簡約,尚未能便就也",《晦庵文集》卷五〇。
所言相合。《答潘恭叔》撰於淳熙十四年(1187)二月
前後,故推知本書約撰於一時先後。

朱熹《答潘文叔》:

"命之以事",與上文"謂之有"、"謂之無"一例,未是

指殺之語。侯先生文字疏率，只可大槩看，然此一節却無病也。

人之氣質不同，謀野而獲，亦是虛曠閒静處見事精審，無膠擾之患耳。固是質之所偏，然亦非大病也。

"左右"固非大臣，亦非閹宦弄臣，但謂親近之臣，如漢侍中、給事中，魏、晉以來中書門下之比云耳。所謂"左右太親者身蔽"，正指劉放、孫資而言耳。大夫却是任政之臣，六卿，官之長，亦上大夫也。孟子之意，但欲齊王審於擇人，未必以其信左右之言而發。所云"教之以不信大臣"，亦是推説之過。大抵讀書只合平心説理，不必如此過求，却失正意也。《晦庵文集》卷五〇。

案：本書未詳撰時。疑在上書（瞥然知見之説）後，姑係於淳熙十四年間。待考。

朱熹《答文叔明府書》：

辛幼安过此，极谈佳政。……端叔嫂後来已安乐未也？《待制集》卷一八《跋家中所藏文公帖》。

案：元柳貫《跋家中所藏文公帖》曰："予家舊藏文公答文叔明府一帖，語真意切，當爲門人高第之宰於近邑者發也。所云：'辛幼安過此，極談佳政。'與諸朋友書不謀同辭者，雖即其實而贊之，固所以深致策勵之意也。學欲其成己而成物，使夫學道愛人之訓講之不素，則雖有是心，而倒行逆施，民有不被其

惠者矣。然則所貴乎游於大人君子之門，而望其漸
摩成就之益者，蓋在此也。幼安，濟南辛稼軒，於時
必爲本路監司。而考之文公集中及門之士字文叔者
五人，帖既不著氏名，亦莫之能定矣。然以‘端叔嫂
後來已安樂未也’之語而推之，則集中五人，獨潘文
叔有兄弟曰端叔、恭叔，此或潘文叔未可知也。帖中
亦及斯遠、叔謹。按集有與徐斯遠、周叔謹往復書
問，今何從考質其是非，姑竊記之。”《待制集》卷一八。
據《年譜長編》卷下，辛棄疾自主管沖佑觀起爲福建
提刑，於紹熙三年二月赴任，經建陽與朱熹相晤論
政。又據朱熹《旌忠愍節廟碑》，時潘友文爲永豐令，
永豐與辛棄疾所居帶湖相近。《晦庵文集》卷八九。故
推知本書約撰於紹熙三年(1192)春、夏之際。

朱熹《答潘文叔》：

所喻讀書求道、深思力行之意，深慰所望。然殊未見
常日端的用功及逐時漸次進步之處，而但説不敢向外馳
求、不作空言解會，恐又只成悠悠度日，永不到真實地頭
也。承許官滿見訪，會面非遠，當得細論。但歲月如流，
光陰可惜，既以自歎，又不能不以人物世道爲憂也。《晦庵
文集》卷五〇。

案：朱熹撰《旌忠愍節廟碑》云：知信州王自中
肇建旌忠愍節廟，“既屬役於玉山令芮立言、永豐令

潘友文",又於紹熙三年十月己酉"以書來請銘於
熹",紹熙四年五月戊寅成文;並附記云:次年朱熹
"衹召造朝,道出祠下",而知"王侯既去,而歲惡民
饑,兩令尋亦終更"云云。《晦庵文集》卷八九。本書
中有云"承許官滿見訪,會面非遠",似指潘友文永
豐"官滿",故推知本書約撰於紹熙四年(1193)下
半年。

　　又,王柏《跋東邨得朱子帖》曰:"考亭設教多士,
景從登門而問者類録其語,脩書而問者則條其目,然
記録易差,手筆無失也。吾鄉如月林潘公之子端叔、
恭叔,半山潘公之子文叔,皆在弟子列,尺牘條答,見
于《文集》者,文叔公獨少,止書三答而已。此卷所有
者皆在焉,最後一書則此卷無也。僕每讀到'悠悠度
日,永不到真實地頭。光陰可惜,既以自嘆,又不能
不以世道人物爲憂也',未嘗不聳然流汗。子孫不能
保愛、流落於人間固多矣,苟能於言下省悟,亦不異
於及門也。觀者其毋忽。"《魯齋集》卷一二。所記即本
書。然王柏云《文集》答潘友文書僅三封,與今傳《晦
庵文集》不合。

潘　植

潘植,字立之,福州懷安(今福建福州西)人。父滋,

爲林拙齋門人，"聞晦菴講道武夷，遂命植往師事之。植遂與其弟柄不遠千里從於武夷"。家居不仕，"日以濂洛諸書磨礱浸灌，暇則徜徉林壑間，以觴咏自娛"。《閩中理學淵源考》卷一七。

朱熹《答潘立之》：

所論《西銘》，大概亦只是如此看。不知近日更讀何書？有商量處，便中可示及也。所問祭禮，古人雖有始祖，亦只是祭於大宗之家。若小宗，則祭止高祖而下，然又有三廟、二廟、一廟、祭寢之差。其尊卑之殺極爲詳悉，非謂家家皆可祭始祖也。今法制不立，家自爲俗，此等事若未能遽變，則且從俗可也。支子之祭，亦是如此。竊謂只於宗子之家立主而祭，其支子則只用牌子，其形如木主，而不判前後、不爲陷中及兩竅，不爲櫝，以從降殺之義。不知如何？可更商量也。《晦庵文集》卷六四。

案：據《朱子語類·姓氏》，潘植乃癸丑（紹熙四年）從學朱熹。書中有云"不知近日更讀何書？有商量處，便中可示及也"，非未晤面之前語氣，故推知其約撰於紹熙五年（1194）前後。

潘　時

潘時（1127—1189），字德鄘，婺州金華縣（今屬浙江）

人。歷知興化軍,提舉兩浙西路常平茶鹽公事,移江東,
又提舉荆湖北路常平茶鹽事,改南路提點刑獄公事,除直
祕閣、知廣州兼主管廣南東路經略安撫司公事,詔特轉朝
議大夫,進直徽猷閣、知潭州、安撫湖南。明年進直顯謨
閣、知太平州,未上,又明年除尚書左司郎中,竟辭不就。
淳熙己酉七月以疾卒,《會稽續志》卷五。年六十三。事迹
見朱熹《晦庵文集》卷九四《直顯謨閣潘公墓誌銘》。

朱熹《答潘德鄜》:

湖南諸郡窘闕。……修復石鼓……。《待制集》卷一八
《跋朱張呂三先生手帖》。

> 案:元柳貫《跋朱張呂三先生手帖》曰:"當三先
> 生之學行於東南之時,小人或公肆詆欺,而誠合志
> 乎,尤不爲無人。蓋宋三百年陽消陰長之候,肇於
> 熙、豐,成於建、紹,而極於泰、禧之間。上虞李莊簡
> 公,則尤爲咸陽所深嫉者也。直徽猷閣潘公德鄜以
> 默成先生猶子壻莊簡家,而與三先生問學切劘。文
> 公嘗誌其墓,謂:'曾覿貧賤時,嘗以詩文見;及貴,絕
> 不與通。使人來致殷勤,亦輒不報。'其自信爲何如?
> 此卷三帖,曰'提刑中大'者,德鄜也。德鄜以提舉湖
> 北常平茶鹽改湖南提點刑獄公事,故帖中首及湖南
> 諸郡窘闕與修復石鼓諸事;舍人公集序謂默成也,今
> 見公集中;曰文潛、文授者,莊簡二子也。宣公帖,去

都督府書寫機直文字持母夫人喪時所遣。成公帖亦居曾夫人禫服時作也。今觀三帖，隱憂世故，砥礪學業，藹然君子之言，是豈與隨世殄滅者並哉？"《待制集》卷一八。

據朱熹《衡州石鼓書院記》云"淳熙十二年，部使者東陽潘侯時德廓始因舊址列屋數間，牓以故額，將以俟四方之士有志於學而不屑於課試之業者居之，未竟而去。今使者成都宋侯若水子淵又因其故而益廣之"，記文撰於淳熙十四年夏四月朔。《晦庵文集》卷七九。故推知本書約撰於淳熙十二年（1185）或稍後。

又，王柏《跋文公與潘月林帖》曰："文公之學照耀今古，文公之字徧滿東南，然門人故家，三世得公之尺牘固絕無而僅有，而以文稱者尤不多見。以月林先生風烈之盛，而文公尊禮之嚴如此，《文集》中乃不登載一字，僅有墓道一碣而已。顧二子一孫姓字猶有存者，當時類粹，其有所遺逸，蓋不勝其衆也。今裔孫宛丘通守不秘其傳，壽諸梓以惠學者，而於吾道所關，豈曰小哉？"《魯齋集》卷一三。王柏所云朱熹與潘月林帖，當即元柳貫所記之朱熹之帖。月林，潘時之號。《魯齋集》卷一二《跋東邨得朱子帖》。

朱熹《與某人帖》：

熹竊以季夏極暑，恭惟知郡朝議丈旌麾在行，神物護相，台候起居萬福。熹講聞德望，爲日蓋久，而僻處窮壤，無從瞻見顏色，此懷鄉望，日以拳拳。兹承不鄙，枉書喻以惠顧蓬篳之初心，所以慰籍許與之意良厚。自顧衰陋，實無所能，其將何以稱此？愧荷悚惕，不容於心。深欲一趨道左，求見下風，且謝盛意之厚，而方此病暑，又屬天旱人饑，里中亦隨分有應酬之擾，以故未克如願。引領清塵，徒切馳企。竊承台體亦少違和，計旋即勿藥矣。開府有日，施設之方必已素定。下問之及，豈所敢當？然仰窺雅志，惟恐不盡於義理而務合於中和，是則必無違人自通之失、剛柔寬猛之偏矣。益以無倦，千里蒙福，可勝言哉。使還，略布一二。暑行，切乞益厚保綏，前迓襃寵，幸甚幸甚。右謹具呈。六月日，新安朱熹劄子。《朱子遺集》卷二。

案：《朱子遺集》以爲本書所稱"知郡朝議丈"，乃指以朝議大夫知潭州之潘時。據陳傅良《潭州重修嶽麓書院記》云"某得官桂陽，於長沙爲屬邑，始詣大府請事，時公（潘時）至鎮適數月矣"。《止齋集》卷三九。陳於淳熙十四年冬赴桂陽任，則潘時赴潭州任當在秋日，故推知本書約撰於是年（1187）六月。

彭龜年

彭龜年（1142—1206），字子壽，號止堂，臨江軍清江

（今屬江西）人。"讀書能解大義，及長得程氏《易》讀之，至忘寢食。從朱熹、張栻質疑，而學益明"。登乾道五年（1169）進士第，歷國子監丞、祕書郎兼嘉王府直講。寧宗即位，除侍講，遷吏部侍郎，升兼侍讀。上疏攻韓侂胄，出以煥章閣待制知江陵府、湖北安撫使，丐祠。慶元二年（1196）落職，追三官勒停。嘉泰元年（1201）除集英殿修撰、提舉冲佑觀。開禧二年，以待制寶謨閣致仕。三月卒，年六十五，《攻媿集》卷九六《彭公神道碑》。後賜諡忠肅。《宋史》卷三九三有傳。

朱熹《答彭子壽龜年》：

請違後一兩日，即被斥遣之命。出關恰一月，始能達里門。奉祠幸已得請，而詞職未盡允，勢須更加控免耳。區區鳧鴈，不足爲重輕。忽聞門下亦此論事去國，而德修、德夫相繼亦去，爲之駭然。此其間必有曲折，恨未得聞。不審從人今何所鄉？若遂赴鎮，亦須暫還江西，經由上饒。偶便，託其教官林君致此，丐以數字，見報比來議論本末與諸人繼逐之由。林君佳士，時有人往來，不至浮沉也。《晦庵文集》別集卷一。

案：彭龜年罷官出京在紹熙五年十二月，朱熹拜煥章閣待制、提舉南京鴻慶宮在慶元元年正月十一日，十四日上狀辭職名；三月三日復辭職名。《年譜長編》卷下。本書有云"奉祠幸已得請，而詞職未盡

允,勢須更加控免耳。⋯⋯忽聞門下亦此論事去
國",故推知其約撰於元年(1195)二月中。

朱熹《答彭子壽_{龜年}》:

中間傳有召節,固疑其非美意,已乃不然。方以爲
喜,及承惠書,又知開府以來經理次第,尤以爲慰。然以
時勢料之,亦決知其不能久。既而果聞已有奉祠之命矣,
却不見有文字,想又從中而下也。此在高明無所輕重,但
鳴吠狺狺,日甚一日,其勢必須大有處分,其禍不止於縉
紳而已也。想以此故,亦未能釋然,奈何奈何!某今夏一
病幾死,亟上挂冠之請,并辭近職。蒙上厚恩,未即聽許。
將欲受之,而去歲曾議葭陵者例皆獲罪,自惟狂妄,不應
獨免,遂以自劾章上。計今已有行遣,顧地遠未即聞耳。
閑中讀書却有味,但目已偏盲,其未盲者亦日益昏,披閱
頗艱耳。緣此閑坐,却有恬養功夫。始知前此文字上用
力太多,亦是一病。蓋欲應事,先須窮理,而欲窮理,又須
養得心地本原虛静明澈,方能察見幾微、剖析煩亂而無所
差錯。若只如此終日馳騖,何緣見得事理分明?程夫子
所謂學莫先於致知,又未有致知而不在敬者,正爲此也。
濂溪諸書,亦多是發此意。下問之意,但以此説推之,則
其受病之原與夫用藥之方,皆可見矣。《晦庵文集》別集
卷三。

案: 書中云及"某今夏一病幾死,亟上挂冠之

請，并辭近職。蒙上厚恩，未即聽許。將欲受之，而去歲曾議蘄陵者例皆獲罪，自惟狂妄，不應獨免，遂以自劾章上"。朱熹於慶元元年五月上狀乞致仕，七月末上狀自劾。《年譜長編》卷下。故推知本書約撰於是年八月中。

朱熹《答彭子壽》：

雄附遠寄，良荷扶衰之意。茶五十餅漫附回使，以供粗用。背時可笑，大率如此也。薌林逝去，在渠高年固無憾，但後輩失此典刑，亦自可恨也。舟御不經干越否？亦聞之否？度不免一南轅，得免踰嶠幸也。茂獻必相會，賤迹既不自保，又深爲諸賢憂之。夏中之病，由此增劇。中間幸小定，今又復作。人謀不□可及矣，奈何奈何？《晦庵文集》別集卷三。

    案：上書（中間傳有召節）有言"既而果聞已有奉祠之命矣，卻不見有文字，想又從中而下也"，本書乃云"舟御不經干越否？亦聞之否？度不免一南轅，得免踰嶠幸也"，知朱熹上書乃聞彭龜年奉祠之命時作，本書撰於彭自荊州歸清江之際，故有"舟御不經干越否"之問。又干越指趙汝愚，慶元元年七月丁酉，落觀文殿大學士，罷宮觀；十一月，責授寧遠軍節度副使，永州安置。《宋史·寧宗紀一》。故推知本書撰於是年八、九月間。

朱熹《答彭子壽》：

得張元德書，竊聞大斾已次豫章，今當稅駕里門矣。乍歸，想一番應接，有不能免者。然自此杜門，少休神觀，益得玩心，卒究大業，安知天意不以是玉汝於成乎？願益勉旃，以慰期望。零陵經由，頗得從容否？復有一書，幸為遣致，得不浮沈乃幸。《晦庵文集》別集卷三。

　　案：上書（雄附遠寄）言及"舟御不經干越否"，本書乃云"竊聞大斾已次豫章，今當稅駕里門矣"，推知約撰於元年秋末。

彭龜年《與朱元晦書》：

前段不可須臾離，且是大體説。到謹獨處，尤見於接物得力。《朱子語類》卷四一。

　　案：《朱子語類》卷四一載朱熹云："呂子約書來，爭'莫見乎隱，莫顯乎微'，只管滾作一段看。某答它書，江西諸人將去看，頗以其説爲然。彭子壽却看得好，云：'前段不可須臾離……'"據朱熹下書（垂喻《中庸》疑義別紙甚詳）考證，推知本書約約撰於慶元四年（1198）初。

朱熹《答彭子壽》：

垂喻《中庸》疑義別紙甚詳，乃知賢者於此方且以講求經旨，究極精微以日不足爲事，世間利害固未易以入其胸次也。修道之教，修之者固專出於人事，而所脩之道，則天地萬物之理莫不具焉。是乃天人之合，亦何害其爲同耶？又論事豫之説，張、游不同。蓋此章首尾以誠爲本，而推其所以誠者乃出於明善，故釋其文義且得以誠爲言。如《大學》之序始於格物，而其後乃云"壹是以脩身爲本"，亦此類也。隱微聞見之分，當時偶見如此而謾序之，若疑未安，置之無害。此非大義所繫，不足深論也。智、仁、勇，經文本不曾分，若以爲疑，亦不足論。但諸家所分却未穩當，必欲分之，則須從今説，乃爲盡善。若如來喻，則"仁"字不合列於三德之中，而又位於其次。蓋聖人之言，其名理隨處輕重，所指不同，讀者須隨其輕重而讀之，乃見其意。不可一概死殺排定也。鄙見如此，不審明者以爲如何？如復未安，更望報及也。《晦庵文集》卷六〇。

　　案：朱熹《答黄直卿》(《大學或問》"齊家治國"章)有云"彭子壽初亦疑《中庸》首章，近得書，却云已釋然矣"，當指本書云云。《答黄直卿》撰於慶元四年春中，推知本書約撰於一時先後。

朱熹《答彭子壽龜年》：

　　齋銘之屬，豈所敢承？況此病餘昏憊，將何以發明聖賢之旨，爲日用功夫之助乎？然竊聞之，《大學》於此雖若使人戒夫自欺，而推其本則必其有以用力於格物致知之

地,然後理明心一,而所發自然莫非真實。如其不然,則
雖欲防微謹獨,無敢自欺,而正念方萌、私欲隨起,亦非力
之所能制矣。竊意高明於此非有所未察,特因來喻僭復
言之,以爲誠能於此益致其功,則亦無待於瞽御之箴,而
學日益進、德日益修矣。《晦庵文集》卷六〇。

　　案:書中言及"齋銘之屬,豈所敢承? 況此病餘
　　昏憊,將何以發明聖賢之旨,爲日用功夫之助乎",因
　　朱熹慶元四年初嘗大病經月,疑"病餘昏憊"指此,則
　　當撰於四年中。

附:彭韶

　　彭韶,字鳳儀,莆田(今屬福建)人。明天順元年
(1457)進士,歷官刑部尚書,卒年六十六,謚惠安。《明
史》卷一八三有傳。

朱熹《與彭鳳儀》:

　　　陳公甫出處自有深意,閣下列薦於朝,實好賢之篤
也。然吏起而任事,得無魏桓之言乎? 志有不行,得無
作閔仲叔恨乎? 天下之寶,當爲天下惜之,正不必强之
出也。《朱子遺集》卷三。

　　案:束景南《朱熹遺著輯考》、《朱子遺集》卷三
　　據明蕭士珂《歷代名賢手劄》卷四所收録,以爲乃朱

熹所著,彭鳳儀其人,據朱熹《晦庵文集》別集七《題尋真觀》云其從游者有"宜春彭鳳子儀",疑即此人。然據曹彥約《梅坡先生彭公墓誌銘》載彭鳳"諱蠢,字師範,避大川改諱鳳"。"嘗試禮部"而未嘗仕宦。《昌谷集》卷二〇。與本書中"陳公甫出處自有深意,閣下列薦於朝,實好賢之篤也"云云不合。考彭鳳儀、陳公甫實為明人。彭鳳儀名韶,字鳳儀,莆田人,天順元年進士,歷官刑部尚書,卒年六十六,謚惠安。《明史》卷一八三有傳。陳公甫名獻章,新會人,舉正統十二年鄉試,弘治十三年卒,年七十三。《明史》卷二八三有傳,云其"復游太學,祭酒邢讓試和楊時此日不再得試一篇,驚曰:'龜山不如也。'颺言於朝,以為真儒復出,由是名震京師。……獻章既歸,四方来學者日進。廣東布政使彭韶、總督朱英交薦,召至京,令就試吏部,屢辭疾不赴"。本書云云,當即指此。束氏誤輯。特辨附此。

錢　佃

錢佃,字仲耕,蘇州常熟(今屬江蘇)人。舉進士。歷遷大宗正丞、通判太平州。乾道七年(1171),召為臨安推官,擢吏部郎中,累遷左、右司檢正兼權吏、兵、工三部侍郎,出為江西路轉運副使,繼使福建,再使江西,淳熙八年

(1181)知婺州,賑饑有績,"政甲一路,提舉朱熹《與陳亮書》云:'婺人得錢守,比之他郡,事體殊不同。'"官至中奉大夫、秘閣修撰卒,年六十二。有《易解》三十卷、《詞科類要》二十卷、文集二十卷。《姑蘇志》卷五〇。

朱熹《與江西錢漕劄子》:

比以民饑,告糴隆興,已具曲折懇張帥,意必蒙其憐閔,推所餘以并活此邦之人。乃今聞其約束愈峻,所遣牙吏得米而不能歸,至於客販亦復斷絕。若上流果亦荒旱,則不敢請。傳聞贛、吉、臨川諸郡及隆興屬邑自有豐熟去處,則江西當自不至闕食,而其餘波因可以及鄰境。恐不必過計爲此,以傷一視同仁之心,害救災恤鄰之義。熹已手書復致此懇於張帥,更望台慈賜以一言之重,使得早遂見聽,則此邦之人仰戴仁人之施,其可量哉。《晦庵文集》卷二六。

案:書中言朱熹遣吏"告糴隆興",爲江西張帥"約束"所阻,故一面"手書復致此懇於張帥",同時又致書江西錢漕,"更望台慈賜以一言之重,使得早遂見聽",則知本書與朱熹《與江西張帥劄子二》《晦庵文集》卷二六。撰於一時先後,在淳熙七年(1180)九月中。據《宋會要輯稿·兵》一三之三三,淳熙六年"十一月十一日,江西運副錢佃言事",知本書乃與江西轉運副使錢佃。

錢良臣

錢良臣(1126—1189)，字師魏，嘉興華亭(今上海松江)人。紹興二十四年(1154)進士出身。《南宋館閣錄續錄》卷七。淳熙五年(1178)六月，自給事中除端明殿學士、簽書樞密院事，六年十一月拜參知政事。八年九月罷知鎮江府，改知建康府兼行宮留守。十二年正月除資政殿學士，十四年八月除資政殿大學士，依舊知建康。十五年八月提舉洞霄宮。十六年十一月卒，謚文惠。《宋宰輔編年錄校證》卷一八。《宋人生卒行年考》云其生於靖康元年。

朱熹《與執政劄子己亥冬》：

熹昨以疾病侵凌，不堪吏責，屢以祠官之請冒瀆朝聽。伏蒙鈞慈垂念，未忍棄捐，不惟發教下臨，慰藉勤懇，至於士友之間，傳道所以誨飭存撫之意，又諄諄焉。自惟疵賤，何以堪之？感激之心，無以爲喻。自是遂欲勉竭駑頓，冀以仰答恩私。意謂姑使上不得罪於朝廷，下不得罪於百姓，則亦可以少延時月，徐罄前懇。而山野愚瞢，不能斟酌事宜，近因屬縣旱傷失於檢放，加以催科不無追擾，遂致人戶流移，怨讟蠭起。仰惟朝寄，本以爲民，俯循素心，亦期及物，今乃一舉而兩失之。日夕憂愧，疾病益侵，勢恐不堪復加勉彊，不得不早爲計，謹已具申都省。欲望鈞慈特與敷奏，絀削罷遣，以謝無告之民。熹雖飯疏

沒齒,何敢有怨?或蒙矜憐,曲加全護,使其仍得祠官之
祿以終餘年,則其幸抑又甚矣。干冒崇嚴,不勝戰栗。
《晦庵文集》卷二六。

　　案:是時中書官參知政事者僅錢良臣一人,故
　　知本書乃致錢良臣,撰於淳熙六年(己亥,1179)冬。

朱熹《與執政劄子》:

　　熹輒有危迫之懇,已具公劄申陳。然其曲折有不敢
盡言於君父之前者,復此干冒鈞聽,得賜宛轉陶鑄,不勝
幸甚。熹昨緣疾病,不堪吏役,累具劄目,乞備祠官。至
五月間,伏準尚書省劄子,奉聖旨不允。自惟卑賤,不敢
頻有祈扣,觸犯天威。欲俟新秋乃伸前請,而德薄政荒,
招致災旱,深念千里民命之重,不忍當此艱難窮困之秋輒
求自便,於是屈心抑志,黽俛服官。祈禱百方,卒無所效。
又慮將來軍民必致闕食,不免行下屬縣,勸諭富民,根括
下戶,那兌官錢,於鄰近州縣米價稍平去處收糴米斛,準
備賑給。又已申奏朝廷及申轉運、常平兩司,乞行救助。
更欲勉悉疲駑,講求荒政,以副聖主子愛黎元之意。而力
小任重,日夕驚憂,遂致心疾大段發動,上炎下潦,勢甚危
急。在熹一身,死生夜旦所不足言,實懼失於備禦,有誤
一方飢民,橫致流殍,則熹爲上負朝廷,死有餘憾。於是
不復敢顧辭難避事之嫌,有此申稟。欲望鈞慈憐察,特賜
敷奏,與熹宮廟差遣,使得歸死故山。仍催已差下人石慗

疾速前來料理荒政，救濟飢民，不勝幸甚。

小貼子

伏念熹昨以朝命敦迫，勉彊到官，不敢攜家爲久住計，祇挈一小兒在此，方十餘歲。今若病勢有加，即彼此存没一時狼狽。欲望鈞慈，深賜憐察。《晦庵文集》卷二六。

案：據《年譜長編》卷上，淳熙七年（1180）八月，朱熹再以“衰病”請祠。本書當撰於此時，即於“具公劄申陳”之外，再致書執政懇請。時中書有參知政事錢良臣、周必大二人，因當時又有《與周執政劄子》（熹竊以仲秋之月），《晦庵文集》卷二六。故知本書乃與錢良臣。

丘　義

丘義，字道濟，又字子野，建陽（今屬福建）人。《經義考》卷二八引《姓譜》。朱熹外兄。隱居不仕，與朱熹友善。所著有《易説》、《論語纂訓》傳於世。《閩中理學淵源考》卷二〇。

朱熹《答丘子野》：

示喻“觀”、“玩”之别，想已有成説。兹因下問之及，嘗竊思之，敢布左右。蓋易有象，八卦六爻。然後有辭；卦爻之辭。筮有變，老陰老陽。然後有占。變爻之辭。象之變也，在理而未形於事者也；辭則各因象而指其吉凶；占則又因吾之所值之辭而決焉，其示人也益以詳矣。故君子居而學易，則既觀象矣，又玩辭以考其所處之當否；動而諏筮，則既觀變矣，又玩占以考其所值之吉凶。善而吉者則行，否而凶者則止。是以動靜之間，舉無違理，而"自天祐之，吉無不利"也。蓋"觀"者一見而決，"玩"者反復而不舍之辭也。

筮短龜長之說，惟見於《左氏》元凱之注，理固有之。但先王制卜筮之法至嚴至敬，虛其心以聽於鬼神，專一則應，疑貳則差。故《禮》曰"卜筮不相襲"，蓋爲此也。晉獻之欲立麗姬，以理觀之，不待卜而不吉可知。及其卜之不吉也，則亦深切著明已矣，乃不勝其私意而復筮之，是以私心爲主而取必於神明也，豈有感通之理哉？此所以筮之雖吉，而卒不免於凶也。今不推其所以聽於鬼神者之不專不一，而遽欲即此以校龜筮之短長，恐未免乎易其言之責也。

理則一而已矣，其形者則謂之器，其不形者則謂之道。然而道非器不形，器非道不立。蓋陰陽亦器也，而所以陰陽者道也。是以一陰一陽，往來不息，而聖人指是以明道之全體也。此"一陰一陽之謂道"之說也，不審高明以爲然否？《晦庵文集》卷四五。

案：本書撰時未詳。丘義撰有《易說》，故來書與朱熹討論《易》學。朱熹《答林擇之》（得欽夫書）有云"某表兄丘子野欲求一依託書館處，……此兄近日爲況益牢落，欲此甚急，幸千萬留意"。《晦庵文集》別集卷六。《答林擇之》撰於乾道六年五月前後，故推知本書約撰於乾道末、淳熙初，姑係於乾道九年（1173）。待考。

丘　膺

丘膺，字子服，福州閩縣（今屬福建）人。"從朱文公遊，稱爲老友吟句多佳，輒酬和之，時與往返論辨。蔡元定謫舂陵，膺載俎遠郊，涕泣而別，羣儕皆爲感動"。《閩中理學淵源考》卷二〇。

朱熹《答丘子服膺》：

周子《通書》近時到處有本，此本頃自刊定，比它本爲完，可試讀之。此近世道學之源也，而其言簡質若此，與世之指天畫地、喝風罵雨者氣象不侔矣。更有《二先生集》本，皆爲人乞去，俟他時別寄也。《晦庵文集》續集卷七。

　　案：朱熹《周子太極通書後序》云"右周子之書一編，今舂陵、零陵、九江皆有本，而互有同異。長沙本最後出，乃熹所編定，視他本最詳密矣"。署時乾道己丑（五年）六月戊申。《晦庵文集》卷七五。與本書

"周子《通書》近時到處有本，此本項自刊定，比它本爲完"云云相合。故推知本書約撰於是年（1169）秋、冬間。

朱熹《答丘子服》：

前書問《責沈》，時正擾擾，不及報，不知平父曾寄去否？此中無本。沈是葉公之姓，向來敬夫在桂林刻本跋語中解此字義。舊有本，亦已盡矣。《晦庵文集》續集卷七。

案：朱熹《跋陳了翁責沈後》云《責沈》"建業、桂林、延平皆有石本"。《晦庵文集》卷八二。建業本刻於劉珙知建康府時，朱熹《與劉共父》（私門不幸）有云"《祠記》、《責沈》二刻，拜賜甚厚。……《責沈》之義，昨已報平父，正爲子高沈姓耳"。《晦庵文集》別集卷四。時在淳熙三年十二月。桂林本刻在張栻知靜江府時，張栻《跋了翁責沈》云"建康留守劉公得真蹟而刻之，以墨本來寄。某謂斯文之傳，誠有補於世教，獨恐遠方之士艱於得見，乃復刻于桂林學宮云"。末署"淳熙四年六月戊子"。《南軒集》卷三五。故推知本書約撰於四年（1177）秋、冬以後。

朱熹《答丘子服》：

示喻有科舉之累，愚意非科舉之累人，人自累耳。所示論昨在寶幢曾聞此説，渠已嘗輒語其非，試更思之。得失有命,似不必太徇時好也。《晦庵文集》續集卷七。

案:本書撰於不詳。因書中"示喻有科舉之累"
云云,疑在淳熙間,姑係於淳熙十年(1183)。待考。

朱熹《答丘子服膚》:

昨晚又承簡,爲慰。"謝"字初不曉,將謂有何異事,
豕亥之訛乃爾,可笑也。唐人詩云:"昨夜秋風還入戶,登
山臨水興如何?"閑咏此句,甚覺塊處之憒憒,而力未能
出,奈何奈何!《詩譜》已得之未耶?御書閣已裝了龕子,
恐官司未暇及,意欲自出薄少,而率諸朋舊共爲之,似亦
不妨。已略説與通理所,欲議定喻及,仍令匠氏畫圖來看
也。《晦庵文集》續集卷七。

案:朱熹《福州州學經史閣記》有云"福州之學
在東南爲最盛,……紹熙四年,今教授臨邛常君濬孫
始至,……故嘗慮其無書可讀,而業將病於不廣,則
又爲之益置書史,合舊爲若干卷,度故御書閣之後更
爲重屋以藏之。……凡閣之役,始於慶元初元五月
辛丑,而成於七月之戊戌,材甓傭食之費爲錢四百萬
有奇,則常君既率其屬輸俸入以首事,而帥守詹侯體
仁、使者趙侯像之、許侯知新咸有以資之,至於旁郡
之守趙侯伯璜、十二邑之長陳君玨等亦以其力來
助",《晦庵文集》卷八〇。本書所云"御書閣已裝了龕
子,恐官司未暇及,意欲自出薄少,而率諸朋舊共爲

之"，當與此相關，故推知其慶元元年（1195）六月前後。

朱熹《答丘子服》：

前晚聞舂陵信不佳，昨日亟走後山，渠家亦不得的信。但所傳甚子細，恐必不妄。志業精深，今豈復有此朋友？爲之悼歎，不但爲平生交好之情而已也。《晦庵文集》續集卷七。

> 案：朱熹《答黄直卿》（子約之亡）有云"而季通八月九日又已物故。……但其家至今未得的信，只魏才仲自桂林寫來。前日李彦中歸道長沙，見子蒙及趙漕説得分明矣"，《晦庵文集》續集卷一。即本書所言"前晚聞舂陵信不佳，昨日亟走後山，渠家亦不得的信。但所傳甚子細，恐必不妄"，當撰於一時先後。《答黄直卿》撰於慶元四年（1198）九月初或稍後。

朱熹《答丘子服》：

《老子》荷留念。"載營魄"之義，説者皆失本意。前日因此偶思揚子説"月未望則載魄于西"，與此字義頗相似。檢看諸家，亦無一人説得是，嘗草定數語以辯之。未暇録去，俟到此日可看也。《對禹問》以私意窺聖人，崎嶇反仄，不成説話。而反譏孟子爲求其説而不得者，其言之失，非獨如來喻所指也。《晦庵文集》續集卷七。

案:《朱子語類》卷一三七載:"揚子雲云:'月未望,則載魄於西;既望,則終魄於東;其遄於日乎!'先生舉此,問學者是如何。衆人引諸家註語,古註解"載"作"始","魄"作"光"。温公改"魄"作"朏"。先生云:皆非是。皆不合。久之,乃曰:'只曉得箇"載"字,便都曉得。載者,如加載之"載"。如《老子》云"載營魄",《左氏》云"從之載",正是這箇"載"字。諸家都亂説,只有古注解云:"月未望,則光始生於西面,以漸東滿;既望,則光消虧於西面,以漸東盡。"此兩句略通而未盡。……"與本書所云"'載營魄'之義,説者皆失本意。前日因此偶思揚子説'月未望則載魄于西',與此字義頗相似。檢看諸家,亦無一人説得是"相合。《朱子語類》此條未注記録者,然上一條乃沈僴記,下一條爲郭友仁記,據《朱子語類·姓氏》,沈僴爲戊午以後所聞,郭友仁爲戊午所聞。故推知本書或撰於慶元四年(戊午)間。

朱熹《答丘子服膚》:

"寵辱若驚,貴大患若身",貴猶重也,言寵辱細故,而得之猶若驚焉,若世之大患,則尤當貴重之而不可犯,如愛其身也。寵爲下者,寵人者上於人者也,寵於人者下於人者也,是辱固不待言,而寵亦未足尚。今乃得之而猶若驚,而況大患與身爲一,而可以不貴乎?若使人於大患皆若其將及於身而貴重之，則必不敢輕以其身深預天下之事矣。得如是之人而以天下托之，則其於天下必能謹守如愛其身，而豈有禍敗之及哉？老子言“道之真，以治身”，又言“身與名孰親”，而其言“外其身”、“後其身”者，其實乃所以先而存之也，其愛身也至矣。此其學之傳所以流而爲楊氏之“爲我”也。蘇子由乃以“忘身”爲言，是乃佛家夢幻泡影之遺意，而非老氏之本真矣。《晦庵文集》卷四五。

　　案：本書亦論《老子》，疑與上書（《老子》苟留念）撰時相近。

朱熹《答丘子服》：

　　兩日連得手示爲慰。“貴大患”，如此説固好，但後一“貴”字別爲一義，似未安耳。“出生入死”章，諸家説皆不愜人意，恐未必得《老子》本指。今只自“夫何故”以下看，則語意自分明。蓋言人所以自生而趨死者，以其生生之厚耳。聲色臭味、居處奉養、權勢利欲，皆所以生之者，惟於此太厚，所以物得而害之。善攝生者遠離此累，則無死地矣。此却只是目前日用事，便可受持，他既難明，似亦不必深究也。如何如何？《晦庵文集》卷四五。

　　案：上書（寵辱若驚）論及《老子》“寵辱若驚，貴大患若身”，本書乃云“‘貴大患’，如此説固好，但後一‘貴’字別爲一義，似未安耳。‘出生入死’章，諸家説皆不愜人意，恐未必得《老子》本指”，當承上書。

饒　幹

　　饒幹，字廷老，邵武（今屬福建）人。淳熙二年（1175）登進士第，《萬姓統譜》卷三〇。調吉水尉，轉知長沙。"適朱文公爲守，遂受業焉"。後知懷安軍，卒。《閩中理學淵源考》卷二三。

朱熹《與饒廷老》：

　　換闕竟如何？人生凡百信緣，禍福之來，豈計較所能免？見説賢者慮患過深，幾至成疾，何必爾耶？伯起想已赴班引矣。中間"道學"二字標榜不親切，又不曾經官審驗，多容僞濫。近蒙易以僞號，又責保任虛實，於是真贗始判矣。《晦庵文集》續集卷六。

　　　案：書中有云"中間'道學'二字標榜不親切，……近蒙易以僞號，又責保任虛實，於是真贗始判矣"。據《宋史全文》卷二九上載，慶元元年六月"丁巳，右正言劉德秀言：'邪正之辨，無過於真與僞而已。彼口道先王語，而行如市人所不爲，在興王之所必斥也。昔孝宗垂意規恢，首務核實，凡虛僞之徒言行相違者，未嘗不深知其汙。臣願陛下以孝宗爲法。'詔下其章"。"至是，士大夫嗜利亡恥或素爲清議所擯者，乃教以凡相與爲異者皆道學人也，陰疏姓名授之，俾以次斥逐。或又爲言名道學則何罪？當名曰僞學。蓋謂貪黷放肆乃人真情,其廉潔好修者皆僞也。於是憸人險狠狷薄無行之徒利其説之便,已攘袂奮臂以攻僞干進,而學禁之禍自此始矣"。故推知本書約撰於是年(1195)夏末、秋初。

朱熹《與饒廷老》:

示及報狀,只坡疏未見。此其關捩雖未易窺,然其手勢規模亦不難見。蓋已排黄子由之説而退之,不久必別有勝負也。元善已如雪川,其子假日至此,見養子之説,愕然曰:"大人到彼,又頭撞矣!"此語亦有味。因見仲本,可閑及之。世間所傳坡文,亦未必皆出其手,可更詳之也。某病起,方得旬日無事,比又苦傷風,證候雖淺,然服藥發散出汗多,倦乏不可言。屋下濕潤坐不得,閣上又熱,無着身處,頗以爲苦耳。誠之進退不決,何乃至此?渠年幾與老拙只爭十來歲,前塗事亦可知,若時運來時,又自非人力所及也。《晦庵文集》續集卷六。

案:子由爲黄由字。《兩朝綱目備要》卷五載慶元三年"十二月丁酉,籍僞學。知綿州王沇乞置僞學之籍,仍自今曾受僞學舉薦關陞及刑法廉吏自代之人,並令省部籍記姓名,與閑慢差遣。從之。……黄由爲吏部侍郎,建言:'人主不當待天下以黨與,不必置籍以示不廣。'……張巖爲殿中侍御史,奏由'阿附權臣,植立黨與',遂降由雜學士奉祠焉"。本書"示及報狀，只坡疏未見。此其關捩雖未易窺，然其手勢規模亦不難見。蓋已排黃子由之説而退之，不久必別有勝負也"云云，當在其後。又本書中言"屋下濕潤坐不得，閣上又熱，無着身處"，故推知其約撰於是年（1197）盛夏。

朱熹《與饒廷老》：

此間虞士朋與王阮同赴東府飯會，乃其鄰郡鄉人，必不使人攻之也。姑少徐之，當見底裏歸宿也。游誠之或云參選不得，已歸臨海，不知然否？能碎千金之璧而睠睠於破釜，何耶？《晦庵文集》續集卷六。

案：游誠之乃游九言字，辟江東撫幹，"時禁方嚴，九言記上元縣明道祠，痛譏之。調全椒令"。《閩中理學淵源考》卷二。據《景定建康志》卷二九，游九言記上元縣明道祠在慶元二年丙辰季冬；又據卷二八，游九言撰府學記，時慶元三年丁巳季秋。書中有云"游誠之或云參選不得，已歸臨海，不知然否"，當指游九言罷撫幹後事，故推知本書約撰於慶元三年末或四年初。

朱熹《與饒廷老》：

所喻極當。初亦疑之，後聞所得只是庶官恩例，故不自慊。今既不安，不如且已。止於未形，尤爲深慮。保狀已納還仲本，印紙今并附其人持歸，幸檢入。元不曾發封，但別用紙護之也。三衢已差替人，正則恐亦不成赴上矣。丁生頃年代君舉，於桂陽自刻其詩集，而屬君舉序之。是時蓋求入社而不可得，今日乃爲此言，固小人之常態也。《晦庵文集》續集卷六。

　　案：書中言及"三衢已差替人，正則恐亦不成赴上矣。丁生頃年代君舉，於桂陽自刻其詩集，而屬君舉序之。是時蓋求入社而不可得，今日乃爲此言，固小人之常態也"。正則乃葉適字，據《宋史》卷四三四《葉適傳》，葉適"除太府卿、總領淮東車馬錢糧。及汝愚貶衡陽，而適亦爲御史胡紘所劾，降兩官罷主管沖佑觀。差知衢州，辭"。又據《宋史全文》卷二九上載慶元四年秋七月己未，"都大川秦茶馬丁逢入見，極論元祐、建中調停之害，且引蘇轍、任伯雨之言爲證。時薛叔似、葉適坐趙汝愚黨久斥，皆起家爲郡，故逢有是言"。故知本書中所云即指此，其約撰於是年(1198)秋中。

朱熹《與饒廷老》：

伯啓聞已西去。昨日得浙中書云，子約之逝，親戚有爲旁郡守者，遂不復相聞。末俗益偷，乃至如此，亦可歎也。《晦庵文集》續集卷六。

　　案：書中有云"昨日得浙中書云，子約之逝，親

戚有爲旁郡守者,遂不復相聞",吕祖儉(字子約)卒
於慶元四年七月,故推知本書約撰於是年季秋、
冬間。

任希夷

任希夷(1156—?),《宋人生卒行年考》。字伯起,其先
眉州人,後家邵武(今屬福建)。登淳熙二年(1175)進士
第。調建寧府浦城主簿,"從朱熹學,篤信力行,熹器之
曰:'伯起開濟士也。'"開禧初,爲太常寺主簿,累遷禮部
尚書兼給事中,進端明殿學士、簽書樞密院事,兼權參知
政事,尋提舉臨安洞霄宮。卒,謐宣獻。《宋史》卷三九五
有傳。

朱熹《答任伯起希夷》:

示喻静中私意横生,此學者之通患。能自省察至此,
甚不易得。此當以敬爲主,而深察私意之萌多爲何事,就
其重處痛加懲窒,久之純熟,自當見效。不可計功於旦
暮,而多爲説以亂之也。《論語》别本未曾改定,俟後便寄
去。然且專意就日用處做涵養省察功夫,未必不勝讀書
也。《晦庵文集》卷四四。

案:本書又重載於《晦庵文集》卷五四《答周叔
謹》(示喻静中私意横生)。

朱熹《答程沙隨可久迴》（示及《古韻通式》）中言及"前浦城主簿任希夷經由請見，幸與其進而教誨之。其人有志於學，守官不苟"，《晦庵文集》別集卷三。又朱熹《跋任伯起家藏二蘇遺蹟》言"希夷將刻石以視子孫，而屬予序之"，《晦庵文集》卷八二。《答程沙隨可久迴》撰於淳熙十三年八月，《跋任伯起家藏二蘇遺蹟》撰於十四年（丁未，1187）七月。本書疑撰於此間，姑係於十四年。

朱熹《答任伯起》：

誠敬寡慾，皆是緊切用力處，不可分先後，亦不容有所遺也。然非逐項用力，但試著實持守體察，當自見耳。《晦庵文集》卷四四。

案：上書（示喻静中私意横生）云及"此當以敬爲主，而深察私意之萌多爲何事，就其重處痛加懲窒，久之純熟，自當見效"，本書又云"誠敬寡慾，皆是緊切用力處"，似承其後。

朱熹《與任伯起書》：

循理而行，自然中節。《鶴山集》卷六二《跋朱文公所與任伯起樞密柬》。

案：魏了翁《跋朱文公所與任伯起樞密柬》云："前帖論處己接物之要，曰：'循理而行，自然中節。'

後帖論讀書作文之要，曰：'平心熟看，自見滋味。'嗚呼！旨哉斯言。聖賢所謂勿正、勿忘、勿助長，所謂欲其自得之，自得之則居安資深者，皆是義也。覽者宜有以精體而篤踐焉。"《鶴山集》卷六二。本書撰時未詳，或在淳熙後期，姑係於撰於十四年。待考。

朱熹《與任伯起書》：

平心熟看，自見滋味。《鶴山集》卷六二《跋朱文公所與任伯起樞密東》。

案：本書撰時未詳，似與上書（循理而行）相接。參見上書考證。

朱熹《答任伯起》：

所喻已業荒廢，比亦甚以為疑。意謂世味漸深，遂已無復此志，今乃猶有愧恨之心，足以見善端之未泯也。一旦幡然，如轉戶樞，亦何難之有哉？熹衰病之軀，飲食起居尚未能如舊，流竄放殛，久已置之度外。諸生遠來，無可遣去之理。朝廷若欲行遣，亦須符到奉行，難以遽自匆匆也。詳觀來諭，似有仰人鼻息以為慘舒之意，若方寸之間日日如此，則與長戚戚者無以異矣。若欲學道，要須先去此心，然後可以語上。上蔡先生言"透得名利關，方是小歇處"，今之士大夫何足道？能言真如鸚鵡也。不知曾見此書否？《晦庵文集》卷四四。

案：書中言"流竄放殛，久已置之度外。諸生遠來，無可遣去之理"，乃指慶元黨禁事。慶元二年末，朱熹落職罷祠。三年正月，蔡元定編管道州；二月，廷臣奏請自今"僞學之黨"勿除在内差遣；閏六月，廷臣劉三傑指朱熹爲"逆黨"黨魁。十二月，"籍僞學"。《年譜長編》卷下。故推知本書約撰於三年(1197)間。

任行甫

任行甫，名里不詳。朱熹《答黄直卿》(伯豐書云)有云"任尉"者，《晦庵文集》續集卷一。當即此人。則知其慶元年間任建陽縣尉。

朱熹《答任行甫》：

前書所喻賣鹽事，既是州府相委，無如之何，只得竭力。但不可因此多有更張，以形迹前人，廣陳利害，以取衆怨，如私會之類。乃爲佳爾。況賣鹽一事，是州府財計本根，尋常是幕官職事，今以監當處之，已不穩當。萬一須犯此二戒，尤爲不便。即不若託以病，或别作緣故，以力辭之之爲愈也。況今已書一考，在任之日不多，自可漸爲去計，豈可更當此委任，取人忌嫉。正使無前所説二事，衆人亦必側目，若不早自引退，必有後悔無疑，更審思之。久欲奉報此事，因循至今，深以爲慮。偶有此便，謾附此紙，不暇他及也。《晦庵文集》卷六四。

案：朱熹《答黄直卿》（彼中且如来喻亦善）有云
“辛卿鬻鹽得便且罷，却爲佳”。《晦庵文集》續集卷一。
據《淳熙三山志》卷二二，辛棄疾於紹熙四年八月知
福州。又樓鑰《朝請大夫曹君墓誌銘》云曹盅知福州
長溪縣，“辛公帥閩，以鬻鹽來委。君謂縣爲出產之
地，開國以來未嘗與民争利，持不可。帥怒，易糾曹。
比至，帥已釋然，不使就職，相與觴咏彌旬”。《攻媿
集》卷一〇六。本書有云“前書所喻賣鹽事，既是州府
相委，無如之何，只得竭力”，當指此事，故推知其約
撰於紹熙四年（1193）秋末、冬初。

朱熹《答任行甫》：

治甲銷鈔，足見州郡相知之意。職事固不可不盡心；
然凡百亦宜韜晦，勿太向前爲佳。《晦庵文集》卷六四。

案：書中之“鈔”指鹽鈔。所謂“銷鈔”，似指朱
熹《答黄直卿》（彼中且如来喻亦善）所云“辛卿鬻鹽
得便且罷”事。《晦庵文集》續集卷一。故推知本書約
撰於四年冬。

朱熹《答任行甫》：

塵中汩没墜墮了人，須是忙裏早晚提撕，時以書册灌
溉，勿令斷絶，爲庶幾爾。潘書亦非所急，不知林本竟如

何？當時是韓、范二公所編，須稍詳備有條理。若有筆吏，抄取一本亦佳也。《晦庵文集》卷六四。

案：上書（前書所喻賣鹽事）有"監當"云云，推知任行甫時爲監當官，故本書中有"塵中汩没墜墮了人"之語。疑本書撰於其後，姑係於紹熙五年（1194）間。

朱熹《答任行甫》：

承有來期，尤以爲喜。但不知新官到後，便得脱否？所謂不敢不自警者，更宜深念。居今之世，惟有一味退後，勿求人知，爲上策耳。官卑禄薄，雖不快意，然比之一介寒士，區區敎學，仰食於人者，則已爲泰矣。若以爲不足，妄有覬覦，恐所得無幾，而後日之悔，將有不可追者，千萬深思。餘俟面見，乃可決爾。《晦庵文集》卷六四。

案：上書（前書所喻賣鹽事）有云"況今已書一考，在任之日不多"，而本書乃云"承有來期，尤以爲喜。但不知新官到後，便得脱否"，當指任行甫官滿離任。又本書中云及"居今之世，惟有一味退後，勿求人知，爲上策耳"，似屬禁僞學時之言語，故推知本書約撰於慶元元年（1195）間。

朱熹《答任行甫書》：

衰病益侵，無足言者。今有申府公狀及府公手書，爲乞保明申請休致，煩爲投之。仍計會申奏一宗文字，付之去人，仍作來年正月押下申發乃佳。幕僚二書，併以囑之矣。又此休致文字，不知更要録白繳申脚色之類否？案中紙札及省部亦應有合用常例，悉煩問之。此間者已批付幹人，依例支與，幸呼來。付之省部者，得子細批報爲佳。《晦庵文集》卷二九。

　　案：朱熹《申建寧府乞保明致仕狀》云："熹年滿七十，疾病衰殘，尚忝階官，義當納禄。伏緣見係謫籍，不敢冒貢封章，乞依條備録申奏，令熹守本官致仕，庶得偷安田里，以盡餘年。"《晦庵文集》卷二三。據《道命録》卷七下，朱熹申建寧府"乞保明致仕"在慶元四年（1198）十二月。本書中云"今有申府公狀及府公手書，爲乞保明申請休致，煩爲投之"，即指此事，故推知本書撰於此時。

朱熹《答任行甫書》：

熹病愈甚，蓋是天意催促休致，消息可見。悠悠之論，殊無所謂。府公聞已許開正發文字，而俞建安亦數爲游説，又今再與書致懇。此中初六、七間有人入都，須趁此前到此乃佳。書中已説託建安及賢者面言，幸早留念。若難相見，只建安言之可也。林推書説要録白文字等，今亦有書報之。但陳乞狀不欲全依式，恐有嫌疑。其他建安書中可互見，此不能盡布也。《晦庵文集》卷二九。

　　案：上書（衰病益侵）云"今有申府公狀及府公

手書，爲乞保明申請休致，煩爲投之”，而本書乃云
“熹病愈甚，蓋是天意催促休致，消息可見”，又云“府
公聞已許開正發文字，而俞建安亦數爲游説，又今再
與書致懇。此中初六、七間有人入都，須趁此前到此
乃佳”，故推知本書當撰於慶元四年歲末。

朱熹《答任行甫書》：

謝事文字極荷留念。林推所喻印紙，已借人寫。須
更兩三日方可得，即遣人送去。且煩爲道鄙意謝之，俟遣
人別上狀也。保官俞宰書中已説，但亦恐其難之，故不欲
直求之，但云託其宛轉而已。今果如所料，可付一笑。所
説諸人，或恐未升朝，或恐亦有所畏，不欲更啓口。只南
劍田右司雖是放罷，然屢已經赦，罷後又曾磨勘轉官，恐
或可作，已專令吳定往求之。今若不是乞兒，不肯與癩子
作保，然亦煩更問法意如何，以狀式觀之，但非分司、致仕
等人自可作也。亦已喻幹請人，令勿帮正月以後俸錢，并
煩爲收起券身之屬，便中示及也。《晦庵文集》卷二九。

案：上書（熹病愈甚）有云“林推説要録白文
字等，今亦有書報之”，而本書乃云“林推所喻印紙，
已借人寫。須更兩三日方可得，即遣人送去”，知在
其後。又上書所云及“而俞建安亦數爲游説，又今再
與書致懇”之“俞建安”，當即本書中之“保官俞宰書
中已説，但亦恐其難之，故不欲直求之，但云託其宛

轉而已。今果如所料，可付一笑"之"俞宰"，故推知本書約撰於慶元五年(1199)正月上旬。

朱熹《答任行甫書》：

休致文字，極荷留念。所以亟欲得之，只爲欲因赴省人帶行。然亦不敢令到日即投，計程未合到，須令正月下旬以後投之，決不至爲州郡之累也。今再有書懇文昌，及託林推言之，想必可得也。録白俟檢法看如何，若須用，即續寄去。數日來頗有講論之樂，恨賢者不聞之也。《晦庵文集》卷二九。

案：上書(熹病愈甚)有云"林推書説要録白文字等，今亦有書報之。但陳乞狀不欲全依式，恐有嫌疑"，而本書又云"録白俟檢法看如何，若須用，即續寄去"，又云"休致文字……只爲欲因赴省人帶行。然亦不敢令到日即投，計程未合到，須令正月下旬以後投之，決不至爲州郡之累也"，故推知本書約撰於慶元五年正月中。

朱熹《答任行甫書》：

保官久求不得，已絕意不求，只欲懇州府乞一申省狀。又聞府坐移鎮，已亟作書賀之，并別緘致此懇遣行矣。忽得昭武黄衡州書，自求作保。人之識度，相越乃如此，不免趕回，且發去賀書，煩爲投之。亦一面遣人去昭武僉圓文字,借印紙來,俟到即發去。求奏狀內有一書至林推,今亦且抽回。只劵身仍煩取回,俟有回便却付來也。《晦庵文集》卷二九。

案:上書(謝事文字極荷留念)言及"保官"事,本書又云"保官久求不得,已絕意不求";上書(熹病愈甚)有云"府公聞已許開正發文字",本書乃云"又聞府坐移鎮",知在其後。又上書(休致文字)言及"錄白俟檢法看如何,若須用,即續寄去",本書乃云"求奏狀內有一書至林推,今亦且抽回。只劵身仍煩取回,俟有回便却付來也",故推知本書當撰於上書(休致文字)稍後數日。

芮 燁

芮燁(1114—1172),字仲蒙,一字國器,湖州烏程(今浙江湖州)人。中紹興十八年(1148)進士第。《紹興十八年同年小錄》。紹興末,擢監察御史。乾道五年(1169)八月除國子司業,升祭酒,請祠,進右文殿脩撰。八年卒,年五十八。著有《易傳》一卷、《詩》四卷、《奏議》二卷等。周必大《文忠集》卷五四《芮氏家藏集序》。

朱熹《與芮國器燁》:

竊聞學政一新,多士風動,深副區區之望。但今日學

制近出崇、觀，專以月書季攷爲陞黜，使學者屑屑然較計
得失於毫釐間。而近歲之俗又專務以文字新奇相高，不
復根據經之本義。以故學者益騖於華靡，無復探索根原、
敦勵名檢之志。大抵所以破壞其心術者不一而足，蓋先
王所以明倫善俗、成就人材之意掃地盡矣。惟元祐間伊
川程夫子在朝，與修學制，獨有意乎深革其弊。而當時咸
謂之迂闊，無所施行。今其書具在，意者後之君子必有能
舉而行之，區區願執事少加意焉，則學者之幸也。又蘇氏
學術不正，其險譎慢易之習入人心深，今乃大覺其害，亦
望有以抑之，使歸於正，尤所幸願。《晦庵文集》卷三七。

　　案：芮燁於乾道五年八月爲國子司業。此書云
"竊聞學政一新，多士風動"，推知約撰於是年
(1169)冬。

朱熹《與芮國器》：

　　昨者妄以鄙見薦聞，伏蒙垂諭，反復其説，幸甚幸甚。
然熹竊以爲未嘗行之，不可逆料今日之不可行。且事亦
顧理之所在如何耳，理在當行，不以行之難易爲作輟也。
盡心竭力而爲之，不幸而至於真不可行，然後已焉，則亦
無所憾於吾心矣。

　　蘇氏之學，以雄深敏妙之文煽其傾危變幻之習，以故
被其毒者淪肌浹髓而不自知。今日正當拔本塞源，以一
學者之聽，庶乎其可以障狂瀾而東之。若方且懲之而又

邃有取其所長之意,竊恐學者未知所擇,一取一捨之間,又將與之俱化而無以自還。是則執事者之所宜憂也。《晦庵文集》卷三七。

> 案:朱熹上書(竊聞學政一新)論及"蘇氏學術不正",而本書則又云及"蘇氏之學"之害,又云"昨者妄以鄙見薦聞,伏蒙垂諭",知本書乃承上書,約撰於歲末。

邵　浩

邵浩,字叔義,金華(今屬浙江)人。隆興癸未(1163)進士。淳熙十六年(1189)官"豫章機幕",撰有《坡門酬唱集》二十三卷。《坡門酬唱集》卷首邵浩《引》。

朱熹《答邵叔義》:

竊聞下車以來,究心職業,設施注措類非俗吏之所能者,甚善甚盛。委喻祠記,深認不鄙。初以衰病之餘,心力衰耗,兼前後欠人文字頗多,不敢率爾承當。又念題目甚佳,却欲附名其間,使後人知賢大夫用心之所在。但見有一二文字未竟,度須更數日方得下筆。九月間,更令一介往山間取之為幸。

絜矩之義,乃少日聞之先友范公名如圭,字伯達,其說如此。義理切當,援據分明,先儒訓說皆未及也。今得

仁者表而出之，豈惟學者之幸，蓋今百里之人與異時臨莅
所及無不蒙被其澤，幸甚幸甚。《大學》鄙説舊本紕陋不
足觀，近年屢加刊訂，似頗得聖賢之遺意，忽忽，未暇抄録
求教。《晦庵文集》卷五五。

案：本書校記：題曰"答邵叔義"，淳熙本作"答
永康邵浩叔義"。"未暇抄録求教"句下，淳熙本有
"臨風不勝傾想之劇"八字。

書中所言"委喻祠記"，當指朱熹《衢州江山縣學
景行堂記》，有云："江山縣學故有三賢堂，以祀正介
先生周君穎、贈宣教郎徐君揆、逸平先生徐君存，而
今知縣事金華邵侯浩又益以故諫議大夫毛公注、贈
朝請郎毛公槹，且更其扁曰景行之堂，而狀其事，且
爲書來告曰：'願有記也。'"又曰："邵侯讀《大學》之
書，而有感於絜矩之一言，其平居論天下事而有所不
平，未嘗不慨然發憤而抵掌太息也。然則其於五君
子者，固已非苟知之，而亦庶幾得其所以求之之序
矣。"撰於淳熙十二年秋八月乙丑。《晦庵文集》卷七
九。而本書又云"但見有一二文字未竟，度須更數日
方得下筆。九月間，更令一介往山間取之爲幸"，故
推知本書約撰於淳熙十二年(1185)秋初。

朱熹《答邵叔義》：

所喻日用工夫，如此數語誠是要切，然亦須真踐其

實,乃爲有益。不然,徒爲墙屋標榜,反招譏訕也。《晦庵文集》卷五五。

　　案:本書撰時未詳。疑在上書(竊聞下車以來)後,姑係於淳熙十二年。待考。

朱熹《答邵叔義》:

　　子靜書來,殊無義理,每爲閉匿,不敢廣以示人。不謂渠乃自暴揚如此。然此事理甚明,識者自當知之。當時若更不答,却不得也。所與左右書,渠亦録來,想甚得意。大率渠有文字,多即傳播四出,唯恐人不知,此其常態,亦不足深怪。吾人所學,却且要自家識見分明,持守正當,深當以此等氣象舉止爲戒耳。《太極》等書四種謾附呈,恐有所疑,却望疏示。徐丞處想時有便也。吳大年極荷留念,想且留番陽也。《晦庵文集》卷五五。

　　案:朱熹《答程正思》(答子靜書無人寫得)云"答子靜書無人寫得,聞其已謄本四出久矣。此正不欲暴其短,渠乃自如此,可歎可歎。然得渠如此,亦甚省力,且得四方學者略知前賢立言本旨,不爲無益。'不必深辨'之云,似未知聖賢任道之心也",《晦庵文集》卷五〇。正與本書"子靜書來,殊無義理,每爲閉匿,不敢廣以示人。不謂渠乃自暴揚如此。然此事理甚明,識者自當知之。當時若更不答,却不得也"云云相合,故推知本書稍後《答程正思》。《答程正思》撰於淳熙十六年(1189)中。

邵 機

邵機,常州宜興(今屬江蘇)人。貢士。《晦庵文集》卷
八〇《常州宜興縣學記》。餘不詳。

朱熹《答邵叔義》:

遠辱惠書,良荷厚意,而長牋短幅,表裏殫盡,尤見雅
志之高遠也。高侯教士養民之績已悉書之,如來喻之云
矣。但衰晚多病,目瞀神昏,序事之外,無能有所發明,此
爲愧耳。至於高侯之所以教與足下之所以學,亦恨未得
其詳。然竊意必欲實爲此學,亦當有以自致其力於日用
之間,存心養氣,讀書窮理,積其精誠,循序漸進,然後可
得,決非一旦慨然永歎,而躐等坐馳之所能至也。《晦庵文
集》卷五五。

案:本書校記:題下"底本原注云:一本無'叔
義'二字,有'機'"。朱熹《常州宜興縣學記》有云"紹
熙五年十二月,宜興縣新修學成。明年,知縣事、承
議郎括蒼高君商老以書來請記,而其學之師生迪功
郎孫庭詢、貢士邵機等數十人又疏其事以來告曰:
'吾邑之學久廢不治,自今明府之來,即有意焉,而縣
貧不能遽給其費,乃稍葺其所甚敝,亟補其所甚缺,

且籍閒田五千畝以豐其廩,斥長橋僦金歲入七十餘萬以附益之。爲置師弟子員,課試如法,而又日往遊焉,躬爲講論,開之以道德性命之指,博之以《詩》、《書》、《禮》、《樂》之文,使其知士之所以學,蓋有卓然科舉文字之外者。於是縣人學子知所鄉慕,至於里居士大夫之賢者亦攜子弟来聽席下,無不更相告語,更相勉勵,而自恨其聞之之晚也。退而相與出捐金,齎以佐其役,合公私之力,得錢幾七百萬,而學之内外焕然一新,堂涂門廡靡不嚴備,象設禮器皆應圖法。蓋高君之於是學,非獨其經理興築之緒爲可書,而其所以教者則非今世之爲吏者所能及,而邑之人材風俗實有賴焉。幸夫子之悉書之以告来者於無窮,則諸生之望也。'"記文撰於慶元元年(1195)春三月庚申。《晦庵文集》卷八〇。本書云及"高侯教士養民之績已悉書之,如来喻之云矣。……至於高侯之所以教與足下之所以學,亦恨未得其詳",則推知本書中所云高侯即知宜興高商老,邵機當即本書之收書者,或叔義爲其字,本書與記文約撰於一時先後。

邵　困

邵困,字萬宗,蘭谿(今屬浙江)人。淳熙八年(1181)

進士,授郴州教授,改潭州。"朱子薦其學行。晚由楚州
倅奉祠家居,名其堂曰今是。所著有《曲禮》《王制》《樂
記》《大學》《中庸解》五篇及《讀易管見》等書"。《經義考》
卷二八引《金華志》。

邵囦《與朱元晦書》:

以公之拳拳於此也,謹已鋟木而廣其傳矣。《晦庵文
集》卷八三《書釋奠申明指揮後》。

    案:朱熹《書釋奠申明指揮後》云:"淳熙己亥,
初守南康,嘗一言之朝廷,爲取《政和新儀》鏤板頒
下。……紹熙庚戌,復自臨漳列上釋奠數事,且移書
禮官督趣,乃得頗爲討究,則淳熙所鏤之版已不復
存。百計索之,然後得諸老吏之家。又以議論不一,
越再歲,乃能定議條奏,得請施行。而主其事者適徙
他官,因格不下。及又再歲,而熹守長沙,則前博士
詹體仁還爲少卿,始復取往年所被敕命,下之本郡。
然吏文重復繁宂,幾不可讀,且曰屬有大典禮,未遑
徧下諸州也。既而熹亦召還奏事,行有日矣,又適病
目,不能省文書。……熹到闕,亦不能兩月而歸。明
年,長沙郡文學邵囦乃以書來曰:'以公之拳拳於此
也,謹已鋟木而廣其傳矣。'"記文撰於慶元元年乙卯
正月五日。《晦庵文集》卷八三。故推知本書約撰於紹
熙五年(1194)末,朱熹於慶元元年收得來書。

折知常

折知常,范如圭壻。乾道中官將作監丞,《建炎以來朝野雜記》乙集卷一七。淳熙元年(1174)九月初二日以宣教郎到任浙東提舉常平,二年三月十五日罷。《會稽續志》卷二。後任利州路提點刑獄,七年以成都府路提刑權知黎州。周必大《文忠集》卷一八一《記黎州事》。

朱熹《答折憲名知常》:

示及先正樞密端明少師家傳一通,拜受伏讀,得以仰窺精忠壯烈始終大致,少慰生平尊慕鄉往之心,甚大幸也。顧又重勤台喻,必使次輯,以記挺道之碑,則區區所以不敢僭易以承嘉命者,已悉具前書矣。今雖鐫戒益勤,孝思愈切,然在某私計利害之實,則不能有加於前也。伏惟矜憐,反復前說而改圖之,使得免於不韙之罪,衆多之怨,則某不勝千萬之幸。《晦庵文集》續集卷八。

案:朱熹《直秘閣贈朝議大夫范公神道碑》有云范如圭二女,一適通直郎、利州路提點刑獄折知常,並云"既葬,諸孤始屬其故賓客魏君掞之狀公行,將請文於上饒汪公,而刻石以表其隧,又未及而汪公薨,則公之同時輩流已無復在者矣,乃奉其書泣以屬熹"。《晦庵文集》卷八九。上饒汪公,指汪應辰,據《宋史》卷三八七《汪應辰傳》,汪卒於淳熙三年二月。故推知此《范公神道碑》約撰於淳熙三年間,而本書當在其前,約撰於淳熙二年(1175)下半年或稍後。

折子明

折子明,名里不詳。

朱熹《答折子明》:

伏蒙鑴喻先正墓文,使人三返,而勤懇益至,熹雖至愚,心非木石,豈不惻然有動於中? 亦何忍爲此牢辭固拒,以逆盛意? 實以衰悴,心目俱疲,不堪思慮檢閲。而兩年以來,名在罪籍,每讀邸報,觀其怒目切齒之態,未知將以此身終作如何處置然後快於其心,未嘗不惕然汗出,浹背沾衣也。是以年來絕不敢爲人作一字,近所祈懇,百拜而辭者已數家矣。若以尊喻之嚴遽弛此禁,則四面之責紛然而至,從之則召禍,不從則取怨,反復思之,未見其可。兼餘年無幾,疾病侵凌,神思昏然,豈有精力可以給此? 切告矜亮,貸此殘生,不勝千萬哀懇之至。《晦庵文集》卷六〇。

案:書中有言“而兩年以來,名在罪籍”,置僞學黨籍在慶元三年末,故推知本書約撰於慶元五年(1199)中。

沈　煥

　　沈煥(1139—1191)，字叔晦，明州定海(今浙江鎮海)人。"試入太學，始與臨川陸九齡爲友，從而學焉"。擢乾道五年(1169)進士第。授餘姚尉，召爲太學錄，調高郵軍教授，後充幹辦浙東安撫司公事。知上虞、餘姚、婺源縣，擢舒州通判，家居待闕。紹熙二年四月戊寅卒，年五十三，《絜齋集》卷一四《通判沈公行狀》。案：周必大《文忠集》卷七八《通判舒州沈君煥墓碣》云沈煥卒於紹熙三年四月戊寅，誤。紹熙三年四月無戊寅日。後特諡端憲。《宋史》卷四一〇有傳。

朱熹《答沈叔晦》：

　　衰病如昨，無足言者。二圖之妄，深荷留念。言多枝葉而不既其實，尤佩警切之戒。但區區平日躬所不逮之言，與此殊不相似，識者當自無疑。惟是尋常實有似是而非之論，不幸爲人傳出，異日或能亂道誤人爲可懼耳。麻沙所刻呂兄文字，真僞相半，書坊嗜利，非閑人所能禁。在位者恬然不可告語，但能爲之太息而已。若《大事記》，則雖非全書，而實有益於學者，有補於世教。區區流傳之意，本不爲伯恭計，況門外之紛紛者乎？《晦庵文集》卷五三。

　　案：淳熙十一年春，朱熹刊印呂祖謙《大事記》

於建陽,《年譜長編》卷上。此即本書中所謂"若《大事記》,……而實有益於學者,有補於世教。區區流傳之意"云云。故推知本書約撰於是年(1184)中。

朱熹《答沈叔晦》:

帥幕非所以處賢者,然自我言之,亦何適而不可安耶?前日務爲學而不觀書,此固一偏之論。然近日又有一般學問,廢經而治史,略王道而尊霸術,極論古今興亡之變,而不察此心存亡之端。若只如此讀書,則又不若不讀之爲愈也。況又中年,精力有限,與其汎觀而博取,不若熟讀而精思,得尺吾尺,得寸吾寸,始爲不枉用功力耳。鄙見如此,不審明者以爲如何?《晦庵文集》卷五三。

　　案:袁燮《通判沈公行狀》云沈煥淳熙八年春召除太學錄,"纔八十日,有旨補外,得高郵教官闕。明年,丁簽判公憂。服除,幹辦浙東安撫司公事,久之,始以年勞進秩,上距解褐十有八年"。《絜齋集》卷一四。沈煥乾道五年中進士,下十八年乃淳熙十三年,故知其幹辦浙東安撫司公事當在淳熙十二年(1185)中。本書中"帥幕非所以處賢者"云云,乃初授帥幕時語,知撰於此時。

朱熹《答沈叔晦》:

"克己復禮",前說已得之,却是看得不子細,誤答了。

今承再喻，愈詳密無疑矣。

"浩然之氣"一章，恐須先且虛心熟讀《孟子》本文，未可遽雜它説。俟看得孟子本意分明，却取諸先生説之通者錯綜於其間，方爲盡善。若合下便雜諸説輥看，則下梢只得周旋人情，不成理會道理矣。近日説經多有此弊，蓋已是看得本指不曾分明，又著一尊畏前輩、不敢違異之心。便覺左右顧瞻，動皆窒礙，只得曲意周旋，更不復敢著實理會義理是非、文意當否矣。夫尊畏前輩，謙遜長厚，豈非美事？然此處才有偏重，便成病痛，學者不可不知也。

又"非義襲而取之"句内，亦未見外面尋義理之意，請更詳之。橫渠先生言"觀書有疑，當且濯去舊見，以來新意"，此法最妙。

凡言"易"者，多只是指著卦而言。著卦何嘗有思有爲？但只是扣著便應，無所不通，所以爲神耳，非是別有至神在著卦之外也。

曾子告孟敬子三句，不是説今日用功之法，乃言平日用功之效，如此有得，文義方通。來喻糾紛，殊不可曉也。

"不知其仁"之説，恐未安。且未論義理，只看文勢，已自不通。若更以義理推之，尤見乖戾矣。蓋智自是智，仁自是仁，孔門教人，先要學者知此道理，便就身上著實踐履。到得全無私心、渾是天理處，方唤作"仁"。如子路諸人，正爲未到此地，故夫子不以許之，非但欲其知理而已也。若謂未知者做得皆是,而未能察其理之所以然,則諸人者又恐未能所爲皆是,固未暇責其察夫理之所以然也。《晦庵文集》卷五三。

案:本書又重載於《晦庵文集》卷四七《答吕子約》(自頃承書),當屬朱熹致吕祖儉書,約撰於淳熙十二年秋中。參見《答吕子約》(自頃承書)考證。

朱熹《答沈叔晦》:

熹衰病之餘,扶曳至此。少時爲吏,於此接壤,頗聞其民俗利病,謂或可以少效區區。既至,乃殊無下手處。頃來豐丈過此,亦以一二事爲寄,亦其俗之所甚病,今亦未有以報。朝廷向來齷減,僅有其名,而今乃欲責其實,且許郡守自列。因得條上一二,未知得見從否。亦知今日上下艱窘,不敢究言,然度已是難施行矣。欲行經界,半年議尚未定,若得遂行,却須救得分數。然病久證壞,要非一藥所能支也。奈何奈何?因便附此問訊,有以見教,願悉聞之。正遠,唯冀以時加衞,以慰吾黨之望。不宣。《晦庵文集》卷五三。

案:書中有云“熹衰病之餘,扶曳至此。少時爲吏,於此接壤”,指朱熹二十四歲時任泉州同安縣主簿,縣與漳州接壤。又朱熹於紹熙元年四月下旬抵漳州赴任,六月申諸司行經界,七月再申諸司乞行經界,十一月二十六日,詔先將漳州經界措置施行。而本書又云"欲行經界,半年議尚未定,若得遂行,却須救得分數",故推知本書約撰於是年(1190)十月、十一月間。

朱熹《答沈叔晦》:

示喻兩塗之疑,足見省身求善、不自滿足之意,警發多矣。自惟媮惰,何以及此?況又未得面承,事理之間,亦有難隃度者,何敢容易下語?顧以不鄙見屬之厚,竊以所喻思之,恐所謂聞道讀書者,皆救病之良藥也。但未知其所謂道者何道,所謂書者何書,而所以聞之讀之又如何用其力爾。區區更願審扣其人,以究其說而決其是非。政使其說未必盡是,而因此講求同異之間,便自可以見真是之所在。向後用力,則以前日躬行之實充之,且不患其不勇也。大抵近年學者求道太迫,立論大高,往往嗜簡易而憚精詳,樂渾全而畏剖析,以此不見天理之本然,各墮一偏之私見,別立門庭,互分彼我,使道體分裂,不合不公。此今日之大患也。不識明者以爲如何?子約爲人固無可疑,但其門庭近日少有變異,而流傳已遠,大爲學者心術之害,故不得不苦口耳。近日一派流入江西,蹴踏董仲舒而推尊管仲、王猛,又聞有非陸贄而是德宗者,尤可駭異。所欲言者,甚衆甚衆。《晦庵文集》卷五三。

案:書中有云"大抵近年學者求道太迫,立論大高,往往嗜簡易而憚精詳,樂渾全而畏剖析,以此不見天理之本然，各墮一偏之私見，別立門庭，互分彼我"，又言"子約爲人固無可疑，但其門庭近日少有變異，而流傳已遠，大爲學者心術之害，故不得不苦口耳。近日一派流入江西，蹴踏董仲舒而推尊管仲、王猛，又聞有非陸贄而是德宗者，尤可駭異"。《朱子語類》卷一二〇載滕璘所記曰："括蒼徐元明名琳、鄭子上同見。先生説：'"博學而詳説之，將以反説約也。"今江西諸人之學，只是要約，更不務博，本来雖有些好處，臨事盡是鑿空杜撰。至於吕子約，又一向務博，而不能反約。讀得書多，左牽右撰，横説直説，皆是此理，只是不潔浄、不切要，有牽合無謂處。沈叔晦不讀書，不教人，只是所守者淺狹，只有些子道理，便守定了，亦不博之弊。'"又卷一二三載鄭可學所記："陳同父學已行到江西。浙人信向已多，家家談王伯，不説蕭何、張良，只説王猛，不説孔孟，只説文中子，可畏可畏。"其所語與本書云云相合。據《朱子語類·姓氏》，滕璘、鄭可學所記皆紹熙二年（辛亥，1191）所聞。故推知本書約撰於是年春或稍前。

沈 夏

沈夏（？—1178），字得之，吴興（今浙江湖州）人。趙逵榜同進士出身。乾道八年（1172）七月，以户部侍郎兼實録院同修撰。《南宋館閣録》卷八。九年正月簽書樞密院事，十月同知樞密院事，十二月罷知荊南府。淳熙二年（1175）五月，自四川宣撫使拜同知樞密院事，閏九月罷知鎮江府。《宋宰輔編年録》卷一七、卷一八。四年九月，以資政殿大學士、中大夫知福州。五年十二月，卒。《淳熙三山志》卷二二。案：沈夏，又作沈复，如《宋史·宰輔表四》、《咸淳臨安志》卷四八。然《宋史·孝宗本紀二》、《宋宰輔編年録》、《南宋館閣録》、《淳熙三山志》等皆作沈夏，此從之。

朱熹《答沈侍郎書》：

熹伏蒙送示告命，極感眷存，竊計揄揚推挽之力多矣。然熹愚不肖，昨以憂苦之餘，疾病殘廢，不堪仕宦，故召命之下，不得不辭。最後諸公以謂無故罷遣，非朝廷待士之禮，勢必難從，不若以嶽祠爲請，庶幾有以藉手而罷。始者猶以無事而食禄爲嫌，不敢出口，久之然後敢言。意謂向來遭喪，既已去官，今若朝廷畀之舊秩，從其所請，使之得便私計，而免於稽違偃蹇之罪，則已爲非常之恩矣。不謂今復橫被殊私，事出於望表，始者聞之未敢遽信，既而猶謂臺省諸賢必有能論其失者，勢必中寢。忽前日府中送省劄來，乃知此命之遂行。而今得竊窺訓誨叮嚀之意，尤使人皇恐震慄而不敢當，已送建寧府寄内。

今有二狀申省，輒以附内，得賜台旨投達爲幸。但其間所陳，緣愧恐悚迫，不能盡鄙懷，敢乞因見丞相，特借一

言,因熹之辭,便從所請,不惟孤疏之迹得免邀君釣寵之
譏,亦免以謬恩濫賞,上累公朝綜核之政,則上下之勢兩
便而俱全矣。如其不然,寧碎首瀝血,以請違命之誅,不
敢蒙羞忍恥,爲徼幸苟得之人也。切望台慈鑒此誠懇,早
賜矜念,則覆護保全之賜,終身銜佩,何敢弭忘。本欲自
作劄祈哀,又念孤遠,不敢容易。至感激知遇之厚,則有
不待言而喻者。然亦頗恨其不能置此無用之人於度外,
而必爲此以促迫之也。此懷抑鬱,無路自通,正賴高明終
惠之耳。《晦庵文集》卷二五。

案:朱熹於乾道五年九月丁母憂。七年十二月
省劄趣赴行在,朱熹四上狀辭免。其八年(壬辰)二
月《辭免召命狀》云"右熹正月十七日準建寧府遞到
乾道七年十二月二十六日尚書省劄子,令熹遵依已
降指揮疾速起發赴行在,⋯⋯熹已於二月十日就本
家望闕謝恩訖。⋯⋯伏望參政、僕射平章相公洞鑒
悃愊,曲賜矜憐,都俞之間,特賜敷奏早與寢罷元降
指揮,庶使微賤小官獲安愚分,免以稽留威命,抵冒
刑誅"。《辭免召命狀二》云"右熹五月三日準建寧府
遞到尚書省劄子一道:四月十三日,三省同奉聖旨,
林枅、朱熹依已降指揮疾速起發赴行在。熹已於當
日望闕謝恩祇受訖。⋯⋯前已具陳勢迫情哀,必蒙
鑒察,更望參政、丞相特與檢會,早賜開陳,收回元降
指揮,以安愚賤之分"。《辭免召命狀三》云"右熹準

尚書省劄子：檢會四月十三日三省同奉聖旨，林枅、朱熹依已降指揮疾速起發赴行在，劄付熹，令疾速起發者。伏念熹……前已於二月、五月內兩次具狀陳乞敷奏寢罷去訖。……伏望參政、丞相更賜檢會，少留聽覽，特與敷奏，寢罷施行"。《辭免召命狀四》云"右熹準尚書省劄子：據熹狀乞敷奏寢罷趣召指揮，劄付熹，遵依已降指揮，疾速起發前來者。伏念熹自蒙收召，前後三狀陳述事理，已極詳明。既未蒙敷奏施行，今亦未敢別有祈請。偶以近遭叔母之喪，別無得力子弟，喪葬之役須當躬親營奉，度至來春方得了辦。欲望朝廷矜憐特賜寬假，許熹候叔母葬事了日，別聽指揮，不勝幸甚"。《晦庵文集》卷二二。據《辭免召命狀五》推知，朱熹叔母卒於乾道八年九月。《晦庵文集》卷二二。而本書未言叔母之喪。又沈夏於是年"正月初十日，以朝請郎、直龍圖閣、兩浙運副除權工部侍郎兼少尹。正月十一日，復除權戶部侍郎"。《咸淳臨安志》卷四八。九年正月沈夏簽書樞密院事。故推知本書撰於八年（1172）五、六月間，即上《辭免召命狀二》或上《辭免召命狀三》時。

沈有開

沈有開（1134—1212），字應先，常州無錫（今屬江蘇）

人。淳熙五年(1178)進士出身。《南宋館閣録續録》卷七。
累官國子録、太學博士、樞密院編修官兼實録院檢討官、
祕書丞、著作郎兼兵部郎官,遷起居舍人、起居郎,皆兼侍
講,官朝請大夫、直龍圖閣,以知太平州乞致仕。嘉定五
年三月卒,年七十九。其少時"張敬夫、吕伯恭官京師,浙
西士不知敬,公獨從之;薛士隆、陳君舉客於毗陵,公又從
之"。事蹟見《水心集》卷二一《朝請大夫直龍圖閣致仕沈
公墓誌銘》。

朱熹《答沈有開》:

　　垂諭所以爲學之意與其所聞於師友間者甚悉,既荷
不鄙,又幸其警益之深也。嘗竊妄謂聖賢教人下學上達,
循循有序,故從事其間者博而有要,約而不孤,無妄意凌
躐之弊。今之言學者類多反此,故其高者淪於空幻,卑者
溺於見聞,倀倀然未知其將安所歸宿也。竊窺賢者之所
志與其所聞,計其同異之間,其必有所處矣。恨未得相與
往還,上下其説,以卒究其所窮也。因來更望時有以警告
之,實孤陋之深望。至於慨念吾黨之凋零,而欲以進爲撫
世爲不肖者之責,此則賢者之失言,而非區區之所敢承
也。《晦庵文集》卷五三。

　　案:因沈有開嘗從學於張栻、吕祖謙,故本書中
所謂"至於慨念吾黨之凋零,而欲以進爲撫世爲不肖
者之責"之"吾黨之凋零",當慨然於張栻、吕祖謙之

卒。吕祖謙卒於淳熙八年（1181）七月末，故本書當撰於其後。

石斗文

石斗文（1127—1187），字天民，越州新昌（今屬浙江）人。登隆興元年（1163）進士第，歷臨安府學、漢陽軍教授。淳熙五年（1178），召除樞密院編修官，改通判揚州。七年，主管台州崇道觀。九年，差通判婺州，十二年到官。十五年，差權發遣武岡軍，未上，十六年四月病卒，年六十一。"公之學自少力舉子業，已獨用意流俗之外，一以古人自期，育德果行，醇粹明白，其所成就植立既高矣。及交廣漢張先生栻、東萊吕先生祖謙、臨川二陸先生九齡九淵，晚交新安朱先生熹，公年皆其長，而方惓惓師慕請所以詔之者，顧自恨衰疾早侵，不克盡力竟學"。事蹟見孫應時《燭湖集》卷一一《編修石公行狀》。

朱熹《答石天民》：

平生爲學，見得孟子論枉尺直尋意思稍分明。自到浙中，覺得朋友間却別是一種議論，與此不相似，心竊怪之。昨在丹丘，見誠之直説義理與利害只是一事，不可分別，此大可駭。當時亦曾辨論，覺得殊未相領，至與孟子、董子之言例遭排擯，不審尊兄平日於此見得如何？幸更與諸公講論見教。熹竊以爲今日之病唯此爲大,其餘世俗一等近下見識,未足爲吾患也。《晦庵文集》卷五三。

案:書中有云"自到浙中,……昨在丹丘,見誠之直説義理與利害只是一事"。此當指淳熙九年七月間朱熹任提舉浙江常平巡歷台州時事。丹丘,台州別稱。故推知本書當撰於朱熹歸閩之後,約在是年(1182)冬。

石　𡼉

石𡼉(1128—1182),字子重,號克齋,會稽(今浙江紹興)人。紹興十五年(1145)年十八擢進士第,歷任郴州桂陽縣主簿、泉州同安縣丞、知常州武進縣事,調知南劍州尤溪縣,待次三年,改授福建路安撫司幹辦公事,差監登聞檢院,未幾除將作監主簿,改太常寺。奉祠後除知南康軍事,未赴。淳熙九年六月卒,年五十五。《晦庵文集》卷九二《知南康軍石君墓誌銘》。

朱熹《答石子重》:

所論仁之體用,甚當甚當。以此意推之,古今聖賢之意歷歷可見,無一不合者。但其用力則不過克己之私,而私之難克,亦已甚矣。區區不敏,竊願與長者各盡力於斯焉,猶恐墮廢,不克自彊,尚賴時有以警策之,幸甚幸甚。

《晦庵文集》卷四二。

案：據朱熹《答柯國材》(熹頓首再拜國材丈執事)有云“昨齊仲寄疑義來，乃不知是石丞者，妄意批鑿，非所施於素昧平生之人”。時隆興二年閏十一月晦日。而朱熹約撰於乾道初年之《答柯國材》(示諭忠恕之説甚詳)，則已有“石丈相聚所談何事？其篤誠好學已不易得，而議論明快，想講論之際少所凝滯也”之語，《晦庵文集》卷三九。則推知朱、石二人初交於乾道元年，時石憝任泉州同安縣丞。又本書云“區區不敏，竊願與長者各盡力於斯焉，猶恐墮廢，不克自彊，尚賴時有以警策之”，似初識時語，故推知其約撰於乾道元年(1165)。

朱熹《答石子重憝》：

熹竊謂人之所以爲學者，以吾之心未若聖人之心故也。心未能若聖人之心，是以燭理未明，無所準則，隨其所好，高者過，卑者不及，而不自知其爲過且不及也。若吾之心即與天地聖人之心無異矣，則尚何學之爲哉？故學者必因先達之言以求聖人之意，因聖人之意以達天地之理，求之自淺以及深，至之自近以及遠，循循有序，而不可以欲速迫切之心求也。夫如是，是以浸漸經歷，審熟詳明，而無躐等空言之弊，馴致其極，然後吾心得正，天地聖人之心不外是焉。非固欲盡於淺近而忘深遠，舍吾心以求聖人之心，棄吾説以徇先儒之説也。《晦庵文集》卷四二。

案：《書信編年》以爲是書亦約撰於朱、石相識不久，故係於乾道初年。然朱熹《答許順之》（此間窮陋）有“幸秋來老人粗健，心間無事，得一意體驗，比之舊日漸覺明快，方有下工夫處。日前真是一盲引衆盲耳。此説在石丈書中，更不縷縷”。《晦庵文集》卷三九。疑“石丈書”即本書，約撰於乾道二年（1166）七、八月間。

朱熹《答石子重》：

熹自去秋之中走長沙，閲月而後至，留兩月而後歸，在道繚繞又五十餘日。還家幸老人康健，諸況粗適，他無足言。欽夫見處卓然不可及，從游之久，反復開益爲多。但其天姿明敏，從初不歷階級而得之，故今日語人亦多失之太高。湘中學子從之游者，遂一例學爲虛談，其流弊亦將有害。比來頗覺此病矣，別後當有以救之。然從游之士，亦自絶難得朴實頭理會者，可見此道之難明也。胡氏子弟及它門人亦有語此者，然皆無實得，拈槌豎拂，幾如説禪矣。與文定合下門庭大段相反，更無商量處。惟欽夫見得表裏通徹，舊來習見微有所偏，今此相見，盡覺釋去，儘好商量也。伯崇精進之意反不逮前，而擇之見趣操持愈見精密。

“敬”字之説，深契鄙懷，只如《大學》次序，亦須如此看始得。非格物致知全不用誠意正心，及其誠意正心，却都不用致知格物，但下學處須是密察，見得後便泰然行將去，此有始終之異耳。其實始終是個“敬”字，但敬中須有體察功夫，方能行著習察。不然，兀然持敬，又無進步處也。觀夫子答門人爲仁之問不同，然大要以敬爲入門處，正要就日用純熟處識得，便無走作。非如今之學者，前後自爲兩段，行解各不相資也。近方見此意思，亦患未得打成一片耳。“大化之中，自有安宅”，此立語固有病，然當時之意却是要見自家主宰處。所謂大化，須就此識得，然後鳶飛魚躍，觸處洞然。若但泛然指天指地説個大化便是安宅，安宅便是大化，却恐顚頂儱侗，非聖門求仁之學也。不審高明以爲如何？

克齋恐非熹所敢記者，必欲得之，少假歲年，使得更少加功，或所見稍復有進，始敢承命耳。欽夫爲人作一《克齋銘》録呈，它文數篇并往，有可評處，幸與聞之。欽夫聞老兄之風，亦甚傾企，令熹致願交之意也。

順之此來，不及一見，所養想更純熟。留書見儆甚至，但終有桑門伊蒲塞氣味。到家後，又寄書來，與此間親戚問湘中議論，而曰：“謗釋氏者不須寄來。”觀此意見，恐於吾儒門中全未有見。又云“不如且棲心淡泊，於世少求，時玩聖賢之言，可以資吾神、養吾真者一一勘過”。似此説話，皆是大病。不知向來相聚，亦嘗儆之否？

此道寂寥，近來又爲邪説汩亂，使人駭懼。聞洪适在會

稽盡取張子韶經解板行，此禍甚酷，不在洪水、夷狄、猛獸之
下，令人寒心。人微學淺，又未有以過之，惟益思自勉，更求
朋友之助，庶有以追蹤聖徒，稍爲後人指出邪徑，俾不至全
然陷溺，亦一事耳。順之聞之，必反以爲謗子韶也。

和篇拜賜甚寵，足見比來胸中灑落，如光風霽月氣
象。但見屬之意甚過，而稱謂屢請不蒙改更，深不自安。
自此萬望垂聽，乃荷愛予。不然，恐與來教再拜而辭之，
則不得復資勝己之益矣。千萬誠告，伏惟裁之。熹忽有
編摩之命，出於意外，即不敢當。復聞闕期尚遠，足以逡
巡引避，遂且拜受。然亦不敢久冒空名，且夕便爲計矣，
但順之又未必以爲是耳。《晦庵文集》卷四二。

案：朱熹書中言"走長沙"在乾道三年秋，又言
"熹忽有編摩之命，出於意外，即不敢當。復聞闕期
尚遠，足以逡巡引避，遂且拜受"，即指三年十二月收
到樞密院編修官除命，於下旬拜命。故推知本書撰
於四年(1168)春。

朱熹《答石子重》：

所諭縣庠事，前書已具稟矣。若如今者所諭，則事體
尤重，須有傳道、授業、解惑之實，乃能當之。不然，則以
縣道事力遽爲此事，典憲譏訶，恐有所不能免。耕老雖故
舊食貧，心極念之，然不敢贊兄爲此也。必欲相見，招其
一來，爲旬日之款則不妨。一書納上，書中之說，只云老

兄欲相見，它不敢及也。

大抵講學難得是當，而應事接物，尤難中節。向來見理自不分明，不得入德門戶，而汲汲爲人，妄有談説，其失己誤人，非一事矣。今每思之，不覺心悸，故近日議論率多畏怯，無復向來之勇鋭。惟欲修治此身，庶幾寡過。自非深信得及，下得樸實功夫者，未嘗敢輒告語，以此取怒於人蓋多。然與其以妄言妄作得罪於聖人，不若以此得罪於流俗之爲愈。私心甚欲一見長者面論，而未可得，不知尊兄近日觀書立論比向日如何？因書得示一二，便是平日受用處矣。《晦庵文集》卷四二。

案：石𡼗《韋齋記跋》云"吏（郡）［部］朱公尉尤溪時，命其燕居之齋曰韋，……宣和六年。……乾道七年，𡼗猥當邑寄，公之子編修先生仲晦父適以事來"。《豫章文集》卷一六。據朱熹《答吕伯恭》（前日因便附書）云"比日冬深，氣候暄燠。……今以舅氏之葬，當走尤溪"。《晦庵文集》卷三三。時在乾道七年十月。又《答吕伯恭》（便中辱書）言及"去冬以舅氏之喪再走尤溪，逼歲方歸"，《晦庵文集》卷三三。時在乾道八年初。本書有云"私心甚欲一見長者面論，而未可得"，則當撰於此前，約於七年（1171）中。

朱熹《答石子重》：

國材苦學最可念，所恨駁雜滯泥，自無受用處。深欲一見之，或到，能津遣一來爲幸。《明道集》中所論學制最爲有本，曾經意否？每讀其書，觀其論講學處，未嘗不慨然發歎，恨此生之不生於彼時也。伊川元祐所修條制，立尊道堂之類，亦是此意。然時措從宜處，亦有曲折。幸併取觀之，當有所契。《晦庵文集》卷四二。

案：本書校記："國材苦學最可念"句上，淳熙本有"順之有來期未"六字。

朱熹《知南康軍石君墓誌銘》云石䃽知尤溪，"縣故窮僻，學校久廢，士寡見聞，不知所以爲學。君至，即命其友古田林用中來掌教事"。《晦庵文集》卷九二。然石䃽初欲招吳耕老、柯國材來掌縣庠，據上書及本書，朱熹以爲未妥："耕老雖故舊食貧，心極念之，然不敢贊兄爲此也"；而"國材苦學最可念，所恨駁雜滯泥，自無受用處"，故最終石䃽引"林用中來掌教事"。又乾道七年冬，朱熹至尤溪會石䃽，而本書詢及"順之有來期未"，推知當撰於朱熹至尤溪之前。

朱熹《答石子重》：

從事於斯，是著力否？若是著力，却是知自己能、自己多，須要去問不能與寡者；自知己有、已實，須要若無若虛，不幾於詐乎？若説不著力，却是聖人地位。曰：顔子只見在己不足、在人有餘，何嘗以己爲能、爲多、爲有、爲實？曾子却見得顔子以能問不能，以多問

寡,有若無,實若虛,故贊歎其所爲如此,非謂其著力
也。到得聖人,則如天地,不必言能不能、多寡、有無、
虛實矣。此只是顏子地位。

　　熹按此謂顏子只見在己不足、在人有餘者,得之矣。
然只問不能、問寡、若無、若虛,便是更有用力處在,但不
是著力作此四事耳。若聖人,則固如天地,然亦未嘗自以
爲有餘也。

　　“篤信”,猶曰“深信”。伊川謂只是無愛心,其實只
是未知味。知味而愛,所謂信之篤者也。若不篤信,安
能好學?“守死”,謂死得有落著;“善道”,謂善其道,猶
“工欲善其事”、“善於其職”之“善”。守死所以善道。

　　“篤”有厚意,“深”字説不盡。守死只是以死自守,不
必謂死得有落著。蓋篤信乃能好學,而守死乃能善道也。
又能篤信好學,然後能守死善道。又篤信所以能守死,好
學所以能善道。又篤信不可以不好學,守死須要善得道。
此所謂死得有落著也。又篤信好學,須要守死善道。數義錯
綜,其意始備。

　　且如自己爲學官、爲館職,遇朝廷有利害得失,或
是宰執臺諫所當理會者,它不理會,自己要緘默,又
不忍國家受禍,要出來説,又有出位謀政之嫌,如之
何則可?曰:若任他事却不可,若以其理告君,何故
不可?

　　若是大事,繫國家安危、生靈休戚,豈容緘默?館職

又與學官不同，神宗固嘗許其論事矣。但事之小者，則亦不必每事數言也。

“子欲居九夷”，與乘桴浮海同意。當時傷道之不行、中國之陋，實起欲居九夷之念。已而不去，亦是順理，都無私意。“君子居之，何陋之有？”言君子所居則化，何陋之有？或問：“九夷尚可化，何故不化中國？”曰：“此是道已不行，中國已不化，所以起欲居九夷之意。”化與不化在彼，聖人豈得必所居則化？理如此耳。中國之不化，亦怎奈何？

當時中國未嘗不被聖人之化，但時君不用，不得行其道耳。

“未見其止”，“止”是聖人極致處，所謂“中”是也。顏子見得“中”分明，只是未到，到便是聖人，故夫子歎之。問“吾止也”與“未見其止”同異，曰：止則一般，但用處別。“未見其止”，是止於其所止；“吾止也”，是於其所不當止而止。

以上下文考之，恐與“吾止”之“止”同。

知以明之，仁以守之，勇以行之，其要在致知。知之明，非仁以守之則不可；以仁守之，非勇而行之亦不可。三者不可闕一，而知爲先。

此說甚善，正吾人所當自力也。

“知者不惑，仁者不憂，勇者不懼”，擇之云此是進德事；“仁者不憂，智者不惑，勇者不懼”，此是成德事。

先知後仁，從外做入，由用以至體，"自明而誠"，"誠之者，人之道也"。先仁後智，從裏做出，由體以及用，"自誠而明"，"誠者，天之道也"。三句雖同，只仁、智先後不同，便有成德、進德之間，不可不辨也。

程先生自分別此兩條，今如此推説，亦詳盡也。

"夫子之道，忠恕"，動以天者也，由仁義行也。"誠者，天之道也"，不思而得，不勉而中也。譬如做梁柱，聖人便是尺度了，不用尺度，纔做便揍著。它人須用尺度比量大小、闊狹、方圓後，方始揍著。

此説亦善。

顏淵死，孔子若有財，還與之椁否？順之曰：不與。喪稱家之有無，顏淵家本無，則其無椁乃爲得宜。孔子若與之椁，便是使顏淵失宜，孔子必不肯。蓋椁者可有可無者也，若無棺，則必與之矣。

孔子若有財，必與顏淵爲椁，蓋朋友有通財之義，況孔子之於顏淵，視之如子耶？所謂喪具稱家之有無者，但不可以非義它求耳。

"鼓瑟希，鏗爾，舍瑟而作，對曰：'異乎三子者之撰。'"天機自動，不知其所以然。

門人詳記曾晳舍瑟之事，但欲見其從容不迫、灑落自在之意耳。若如此言，則流於莊、列之説矣。且人之舉動，孰非天機之自動耶？然亦只此便見曾晳狂處，蓋所見高而涵養未至也。

伊川云:"灑掃應對便是形而上者,理無大小故也。故君子只在謹獨。"灑掃應對是事,所以灑掃應對是理。事即理,理即事。道散在萬事,那個不是?若事上有毫髮蹉過,則理上便有間斷欠闕,故君子直是不放過,只在慎獨。

此意甚好。但不知無事時當如何耳。慎獨須貫動靜做功夫始得。

伊川云:"克己最難,故曰'中庸不可能也'。"此有"必有事焉而勿正"之意。過猶不及,只要恰好。

克盡已私,渾無意必,方見得中庸恰好處。若未能克己,則中庸不可得而道矣,此子思明道之意也。"必有事焉而勿正",是言養氣之法,與此不同。

言動猶可以禮,視聽如何以禮?且如見惡色、聞惡聲,若不視不聽,何以知得是惡色惡聲?知得是惡色惡聲,便是已聽已視了。曰:此之視聽是以心受之,若從耳目過,如何免得?但心不受,便是不視不聽。

視聽與見聞不同。聲色接於耳目,見聞也;視聽則耳目從乎聲色矣,不論心受與不受也。

"在邦無怨,在家無怨",猶言無可憾者。若它人之怨不怨,則不敢必。天地之大,人猶有所憾。

以文意觀之,恐是他人之怨。

"出門如見大賓,使民如承大祭",就體上說。"己所不欲,勿施於人",就用上說。"在邦無怨,在家無怨",就效處説。

此説甚好。擇之疑"出門"、"使民"已是用處,然亦不妨。蓋此兩事只是自家敬其心耳,未有施爲措置也。

"其言也訒",有"默而存之,不言而信,存乎德行"、"天何言哉?四時行焉,百物生焉"之意。或曰:説得深了,只是箴司馬牛多言之失。"仁者,其言也訒",此"仁者"與"仁者不憂"、"仁者安仁"之"仁者"不同,正與"仁者,人也;義者,宜也"之"仁者"一般。

前説誠太深。"仁者,其言也訒",蓋心存理著,自是不胡説耳。後説亦恐未然。

"能言距楊、墨者,聖人之徒也"。楊氏爲我近乎義,墨氏兼愛近乎仁,當時人皆以爲真仁義也,靡然從之,未有言距之者。若不是見得聖人這邊道理明白,如何識得楊、墨之非仁義?故曰能言距楊、墨者,亦聖人之徒也。

出邪則入正,出正則入邪,兩者之間,蓋不容髮也。雖未知道,而能言距楊、墨者,已是心術向正之人,所以以聖人之徒許之,與《春秋》"討賊"之意同。

"好名之人能讓千乘之國,苟非其人,簞食豆羹見於色"。順之云:"此言過不及也。好名之人能讓千乘之國,過也;苟不是這樣人,簞食豆羹必見於色,此不及也。二者俱非也。"擇之云:"好名之人能讓千乘之國,若非有德之人,雖以慕名而能讓,然於簞食豆羹有時却

見於顏色,其心本不如是故也。"正所謂人能碎千金之
璧,不能無失聲於破釜者也。

兩説皆通,舊來只如後説,然亦嘗疑其費力,但前説
又無甚意味耳。請更商確之。

"身不行道,不行於妻子;使人不以道,不能行於妻
子"。言身若不行道,則妻子無所取法,全無畏憚了,然
猶可使也;若使人不以道,則妻子亦不可使矣。擇之如
此説,順之云:"'不行於妻子',百事不行,不可使亦在
其中。'不能行於妻子',却只指使人一事言之。"

順之説是。

"事親,仁之實;從兄,義之實"。蓋人之生也,莫不
知愛其親;及其長也,莫不知敬其兄。此乃最初一著,
其它皆從此充去。故孟子曰:"無它,達之天下也。"有
子曰:"君子務本,本立而道生。孝弟也者,其爲仁之本
歟!"孟子又謂:"徐行後長者,謂之弟。疾行先長者,謂
之不弟。堯舜之道,孝弟而已矣。"豈非事親仁之實、從
兄義之實乎?

仁義只是理,事親、從兄乃其事之實也。

在天爲命,在人爲性。無人言命不得,無天言性亦
不得。但言命則主於天,言性則主於人耳。誠者,合内
外之道,兼性命而爲言者也。

"誠者"以下語,似有病。

心該誠、神,備體、用,故能寂而感,感而寂。其寂

然不動者，誠也，體也；感而遂通者，神也，用也。體用一源，顯微無間，惟心之謂歟？

此說甚善。

動而不正，不可謂道；用而不和，不可謂德。

此兩句緊要在"正"字、"和"字上。

"在中之義"，義者，理也。只是這個理，在中者，中也；在外者，和也。中者性之體段，和者情之體段也。

"義"字說得太重。伊川本意亦似只說體段云爾。"和者情之體段"，語意未備。

"止於至善"，至善乃極則。擴之曰："不然。至善者本也，萬善皆於此乎出。"

至善乃極則。

思是發用之機，君子爲善，小人爲惡，那事不從這上出？但君子約入裏面來，小人拖出外面去，故曰：思者，聖功之本而吉凶之機也。

正當於此謹之，君子所以貴慎獨也。

聖人定之以中正仁義而主靜，所以主靜者，以其本靜，靜極而動，動極復靜。靜也者，物之終始也。萬物始乎靜，終乎靜，故聖人主靜。

伊川先生曰："動靜無端，陰陽無始。"若如此，則倚於一偏矣。動靜理均，但"靜"字勢重耳。此處更宜深玩之。

動靜有終始賓主，方其動也，動爲主，靜爲賓；及其靜也，靜爲主，動却爲賓。動極而靜，則動却終，靜却始；静極復動，則動却始，静却終。雖然，方其動也，静之理未嘗不存也；及其静也，動之理亦未嘗不存也。

擇之云："此段甚好，但更欠説主静之意。"

蒙，學者之事，始之之事也；艮，成德之事，終之之事也。

周子之意當是如此，然於此亦可見主静之意。

誠、敬如何分？順之曰："誠字體面大，敬字却用力。"曰：伊川曰："'居處恭，執事敬，與人忠。'是徹上徹下語。"如此，敬亦是聖人事。曰：固是，畢竟將敬做誠不得。到得誠，則恭、敬、忠皆其藴也。

誠是實理，聖人之事，非專之謂也。推此意，則與"敬"字不同，自分明矣。聖人固未嘗不敬，如堯欽明、舜恭己、湯聖敬日躋是也。但自是聖人之敬，與賢人以下不同耳。

"一陰一陽之謂道"，陰陽，氣也；所以陰陽，道也。道也者，陰陽之理也。

此説得之。

"致中和"，致，極也，與"盡"字同。致中和，便是盡性。

此説亦是。然"致"字是功夫處，有推而極之之意。充之書中亦講此段，然其意亦雜，幸并以此示之。渠又論"慎獨"，意亦未盡。大抵"獨"字只是耳目見聞之所不及而心獨知之之地耳。若謂指心而言而不謂之心，蓋恐指殺，似不然也。"故君子慎其心"，是何言耶？《晦庵文集》卷四二。

案：書中論及"在中之義"，朱熹《答林擇之》（何事於仁）有云"石兄向論'在中'之説甚精密，但疑盡己便是用，此則過之"，《晦庵文集》卷四三。疑本書撰於其後。《答林擇之》約撰於乾道五年、六年間。又書中論及"孝弟也者，其爲仁之本歟"，而朱熹下書（孝弟也者）引石氏來書首論"'孝弟也者，其爲仁之本歟'，是爲仁自孝弟始也"，則知其乃上承本書。故推知本書約撰於乾道八年（1172）或九年間。

朱熹《答石子重》：

"口之於味"等事，其當然者，天理也。若概謂之理，則便只成釋氏運水般柴之説。

"不可離"，恐未有不可得而離之意，以下文觀之可見。

此一節當分作兩事："戒謹不睹，恐懼不聞"，如言聽於無聲、視於無形也，是防於未然以全其體。"謹獨"，是察之於將然以審其幾。不知高明以爲如何？

此道無時無之，然體之則合，背之則離也。一有離之，則當此之時，失此之道矣。故曰"不可須臾離"。君子所以戒謹不睹、恐懼不聞，則不敢以須臾離也。所謂"以下文觀之"者如此。

"小人閒居爲不善"，惡惡不如惡惡臭也；"必見君子，然後著其善"，好善不如好好色也。皆所以自欺而已。

"德無常師，主善爲師。善無常主，協于克一"。此言於天下之德，無一定之師，惟善是從，則凡有善者皆可師也。於天下之善，無一定之主，惟一其心，則其所取者無不善矣。"協"猶齊也，如所謂"協時月"。《晦庵文集》卷四二。

案：書中云"'謹獨'，是察之於將然以審其幾"，而上書（從事於斯）有"慎獨須貫動靜做功夫始得"云云，推知本書約撰於其後。

朱熹《答石子重》：

"孝弟也者，其爲仁之本歟"，是爲仁自孝弟始也。仁道之大而自孝弟始者，以其即愛親從兄之心習而察，則仁矣。然而不敢說必無犯上作亂，故曰"鮮"。其或有之，以其習而不察。故有子之言以人人有是心，是以爲仁，患在不察故爾。《表記》曰："事君，處其位，不履其事，則亂也。"謂違君命爲亂。此所謂犯上者，犯顏；作亂者，違命也。

孝弟順德，犯上作亂逆德。論孝弟却說犯上作亂底事，只爲是它喚做孝弟，恰似"小人之中庸也"、"小人而無忌憚也"一般。君子則不然，先理會個根本，根本既立，道自此生，曷惟其已？許順之云"其爲人也孝弟”,猶是泛而論之,如君子之道,夫婦之愚不肖可與知、可能行,非不孝弟也,惟知務之不如君子也。然孝弟順德,終是不善之心鮮矣。

此二説,大抵求之過矣。“鮮”只是少,聖賢之言,大概寬裕,不似今人蹙迫,便説殺了。此章且看伊川説,深有意味。

“我不欲人之加諸我,吾亦欲無加諸人”,伊川解曰:“‘我不欲人之加諸我也,吾亦欲無加諸人’,仁也。施諸己而不願,亦勿施諸人,恕也。”又《語録》曰:“施諸己而不願,亦勿施諸人。”正解此兩句。又曰:“‘我不欲人之加諸我,吾亦欲無加諸人’,恕也。近於仁矣,然未至於仁也,以有‘欲’字耳。”前以爲仁,後以爲恕而未仁,二義不同。若以有“欲”字便以爲未仁,則“我欲仁,斯仁至矣”,亦有“欲”字,不知如何?

二先生説經如此不同處亦多,或是時有先後,或是差舛,當以義理隱度而取捨之。如此説,則當以《解》爲正,蓋其義理最長,而亦先生晚年所自著,尤可信也。“欲仁”之“欲”與“欲無加諸我”之“欲”文意不同,不可以相比,更推詳之。

“君子所貴乎道者三:動容貌,斯遠暴慢矣;正顔色,斯近信矣;出辭氣,斯遠鄙倍矣。”明道曰:“動容貌,周旋中禮,暴慢斯遠;正顔色,則不妄,斯近信矣;出辭氣,正由中出,斯遠鄙倍。”此動容貌、正顔色、出辭氣皆不著力,是成德之事。斯遠暴慢、斯近信、遠鄙倍,猶云便遠暴慢,便近信,便遠鄙倍,自然如此也。伊川曰:"辭氣之出,不使至於鄙倍,却是就'遠'字上用工。"上蔡云:"動也,正也,出也,君子自牧處。"又曰:"緊要在上三字。"説不同,如何?

熹詳此意,當以明道之説爲正,上蔡之説尤有病。

《克齋記》説"天下歸仁"處,先本云"天下之人,亦將無不以仁歸之",後本云"視天下無一物不在吾生物氣象之中",先後意甚異,畢竟"天下歸仁"當如何説?

初意伊川説,後覺未穩;改之如此,乃吕博士説。恐當以後説爲正。蓋所謂伊川説,亦止見於《外書》雜説中,容或未必然也。

《克齋記》不取知覺言仁之説,似以愛之説爲主。近子細玩味,似若知覺亦不可去。蓋不知覺,則亦必不愛,惟知覺故能愛。知覺與愛,並行而不相悖,恐亦無害於言仁,但不可專以知覺爲仁耳。醫者以四支頑痺爲不仁,頑痺則不知痛痒,又安能愛? 更乞開發。

此義近與湖南諸公論之甚詳,今略録一二上呈,亦可見大意矣。一《答胡廣仲書》仁之説,一《答張敬夫書》。 《晦庵文集》卷四二。

　　案:《答胡廣仲書》即朱熹《答胡廣仲》(熹承諭向來爲學之病),内云"至於仁之爲説,昨兩得欽夫書,詰難甚密,皆已報之。近得報云,却已皆無疑矣。

今觀所諭，大槩不出其中者，更不復論。但所引《孟子》‘知’、‘覺’二字，却恐與上蔡意旨不同”。《晦庵文集》卷四二。又《答張敬夫書》即朱熹《答張欽夫又論仁說》，內云“廣仲引《孟子》‘先知先覺’以明上蔡‘心有知覺’之說，已自不倫，其謂‘知此覺此’，亦未知指何爲說”。《晦庵文集》卷三二。《答張欽夫又論仁說》約撰於乾道九年（1173）夏，推知本書撰時稍晚。

石𡉈《與朱元晦書》：

縣之學故在縣東南隅，其地隆然以高，面山臨流，背囂塵而挹清曠，於處士肄業爲宜。中徙縣北原上，後又毀而復初。然其復也，士子用陰陽家說，爲門斜指寅卯之間以出，而自門之內因短就狹，遂無一物不失其正者。𡉈始至而病焉，顧以敦學之初，未遑外事，歲之正月，乃始撤而新之。既使夫門堂齋序、庫庾庖湢無一不得其正，而又度作重屋于堂之東，以奉先賢，以尊古訓。唯殿爲因其舊，然亦繚以重欄，嚴其陛楯，而凡像設之不稽于古者，則使視諸太學而取正焉。靡金錢蓋四十萬，用人力三萬工。不資諸士，不取諸民，而事以時就，意者吾子亦樂聞之，儻辱記焉，以幸教其學者於無窮，是則𡉈之幸也。《晦庵文集》卷七七《南劍州尤溪縣學記》。

案：朱熹《南劍州尤溪縣學記》云：“乾道九年九月，尤溪縣修廟學成，知縣事會稽石君𡉈以書來，語

其友新安朱熹曰：‘縣之學故在縣東南隅……’”《晦庵
文集》卷七七。是本書撰於九年九月間。

朱熹《答石子重》：

所疑荷批誨，今皆已釋然。蓋仁者心有知覺，謂知
覺爲仁則不可，知覺却屬智也。理一而分殊，愛有差
等，殊與差等，品節之，却屬禮。施之無不得宜，却屬
義。義也，禮也，智也，皆仁也。惟仁可以包夫三者。
然所以得名，各有界分，須索分別。不然，混雜爲一，孰
爲仁？ 孰爲義？ 孰爲智？

“仁”字之説甚善。要之須將仁、義、禮、智作一處看，
交相參照，方見疆界分明。而疆界分明之中，却自有貫通
總攝處，是乃所謂仁包四者之實也。近年學者專説“仁”
字，而於三者不復致思，所以含胡溟滓，動以仁包四者爲
言，而實不識其所以包四者之果何物也。今得尊兄精思
明辨如此，學者益有賴矣，幸甚。《晦庵文集》卷四二。

案：書中所引石氏來書云“所疑荷批誨，今皆已
釋然。蓋仁者心有知覺，謂知覺爲仁則不可”，知承
上書(孝弟也者)，故其約撰於九年冬間。

朱熹《答石子重》：

按孔子言“操則存，舍則亡，出入無時，莫知其鄉”四
句，而以“惟心之謂與”一句結之，正是直指心之體用而言

其周流變化、神明不測之妙也。若謂以其舍之而亡，致得如此走作，則是孔子所以言心體者，乃只説得心之病矣。聖人立言命物之意，恐不如此。兼"出入"兩字有善有惡，不可皆謂舍之而亡之所致也。

又如所謂心之本體不可以存亡言，此亦未安。蓋若所操而存者初非本體，則不知所存者果爲何物，而又何必以其存爲哉？但子約謂當其存時，未及察識而已遷動，此則存之未熟而遽欲察識之過。昨報其書，嘗極論之，今録求教。其餘則彼得之已多，不必別下語矣。

因此偶復記憶胡文定公所謂"不起不滅心之體，方起方滅心之用，能常操而存，則雖一日之間百起百滅，而心固自若"者，自是好語。但讀者當知所謂不起不滅者，非是塊處不動、無所知覺也，又非百起百滅之中別有一物不起不滅也。但此心瑩然，全無私意，是則寂然不動之本體，其順理而起，順理而滅，斯乃所以感而遂通天下之故者云爾。向來於此未明，反疑其言之太過，自今觀之，却是自家看得有病，非立言者之失也。不審高明以爲如何？因風却望示教。《晦庵文集》卷四二。

案：書中言"蓋若所操而存者初非本體，則不知所存者果爲何物，而又何必以其存爲哉？但子約謂當其存時，未及察識而已遷動，此則存之未熟而遽欲察識之過。昨報其書，嘗極論之"，即朱熹《答吕子約》（所示心無形體之説）所云"今乃欲於此頃刻之存遽加察識，以求其寂然者，則吾恐夫寂然之體未必可識，而所謂察識者，乃所以速其遷動，而流於紛擾急迫之中也"。《晦庵文集》卷四七。《答呂子約》撰於淳熙元年(1174)夏、秋間，故推知本書亦在此時。

朱熹《答石子重》：

《心說》甚善，但恐更須收斂造約爲佳耳。以心使心，所疑亦善。蓋程子之意亦謂"自作主宰，不使其散漫走作耳"。如《孟子》云"操則存"，云"求放心"，皆是此類，豈以此使彼之謂邪？但今人著個"察識"字，便有箇尋求捕捉之意，與聖賢所云操存、主宰之味不同。此毫釐間須看得破，不爾，則流於釋氏之說矣。如胡氏之書，未免此弊也。昨日得叔京書，論此殊未快，答之如此，別紙求教。如此言之，莫無病否？"窮理盡性"等說，不記話頭是如何？然此亦非大節所存，俟徐講之未晚也。《晦庵文集》卷四二。

案：本書承上書（按孔子言）再論操舍存亡。書中云"《心說》甚善，但恐更須收斂造約爲佳耳。……但今人著個'察識'字，便有箇尋求捕捉之意，與聖賢所云操存、主宰之味不同。……昨日得叔京書，論此殊未快，答之如此，別紙求教"，其答叔京書，即朱熹《答何叔京》（伏蒙示及《心說》）。《晦庵文集》卷四〇。約撰於淳熙元年秋、冬間，故推知本書撰於稍後。

朱熹《答石子重》：

南軒《語解》首章，其失在於不曾分別"學"、"習"二字，又謂學者工夫已無間斷，却要時習，只此二事可疑耳。擇之雖欲分別"學"、"習"二字，而不曾見得分明，却遂便差排硬說，尤覺紛挐，不成條理。大抵"學"、"習"二字却是龜山將顏子事形容得分明；上蔡所謂"傳者得之於人，習者得之於己"，其說亦是。然統而言之，則只謂之學，故伊川有"博學、審問、慎思、明辨、篤行，五者廢其一，非學也"之語。分而言之，則學是未知而求知底功夫，習是未能而求能底功夫。須以博學、審問爲學，慎思、明辯、篤行爲習。故伊川只以"思"字解"習"字，蓋舉其要也。學者既學而知之，又當習以能之，及其時習而不忘，然後無間斷者始可得而馴致矣。若已無間斷，則又何必更時習乎？"習"字，南軒之說正顛倒了，擇之所論又不分明，而詞氣不和、意象輕肆，尤非小病，所宜深警省也。

"行有餘力"，此章所辨詞意殊不分明。大率行有餘力，止是言行此數事之外有餘剩底工夫，方可將此工夫去學文藝耳，非謂行到從容地位爲有餘力，必如此然後可學文也。

伊川言"孝子居喪，志存守父在之道"，與張《解》"志哀而不暇它問"之語不同；游氏說"在所當改而可以未改"，與張《解》"可以改，可以未改"之語亦異。擇之辨說雖多，却不及此，何也？《晦庵文集》卷四二。

案：朱熹《與張敬夫論癸巳論語說》論首句"學

而時習之"有言"此是《論語》第一句,句中五字雖有虛實輕重之不同,然字字皆有意味,無一字無下落,……學之爲言效也,以己有所未知,而效夫知者以求其知;以己有所未能,而效夫能者以求其能之謂也。……言人既學矣,而又時時温習其所知之理、所能之事也。蓋人而不學,則無以知其所當知之理,無以能其所當爲之事。學而不習,則雖知其理、能其事,然亦生澀危殆而不能以自安。習而不時,則雖曰習之,而其功夫間斷,一暴十寒,終不足以成其習之之功矣"。《晦庵文集》卷三一。與本書所云相合,當在其前。《與張敬夫論癸巳論語説》約撰於淳熙四年冬間,故推知本書約撰於是年(1177)末或稍後。

石宗昭

石宗昭,字應之,山陰(今浙江紹興)人。乾道八年(1172)黄定榜進士及第。淳熙十六年(1189)閏五月除秘書省正字,紹熙元年(1190)五月除校書郎,十二月知滁州,慶元元年(1195)二月以度支郎官兼實録院檢討官,六月爲樞密院檢詳文字。《南宋館閣録續録》卷八、卷九。

朱熹《答石應之》:

所示文字深切詳審,説盡事情。想當時面陳又不止此,而未足以少回天意,此亦時運所繫,非人力所能與也。更願益加涵養講學之功,而安以俟之,事會之來,豈有終極?安知其不愈鈍而後利耶?熹衰朽殊甚,春間一病狼狽,公謹見之。繼此將理一兩月,方稍能自支,然竟不能復舊。幸且復得祠禄休養,而幼累疾病相仍,殊無好況,心昏目倦,不能觀書,然日用功夫不敢不勉,間亦紬繹舊聞之一二,雖無新得,然亦愈覺聖賢之不我欺,而近時所謂喙喙爭鳴者之亂道而誤人也。無由面論,臨風耿耿。公謹想已到彼矣。渠趣向意味朋友間少得,但意緒頗多支離,更與鑴切,令稍直截,當益長進耳。《晦庵文集》卷五四。

　　案:朱熹《答尤尚書》(奉三月四日手教一通)言及“衰病之餘,復叨祠禄,已爲優幸,而雲臺改命又如私請”,正與本書所云“熹衰朽殊甚,春間一病狼狽,公謹見之。……幸且復得祠禄休養”相合。《答尤尚書》撰於淳熙十四年(1187)四月中或稍後,故推知本書約撰於一時先後。

朱熹《答石應之》:

　　聞新阡尚未得卜,想今已有定。鄉見説大門上世宅兆之勝,今日求之,未易可得。蓋地有盡而求者無已,若欲立定等則,必求如此之地而後用之,則恐無時而已耳。熹衰病日益沈痼,數日來又加寒熱之證,愈覺不可支吾。相見無期,亦勢應爾,不足深念。猶恨黨錮之禍四海横流，而賢者從容其間，獨未有以自明者。此則拙者他日視而不瞑之深憂也。富貴易得，名節難保，此雖淺近之言，然亦豈可忽哉？便中寓此，以代面訣。《晦庵文集》卷五四。

案：《宋史·寧宗紀》載慶元三年十二月丁酉（二十九日），"以知綿州王沇請，詔省部籍僞學姓名"。本書云及"猶恨黨錮之禍四海橫流，而賢者從容其間，獨未有以自明者。此則拙者他日視而不瞑之深憂也"，所謂"黨錮之禍"當指此置僞學之籍。故推知本書約撰於慶元四年（1198）中。

時　鎬

時鎬，金華（今屬浙江）人。時澧父。問學於東萊先生呂祖謙。《晦庵文集》卷九〇《太孺人邵氏墓表》。

時鎬《與朱元晦書》：

吾先公之葬，東萊先生既幸哀而銘之，以告于幽矣，惟是祠堂之奉既作而未名，將無以著先德于外者。敢請于子，何如？《晦庵文集》卷七九《慈教庵記》。

案：朱熹《慈教庵記》云："金華清江時鎬及其弟某嘗以書來曰：'吾先公之葬……'"，是時朱熹"不及識時君，獨觀伯恭父之銘稱其治家嚴整，而所以教子孫者甚篤，且嘗以書爲予言之。伯恭又非輕與人者，予是以知時君之爲人，乃取晏平仲之言，名其所作曰'慈教之庵'，而君之鄉大夫潘公德鄜聞之以爲然，則爲之大書以揭焉"。《晦庵文集》卷七九。《慈教庵記》撰於淳熙癸卯（十年，1183）四月，故推知本書約撰於是年初或稍前。

時鎬《與朱元晦書》：

名庵而有以發乎先人之志，子則有賜於我矣。然無詞以著其實，其於久遠，懼泯没而不章也。願吾子之遂志之，將與潘公之書并刻焉，以配吾師之言，而信吾父於後世，子之賜不愈大乎？《晦庵文集》卷七九《慈教庵記》。

案：朱熹《慈教庵記》云及朱熹爲時鎬所建祠堂題名"慈教之庵"，由潘德鄜大書刻石，而"鎬等既刻之石，而又以請曰：'名庵而有以發乎先人之志……'予不得辭，則又書本末如此以遺之"。時淳熙癸卯四月。《晦庵文集》卷七九。故推知本書約撰於是年三月間。

時澟

時澟，字子雲，蘭谿（今屬浙江）人。時鎬子。師事呂祖謙。著《尚書》《周官餘論》，未成卒。《浙江通志》卷一七六。元吳師道《敬鄉錄》卷一一一云時澟"字子澟，一字伯江。鎬之子，成公門人，有學行。著《尚書》《周官餘論》，未成編而卒。忠公誌墓,執友私謚曰夷介先生"。

朱熹《答時子雲》:

來喻滿紙,深所未喻。必是當時於此見得太重,所以如此執著,放捨不下。今想未能遽然割棄,但請逐日那三五分功夫,將古今聖賢之言剖析義利處反復熟讀,時時思省義理何自而來,利欲何從而有,二者於人孰親孰疏、孰輕孰重,必不得已,孰取孰捨、孰緩孰急。初看時似無滋味,久之須自見得合剖判處,則自然放得下矣。捨此不務,紛紛多言,思前算後,展轉纏縛,一生出不得。未論小小得失,政使一旦便登高科、躋顯官,又須別有思量擘畫,終不暇向此途矣。試思之如何?向編《近思錄》,欲入數段說科舉壞人心術處,而伯恭不肯。今日乃知此箇病根,從彼時便已栽種培養得在心田裏了,令人痛恨也。《晦庵文集》卷五四。

　　案:王柏《跋朱子與時遜齋帖》云:"昔紫陽之門四方之士雲集,不旋踵而倍其師說者亦有之,未有一再世之後而能守之而不變者也。科舉之壞人心,猶未若今日之甚,而朱子當時已諄諄言之,豈非遜齋後知自悟,必有以叮嚀告戒其後人,所以東阿、遁澤俱廢舉業於少年。蓋此帖有以啓其秉彝好德之良心也。今之士者方攘竊紫陽之緒言、以求進取之利者紛紛皆是,觀是帖而頯有泚者猶庶幾乎,仁心之未亡

也。"《魯齋集》卷一一。所指即朱熹本書。又據王柏
《跋》,時灃號遜齋。

本書撰時未詳。淳熙癸卯(十年)四月,朱熹嘗
應時灃之父時鎬之請撰《慈教庵記》。《晦庵文集》卷七
九。據王柏《跋朱子與時遜齋帖》所云及王柏《跋時
遜齋遺言》有云"予生晚,不及拜遜齋時公,少年識公
之名字於考亭、麗澤二集中,後聞公之言行於公之子
若孫。……死生固大事也,亦常事也,不以死生怵其
中,垂絕而精爽不亂者,非平日有所養者不能"。《魯
齋集》卷一一。故疑本書約撰於淳熙後期,姑係於十
三年(1186)。待考。

史　浩

史浩(1106—1194),字直翁,明州鄞縣(今浙江寧波)
人。紹興十五年(1145)登進士第。累遷司封郎官兼建王
府直講。孝宗即位,爲中書舍人,遷翰林學士,除參知政
事。隆興元年(1163),拜尚書右僕射,罷。後起知紹興
府、浙東安撫使,改知福州。淳熙初,除少保、觀文殿大學
士、醴泉觀使兼侍讀,五年(1178)復爲右丞相,以少傅、保
寧軍節度使兼侍讀罷相。十年,除太保致仕,封魏國公。
光宗即位,進太師。紹熙五年卒,年八十九,賜諡文惠。
《宋史》卷三九六有傳。

史浩《與朱元晦書》：

尚要諸經史從頭爲看一遍，顧老病，恐不能。《朱子語類》卷一三二。

案：《朱子語類》卷一三二載包揚所記曰："史老雖如此，然嘗愛論薦引拔士人，此一節可喜。如陳應求方寸平正，遠過龔實之。然龔又却好事，每到處便收拾得些人才。劉樞不好士人，先亦讀書，長編從頭批抹過。近得書云：'尚要諸經史從頭爲看一遍，顧老病，恐不能。'"劉樞指劉珙，卒於淳熙五年七月卒，年五十七。《晦庵文集》卷九四《劉樞密墓記》。據《朱子語類·姓氏》，包揚乃癸卯（淳熙十年）、甲辰、乙巳所聞。故知此"近得書"，非劉珙來書，當指史浩之書，然其撰時未詳，姑係於淳熙十年（1183）。

朱熹《與史太保書》：

熹竊聞頃者几杖造朝，禮際隆洽，蓋自祖宗盛時，所以褒崇故老、報答元勳，未有若斯之盛者也。自是以來，人無愚智，莫不咨嗟歎息，以爲聖主尊師重道之意若此其厚，而以明公平日自任之重卜之，知其所以報此殊遇者，必當有以度越前人，決不肯爲張禹、孔光以及近世之以明良慶會自居者之遺臭於無窮也。今者變異重仍，虜情叵測，當宁側席，有識寒心。熹愚竊謂元老大臣同國休戚，告猷之會，誠未有急於斯時者。明公不能及此發口一言，則永無報效之期，終懷寵利之愧矣。故願深察愚言，亟召門下直諒多聞之士，曲加訪問，俾盡其說，兼總條疏，悉以上聞。於以報塞恩遇，慰答羣情，追配前脩，一洗疑論，計無便於此者。不審明公亦有意乎？至於狂瞽妄發，罪當誅斥，則惟明公有以寬之。《晦庵文集》卷二七。

　　案：書中云"熹竊聞頃者几杖造朝，禮際隆洽，蓋自祖宗盛時，所以褒崇故老、報答元勳，未有若斯之盛者也"。據《宋史全文》卷二七下載淳熙十二年十一月"辛丑，冬至郊。先是詔史浩、陳俊卿陪祠，皆辭之"。然據《四朝聞見錄》乙集《越王陪位》云："祖宗盛時，故相或居輦下，時召入問事，間遇朝會，則立舊班之下，國有大議，亦得可否，郊禋則陪，無所嫌也。阜陵慶上皇八袠，參用故典，召故相陳福國、史越王陪位，陳力以疾辭，史聞命絕江。祠既竣事，以史舊學，曲爲勉留。時相疑其迫己，風言者去之。陳聞史入，謂客曰：'史真翁只好莫去。'陳之多智，此其一也。"而《宋史·孝宗紀三》載淳熙十二年"八月癸亥，詔太上皇壽八十，令有司議慶壽禮"；十月"辛亥，加上太上皇尊號"；十一月"辛丑，合祀天地于圜丘，大赦"；十三年"正月庚辰朔，率羣臣詣德壽宮行慶壽禮"；癸巳，"以史浩爲太傅，陳俊卿爲少師"。本書題云"史太保"，又云及"頃者几杖造朝"，故推知其撰於"郊禋"後、授太傅前，約在淳熙十二年(1185)末。

朱熹《答史太保別紙》：

　　熹昨者狂妄，輒以瞽言仰瀆崇聽，自循分守，當得譴斥之罪。不謂高明博大，無所不容，誨答諄諄，罄竭底蘊。三復自幸，不惟私以免於罪戾爲喜，而又得側聞前此告猷之益，天下已有陰受其賜者，尤竊增氣。尚恨未得躬扣昌言之目以發蒙昧耳。今者邊事益急，變異荐臻，人無智愚，共以爲懼。然熹淺陋，竊以爲境外之傳未足憂，而譴告之深爲可畏也。今朝廷於其不足慮者既已過爲之防，而於其深可畏者反未有處，熹甚惑焉。夫以災異而求直言，歷世相傳，具有故實。明公身爲天下大老，誠有憂國之心，亦不當俯及細務。願以此意爲上一言，使幽隱之情得以上通，則天下之言皆明公之言，而明目達聰，感召和氣，皆明公之功矣。感激容貸之恩，懷不能已，敢復言之，俯伏俟罪。《晦庵文集》卷二七。

　　案：朱熹上書（熹竊聞頃者几杖造朝）言及"今者變異重仍，虞情叵測"，末云"狂瞽妄發"，本書首云"熹昨者狂妄，輒以瞽言仰瀆崇聽，……不謂高明博大，無所不容，誨答諄諄"，又云"今者邊事益急，變異荐臻"，知承上書，故推知其約撰於淳熙十三年（1186）初。

釋道謙

　　釋道謙（？—1152），俗姓游，建州崇安（今福建武夷

山市）人。初依圓悟克勤，後隨妙喜庵宗杲居徑山。悟後
出世玄沙，遷建寧府開善寺而終。《宋僧録》。卒於紹興二
十二年秋末。《年譜長編》卷上。

朱熹《與開善道謙禪師書》：

　　向蒙妙喜開示："應是從前記持文字，心識計較，不得
置絲毫許在胸中，但以狗子話時時提撕。"願受一語，警所
不逮。《朱子遺集》卷二。

　　　案：《歷朝釋氏資鑑》卷一一於"提撕"下有"云
云"二字。《武林梵志》卷八"願受一語"作"願投一
語"。明宗本所集《歸元直指集》卷下載此書節文作
"狗子佛性話頭，未有悟入，願授一言，警所不逮"。

　　《金城録》謂"公（朱熹）之學得於道謙禪師。公
嘗致書問師云：'向蒙妙喜開示：從前記持文字，心
識計較，不得置絲毫許在胸中，但以狗子話時時提
撕。願投一語，警所不逮。'師答曰：'某二十年不能
到無疑之地，後忽知非，勇猛直前，便是一刀兩段，把
這一念提撕狗子話頭，不要商量，不要穿鑿，不要去
知見，不要強承當。'公於言下有省。有《久雨齋居誦
經》詩曰：'端居獨無事，聊披釋氏書。暫息塵累牽，
超然與道居。門掩竹林幽，禽鳴山雨餘。了此無爲
法，身心同宴如。'"《武林梵志》卷八。妙喜，即大慧普
覺禪師宗杲。《久雨齋居誦經》詩，載《晦庵文集》卷

一,編於紹興二十二年中。則本書約撰於是年
(1152)或稍前。

朱熹始識道謙於紹興十六年。次年,道謙得謗
離開善寺,往衡陽隨宗杲;約於紹熙二十年歸建寧五
夫密庵。朱熹曾寄書宗杲問禪,宗杲有答書。因朱
熹未悟大慧之語,故又致書道謙請益禪法。參見宗
杲《答朱元晦》條。

釋道謙《答元晦書》:

十二時中,有事時,隨事應變,無事時,便向這一念子
上提撕"狗子還有佛性也無,趙州云無"。將這話頭只管
提撕,不要思量,不要穿鑿,不要生知見,不要強承當。如
合眼跳黃河,莫問跳得過跳不過,盡十二分力氣打一跳。
若真箇跳得這一跳,便百了千當也。若跳未過,莫論得
失,莫顧危亡,勇猛直前,更休擬議。若遲疑動念,便沒交
涉也。《朱子遺集》卷二引釋曉瑩《雲臥紀談》卷下。

案:《歷朝釋氏資鑑》卷一一載此書略曰:"某二
十年不能到無疑之地,只爲遲疑。後忽知非,勇猛直
前,便自一刀兩段,把這一念提撕'狗子還有佛性也
無,州云無',不要商量,不要穿鑿,不要去知見,不要
強承當。"

據朱熹《祭開善謙禪師文》云"未及一年,師以謗
去。我以行役,不得安住。往還之間,見師者三。見

必款留，朝夕咨參。師亦喜我，爲説禪病。我亦感師，恨不速證。別其三月，中秋一書，已非手筆，知疾可虞。前日僧來，爲欲往見。我喜作書，曰此良便。書已遣矣，僕夫遄言，同舟之人，告以訃傳。我驚使呼，問以何故。於乎痛哉，何奪之遽！"《朱子遺集》卷六。道謙紹興二十二年中秋來書及朱熹回書皆佚。

釋志南

釋志南，淳熙八年（1181）初嘗訪朱熹於南康軍，四月中同游濂溪書堂。《晦庵文集》卷八四《書濂溪光風霽月亭》。後住天台山。

朱熹《答志南上人》：

五月十三日熹悚息啓上：久不聞動静，使至，特辱惠書，獲審比日住山安穩爲慰。天台之勝，夙所願遊，往歲僅得一過山下，而以方有公事，不能登覽，每以爲恨。今又聞故人挂錫其間，想見行住坐卧不離泉聲山色之中，尤以不得往同此樂爲念也。新詩筆勢超精，又非往時所見之比。但稱説之過，不敢當耳。二刻亦佳作也，但攙行奪市，恐不免去故步耳。《寒山子詩》彼中有好本否？如未有，能爲讎校刊刻，令字畫稍大，便於觀覽，亦佳也。寄惠黄精、笋乾、紫菜多品，尤荷厚意。偶得安樂茶，分上廿餅，并雜碑刻及唐詩三册謾附回便，幸視至。相望千里，無由會面，臨書馳情。千萬自愛，不宣。熹悚息啓上國清南公禪師方丈。熹再拜。《晦庵文集》別集卷五。

　　案：僧志南撰有《天台山國清禪寺三隱集記》，署時"淳熙十六年歲次己酉春十有九日"。《寒山詩集》卷首。三隱，指唐貞觀中國清寺三僧豐干、寒山、拾得。志南編於淳熙十六年並刊印之《寒山子詩集》，即國清本，爲寒山詩宋時三刻之一。《唐集敘錄·寒山子詩集》。本書中言"《寒山子詩》彼中有好本否？如未有，能爲讎校刊刻，令字畫稍大，便於觀覽，亦佳也"，當在志南編刊《寒山子詩集》前；又書中言"五月十三日熹悚息啓上"，而淳熙十五年五月朱熹正在赴臨安途中，故推知其撰於淳熙十四年（1187）五月十三日。

朱熹《答志南上人》：

清泉各安佳，兒輩附問。黃壻歸三山已久，時得書也。《出師表》未暇寫，俟寫得轉寄去未晚也。《寒山詩》刻成，幸早見寄。有便只附至臨安趙節推廳，托其尋便，必無不達。渠黃巖人也。熹再拜。《晦庵文集》別集卷五。

　　案：朱熹上書云"《寒山子詩》彼中有好本否？如未有，能爲讎校刊刻，令字畫稍大，便於觀覽，亦佳也"，而本書乃云"《寒山詩》刻成，幸早見寄"，顯承其後。書中又言"黃塤歸三山已久,時得書也",據《勉齋先生黃文肅公年譜》,紹熙年間,黃榦別朱熹歸三山:其一,紹熙元年夏朱熹赴漳州知州任,黃榦侍行,秋自漳州還三山,十一月復如漳州;其二,紹熙二年春黃榦自漳州歸三山,(秋)[夏]朱熹自漳州北歸,道徑三山,黃榦侍從朱熹至武夷。其三,尋黃榦復歸三山,至三年冬再如建安。其四,四年春歸三山,冬又至建安。其五,四年十二月復歸三山,五年春又如建安,隨即侍從朱熹去湖南赴任。因本書中朱熹向志南索《寒山子詩集》刊本,當不至在淳熙十六年後過久,故推知其約撰於紹熙三年(1192)中。

釋宗杲

釋宗杲(1189—1163),俗姓奚,字曇晦,號妙喜,宣州寧國(今屬安徽)人。參楊岐圓悟克勤,得印可。靖康元年(1126)受賜紫衣與佛日法號。紹興七年(1137)住徑山能仁寺,倡導看話禪。十一年,被誣"謗訕朝政",褫奪衣牒,貶居衡州(今湖南衡陽),二十年又貶梅州(今廣東梅縣)。二十六年赦免,歷住臨安(今浙江杭州)靈隱寺、徑山、四明育王寺。隆興元年,孝宗賜號大慧禪師。八月十日圓寂,年七十五,謚曰普覺禪師。《五燈會元》卷一九有傳。

釋宗杲《答朱元晦》：

應是從前記持文字，心識計較，不得置絲毫許在胸中，但以狗子話時時提撕。《朱子遺集》卷二《與開善道謙禪師書》引。

案：朱熹《與開善道謙禪師書》云"向蒙妙喜開示：'應是從前記持文字，心識計較，不得置絲毫許在胸中，但以狗子話時時提撕。'"妙喜，即大慧普覺禪師宗杲。朱熹致宗杲書佚。

朱熹《祭開善謙禪師文》有云："師出仙洲，我寓潭上。一嶺間之，但有瞻仰。丙寅之秋，師來拱辰。乃獲從容，笑語日親。一日焚香，請問此事。師則有言：'決定不是。'始知平生，浪自苦辛。去道日遠，無所問津。未及一年，師以謗去。"《朱子遺集》卷六。是朱熹始識道謙於紹興十六年間。次年，道謙得謗離開善寺，往衡陽隨宗杲；約於二十年歸建寧五夫密庵。《年譜長編》卷上。又《武林梵志》卷八云朱熹"年十八，從劉屏山游。屏山意其留心舉業，搜之篋中，惟《大慧語錄》一帙而已"。據《直齋書錄解題》卷一二："《大慧語錄》四卷，僧宗杲語，其徒道謙所錄，張魏公序之。"即道謙於衡陽所編。是知朱熹寄書宗杲問禪及宗杲答書皆當在紹興十七年（1147）間，此《大慧語錄》亦當隨答書一同寄來。因朱熹未悟大慧之語，故又致書道謙請益禪法，似亦當在是年。又宗杲有《朱主簿請贊》曰："龐老曾升馬祖堂，西江吸盡更無雙。而今妙喜朱居士，覿面分明不覆藏。"《大慧宗杲祖師語録》卷一二。此朱主簿即指朱熹，時在同安縣主簿任上。

"狗子無佛性"話頭，宗杲大力舉唱，以接引學僧。宗杲《示吕機宜舜元》有云"只就這裏看個話頭。僧問趙州：'狗子還有佛性也無？'州云：'無。'看時不用博量，不用注解，不用要得分曉，不用向開口處承當，不用向舉起處作道理，不用墮在空寂處，不用將心等悟，不用向宗師説處領略，不用掉在無事匣裏，但行住坐卧時時提撕：狗子還有佛性也無？無。提撕得熟，口議心思不及，方寸裏七上八下，如咬生鐵橛没滋味時，切莫退志。得如此時，卻是個好底消息。不見古德有言：'佛説一切法，爲度一切心。我無一切心，何用一切法。'非但祖師門下如是，佛説一大藏教，儘是這般道理。"《大慧宗杲祖師語録》卷二一。

舒　璘

舒璘（1136—1199），字元質，一字元賓，號廣平，明州奉化（今屬浙江）人。補入太學。從張栻、陸九淵、朱熹、吕祖謙遊。舉乾道八年（1172）進士，歷江西轉運司幹辦公事、徽州教授。慶元二年（1196）知平陽縣，五年通判宜州。尋卒,年六十四。《舒文靖公類稿》附錄楊簡《舒元質墓誌銘》。淳祐中,特謚文靖。《宋史》卷四一〇有傳。

舒璘《答朱晦庵書》:

季春謹序,恭惟尊候起居萬福。某雖愚蒙不肖,慕望先覺有年矣。去冬摳衣晉謁,始獲挹道德之容,降既見之心。執事與進循誘,色温而氣和,情親而禮厚,飲食教裁,不啻父兄之詔告夫子弟也。顧某何以當之。然虛心之教,迫切之誨,佩服不敢忘德。所恨不得朝夕侍側,以承博約,爲不滿耳。師友道缺絶久矣,比年哲人凋喪,言之惻然悽愴。念今所賴任重斯文者,咸以執事爲首稱。大抵屬之重則愛之厚,愛之厚則望之全。負後學既全之望,凡施爲措置,當以聖賢事業相期待,固不可以毫釐之差爲世所惜。惟執事以剛大純全之氣,恢博貫通之覺,涵養成就,又非一日之積。綏斯來,動斯和,此愚智賢不肖所共敬仰,固不可少有如愚慮所及者。然兢兢業業,雖堯舜不敢自已。望執事益進此道,以無負四海祈嚮,實鄙夫惓惓之心也。某蒙見遇良厚,不敢以流俗諛佞禮事大君子,敢用副紙陳情,乞恕幸察僭越,不勝戰悚之至。《舒文靖公類稿》卷一。

案:書中“恭惟尊候起居萬福”句,《舒文靖集》(《文淵閣四庫全書》本)卷上作“恭惟執事盛德,遥想尊候起居萬福”。

朱熹《答王季和》(來示備悉)有云"舒大夫向嘗相見於會稽,所論未合。今想其學益有成矣"。《晦庵文集》卷五四。舒大夫即舒璘。朱熹於淳熙八年冬任浙東提舉常平,九年九月罷。《年譜長編》卷上。故"舒大夫向嘗相見於會稽"者,當在此時。本書云及"季春謹序",又云"去冬摳衣晉謁",故推知其撰於淳熙九年(1182)三月間。

舒提幹

舒提幹,名不詳。提幹,官名。

朱熹《答舒提幹》:

示喻兩條,深荷發藥。偶奉祠已得請,姑爲辟色辟言之計,蕃、固之禍,恐亦正坐不能知難而退耳。所刻二書,竊意賢者於鄭注、呂説之云猶有未深考者,願少加詳焉,而摭其義理之不合者復以見教,則幸甚幸甚。《晦庵文集》卷五八。

案:朱熹慶元元年正月十一日拜受依舊焕章閣待制、提舉南京鴻慶宮。《年譜長編》卷下。書中有云"偶奉祠已得請,姑爲辟色辟言之計,蕃、固之禍,恐亦正坐不能知難而退耳",當指此。故推知本書約撰於是年(1195)正月中下旬。

宋南强

宋南强，字子居，山東（今屬山東）人。淳熙間知沙縣，"尚德化，勸農桑，興學校，繕修橋梁道路，幾一考解官去，民立甘棠碑於縣東"。《福建通志》卷三一。後歷知雅州、金州。《攻媿集》卷三五《知雅州宋南强知金州》。

朱熹《答沙縣宋宰南强》：

跧伏山間，聽於道塗與凡士友之言，具知政績之美。竊謂今之爲吏者，救過目前，不得一意於撫摩之政久矣。乃如執事者出乎其間，民不告勞而官無廢事，是可尚已。如聞當路頗已相知，更願益修其在我者，其實既大，則其聲愈閎，將不可揜，政不必有意於其間也。《晦庵文集》卷五四。

　　案：朱熹《跋宋君忠嘉集》云"其子南强……今爲南劍之沙縣，治甚有聲"。時淳熙乙巳（淳熙十二年）七月庚戌。《晦庵文集》卷八二。與本書"跧伏山間，聽於道塗與凡士友之言，具知政績之美"云云相合，故推知本書約撰於是年（1185）夏末秋初。

宋若水

宋若水（1131—1188），字子淵，成都府雙流縣（今屬四川)人。舉進士乙科。累遷秘書丞,提舉江東常平,移福建,除提點湖南刑獄。"衡州故有石鼓書院,墟廢亦久,前使者潘侯時始復營之,公成其終,爲增置弟子員,以永嘉戴溪爲之師,割田置書,教養如法"。被旨攝帥事,以疾改除江南西路轉運判官,淳熙十五年二月卒,年五十八。著有《經解》五卷、《書小傳》十卷、《史論》十卷、《古今詩》百卷等。事蹟見朱熹《晦庵文集》卷九三《運判宋公墓誌銘》。

宋若水《與朱元晦書》:

願記其實,以詔後人,且有以幸教其學者,則所望也。《晦庵文集》卷七九《衡州石鼓書院記》。

案:朱熹《衡州石鼓書院記》云衡州石鼓書院歲久廢棄,"淳熙十二年,部使者東陽潘侯時德鄜始因舊址列屋數間,牓以故額,將以俟四方之士有志於學而不屑於課試之業者居之,未竟而去。今使者成都宋侯若水子淵又因其故而益廣之,別建重屋,以奉先聖先師之象,且摹國子監及本道諸州印書若干種若干卷,而俾郡縣擇遣修士以充入之。蓋連帥林侯栗、諸使者蘇侯詡、管侯鑑、衡守薛侯伯宣皆奉金齋割公田以佐其役,踰年而後落其成焉。於是宋侯以書來曰:'願記其實⋯⋯'"記文撰於淳熙十四年(1187)丁未歲夏四月。《晦庵文集》卷七九。故推知本書約撰於是年初。

宋之潤

宋之潤，字澤之，成都雙流（今屬四川）人。宋若水次子。《晦庵文集》卷九三《運判宋公墓誌銘》。

朱熹《答宋澤之》：

自頃人還辱書之後，不能再致問訊，尋有臨漳之役，道里益遠，音問益難通，徒增悵想而已。今春不幸長子喪亡，哀痛不堪，亟請祠以歸。行過三山，始遇來使，并領書五通，乃知先丈郎中已遂窀穸之奉，及前此遣人與今再遣曲折，備見昆仲顯親傳遠之意悠久誠確，有人所甚難者，又不勝其悲歎也。即此盛夏雨寒，遠惟侍奉佳福。

銘文之喻，昨承喻及，極知不能，然念先契之厚，固已心許久矣。今茲人來，適此禍難，初意決不能辦，欲且遣還來人，俟向後稍間爲之，別尋的便附去。既而思之，昆仲越數千里而來求銘，再遣使而後得達，此意已不可孤，向後因循，未必得償此諾，則何以見先丈於地下？遂留來人，隨至建陽，輟哀排冗，亟爲草定，繕寫封内。但鄙拙不文，無以發揮行治之實，而事狀所載，亦有不能悉書者。一則志狀之體，詳略自應不同；二則慮其欲益而反損；如所記未第時事之類。三則病其頗涉於神怪。此三説者，更望高明有以察之也。今且寫得一本，旦夕事定，別抄數本寄都下，託范文叔發遞附便，必可達也。

及承深之遂承遺澤，即登仕版，以究先公欲行未盡之志，而澤之、容之亦將讀書求志，以承家學之傳，此皆區區之所深望。而垂問勤懇，又見不自滿足之意。但千里遠書，難盡心曲，今且以其大者言之。

大抵今之學者之病，最是先學作文干禄，使心不寧静，不暇深究義理，故於古今之學、義利之間，不復能察其界限分別之際，而無以知其輕重取捨之所宜。所以誦數雖博，文詞雖工，而祇以重爲此心之害。要須反此，然後可以議爲學之方耳。向者蓋亦屢嘗相爲道此，然覺賢者意中未甚明了，終未免以文字言語爲功夫、聲名利禄爲歸極。今以所述事狀觀之，亦可驗其不誣矣。若諸賢者果以愚言爲不謬，則願且以定省應接之餘功收拾思慮、完養精神，暫置其所已學者，勿令洶湧鼓發狂鬧，却於此處深察前所謂古今之學、義利之間，粒剖銖分，勿令交互，則其輕重取舍之極自當判然於胸中，不待矯拂而趣操自分，聖學之門庭始可以漸而推尋矣。此是學者立心第一義，此志先定，然後脩己治人之方乃可決擇而脩持耳。

人還，無以爲意，臨漳所刻諸書十餘種，謾見遠懷。書後各有題跋，見所爲刻之意。《近思録》比舊本增多數條，如買櫝還珠之論，尤可以警今日學者用心之繆。《家儀》、《鄉儀》亦有補於風教，幸勿以爲空言而輕讀之也。

《晦庵文集》卷五八。

案：書中言及“今春不幸長子喪亡，哀痛不堪，亟請祠以歸”，又云“即此盛夏雨寒，遠惟侍奉佳福”。朱熹紹熙二年因長子卒，自漳州請祠回，五月二十四日歸寓建陽，故推知本書撰於是年（1191）五、六月之際。

宋之汪

宋之汪，字容之，成都雙流（今屬四川）人。宋若水三子。《晦庵文集》卷九三《運判宋公墓誌銘》。

朱熹《答宋容之之汪》：

所喻讀書未能有疑，此初學之通患。蓋緣平日讀書只爲科舉之計，貪多務得，不暇子細慣得意思。長時忙迫，凡看文字，不問精粗，一例只作如此涉獵。如東坡《易解》《乾》卦中説性命、《繫辭》中説道處數章，及潁濱解《孟子》浩然之氣處，皆是此類，無一字成言語。今當深以此事爲戒，洗滌淨盡，別立規模，將合看文字擇其尤精而最急者，且看一書，一日隨力且看一兩段，俟一段已曉，方換一段，一書皆畢，方換一書。先要虛心平氣，熟讀精思，令一字一句皆有下落，諸家注解一一通貫，然後可以較其是非，以求聖賢立言之本意。雖已得之，亦且更如此反復玩味，令其義理浹洽於中，淪肌浹髓，然後乃可言學耳。只如所論《大學》以正心誠意爲本，此便是不子細處。且請試考經文，正心誠意、致知格物何者爲先後耶？其他如"好樂苟善，不害於正"之說、"必有事焉而勿正心"之說、"敬必以誠爲先"之說，亦互有得失。但終是本領未正，未容輕議。便使一一剖析將去，亦恐未必有益。可且就此三四義上子細思索。"勿正心"，即更看古注及諸先生說，後便見喻爲佳。就此反復，殊勝泛論也。大抵科舉之學誤人知見，壞人心術，其技愈精，其害愈甚。正恐前日所從師友多是只得此流，今以上來諸說求之，則比所聞於石鼓者，恐亦未免於此也。《晦庵文集》卷五八。

案：朱熹《答宋深之》（所喻《大學》以格物爲先）有云"竊意此病從平日科舉之學壞了心術，致得如此。適答子容書已極言之矣"，"子容"疑當作"容之"。《晦庵文集》卷五八。本書云及"大抵科舉之學誤人知見，壞人心術，其技愈精，其害愈甚"，當即指此。《答宋深之》撰於淳熙十六年（1189）初，本書撰於稍前。

宋之源

宋之源（？—1221），字深之，成都雙流（今屬四川）人。宋若水長子。《晦庵文集》卷九三《運判宋公墓誌銘》。初字積之，朱熹爲更曰深之。以父任入官，爲江原縣尉、茂州司户、龍游令。會吳曦之亂，解印綬去。後當路者以名聞，通判邛州，知龍州、洋州、雅州，又知嘉定府，嘉定十四年卒。事迹見魏了翁《鶴山集志》卷七二《知嘉定府宋君之源墓誌銘》。

朱熹《答宋深之之源》：

熹往者入城，幸一再見，雖人事忽忽，未得款語，然已足以自慰矣。別後不得奉問，積有馳情，兹辱惠書，獲聞比日侍奉佳慶，進學有日新之功，尤以忻沃。經史諸説，足見玩理修辭之意，可爲後生讀書之法。屬以病目，方讀得一二篇，其詞氣深博而義理通暢，甚可喜也。異時益求勝己之友，相與講明古人爲己之學而力行之，則其所進當有不止於此者矣。

三聖相授"允執厥中"，與孟子所論"子莫執中"者文同而意異。蓋精一於道心之微，則無適而非中者，其曰"允執"，則非徒然而執之矣。子莫之爲執中，則其爲我不敢爲楊朱之深，兼愛不敢爲墨翟之過，而於二者之間執其一節以爲中耳。故由三聖以爲中，則其中活；由子莫以爲中，則其中死。中之活者，不待權而無不中；中之死者，則非學乎聖人之學，不能有以權之而常適於中也。權者，權衡之權，言其可以稱物之輕重，而游移前却以適於平，蓋所以節量仁義之輕重而時措之，非如近世所謂將以濟乎仁義之窮者也。

　至於孔、孟言性之異，則其説又長，未易以片言質。然略而論之，則夫子雜乎氣質而言之，孟子乃專言其性之理也。雜乎氣質而言之，故不曰同而曰近，蓋以爲不能無善惡之殊，但未至如其所習之遠耳。以理而言，則上帝之降衷、人心之秉彝，初豈有二理哉？但此理在人有難以指言者，故孟子之告公都子，但以其才與情者明之。譬如欲觀水之必清，而其源不可到，則亦觀諸流之未遠者，而源之必清可知矣。此二義皆聖賢所罕言者，而近世大儒如河南程先生、横渠張先生嘗發明之，其説甚詳。具在方册者，今倉司所印《遺書》即程氏説，而張氏之書則蜀中自有版本，不知亦嘗考之否？

　熹自十四、五時得兩家之書讀之，至今四十餘年，但覺其義之深、指之遠，而近世紛紛所謂文章議論者，殆不足復過眼。信乎孟氏以來一人而已。然非用力之深者，亦無以信其必然也。舊嘗擇其言之近者別爲一書，名《近思録》，今往一通。了翁《責沈》墨刻，亦可見前輩師友源流，併以奉寄。幸細讀之，有疑復見告也。令弟叔、季《詩》、《易》之説亦甚詳明，區區所望，蓋不殊前之云也。《晦庵文集》卷五八。

　　案：下書（且附去《大學》）言及“前日臨歧，不勝忡悵”，而本書乃言“別後不得奉問，積有馳情，兹辱惠書，獲聞比日侍奉佳慶，進學有日新之功”，知在其前。據朱熹《運判宋公墓誌銘》云宋若水"提舉江東常平等事,上稱公誠實,俾移福建"。《晦庵文集》卷九三。又據《南宋館閣錄續錄》卷七,宋若水淳熙十年六月除秘書丞,九月爲福建路提舉。又朱熹《衡州石鼓書院記》云淳熙十二年復修衡州石鼓書院,"今使者成都宋侯若水子淵又因其故而益廣之,別建重屋,……踰年而後落其成焉。於是宋侯以書來"云云。記文撰於淳熙十四年丁未歲夏四月。《晦庵文集》卷七九。由此推知宋若水於十三年到任湖南提刑,而其提舉福建常平任滿當在淳熙十二年中。宋之源當侍從其父官閩,此時隨父離任,而別朱熹。故推知本書約撰於十二年(1185)秋間。又本書中言及"熹自十四、五時得兩家之書讀之,至今四十餘年",淳熙十二年朱熹五十六歲。

又,魏了翁《知嘉定府宋君之源墓誌銘》云宋之源"他日又出文公所與問答曰中、曰性、曰知止、曰格物此類凡數帖。方文公以講道雲谷,四方學者皆歸之。君之羣從首得其《語》、《孟》、《中庸》、《大》、《小學》諸書。……吏部(宋若水)使湖南,劉子澄清之守衡陽。文公謂五峯胡子、南軒張子流風遺韻多在湖湘,俾君即劉訪焉。至衡,則又得永嘉戴少望從而師之,由是聞見日廣。余嘗因是而重有感焉。且吏部使閩,未遑他務,而訪道于文公,又遣其三子從之游。

彼之俗吏能知是乎？三子克承父志，數以經史疑義請問于文公，今見于書疏者凡五六往返。彼居驕習靡者能知是乎？三子年少初學，而文公已汲汲然翕受而循誘之，降心空臆，若施諸大徒高第者。既又以見此道孤立，苟以是心至，則未嘗無誨也”。《鶴山集》卷七二。

朱熹《答宋深之》：

且附去《大學》、《中庸》本，《大》《小學序》兩篇，幸視至。《大學》當在《中庸》之前，熹向在浙東刻本，見爲一編。恐勾倉尚在彼，可就求之。此三本者，昆仲且分讀也。近年學者多不讀書。見昆仲篤志如此，甚不易得。所恨相聚之晚，不得盡吐腹心。前日臨歧，不勝忡悵。然講學貴於實見義理，要在熟讀精思，潛心玩味，不可貪多務得、搜獵敷衍，便爲究竟也。二序待次略爲呈白，恐有指摘處，便中幸喻及也。《晦庵文集》卷五八。

案：書中云“熹向在浙東刻本，見爲一編。恐勾倉尚在彼，可就求之”，勾倉指勾昌泰，《會稽續志》卷二載勾昌泰於淳熙十年閏十一月初八日到任提舉浙東常平，十二年十月二十二日除浙西提刑。故推知本書當撰於淳熙十二年十月、十一月之際。

朱熹《答宋深之》：

示喻爲學之意，益以精專，而兄弟相勉，見於詩什，深慰老懷。又知更有蘇、范諸賢相與切磋，尤以爲喜。所問持養觀書之説，前此講之已詳，約而言之，持養之方不過"敬"之一字，而讀書則世間無一事是不合知者，但要循序量力而進耳。五峯之書，《知言》爲精，然其間亦不能無小小可議處，其他往往又不能及，故向來敬夫不欲甚廣其傳。今想廣仲之意，恐亦有所難言者，非靳惜也。南軒文，此間鏤版有兩本，其一熹爲序者，差不雜；黄州亦有官本，篇秩尤多，然多是少作，可恨也。此間本無見存者，不及寄去，後得之當別附便耳。然讀書要須辨得精粗得失，乃於己分有益。若但泛然看過，即枉費功力矣。韓子於道，見其大體規模極分明，但未能究其所從來，而體察操履處皆不細密。其排佛、老，亦據其所見而言之耳。程先生説《西銘》乃《原道》宗祖，此言可以推其淺深也。近似之説，固應辨析，以曉未悟，然須自見得己分上道理極分明，然後可以任此責；如其未然，而欲以口舌校勝負，恐徒起紛競之端，而卒無益於道術之明暗也。孟子論鄉原亂德之害，而卒以君子反經爲説，此所謂上策莫如自治者。況異端邪説日增月益，其出無窮，近年尤甚，蓋有不可勝排者。惟吾學既明，則彼自滅熄耳。此學者所當勉，而不可以外求者也。澤之、容之不及別狀，意不殊前。相望數千里，會見無期，惟千萬力學自愛。《晦庵文集》卷五八。

案：據朱熹《張南軒文集序》，序成於淳熙甲辰（十一年）十二月辛酉（六日）。《晦庵文集》卷七六。本書中有言"南軒文,此間鏤版有兩本,其一熹爲序者,差不雜。……此間本無見存者,不及寄去,後得之當別附便耳",又言"相望數千里,會見無期",故推知此時宋之源侍父官湖南,則本書約撰於淳熙十三年(1186)間。

朱熹《答宋深之》:

《大學》是聖門最初用功處,格物又是《大學》最初用功處。試考其説,就日用間如此作功夫,久之意思自別,見得世間一切利欲好樂皆不足以動心,便是小小見效處也。荀、楊言性得失,忘記前語首尾云何。然此等處,若於自己分上見得分明,則亦不待人言,自然見得矣。但恐讀書之時無爲己之意,只欲以資口耳、作文字,即意思浮淺,看他義理不出也。《晦庵文集》卷五八。

案:上書(熹往者入城)論及"至於孔、孟言性之異,則其説又長,未易以片言質",而本書乃云"荀、楊言性得失,忘記前語首尾云何",當承其論述而來,且又相隔有間,故推知本書約撰於淳熙十四年(1187)或稍後。

朱熹《答宋深之》:

示喻知止之説,足見留意。然所謂止,乃萬物各有定理之謂。要在格物窮理,乃可知之,知之不疑,然後此心有定而可以應物,非強遏而力制之也。格物功夫,前書已再錄去,然亦未盡,且夕當再寫一本去也。前本千萬且勿示人,看令有疑處,乃有進處耳。科舉事業,初無高論,賢者俯就,蓋有餘力。既知有命之説,則日用之間内外本末不須作兩截看,必先了此,然後及彼也。戴監廟久聞其名,講學從容,必有至論。季隨、允升相聚,各有何説?因來一一錄示,庶知彼中進學次第也。《晦庵文集》卷五八。

　　案:上書(《大學》是聖門最初用功處)云及"《大學》是聖門最初用功處,格物又是《大學》最初用功處",而本書有言"示喻知止之説,足見留意。然所謂止,乃萬物各有定理之謂。要在格物窮理,乃可知之,知之不疑,然後此心有定而可以應物,非強遏而力制之也。格物功夫,前書已再錄去,然亦未盡,且夕當再寫一本去也",似在其後,約撰於淳熙十五年(1188)前後。

朱熹《答宋深之》:

　　所喻《大學》以格物爲先,此得之矣。但以致知爲致其所以格物,而謂格物爲及人及物之事,則似於文義殊未詳也。向來寫去《大學》説,其間固未盡善,近已復多改更,然其所載程先生説,此二處文理極分明,又并功夫節次一時俱盡,不知何故看得如此草率?竊意此病從平日科舉之學壞了心術,致得如此。適答子容書已極言之矣。

孔子曰："古之學者爲己，今之學者爲人。"程先生曰："爲己者，欲得之於己也。爲人者，欲見知於人也。"又曰："女爲君子儒，無爲小人儒。"程先生曰："君子儒爲己，小人儒爲人。"此是古今學者君子、小人之分，差之毫釐、繆以千里處，切宜審之。《晦庵文集》卷五八。

　　案：本書有云"所喻《大學》以格物爲先，此得之矣。但以致知爲致其所以格物，而謂格物爲及人及物之事，則似於文義殊未詳也"，又云"向來寫去《大學》説，其間固未盡善，近已復多改更"，其"近已復多改更"，當指所謂《大學章句》。故推知本書當在下書（示喻《大學》所疑）前，約在淳熙十六年（1189）初。

朱熹《答宋深之》：

　　示喻《大學》所疑，已悉。格物無傳，爲有闕文，《章句》已詳言之。卒章是推治國之道以平天下，文意甚明，亦已詳説。不知何故尚以爲疑？豈讀之未熟耶？更宜玩味，不厭煩復，則自分明矣。格物致知是《大學》第一義，脩己治人之道無不從此而出，終身要得受用，豈是細事？來喻乃欲不勞而俟其自格，一何言之易耶？近世學者氣輕質薄，不耐持久，每以欲速之心，懷徼幸躐等之望，又有科舉世俗之學以奪其志，所以常若有所驅脅迫逐，而不暇從容以及乎有成也。《晦庵文集》卷五八。

　　案：朱熹《大學章句》序定於淳熙十六年春，本書言及"格物無傳,爲有闕文,《章句》已詳言之。……不知何故尚以爲疑? 豈讀之未熟耶?"當在其後。又朱熹《答劉德修》有云"頃在臨漳刊定經子,粗有補於學者。前此欲寄傳之及宋子淵家,而便人不爲帶行。今內一通,幸爲過目。……《大學》鄙説一通并往,所懇不殊前也"。《晦庵文集》別集卷五。故推知其約撰於紹熙三年(1192)前後。

蘇　溼

蘇溼,字晉叟。餘不詳。

朱熹《答蘇晉叟溼》:

示喻爲學之意,比之前日加通暢矣。"牛山之木"一章,比類觀之,甚善。但論心與性字,似分別得太重了,有直以爲二物而各在一處之病。要知"仁義之心"四字便具心性之理,只此心之仁義,即是性之所爲也。梏之反覆,非顛倒之謂,蓋有互換更迭之意,如平旦之氣爲旦晝所爲所梏而亡之矣,以其梏亡,是以旦晝之所爲謬妄愈甚,而所以梏亡其清明之氣者愈多。此所以夜氣不足以存其仁義之良心也。舊説"夜氣不存"非是,唯程先生説"夜氣之所存者,良知也,良能也",此語最分明,更詳之。"是豈人之情也哉",此句解得亦太迂曲。存亡出入一節,乃是正説心之體用其妙不測如此，非獨能安靖純一，亦能周流變化，學者須是著力照管，豈專爲其已放者而言耶？今專指其安靖純一者爲良心，則於其體用有不周矣。書中所論性情者得之，但亦須更以“心統性情”一句參看，便見此心體用之全，自寂然不動以至感而遂通天下之故，無非此心之妙也。

《儀象法要》頃過三衢已得之矣，今承寄示，尤荷留念。但其間亦誤一二字，及有一二要切處却説得未相接。不知此書家藏定本尚無恙否？因書可稟知府丈丈再爲讎正，庶幾觀者無復疑惑，亦幸之甚也。《西銘説》極可笑，渠今春寄來，前日紛紛，此亦其一端。後來又嘗請對，詆橫渠尤力，不答乃退。向非天日清明，此亦足爲學者之禍也。《晦庵文集》卷五五。

案：本書校記：“即是性之所爲也”句下，浙本有“來喻第一條語多重複間隔，更當熟玩爲佳耳”十八字。

本書中云“《西銘説》極可笑，渠今春寄來，前日紛紛，此亦其一端”，乃指淳熙十五年中朱熹赴京，六月一日兵部侍郎林栗來訪，論《易》、《西銘》不合；七日奏事延和殿，八日除兵部郎官，九日林栗上章彈劾朱熹；十二日朱熹離臨安而歸，七月上旬抵家，隨即上章請祠；二十五日林栗遭劾，出知泉州；二十六日朱熹主管西京崇福宮。《年譜長編》卷下。故推知本書約撰於是年（1188）八、九月間。

朱熹《答蘇晉叟》：

示喻已悉。但“心統性情”一語更宜玩味，令其同異分合之際判然不疑，即於窮理脩身到處得力耳。《易》圖昨亦有書粗論其意，後來有少改更，脩版未畢，它日當寄去。《論孟解》乃爲建陽衆人不相關白而輒刊行，方此追毀。然聞鬻書者已持其本四出矣，問之當可得，然乃是靜江本之未脩者，亦不足觀也。近爲此事所撓，甚悔傳出之太早也。《晦庵文集》卷五五。

案：上書（示喻爲學之意）有曰“但亦須更以‘心統性情’一句參看”，而本書乃曰“但‘心統性情’一語更宜玩味”，知承其後，推知約在是年冬間。

朱熹《答蘇晉叟》：

別紙所示，一一報去。程先生云“性即理也”，此言雖約，而甚親切，有喚省人處，可更就此思之。大抵讀書且當隨文熟看，俟其詞旨曉析貫通，然後自有發明。未可遽捨本文，別立議論，徒長虛見，無益於實也。

溱竊謂性體純靜，無善惡之可名、愚知之可分，而情與才者，則實寓於此性。夫人稟賦之初，自非聖人生知安行，不俟矯揉，其他氣質往往滯於一偏，而才也者遂有高下清濁之異。人苟隨其所偏而任其情，則賢者僅止於賢，而不賢者無復可反，善惡之流自此分矣。則是學之不可以已，故賢者即其才之善而抑其偏，則情之所發無非循性之自然，久久不已，得性之全，則與聖人一矣；不賢者即其才之不善而矯其偏，則情之所發始能裁制，以求合乎天理之正，進進不已，漸履其常，常而久之，則亦純合乎此性固有之善，而與聖人亦一矣。故循性之情，則情不離性；情隨質遷，則性因習遠。情不離性，聖域攸歸；性因習遠，終焉下愚。《中庸》曰"及其知之，一也"，又曰"及其成功，一也"。至一之地，其純静明潔大同之始乎？致一之功，其博學篤志不已之力乎？溙擬欲以是爲性情與才之辨，乞賜批誨。

性情與才之辨，當熟考孟子及程先生諸說而反之於身，即今何者是性，何者是情，何者是才，須令一一實有下落，方有下功夫處。如此泛論，非惟條理不明，名言多誤，而用力處亦不親切。更幸思之。

溙竊謂易之體用，天地人物安然自有至信至順底道理，停停當當，不以人而過，不以人而不及，此易之體也。中也，宜也，時也，犁然一契於至當之理，此易之用也。人何以晦是之體，反是之用？夫人，汩之以情僞，亂之以私欲，回視其身，不啻如虛舟飄瓦，尚何覺知此體此用爲如何哉？必也主敬以直其內，立義以方其外，損益盛衰之理，隨時裁制，以就其宜，自然出入起居之際，易之全體不隔毫釐，而易之大用無或偏蔽，體用混融，妙理純契，一天地之闔闢，會鬼神之動静，至矣盡矣，不可有加矣。溙擬欲如是讀《易》，乞賜批誨。

《易》本卜筮之書,而其畫卦、繫辭分別吉凶,皆有自然之理。讀者須熟考之,不可只如此想象贊歎。若可只如此統說便了,即夫子何用絕韋編而滅漆簡耶?

學原於思,不思則不得。然而湊竊復以謂覬得之之心,又學者之患,不審先生以爲然否? 更乞誨教。

方其思時,自是著覬得之心不得,但思則自當有得,如食之必飽耳。

湊竊謂學者儘收斂、儘安靜,去道儘近;儘放逸、儘流蕩,去道儘遠。不知先生以爲如何?

理固如此,不須如此安排。後章倣此。

程先生云:"'知至至之',始條理也;'知終終之',終條理也。"其義何如? 乞賜批誨。

學者之初,須是知得到,方能行得;末後須是行得到,方是究竟。故程先生又云:"知至至之主知,知終終之主行。"此語亦可更考玩也。《晦庵文集》卷五五。

案:上書(示喻已悉)有云"但'心統性情'一語更宜玩味,令其同異分合之際判然不疑,即於窮理脩身到處得力耳",而蘇湊問書乃有請"爲性情與才之辨"等,故朱熹爲本書"一一報去"。故推知其似承上書,約在淳熙十六年(1189)間。

朱熹《答蘇晉叟》:

所喻大概皆近之,但頗傷冗雜,及論"仁"字未當。更宜虛心玩味，不必外求，但將此見在所説者子細反復之，自然見得簡約條暢也。持敬、格物功夫本不相離，來喻亦太説開了。更宜審之，見得不相離處，日用間方得力耳。《晦庵文集》卷五五。

> 案：本書撰時未詳。然書中論"仁"、論"持敬、格物功夫"，疑在淳熙末。待考。

朱熹《答蘇晉叟》：

示及《自警》詩，甚善。然頗覺有安排湊合之意，要須只就日用分明要切處操存省察，而此意油然自生，乃佳耳。《晦庵文集》卷五五。

> 案：本書撰時未詳。書中論及"要須只就日用分明要切處操存省察"，疑在淳熙末、紹熙初。待考。

朱熹《答蘇晉叟》：

所示文字足見潛心之力，但却須更於分明平實處看，乃見端的。一向如此，恐浸淫入禪學去矣。《晦庵文集》卷五五。

> 案：本書撰時未詳。書中論及讀書"須更於分明平實處看"，不然"恐浸淫入禪學去矣"，疑亦在淳熙末、紹熙初。待考。

朱熹《答蘇晉叟》：

先墓之文，每以爲念。前此病足之後，脾胃衰弱，不能飲食，精力疲怠，不能支吾，近方小康，而目盲愈甚，其一已不復見物矣。加以應接紛紜，日間見客、寫書，更無少暇，以故久未能下筆。積欠頗多，非獨賢者所屬爲然也。今又重以僞學得罪明時，姓名踪迹無日不掛議者之口，又豈作爲文字、治伐金石之時耶？所示文字敬且收藏，萬一未死之間，幸蒙寬恩，蕩滌瑕垢，乃當有以報耳。在親迎黄巖未歸，正以向來奏補僥冒自疑，未敢令赴試也。《晦庵文集》卷五五。

案：書中言“今又重以僞學得罪明時，姓名踪迹無日不掛議者之口”，知在慶元黨禁時。又書中云及“在親迎黄巖未歸”，在即朱熹三子朱在。朱熹《答應仁仲》（久不聞問）有云“小兒歸被告，乃知向來體中嘗不佳”，《晦庵文集》卷五四。應恕（仁仲）處州人，朱在自武夷去黄巖“親迎”，往來需經處州，故有“小兒歸被告”之語。《答應仁仲》撰於慶元三年上半年，故推知本書約撰於是年（1197）春間。

孫逢吉

孫逢吉（1135—1199），字從之，號静閑居士，吉州龍泉（今江西遂川）人。登隆興元年（1163）進士第。紹熙元年（1190）遷秘書郎兼嘉王府直講，二年擢右正言。出爲湖南提刑，以秘書監召，兼吏部侍郎。“會彭龜年論韓侂

胄專僭,出補郡,逢吉入疏"力争之,遂出知太平州,提舉
江州太平興國宫。起知贛州。慶元五年四月卒,年六十
五,樓鑰《攻媿集》卷九六《寶謨閣待制獻簡孫公神道碑》。諡獻
簡。與弟逢年、逢辰皆有文學行義,時稱"孫氏三龍"。
《宋史》卷四〇四有傳。

孫逢吉《答朱子議山陵書》:

理之所不可憑者,事之所不可從也;義之所不可推
者,説之所不可誣也。今朝論紛紛,罔所適從,而吾謂國
音之謬,其辨有五:堪輿之説,始於晉郭璞之《青囊經》,
所論龍穴、砂水、氣脈、生尅之類,雖亦可備參考,要未聞
以五音定方位也。如謂五音盡類羣姓,塚宅向背各有所
宜,則自晉迄唐不聞,南自南,北自北。即我朝發迹之符,
亦所向不侔,而太祖定鼎,啟佑無疆,數往知來,此理之不
可通者一。五音所以審樂,高下清濁之中,而又有變宫變
徵,以申七律之奇。使屬角而必南,則屬宫、屬徵必又有
變易其位,而以爲不可拘者矣,何有於西南之必得,而東
北之必失? 此理之不可通者二。山起於西北,南首北向,
必氣之自西北而轉南也。角宜於南,則將使宫、商而轉角
也乎? 此理之不可通者三。天文之與地理,日星河嶽,兩
兩相印,以五音而下附於地理,則更以五音而上附於天
文。人君體天出治,向明之義,恭己南面。充臺史之見,
勢必使午門更子,一切朝宇之制,悉向陰而背陽,而當位

正中之體，又可移就？此理之不可通者四。天道三十年
一小變。古冬至日在牽牛，而今在壁，膠乎成見，則三代
之祖，皆帝嚳之後，今其子孫，將必塚宅如一，而不得西南
其戶，東北其塚也哉？此理之不可通者五。要之，天子不
可以姓拘也。天子父天而母地，則其姓原於天也。本支
百世，統乎玉牒，仍祖宗之舊而誌其姓，所以演天潢之派，
而大一統也。奚必拘一字而屬之於音？屬之於音，不
□□於方向也哉？且上古之世，人各異其姓，姓各異其
人，又何姓之拘於一定也乎？准理度義，臺史浮辨影響之
談，誠不足道；而乃水泉之害，偪仄殘破之虞，明知不顧，
無稽罔上，不容不議。而諸臣不諳其術，不能條分縷悉，
堅排其非。趙彥逾謂其土肉淺薄，下有水石。予尋覆按，
以少寬日月，別求吉兆，上瀆聖聰。一時權宜，不得不爾。
若限於七月之期，因循臺史之誑，致壽皇聖體神靈不安。
聖天子業有明詔，卒惑於庸妄不經之論，屬在臣子，何以
居心？來翰所示，甚合吾見，特前所呈議狀，不能盡抒鄙
見，今辱惠書，故復略而言之。《全宋文》卷五八二九。

　　案：黃榦《朱先生行狀》云朱熹"遂拜命。會趙
　　彥逾按視孝宗山陵，以爲土肉淺薄，掘深五尺，下有
　　水石，旋改新穴，比舊僅高尺餘。孫逢吉覆按，亦乞
　　少寬日月，別求吉兆。有旨集議，臺史憚之，議遂中
　　寢。先生竟上《議狀》，言：'壽皇聖德神功，宜得吉
　　土，以奉衣冠之藏，當廣求術士，博訪名山，不宜偏信

臺史罔上誤國之言,固執紹興坐南向北之説,委之水
泉沙礫之中、殘破浮淺之地。'不報"。《勉齋集》卷三
六。朱熹上《山陵議狀》於紹熙五年(1194)十月十
日。本書乃孫逢吉答朱熹來書,約撰於是月中下旬。

孫 僑

孫僑,長興(今屬浙江)人。乾道八年(1172)壬辰黄
定榜進士。《浙江通志》卷一二五。淳熙中權知都昌縣。

朱熹《回都昌知縣啓》:

分符假守,深懷躐次之慚;抗疏投閒,久露由衷之請。
誤英僚之雅眷,辱華問以爲榮。伏惟某官器宇宏深,才猷
敏邵。銅章墨綬,煩暫試於鳴絃;錯節盤根,顧何勞於遊
刃?會聞課最,別奉詔除。熹久與世疏,難堪吏役。儻階
聯事,庶獲蒙成。悵病疾之有加,不任牽勉;念合并之無
日,祗益傾馳。《晦庵文集》卷八五。

案:朱熹《奏乞推賞賑濟上户》中云及"迪功郎、
監城下酒税、權都昌縣事孫僑",《晦庵文集》別集卷七。
時淳熙七年中。故本書有"銅章墨綬,煩暫試於鳴
絃"之語,又言"會聞課最,別奉詔除",已授正任;又
言"悵病疾之有加,不任牽勉;念合并之無日,祗益傾
馳",故推知本書當約撰於朱熹離南康知軍任時,約

在淳熙八年(1181)春間。

孫庭詢

孫庭詢,紹熙末官迪功郎,主常州宜興縣學。

孫庭詢《與朱元晦書》:

吾邑之學,久廢不治。自今明府之来,即有意焉,而
縣貧不能遽給其費,乃稍葺其所甚敝,亟補其所甚缺,且
籍閒田五千畝以豐其廩,斥長橋儳金歲入七十餘萬以附
益之,爲置師弟子員,課試如法,而又日往遊焉,躬爲講
論,開之以道德性命之指,博之以詩書禮樂之文,使其知
士之所以學,蓋有卓然科舉文字之外者。於是縣人學子
知所鄉慕,至於里居士大夫之賢者,亦攜子弟来聽席下,
無不更相告語,更相勉勵,而自恨其聞之之晚也。退而相
與出捐金齎,以佐其役。合公私之力,得錢幾七百萬,而
學之内外,焕然一新。堂涂門廡,靡不嚴備,象設禮器,皆
應圖法。蓋高君之於是學,非獨其經理興築之緒爲可書,
而其所以教者,則非今世之爲吏者所能及,而邑之人材風
俗,實有賴焉。幸夫子之悉書之,以告来者於無窮,則諸
生之望也。《晦庵文集》卷八○《常州宜興縣學記》。

　　案:朱熹《常州宜興縣學記》云"紹熙五年十二
月,宜興縣新修學成。明年,知縣事、承議郎括蒼高

君商老以書来請記,而其學之師生迪功郎孫庭詢、貢士邵機等數十人,又疏其事以来告曰:'吾邑之學……'"記文撰於慶元元年春三月庚申朔。《晦庵文集》卷八○。故推知本書約撰於是年(1195)初。

孫應時

孫應時(1154—1206),字季和,餘姚(今屬浙江)人。乾道壬辰(1172)入太學,弱冠從象山陸九淵,悟存心養性之學。登淳熙乙未(1175)進士第,爲黃巖尉。"朱文公熹爲常平使者,一見即與定交"。紹熙壬子(1192)入蜀帥丘崈制幕,改知平江府常熟縣,授通判邵武軍,將赴而卒,年五十三。自號燭湖居士。有文集十卷。《會稽續志》卷五。

朱熹《答孫季和_{應時}》:

某到此,緣所請未報,邦人恐虎兕復出於柙,邀留不得去。已申省且留此矣。黃巖糴濟,得伯和諸公在此商量,雖未有定論,然亦當不至疏脱。但水利一事,諸公以爲非得一見任官主持不可下手。某已撥萬緡,今使與食利人户興役矣。諸人欲得賢者復來,見欲差出縣丞,却煩吾友攝其事,主此工役,不知可來否? 專令此人奉問,幸子細籌度見報。若不穩當,則當別爲申奏,專差措置水利,亦無不可。但在賢者之來與否耳。如不可来,幸爲計度見任官中有何人可委。謝戶如何？欲煩詢之，不知渠肯來否？此事非小，若得黃巖無水旱，則鄰邑俱無飢饉之憂。向後乞得錢，更增益之耳。度本路水利未有大於此者。

餘姚之旱與上虞分數如何？幸博詢見諭。《晦庵文集》別集卷三。

案：朱熹於淳熙九年（1182）七月巡歷屬境，二十三日入台州城，八月中撥錢黃巖縣修水閘，十八日離台州。《年譜長編》卷上。本書中言及"但水利一事，諸公以爲非得一見任官主持不可下手。某已撥萬緡，今使與食利人戶興役矣"，乃推知其約撰於八月上半月。

朱熹《答孫季和》：

燭溪蕭寺，頃歲蓋嘗一至其間，今聞挾書過彼，亦有學子相從，不勝遐想也。精舍諸題悉煩着語，屬意皆不淺。三復歎想，恨不即同晤言也。比來觀書日用必有程度，及所得所疑有可見告者，因來及一二，以發講論之端爲幸。《晦庵文集》別集卷三。

案：朱熹《武夷精舍雜詠并序》云"經始於淳熙癸卯之春，其夏四月既望堂成，而始来居之，四方士友来者亦甚衆。……爲賦小詩十有二篇以紀其實"。《晦庵文集》卷九。當時諸士友多有和作，本書中所云"精舍諸題悉煩着語，屬意皆不淺"，即其中之一。故推知本書約撰於淳熙十年(癸卯,1183)夏、秋間。

朱熹《答孫季和》:

來喻諄悉,備詳爲學次第,甚慰所懷。大抵學者專務持守者見理多不明,專務講學者又無地以爲之本,能如賢者兼集衆善,不倚於一偏者,或寡矣。更望虛心玩理,寬以居之,卒究遠大之業,幸甚。

武夷佳句足見雅懷,更求小詩數篇,暇日見寄。《晦庵文集》別集卷三。

案:朱熹有《淳熙甲辰中春精舍閒居戲作武夷櫂歌十首呈諸同遊相與一笑》,《晦庵文集》卷九。此《武夷櫂歌》,當時諸士友多有和作,本書中所云"武夷佳句足見雅懷",即指此。故推知本書約撰於淳熙十一年(1184)春末、夏間。

孫應時《上晦翁朱先生書》:

某每日不敢全自懶廢,但書院中教數小子弟,無半日閒。讀書既少工夫,朋友相聚又濶,時一相過,或只閒語數刻,彼此俱成荒唐,以是空度日月。雖自謂念念不忘,追計則無新功。豈不每知愧懼,思自砥礪,顧亦易成消歇。先生罪其懦弱,此安所逃。但某自驗頃年雖頗分明奮迅,然却全無經歷,意象落空,只成輕妄。後來屢債屢起,不過如此。自去歲與子約相聚以來,乃稍收斂精神,向内實處較驗，大見欠闕。乃知俗心鄙習殊未能去，與古人相去何啻天壤。今來所用力處，且欲得信實不欺，虛己下人，取善掩惡，消磨平常矯僞好勝之心，庶幾循是以復乎情性之正，而益消其利欲之惡，病未能也。故且欲量力守分，簡靜自養，而不敢過意作之使高，恐虛高而實無積累之地耳。讀書未多，見理未廣，人情世故未諳，悉亦姑隨處自勉，未敢泛然欲速以自病其心。不知此後竟有至時否？逖遠師門，無由考質，愚意如此，敢盡稟露。望賜痛加警誨。《燭湖集》卷五。

案：朱熹下書（所喻平生大病最在輕弱）云及"近年以來，彼中學者未曾理會讀書脩己，便先懷取一副當功利之心，未曾出門踏著正路，便先做取落草由徑之計，相引去無人處私語密傳，以爲奇特，直是不成模樣，故不得不痛排斥之。不知子約還知外面氣象如此否耳"，而本書有云"自去歲與子約相聚以來，乃稍收斂精神，向内實處較驗，大見欠闕"，疑孫應時與呂祖儉相聚，朱熹遂有"不知子約還知外面氣象如此否耳"之問。故推知本書約撰於淳熙十二年（1185）春中。

朱熹《答孫季和_{應時}》：

所喻平生大病最在輕弱，人患不自知耳。既自知得如此，便合痛下功夫，勇猛舍棄，不要思前算後，庶能矯革,所謂"藥不瞑眩,厥疾不瘳"者也。明善誠身,正當表裏相助,不可彼此相推。若行之不力而歸咎於知之不明,知之不明而歸咎於行之不力,即因循擔閣,無有進步之期矣。它論數條,亦所當講,別紙奉報,幸併詳之。櫽括程書,豈所敢當?當時諸先達蓋嘗有欲爲之而未果者,然自今觀之,却似未爲不幸。況後學淺陋,又安敢議此乎?

　　子約漢、唐之論,在渠非有私心,然亦未免程子所謂乃邪心者,却是教壞後生,此甚不便。近年以來,彼中學者未曾理會讀書脩己,便先懷取一副當功利之心,未曾出門踏著正路,便先做取落草由徑之計,相引去無人處私語密傳,以爲奇特,直是不成模樣,故不得不痛排斥之。不知子約還知外面氣象如此否耳?《晦庵文集》卷五四。

　　案:本書與下二書(《中庸章句》)、(《太極》之説與《繫辭》詳略不同)原合作一書。然下書(《中庸章句》)有云"但亦不無前幅所論兩字之病謂'輕弱'耳",乃指本書"所喻平生大病最在輕弱",顯屬二書。又下書(《中庸章句》)論及"《中庸章句》、《太極解義》方是略説大概,若論裏面道理,精微曲折,知它是更有何窮何盡,未須便慮説得太詳",下書(《太極》之説與《繫辭》詳略不同)又云"《太極》之説與《繫辭》詳略不同,乃是互相發明以盡精微之藴,最爲有功",推敲詞義,亦非一書。

　　又,本書云及"子約漢、唐之論,在渠非有私心,然亦未免程子所謂乃邪心者，却是教壞後生，此甚不便。……故不得不痛排斥之。不知子約還知外面氣象如此否耳"。陳亮《乙巳春（答朱元晦秘書）書之二》（比者怱怱奉狀）有云"某大概以爲三代做得盡者也，漢、唐做不到盡者也"。《陳亮集》卷二〇。而朱熹《答呂子約》（熹再叨祠禄，遂爲希夷法眷）又云"同父後來又兩得書，已盡底裏答之。最後只問他三代因甚做得盡，漢、唐因甚做得不盡，見頓著聖賢在面前，因甚不學，而必論漢唐"。《晦庵文集》卷四七。與本書云云相合。當時朱熹與陳亮、呂祖儉論辯及漢、唐事功，故與孫應時書中言及之。陳亮《乙巳春（答朱元晦秘書）書之二》撰於淳熙十二年三月間，故推知本書約撰於是年夏中。

朱熹《答孫季和_{應時}》：

《中庸章句》、《太極解義》方是略説大概，若論裏面道理，精微曲折，知它是更有何窮何盡，未須便慮説得太詳，且當以玩味未熟、分畫未明爲憂。蓋自頃年妄作此書，至今未見有人真實下功理會到究竟處也。《大事記》數條，其間誠有可疑者。如韓信事，向來伯恭面論，蓋嘗曰其不反，不知後來看得如何？須是別看出情節來，不然不應如此失入也。此可更問子約，看如何。然渠此書却實自成一家之言，亦不爲無益於世。鄙意所疑，却恐其間注脚有太纖巧處。如論張湯、公孫弘之姦，步步掇拾，氣象不好，却似與渠輩以私智角勝負，非聖賢垂世立教之法也。諸詩語意清遠，讀之令人想見湖山之勝，但亦不無前幅所論兩字之病謂"輕弱"。耳。《子陵》、《仲弓》二絕則甚佳。嘗觀荀淑能譏刺梁氏，而爽已不敢忤董卓，至或遂爲唐衡之壻、曹操之臣。人家父祖壁立千仞，子孫猶自倒東來西，況太丘制行如此，其末流之弊爲賊佐命，亦何足怪哉！《晦庵文集》卷五四。

    案：本書乃承上書（所喻平生大病最在輕弱），參見上書之考證。

朱熹《答孫季和_{應時}》：

《太極》之説與《繫辭》詳略不同，乃是互相發明以盡精微之蘊，最爲有功。若只依本分模揭，則亦何用增此贅語，而學者又何由知得其中有許多曲折耶？大抵近日議論喜合惡離，樂含胡而畏剖析，所以凡事都不曾理會到底，此一世之通患也。

明道答橫渠書誠似太快，然其間理致血脈精密貫通，儘須玩索。如大公順應，自私用智，忘怒觀理，便與主敬窮理互相涉入，不可草草看過。如上文既云"以其情順萬事"，即其下云"而無情"亦自不妨。

明道、伊川論性疏密固不同，然其氣象亦各有極至處。明道直是渾然天成，伊川直是精細平實，正似文王治岐、周公制禮之不同，又似馬援論漢二祖也。

封建之論甚佳。范公之説，大抵切於時務，近而易行，但於制度規模久遠意思大段欠闕。如論租庸、兩税等處，亦甚疏略也。封建一事，向見胡丈明仲所論，大抵與來喻相似，不知曾見之否？要之，此論須以聖人不以天下爲一家之私作主意，而兼論六國形勢，以見其利害未嘗不隨義理之是非則可耳。以上諸説有未安處，却幸反復。《晦庵文集》卷五四。

> 案：本書乃承上書（《中庸章句》），參見上書（所喻平生大病最在輕弱）之考證。

孫應時《上晦翁朱先生書》：

昨者不揆僭冒，輒以先人銘碣爲請。三月十日間，所遣人方還，拜領書賜，慰拊矜惻，不簡賤愚，緘致賻布，誠意是將，而興哀幽魄，追嘉其平生，而惠許以不朽之託，不肖子孫將何以任此！舉家感動，知幸知懼。是月之末，崇禮被檄還自台州，來相與讀尊誨，相泣云：“還家下，當即遣人詣伺候。”於時極匆匆，某不能便拜書附之，而託崇禮以併請，然今未知其已遣與否？暑景如流，不勝笢笢之心，大恐兩成因循，謹作此稟，趣崇禮速發。兩家儻遂皆拜大賜，泉壤交榮，諸孤死無恨矣。哀懇哀懇。鄉邦不幸，石編修叔又下世，伏想先生聞之，尤爲悲傷。某憂居未嘗出門，然無以爲家，不免於湖濱蕭寺聚集二十餘生，近墓,且便家往來其間,病軀近稍勝前矣,恐欲賜知。《燭湖集》卷五。

案:石編修即石斗文,淳熙“十六年四月某日終於家”。《燭湖集》卷一〇《編修石公行狀》。本書有云“石編修叔又下世,伏想先生聞之,尤爲悲傷”,故推知其約撰於是年(1189)四、五月間。

朱熹《答孫季和》:

先志不敢忘,但以家居困賓客,無緣得就。今既之官,却恐應接稍希,可以具稿,便并送崇禮處,令轉致也。但書石須更屬人,蓋目昏殊甚,不堪此役。一破例之後,求者繼至,無詞可以却之。朋友間如楊子直書儘有法,如不識之,當爲轉求也。《晦庵文集》別集卷三。

案:“先志”,指朱熹爲孫應時先人所撰墓誌。書中云“今既之官,却恐應接稍希,可以具稿,便并送崇禮處,令轉致也”,當指朱熹赴漳州任。又孫應時下書(六月二十二日)有云“今春崇禮所遣人還,伏領賜報之重,不勝敬感”,當指朱熹本書,故推知本書約撰於紹熙元年(1190)春中。

孫應時《上晦翁朱先生書》:

六月二十二日,某拜覆先生知郡寶文郎中:今春崇禮所遣人還,伏領賜報之重,不勝敬感。比來杭都,得竊觀所遺應之近書,審已佩印開府,體力勝健。漳南僻遠,應接人事,簡於他邦。仁聲先路,固已消伏嚚獷,條流綱紀。拊馴兩月,伏想公堂穆然,不妨左詩右書之樂。即茲近秋,暑事行退,惟天壽斯文,尊候動止萬福。某憂苦病瘁,偶不即死,四月朔遂已免喪。追痛罔極之心,寧能有意斯世?母養所驅,強復求禄,已調嚴之遂安,今三年缺。選人試邑,衆謂非宜。然既無他覬倖心,姑惟地近,可以盡室同甘苦是計。獨恨太貧,又須復作時文保社,不得閉門盡力數書,以從素志,亦無可奈何也。某年已三十七,大禍以來,已覺目昏髮白,健忘特甚。此身他日不敢預知,惟是耿耿夙心,鄉慕義理,每對聖賢遺言,頗亦切身知味,邪思妄動隨自剛制,不至甚難。閱世淡泊,忮求亦寡。然而氣質未重,規矩未嚴,析理語滯,應事膽薄,自視枵然一庸人耳。故願委身師範,日月漸摩,庶幾變化之益。始涼秋負笈武夷,此志已決,今望治所道遠加倍,又復不能。伏惟先生憐軫特厚,念其如此,時教敕之。異時候伺請祠北還,猶可遂此大願也。寧海一釋子名正因者,頃深於禪,且有實行,已忽省念人倫天分不應絕滅,遂屏其書,歸心程子之訓,欲還冠巾,而母老無家,姑寄食一墓庵以爲養。其人未四十,言語氣象殊非苟然者。某未識之,然得之於寧海一學子王定,定與因同志,不妄也。先生記此人,終成就之,乃一奇事。附便貢橐。未究百一,惟乞相時保重,不備。《燭湖集》卷五。

案：朱熹於紹熙元年四月二十四日至漳州蒞任。本書中云"六月二十二日，某拜覆先生知郡寶文郎中"，又云"漳南僻遠，應接人事，簡於他邦。仁聲先路，固已消伏囂獷，條流綱紀。拊馴兩月"，故知其撰於是年六月二十二日，於朱熹抵漳州任職恰近兩月。

又，書中言"某年已三十七"，故推知孫氏生於紹興二十四年。

孫應時《上晦翁朱先生書》：

某年益長，讀書求己之念自不容不切，然不能儲菽水、逃山林，恐終汩沒妨奪，敢不兢兢自勉。惟淺暗疑塞，末由一一求正師門，殊自惜此日月也。先生既牧一州，又方奉行地政，良須多事，賓僚掾屬多賢才，不相負否？尚同之弊，遠佞之戒，昔賢所不敢忽。責大指，不小苛，長人之道。區區愚忠，伏惟先生不忘留意焉。某先人墓碣之請，蒙念及不置，倘可令先衆人拜賜，豈勝存没。幸願事簡文直，或恐不大勞思慮耳。僭越喋喋，死罪。《燭湖集》卷五。

案：朱熹《回申轉運司乞候冬季打量狀》云"本州今月初九日準轉運衙牒錄白到尚書省十二月二日劄子：福建轉運、提刑、提舉司奏，相度到漳、泉、汀州經界，十一月二十六日降指揮，令福建轉運司照相度到事理，先將漳州措置施行"。《晦庵文集》卷二一。

此"今月"乃指紹熙二年正月。本書中"先生既牧一州,又方奉行地政",即指此事。又孫應時下書(某拜覆先生運使修撰郎中)云及"某去冬寓狀之後,今春遂安趣戍",《燭湖集》卷五。即指本書。此故推知本書約撰於紹熙元年冬日。

朱熹《答孫季和》:

史公入覲,不知復何所處?禮畢亟歸,亦佳事也。某去秋以病請祠不遂,此間亦可少安。而忽有長子之喪,悲痛慘怛,無復生意。請祠諸公已相諾而未被命,計且夕即去此矣。久欲遣人至越中而未暇,及今始能作書。而迫行匆匆,又不暇詳悉,所委文字亦未能遂就。然不敢忘,異時未死,終當如志也。新刻數書各往一本。崇禮兄弟欲各寄一本,而偶盡,遂不能及。亦不暇作書,只煩為道意也。寧海僧竟如何?秉彝好德,豈容泯滅?於此可驗。試寄語招呼之,若其意堅,可率朋友合力助之,以成其志,亦非細事也。《晦庵文集》別集卷三。

案:朱熹長子朱塾紹熙二年正月卒,二月請祠,三月間復除秘閣修撰、主管南京鴻慶宮。《年譜長編》卷下。本書云"而忽有長子之喪,悲痛慘怛,無復生意。請祠諸公已相諾而未被命,計且夕即去此矣",而孫應時下書(某拜覆先生運使修撰郎中)云及"八月間,潘恭叔處始傳至先生初夏漳南所賜教及《四經》、《四子》諸書",故知本書撰於二年(1191)夏初。

朱熹《答孫季和》:

示及《易》說,意甚精密。但近世言《易》者直棄卜筮而虛談義理,致文義牽強無歸宿,此弊久矣。要須先以卜筮占決之意求經文本意,而復以傳釋之,則其命詞之意與其所自來之故皆可漸次而見矣。舊讀此書,嘗有私記,未定而爲人傳出摹印。近雖收毀,而傳布已多,不知曾見之否?其說雖未定,然大槩可見。循此求之,庶不爲鑿空強說也。如元亨利貞,只是以卜得此卦者大亨而利於正耳。《乾》卦《象傳》、《文言》乃孔子推說,非文王本意也。又嘗作《啓蒙》一書,亦已板行,不知曾見之否?今往一通,試看如何?《書小序》又可考,但如《康誥》等篇,決是武王時書,卻因"周公初基"以下錯出數簡,遂誤以爲成王時書。然其詞以康叔爲弟而自稱寡兄,追誦文王而不及武王,其非周公、成王時語的甚。吳材老、胡明仲皆嘗言之。至於《梓材》半篇,全是臣下告君之詞,而亦誤以爲周公誥康叔而不之正也。其可疑處類此非一,太史公雖用其體,而不全取其文,如《商紀》中所載《湯誥》,全非今孔氏《書》也。雖其詞厖亂,不若今《書》之懿,然亦見遷書之體,或未必全是師法《書序》也。《漢書》:遷嘗從孔安國受《書》。大抵古書多此體,如《易·序卦》亦是此類。若便斷爲孔子之筆,恐無是理也。先墓志文不敢忘,但爲歸來悲宂中,未暇落筆。今當少

暇,且夕得成,當并寄□叔度轉達也。記序諸篇大意皆正
當,而詞指清婉可喜。此雖餘事,然亦見游藝之不苟也。
入蜀不過荆門否? 近得劉德脩一書,今有報章,并書册一
匣寄之,煩爲帶行達之。此公未識面,而書來極勤懇。前
日之舉,全類東漢諸賢。計雖甚疏,而其意則甚誠切矣,
亦可敬也。恐帥君以姻家之故,不能無嫌,須調護之。此
非爲劉,乃爲丘計也。可嘆可嘆。《晦庵文集》別集卷三。

　　案:朱熹因長子朱塾卒,於紹熙二年四月末去
職離漳州,五月下旬抵建陽,寓居焉。《年譜長編》卷
下。本書中言"先墓志文不敢忘,但爲歸來悲宂中,
未暇落筆。今當少暇,且夕得成,當并寄□叔度轉達
也",故推知其約撰於二年秋。

孫應時《上晦翁朱先生書》:

　　某拜覆先生運使修撰郎中:冬中霜晴,恭惟天壽斯
文,尊體動止萬福。某去冬寓狀之後,今春遂安趣戍,以
三月十八日到官。小邑積弊,不綱之餘,縣力支吾,日覺
多事,久欲專人拜書,因循不克。八月間,潘恭叔處始傳
至先生初夏漳南所賜教及《四經》、《四子》諸書,仰惟愛念
不棄如此,捧拜不勝感激。惟是間伏聞冢嗣之喪,想惟尊
懷悲痛,何以堪處,區區失於奔問。今日月寖久,當漸漸
寬釋。或言自臨漳還,即卜居建陽邑中,是否? 比者護漕
之除,亦既不聽辭免,不審尊意出處定何如? 得子約書,

却言上意甚倦倦，恐先生必當一出來，未敢知其然否也。
地政之行，諒有成緒，尋已寢罷，今之用人，欲使行志，不
亦難乎！公論未忘，故以虛名相容，直爲觀美耳。先生齒
髮如此，豈堪馳驅奔走於無能有爲之地邪？愚見妄發僭
易，皇恐。叔晦沈兄不幸謝世，此澗中之梁木一壞，豈易
復得，先生必爲哀痛。身後家事，更是可憐。某適來此，
不得致經理於其間也。念其所以不隨世磨滅之託，尤惟
先生是望，未知已納事實與否？切願早成就之。某先人
墓碣幸蒙開諭，謂不渝前言，恨不得負笈款門，日日伏請，
亦惟亟垂大惠。崇禮每書來，尤祝同申此意也。某去冬
來已諾史魏公之招，未成往，而爲此來，作縣雖勞苦，無他
出，得日夕老母之側，此其本計也。但地瘠民貧，月賦煩
重，十年易九令，其間攝官又多以此百事廢壞，隨力盡心，
僅能去其太甚，所先者，使民各得言其情，故饑渴易飲食
之人頗益相安，未知久復何如。學校廢三十年，稍爲整
頓，招師受徒其中，雖未免令習時文，然法語所及，亦稍有
相嚮者。區區於此聊復自試，但應接不暇，無省事讀書之
功，要非淺學所宜。且平生意念自著邱壑，黽勉世事常非
所樂，若求知干進之累，則自省頗無夾帶也。向來隨所讀
《論》、《孟》諸經，或思慮所及，極有欲質疑處，若得一二年
閒靜，可以抄出。今未知何時有此工夫，而歲年忽忽，聰
明日不及前，奈何？素蒙教獎期待之重，因自稟叙，僭瀆
多矣。所刻經、子極有益於學者，但所疑《古文書序》，實

駁滯未能曉，且只一意尊信，以爲此漢、晉儒者所不見之書，而後人得見之，不可謂不大幸。若《中庸章句》中"哀公問政"一編，疑聖人於哀公未必直説許多，或者《家語》反抄《中庸》入之。又頗疑《大學》所定，其他皆分明，只"淇澳"一段恐或本在首章正經之下，通證明德新民至修身爲本之意，似差混成，而於舊本下文連接亦順。然此乃先生數十年精思熟講然後出之，豈可輕議，顧心之所懷，不敢不吐。既未由面請，復未及別録，輒附見於此，乞賜批誨。師門尊眷，恭惟中外萬福。某老母留此安健。二兄在里中，常得書，不足勤念。道遠，不勝依慕，伏惟以時倍萬保重，不備。《燭湖集》卷五。

　　案：書中言"冬中霜晴"，又言"或言自臨漳還，即卜居建陽邑中"，故推知其約撰於二年冬中。

朱熹《答孫季和》：

　　縣事想日有倫理，學校固不免爲舉子文，然亦須告以聖學門庭，令士子略知修己治人之實，庶幾於中或有興起，作將來種子。浙間學問一向外馳，百怪俱出，不知亦頗覺其弊否？寧海僧極令人念之，亦可屬之端叔兄弟否？若救得此人出彼陷穽，足使聞者悚動，所係實不輕也。所疑三條，皆恐未然，試深味之，當自見得。

　　古今《書》文，雜見先秦古記，各有證驗，豈容廢絀？不能無可疑處，只當玩其所可知，而闕其所不可知耳。

《小序》決非孔門之舊,安國《序》亦決非西漢文章。向來語人,人多不解,惟陳同父聞之不疑。要是渠識得文字體製意度耳。讀書玩理外,考證又是一種工夫,所得無幾而費力不少。向來偶自好之,固是一病,然亦不可謂無助也。孔氏《書序》與《孔叢子》、《文中子》大略相似,所書孔臧不爲宰相而禮賜如三公等事,皆無其實。而《通鑑》亦誤信之,則考之不精甚矣。《晦庵文集》卷五四。

　　案:本書云"縣事想日有倫理,學校固不免爲舉子文",又言"古今《書》文,雜見先秦古記,各有證驗,豈容廢絀",而與孫應時上書(某拜覆先生運使修撰郎中)中"今春遂安趣戍,以三月十八日到官。……學校廢三十年,稍爲整頓,招師受徒其中,雖未免令習時文,然法語所及,亦稍有相嚮者"以及"但所疑《古文書序》,實驗滯未能曉,且只一意尊信,以爲此漢、晉儒者所不見之書,而後人得見之,不可謂不大幸"云云相應,乃知承上書,故推知其約撰於紹熙三年(1192)春。

孫應時《上晦翁朱先生書》:

　　某拜覆先生宮使修撰郎中:伏自去冬領報教,吏役鞅掌,忽忽至兹不克嗣狀,瞻慕之誠,所不容言。即此暑氣方盛,恭惟燕居超然,尊候神相萬福。向來足疾,當不復作,建陽宅第已畢工否? 賓客書疏之勞,誠無所避之。

然較之在官，要須得休養精神，緒成著書之功，以惠後學，斯文幸甚。某將母戍邑，十五閱月，不敢不隨力盡心，民情相向，頗驗古意之可復。至於精神文理之間，則益其難也。偶丘丈帥蜀，見挽爲從事，初亦辭之，而書來益勤。幸母氏強耐，不憚遠適，區區伏念因可求天下奇聞偉觀以自廣，遂許之行矣。士友之論，或謂不宜。然某自計，恐未害義，不審先生謂如何也？夙昔所欲剖露請益，竟以汨没不能條呈。輒有近作亭記等錄，乞指誨。某踪迹愈遠，歸期大約在二年外。惟先生千萬爲國家天下自壽，下情至禱，師門大眷，伏惟中外萬福。昨蒙教以孔安國《書序》非西漢文章，未知信然，但於《書小序》猶未敢疑其非孔氏之舊耳。太史遷實效此體，以叙其史，必嘗見魯壁之藏，未知其所見者有與此《小序》異同可考否也。區區困於作吏，更無考訂之功，殊自恨。潘端叔、袁和叔皆重罹憂患，極可念。某所遣人，欲乞速發回，蓋踪迹恐月末離此，庶令追及於臨安也。不備。《燭湖集》卷五。

　　案：孫應時上書（某拜覆先生運使修撰郎中）云"今春遂安趣戍，以三月十八日到官"。時紹熙二年。本書中言及"某將母戍邑，十五閱月"，又言"即此暑氣方盛"，故推知其約撰於紹熙三年五月間。

孫應時《上晦翁朱先生書》：

某拜覆先生判府安撫修撰郎中：前年秋過武昌拜

狀，託詹總卿寓便，必通達。自入蜀不能繼問起居，惟積瞻仰。即日季春暄和，伏惟天相道德，尊體動止萬福。比者恭承優詔，起畀雄藩，懇詞未聽，不審先生或可強且一出否？今當已有定處矣。某曩者受辟之後，卒然改計，辭親獨游，甚不自得。又聞伯兄之訃，便力謁歸。會同官吳斗南先謝去，而主人初到蜀，實有內外調護之責，迤邐苟留，歲晚乃得遂。今始過巴陵，四月末可到親旁耳。蜀中形勢略所徧覽，北度劍棧，抵武興，西登岷、峨，南過戎、瀘而歸。去年四路幸皆中熟，丘丈雖有嚴稱，而極簡靜，吏憚而民德之，人或傳其過甚，皆妄也。邊久缺帥，亦賴是丘丈有以鎮壓之。然向時物議重於變置，故將之家尤過，今張侯往，自慰西人之望，但襄陽便爲的於其旁，良未宜耳。去秋以來，伏想先生憂時特甚，幸已頓寬，未知後復何如耶？尊體康強，腳疾不作否？荊門陸先生遂止此，可痛。聞其啓手足告學子，惟先生之教是從，惜其前此自任之稍過也。昨尊諭附劉殿院書，尋達之。近夔府款見，出所得先生去年書，劉卻付一緘并文籍三捲在此。丘丈亦有書捲，俟到鄉專人齎達，未敢輕附便。某猶帶賤事，託稟議爲名，且徑歸省老母，而治伯氏之葬，俟到家即申解職。來春卻到部，恐欲賜知，此狀託岳陽王使君候便。未究所欲稟，惟乞加護眠食，爲斯文自壽，師門大眷，中外萬福。謹狀不備。《燭湖集》卷五。

案：丘丈即丘崈，時任四川安撫制置使兼知成都府。蜀帥吳挺卒，"即奏乞選他將代之"。《宋史》卷三九八《丘崇傳》。據《宋史·光宗紀》，紹熙五年二月"戊戌，荆鄂諸軍都統制張詔爲成州團練使、興州諸軍都統制"。本書中所云"張侯"，即張詔。本書中又云"即日季春暄和"，推知其撰於五年(1194)三月中。

孫應時《上晦翁朱先生書》：

某自入蜀，不得訪便拜狀。比歸過巴陵，見王使君言與先生同里，相厚善，託以一書，計無不達。即此首夏已微暑，恭惟天壽斯文，尊候動止萬福。長沙之命再辭，既不得請，或須强起，則當已引道矣。聞湖、湘之民久已望風鼓舞，但今時所至，索整頓處極多，坐視故非所忍，欲爲復未易遂，政恐纔出，又當思歸耳。年來中外氣象如許，不勝草野惓惓之憂，知當奈何。某江行多逆風，今方至秣陵。向來未曾游此，幸任兄伯起暨此盤礴，連日追隨登覽，更三兩日即去。過臨安，未暇入城，徑歸親側。區區雅有隱居讀書之志，年逾四十，不應終自汩没，未敢徒言云耳。頃蒙教以《易》學端緒，深願從事於斯。吾嘗求得先生《易説》，實多啓發，他日稍閒，得條所疑以請。惟是未知何日從容師席，庶幾於卒業也。丘丈、劉丈各有書及文籍委轉達，恐先生成湘中之行，則負迂迴淹久之罪，今輒寓留皇甫帥軍中，必無浮沉。皇甫公勤廉而好禮，其用意自非他將比，意中更欲其用晦而明，勿斥同列之短，則身安而國有賴。蓋此一路徑更是實繁有徒，此帥或不容於時，所繫不小也。先生倘以爲然，因書戒之，可否？舟中作稟不謹，伏乞尊察。《燭湖集》卷五。

案：書中言"即此首夏已微暑，……某江行多逆風，今方至秣陵"，知本書乃孫應時順江自蜀東下，途徑建康時所撰，時在紹熙五年四月間。

孫應時《上晦翁朱先生書》：

某拜覆先生侍講待制：前者歸途，於巴丘、金陵兩拜狀。中夏抵家，則聞先生亦已視事長沙。入秋，又聞命召，固知先生必不得辭。近潘兄恭叔報已至闕下，且蒙書中寄問，并知前書已遂徹達，歡喜感激，言不勝陳。竊計今茲日侍經幄，格心正本之業，天實啓之，宗社幸甚，斯文幸甚。即日尊體起居倍萬納福。今歲國家事體之變，亦亙古所未有，臣子痛哭流涕之餘，逢嗣皇聖德日新，宗臣身任天下，求諫進賢如恐不及，我宋列聖垂休累德，中興之運，意其在茲。然而哀敬危懼之心，正未可頃刻釋也，深思長慮，厥惟艱哉。先生此來，上下之望至重，義不可以苟退，而志或難於遽伸，誠意之積，精義之發，固非門人小子所能贊也。起弊扶衰，似非因陋就簡所濟，而規模未足，文具未掃，中外在位更易紛紛，果何見哉？區區戇愚，非因先生之前，豈敢妄一語及此，死罪死罪。某還奉老母，幸安，九月始克襄先兄之葬。歲惡糴貴，經營薪水，殊

未能他出入。欣聆恭叔之報，誠欲亟渡江侍師席，然尚稍
牽制。且丘丈遭臺評，下客贊畫無狀，又有觀其所主之
媿，固當伏匿，少定乃出。十一月之末，或可省拜也。自
餘悃愊，悉俟躬槀，姑以此狀託潘兄遣達，仰乞尊照。向
寒，敬惟千萬自珍重，以慰四海祈嚮之切。不備。《燭湖
集》卷五。

　　案：書中云"前者歸途，於巴丘、金陵兩拜狀"，
又云"九月始克襄先兄之葬"，又云"十一月之末，或
可省拜也"，又云"向寒"，故推知本書約撰於紹熙五
年十月間。

孫應時《上晦翁朱先生書》：

　　某拜覆觀使殿撰侍講先生：即兹大冬祁寒，伏惟天
壽斯文，尊體動止萬福。某連年不貢起居之敬，私心慕仰
有不待言，蓋方其家居則僻左無便。去春從祿此來，則劇
邑勞苦異常，雖遇便，輒不暇。且不無浮沉及意外之慮，
遂以至今。間亦從友朋詢知年高體康狀，默用慰喜。而
比年事變如反覆手，死者沈痛，生者轉繫異方。然且屏心
氣，務在拔本塞源。在先生可謂據高履危，而獨蒙全宥，
天也。抑猶有未可知者，泰然俟命，當復何道。追惟所以
致此，在當時諸公亦不得不任其責，用（大）［人］匪易，知
幾實難。徒使後人終古太息，未審尊意謂何如也？敬想
息交絕游，應酬簡少，其於怡性養壽，適足爲福，是則可

賀。某私幸守愚安分，粗得全身奉親。以貧急禄，不復擇地，自請試劇，不免一循俗吏繩尺，差不至大得罪於民。目前上下且似相安，豈保其後？然亦未嘗敢强其所不能，而惟容悅是謀也。常熟實爲言游故里，橋巷猶存其名，且載於《圖經》，惜未有表而出之者。已即學宮之側，別爲堂以奉祀，扁曰"丹陽公祠"。念非乞記於先生，猶不爲也。不知先生肯特破例下筆否？重念先人墓碣，久蒙尊諾，併祈拜賜，自當深藏密刻，不輕以傳於人。倘可確然示報，春間即專人候請，惟矜許是望。福州新節推大鼎居此邑村落間，今之官，觀其頗有識趣，且良吏也，過門下，願進拜，得不拒幸甚，因寓此稟。未期趣侍，惟乞倍萬保重，某不勝惓惓。不備。《燭湖集》卷五。

　　案：朱熹《平江府常熟縣學吳公祠記》云"平江府常熟縣學吳公祠者，孔門高第弟子言偃子游之祀也。……慶元三年七月，知縣事、通直郎會稽孫應時乃始即其學宮講堂之東偏作爲此堂，以奉祠事。是歲中冬長日之至，躬率邑之學士大夫及其子弟奠爵釋菜，以妥其靈，而以書來曰：'願有記也。'"《晦庵文集》卷八〇。即指本書。又本書中云"即兹大冬祁寒"，故推知其約撰於慶元三年(1197)十二月中。

孫應時《上晦翁朱先生書》：

　　某拜覆宮使侍講先生：昨歲福州錢推官行，得一寓狀，審遂呈達，且蒙於錢君之進而問及某之踪迹，聞之固已感幸。久欲專一力詣門下，疲劇煎熬之中，忽忽不果，以至於今，不勝自罪。間詢往來士友，知先生康健不衰，用慰瞻仰。新年尊壽正七十，實爲大慶，恭惟天相斯文，當此春和，尊體動止萬福。先生數年來閒居無他出，賓客書疏之及門者，計省其舊十八九，免於應酬之煩，而可一意緒成諸經文字，以貽後之學者。此造物之大賜，國家之厚恩也。雅遂本懷，亮有餘樂，他復何言。某爲親從禄，塵埃辛苦，所不得辭，於兹三年，偶幸未及於禍，亦不取知於人，惟無德於民是媿。此去一甲子當受代，倘遂善去，爲宏多矣。後日升斗之圖，非所預計，亦不至失其初心也。久廢書册，俗狀已深，設復得閒，可再鞭策，而精力退矣，皇恐奈何，惟先生憐而教之。某向來累以先人墓碣爲請，先生許之已確，竟未拜賜。今兹尚人戒使候伺旬日，敢乞垂示，謹未敢泛投，唯當刻藏之家，爲泉壤無窮之榮，少寬不肖子没齒之責，不勝痛懇。師門大眷，伏惟茂擁春祺，燕及中外，子舍學士昆仲各仕何地？孫枝已盛多否？某老母今七十八，幸康健，舉家隨養亦安。某昨未有嗣，去年方得一兒，以先生愛厚，敢及之。子約謫死可痛，然其死無媿矣。平時學者經此大鑪錘，真贗盡見，知人實難，敢不自懼。某昨書又僭乞子游祠堂記，諒闊尊抱，區區素不敢事術飾，妄求品題，以自表見，顧此邑實子游故里，今江、浙所無有，不以請先生求一語爲信，某之罪大矣。亦望因賜揮染，當留俟他日託人刻之，乞無疑也。未由趨拜，引領飛越，伏乞以時節宣，千萬自壽。不備。《爛湖集》卷五。

案：書中云“新年尊壽正七十，實爲大慶，恭惟天相斯文，當此春和”，慶元五年（1199）朱熹正七十歲，故推知本書撰於是年春初。

朱熹《答孫季和》：

某衰老多病，益甚於前。今兩足拘重，不復能動，已兩三月矣。度氣血已衰，無復完健之理。只得未死，且爾引日，已爲幸矣。然世道如此，臭味凋落，日見稀少，亦何用久生爲也。久欲告老，今方及格。不敢自請，而外郡不爲保奏，只得一申省狀，亦且發去。或者恐觸禍機，然不暇顧也。向承喻及祠記、碣文，以例不敢爲人作文字，遂不復曾致思。所示行實諸書，亦已卷藏，不在目前。自此或有便，別爲寫一通來，暇日試爲整齊，看如何。然必三年然後出之。時運固叵量，但恐壽非金石，不能俟耳。祠記亦然，但子游之封在唐爲吳侯，在政和爲丹陽公，而淳熙所頒祀禮乃爲吳公。蓋十子皆因唐之舊自侯而公，然不知何時所加。頃年曾爲申請禮寺行下，亦無的文。今納長沙所刻一通去，可試考之也。紙尾無可講説之云，可爲慨歎。此固無復可以及人，但不知年來自己分上功夫又如何。似聞頗留意於詩文，此亦恐虛度光陰也。有如衰朽，至於今日，乃始追恨向來之懶惰。今欲加功，而日子鋪排已不遍矣。此當以爲戒而不可學也。《晦庵文集》別集卷三。

案：孫應時上書（某拜覆宮使侍講先生）云"某昨書又僭乞子游祠堂記"，而本書言及"向承喻及祠記碣文，以例不敢爲人作文字，遂不復曾致思"，知承其後。又本書云"久欲告老，今方及格。不敢自請，而外郡不爲保奏，只得一申省狀，亦且發去"，據朱熹《與宰執劄子》（熹輒有危懇）云"熹……至今適滿七十足歲，考之禮經，合乞致仕。……去冬預懇州郡投納公狀，乞作今年正月開假之日備錄申奏，而閭里橫議，官吏過疑，咸謂負罪之人無仕可致，不當冒昧自求優逸，遷延稽故，不爲依條保奏。至二月半間，方得申尚書省狀一紙，又以私家貧乏無力遣人，至三月初方得附發前去，……今已五旬，却方探問得此狀三月末間尚未申到"。《晦庵文集》卷二三。又《致仕謝表》云"臣熹言：四月二十三日準尚書省遞到勑牒一道，伏奉聖旨，宜守本官致仕"。《晦庵文集》卷八五。故推知本書約撰於慶元五年三、四月間。

朱熹《答孫季和》：

昨需祠記本不敢作，以題目稍新，不能自已，略爲草定數語，謾錄去。度未可刻，以速涪城之禍，幸且深藏之也。《晦庵文集》別集卷三。

　　案："祠記"指朱熹《平江府常熟縣學吳公祠記》，撰於慶元五年六月甲申。《晦庵文集》卷八〇。故推知本書約撰於同時。

　　孫應時《祭晦翁朱先生文》曰："某猶冀及門，庶幾卒業。永負此恨，曷敢他論？嗚呼！去夏之枉書，杪春而拜賜，筆言游之祠事，標吳地之軼聞，託名其間，爲惠不朽。若乃丹陽之改爵，實載定陵之《長編》。竊訂所疑，敢因以告。窮途承訃，菲奠寓哀。惟有精神，不間生死。"《燭湖集》卷一三。

孫　枝

　　孫枝，字吉甫，慶元府昌國（今浙江舟山）人。邃於文，登嘉定甲戌（1214）進士第。《昌國州圖志》卷六。

孫枝《與朱元晦書》：

　　氣質過剛，未能自克，而欲求其所以轉移變化之道。《晦庵文集》卷六四《答孫吉甫》。

　　案：據朱熹下書（德粹之來）云云，推知本書約撰於淳熙十四年（1187）間。

朱熹《答孫吉甫》：

　　德粹之來，遠辱惠書，雖未識面，然足以知賢者之志矣。所喻"氣質過剛,未能自克,而欲求其所以轉移變化之道",夫知其所偏而欲勝之,在吾日用之間屢省而痛懲之耳。故周子有"自易其惡,自至其中"之説,是豈他人所得而與於其間哉? 然此亦或有説焉,不明於理而徒欲救其偏,亦恐矯枉之過,而反失夫中也。故古人之學雖莫急於自脩,而讀書講學之功有所不廢,蓋不如是無以見夫道體之全,而審其是非邪正之端也。未由相見,幸且勉力。《晦庵文集》卷六四。

　　案:書中言"德粹之來,遠辱惠書,雖未識面,然足以知賢者之志矣",德粹乃滕璘字。據朱熹《跋滕南夫溪堂集》,滕璘於淳熙丁未(十四年)來崇安問學。《晦庵文集》卷八二。故推知本書當撰於是年。

孫枝《與朱元晦書》:

漢之名節、魏晉之曠蕩,隋唐之辭章,皆懲其弊爲之。《朱子語類》卷一二九。

　　案:《朱子語類》卷一二九載鄭可學所記曰:"德粹以明州士人所寄書納先生,因請問其書中所言。先生曰:'渠言"漢之名節、魏晉之曠蕩,隋唐之辭章,皆懲其弊爲之"。不然,此只是正理不明,相袞將去,遂成風俗。'"據《朱子語類》卷一二〇載滕璘所記云"看孫吉甫書,見得是要做文字底氣習。且如兩漢、晉、宋、隋、唐風俗,何嘗有箇人要如此變來? 只是其

風俗之變，滾来滾去，自然如此”，知此明州士人即孫
枝。據《朱子語類·姓氏》，鄭可學、滕璘所記皆辛亥
（紹熙二年，1191）所聞。故推知本書當撰於是年間。

孫自任

孫自任，字仁甫，宣城（今屬安徽）人。孫自修從弟。
《儒林宗派》卷一〇。

朱熹《答孫仁甫自任》：

未見顏色，辱書甚寵，豈以賢兄嘗有講論之舊，而有
取於其言耶？甚媿且感，不勝言也。所論今世講學之士
愈衆而聖人之道愈隳，此切至之論也。然又有謂不必王
道之行而天下之治可立而待者，則恐賢者所講之學，非聖
人之學，亦無怪其講者愈衆而道愈隳也。大抵天之生物，
便有常性，方寸之間，萬善皆足，聖人於此，不過教人保養
發揮，先成諸己而後及於物耳。故聖人已遠，而萬世之下
祖述其言，能出於此者，乃爲得其正統；其過之者，則爲墮
於老、佛之空虛；其不及乎此者，則爲管、晏，爲申、商；又
其每下者，則不自知其淪於盜賊之行，而猶欲自託於講
學，其亦誤矣，道之隳也，不亦宜乎。賢兄近書所論，似有
端緒，想暇日相與評之，固宜漸有定論，毋爲久此恨恨也。
便還，病倦草草。《晦庵文集》卷六三。

案：朱熹《答孫敬甫》（熹衰病）有云"所論至善之意甚善，其終《烈文》一章尤有力。如陸氏之學，則在近年一種浮淺頗僻議論中固自卓然，非其儔匹。其徒傳習，亦有能脩其身，能治其家，以施之政事之間者。但其宗旨本自禪學中來，不可揜諱"，又云"所論太極之說，亦爲得之。然此意直是要得日用之間，厚自完養，方有實受用處"；又《答孫敬甫》（所示《大學》數條）有云"所示《大學》數條，皆極精切。由是充之，使存養講學之功各盡其極，更在勉之而已。然《大學》所言格物致知，只是說得箇題目，若欲從事於其實，須更博考經史，參稽事變，使吾胸中廓然無毫髮之疑，方到知止有定地位"。《晦庵文集》卷六三。而本書云及"賢兄近書所論，似有端緒，想暇日相與評之，固宜漸有定論，毋爲久此悵悵也"，當指上述朱熹《答孫敬甫》二書而言。《答孫敬甫》撰於慶元二年秋間、冬初，故推知本書約撰於是年（1196）冬間。

朱熹《答孫仁甫》：

奉告反復其詞，又知賢者英邁之氣有以過人，而慮其不屑於下學，且將無以爲入德之階也。夫人無英氣，固安於卑陋而不足以語上；其或有之而無以制之，則又反爲所使，而不肯遜志於學，此學者之通患也。所以古人設教，自洒掃、應對、進退之節，禮、樂、射、御、書、數之文，必皆使之抑心下首以從事於其間而不敢忽,然後可以消磨其飛揚倔强之氣,而爲入德之階。今既皆無此矣,則唯有讀書一事,尚可以爲攝伏身心之助。然不循序而致謹焉,則亦未有益也。故今爲賢者計,且當就日用間致其下學之功。讀書窮理,則細立課程,奈煩著實,而勿求速解;操存持守,則隨時隨處,省覺收斂,而毋計近功。如此積累,做得三五年工夫,庶幾心意漸馴,根本粗立,而有可據之地。不然,終恐徒爲此氣所使,而不得有所就也。只如所問舜及東漢二事,想亦出於一時信筆之所及,非思之不得,積其憤悱而後發也。所與子約書,曾得其報否?不知其説云何,後便略報及也。《晦庵文集》卷六三。

　　案:本書言及"所與子約書",則在慶元四年七月呂祖儉卒前。故推知本書約撰於三年(1197)間。

孫自修

　　孫自修,字敬父,宣城(今屬安徽)人。紹興甲寅問學於朱子。《朱子語類‧姓氏》。

朱熹《答孫敬甫自修》:

　　未及識面,猥辱惠書,知雅志之不凡,甚以爲慰。所喻何君,近亦得書,尚恨未際,然不知其與賢者向來所講爲何事也?寧川師友盛言篤實者,復謂誰何?既曰篤實,而自知其有談玄說妙之過,則又何故而反疑學之有捷徑,因以墮於輕易放曠之失耶?凡此曲折,皆所未曉,更俟詳以見告,然後可議也。子約之言,蓋爲近之,而主一無適者,亦必有所謂格物窮理者以先後之也。故程夫子之言曰:"涵養必以敬,而進學則在致知。"此兩言者,如車兩輪,如鳥兩翼,未有廢其一而可行可飛者也。世衰道微,異說蠭起,其間蓋有全出於異端而猶不失於爲己者。其他則皆飾私反理,而不足謂之學矣。凡此皆因來喻而及之。而程子之兩言,雖所未論,猶將力爲賢者陳之者也。敬之與否,只在當人一念操舍之間,而格物致知,莫先於讀書講學之爲事。至於讀書,又必循序致一,積累漸進,而後可以有功也。反復來書,覺有俊氣,顧恐於此有不屑耳。誠能折節而屈首於斯焉,其必有以得之矣。《近思錄》中橫渠夫子所論讀書次第,最爲精密,試一考之,當得其趣。使還布此,薄宂不暇他及。《晦庵文集》卷六三。

案:《朱子語類》卷一○七《寧宗朝》孫自修錄云:"初見先生,即拜問云:'先生難進易退之風,天下所共知。今新天子嗣位,乃幡然一來,必將大有論建。'先生笑云:'只爲當時不合出長沙,在官所有召命,又不敢固辭。'又云:'今既受了侍從職名,却不容便去。'先生云:'正爲如此。'"而朱熹紹熙五年自知潭州除煥章閣待制兼侍講,於十月初入行在供職,閏十月十九日寧宗內批除宮觀。《年譜長編》卷下。由此

知孫自修初見朱熹於此時。本書云"未及識面，猥辱
惠書"，故推知其撰於朱熹赴行在之前，約是年
（1194）夏、秋間。

朱熹《答孫敬甫》：

便中再辱手示，欣審比日侍履佳慶。所諭爲學本末
甚詳，乃悉前書所謂世道衰微，異言蠭出，其甚乖剌者固
已陷人於犯刑受辱之地，其近似而小差者，亦足使人支離
繳繞而不得以聖賢爲歸。歧多路惑，甚可懼也。願且虛
心，徐觀古訓，句解章析，使節節通透、段段爛熟，自然見
得爲學次第，不須別立門庭，固守死法也。來人云往昭
武，不復俟報章，今遇此便，途中草草奉報，未能究所欲
言。正遠，惟以時自愛。《晦庵文集》卷六三。

案：本書自"所諭爲學本末甚詳"至"固守死法
也"，又重載於朱熹《晦庵文集》卷三七《答程可久》
（所諭爲學本末）。

上書（未及識面）中云"世衰道微，異說蠭起"，而
本書乃言"乃悉前書所謂世道衰微，異言蠭出"云云，
知承上書。又《朱子語類》卷一一六記朱熹訓孫自修
云："先生問：'前此得書，甚要講學，今有可說否？'自
修云：'適值先生去國匆匆，不及款承教誨。'曰：'自
家莫匆匆便了。'"是朱熹離行在南歸，孫自修別去。
據《年譜長編》卷下，朱熹於紹熙五年閏十月二十六

日離臨安，十一月二十日到家。本書中有云"途中草草奉報"，推知約撰於十一月途中。

朱熹《答孫敬甫》：

熹歸來粗遣，但今夏一病，狼狽殊甚，辭職、請老皆未得如所欲，加以盲廢，不可觀書，頗以爲撓耳。示喻爲學之意，甚善甚善。但"敬"之一字，乃學之綱領，須更於此加功，使有所據依，以爲致知力行之地乃佳耳。《大學》向來改處無甚緊要，今謾往一本。近看覺得亦多未親切處，乃知義理亡窮，未易以淺見窺測也。天台朋友有趙師郟主簿者尤佳。宣城亦有可與共學者否耶?《晦庵文集》卷六三。

案：書中云"熹歸來粗遣，但今夏一病，狼狽殊甚，辭職、請老皆未得如所欲"，"歸來"乃指紹熙五年冬入朝罷歸事。慶元元年五月，朱熹復辭待制職名，並請致仕。《年譜長編》卷下。故推知本書約撰於是年(1195)秋間。

朱熹《答孫敬甫》：

熹衰病，年例春夏須一發，今年發遲者，此衰年老態，欲死之漸，亦不足怪也。祠官雖幸得請，然時論洶洶，未有寧息之期，賤迹蓋未可保。然姑使無愧於吾心則可已，它非智慮所能避就也。所諭"因胸次隱微之病，而知心之不可不存",此意甚善。要之,持敬、致知,實交相發,而敬常爲主。所居既廣,則所向坦然,無非大路。聖賢事業,雖未易以一言盡,然其大概,似恐不出此也。年來多病杜門,閑中見得此意頗端的,故樂以告朋友也。

所論至善之意甚善,其終《烈文》一章尤有力。如陸氏之學,則在近年一種浮淺頗僻議論中固自卓然,非其儔匹。其徒傳習,亦有能脩其身,能治其家,以施之政事之間者。但其宗旨本自禪學中來,不可揜諱。當時若只如晁文元、陳忠肅諸人,分明招認,著實受用,亦自有得力處,不必如此隱諱遮藏,改名換姓,欲以欺人,而人不可欺,徒以自欺,而自陷於不誠之域也。然在吾輩,須但知其如此,而勿爲所惑。若於吾學果有所見,則彼之言釘釘膠粘一切假合處,自然解拆破散,收拾不來矣。切勿與辨,以起其紛拏不遜之端,而反爲卞莊子所乘也。少時喜讀禪學文字,見杲老與張侍郎書云:"左右既得此欛柄入手,便可改頭換面,却用儒家言語説向士大夫,接引後來學者。"其大意如此,今不盡記其語矣。後見張公經解文字一用此策,但其遮藏不密索,漏露處多,故讀之者一見便知其所自來,難以純自託於儒者。若近年則其爲術益精,爲説浸巧,抛閃出没,頃刻萬變,而幾不可辨矣。然自明者觀之,亦見其徒爾自勞,而卒不足以欺人也。但杲老之書,近見藏中印本,却無此語,疑是其徒已知此陋,而陰削去之。然人家必有舊本可考,偶未暇尋訪也。近得江西一後生書,有兩語云:"瞋目扼腕而指本心,奮髯切齒而談端緒。"此亦甚中其鄉學之病。然亦已戒之姑務自明,毋輕議彼矣。信筆不覺縷縷,切勿輕以示人,又如馬伏波之譏杜季良也。

所論太極之説,亦爲得之。然此意直是要得日用之間,厚自完養,方有實受用處。不然則只是空言,而反爲彼瞋目切齒者所笑矣。切宜深戒,不可忽也。南康《語》、《孟》,是後來所定本,然比讀之,尚有合改定處,未及下手。義理無窮,玩之愈久,愈覺有説不到處。然又只是目前事,人自當面蹉過也。《大學》亦有删定數處,未暇録去。今只校得《詩傳》一本,并新刻《中庸》一本,與印到程書《祭禮》并往。所寄楮券適足無餘,《詩》及《中庸》乃買見成者,故紙不佳,然亦不閡翻閲也。毁板事近復差緩,未知何謂?然《進卷》之毁,不可謂無功,但已入人心深,所毁者抑其外耳。所詢蔭補事實難處,然官年、實年之説,朝廷亦明知之,故近年有引實年乞休致者,而朝廷以官年未滿却之,不知亦可前期審之於省曹否耶?《晦庵文集》卷六三。

案:書中言"毁板事近復差緩,未知何謂?然《進卷》之毁,不可謂無功"。據《宋會要輯稿·刑法》二之一二七:慶元二年"六月十五日,國子監言:'已降指揮風諭士子專以《語》、《孟》爲師,以六經、子、史爲習,毋得復傳《語録》,以滋盜名欺世之僞。所有

《進卷》、《待遇集》，並近時妄傳《語録》之類，並行毀版。其未盡僞書，併令國子監搜尋名件，具數聞奏。今搜尋到《七先生奥論》、《發樞》、百鍊真隱李元綱文字、劉子翬《十論》、潘浩然子《性理書》、江民表《心性説》，合行毀劈。乞許本監行下諸州及提舉司，將上件内書板當官劈毀。'從之"。故推知本書約撰於是年(1196)秋間。

　　又，《朱子語類》卷一二二載："先生出示答孫自脩書，因言：'陸氏之學雖是偏，尚是要去做箇人。若永嘉、永康之説，大不成學問，不知何故如此？他日用動静間，全是這箇本子，卒乍改換不得。如吕氏言漢高祖當用夏之忠，却不合黄屋左纛。不知縱使高祖能用夏時，乘商輅，亦只是這漢高祖也，骨子不曾改變，蓋本原處不在此。'"其答書即指本書。

朱熹《答孫敬甫》：

　　所示《大學》數條，皆極精切。由是充之，使存養講學之功各盡其極，更在勉之而已。然《大學》所言格物致知，只是説得箇題目，若欲從事於其實，須更博考經史，參稽事變，使吾胸中廓然無毫髮之疑，方到知止有定地位。不然，只是想象箇無所不通底意象，其實未必通也。近日因脩《禮書》，見得此意頗分明，又見得前賢讀書窮理非不精詣，而於平常文義，却有牽强費力處，此猶是心有未虚，氣

有未平，而欲速之意勝也。可不戒哉，可不戒哉！如來喻
"作新民"一條，亦頗覺有傷巧處，恐作傳者初無此意。大
抵此傳皆是信手拈來，自然貫穿，親切諦當，無許多安排
也。所擬"格物"一條，亦似傷宂。頃時蓋嘗欲效此體以
補其闕，而不能就，故只用己意爲之。蓋無驅市人以戰之
才，只得用趙人也。所論聽訟之説則甚善，向亦嘗有此
意，而未及言。蓋每不能無媿於此，如所云南康田訟之類
是已。然此事今亦不記，不知當時曲折如何，恐或別有説
也。《易傳》初以未成書，故不敢出。近覺衰耄，不能復有
所進，頗欲傳之於人，而私居無人寫得，只有一本，不敢遠
寄。俟旦夕抄得，却附便奉寄。但近緣僞學禁嚴，不敢從
人借書吏，故頗費力耳。《晦庵文集》卷六三。

案：書中言"近日因脩《禮書》"，又言"但近緣僞
學禁嚴，不敢從人借書吏"。慶元二年夏中，朱熹分
委黃榦等修《禮書》。《慶元黨禁》云慶元二年正月
"諫議大夫劉德秀劾留正四大罪，首論其招引僞學以
危社稷。僞學之稱自此始"；二月，知貢舉葉翥等上
言僞學語録之類並行除毀，"是科取士稍涉義理，悉
見黜落，六經、《語》、《孟》、《中庸》、《大學》之書，爲世
大禁"；六月，度支郎中、淮西總領張釜請詔"毋使僞言
僞行乘間以壞既定之規模"；八月，太常少卿胡紘請
"宣諭宰執，應僞學之黨曾經臺諫論列者權住進擬"。
自是黨禁益嚴。故推知本書約撰於季秋、冬初。

孫自修《與朱元晦書》：

好善"如好好色"，惡惡"如惡惡臭"，如此了然後自慊。《朱子語類》卷一六。

案：《朱子語類》卷一六載朱熹云："前日得孫敬甫書，他說'自慊'字似差了，其意以爲：'好善"如好好色"，惡惡"如惡惡臭"，如此了然後自慊。'看經文，語意不是如此。'此之謂自慊'，謂'如好好色，惡惡臭'，只此便是自慊。是合下好惡時便是要自慊了，非是做得善了，方能自慊也。自慊正與自欺相對，不差毫髮。所謂'誠其意'，便是要'毋自欺'，非至誠其意了，方能不自欺也。所謂不自欺而慊者，只是要自快足我之志願，不是要爲他人也。誠與不誠，自慊與自欺，只爭這些子毫髮之間耳。"據朱熹下書（所論"才說存養，即是動了"），推知本書約撰於慶元四年（1198）夏、秋間。

朱熹《答孫敬甫》：

所論"才說存養，即是動了"，此恐未然。人之一心，本自光明，不是死物，所謂存養，非有安排造作，只是不動著他，即此知覺炯然不昧，但無喜怒哀樂之偏、思慮云爲之擾耳。當此之時，何嘗不静，不可必待冥然都無知覺，然後謂之静也。去年嘗與子約論之，渠信未及，方此辨論，而忽已爲古人，深可歎恨。今録其語，謾往一觀，深體

朱子學文獻大系·朱子學史專題研究

朱熹師友門人往還書札彙編

顧宏義　撰

五

湯　鎭

湯鎭,字德遠。劉宰《漫塘集》卷六《回湯德遠鎭》。餘不詳。

朱熹《答湯德遠》:

示喻爲學之意,極爲高遠,非愚慮所及。然未知所論於聖賢之言以何爲據? 其用力次第果如何? 此必有親切愨實、可以循序而進者,乃爲吾儒之學。如其不然,恐未免陷於佛、老之邪説,非熹之所敢知也。《晦庵文集》卷五五。

案: 本書撰時未詳。《書信編年》云"疑在己酉(淳熙十六年,1189)前後"。待考。

滕誠夫

滕誠夫,名里不詳。

朱熹《答滕誠夫》:

部綱之役,不辭而行,甚善甚善。親闈慈念固當眷戀,然亦可更以王事靡鹽之義,反復寬譬,乃爲兩全也。《晦庵文集》續集卷八。

案: 本書撰時不詳,然據書中"部綱之役,不辭

而行，……然亦可更以王事靡盬之義，反復寬譬，乃
爲兩全也"云云，推知其當在朱熹守郡時，疑在朱熹
知漳州間，故係於紹熙元年(1190)。

滕　琪

　　滕琪，字德章，號蒙齋，徽州婺源（今屬江西）人。滕
璘弟。入太學，登淳熙十四年(1187)第，終合肥令。與滕
璘齊名。《萬姓統譜》卷五七。

朱熹《答滕德章》：

　　吾友秋試不利，士友所嘆。然淹速有時，不足深計，
且當力學脩己爲急耳。陸丈教人，於收斂學者散亂身心
甚有功，然講學趣向亦不可緩，要當兩進乃佳耳。熹病餘
衰耗，不敢看文字，恐勞心發病耳。後生精敏，且當勉學，
未可以此爲例也。《晦庵文集》卷四九。

　　　案：陸丈，指陸九淵。據《陸九淵集》卷三六《年
譜》，陸九淵於淳熙九年秋至十年冬，任國子正，講學
太學。滕琪於淳熙十四年及第，則"秋試不利"當在
淳熙十年，故推知本書約撰於是年(1183)深秋。

　　　又，明程敏政《書朱子答滕德章符復仲書》云：
"按此二書皆稱象山爲陸丈，所以尊禮之如此。前一
書稱其收拾身心有功，居敬之益密者也。後一書稱

其所言明當,窮理之益精者也。朱、陸二先生於是將
所謂一而二、二而一者乎。"《篁墩文集》卷三八。

朱熹《答滕德章》:

熹衰病益侵,無足言者。南軒之文,近方爲編得一
本,然尚有不敢盡載者。東萊文字,須其弟編定乃可行。
然近日書坊皆已妄有流傳,不可得而禁戢矣。示諭溪堂
序跋,此固所不忘。但年來病思昏憒,作文甚艱,又欠人
債負頗多,須少暇乃可爲耳。聞德粹以新侯之來,頗不安
迹,仕宦遭此,是亦命,但當以道自守,不可輕爲之屈也。
《晦庵文集》卷四九。

> 案:朱熹《張南軒文集序》云其"方將爲之定著
> 繕寫,歸之張氏,則或者已用別本摹印而流傳廣
> 矣。……於是乃復亟取前所蒐輯參伍相校,斷以敬
> 夫晚歲之意,定其書爲四十四卷",時淳熙甲辰十二
> 月辛酉。《晦庵文集》卷七六。本書云及"南軒之文,近
> 方爲編得一本",故推知本書約撰於淳熙十二年(乙
> 巳,1185)春間。

朱熹《答滕德章》:

德粹之來,幸此款曲,所恨賢者在遠,未遂合并之願
耳。廷對甚佳,三復增歎。然今既得脱去場屋,足以專意
爲己之學,更望勉力,以慰平日期望之意。此間曲折,德

就者又雜然並進,而不無貪多欲速之意,是以雖知其然而未免於茫然無得之歎耳。足下誠若有志,則願暫置於彼而致精於此,取其一書,自首而尾,日之所玩不使過一、二章,心念躬行,若不知復有他書者。如是終篇,而後更受業焉,則漸涵之久,心定理明,而將有以自得之矣。《論語》一書,聖門親切之訓,程氏之所以教,尤以爲先。足下不以愚言爲不信,則願自此書始。因風寓謝,他未暇及。昆仲書無異指,故不復別致,幸察。《晦庵文集》卷四九。

案:朱熹於紹興二十年(1150)至婺源展墓,於淳熙三年(1176)再至婺源。本書中言其"中間才得一歸埽丘墓、省族姻,今又二十餘年",而未及再至婺源事,則當撰於此前。又滕璘《題晦菴先生真蹟後》云"晦菴先生世家吾鄉,中徙於閩,倡明道學,戶外屨滿,而鄉人未有至者。淳熙乙未,先君始命璘兄弟修書辭以請教,先生報書示以爲學之要。明年,先生來歸,始克謁見而請益焉"。《新安文獻志》卷二二。可知滕璘兄弟初拜書於淳熙二年(乙未),朱熹撰本書作答,其時亦在是年(1175)間。

又,真德秀《朝奉大夫賜紫金魚袋致仕滕公墓誌銘》云:"乾道、淳熙間,子朱子倡道南方,海內學士至者雲集,新安滕公德粹時甚少,與弟德章奉其尊君之命,以書自通而謁教焉。子朱子復之曰"《西山文集》卷四六。云云,即爲本書。

朱熹《答滕德粹》：

璘近讀《論語》"禮之用，和爲貴"，觀諸家解多以和爲樂。璘思之，和固是樂，然便以和爲樂，恐未穩當，須於禮中自求所謂和乃可。因問之長上，或設喻以見告曰："所謂禮者，猶天尊地卑而乾坤定，卑高以陳而貴賤位，截然甚嚴也。及其用，則天道下濟而光明，地道卑而上行，此豈非和乎？"璘當時聽之，甚以爲然矣，已而思之，亦恐只是影說過，畢竟禮中之和不可見。望先生有以教之。如《曲禮》所陳禮之條目甚詳，不知何者爲和乎？

和固不可便指爲樂，然乃樂之所由生。所設喻亦甚當。如《曲禮》之目皆禮也，然皆理義所宜、人情所安，行之而上下親疏各得其所，豈非和乎？

舍弟琪近自太學附信歸，問仁知、動静之説，蓋學中近以爲論題也。然説者只云仁之静亦未嘗不動，而大體則静處是仁；知之動亦未嘗不静，而大體則動處是知。多是以文辭影說過，畢竟不明言動静如何。璘取《精義》讀之，亦未能曉。因子細玩味此兩句，乃若有所曉。蓋仁者静、知者動，仁、知非動、静也，乃仁知之人其性情或動或静耳。而説者只就仁知上求動静，所以多説不明。譬如圓者動、方者静，不可便指方圓爲動静也。然璘雖曉得如此，却未知仁者之所以静、知者之所以動如何形容，望先生詳賜指教。

仁者敦厚和粹，安於義理，故静；知者明徹疏通，達於
事變，故動。但詳味"仁"、"智"二字氣象，自見得動静處，
非但可施於文字而已。《晦庵文集》卷四九。

案：朱熹《答吕伯恭》（私家不幸）有云"偶婺源
滕秀才琪在上庠，其兄來爲求書請見，因得附此致
謝"，《晦庵文集》卷三四。與本書所云"舍弟琪近自太
學附信歸，問仁知、動静之説"相合。《答吕伯恭》朱
熹撰於淳熙四年正、二月之際，故推知本書約撰於是
年（1177）初或稍前。

朱熹《答滕德粹》：

補試得失如何？此不見補試牓，然計此亦分定矣。
雖斷置不下，徒自紛紜，豈能移易毫髮於其間哉？而其所
以害夫學問之道者，則爲不細。蓋物欲利害之私日交戰
於胸中，亦何暇而及於玩索存養之功也耶？《近思》所疑，
但熟玩之，自當漸見次第。但恐心不專一，則無由可通
耳。《晦庵文集》卷四九。

案：據真德秀《朝奉大夫賜紫金魚袋致仕滕公
墓誌銘》云，滕璘"舉于鄉，入太學"，淳熙八年中南宫
第四人，對策又中乙科。而本書云"補試得失如何"，
《西山文集》卷四六。則知在此前。又據《建炎以來朝
野雜記》甲集卷一三《太學補試》云："太學補弟子員，
故例，每三歲科舉後，朝廷差官鎖院，凡四方舉人皆

得就試,取合格者補入之,謂之混補。淳熙後,朝議以就試者多,欲爲之限制,乃立待補之法,諸路漕司及州軍皆以解試終場人爲準,每百人取六人,許赴補試,率開院後十日揭榜。"由此推知滕璘補試當在淳熙五年,而本書約撰於是年(1178)夏間。

朱熹《答滕德粹》:

子之有無皆命,不必祈禱。《朱子語類》卷一三八。

案:《朱子語類》卷一三八云:"德粹問:'十年前屢失子,亦曾寫書問先生,先生答皆云:"子之有無皆命,不必祈禱。"後又以弟爲子,更有甚碍理處。舍弟之子年乃大於此,則是叔拜姪。'曰:'以弟爲子,昭穆不順。'方伯謨曰:'便是弟之子小,亦不可。'曰:'然。'"此段乃鄭可學所記。據《朱子語類·姓氏》,滕璘與鄭可學所記皆在紹熙二年(辛亥)。由是年上推十年,乃淳熙九年(1182)。

朱熹《答滕德粹》:

所問禱祠之惑,此蓋燭理未明之故,又爲憂患所迫,故立不定。今雖未能遽明,但且謹守自家規矩,一面講學窮理。遇聖賢有説此事處,便更著力,加意理會。積累功夫,漸漬日久,一旦忽然有開明處,便自然不爲所惑矣。今未能然,且當謹守聖賢訓戒,以爲根脚,如程子所謂不

敢自信而信其師者，始有寄足之地。不然，則飄搖没溺，
終不能有以自立矣。《晦庵文集》卷四九。

案：書中有"所問禱祠之惑"云云，似爲上書"子
之有無皆命，不必祈禱"而發，故亦當撰於淳熙九
年間。

朱熹《答滕德粹》：

示問曲折具悉，大抵守官且以廉勤愛民爲先，其它事
難預論。幸四明多賢士，可以從遊，不惟可以咨決所疑，
至於爲學脩身，亦皆可以取益。熹所識者楊敬仲簡、吕子
約監米倉，所聞者沈國正焕、袁和叔燮，到彼皆可從游也。
《晦庵文集》卷四九。

案：朱熹《跋范文正公送賓君詩》有云"右范文
正公詩也，鄞尉廳無壁記，……新安滕璘德粹嗣守其
官，以是詩爲不可無傳也，礱石治舍，請書而刻之。
淳熙乙巳八月壬戌，同郡朱熹書而記其後云"。《晦庵
文集》卷八二。滕璘淳熙八年及第，調鄞縣尉，據朱熹
《跋范文正公送賓君詩》云云，推知其當於淳熙十一
年（甲辰）蒞官。本書云云，當撰於滕璘尚未赴任時
也，知在十一年（1184）中。

又，宋真德秀《朝奉大夫賜紫金魚袋致仕滕公墓
誌銘》云："後數年，子朱子自寓里來歸，始以弟子禮
見，於是得《大學》《中庸章句》而熟復焉。既而往仕

四明，又教之以親仁擇善爲講學修身之助，且曰楊敬
仲、呂子約、沈叔晦、袁和叔此四人者，皆子所宜從游
者也。"《西山文集》卷四六。

朱熹《答縢德粹》：

到官既久，民情利病必已周知。更宜每事加意，使隨
事有以及人，則亦可以充其職業而無愧於廩食矣。親炙
諸賢，想亦有益。日用之間，常更加持守講習之功，以求
其遠者大者，則區區之所願也。《晦庵文集》卷四九。

案：書中"到官既久"云云，當指縢璘爲鄞縣尉
時，故推知其約撰於淳熙十二年(1185)間。

朱熹《答縢德粹》：

知官閑頗得讀書，不知做得何工夫？歲月如流，易得
空過。彼中朋友書來，多稱德粹之賢。然鄙意所望者，則
不止此，願更勉力，益加探討之功，勿令異時相見無疑可
問，乃所望耳。谿堂雜文，久欲爲作序，但以當時收拾得
太少，詩篇、四六之外，雜文僅有兩篇，想亦未是當時著力
處，未有意思可以發明，又不成只做一篇通用不著題底文
字，以故遲遲至今。欲留此人，等候草成附去，又此數日
正爲諸處人督迫文字，困憊殊甚，不免且小須也。釋氏之
説，易以惑人，誠如來喻。然如所謂若有所喜，則已是中
其毒矣。恐須於吾學有進步處，庶幾可解，不然，雖欲如

淫聲美色以遠之,恐已無及於事,而毒之浸淫侵蝕日以益深也。《晦庵文集》卷四九。

案:朱熹《跋滕南夫溪堂集》有云"淳熙丁未,其兄孫璘訪予崇安,出其集與此傳示予,因太息而書其後。傳言公嘗爲書萬言,論和戰守利害,其言甚偉。今亦不見集中,甚可惜也"。時在是年九月丙辰。《晦庵文集》卷八二。與本書云云相合。又《朱子語類》卷一一八有云"德粹云:'初到明州,問爲學於沈叔晦,叔晦曰:若要讀書,且於婺源山中坐。既在四明,且理會官事。'先生曰:'縣尉既做了四年,滕德粹元不曾理會。'"故推知本書約撰於淳熙十三年(丙午,1186)間。

朱熹《答滕德粹》:

熹冬來却幸稍健,正思、叔重來,得數日之款,亦足少慰離索。但念吾友昆仲,不知近日功夫如何?切宜痛加矯厲,專一用功,庶幾不至悠悠虛度時日也。《晦庵文集》卷四九。

案:朱熹《跋程董二生學則》云"番陽程端蒙與其友生董銖共爲此書,將以教其鄉人子弟而作新之。……淳熙丁未十一月甲子,新安朱熹書",《晦庵文集》卷八二。時程端蒙(字正思)、董銖(字叔重)來武夷訪學,朱熹從其請,爲撰此跋。本書云及"熹冬來却幸稍健，正思、叔重來，得數日之款"，故推知其約淳熙十四年（1187）十一月間。

朱熹《答滕德粹》：

熹昨者再辭恩命，復叨祠禄，幸且杜門，無足言者。前書所喻，深悉學道愛人之志，然退藏之計已決，不獲奉以周旋。聞鄉州絹税近遂有蠲减之命，亦足爲慶也。《晦庵文集》卷四九。

　　案：據《年譜長編》卷下，朱熹於淳熙十五年十一月上封事，尋除主管西太乙宫、兼崇政殿説書；十二月，朱熹辭崇政殿説書；淳熙十六年正月二十三日，除秘閣修撰，依舊主管西京嵩山崇福宫。本書所云"熹昨者再辭恩命，復叨祠禄"，即指此。故推知本書約撰於十六年（1189）二、三月間。

朱熹《答滕德粹》：

示喻縷縷，備悉。但若果能真使私情不勝正理，便是確然可據之地，不必舍此而他求也，顧恐或未能耳。記序之作，或不免俯徇俗情，誠如來喻。然其間亦不敢甚遠其實，異時善讀者當自得之也。衰病日侵，求去未獲，便民之事，所不敢忘。然其可否，亦何可必，少須旬月，復申前請耳。淳叟、國正想時相見，有何講論？方丈計亦時會見也。因便附此，草草，惟千萬以時進學自重。《晦庵文集》卷四九。

案：書中云"衰病日侵，求去未獲，便民之事，所不敢忘"，當指朱熹守漳州時。因紹熙元年十月嘗自劾，並請祠，不允；二月正月下旬長子朱塾卒，《年譜長編》卷下。故推知本書約撰於元年(1190)冬。

朱熹《答滕德粹》：

示喻讀莊周書，泛觀無害，但不必深留意耳。若謂已知爲學之大端，而自比於明道，則恐未然。明道乃是當時已見大意，而尚有疑其説之相似，故始雖博取而終卒棄之。向來相聚，見德粹似於此理見得未甚端的，且尚不能無疑於釋子之論。今若更以莊周之説助之，恐爲所漂蕩而無以自立也。況今日諸先生議論流傳於世，得失已分明，又非當日之比耶？若論泛觀，則世間文字皆須看過，又不特《莊子》也。承有意此來，不如乘間失此計。流光易失，衰老尤不可恃。果欲究竟此事，似不宜太因循也。《晦庵文集》卷四九。

案：據《朱子語類·姓氏》，滕璘於紹熙二年(辛亥)間嘗來問學。又，真德秀《朝奉大夫賜紫金魚袋致仕滕公墓誌銘》云："居數年，子朱子於潭溪之上，留止四旬，問辨彌篤。蓋公於師友淵源所漸如此，故終身踐行不離名教之域，至其用之而弗究，則君子以爲有命焉。"《西山文集》卷四六。即指紹熙二年事。本書中有"向來相聚，見德粹似於此理見得未甚端的，且尚不能無疑於釋子之論"云云，故推知本書約撰於紹熙三年(1192)間。

朱熹《答滕德粹》:

所示《語》説一條，甚善。但程先生説自不可廢。今作實事推説太廣，却恐又有礙也。兼看文字，且虛心體認實用工處，而就己分用力，方有實效。若一向只如此立説，却不濟事也。大抵學問以變化氣質爲功，不知向年遲緩悠悠意思頗能有所改革否？若猶未也，更須痛自鞭策，乃副所望耳。《晦庵文集》卷四九。

案：本書撰時未詳。疑亦在紹熙三年間。待考。

又，滕璘《題晦菴先生真蹟後》又云滕氏兄弟自淳熙初朱熹歸省之後，"通書悉蒙見答，訓迪備至。今老矣，無以仰副先生期待之意，而弟珙不幸早世，所藏真蹟散逸之餘，僅存三十紙，每一覽之，悚然起敬，恨先生不可復見也。刻之博雅堂，以示子孫，俾知先生不忘故鄉，私淑諸人者如此。先生嘗銘先君墓，又嘗跋叔祖溪堂先生傳與弟珙《景呂堂詩文》，并附於後云。門人新安滕璘書"。《新安文獻志》卷二二。

滕仲宜

滕仲宜，名不詳。官承務郎。

朱熹《與滕承務書》：

六月五日熹頓首：奉告，審聞□況爲慰。訊後庚暑，侍履當益佳。廟額聞已得之，足見朝廷表勸忠義之意。記文久已奉諾，豈敢食言，然以病宂因循，遂成稽緩。今又大病幾死，近日方有向安意。若以先正之靈，未即瞑目，少寬數月，當爲草定，[恭]父歸日，必可寄呈矣。匆匆布復，餘惟自愛。令祖母太夫人康寧，眷集一一佳慶。不宜。熹再拜[滕]君承務。《朱子遺集》卷三。

案：朱熹《義靈廟碑》有云"慶元元年春二月，勑以台州士民所請故直秘閣滕侯之祠爲義靈廟，州人……乃以書來請篆其事。熹以衰朽，欲謝不能，而復自念往使淛東，留台最久，固已熟聞兹事而有感於中矣。……台人迎侯繼室趙夫人及諸孫仲宜等使居其旁，通判州事呂君祖儉謀爲買田以資奉守，未就而去"。碑記撰於是歲八月癸丑朔。《晦庵文集》卷八九。本書中"廟額聞已得之，足見朝廷表勸忠義之意。記文久已奉諾，豈敢食言"、"令祖母太夫人康寧"云云，即指此。故知本書撰於慶元元年(1195)六月五日。

朱熹《與滕承務書》：

八月廿二日熹頓首：昨者人還附字，計必達矣。即日秋涼，遠懷侍奉吉慶。廟記近方草定，已寫本寄周守及葉致政矣，幸試取一觀。其他曲折，已與恭父詳言之，幸并與諸丈熟議之也。匆匆附此，不能它及。餘惟以時自愛。令祖母太夫人壽履康安，眷集一一佳慶。不宣。熹再拜滕君承務。《朱子遺集》卷三。

案：據上書（六月五日熹頓首）及其考證，知本書撰於是年八月二十二日。

田　澹

田澹，字子真，南劍州（今福建南平）人。乾道八年（1172）黄定榜進士及第。紹熙五年（1194）十一月以樞密院編修官兼實録院檢討官，慶元元年（1195）三月爲宗正丞，仍兼。開禧三年（1207）正月以宗正少卿兼國史院編修官，五月以刑部侍郎兼同修國史。《南宋館閣録續録》卷九。

朱熹《與田侍郎》：

士子之賢如施、林諸人已相見，皆如來喻。但陳、鄭未見，旦夕訪問之，當肯顧也。五日一延見諸生，力爲晉説，今頗覺有風動之意。少假旬月，亦當有以少變前日之陋也。聞同官多得同志，甚慰鄙懷。其間亦有相識相聞者，恨無由相會聚切磋耳。近觀時論日就卑鄙，而吾黨之士相繼而出，似猶未艾。天意儻遂悔禍，則亦不爲無可用之人矣。願相與勉旃！荀卿子云："皓天不復，憂無疆也。千秋必反，古之常也。弟子勉學，天不忘也。"此正區區今日之意也。《晦庵文集》續集卷五。

案：據陳淳《郡齋錄後序》云"先生庚戌四月至
臨漳，某自罷省試歸，五月方抵家。而道途跋涉之
苦，得病，未能見也。至十一月十八日冬至，始克拜
席下"。《北溪大全集》卷一〇。本書有云"士子之賢如
施、林諸人已相見，皆如來喻。但陳、鄭未見，且夕訪
問之，當肯顧也"，故推知本書約撰於紹熙元年（庚
戌，1190）秋間或稍後。

朱熹《與田侍郎子真》：

引飲想良已，生果安能發渴？却是渴後喜食生冷。
此須究其根原，深加保養，不可歸咎末節、諱疾忌醫也。
比來陰雨過多，氣候不正，元氣不固者多是立脚不住，平
地喫交。此一種病尤當過意隄防，莫教隨例倒却也。《晦
庵文集》續集卷五。

案：本書撰時未詳，疑在紹熙間，姑係於三年
（1192）間。待考。

朱熹《與田侍郎》：

吾輩今日事事做不得，只有向裏存心窮理，與外人無
交涉。然亦不免違條礙貫，看來無着力處。只有更儧近
裏面，安身立命耳。不審比日何所用心？因書及之，深所
欲聞也。看前日報行章疏，便要回面汙行、首身投兔亦不

可得,只得守吾大玄也。《晦庵文集》續集卷五。

　　案：慶元元年五月,右正言劉德秀請考核真偽,以辨邪正;七月,御史中丞何澹上疏論專門之學,乞録真去偽。《年譜長編》卷下。本書"看前日報行章疏,便要回面汙行、首身投免亦不可得"云云,似爲此而發,故推知本書約撰於是年(1195)秋初。

朱熹《與田侍郎》：

　　所喻不平者何事? 此等大抵無足深怪,所謂漸平者,今乃激而愈偏。大率天下只有一是一非,是者須還他是,非者須還他非,方是自然之平。若不分邪正、不別是非而但欲其平,決無可平之理。此元祐之調停、元符之建中所以敗也。時事至此,拱手坐視,無著力處,病根豈有窮耶? 所得水石,知在何許? 恨不敢去一觀耳。聞中所讀何書? 天下事既有所不得爲,顧此一事尚屬自己。若又因循放棄,日月真可惜也。《晦庵文集》續集卷五。

　　案：書中有云"若不分邪正、不別是非而但欲其平,決無可平之理。此元祐之調停、元符之建中所以敗也。時事至此,拱手坐視,無著力處",當指慶元學禁事。又黃榦《與晦菴朱先生書》(榦以初八日抵侍旁)有言"田子真之語,或者謂其對人稱許止呂、秦之事,果爾,亦可謂輕率之甚也",《勉齋集》卷四。本書"所喻不平者何事? 此等大抵無足深怪",似即指此。

《與晦菴朱先生書》撰於慶元元年七月中旬，則推知本書約撰於一時先後。

朱熹《與田侍郎》：

某一病兩月，將行未果。所上告老之章近聞亦已見邸，勢不免復小紛紜。或恐遂抵譴訶，不可知也。陰邪表裏欺天罔人，方此之時，不能仰首一鳴，以期開悟，而徒爲蓄縮自全之計，永負臣子之責矣。奈何奈何！今從黃守借人專致此書，幸以數字見報。凡鄉來見聞所及，告悉及之。亦懇黃守尋的便附來，必不至浮沉也。聞道學鉤黨已有名籍，而拙者辱在其間，頗居前列，不知何者爲之？及所指餘人謂誰？皆望一一條示也。《晦庵文集》續集卷五。

案：朱熹於慶元元年五月上狀乞致仕。《年譜長編》卷下。朱熹《答林井伯》(某向來一出)有云"還家初亦粗遣，至此夏初，痼疾復動，遂大狼狽。意必不全，亟遣告老，人行已五六十日，尚未有處分"。《晦庵文集》別集卷一。而本書言及"所上告老之章近聞亦已見邸，勢不免復小紛紜"，推知約撰於是年秋中。

朱熹《與田侍郎》：

昨日季通說舊居山水甚勝，棄之可惜。新居近城，以此間事體料之，必不能免人事之擾。只如使節經由，不容不見，便成一迎送行户。應接言語之間，久遠豈無悔吝？

今年尤覺不便，始悟東遷之失計。賢者異時亦當信此言也。片紙所喻，非有疑於二君。但聞是時坐間亦有它客，恐致傳播不便耳。時論日新，干越章、彭、徐、薛諸人必續有行遣，未知輕重遠近如何耳。薛竟不免，枉道果何益乎？某以議陵自劾，恐亦觸諸新貴之怒。然已判斷，不能關念也。《晦庵文集》續集卷五。

案：朱熹慶元元年七月末以議陵事自劾。《年譜長編》卷下。本書云及"某以議陵自劾，恐亦觸諸新貴之怒"，推知約撰於八月或稍後。

朱熹《與田侍郎》：

休致文字已申本府，尚未得保明申發。萬一有遲疑，即不免徑申省陳乞矣。比來論議似稍寧息，未知竟如何，正却不削亦反耳。衛公計時相見，聞欲徙居盤澗，若爾，即尤相近也。開正晴暖，欲挈舟南下，又憚經由富沙，不免見諸人一番，露頭面可厭，更俟計度。若幸無疾病，即當扶曳冒昧一行，兼欲見石佛懸泉之勝也。《晦庵文集》續集卷五。

案：慶元四年十二月，朱熹具申建寧府，乞保明申奏致仕。《年譜長編》卷下。本書云及"休致文字已申本府，尚未得保明申發"，又云"開正晴暖，欲挈舟南下"，故推知其撰於四年(1198)末。

又，本書重見於《晦庵文集》別集卷一，題《答陳子真》，文字頗有異同，曰："休致文字已申本郡，尚未得保明申發。萬一更有遲疑,即不免徑申省陳乞矣。比來論議似稍寧息,未知竟如何,正恐不削者以耳。衛公計時相見,聞欲徙居盤澗,若不得去,相近也。開正晴暖,欲拏舟南下,又憚經由富沙,不免見諸人一番,露頭面可厭,更俟計度。若幸無疾病,即當扶曳冒昧一行,思欲見石佛懸泉之勝也。"故其題作"陳"字似誤。

朱熹《與田侍郎》:

某氣痞筋攣,日以益甚。休致文字州府已爲施行,但舉城知舊無一人肯爲作保,不免遠求左右,想無不可。得與僉圓付去人,仍借一得力可託人自持印紙隨之,令俟批上,却將以還,免致失墜,尤幸也。來書前後不同,東閣郎君之説,蓋出老丈。向得其書,亦自言此意甚勤懇。然事始已行,不可復收矣,只得向前,旁人指點一切不能管得。楊子直、黃商伯乞宮觀而遭繳,豈有某却望復職致仕而求恩澤之理? 雖至愚者,知其必不然矣。況今不作奏,不通廟堂書劄,而陳乞狀内亦不敢叙歷任年月,其意亦自可見也。昨日又得黃仲本書云,得親戚書,議者方欲申嚴謝事條制。渠是謝、胡姻家,語必非妄,此亦似是有爲而發。若但驅逐,不容更在仕路,猶是善意。萬一或是以此速其必來而因以治之,亦無可避之策,只得依經據禮,冒昧向前,看他如何區處。若幸得一章,痛加排詆,置之竄斥不容休致之地,即在我者亦有辭矣。不審明者以爲如何?

昨日作誠父書，託其致意，不知曾相見否？或未見，可借取一觀。然其説亦大槩與此相表裏也。欲作衛公書，道此曲折，數日又苦目昏，不能謹書。或因便問及，亦告及之。演山觀瀑之約，夢寐不忘。然須病軀稍堪扶持，及此一事結斷了絶，始可出入，以此反增煩懣耳。渤海方繳陳益之宜春之命，去冬所傳上饒，亦恐是浪語耳。中間議論稍平，僕便疑不久。諸人豈坐受縛者？勢必多方遊談，脅持恐赫，以必勝爲效，自此當漸見之。繳詞未報，其間必有大開闔可想也。《晦庵文集》續集卷五。

案：朱熹《答任行甫書》(謝事文字極荷留念)云及"保官俞宰書中已説，但亦恐其難之，故不欲直求之，……只南劍田右司雖是放罷，然屢已經赦，罷後又曾磨勘轉官，恐或可作，已專令吳定往求之"，《晦庵文集》卷二九。本書所云"休致文字州府已爲施行，但舉城知舊無一人肯爲作保，不免遠求左右，想無不可。得與僉圓付去人，仍借一得力可託人自持印紙隨之，令俟批上，却將以還，免致失墜，尤幸也"，即此事。《答任行甫書》撰於慶元五年(1199)正月上旬前後，故推知本書約撰於正月初。

萬人傑

萬人傑，字正淳，興國(今湖北陽新)人。《朱子語類·

姓氏》。"師事陸象山,復師事朱子。朱子稱之曰:'萬正淳
氣象儘好,却去先於性情持守上用功。'"《大清一統志》卷二
六〇。

朱熹《答萬正淳》:

謝氏曰:"義重於生,則舍生取義;生重於義,則當
舍義取生。最要臨時權輕重以取中。"愚謂"舍義取生"
之説未當。所謂生重於義者,義之所當生也。義當生
則生,豈謂義與生相對而爲輕重哉?且義而可舍,則雖
生無益矣。如此,則所爲臨時權輕重者,將反變而爲計
較利害之私矣,尚安能取中乎?

此論甚當,故明道先生曰"義無對"。

楊氏謂"高明者,中庸之體;中庸者,高明之用",恐
不可以體用言。

此説亦是。

楊氏解"知者過之"爲極高明而不知中庸之爲至,
解"賢者過之"爲尊德性而不及道問學,恐未安。"極高
明而道中庸,尊德性而道問學",是徹上下、貫本末工
夫,皆是一貫,無適而非正也。如楊氏之説,則上下、本
末可離而爲二矣。

大概得之,更宜體味。

游氏引鄒衍談天、公孫龍詭辨爲智者之過,亦未
當。若佛、老者,知之過也。談天、詭辨,不足以爲知者

之過。

知者之過非一端，如權謀、術數之類亦是。龍、衍乃是誆妄，又不足以及此。

吕云"剛而寡欲，故能中立而不倚"，夫中立不倚者，湛然在中，無所偏倚而義理全具者也。"剛而寡欲"，恐不足以言之。引柳下惠之行爲"和而不流"，夫下惠固聖之和矣，然孟子推其有不恭之弊，則與《中庸》所謂"和而不流"者亦異矣。又引"非其君不事，非其民不使"，與夫"獨立不懼，遯世無悶"者爲"中立而不倚"，夫"非其君不事，非其民不使"，是乃清者之德，豈可便謂之中立不倚哉？"獨立不懼，遯世無悶"固是有中庸之德，而窮困在下者如此。然專以此事解釋"中立不倚"之義，則名義非所當矣。蓋"獨立不懼，遯世無悶"者，以操行言；"中立而不倚"，以理義言也。

"中立不倚"，亦只是以行言。所引"獨立不懼"者近之，"不倚"是無所阿附之意。

吕氏解"素隱"爲方鄉乎隱，"素隱行怪"爲未當行而行之，且舉《易》之"隱而未見"與孟子之論狂者爲證，恐非本意。"素隱行怪"，乃是無德而隱，而爲怪僻之行者爾，意甚分明，何必曲爲之説乎？

吕説未安。

侯氏以夷、齊、下惠爲素隱行怪，恐失之太過。若晨門、荷蕢、沮、溺、莊、列之徒，乃可以當此名。夷、齊、下惠雖未爲中庸之至，然皆大賢事業，恐未易以此名加之也。

亦是。

呂氏説"費隱"一章固多差（牪）[舛]，然論知與能一段雖非正意，却説得易知簡能確實明白，有所發明。

此不記得，無本可檢。

游氏説多不可曉，但謂"其大無外而中無不周，故天下莫能載；其小無間而中無不足，故天下莫能破"，此説爲無病耳。然上文本謂君子之道無往而不中，則其下"中"字有未當耳。

既曰"未當"，便不可謂之無病。

程子曰："'我不欲人之加諸我也，吾亦欲無加諸人'，《中庸》曰'施諸己而不願，亦勿施於人'，正解此兩句。"恐是一時問答之語。當以《論語》解仁恕之别爲正。

是。

《或問》稱呂氏一本語尤詳實，深可玩味，未見有可玩味處。謂道雖本於天，而行之者在人，非此章之正意。"忠恕不可謂之道，而道非忠恕不行"，此所以言違道不遠，其意亦恐未安。觀程子降一等之説與"掠下教人"之説，斯可見矣。其論四者未能之説，則曰："盡人倫之至，通乎神明，光于四海，有性焉，君子不謂之命，則雖聖人亦自謂未能。"夫以盡人倫之至而自謂"未能"

猶可也。通神明而光四海，奚暇遽論及此哉？今觀呂氏論四者未能之說亦有意，恐未容輕議。

吕氏說恐亦不得此句之讀，更試考之。

游氏引"其則不遠"爲盡己之忠，不以道責人而以人治人，取其"改而止"爲盡物之恕，似乎其語未當。楊氏說"以人治人，仁之也，伊尹'以斯道覺斯民'是也"，恐不當其義。今觀楊氏說，亦有可取。

宛轉說來亦可通，但恐不必如此說，枉費言語。

張子謂"君子之道，天地不能覆載"，恐失之太高。子思雖云"天下莫能載"，復云"天下莫能破"，大小兼該可也。"戾天"、"躍淵"，亦以範圍之內言之。今言天地莫能覆載，則過矣。

亦是。

謝氏說："致生之故其鬼神，致死之故其鬼不神，何也？人以爲神則神，人以爲不神則不神矣。"按夫子致生致死之說，本爲明器發也。以致死之爲不仁，故必有是明器；以致生之爲不智，故爲是明器而不可用，故曰神明之也。謝氏之意，則與此不同矣。又其說主乎致生，故謂"人以爲神則神"，如此，則所謂鬼神者，其有無專係乎人心而已，無乃似流於作用是性之失乎？又曰"以爲有亦不可，以爲無亦不可，這裏有妙理"；又曰"自家要有便有，要無便無"，皆是此意。

記得《論語說》中似有"當生者使人致生之，當死者使

2517

人致死之",此却有理。謝氏《論語説》曰:"陰陽交而有神,形氣離而有鬼。知此者爲智,事此者爲仁。推仁智之合者可以制祀典。祀典之意,可者,使人格之,不使人致死之。不可者,使人遠之,不使人致生之。致生之故其鬼神,致死之故其鬼不神。"則鬼神之情狀,豈不昭昭乎?

　　侯氏曰:"消息盈虛,往來神明,皆是理也;吉凶悔吝,剛柔變化,皆是物也。"恐難分明。愚謂是數者皆物也,而有理存焉。又曰:"以陰陽言之則曰道,以乾坤言之則曰易,貫通乎上下則曰誠。"夫道非陰陽也。所以一陰一陽者,道也。程子固言之矣。《繫辭》止曰"乾坤,其易之門、易之蘊",而謂"易爲乾坤",則非也。且既以貫通上下爲誠矣,而又曰:"摠攝天地,斡旋造化,動役鬼神,闔闢乾坤,萬物由之以生死,日月由之以晦明者,誠也。"則是誠者乃一作用之物,有似乎《陰符經》之云者,而不可謂之貫通上下矣。既以鬼神爲形而下者而非誠矣,又曰"誠無内外、無幽明,故可格而不可度射"。審如此説,則《詩》當云"誠之格思",而不當言"神之格思"也。凡此自相矛盾,有不可曉者,不審如何?

　　看得是。

　　"顏雖夭,而不亡者存",《或問》以爲侯氏之説,而《集解》繫之楊氏説後,孰爲誤也?

　　似是楊氏、侯氏皆有此語。更考之,若無,即是誤也。

　　吕氏、楊氏引"三年之喪",皆有"爲妻"之文。按:

夫爲妻服，齊衰杖期。而《左氏傳》昭公十五年王太子壽卒，王穆后崩，晉叔向曰：“王一歲而有三年之喪二焉。”杜氏注云：“天子絕期，惟服三年。故后雖期，通謂之三年喪。”審此，則是天子之后母儀天下，后之喪，天子可以絕期而不服。故服其喪而通謂之三年也。據經文，既曰“三年之喪，達乎天子”，又曰“父母之喪，無貴賤，一也”，則是三年之喪有爲長子、爲妻與嫡孫爲祖，故別乎父母之喪也。所謂達乎天子，則是三年之喪亦有通乎上下者矣。今律文與溫公《書儀》，皆無“爲妻”之文，獨呂氏、楊氏引叔向之説，而呂氏之説有可疑者。呂氏之説曰：“三年之喪達乎天子者，三年之喪爲父、爲母，適孫爲祖、爲長子、爲妻而已。天子達乎庶人，一也。”似與今文本旨與今律文、《書儀》皆不同。蓋經文分三年之喪與父母之喪，而呂氏則合之。律文、《書儀》載夫爲妻杖期，而呂氏則皆以爲三年也。楊氏之説曰：“三年之喪爲長子、爲妻與嫡孫爲祖，故王太子壽卒，穆后崩，而叔向云云。蓋天子爲子、爲妻，通謂之三年之喪也。故曰三年之喪達乎天子，父母之喪則自天子至於庶人，無貴賤，一也。”信如楊氏之説，則與《經》之本文無戾，而與叔向、杜預之言皆合矣。愚謂三年之喪，爲長子與嫡孫爲祖三年者，主當爲後者言之。爲妻三年者，主天子絕期而言之也。蓋在大夫士庶之長子、長孫，有當爲後者，有不當爲後者，故有服三年與不服三年之別。妻之喪,則自大夫以下皆服期,故是三年者惟天子皆服之,故曰"達乎天子"也。

恐三年之喪,只是指父母之喪而言。下文"父母之喪,無貴賤,一也",便是解所以達乎天子之意,與孟子答滕文公語亦相類。

游氏"至貴在我,至富在我,至願在我,生生在我"之說,恐非聖人意思。

此等皆衍説。

《集注》曰:"仁者,心之德、愛之理也。"其言之不一,何耶?蓋仁有偏言者,有專言者。專言者,心之德也。程子《西銘》之意是也。偏言者,愛之理也。愛之所施,則親親、仁民、愛物是也。

固是如此。然心之德即愛之理,非二物也,但所從言之異耳。

所謂道者,君臣、父子、夫婦、昆弟、朋友之交是也。所謂德者,智、仁、勇三者是也。此聖人之所謂達道、達德,天下公共之理也。此外更無他道。後世學者惑於異端,求玄求妙,窮高極遠,而不知道果在此而不在彼也。孔子曰:"君子之道四,丘未能一焉。""君子道者三,我無能焉。"聖人非果不能也,亦非姑爲自謙之辭也,蓋欲學者知道之極致不在他求,而人倫之至即斯道之所在也。

吕氏曰:"所謂道者,合天、地、人而言之。所謂人者,合天地之中而言之。"夫道固所以合天、地、人而言,然方論修身以道,則不必遽及於此也。孟子論仁,只説"仁,人心也","惻隱之心,人皆有之",則"仁者,人也"之意自是分明。今曰所謂仁者,合天地之中而言,則似謂一人不足以爲仁,必合天下之人而後足以爲仁也。是其爲言大而無當,不若"人皆有之"等語爲明白切要而詳盡也。

以上二段皆當。

呂氏以知所以治人爲聞一以知二,知所以治天下國家爲聞一以知十,恐未安。夫治人、治天下國家,猶曰安人、安百姓云爾,皆修身之效也。聞一知二與聞一知十,自是分量不同,皆窮理修身之事,豈可引爲比也?

此等處不必深辨。

楊氏曰:"力行則能推其所爲,故近仁。"楊氏之意,蓋指孟子"彊恕仁莫近"之意,而謂推其所爲乃恕之事,故引之以解"近仁"也。夫推其所爲,正古人所以大過人之事。以其猶待乎推,所以未遽可謂之仁。今楊氏舉此以解力行近仁之説,似不爲過。而《或問》謂其不可曉,何也?

如此,則"仁"字只就愛上説了。

楊氏論誠身一節,失之輕易。其論誠,則曰:"非自外得,反求諸身。"而不知不明乎善,則心不可得而誠。論不誠,則曰:"豈知一不誠,他日舟中之人皆是爲敵國。"而不知所謂不誠亦儘有淺深也。又引莊周鷗鳥之說而曰:"忘機則非其類可親。"則其所以說誠身者益差矣。又曰:"反身而至於誠,則利仁者不足道也。"夫反身而至於誠,正利仁之事;若安仁者,則不待於反,亦不待乎至於誠而自誠矣。

"鷗鳥"以下,所論得之。

《或問》謂:"隱之見,微之顯,實之存亡而不可揜者也。""存亡"字有誤否?

心廣體胖,實之存也;如見肺肝,實之亡也。此當時立文之本意,然語誠有病,當改之耳。

謝氏曰:"誠是無虧欠,忠是實有之理,忠近於誠。"正倒說著,忠是無虧欠,誠是實有之理。蓋盡己之謂忠,一有不盡,是有虧欠也。以其自盡者言之,則謂之忠;以其實有者言之,則謂之誠。謂忠近於誠,亦非也。又曰:"有我不能窮理,人誰識真我?何者為我?理便是我。"其言過高而且怪。理者,天下之公,認之為我,則驕吝益肆矣。

得之。

《章句》中解致曲一段,乃是程子之說。然一曲之誠至於則形、則著、則明者,是一曲之誠充擴發見而至於無所不誠,故能變化否?而《章句》與程子之說但稱一曲之誠著見光輝,而所謂誠能動物,止一曲之誠耶,將無所不誠而能動物耶?若張子以明為餘善兼照,楊氏以明爲無物不誠，豈疑此而爲説也？故楊氏曰："曲能有誠，誠在一曲也。明則誠矣，無物不誠也。"竊疑楊氏之説不爲無理。

此章所言，正是一曲之誠，然致曲者固無曲之不致也。經雖不言，意自可見。張、楊之説，恐未爲得，不若程子之言爲當。

吕氏曰："學不厭，所以致吾知；教不倦，所以廣吾愛，自入德而言也。"亦恐未安。子貢之論學不厭，教不倦爲仁智，正所以形容夫子之聖，自是成德事，豈可以入德言之乎？

得之。

楊氏曰："《大學》一篇，聖學之門户，其取道甚徑。"夫聖人之道自有等級，由其所造之地如何耳，非可以徑取也。

"甚徑"亦言其平直而無回曲耳。

吕氏曰："誠與神交感，則同心者無不應；德與氣同運，則同類者無不化。"蓋誠者德之至實，神者氣之至妙。誠與神以其精者言之，故曰交感則同心者無不應；德與氣以其統體言之，故曰同運則同類者無不化。

吕説恐亦未可以爲至論。

謝氏謂"帝是天之作用處"，自然之理恐不可以"作用"言，如程氏謂以主宰謂之帝，則善於形容者也。

得之。

楊氏曰："無息者,誠之體,不息所以體誠也。"非
也。無妄者,誠之體;不息者,誠之所爲也。

得之。

"尊德性而道問學,致廣大而盡精微,極高明而道
中庸",程子只解極高明而道中庸,非謂二事。中庸,天
理也。天理固高明,不極乎高明不足以道中庸。豈以
極乎高明者是乃中庸之道,非別有高明也? 又曰:"理
則極高明,行之只是中庸。"以此而例上二句,則意皆明
矣。然此乃兼費隱、貫上下之極至者言之,須得張子逐
句一義一段之説,其義始備。其曰尊德性,須是將前言
往行、所聞所知以參驗,恐行有錯;致廣大須盡精微,不
得鹵莽;極高明須道中庸之道,互相發明,斯無餘蘊矣。
今觀《或問》之説,乃謂吕氏因張子之意,須更以謝、楊
二説足之,其義始備。愚謂三子之説皆非中庸之正意,
謂之各是一説可也。

吕氏曰:"雖有問學,不尊吾自得之性,則問學失其
道;雖有精微之理,不致廣大,則精微不足以自信;雖有
中庸之德,不極高明以行之,則同汙合俗。"今未暇辨乎
其他,所謂"雖有中庸之德,不極高明以行之,則同汙合
俗",則是高明、中庸自是兩事,不相關涉,不能極乎高
明,則道中庸者乃同汙合俗耳,豈有同汙合俗而尚可謂
之中庸乎? 豈有同汙合俗之中庸必極高明以行之而復
異乎? 此乃緣文立義,而未究程、張之指與夫此章之正

意也。且既以德性、廣大、高明皆至德，問學、中庸、精微皆至道，其言雖不能無失，而其意則不害其爲兼舉全體。今曰失道與同汙合俗之云，則至德果如是乎？又以道之在我、道之全體、道之上達分始、中、終之序，而謂不先立乎此、充乎此、止乎此之類者，其失同出一轍，今不暇復辨也。游、楊之説，皆以先後循序而言，則亦恐非正意，特其解經之一説爾。大抵此五句之義，乃是聖賢竭其兩端之教，不容偏廢，或偏於一，則必陷於異端曲學，而不足以知道學之全。然而學者之病，往往多欲進於德性、廣大、高明之域，而於所謂問學、精微、中庸者不留意，或爲之而不知盡其義、極其至焉，則其所謂德性、廣大、高明者，是烏足以爲德性、廣大、高明哉？程、張之説深得乎此，而吕氏之説之意，則所重者在德性、廣大、高明，所輕者在問學、精微、中庸，則正與張子之説相反，豈得爲因其意乎？

　　楊氏又以溫故知新爲道問學之事、敦厚崇禮爲道中庸之事，亦恐失之遷就。本文之意，蓋謂溫故者多不知新，敦厚者少能崇禮，與上三句相類耳。若必遷就其説，則溫故知新亦可以爲盡精微，而敦厚崇禮亦可以爲尊德性矣。又曰：“道中庸而不極乎高明，則愚不肖者之不及。”則是凡愚不肖皆可以道中庸乎？比吕氏則甚焉者也。侯氏之説，尤無倫次，既以禮爲道之物，其名禮者既失之矣，又以和而至合，內外以和行，使萬物各當其分謂之禮,禮各有其物謂之儀,則言禮又不經矣。繼之曰:"統而言之則曰道,分而言之,則仁者見之謂之仁,智者見之謂之智,學禮者見之則謂之禮可也。"先後不倫,輕重失當,果何爲哉?特其辨楊氏"道非禮不止"之言之失,則似可取耳。其它至德至道之説、求仁上達之説,文義皆失之矣。

此段未安。

二十九章"三重"之説,程子言之,侯氏述焉。程子所謂"此與《春秋》正相合"者,意尤親切。而侯氏所以發明者,亦詳備而可觀。通乎此,則一章之義首尾通貫,意脈接續,深有餘味。且又承上章夫子所言三代之禮,則"三重"爲三王之禮所重之事,亦可信矣。若如《章句》所從吕氏之説,固亦可通,但意味不如程子之長,且一章文意斷續、如所謂上焉者指夏、商,下焉者指孔子,則是非惟夏、商之禮全不可用,而孔子之善亦無所施。然則夏時、商輅與夫《春秋》之作謂之何哉?若謂其不必如此説,則下文繼之以"故君子之道",是上焉、下焉皆不可用明矣。《章句》、《或問》考究推明,其必不苟,幸明辨而明告之。

更思。

侯氏舉明道"堯、舜事業如太虛中浮雲"之説,以解"故曰配天"一段,其引據已不親切。繼之曰:"尚可得而言也。若夫至誠,又非特如天如淵,配天而已。"却是説至聖不如至誠，豈有此理？

至聖、至誠，非有優劣。然"聖"字是從外説，"誠"字是從裏説。

吕氏説"以中立大本，以庸正大經"以下，恐皆未安。姑辨此二句。大本即中也，大經即庸也。經綸大經，立大本，即是盡此中庸之道。若謂以中而立大本，以庸而正大經，則"中"與"大本"、"庸"與"大經"皆二物也。至謂大經之正，親親、長長、貴貴、尊賢，又發明紛揉會同、更相爲用處儘有功。然而不若只論君臣、父子、夫婦、兄弟、朋友五者爲尤盡大經之義也。

得之。

楊氏曰："大經，天理也。惇典敷教，所以經綸之也。大本，中也。建其有極，所以立之也。化育，和也，窮神而後知之也。"惇典敷教，即是經綸大經，即是天理，非惇典敷教之外別有天理爲大經也。建其有極，固與立大本之義不同，然所謂建其有極，所以立大本，莫却無病否？以化育爲和，則其失明矣。自"聖人，人倫之至"以下，與侯氏之失同而又甚焉。

惇敷是經綸，典教是大經，建是立，極是本。

侯氏"誠則經綸之"以下，其失與吕氏言"以中立大本"者同。蓋本文之意謂惟天下至誠者固能如此，非是以誠去立之知之也。

"知遠之近，知風之自，知微之顯"，乃承上文"尚

綱”之意,起下文“不愧屋漏”與“慎獨”之端。蓋道雖無
所不備,而其所以不可離者實在於戒謹恐懼之際。惟
君子不愧屋漏,是所謂知遠之近、知風之自也。隱微之
間,雖人所忽,而理之善惡則顯然著見。惟君子必慎其
獨,是所謂知微之顯也。然而言戒謹恐懼之意,則以知
遠知風言之,謹獨則止以知微言之,何也? 蓋“遠之近”
者,以事物而言,則其理未嘗不具於吾心;“風之自”者,
以人倫而言,則其用未嘗不本於吾心,故言之也詳。言
微則隱在其中,故言之也略。今觀《章句》之釋,所謂
“著乎外者本乎内,有諸内者形諸外”,發明三知之義固
已明白。若更以愚意參之,則上下語脈愈益通貫精密
矣。不審如何? 吕氏卒章之説,綱目不明,誠如《或問》
之所論者。至於以“天何言哉”以下爲不待言動而人敬
信,則屬之“不愧屋漏”之下者,非惟失其文意,愈錯亂
而不備矣。如忘法度、忘言動、德之、聲色之者,尤過高
而無實,與其他慤實自得之言若相背馳,不可曉矣。

　　以上皆得之。《晦庵文集》卷五一。

　　案: 本書中萬人傑問云“‘知遠之近,知風之自,
知微之顯’,乃承上文‘尚絅’之意,起下文‘不愧屋
漏’與‘慎獨’之端”,朱熹答曰“以上皆得之”。檢《朱
子語類》卷六四載黄㽦所記曰:“先生檢‘知風之自’
諸説,令看孰是。伯豐以吕氏略本、正淳以游氏説
對。……”知本書當在其後。據《朱子語類・姓氏》,

黃酱乃戊申（淳熙十五年）所聞。下書（人傑去歲嘗讀《中庸》）有云"人傑去歲嘗讀《中庸》，妄意辨析先儒之說，今春録以求教矣"，本書即答《中庸》問目，故推知其約撰於淳熙十六年（1189）中。

朱熹《答萬正淳》：

人傑去歲嘗讀《中庸》，妄意辨析先儒之說，今春録以求教矣。間在鄱陽，有一朋友舉《或問》二十七章之說來言曰："先生以德性、廣大、高明、故與厚者爲道之大，以問學、精微、中庸、新與禮者爲道之小，何也？"人傑始而疑之，因檢《章句》、《或問》研究是說，忽悟其旨。蓋此章首言："大哉，聖人之道！洋洋乎發育萬物，峻極于天。"則道之極於至大而無外者也。"優優大哉，禮儀三百，威儀三千。"則道之入於至小而無間者也。大小兼該，本末不遺，行之者其在人乎。繼之以"故曰苟不至德，至道不凝焉"，誠謂道之所以極於至大至小而莫不具舉而無遺者，必待至德之人以行之也。夫既論其必至德然後可以行至道之意矣，而其指示學者所以進於是道先生改作"修是德"。之工夫，則又不可不詳言之。於是又繼之曰："故君子尊德性而道問學，致廣大而盡精微，極高明而道中庸，温故而知新，敦厚以崇禮。"所以示學者之於此道，不可徒志其大而遺其小、得其本而遺其末、馳意於高遠而不求夫致知力行之實也。知乎此，則橫渠之説與夫吕氏、游、楊之説皆所以發明此理，而人傑前日之疑是乃見理不明，妄議之也。吕氏、游、楊有未安處，《或問》既言之矣。若楊氏又以温故知新爲道問學之事、敦厚崇禮爲道中庸之事，則恐不必如此説以害正意耳。侯氏以禮爲道之物，不知道之理果何謂也？至其辨楊氏道非禮不止之言之失，却似可取。謹復，具此以求教，不知先生以爲如何？

此説得之，但“進於是道”者未安。《晦庵文集》卷五一。

案：本書萬人傑問目中多有上書（謝氏曰）所論者，當在其後。

朱熹《答萬正淳》：

《通書·謹獨》章：“動而正曰道，用而和曰德。匪仁、匪義、匪禮、匪智、匪信，悉邪也。”以《太極圖》配之，五常配五行，則道德配陰陽，德陰而道陽也。

亦有此理。

今士大夫家喪服有稍從禮制者，止留意於男子之服，若婦人之服，止是因仍時服。按《禮記·檀弓》“婦人不葛帶”章，注云：“婦人重要，而質不變所重。”然則婦人喪服衣裳相連，如深衣形製，而用麻爲帶約之。至期除去，只散其要也。又云：“卒哭，直變經而已。經，首經也。”按《喪服小記正義》云：“婦人有三鬠，一是斬衰鬠，二是齊衰布鬠。”今云變首經，是變麻爲葛也。不知婦人之首経是鬠之外別有首経，如男子之首経，或鬠之用麻用布者即是否？若鬠之用麻用布者即是経，則麻可變而爲葛，若布變爲葛，則反重矣。乞詳以見教。

麻鬠、布鬠，恐是以此二物括髮而爲髻，其経則自加於鬠上，非一物也。當暑目昏，不暇檢閲，可更詳之。

古者一世自爲一廟，後世同堂異室，是一室之中夫婦相配也。若祫祭之位，則太祖與妣皆東向；昭之位次，則高祖西而妣東、祖西而妣東，皆南向；穆之位次，則曾祖西而妣東、禰西而妣東，皆北向，亦是夫婦相配。今按：喪有祔祭，必以昭穆，蓋卒哭而祔，既行禮畢，復迎所祔神主於几筵，以終喪制。至祔廟時，却有當遷之祖，而所祔神主自爲一世。但父在母亡，未可祧遷，恐須別爲一處以祭其母也。又按《喪小記》云："婦祔於祖姑。祖姑有三人，則祔於親者。"恐亦是卒哭之祔。若親者是妾祖姑，婦却是適婦，妾祖姑祭於孫止，婦乃傳重入廟者，豈可以混於彼乎？

凡喪，父在父爲主。母或先亡，父自祔之祖母之室，歲時祭之東廂。父死，乃隨之以入廟耳。嫡婦祔於妾祖姑，誠似未安。然未有考，則不得已且從"祔於親者"之文，蓋捨此杜撰不得也。

《喪小記》"妾祔於妾祖姑"，《正義》云："妾母不世祭於孫，否則妾無廟。"《春秋》考仲子之宮，胡氏云："孟子入惠公之廟，仲子無祭享之所。"審如是，則天子之元后、諸侯之元妃，雖曰無子，必當配食於廟，而其他或繼室或媵妾，雖曰有子而即天子、諸侯之位者，皆當爲壇於廟而別祭之。至大祫，則祔于正嫡而祭。所謂"諸侯不再娶，於禮無二嫡"之説，可通於天子也。不審如何？

妾母不世祭，則永無妾祖姑矣。向寶文卿亦嘗問此，無以答之。今恐疏義之説，或未可從也。爲壇之説，恐亦未安。祔嫡而祫，妾並坐，尤爲未便。恐於禮或容有別廟，但未有考耳。

"命士以上，父子異宫"，是同處而各有室廬否？

古人宫室之制，前有門，中有堂，後有寢，凡爲屋三重，而通以墙圍之，謂之宫。以理言之，父子固當同處。然所居之左右前後或是他人之居，不可展拓，不知又如何得同處？此等事古今異宜，不可得而考也。

"宋公、陳侯、蔡人、衛人伐鄭"，"衛人殺州吁于濮"，"衛人立晉"，三稱"衛人"，是非不相掩也，直書而義自見矣。滕侯於隱公時書"卒"、書"來朝"。至桓公二年以後，終春秋之世，止稱"滕子"。胡氏以爲因其朝威降而稱"子"。果如是説，則威公之世貶之足矣，自是稱子而不侯，無乃非"惡惡止其身"之義乎？

沙隨程丈此説甚精，曾見之否？

"胥命于蒲"，三《傳》、荀卿及胡氏皆有取齊、衛二侯之説，而或者以謂二侯不由王命，相推戴命爲方伯，故《春秋》變文以譏之也。愚謂若如或者之説，則於文義爲順,恐合經意。彼春秋諸侯私相要誓,誠爲可罪,然其私相會聚,交政中國,雖曰不盟,亦未見其有可取也。彼所謂"相命而信諭,謹言而退",凡交際之間有投合者,大率皆然,又何足以爲異,而必變文深許之乎?況齊僖、衛宣行事載于《春秋》,試舉一端,如紀會桃丘等事,莫非傾險之習,則其相命之際,不知果何所命乎?不要其相命之公私,而概以相命爲可取,愚未敢深信。

《史記》書"齊、衛會于徐州以相王",似或者"胥命"之説。

"夫人姜氏薨于夷,齊人以歸",恐當從《左氏》閔公二年之《傳》。胡氏謂"齊人歸者,以其喪歸于魯也"。書曰"以歸",何以決知其以喪歸于魯乎?且七月齊人以喪歸魯,而十有二月其喪方至,豈若是其遲遲乎?

凡書"以歸",皆爲以之而歸其國,如"戎伐凡伯"之類。

滕侯自威公以後稱"子",杞侯自莊公以後稱"伯",又僖二十三年卒而書"子",二十七年朝而書"子",後又稱"伯"。竊意當時小國朝會於大國,從其爵之大小以納其貢之多少,故子産爭承於平丘之會,以謂鄭伯,男也,而使從公侯之貢。吳、晉黃池之會,吳人將以公見晉侯,子服何以謂"敝邑之職貢於吳,有豐於晉,今將以寡君見晉君,敝邑將改職貢。若爲子男,則將半邾以屬於吳,而如邾以事晉"?由此觀之,則當時公侯之國,以其職貢之不共，而自貶其爵者多矣。

沙隨説正如此。

侵曹伐衞，再稱晉侯，先生側邊批云：“此正是晉文譎處。”恐非貶辭。蓋圍宋之役，二國雖不與，而其從楚則一也。晉文不先加兵於陳、蔡、鄭、許，而先侵曹伐衞，或是當時事勢有未可者。豈有楚人暴橫，諸侯皆南向從楚，而得一諸侯用兵以張中國之威，《春秋》遂遽貶之乎？先生側批云：“康節論五霸功罪之意得之。”今以楚人救衞爲善楚貶晉，而成凡書“救”者，未有不善之例，則文公九年“楚人伐鄭，公子遂會晉人、宋人、衞人、許人救鄭”爲罪趙盾，何也？既罪趙盾，何以又書“救”乎？學《春秋》者，固不可執定例以害大義也。至於下書“執曹伯，畀宋人”，衞侯出奔、復歸與元咺等事，則晉侯無所逃責矣。

有難言者。

楚子虔誘蔡侯般，殺之于申，利其國而誘殺之也，故名。胡氏謂：“蔡般弑君，與諸侯通會盟十有三年矣。楚子若以大義唱天下，奉詞致討其弑父弑君之罪，謀於蔡衆，置君而去，雖古之征暴亂者不越此矣。”愚謂諸侯與通會盟者，楚子爲之會主也。以弑君之賊會弑君之賊，同惡相求，非惟不能討其罪，亦不敢討其罪矣。今欲圖其國而殺之，惡人之常態也，是烏可於十有三年之後，責楚子以唱大義以討般？楚子未暇治也，而又責其討殷，典刑粲矣。

甚善。

“舜、孔子，先天者也，先天而天弗違，志壹之動氣也；伏羲氏，後天者也，後天而奉天時，氣壹之動志也。”此數語恐未安。伏羲是闡三才之理，舜、孔子是感和氣之應，其引先天、後天之説，固爲失之。引孟子志氣之論，尤失其旨。其後又言“聖人之心，感物而動”，辭意亦差。皆以作用觀聖人之失也。

胡氏此章似無病，更宜詳味，但不知文成致麟果然否耳。

“極高明而道中庸”，中庸雖是常行之道，然其德之至則極乎高明。高明猶言上達也，中庸猶言下學也。

“極高明而道中庸”，若如來喻，即是上達而下學，成何道理？此處且當虛心熟玩本文之意，參以《章句》之説，便見日用工夫的確處，不須容易立説也。

有氣稟之惡，有陷溺之惡，然皆當復之以爲善。明道所謂“有流而未遠已漸濁，有出而甚遠方始濁”，却是説陷溺之惡。陷溺之惡，比比皆是；氣稟之惡，則如子越椒之類，不常有也。氣稟之性，猶物之有萬殊，天命之性則一也。

氣稟物欲之陷溺，此不必論其常有不常有，但當致其澄治之功耳。

呂氏説“率性之謂道”一段，如禮謂差等節文，與夫喪服異等、儀章異制，大意與“修道之謂教”相似。

吕氏意却在無所憾，莫敢爭處，見得率性是道也。

侯氏引告子“生之謂性”以解率性，却只是説得氣質之性。而所謂率性者，不專主乎氣質也，如曰物之自有也。草木之不齊，飛走之異稟，然而動者動、植者植，天機自完，豈非性乎？馬之性健而健，牛之性順而順，犬吠盜，鷄司晨，不待教而知之，豈非率性乎？言草木、飛走、馬牛、犬鷄之性而不及人之性，仁、義、禮、智之爲性，則疏略之甚，無待於此。

侯氏説固疏略，然却是宗程先生説，但得其言而不得其意，故信口言之而爲此疏脱耳。

“一陰一陽之謂道”，言天道之流行者也。“率性之謂道”，言人物之所以得乎天道者也。

一陰一陽之説是。

楊氏言“仁義不足以盡道”，恐未安。《易》只説“立人之道，曰仁與義”。

“仁義不足以盡道”，游、楊之意大率多如此。蓋爲老、莊之説陷溺得深，故雖親聞二先生之言，而不能虚心反覆、著意稱停，以要其歸宿之當否，所以陽離陰合，到急袞處則便只是以此爲主也。此爲學者深切之戒。然欲論此，更須精加考究，不可只恃“曰仁與義”之言而斷以爲必然也。近得龜山《列子説》一編，讀了令人皇恐，不知何故直到如此背馳也？

侯氏曰："君子終日乾乾，至無咎者，戒謹所不聞也。君子終日對越上帝，尚何戒謹恐懼之有？以聖人之誠，則無待乎此也。"恐未安。"乾乾夕惕"爲戒謹恐懼，其說雖可旁通，然"乾乾夕惕"，《乾》九三之事也。九三居下之上，君德已著，聖人之心自是如此。《中庸》言"戒謹不睹，恐懼不聞"，乃學者之事，比而同之，則少差矣。且其說既已如此，又曰"君子對越上帝，尚何戒謹恐懼？以聖人之誠，則無待乎此"，其說自相背馳，殆不可曉。

侯氏說固多疏闊，然以"乾乾夕惕"爲聖人之事、"戒謹恐懼"爲學者之事，亦恐未然。大抵戒懼惕厲之心則一，而成德初學所至自不同耳。

張子曰："禮亦有不須變者，如天叙、天秩之類。時中者不謂此。"五典五禮，生民日用之常，君子之所力行者舉不外此。常者，固此理也。凡事不出此五者，非五者之外別有箇時中也。

張子之言，如三代所因及所損益之類，理雖一而事不同也，未可遽以爲不然。《晦庵文集》卷五一。

案：書中有云"妾母不世祭，則永無妾祖姑矣。向寶文卿亦嘗問此，無以答之"，乃指朱熹《答寶文卿》（夫爲妻喪）。《晦庵文集》卷五九。《答寶文卿》約撰於淳熙十四年以後，故推知本書約撰於紹熙年間。本書論及"極高明而道中庸"，上述二書（謝氏曰）與

（人傑去歲嘗讀《中庸》）亦論及之。本書又言“當暑
目昏”，當撰於夏日，疑在紹熙二年（1191）夏自漳州
歸建陽以後。

朱熹《答萬正淳》：

“心生道”之說，恐未安。大抵此段是張思叔所記，多
以己意文先生之辭，恐不能無少失真也。“繼之者善”，
“繼”之爲義，“接續”之意。言既有此道理，其接續此道理
以生萬物者莫非善，而物之成形即各具此理而爲性也。
試以此意推之，當得其旨也。《晦庵文集》卷五一。

案：書中有“‘心生道’之說”云云，朱熹《答吳伯
豐》（《孟子集解》序說）中引吳伯豐問云“第六章，伊
川曰‘心生道也’，此謂天地之心而人得以爲心者，蓋
天地只是以生爲道也”，《晦庵文集》卷五二。萬人傑與
吳伯豐關係甚密，疑此處萬人傑所言“‘心生道’之
說”，與吳伯豐云云時間相近。《答吳伯豐》，《書信編
年》係於慶元元年（1195）、二年間。待考。

朱熹《答萬正淳》：

所論大概只是如此，但日用間須有箇欄柄，方有執
捉，不至走失。若只如此空蕩蕩地，恐無撈摸也。“中”只
是應事接物無過不及，中間恰好處。閱理之精，涵養之
久，則自然見得矣。《晦庵文集》卷五一。

案：本書撰時不詳，疑與前書相近。待考。

朱熹《答萬正淳》：

人傑昨答伯豐書云："示及浩氣説，所謂'浩然之氣，集義所生，既與道義渾然而無間，然道義則實助之，以達其用。是氣雖生於集，而其充也却能爲道義之助'。此數語發明《集注》之説甚佳。子約以爲未安，乃是大綱上看得不分明。但上蔡語，子約辨之似當。然上蔡本因孟子'鄉爲'、'今爲'之言而生血氣盛衰之論，則上蔡之論亦未可專以爲非也。"觀子約之論，誠可見其用功實處，但鄙見竊謂界分有未甚明，故其論辨多疵病。不審先生以爲如何？

子約之病，乃賓主不明，非界分不明也。不知論"集義所生"則義爲主，論"配義與道"則氣爲主，一向都欲以義爲主，故失之。若如其言，則孟子數語之中兩句已相複矣，天下豈有如此絮底聖賢耶？子約見得道理大段支離，又且固執己見，不能虛心擇善，所論不同處極多，不但此一義也。伯豐説得極分明，朋友間極不易得，因來喻及此，爲之感歎不能已。然子約之老成質實，今尤難得，但恨未有道理喚得它醒耳。

人傑昨得伯豐書云："必大向以鳶魚之説請益于紫陽，尚未得報。近得直卿書，與鄙見合。試商確之，却以見教。"直卿書云："'浴沂'一章終是看不出，喟然而嘆,夫子與點之意深矣。《集注》云：'日用之間,無非天理流行之妙,曾皙有見於此,故欲樂此以終身。'如此却是樂此天理之流行,而於本文曾皙意旨恐不相似。幹竊意恐須是如此,天理方流行,中心斯須不和不樂,則與道不相似,而計較係戀之私入之矣。夫子無意、必、固、我,老者安之,朋友信之,少者懷之,政是此意,直是與天地相似。《易》曰'貞吉悔亡,憧憧往來,朋從爾思',夫子傳之曰：'天下何思何慮?'聖人豈教人如死灰槁木,曠蕩其心,徜徉其志也哉? 張子曰：'湛一氣之本,攻取氣之欲。'物各付物,而無一毫計較係戀之私,則致廣大而極高明,雖堯舜事業,亦不能一毫加益於此矣。後來邵康節先生全是見得此意思。明道先生詩中亦多此意。此是一大節目,望詳以見教。"人傑竊謂"浴沂"一章,《集注》甚分明,無可疑者。其説曰："曾點之學,有以見夫天理本然之全體,無時而不發見於日用之間,故其胸中灑落,無所滯礙,而動靜之際從容如此。及其言志,則又不過樂此以終身焉,無他作爲之念也。"乃是曾點見得天理之發見,故欲樂此以終身。今直卿所云,固是道理高處,然其本意却謂須是如此,天理方流行,則是先有曾點之所樂,方得天理之流行也。人傑竊恐全體大用未能瞭然於心目間,而欲遽求曾點之所樂,則夫事物未接之時,此心平静,胸中之樂固或有時而發見。然本根不立,憑虚亡實,亦易至消鑠矣。蓋與《集注》之意未免有差也。伯豐所見與之相合，鄙意却未敢以爲然。伏乞賜教。

《集注》誠有病語，中間嘗改定，亦未愜意。今復改數句，似頗無病，試更詳之。直卿之説，却是做工夫底事，非曾點所以答"如或知爾，則何以哉"之問也。況論實做工夫，又却只是操之而存是要的處，不在如此曠蕩茫洋無收接處也。甘節吉甫亦來問此事，并以示之。

曾點之學，蓋有以見夫人欲盡處天理渾然，日用之間隨處發見，故其動静之際從容如此。而其言志，則又不過即其所居之位，適其所履之常，而天下之樂無以加焉。用之而行，則雖堯舜事業亦不外此，不待更有所爲也。但夷考其行，或不揜焉，故不免爲狂士。然其視三子者規規於事爲之末，則不可同年而語矣。所以夫子歎息而深許之。《晦庵文集》卷五一。

案：書中言及"子約之病，乃賓主不明，非界分不明也。不知論'集義所生'則義爲主，論'配義與道'則氣爲主，一向都欲以義爲主，故失之"，與朱熹《答呂子約》（所示四條）"若氣配道義，則孟子之意不過曰此氣能配道義，若無此氣，則其體有不充而餒然耳。此其賓主向背、條理分合，略無可疑"《晦庵文集》卷四八。云云相合，約撰於一時稍後。《答呂子約》撰於慶元三年末或稍後。吳必大（字伯豐）卒於三年十二月初，故本書有"伯豐説得極分明，朋友間極不易得，因來喻及此，爲之感歎不能已"之語，則推知本書當撰於四年（1198）初。

又，黃榦《與吳伯豐》書載《勉齋集》卷一六，曰：
"'浴沂'一章終是看不出，喟然而歎，夫子與點之意
深矣。《集註》云：'日用之間，無非天理流行之妙，曾
皙有見於此，故欲樂此以終身。'如此却是樂天理之
流行，而於本文曾皙意旨恐不相似。榦竊意恐須是
如此，天理方流行，中心斯須不和不樂，則與道不相
似，而計較繫戀之私入之矣。夫子無意、必、固、我，
老者安之，朋友信之，少者懷之，政是此意，直與天地
相似。《易》曰：'貞吉悔亡，憧憧往來，朋從爾思。'夫
子傳之曰：'天下何思何慮。'聖人豈教人如死灰槁
木，曠蕩其心，倘佯其身哉？張子曰：'湛一性之本，
攻取氣之欲。'物各付物，而無一毫計較繫戀之私，則
致廣大而極高明，雖堯舜事業亦不能一毫加益於此
矣。後來邵康節先生全是見得此意思，明道先生詩
中蓋亦多此意。一大節目，望詳以見教。"文下原注
曰："此書今見《晦菴集》中，萬正淳錄以呈晦菴先生。
先生答曰：'直卿之說却是作工夫底事，非曾點所以
答"如或知爾，則何以哉"之問也。'又云：'《集註》誠
有病，今復改數語，試更詳之。'"

朱熹《答萬正淳》：

兩箇"其為氣也"，是言浩氣之體用，未是以養為氣

主。“集義”以下是推明氣所由生，非是論以集義爲主。蓋氣雖至剛大、配道義，然非集義則無以生之，非可以行義而掩取之也。如此爲文，乃得抑揚之意。

　　橫渠論《易》乾卦諸爻，恐皆過論。大抵《易》卦爻辭本只是各著本卦本爻之象，明吉凶之占當如此耳，非是就聖賢地位說道理也。故《乾》六爻，自天子以至於庶人，自聖人以至於愚不肖，筮或得之，義皆有取。但純陽之德，剛健之至，若以義類推之，則爲聖人之象，而其六位之高下，又有似聖人之進退。故《文言》因潛、見、躍、飛自然之文，而以聖人之迹各明其義，位有高下，而德無淺深也。然其本意亦甚分明，未嘗過爲深巧，如橫渠之說也。且如初九，則是德已成而行未著，故衆人未見其德，而君子之心確然已有以自信也。九二則人見其庸言庸行、閑邪存誠之迹，又從而化之也。九三則雖涉此危地，而但進德脩業之不已也。九四則其位愈進，其危益甚，而亦但知循理，不恤其他也。九五則以天德居天位，而天下莫不仰觀之也。上則過極而亢，不能無悔矣。若以德言，則愈進愈高，此當爲聖而不可知之地，又豈有可悔耶？今橫渠專以聖人爲說，已失本經之指，又逐爻爲漸進之意，又非《文言》之義。且其龍德正中不在九二而在九三，九二之德博而化，非進於九三，則未免於非理非義之失，而其取義前後相妨，因繆益訛，而轉不得其所矣。

　　大抵近世說經者，多不虛心以求經之本意，而務極意以求之本文之外，幸而渺茫疑似之間略有縫罅，如可鉤索，略有形影，如可執搏，則遂極筆模寫，以附于經，而謂經之爲說本如是也。其亦誤矣。此數段文義，正淳所疑多得之。但謂"九三天下將歸，益當進德脩業"爲未然。"乾乾夕惕"，自是君子之常事，今雖處危地而不失其常耳。"知至知終"，亦不是言修爲先後之漸，只是見德業内外之别。蓋心則致誠以進德，身則脩辭以居業，進德者日新，居業者無倦，與周公"繼日待旦"意雖略相近而不相似也。九四只是循理而行，自無固必耳，亦不爲信孚於人而後可躍也。

乾有兩乾，是兩天也。昨日行矣，今日又行，其實一天耳。而行健不已，此所爲"天行健"。地平則不見其順，必其高下層層地去，此所以見地勢之坤。順看《易傳》，若自無所得，縱看數家，反被疑惑。如伊川先生教人看《易》只須看王弼注，胡安定、王介父解。今有伊川傳，且只看此尤妙。解書難得分曉，趙岐《孟子》拙而不明，王弼《周易》巧而不明。格物致知，正心誠意，不可著些纖毫私意在其中。《晦庵文集》卷五一。

案：書中有云"兩箇'其爲氣也'，是言浩氣之體用，未是以養爲氣主"，與朱熹《答吕子約》（不睹不聞既即是隱微之間）"孟子兩言'其爲氣也'云云，即當以'氣'字爲主，而以下文'天地道義'等字爲客，方是文意"《晦庵文集》卷四八。云云相合，當撰於一時稍後。《答吕子約》約撰於慶元四年春中。

汪伯虞

汪伯虞，名未詳，新安（今安徽歙縣）人。嘗“應進士
舉，預鄉書”。與其兄伯舉、弟伯言築尊己堂，“藏脩遊息
於其間，靜深簡潔，悦可人意，彈琴讀書，怡怡然不知身之
在闤闠中也”。吴儆《竹洲集》卷一〇《尊己堂記》。

朱熹《答汪伯虞》：

正月十一日，同郡朱熹頓首復書伯虞茂才鄉丈執事：
熹之外家於門下有姻婭之好，而執事，丈人行也，久客閩
中，未獲一見，獨幸從親故間講聞聲譽之美，差以自慰。
兹承不鄙，遠致長書，禮意既隆，而所以稱道期許之者又
過其實，熹不敢當也。

示諭尚書金公名堂之意，俾得贊一詞焉，幸甚幸甚。
金公亦先友也，熹頃歲嘗獲拜之臨安，俯仰十有七年矣。
三復來誨，若復得望見其衣冠而聞其謦欬者。甚矣，金公
之厚於執事而所以相告者之切而當也。邕州使君往見張
荆州、吕著作，皆稱其才。今讀記文，又有以見其所存者，
益恨未得一聽議論之餘也。顧二公之意，所以望於執事
者皆非他人所能與，獨在明者精擇而力行之耳。況如熹
之淺陋，其又將何以辱禮命之勤哉？加以拙疏，乍親吏

事，公私倥傯，日不暇給，尤覺荒澀，不能一吐胸中所欲言者，因風敬謝先辱。且夕儻得脫此羈靮，歸臥田間，呻吟之暇，乃當有報執事耳。

惠墨甚富且珍，未有以報，此間石刻各往一通，幸視至。未有承晤之日，正惟進德自重，慰此願言。不宣。《晦庵文集》卷四六。

案：尚書金公，即金安節，《新安文獻志》卷七三金文剛《金公安節家傳》。其"名堂之意"，見吳儆《尊己堂記》。《竹洲集》卷一〇。書中云及"張荊州、呂著作"，張栻知荊州、呂祖謙遷著作郎在淳熙五年，張栻卒於淳熙七年二月二日，而書中又云及"乍親吏事，公私倥傯，日不暇給"，故推知本書當撰於七年（1180）正月十一日。

汪楚材

汪楚材，字太初，又字南老，新安休寧（今屬安徽）人。紹熙元年（1190）進士。"師朱子。仕至承直郎、廣東運司幹官"。《新安文獻志・先賢事略上》。

朱熹《答汪太初》：

四月八日，同郡朱熹頓首復書汪君太初茂材足下：熹於足下雖得幸同土壤，而自先世流落閩中，以故少得從故里之賢人君子遊，顧其心未嘗一日而忘父母之邦也。屬隨宦牒，來官廬阜，同郡諸生間有肯相過者，而足下乃以手書先之，三復誨諭，喜幸無窮。又承示以文編，益欽德學之盛，而恨其未得少奉從容也。

然間嘗竊病近世學者不知聖門實學之根本次第，而溺於老、佛之說，無致知之功，無力行之實，而常妄意天地萬物、人倫日用之外別有一物空虛玄妙、不可測度，其心懸懸然惟徼幸於一見此物以爲極致，而視天地萬物本然之理、人倫日用當然之事皆以爲是非要妙，特可以姑存而無害云爾。蓋天下之士不志於學，則泛然無所執持而徇於物欲，幸而知志於學，則未有不墮於此者也。熹之病此久矣，而未知所以反之。蓋嘗深爲康、胡二君言之，而復敢以爲左右之獻，不識高明以爲然否？

抑嘗聞之，學之雜者似博，其約者似陋。惟先博而後約，然後能不流於雜而不揜於陋也。故《中庸》明善居誠身之前，而《大學》誠意在格物之後，此聖賢之言可考者然也，足下其試思之。未即會晤，惟進學自愛爲禱。匆匆，不宣。熹再拜。《晦庵文集》卷四六。

　　案：朱熹於淳熙六年三月三十日至南康軍，交接郡事。《晦庵文集》卷八五《南康軍到任謝表》。本書中云"屬隨宦牒，來官廬阜，同郡諸生間有肯相過者，而足下乃以手書先之"，故推知其非在初抵南康時，當撰於淳熙七年（1180）四月八日。

汪次山

汪次山，婺源（今屬江西）人。其名與生平未詳。

朱熹《答汪次山書》：

別楮誨喻，良荷不鄙。已託德和弟布曲折矣，千萬千萬。《周禮》文字此所無有，令郎今幾何年矣，他經何所不治，而必爲此，何哉？大凡治經之法，且先熟讀正經，次則參考註疏。至於禮樂制度名數，註疏得之尤多，不知令郎曾如此下工夫否？若資質大段警悟，亦須著下三年工夫於此，自然精熟貫穿，何待他求？彼學成而名顯者，豈必皆有異書乎！今人欲速，每事必求一捷徑，不肯安心循序，下實工夫，爲此所誤，一事不成者多矣，不可不自悟也。愚陋無所知，於此嘗究心焉，頗見利病如此，敢以布聞，稱塞厚意。他不能有益於左右，徒以爲愧爾。《新安文獻志》卷九。

　　案：別楮，此指汪次山來書。德和，乃婺源朱德和，生平未詳。《新安文獻志》卷九朱熹此書下有元汪澤民跋云：“吾宗與朱子世聯姻婭。此二帖眷誼繾綣，溢乎辭表。《四友堂記》已遂其請，而明經之訓所獲多矣。正大詳盡，真足爲百世師法，覽者尚興起焉。從叔仲禹家藏此本踰二百年，什襲以傳者，百世可也。至正戊子十月丙戌，後學汪澤民謹識。二帖

謂此與求作《四友堂記》帖也。"即二帖指汪次山求作
《四友堂記》來帖與朱熹回書。汪氏來帖與朱熹《四
友堂記》皆佚。

　　朱熹有《送德和弟歸婺源二首》,其一曰:"十舍
辛勤觸熱來,琴書曾未拂塵埃。秋風何事催歸興,步
出閩山黄葉堆。"其二曰:"十年寂寞抱遺經,聖路悠
悠不計程。誤子南來却空去,但將迂闊話平生。"《晦
庵文集》卷四。《年譜長編》以爲紹興十年朱松請祠家
居,朱熹始讀經,至二十年朱熹來婺源時正十年,故
云"十年寂寞抱遺經"。朱熹二十年(1150)春間自婺
源歸崇安,朱德和於初夏時"觸熱""十舍辛勤"而來
崇安,至秋而歸,故有"秋風何事催歸興"之語。由
"已託德和弟布曲折矣"之語,推知汪次山"別楮"及
朱子回書當由德和往返轉送。

汪大度

　　汪大度,字時法,自號獨善,金華(今屬浙江)人。弟
大章,俱吕祖儉門人。慶元初,吕祖儉"以言事忤權奸,貶
韶州,改徙廬陵,獨善往送之"。《敬鄉錄》卷七。

朱熹《答汪時法大度》:
　　七月十六日熹頓首啓:去冬遠承訪及,得以少款,爲

慰爲感。別後不能一奉問，但聞裂裳裹足，遠送遷客，爲
數千里之行，意氣偉然，不勝歎服。未及致書，忽辱手示，
獲聞比日劇暑，客裏殊勝，尤以爲喜。子約此行，無愧臣
人之義，而學士大夫粗知廉恥如僕等輩，有愧於彼者多
矣。聞廬陵寓舍有園亭江山之勝，又得賢者俱行，相與講
貫，亦足以忘其遷謫之懷也。便中寓此，病倦草略。餘惟
自愛，不宣。《晦庵文集》別集卷四。

　　案：書中云及"但聞裂裳裹足，遠送遷客，爲數
千里之行，……聞廬陵寓舍有園亭江山之勝，又得賢
者俱行，相與講貫，亦足以忘其遷謫之懷也"。據《宋
史·寧宗紀一》載慶元元年四月丁巳，"太府寺丞呂
祖儉坐上疏留趙汝愚及論不當黜朱熹、彭龜年等，忤
韓侂胄，送韶州安置"；五月戊子，"呂祖儉改送吉州
安置"。故推知本書撰於是年（1195）七月十六日。

　　又，王柏《跋朱子與汪獨善手帖》曰："朋友之義
實貫人倫，如五行之土、五常之信，不亦重乎？昔獨
善汪先生從大愚呂先生之在貶所也，不惟調護扶掖，
以慰其牢落之懷，而又講切磨劘，以勉其所未至，固
無愧于朋友之義也。某爲兒時及侍杖席，言語容貌，
恂恂和易，人不過以謹厚長者名之。及義所當爲，奮
袂逕前，乃如是之勇，有平日言論激烈者之所反不
能，何也？先生嘗書而刻之柱曰：'君子欲訥于言而
敏於行。'此亦敏行之一驗與？今觀文公手筆粲然，

辭氣慷慨,所以歎息二先生之事,凜凜然足以立千載
懦夫之志,是以起敬而書于後。"《魯齋集》卷一三。

汪德輔

　　汪德輔,字長孺,鄱陽(今江西波陽)人。紹熙壬子
(1192)從學朱熹。《朱子語類·姓氏》。南宋初丞相汪伯彥
孫,嘗官漕臣。《續編兩朝綱目備要》卷五。

朱熹《答汪長孺德輔》:

　　"道無方體,性有神靈",此語略有意思,但"神靈"二
字非所以言性耳。告子所謂"生之謂性",近世佛者所謂
"作用是性",其失正墮於此,不可不深究也。"性立天下
之有",方君之言正得胡子之意,但引之以明邵子之言,則
爲未當耳。今反譏其不得胡子之意,則誤矣。方君所云
"天地萬物以性而有","性"字蓋指天地萬物之理而言,是
乃所謂太極者,何不可之有? 天地雖大,要是有形之物,
其與人物之生雖有先後,然以形而上、下分之,則方君之
言亦未大失也。而長孺亦非之,過矣。大抵長孺之性失
於太快,故多不盡彼此之情,而語氣粗率,無和平溫厚之
意,此又非但言語枝葉之小病也。

　　方君第二說只解《易傳》,意略有未當處。其他所論,
首尾相救,表裏相資,所得爲多。長孺率然攻之,而所以

攻之之説，乃不能出乎方君之所言者。若因其説，還以自攻，則亦不知所以自解矣。且方君之語意温厚詳審，而長孺之詞氣輕易躁率，以此而論，則其得失又有在也。

仁、義、禮、智，性也；惻隱、羞惡、辭遜、是非，性之四端，所謂情也。孟子言之詳矣。今曰"仁、義、禮、智，性之四端"，則"性"又何物耶？知方君流動發生之端爲非，而不自知仁、義、禮、智爲四端之失，何其工於知人而拙於察己耶？方君謂"仁者，天理之統體"，其"統體"字固有病，而指仁爲性則無失。今并非之，而又自爲之説曰："若謂發生處即是仁，庶其近於程子之意。"則其失亦不異於流動發生之云，而與程子"發處乃情"之言大相反矣。凡此更當深玩而徐究析之，未可容易輕肆排抵也。其論方君不當以當然之理爲義則是，而自謂欲處其當者爲義則非。其謂方君不當以見於外者爲義則是，而自謂理之始發於心者爲仁則又非也。《晦庵文集》卷五二。

案：書中有言"'性立天下之有'，方君之言正得胡子之意，但引之以明邵子之言，則爲未當耳。今反譏其不得胡子之意，則誤矣"，即朱熹《答方賓王》（"性者，道之形體"）所云"'性者，道之形體'，因記先生誨而思之，姑以所見布裹。《知言》云：'性立天下之有。'蓋萬物之所以有者，以是而已。苟無是，則氣化將斷絶、生物有窮終矣。……性即理也。而繼之以康節之語，妄意恐出於此"，又《答方賓王》（前書所喻)云及“前書所喻，思索皆甚精密，不敢草草奉報。嘗徧以示諸來學者，使各以意條析之”，《晦庵文集》卷五六。汪德輔來書，即“以意條析之”之“來學者”之一。《答方賓王》（“性者，道之形體”）撰於紹熙元年初朱熹赴任漳州前，而（前書所喻）撰於五月朱熹抵漳州不久，故推知本書約撰於是年（1190）初。

朱熹《答汪長孺》：

示喻功夫長進，深所欲聞。但恐只此便是病痛，須他人見得自家長進，自家却只見得欠闕，始是真長進耳。又覺得尋常點檢他人頗甚峻刻，略無假借，而未必實中其人之病。此意亦太輕率，不知曾如此覺察否？此兩事只是一病，恐須遏捺，見得顏子以能問於不能、以多問於寡，不是故意姑且如此，始有進步處耳。《晦庵文集》卷五二。

案：上書（“道無方體，性有神靈”）云及“大抵長孺之性失於太快，故多不盡彼此之情，而語氣粗率，無和平溫厚之意，此又非但言語枝葉之小病也”，而本書又云“又覺得尋常點檢他人頗甚峻刻，略無假借，而未必實中其人之病。此意亦太輕率，不知曾如此覺察否”，詞義相承，推知約在是年朱熹抵漳州後。

朱熹《答汪長孺》：

詳此二説，長孺所論爲近之。然語言之間，有未簡潔處。大抵明道先生所謂"全體此心"者，蓋謂涵養本原，以爲致知格物之地而已。如云"聖賢千言萬語，只要人求其放心，自能尋向上去，下學而上達"，亦此意也，未可説得太深，亦不是教人止於此而已也。叔權引援太廣，反汨正意，更宜相與評之。《大學》"定静"，乃學者所得之次第，本文意自分明，與《太極説》中言聖人事者字雖偶同，然指意迥別，不當引以爲證也。《晦庵文集》卷五二。

　　案：書中有云"詳此二説，長孺所論爲近之。……叔權引援太廣，反汨正意，更宜相與評之"，似仍屬朱熹與姜大中（叔權）、汪德輔討論方誼有關"性者，道之形體"之説而發，故推知本書撰於上書（示喻功夫長進）稍後，約在是年秋、冬間。

朱熹《答汪長孺》：

　　《大學》"知至而後意誠，意誠而後心正"二句，《章句》注解新舊説不同。

　　若如舊説，則物格之後更無下功夫處，向後許多經傳皆爲剩語矣，意恐不然，故改之耳。來説得之。

　　"天地之所以高深，鬼神之所以幽顯"，天，陽也，氣也，所以高也；地，陰也，質也，所以深也。鬼神變化不測，可謂幽矣。然造化流行，昭著上下，豈非顯耶？

鬼幽神顯。

程子曰：“物必有理，皆所當窮。如天地之所以高深，鬼神之所以幽顯。”又曰：“如欲爲孝，當知所以爲孝之道，如何而爲奉養之宜，如何而爲溫清之節。”先生補經文，乃只説“窮其理之所當然而不容已者”，是但用後一説耳，不知如何？

見得不容已處，便是所以然。

物我一理，纔明彼即曉此，此合内外之道也。一物之理格即一事之知至，固無在彼在此。

《論語》“謹終追遠”注曰：“以此自爲，則己之德厚。”德輔恐此章止爲化民，不見有自爲之意。

謹終追遠，自是人所當然，不爲化民而後爲之也。故己德厚而民德亦歸趣之。雖不明言，然味其間隱然有此意也。

“恭近於禮”，先生《或問》曰：“致敬於人，固欲其遠恥辱。”德輔以爲若如此，則恭敬非其本心之自然矣。又曰：“不合於節文，則或過或不及，皆所自取恥辱。”德輔謂恭而過，則有巽在牀下之失而不近於禮；若夫不及，則謂之不恭矣，又烏可責之近於禮哉？

若説爲恭者本不求遠恥辱，則有子不必如此説，而巽在牀下，失禮於人，皆不足計矣。此説偏蔽粗率，非聖賢之意也。又如後説，則有子之意只防其過，不憂其不及，亦是此病。

"《詩》三百，一言以蔽之，曰思無邪。"

《詩》之言有善惡，而讀者足以爲勸戒，非謂詩人爲勸戒而作也。但其言或顯或晦，或偏或全，不若此句之直截而該括無遺耳。

"射不主皮"，楊氏曰："容節可習而能。"先生易"容節"二字爲"中"字，不知如何？

楊氏大概得之，但云"容節"，則是全不求中，又非射之意也。故因其詞而改此二字，以補其闕耳。

"祖考之精神，便是自家精神"，故祭之可以來格。至於妻及外親，則不知如何？

但所當祭者，其精神魂魄無不感通，蓋本皆從一原中流出，初無間隔，雖天地、山川、鬼神亦然也。

鬼者陰之靈，神者陽之靈。司命、中霤、門行，人之所用有動靜作止，故古人祀之。不知然否？

有此物便有此鬼神，蓋莫非陰陽之所爲也。五祀之神若細分之，則户竈屬陽，門行屬陰，中霤兼統陰陽。就一祀之中，又自有陰陽也。

"兩在故不測"，其義如何？

神無所不在，或陰或陽，故曰"兩在"。

"其家不可教而能教人者無之，故君子不出家而成教於國。孝者所以事君也，弟者所以事長也，慈者所以使衆也。"注云："孝、弟、慈者，家之所以齊也。推之於國，則所以事君、事長、使民之道不外乎是。故三行者

修於家,則三教者成於國矣。"詳經之文與注之意,蓋言
事父與君之理一也,事兄與長之理一也,慈幼與使衆之
理一也。能孝於父,則人化其孝而知所以事君;能弟於
兄,則人化其弟而知所以事長;能慈其幼,則人化其慈
而知所以使衆。故曰"不出家而成教於國"。又曰"三
行者修於家,則三教者成於國",蓋上行下效,感應之機
自然而然也。然經文又引《康誥》"如保赤子"而云云,
何也? 注曰:"此言慈幼之心非由外得,推以使衆亦猶
是也。"蓋作經者又發明孝、弟、慈,人之本心,有是三
者,舉斯加彼,初無二致。但舉慈幼一端以見其理之實
同,而非指名齊家之人又推慈幼之心以使衆也。今考
之《或問》乃有曰:"言此以明在上之人,能推保赤子之
心以使衆,至於教成於國。而凡從政者,皆以是爲心
焉,民之不得其所非所患矣。"則似以爲齊家之人又能
推保赤子之心以使衆,然後教成於國,與前注三行修於
家、而三教自成於國之説不同。豈非《或問》自是發明
推心之意,不與前注相關,但"教成"二字偶用之耳,不
審然否?

此説甚善。舊亦疑所解有未安者,得此甚快。而此
間諸朋友説多未合,更俟商確也。《晦庵文集》卷五二。

案:本書校記曰:"來説得之"句下,浙本有"舊
説静,以爲心不妄動。而今改之者,蓋心雖不可妄
動,然動之以正者則不能無,而'不妄動'三字包'静'

字不過。今曰不外馳，則心常在腔子裏，而静意可見矣”及“得之”六十二字。又“容節可習而能”句下，浙本有“力不可强而至”六字。

本書撰時未詳。《書信編年》以爲當在紹熙二年（辛亥，1191）以後。待考。

朱熹《答汪長孺》：

色斯之舉，細詢曲折，果未中節。然事已往，不足深念。但當謹之於後，凡事審諦乃佳耳。別紙所論，殊不可曉。既云識得八病，遂見天理流行昭著，無絲毫之隔，不知如何未及旋踵，便有氣盈矜暴之失，復生大疑，鬱結數日，首尾全不相應？似是意氣全未安帖，用心過當，致得如此，全似江西氣象。其徒有今日悟道而明日醉酒罵人者，嘗舉賈生論胡亥語戲之。今乃復見此，蓋不約而同也。此須放下，只且虛心平意玩味聖賢言語，不要希求奇特，庶幾可救。今又曰“先作云云工夫，然後觀書”，此又轉見詭怪多端，一向走作矣。更宜詳審，不可容易也。《晦庵文集》卷五二。

案：朱熹《答姜叔權》（示喻曲折）有云“示喻曲折，何故全似江西學問氣象？……長孺所見亦然，但賢者天資慈祥，故於惻隱上發；彼資稟粗厲，故別生一種病痛”，《晦庵文集》卷五二。而本書亦云“似是意氣全未安帖，用心過當，致得如此，全似江西氣象。其徒有今日悟道而明日醉酒罵人者”,其語相合。《答姜叔權》約在紹熙二年或其後,本書撰時相近。

朱熹《答汪長孺書》:

熹到官三月,無日不病,扶曳此來,良非獲已。上恩過厚,辭謝不獲,叨冒供職,愧恨難勝。所幸無他,而主上留神問學,得以少效區區。丞相時得間見,可以吐露心腹。但事勢牽掣,亦有不得如人意處。天變未銷,人情未靖,如涉大水,不見津涯,尚深憂懼耳。今日入侍,方講《大學》,頗蒙開納。歸來疲倦,來使索書,草草附此。《晦庵文集》卷二九。

案:紹熙五年(1194)中,朱熹自潭州召入都任焕章閣待制兼侍講,十月辛丑(十四日),“命朱熹講《大學》”。《續編兩朝綱目備要》卷三。本書中言“今日入侍,方講《大學》,頗蒙開納。歸來疲倦,來使索書,草草附此”。知本書撰於十月十四日。

汪清卿

汪清卿,字湛仲,婺源(今屬江西)人。“朱熹自考亭歸,寓清卿家,與鄉人講學,因嘉其事親孝,扁其齋曰‘愛日’,又爲作《敬齋箴》”。《萬姓統譜》卷四六。

朱熹《答汪清卿》：

所喻五常即是五行之性，初無異義。此性本善，但感動之後或失其正，則流於惡耳。此等處反之於身，便自見得，不必致疑。只是自家感動善惡之端，須常省察持守耳。《晦庵文集》卷五〇。

案：朱熹《答程正思》（熹病倦）云：“清卿省處恐靠不得，不知他日來如何做功夫？”《晦庵文集》卷五〇。本書所云似屬一事。《答程正思》撰於淳熙七年（1180）秋末冬初，推知本書約撰於一時先後。

又據朱熹《題落星寺》，淳熙七年（庚子）三月丁卯朱熹諸人游落星寺時，汪清卿、程正思皆相從。《晦庵文集》別集卷七。

汪　莘

汪莘（1135—1198），字叔耕，休寧（今屬安徽）人。卓犖有大志，不肯降意場屋聲病之文。寧宗初下詔求言，“遂三叩天閽，論天變人事、民窮吏汙之弊，行師布陣之法，不報”。而“時朱子召赴經筵未至，莘逆通書言：‘財不待先生而富，兵不待先生而強，惟主上父子之間諸公所不能濟者，待先生而濟。……’朱子深重之，用其言”。後乃屏居黃山讀《易》，稍遂高蹈意，築室柳溪之上，自號方壺居士。有《柳塘詩詞》傳於世。《新安文獻志》卷八七李以申

《汪居士莘傳》。

朱熹《答汪叔耕》：

十月二十三日熹扣首啓叔耕茂材鄉友：辱書，并示詩文論說甚富，三復不置，足以見鄉道之勤、衛道之切，而所以用力於詞章者，又若是其博而篤也。顧惟衰晚，於道既無所聞，不足以堪見予之意；而少日粗親筆研，終不能窺作者藩籬，且自覺其初無補於身世，遂用絶意，棄去不爲，今數十年矣，又無以知所論之中失而上下其説也。然私竊計之，鄉道之勤、衛道之切，不若求其所謂道者而修之於己之爲本；用力於文詞，不若窮經觀史以求義理而措諸事業之爲實也。蓋人有是身，則其秉彝之則初不在外，與其鄉往於人，孰若反求諸己？與其以口舌馳説而欲其得行於世，孰若得之於己而一聽其用舍於天耶？至於文詞，一小伎耳。以言乎邇，則不足以治己；以言乎遠，則無以治人。是亦何所與於人心之存亡、世道之隆替，而校其利害，勤懇反復，至於連篇累牘而不厭耶？足下志尚高遠，才氣明決，過人遠甚，而所以學者未足以副其天資之美，熹竊惜之。又念其所以見予之厚而不忍忘也，不敢不盡其愚。足下試一思之，果能舍其舊而新是圖，則其操存探討之方，固自有次第矣。請繼今以言。人還，姑此爲報。向寒，千萬以時爲親自愛，不宣。熹再拜。《晦庵文集》卷五九。

案:《年譜長編》卷下以爲本書在紹熙四年中。
故推知其撰於是年(1193)十月二十三日。

朱熹《答汪叔耕》:

來書所論向來爲學次第,足以見立志之高矣。然雜
然進之而不由其序,譬如以枵然之腹入酒食之肆,見其肥
羹大胾、餅餌膾脯雜然於前,遂欲左挐右攫,盡納於口,快
嚼而亟吞之,豈不撑腸拄腹而果然一飽哉?然未嘗一知
其味,則不知向之所食者果何物也。

今承來喻,將欲捐其逐末玩華之習,而加反本務實之
功,則善矣。然所論周、程傳授次第,恐亦有未易言者。
而以《太極圖》爲有單傳密付之三昧,則又近世學者背形
逐影、指妄爲真之弊也。夫道在目前,初無隱蔽,而衆人
沉溺膠擾,不自知覺,是以聖人因其所見道體之實,發之
言語文字之間,以開悟天下與來世。其言丁寧反復,明白
切至,惟恐人之不解了也,豈有故爲不盡之言以愚學者之
耳目,必俟其單傳密付而後可以得之哉?但患學者未嘗
虛心靜慮,優柔反覆,以味其立言之意,而妄以己意輕爲
之説,是以不知其味而妄意乎言外之別傳耳。

《不欺論》中所談儒、佛同異得失,似亦未得其要。至
論所以求乎儒者之學,而以平其出入之息者參之,又有忘
心忘形、非痳非痞、虛白清鏡、火珠靜月每現輒變之説,則
有大不可曉者。不知儒者之學,自《六經》、孔孟以來,何

嘗有是説？而吾子何所授受而服行之哉？所以求之者如
是之雜，無怪乎愈求而愈不得也。而反自謂將從主静、持
敬應事接物以求之，則有没世而不能達者，是豈應事接
物、主静持敬之罪哉？如此不已，不唯求之不得而已，愚
恐其必將有狂易喪心之患，竊爲吾子憂之，不敢不以告
也。幸且置此，而即聖賢之言平易明白之處，虚心平氣，
熟玩而躬行之，玩之深則理自明，行之篤則力自進，持之
以久，驀驀而上達焉，則道體精微之妙、聖賢親切之傳，不
待單傳密付而已了然心目之間矣。

其他所論，亦儘有合商量處，未暇悉陳。然根本若
正，則此等枝葉亦不待辯而明矣。《史論》却勝他書，然
姑少後之而先其本，則其所至又當不止此也。《大學章
句》一本附往，古人爲學規模及今日用力次第盡在此矣，
幸試詳之，勿以爲老生常談而忽之也。《晦庵文集》卷
五九。

案：本書校記曰：“來書所論向來爲學次第”句
上，浙本有“熹叩首啓：前此人還，奉書草草，深以未
得面論爲恨。專人至止，薦聞新歲以來起居佳勝爲
慰”。則推知本書乃承上書（十月二十三日熹扣首啓
叔耕茂林鄉友），約撰於紹熙五年（1194）春。

汪莘《辭晦菴朱侍講書》：

莘讀史至有國家者釁敵讎隙生於父子兄弟之間，未

嘗不爲之傷心，以至流涕也，曰：嗟呼！父子兄弟，天倫之最切者也，其休戚之淺深，慘舒之大小，每與天地鬼神相爲感動，而況人乎？側覲今日之事，有可爲傷心者哉！往者不可追，來者猶可爲也。先生勸講經筵，實居師保之職，前日責在大臣，今日責分先生矣。財不待先生而富，兵不待先生而强，惟主上父子之間，諸公所不能濟者，待先生而濟。先生道大而德粹，才高而義精，其必有以處此。惜乎，非莘之所得聞也。雖然，徐徐乎其爲主上感動之實，而汲汲乎其爲泰安之居，恐不可得而遂也。憚於爲父子深愛之本而利於爲體貌臣工之末，以是爲治，未有能久者也。莘平生聞先生之風，慕悅之父母如也，尊敬之神明如也，想像願見而不獲者凡二十年，具有本末。以二十年尊敬慕悅想像之心，幸而一旦天與獲見之便，豈欲以背時之言撓其親而慢其神哉？誠以言行素高者流俗所忌，向用頗隆則窺伺滋甚。自頃諸人以道學爲口實，牙相磨，吻相鼓，加之時事多艱則名節難全，端倪多變則機會易失。今日之事，先生建明稍緩，竊恐言者已伺其後，是非特不能爲天下學道者之地，亦不能爲後世學道者之地矣。主上發明詔、設優賞以待言者，莘實志不在焉。大不能了莘性命，小不能救莘饑寒，所爲來上封事，拳拳惟以主上父子之間爲務，非敢輕也。始爲之疑而終爲之不必疑，始爲之畏而終於無可畏，躊躇四顧而慮之甚周，其言之甚明，其施之必效。諸公視之，以爲背時之論，莫有能舉而行之者。是以徘徊京都，日夜待先生至，不同流俗，不避權要，建明於羣昏之中，鼓動於皆醉之際，言衆人之所不敢言，辨衆人之所不能辨，然後先生素履之志可不諭而孚，經綸之業可次第而舉。莘所上封事，所論主上父子間與民窮吏汙之弊，既已獻諸先生矣。先生嘗諭之曰：所論過宫事甚好，當説與諸公。今治行西歸，敢復以告。此所謂先生事也，先生責也，於莘何有哉！冒瀆師嚴，無任激切恐懼之至。《方壺存稿》卷一。

案：書中云"先生勸講經筵，實居師保之職"，又云其上封事，"諸公視之，以爲背時之論，莫有能舉而行之者。是以徘徊京都，日夜待先生至，不同流俗，不避權要，建明於羣昏之中，鼓動於皆醉之際，言衆人之所不敢言，辨衆人之所不能辨，然後先生素履之志可不諭而孚，經綸之業可次第而舉。莘所上封事，所論主上父子間與民窮吏汙之弊，既已獻諸先生矣。先生嘗諭之曰：所論過宫事甚好，當説與諸公。今治行西歸，敢復以告"，因朱熹於紹熙五年十月初至閏十月二十日任侍講，故推知本書當撰於朱熹來臨安未久，約在十月中。

汪聖可

汪聖可，名里不詳。

朱熹《答汪聖可》：

示喻讀書勵行之意，甚善甚善。然更願反躬務實，以充其言，使無浮行之愧，則區區之深望也。《晦庵文集》卷五○。

案：本書撰時未詳。《書信編年》云姑列於淳熙十一年（1184）。待考。

汪庭祐

汪庭祐，字子卿，婺源（今屬江西）人。“復預薦會，質疑于朱晦菴先生”。《萬姓統譜》卷四六。

朱熹《答汪子卿》：

一別累年，疾病多故，不獲以時致問訊，第積馳仰。正思之來，辱手書兩通，意厚禮勤，有非區區淺陋所敢當者，然足以見好學之篤，雖老而不忘也。信後冬深，寒暖不常，不審尊候何如？伏惟起居萬福。

熹犬馬之齒雖在賢者之後，然今亦是老境。平生爲學非不究心，然未有大得力處。三復來誨，皆其力之所未能及者，而何足以少助於高明？但荷意之勤，亦不敢隱其固陋耳。

竊味來書所引《論語》數條言仁甚悉，而所論反復亦不爲不詳，獨於“仁”之一字義理意味與其所以用力之方

皆未之及。豈其於此固有以默契而忘言也耶？不然，則
仁之所以爲仁者，初未嘗曉然有見於心而的然有得於已，
吾恐所謂不違不害者之茫然，如捕風繫影之無所措，而所
以處夫窮通得喪之際者，或未能泰然無所動於其中也。
長者之明，雖不至此，然以所謂變通之術者觀之，則有以
見其未免於彼之重而此之輕也。昔子貢無諂無驕之問，
蓋自以爲至矣，而夫子以爲未若樂與好禮，何哉？無諂無
驕，則尚局於貧富之中；樂且好禮，則已超然乎貧富之外
也。然其所以至此，則必嘗有所用其力矣，非規規於兩者
之間，有所較計抑遏而求出於此也。又況於自料其必有
所不安，而預爲變通之計，則恐其所立又將出於無諂無驕
之下也無疑矣。

區區鄙意，竊願長者於此姑無恤其他，而深探聖賢之
言，以求仁之所以爲仁者，反諸身而實用其力焉，則於所
以不違不害者，皆如有物之可指，而窮通得失之變，脫然
其無與於我矣。不識高明以爲如何？若有未安，幸復見
教也。《晦庵文集》卷五四。

案：正思，程端蒙字。據朱熹《題落星寺》、《題
石乳寺》，淳熙七年三月丁卯、五月重五日，朱熹先後
游落星寺、石乳寺，程端蒙皆陪侍。《晦庵文集》別集卷
七。本書言及“正思之來，辱手書兩通”，即指此時程
端蒙來南康問學，攜來汪庭祐書信兩通，故朱熹答以
此書，推知約撰於是年（1180）夏末、秋初。

汪義和

汪義和(1141—1200),字謙之,徽州黟縣(今屬安徽)人。祖汪勃,官簽書樞密院兼參知政事。義和未弱冠貢于鄉,以郊奏補官江陰主簿。淳熙八年(1181)擢進士科,歷通判紹興府,紹熙三年(1192)知武岡軍,慶元二年(1196)爲太常博士,三年遷吏部郎兼禮部,四年除樞密院檢詳,五年以左司兼檢討玉牒,九月除起居舍人,六年四月爲侍御史兼侍講,六月卒,年六十。事迹見袁燮《絜齋集》卷一八《侍御史贈通議大夫汪公墓誌銘》。又《夷堅志》三志壬卷六《汪會之登科》云"新安汪義和會之生於紹興辛酉,至於己卯,十有九歲矣。……而會之得預計諧。……後蹉跎五薦,至淳熙辛丑復到選,……乃奏名"。則知其又字會之。

朱熹《答汪會之》:

所寄《大學》,愧煩刊刻,跋語尤見留意。千聖相傳,門户路徑不過如此。前世儒者未嘗熟讀而深求其意,故所以爲學者,不知出此,而墮於記誦文詞之末。其好高者,又轉而入於老子、釋氏之門,此道之所以不明不行,而人才少,風俗衰也。但今雖幸略窺大旨,然循其序而實用力焉,亦恨未能到得古人地位,所以每欲推之以語同志,而求其輔仁之助。於今乃得吾會之於中表間,豈不幸甚!

更願益深考之而實從事焉,使其次第功程,日有可見之
驗,則其進步自不能已矣。《晦庵文集》卷六四。

　　案:書中言"於今乃得吾會之於中表間",因其
祖汪勃娶祝氏,乃朱熹外祖父祝確之妹,故云。《絜齋
集》卷一八《侍御史贈通議大夫汪公墓誌銘》。朱熹《答范
文叔》(《大學》之序固以"致知"爲先)有云"熹舊讀
《大學》之書,嘗爲之説,每以淺陋,有所未安。近加
訂正,似稍明白。親知有取以鋟木者,今内一通,幸
試考之",其"親知"似即指汪會之,爲朱熹刊印《大學
章句》。《答范文叔》撰於淳熙十六年(1189)夏後,故
推知本書約撰於是年春末、夏間。

朱熹《與汪會之書》:

　　八月七日熹頓首啓:比兩承書,宂未及報。比日秋
深,涼燠未定,緬惟宣布之餘,起處佳福。熹到官三月,疾
病半之。重以國家喪紀慶需相尋而至,憂喜交并,忽忽度
日,殊未休暇。茲又忽叨收召,衰病如此,豈堪世用。然
聞得是親批出,不知誰以誤聽也。在官禮不敢詞,已一面
起發,亦已伸之祠禄,前路未報,即思歸建陽俟命。昨日
解印出城,且脱目前疲宂,而後日之慮無涯,無由面言。
但恨垂老入此閙籃,未知作何合殺耳。本路事合理會者
極多,頗已略見頭緒,而未及下手。至如長沙一郡,事之
合經理者尤多,皆竊有志而未及究也。來諭曲折,雖有已

施行者，但今既去，誰復稟承？如寨官之屬，若且在此，便當爲申明省并，而補其要害不可闕處之兵，乃爲久遠之計。未知今日與後來之人能復任此職否耳。學官之事可駭，惜不早聞，當與一按。只如李守之無狀，亦可惡也。劉法建人，舊亦識之，乃能有守，亦可嘉也。李必達者，知其不然，前日奉誘，乃以遠困之耳。得不追證，甚喜。已復再送郴州，令不得憑其虛詞，輒有追擾。州郡若喻此意，且羈留之，亦一事也。初聽其詞固無根，而察其夫婦之色，亦無悲戚之意，尋觀獄詞，決知其妄也。賢表才力有餘，語意明決，治一小郡，固無足爲，諸司亦已略相知。但恨熹便去此，不得俟政成而預薦者之列耳。目痛殊甚，草草附此奉報，不能盡所懷。惟冀以時自愛，前迓休渥。閤中宜人及諸郎各安佳，二子及長婦、諸女、諸孫一一拜問起居。朱桂州至此，欲遣人候之，未及而去，因書幸爲道意。有永福令吕大信者，居仁舍人之親姪，謹愿有守，幸其督之也。熹再拜启會之知郡朝議賢表。《朱子佚集》卷三。

案：朱熹於紹熙五年八月六日離潭州東歸。本書有云“八月七日熹頓首启：比兩承書，冗未及報。比日秋深，……熹到官三月，疾病半之。重以國家喪紀慶需相尋而至，憂喜交并，匆匆度日，殊未休暇。兹又忽叨收召，衰病如此，豈堪世用。……昨日解印出城”，是知其撰於紹熙五年（1194）八月七日。其稱

“知郡朝議”者，時汪義和官知武岡軍。

又，元張之翰《汪景良所藏朱文公帖》曰：“曩歲過考亭，訪文公遺墨於諸孫，時天戈甫定，散落已無幾。頃會越帥汪恕齋孫景良出此巨軸，皆與景良高祖提刑、曾祖侍御往復之書，何用心之勤耶！噫，世之碌碌無聞者雖長篇短簡累千百言，曾誰之顧？公詞翰爲人寶藏若此，此學與不學之分也。後數帖尤佳，至於篤姻，聯叙親情，中間以道誼相期勉者，諸公言之甚詳，茲不重出。景良可謂世守家法者也。”《西巖集》卷一八。汪恕齋即汪綱，《宋史》有傳；高祖提刑指汪義和父汪作礪，曾祖侍御即汪義和。

朱熹《與汪會之書》：

八月十五日熹頓首上啓：大桂驛中草草奉問，想已達矣。行次宜春，乃承專介惠書，獲聞比日秋暑，政成有相，起處多福爲慰。熹衰晚亡堪，辛苦三月，已不勝郡事，告歸未獲，而忽叨此，雖荷朝廷記憶之深，然疏闊腐儒，亦何補於時論之萬分哉？已上免牘，前至臨川，恭聽處分，即自彼東還建陽耳。辰徭復爾，應是小小譑殺，不知今復如何？昨來所以不免再喚蒲來矢輩赴司羈縻之，政以爭競有端，不可不預防之。新帥素不快此事，不知其來復以爲如何耳。得其平心待之，不至紛更，亦幸事也。人還，草草附報，不它及。閣中宜人、諸郎、娘一一佳勝，兒女輩

附問。益遠，惟善自愛，以須召用爲祝，不宣。熹再拜上
啓會之知郡朝議賢表。《朱子佚集》卷三。

　　案：上書（八月七日熹頓首啓）有云"熹到官三
　月，疾病半之。……茲又忽叨收召，衰病如此，豈堪
　世用。……昨日解印出城"，本書乃云"熹衰晚亡堪，
　辛苦三月，已不勝郡事，告歸未獲，而忽叨此，雖荷朝
　廷記憶之深，……已上免牘，前至臨川，恭聽處分"，
　知承上書，故其撰於五年八月十五日。

汪易直

汪易直，名里不詳。《書信編年》以爲汪應辰子。

朱熹《答汪易直》：

示喻尊名之意，極荷不鄙。但今朋友必已有所稱，往
時忘記奉扣，後便幸批示，或已得先端明本旨，即不必改
也。疑義數條，意皆甚正，但首章管仲事，程子所推聖人
本意，恐已得之。蓋其不死子糾而從桓公，乃是先迷後
得，如今叛逆而遭赦宥，自無可死之理。然此事夫子當時
不曾明言，但今以其言專取其功而略無譏貶之詞，可以推
見之耳。若果有罪，則聖人必有微詞，以見功過不相掩之
意，不特如此説矣。故疑程子此義講之甚精，而鄙意所
疑，則其曰若當死而不死，則後雖有功亦不復取，此則未

安耳。功自功，過自過，若過可以掩功，則功亦得以掩其過矣。康節先生論學《春秋》者當先定五伯之功罪，而以五伯爲功之首、罪之魁，此語最爲切當。然非獨論古事爲然也，見諸行事，則操賞罰之權、持黜陟之柄者，亦當以是爲心，乃能盡用一世之材，以濟天下之務而不失其正耳。"仁"之一字，以其德而言，則必心無私而事當理乃能當之。若其功，則惟利澤及人，有恩有惠，便可稱之。初不計其德之如何也。

偶來城中，人事宂擾，且略爲論此條，試更思之。餘俟還家奉答，別附便也。夫子説"可與立，未可與權"，程子説"《春秋》大義易見，而時措從宜者爲難知"，此等處更宜致思，思而得之，則所示數條皆可類推矣。然此不可以强通，却須反求諸心，向性分上講究存養，始當有以自得耳。未由面論，臨風馳想，切幾力學自愛。《晦庵文集》卷六〇。

案：汪應辰卒於淳熙二年，本書中言"示喻尊名之意，極荷不鄙。但今朋友必已有所稱，往時忘記奉扣，後便幸批示，或已得先端明本旨，即不必改也"，則其時相距當不久遠。淳熙三年三月中旬，朱熹如婺源展墓，塗經常山，嘗哭祭汪應辰；七月上旬歸家。《年譜長編》卷上。疑本書撰於其後。又朱熹《答潘恭叔》（友恭竊謂性命主理而言）中論及"召忽死之，管仲不死，未仁乎"，潘友恭有云"故舊日讀此一章，以程先生之説爲正，以桓公爲兄、子糾爲弟，召忽之死

爲守節、管仲不死爲改過。二子不仁之問，正疑其所
處之非，而夫子答之乃論其所處之義，而非專取其所
就之功也。今伏讀先生之説，恍然自失，玩味累日，
迄未有得”，朱熹答曰“此論甚善。向呂子約亦來辨
之，然不若來喻之詳也。但管仲之意未必不出於求
生，但其時義尚有可生之道，未至於害仁耳”，《晦庵文
集》卷五〇。與本書“疑義數條，意皆甚正，但首章管仲
事，程子所推聖人本意，恐已得之。蓋其不死子糾而
從桓公，乃是先迷後得，如今叛逆而遭赦宥，自無可死
之理。然此事夫子當時不曾明言，但今以其言專取其
功而略無譏貶之詞，可以推見之耳”云云相合，似撰時
相近。《答潘恭叔》撰於淳熙四年(1177)末或稍後。

朱熹《答汪易直》：

示喻自訟之篇，足見立志爲己之切，尤以爲慰。此正
《大學》所謂“誠其意”者。然意不能以自誠，故推其次第，
則欲誠其意者，又必以格物致知爲先。蓋仁義之心人皆
有之，但人有此身，便不能無物欲之蔽，故不能以自知。
若能隨事講明，令其透徹，精粗巨細無不貫通，則自然見
得義理之悦心猶芻豢之悦口，而無待於自欺。如其不然，
而但欲禁制抑遏，使之不敢自欺，便謂所以誠其意者不過
如此，則恐徒然爲是迫切，而隱微之間，終不免爲自欺也。
舊説《大學》此章，蓋欲發明此意，而近日讀之，殊覺未透，

因略更定數句。今謾録去，試深察之，以爲何如也。

《近思》小本失於契勘，致有差誤，此執事不敬之罪也。後來此間書坊别刊得一本，卷尾所增已附入卷中，仍削去重出數字矣。偶未有别本，旦夕求得，續當附去也。《晦庵文集》卷六〇。

案：朱熹《答吕伯恭》（昨黄仲本至）有云"《近思》已寄來，尚有誤字，已校定寫寄之矣"，《晦庵文集》卷三四。撰於淳熙四年二月間。張栻《答朱元晦》（學中重刻《責沈》）有云"《近思録》方議刻，欲稍放字大耳"，《南軒集》卷二三。撰於四年夏、秋之際。又朱熹《答張敬夫》（諸諭一一具悉）云及"《近思》舉業三段及横渠語一段并録呈，幸付彼中舊官屬正之。或更得數字説破增添之意尤佳。蓋閩、浙本流行已廣，恐見者疑其不同"，《晦庵文集》卷三二。撰於五年春、夏間。本書云及"《近思》小本失於契勘，致有差誤，此執事不敬之罪也。後來此間書坊别刊得一本，卷尾所增已附入卷中，仍削去重出數字矣"，"此間書坊别刊得一本"當指"流行已廣"之閩本，而未及張栻所刊大字本，故推知本書約撰於淳熙五年（1178）中。

汪應辰

汪應辰（1118—1176），字聖錫，原名洋，信州玉山（今

屬江西)人。紹興五年(1135)進士第一人。累遷祕書
少監遷權吏部尚書、權户部侍郎兼侍講,紹興末出知福
州,升敷文閣待制。在鎮二年,以敷文閣直學士爲四川
制置使、知成都府。召除吏部尚書,尋兼翰林學士,并
侍讀,以端明殿學士出知平江府,請祠。淳熙三年二月
卒。《宋史》卷三八七有傳。

汪應辰《與朱元晦》:

近建安附示手誨,慰荷無量。當暑,恭惟尊候萬福。
某碌碌於此,日益愧負,思見君子,且謀所以當如何者,此
心往來,如饑如渴。近事復益可慮,雖在疏遠,豈能弭忘?
張真甫爲德不竟,然此君實有區區之心。孔子稱管仲有
仁之功,若真甫之功實近之。示諭當以爲戒,誠是也。

羅丈《語録》,得之甚幸,尚有可疑者,謹具別紙。他
日《龜山集》刻板,併以諸家《語録》附之,不必送延平也。

羅丈《語録》中有可疑者:"不居其聖"與"得無所得",
"形色天性"與"色即是空",恐難作一類語看。

"有事君人者"一章,頃嘗問王丈信伯有次第否,王丈
云前兩句有次第,後兩句難分。又問:"同是一章,若如此
説,則語脈不貫穿。"王丈云:"恐如信善美,須有次第。至
於大也,聖也,神也,豈可分優劣? 正與'事君人者'一章
相似。"

"神廟時,富公嘗薦荆公爲翰林學士,韓魏公不聽。"

按：神廟時，韓、富未嘗同朝也。韓魏公罷相，荆公乃召。"荆公曰：'絳之相，非維意。'"熙寧七年，韓子華再相。八年，荆公再相。

謝爲人誠實，但聰悟不及先生。常見胡明仲説"明道以上蔡太俊敏，常抑之"，"玩物喪志"之類。

驩兜、共工事。驩兜薦共工事，偶見於《堯典》。崇山之放，恐未必爲薦共工也。荆公正如此説。

道不足以任之，故有典。典不足以治之，故有刑。此語如何？不屈於法度之威。此恐未足以言舜。

煮海之事，誠非獲已。令益寬，所入益微，然更當思所以救之。折張之政，固爲未遠，然今日事勢，豈可同年而語？自葉左丞作帥，盡以郡中財賦之餘獻諸朝，今爲歲額。而帥司諸色糜費，昔取之郡者，皆帥司自辦，又立定寺院納官之額，蓋不如此，則不能有餘以爲獻也。既而拘定寬剩錢，鍾世明所爲。寺院益以窮蹙，所立之額又不能如數矣。而朝廷發下養老軍員、揀汰使臣，軍員動以十百，皆昔所無者。近年以來，方有事於征討、召募、調發、敷買、打造之類，符移日至，殆不勝其應接也。若窮而不變，未知竟如何耳。《文定集》卷一五。

案：汪應辰於紹興三十二年(1162)至福州爲知州，隆興二年五月移四川安撫制置使去。《淳熙三山志》卷二二。其來福州途中，與"朱元晦在建安相遇，問學材識，足爲遠器，亦招其來此"，欲薦之爲帥司准備差遣。《文定集》卷一四《與吏部陳侍郎書》。《汪文定公家乘》云汪應辰"好賢樂善，既入閩，始得朱元晦文。時文公奉岳祠家居，公一見如故相識，徧歷薦於朝"。《(同治)玉山縣志》卷九中。隆興元年初，朱熹嘗應汪應辰招而一至福州議事。《年譜長編》卷上。此乃汪應辰接朱熹來書後之答書。朱熹來書佚。此書中言"當暑"，是當作於隆興元年(1163)五月間。"羅丈《語錄》"，指羅從彥所記《龜山先生語錄》。

朱熹《答汪尚書癸未六月九日》：

蒙垂喻《語錄》中可疑處，仰見高明擇理之精，不勝歎服。如韓、富未嘗同朝，王、韓拜相先後，如所考證，蓋無疑矣。龜山之語，或是未嘗深考，而所傳聞不能無誤。竊謂止以所考歲月注其下，以示傳疑，如何？

《書解》三段，不類記錄答問之言。按《行狀》自有《書解》，恐即《解》中說也。共、兜事，《三經義辨》中亦云，若據經所記，即驩兜之罪正坐此，《堯典》所記皆爲後事起本，反復詳考，即自見矣。"典刑"兩句絕類王氏，殊不可曉。細推其端，即"道不可以在"之一語自《莊子》中來，所以尤覺不粹。以此知異學決不可與聖學同年而語也明矣。

龜山答胡迪功問中一段，"《老子》五千言以自然爲宗，謂之不作可也"，熹亦疑此語。如《論語》老彭之説，只以《曾子問》中言禮數段證之，即"述而不作，信而好古"皆可見。蓋老聃周之史官，掌國之典籍、三皇五帝之書，故能述古事而信好之。如五千言，亦或古有是語而老子傳之，未可知也。蓋《列子》所引黄帝書，即《老子》"谷神不死"章也，豈所謂三皇五帝之書？即龜山之意，却似習於見聞，不以莊、老爲非者，深所未喻也。帝舜申之之説，亦嘗疑之。既而考其文，則此序乃三篇之序也。"臯陶矢厥謨"，即謂《臯陶謨》篇也。"禹成厥功"，即謂《大禹謨》篇也。陳九功之事，故曰"成厥功"也。申，重也。帝舜因臯陶陳九德而禹俞之，因復申命禹曰："來，禹，汝亦昌言。"而禹遂陳《益稷》篇中之語，此一句序《益稷》篇也。以此讀之，文意甚明，不煩生意。今曰"不屈於法度之威"，氣象却殊淺近，信乎其非所以言舜也。

謝、楊二先生事，頃見胡明仲家所記侯師聖之言，有曰："明道先生謂謝子雖少魯，直是誠篤，理會事有不透，其顙有泚。其憤悱如此。"此語却與羅公所記暗合，恐與所謂"玩物喪志"者有不相害。蓋世固有人聰明辨博而不敏於聞道者矣，惟其所趣不謬於道而志之不舍，是以卒有所聞。而其所聞必皆力行深造之所得，所以光明卓越，直指本原。姑以《語録》、《論語解》之屬詳考，即可知矣。如《語解》中論"子路有聞"一章，可見其用力處也。龜山却是天質粹美，得之平易，觀其立言亦可見。妄論僭越，良犯不韙，然欲取正有道，不敢自隱其固陋耳。乞賜鐫喻可否,幸甚幸甚。

至於"不居其聖"等説,則又有所疑,亦不敢嘿,并以請教。"不居其聖",若以爲謙辭,即與"得無所得"不類。今龜山既云非謂謙而引此爲比,則其意正合矣。上蔡於《語解》"好古敏求"章亦云"其言則不居,其意則不讓矣",亦此意也。"形色即是天性",非離形色別有天性,故以"色即是空"明之。龜山又於《語解》"屢空"處云:"大而化之,則形色、天性無二致也,無物不空矣。"亦此意也。然恐此類皆是借彼以明此,非實以爲此之理即彼之説也。

所示王丈云"天民"、"大人"不可分,如"大"、"聖"、"神"之不可優劣。熹竊意此等向上地位,與學者今日立身處大故懸絶,故難遥度。今且以諸先生之言求之,則聖、神固不可分,橫渠曰:"聖不可知謂神。莊生謬妄,又謂有神人焉。"伊川曰:"神則聖而不可知,非聖人之上又有一等神人也。"大與聖則不可不分。伊川曰:"大而化之,已與理一也。未化者,如操尺度量物,用之尚不免差。已化者,已即尺度,尺度即已。顔子大而未化,若化則達於孔子矣。"橫渠曰:"大,可爲也。化,不可爲也,在熟之而已。《易》所謂窮神知化,乃養盛自致,非知力能强也。"又曰:"大人未化,未能有其大,化而後能有其大。"又曰:"大幾聖矣,化則位乎天德矣。"更以言語氣象揣度,則"達可行於天下而後行之",(語)[與]"正己而物正"者,亦不得不異。且如伊尹曰:"吾豈若使是君爲堯舜之君哉?使是民爲堯舜之民哉?豈若於吾身親見之哉?"又曰:"予將以

斯道覺斯民也,非予覺而誰也?"此可謂"達可行於天下而
後行之"矣,其於舜之"恭己正南面而已矣"如何哉?似此
恐未可謂不可分也。但其分難見,如顔子之未達一間處,
只是顔子自知耳。狂妄率爾,肆意及此,伏惟高明樂與人
爲善,必不罪而終教之。區區下情,不勝至望。《晦庵文
集》卷三〇。

案:本書校記:"答汪尚書"之"尚書",浙本作"帥"。

本書乃答汪應辰五月來書,撰於隆興元年(癸
未,1163)六月九日。

汪應辰《與朱元晦》:

某所欲言者甚多,初謂秋涼或可再得承教,今遂未可
卜也,殊以悵仰。諫省二公論龍大淵、曾覿,未報間,卻各
除知閣,仍兼舊職。金給事、周舍人相繼論其不可,中批
語甚峻,二人皆待罪,有旨無罪可待。劉諫除工侍,而張
真甫以待制知會稽。真甫陳義甚力,引富、韓公、司馬溫
公辭副樞事,未知能必行其志否。郎官李君樸、林栗緣禁
中點檢小使臣升陟狀,而二人所薦乃雜流,批出詰問,既
而各展磨勘。蓋上於細務一一省覽如此也。《文定集》卷
一五。

案:隆興元年六月間,朱熹因朝廷再趣召,故決
意入都奏事。《年譜長編》卷上。所謂"初謂秋涼或可
再得承教,今遂未可卜也",當即指此而言。又七月

一日，詔集英殿修撰、知福州汪應辰除敷文閣待制。
《宋會要輯稿‧選舉》三司之一三。汪應辰舉朱熹自代。
《文定集》卷六《除敷文閣待制舉朱熹自代》。然此書未及
此，故知其當作於是年六月。

朱熹《與汪聖錫書》：

停賣僧田，煩擾頓息，爲利不貲。追還揀兵官，亦甚
快輿論。諸若此類，論之不爲侵官，而其利甚溥。熹願閣
下不倦以終之，此亦論思獻納之助也。魏元履下第後書
來云："掞之歸，遇閩人之就上庠試者蓋以千計，人人劇談
善政。問其所以然者，云侍郎以忠恕之心，行簡易之政。"
簡冊所載，甚無越此二者。《（同治）玉山縣志》卷九《汪文定公
家傳》。

案：《朱熹佚文輯考》、《朱子遺集》卷二係本書
於乾道元年。《全宋文》卷五六一五同。《汪文定公
家傳》有云："寺觀之田，計口之餘，歸之於官，事之鑽
刺，雖兇年必取盈焉。公既請於朝，朝有所施舍矣。
既而版曹又欲賣之，方看追檢會，許牙土揭價，上下
騷然，謂賣之必先失其租，安知一年之所售，未足以
敵一年之租乎？御營使欲差官於諸路募軍者，公奏
已之。朱文公與公書曰：‘停賣僧田……’"云云。

據汪應辰《請免賣寺觀趲剩田書》云："準行在尚
書戶部符準都省批下隆興元年六月十二日敕，將福

建寺觀元剗撥趁剩之田估價出賣事，應辰反復思之，參以衆論，竊謂此事既行，官中未見其利，而百姓先被其害。……伏望鈞慈詳審此事所繫甚重，特賜敷奏，亟行寢罷，以全國家賦入無窮之利，以救一方百姓非意之擾，實莫大之幸。"《文定集》卷一三。又有"魏元履下第後書來"云云，據《宋史·孝宗本紀一》，隆興元年春舉行禮部試。是知此書當撰於是年(1163)秋。

汪應辰《與朱元晦》：

見報有旨引見，而未報登對之日。竊計誠心正論從容獻納，所以開寤上意者多矣。信來倘得聞一二，良幸。

李愿中先生十月半間見訪，館于眉壽堂。方説話間，忽覺欲仆，急扶之，問其無所苦否，則曰無事無事，尋即不省人事。舁之就榻，則已蛻矣。後事皆親爲料理，似可無悔。建安簿已扶護歸鄉，想聞之必增惻楚也。《文定集》卷一五。

　　案：李侗（字愿中）是年十月十五日病卒於福州。又朱熹於二十四日有旨引見，十一月六日登對垂拱殿。《年譜長編》卷上。此書云"見報有旨引見，而未報登對之日"，故推知本書約撰於十一月初。

朱熹《與汪聖錫書》：

延平先生之故，則已詳知之。雖悼□門之變，而甚幸其終事無可悔者。感大君子與之周死生終始之際乃如此，至於涕隕而不知所言也。《（同治）玉山縣志》卷九《汪文定公家傳》。

案：朱熹當收到汪應辰來書報李侗之卒，而撰本書復之。

朱熹《與汪聖錫書》：

延平先生秋別于建溪之上，乃兹來還，遂隔生死。所欲質正者，無所與論。何當侍坐傾倒，以求誨約？非復有望於他人也。《（同治）玉山縣志》卷九《汪文定公家傳》。

案：朱熹於隆興元年十二月十二日離臨安而歸，二年（1164）正月至延平哭李侗。《年譜長編》卷上。此書云“乃兹來還，遂隔生死”，當作於朱熹歸閩祭延平先生之後。

汪應辰《與朱元晦》：

蒙以延平先生銘文見屬，自顧不腆，何足以發明道學之懿？所幸元晦論次皆已詳備，庶幾有所證爾。福唐久旱，奔走祈請，殊未霑足，朝夕凜凜，不知所措，奈何奈何！有以教督，良幸。

魏公再往淮上，其意必有不可得而聞者。第合堂同席，一東一西，不知如此做得否，令人念念不已。竊聞元晦他日必再到延平，儻因而下顧，莫大之幸。《文定集》卷一五。

　　案：據《宋史·孝宗本紀》，張浚（魏公）於隆興二年(1164)三月朔再往淮上，四月六日還朝，十四日罷江淮都督府。則此書當作於三月間。書中有云"蒙以延平先生銘文見屬"，即朱熹撰成《延平先生行狀》，而請汪應辰爲撰李侗墓誌銘。

汪應辰《與朱元晦》：

　　見許下顧，朝夕以冀，下旬即遣人往也。溫公答明道帖論橫渠諡事，欲附見於《龜山集》中，切望錄示。

　　魏公與水軍統制魏尚復官，言者以爲不可，乃止。遣王、錢兩侍郎撫諭兩淮，仍措置。他無所聞。《文定集》卷一五。

　　案：據《宋史·孝宗本紀》，遣侍郎王之望、錢端禮宣諭兩淮在隆興二年(1164)三月二十五日。而本書云及"遣王、錢兩侍郎撫諭兩淮，仍措置。他無所聞"，故推知其約撰於四月初。

汪應辰《與朱元晦》：

　　兵級共七人，謹遣聽使令，自此數日，以待來臨。王、龍二使還自盱眙，力言淮上無備，士心不固，所以遣宣諭更戍兵。又督府方治淮東總領司事，而洪總領入對，復言督府之失，所以令總領每半歲或一歲入奏。魏公必以罪去,但未知輕重如何耳。《文定集》卷一五。

案:據《宋史·孝宗本紀》,總領洪适於二月入對,四月十四日罷江淮都督府,二十四日罷相。又據汪應辰四月初書云"下旬即遣人往也",知"兵級共七人",乃汪應辰遣來迎接朱子入福州者,故此書當作於四月下旬。

朱熹《答汪尚書》:

別紙示及釋氏之説,前日正以疑晦未袪,故請其説。方虞僭越,得罪於左右,不意貶損高明,與之酬酢如此,感戢亡已。熹於釋氏之説,蓋嘗師其人,尊其道,求之亦切至矣,然未能有得。其後以先生君子之教,校夫先後緩急之序,於是暫置其説而從事於吾學,其始蓋未嘗一日不往來於心也。以爲俟卒究吾説而後求之,未爲甚晚耳,非敢遽絀絶之也。而一二年來,心獨有所自安,雖未能即有諸己,然欲復求之外學以遂其初心,不可得矣。然則前輩於釋氏未能忘懷者,其心之所安蓋亦必有如此者,而或甚焉,則豈易以口舌争哉?竊謂但當益進吾學,以求所安之是非,則彼之所以不安於吾儒之學,而必求諸釋氏然後安者,必有可得而言者矣。所安之是非既判,則所謂反易天常、殄滅人類者,論之亦可,不論亦可,固不即此以定取舍也。

上蔡所云止觀之説,恐亦是借彼脩行之目,以明吾進學之事。若曰彼之參請，猶吾所謂致知，彼之止觀，猶吾所謂克己也。以其《語録》考之，其不以止觀與克己同塗共轍明矣。後之好佛者，遂掇去首尾，孤行此句，以爲己援。正如孔子言“夷狄之有君，不如諸夏之亡也”，豈真慕夷狄？明道適僧舍，見其方食，而曰：“三代威儀，盡在是矣！”豈真欲入叢林耶？胡文定所以取《楞嚴》、《圓覺》，亦恐是謂於其術中猶有可取者，非以爲吾儒當取之以資己學也。孔子曰：“攻乎異端，斯害也已。”呂博士謂：“君子反經而已矣。經正，斯無邪慝。今惡邪説之害正而攻之，則適所以自敝而已。”此言誠有味者。故熹於釋學雖所未安，然未嘗敢公言詆之。特以講學所由有在於是，故前日略扣其端。既蒙垂教，復不敢不盡所懷，恐未中理，乞賜開示，不憚改也。更願勿以鄙説示人，要於有定論而已。

　　和戰之説，頃嘗蒙面誨。及今所示，非不明白，利害較然矣。然愚意終未敢安。蓋衛君待夫子而爲政，夫子以正名爲先。以子路之賢，尚疑其迂，然後夫子極言之，以爲名之不正，其禍至於使民無所措其手足。聖人之言，萬世之法，豈苟然哉？惟明人倫，達天理，知其上際下蟠，無所不極，無所逃於天地之間，然後信斯言之果不妄也。今欲以講和爲名而脩自治之實，恐非夫子正名爲先之意。内外心迹判爲兩途，雖使幸而成功，亦儒者之所諱也。況先自處於背盟違命之地，而使彼得擅其直以責於我，内疑上下之心，外成讎敵之勢，皆非計之得也。必以搖動爲慮,則所謂自治者,其惟閉關固圉,寇至而戰,去不窮追,庶可以省息勞費,蓄鋭待時乎?以此自治,與夫因機亟決、電掃風馳者固不同,然猶同歸于是,其與講和之計不可同年而語矣。不審台意以爲如何?《晦庵文集》卷三〇。

　　　　案:本書校記:"答汪尚書"之"尚書",浙本作"帥"。

　　　　汪應辰來書及"別紙"皆佚。本書所謂"蒙垂教"、"蒙面誨",當指隆興二年四月末朱子入福州時,嘗與汪應辰論及儒佛之辨、和戰之説。是此書當作於五月間。

朱熹《答汪尚書<small>甲申十月二十二日</small>》:

　　熹兹者累日侍行,得以親炙。竊惟道德純備,固非淺陋所能窺測。而於謙虛好問,容受盡言之際,尤竊有感焉。蓋推是心以往,將天下之善皆歸之,其於任天下之重也何有?愚恐他日之事常人所不能任者,閣下終不得而辭也。是以不勝拳拳,每以儒釋邪正之辨爲説,冀或有助萬分。而猶恐其未足於言也,請復陳之,幸垂聽焉。

　　大抵近世言道學者,失於太高,讀書講義,率常以徑易超絕,不歷階梯爲快,而於其間曲折精微正好玩索處,例皆忽略厭棄,以爲卑近瑣屑,不足留情。以故雖或多聞博識之士,其於天下之義理,亦不能無所未盡。蓋以多聞博識自爲一事,不甚精察其理之所自來,却謂別有向上一著,與此兩不相關。此尹和靖所以有"此三事中,一事看破,則此患亡矣"之説,可謂切中其病矣。理既未盡,而胸中不能無疑,乃不復反求諸近,顧惑於異端之説,益推而置諸冥漠不可測知之域,兀然終日,味無義之語,以俟其廓然而一悟,殊不知物必格而後明,倫必察而後盡。格物只是窮理,物格即是理明,此乃《大學》功夫之始。潛玩積累,各有淺深,非有頓悟險絶處也。近世儒者,語此似亦太高矣。吕舍人書,別紙錄呈。彼既自謂廓然而一悟者,其於此猶懵然也,則亦何以悟爲哉?儒者爲此學而自謂有悟者,雖不可謂之懵然,其察之亦必不詳者矣。又況俟之而未必可得,徒使人抱不決之疑,志分氣餒,虚度歳月而悵悵耳。曷若致一吾宗,循下學上達之序,口講心思,躬行力究,寧煩毋略,寧下毋高,寧淺毋深,寧拙毋巧,從容潛玩,存久漸明,衆理洞然,次第無隱,然後知夫大中至正之極、天理人事之全,無不在是,初無迥然超絶不可及者。而幾微之間,豪釐畢察,酬酢之際,體用渾然,雖或使之任至重而處所難,亦沛然行其所無事而已矣,又何疑之不決而氣之不完哉!縱言至此,亦可謂躐等矣。然以閣下之明,勉而進之,恐不足以爲難也。此其與外學所謂廓然而一悟者,雖未知其孰爲優劣,然此一而彼二,此實而彼虚,則較然矣。就使其説有實非吾儒之所及者,是乃所以過乎大中至正之矩,而與不及者亡以異也。窮極幽深,過也。反倫悖理,不及也。蓋大本既立,準則自明,此孟子所以知言,而詖淫邪遁接於我者皆不能逃其鑒也。生於其心,害於其政,發於其政,害於其事,可不戒哉!可不懼哉！ 愚意如此，不識高明以爲如何？ 如其可取，幸少留意焉。既以自任，又以是爲格非定國之本，則斯言之發，庶不得罪於君子矣。或未中理，亦乞明賜誨喻，將復思而請益焉，固無嫌於聽納之不弘也。孤陋寡聞，企望之切。

中國所恃者德，夷狄所恃者力。今慮國事者大抵以審彼己、較强弱爲言，是知夷狄相攻之策，而未嘗及中國治夷狄之道也。蓋以力言之，則彼常强，我常弱，是無時而可勝，不得不和也。以德言之，則振三綱，明五常，正朝廷，勵風俗，皆我之所可勉，而彼之所不能者，是乃中國治夷狄之道，而今日所當議也。誠能自勵以此，則亦何以講和爲哉？ 愚之所憂，獨恐力既不振，德又不脩，則曰戰曰和，俱無上策耳。

悦親有道，在於誠身。誠身有道，在乎明善。今和戰殊途，兩宮異論，秋防已迫，恐誤大計。蓋由誠身未至，自治未力，無以取信於親而然耳。必欲違令行義，以圖事功，其勢甚逆而難。孰若誠身幾諫，以冀感悟，其理至順而易哉！《晦庵文集》卷三〇。

案：本書校記：“答汪尚書”之“尚書”、“十月二十二日”之“十月”，浙本作“帥”、“六月”。《年譜長編》以爲“十月”乃“七月”之譌。據朱熹七月十七日致汪應辰書，知作“六月”者是。則知本書撰於隆興二年六月二十二日。

　　《宋會要輯稿·選舉》三四之一四載隆興二年
（甲申）五月一日，知福州汪應辰除敷文閣直學士、四
川安撫制置使兼知成都府。汪應辰離福州途徑崇安
時，朱熹來見，併從行數日，故有"兹者累日侍行，得
以親炙"之語。別後作此書，以辨儒佛之學、議和
之論。

朱熹《答汪尚書七月十七日**》：**

　　熹不揆愚鄙，妄陳管見，伏蒙高明垂賜誨答，反復玩
味，欽佩無忘。然有所疑，敢不自竭。道在六經，何必它
求？誠如台諭，亦可謂要言不煩矣。然世之君子，亦有雖
知其爲如此，而不免於淪胥者，何哉？以彼之爲説者曰：
子之所求於六經者，不過知性、知天而已，由吾之術，無屈
首受書之勞而有其效，其見解真實，有過之者，無不及焉。
世之君子，既以是中其好徑欲速之心，而不察乎它求之賊
道，貴仕者又往往有王務家私之累、聲色勢利之娛，日力
亦不足矣，是以雖知至道不外六經而不暇求，不若一注心
於彼而徼幸其萬一也。然則"何必"云者正矣，而熹竊恨
其未嚴也。若易"必"以"可"，儻庶幾乎？蓋"不必"云者，
無益之辭也。"不可"云者，有害之辭也。夫二者之間相
去遠矣。如烏喙食之而殺人，則世之相戒者必曰"不可
食"，而未有謂"不必食"而已者也。妄意如此，不審高明
以爲如何？

又蒙教喻以兩蘇之學不可與王氏同科。此乃淺陋辭不別白、指不分明之過，請復陳之於後。而來教又以歐陽、司馬同於蘇氏，則熹亦未能不以爲疑也。蓋歐陽、司馬之學，其於聖賢之高致，固非末學所敢議者，然其所存所守，皆不失儒者之舊，特恐有所未盡耳。至於王氏、蘇氏，則皆以佛老爲聖人，既不純乎儒者之學矣，非惡其如此，特於此可驗其於吾儒之學無所得。而王氏支離穿鑿，尤無義味，至於甚者，幾類俳優。本不足以惑衆徒，以一時取合人主，假利勢以行之，至於已甚，故特爲諸老先生之所排詆。龜山《與胡文定書》及《答蕭子莊書》可見其意矣。在今日則勢窮禍極，故其失，人人得見之。至若蘇氏之言，高者出入有無而曲成義理，如《易》之性命、陰陽，《書》之人心、道心，《古史》之中、一、性善，《老子》之道、器、中和。下者指陳利害而切近人情，蘇氏此等議論不可殫舉，且據《論語》，則東坡之論見陽貨，子由之論彼子西，皆以利害言之也。其智識才辨，謀爲氣概，又足以震耀而張皇之，使聽者欣然而不知倦，非王氏之比也。然語道學則迷大本，如前注中性命諸說多出私意，雜佛老而言之。性命之說尤可笑，熹嘗辨《老子說》中一段，今以拜呈，可見其梗概矣。論事實則尚權謀，如陽貨、子西事，乃以此論聖人，可見其底蘊矣。衒浮華，忘本實，貴通達，賤名檢，此其害天理、亂人心、妨道術、敗風教，亦豈盡出王氏之下也哉？但其身與其徒皆不甚得志於時，無利勢以輔之，故其說雖行而不能甚久。凡此患害，人未盡見，故諸老先生得以置而不論。使其行於當世，亦如王氏之盛，則其爲禍不但王氏而已，主名教者亦不得恝然而無言也。《龜山集》中雜説數段，爲蘇氏發也。當時固已慮此矣。程氏《語錄》中論賢良處，亦似有所指。蓋王氏之學，雖談空虛而無精彩，雖急功利而少機變，其極也陋，如薛昂之徒而已。蔡京雖名推尊王氏，然其淫侈縱恣，所以敗亂天下者，不盡出於金陵也。龜山所論《鳧鷖》詩，乃其所假以爲號耳。若蘇氏，則其律身已不若荆公之嚴，其爲術要未忘功利，而詭祕過之。其徒如秦觀、李廌之流，皆浮誕佻輕，士類不齒，相與扇縱橫捭闔之辨以持其説，而漠然不知禮義廉恥之爲何物。雖其勢利未能有以動人，而世之樂放縱、惡拘檢者已紛然向之。使其得志，則凡蔡京之所爲，未必不身爲之也。世徒據其已然者論之，是以蘇氏猶得在近世名卿之列，而君子樂成人之美者，亦不欲逆探未形之禍以加譏貶。至於論道學邪正之際，則其辨有在豪釐之間者，雖欲假借而不能私也。今乃欲專貶王氏而曲貸二蘇，道術所以不明，異端所以益熾，實由於此。愚恐王氏復生，未有以默其口而厭其心也。狂妄僭率，極言至此，恐閣下未以爲然。胡不取熹前所陳者數書之説而觀之也？以閣下之明，秉天理以格人欲，據正道以黜異端，彼亦將何所遁其情哉？熹之愚昧么麽，豈不知其力之不足，所以慨然發憤而不能已，亦決於此而已矣，天下豈有二道哉？

受學之語，見於吕與叔所記二先生語中，云昔受學於周茂叔，故據以爲説。"從遊"，蓋所尊敬而不爲師弟子之辭，故范内翰之於二先生，胡文定之於三君子，熹皆用此字。但二先生於康節，誠似太重，欲改爲"與"，又似太輕，不知別下何字爲當？更乞示誨，幸甚。程、邵之學固不同，然二先生所以推尊康節者至矣，蓋以其信道不惑，不雜異端，班於温公、横渠之間，則亦未可以其道不同而遽貶之也。和靖之言，恐如孟子言伯夷、伊尹之於孔子，爲不同道之比。妄意其然，不識台意以爲然否？抑康節之學抉摘窈微，與佛老之言豈無一二相似，而卓然自信，無所汙染，此其所見必有端的處。比之温公欲護名教而不言者，又有間矣。因論康節及此，并以求教。《晦庵文集》卷三〇。

　　案：本書校記："答汪尚書"之"尚書"，浙本作"帥"；"七月十七日"五字，據浙本補。

　　汪應辰接朱熹六月二十二日書後嘗作答書（佚），故朱熹再撰本書以答，時在七月十七日。

汪應辰《與朱元晦》：

　　伏蒙示諭一字之失，仰見忠告之嚴，誠當如此也。伊川於濂溪，若止云"少年嘗從學"，則無害矣。康節之學，豈敢輕議，所以舉和靖者，正欲明"從遊"兩字太重耳。東坡初年力闢禪學，如《鹽官縣安國寺大悲閣記》，省記不分明，其中引"日知其所亡，月無忘其所能"之類。其後讀釋

氏書，見其汗漫而無極，從文關西等遊，又見其辯博不可
屈服也，始悔其少作。於是凡釋氏之説，盡欲以智慮億
度，以文字解説。如論成佛難易，而引孟子"仁義不可勝
用"。子由又有《傳燈録解》，見《集》中。而子由晚作《老子
解》，乃欲和會三家爲一。此蓋氣習之弊，竊以爲無邪心，
謂其不知道[可]也。君欲指其失以示人，則如某事某説，
明其不然可也。若槩而言之，以與王氏同貶，恐或太甚。
論法者必原其情，願更察之也。《文定集》卷一五。

　　案：本書乃答朱熹七月十七日來書。所謂"示
　　諭一字之失"，即朱熹七月十七日書中所辨"必"、
　　"可"字義之異。則此書當撰於七月末。

汪應辰《與朱元晦》：

　某到闕下，留旬日，兩得入對。第訓諭所及，責任甚
重，殊未知所稱塞耳。元晦奉祠之請，亦嘗言之，丞相問
甚詳，其意甚遲疑，且云"如此是棄賢也"。張建安之行，
初者堂白，皆欣然許可，適有減罷員闕指揮，諸公以令行
之初，殊難之，遂已。此外有幹辦公事兩闕，見任人皆堂
除，臨行，乞從本司辟差，亦既得請，但闕在一年之後，又
未知肯俯就否。行止非人所能，良以自歉也。

　敵遣使請和，朝廷亦欲報之。聞海、泗皆已撤戍矣。
自此須稍休息，但未知何以善後耳。陳丞相判紹興，比弋
陽相見，足疾如故。若出，則須過關也。《文定集》卷一五。

案：據《宋史·孝宗本紀一》，海、泗二州撤戍在隆興二年七月乙巳。《宋史·陳康伯傳》云二年八月起醴泉觀使陳康伯判紹興府，"且令赴闕奏事，復辭。未幾，召陪郊祀。時北兵再犯淮甸，人情驚駭，皆望康伯復相。上出手札，遣使即家居召之。未出里門，拜尚書左僕射、同中書平章事兼樞密使，進封魯國公"。時十一月戊戌。《宋史·宰輔表》。又汪應辰《與周參政》書云"自上饒登（州）〔舟〕，歷四月餘，始抵萬州，去成都尚一千二百里。艱險萬狀，幸而無他。已于閏月十五日境上交印，俟到成都，別具啟狀"。《文定集》卷一四。是年閏十一月。可知汪應辰離臨安後經鄉里，於八月中至上饒（今屬江西）登舟西去四川。陳康伯，弋陽人。弋陽（今屬江西）位於上饒之西。是知汪應辰本書當撰於八月下旬。《年譜長編》云此書撰於九月下旬者不確。

汪應辰《與朱元晦》：

某舟行至安仁，而聞魏公八月二十八日薨背於餘干，雖道路之人，亦相與咨嗟痛惜也。前者之約，孰謂事乃至此耶？《文定集》卷一五。

案：魏公，指張浚。安仁（今江西鷹潭西北）在弋陽之西、餘干（今江西餘干）東南。則推知本書當撰於九月初。《年譜長編》云撰於八月底汪應辰"北上入都奏事途中"者不確。

朱熹《答汪尚書十一月既望》：

別紙諄誨，良荷不鄙。自頃致書之後，方竊悚懼，以
俟譴訶，豈意高明不以爲罪而虛受之，此真熹所敬服歎慕
而不能已者，幸甚幸甚。然所謂一字之失者，若推其所自
來，究其所終極，恐其失不但一字而已。更望少留意焉，
則熹之願也。

濂溪、河南授受之際，非末學所敢議。然以其迹論
之，則來教爲得其實矣，敢不承命而改焉。但《通書》、《太
極圖》之屬，更望暇日試一研味，恐或不能無補萬分，然後
有以知二先生之於夫子，非若孔子之於老聃、郯子、萇
弘也。

惟是蘇學邪正之辨，終未能無疑於心。蓋熹前日所
陳，乃論其學儒不至而流於詖淫邪遁之域，竊味來教，乃
病其學佛未精而滯於智慮言語之間，此所以多言而愈不
合也。夫其始之闢禪學也，豈能明天人之蘊，推性命之
原，以破其荒誕浮虛之説而反之正哉？如《大悲閣》、《中
和院記》之屬，直掠彼之粗以角其精，據彼之外以攻其内，
是乃率子弟以攻父母，信枝葉而疑本根，亦安得不爲之詘
哉？近世攻釋氏者如韓、歐、孫、石之正，龜山猶以爲一杯
水救一車薪之火，況如蘇氏以邪攻邪，是束緼灌膏而往赴
之也，直以身爲爐而後已耳。

　　來教又以爲蘇氏乃習氣之弊，雖不知道而無邪心，非若王氏之穿鑿附會，以濟其私邪之學也。熹竊謂學以知道爲本，知道則學純而心正，見於行事，發於言語，亦無往而不得其正焉。如王氏者，其始學也，蓋欲凌跨揚、韓，掩迹顏、孟，初亦豈遽有邪心哉？特以不能知道，故其學不純，而設心造事，遂流入於邪。又自以爲是，而大爲穿鑿附會以文之，此其所以重得罪於聖人之門也。蘇氏之學雖與王氏若有不同者，然其不知道而自以爲是則均焉。學不知道，其心固無所取則以爲正，又自以爲是而肆言之，其不爲王氏者，特天下未被其禍而已。其穿鑿附會之巧，如來教所稱論成佛、說《老子》之屬，蓋非王氏所及。而其心之不正，至乃謂湯武篡弑，而盛稱荀彧，以爲聖人之徒。凡若此類，皆逞其私邪，無復忌憚，不在王氏之下。借曰不然，而原情以差其罪，則亦不過稍從末減之科而已，豈可以是爲當然而莫之禁乎？《書》曰："天討有罪，五刑五用哉！"此刑法之本意也。若天理不明，無所準則，而屑屑焉惟原情之爲務，則無乃徇情廢法而縱惡以啓姦乎？楊朱，學爲義者也，而偏於爲我。墨翟，學爲仁者也，而流於兼愛。本其設心，豈有邪哉？皆以善而爲之耳。特於本原之際微有豪釐之差，是以孟子推言其禍，以爲無父無君而陷於禽獸，辭而闢之，不少假借。孟子亦豈不原其情而過爲是刻核之論哉？誠以其賊天理、害人心於幾微之間，使人陷溺而不自知，非若刑名狙詐之術，其禍淺切而易見也。是以拔本塞源，不得不如是之力。《書》曰："予畏上帝，不敢不正。"又曰："予弗順天，厥罪惟均。"孟子之心亦若是而已爾。以此論之，今日之事，王氏僅足爲申、韓、儀、衍，而蘇氏學不正而言成理，又非楊、墨之比，愚恐孟子復生，則其取舍先後必將有在，而非如來教之云也。

區區僭越，辨論不置，非敢自謂工訶古人而取必於然諾，實以爲古人致知格物之學有在於是，既以求益，而亦意其未必無補於高明也。《晦庵文集》卷三〇。

案：本書校記："答汪尚書"之"尚書"，浙本作"帥"。

本書乃朱熹復應汪應辰七月末來書（伏蒙示諭一字之失），撰於十一月十六日。

汪應辰《與朱元晦》：

別德寖久，邈在天末，無復講習之益，豈勝勤仰。去秋上狀，並納所寫《李先生墓誌》，不知已到否？春氣清和，恭惟尊候萬福。便中再辱書誨，良以慰荷。

示諭蘇氏之學，疵病非一。然今世人誦習，但取其文章之妙而已，初不於此求道也，則其舛謬牴牾，似可置之。濂溪先生高明純正，然謂二程受學，恐未能盡。范文正公一見橫渠，奇之，授以《中庸》，謂橫渠學文正，則不可也，更乞裁酌。《李先生墓誌》寫得甚草草，其間有謬誤處，請徑爲改正也。《論語集解序》益簡當，所恨不見全書耳。蜀士甚盛，大率以三蘇爲師，亦止是學其文章步驟，至於窮今考古之學，則往往闊略，未知究竟如何。橫渠先生之曾孫流落在蜀，有《橫渠語錄》，前所未見，又《文集》亦多於私家所傳者。俟有的便納去，幸爲審訂也。《文定集》卷一五。

　　案：本書乃汪應辰接朱熹隆興二年十一月既望來書後作答，故有“便中再辱書誨”之語。又云“去秋上狀，並納所寫《李先生墓誌》”，據朱熹《答羅參議》（九月廿日至豫章），知爲隆興二年事。《晦庵文集》續集卷五。又汪書中言“春氣清和”云云，則知此書當作於乾道元年（1165）仲春。

朱熹《與汪聖錫書》：

　　近日陳應求侍郎來守建寧，一再相見，談當世之事，慨然憂憤。蓋亦以爲今日非閣下，殆不能濟東方之事。上天眷顧宗社，救敗扶衰之期，非大賢孰能任之？《（同治）玉山縣志》卷九《汪文定公家傳》。

　　案：陳應求即陳俊卿，字應求。據朱熹《少師觀文殿大學士致仕魏國公贈太師謚正獻陳公行狀》云陳俊卿乾道元年因上疏排擊錢端禮，而除寶文閣直學士、出知漳州，改建寧府。“時右正言龔茂良方以排擊近習黜守建，而未上。公言茂良前以言事補郡，且臣故交，今往奪之，於義有不安者。不得請，乃之官。在郡期年，治以寬簡省、節廚傳，官無浮費，然人服其清，亦莫之毀也。（三）［二］年，執政請徙公帥江東，上稱公鯁亮，俾召赴闕，既至”，改授吏部尚書，十二月拜同知樞密院事，兼參知政事。《晦庵文集》卷九六。然據《宋史全文》卷二四下，乾道元年三月，“時錢端禮起戚里，爲首參，窺相位甚急”，而吏部侍郎陳俊卿“抗疏力詆其非”。是知陳俊卿至建寧當在夏日。

朱熹《與汪帥論屯田事》：

崇安有范芑通判者，頃從鄭資政鎮蜀，能言當時漢中屯田之利，所以實邊郡、紓民力、省歲費者，甚有條理。不知其幕府文書猶有存於今日者否？就使不完，當日官吏必尚有可訪者。今之所謂和好，豈可長保？萬一可保，而在我者亦豈當但爲安坐以守所保之計乎？聚人之本，財用爲急。與其賣度牒，責財於民而瘳其首，以絕生聚之源，賣官告，使入仕之流猥濫訛雜，以爲吾民之病，孰若因天時，分地利，借力於飽食安坐之兵，而坐收富彊之實效乎？況前人已試之驗未遠，在博訪而亟行之爾。稼穡之功，經歲乃成。然當可爲之時，緩之一日，則失一歲之事。今以閣下之明，乘此邊事少休、歲收大稔之際，兵民皆有餘力，可以就事。況諸司又皆通情，則事之在漢中者，亦可委曲審議而共爲之。失今不爲，恐後難復值此可爲之會矣。

熹在遠僻，不能深得利病之詳。然得於傳聞，參以簡册所記載,竊以爲此最當今邊防之急務。而申軍律,練士卒,備器械,抑又次之,皆不可不先事預謀以爲之備。不審台意以爲如何?《晦庵文集》卷二四。

案:本書有云"乘此邊事少休、歲收大稔之際",故《年譜長編》卷上係於乾道元年九月。

朱熹《答汪尚書己丑》:

去春賜教,語及蘇學,以爲世人讀之,止取文章之妙,初不於此求道,則其失自可置之。夫學者之求道,固不於蘇氏之文矣。然既取其文,則文之所述有邪有正,有是有非,是亦皆有道焉,固求道者之所不可不講也。講去其非,以存其是,則道固於此乎在矣,而何不可之有?若曰惟其文之取,而不復議其理之是非,則是道自道、文自文也。道外有物,固不足以爲道,且文而無理,又安足以爲文乎?蓋道無適而不存者也,故即文以講道,則文與道兩得而一以貫之,否則亦將兩失之矣。中無主,外無擇,其不爲浮誇險詖所入而亂其知思也者幾希。況彼之所以自任者,不但曰文章而已,既亡以考其得失,則其肆然而談道德於天下,夫亦孰能禦之?愚見如此,累蒙教告,終不能移也。

又蒙喻及二程之於濂溪,亦若橫渠之於范文正耳。先覺相傳之祕,非後學所能窺測。誦其詩,讀其書,則周、范之造詣固殊,而程、張之契悟亦異。如曰仲尼、顏子所樂,吟風弄月以歸,皆是當時口傳心受的當親切處。後來二先生舉似後學,亦不將作第二義看。然則《行狀》所謂反求之六經然後得之者,特語夫功用之大全耳。至其入處,則自濂溪,不可誣也。若橫渠之於文正,則異於是,蓋當時粗發其端而已。受學乃先生自言,此豈自誣者耶?

大抵近世諸公知濂溪甚淺,如呂氏《童蒙訓》記其嘗著《通書》,而曰用意高遠。夫《通書》、《太極》之說,所以明天理之根源,究萬物之終始,豈用意而爲之?又何高下遠近之可道哉?近林黃中自九江寄其所撰《祠堂記》文,極論“濂”字偏旁,以爲害道,尤可駭歎。而《通書》之後,次序不倫,載蒲宗孟碣銘全文,爲害又甚。以書曉之,度未易入。見謀於此,別爲叙次而刊之,恐却不難辦也。《舂陵記》文亦不可解。此道之衰,未有甚於今日,奈何奈何。《晦庵文集》卷三〇。

案:己丑,爲乾道五年。然此書顯是答汪應辰乾道元年仲春來書(別德寖久,邈在天末)而作,而由“去春賜教,語及蘇學”云云,知此答書當作於乾道二年(丙戌,1166)間,題“己丑”者誤。林黃中《祠堂記》,指知江州林栗於乾道二年二月二十六日所撰《江州學濂溪祠記》。《周元公集》卷六附録。

汪應辰《與朱元晦》:

某承乏無補,重以目疾廢事,丐祠未獲,當再請也。

種種非紙上可究。應求秉政,足爲治表,未知其得伸志否。僻遠如坐井底,報狀大率兩月餘方到,惓惓此心,終有不能已者。查元章明敏,時得相見,稍慰寥落。此外,惟王龜齡、張眞甫通問爾。某拜問尊夫人壽履康寧,以次眷集均福。有所委令,願聞之。

邵康節子孫大抵不取二程,蓋私意也。邵公濟作《聞見後録》,有一段謾録呈,不知果是伊川有此帖否。又《伊川集》中論殺薄昭事,元晦以爲何如?《文定集》卷一五。

案:據《宋史·宰輔表》,陳俊卿(應求)於乾道二年十二月甲申拜同知樞密院事兼權參知政事,三年十一月癸酉拜參知政事,四年十月庚子拜尚書右仆射、同平章事兼樞密使。又據《宋史全文》卷二五上,乾道四年十月辛卯,"前四川制置使汪應辰面對"。故據書中"應求秉政,足爲治表","僻遠如坐井底,報狀大率兩月餘方到"諸語,此處"應求秉政"當指陳俊卿拜參政,時汪應辰在四川制置使任上。故此書當作於乾道四年(1168)初。

汪應辰《與朱元晦》:

六月末可到玉山,於彼俟請祠之報。《晦庵文集》卷二四《與魏元履書》。

案:朱熹《與魏元履書》(被教備悉至意)有云"得汪丈六月十九日九江書:'六月末可到玉山,於彼俟請祠之報。'已作書速其行矣"。《晦庵文集》卷二四。
本書撰於乾道四年六月十九日東歸至九江時。

朱熹《與汪尚書書》：

有如再請，忽遂雅懷，而治亂消長由此遂分，豈惟公
終身恨之，天下後世亦且有所歸責矣。《晦庵文集》卷二四
《與魏元履書》。

案：朱熹《與魏元履書》（被教備悉至意）有"得
汪丈六月十九日九江書云云，已作書速其行矣。一
請猶是禮數，若又再請，則無謂矣。熹與書云：
'……'"云云。《晦庵文集》卷二四。本書約撰於乾道
四年秋初。

朱熹《與汪尚書書己丑》：

自頃拆號，日望登庸，尚此滯留，不省所謂。海内有
識之士，蓋莫不爲明公遲之，而熹之愚，獨有爲明公喜者。
蓋以省闈之取舍觀之，則疑明公於天下之義理尚有當講
求者，而喜其猶及此閒暇之時也。

自道學不明之久，爲士者狃於偷薄浮華之習，而詐欺
巧僞之姦作焉。上之人知厭之矣，然欲遂變而復於古，一
以經行迪之，則古道未勝，而舊習之姦已紛然出於其間而
不可制。世之人本樂縱恣而憚繩檢，於是乘其隙而力攻
之，以爲古道不可復行，因以遂其自恣苟簡之計。俗固已

薄,爲法者又從而薄之,日甚一日,歲深一歲,而古道真若
不可行矣。譬之病人,下寒而客熱熾於上,治其寒則熱復
大作,俗工不求所以治寒之術,遂以爲真熱而妄以寒藥下
之,其不殺人也者幾希矣。蘇氏貢舉之議正如此。至其
詆東州二先生爲矯誕無實,不可施諸政事之間,則其悖理
傷化,抑又甚焉。而省闈盜用此文者兩人,明公皆擢而寘
之衆人之上,是明公之意蓋不以其說爲非也。生於其心,
害於其政,發於其政,害於其事。明公未爲政於天下,而
天下之士已知明公之心,爭誦其書,以求速化,耳濡目染,
以陷溺其良心而不自知。遂以偷薄浮華爲真足尚,而敢
肆詆欺於昔之躬行君子者不爲非也。況於一旦坐廟堂之
上,而以宰相行之,其害又當如何哉?明公前者駁正張綱
之謚,深詆王氏之失,識者韙之。而今日之取舍乃如此,
死者有知,得無爲綱所笑?不審明公亦嘗悔之否乎?熹
愚無知,辱知獎甚厚,往者亦嘗關說及此,而今略驗矣。
故獨不敢以延拜之遲爲恨,而以猶得及此暇時,講所未至
爲深喜。明公若察其願忠之意,而寬其忘分之誅,則願深
考聖賢所傳之正,非孔子、子思、孟、程之書不列於前,晨
夜覽觀,窮其指趣而反諸身,以求天理之所在。既以自正
其心,而推之以正君心,又推而見於言語政事之間,以正
天下之心,則明公之功名德業,且將與三代王佐比隆,而
近世所謂名相者,其規模蓋不足道,況蘇氏浮靡機變之
術,又其每下者哉!

　　熹忽被堂帖，戒以官期，本不欲行，今乃得遂初心。
有書懇丞相，求祠祿以供水菽之奉。恐或怒其不來，未易
遽得，即乞從容一言之賜，早遂所求，幸甚幸甚。參政梁
公之門，初無灑掃之舊，不敢以書請。又恐疑於簡己也，
有劄子一通，乞轉致之，且及此意，則又幸甚。熹不敢復
論時事，蓋亦有不待論而白者，明公尚勉之哉！《晦庵文
集》卷二四。

　　案：洪遵《翰苑題名》載：“汪應辰，乾道四年十
一月以吏部尚書兼權翰林學士，六年四月除端明殿
學士、知平江府。”《翰苑羣書》卷一一。據《宋會要輯
稿·選舉》二〇之二〇，乾道五年正月九日，“命吏部
尚書兼侍讀兼權翰林學士汪應辰知貢舉”。又據汪
應辰下書（丞相云嘗作書相招）中有“自得上巳手帖
後，寂無嗣音”語，推知本書撰於乾道五年（1169）三
月上巳日。

汪應辰《與朱元晦》：

　　丞相云嘗作書相招，又以堂帖促行。蓋自得上巳手
帖後，寂無嗣音，不知君子之行止如何，朝夕勤仰。夏暑
雨，恭惟德履提福。元晦當一來，似無可疑。若既到之
後，或有未安，又在我矣。要之自處既盡，然後可無愧於
道也。願以此道爲準，不必過爲疑慮。某疏拙最無補，猶
覬未罪去間，或得瞻見於此，以展發所欲言耳。《文定集》

卷一五。

案：本書又載《新安文獻志》卷八。

據朱熹《回申催促供職［狀］一己丑》云“右熹準尚書省劄子：勘會樞密院編修官施元之因磨勘改官，別行注授，令熹疾速前來供職，仍具已起發月日申尚書省”。又《回申催促供職狀二》云“照對熹昨於五月內兩次準尚書省劄子催促前來供職，已具因依回申”。《晦庵文集》卷二二。是知汪應辰本書亦爲催朱熹入都奉職。由“夏暑雨”，知其書約撰於乾道五年夏間。又朱熹六月十一日《答汪尚書書》云“徐倅轉至五月二十七日所賜教帖”，故知此書乃撰於五月二十七日。

朱熹《答汪尚書書六月十一日》：

徐倅轉致五月二十七日所賜教帖，恭審比日暑雨潤溽，台候起居萬福，感慰之深。伏蒙勸行，尤荷眷念。熹近拜手啓，并申省狀，自崇安附遞，懇請祠祿，不審已得徹台聽否？

熹孤賤無庸，學不加進，而戇愚日甚，與世背馳，自度不堪當世之用久矣。往者猶意明公來歸，必將有以上正君心，下起頹俗，庶幾或可效其尺寸，以佐下風，是以未敢決然遂爲自屏之計。而今也明公之歸亦既累月矣。似又未有以大慰區區平昔之望，則熹也尚復何望於他人，而可輒渝素守，以從彼之昏昏哉？所以深不獲已，而有前書之請。非獨自爲，亦欲明公識察此意，而圖其新耳。今承誨飭之勤，敢不深體至意。然熹愚竊謂明公必欲引内其身，不若聽用其言，言行矣，則其身之出也可以無所愧，其不出也可以無所恨。若言不用，道不合，顧踽踽然冒利祿而一來，前有厚顔之愧，後有駭機之禍，熹雖至愚，獨何樂乎此而必爲之，而明公亦何取乎熹而必致之也？

抑明公之教熹曰："既到之後，若有未安，則在我矣。"兩得元履書，亦以公言見告如此。此則明公愛熹之深，而所以爲熹謀者反未盡也。夫事之可否，方雜乎冥冥之中而未知所決，則姑爲之，以觀其後可也。今此身之不可仕，仕路之不見容，已昭然矣，尚何待於既至，然後有所未安耶？古之君子量而後入，不入而後量。今身在山林，尚恐不能自主，況市朝膠擾之域，當世之大人君子，至是而失其本心者踵相尋也。若熹者，又可保其不失耶？故熹深有所不能無疑於明公之計，惟前書之懇，敢因是而復有請焉。如蒙矜許，固爲大幸；若其不遂，則熹豈敢坐違朝命而不一行？

但老人年來多病，既不敢勞動登途，又不敢遠去膝下，只此一事，便自難處。藉令單行，至彼就職，則便被拘縻，不就，則重遭指目。就職之後遽去，則又似無説，不去則自違素心。凡此曲折，皆已思之爛熟，其勢必至顛沛，無可疑者。伏惟明公以其所以見愛之心，施之於此而爲之謀,則必有所處矣。然熹亦非必欲祠禄,若荒僻無士人處教官,少公事處縣令之屬,似亦可以藏拙養親,但恐無見闕耳。窮空已甚,若有數月之闕,即不可待,又不若且作祠官之爲便也。復因徐倅便人拜啓,區區底蘊,敢盡布之,伏惟明公察焉。進見未期,伏乞進德脩業,爲主眷人望,千萬自重。不宣。謹啓。《晦庵文集》卷二四。

　　案:此書乃答汪應辰五月二十七日來書,撰於六月十一日。

朱熹《答汪尚書書七月二日》:

國史侍讀内翰尚書丈台席:去月十一日,徐倅轉致台翰之賜,即已具啓,盡布腹心,今當徹聽聞久矣。今日得崇安遞中十八日所賜教帖,伏讀再三,仰認至意,感服之餘,得以竊聞比日暑中台候起居萬福,又以爲慰。

熹學不加進,而迂戾日甚,特以去違門墻之久,明公不深知,猶復以故意期之,移書招徠,詞旨篤厚。此見高明好賢樂善之意有加於前,而熹無以堪之,徒自懼耳。區區之懷所欲陳者,所附徐倅書已索言之。但不知向託元履致丞相書及申省狀等,曾一一投之否?度可否之報,必已有所定。然未知諸公所以必欲其來,何謂也哉?以爲欲行其道,則熹學未自信,固無可行之道。今日所處,人得爲之,又非可行之官。且諸公皆以耆德儁望服在大僚,而紀綱日紊,姦倖肆行,未有能遏之者,又非有可行之效也。以爲欲榮其身，則使熹捐親而仕，舍靈龜而觀朵頤，隨行逐隊，則有持祿之譏，卬首信眉，則有出位之戒，是亦何榮之有哉？凡此數者，久已判然於胸中。往時猶欲以明公卜之，是以未敢決然爲長往之計。今明公還朝期年，諸事又且如此，則熹亦豈待視一魏元履而爲去就哉？然聞元履數有論建，最後者尤切。至若一旦真以此去，則有志之士雖欲不視之以爲去就，亦不可得矣。蓋出處語默固不必同，然亦有不得不同者，皆適於義而已。熹累蒙敦譬，固已不敢輕徇匹夫之守。今只俟前日之報，若已得請，固爲幸甚，無所復言。若猶未也，而諸公果能協成元履之論，使聖德日新，讒佞屏遠，逆耳利行之言日至於前而無所忤焉，則熹失所望於前者，猶或可以收之於後，又何説之辭哉？程、張二先生固可仕而仕，然亦未嘗不可止而止也。熹則何敢議此？特因來教而及之。

至於前日冒進瞽言，明公不以爲譴，而欲與之上下其論，且將推是而益省察焉，明公進德不倦之意可謂盛矣。然事變無窮，幾會易失，酬酢之間，蓋有未及省察而謬以千里者。是以君子貴明理也。理明則異端不能惑，流俗不能亂，而德可久，業可大矣。若熹前日所請，欲明公致一於孔、孟、程子之書者，乃窮理之要，不審高明果以爲何如也？近見呂申公家一二議論，殊乖僻悖理，不謂原明親炙有道，而所見乃爾。向見明公篤信之，今亦覺其非否？蓋天下無二道，今兩是相持於胸中，所以臨事多疑，而當

疑者反不察也。所欲言者無窮，薄暮，欲遣書入遞，不能
盡懷。伏惟益爲此道千萬自重。不宣。《晦庵文集》卷
二四。

案：汪應辰六月十八日來書佚。本答書作於七
月二日。據《南宋館閣錄》卷八，汪應辰於乾道五年
四月以吏部尚書兼修國史。

朱熹《答汪尚書書七月二十六日》：

熹此月二日遞中領賜教，即以尺書附遞拜答。續又
領章左藏寄來台翰，又以數字附劉審計，伸前日之懇。不
審今皆呈徹未也？忽徐倅送示九日所賜手帖，恭審即日
秋暑，盛德有相，台候起居萬福，感慰不可言。

重蒙戒喻，令熹審思出處之計，苟合於義，他不必問
也。熹雖至愚，荷明公矜念之深、教誨之切至於如此，豈
不願奉承一二，少答知己之遇？然區區之意已具前書，更
望留意反復，則有以知熹之所處，其度於義蓋已審矣。但
恐熹所謂義，乃明公所謂不必問者而忽之耳。然熹既已
申省，則今日亦須再得省劄而後敢行。但至彼不過懇辭
而歸，他亦無以自效。却慮一旦親見諸公之訑訑，音聲顏
色有不能平，所發或至於過甚，以自取戾，則明公雖欲曲
加庇護而不可得，殆不若早爲一言，遂其所請之爲愈也。

前書戒以勿視元履爲去就，熹固已略言之矣。夫朝
有闕政，宰執、侍從、臺諫熟視却立，不能一言，使小臣出

位犯分，顛沛至此，已非聖朝之美事。又不能優容獎勵，
顧使之逡巡而去，以重失士心，又不俟其自請而直譴出
之，則駭聽甚矣。陳公之待天下之士乃如此，明公又不少
加調護而聽其所爲，則熹亦何恃而敢來哉？蓋熹非敢視
元履爲去就，乃視諸公所以待天下之士者而爲進退耳。
願明公思之，爲熹謝陳公。熹之坐違朝命已三月矣，欲加
之罪，不患無辭。既不早從所請，則不若正其違傲之罪而
謫斥之，亦足以少振風聲，使天下之士知守道循理之不可
爲，而一於阿諛委靡之習，以遂前日之非，亦一事也。不
識明公其亦以爲然乎？頃年陳公在建安，明公在蜀郡，熹
嘗獲侍言於陳公，竊以爲天下之事非兩公不能濟，陳公蓋
不辭也。至於今日，乃復自憂其言之不效。往者則不可
諫矣，來者其亦尚可追乎？伏惟明公深達陳公，相與亟圖
之，熹之心蓋猶不能無拳拳也。

　　承諭旦夕即上告歸之請，熹竊惑之。蓋明公非不可
去，特萬里還朝，主知人望如此其不薄也，一旦未有以藉
手而無故以去，此古人所以有屑屑往來之譏也。愚意卻
願明公審思，以合於義，毋使人失望焉，則熹之願也。陳
公劄子一通，乞賜傳達，幸甚幸甚。邈然未有拜侍之期，
伏惟順時之宜，爲國自重。不宣。《晦庵文集》卷二四。

　　案：汪應辰由章左藏轉交來書，朱熹附劉審計
　　轉達之答書，以及汪應辰七月九日來書皆佚。本答
　　書撰於七月二十六日。

汪應辰《與朱元晦》：

某奉祠如昨，第目昏殊甚，稍勞勘，即或全無所見也。又徧身疥癩，坐臥不安。疾病如此，未始寧息，而離羣索居，了無進修之益，朝夕愧懼。《西銘》、《通書》兩書，當置之座右，以求所未至。竊謂體用一原，顯微無間，《東》、《西》二銘，所以相爲表裏。而頃來諸公皆不及《東銘》，何也？

前蒙示諭于平易處蹉過，益見體道之功，久而日親。道無遠近高卑之異，但見有不同爾。然方其未至也，雖欲便造平易，而其勢有未能者。曾子聞"一以貫之"之説，因門人之問，而曰"忠恕而已矣"。蓋其見得明白，行得純熟，如饑食渴飲，非有奇異也。每念此事，非億度言語所能及，尚幸時有以警發其愚陋也。陳明仲篤志爲善，甚不易得，其當官諸事想能書中詳言之，但可嘆惜爾。《文定集》卷十五。

> 案：朱熹致汪應辰書佚。朱熹於乾道六年秋草成《西銘解》，寄張栻、呂祖謙、蔡元定諸人以討論之。《年譜長編》卷上。而據《吳郡志》卷一一一云"汪應辰端明殿學士，左中奉大夫，乾道六年五月十六日到任，九月提舉江州太平興國宮"。由汪書"奉祠如昨"，知本書約撰於七年（1171）、或八年間。

朱熹《答汪尚書》：

伏蒙垂教以所不及，反覆再四，開發良多。此足以見閒居味道，所造日深，而又謙虛退託，不自賢智如此。區區下懷，尤切欣幸。第顧淺陋不足以當誘掖之勤，茲爲媿懼耳。然竊思之，《東》《西銘》雖同出於一時之作，然其詞義之所指、氣象之所及，淺深廣狹，迥然不同。是以程門專以《西銘》開示學者，而於《東銘》則未之嘗言。蓋學者誠於《西銘》之言反復玩味而有以自得之，則心廣理明，意味自別。若《東銘》，則雖分別長傲遂非之失於豪釐之間，所以開警後學亦不爲不切，然意味有窮，而於下學功夫蓋猶有未盡者，又安得與《西銘》徹上徹下、一以貫之之旨同日而語哉？竊意先賢取舍之意或出於此，不審高明以爲如何？

至於“體用一原，顯微無間”之語，則近嘗思之。前此看得大段鹵莽，子細玩味，方知此序無一字無下落，無一語無次序。其曰“至微者，理也；至著者，象也。體用一原，顯微無間。”蓋自理而言，則即體而用在其中，所謂一原也。自象而言，則即顯而微不能外，所謂無間也。其文理密察、有條不紊乃如此。若於此看得分明，則即《西銘》之書，而所謂一原、無間之實已瞭然心目之間矣，亦何俟於《東銘》而後足耶？若俟《東銘》而後足，則是體用、顯微判然二物，必各爲一書，然後可以發明之也。先生之意恐不如此，不審高明又以爲如何？

《太極圖》、《西銘》，近因朋友商確，嘗竊私記其説，見此抄録，欲以請教，未畢而明仲之僕來索書，不欲留之，後便當拜呈也。然頃以示伯恭，渠至今未能無疑。蓋學者含糊覆冒之久，一旦遽欲分剖曉析而告語之，宜其不能入也。

又蒙語及前此妄論平易蹉過之言，稱許甚過，尤切皇恐。然竊觀來意，似以爲先有見處，乃能造夫平易，此則又似禪家之説。熹有所不能無疑也。聖門之教，下學上達，自平易處講究討論，積慮潛心，優柔厭飫，久而漸有得焉，則日見其高深遠大而不可窮矣。程夫子所謂"善學者求言必自近，易於近者非知言者也"，亦謂此耳。今日此事非言語臆度所及，必先有見，然後有以造夫平易，則是欲先上達而後下學，譬之是猶先察秋豪而後睹山岳，先舉萬石而後勝匹雛也。夫道固有非言語臆度所及者，然非顏、曾以上幾於化者，不能與也。今日爲學用力之初，正當學問思辨而力行之，乃可以變化氣質而入於道。顧乃先自禁切，不學不思，以坐待其無故忽然而有見，無乃溺心於無用之地，玩歲愒日而卒不見其成功乎？就使僥倖於恍惚之間，亦與天理人心、叙秩命討之實了無交涉，其所自謂有得者，適足爲自私自利之資而已。此則釋氏之禍橫流稽天而不可遏者，有志之士所以隱憂浩嘆而欲火其書也。

舊讀《明道行狀》，記其學行事業累數千言，而卒道其言不過力排釋氏，以爲必闢之而後可以入道。後得《吕榮公家傳》，則以爲嘗受學於二程，而所以推尊稱美之辭甚盛。考其實，亦誠有以大過人者。然至其卒章而誦其言，則以爲佛之道與聖人合，此其師生之間分背矛盾，一南一北，不審台意平日於此是非之際何以處之？天之生物，使之一本，此是則彼非，此非則彼是，蓋不容並立而兩存也。愚昧無知，誤蒙誘進，敢竭愚慮，庶幾決疑。伏望恕其狂易而終教之，幸甚幸甚。《晦庵文集》卷三〇。

案：本書乃答汪應辰來書（某奉祠如昨），時或在乾道八年（1172）。

朱熹《答汪尚書論家廟癸巳》：

熹伏蒙垂問廟制之説，熹昨託陳明仲就借古今諸家祭儀，正以孤陋寡聞，無所質正，因欲講求，俟其詳備，然後請於高明，以定其論耳。不謂乃蒙下詢，使人茫然不知所對。然姑以所示兩條考之，竊謂至和之制雖若不合於古，而實得其意，但有所未盡而已。政和之制則雖稽於古者，或得其數，而失其意則多矣。蓋古者諸侯五廟，所謂二昭二穆者，高祖以下四世有服之親也。所謂太祖者，始封之君，百世不毁之廟也。今世公侯有家而無國，則不得有太祖之廟矣。故至和四廟，特所謂二昭二穆四世有服之親，而無太祖之廟。其於古制雖若不同，而實不害於得其意也。又況古者天子之三公八命，及其出封，然後得用諸侯之禮。蓋仕於王朝者，其禮反有所厭而不得伸，則今之公卿，宜亦未得全用諸侯之禮也。禮家又言，夏四廟，至子孫而五，則是凡立五廟者，亦是五世以後，始封之君正東向之位，然後得備其數，非於今日立廟之初便立太祖之廟也。政和之制，蓋皆不考乎此，故二昭二穆之上，通數高祖之父以備五世。夫既非始封之君，又已親盡而服絕矣，乃苟以備夫五世而祀之，於義何所當乎？

至於大夫三廟，説者以爲天子、諸侯之大夫皆同。蓋古者天子之大夫與諸侯之大夫，品秩之數不甚相遠，故其制可以如此。若今之世，則唯侍從官以上乃可以稱天子之大夫，至諸侯之大夫，則州鎮之幕職官而已爾。橫渠先生止爲京官，而温公云官比諸侯之大夫則已貴。是安可以拘於古制而使用一等之禮哉？故至和之制，專以天子之大夫爲法，亦深得制禮之意。但其自東宮三少而上乃得爲大夫，則疑未盡。而適士二廟、官師一廟之制亦有所未備焉耳。政和之制，固未必深考古者天子、諸侯之大夫同爲一等之説，然其意實近之。但自大侍從至陞朝官並爲一法，則亦太無隆殺之辨矣。蓋官職高下，則有古今之不同，但以命數準今品數而論之，則禮之等差可得而定矣。然此亦論其得失而已，若欲行之，則政和之禮行於今日，未之有改，凡仕於今日而得立廟者，豈得而不用哉？但其所謂廟者，制度草略，已不能如唐制之盛，而況於古乎！此好禮之士所以未嘗不歎息於斯也。

然考諸程子之言，則以爲高祖有服，不可不祭，雖七廟五廟，亦止於高祖，雖三廟一廟，以至祭寢，亦必及於高祖，但有疏數之不同耳。疑此最爲得祭祀之本意。今以祭法考之，雖未見祭必及高祖之文，然有月祭享嘗之別，則古者祭祀以遠近爲疏數亦可見矣。禮家又言，大夫有事，省於其君，干祫及其高祖。此則可爲立三廟而祭及高祖之驗。而來教所疑私家合食之文，亦因可見矣。但干祫之制，它未有可考耳。

墓祭之禮，程氏亦以爲古無之，但緣習俗。然不害義理，但簡於四時之祭可也。凡此皆直據鄙見與其所聞而論之，以求教於門下。伏惟高明財擇，因風還賜一言，以決其是非焉，則熹不勝幸甚。

熹又嘗因程氏之説草其祭寢之儀，將以行於私家，而連年遭喪，未及盡試，未敢輒以拜呈。少俟其備，當即請教也。《晦庵文集》卷三〇。

案：癸巳，爲乾道九年(1173)。汪應辰來書佚。

朱熹《答汪尚書》：

前蒙垂諭廟制，率易薦聞，未知中否？不蒙辨詰，殊失所望。然若果於台意無疑，則亦足自安矣。別紙下詢，尤見謙德之盛，愈下而愈光。顧熹之愚，不足以有所發耳。夫宋公以外祖無後而歲時祭之，此其意可謂厚矣。然非族之祀，於理既未安，而勢不及其子孫，則爲慮亦未遠。曷若訪其族親，爲之置後，使之以時奉祀之爲安便而久長哉？但貧賤之士，則其力或不足以爲此，或雖爲之，而彼爲後者無所顧於此,則亦不能使之致一於所後。若宋公,則其力非不足爲,若爲之而割田築室以居之,又奏授之官以禄之,則彼爲後者,必將感吾之誼而不敢乏其祀矣。此於義理甚明,利害亦不難曉。竊意宋公特欲親奉嘗之,以致吾不忘母家之意,而其慮遂不及此耳。若果如此,則使爲後者主其祭,而吾特往助其饋奠,亦何爲而不可?伏惟高明試一思之,如有可采,願早爲之,使異時史策書之,可以爲後世法,而宋公之事不得專美於前,則區區之深願也。愚見如此,不審台意以爲如何?《晦庵文集》卷三〇。

　　案:朱熹答汪應辰問家廟書寄出後,未獲汪氏回音,故再撰此書,時當於乾道九年間。

朱熹《答汪尚書》:

伏蒙垂諭祭儀之闕,此間前日蓋亦有疑之者。熹竊以爲正廟配食,只合用初配一人,其再娶及庶母之屬,皆各爲別廟祠之,乃於情義兩盡,不審台意如何?焚黄近世行之墓次,不知於禮何據?昨見欽夫謝魏公贈謚文字,卻只云告廟。此與近世所行,又不知孰爲得失也?更乞台諭,幸甚。又見王彦輔《麈史》記富文忠、李文定忌日變服事,横渠《理窟》亦有變服之説,但其制度皆不同。如熹前日所定,則與士庶吉服相亂,恐不可行。不知三家之説當從何者爲是?亦乞批誨,當續修正也。《晦庵文集》卷三〇。

案：汪應辰來書佚。本書亦當撰於乾道九年間。

汪應辰《與朱元晦》：

某屏居如故，第目昏益甚，亦良苦也。許寄楊文靖、胡文定帖，甚幸。朱公掞帖，見令摹本，別寄納。伊川先生文字，亦逐旋據檢到者送伯恭矣。婺州所刊《橫渠集》，近方見之，前此所得本亦寄他處。忌日之變見《呂和叔集》，蓋必傳之橫渠也。《麈史》所謂者，更看伯恭報如何。

敬夫正月間一病甚殆，今雖良愈，尤當加意調護，要須止酒乃善也。《文定集》卷十五。

案：本書乃答朱熹來書（伏蒙垂諭祭儀之闕）。《年譜長編》卷上云婺州刊《橫渠集》在乾道九年秋間。則由汪應辰書中"婺州所刊《橫渠集》，近方見之"之語，推知本書約撰於淳熙元年（1174）春、夏間，故有"敬夫正月間一病甚殆，今雖良愈"之説。

汪應辰《與朱元晦》：

某兀坐荒山，惟日仰瞻。奉八月二十八日賜教，慰荷無量。冬寒，恭惟進修有相，尊候提福。某諸僅如昨，雖此閒居，略無進道之益，每切悚懼，思見君子，尤不能已也。《太極説》既欲指示人，豈免剖析，然其理則一而已矣，無可疑者。上蔡所學精到，文詞又足以發之，每服膺

焉。來教所諭誠然，此學之所以不可已也。竊承有修言
二書，甚渴見也。《易傳後敘》、《傳易堂記》，俟更檢討，別
拜聞次。陳明仲家事，初不知聞，當作書報之也。《文定
集》卷十五。

案：朱熹八月二十八日來書佚。本書當撰於淳
熙元年冬日。

朱熹《與汪尚書》：

郭子和所辦買宅事，元本尚未還納，今偶尋不獲，別
録一本拜納，伏乞視至。其所辦論，不審台意以爲如何？
如其有徵，即合刻之程書本卷之後。若其尚在疑信之間，
則亦不必傳也。便還，乞示一的報，幸甚。但其所辦侍疾
事，云有《請問録》、《象學》説及。伊川往來書，雖已焚蕩，
想渠尚及記憶，欲乞因書試爲詢訪，或得其大略梗概，當
有益於學者，而亦可以證明其説之不安矣。渠説又云，譙
天授亦嘗事後門人。熹見胡、劉二丈説親見譙公，自言識
伊川於涪陵，約以同居洛中。及其至洛，則伊川已下世
矣。問以伊川《易》學，意似不以爲然。至考其它言行，又
頗雜於佛、老子之學者，恐未得以門人稱也。以此一事及
其所著《象學》文字推之，則恐其於程門亦有未純師者。
不知其所謂卒業者果何事耶？凡此皆熹所疑，敢并以請。
得賜開喻，幸甚幸甚。《晦庵文集》卷三〇。

案：郭子和即郭雍，字子和，《宋史》有傳。本書

當作於淳熙元年、二年間。

汪子文

汪子文,名里未詳。

朱熹《答汪子文》:

似聞比來急於進取,遂爲神怪所惑,殊駭聞聽。於此等處把捉不定,則所講聞於簡册者將以何用耶?自此切須安常守正,以爲進學之地,不宜復徇前失,以陷於邪妄之域也。《晦庵文集》卷五〇。

案:本書撰時未詳。《書信編年》云姑列於淳熙十一年(1184)。待考。

王 淮

王淮(1126—1189),字季海,婺州金華(今屬浙江)人。登紹興十五年(1145)進士第。歷太常少卿、中書舍人兼直學士院,除翰林學士。淳熙二年(1175),除端明殿學士、簽書樞密院事,除同知樞密院事、參知政事,擢知院事、樞密使,八年拜右丞相兼樞密事,拜左丞相。以觀文殿大學士出判衢州,改提舉洞霄宫。淳熙十六年卒,年六十四,樓鑰《攻媿集》卷八七《王公行狀》。謚文定。《宋史》卷三九六有傳。

朱熹《與王樞密劄子》：

熹申謝常禮,已具公函,候問勤誠,又見前幅,不敢復有陳及,以恩鈞聽。唯其區區之鄙懷,則有不得不爲執事言者:熹伏自鉛山拜領鈞翰之賜,開譬詳悉,愛念良厚,遂不敢復請,謹已力疾來見吏民。違負初心,已積慚憤,而閑放之久,遽從吏役,觸事迷塞,復有血指汗顏之羞。加之伉拙有素,不能俯仰流俗,雖欲抑而爲之,念已不入時宜,不忍徒變所守,輒復慨然自廢。計此孤危,竊恐未及引去之間,而已有或擊之者。雖欲夙夜究心,詢求民瘼,爲此一方除深錮之害,興久遠之利,以副聖上特達之知,羣公薦寵之意,亦不可得矣。有少文字,託潘郎中、袁寺丞面稟。若蒙矜念,早賜宛轉,使得先駮機之未發而去之,則熹之受賜又不啻前日之所蒙矣。冒瀆威尊,伏深戰栗。病衰目暗,字畫不謹,并乞矜恕。《晦庵文集》卷二六。

　　案:書中言及"熹伏自鉛山拜領鈞翰之賜,開譬詳悉,愛念良厚,遂不敢復請,謹已力疾來見吏民。違負初心,已積慚憤,而閑放之久,遽從吏役,觸事迷塞,復有血指汗顏之羞"。據朱熹《與袁寺丞書》云"今行年五十,……到官兩月,思歸之情不能自閟,……熹亦已有書懇諸公丐祠"。《晦庵別集》卷二六。又朱熹庚子(淳熙七年)正月《乞宮觀劄子》云"去年三月三十日到任"。《晦庵文集》卷二二。推知本書撰於淳熙六年(1179)五、六月之際。據《宋史·宰輔表四》，此時王淮爲樞密使。

朱熹《與王樞使劄子》：

熹不避狂僭瀆尊之罪，復有迫切之懇，須盡布陳：熹素愚昧，不曉物情，加以閒散日久，尤不諳悉吏事。至此將及一年，凡所施爲，雖不敢不竭愚慮，而所見乖謬，動失民和，四方士友貽書見責者，積於几閣不知其幾，而前件陳克己者尤其詳盡。其間歷數繆政，無一可者。迹其所聞，皆有實狀。區區鄙劣，亦豈不欲痛自矯厲，以補前愆？而精力凋殘，已有所不能及者矣。竊以爲此非姦民猾吏流言飛文之書，乃出於相愛慕來問學之口，尤足取信，故敢冒昧繳連陳獻。若蒙鈞念，得以徧呈東府兩公，庶幾有以察熹前言之非妄者，早爲開陳，亟賜罷免，或如前兩劄所請者，則熹猶可以不重得罪於此民，而此邦之人猶可以安其生業，而免於流亡死徙之患，不勝幸甚。干犯頻仍，伏紙尤增隕越。《晦庵文集》卷二六。

> 案：書中云“熹素愚昧，不曉物情，加以閒散日久，尤不諳悉吏事。至此將及一年”，推知其約淳熙七年（1180）春。據《宋史‧宰輔表四》，此時王淮爲樞密使。

朱熹《與時宰手劄》：

熹昨日道間已具稟劄。到婺偶有豪民不從教者，不免具奏申省。聞其人姦猾有素，伏想丞相於里社間久已悉其爲人，特賜敷奏，重作行遣，千萬幸甚。熹即今走三衢，前路別得具稟次。右謹具呈。正月十六日，宣教郎、直祕閣、提舉兩浙東路常平茶鹽公事、借緋朱熹劄子。

《式古堂書畫彙考》卷一四《朱晦翁與時宰二手劄》。

案：據《宋史·宰輔表四》，淳熙八年八月，右丞相趙雄罷，樞密使王淮拜右丞相。此後至十四年二月，王淮獨相。又朱熹於淳熙八年九月因王淮薦，除提舉浙東常平公事，九年八月罷，九月去職歸。《年譜長編》卷上。故知本書撰於淳熙九年（1182）正月十六日。

又，《宋史》卷三九六《王淮傳》云："時以荒政爲急，淮言：'李椿年老成練達，擬除長沙帥，朱熹學行篤實，擬除浙東提舉，以倡郡國。'其後推賞，上曰：'朱熹職事留意。'淮言：'修舉荒政，是行其所學，民被實惠，欲與進職。'上曰：'與升直徽猷閣。'……初，朱熹爲浙東提舉，劾知台州唐仲友，淮素善仲友，不喜熹，乃擢陳賈爲監察御史，俾上疏言近日道學假名濟僞之弊，請詔痛革之。鄭丙爲吏部尚書，相與叶力攻道學，熹由此得祠。其後慶元僞學之禁始於此。"

朱熹《上宰相書》：

六月八日，具位謹奉書再拜，獻於某官：熹嘗謂天下之事有緩急之勢，朝廷之政有緩急之宜。當緩而急，則繁細苛察，無以存大體，而朝廷之氣爲之不舒；當急而緩，則怠慢廢弛，無以赴事幾，而天下之事日入於壞。均之二者皆失也。然愚以爲當緩而急者，其害固不爲小；若當急而反緩，則其害有不可勝言者，不可以不察也。

竊觀今日之勢，可謂當急而不可緩者矣。然今日之政則反是，愚不知其何以然也。去歲諸路之饑，浙東爲甚，浙東之饑，紹興爲甚。聖天子閔念元元之無辜，傾困倒廩以救之，而甚者至出內帑之藏以補其不足，德意之厚，與天同功。熹於是時僵臥田野，而明公實推挽之，使得與被使令趨走之末。仰惟知遇，撫己慚怍。然自受任以來，夙夜憂歎，恐無以仰承聖天子之明命而辱明公之知於此時也，是以不憚奔走之勞，不厭奏請之煩，以盡其職之當爲者，求以報塞萬一。而乃奏請諸事多見抑卻，幸而從者，又率稽緩後時，無益於事。而其甚者，則又漠然無所可否，若墮深井之中。至其又甚者，則遂至於按劾不行，反遭傷中。而明公意所左右，又自曉然，使人憤懣，自悔其來而求去不得，遂使因仍，以至於今。

比日以來，神明消耗，思慮恍惚，兩目昏澀，省閱艱辛，方欲少俟旬日，別上封章，冀蒙哀憐，得就閑佚。又以連日不雨，旱勢復作，紹興諸邑仰水高田已盡龜坼，而山鄉更有種不及入土之處。明、婺、台州皆來告旱，勢甚可憂。雖已一面多方祈禱，必冀感通，然天道高遠，事有不可期者。萬一更加旬日,未遂所求,則去年境界又在目前。而上自大農,下及閭巷,公私蓄積頻年發散,亦自無餘,後日之憂必有萬倍於前日者。熹之迂愚,固不知所以爲計。誠恐雖以聖主之聰明聖智,明公之深謀遠慮,亦未必有斷然不可易之長策,真可以惠活饑民、彈壓姦盜,而保其必無意外之患也。熹是以徬徨怵迫,未敢遽請,而復冒昧一罄其愚,惟明公試幸聽之。

　　竊惟朝廷今日之政,無大無小,一歸弛緩。今亦未暇一一條數以凟崇聽,且以荒政論之,則於天下之事最爲當急而不可緩者。而荒政之中有兩事焉,又其甚急而不可少緩者也。一曰給降緡錢,廣糴米斛。今二廣之米,艫舳相接於四明之境,乘時收糴,不至甚貴,而又顆粒勻淨,不雜糠粃,乾燥堅碩,可以久藏。欲望明公察此事理,特與敷奏,降給緡錢三二百萬,付熹收糴,則百萬之粟旬月可辦。儲蓄既多,緩急足用,政使朝廷別有支撥,一紙朝馳而米夕發矣。且往時不免轉大農之粟,發內帑之幣,以應四方之求矣,積之於此,與彼何異?而又乘賤廣糴,利重費輕,殆與臨期支撥糴貴傷財者不可同日而語。且今米船已集,求售無所,停住日久,坐失本利,後者懲創,因不復來,無窮之害實自今始。此一事也。二曰速行賞典,激勵富室。蓋此一策本以誘民,事急則籍之以爲一時之用,事定則酬之以爲後日之勸。旋觀今日,失信已多,別有緩急,何以使衆?欲望明公察此事理,特與敷奏,照會元降,即與推恩，使已輸者無怨恨不滿之意，未輸者有歆豔慕用之心，信令既行，願應者衆，則緩急之間，雖百萬之粟可指揮而辦。況是此策不關經費，揆時度事，最爲利宜。而乃遷延歲月，沮抑百端，使去歲者至今未及霑賞，而今歲者方且反覆邵難，未見涯際。是失信天下，固足以爲今日之所甚憂；而自壞其權宜濟事之策者，亦今日之所可惜也。謀國之計乖戾若此，臨事而悔，其可及哉！此二事也。

　　然或者之論則以爲朝廷撙節財用，重惜名器，以爲國之大政將在於此，二者之請，恐難必濟。愚竊以爲不然也。夫撙節財用，在於塞侵欺滲漏之弊；愛惜名器，在於抑無功幸得之賞。今將預儲積蓄，以大爲一方之備，則非所謂侵欺滲漏之弊也；推行恩賞，以昭示國家之信，則非所謂無功幸得之賞也。且國家經費用度至廣，而耗於養兵者十而八九。至於將帥之臣，則以軍籍之虛數而濟其侵欺之姦；餽餫之臣，則以薄籍之虛文而行其盜竊之計。苟且輦載，爭多鬭巧，以歸於權倖之門者，歲不知其幾巨萬。明公不此之正，顧乃規規焉較計豪末於飢民口吻之中，以是爲撙節財用之計，愚不知其何説也。國家官爵布滿天下，而所以予之者，非可以限數也。今上自執政，下及庶僚，內而侍從之華，外而牧守之重，皆可以交結託附而得。而北來歸正之人、近習戚里之輩，大者荷旄仗節，小者正任橫行，又不知其幾何人。明公不此之愛，而顧愛此迪功、文學、承信、校尉十數人之賞，以爲重惜名器之計,愚亦不知其何說也。

　　然熹亦嘗竊思其故而得其說矣,大抵朝廷愛民之心不如惜費之甚,是以不肯爲極力救民之事;明公憂國之念不如愛身之切,是以但務爲阿諛順指之計。此其自謀可謂盡矣,然自旁觀者論之,則亦可謂不思之甚者也。蓋民之與財,孰輕孰重? 身之與國,孰大孰小? 財散則可復聚,民心一失,則不可以復收;身危猶可復安,國勢一傾,則不可以復正。至於民散國危而措身無所,則其所聚有不爲大盜積者耶? 明公試觀自古國家傾覆之由,何嘗不起於盜賊? 盜賊竊發之端,何嘗不生於飢餓? 赤眉、黃巾、葛榮、黃巢之徒,其已事可見也。數公當此無事之時,處置一二小事,尚且瞻前顧後,踰時越月而不能有所定,萬一薦饑之餘,事果有不可知者,不審明公何以處之? 明公自度果有以處之,則熹不敢言。若果無以處之,則與其拱手熟視而俟其禍敗之必至,孰若圖難於易,圖大於細,有以消弭其端而使之不至於此也? 古之人固有雍容深密不可窺測,平居默然若無所營,而臨大事、決大策不動聲氣而措天下於太山之安者。然從今觀之,自其平日無事之時,而規模措畫固已先定於胸中,是以應變之際敏妙神速,決不若是其泄泄而沓沓也。況今祖宗之讐恥未報,文武之境土未復,主上憂勞惕厲,未嘗一日忘北向之志,而民貧兵怨,中外空虛,綱紀陵夷,風俗敗壞,政使風調雨節,時和歲豐,尚不可謂之無事,況其飢饉狼狽至於如此!

爲大臣者乃不愛惜分陰，勤勞庶務，如周公之坐以待旦，如武侯之經事綜物，以成上意之所欲爲者，顧欲從容偃仰，玩歲愒日，以僥倖目前之無事。殊不知如此不已，禍本日深。熹恐所憂者當不在於流殍，而在於盜賊；受其害者當不止於官吏，而及於邦家。竊不自勝漆室嫠婦之憂。

一念至此，心膽墮地，念不可不一爲明主言之，而猶未敢率然以進，敢先以告於下執事。惟明公深察其言，以前日遲頓寬緩之咎自列於明主之前，君臣相誓，務以盡變前規，共趨時務之急，而於熹所陳荒政一二事者少加意焉，則熹雖衰病不堪吏役，尚可勉悉疲駑，以備鞭策。至其必不可支吾而去，後來之人亦得以因其已成之緒葺理整頓，仰分顧憂。如其不然，則熹之愚昧衰遲，固不能爲此無麪之不托，而其狂妄，將有不能忍於明主之前者。明公不如早罷其官守，解其印綬，使毋得以其狂瞽之言上瀆聖聰，則熹也謹當緘口結舌，歸臥田間，養雞種黍，以俟明公功業之成而羞愧以死，是亦明公始終之厚賜也。情迫意切，矢口盡言，伏惟明公之留意焉。《晦庵文集》卷二六。

案：本書乃撰於淳熙九年六月八日。《文獻通考》卷二六云“浙東提舉朱熹《與丞相王淮書》曰：‘今上自執政，下及庶僚，內而侍從，外而牧守，皆可以交結附託而得，明公不此之愛，而顧愛此迪功、文學、承信、校尉十數人之賞，以爲重惜名器之計，愚亦不知其何說也。大抵朝廷愛民之心不如惜費之甚，是以

不肯爲極力救民之事;明公憂國之念不如愛身之切,
是以但務爲阿諛順旨之計,此其自謀可謂盡矣。然
自旁觀論,則亦可謂不思之甚也。'"又《六藝之一錄》
卷三四八《朱晦翁與時宰二劄子》云:"後一劄乃八年
爲浙東常平茶鹽時,亦值歲饑,繩治婺之豪民。《年
譜》載婺有富民,以貲得官,素交貴近,藏米山積,不
糶一粒,宜奪其官。恐即其人。兹二事俱已入奏訖,
復此具劄祈扣之至者,冀其亟賜俞允也。而淮視之
漠然。亦有唐仲友者,與淮同里閈,爲姻家。仲友知
台州時,貪盜淫虐,蓄養亡命,徽國按得其實,章凡十
上,淮皆匿之。徽國論之益力,至於不得已,始取初
章與仲友所自辨者雜進,竟脫仲友重譴。觀此則二
劄誠妄投也,豈徽國一時昧於知淮者哉?夫進賢退
不肖,宰相之責也。親君子遠小人,人主之要務也。
徽國歷事孝、光、寧宗,屢以正心誠意與當世急務勸
進經帷,上方開納延攬,而左右輔弼輒肆沮抑,至命
臺諫排擊僞學,使其擯斥不得進用。徽國自登進士
五十年,仕於外者凡九考,立朝纔四十日而已。奸佞
在內,賢者疏之於外,淮欲辭其責可乎!朝廷偏據一
隅,祖宗之讐不復,而任相如此,宋祚亦可知也。淮,
婺之金華人。後人不知重此二劄,遺棄湮没,乃爲鄉
之賢士傅子賢得之,非其後人不知慎此,正以先世居
廟堂之上,而不能進用賢者,蓄此適足以益重先世之

媿耳，其棄之也宜哉。子賢知寶昔賢遺墨，珍藏篋笥有年，因裝潢成卷，遣其子寧求予題，敬爲書此以歸。正統八年冬十一月既望，朝議大夫、南京國子祭酒四明陳敬宗謹識。"

王 介

王介（1158—1213），字元石，婺州金華（今屬浙江）人。從朱熹、吕祖謙遊。登紹熙元年（1190）進士第三人。歷國子録，寧宗即位，遷太學博士，出添差通判紹興府，尋知邵武軍，學禁起，主管台州崇道觀，久之，差知廣德軍，奉祠。韓侂胄誅，召除侍左郎官，歷起居舍人，以右文殿修撰知嘉興府，歲餘升集英殿修撰知襄陽府、京西安撫使，徙知慶元府兼沿海制置使。以疾奉祠，嘉定六年八月卒，年五十六，謚忠簡。《宋史》卷四○○有傳。

朱熹《與王元石》：

昨日所喻抄《禮書》，欲俟向後整頓有序，即發去莆中。但不知彼中分付何人點檢、指授？幸留數字於此，詳道所以然者，容并寄去爲幸。或有餘力，得爲別抄一本見寄，尤幸也。《晦庵文集》卷六三。

案：朱熹《答鞏仲至》（兩承惠書）有云"《禮書》半稿略可寫净，旦夕寄直卿處，仍就使廳借筆吏數人抄過一本。王元石亦要抄一本,仍更爲寫一本,當俟彼中寫了,却寄莆中也",《晦庵文集》卷六四。本書乃云"昨日所喻抄《禮書》,欲俟向後整頓有序,即發去莆中",知撰於一時先後。《答鞏仲至》撰於慶元六年(1200)閏二月中。

王力行

王力行,字近思,同安(今屬福建)人。與陳易、楊至、楊履正、劉鏡皆游朱熹之門,著有《朱氏傳授支派圖》、《文公語録》一卷。《閩中理學淵源考》卷一八。

朱熹《答王近思》:

向所寄論,筆勢甚可觀,但少主宰,著眼目多被題目轉却,已是大病。又多用《莊子》語,虛浮無骨肋。試取《孟》《韓子》、班、馬書大議論處熟讀之,及後世歐、曾、老蘇文字亦當細考,乃見爲文用力處。今人多見出《莊子》題目,便用《莊子》語,殊不知此正是千人一律文章。若出《莊子》題目,自家却從別處做將來,方是出衆文字也。老鈍久不爲文,如此主張未知是否,更思之,更思之。抑人之爲學,亦不專爲科舉而已,不審吾友比來於爲己之學亦嘗致意否? 汝器諸友相聚,日所講者何事? 因來更詳及此爲佳。《晦庵文集》卷三九。

案：朱熹《答許順之》（尤溪書來）有"徐、柯二丈及汝器、近思諸友相聚説何等話"，《晦庵文集》卷三九。正與本書"汝器諸友相聚，日所講者何事"語和，故其亦當撰於乾道四年（1168）二月間。

朱熹《答王近思》：

校書聞用力甚勤，近作一序，略見編纂之意。若但欲旦夕自警，則亦何必求其辭之美耶？精思力行於送往事居之際，而識其所由來，是則學者之急務也。《晦庵文集》卷三九。

案："校書"指朱熹託許順之、王近思等校勘《程氏遺書》事，據朱熹《答許順之》（承上巳日書）云，《晦庵文集》卷三九。時在乾道四年三月間。又"近作一序"，當指朱熹《遺書後序》，撰於四月間，故推知本書當撰於稍後。

朱熹《答王近思》：

示喻學之難易及別紙所疑，足見好問之意。本欲一一答去，然熟觀之，似未嘗致思而汎然發問者。若此又率然奉答，竊恐祇爲口耳之資而無益問學之實。今且請吾友只將所問數條自加研究，自設疑難，以吾心之安否驗衆理之是非，縱未全通，亦須可見大略，然後復以見喻。計其間當有不待問而決者矣。所云或者競生新意，不知此是何人？并幸喻及。《晦庵文集》卷三九。

案：本書撰時不詳。《書信編年》係於乾道六年（1170）。待考。

朱熹《答王近思》：

別紙所示，適此宂宂，不及細觀。大抵似有要説高妙、作文章之意。此近世學者之大患也。但日用之間以敬爲主，而於古昔聖賢及近世二先生之言逐一反復子細玩味，勿遽立説以求近功，則久之當有貫通處，而胸次了然無疑矣。《晦庵文集》卷三九。

案：本書撰時不詳。《書信編年》以"主敬"説乃己丑（乾道五年）以後所言，故係本書於六年。待考。

朱熹《答王近思》：

窮居且爾，憂苦之餘，無復仕進意，杜門脩身，以畢此生而已。累書所問，緣多出入，無人收拾，往往散落，以此不及奉報。然其大略只是要做文字、應科舉、誇世俗而已。年來懶廢，於此尤悉棄置，不能有所可否於其間也。《晦庵文集》卷三九。

案：《道命録》卷五云"胡邦衡以詩人薦，與王民瞻同召，（朱熹）以喪制未終辭"。據《皇宋中興兩朝聖政》卷四九，胡銓（字邦衡）奉命"搜訪詩人"並薦舉之，在乾道六年十二月己未（二十六日）。本書中言

"憂苦之餘，無復仕進意"，當即指是事，故推知本書約撰於乾道七年（1171）春。

朱熹《答王近思》：

所論縷縷，已悉。大抵吾友明勉有餘而少持重韜晦氣象，此是大病。今秋若與薦送，能迂道一見過，幸幸。所懷當面布之，乃可盡耳。聞祝弟持《大學》説及"觀過知仁"辨論去，皆是向來草藳往返未定之説。渠乃不知本末，持去誤人，甚不便，可爲焚之。《晦庵文集》卷三九。

案：朱熹與諸友辨説"觀過知仁"在乾道四年秋。本書云其"皆是向來草藳往返未定之説"，又云及"今秋若與薦送，能迂道一見過"，而乾道七年有秋闈，故推知本書約撰於夏、秋之際。

朱熹《答王近思》：

前此欲銘先夫人之墓，以未嘗習爲之，無以應命。亦自念君子之事親以誠，正不在此；但能篤志力行，使人謂之君子之子，則其爲親榮也大矣。祭文尤所未解。凡喪，父在父爲主，今自主之，一失也。古者將葬祖奠，遣奠祝以事告而無文辭，二失也。古人居喪則言不文，蓋哀戚勝之，不能文也。今文甚矣，又將振而矜之，此三失也。孔子曰："喪與其易也，寧戚。"吾友其未之思歟？大抵吾友誠慤之心似有未至，而華藻之飾常過其哀，故所爲文亦皆辭勝理、文勝質，有輕揚詭異之態而無沉潛温厚之風。不可不深自警省，訥言敏行，以改故習之謬也。《晦庵文集》卷三九。

　　案：本書撰時不詳。《書信編年》係於乾道八年（1172）。待考。

朱熹《答王近思》：

　　所示疑問，深見好學之篤，已輒具注所見於下。且更於先達所言之中擇取其精要者一説，反復玩味，久而不忘，當自有心解處。不可妄以私意穿鑿，恐失之浸遠，難收拾也。如"必聞其政"之説，亦騃騃然走作了也。戒之戒之。《晦庵文集》卷三九。

　　案：據朱熹下書（平時無事），本書亦約撰於淳熙十四年（1187）。

朱熹《答王近思》：

　　平時無事，是非之辯似不能惑。事至而應，則陷於非者十七八。雖隨即追悔，後來之失又只如故。今欲臨事時，所謂可喜、可怪、可畏、可沮者不能移其平時之心，其道何由？

　　此是本心陷溺之久、義理浸灌未透之病。且宜讀書窮理，常不間斷，則物欲之心自不能勝，而本心之義理安且固矣。

顏子在陋巷，而顏路甘旨有闕，則人子不能無憂。顏子方不改其樂，必有處此矣。

此説亦只是上條意思，此重則彼自輕，別無方法，別無意思也。

孔子謂夷、齊不念舊惡，則是其父子、兄弟之間猶有可議也。蘇氏“違言”之説，果可據乎？孔子之言必有見矣。

伯夷既長且賢，其父無故舍之而立叔齊，此必有故，故蘇氏疑之。觀子貢問“怨乎”之意，似或有此意。然不必疑，但看後來“求仁得仁”便無怨處，則可以見聖賢之心，便有甚死讎，亦只如此消融了也。

孫思邈“膽欲大”之説，有所未喻。

彼丈夫也，我丈夫也，吾何畏彼哉！

霍光小心謹厚，而許后之事不可以爲不知；馬援戒諸子以口過，而裹屍之禍乃口過之所致。二人之編在《小學》，無亦取其一節耶？

“采葑采菲，無以下體”，取人之善，爲己師法，正不當如此論也。《晦庵文集》卷三九。

案：朱熹於淳熙丁未（十四年）三月朔日所纂《小學序》云“今頗蒐輯以爲此書，授之童蒙，資其講習，庶幾有補於風化之萬一云爾”。本書中言及霍光、馬援二人事蹟“編在《小學》”，故推知其撰於是年（1187）三月以後。又，朱熹上書（所示疑問）云及“所示疑問,……已輒具注所見於下",所指疑即本書,約撰於同時。

朱熹《答王近思》:

到此忽忽三月,政不得施,教不得行,日有愧怍而已。所論已悉,《洪範》說未暇細看。此間相去不遠,不知能略見訪,相聚數日否? 此事須款曲講論,方見意味,非文字言語可寄也。人還草草,餘俟面道。《晦庵文集》卷三九。

案:據朱熹《漳州到任謝表》,朱熹於紹熙元年(1190)四月二十日抵漳州,爲知州。《晦庵文集》卷八五。書中云"到此忽忽三月",則其撰於七月間。又王力行乃泉州同安人,與漳州相鄰,故書中有"此間相去不遠"語。

朱熹《答王近思》:

昨在郡,忽忽不能款曲,至今爲恨耳。別紙疑義已悉奉答,亦恨向來不得面論也。熹歸來數日,卜葬未定,湖南誤恩,不容祗赴。又聞經界報罷,不見信於朝廷如此,如何更可任一道之寄耶? 初辭未允,近已上章自劾,次第必得請矣。《晦庵文集》卷三九。

案:朱熹於紹熙二年四月末離漳州而歸。《晦庵文集》卷二三《辭免秘閣修撰狀》。九月,除朱熹荆湖南路轉運副使,朱熹於十月九日上章辭免。《晦庵文集》

卷二三《辭免湖南運使狀一》。不允。十二月,朱熹復上章自劾。《晦庵文集》卷二三《辭免湖南運使狀二》、《年譜長編》卷上。本書云及"湖南誤恩,不容祗赴。……初辭未允,近已上章自劾,次第必得請矣",故推知其撰於是年(1191)末。

朱熹《答王近思》:

吾道一以貫之。

此説未是。更檢《精義》中二程先生及謝、侯二説熟看。楊、尹説正是錯會明道意,然曾子是力行得熟後見得,今人只是説得,自是意味不同。正便説得十分,亦不濟事。

仁。

此説未是。更檢伊川先生説"孝悌爲仁之本"、"博愛之謂仁"、"心譬如穀種"三處看,更檢《易傳・復卦》彖辭及《孟子》論四端處子細看。《晦庵文集》卷三九。

案:朱熹上書(昨在郡)云"別紙疑義已悉奉答",知本書乃上書之別紙,撰於同時。

王　藺

王藺(? —1204),字謙仲,廬江(今屬安徽)人。乾道五年(1169)擢進士第,歷禮部侍郎兼吏部,爲禮部尚書,進參知政事。光宗即位，遷知樞密院事兼參政，拜樞密使，罷。後帥江陵，寧宗即位，改帥湖南，罷歸里，奉祠七年，嘉泰四年卒。《宋人生卒行年考》。《宋史》卷三八六有傳。

朱熹《答王謙仲劄子》：

云云，不勝千萬幸甚。又蒙不鄙，俯垂訪逮，此見高明之度，雖以爵位德業之隆，而自視欿然，不自賢智至於如此，甚感甚感。顧熹至愚，本無知識，加以疾病廢學，意見愈益闊疏，其將何以仰承嘉命？惟是平生所聞明公之節槩風烈，凜然其非今世之士，其尊主庇民之略，蓋素所蓄積也。今日得其位而施之於海內，有識仰首拭目，以望膏澤之流，亦有日矣。熹獨竊意明公之優游不迫，蓋將有所待而爲之也。雖然，時難得而易失，古之聖賢蓋有皇皇汲汲而坐以待旦者。唯明公不忘疇昔之志而果斷奮發，以乘其不可失之機，則宗社之休、生靈之幸也。《晦庵文集》卷二八。

案：《宋史·宰輔表四》載王藺於淳熙十六年正月自禮部尚書除參知政事，五月除知樞密院事兼參知政事。本書中言其“今日得其位而施之於海內，有識仰首拭目，以望膏澤之流”，當指其爲參知政事；又言“又蒙不鄙，俯垂訪逮，此見高明之度，雖以爵位德業之隆，而自視欿然，不自賢智至於如此”，故推知本書約撰於是年(1189)夏末、秋初。

朱熹《答王樞使》:

又蒙不鄙,俯垂訪逮,此見高明之度,不以爵位之崇、名譽之顯、才業之偉、氣節之高自謂絕人,而謙虛下問至於如此,甚盛甚盛。顧某至愚,本無知識,加以疾病之餘,思慮昏塞,其何以辱嘉命? 然竊以謂知院參政平日尊主芘民之心,其素所蓄積者固有定論,蓋不特士大夫知之,而兒童走卒亦皆知之矣。今日得其位而施之,其先後緩急,固宜自有次第,但能益以天下之重自任而勉焉以固其志,則天下受賜已不貲矣。至於主張公論,扶植善人,抉去陰邪,不使得乘間隙,則願高明於此益加意焉,實天下幸甚,幸甚。老生常談,迂闊無取,僭易塵瀆,伏深愧懼。《晦庵文集》續集卷七。

> 案: 本書與上《答王謙仲劄子》語義略同,乃一屬私書,一爲劄子,當撰於同時。書中稱"知院參政",即在王藺知樞密院事兼參知政事以後。

朱熹《與王樞使謙仲劄子》:

熹昨者到官長沙,嘗獲一脩記府之問,伏蒙鈞慈還答之寵,捧領感慰,不勝下懷。繼以病作,不能嗣致賤敬,惟是尊仰不忘于中。未幾遂以收召去郡,行未兩日,即聞大纛移鎮是邦,甚恨不得宿留,以俟參展。然甚爲一路軍民喜於將蒙惠澤。而三月之間，頗纇之政，亦幸有以陶冶於大專櫱物之中也。伏想今兹已遂開府，輒因還役，敬具公牘脩賀，而復以此布其腹心，伏幸鈞察。

熹麋鹿之性，久放山林，老入脩門，尤以爲苦。雖荷閔勞之意，職務優閒，而其實則有甚難副者。日夕悚懼，未知所以逃責。伏惟高明有以教之，則千萬之幸也。長沙版築不容中輟，軍屯未得專制，皆不得不言者。比已僭易陳及，亦皆得旨施行，想今已有所處矣。湘西精舍，漕臺想已稟聞，得賜一言，俾遂其役，千萬之望。昨欲廟祀一二忠賢以屬凡百，已委官相視矣。不知亦可并垂念否？二事皆關名教，計所樂聞，故敢輒以爲請，并幾矜察。《晦庵文集》卷二九。

案：紹熙五年七月，寧宗召朱熹赴行在奏事，八月六日解印離潭州城東歸。《年譜長編》卷下。本書有言"未幾遂以收召去郡，行未兩日，即聞大纛移鎮是邦，……而三月之間，頗纇之政"，故推知本書約撰於是年(1194)閏十月中。

朱熹《與王樞使劄子》：

熹昨在任日，因準赦書修葺忠臣祠廟，契勘晉譙閔王及近世孟、趙二龍圖，劉大夫、趙將軍皆以忠義死於國事，合立廟像，歲時奉祠，以勵臣節。即已牒州委官措置，并檢到《晉志》譙王衣冠制度外，及申太常寺，乞會孟龍圖等衣冠制度。今取到太常寺回牒一道，并令人塑到孟龍圖等小樣兩身，責付承局袁超齋回投納。伏望鈞旨檢會元案，特賜處分。熹又嘗支錢令進奏官製造本州祭祀三獻官法服冠冕等，恐未發到，亦乞并令催促，免致遺墜，不勝幸甚。

其譙王等廟，熹已具奏乞賜敕額，候得指揮，別具稟次。熹上覆。《晦庵文集》卷二九。

案：上書（熹昨者到官長沙）有云“昨欲廟祀一二忠賢以厲凡百，已委官相視矣。不知亦可并垂念否？二事皆關名教，計所樂聞，故敢輒以爲請，并幾矜察”，本書又云“熹昨在任日，因準敕書修葺忠臣祠廟，契勘晉譙閔王及近世孟、趙二龍圖，劉大夫、趙將軍皆以忠義死於國事，合立廟像，歲時奉祠，以勵臣節”，並“今取到太常寺回牒一道，并令人塑到孟龍圖等小樣兩身，責付承局袁超齋回投納。伏望鈞旨檢會元案，特賜處分”云云，當在其後，故推知其約撰於是年十一月、十二月間。

朱熹《答王樞使》：

便中忽拜手札之賜，伏讀感慰，不可具言。蒙喻干越之故，悼歎閔惻見於詞旨。前此亦聞首爲力伸歸葬之請，固已深歎服風誼之高，足厲頹俗矣，及此重太息也。浮議洶洶，至今未息，嘯儔命侶，日以益衆，不知更欲何所爲

者。清源既不免，而信安已擯去。近見所上纂述之書，卒
章頗有苦口之言，亦不易也。當今舊弼宿望，中外所倚以
開上心、正國論者，惟明公與益公而已。竊計所以處此，
當有定論也。此間親舊有自干越會葬而歸者，亦得其長
子書，聞其動息頗詳。然亦無可言者，但令人隕涕而已。
如某賤迹，固不足言，而終歲力辭，僅免近職。初意自此
可以少安，而後咎餘責侵陵未已，亦未知終安所稅駕也。
舊有足疾，歲須一發，旬月以來，正此爲苦。加以目盲日
甚，重聽有加，終日憒憒，如土偶人，已無復有生意矣。彼
何見疑之過耶？湘西扁牓，饒宰寄示，得以仰觀，非惟健
筆縱橫，勢若飛動，而心畫之正、結體之全，足使觀者魄動
神竦，甚大惠也。某前此妄意偶及於此，而不敢容易以
請，輒因饒宰言之。不謂便蒙開可，遂得彈壓江山，垂示
永久，湘中學者一何幸耶！趙機宜得趨幕下，書來極感知
遇之意。醴陵亦説甚荷容察，以見門下愛惜人材、隨能器
使之妙，固無一物之遺也。《晦庵文集》續集卷七。

　　案：趙汝愚卒於慶元二年正月，歸葬於餘干。
本書有云“蒙喻干越之故，悼歎閔惻見於詞旨。……
此間親舊有自干越會葬而歸者，亦得其長子書，聞其
動息頗詳”，故推知其約撰於是年(1196)春末、夏初。

朱熹《答王樞使》：

　　自邇以來，衰病沈綿，日就羸頓。此凋隕澌盡之常，

無足爲門下言者。今因鄉人李正通朝散祇役部下，復此附稟。其人明敏有才，緩急之際可備繁使之末。聞亦嘗得出入門墻，竊計不待區區之言，久已有以處之矣。《晦庵文集》續集卷七。

案：本書撰時未詳。然朱熹《答趙昌甫》（來書所喻）有云"昨日得王謙仲書"，《晦庵文集》續集卷六。或本書乃此答書。《答趙昌甫》撰於慶元二年秋間。

王　洽

王洽，字伯禮，婺州金華（今屬浙江）人。王師愈第三子。《晦庵文集》卷八九《王公神道碑銘》。

朱熹《答王伯禮洽》：

參，以三數之也；伍，以五數之也。如云什伍其民，如云或相什伍，非直爲三與五而已也。蓋紀數之法，以三數之則遇五而齊，以五數之則遇三而會。故荀子曰："窺敵制變，欲伍以參。"注引韓子曰："省同異之言，以知朋黨之分；偶參伍之驗，以責陳言之實。"又曰："參之以比物，伍之以合參。"而《漢書·趙廣漢傳》亦云："參伍其賈，以類相準。"皆其義也。《易》所謂參伍以變者，蓋言或以三數而變之，或以五數而變之，前後多寡，更相反覆，以不齊而要其齊。如《河圖》、《洛書》大衍之數，伏羲、文王之卦，曆家之日月五星、章蔀紀元，是皆各爲一法，不相依附，而不害其相通者也。"綜"字之義，沙隨得之。然錯、綜自是兩事，錯者，雜而互之也；綜者，條而理之也。參伍錯綜，又各自是一事。參伍所以通之，其治之也簡而疏；錯綜所以極之，其治之也繁而密。

太極、兩儀、四象、八卦者，伏羲畫卦之法也。《説卦》"天地定位"至"坤以藏之"以前，伏羲所畫八卦之位也。"帝出乎震"以下，文王即伏羲已成之卦而推其義類之詞也。如卦變圖剛來柔進之類，亦是就卦已成後用意推説，以此爲自彼卦而來耳，非真先有彼卦而後方有此卦也。古注説賁卦自泰卦而來，先儒非之，以爲乾、坤合而爲泰，豈有泰復變爲賁之理？殊不知若論伏羲畫卦，則六十四卦一時俱了，雖乾、坤亦無能生諸卦之理。若如文王、孔子之説，則縱橫曲直，反覆相生，無所不可。要在看得活絡，無所拘泥，則無不通耳。

《易》中先儒舊法皆不可廢，但互體五行、納甲飛伏之類未及致思耳。卦變獨於《彖傳》之詞有用，然舊圖亦未備。頃嘗脩定，今寫去，可就空處填畫卦爻，而以《彖傳》考之，則卦所從來皆可見矣。然其間亦有一卦從數卦而來者，須細考之，可以見《易》中象數無所不通，不當如今人之拘滯也。右：●扐●掛　左：●　●。今於圖中如此添脩，當已明白矣。《晦庵文集》卷五四。

案：本書第一段即自"參，以三數之也"至"其治之也繁而密”，又見載於《晦庵文集》卷六七，題《參伍以變錯綜其數説》。

王柏《跋朱子帖第七卷》云：“先大父與朱子契誼之密，無如漕閩之時。先生亦奉祠里居，披示心腹，繾綣有加，見于諸帖，固可考也。……越十有二年，始得此卷，凡八帖。中一帖先生嘗以《易》書求證于大父，且欲蚤賜鐫誨，及今改定爲大幸。叔父時執經講下，故曰‘伯禮所詢數條，且以鄙意報之，亦乞有以訂其失’。”《魯齋集》卷九。所云“伯禮所詢數條，且以鄙意報之”，即指本書。朱熹與王師愈書撰於淳熙十三年(1186)前後，本書約與之同時。

王　鉛

王鉛，字季和。朱熹《浦城縣永利倉記》載淳熙、紹熙間有浦城縣丞王鉛，《晦庵文集》卷八〇。或即此人。

朱熹《答王季和鉛》：

別幅之喻，具悉至意。嘗謂道之在人初非外鑠，而聖賢垂訓又皆懇切明白，但能虛心熟讀，深味其旨而反之於身，必有以信其在我而不容自已，則下學上達，自當有所至矣。但讀書不可貪多，今當且以《大學》爲先，逐段熟讀精思，須令了了分明，方可改讀後段，如此庶易見功，久久浹洽通貫,則無書不可讀矣。《晦庵文集》卷五四。

案:本書撰時未詳。疑於下書(來示備悉)同時
稍前,故係於慶元三年(1197)間。

朱熹《答王季和》:

來示備悉。學者之志,固不可不以遠大自期,然觀孔
門之教,則其所從言之者至爲卑近,不過孝弟忠信、持守
誦習之間,而於所謂學問之全體,初不察察言之也。若其
高弟弟子,多亦僅得其一體。夫以夫子之聖、諸子之賢,
其於道之全體豈不能一言盡之以相授納,而顧爲是拘拘
者以狹道之傳、畫人之志,何哉? 蓋所謂道之全體雖高且
大,而其實未嘗不貫乎日用細微切近之間,苟悦其高而忽
於近、慕於大而略於細,則無漸次經由之實,而徒有懸想
跂望之勞,亦終不能以自達矣。故聖人之教循循有序,不
過使人反而求之至近至小之中,博之以文,以開其講學之
端;約之以禮,以嚴其踐履之實,使之得寸則守其寸,得尺
則守其尺。如是久之,日滋月益,然後道之全體乃有所鄉
望而漸可識,有所循習而漸可能。自是而往,俛焉孳孳,
斃而後已。而其所造之淺深、所就之廣狹,亦非可以必詣
而預期也。故夫子嘗以先難後獲爲仁,又以先事後得爲
崇德,蓋於此小差,則心失其正,雖有鑽堅仰高之志,而反
爲謀利計功之私矣,仁何自而得,德何自而崇哉? 聊誦所
聞,以答下問之意。至於庵記大字之需,則非學之急,亦

老懶之所不暇也。舒大夫向嘗相見於會稽，所論未合。今想其學益有成矣。聞其政亦甚佳，有本者固如是也。不及爲書，因見幸略道意。《晦庵文集》卷五四。

案：本書又見載於《晦庵文集》卷六二《答林退思》（某區區之見），即朱熹所答林補文字。或朱熹又鈔錄與王鉛故爾。《答林退思》撰於慶元三年或稍前。

王欽之

王欽之，名不詳，閩（今福建）人。嘗官縣主簿。

朱熹《答王欽之》：

來書謂窮理不必泥古人言句，固是也，然亦豈可盡捨古人言句哉？程夫子曰："窮理亦多端，或讀書講明道理，或論古今人物，別其是非，或應事接物，求其當否，皆窮理也。"夫講道明理，別是非而察之，於應接事物之際，以克去己私、求夫天理，循循而進，無迫切陵節之弊，則亦何患夫與古人背馳也？若欲盡捨去古人言句，道理之不明，是非之不別，泛然無所決擇，雖欲惟出處語默之察，譬之適越者不知東西南北之殊，而僕僕然奔走於途，其不北入燕，則東入齊、西入秦耳。《晦庵文集》卷五八。

案：朱熹《答呂伯恭》（前日魏應仲行）有云"友

人王欽之主簿赴調過此，因得附訊。欽之有意於學，而病悠悠，因見有以警之爲幸"。《晦庵文集》卷三四。《答吕伯恭》撰於淳熙四年三月間。推知本書約撰於其前，疑在淳熙三年（1176）間。又，《朱子年譜·朱子論學切要語》卷一係本書於"甲辰（淳熙十一年）後"。

朱熹《答王欽之》：

承喻編次程書，以類相從，此亦用功之一端。若求之於此而驗之於日用思慮作爲之間，玩索操存，無所偏廢，則窮理、居敬之功交相爲助，而兩造其極矣。玩物喪志之戒，乃爲求多聞而不切己者發。《遺書》又有"不可外面只務泛觀物理，正如游騎無所歸"之説，亦爲此耳。至於義理雖明而踐履不至者，則亦多端，或是知之未深，或是行之不力，或是氣質之偏有難化處。在彼誠爲累德，然在我觀之，但當内自警省，不使加乎其身，而不可以此遽起輕視前輩之心，且疑講學之無益也。因下問之及，輒效其愚，未知中否？有未當者，却望垂喻。《晦庵文集》卷五八。

案：朱熹上書（來書謂窮理不必泥古人言句）駁王欽之"窮理不必泥古人言句"之説，本書乃云王欽之來"喻編次程書，以類相從"，似承上書而發。故朱熹進而告諭此雖"此亦用功之一端"，但"若求之於此而驗之於日用思慮作爲之間，玩索操存，無所偏廢，則窮理、居敬之功交相爲助，而兩造其極矣"。

朱熹《答王欽之》：

所須問目，竊謂不必如此。但取一書，從頭逐段子細理會，久之必自有疑有得。若平時泛泛，都不著實循序讀書，未説義理不精，且是心緒支離，無箇主宰處，與義理自不相親，又無積累功夫參互考證，驟然理會一件兩件，若是小小題目，則不足留心，擇其大者，又有躐等之弊，終無浹洽之功，非區區所以望於尊兄者，故不敢承命浼聞。但願頗采前説，而以《論語》爲先，一日只看一二段，莫問精粗難易，但只從頭看將去，讀而未曉則思，思而未曉則讀，反復玩味，久之必自有得矣。近年與朋友商量，亦多以此告之，然未見有看得徹尾者，人情喜新厭常乃如此，甚可歎。《論語》二十篇尚不耐煩看得了，況所謂死而後已者，又豈能辦如此長遠功夫耶？《晦庵文集》卷五八。

案：自文義推知本書似承上書（承喻編次程書）。

王 阮

王阮（？—1208），字南卿，江州（今江西九江）人。"少好學尚氣節，常自稱將種，辭辯奮發，四坐莫能屈"，嘗謁袁州知州張栻，見朱熹于考亭。登隆興元年（1163）進士第，調南康軍都昌主簿，移永州教授。紹熙中知濠州，改知撫州，予祠。"於是歸隱廬山，盡棄人間事，從容觴詠而已。朱熹嘗惜其才氣術略過人，而留滯不偶云"。嘉定元年卒。《宋史》卷三九五有傳。

朱熹《答王南卿》：

　　熹方幸閑中得與一二學徒整理舊書，而忽蒙恩收用，雖實衰老，不敢以遠爲辭，但恐迂疏議論多與時背。一辭不獲，比已再上，傳聞諸公亦無相彊之意，計必得之矣。萬一未遂，則又未知所以爲計也。示及隊圖，雖不知兵，然頃讀曹公、杜牧《孫子》，見其所論車乘人數，諸儒皆所未言，唯友人蔡季通每論此事，以考《周禮》軍制皆合。今得此書，乃知前輩已嘗用之而有效矣，是其可傳無疑也。跋尾所論皆精當，卒章辨荆公事，則恐未然。家有荆公與襄敏公手帖數紙，見當時事若非荆公力主於內，則群議動搖，決難成功。但是後來襄敏見其他政事多出於聚斂掊克之意，故不免有異論耳。若論熙河之事，則二公實同心膂，無異説也。幸試思之，恐須略轉換過，乃可取信。其帖今錄以上呈，荆公政事固多失，然此一事卻是看得破也。《晦庵文集》卷六〇。

　　　案：本書"而忽蒙恩收用，雖實衰老，不敢以遠爲辭，但恐迂疏議論多與時背。一辭不獲，比已再上"云云，據下書（長沙除命深感上恩），當指紹熙四年十一月朱熹除知潭州，十二月中辭，五年正月初再辭，二月中遂拜命。《年譜長編》卷下。故推知本書約撰於紹熙五年（1194）正月中。

朱熹《答王南卿》：

長沙除命，深感上恩。但老病衰懶，昏塞廢忘，恐不能堪一道之寄。而再辭不獲，上語丁寧，伏讀皇恐，遽欲起拜，而鄙意尚有少疑，又苦足疾，未容拜受，遂且宿留。更須旬日，可決去就。萬一可往，不知老兄能一乘輿相過否？所欲扣者千條萬端，非面不能究，但恐不成行，即此會又未可知耳。

所改後語甚佳，但恐金人立唃氏後一節恐不足深辨耳。彼於我爲外臣，而反連夏虜以爲邊患，則我之討伐自爲義舉。彼於金虜非相吞之國，則金人立之以樹黨，在彼不失爲遠交近攻之計，而外假存亡繼絕之名，又足以使之怨我而德彼，亦其狡計之過人也，豈足爲義舉哉？且唃厮囉既有罪，則當時討其所立之子自不爲過，正不必以討其叛孫自解。雖或金虜能立厮囉所立之後，亦未足以愧我而爲賢也。又謂因進《陣法》，而或以咎荊公，亦不記是誰説。然此事只合論其取之是非，而其瑣細皆不足較。若果是矣，則雖進《陣法》，亦何不可之有耶？又云今爲荊公之累，恐此句亦未甚穩，不知盛意是謂我累彼耶，彼累我耶？若我累彼，則此語可用，而非所爲立説之意。不然，則恐當改之爲安。或云"今以荊公爲累"，語意似覺深厚也。妄論如此，目昏不見字，老草勿怪，而并詳之，幸甚幸甚。《陣法》印本，有便求數冊。

信州有《濂水集》印本，乃長安人李復之文，記董氈非唃厮囉之子，乃盜厮囉之妻而竊其國，不知曾見之否？事宂，不暇細看，更考之也。《晦庵文集》卷六〇。

案：紹熙五年二月，有旨再趣朱熹赴潭州任，遂拜命，四月中啓程。《年譜長編》卷下。本書乃云"長沙除命，深感上恩。……而再辭不獲，上語丁寧，伏讀皇恐，遽欲起拜，而鄙意尚有少疑，又苦足疾，未容拜受，遂且宿留。更須旬日，可決去就"，則推知其約撰於三月間。

朱熹《答王南卿》：

《陣法》細看，尚有誤處。如上卷第五板陣法內，右邊兩隊各欠馬軍紅點二十五人，第四板陣法，凡馬軍後並無押隊照隊；中卷第一版"四十萬人而增之至三十萬"，其"四"字當作"由"字。幸更詳考，恐更有此等當改正也。《晦庵文集》卷六〇。

案：上書（長沙除命）有云"《陣法》印本，有便求數冊"，而本書乃言"《陣法》細看，尚有誤處"，則承上書。又上書（熹方幸閑中得與一二學徒整理舊書）云及"萬一可往，不知老兄能一乘興相過否"，即邀請王阮於朱熹赴潭州任，塗經江西時，前來相會。朱熹當

於晤面時得《陳法》，故推知本書約撰於五月初至八
月上旬朱熹在潭州時。

朱熹《與王撫州阮字南卿**》：**

南北形象，雖在遠方無由究悉，然大槩亦可意料。目
前固非危機交急之時，其爲長慮却顧，亦豈一無可施設
者？竊計方規素定，其所區畫必有次第。幸蒙見告，乃荷
不鄙也。某今年公私之年皆七十矣，疾病益衰，氣痞滿
腹，足弱筋攣，不能轉動，跬步之間，亦須人扶乃能自致。
閑廢之餘，固無職事可效，但尚忝階官，義當納禄，又不敢
自通牋奏，懇求州郡累月，僅得一申省狀。方此發去，而
聞臺評已及此事，其間詞語不無深意矣，未知所請竟復如
何。然幸已少伸己志，即此外一切不復計也。老兄氣體
從來清健，今尚只如舊時否？宣布之餘，何以爲樂？想見
彎弓盤馬、横槊賦詩，正自不減當年湖海之氣也。此人趙
雯，相隨頗久，今因其省親江淮間，附此問訊。其人恐有
可驅使處，得隷戲下，幸甚。《晦庵文集》續集卷八。

　　案：書中有言“某今年公私之年皆七十矣，……
　　義當納禄，又不敢自通牋奏，懇求州郡累月，僅得一
　　申省狀。方此發去，而聞臺評已及此事，其間詞語不
　　無深意矣，未知所請竟復如何”，據朱熹《與宰執劄
　　子》稱“熹……至今適滿七十足歲，……遂於去冬預
　　懇州郡，投納公狀，……至二月半間方得申尚書省狀

一紙，又以私家貧乏，無力遣人。至三月初，方得附
發前去，尋覩邸報，知有臺臣章疏申嚴休致舊法，已
得指揮播告施行"，《晦庵文集》卷二三。至四月二十三
日方得旨致仕。《年譜長編》卷下。故推知本書約撰於
慶元五年(1199)三、四月之際。

王師愈

王師愈(1122—1190)，字與正，一字齊賢，婺州金華
(今屬浙江)人。登紹興十八年(1148)進士第。累遷知嚴
州、信州。乾道七年(1171)召除金部郎官，尋兼崇政殿說
書，出知饒州，除江東轉運判官，改荆湖北路轉運判官，又
改福建路轉運判官，除兩浙西路提點刑獄，提舉武夷山沖
佑觀。紹熙改元七月七日病卒，年六十九。朱熹《晦庵文
集》卷八九《王公神道碑銘》。"與朱子同年，相從講貫，又周
遊張宣公、呂成公間，以聖賢之言爲必可行，師友之論爲
必可信"。《敬鄉錄》卷五。

朱熹《與王漕劄子》：

熹輒布誠悃，仰瀆台聽：熹比蒙聖恩，誤膺郡寄，懇
辭弗獲，亦既視事。唯是小邦民貧財匱，歲必乏數月之
糧。熹到任以來，官兵廩給全無顆粒可以支遣。究原其
弊，緣本軍三邑所管苗米止四萬六千餘石，每年科撥起四

萬外，餘米亦係使臺盡數刷發，如此則本軍將何所取以供
用度？較之旁郡，如饒、池州皆有存留贍用官兵米數，獨
本軍先來有失申請存留支遣。況今來除上供已起外，自
餘未發米數，係諸縣先因旱澇，有逃移死亡及零殘拖欠無
戶可催之數，縱有催到，非惟不多，又且累政隨即借兌，目
今虛掛欠籍。用敢輒拜公牘，冒瀆控告，欲乞台慈仰體邇
者聖詔丁寧之意，計盈虛，通有無，將淳熙三年、四年、五
年未起零殘之數悉從蠲免。繼自今以往，亦乞存留以為
贍用官兵之費。高明必有以矜憐之。與其留腐倉庾，終
為後人之妄費，孰若使千里並受其賜，而民力不至於重困
耶？惟執事圖之。干冒台嚴，不勝恐悚。《晦庵文集》卷
二六。

　　案：王漕，指江東運判王師愈，淳熙五年十二月
初十日到任。《景定建康志》卷二六。又據朱熹《南康
軍到任謝表》，其於淳熙六年（1179）三月三十日到
任。《晦庵文集》卷八五。故推知本書約撰於朱熹涖任
未久之夏、秋間。

朱熹《與江東王漕劄子》：

　　熹久不拜起居之問，日有瞻仰。人還被教，感慰亡
窮。蒙喻置寨事，極荷台念。但事已差池，今又方有救災
之急，未暇再請。若稍定未去，終當料理耳。減稅事，尤
感垂意之勤，初謂必可遂請，適有牙吏還自臨安，云省吏

果以使司未保明爲言，勢須再下，此終有望於維持也。白鹿官書拜賜甚寵，謹已別具謝劄矣。但今歲旱勢甚盛，此自五月半間得雨之後，枯旱至今，雖有得少雨處，殊不沾洽。早稻已無可言，晚禾亦未可保，民情皇皇，未知所以慰安之者。而使司差人在郡追人吏、催官物者凡三四輩，熹雖不敢拒違台命，然當此之時，督責縣道，追擾農民，則實有所不忍。得賜追還，令得一意講求備禦賑恤之政，以救此遺民於溝壑之中，不勝幸甚。其可辦者，熹固自不敢緩也。又建昌去歲檢放，總所已行下，今均在上供州用數中，而反未蒙使司除豁上供之數，尤非所望於仁人君子者。熹竊惑之，更乞深賜省察。狂妄冒瀆，皇恐死罪。

熹前幅所稟之外，更有石隄一事，已具公狀申聞，不審台慈賜念否？若今之君子，則固不敢以此望之。惟執事者儻以禹、稷之心爲心，則此一役也而可以兩濟。得蒙垂意，不勝幸甚。此或有委，幷乞垂示。

熹前幅所稟去冬放旱事，初已得使帖，如總司之云矣。既而中改，一予一奪，殊不可曉。今別具公狀及劄子，乞賜台覽。若決不可行，則熹於此不容宿留，便當自劾去官。雖重得罪，不敢辭矣。本欲初秋即申祠請，又遭旱虐，自以爲義不當求自逸，故勉強於此。若不獲已，則亦不免冒此嫌耳。一生忍窮不敢求仕，正爲如此。且未來此時，知友皆以爲于公之仁必能庸崔君，今乃反爲所誤。而姚提點平生不相識，乃能俯聽愚言，一奏減本軍木炭錢二千貫,不審亦嘗聞之否? 熹老矣,已無意於人間,不堪久此鬱鬱也。《晦庵文集》卷二六。

案:書中有言"熹前幅所稟去冬放旱事",則知本書撰於淳熙七年。又云"此自五月半間得雨之後,枯旱至今,……早稻已無可言,晚禾亦未可保",又云"本欲初秋即申祠請,又遭旱虐,自以爲義不當求自逸,故勉強於此",故推知其約撰於是年八月(1180)間。

朱熹《與漕司畫一劄子》:

一、本軍昨具奏,乞依乾道七年例支撥錢米應副。後來照得元數頗多,恐難應副,遂再具實欠軍糧米奏,乞截留六年殘欠五千石,及今年擬放七分外三分米一萬餘石,庶幾數少易撥。今續契勘諸縣檢放分處大段乾損處多,恐不能及三分之數,即雖蒙朝廷許截上件米,亦恐不足支遣。更俟取到實放數外合納之數,却行紐計欠數申稟,或別具奏乞送使司,預乞台照。

一、本軍常平米通兩縣計五萬石,見行取會下戶仰食之人數目未到,候將來冬後闕食,即將上件米斛分等第糶給,別具措畫詳細申聞。或恐米數不足,即乞支撥應副。熹已兌那諸色官錢往鄰近收糴,約可得萬餘石。但苦錢少,而近地米價已高,難運耳。

一、石隄已差官計料,以俟徐推之來。此舉本不敢容易，蓋欲因此贍給飢民，一舉兩利，切乞留念。

一、去秋建昌檢放米，當依台喻申省部，乞下使司，乞賜保明除豁。然此又是一重往復，不知徑自使司申請如何？此已一面申部矣。

一、星子減稅，省部對補之說乃似肉糜之論，可付一笑。若本軍本縣自有名色可補，即何用更乞減放耶？近世議論大抵如此，令人氣塞。見已別具公狀申聞，仍申朝省極論其繆，預乞台悉。

一、聞得贛、吉諸州及湖北鼎、澧諸州皆熟，得湖南詹憲書云：「湖北米船填街塞巷，增價招邀，氣象甚可喜。」欲乞更與帥相商度，奏乞指揮兩路不得阻節客販，許下流被害州軍徑具奏聞，重作行遣。此一項早乞留念。《晦庵文集》卷二六。

　　案：朱熹《與江東王漕劄子》所言減稅事、建昌檢放事、石隄事等，皆與本書所云相合，知約撰於一時先後，即本書上漕司，而上一書乃致同年，故行文稍見差異耳。

朱熹《與王運使劄子》：

熹復有少稟：近準使牒奉行詔書，取會本軍金穀出納大數。初欲一一從實供申，偶會得池州式樣，官吏皆以爲當放其所爲，可無後悔，遂止據有正當窠名合收之數以爲收支之數，而凡州郡多方措畫以添助支遣者皆不敢載。

大約所供才十之二三,而米猶不在數中也。見欲一面如此攢寫供申,然在鄙意終有未安。蓋聖詔所爲丁寧,使臺所謂取索,凡以欲知州縣有無之實而均給之,以寬民力耳。今乃如此,在熹素心,則爲上欺使臺以及君父,在州郡利害,則恐今既自謂有餘,後日將不得蒙均給之惠以病其民也。是以深竊疑之,未敢不以實對。然官吏之説,則又有二端焉:其一以爲州郡措置所收窠名多不正當,恐有詰責,莫任其咎。此則便文自營之計,熹所不敢避也。其一以爲若盡實供具出數,今日固未必實有均給之惠,而盡實供具入數,異時上官所見不同,或將按籍而取之,則州郡必致重困。此則其説不爲無理,而熹有所不敢違也。是以尤竊疑之,又未敢遽以實對。伏念旬日,不能自定。敢以此私于下執事,伏惟台慈開示所鄉,使得奉以從事,不勝幸甚。《晦庵文集》卷二六。

　　案:本書當上承朱熹《與江東王漕劄子》、《與漕司畫一劄子》,因有"伏念旬日,不能自定"語,故推知其約撰於八、九月之際。

朱熹《與王漕書齊賢》:

　　熹伏辱賜教,并審即日秋陽尚驕,臺府清暇,台候萬福,不勝感感。熹前日伏蒙垂問,率爾具報。既而思之,其所論者乃經理州縣財賦源流之術,若以今日救荒恤民之事言之,則未爲要切之務也。慮之不精,發之不當,方以自愧，亦意高明見其迂闊，不過付之一笑而已。以故因循，未暇以書自解，不謂乃蒙專人再枉謙誨，俾盡其説。此事既非今日之急，而其條目猥多，亦有非熹之所能盡知者。然其大要，不過欲得使司於見行鹽法之中，擇其不可行之甚處，如政和、尤溪、汀州諸邑之類。小變其法，而損其歲入之數，使官享其利而民不以爲病，州縣可以立脚，而漕司不失歲輸之實而已。今一等破敗縣道，竊料不過虛有欠數，實無可得之錢。然此事乃在使司審熟討論百全而後可發，非一旦猝然之所可言也。若夫今日救荒恤民之急，則不過視部内被災之郡，使之實檢放，福建惟下四州水旱時有檢放。若上四州，則民間全不知有此條法恩意，但知田無所收，則殺人放火耳。今示之以此，亦所以息其作亂之心。捐逋租，近日州縣無他事可以擾民，唯有催理舊税，不問已納未納，一切禁繫決撻，責令重納，此爲大害。寬今年夏秋二税省限，各展一月，具以條目言之於朝，而其可直行者一面行下，然後謹察州縣奉行之勤惰得失而誅賞之。使愁嘆亡聊之民猶復有所顧藉，而不忍肆其猖狂悖亂之心，以全其首領，保其家族，靖其鄉閭，此則今日救荒恤民之急務也。此外則視荒損尤甚之鄉，使之禾米得入而不得出；有餘之處則許其通融糴販，稍勸富民平價出糴；勸民廣種大小喬麥、蔔芋、蔬菜之屬以相接續；其貧甚者，使更互相保，而別召税戸保之，借以官本，收成之後祇納元錢，亦一助也。此等爲災傷甚處乃行之，想亦不至甚多也。又此事雖屬常平司，然或彼司無錢而漕司有錢，則借而爲之，亦不爲侵官也。鄙見如此，未知當否？姑以仰塞下問之勤，伏望裁擇其可，幸甚幸甚。

山間之旱，日甚一日，祈禱經月，略不見效。連日隨衆登山祈神，周視一村，太半焦赤。居此四十餘年，未嘗有今日之旱，令人憂懼，殆無措身之所，奈何奈何？使還具稟，臂病猶未能多作字，伏乞台察。《晦庵文集》卷二七。

案：《宋史全文》卷二七下載：淳熙十三年"十二月辛巳，臣僚言汀州科鹽之害，詔令漕臣趙彥操、王師愈同提舉應孟明措置聞奏。彥操等尋奏：汀州六邑長汀、清流、寧化則食福鹽，上杭、連城、武平則食漳鹽，亦各從其俗耳。夫食鹽者既異，則鈔法難於通行。今欲將舊欠鹽錢盡與蠲放及減鹽價，其所蠲舊欠與所減鹽價，本司却多方措置那兌應補其數，如此則州縣之力即日可紓。立價既平，買鹽者衆，私販遂息，官賣益行，價雖裁減，用無所虧。是汀州與六邑歲減於民者三萬九千緡有奇，減於官者一萬緡有奇，所補州用與所放舊欠又在此外，加以利源不壅，財力自豐，救弊之本，無以尚此。並從之"。本書所云理政急務，"其大要，不過欲得使司於見行鹽法之中，擇其不可行之甚處，小變其法，而損其歲入之數，使官享其利而民不以爲病，州縣可以立脚，而漕司不失歲輸之實而已"，其中所謂"見行鹽法"，即與上述"臣僚

言汀州科鹽之害"云云相合。本書又云及"熹前日伏
蒙垂問，率爾具報。既而思之，其所論者乃經理州縣
財賦源流之術，若以今日救荒恤民之事言之，則未爲
要切之務也"，知爲朝廷"詔令漕臣趙彦操、王師愈同
提舉應孟明措置聞奏"之前。本書并云"即日秋陽尚
驕"，故推知其撰於淳熙十三年(1186)秋日。

朱熹《與王漕書》：

欲蚤賜鐫誨，及今改定爲大幸。……伯禮所詢數條，
且以鄙意報之，亦乞有以訂其失。……沙隨《古易章句》
之詳博，未知尊意以爲如何？《魯齋集》卷九《跋朱子帖第
七卷》。

案：王柏《跋朱子帖第七卷》云："先大父與朱子
契誼之密，無如漕閩之時。先生亦奉祠里居，披示心
腹，繾綣有加，見于諸帖，固可考也。然講學之帖理
不應無，意者爲好事者所有，今不復得而見之矣。越
十有二年，始得此卷，凡八帖。中一帖先生嘗以《易》
書求證于大父，且'欲蚤賜鐫誨，及今改定爲大幸'。
叔父時執經講下，故曰'伯禮所詢數條，且以鄙意報
之，亦乞有以訂其失'，又言'沙隨《古易章句》之詳
博，未知尊意以爲如何'。此尤見先生盛德無我，懇
懇求善，如恐不及，然後知此等帖散失亦已多矣。若
夫饋藥之感，信受奉行其治心養氣之教，此特朱子之

常言,意其相與之情既真,津筆酬答,未必具稿,故文集亦無此帖也。嗚呼!既自幸新有所得,而復惜其多有所遺,而大父故稿亦無以互見,故特著其悲恨于卷尾云。"《魯齋集》卷九。據《宋史》卷四三八《王柏傳》,王柏祖父即王師愈,父王瀚,王瀚弟王洽(字伯禮)。王師愈於淳熙十三年前後任福建轉運判官,故推知本書約撰於淳熙十三年末或稍後。

又,王柏《跋朱子帖第八卷》云:"寶祐丁巳夏六月,得此卷十有一帖于昌父弟,得之於鍼盒窗牖之間,使人遺恨感嘆者累日。往往前此所得之帖,皆以前後去其素紙,而此卷迫切更甚,亟加裝(躧)[襯]。尋考歲月,其具位稱'雲臺'者,淳熙乙巳之春;稱'南京鴻慶',則丁未不久也;'江西臬事'之稱,則丁未、戊申之間,皆大父在福建漕臺之時。最後漳州一帖則庚戌六月,越月而大父已捐館矣,此爲絕筆之書也。追惟疇昔,肝鬲酸楚。計前後之帖搜訪十有五年猶未盡復,一日不謹,散逸難收,可不懼哉!卷中所稱黃埔,則勉齋先生也。一時筆札之間,四句該盡德器,可見察之之精。道其人於大父不敢不實,且言有以教誨之,又何其敬愛之兩至也。其餘通情無間,繾綣周密,無書無之。子孫苟不知寶護,心德已亡,前鑒不遠也。"《魯齋集》卷一一。上述朱熹諸書皆佚不傳。

朱熹《與某人帖》:

熹僭易拜問,德門慶霖,恭惟均求多祉。諸郎學士侍學有休,兒輩謹附起居之問。無以伴書,茶兩盞附浼。小盞頗佳,大者乃食茶耳。閩中有委,幸不外。熹再拜上問。《朱子遺集》卷二。

案:《朱子遺集》以爲書中有云"閩中有委"、"諸郎學士侍學有休",當是一來閩任宦者,疑即王師愈。據朱熹《中奉大夫直煥章閣王公神道碑銘》云王師愈有子四人:瀚、漢、洽、潭。《晦庵文集》卷八九。多從學於朱熹,即此書中所云"諸郎學士"。此説待考。又,王師愈於淳熙十三年前後任福建轉運判官,而本書有云"茶兩盞附浼",當在春茶初成時,故推知本書約撰於淳熙十四年(1187)三、四月之際,姑且係於王師愈下。

王十朋

王十朋(1112—1171)字龜齡,號梅溪,温州樂清(今屬浙江)人。紹興二十七年(1157)進士第一。歷遷司封員外郎兼國史院編修官、國子司業、起居舍人,改兼侍講、侍御史。乾道七年(1171)除太子詹事,以龍圖閣學士致仕。七月卒,年六十。汪應辰《文定集》卷二三《龍圖閣學士王公墓誌銘》。後諡曰忠文。《宋史》卷三八七有傳。

王十朋《與朱元晦書》：

過玉山，邂逅侍郎汪丈，極口稱道登對三劄，所論天理人事，備數千言，高見遠識，當於古人中求之也。滕珙《經濟文衡》續集卷三。

案：滕珙《經濟文衡》續集卷三於《癸未垂拱殿奏劄一》下云"是年春三月，召先生（朱熹）赴行在。冬十月丙子，至在所。辛巳，入對垂拱殿，首論大學之道在乎誠意正心脩身以及於齊家治國平天下，上爲之動容。十一月戊辰，除武學博士。既拜命，遂歸。"又按語云："按先生有《與魏國錄帖》云：'初讀第一奏論致知格物之道，天顏溫粹，酬酢如響。第二奏言路壅塞，嬖倖乖張，則不復聞聖語矣。'王詹事十朋《與先生書》：'過玉山……'"云云。王十朋與朱熹之書未載於王十朋《文集》，僅存此數言。癸未乃宋孝宗隆興元年。王十朋與朱熹書中所稱侍郎汪丈乃指汪應辰，與朱熹亦關係密切。而所謂"過玉山"，當指王十朋隆興二年自家鄉樂清（今屬浙江）起知饒州（治今江西波陽），赴任途徑之玉山縣（今屬江西）。據吳鷺山《王十朋年譜》下，載《溫州師範學院學報（哲社版）》1997年第2期。王十朋於隆興元年六月間罷侍御史出京歸家，二年夏以集英殿修撰知饒州，七月朔日於信州上饒（今屬江西）水南僧寺拜見途徑此地之張浚。三日抵饒州。而玉山乃信州屬縣，正當由浙入

贛之要道。乾道元年七月,王十朋移知夔州,即由饒
州西去,便道曾游廬山。此後其罷知夔州,乃由長江
水路東歸,亦不經玉山。三年九月赴知湖州任,次年
春請祠去。故王十朋與汪應辰於玉山晤面,當即在
此隆興二年間。又朱熹《與王龜齡》書中而一則言
"於是慨然復有求見於左右之意,而未獲也",再則言
"而自傷無狀,獨不得一從賓客之後,以望大君子道
德之餘光也",可知兩人此前未曾晤面,亦無書信往
還,故王十朋賞識朱熹,而只能"手筆,以抵宋倅,盛
有以稱道"。因此,王十朋與朱熹信中所述玉山會見
汪應辰及汪氏稱譽朱熹癸未"登對三劄",當屬追述
之語。而據朱熹《與王龜齡》所言推知王十朋此信當
撰於在乾道三年(1167)九月至十二月間。

朱熹《與王龜齡》:

熹窮居晚學,無所肖似,往者學不知方,而過不自料。
妄以爲國家所恃以爲重,天下所賴以爲安,風俗所以既漓
而不可以復淳,紀綱所以既壞而不可以復理,無一不係乎
人焉。是以聞天下之士有聲名節行,爲時論所歸者,則切
切然以不得見乎其人爲歉。及其久也,或得見之,或不得
見之,而熹之拳拳不少衰也。聞其進爲時用,則私以爲
喜;聞其阨窮廢置,則私以爲憂。及夫要其所就而觀之,
則始終大節真可敬仰者蓋無幾人;而言論風旨卒無可稱、

功名事業卒無可紀者，亦往往而有。以此喟然自歎，知天下所謂聲名節行者，亦未足以定天下之人，而天下之事未知其果將何寄也。自是以來，雖不敢易其賢賢之心，緩其憂世之志，然亦竊自笑其前日所求於人之重，而所以自待者反輕，如孟子之所譏也。於是始復取其所聞於師友者，夙夜講明，動靜體察，求仁格物，不敢弛其一日之勞，以庶幾乎有聞者，而於前日之所爲切切然者，則既有所不暇矣。當是時，聽於士大夫之論，聽於輿人走卒之言，下至於閭閻市里、女婦兒童之聚，亦莫不曰天下之望，今有王公也。已而得其爲進士時所奉大對讀之，已而得其在館閣時上奏事讀之，已而得其爲柱史、在臺諫、遷侍郎時所論諫事讀之，已而又得其爲故大丞相魏國公之誄文及《楚東酬唱》等詩讀之，觀其立言措意，上自奏對陳說，下逮燕笑從容，蓋無一言一字不出於天理人倫之大，而世俗所謂利害得喪、榮辱死生之變，一無所入於其中，讀之真能使人胸中浩然，鄙吝消落，誠不自意克頑廉懦立之效，乃於吾身見之。於是作而歎曰：士之求仁，固當以反求諸己爲務，然豈不曰事其大夫之賢者云哉？今以前日失數公者自懲，是以一噎而廢食也。於是慨然復有求見於左右之意，而未獲也。昨聞明公還自夔州，撫臨近甸，而熹之里閈交游適有得佐下風者，因以書賀之，蓋喜其得賢大夫事之；而自傷無狀，獨不得一從賓客之後，以望大君子道德之餘光也。不意夤緣與其向來鄙妄無取之言皆得徹聞於視聽，明公又不以凡陋爲可棄，狂僭爲可罪，而辱枉手筆，以抵宋倅，盛有以稱道。竊惟明公之志，豈非以志衰道微，遺君後親之論交作肆行，無所忌憚，舉俗滔滔，思有以障其橫流者，是以有取於愚者一得之慮，因以不求其素而借之辭色也耶？明公之志則正矣、大矣，而熹之愚未有稱明公之意也。雖然，有一於此，其惟益思砥礪，不敢廢其所謂講明體察、求仁格物之功者，使理日益明，義日益精，操而存之日益固，擴而充之日益遠，則明公之賜，庶乎其有以承之，而幸明公之終教之也。雖然，明公以一身當四海士大夫軍民一面之責，其一語一默、一動一靜之間，所係亦不輕矣。伏惟盛德大業前定不窮，其剛健中正、篤實光輝者固無所勉彊。以熹之所覩記，則古語所謂行百里者半九十里，明公其亦念之。況今人物眇然，如明公者僅可一二數，是以天下之人責望尤切，而明公尤不可以不戒。不審明公以爲如何哉？熹又聞之，古之君子"尊德性"矣，而必曰"道問學"，"致廣大"矣，必曰"盡精微"，"極高明"矣，必曰"道中庸"，"溫故知新"矣，必曰"敦厚崇禮"，蓋不如是，則所學所守必有偏而不備之處。惟其如是，是故居上而不驕，爲下而不倍，有道則足以興，無道則足以容，而無一偏之蔽也。熹之區區以此深有望於門下，蓋所謂德性、廣大、高明、知新者必有所措，而所謂問學、精微、中庸、崇禮者又非別爲一事也。狂易無取，明公其必有以裁之。往者明公在夔，成都汪公聲聞密邇，竊意有足樂者,比來時通問否? 此公涵養深厚,寬靜有容,使當大事,必有不動聲色而內外賓服者。明公相知之深,一日進爲於世引類之舉,其必有所先矣。熹杜門養親,足以自遣。昨嘗一至湖湘,出資交遊講論之益。歸來忽被除命,既不敢辭而拜命矣。然明公未歸朝廷,熹亦何所望而敢前也? 引領牙纛,未有瞻拜之期,向風馳義,日以勤止。輒敢復因宋倅相爲介紹,致書下執事,以道其拳拳之誠。伏惟照察。《晦庵文集》卷三七。

案:朱熹此書中言及王十朋云“昨聞明公還自夔州,撫臨近甸”,而言自己“昨嘗一至湖湘,出資交遊講論之益。歸來忽被除命,既不敢辭而拜命矣”。據《王十朋年譜》,王十朋於乾道元年知夔州,三年七月離夔州東下,被命移知湖州,九月至湖州,至四年春請祠,提舉江州太平興國宮。而據《年譜長編》卷上,朱熹於乾道三年(丁亥)九月至潭州,十一月同張栻往游南岳衡山,十二月二十日歸至家鄉。是月朝命除樞密院編修官,待次。可知朱熹收到王十朋之信當在乾道三年末,由宋倅轉交,而朱熹回信當於四年(1168)初,仍託宋倅轉交:“復因宋倅相爲介紹,致書下執事,以道其拳拳之誠。”

此宋倅爲誰? 王十朋有《登清風樓呈通判宋子飛》詩,有“苕霅水會處,樓高風快哉”句,其詩注云:“時某得祠,子飛攝郡事,酌別是樓。”《王十朋全集》詩集卷二五。是此宋倅當即王十朋知湖州時之湖州通判宋子飛。《吳興備志》卷六云"宋翔字子飛,通判湖州攝郡事",爲"崇安人,紹興十二年進士。爲張浚十客之一。韋太后既歸,獻《紹興樂府》十二章"。《萬姓統譜》卷九二又云宋翔"幼穎敏,七歲時,劉子翬命賦燈詩,援筆立成,大爲所稱賞。紹興中第進士,累官國子監簿。受知張浚,爲浚十客之一。韋太后既歸慈寧宮,祥瑞交至,獻《紹興樂府》十二章。尋差湖南帥司參議官,以朝散大夫致仕。有《梅谷集》"。作爲張浚幕僚,其與張栻交往頗密切。張栻《仰止堂記》云:"武夷宋子飛,蓋游從之舊也,戊寅之夏,自其鄉觸熱來訪予瀟水之上。"《南軒集》卷十二。戊寅爲紹興二十八年。宋翔卒,張栻又爲《祭宋子飛參議》。《南軒集》卷四四。朱熹與宋翔亦來往頗密,有詩《次劉明遠、宋子飛反招隱韻二首》。《晦庵文集》卷四。又宋翔嘗向朱熹講説張浚謫居永州時事:"宋子飛言張魏公謫永州時居僧寺,每夜,與子弟賓客盤膝環坐於長連榻上,有時説得數語,有時不發一語,默坐至更盡而寢,率以爲常。"《朱子語類》卷一三七。宋翔卒後,"有言士大夫家文字散失者,先生(朱熹)戚然曰:'魏元履、宋子飛兩家文籍散亂,皆某不勇決之過。當時若是聚衆與之抄劄封鎖,則庶幾無今日之患。'"《朱子語類》卷一三八。故朱熹《與王龜齡》中所言"熹之里閈交游適有得佐下風者，因以書賀之”之“里閈交游”，當即指宋翔。惜朱熹與宋翔之書信亦散佚不傳。而王十朋當是知宋翔乃朱熹之“里閈交游”，故致信朱熹，而託宋翔轉交，時當在乾道三年九月至十二月間。

又因王十朋來書中提及汪應辰，故朱熹《與王龜齡》有言“往者明公在夔，成都汪公聲聞密邇，竊意有足樂者，比來時通問否？此公涵養深厚，寬靜有容，使當大事，必有不動聲色而内外賓服者”，以爲回應。王十朋知夔州時，汪應辰正知成都府。

自此至乾道七年七月王十朋卒，王、朱二人是否還有書信交往，史無記載。而從二人行蹤上看，二人似也未曾有晤面。然朱熹此後曾代劉珙（字共父）作《王梅溪文集序》。《晦庵文集》卷七五。

王時敏

王時敏（？—1195），字德修，上饒（今屬江西）人。“學有源流，兼該體用，老於田里，有處士之風。著《師說》及《語》《孟》《中庸》《大學説》并雜文十卷”。《萬姓統譜》卷四四。《澗泉日記》卷中云其“從吕居仁學，居仁薦之尹和靖。半年和靖卒，守師説甚堅”。朱熹慶元元年夏《答林德久》（新齋雖就）云“德脩王丈逝去，甚可惜”，《晦庵文集》

卷六一。則王時敏當卒於是年春夏間。

朱熹《答王德修》：

熹兒侍先君子官中秘書，是時和静先生實爲少監，熹嘗於衆中望見其道德之容，又得其書而抄之。然幼穉愚蒙，不能識其爲何等語也。既長，從先生長者游，受《論語》之説，遍讀河南門人之書，然後知和静先生之言，始有以粗得其味。然既不得親受音旨，而其高第弟子如老丈者又未得見，以信其所粗得者果先生之意否也。正叔之來，既獲聞所以相予之意甚厚，又得其所聞於左右者一二。信乎河南夫子所謂終有守者，其傳固如此也，甚慰甚幸。二説頃歲蓋嘗見之，其間尚有未盡曉處，恨未得面叩耳。《讀論語》詩，三復感歎。今日學者不没於利欲之塗，即流於釋氏之徑，往往視此爲迂闊卑近，亦無怪其迷於入德之方也。《晦庵文集》卷五五。

案：書中云及"正叔之來，既獲聞所以相予之意甚厚，又得其所聞於左右者一二"，正叔爲余大雅字。余大雅亦上饒人，淳熙十一年秋，初至武夷問學，後屢從遊，十六年夏復來武夷，秋初回，後兩月卒。《克齋集》卷一一《祭余正叔》。本書有"然既不得親受音旨，而其高第弟子如老丈者又未得見"語，當爲初通書時，姑係淳熙十六年(1189)秋初。

《澗泉日記》卷中云韓元吉嘗爲王時敏"寫三畏

堂榜，作《求志齋記》。今皓首坐堂上，兒孫擾擾前後，鰥居誦書如故"。

王通判

王通判，名里未詳，紹熙間通判臨江軍。

朱熹《與臨江王倅書》：

熹昨臨罷郡，見邸報臺諫集議素服事，已有指揮施行。時彼中尚未著紫衫，然即已榜客位，預告賓客官屬矣。過袁，見郡縣官皆已素服，獨盛府未之行，心竊疑之。欲以奉扣，而匆匆不暇也。不知後來別有指揮衝改耶，抑偶未之省也？至此，又有豐城縣官亦如宜春，恐隆興亦已如此。竊慮更當檢校討論，白守倅而正之，乃爲宜爾。向以將赴江西入辭，時永思已入土，而壽皇所御衣冠皆以大布，此爲革去千古之弊。而百官皆用紫衫皂帶，乃王丞相以親老爲嫌，不肯素服，議者皆有有君無臣之譏。近日之論，乃鑒其失，然猶未能彷彿古制也。又記在長沙初奉諱時，方語從吏車帷當易紫以青，適未即出，而何漕已易之如所言矣。蓋於心有不安，故不約而同也。并幸知之。《晦庵文集》卷二九。

案：據《年譜長編》卷下，朱熹自潭州東歸，紹熙五年（1194）八月十五日至袁州宜春，十七日至臨江

軍，經豐城縣，於二十七日至臨川。故推知本書當撰
於朱熹離豐城、抵臨川前，即八月下旬初。

王　峴

　　王峴，字晉輔，吉州（今江西吉安）人。慶元中，吕祖
儉謫居吉州，宿於其家。《晦庵文集》續集卷一《答黄直卿》。

朱熹《答王晉卿峴》：

　　爲學大概，且以收拾身心爲本，更將聖賢之言從頭熟
讀，逐字訓釋，逐句消詳，逐段反復，虚心量力，且要曉得
句下文意，未可便肆己見，妄起浮論也。《晦庵文集》卷
六二。

　　　　案：度正《書晦菴易學啓蒙後》中云“一日，先生
使人呼之，親以……書藁一紙、筆一束授焉。正退閲
其書藁，其一答王峴秀才書，論爲學以收放心爲本及
讀書之法”，《性善堂稿》卷一四。即指本書。又朱熹
《答黄直卿》（《禮書》緣遷徙擾擾）言及“前日答吉州
王峴書中，有數句頗甚簡當，今謾録去，可以示甘吉
父也。峴乃鄉來子約所館之家，因子約來通問也”，
《晦庵文集》續集卷一。當亦指本書而言。《答黄直卿》
撰於慶元二年季夏或稍後，故推知本書約撰於是年
（1196）夏中。

朱熹《答王晉卿》：

示喻卒哭之禮，近世以百日爲期，蓋自開元失之。今從周制，葬後三虞而後卒哭，得之矣。若祔，則孔子雖有善殷之語，然《論語》、《中庸》皆有從周之説，則無其位而不敢作禮樂，計亦未敢遽然舍周而從殷也。況祔于祖、父，方是告祖、父以將遷它廟，告新死者以將入祖廟之意，已祭則主復于寢，非有二主之嫌也。"主復于寢"，見《儀禮》鄭氏注。至三年之喪畢，則又祫祭而遷祖、父之主以入它廟，奉新死者之主以入祖廟。此見《周禮》鄭注及橫渠先生說。則祔與遷自是兩事，亦不必如殷之練而祔矣。禮法重事，不容草草，卒哭而祔，不若且從温公之説，庶幾寡過耳。《晦庵文集》卷六二。

案：據朱熹《跋王信臣行實》，王岷父約卒於慶元三年。《晦庵文集》卷八四。本書論及"卒哭之禮"，《書信編年》疑其因王岷居喪而論及，故係於慶元三年（1197）間。

朱熹《答王晉卿》：

自去秋冬及此開正，三辱枉書，皆無便可報；無疑人來，又承惠問，尤以爲慰。訊後已復改歲，遠惟感時追慕，孝履支勝。熹病益深，無可言者。前書所論告子之説，此等議論不須置意中，亦不須容易與之辨論，且只自家理會聖賢之所已言，而求其旨意之所在，久之精熟，自然見得是非,不著問人矣。《大學》已領,便中却欲更求十數本,可以分及同志也。《太極》、《西銘》切不須廣,蓋世間已自有本,爲此冗長,無益於事,或徒能相累耳。徐侍郎所欲鏤版之書,恨未之見。然此等亦不必看,徒亂人耳。且著實向裏,就切近明白實處理會,便不誤人也。此間諸書,南康板本成後,亦無甚大修改處,不知有黑點子者是何本也?只看其間有大同小異處,子細咨問季章,參考得失,便自見得。若有所疑,切冀見諭,當爲契勘奉報也。南軒之書,多未斷手,而不幸即世,而或者不察,一例流傳,使人不能無遺恨,所以前此爲之刊削,別爲定本。蓋推本其遺意,非敢以私見輒有去取也。如大愚之說,兼看亦佳,但其規模亦太闊遠,不若且就本經文義上爛熟咀嚼之爲愈也。無疑人到多日,偶以雪寒,不能作書,而其人不能久候,口占布此,殊不盡意。正遠,千萬節哀自愛。《晦庵文集》卷六二。

　　案:書中云及“遠惟感時追慕,孝履支勝。……正遠,千萬節哀自愛”,知在王岷守喪間。書中又云“自去秋冬及此開正,三辱枉書,皆無便可報;無疑人來,又承惠問,尤以爲慰。訊後已復改歲”,故推知其約撰於慶元四年(1198)初。

朱熹《答王晉卿》:

　　所喻跋語,今再寫去。臨川者亦累問不得報,此書度已浮湛不可得矣，今亦不須問也。疑義足見向學之意。墓祭不可考，先儒説恐是祭土神，但今俗行拜掃之禮，其來已久，似不可廢。又墳墓非如古人之族葬，若只一處合爲一分而遥祭之，亦似未便。此等不若隨俗各祭之爲便也。其他闕文數處，或是或否，皆非講學之急務。況《集注》中又已有説甚明，自可觀考，不必問也。畏縮之説，蘇黄門亦云，然非本文之意。兼《集注》中亦已有定論。禮書“縮”訓“直”者非一，它日當見之，乃先儒之舊，不可易也。范碑曲折，嘗以鄙意請於益公，未蒙剖決。然此公揚歷之久，更事爲多，必有見處，後生況亦未須遽論此事，豈可因此便議前輩之失，非所以致敬於達尊也。程紏所編《年譜》，是終身看得此事不透，深可憐憫。渠元不曾寄來，却是身後爲人在廣州鏤版，方得見之，甚恨不得及早止之，做此話欛，没了期也。然世間識者亦少，但恐後世有明眼人指點出來耳。吾友今亦未須理會此等，且理會自家著緊切身要用底道理，久之見識漸明，履踐漸實，自不被人瞞，亦不須與人辨論紛争也。季章耿介，於人有責善之益，重九後若未來，可力致之。逸居獨學，無師友之益，不知不覺，過失日滋，功夫無由長進，不可忽也。景陽悼亡可念，才臣書未到，巽伯亦未有人來。書寄婺女，迂迴難通，今後只託人寄臨川劉教授處可也。不知渠書中有何説？每念仁里諸賢相與甚至，而未得與之痛相切磨，悠悠歲月，日益晚暮，良以爲恨，如無疑亦然也。因見各煩爲致此意。《晦庵文集》卷六二。

案：書中所云"范碑曲折，嘗以鄙意請於益公，未蒙剖决"，乃指朱熹《答周益公》(前者累蒙誨諭范碑曲折)，《晦庵文集》卷三八。撰於慶元二年十一月、十二月間。書中又論及"墓祭"等喪儀，當在王峴守喪間。故推知本書約撰於慶元四年中。

朱熹《答王晉卿》：

荐承委喻，極荷不鄙。實以多病畏事，不敢作文字，以故前此不敢聞命。今不獲已，輒以數字附于《行狀》之末，少見鄙意。然已覺太露筋骨，切告勿以示人，恐彼此不穩便，非獨罪戾之蹤爲有害也。向來子約每言鄉學之意甚美，然於愚意，竊恐務實之意未若好名之多，學道之志未若爲文之力，此亦鄉黨習尚，流風之弊，其所從來也遠，宜賢者之未免也。自今以往，更願反躬自省，以擇乎二者之間，察其孰緩孰急以爲先後，姑屏舊習，而取凡聖賢之言，若《大學》，若《論》、《孟》，若《中庸》者，朝夕讀之，精思力行，以序而廣，使道義之實有以悦於心而充諸己，則自將無慕於外，而所以顯親揚名者，必有以異乎前日之爲矣。若徒以名位之爲尊，言語之爲麗，聞譽之爲誇，而汲汲乎伐石攻木以爲事，則是非獨老拙羞之，抑子約平生所望於賢者，亦將大不滿於泉下矣。所喻鄙文何乃爲此曲折，已託劉季章言之。此豈止載禍相餉而已耶?《晦庵文集》卷六二。

案：書中所言"今不獲已，輒以數字附于《行狀》
之末，少見鄙意"，乃指朱熹《跋王信臣行實》，撰於慶
元四年戊午（四年）中冬丙申朔旦。《晦庵文集》卷八
四。故推知本書約撰於是年十一月、十二月間。

王 炎

王炎（1138—1218），字晦叔，婺源（今屬江西）人。登
乾道五年（1169）進士第，歷臨江軍通判，除太學博士、著
作郎兼考功郎、吳興郡王府教授，除軍器少監，主管武夷
山沖佑觀。起知饒州，改知湖州，再奉祠。積官至中奉大
夫、軍器監，賜金紫。嘉定十一年卒于家，年八十一。著
《讀易筆記》、《尚書傳》、《禮記》《論語》《孝經》《老子解》
等，總曰《雙溪類藁》。事迹見胡升《王大監炎傳》。《新安
文獻志》卷六九。又，其"與淳熙中觀文殿大學士王炎名姓
偶同，非一人也"。《四庫全書總目》卷一六〇。

王炎《答朱侍講》：

炎近讀邸報，伏見八月八日旨揮，增置講讀官，且於
中旬擇日開講。夫始初清明，崇尚儒學，以輔聖德，此固
帝王之盛美。然擇日開講，則炎竊有疑焉。且三年之喪，
三代之達禮也；二十七日而公除，後世之權制也。其意蓋

曰軍國之務不可以不躬自聽斷，則公除而蒞政，亦勢有不得已焉耳。服釋於外，哀存於内，則禮之節文雖變，而禮之情實未泯也。古禮不復可見其詳矣，《記》曰："斬衰唯而不對，齊衰對而不言，大功言而不議。"夫大功之視衰麻，其情有降殺，故服有等差。而《記》又謂"大功廢業"，或曰：大功，誦可也。可以誦，不可以議。大功且然，況衰麻之至戚乎？居喪未葬，讀喪禮；既葬，讀祭禮。左右講讀之官以備顧問，喪葬之禮欲得其詳，每事問焉，可也。一日萬幾，不得已而親事於法宫之中，聽斷有疑，時以訪焉，可也。大行至尊壽皇梓宫在殯，復土未有定期，而開講於清閒之燕，炎爲是有疑焉。三代之禮固無所考，漢、唐之事亦不足證，未審祖宗典故有是乎？炎晚生，何足以議禮，然待制鄉邦之先進，後學宗之，且處經帳之長，炎爲是有請焉。乞賜垂教，以開釋所疑，幸甚。《雙溪類稿》卷二一。

　　案：紹熙五年十月十日，朱熹拜受侍講之命，係銜供職。十四日，受詔進講《大學》。《年譜長編》卷下。本書有云"炎近讀邸報，伏見八月八日旨揮，增置講讀官，且於中旬擇日開講"，故推知其約撰於是年（1194）十月中。

　　《新安文獻志》卷九載録王炎《與朱元晦先生論諒闇中開講書》，文末注曰："世傳雙溪與朱文公不合，未見所出。考《雙溪集》有《與文公論諒闇開講事》，《文公集》無答書，豈即謂此耶？”又明程敏政《書王雙溪楊慈湖書記後》曰：“按程氏師友朱子者七人，已見前跋。考之寧宗居光宗之喪，朱子實侍講筵，婺源雙溪王公炎以鄉後進，致書問古者諒闇三年不言之義，遂與朱子不合。”《篁墩文集》卷三七。爲此，程敏政因“雙溪先生嘗通書朱子，問寧宗宅憂開講之禮，朱子集答人書幾二千篇，獨不答此書，故僭擬答之”，而撰《擬朱子答王晦叔書》曰：“承來喻，以熹承乏講筵，當天子宅憂之時，擇日開講，爲未合於禮經，足見君子敎愛之厚，然於鄙意亦自不能無可疑者。夫人君諒陰，三年不言，古之道也。而周之盛時，已不然矣。大抵王侯以國爲家，雖先君之喪，猶以爲己之私服，其禮與庶人絶異。故孟子以爲未學。如來喻所引《記》曰‘斬衰唯而不對，齊衰對而不言’，是故有難言者矣。天子喪禮雖不得詳，而《顧命》、《康王之誥》實後世之所當法。《顧命》太史道揚末命，曰：‘命汝嗣訓，臨君周邦。’王再拜，興，答曰：‘眇眇予末小子，其能而亂四方，以敬忌天威。’則固非唯而不對者矣。來喻又引《記》曰：‘大功言而不議。’曰‘大功廢業’，且云‘大功尚不可議，況於衰麻之至戚’。此尤説之不可通者。《中庸》曰：‘期之喪達乎大夫。’蓋期以下，諸侯絶，大夫降矣，其可以爲天子不言之證乎？至於本朝典故，來喻以爲未審何似，此則熹之所熟諳者也。當神考升遐，哲宗嗣位，伊川先生首爲侍講，其言行昭昭見於《遺書》、史傳，而其大者則冬至百官表賀，先生上言節序變遷，時思方切，請改賀爲慰。此其明驗也。夫先生承絕學後，言動皆禮之所在，顧熹何人，乃獲嗣守職業，惟勉循其道而已。蒙君子惠然有意於僕，不敢不敬布所悃，惟執事者亮之。"《篁墩文集》卷五三。

王　遇

王遇（1142—1211），字子合，漳州龍溪（今屬福建）人。舉乾道八年（1172）進士，調臨江教授，再調處、蘄二州。久之，以薦知長樂縣，轉贛州通判。韓侂冑敗，召爲太學博士，未幾除諸王宮教授，出知常州，詔以提舉浙東常平入對，除大宗正，遷右曹郎中。嘉定四年，校策殿廬，事畢而卒，年七十。遇從遊於朱晦菴、張南軒、呂東萊之門，與廖德明、黃榦、陳淳友善。學者稱東湖先生。著《論孟講義》、《兩漢博義》。《閩中理學淵源考》卷二一。

朱熹《答王子合言仁諸説》：

來教云："天地之心不可測識，惟於一陽來復，乃見其生生不窮之意，所以爲仁也。"熹謂若果如此説，則是一陽未復已前，别有一截天地之心，漠然無生物之意，直到一陽之復，見其生生不窮，然後謂之仁也。如此則體用乖離，首尾衡決，成何道理？王弼之説便是如此，所以見闢於程子也。須知元亨利貞便是天地之心，而元爲之長，故曰“大哉乾元，萬物資始”，便是有此乾元，然後萬物資之以始，非因萬物資始然後得元之名也。

“仁者心之用，心者仁之體”，此語大有病，程子已嘗闢之矣。其下文乃有穀種之説，正是發明闢此之意。今引穀種爲説，而立論乃如此，非惟不解程子所闢之意，竊恐并穀種之意而不明也。《晦庵文集》卷四〇。

案：本書原題“答何叔京”，校記云：“按底本原注云：‘自此至“知覺言仁”共五段，一云《與王子合》。’覈諸淳熙本，題正作《答王子合言仁諸説》。”本書所云，與朱熹此下《答王子合》（向來觀復其見天地之心乎）“遇謂天地之心生生不已，……一陽微動，生意油然，此復所以見天地之心也”云云冥合，可知本書當答王子合，題“答何叔京”者似誤。朱熹下書與王子合所討論者乃朱熹《仁説》中之内容，朱熹《仁説》撰於乾道八年，修改於九年（1173），故推知本書約撰於九年間。

朱熹《答王子合言仁諸説》：

熹所謂“仁者天地生物之心，而人物之所得以爲心”，此雖出於一時之臆見。然竊自謂正發明得天人無間斷處稍似精密。若看得破，則見"仁"字與"心"字渾然一體之中自有分別，毫釐有辨之際却不破碎，恐非如來教所疑也。

性、情一物，其所以分，只爲未發、已發之不同耳。若不以未發、已發分之，則何者爲性，何者爲情耶？仁無不統，故惻隱無不通，此正是體用不相離之妙。若仁無不統而惻隱有不通，則體大用小、體圓用偏矣。觀謝子爲程子所難，直得面赤汗下，是乃所謂羞惡之心者。而程子指之曰："只此便是惻隱之心。"則可見矣。《孟子》此章之首但言不忍之心，因引孺子入井之事以驗之。而其後即云"由是觀之，無惻隱、羞惡、辭遜、是非之心，則非人也"，此亦可見矣。

知覺言仁，程子已明言其非，見二十四卷。蓋以知覺言仁只説得仁之用而猶有所未盡，不若"愛"字却説得仁之用平正周徧也。《晦庵文集》卷四〇。

案：本書原題"答何叔京"，據上書（來教云）同改。

書中所云"仁者天地生物之心，而人物之所得以爲心"，即朱熹《仁説》中語。《晦庵文集》卷六七。張栻《答朱元晦秘書》（來書披玩再四）有云"《克齋銘》讀之無可疑者，但以欠數句説克己下工處如何"。《南軒集》卷二〇。《克齋銘》即《克齋記》，張栻答書撰於乾道九年春。此後朱熹《答張欽夫又論仁説》答云"熹

向所呈似《仁説》，其間不免尚有此意，方欲改之而未
暇。來教以爲不如克齋之云是也"。《晦庵文集》卷三
二。又吕祖謙《與朱侍講元晦》云"《仁説》、《克齋記》
及長沙之往來論議，皆嘗詳閲"，《東萊集》別集卷七。
其書撰於九年二月中。故推知本書亦撰於九年間，
於上書（來教云）以後。

朱熹《答王子合》：

向來觀"復其見天地之心乎"，《易傳》云"動之端，
乃天地之心也"，未覩其旨。近思得之，敢質於先生：
遇謂天地之心生生不已，太極一動，二氣運行，互爲其
根，蓋未嘗或息，非可以動静言也。其曰"動之端"云
者，指流行之體示之，即生物之原者也。《遺書》云"天
只是以生爲道"，天地之心固在於生物，然於生處觀之，
則偏於動而不知動之所以然，非指其端無以見生生之
理也。在人，則惻隱之心是也。乍見孺子將入井，必有
怵惕惻隱，此心不遠，於此察之，庶可見矣。此心雖非
心之本體，然始發見在是，故推此心則廓乎天地之間，
無所不愛。人惟汨於欲而不知復，則是心泯然不見，猶
窮陰沍蔽，萬物歸根，生生之理雖未嘗或息，何自見之？
一陽微動，生意油然，此復所以見天地之心也。在學者
工夫，則平日涵養，語默作止須要識得端倪，則心體昭
然，可默識矣。故伊川云："善學者，不若於已發之際觀

之。"觀於已發，識其未發，克己不已，一旦復之，則造次
顛沛皆見此心之妙，始可以言仁矣。

所喻復見天地心之説，甚善。然此須通動静、陰陽、
善惡觀之，見得各是一理，而此意無所不通，始盡其曲折
耳。學者工夫，則只如《易傳》所説，知其不善，則速改以
從善，此是要約處。若説須要識得端倪而心體可識，則却
是添却一事也。鄙見如此，或恐未然，更告諭及。子晦相
見煩致意，未及奉書。歐陽慶嗣書云甚賴切磨之益，想日
有至論也。《晦庵文集》卷四九。

案：本書校記云：淳熙本於"所喻復見天地心之
説"上有"別紙"二字，"想日有至論也"下有"熹再拜"
三字。

本書中自"向來觀"至"始可以言仁矣"爲王子合
來書文字，其中有云"乍見孺子將入井，必有怵惕惻
隱，此心不遠，於此察之，庶可見矣"，乃承朱熹上書
（熹所謂）中"《孟子》此章之首但言不忍之心，因引孺
子入井之事以驗之"云云，知本書撰於其後。

朱熹《答王子合》：

所喻"思慮不一，胸次凝滯"，此學者之通患，然難驟
革。莫若移此心以窮理，使向於彼者專，則繫於此者不解
而自釋矣。《晦庵文集》卷四九。

案：本書據前後書所云，疑約撰於此時。

朱熹《答王子合》：

子晦所謂"使無童子之言，則曾子亦泊然委順，未足以病其死。唯童子之言一入其聽，而士死於大夫之簀，則有所不安，故必舉扶而易之，然後無一毫愧心而安其死"，此數句甚善。但謂大夫有賜於士之禮，則未知所據，似未安也。子合所謂"大夫之簀，季孫安得賜諸曾子？曾子亦安得受諸季孫？曾子固曰'我未之能易'，則其平日蓋欲易之矣"，此論亦善。但謂曾子辭季孫之仕，則亦無據。而曰"不欲爲已甚而黽勉以受其賜"，則又生於世俗委曲計較之私，而非聖賢之心矣。又云"死生之際則異於是，蓋有一毫不正，則有累於其生"，如此則是人之生也可無不爲，必將死而後始爲計也，此亦必不然矣。

今但平心而論，則季孫之賜、曾子之受皆爲非禮。或者因仍習俗，嘗有是事而未能正耳。但及其疾病不可以變之時，一聞人言而必舉扶以易之，則非大賢不能矣。此事切要處只在此毫釐頃刻之間，固不必以其受之爲合禮而可安，亦不必以爲與世周旋，不得已而受之也。況善吾生乃所以善吾死，豈有平時黽勉徇情，安於僭禮，必俟將死而後不肯一毫之差而足以善其死耶？且若如此，則聖賢臨死之際，事緒紛然，亦不勝其改革矣。若曾子之事，計其未死之前有人言之，則必即時易之，而不俟將死之日矣。

然就二說論之，謂受簀合禮者，但失之輕易粗略，考之不精；而謂黽勉周旋者，其巧曲支離，所以爲心術之害者甚大，恐不止於此一事。要當推類究索，拔本塞源，然後心得其正，而可語聖賢之學也。鄙見如此，幸復相與考之，再以見喻。《晦庵文集》卷四九。

案：本書校記云：淳熙本於"再以見喻"下有"熹上呈"三字。

朱熹下書（昨承問及復卦之説）有"曾子受季孫之賜，無可緣飾，只得做不是，所以後來須要易了方死"云云，乃承本書曾子易簀之説。

朱熹《答王子合》：

昨承問及復卦之説，如所諭固善，然亦有説。蓋陰陽生殺，固無間斷，而亦不容並行。且如人方窮物欲，豈可便謂其間天理元不間斷而且肆其欲哉？要須窮欲之心滅息，然後天理乃得萌耳。程夫子所謂"天地間雖無截然爲陰爲陽之理，然其升降生殺之大分不可無也"，此語最爲完備。然陰陽動靜是造化之機，不能相無者。若善惡，則有真妄之分，人當克彼以復此，然後可耳。

至所謂可識心體者，則終覺有病。蓋窮理之學，只是要識如何爲是、如何爲非，事物之來，無所疑惑耳，非以此心又識一心，然後得爲窮理也。

曾子受季孫之賜，無可緣飾，只得做不是，所以後來須要易了方死。只如此看，多少直截！若謂因仍習俗，非曾子之爲，然則向所謂匰勉周旋者，又豈得爲曾子之爲邪？要之，一等是錯了，不若只如此看，猶不失爲仁者易辭之過也，如何如何？《晦庵文集》卷四九。

　　案：書中言"昨承問及復卦之説"，乃承朱熹上書（向來觀）論復卦之説；又"曾子受季孫之賜"云云，乃承上書（子晦所謂使無童子之言）。則本書撰於其後。

朱熹《答王子合_遇》：

　　前月末送伯恭至鵝湖，陸子壽兄弟來會。講論之間，深覺有益。此月八日，方分手而歸也。伯恭奉祠已久，亦每談志行之美也。所諭變化氣質，方可言學，此意甚善，但如鄙意，則以爲惟學爲能變化氣質耳。若不讀書窮理，主敬存心，而徒切切計較於今昨是非之間，恐其勞而無補也。不審明者以爲如何？《晦庵文集》卷四九。

　　案：本書校記云：淳熙本於"前月末送伯恭至鵝湖"上有"熹頓首再拜子合教授奉議賢友：久不聞問，方此鄉往，奉告，欣審比日尊履多福。熹杜門如昨，夏初伯恭見訪，因同入城，見候吏報丈丈府判經由，意可以一見。已而聞不入城，甚以爲恨。不知乃留居舊第也"七十九字；又"不審明者以爲如何"下有"昨來所附子晦書竟未之領，近至城中，問得下落，方托人督取也。未由晤見，惟以時珍重爲禱。不宣。熹頓首再拜"四十三字。

據《年譜長編》卷上，朱熹、呂祖謙一行於淳熙二年（1175）五月二十八日至鵝湖，會陸九淵兄弟，六月八日分袂。書中云"此月八日，方分手而歸也"，知其撰於六月間。

朱熹《答王子合》：

所問禮文曲折，此在經訓甚明，但今世人情有不能行者，且依溫公《書儀》之說，亦不爲無據也。見成服及祥禫處。然今日月已久，計已如此行之矣。家祭一節，熹頃居喪不曾行，但至時節略具飯食，墨衰入廟，酌酒瞻拜而已。然亦卒哭後方如此，前此無衣服可入廟也。今服其喪未葬，亦不敢行祭，非略之，乃謹之也。不審明者以爲如何？《晦庵文集》卷四九。

案：本書論及"家祭"之儀，當在下書（別紙所論甚悉）以前，推知約撰於淳熙十四年（1187）中。

朱熹《答王子合》：

別紙所論甚悉，但如此講論，愈覺支離，勢須異時面見，口講指畫，乃可究見底蘊。今且當就理義分明處理會，令徑路滑熟，庶於上達處有可漸進之階耳。

祭禮廟室西上，證據甚多，但《通典》注中有"夫人之主處右"之說，而賈頊《祭儀》又云"夫人版皆設於府君之左"，韓魏公《祭圖》亦以妣位居考之東。詳此廟室，既以西爲上，則不應考東而妣西，恐《通典》或字誤耳。此書雖舊，杭本亦多舛誤。孝子之稱，據禮亦有如此通稱者，如云"孝子某使介子某執其常事"之類。但今當各以其屬書之，似爲穩當耳。《晦庵文集》卷四九。

案：本書述及祭禮廟室考妣之位，而下書（前書所喻祭禮之位）亦有"前書所喻祭禮之位"云云，知撰於其前。

朱熹《答王子合遇》：

前書所喻祭禮之位，昨因嘗以爲疑。但不如此，又難區處。若只祭三世，猶可以曾祖考妣居中，而祖東考西。然東位考妣之坐已自難設。祖考東而妣西，則妣坐迫近曾祖不便。考西妣東，又與今人坐次相反。若祭四世，則一位居中，二位居東，一位居西，殊不齊整。兩兩對設，又似敵體，不分尊卑。況左昭右穆，亦是異廟，而廟皆南向，即與今人相向設位不同。又相向設位，則舅婦之坐東西相見，亦甚不便。似不若只以南向西上爲定之爲愈也。《晦庵文集》別集卷三。

案：因下書（前書所論實地功夫者）中詳論及宗廟坐位方向，疑爲本書云云之展開，故推知本書撰時在前。

朱熹《答王子合》：

前書所論實地功夫者，甚善。但常存此意，時復提撕，勿令墜墮乃佳。今時學者未論外誘，多只是因循怠惰，自放倒耳，真不可以不戒。至於"出門有礙"之説，則似未然。自家持守處固是不可放過，至於應世接物，同異淺深，豈容固必？但看得破，把得定，自不妨各隨分量應副將去，何必如此懷不平之心而浪自苦哉？纔有此等意思，恐亦便是本原有不察處，政不可作兩截看也。

今書所論《中庸》大旨，蓋多得之。但言"其上下察也"，"其"者指道體而言，"察"者昭著之義，言道體之流行發見昭著如此也。謝、楊之意，似皆以爲"觀察"之"察"。若如其言，則此"其"字應是指人而言，不知此時豈有人之可指，而亦豈上下文之意耶？呂氏以夫婦所知所能爲費，聖人所不知不能爲隱，此爲用横渠説而異乎伊川者。然伊川亦不説著"費隱"二字如何分畫，但想其意不如此耳。"天地閉爲不恕"一語雖有病，然大意取象是如此。如易之陰陽，以天地自然之氣論之，則不可相無；以君子小人之象言之，則聖人之意未嘗不欲天下之盡爲君子而無一小人也，豈相病哉？"其鬼不神"，是老子語，謝氏《語解》所引，正與其《語録》相表裏，不知如何見得優劣處？恐不必如此分別也。恐別有説，更煩詳喻。二十七章説，則所分畫似全未是，恐更當以《章句》之説考之。"乾知大始"，説者多爲主宰之論，似若微妙而反粗淺。蓋若如此，則乾與大始各是一物，而以此一物管彼一物，如今言某官知某州事也。故伊川先生只以"當"字釋之，則其言雖若淺近，却無二物之嫌，意自渾全也。"不顯"二字，二十六章者別無他義，故只用《詩》意。卒章所引緣自章首"尚絅"之云，與章末"無聲無臭"皆有隱微深密之意，故知其當別爲一義，與《詩》不同也。"知遠之近，知風之自"，據表而知裏也。"知微之顯"，由內以達外也。

宗廟南向，堂室皆南向，但室户在室南壁之東偏而南向，牖在室南壁之西偏而南向，故以室西南隅爲奥而爲尊者之居，所謂"宗室牖下"也。既以西南爲尊者之位，則室中之位固以東鄉爲尊矣，非謂廟東鄉而太祖東向也。然亦非獨太祖也，凡廟皆南鄉，而本廟之主在其廟室中皆東鄉。但祫祭於太廟之時，則獨太祖不易其位，而羣廟之主合食於前者，皆南鄉、北鄉以敘昭穆耳。禘祭於太廟，則又以所出之帝爲東鄉，而太祖反居南鄉爲配位也。《通典》、《開元禮》釋奠先聖東向，先師南向，乃古禮也。堂上之位，則以南向爲尊。如《儀禮·鄉飲酒》，賓席牖前，南向。今沈存中説祭禮朝踐於堂，亦以南向爲尊。而《政和新儀》亦有是説，但未見所據之本文。又秦、漢間廣武君、王陵母皆云東向坐，《田蚡傳》亦云"自坐東鄉，而坐其兄南鄉"，此則不知其爲室中、爲堂上，但猶以東鄉爲尊則可見矣。《晦庵文集》卷四九。

案：書中言及"'其鬼不神'，是老子語，謝氏《語解》所引"，而下書（謝氏致生致死之説）進而釋之"謝氏致生致死之説，亦是且借此字以明當祭與不當祭之意"云云，知承本書。

朱熹《答王子合丁未十二月二十五日》：

謝氏致生致死之説，亦是且借此字以明當祭與不當祭之意。致生之者，如事死如事生、事亡如事存是也。致死之者，如絶地天通、廢撤淫祀之類是也。若於所當祭者疑其有、又疑其無，則誠意不至矣，是不得不致生之也。於所不當祭者疑其無、又疑其有，則不能無恐懼畏怯矣，是不得不致死之也。此意與《檀弓》論明器處自不相害。如"鬼神"二字，或以一氣消息而言，或以二氣陰陽而言，説處雖不同，然其理則一而已矣。人以爲神便是致生之，以爲不神便是致死之。然此兩句獨看却有病，須連上文看"可"與"不可"兩字，方見道理實處，不是私意造作。若不然，即是"應觀法界性，一切唯心造"之説矣。其他未暇詳論，蓋成伯告歸甚迫，故且附此，餘俟來春相見面論。大率尊德性一條，《章句》似已詳備，更熟玩之，自見功夫分別處。日用間常切提撕，著實下手，方見得力處。若只解説，無有了期，不濟事也。《晦庵文集》卷四九。

案：本書撰於淳熙十四年（丁未）十二月二十五日。

朱熹《答王子合》：

細看前書諸説，謝氏之言大概得之。若以本文上下考之，即誠不免有病。乃若其意，則所謂致生之者即是人以爲神，致死之者即是人以爲不神之意耳。天神、地示、人鬼只是一理,亦只是一氣。《中庸》所云,未嘗分別人鬼不在內也。人鬼固是終歸於盡,然誠意所格,便如在其上下左右,豈可謂祀典所載不謂是耶?奇怪不測,皆人心自爲之,固是如此,然亦須辨得是合有合無。若都不分別,則又只是"一切唯心造"之說,而古今小說所載鬼怪事皆爲有實矣,此又不可不察也。《晦庵文集》卷四九。

案:上書(謝氏致生致死之說)有"致生之者"云云、"致死之者"云云,本書乃云"謝氏之言大概得之。若以本文上下考之,即誠不免有病。乃若其意,則所謂致生之者即是人以爲神,致死之者即是人以爲不神之意耳",則承上書,推知其約撰於淳熙十五年(1188)初。

朱熹《答王子合五月十七日》:

動靜無端,陰陽無始,本不可以先後言,然就中間截斷言之,則亦不害其有先後也。觀周子所言"太極動而生陽",則其未動之前固已嘗靜矣。又言"靜極復動",則已靜之後固必有動矣。如春秋冬夏、元亨利貞,固不能無先後,然不冬則何以爲春?而不貞又何以爲元?就此看之,又自有先後也。又如克己復禮然後可以爲仁,固不可謂前此無仁,然必由靜而後動也;惟精惟一而後可以執中,固不可謂前此無中,然亦由靜而後動也。舉此類而推之,反復循環,無非至理。但看從甚處說起,則當處便自有先後也。

“性之善，猶水之下”，此“善”字却是就人物稟受以後而言。據其發用之初，對其成就之極，又自爲陰陽也。“念念相連，事事相續，無頃刻不如此”，大意亦與前段相似，細推之可見。來喻所引乃舊本，後來思之，不能又生支節，轉費分疏，故嘗削去。然今得子合如此商量却好，不然則此意終不分明也。

“愛人利物”等語，亦不甚精，後已刪去矣。“仁”字須是就一事上見統體之全，就統體處見一事之實，方始活絡無滯礙處。

此段甚好，如云“氣之所聚，理即在焉，然理終爲主，此即所謂妙合也”。又云“自其生化之所自出而言，故曰妙合”，此句却不甚親切。

鬼神第一段甚好。

二氣之分，即一氣之運，所謂“一動一靜，互爲其根，分陰分陽，兩儀立焉”者也。在人者以分言之，則精爲陰而氣爲陽，故魄爲鬼而魂爲神。以運言之，則消爲陰而息爲陽，故伸爲神而歸爲鬼。然魂性動，故當其伸時非無魄也，而必以魂爲主；魄性靜，故方其歸時非無魂也，而必以魄爲主，則亦初無二理矣。

幽滯之魄終歸於盡，以此論伯有爲厲之事則可矣，然亦須兼魂魄而言，不可專指幽陰也。若論魂魄之正，則便只是陰陽，元非他物。若天地之陰陽無窮，則人物之魂魄無盡。所以誠意所格，有感必通，尤不得專以"陰滯未散，終歸於盡"爲説矣。

《大學》直卿看過，有疑處已貼在内，可詳之。但"知止"則"止"字爲重，言知其所當止也。"知至"則"知"字爲重，言其知識到極處也。今曰"格物致知"，"格"是極乎知之至，其地位固如此，然其文意不同，亦不可以不察。《晦庵文集》卷四九。

案：本書論及陰陽鬼神，乃承上數書所論者，故其當撰於淳熙十五年五月十七日。

朱熹《答王子合》：

陰陽之氣相勝而不能相無，其爲善惡之象則異乎此。蓋以氣言則動静無端、陰陽無始，其本固並立而無先後之序、善惡之分也。若以善惡之象而言，則人之性本獨有善而無惡，其爲學亦欲去惡而全善，不復得以不能相無者而爲言矣。今以陰陽爲善惡之象，而又曰不能相無，故必曰小人日爲不善，而善心未嘗不間見，以爲陰不能無陽之證。然則曷不曰君子日爲善而惡心亦未嘗不間見，以爲陽不能無陰之證耶？蓋亦知其無是理矣。且又曰克盡己私，純是義理，亦不離乎陰陽之正，則善固可以無惡矣。所謂不能相無者，又安在耶？大凡義理精微之際，合散交錯，其變無窮而不相違悖。且以陰陽善惡論之，則陰陽之正皆善也，其沴皆惡也。周子所謂"剛善剛惡，柔亦如之"者是也。以象類言,則陽善而陰惡;以動靜言,則陽客而陰主。此類甚多,要當大其心以觀之,不可以一説拘也。

窮理之學,誠不可以頓進,然必窮之以漸,俟其積累之多,而廓然貫通,乃爲識大體耳。今以窮理之學不可頓進,而欲先識夫大體,則未知所謂大體者果何物耶?

道即理也,以人所共由而言則謂之道,以其各有條理而言則謂之理。其目則不出乎君臣、父子、兄弟、夫婦、朋友之間,而其實無二物也。今曰子貢、曾點知道矣,而窮理未盡,則未知所謂道者又何物耶?

心猶鏡也,但無塵垢之蔽,則本體自明,物來能照。今欲自識此心,是猶欲以鏡自照而見夫鏡也。既無此理,則非別以一心又識一心而何?後書所論"欲識端倪,未免助長"者,得之矣;然猶曰"其體不可不識",似亦未離前日窠臼也。細看後書,已改"識"字爲"知"字,又云"心體之知",亦似已覺前弊,但未脱然耳。 《晦庵文集》卷四九。

案:上書(動靜無端)論及"動靜無端,陰陽無始,本不可以先後言,然就中間截斷言之,則亦不害其有先後也",本書乃又論"陰陽之氣相勝而不能相無,其爲善惡之象則異乎此",所論相續,當撰於此後。

朱熹《答王子合》:

聖人以此洗心。

"聖人以此洗心","此"字指著卦之德、六爻之義而言。"洗心"言聖人玩此理而默契其妙也。"退藏於密",但言未感物之時耳。"及其吉凶,與民同患",則所用者亦此理而已。其所以知來者,向之所謂員而神者也。其所以藏往者,向之所謂方以知者也。"神武不殺",言聖人之不假卜筮而知吉凶也。"是以明於天之道"以下,乃言教民卜筮之事,而聖人亦未嘗不敬而信之,以神明其德也。此章文義只如此。程先生説或是一時意到而言,不暇考其文義。今但玩味其意,別看可也。若牽合經旨,則費力耳。

孟子言性善一章,伊川先生謂"性之本",又謂"極本窮源之性"。明道先生則謂"人生而靜以上不容説,纔説性時便已不是性。凡人説性,只是説繼之者善也。"伊川以爲本而明道言其繼,何也?竊思伊川之言只謂性之本然耳,明道言"人生而靜以上不容説",則周子之所謂無極也,不可容言也。若太極,則性之謂也。太極固純是善,自無極而言,則只可謂之繼。明道之言,所以發明周子之意也。伊川之意,只是説性之本然無不善耳,所以爲"極本窮源之性",與明道之意不相妨。鄙見如此。

周子所謂無極而太極,非謂太極之上別有無極也,但言太極非有物耳。如云"上天之載,無聲無臭",故下文云"無極之真,二五之精"。既言無極,則不復別舉太極也。若如今説,則此處豈不欠一"太極"字耶?"人生而靜",靜者固是性，然只有"生"字便帶却氣質了。但"生"字已上又不容説，蓋此道理未有形見處，故今纔説性，便須帶著氣質，無能懸空説得性者。"繼之者善"，本是説造化發育之功，明道此處却是就人性發用處説。如孟子所謂"乃若其情，則可以爲善"之類是也。伊川所言"極本窮源之性"，乃是對氣質之性而言。言其氣質雖善惡不同，然極本窮源而論之，則性未嘗不善也。

"易，變易也，隨時變易以從道也。"易即道也，然以變易而得名。道者，自然不易之理也。從之者，亦適當之而已，非以此而從彼也。

易之所以變易者，固皆是理之當然。聖人作易，則因其爻象之變灼見理之所當然者，而繫之辭，教人以變易從道之方耳。如乾初則潛、二則見之類，皆隨時變易以從道之謂也。

乾，聖人之分也，可欲之善屬焉。坤，學者之分也，有諸己之信屬焉。云云。

此説大概得之，但乾坤皆以性情爲言，不當分無形有形，只可論自然與用力之異耳。

八卦之位如何？

康節説伏羲八卦乾位本在南，坤位本在北，文王重易時更定此位。其説甚長，大槩近於附會穿鑿，故不曾深留意。然《説卦》所説卦位竟亦不能使人曉然，且當闕之，不必彊通也。《晦庵文集》卷四九。

案：陸九淵《與朱元晦》（黄、易二生歸）、《陸九淵集》卷二。朱熹《答陸子静》（十一月八日，熹頓首再拜上啓子静崇道監丞老兄）《晦庵文集》卷三六。諸書論及"無極而太極"説。《與朱元晦》撰於淳熙十五年四月望日，《答陸子静》在是年十一月八日，至次年正月兩人太極論辯結束。本書亦述及"無極而太極"説，故推知其約撰於是年秋、冬間。

朱熹《答王子合》：

竊謂聖人既已玩易而默契其妙，自然退藏於密，吉凶與民同患，更無先後之可言。

理固無先後，然時與事則不能無先後之殊矣。此等處須子細著實理會，不可一向掠空説向上去，無收殺也。

性之初只有善，本無惡之可言，乃四德之元、五常之仁也。孟子所謂性善者，此是也。明道言繼之者善，方言性之發用，則四端之心是也，烏得與情合而言之？

性之始終，一於善而已，不當云性之初只有善也。若如所云，則謂性之終爲有惡，可乎？性之發用，非情而何？情之初則可謂有善而無惡耳。"乃若其情"，"若"字恐亦未必訓"順"也。《晦庵文集》卷四九。

案：上書（聖人以此洗心）有言"'洗心'言聖人玩此理而默契其妙也"，本書續云"竊謂聖人既已玩易而默契其妙"，乃承上書，推知約淳熙十五年末或次年初。

朱熹《答王子合己酉閏五月十八日》：

所喻祠記，前日之書似已奉報，不知後來頗見邸報否？語默隱顯，自有時節，前日膚仲亦以修學來求記，謹不敢作矣。今只有解釋經義，與時事無大相關，且流俗所不觀，故猶不免偷閒整頓。然亦凜凜不敢自保，況敢作文章、説道理、大書深刻，與人遮屋壁，使見其姓名，指瑕求釁，以重世俗之憎病乎？李伯諫初去時極要整頓學校，後來病痛多般，立脚不住，都放倒了。大抵吾輩於貨色兩關打不透，便更無語可説也。

《大學》解義平穩，但諸生聽者須時時抽摘問難，審其聽後果能反復尋繹與否。近覺講學之功不在向前，只在退後，若非温故，不能知新。蓋非惟不能知新，且并故者亦不記得，日用之間，便成相忘。雖欲不放其良心，不可得矣。此事切宜自警，并以提撕學者爲佳。如其不然，則呂藍田所謂無可講者真不虛矣。若得它就此得些滋味趣向，立得一個基址，即向後自住不得。若都茫然無本可據，徒然費人詞説，久遠成得甚事。切望於此留意，不須鐫碑立名，只爲一時觀美，無益於人，邂逅或能生事也。《晦庵文集》卷四九。

案：本書撰於淳熙十六年（己酉，1189）閏五月十八日。

朱熹《答王子合》：

使天下皆知此理而求止焉，固是新民之事，然其所以使之如此者，必有道矣。示之表儀，固是所以新之之本，然已屬明明德之分矣。須知政教法度之施於民者，亦無不欲其止於至善也。

"定"、"靜"、"安"、"慮"、"得"五字是功效次第，不是工夫節目。

興孝興弟，不倍上行下效之意，上章已言之矣。<small>治國。</small>此章再舉之者，<small>平天下。</small>乃欲引起下文"君子必須絜矩，然後可以平天下"之意。不然，則雖民化其上以興於善，而天下終不免於不平也。故此一章首尾皆以絜矩之意推之，而未嘗復言躬行化下之説。然則治國、平天下雖無二道，然其設施之際，不可謂無異術也。

意雖心之所發，然誠意工夫卻只在致知上做來。若見得道理無纖毫不盡處，即意自無不誠矣。意誠然後心得其正，自有先後。今曰"主於心而由中以出，安有不誠？"正是顛倒説了。

以上四説請詳之。橫渠先生有言："義理有疑，即濯去舊見，以來新意。"此言最有理。蓋舊見已是錯了，今又就上面更起意思，擘畫分疏，費力愈多，而於本經正文意思轉見昏了。須是一切放下，只將經文虛心涵泳，令其本意瞭然心目之間，無少差互，則卻回頭來看舊來見處，其是非得失不崇朝而決矣。《晦庵文集》卷四九。

案：上書（所喻祠記）言及"《大學》解義平穩，但諸生聽者須時時抽摘問難，審其聽後果能反復尋繹與否"，本書所論《大學》四説之義，當爲王氏《大學》解義所論而發，疑即上書之別紙，《書信編年》。撰於同時。

王遇《與朱元晦書》：

《中庸》"鳶飛魚躍"處，明道云："會得時活潑潑地，不會得只是弄精神。"惟上蔡看破。先生引君臣、父子爲言此吾儒之所以異於佛者，如何？《朱子語類》卷六三。

案：《朱子語類》卷六三載鄭可學所記云："子合以書問：'《中庸》"鳶飛魚躍"處……'曰：'鳶飛魚躍，只是言其發見耳。釋氏亦言發見。但渠言發見，却一切混亂。至吾儒須辨其定分，君臣、父子皆定分也。鳶必戾於天，魚必躍於淵。'"據《朱子語類·姓氏》，鄭可學字子上，紹熙二年（辛亥，1191）來從學。故推知本書撰於此時。

朱熹《答王子合書》：

鳶飛魚躍，只是言其發見耳。釋氏亦言發見。但渠言發見，却一切混亂。至吾儒須辨其定分，君臣、父子皆定分也。鳶必戾於天，魚必躍於淵。《朱子語類》卷六三。

案：本書乃答王氏上書（《中庸》"鳶飛魚躍"

處），參見上書之考證。亦撰於紹熙二年間。

朱熹《答王子合》：

示喻曲折，具曉所謂。但區區之意，初見彼間風俗鄙
陋汙濁，上不知有禮法，下不知有條禁，其細民無知猶或
可憐，而號爲士子者，恃彊挾詐，靡所不爲，其可疾爲尤
甚，故於此輩苟得其情，則必痛治之。蓋惟恐其不嚴，而
無以警動於愚俗。至於廉退好修之士、柔良鰥寡之民，則
未嘗以此加之也。細民籍籍，不知此意，妄生恐懼，而彼
爲士者亦何遽至畏縮而不敢來相見乎？若果有之，即是
其見識不高、趨向凡下，無以異於愚民。爲政者亦安能每
人而悅之哉？

至如經界一事，固知不能無小擾。蓋驅田里之民，使
之隨官荷畚持鍤、揭竿引繩以犇走於山林田畝之間，豈若
其杜門安坐飽食而嬉之爲逸哉？但以爲若不爲此，則貧
民受害無有已時。故忍而爲之，庶其一勞而永逸耳。若
一一恤此，必待其人人情願而後行之，則無時而可行矣。
且如此間紹興年間正施行時，人人嗟怨，如在湯火之中。
是時固目見之，亦以爲非所當行，但訖事之後，田稅均齊，
里閭安靖，公私皆享其利，遂無一人以爲非者。凡事亦要
其久遠如何耳。但惜乎此事未及下手，而上下共以私意
壞之，使人預憂其擾而不見其利，此則非熹之罪，而當世
自有任其責者，尚何言哉！然當時若更施行，則其擾不但

土封而已，不知噂沓又復如何也。若便指土封爲擾而謂經界之不善，則如子合者亦未究此利害也。桂林之行，亦引此自列，然後得免，後世當有知此心者耳。

新學既成，氣象開豁，但願自今以往游其間者亦各放開心胸，莫作舊時卑汙暗昧見識，乃爲佳耳。《晦庵文集》卷四九。

案：紹熙三年十二月，朱熹除知静江府、廣西經略安撫使，上章辭免；四年二月差主管南京鴻慶宮。《年譜長編》卷下。本書中言“桂林之行，亦引此自列，然後得免”，故推知其約撰於四年（1193）春末、夏間。

朱熹《答王子合》：

所喻土封事，當時却無人來論訴，亦無人子細説及。熹又尋即去郡，故其事不及露而失於究治耳。但如來喻所云，所費不多，不能與之訟於官府，則其爲害應亦不至太甚。但今已不行，無可得説，便且借此爲話端而興謗議耳。若果盡行，則熹自料雖使更用嚴刑峻法，此等小擾亦恐終不能免，其謗必有大於此者。而如子合者，亦將有番悔青苗之議矣。此可付一笑也。少時見所在立土封，皆爲人題作“李椿年墓”，豈不知人之常情惡勞喜逸，顧以爲利害之實，有不得而避者耳。如禹治水，益焚山，周公驅猛獸，豈能不役人徒而坐致成功？想見當時亦必須有不樂者。但有見識人須自見得利害之實，知其勞我者乃所以逸我，自不怨耳。子合議漢事甚熟，亦曾看漢高初定天下，蕭何大治宮室，又從婁敬説，徙齊、楚大姓數十萬於長安，不知當時是費幾個土封底功夫？而不聞天下之不安，其於今日事勢何如也？

子餘留此久，適熹病，不得朝夕相聚。又見渠長上，不欲痛下鈐鎚。後來自覺如此含糊恐誤朋友，方著力催儧功夫，則渠已有行日矣。其有尚宿留者，用新法課程，近日却頗長進。信乎小仁者大仁之賊，而無面目者乃長久人情也。《晦庵文集》卷四九。

案：本書乃述"土封事"，知承上書（示喻曲折），約在是年夏、秋間。

又，羅大經《鶴林玉露》甲編卷六《經界》云："朱文公守漳，將行經界，王子合疑其擾。公答書曰：'經界一事，固知不能無小擾，但以爲不若此，則貧民受害無有了時。故忍而爲之，庶幾一勞永逸耳。若一一顧恤，必待人人情願而後行之，則無時可行矣。紹興間，正施行時，人人嗟怨，如在湯火中，但訖事後，田税均齊，田里安静，公私皆享其利。凡事亦要其久遠如何耳。少時見所在所立土封，皆爲人題作李椿年墓，豈不知人之常情惡勞喜逸，顧以爲利害之實，有不得而避者耳。禹治水，益焚山，周公驅猛獸，豈能不役人徒而坐致成功？想見當時亦須有不樂者，但有見識人，須自見得利害之實，知其勞我者乃所以

逸我，自不怨耳。子合議漢事甚熟，曾看高祖初定天
下，蕭何大治宮室，又從婁敬策，徙齊、楚大姓十數萬
於長安，不知當時是幾箇土封底工夫，不聞天下之不
安，何也？'文公此論，可謂明確。蓋自商鞅有成大事
者不和於衆之說，卒以滅宗。故後之爲政者，每畏拂
人情，不知人情固不可拂，亦不可徇。唯當論理之是
非、事之當否爾。商之遷亳，周之遷洛，何嘗不拂人
情？及其事久論定，然後知拂之者乃所以愛之也。
司馬相如曰：'世必有非常之人，然後有非常之事；有
非常之事，然後有非常之功。夫非常者，固常人之所
異也。故曰非常之元，黎民懼焉，及臻厥成，天下晏
如也。'亦見得此理。東坡嘉祐間作《思治論》曰：'所
謂從衆者，非從衆多之口也，從其不言而同然者耳，'
其說最好。然厥後荆公行新法，公上書爭之，乃曰：
'爲國者未論行事之是非，先觀衆心之向背。'其說却
有病，天下豈有悖理傷道之事，可以衆心之所向而姑
爲之乎？宜其不足以服荆公，而指爲戰國縱橫之學
也。"羅氏所記，乃合朱熹前後兩書文字而云爾。

王正臣

王正臣，字元達。《儒林宗派》卷十列於朱子門人，
《朱子門人》以爲非朱子弟子。

朱熹《回王正臣》見《大同集》：

伏念行能無取，藝業不脩。學不足以見古人之用心，徒極鑽研之力；仕不足以行平日之所志，第勞刀筆之間。至於典禮義文學之官，首誦説講論之事，聖言高遠，雖莫究於指歸；絶業光明，庶有開於來者。過勤厚意，貺以華牋。仰褒飾之過宜，顧省循而何有？謹奉啓上謝。《晦庵文集》別集卷八。

　　案：《朱子大同集》卷八題作"回王正臣元達啓"，於"伏念行能無取"上多"某啓"二字；"絶業光明"作"事業光明"，是；"庶有聞"作"庶有開"。

　　書中言及"至於典禮義文學之官，首誦説講論之事，聖言高遠，雖莫究於指歸；絶業光明，庶有開於來者"，推知當在朱熹任職侍講時，故本書約撰於紹熙五年(1194)十月中。

王仲傑

王仲傑，字之才，處州縉雲（今屬浙江）人。《晦庵文集》別集卷七《題尋真觀》。淳熙中知星子縣，董重修白鹿洞書院。《晦庵文集》卷三四《答呂伯恭》。

朱熹《與星子諸縣議荒政書》：

熹爲政不德，致此旱災，雖已究心，多方措置，庶幾吾民得以保其生業,而免於飢餓流離之苦,然竊自念智力淺短,不惟精神思慮多所不周,而事體次第亦須由軍而縣,方能推以及民。若非三縣同官各存至公至誠之心,深念邦本民命之重,相與協力,豈能有濟?今有愚見,懇切布聞,條具如後:

一、逐縣知佐既是同在一縣,協力公家,當以至公至誠之心相與。凡百事務,切要通情,子細商量,從長措置,自然政脩事舉,民受其賜。苟或上忽其下,唯務私己吝權,下慢其上,但知偷安避事,則公家之務何由可濟?況今災數非常,民情危迫,經營措置當如拯溺救焚之急,不可小有遲緩齟齬,有誤民間性命之計。切告深體此意,盡革前弊,庶幾事有成功,民受實惠。

一、檢放之恩,著在令甲,謹已遵奉施行。今請同官當其任者少帶人從,嚴切戒約,給與糧米錢物,不得縱容需索搔擾。又須不憚勞苦,逐一親到地頭,不可端坐寬涼去處,止憑鄉保撰成文字。又須依公檢定分數,切不可將荒作熟,亦不可將熟作荒。其間或有疑似去處,或有用力勤苦之人,寧可分明過加優恤,不可縱令隨行胥吏受其計囑,別作情弊。

一、勸諭上戶,請詳本軍立去帳式,令鄉眾依公推舉,約定所蔭客戶、所糶米穀數目,縣司略備酒果,延請勸諭,厚其禮意,諭以利害,不可縱令胥吏非理搔擾。上戶既是富足之家,必能體悉此意。其間恐有未能致悉之人,亦當再三勸諭,審其虛實,量與增減。如更詐欺抵拒,即具姓名申軍，切待別作施行。

一、根括貧民，請詳本軍所立帳式，行下諸都隅官保正子細抄劄，著實開排。再三叮嚀説諭，不得容情作弊，妄供足食之家，漏落無告之人。將來供到，更於本都喚集父老貧民逐一讀示，公共審實，衆議平允，即與保明。如有未當，就令改正，將根括隅官保正重行責罰。

一、將來糶米，亦請一面早與上户及糶米人户公共商議置場去處，務令公私貧富遠近之人各得其便。大抵官米只於縣市出糶，上户米穀即與近便鄉村置場出糶，不須般載往來，徒有勞費。如有大段有餘不足去處，及將來發糶常平米斛，即具因依申來，切待別行措置。

一、凡郡中行下寬恤事件，各請誠心公共推行。如有未當或未盡事宜，更望子細示喻，當行改正。

右件如前，各請痛察。如或未蒙聽從，尚仍前弊，致此飢民一有狼狽，即當直以公法從事，不容更奉周旋矣。千萬至懇至懇。《晦庵文集》卷二六。

案：此乃於南康軍屬星子、都昌、建昌三縣令佐王仲傑等議荒政書。《年譜長編》卷上云在淳熙七年(1180)八月間。

王子充

王子充，名里不詳。朱熹《迪功郎致仕王君墓碣銘》

載王彥暉，字子充，番陽人，迪功郎致仕，淳熙十一年八月
卒。因朱熹於《墓碣銘》内又云"予雖不及識王君"。《晦庵
文集》卷九二。故知其乃屬别一人。

朱熹《答王子充》：

老兄深靜篤實，天資甚美，平時於輩流中心所敬仰。
顧恨相從日淺，未得深扣所存，以自警策。今讀來教，乃
有懶弱自安之語，何邪？大抵今日之弊，務講學者多闕於
踐履，而專踐履者又遂以講學爲無益，殊不知因踐履之實
以致講學之功，使所知益明，則所守日固，與彼區區口耳
之間者固不可同日而語矣。不然，所存雖正，所發雖審，
竊恐終未免於私意之累，徒爲拘滯而卒無所發明也。愚
意如此，不審高明以爲如何？《晦庵文集》卷四六。

案：本書撰時未詳。《朱子語類》卷九載黄榦所
記曰："王子充問：'某在湖南，見一先生只教人踐
履。'曰：'義理不明，如何踐履？'曰：'他説：行得便
見得。'曰：'如人行路，不見，便如何行？今人多教人
踐履，皆是自立標致去教人。自有一般資質好底人，
便不須窮理、格物、致知。聖人作個《大學》，便使人
齊入於聖賢之域。若講得道理明時，自是事親不得
不孝，事兄不得不弟，交朋友不得不信。'"又卷一九
載黄榦記曰："王子充問學。曰：'聖人教人，只是箇
《論語》。漢、魏諸儒只是訓詁，《論語》須是玩味。今

人讀書傷快，須是熟方得。'曰：'《論語》莫也須揀箇
緊要底看否?'曰：'不可。須從頭看，無精無粗，無淺
無深，且都玩味得熟，道理自然出。'曰：'讀書未見得
切，須見之行事方切。'曰：'不然。且如《論語》，第一
便教人學，便是孝弟求仁，便戒人巧言令色，便三省，
也可謂甚切。"與本書所云相合。《書信編年》疑本書
在淳熙十三年(1186)前後。待考。

王子俊

王子俊，字才臣，號格齋，吉水(今屬江西)人。官成
都帥幕。"嘗從楊萬里、周必大游，爲代草牋奏書記，二人
延譽於朱子"。所著有《史論》、《師友緒言》、《三松類藁》
諸書。《格齋四六》卷首《提要》)。

朱熹《答王才臣》：

來喻縷縷，備見雅志。然於讀書窮理、所得所疑，未
有以見教者，而較短量長、非人是己之意實多。若果有得
於義理之歸，恐不應更有此病也。明者思之，以爲如何?
苟有取焉，則願置此，而姑相與實講所疑，乃千萬之幸也。
無疑書來，其大指與左右亦相似，已詳報之，或因過目，併
以一言論其得失可也。六詠之需，非敢忘之，實以年來纂
次禮家文字，頭項頗多，衰病之餘，精力向盡，無暇可及，

亦覺未是急務,故不敢以奉凂爾。"格齋"大字,此却好箇題目,顧未知所以充之者如何。寫字亦非所難,適此兩日寒甚,衰病拘攣,不可轉動,向後晴暖,當試爲之,以奉寄也。承有枉顧之意,尤荷不鄙。若得會面,彼此傾倒,以判所疑,何幸如之!未間,千萬及時專力,使有箇端的用心處,庶幾合并之日有可討論也。子直詩甚佳,《南容》之篇尤有餘味,已輒爲題其後,因書幸以報也。《晦庵文集》卷六〇。

案:本書有言"子直詩甚佳,《南容》之篇尤有餘味,已輒爲題其後,因書幸以報也",據朱熹《跋楊子直所賦王才臣絶句》稱"今讀子直此詩,而於《南谷》之篇竊有感焉,因識其後,復以寄才臣,果以爲何如也?慶元庚申正月二十八日,晦翁書"。《晦庵文集》卷八四。故推知本書約撰於慶元六年(庚申,1200)正月、二月之際。又,上述"而於《南谷》之篇竊有感焉"之"谷"字,似當作"容"。

王 佐

王佐(1126—1191),字宣子,會稽山陰(今浙江紹興)人。紹興十八年(1148)進士第一。累遷起居郎,後以直寶文閣知宣州,徙知建康府、行宮留守。又爲福建路轉運判官,徙知潭州、揚州、平江府、臨安府,進工部侍郎、權工部尚書,尹京如故。兼侍講,久之進侍讀,遂權户部尚書。

以提舉江州太平興國宮而歸。紹熙二年二月卒,年六十六。事蹟見陸游《渭南文集》卷三四《尚書王公墓誌銘》。

朱熹《與王尚書佐》:

始來不爲久計,不欲多挈挐累,今只一十歲小兒、一孤甥及學者一二人在此。天寒歲暮,官舍蕭然,兀然如一老頭陀,時一自笑且自歎也。廬阜山水之勝,粗快野心。然非休務不敢出,出又不得留,愈覺拘悶。行亦力懇諸公,以必去爲期耳。

某之族祖奉使直閣諱弁,早從中州士大夫遊,文學甚高。建炎初,銜命虜營,見留十七年,全節而歸。又以忤時宰,不及用而死,藁殯西湖之智果院三十年矣。其孫照者貧悴亡聊,不能歸葬故里。今欲只就左近卜地以葬,竊意欲丐台旨,以重其事,庶可必得。今悉令取稟,倘蒙矜許,却令踏逐,別具申請也。《晦庵文集》續集卷五。

案: 朱熹《奉使直祕閣朱公行狀》云,朱弁於紹興十四年(1144)四月"卒於臨安府白龜池之寓舍,遺命歸葬故山,不果,則權厝西湖上智果院。……後六年,熹始得拜公之殯而讀其遺文。又三十有四年,乃復得官浙中,則公之殯猶在智果院也。方將爲謀葬故,而遽以皋逐。今密院檢詳尤公袤、臨安帥守張公杓聞而悲之,相與悉力經紀其事。而太學錄張君體仁又爲得吉卜於□□縣積善峰之下"。《晦庵文集》卷九八。據《浙江通志》卷二三五,乃卜葬於錢塘縣積善峰下。故本書中所云"今欲只就左近卜地以葬"乃指臨安附近;所謂"欲丐台旨,以重其事"者,乃欲借重於臨安府官耳。又據《吳郡志》卷一一,王佐於淳熙七年十一月自知平江府改知臨安府。而本書首云"始來不爲久計,……天寒歲暮,官舍蕭然",又云"廬阜山水之勝,粗快野心",乃指朱熹知南康軍事。由此推知本書撰於是年(1180)寒冬歲末時。又案:本書中云"藁殯西湖之智果院三十年矣"之"三十年"乃屬約數。《書信編年》、《年譜長編》卷上因此"三十年"而定本書撰於淳熙元年者,不確。

朱熹《與王尚書》:

向乞通理夏税,側聞甚蒙尚書同右司丈維持之力。但廟堂既無果決,版曹又巧爲沮抑,至今未決,甚可恨也。竊聞檢放文字體式許以見示,久未及請。今願得以爲法,專此拜請,幸即付去人。此事自屬漕司,更告因二漕語次及之,及早行下州縣,令受狀檢踏爲佳。蓋早禾已刈,至八、九月不復可辦豐凶。官司但欲罔民多取,而不知僥幸姦民反乘此以欺有司也。

區區按事噬臘遇毒,極爲可笑。然公正之朝不宜有此,亦姑任之。但若竟如此,則荒政亦不復可料理,亦即引去矣。《晦庵文集》續集卷五。

案：書中稱王佐爲尚書，據陸游《尚書王公墓誌銘》《渭南文集》卷三四。所云，王佐權户部尚書不早於淳熙八年；又書中有言"向乞通理夏税"，又云"此事自屬漕司，更告因二漕語次及之，及早行下州縣，令受狀檢踏爲佳。蓋早禾已刈，至八、九月不復可辦豐凶"，當屬朱熹於淳熙八年十二月出任提舉浙東常平後事。又朱熹於淳熙九年七月十九日始，連上六狀彈劾知台州唐仲友，而遭反噬。朱熹《乞罷黜狀》云"今月（八月）十四日，準尚書省劄子備奉聖旨：據臣奏知台州唐仲友罪狀并仲友劄子訴臣不合搜捉轎檐、驚怖弟婦王氏、心疾甚危等事"。《晦庵文集》卷三三。書中"區區按事噬臘遇毒"云云，正指此事。故推知本書約撰於淳熙九年（1182）七、八月之際。

魏誠之

魏誠之，建寧府建陽縣（今屬福建）人。魏掞之弟。餘不詳。

朱熹《與魏□□元履弟》：

病革時，顧念君親，處理家事，無一語謬。其母視之，不巾不見也。戒其子云云，去"命其學者"云云。以右"有之"一節。所爲文章若論議訓説合數十卷。卷數既未定，不若只以此句包之，如何？元履於學無不講，而尤長於云云，識其大者，平居論說，聽者悚然，在學者止周遭之。除此一條，蓋前已有恤親舊字，可包舉也。泣拜，奉嚴君士敦之狀，以銘文爲請。

志文所改，大者如此，其它悉如來喻填補矣。愛君憂國，已云有志於當世，足以見之。此等事太切切言之，又似出位也。奉親，人之常行，若一一紀載，則日用百事皆當悉書矣。興利除害、賙人之急，如所載請移粟、恤親舊之事便是，更不必重出矣。隆興、乾道時政議，不知是何書，頃所未見。大抵此等皆非草茅所當言者，表而出之，恐益生病，不如爲泛辭以包之也。俚俗謂"坂"爲"富"，如此間"大富"、"藉富"，皆"坂"字也。向見荊南田官說營田處地名長富，即劉先主爲曹操追及處，史所謂當陽長坂也。然則以"坂"爲"富"，南北通語。要之，見於文字，當作"坂"字也。《晦庵文集》別集卷四。

案：本書校記云：兩空格處，《四庫全書》本作"誠之"。

本書論修改魏掞之墓誌文字事。魏掞之卒於乾道九年閏正月。朱熹《國錄魏公墓誌銘》云其子"孝伯將以七月己未奉其柩葬所居之南不十里所謂長坂者，元履平生時所樂處也。予往蒞其卜，孝伯泣拜，奉嚴君士敦之狀，以銘文爲請"。《晦庵文集》卷九一。又朱熹《跋魏元履墓表》云"元履之葬，熹實銘之，而刻石納壙中矣"。《晦庵文集》卷八三。故推知朱熹本書當撰於是年七月(1173)以前。

魏掞之

魏掞之(1116—1173),字子實,號艮齋,建寧府建陽縣(今屬福建)人。初名挺之,字元履,然卒以元履行。師胡憲,與朱熹游。兩試禮部不第。乾道中,以布衣入見,極陳當時之務,上嘉納之,賜同進士出身,守太學錄,罷爲台州教授,乃歸居治學。乾道九年卒,《南軒集》卷四〇《教授魏元履墓表》。年五十八。《宋史》卷四五九有傳。

朱熹《與魏元履》:

邊報如所示,乃可慮。此傳聞復不然,云已破虹縣、靈壁兩城,禽其魁帥,得其積穀十餘萬斛,不知孰是。前日得先生書云,鉛山見報亦如此所聞也。史去而辛、洪皆遷,國論未知所定,非草茅所得憂。但願天意悔禍,有以發悟聖心耳。諫垣、南榻素有直聲,未聞有以大慰人望者,何哉? 有所聞續以見示,幸甚。令子爲學,督之不敢怠,但良亦費檢束耳。因書更切教戒,令稍尊重爲佳。《晦庵文集》別集卷一。

　　案:據《宋史·孝宗紀一》,隆興元年五月,右相史浩罷,同知樞密院事辛次膺除參知政事、翰林學士

承旨洪遵除同知樞密院事；宋軍北伐，於五月上旬收
復靈壁縣、虹縣，然二十四日潰敗於符離。本書言及
"此傳聞復不然，云已破虹縣、靈壁兩城，禽其魁帥"，
故推知其約撰於是年(1163)五月間。

朱熹《與魏元履》：

共甫書與子飛云：李顯忠聞殿帥之除，知爲奪兵罷
黜之漸，有尹機者説之曰："今魏公鋭志恢復，而諸將莫敢
前者，姑以是自薦，公必喜而見留。然計其財力，未能舉
事，是我以空言而獲實利也。"顯忠悦，言於公，如機指意，
公果然之，而不復計其力之未能大舉也。上疏出師，廷議
莫以爲可，而上意向之不可奪，詔報公即行。顯忠與邵宏
淵合兵入宿州，宏淵欲散府庫以賚將士而全軍以歸，李不
可，遣宏淵出城措置，而盡有其金帛，以馬載還其家。已
而置酒高會，官妓人予白金一兩，士卒人予錢三百，軍士
大怒。會虜騎至城下，衆莫肯戰，揚言虜盛不可當，且欲
圖之。顯忠惶遽，遂走，失亡七、八千人，七萬人出寨，還者
六萬餘。而軍資器械盡没。幸是日大霧，虜人不知我師之
遁，故無他，不然幾殆。然虜人冒火暑奔馳赴救，人馬踣
於道者相望也。入宿州後事，寬甫書所報也。書亦云上意猶
向魏公，但不知相湯公，遣楊存中，罷王龜齡，又何意耳？
平甫云：家書中言，初聞宿州之潰，不得其由，朝廷震駭，
疑二將降北。德壽以二將皆楊舊部曲，遣往招之，故有此

命。後省初欲論駁，而亦不知所以爲他計者，遂止。不知果然否？邵宏淵、劉寶分護淮東、西，不知復如何？守險之說未爲不然，但不知所以爲自治之計如何耳？但守與和二字相似，不知爲是說者於此能別異之否？愚謂今日之憂不在邊境，正惟廟堂議論弛張黜陟，乃折衝制勝根本。魏公績用不成，正坐此耳。吕許公謂范文正公言欲經略西事，不如且在朝廷。此言深有味，老兄以爲如何？《晦庵文集》別集卷一。

案：據《宋史·孝宗紀一》，隆興元年六月，楊存中爲御營使，節制殿前司軍馬；七月，湯思退拜右相；八月，劉寶兼淮東招撫使；九月，楊存中罷。本書“初聞宿州之潰，不得其由，朝廷震駭，疑二將降北。德壽以二將皆楊舊部曲，遣往招之，故有此命”，故推知其約撰於八、九月之際。

朱熹《與魏元履書》：

熹六日登對，初讀第一奏，論致知格物之道，天顏溫粹，酬酢如響。次讀第二奏，論復讎之義；第三奏，論言路壅塞，佞幸鴟張，則不復聞聖語矣。副本已送平甫，託寫呈，當已有之矣。十二日，有旨除此官，非始望所及，幸甚幸甚。然闕尚遠，恐不能待，已具請祠之劄，辭日投之。更屬淩丈催促，必可得也。

和議已決，邪說橫流，非一葦可杭。前日見周葵，面質責之,乃云此皆處士大言,今姑爲目前計耳。熹語之曰:"國家億萬斯年之業,參政乃爲目前之計耶?"大率議論皆此類。韓無咎、李德遠皆不復尋《遂初賦》矣,庶寮唯王嘉叟諸人尚持正論,然皆在閒處,空復爾爲。兩日從官過堂詣府,第不知所論云何。欲少贊之,輒不值,未知渠所處也。言路惟小坡論甚正,但恐其發不勇,不能勝衆楚爾。王之望、龍大淵已差使、副,不知尚能挽回否?諸非筆札可盡。

共父之出,中批所命,朝野不知所坐。本欲作先生一書,醉矣不能,因書及之,亦令平甫寫其劄副藁寄呈矣。《晦庵文集》卷二四。

案:朱熹召赴行在奏事在隆興元年。《宋史全文》卷二四上。登對在十一月,本書有云"熹六日登對,……十二日,有旨除此官",故推知其約撰於十一月下半月。

朱熹《與魏元履》:

徐嚞已罷,共甫復改命三衢,而朱新仲來爲泉守,殊不可曉也。二小使已還,魏公復出江上,廿八日已行矣。查元章夔漕,馮方以太府少卿參議,從魏請也。任元受以祕閣參議,亦必魏薦耳。無咎除户部郎,張安國以掖垣兼直詞禁,王慶長閩憲,想次第聞之矣。但文云王瞻叔已回,此又何耶?陳君此間過時,無尋問處。渠欲陸尉書,已作數字授之，不知有效否。觀其失業狼狽，殊可憐，恨不能有以處之耳。《孟子説》向嘗編集，雖已終篇，但苦無人商量。間因人或來問，檢視之，輒有不滿意處，未欲傳出以誤後生也。或彼中有人看此書，講説有疑處，令逐條抄出疑問之意，便中寄示，容撿鄙論爲答。有不當處，却告駁難，即彼此有益。若全部寫得，未必講習，却無所用耳。《晦庵文集》別集卷一。

案：徐嚞字吉卿，"孝宗登極，以舊職守泉，徙帥越，俄進職守平江"。《浙江通志》卷一六一引《弘治衢州府志》。據《嘉泰會稽志》卷二，徐嚞於隆興二年十一月以左朝議大夫充敷文閣待制知紹興府。共甫即劉珙，據朱熹《劉樞秘墓記》，於隆興元年"十一月除集英殿修撰知泉州，未赴。二年二月改衢州，乾道元年三月除敷文閣待制知潭州"。《晦庵文集》卷九四。朱新仲名翌，紹興間因"忤權臣意，一斥十四年。起知嚴州、寧國、平江府。撙節浮費，積緡錢四十萬於平江。高宗皇帝視師江上，後守獻之，有詔嘉獎。自祠宫起知太平、潭、泉三州，皆不赴。年七十，乾道三年卒"。《寶慶四明志》卷八。而據《宋史·孝宗紀一》，隆興二年"三月丙戌朔，詔張浚視師于淮。又詔王之望等以幣還"。"夏四月庚申，召張浚還朝"；"丁丑，張浚罷"。王之望字瞻叔。可知朱熹本書當撰於隆興二年(1164)三月間。

朱熹《與魏元履書》：

近時一種議論出於正人之口，而含糊鶻突，聽之使人憒憒。似此氣象規模，如何抵當得王之望、尹穡輩，更何足掛齒牙間也！《晦庵文集》卷二四。

　　案：書中所謂"出於正人之口"之"近時一種議論"，乃指汪應辰等主張之"講和"而"自治"之論。朱熹《答汪尚書》(別紙示及釋氏之説)言及"今欲以講和爲名而脩自治之實，恐非夫子正名爲先之意"，而斥爲"先自處於背盟違命之地，而使彼得擅其直以責於我，內疑上下之心，外成讎敵之勢，皆非計之得也"。《晦庵文集》卷三〇。《答汪尚書》撰於隆興二年五月間，故知本書約撰於是年六月以後。

朱熹《與魏元履拨之》：

寇日深矣，爲之奈何？諸報想自聞之。此間事甚遲，方傳古藤之命，未知果否？誤國至此，□之肉其足食乎？小譴何益？龜齡既起，不知復作何計？今日正懼狐鼠之妖蠱蝕君心，此爲本根之禍。不去此物，國勢無自而張，邊備無自而立，賢才無由而見任，直言無由而上聞矣。老兄以爲如何？成都全不聞近報，不知到何許？胡邦衡痛哭之書見之否？説病證甚危急，而無甚治法。但顯言西帥跋扈，欲誅沈介，取其首。其機事不密乃爾，可怪。久不聞問，念念不忘。適有均亭便，晨起手凍，作字不成，幾不可讀,亦所以效顰耳。一笑。逐湯相陳,豈非賞魏無知之功乎? 可笑可笑。 《晦庵文集》別集卷一。

案:書中"逐湯相陳",指隆興二年十一月湯思退罷相、右相陳康伯拜左相。《宋史·宰輔表四》。又"寇日深矣",乃指是年秋"金人犯邊"事。《宋史》卷三三《孝宗紀一》。又書中有"晨起手凍"語,推知本書當撰於是年閏十一月、十二月間。

朱熹《答魏元履》:

比來觀何書? 大抵人當有以自樂,則用行捨藏之間,隨所遇以安之。和靖先生云:"如霽則行,如潦則休。"此言有味也。三哥失解,能自遣否? 後生所慮學不足、身不立爾,得失區區,何足深介意也。《晦庵文集》卷三九。

案:魏元履子應仲(三哥)於隆興元年來從朱熹受教,朱熹於九月至歲末赴行在奏事時,嘗與魏應仲一書指導爲學次序。《晦庵文集》卷三九。而本書有"三哥失解,能自遣否"語,因乾道二年有春闈,故疑本書約撰於乾道元年(1165)秋、冬間。

朱熹《答魏元履》:

欲爲《春秋》學,甚善。但前輩以爲此乃學者最後一段事,蓋自非理明義精,則止是較得失、考同異,心緒轉雜,與讀史傳摭故實無以異。況如老兄心中本闊,恐非所以矯失而趨中也。愚意以爲不若只看《論語》,用年歲工夫,却看證候淺深,別作道理。然但《論語》中看得有味,餘經亦迎刃而解矣。聖人之言平易中有精深處,不可穿鑿求速成,又不可苟且閑看過。直須是置心平淡慤實之地,玩味探索而虛恬省事以養之,遲久不懈,當自覺其益。切不可以輕易急迫之心求旦暮之功,又不可因循媮惰、虛度光陰也。《語錄》中一兩段說此事處別紙上呈,可見此非臆說,亦見《春秋》之未易學也。若於此見得一義理血脉,方覺從前一團私意妄想,自家身心尚且奈何不下,如何說得行道救時底話?真是可笑。《語錄》散漫,亦難看,卒無入頭處。若只欲遮眼,又不濟事。不若且只就《論語》中做工夫,有胡丈《會義》初本否?二先生說《論語》處皆在其中矣。大抵只看二先生及其門人數家之說足矣。《會義》中如王元澤、二蘇、宋咸雜說甚多,皆未須看,徒亂人耳。所欲言者甚多,然其序說未到,幸且勉力,終不敢自外也。《晦庵文集》卷三九。

案:本書撰時未詳。《書信編年》係於乾道二年(1166)。待考。

朱熹《答魏元履》:

裘父所云欲於《論語》作數說,此語可疑。尋常讀書,只爲胸中偶有所見,不能默契,故不得已而形之於口,恐

其遺忘，故不得已而筆之於書，初不覺其成説也。若讀書
而先有立説之心，則此一念已外馳矣，若何而有味耶？老
兄所論昭烈知有權而不知有正，愚意則以謂先主見幾不
明，經權俱失。當劉琮迎降之際，不能取荆州，烏在其知
權耶？至於狼狽失據，乃不得已而出於盜竊之計，善用權
者正不如此。若聲罪致討，以義取之，乃是用權之善。蓋
權不離正，正自有權，二者初非二物也。子房用智之過，
有微近譎處。其小者如躡足之類，其大則挾漢以爲韓而
終身不以語人也。若武侯即名義俱正，無所隱匿。其爲
漢復讎之志如青天白日，人人得而知之，有補於天下後
世，非子房比也。蓋爲武侯之所爲則難，而子房投間乘
隙，得爲即爲，故其就之爲易耳。頃見李先生亦言孔明不
若子房之從容，而子房不若武侯之正大也。不審尊意以
爲如何？《晦庵文集》卷三九。

案：朱熹《答何叔京》（專人賜教）言及“《孔明
傳》近爲元履借去”，《晦庵文集》卷四〇。撰於乾道二
年十一、二月間。魏掞之來書述論劉備、諸葛亮之評
價，朱熹乃作本書以回應，故推知其約撰於乾道三年
（1168）初。

朱熹《與魏元履》：

早稻既登，捄恤之勞，計亦少緩矣。但州郡以使節將
臨，大爲文具，所至騷然，而無毫髮之補，此爲可慮耳。今

歲之事偶然無大敗闕，真出天幸。若只賴有位措置，則今無鄉井久矣。此非面未易道也。近日逐去洪邁，稍快公論。得劉澂父書，云邂逅汪養源丈，聞益州已出峽，非晚到玉山矣。上以其留行討賊，始甚知之，不知到闕相見又如何也。此事繫消長，非人力所及。無咎得此邦，初聞甚以為喜，聞邦人亦深自幸。既而聞之，乃不疾而速之人，其殆禍吾州乎，又非徐老之比也。芮漕通書否？不相怪否？此諸公只好閑處説葛藤，緩急實難仗也。此三、五日來始無閑擾，稍可近書册矣。老兄比復作何功夫，可見教否？今歲不爲場屋計乎？諸公薦賢之舉，不知如何？比扣芮語，頗悠悠，不知今已發奏未也？《晦庵文集》別集卷一。

案：據朱熹《建寧府崇安縣五夫社倉記》，乾道四年夏建寧大飢。《晦庵文集》卷七七。又書中云"得劉澂父書，云邂逅汪養源丈，聞益州已出峽，非晚到玉山矣"，此汪養源即汪應辰兄汪涓，益州指知成都府汪應辰。據洪遵《翰苑題名》卷一一，乾道四年十一月，汪應辰以吏部尚書兼權翰林學士。又據《宋會要輯稿·選舉》三四之二一載，韓元吉（字無咎）於五月二十一日知建寧府；然於六月十一日改知江州，"與王淮兩易其任"。《宋會要輯稿·職官》六一之五三。故王淮被稱作"不疾而速之人"。由此推知本書當撰於是年(1168)夏、秋之交。

朱熹《與魏元履書》：

被教備悉至意，大槩只放稅、廩窮兩事爾。放稅是秋、冬間事，且與諸公商量未晚。廩窮亦是州縣間合行事，似不必聞之朝廷。朝廷每事如此降指揮，恐不是體面。昨日已作芮書，今錄呈，不知且如此可否？

第五等是五百文以下，其間極有得過之人。若物業全被水傷，固不可不全放，若但傷些小，如何一例放得？但百十錢以下產戶，即不能如此分別，與全放不妨爾。

西府書旦夕遣去，熹亦當作書，且以老兄所說與熹鄙意告之，惟其所擇。但一兩縣災傷，似只是監司、州郡事。若執政者切切然只專爲鄉里理會事，似屬偏頗，道理亦不如此。芮漕之書相咨問如此，若以誠告，豈有不行？徐任亦方留意此事，儘得商量。若商量到十數日間，亦須有定議矣。朝廷在千里外，其爲報應，豈不緩耶？但商量事須酌中合宜，教人行得，即無不可告之理。其或不入，咎乃在彼。若自家所說過當，教人信不及，行不得，則是自家未是，安得專咎他人耶？況禹、稷、顏子事體不同，吾人已是出位犯分了，若合告州府、監司者告州府、監司，合告朝廷者告朝廷，盡誠以告之，而行與不行付之於彼，猶未爲大失。今一向如此，却似未是道理。蓋此事一發，使朝廷失慮四方之體，州郡、監司失其職，吾輩失其守，雖活千人，不可爲也。如何如何？不若更度事理之所宜，力告諸公，有合朝廷應副者，令自申明，而約以助其請，則庶幾或可爾。

謝諸公書必已有定論，頃見《伊川集》中《謝韓康公啓》，乃是除講官後方謝之。吳憲既得書，却難不答，且答其書，因謝其意，似無不可。但諸公無書來者，則未須爾。將來謝帥之辭，不過自叙已意，謝其薦揚而已，_{橫渠有數篇謝人薦舉書，甚佳}。何必作伭語，亦何必作蠢辭？但薦書中有此人姓名，亦是人生不幸事，此古人所以難受爵位也。

養源小批如此，而遂竟去，何耶？熹看得今日之事，只是士大夫不肯索性盡底裏説話，不可專咎人主。柳子厚曰："食君之禄畏不厚兮，憚得位之不昌。退自服以默默兮，曰吾言之不行。"今人多是此般見識也。

得汪丈六月十九日九江書，云"六月末可到玉山，於彼俟請祠之報"，已作書速其行矣。一請猶是禮數，若又再請，則無謂矣。熹與書云："有如再請，忽遂雅懷，而治亂消長由此遂分，豈惟公終身恨之，天下後世，亦且有所歸責矣。"不知渠又以爲如何？所欲言甚衆，亟遣人，草草。《晦庵文集》卷二四。

　　案：汪應辰於乾道四年由蜀召還，六月十九日東歸至九江，作書與朱熹云"六月末可到玉山，於彼俟請祠之報"，朱熹隨即回書汪應辰，勸其速行。故推知本書當撰於六月末。

朱熹《與魏元履書》：

里中大稔，數年所無，幸事。然小民債負亦倍常年，比收斂已，想亦無餘矣。昨得趙推書，云漕司已備錄熹劄子行下府中，未知後來如何。王守、趙漕都未通書，蓋亦懶與此事矣。

共父前月二十間因論王琪專被密旨築真州城，不經由三省、密院，大忤上旨，批與端殿、宮觀，次日又批與知隆興。乞放謝，却令朝辭；乞以念八日，又令初四日。却似悔前舉之失。然共父書云：陳丈力爭此事，恐亦不能久。兩公在朝雖做大事不得，然善類不無所恃。今各辭去，亦可慮也。書中令致意尊兄，云事體與昔不同，陳丈若去，則此事當自審處。

平父亟遣人至雲際，人立俟書，草此爲報。集議文字上內，欽夫他文未暇檢。然多取而不究其旨，此乃尊兄舊病，何爲未能去耶？芮老書中相告戒，切中拙病，荷其相愛之意，不敢忘也。《晦庵文集》卷二四。

　　案：據《宋史·宰輔表四》，劉珙（共父）於乾道四年八月罷同知樞密院事，辛亥知隆興府。本書稱“前月”，故推知其撰於九月間。

朱熹《與魏元履書》：

所喻杜征南語，此固切論。然今日之事，恐異於此。蓋彼以彊大兼人之國，故其計謀規畫不得不然；今以弱小自守，而義當有爲，乃其義理事勢不得不爾。今日雖無征南之明略，而天下之事當得但已耶？愚謂孟子所謂成功則天，董子所謂明道正義，武侯所謂鞠躬盡力、死而後已，成敗利鈍非所逆料者，正是今日用處。若以征南之言爲正，竊恐落第二義也。前日答書，思慮偶不及此，見來書又言之，聊發其愚，不知老兄以爲如何也？

頃見林黄中説在宫邸讀《史記》秦伐楚，王翦、李信爭兵多少處，偶及近事，因云："今乃欲以數萬之卒横行中原，何其慮事之不詳也！"熹因爲言此事正不爾，秦滅六國，楚最無罪，故楚既亡，而其國人悲思，有三户之謡。則當時秦人之攻、楚人之守，勢可知矣。今日之事與此正相反，奈何以爲比乎？此與所論亦稍相似，因謾及之。大抵議論先要根本正當，然後紀綱條目有所依而立。近看《論語説》及爲兒輩説《唐鑑》，因得究觀范太史之學，不知此人胸中如何，其議論乃爾。暇日試熟觀數過，當見古人論事輕重緩急之方矣。每讀至會心處，未嘗不廢卷而歎也。《晦庵文集》卷二四。

　　案：本書撰時未詳。《書信編年》係於乾道五年（1169）初。待考。

　　魏掞之卒於乾道九年閏正月壬戌，其"病且革"，"招其友朱君熹至，則盡以終事爲託"。《南軒集》卷四〇《教授魏元履墓表》。

魏應仲

魏應仲，字孝伯，建陽（今屬福建）人。魏掞之之子。

"舉進士，文公貽之書，勉其力學，以副親庭責望之意，因教以起居坐立、出入步趨、處己待人"。《閩中理學淵源考》卷二○。

朱熹《與魏應仲元履子》：

三哥年長，宜自知力學，以副親庭責望之意，不可自比兒曹，虛度時日。逐日早起，依本點《禮記》、《左傳》各二百字，參以《釋文》，正其音讀，儼然端坐，各誦百遍訖，誦《孟子》三、二十遍，熟復玩味訖，看史數板，不過五六。反復數遍。文詞通暢、議論精密處誦數過為佳。大抵所讀經史，切要反復精詳，方能漸見旨趣。誦之宜舒緩不迫，令字字分明。更須端莊正坐，如對聖賢，則心定而義理易究。不可貪多務廣，涉獵鹵莽，纔看過了，便謂已通。小有疑處，即更思索，思索不通，即置小冊子逐日抄記，以時省閱，俟歸日逐一理會。切不可含糊護短，恥於資問，而終身受此黯暗以自欺也。又置簿記逐日所誦說起止，以俟歸日稽考。起居坐立，務要端莊，不可傾倚，恐至昏怠。出入步趨，務要凝重，不可剽輕，以害德性。以謙遜自牧，以和敬待人。凡事切須謹飭，無故不須出入。少說閑話，恐廢光陰。勿觀雜書，恐分精力。早晚頻自點檢所習之業，每旬休日，將一旬內書溫習數過，勿令心少有放佚，則自然漸近道理，講習易明矣。《晦庵文集》卷三九。

案：據朱熹《與魏元履》（邊報如所示）云"令子

爲學,督之不敢怠,但良亦費檢束耳",《晦庵文集》別集卷一。指魏應仲來朱熹家塾受教。是書撰於隆興元年五月間。又據《年譜長編》,朱熹於是年九月十八日赴行在奏事,歲末歸。分析書中文義,乃朱熹外出時對魏應仲之叮囑,故推知本書當撰於是年(1163)九月間。

又,清陸隴其《讀朱隨筆》卷二有云:"《與魏應仲》一書,切中小學工夫,可與程氏《讀書日程》參看。"

吴必大

吴必大(? —1197),字伯豐,興國(今湖北陽新)人。"以父任補官,爲吉水丞。屬權臣非朱文公爲僞學,遂致仕"。早事張栻、吕祖謙,晚師朱熹,"深究理學,議論操守爲儒林所重"。《萬姓統譜》卷一〇。朱熹《答林德久》(待次閑中)云及其"不幸短命而死"。《晦庵文集》卷六一。周必大《祭吉水吴伯豐縣丞文》撰於慶元三年十二月七日,《周益國文忠公集·平園續稿》卷三九。故推知其卒於是年十一月或十二月初。案:黄榦有詩題《慶元己未冬至前二日訪林公度至栗山翌日同訪吴必大林季亨容之偕行愛其溪山池亭之勝爲之賦詩》。《勉齋集》卷四〇。慶元己未乃慶元五年,其當爲字必大者,與此非一人。

朱熹《答吴伯豐_{必大}》：

熹衰晚無堪，學不加進，足下過聽，辱先以書，其所以稱頌道說者，足以見賢者之志矣，然非區區所及也。示喻程子格物之說，誠若有未易致力者，然其曰"天地之所以高厚，一物之所以然"，蓋極其大小而言之，以明是理之無不在，而學問之功不可一物而有遺爾。若其所以用力之地，則亦不過讀書史、應事物，如前之云爾，豈茫然放其心於汗漫紛綸不可知之域哉？或人所引《易》象之數，又似太拘。所謂明理，亦曰明其所以然與其所當爲者而已。鄙見如此，不識賢者以爲如何？恐有未安，幸復見告也。子澄去秋相見甚款，近復招之，尚未有來信。大冶近有萬君人傑者見訪，見留之學中，氣質甚美，議論亦可反復，殊不易得，云亦嘗得從遊也。熹比已丐祠，似聞諸公有意聽許。適聞張荊州之訃，若便得請，當一走長沙而歸爾。《晦庵文集》卷五二。

案：張栻卒於淳熙七年二月初，萬人傑三月來南康問學。《年譜長編》卷上。本書云及"大冶近有萬君人傑者見訪，見留之學中，……適聞張荊州之訃"，故推知其約撰於是年（1180）三月間。

朱熹《答吴伯豐》：

讀書甚善，所論亦有條理，但不必如此先立凡例，但熟讀平看，從容諷詠，積久當自見得好處也。所論看《大學》曲折則未然，若看《大學》，則當且專看《大學》，如都不知有它書相似。逐字逐句，一一推窮；逐章反覆，通看本章血脈；全篇反覆，通看一篇次第；終而復始，莫論遍數，令其通貫浹洽，顛倒爛熟，無可得看，方可別看一書。今方看得一句《大學》，便已說向《中庸》上去，如此支離蔓衍，彼此迷暗，互相連累，非惟不曉《大學》，亦無功力別可到《中庸》矣。況所比校，初無補於用力之意，徒然枉費心力；閑立議論，番得語言轉多，却於自家分上轉無交涉，不可不察也。

"因其本明"，非是察識端倪，把來玩弄，以資談說，只是因其已知而益廣其知、因其已能而益精其能耳，與湖南說自不同也。"知止有定"之說，似亦未然。更以《章句》、《或問》求之爲佳。"知至意誠"之說，則大概得之矣。《盤銘》是注疏說，可自檢看。"當時"以下文多已說，故不曾標其名氏耳。《論》、《孟》、《中庸》，儘待《大學》通貫浹洽，無可得看後方看乃佳。若奔程趁限，一向攢看了，則雖看如不看也。近方覺此病痛不是小事，元來道學不明，不是上面欠却工夫，乃是下面元無根脚。若信得及，脚踏實地如此做去，良心自然不放，踐履自然純熟，非但讀書一事也。

橫渠先生象，記得舊傳蜀中本時云亦有御史象，今却不記曾見與不見。歲久，不復可得其真，但當兼收，以見區區尊仰之意而已。但去歲此時同遭論列，今又適以此時相見，亦可笑也。李衛公書如此，正不足傳，顧其全書遂不復可見，殊可惜耳。廬陵近數得書，一病不輕，且幸已平復也。金溪一向不得書，亦省應答之煩。

《皇極辨》併往，此亦一破千古之惑，可録一本送正淳，皆勿廣爲佳耳。《晦庵文集》卷五二。

> 案：書中有云"橫渠先生象，記得舊傳蜀中本時云亦有御史象，……但去歲此時同遭論列，今又適以此時相見，亦可笑也"，乃指淳熙十五年夏朱熹遭林栗所劾，朱熹出京而歸，林栗又請對力攻橫渠，故朱熹如此云云，推知本書當撰於淳熙十六年(1189)夏。

朱熹《答吴伯豐》：

所示諸説，別紙報去，但且如此推究玩味，久當自有得也。但前書偶尋未見，似其間亦有合報去者，今不暇也。蘇氏《詩傳》比之諸家若爲簡直，但亦看小序不破，終覺有惹絆處耳。所欲抄《集傳》，緣後來更欲修改一二處，且令住寫，今須到官方得寫去也。廬陵之訃，令人痛惜，亦苦多事，至今未得遣人去也。趙守舊相識，但不曾通書，然亦政不必如此。爲人寮屬，世俗常禮有不可廢者，亦且得隨例，不須大段立異，不濟得事，徒爲人所指目憎嫌，却費調護、求寬假，所屈愈多也。沙隨程丈書來，甚相知，云居頗相鄰，想時相見也。姜叔權曾相見否？資稟篤實，不易得，近得書，亦甚進，能與之遊，當有益也。子耕當已歸豫章，時得書否？正淳必已赴省矣，後來所講如何？向來議論似亦傷太快，不子細也。伯豐所論甚詳密，朋友少及之者。更冀勉力，副衰朽之望。官事更宜加意，此後恐音問浸遠難通，切祝爲親自愛。《晦庵文集》卷五二。

案：書中云"廬陵之訃，令人痛惜"，當指淳熙末劉清之(子澄)卒；又云"所欲抄《集傳》，緣後來更欲修改一二處，且令住寫，今須到官方得寫去也"，當指其知漳州事。朱熹於紹熙元年二月中旬啓程赴漳州，四月下旬抵漳州，故推知本書約撰於紹熙元年(1190)二月初。

朱熹《答吳伯豐》：

《詩傳》中有音未備者，有訓未備者，有以經統傳、舛其次者。

此類皆失之不詳，今當添入。然印本已定，不容增減矣。不免別作《補脱》一卷，附之《辨説》之後。此間亦無精力辦得，只煩伯豐爲編集，其例如後：

《詩集傳補脱》

《周南》

《樛木》 樂只"音止"二字，合附"本"字下。

《鄘》

《載馳》 無我有尤"尤，過也"三字，合附"衆人"字下。"無以我爲有過，雖爾"八字，合附"大夫君子"字下。

《王》

《中谷有蓷》 遇人之不淑矣"淑,善也"三字,合移在"嘅矣"字下。

以上略見條例,餘皆依此。且用草紙寫來,恐有已添者,却删去也。又黎,黑也,古語"黎元",猶秦言"黔首"。《桑柔》篇中第二章注中已略言之,《孟子》首篇亦嘗有解。今若《天保》篇中未解,可采用其説,著於《補脱》卷中,却删去《桑柔》篇注。或但略言之,亦可也。更詳之。

大序"先(生)〔王〕以是經夫婦",《傳》曰:"先王,謂文、武、周公、成王。"必大竊謂《二南》、《雅》、《頌》固多周公時所作,然遂謂周公爲先王,則恐讀者不能無疑。

此無甚害,蓋周公實行王事,制禮樂,若止言成王,則失其實矣。

《芣苢》"薄言有之",《傳》曰:"有,藏也。"然其下章曰掇,曰捋,曰袺,曰襭,而首章乃先言藏,恐非其序。必大恐"有"是"得之"之義。

首章兼舉始終而言,後章乃細述其次第,《詩》中亦有此例。或於《補脱》中附入,亦可也。

《麟之趾》,《傳》以"麟"興文王、后妃,以"趾"興其子,故曰:"麟性仁厚,故其趾亦仁厚。文王、后妃仁厚,故其子亦仁厚。"然則下文"吁嗟麟兮"爲指誰耶?

正指公子而言耳。

"昔育恐育鞠",張子之説固善。然推之下文"及爾顛覆"之云,意不甚貫,不若前説爲順。

姑存異義耳，然舊說亦不甚明白也。

《君子偕老》"象之搧也"，字書云："搧，整髻釵也。"
是否？

不識此物，姑依舊說。字書之說，亦與古注不殊也，
或《補脫》中附之。

齊地東至于海，西至于河，南至于穆陵，北至于無
棣。《史記索隱》曰："按今淮南有故穆陵門，是楚之境。
無棣在遼西孤竹，服虔以爲太公受封所至，不然也，蓋
言其征伐所至之域。"其說如何？

穆陵在密州之西，無棣是今棣州，更考地志可見。
《索隱》恐非。

《采薇》"小人所腓"，《傳》曰："腓，猶庇也。"又引程
子曰："腓，隨動也，如足之腓，足動則隨而動也。"必大
按《易·咸傳》曰："腓，足肚，行則先動，足乃舉之，非如
腓之自動也。"《易本義》亦曰："欲行則先自動。"由程子
前說觀之，則腓爲隨足以動之物；由後二說觀之，則腓
爲先足而動明矣，不當引之以解此詩之義，不若"猶庇"
之云得之。《生民》詩"牛羊腓字"之《傳》，亦以"腓"爲
"庇"，若施於此詩，與上文"君子所依"意義亦相類也。

此非大義所繫，今詳兩說誠不合，當刪去。然板本已
定，只於《補脫》中說破可也。又"百卉具腓"又有他訓，不
知此字竟是何義也。

《楚茨》以下四篇，先生謂即《豳雅》。反復讀之，其

辭氣與《七月》、《載芟》、《良耜》等篇大抵相類，無可疑。然又以爲“述公卿有田禄者力於農事，以奉其宗廟之祭”，則恐未然。蓋周自后稷以農事肇祀，其詩未嘗不惓惓於此。今以爲《豳風》、《豳頌》者皆是也。而孟子亦曰：“《禮》曰諸侯耕助以供粢盛；粢盛不潔，不敢以祭。”古之人未有不先於民而後致力於神者，恐不必專指公卿言之。

此諸篇在《小雅》而非天子之詩，故止得以公卿言之，蓋皆畿内諸侯矣。

《瞻彼洛矣》，《傳》以爲諸侯美天子之詩，今考其間有“以作六師”之言，則其爲天子之事審矣。然二章、三章祈頌之語，則不過保其家室、家邦而已，氣象頗狹，反若天子所以告諸侯者，何也？

“家室”、“家邦”，亦趁韻耳。天子以天下爲家，雖言“家室”何害？又凡言“萬年”者，多是臣祝君之辭。

《棫樸》“追琢其章，金玉其相”，《傳》曰：“追琢其章，所以美其文；金玉其相，所以美其質。”然不知所美之人爲誰？

追琢金玉，以興我王之勉勉爾。

《那》“綏我思成”，《集傳》鄭氏所引《禮記》之説，程子則曰：“此特孝子平日思親之心耳，若齊則不容有思，有思非齊也。”必大竊謂人心不容無思齊之日，特齊其不齊者爾。若思其居處之類，乃其致誠意以交乎神者，蓋未害其爲齊也。未知是否？

　　鄭氏所引者，常法也。程子之義則益精矣。

　　“子路、曾晳、冉有、公西華侍坐”，《集注》謂“三子之對，夫子無貶辭，則皆許之矣”。而又載程子之説曰：“三子皆欲得國而治之，故夫子不與。”二説似相牴牾。以愚意索之，豈非許之者以其材足以有爲，而其不與者則未能合己之志歟？

　　不與者，不若於曾晳有“與點”之言耳。以“孰能爲大”之語觀之，不害於許其才之可用也。

　　程子又曰：“子路只爲不達爲國以禮道理，若達，却便是這氣象也。”蓋謂子路之意未免有所作爲，而曾點所言則皆行其所無事耳。使子路有見於此，一皆循其理之所當然，而不以己意參焉，則即曾點之氣象矣。然必大觀夫子所以哂子路者，特以其言之不讓而已。如冉有、公西赤之言，非不知讓者，遂謂之能達此道理，可乎？必大於此蓋屢致思，而有未能灼然者。

　　子路地位已高，故見得此理則其進不可量。求、赤之讓，乃見子路被哂而然，非實有見也，又其地位與曾點之地位甚遠，雖知讓之爲美，此外更有多少事耶？

　　衛君待子而爲政，子曰：“必也正名乎！”胡氏之説，固正矣。然恐夫子以羈旅之臣，一旦出公用之而遂謀逐出公，此豈近於人情？意者夫子若事出公，不過具言父子之倫以開曉之，使出公自爲去就，然後立郢之事可得而議也。

此説甚善。然聖人之權，亦有未易以常情窺測者。

管仲於公子糾其可以無死者，以其輔之非義故也。若子路之死，失在不合仕於孔悝耳。既食其禄，必死其難可也。不審於其始，而臨難始曰"吾於此可以無死也"，則愚恐世之反側不忠者得以藉口矣。

此説甚善。然聖人不以不死責管仲，何也？

子路問事君，范氏謂犯非子路所難，而以不欺爲難。夫子路最勇於義者，而何難於不欺哉？特其燭理不盡，而好强其所不知以爲知，是以陷於欺耳。

以使門人爲臣一事觀之，子路之好勇必勝，恐未免於欺也。

侯氏"所以求生害仁、殺身成仁皆義也，非仁也。仁義本無二，學者當於一道上別出"。先生曰："仁義，體一而用殊。君子之於事，有以仁決者，有以義決者。蓋仁者不以所惡傷所好之體，義士不以所賤易所貴之宜。"必大復推之曰："以仁決者，因心以爲取舍，必無所違乎其德；以義決者，即事以權輕重，必無所失乎其宜。"未知是否？

此説得之。然細看侯氏説，亦有些意思，試更推之。
《晦庵文集》卷五二。

案：本書校記曰："若子路之死"，浙本作"故聖人不以責□。若子路之事孔悝，蓋亦不得謂之正者。

結纓之死，不傷勇否？必大竊謂子路之”。又“不審
於其始，而臨難始曰”，浙本作“事不審於其始，而臨
難始爲去就，乃曰”。

　　上書（所示諸説）有云“所示諸説，別紙報去”，推
知本書當即上書之別紙。

朱熹《答吴伯豐》：

　　《大學》諸説皆善，可以補《或問》之缺矣。但“毋自
欺”乃解“誠其意”之義，知未至者固當如此用力，然知之
至者亦未可便謂不假此也。但知未至者禁之雖力而或未
能止，唯知至然後禁之不難，而無不能止耳。

　　“純粹，至善者也”，其立辭猶曰“純粹是至善”云
耳。“至善”二字，與《大學》中“至善”同否？

　　《通書》“純粹至善”猶曰“純粹而至善”云耳，“至善”
與《大學》理無不同。

　　注云：“中即禮，正即智，《圖解》備矣。”必大向者侍
教時，雖已略聞大意，今按《圖解》有曰：“其行之也中。”
又曰：“中者，嘉之會也。”所謂“中即禮”者，固明白矣。
至於正，則不過曰“其處之也正”，又曰：“正者，貞之體
也，智之義固在其中。”然恐初學者讀之猶未能分明，欲
乞更詳下一語，如何？

　　元、亨、利、貞分配仁、義、禮、智，先儒已有定論矣。
故只如此説，意亦自見。

“五殊二實，一實萬分”，“二”謂陰陽，“一”謂太極。然不曰“二氣一理”，而皆以“實”目之者，蓋曰此皆實有之理，非但彊爲之名耳。

五、二、一、萬皆實字，殊、實、實、分皆虛字，以此推之，則所謂二實、一實者，不相礙也。

“天地之塞吾其體，天地之帥吾其性。”近見南康一士人云：頃歲曾聞之於先生，“其”字有“我去承當”之意。今考經中初無是説。

《西銘》“承當”之説，不記有無此語，然實下“承當”字不得。恐當時只是説稟受之意，渠記得不子細也。

存，吾順事；没，吾寧也。

二句所論甚當，舊説誤矣。然以上句“富貴貧賤”之云例之，則亦不可太相連説。今改云：“孝子之身存，則其事親也不違其志而已，没則安而無所愧於親也。仁人之身，存則其事天也不逆其理而已，没則安而無所愧於天也。”蓋所謂“夭壽不貳而脩身以俟之”者，故張子之銘以是終焉，似得張子之本意。

“繼而有師命”，沙隨云：“師非師旅之師，是師友之師。蓋齊王欲授孟子室，養弟子以萬鍾也。”

兩説未知孰是，且缺之亦無害。孟子初見齊王，便有去志，但以有師命，不可請，故雖少留而終不受禄。以至將去，而王乃有授孟子室之説，孟子遂不受而竟去，恐不得以授室爲師命也。且若果然，亦何不可以請之有乎？

決汝、漢，排淮、泗。

其說只是一時行文之過，別無奧義，不足深論。況淮、泗能壅汝水，不能壅漢水。今排淮、泗而汝水終不入江，則排淮、泗而後汝、漢得以入江之説有不通矣。沈存中引李翱《南來錄》言：唐時淮南漕渠猶是流水，而汝、淮、泗水皆從此以入江。但今江、淮漸深，故不通耳。此或猶可彊説。然運河自是夫差所通之邗溝，初非禹迹。且若如此，則淮又不能專達於海，亦不得在四瀆之數矣。沈説終亦不能通也。

宴安之説無之，味其言似是無垢句法。

《中庸或問》不誤，只是文字拙澀，不足以達其意耳。"必有是心之實"，當連下文讀之乃通。如更覺難曉，即上句在"天者"下更添一"決"字，在"人者"下更添一"容"字，如何？《晦庵文集》卷五二。

　　案：書中有言"《大學》諸説皆善，可以補《或問》之缺矣"，又言"《中庸或問》不誤，只是文字拙澀，不足以達其意耳"，朱熹《大學》《中庸或問》撰成於淳熙十六年，故《書信編年》係本書於紹熙元年間。

朱熹《答吳伯豐》：

學問臨事不得力，固是靜中欠却工夫。然欲舍動求靜，又無此理。蓋人之身心，"動靜"二字循環反復，無時不然。但常存此心，勿令忘失，則隨動隨靜，無處不是用力處矣。且更著實用功，不可只於文字上作活計也。《晦庵文集》卷五二。

案：本書撰時未詳。《書信編年》係於紹熙元年（庚戌）。待考。

朱熹《答吴伯豐》：

示及諸説，亦未暇細觀。但覺子融之説全無倫理，而諸友反爲其所牽，亦復擾亂。又不且整理其大病根原，而計較苛細，展轉向枝葉上辨論，所以言雖多而道理轉不分明。今只合且放下許多閑争競，而自家理會"誠"之一字是甚道理，看得精切分明後，却合衆説而剖判之，當自見得，不如此費分疏也。正淳書煩爲附便。渠看得文字却儘子細，所寄《中庸》説多得之。恐欲見，發之却封寄之不妨也。沙隨八論及史評有印本，望寄及。此不須辨，後人自有眼目，不至如此晦盲也。到此只脩得《大學》稍勝舊本，他書皆未暇整頓。今又遭此禍患，恐不能久於世。以此益思亟歸，更略下少功夫，庶不誤後人枉費心力也。《晦庵文集》卷五二。

案：書中云及"到此只脩得《大學》稍勝舊本，他書皆未暇整頓。今又遭此禍患，恐不能久於世。以此益思亟歸"，當指朱熹知漳州之次年正月下旬，長子朱塾卒。其二月以子喪請祠，三月復除秘閣修撰、主管南京鴻慶宫，四月末離漳州而歸。《年譜長編》卷下。故推知本書約撰於紹熙二年(1191)二、三月間。

朱熹《答吳伯豐》:

衰晚遭此禍故,殊不可堪。既未即死,又且得隨分支吾,謀葬撫孤。觸事傷懷,不如無生也。昨承惠書,并致奠禮,哀感深矣。一向無便,無從附報,但有馳情。比想秋清,侍奉之餘,宦學增勝。沙隨諸書及茶已領,便遽,未有物可奉報也。此間寓居近市,人事應接倍於山間。今不復成歸五夫,見就此謀卜居。已買得人舊屋,明年可移。目今且架一小書樓,更旬月可畢工也。其處山水清邃可喜,陳師道、伯脩兩殿院之故里也。又有吳仲感名賁,常與古靈薦目中,亦其里人也。若得粗了,便可歌哭於斯。但用度百出,非元料所及,亦覺費力耳。《晦庵文集》卷五二。

案:書中有云"衰晚遭此禍故,殊不可堪。既未即死,又且得隨分支吾,謀葬撫孤。……昨承惠書,并致奠禮,哀感深矣",又云"比想秋清",故推知本書撰於紹熙二年秋朱熹寓居建陽時。"衰晚遭此禍故"指是歲初朱塾卒。

朱熹《答吳伯豐》:

歸來半年,卜葬尚未定,築室亦不能得了。湖南之命,出於意外。初但以私故懇祠,然恐或不得請,即求便郡藏拙。近聞臨漳經界報罷，此是廟堂全不相信，政使在官，亦當自劾求退，其義豈容復出？已託人以此告之，計其聞此，亦難以相彊矣。閑中頗有學者相尋，早晚不廢講學，得以自警。然覺得今世爲學不過兩種：一則徑趨簡約，脫略過高；一則專務外馳，支離繁碎。其過高者固爲有害，然猶爲近本；其外馳者詭譎狼狽，更不可言。吾儕幸稍平正，然亦覺欠却涵養本原工夫，此不可不自反也。所寄疑義，蓋多得之，已略注其間矣。小差處不難見，但却欲賢者更於本原處加功也。《晦庵文集》卷五二。

案：朱熹於紹熙二年五月下旬抵建陽，九月除荊湖南路轉運副使，十月辭，不允，十二月復辭，且以經界不行自劾。本書中云“歸來半年，卜葬尚未定，築室亦不能得了。湖南之命，出於意外。……近聞臨漳經界報罷，此是廟堂全不相信，政使在官，亦當自劾求退，其義豈容復出？已託人以此告之，計其聞此，亦難以相彊矣”，故推知其約撰於是年十一月間。

明人程敏政《書朱子答吳伯豐書》曰：“按朱子謂兩種爲學之人，其一徑趨簡約，脫略過高，蓋指陸子之門人；其一覺得外馳，支離繁碎，殆謂己之門人也。然陸子晚年益加窮理之功，朱子晚年益致反身之誠。取是編前後所書考之，則二先生之學，所謂去短集長、兼取衆善者，真入道進德不易之法程也。”《篁墩文集》卷三八。

朱熹《答吳伯豐》：

　　"巧言令色，鮮矣仁"，游曰："使其人志在於善而失其所習，則猶可以自反。"愚謂人之習於不善固無不可反之理，然巧令之人又焉有志在於善者？是必悔過遷善，不復有巧令之習，則其志始可得而信耳。游氏蓋牽於"鮮"之爲少，而委曲以失之。

　　孔子之意，正指人爲巧言令色之時，其心已不存耳。若能自反，則豈不足以爲仁？又豈止於鮮仁耶？游氏此說無病，只是不揍著本文正意。

　　子曰："弟子入則孝。"游氏學文之說，固足以深警後世棄本逐末之弊，然古之所謂學文者，非弄翰墨、事詞藻，如後世之所謂文也，蓋無非格物致知、修己治人之實事。故既學則必有以究義理之端，而趨於聖賢之域矣。然則文以滅質，博以溺心，以爲禽犢，以資發冢，託真以酬僞飾，奸言以濟利心，古之學者豈有是哉？游氏之說，有激而云耳，然抑揚太過，併與古之所謂學文者與後世等而視之，不得不辨也。

　　古之學文固與今異，然無本領而徒誦說，恐亦不免真如游氏之譏也。

　　謝氏曰："小人過於行事，君子過於性情。"此蓋言君子於過能辨之於早耳，然行事之過，在君子亦恐有未能盡免者，惟改之而已。如子路之過，使止在於性情之微，則己自知之可也，它人何由而告之乎？

性情之發即爲行事，行事之本即爲性情，但有深淺耳。以此分君子、小人，自是衍説，經之本指不在是也。

程子曰：“良，易直也。”又曰：“良乃善心。”

《或問》多此等處，後來不能修改，蓋已廢之久矣。“良乃善心”，立語太泛，不如“易直”之爲切當也。

“《詩》三百”，程子曰：“思無邪，誠是也。”其言簡矣，未審其意謂作《詩》者以誠而作耶，抑謂讀《詩》者當誠其意以讀之耶？曰：程子之説，特以訓“思無邪”之義云耳。以《詩》考之，《雅》、《頌》、《二南》之外，辭蕩而情肆者多矣，則“誠”之爲言，固不可概以爲作《詩》者之事也。若謂使學者先誠其意而後讀之，則是《詩》之善惡方賴我以決擇，而我之於《詩》反若無所資焉者，又何取於《詩》之教耶？以是觀之，程子之言雖簡，然“誠”之一字施之必得其當可也。是則《集注》之云，固所以發明程子之意而言之矣。

行之無邪，必其心之實也。思而無邪，則無不實矣。此程子之意也。

范説至矣，特“王心無爲，以守至正”一語似贅，何也？削之則盡美矣。

此是經筵進説，似亦無害。

子曰：“吾與回言終日。”謝氏謂：“苟不至於不違之地，則與羣弟子無以異者。”竊恐抑揚太過。且以孔門諸子言之，所謂“至於不違之地”者，顏子一人而已。如謝之説，則是羣弟子雖朝夕親炙乎聖人之側，與未嘗親見聖人者無以異也。

謝氏抑揚誠若太過，然亦有此理。

子曰：“學而不思則罔。”周曰：“學欲默識心通也，苟徒出入乎口耳之間而不致思焉，則何以致知？”其言不思之蔽則善矣，而所以語學者則有所未盡。夫“學”，專言之則兼夫致知、力行之兩端；若對“思”而言，則致知爲思，而“學”云者蓋力行之謂也。今周氏以出入乎口耳者爲學，則學豈誦説而已乎？使止於是，又何所安耶？謝氏曰：“思，知之事也；學，習之事也。”此説得之。而《集注》“身不親歷”之云，尤明白矣。然程子《經解》亦曰“力索而不問，學則勞殆”，似亦以學爲講論問辨之事，何耶？然程子固曰博學之云云，五者廢其一，非學也，其不專以講誦爲學審矣。《經解》所言，反似不若《語録》之密。如以“殆”爲“勞”，義亦無考，或者傳寫不能無誤云。

學是放效見成底事，故讀誦、咨問、躬行皆可名之，非若思之專主乎探索也。以“殆”爲“勞”，無所見，歐陽公用此“殆”字，又似“怠”字，皆不可曉，不若從古説也。

子曰：“非其鬼而祭之。”《或問》云：“謝氏所論鬼神之意，學者所宜深考也。”今取其説而讀之，其義精矣。蓋鬼神者，二氣之良能也。所謂神者，陽之爲也；所謂鬼者，陰之爲也。故其聚而生、來而伸者皆曰神，而在人，則魂氣爲神，陽之屬也；散而死、反而歸，皆曰鬼，而在人，則體魄爲鬼，陰之屬也。天地、山川、風雷、祖考，凡曰鬼神云者，亦不越是二端而已。故事鬼神者，必致其敬、發其情，有以極其在我之誠，而後在彼者有來格之理。蓋神人之交，皆以是氣而爲感通。使誠之在我者無以致之，則彼之發揚于上者亦何自而聚哉？然則鬼神之有無，揆之吾誠可矣。知此，則知謝氏格之、遠之之説矣。蓋其可不可者，理也。格之、遠之，皆吾心之所不容欺者也。"致生之，故其鬼神；致死之，故其鬼不神。"皆謂人實致之也。孔子曰："之死而致死之，不仁而不可爲也；之死而致生之，不知而不可爲也。"故惟仁、知之合者可以制祀典。苟不察其理之可不可而祭非其鬼，則惑之甚矣。世之惑者，蓋皆求鬼神於茫昧恍惚之間，而不知其所以致之者實在於我故也。測度而言，未知近否？

大概得之，更宜涵泳，似更有未細密處。大抵陰陽有以循環言者，有以對待言者，須錯綜分合都無窒礙，乃爲得之。

子曰："君子無所爭。"周氏於前篇"君子不器"及此章皆曰："君子，以仁成名者也。"然則凡言君子之事者，皆可以仁之説推之矣，恐解經不當如是之拘也。

此是王氏説經之弊，大抵熙、豐以來多此病。

子曰："射不主皮。"楊氏曰："容節可以習而能，力不可以彊而至。"《集注》改"容節"作"中"字,既不以中爲貫革矣,則所謂中者,抑如張子所謂"不貫革而墜於地者,其中鵠爲可知"之意否?

張子説是。《儀禮》大射、鄉射,皆以中爲勝,非止以容節之得失爲勝負也。《晦庵文集》卷五二。

案:本書乃答《論語》問目。上書(歸來半年)有言"所寄疑義,蓋多得之,已略注其間矣",似即指本問目。

朱熹《答吴伯豐》:

所示三條皆善。但人心無不思慮之理,若當思而思,自不當苦苦排抑,却反成不静也。異端之學,以性自私,固爲大病,然又不察氣質情欲之偏而率意妄行,便謂無非至理,此尤害事。近世儒者之論,亦有近似之者,不可不察也。故所見愈高,則所發愈暴。鬼神之説,思之甚精。但所疑今日之來格者非前日之發揚者則非是。只思上蔡"祖考精神便是自家精神"一句,則可見其苗脈矣。《晦庵文集》卷五二。

案:朱熹於紹熙三年、四年間《答李堯卿》(《禘説》舉趙伯循謂魯太廟以周公爲始祖)、《答陳安卿》(太極者)中皆論及"鬼神"之説與上蔡語"祖考精神便是自家精神"。《晦庵文集》卷五七。又《朱子語類》卷三、卷二五、卷六三所載黄義剛、林子蒙、李壯祖

（記汪德輔問）、鄭南升、徐㝢、陳淳所記亦皆涉及上
述問題。據《朱子語類·姓氏》，黃義剛乃癸丑（紹熙
四年）以後所聞，鄭南升乃癸丑所聞，徐㝢乃庚戌（紹
熙元年）以後所聞，陳淳乃庚戌、己未（慶元五年）所
聞，汪德輔乃壬子（紹熙三年）所聞，林子蒙、李壯祖
所聞之時不詳。故推知朱熹與吳必大討論“鬼神”之
說與上蔡語“祖考精神便是自家精神”亦在紹熙三年
（1192）、四年間。

朱熹《答吳伯豐》：

鬼神之義，來教云：“只思上蔡‘祖考精神便是自家
精神’一句，則可見其苗脈矣。”必大嘗因書以問正淳，
正淳答云：“祖考是有底人便是有此理。爲子孫者，能
以祖考之遺體致其誠敬以饗之，則所謂來格者，蓋真有
此理也。”然必大嘗讀《太極圖義》有云：“人物之始，以
氣化而生者也。氣聚成形，則形交氣感，遂以形化，而
人物生生，變化無窮。”是知人物在天地間，其生生不窮
者固理也，其聚而生、散而死者，則氣也。有是理則有
是氣，氣聚於此則其理亦命於此。今所謂氣者，既已化
而無有矣，則所謂理者抑於何而寓耶？然吾之此身即
祖考之遺體，祖考之所具以爲祖考者，蓋具於我而未嘗
亡也。是其魂升魄降，雖已化而無有，然理之根於彼者
既無止息，氣之具於我者復無間斷，吾能致精竭誠以求

2759

之，此氣既純一而無所雜，則此理自昭著而不可掩，此其苗脈之較然可睹者也。上蔡云："三日齋，七日戒，求諸陰陽上下，只是要集自家精神。"蓋我之精神即祖考之精神，在我者既集，即是祖考之來格也。然古人於祭祀必立之尸，其義精甚。蓋又是因祖考遺體以凝聚祖考之氣，氣與質合，則其散者庶乎復聚，此教之至也。故曰："神不歆非類，民不祀非族。"必大前書所疑今日之來格者，非前日之發揚于上者，固非是矣。而正淳之說，言理而不及氣。若於存亡聚散之故察之不密，則所謂以類而爲感應者益滉漾而不可識矣。敢再此仰瀆尊聽，欲望更賜一言，以釋所蔽，不勝萬幸。

所喻鬼神之說，甚精密。叔權書中亦說得正當詳悉。大抵人之氣傳於子孫，猶木之氣傳於實也。此實之傳不泯，則其生木雖枯毀無餘，而氣之在此者猶自若也。此等處，但就實事上推之，反復玩味，自見意味真實深長。推說太多，恐反成汩沒也。正淳所論，誠爲疏略，然恐辭或未盡其意耳。《晦庵文集》卷五二。

案：本書"鬼神之義，來教云：'只思上蔡"祖考精神便是自家精神"一句，則可見其苗脈矣。'"正上書（所示三條皆善）中語，知兩書乃前後相承。

朱熹《答吳伯豐》：

長沙除命，再辭不獲，尚有少疑，未敢決爲去計，亦會足疾微動，未容拜受，且看旬日如何也。所示疑義，皆精密可喜，已一一報去。此亦有十數朋友，然極少得會看文字者，不免令熟看注解，以通念爲先，而徐思其義，只尋正意，毋得支蔓，似方略有頭緒。然却恐變秀才爲學究，又不濟事耳。知約正父莊子相聚，甚善。前日亦已寄書約正父來官所修纂《禮書》，是時雖未敢決赴長沙，然已乞換小郡，計必在江、湖間也。今若成爲湖外之行，當踐此約，不知渠如何也。南康諸書，後來頗復有所更改，義理無窮，儘看儘有。恨此衰年，來日無幾，不能卒究其業，正有望於諸賢。而於其間如伯豐者，尤未易得也。正淳書來，亦有意於衡嶽之遊，甚幸甚幸。子耕久聞其病，未得端的，且喜向安也。商伯所論，恨聞之晚，然亦但恨語侵黃文叔，彼罵邪氣者亦不足恤矣。《晦庵文集》卷五二。

案：朱熹除知潭州、荆湖南路安撫使在紹熙四年十一月，十二月、紹熙五年正月兩辭，二月又有旨趣任，遂拜命，四月中啓程。《年譜長編》卷下。本書中云“長沙除命，再辭不獲，尚有少疑，未敢決爲去計，亦會足疾微動，未容拜受，且看旬日如何也”，故推知其約撰於五年（1194）三月間。

朱熹《答吳伯豐》：

熹始計不審，誤爲此來，交事之後，憂恐萬端。旋復奉諱，哀殞之餘，惴慄尤甚，寢驚夢愕，便覺斬頭穴胸已在面前矣，以此百事不敢措意。前月半後宣布需恩，始有復生之望。方欲修召魂魄，爲所欲爲，則召命忽來，不復可措手矣。《禮書》又失此機會，良可歎息，奈何奈何！今此之行，亦且歸家俟祠請之報，未知如何。萬一須出，自度亦豈能有補於時，空得屑屑往來之譏耳。《晦庵文集》卷五二。

　　案：紹熙五年六月孝宗崩，七月光宗禪位，寧宗即位；十七日召知潭州朱熹赴臨安奏事；八月六日朱熹離潭東歸；下旬至臨江，接獲除煥章閣待制兼侍講任命，上狀辭免。《年譜長編》卷下。本書乃云"前月半後宣布需恩，……則召命忽來，……今此之行，亦且歸家俟祠請之報"，而未幾除煥章閣待制兼侍講事，故推知其約撰於是年八月中旬東歸塗中。

朱熹《答吴伯豐》：

久不聞問，數因廬陵親舊問訊，得吴漕書，乃云已到而暫歸，深以爲念。今承專使惠書，得聞詳實，殊以爲慰也。來書去住似未定，而來人却云已卜近日迎侍之官，如此則亦甚便，不知定以幾時到官也？楊子直爲守，吕子約、劉季章、許景陽皆可與遊。糾掾程允夫官亦未滿，尚得從容，亦可樂也。熹今夏一病幾死，今幸少安。然目苦内障，左已不復見物，右亦漸昏，度更數月，即不復可觀書矣。辭職、告老未得請，而向來嘗議攢陵，今聞議相先後

者皆已行遣，勢不容已。前月末間，已上章自劾，寬恩容
可逭責，言路決不相容。旬日間當有所處，但因此得遂鑴
削，便是得請，他不敢有所與矣。南卿、子耕見愛殊厚，然
告老乃向來病中危殆，只從本州保明陳乞，意謂朝廷意其
已死，必便依例降勑，不謂乃爾再乞不遂，今且休矣。論
事之傳，却未敢發，然亦臣子職分所當爲，自愧見義不明、
臨事無勇耳。近報復爾，計旬月間又須有一番行遣，嶺海
之間，不落寞矣。老拙或不免隨衆經由，當得款會也。
《孟子》誤字，俟更點勘改定。近得正父書，問《告子》上篇
"此天之所與我者"，舊官本皆作"比"字，注中"此乃"亦作
"比方"，檢看信然，不知此又何也？諸疑義略爲條析，心
目俱昏，不能精審，有未安處，更反覆之爲佳。《大學》、
《中庸》近看得一過，舊説亦多草草，恨未得面論也。《晦庵
文集》卷五二。

　　案：慶元元年五月，朱熹上狀辭煥章閣待制，並
乞致仕；七月末，復以議永阜殯陵自劾。《年譜長編》卷
下。而本書有云"辭職、告老未得請，而向來嘗議殯
陵，今聞議相先後者皆已行遣，勢不容已。前月末
間，已上章自劾，……旬日間當有所處"，故推知其約
撰於是年(1195)八月中。

朱熹《答吳伯豐》：

　　《孟子集解序説》引《史記》列傳，以爲《孟子》之書

孟子自作。韓子曰："軻之書，非自著。"先生謂二説不同，《史記》近是。而於《滕文公》首章道性善處。注則曰"門人不能盡記其詞"；又於第四章決汝、漢處。注曰"記者之誤"，不知如何？

前説是，後兩處失之。熟讀七篇，觀其筆勢如鎔鑄而成，非綴緝所就也。《論語》便是記録綴緝所爲，非一筆文字矣。

《梁惠王上》第三章，楊氏謂自"不違農時"至"喪死無憾"，仁心仁聞而已，未及爲政，故爲王道之始。必大謂使民無憾，決非但有其心、無其政者之所能致也。恐當如《集註》云"爲治之初，法制未備"耳。

此説是。

"仁者無敵"，楊氏曰："仁者與物無對，自不見其有犯我者，更誰與校？如孟子言'仁者無敵'，亦是此理。"必大謂楊説蓋自論仁及之，非正解此章之指。楊氏蓋言仁之理如此，孟子乃即事以言夫行仁之效，與楊氏説小不同。

亦是。

《梁惠王下》第三章，尹氏曰："仁者之心至公也，智者之心用謀也。以小事大，則狹隘而私一國。"必大謂二者所遇不同，而應之皆出於理之所當然。其規模固有廣狹，然其智者私於一國，則非畏天之旨矣。仁、智之辨，當別有説。

仁者自然合理,智者知理之當然而敬以循之,其大概是如此。若細分之,則太王、勾踐意思自不同也。

第四章,范氏曰:"若行王政,雖明堂可以勿毀,何況於雪宮?"必大謂若如范氏之説,是明堂反不若雪宮之當存也,恐未安。

明堂非諸侯所宜有,故范説如此。

《公孫丑》第二章,程子評横渠之言曰:"由明以至誠,此句却是由誠以至明,則不然,誠即明也。孟子曰:'我知言,我善養吾浩然之氣。'只'我知言'一句已盡。横渠之言不能無失類如此。"必大謂程子意蓋謂即誠之體而明之用已著,不待由此以至之也。只"我知言"一句已盡者,謂於天下之言既能盡識之,則其心之無蔽者可不言而喻矣,此誠即明之謂也。

程子意是如此,但所引《孟子》之意不可曉,姑闕之可也。

明道曰:"孟子去其中,又發揮出浩然之氣。"必大謂自"上天之載"至"脩道之教"皆一理也。言氣者,蓋又於此理之中,即人之運用勇決者言之。此氣一出,正大之理即上天之載,因人而著見者也。

此説得之。

伊川曰:"氣則只是氣,更説甚充塞?如化育則只是化育,更説甚贊?贊與充塞,又早却別是一件事也。"此言天人一體,凡人之所爲皆天也。如子之干蠱,乃以父母之體爲之，豈得謂之吾有助於父母耶？故曰凡言充塞云，只是指而示之云耳。

亦得之。

明道曰："道有冲漠氣象。"此"道"字與"義"字相對，蓋指其體而未及於用也。冲漠云者，蓋無朕可見之意。

同上。

伊川曰："集衆義而生浩然之氣，非義外襲我而取之也。"必大謂非偶合一義，遂可掩取其氣而有之也。伊川之説，疑當云"非以義襲於外而取之"。集義，"有事"與"勿忘"也；義襲，"正之"與"助長"也。集義所生，非特知氣之不可卒取，而義内非外亦瞭然矣。若夫義襲，真告子之見也。

同上。

橫渠曰："詖辭徇難，近於並耕爲我；淫辭放侈，近於兼愛齊物；邪辭離正，近於隘與不恭；遁辭無守，近於揣摩説難。"吕氏以申、韓爲詖，馬遷之類爲淫，楊、墨、夷、惠爲邪，莊周、浮屠爲遁。南軒以告子爲詖，楊、墨爲邪，莊、列爲淫、遁。今《集註》則以四者爲相因而無所分屬，是異端必兼此四者而有之。必大謂浮屠之言則詖、淫、邪、遁之尤者，然吕氏以夷、惠爲邪，恐未爲當。

橫渠論釋氏，其言流遁失守，窮大則淫，推行則詖，致曲則邪,此語勝其他分析之說。然未詳其相因之序而錯言之,亦未盡善也。

第五章,市廛而不征,法而不廛。

此等制度,皆不可詳,大抵邑居者必有廛税,市區亦應有之耳。

第六章,伊川曰"心生道也",此謂天地之心而人得以爲心者,蓋天地只是以生爲道也。"有是心,斯具是形以生",謂有理而後有氣也。"惻隱之心,人之生道",此即所謂滿腔子是惻隱之心者也。

得之。

明道見顯道記問甚博,曰:"賢可謂玩物喪志。"謝不覺身汗面赤。先生曰:"只此便是惻隱之心。"據謝之愧赧,謂之羞惡可也,而以爲惻隱,何哉?蓋此雖爲羞惡之事,而所以能爲羞惡者,乃自夫心之德、愛之理發之,此惻隱所以包四端。

同上。

明道曰:"四端不言信,信本無。在《易》則是至理,在《孟子》則是氣。"必大謂信者,實有此仁、義、禮、智而已。至理,元、亨、利、貞也。至於孟子所謂氣,既曰配義與道,則是氣也似有體段形器之可言,恐不與信之理同。未知是否?

信是義理之全體本質,不可得而分析者,故明道之言如此。

　　《公孫丑下》第二章，楊曰："先王之時，天下定于一，則士於其時無適而非君也，則君命召，不俟駕而行。周衰，諸侯各擅其土地，士非一國所能專制也，故有不爲臣之義。"必大謂"不俟駕"，孟子蓋謂當仕有官職者。其有不爲臣之義者，士之未嘗仕者也。然亦有往役之義，則亦無非臣也。若如楊説，則天下爲一之時，士不復可遂其高，而周衰，列國之臣無委質之節矣。

　　此論得之。近者程沙隨深詆王蠋"忠臣不事兩君"之言，竊疑其言之失，將啓萬世不忠之弊。夫出彊載質，乃士之不得已，曾謂以是爲常耶？楚、漢之間，陳平猶得多心之誚，況平世乎？

　　《滕文公上》第三章"周人百畝而徹"，《集注》云："一夫授田百畝，鄉遂用貢法。十夫有溝，都鄙用助法。八家同井，耕則通力而作，收則計畝而分。"必大謂井田與溝洫之制不同，而近時永嘉諸公及余正父皆謂鄉遂、都鄙初無二制，不知何以考之也？

　　此亦不可詳知，但因洛陽議論中通徹而耕之説推之耳。或但耕則通力而耕，收則各得其畝，亦未可知也。鄉遂、都鄙田制不同，《周禮》分明。如近年新説，只教畫在紙上亦畫不成，如何行得？且若如此，則有田之家一處受田，一處應役，彼此交互，難相統一。官司既難稽考，民間易生弊病，公私煩擾，不可勝言。聖人立法，必不如此也。

　　《滕文公下》第九章，問退之《讀墨篇》如何，伊川曰:"此篇意甚好,但言不謹嚴,便有不是處。"又曰:"退之樂取人善之心可謂忠恕。然持教不知謹嚴,故失之。至若言孔子尚同、兼愛與墨子同,則甚不可也。"

未論孔、墨之同異,只此大小便不相敵,不可以對待言也。以此而論,則退之全未知孔子所以爲孔子者。

伊川曰:"不能克己,則爲楊氏爲我;不能復禮,則爲墨氏兼愛。"必大嘗聞克己者乃所以復禮也。伊川此言乃分爲二事,何耶?

此等或有爲而言,如以事上接下而言忠恕也。要之有病,不可便以爲通論也。

横渠言:"孟子不得已而用潛龍也,顏子潛龍勿用者也。"必大觀横渠嘗曰:"學者貴識時,顏子陋巷自樂,以孔子在焉。若孟子時,既無人,豈可不以道自任?"以此論之,則在孟子非當潛者矣,而此乃以爲不得已而用者,豈横渠猶以孟子爲行未成者歟?

孟子以時言之,固不當潛,然以學言之,則恐猶有且合向裏進步處。横渠此言極有味也。伊川《上仁宗皇帝書》有此意。

《離婁上》第二章,程子曰:"仁則一,不仁則二。"必大疑此語猶所謂"公則一,私則萬殊"之意。

此説是。

第十三章,横渠曰:"太公、伯夷避紂,皆不徒然。及歸文王,亦不徒然。一佐武王伐紂,一諫武王伐紂,皆不徒然。"必大謂二人之歸文王,特以聞其善養老而已,竊恐不爲此而出也。

亦是。

第二十三章"惟大人爲能格君心之非",若伊尹之於太甲、周公之於成王,可謂能格心者。然其效乃遲之於三年之後,是其初亦未遽格也。孔、孟於齊、梁、魯、衛之君終不能改於其德,後世若子房、魏徵亦近能格君者,蓋亦幸遇二君之好謀能聽耳。必大謂孟子之言理則然矣,而未見其人也。

雖有萬金良藥,必病者肯服,然後可責其效。若拒而不信,或吐而不納,固難責其已病之功矣。張良之於漢祖,乃智術相投;魏徵之於唐宗,亦利害相制耳。大人格心之道,恐非二子所及也。

二十七章,仁之實,義之實。有子以孝弟爲仁之本,孟子以事親爲仁、事兄爲義,何也?蓋孔門論仁,舉體以該用,即所謂專言之仁也。孟子言仁,必以其配,即所謂偏言之者也。事親主乎愛而已,義則愛之宜者也。推其事親者以事其長,而得其宜,則仁之道行焉。

此說是。

第十二章,橫渠曰:"不失其赤子之心,求歸於嬰兒也。"此只是還淳反樸之意。

橫渠此說,恐非孟子本意。

第十四章,明道曰:"既得後須放開,不然却只是

守。"必大觀顏子之學具體而微矣，然得一善則拳拳服
膺而勿失，守之固也如此，不知明道放開之説抑何謂
耶？上蔡亦曰："學者須是胸懷擺脱得開始得。"必大竊
謂固滯狹隘固不足以適道，然不勉學者以存養踐行之
實，而遽以此爲務，此曾點之學，非顏子之學也。

明道之語，亦上蔡所記，或恐"須"字是必然之意。言
既得則自有此驗，不但如此拘拘耳，非謂須要放開也。曾
點之胸懷灑落，亦是自然如此，未必有意擺脱使開也。有
意擺脱，則亦不能得開，而非所以爲曾點矣。上蔡説恐不
縝密，生病痛也。

第十五章，横渠曰："約者，天下至精至微之理也。"
然曰"學者必先守其至約"，又曰"不必待博學而後至于
約，其先固守于約也"。必大謂精微之理必問辨攻索而
後得之，決不容以徑造。横渠之説，恐別有謂。

未博學而先守約，即程子"未有致知而不在敬"之意，
亦切要之言也。

范氏於楊雄之説取舍不同，恐楊氏之説爲當。

楊説是。

第十九章，《集注》云："由仁義行，非行仁義，則仁
義已根於心，而所行皆從此出。""已"字恐未瑩。

"已"字只作"本"字爲佳。

第二十章，程子曰："文王望至治之道而未之見，若
曰民雖使至治，止由之而已，安知聖人？"上云"文王望

治而未之見"，下却云"民由夫治而不知"，何也？

望治之説，恐不然。

又曰："泄邇忘遠，謂遠邇之人之事也。"而橫渠以祭祀當之，又以不泄邇爲取紂之事，乃有罪不敢赦之義，恐牽合，不如程子説。

此通人與事而言，"泄"字兼有親信、狎侮、忽略之意。

橫渠云："湯放桀，惟有慚德而不敢赦，執中之難如是。"又曰："帝臣不蔽，執中也。"又曰："執中者，不爲退讓過越之事也。"其意蓋曰湯之事既未嘗越，亦無所退讓，以大公之心而行其所當然，此其所以爲執中爾。

橫渠之意應是如此，孟子之意則未必然也。

又曰："不泄邇，不忘遠，敬事也。"是不敢忽易之意否？

是無所不用其敬之意。

程、張皆以望道爲望治，《集注》謂文王求道之切如此。必大謂博施濟衆，脩己以安百姓，堯、舜猶以爲病，文王之心即此心也。不知是否？

"不顯亦臨，無射亦保"，是文王望道如未見之事。

二十三章"可以取"，必大謂取之傷廉，不難於擇矣。若可與不可與、可死不可死之間，不幸擇之不精者，與其吝嗇，寧過與，與其苟生，寧就死。在學者則當平日極其窮理之功，庶於取舍死生之際不難於精擇也。

此意極好，但孟子之意却是恐人過予而輕死也。

王彥輔曰："死生之際，惟義所在，則義可以對死者也。"明道曰:"不然,義無對。"

義不當偏與死對,而可別與不義爲對。

二十六章,楊氏之説自相牴牾。

楊氏類多如此,疑其見之未明,而精力亦有不逮處耳。《晦庵文集》卷五二。

案:本書校記:"則仁之道行焉"句下,浙本有"此弟之所以爲義之實也"十字。

本書乃答《孟子》問目,撰時未詳。朱熹上書(久不聞問)有云"《孟子》誤字,俟更點勘改定。……諸疑義略爲條析,心目俱昏,不能精審,有未安處,更反覆之爲佳",《書信編年》以爲本書即所謂諸疑義。上書撰於慶元元年八月中,則本書或在一時先後。

朱熹《答吴伯豐》:

必大鄉因楊氏謂舜自怨其不能盡孝以感動父母,而以孟子所以論《小弁》者辨之,伏蒙批誨云:"程子亦以舜之怨與《小弁》不同,更思之。"必大已悉尊意,及以《孟子》二章讀之,其叙舜之事與辨《小弁》之説,其爲不同甚明。二"怨"字之義非特不可並觀,蓋《小弁》猶是人子之常情,而舜之怨則盛德之事,非常情所可及也。

得之。

必大於説中嘗疑舜、象憂喜一段與孔子微服過宋事似不相類,未詳伊川並舉而例言之意。伏蒙批誨:

“以《孟子》‘莫非命也’一章之意推之，則可見矣。”必大竊謂象雖不能殺舜，然彼既有是心，在舜豈得不爲之憂？蓋必如是然後謂之盡道。與孔子微服過宋事正相類。苟付之於命，而在我者不自盡焉，則與死於桎梏無以異矣。

“莫非命也”，只說得微服過宋等；舜之事，乃是雖知其將殺己，而不能自已其親愛之心，亦是並行不悖處，而其類自不同也。

“聖人之於天道”，必大說嘗疑此句比上文義例似於倒置。伏蒙批誨云：“上字在我，其下乃所得所施之不同。如此立語，亦不爲倒。”必大今試釋之曰：仁之所施，厚於父子；義之所施，盡於君臣；禮之所施，恭於賓主之際；智之所施，哲於賢否之辨。聖人之所得，全夫天理之粹。若如此解，固未爲倒，但似終費注腳斡旋之力。又仁、義、禮、智四字，謂之在我可也，若以此例說“聖人”二字，意亦未安。

聖人以身言，豈非在我？天道以理言，豈非所得？《晦庵文集》卷五二。

案：本書撰時未詳。因亦爲答《孟子》問目，疑在上書（《孟子集解序說》引《史記》列傳）後。

朱熹《答吳伯豐》：

明道曰：“蓋生之謂性，人生而靜以上不容說，纔說性時便已不是性也。凡人説性，只是説繼之者善也。孟子説人性善是也。"伊川曰："若乃孟子之言善者，乃極本窮源之性。"

"以上不容説"者，是指天命本體對其稟賦在人者而言。"極本窮源"者，是就人所稟之正理對氣質之性爲説。此云"繼之者善"，亦與《通書》所指不同，乃孟子所謂"乃若其情可以爲善"之意，四端之正是也。

"仁之於父子"一段，兩嘗請教，然終有未能安者。近見錢判官文子"以仁而施於父子，宜相親愛；以義而施於君臣，宜相契合。吾既有禮矣，則賓主之際必然見答；吾既有智矣，則賢者之交必然見知。以至德爲聖人，則保祐眷顧之休，亦天道之所宜昭格者也。而事乃有甚不然者，姑舉聖人於天道言之，堯、湯之水旱，孔、孟之困窮是也。夫是以謂之命，然其在吾性所當盡者，初不可以自已，如父雖不慈，子不可以不孝之類。故曰：'有性焉，君子不謂命也。'"如此解得"聖人於天道"一句，與上四句頗順，不知尊意以爲如何？

前輩有如此説者，與《集注》之説亦不甚異，但所謂命有内外之不同耳。又"智之於賢者"，若如此解，即語勢倒而不順，須如横渠之説乃佳，可更詳之。《晦庵文集》卷五二。

案：本書撰時未詳。因亦爲答《孟子》問目，疑在上書（必大鄉因楊氏謂舜自怨其不能盡孝以感動父母）後。

朱熹《答吳伯豐》：

熹懇避經年，今乃得請，私義少安，皆朋友之助也。但目愈昏，不復可觀書爲撓耳。中間報去數條，看得如何？此間亦有十數朋友往來講學，前此多是看得文字不子細，往往都不曾入心記得，所以不見曲折意味，久之遂至一時忘却。今不免且令熟看，若到一一記得牢固分明，則反覆誦數之間，已粗得其意味矣。更能就此玩繹不置，不患不精熟也。入城曾見吕子約、程允夫、許、劉諸人否？有所講論否？此廬陵劉丞去，必便有的便回來，幸附數字，詳及近況與爲學次第、講論異同，慰此馳想也。《晦庵文集》卷五二。

案：慶元元年十二月二十六日，詔朱熹依舊秘閣修撰、提舉南京鴻慶宫。《年譜長編》卷下。本書有云“熹懇避經年，今乃得請”，即指此。故推知本書約撰於慶元二年（1196）初。

朱熹《答吳伯豐》：

所示三條悉已疏去，它未盡者，後便幸續寄示。旋得尤佳，多則擁併，恐看得草草也。正淳因書爲致意，不知渠後來所進如何？此間朋友亦未見有穎脱不羣者，而又外有他虞，恐不能久相聚也。所望於伯豐者不淺，更望於本原上益加涵養收斂之功耳。《晦庵文集》卷五二。

案：慶元二年正月下旬，右諫議大夫劉德秀奏論留正引僞學之徒以危社稷；二月，知貢舉葉翥等奏論僞學之魁，乞毀《語錄》，三月中再奏論僞學，乞考察太學、州學；六月中，國子監奏乞毀理學之書；八月中，太常少卿胡紘奏論僞學圖謀不軌，乞"權住進擬"僞黨。《年譜長編》卷下。本書中云及"此間朋友亦未見有穎脱不羣者，而又外有他虞，恐不能久相聚也"，當即指此，故推知其約慶元二年中。

朱熹《答吳伯豐》：

熹老大亡狀，自致人言，爲朋友之羞，尚賴寬恩，得安田里。然聞議者經營未已，未知終安所税駕也。示及疑義，未及奉報，但念上蔡先生有言："富貴利達，今人少見出脱得者，非是小事。邇來學者何足道？能言真如鸚鵡。"此言深可畏耳。伯豐講學精詳，議論明決，朋游少見其比。區區期望之意不淺，願更於此加意。須是此處立得脚定，然後博文約禮之工有所施耳。《晦庵文集》卷五二。

案：慶元二年十二月二十六日，因監察御史沈繼祖奏劾，朱熹落職罷祠；次年正月二十七日，落職罷祠省劄下到，朱熹上謝表。《年譜長編》卷下。本書所云"熹老大亡狀，自致人言，爲朋友之羞，尚賴寬恩，得安田里"，當指此，故推知其約撰於慶元三年

（1197）二月間。

朱熹《答吳伯豐》：

又聞攝事郡幕，想亦隨事有以及人。但趨舍之決，是乃舜、蹠之分，不幸至此，只有一刀兩段。然須是自家著力，非他人所能預也。錄示子約往還書，如所謂血氣之盛衰，猶足爲理義之消長，亦是前輩自有此説。今所援引，乃是舉輕以明重，無不可者。不知子約何所疑也？恐是不曾子細看上下文，便只就此兩句上論得失。講論最怕如此，不盡彼此之情，而虛爲是譊譊也。又如説浩氣之體段即道義之流行，此等語殊不可曉。自此以下，一向勞攘。此無他病，只是心地不虛，戀著舊時窠窟，故爲此所障而正理不得見前耳。近日看得讀書別無他法，只是除却自家私意，而逐字逐句只依聖賢所説白直曉會，不敢妄亂添一句閑雜言語，則久久自然有得。凡所悟解，一一皆是聖賢真實意思。如其不然，縱使説得寶花亂墜，亦只是自家杜撰見識也。且道《孟子》裏，還曾有一字説浩氣之體段即是道義之流行否？

編禮直卿必已詳道曲折，《祭禮》嚮來亦已略定篇目，今具別紙。幸與寶之商量，依此下手編定，尋的便旋寄來，容略看過。須得旋寄旋看乃佳，蓋看多恐不子細，又免已成復改，費工夫也。却送去，附入音疏，便成全書也。直卿所寄來《喪禮》，用工甚勤，但不合以王侯之禮雜於士禮之中,全然不成片段。又久不送來,至十分都了方寄到,故不免從頭再整頓過一番,方略成文字。此可以爲戒也。

《祭禮》

《廟制》一。以《王制》、《祭法》等篇爲首,説廟制處,凡若此類者皆附之,自爲一篇,以補經文之闕。

《特牲》二。依《冠》《昏禮》附《記》及它書親切可證者。

《少牢》三。同上。

《有司》四。同上。

《祭義》五。以本篇言士大夫之祭者爲主,諸篇似此者皆附之。本篇中間有言天子、諸侯禮處,却移入《祭統》。

《九獻》六。以《大宗伯》篇首掌先王之目爲主,而以《禮運》"禮之大成"一章附之。《周禮》及《禮記》中如此類者,皆附其後,如《周禮·籩人》、《醢人》、《司尊彝》之屬,正與《禮運》相表裏。《禮運》篇已寫去,在直卿處,可更考之,依此編定。如禘祫之義,則《春秋纂例》中趙伯循説亦當收載。

《郊社》七。以《大宗伯》祀天神、祭地祇之目爲主,凡諸篇中言此類者,皆附之。如《皇王大紀》中論郊社處,亦當收入注疏後。

《祭統》八。以本篇言諸侯、天子之禘者爲主,凡諸篇言郊廟祀饗之義者,皆附其後。篇内言士大夫之禮處,却移在《祭義》篇内。

或別立《祭祀》一篇,凡統言祭禮,如《王制》篇内一段,《周禮·大宗伯》祀天神、祭地祇、享人鬼之目,及今《禮記·祭法》篇,但除去篇目數句入《祭統》。凡似此類者,冠於《廟制》之前,不注,而逐篇本文再出者乃附注疏。如何？

《王制》乃通有夏、商之法，當爲首。《周禮》次之，《禮記》燔柴以下又次之。此爲總括祭祀之禮，而《廟制》以下各隨事爲篇，由賤以及貴，前數類皆然也。《晦庵文集》卷五二。

案：朱熹《答呂子約》（所示四條）有云"若氣配道義，則孟子之意不過曰此氣能配道義，若無此氣，則其體有不充而餒然耳。此其賓主向背、條理分合，略無可疑，……而爲崎嶇詰曲以爲之説曰'道義本存乎血氣，但無道義，則此氣便餒而止爲血氣之私，故必配義與道，然後能浩然而無餒'乎"，《晦庵文集》卷四八。與本書"録示子約往還書，如所謂血氣之盛衰，猶足爲理義之消長，亦是前輩自有此説。今所援引，乃是舉輕以明重，無不可者。不知子約何所疑也"云云相合。《答呂子約》撰於慶元三年末或稍後。又書中云及"編禮直卿必已詳道曲折，……直卿所寄來《喪禮》，用工甚勤，但……又久不送來，至十分都了方寄到，故不免從頭再整頓過一番，方略成文字"，然黃榦於是年七月丁母憂而自廬陵護喪東歸。《年譜長編》卷下。故推知朱熹與呂祖儉論議"血氣"約在三年中。

朱熹《答吳伯豐》：

熹前日奉書説《祭禮》篇目，内《郊社》篇中當附見《逸禮·中霤》一條。此文散在《月令》注疏中，今已拆開，不見本文次序。然以"中霤"名篇，必是以此章爲首。今亦當以此爲首，而户竈門行以次繼之，皆以《注》中所引爲經而《疏》爲注。其首章即以《逸禮·中霤》冠之，庶幾後人見得古有此書，書有此篇，亦存羊之意也。《疏》中有其篇名，必是唐初其書尚在，今遂不復見，甚可歎也。《晦庵文集》卷五二。

案：上書（又聞攝事郡幕）言及"編禮直卿必已詳道曲折，《祭禮》嚮來亦已略定篇目，今具別紙"，而本書乃云"熹前日奉書説《祭禮》篇目"，當承其後。

朱熹《答吴伯豐》：

編禮有緒，深以爲喜。或有的便，望早寄來。心力日短，目力日昏，及今得之，尚可用力。但朋友星散，不知竟能得見成書與否，深可歎也。

再論浩氣語甚的當，切中子約之病。然猶未悟，書來忉怛不已，不可爬梳。雖已竭力告之，恐未必能相信也。伯豐明敏有餘，講學之際，不患所見之不精。區區屬望之意，蓋非他人之比。但願更於所聞深體而力行之，使俯仰之間無所愧怍，而胸中之浩然者真足以配義與道，不但爲誦説之空言而已，則區區之願也。賓之不及別書，編禮想用功不輟，煩爲致意也。《晦庵文集》卷五二。

案：書中言及"編禮有緒，深以爲喜。或有的便,望早寄來",當承上書(熹前日奉書説《祭禮》篇目)。又書中有言"再論浩氣語甚的當,切中子約之病。然猶未悟,書來切怛不已,不可爬梳。雖已竭力告之,恐未必能相信也",故推知其約撰於是年冬中。又,吳必大卒於是年十二月初或稍前。

吳耕老

吳耕老,括蒼(今浙江麗水)人。胡憲弟子。

朱熹《答吳耕老》:

胡丈昔年答黃繼道問"一貫"義云:"一貫,誠也;忠恕,思誠也。誠者天之道,思誠者人之道。"此語形容得甚妙。《中庸》曰:"鳶飛戾天,魚躍于淵,言上下察也。君子之道造端乎夫婦,及其至也,察乎天地。"此是子思在天舉一物,在地舉一物,在人舉夫婦。鳶與魚,其飛躍雖不同,其實則一物爲之耳。夫婦之道亦不出乎此。是皆子思發明一貫之道也。孔子繫《易》辭有曰:"以言乎遠則不禦,以言乎邇則静而正,以言乎天地之間則備矣。"亦發明斯道也。如何如何?

來教引《中庸》、《易傳》之言以證一貫之理,甚善。愚意所謂一貫者亦是如是。但據熹所見而以諸先生之説證之,則忠恕便已在一貫之中。如所謂"鳶飛魚躍雖不同,然其實則一物"之意是也。若耕老之説,則是鳶魚飛躍、內外精粗合爲一貫矣。而一貫之外,零却"忠恕"二字,恐非聖賢之意也。胡丈以一貫爲誠,而以忠恕爲思誠也。若熹之意,則曾子之言忠恕即誠也,子思之言違道不遠、孟子之言求仁莫近,乃思誠也。試推此思之,如何?《晦庵文集》卷四〇。

　　案:胡丈即胡憲。紹興二十八年,朱熹屢與李侗、胡憲、范如圭等書劄往返討論忠恕一貫之旨,推知本書亦當撰於是年(1158)。《年譜長編》卷上係於十一月。

吴耕老《與朱元晦書》:

　　案:來書佚。朱熹《陳師德墓誌銘》云:陳定字師德,丞相陳俊卿第三子。淳熙甲午(元年)七月己亥卒,年二十五。其"年十二、三則已知古人爲己之學,而不屑爲舉子之文矣。一日,以公命,因予友括蒼吳君耕老以書來道其志而請業焉。予三復其辭而嘉之,然亦意其必已淫思力索於空幻恍惚之場也,則報之曰:'聖賢之學雖不可以淺意量,然學之者必自其近而易者始。'師德於是始欲因予言而反求之,既疲於宿昔思慮之苦,而感疾殆矣。其後屢欲求見,且將徧求世之有道君子而師友之,竟以病不果行,且死,猶語其友方來耕道,使言於予,以不及相見爲深恨。明年其仲兄守師中見予於建陽，遂以耕道所狀行實一通屬予銘其竁"。《晦庵文集》卷九一。故推知吳耕老來書當撰於乾道八年(1172)、九年間。

吳　楫

吳楫，字公濟，崇安(今福建武夷山市)人。"幼自雄其才，謂功名可立取，紹興末試鄉省不第，遂主盟林壑，絕心仕進，與朱文公、吳郁研窮理學。嘗言：'逐日應接事物之中，須得一時寧靜以養精神，要使事愈繁而心愈暇，彼不足而我有餘。'文公遣子師事之。晚年以特恩調桂林簿"。《閩中理學淵源考》卷二〇。

朱熹《答吳公濟》：

來書云："儒釋之道，本同末異。"熹謂本同則末必不異，末異則本必不同，正如二木是一種之根，無緣却生兩種之實。

來書云："夫子專言人事生理，而佛氏則兼人鬼生死而言之。"熹按伯諫書中亦有此意，已於答伯諫書中論之矣，他日取觀，可見鄙意。抑又有説焉：不知生死人鬼爲一乎，爲二乎？若以爲一，則專言人事生理者，其於死與鬼神固已兼之矣，不待兼之而後兼也。若須別作一頭項窮究曉會，則是始終幽明却有間隔。似此見處，竊恐未安。

來書云："夫子罕言之者，正謂民不可使知，恐聞之而生惑。"熹謂聖人於死生鬼神雖不切切言之，然於六經之言、格物誠意之方、天道性命之說，以至文爲制度之間、名器事物之小，莫非示人以始終幽明之理，蓋已無所不備。若於此講究分明而心得之，則仰觀俯察，洞然其無所疑矣，豈聞之而反有所惑耶？但人自不學，故聖人不能使之必知耳，非有所秘而不言也。今乃反謂聖人秘而不言，宜其惑於異說而不知所止也。

來書云："賢士大夫因佛學見性，然後知夫子果有不傳之妙。《論語》之書，非口耳可傳授。"熹謂《論語》固非口耳所可傳授，然其間自有下工夫處，不待學佛而後知也。學佛而後知，則所謂《論語》者，乃佛氏之《論語》，而非孔氏之《論語》矣。正如用琵琶、秦箏、方響、觱篥奏雅樂，節拍雖同，而音韻乖矣。

來書云："因《語》、《孟》見理，然後知佛氏事理俱無礙之說。"熹按上文言因佛學見性，此言因《語》、《孟》見理，理與性同乎，異乎？幸剖析言之，以曉未悟。但恐真見《語》、《孟》所言之理，則釋氏事理無礙之間所礙多矣。

來書云："幽明之故，死生之說，晝夜之道，初無二理。明之於幽，生之於死，猶晝之於夜也。鬼神之情狀，見乎幽者爲不可誣，則輪回因果之說有不可非者。謂上智不在此域可也，謂必無是理不可也。"熹竊謂幽明、死生、晝夜固無二理，然須是明於大本而究其所自來，然後知其實無二也。不然,則所謂無二者,恐不免於彌縫牽合,而反爲有二矣。鬼神者,造化之迹,伊川語。乃二氣之良能也,橫渠語。不但見乎幽而已。以爲專見乎幽,此似未識鬼神之爲何物,所以溺於輪回因果之説也。"幽則有鬼神"者,對禮樂而言之。大抵未嘗熟究聖人六經之旨,而遽欲以所得於外學者籠罩臆度言之,此所以多言而愈不合也。至又謂不可謂無此理,特上智不在此域,此尤害理。蓋不知此理是合有邪,合無邪? 以爲不可謂必無是理,則是合有也。合有,則盈天地之間皆是此理,無空闕處,而上智之人獨不與焉,不知又向甚處安身立命? 若是合無,則凡此所謂不可無之理,乃衆生之妄見而非真諦也。此其與聖人之心大相遠矣,而曰聖人無兩心,吾不信也。《晦庵文集》卷四三。

　　案: 本書言及"來書云:'夫子專言人事生理,而佛氏則兼人鬼生死而言之。'熹按伯諫書中亦有此意,已於答伯諫書中論之矣"。所謂"伯諫書"即朱熹《答李伯諫》(詳觀所論),《晦庵文集》卷四三。撰於甲申年(隆興二年,1164),故推知本書亦撰於是年或稍後。

吳　獵

　　吳獵(1143—1213),字德夫,潭州醴陵(今屬湖南)人。登進士第。寧宗即位,遷校書郎,除監察御史,出爲江西轉運判官,後總領湖廣、江西、京西財賦,召除秘書少

監,除秘閣修撰、主管荊湖北路安撫司公事、知江陵府,加
寶謨閣待制、京湖宣撫使,除刑部侍郎充四川宣諭使,改
敷文閣學士、四川安撫制置使兼知成都府,召還。嘉定六
年十一月卒,年七十一,謚文定。吳獵“初從張栻學,乾道
初朱熹會栻于潭,獵又親炙。湖湘之學一出于正,獵實表
率之”。著有《畏齋文集》、《奏議》六十卷。《宋史》卷三九
七有傳。

朱熹《答吳德夫獵》:

　　承喻“仁”字之説,足見用力之深。熹意不欲如此坐
談,但直以孔子、程子所示求仁之方,擇其一二切於吾身
者,篤志而力行之,於動靜語默間,勿令間斷,則久久自當
知味矣。去人欲,存天理,且據所見去之存之,功夫既深,
則所謂似天理而實人欲者次第可見。今大體未正而便欲
察及細微,恐有放飯流啜而問無齒決之譏也。如何如何?
“易”之爲義,乃指流行變易之體而言。此體生生,元無間
斷,但其間一動一靜相爲始終耳。程子曰:“上天之載,無
聲無臭,其體則謂之易,其理則謂之道,其用則謂之神。”
正謂此也。此體在人,則心是已。其理則所謂性,其用則
所謂情,其動靜則所謂未發已發之時也。此其爲天人之分
雖殊,然靜而此理已具,動而此用實行,則其爲易一也。若
其所具之理、所行之用合而言之,則是易之有太極者。昨
來南軒嘗謂太極所以明動靜之蘊,蓋得之矣。來喻以不易

變易爲未發已發，恐未安。試以此説推之，非惟見得“易”字意義分明，而求仁用力要處亦可得矣。《晦庵文集》卷四五。

　　案：書中有云“昨來南軒嘗謂太極所以明動靜之蘊，蓋得之矣”，當指張栻《答朱元晦》（近伯逢方送所論“觀過”之説來）所云“伯恭昨日得書，猶疑《太極説》中體用先後之論，要之須是辨析分明，方真見所謂一源者。不然，其所謂一源，只是臆度想象耳。但某意卻疑仁義中正分動靜之説，蓋是四者皆有動靜之可言，而靜者常爲之主，必欲於其中指二者爲靜，終有弊病。兼恐非周子之意。如云‘仁所以生’，殊覺未安。‘生生之體即仁也，而曰仁所以生’，如何”。《南軒集》卷二〇。《答朱元晦》撰於乾道八年（1172）春，故推知本書撰時稍後。

吴　南

　　吴南，字宜之。嘗問學朱熹。許棐有《寄吴宜之》詩云：“文公徒弟無多在，學術應如壽數高。好句先教諸子和，墊巾翻被俗人嘲。湖邊茶店同誰坐，井畔柴扉許我敲。昨夜相思眠不穩，月眉斜印落花梢。”《梅屋集》卷一。

朱熹《答吴宜之》：

　　所喻《易》説誠是太略，然此書體面與他經不同，只得如此點掇説過，多著言語便説殺了。先儒注解非是不好，只爲皆墮此病，故不滿人意。中間便欲稍移經下注文入傳中，庶得經文意思更寬，而未有功夫到得。今病衰如此，更有無限未了底文字，恐爲没身之恨矣。《晦庵文集》卷五四。

案：《朱子語類》卷六七載李閎祖記朱熹云“看《易》須著四日看一卦：一日看卦辭象象，兩日看六爻，一日統看，方仔細”，注曰：“因吴宜之記不起，云然。”據《朱子語類·姓氏》知，李閎祖於淳熙十五年來問學。本書亦論《易》説，或在此前後，姑係於是年(1188)。

朱熹《答吴宜之》：

他説紛紜，皆是不肯安於義命之意。以宜之才氣，若稍加静重，潛心向學，何所不至？今乃一味浮躁，自立一種苟簡自恕議論，讀之令人腹煩。如謂世人習俗薄惡，難卒與語，而欲委曲開導之。竊詳此意，恐自未免於薄惡而難與語也。今日決意登舟，無可言者，但願更思此言，痛自收斂，猶可救得一半。若只如前日意思，他時之困當有甚於今日者，雖欲悔之，不能及也。所謂學者舍科舉文字未有可從事者，不知此語何爲而發？若如鄙意，則科舉文字之外，學者儘有合用力處，此賢者所當深念也。《晦庵文集》卷五四。

案：《朱子語類》卷一三載鄭可學記曰：“宜之云：許叔重太貪作科舉文字。曰：既是家貧親老，未免應舉,亦當好與它做舉業,舉業做不妨,只是先以得失横置胸中,却害道。"據《朱子語類‧姓氏》,鄭可學莆田人,於辛亥(紹熙二年,1191)來問學。是年初尚在漳州知州任上,四月末離郡北歸,經晉江、惠安、福州,五月下旬至建陽。《年譜長編》卷下。故推知鄭可學是時在漳州問學朱熹。本書有云"所謂學者舍科舉文字未有可從事者,不知此語何爲而發?若如鄙意,則科舉文字之外,學者儘有合用力處,此賢者所當深念也",又云"他説紛紜,皆是不肯安於義命之意。……今乃一味浮躁,自立一種苟簡自恕議論,讀之令人腹煩。……今日決意登舟,無可言者,但願更思此言,痛自收斂,猶可救得一半",所論舉業與鄭可學之記者相關,當在此際。又陳淳《郡齋録後序》云朱熹於四月"二十六日早拜誥,州印付通判,即遷行衙。越兩日,通判及諸曹留酌別,二十九日方行。某送至同安縣東之沈井鋪而別,實五月二日也"。《北溪大全集》卷一〇。據朱熹行程,至福州歸建陽時方能坐船,故"今日決意登舟"云云,約在五月二十日前後。

朱熹《答吴宜之》:

觀來書所論它人長短得失,無不精當,但平日所見所以讀書爲學之意、處己接物之方,則甚有不相似者,豈其務外者多而反身或闕耶?子貢方人,子曰:"賜也賢乎哉!

夫我則不暇。"顧宜之常思此句,念念向裏,就切己處做功夫,他人之長短得失,非吾之所當知也。陳公之賢固樂聞之,然公私多事,何能及此?新詩固有佳句,然亦非事之急,況欲投獻求知於人,此騖外之尤者,不可以不戒。史論正亦未須遽作,且務窮經觀理,深自涵養,了取自家身分上事爲佳。《晦庵文集》卷五四。

案:書中有云"觀來書所論它人長短得失,無不精當,但平日所見所以讀書爲學之意、處己接物之方,則甚有不相似者",而下書(所論爲學之功)有云"所論爲學之功,若如所言,則是大段勇猛精進,非復昔人矣。然前後屢聞此言,而及至相見,則性情態度宛然只是舊人,元未有毫髮改變",宛然相應,疑在其前,姑係紹熙二年間。

朱熹《答吳宜之南》:

所論爲學之功,若如所言,則是大段勇猛精進,非復昔人矣。然前後屢聞此言,而及至相見,則性情態度宛然只是舊人,元未有毫髮改變,則今日之云,鄙意固有所未敢信也。且不唯所説之病不曾去,而省己粗疏、發言輕易之病又更增長。以此爲學,所謂却行而求前也。《晦庵文集》卷五四。

案:據上書(他説紛紜)知吳南於紹熙二年嘗問學朱熹,朱熹并批評吳南"他説紛紜,皆是不肯安於義命之意。……今乃一味浮躁，自立一種苟簡自恕議論，讀之令人腹煩"。本書中有云"然前後屢聞此言，而及至相見，則性情態度宛然只是舊人，元未有毫髮改變"，乃屬相熟後語，且與上書語相應，故推知其約撰於紹熙三年(1192)間。

朱熹《答吳宜之》：

承書，知已爲入都計，今想已到矣。但熹身在閑遠，豈能爲人宛轉求館求試？若能如此，則親戚間如黃直卿輩當先爲圖得矣。兼平生爲學，只學固窮守道一事，朋友所以遠來相問，亦正爲此。今若曲徇宜之之意，相爲經營，則是生師之間去仁義而懷利以相接矣。豈相尋問學之本意耶？《晦庵文集》卷五四。

案：據《勉齋先生黃文肅公年譜》，紹熙四年春，鍾山趙善繛館黃榦爲諸子師；五年七月，寧宗即位，朱熹以奉表恩奏補黃榦將仕郎。本書中云"但熹身在閑遠，豈能爲人宛轉求館求試？若能如此，則親戚間如黃直卿輩當先爲圖得矣"，故推知其約撰於紹熙三年間。

吳　玭

吳玭，字仲玭，臨川(今屬江西)人。吳琮兄。

朱熹《答吴仲玭玭》：

熹遲鈍之資，總角聞道，終躬求之，未有得也。賢者誤聽，以爲可與言者，誨諭詳悉，皆非熹所敢當也。而令弟仲方判院之來，又幸數得從容，開警雖多，然所未合者亦不少。熹既以乍到疾病，公私紛宂，而匆匆遽歸之際，仲方亦不甚佳，遂不得竟其説，至今以爲恨也。

蓋道之體用雖極淵微，而聖賢言之則甚明白，學者誠能虛心静慮而徐以求之日用躬行之實，則其規模之廣大，曲折之詳細，固當有以得之燕閒静一之中，其味雖淡而實腴、其旨雖淺而實深矣。然其所以求之者，不難於求而難於養，故程夫子之言曰："學莫先於致知，然未有能致知而不在敬者。"而邵康節之告章子厚曰："以君之材，於吾之學頃刻可盡，但須相從林下一二十年，使塵慮銷散，胸中豁豁無一事，乃可相授。"正爲此也。今觀來喻，似於義理未有實見而强言之，所以談經則多出於新奇，立意則或流於偏宕，而辭氣之間，又覺其無温厚和平、斂退篤實之意，是固未論其説之是非，而此數端者已可疑矣。豈於先賢指示入道之方猶有所未講耶，抑已講之而用力有未至耶？若熹之愚，無以及此，然荷不鄙，不敢不盡其愚，而又不敢摘一辭之未達、一義之未安，以浼高明之聽也。區區拙直，言不能文，恕其僭率，千萬之幸。《晦庵文集》卷五九。

案：書中有言"而令弟仲方判院之來，又幸數得從容，……熹既以乍到疾病，公私紛宂，而匆匆遽歸之際，仲方亦不甚佳，遂不得竟其説，至今以爲恨也”，據《朱子語類·姓氏》，吳琮（字仲方，臨川人）乃紹熙五年來從學。故推知本書撰於朱熹離潭州東還以後，疑在五年（1194）末或慶元初。

吳仁傑

吳仁傑，一作人傑，字斗南，一字南英，別號蠹隱居士，清館臣《兩漢刊誤補遺提要》。崑山（今屬江蘇）人。淳熙五年（1178）姚穎牓進士，《吳郡志》卷二八。歷國子學錄，博洽經史，爲時碩儒，詩文亦名一時。所著有《古易》及《周易圖説》、《樂舞新書》諸編。《江南通志》卷一六三。

朱熹《答吳斗南人傑》：

竊伏山間，久聞德義，且知著述甚富，每以未得亟見其人而盡讀其書爲恨。兹辱惠問，并寄《古易》、《刊誤》二書，所以見屬之意甚勤且厚，非熹淺陋之所能堪也。比日春和，敬惟撫字有相，尊履萬福。

二書三復，不能去手，可謂極精博矣。鄙意尚有欲奉扣者，迫此治行之宂，未能盡布，別紙略見一二，幸復有以告之。他書承許盡以見寄，何幸如之！但《洪範》、《詩樂》二論，尤欲早得之，或其餘未能悉辦，且先得此，幸甚幸甚。

來書又謂方思所以收其放心，而患於未有以自入，此見高明之志又將有意於古人爲己之學，不但爲言語誦説之計而已。區區不敏，尤所敬歎。蓋竊嘗謂今之人知求雞犬而不知求其放心，固爲大惑，然苟知其放而欲求之，則即此知求之處一念悚然，是亦不待別求入處，而此心體用之全已在是矣。由是而持敬以存其體、窮理以致其用，則其日增月益，自將有欲罷而不能者。矧以執事之明而加意焉，則其見聞之博、參考之詳亦何適而非窮理之地哉？如其不然，則是直爲玩物喪志而已。固知賢者不屑爲此，然熹之愚，不得不爲執事者慮之也。感見與之勤，不敢隱其固陋，伏惟察焉。旦夕南去，相望益遠，惟幾以時自愛，亟膺召用。時時書來，慰此窮寂，千萬之望。《晦庵文集》卷五九。

案：書中有云“比日春和，……鄙意尚有欲奉扣者，迫此治行之宂，未能盡布，……旦夕南去，相望益遠”，當指朱熹紹熙元年春赴任漳州。故推知本書約撰於紹熙元年(1190)二月中旬啓程以前。

書中又言“竊伏山間，久聞德義，且知著述甚富，每以未得亟見其人而盡讀其書爲恨”，知此時兩人尚未晤面。又《兩漢刊誤補遺》卷首“淳熙己酉曾絳序稱仁傑知羅田縣時自刊板”，《兩漢刊誤補遺提要》。己酉爲淳熙十六年，則知此時吳仁傑官羅田知縣。

朱熹《別紙－本作答吳斗南》：

《古易》既畫全卦，繫以《彖辭》，又再畫本卦，分六爻而繫以爻辭，似涉重復。且覆卦之法，不知何所考據？近歲林栗侍郎乃有此説，然其法又與所論小異，不知曾見其書否？渠亦自以爲先儒未發之秘，則是古未嘗有是説也。且如所論以用九爲少陽、用六爲少陰，如此則當爲用七、用八矣，何九、六之有乎？此與《啓蒙》陋説正相南北，不審今當定從何説？因筆幸見喻也。

呂伯恭頃嘗因晁氏本更定《古易》十二篇，考訂頗詳。然據淳于俊之説，便以今王弼《易》爲鄭康成《易》，嘗疑其未安。今得所示，分別鄭、王二本，乃有歸著，甚善甚善。然不知別有何證据也？

"未有文字，已有此書"，謂有此理則可，謂有此書則不可。

"繫辭恐并象辭"，亦是。蓋象繫於全卦之下，而爻、繇分繫於逐爻之下，其經只是連書，并在卦下，不再畫卦，如今所定之本也。

《彖傳》釋彖辭，《象傳》釋爻辭，《繫辭傳》則通釋卦爻之辭，故統名之曰《繫辭傳》，恐不可改《繫辭傳》爲《説卦》。蓋《説卦》之體，乃分別八卦方位與其象類，故得以《説卦》名之。《繫辭傳》兩篇釋卦爻之義例辭意爲多，恐不得謂之《説卦》也。

《大傳》言"繫辭"者四，今攷其二上文皆兼卦爻而言，

恐不得專以爲爻辭。其一雖專指爻辭，則爻辭固繫辭之
一也。其一爲七、八、九、六而言，七、八、九、六雖是逐爻
之數，然全卦七、八則當占本卦辭，三爻七、八則當占兩卦
辭，全卦九、六則當占之卦辭，卦辭固不害其爲繫辭也。

蔡墨謂乾之坤曰“見群龍無首，吉”，則覆卦之説有不
可行者矣。

《漢書刊誤》固多熹所未講，然其暗合者亦多。但劉
氏所斷句，如《項羽傳》“由是始爲諸侯上將軍”，《儒林傳》
“出入不悖所聞者”，此類甚多，皆與《史記》合，恐當表而
出之，以見其非出臆斷。唯“爲原廟渭北”一條，頃見一
書，“廟渭”之間有“於”字，亦其明證。但今不記此出處，
徧檢《史記》、《漢書》之屬皆無之，恐或記得，幸批喻也。

劉氏所疑，亦自有舛誤處。如《溝洫志》第二條“於
楚”字，本文自屬下句，下文有“於齊”、“於蜀”字，皆是句
首，而劉誤讀屬之上句，乃不悟其非，而反疑本文之誤，
《補遺》未之正也。

《楚詞協韻》一本納上，其間尚多謬誤，幸略爲訂之，
復以見喻，尚可修改也。《晦庵文集》卷五九。

案：上書（竊伏山間）云及“兹辱惠問，并寄《古
易》、《刊誤》二書，……鄙意尚有欲奉扣者，迫此治行
之宂，未能盡布，別紙略見一二”，即爲此“別紙”，知
撰於一時稍後。又，朱熹《書楚辭協韻後》云：“始予
得黄叔垕父所定《楚辭協韻》而愛之，以寄漳守傳景

仁,景仁爲刻板,置公帑。未幾,予来代景仁,景仁爲
予言,……於是即其板本復刊正之,使覽者無疑焉。
景仁説尚有欲商訂者,會其去亟不果,他日當并扣
之,附刻書後也。紹熙庚戌十月壬午新安朱熹書。"
《晦庵文集》卷八二。據此,知《楚詞協韻》一書刊成於
朱熹赴任前,涖任後又爲刊正其訛。

朱熹《答吴斗南》:

便中奉告,感慰亡量。比已改歲,竊惟履此泰亨,倍
膺多祉。熹承攝於此,忽已踰年,疾病侵凌,無一日好況。
請祠不遂,經界之役得請後時,不可舉手,少須三五月,即
復告歸矣。世路艱棘,不若歸卧田里,以休餘年。及人之
事,非復吾力之所及矣。每誦先聖不夢周公之歎,未嘗不
慨然也。承受代改秩亦既有期,甚以爲慰。不知諸公相
知者爲誰? 鼎之有實,宜謹所之,我仇有疾,乃無尤耳。

前寄諸書,竟未得細考,然疑諸儒之説有不足信據
者,要當審擇而遴取之,乃無誤耳。今此所寄,却得一觀,
恨讀書少,未能有以上下其論。然亦有一二疑處,假開多
事,便人行速,未暇一一奉扣,姑録一二,別紙奉呈,幸一
一批報。頃見東漢《討羌檄》日辰與《通(監)〔鑑〕長曆》不
同,又沈存中《筆談》所載《朱浮傳》引《天作》詩,目今范
《書》印本亦異,不記前書曾奉問否? 今亦見紙尾,幸併喻
及也。李彦平所見趙顔子,不知何人? 莫是永嘉趙彦昭

否？其所論學大意甚佳，然恐於窮理功夫有所未至，則亦只冥行，終不能升堂睹奧，直入聖賢之域也。

哀集程門諸公行事，頃年亦嘗爲之而未就，今邵武印本所謂《淵源録》者是也。當時編集未成，而爲後生傳出，致此流布，心甚恨之。不知曾見之否？然此等功夫亦未須作。比來深考程先生之言，其門人恐未有承當得此衣鉢者。此事儘須商量，未易以朝耕而暮穫也。心不耐閒，亦是大病。此乃平時記憶討論慣却心路，古人所以深戒玩物喪志，政爲此也。此後且當盡心一意根本之學，此意甚善，今人陷於所長，決不能發此聽信身心也。

佛學之與吾儒雖有略相似處，然正所謂貌同心異、似是而非者，不可不審。明道先生所謂句句同、事事合然而不同者，真是有味。非是見得親切，如何敢如此判斷耶？聖門所謂聞道，聞只是見聞玩索而自得之之謂，道只是君臣父子、日用常行當然之理，非有玄妙奇特、不可測知、如釋氏所云豁然大悟、通身汗出之説也。如今更不可別求用力處，只是持敬以窮理而已。参前倚衡，今人多錯説了，故每流於釋氏之説。先聖言此，只是説言必忠信、行必篤敬，念念不忘，到處常若見此兩事不離心目之間耳。如言見堯於羹、見堯於牆，豈是以我之心還見我心別爲一物而在身外耶？無思無爲，是心體本然未感於物時事，有此本領，則感而遂通天下之故矣，恐亦非如所論之云云也。所云禪學悟入乃是心思路絶，天理盡見，此尤不然。

心思之正便是天理，流行運用，無非天理之發見，豈待心思路絕而後天理乃見耶？且所謂天理復是何物？仁、義、禮、智，豈不是天理？君臣、父子、兄弟、夫婦、朋友，豈不是天理？若使釋氏果見天理，則亦何必如此悖亂，殄滅一切、昏迷其本心而不自知耶？凡此皆近世淪陷邪説之大病，不謂明者亦未能免俗而有此言也。

子合便人督書甚速，草草布此，手痛復作，不能究所欲言。何時面談，倒此胸臆？正遠，唯千萬自愛爲禱。《晦庵文集》卷五九。

案：書中有云"比已改歲，……熹承攝於此，忽已踰年，疾病侵凌，無一日好況。請祠不遂，經界之役得請後時，不可舉手，少須三五月，即復告歸矣"，知在漳州時，然未及其子朱塾卒而請祠，故推知其約撰於紹熙二年（1191）正月中。

朱熹《答吴斗南》：

所示《廟議》，乃全用《左氏》"臨于周廟"一條爲説，然不知似此安排有何經據？如高祖以下通爲禰廟，已非所安，又皆以西爲上，乃後漢同堂異室之制，無復左昭右穆之分，非古法也。若如《江都集禮》所載孫毓之説，却似可信，而所示舊八廟圖近之。不知是誰所定？但其圖又以廟皆東向，而以北爲昭、南爲穆，乃是室中祫祭之位，而非廟制耳。周有帝嚳廟，禮書並無此文，《左傳》亦無此説，似難臆斷。況僖祖只可比后稷，又與帝嚳不相似。如此牽合，如熹之陋，固不敢盡信，況朝廷諸賢皆深於禮者，恐亦未敢便依此改作也。

《草木疏》用力多矣，然其說蘭、蕙殊不分明。蓋古人所說似澤蘭者，非今之蘭，澤蘭此中有之，尖葉方莖紫節，正如洪慶善說。若蘭草似此，則決非今之蘭矣。自劉次莊以下所說，乃今之蘭而非古之蘭也。今並引之而無結斷，却只辨得"畦畹"二字，似欠子細。又所謂蕙，以蘭推之，則古之蕙恐當如陳藏器說乃是。若山谷說，乃今之蕙而亦非古之蕙也。此等處正當掊擊，乃見功夫，今皆如此放過，似亦太草草矣。荼，恐是蓼屬，見《詩》疏《載芟》篇。故詩人與堇並稱。堇乃烏頭，非先苦而後甘也。又云荼毒，蓋荼有毒，今人用以藥溪取魚，堇是其類，則宜亦有毒而不得爲苦苣矣。"如薺"、"如飴"，乃詩人甚言周原之美、舊室之悲，如《易》之"載鬼"、《詩》之"童羖"，非荼實能甘也。

熹讀書最少，然見此類，不能無疑者尚多，則恐此書亦更少子細也。若論爲學，則考證已是末流，況此又考證之末流，恐自此不須更留意，却且收拾身心向裏做些工夫，以左右之明，其必有所至矣。若遂困於所長而不知所以自反，則熹之愚竊爲賢者惜之也。因便奉報，不覺傾倒，勿過勿過。南北相望，未知見日，千萬珍重，以副願言。《晦庵文集》卷五九。

案：書中云及"《草木疏》用力多矣"，《草木疏》

乃吳仁傑所撰《離騷草木疏》，據吳仁傑《離騷草木疏後序》云"仁傑少喜讀《離騷》文，今老矣，猶時時手之。……昔劉杳爲《草木疏》二卷，見於本傳，其書今亡矣。杳《疏》凡王逸所集者皆在焉，而仁傑獨取諸二十篇之文，故命曰《離騷草木疏》。……歲在慶元丁巳四月三日，通直郎行國子錄河南吳仁傑書"。又方燦《跋》云"國錄吳先生……以《離騷草木疏》見屬刊於羅田縣庠，吁遠矣哉。慶元庚申中秋日"。《離騷草木疏》卷末。則推知吳仁傑撰成《離騷草木疏》後寄朱熹請正，是朱熹本書約撰於慶元三年（丁巳，1197）或稍後。

又《天祿琳琅書目》卷四《離騷草木疏》云"惟書末結銜稱'免解進士、蘄州學正充羅田縣縣學講書吳仁傑校正'，意仁傑是書既成刊行之日，乃在羅田也"。然據《離騷草木疏》卷末題識中"吳仁傑"三字，實作"吳世傑"，非一人，《天祿琳琅書目》或據訛字臆説。

吳紹古

吳紹古，字未詳，安仁（今屬江西）人。慶元間官鉛山尉。《江西通志》卷一一。從陸九淵學，陸九淵爲題其讀書處曰經德堂。《陸九淵集》卷一九《經德堂記》。

朱熹《答安仁吴生》：

去歲辱書，無便可報。今又承專人枉問，極感至意，且知志尚之高遠，爲可喜也。然三復來示，蓋已自謂所得之深而自信不疑矣，復何取於老拙之無聞而勤懇若是耶？以爲見教，則僕未嘗有請於吾子；以爲求知於僕，則易簡理得、可久可大之君子，似不應若是其汲汲也。且僕於吾子初未相識，問之來使，則知吾子之齒甚少，而家有嚴君之尊焉。今書及詩序等，乃皆嵬岸倨肆，若老成人之爲者。至於卒然以物饋其所不當饋之人，而不稱其父兄之命，則於愛親敬長之良知良能，又若不相似也。吾子自謂已得是心而明是理，僕不知吾子之所謂心者果何心，所謂理者果何理也？夫顏子之樂，未嘗自道；曾晳之志，非夫子扣之再三而不置，亦未嘗肯遽以告人也。豈若是其高自譽道而惟恐人之不我知也哉？相望之遠，不知吾子師友淵源之所自，恐其所以相告者未得聖賢窮理脩身之實，而徒以空言相誤，使吾子陷於狂妄恣睢之域而不自知其非也。所惠紙簡硯墨，受之無説，不敢發封，復以授來使矣。吾子其於聖賢小學之教少加意焉，則其進有序而終亦無所不至矣。《晦庵文集》卷五五。

案：朱熹《答趙然道》（足下求官得官）云及"向有安仁吴生書來，狂僭無禮，嘗以數字答之。今謾錄去"，《晦庵文集》卷五五。即指本書。《答趙然道》撰於紹熙四年春，故推知本書當撰於紹熙三年（1192）中。

吴　申

吴申，《淳熙三山志》卷三〇載淳熙十四年（1187）丁未王容榜進士吴申字柔直，閩縣（今福建福州）人。或即此人。

朱熹《答吴申》：

所喻從祀曲折，乃向者令邸吏於監學畫到如此，因問楊廣文元範，渠住學久，亦云實然，遂依本畫之。近到都下遍問知識，亦皆云爾，決不誤也。《晦庵文集》卷五六。

　　　案：楊元範乃南康軍學教授，《晦庵文集》卷三四《答呂伯恭》（自發鉛山後）。朱熹自南康歸後，於淳熙八年十一月至臨安奏事，十二月赴任提舉浙東常平。《年譜長編》卷上。本書中有"近到都下"云云，故推知其約撰於淳熙九年（1182）初。

吴深父

吴深父，名里不詳。

朱熹《答吴深父》：

示喻日用之間，或有所疑而未必不善者，此固見善不明之過，當汲汲於窮理，然所可懼者，則恐實有可疑而不知以爲疑耳。此則尤當講究體察也。《晦庵文集》卷六四。

　　案：本書撰時未詳。《書信編年》係於淳熙十六年（1189）。待考。

吴　尉

　　吴尉，名不詳。官縣尉。

朱熹《答吴尉》：

　　岳倉書曲折，前書已報矣。只此便是學問底道理，平日所與講論者，不過此耳，幸思之。仕官只是廉勤自守，進退遲速自有時節，切不可起妄念也。官期不遠，不審何日定行到官？凡百以廉勤愛民爲心乃佳。《晦庵文集》卷六四。

　　案：書中言及“岳倉書曲折”，據《會稽續志》卷二，岳甫於淳熙十二年十一月十一日以承議郎到任浙江提舉常平，十三年十二月十四日知明州。故推知吴尉時初仕浙東某縣尉，而本書約撰於淳熙十三年（1186）初。

朱熹《答吴尉》：

　　大抵守官，只要律己公廉，執事勤謹，晝夜孜孜，如臨淵谷，便自無他患害。纔是有所依倚，便使人怠惰放縱，不知不覺錯做了事也。官所不比鄉居，凡百動有利害，諸事切宜畏謹也。《晦庵文集》卷六四。

  案：上書(岳倉書曲折)言及"官期不遠，不審何日定行到官"，本書乃云"大抵守官，只要律己公廉，執事勤謹，晝夜孜孜，如臨淵谷，便自無他患害。……官所不比鄉居，凡百動有利害，諸事切宜畏謹也"，爲吳尉初赴任時之叮囑語，知承上書，約在淳熙十三年中。

朱熹《答吳尉》：

  聞以職事見知憲臺，甚慰。然聲聞過情，君子恥之。初官僻縣，遽爲上官獎拔如此，可以爲懼，而未可遽以爲喜。且當痛自檢飭，黽勉王事，謹終如始，不可便爲恣肆及萌躁進之心也。《晦庵文集》卷六四。

  案：本書校記："不可便爲恣肆及萌躁進之心也"句下，淳熙本有"王宰書來，盛相稱道，同官相與如此，殊不易得。聞其留意，尤邑人之幸也"計二十八字。

  書中言及"聞以職事見知憲臺，甚慰。……初官僻縣，遽爲上官獎拔如此"，推知時在吳尉任上，當承上書。

吳 益

  吳益，嘗舉進士，事迹未詳。

朱熹《答吳茂才書_益》：

熹衰繆亡狀，謬忝召除，業已在官，不容辭避。然亦以病告而宿留前途，以俟報罷之命矣。所論時務，衆共知其如此，而未知所以處之之方。來誨又若有所難言而不欲盡者，反復思之，未得其要。若便得請，固無所預；萬一不免，一到臨安，或恐當路有問焉者，尚望高明不鄙而瀆告之。然必直書其事，而勿爲才語，使愚者一見而曉然，乃爲厚幸。不然，又將有所不解而虛辱諄諄之誨矣。至懇至望。《晦庵文集》卷二九。

案：紹熙五年八月初，朱熹自知潭州奉召東下，九月初至信州待命，仍趣赴京供職，再上辭狀。《年譜長編》卷下。本書有言"熹衰繆亡狀，謬忝召除，業已在官，不容辭避。然亦以病告而宿留前途，以俟報罷之命矣"，故推知其約撰於是年(1194)八、九月之際。

吳　翌

吳翌(1129—1177)，字晦叔，建寧府建陽縣(今屬福建)人。"踰冠遊學衡山，師事五峯胡先生，聞其所論學問之方，一以明理修身爲要，遂捐科舉之學，曰此不足爲吾事也。先生既没，又與先生之從弟廣仲、從子伯逢、門人張敬夫遊"。後"買田築室於衡山之下，有竹林水沼之勝，因取程夫子'澄濁求清'之語，牓之曰澄齋，日與賓客從容其間，講道讀書，間出詩篇以咏歌其所志"。淳熙四年八月病卒，年四十九。《晦庵文集》卷九七《南嶽處士吳君行狀》。

朱熹《答吳晦叔》：

"未發"之旨既蒙許可，足以無疑矣。又蒙教以"勿恃簡策，須是自加思索，超然自見無疑，方能自信"，此又區區平日之病，敢不奉承。然此一義，向非得之簡策，則傳聞襲見，終身錯認聖賢旨意必矣。又況簡策之言，皆古先聖賢所以加惠後學、垂教無窮，所謂"先得我心之同然"者將於是乎在，雖不可一向尋行數墨，然亦不可遽舍此而他求也。程子曰："善學者，求言必自近，易於近者，非知言也。"愚意却願尊兄深味此意，毋遽忽易。凡吾心之所得，必以考之聖賢之書，脱有一字之不同，則更精思明辨，以益求至當之歸，毋憚一時究索之勞，使小惑苟解而大礙愈張也。《晦庵文集》卷四二。

案：所謂"'未發'之旨"，當指朱熹《與湖南諸公論中和第一書》云云，《晦庵文集》卷六四。而"'未發'之旨既蒙許可"，與朱熹《答張敬夫》（諸說例蒙印可）所云"諸說例蒙印可，而未發之旨又其樞要"《晦庵文集》卷三二。相合。故推知本書亦撰於乾道五年(1169)中。

朱熹《答吳晦叔》：

別紙所詢三事，皆非淺陋之所及。然近者竊讀舊書，每恨向來講說常有過高之弊。如"文武之道，未墜於地"，此但謂周之先王所以制作傳世者，當孔子時未盡亡耳。"夫子焉不學，而亦何常師之有"，此亦是子貢真實語。如孔子雖是生知，然何嘗不學？亦何所不師？但其爲學與他人不同。如舜之聞一善言、見一善行，便若決江河，莫之能禦耳。然則能無不學、無不師者，是乃聖人之所以爲生知也。若向來則定須謂道體無時而亡，故聖人目見耳聞，無適而非學，雖不害有此理，終非當日答問之本意矣。其他亦多類此，不暇一一辨析也。

鬼神者，造化之迹，屈伸往來，二氣之良能也。天地之升降，日月之盈縮，萬物之消息，變化盈虛，無一非鬼神之所爲者。是以鬼神雖無形聲，而遍體乎萬物之中，物莫能遺。觀其能使天下之人齊明盛服以承祭祀，便洋洋乎如在其上，如在其左右，便見不可遺處著見章灼，不可得而撥矣。前輩引用此句，或有脫了"可"字者，乃似鬼神有不遺物之意，非物自不可得而遺也。來喻亦脫此字，豈或筆誤而然耶？

《春秋》書正，據伊川説，則只是周正建子之月。但非春而書春，則夫子有行夏時之意，而假天時以立義耳。文定引《商書》"十有二月"、漢史"冬十月"爲證，以明周不改月，此固然矣。然以《孟子》考之，則七、八月乃建午、建未之月，暑雨苗長之時；而十一月、十二月乃建戌、建亥之月，將寒成梁之候，《國語》引《夏令》曰"十月成梁"。又似併

改月號，此又何耶？或是當時二者並行，惟人所用，但
《春秋》既是國史，則必用時王之正。其比《商書》不同
者，蓋後世之彌文；而秦、漢直稱十月者，則其制度之闊
略耳。注家謂十月乃後人追改，當更致之。愚意如此，未知
是否？因便復以求教，幸還以一言可否之，此區區所深
望也。

尊兄近日所觀何書？如何用力？想必有成規，恨未
得面扣。敬夫小試，已不負所學，使人增氣。但從容講貫
之際，陰助爲不少矣。《晦庵文集》卷四二。

案：書中有云“敬夫小試，已不負所學”，指張栻
知嚴州事。據《嚴州圖經》卷一《題名》，張栻於乾道
五年十二月二十九日以右承務郎權發遣嚴州，至六
年閏五月十七日赴召。故推知本書約撰於乾道六年
(1170)春、夏間。

朱熹《答吳晦叔》：

前書所諭周正之説，終未穩當。《孟子》所謂七、八
月，乃今之五、六月，所謂十一月、十二月，乃今之九月、十
月，是周人固已改月矣。但天時則不可改，故書云“秋，大
熟未穫”，此即止是今時之秋。蓋非酉、戌之月，則未有以
見夫歲之大熟而未穫也。以此考之，今《春秋》月數乃魯
史之舊文，而四時之序則孔子之微意。伊川所謂“假天時
以立義”者，正謂此也。若謂周人初不改月，則未有明據，

故文定只以商、秦二事爲證。以彼之博洽精勤，所取猶止於此，則無它可考必矣。今乃欲以十月隕霜之異證之，恐未足以爲不改月之驗也。蓋隕霜在今之十月，則不足怪，在周之十月，則爲異矣，又何必史書八月然後爲異哉？況魯史不傳，無以必知其然，不若只以《孟子》、《尚書》爲據之明且審也。若尚有疑，則不若且闕之之爲愈，不必彊爲之説矣。《詩》中月數，又似不曾改，如"四月維夏"、"六月徂暑"之類，故熹向者疑其並行也。　《晦庵文集》卷四二。

　　案：書中有云"前書所諭周正之説"，知承上書（別紙所詢三事），亦當撰於是年。

朱熹《答吴晦叔》：

　　陰陽、太極之間，本自難下語，然却且要得大槩如此分明。其間精微處，恐儘有病在，且得存之，異時或稍長進，自然見得諦當，改易不難。今切切如此，較計一兩字，迫切追尋，恐無長進，少氣味也。伊川《答横渠書》只云："願更完養思慮，涵泳義理，久之自當條暢。"此可見前賢之用心矣。如何如何？"仁右道左"一段，先生説得極有曲折，無可疑者。蓋仁是這裏親切處，道是衆所共由，故有左右、陰陽之别。古人言道，慤實平穩，一一有下落處，不若今人之漫無統約也。《晦庵文集》卷四二。

　　案：本書討論太極、陰陽，未詳撰時，《書信編年》係於乾道六年中。又，張栻《答吴晦叔》（仁右道

左之説）云“‘仁右道左’之説，伊川所以有取者，亦嘗
思之，‘仁’字對‘道’字而言，乃是周流運用處。右爲
陽而用之所行也，左爲陰而體之所存也。仁者，天下
之正理。此言仁乃天下之正理也，天下之正理而體
之於人，所謂仁也。若一毫之偏，則失其理，則爲不
仁矣。道也者，不可須臾離也，可離非道也”。《南軒
集》卷一九。與本書所云相合，約撰於同時。

朱熹《答吳晦叔》：

夫易，變易也，兼指一動一静、已發未發而言之也。
太極者，性情之妙也，乃一動一静、未發已發之理也。故
曰：易有太極，言即其動静闔闢而皆有是理也。若以
“易”字專指已發爲言，是又以心爲已發之説也。此固未
當，程先生言之明矣，不審尊意以爲如何？《晦庵文集》卷
四二。

案：本書亦討論太極、陰陽、動静，約與上書（陰
陽、太極之間）撰於一時先後。

朱熹《答吳晦叔》：

“觀過”一義，思之甚審。如來喻及伯逢兄説，必謂聖
人教人以自治爲急，如此言乃有親切體驗之功，此固是
也。然聖人言知人處亦不爲少，自治固急，亦豈有偏自治
而不務知人之理耶？又謂人之過不止於厚、薄、愛、忍四

者，而疑伊川之説爲未盡。伊川止是舉一隅耳。若"君子過於廉，小人過於貪"，"君子過於介，小人過於通"之類皆是，亦不止於此四者而已也。但就此等處看，則人之仁不仁可見，而仁之氣象亦自可識。故聖人但言"斯知仁矣"。此乃先儒舊説，爲説甚短而意味甚長，但熟玩之，自然可見。若如所論，固若親切矣，然乃所以爲迫切淺露，而去聖人氣象愈遠也。且心既有此過矣，又不舍此過而別以一心觀之；既觀之矣，而又別以一心知此觀者之爲仁。若以爲有此三物遞相看覷，則紛紜雜擾，不成道理。若謂止是一心，則頃刻之間有此三用，不亦匆遽急迫之甚乎？凡此尤所未安，姑且先以求教。《晦庵文集》卷四二。

　　案：朱熹下書（臣下不匡之刑）云及"前書所論觀過之説，時彪丈行速，匆遽草率，不能盡所懷"。《晦庵文集》卷四二。又據朱熹《答林擇之》（辱書知講學有緒），彪居正來訪朱熹在乾道八年（1172）四、五月之際。《晦庵文集》別集卷六。本書言及"'觀過'一義，思之甚審"，故推知其即撰於彪居正來訪告別時。

朱熹《答吴晦叔》：

臣下不匡之刑，蓋施於邦君大夫之喪國亡家者，君臣一體，不得不然。如漢廢昌邑王賀，則誅其羣臣。而本朝太祖下嶺南，亦誅其亂臣龔澄樞、李托之類是也。澄樞等實亡劉氏，乃飛廉、惡來之比，誅之自不爲冤。若昌邑群臣，與賀同惡者固不得不誅，其餘正可當古者墨刑之坐耳。乃不分等級，例行誅殺，是則霍光之私意也。又如文定論楚子納孔、儀，處事雖不同，意亦類此。試參考之，則知成湯之制官刑，正是奉行天討毫髮不差處，何疑之有哉？

《孟子》"知"、"覺"二字，程子云："知是知此事，覺是覺此理。"此言盡之，自不必別立説也。事親當孝、事兄當悌者，事也；所以當孝、所以當悌者，理也。

兩魏之分，東則高歡，西則宇文，已非復有魏室矣。當是之時，見微之士固已不立乎其位。不幸而立乎其位，其賤者乎，則亦去之可也；其貴者乎，則左右近臣從君於西，社稷大臣守國於東，而皆必思所以爲安國靖難、興復長久之計，不濟則以死繼之而已。此外，復何策哉？

前書所論"觀過"之説，時彪丈行速，怱遽草率，不能盡所懷。然其大者亦可見，不知當否如何？其未盡者，今又見於廣仲、伯逢書中，可取一觀。未中理處，更得反復詰難，乃所深望。然前所示教，引"巧言令色"、"剛毅木訥"兩條，以爲聖人所以開示爲仁之方，使人自得者，熹猶竊有疑焉，而前書亦未及論也。蓋此兩語正是聖人教人實下功夫、防患立心之一術。果能戒巧令、務敦朴，則心不恣縱而於仁爲近矣，非徒使之由是而知仁也。

大抵向來之説，皆是苦心極力要識"仁"字，故其説愈巧而氣象愈薄。近日究觀聖門垂教之意，卻是要人躬行實踐、直內勝私，使輕浮刻薄、貴我賤物之態潛消於冥冥之中,而吾之本心渾厚慈良、公平正大之體常存而不失,便是仁處。其用功著力,隨人淺深,各有次第。要之須是力行久熟,實到此地,方能知此意味。蓋非可以想象臆度而知,亦不待想象臆度而知也。近因南軒寄示《言仁録》,亦嘗再以書論所疑大槩如此,而後書所論"仁"、"智"兩字允爲明白。想皆已見矣。并爲參詳可否,復以見教,幸甚幸甚。《晦庵文集》卷四二。

案:本書乃承上書("觀過"一義)。書中所云"亦嘗再以書論所疑大槩如此,而後書所論'仁'、'智'兩字允爲明白",乃指朱熹《答張敬夫》(類聚孔、孟言仁處)與(細看《言仁序》云),《晦庵文集》卷三一。二書撰於夏、秋之際,故推知本書約撰於是年秋間。

朱熹《答吳晦叔》:

"五刑"一段,近得《大紀》諸論考之,其説詳矣。然有所未曉,復以求教。蓋此經文本有七句,今於其間雜然取此五句以爲五刑之目,而又去流取贖,輕重不倫,一也。先贖後賊,則非以重及輕;先鞭後贖,又非從輕至重,先後無序,二也。又謂"象以典刑"施於士大夫,而以不顯其過、隨宜改叙爲近於流宥之法,即不知正象刑是作如何行遣,三也。又臯陶作士,本以治夫蠻夷寇賊之爲亂者,若如此説,則《書》所稱臯陶"方施象刑惟明",乃獨以其施於士大夫者言之,不惟非命官之本意,亦與本篇上文不相應,四也。又鞭朴自是輕刑,得宥反遭流徙,去輕即重,不足爲恩,五也。金贖、流宥本是一例,而就其間贖又輕於流者;今贖乃列於一刑之目,而當贖得宥者反從流徙之坐,尤爲乖戾,六也。移鄉謂之流,猶爲近之;改叙他官及坐嘉石、入圜土,則與"流"字意義不同矣,七也。凡此七條,皆所未曉,更望參訂下諭,幸甚幸甚。《晦庵文集》卷四二。

案:朱熹上書(臣下不匡之刑)第一段論刑,而本書則專論刑,《書信編年》以爲承上書。

朱熹《答吳晦叔》:

熹伏承示及先知後行之説,反復詳明,引據精密,警發多矣。所未能無疑者,方欲求教,又得南軒寄來書藁讀之,則凡熹之所欲言者,蓋皆已先得之矣。特其曲折之間小有未備,請得而細論之。

夫泛論知行之理而就一事之中以觀之,則知之爲先,行之爲後,無可疑者。如孟子所謂"知皆擴而充之",程子所謂"譬如行路,須得光照",及《易·文言》所謂"知至至之"、"知終終之"之類是也。然合夫知之淺深、行之大小而言,則非有以先成乎其小,亦將何以馴致乎其大者哉?如子夏教人以灑掃、應對、進退爲先,程子謂"未有致知而不在敬者",及《易·文言》所言"知至"、"知終",皆在"忠信"、"脩辭"之後之類是也。蓋古人之教,自其孩幼而教之以孝悌誠敬之實;及其少長,而博之以《詩》、《書》、《禮》、《樂》之文，皆所以使之即夫一事一物之間，各有以知其義理之所在，而致涵養踐履之功也。此小學之事，知之淺而行之小者也。及其十五成童，學於大學，則其灑掃應對之間、禮樂射御之際，所以涵養踐履之者略已小成矣。於是不離乎此而教之以格物以致其知焉。致知云者，因其所已知者推而致之，以及其所未知者而極其至也。是必至於舉天地萬物之理而一以貫之，然後為知之至。而所謂誠意、正心、脩身、齊家、治國平天下者，至是而無所不盡其道焉。此大學之道，知之深而行之大者也。今就其一事之中而論之，則先知後行，固各有其序矣，誠欲因夫小學之成以進乎大學之始，則非涵養履踐之有素，亦豈能居然以夫雜亂紛（紏）［糾］之心而格物以致其知哉？

且《易》之所謂“忠信”、“脩辭”者，聖學之實事，貫始終而言者也。以其淺而小者言之，則自其常視毋誑、男唯女俞之時，固已知而能之矣。“知至至之”，則由行此而又知其所至也，此知之深者也。“知終終之”，則由知至而又進以終之也，此行之大者也。故《大學》之書，雖以格物致知為用力之始，然非謂初不涵養履踐而直從事於此也，又非謂物未格、知未至則意可以不誠、心可以不正、身可以不脩、家可以不齊也。但以為必知之至，然後所以治己、治人者始有以盡其道耳。若曰必俟知至而後可行，則夫事親從兄、承上接下，乃人生之所不能一日廢者，豈可謂吾知未至而暫輟，以俟其至而後行哉？按五峯作《復齋記》，有"立志居敬，身親格之"之説，蓋深得乎此者。但《知言》所論，於知之淺深不甚區別，而一以知先行後槩之，則有所未安耳。

抑聖賢所謂知者，雖有淺深，然不過如前所論二端而已。但至於廓然貫通，則内外精粗自無二致，非如來教及前後所論觀過知仁者，乃於方寸之間設爲機械，欲因觀彼而反識乎此也。侯子所闢總老"默而識之，是識甚底"之言，正是説破此意。如南軒所謂"知底事"者，恐亦未免此病也。又來諭所謂端謹以致知，所謂克己私、集衆理者，又似有以行爲先之意；而所謂在乎兼進者，又若致知力行初無先後之分也。凡此皆鄙意所深疑，而南軒之論所未備者，故敢復以求教，幸深察而詳諭之。《晦庵文集》卷四二。

案：書中言"熹伏承示及先知後行之説，……又得南軒寄來書藁讀之"，據朱熹《答張敬夫》(答晦叔書)云"答晦叔書，鄙意正如此，已復推明其説，以求教於晦叔矣"，《晦庵文集》卷三一。其"南軒寄來書藁"與"答晦叔書"，皆指張栻《答吳晦叔》(前蒙録寄所答元晦書)，内云"所謂知之在先，此固不可易之論。……元晦所論'知'字，乃是謂'知至'之'知'。要之，此非躬行實踐則莫由至。但所謂躬行實踐者，先須隨所見端確爲之，此謂之知常在先則可也"。《南軒集》卷一九。張栻答書撰於乾道八年(壬辰)冬，故朱熹本書當在此時或稍後。

朱熹《答吴晦叔》：

"復非天地心,復則見天地心",此語與"所以陰陽者道"之意不同,但以《易傳》觀之,則可見矣。蓋天地以生物爲心,而此卦之下一陽爻即天地所以生物之心也。至於復之得名,則以此陽之復生而已,猶言臨、泰、大壯、夬也,豈得遂指此名以爲天地之心乎? 但於其復而見此一陽之萌於下,則是因其復而見天地之心耳。"天地以生物爲心",此句自無病。昨與南軒論之,近得報,云亦已無疑矣。大抵近年學者不肯以愛言仁,故見先生君子以一陽生物論天地之心,則必欿然不滿於其意,復於言外生説,推之使高,而不知天地之所以爲心者實不外此。外此而言,則必溺於虚、淪於靜,而體用本末不相管矣。聖人無復,故未嘗見其心者。蓋天地之氣所以有陽之復者,以其有陰故也。眾人之心所以有善之復者,以其有惡故也。若聖人之心,則天理渾然,初無間斷,人孰得以窺其心之起滅耶? 若靜而復動,則亦有之,但不可以善惡而爲言耳。愚意如此,恐或未然,更乞詳諭。

"踐形"之説,來諭得之,但説得文義未分明耳。熹謂"踐形"如"踐言"之"踐",程子所謂"充人之名"是也。蓋人之形色莫非天性,如視則有明,聽則有聰,動則有節,是則所謂天性者,初不外乎形色之間也。但常人失其性,故視有不明,聽有不聰,動有不中,是則雖有是形而無以踐之。惟聖人盡性,故視明聽聰而動無不中,是以既有是形而又可以踐其形也。可以踐形,則無愧於形矣。如此推說,似稍分明,不知是否?

絕四有兩說,一說爲孔子自無此四者,"毋"即"無"字,古書通用耳,《史記·孔子世家》正作"無"字也。一說爲孔子禁絕學者毋得有此四者,今來論者乃此意也。兩說皆有意思,然以文意攷之,似不若只用前說之爲明白平易也。又來論"毋意"一句似亦未安。"意"只是私意計較之謂,不必以溢美、溢惡證之,恐太遠却文意也。餘三句,則所論得之,無可議者矣。大抵"意"是我之發,"我"是意之根,"必"在事前,"固"在事後,常在二者之間,生於"意"而成於"我",此又四者之序也。

所示"下學上達,先難後獲"之說,不貴空言,務求實得,立意甚美。顧其間不能無可疑者,請試論之。蓋仁者,性之德而愛之理也;愛者,情之發而仁之用也;公者,仁之所以爲仁之道也;元者,天之所以爲仁之德也。仁者,人之所固有,而私或蔽之以陷於不仁,故爲仁者必先克己,克己則公,公則仁,仁則愛矣。不先克己,則公豈可得而徒存?未至於仁,則愛胡可以先體哉?至於元,則仁之在天者而已,非一人之心既有是元,而後有以成夫仁也。若夫知覺,則智之用而仁者之所兼也。元者,四德之長,故兼亨、利、貞;仁者,五常之長,故兼義、禮、智、信。此仁者所以必有知覺,而不可便以知覺名仁也。

大凡理會義理,須先剖析得名義界分各有歸著,然後於中自然有貫通處。雖曰貫通，而渾然之中所謂粲然者，初未嘗亂也。今詳來示，似於名字界分未嘗剖析，而遽欲以一理包之，故其所論既有巴攬牽合之勢，又有雜亂重複、支離渙散之病。而其所謂先難下學實用功處，又皆倒置錯陳，不可承用。今更不暇一一疏舉，但詳以此說考之，亦自可見矣。《晦庵文集》卷四二。

案：書中云"'天地以生物爲心'，此句自無病。昨與南軒論之，近得報，云亦已無疑矣"，此所謂"昨與南軒論之"，即朱熹《答張欽夫論仁說》，《晦庵文集》卷三二。撰於乾道八年末，故推知本書約撰於九年（1173）初。

朱熹《答吳晦叔》：

文叔出示近與諸公更定《祭儀》，其間少有疑，輒以請教，幸與諸公評之。"廟必東向"，此一句便可疑。古人廟堂南向，室在其北，東戶西牖。皆南向。室西南隅爲奧，尊者居之，故神主在焉。《詩》所謂"宗室牖下"者是也。主既在西壁下，即須東向，故行事之際，主人入戶，西向致敬。試取《儀禮·特牲》、《少牢饋食》等篇讀之，即可見矣。今《通典·開元禮·釋奠儀》，猶於堂上西壁下設先聖東向之位，故三獻官皆西向，彷彿古制。今神位南向，而獻官猶西向，失之矣。凡廟皆南向，而主皆東向，惟祫祭之時，群廟之主皆升，合食于太祖之時，則太祖之主仍舊東向，而群昭南向，群穆北向，列於太祖之前。此前代禮官所謂太祖正東向之位者，爲祫祭時言也。非祫時，則群廟之主在其廟中無不東向矣，廟則初不東向也。

至朱公掞録二先生語，始有"廟必東向"之説，恐考之未詳，或記録之誤也。且《禮》"左宗廟"，則廟已在所居之東南，禮家謂當直巳丙上。若又東向，則正背却中庭門道，於人情亦不順矣，故疑《語録》恐是錯"東"字。然其後又言"太祖東向"，則廟當南向而列主，如祫祭之位，《唐禮閣新儀》祭圖設位，曾祖在西壁下，東向。祖北壁下，南向。父阼階上，北向。又恐於今人情或不相稱。牴牾如此，似難盡從。又考其説，與後來伊川所定《祭儀》主式亦不相合，伊川以四仲月祭，而此《録》秋用重陽，非仲月。伊川作主，粉塗書屬稱，而此云刻牌子。疑亦當時草創未定之論。此皆《語録》之誤也。

又今儀，冬至祭始祖并及祧廟之主。夫冬至祭始祖，立春祭先祖，季秋祭禰廟，此伊川之所義起也。蓋取諸天時，參以物象，其義精矣。今不能行則已，如其行之而又不盡，更以己意竄易舊文，失先賢義起精微之意，愚意以爲殆不若不行之爲愈也。此則新儀之誤矣。其餘小小節文未備處，未暇一一整頓，只此兩大節目，似不可不正。試與諸公議之，如何如何？《晦庵文集》卷四二。

案：書中"至朱公掞録二先生語"云云，見《程氏外書》卷一《朱公掞録拾遺》，略曰"士大夫必建家廟，廟必東向，其位取地潔不喧處，設席坐位，皆如事生。以太祖面東，左昭右穆而已"。又朱熹乾道九年《答汪尚書論家廟癸巳》亦云"熹伏蒙垂問廟制之說，熹昨託陳明仲就借古今諸家祭儀，正以孤陋寡聞，無所質正，因欲講求，俟其詳備，然後請於高明，以定其論耳"。《晦庵文集》卷三〇。疑本書亦撰於此時。

朱熹《答吳晦叔》：

"人心私欲"之說，如來教所改字極善。本語之失，亦是所謂本原未明了之病，非一句一義見不到也。但愚意猶疑向來妄論引"必有事"之語，亦多未的當。蓋舜、禹授受之際，所謂人心私欲者，非若衆人所謂私欲也，但微有一毫把捉底意思，則雖云本是道心之發，然終未離人心之境也。所謂"動以人則有妄，顏子之有不善，正在此間"者是也。既有妄，則非私欲而何？須是都無此意思，自然從容中道，才方純是道心也。"必有事焉"，却是見得此理而存養下功處，與所謂純是道心者蓋有間矣。然既察見本源，則自此可加精一之功而進夫純爾，中間儘有次第也。"惟精惟一"，亦未離夫人心。特須如此，乃可以克盡私欲，全復天理。儻不由此，則終無可至之理耳。前書云"即人心而識道心"，此本無害，再作此書時忘記本語，故復辨之耳。《晦庵文集》卷四二。

　　案：本書又題《答張敬夫》，收載於《晦庵文集》
卷三二。疑朱熹本書分録送張栻、吴翌使然。《答
張敬夫》撰於淳熙元年（1174）中。又，本書末注云
"前書云‘即人心而識道心’"，然此"前書"未見，當
已佚。

朱熹《答吴晦叔》：

　　《孟子》"操舍"一章，正爲警悟學者，使之體察，常操
而存之。吕子約云"因操舍以明其難存而易放"，固也；而
又指此爲心體之流行，則非矣。今石子重、方伯謨取以評
之者，大意良是，但伯謨以爲此乃"人心惟危"，又似未然。
人心，私欲耳，豈孟子所欲操存哉？又不可不辨也。《晦庵
文集》卷四二。

　　案：書中"吕子約云‘因操舍以明其難存而易
放’"云云，即指朱熹與吕祖儉諸人之心説之辯，據
《答吕子約》（所喻日用功夫），時在淳熙元年中。故
推知本書約撰於是年秋、冬間。

吴　英

　　吴英，字茂實，邵武（今屬福建）人。從朱熹學，有《論
語問答略》。登紹興三十年（1160）進士，仕至泉州教授。
《閩中理學淵源考》卷二三。

朱熹《與吳茂實英》：

近來自覺向時工夫止是講論文義，以爲積集義理，久當自有得力處，却於日用功夫全少點檢。諸朋友往往亦只如此做工夫，所以多不得力。今方深省而痛懲之，亦願與諸同志勉焉。幸老兄徧以告之也。陸子壽兄弟近日議論與前大不同，却方要理會講學。其徒有曹立之、萬正淳者來相見，氣象皆儘好，却是先於情性持守上用力，此意自好。但不合自主張太過，又要得省發覺悟，故流於怪異耳。若去其所短，集其所長，自不害爲入德之門也。然其徒亦多有主先入不肯捨棄者，萬、曹二君却無此病也。《晦庵文集》卷四四。

案：據《年譜長編》卷上，曹建（立之）於淳熙六年十月來南康謁見朱熹問學，萬人傑（正淳）於七年三月來南康問學，而陸九齡（子壽）卒於七年九月。本書云"陸子壽兄弟近日議論與前大不同，却方要理會講學。其徒有曹立之、萬正淳者來相見，氣象皆儘好"，故推知其約撰於七年（1180）夏、秋間。

朱熹《與吳茂實》：

所欲言者不過前夕，然亦非謂全然不事其心，但資次等級未應遽爾超躐，須物格知至，然後意可誠、心可正耳。《晦庵文集》卷四四。

案：本書重載於《晦庵文集》卷五八《答邊汝實》。

本書撰時不詳。據袁燮《邊汝實行狀》推知,《答邊汝實》疑撰於紹熙年間,故係於元年(1190)。待考。

吴元士

吴元士,名里不詳。

朱熹《答吴元士》:

來教云:凡樂,黃鍾爲宫,太蔟爲商,姑洗爲角,林鍾爲徵,南吕爲羽,此五者,聲律之元也。今之五聲,獨角聲不得其正,以六十律齊之,乃姑洗部依行之聲耳。姑洗部有五律,四律合姑洗下生蕤賓部律,獨依行一律合中吕上生黃鍾部律,然則今之角聲,雖曰依行,實爲中吕。中吕而下,正合還宫之次,是以名爲中吕宫。而古名清角者,以依行本屬姑洗而清於姑洗,故謂之清角。內"蕤賓"二字當作"應鍾",恐是筆誤,然兩本皆同,更望詳之。又曰:姑洗一聲十徽,律在徵前,應在律後者。中吕聲高,不能生黃鍾部第一律。生黃鍾部第一律者,姑洗部之依行也。依行爲宫,生黃鍾部包育爲徵,包育生林鍾部謙待爲商,謙待生太蔟部未知爲羽,未知生南吕部南吕爲角。然則當十徽者,正依行宫也。十徽以依行爲應,故姑洗律在徵前,序或然也。

今詳此論,角聲不得其正,發明精到,前此所疑皆釋然矣。但"依行"之說，則凡十二律，皆自黃鍾三分損益，上下相生，以極乎中呂。而以琴考之，自龍齦以下至七徽之東凡十二律之位，其遠近疏密，往來相生，亦與律寸符合。京房雖增爲六十律，然亦十二正律相生已徧，然後乃生執始，係第十三律。以至依行，係第五十三律。遂生包育，以極乎南事而終焉。其序正與《禮運正義》六十調同。但自黃鍾右旋，歷應、無、南、夷、林、蕤、中、姑、夾、太、大，以爲諸宫之次。方其未徧十二律以及中宫之時，正律不生子律。而琴自南呂上生姑洗，亦未見其有不合，而須變以爲子律也。今曰"琴之角聲，乃姑洗部之依行"，則未知其何自而來，忽破此例？且將來下生之時，不知其將復爲應鍾耶，抑遂爲包育也？復爲應鍾，則數不合；便爲包育，則從此抹過姑洗以下八正律，依行以前四十子律皆成無用矣。若曰用正律時自未應遽用子律，自無射爲宫之後，方用執始以下子律，則中呂爲宫又自用内負子律，而生黄之分動以下四律，初不用依行也。至於太蔟之形晉爲宫，乃夷汗爲徵，依行爲商，包育爲羽，謙待爲角，則是依行未嘗爲中呂之宫。且其短長雖若鄰於中呂，而其分部實居姑洗，亦不得而應於十徽也。凡此反復求之，竟未之得，偶別思得一説，具於後段中宫調説中，更望垂教。

來教云：古黄鍾，今慢角調三正角。姑洗中聲。古清角，今正宫，亦名中呂宫三清角。中呂中聲。又曰：若下其角聲於大弦十一徽而取其應，則可以復古之正調矣。

今詳此説，慢角三爲姑洗者，從大弦十一徽調之而應，其弦緩也；清角三爲中吕者，從大弦十徽調之而應，其弦急也。以此推之，則王侍郎所説直以第一弦爲中吕者，清角法也。不知其説是如此否？其間尚有未曉者，別見後段。

　　古黄鍾宮調。亦曰"慢角"。

今詳來教，既曰"古黄鍾宮調"，則此一均正是黄鍾爲宮正聲之調，而琴中聲氣之元也。又曰"今謂之慢角調"，則是今世猶有此調也，然不知今之琴曲何者爲此調，何以世俗都不行用，而唯以中吕爲宮也？且既知其誤，則改而正之似無難者；今長者雖知其然，而猶未免有傳習之久莫之能改之歎，則又似有未易改者，此又何也？又此但以見行中吕宮調緩其一弦以爲正角，則其餘弦之相應者，恐亦須有差舛，不知合與不合并行改易？若不改易，而但抑按以求其合，既謂之黄鍾正宮，又似不當如此。此皆未曉，更望指喻。

　　中吕宮調。亦曰正宮，亦曰清角。

今詳來教，此但以古黄鍾正調緊第三弦之散聲而因以爲宮耳，雖不得姑洗正角之位，然角聲所占地位甚廣，自十一徽之西，以盡乎九徽之東，皆角聲之位也。今既不循常，而欲緊其聲，則於其中雖移一律，初亦不出本聲之位，不必更以京房子律推之，强改姑洗之依，使屬中吕，然後爲得也。但既以第三弦爲宮，則其下即便可就按第六弦黄清以爲徵，四弦林鍾爲商，七弦太清爲羽，五弦南吕爲角。皆應於十徽。其散聲則自爲徵、羽、宮、商如故。其上兩弦則聲濁而勝於本宮,故不入調而以爲應。<small>宮應徵,商應羽,散聲自爲宮商。</small>來教謂"以旋宮命之,故曰中吕之宮"者,正謂此也。然詳此調,以中吕爲角,則已不得角聲之正;以角聲爲宮,則又不得宮聲之正。又就少宮、少商以爲徵、羽,而反以正宮、正商爲徵、羽之應,則其遷就雖巧,而顛倒失正亦甚矣。以此竊意或非古樂旋宮正法,但不知其自何時而變耳。然當時若且私行此調而不廢本曲,則人猶得以識其是非。今乃反以所變爲正宮,而本曲遂不可見,則今之所謂琴者,非復古樂之全明矣。故東坡以爲古之鄭、衛,豈亦有見於此耶?

旋宮諸調之法。

以上黃鍾、中吕首尾二宮,其法略可見矣。但其中吕一宮,未有以見其爲古樂旋宮之正法耳。若是正法,則其餘十律亦當各自爲宮。若非正法,則其本調亦當并考,然後其法乃備。故古説有"隨月用律"之法,而來教亦謂"不必轉軫促弦,但依旋宮之法而抑按之",正謂此也。然亦難只如此泛論,須逐宮指定,各以何聲取何弦爲唱,各以何弦取何律爲均,乃見詳實。又以《禮運正義》之説推之,則每律既已各爲一宮,每宮亦合各有五調,而其逐調用律取聲亦各有法,此爲琴之綱領。而前此説者皆未嘗有明文,誠闕典也。欲望暇日定爲一圖,以宮統調,以調統聲,令其賓主次第各有條理,則覽者曉然,可爲萬世之法矣。<small>若作此圖,先須作二圖,各具琴之形體、徽弦尺寸、散聲之位,然後</small>

以一圖附按聲聲律之位，以一圖附泛聲聲律之位，列於宮調圖前，所附三聲皆以朱字別之，刻版則爲白字。

十徽、十一徽。

舊疑七弦隔一調之六弦皆應於第十徽，而第三弦獨於十一徽調之乃應，故角聲兼應兩律，而其餘四聲皆止應一律。前此故嘗請問，而角聲兼應兩律之辨，則固已蒙指示矣。然依行之說，愚意終有所未曉也，已於前章再論之矣。至於七弦隔一之應，不同在於一徽，則又嘗思之：七弦散聲爲五聲之正，而大弦十二律之位，又衆弦散聲之所取正也，故逐弦之五聲，皆自東而西，相爲次第。其六弦會於十徽，則一與三者，角與散角應也；二與四者，徵與散徵應也；四與六者，宮與散少宮應也；五與七者，商與散少商應也。其第三、第五弦會於十一徽，則羽與散羽應也。義各有當，初不相須，故不得同會於一徽，無他說也。《晦庵文集》卷六三。

案：朱熹《答黄直卿》（吳元士曾相識否）有云"昨看王伯照《雜說》，中間有一段理會不得。或云渠嘗學於王公，恐能知其說。試爲宛轉託人扣之，却見報也"，又《答黄直卿》（向留丞相來討《詩傳》）云及"吳元士說六十律爲京房之謬，亦是。但前此所扣，乃是只以十二律旋相爲宮而生六十調，非爲六十律也"。《晦庵文集》續集卷一。與本書討論音學聲調相合。朱熹《答黄直卿》上一書撰於慶元四年中，而後

一書撰於是年冬間，故推知本書在《答黃直卿》（向
留丞相來討《詩傳》）稍前，約亦在是年（1198）冬。

吳　振

　　吳振，字伯起。《朱子語類》卷首《朱子語類姓名》。朱熹
《答廖子晦（所喻已悉）》中有云"此間有吳伯起者，不曾講
學，後聞陸子靜門人說語，自謂有所解悟，便能不顧利害。
及其作令，纔被對移它邑主簿，却不肯行，而百方求免"，
《晦庵文集》卷四五。當非一人。

朱熹《答吳伯起》：

　　成都之諾，乃爾輕發，可怪。然亦在我者有以致之，
但當自省，不當責人也。渠近辟韜仲不下，次第愈縮手
矣。趙總卿頃得書，甚相念，不知所許竟如何。然吾之所
謂義者無窮，而彼之具析體究對移者有盡，但十二時中常
切照管，勿令有滲漏處，則彼之來者不足問矣。今人戚戚
不能信命者，固無足道，然謂付之造物，亦非極摯之語。
此處儘要見得分明，便不動心，不可只靠一言半句海上單
方便以爲足。恐事變之來抵當不去，恐成好笑也。《晦庵
文集》卷四五。

　　　案：書中云及"成都之諾，乃爾輕發，……渠近
辟韜仲不下，次第愈縮手矣"，其所稱"渠"，乃指新任

四川制置使之趙汝愚。據《淳熙三山志》卷二二,趙汝愚於淳熙十二年十二月移官四川,淳熙十三年春赴任,途徑武夷,嘗與朱熹相會。《年譜長編》卷下。故推知本書當撰於淳熙十三年(1186)間。

朱熹《答吳伯起》:

且審聞善感發,判然義利之間,衰懦之餘,警省多矣。然一時意氣易得消歇,正要朝夕講求義理以培植之,不可專恃此便爲究竟也。《晦庵文集》卷四五。

案:本書撰時未詳。然上書(成都之諸)論及"然吾之所謂義者無窮",而本書亦云"判然義利之間,衰懦之餘,警省多矣",疑在其後,姑係於十三年間。

奚仲淵

奚仲淵,名里未詳。

朱熹《答奚仲淵》:

示喻所聞,足見志道躬行之實,慰幸歎仰,蓋不勝言。但孟子論浩然之氣是集義所生,非謂集義於此以養彼浩然之氣也。又謂"不必於應用處斟酌是否",亦恐未免離內外、判心迹之病。聖賢所謂義者,正欲於應用處斟酌

2832

耳,但日用功夫自有先後緩急,不可先其細者而緩於大
體,恐仲淵意是如此。若其不然,恐更合商量也。義理之
間誠當明辨,然非有"格物致知"與"敬以直內"之功,則亦
難明而易失。來喻所謂熟處難忘者,恐坐此也,然亦學者
之通患,如熹正苦此而未能自脱耳。伯起舊游,每病其
不以此事爲急,今乃能勇猛精進如此,人固未易量也。
計左提右挈,長者之力爲多。異時歸老田間,復得此一
益友,爲幸甚矣。趙德廣在此日相見,殊愧不能有以發
其志意者。昨見所與渠書,當知所以自勉也。《晦庵文
集》卷六二。

　　案:書中云"趙德廣在此日相見,殊愧不能有以
發其志意者",據朱熹《與曹晉叔書》(熹求去久不獲)
云"德廣留家於此,暫歸臨江矣",《晦庵文集》卷二六。
德廣即趙善譽,字静之,一字德廣。《與曹晉叔書》撰
於淳熙七年正、二月之際,故推知本書撰於其前,約
在淳熙六年(1179)秋、冬間。

向　澔

　　向澔(?—1195),字伯元,臨江(今江西清江)人。朱
熹《跋向伯元遺戒》云"近故朝議大夫向公伯元,少受學
於胡文定公,晚年退處于家,尊聞行知,不以老而少懈"。
《晦庵文集》卷八三。署時慶元二年二月,故推知其卒於慶

元元年冬。又《江西通志》卷七三云其字子源,向子諲仲子,"常從胡五峯遊,端重有父風。倅邵陽,未幾即挂冠歸"。

朱熹《答向伯元<small>涪</small>》:

承乏半年,了無善狀,求去不獲,又未敢遽復有請,凛凛然日惟得罪於民是懼,它無可言也。至此刻得周子象、圖、書、說、賦凡五種,并《叙古千文》、《重立直節堂記跋尾》等,率易各納一本。敬夫爲記濂溪祠堂,子澄所書,亦并納呈。更立陶靖節、劉凝之、道原、李公擇、陳了翁堂,方求記於尤延之,尚未到也。得子澄書云,書府有康節先生墨蹟,甚奇,輒欲就請摹刻,以垂學者。□□去,卒只一兩月可了,即專人還納也。《晦庵文集》別集卷四。

   案:本書所云皆朱熹知南康軍時之事,又云"承乏半年",則當撰於淳熙六年(1179)秋、冬之際。

朱熹《答向伯元》:

衰病之餘,勉强試吏,遭此旱歉,四顧茫然。不免控告朝廷,幸亦略蒙應副。目今雖似可以支吾,未知來春事體又如何? 比及終更,亦當麥熟,遺此凋瘵之民以付後人耳。過蒙稱許,何以當之? 祇益慚懼。然緣此一事,心勩形瘵,精力全衰,百病交攻,求去未得,殊無好懷也。子卿一見傾倒,留款三日而行,識趣議論,今亦少得也。聞臨江沈守留意荒政甚悉，恨未得其條目而師法之。今遣此人告糴其境，或恐吏民有持閉過之計者，願得一言以解其紛，是亦仁人之惠也。《晦庵文集》別集卷一。

案：書中云及"聞臨江沈守留意荒政甚悉，恨未得其條目而師法之。今遣此人告糴其境"，當撰於在南康時。又云"衰病之餘，勉強試吏，遭此旱歉，……目今雖似可以支吾，未知來春事體又如何"，故推知其約撰於淳熙七年（1180）歲晚。

朱熹《答向伯元》：

春老夏初，伏想林居幽勝，有足樂者。承喻玩意《論》、《孟》之書，尤覺有味，恨不得從容侍教於前也。某不量疏拙，輕出從事，無以補報縣官而乖忤貴臣，幾蹈不測。賴上聖明，保全至此，且幸未至顛隮，然殊未敢自保也。去冬病臂，近方小愈，然猶未至脫體。呻吟之暇，繙閱舊書，亦有一二學者相與討論，足以自樂。獨念遠去長者之側，不得講去所疑、消釋鄙吝爲恨耳。

向見子澄説書府有康節書、陶公詩，地遠，不敢借觀。但時時想象此題目，已覺清氣逼人也。《晦庵文集》別集卷四。

案：書中云"去冬病臂，近方小愈，然猶未至脫體"，據朱熹《答廖子晦德明》（去冬嘗苦臂痛）云"去冬嘗苦臂痛，累月不能詘伸。今幸少安"，《晦庵文集》

別集卷四。即此。《答廖子晦德明》撰於淳熙十年四月中。又本書云"春老夏初",則知其撰於是年(1183)夏初。

朱熹《答向伯元》：

山間少得過從,目昏,不敢讀書,舊學寖瘝,深以自歎。然閒静從容,却覺意味亦深長也。昨得子澄書,具道昨寄武夷佳句,深有教督之意。再加紬繹,乃悟微指,不勝感佩之至。近聞汀、劍之境有嘯亂者,官軍挫衄,勢甚可憂。貧病支離,彷徨瞻顧,未知税駕之所,奈何奈何!

御書《古文孝經》有墨本否? 欲求一通。此書無善本,欲得此讎正也。《晦庵文集》別集卷四。

　　案:書中云"昨得子澄書,具道昨寄武夷佳句,深有教督之意。再加紬繹,乃悟微指,不勝感佩之至",據朱熹《答劉子澄》(熹一出三月)云"向丈詩初亦未解,承喻乃荷其見愛之深,當因書謝之也"。《晦庵文集》卷三五。所謂"昨寄武夷佳句",當即指"向丈詩"。《答劉子澄》撰於淳熙十一年(1184)正月下半月,故推知本書約撰於一時先後。

朱熹《答向伯元》：

蒙寄示先正遺文,斂衽警誦,不覺終篇。竊惟忠義之操、高尚之風,生平之所想象鄉往而不得見者,今乃得窺其一二大者於翰墨文字之餘，何其幸耶！蒙需跋語，晚生豈敢僭越？然不敢不有以見區區慕用之私也。胡公、汪公皆人物標準，名論一定，誰得改評？時事傳聞有足憂者，每念扶持三綱之語，益令人感慨也。《晦庵文集》別集卷四。

案：書中言"蒙寄示先正遺文，……蒙需跋語"，乃指向滈求爲其父薌林居士作《向薌林文集》跋。朱熹《向薌林文集後序》撰於淳熙十二年春二月甲子。《晦庵文集》卷七六。據朱熹《答劉子澄》（喻及治財聽訟望祀之意）云"被薌林向丈來催後序，正冗，未能下筆。近得書，乃以死見要，甚令人皇恐也"，《晦庵文集》卷三五。可知自得向滈之請，中間相隔不短時間，方才下筆，故推知本書約撰於淳熙十一年中。

朱熹《答向伯元》：

某祠官秩滿，比已再請，聞諸公已相許，旦夕必得之。又且藏拙，休息病軀，何幸如之。尚恨貧窶，未能即挂衣冠，景行高風耳。昨蒙委撰先集後語，不揆荒拙，率爾草成。今附便拜呈，恐有未當，幸却垂喻，容改定也。晚學不當僭易，迫於嘉命，不敢辭耳。《晦庵文集》別集卷四。

案："先集後語"，即《向薌林文集後序》，撰成於淳熙十二年（1185）二月甲子（十日）。故推知本書約撰於二月下半月或稍後。

朱熹《答向伯元》：

昨以所撰先公文集序藁本拜呈，未蒙鐫改，方此悚仄，今奉教帖，反得褒賞之詞，此豈所望也。子澄相愛，又素多可其言，恐亦未爲不易之論。更望詳之，有未安處，却幸指示，乃可傳遠耳。子澄新除，知識多以爲疑。聞吾丈亦有“着甚來由”之語，此至論也。然尚幸闕期未到，得且從容耳。子卿官期必不遠，未及爲書，極懷想也。景陽得時親几杖，甚幸，真足以銷鄙吝之萌矣。《晦庵文集》別集卷四。

案：書中言“昨以所撰先公文集序藁本拜呈，未蒙鐫改，方此悚仄，今奉教帖，反得褒賞之詞”，知承上書（某祠官秩滿）。又云“子澄新除，知識多以爲疑。聞吾丈亦有‘着甚來由’之語，此至論也”。朱熹《答劉子澄》（諸書今歲都修得一過）亦有“向丈‘著甚來由’之語，是此老子受用得力處，然却不是薌林句法也。序文極力只做得如此，却是好箇題目，所恨筆力弱耳”，《晦庵文集》卷三五。知兩書約撰於一時先後。《答劉子澄》淳熙十二年七月九日。

朱熹《答向伯元》：

子澄竟以薦賢遭論，與某去冬波及之章正相先後。

但渠在郡，與閑居不同。昨聞俟罪丐祠未許，此恐當力請而歸乃佳，不審尊意以爲如何？近得其書，甚恨不能早追長者之後塵也。景陽何故却歸廬陵？久不相見，不知後來學業如何也。《晦庵文集》別集卷四。

案：淳熙十三年“十一月十三日，新除湖北提舉王鎮放罷，仍與祠。先是，知衡州劉清之引詔書薦鎮安恬自好，知之者少，遂有湖北之除。既而言者論其昏繆，故寢之”。十四年十二月二十七日，“知衢州劉清之主管華州雲台觀。言者論其以道學自負，於吏事非所長，財賦不理，倉庫匱乏，又與監司不和，乞與宮祠。從之”。《宋會要輯稿·職官》七二之四五、四九。本書所云“子澄竟以薦賢遭論”，即指此事；然猶云“昨聞俟罪丐祠未許，此恐當力請而歸乃佳”，而未及罷郡。故推知本書約撰於十四年(1187)春、夏間。

朱熹《答向伯元》：

三數年來，無日不病，而今年爲尤甚。神思疲憊，筋骸縱弛，飲食不至大減，而肌膚消削，日就枯槁。蒲柳之姿，望秋先殞。每聞老友聰明輕健，過絕於人，未嘗不歎衛生之有經，而愧謹疾之無術也。祠禄將滿，未敢再請。而朝廷記憶，遂有鴻慶之命。杜門竊食，雖若可以終身，然舊京原廟隔在異域，每視新銜，不勝悲憤之填膺也。臨江張洽秀才迂道相訪，後生有志，甚不易得。因其行，附

以此書，并令請見，幸予其進而教誨之。《晦庵文集》別集
卷四。

　　案：淳熙十四年三月，朱熹差主管南京鴻慶宮，
四月拜命。《年譜長編》卷下。即書中"遂有鴻慶之命"
云云。故推知本書約撰於四月間。

朱熹《答向伯元》：

　　紙尾批誨飲食必祭之説，旨意深厚，不勝歎服。蓋所
開警爲已多矣。君祭先飯，先儒舊説蓋本如此，近世乃有
以爲君祭必先黍稷者。若然，則其音讀亦自不同。蓋如
先儒之説，則"飯"音上聲而爲食之之義；如近世之説，則
"飯"爲去聲而指所食之物。二説雖若皆通，然細推之，則
恐先儒之説爲長。蓋爲賓主之禮，則主人先客祭，然後客
祭，主人食而後客食。今既侍食於君，則不敢當此禮。而
子之於父，臣之於君，飲食必先品嘗之而後敢進，亦禮之
所當然也。故謂侍食者於君之祭也而已先食之，其義各
得。若如近世之説，則君祭之先後有非己之所得與者。
且祭之先後，自有常禮，上下同之，不必專言君祭乃先飯
也。鄙見如此，不審尊意以爲如何？昨承喻及嘗見《大
學》鄙説，近有修定本，張君抄得，幸試取觀，有以見教，千
萬幸甚。《晦庵文集》別集卷四。

　　案：張君，即上書（三數年來）所云臨江張洽秀
才。上書（三數年來）乃因張洽歸鄉而附書，本書乃

云張洽抄得《大學》"修定本"而歸，向浯可自張洽處
"取觀"之。故推知本書約撰於季夏或秋間。

朱熹《答向伯元》：

蒙誨諭格物之説，不勝悚仄。前輩立言，豈敢輕議？
但以河南夫子所謂物我一理，才明彼即曉此者觀之，即宛
轉歸己者，似稍費力耳。兼窮理功夫亦是且要識得事物
當然之理，積久貫通之後，自然所行不疑而實理在我，隱
微之間亦無私念。河南所論條目甚明，恐亦不必事事比
擬然後爲得也。又反身而誠，乃躬行之至，無一理不實有
於吾身，非爲一時見處發也。鄙見如此，不審高明以爲如
何？無由面請，因風不吝垂教，千萬之幸。然張君所傳
《大學》本子，近日又多所更定，稍覺平實。恨未有人寫得
拜呈也。《晦庵文集》別集卷四。

　　案：本書原與上書（蒙寄示先正遺文）合爲
一書。

　　上書（紙尾批誨飲食必祭之説）有云"昨承喻及
嘗見《大學》鄙説，近有修定本，張君抄得，幸試取
觀"，本書乃云"然張君所傳《大學》本子，近日又多所
更定，稍覺平實。恨未有人寫得拜呈也"，知承上書。

朱熹《答向伯元》：

某衰病之餘，去秋復有哭女之悲，支離凋耗，益已甚

矣。昨叨除命，一辭不獲，方欲春深闕近力申前請，而代者忽以章罷，便有奏事指揮。聞命彷徨，不知所以爲計。已專人致懇，不過旬日，當有決語。萬一未遂，即不免一行，祈哀君父，庶遂本懷耳。江右之行，勢必難勉强也。子澄去替不遠，醜正之人又以憂去，意其可以善罷，從容而歸。今乃竟不得免，又且便着"道學"兩字結正罪名，世路如此，豈復更容着腳？不如且杜門讀書，只作殘年飽飯之計，庶無後悔耳。所恨相去之遠，不得時扣函丈，日奉誨言，以滌塵襟、銷滯吝，此爲恨恨耳。

黄㙓已歸三山，赴馬帥之招，爲今秋漕試計也。後生輩未忘進取，爲此計較，亦復可笑耳。前所納諸書，有不當理處，切幸指教。《易》數比之諸家已極簡易，要非侍坐從容，不能究其説也。寵惠鐵鏡、川墨拜領。鐵鏡謹置之對坐，常以自照，如長者儼然臨之，不敢不起敬也。《晦庵文集》別集卷四。

案：據《年譜長編》卷下，朱熹第三女卒於淳熙十四年七月。是月，朱熹除江南西路提點刑獄公事，待次；十五年正月初，有旨趣入朝奏事之任，二月以疾辭，不允。本書有云"已專人致懇，不過旬日，當有決語"，故推知其約撰於十五年(1188)二月間。

朱熹《答向伯元》：

周公去相，尚留義興，豈過婦家少駐耶？近方寄得一書問訊之,勸其速歸,不知今已出江上未?經由必相見,當能道所以然者。某不恨其不蚤去,恨其不勇爲也。天下豈有兼行正道邪術、雜用君子小人而可以有爲者。去歲入都時,已知其必有今日之禍無疑矣。

令子知丞歸來,文字竟足未耶?今時諸司文字多爲有力者所取,至或同僚數人同署一紙而脅取之者,此與法令所謂恐喝取財者何異?火色如此,平進者何自得之?正當量分自安。想賢郎熟聞廉靖之教,其必有以處此矣。《晦庵文集》別集卷四。

　　案:淳熙十六年五月,周必大罷左相,出判潭州。《宋史·宰輔表四》。書中有云"周公去相,尚留義興,……近方寄得一書問訊之,勸其速歸",故推知本書約撰於是年(1189)六月或稍後。

朱熹《答向伯元》:

某頃叨除用,出於意外,懇辭幸免,然猶復忝郡寄,上恩厚矣。但年來目疾殊甚,恐不復堪吏責。免章再上,諒必得之也。子澄去秋以書來告別,方此憂念,繼得公度書,乃知遣書之後,不六、七日遂至大故。發書一慟,痛不可言。然至今未能遣人奠之,日以愧恨也。交遊凋落,如晨星矣,復失此人,吾道亦殊失助也。《晦庵文集》別集卷四。

　　案:劉清之卒於淳熙十六年九月。《宋名臣言行錄外集》卷一四。朱熹《祭劉子澄文》作於庚戌歲□月二十六日。《晦庵文集》卷八七。《年譜長編》卷下作"二月"。本書中云"子澄去秋以書來告別，……乃知遣書之後，不六、七日遂至大故。發書一慟，痛不可言。然至今未能遣人奠之，日以愧恨也"，故推知其約撰於紹熙元年(庚戌，1190)正、二月間。

朱熹《答向伯元》:

到官半歲，前月忽苦脚氣，手足俱痛，至今未平。郡計不足，循例措畫，無非殃民害物之事。初謂經界若行，欺隱自露，則可以供歲費而罷去諸色無名之賦，今乃聞有陰沮之者，至今未有成命，次第且中輟矣。在此既無所爲，衰病復爾交攻，鬱鬱度日，殊無聊賴。已上歸田之奏矣，未知進止如何。萬一未遂，須再請也。《晦庵文集》別集卷一。

案：議行經界，乃朱熹知漳州時事。朱熹於紹熙元年四月二十四日到漳州任。《晦庵文集》卷八五《漳州到任謝表》。本書云"到官半歲"，故推知其撰於是年十月間。

朱熹《答向伯元》:

某向來妄意作一二小書，初不敢以示人。近年自覺昏憒，不復更有長進，有欲傳者，因以付之。今納《四書》

五册,仰塵燕几。恐有悖理,幸望指教,尚及鑴改也。《晦庵文集》別集卷四。

案:朱熹知漳州時嘗合刻《四書》,有《書臨漳所刊四子後》,署時"紹熙改元臘月庚寅"。《晦庵文集》卷八二。本書中所云"今納《四書》五册",即指此次所刊印者。臘月庚寅,即十二月十日。書中又云"幸望指教,尚及鑴改也",故推知其當初刊印《四書》時,約在紹熙元年末或稍後。

朱熹《答向伯元》:

到官踰年,初亦粗健。自秋冬來足疾發動,不免廢事。經界初不敢請,適會議者及之,被旨相度,不敢不盡其愚。而事久不決,浮議紛然,遂力求去,又竟不得。今雖得旨,而農事已起,不可復爲。正當少俟秋成,又未知賤迹能復幾時於此也。世路如此,唯得早去,乃爲幸耳。劉薦論事不阿,近所未有,亦恨太疏,果墮語穿耳。周南之策亦粗聞之,然不能如來喻之詳。邪説肆行而士氣不衰,此乃爲可賀者。然前輩清議在下之説,又爲可慮,奈何?《晦庵文集》別集卷一。

案:朱熹《回申轉運司乞候冬季打量狀》云"本州今月初九日準轉運衙牒録白到尚書省十二月二日劄子,……令福建轉運司照相度到事理,先將漳州措置施行。……目今雖然方是十月中旬,然閩南地煖,管下田土纔及冬春之交,民間已是耕犁。若於此時施行,不惟有妨農務,而春月雨水常多,原野泥濘,恐亦難得應期了畢。……欲望使司詳酌其宜,特賜敷奏,略傚紹興十八年事體,許俟七月一日方行差役,十月一日然後打量。其它分畫都界、置立土封之類,即容本州日下一面措置,以至秋成之後打量之時規畫當益詳盡,吏民當益諳熟,既免妨農之實害,又銷不逞之浮言"。《晦庵文集》卷二一。本書云"到官踰年,初亦粗健。自秋冬來足疾發動,不免廢事";又云行經界事,"今雖得旨,而農事已起,不可復爲。正當少俟秋成,又未知賤迹能復幾時於此也",然未及正月二十四日其長子朱塾卒於婺州事,故推知其約撰於紹熙二年(1191)正月中下旬。

朱熹《答向伯元》:

某之賤體,自四月初感風濕之氣,足疾發動,一臥兩月,屢至危殆。亟上告休之請,近聞未得可報。今雖未死,然衰頹日甚,自度不能復有補於縣官,勢須再請耳。辭職亦竟未允,當并力懇,庶必遂也。時論一變,非復意慮所及。忠賢奔播,幾於空國而無君子矣。呂子約經由,曾進謁否? 江陵近收書否? 章茂獻聞欲徙居城中,必時相見。子卿想歸久矣。楊丈書已領,不知其已趨召否? 今日之事,凡曾在趙子直處喫一呷湯水者,都開口不得,只有此老尚可極言，以冀主之一悟。不知其有意否？已作書力勸之。萬一肯出，經由更望一言，此宗社生靈之計，非小故也。《晦庵文集》別集卷一。

案：書中言“時論一變，非復意慮所及。忠賢奔播，幾於空國而無君子矣”，指慶元元年二月趙汝愚罷相，韓侂胄當國後事。書中又云“某之賤體，自四月初感風濕之氣，足疾發動，一臥兩月，屢至危殆。……今雖未死，然衰頹日甚”，故推知其約撰於是年(1195)六月中。

項安世

項安世(1129—1208)，字平父，其先括蒼人，後家江陵(今屬湖北)人。淳熙二年(1175)進士，召試除祕書省正字，遷校書郎。寧宗即位，召朱熹“至闕，未幾予祠。安世率館職上書留之”。尋出通判重慶府，未拜，以“僞黨”罷。開禧用兵，知鄂州，除户部員外郎、湖廣總領，升太府卿，免。後以直龍圖閣爲湖南轉運判官，未上。嘉定元年卒，年八十。《宋人生卒行年考》。所著《易玩辭》等。《宋史》卷三九七有傳。

朱熹《答項平父安世》：

示喻“此心元是聖賢，只要於未發時常常識得，已發

時常常記得”，此固持守之要。但聖人指示爲學之方周遍
詳密，不靠一邊，故曰“敬義立而德不孤”。若如今説，則
只恃一箇“敬”字，更不做集義工夫，其德亦孤立而易窮
矣。須是精粗本末隨處照管，不令工夫少有空闕不到之
處，乃爲善學也。此心固是聖賢本領，然學未講、理未明，
亦有錯認人欲作天理處，不可不察。識得、記得，不知所
識、所記指何物而言？若指此心，則識者、記者復是何物？
心有二主，自相攫挐，聖賢之教，恐無此法也。持守之要，
大抵只是要得此心常自整頓，惺惺了了，即未發時不昏
昧，已發時不放縱耳。愚見如此，不知子靜相報如何？因
風録示，或可以警所不逮也。伊川先生云：“涵養須用敬，
進學則在致知。”此兩句，與從上聖賢相傳指訣如合符契，
但講學更須寬平其心，深沉詳細，以究義理要歸處，乃爲
有補。若只草草領略，就名數訓詁上著到，則不成次第
耳。《晦庵文集》卷五四。

　　案：書中言“愚見如此，不知子靜相報如何？因
風録示，或可以警所不逮也”，下書（所喻曲折及陸國
正語）有云“所喻曲折及陸國正語，三復爽然，所警於
昏惰者爲厚矣”，知承本書。又陸九淵淳熙九年秋除
國子正，八月十七日始講書；十年冬，遷敕令所删定
官。《陸九淵集》卷三六《年譜》。而朱熹於是年九月離
任自浙中南歸，下旬抵家。故推知本書約撰於九年
（1182）冬間。

朱熹《答項平父》：

所喻曲折及陸國正語，三復爽然，所警於昏惰者爲厚
矣。大抵子思以來，教人之法惟以尊德性、道問學兩事爲
用力之要。今子靜所説，專是尊德性事，而熹平日所論，
却是問學上多了。所以爲彼學者多持守可觀，而看得義
理全不子細，又別説一種杜撰道理遮蓋，不肯放下。而熹
自覺雖於義理上不敢亂説，却於緊要爲己、爲人上多不得
力。今當反身用力，去短集長，庶幾不墮一邊耳。《晦庵文
集》卷五四。

　　案：《陸象山年譜》係本書於淳熙十年，並云陸
九淵聞朱熹《答項平父》，曰：“朱元晦欲去兩短，合兩
長，然吾以爲不可。既不知尊德性，焉有所謂道問
學？”本書疑撰於是年（1183）春間或稍晚。

　　明程敏政《書朱子答項平父書》曰：“按此書則知
朱子所以集諸儒之大成者如此，世之褊心自用、務强
辨以下人者，於是可以惕然而懼、幡然而省矣。然陸
子亦有書論爲學，有講明，有踐履，全與朱子合，而無
中歲枘鑿之嫌。”《篁墩文集》卷三八。

朱熹《答項平父》：

官期遽滿，當復西歸，自此益相遠，令人作惡也。罵
坐之説，何乃至是？吾人爲學，別無巧妙，不過平心克己
爲要耳。天民聞又領鄉邑賑貸之役，不以世俗好惡少改

其度,深可敬服。朋友論議不同,不能下氣虛心以求實是,此深可憂。誠之書來,言之甚詳,已略報之,可取一觀,此不復云也。聞宗卿、子靜蹤迹,令人太息。然世道廢興,亦是運數。吾人正當勉其在己者以俟之耳,不必深憤歎,徒傷和氣、損學力,無益於事也。《晦庵文集》卷五四。

案:書中所言"聞……子靜蹤迹,令人太息",當指淳熙十三年(1186)陸九淵轉宣義郎,除將作監丞,爲給事中王信所駁,於十一月二十九日改主管台州崇道觀。時"距對班五日"。《陸九淵集》卷三六《年譜》。故推知本書約撰於十三年末。

朱熹《答項平父》:

所諭讀書次第甚善。但近世學者,務反求者便以博觀爲外馳;務博觀者又以内省爲隘狹,左右佩劍,各主一偏,而道術分裂,不可復合,此學者之大病也。若謂堯、舜以來,所謂兢兢業業便只是讀書程課,竊恐有一向外馳之病也。如此用力,略無虛閒意思、省察工夫,血氣何由可平,忿欲何由可弭耶?無由面論,徒增耿耿耳。《晦庵文集》卷五四。

案:本書撰時不詳。《書信編年》以爲在上書(官期遽滿)以後。則其約撰於淳熙十四年(1187)間。待考。

項安世《與朱元晦書》：

見陳君舉門人説"儒釋，只論其是處，不問其同異"，遂敬信其説。《朱子語類》卷五。

案：《朱子語類》卷五載廖謙所記云："嘗得項平甫書云：'見陳君舉門人説"儒釋，只論其是處，不問其同異"，遂敬信其説。'此是甚説話！元來無所有底人，見人底説話，便惑將去。若果有學，如何謾得他！"據《朱子語類·姓氏》，廖謙所記乃紹熙五年（甲寅）所聞。故推知本書撰於此前，約在紹熙二年（1191）或稍後。

朱熹《答項平父》：

録寄啓書，尤以愧荷，稱許之過，皆不敢當，但覺"難用"兩字著題耳。至論爲學次第，則更儘有商量。大抵人之一心，萬理具備，若能存得，便是聖賢，更有何事？然聖賢教人所以有許多門路節次，而未嘗教人只守此心者，蓋爲此心此理雖本完具，却爲氣質之稟不能無偏，若不講明體察，極精極密，往往隨其所偏，墮於物欲之私而不自知。近世爲此説者，觀其言語動作略無毫髮近似聖賢氣象，正坐此耳。是以聖賢教人，雖以恭敬持守爲先，而於其中又必使之即事即物，考古驗今，體會推尋，内外參合。蓋必如此，然後見得此心之真，此理之正，而於世間萬事、一切言語無不洞然了其白黑。《大學》所謂"知至意誠"，孟子所謂"知言養氣",正謂此也。

若如來喻,乃是合下只守此心,全不窮理,故此心雖似明白,然却不能應事,此固已失之矣。後來知此是病,雖欲窮理,然又不曾將聖賢細密言語向自己分上精思熟察,而便務爲涉獵書史、通曉世故之學,故於理之精微既不能及,又并與向來所守而失之,所以悵悵無所依據,雖於尋常淺近之説亦不能辨,而坐爲所惑也。

夫謂不必先分儒釋者,此非實見彼此皆有所當取而不可偏廢也,乃是不曾實做自家本分功夫,故亦不能知異端詖淫邪遁之害,茫然兩無所見,而爲是依違籠罩之説以自欺而欺人耳。若使自家日前曾做得窮理功夫,此豈難曉之病耶?

然今所謂心無不體之物、物無不至之心,又似只是移出向來所守之心,便就日間所接事物上比較耳。其於古今聖賢指示剖析細密精微之蘊,又未嘗入思議也。其所是非取舍,亦据己見爲定耳。又何以察夫氣稟之偏、物欲之蔽,而得其本心正理之全耶?便謂存誠愈固,養氣愈充,吾恐其察之未審而自許過高,異日忽逢一夫之説,又將爲所遷惑而不能自安也。中間得葉正則書,亦方似此依違籠罩而自處甚高,不自知其淺陋,殊可憐憫。以書告之,久不得報,恐未必能堪此苦口也。《大學章句》一本謾往,其言雖淺,然路脈不差,節序明審,便可行用,幸試詳之。《晦庵文集》卷五四。

案：本書中"夫謂不必先分儒釋者"云云，乃答項安世來書"儒釋，只論其是處，不問其同異"之説，知承其後。

朱熹《答項平父》：

所論"義襲"，猶未離乎舊見。大抵既爲聖賢之學，須讀聖賢之書；既讀聖賢之書，須看得他所説本文上下意義，字字融釋，無窒礙處，方是會得聖賢立言指趣，識得如今爲學功夫，固非可以懸空白撰而得之也。如孟子答公孫丑問氣一節，專以浩然之氣爲主。其曰"是集義所生者"，言此氣是積累行義之功而自生於内也。其曰"非義襲而取之也"，言此氣非是所行之義潛往掩襲而取之於外也。其曰"行有不慊於心則餒矣"者，言心有不慊，即是不合於義而此氣不生也。是豈可得而掩取哉？告子乃不知此，而以義爲外，則其不動心也，直彊制之而頑然不動耳，非有此氣而自然不動也。故又曰："我故曰告子未嘗知義，以其外之也。"然告子之病，蓋不知心之慊處即是義之所安，其不慊處即是不合於義，故直以義爲外而不求。今人因孟子之言，却有見得此意而識義之在内者，然又不知心之慊與不慊，亦有必待講學省察而後能察其精微者。故於學聚問辨之所得，皆指爲外而以爲非義之所在，遂一切棄置而不爲。此與告子之言雖若小異，然其實則百步、五十步之間耳。以此相笑，是同浴而譏裸裎也。由其所見之偏如此，故於義理之精微、氣質之偏蔽皆所不察，而其發之暴悍狂率，無所不至。其所慨然自任，以爲義之所在者，或未必不出於人欲之私也。

　　來喻敬義二字功夫不同，固是如此。然敬即學之本，而窮理乃其事，亦不可全作兩截看也。《洪範》“皇極”一章，乃九疇之本，不知曾子細看否？先儒訓“皇極”爲“大中”。近聞又有説“保極”爲存心者，其説如何？幸推詳之，復以見告。逐句詳説，如注疏然，方見所論之得失。大抵爲學，但能於此等節目處看得十數條通透縝密，即見讀書凡例，而聖賢傳付不言之妙，皆可以漸得之言語之中矣。《晦庵文集》卷五四。

　　　　案：書中所云“《洪範》‘皇極’一章，乃九疇之本，……先儒訓‘皇極’爲‘大中’。近聞又有説‘保極’爲存心者，其説如何”之“説‘保極’爲存心者”，乃指陸九淵《荆門軍上元設廳講義》中“若能保有是心，即爲保極”之説，《陸九淵集》卷二三。據《陸九淵集》卷三六《年譜》，此講義作於紹熙三年正月上元日，故推知本書撰於紹熙三年(1192)中。

朱熹《答項平父》：

　　所喻已悉。以平父之明敏，於此自不應有疑。所以未免紛紜，却是明敏太過，不能深潛密察、反復玩味，只略見一線路可通，便謂理只如此，所以爲人所惑，虚度光陰

也。孟子之意,須從上文看。"其爲氣也,配義與道,無是
餒也。是集義所生者,非義襲而取之也。"此上三句本是
説氣,下兩句"是"字與"非"字爲對,"襲"字與"生"字爲
對,其意蓋曰此氣乃集義而自生於中,非行義而襲取之於
外云爾,非謂義不是外襲也。今人讀書不子細,將聖賢言
語都錯看了,又復將此草本立一切法,横説竪説,誑罔衆
生,恐其罪不止如范甯之議王弼而已也。《晦庵文集》卷五四。

　　案:朱熹上書(所論"義襲")有云"其曰'是集義
　　所生者',言此氣是積累行義之功而自生於内也。其
　　曰'非義襲而取之也',言此氣非是所行之義潛往掩
　　襲而取之於外也",本書又云"孟子之意,須從上文
　　看。……其意蓋曰此氣乃集義而自生於中,非行義
　　而襲取之於外云爾,非謂義不是外襲也",知承上書。

朱熹《答項平父》:

　　熹一病四五十日,危死者數矣。今幸粗有生意,然不
能飲食,其勢亦難扶理。杜門屏息,聽天所命,餘無可言
者。所幸一生辛苦讀書,微細揣摩,零碎括剔,及此暮年,
略見從上聖賢所以垂世立教之意,枝枝相對,葉葉相當,
無一字無下落處。若學者能虚心遜志,游泳其間,自不患
不見入德門户。但相見無期,不得面講,使平父尚不能無
疑於當世諸儒之論,此爲恨恨耳。《晦庵文集》卷五四。

　　案:慶元四年(1198)初,朱熹大病數十日,瀕危

數矣，"入夏方粗可支"。《年譜長編》卷下。本書云及
"熹一病四五十日，危死者數矣。今幸粗有生意，然
不能飲食，其勢亦難扶理"，故推知其約撰於夏中。

朱熹《與項平父書》：

熹老病死矣，無復可言。今漫遣人去下致仕文字，念
公平生故人，不可無數字之訣。時論一變，盡言者得禍，
求全者得謗，利害短長之間，亦明者所宜審處也。《晦庵文
集》卷五四。

案：朱熹於慶元四年十二月具申建寧府，乞保
明申奏致仕，五年三月初方"附發前去"，四月二十三
日有旨守朝奉大夫致仕。《年譜長編》卷下。本書有云
"今漫遣人去下致仕文字"，即指此，故推知其約撰於
是年(1199)三、四月間。

謝成之

謝成之，名里未詳。朱熹《答蔡仲默》有"謝誠之《書
說》六卷"，《晦庵文集》續集卷三。即此人。案：《年譜長編》
卷下作"謝承之"，誤。

朱熹《答謝成之》：

熹病老益衰，今年尤甚，亦理之常，無足怪者。況身

外之悠悠，又可復置胸中耶？所恨聞道既晚而行之不力，上無以悟主聽，下無以變時習，而使斯文蒙其黮闇，是則不能無愧於古人耳。

所示二《典》說，大槩近似，目昏，尚未及細看。此中今年絕無來學者，只邵武一朋友，見編《書》說未備，近又遭喪，俟其稍定，當招來講究，亦放《詩傳》作一書。彼編所看後篇得接續寄來尤幸，恐當有所助耳。但三山林少穎說亦多可取，乃不見編入，何耶？李氏說爲誰？其論“放勛”字義，與林說正相似，又以“欽哉”爲戒飭二女之詞，則正與鄙意合也。蓋“女于時”、“觀厥刑于二女”，皆堯語，其下云“釐降二女于嬀汭，嬪于虞”，乃是史記其下嫁二女於嬀水而爲婦於虞氏，於是堯戒以“欽哉”，正如所謂必敬必戒者，乃叙事之體也。自孔《傳》便以“女于時”以下爲史官所記，故失其指耳。

諸詩亦佳，但此等亦是枉費功夫，不切自己底事。若論爲學，治己治人，有多少事？至如天文地理、禮樂制度、軍旅刑法，皆是著實有用之事業，無非自己本分內事。古人六藝之教，所以游其心者正在於此。其與玩意於空言，以校工拙於篇牘之間者，其損益相萬萬矣。若但以詩言之，則淵明所以爲高，正在其超然自得、不費安排處。東坡乃欲篇篇句句依韻而和之，雖其高才，合揍得著，似不費力，然已失其自然之趣矣。況今又出其後，正使能因難而見奇，亦豈所以言詩也哉？東坡亦自曉此，觀其所作

《黄子思詩序》論李、杜處，便自可見。但爲才氣所使，又頗要驚俗眼，所以不免爲此俗下之計耳。《晦庵文集》卷五八。

案：朱熹《答蔡仲默》（謝誠之《書説》六卷）有云“謝誠之《書説》六卷、陳器之《書説》二卷今謾附去，想未暇看，且煩爲收起，鄉後商量也”，《晦庵文集》續集卷三。撰於慶元五年十一月末、十二月初。本書云及“所示二《典》説，大槩近似，……但三山林少穎説亦多可取，乃不見編入，何耶”，知在其前。又書中言“此中今年絶無來學者，只邵武一朋友，見編《書》説未備，近又遭喪，俟其稍定，當招來講究，亦放《詩傳》作一書”，其“邵武一朋友”乃指邵武人李相祖，慶元四年(1198)冬助朱熹編《書》説。《年譜長編》卷下。故推知本書撰於其時。

謝解元

謝解元，名里不詳。

朱熹《回謝解[元]啓》：

待問澤宫，登名天府，方幸究宣於明詔，敢期誤枉於華牋。披味以還，感藏難喻。解元先輩學高庠序，行著州間。疇昔旦評，已推高於前列；厥今歲舉，反見屈於後來。

顧輿議之弗平，宜壯圖之未快。然察四端之固有，第聞辭遜之心；旋觀三揖之彌文，蓋敦廉退之節。矧是專經之舊，豈忘立教之端？諒考聖言，益恢賢業。捄洙泗斷斷之弊，尚及此時；致唐虞濟濟之和，更期異日。《晦庵文集》卷八五。

  案：本書撰時未詳，推知當在朱熹爲郡守時。淳熙七年有秋闈，正在朱熹知南康軍間，則本書約撰於是年（1180）秋間。

謝師稷

  謝師稷，字務本，邵武（今屬福建）人。淳熙中由懷安丞累遷福建提刑，尋領漕事，後以集英殿修撰知平江府。"端重廉介，歷諸道臺牧，所去見思。以老乞祠，轉中大夫致仕"。《福建通志》卷四八。

朱熹《與謝守書》：

救荒之策，合與某共講之。《絜齋集》卷八《題晦翁帖》。

  案：袁燮《題晦翁帖》曰："淳熙己丑之歲，四明大饑，某待次里中，晦翁貽書郡守謝侯，謂'救荒之策，合與某共講之'。某雖心敬晦翁，未之識也。久而呂子約爲倉官，晦翁屢遺之書，未嘗不拳拳于愚不肖。自念何以得此，或者過聽以爲可教耶？後七年，子約爲大府丞,表對鯁切,權臣惡之,貶謫以死。晦翁痛傷之,與曾君道夫帖,言之不置。夫君子之善善惡惡,豈有私意?優于天下而喜,邦家殄絕而憂,根諸中心,形于翰墨。道夫寶藏之,時時覽觀,有所感發,其用力于斯道者耶!《絜齋集》卷八。據真德秀《袁公行狀》云,袁燮淳熙辛丑(淳熙八年)第進士,注江陰尉,"遲次累年"。《西山文集》卷四七。可證《題晦翁帖》中"淳熙己丑",當爲"淳熙辛丑"之譌。是年末,朱熹任浙東提舉常平以行荒政。又據《寶慶四明志》卷一,謝師稷以朝散大夫、祕閣修撰知明州,兼主管沿海制置司公事,淳熙八年四月十一日到任,九年十月十三日赴召。故推知本書當致謝師稷,約撰於九年(1182)春間。

謝與權

謝與權,名里不詳。嘗官知縣。

朱熹《答謝與權》:

伏蒙致政知縣學士寵賜手書,喻以先契,伏讀悲感,不可具言。且審即日春和,燕居清暇,壽體康寧,又竊忻慰。熹學晚無似,徒以少日習聞父兄師友之訓,稍知用力於句讀文義之間,區區自守,欲寡其過而未能,固不敢坐談玄奧，驚世駭俗，以負所聞也。老丈過聽，以爲可教，辱先以書，語以淵源所自來者。顧熹何人，可以與此？屬此跧伏，未有趨侍之期，引領向風，但切傾仰。程書固不能無誤，亦恨未得面承，質其是非，姑因便風，寓此致謝。伏惟以時節宣，益綏壽祉，是所深望。《晦庵文集》卷六四。

　　案：書中有言“伏蒙致政知縣學士寵賜手書，喻以先契，伏讀悲感”，知謝與權嘗與朱熹父朱松交遊，此時已致仕家居。又書中云“且審即日春和，燕居清暇，壽體康寧。……屬此跧伏，未有趨侍之期”，知此時朱熹請祠居家，正逢仲春。《書信編年》疑其撰於紹熙四年（癸丑，1193）以後。待考。

辛棄疾

　　辛棄疾（1140—1207），字幼安，號稼軒，齊州歷城（今屬山東）人。紹興末自中原歸宋，歷提點江西刑獄，加祕閣脩撰，調京西轉運判官，差知江陵府兼湖北安撫，知隆興府兼江西安撫，知潭州兼湖南安撫。紹熙二年（1191）提點福建刑獄，召遷大理少卿，加集英殿脩撰知福州兼福建安撫使，丐祠歸。慶元元年（1195）落職，四年復主管沖佑觀，久之起知紹興府兼浙東安撫使，加寶謨閣待制，差知鎮江府、紹興府、江陵府，召試兵部侍郎，進樞密都承旨，未受命而卒，時開禧三年九月，年六十八。《辛棄疾年譜(增訂本)》。"雅善長短句,悲壯激烈,有《稼軒集》行世"。《宋史》卷四〇一有傳。

朱熹《答辛幼安啓》:

光奉宸綸,起持憲節。昔愚民犯法,既申震疊之威;今聖上選賢,更作全安之計。先聲攸暨,慶譽交興。伏惟某官卓犖奇材,疏通遠識。經綸事業,有股肱王室之心;游戲文章,亦膾炙士林之口。輶車每出,必著能名;制閫一臨,便收顯績。兹久真庭之逸,爰深正寧之思。當季康患盜之時,豈張敞處閨之日?果致眷渥,特畀重權。歌《皇華》之詩,既諭示君臣之好;稱直指之使,想潛消郡國之姦。第恐賜環,不容暖席。熹苟安祠祿,獲託部封。屬聞斧繡之來,嘗致鼎祔之問。尚煩縟禮,過委駢緘。雖雙南金,恐未酬於鄭重;況一本蕘,亦奚助於高明?但晤對之有期,爲感欣而無已。《晦庵文集》卷八五。

案:書中言及"光奉宸綸,起持憲節",指辛棄疾任福建提刑。《稼軒詞編年箋注》卷三載《浣溪沙》題注曰:"壬子春赴閩憲,別瓢泉。"其途徑建陽,與朱熹相晤論時政,有啓賀之。《年譜長編》卷下。即指本書,約撰於紹熙三年(壬子,1192)春中。

朱熹《與辛幼安書》:

克己復禮。《清容居士集》卷四六。

案：元袁桷《跋朱文公與辛稼軒手書》曰："晦庵
嘗以'卓犖奇才，股肱王室'期辛公，此帖復以'克己
復禮'相勉，朋友琢磨之道備矣。嘗聞先生盛年以恢
復爲最急議，晚歲則曰用兵當在數十年後。辛公開
禧之際亦曰'更須二十年'。閱歷之深，老少議論自
有不同焉者矣。公所居號帶湖，一夕而燼，時文公猶
無恙。慶元四年公復殿撰，此書蓋戊午歲以後所作，
至六年則文公夢奠矣。今觀此帖，益知前賢講道，彌
老不廢，炳燭之功，良有以也夫。"《清容居士集》卷四
六。本書撰時未詳，姑係於慶元五年(1199)間。

熊　克

　　熊克，字子復，建寧建陽（今屬福建）人。紹興中進士
第，歷知紹興府諸暨縣、提轄文思院、校書郎，累遷學士院
權直，除起居郎兼直學士院。出知台州，奉祠。卒，年七
十三。"克博聞强記，自少至老，著述外無他嗜，尤淹習宋
朝典故"。《宋史》卷四四五有傳。

熊克《賀朱侍講啓》：

　　伏審内典真祠，入陪經幄。日多閒暇，奉清净而游神
之庭；時有發明，超倫類而入聖之域。宸衷虛心而延佇，
儒紳動色以交趨。竊以真主今見猶龍，蓋聖者又多能也；

碩儒在治若鳳，必學焉然後臣之。是故程夫子登於元祐之間，尹先生進於紹興之際。初下賜環而超召，皆開講殿之詳延。惟正心誠意者君所必先，故尊德樂道者昔有如是。天將大任，道不虛行。恭惟侍講宮使寶文，性蘊高明，氣涵光大，探先天之妙理，蘊開濟之宏圖。親得其傳，非予覺而誰也；若是所習，豈爾能浼我哉！方且倡諸儒於六經，行當舉明主於三代。某猥聯鄉墨，幸色笑之常親；徒慕門牆，歎步趨之難跂。敢私贊小夫之牘，益深述輿人之情。聲雖成文，言莫盡意。《五百家播芳大全文粹》卷一二。

　　案：書中稱朱熹云"侍講宮使寶文"。朱熹於紹熙五年八月五日除煥章閣待制兼侍講，十月十日拜命；閏十月二十一日"依舊煥章閣待制、提舉隆興府玉隆萬壽宮"，二十五日除寶文閣待制，與州郡差遣。《年譜長編》卷下。故推知本書約撰於紹熙五年（1194）閏十月下旬。

熊夢兆

　　熊夢兆，字世卿，建安（今福建建甌）人。《經義考》卷二八四。《萬姓統譜》卷一作"熊兆"，稱其"受業於朱子，隱居弗耀，自號半逸子"。而《儒林宗派》卷一〇、《江西通志》卷九一作熊兆，字世卿，安義（今江西永修）人。《江西通

志》卷九一並稱其"受業於朱子,學得其傳,隱居弗耀。自
號拙逸子。文公爲著《拙逸子説》以遺之"。案:《拙逸子
説》不載於《晦庵文集》,又熊夢兆、熊兆未詳孰是。

朱熹《答熊夢兆》:

　　天命謂性,充體謂氣,感觸謂情,主宰謂心,立趨向
謂志,有所思謂意,有所逐謂欲。

　　此語或中或否,皆出臆度。要之未可遽論,且涵泳玩
索,久之當自有見。

　　或云:"學者天資庸常,舊習未去,便令他學中,則
怠墮廢弛,循常習故去。須是奮發,有豪邁之氣,出得
舊習了,然後求中。所以孔子道'不得中行而與之,必
也狂狷乎'。"竊謂所學少差,便只管偏去,恐無先狂後
中之理。

　　或人之説,非惟用力處有病,亦説壞了"中"字。後説
得之。

　　或云:明道説:"居處恭,執事敬,與人忠,了此便
是徹上徹下語。"且道如何是徹下語? 居處恭,執事敬,
與人忠,此是形而下者。然於此須察其所以恭、所以
敬、所以忠,其來由如何,以至耳、目、鼻、口、視、聽、言、
動皆然,了此便透頂上去,便是天命、天性,純乎天理。
此是形而上者,是徹上語,是一體渾然底事,元無兩般。
能了此,則他禪宗許多詭怪説話皆見破。

若如此說，是乃自陷於異端而不自知，又如何見得他破？

常學持敬，讀書心在書，爲事心在事，如此頗覺有力。只是瞑目靜坐時，支遣思慮不去。或云只瞑目時，已是生妄想之端。讀書心在書，爲事心在事，只是收聚得心，未見敬之體。

靜坐而不能遣思慮，便是靜坐時不曾敬。敬則只是敬，更尋甚敬之體？似此支離，病痛愈多，更不曾得做功夫，只了得安排杜撰也。

每有喜好適意底事，便覺有自私之心。若欲見理，莫當便與克下？

此等事見得道理分明，自然消磨了，似此迫切，却生病痛。

上蔡對伊川，也只是去箇“矜”字。上蔡才高，所以病痛盡在此。

此說是。

父母之於子，有無窮憐愛，欲其聰明，欲其成立，此謂之誠心耶？

父母愛其子，正也。愛之無窮，而必欲其如何，則邪矣。此天理、人欲之間，正當審決。

待人接物之道如何？

知所以處心持己之道，則所以接人待物自有準則。

近專看《論語精義》，不知讀之當有何法？

別無方法，但虛心熟讀而審擇之耳。

安老懷少，恐其間多有節目，今只統而言之，恐學者流爲兼愛去。

此是大概規模，未説到節目處。

學者有志於仁，雖其趨向已正，而心念未必純善，豈得言無惡也？

志於仁，則雖有過差，不謂之惡。惟其不志於仁，是以至於有惡。此“志”字不可草草看。

富貴貧賤，不以道得不去處之説，此是爲大賢已下設。若大賢以上，則處富貴貧賤只如一，更不消如此説。

聖賢之言多是爲學者發，若是聖人分上，固是不須説，不但此章而已也。

聖人不勉不思，今《書》載傳授之旨云“允執厥中”，下一“執”字似亦大段喫力，如何？

聖人固不思不勉，然使聖人自有不思不勉之意，則罔念而作狂矣。經言此類非一，更細思之。

孔子言《關雎》樂而不淫，哀而不傷，是言樂不至於淫，哀不至於傷。今《詩序》將哀樂淫傷判作四事説，似錯會《論語》意，以此疑《大序》非孔子作。

此説得之。《大序》未知果誰作也。

《大雅》、《小雅》，或謂言政事及道，故謂之《大雅》；止言政事，故謂之《小雅》。竊恐不可如此分別。

如此分別固非是，然但謂不可分別，則二《雅》之名又何以辨耶？

五伯，秦穆未嘗主盟中夏，乃與其數；晉悼嘗爲盟主，却楚服鄭，何故不與？

此等無所考，且依舊説。又有昆吾、豕韋、大彭之説，亦兼存之可也。

竊謂釋氏之失，一是自私自利、厭死生，爲學大體已非；二是滅絶人倫；三是徑求上達，不務下學，偏而不該。其失固不止此，然其大處無越是三者。

未須如此立論。

釋氏言輪回轉化之説，所傳禪長老去何處託生，其迹甚著，是謂氣散而此性靈不滅。伊川聞之曰：“若謂既斃之氣復爲方伸之氣，與造化殊不相似。”似與性靈之説不相干，如何？

此等處窮理精熟，自當見得，未可如此臆度論也。《晦庵文集》卷五五。

案：熊夢兆（熊兆）似於朱熹知南康軍時來問學，則本書約撰於淳熙七年（1180）前後。

徐大受

徐大受，字季可，天台（今屬浙江）人。號竹溪先生。淳熙十一年（1184）特科，終監行在草料場。有文集、經解藏于家。《赤城志》卷三四。

徐大受《與朱元晦書》：

淡於世味，薄於宦情，年十二三即有意求道。研窮於
六經，泛濫於釋老幾二十年，未正有道，竊不自安。齋形
服形，晝思夜索，十餘年間，始於吾門脱然信之，因得高視
闊步於坦塗，旋而視履，則嚮之所步，皆旁蹊曲徑，荒蕪榛
莽，不可著足之地也。《台州府志》卷一○四。

案：《台州府志》卷一○四《儒林》云：徐大受“早
歲工詩。……朱子行部，聞其賢，特造廬訪大受，方
與學者講顔子三月不違仁云：‘即杜詩所謂“一片飛
花減卻春”耳。’朱子爲之擊節，與辨疑義，率多合，遂
定交。嘗託爲撰述，且云：‘願少低筆力，使讀者不疑
爲假手。’家甚貧，一夕朱子至，無以款，裂箕爲薪，出
葱湯麥飯，相對甚歡。嘗與朱子書，自言：‘淡於世
味……’”轉引自《朱熹佚文輯考》。朱熹提舉浙江常平
時，於淳熙九年（1182）七月二十一日入台州境内，二
十三日至天台縣城，八月十八日離台州，九月十二日
自常山縣去任南歸。《年譜長編》卷上。疑本書撰於朱
熹在台州時，約八月中。據《赤城志》卷三四云徐大
受“事見朱文公所遺帖及丁可所爲《行狀》”。然朱熹
“所遺帖”，未見。

又，上文所言朱熹“託爲撰述”之語，或云乃出於
致徐逸之書。仇遠《稗史》云：“徐司户逸字無競，天
台人，號竹溪，又號抱獨子。少與朱文公爲友。公提

舉［浙］東常平日，過天台訪其家，燃燈夜話，至鐘鳴而別。公嘗托無競作謝恩表，書曰：'可放筆力稍低，使人見之，無假手之（意）［議］也。'其受人推獎如此。"《說郛》卷二五上。然據上述朱熹在台州行迹，期間并未有"作謝恩表"事，若離台州後，再託徐逸撰作謝恩表亦不妥，此事似虛，故不取。

徐　賡

徐賡，字載叔，衢州（今屬浙江）人。"出遊三十年，蹭蹬不偶"。故"中年卜居城中，號橋南書院"，以"從事於塵編蠹簡中"。嘉定元年（1208）六月，陸游爲作《橋南書院記》。《渭南文集》卷二一《橋南書院記》。

朱熹《答徐載叔》：

專人示問，尤荷厚意。但觀所論，枝葉太繁，標榜太多，似於古人爲己之意有不相似者。未知謝、陸二公曾以此奉箴否？竊謂此非小病，遂而不反，尤悔之積將有不可勝言者，辨說雖精，無能補也。《晦庵文集》卷五六。

案：徐賡於淳熙十六年五月前嘗赴臨安，寄示奏草。又書中"謝"指御史中丞謝諤，五月二十八日罷中丞，仍兼侍講。《年譜長編》卷下。本書中有云"但觀所論，枝葉太繁，標榜太多，似於古人爲己之意有不相似者。未知謝、陸二公曾以此奉箴否",當指其奏草,故推知本書約撰於是年(1189)夏中。

朱熹《答徐載叔賡》:

知放船下都,爲排雲叫閶之舉,此意甚壯。示及藥草,詞氣奔放而敘事詳密,病中目昏,略一披覽,甚快鄙意。所論亦切中今日之弊,如經題破碎,近日尤甚。前日江東未得請時,嘗欲到官後檢舉諸州所申,入一文字,劾其戲侮聖言之尤者一二人。雖或未必聽從,亦且令人傳笑,少警昏俗。既不成行,此事又且已,今讀來示,如癢得搔也。但此事更有根本,今徒然說得病痛,不知如何下藥。又此於治體僅爲一事,而文書浩漾已如此,恐萬機之暇亦不能詳覽也。更略簡節之,并與施行之目一二陳之,乃爲佳。

所喻學者之害莫大於時文,此亦捄弊之言。然論其極,則古文之與時文,其使學者棄本逐末,爲害等爾。但此等物如淫聲美色,不敢一識其趣,便使人不能忘,政當以爲通人之蔽,不當以是爲當務而切切留意也。

放翁之詩,讀之爽然。近代唯見此人爲有詩人風致。如此篇者,初不見其著意用力處,而語意超然,自是不凡,令人三歎不能自已。蓋愛之者無罪,而害之者自爲病耳。近報又已去國,不知所坐何事?恐只是不合做此好詩,罰令不得做好官也。《晦庵文集》卷五六。

　　案：書中有言"前日江東未得請時，嘗欲到官後
檢舉諸州所申，入一文字，劾其戲侮聖言之尤者一二
人。……既不成行，此事又且已"，朱熹於淳熙十六
年八月除江東路轉運副使，朱熹以有墓產等在本路
婺源辭；十月初，詔免迴避，二十一日再辭；十一月改
知漳州，十二月，拜命。《年譜長編》卷下。十一月二十
八日，陸游爲諫議大夫何澹所劾罷官，歸故里。于北
山《陸游年譜》。即書中所云"近報又已去國，不知所坐
何事"，故推知本書當撰於是年末。

　　又，清王士禎《池北偶談》卷一四《朱文公書》曰：
"朱文公與徐贋載[叔]書云：'放翁詩讀之爽然，近代
唯見此人爲有詩人風致。如此篇，初不見其著意用
力處，而語意超然，自是不凡，令人三歎不能已。近
報又已去國，不知所坐何事？恐只是不合做此好詩，
罰令不得做好官也。'文公於詩頗邃，故能識放翁詩
佳處。洛陽劉文靖公謂李杜只是酒徒，真孟浪語。"

徐　浩

徐浩，字志伯。餘不詳。

朱熹《答徐志伯浩》：

示喻堂銘，極荷不鄙。三數年來，不敢開口道一字，

尚且無著身處，今安敢爲此以重其罪，又使餘波所濺及於賢者乎？兼堂中四壁環列前輩之象，吾乃幅巾便服而遊燕寢卧於其中，似亦非便。鄉聞劉子澄在衡陽作朱陵道院，自居正堂，而以兩廡爲前賢祠堂，嘗竊疑其非是。恨渠已去，不及正之也。横渠先生亦言，傳得夫子畫像，而無可設之處，正爲此耳。幸試思之，此雖細故，其間亦自不容無義理也。《晦庵文集》卷五八。

　　案：書中有云“三數年來，不敢開口道一字，尚且無著身處”，乃指黨禁時；又云“兼堂中四壁環列前輩之象，吾乃幅巾便服而遊燕寢卧於其中，似亦非便”，當指慶元五年四月二十三日朱熹致仕而言。故推知其約撰於是年（1199）秋日前後。

徐景光

　　徐景光，名里不詳。

朱熹《答徐景光》：

　　寵示《復性》一篇，伏讀再三，開警甚至。如所謂“聖人不待覺而復，賢者能求復其性”者，深合乎孟子“堯、舜性之，湯、武反之”之説。又所論顏子“克己復禮”一節，意亦甚正，歎服亡已。但所云“聖人之性，虚寂而静”者，非所以語性。所云“心齋坐忘”者，亦非所以論顏氏克己復禮之實也。至於卒章所論心、性之別，以爲心能感性，則又可疑之大者。熹嘗謂有是形，則有是心；而心之所得乎天之理，則謂之性；仁、義、禮、智是也。性之所感於物而動，則謂之情。惻隱、羞惡、是非、辭遜是也。是三者，人皆有之，不以聖凡爲有無也。但聖人則氣清而心正，故性全而情不亂耳。學者則當存心以養性，而節其情也。今以聖人爲無心，而遂以爲心不可以須臾有事，然則天之所以與我者，何爲而獨有此贅物乎？《晦庵文集》卷六四。

　　案：本書撰時未詳。《書信編年》係於淳熙十六年(1189)。待考。

徐　僑

　　徐僑，字崇甫，婺州義烏(今屬浙江)人。早從學於呂祖謙門人葉邽。淳熙十四年(1187)舉進士，調上饒主簿，始登朱熹之門。"熹稱其明白剛直，命以毅名齋"。歷校書郎、江東提點刑獄，以迕丞相史彌遠劾罷。紹定中，告老得請。端平初，召爲祕書少監、太常少卿，命以内祠侍讀，以寶謨閣待制奉祠。卒，年七十八，明王褘《王忠文集》卷二一《義烏宋先達小傳》。謚文清。《宋史》卷四二二有傳。

朱熹《答徐崇父僑》：

　　日用功夫，且得如此照管，莫令間斷，久之浹洽，自有見處。亦不須别立標的，便計工程也。敖惰之説，如所引孟子"隱几而臥"而以爲當然，則已得之矣，何必疑其非本有耶？不但孟子，如孔子取瑟而歌，亦是此類。但《大學》之意，却是恐人於此一向偏却，更不照管。今當看此重處，識取正意，受用省察，不必向閑慢處枉費思索也。子顔時時往來，甚佳。才卿得託門館，甚善。其人有立作，看得道理亦子細，儘好從容講論也。《晦庵文集》卷六〇。

案：《敬鄉録》卷一四趙崇潔《謚議》云："善乎！侍讀徐公僑之言曰：'比年以來，晦菴先生之書滿天下，家藏人誦，不過割裂掇拾，以爲進取之資，求其專精篤實能得其所以言者蓋鮮。'嗚呼，若徐公者可謂得其所以言者歟！公主上饒簿時，請學於朱先生之門，首言不可直以人心爲人欲，即爲先生首肯，謂勉齋黄公曰：'崇父明白剛直士也，講學已有意趣。'又謂趙户曹曰：'主簿析理殊精，可從之游。'又嘗答書曰：'日用工夫已得之，勿令間斷。'且命以毅名齋。自是所造益深，所養益固。"本書有云"才卿得託門館"，才卿爲陳文蔚字，上饒人，故朱熹有此語，則推知本書約撰於淳熙末，係於十六年（1189）間。

徐文卿

徐文卿，字斯遠，號樟丘，信州玉山（今屬江西）人。

嘉定四年(1211)進士。"與趙昌父、韓仲止聲名伯仲"。
《瀛奎律髓》卷二三。"晚第進士,未授官而死",有《蕭秋詩
集》一卷。《直齋書録解題》卷一五。

朱熹《答徐斯遠》:

彦章守舊説甚固,乃是護惜己見,不肯自將來下毒手
彈駁,如人收得假金,不敢試將火煅。如此如何得長進?
僧家有琉璃瓶子禪之説,正謂此耳。《晦庵文集》卷五四。

案:趙蕃有詩題《客長沙邢園,堂下梅花一蕚先
開,有懷成父、斯遠二首。時聞朱先生辭江西憲節歸
舊隱,恨不與斯遠同上謁也》。《淳熙稿》卷七。故知淳
熙十五年七月,朱熹歸經玉山,徐文卿嘗拜謁於塗。

本書中有云"彦章守舊説甚固,乃是護惜己見",
而朱熹《答徐彦章》(示喻主善之云)亦論"若固執舊
聞,舉一廢百,懼非所以進於日新也",《晦庵文集》卷五
四。故推知當撰於一時先後。《答徐彦章》撰於紹熙
二年(1191)間。

朱熹《答徐斯遠》:

昌父志操、文詞皆非流輩所及,至此適值悲撓,未能
罄竭所懷。然大概亦已言之,不過欲其刊落枝葉,就日用
間深察義理之本然,庶幾有所據依以造實地,不但爲騷人
墨客而已。今渠所志雖不止此,然猶覺有偏重之意,切己

處却全未有所安也。斯遠亦不可不知此意，故此具報，幸有以交相警切爲佳耳。彦章議論，雖有偏滯不通之病，然其意思終是靠裏近實，有受用處也。

案：書中"至此適值悲撓"云云，當指朱熹喪子事，故推知其撰於紹熙二年間。

朱熹《答徐斯遠文卿》：

文叔作縣，不作著實工夫，狼狽至如此，如何著力？辟置之説，臨難苟免，尤爲非義，如何可萌此意，況未有可求處耶？子耕得近信否？所苦如何？想已向安。如今後生遲鈍者不濟事，其開爽者又多騖於文采，子耕近來覺向裏，甚可喜也。《晦庵文集》卷五四。

案：書中言及"子耕得近信否？所苦如何？想已向安"，乃指黄子耕患病事，與朱熹《答吴伯豐》（長沙除命）中"子耕久聞其病，未得端的，且喜向安也"《晦庵文集》卷五二。云云相合。《答吴伯豐》撰於紹熙五年（1194）春，故推知本書撰於一時先後。

徐 誼

徐誼（1123—1188），字元敏，建寧浦城（今屬福建）人。舉紹興二十一年（1151）進士。歷知處州龍泉縣、監行在榷貨務、監察御史、知遂寧府、知泉州，淳熙十五年

三月改江東路轉運判官，受命一日而卒，年六十六。有
詩文、奏議、經解八十九卷，目曰《東野居士集》，藏於
家。《誠齋集》卷一二五《朝議大夫直徽猷閣江東運判徐公墓
誌銘》。

朱熹《答徐元敏》：

昨者拜書，方愧草率，人還，賜教勤至，區區悚仄已不
自勝。別紙垂誨，警發尤深。但詞意之間，謙卑已甚，非
晚學小子所敢當。伏讀再三，益增恐懼。然竊伏觀尊誨
之微指，大率以《曲禮》首章爲脩己治人之大要，喜其易行
而病於難久。此非擇善之精、反躬之切，何以及此？顧念
平昔所聞於師友者，其大端誠不外是。然行之不力，一暴
十寒，其樂舒肆、喜談謔之病，殆有甚於高明之所患者，而
何能有以少補於萬分？抑又聞之，主敬者存心之要，而致
知者進學之功。二者交相發焉，則知日益明，守日益固，
而舊習之非自將日改月化於冥冥之中矣。所聞如此，然
躬所未逮，不自知其當否，敢因垂問之及而以質焉。儻蒙
矜憐，還賜誨飭，使不迷於入德之方，則熹千萬幸甚。《晦
庵文集》卷三八。

案：《書信編年》因書中有云"主敬者存心之要，
而致知者進學之功。二者交相發焉"，以爲"主敬致
知相發並進之旨始建於己丑（乾道五年，1169），故此
書當在己丑以後"。待考。

徐彦章

徐彦章,名不詳。朱熹《答林德久》(收斂之喻)有云"向在玉山道間,見徐彦章說離爲龜",《晦庵文集》卷六一。故知其爲玉山(今屬江西)人。

朱熹《答徐彦章》:

承喻諄複,益見精詣。鄙意竊謂未發之前固不可謂之無物,但便謂情性無二、更無虛靜時節,則不可耳。蓋未發之前萬理皆具,然乃虛中之實、靜中之動,渾然未有形影著莫,故謂之中。及其已發,然後所具之實理乃行乎動者之中耳。來喻本欲自拔於異端,然却有侵過界分處,而主張太過,氣象急迫,無沈浸醲郁之味,尤非小失。願且寬平其心,涵泳此理而徐剖析於毫釐之際,然後乃爲真知儒佛之邪正,不必如是之迫切也。前日見《論語》說中破伊川先生孝悌爲仁之本之說,此正是於情性之際未能分別,恐當更加玩味,未可率然立論,輕詆前賢也。"致中和"一節,亦告深思,毋以先入之說爲主,甚幸甚幸。《晦庵文集》卷五四。

案:本書討論中和已發未發,並云"'致中和'一節,亦告深思,毋以先入之說爲主",而《朱子語類》卷六二載黃升卿所記云:"答徐彦章問中和云:'喜怒哀樂未發,如處室中,東西南北未有定向,所謂中也。

及其既發，如已出門，東者不復能西，南者不復能
北，然各因其事無所乖逆，所謂和也。'"所云相合。
據《朱子語類・姓氏》，黃升卿所記在紹熙二年(辛
亥，1191)。

朱熹《答徐彥章》：

示喻主善之云，甚佳。但善中有動、靜二者，相對而
言，則靜者爲主而動者爲客，此天地陰陽自然之理，不可
以寂滅之嫌而廢也。更望虛心平氣，徐以思之，久必有合
矣。若固執舊聞，舉一廢百，懼非所以進於日新也。《晦庵
文集》卷五四。

　　案：上書(承喻諄複)中言及"蓋未發之前萬理
　　皆具，然乃虛中之實、靜中之動，渾然未有形影著莫，
　　故謂之中"，而本書乃云"但善中有動、靜二者，相對
　　而言，則靜者爲主而動者爲客，此天地陰陽自然之
　　理，不可以寂滅之嫌而廢也"，當相承而言。故推知
　　本書亦約撰於紹熙二年間。

朱熹《答徐彥章》：

熹前日拜狀，而還信已行，遂不得附，深負不敏之愧。
兩日偶看經説，有疑義數條，別紙奉扣。并前書送令郎
處，尋便附致。幸反復之，使得以致思爲望。説中"中
和"、"動靜"尤是大義，此處一差，非唯錯會經旨，且於道

體便不分明，而日用工夫常有急迫之意，無深沉安静氣象，恐不可草草放過也。《晦庵文集》卷五四。

案：上書（承喻諄複）討論中和已發未發之說，上書（示喻主善之云）討論動静之說，而本書乃云“并前書送令郎處，尋便附致。幸反復之，使得以致思爲望。說中‘中和’、‘動静’尤是大義”，知承上二書。

朱熹《答徐彥章論經說所疑》：

“純於善而無間斷之謂一”，此語甚善。但所論老釋之病、體用之說，則恐未然。蓋老釋之病在於厭動而求静、有體而無用耳。至於分別體用，乃物理之固然，非彼之私言也。求之吾書，雖無體用之云，然其曰“寂然而未發”者，固體之謂也；其曰“感通而方發”者，固用之謂也。且今之所謂一者，其間固有動静之殊，則亦豈能無體用之分哉？非曰純於善而無間斷，則遂晝度夜思，無一息之暫停也。彼其外物不接、内欲不萌之際，心體湛然，萬理皆備，是乃所以爲純於善而無間斷之本也。今不察此，而又不能廢夫寂然不動之說，顧獨詆老釋以寂然爲宗，無乃自相矛盾耶？大抵老釋說於静而欲無天下之動，是由常寐不覺而棄有用於無用，聖賢固弗爲也。今說於動而欲無天下之静，是由常行不止，雖勞而不得息，聖賢亦弗能也。蓋其失雖有彼此之殊，其倚於一偏而非天下之正理則一而已。嗚呼！學者能知一陰一陽、一動一静之可以相勝

而不能相無，又知静者爲主而動者爲客焉，則庶乎其不昧
於道體，而日用之間有以用其力耳。

"爲上爲德，爲下爲民"、"七世之廟，萬夫之長"，說皆
未安。

"《象》曰：反復其道"，當連下句。

日月、寒暑、晦明可言反復，死無復生之理，今作一例
推說，恐墮於釋氏輪迴之論。

天地之心與赤子之心，恐更有商量。程子與呂與叔問
答可見，請試詳之。

"中行獨復，合内外之道"以下，未曉其說，恐是筆誤。
不然，則爲說太高。爻之時義，學之等級，似皆未契。

"一陽來復"與"雷在地中"只是一義，蓋陽生於閉藏
之中，至微而未可有爲之時也。今曰不拘乎一，則以二者
各爲一義矣，恐未安也。

"然必有事焉"，此句未曉。時習謹獨，即所謂有事。
今乃中間下一"然"字，則似以"事"字爲工夫之條目矣，恐
或未然。《孟子》說中已別論矣。

"不勉而中"之"中"以未發言，恐未安。此"中"字却
是發而無過不及之中。聖人之心當發而發，不待著力而
自無過與不及之差，非謂不待著力而常不發也。誠由動
言亦未安，謂未動之時未嘗有誠，可乎？

"中者無過不及之謂"，又曰"和者，中之異名"，若就
已發處言之則可，蓋所謂時中也。若就未發處言之，則中

只是未有偏倚之意，亦與"和"字地位不同矣。未發只是未應物時，雖市并販夫、廝役賤隸亦不無此等時節，如何諱得？方此之時，固未有物欲泥沙之汨，然發而中節，則雖應於物，亦未嘗有所汨，直是發不中節，方有所汨。若謂未汨時全是未發，已汨後便是已發，即喜怒哀樂之發永無中節之時矣，恐不然也。於本有操持涵養之功，便是静中工夫。所謂静必有事者，固未嘗有所動也。但當動而動，動必中節，非如釋氏之務於常寂耳。

"尊德性"以下，皆至德之方，語似未瑩。大抵"發育峻極"、"三千三百"皆至道，其人則至德之人也。此五句皆所以修至德而凝至道也。尊德性所以充其發育峻極之大，道問學所以盡其三千三百之小，下句放此。以其大小兼該、精粗不二，故居上居下、有道無道無所不宜，非止爲知禮也。

"中庸"二字各有所主，以爲異名亦未安也。

明道《中庸》説，問之前輩，乃呂與叔，後來傳者之誤也。

"天地之大"以下，所説與上文不連貫。察，著也，謂與"察於人倫"之"察"同，亦未安。

鳶飛魚躍，咸其自爾，將誰使察之耶？有察之者，便不活潑潑地矣。

"所求乎子"句，"以事父未能也"句，主意立文，皆與《大學》"絜矩"一節相似，人多誤讀。今詳來説，似亦可疑。

"明則動"，"動"以下當從程子説，皆以他人而言。《孟子》"在下位"一章，全用《中庸》語。其曰"至誠而不動者，未之有也"，即謂此也。

"大哉聖人之道"以下至"其此之謂歟"，別是一章。"知化育"，不必言如"乾知太始"之"知"。

"反古之道"，以下文考之，非不師古之謂也。"三重"，當從吕氏説。"下焉"者，若謂衰周以下，恐當"善"字不得，須别有説矣。

孟子之不動心，當從程子"能無畏難而動其心乎"之説，則一章之指首尾貫通矣。丑非疑孟子以得位爲樂而動其心，故孟子所答之意亦不爲此。詳味可見矣。

量敵慮勝，是孟施舍譏他人不能無懼之言。

縮，直也，《儀禮》、《禮記》多有此字，每與"衡"字作對。下文直養之説，蓋本於此。乃一章大指所繫，不可失也。

"必有事焉"，如言有事于上帝，有事於顓臾之類，非是用力之地，乃言須當用力也。"正"者，等待、期望之意，與《春秋傳》"師出不正反"、"戰不正勝"之"正"同。古注以"望"字釋之，是也。"忘"者，失其所有事。"助長"者，望之不至，而作爲奮迅，以增益之也。

告子論性，五説是同是别？"生之謂性"，其義如何？

《七月》一詩而備三體，乃鄭氏不達《周禮·籥章》之義而生此鑿説，不足據信。今考《周禮》不遺餘力而反信此，何耶？

《關雎》之淑女似指嬪御，恐非詩意。

中即和也，和即中也，此語已辨於前，恐更須子細，不可如此草略説過。分體用者未必誤學者，却恐爲此説者能自誤耳。

皇極立之於此，四方之所取正，此説甚善。但不知所謂絜矩者，其義云何？據此，皇極與"所惡於上，無以使下"一節之意似不同也。《晦庵文集》卷五四。

案：上書（熹前日拜狀）有云"兩日偶看經説，有疑義數條，别紙奉扣"，本書題注"論經説所疑"，知即上書之别紙，撰於同時。

徐應龍

徐應龍（？—1224），字允叔，建寧府浦城（今屬福建）人。淳熙二年（1175）第進士，調衡州法曹、湖南檢法官，改知瑞州高安縣，主淮西機宜文字，知南恩州、雷州，召監都進奏院，累遷吏部侍郎，進刑部尚書兼侍讀，以焕章閣學士提舉嵩山崇福宫。嘉定十七年卒，謚文肅。《宋史》卷三九五有傳。

朱熹《與徐允叔書》：

高安之政，義風凛然。《宋史》卷三九五《徐應龍傳》。

案：《宋史》卷三九五《徐應龍傳》云：“改秩知瑞州高安縣。呂祖儉言事忤韓侂胄，謫死高安。應龍爲之經紀其喪，且爲文誄之。有勸之避禍者，應龍曰：‘呂君吾所敬，雖緣此獲譴，亦所願也。’朱熹貽書應龍曰：‘高安之政，義風凜然。’”呂祖儉卒於慶元四年七月。故推知本書約撰於是年(1198)秋、冬間。

徐 寓

徐寓，亦寫作徐寓，字居甫，永嘉(今屬浙江)人。《朱子語類·姓氏》。號盤洲叟。《西山文集》卷四五《朝請郎通判平江府事包君墓誌銘》。紹熙元年(1190)從學朱熹於漳州，二年初被朱熹延入郡學。《朱子語類》卷一〇六。

朱熹《答徐居甫》：

寓向看五峯言“天理人欲同行而異情、同體而異用”兩句，頗疑同體異用之説，然猶未見真有未安處。今看得天理乃自然之理，人欲乃自欺之情，不順自然，即是私僞，不是天理，即是人欲，二者面目自別，發於人心自不同。寓常驗之舉動間，苟出於天理之所當爲，胸中自是平正，無有慙愧，自是寬泰，無有不足，接人待物自是無乖忤。學者雖不常會如此，要是此心存時便如此，此心不存則不如此。須是讀書講義理，常令此心不間斷，則天理常存矣。若有放慢時節，任人欲發去，則胸中自是急迫麤率，自是不公不正。爲不善事，雖不欲人之知，胸中自是有愧赧。然亦自不可揜，如何要去天理中見得人欲、人欲中見得天理？二者復然判别，恐説同體不可，亦恐無同行之理。若曰心本爲利，却假以行，與那真於爲義者其迹相似，如此説同行猶可。今下"天理"、"人欲"字，似少分别。未審是然否？

頃與欽夫商量，此兩句謂同行異情者是，謂同體異用者非。請更詳之。

"志於道，據於德，依於仁"一章，《集注》之説備矣。寓看來一節密似一節，志於道，則心心念念惟在人倫日用之所當行者，決不向利欲邊去，其志定矣。據於德，如孝親悌長等事，皆吾所自得而行之者，慮有照管不到時節，當據守之而勿失，則吾之所得者實矣。依於仁，則全其本心之德而不間於人欲之私，生生之體自流行不息。工夫至此，亦云熟矣。此三節，自立脚大綱以至工夫精察如此。志道，即夫子志學處，以等級次第言耳。據德，大略如"貧而無諂，富而無驕"之類，謂其能守也。依仁，如"貧而樂，富而好禮"，謂其不違仁也。"游於藝"是"行有餘力，則以學文"。未知此説通否？

此段看得好，但所引貧富者不相似。

"孝弟爲仁之本"章，注謂"仁者，心之德、愛之理"；"顏淵問仁"章又謂"仁者，心之全德"。合二處推明其説，未審當否？心德則生道也。蓋天地以生物爲心，故人得之以爲心者謂之仁。其體則同天地而貫萬物，其理則統萬善而包四端。論其名狀，則沖和温粹，渾龐涵蓄，常生生不死，乃得謂之仁焉。此即乾之元，在四時而爲春者也。以仁而主四者，則隨其地分發爲羞惡、爲辭遜、爲是非，莫不各當其所。若不以仁爲主，而以别箇爲主，則但見不相對副，但見乖隔不順，且天地失其所以爲主，而人亦不得其所以生者矣。此所以言仁專一心之德者，豈不以其維綱管攝之妙乎？敬愛之理，只從孝弟上發明。自孝弟而推原其本，則惟有此理耳，所謂以仁爲孝弟之本是也；孝弟而廣充其用，則爲仁民愛物之事，所謂爲仁以孝弟爲本是也。竊恐心之德以專言，愛之理以偏言。專言之本則發爲偏言之用，偏言之用則合於專言之本，不可以小大本末二之也。自仁道之不明也，人惟拘於氣稟、蔽於私欲，則生道有息而天理不行，否隔壅塞，不能貫通。如人疾病，血氣不運於四支，則手足頑麻，不知痛癢，而醫者亦謂之不仁。人能有以體乎仁，必其無一毫之私得以間其生生之體，使之流行貫注，無有不達，無有不徧，然後爲能全其心之德、愛之理也。此顏子之克己、仲弓之敬恕，與聖人居處恭、執事敬、博學篤志、切問近思等處，正欲使工夫縝密也。必磨洗蕩滌其私，使無一毫之留，所以唤此仁，使之充長條達，無不周徧，則心德自全而仁斯在我矣。

伏乞嚴喻。

此段大意得之，但愛之理未可以用言耳。更味之，久當浹洽，自見得失也。

“敬”之一字，初看似有兩體，一是主一無適，心體常存，無所走作之意；一是遇事小心謹畏，不敢慢易之意。近看得遇事小心謹畏是心心念念常在這一事上，無多岐之惑，便有心廣體胖之氣象。此非主一無適而何？動而無二三之雜者，主此一也。靜而無邪妄之念者，亦主此一也。主一蓋兼動靜而言，靜而無事，惟主於往來出入之息耳。未審然否？

謂主一兼動靜而言，是也。出入之息，此句不可曉。

寓一日訪蕃叟先生，因說《孟子》盡心知性處。陳先生云：“人須是知得始得。若不知得，就事上做得些小，濟得甚事？”寓以爲此說甚然。陳先生問盡其心者作如何說，寓對言：“心統性情，會衆理而妙萬物者也。心最難盡，惟是知得性，方能盡得心。能盡其心者，以知其性故也。蓋性者，理之得於天而自然者也。如君之仁、父之慈、子之孝，以至於日用之所當爲者，皆有箇根原來歷處。惟知之無一毫之不盡、無一節之不極，然後吾心之體至通至明，無所蔽惑，斯爲盡其心矣。”陳先生以爲不然，乃言：“甚事不從心生？只要盡得此心，凡所存主，凡所動作起居，使合於理，便是盡得此心。此心既盡，則自能知性，如耳之聽正聲、目之視正色、手足舉動合禮，皆是性。"寓云："向所聞於先生長者與此不同，耳目手足只是形，耳目手足之所以能如此者方是性。"陳先生曰："某之所以與朱丈不同者，正以此耳。公下稍自知某説爲是。某之用意不同，恐難猝合。"寓所聞如此，未得其精。但"盡其心者，知其性也"一句，"盡"上一箇"者"字，下應一箇"也"字，不知語脉當如何説？寓之所對，不畔尊旨否？

此段論得甚好，但恐下稍不長進，則反見彼説爲是耳，今日正好著力也。

寓向在道院問親迎禮，先生言親迎以來從溫公，婦入門以後從伊川。云廟見不必候三月，只遲之半月亦可，蓋少存古人重配著代之義。今婦人入門即廟見，蓋舉世行之。近見鄉里諸賢頗信左氏先配後祖之説，豈後世紛紛之言不足據，莫若從古爲正否？

永嘉有《儀禮》之學，合見得此事是非。左氏固難盡信，然其後説親迎處，亦有布几筵告廟而來之説，恐所謂後祖者，譏其失此禮耳。

禮，支子不祭，祭必告宗子。然諸子之嫡子有是襲爵，其次子始立宗。大夫、士以嫡子爲宗，所以上承祖宗之重，下垂百代之傳而不敢少慢者。後世禮教不明，人家多以異姓爲後。寓所見鄉里有一人家，兄弟二人，其兄早亡無後，遂立異姓爲後。後來弟却有子，及舉行祭禮，異姓子既爲嫡主，與凡題主及祝版皆用其名。若論宗法，祭惟宗子主之，其他支子但得預其祭而已。今異姓爲後者，既非祖宗氣血所傳，乃欲以爲宗子而專主其祭乎？寓意欲以從弟之長者共主其祭事，亦同著名行禮，庶幾祖先之靈或歆享之，不知可以義起否？伏乞裁教。

立異姓爲後，此固今人之失，今亦難以追正，但預祭之時，盡吾孝敬之誠心可也。

行弔之日，不飲酒食肉，此古人因變而變常，爲得情性之正。然先王制禮，因人情而爲之節文，必情與文稱，乃爲得宜。寓恐弔喪之日不飲酒食肉，可以施於有服之親或情分之厚者。若弔泛常之人，只當於行弔之時不飲酒食肉，弔畢則復常，既與死者平時分疏，但則少變平日以存古意可也。未審尊意以爲然否？

有服，則不但弔日不飲酒食肉矣。其他，則視情分之厚薄可也。《晦庵文集》卷五八。

案：本書撰時未詳，然書中有“孝弟而廣充其用”句，其“廣”當作“擴”字，因避寧宗諱而改。故疑本書約撰於慶元元年(1195)或稍後。

朱熹《答徐居甫》：

“君子之道費而隱”章。

“鳶飛魚躍”，是子思喫緊爲人處；“必有事焉而勿正心”，是孟子喫緊爲人處，皆是要人就此瞥地便見得箇天理全體。若未見得，且更虚心涵泳，不可迫切追求、穿鑿注解也。

"君子之道造端乎夫婦，及其至也，察乎天地"。蓋夫婦則情意密而易於陷溺，不於此致謹，則私欲行於玩狎之地，自欺於人所不知之境。人倫大法雖講於師友之前，亦未保其不壞於幽隱之處。儻知造端之重，隱微之際恐懼戒謹，則是工夫從裏面做出，以之事父兄、處朋友，皆易爲力而有功矣。

本只是説至近處，似此推説亦好。

"天地之大也，人猶有所憾。"恐非謂天能生覆而不能形載，地能形載而不能生覆。人猶有憾處，恐只在於陰陽寒暑之或乖其常、吉凶災祥之或失其宜、品類之枯敗夭折而不得遂其理。此雖天地不能無憾，人固不能無憾於此也。

既是不可必望其全，便是有未足處。

"兩端"，謂衆論不同之極致，都是就善處説。如斷獄，一人以爲當死，一人以爲當罰，今酌其中而行之否？

然所謂中，非如子莫之所執也。

"鬼神爲德"，注云："體物是其爲物之體。"不知此"體"字是"體用"之"體"，還復是"體質"之"體"？

鬼神者，氣之往來也，須有此氣，方有此物，是爲物之體也。《晦庵文集》卷五八。

案：本書撰時未詳。或與上書相近。

徐元德

徐元德,字居厚,温州瑞安(今屬浙江)人。淳熙五年(1178)姚穎榜進士,官至知通州。《浙江通志》卷一二六。

朱熹《答徐居厚元德》:

大病新復,正要將護,不可少有激觸,損動真氣。讀書度未能罷,且歇得數月亦佳。將來看時,亦且適意遮眼,自有意味。正不必大段著力記當,損人心力,使人氣血不舒,易生疾病。況古人之學,自有正當用力處,此等止是隨力隨分開廣規模,若專恃此,亦成何等學問耶?前此屢欲言之,而匆匆不暇,今亦不特爲養病發也。今人但見孔子問禮問官,無所不學,便道學問只是如此,却不知得他合下是甚次第大底本領,方有功夫到此。若只將自家此等小小見識而學養子而後嫁,豈不誤哉!至於平心和氣,却是吾人學問根本,亦不爲病然後當著力也。《晦庵文集》卷五六。

案:吕祖謙《與陳同甫》(陸子壽前此數日已行)有云"居厚一病,聞甚殆,知已平復。但渠須是調伏得性氣一段,然後養生處世方少齟齬,不然,憂未艾也"。《東萊集》別集卷一〇。據《吕祖謙年譜》,陸九齡淳熙六年十月來婺州訪吕祖謙。而朱熹本書有云"大病新復,正要將護,不可少有激觸,損動真氣。讀書度未能罷，且歇得數月亦佳”，即吕祖謙《與陳同甫》書中所云，故推知本書約撰於是年（1179）十一月、十二月間。

徐元聘

徐元聘，名未詳，號芸齋，同安（今屬福建）人。朱熹嘗爲作《芸齋記》。《閩中理學淵源考》卷一八。

朱熹《答徐元聘》：

文王無伐紂之心，而天與之、人歸之，其勢必誅紂而後已，故有“肅將天威，大勳未集”之語。但紂惡未盈，天命未絕，故文王猶得以三分之二而服事紂。若使文王未崩，十二、三年，紂惡不悛，天命已絕，則孟津之事，文王亦豈得而辭哉？以此見文、武之心未嘗不同，皆無私意，視天與人而已。

伊川謂無觀政之事，非深見文、武之心不能及此，非爲存名教而發也。若有心要存名教，而於事實有所改易，則夫子之録《泰誓》、《武成》，其不存名教甚矣。近世有存名教之説，大害事，將聖人心迹都做兩截看了。殊不知聖人所行便是名教，若所行如此而所教如彼，則非所以爲聖人矣。

周公東征，不必言用權，自是王室至親與諸侯連衡背叛，當國大臣豈有坐視不救之理？帥師征之，乃是正義，不待可與權者而後能也。若馬、鄭以爲東行避謗，乃鄙生腐儒不達時務之説，可不辨而自明。陳少南於經旨多疏略，不通點檢處極多，不足據以爲説。來教所謂"周公之志非爲身謀也，爲先王謀也；非爲先王謀也，以身任天下之重也"，此語極佳。

召公不説，蓋以爲周公歸政之後不當復留，而己亦老而當去。故周公言二人不可不留之意曰："鳴呼，君已！曰時我，我亦不敢寧于上帝命，弗永遠念天威，越我民罔尤違。"又歷道古今聖賢倚賴老成以固其國家之事，又曰："予不惠若兹多誥，予惟用閔于天越民。"只此便見周公之心。每讀至此，未嘗不喟然太息也。試於此等處虛心求之，如何？《晦庵文集》卷三九。

案：朱熹紹興二十六年爲官同安時，爲友人徐元聘撰《芸齋記》，至離同安，多有書劄往來。朱熹隆興元年《答許順之》（承在縣庠爲諸生講説）有云"國材、元聘爲況如何？昨寄得疑難來，又是一般説話。大抵齊仲、順之失之太幽深，而三公失之太執著，中間一條平坦官路却没人行著，只管上山下水，是甚意思？因書可録此意及二序送之，爲致不及書之意"。《晦庵文集》卷三九。乾道元年《答柯國材》（示諭忠恕之説甚詳）有云"徐丈惠書云有疑難數板，却未見之，豈封書時遺之耶？偶數時村中乏紙，亦不別拜狀，只煩爲致此意"。《晦庵文集》卷三九。又朱熹乾道二年夏《答許順之》（山間有一二學者相從）云"齊仲、元聘書中各有少辨論，大抵亦止是理會近時學者過高之失"。《晦庵文集》卷三九。推知本書當早於答許氏書，亦約在乾道二年(1166)夏。

朱熹《答徐元聘》：

承喻人物之性同異之説，此正所當疑當講者，而考訂精詳，又見志意之不衰也。慰幸慰幸。熹聞之，人物之性本無不同，而氣稟則不能無異耳。程子所謂"率性之謂道，兼人、物而言"，又云"不獨人爾，萬物皆然"者，以性之同然者而言也。所謂人受天地之正氣，與萬物不同。又云"只是物不能推，人則能推之"者，以氣稟之異而言也。故又曰："論性不論氣不備，論氣不論性不明，二之便不是。"熟味此言，可見先生之意，豈若釋氏之云哉。承喻云云，胡子《知言》正如此説。內一章首云"子思子曰"者是也。然性只是理，恐難如此分裂。只是隨氣質所賦之不同，故或有所蔽而不能明耳。理則初無二也。至《孟子説》中所引，乃因孟子之言，只説人分上道理。若子思之意，則本兼人、物而言之也。"性同氣異"，只此四字包含無限道理，幸試思之。若於此見得，即於聖賢之言都無窒礙矣。《晦庵文集》卷三九。

　　案：本書撰時不詳，當後於前書，疑亦在乾道二年或稍後。

徐昭然

徐昭然，字子融，號潛齋，鉛山（今屬江西）人。淳熙十五年（1188）從朱熹學。

朱熹《答徐子融昭然》：

所論浩氣，甚善甚善。大率子融志氣剛決，故所見亦如此痛快直截，無支離纏繞之弊。更願益加詳審，專就平實親切處推究體認，久當有以自信，不爲高談虛見所移奪也。見正叔說，向得"曾參多一唯"之句，深有契合，此正是大病。今只此一"唯"尚且理會不得，如何欲更向他頭上過去也？《晦庵文集》卷五八。

案：陳文蔚《書徐子融遺事寄趙昌甫趙許誌銘》云："潛齋爲人，志氣剛決。始游方外，爲佛、老之學，歸而閉門教學。聞晦菴朱先生講道於建之五夫，欲從而就正，未果行。一日，先生有朝命，道過鉛山，因見於永平驛，語不合，拂衣而去，人謂其不復來矣。先生辭免俟旨，宿留玉山道中。忽散其生徒，毅然而至。文蔚時侍先生側，先生喜其徙義之勇，挈之偕至玉山，留止餘月，教詔甚詳。自此凡一再登門，聞先生之緒論爲多。自未見先生，有靜坐之課；既見先生，聞主一之論，益加粹密。"《克齋集》卷七。朱熹淳熙十五年三月十八日啓程入京奏事，道經鉛山、信州，四月四日抵玉山,留止四十餘日。《年譜長編》卷下。
徐昭然初見朱熹正在此時。然余大雅(正叔)於淳熙
十六年夏抵武夷問學,入秋而歸,十一月卒。《克齋
集》卷一二《余正叔墓碣》。又朱熹《答陳才卿》(秋試不
遠)云"秋試不遠,計不免小忙。……子融看得文字
痛快直截,可喜,想時相見。正叔在此,無日不講説,
終是葛藤不斷也"。《晦庵文集》卷五九。所云與本書
"大率子融志氣剛決,故所見亦如此痛快直截,無支
離纏繞之弊"云云相合,當撰於一時先後。因陳文蔚
於是年"己酉秋九月,予往省先生,值正叔將歸,語別
武夷溪上"。《克齋集》卷一二《余正叔墓碣》。故推知本
書約撰於十六年(1189)夏、秋之際。

朱熹《答徐子融》:

子融志趣操守非他人所及,但苦從初心不向裏,故雖
稠人廣坐,閉眉合眼,而實有矜能異衆之心,非不讀書講
義,而未嘗潛心默究,剖析精微,但據一時所見粗淺意思,
便立議論,説來説去,都無意味,枉費筆舌。如向來所論
雞抱卵事,才卿便取僧言以爲至當,而不究彼之所事與吾
不同之實,固爲疏略,而子融力攻其失,乃不於此著眼,而
支離蔓衍,但言雞不合抱卵,而不知檢點其所抱之非卵。
凡皆類此,全不子細,只向外走,自己分上了無所得,故中
間數爲賢者言之。所謂向外,非謂子融不能閉眉合眼也。

想子融自恃有此，便謂己能向裏而人不知，故心不服而有北門之辨。至於詞氣俱厲，殊駭觀聽，然味其言，如所謂無鬼神、無釋氏者，皆無義理。夫"鬼神"二字著於六經，而釋氏之說見行於世，學者當講究，識其真妄，若不識得，縱使絕口不談，豈能使之無邪？子融議論粗率不精，大率類此。若是果能向裏思量，分別詳細，豈至此耶？今詳來書，所謂"觀書究義，反身順理，攻其惡、毋攻人之惡"者，依舊是錯認話頭。若只似日前做功夫，即所究之義、所順之理、所攻之惡，皆恐未真實也。且講論是非，正爲自家欲明此理，不是攻人之惡，若理會得，是於自家分上儘有得力處。若看錯了，即終日閉口不別是非，劃地不是矣。此蓋日前窮理未精，便自主張得重，又爲不勝己者妄相尊獎，致得自處太高，將義理都低看淺看了。今若覺悟，須且虛心退後，審細辨認，令自己胸中了然不惑，庶幾有進步處耳。《晦庵文集》卷五八。

案：本書撰時不詳。然朱熹上書（所論浩氣）有云"大率子融志氣剛決，故所見亦如此痛快直截，無支離纏繞之弊"，而本書乃云"子融志趣操守非他人所及，但苦從初心不向裏，故雖稱人廣坐，閉眉合眼，而實有矜能異衆之心，非不讀書講義，而未嘗潛心默究，剖析精微，但據一時所見粗淺意思，便立議論"，似在其後，推知約撰於紹熙間，姑係於三年(1192)。待考。

徐昭然《上朱元晦書》：

枯槁之中有性有氣，故附子熱、大黄寒，此性是氣質之性。《朱子語類》卷四。

案：《朱子語類》卷四輔廣記曰：“徐子融以書問：‘枯槁之中有性有氣，故附子熱、大黄寒，此性是氣質之性。’陳才卿謂即是本然之性。先生曰：‘子融認知覺爲性，故以此爲氣質之性。性即是理，有性即有氣，是他禀得許多氣，故亦只有許多理。’”朱熹所答即下書（有性無性之説）云云。又《朱子語類》卷一二六沈僩所記亦爲此事：“徐子融有枯稿有性無性之論，先生曰：性只是理，有是物，斯有是理。子融錯處是認心爲性，正與佛氏相似。……”據《朱子語類·姓氏》，輔廣所記爲甲寅（紹熙五年）以後所聞，沈僩所記爲戊午（慶元四年）以後所聞。故推知本書約撰於紹熙五年（1194）或稍後。

朱熹《答徐子融昭然》：

有性無性之説，殊不可曉。當時方叔於此本自不曾理會，率然躐等，揀難底問。熹若照管得到，則於此自合不答，且只教他子細熟讀聖賢明白平易切實之言，就己分上依次第做功夫，方有益於彼，而我亦不爲失言。却不合隨其所問率然答之，致渠一向如此狂妄，此熹之罪也。駟不及舌，雖悔莫追。然既有此話頭，又不容不結末，今試更爲諸君言之。若猶未以爲然，則亦可以忘言矣。

伊川先生言："性即理也。"此一句，自古無人敢如此道。心則知覺之在人而具此理者也。橫渠先生又言：由太虛有天之名，由氣化有道之名，合虛與氣有性之名，合性與知覺有心之名。其名義亦甚密，皆不易之至論也。蓋天之生物，其理固無差別，但人物所稟形氣不同，故其心有明暗之殊，而性有全不全之異耳。若所謂仁，則是性中四德之首，非在性外別爲一物而與性並行也。然惟人心至靈，故能全此四德而發爲四端，物則氣偏駁而心昏蔽，固有所不能全矣。然其父子之相親、君臣之相統，間亦有僅存而不昧者。然欲其克己復禮以爲仁、善善惡惡以爲義，則有所不能矣，然不可謂無是性也。若生物之無知覺者，則又其形氣偏中之偏者，故理之在是物者，亦隨其形氣而自爲一物之理，雖若不復可論仁義禮智之彷彿，然亦不可謂無是性也。此理甚明，無難曉者，自是方叔暗昧膠固，不足深責，不謂子融亦不曉也。

至引釋氏識神之說，則又無干涉。蓋釋氏以虛空寂滅爲宗，故以識神爲生死根本，若吾儒之論，則識神乃是心之妙用，如何無得？但以此言性，則無交涉耳。

又謂枯槁之物只有氣質之性而無本然之性，此語尤可笑。若果如此，則是物只有一性，而人卻有兩性矣。此語非常醜差，蓋由不知氣質之性只是此性墮在氣質之中，故隨氣質而自爲一性，正周子所謂各一其性者。向使元無本然之性，則此氣質之性又從何處得來耶？況亦非獨周、程、張子之言爲然，如孔子言成之者性，又言各正性命，何嘗分別某物是有性底，某物是無性底？孟子言山之性、水之性，山水何嘗有知覺耶？若於此看得通透，即知天下無無性之物，除是無物，方無此性。若有此物，即如來喻木燒爲灰、人陰爲土，亦有此灰土之氣。既有灰土之氣，即有灰土之性，安得謂枯槁無性也？

又如"狹其性而遺之"以下種種怪説，尤爲可笑。今亦不暇細辯，但請虛心靜慮，詳味此説，當自見得。如看未透，即且放下，就平易明白切實處玩索涵養，使心地虛明，久之須自見得。不須如此信口信意馳騁空言，無益於己，而徒取易言之罪也。如不謂然，則請子融、方叔自立此論以爲宗旨，熹亦安能必二公之見從耶？至於《易》之説，又別是一事。今於自己分上見成易曉底物尚且理會不得，何暇及此？當俟異日心虛氣平，萬理融徹，看得世間文字言語無不通達，始可細細商量耳。此等若理會不得，亦未妨事，且闕所疑而徐思之，不當便如此咆哮無禮也。《晦庵文集》卷五八。

案：本書乃答徐昭然上書（枯槁之中有性有氣）。

朱熹《答徐子融》：

熹今年一病，幾至不可支吾，午節後方能強起，比前一二年，幾似争十年氣血矣。老境如此，無足怪者。亦有朋友十數人在此相聚，絕少得穎悟懇切者。前日病中猛省，亦不可全責學者，深自恐懼。今幸稍蘇，更當益加策勵，庶幾不負所以來之意。但恨相去差遠，不得子融爲之表率，使相觀而善耳。前書所論方叔之說，大槩已是，但其末云性有昏明，則又將性作知覺看矣。試更思之如何。《晦庵文集》卷五八。

> 案：書中言及“前書所論方叔之說，大槩已是，但其末云性有昏明，則又將性作知覺看矣”，其“前書”當指朱熹上書（有性無性之說）；本書中又言“熹今年一病，幾至不可支吾，午節後方能强起”，據朱熹《答吳伯豐》（久不聞問）云“熹今夏一病幾死，今幸少安”。《晦庵文集》卷五二。《答吳伯豐》撰於慶元元年秋中，故推知本書約撰於是年（1195）夏、秋之際。

許進之

許進之，名里不詳。據朱熹《題嗣子詩卷》，其嘗與朱熹長子朱在詩歌唱和。《晦庵文集》卷八三。

朱熹《答許進之》：

人生諸事，大抵且得隨緣順處，勉力讀書，省節浮費，令稍有贏餘，以俟不時之須，乃佳耳。前書所論《孟子》，偶以病中，不暇細看，今尋不見。讀書且熟讀細看，自當漸見意味，不可支離穿鑿以求見解也。《晦庵文集》卷六四。

案：朱熹《題嗣子詩卷》云"大兒……既没後，許進之乃出其所與唱和詩卷示予"。時在慶元乙卯（元年）六月既望。《晦庵文集》卷八三。本書似在此前，姑係於紹熙四年（1193）間。待考。

許　升

許升（1141—1185），字順之，號存齋，泉州同安（今屬福建）人。"朱子簿同安，公年十三，即從講學淬勵。五年秩滿，復從北歸，覃思研精，學力大究。朱子稱其學專用心於內，嘗書'存齋'二大字授之，使扁書院，復爲之記。……至家，朱子兩與書，微示養氣修齊之意。在衰経之年，動閑禮度，擬古自裁。朱子嘉之，令校程氏語録，公曲折訂正論量，朱子答書甚悉。居家，偕同志陳齊仲肄業净隱寺，又與石子重、徐元聘、柯國材、陳汝器、王近思等友善，後遍交四方之士，若范伯崇、廖德明、林擇之、許敬之等，或相過從，或往來書問，論道肄業。朱子稱其恬淡静退，無物欲之累。所著有《孟子説》、《禮記文解》、《易解》等書，並湮滅無傳"。《閩中理學淵源考》卷一八。淳熙十二年初卒。《晦庵文集》卷八七《祭許順之文》。

朱熹《答許順之》：

示諭記中語病的當，改云"知用其力而不知所以用力之方，則未有不反爲之累"，如何？大抵見道未明，揣摩求合，自然有漏綻處。得公如此琢磨，爲益大矣。後便見報，幸甚。兩書皆有來意，甚慰所望。當在何時耶？近讀何書？工夫次第如何？熹《論語説》方了第十三篇，小小疑悟時有之，但終未見道體親切處。如説仁者渾然與物同體之類，皆未有實見處，反思茫然，爲將奈何？熹比因堂劄促行，再入文字乞候終秩。萬一諸公不欲如此，得一教官之屬南去，即相見之期近矣。但分別之事豈可預料耶？山間無他事，歲豐米賤，農家極費力。然細民飽食，遂無他志，亦一幸也。《晦庵文集》卷三九。

案：本書首云"示諭記中語病的當，改云'知用其力而不知所以用力之方，則未有不反爲之累'"，乃指朱熹紹興二十八年九月所撰《存齋記》中"君子於此亦將何所用其力哉"句。《晦庵文集》卷七七。又本書有云"熹比因堂劄促行，再入文字乞候終秩"，指紹興二十九年八月甲子，宋廷召朱熹赴行在事。《繫年要録》卷一八三。據朱熹《辭免召命狀》云："右熹九月二十六日準尚書省劄子八月十三日三省同奉聖旨，召赴行在者。……欲乞且依徐度、吕廣問、韓元吉例，令熹候嶽廟滿日，前赴行在。"《晦庵文集》卷二二。則推知本書當撰於是年（1159）十月初。又，據"兩書皆有來意"句,知許升前此嘗致朱熹二書,皆佚。

朱熹《答許順之》:

熹衰老幸向安,然氣體虛弱,非復昔時,心力亦未復,都不敢思慮,舊業荒廢,無所發明。反而求之,似於存養用力處未有地位,甚以自懼耳。如吾友於此却已有餘,第未能達於詞命之間,恐其間亦有未徹底處,却宜於事物名數上着少工夫。蓋既無精粗本末之異,即此亦不可忽也。喪禮留意甚佳,但其度數亦不易曉。若哀敬之實,則吾友素知之矣,當益有餘味也。近得《橫渠語錄》,有云:"《曲禮》乃天地五藏,魂魄心府寓於其事。"試思此語,亦足以發耳。記文如所改甚善,但所辨説未能盡曉。熹意欲云"心之爲體亦微矣,彼不知用力於此者,固徇於物欲而不自知",餘即悉如來示。蓋"不能用其力"之語,亦似有病了。真如衆盲模象,達者見之,可付一笑。《晦庵文集》卷三九。

> 案:本書仍承前書討論《存齋記》文字,故推知其約撰於是年冬間。

朱熹《答許順之》:

《檀弓》篇云:"殷既練而祔,周卒哭而祔。孔子善殷。"據孔子以殷禮爲善,則當從殷禮練而祔無疑矣。然今難遽從者,蓋今喪禮皆周禮也。葬而虞,虞而卒哭,卒哭而祔，是一項事首尾相貫。若改從殷禮，俟練而祔，即周人之虞亦不可行，欲求殷禮而證之，又不可得，是以雖有孔子之言，而未敢改也。溫公只依《周禮》，唐《開元禮》及近世亦有改者，然終不安。禮文極是密察，不可儱侗，故聖人致詳於此，毫髮不差。蓋未詳未盡，則於己之心且不能安，民之不從尚未論也。疑夫子於二代之禮必有類此者，闕其一二，則無所證矣。

前書因見讀《禮》，故勸以致詳微細，因有"損所有餘，勉所不足"之言。來書乃謂："本末精粗本無二致，何用如此分別？"此又誤矣。若每每如此，則更無用功處，更無開口處矣。子夏對子游之語，以爲"譬之草木，區以別矣"，何嘗如此儱侗來？惟密察於區別之中，見其本無二致者，然後上達之事可在其中矣。如吾子之說，是先向上達處坐却，聖人之意正不如是。雖至於堯、舜、孔子之聖，其自處常只在下學處也。上達處不可著工夫，更無依泊處。日用動靜語默，無非下學，聖人豈曾離此來？今動不動便先說個本末精粗無二致，正是鶻崙吞棗。向來李丈說鐵籠罩却之病，恐未免也。《晦庵文集》卷三九。

案：本書有云"前書因見讀《禮》，故勸以致詳微細，因有'損所有餘，勉所不足'之言"，然前書（熹衰老幸向安）並無"損所有餘，勉所不足"語，則知此二書間朱熹另有一書致許升，然已佚不傳。又許升來書亦佚。據此推知本書約撰於是年末或次年中。

朱熹《答許順之》：

承在縣庠爲諸生講説，甚善甚善。但所寄諸説，求之皆似太過。若一向如此，恐駸駸然遂失正途，入於異端之説，爲害亦不細。差之豪釐，謬以千里，況此非特豪釐之差乎？三復來示，爲之悵然，已輒用愚見附注於下。然其曲折非筆端可盡，恐當且以二先生及范、尹二公之説爲標準，反復玩味，只於平易愨實之處認取至當之理。凡前日所從事一副當高奇新妙之説並且倚閣，久之見實理，自然都使不著矣。蓋爲從前相聚時，熹亦自有此病，所以相漸染成此習尚。今日乃成相誤，惟以自咎耳。如子韶之説，直截不是正理，説得儘高儘妙處，病痛愈深。此可以爲戒而不可學也。何由面話，究此精微？臨風鬱結，無有窮已。

國材、元聘爲況如何？昨寄得疑難來，又是一般説話。大抵齊仲、順之失之太幽深，順之尤甚。而三公失之太執著，執著者有時而通，幽深者蕩而不反矣。中間一條平坦官路却没人行著，只管上山下水，是甚意思？因書可録此意及二序送之，爲致不及書之意。范伯崇學大進，劉德明者亦稍識理趣，皆可喜耳。伯崇《雜説》一紙附去，可見其持守不差、見理漸明之大槩矣。然其説有少未盡，更求之，却以見喻。

伯崇去年春間得書，問《論語》數段，其説甚高妙，因以呈李先生。李先生以爲不然，令其愨實做工夫，後來便

別。此亦是一格也。然其當時高妙之説，亦只是依諸先
生説而推言之過當處耳，非如順之所示，硬將文義拗橫説
却也。切宜速改，至祝至祝。大抵文義先儒盡之，蓋古今
人情不相遠，文字言語只是如此。但有所自得之人，看得
這意味不同耳，其説非能頓異於衆也。不可只管立説求
奇，恐失正理，却與流俗詭異之學無以異也。只據他文理
反覆玩味，久之自明。且是胸中開泰，無許多勞攘，此一
事已快活了。試依此加功，如何？《晦庵文集》卷三九。

　　案：本書有"伯崇去年春間得書，問《論語》數
段，其説甚高妙，因以呈李先生。李先生以爲不然，
令其愨實做工夫，後來便别"語，據朱熹《再題西林可
師達觀軒》云："紹興庚辰（三十年）冬，予來謁隴西先
生，退而寓於西林院惟可師之舍。……壬午（三十二
年）春，復拜先生於建安，而從以來，又舍於此者幾
月。"《晦庵集卷》卷二。則知本書當撰於隆興元年
（1163）。又李侗卒於是年十月，本書當撰於此前。

朱熹《答許順之》：

　　讀書大抵只就事上理會，看他語意如何，不必過爲深
昧之説，却失聖賢本意，自家用心亦不得其正，陷於支離
怪僻之域，所害不細矣。切宜戒之，只就平易愨實處理會
也。"必有事焉"之書不曾接得，不知如何？上蔡云："出
入起居，無非事者。正以待之，則先事而迎。忘則涉乎去

念，助長則近於留情。聖人之心如鏡，所以異於衆人也。"
觀此所謂"事"者，只是"事事"之"事"，遇此一事，則事此
一事，本體昭然，此便見所謂"操則存、舍則亡"也。見此
理極平易，只在目前，人自貪慕高遠，所以求之過當而自
失之也。近再看《論語》尹先生説，句句有意味。可更玩
之，不可以爲常談而忽之也。伊川先生云："立言當含蓄
意思，不可使知德者厭、無德者惑。"此言深有味，更思之
如何？《晦庵文集》卷三九。

案：本書"只就平易愨實處理會也"，承上書（承
在縣庠爲諸生講説）"但所寄諸説，求之皆似太
過。……只於平易愨實之處認取至當之理"，故《書
信編年》係於隆興元年或稍後。

朱熹《答許順之》：

"空空如也"，或者多引真空義爲問，如何？

二程先生説此段甚分明，横渠説似過當了。愚謂且
以二程先生之説爲主，理會正當文義，道理自在裏許。只
管談玄説妙，却恐流入詖淫邪遁裏去。

"貧而樂"云云，善莫病於有爲，學莫病於自足。有
爲則無爲而或輟，自足則不足而或止。此學者之大病，
而賢達之必期於進德也。蓋善自己之當然，而學須至
於不厭。知所當然，則貧而樂、富而好禮，驕與諂無所
事也。知所不厭，則切磋以道學、琢磨以自脩，學問明

辯之不可已也。是宜引《詩》以自況，亦明道學之無
窮也。

　此段雖無病，然語脉中窒礙處亦多。大凡不必如此
立説，此先儒之説已略具矣。李光祖説甚善。

　　"不逆詐，不億不信"，此有以見聖人皆欲天下後世
歸於寬厚長者之域處。蓋天下不能皆君子，不能皆小
人，私淑艾之可也。今設有詐與不信之人，彼未必不心
知其非，第此以誠實之道處之，亦未必不觀感而化，不
亦善乎？何用逆億爲？然君子可欺以其方，難罔以非
其道。彼以小人之道來，使此而不先覺，豈不爲所罔
乎？故亦在所先覺方爲賢耳。

　逆詐、億不信，恐惹起自家機械之心，非欲彼觀感而
化也。胡明仲云："逆億在心，是自詐、自不信也。"只是此
意。若如此説，便支離了，不親切。"抑亦先覺者是賢
乎"，李光祖曰："理地明白，則私智無所用之矣。"此説極
善。齊仲云"抑亦"二字當玩味，有深意。固是如此。"莫
須也著先覺方是賢乎"，"乎"者，疑問之辭，以上意未盡故
疑問也。

　　社，夫子曾語宰我："明命鬼神，以爲黔首，則百姓
以畏，萬民以服。"則知古人立社豈虛設哉，亦以土地所
宜之木而使民知戒懼，其爲教莫大焉。然哀公問社宰
我，宰我受學聖人之門，豈無格言以正其心術？直以是
而長之逢之，宜得罪於聖人，故反覆重言而深罪之。如

"我戰則克"，夫子非不知陣，而對靈公必以俎豆；晋《乘》、楚《檮杌》、魯《春秋》，孟子非不知聞，而對威、文以無傳。凡此皆引君於當道。曾謂宰我久學於聖人而不之知，豈有補於名教者耶？

此段只依古註爲是。又謂古人立木於社，使民知所存著，知社之神必有所司，則國君所以守社褆其嚴乎！三桓擅改而魯之權失所司，則哀公之問社，宰我因其問而言"使民戰栗"。惜乎其説之不詳，故夫子歎之曰"成事不説"，謂不爲之詳説也，"遂事不諫"，謂不因事而諫也。使宰我之知不足以知之，則無責可矣；知而言之不盡，此聖人之所以惜之也。"既往不咎"，蓋因其問而可以言而不言既往之失，今則無及矣，無可咎也，猶曰"今無可言矣"。《晦庵文集》卷三九。

案：朱熹《答柯國材》(示諭忠恕之説甚詳)約撰於乾道元年，有云"前此以陳、許二友好爲高奇，喜立新説，往往過於義理之中正，故常因書箴之"。《晦庵文集》卷三九。而本書亦針對許升"談玄説妙"、"便支離了，不親切"處極以"箴之"，推知其約撰於隆興二年(1164)或稍後。

朱熹《答許順之》：

與四時俱者無近功，所以可大受而不可小知也，謂他只如此。

一事之能否不足以盡君子之蘊，故不可小知。任天下重而不懼，故可大受。小人一才之長亦可器而使，但不可以任大事耳。

"和順道德而理於義，窮理盡性以至於命"，"莫非命也，順受其正"，則君子於此將何如哉？亦曰脩其在我者以聽其在天者而已矣。

和順於道德，是默契本原處；理於義，是應變合宜處。物物皆有理，須一一推窮；性則是理之極處，故云盡；命則性之所自來處。以此推之，自不重複，不必如前所說。《晦庵文集》卷三九。

案：《書信編年》云此書當在上書（二程先生説此段甚分明）以後，似撰於乾道元年（1165）間。

朱熹《答許順之》：

石丈惠書，以"夫子"見謂。詳此二字，古人用之本非尊稱，如伐顓臾之季氏、毀仲尼之叔孫，皆得以稱，蓋猶曰"大夫"、"之人"之比耳。然以孔門弟子稱仲尼以此，故後之人往往避其號。蓋不惟不敢使人以是加諸己，亦不敢以是加諸人也。熹初通書，不欲紛紜及此，幸為一言，繼此惠音削去二字，乃所願望，不然不敢拜而受也。告為深陳之，至懇至懇。且既以道相知，凡百禮文之過其宜者，恐亦有可刊落者。得并及之，幸甚幸甚。《晦庵文集》卷三九。

案：朱熹《答柯國材》（熹頓首再拜國材丈執事）撰於隆興二年閏十一月晦日，有云"昨齊仲寄疑義來，乃不知是石丞者，妄意批鑿，非所施於素昧平生之人"。《晦庵文集》卷三九。則是時朱、石礅（字子重）二人尚未相交。而朱熹《答柯國材》（示諭忠恕之説甚詳）約撰於乾道元年末或二年初，中已有"石丈相聚所談何事？其篤誠好學已不易得，而議論明快，想講論之際少所凝滯也"之語，《晦庵文集》卷三九。則二人已交識。故推知本書當撰於朱熹乾道元年收到"齊仲寄疑義來"後不久。

朱熹《答許順之》：

山間有一二學者相從，但其間絶難得好資質者。近得一人似可喜，亦甚醇厚，將來亦可望也。齋舍迫狹，已遷在圭甫屋後佛頂菴中相聚矣。向聞與齊仲在浄隱，不知得多少時？看何文字？如何作工夫？今歲復相聚否？所有發明，條示數端，得反復焉，亦勝空書往來耳。所示《孟子》説備見用意之精，然愚意竊謂如此反似求索太過，援引太雜，使聖賢立言之本意汩没不明。已逐段妄以己意略論其一二梗槩矣，可以類推，其餘不能一一備論也。語録中有一節正論此，今亦録去，可詳味之，便見病痛處亦非小疾，不可執吝以爲無傷而不之改也。齊仲、元聘書中各有少辨論，大抵亦止是理會近時學者過高之失，可并取觀也。《晦庵文集》卷三九。

案：書中云及"近得一人似可喜"，似指林用中（字擇之）。據朱熹乾道二年三月癸亥所撰《林用中字序》云："古田林子用中過予于屏山之下，以道學爲問甚勤，予不能有以告也。然與之言累日，知其志之高，力之久，所聞之深，而所至之不可量也。"《晦庵文集》卷七五。故推知本書撰於是年(1166)夏。

朱熹《答許順之》：

亦將以利吾國乎。

以利心爲仁義，即非仁義之正，不待有不利然後仁義阻也。

孟子見梁襄王，出語人曰云云。

"定于一"只是"混一"之"一"，與"德惟一"之"一"不同，不必過爲此説。出而語人亦是偶然説及，不必言"公天下之善"以下云云之説。

齊宣王問曰："齊桓、晋文之事可得聞乎？"云云。君子之道，譬如行遠必自邇，譬如升高必自卑，推之有本，用之有序，初非有甚高難行之事，但病不求之耳。歸而求之有餘師，安在乎行險以儌倖，區區於霸者之爲而昧於遵王之道哉？故孟子特指惻怛愛牛之一端，以啓其行不著而習不察之病，欲齊王之知吾有是心，亦曾於愛牛處見之，吾安得而自失之耶？反之吾身，急於百姓，何止乎及禽獸而已。正納約自牖之論,因其明以投之也。惜乎齊王終身由之而不知其道,且曰:"夫我乃行之,反而求之,不得吾心。"是亦豈真知反而求之哉?第不過見孟子之論而一時消盡鄙吝之心,故有是云爾。使真知求之,則明益明聖益聖,能自已乎?不得吾心,無有是也。

此段甚好,然語亦有過當處。

齊宣王問曰:"交鄰國有道乎?"

湯事葛之事見於《孟子》,詳味其曲折,則知聖人之心矣。

君子不以天下儉其親云云。此極言仁人孝子之心親切處。當其親親之重,雖大而天下,苟得用心,亦不以爲大而儉於其親而不用也,況其餘乎?非必天下也。推其心是如此。

此説甚好。熹舊説此句:"'以',猶'爲'也。不爲天下惜一棺槨之費而儉於其親也。"更參酌看如何爲穩,却示報也。

有餘不敢盡云云。在我雖有餘,然猶不敢以爲盡,謂只如此了。蓋道體無窮,雖文王亦只得云"望道而未之見"耳。

"有餘不敢盡",似止是過者俯而就之之意。故下文云"言顧行,行顧言,君子胡不慥慥爾",其文意可見也。《晦庵文集》卷三九。

案：上書（山間有一二學者相從）有云“所示《孟子》説備見用意之精，……已逐段妄以己意略論其一二梗槩矣”。而本書乃條説《孟子》，即所謂“逐段”“略論”者，故當爲上書之別紙，撰於同時。

朱熹《答許順之》：

此間窮陋，夏、秋間伯崇來，相聚得數十日，講論稍有所契。自其去，此間幾絶講矣。幸秋來老人粗健，心間無事，得一意體驗，比之舊日漸覺明快，方有下工夫處。日前真是一盲引衆盲耳。此説在石丈書中，更不縷縷。試取觀之爲如何，却一語也。更有一絶云：“半畝方塘一鑑開，天光雲影共徘徊。問渠那得清如許？爲有源頭（沽）〔活〕水來。”試舉似石丈，如何？湖南之行，勸止者多，然其説不一。獨吾友之言爲當，然亦有未盡處。後來劉帥遣到人時已熱，遂輟行。要之亦是不索性也。《晦庵文集》卷三九。

案：范念德（伯崇）來問學在乾道二年春，又是年秋涼時節何鎬（叔京）又來訪。本書述及“夏秋間伯崇來”、“幸秋來老人粗健”，而未及何鎬，故推知當撰於秋中。

朱熹《答許順之》：

乾之爲卦，上下純乾，天之動也，人欲不與焉。潛只得潛，見合當見。三則過矣，君子尤當致謹。四則德盛仁熟，磨不磷，涅不緇，不可以常情測。進退去就，時不可失，皆所以進吾德、脩吾業也。先儒多以舜自深山之中及其爲天下之事明之，其弊恐必至於王氏謂九三之知、九五之位可至而至之，得非以利而言乎？

乾卦皆聖人之德，六爻乃其所處之位也。如以舜明之，深得其象，舜亦非知堯之位可至而往至之也。熟讀程《傳》可見，不須別立説。若專以進德爲言，則九五、上九兩爻又如何解？

"人而不仁，如禮何？人而不仁，如樂何？"仁也者，人也。合而言之，道也。既已不仁，痒痾疾痛已尚不知，頑冥之甚，安知其禮樂之爲禮樂也？是其無如之何也宜矣。

大略如此，更宜玩味，看教著實。

"何有於我哉"，自聖人觀衆人，則徧爲爾德，無不可者。自衆人觀聖人，則猶天之不可階而升也。故聖人因事發見，示之以無有也。猶曰"女奚不曰"云云，皆其本分事爾。

此意固好，然聖人之詞不如是之夸也，恐只是謙退不居之詞。《論語》有兩處"何有於我哉"，須并觀之。

"夜氣不足以存"，始論"豈無仁義之心哉"，無之，是生不得。惟其物交物，則惟知有物，遂與隔絕。孟子於夜氣言之，當其萬慮澄寂之中體之，虛明自別，引而喪之者無有矣。故欲以復之初爻及之，庶幾有以用力，如何？

人皆本有仁義之心，但爲物欲所害，恰似都無了。然及其夜中休息之時，不與物接，其氣稍清，自然仁義之良心却存得些子。所以平旦起來，未與物接之際，好惡皆合於理。然才方如此，旦晝之所爲便來牿亡之，此仁義之心便依前都不見了。至其甚也，夜間雖得休息，氣亦不清，存此仁義之心不得，便與禽獸不遠。學者正當於旦晝之所爲處理會克己復禮、懲忿窒慾，令此氣常清，則仁義之心常存，非是必待夜間萬慮澄寂，然後用功也。若必如此，則日間幹當甚事也。“不遠復”，更檢《易傳》看，與所論亦不相似。

“操則存，仁能守之。舍則亡，仁不能守之。出入無時，莫知其鄉，惟心之謂與？”仁之不可已也如是。似以“操則存，舍則亡”爲“人心惟危”，“出入無時，莫知其鄉”爲“道心惟微”。妄意推測，慚怍之甚，乞賜提誨一二，庶知所向，幸甚幸甚。

孟子此四句只是説人心是個活物，須是操守，不要放捨，亦不須如此安排也。心一也，操而存則義理明而謂之道心，捨而亡則物欲肆而謂之人心。亡不是無，只是走出逐物去了。自人心而收回，便是道心；自道心而放出，便是人心。頃刻之間，恍惚萬狀，所謂“出入無時，莫知其鄉”也。所引“仁”字尤不是，正是倒説了。且更平心玩味，不要説得太高妙、無形影，非惟教他人理會不得，自家亦理會不得也。大率講學本爲聖賢之言難明，故就下面説出教分明。若是向上面説將去，即轉見理會不得矣。如建州人未識泉州，須且教他從南劍州問路去，豈可教他過漳州尋耶？此是大病，不可不知。《晦庵文集》卷三九。

案：本書論及"夜氣"之説。又下書（書中所諭）有云"夜氣之説，近得來答，始覺前説之有病也"，當承本書。故推知本書約撰於乾道二年冬。

朱熹《答許順之》：

所論操舍存亡之説，大槩得之。然有未分明處，須他日面論也。在山頭理會數條，始知舊説太高之弊。如"君子不謂命"，止是以所值於外者而言。如舜之於瞽瞍、文王之於紂、晏嬰之於孔子、孔子之不得時位之類，不須説氣質不同，蓋爲下兩句説不行故也。凡若此類甚多，皆好高之弊。大抵讀書以此爲戒，且於平易切近分明處理會爲佳耳。《晦庵文集》卷三九。

案：上書（乾之爲卦）論及"操則存，舍則亡"，本書亦論"操舍存亡之説"，當承上書。

朱熹《答許順之》：

書中所諭，皆的當之論，所恨無餘味耳。更向平易著實處子細玩索，須於無味中得味，乃知有餘味之味耳。"之所譬焉"，如石丈所説反求諸身，亦是要切。但經文指意恐不必如此。脩身等字前章已説了，此章正是理會脩身齊家中間事。若不如此，即愛憎予奪皆不得其所矣。
"譬"字只是度量擬議之意，義以方外之事，然義初不在外
也。如何如何？

《敬齋記》所論極切當，近方表裏看得無疑。此理要
人識得，識得即雖百千萬億不爲多，無聲無臭不爲少。若
如所疑，即三綱五常都無頓處，九經三史皆爲剩語矣。此
正是順之從來一箇窠臼，何故至今出脱不得？豈自以爲
是之過耶？聞有"敬字不活"之論，莫是順之敬得來不活
否？却不干"敬"字事。惟敬故活，不敬便不活矣。此事
所差毫釐，便有千里之謬，非書札所能盡。切在細思，會
當有契耳。先覺之論，只著得"誠"字，"感"字亦是贅語。
只如文字不敢與柯丈見，便是逆詐億不信了。吾人心中
豈有許多事耶？夜氣之説，近得來答，始覺前説之有病
也。《晦庵文集》卷三九。

　　案：本書云"聞有'敬字不活'之論"，下書（今歲
　　却得擇之在此）又云"向所論敬字不活者"。是二書
　　乃相承。又下書（今歲却得擇之在此）有云"今歲却
　　得擇之在此，大有所益"，與撰於乾道三年（1167）三、
　　四月間《答何叔京》（熹碌碌講學親旁）所云"今年却
　　得一林同人在此，……大有所益"《晦庵文集》卷三二。
　　相合，推知本書約撰於是時。又《敬齋記》是張栻爲
　　同鄉崔子霖所撰，有"蓋萬事具萬理，萬理在萬物，而
　　其妙著於人心。一物不體則一理息，一理息則一事

廢。一理之息，萬理之紊也。一事之廢，萬事之墮也。心也者，貫萬事、統萬理而爲萬物之主宰者也。致知所以明是心也，敬者所以持是心而勿失也。故曰主一之謂敬，又曰無適之謂一"。《南軒集》卷一二。《黄氏日抄》卷三九評曰："《敬齋記》二篇，爲崔子霖作者尤起發人意。"

朱熹《答許順之》：

今歲却得擇之在此，大有所益，始知前此多是悠悠度日，自兹策勵，不敢不虔。但道力衰薄，未知能終不退轉否耳。《大學》之説，近日多所更定。舊説極陋處不少，大抵本領不是，只管妄作，自誤誤人，深爲可懼耳。向所論"敬字不活"者，如何？近日又見此字緊切處，從前亦只是且如此説。擇之必相報矣。《晦庵文集》卷三九。

案：本書約撰於乾道三年夏。參見上書（書中所諭）考證。

朱熹《答許順之》：

熹一出幾半年，學問思辨之益，警發爲多。大抵聖門求仁格物之學無一事與釋氏同，所以尋常議論間偶因記憶自然及之，非是特然立意，與之爭勝負、較曲直也。想見孟子之闢楊、墨亦是如此，故其言曰："予豈好辯哉！予不得已也。"今觀所與祝弟書，乃有"謗釋氏"之語，殊使人驚歎。不知吾友別後所見如何而爲是語也？及細讀二書，則所可怪者不特此耳。且論其大者，如所謂"棲心淡泊，與世少求，玩聖賢之言，可以資吾神、養吾真者一一勘過"，只此二十餘字，無一事不有病痛。夫人心是活物，當動而動，當靜而靜，動靜不失其時，則其道光明矣。是乃本心全體大用，如何須要棲之淡泊然後爲得？且此心是簡什麽，又如何其可棲也耶？聖賢之言無精粗巨細，無非本心天理之妙。若真看得破，便成己成物更無二致，內外本末一以貫之，豈獨爲資吾神、養吾真者而設哉？若將聖賢之言作如此看，直是全無交涉。聖門之學所以與異端不同者，灼然在此，若看不破，便直喚作"謗釋氏"亦何足怪？吾友若信得及，且做年歲工夫，屏除舊習，案上只看六經、《語》、《孟》及程氏文字，著開擴心胸，向一切事物上理會，第一不得喚作塵事昏心也。方知"體用一源、顯微無間"是真實語，不但做兩句好言語説，爲資神養真、胡荼自已之説而已也。

又承見警，此則甚荷相愛之深。然儒者之學，於此亦只是順理而已，當顯則顯，當默則默。若涵養深淳，則發必中節，更無差互。既未到此地位，自是隨其氣習所發不同。然若一向矯枉過直，則柔弱者必致狂暴，剛彊者必爲退縮，都不見天理之當然。惟聖門之學以求仁格物爲先，所以發處自然見得是非可否不差毫髮，其工夫到與不到，却在人。今吾友見教，要使天下之人不知有自家方做得

事,且道此一念從何處來？喚做本心得否？喚做天理得
否？直是私意上又起私意,縱使磨挫掩藏得全不發露,似
個没氣底死人,亦只是計校利害之私,與聖門求仁格物、
順理涵養氣象大段懸隔。信知儒、釋只此毫釐間,便是謬
以千里處。却望吾友更深思之,仍將此書遍呈諸同志,相
與反復商確,不可又似向來説"先覺"之義,更不與徐、柯
二丈見也。朋友商論,正要得失分明,彼此有益,何必於
此揜覆？只此是私意根株,若不拔去,使之廓然大公,何
緣見得義理真實處耶？所論好善優於天下,只是一個
"公"字,此等處何不公之甚也？《晦庵文集》卷三九。

　　案：朱熹《答石子重》(熹自去秋之中走長沙)有
云"順之此來,不及一見,所養想更純熟。留書見儆
甚至,但終有桑門伊蒲塞氣味。到家後,又寄書來,
與此間親戚問湘中議論,而曰：'謗釋氏者不須寄
來。'……又云'不如且棲心淡泊,於世少求,時玩聖賢
之言,可以資吾神、養吾真者一一勘過'。似此説話,
皆是大病"。《晦庵文集》卷四二。是許升於乾道三年
秋、冬時因來訪不值,留書而去。此留書佚。至四年初
其又致書祝氏,詢問"湘中議論"。故朱熹爲此答書,時
在四年(1168)正、二月之際,約稍先於《答石子重》書。

朱熹《答許順之》：

　　尤溪書來,議論極佳,不知平日講論於此等處有異同

否？若無異同，則亦可疑耳。擇之所見日精，工夫日密，
甚覺可畏。如熹輩，今只是見得一大綱如此，不至墮落邪
魔外道耳。若子細工夫，則豈敢望渠也？徐、柯二丈及汝
器、近思諸友相聚説何等話？向者程舶來求語録本子去
刊，因屬令送下邑中，委諸公分校。近得信却不送往，只
令葉學古就城中獨校，如此成何文字？已再作書答之，再
送下覆校。千萬與二丈、三友子細校過。但説釋氏處不
可上下其手，此是四海九州千年萬歲文字，非一己之私
也。近聞越州洪适欲刊張子韶經解，爲之憂歎不能去懷。
若見得孟子正人心、承三聖意思，方知此心不是苟然也。
《二先生集》一部納去，可與二丈及林、王、陳諸友同看。
已有一本并《通書》送縣學。《通書》偶盡，且寄此去，亦適
值只有此一本，不能徧寄耳。聞已喫肉，甚善。推此類而擴
充，則異説不能惑矣。　《晦庵文集》卷三九。

　　案：朱熹《答石子重》（熹自去秋之中走長沙）有
云“聞洪适在會稽盡取張子韶經解板行”。《晦庵文
集》卷四二。又朱熹下書（承上巳日書）述及“承上巳
日書，知嘗到城中校書曲折”。故推知本書撰於是年
二月中、下旬，稍後於《答石子重》書。

朱熹《答許順之》：

　　承上巳日書，知嘗到城中校書曲折，甚慰甚慰。但且
據舊本爲定，若顯然謬誤，商量改正不妨。其有闕誤可

疑，無可依據者，寧且存之，以俟後學，切不可以私意輒有
更改。蓋前賢指意深遠，容易更改，或失本真，以誤後來，
其罪將有所歸，不可容易。千萬千萬。舊來亦好妄意有
所增損，近來或得別本證之，或自思索看破，極有可笑者。
或得朋友指出。所幸當時只是附注其傍，不曾全然塗改耳。
亦嘗爲人校書，誤以意改一兩處，追之不及，至今以爲恨
也。《晦庵文集》卷三九。

案：許升上巳來書佚。朱熹本書乃承許升來
書，當撰於三月間。

朱熹《答許順之》：

文字鏤板有次第否？無異論否？徐、柯二丈通問否？
學之不講，似是而非之論肆行而莫之禁，所欲言者，非書
可既。《晦庵文集》卷三九。

案：據上書（承上巳日書）所論乃校文字事，本
書已詢問“文字鏤板有次第否”，則當在是年夏。

朱熹《答許順之》：

石兄書來，云順之旦夕到彼。深欲去相聚，以此間事緒
牽繫動不得。屈指月日，直到來年春夏間始得少間耳。幼
兒未有讀書處，甚以爲撓，地遠，不能遣去尤溪，甚可恨也。
經閣所要二書，偶未有本，俟有寄去。《晦庵文集》卷三九。

案：石兄即石𡼖，據石𡼖《韋齋記跋》云，石於乾

道七年知尤溪縣。《豫章文集》卷一六。又朱熹於是年
冬《答石子重》(國材苦學最可念)詢及"順之有來期
未",而據朱熹《答吕伯恭》(前日因便附書)云"比日
冬深,氣候暄燠。……今以舅氏之葬,當走尤溪";
(便中辱書)言及"去冬以舅氏之喪再走尤溪,逼歲方
歸",《晦庵文集》卷三三。前書撰於乾道七年十月,後
書撰於八年初。故推知本書約撰於七年(1171)中,
時預計"屈指月日,直到來年春夏間始得少間耳",然
至冬日,却因"舅氏之喪再走尤溪,逼歲方歸"。

朱熹《答許順之》:

《齋記》子細看未甚活絡,未須刊刻,如何? 學不到此
地位,彊勉鬭湊,不通檢點如此,如此便是靈驗處也。《晦
庵文集》卷三九。

> 案:《齋記》當指《克齋記》,據朱熹《克齋記》,其
> 撰於乾道壬辰(八年)。《晦庵文集》卷七七。又朱熹
> 《答林擇之》(某此碌碌如昨)云"《尤溪學記》及《克齋
> 記》近復改定",《晦庵文集》別集卷六。時在乾道九年
> 七、八月。而本書云"《齋記》子細看未甚活絡,未須
> 刊刻,如何",故推知其約撰於九年(1173)初。

朱熹《答許順之》:

熹頓首:祝弟歸,承書,知來月尤川日有講習之樂,

甚慰,信後暄暖,伏惟德履佳勝。熹此如昨,但春來弔喪
問疾,略無少暇。前月末間,元履又不起疾,交遊凋落,可
爲傷歎。而歲月如流,悔吝日積,亦將無聞而死,爲可懼
耳。所喻《孟子》疑處甚善,鄙意尋常正亦疑此。若如諸
家之説,即每事只説得一邊。要須説"口之於味"云云,此
固性之所欲,然在人則有所賦之分,在理則有不易之則,
皆命也。是以君子不謂之性而付命於天。"仁之於父子"
云云,在我則有厚薄之稟,在彼則有遇不遇之殊,是皆命
也。然有性焉,是以君子不謂之命而責成於己。須如此
看,意思方圓,無欠闕處。請試思之,更與石丈諸公參較
喻及爲幸。同安想時得書,賤累一一承問,感感。兒輩附
拜問意。餘惟以時自愛,不宣。熹再拜上狀。《晦庵文集》
卷三九。

　　案:魏掞之(元履)卒於乾道九年閏正月,《晦庵
　　文集》卷九一《國録魏公墓誌銘》。又本書言"前月末間,
　　元履又不起疾",又言"信後暄暖",故推知其約撰於
　　是年三月間。

朱熹《答許順之》:

　　尤川學政甚肅,一方向風,極可喜。擇之書來,云古
田宰聞之亦欲效顰,果爾則石宰之化不止行於尤川矣。
天下事無不可爲,但在人自彊如何耳。觀此可見也。順
之既有室家,不免略營生理。書中所説,不知當如何措

畫？此固不得不爾也。粗有衣食之資，便免俯仰於人、敗
人意思，此亦養氣之一助也。但不可汲汲皇皇、役心規利
耳。想順之於此必有處，決不至如此也。《晦庵文集》卷
三九。

　　案：據朱熹《答林擇之》（聞學中已成次第），林
用中約於乾道八年秋自尤溪歸古田。《晦庵文集》別集
卷六。朱熹於九年春、夏間《答林擇之》（聞縣庠始教）
又云“聞縣庠始教，閭里鄉風之盛”，《晦庵文集》別集卷
六。與本書所云“擇之書來，云古田宰聞之亦欲效
顰，果爾則石宰之化不止行於尤川矣”相合，故推知
其約撰於是年夏日。

朱熹《答許順之》：

　　熹頓首：便中承書，粗慰向往。比日已復秋風，不審
所履如何？伏想佳勝。閤中安好，想亦能甘淡泊，相助經
家務也。脩身齊家，只此是學，更欲別於何處留心耶？熹
因循苟且，今將老矣，而進脩之功略不加進，於此每有愧
焉。冬間或欲一到尤溪省舅母，不知彼時能來彼相聚否？
相見似無可説，別後又覺得有無限説話合商量，以此臨風
每深懷想耳。《晦庵文集》卷三九。

　　案：朱熹上書（尤川學政甚肅）云“順之既有室
家，不免略營生理”，本書云“閤中安好，想亦能甘淡
泊，相助經家務也”，知承其後。又書中云“比日已復

秋風",知其撰於秋間。

朱熹《答許順之》:

熹爲朝廷不許辭免,州府差官逼迫,甚無好況。然亦只得力伸己志,他無可言者。示喻"是吾憂也",楊、謝之說固未爲得,順之所論亦過當。唯尹公乃是發明程子之意。試更思之。似亦只是稱己勉人之意。聖人本意似只如此也。《晦庵文集》卷三九。

> 案:乾道九年五月,有旨朱熹特改左宣教郎、主管台州崇道觀。朱熹上章辭。淳熙元年三月二十六日,有旨不許辭免;復上章辭。《年譜編年》卷上。本書云"熹爲朝廷不許辭免,州府差官逼迫,甚無好況。然亦只得力伸己志,他無可言者",故推知其約撰於是年(1174)三、四月之際。

朱熹《答許順之》:

熹頓首:久不聞問,承書甚慰。信後冬溫,遠惟德履佳勝,閣中令郎均安。熹此粗安,無足言者也。所示數條,鄙意有未安者,已具紙尾。大抵舊來多以佛、老之似亂孔、孟之真,故每有過高之弊。近年方覺其非,而亦未能盡革,但時有所覺,漸趨平穩耳。順之此病尤深,當痛省察矯揉也。國材在甚處?久不得書,甚念之。因書煩致意也。鄧尉持己愛人如此,甚不易得。但今時學者輕率大言，先將恭敬退讓之心壞了，不是小病。若實有爲己之意，先去此病然後可耳。天台近得書，《易》說不知如何理會，亦未聞其詳也。向來游山之興屢謀屢失，今日杜門靜坐矣。未由會見，千萬珍重。不宣。十月十日熹再拜。《晦庵文集》卷三九。

案：朱熹上書（尤川學政甚肅）云"順之既有室家，不免略營生理"，又上書（熹頓首：便中承書）云"閤中安好"，本書於"閤中"外又問安"令郎"，知在其後，當在淳熙元年。又據書末所記，知撰於是年十月十日。

朱熹《答許順之》：

潮州有一許敬之者，聞嘗相過甚好，不知謝簿識之否？煩爲問云今在何處，因書報及。陳君詩亦佳，大凡學者勉其務實、少近名爲佳耳。《晦庵文集》卷三九。

案：本書撰時不詳。《書信編年》係於淳熙元年。待考。

許升卒於淳熙十二年。朱熹《祭許順之文》曰："維淳熙十二年四月庚辰，宣教郎、直徽猷閣、主管華州雲臺觀朱熹謹以香茶及賻幣一匹，奠於故友許君順之之靈。我官同安，諸生相從遊者多矣，其恬淡靖退無物欲之累，未有如順之者也。逮予秩滿，相與俱歸，不以千里爲遠。其後別去二十餘年，中間相見不

過一再，前歲雲臺一別，匆匆未及究其所欲言，不意
君之遽至此也。聞訃慘怛，寓此一哀，君其有靈，尚
克鑒此。尚饗。"《晦庵文集》卷八七。

許　衍

　　許衍，字平子，同安（今屬福建）人。隆興二年
（1164），以太學生伏闕上書言事。乾道八年（1172）登進
士。"嘗進《本論》二十篇，言四民利害。朱熹與書，謂其
'仁人之心，未嘗忘天下之憂，固如此也'。通判建寧，未
赴，卒"。《閩書》卷九〇。《淳熙三山志》卷八云福州"會應
廟，通仙門外，舊號靈澤。淳熙十四年（1187），安撫賈選
祈求，屢有感應，乃新廟宇。教授許衍爲記。是歲九月，奏
改今額"。是知其當卒於光宗以後。

朱熹《答許平仲衍》：

　　仁人之心，未嘗忘天下之憂，固如此也。漳、泉、汀三
州經界未行，許公條究甚悉，監司、郡守未有舉行者。《朱
子大同集》卷七。

　　　　案：此書，《朱熹佚文輯考》云約紹興二十七年
　　作，《朱子遺集》云紹興中作。據朱子《經界申諸司
　　狀》，紹興二十三、四年間，朱子欲於縣中推行經界，
　　未果。《晦庵文集》卷二一。清館臣《朱子大同集提要》

云"是集皆朱子官同安時所作"。推知此書似作於紹興二十四年(1154)或以後。

許中應

許中應,東陽(今屬浙江)人。淳熙十一年(1184)進士,官定城令。《浙江通志》卷一二六。紹熙間,爲鄂州州學教授。《明一統志》卷五九。

朱熹《答許生中應》:

去歲薛象先過此,極道左右賢德令聞之美,甚恨跧伏,無因緣相見。今者乃承惠書一通,反復讀之,益見所以求道鄉學之意,深以爲幸。至於稱引前輩,比擬非倫,則有所不敢當也。

左右以應舉覓官、美名好事之學爲不足學,而欲講乎義理,以求脩己治人之方,固已不繆於所趨矣。夫道之體用盈於天地之間,古先聖人既深得之,而慮後世之不能以達此,於是立言垂教,自本至末,所以提撕誨於後人者無所不備。學者正當熟讀其書、精求其義,考之吾心以求其實,參之事物以驗其歸,則日用之間諷誦思存,應務接物無一事之不切於己矣。

來喻乃謂讀書逐於文義,玩索墮於意見,而非所以爲切己之實,則愚有所不知其説也。世衰道微、異論蠭起,近年以來，乃有假佛釋之似以亂孔孟之實者。其法首以讀書窮理爲大禁，常欲學者注其心於茫昧不可知之地，以僥倖一旦恍然獨見，然後爲得。蓋亦有自謂得之者矣，而察其容貌辭氣之間、脩己治人之際，乃與聖賢之學有大不相似者。左右於此無乃亦惑其說而未能忘耶？夫讀書不求文義，玩索都無意見，此正近年釋氏所謂看話頭者。世俗書有所謂《大慧語錄》者，其說甚詳，試取一觀，則其來歷見矣。若曰儒釋之妙本自一同，則凡彼之所以賊恩害義、傷風壞教，聖賢之所大不安者，彼既悟道之後，乃益信其爲幻妄而處之愈安，則亦不待他求而邪正是非已判然於此矣。

又如所謂寧有人皆得見之過，無或有不睹不聞之欺。夫《中庸》之言，正謂道體流行，初無間斷，是以無所不致其戒懼，非謂獨戒懼乎隱微而忽略其顯著也。若如來喻，則人所共見之處間斷多矣。而曰"循是存養，不疾不徐"，吾恐其未免爲好高欲速之尤者也。至如孟子所謂非義襲而取之，文義本自分明，而今學者未嘗細考，但據口耳相承，以至施安失所者蓋十人而二五也。既勤下問，不敢不盡其愚。然亦未暇詳究其曲折，幸深察之，當否俟報也。

近至富沙，見陳守舍人說及建閣藏書事，欲以記文見委，而未得其詳。今收張卿元善、蔡兄季通書，備見首末。偶數日脚氣發作，不能飲食，而右臂亦痛，至不能親執筆，憊臥支離，口占布此。知代期不遠，他日病起，草得記成，當因薛卿轉達代者，或同官中必有能竟其事者，但恐文詞鄙俚，議論不同，未必可用耳。《晦庵文集》卷六〇。

　　案：書中言及"近至富沙，見陳守舍人説及建閣藏書事，欲以記文見委，而未得其詳。今收張卿元善、蔡兄季通書，備見首末。……他日病起，草得記成，當因薛卿轉達代者"，乃指朱熹《鄂州州學稽古閣記》，閣建"始於紹熙辛亥之冬，而訖於明年之夏。……既成，因予之友蔡君元定以来請曰：'願有記也。'"記成於四年癸丑九月甲子朔旦。《晦庵文集》卷八〇。朱熹《答蔡季通癸丑三月二十一日》中云"閣記固難遽辦，又適此數日脚氣雖輕而未愈，今旦右臂下自爪掌以上，連肩背，無處不痛，寒熱大作，其勢非更數日，卒未能定。不知許教既滿，彼中代者爲誰？或同官中別有可託以竟此事者爲誰？亦已作書報之。及與元善説，俟此間病愈，一面捺合成，當尋的便寄薛卿處與之，當無不達也"，《晦庵文集》續集卷二。其"亦已作書報之"，即指本書。故推知本書約紹熙四年(1193)三月二十一日稍前。

許子春

　　許子春，字景陽，泉州同安（今屬福建）人。《勉齋集》卷一七《答余瞻之》注。從朱熹游。《閩中理學淵源考》卷一八云其名景陽，字子春。似不確。

朱熹《答許景陽》：

一別十年，彼此皆非復往時矣。近見《槐陰問答》，覺得所論皆太寬緩。此非言語之病，乃是用功處不緊切耳。來書所論未發之中，恐不如此，似看得太過了。只是此理，對惡而言則謂之善，對濁而言則謂之清，對四旁而言則謂之中，初非有二物，但唯聖人爲能全之，以致其用，衆人則雖有而不能自知，是以汩於物欲而亂之耳。

曾子之説似亦未然，嘗謂夫子此機如決積水於千仞之壑，故當時曾子一聞便透，更無疑滯。若如所喻，則夫子方是教它曾子漸次消磨，曾子元未及下功夫，如何便應得箇"唯"字也？此等處且宜虛心玩味，不可輕易立説也。《晦庵文集》卷五三。

案：據朱熹《題尋真觀》云"新安朱某仲晦、永嘉薛洪持志、永嘉張揚卿清叟、……温陵許子春景陽、廬陵郭植廷植、長樂余隅占之、臨淮張彦先致遠，淳熙辛丑後三月丙戌至此"。《晦庵文集》別集卷七。辛丑乃淳熙八年。本書有云"一別十年，彼此皆非復往時矣"，故推知其約撰於紹熙元年（1190）間。

薛季宣

薛季宣（1134—1173），字士龍，永嘉（今浙江温州）人。年十七，"獲事袁溉，溉嘗從程頤學，盡以其學授之。

季宣既得溉學，於古封建、井田、鄉遂、司馬法之制靡不研究講畫，皆可行於時"。歷遷大理正，出知湖州。改知常州，未上，乾道九年七月戊申卒於家，年四十。《浪語集》卷三五吕祖謙《薛公墓誌銘》。於《詩》、《書》、《春秋》、《中庸》、《大學》、《論語》皆有訓義，藏於家。其雜著曰《浪語集》。《宋史》卷四三四有傳。

薛季宣《與朱編修書》：

　　某永嘉之世，先子舍人嘗從文定胡先生學。某少失怙恃，世父哀而字之。未冠，世父亦亡。迫於婚宦，家學淪替掃地，非復遺餘。竊不自量，念弓冶之將墜，痛策駑鈍，料理書學。雖夙夜兢兢，惟憂間斷，其如天資凡下，易爲廢闕，狂奴故態，每每投閒而作，自治不給，乃與事物應酬，方寸勃谿，動輒傷事。士夫喜以目聽謂之曰能，豈不自知，但無可入耳。思得有道取正，悵悵然未知所之。竊聞講道甌、閩，作成善類，鄒、魯之教，西洛之學，彷彿尚猶見之。正始之風，何意復聞於此？喜幸喜幸。所恨一官夗繫，願摳衣而求教未能也。飢渴之況，未足形容願見之心，久欲奉尺一之書，疑於無因而至。念托士夫之後，盍以聲氣相求，必識面而後交，歲月不吾與也。鄉人鄭郎中景望，某所畏事者，林擇之學於門下，嘗與之進景望，辱知遇矣。某過景望，因獲交於擇之。擇之弟擴之見訪吳興，自言亦門下士，不因其歸求教，幾自絶爾。在禮，士不介

不見，茲某庶幾焉者。琢磨之賜，繼今方有望焉。某不自
詭交之淺，敢有謏聞之獻。伏審明揚昭代，屢賜弓招，引
義牢辭，不忍屑就，此固足以廉頑敦薄，誠近世所無有。
區區之見，竊有所疑。仲尼出處周旋，某謂盡可師法，他
人過與不及，以爲賢則有之，曰可通行，非中庸之道也。
居身過厚，蒿目斯人，不一援手捄之，此遯世絕俗之士，意
非執事所與。今百姓病矣，惟明於醫國者爲能再生之。
聖人於魯定、衛靈未嘗不切切於遇，納約自牖，要非一日
之積。必若伊尹之學，恐不可以望人于秦、漢之後也。某
守身不固，已失足於時矣。通記之初，乃效鄙夫之見，取
予皆未必是，尚須察而聽之。必不可爲，徐去非晚，伏幸
念存。湖學權輿於胡安定，本朝人物之盛，由來造端於
此。今也齋室如故，流風泯滅。某假（手）〔守〕無術，日夕
疲於期會，困於鞭督，雖戴星出入，曾救過之不暇，教養之
事，未遑議也。未知何以處此，惟幾不屑教誨，或能黽勉
從事，尚有補耳。何當覿見，一洗我心，伏祈進德，惟時頤
養蒙正，以斯道光明於世。《浪語集》卷二三。

　　案：據《嘉泰吳興志》卷一四《郡守題名》，乾道
八年（壬辰）八月，薛季宣以右通直郎知湖州，轉右奉
議郎，九年二月改知常州。又據朱熹乾道壬辰九月丙
午所撰《林允中字序》云林允中字擴之，“今年還自吳
中，過予潭溪之上，留語三日”。《晦庵文集》卷七五。故知
本書撰於是年（1172）八月中，由林允中自湖州攜至。

朱熹《答薛士龍季宣》：

熹竊伏窮山，講服盛名之日久矣。去年邂逅林擇之，歸自宣城，又能道餘論一二，皆成己成物之大致。區區益願承教於前，顧以憂患之餘，屏迹田里，而執事名問方昭，德業方起，隱顯異趣，私竊揣料，未容遽遂鄙懷，則亦悵然太息而已。茲者林擴之之來，乃知榮膺睿眷，出試輔藩，宣布之初，譽處休洽，深以爲慰。又蒙不鄙，遠貽書翰，所以教告甚悉。擴之又以所聞相與推說，皆平生所深欲聞者，感幸之至，不容於心。然而三復來教，則有熹愚不敢當者二焉，請陳其說而左右者察之。

熹自少愚鈍，事事不能及人。顧嘗側聞先生君子之餘教，粗知有志於學，而求之不得其術，蓋舍近求遠，處下窺高，馳心空妙之域者二十餘年。比乃困而自悔，始復退而求之於句讀文義之間，謹之於視聽言動之際，而亦未有聞也。方將與同志一二友朋并心合力以從事於其間，庶幾銖積絲累，分寸躋攀，以幸其粗知理義之實，不爲小人之歸，而歲月侵尋，齒髮遽如許矣，懍然大懼日力之不足，思得求助於當世有道之君子以速其進而未得也。執事乃不知此，而反以講道教人之事期之，此熹之所以不敢當者一也。

至於聖賢出處之義，則亦略聞之矣。顧以材智淺劣，自知甚明，而又學無所成，不堪酬酢，故自十數年來，日益摧縮，不敢復有當世之念。雖昨來奉親之日急於甘旨之奉，猶不敢自彊其所不足以犯世患，矧今孤露餘生，形神凋喪，懶廢無用，益甚於前，誠不忍復爲影縷結綬之計，以重不孝之罪。是以杜門空山，甘忍窮寂，以遂區區之志，而庶幾或寡過焉。執事又不知此，而反以行道濟時之事責之，此熹所以不敢當者二也。

感服至意，無以爲謝，敢布腹心，伏惟加憐察焉。繼此儻未斥絶，尚冀有以警誨之，使不迷於入德之塗，則執事之賜厚矣。它非所敢望也。

湖學之盛，甲於東南，而其湮廢亦已久矣。蓋自熙寧設置教官之後，學者不復得自擇師，是以學校之政名存實亡，而人才之出不復如當日之盛。今得賢太守身爲之師，其必將有變矣。然竊嘗讀安定之書，考其所學，蓋不出乎章句誦説之間。以近歲學者高明自得之論校之，其卑甚矣。然以古準今，則其虛實淳漓、輕重厚薄之效，其不相逮至遠。是以嘗竊疑之，敢因垂問之及而請質焉。因風見教及此，幸甚。又聞慶曆間嘗取湖學規制行之太學，不知當時所取果何事也？求諸故府，必尚有可考者，得令書吏録以見賜，則又幸甚。相望之遠，無由造前請益，所欲言者何啻萬端。遙想郡齋之間，伏紙不勝引領。《晦庵文集》卷三八。

案：本書校記云：其題，淳熙本作“答薛湖州”。本書乃答薛季宣上書（某永嘉之世），約撰於九月或稍後。

薛季宣《又與朱編修書》：

即日新春尚凛，伏惟養蒙黨里，自天祐之，台候動止萬福。某仰德之高，聞風之說，於今蓋有年矣，以無因而前，無介而見，有所不敢。去秋林擴之見過，具道其兄擇之不以某之庸不肖，亟以姓名誤聽，且蒙誘掖之意，以故忘其愚且鄙也，輒冒貢以尺書。仰蒙大度納汙，不見誅絕，教翰寵答，慰藉勤拳。自顧何人，奚以取此？感愧之劇，未易名言。誨喻諄諄，仰見嚴於出處之際。某滔滔昧進，固不足以知此。然而仁人蒿目，其將如蒼生何？將毋有莘之耕，必待禮而應也。某意無可無不可，不猶愈於甚邪？想惟高明，不以狂言動。愚見如此，其敢有隱情乎？丐一思之，勿以人廢言也。下問湖學，其興廢之所由來，誠如高旨，甚可惜者。異時作人之地，今爲利害之場與刑名之習耳。慶曆所取，則今學規與夫作院制器之法，故府焚於延火，求之略無可證。詢之耆舊，亦無存者。惟聞學之齋館與伸道、義勝、澡德、誠明四齋爲安定舊名，餘不可見。時雖分藝以教，蓋初不以名齋。士雖學書，不廢騎射琴瑟。今齋館中射堂尚存，泮池之旁猶有樂齋之目。門人之盛，後皆鑱名《登科記》中。學中舊存當時賜書與孔子、伯魚畫像，亡軼殆盡。比方略整齊之，此外無傳，可爲傷歎。爲之師匠，某何者，而辱望以此邪？然與朋友共成之，不敢不勉，方懼罪斥，詎能如所欲哉？教以安定之傳，蓋不出乎章句誦說，校之近歲高明自得之學，其效遠不相逮。要終而論,真確實語也。某何足以知此,蒙誨之及,故敢言之。子路"何必讀書",孔子惡其佞;子夏"必謂之學",不可謂不知言。二者豈無説邪? 昧者盍少思之。嘗謂翼之先生所以教人,得于古之灑掃應對進退,知其説者,徐仲車爾。餘子類能有立於世,是皆舉其一端。介甫詩以宰相期之,特窺其緒餘耳。成人成己,衆人未足以知之。且君子道無精粗,無小大,是故致廣大者必盡精微,極高明者必道中庸。滯于一方,要爲徒法、徒善。漢儒之陋,則有所謂章句家法,異端之教,則有所謂不立文字。稽於"政在方册,人存乃舉",禮儀威儀,待人以行,智者觀之,不待辨而章矣。民之秉彝,向也明於西洛,今焉泯泯,舍門下其誰取正? 傾困自獻,庶幾擊而發之,毋惜鑪錘,痛加橐籥,尚祈階以有立,免爲小人之歸。此區區所望於下執者,萬丐哀而藥之。《胡先生言行録》、《范淳夫集》謾備藏史,輕凟至媿。程《易》、胡《易》,郡有模板,不敢獻所厭飫。林擇之書以浼門吏丐求,端便送之。《浪語集》卷二三。

案:薛季宣乾道九年二月罷知湖州,本書首云"即日新春尚凜",知撰於是年(1173)初。

又,《朱子語類》卷一二九載鄭可學"問:'安定平日所講論,今有傳否?'曰:'並無。薛士龍在湖州,嘗以書問之。回書云,並無。如當初取湖州學法以爲大學法,今此法無。今日法,乃蔡京之法。'"此往還書即指本書及朱熹上書(熹竊伏窮山)。

朱熹《答薛士龍》:

熹屏居窮陋,幸無他苦,而涉春以來,親友喪亡,弔問奔走不得少安,殊無好況,此外無足言者。誨諭諄複,仰荷不鄙之意。然無可不可之教,則非初學所敢自期,而待禮而應者,尤非衰陋所敢萌意也。區區之懷,前言蓋已盡之矣。萬一諸公終不察,則不過恭俟嚴譴而已,無它説也。蒙愛念之深,而其間頗有未相悉者,故敢及之。然不足爲外人道也。

垂諭湖學本末,不勝感歎。而所論胡公之學蓋得於古之所謂灑掃應對進退者,尤爲的當,警發深矣。竊意高明所以成己成物之要未嘗不在於此,而廣大精微之蘊,其所超然而獨得者,又非言之所能諭也。跧伏之蹤,未由承教於前,徒切歎仰。儻不棄外,時得惠音以鞭策之,實爲萬幸。而來教之云,倒置已甚,讀之愧汗踧踖,不知所以自容。萬望矜察。自此書來,存訪死生之外,削去虛文,直以道義啓告誘掖,此真區區所望於門下者。鄙懷悾悾,亦得無所慚憚而悉布之,以求藥石之誨。不審尊意能容而聽之否?《晦庵文集》卷三八。

案:本書校記云:其題,淳熙本作"答薛湖州"。朱熹《答呂伯恭》(伏奉近告,竊審已經祥祭)有云"薛湖州昨日又得書,其相與之意甚勤",《晦庵文集》卷三三。所言即薛季宣上書(即日新春尚凜)。朱熹《答呂伯恭》撰於乾道九年二月間,本書約撰於一時先後。

又,《經濟文衡》後集卷十六《論胡文定春秋》錄有《答薛士龍》書"胡文定《春秋》曾熟看否未"云云。按,此段文字載錄於《晦庵文集》卷六四《答劉公度》(來書深以不得卒業於湖湘爲恨)末,《經濟文衡》誤題。

薛叔似

薛叔似(1141—1221),字象先,永嘉(今浙江温州)人。游太學,解褐國子錄。累遷左補闕。光宗初除將作監,出爲江東轉運判官,俄主管冲佑觀,尋除湖北運判,移福建,召爲太常少卿兼實錄院檢討官,守秘書監權户部侍郎,後試吏部侍郎兼侍讀,充京湖宣諭使,除端明殿學士兼侍讀,以御史論,奪職罷祠。嘉定十四年卒,謚恭翼。"叔似雅慕朱熹窮道德性命之旨,談天文地理、鍾律象數之學。有藁二十卷"。《宋史》三九七有傳。

朱熹《與漕司劄子癸丑夏》:

政和縣有小路數條,通羅源、寧德海鄉,步行不過兩三程可到,故私鹽每斤不過四十五文,而官鹽則必泝流運綱,或半歲而後達,脚費不貲,故官鹽立價不得不高,每斤之直遂至不下九十文。所以從來民間只喫私鹽,而官鹽自非科抑,雖銖兩無售者。蓋縣道空乏狼狽,而州府漕司不得此縣財賦之入者有年矣。中間知縣袁采,始爲出賣落草私鹽之術，其實乃自買私鹽，而分置數坊賣之，以給歲計。自此以來，縣道稍可支吾，而州府漕司亦獲其助。但民間本自不願買喫官坊貴鹽，而不買者又有申舉追呼之擾，故行之未久，即以違法致訟而罷。於是本縣一歲但起兩綱，盡數折還州府版帳、漕司增鹽之屬，本錢雖不易辦，而官吏免得冒法賣鹽致訟，民間免得買喫官坊貴鹽以致申舉追呼之擾，比之袁宰之術，尤爲穩便。上下方以爲安，而漕使陳右司政内有司偶失契勘，却將本司積下諸州縣增鹽，用船裝載，泝流般上政和，勒令出賣，每月責認解錢五百貫文。殊不知若使政和官鹽可賣，則本縣必須自般自賣，以供公上，而積其餘以爲循環之本，前不至爲冒法行險販私之詭計，後不至爲逐綱撰本盡以還州之拙謀矣。正緣鹽不可賣，是以不得已而爲此。今乃不察，而必使之抱賣他州外縣可賣不賣之增鹽，至於移貴就賤，倒置煩擾，則又未論於民有無利害，而善理財者似亦不肯如此。自此之後，本縣遂復置坊出賣此鹽，然實計每斤只賣得四十五文，其餘四十五文無所從出。又官鹽在倉日久，亦有走滷欠折之數，乃用袁宰之餘謀，陰許管坊人潛販私鹽，以足其數。後來趂賣不上，雖已量減鹽價月額，然病根不除，使官吏日懼譴責，百姓須喫貴鹽，而漕司一歲所得，不過三、四千貫而已。於民有害，於官無利，其理甚明。竊恐高明未詳本末，敢採民言以獻。欲望台慈，特不下司，密行考究，特賜住罷，百里幸甚。《晦庵文集》卷二九。

案：本書撰於紹熙四年（癸丑，1193）夏。書中言及"而漕使陳右司政内有司偶失契勘"云云，此陳右司似指福建轉運判官陳公亮。據《福建通志》卷二一，陳公亮之後任爲薛叔似。《宋史》卷三九七《薛叔似傳》，其"尋除湖北運判，加直祕閣，移福建。召爲太常少卿，兼實録院檢討官"。而《宋史全文》卷二八云，紹熙元年夏，"知岳州劉俣會四縣版帳之額爲二萬一千餘緡，而無寨名者萬一千餘緡，乃與提點刑獄丁逢、轉運判官薛叔似議取凡無名者盡蠲之"。故推知朱熹本書當與薛叔似，時薛任福建運判。

顏　度

顏度（1124—1198），字魯子，蘇州崑山（今屬江蘇）人。兗公五十三世孫。登紹興二十七年（1157）進士第。歷海門簿、臨海令，乾道五年（1169）知長興縣，召拜監察御史，歷遷太常少卿、權工部侍郎，除江東、福建運副，知湖州，爲江東、京西運副，提舉沖佑觀。慶元四年卒，《宋人生卒行年考》。年七十五。"度與朱熹友善。孝宗謂'度每出一言，不動如山'，因以如山自號焉"。《吳郡志》卷二八、《姑蘇志》卷五一。

朱熹《與顏提舉劄子》：

熹昨者輒以撥米干冒台聽，仰荷矜憐，俯從所請。然

顯俟久之,未蒙明文行下。今復專人具稟,欲乞台慈特照
舊例,早賜開允,不勝幸甚。復有少稟:本軍米斛舊來多
就建康交納,近一兩年,忽蒙使臺改撥入都,不唯小郡頓
增水腳之費,無所從出,而舟船艱得,裝發遲緩,盤剝留
滯,耗折百端,於事有甚不便者。今亦有狀申稟,乞賜台
旨,只令赴建康府交納。儻蒙垂念,不勝厚幸。《晦庵文
集》卷二六。

案:據朱熹《答吕伯恭》云"所懇漕司者,乃是上
供餘米,兩漕近皆相許,但未得明文撥下耳",《晦庵文
集》卷三四。其書約撰於淳熙六年(1179)六月十日左
右。其所云與本書"熹昨者輒以撥米干冒台聽,仰荷
矜憐,俯從所請。然顯俟久之,未蒙明文行下"之語
合,故推知本書約撰於六月初。

提舉,指提舉江東路常平公事。《朱子年譜》、
《年譜長編》諸書皆以爲此顏提舉乃顏師魯,其實不
然。《宋史》卷三八九《顏師魯傳》云顏師魯自國子監
丞"除江東提舉,尋改使浙西"。據《吴郡志》卷七,顏
師魯於"淳熙五年十月初四日到任"浙江西路提舉常
平公事,乃是與浙西提舉潘時"兩易"其官,潘時改任
江東提舉。又《宋會要輯稿·食貨》六之二七載淳熙
"六年五月十八日,浙西提舉顏師魯"上言云云。《宋
會要輯稿·職官》七二之二三又載淳熙"六年四月五
日,江東提舉潘時、知池州趙粹中並放罷。以二人交

章相攻故也"。是朱熹爲本書時,顏師魯已至浙西任職,可知此顏提舉非顏師魯,亦非潘時之誤寫。又據《景定建康志》卷二六載有顏度於"淳熙四年十二月十三日到任"江東轉運副使,至淳熙六年十一月十九日陳損"到任"江東轉運副使。可知此顏提舉乃指顏度。至於稱"顏提舉",或爲"顏漕"之譌,朱熹《答呂伯恭》(久不聞問,正此馳情)即云"李嶧之事,顏漕已燭其妄,昨亦宛轉附之。但恐此人前路復有譸張,不得不移書朝列一二故舊,使之聞之,非有咎顏漕意也",《晦庵文集》卷三四。此顏漕正指顏度;或是因潘時罷任,此時江東路缺提舉常平,由顏度兼權故也。待考。

朱熹《與顏提舉劄子》:

熹不揆疏遠疵賤之迹,自到任來,數以職事仰干台聽,例蒙矜照,感幸已深。惟是至今未被明文行下,竊與一郡官吏軍民同切翹跂,以俟嘉命。今此又有所稟,仰祈恩施,內循進越,不勝恐悚。熹昨以星子一縣稅錢偏重,奏乞蠲減,亦已具申聞矣。今聞睿旨已下使臺,竊惟聖天子明目達聰之意,雖不間於芻蕘,至於其所決然取信而亡疑,則在明使者之一言耳。欲望台慈,早賜垂念,遣吏核實,具以上聞,使一方疲瘁遺氓速霑仁聖之休澤,不勝幸甚。至於前請,亦乞始終大賜,以慰顒顒之望。千萬,幸甚幸甚。《晦庵文集》卷二六。

案：書中言"自到任來，數以職事仰干台聽，例
蒙矜照，感幸已深。惟是至今未被明文行下"，知乃
承上書（熹昨者輒以撥米干冒台聽）而作，故推知其
約撰于六月中。

朱熹《與顔提舉劄子》：

熹瞻望使臺，無由伏謁，傾仰不自勝。長至節臨，又
不獲奉觴羣吏之後，尤切馳情，已具公牘脩慶。竊惟清名
重德，士論所歸，履茲剛長之辰，固不待祝而諸福朋來也。
熹昨者使還，蒙賜手教，復以標準新圖魯公墓帖爲貺，尤
荷不鄙之意。前此因遣牙吏部綱，嘗具稟劄，略陳固陋，
計今當已徹聽聞矣。恐或未安，更望垂誨，幸甚幸甚。撥
米二事，仰荷台念，感激尤深。蠲租之請，亦當已蒙施行
矣。區區衰拙，不堪爲吏，强顔於此，百事隳廢。若非明
使者矜而容之，種種假借，久已罪去矣。復有少懇，別紙
布之，伏乞台照。《晦庵文集》卷二六。

案：書中言及"牙吏部綱"、"撥米二事"、"蠲租之
請"諸事，知承上二書（熹昨者輒以撥米干冒台聽）、
（熹不揆疏遠疵賤之迹）。書中又云"長至節臨，又不
獲奉觴羣吏之後，尤切馳情，已具公牘脩慶"，據朱熹
《自劾不合用劄子奏事狀》云"近於今年六月二十二
日，因本軍陳乞蠲減稅錢事，曾具劄子奏聞"。《晦庵文

集》卷二二。故知本書乃撰於六月二十二日長至節。

朱熹《與顏提舉劄子》：

熹復有少稟：敝郡今秋少雨，晚田多旱，除星子、都昌多是早田，被災處少，唯有建昌一縣晚田數多，前此失於訪問，遂速檢放之限。近因遣佐官行縣，乃知其實，則又不容坐視，已具奏聞及申使司，而熹已具狀申省自劾矣。見亦一面遣官行視，俟見分數，當復具申使司，得賜矜從，略與減放，不勝幸甚。星子王令老成篤實，邑人甚愛之，同官中如其比者蓋少也。小郡荒涼，人材衰乏，同官中可任者不過三數人，其間又有有才而過當，其他則又難言。所以凡事費力，不能滿人意。誠無心顏久尸榮禄，自劾之請既上，即束裝以俟罷遣矣。每荷垂念，故敢并及之。《晦庵文集》卷二六。

案：《年譜長編》云淳熙六年十月，朱熹因建昌縣秋旱失於檢放，致人户流移，申省自劾。本書云"敝郡今秋少雨，晚田多旱，……唯有建昌一縣晚田數多，前此失於訪問，遂速檢放之限"，知本書撰於十月中。

朱熹《答顏魯子》：

熹昨蒙諭及深衣，謹并幅巾大帶納上，皆温公遺製也。但帶當結處合有黑紐之組，所未能備。其説見於《書儀》本章，可考而增益也。又有黑履，亦見《書儀》，此不敢納呈。去古益遠，其冠服制度僅存而可攷者獨有此耳。然遠方士子亦所罕見，往往人自爲制，詭異不經，近於服妖，甚可歎也。若得當世博聞好禮者表而出之，以廣其傳，庶幾其不泯乎！《晦庵文集》卷三七。

案：據朱熹下書（蒙諭深衣約紐），推知本書約語録於淳熙八年（1181）上半年。

朱熹《答顏魯子》：

蒙諭深衣約紐，正所未曉。向借得者，亦闕此制。但既云“條似紳而加闊”，即與今之區條相似，不知其制果如何？又今法服背後垂綬亦是古組綬之遺象，不記其以何物爲之，恐亦可參考，却俟訂正垂教也。又承垂諭景望“謙卦忌盈”之説，未審曲折。并薛氏鬼神事，於此素亦未能无疑。顧恨未得面扣其旨，以袪所惑。或恐有可以言語發明者，幸因筆及之也。熹忽例蒙誤恩，寬其致旱之罪而過録微勞，皆出推借之及。初不敢辭，適郡人應募賑濟者數家合得官資皆未放行，義難先受，不免申堂辭免，并乞早與推恩矣。恐欲知其曲折，故敢及之，非敢固爲矯激也。《晦庵文集》卷三七。

案：書中所謂“例蒙誤恩”，指淳熙八年七月除朱熹直秘閣事。據朱熹《辭免直秘閣狀》，云“七月十七日三省同奉聖旨，以熹昨任南康軍日修舉荒政，民無流殍，可除直秘閣"。十八日辭，並乞先推恩"南康軍賑濟人户張世亨等四名合依元降賞格補授文武官資者"。《晦庵文集》卷二二。故推知本書約撰於七月下旬或稍後。

朱熹《與福建顏漕劄子》：

前日已被改除信劄，傳聞會稽斗米八百錢，其勢不容辭避，已申乞奏事矣。邵武勢須四、五日間方得歸，即治裝以俟命。萬一成行，恐不復得請教，不勝引領之懷。凡所以居官治民及救荒方略有可見教者，尚冀不鄙，幸甚幸甚。

道間詢問收成次第，云僅可得六、七分。今又遭雨，若未遽止，即不得及此數矣。恐欲聞其實，故敢及之。《晦庵文集》卷二六。

案：朱熹《除浙東提舉乞奏事狀》云"右熹今月二十二日準尚書省劄子奉聖旨改除前件差遣"，《晦庵文集》卷二二。又《延和奏劄三》云"臣疏繆不材，遠迹林野，陛下過聽，畀以郡符，已試罔功，復叨使指，誤恩橫被，又忝職名，方具辭免之間，忽於九月二十二日恭被改除之命"。《晦庵文集》卷一三。而本書乃云"前日已被改除信劄，傳聞會稽斗米八百錢，其勢不容辭避，已申乞奏事矣"，則推知其約撰於淳熙八年九、十月之際。顏漕，指顏度時已自江東運副改任福建運副。

朱熹《與顔漕劄子》：

熹衰病之餘，彊顔一出，適此大侵，費縣官數十萬，而越人之殍猶不可以數計。俯仰幽明，踽踽憂愧，殆未易以言喻也。加以伉拙，不堪世俗之迫隘，中間求去不得，復此宿留。今幸二麥登場，賑救訖事，見攢帳目申發，即尋前請，庶幾觀變玩占，可以無大過耳。浙東山佳處都未得放懷登覽，剡中雖兩到，然憂累方深，無復佳興也。若便得報罷，當取道石橋、龍湫以歸，庶不負此行耳。前承枉書，竊審軺車一出，周徧八郡，狂寇束手，姦民屏息，山谷困窮受賜多矣。他可以爲一方久遠計者，尚冀高明慮之，千萬幸甚。《晦庵文集》卷二六。

案：書中言"彊顔一出，適此大侵，費縣官數十萬，而越人之殍猶不可以數計"，指朱熹任浙江提舉往浙東救荒事。書中又言"今幸二麥登場，賑救訖事"，故推知其約撰於淳熙九年(1182)夏中。

顔椅、顔招

顔椅，字伯奇。顔招，顔椅弟。餘不詳。

朱熹《答顔伯奇昆仲椅、招》：

聖門設教，具有科條，持守講習，要當各致其功，無所偏廢，而不使有頃刻之間斷焉，則當有以自得其趣矣。

《晦庵文集》卷六〇。

> 案：本書撰時未詳。《書信編年》云疑在淳熙十
> 六年(1189)以後。待考。

顏　鑄

顏鑄，字子壽，永嘉(今屬浙江)人。紹熙元年(1190)
余復榜進士。《浙江通志》卷一二六。

朱熹《答顏子壽鑄》：

昨辱枉顧，并示長書，具悉雅意。但君子行身自有法
義，固不求於苟異，亦不期於必同。至於行道濟時、用舍
行藏，又有非人力所能必致者。聖賢之教，歷歷可考。如
賢者之所論，是乃謀利計功之意，非熹之所敢聞也。大率
近世此説甚熾，人心不正而習俗不美，正坐此耳。願更思
之，毋爲卒陷溺也。《晦庵文集》卷五八。

> 案：本書撰時未詳。《書信編年》以爲書中所謂
> 近世“謀利計功”之説當指浙中諸人，故係本書於淳
> 熙十二年(1185)或稍後。待考。

顏子堅

顏子堅，建昌(今江西南城)人。陸九淵《與詹子南》

（廖倅處送至四月二十四日書）稱"顏子堅既以去髮胡服，非吾人矣。此人質性本亦虛妄，故卒至此"。《陸九淵集》卷一〇。知其嘗從學於象山，後出家爲僧。

朱熹《答顏子堅》：

包顯道在此，數稱吾子之賢，每恨未獲一見。辱書，備見雅志，亦足以當晤言矣。然所謂古人學問不在簡編，必有所謂統之宗、會之元者，則僕之愚於此有未諭也。聖人教人博文約禮、學問思辨而力行之，自灑掃應對、章句誦説以至於精義入神、酬酢萬變，其序不可誣也。若曰學以躬行心得爲貴，而不專於簡編則可，若曰不在簡編而惟統宗會元之求，則是妄意躐等，以陷于邪説詖行之流，而非聖賢所傳之正矣。抑觀來書詞氣之間輕揚傲誕，殊無謹厚篤實之意，意者吾子於下學之功有未嘗加之意者。不知往年見張、陸二君子，其所以相告者果何事也？又聞不念身體髮膚之重、天叙天秩之隆，方將毀冠裂冕以從夷狄之教，則又深爲惘然。不意吾子知尊敬夫而所趨者若是，豈亦所謂統宗會元者之爲祟，而使吾子至於此邪？顯道不能諫止，已失朋友之職。節夫更有助緣，尤非君子愛人之意也。聞已得祠曹牒，髠剃有期，急作此附遞奉報。願吾子於此更入思慮，或意已決，亦且更與子静謀之，必無異論而後爲之，似亦未晚。如曰不然，則道不同不相爲謀，僕不知所以爲子計矣。《晦庵文集》卷五五。

　　案：本書校記云：淳熙本其題作"答建昌顔君子堅書"；又"包顯道在此"句上，淳熙本有"七月九日某頓首復書顔君足下"十三字；"僕不知所以爲子計矣"句下，淳熙本有"秋氣向涼餘惟自愛"八字。

　　包顯道即包揚，於淳熙十年春、夏之際與諸葛千能同來武夷問學。《年譜長編》卷上。本書云及"包顯道在此，數稱吾子之賢，每恨未獲一見"，故推知其撰於是年(1183)七月九日。

嚴士敦

　　嚴士敦，字居厚。嘗官剡中，與陸游交遊。《晦庵文集》卷九《題嚴居厚溪莊圖》。後棄官歸建陽溪莊。《劍南詩藁》卷三六《送嚴居厚棄官歸建陽溪莊》。慶元中又"攝事閩清"。《晦庵文集》卷八三《題嚴居厚與馬莊甫唱和詩軸》。

朱熹《答嚴居厚士敦》：

　　示喻進學加功處，甚善。觸事未能不爲事物所奪，只是未遇事時存養未熟，所以如此。然又別無他歧，不可欲速，但常存此心，勿令間斷，講明義理以栽培之，則久當純熟明快矣。科舉之習，前賢所不免，但循理安命，不追時好，則心地恬愉，自無忧迫之累。昨見所論三子具體而微，似未免太徇時好。然務爲奇險，反使詞義俱不通暢。

久欲奉告而未及也，因此布陳，僭易僭易。

別紙喻及養氣之説，足見講學不倦之意。但此章文義正自難明，且當虛心平氣，反復諷誦，久當有味。今以迫切之心求之，正猶治絲而棼之，雖欲彊爲之説，終非吾心所安，穿鑿支離，愈叛於道矣。今且據來喻而略言之："縮"字訓"直"，《禮》書如此處多，先儒之言，似不可易。"壹"字非訓"一"，便只是"一"字，乃"專一"之意耳。記得程先生有説："志專在淫僻，豈不動氣？氣專在喜怒，豈不動志？"試以是思之，知言則知義理之所在，無毫釐之差，故日用之間有以集義而生浩然之氣。"詖淫邪遁"四字有次序，而無彼此之分。如楊、墨、釋、老之言，無不具此四者，然今亦未易遽論也。請且如前説，反復玩味，要之以久，自當釋然有解悟處。不必廣求，徒勞日力，只二先生有説處，抄出同看可也。《晦庵文集》卷四五。

案：本書撰時未詳。朱熹《答劉晦伯》（示喻文字）有云"韜仲向語及，欲來春與居厚同爲此來"，《晦庵文集》續集卷四上。《答劉晦伯》撰於淳熙九年冬，故疑本書約撰於此後，姑係於淳熙十年（1183）間。待考。

嚴世文

嚴世文，字時亨，一云字亨父，新喻（今江西新餘）人。

處士。《經義考》卷二八三。

朱熹《答嚴時亨^{世文}》：

五行之生，各一其性。

氣質是陰陽五行所爲，性即太極之全體。但論氣質之性，則此全體墮在氣質之中耳，非別有一性也。

明道言"'人生而靜'以上不容説"。

"人生而靜"是未發時，"以上"即是人物未生之時，不可謂性。才謂之性，便是人生以後，此理墮在形氣之中，不全是性之本體矣。然其本體又未嘗外此，要人即此而見得其不雜於此者耳。《易大傳》言繼善，是指未生之前。孟子言性善，是指已生之後。雖曰已生，然其本體初不相雜也。

程子以忠爲天道、恕爲人道，莫是謂忠者聖人之在己，與天同運，而恕者所以待人之道否？

聖人處己待人亦無二理，天人之別，但以體用之殊耳。

"放於利而行多怨"，南軒獨以爲己之怨人。

南軒説固有此理，只是此章語意只合如古註及程子説，不容一語可兼二意。虛心平氣，靜以察之，當自見得，不可以其近裏，而遷聖人之本意以就之也。

"發己自盡謂忠，循物無違謂信。"所謂發己，莫是奮發自揚之意否？循物無違，未曉其義如何？

“發己自盡”，但謂凡出於己者必自竭盡，而不使其有苟簡不盡之意耳，非奮發之謂也。“循物無違”，謂言語之發循其物之真實，而無所背戾，如大則言大，小則言小，言循於物，而無所違耳。

“逃墨必歸於楊，逃楊必歸於儒。”

楊、墨皆是邪説，無大輕重，但墨氏之説尤出於矯僞，不近人情而難行，故孟子之言如此，非以楊氏爲可取也。孔、墨並稱乃退之之繆，然亦未見得是與《原道》之作孰先孰後也。

簡易。引呂東萊解《禹貢》一段。

此説大概得之，然亦不必言先爲其難。大抵只是許多道理須要理會得分明後，方無窒礙，不費力而自簡易耳。如治亂繩，若不解放得開，豈能自成條理而不紛糾耶？

“三重”，當從伊川之説。

伯者之事不得爲善。此章正與上章相發明，乃是相承爲文，非隔章取義也。

六言六蔽説。

此亦但疑其文有不同耳。先立題目，又令復坐而後言之，亦似太鄭重也。《晦庵文集》卷六一。

案：本書校記曰：“而遷聖人之本意以就之也”句下，浙本有問“禮無大小，未嘗不重於食色，不可謂食色有時而重於禮。食色重處，是亦禮之重”及答

"此章無他可疑,熟讀文本,自可見矣"計四十五字。

下書(問目各已批出)載嚴世文問云"某昨來請問'五行之生也,各一其性'。……先生答云:'氣質是陰陽五行所爲,性即太極之全體。但論氣質之性,則此全體墮在氣質之中耳,非別有一性也。'"正本書中語,故推知本書約撰於慶元二年(1196)中。

又,《朱子語類》卷九五載陳文蔚所記曰:"問:'明道言:"今人説性,多是説繼之者善,如孟子言性善是也。"此莫是説性之本體不可言,凡言性者,只是説性之流出處,如孟子言乃若其情則可以爲善矣之類否?'先生點頭。後江西一學者問此。先生答書云:'《易大傳》言繼善,是指未生之前。孟子言性善,是指已生之後。'是夕,復語文蔚曰:'今日答書,覺得未是。'文蔚曰:'莫是《易》言繼善是説天道流行處,孟子言性善是説人性流出處。《易》與孟子就天人分上各以流出處言,明道則假彼以明此耳,非如先生未生、已生之云?'曰:'然。'"即指本書。

朱熹《答嚴時亨》:

問目各已批出,請更詳之。《禮書》近方略成綱目,但疏義、雜書中功夫尚多,不知餘年能了此事否? 當時若得時亨諸友在近相助,當亦汗青有期也。浙中朋友數人,亦知首尾,亦苦不得相聚。未有見日,千萬自愛,更於義理切身處著實進得一步，則所以守此身者，不待勉而固矣。

　　某昨來請問"五行之生也，各一其性"。《傳》云："五行之生，隨其氣質而所稟不同，所謂'各一其性'也。各一其性，則渾然太極之全體，無不各具於一物之中，而性之無不在，又可見矣。"各一其性，周子之意固是指五行之氣質，然水之潤下，火之炎上，木之曲直，金之從革，土之稼穡，此但可以見其氣質之性所稟不同，卻如何便見得太極之全體無不各具於一物之中，而性此"性"字是指其義理之性。之無不在也？莫是如上一節所謂"五行異質而不能外乎陰陽，陰陽異位而皆不能離乎太極"，即此可見得否？覺得此處傳文似猶欠一二轉語，每讀至此，未能釋然。先生答云："氣質是陰陽五行所為，性即太極之全體。但論氣質之性，則此全體墮在氣質之中耳，非別有一性也。"某反復思之，誠非別有一性，然觀聖賢說性，有是指義理而言者，有是指氣稟而言者，卻不容無分別。敬讀誨語謂"氣質是陰陽五行所為性，即太極之全體"，始悟周子所謂"各一其性"專是主理而言。蓋五行之氣質不同，人所共知也；而太極之理無乎不具，人所未必知也。此周子喫緊示人處。今所在板行《傳》文皆云："五行之生，隨其氣質而所稟不同，所謂各一其性也。詳此文義，這箇"性"字當指氣而言。各一其性，則渾然太極之中全體，無不各具於一物之中，而性之無不在，又可見矣。"詳此文義，這箇"性"字當是指理而言。一段之間，上下文義頗相合，恐讀者莫知所適從。若但云："五行之生，雖其氣質所稟不同，而渾然太極之全體，無不各具於一物之中，所謂各一其性。"如此，則辭約而義明，正是回教所謂"全體墮在氣質之中"底意思，伏乞指教。

陰陽五行之爲性，各是一氣所稟，而性則一也。故自陰陽五行而言之，則不能無偏。而人稟其全，所以得其秀而最靈也。

某昨來請問：明道先生云："'人生而靜'以上不容説，才説性時，便已不是性也。""凡人説性，只是説'繼之者善也'，孟子言性善是也。"夫"人生而靜"是喜怒哀樂未發之前，此已上誠有不容説者，然自孟子以來至於周、程諸先生，皆善言性者，其大要指人物所得以生之理而言，親切著明。今謂其所説皆不是性，可乎？性理之説本自精微，今謂"才説性時，便已不是性"，無乃使人致思於杳冥不可致詰之境乎？明道此段文意首尾，大要是推明人生氣稟理有善惡。竊詳《易・繫》言"繼之者善"，正謂大化流行，賦與萬物，無有不善。孟子言性善，止是言義理之性人所均稟，初無不善。皆是極本窮源之論。引此以明人生氣稟理有善惡，似不相侔。不知明道所見是如何？先生答曰："'人生而靜'是未發時，'已上'即是人物未生之時，不可謂性。'才謂之性'，便是人生以後，此理墮在形氣之中，不全是性之本體矣。然其本體又亦未嘗外此，要人即此而見得其不雜於此者耳。《易大傳》言繼善，即是指未生之前。孟子言性善，是指已生之後。雖曰已生，然其本體初不相雜也。""以上"是人物未生之時，是某思慮所未到。伏讀批誨，指示親切，却覺得先生之說甚明，而明道之說益有可疑，何者？人物未生時，乃是"一陰一陽之謂道"，而天命之流行，所謂"繼之者善"，便是"以上"事，何故言"以上不容說"？方其人物未生，固不可謂性，及人物既生，須著謂之性。雖則人生已後，此理墮在形氣中，不全是性之本體，然氣稟不能無善惡者，性之流也，義理之有善無惡者，性之本體也，然皆不可不謂之性，要在學者隨所讀書自去體認取。今謂"才說性時，便已不是性"，深恐啓人致思於杳冥不可致詰之境，而《大傳》言繼善是指未生之前，則命之道也，未可謂之性。孟子言性，是指已生之後，乃《易大傳》所謂"成之者性"，而非所謂"繼之者善"也。明道却云："凡人說性，只是說得'繼之者善'也，孟子言性善是也。"此尤不可曉。《近思錄》一書，皆是刪取諸先生精要之語，以示後學入德之門户，而首卷又是示人以道體所在，編入此段，必不是閑慢處。既有所疑，未容放下，再此扣請，乞恕再三之瀆。

此一段已詳於希遜卷中矣。明道先生如此處多，若以本文論之，則皆不可曉矣。要當忘言會意，別作一格看可也。

"子路、曾晳、冉有、公西華侍坐"一章，夫子既語之以"居則曰'不吾知也'，如或知爾，則何以哉"，正是使之盡言一旦進用，何以自見。及三子自述其才之所能堪，志之所欲爲，夫子皆不許之，而獨與曾點。看來三子所言皆是實事，曾點雖答言志之問，實未嘗言其志之所欲爲，有似逍遙物外、不屑當世之務者。而聖人與此而不與彼，何也？《集註》以爲：味曾點之言，"則見其日用之間，無非天理流行之妙，而用舍行藏，了無與於我，是雖堯、舜之事業，蓋所優爲。其視三子規規於事爲之末，不可同年而語矣"。某嘗因是而思之，爲學與爲治，本來只是一統事，它日之所用，不外乎今日所存。三子却分作兩截看了。如治軍旅，治財賦，治禮樂，與凡天下之事，皆是學者所當理會，無一件是少得底。然須先理會要教自家身心自得無欲，常常神清氣定，涵養直到清明在躬，志氣如神，則天下無不可爲之事。程子所謂"不得以天下撓己，己立後自能了當得天下事物"者是矣。夫子嘗因孟武伯之問而言："由也，千乘之國，可使治其賦也。""求也，千室之邑、百乘之家，可使爲之宰。""赤也，束帶立於朝，可使與賓客言。"聖人固已深知其才所能辦，而獨不許其仁。夫仁者體無不具，用無不該，豈但止於一才一藝而已。使三子不自安於其所已能，孜孜於求仁之是務，而好之樂之，則何暇規規於事爲之末。緣它有這箇能解橫在肚皮裏，常恐無以自見，故必欲得國而治之。一旦夫子之問有以觸其機，即各述所能。子路至於率爾而對，更無推遜。求、赤但見子路爲夫子所哂，故其辭謙退。畢竟是急於見其所長，聖門平日所與講切自身受用處，全然掉在一邊，不知今日所存，便是後日所用，見得它不容將爲學、爲治分作兩截看了，所以氣象不宏，事業不能造到至極。如曾點浴沂風雩，自得其樂，却與夫子“飯蔬食飲水，樂在其中”、顏子“簞瓢陋巷，不改其樂”襟懷相似。程子謂夫子非樂蔬食飲水也，雖蔬食飲水不能改其樂也；謂顏子非樂簞瓢陋巷也，不以貧窶累其心而改其所樂也。要知浴沂風雩，人人可爲而未必能得其樂者，正以窮達利害得以累其心，而不知其趣味耳。夫舉體遺用，潔身亂倫，聖門無如此事，全不可以此議曾點。蓋士之未用，須知舉天下之物不足以易吾天理自然之安，方是本分學者。曾點言志，乃是素其位而行，不願乎其外，無入而不自得者，故程子以爲樂而得其所也。譬如今時士子或有不知天分初無不足，游泳乎天理之中，大小大快活，反以窮居隱處爲未足以自樂，切切然要做官建立事功，方是得志，豈可謂之樂而得其所也？孟子謂：“廣土衆民，君子欲之，所樂不存焉。中天下而立，定四海之民，君子樂之，所性不存焉。君子所性，雖大行不加焉，雖窮居不損焉，分定故也。”孟子所謂君子所性，即孔子、顏子、曾點之所樂如此；如"老者安之，朋友信之，少者懷之"，物各付物，與天地同量。惟顏子所樂如此，故夫子以四代禮樂許之。此浴沂風雩，識者所以知堯、舜事業曾點固優爲之也。然知與不知在人，用與不用在時。聖賢於此，乘流則行，遇坎則止，但未用時，只知率性循理之爲樂，正以此自是一統底事故也。龜山謂堯、舜所以爲萬世法，亦只是率性而已。外邊用計用較，假饒立功業，只是人欲之私，與聖賢作處天地懸隔。如子路當蕢瞶之難，知食焉不避其難，而不知衛輒之食不可食。季氏富於周公，而求也爲之聚斂而附益之，後來所成就止於如此，正爲他不知平日率性循理便是建功立事之本，未到無入不自得處。夫子之不與，其有以知之矣。所見如此，不背馳否？乞與訂正。

此一段説得極有本末。學者立志要當如此，然其用力却有次第，已爲希遜言之矣。《晦庵文集》卷六一。

案：書中有云"《禮書》近方略成綱目，但疏義、雜書中功夫尚多，不知餘年能了此事否"，朱熹於慶元二年夏分委黃榦、吳必筶、呂祖儉等修撰《禮書》；三年三月初，《禮書》草成，定名《儀禮集傳集註》。《年譜長編》卷下。又，《朱子語類》卷四〇載潘時舉所記曰："先生令叔重讀江西嚴時亨、歐陽希遜問目，皆問曾點言志一段，以爲學之與事初非二致，學者要須涵養到清明在躬、志氣如神之地，則無事不可爲也。

先生曰：'此都説得偏了。學固着學，然事亦豈可廢也？若都不就事上學，只要便如曾點樣快活，將來却恐狂了人去也。學者要須常有三子之事業，又有曾點襟懷，方始不偏。蓋三子是就事上理會，曾點是見得大意。"即指本書而言。據《朱子語類・姓氏》，潘時舉乃癸丑（紹熙四年）以後所聞，董銖（字叔重）乃丙辰（慶元二年）以後所聞。故推知本書約撰於二年冬日前後。

朱熹《答嚴時亨》：

"生之謂性"一章，論人與物性之異，固由氣稟之不同，但究其所以然者，却是因其氣稟之不同，而所賦之理固亦有異。所以孟子分別犬之性、牛之性、人之性有不同者，而未嘗言犬之氣、牛之氣、人之氣不同也。"人之所以異於禽獸"一章亦是如此。若如所論，則孟子之言爲不當，而告子白雪、白羽、白玉之白更無差別，反爲至論矣。程先生有一處有隙中日光之論，最爲親切，更須詳味，於同中識其所異，異中見其所同，然後聖賢之言通貫反覆，都不相礙。若只據一偏，各説道理，則互相逃閃，終身間隔，無復會通之時矣。

杞柳之性，固可以爲桮棬，然須斫伐、裁截、矯揉，而後可成。故孟子言"戕賊杞柳而後可以爲桮棬也"。若杞柳可以爲桮棬而梗楠不可以爲桮棬，又是第二重道理，與此元不相入，不當引以説也。此等處須且虛心看它聖賢所説文義指意，以求義理之所當，乃爲善學。若如所論，徒爲紛擾，不惟枉費思慮言語，而反有害於窮理之實也。

多怨之説，固有此理，但恐如此包裹費力。聖人之言簡易平直，未必如此屈曲，且依程先生説爲善。

五行、太極，便與“生之謂性”相似，以爲同則同中有異，以爲異則未嘗不同。

親親、長長、貴貴、尊賢，皆天下之大經，固當各有所尚，然亦不可以此而廢彼。故鄉黨雖上齒，而有爵者則俟賓主獻酬禮畢然後入，又席于尊東，使自爲一列，不爲衆人所壓，亦不壓却它人，即所謂遵也。遵，亦作僎。如此，則長長、貴貴各不相妨，固不以齒先於爵，亦不以爵加於齒也。

祭五祀説見於《月令》註、疏甚詳，可自考之。

越紼之説，《註》雖簡，《疏》必詳。此等可自檢看。居喪不祭，伊川、横渠各有説。若論今日人家所行，則不合禮處自多，難以一概論。若用韓魏公法，則有時祭，有節祠。時祭禮繁，非居喪者所能行。節祠則其禮甚簡，雖以墨縗行事，亦無不可也。

喪禮自葬以前皆謂之奠，其禮甚簡。蓋哀不能文，而於新死者亦未忍遽以鬼神之禮事之也。自虞以後方謂之祭。故禮家又謂奠爲喪祭，而虞爲吉祭，蓋漸趣於吉也。酹酒有兩説：一用鬱邑灌地以降神，則唯天子、諸侯之禮有之，今其書亡，不可深考。一是祭酒，蓋古者飲食必祭，人以鬼神自不能祭，故代之祭也。今人雖存其禮而失其義，不可不知。

禮必本於太一，高氏説恐不然。

贛州所刊《語解》，乃是鄭舜舉侍郎者，名汝諧。中間略看，亦有好處，但如所引數條，却似未安。今且論其一二大者：如三仁之事，《左傳》、《史記》所載互有不同，但《論語》只言“微子去之”，初無面（縛）［縛］唧璧之説。今乃捨孔子而從左氏、史遷，已自難信，又不得已而曲爲之説。以爲微子之去，乃去紂而適其封國，則尤爲無所據矣。此乃人道之大變，聖賢所處事雖不同，而心則未嘗不同，故孔子歷舉而並稱之，且皆許其仁焉。更須玩索，未可輕論也。絶四之説，尤爲無理，且更虛心看《集註》中所引諸先生説，不必如此求奇，失却路脈也。《晦庵文集》卷六一。

案：本書撰時未詳，然朱熹《答歐陽希遜》（所示卷子已悉疏其後矣）有云“所示卷子已悉疏其後矣。時亨處亦有三紙，可互見也”，《晦庵文集》卷六一。疑即指本書，則本書亦撰於慶元三年（1197）中矣。

彦　修

彦修，缺姓，名里不詳。

朱熹《與彥修少府書》：

熹頓首彥修少府足下：別來三易裘葛，時想光霽，倍我遐思。黔中名勝之地，若雲山紫苑，峰勢泉聲，猶爲耳目所聞覩，足稱高懷矣。然猿啼月落，應動故鄉之情乎？熹邇來隱迹杜門，釋塵棼於講誦之餘，行簡易於禮法之外，長安日近，高臥維堅，政學荒蕪，無足爲門下道者。子潛被命涪城，知必由故人之地，敬馳數行上問，并附新茶二盞，以貢左右，少見遠懷。不盡區區，熹再拜上問彥修少府足下，仲春六日。《朱子遺集》卷三。

案：少府，縣尉別稱。史載朱熹交遊中字彥修者，無游宦黔中之經歷，不詳其爲誰。據書中“熹邇來隱迹杜門，釋塵棼於講誦之餘，行簡易於禮法之外，長安日近，高臥維堅，政學荒蕪”云云，推知其或在浙東罷歸以後，姑係於淳熙十二年（1185）間。待考。

楊伯起

楊伯起，名未詳，南康（今江西星子）人。朱熹知南康軍時嘗相從。《晦庵文集》卷八一《跋徐誠叟贈楊伯起詩》。

朱熹《答楊伯起》：

新年幾歲？精神筋力想未至衰憊如某也。白鹿舊遊恍然夢寐，但聞五老峯下新泉三疊，頗爲奇勝。計此生無由得至其下，嘗託黃商伯、陳和成摹畫以來，摩莎素墨，徒以慨歎也。江德之甚好説《易》，嘗與講論否？且看程先生《傳》亦佳。某謬説不足觀，然欲觀之，須破開肚腸，洗却五辛查滓，乃能信得及耳。又印本多錯誤，恐難會了。無由面談，聊發一笑。《晦庵文集》別集卷六。

案：朱熹《答黃商伯》（新泉之勝）有云“新泉之勝，聞之爽然自失。……或有善畫者，得爲使畫以來，幸甚”，又云“《瀑圓》、《韻譜》近方得之。圖張屋壁，坐起對之”。《晦庵文集》別集卷六。本書乃云“但聞五老峯下新泉三疊，頗爲奇勝。計此生無由得至其下，嘗託黃商伯、陳和成摹畫以來，摩莎素墨，徒以慨歎也”。知承其後。又本書云及“新年幾歲”，故推知其約撰於慶元四年（1198）初。

朱熹《答楊伯起》：

將來官滿，復歸廬阜耶？劉壻得依餘芘，幸甚。時有以警誨之乃佳。外孫聞尚附學，想蒙憐撫。《晦庵文集》別集卷六。

案：書中有云“劉壻得依餘芘，幸甚”，下書（某衰朽益甚）又云“劉壻幸得托芘，今將滿矣，不知已離彼未耶”，知承本書。故推知本書約撰於慶元四年中。

朱熹《答楊伯起》：

某衰朽益甚，已上告老之章，它蓋無足言者。劉塤幸得托芘，今將滿矣，不知已離彼未耶？李敬子得襄陽教官，見在此相聚。或傳其闕已到，未知然否？幸因便報及也。《晦庵文集》別集卷六。

案：朱熹於慶元四年十二月申建寧府，以年七十，乞保明申奏致仕。《道命錄》卷七下。五年四月守朝散大夫致仕。本書云及"某衰朽益甚，已上告老之章"，推知約在五年（1199）春間。

朱熹《答楊伯起》：

讀《易》想亦有味，此經自有規模格局，若看得破，則精粗巨細無處不可受用。如其未然，即且將其間旨意分明處反覆玩味，亦自可樂，不必深求幽遠，枉費心力也。某之謬說本未成書，往時爲人竊出印賣，更加錯誤，殊不可讀。不謂流傳已到几間，更自不足觀也。劉塤相見未豁然，亦差覺老成，此皆教誨之力也。某年來衰憊殊甚，兩足拘攣，不能移步猶是小故，而心腹之疾猶爲可慮，服藥無效，拱手俟命而已。《晦庵文集》別集卷六。

案：上書（某衰朽益甚）有云"劉塤幸得托芘，今將滿矣，不知已離彼未耶"，本書乃言"劉塤相見未豁然，亦差覺老成，此皆教誨之力也"，知承上書。

楊長孺

楊長孺,字伯子,號東山潛夫,吉州吉水(今屬江西)人。楊萬里子。歷知湖州、贛州。"端平中,以理宗之立非正,累召不起,以集賢殿修撰守中大夫致仕"。有《東山集》。《吳興備志》卷五。

朱熹《與某人書》:

十一月七日熹頓首:前日符舜功行,嘗附書,不審已達否? □至辱書,欣審比日冬寒,所履佳勝。尊丈書信已領,今有報章并藥物,却煩附去。所喻書目,極荷留意。其大者皆有之,但一二碎小者,或所未見。今具別紙,幸爲與史君求之,宛轉附來,幸甚。前書所煩借人送孫醫,不知如何? 渠若不再彼,即不須啓口,此已自使人往建昌問之矣。若在臨川,即不免別作陳史君去也。衰病寒來愈甚,氣滿胸腹,不可屈伸。數日又加痰嗽,尤覺費力。便還,口占布此,餘凡恃愛。原注:下缺十餘字。想且家居。時論反復,未有定止,奈何奈何! 慮及黄雀,良感至意。窮居索然,無以爲報,幸勿訝也。不宣。熹頓首。《朱子遺集》卷三。

案:《朱子遺集》以爲本書與楊長孺,書中所云"尊丈"即指楊萬里。楊萬里《寄朱元晦長句以牛尾貍黄雀冬貓笋伴書》曰:"大武尾裔名季貍,目如點漆膚凝脂。江夏無雙字子羽,九月授衣先着絮。何如苗園孤竹君,排霜傲雪高拂雲。子孫總角遁歸根,金相玉質芝蘭芬。三士脂韋與風節,借箸酒池俱勝絕。先生胸次有皂白,一醉不須向人說。"《誠齋集》卷三六。本書中所言"慮及黃雀,良感至意",即指此。又書中云及"所喻書目,極荷留意。其大者皆有之,但一二碎小者,或所未見。今具別紙,幸爲與史君求之,宛轉附來",乃因朱熹纂修《禮書》,頗感書缺,遂託楊長孺借書。據朱熹《答應仁仲》(久不聞問)有言"《禮書》方了得《聘禮》已前,……《覲禮》以後,黃壻攜去廬陵,與江右一二朋友成之,尚未送來",《晦庵文集》卷五四。亦與此有關。《答應仁仲》撰於慶元三年上半年,故推知本書撰於三年(1197)十一月七日。

楊大法

楊大法,字元範,婺州武義(今屬浙江)人。淳熙二年(1175)進士,累遷監察御史,尋除侍御史兼侍講,除兵部侍郎,卒。《浙江通志》卷一六一引《金華先民傳》。

朱熹《與楊教授書》:

熹昨日面懇寢罷鏤板事,未蒙深察。竊自愧恨誠意不孚,言語不足以取信於左右,欲遂息默,則事有利害,不容但已，須至再有塵瀆。蓋茲事之不可者四，而長者之未喻區區之心者一。

此書雖多前賢之説，而其去取盡出鄙見，未必中理，或誤後人。此不可之一也。政使可傳，而脩改未定，其未滿鄙意者尚多。今日流傳既廣，即將來蓋棺之後，定本雖出，恐終不免彼此異同，爲熹終身之恨。此其不可之二也。忝爲長吏於此，而使同官用學糧錢刻己所著之書，內則有朋友之譙責，外則有世俗之譏嘲。雖非本心，豈容自辨？又況孤危之蹤，無故常招吻脣，今乃自作此事，使不相悦者得以爲的而射之，不唯其啾喧咕囁使人厭聞，甚或緝以成罪，亦非難事。政如頃年魏安行刻程尚書《論語》，乃至坐贓論，此不遠之鑒。此其不可之三也。近聞婺源有人刻熹《西銘》等説，方此移書毀之。書行未幾，遽自爲此，彼之聞者，豈不怪笑？其被毀者，豈不怨怒？此又使熹重得罪於鄉黨宗族。此其不可之四也。

昨日蓋嘗以此爲懇，而執事不深曉，直以熹爲謬爲謙遜者。熹之不得已而爲此書，其不遜甚矣。正以非其一時苟作之文，是以謹之重之而不敢輕出。而平日每見朋友輕出其未成之書，使人摹印流傳而不之禁者，未嘗不病其自任之不重而自期之不遠也。區區於此實有廣己造大之羞，而執事者反謂其謬爲謙遜，而爲此不情之語，其不相察亦甚矣。

愚意迫切，不得不力懇於左右，幸辱矜照，一言罷之。

其所已刻者，熹請得以私錢奉贖毀去，而其已置之版，却得面議，別刻一書，以成仁者開廣道術之意，自不失爲善事。不審尊意以爲如何？專此布露，切冀痛察。《晦庵文集》卷二六。

　　案：朱熹於淳熙六年三月至八年三月在知南康軍任上，是時楊大法官南康軍學教授。書中言"忝爲長吏於此，而使同官用學糧錢刻己所著之書，内則有朋友之譙責，外則有世俗之譏嘲"，又言"熹昨日面懇寢罷鏤板事，未蒙深察。竊自愧恨誠意不孚，言語不足以取信於左右"，故推知本書約撰於涖任非久，或在六年(1179)下半年。

朱熹《答楊元範大法》：

承示及新著《易説》，開卷一讀，啓發已多。屬此數日諸處書問萃集，撥置不下，未及詳細。但所略看過處，其不能無疑者已兩三條。如"元亨利貞"，文王本意只是大亨而利於正耳，至《象傳》、《文言》乃有四德之説。今若依而釋之，則此乾卦只合且以陽氣推説，不應於"利"字邊以陰氣佐陽爲言。且以一木言之，萌芽則元，華葉則亨，枝幹堅彊則利，子實成熟則貞。貞則所成之實又可種而爲元，循環蓋無窮也。若但謂歸根復命，則亦不見"貞"字之意矣。此須更於天地大化通體觀察，其曲折未易以尺紙言也。

又"大明終始",乃言聖人大明乾道之終始,程先生説本如此,但《傳》中言之簡略,却是《語録》中有此意。若示乾道自能大明其終始,殊費言語,卒不成文義也。

《大有》卦"亨"、"享"二字,據《説文》本是一字,故《易》中多互用。如"王用亨于岐山",亦當爲"享",如"王用享于帝"之云也。字畫音韻是經中淺事,故先儒得其大者多不留意。然不知此等處不理會,却枉費了無限辭説牽補,而卒不得其本義,亦甚害事也。非但《易》學,凡經之説,無不如此。獨恨早衰,無精力整頓得耳。

大抵陰陽只是一氣,陰氣流行即爲陽,陽氣凝聚即爲陰,非直有二物相對也。此理甚明,周先生於《太極圖》中已言之矣。《晦庵文集》卷五○。

案:本書稱"楊元範",而非如上書作"楊教授",疑撰於楊大法離任教授之後,而書中言及"屬此數日諸處書問萃集",疑是時朱熹亦去知南康軍東歸,姑係於淳熙八年(1181)中。待考。

楊道夫

楊道夫,字仲思,崇安(今福建武夷山市)人。與從侄昂"同時受學於朱子"。子若海,亦游朱熹之門。有《語録》。《閩中理學淵源考》卷二○。《儒林宗派》卷一○云浦城人,《朱子語類·姓氏》云其"字仲愚,建寧人"。

朱熹《答楊仲思》：

來喻仁説，似亦未瑩。如云“仁以行之，則心無不一”，此語甚有病。又云“無思無慮之時，每加提省”，此亦非是。所謂敬者，只是要專一耳，初不偏在静處也。又聞尊丈遠出，不知是往何許？尊年獨旅，恐非所宜，爲子弟者當有以代其勞也。漳州陳安卿書來，甚長進，不易得也。《晦庵文集》卷五八。

　　案：書中云“漳州陳安卿書來，甚長進，不易得也”，朱熹《答李堯卿唐咨》（示及疑義）有云“安卿書來，看得道理儘密，此間諸生亦未有及之者”，《晦庵文集》卷五七。所云相符，約在同時。《答李堯卿唐咨》撰於紹熙二年（1191）末。

朱熹《答楊仲思》：

所論“仁”字，大意得之，更宜子細就此玩味，庶幾漸次簡潔分明。仍就實處加功，勿令間斷，乃實爲己物耳。不然，辨析雖精，無益於得也。《晦庵文集》卷五八。

　　案：上書（來喻仁説）云及“來喻仁説，似亦未瑩”，而本書乃云“所論‘仁’字，大意得之”，當承上書，故推知其約撰於紹熙三年（1192）間。

朱熹《答楊仲思》：

前書所問數條，皆大義也，但字義同異之間分別未明,故難遽曉。今但看横渠"形而後有氣質之性,善反之則天地之性存焉"一段,將此兩箇"性"字分別,自"生之謂性"以下,凡説"性"字者,孰是天地之性,孰是氣質之性,則其理自明矣。公、仁之説,亦是如此。公則無情,仁則有愛,公字屬理,仁字屬人。克己復禮,不容一毫之私,豈非公乎?親親仁民,而無一物之不愛,豈非仁乎?以此推之,意亦可見。《晦庵文集》卷五八。

　　案:上兩書皆論"仁"説,而本書乃論及仁、愛、性、公等,約在其後。

朱熹《答楊仲思》:

　　所示疑義,若據《易》文,即"艮其背",即是止其所之義。而伊川説作兩般,恐非經之本指。然其言止欲於無見,乃非禮勿視、勿聽之義,於學者亦不爲無用。更思之。《晦庵文集》卷五八。

　　案:本書又重載於《晦庵文集》卷五九《答楊子順》(所示疑義)。疑亦撰於紹熙三年或稍後。

楊　迪

　　楊迪,字簡卿。《福建通志》卷三四載甌寧縣(今福建建甌)人楊迪,淳熙十四年(1187)王容榜進士。當即此人,餘不詳。

朱熹《答楊簡卿迪》:

久不聞問,辱書,審聞新正以來,侍奉吉慶爲慰。又知已遂書考,又得史君薦剡,尤以爲喜。但所諭趙帥書,在吾友妙年,何遽汲汲如此? 向使前舉未登科,不成如今亦要舉狀關陞也? 平生不敢爲此,故亦不欲以此施之於人;不喜人宛轉爲人求知,故亦不欲作此等書。反復思之,無以應命。但有一言爲贈,冀賢者抗志高明,有以自拔於流俗,乃所望耳。井伯雖實相愛,然似未知所以相愛也。《晦庵文集》卷五四。

案:書中言"向使前舉未登科",又云"又知已遂書考,又得史君薦剡",知其當在淳熙十四年後。趙帥,指趙汝愚,紹熙元年十一月至二年十月知福州。《淳熙三山志》卷二二。又書中云"井伯雖實相愛,然似未知所以相愛也",與朱熹《答林井伯》(某衰病發歇不常)云"簡卿文字極荷不外,但某平生畏人來奪文字,亦自守不敢求知之戒,不敢以其所賤者施之於人,故未嘗敢作此等書"相合。《晦庵文集》別集卷四。《答林井伯》撰於紹熙二年正月中下旬或稍後,而本書又云"審聞新正以來,侍奉吉慶爲慰",則推知其約撰於是年(1191)正月中。

楊　方

楊方(1134—1211),字子直,自號澹軒老叟,汀州(今

屬福建)人。隆興元年(1163)登進士,"調弋陽尉,還,特
取道崇安,參謁朱子,面受所傳。未赴,改清遠簿",改武
寧丞。秩滿,趙汝愚帥蜀,辟爲管幹機宜文字,尋召擢宗
正寺簿,出通判吉州。淳熙末知建昌軍,召爲樞密院編修
官。寧宗立,除秘書郎,慶元元年(1195)五月出知吉州。
《南宋館閣録續録》卷八。"僞學禁興,坐汝愚、朱子黨,罷居
贛州,閉户讀書。學禁稍弛,起知攝州,至官未數月,乞祠
以歸。嘉定更化,召爲右侍郎官,進考功郎官",除直寶謨
閣、廣西提刑。嘉定四年八月,巡部至桂嶺卒,年七十八。
《粤西文載》卷三七伯温《楊先生祠碑》。所著有《寒泉語録》。
事蹟見《閩中理學淵源考》卷二七。

朱熹《答楊子直方》:

承喻太極之説,足見用力之勤,深所歎仰。然鄙意多
所未安,今且略論其一二大者,而其曲折則託季通言之。

蓋天地之間,只有動靜兩端,循環不已,更無餘事,此
之謂易。而其動其靜,則必有所以動靜之理焉,是則所謂
太極者也。聖人既指其實而名之,周子又爲之圖以象之,
其所以發明表著,可謂無餘蘊矣。原"極"之所以得名,蓋
取樞極之義,聖人謂之"太極"者,所以指夫天地萬物之根
也。周子因之而又謂之"無極"者,所以著夫無聲無臭之
妙也。然曰"無極而太極",太極本無極,則非無極之後別
生太極,而太極之上先有無極也。又曰五行陰陽,陰陽太

極，則非太極之後別生二五，而二五之上先有太極也。以
至於成男成女，化生萬物，而無極之妙蓋未始不在是焉。
此一圖之綱領，《大易》之遺意，與老子所謂物生於有，有
生於無，而以造化爲眞有始終者正南北矣。來喻乃欲一
之，所以於此圖之説多所乖礙而不得其理也。

　　熹向以太極爲體、動靜爲用，其言固有病，後已改之
曰"太極者，本然之妙也；動靜者，所乘之機也"，此則庶幾
近之。來喻疑於體用之云甚當，但所以疑之之説，則與熹
之所以改之之意，又若不相似然。蓋謂太極含動靜則可，
以本體而言也。謂太極有動靜則可，以流行而言也。若謂太
極便是動靜，則是形而上下者不可分，而"易有太極"之言
亦贅矣。其它，則季通論之已極精詳，且當就此虛心求
之，久當自明，不可別生疑慮，徒自繳繞也。

　　"持敬"之説，不必多言，但熟味"整齊嚴肅"、"嚴威儼
恪"、"動容貌"、"整思慮"、"正衣冠"、"尊瞻視"此等數語
而實加功焉，則所謂直内，所謂主一，自然不費安排而身
心肅然，表裹如一矣。豈陸棠之謂哉？彼其挾詐欺人，是
乃敬之賊耳。今反以敬之名歸之，而謂敬之實眞有不足
行者，豈不誤甚矣哉！大抵身心内外，初無間隔。所謂心
者固主乎内，而凡視聽言動、出處語默之見於外者，亦即
此心之用而未嘗離也。今於其空虛不用之處則操而存
之，於其流行運用之實則棄而不省，此於心之全體雖得其
半而失其半矣。然其所得之半，又必待有所安排布置然

後能存，故存則有揠苗助長之患，否則有舍而不芸之失。是則其所得之半，又將不足以自存而失之。孰若一主於敬而此心卓然，內外動靜之間，無一毫之隙、一息之停哉？叔京來書，尚執前說，而來喻之云亦似未見內外無間之實，故爲此說，并以寄叔京，而所以答叔京者亦并寫呈。幸詳思之，却以見告也。《晦庵文集》卷四五。

案：《年譜長編》卷上，乾道六年四月，蔡元定、何鎬、楊方等來會於寒泉。何鎬與朱熹論“敬”未合，離寒泉後再作書論辨之，朱熹爲書答之。即本書中所言“叔京來書，尚執前說”。本書又云“而來喻之云亦似未見內外無間之實，故爲此說，并以寄叔京，而所以答叔京者亦并寫呈”。所謂“答叔京者”，即朱熹《答何叔京》（示喻根本之說），其“但根本枝葉本是一貫，身心內外元無間隔。今曰專存諸內而略夫外，則是自爲間隔，而此心流行之全體常得其半而失其半也”，《晦庵文集》卷四〇。正與本書所言之義全同。《答何叔京》約撰於是年（1170）秋、冬間，故推知本書亦撰於此時。

朱熹《答楊子直》：

學者墮在語言，心實無得，固爲大病，然於語言中罕見有究竟得徹頭徹尾者，蓋資質已是不及古人，而工夫又草草，所以終身於此若存若亡，未有卓然可恃之實。近因

病後不敢極力讀書，閑中却覺有進步處，大抵孟子所論
"求其放心"是要訣爾。《晦庵文集》卷四五。

　　案：朱熹《答向伯元》(山間少得過從)有云"目
　　昏，不敢讀書，舊學寖隳，深以自歎。然閒静從容，却
　　覺意味亦深長也"，《晦庵文集》别集卷四。與本書"近
　　因病後不敢極力讀書，閑中却覺有進步處"云云相
　　合，似撰於一時先後。《答向伯元》撰於淳熙十一年
　　(1184)正月下半月。

朱熹《答楊子直》：

來書譙責不少置，不記前書云何，何所得罪，一味皇
恐而已。但來書既云"鐫責諄切"，其後又謂"不教而棄
之"，殊不可曉。如前書尚在，望令小吏録以見寄，當一一
供答，以聽裁處。熹却自覺尚且耐煩，不至如老兄激發怨
懟之深也。且如向來出川時所予書，無非怨懟之語，此非
怨熹之詞，想自記得。故竊疑之，以爲士君子去就離合之
際不當如此，因答書中頗致寬解之詞，未有相貶外處。如
後來見教政事條目，其間亦有一二心未安處，故因筆自
解，即非相貶外。不知今來所謂"貶外"是指何語？恐實
有之而熹不自覺者，即望一二疏示，容其改過，幸甚幸甚。

且如今書"四子"之説，極荷見教。然此書之目，只是
一時偶見《大學》太薄，裝不成册，難作標題，故如此寫，亦
欲見得四書次第，免被後人移易顛倒。只如《大學》，據程

先生説乃是孔氏遺書，而謂其他莫如《論》、《孟》，則其尊之固在《論語》之右，非熹之私説矣。今必欲抑之而尊《論語》，復何説乎？竊恐此意未必爲《大學》壓《論語》發，恐又只是景迂作祟，意欲擯斥《孟子》耳。萬一揣料失當，所言非是，亦告且爲平心息怒，子細見教，使得反復以究實是之歸，幸甚幸甚。

平時與老兄講論，常是不曾合殺，只被中間一句不合尊意，便蒙見怒，更不暇復論前語之是非，而一向且爭閑氣。所以老兄見教之美意，與區區獻疑之誠懇，皆不見其有益，而反積爲後日無窮之怨隙。所謂"忠告善道，不可則止"者，豈若是乎？世衰道喪，吾黨日孤，見自無事，不要似此尋事厮炒，使旁觀指目，益爲道學之病，乃是助彼自攻，古人所謂將鬬而自斷一手以求必勝者也。願老兄自今或有異同之論，且耐煩息怒而極論理之是非，則理日益明、氣日益和，雖使十反，極其紛拏，亦自無忿懟之撓矣。老兄見責不能受人盡言，而前後怨忿之詞至於如此，請出兩家之書付之識者，使其審訂，則誰爲不能受言者，必有在矣。王肅方於事上而好人佞己，此不絜矩之過也，願更思之。下交淺劣，不勝至望。《晦庵文集》卷四五。

案：書中言及"且如今書'四子'之説，極荷見教。然此書之目，只是一時偶見《大學》太薄，裝不成册，難作標題，故如此寫，亦欲見得四書次第，免被後人移易顛倒"，此"'四子'之説"，乃指朱熹紹熙改元

臘月庚寅《書臨漳所刊四子後》所論爲學用力次第以
《大學》爲首，次之以《論語》、《中庸》、《孟子》三書。
《晦庵文集》卷八二。楊方對此異議，來書論之，朱熹作
本書以答，故推知其當撰於紹熙二年(1191)中，疑在
五月末朱熹自漳州歸建陽以後。

朱熹《與楊子直書》：

熹一病沈綿，遂不能起。今遣人去下致仕文字，不知
尚及拜受否也？世間喻於義者則爲君子，喻於利者即是
小人。而近年一種議論，乃欲周旋於二者之間，回互委
曲，費盡心機，卒既不得爲君子，而其爲小人亦不索性，亦
可謂誤用其心矣。人之將死，其言也善，惟老兄念之。
《晦庵文集》卷二九。

　　案：朱熹於慶元四年十二月具申建寧府，乞保
明申奏致仕，五年三月初方"附發前去"，四月二十三
日有旨守朝奉大夫致仕。《年譜長編》卷下。本書有云
"今遣人去下致仕文字，不知尚及拜受否也"，故推知
其約撰於五年(1199)三、四月間。

朱熹《答楊子直》：

前日晦伯人還，已上狀矣。但忘記一事，欲煩爲作小
楷《四箴》百十字。今納界行去，暇日得爲揮染，甚幸。此
箴舊見只是平常説話，近乃覺其旨意之精密，真所謂"一

棒一條痕，一摑一掌血”者，故欲揭之座隅，使不失墜云耳。時節不是當，字學亦絕，故又欲得妙札，時以寓目，以祛病思，幸勿靳也。《晦庵文集》卷四五。

案：本書云及“欲煩爲作小楷《四箴》百十字。今納界行去，暇日得爲揮染”，又云“故又欲得妙札，時以寓目，以祛病思”，而下書（熹病日覺沉重）乃云“前書所求妙札，曾爲落筆否”，知承上書，故推知本書約撰於慶元五年秋、冬間。

朱熹《答楊子直此庚申閏二月二十七日書，去夢奠十二日》：

熹病日覺沉重，而醫者咸以爲可治，但服藥殊不見效，亦付之無可奈何，安坐拱手，以聽天命耳。曾光祖在此備見，當能道之也。此間諸況曲折，亦不暇詳布，渠亦可問也。

前書所求妙札，曾爲落筆否？便中早得寄示爲幸。近以書懇益公，求作先人墓碑，不知渠肯作否？若肯作又并書，即不敢奉浼，不然又當有請也。《夏小正》文已編入《禮書》，但所見數本率多舛誤，所示未暇參考，少俟功夫，子細校畢，即納還也。《四民月令》，亦見當時風俗及其治家齊整，即以嚴致平之意推尋也，亦俟抄了并納還。不知近日更得何異書？便中望見告。此却亦讀得舊書，但鍛鍊得愈純熟，亦頗有實用，不專是空言也。此間新定《參同契》，曾寄去否？如未有，可喻及，當續致也。此書理會他下手處不得,但愛其文古雅,因校此本,買櫝還珠,甚可笑也。

光祖家有泉石頗佳,已屬令去求詩,能爲出數語否? 王才臣寄示所得諸圖,幽閒淡泊,彼間風俗嗜好不同,未必識此味也。《晦庵文集》卷四五。

案:本書撰於慶元六年(1200)閏二月二十七日。

楊　復

楊復,字志仁,福州長溪(今福建霞浦)人。學者稱信齋先生。"朱子門人,後又受業於黃勉齋。勁特通敏,考索最精,見者無不歆取"。真德秀知福州,即郡學創貴德堂以處之。著《祭禮圖》十四卷、《儀禮圖解》十七卷,又有《家禮雜說附註》二卷。《閩中理學淵源考》卷二七。案:楊復,《晦庵文集》卷五八作"楊璹"。

朱熹《答楊志仁璹》:

示諭,不省所謂,然不知賢者之所爲學者,欲得之於己耶,欲見稱於人耶? 觀此用心,灼見差誤。請便就此推究來歷,痛與掃除,乃爲格物之實耳。不然,此心外馳,不著自己,徒然誦說,恐無所益也。《晦庵文集》卷五八。

案:本書撰時未詳。據下書(兩書所喻存養工夫)云云,推知本書在前,或撰於慶元四年(1198)中。待考。

朱熹《答楊志仁》:

兩書所喻存養工夫,甚喜甚慰。固知他人不能如此著實用工,但此亦是且依本分事,正不須把來作奇特想。只合趁此心地明净處大著胸懷,將世間道理精粗表裏從頭至尾理會一番,交他真箇通透,無疑礙處,方是向進。若只守此些箇,不敢放開,每看義理,亦只揀取玄妙高遠、無形無象處方肯理會,如此則遂成偏枯,倒向一邊,將爲有體無用之學,而與老、佛無以異矣。

所論理氣先後等説,正坐如此。怕説有氣,方具此理,恐成氣先於理,何故却都不看有此理後方有此氣?既有此氣,然後此理有安頓處,大而天地,細而螻蟻,其生皆是如此,又何慮天地之生無所付受耶?要之,"理"之一字不可以有無論,未有天地之時,便已如此了也。張子説得費力,惟是《太極》、《通書》數章説得極分明,熹解得又極分明,可更子細看,便自見得也。

"浩然之氣",若據孟子所言,即合儘就粗處看,不須如明道先生之説。若欲理會明道先生説底,則亦只合就日用間己身上回頭識取,不須如此説作費力也。

"日月至焉",若説顔子,即誠不可如此説。今既明言"回也其心三月不違",其餘則但能如此,則其工夫疏密久近較然可見,何爲而復有此疑耶?且曰非本文之義,則未知以本文之義爲當如何耶?

至德之論,又更難言。《論語》中只有兩處,一爲文王而發,則是對武王誓師而言。一爲泰伯而發,則是對太王翦商而言。若論其志,則文王固高於武王,而泰伯所處又高於文王。若論其事,則泰伯、王季、文王、武王皆處聖人之不得已,而泰伯爲獨全其心、表裏無憾也。不然,則又何以有"武未盡善"之歎,且以夷、齊爲得仁耶?前此諸儒説到此處,皆爲愛惜人情,宛轉回護,不敢窮究到底,所以更不敢大開口説,令人胸次憒憒。自欺自誑,此病不小,想賢者尤當疑駭,未敢以爲然也。然當更思之,若信未及,即且放下,向後時時提起,略一審玩,便自見得也。

通老聞欲見訪,顧俟其來,不及作書,因見煩爲致意。然又恨志仁有書社之守,不能偕來,爲不滿耳。《晦庵文集》卷五八。

案:朱熹《答黄直卿》(致仕文字州府只爲申省)有云"通老來未?志仁能與俱否",《晦庵文集》續集卷一。本書又云"通老聞欲見訪,……因見煩爲致意。然又恨志仁有書社之守,不能偕來,爲不滿耳",知在其前。《答黄直卿》撰於慶元四年末,故推知本書約撰於是年冬或稍前。

楊　楫

楊楫(?—1213),字通老,長溪(今福建霞浦)人。"剛介不苟合,與楊方、楊簡俱朱門高弟,號三楊"。人稱悅堂先生。舉淳熙五年(1178)進士，調莆田尉，累官司農寺簿、國子博士，轉少卿，尋出知安慶，移湖南提刑、江西運判，終朝散郎。嘉定六年卒。著有奏議及《悅堂文集》。《閩中理學淵源考》卷二四。

朱熹《與楊通老書》：

死生禍福，久已置之度外，不煩過慮。《兩朝綱目備要》卷四。

　　案：《兩朝綱目備要》卷四載：慶元二年十二月，"朱熹落職罷祠"，"竄處士蔡元定"，"時臺諫洶洶，爭欲以熹爲奇貨。門人楊楫聞鄉曲射利者多撰造事迹以投合言者，亟以書告熹，熹報曰：'死生禍福，久已置之度外，不煩過慮。'然羣憸相顧久之，不敢發，獨監察御史胡紘草疏將上，會遷去不果。沈繼祖者爲小官時，嘗採摘熹《語》、《孟》之説以自售，至是以追論程頤得爲監察御史，紘以藁授之，繼祖"遂上奏劾朱熹，遂有此貶。故推知本書約撰於是年(1196)冬中。

楊履正

　　楊履正，字子順，晉江(今屬福建)人。朱熹門人。"朱子稱其爲學細密。有生徒數百人"。《閩中理學淵源考》

卷一八。

朱熹《答楊子順》：

來書所論爲學，大意似已得之，但賢者本自會説，説得相似却不爲難，只恐體之未實，即此所説皆是空言，不濟事耳。又以後書《孟子》之説考之，即前書所謂"講明義理，以爲涵養培殖之地"者，似若未精。此處尚且未精，則其本領工夫恐未免亦類此也。孟子所云"必有事焉"，乃承上文集義而言，語脉通貫，即無"敬"字意思來歷。但反復讀之，便自見得，不假注釋矣。明道之語，却是借此四句移在"敬"字上説，非解此章文義，不若伊川先生之説爲得本文之意。然其解"正"字即是"助長"，則亦未安。記得一處説"正之之甚，遂至於助長"，此語却差近，然猶有所未盡也。若看得本文語脉分明，而詳考《集注》以究其曲折，子細識認，見得孟子當時立意造語無一字無來歷，不用穿鑿附會、枉費心力而轉無交涉矣。來書所云"孟子不肯指認説，欲學者體認此處喫緊工夫"；又云"學者纔要修身正心，便是助長，告子、釋氏之學皆坐此爾"；又云"但嫌於迂曲其文，以從注釋"。此皆非是，而第二條爲尤甚。請更詳之也。《晦庵文集》卷五九。

案：《朱子語類》卷九五載陳淳所記"楊子順問：'"涵養須用敬。"涵養甚難，心中一起一滅，如何得主一？'曰：'人心如何教他不思？如周公思兼三王，以

施四事，豈是無思？但不出於私則可。'"與本書所論
及"孟子所云'必有事焉'，乃承上文集義而言，語脉
通貫，即無'敬'字意思來歷。但反復讀之，便自見
得，不假注釋矣。明道之語，却是借此四句移在'敬'
字上説，非解此章文義，不若伊川先生之説爲得本文
之意"相關，疑楊履正先以書問二程"敬"説，而日後
來從學，又親問"涵養須用敬"之疑義。因據《朱子語
類‧姓氏》，陳淳所記乃庚戌（紹熙元年）、己未（慶元
五年）所聞，故推知本書約撰於淳熙末，故置於淳熙
十六年（1189）間。

朱熹《答楊子順履正》：

示喻具悉。古人之學雖不傳於天下，而道未嘗不在
於人心，但世之業儒者，既大爲利禄所決潰於其前，而文
詞組麗之習、見聞掇拾之工，又日夜有以滲泄之於其後，
使其心不復自知道之在是，是以雖欲慕其名而勉爲之，然
其所安，終在彼而不在此也。及其求之，而茫然如捕風繫
影之不可得，則曰此亦口耳之習耳，吾將求其躬行力踐之
實而爲之。殊不知學雖以躬行力踐爲極，然未有不由講
學窮理而後至。今惡人言仁、言恕、言《西銘》、言太極者
之紛紛，而吾乃不能一出其思慮以致察焉，是惡人説河而
甘自渴死也，豈不誤哉？承許枉臨，尚須面論。《晦庵文
集》卷五九。

　　案：《朱子語類》卷一八載陳淳所記"楊子順問
養知莫過於寡欲"，並注"寓同"。寓指徐寓。又卷九
五載陳淳所記"楊子順問涵養須用敬"，卷一一八載
陳淳所記"楊子順、楊至之、趙唐卿辭歸請教，先生
曰"云云。據《朱子語類·姓氏》，徐寓所記乃庚戌
（紹熙元年）以後所聞，陳淳所記乃庚戌、己未（慶元
己未）所聞。本書中言及"今惡人言仁、言恕、言《西
銘》、言太極者之紛紛"，其"言《西銘》、言太極者之紛
紛"當指淳熙十五年朱熹與林栗論辨事；又書中云
"承許枉臨，尚須面論"，故推知本書約撰於淳熙末、
紹熙初。

朱熹《答楊子順》：

　　謂"一陰一陽之謂道已涉形器"、"五性爲形而下者"，
恐皆未然。陰陽固是形而下者，然所以一陰一陽者，乃理
也，形而上者也。五事固是形而下者，然五常之性則理也，
形而上者也。試更思之，即可見矣。《晦庵文集》卷五九。

　　案：本書撰時未詳。然亦討論《易》義，似與下
書（所示疑義）相先後，故係於紹熙三年（1192）間。

朱熹《答楊子順》：

　　所示疑義，若據《易》文，即"艮其背"即"止其所"之
義，而伊川説作兩般，恐非經之本指。然其言止欲於無

見，乃非禮勿視、勿聽之義，於學者亦不爲無用。更思之。
《晦庵文集》卷五九。

　　案：本書又重載於《晦庵文集》卷五八《答楊仲思》（所示疑義）。《答楊仲思》約撰於紹熙三年間。

朱熹《答楊子順》：

　　所喻數條皆善。如克己復禮工夫，只是如此著實用力，久之自然見效。若只如此做閑話説過，則不濟事矣。天下歸仁，亦是略以其效言之，非是便能使天下皆知吾之仁也。但言若能如此，則雖天下之大，亦無異詞耳。人稱不稱，固非己之所急，但其效自必至此。如食而飽、飲而醉，亦固然之理也。云“天下皆歸吾仁之中”，却是太作意，説得張皇了。仁、義、禮、智，是性之四德，四端乃其發處，乃所謂情也。孟子論性，而曰“乃若其情，則可以爲善”，正指其發處以明其本體之有是耳，非直指四端爲性也。

　　鍾磬有特懸者、有編懸者。其特懸者器大而聲宏，雜奏於八音之間，則絲竹之聲皆爲所掩而不可聽，故但於起調畢曲之時擊其本律之懸，以爲作止之節。其編懸者，則聲器皆小，故可以雜奏於八音之間而不相凌也。不知今世所謂大樂者其制如何，但以理推之，意古者當如此耳。

　　魂氣之説近之，但便謂魂爲知，則又未可。大抵氣中自有箇精靈底物，即所謂魂耳。正名一義，乃可與權者之事，今以常情論之，決不能合。不若且置勿論，而於君臣、父子大倫之正深致察焉,則亦不待他求,而其輕重取舍之間當自知所處矣。此亦食肉之馬肝,不須深論也。至於書中所説,則猖忿之外,加以猜防,意思殊覺鄙陋。此是氣質本不高明寬廣,又爲學日淺,未有得力處,所以不免如此。今且未論其他,只夫子乘桴之歎,獨許子路之能從,而子路聞之,果以爲喜,且看此等處,聖賢氣象是如何?世間許多紛紛擾擾,如百千蚊蚋鼓發狂鬧,何嘗入得他胸次耶?若此等處放不下,更説甚克己復禮?直是無交涉也。至之粗疏,不如子順細密,然此等處却似打得過,正好相切磋也。《儀禮》此間所編已略定,便遽,未暇詳報,亦恨賢者未能勇於自拔,不能一來共加刊訂耳。《晦庵文集》卷五九。

　　案:書中所云"《儀禮》此間所編已略定,便遽,未暇詳報",據載慶元三年三月初,《禮書》草成,定名《儀禮集傳集注》。《年譜長編》卷下。故推知本書約撰於是年(1197)三月末、四月初。

楊深父

楊深父,事蹟不詳。

朱熹《答楊深父》:

示喻自患柔懦不立,而欲務於寬大含容,此正以水濟水之謂也。前此所以奉告,但欲賢者日用之間不昧此心,更於應接事物處各求其理之所在，則喜怒哀樂自無偏倚而皆中節矣。不審賢者以爲如何？《晦庵文集》卷五四。

案：朱熹《答林擇之》（師魯、深父皆有書來）有云"師魯、深父皆有書來，相屬勤甚"。《晦庵文集》別集卷六。其書約撰於乾道四年秋、冬間。又朱熹《答林擇之》（所答二公問）有云"然勸深父且看《語》、《孟》、《大學》，其意亦如所示也"。《晦庵文集》卷四三。其書撰於乾道五年春。疑本書約撰於此時先後，姑係於乾道四年（1168）冬。

朱熹《答楊深父》：

所喻諸疑，固嘗面論，若未能判然，莫若條陳所疑，章解而句辨之，當有所決，不可只如此泛論也。略處如某章某説某句，如何當取而不取。過處、未安、太甚三説亦然，乃見所疑之實。禮樂刑政之爲教，如寒暑生殺之爲歲，此何所疑？若如來意，則道外有物，而刑政專出於蚩尤、申、商矣。此類更宜寬著心胸，子細推驗，不可只將尋常小小意見窺測也。觀橫渠先生論《周禮·天官》處亦可見矣。《晦庵文集》卷五四。

案：本書疑承上書，姑係於乾道四年末。

楊宋卿

楊宋卿，名里未詳。

朱熹《答楊宋卿》：

前辱束手啓一通及所爲詩一編，吟諷累日，不忍去手。足下之賜甚厚，吏事匆匆，報謝不時，足下勿過。熹聞詩者志之所之，在心爲志，發言爲詩。然則詩者豈復有工拙哉，亦視其志之所向者高下如何耳。是以古之君子德足以求其志，必出於高明純一之地，其於詩固不學而能之。至於格律之精粗，用韻屬對、比事遣辭之善否，今以魏、晉以前諸賢之作考之，蓋未有用意於其間者，而況於古詩之流乎？近世作者乃始留情於此，故詩有工拙之論，而葩藻之詞勝，言志之功隱矣。熹不能詩，而聞其説如此，無以報足下意，姑道一二。盛編再拜封納，并以爲謝。《晦庵文集》卷三九。

案：《年譜長編》以爲《答楊宋卿》等書爲朱熹與同安縣學諸生講論問答之劄。《書信編年》係此書於紹興二十五年（1155）。

又《鶴林玉露》卷六《朱文公論詩》云：“胡澹庵上章，薦詩人十人，朱文公與焉。文公不樂，誓不復作詩，迄不能不作也。嘗同張宣公遊南嶽，唱酬至百餘篇，忽瞿然曰：‘吾二人得無荒於詩乎？’楊宋卿以詩集求品題，公答之曰：‘詩者志之所之，豈有工拙哉，亦觀其志之高下如何耳。是以古之君子德足以求其志，必出於高明純一之地，其於詩固不學而能之。至於格律之精粗，用韻屬對、比事遣詞之善否，今以魏、

晉以來諸賢之作考之,蓋未有用意於其間者,而況於
古詩之流乎? 近世作者乃始留情於此,故詩有工拙
之論,葩藻之詞勝,言志之功隱矣。'"即指本書。

楊通判

楊通判,名字未詳。

朱熹《回楊通判啓》:

稔聞高誼,雖識面之未諧;遽辱珍函,仰撝謙之特厚。
拜嘉寵甚,荷意難忘。恭惟識量淵深,器資宏博。盤根錯
節,知剚割之無難;茂實英聲,蓋藹騰而甚久。頃任監州
之寄,已聞奏課之優。豈容堅臥於鄉閭,會見橫翔於禁
闥。熹屬叨誤寵,驟畀左符,方斯引分以投閑,未敢修書
而見意。豈圖先辱,良用厚顏。眷然田里之安,庶幾得
請;邈矣門牆之隔,徒切馳情。《晦庵文集》卷八五。

案: 本書疑與朱熹《回寄居趙將仕啓》《晦庵文集》
卷八五。撰時相近,約在淳熙十六年(1189)末。

楊萬里

楊萬里(1124—1206),字廷秀,號誠齋,吉州吉水(今
屬江西)人。中紹興二十四年(1154)進士第,歷遷太常博

士、將作少監,出知漳州,改常州,尋提舉廣東常平茶鹽,後召爲尚左郎官,遷左司郎中、秘書少監,出知筠州。光宗即位,召爲秘書監,出爲江東轉運副使,權總領淮西江東軍馬錢糧。乞祠,除秘閣修撰、提舉萬壽宮,自是不復出。寧宗即位,以煥章閣待制提舉興國宮,進寶文閣待制致仕。開禧二年升寶謨閣學士。卒,年八十三,謚文節。嘗著《易傳》行於世。《宋史》卷四三三有傳。

朱熹《答楊廷秀_{萬里}》:

程弟轉示所惠書教,如奉談笑,仰見放懷事外,不以塵垢粃糠累其胸次之超然者,三復歎羨,不能已已。數日偶苦脾疾,心腹撓悶,意緒無聊。值此便風,不敢不附報。自力布此,僅能問何如,他皆未暇及也。時論紛紛,未有底止。契丈清德雅望,朝野屬心,切冀眠食之間,以時自重,更能不以樂天知命之樂,而忘與人同憂之憂,毋過於優游,毋決於遁思,則區區者猶有望於斯世也。《晦庵文集》卷三八。

案:程弟,指程洵,卒於慶元二年。又書中云"仰見放懷事外,不以塵垢粃糠累其胸次之超然者",乃楊萬里家居不出;而云"時論紛紛,未有底止",當指紹熙末、慶元初政局劇變。又,《鶴林玉露》甲編卷四云:楊萬里"寧皇初元,與朱文公同召。文公出,公獨不起。文公與公書云:'更能不以樂天知命之樂,而忘與人同憂之憂,毋過於優游,毋決於遁思,則區區者猶有望於斯世也。'然公高蹈之志已不可回矣。"故推知本書約撰於紹熙五年(1194)末。

楊萬里《答朱侍講》:

某再拜:伏以春事將中,苦雨未解,恭惟宮使待制侍講契丈辭帥不拜,謁祠聽請,天相台候動止萬福。某間者闊焉久不修問,非疏也,宜也。自不俟駕辱書語離之日,嘗稟及病廢之人書問不應至朝貴矣。向丈忽以所賜手札來,得之驚喜。當其入也,固知其不久也。執古之道以強今之踐,持己之方以入時之圍,是能久乎?不久何病?不久然後見晦老,甚歎甚賀。若老夫者不但老而已,今真成一病夫矣。人日後一日,略入州府,一見益公,又後三日歸,則大病矣。倒臥如死,欲起如癡,坐則呻,行則慫,自斷此生已與世絕。而不我知者,猶欲見分所啖嗜者,而謂吾晦老亦有是語乎?世有噬臘而遇毒者,歸而諗其徒曰:"爾欲臘乎?"何以異於是?久缺譴浪,一笑。所願貴珍,以棟孔子堂。安得合併,以窮遊方之外?《誠齋集》卷六六。

案:朱熹上書(程弟轉示所惠書教)有云"契丈……更能不以樂天知命之樂,而忘與人同憂之憂,毋過於優游,毋決於遁思,則區區者猶有望於斯世也",而本書乃云"若老夫者不但老而已,今真成一病夫矣。……自斷此生已與世絕。而不我知者,猶欲見分所啖嗜者,而謂吾晦老亦有是語乎",即應朱熹所言而答之。本書又云及"伏以春事將中,苦雨未解",故推知本書約撰於慶元元年(1195)二月中。

楊萬里《答朱晦菴書》:

某伏以即日初冬猶暖,恭惟宮使侍講待制契丈珍臺育德,天棐忠嘉,台候動止萬福,台眷均慶,諸郎進學日新。某伏自八月間施業尉許得台翰,即嘗寓書爲報,登山臨水,公不如我之書是也。楊子直出守鄉郡,首訪山間,亦頗能談契(文)[丈]近況,甚慰。某昨日入城,修州民之報,夜宿城外一茅店,通昔展轉不寐。五更忽夢至一巖石之下,見二道士對弈,意以爲仙也。問某何自至此,答以"僕棄官遊山,今四年矣,獨未至此山,故來"。且談且弈,二人皆敵手。至末後有一著,其一人疑而未下,其一人決焉,徑下一子,疑者頗頰,某默自念仙家亦有爭,頰者覺,笑曰:"君子無所爭,必也弈乎?"忽青童自外來,曰"有客",二仙趨而出,肅客而入。云二客,蓋東坡、山谷也。既啜茶,二仙謝二客曰:"局不可不竟,請寓目焉。"復且弈且談。二客行談寖遠,若未忘前事者,似頗及元豐、元祐間紛紜事,且嘆且泣。二仙起曰:"何兩先生相語之悲也?"二客吐實,一仙笑顧東坡曰:"先生之詩不云乎:'惟有主人言可用,天寒欲雪飲此觴。'"又顧山谷曰:"'南山朝來似有意,今夜儻放新月明',非先生詩乎?"客主俱大

笑。某一笑而寤，追憶其事，莫曉其故，天已明矣。入城，
郡官皆郊迎。令親程糾袖出契丈六月二十一日手書，讀
之，若督過其不力疾一出山者，乃悟夢中事。程糾又出契
丈與渠書，有“欲令老僧升講座普說，使聽者通身汗出，快
哉快哉”之語。偶記憶嘗見一史書，似荀悅《漢紀》之屬而
非也，載子房事，至欲王諸呂之時，子房猶及見之，王陵、
平、勃私於子房曰：“子以三寸舌爲帝者師，今爲之奈何？”
子房不答，退而復招商山四人者，使者往，則皆遯矣。某
嘗笑子房動不動推與閑人，契丈嘗見此書否？荷荷！契
丈蓍占有知，抑猶在傻句之後乎？蓋蓍告契丈以遯之初
與四，而傻句告僕以上九也，發書占之云：“在外則已遠，
無應則無累。”曾謂晦菴之蓍不如某之傻句乎？荷荷！兒
輩蒙下問，極感先生長者幸教之意。列拜起居，未占參
侍，願言珍重，以爲吾道之鎮公子。《誠齋集》卷六八。

　　案：本書中“程糾袖出契丈六月二十一日手
　　書”，即朱熹託程洵轉交楊萬里之書，述及朱熹草封
　　事數萬言，爲蔡元定以蓍占勸止事。此書已佚。本
　　書又云“某伏自八月間施業尉許得台翰”，并云及“某
　　伏以即日初冬猶暖”，故推知本書撰於元年十月間。

　　又，楊萬里《答醴陵錢知縣》有云：“第如俗學多
　　翻變，晚輩論時學等語，不宜筆之於書，何苦以毒口
　　牙招齒舌乎？每以此戒朱元晦，今復奉諗。”《誠齋集》
　　卷一〇六。

楊萬里《答朱侍講元晦》：

　　某再拜：伏以春事欲半，暖氣尚遲，恭惟宮使侍講殿撰契丈高蹈事外，天迪忠賢，台候動止萬福。某自去歲六月上乞骸之章，七閱月而不報。偶大兒謁吏部，因令面控誠懇於廟堂諸公間，方與將上，而天意殊未可，遂降不允之詔。仍諸公答書云‘未要勞攘’，出籠之鶴，尚絆一足，又須小待也。令東床過城中，留台翰於劉丞許，披讀大慰尊仰之懷，乃知目疾尚未十全。大抵書生繙故紙，則其眚在目，弄柔翰，則其眚在手。某老來得臂痛之疾，每一發則視管城公爲讎，遂與契丈分此二眚，可病亦可笑也。近見邸報，果若所慮。此醞釀久矣，隄久必決，其勢然也。道眼學力豈待外人開釋者？然景純《葬書》，東漢以前無有也，老先生豈亦微信其奇怪乎？景純忠義以死，大節固卓然也，然豈不前知其故，而逆善其先人之窀穸乎？已既無驗，於人何有？某平生最不信此，因閑及之，一笑。王深父貽書於歐公，畢仲游往記於坡老，可試取而一閱否？未見君子，願言珍重。《誠齋集》卷一〇四。

　　　案：于北山《楊萬里年譜》載慶元二年六月，楊萬里上章引年陳乞致仕。即本書“某自去歲六月上乞骸之章”云云，又本書云及“春事欲半，暖氣尚遲”，故推知本書撰於慶元三年(1197)二月間。

　　　又，書中云及“近見邸報，果若所慮。此醞釀久矣，隄久必決，其勢然也”，當指朱熹落職罷祠、蔡元定編管道州事。楊萬里《與周子充少保書》有云："聲利之場輕就者，固不爲世所恕，蔡定夫是也。而不輕就者亦復不恕，何哉，朱元晦是也。論至於此，則去就辭受皆不可耶？可畏可畏。"《誠齋集》卷六六。

朱熹《與某人劄子》：

……生涯，未得究竟，竊恐遂爲千載之憾耳。往來傳聞神觀精明，筋力強健，登山臨水，飲酒賦詩，皆不減於其舊，不勝歎羨。計於譙、姚諸君必有不待目繫而道存者，亦可分減布施，起此溝中之瘠乎？因鄰家陳君之行，勒此聞訊。氣疲目昏，不能久伏案多作字，臨風不勝依依。唯冀以時益加愛護，以永壽祺，千萬至懇。右謹具呈。十月廿日，朝奉大夫朱熹劄子。溝中之瘠。《朱子佚集》卷三。

案：《年譜長編》卷下疑本書乃致楊萬里。楊萬里上書（某伏以即日初冬猶暖）有云"某伏自八月間施業尉許得台翰，即嘗寓書爲報，登山臨水，公不如我之書是也"，而本書乃有"往來傳聞神觀精明，筋力強健，登山臨水，飲酒賦詩，皆不減於其舊，不勝歎羨"，前後相合。又朱熹慶元三年十一月七日與楊長孺書（即朱熹《與某人書》）有云"渠若不再彼，即不須啓口，此已自使人往建昌問之矣。若在臨川，即不免別作陳史君去也"，《朱子遺集》卷三。與本書"因鄰家陳君之行，勒此聞訊"語相合。故推知本書乃與楊萬里，撰於慶元三年十月二十日。

楊萬里《答朱侍講》：

某伏以夏氣有倣，已覺微暑，恭惟侍講殿撰契丈里居燕超，天棐壽俊，台候動止萬福。某昨因劉丞往記多問，洊辱手筆之寵，甚慰尊仰之懷。王君報書，當爲轉致。台諭云未可破戒，我道蓋是也，王君豈不解此？契丈既安受之，而尚疑某之察否，何也？某行天下，自謂知我者希，知我者其惟亡友欽夫與契丈乎？由今觀之，知我者欽夫一人而已，一笑。東坡云‘過客如雲牢閉口’，是在兵法，拈出則贅矣。某請老不獲，又不敢促迫，歐公所謂恐黎教授以爲輕發也。士以進爲難，不知又有難者，吉凶悔吝，聽諸造物，亦安能擾擾自若也？會合無期，但深翹跂。願言珍重，以重斯文。台眷尊幼均慶，諸郎學士進學日新。兒輩蒙先生長者存問，列拜謝臆。有委，俟命之辱。《誠齋集》卷一〇五。

案：本書有云“某請老不獲，又不敢促迫”，據楊萬里《辭免轉一官仍除寶文閣待制致仕奏狀》云“臣昨於慶元二年六月內具狀陳乞引年致仕，奉聖旨不允。至三年七月內再申前請”。《誠齋集》卷七〇。又《答胡季亨宣教》云“某老病日侵，自去年七月一日再上納祿之章，而諸公寢不以聞，又不敢迫趣，恐動不如靜也，姑聽之耳”。《誠齋集》卷一〇五。又本書云及

"某伏以夏氣有儆,已覺微暑",故推知其約撰於慶元四年(1198)初夏。

楊萬里《答朱侍講》:

　　某伏以肅霜既降,即日恭惟宮使侍講殿撰契丈燕居蕭遠,天相台候動止萬福。某老病日侵,衹有不如,不見所超。乞骸之請,諸公竟不以聞,寢而不報,亦姑聽之,恐以為只管煎熬也。蒙賜報教,發於去冬,得於今秋,人事大氐然耳,不猶愈於十書九不達乎?昨日劉丞再遞至今年七夕一書,乃知春間嘗小不快。中間曾無疑亦相報云,足疾良劇。不知五藏神却不見夢於子雲,而乃苦之以樂正子春之疾,方寸不自詭其疲而下移之於者,存此楚昭王之所恥也,一笑。下問論著,脫稿者幾千萬言,曩者穉駃不曉事,作此狡獪。去冬因室家挺災,為臺駘輩推墮井中,欲打併徙居以避之,怒移水中蟹,凡此物輩多投畀鬱攸矣,非徒逃天刑與鬼責而已。契丈當愛我以德,猶欲我忾然踐錦窄乎?苦哉苦哉!念書辭宜答,又不敢為弗聞也者而過之也。契丈再歸五夫,遂無車馬喧,此某之所賀,而來教乃謂苦於所居窮僻,無書可借,無人可問,疑義無與析。信矣,逃虛耐靜之難如此哉!未見,願言善保千金軀,用奉答當宁荒野之思。

　　某僭易再拜,敬問台姥,恭惟尊穉蒙福山則。諸郎仕者居者為誰,不及上狀。老婦災疢,仰感存問,非義均骨肉,何以拜此?大兒尚待次一年有半,中男調衡州安仁稅官,小男桂州户曹,皆待次。長者來秋,少者四年。蒙問故及。亦列拜起居,有委不外。《誠齋集》卷一〇五。

案:楊萬里上書(某伏以夏氣有倣)有云"某請老不獲,又不敢促迫",本書又云"乞骸之請,諸公竟不以聞,寢而不報,亦姑聽之",并云及"肅霜既降",故推知其約撰於四年秋末、冬初。

朱熹《與楊廷秀書》:

蒙示《易傳》之秘。《誠齋集》卷六七《答袁機仲寄示易解書》。

案:楊萬里《答袁機仲寄示易解書》云其"注六十四卦,自戊申發功,至己未畢務。嘗出屯蒙以降八卦於尤延之矣,延之我愛不我棄也,皆有所竄定焉。某皆聽從而改之焉,是以樂爲延之出而忘其瀆焉。又嘗出家人一卦於元晦矣,元晦一無所可否也,但云'蒙示《易傳》之秘'六字焉。某茫然莫解其意焉,是以不敢復進焉。今再以出之於元晦者出之於機仲,正犯機仲變遷難知之戒也"。《誠齋集》卷六七。又《答贛州張舍人》亦云"八八之卦亦未終篇,未經竄定,何急於出而徵於傳也?……晦菴先生亦嘗問及,嘗以家人一卦呈之"。《誠齋集》卷一〇七。據楊萬里上書(某伏以肅霜既降)所云"下問論著,脫稿者幾千萬言，曩者稗騃不曉事，作此狡獪"，即指此《易傳》。故推知朱熹本書約撰於慶元四年末、五年初。

楊萬里《答朱侍講》：

某伏以四月維夏，南風之薰，即日恭惟侍講殿撰尊契丈燕處超然，天棐履祥，台候動止萬福。某老病日侵，祇有不如。顧棄官八年，乞骸三請，待命四載，前月四日，乃始蒙恩放牛桃林，俾聽橫笛。惟是增秩進職，踰分絕等，方具辭免。自非平素借重，何以拜此？伏自去秋得一書於曾無疑許，既而遇甘道士往五夫，因之修報，不作石頭事否？近得城中親舊書云，契丈露章告老，而適當新舊尹去來倥傯之間，莫府文書，不免魯人之皋，遂致相誤。且無疑來訪，具談其詳，相與太息。天下之事，固有蹉跌如此者。莫之致而至者，命也。浮雲去來，想能安之，無待於開譬也。足疾今年不至良苦否？吾曹老矣，能復閱幾寒暑？少年狡獪，著書罪過，願痛掃除。退之云："書於吾何有！"此外無可相規者。餘惟珍重，永綏眉壽。《誠齋集》卷一〇六。

案：于北山《楊萬里年譜》載慶元五年二月朝旨下，楊萬里以通議大夫、寶文閣待制致仕，三月四日拜詔。本書云及"某老病日侵，……顧棄官八年，乞骸三請，待命四載，前月四日，乃始蒙恩放牛桃林，俾聽橫笛"，又云"四月維夏，南風之薰"，故推知其撰於五年（1199）四月間。

又，楊萬里《與鄭惠叔知院催乞致仕書》有云：
"某舊與鄉衮益公鄉舉則同，征行又同，試春官又同。
晚與朱元晦厚善。每與二公書問還往，皆談心事。
某辛亥、壬子官建康時，已動挂冠之興。與二公書，
必自歎年齒之未及、歸休之未得，每書或云'恨尚有
六年'，或云'恨尚有五年'。今年及之，乃遲之。"《誠
齋集》卷六七。

楊萬里《答朱侍講》：

某九月十月之交，於甘道士、曾無疑許連得報教二
書，幽憂滿懷，風濯雪釋。即辰首冬殊溫，恭惟致政侍講
殿撰尊契丈懸車里門，天相台候動止萬福，玉眷尊稺均
慶。某老身幸安穩，黃能臺駘輩察其納祿不官，鷺股無可
割者，不蒙見祟。而今歲秋熱不照年例，特地助祝融爲
虐，坐甑蒸炊，快快無奈，先之以痁，申之以河魚，蓋兩月
而後已。得書云股肱之疾移及腹心，且養於憑烏皮，呻青
竹，是在醫法，顧不察耳。藏神不曰孰使我饑渴之不恤
者，非書乎？孰使我劌目鉥心、摚攘胃腎者，非書耶？某
妻陳囊研檳筆之方，而以水投石，諗以酷嗜在此，第恨病
而力不足耳。政使和緩復生，能浣此學古之胸而砭此土
炭之嗜耶？諏及"啓棘賓商"之義，即問焉於益公，益公報
以二說，今錄在別紙。似聞所著《楚辭解》甚奇，可得而窺

見否？獻方之未既，而又縱臾之，又似李公擇戒東坡勿作詩而反送墨也，一笑。願言珍重，用永麋壽。《誠齋集》卷一〇七。

案：本書中稱朱熹“致政侍講殿撰尊契丈”，朱熹於慶元五年四月守朝奉大夫致仕。《年譜長編》卷下。又本書云及“即辰首冬殊溫”，故推知其約撰於是年十月間。

又，楊萬里《祭朱侍講文》曰：“嗚呼！我未識公，得之欽夫。云今傑魁，舍公則無。我初識公，玉山道間。我病補外，公徵入關。平生相聞，恨不相識。既曰識只，一見相得。我欲從公，臨水登山。萬仞峯頭，攜筇捫天。揭取北斗，酌海爲酒。染雲爲裳，翦霞爲袖。海波若乾，更借銀河。二老醉倒，頓足浩歌。天不誘衷，室人癘疾。此意莫遂，遄反私室。猝猝一見，握手絕倒。借曰不款，亦慰懷抱。自此與公，好如弟昆。我齒兄公，公賢我先。邇來二老，年各七秩。告老之章，彼此若一。念欲命駕，千里訪公。尋盟玉山，一快我惊。有昊降割，曾不憖遺。奪國忠賢，奪我友師。赴告至止，一慟欲死。已乎元晦，吾道已矣。訣不公面，哭不公聞。生芻一束，以瀝我肝。嗚呼哀哉，尚饗。”《誠齋集》卷一〇二。又《答袁侍郎》有云“晦翁可痛，孔堂兩楹，遂折其一。其關吾道興喪，非細事也”。《誠齋集》卷一一〇。

楊 至

楊至,字至之,晉江(今屬福建)人。"遊文公之門。蔡元定奇之,妻以女焉。著《天道至德》、《天道至教》二圖,以發明爲士希聖、盡人合天大旨。記所聞於朱子者爲《語録》二卷"。《閩中理學淵源考》卷一八。

朱熹《答楊至之》:

千萬更加勉力,就日用實事上提撕,勿令昏縱爲佳。《朱子語類》卷一一八。

案:《朱子語類》卷一一八答楊至"書云:'千萬更加勉力,就日用實事上提撕,勿令昏縱爲佳。'"並於下二書注曰:"三書,《文集》未載。"

《朱子語類》卷一一八載陳淳所記曰:"楊子順、楊至之、趙唐卿辭歸請教。先生曰:'學不是讀書,然不讀書,又不知所以爲學之道。聖賢教人,只是要誠意、正心、修身、齊家、治國、平天下。所謂學者,學此而已。……'"據《朱子語類·姓氏》,陳淳所記乃庚戌(紹熙元年)、己未(慶元五年)所聞。又據陳淳《初見晦庵先生書》,陳淳於紹熙元年十一月間初謁見朱熹。《北溪大全集》卷五。故此處"楊子順、楊至之、趙唐卿辭歸",當在紹熙元年末。由此推知本書約撰於此後,即二年(1191)或三年間。

朱熹《答楊至之》：

日用之間，常切操存；讀書窮理，亦無廢惰，久久當自覺有得力處。《朱子語類》卷一一八。

案：《朱子語類》卷一一八答楊至"書云：'日用之間，常切操存；讀書窮理，亦無廢惰，久久當自覺有得力處。'"本書乃勉楊至用功之法，亦同上書（千萬更加勉力）所云，推知其撰時與上書相近。

朱熹《答楊至之》：

要須反己深自體察，有箇火急痛切處，方是入得門戶。若只如此悠悠，定是閒過日月。向後無得力處，莫相怪也。《朱子語類》卷一一八。

案：《朱子語類》卷一一八答楊至"又書云：'要須反己深自體察，有箇火急痛切處，方是入得門戶。若只如此悠悠，定是閒過日月。向後無得力處，莫相怪也。'"本書亦是勉楊至用功自省之法，亦同上二書所云，推知其撰時與上書相近。

朱熹《答楊至之至》：

所喻《詩》序，既不曾習《詩》，何緣便理會得？只今且看《四子書》後所題，依其次序，用心講究，入得門戶，立得根本，然後熟讀一經，子細理會，有疑即思，不通方問，庶有進處。若只如此泛泛揭過，便容易生說，雖說得是，亦不濟事。況全未有交涉乎？所説《易傳》，恐亦方是見得皮膚，如何便説得《易》之大全無餘蘊矣？向嘗面説至之有膚淺之病，不知曾究其所以然而加瀸治之功否？後之歸永春後，曾復來否？子順、子能爲學復如何？彼中朋友，後之講論可師，叔文持守可法。諸友若能頻與切磋，必有益也。漳州朱飛卿近到此，病作，未得細講。陳淳者書來甚進，異日未可量也。《晦庵文集》卷五五。

案：朱熹《答李子能亢宗》有云"朱飛卿遠來，見此相聚，但亦苦多病，未嘗不相與談及子能也"，《晦庵文集》卷五六。而本書有言"漳州朱飛卿近到此，病作，未得細講"，知撰時相近。《答李子能亢宗》撰於紹熙四年(1193)夏、秋間。

朱熹《答楊至之》：

率性之説，大概得之，然亦有未精密處。

修道之教當屬何處？亦出乎天耳。

"君子中庸"章二"又"字不用亦可，但恐讀者不覺，故特下此字，要得分明耳。

"人皆曰予知"一條説得是，"中庸不可能"一條亦然。然三者亦是就知、仁、勇上説來。蓋賢者過之之事，只知就其所長處著力做去，而不知擇乎中庸耳。

中立不倚之説，嘗於《或問》中發之。

"素隱行怪"一章，文義極分明，如何看不破？聖人之言固渾融，然其中自有條理，毫髮不可差，非如今人鶻圇儱侗無分別也。

"及其至也"，《或問》中已如此説，足以相發明。侯氏之説，如何是非全體中之不能者，更請子細看。

"未能一焉"，固是謙辭，然亦可見聖人之心未有滿處，各見一義，自不相妨也。況此兩章正相連，如何見得不是一意？

不見不聞，此正指隱處。如前後章，只舉費以明隱也。

"達德"次第甚明，不須疑著。"柔遠人"亦然。

物之終始，《或問》説得極分明，請更詳之。不須便立異議也。

"上焉者"，王天下者其上不容有人，故只得以時言之，上文極分明矣。

代明之説，細碎無理。《晦庵文集》卷五五。

案：本書答問目，撰時未詳，《書信編年》疑即上書（所喻《詩》序）之別紙。

楊　篆

楊篆，字德仲，明州慈溪（今屬浙江）人。楊簡仲兄。《朱子遺集》卷二引《慈溪縣志》。"嘗與舉送"。《陸九淵集》卷二八《楊承奉墓碣》。嘗曰"吾今而後知古訓所謂內自訟者，予有過，實自訟，是以内訟名齋"。《慈湖遺書》卷二《内訟齋記》。

朱熹《與楊德仲貢士束》：

熹頓首再拜：別教已久，政切傾向，伏拜翰墨之貺。恭審冬令稍肅，侍奉萬福。丈人宣義不知自雪竇還已得幾日？昆仲學士洎眷集一一均納殊祉。糯抄納，方是旬日間，糯米已叮嚀胥輩不得剗具矣。不及狀子，即令當面開銷，令謹封納。紙末之喻，政所願聞。但敝廳不曾催湖田米，恐只是承廳或縣中自追耳。他有戒警，一一不外爲望。偶冗，作謝殊不端好，切希照亮。敬仲司理更不及狀。何時入城，慰此渴想？不宣。《朱子遺集》卷二引《慈溪縣志》。

案：本書當撰於朱熹任提舉浙江常平期間。淳熙八年十二月六日，朱熹至紹興府涖任視事，九年正月始巡歷紹興府屬縣及婺州、衢州，二月中回紹興城，七月中再次巡歷紹興府屬縣、台州、處州、衢州，於九月中去任南歸。本書中云"恭審冬令稍肅"，故推知其當撰於八年（1181）十二月間。

又，書中所云敬仲乃楊簡字。又"丈人宣義"，《朱子遺集》卷二考證云是楊簡之父楊庭顯。據陸九淵《楊承奉墓碣》云"公諱庭顯，字時發。……淳熙十一年壽聖慶霈，公以子官封承務郎。十三年光堯慶霈，封承奉郎。十五年秋八月戊寅以疾卒"。《陸九淵集》卷二八。而據《宋史》卷一六八《職官志》，承務郎乃從九品，承奉郎爲正九品，而宣義郎爲從八品。楊庭顯卒時乃爲承奉郎，則朱熹所謂"丈人宣義"顯非指楊庭顯。《朱子遺集》云云不確。

姚 棶

姚棶，事迹不詳。

朱熹《答姚棶—云答盧粹中》：

承問及爲學之意，足見志尚之遠，甚慰甚慰。蓋嘗聞之，人之一身，應事接物，無非義理之所在。人雖不能盡知，然其大端，宜亦無不聞者，要在力行其所已知，而勉求其所未至，則自近及遠，由粗至精，循循有序，而日有可見之功矣。幸試思而勉之，幸甚幸甚。《晦庵文集》卷六四。

案：盧粹中，名里亦不詳。本書撰時未詳。《書信編年》疑其撰於紹熙四年（癸丑，1193）以後。待考。

姚宗之

姚宗之，字元仲，興化（今屬福建）人。紹興二十七年

(1157)進士,授吉州司户參軍,遷太常博士,進將作少監,
出提舉福建路常平茶事,改浙東,移江南西路提點刑獄,
復請祠歸。《福建通志》卷四四。

朱熹《與姚提點啓》:

學貫古今,材周鉅細。兹暫勞於節傳,起盡護於東
南。子母相權,已懋無窮之計;君民兩足,更宏可大之規。
顧此妄庸,將依庇冒。修容以進,即伸巡屬之恭;奉教於
前,預切簡書之畏。春和在序,淑氣方升。惟加厚於保
綏,用對揚於休渥。傾瞻之悃,頌述奚殫。《晦庵文集》卷
八五。

案:自"即伸巡屬之恭"以下至"頌述奚殫",原
書作注云"同上"。據《會稽續志》卷二載:姚宗之於
淳熙四年八月十七日以承議郎到浙東提舉常平任,
六年二月二十五日除浙東提刑。又載:姚宗之於淳
熙七年十二月以承議郎到浙東提刑任,八年八月除
江西提刑。又,朱熹《與江東王漕劄子》(熹久不拜起
居之問)有云"而姚提點平生不相識,乃能俯聽愚言,
一奏減本軍木炭錢二千貫",《晦庵文集》卷二六。即指
姚宗之。故知《會稽續志》卷二所云姚宗之淳熙六年
二月二十五日除浙東提刑之"浙東",當作"江東"。
《與江東王漕劄子》撰於淳熙七年八月間。又本書云
及"春和在序",故推知其約撰於七年(1180)春中。

葉南仲

葉南仲,淳熙初福建提刑。餘不詳。

朱熹《與葉提刑啓》:

術略精明,材猷敏贍。頃屢將於使指,兹復謹於邦刑。深窮法令之原,吏無以肆;茂著平反之績,人用不冤。顧此妄庸,將依庇冒。修容以進,即伸巡屬之恭;奉教於前,預切簡書之畏。春和在序,淑氣方升。惟加厚於保綏,用對揚於休渥。傾瞻之悃,頌述奚殫。《晦庵文集》卷八五。

> 案:書中有云"顧此妄庸,將依庇冒。修容以進,即伸巡屬之恭",當致啓於福建憲司。《淳熙三山志》卷二五載,淳熙三年二月二十五日,葉南仲以敦武郎到福建提刑任,四年三月二十四日解罷,赴行在奏事。又本書云及"春和在序",故推知其約撰於淳熙三年(1176)春中葉南仲蒞任之初。

葉仁父

葉仁父,名里不詳。

朱熹《答葉仁父》:

他喻已悉。但平生所聞,人有此身,便有所以爲人之理，與生俱生，乃天之所付，而非人力所能爲也。所以凡爲人者，只合講明此理而謹守之，不可昏棄。若乃身外之事，榮悴休戚，即當一切聽天所爲，而無容心焉。其自至者，亦擇其可而受之；其不至者，則無求之之理也。此是終身立脚地位，不可分寸移易。孔、孟所説極是分明。區區早從師友，即幸見得此理，故嘗以此自勉，亦不敢不以此待人，所以平生未嘗求知於人，亦不欲爲朋友求知。唯其一二，或以貧老困厄，不得其所，則嘗言之，然亦絶無而僅有也。如吾友者於學尚可以勉，而亦未爲甚貧且老而困厄之久者，故前此累承喻及，皆非區區所欲聞。而以方有詭僞之禁，故不欲盡其言，亦意賢者當默曉也。而今所喻，雖若小異於前，似終未悉鄙意，故不得已而索言之。幸試思之。中夜以興，痛自省察，或能奮然一躍，盡脱從前三四十年見聞染習之陋，不亦快哉，不亦快哉！《晦庵文集》卷六三。

　　案：本書云及"而以方有詭僞之禁"，當在慶元黨禁中。《書信編年》係於慶元三年(1197)間。

朱熹《答葉仁父》：

　　示喻祭禮曲折，府中自有《古今家祭禮》印版，諸家之説皆備，如伊川《主式》亦在其間，可令人置一本，試詳考之，即可見矣。但古尺當時所傳，恐或未真，今別畫一樣去，可更參考，如不同，即當以此爲定也。廟中自高祖以下，每世爲一室，而考妣各自爲主。同匣。兩娶、三娶者，伊川則謂廟中只當以元妃配，而繼室者祭之他所，恐於人情不安。唐人自有此議，云當並配，其説見於《會要》，可考也。亦在印本《古今祭禮》中。出妻入廟，決然不可，無可疑者。爲子孫者，只合歲時就其家之廟拜之。若相去遠，則設位望拜可也。此無經見，但以意定如此，可更與知禮者議之。族祖及諸旁親皆不當祭，有不可忘者，亦放此例足矣。諸家之禮，唯韓魏公、司馬温公之法適中易行。今皆見印本中。但品味之屬，隨家豐約，或不必如彼之盛。而韓氏"齋享"一條，不可用耳。始祖、先祖之祭，伊川方有此説，固足以盡孝子慈孫之心，然嘗疑其禮近於禘祫，非臣民所得用，遂不敢行。德厚者流光，德薄者流卑，故古者大夫以下極於三廟，而于祫可以及其高祖。今用先儒之説，通祭高祖，已爲過矣。其上世久遠，自合遷毀，不當更祭也。《晦庵文集》卷六三。

案：書中有云"示喻祭禮曲折，府中自有《古今家祭禮》印版，諸家之説皆備，如伊川《主式》亦在其間，可令人置一本，試詳考之，即可見矣。但古尺當時所傳，恐或未真，今別畫一樣去，可更參考"，而朱熹《答潘子善》（《洪範》中休徵咎徵）又云"程先生《文集》中《主式》與《古今家祭禮》長短不同，所謂古尺當今五寸五分弱，不知當用今何尺？《古今家祭禮》中有古尺樣，較之今尺又不止五寸五分"，《晦庵文集》卷

六〇。兩書所言相合，疑撰於一時先後。《答潘子善》
約撰於慶元四年(1198)冬間。

葉 適

葉適(1150—1223)，字正則，温州永嘉(今屬浙江)
人。擢淳熙五年(1178)進士第二人，歷太學正、博士，除
太常博士兼實録院檢討官。光宗嗣位，由秘書郎出知蘄
州，入爲尚書左選郎官。寧宗即位，遷國子司業，除太府
卿、總領淮東車馬錢糧，罷，主管沖佑觀。起爲湖南轉運
判官，遷知泉州，召除權兵部侍郎，改權吏部侍郎兼直學
士院，除寶謨閣待制、知建康府兼沿江制置使，進寶文閣
待制兼江淮制置使。韓侂胄誅，適亦奪職。嘉定十六年
卒，年七十四，謚忠定。《宋史》卷四三四有傳。

朱熹《答葉正則適**》：**

來書毫毛鈞石之喻，是乃孟子所謂尋尺者。此等議
論，近世蓋多有之，不意明者亦出此也。古人爲己之實，
無多言語，今欲博考文字以求之，而又質之於膠擾未定之
胸次，宜其愈求而愈不得也。既未知其實之所在，則所謂
百餘年來之所講貫者，果指何事以充之，而遽以爲未合於
聖賢之中耶？《晦庵文集》卷五六。

案：朱熹《答呂子約》(熹再叩祠禄)云"熹嘗論

此間朋友,孟子一生忍窮受餓,費盡心力,只破得‘枉尺直尋’四字。今日諸賢苦心勞力,費盡言語,只成就‘枉尺直尋’四字”,《晦庵文集》卷四七。而本書又云“來書毫毛鈞石之喻,是乃孟子所謂尋尺者。此等議論,近世蓋多有之”,約撰時相近。又朱熹《答陳同甫》(人至,忽奉誨示)云及“正則聞甚長進,比得其書甚久,不曾答得。前日有便,已寫下,而復遺之,今以附納,幸爲致之。觀其議論,亦多與鄙意不同”,《晦庵文集》卷三六。當即指此答葉適書。《答吕子約》撰於淳熙十二年(1185)夏中,《答陳同甫》撰於是年二月十四日。故推知本書約二月十日左右。

朱熹《答葉正則》:

向見人家抄録靖康事,有耿黄門劄子,論祖宗致治不如熙、豐之盛者數條,不當專以祖宗爲法。後有欽廟批語,若曰:“昨降某事指揮,失於思慮,尚賴師傅大臣正救其失,前命更不施行。”當時不曾録得,後閱《實録》、《長編》之屬,皆無此事,不知今尚有考處否? 耿之誤國,固非一事,然此一章乃定公、孔子所謂一言者,恐不可不著之史籍,以爲永監也。《晦庵文集》卷五六。

案:葉適於淳熙十五年七月以太常博士兼實録院檢討官,十六年五月爲秘書郎,仍兼;十六年五月爲湖北參議官。《南宋館閣録續録》卷八、卷九。本書云及"耿之誤國,固非一事,然此一章乃定公、孔子所謂一言者,恐不可不著之史籍,以爲永監也",知在葉適任史官時,疑在十五年(1188)秋、冬間。

朱熹《答葉正則》:

所喻二説之未安,具悉雅意。但熹則以爲,舊聞者,中也;獨得者,過也;賢者之所以未然者,不及也。其詳雖有未得盡聞者,然大約當不出此。於此看破,則千里同風,不待片言而群疑決矣。《晦庵文集》卷五六。

案:本書撰時未詳。疑在淳熙末、紹熙初,姑係於十六年(1189)。待考。

葉適《與朱元晦書》:

世間有一般魁偉底道理,自不亂於三綱五常。《朱子語類》卷一二三。

案:《朱子語類》卷一二三載黃義剛所記曰:"陸子静分明是禪,但却成一箇行户,尚有箇據處。如葉正則説,則只是要教人都曉不得。嘗得一書來言:'世間有一般魁偉底道理,自不亂於三綱五常。'既説不亂三綱五常,又説別是箇魁偉底道理,却是箇甚麼物事?也是亂道!他不説破,只是籠統恁地説以謾人。及人理會得來都無效驗時,他又説你是未曉到這裏。他自也曉不得。他之説最誤人,世間獸人都被他瞞，不自知。"其中所云與朱熹下書（向來相見之日甚淺）"如來書所謂在荆州無事，看得佛書，乃知世外瓖奇之説本不能與治道相亂"之語相合，知在其前。而紹熙元年十月，葉適自湖北安撫司參議官改知蘄州，離江陵府歸永嘉省親，次年春赴蘄州任。《葉適年譜》。故推知本書約撰於紹熙元年（1190）秋間。

朱熹《答葉正則》：

向來相見之日甚淺，而荷相與之意甚深。中間寓舍並坐移晷，觀左右之意，若欲有所言者，而竟囁嚅不能出口。前後書疏往來，雖復少見鋒穎，而亦未能彼此傾倒，以求實是之歸，但見士子傳誦所著書及答問書尺，類多籠罩包藏之語，不唯他人所不解，意者左右亦自未能曉然於心而無所疑也。

世衰道微，以學爲諱，上下相徇，識見議論日益卑下。彼既不足言矣，而吾黨之爲學者又皆草率苟簡，未曾略識道理規模、工夫次第，便以己見搏量湊合，撰出一般説話，高自標置，下視古人。及考其實，則全是含胡影響之言，不敢分明道著實處。竊料其心豈無所疑？只是已作如此聲勢，不可復謂有所不知，遂不免一向自瞞，强作撑拄，且要如此鶻突將去，究竟成就得何事業？未論後世，只今日旁觀，便須有人識破。未論他人，只自家方寸，如何得安穩耶？

　　如來書所謂在荆州無事，看得佛書，乃知世外瓌奇之
說本不能與治道相亂，所以參雜辨爭，亦是讀者不深考
爾。此殊可駭，不謂正則乃作如此語話也。中間得君舉
書，亦深以講究辨切爲不然，此蓋無他，只是自家不曾見
得親切端的、不容有毫釐之差處，故作此見耳。欲得會面
相與劇談，庶幾彼此盡情吐露，尋一箇是處。大家講究到
底，大開眼看覷，大開口說話，分明去取，直截剖判，不須
得如此遮前掩後，似說不說，做三日新婦子模樣，不亦快
哉！孟子自許雖行覇王之事而不動其心，究其根原，乃只
在識破詖、淫、邪、遁四種病處。今之學者不唯不能識此，
而其所做家計窠窟乃反在此四種病中，便欲將此見識判
斷古今、議論聖賢，豈不誤哉？相望千里，死亡無日，因書
聊復一言，不審明者以爲如何？然勿示人，恐又起鬧，無
益而有損也。

　　若見得道理分明，便無事殺，決不暇讀佛書。若偶
讀之，亦須便見得其亂道誤人處愈親切，不至爲此言
矣。試以此一端思之，可見得失。劉智夫此間相去不
百里，暑中未得款會。同志難得，但恐自處已太高了，
不肯放下就實做工夫耳。年來見得此事極分明，乃知
曾子實以魯得之，而聰明辨博如子貢者，終不得與聞於
此道之傳，真有以也。《晦庵文集》卷五六。

　　案：書中有云“如來書所謂在荆州無事，看得佛

書,乃知世外瓌奇之説本不能與治道相亂,所以參雜
辨爭,亦是讀者不深考爾。此殊可駭,不謂正則乃作
如此語話也。中間得君舉書,亦深以講究辨切爲不
然","君舉書"乃指陳傅良(君舉)紹熙二年春中《與
朱元晦》(某衰惰之迹),内云"念長者前有長樂之爭,
後有臨川之辨,至如永康往還,動數千言。更相切
磋,未見其益。學者轉務誇毗,浸失本指,蓋刻畫太
精,頗傷易簡,矜持已甚,反涉吝驕。以此益覺書不
能宣,要須請見,究此衷曲耳"。《止齋先生文集》卷三
八。故推知本書約撰於是年(1191)夏間。

葉味道

　　葉味道(? —1234),初名賀孫,字味道,後以字行,更
字知道,温州(今屬浙江)人。師事朱熹。"試禮部第一,
時僞學禁行,味道對學制策率本程頤,無所避,知舉胡紘
見而黜之",遂"復從熹於武夷山中"。登嘉定十三年
(1220)進士第,歷遷宗學諭、太學博士兼崇政殿説書、秘
書郎、著作佐郎而卒。著《四書説》、《大學講義》等。《宋
史》卷四三八有傳。《南宋館閣錄續錄》卷八載葉味道端
平元年四月除秘書郎,八月除著作佐郎,九月致仕。則其
當卒於是時。後賜謚文修,學者號西山先生。《朱子
門人》。

朱熹《答葉味道賀[孫]》：

所喻既祔之後，主不當復于寢，此恐不然。向見陸子靜居母喪時力主此說，其兄子壽疑之，皆以書來見問，因以《儀禮》注中之說告之。渠初乃不曾細看，而率然立論，及聞此說，遂以爲只是注說，初非經之本文，不足據信。當時嘗痛闢之，考訂甚詳，且以爲未論古禮如何，但今只如此，卒哭之後便除靈席，則孝子之心豈能自安邪？其後子壽書來，乃伏其謬，而有"他日負荆"之語。今偶不見當時往還舊牘，因更以他書考而論之。

如《大戴禮·諸侯遷廟》篇云："君及從者皆玄服。"則是三年大祥之後，既除喪而後遷矣。其詞但告遷而不言祔，則是既祔之後，主復于寢，而至此方遷于廟矣。如《穀梁》云"易檐改塗"，《禮志》云"更釁其廟"，則是必先遷高祖於太廟夾室，然後可以壞釁其故廟而納祖考之主。又俟遷祖考於新廟，然後可以壞釁其故廟而納新祔之主矣。如《左氏》云"特祀於寢"，而《國語》有日祭之文，韋昭曰："謂日上食於祖禰。"則是主復寢後，猶日上食矣。但《穀梁》所謂練而壞廟，乃在三年之內，似恐太速。《禮志》所謂釁廟而移故主，乃不俟其廟之虛而遽壞之，恐非人情。《左氏》所謂"祔而作主"，則與《禮經》虞主用桑者不合。所謂烝嘗禘於廟，則與《王制》喪三年不祭者不合，疑左氏所說乃當時之失，杜氏因之，遂有國君卒哭而除服之說，皆非禮之正。大率左氏言禮多此類也。皆不足信。而《國語》日祭月祀時

享既與《周禮》祀天神、祭地祇、享人鬼之名不合，韋昭又
謂日上食於祖禰，月祀於曾高，時享於二祧，亦但與《祭
法》略相表裏，而不見於他經。又主既復寢而日祭之，則
其几筵未知當俟臨祭而後設耶，或常設而不除也？此類
皆無明文，更當詳攷。又古者廟有昭穆之次，昭常爲昭，
穆常爲穆，故祔新死者于其祖父之廟，則爲告其祖父以當
遷他廟，而告新死者以當入此廟之漸也。今公私之廟皆
爲同堂異室、以西爲上之制，而無復左昭右穆之次，一有
遞遷而羣室皆遷，而新死者當入于其禰之故室矣。此乃
禮之大節，與古不同。而爲禮者猶執祔于祖父之文，似無
意義。然欲遂變而祔于禰廟，則又非愛禮存羊之意。竊
意與其依違牽制而均不免爲失禮，曷若獻議於朝，盡復公
私之廟皆爲左昭右穆之制，而一洗其繆之爲快乎？《晦庵
文集》卷五八。

　　案：據《朱子語類·姓氏》，葉賀孫所聞在紹熙
二年（辛亥）以後。又本書有云“向見陸子靜居母喪
時力主此說，其兄子壽疑之，皆以書來見問，……其
後子壽書來，乃伏其謬，而有‘他日負荊’之語”，而下
書（祔說向嘗細攷）乃云“頃年陸子壽兄弟親喪，亦來
問此。時以既祔復主告之，……子靜終不謂然，而子
壽遂服，以書來謝，至有‘負荊請罪’之語”，知承本
書。又下書（五服飲食居處之節）記葉賀孫問曰“賀
去冬侍坐，承斟酌古今之制，謂居喪冠服當與吉服

稱,其制度等級已略言及",故推知本書約撰於紹熙五年(1194)春間或稍後。

朱熹《答葉味道》:

祔説向嘗細攷,欲以奉報,意謂已遣。今承喻却未收得,必是不曾遣去。然今又尋不見。大抵《禮》注、《穀梁》皆謂練而遷廟,《大戴禮·諸侯遷廟》其説亦然,此是古人必以練而遷其几筵於廟而猶日祭之,如横渠之説。然今人家廟只有一間,祖考同之,豈容如此?況又已過時,只得從溫公之儀,亦適當世人情之宜。雖攷之於古少有不同,要未爲大失禮也。錢君所論亦甚精詳,但謂既祔之後,主不當復于寝,則似未安。蓋祔與遷自是兩事,祔者,奉新死之主以祭于其所當入之祖廟,而并祭其祖,若告其祖以將遷于他廟,若適士二廟,則此祖已當遷于夾室矣。而告新死者以將遷于此廟也。既告已,則復新死者之主於寝,而祖亦未遷。比至於練,乃遷其祖入他廟或夾室,而遷新死者之主于其廟耳。其未遷于廟與既遷而未祥,饋羞自如他日。如此,則廟自不虛,寝亦有饋,皆非如錢君所慮也。頃年陸子壽兄弟親喪,亦來問此。時以既祔復主告之,而子静固以爲不然,直欲於卒哭而祔之後徹其几筵。子壽疑而復問,因又告之,以爲如此則亦無復問其禮之如何,只是此卒哭之後便徹几筵,便非孝子之心,已失禮之大本矣。子静終不謂然,而子壽遂服,以書來謝,至有"負

荆請罪"之語。今錢君之論，雖無子静之薄，而其所疑亦
非也。不知味道看得如何？幸更與錢講之，復以見告也。
《晦庵文集》卷五八。

案：本書有云"祔説向嘗細攷，欲以奉報，意謂
已遣。今承喻却未收得，必是不曾遣去"，所謂"祔説
向嘗細攷"，乃指上書（所喻既祔之後）。又下書（五
服飲食居處之節）亦討論喪禮，知承本書，故推知本
書約撰於紹熙五年中。

朱熹《答葉味道》：

五服飲食居處之節，昨嘗聞其略。但《喪大記》有
"叔母、世母、故主、宗子，食肉飲酒"之文，注云"義服恩
輕"，不知自始死至未葬之前，可以通行何如？但一人向
隅，滿堂不樂，服既不輕，而飲食居處獨不爲之制節，可乎？

《禮》既無文，不可强説。竊意在喪次，則自當如本服
之制，歸私家則自如，其或可也。

《喪大記》三年之喪，"禫而從御，吉祭而復寢。期，
居廬，終喪不御於内者。父在，爲母、爲妻齊衰期者，大
功布衰九月者，皆三月不御於内"。不知小功緦獨無明
文，其義安在？

《禮》既無文，即當自如矣，服輕故也。

親迎，男女遭喪之禮，曾子問之詳矣。今有男就成
於女家，久而未歸，若壻之父母死，女之奔喪如之何？

若女之父母死,其女之制服如之何?

此乃原頭不是,且放在塗之禮行之可也。然既嫁則服自當降,既除而歸夫家耳。

曾子問曰:"昏禮既納幣,有吉日,女之父母死,則如之何?"孔子曰:"壻使人弔。如壻之父母死,則女之家亦使人弔"云云。如未有吉日,獨不當弔乎?

恐無不弔之理。

賀去冬侍坐,承斟酌古今之制,謂居喪冠服當與吉服稱,其制度等級已略言及。近見親戚有居母喪,用溫公寬袖襴衫、布幞頭,取其與吉服相符,而又加首絰、要絰,而去溫公之布四脚,不知可行否?

今考《政和五禮》,喪服却用古制,準此而行,則亦無特然改制之嫌。却恐吉服須講求一酌中制度,相與行之耳。

昔侍先生,見早晨入影堂焚香展拜,而昏暮無復再入,未知尊意如何?

向見今趙丞相日於影堂行昏定之禮,或在燕集之後,竊疑未安,故每常只循舊禮晨謁而已。

按《雜記》,姑姊妹其夫死而夫黨無兄弟,使夫之族人主喪,妻之黨雖親不主。此謂姑姊妹無子,寡而死也。夫若無族矣,則前後家、東西家;無有,則里尹主之。或曰,主之而祔於夫之黨。妻之黨自主之,非也。夫之黨,其祖姑也。今賀有姑,其夫家□,反歸父母家。既耆耄,他

日捨兄弟姪之外，無爲主者。但不知既無所祔，豈忍其
神之無歸乎？

古法既廢，鄰家、里尹決不肯祭他人之親，則從宜而
祀之別室，其亦可也。

女子適人，爲父母服期，傳云："不貳斬也。"賤婦喪
母，遂於既葬卒哭而歸。繼看《喪大記》曰："喪父母，既
練而歸。期九月，既葬而歸。"注云："歸，謂歸夫家也。"
其既葬而歸者，乃婦人爲祖父母、爲兄弟之爲父後者
耳。賀雖令反終其月數，而誤歸之月不知尚可補填乎？
因思他人或在母家，彼此有所不便，不可以待練之久，
其不可以不歸也，又如之何？

補填如今追服，意亦近厚；或有不便，歸而不變其居
處飲食之節可也，衣服則不可不變。此亦以意言之，深恐
不免"汰哉"之誚也。《晦庵文集》卷五八。

案：書中言及"向見今趙丞相日於影堂行昏定
之禮"云云，據《宋史·宰輔表四》，趙汝愚於紹熙五
年八月丙辰拜右丞相，慶元元年二月戊寅罷。又書
中有"賀去冬侍坐"語，故疑本書撰於朱熹罷經筵而
歸後，約在慶元元年（1195）初。

朱熹《答葉味道》：

省闈想甚得意，奏名必在前列。但尚未見後場題目，
不知主司意鄉如何？要之，得失已有定分，人徒自爲擾擾

耳。改字不若只就舊名之爲安。門生之禮,若在高等,恐例須謁見,即不可廢;若只在行間,亦不必詣之也。《禮書》未能得了,而衰病日侵,恐未必能究竟此事也。漢卿必時相見,四方更有何朋友在都下? 凡百宜以謹密爲上。事了,能一過此相聚否? 李敬子尚留此,志尚堅苦,不易得,但看義理未甚明徹細密耳。《晦庵文集》卷五八。

　　案:書中言及"省闈想甚得意,奏名必在前列。但尚未見後場題目,不知主司意鄉如何",據《宋史》本傳,葉味道"試禮部第一,時僞學禁行,味道對學制策率本程頤,無所避,知舉胡紘見而黜之,曰:'此必僞徒也。'既下第,復從熹於武夷山中"。而《宋會要輯稿·選舉》二二之一五載,慶元五年正月二十五日,差權禮部尚書黃由知貢舉,吏部侍郎胡紘、侍御史劉三傑同知貢舉。又同上一之二五載是年三月一日"得合格奏名進士蘇大璋以下二百五十四人"。故推知本書約撰於五年(1199)二月間。

葉彥忠

葉彥忠,名里不詳。

朱熹《答葉彥忠》:

《易傳》且留是正不妨。《易》自伏羲始畫八卦,三畫。

文王重爲六十四，六畫。作繫卦象辭，周公作繫爻辭，孔子作《象》、乃釋文王之象，通謂之《象》。《象》、《文言》、《繫辭》、《説卦》、《序卦》、《雜卦》，而《象》、《象》、《繫辭》各分上下，是爲《十翼》。舊説如此，承問及之。《晦庵文集》續集卷八。

案：朱熹《答孫敬甫》（所示《大學》數條）有云"《易傳》初以未成書，故不敢出。近覺衰耄，不能復有所進，頗欲傳之於人，而私居無人寫得，只有一本，不敢遠寄"，《晦庵文集》卷六三。而本書乃云"《易傳》且留是正不妨"，似在其後。《答孫敬甫》撰於慶元二年季秋、冬初，故推知本書約撰於慶元三年（1197）間。

朱熹《答葉彦忠》：

示喻爲學有緒，尤以爲慰。且只如此用功，旦夕相見，却得面論也。《大學》近脩得稍平正，前本亦不能無所偏耳。《晦庵文集》續集卷八。

案：明蔡清《四書蒙引》卷一有云"又至庚申年七十一歲，易簣之前三日，尚修改《大學》'誠意章'。而其戊午年與廖德明帖云：'《大學》又修得一番，簡易平實，次第可以絶筆。'"然明吕柟《朱子抄釋》卷一以爲朱熹與廖德明帖在其"捐館前一月"。考王懋竑《朱子年譜·朱子年譜考異》卷四亦以爲在"戊午歲"。本書言及"《大學》近脩得稍平正，前本亦不能無所偏耳"，似在此時。故推知本書撰於慶元四年

（戊午，1198）間。

朱熹《答葉彦忠》：

《詩傳》兩本，煩爲以新本校舊本，其不同者，依新本改正。有紙冊副在内，恐要帖換也。校時須兩人對看，一聽一讀乃佳。着旬日功夫，當可畢也。《晦庵文集》續集卷八。

案：《朱熹佚文輯考·朱熹作〈詩集解〉與〈詩集傳〉考》云，朱熹於慶元五年讎校《詩集傳》，刊刻於建陽後山。本書云及"《詩傳》兩本，煩爲以新本校舊本，其不同者，依新本改正"，疑即指此次刊刻前之校正，故推知本書約撰於慶元五年（1199）或稍前。

葉永卿諸人

葉永卿，名里未詳。據朱熹《答黄商伯》（永卿主簿老兄尚留齋館否），《晦庵文集》别集卷六。知嘗官縣主簿。吳唐卿，名未詳，泉州南安（今屬福建）人。《儒林宗派》卷一〇。朱熹有《詩送碧崖甘叔懷游廬阜兼簡白鹿山長吳兄唐卿及諸耆舊三首》，《晦庵文集》卷九。知其時爲白鹿洞書院山長。周德之、李深子，名里皆未詳。

朱熹《答葉永卿吳唐卿周德之李深子》：

白鹿買田聞已就緒，吳丈又許買牛，此尤永遠之利也。諸事更賴衆賢左右維持之，其必有濟矣。《晦庵文集》別集卷六。

　　案：朱熹《答黄商伯》（前書奉叩白鹿買田事如何）云"此錢已送庫寄收以俟矣"，又書（熹頓首再拜）有云"白鹿田錢已撥，正牒教授，候彼回文，即可支付也"，《晦庵文集》別集卷六。後書撰於淳熙八年閏三月下旬。朱熹於是年閏三月二十七日離南康東歸，四月十九日至家。《年譜長編》卷上。本書云及"白鹿買田聞已就緒"，當在其後未久，推知約在是年（1181）五、六月間。

朱熹《答葉永卿吴唐卿周德之李深子》：

白鹿田已就緒，甚善。又聞今侯能枉駕臨之，尤幸。伯起、廷彦爲況如何？聞永卿諸公亦嘗入山觀書，遐想山林之勝，它處真未易得，令人悵然興懷也。但聞或者乃欲畫某形象置之其間，令人駭然。不知誰實爲此？向欲作李賓客、李九經及三先生祠於其間，以未有大成殿，遂不敢議。今乃遽然如此，於義殊不安。而諸人所以相期者，乃復如是之淺，尤非區區之所望也。幸以此示諸人，亟爲毀撤爲佳。不然，須別作區處也。《晦庵文集》別集卷六。

　　案：朱熹上書有云"白鹿買田聞已就緒"，本書中乃言"白鹿田已就緒，甚善。又聞今侯能枉駕臨之，尤幸"，故推知其承上書，約撰於夏末、秋初。

朱熹《答葉永卿吴唐卿周德之李深子》：

舜敬所云白鹿之説，當時亦謾及之，豈有輒敢號令州郡之理？渠自張皇，亦不曉事之過也。《晦庵文集》別集卷六。

案：本書撰於未詳，推知約在上書（白鹿田已就緒）稍後。

朱熹《答白鹿長貳》：

書院經雨，不能無隳損，想已加葺治矣。聞又得宣城書籍及建昌莊田，今候亦一月中一至，此足以爲久遠故事矣。三大字本就卓上寫成，既摹即拭去，今無復可得。既已刻成，煩且打一本寄來，可就脩即就本脩去，不可即復磨去，亦無緊要用處也。諸生今幾人？想時討論益有緒。山中閒曠，正學者讀書進德之地，若領袖諸賢同心唱導，不以彼己之私介於胸中，則後生有所觀法，而其敗羣不率者亦且革心矣。《晦庵文集》卷五二。

案：朱熹於淳熙八年閏三月離南康而歸之際，仍孜孜爲白鹿洞書院購置學田爲念，見朱熹《答黄商伯》（前書奉叩白鹿買田事如何）、（示喻趙宗丞田）諸書。《晦庵文集》別集卷六。本書有云"聞又得宣城書籍及建昌莊田"，故推知其撰於朱熹離任不太久，又書中云及"書院經雨，不能無隳損，想已加葺治矣"，疑書院建築經夏、秋雨季而有損傷，故推知本書約撰於是年秋間。

又，白鹿洞書院長貳姓名不詳。據朱熹《詩送碧崖甘叔懷游廬阜兼簡白鹿山長吳兄唐卿及諸耆舊三首》，《晦庵文集》卷九。知朱熹知南康軍時，吳唐卿爲白鹿洞書院山長。故本書乃與吳唐卿等人。

朱熹《答葉永卿吳唐卿周德之李深子》：

除職初不敢辭，但以賑濟四家未被賞，因此爲伸理耳。聞彼又苦饑，想不至如去年之甚。然在今日，處置當倍費力也。《晦庵文集》別集卷六。

案：書中云"除職初不敢辭，但以賑濟四家未被賞，因此爲伸理耳"，據朱熹《辭免直秘閣狀》云"右熹準七月十八日尚書省劄子：七月十七日三省同奉聖旨，以熹昨任南康軍日修舉荒政，民無流殍，可除直秘閣者。……而熹前所奏南康軍賑濟人戶張世亨等四名合依元降賞格補授文武官資者，有司顧以微文沮郤其事，至今未見報行推賞指揮。是乃聖主過恩既賞於其所當罪，而有司失信反吝於其所當賞，熹雖至愚，於此竊有所不安者，所有降到省劄不敢祗受，已送建寧府寄納軍資庫"。《晦庵文集》卷二二。時淳熙八年。故推知本書約撰於是年八月間。

朱熹《答葉永卿吳唐卿周德之李深子》：

某還家，方幸休息，得以輯理舊書，忽被恩除，不勝憂懼。初欲力辭，又聞彼道薦饑，已有流移户口，恐辭或不免，而失可爲之時，遂不免申奏對之請。更旬日間，必有進止之命。若得罷遣，且守東岡之陂，即大幸也。《晦庵文集》別集卷六。

案：書中云"忽被恩除，不勝憂懼。初欲力辭，又聞彼道薦饑，已有流移户口，恐辭或不免，而失可爲之時，遂不免申奏對之請"，據朱熹《延和奏劄三》云"忽於九月二十二日，恭被改除之命。……而是時已聞本路紹興府、衢、婺州水旱饑荒，上軫宸慮，竊恐遷延，或致誤事，遂已即日拜命，具狀申省，乞許奏對。至十月二十八日方准省劄恭奉聖旨，令臣疾速奏事，前去之任"。《晦庵文集》卷一三。又《除浙東提舉乞奏事狀》云"右熹今月二十二日準尚書省劄子奉聖旨改除前件差遣。……聞之道路，本路今年災傷至重，民已艱食，若更遷延，有失措置，竊恐向後饑民愈見狼狽，重貽聖主宵旰之憂，謹已於當日望闕謝恩祗受訖。所有合赴行在奏事，未奉指揮。……欲望鈞慈特賜敷奏施行"。《晦庵文集》卷二二。時淳熙八年。故推知本書約撰於是年九月末、十月初。

朱熹《答葉永卿吳唐卿周德之李深子》：

深甫所喻減税事，不知後來如何？某若得對，當且乞減徐守所增中上等税錢。此數不多，當必可得。其它恐亦難料理也。《晦庵文集》別集卷六。

案：據朱熹《延和奏劄三》云"至十月二十八日
方准省劄恭奉聖旨，令臣疾速奏事，前去之任"。《晦
庵文集》卷一三。本書有云"某若得對"，故推知其約撰
於十月中。

朱熹《答葉永卿吳唐卿周德之李深子》：

張廣文別後遽至此，深可悲悼。某或得至浙東，亦遣
人視其家也。《晦庵文集》別集卷六。

案：據朱熹《延和奏劄三》云"至十月二十八日
方准省劄恭奉聖旨，令臣疾速奏事，前去之任。臣聞
命震惕，不敢稽留，即於今月二日襆被上道"。《晦庵
文集》卷一三。十一月二十六日奏事於延和殿，十二
月六日蒞任提舉浙東常平。《會稽續志》卷二。書中
言"某或得至浙東"，故推知其約在淳熙八年十一
月間。

朱熹《答葉永卿吳唐卿周德之李深子》：

永卿所喻可欲之説，恐不然。但以《詩》所謂"天生蒸
民，有物有則。民之秉彝，好是懿德"者觀之，則知欲惡之
正固有不易之定理矣。彼以所當惡者爲所當欲，豈其性
情之本然者哉？《孟子集注》近方修得一過，未及再看。
更俟少定，寫得別本，即附去。然大凡讀書，且徐讀正文，

虛心涵泳,切己省察,亦當自見大體意味,其間曲折,却續求之未晚也。《晦庵文集》別集卷六。

案:朱熹《四書集註》,於淳熙八年以後,其刊印有九年婺州刊本,十一、二年德慶刊本,十三、四年桂林刊本與成都刊本,紹熙三年南康刊本,慶元五年建陽刊本。來景南《朱熹佚文輯考·〈四書集註〉編集與刊刻新考》。本書云及"《孟子集注》近方修得一過,未及再看。更俟少定,寫得別本,即附去",未及刊印事,故推知其約撰於淳熙十年(1183)左右。

朱熹《答葉永卿吳唐卿周德之李深子》:

唐卿比來爲況如何? 書來不及菖蒲平安之報,何耶?《晦庵文集》別集卷六。

案:本書撰時未詳,或與上書(永卿所喻可欲之說)相近。待考。

朱熹《答葉永卿吳唐卿周德之李深子》:

白鹿知亦嘗一到,甚善甚善。每念疇昔相與登臨遊從之樂,未嘗不發於夢寐,然亦恨當時所以相切磋者猶有所未盡也。《晦庵文集》別集卷六。

案:本書又重載於《晦庵文集》卷五二《答李叔文》(熹杜門竊食)中。《答李叔文》約撰於淳熙十二年間。

朱熹《答葉永卿吳唐卿周德之李深子》：

朱守書來，示及新編《圖經》，乃知其郡政從容，綽有餘力如此。大凡區區向所欲爲而不暇者，今皆備矣。又承喻及禁止白鹿葬地一節，尤快人意。但不知曾追毁其買契否？不爾，恐尚有後患也。《晦庵文集》別集卷六。

案：書中言及"朱守書來，示及新編《圖經》"，據《直齋書録解題》卷八曰："《南康志》八卷：郡守朱端章撰。淳熙十二年。"此朱守即知南康軍朱端章，新編《圖經》即此《南康志》，故知本書當撰於淳熙十二年或稍後。

朱熹《答葉永卿》：

先天之説，昨已報商伯矣。來喻亦推得行，然皆未能究其緼。須先將六十四卦作一橫圖，則震、巽、復、遇正在中間。先自震、復而却行以至於乾，乃自巽、遇而順行以至於坤，便成圓圖。而春、夏、秋、冬、晦、朔、弦、望、晝、夜、昏、旦皆有次第。此作圖之大指也。又左方百九十二爻，本皆陽；右方百九十二爻，本皆陰，乃以對望交相博易而成此圖。若不從中起以向兩端，而但從頭至尾，則此等類皆不可通矣。試用此意推之，當自見得也。《晦庵文集》卷五二。

案：書中云"先天之説，昨已報商伯矣"，即朱熹《答黃商伯》(永卿主簿老兄尚留齋館否)之"但所問

《先天圖》曲折甚善，細詳圖意"云云，並曰"此紙煩商伯兄呈似，更同爲訂之也"。《晦庵文集》別集卷六。《答黃商伯》撰於淳熙十三年(1186)初，故推知本書約撰於一時先後。

朱熹《答葉永卿吴唐卿周德之李深子》：

去歲災蹇異常，病既日侵，秋間又哭一女，悲傷無聊，屢至危殆。忽蒙除用，懇祠未獲，近乃見次，又已有奏事之命，不免遣人復申前請。行一月矣，至今未還，不知事竟如何？或不得已，即須到彼面懇力辭，庶幾可脱。江西決是不成行也。向承録示藥方，極感留念。今脚氣已漸輕，祕結却變成滑洩矣。大率氣血漸衰，自是如此也。《啓蒙》近復修改一兩處未畢，俟印得即奉寄。《易》之象數初甚簡易，今人不得其説，遂至支離，使人不曉，反遂詆以爲淫巫瞽史之學，其亦誤矣。《晦庵文集》別集卷六。

案：書中云"去歲……秋間又哭一女"，即指淳熙十四年七月中朱熹三女朱巳病卒。《晦庵文集》卷九三《女巳埋銘》。十五年正月，有旨趣朱熹入朝奏事之江西提刑任；二月，朱熹復以疾辭，未允；三月中，啓程入京。《年譜長編》卷下。本書中又云"忽蒙除用，懇祠未獲，近乃見次，又已有奏事之命，不免遣人復申前請。行一月矣，至今未還"，故推知本書約撰於十五年(1188)二月間。

應　恕

應恕，字仁仲，號艮齋，括蒼（今浙江麗水）人。"淳熙初寓黃巖，朱文公熹以隱居老友稱之"。門人有趙師淵等。《赤城志》卷三四。

朱熹《答應仁仲》：

熹衰病之餘，災患復不可堪。趙氏聘幣，無置之之所，故遣歸之。今既不受，未有以處。欲如來喻納之於壙，則今已葬，且此間之葬例薄，然亦時有意外之患。欲置少田以給墓戶，則亦不必如此之多。欲以施諸鄉人之爲橋道者，則似於義亦無所當。反復思之，唯有別以它女再結姻好之爲善。而家間諸女及孫雖多，而年歲無相當者，其最長者才十有二耳。似此再三籌度，皆未有計，不知賢者何以教之，使於義稍安而無所疑也？聞幾道太夫人至爲悲慟變食，此意尤不敢忘耳。熹出處之計未知所定，亦復類此。浙中士友亦頗有知其曲折者，要是杜門藏拙爲上計耳。《晦庵文集》卷五四。

案：書中有云"趙氏聘幣，……欲如來喻納之於壙，則今已葬"，又云"聞幾道太夫人至爲悲慟變食"。據朱熹《女巳誌銘》云朱熹女朱巳"十有五，適笋珥，趙聘入，奄然逝"，時"宋淳熙，歲丁未，月終辠，壬寅識"，《晦庵文集》卷九三。終辠指十一月，壬寅乃埋銘之日。故推知本書約撰於淳熙十四年(1187)十二月前後。

朱熹《答應仁仲》:

自幾道來,聞欲相訪,日佇來音。比歸不至,深以惘然。後得呂子約書,乃知已嘗經婺女,竟爾相失,尤以爲恨。歸來乃領何來三月。所惠書,雖已遠,猶足慰意也。比日秋冷,遠惟德履佳勝。

熹一出狼狽不可言,幾道必已詳言之矣。歸來已決杜門之計,讀書益有味,但祠請專人愆期未返,未知此事定復何如,度亦不出三五日,當見果決也。甚久欲一見賢者,今既不遂,因書有以見告者,切幸不外。《啓蒙》、《小學》二書,偶未有本,後便續寄去。《中庸》等書未敢刻,聞有盜印者,方此追究未定,甚以爲撓也。因便布此,未能盡所欲言。正遠,珍重。《晦庵文集》卷五四。

案:書中言"熹一出狼狽不可言",當指淳熙十五年六月赴都奏事,隨即遭林栗彈劾而歸之事。七月二十六日,除朱熹直寶文閣、主管西京崇福宮,八月十四日朱熹上狀辭職名。《年譜長編》卷下。書中又言"比日秋冷",再言"但祠請專人愆期未返,未知此事定復何如,度亦不出三五日,當見果決也",故推知其約撰於是年(1188)七、八月之際。

朱熹《答應仁仲》：

《大學》、《中庸》屢改，終未能到得無可改處。《大學》近方稍似少病。道理最是講論時説得透，纔涉紙墨，便覺不能及其一二，縱説得出，亦無精彩。以此見聖賢心事，今只於紙上看，如何見得到底？每一念此，未嘗不撫卷慨然也。《晦庵文集》卷五四。

　　案：李方子《文公年譜》云淳熙十六年“始序《大學》《中庸章句》。二書之成久矣，不輟修改，至是以穩愜於心，而始序之”。《西山讀書記》卷三一。朱熹《大學章句序》撰於二月甲子、《中庸章句序》撰於三月戊申。本書中云“《大學》、《中庸》屢改，終未能到得無可改處。《大學》近方稍似少病”，似指此番修訂，故推知本書約撰於淳熙十五年冬日前後。

朱熹《答應仁仲》：

久不聞問，辱書爲慰。信後清和，恭惟求志從容，尊履多福。如聞亦苦目疾，莫不至甚妨事否？熹則左目全盲，右亦漸不見物矣。來日幾何，學不加益而罪戾日聞，未知明者何以警策之也。惠許來訪，固所幸願，顧見屬之意，有所不敢承耳。何時披晤，訟此埋鬱？更祈珍衛，副此真禱。《晦庵文集》卷五四。

　　案：書中言及“熹則左目全盲，右亦漸不見物矣”，而朱熹《答李季章書》（熹歸來粗遣）亦云“熹歸來粗遣，但左目全盲，右目昏甚”，《晦庵文集》卷二九。
所云相合。《答李季章書》撰於慶元元年（1195）正月
下半月，故推知本書約撰於稍後，當在二、三月間。

朱熹《答應仁仲》：

熹勸講亡狀，竟煩罷斥。杜門念咎，畢此餘生，爲幸
甚矣。比來衰悴，愈覺支離，加以耳重目盲，殊費醫治，良
以爲撓。然亦老態之常，不足怪也。因便草草。向見朋友
編《春秋》例，鄙意亦欲如此，正如來喻所云也。

熹目盲不能親書，所喻編禮如此固佳，然却太移動
本文，恐亦未便耳。老病益侵，而友朋相望，皆在千百
里外，恐此事不能成，爲終身之恨矣。向在長沙、臨安，
皆嘗有意欲藉官司之力爲之，亦未及開口而罷。天於
此學如此其厄之，何邪？可歎可歎！《晦庵文集》卷五四。

案：書中言“熹勸講亡狀，竟煩罷斥”，指紹熙五
年秋自潭州赴都任侍講，閏十月下旬罷侍從、除宮觀
而歸之事。書中又言“向在長沙、臨安”云云，故推知
本書約撰於慶元元年中。

朱熹《答應仁仲》：

久不聞問，小兒歸被告，乃知向來體中嘗不佳，證亦
不輕，又喜只今已漸平復。竊計比日起居益快健，氣體愈
清實也。但累年命駕之約，未知能復踐言否？熹亦益衰，

精神筋力皆已非復昔時，勢亦不能遠適，何由一承晤語，以遂心期？念之令人恨恨不能爲懷也。

《禮書》方了得《聘禮》已前，已送致道，令與四明一二朋友抄節疏義附入，計必轉呈。有未安者，幸早見教，尚及改也。《覲禮》以後，黃㽦攜去廬陵，與江右一二朋友成之，尚未送來，計亦就草藁矣。前賢常患《儀禮》難讀，以今觀之，只是經不分章，記不隨經，而注疏各爲一書，故使讀者不能遽曉。今定此本，盡去此諸弊，恨不得令韓文公見之也。

《易本義》不謂遂達几下。舊讀此書，每於先儒之說有所不快，因以妄意管窺一二，亦不自意推尋至此。尚恨古書放失，聞見單淺，今又衰惰不能卒業，不知明者何以教之？更望詳賜誨諭，毋使有待於後世之子雲也。正遠，切祈以道自重，益綏壽祉，千萬至望。《晦庵文集》卷五四。

　　案：書中云“《覲禮》以後，黃㽦攜去廬陵，與江右一二朋友成之，尚未送來，計亦就草藁矣”，據《勉齋先生黃文肅公年譜》，慶元三年，黃榦隨仲兄赴官廬陵；七月，其母安人卒，黃榦護喪而歸。故推知本書約撰於是年（1197）上半年。

尤　袤

尤袤（1125—1194），字延之，常州無錫（今屬江蘇）

人。紹興十八年(1148)擢進士第。累遷著作郎兼太子侍讀,出知台州,除淮東提舉常平,改江東。進直祕閣,遷江西漕,兼知隆興府。進直敷文閣,改江東提刑。召除吏部郎官、太子侍講,兼左諭德。高宗崩前一日,除太常少卿,權禮部侍郎兼同修國史、侍講。淳熙末,兼權中書舍人,兼直學士院。光宗即位,與祠,起知婺州,改太平州,除煥章閣待制,召除給事中,兼侍講,除禮部尚書。卒,年七十,諡文簡。著《遂初小藳》六十卷、《內外制》三十卷。《宋史》卷三八九有傳。

朱熹《答尤尚書_袤》:

金陵之喪,中外有識同切傷痛,而況於交舊之私乎?遠承弔問,凡所以爲之深謀遠慮者,一皆切中事情,無所回避,感歎不已。某昨聞其還,即走紫溪,又聞以柩重難行,恐平父道間少人商議,遂至弋陽候之。幸却不甚費力,一慟之餘,細問密折,盡凡令尊兄之所慮者,無不已有其端。今當密與平父協力區處,庶幾不至甚乖剌耳。所幸延哥似却長進,若得數年扶持教養,當成令器。顧恐疾病衰頹,不得終任此責也。彥叙遽止此,可傷。人生危脆如此,又可歎也。圭父爲況如何?連得二書,頗不安迹,似亦不必如此。人生各以時行耳,豈必有挾,然後可以仕哉?聞尊兄亦嘗寬曉之,甚善。平父遭此禍故,初恐其心疾發動,却因此不暇及營造無益之事,反覺安穩。若常如此,可無他慮。幸因書力勸其清心省事、以持門户爲佳。
《晦庵文集》續集卷五。

案：據朱熹《劉樞密墓記》,淳熙五年七月,劉珙
卒於知建康府、江南東路安撫使任上。《晦庵文集》卷
九四。又朱熹八月十七日《答吕伯恭書》(遞中兩辱手
教)云"熹來日出紫溪,迎哭劉樞之柩"。《晦庵別集》卷
二五。又朱熹《祭劉共父樞密文》云"維淳熙五年歲次
戊戌九月辛酉朔二十日庚辰,從表弟宣教郎、主管建
寧府武夷山沖佑觀朱熹敢以清酌庶羞之奠,告於近
故建康留守、觀文殿學士彭城劉公之靈"。《晦庵文
集》卷八七。本書述及"即走紫溪","遂至弋陽候之",
且云"平父遭此禍故,初恐其心疾發動,却因此不暇
及營造無益之事,反覺安穩",推知其當撰於是年
(1178)九月間。

朱熹《答尤尚書》：

某衰病杜門,苟安祠禄,方竊自幸,上恩不棄,忽復收
用。感激雖深,然資淺材疏,詎復堪此？此外曲折,又復
多端,已力懇辭。諸公哀憐,當爲開陳,使得請也。承問
之及,感愧良深。陳公必已到闕,不知去住如何？此事自
繫天意,豈人力之所及哉。江陵計今已赴,久不得書,不
知爲況如何？吴邕州求免遠使,不知得出何策？直以親
老丐祠,恐無不得之理。但恐別求任使,則難必耳。羅倅

兄弟恐未參識，自江西來者多能道其賢也。程侍郎《禹貢》文字曾傳得否？若有本，便中幸借及。每讀此篇，常恨讀書不多，無以考見古今之同異。計其所述，必甚精博，所願見也。吳監丞輪對文字，亦願得之，不知可以并垂示否？《晦庵文集》續集卷五。

　　案：書中“忽復收用”，指淳熙五年秋起用朱熹知南康軍；“陳公必已到闕”，指新除江南東路安撫使、判建康府陳俊卿是年九月至行在“入對”。《宋史全文》卷二六下。據《景定建康志》卷一，陳俊卿乃是年十月至建康府履職。又據朱熹《乞宮觀劄子》，十月有旨“不許辭免”。《晦庵文集》卷二二。又吳邕州即下書所云“益恭”，名做字益恭，淳熙元年通判邕州，五年任滿，“被召上殿”，除知邕州兼廣西四路安撫都監，以“親老句祠，主管台州崇道觀。六年轉朝奉郎”。《新安文獻志》卷六九程卓《吳公做行狀》。故推知本書撰於九、十月之際。

朱熹《答尤尚書》：

尚書程公垂問曲折，尤感其意。因見幸爲致謝悃，區區之意，蓋不殊前也。羅兄亦告致鄙懷，皆未敢拜書也。益恭得祠甚善，材業如此，何患不達？政須恬養，以厚本根耳。《禹貢論》得之，開豁甚多，歎服無已。但恨未見畫圖，得爲求之，便中寄示，幸甚。傳畢，當并此論歸納也。

伯駿劄子亦幸垂示，它有可見教，不吝及之，尤所望也。《晦庵文集》續集卷五。

> 案：尚書程公，指程大昌，《東萊大事記》云"程尚書大昌作《禹貢辨》"黃震《黃氏日抄》卷五四。《遂初堂書目》亦著錄《程尚書禹貢圖論》。《南宋館閣錄續錄》卷九《同修國史》云淳熙五年"閏六月以吏部侍郎兼，六年三月除權吏部尚書，仍兼"。周必大《程公大昌神道碑》云程大昌淳熙"六年夏正除權吏部尚書"，"是冬，除敷文閣直學士知泉州"。《文忠集》卷六二。故推知本書約撰於淳熙六年（1179）夏。

朱熹《與江東尤提舉劄子》：

此間糴米者五輩，其一已還，餘尚未有端倪。然四近米價皆高，恐不及元科之數。而諸縣下戶口數萬，建昌四鄉申到，計一月已當米四千石，餘雖見催未到，然以鄉計之，尚當七倍於此，則一月已用三萬餘石。今計常平之積及本軍所餘，僅可給兩月，勸諭上戶所得，可給一月，即開春便無以繼。欲以糴到錢再糴，則諸處米向後必愈難得，又恐未可指準，不知使司番陽之米將來可撥幾何？若得五萬餘石，即所欠尚有月餘，多方那儧，或可接得大麥。都昌小戶尤多，恐用米穀不止此。若不及此數，即尤狼狽矣。欲乞早示一公牒，撥定米數，此當一面差人般運，庶以慰安善良，彈壓姦盜，非細事也。《晦庵文集》卷二七。

案：書中云"今計常平之積及本軍所餘，僅可給兩月，勸諭上戶所得，可給一月，即開春便無以繼"，乃指淳熙七年（1180）南康軍大旱，朱熹行荒政事，故推知本書約撰於九、十月之際。

朱熹《答尤尚書_袤》：

示喻程門諸人行事附見，甚善。龜山靖康間論事頗多，今《長編》中全不載，蓋緣汪丈當時編集之際，楊家子弟以避禍為説，懇請删去，故雍傳即不見其章疏。後來延平重刊《龜山集》，方始收入。他時或作楊傳，不可不細考也。尹和靖被召時，適有臣寮陳公輔論毁程學，尹公在道懇辭，甚可觀。又嘗論講和甚力，皆不可不載者也。《南軒集》誤字有是元本脱誤者，如"召閑"處，則拙者蓋有罪焉。然亦曾寫與定叟，恐其欲有回互，不妨報及。今承疏示，當以示刊者，有姓字處且令鑱滅，後人亦須自曉得也。《晦庵文集》續集卷五。

案：據朱熹《張南軒文集序》，朱熹為亡友張栻編定《南軒文集》四十四卷，并為序之，時淳熙甲辰（淳熙十一年）十二月辛酉。《晦庵文集》卷七六。本書中有言"《南軒集》誤字有是元本脱誤者，如'召閑'處，則拙者蓋有罪焉。……今承疏示，當以示刊者，有姓字處且令鑱滅"，則其當初刊印時，推知撰於淳熙十二年（1185）間。

朱熹《答尤延之_袤》：

熹杜門竊食，不敢與聞外間一事，尚不能無虎食其外之憂。衰病疲薾，雖在山林，亦不能有尋幽選勝之樂。但時有一二學子相從於寂寞之濱，講論古人爲己之學，至會心處，輒復欣然忘食，不自知道學之犯科也。年來目昏，不甚敢讀書。經說閑看，疏漏頗多，不免隨事改正，比舊又差勝矣。

《綱目》不敢動着，恐遂爲千古之恨。蒙教楊雄、荀彧二事，按溫公舊例，凡莽臣皆書"死"，如太師王舜之類，獨於楊雄匿其所受莽朝官稱而以"卒"書，似涉曲筆，不免却按本例書之曰"莽大夫楊雄死"，以爲足以警夫畏死失節之流，而初亦未改溫公直筆之正例也。荀彧却是漢侍中光禄大夫而參丞相軍事，其死乃是自殺，故但據實書之曰"某官某人自殺"，而系於曹操擊孫權至濡須之下，非故以彧爲漢臣也。然悉書其官，亦見其實漢天子近臣而附賊不忠之罪，非與其爲漢臣也。此等處當時極費區處，不審竟得免於後世之公論否？胡氏論彧爲操謀臣，而劫遷、九錫二事皆爲董昭先發，故欲少緩九錫之議，以俟它日徐自發之。其不遂而自殺，乃劉穆之之類，而宋齊丘於南唐事亦相似。此論竊謂得彧之情，不審尊意以爲何如？

李淙、謝廓皆略識之，李在此作縣，甚得民情；謝甚俊，即任伯參政之孫，其家有古書者也。但吳仲權亦聞其名，見其文字甚清警，未知材氣如此也。今日下位後生中

尚不爲無人，雖真僞相半，然亦且得勸勉獎就之，未敢輕
有遺弃也。陳同父近得書，大言如昨，亦力勸之，令其稍
就斂退。若未見信，即後日之患猶或有甚於此者，甚可
念也。

叔祖奉使葬事，甚荷憐念。此事初未敢有請，不謂已
蒙特達如此。不知今有定論否？叔祖當日挺身請使，留
彼中十六年，竟保全節而歸。以奏對論和不可專恃，且虜
有可圖之釁，忤秦丞相，遂廢以死。在虜中時，嘗有祭徽
廟文，或傳以歸，乙覽感動，錫賚甚寵。其書皆在此，此便
不的，不敢附呈。鄙意輒欲次其行事以請於左右，幸而并
賜之銘，則宗族子孫皆受不貲之惠矣。叔祖受知於晁景
迂，學甚博、詩甚工也。《晦庵文集》卷三七。

案：書中云"陳同父近得書，大言如昨，亦力勸
之，令其稍就斂退"，據朱熹《答陳同甫》(方念久不聞
動静)有云"然韓子所謂'斂退就新懦，趨營悼前猛'
者，區區故人之意，尚不能不以此有望於高明也"，
《晦庵文集》卷三六。即所謂"令其稍就斂退"之意。
《答陳同甫》撰於淳熙十三年(1186)秋末冬初，本書
約撰於一時先後。

朱熹《答尤延之》：

垂諭楊雄事，足見君子以恕待物之心。區區鄙意
正以其與王舜之徒所以事莽者雖異，而其爲事莽則

同，故竊取趙盾、許止之例，而槩以莽臣書之，所以著萬世臣子之戒，明雖無臣賊之心，但畏死貪生而有其迹，則亦不免於誅絕之罪。此正《春秋》謹嚴之法。若溫公之變例，則不知何所據依。晚學愚昧，實有所不敢從也。不審尊意以爲如何？如未中理，却望垂教也。《晦庵文集》卷三七。

案：朱熹上書（熹杜門竊食）言及"蒙教楊雄、荀彧二事"，本書又論及"垂諭楊雄事"，當承上書，推知約撰於歲末。

朱熹《答尤尚書》：

沙隨程丈忽見過，留止旬日，得款餘論，啓發爲多。如此等人老於州縣，深爲可惜。趙帥招之，折衷《奏議》之編，功夫亦殊浩渺也。項平父向來紹興，同官中極不易得，來教所謂可用之才，誠不易之論。得書知欲此來，未知能自拔否耳。蔡君《律書》已成，簡徑精密，悉有據依。乃知前人大是草率，恨不令年兄見之。其《曆書》則未就，然大略規模亦與《律書》相似。所謂無零分者，非如來教所疑也。《晦庵文集》續集卷五。

案："蔡君《律書》"，即蔡元定所撰《律呂新書》，朱熹爲之作《律呂新書序》，時淳熙十四年（丁未）正月朔旦。《晦庵文集》卷七六。書中云及"蔡君《律書》已成"，故推知其約撰於是年（1187）春。

朱熹《答尤尚書》：

奉三月四日手教一通，三復慰喜，不可具言。又蒙封送差敕及所撰族祖銘文，尤切感荷。衰病之餘，復叨祠祿，已爲優幸，而雲臺改命又如私請，便得仰止希夷之高躅，以激衰懦，則又執事者不言之教也。幸甚。誌銘之作雄健高古，曲盡事情，雖或節用行狀之詞，而一經點化，精神迥出。正襟伏讀，使人魄動神悚，知君臣之義與生俱生，果非從外得也。竊謂此文實天下名教之指南，寒鄉冷族，何幸而獨得之！然亦非可得專有之矣，幸甚幸甚。屬以一至城府，歸憩武夷，繚繞還家，賓客書問疾病之擾無一日暇，以故久不得致謝意，然此心未嘗一日忘也。《晦庵文集》續集卷五。

案：朱熹於淳熙十四年三月差主管南京鴻慶宮。本書云“奉三月四日手教一通，……而雲臺改命又如私請。……屬以一至城府，歸憩武夷，繚繞還家，賓客書問疾病之擾無一日暇，以故久不得致謝意”，故推知本書約撰於四月中或稍後。

朱熹《答尤延之書戊申四月》：

熹留玉山已半月，日望回信，冀得言歸。今所遣人乃空手來，而所賜教中見喻者，又非熹之所病也。區區之意，正爲禮節之間有不能彊顏者耳。如其所謂宛轉者，去冬已聞之，此豈可信？政使可信，吾亦豈可爲此而屈哉？

老大抗拙，無復餘念於此世，顧以君臣大義未能忘懷，初欲冒進，一吐所懷，知難而退，憂則違之，今亦已矣。唯願諸賢協贊明主，進賢退姦，大開公正之路，使宗社尊安，生靈有庇，則熹之受賜厚矣，亦何必誘之以其所不欲，而彊之以其所不堪也哉？再遣此人，文字在元善處，更望垂念，便得早歸，千萬之幸。餘不暇及。《晦庵文集》卷二七。

案：朱熹於淳熙十五年（戊申，1188）三月十八日啓程上京奏事，三十日至信州，四月四日至玉山縣，上《辭免江西提刑劄子三》。《晦庵文集》卷二二。本書中云及"熹留玉山已半月"，知其當撰於是月二十日左右。

游九言

游九言，字誠之，初名九思，號默齋，建陽（今屬福建）人。始學於張栻。"嘗於武夷重搆水雲寮，爲繼述之所。……銳志當世，熟南北事"。初筮古田尉，入監文思院。張栻爲廣西帥，辟幕下。後爲全椒令。開禧初，爲淮西安撫機宜，尋知光化軍，充荊鄂宣撫參謀官。卒。端平中，特贈直龍圖閣，謚文靖。《閩中理學淵源考》卷二。

朱熹《答游誠之九言》：

示喻讀書玩理次第，甚慰所懷。但嚴立功程，寬著意思，久之自當有味，不可求欲速之功也。所論日用功夫，尤見其爲己之意。但心一而已，所謂覺者，亦心也。今以覺求心，以覺用心，紛拏迫切，恐其爲病不但揠苗而已。不若日用之間以敬爲主而勿忘焉，則自然本心不昧，隨物感通，不待致覺而無不覺矣。故孔子只言克己復禮，而不言致覺用敬；孟子只言操存舍亡，而不言覺存昧亡。謝先生雖喜以覺言仁，然亦曰心有知覺，而不言知覺此心也。請推此以驗之，所論得失自可見矣。若以名義言之，則仁自是愛之體，覺自是知之用，界分脉絡，自不相關。但仁統四德，故人仁則無不覺耳。然謝子之言，侯子非之，曰："謂不仁者無所知覺則可，便以心有知覺爲仁則不可。"此言亦有味，請試思之。

《克齋記》近復改定，今別寫去。後面不欲深詆近世之失，"波動危迫"等語，皆已削去。但前所論性情脉絡、功夫次第，自亦可見底裏，不待盡言而後喻也。因見南軒，試更以此意質之，當有以相發明爾。《晦庵文集》卷四五。

　　案：朱熹《答林擇之》（某此碌碌如昨）云"《克齋記》近復改定"，《晦庵文集》別集卷六。其書撰於乾道九年（1173）七、八月之際，本書云及"《克齋記》近復改定，今別寫去"，故推知其約撰於此時。

朱熹《答游誠之》：

　　仁、覺之説，前書已詳報矣。此書所喻"惻隱似非出於覺"者，此語甚佳。但所謂"覺之一字未必不佳"者，鄙意亦非以覺爲不佳，但謂功夫用力處在敬而不在覺耳。上蔡云"敬是常惺惺法"，此言得之。但不免有便以惺惺爲仁之意，此則未穩當耳。所喻從前馳騖之過，此非明者不能自知，甚善。然既自知之，則亦自改之而已，它人不得而與也。窮理涵養，要當並進。蓋非稍有所知，無以致涵養之功；非深有所存，無以盡義理之奧。正當交相爲用，而各致其功耳。《晦庵文集》卷四五。

　　案：書中所謂"仁、覺之説，前書已詳報矣"，即指上書（示喻讀書玩理次第），知承其後。

朱熹《答游誠之》：

　　心體固本静，然亦不能不動；其用固本善，然亦能流而入於不善。夫其動而流於不善者，固不可謂心體之本然，然亦不可不謂之心也，但其誘於物而然耳。故先聖只説"操則存，存則静，而其動也無不善矣。舍則亡，於是乎有動而流於不善者。出入無時，莫知其鄉"。出者亡也，入者存也，本無一定之時，亦無一定之處，特係於人之操舍如何耳。只此四句，説得心之體用始終、真妄邪正無所不備。又見得此心不操即舍、不出即入，別無閑處可安頓之意。若如所論，出入有時者爲心之正，然則孔子所謂出入無時者，乃心之病矣。不應却以"惟心之謂與"一句直指而總結之也。所答石、吕二書寫呈，但子約書中語尚有病，當時不暇子細剖析,明者擇焉可也。《晦庵文集》卷四五。

案：書中云"所答石、吕二書寫呈",即指朱熹《答石子重》(按孔子言)、《晦庵文集》卷四二。《答吕子約》(所示心無形體之説)《晦庵文集》卷四七。二書,二書皆撰於淳熙元年(1174)夏、秋間。故推知本書亦撰於此時。

余大雅

余大雅(1138—1189),字正叔,上饒(今屬江西)人。應舉子業,"聞晦翁朱先生講道閩中,毅然登門","志道懇惻,問難叩擊,亹亹不倦,揆諸心一毫有未得,雖往返十數不置,期於釋然而後已"。淳熙十六年卒,年五十二。事蹟見陳文蔚《克齋集》卷一二《余正叔墓碣》。

朱熹《答余正叔》：

熹一出無補,幸已還家,又幸奉祠遂請,且得杜門休息。間讀舊書,雖葵藿之心不敢弭忘,然疏遠之分亦不敢不自安也。別後讀書觀理,復增勝否？熹歸家只看得《大學》與《易》,修改頗多。義理無窮,心力有限,奈何奈何？唯需畢力鑽研,死而後已耳。《晦庵文集》卷五九。

案：本書有云"熹一出無補,幸已還家,又幸奉祠遂請",朱熹所謂"一出",當指淳熙十五年三月入

京奏事，七月上旬歸家，隨即除直寶文閣、主管西京
嵩山崇福宮，八月十四日辭職名，不允，遂拜命。《年
譜長編》卷下。故推知本書約撰於十五年(1188)秋末。

陳文蔚《祭余正叔》云“予與公……遂相與同遊
於朱夫子之門，甲辰(淳熙十一年)之秋，同往同歸，
在道一月，切磋講究，剖心露誠，纖悉無隱。……今
歲之夏，公復入閩。九月之初，我往公歸，適相邂逅
於武夷道上，躊躇言別，不忍遽捨”。《克齋集》卷一一。
然“未兩月而訃聞矣”，時己酉(淳熙十六年)十一月
乙丑。《克齋集》卷一二《余正叔墓碣》。

朱熹《答余正叔》：

示喻已悉。前日所論，正爲敬義工夫不可偏廢。彼
專務集義而不知主敬者，固有虛驕急迫之病，而所謂義者
或非其義。然專言主敬，而不知就日用間念慮起處分別
其公私義利之所在，而決取捨之幾焉，則恐亦未免於昏憒
雜擾，而所謂敬者有非其敬矣。且所謂集義，正是要得看
破那邊物欲之私，卻來這下認得天理之正，事事物物，頭
頭處處，無不如此體察，觸手便作兩片，則天理日見分明，
所謂物欲之誘，亦不待痛加遏絕而自然破矣。若其本領，
則固當以敬爲主，但更得集義之功以袪利欲之蔽，則於敬
益有助，蓋有不待著意安排而無昏憒雜擾之病。上蔡所
謂“去卻不合做底事，則於用敬有功”，恐其意亦謂此也。

正叔本有遲疑支蔓之病，今此所論，依舊墮在此中，恐亦是當時鄙論不甚分明，致得如此。故今復如此剖析將去，使正叔知得鄙意不是舍敬談義、去本逐末，正欲兩處用功，交相爲助。正如程子所謂"敬義夾持直上，達天德自此"者耳。今亦不須更生疑慮，別作商量，但請依此實下功夫，久遠純熟，便自見得也。前日三詩，首篇"計功程"字是大病根，而其下亦未見的實用功得力之處，後二篇亦未見踐言之效，只成虛説，尤犯聖門大禁。大槩皆是平日對塔説相輪慣了意思，致得如此。須是勇猛決烈，實下功夫，力救此病，不可似前泛泛悠悠、虛度時日也。《晦庵文集》卷五九。

案：本書中言及"正叔本有遲疑支蔓之病，今此所論，依舊墮在此中"，而朱熹《答徐子融昭然》（所論浩氣）乃云"大率子融志氣剛決，故所見亦如此痛快直截，無支離纏繞之弊"，《晦庵文集》卷五八。顯是兩人相對而言。《答徐子融昭然》撰於淳熙十六年夏、秋之際，又據下書（示喻日用工夫）云云，故推知本書約撰於是年(1189)初。

朱熹《答余正叔》：

示喻日用工夫，甚副所望。然前者所論，未嘗欲專求息念，但以爲不可一向專靠書册，故稍稍放教虛閑，務要親切自己。然其無事之時，尤是本根所在，不可昏惰雜擾,故又欲就此便加持養,立箇主宰。其實只是一個提撕警策,通貫動靜。但是無事時,只是一直如此持養,有事處便有是非取舍,所以有直內方外之別,非以動靜真爲判然二物也。上蔡之説便是如此,亦甚要切,但如此警覺,久遠須得力爾。千萬且於日用間及《論語》中著力,令有箇會通處,即他書亦不難讀爾。《晦庵文集》卷五九。

　　案:陳文蔚《余正叔墓碣》云余大雅來武夷問學,"先生(朱熹)嘉其勤,竭兩端以告。嘗因書論敬義工夫,先生指示日用之親切者,謂'提撕警策,通貫動靜'。正叔得其語,表裏用功,非惟自勉不暇,見同志亦以相厲"。《克齋集》卷一二。即指本書。又本書云:"然前者所論,未嘗欲專求息念,但以爲不可一向專靠書册,故稍稍放教虛閑,務要親切自己。"其"前者所論"者,當指上書(示喻已悉)。故推知本書約撰於十六年春間。

　　又,陳文蔚《余正叔墓碣》云余大雅"平日與先生問答書非一,厄於煨燼,無一存者,人皆惜之"。《克齋集》卷一二。

余大猷

　　余大猷,字方叔,順昌(今屬福建)人。余大雅弟。《閩中理學淵源考》卷二二。

朱熹《答余方叔大猷》：

所喻別紙奉報，幸更思之，有所未安，復以見告。講論不厭精審，方見義理之真，然亦須是虛心平氣，方能精審，若以一時粗淺之見便自主張，即無由有進處也。

大猷竊謂仁、義、禮、智、信元是一本，而仁爲統體，故天下之物有生氣，則五者自然完具；無生氣，則五者一不存焉。只是説及本然之性，先生以爲枯槁之物亦皆有性有氣，此又是以氣質之性廣而備之，使之兼體洞照而無不徧耳。

天之生物，有有血氣知覺者，人獸是也；有無血氣知覺而但有生氣者，草木是也；有生氣已絶而但有形質臭味者，枯槁是也。是雖其分之殊，而其理則未嘗不同。但以其分之殊，則其理之在是者不能不異。故人爲最靈而備有五常之性，禽獸則昏而不能備，草木枯槁，則又并與其知覺者而亡焉，但其所以爲是物之理，則未嘗不具耳。若如所謂纔無生氣便無此理，則是天下乃有無性之物，而理之在天下乃有空闕不滿之處也，而可乎？他説皆得之，但謂敬只是防去此等以復於理，語意未切。須知敬即此心之自做主宰處，更宜用力，即自見得也。《晦庵文集》卷五九。

案：《朱子語類》卷四載甘節所記曰：“問：‘曾見答余方叔書，以爲枯槁有理。不知枯槁、瓦礫如何有理？’曰：‘且如大黄、附子亦是枯槁，然大黄不可爲附子，附子不可爲大黄。’”據《朱子語類·姓氏》，甘節所聞在紹熙四年（癸丑）以後。又朱熹《答徐子融昭然》（有性無性之說）有云“有性無性之説，殊不可曉。當時方叔於此本自不曾理會，率然躐等，揀難底問。熹若照管得到，則於此自合不答，且只教他子細熟讀聖賢明白平易切實之言，就己分上依次第做功夫，方有益於彼，而我亦不爲失言”。《晦庵文集》卷五八。朱熹《答陳才卿》（前書所論方叔所説不同者）亦云“前書所論方叔所説不同者，只是渠以知覺爲性，此是大病。後段所謂‘本然之性，一而已矣’者，亦只是認著此物而言耳”。《晦庵文集》卷五九。二書皆紹熙五年或稍後，所云云即指本書。故推知本書撰於其前，時約在五年（1194）。

余　範

余範，字彝孫，古田（今屬福建）人。《閩中理學淵源考》卷一七。

朱熹《答余彝孫範》：

有憂有懼者，志不勝氣，氣反動其心。若志立，則氣定矣。故曰：内省不疚，夫何憂何懼？

有憂有懼者，内有所慊也。自省其内而無所病，則心廣體胖而何憂何懼之有？夫子之語，固已明白完備。今以志立氣定爲言,則是未嘗熟復本文而別生枝節也。

《文中子》曰:"仁義,教之本,先王以是繼道德。"此先道德而後仁義之説也。

此説得之。

《大學》"知止"以至"能得",《孟子》"自得"以至"逢原",或以二章次第相似,範以爲不然。《大學》"知止"而下,乃孟子欲其自得之事,至於能得,乃自得處。居之安則資之深,資之深則取之左右逢其原,此乃自得後所進愈不止也。

此亦得之。但聖賢之言各有所指,其次序深淺隨事而言,不可如此牽合。此説猶爲粗可通耳。

"不耕穫、不菑畬",程子《易傳》爻辭恐未明白。範竊謂無不耕而穫、不菑而畬之理,只是不於耕而計穫之利。如程子所解《象辭》,移之以解爻辭則可。

《易傳》爻、《象》之辭雖若相反,而意實相近,特辭有未足耳。爻辭言當循理,《象辭》言不計利,循理則不計利,計利非循理也。但考之經文,則《傳》與來説於文義之間皆若有可疑者。若曰"不耕而穫",則多却"而"字;若曰"不於耕而求穫之利",則又須增數字方通。嘗謂此爻乃自始至終都不營爲而偶然有得之意,耕穫菑畬,舉事之始終而言也。當无妄之世,事蓋有如此者。若以義言,則聖人之無爲而治,學者之不要人爵而人爵從之,皆是也。大抵此爻所謂"无妄之福",而六三則所謂"无妄之禍"也。

《艮》六三“不拯其隨”，程子謂“二不得以拯三之不中，則勉而隨之，不拯而惟隨也”，恐“惟”字未的當。若不拯而惟隨，則如樂正子之於子敖、冉求之於季氏也。當只言“不拯其所隨，故其心不快”，如孔、孟之於時君，諫不行、言不聽則去而已，勉而隨之，恐非時止之義。

得之。

《大司樂》：祀天地四望，皆文之以五聲。至於祀天神、地祇、人鬼，獨用宮、角、徵、羽而不及商。或曰“祭尚柔”，又何以統言五聲耶？一變致羽物，六變致象物，有感則無不通，但不可以次序先後言。然下管鼗鼓而鳥獸蹌，《簫韶》九成而鳳凰儀，又若有次序先後，豈所感有淺深，故其應如之耶？

五聲蓋揔言之，其用則不及商也。沈存中《筆談》亦有説。然此等今無所考，未須深究。感有淺深，古注之説已詳，然今亦未睹其實也。

《司服》：卿大夫加以大功、小功，則自卿大夫而上皆無此者，何也？

此義《周禮疏》中其說已備，《中庸》所謂“期之喪達乎大夫”是也。乃古人貴貴之義，呂氏之説詳矣。《精義》“君子反經”處亦有説。然亦是周公制禮而後方如此，故《檀弓》又云：“古者不降，上下各以其親。”大凡禮樂制度若欲理會，須從頭做功夫，不可只如此章，草略説一二。但恐日力未遽及此，不若且專意於其近者爲佳耳。《晦庵文集》卷六〇。

案：朱熹《答林擇之》（某此碌碌如昨）中有云"二余在此日久，占之警敏，彝孫淳静，皆可喜。……今其告歸，云過邑中"。《晦庵文集》別集卷六。其書撰於乾道九年七、八月之際。二余，指余隅、余範兄弟，時來從朱熹問學。故推知本書約撰於是年（1173）冬或稍晚。

余宋傑

余宋傑，字國秀，南康建昌（今江西永修）人。《儒林宗派》卷一〇云名宗傑，字國秀。《江西通志》卷九一云名宗傑，字伯秀，與周謨等"同學於朱子之門，並有時名，不求仕進"。案：作"宗傑"、"伯秀"者不確。

朱熹《答余國秀宋傑》：

所謂貼裹者，但謂不可向外理會，不干己事，及求知於人之類耳。若學問之功，則無内外身心之間，無粗細隱顯之分。初時且要大綱持守，勿令放逸，而常切提撕，漸加嚴密。更讀聖賢之書，逐句逐字，一一理會，從頭至尾，不要揀擇。如此久之，自當見得分明，守得純熟矣。今看此册，大抵不曾著實持守，而遽責純熟之功；不曾循序講究，而務極精微之藴。正使說得相似，只與做舉業一般，於己分上全無干涉。此正不貼裹之病也。以下數段，皆是此病，不能一一論辨也。

宋傑嘗謂：聖人之道簡易明白，而學者所以處己接物，大抵以和爲貴，故每覺有順從苟且因循之失。然纔著意舉一二事，又覺有矯枉過正之病。

既知如此，便速改之，何問之有？凡事亦自有恰好道理，更精察之，則無過直之弊矣。

宋傑竊惟古人多處貧困而泰然不以累其心，不知何道。今值窮困，若一切不問，則理勢不容已；若欲辨集，則未免有屈志靦顏之事。

窮須是忍，忍到熟處，自無戚戚之念矣。韓退之《盛山詩序》說“玩而忘之，以文辭也”云云。文辭淺事，苟能玩而樂之，尚可以忘仕進之窮通，況吾日誦聖賢之言，探索高遠，如此而臨事全不得力，此亦足以見其玩之未深矣。《晦庵文集》卷六二。

案：本書撰時未詳。《朱子語類》卷一六、卷二〇等錄余宋傑問學語多條，乃呂燾、葉賀孫、林恪、潘時舉、胡泳、沈僴諸人所記，據《朱子語類·姓氏》，葉賀孫乃辛亥（紹熙二年）以後所聞，潘時舉癸丑（紹熙四年）以後所聞，林恪癸丑所聞，沈僴戊午（慶元四年）以後所聞，胡泳戊午所聞，呂燾己未（慶元五年）所聞。故推知余宋傑約於紹熙四年與慶元四、五年兩至武夷問學。《朱子年譜·朱子論學切要語》卷二係本書於紹熙五年後。姑係於五年（1194）間。

朱熹《答余國秀》：

始嘗推測人之身所以與天地陰陽交際處，而不得其説。既讀《太極圖説》，其中有云："人物之始，以氣化而生者也。氣聚成形，則形交氣感，遂以形化。"竊謂交際處於此可見。然形化既定，雖不復氣化，而大化之流行接續，如川流之不息，凡飲食呼吸，皆是流通處。此身雖由父母生，而莫非天地陰陽之化。此其所以有天地、具情性，而可以參天地、贊化育也歟？

其大概來歷固是如此，然須理會得其性情之德，體用分別各是何面目始得。須逐一體認玩味，令日用間發見處的當分明也。

又嘗因推測人之身而并及於物，以至動植之殊，各極其本原而察之。竊謂陰陽五行之氣化生萬物，其清濁偏正之不同，亦從初有定，而其後大化流行，亦不能變易。如人之必爲萬物之靈，麟、鳳、龜、龍之靈知，猩猩、鸚鵡之能言之類，皆是從初如此，後來亦如此。

以身而言，則所以爲耳、目、鼻、口、四肢、百體者，皆有當然之理，以至爲衆人、爲百物皆然，不可不一一辨別得，非是只要如此推説也。

竊嘗因求放心，而謂視聽思慮由己時是心存，不由己時是心放。李敬子以爲合理時是心存，且謂某有認氣爲心之病。

孟子説"存其心，養其性"，只是要人常常操守此心，不令放逸，則自能去講學以明義理，而動靜之間，皆有以順其性之當然也。

竊謂人性本具衆理，本明萬善，由氣質物欲之雜，所以昏蔽。上智之資無此雜，故一明盡明，無有查滓。中人以降必有此雜，但多少厚薄之不同耳，故必逐一求明。明得一分，則去得一分之雜。直待所見盡明，所雜盡去，本性方復。學者體此以致復性之功。不知如何？

此説是。但須是實識得其裏面義理之體用，乃爲有以明之，不可只如此鶻突説過也。

舜聞一善言，見一善行，若決江河，恐只是無氣稟、物欲之累，故吾心之理與聞見脗然相契，其決如此。顏子不違如愚，亦是如此，若子路有聞云云，則其立志雖勇，然用力亦似覺難，恐亦未免爲氣稟、物欲所累也。

同上。

氣稟、物欲均爲害性，然物欲之害易見，氣稟之害難知。然氣稟有二，若昏而不明，則隨所學可以漸進於明；若偏而不中，則強者只見得聖賢剛處，弱者又只見聖賢寬和處。不知如何？

所學漸明，則所偏亦當漸覺矣。

體察情之動處。

爲學功夫固當有先後，然亦不是截然今日爲此，明日爲彼也。且如所謂先明性之本體，而敬以守之，固是如此，然從初若都不敬，亦何由得有見耶？

先生序此四者爲格物之先。竊謂學者欲從事於學，必先明乎此，而後進學之功有實地之可據。苟爲不然，則終覺散漫無統，而所學終無所歸宿矣。

《或問》中此段，只是説從自己身心上推去到事物上，都有許多道理，但要逐節逐件識得，不是只要如此包説也。《晦庵文集》卷六二。

案：《朱子語類》卷一二〇載呂燾所記“國秀問：‘向曾問身心性情之德，蒙批誨云云。宋傑竊於自己省驗，見得此心未發時，其仁、義、禮、智之體渾然未有區別，於此敬而無失，則發而爲惻隱、羞惡、辭遜、是非之情，自有條理而不亂，如此體認，不知是否？’”又載胡泳所記：“問：‘先生答余國秀云“須理會得其性情之德”曰：“須知那箇是仁、義、禮、智之性，那箇是惻隱、羞惡、恭敬、是非之情始得。”……’”即本書朱熹所答云“其大概來歷固是如此，然須理會得其性情之德，體用分別各是何面目始得”。胡泳乃戊午（慶元四年）所聞，呂燾己未（慶元五年）所聞。故推知本書約撰於慶元四年（1198）間。

余秀實

余秀實，莆田（今屬福建）人。紹熙三年（1192）九月到知衡州任，五年六月罷。《永樂大典》卷八六四七。

朱熹《回余衡州秀實》：

賦禄真祠，方遂燕居之適；承流巨屏，莫回成命之頒。顧修問之未遑，辱移書之先及。恭惟某官受材宏偉，涵德粹温。問學有原，盡得傳家之奧要；文詞甚蔚，坐觀作者之典刑。盍升臺閣之聯，猶屈江湖之守。方慕先賢之治，益觀美化之成。鈴閣少留，姑慰遠民之意；璽書亟下，遂還近侍之班。某久仰英猷，未諧良覿。同寅有望，儻分南服之憂；歸賦可期，即返東皋之樂。《晦庵文集》別集卷八。

    案：書中言及“盍升臺閣之聯，猶屈江湖之守。……鈴閣少留，姑慰遠民之意；璽書亟下，遂還近侍之班”，則其時在余秀實離任東返之際，故推知約撰於紹熙五年(1194)六月間。

余　隅

余隅，字占之，古田（今屬福建）人。“朱文公高弟，學問警敏，與林用中齊名。吕東萊、黄勉齋相與往來，講明義理。著有《克齋文集》”。《閩中理學淵源考》卷一七。

朱熹《答余占之》：

試期不遠，且作舉子文固所當然，然義理意味亦不可遽斷絶耳。“思無邪”之説，伊川意已如此，氣味自長，不必牽合諸説，却味短也。仁者能好惡人，上蔡亦謂無私好

惡耳,但語中少却一"私"字,便覺有病,不以辭害意可也。平易固疑於卑近,然却正是初學事,須從此去,漸次自到高遠處,乃是升高自下、陟遐自邇之義,未聞先高遠而後平易也。仁者愛之理,而直以愛爲仁則不可。此處且更潛心,久之有見,方信得及。今且當就此兩句裏面思量,不必向外頭走作也。周、張二書,恐未暇及,若欲便看過,熟讀深思,此外更無別巧。然亦不惟二書,凡讀書之法,皆不外此也。《晦庵文集》卷五〇。

案:本書撰時未詳。《書信編年》以爲在慶元四年以前。然書中云及"試期不遠,且作舉子文固所當然,然義理意味亦不可遽斷絕耳",似非黨禁時語。或在紹熙中。因紹熙四年春闈,故推知本書或撰於三年(1192)秋或冬間。

朱熹《答余占之》:

仁愛之説,大槩近之,且更涵泳推廣,久之浹洽,自當信得及也。"井有仁焉",謂赴井以救人爲仁耳。文義雖略迂晦然,大意當是如此。以下文"可逝不可陷"者觀之可見也。《七月》開冰之説,近亦有朋友如此致疑,但不如此説,則鑿冰踰月而後納之,又似太緩。恐此但先後相因之文,非實以爲今日明日也。經傳類此處多,但兼通衆説以俟講究,虛心以容之,不必遽爲一定之説也。《晦庵文集》卷五〇。

案:上書(試期不遠)有"仁者能好惡人"云云,

本書又有"'井有仁焉',謂赴井以救人爲仁耳"云云，皆論仁愛之説，似前後相承。

朱熹《答余占之》：

熹此亦粗遣，但老衰殊甚，疾病益侵，仇怨交攻，蓋未知所税駕也。今年絶無朋友相過，近日方有至者，只一二輩，猶未有害，若多則恐生事矣。無由會面，遠書不能盡懷。不知冬間能枉路一顧否？《晦庵文集》卷五〇。

　　案：書中"但老衰殊甚，疾病益侵，仇怨交攻，蓋未知所税駕也"，疑當撰於慶元四年朱熹一病經月以後。又慶元三年中諸生散去一空。書中云及"今年絶無朋友相過，近日方有至者，只一二輩"，又云"不知冬間能枉路一顧否"，故推知其約撰於慶元四年（1198）夏、秋間。

朱熹《答余占之》：

直卿已歸在此。今年往來亦有一二十人，相過講習，其間豈無曉會得意思者，然未見大段斷然可負荷此事者，甚可慮也。《晦庵文集》卷五〇。

　　案：書中言及"直卿已歸在此。今年往來亦有一二十人，相過講習"，當在上書以後。黄榦慶元五年十一月自三山如考亭，六年春二月歸三山。《勉齋先生黄文肅公年譜》。故推知本書約撰於五年（1199）末。

余元一

余元一（？—1199），字景思，興化軍仙遊（今屬福建）人。娶黄榦女弟，遂同師事朱熹。“始見之日，以仁、義、禮、智、信分作五論及自著文爲贄”。淳熙五年（1178）登第，歷奉議郎、知泉州同安縣，終池州通判。《閩中理學淵源考》卷一九。

朱熹《答余景思》：

彼中學校如何？亦頗有士人否？聞南方風俗淳樸，不汲汲於進取，正當勸以讀書講學，開發其聰明，不當啓以趨時干禄之技也。暇日亦當有觀書味道之樂，但僻遠難得師友，此正在自著。《晦庵文集》別集卷五。

案：余元一《重建灌陽縣儒學記》稱淳熙九年，縣令趙永始即崇寧故地建置廟學，時十二月也。教授余元一爲之記。《廣西通志》卷一〇三。據《廣西通志》卷五一，余元一淳熙間任全州教授。本書“彼中學校如何？亦頗有士人否？聞南方風俗淳樸”云云，即指此。故推知本書當撰於淳熙九年（1182）前後。

朱熹《答余景思》：

作縣固非易事，然盡心力而爲之，必無不濟。今人多

是自放懶了，所以一綱弛而衆目紊也。承喻立蘇忠勇祠
於故居，甚善甚善。但某自今夏一病至重，今已累月，尚
未復常，心力尤衰，日前欠人文字且辭之未得盡脫，豈敢
更承當此事耶？兼近日已辭林子方家墓碑之請，亦恐不
能無嫌也。《晦庵文集》續集卷七。

　　案：本書"作縣"，當指余元一知泉州同安縣。
朱熹《朝散黄公墓誌銘》云黄瑀（字德藻）有二女，"次
適奉議郎知泉州同安縣余元一"，其時黄瑀仲子黄東
官"從政郎南劍州沙縣丞"。《晦庵文集》卷九三。據朱
熹《跋陳了翁責沈後》云沙縣丞黄東始摹寫陳瓘《責
沈》"礱石刻之縣學祠堂"，時在淳熙十五年（戊申）十
一月。《晦庵文集》卷八二。故推知本書當撰於此前，
約在淳熙十四年（1187）前後。

朱熹《答余景思》：

　　間中益得觀書，當有深趣。日月易得，願益勉旃。若
但如拙者既老而後有聞，則享用已不能久，而無復可行之
望矣。直卿既歸，想時得從容。恐講論不能無異同，正當
力究。有未決者，因來諭及，不敢不盡鄙懷也。《晦庵文
集》續集卷七。

　　案：書中有云"若但如拙者既老而後有聞"，當
撰於朱熹晚歲。書中又云"直卿既歸，想時得從容"，
疑指慶元三年七月黄榦護柩自廬陵歸三山守喪事。

《勉齋先生黃文肅公年譜》。故推知本書或撰於是年
(1197)冬或稍後。

朱熹《答余景思》：

朱、趙相繼淪没，深爲可念。聞宜春人欲留學古卜葬
於彼，遂爲留居之計，不知果然否？魯叔子弟幾人？今皆
年幾何？莫亦能自卓立否？欲作書慰之，以病未能，當俟
後便也。《晦庵文集》續集卷七。

案：本書中云“朱、趙相繼淪没，深爲可念。聞
宜春人欲留學古卜葬於彼，遂爲留居之計”，朱即朱
魯叔。朱熹《答黃直卿》(此間朋友間有一箇半箇)有
云“學古、魯叔相繼逝者，可傷。吳伯豐尤可惜”，《晦
庵文集》續集卷一。與本書云云相合。《答黃直卿》撰
於慶元四年(1198)春末、夏初，故推知本書約撰於一
時先後。

黃榦《與鄭成叔書》(榦祥祭甫畢)言及“聞池陽
余景思之訃，殊可傷悼”，《勉齋集》卷九。因黃榦母卒
於慶元三年七月，則祥祭當在慶元五年七月，故推知
余元一當卒於是年夏間，時在池州通判任上。

朱子學文獻大系·朱子學史專題研究

朱熹師友門人往還書札彙編

顧宏義　撰

六

余正甫

余正甫，名里不詳。

朱熹《答余正甫》：

辱書，相與之義甚厚，而陳義又甚高，三復感歎，不知所言。然嘗竊謂，天下之理萬殊，然其歸則一而已矣，不容有二三也。知所謂一，則言行之間雖有不同，不害其爲一。不知其一而强同之，猶不免於二三。況遂以二三者爲理之固然而不必同，則其爲千里之謬，將不俟舉足而已迷錯於庭户間矣。故明道先生有言："解經有不同處不妨，但緊要處不可不同耳。"此言有味也。所示《中庸》、《大學》諸論，固足以見用力之勤者，然足下不以僕爲愚，方且千里移書以開講學之端，而先有以脅之曰："是不可同，同即且爲荆舒以禍天下。"則僕尚何言哉！姑誦其所聞如前者，足下儻有意而往復焉，則猶將繼此以進也。《晦庵文集》卷六三。

案：據本書云云，當是與余正甫初通書。《朱子語類》卷八四載"《禮》編纂到長沙，即欲招諸公來同理會，後見彼事叢，且不爲久留計，遂止。後至都下，庶幾事體稍定，做箇規模，盡唤天下識禮者修書，如余正父諸人皆教來。今日休矣"。此爲紹熙五年間

事,且非初識余正甫語。故推知本書撰於此前,約在
紹熙三年(1192)或稍後。

朱熹《答余正甫》:

受弔。

去歲北使弔祭,君臣皆衰服,受之殯宮。但辭日適當
南內問安之日,遂即其處吉服受之,不知何故如此? 又聞
頃時高宗之喪,王丞相必欲歸南內見使人,會有力爭之
者,遂不果。未聞正衙受弔之説,不知何從得之也?

短喪。

漢文葬後三易服,三十六日而除,固差賢於後世之自
始遭喪,便計二十七日而除者。然大者不正,其爲得失,
不過百步、五十步之間耳,此亦不足論也。如楊敬仲之
説,未嘗見其文字,但見章疏,以此詆之,私竊以爲敬仲之
説固未得爲合禮,然其賢於今世之以朱紫臨君喪者遠矣。
向見孝宗爲高宗服,既葬,猶以白布衣冠視朝,此爲甚盛
之德,破去千載之謬。前世但爲人君,自不爲服,故不能
復行古禮。當時既是有此機會,而儒臣禮官不能有所建
明以爲一代之制,遂使君服於上,而臣除於下,因陋踵訛,
至於去歲則大行在殯,而孝宗所服之服亦不復講,深可痛
恨。故熹嘗有文字論之,已蒙降付禮官討論。然熹既去
國,遂不聞有所施行,不知後來竟如何也。今詳來喻,欲
以襴幞居喪,而易皂衫爲禫,固足以爲復古之漸,然襴幞

本非喪服，而羔裘、玄冠，又夫子所不以弔者，是皆非臣子所以致哀於君父之服也。竊謂當如孝宗所制之禮，君臣同服，而略爲區別以辨上下，十三月而服練以祥，二十五月而服襴襆以禫，二十七月而服朝服以除。朝廷、州縣皆用此制。燕居許服白絹巾、白涼衫、白帶，選人、小使臣既袝除衰，而皁巾、白涼衫、青帶以終喪，庶人、吏卒不服紅紫三年。如此綿蕝，似亦允當，不知如何？初喪便當制古喪服以臨，別制布幞頭、布公服、布革帶以朝，乃爲合禮。

姨舅。

姨、舅親同而服異，殊不可曉。《禮》傳但言從母“以名加也”，然則舅亦有父之名，胡爲而獨輕也？來喻以爲從母乃母之姑姊妹而爲媵者，恐亦未然。蓋媵而有子，自得庶母之服。況媵之數亦有等差，不應一女適人而一家之姑姊妹皆從之。且《禮》又有“從母之夫”之文，是則從母固有嫁於他人而不從母來媵者矣。若但從者當服小功，則不知不從者又當服何服也？凡此皆不可曉，難以强通。若曰姑守先王之制而不敢改易，固爲審重，然後王有作，因時制宜，變而通之，恐亦未爲過也。

嫂叔。

若如來喻，則嫂、叔之服有二：弔服加麻，一也；兄弟妻降一等，二也。不知二者將孰從乎？又所謂兄弟同居者，乃爲小功以下，即不知此降一等者之夫，又是何兄弟也？凡此於禮文皆有未明，不知何者爲是，幸更熟考詳以見喻也。

魏元成加服。

觀當時所加，曾祖之服仍爲齊衰，而加至五月，非降爲小功也。今五服格仍遵用之。雖於古爲有加，然恐亦未爲不可也。徵奏云："衆子婦舊服小功，今請與兄弟之子婦同服大功。"其加衆子婦之小功，與兄弟之子婦同爲大功，按《儀禮》自無兄弟子婦之文，不知何據，乃爲大功而重於庶婦。竊謂徵意必以衆子與兄弟之子皆朞，而其婦之親疏倒置如此，使同爲一等之服耳，亦未見其倒置人倫之罪也。嫂叔之服，先儒固謂雖制服亦可，然則徵議未爲大失。但以理論，外祖父母止服小功，則姨與舅自合同爲緦麻，徵反加舅之服以同於姨，則爲失耳。抑此增損服制若果非是，亦自只合坐以輕變《禮經》之罪，恐與失節事體自不相須也。蓋人之資稟見識不同，或明於此而暗於彼，或得於彼而失於此，當取節焉，不可株連蔓引，而累罪併贓也。

大夫之妾。

此段自鄭注時已疑傳文之誤。今考"女子子適人者爲父及兄弟之爲父後者"，已見於"齊衰期"章；"爲衆兄弟"，又見於此"大功"章；唯伯叔父母、姑姊妹之服無文，而獨見於此，則當從鄭注之說無疑矣。

爲夫之姊妹長殤。

兄弟姊妹不可偏舉，恐是如此。

神坐上右。

"漢儀后主在帝之右",不知見於何處？若只是《後漢志》注中所引《漢舊儀》,則與史之正文不同,恐不足爲據,《史記》禘祫處皆云：太祖東向,昭南向,穆北向。而《舊儀》獨云："高皇帝南向,高后右坐,昭西向,穆東向。"恐是妄説。若別有據,則又未可知也。但《禮》云："席南鄉、北向,以西方爲上；東向、西向,以南方爲上。"則是東向、南鄉之席皆上右,西向、北向之席皆上左也。今祭禮考妣同席南向,則考西妣東自合禮意。《開元釋奠禮》先聖東向,先師南向,亦以右爲尊,與其所定府君、夫人配位又不相似,不知何也？大率古者以右爲尊,如《周禮》云"享右祭祀",《詩》云"既右烈考,亦右文母",漢人亦言"無能出其右者",是皆以右爲尊也。又若今祭禮,一堂之上,祖西考東,而一席之上,考東妣西,則舅婦常聯坐矣,此似未便也。

南首。

按《士喪禮》"飯"章,鄭《注》云"尸南首",至"遷柩于祖",乃注云："此時柩北首。"及"祖",又注云："還柩鄉外。"則是古人尸、柩皆南首,唯朝祖之時爲北首耳,非溫公創爲此説也。若君臨之,則升自阼階,西鄉,撫尸當心,是尸之南首,亦不爲君南面弔而設也。又《史記》"背殯棺"之説,按《索隱》謂："主人不在殯東,將背其殯棺,立西階上,北面哭,是背也。天子乃於階上南面而弔也。"《正義》又云："殯宮在西階也,天子弔,主人背殯棺,於西階南立,北面哭。天子於阼階北立,南面弔也。"按此二説,則

3085

是設北面者，子北面耳，非尸北面也。

《孟子》。

此間所有大官本《孟子》皆作"比"字，注中亦作"比方"，殊不可曉。然《孟子》古注亦有與正文相背者，如"士憎茲多口"，正文"增"字從"心"，而注訓"增"爲益，則是謂當從土矣。至其下文引《詩》皆有"慍"字，又似解"增"字爲憎惡之意，是注亦不足爲憑也。但此"比"字，正文與注皆同，而無文理，恐是一處先誤，而後人并改以從之耳。今不可考，但尋其義理當作"此"字無疑也。

迸四惡。

"迸"、"屏"通用，來喻得之。舊亦嘗見此碑，但不知如此推説耳。

記。

今所定例，傳記之附注者低一字，它書低二字，《禮記》則以篇名別之。記之可附經者，則附于經；不可附者，則自仍舊，以補經文之缺。亦有已附於經，而又不欲移動舊文者，則兩見之。不知此例如何？《晦庵文集》卷六三。

案：書中云及"向見孝宗爲高宗服，既葬，猶以白布衣冠視朝，……至於去歲則大行在殯，而孝宗所服之服亦不復講，深可痛恨。故熹嘗有文字論之，已蒙降付禮官討論。然熹既去國，遂不聞有所施行"，乃指紹熙五年孝宗崩，朱熹入朝上《乞討論喪服劄子》。故推知本書約撰於慶元元年（1195）或稍後。

朱熹《答余正甫》:

某昨謂《禮經》闕略,不無待於後人,不可謂古經定制,一字不可增損。來喻以爲若遽增損,恐啓輕廢《禮經》之弊。

熹昨來之意,但謂今所編《禮書》内,有古經闕略處,須以注、疏補之,不可專任古經,而直廢傳注耳。如"子爲父"下便合附以"嫡孫爲祖後"及"諸侯父有廢疾"之類。其有未安,則亦且當論其所疑,别爲一書,以俟制作之君子,非謂今日便欲筆削其書也。如姨舅、嫡婦、庶婦、兄弟子之婦之服之類,古經固未安,魏公之論亦有得失。然遂以爲慮啓廢經之弊,而不敢措一詞於其間,則亦非通論矣。

居喪朝服。

麻冕乃是祭服。《顧命》用之者,以其立後繼統,事干宗廟故也;受册用之者,以其在廟而凶服不可入故也。舊説以廟門爲殯宫之門,不知是否? 若朝服,則古者人君亮陰三年,自無變服視朝之禮。第不知百官總己以聽冢宰,冢宰、百官各以何服涖事耳。想不至便用玄冠黑帶也。後世既無亮陰、總己之事,人主不免視朝聽政,則豈可不酌其輕重而爲之權制乎? 又況古者天子皮弁素積以日視朝,衣冠皆白不以爲嫌,則今在喪而白布衣冠以臨朝,恐未爲不可。但入太廟,則須吉服而小變耳。

喪服,外親母黨、妻黨之親者,只有一重,不見有旁推者。

熹昨以前者所喻以從母爲姨母之爲姪娣而隨母來嫁者，故引《禮》有"從母之夫"之文，是則從母固有嫁於他人而不從母來媵者矣。若但從者當服小功，則不知不從者又當服何服也？蓋以疑前喻之不然，非謂從母之夫當有服也。今來喻乃如此，益非所疑之意矣。幸更詳之。

昨來所喻云：魏元成以兄弟子之婦同於衆子婦爲倒置人倫者。今又見喻云：《禮經》大抵嚴嫡，故重，衆子婦不得抗嫡，故殺之。世父母、叔父母與兄弟之子服均於朞，則爲旁尊而報服，是不當混於衆子子婦也。

《禮經》嚴嫡，故《儀禮》嫡婦大功，庶婦小功，此固無可疑者。但兄弟子之婦則正經無文，而舊制爲之大功，乃更重於衆子之婦，雖以報服使然，然於親疏輕重之間，亦可謂不倫矣。故魏公因太宗之問而正之，然不敢易其報服大功之重，而但升嫡婦爲朞，乃正得嚴嫡之義，升庶婦爲大功，亦未害於降殺之差也。前此來喻，乃深譏其以兄弟子婦而同於衆子婦爲倒置人倫，而不察其實乃以衆子婦而同於兄弟子之婦也。熹前所考固有未詳，所疑固有未盡，而今承來喻又如此，亦非熹所以致疑之意也。幸更詳之。

作《傳》者曰子夏，雖未知其眞，然以今日視之，相去二千載，孰愈傳者之去周只六、七百年耳？

熹之初意，但恐鄭説爲是耳，非欲直廢《傳》文也。然便謂去古近者必是而遠者必非，則恐亦不得爲通論矣。

神座尚右。

古人設席，夫婦同几，恐不當引《後漢》"各爲帳坐"之禮爲證，況其所注自與正史本文不同耶！又如下條"席南向、北向，以西方爲上；東向、西向，以南方爲上"，鄭氏既以上爲席端，則考坐在席端，妣坐在席末，於禮爲順。今室中東向之位，配位在正位之北，亦自有明文也。

南首。

必謂尸當北首，亦無正經可考。只《喪大記》"大斂陳衣，君北領，大夫士西領"，《儀禮》"士南領"，以此推之，恐國君以上當北首耳。然不敢必以爲然，若無他證，論而闕之可也。《晦庵文集》卷六三。

案：上書（受弔）有云"且《禮》又有'從母之夫'之文，是則從母固有嫁於他人而不從母來媵者矣。若但從者當服小功，則不知不從者又當服何服也"，而本書乃云"熹昨以前者所喻以從母爲姨母之爲姪娣而隨母來嫁者，故引《禮》有'從母之夫'之文，是則從母固有嫁於他人而不從母來媵者矣"，知承上書。

朱熹《答余正甫》：

示喻編禮，并示其目，三復歎仰不能已。前此思慮，安排百端，終覺未穩。今如所定，更無可疑。雖有少倒置處，如《弟子職》、《曲禮》、《少儀》不居書首之類。然亦其勢如此，無可奈何也。《喪》、《祭》二禮別作兩門，居《邦國》、《王朝》之後，亦甚穩當，前此疑於家邦更無安頓處也。其間只有一、二小小疑處。恐所取太雜，其間雜有偽書，如《孔叢子》之類。又如《國語》、《家語》雖非偽書，然其詞繁宂，恐反爲正書之累。又如不附《周禮》，如"授田"、"地政"等目，若不取《周禮》而雜取何休等說，恐無綱領，是乃名尊《周禮》而實貶之。設使便做《朝事》篇，亦恐在後而非其序，此爲大矛盾處，更告詳之。又如不附注疏異義，如嫡孫爲祖之類，云欲以俟學者以三隅反，如此則何用更編此書，任其縱觀而自得可也。此亦一大節目，當試思之。其他些小，俟草沓成，徐議未晚。此二大節，却須先定，將來剪貼費力，又是一番功夫也。所喻買書以備剪貼，恐亦不濟事。蓋嘗試爲之，大小高下既不齊等，不免又寫一番，不如只就正本籤記起止，直授筆吏寫成之爲快也。又脩書之式，只可作草卷，疏行大字，欲可添注。每段空紙一行，以備剪貼。只似公案摺疊成沓，逐卷各以紙索穿其腰背，史院脩書例如此，取其便於改易也。此其大略也。始者唯患未有人可分付，如來書所喻二人者，其一初不相熟，其一恐亦未免顧慮道學之累。近忽得劉貴溪書，欣然肯爲承當，此是大奇特事，豈非天相此書之窮，而欲大振發之乎？今以此書託渠奉寄，然渠亦只歲杪當代，從人不可不早過彼也。此間有詹元善大卿，舊爲《周禮》學，今亦甚留意，見禮目之書，甚歎伏，極欲一見，而私居無力，不能致，甚以爲恨也。但渠亦好《國語》等書，熹竊以爲唯《周禮》爲周道盛時聖賢制作之書，若此類者，皆衰周末流文字，正子貢所謂"不賢者識其小"者。其間又自雜有一時僭竊之禮，益以秉筆者脂粉塗澤之謬詞，是所以使周道日以下衰，不能振起之所由也。至如《小戴·祭法》首尾皆出《魯語》，以爲禘郊祖宗皆以其有功於民而祀之，展轉支蔓，殊無義理。凡此之類，棄之若可惜，而存之又不足爲訓。故《小戴》殊別其文，不使相近，讀者猶不甚覺，豈亦有所病於其言歟？又如《祭法》所記廟制，與《王制》亦小不同，不知以何爲正？此類非一，更望精擇而審處之。蓋此雖止是纂述，未敢決然去取，然其間輕重予奪之微意，亦不可全鹵莽也。竊意一種繁宂破碎，如《國語》等及《賈子》篇之類。假託不真，如《孔叢》之類。今都且寫入類，將來却別作一外書以收之，庶幾稍有甄別，不至混亂。或今寫淨本時，此等可疑者便與別編，却依正篇次序排次，使足相照，亦自省力。更在雅意裁決也。《大學》、《中庸》等篇，不必寫《注》、《疏》，其他有度數者，不可無也。此間今夏整頓得數篇，今雖多不入類，然《曲禮》、《玉藻》、《保傅》等學禮一條最有功，所釐析亦頗詳細。又《小正》、《月令》校得頗詳。《小正》恐須如此寫，方見經傳分明，不可以其非古而合之也。《教法》及他篇，恐亦或有可取者，今并附往。凡未粘背者皆是，此法最不善，故前有摺疊作奋之説。又吕芸閣書及潘恭叔、趙致道所編，今亦并往，恐亦可備采擇。吕書甚精，潘、趙互有得失。又《儀禮》之記零卷，恐可暫時粘綴，今亦附去，別各有目。零卷已無用，餘者用畢可附來也。其他所須文字，建翁必能爲轉借。如有闕者，却告示喻，當悉力爲辨去。若前書所要剪貼諸書，必欲得之，亦可致也。《晦庵文集》卷六三。

案：本書中云"示喻編禮，并示其目，三復歎仰不能已。前此思慮，安排百端，終覺未穩。今如所定，更無可疑。……此間有詹元善大卿，舊爲《周禮》學，今亦甚留意，見禮目之書，甚歎伏，極欲一見，而私居無力，不能致，甚以爲恨也"，乃初定"編禮"體例時語也。而下書（亡狀黜削）又云"《禮書》後來區別章句，附以傳記，頗有條理。《王朝》數篇亦頗該備。只《喪》、《祭》兩門，已令黃塤攜去，依例編纂次第，非久寄來，首尾便略具矣。……而附入疏義一事，用力尤多，亦一面料理，分付浙中朋友分手爲之，度須年歲間方得斷手也。不知老兄所續脩者，又作如何規模？異時得寄示，參合考校，早成定本爲佳"，知承本書。又本書云及"此間今夏整頓得數篇"，故推知其約撰於慶元二年(1196)秋初。

朱熹《答余正甫》：

亡狀黜削，乃分之宜。唯是重貽朋友羞辱，殊不自安耳。《禮書》後來區別章句，附以傳記，頗有條理。《王朝》數篇亦頗該備。只《喪》、《祭》兩門，已令黃塤攜去，依例編纂次第，非久寄來，首尾便略具矣。但其間微細尚有漏落，傳寫訛舛未能盡正，更須費少功夫。而附入疏義一事，用力尤多，亦一面料理，分付浙中朋友分手爲之，度須年歲間方得斷手也。不知老兄所續脩者，又作如何規模？異時得寄示,參合考校,早成定本爲佳。若彼此用功已多,不可偏廢,即各爲一書,相輔而行,亦不相妨也。《晦庵文集》卷六三。

案:慶元三年正月下旬,朱熹接鐫職罷祠省劄,而蔡元定編管道州;三月一日,《禮書》草定成,名《儀禮集傳集注》。《年譜長編》卷下。本書云及"亡狀黜削,乃分之宜。唯是重貽朋友羞辱,殊不自安耳。《禮書》後來區別章句,附以傳記,頗有條理。《王朝》數篇亦頗該備。只《喪》、《祭》兩門,已令黄塤攜去,依例編纂次第,非久寄來,首尾便略具矣",故推知其約撰於三年(1197)二月間。

俞 某

俞某,臨川(今江西撫州)人。俞庭椿子。餘不詳。

朱熹《答俞某》:

示及先丈所著《周禮復古編》,極荷不鄙。往時先丈固嘗以見寄矣,某於此書素所不熟,未敢容易下語。然當是時,猶意其可一見而決也。不謂後來不遂此願,至今遺恨。況今方以僞學獲罪聖朝,杜門齰舌,猶懼不免,又安敢作爲文字,以觸禍機乎?《晦庵文集》續集卷七。

案:本書原置於朱熹《答俞壽翁》之下,然書中首言"示及先丈所著《周禮復古編》",《周禮復古編》

爲俞庭椿所撰,故知本書當致俞庭椿子,《晦庵文集》誤。又,本書中云及《復古編》"往時先丈固嘗以見寄矣,某於此書素所不熟,未敢容易下語",即朱熹《答俞壽翁》(興國盜鑄曲折)所云"所示《周禮復古》之書,……但素讀此書不熟,未有以見其必然",及(示喻剛氣未能自克之病)所云"《周官復古》正以此經不熟,未得深考。異時得面扣其說,庶幾了然無疑,乃敢下語耳"。《晦庵文集》續集卷七。可證。

本書中云及"況今方以僞學獲罪聖朝",據《慶元黨禁》,慶元二年正月"二十四日甲辰,諫議大夫劉德秀劾留正四大罪,首論其招引僞學,以危社稷。'僞學'之稱自此始"。故推知本書當撰於慶元二年(1196)間。

俞庭椿

俞庭椿,字壽翁,臨川(今江西撫州)人。乾道八年(1172)進士,終新淦令。"庭椿有大志,而廉介自將,見者莫不喜其才,服其敏,愛其清"。《萬姓統譜》卷一二。嘗"考《周禮》,以司空散在五官,先儒汩陳之,著《復古編》行於世"。《江西通志》卷八〇。

朱熹《答俞壽翁》:

《太極》之書,度所見不同,論未易合,故久不報。又思理之所在，終不可以不辨，近方以書復之。其説甚詳，未知彼復以爲如何也？“極”不訓“中”，此義甚的。然自先儒失之久矣，未必今人之失也。德功渾象之説，誠如所喻。此公好學而病多，蓋不專在言語文字之間也。來喻有志未勉，有見未徹，此見賢者自知之明。見子静曾扣之否？愚意則以爲且當捐去浮華，還就自己分上切近著實處用功，庶幾自有欲罷不能、積累貫通之效。若未得下手處，恐未免於臆度虛談之弊也。《晦庵文集》卷五四。

案：書中言及“《太極》之書，度所見不同，論未易合，故久不報。又思理之所在，終不可以不辨，近方以書復之。其説甚詳，未知彼復以爲如何也？”乃指朱熹與陸九淵論辯太極事。所謂“‘極’不訓‘中’，此義甚的”，陸九淵《與朱元晦》(黄、易二生歸)有云“蓋極者，中也，言無極則是猶言無中也，是奚可哉？”《陸九淵集》卷二。而朱熹《答陸子静》(十一月八日)答之曰“至如‘北極’之‘極’、‘屋極’之‘極’、‘皇極’之‘極’、‘民極’之‘極’，諸儒雖有解爲中者，蓋以此物之極常在此物之中，非指‘極’字而訓之以中也。極者，至極而已。以有形者言之，則其四方八面合輳將來，到此築底，更無去處；從此推出，四方八面都無向背，一切停匀，故謂之極耳。後人以其居中而能應四外，故指其處而以中言之，非以其義爲可訓中也。至於太極，則又初無形象方所之可言，但以此理至極而謂之極耳”。《晦庵文集》卷三六。《與朱元晦》撰於淳熙十五年夏四月望日,《答陸子静》撰於是年十一月八日,本書有云“近方以書復之”,即指此書,故推知本書約撰於是年(1188)十一月中下旬或稍後。

朱熹《答俞壽翁》:

興國盜鑄曲折,不知如何? 近聞淮上以此頗洶洶,朝廷深以爲憂,遂以其事屬之葉正則,不知今果如何也。所示《周禮復古》之書,其間數處向亦深以爲疑。今得如此區別,極爲明白。但素讀此書不熟,未有以見其必然。聞陳君舉講究頗詳,不知曾與之商量否? 欲破千古之疑,正當不憚子細討論,必使無復纖毫間隙,乃爲佳耳。某衰晚不天,長子夭折忽已踰年,念之痛割,無復生意。以卜地未定,尚未克葬。初被湖南之命,即以此辭。未報之間,忽聞臨漳所請經界議格不行,不免自劾。廟堂已許復備祠官,而不欲以此爲名,雖已降旨促行,却令別入文字。月初已遣人行,計此月中必可拜命。六十老翁,餘年無幾,自此杜門,當不復出矣。《晦庵文集》續集卷七。

案:書中云及“長子夭折忽已踰年,……以卜地未定,尚未克葬”,朱熹長子朱塾卒於紹熙二年正月,三年十一月中葬朱塾。《年譜長編》卷下。故推知本書約撰於紹熙三年(1192)春間。

朱熹《答俞壽翁》：

示喻剛氣未能自克之病，此正區區所深患，方當相與同謹佩書之戒耳。大抵最要平時講學持養，使此心常存，義理常勝，始有用力之地也。此間銅儀見說只一平環，一側環，一望筒，只用手轉。想見當時草創，未盡得元祐舊制也。奉告，且知條教已孚，物情風動，士勸民安，姦凶屏息，此亦足以小試儒者之效矣。更冀勉旃，區區又將於其大者觀之也。誠齋歸袖翩然，令人慨想。所寄石刻，某偶在山間爲大兒治葬，兒輩留在家間，未及快覿也。武夷之會，乃所深願而未可得者，他時踐言，何幸如之。但恐功名迫逐，不暇赴此寂寞之期耳。因書誠齋，多爲致謝。屬此悲宂，未能占布也。建陽新居粗有溪山之樂，然心緒不佳，又多俗宂，苦未得舒放懷抱也。《周官復古》正以此經不熟，未得深考。異時得面扣其說，庶幾了然無疑，乃敢下語耳。永嘉諸人說此甚有與先儒不同處，然頗祕其說，亦未得扣擊之也。《晦庵文集》續集卷七。

案：紹熙三年十一月甲申，朱熹葬長子朱塾於建陽大同山北麓。《晦庵文集》卷九四《亡嗣子壙記》。本書有云「所寄石刻，某偶在山間爲大兒治葬，兒輩留在家間，未及快覿也」，又有「屬此悲宂」云云。然陸九淵卒於是年十二月十四日，然本書未云及，故推知本書約撰於是年十一月、十二月之際或稍後。

虞太中

虞太中,字士朋。歷知龍興、新建縣,通判汀州,皆有惠政。嘉定間除知循州,改知南康軍,官至朝散大夫。《萬姓統譜》卷九。

朱熹《答虞士朋》:

昨承寄示趙倉《易》《論語說》,足浣愁疾。《易說》簡易精密,不惟鄙意多所未及,警發之深,而近世諸儒說不到處亦甚多,甚不易其玩索至此,深恨未得一見,面扣其詳也。但象數乃作易根本,卜筮乃其用處之實,而諸儒求之不得其要,以至苛細繳繞,今人厭聽。今乃一向屏棄闊略,不復留意,却恐不見制作綱領、語意來歷,似亦未甚便也。昨於乾、坤二卦略記所疑之一二,今謾錄呈,幸爲詳之。試因話次以盛意扣之,看有何說,却以見報。熹與之未相識,不欲遽相辯難,千萬不必云熹所說也。《論語說》有意古人爲己之學,意亦甚正,但覺看得張無垢文字太熟,用意太切,立說太高,反致失却聖人本指處多,今亦未欲遽論。二說謾往,并煩扣之,亦勿云熹所寄也。《晦庵文集》卷四五。

案:朱熹《答趙提舉善譽》(慕用之久)有云"近乃竊窺所著《易》、《論語》書,又歎其得之之晚而不獲親扣名理也。間因虞君轉請所疑,初未敢以姓名自通,而高明不鄙,遠辱貽書,所以傾倒之意甚厚",《晦庵文集》卷三八。與本書"昨承寄示趙倉《易》《論語說》,……昨於乾、坤二卦略記所疑之一二,今謾錄呈,幸為詳之。……熹與之未相識,不欲遽相辯難"云云相合。《答趙提舉善譽》撰於淳熙十三年中,故推知本書撰於此前,約在是年(1186)初或稍前。

朱熹《答虞士朋太中》:

"易有太極,是生兩儀"者,一理之判,始生一奇一偶,而為一畫者二也。"兩儀生四象"者,兩儀之上各生一奇一偶,而為二畫者四也。"四象生八卦"者,四象之上各生一奇一偶,而為三畫者八也。爻之所以有奇有偶,卦之所以三畫而成者,以此而已。是皆自然流出,不假安排,聖人又已分明說破,亦不待更著言語別立議論而後明也。此乃《易》學綱領,開卷第一義,然古今未見有識之者。至康節先生,始傳先天之學而得其說,且以此為伏羲氏之易也。《說卦》"天地定位"一章,《先天圖》乾一、兌二、離三、震四、巽五、坎六、艮七、坤八之序,皆本於此。若自八卦之上,又放此而生之,至于六畫,則八卦相重而成六十四卦矣。六十四卦之上,又放此而生之,至十二畫,則六十四卦相重而成四千九十六卦矣。焦貢《易林》是也。

剛柔雖若各有所偏,必相錯而後得中,然在乾、坤二卦之全體,當剛而剛,當柔而柔,則不待相錯而不害其為全矣。其爻位之無過不及者，如乾、坤之二、五，亦不待相錯而不害其爲中矣。陰陽變化，而太極之妙無不在焉，於此蓋可見也。今謂乾剛坤柔，便有所偏，恐於二卦之象及二、五之爻詞有不通者。其論四爻過不及之淺深，則爲精密，非它説之所及矣。

用九、用六，當從歐陽公説，爲揲蓍變卦之凡例。蓋陽爻百九十二，皆用九而不用七；陰爻百九十二，皆用六而不用八也。特以乾、坤二卦純陽純陰而居篇首，故就此發之。此歐陽公舊説也。而愚又嘗因其説而推之，竊以爲凡得乾而六爻純九，得坤而六爻純六者，皆當直就此例占其所繫之辭，不必更看所變之卦。《左傳》蔡墨所謂乾之坤曰"見羣龍无首"者，可以見其一隅也。蓋"羣龍无首"，即坤之"牝馬"、"先迷"也；"利永貞"，即乾之"不言所利"也。

《學而》首章甚善。但"學"之一字，實兼致知力行而言，不可偏舉。今所引顏子功夫，乃專爲力行事耳。

二章所謂"不失其愛敬之本心，則仁不可勝用"者，甚善。但有子亦據實理而正言之，非曲爲當世而發也。

巧言令色，求以悦人，則失其本心之德矣，不待利己害人然後爲不仁也。

"三年無改"，乃謝氏之説。其意美矣，然恐過之，不若游氏、尹氏之爲實也。

"無謟無驕"一章文義，東坡得之。蓋無謟無驕，隨事知戒，足以自守矣，然未見其於全體用功而有自得處也。樂與好禮，乃見其心之所存有非貧富之所能累者，此子貢所以有切磋琢磨之譬也。治骨角者既切而復磋之，治玉石者既琢而復磨之，皆先略而後詳、先粗而後精之意。《大學》乃斷章取義，不必引以爲説也。

"如愚"之説、"爲不知"之説、"焉得知"之説、"觀過"之説，皆恐失之過高，後亦多類此者。詳其意味，似從張無垢議論中來，其爲得失，非但訓詁文義之間而已。此須異日子細商量，今未敢容易説也。"一以貫之"，乃聖門末後親傳密旨，其所以提綱挈領、統宗會元，蓋有不可容言之妙。當時曾子默契其意，故因門人之問，便著"忠恕"二字形容出來，則其一本萬殊、脉絡流通之實益可見矣。然自秦、漢以來，儒者皆不能曉。直至二程先生，始發明之，而其門人又獨謝氏、侯氏爲得其説。今不考焉，而但以"忘物我"者爲言，吾恐其失之遠也。況夫子以此語告子貢，乃因博學多識而發，其與忘物我者又有何關涉耶？《晦庵文集》卷四五。

案：上書（昨承寄示趙倉《易》《論語説》）有云"昨於乾、坤二卦略記所疑之一二，今謾録呈，幸爲詳之。……《論語説》有意古人爲己之學，意亦甚正，但覺看得張無垢文字太熟，用意太切，立説太高，反致失却聖人本指處多，今亦未欲遽論。二説謾往，并煩扣之"，本書乃論《易》、《論語》諸説，又云"詳其意味，

似從張無垢議論中來，其爲得失，非但訓詁文義之間
而已”，故推知其當爲上書之別紙。

袁　樞

袁樞（1131—1205），字機仲，建寧建安（今屬福建）
人。試禮部詞賦第一人。乾道七年（1171）爲禮部試官，
就除太學録，出爲嚴州教授。爲太府丞，兼國史院編修
官，權工部郎官，遷軍器少監，除提舉江東常平茶鹽，改知
處州。除史部員外郎，遷大理少卿，權工部侍郎，兼國子
監祭酒。光宗初，知常德府。寧宗登位，擢右文殿修撰、
知江陵府，奉祠。開禧元年卒，年七十五。著《通鑑紀事
本末》等書藏於家。《宋史》卷三八九有傳。

朱熹《與袁寺丞書》：

熹失計此來，無可言者。初若稍可支吾，亦不敢必爲
去計。今内則精神昏憒，兩目生花，白晝對人，往往坐睡，
而省閲文案、簽書決遣之際爲尤甚。此一當去也。外則
財用耗竭，支遣不行，性本疏拙，不能稽考收拾，恐更一、
二月，轉見狼狽。此二當去也。至於刑獄，最是重事，而
一經監司呵問，官吏便欲望風希旨，變異情節，則是此事
亦復不得自專。此三當去也。鄙性亢直，不能俯仰，所以
忍饑杜門，不敢萌仕進意。今行年五十，乃復變其所守，

爲此睢盱，以求苟免於譴辱，中夜思之，既以自愧，而當其
俯仰之時，大悶不聊，深恐不能自抑而忽發其狂疾。此四
當去也。到官兩月，思歸之情不能自閟，往往無日不發於
言語書問之間。官吏知之，亦不復以尊重難危見期，所以
號令不行，財賦不辦。而熹以一身孤客於此，攜小兒、外
甥在此，無婦女看當，無日不病。熹時又須自視問其醫
藥，家中碎小，想見無人收拾，亦復不成模樣。業已不爲
久計，又不容復往般取，以耗公家。此五當去也。蒙喻作
書從班言路諸公，此非所憚。但初意只一、二月間便去，
故不能虛爲此以違素心。今既不能得去，又有所奏請事
勢須關白，已不免作書與之。但言語拙直，不能婉順其
間，未必不有觸其忌諱者。或反以速其抨彈，亦不可知。
此六當去也。向來閑中私竊有所論著，自謂庶幾可以傳
前聖之心，開後學之耳目，實非細事。今既來此，無復功
夫可以向此，而衰困漸盡，與死爲鄰，萬一溘然於此，則
此事遂成千古之恨，非獨熹不瞑目而已也。此七當
去也。

　　當去之事，略數之有此七條，其他曲折，不暇徧舉。
熹亦已有書懇諸公丐祠，然又不敢盡言此意，只告尊兄力
爲一言，使必從所請，乃千萬之幸。大抵自度材力事勢，
祠廟之外，不選甚差遣都做不得。小即小狼狽，大即大狼
狽，遠即遠狼狽，近即近狼狽。諸公儻相哀憐，必欲扶持
而全安之，豈應使至此極耶？幸以此意極力盡言，使不至

於再請，以煩尊聽，則大善。不然，繼此亦須有請。但恐前所陳者忽有一事不恰好，則諸公雖欲曲相維持，亦無所用其力耳。《晦庵文集》卷二六。

案：本書校記云："與袁寺丞書"，淳熙本云"丞"下作"樞"字。據朱熹庚子（淳熙七年）正月《乞宮觀劄子》云"去年三月三十日到任"。《晦庵文集》卷二二。本書中云"到官兩月"，故推知其當撰於淳熙六年（1179）六月初。

朱熹《答袁機仲樞》：

熹數日病中方得紬繹所示《圖》《書》、卦畫二説，初若茫然不知所謂，因復以妄作《啓蒙》考之，則見其論之之詳，而明者偶未深考，是以致此紛紛，多説而愈致疑耳。夫以《河圖》、《洛書》爲不足信，自歐陽公以來已有此説，然終無奈《顧命》、《繫辭》、《論語》皆有是言，而諸儒所傳二圖之數，雖有交互而無乖戾，順數逆推，縱橫曲直，皆有明法，不可得而破除也。

至如《河圖》與《易》之天一至地十者合而載天地五十有五之數，則固《易》之所自出也。《洛書》與《洪範》之初一至次九者合而具九疇之數，則固《洪範》之所自出也。《繫辭》雖不言伏羲受《河圖》以作《易》，然所謂"仰觀"、"俯察"、"近取"、"遠取"，安知《河圖》非其中之一事耶？大抵聖人制作所由，初無一端，然其法象之規模，必有最親切處。如鴻荒之世，天地之間陰陽之氣雖各有象，然初未嘗有數也。至於《河圖》之出，然後五十有五之數奇偶生成，粲然可見。此其所以深發聖人之獨智，又非泛然氣象之所可得而擬也。是以仰觀俯察、遠求近取，至此而後，兩儀、四象、八卦之陰陽奇偶可得而言。雖《繫辭》所論聖人作《易》之由者非一，而不害其得此而後決也。

來喻又謂熹不當以大衍之數參乎《河圖》、《洛書》之數，此亦有說矣。數之爲數，雖各主於一義，然其參伍錯綜，無所不通，則有非人之所能爲者。其所不合，固不容以強合；其所必合，則縱橫反覆，如合符契，亦非人之能強離也。若於此見得自然契合、不假安排底道理，方知造化功夫神妙巧密，直是好笑，説不得也。若論《易》文，則自“大衍之數五十”至“再扐而後掛”，便接“乾之策二百一十有六”至“可與祐神矣”爲一節，是論大衍之數；自“天一”至“地十”却連“天數五”至“而行鬼神也”爲一節，是論《河圖》五十五之數。今其文間斷差錯，不相連接，舛誤甚明。伊川先生已嘗釐正，《啓蒙》雖依此寫，而不曾推論其所以然者，故覽者不之察耳。

至於卦畫之論，反復來喻，於熹之説亦多未究其底蘊。且如所論兩儀有曰“乾之畫奇，坤之畫偶”，只此“乾”、“坤”二字便未穩當。蓋儀，匹也。兩儀，如今俗語所謂“一雙”、“一對”云爾。自此再變，至生第三畫，八卦已成，方有乾、坤之名。當爲一畫之時，方有一奇一耦，只可謂之陰陽，未得謂之乾坤也。

來喻又曰以二畫增至四畫爲二奇二偶，又於四畫之上各增一奇一偶而爲八畫，此亦是於熹圖中所説發生次第有所未明而有此語。蓋四象第一畫本只是前兩儀圖之一奇一偶，緣此一奇一偶之上各生一奇一偶，是以分而爲四，而初畫之一奇一偶亦隨之而分爲四段耳，非是以二畫增成四畫，又以四畫增成八畫也。此一節正是前所謂自然契合、不假安排之妙。孔子而後，千載不傳，至康節先生始得其説。然猶不肯大段説破，蓋《易》之心髓全在此處，不敢容易輕説，其意非偶然也。

來喻又曰："不知陰陽二物果可分老少而爲四象乎？"此恐亦考之未熟之過。夫老少於經固無明文，然揲蓍之法，三變之中掛扐四以奇偶分之，然後爻之陰陽可得而辨；又於其中各以老少分之，然後爻之變與不變可得而分。經所謂"用九"、"用六"者，正謂此也。若其無此，則終日揲蓍，不知合得何卦？正使得卦，不知當用何爻？安得以爲後世之臆説而棄之乎？

又詳所論，直以天地爲兩儀，而"天生神物"以下四者爲四象，此尤非是。大抵曰儀、曰象、曰卦，皆是指畫而言。故曰《易》有太極而生兩儀、四象、八卦，又曰《易》有四象而示人以卦爻吉凶。若如所論，則是先有太極、兩儀、四象，然後聖人以畫八卦，而兩儀、四象、八卦三物各是一種面貌，全然相接不著矣。此乃《易》之綱領，如法律

之有名例，不可以毫釐差。熹之所見判然甚明，更無疑
惑，不審高明以爲如何？ 如其未然，幸復有以見教也。
《晦庵文集》卷三八。

案：書中有云“夫以《河圖》、《洛書》爲不足信，
自歐陽公以來已有此説”，下書（邵子曰）有云“來教
疑先天、後天之説”，又下書（來教疑《河圖》、《洛書》
是後人僞作）有“來教疑《河圖》、《洛書》是後人僞作”
云云，知三書先後相承。下書（邵子曰）撰於淳熙十
三年秋間、冬初，故推知本書約撰於是年（1186）秋間
或稍前。

朱熹《答袁機仲》：

邵子曰：“太極既分，兩儀立矣。此下四節通論伏羲六十
四卦圓圖。此一節以第一爻而言，左一奇爲陽，右一偶爲陰，所謂
兩儀者也。今此一奇爲左三十二卦之初爻，一偶爲右三十二卦之
初爻，乃以累變而分，非本即有此六十四段也。後倣此。陽上交
於陰、陰下交於陽而四象生矣。此一節以第一爻生第二爻而
言也。陽下之半上交於陰上之半，則生陰中第二爻之一奇一偶，
而爲少陽、太陰矣。陰上之半下交於陽下之半，則生陽中第二爻
之一奇一偶，而爲太陽、少陰矣。所謂兩儀生四象者也。太陽一
奇，今分爲左上十六卦之第二爻；少陰一偶，今分爲右下十六卦之
第二爻；少陽、太陰，其分放此。而初爻之二，亦分爲四矣。陽交
於陰、陰交於陽而生天之四象，剛交於柔、柔交於剛而生

地之四象。此一節以第二爻生第三爻言也。陽謂太陽,陰謂太陰,剛謂少陽,柔謂少陰。太陽之下半交於太陰之下半,則生太陰中第三爻之一奇一偶,而爲艮與坤矣。太陰之上半交於太陽之下半,則生太陽中第三爻之一奇一偶,而爲乾與兌矣。少陽之上半交於少陰之下半,則生少陰中第三爻之一奇一偶,而爲離與震矣。少陰之下半交於少陽之上半,則生少陽中第三爻之一奇一偶,而爲巽與坎矣。此所謂四象生八卦也。乾一奇,今分爲八卦之第三爻;坤一偶,今分爲八卦之第三爻,餘皆放此。而初爻、二爻之四,今又分而爲八矣。乾、兌、艮、坤生於二太,故爲天之四象;離、震、巽、坎生於二少,故爲地之四象。八卦相錯,而後萬物生焉。"一卦之上,各加八卦以相間錯,則六十四卦成矣。然第三爻之相交,則生第四爻之一奇一偶,於是一奇一偶各爲四卦之第四爻,而下三爻亦分爲十六矣。第四爻又相交,則生第五爻之一奇一偶,於是一奇一偶各爲二卦之第五爻,而下四爻亦分而爲三十二矣。第五爻又相交,則生第六爻之一奇一偶,則一奇一偶各爲一卦之第六爻,而下五爻亦分爲六十四矣。蓋八卦相乘爲六十四,而自三畫以上,三加一倍以至六畫,則三畫者亦加一倍而卦體橫分,亦爲六十四矣。其數殊塗,不約而會,如合符節,不差毫釐,正是《易》之妙處。此來教所引邵氏先生説也。今子細辨析奉呈,幸詳考之,方可見其曲折,未遽可輕議也。

然此已是就六十四卦已成之後言之,故其先後多寡有難著語處。乍看極費分疏,猝然曉會不得。若要見得聖人作《易》根原直截分明,却不如且看卷首橫圖,自始初只有兩畫時漸次看起,以至生滿六畫之後。其先後多寡既有次第而位置分明，不費詞説。於此看得，方見六十四卦全是天理自然挨排出來，聖人只是見得分明，便作依本畫出，元不曾用一毫智力添助。蓋本不煩智力之助，亦不容智力得以助於其間也。及至卦成之後，逆順縱橫，都成義理，千般萬種，其妙無窮，却在人看得如何，而各因所見爲説，雖若各不相資，而實未嘗相悖也。

蓋自初未有畫時説到六畫滿處者，邵子所謂先天之學也。卦成之後，各因一義推説，邵子所謂後天之學也。今來喻所引《繫辭》《説卦》三才六位之説，即所謂後天者也。先天、後天既各自爲一義，而後天説中取義又多不同，彼此自不相妨，不可執一而廢百也。若執此説，必謂聖人初畫卦時只見一個三才，便更不問事由，一連便掃出三畫，以擬其象。畫成之後，子細看來，見使不得，又旋擘劃，添出後一半截。此則全是私意杜撰補接，豈復更有易耶？來喻條目尚多，然其大節目不過如此。今但於此看破，則其餘小小未合處自當迎刃而解矣。故今不復悉辨以浼高明，伏幸財察。《晦庵文集》卷三八。

案：朱熹《答蔡季通》（《通書》注脩改甚精）有云"近得林黄中書，大駡康節數學、橫渠《西銘》，袁機仲亦來攻邵氏甚急，可笑"，《晦庵文集》卷四四。本書正答袁樞疑邵雍先天、後天之説，"來攻邵氏甚急"者。《答蔡季通》撰於淳熙十三年冬間，故推知本書約撰於一時先後。

朱熹《答袁機仲》：

來教疑《河圖》、《洛書》是後人偽作。

熹竊謂生於今世而讀古人之書，所以能別其真偽者，一則以其義理之所當否而知之，二則以其左驗之異同而質之，未有舍此兩塗而能直以臆度懸斷之者也。熹於世傳《河圖》、《洛書》之舊所以不敢不信者，正以其義理不悖而證驗不差爾。來教必以爲偽，則未見有以指其義理之謬、證驗之差也，而直欲以臆度懸斷之，此熹之所以未敢曲從而不得不辨也。況今日之論且欲因象數之位置往來以見天地陰陽之造化、吉凶消長之本原，苟於此未明，則固未暇別尋證據。今乃全不尋其義理，亦未至明有證據，而徒然爲此無益之辨，是不議於室而謏於門，不味其腴而齩其骨也。政使辨得二圖真偽端的不差，亦無所用，又況未必是乎？願且置此，而於熹所推二圖之說少加意焉，則雖未必便是真圖，然於象數本原亦當略見意味，有歡喜處，而圖之真偽將不辨而自明矣。

來教疑先天、後天之說。

據邵氏說，先天者，伏羲所畫之易也；後天者，文王所演之易也。伏羲之易初無文字，只有一圖以寓其象數，而天地萬物之理、陰陽始終之變具焉。文王之易即今之《周易》，而孔子所爲作傳者是也。孔子既因文王之易以作傳，則其所論固當專以文王之易爲主。然不推本伏羲作易畫卦之所由，則學者必將誤認文王所演之易便爲伏羲始畫之易，只從中半説起，不識向上根原矣。故《十翼》之中，如八卦成列，因而重之，太極、兩儀、四象、八卦而天地、山澤、雷風、水火之類，皆本伏羲畫卦之意，而今新書《原卦畫》一篇，亦分兩儀，伏羲在前，文王在後。必欲知聖人作易之本，則當考伏羲之畫；若只欲知今《易》書文義，則但求之文王之經、孔子之傳足矣。兩者初不相妨，而亦不可以相雜。來教乃謂專爲邵氏解釋，而於《易經》無所折衷，則恐考之有未詳也。

　　來教謂七、八、九、六不可爲四象。

　　四象之名，所包甚廣。大抵須以兩畫相重、四位成列者爲正。而一、二、三、四者，其位之次也；七、八、九、六者，其數之實也。其以陰陽剛柔分之者，合天地而言也；其以陰陽老少分之者，專以天道而言也。若專以地道言之，則剛柔又自有太少矣。推而廣之，縱橫錯綜，凡是一物，無不各有四者之象，不但此數者而已矣。此乃天地之間自然道理，未畫之前，先有此象此數，然後聖人畫卦時依樣畫出，揲蓍者又隨其所得掛扐過揲之數以合焉，非是元無實體而畫卦、揲蓍之際旋次安排出來也。來喻於此見得未明，徒勞辨説，竊恐且當先向未畫前識得元有個太極、兩儀、四象、八卦底骨子，方有商量，今未須遽立論也。用九、用六之文，固在卦成之後，而用九、用六之理，乃在卦成之前，亦是此理。但見得實體分明，則自然觸處通透，不勞辨説矣。至謂七、八、九、六乃揲蓍者所爲而非聖人之法，此誤尤不難曉。今且說揲蓍之法出於聖人耶，出於後世耶？若據《大傳》，則是出於聖人無疑。而當是之時，若無七、八、九、六，則亦無所取決，以見其爻之陰陽動靜矣，亦何以揲蓍爲哉？此事前書辨之已詳，非熹之創見新說，更請熟玩，當自見之，今不復縷縷也。來喻又云《繫辭》本只是四象生八卦，今又倍之，兩其四象而生八卦之一，此數字不可曉。然想不足深辨，請且於前所謂實體者驗之，庶乎其有得也。

　　來教疑四爻五爻者無所主名。

　　一畫爲儀，二畫爲象，三畫爲卦，則八卦備矣。此上若旋次各加陰陽一畫，則積至三重，再成八卦者八，方有六十四卦之名。若徑以八卦偏就加乎一卦之上，則亦如其位而得名焉。方其四畫、五畫之時，未成外卦，故不得而名之耳。內卦爲貞，外卦爲悔，亦是畫卦之時已有此名。至揲蓍求之，則九變而得貞，又九變而得悔，又是後一段事，亦如前所論七、八、九、六云爾，非謂必揲蓍然後始有貞悔之名也。大抵新書所論卦位與《繫辭》、《說卦》容有異同，至論揲蓍，則只本《繫辭》，何由別有他說？如此等處至爲淺近，而今爲說乃如此，竊恐考之殊未詳也。

　　來教引伊川先生說重卦之由。

　　重卦之由，不但伊川先生之說如此，蓋《大傳》亦云"八卦成列，因而重之"矣。但八卦所以成列，乃是從太極、兩儀、四象漸次生出，以至於此，畫成之後，方見其有三才之象，非聖人因見三才，遂以己意思惟而連畫三爻以象之也。因而重之，亦是因八卦之已成，各就上面節次生出。若旋生逐爻，則更加三變方成六十四卦；若并生全卦，則只用一變便成六十四卦。雖有遲速之不同，然皆自然漸次生出，各有行列次第。畫成之後，然後見其可盡天下之變。不是聖人見下三爻不足以盡天下之變，然後別生計較，又并畫上三爻以盡之也。此等皆是作易妙處，方其畫時，雖是聖人，亦不自知裏面有許多巧妙奇特，直是要人細心體認，不可草草立説也。

以上五條，鄙意傾倒無復餘蘊矣。然此非熹之説，乃康節之説；非康節之説，乃希夷之説；非希夷之説，乃孔子之説。但當日諸儒既失其傳，而方外之流陰相付受，以爲丹竈之術。至於希夷、康節，乃反之於易，而後其説始得復明於世。然與見今《周易》次第行列多不同者，故聞者創見，多不能曉而不之信，只據目今見行《周易》緣文生義，穿鑿破碎，有不勝其杜撰者。此《啓蒙》之書所爲作也。若其習聞易曉，人人皆能領略，則又何必更著此書以爲屋下之屋、牀上之牀哉？更願高明毋以爲熹之説而忽之，姑且虛心遜志以求其通曉，未可好高立異而輕索其瑕疵也。玩之久熟，浹洽於心，則天地變化之神、陰陽消長之妙，自將瞭於心目之間，而其可驚可喜、可笑可樂必有不自知其所以然而然者矣。言之不盡，偶得小詩以寄鄙懷曰："忽然半夜一聲雷，萬户千門次第開。若識無心涵有象，許君親見伏羲來。"說得太郎當了，只少箇拄杖卓一下，便是一回普説矣。狂妄僭率，幸勿鄙誚也。《晦庵文集》卷三八。

　　案：書中於詳説四象後有云"此事前書辨之已詳，非熹之創見新説"，即指上書（邵子曰）中演説邵雍之説，知承其後。故推知本書約撰於淳熙十四年（1187）間。

　　又，朱熹《答袁機仲論啓蒙》詩載於《晦庵文集》卷九，曰："忽然半夜一聲雷，萬户千門次第開。若識無心含有象，許君親見伏羲來。"

朱熹《答袁機仲》：

伏承别紙誨諭諄悉，及示新論，尤荷不鄙。但區區之説，前此已悉陳之。而前後累蒙排擯揮斥，亦已不遺餘力矣。今復下喻，使罄其説，顧亦何以異於前日耶？然既辱開之使言，則又不敢嘿嘿。然其大者未易遽論，姑即來教一二淺者質之。

夫謂温厚之氣盛於東南，嚴凝之氣盛於西北者，禮家之説也。謂陽生於子，於卦爲復，陰生於午，於卦爲姤者，曆家之説也。謂巽位東南，乾位西北者，《説卦》之説也。此三家者各爲一説，而禮家、曆家之言猶可相通。至於《説卦》，則其卦位自爲一説，而與彼二者不相謀矣。今來教乃欲合而一之，而其間又有一説之中自相乖戾者，此熹所以不能無疑也。夫謂東南以一陰已生而爲陰柔之位，西北以一陽已生而爲陽剛之位，則是陽之盛於春夏者不得爲陽、陰之盛於秋冬者不得爲陰，而反以其始生之微者爲主也。謂一陰生於東南、一陽生於西北，則是陰不生於正南午位之遇而淫於東，陽不生於正北子位之復而旅於西也。謂巽以一陰之生而位乎東南，則乾者豈一陽之生而位於西北乎？況《說卦》之本文，於巽則但取其潔齊而位之東南，於乾則但取其戰而位之西北。巽以三畫言之，雖爲一陰之生，而其所以位之東南者，初非有取乎其義。至於乾，則又三陽之全體，而初無一陽已生之義可得而取也。凡此崎嶇反復，終不可通，不若直以陽剛爲仁、陰柔爲義之明白而簡易也。蓋如此則發生爲仁、肅殺爲義，三家之說皆無所牾。肅殺雖似乎剛，然實天地收斂退藏之氣，自不妨其爲陰柔也。

來教又論黑白之位，尤不可曉。然其圖亦非古法，但今欲易曉，且爲此以寓之耳。乾則三位皆白，三陽之象也。兌則下二白而上一黑，下二陽而上一陰也。離則上下二白而中一黑，上下二陽而中一陰也。震則下一白而上二黑，下一陽而上二陰也。巽之下一黑而上二白，坎之上下二黑而中一白，艮之下二黑而上一白，坤之三黑，皆其三爻陰陽之象也。蓋乾、兌、離、震之初爻皆白，巽、坎、艮、坤之初爻皆黑，四卦相間，兩儀之象也。乾、兌、巽、坎之中爻皆白，離、震、艮、坤之中爻皆黑，兩卦相間，四象之象也。乾、離、巽、艮之上爻皆白，兌、震、坎、坤之上爻皆黑，一卦相間，八卦之象也。豈有震、坎皆黑而如坤，巽、離皆白而如乾之理乎？此恐畫圖之誤，不然，則明者察之有未審也。

凡此乃易中至淺至近而易見者，契丈猶未之盡，而況其體大而義深者，又安可容易輕忽而遽加詆誚乎？此熹所以不敢索言，蓋恐其不足以解左右者之惑而益其過也。幸試詳之，若熹所言略有可信，則願繼此以進，不敢吝也。

又讀來書，以爲不可以仁、義、禮、智分四時，此亦似太草草矣。夫五行、五常、五方、四時之相配，其爲理甚明而爲説甚久，非熹獨於今日創爲此論也。凡此之類，竊恐高明考之未詳、思之未審，而率然立論，輕肆詆訶，是以前此區區所懷不欲盡吐於老丈之前者尚多。此其爲訑訑之聲音顔色大矣。若欲實求義理之歸，恐當去此而虚以受人，庶幾乎其有得也。僭易皇恐，熹又稟。《晦庵文集》卷三八。

案：書中言及“但區區之説，前此已悉陳之。而前後累蒙排擯揮斥，亦已不遺餘力矣”，則當承上三書。

朱熹《答袁機仲》：

垂諭《易》説，又見講學不倦、下問不能之盛美，尤竊欽仰，已悉。鄙意別紙具呈矣，此但《易》中卦畫陰陽之分位耳，未是吾人切身之事。萬一愚見未合盛意，可且置之而更別向裏尋求，恐合自有緊切用功處也。《晦庵文集》卷三八。

案：書中云"鄙意別紙具呈矣，此但《易》中卦畫陰陽之分位耳"，知下書（乾於文王八卦之位在西北）乃本書之別紙，撰於同時。

朱熹《答袁機仲別幅》：

乾於文王八卦之位在西北，於十二卦之位在東南。坤於文王八卦之位在西南，於十二卦之位在西北。故今圖子列文王八卦於內，而布十二卦於外，以見彼此位置迴然不同。雖有善辨者，不能合而一之也。然十二卦之說可曉，而八卦之說難明。可曉者當推，難明者當闕，按圖以觀則可見矣。

論十二卦，則陽始於子而終於巳，陰始於午而終於亥；論四時之氣，則陽始於寅而終於未，陰始於申而終於丑。此二說者雖若小差，而所爭不過二位。蓋子位一陽雖生而未出乎地，至寅位泰卦則三陽之生方出地上，而溫厚之氣自此始焉。巳位乾卦六陽雖極而溫厚之氣未終，故午位一陰雖生而未害於陽，必至未位遯卦而後溫厚之氣始盡也，其午位陰已生而嚴凝之氣及申方始，亥位六陰雖極而嚴凝之氣至丑方盡，義亦放此。蓋地中之氣難見而地上之氣易識，故周人以建子爲正，雖得天統，而孔子之論爲邦，乃以夏時爲正。蓋取其陰陽始終之著明也。按圖以推，其說可見。

　　來喻謂坤之上六陽氣已生，其位在亥。乾之上九陰氣已生，其位在巳。以剝上九"碩果不食"、十月爲陽月之義推之，則剝卦上九之陽方盡而變爲純坤之時，坤卦下爻已有陽氣生於其中矣。但一日之內，一畫之中方長得三十分之一，必積之一月，然後始滿一畫而爲復，方是一陽之生耳。夬之一陰爲乾爲遇，義亦同此。來喻雖有是說而未詳密，故爲推之如此。蓋論其始生之微，固已可名於陰陽；然便以此爲陰陽之限，則其方盛者未替，而所占不啻卦內六分之五；方生者甚微，而所占未及卦內六分之一，所以未可截自此處而分陰陽也。此乃十二卦中之一義，與復、遇之說理本不殊。但數變之後，方說得到此，不可攙先輥說，亂了正意耳。

　　來論又謂冬春爲陽、夏秋爲陰，以文王八卦論之，則自西北之乾以至東方之震，皆父與三男之位也。自東南之巽以至西方之兌，皆母與三女之位也。故坤、蹇、解卦之象辭皆以東北爲陽方、西南爲陰方。然則謂冬春爲陽、夏秋爲陰亦是一說。但《說卦》又以乾爲西北，則陰有不盡乎西；以巽爲東南，則陽有不盡乎東，又與三卦象辭小不同。此亦以來書之說推之，而《說卦》之文適與象辭相爲表裏，亦可以見此圖之出於文王也。但此自是一說，與他說如十二卦之類各不相通耳。

　　來喻以東南之溫厚爲仁，西北之嚴凝爲義，此《鄉飲酒義》之言也。然本其言，雖分仁義而無陰陽柔剛之別，但於其後復有陽氣發於東方之説，則固以仁爲屬乎陽，而義之當屬乎陰從可推矣。來喻乃不察此，而必欲以仁爲柔、以義爲剛。此既失之，而又病夫柔之不可屬乎陽、剛之不可屬乎陰也，於是彊以溫厚爲柔、嚴凝爲剛，又移北之陰以就南，而使主乎仁之柔；移南之陽以就北，而使主乎義之剛。其於方位氣候悉反易之，而其所以爲説者率皆參差乖迕而不可合。又使東北之爲陽、西南之爲陰，亦皆得其半而失其半。愚於圖子已具見其失矣。

　　蓋嘗論之，陽主進而陰主退，陽主息而陰主消。進而息者其氣彊，退而消者其氣弱，此陰陽之所以爲柔剛也。陽剛溫厚，居東南主春夏，而以作長爲事；陰柔嚴凝，居西北主秋冬，而以斂藏爲事。作長爲生，斂藏爲殺，此剛柔之所以爲仁義也。以此觀之，則陰陽、剛柔、仁義之位豈不曉然？而彼揚子雲之所謂於仁也柔、於義也剛者，乃自其用處之末流言之。蓋亦所謂陽中之陰、陰中之陽，固不妨自爲一義，但不可以雜乎此而論之爾。

　　向日妙湛蓋嘗面稟易中卦位義理層數甚多，自有次第，逐層各是一個體面，不可牽彊合爲一説。學者須是旋次理會，理會上層之時，未要攪動下層，直待理會得上層都透徹了，又却輕輕揭起下層理會將去。當時雖似遲鈍，不快人意，然積累之久，層層都了，却自見得許多條理千差萬別，各有歸著，豈不快哉！若不問淺深、不分前後，輥成一塊，合成一說，則彼此相妨，令人分疏不下，徒自紛紛成鹵莽矣。此是平生讀書已試之效，不但讀《易》爲然也。

前書所論仁、義、禮、智分屬五行、四時，此是先儒舊說，未可輕詆。今者來書雖不及之，然此大義也，或恐前書有所未盡，不可不究其說。蓋天地之間，一氣而已，分陰分陽，便是兩物，故陽爲仁而陰爲義。然陰陽又各分而爲二，故陽之初爲木，爲春，爲仁，陽之盛爲火，爲夏，爲禮；陰之初爲金，爲秋，爲義，陰之極爲水，爲冬，爲智。蓋仁之惻隱方自中出，而禮之恭敬則已盡發於外；義之羞惡方自外入，而智之是非則已全伏於中。故其象類如此，非是假合附會。若能默會於心，便自可見。元、亨、利、貞，其理亦然，《文言》取類，尤爲明白，非區區今日之臆說也。五行之中，四者既各有所屬，而土居中宮，爲四行之地、四時之主。在人則爲信，爲真實之義，而爲四德之地、衆善之主也。五聲、五色、五臭、五味、五藏、五蟲，其分放此。蓋天人一物，內外一理，流通貫徹，初無間隔。若不見得，則雖生於天地間，而不知所以爲天地之理；雖有人之形貌，而亦不知所以爲人之理矣。故此一義切於吾身，比前數段尤爲要緊，非但小節目而已也。《晦庵文集》卷三八。

案：書中有言"前書所論仁、義、禮、智分屬五行、四時，此是先儒舊說，未可輕詆"，即指上書（伏承別紙誨諭諄悉）云云，知承其後。

3120

朱熹《答袁機仲》：

再辱垂諭，具悉尊旨。然細觀本末，初無所爭，只因武陵舊圖"仁義"兩字偶失照管，致有交互，其失甚微。後來既覺"仁"字去西北方不得，"義"字去東南方不得，即當就此分明改正，便無一事。顧乃護其所短而欲多方作計，移換"陰陽剛柔"四字以蓋其失，所以競辨紛紜，以至於今而不能定也。蓋始者先以文王八卦爲説，而謂一陰生於巽，一陽生於乾，則既非《説卦》本意矣。其以三陽純乾之方爲一陽始生之地，則又爲乖剌之甚者。及既知之，而又以十二卦爲説，則謂一陽生於乾之上九，一陰生於坤之上六，遂移北方之陰柔以就南，使之帶回仁字於西南而不失其爲陰柔；移南方之陽剛以歸北，使之帶回義字於東北而不失其陽剛，則亦巧矣。然其所移動者凡二方，而六辰六卦例皆失其舊主，又更改却古來陰陽界限，蓋不勝其煩擾。而其所欲遷就之意，乃不過僅得其半而失其半。蓋北方雖曰嚴凝，而東方已爲溫厚；南方雖曰溫厚，而西方已爲嚴凝也。是則非惟不足以救舊圖一時之失，而其耻過作非、故爲穿鑿之咎，反有甚於前日者。竊恐高明於此急於求勝，未及深致思也。欲究其説以開盛意，又念空言繳繞，難曉易差，不免畫成一圖，先列定位，而後別以舊圖之失及今者兩次所論之意隨事貼説，有不盡者，則又詳言，別爲數條以附於後。切望虛心平氣，細考而徐思之。若能於此翻然悔悟，先取舊圖分明改正"仁義"二字，却將今所移易“陰陽剛柔”等字一切發回元來去處，如熹新圖之本位，則易簡圓成，不費詞説，而三才五行、天理人事已各得其所矣。

至於文王八卦，則熹嘗以卦畫求之，縱橫反覆，竟不能得其所以安排之意，是以畏懼，不敢妄爲之説，非以爲文王後天之學而忽之也。夫文王性與天合，乃生知之大聖，而後天之學方恨求其説而不得，熹雖至愚，亦安敢有忽之之心耶？但如來書所論，則不過是因其已定之位、已成之説而應和贊歎之爾。若使文王之意止於如此，則熹固已識之，不待深思而猶病其未得矣。故嘗竊謂高明之於此圖尊之雖至、信之雖篤，而所以知之則恐有不如熹之深者，此又未易以言語道也。

至於邵氏以此圖爲文王之學，雖無所考，然《説卦》以此列於“天地定位”、“雷以動之”兩節之後，而其布置之法迥然不同，則邵氏分之以屬於伏羲、文王，恐亦不爲無理。但未曉其根源，則姑闕之以俟知者，亦無甚害，不必率然肆意立論而輕排之也。

又謂一奇一偶不能生四象，而二奇二偶不能生八卦，則此一圖極爲易曉，又不知老丈平時作如何看，而今日猶有此疑也。蓋其初生之一奇一偶，則兩儀也。一奇之上又生一奇一偶，則爲二畫者二，而謂之太陽、少陰矣。一偶之上亦生一奇一偶，則亦爲二畫者二，而謂之少陽、太陰矣。此所謂四象者也。四象成，則兩儀亦分爲四。太陽奇畫之上又生一奇一偶，則爲上爻者二而謂之乾、兌矣。餘六條準此。此則所謂八卦者也。八卦成，則兩儀四象皆分爲八。是皆自然而生，濆湧而出，不假智力，不犯手勢，而天地之文、萬事之理，莫不畢具。乃不謂之畫前之易，謂之何哉？僕之前書固已自謂非是古有此圖，只是今日以意爲之，寫出奇偶相生次第，令人易曉矣。其曰畫前之易，乃謂未畫之前已有此理，而特假手於聰明神武之人以發其秘，非謂畫前已有此圖，畫後方有八卦也。此是易中第一義也，若不識此而欲言易，何異舉無綱之網、挈無領之裘，直是無著力處。此可爲知者道也，目疾殊甚，不能親書，切幸深照。

第四畫者，以八卦爲太極而復生之兩儀也。第五畫者，八卦之四象也。第六畫者，八卦之八卦也。再看來書有此一項，此書未答，故復及之。熹又稟。《晦庵文集》卷三八。

案：本書中批評袁樞"蓋始者先以文王八卦爲説，而謂一陰生於巽，一陽生於乾，則既非《説卦》本意矣。其以三陽純乾之方爲一陽始生之地，則又爲乖剌之甚者。及既知之，而又以十二卦爲説，則謂一陽生於乾之上九，一陰生於坤之上六，遂移北方之陰柔以就南，使之帶回仁字於西南而不失其爲陰柔；移南方之陽剛以歸北，使之帶回義字於東北而不失其陽剛，則亦巧矣。然其所移動者凡二方，而六辰六卦

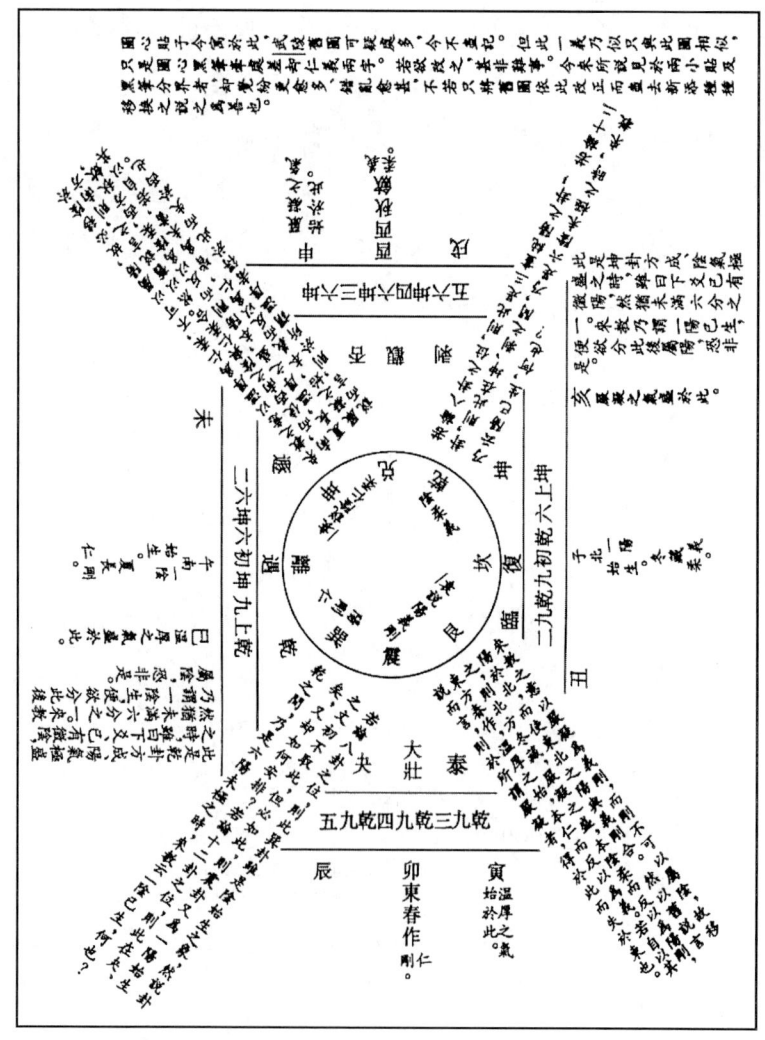

例皆失其舊主,又更改却古來陰陽界限,蓋不勝其煩擾",即上書(乾於文王八卦之位在西北)所曾辨析者,知承其後。

朱熹《答袁機仲》:

《易》説不知尊意看得如何?前書所云二方、六卦、六辰皆失其所與得半失半之説,後來思之,亦有未盡。蓋徙陽於北,使陽失其位而奪陰之位;徙陰於南,使陰失其位而奪陽之位,二方固已病矣。東方雖得仍舊爲陽,然其温厚之仁不得南與同類相合,而使彊附於北方嚴凝之義,不則却須改仁爲義,以去陰而就陽,方得寧貼。然又恐無此理,是東方三卦、三辰亦失其所也。西方雖得仍舊爲陰,然其離北附南,與夫改義爲仁,其勢亦有所不便。是西方三卦、三辰亦失其所也。蓋移此二方而四方、八面、十二辰、十二卦一時鬼亂,無一物得安其性命之情也。前書所稟,殊未及此之明白詳盡也。《晦庵文集》卷三八。

案:書中云及"前書所云二方、六卦、六辰皆失其所與得半失半之説,後來思之,亦有未盡",知承上書(再辱垂諭)。

朱熹《答袁機仲》:

《易》説已悉,若只如此,則熹固已深曉,不待諄諄之告矣。所以致疑,正恐高明之見有所未盡而費力穿鑿,使

陰陽不得據其方盛之地、仁義不得保其一德之全，徒爾紛
紜，有損無益爾。今既未蒙省察，執之愈堅，則區區之愚
尚復何説？竊意兩家之論，各自爲家，公之不能使我爲
公，猶我之不能使公爲我也。不若自此閉口不談，各守其
説，以俟羲、文之出而質正焉。然以高明之見，自信之篤，
竊恐羲、文復出，亦未肯信其説也。魏鄭公之言："以爲望
獻陵也，若昭陵，則臣固已見之矣。"佛者之言曰："諸人知
處，良遂總知；良遂知處，諸人不知。"正此之謂矣。世間
事，吾入身在閑處，言之無益，此正好從容講論，以慰窮
愁。而枘鑿之不合又如此，是亦深可歎者，而信乎其道之
窮矣。《晦庵文集》卷三八。

　　案：書中云"《易》説已悉，……所以致疑，正恐
　　高明之見有所未盡而費力穿鑿，使陰陽不得據其方
　　盛之地、仁義不得保其一德之全，徒爾紛紜，有損無
　　益爾。今既未蒙省察，執之愈堅，則區區之愚尚復何
　　説？"乃承上書（《易》説不知尊意看得如何）等而作。

朱熹《答袁機仲》：

　　《易》説垂示，極荷不鄙。然淺陋之見，前已屢陳，至
煩訶斥久矣，今復何敢有言？但詳序説諸篇，唯是依經説
理，而不惑於諸儒臆説之鑿，此爲一書要切之旨。今以篇
中之説考之，則如《繫辭》、《説卦》解兩引《禮記》以春作夏
長爲仁、秋斂冬藏爲義，《説卦》解又獨引溫厚之氣始於東

北、盛於東南，嚴凝之氣始於西南、盛於東北，以爲仁義之
分，此於經既有據，又合於理之自然，真可謂不惑於諸儒
臆説之鑿矣。但其所以爲説，則又必以爲聖人恐乾止有
陽剛而無仁，坤止有陰柔而無義，故必兼三才以爲六畫，
然後能使乾居東北而爲冬春之陽，坤居西南而爲夏秋之
陰。又必橫截陰陽各爲兩段，以分仁義之界，然後能使春
居東而爲乾之仁，夏居南而爲坤之仁，秋居西而爲坤之
義，冬居北而爲乾之義，此非本書之詞，但以鄙意注解如此，庶
覽者之易曉耳。則其割裂補綴，破碎參差，未知於經何所據
依，而何以異於諸儒臆説之鑿也？又按文王、孔子皆以乾
爲西北之卦，艮爲東北之卦，顧雖未能洞曉其所以然，然
經有明文，不可移易，則已審矣。今乃云乾位東北，則是
貶乾之尊使居艮位，未知使艮却居何處？此又未知於經
何所據依，而何以異於諸儒臆説之鑿也？又按孔子明言
易有太極，是生兩儀，是則固以太極爲一、兩儀爲二，而凡
有心有目者，皆能識之，不待推曆布算而後可知也。今
《太極論》乃曰“乾坤者，易之太極”，則是以兩儀爲太極，
而又使之自生兩儀矣。未知此於經何所據依，而又何以
異於諸儒臆説之鑿也？至《繫辭》解，又謂太極者一之所
由起，則是又以爲太極之妙一不足以名之，而其序則當且
生所起之一而後再變，乃生兩儀矣。此則又未暇論其於
經有無據依、是與不是諸儒臆説之鑿，而但以前論參之，
已有大相矛盾者。不審高明之意果何如也？凡此四條，

熹皆不敢輒以爲非以觸尊怒，但所未曉，不敢不求教耳。
《晦庵文集》卷三八。

　　案：上書（《易》説已悉）云"竊意兩家之論，各自
爲家，公之不能使我爲公，猶我之不能使公爲我也。
不若自此閉口不談，各守其説"，而本書又云"然淺陋
之見，前已屢陳，至煩訶斥久矣，今復何敢有言"，議
論《易》説多時，然意見愈加紛紛，而往來書函不免著
意氣矣。故知其承上述諸書。

朱熹《答袁機仲》：

　　誨諭《參同》、邵氏不知易之説，辨博高深，非淺陋所
能窺測。但《參同》之書本不爲明易，乃姑借此納甲之法
以寓其行持進退之候。異時每欲學之，而不得其傳，無下
手處，不敢輕議。然其所言納甲之法，則今所傳京房占法
見於《火珠林》者是其遺説。沈存中《筆談》解釋甚詳，亦
自有理。《參同》所云甲、乙、丙、丁、庚、辛者，乃以月之昏
旦出没言之，非以分六卦之方也。此雖非爲明易而設，然
易中無所不有，苟其言自成一説，可推而通，則亦無害於
易，恐不必輕肆詆排也。至於邵氏先天之説，則有推本伏
羲畫卦次第生生之妙，乃是易之宗祖，尤不當率爾妄議。
或未深曉，且當置而不論，以謹闕疑。若必以爲不知易，
則如熹輩尚何足與言易，而每煩提耳之勤也？既荷不鄙，
不敢不盡其愚。其他如"六五坤承"，向亦疑有誤字，見於

《考異》。而所示十二卦圖以姤爲子、以復爲午，亦所未喻。所引坎、離無爻位，亦有脫字。此或只是筆誤，皆未暇論也。《晦庵文集》卷三八。

案：書中言"其他如'六五坤承'，向亦疑有誤字，見於《考異》"，朱熹《周易參同契考異》修訂完成、刊印於慶元三年七月，《年譜長編》卷下。故推知本書約撰於慶元四年（1198）間。

岳　霖

岳霖（1130—1192），字商卿，相州湯陰（今屬河南）人。岳飛子。淳熙二年（1175）知欽州，紹熙二年（1191）遷知廣州，《廣東通志》卷三九。紹熙三年卒。《寶真齋法書贊》卷二八。

朱熹《與岳商卿書》：

薛虔州弼直老以甲子正月道由建昌，謂戒曰："弼之免於禍，天也。往者丁巳歲被旨從鵬入覲，與鵬遇於九江之舟中。鵬詫曰：'某此行將陳大計。'弼請問，鵬曰：'近諜報，敵人以丙午元子入京闕。爲朝廷計，莫若正資宗之名，則敵謀沮矣。'弼不敢應。抵建康，與弼同日對，鵬第一，弼次之。鵬下殿，面如死灰。弼造膝，上曰：'鵬適奏，乞正資宗之名。朕諭以卿雖忠，然握重兵於外，此事非卿所當預也。'弼曰:'臣雖在其幕中,然初不預聞。昨到九江,但見鵬習小楷,凡密奏,皆鵬自書耳。'上曰:'鵬意似不悦,卿自以意開喻之。'弼受旨而退。"

此故殿院張公定夫戒所記。所謂資宗者,上時以宗子讀書資善堂也。又得《薛公行狀》,亦記此事,偶尋未見。恐永嘉士人家必有本,可尋訪。但不知忠穆公此奏今尚有傳本否耳。熹上覆。《寶真齋法書贊》卷二七。

案:岳珂《寶真齋法書贊》卷二七載"朱文公儲議帖,行書十四行",考論於後曰:"右晦庵先生儲議帖真蹟一卷。……淳熙之十四年,先君漕湖南,因寓書于公,即報函中録此紙以問顛末。攷之張戒所記,謂歲在甲子,其實不然,珂《籲天》之書固辨之矣。先王時諡武穆,後三十有九載始更定爲忠。公書帖時,天若開之云。"則朱熹本書當撰於淳熙十四年(1187)間。

曾　極

曾極,字景建,臨川(今屬江西)人。父曾滂,"四方宗陸氏者自滂與李德章始。極志氣豪放,朱文公得其書及詩,大異之,謂其文似老蘇、大蘇。嘗遊金陵,題行宮龍屏,忤時相史彌遠,謫道州卒"。所爲詩文有《舂陵小雅》、《金陵百詠》。《江西通志》卷八○。

朱熹《答曾景建》：

辱書，文詞通暢，筆力快健，蔚然有先世遺法，三復令人亹亹不倦。所論讀書求道之意，亦爲不失其正。所詆近世空無簡便之弊，又皆中其要害，亦非常人見識所能到也。然文字之設，要以達吾之意而已，政使極其高妙而於理無得焉，則亦何所益於吾身，而何所用於斯世？鄉來前輩蓋其天資超異，偶自能之，未必專以是爲務也。故公家舍人公謂王荆公曰："文字不必造語及摹擬前人，孟、韓文雖高，不必似之也。"況又聖賢道統正傳見於經傳者，初無一言之及此乎？至於讀書，則固吾事之不可已者，然觀古今聖賢立言垂訓，亦未始不以孝弟忠信、收斂身心爲先務，然後即吾日用之間，參以往訓之指，反覆推窮，以求其理之所在，使吾方寸之間虛明洞徹，無毫髮之不盡，然後意誠、心正、身脩而推以治人，無往而不得其正者。若但泛然博觀而概論，以爲如是而無非學，如是而無非道，則吾恐其無所歸宿，不得受用，而反爲彼之指本心、講端緒者所笑矣。鄙見如此，幸試思之，有所未安，復以見告，甚幸甚幸。録示先大父司直公所記龜山先生語，前此所未見，然以其它語推之，知其誠出於龜山無疑也。所示佳篇，句法高簡，亦非世俗所及。然憤世太過，恐非遜言之道，千萬謹之，尤所願望。《晦庵文集》卷六一。

案：書中有云"録示先大父司直公所記龜山先生語，前此所未見，然以其它語推之，知其誠出於龜山無疑也", 下書(前此辱書)又云"先德所抄龜山語, 以它書考之不妄, 然却不及向來所記雜説數條, 必是又有李蕭遠所定也", 知承本書。故推知本書約撰於慶元二年(1196)中。曾極爲北宋中書舍人曾鞏弟曾宰之後,《宋詩紀事》卷六七。故本書有"公家舍人公"之語。

朱熹《答曾景建》:

便中辱書, 備知向來徧參反求始末, 而又深以主一、窮理得所歸宿爲喜也。比日秋清, 計所履益佳勝, 從事於斯, 亦當益有味矣。然二事知之甚易, 而爲之實難; 爲之甚易, 而守之爲尤難。主一之功固須常切提撕, 不令間斷; 窮理之事又在細心耐煩, 將聖賢遺書從頭循序就平實明白處玩味, 不須貪多, 但要詳熟, 自然見得意緒。若騖於高遠, 涉獵領解, 則又不免如向來之清話, 欲求休歇而反成躁亂也。示及與柴君書, 甚善, 不知渠以爲如何? 今人亦未説到此。異端之蔽, 自是己分上差却入路, 欠却功夫。其迷溺者固無足道, 其慨然以攘斥爲己任者, 又未免有外貪内虛之患, 亦徒爲譊譊而已, 若之何而能喻諸人哉? 幸更思之。若於己分上真實下得切己功夫, 則於此等亦有所不暇矣。《晦庵文集》卷六一。

案: 書中有言"便中辱書, 備知向來徧參反求始末, 而又深以主一、窮理得所歸宿爲喜也", 而下書

（前此辱書）又云"所論主一之功甚善"，似承本書。又本書云及"比日秋清"，故推知其約撰於慶元二年秋中。

朱熹《答曾景建》：

別紙七條：第一論勿動勿思者。動可以該思，而思不可以該動，故聖言如此，非有先後淺深之序也，但立語用功自是合如此耳。第二論曾點言志，以爲便欲進取，揖遜泰和氣象，殊非本意。彼亦但自言其日間受用處，而自它人觀之，則見其或出或處，無所不可，雖堯、舜事業亦優爲之，非專指揖遜而言也。第三論問答衛君一條，以爲有所畏避，亦非是。此只是禮合如此耳。此等處相似而不同，只差毫釐，便有公私之異，不可不察也。第四論呂氏恍惚之說，未有大病，不須如此迴避，且認取正意可也。上章亦然。第五，責原壤三語，須作一句看。若只"老而不死"，則聖賢固有壽考者，豈可以其竊天地之機而謂之賊耶？第六射宿，亦不必如此說。第七，按《史記》之言如此，必有所據，非馬遷自造之語也。蓋今《關雎》三章，皆是關雎之亂，其前必有散聲序引之類，有聲無詞，而此其卒章也。若止第三章是亂，則史之言不如此矣。此七條者，其首、二義更宜思之，第二條尤須體認，不可草草。其下五條，則皆非所急，又看得差了。且須虛心認取聖賢立言教人用功之正意，不可只如此容易立說也。《晦庵文集》

卷六一。

　　案：朱熹《答歐陽希遜謙之》(所示疑義)、《答嚴
時亨》(問目各已批出)《晦庵文集》卷六一。皆論及"曾
點言志"，撰於慶元二年冬日前後。本書亦論及"第
二論曾點言志"，疑在一時先後。

朱熹《答曾景建》：

所示詩文疑問，其間頗有曲折，俟黃兄歸奉報。熹以
臺評，蒙恩鐫免，尚爲輕典，感幸深矣。而所連及反罹重
坐，令人愧惕。今因其行，草草附此，恐其在塗有合料理
事，得爲垂念幸甚。其人辨博，多所該綜，亦可款扣也。
《晦庵文集》卷六一。

　　案：書中云"熹以臺評，蒙恩鐫免，尚爲輕典，感
幸深矣。而所連及反罹重坐，令人愧惕。今因其行，
草草附此"，乃指慶元三年(1197)正月二十七日朱熹
接獲落職罷祠省劄，而蔡元定編管道州；餞別於凈安
寺。《年譜長編》卷下。故推知本書當撰於是月末。

朱熹《答曾景建》：

前此辱書，蔡季通行，曾附數字奉報矣。所論主一之
功甚善。但讀書須更量力，少看而熟復之，只依文義尋簡
明白處去，自然有味，不在極力苦思，轉求轉遠也。先德
所抄龜山語，以它書考之不妄，然却不及向來所記雜說數

條，必是又有李蕭遠所定也。所問兩條三省事，鄙意正如此，後段之云亦可謂怪論矣。今既知其繆，便直置之，不須與辨，且自理會己分功夫可也。科舉之學，在賢者爲餘事，但公家自有文章大宗師，何故不學，而學它人不好處？一向如此，不惟議論不正當，併與文章亦成澆薄無餘味矣。《爾雅》未暇細看，然此等亦未須閑費日力也。《晦庵文集》卷六一。

　　案：書中云及"前此辱書，蔡季通行，曾附數字奉報矣"，即指上書（所示詩文疑問），故推知本書約撰於二、三月之際。

朱熹《答曾景建》：

　　季通遠役，深荷煖熱之意，今想已到地頭矣。其所論律歷尤精詣，恨與賢者相聚不久，未極其底藴也。三篇甚勝，卒章尤工，而僕不足以當之也。《爾雅》竟未暇細考，但《釋親篇》恐非如所刊定也。《禮書》已略定，但惜無人錄得，亦有在黃直卿處者，聞吉父在彼，必能傳其梗概。然此間後來又有續修處，及更欲附以《釋文》、《正義》，卒未得便斷手耳。乾坤、性情之説，以三隅反之，何疑之有？性情本是一物，特以動靜而異其名耳。《晦庵文集》卷六一。

　　案：蔡元定於慶元三年正月末步行西去，至道州當在三月末、四月初。本書云及"季通遠役，深荷煖熱之意，今想已到地頭矣"，故推知其約撰於四月

間。又書中所云"三篇甚勝,卒章尤工,而僕不足以
當之也",乃指曾極《送蔡季通赴貶》詩,劉克莊《懷曾
景建二首》注云:"蔡季通貶道州,君餞之云:'四海朱
夫子,徵君獨典刑。青雲《伯夷傳》,白首《太玄經》。
有客憐孤憤,無人問獨醒。瑤琴空鎖匣,絃斷不堪
聽。'晦翁喜之,手書其詩。君亦貶死道州,異矣。"
《後村集》卷一三。

朱熹《答曾景建》:

《參同》舊本深荷録示,已令蔡伯静點對附刻新本之
後矣。但《龍虎經》却是取法《參同》,亦有不曉其本語而
妄爲模放處,如論"乾坤二用"、"周流六虚"處,可見疏脱,
試考之可見也。近來不知所觀何書?或有所見,因風筆
示。若得乘此春暖,與吉父相約俱來,以踐前約,豈勝幸
甚。征苗之説甚新,但恐其它無此比數。兼若如此,則禹
自當班師,不待伯益贊之而後決矣。此等無所考據,不若
姑置之,而涵泳於義理之實之爲得也。《晦庵文集》卷六一。

　　案:慶元三年七月,蔡淵(字伯静)刊刻《周易參同
契》及《考異》於建陽。本書有言"《參同》舊本深荷録
示,已令蔡伯静點對附刻新本之後矣",當在其後。又
本書云及"若得乘此春暖,與吉父相約俱來,以踐前約,
豈勝幸甚",故推知其約撰於慶元四年(1198)春間。

　　又,《朱子語類》卷一二五載黄義剛所記曰:"先

生以《參同契》示張以道云：‘近兩日方令書坊開得，
然裏面亦難曉。’義剛問：‘曾景建謂《參同》本是《龍
虎上經》，果否？’曰：‘不然。蓋是後人見《魏伯陽傳》
有《龍虎上經》一句，遂僞作此經。大概皆是體《參
同》而爲，故其間有說錯了處，如《參同》中云“二用无
爻位，周流行六虛”，二用者即《易》中用九、用六也，
乾坤六爻上下皆有定位，唯用九、用六無位，故周流
行於六虛。今《龍虎經》却錯說作虛危去，蓋討頭不
見，胡亂牽合一字來說。’”

朱熹《答曾景建》：

季通、子約相逐而逝，不謂天之無意於善人乃如此，
每一念之，輒爲悲愴，不能爲懷也。昨聞吉甫之歸，方竊
疑之，伯豐之子乃如此，尤可歎息耳。道夫久不得書，爲
況如何？因見致意，便遽未及書也。方遣人探子約之櫬
何日過上饒，欲遣季子往哭之。近得玉山書，則已過矣。
前日僅能扶病一撫季通之柩也。廬陵子一書，煩爲附的
便。其人乃子約嘗寓其舍者也，得不浮湛爲幸。《晦庵文
集》續集卷七。

　　案：慶元四年七月，呂祖儉卒於高安；八月，蔡
　　元定卒於道州。朱熹《祭蔡季通文》曰：“維慶元四年
　　歲次戊午十月二十有九日癸巳，新安朱熹竊聞亡友
　　西山先生蔡君季通羈旅之櫬遠自舂陵，言歸故里，謹

以家饌隻雞斗酒酹於柩前。"《晦庵文集》卷八七。本書
有云"季通、子約相逐而逝，……前日僅能扶病一撫
季通之柩也"，故推知其撰於十月末。

曾　集

　　曾集，字致虛，贛州贛縣（今屬江西）人。"紹熙間知
南康軍事，勤理庶政，篤信仁賢，慕高安劉渙之爲人，修其
墓，割公田以奉祀，朱元晦稱其爲政知所先後云"。《江西
通志》卷九四。

朱熹《答曾致虛》：

　　所論誠敬之説，甚善。但欽夫之意，亦非直謂學者可
以不誠。蓋以爲既曰持敬，便合實有持敬之心，不容更有
不誠之敬，必待別著"誠"字，然後爲誠也。大抵"誠"字在
道則爲實有之理，在人則爲實然之心，而其維持主宰，全
在"敬"字。今但實然用力於敬，則日用工夫自然有總會
處，而道體之中名實異同、先後本末皆不相礙。若不以敬
爲事而徒曰誠，則所謂誠者，不知其將何所錯？且五常百
行，無非可願，雜然心目之間，又將何所擇而可乎？鄙意
如此，不審高明以爲如何？願於日用間一驗其實，因風語
其可否焉。《晦庵文集》卷四六。

　　案：書中所謂"但欽夫之意，亦非直謂學者可以

不誠"云云,見張栻《答曾致虛》,《南軒集》卷二六。張栻書中又云"某去歲作《主一箴》,謾納呈",據張栻《答胡季隨》(辱惠書)有"歸來所作《洙泗言仁序》、《主一箴》錄去"云云,《南軒集》卷二五。所謂"歸來",即指乾道七年末歸長沙。故推知張栻《答曾致虛》當撰於乾道八年間,而朱熹本書約撰於是年(1172)秋、冬間。

曾集《與朱元晦書》:

願得一言以記之,使後之人知吾二人者所爲拳拳之意,而不懈其尊賢尚德之心也,斯不亦有補於世教之萬分乎!《晦庵文集》卷八〇《壯節亭記》。

案:朱熹《壯節亭記》云其守南康時訪得先賢尚書屯田外郎劉凝之之墓,乃爲作小亭立於其前,名曰"壯節"。至"紹熙二年,歲在辛亥,予去郡甫十年,而今太守章貢曾侯寔來,按圖以索其故,則門牆亭牓皆已無復存者,爲之喟然太息。即日更作門牆,築亭其間,益爲高厚宏闊,以支永久。又礱巨石以培其封,植名木以廣其籍。求得舊牓,復置亭上,歲時奉祀,一如舊章。且割公田十畝,以畀旁近能仁僧舍,使專奉守,爲增葺費。而又以予爲嘗經始於此也,以書來曰:'願得一言以記之……'"記文撰於三年夏五月癸未。《晦庵文集》卷八〇。故推知本書約撰於紹熙三年(1192)春。

朱熹《答曾致虛_{乙卯二月一日}》：

南康從祀畫象，乃取法監學，已詳報吳廣文矣。白鹿當時與錢子言商量，只作禮殿，不爲象設，只依《開元禮》臨祭設席，最爲得禮之正。不然，則只用燕居之服，以石爲席而坐於地，亦適古今之宜，免有匍匐就食之誚。子言皆不謂然。但今已成，恐毀之又似非禮，此更在尊意斟酌報之也。蓋幼年間先君言，嘗過鄭圃，謁列子廟，見其塑象地坐，則此不爲無據也。《晦庵文集》卷四六。

案：乙卯，乃慶元元年。本書撰於是年（1195）二月一日。

又，楊萬里於紹熙三年《薦舉王自中曾集徐元德政績奏狀》云："朝散郎、知南康軍曾集，胄出名家，躬服寒素。少從名儒張栻講學，以爲士君子之學不過一個'實'字。再立朝列，皆監六部門，不事干謁，不肯附麗，往往皆以爲次。其政一遵朱熹之舊，如請於朝乞均減星子一縣預買，如輟郡廩以教育白鹿書院生徒，皆朱熹欲爲而未及盡行者。南康縣地褊民貧，每歲流徙樂郊者不絕，今皆安集，無有愁歎。"《誠齋集》卷七〇。

曾集《與朱元晦書》：

江東漕司行下南康，毀《語》、《孟》板。《晦庵文集》續集卷一《答黃直卿》。

案：朱熹《答黃直卿》(今日吾輩)云：“得曾致虛書云：‘江東漕司行下南康，毀《語》、《孟》板。’劉四哥却云被學官回申不可，遂已。此其勢決難久存。”《晦庵文集》續集卷一。據《宋會要輯稿·刑法》二之一二七載，慶元二年六月十五日，國子監奏乞毀理學諸書，“乞許本監行下諸州及提舉司，將上件內書板當官劈毀”。又朱熹《答孫敬甫》(熹衰病)云“南康《語》、《孟》是後來所定本。……毀板事近復差緩，未知何謂”。《晦庵文集》卷六三。故推知本書約撰於是年(1196)秋間。

曾季貍

曾季貍(1120—約 1177)，字裘父，自號艇齋，南豐(今屬江西)人。再舉進士不第。師事韓子蒼、呂居仁，又與朱晦翁、張南軒書問往復。郡守張孝祥、樞密劉珙薦於朝，皆謝不起。著《論語訓解》。《兩宋名賢小集》卷一二五。約卒於淳熙四年。《宋人生卒行年考》。

朱熹《與曾裘父》：

敬夫爲元履作齋銘，嘗見之否？謾納一本。其言雖約，然《大學》始終之義具焉，恐可實左右也。《崇安二公祠記》，熹所妄作，輒往求教。雖不及改，尚警其後也。

《晦庵文集》卷三八。

案：書中有云"敬夫爲元履作齋銘"，即張栻爲魏掞之所作《艮齋銘》。《南軒集》卷三六。書中又云及《崇安二公祠記》，即朱熹《建寧府崇安縣學二公祠記》，云乾道三年崇安知縣諸葛侯"始至，則將葺新學校，以教其人，而深以（趙清獻公、胡文定公）兩公之祠未立爲己病，於是訪求遺像，因新學而立祠焉。明年五月甲子訖功，命諸生皆入於學，躬率丞掾與之釋菜於先聖先師，而奠於兩公之室"。《晦庵文集》卷七七。故推知本書約撰於乾道四年（1168）秋。

朱熹《與曾裘父》：

求仁之方，竊意潛心久矣。方恨未獲躬扣，昨欽夫寄示送行序文，其説似皆的當，不審高明以爲如何？《晦庵文集》卷三八。

案：書中所云"送行序文"，指張栻《送曾裘父序》，云"予聞南豐曾裘父之名舊矣，所謂直諒多聞，古之益友歟。今年秋始見之于長沙，則非特如前聞，抑有過焉。……然會面未久，而裘父歸，於予心拳拳有不能已者"。《南軒集》卷一五。又張栻有《送曾裘父》，注云："樞密劉公嘗欲以遺逸舉裘父"。《南軒集》卷五。據《宋史·宰輔表四》，劉珙於乾道三年十一月除同知樞密院事，四年七月兼參知政事，八月罷。則曾季貍於四年秋至長沙訪張栻，別時張栻作一詩一文送行，故推知本書約撰於四年冬。

朱熹《與曾裘父》：

向聞垂意《魯論》，聖門親切指要正在此書，想所造日以深矣，恨未得聞一二也。敬夫得書否？比來講論尤精密，亦嘗相與講所疑否？元履遇合非常，未知所以稱塞。士友蓋多榮之，而熹竊有懼焉。想高懷正如此，當有以警策之也。《晦庵文集》卷三八。

案：書中所云“元履遇合非常”，據張栻《教授魏元履墓表》，魏掞之“居數歲，詔舉遺逸，轉運判官芮公曄率其僚與帥若守六人者，以鄉人所狀行義聞，有旨特徵之。時宰相陳公俊卿實當國也。元履辭既不獲，乾道四年十二月用布衣入見，條當世之務，首論脩德爲立政之本，繼以正人心、養士氣爲言，以爲恢復之道要必以是數者爲先。上獎歎開納，勞問移晷。翼日，詔賜同進士出身，授左迪功郎、守太學録”。《南軒集》卷四〇。故推知本書約撰於乾道五年（1169）初。

又，朱熹《跋曾裘父劉子澄帖》云：“紹熙甲寅初夏，予以赴官長沙，道過臨川，汪君見過，出此卷見示，乃曾裘父、劉子澄筆迹也。既仰青溪先生之高行，又感二君所立，皆凛凛乎其有前輩之遺風，而今皆不可見矣，爲之掩卷太息。"《晦庵文集》卷八三。

曾　祕

　　曾祕，字泰之，泉州同安（今屬福建）人。乾道五年
（1169）進士。與朱熹友善。薦授國子監丞，知惠州，知漳
州。卒。《閩中理學淵源考》卷一八。

朱熹《答曾泰之_祕》：

　　所喻《鄉黨》卒章疑義，此等處且當闕之，却於分明易
曉、切於日用治心脩己處反復玩味，深自省察，有不合處，
即痛加矯革，如此方是爲己功夫，不可只於文字語言上著
力也。彼中士子有來學者，亦可以此告之。熹《論語集
注》未嘗皆引胡先生説，所傳恐誤。此書之作，只是解説
訓詁文義，免得學者汎觀費力。然所謂玩味省察功夫，却
在當人，不在文字也。《晦庵文集》卷五六。

　　　案：朱熹《漳州龍巖縣學記》有云温陵曾祕任龍
巖縣丞，續前縣丞而成縣學，"凡爲屋若干楹，殿堂門
廡、師生之舍無一不具。淳熙九年某月某日，既率其
諸生以奠菜于先聖先師，而以書來求記"云云，又云
"曾君又嘗從吾友石、許諸君遊"，署時"十年二月甲
寅"。《晦庵文集》卷七九。石、許諸君，當指石子重、許
順之，是知曾祕乃由石、許諸人紹介而結識朱熹。故

推知本書約撰於淳熙十年(1183)前後。

曾三異

曾三異(1154—1243),字無疑,臨江軍新淦(今江西新干)人。端平元年(1234)三月以承務郎主管潭州南嶽廟差充秘閣校勘,二年九月除太社令。《南宋館閣錄續錄》卷九。《萬姓統譜》卷五七云其"少有詩名,楊文節公深嘉之。尤尊經學,屢從朱文公先生問辨,因扁讀書之堂曰仰高,鶴山魏文靖公為之記。嘗從文忠公於里第,攷訂典章,纂修文史,皆以屬之。少三舉鄉貢,當補官,弗就。不治生産作業,著書滿家,士友來請益,宦穀不厭。部使薦於朝,授承務郎,端平初以秘閣校勘召,力辭,時年八十一"。為周必大門人,號雲巢,"工文,尤精考訂,有《本朝新舊官制考》行於世。以隱逸召為祕閣校勘,……逾年除大社令,未及有所開陳,奉祠而歸。年九十乃終"。《鶴林玉露》乙編卷五。

朱熹《答曾無疑》:

子約書來,必盛稱無疑之為人。但不知中間相聚,所與切磨誦説者果為何事? 計於緊要親切處,亦未必能盡所懷爾。日月逝矣,歲不我與,丈夫有志者,豈當為此悠悠泛泛、徘徊猶豫以老其身乎?《晦庵文集》卷六〇。

案：據《宋史·寧宗紀一》，呂祖儉慶元元年四月送韶州安置，五月戊子改送吉州安置，二年七月，"量徙流人呂祖儉等于内郡"，安置筠州。本書言及"子約書來，必盛稱無疑之爲人。但不知中間相聚，所與切磨誦説者果爲何事"，故推知其約撰元年（1195）末或二年初。

朱熹《答曾無疑三異》：

昨承枉書，奉報草草，方以爲愧，忽辱再告，益荷眷勤。且審比日涼秋，起處佳福，足以爲慰。詩卷寵示，尤認不鄙之意。三復以還，既歎其精麗警拔之不可及，又重歎其不爲大言險語以投世俗之耳目也。然承諭及爲學之意，則似所志又有不止於此者，此尤區區所樂聞。但未知雅意姑欲粗一闖其藩籬，而爲彼善於此之計耶，抑將勇革舊習，而真欲一蹴以至道也？如前之説，則非區區所敢知。如後之説，則如來喻之云固非不善，然欲自是以求道，則恐亦未免爲空言也。大率人之爲學，當知其何所爲而爲學，又知其何所事而可以爲學，然後循其次第、勉勉而用力焉。必使此心之外更無異念，而舊習之能否、世俗之毁譽、身計之通塞自無一毫入於其心，然後乃可幾耳。此固未易以毫楮既，而承見語，亦將有枉顧之期矣。儻得面論，庶竭鄙懷。顧此迂闊，干觸科禁，恐非賢者進取之利，更冀審處於未動之前，毋使貽後日之悔焉，乃所顧也。

《晦庵文集》卷六〇。

案：書中云及“顧此迂闊，干觸科禁，恐非賢者
進取之利，更冀審處於未動之前”，疑在慶元二年春
知貢舉葉翥等奏論僞學之魁，並是科取士稍涉義理
者悉見黜落以後。又書中言及“且審比日涼秋”，故
推知本書約撰於慶元二年（1196）秋間。

朱熹《答曾無疑》：

辱書，良以爲慰。而反復來喻，已得雅志之所存，則
區區所疑亦不敢隱也。蓋嘗聞之，《孟子》之言有曰：“人
之所以異於禽獸者幾希，庶民去之，君子存之。”此君子所
爲而學也。然欲存此，則必有以識此之爲何物，而後有以
存之。既識之，則所以存之者，又必勉勉孜孜而不少懈
焉，然後乃可幾也。此君子之所以爲學者而終身勉焉，唯
恐一毫之不盡，而不敢少貳其心者也。

今足下自謂學無本原，心常駁雜，豈亦自覺其未嘗用
力於此而然耶？此其自知亦明矣。然又欲因其固有而循
習之，則亦可以殊塗而同歸。則未知足下所謂固有者爲
何物，又如何而循習之，與何者爲殊塗，又同歸於何許也？
又謂雖舊習之未忘，而未嘗爲學之累，則又未知今之新者
爲何學，而昔之舊者若何而能不爲之累也？凡此所云，竊
恐非獨熹之愚有所不解，意者足下之心，亦未必能別其孰
爲同異而孰爲是非也。足下幸試思之，其然乎，其不然

乎？如其果然，則願姑以前者所引孟子之言爲主，而博考古昔聖賢之遺訓以參驗之，則夫人之所爲而學與其所以學者，不待外求而得之於我，向之所謂固有、所謂同歸者，始爲有以識之，而知昔之舊者真不足爲，而果有累乎今日之新矣。人之爲學，必其有以先識乎此而知取舍之所定，然後其功夫利病可得而言；如其不然，徒爲論説，皆是空言，無下落處，無所補於事也。

景陽、季章於此皆嘗有聞，雖未知其後來所進如何，然苟善取之，亦當有以爲助矣。吾人既不見用於世，只有自己分上一段功夫。若見得門户分明、端緒正當，實用得些子氣力，乃可以不負降衷秉彝之重，此外瑣瑣一知半解，正不足爲重輕也。不審明者亦有意乎？《晦庵文集》卷六○。

案：上書（昨承枉書）有云"然承諭及爲學之意，則似所志又有不止於此者，此尤區區所樂聞。但未知雅意姑欲粗一闖其藩籬，而爲彼善於此之計耶，抑將勇革舊習，而真欲一蹴以至道也"，而本書乃云"而反復來喻，已得雅志之所存，則區區所疑亦不敢隱也。……今足下自謂學無本原，心常駁雜，……又謂雖舊習之未忘，而未嘗爲學之累，則又未知今之新者爲何學，而昔之舊者若何而能不爲之累也？凡此所云，竊恐非獨熹之愚有所不解，意者足下之心，亦未必能别其孰爲同異而孰爲是非也"，似承上書，疑在二年冬或稍後。

朱熹《答曾無疑》：

示喻爲學之方，固得其要。然若只如此便了，則《論語》只須存此兩條，其餘皆可以削去矣。聖人教人博學、審問、謹思、明辨而篤行之，蓋於理之巨細精粗無所不講，然後胸次光輝明徹，無所不通，踐履服行，無非真實，似不當如此先立界限、預設嫌疑以自障礙也。《晦庵文集》卷六〇。

　　案：本書撰時未詳，疑在上書（辱書，良以爲慰）後，故係於慶元三年（1197）間。

朱熹《答曾無疑》：

承喻令兄喪期，於禮聞訃便合成服，當時自是成服太晚，固已失之於前。然在今日祥練之禮，却當計成服之日至今月日實數爲節。但其間忌日却須別設祭奠，始盡人情耳。

謂聖人以喜怒動其志固爲不可；若謂都無所動，則是聖人心如木石，而喜怒之見於外者特爲僞耳，豈有是理哉？此等處須是存養體驗，自做得些工夫，當自見之，難以淺識懸斷也。

“學習”之“習”與“傳習”之“習”非有不同；傳即謂所學也。大抵博學審問，學之事也；謹思明辨而力行之，習之事也。《集注》中所載諸先生説甚備，可細考之。

來喻忠恕二説，皆近之。熹鄉來所論，正謂如此。近復細觀，乃有未盡，已於《論語集注》中更定其説矣。試詳考之，當見曲折。所謂"竊恐狂鶩高遠者視之"云云，却不當如此顧慮，終身行之，自是學者事，於聖人何所預哉？

著數之説，其義亦精。但不知所謂"老陰、老陽其數則一，少陰、少陽其數乃三"是如何？蓋四象之變，極於六十有四，老陽十二，老陰四，少陽二十，少陰二十八，乃自然之數，不容增減。揲者隨其所得而言之，又何慮其不可觀變耶？

揲法：初爻成則便止有三十二卦，二爻成則便止有十六卦，三爻成則便止有八卦，四爻成則便止有四卦，五爻成則便止有二卦，亦是自然次序，節次可見。今所疑者，亦何嫌哉？

揲著之法，《周禮》領於太卜之官，計其法度必甚詳密，今皆不可見矣，獨賴《大傳》有此數句，可以略見彷彿。而以今推之，亦無不可通處。學者既不得見當時舊法，則亦且當守此，不當妄以私意橫起計度也。蒿固非著，然亦猶是其類，若以木筄、竹筹、金錢當之，則其去著益遠矣。又如所言交重之論，亦所未曉。交者拆之聚、故爲老陰；重者單之積，故爲老陽，亦何疑之有乎？然此六爻既成，而畫地以記之象耳，於揲法初無所預也。《晦庵文集》卷六○。

案：上書（示喻爲學之方）語及《論語》，而本書亦及《論語集注》中文句，疑在其後。

朱熹《答曾無疑》：

所論爲學之意，甚荷不鄙。但若果有所得，出言吐氣便自不同。纔見如此分疏解説，欲以自見其能而唯恐人之不信，便是實無所得。自明眼人觀之，固不待其詞之畢而有以識之矣。

孝、悌、忠、恕，若淺言之，則方是人之常行，若不由此，即日用之間更無立脚處，故聖人之教，未嘗不以爲先，如所謂"入則孝，出則悌"，"忠恕違道不遠"是也。若極言之，則所謂通于神明，光于四海，無所不通。而曾子所以形容聖人一貫之妙者，亦不過如此，又非如前者言之可易而及也。故《大學》之道必以格物致知爲先，而於天下之理、天下之書無不博學審問、謹思明辨，以求造其義理之極，然後因吾日用之間、常行之道省察踐履、篤志力行，而所謂孝悌之至，通于神明，忠恕之一以貫之者，乃可言耳。蓋其所謂孝、悌、忠、恕，雖只是此一事，然須見得天下義理表裏通透，則此孝、悌、忠、恕方是活物；如其不然，便只是箇死底孝、悌、忠、恕，雖能持守終身，不致失墜，亦不免但爲鄉曲之常人、婦女之檢押而已，何足道哉？今且以所舉有子、曾子之言觀之，似於文義之間全未考究。雖近世先覺如程夫子之言，所以發明其妙者，恐皆未嘗過目而經心,而況於其他義理精微,千差萬別,豈能一一會其旨歸也哉?

故熹竊以爲今日與其自辨以求合,枉費言語、枉費心力,不若一切放下,便依此説,且將《大學》、《論語》反復熟讀,而因程子之言與其門人數公之説,以求聖賢之指意所在。句句而講,字字而思,使無毫髮不通透處,則自不須如此妄自拘束、强作主張也。無疑試更思之,恐或可信,則一兩月間,天氣差暖,或能乘興一來,面罄其説,庶幾彼此殫盡,免至如此擔閣,虛費光陰也。

晷景製作甚精,三衢有王伯照侍郎所定《官曆刻漏圖》一編,亦與此同。曆象之學,自是一家。若欲窮理,亦不可以不講。然亦須大者先立,然後及之,則亦不至難曉而無不通矣。"北宫黝似孟施舍",《孟子》本文無此語,不知尋常如何曉會此句,未敢輕論其得失也。《晦庵文集》卷六〇。

案:上書(承喻令兄喪期)有云"來喻忠恕二説,皆近之。熹鄉來所論,正謂如此。近復細觀,乃有未盡,已於《論語集注》中更定其説矣。試詳考之,當見曲折",本書又云"孝、悌、忠、恕,若淺言之,則方是人之常行,若不由此,即日用之間更無立腳處,故聖人之教,未嘗不以爲先,⋯⋯若極言之,則所謂通于神明,光于四海,無所不通",疑在上書後,亦約在慶元三年間。

曾無擇

曾無擇，據周必大《曾監酒母孺人劉氏墓誌銘》，臨江軍新淦（今江西新干）人曾三異字無疑，有兄弟及從兄弟十五人：三益、三錫、三復、三省、三畏、三聘、三覯、三壽、三登、三接、三顧、三異、三協、三英、三達。三益早死。《文忠集》卷三六。無擇疑屬曾三異之兄弟，然未詳其名。

朱熹《答曾無擇》：

所示疑義，悉已報去，但覺得多是在外邊看，未有箇入頭處。須更虛心靜慮，將聖賢言語從裏面親切處看出來，庶幾見得意味，不爲空言。不然，似此泛濫含胡，無益於事，終久不得力也。《晦庵文集》卷六〇。

案：本書撰時未詳。《書信編年》以爲與朱熹《答曾無疑》同時，故係於慶元元年（1195）。待考。

曾興宗

曾興宗（1146—1212），字光祖，寧都（今屬江西）人。"年十六七時已厭科舉之習，一意于聖賢爲己之學"，兩預鄉薦不第，即棄去。"居家，動遵古禮，冠婚喪祭，不肯雜以世俗之儀。子孫環立，必誨以聖賢躬行踐履之學"。慶元五年（1199），詔恩廷對入等，調隆興府南昌主簿，秩滿，注肇慶府節度推官,辭歸。"闢所居之南山創精舍,取後凋之意,扁曰歲寒,儲書聚糧,以待四方士友,爲暮年講切之益。自號唯菴鈍叟,日處其中。學者至,必以所學告語之,所謂孝弟忠信之説,未始脱諸口,來者亦莫不拱手竦聽而去"。嘉定五年六月卒,年六十七。事迹見黃榦《勉齋集》卷三七《肇慶府節度推官曾君行狀》。

朱熹《答曾光祖興宗》:

知別後爲學不倦,甚慰。然所謂念欲刻苦加勤,又恐遂成助長之患,而致知之功亦非旦夕可冀,則似未得箇下手處也。大綱且得以敬自守,而就其間講論省察,便是致知。知得一分,便有一分功夫,節節進去,自見欲罷不能,不待刻苦加勵而後得也。但目下持守講學,却亦不得不刻苦加勵,不須遽以助長爲憂也。《晦庵文集》卷六一。

案:黃榦《肇慶府節度推官曾君行狀》云曾興宗"不遠千里受業于文公之門,堅守其説,孜孜力行,必求有得于心而後已。文公嘗以'純茂篤實、切己致思、用功正當'稱之。僞學之禁興,一時學者諱名其師,君執禮益勤,厲志益苦,未嘗少懈。文公歿,君星馳而弔,心喪三年"。《勉齋集》卷三七。《朱子語類》卷二二、卷九五、卷一二七載黃義剛所記"曾光祖"問學事,卷一二〇載葉賀孫所記"曾光祖"問學事,據《朱子語類・姓氏》,葉賀孫所記乃辛亥(紹熙二年)以後

所聞，黃義剛乃癸丑（紹熙四年）以後所聞。本書中
云及"知別後爲學不倦"，故推知約撰於紹熙四年
（1193）中。

朱熹《答曾光祖》：

所示問目，甚慰所懷。此是"求其放心"，乃爲學根本
田地。既能如此向上，須更做窮理功夫，方見所存之心、
所具之理不是兩事，隨感即應，自然中節，方是儒者事業。
不然，却亦與釋子禪攝念無異矣。所論内外賓主之辨，意
亦得之，但語猶未瑩。須知在内之日多即是爲主，在内之
日少即是爲客耳。主式乃伊川先生所制，初非朝廷立法，
固無官品之限，萬一繼世無官，亦難遽易，但繼此不當作
耳。有官人自作主不妨。牌子亦無定制。竊意亦須似主之
大小高下，但不爲判合、陷中可也。凡此皆是後賢義起之
制，今復以意斟酌如此，若古禮則未有考也。《大學或問》
之誤，所疑甚當，中間已脩定矣。今内去兩本，幸收之。
偶歸故居，監視社倉交米，草草作此，不暇它及。正遠，千
萬進學自愛。只如前所論，用功久之，自當有進。蓋已得
其要領，不易如此切己致思也。《晦庵文集》卷六一。

  案：書中有云"只如前所論，用功久之，自當有
進"，當指上書（知別後爲學不倦）所云"知得一分，便
有一分功夫，節節進去，自見欲罷不能，不待刻苦加
勵而後得也"，知在其後。又書中言及"偶歸故居，監

視社倉交米，草草作此”，則當撰於秋成之時。故推知本書約撰於紹熙四年秋間。

朱熹《答曾光祖》：

橫渠曰：“仲尼絕四，意有思也。”夫子嘗言“學而不思則罔”，又言“君子有九思”，今橫渠之言與此相反。

絕四是聖人事，不思不勉者也。學者則思不可無，但不可有私意耳。

伊川《易傳序》曰：“至微者理也，至著者象也。體用一源，顯微無間。觀會通以行典禮，則辭無所不備。”其曰象曰辭，固皆理之所寓，然其曰“體用一源”，未知三者以何爲體，以何爲用？又所謂“典禮”者，無非天叙天秩之自然，不知於會通處如何而觀？《易》中之辭，何者備之？

上四句，其說已見於《太極圖解》後統論中矣。“觀會通”是就事上看理之所聚，與其所當行處。“辭”謂卦爻之辭。

橫渠云：“始學之要，當知‘三月不違’與‘日月至焉’內外賓主之辨。”某謂實有諸己，乃能爲仁。雖仁有久近之不同，然非有諸己不能也。其所以“三月”、“日月”者，特主義理、客氣消長分數之多寡耳，非三月、日月有內外賓主也。

所謂“實有諸己，乃能爲仁”，不知“實有”是有何物？“爲仁”是爲何事？知得此意，方可理會內外賓主之辨。

明道曰："目畏尖物,此事不得放過,便與克下。室中率置尖物,須以理勝它,尖必不刺人也,何畏之有?"興宗未曉其説。

人有目畏尖物者,明道先生教以室中率置尖物,便見之熟而知尖之不刺人也,則知畏者妄而不復畏矣。

《觀》之上九曰:"觀其生,君子無咎。"《象》曰:"觀其生,志未平也。"

"其生"謂言行事爲之見於外者。既有所省,便是未得安然無事。《晦庵文集》卷六一。

案:本書校記:"夫子嘗言"上,浙本有"竊意"二字。

上書(所示問目)有云"所論内外賓主之辨,意亦得之,但語猶未瑩",而本書乃引曾興宗問云"某謂實有諸己,乃能爲仁。雖仁有久近之不同,然非有諸己不能也。其所以'三月'、'日月'者,特主義理、客氣消長分數之多寡耳,非三月、日月有内外賓主也",朱熹答曰"所謂'實有諸己,乃能爲仁',不知'實有'是有何物? '爲仁'是爲何事? 知得此意,方可理會内外賓主之辨"。故推知本書乃答曾興宗問目,當即上書之别紙,撰於同時。

朱熹《答曾光祖》:

所詢喪祭之禮,程、張二先生所論自不同。論正禮則當從横渠,論人情則伊川之説亦權宜之不能已者。但家

間頃年居喪，於四時正祭則不敢舉，而俗節薦享則以墨衰
行之。蓋正祭，三獻受胙，非居喪所可行。而俗節則唯普
同一獻，不讀祝、不受胙也。<small>如此則於遠祖不必別議稱呼矣。</small>
遷主《禮經》所說不一，亦無端的儀制。竊意恐當以大祥
前一日祭當遷之主，告而遷之，然後次日撤几筵，奉新主
入廟，似亦稍合人情。幸更詳之。此事尚遠，可徐議之
也。<small>《晦庵文集》卷六一。</small>

  案：上書（所示問目）有云"主式乃伊川先生所
制，初非朝廷立法，固無官品之限，……牌子亦無定
制"，而本書又論及"所詢喪祭之禮，程、張二先生所
論自不同。……遷主《禮經》所說不一，亦無端的儀
制"，當承上書，推知約在紹熙四年冬間。

朱熹《答曾光祖》：

  熹行役已涉建昌之境。垂老復出，非力所堪，深以愧
歎耳。所示爲學之意甚善。此事元無窮盡，不可計功程，
但當鞠躬盡力，看到甚地位耳。<small>《晦庵文集》卷六一。</small>

  案：書中言及"熹行役已涉建昌之境。垂老復
出，非力所堪"，當指紹熙五年朱熹赴任潭州塗經江
西建昌事。朱熹於是年四月中旬啓程，十六日在臨
川，二十二日抵宜春。<small>《年譜長編》卷下。</small>建昌軍（治今
江西南城）在撫州臨川東，故推知本書約撰於紹熙五
年（1194）四月十五日或稍前。

曾祖道

曾祖道,字擇之,永豐(今屬江西)人。《經義考》卷二八三。淳熙十年(1183)癸卯解試合格。《江西通志》卷五〇。

朱熹《答曾擇之》:

前書所説欲於"一"字中推尋曲折,不知後來看得如何?恐亦不必如此,但從頭看到要緊處,更加功夫子細辨別,而不緊要處亦不可草草,則久之自然浹洽貫通、精粗一致矣。季章説致曲處,不知如何?今亦不記當時所説。大抵彼中朋友看得文字疏略,不肯依傍先儒成説反覆體驗,而便輕以己意著字下語,正使得其大意,中間亦不免有空闕處,相接不著。欲革此弊,莫若凡百放低,且將先儒所説正文本句反覆涵泳,庶幾久久自見意味也。《晦庵文集》卷六〇。

案:《朱子語類》卷一一六載曾祖道所記曰:"慶元丁巳三月,見先生於考亭。先生曰:'甚荷遠來,然而不是時節。公初從何人講學?'曰:'少時從劉衡州問學。'……"此乃曾祖道初見朱熹問學。又卷一二二載曾祖道所記曰:"先生問吕子約近況如何,……又言:'吴伯豐有見識,力學不倦。'祖道因言伯豐自植立事。曰:'此某知之有未盡,不意伯豐能如此。'"此乃論吴必大(字伯豐)生前事。據周必大《祭吉水吴伯豐縣丞文》,吴必大卒於慶元三年冬。《周益國文忠公集・平園續稿》卷三九。故推知本書當撰於其後，約在四年(1198)中。

朱熹《答曾擇之祖道》：

禮即理也，但謂之理，則疑若未有形迹之可言；制而爲禮，則有品節文章之可見矣。人事如五者，固皆可見其大概之所宜，然到禮上方見其威儀法則之詳也。節文、儀則，是曰事宜。細考之，“忠恕”二字，其本義只是學者眾人之事，曾子所言，乃借此以形容聖人一貫之妙。程子之言，又借天地造化之體用以明聖人之事。須作三節看，見得各有下落，則一章之指自通貫矣。更徐玩之，非欲速所能達也。

此説未然，但漆雕語意深密難尋，而曾點之言可以玩索而見其意。若見得曾點意，則漆雕之意亦可得矣。且看程子説“大意”兩字是何意，二子見得是向甚處、如何見得？《晦庵文集》卷六〇。

案：下書(所論曾點)中云“所論曾點，大意則然，但謂漆雕開有經綸天下之志，則未必然”，而本書乃云“但漆雕語意深密難尋，而曾點之言可以玩索而見其意。若見得曾點意，則漆雕之意亦可得矣”，知下書乃承本書。故推知本書約撰於慶元五年(1199)中。

朱熹《答曾擇之》：

仁者，心之德、愛之理也。

仁者心之德，猶言潤者水之德、燥者火之德。愛之理，猶言木之根、水之原。試以此意思之。

"盡己之謂忠"，祖道初以爲盡吾心之所至而無一毫自隱，先生以爲語未瑩。祖道再思之，恐止是竭盡吾心而無一毫不足之義。

後語轉疏，前語只"自隱"二字不切，須知不必自隱然後爲不忠，但有不盡處，便是病也。

主一無適之謂敬。

此等語須力行之，方見得真實意味。

禮者，天理之節文、人事之儀則。

更就天人上看。

義者，事之宜也。

更以孟子説"義"處推之。

忠恕。

曾子"忠恕"二字便是"一以貫之"底注脚。可更以二程先生及上蔡説反復體認，仍以《集注》之説參之，便見聖賢之意直是細密，不是泛然儱侗説話。

以約失之者，鮮矣。

約有收斂近裏著實之意，非徒簡而已。上蔡説得好。

德不孤。

此"德不孤"與《易》中説"德不孤"不同，此但言有德者聲氣相求，自不孤立，故必有鄰。《易》中却是説敬義既立，則内外兼備，則其德盛而不孤也。

漆雕開、曾點。

二子是信箇甚底，又是如何地信？曾點語可更以《集注》爲主子細體驗，仍看上蔡之説，發明得亦親切。

三年之喪而復有期喪者，當服期喪之服以臨其喪，卒事則反初服。或者以爲方服重，不當改衣輕服。不知如何？

或者之説非是。

卒哭。

百日卒哭，乃《開元禮》，以今人葬或不能如期，故爲此權制，王公以下皆以百日爲斷，殊失禮意。古者士踰月而葬，葬而虞，虞而卒哭，自有日數，何疑之有？但今人家諸事不辨，自不能及此期耳。若過期未葬，自不當卒哭，未滿一月，則又自不當葬也。《晦庵文集》卷六〇。

案：上書（禮即理也）所論“節文、儀則，是曰事宜。細考之，‘忠恕’二字，其本義只是學者衆人之事，曾子所言，乃借此以形容聖人一貫之妙”云云，皆於本書中詳答之，推知本書當屬上書之别紙。

朱熹《答曾擇之》：

所論曾點，大意則然，但謂漆雕開有經綸天下之志，則未必然，正是己分上極親切處，自覺有未盡耳。雖其見處不及曾點之開闊，得處未至如曾點之從容，然其功夫精密，則恐點有所不逮也。以此見二人之規模格局，大概不相上下。然今日只欲想象聖賢胸襟灑落處，却未有益。須就自家下學致知力行處做功夫，覺得極辛苦、不快活，便漸見好意思也。

"天下歸仁"之説，程先生是説實事，吕與叔恐不免墮於虛見，其得失自可見也。季宏之來，只是要求跋尾，全然不曾講學，却須曾理會作文。大率彼間士人多是如此，鄉外走作，不曾鄉裏思量。論其淵源，蓋有不得不任其責者矣，甚可歎也。因其告歸，附此爲報。熹衰病沈痼，腹心之患已成，尚思更與朋友講論此事，少革流弊，以垂永久。賢者無事更能見過，相聚旬月，是所望也。《晦庵文集》卷六〇。

案：朱熹《跋陳剛中帖》云"陳剛中詩，諸公跋語已具，見其顛末。周君季宏特以示余，使題於後。顧熹復何能有所發明，但計紹興庚申距今己未六甲五子，適一周矣。……十月甲子雲谷老人朱熹書"。《晦庵文集》卷八四。本書所云"季宏之來，只是要求跋尾。……因其告歸，附此爲報"，即指此跋文，故推知本書當撰於慶元五年（己未）十月或稍後。

曾　撙

曾撙，字節夫，南豐（今屬江西）人。隆興元年（1163）進士。《江西通志》卷五〇。"晦翁上足"。官湖南撫幹。《四朝聞見録》卷四《考異》。

朱熹《答曾節夫搏》：

所喻夷狄之云，恐不當以此爲比。只此一語，便是十數年洶洶之根。願平心定氣，徐以疇昔所聞於湖湘者考校此語所從來，則於此其必有處矣。不然，平日之言却似與此心此事不相入，恐非亡友所望於賢者也。《晦庵文集》卷四六。

　　案：書中言及"疇昔所聞於湖湘者"、"恐非亡友所望於賢者也"，知曾搏嘗問學張栻。張栻卒於淳熙七年二月，故知本書撰於此後。姑係於是年(1180)。待考。

詹　觀

詹觀，字尚賓。餘不詳。

朱熹《答詹尚賓觀》：

孟子曰："人有不爲也而後可以有爲。"又曰："狷者有所不爲。"不爲之言則同，不爲之意似有別矣。切疑狷者之病全在於"有所"二字，於所當爲者而不爲，則非知所決擇之人矣。狷者之所以不爲者，病在何處？苟自知其偏，加篤學力行、審思明辨之功，便可至中耶？抑氣質之偏自有定量，終不足與有爲耶？

狷者但能不爲而不能有爲，亦其氣質習尚之偏耳。知其偏而反之，豈有終不足與有爲之理？

孔子曰:"鄉原,德之賊也。"所謂鄉原者,言不顧行,行不顧言,闇然媚世,與夫同流合汙,似忠信,似廉潔,所以爲德之賊也。嘗究鄉原之用心,全在於"衆皆悅之"之一句,所以動他許多不正當底事出來。若夫狷者之病,只在於獨善其身,非若鄉原之病,於用心處有不正矣。使知學問,亦可以變其氣習耶? 抑亦受病之深,藥力之所不及耶? 不則,夫子何以云過門不入室爲無憾,其待斯人可知矣。

鄉原患在求悅於人,與狂狷正相反,故夫子深惡之。然亦無不可變之理,但恐其陷溺已深,不肯變耳。《晦庵文集》別集卷五。

案: 本書題下有"見《南溪祠志》"字,此南溪祠,當在福建尤溪。李韶《南溪書院記》云:"嘉熙改元冬,尤溪縣新創二先生祠",以祀朱松、朱熹父子。《福建通志》卷七一。故疑詹觀乃尤溪人。

朱熹《答陳安卿淳》(仁字近看)有言"狂者志高,可以有爲。狷者志潔,有所不爲,而可以有守",《晦庵文集》狷五七。與本書所云相合。《答陳安卿淳》撰於紹熙二年(1191),故疑本書撰於一時先後。

詹兼善

詹兼善,事蹟不詳。朱熹《答蔡季通》(還家半月)述及請蔡元定代爲教誨二子,有"莊、荀之屬皆未讀,可更與兼善斟酌,度其緩急而授之也"語,《晦庵文集》卷四四。故疑其亦建陽(今屬福建)人。

朱熹《與詹兼善》:

示喻儒、釋之分,益見潛心之力。所謂"釋氏一覺之外更無分別,不復事事,而吾儒事事無非天理",此語是也。然吾儒亦非覺外有此分別,只此覺處便自天高地下,萬物散殊,毫髮不可移易。所謂天叙、天秩、天命、天討,正在是耳。所論《孟子》甚善,其大槩不外此矣。更於其間子細研窮,見得曲折處,方有意味。願益勉旃,以慰所望。《晦庵文集》卷四六。

案:朱熹《答蔡季通》(別又旬日)云及"兼善遠訪,無以堪其意,愧惕不自勝。然捐其舊學之非,非季通深排痛抵之力,亦不能辦,朋友正當如此",《晦庵文集》卷四四。與本書所云"示喻儒、釋之分,益見潛心之力"相關,朱熹《答蔡季通》撰於淳熙十年(1183)初秋,故推知本書約撰於稍後。

詹體仁

詹體仁(1139—1202),字元善,建寧浦城(今屬福建)人。初出繼舅氏張氏,宦顯後歸宗。登隆興元年(1163)

進士第。淳熙末遷太常博士，紹熙末爲少卿。遷太府卿，除直龍圖閣、知福州，罷。後復直龍圖閣、知靜江府，移知鄂州，除司農卿，再爲湖廣總領。開禧二年二月卒，年六十四。"少從建安朱公學，得其指要，已而徧觀諸書，博求百家，融會通浹，天文地理象數異書，無不該極"。《水心集》卷一五《司農卿湖廣總領詹公墓誌銘》。《宋史》卷三九三有傳。

朱熹《答詹元善體仁》：

雅聞左右才雋行馴，好學不倦，私竊歎慕，以爲天之賦予如是，其不苟然矣。獨恨未獲從容，未知所學者果何學耳。世衰道喪，俗學多歧，天理不明，人心頗僻，未有甚於此時者。熹竊不自知其淺陋，方以其所聞於師友者夙夜勉焉，而志力不強，未知攸濟，是以樂聞賢者之風而有望於切磨之助。伏惟益屬初心，求知所至而用力焉，有以慰此懷也。僭易，皇恐皇恐。

承喻請祠之意，深所未曉。然元履已歸，不知曾爲辦此事否？若熹之意，則以爲政煩民困，正有官君子盡心竭力之時，若人人內顧其私，各爲自逸之計，則分義廢矣。至於盜賊公行，善良蒙害，尉捕之職也，何不忍之有？若以爲實有可哀矜者，則當明言於上，而求所以振業之，使不至於爲盜，雖以獲戾，所不辭也。又何避此而求云之巫乎？若夫祠官，無事之禄，本非義理所安，前輩蓋非辭尊辭富，則莫之肯爲。熹之不肖，固不足言，然居此官最久，前後三請，亦皆有故，非以辭難就逸而爲之也。故區區之意，願左右少俟終更而後求之。未去之前，盡心所職，思其出於分義之所當爲而無敢有厭斁之心焉，則庶乎其可以自安矣。慕用之深，不覺覼縷，伏惟有以亮之。

元履一出，未能有爲。然士大夫始復知天下之有正論，廉貪激懦，所助多矣。熹官期已及，坐此未敢遽出，然亦不敢有忘當世之意，賢者當有以識此心耳。未由面論，臨風耿耿。《晦庵文集》卷四六。

　　案：書中云"元履已歸"，又云"元履一出，未能有爲。然士大夫始復知天下之有正論"，據朱熹《答張敬夫》(昨所惠吳才老諸書)，魏掞之(元履)於乾道五年(1169)七月"十六日已到家"，故推知本書約撰於八月間。

朱熹《答詹元善》：

昨致書後，宋臣見過，能道比來賢者所誦書，若將應科目之爲者，已竊憂之。又於元履處見所著書及《孟子說》，然後慨然發歎，不意賢者用心之差乃至於此，便欲致書相曉，而久不值便，以至于今，蓋未嘗一日不往來于懷也。

夫義利之間，所差毫末，而舜、跖之歸異焉。是以在昔君子之爲學也，莊敬涵養以立其本，而講於義理以發明之，則其口之所誦也有正業，而心之所處也有常分矣。至於希世取寵之事，不惟有所愧而不敢，實亦有所急而不暇焉。今左右乃方讀本經而治詞業，是何外慕之重而自待之輕邪？竊謂此心不除，決無入道之理。

至於談經之際，則又專以人欲之私妄意聖賢，其言險譎乖戾，不近人理，聞之使人耳聾心悸，不謂斯言一旦而出於賢者之口也。養氣之說，雖不至是，然掇拾老、莊荒誕之餘，以求入乎聖賢敬義之實，亦非熹之所敢聞也。前書所謂儒名而釋學，潘、張特其小小者耳。蘇氏兄弟乃以儀、秦、老、佛合爲一人，其爲學者心術之禍最爲酷烈，而世莫之知也。前書微發其端，蓋預憂左右之將陷焉，而不知其深入之久已如此矣。感下問之勤，不忍隱嘿，不識能聽之否？《晦庵文集》卷四六。

案：書中云"昨致書後，宋臣見過"，又云"前書所謂儒名而釋學，潘、張特其小小者耳。蘇氏兄弟乃以儀、秦、老、佛合爲一人，其爲學者心術之禍最爲酷烈，而世莫之知也。前書微發其端"，然上書（雅聞左右才雋行馴）並未言及"儒名而釋學"與"蘇氏兄弟"之說，乃屬別一書，未見。又書中言"又於元履處見所著書及《孟子說》，……便欲致書相曉，而久不值便，以至于今"，魏掞之（元履）卒於乾道九年閏正月壬戌。《南軒集》卷四○《教授魏元履墓表》。故推知本書約撰於乾道六年(1170)以後。

朱熹《與張元善書》：

辭免文字，極荷留念，危疑之迹，久爲賢者之累，尤以慚悚。今復遣此人，乃漕司借來。省狀公劄已與錢令自投矣，只煩因見扣之。狀藁錄呈，區區卑意只是如此，更無他説。如云立節抗論，却非事實，而反以益其疑忌。蓋平生辭官只是兩事，一則分不當得，二則私計不便而已，非有他也。所云如有差妄，却與此事體不同。若是本等差遣力所能堪，豈有不受之理？但名位超躐，或非力所辦，則亦不得不辭耳。清源之説，尤非所敢聞者。中固不見容，外亦非所堪，衰晚如此，精力昏耗，一事做不得，只得一日安靜即是一日之福，此外無所求也。

對班果在何日？不知欲論何事？來書所云，非甚利害不暇謀人者，何見事之遲耶？觀二諫之去，江夏之升，此乃不犯手勢而斡旋運轉無不如其意者。自古小人所以敗亂國家，豈皆凶惡猛鷙、有可畏之威而後能之？但有患失之心，便自無所不至，先聖言之精且切矣。南臺西掖，乃爲差彊人意者。然不清其原而窒其流，恐徒費力而無補也。況南牀擊去新諫，此已明與之忤。渠既不得志，必須更尋一枚如此等比置之本處，不知又將何以爲計？此事不遠，計只在旦夕矣，可因見痛針劄之。此公雖未相識，然見其文字，知其純厚，不會罵人。須力從臾之，以速爲上，稍遲一日，即壞一日事矣。二諫之去，必須有曲折，幸子細報及。天下事只有個做，有個不做，無如此依違僥倖之理。彼之隱忍回互，蓋曰將以有爲也，而所就者亦止如此，與奮發直前者相去亦復幾何？向使奮發直前，果去禍根，却未必不做得事也。境外之事，則諉曰無後段，不知如此拱手安坐，幾時是有後段時？此事苦痛，更是無告訴處。不知祖宗之靈何負於此輩，而忍至此也？

誠父遷後相見否？聞渠曾與之鄰居，相與甚厚，須有以警覺之。縱不能回戈奮擊，且得不爲所使以害善良，亦幸事也。蕭果卿初除御史，虞丞相意也。人或賀之，蕭喟然曰：“彼見吾憒憒，謂我不能言，而以是處我也。其輕我甚矣！”不數日首論其黨，遂并攻之，論者服其勇云。

經總制錢若只如此減得不多，全不濟事。熹去年有一劄子，曾降出否？諸公之意非不欲速行，只是怕諸路條上，乞減太多，難可否耳。若未定論，且守前説爲佳。過了此番，又無時可理會也。紹興和買，熹向有一説，欲減總額零數，十四萬中減其四萬。而後以田畝餘財諸般物力貫頭均敷，庶幾重者得輕，而元無者所增亦不至重。後來不曾上得。鄭書赴鎮時，曾寫與之，不知渠後來如何區處也。廣西鈔鹽，只是州縣苦之，必不至大爲民害。今復官賣，却須有害民處，以本路觀之可見矣。

詳觀所論，大率見得人情事幾未甚分明。此乃平日意思不甚沉静，故心地不虛不明，而爲事物所亂。要當深察此病而亟反之，古人所謂安而後能慮，定而後能應，正爲此也。若只如此泛泛度日，即恐枉得道氣之名而不享其利，徒有損而無益也。千萬留念。《晦庵文集》卷二八。

案：朱熹《與李誠父書己酉五月二日》有云"但二小諫之去，殊可惜，乃不能遂其言"，《晦庵文集》卷二八。二小諫指左補闕薛叔似、右拾遺許及之。本書"二諫之去，必須有曲折，幸子細報及"云云，即指此事。故推知本書約撰於淳熙十六年（己酉，1189）五月初。

朱熹《答詹元善》：

歸宗之請，計已報可。此於人情恩義之間有難處者，而輕重本末事理甚明，自見賢者之不安於此者有年矣。今追贈之榮既及泉壤，則於恩意已爲曲盡，但異時所以益致其惓惓不忘之意，如范公之於朱氏者，此論想已素定也。但近至城中，見羅養蒙之孫示及其祖事狀有此一條，事與今日極相類。今謹錄去，恐更合稽參禮律，以盡情文之變，乃爲盡善。此非小節，不可草草耳。

近日大除拜，一番紛紜，雖公議幸伸，然自此中外之責愈重，而其人之才智局度猶昔人也，不知何以處此乎？來書所賦《蕩》之卒章，真可爲流涕痛哭也。進對之際，言之不切不足以盡吾心，而吾言雖切，度亦未有轉移之勢，不知明者又將何以處此也？偶得黃子由奏疏，謾錄去。其言至此，不爲不切，蓋已下到大承氣湯矣，而略無動意，奈何？境外之事，彼若爲萬全之計，固不輕發，但恐萬一

狂謀輕襲，而我之邊障未有以當之，此則慮外之慮，而所
繫亦不小也。故都之事不成，乃是天幸。如其不然，趙豹
無故之疑，梁武金甌之戒，直可爲寒心，不知今日諸公何
以處之？大抵近年風俗浮淺，士大夫之賢者不過守文墨、
按故事，說得幾句好話而已。如狄梁公、寇萊公、杜、范、
富、韓諸公規模事業，固未嘗有講之者，下至王介甫做處，
亦摸索不著。其有讀得楚漢、孫劉、楊李間數十卷書者，
則又便有不作士大夫之意，善人君子莫能抗也。端居深
念，爲之永慨，未知天意竟如何耳。

　　季通一出，飽觀江湖表裏形勢，不爲無補。甚恨匏
繫，不能與之俱行。其律書法度甚精，近世諸儒皆莫能
及。但吹律未諧，歸來更須細尋訂耳。此行所資，亦足爲
晚年休息之計。元善篤於友誼，固自不薄，而張帥之傾蓋
勝流，今之君子亦鮮能及也。子靜旅櫬經由，聞甚周旋
之。此殊可傷。見其平日大伯頭、胡叫喚，豈謂遽至此
哉！然其說頗行於江湖間，損賢者之志而益愚者之過，不
知此禍又何時而已耳。許教似亦小中毒也。如何如何？
《晦庵文集》卷四六。

　　案：書中有言"子靜旅櫬經由，聞甚周旋之"，陸
九淵紹熙三年十二月十四日卒於荆門軍官舍；四年
正月，其子護柩歸。《陸九淵集》卷三六《年譜》。書中又
言"季通一出，飽觀江湖表裏形勢，……元善篤於友
誼，固自不薄，而張帥之傾蓋勝流，今之君子亦鮮能

及也",據朱熹《答蔡季通_{癸丑三月二十一日}》,是時蔡
元定嘗遊歷湖北武昌、夏口一帶。《晦庵文集》續集卷
二。書中又言"近日大除拜,一番紛紜,雖公議幸伸,
然自此中外之責愈重,而人之才智局度猶昔人也",
乃指紹熙四年三月辛巳(十四日)葛邲拜右丞相。
《宋史・光宗紀》。故推知本書約撰於四年(1193)三月
下旬或稍後。

詹儀之

詹儀之(? —1189),字體仁,嚴州(今浙江建德梅城
鎮)人。登紹興二十一年(1151)進士第。"乾道間,張宣
公守鄉郡,呂成公分教,公方家食,日以問學爲事。淳熙
二年,公知信州,時朱文公、呂成公俱在鵝湖,往復問辨無
虛日。及帥廣東,首以濂溪舊治,立祠曲江上,張宣公爲
之記"。後論廣鹽官鬻之弊,孝宗遂授吏部侍郎、知靜江
府。在官六年,因鹽事遭貶袁州。光宗即位,許自便,既
歸而卒,《景定嚴州續志》卷三。時淳熙十六年中。《晦庵文
集》卷三八《祭詹侍郎文》。

朱熹《答詹體仁_{儀之}》:

湘中學者之病誠如來教,然今時學者大抵亦多如此。
其言而不行者固失之,又有一種只説踐履而不務窮理,亦

非小病。欽夫往時蓋謂救此一種人，故其説有太快處，以啓流傳之弊。今日正賴高明有以救之也。爲學是分内事，纔見高自標致，便是不務實了，更説甚底？今日正當反躬下學，讀書則以謹訓説爲先，脩身則以循規矩爲要，除却許多懸空閑説，庶幾平穩耳。不審尊意以爲如何？《晦庵文集》卷三八。

案：書中云及"欽夫往時蓋謂救此一種人，故其説有太快處，以啓流傳之弊"，則當撰於淳熙七年張栻卒後。又據朱熹下書（熹自頃拜狀之後）云云，疑本書在其前，故推知約撰於淳熙十年（1183）左右。

朱熹《答詹帥書》：

熹自頃拜狀之後，涉秋以來，百病交攻，幸以餘庇，未至委頓，以故所委文字久未能寫。及來使到，伏奉賜書，乃始下筆，欲俟其還自三山而授之。而屢寫輒不入意，比其還也，猶三四易紙，收拾補綴，又五、六日然後畢。要是本不能書，而又嘗略識古人書法，不敢信手胡寫，以孤見屬之意，勉彊爲之，終是不能成字。今既無收殺，只得封納，可用與否，更在高明財之也。補貼處不入行道，須得善工識字體者儥那取正。其墨水寖漬，不見元筆路處，并令照應修減乃佳。碑額元只欲題貼職，今詳階官、封爵皆高於職名，今并書之。然亦只用幅紙，碑石必可容也。但本文一二處未穩，別紙具呈，望更詳酌，恐可略脩定，庶可傳久遠耳。

侍郎丈入陪近班，日有論思之益，善類方以爲喜，今乃以區區一方鹽筴之故輕去朝廷，識者不能不以爲恨。謙仲詩雖佳，然急於枝葉而緩其根本，亦未得爲至論也。

州縣賣鹽不能無弊，閩中今亦尚有病此之處。然頃來推行鈔法，又奪州縣之入以歸朝廷，緣此州縣束手，雖軍兵衣糧亦有支不行處，幾致生事。今者廣西所行既經仁者之慮，必無此患。然鹽利盡歸商賈，而州縣只得净利錢，已是不及向來官賣之數，又失夾帶耗剩之利，將來必是不免須有費力去處。此恐今日亦不得不爲之過慮也。昨來會稽見一書，記李誠之廣西數事，而鹽法爲之首。大抵古人立法，非是苟爲寬弛，以劉晏造船之類，正自有深意耳。今謾録呈，幸一過目。又如半年不能千籮，而五日乃十倍之，此得無近於蔡尹之役法否？王正之頃嘗一見，雖不甚款，然意其老成更練，所慮必深，恐尚可咨訪以盡利病之實。此固高明所不憚也。辱知之厚，不敢默默，僭易及此，愧悚亡已。

欽夫舊政固有賴於脩明，然在明牧，必自有以深慰四方之望者。頃在浙東，見州郡催科奉行版曹文書，不依省限，既先期取了，民固已不堪命矣。今見小報，新坡有請州郡上供錢上下半年比校，此其勢愈急刻矣。當路之人略無忠言奇策以開廣德意，而所以椓喪邦本者日甚一日，爲之奈何？

學術之章，固知有謂，然所以反身之實，亦實有愧於其言者，但知皇恐自修而已。此其爲賜，亦不可謂不厚也。病中整頓得《中庸》、《孟子》，頗勝於前。恨地遠不得攜以請教，閑中又無人抄寫拜呈，深以爲恨耳。益遠聲光，伏幾爲斯道斯民千萬自重，區區至禱。《晦庵文集》卷二七。

案：《宋史全文》卷二七上云淳熙十一年四月癸酉，"詔廣西經略詹儀之、運判胡庭直開具到見行鹽鈔已爲詳細，可恪意奉行。先是，知容州范德勤奏廣西賣鹽不便，詔儀之、庭直公共詳議具奏。於是儀之等條析奏聞：今詳議靜江府等一十六州官賣鹽以救一十六州之害，但罷高、化等五州敷賣二分食鹽，令轉運司置鋪出賣，從便請買，以爲五州之利。所有五州歲計，令轉運司計度抱認應副。如是則一路二十五州無不均被聖澤，折苗科敷之弊可以永革而民力裕。又言：淳熙十年七月一日改行客鈔，至今年三月十日終，已招賣過鹽鈔六萬二千蘿，見今客人不住搬販，措置自有次第，故有是詔"。據周必大與《靜江詹帥體仁》書，注云"淳熙十年"。《文忠集》卷二〇〇。而本書中言及"今者廣西所行既經仁者之慮"，知在詔行廣西鹽法以後；又云"熹自頃拜狀之後，涉秋以來，百病交攻，幸以餘庇，未至委頓"，故推知其約撰於淳熙十一年(1184)冬。

朱熹《答詹體仁書》:

熹竊以春雨復寒,伏惟知府經略殿撰侍郎丈閫制威嚴,神物擁護,台候動止萬福。熹區區託庇,幸粗推遣。但祠禄已滿,再請未報。前次延之諸人報云,勢或可得,未知竟何如。居閑本有食不足之患,而意外之費復爾百出不可支。吾親舊有躬耕淮南者,鄉人多往從之。亦欲妄意爲此,然尚未有買田雇夫之資,方此借貸。萬一就緒,二三年間或可免此煎迫耳。衰病作輟亦復不常,此旬月間方粗無所惱,絕不敢用力觀書。但時閱舊編,間有新益。如《大學》"格物"一條,比方通暢無疑。前此猶不免是强説,故雖屢改更,終不穩當。且夕別寫求教。前本告商省閱,有紕漏處,痛加辨詰,復以示下爲幸也。桂人蔣令過門相訪,云嘗上疏論廣西鹽法,見其副封,甚有本末。渠歸必請見,因附以此。匆遽不暇詳悉。未有侍教之日,臨風惘然。切乞以時爲國自重,有以慰善類之望,千萬至禱。《朱子遺集》卷二。

案:據《建炎以來朝野雜記》乙集卷一六《廣西鹽法》,詹儀之於淳熙十年四月至十三年九月間爲廣西帥。本書云及"春雨復寒",又云"但祠禄已滿,再請未報"。據《年譜長編》卷上,淳熙十二年二月,朱熹祠秩滿,復請祠;四月,差主管華州雲臺觀。故推知本書當撰於十二年（1185）三月中。

朱熹《答詹帥書》：

熹向蒙下喻欲見諸經鄙説，初意淺陋，不足薦聞。但謂庶幾因此可以求教，故即寫呈，不敢自匿。然亦自知其間必有乖繆以失聖賢本指、誤學者眼目處，故嘗布懇，乞勿示人。區區此意，非但爲一時謙遜之美而已也。不謂誠意不積，不能動人，今辱垂喻，乃聞已遂刊刻。聞之惘然，繼以驚懼。向若預知遣人抄録之意已出於此，則其不敢承命固已久矣。見事之晚，雖悔莫追。竊惟此事利害，如前所陳，所繫已不細矣。又況賤迹方以虛聲橫遭口語，玷黜之禍，上及前賢，爲熹之計，政使深自晦匿，尚恐未能免禍。今侍郎丈乃以見愛之深，衛道之切，不暇以消息盈虛之理推之，至爲刻畫其書，流布遠近，若將以是與之較彊弱、爭勝負者。熹恐其未能有補於世教，而適以重不敏之罪，且於門下亦或未免分朋樹黨之譏。蓋未論東京禁錮、白馬清流之禍，而近世程伯禹、洪慶善之事亦可鑒矣。豈可遽謂今之君子不能爲前日之一德大臣耶？況所説固有嫌於恃事而不能避忌者，如《中庸》九經之類。指爲訕上而加以刑誅，亦何不可乎？去歲建昌學官偶爲刻舊作《感興詩》，遂爲諸生注釋，以爲謗讟而納之臺諫，此教官者，幾與林子方俱被論列，此尤近事之明鏡。雖若無足畏避，然亦何苦而直觸此姦慝之鋒耶？欲布愚懇，便乞寢罷其事，又恐已興工役，用過官錢，不可自已。熹今有公狀申使府，欲望書押入案，收索焚毀。其已用過工費，仍乞示下實數，熹雖貧，破産還納，所不辭也。如其不然，此輩決不但已。一身目前利害初不足道，正恐以是反爲此道無窮之害耳。切乞更入思慮，不憚速改，千萬幸甚。

德慶刊本重蒙序引之賜，尤以悚仄。此書比今本所爭不多，但緊切處多不滿人意耳。序中所用善學聖賢之語極有意味，但今日紛紛，本非爲程氏發，但承望風旨，視其人之所在而攻之耳。若此人尚談清虛，則并攻老子；幸修齋戒，則兼詆釋迦；曾讀《三經》、《字說》，則攻王氏；曾讀《權書》、《衡論》，則斥三蘇。怒室色市，彼亦何嘗有定論，而可與之較是非曲直哉？但不察此而欲力與之爭，則必反以激成其勢而益堅其説，或遂真爲道學之害，亦不爲難。此尤不可不慮耳。當時與王信伯辨者，恐亦尚是近道理人，故得以此言屈之。若在今日，彼豈有憚於此耶？

蒙喻欽夫説曾點處，鄙意所疑，近已於《中庸或問·鳶魚章》内説破。蓋明道先生乃借孟子“勿忘勿助”之語發明己意説不到處，後人却作實語看了，故不能不失其意耳。經題之説尤見精密，不肯容易放過。大抵此理何所不在？今人初不理會，只見事體小可，便謂無害，而以必整理者爲過當，非獨此事爲然也。頃嘗見楊子直説晁景迂嘗言先儒經解之題，例不敢以己之姓名加之經上，如《春秋左氏傳》、《尚書孔氏傳》、《周禮鄭氏注》，皆經題在上,姓氏在下,此爲得體。鄙意舊亦嘗謂如此,故每題程先生《易傳》,必曰《周易程氏傳》。後來以告伯恭,伯恭亦深以爲然,爲換却婺學《易傳》籤子。以此論之,則今者所喻猶若有所未盡也。如何如何?

近傳得一文字,詆鹽策尤力,不知已見之否?此事雖累蒙誨諭,然每詢之往來,無一人以爲便,而仕於廣右者,無一人不以州縣窘乏爲言。近又細詢,只桂州諸邑之鈔,已是不免等第科賣。凡此皆與尊喻不同,不知果如何。區區過計之憂,尚欲高明更加詢究,算其利於民之多者而從之也。其范守文字,謹以元本封呈,幸一過目。或有所取,則彼攻吾短者,乃所以成吾之長,固仁人之所不忍棄也。僭易及此,悚恐之深,尚幸垂察。《晦庵文集》卷二七。

案:朱熹《答程沙隨可久迴》(示及《古韻通式》)有云"廣西鹽法,近得詹丈書,極以爲便。亦錄得中間解折范容州劄子畫一來,而自彼來者無不以州郡窘乏爲言,不知的是如何?地遠難遙度,傳聞亦難盡信",《晦庵文集》別集卷三。而本書乃云"近傳得一文字,詆鹽策尤力,不知已見之否?此事雖累蒙誨諭,然每詢之往來,無一人以爲便,而仕於廣右者,無一人不以州縣窘乏爲言。……其范守文字,謹以元本封呈,幸一過目"。所述相合。《答程沙隨可久迴》撰於淳熙十三年(1186)八月十二日前後,推知本書約撰於一時先後。

朱熹《答詹帥書》：

伏蒙開喻印書利病，敬悉雅意。然愚意本爲所著未成次第，每經繙閱，必有脩改，是於中心實未有自得處，不可流傳以誤後學。加以此道年來方爲羣小仄目，竊味聖賢垂戒，欲知進退存亡而不失其正之指，只合杜門却掃，陰與同志深究力行，以俟道之將行。不當如此用官錢刻私書，故觸其所不欲聞者，使其有所指以爲病，而其禍且上流於此學，使天下鉗口結舌，莫敢信鄉。是則欲道之行而反以扼之，此稷下、甘陵所以基坑焚黨錮之禍也。然今竊味台誨，必以利害休戚置之度外爲説，則亦無可言者。但兩年以來，節次改定又已不少，其間極有大義所繫、不可不改者，亦有一兩文字，若無利害，而不改終覺有病者。今不免就所示印本改定納呈，欲乞暇日一賜省覽，即見前日之繆。本非可傳之書，削而焚之，上也；鐫而藏之，次也；必不得已，則改而正之，其字多於舊處，分作兩行注字亦可，此則最爲下策。雖未必便能不誤學者，亦且粗滿區區今日之心，然後患之來可以立竢。熹非自愛而憂之，實懼其不知妄作，未能有補於斯道斯民，而反爲之禍也。伏惟執事試深思之，若能斷然用熹所陳之上策，即案前此兩次公狀舉而焚之，如反手耳。或恐前狀未蒙書判付曹，今再納一本，切望深察也。

欽夫文集久刻未成，俗人嗜利，難與語。然亦一面督之，得即納去。次《孟子説》，渠已不幸，無復增脩，刻亦無害，恐未能使其無遺憾於九原耳。伯恭《大事記》甚精密，古今蓋未有此書。若能續而成之，豈非美事？但讀書本自不多，加以衰老昏憒，豈復能辦此事？世間英俊如林，要必有能爲之者。但恐其所謂經世之意者未離乎功利術數之間，則非筆削之本意耳。浙中近年怪論百出，駭人聞聽，壞人心術，彊者唱，弱者和，淫衍四出，而頗亦自附於伯恭。侍郎丈在遠，未必聞之，他日還朝，當爲深歎息也。

楊子直近爲趙帥招致入蜀，不知已發臨川未，尚未得書也。此間官鹽利病參半，而臨汀受弊爲尤甚。趙帥欲更之，而諸司議多不協，至有違言，子直亦遭指目，興事之難蓋如此。

録示鹽筴條奏及別紙，誨諭詳悉，尤見所以因時救弊、加惠一方之本。但不知州縣果無闕乏否？賣鈔果無科擾否？將來不至復爲招糴折苗之計否？近見一相識來此，云在廣東事佀憲，聞其論此事甚悉。云家廣右數十年，平日亦嘗深持鈔鹽之論，今得家問，乃知其有不易行者。此必鄉閭之公論。聞渠已移廣西漕，必相見面議也。此人亦甚有志節，必不苟爲同異。幸更與詳細反復，殊勝遠方傳聞，其人未必皆賢，而言未必皆可信也。熹於此事本無所預，出位而言，非若印書之利病猶有關於己也。但樂慕道德之深，得之傳聞之衆，其言亦或出於平生所謂忠信不妄者之口，是以不能不深疑耳。今既蒙喻懇切至到，雖亦未有以見其灼然無可疑者，且以長者之言必當可信而不敢不信耳。然亦願深計遠慮，屢省其成，有所未便，隨事變通，使不失吾前日變法之本意而已，其迹固不必深徇而長守也。不審台意以爲如何？只如諸州俸給後來增添之數，舊來鹽息不入省計，故可供此。今既罷去，雖得朝廷及漕司撥錢，恐亦只可助公家支俸錢，而供給之屬無所取辦。若不徑行裁損，明乞指揮，過取一錢，論如入己贓法，則只此一項終爲久遠之害。又不知他事如何，恐亦合討論究索，預爲之防也。閩中八郡，上四州不產鹽，故舊以客鈔官般並行。下四州產鹽，故舊來只令百姓隨二稅納產鹽錢，而受鹽於官以食。近歲上州客鈔廢，而下州官不給鹽，其官般者利病參半。如前所云，其納錢而不受鹽者，或自買私鹽而食之，人亦不以爲病也。不知今廣西瀕海諸州產鹽地分私鹽一斤爲錢幾何？鈔鹽一斤爲錢幾何？若私價甚低，官價甚高，則宜實有不便，如范君所言者，恐亦不宜不加思也。向見浙東七郡，四郡瀕海，而例食客鹽，縣道急於辦課，力於搜捕，細民冒法陷刑，不勝其衆。嘗欲爲討論申請，參用福建下四州法而未果，至今恨之。此亦恐可以補今法之不及也。

　　《中庸》、《大學》舊本已領，二書所改尤多，幸於未刻，不敢復以新本拜呈。幸且罷議，他日却附去請教也。《中庸序》中推本堯、舜傳授來歷，添入一段甚詳。《大學·格物章》中，改定用功程度甚明，刪去辨論冗說極多。舊本真是見得未真。若《論語》、《孟子》二書，皆蒙明眼似此看破,則鄙拙幸無今日之憂久矣。高教授能留意學校,甚善。渠嘗從陸子靜學,有意爲己,必能開道其人也。近日諸處教官亦有肯留意教導者,然其所習不過科舉之業,伎倆愈精,心術愈壞,蓋不如不教,猶足以全其純愚之爲愈也。《太極》、《西銘》二解,近亦嘗有所更定,今同附呈,欲乞并賜詳酌而去留之。幸甚。《白鹿堂揭示》,以時世輩行言之,不當在高君之前,亦乞改正,仍以高氏《修學門庭》爲目,幸甚。教官跋語所謂"欣然無吝色"以下數語,似熹自以此書已就而喜於流行者,尤爲非便。區區此時若知幕府已有流傳之意,即不敢承命納呈矣。今若毀棄此序,固無所施;如其不然,即乞易去此言及下文數句,幸甚幸甚。《晦庵文集》卷二七。

案:朱熹上書(熹向蒙下喻欲見諸經鄙説)因詹儀之刊印《四書集註》,而極論其不便,欲即毀板,然本書乃因詹氏"開喻印書利病",而"敬悉雅意",遂屬以改定本刊之。故推知本書約撰於十三年冬。

朱熹《答詹帥書》:

熹前日拜書,并已校過文字。臨欲發遣,而略加點檢,則諸生分校互有疏密,不免親爲看過。其間又有合脩改處甚多,不免再留來使,助其口食,令更俟三五日。昨日始得了畢,但《論語》所改已多,不知尚堪脩否?恐不免重刊,即不若依舊本作夾注,於體尤宜。向見子直道晁景迁之説云，先儒解經只作此體，是亦尊經之意。若不再刊，不必議也。若但脩改，亦乞專委通曉詳細之人親自監臨，儹那字數，減處空闕不妨，多處不免分作兩行，如夾注狀，不可便以此本直付匠者，恐其憚於工力，揭去紙帖，致有合改處不曾改得，久遠爲害也。然又細思，此亦且是今日所見以爲粗免疏脱，更過數日再看，決須更有改易。若隨時修版，印版有不勝修者，且亦無時而已，將來又豈復常有留意於此者？則是此書之行，爲學者之利殊少而爲害多，使熹介然常有不滿之意，其害又不止於論列行遣而已也。懷不能已，再此具稟，伏乞台照。《晦庵文集》卷二七。

案：書中所云“熹前日拜書，并已校過文字”，知承上書（伏蒙開喻印書利病），約撰於十三年末或稍後。

詹子厚

詹子厚，名里不詳。

朱熹《答詹子厚》：

罪戾之餘，幸亦粗遣，不足云云。子欽之逝，念不能忘。前書所報刊行《易説》事，不知尚及止否？計其書多説象數，似亦不妨，但是有些這下氣息，令人憎嫌耳。可中安在？書中說欲此來，不知成行否？因通書幸爲致意，并問汪正父所在也。此間《禮書》漸可脫藁，若得二公一來訂之尤佳，然不可語人，恐速煨燼之災也。《晦庵文集》卷五六。

> 案：書中有云"此間《禮書》漸可脫藁，若得二公一來訂之尤佳，然不可語人，恐速煨燼之災也"，當指慶元二年六月國子監奏乞禁毀理學之書。《年譜長編》卷下。又書中言及"子欽之逝，念不能忘"，子欽乃趙彦肅字，號復齋，卒於慶元二年。《經義考》卷二八引《復齋先生行實》。故推知本書約撰於慶元二年（1196）秋、冬間。

朱熹《答詹子厚》：

便中辱書，良足爲慰。但所寄喻、趙二書及復齋行實、奠詞，三復悲歎，不能自已。嗚呼，世豈有斯人耶！銘墓誠願效區區，但時論如此，兩三年來不敢爲人作一字而猶不免，今譴責方新，豈敢干犯？且當謹藏，以俟雷霆之威有時或息，而熹偶未死，則終不敢食此言耳。萬一溘先朝露，則諸賢之言自足紀於後世，亦不待熹而顯。幸密以告汪、喻，默會此意，勿以語人也。《晦庵文集》卷五六。

> 案：書中有云"但所寄喻、趙二書及復齋行實、奠詞，三復悲歎，不能自已"，又言及"但時論如此，兩三年來不敢爲人作一字而猶不免，今譴責方新，豈敢

干犯"，當指慶元二年十二月朱熹落職罷祠、蔡元定編管道州事，故推知本書約撰於三年（1197）春、夏間。

張　棟

張棟，字彦輔。《朱子語類》卷一三二。紹興末知建安縣。《福建通志》卷二五。乾道年間知舒州，《宋史》卷六五《五行志三》。後權京西轉運判官兼權知襄陽府。《宋會要輯稿·方輿》九之一九。

朱熹《答張彦輔》：

鄉邦得人之盛，魁選復出其中，甚爲可喜。但所陳取士之策，於人物取舍之際，不免祖襲蘇氏浮薄之餘論。此議肆行，非天下之福，殊使人不滿意。自此脱去場屋，想當別作規橅耳，衰陋何足取置齒頰間耶？汪樞之孫遂進而立於三人之列，想老丈慰意也。荆州之行，寄任增重，今當入境矣。《晦庵文集》續集卷五。

案：書中言"汪樞之孫遂進而立於三人之列"，汪樞指徽州人汪勃，紹興十七年拜簽書樞密院事，十八年罷，卒於乾道七年四月十二日。葉適《水心文集》卷二四《故樞密參政汪公墓誌銘》。汪義端爲其孫，乾道五年進士第三人及第。《新安志》卷八。正與本書所云

"汪樞之孫遂進而立於三人之列"相合。故推知本書約撰於是年(1169)春末、夏初。

又,本書原題《答尤尚書》,誤。本書首云"鄉邦得人之盛,魁選復出其中,甚爲可喜",而尤袤乃常州無錫人,亦從未爲官荆州,顯亦與書中所云"荆州之行,寄任增重,今當入境矣"不符。又本書序次於朱熹下書(某不孝禍深),故其實亦屬致張棟之書。參見下書考證。

朱熹《答張彥輔》:

某不孝禍深,早歲孤露,提攜教育,實賴母慈。不幸迂愚不堪世用,不能少伸烏鳥之報,而奄忽至此,冤痛割裂,不能自存。幸以今春粗畢大事,音容永隔,痛苦終天。伏承惠弔,并以香茶果實遠致奠儀,仰感勤眷之誠,俯念疇昔之好,拜領號絕,不知所言。襄陽之除,必是見闕,正此哀苦,不敢奉慶。惟是益遠誨晤,而殘息奄奄,不保朝夕,引領西望,徒切悵然。《晦庵文集》續集卷五。

案:朱熹母祝氏卒於乾道五年九月,葬於六年(1170)正月癸酉(二十二日),《晦庵文集》卷九四《朱君孺人祝氏壙志》。因"伏承惠弔,并以香茶果實遠致奠儀",而致書答謝,故其當撰於此後未久。

本書原題《答尤尚書》,誤。尤尚書指尤袤。然據《宋史》卷三八九《尤袤傳》等,尤袤未曾除官襄陽府或京西路，而本書有言"襄陽之除，必是見闕。……引領西望，徒切悵然"，顯然不合。《年譜長編》卷上以爲尤袤實爲張棟之誤。據《宋史》卷六五《五行志三》云："乾道五年，舒州民獻龜，駢生二首，不能伸縮，郡守張棟縱之潛山。近龜孽也。"又《宋會要輯稿·方輿》九之一九云"乾道七年八月十九日，荆南駐劄御前諸軍都統制秦琪、權京西轉運判官兼權知襄陽府張棟言"。推知張棟任權京西轉運判官兼權知襄陽府當在乾道六年初，可證本書實致權知襄陽府張棟，時在六年二、三月間。

張　堅

張堅，字仲固，鎮江金壇（今屬江蘇）人。擢紹興甲戌（1154）進士第。歷國子監簿、將作監丞，改添差通判常州，提舉福建市舶，進直寶文閣、知泉州兼提舉舶司，除江南路轉運判官，居一歲，改知興元府。以勤瘁得疾，八月除户部郎中、四川總領，視事甫旬日卒。《京口耆舊傳》卷七。

朱熹《與江西張漕劄子》：

熹未見顔色，輒有祈懇：比以民饑，告糴隆興，已具曲折懇稟張帥閣學，意必蒙其憐閔，拯此困急。今乃聞其約束愈峻,所遣牙吏得米而不能歸,至於客販亦復斷絕。竊緣本軍地瘠民貧,雖號熟年,不免仰食上流諸郡,況今凶儉,事勢可知。然若上流果亦荒旱,則亦不敢固請。今贛、吉、臨川諸郡及隆興屬邑皆有豐熟去處,則使節所臨江西一路,決當不至闕食,而其餘波自可惠及鄰境。是以敢布其私,欲望台慈一言於張帥,早得放行本軍所糴及弛客販之禁,則台座活人之恩被於鄰道,此邦之人所以感激歸戴者爲如何哉?《晦庵文集》卷二六。

案:書中言朱熹遣吏"告糴隆興",爲江西張帥"約束"所阻,故又致書江西張漕,"欲望台慈一言於張帥,早得放行本軍所糴及弛客販之禁",其文字略同於朱熹《與江西錢漕劄子》,《晦庵文集》卷二六。則知二書撰於一時先後,在淳熙七年(1180)九月中。據《南宋館閣錄續錄》卷五載"淳熙五年九月《恭和御製秋日幸秘書省近體詩》",有直寶文閣、新江南西路轉運判官張堅詩一篇。知本書乃與江西轉運判官張堅。

張　构

張构(?—1199),字定叟,漢州綿竹(今屬四川)人。張浚子,張栻弟。歷遷湖北提舉常平、兩浙轉運判官,升副使,改知臨安府,移知鎮江,召爲户部侍郎。高宗崩,以集英殿修撰知紹興府，召爲吏部侍郎。光宗即位，權刑部侍郎，復兼知臨安府。紹熙間，知襄陽府。寧宗初，升寶文閣學士，改知建康府，升龍圖閣學士、知隆興府兼江西安撫使，進端明殿學士，復知建康府。以疾乞祠，慶元五年卒。《宋人生卒行年考》。《宋史》卷三六一有傳。案："杓"亦作"杓"。周密《癸辛雜識》後集《杓字義》云："杓音進，凡織前綏以杓梳系，使不亂也，出《埤倉》，見《唐韻》。近世張定叟所云則杓字，一點，三音標、的、若，非此杓字也。"

張杓《與朱元晦書》：

知吾兄者多矣，然最其深者莫如子，今不可以不銘。《晦庵文集》卷八九《右文殿修撰張公神道碑》。

案：朱熹《右文殿修撰張公神道碑》云："淳熙七年春二月甲申，祕閣修撰、荆湖北路安撫廣漢張公卒於江陵之府舍。其弟衡州使君杓護其柩以歸葬於潭州衡陽縣楓林鄉龍塘之原，按令式立碑墓道，而以書來謂熹曰：'知吾兄者多矣……'"《晦庵文集》卷八九。張栻葬於七年六月。《年譜長編》卷上。故推知本書約是年（1180）中。

張杓《與朱元晦書》：

先兄不幸蚤世，而其同志之友亦少存者。今欲次其文以行於世，非子之屬而誰可？《晦庵文集》卷七六《張南軒文集序》。

　　案：朱熹《張南軒文集序》云："敬夫既没，其弟定叟哀其故藁，得四巨編，以授予曰：'先兄不幸蚤世，……'予受書愀然，……因復益爲求訪，得諸四方學者所傳凡數十篇。又發吾篋，出其往還書疏，讀之亦多有可傳者。方將爲之定著繕寫，歸之張氏，則或者已用別本摹印，而流傳廣矣。遽取觀之，蓋多嚮所講焉而未定之論，而凡近歲以來談經論事、發明道要之精語反不與焉。予……於是乃復甌取前所蒐輯，參伍相校，斷以敬夫晚歲之意，定其書爲四十四卷"，撰於淳熙甲辰（十一年）十二月辛酉。《晦庵文集》卷七六。故推知張构來書約撰於淳熙八年（1181）或以後。

朱熹《與張定叟書》：

　　契勘汀州在閩郡最爲窮僻，從來監司巡歷多不曾到。州縣官吏無所忌憚，科敷刻剥，民不聊生，以致逃移，抛荒田土，其良田則爲富家侵耕冒占，其瘠土則官司攤配親鄰。是致稅役不均，小民愈見狼狽，逃亡日衆，盗賊日多，每三四年一次發作，殺傷性命，破費財物不可勝計。雖爲王土，實未嘗得少霑惠澤，殆與化外羈縻州軍無異，甚可痛也。近因户部王郎中申請乞行經界，得旨施行，千里細民鼓舞相慶，其已逃亡在漳、潮、梅州界内者，亦皆相率而歸，投狀復業。然此一事，豪家大姓不以爲便，縣吏鄉司不以爲便，官員之無見識、樂苟簡者不以爲便，往往皆能造爲浮語，扇惑上下。獨有貧民下户欲行此事，有同飢渴，而其冤苦之情無路上通。是致前任監司妄有申述，沮格成命，使昔之鼓舞者今變而爲咨嗟，昔之投狀歸業者今復相與狼狽而去。有識之士深痛惜之，而在位者未之知也。所幸元降指揮猶有秋成取旨之文，今既及期，而汀州歲實大稔，且其守臣學道愛人，有風力，可以倚辦，失今不爲，竊恐向後難得似此幾會。欲望檢舉元降指揮，詳陳前項利害，申述取旨，只委本路監司及本州守倅趁此農隙疾速推行，庶幾永爲一方久遠之利。《晦庵文集》卷二七。

　　案：《續編兩朝綱目備要》卷一云"初紹興之經界也，漳、泉、汀三郡以何白旗作過之後，朝廷恐其重擾，止不行。然漳、泉富饒，未見其病，惟汀在深山窮谷中，兵火之餘，舊籍無存者，豪民漏税，常賦十失五六，郡邑無以支吾，因有計口科鹽之事，一斤之鹽至出數斤之直，論者患之。淳熙十四年四月，福建轉運判官王回代還入見，言其病不專在鹽，請先行經界。壽皇是其言，以回爲户部右曹郎官，往汀州措置。未至官，有武臣提刑言其不便，遂止之"。本書中所云"近因户部王郎中申請乞行經界，得旨施行"，即指此事；又云"所幸元降指揮猶有秋成取旨之文，今既及期，而汀州歲實大稔，且其守臣學道愛人，有風力，可以倚辦"，故推知本書約撰於淳熙十四年（1187）秋末或稍後。是時張构官户部侍郎。

朱熹《與張定叟書》:

熹昧於攝理,百病交攻,初亦只是常年脚氣,而根本
已衰,不能與病爲敵,遂至沈困,日甚一日。今已無復生
全之望,亟上掛冠之請矣。自惟平生無所肖似,雖不及趨
拜先忠獻公幕府,而荷知遇之意不薄,及遊兄伯仲間,又
以道義德業相期於千載。敬夫棄我而先已十餘年,而熹
今衰病又如此,則亦不得久留矣。昨蒙朝廷不棄,累加收
用,訖無補報,狼狽而歸。方此省愆,尚期後效,而時論一
變,中外震駭,忠賢斥逐,下及韋布,蓋近世所無有。病中
憤悶無聊,悲歎累日,顧念疏遠,言之無益,竟不能發一語
以效其愚。適會疾亟,遂姑出此下計,庶幾旦夕瞑目,有
以見兄家父兄、平生師友於地下耳。此外尚何言哉!

時事如此,有識寒心,默計中外羣公,威望隱然,忠義
明白,誰如吾定叟者? 異時扶傾補敗,洪濟艱難,熹雖瞑
目,實不能不以此望於門下也。更願勉思令猷,益求彊
輔,燕居深念,恬養本原,遠耳目之細娛,圖國家之大計,
此又區區所深望也。游誠之才力可仗,不但救荒一事,得
收置門下,異時儘有用處。但亦更願兼收並蓄,更得方正
嚴重、有餘識遠慮、可敬畏者參錯其間,使勤攻吾闕,如崔
州平、法孝直之於孔明,則天下之事庶乎其可濟也。

承喻先正經解,寶藏無恙,今謹封納。其間頗有續記

所聞處，蓋亦疑而未定之詞。今固不容輒有增損，不審尊意以爲如何也？

熹病甚，不能作字，口占布此，氣已不相屬矣。即此永訣，切望俯念愚言，千萬自愛，至懇至懇。《晦庵文集》卷二九。

　　案：書中言及"昨蒙朝廷不棄，累加收用，訖無補報，狼狽而歸"，當指朱熹紹熙五年入京供職，數月後罷任而歸事；又云"方此省愆，尚期後效，而時論一變，中外震駭，忠賢斥逐，下及韋布"，指韓侂胄專權，斥逐忠賢事；又云"今已無復生全之望，亟上掛冠之請矣"，指慶元元年五月朱熹乞致仕事。《年譜長編》卷下。故推知本書約撰於是年（1195）五、六月間。是時，張构知建康府。《金陵新志》卷三中之下。

張孟遠

張孟遠，名不詳，衢州（今屬浙江）人。呂祖謙同年。《東萊集》外集卷五《送張孟遠序》。

朱熹《答張孟遠》：

歸來之後，叨冒重疊，已深愧仄，不意又蒙收召之恩。顧念本末，不應復有仕進之計，而懇辭未獲，比不得已，輒緣面奏封事之請，妄陳瞽言。政使至前，所論不過如此。計此愚誠當蒙矜允，得遂退藏也。然語默之間，政爾難得中節。此舉却是以語爲默，差之毫釐，則是反速其禍，未知竟何似耳。子充當已改秩，亦久不得渠消息也。季路之除甚慰物論，供職當已久矣。《晦庵文集》續集卷六。

案：書中言及"歸來之後，叨冒重疊，已深愧仄，不意又蒙收召之恩。……而懇辭未獲，比不得已，輒緣面奏封事之請，妄陳瞽言"，此乃指淳熙十五年朱熹赴朝奏事而歸後，轉朝奉郎，除直寶文閣；十月趣赴行在，朱熹於十一月七日復辭，遂上封事；十七日，除朱熹主管西太乙宮、兼崇政殿説書，十二月上旬，朱熹辭崇政殿説書。《年譜長編》卷下。故推知本書約撰於是年(1188)十一月中。

張孟遠《與朱元晦書》：

今日凡事傷不能守法。《朱子語類》卷一○九。

案：《朱子語類》卷一○九載吳必大所記曰："張孟遠以書來論省試策題目言'今日之弊在任法而不任人'，孟遠謂'今日凡事傷不能守法'。曰：此皆偏説。今日只是要做好事，則以礙法不容施行。及至做不好事，即便越法不顧，只是不勇於爲善。"據《朱子語類·姓氏》，吳必大乃戊申（淳熙十五年）、己酉（淳熙十六年）所聞。故推知本書撰於此時。

朱熹《答張孟遠》:

老益衰,百病交作,處世能復幾時? 而季通、子約凶問沓來,令人感愴,不能爲懷。天之蒼蒼,其果有所愛憎耶? 抑都無之而直聽其自爾耶? 曆説恨未得請餘誨,康節之學固非止於爲曆,然亦不專爲知來,如後世讖緯之言也。幸深考之,復以見教,幸甚。《晦庵文集》續集卷六。

案:慶元四年七月,吕祖儉卒,八月,蔡元定卒。本書有云"而季通、子約凶問沓來",故推知其約撰於是年(1198)秋末、冬間。

朱熹《答張孟遠》:

衰病益侵,自去冬來,脚弱拘攣,心腹痞痛,日甚一日,服藥略無效驗。懸車年及,已言於郡,丐上告老之章。而有司疑之,交舊亦多以爲不可,未知竟如何。然此意已決,不復能顧利害得失也。友人游子蒙趨試南宫,行期偶緩,過衢欲買舟,而無知識可託,欲丐指麾幹事人相導之。此公定夫先生從孫,論議文學皆有餘,在此爲可與晤語者,計當自識之也。《晦庵文集》續集卷六。

案:書中言及"衰病益侵,自去冬來,脚弱拘攣,心腹痞痛,日甚一日,服藥略無效驗。懸車年及,已言於郡,丐上告老之章。而有司疑之,交舊亦多以爲不可,未知竟如何",乃指慶元四年、五年之際事;又云及"友人游子蒙趨試南宫",五年有春闈,故推知本書約撰於五年（1199）初。

朱熹《答張孟遠》：

記得杲老初謫衡陽，有以詩送之者曰："逢人深閉口，無事學梳頭。"此語有味，可發一笑，然亦不得只作笑會也。《晦庵文集》續集卷六。

　　案：本書撰時未詳。《書信編年》以爲撰於慶元五年（己未）左右。待考。

張　洽

張洽（1161—1237），字元德，臨江軍清江（今屬江西）人。"少穎異，從朱熹學，自《六經》傳註而下皆究其指歸，至於諸史百家、山經地志、老子浮屠之説無所不讀"。嘉定元年（1208）進士中第。歷任袁州司理參軍、知永新縣、池州通判，主管建昌仙都觀。提點江東刑獄袁甫招爲白鹿書院山長。端平初召赴都堂審察，以疾不赴，乃除秘書郎，尋遷著作佐郎，除直秘閣、主管建康崇禧觀。嘉熙元年以疾乞致仕，十月卒，年七十七。"洽自少用力於敬，故以主一名齋"。《宋史》卷四三〇有傳。

朱熹《答張元德洽》：

細讀來書，知進學之意不倦，甚慰。讀書切忌貪多，唯少則易以精熟，而學問得力處正在於此。"苟爲不熟，不如稊稗"，非虛語也。《大學》等書近多改定處，未暇録寄。亦有未及整頓者，如《論》、《孟》兩書，甚恨其出之早也。此間事雖不多，然亦終日擾擾，少得暇看文字，甚覺歲月之可惜也。《通書》、《太極》之旨，更宜虛心熟玩，乃見鄙説一字不可易處，政使濂溪復生，亦必莞爾而笑也。若如所論，則所謂靜者別在四者之外，而不相管矣，而可乎？顏子所以發聖人之蘊，恐不可以一事言。蓋聖人全體大用，無不一一於顏子身上發見也。"孰不可忍"，亦不必如此説。此等處有兩説，當時存之，皆不偶然，更宜詳玩也。《武成》文字不曾帶來，不能盡記。《春秋》之説，尤所未究。此類又是一種功夫，未曉即且闕之可也。《易》數之説，近有一書，謾往讀之，來問所疑已悉具其中矣。《七經》向見其初成之本，後未得也。計此亦是劉公少時作，不然，則亦以其多而不能精故耶？其間《詩》説尤草草也。《晦庵文集》卷六二。

　　案：朱熹《通書解》撰成於淳熙十四年九月，十五年二月始出《太極圖説解》，《年譜長編》卷下。本書有云"《通書》、《太極》之旨，更宜虛心熟玩，乃見鄙説一字不可易處"，知在其後。又書中言"此間事雖不多，然亦終日擾擾，少得暇看文字"，則當在外任時，故推知本書約撰於紹熙元年（1190）秋、冬間。

朱熹《答張元德》：

示喻欲來未能之意，此固無可如何，但日月侵尋，縱不得親師友，亦須自作工程，潛思默究，令胸中明徹，見得道理都無疑礙，方是於踐履功夫有進步處。若只如此悠悠閒過了，誠可惜耳。所示諸説，似未尋着縫罅，雖已各注其後，然只如此講學，恐未有深益也。名齋之意甚善，然着實用功，不在如此安立標榜處，雖亦未有大害，然亦便見用心淺處。若實做得功夫，是當自無暇及此等不急之務也。《大學》近已刊行，今附去一本。雖未是定本，然亦稍勝於舊也。臨漳《四子》、《四經》各往一本，其後各有跋語，可見讀之之法，請詳之。所問《易》數，雖非講學所急，然亦見用意未精，且更推尋爲佳，若如此，自見得一門户，決須自信得及，正不必問伊川、橫渠説如何也。若前人説已分明，則此書不作矣。正爲説者太支離，不説者又太簡略，所以不得已而作。孔氏《雜説》寫了多時，今附還，其間多是抄出江鄰幾《嘉祐雜志》也。《晦庵文集》卷六二。

案：朱熹《書臨漳所刊四子後》撰於紹熙改元臘月庚寅，《晦庵文集》卷八二。是月又刊《大學章句》等於漳州郡學。《年譜長編》卷下。本書有云"《大學》近已刊行，今附去一本。雖未是定本，然亦稍勝於舊也。臨漳《四子》、《四經》各往一本，其後各有跋語，可見讀之之法"，故推知本書約撰於紹熙二年（1191）春。

朱熹《答張元德》：

示喻爲學之意，似覺未甚果決專一，更宜勉力。科場不遠，想不免分了功夫，然此等得失真實有命，若信未及、放不下，亦須且將此字頓在面前，政使未全得力，亦可減得些小分數，不爲無助。夫子所謂"不知命，無以爲君子"，正謂此也。甘君處見送行語，令兄意亦甚佳。兄弟自爲博約，想有味也。但甘君詞筆頗工，而趣向未正，數日苦口告之，未知能勇決否耳。所喻《易》數，大概近之，但此等自然法象，深玩索之，自見端的。初見似人安排，而實非人所能安排也。"以一爲三，以一爲二。"所謂一者，謂一揲所得之奇偶，未是一爻也。一奇爲三，故三奇爲九，方得老陽之爻；一偶爲二，故三偶爲六，方得老陰之爻。兩偶一奇乃爲少陽之七，兩奇一偶乃爲少陰之八。此數甚明，但看得不子細耳。甘君歸，可更切磋之。人材難得，可惜只如此汩没了一生也。《晦庵文集》卷六二。

案：書中有云"甘君處見送行語，令兄意亦甚佳。兄弟自爲博約，想有味也。但甘君詞筆頗工，而趣向未正，數日苦口告之，未知能勇決否耳。……甘君歸，可更切磋之"，甘君即甘節字吉甫，臨川人。據《朱子語類·姓氏》，其乃癸丑以後來問學。故推知本書約撰於紹熙四年（1193）間。

朱熹《答張元德》：

衡陽之訃，想已聞之，深足傷歎。然當路攻擊，意殊未已，今雖如此，亦恐更有追削禁錮之類，而一時善類次第皆不可保。吾輩閑中講學，固爲美事，然亦恐有不可測者，此方深以爲懼，而賢者乃以勸彭丈，何也？熹幸已得祠，差可自安。近與學者講論，尤覺橫渠成誦之説最爲徑捷。蓋未論看得義理如何，且是收得此心有歸著處，不至走作。然亦須是專一精研，使一書通透爛熟，都無記不起處，方可别换一書，乃爲有益。若但輪流通念，而覈之不精，則亦未免枉費工夫也。須是都通透後，又却如此温習，乃爲佳耳。所説《易傳》極有難記當處。蓋經之文意，本自寬平，今《傳》却太詳密，便非本意，所以只舉經文，則《傳》之所言提挈不起、貫穿不來，須是於《易》之外别作一意思讀之，方得其極。尋常每欲將緊要處逐項抄出，别寫爲一書，而未暇。大抵讀書求義，寧略毋詳，寧疏毋密，始有餘地也。詳故碎，密故拘。歐、嚴、譚君近來看得又如何？更望以此相勉。但於所讀之書，經文注脚記得首尾通貫浹洽，方有可玩繹處。如其不然，泛觀雜論，徒費日月，決無所益也。所論新法，大概亦是如此。然介甫所謂勝流俗者，亦非先立此意以壓諸賢，只是見理不明、用心不廣，故至於此。若得明道先生與一時諸賢向源頭與之商量，令其胸中見得義理分明，許多人欲、客氣自無處著，亦不患其不改矣。若便以不可與有爲待之，而不察其所欲勝之流俗亦真有未盡善處,則亦非所以爲天下之公,而自陷於一偏之説矣。頃見趙丞相所編諸公奏議,論新法者自有數卷,其言雖不爲不多,然真能識其病根而中其要害者殊少,無惑乎彼之以爲流俗之浮言而不足恤也。至如祧廟一事,當時發言盈庭,多者累數千字,而無一言可以的當與介父爭是非者。但今人只見介父所言便以爲非,排介父者便以爲是,所以徒爲競辨,而不能使天下之論卒定於一也。此説甚長,非面論未易究。《晦庵文集》卷六二。

案:書中云及"衡陽之訃,想已聞之",乃指慶元二年正月二十日趙汝愚卒於衡陽。《年譜長編》卷下。故推知本書約撰於是年(1196)二月間。

朱熹《答張元德》:

舊與朋友説話,每怪其不解人意,而不知其所以然者。近方覺得學者讀了書,聽了話,元不曾著心記當,紬繹玩味,至有兩年看一部《易傳》,都不記得緊要處者。雖其根鈍使然,亦是不肯用力。乃知横渠教人讀書必欲成誦,真是學者第一義。須是如此已上,方有著力處也。歐、嚴二君後來曾相見否?此中甚難得人,深可憂懼也。所望以永斯文之傳者如二三君,蓋無幾人也。《晦庵文集》卷六二。

案:上書(衡陽之訃)有言"近與學者講論,尤覺横渠成誦之説最爲徑捷。……歐、嚴、譚君近來看得又如何？更望以此相勉”，而本書乃云“乃知橫渠教人讀書必欲成誦，真是學者第一義。……歐、嚴二君後來曾相見否”，知其相接，故推知約撰於是年中。

朱熹《答張元德》：

來書所論“通”、“復”二字甚密，然亦有未切處。“繼之者善”云者，造化流行，萬物方資以始而未實也。“成之者性”云者，物生已實，造化與物各藏其用而無所爲也。在人則感物而動者通也，寂然不動者復也。以此推之，圖象隱然，不待多言而自可默喻矣。四德則陰陽各二，而誠無不貫，安得不謂五行之性乎？凡此更反復之，當自見也。太伯之事，正也；太王、王季、文、武之事，權也。權而不失其正，則並行而不相悖矣。此義聖人蓋難言之，若看未透，且姑置之，不必深致疑，亦不必多爲説也。廟議看得似亦未精。子孫之於祖考，恩雖無窮，而義則有止，不可過，不可不及，亦並行而不悖。且以周而言之，欲使之黜后稷而祖文、武，固世俗淺薄之論，若遂欲使之越后稷而祖帝嚳，以至於無窮，又賢者過之之失也。《晦庵文集》卷六二。

案：本書校記：自“安得不謂五行之性乎”至篇末，浙本作“故以五行之性，亦無可疑，更請詳之。太伯之事，正也；文、武之事，權而不失其正也。此義並行，初不相悖矣。若看未透，且闕之亦無害。若見得義理表裏洞然，則自見得有下落矣。荆公廟議，亦須看得禮家文字熟後，方見得無可疑者。今人正欲廢稷不祀，賢者乃並譽以上而遂之無窮，此觀過於黨之論也"。

書中有"'繼之者善'云者，造化流行，萬物方資以始而未實也"云云，朱熹《答嚴時亨》(問目各已批出)、《答歐陽希遜》(所示卷子已悉疏其後矣)二書皆論及"繼之者善"者，《晦庵文集》卷六一。推知本書當撰於一時先後。《答嚴時亨》撰於慶元二年冬日前後，《答歐陽希遜》撰於慶元三年中，則本書約在三年(1197)初。

又，《朱子語類》卷九四載："先生出示答張元德書問'通'、'復'二字，先生謂：誠之通，是造化流行未有成立之初，所謂繼之者善；誠之復，是萬物已得此理而皆有所歸藏之時，所謂成之者性。在人則感而遂通者誠之通，寂然不動者誠之復。"所云即本書，然文字稍異。

朱熹《答張元德》：

"配義與道"之説殊不可曉。大抵讀書須且虛心静慮，依傍文義，推尋句脈，看定此句指意是説何事，略用今人言語襯帖替換一兩字，説得古人意思出來，先教自家心裏分明歷落，如與古人對面説話，彼此對答，無一言一字不相肯可，此外都無閒雜説話，方是得箇入處。怕見如此，棄却本文，肆爲浮説，説得郎當，都忘了從初因甚話頭説得到此，此最學者之大病也。故程先生有“説書非古意，轉使人薄。漢儒下帷講誦，未必是説書”。又説：“作《論語解》已是剩了。”又以毛公説《詩》爲有儒者氣象。觀此等處，其意蓋可見。今説“配義與道”，却不就《孟子》上理會如何是義，如何是道，如何是氣，如何地配，便一郷掉開了，只單説箇“道”字，已是無捉摸處；又將“道”字訓作“行”字，尤無交涉。説得愈多，去理愈遠矣。今合且先理會如何是義，却就“義”字上推如何是道，道之與義同異如何，如何又要氣來配他，“配”字又是何意，適檢《集注》，説得儘分明了，不知曾子細看否？只此數字分明，即孟子意思分明可見，而程子所謂“沖漠氣象”亦在其中，初非有二説也。子約所説亦未免向别處去。如此支離，轉無交涉，却恐不免真爲擎拳豎拂者所笑矣。其它所論時習、率性、鳶魚等説，今皆未暇論，論得亦未有益，可且理會此“配義與道”令分明，便中早報及也。《晦庵文集》卷六二。

案：書中有言“今説‘配義與道’，……只單説箇‘道’字，已是無捉摸處；又將‘道’字訓作‘行’字，尤無交涉。……子約所説亦未免向别處去”，而朱熹《答吕子約》乃云“張元德訓‘道’爲‘行’，固爲疏闊，子約非之，是也。然其所説‘行’字，亦不爲全無來歷”。《晦庵文集》卷四八。即指此。《答吕子約》撰於慶元三年秋間，故推知本書約撰於一時稍前。

朱熹《答張元德》：

人心雖未有喜怒哀樂，而物欲之根存焉，則固已偏於此矣。故於其所偏者，得之則喜且樂，失之則怒而哀，無復顧義理也。

此段説得是，但物欲之根存焉之説恐未然。人固有偏好一物者，然此一物未上心時，安得不謂之未發之中乎？欲下功夫，正當於此看取。子約心性之説甚可駭。來諭所引《孟子》甚當。張云：孟子論性，而以惻隱、羞惡、恭敬、是非之心爲説，亦可謂失心性之辨乎？

性難知而心可盡。所謂盡其心者，如程子所謂"當處便認取"，此句不干事。與"今日格一物，明日格一物，知性也。積習既久，脱然貫通"之謂也。盡心也。又如《論語集注》所云："隨事精察，知性也。而未知其體之一，盡心也。真積力久，而將有所得。"此即盡心知性之案。此段内注字係先生批。

心、性一物，知則皆知，但盡之爲難耳。又性可逐事言，心則舉其全體也。

"禹惡旨酒"一章。

此等處只逐句看，不必如此牽合。

天王狩于河陽。

《春秋》熹所未學，不敢强爲之説。然以人情度之，

“天王狩于河陽”，恐是當時史策已如此書。蓋當時周室
雖微，名分尚在，晉文公召王固是不順，然史策所書，想必
不敢明言晉侯召王也。李傕、郭汜、朱全忠盜賊狂恣，唯
力是視，亦未必曾讀《春秋》，見有此事而效之也。

習靜坐以立其本，而於思慮應事專一以致其用，以
此爲主一之法，如何？

明道教人靜坐，蓋爲是時諸人相從，只在學中，無甚
外事，故教之如此。今若無事，固是只得靜坐，若特地將
靜坐做一件功夫，則却是釋子坐禪矣。但只著一敬字，通
貫動靜，則於二者之間自無間斷處，不須如此分別也。

《語》《孟或問》乃丁酉本，不知後來改定如何？

《論》《孟集注》後來改定處多，遂與《或問》不甚相應，
又無功夫修得《或問》，故不曾傳出。今莫若且就正經上
玩味，有未通處參考《集注》，更自思索爲佳，不可恃此未
定之書，便以爲是也。《晦庵文集》卷六二。

案：朱熹、呂祖儉論辯《中庸》未發、已發之説在
慶元三、四年間，本書有云“然此一物未上心時，安得
不謂之未發之中乎？欲下功夫，正當於此看取。子約
心性之説甚可駭”，故推知其約撰於三年末、四年初。

朱熹《答張元德》：

嘗讀歐陽公論許世子止之事，未免疑之。及讀胡
文定公《傳》，未足以破其疑。洽繼而考之，《左氏》《公

羊》之傳自明，但後人因《穀梁》"不嘗藥"之説，遂執此一句，以爲止之罪，如此而已。殊不考《左氏》曰："許悼公瘧，飲世子止之藥，卒。"《公羊》曰："止進藥而藥殺也。"此可以見悼公之死於藥矣。當時之事雖未有明文，而洽嘗觀近世治瘧者以砒霜鍛而餌之多愈，然不得法，不愈而反殺人者亦多矣。悼公之死，必此類也。不然，當時所進非必死之藥，止偶不嘗而已，則《公羊》何以謂之"藥殺"，世子何爲遽棄國而出奔？孟子曰："殺人以梃與刃，有以異乎？""以刃與政，有以異乎？"進藥而藥殺，可不謂之弑哉？其所以異於商臣、蔡般者，過與故之不同耳。心雖不同，而《春秋》之文一施之者，以臣子之於君父不可過也。如此觀之，似足以正近世經傳之失，而破歐公之疑。不識先生以爲如何？

胡文定《通旨》中引曾吉父説：如律中合御藥誤不如本方、造御舟誤不牢固之類，已有此意矣。但考之於經，不見許止棄國出奔之事，不知果何謂也？《晦庵文集》卷六二。

案：上書（人心雖未有喜怒哀樂）嘗討論《春秋》"天王狩于河陽"説，而本書又討論《春秋》"許世子止之事"，疑在其後，故係於慶元四年（1198）中。

張　栻

張栻（1133—1180），字敬夫，又字欽夫，號南軒，漢州

綿竹（今屬四川）人。丞相張浚子。師胡宏。歷任吏部侍
郎兼權起居郎，兼侍講，除左司員外郎。明年，出知袁州，
又知靜江府，除祕閣修撰、荊湖北路轉運副使，改知江陵
府、安撫本路。以右文殿修撰、提舉武夷山沖佑觀，卒，年
四十八。謚曰宣。《宋史》卷四二九有傳。

朱熹《與張欽夫別紙》：

　　侯子《論語》抄畢內上，其間誤字顯然者，已輒爲正之
矣。但其語時有不瑩，豈其不長於文字而然耶，抑別有以
也？頃在豫章，見卓卿所傳《語録》，有尹和靖所稱伊川語
云："侯師正議論只好隔壁聽。"詳味此言，以驗此書，竊謂
其學大抵明白勁正，而無深潛縝密、沈浸醲郁之味，故於
精微曲折之際不免疏略，時有罅縫，不得於言而求諸心，
乃其所見所存有此氣象，非但文字之疵也。狂妄輒爾輕
議前輩，可謂不韙，然亦講學之一端，所不得避。不審高
明以爲如何？人回却望批誨，幸甚幸甚。《晦庵文集》卷
三〇。

　　案：隆興元年十月，朱熹至行在奏事，除武學博
士，待次。時與張栻初識。《朱子語類》卷一三一云：
"張魏公被召入相，議北征。某時亦被召，辭歸。嘗
見敬夫與説：'若相公誠欲出做，則當請旨盡以其事
付己，拔擢英雄智謀之士，一任諸己，然後可爲。若
欲與湯進之同做，決定做不成。'後來果如此。然那

時又除湯爲左相,却把魏公做右相。"二年九月,朱熹赴豫章哭祭張浚,送之豐城,舟中與張栻作三日長談。本書云"頃在豫章",是當撰於二年(1164)冬。

卓卿,據《北窗炙輠録》卷下,姓陳,名文茂,字卓卿,常州人。王十朋有《洪帥陳卓卿寄筍》詩,《梅溪後集》卷八。知此時陳卓卿正知隆興府。

張栻《答朱元晦秘書》:

復和仇虜,使命交馳,痛心痛心! 陳應(救)[求]時通書,極知憂國,但未見所以濟之之策。□□□已去復召,却又供職,所不能曉。□□□想數得相見。但今日所謂正人端士固有之,惟是不知學,不敢期望以向上事業耳。湖南緣向來有位者惠姦長惡,養成郴賊,共父到,頗能明信賞罰,上下悦之。今鄂兵集者五千人,若措置得宜,當數月而定。但今時一種議論,待盜賊只知有招安,正如待仇虜只説和一般。此賊蹂踐三路,殺掠無數,渠魁豈可不殲焉? 特散其黨與可耳。

郴、桂盜賊幸有平定次第,但安輯反側,撫存凋瘵,正惟匪易。如病癥疽,須消盡毒氣,使血脈貫通,方爲無事。共父甚留意。偶來告有便介,草草復附此。《南軒集》卷二一。

案:共父,即劉珙。據朱熹《劉公(珙)行狀》云,乾道元年,宋廷命劉珙知潭州、荆湖南路安撫使,以

平定郴州李金等"作亂"。六月晦日,宋軍大敗李金
於郴州城下。"七月,楊欽敗賊黨田政、尹寬等於桂
陽。鄂將谷青、王翌又各以二千人至,公遣扼宜章大
路,以分賊勢,通糧道,而欽連戰破賊,遂入宜章"。
八月,平定李金之亂。《晦庵文集》卷九七。故知本書
撰於是年(1165)七月間。

張栻《答朱元晦秘書》:

近世議論,真所謂"謀其身則以枉尋直尺爲可以濟
事,謀人國則以忘親苟免爲合於時變"。世間號爲賢者,
政墮在此中,況其它哉! 此風方熾,正道湮微,率獸食人,
甚可懼也。吾曹但當相與講明聖學,學明於下,庶幾有正
人心,承三聖事業耳。《南軒集》卷二一。

案: 張栻上書(復和仇虜)云及"但今日所謂正
人端士固有之,惟是不知學,不敢期望以向上事業
耳。湖南緣向來有位者惠姦長惡,養成郴賊",與本
書語義符,故疑本書約撰於其後。

朱熹《與張欽夫》: 先生自注云: 此書非是,但存之以見議論本末耳。下篇同此。

人自有生,即有知識,事物交來,應接不暇,念念遷
革,以至於死,其間初無頃刻停息,舉世皆然也。然聖賢
之言,則有所謂"未發之中,寂然不動"者。夫豈以日用流

行者爲已發，而指夫暫而休息、不與事接之際爲未發時耶？嘗試以此求之，則泯然無覺之中，邪暗鬱塞，似非虛明應物之體，而幾微之際，一有覺焉，則又便爲已發，而非寂然之謂。蓋愈求而愈不可見，於是退而驗之於日用之間，則凡感之而通，觸之而覺，蓋有渾然全體應物而不窮者。是乃天命流行、生生不已之機，雖一日之間萬起萬滅，而其寂然之本體則未嘗不寂然也。所謂未發，如是而已，夫豈別有一物，限於一時，拘於一處，而可以謂之中哉？然則天理本真，隨處發見，不少停息者，其體用固如是，而豈物欲之私所能壅遏而梏亡之哉？故雖汩於物欲流蕩之中，而其良心萌蘖，亦未嘗不因事而發見。學者於是致察而操存之，則庶乎可以貫乎大本達道之全體而復其初矣。不能致察，使梏之反覆，至於夜氣不足以存而陷於禽獸，則誰之罪哉？周子曰：“五行，一陰陽也；陰陽，一太極也。太極，本無極也。”其論至誠，則曰：“静無而動有。”程子曰：“未發之前更如何求？只平日涵養便是。”又曰：“善觀者，却於已發之際觀之。”二先生之説如此，亦足以驗大本之無所不在，良心之未嘗不發矣。《晦庵文集》卷三〇。

　　案：《年譜長編》卷上以爲朱熹此書及《與張欽
　　夫》(前書所扣)《晦庵文集》卷三〇、《答張敬夫》(誨諭
　　曲折數條)、(前書所稟寂然未發之旨)《晦庵文集》卷三
　　二。“四書即所謂中和舊説四劄”，其纂修時間與朱

熹《答何叔京》《晦庵文集》卷四〇。前四書"在時間上並行"，即在乾道二年（1166）間。《答何叔京》第一書首言"五月十八日新安朱熹謹再拜裁書"，則本書亦約撰於同時。《書信編年》係於夏、秋間。

朱熹《答張敬夫》：

前書所稟寂然未發之旨、良心發見之端，自以爲有小異於疇昔偏滯之見，但其間語病尚多，未爲精切。比遣書後，累日潛玩，其於實體似益精明。因復取凡聖賢之書以及近世諸老先生之遺語讀而驗之，則又無一不合。蓋平日所疑而未白者，今皆不待安排，往往自見灑落處。始竊自信，以爲天下之理其果在是，而致知格物、居敬精義之功，自是其有所施之矣。聖賢方策，豈欺我哉！

蓋通天下只是一個天機活物，流行發用，無間容息。據其已發者而指其未發者，則已發者人心，而凡未發者皆其性也，亦無一物而不備矣。夫豈別有一物，拘於一時、限於一處而名之哉？即夫日用之間，渾然全體，如川流之不息、天運之不窮耳。此所以體用、精粗、動靜、本末洞然，無一毫之間，而鳶飛魚躍，觸處朗然也。存者，存此而已；養者，養此而已。"必有事焉而勿正，心勿忘，勿助長也"。從前是做多少安排，沒頓著處。今覺得如水到船浮，解維正柂，而沿洄上下，惟意所適矣，豈不易哉！始信明道所謂"未嘗致纖毫之力"者，真不浪語。而此一段事，程門先達惟上蔡謝公所見透徹，無隔礙處，自餘雖不敢妄有指議，然味其言亦可見矣。近范伯崇來自邵武，相與講此甚詳，亦嘆以爲得未曾有，而悟前此用心之左。且以爲雖先覺發明指示不爲不切，而私意汩漂，不見頭緒。向非老兄抽關啓鍵，直發其私，誨諭諄諄，不以愚昧而捨置之，何以得此？其何感幸如之。區區筆舌，蓋不足以爲謝也。但未知自高明觀之，復以爲如何爾？

《孟子》諸說，始者猶有齟齬處，欲一二條陳以請。今復觀之，恍然不知所以爲疑矣。但“性不可以善惡名”，此一義熹終疑之。蓋善者無惡之名，夫其所以有好有惡者，特以好善而惡惡耳，初安有不善哉？然則名之以善，又何不可之有？今推有好有惡者爲性，而以好惡以理者爲善，則是性外有理，而疑於二矣。《知言》於此雖嘗著語，然恐《孟子》之言本自渾然，不須更分裂破也。《知言》雖云爾，然亦曰“粹然天地之心，道義完具”，此不謂之善，何以名之哉？能勿喪此，則無所適不爲善矣。以此觀之，不可以善惡名，大似多却此一轉語。此愚之所以反覆致疑而不敢已也。《晦庵文集》卷三二。

案：《書信編年》係本書於秋間。《年譜長編》卷上以爲撰於七月前。本書言及“近范伯崇來自邵武，相與講此甚詳”。據朱熹《答許順之》(此間窮陋)云：“夏秋間，伯崇來相聚，得數十日講論，稍有所契。”《晦庵文集》卷三九。則本書當撰於七、八月間。又本書言及張栻曾"抽關啓鍵，直發其私，誨諭諄諄"，然來書佚。

朱熹《與張欽夫》：

前書所扣，正恐未得端的，所以求正。茲辱誨諭，乃知尚有認爲兩物之蔽，深所欲聞，幸甚幸甚。當時乍見此理，言之唯恐不親切分明，故有指東畫西、張皇走作之態。自今觀之，只一念間已具此體用，發者方往，而未發者方來，了無間斷隔截處，夫豈別有物可指而名之哉？然天理無窮，而人之所見有遠近深淺之不一，不審如此見得又果無差否？更望一言垂教，幸幸。

所論龜山《中庸》可疑處，鄙意近亦謂然。又如所謂"學者於喜怒哀樂未發之際，以心驗之，則中之體自見"，亦未爲盡善。大抵此事渾然，無分段時節先後之可言，今著一"時"字、一"際"字，便是病痛。當時只云"寂然不動之體"，又不知如何。《語錄》亦嘗疑一處說"存養於未發之時"一句，及問者謂"當中之時，耳目無所見聞"，而答語殊不痛快，不知左右所疑是此處否？更望指誨也。

向見所著《中論》有云："未發之前，心妙乎性；既發，則性行乎心之用矣。"於此竊亦有疑。蓋性無時不行乎心之用，但不妨常有未行乎用之性耳。今下一"前"字，亦微有前後隔截氣象，如何如何？熟玩《中庸》，只消著一"未"字，便是活處。此豈有一息停住時耶？只是來得無窮，便常有個未發底耳。若無此物，則天命有已時，生物有盡處，氣化斷絶，有古無今久矣。此所謂天下之大本，若不真的見得，亦無揣摸處也。《晦庵文集》卷三〇。

案：題下原注曰："先生自注云：此書非是，所論尤乖戾，所疑《語録》皆非是，後自有辨説甚詳。"

《書信編年》係本書於秋間。又本書言及"兹辱誨諭"，然張栻來書佚。

朱熹《與張欽夫》：

"不先天而開人，各因時而立政"。胡本"天"作"時"，欽夫云作"天"字大害事。愚謂此言"先天"，與《文言》之"先天"不同。《文言》之云"先天"、"後天"，乃是左右參贊之意。如《左傳》云"實先後之"，意思即在中間，正合天運，不差毫髮。所謂崒啄同時也。此序所云"先天"，却是天時未至，而妄以私意先之，若耕穫菑畬之類耳。兩"先天"文同而意不同，"先天"、"先時"却初不異。但上言天，下言人，上言時，下言政，於文爲協耳。

"窺聖人之用心"。胡本無"心"字，欽夫云著"心"字亦大害事，請深思之。愚謂《孟子》言"堯舜之治天下，豈無所用其心哉？"言用心，莫亦無害於理否？《晦庵文集》卷三〇。

案：本書與下書《與張欽夫別紙》作於同時。其中討論《程集》文字語氣有別於《與張欽夫》(昨見共父家問)，當撰於其前。朱熹《與劉共父》(近略到城中)中有言"又'猶子'二字,前論未盡",其所爲"前論",《晦庵文集》卷三七。當即對下書"稱姪固未安,稱猶子亦不典"説之深論。

朱熹《與張欽夫别紙》:

稱姪固未安,稱猶子亦不典。按《禮》有從祖、從父之名,則亦當有從子、從孫之目矣。以此爲稱,似稍穩當。慮偶及此,因以求教,非敢復議改先生之文也。與富公及謝帥書,全篇反復,無非義理。卒章之言,止是直言義理之效,感應之常。如《易》六十四卦,無非言吉凶禍福。《書》四十八篇,無非言災祥成敗。《詩》之《雅》、《頌》,極陳福禄壽考之盛,以歆動其君,而告戒之者尤不爲少。《卷阿》尤著。孟子最不言利,然對梁王亦曰"未有仁義而遺後其君親"者,答宋牼亦曰"然而不王者,未之有也",此豈以利害動之哉?但人自以私心計之,便以爲利,故不肖者則起貪欲之心,賢者則有嫌避之意,所趣雖殊,然其處心之私則一也。若夫聖賢,以大公至正之心,出大公至正之言,原始要終,莫非至理,又何嫌疑之可避哉!若使先生全篇主意專用此説,則誠害理矣。向所見教"同行異情"之説,於此亦可見矣。

《春秋序》兩處,觀其語脈文勢,似熹所據之本爲是。"先天"二字,卷中論之已詳,莫無害於理否?理既無害,文意又協,何爲而不可從也?"聖人之用"下著"心"字,語意方足，尤見親切主宰處，下文所謂得其意者是也。不能窺其用心，則其用豈易言哉？故得其意然後能法其用，語序然也。其精微曲折，蓋有不苟然者矣。若謂用心非所以言聖人，則《孟子》、《易傳》中言聖人之用心者多矣。蓋人之用處無不是心，自聖人至於下愚一也。但所以用之者有精粗、邪正之不同，故有聖賢下愚之別，不可謂聖人全不用心，又不可謂聖人無心可用，但其用也妙，異乎常人之用耳。然又須知即心即用，非有是心而又有用之者也。《晦庵文集》卷三〇。

　　案：本書乃朱熹上書（不先天而開人）之"別紙"，作於同時。

朱熹《與張欽夫》：

　　昨見共父家問，以爲二先生集中誤字，老兄以爲嘗經文定之手，更不可改，愚意未曉所謂。夫文定固有不可改者，如尊君父、攘夷狄、討亂臣、誅賊子之大倫大法，雖聖賢復出，不能改也。若文字之訛，安知非當時所傳亦有未盡善者，而未得善本以正之歟？至所特改數處，竊以義理求之，恐亦不若先生舊文之善。若如老兄所論，則是伊川所謂"昔所未遑，今不得復作，前所未安，後不得復正"者，又將起於今日矣。已作共父書詳言之，復此具稟，更望虛心平氣，去彼我之嫌，而專以義理求之，則於取舍從違之間知所處矣。

道術衰微，俗學淺陋極矣。振起之任，平日深於吾兄望之。忽聞此論，大以爲憂。若每事自主張如此，則必無好問察言之理，將來任事，必有不滿人意處。而其流風餘弊，又將傳於後學，非適一時之害也。只如近世諸先達，聞道固有淺深，涵養固有厚薄，擴充運用固有廣狹，然亦不能不各有偏倚處。但公吾心以玩其氣象，自見有當矯革處，不可以火濟火，以水濟水，而益其疾也。

熹聞道雖晚，賴老兄提掖之賜，今幸略窺彷彿。然於此不能無疑，不敢自鄙外於明哲，故敢控瀝，一盡所言。不審尊意以爲如何？ 其詳則又具於共父書中，幸取而并觀之，無怪其詞之太直也。《晦庵文集》卷三〇。

案：朱熹《與劉共父》（近略到城中）撰於是年末。本書云及“昨見共父家問”，又云“其詳則又具於共父書中，幸取而并觀之”，故推知其約撰於同時稍後。

張栻《答朱元晦秘書》：

辱示書，並見所與共甫書論校正二先生集事備悉，然有説焉。前次所校已即爲改正七八，後來者雖嘗見，共甫云老兄又送所校來，偶應之曰：“若無甚利害，則姑存。此本乃胡氏所傳者。”既而欲取一觀，則亦因循，而共甫亦忘送來，此則不敏之過也。然豈謂胡氏本便更不可改耶？前日答兄書，猶云後來者未曾見也。答書之次日，折簡徵於共甫，而得詳觀，其間當改處甚多。方此參定，又二日，而領來教。若以爲一時答共甫之言忽而不敬，與夫因循不敏之過則可，若謂有私意逆拒人，則内省無是也。今以所校者改正近二百處矣。當時胡家本極錯，已是與諸公校過，常恨此間無別本，得兄校正，甚幸。如《定性書》前後語豈可無？又如《辭崇政殿説書表》，當在《上殿劄子》之後，此極精當，能發明先王正大之體，有益於後學。然其間有鄙意所未安，以爲不當改者，亦不敢曲從。如必欲以"泝流"爲"沿流"，"猶子"爲"姪"是也。沿乃是循流而下，更無別説。泝流窮源，則可見用力底氣象也，試嘗思之。稱兄弟之子爲姪，無他義，只是相沿稱耳；稱猶子，猶或庶幾焉。當時先生此兩處稱猶子，亦復何害？若謂是文定改此兩處，則胡爲他處不改也？若此等却望兄平心易氣以審其是非焉。已作簡共甫，並亦時有數字注在所校卷子中，想共甫須送往。尚有欲改及可見告者，毋惜，却簽此卷見示，庶成完書耳。栻每念斯道知之爲難，知之矣，請事之功爲難。氣習之不易消化也，而可長乎？人告之以有過則喜，此爲進步於仁，仲由所以爲百世師也，況如淺陋？得來書警策之，甚幸。嗣此無替斯義爲望，栻亦不敢有隱於左右也。讀所與共甫書，辭似逆詐億不信，而少含弘感悟之意，殆有怒髮衝冠之象。理之所在，平氣而出之可也，如何如何？相察相正，朋友之道，吾曹當共敦之。

《程先生集》既有舊本可據，當不憚改，但心疑數處，亦當注"一作"於其下,所以存謙退敬讓之心。下諭敢不深領。《南軒集》卷二一。

案:本書爲回復朱熹《與劉共父》(近略到城中)、《與張欽夫》(昨見共父家問)而作,時約在乾道三年(1167)初。

朱熹《與張欽夫論程集改字二十七日別紙》:

伏蒙垂諭向論《程集》之誤,《定性書》、《辭官表》兩處已蒙收錄,其它亦多見納用,此見高明擇善而從,初無適莫,而小人向者妄發之過也。然所謂不必改、不當改者,反復求之,又似未能不惑於心,輒復條陳,以丏指喻。

夫所謂不必改者,豈以爲文句之間小小同異,無所繫於義理之得失而不必改耶?熹所論出於己意,則用此説可也。今此乃是集諸本而證之,按其舊文,然後刊正,雖或不能一一盡同,亦是類會數説而求其文勢語脈所趨之便,除所謂"疑當作某"一例之外,未嘗敢妄以意更定一點畫也。此其合於先生當日本文無疑。今若有尊敬重正而不敢忽易之心,則當一循其舊,不容復有豪髮苟且遷就於其間,乃爲盡善。惟其不爾,故字義迂晦者,必承誤彊説而後通。如"遵"誤作"尊",今便彊説爲"尊其所聞"之類是也。語句刊闕者,須以意屬讀然後備。如"嘗食絮羹,叱止之",無"皆"字,則不成文之類是也。此等不惟於文字有害,反求諸心,則隱微之間,得無未免於自欺耶?且如吾輩秉筆書事，唯務明白，其肯故舍所宜用之字而更用它字，使人彊說而後通耶？其肯故爲刓闕之句，使人屬讀而後備耶？人情不大相遠，有以知其必不然矣。改之不過印本字數稀密不勻，不爲觀美，而它無所害，然則胡爲而不改也？卷子内如此處已悉用朱圈其上，復以上呈。然所未圈者，似亦不無可取。方執筆時，不能不小有嫌避之私，故不能盡此心。今人又來督書，不容再閲矣，更乞詳之可也。

所謂不當改者，豈謂富、謝書、《春秋序》之屬？而書中所喻"沿""泝"、"猶子"二説，又不當改之尤者耶？以熹觀之，所謂尤不當改者，乃所以爲尤當改也。大抵熹之愚意，止是不欲專輒改易前賢文字，稍存謙退敬讓之心耳。若聖賢成書稍有不愜己意處，便率情奮筆，恣行塗改，恐此氣象亦自不佳。蓋雖所改盡善，猶啓末流輕肆自大之弊，況未必盡善乎？伊川先生嘗語學者病其於己之言有所不合，則置不復思，所以終不能合。答楊迪及門人二書，見集。今熹觀此等改字處，竊恐先生之意尚有不可不思者，而改者未之思也。蓋非特己不之思，又使後人不復得見先生手筆之本文，雖欲思之以達於先生之意，亦不可得。此其爲害豈不甚哉？夫以言乎己，則失其恭敬退讓之心；以言乎人，則啓其輕肆妄作之弊；以言乎先生之意，則恐猶有未盡者而絶人之思。姑無問其所改之得失，而以是三者論之，其不可已曉然矣。老兄試思前聖入太廟每事問，存餼羊，謹闕文，述而不作，信而好古，深戒不知而作,教人多聞闕疑之心爲如何,而視今日紛更專輒之意象又爲如何。審此,則於此宜亦無待乎熹之言而決。且知熹之所以再三冒瀆,貢其所不樂聞者,豈好己之説勝、得已而不已者哉? 熹請復論"沿""泝"、"猶子"之説以實前議。

夫改"沿"爲"泝"之説,熹亦竊聞之矣。如此曉破,不爲無力。然所以不可改者,蓋先生之言垂世已久,此字又無大害義理,若不以文辭害其指意,則只爲"沿"字而以"因"字、"尋"字、"循"字之屬訓之,於文似無所害,而意亦頗寬舒。必欲改爲"泝"字,雖不無一至之得,然其氣象却殊迫急,似有彊探力取之弊。疑先生所以不用此字之意,或出於此。不然,夫豈不知"沿"、"泝"之别而有此謬哉?蓋古書"沿"字亦不皆爲順流而下之字也。《荀子》云:"反鉛察之。"注云:"'鉛'與'沿'同,循也。"惜乎當時莫或疑而扣之,少祛後人之惑,後之疑者又不能闕而遽改之,是以先生之意終已不明,而舉世之人亦莫之思也。大抵古書有未安處,隨事論著,使人知之可矣。若遽改之,以没其實,則安知其果無未盡之意耶? 漢儒釋經,有欲改易處,但云"某當作某",後世猶或非之,況遽改乎? 且非特漢儒而已,孔子删《書》,"血流漂杵"之文因而不改,孟子繼之,亦曰"吾於《武成》取二三策而已",終不刊去此文,以從己意之便也。然熹又竊料改此字者,當時之意亦但欲使人知有此意,未必不若孟子之於《武成》。但後人崇信太過,便憑此語塗改舊文,自爲失耳。愚竊以爲此字決當從舊,尤所當改。若老兄必欲存之,以見"泝"字之有力,則請正文只作"沿"字,而注其下云:"某人云'沿'當作'泝'。"不則云"胡本'沿'作'泝'"。不則但云"或人"可也。如此兩存,使讀者知用力之方,改者無專輒之咎,而先生之微音餘韻後世尚有默而識之者,豈不兩全其適而無所傷乎?

"猶子"之稱謂不當改,亦所未喻。蓋來教但云"姪止是相沿稱之,而未見其害義不可稱之意",云"稱猶子尚庶幾焉",亦未見其所以庶幾之説,是以愚曹未能卒曉。然以書傳考之,則亦有所自來。蓋《爾雅》云:"女子謂兄弟之子爲姪。"注引《左氏》"姪其從姑"以釋之,而反復考尋,終不言男子謂兄弟之子爲何也。以《漢書》考之,二疏乃今世所謂叔姪,而傳以父子稱之,則是古人直謂之子,雖漢人猶然也。蓋古人淳質,不以爲嫌,故如是稱之,自以爲安。降及後世,則心有以爲不可不辨者,於是假其所以自名於姑者而稱焉。雖非古制,然亦得別嫌明微之意。而伯父、叔父與夫所謂姑者,又皆吾父之同氣也,亦何害於親親之義哉?今若欲從古,則直稱子而已;若且從俗,則伊川、横渠二先生者皆嘗稱之。伊川嘗言:"'禮從宜,使從俗',有大害義理處,則須改之。"夫以其言如此,而猶稱姪云者,是必以爲無大害於義理故也。故其遺文出於其家,而其子序之以行於世,舉無所謂猶子云者。而胡本特然稱之,是必出於家庭之所筆削無疑也。若曰"何故它處不改?"蓋有不可改者。如《祭文》則有對偶之類是也。若以稱姪爲非而改之爲是,亦當存其舊文而附以新意,況本無害理,而可遽改之乎?今所改者出於《檀弓》之文,而彼文止爲喪服兄弟之子與己子同,故曰"兄弟之子,猶子也",與下文"嫂叔之無服也"、"姑姊妹之薄也"之文同耳,豈以爲親屬之定名哉?"猶"即"如"也,其義繫於上文,不可殊絕明矣。若單稱之,即與世俗歇後之語無異。若平居假借稱之猶之可也,豈可指爲親屬之定名乎?若必以爲是,則自我作古,別爲一家之俗,夫亦孰能止之,似不必强挽前達使之同已,以起後世之惑也。故愚於此亦以爲尤所當改以從其舊者。若必欲存之,則請亦用前例,正文作"姪",注云:"胡本作猶子。"則亦可矣。

《春秋序》、富、謝書,其說略具卷中,不知是否,更欲細論,以求可否。此人行速,屢來督書,不暇及矣。若猶以爲疑,則亦且注其下云:"元本有某某若干字。"庶幾讀者既見當時言意之實,又不撥後賢删削之功。其它亦多類此,幸賜詳觀,即見區區非有偏主必勝之私,但欲此集早成完書,不誤後學耳。計老兄之意豈異於此,但恐見理太明,故於文意瑣細之間不無闊略之處;用心太剛,故於一時意見所安必欲主張到底,所以紛紛,未能卒定。如熹則淺暗遲鈍,一生在文義上做窠窟,苟所見未明,實不敢妄爲主宰,農馬智專,所以於此等處不敢便承誨諭,而不自知其僭易也。伏惟少賜寬假,使得盡愚。將來改定新本,便中幸白共父寄兩本來,容更參定,箋注求教。所以欲兩本者,蓋欲留得一本作底,以備後復有所稽考也。儻蒙矜恕,不録其過而留聽焉,不勝幸甚幸甚。《晦庵文集》卷三○。

案:朱熹本書乃答張栻《答朱元晦秘書》(辱示書)而作。二十七日,似當屬乾道三年正月。

張栻《答朱元晦秘書》:

共甫之召,蓋是此間著績有不可掩,然善類屬望,在此行也。數日來,聞二豎補外,第未知所以如何。若上心中非是見得近習決不可邇,道理分明,則恐病根猶在,二豎去,復二豎生。不然,又恐其覆出爲惡。若得有見識者乘此時進沃心妙論,白發其姦,批根塞源,洗黨與一空之,然後善類朋來,庶有瘳乎!《南軒集》卷二一。

案:書中云及"共甫之召",指劉珙自知潭州召赴行在。朱熹代撰之《劉樞密墓記》云乾道"三年正月召赴行在,八月到闕,除翰林學士、知制誥兼侍讀,以郊祀恩封建安縣開國男,食邑三百户。十一月,除中大夫、同知樞密院事"。《晦庵文集》卷九四。又"二豎補外",指乾道三年二月"癸酉,出龍大淵爲江東總管,曾覿爲淮西總管。甲戌,大淵改浙東,覿改福建"。《宋史》卷三四《孝宗紀二》。二月庚午朔,癸酉爲四日,甲戌爲五日。是本書當撰於二月中。

朱熹《答張敬夫》：

誨諭曲折數條，始皆不能無疑，既而思之，則或疑或信而不能相通。近深思之，乃知只是一處不透，所以觸處窒礙，雖或考索彊通，終是不該貫。偶却見得所以然者，輒具陳之，以卜是否。

大抵日前所見累書所陳者，只是儱侗地見得箇"大本"、"達道"底影象，便執認以爲是了，却於"致中和"一句全不曾入思議，所以累蒙教告以求仁之爲急，而自覺殊無立腳下功夫處。蓋只見得箇直截根源傾湫倒海底氣象，日間但覺爲大化所驅，如在洪濤巨浪之中，不容少頃停泊。蓋其所見一向如是，以故應事接物處但覺粗厲勇果，增倍於前，而寬裕雍容之氣略無毫髮。雖竊病之，而不知其所自來也。而今而後，乃知浩浩大化之中，一家自有一箇安宅，正是自家安身立命、主宰知覺處，所以立大本、行達道之樞要。所謂體用一源，顯微無間者，乃在於此。而前此方往方來之説，正是手忙足亂無著身處。道邇求遠，乃至於是，亦可笑矣。

《正蒙》可疑處，以熹觀之，亦只是一病。如定性則欲其不累於外物，論至靜則以識知爲客感，語聖人則以爲因問而後有知，是皆一病而已。"復見天地心"之説，熹則以爲天地以生物爲心者也，雖氣有闔闢，物有盈虚，而天地之心則亘古亘今未始有毫釐之間斷也。故陽極於外而復生於內，聖人以爲於此可以見天地之心焉。蓋其復者氣也,其所以復者,則有自來矣。向非天地之心生生不息,則陽之極也,一絕而不復續矣,尚何以復生於內而爲闔闢之無窮乎？此則所論動之端者,乃一陽之所以動,非徒指夫一陽之已動者而爲言也。夜氣固未可謂之天地心,然正是氣之復處,苟求其故,則亦可以見天地之心矣。《晦庵文集》卷三二。

　　案：本書述及"夜氣固未可謂之天地心,然正是氣之復處,苟求其故,則亦可以見天地之心矣",而朱熹《答何叔京》(熹碌碌講學親旁)有云"但欽夫極論復見天地心,不可以夜氣爲比。熹則以爲夜氣正是復處,固不可便謂天地心,然於此可以見天地心矣"。《晦庵文集》卷四〇。所指即此,故推知本書約撰於同時。《答何叔京》撰於乾道三年三、四月間。

張栻《答朱元晦秘書》：

　　共父相處二年,心事儘可說,見識但覺日勝一日,亦不易得,作別殊使人關情也。君臣之義,要須自盡,積其誠意,庶幾感通。是間若有一絲毫未盡,則誠意已分,烏能有動乎？孟氏敬王之義,所當深體也。所寄諸說亦略觀大概,林擇之思慮甚親,可重可重。鄙意有欲言者不敢隱,容後便一一寫去,共講論也。近來此間相識,卻是廣仲、晦叔甚進,德美已入書院。生徒十五、六人,但肯專意此事者極難得耳。《南軒集》卷二一。

案：據《宋史全文》卷二四下，劉珙於乾道三年閏七月癸巳"自湖南召還。初入見，首論'獨斷雖英主之能事'"云云。而張孝祥於六月中至潭州，餞送前任劉珙入朝。本書有"共父相處二年，……作別殊使人關情也"之語，故知其當撰於六月間。

張栻《答朱元晦秘書》：

示以所定祭禮，私心亦久欲爲之，但以文字不備，及少人商量。今得來示，考究精詳，甚慰。論議既定，須自今歲冬至行之乃安。但其間未免有疑，更共酌之。古者不墓祭，非有所略也，蓋知鬼神之情狀不可以墓祭也。神主在廟，而墓以藏體魄，體魄之藏而祭也，於義何居，而烏乎饗乎？若知其理之不可行，而徇私情以强爲之，是以僞事其先也。若不知其不可行，則不知也。人主饗陵之禮始於漢明帝，蔡邕蓋稱之，以爲盛事，某則以爲與原廟何異？情非不篤也，而不知禮，不知禮而徒徇乎情，則瀆廢天則，非孝子所以事其先者也。某謂時節展省，當俯伏拜跪，號哭洒掃省視而設席陳饌，以祭后土於墓左可也。此所疑一也。祭不可疏也，而亦不可數也。古之人豈或忘其親哉？以爲神之之義或黷焉則失其理故也。良心之發，而天理之安也。時祭之外，冬至祭始祖，立春祭先祖，季秋祭禰，義則精矣。元日履端之祭亦當然也。而所謂歲祭節祠者，亦有可議者乎。若夫其間如中元，則甚無謂也。此端出於釋氏之説,何爲徇俗至此乎? 此所疑二也。
大抵今日之定祭儀,蓋將祭之以禮者,苟無其理,而或牽
於私情,或狃於習俗,則庸何益乎? 鄙見不敢隱,更幸精
思,卻以見教,庶往復卒歸於是而已。至於設席陞降節
文,皆甚縝密穩當,它日論定,當共行之,且可貽之同志,
非細事也。《南軒集》卷二〇。

　　案:朱熹《答林擇之》(熹奉養粗安)云及"敬夫
又有書理會祭儀,以墓祭節祠爲不可",《晦庵文集》卷
四三。時在乾道四年(1168)秋中,故推知本書約撰於
初秋。

朱熹《答張敬夫》:

《祭説》辨訂精審,尤荷警發。然此二事,初亦致疑,
但見二先生皆有隨俗墓祭不害義理之説,故不敢輕廢。
至於節祠,則又有説。蓋今之俗節,古所無有,故古人雖
不祭,而情亦自安。今人既以此爲重,至於是日,必具殽
羞相宴樂,而其節物亦各有宜,故世俗之情至於是日不能
不思其祖考,而復以其物享之。雖非禮之正,然亦人情之
不能已者。但不當專用此而廢四時之正禮耳。故前日之
意,以爲既有正祭,則存此似亦無害。今承誨諭,以爲黷
而不敬,此誠中其病。然欲遂廢之,則恐感時觸物、思慕
之心又無以自止,殊覺不易處。且古人不祭,則不敢以
燕,況今於此俗節既已據經而廢祭,而生者則飲食宴樂,

張栻

隨俗自如，殆非事死如事生、事亡如事存之意也。必盡廢之然後可，又恐初無害於義理而特然廢之，不惟徒駭俗聽，亦恐不能行遠，則是已廢之祭拘於定制不復能舉，而燕飲節物漸於流俗有時而自如也。此於天理，亦豈得爲安乎？

夫三王制禮，因革不同，皆合乎風氣之宜，而不違乎義理之正。正使聖人復起，其於今日之議，亦必有所處矣。愚意時祭之外，各因鄉俗之舊，以其所尚之時、所用之物，奉以大羹，陳於廟中，而以告朔之禮奠焉，則庶幾合乎隆殺之節，而盡乎委曲之情，可行於久遠而無疑矣。至於元日履端之祭，《禮》亦無文，今亦只用此例。又初定儀時祭用分至，則冬至二祭相仍，亦近煩瀆。今改用卜日之制，尤見聽命於神、不敢自專之意。其它如此脩定處甚多，大底多本程氏而參以諸家，故特取二先生説今所承用者，爲《祭説》一篇，而《祭儀》、《祝文》又各爲一篇，比之昨本稍復精密，繕寫上呈，乞賜審訂示及，幸甚。《晦庵文集》卷三〇。

案：本書上承張栻來書，約撰於秋中。

朱熹《答張敬夫》：

所示彪丈書論天命未契處，想尊兄已詳語之。然彪丈之意，似欲更令下語，雖自度無出尊兄之意外者，然不敢不自竭以求教也。

3233

　　蓋熹昨聞彪丈謂"天命惟人得之，而物無所與"，鄙意固已不能無疑。今觀所論，則似又指稟生賦形以前爲天命之全體，而人物所受皆不得而與焉，此則熹之所尤不曉也。夫天命不已，固人物之所同得以生者也，然豈離乎人物之所受而別有全體哉？觀人物之生生無窮，則天命之流行不已可見乎。但其所乘之氣有偏正純駁之異，是以稟而生者，有人物賢否之不一。物固隔於氣而不能知，衆人亦蔽於欲而不能存，是皆有以自絕于天，而天命之不已者，初亦未嘗已也。人能反身自求於日用之間，存養體察，以去其物欲之蔽，則求仁得仁，本心昭著，天命流行之全體固不外乎此身矣。故自昔聖賢不過使人盡其所以正心脩身之道，則仁在其中，而性命之理得。伊川先生所謂盡性至命必本於孝弟，正謂此耳。《遺書》第十八卷一段論此甚詳。夫豈以天命全體置諸被命受生之前、四端五典之外，而別爲一術以求至乎彼哉？

　　蓋仁也者，心之道，而人之所以盡性至命之樞要也。今乃言"聖人雖教人以仁，而未嘗不本性命以發之"，則是以仁爲未足，而又假性命之云以助之也。且謂之大本，則天下之理無出於此，但自人而言，非仁則無自而立。故聖門之學以求仁爲要者，正所以立大本也。今乃謂聖人言仁未嘗不兼大本而言，則是仁與大本各爲一物，以此兼彼，而後可得而言也。凡此皆深所未喻，不知彪丈之意竟何如耳？

《知言》首章即是説破此事，其後提掇"仁"字最爲緊切，正恐學者作二本、三本看了。但其間亦有急於曉人而剖析太過、略於下學而推説太高者，此所以或啓今日之弊。序文之作，推明本意，以救末流，可謂有功於此書而爲幸於學者矣，尚何疑之有哉？

釋氏雖自謂惟明一心，然實不識心體；雖云心生萬法，而實心外有法，故無以立天下之大本，而内外之道不備。然爲其説者猶知左右迷藏，曲爲隱諱，終不肯言一心之外別有大本也。若聖門所謂心，則天序、天秩、天命、天討、惻隱、羞惡、是非、辭讓莫不該備，而無心外之法。故孟子曰："盡其心者知其性也，知其性則知天矣。存其心、養其性，所以事天也。"是則天人、性命豈有二理哉？而今之爲此道者，反謂此心之外別有大本，爲仁之外別有盡性至命之方，竊恐非惟孤負聖賢立言垂後之意、平生承師問道之心，竊恐此説流行，反爲異學所攻，重爲吾道之累。故因來示得效其愚，幸爲審其是否而復以求教於彪丈。幸甚幸甚。《晦庵文集》卷三〇。

案：張栻《答彪德美》所論"天命"，與朱熹本書所言合。又張栻其書云"《知言序》可謂犯不韙，見教處極幸，但亦恐有未解區區之意處，故不得不白"，《南軒集》卷二五。亦與朱熹本書所云"序文之作，推明本意，以救末流，可謂有功於此書而爲幸於學者矣"合。是此二書撰時相近。又朱熹《答林擇之》（某侍

旁粗安)有云"《文定祠記》、《知言序》、《遺書》二序并
録呈"。《晦庵文集》別集卷六。此四文約撰於同時。
《遺書》二序,即朱熹《程氏遺書後序》、《程氏遺書附
録後序》,撰於乾道四年四月,《晦庵文集》卷七五。《文
定祠記》疑即朱熹《建寧府崇安縣學二公祠記》,云乾
道三年崇安知縣諸葛侯"始至,則將茸新學校,以教
其人,而深以(趙清獻公、胡文定公)兩公之祠未立爲
己病,於是訪求遺像,因新學而立祠焉。明年五月甲
子訖功,命諸生皆入於學,躬率丞掾與之釋菜於先聖
先師,而奠於兩公之室"。《晦庵文集》卷七七。故推知
朱熹本書約撰於四年秋、冬間。

朱熹《與湖南諸公論中和第一書》:

《中庸》未發、已發之義,前此認得此心流行之體,又
因"程子凡言心者,皆指已發而言",遂目心爲已發、性爲
未發。然觀程子之書,多所不合,因復思之,乃知前日之
説,非惟心、性之名命之不當,而日用工夫全無本領,蓋所
失者不但文義之間而已。按《文集》、《遺書》諸説,似皆以
思慮未萌、事物未至之時,爲喜怒哀樂之未發。當此之
時,即是此心寂然不動之體,而天命之性,當體具焉。以
其無過不及,不偏不倚,故謂之中。及其感而遂通天下之
故,則喜怒哀樂之性發焉,而心之用可見。以其無不中
節、無所乖戾,故謂之和。此則人心之正,而情性之德然

也。然未發之前不可尋覓,已覺之後不容安排,但平日莊敬涵養之功至,而無人欲之私以亂之,則其未發也,鏡明水止,而其發也,無不中節矣。此是日用本領工夫。至於隨事省察,即物推明,亦必以是爲本。而於已發之際觀之,則其具於未發之前者,固可嘿識。故程子之答蘇季明,反復論辨,極於詳密,而卒之不過以敬爲言。又曰:"敬而無失,即所以中。"又曰:"人道莫如敬,未有致知而不在敬者。"又曰:"涵養須是敬,進學則在致知。"蓋爲此也。向來講論思索,直以心爲已發,而日用工夫,亦止以察識端倪爲最初下手處,以故闕却平日涵養一段工夫,使人胸中擾擾,無深潛純一之味,而其發之言語事爲之間,亦常急迫浮露,無復雍容深厚之風。蓋所見一差,其害乃至於此,不可以不審也。程子所謂"凡言心者,皆指已發而言",此乃指赤子之心而言,而謂"凡言心者",則其爲說之誤,故又自以爲未當,而復正之。固不可以執其已改之言,而盡疑諸說之誤;又不可遂以爲未當,而不究其所指之殊也。不審諸君子以爲如何?《晦庵文集》卷六四。

案:朱熹《中和舊説序》云其早從延平李先生學,求《中庸》未發已發之旨,後自悟未發爲性、已發爲心。然於"乾道己丑之春,爲友人蔡季通言之,問辨之際,予忽自疑斯理也",始覺舊説爲誤,於是"亟以書報欽夫及嘗同爲此論者,惟欽夫復書深以爲然"。《晦庵文集》卷七五。所謂"以書報欽夫及嘗同爲此論者",即此《與湖南諸公論中和第一書》,當撰於乾道五年(1169)春。

張栻《與朱元晦書》：

案：張栻來書即下朱熹答書(諸説例蒙印可)所稱中之"來喻",未見。朱熹《答林擇之》(熹侍旁如昨)云"近得南軒書,諸説皆相然諾,但先察識、後涵養之論執之尚堅,未發、已發條理亦未甚明"。《晦庵文集》卷四三。其書撰於是年七月,故推知張栻來書約在夏間。

朱熹《答張敬夫》：

諸説例蒙印可,而未發之旨又其樞要。既無異論,何慰如之。然比觀舊説,却覺無甚綱領,因復體察,得見此理須以心爲主而論之,則性情之德、中和之妙,皆有條而不紊矣。然人之一身,知覺運用,莫非心之所爲,則心者,固所以主於身,而無動静語默之間者也。然方其静也,事物未至,思慮未萌,而一性渾然,道義全具,其所謂中,是乃心之所以爲體而寂然不動者也。及其動也,事物交至,思慮萌焉,則七情迭用,各有攸主,其所謂和,是乃心之所以爲用,感而遂通者也。然性之静也而不能不動,情之動也而必有節焉,是則心之所以寂然感通、周流貫徹而體用未始相離者也。然人有是心而或不仁,則無以著此心之妙；人雖欲仁而或不敬，則無以致求仁之功。蓋心主乎一身而無動靜語默之間，是以君子之於敬，亦無動靜語默而不用其力焉。未發之前，是敬也固已主乎存養之實；已發之際，是敬也又常行於省察之間。方其存也，思慮未萌而知覺不昧，是則靜中之動，《復》之所以“見天地之心”也。及其察也，事物紛糾而品節不差，是則動中之靜，《艮》之所以“不獲其身、不見其人”也。有以主乎靜中之動，是以寂而未嘗不感；有以察乎動中之靜，是以感而未常不寂。寂而常感，感而常寂，此心之所以周流貫徹而無一息之不仁也。然則君子之所以“致中和而天地位、萬物育”者，在此而已。蓋主於身而無動靜語默之間者，心也；仁則心之道，而敬則心之貞也。此徹上徹下之道，聖學之本統。明乎此，則性情之德、中和之妙可一言而盡矣。

　　熹向來之說固未及此，而來喻曲折，雖多所發明，然於提綱振領處似亦有未盡。又如所謂“學者先須察識端倪之發，然後可加存養之功”，則熹於此不能無疑。蓋發處固當察識，但人自有未發時，此處便合存養，豈可必待發而後察、察而後存耶？且從初不曾存養，便欲隨事察識，竊恐浩浩茫茫，無下手處，而豪釐之差，千里之繆，將有不可勝言者。此程子所以每言“孟子才高，學之無可依據，人須是學顏子之學，則入聖人爲近，有用力處”。其微意亦可見矣。且如“灑掃應對進退”，此存養之事也。不知學者將先於此而後察之耶，抑將先察識而後存養也？

以此觀之，則用力之先後判然可觀矣。

來教又謂"動中涵静，所謂《復》見天地之心"，亦所未喻。熹前以《復》爲静中之動者，蓋觀卦象便自可見。而伊川先生之意似亦如此。來教又謂"言静則溺於虚無"。此固所當深慮。然此二字如佛者之論，則誠有此患。若以天理觀之，則動之不能無静，猶静之不能無動也；静之不能無養，猶動之不可不察也。但見得一動一静，互爲其根，敬義夾持，不容間斷之意，則雖下"静"字，元非死物，至静之中蓋有動之端焉。是乃所以見天地之心者，而先王之所以至日閉關。蓋當此之時，則安静以養乎此爾，固非遠事絶物、閉目兀坐而偏於静之謂。但未接物時，便有敬以主乎其中，則事至物來，善端昭著，而所以察之者益精明爾。伊川先生所謂"却於已發之際觀之"者，正謂未發則只有存養，而已發則方有可觀也。周子之言主静，乃就中正仁義而言。以正對中，則中爲重；以義配仁，則仁爲本爾。非四者之外別有主静一段事也。來教又謂熹言以静爲本，不若遂言以敬爲本。此固然也。然"敬"字工夫通貫動静，而必以静爲本，故熹向來輒有是語。今若遂易爲"敬"，雖若完全，然却不見敬之所施有先有後，則亦未得爲諦當也。至如來教所謂"要須察夫動以見静之所存，静以涵動之所本，動静相須，體用不離，而後爲無滲漏也"。此數句卓然，意語俱到，謹以書之座右，出入觀省。然上兩句次序似未甚安，意謂易而置之，乃有可行之實。

不審尊意以爲如何？《晦庵文集》卷三二。

案：本書云張栻來書中言"學者先須察識端倪之發，然後可加存養之功"，即朱熹《答林擇之》（熹侍旁如昨）中云張栻來書所言"但先察識、後涵養之論執之尚堅，未發、已發條理亦未甚明"者，故推知其約撰於夏間。

朱熹《與張敬夫書》：

案：朱熹本書未見。朱熹《答林擇之》（熹侍旁如昨）云"'敬以直內'爲初學之急務，誠如所諭。亦已報南軒，云擇之於此無異論矣"。《晦庵文集》卷七五。故推知其書約撰於夏、秋之際。

朱熹《答張敬夫》：

昨所惠吳才老諸書，近方得暇一觀，始謂不過淺陋無取，未必能壞人心術如張子韶之甚。今乃不然，蓋其設意專以世俗猜狹怨懟之心窺聖人，學者苟以其新奇而悅之，其害亦有不勝言者。道學不明，無一事是當，更無開眼處，奈何奈何？

元履十六日已到家，昨日遣書來，未暇往見之。然想其脫去樊籠，快適當如何也。諸公既不能克己從善，使人有樂告之心，又曲意彌縫，恐有失士之誚。用心如此，亦已繆矣。熹所與劄子謾録呈，足以見區區，然勿示人，幸甚。《晦庵文集》卷二四。

案：據《年譜長編》卷上，魏掞之（元履）於七月初因論事免太學錄去國。本書云"元履十六日已到家，昨日遣書來，未暇往見之"，故推知其當撰於是月下旬。

朱熹《答張敬夫》：

蒙示及答胡、彪二書、呂氏《中庸辨》，發明親切，警悟多矣。然有未諭，敢條其所以而請於左右：《答廣仲書》切中學者之病，然愚意竊謂此病正坐平時燭理未明、涵養未熟，以故事物之來無以應。若曰"於事物紛至之時，精察此心之所起"，則是似更於應事之外別起一念，以察此心。以心察心，煩擾益甚，且又不見事物未至時用力之要。此熹所以不能亡疑也。儒者之學，大要以窮理爲先。蓋凡一物有一理，須先明此，然後心之所發，輕重長短，各有準則。《書》所謂"天敘"、"天秩"、"天命"、"天討"，《孟子》所謂"物皆然，心爲甚"者，皆謂此也。若不於此先致其知，但見其所以爲心者如此，識其所以爲心者如此，泛然而無所準則，則其所存所發，亦何自而中於理乎？且如釋氏擎拳竪拂、運水般柴之說，豈不見此心？豈不識此心？而卒不可與入堯、舜之道者，正爲不見天理，而專認此心以爲主宰，故不免流於自私耳。前輩有言"聖人本天，釋氏本心"，蓋謂此也。

來示又謂"心無時不虛",熹以爲心之本體固無時不虛,然而人欲己私汩没久矣,安得一旦遽見此境界乎?故聖人必曰"正其心,而正心必先誠意,誠意必先致知",其用力次第如此,然後可以得心之正而復其本體之虛,亦非一日之力矣。今直曰"無時不虛",又曰"既識此心,則用無不利",此亦失之太快,而流於異學之歸矣。若儒者之言,則必也"精義入神",而後"用無不利"可得而語矣。

孟子"存亡"、"出入"之説,亦欲學者操而存之耳,似不爲識此心發也。若能常操而存,即所謂"敬者純"矣。純則動静如一,而此心無時不存矣。今也必曰"動處求之",則是有意求免乎静之一偏,而不知其反倚乎動之一偏也。然能常操而存者,亦是顏子地位以上人方可言此。今又曰"識得便能守得",則僕亦恐其言之易也。明道先生曰:"既能體之而樂,則亦不患不能守。"須如此而言,方是顛撲不破,絶滲漏、無病敗耳。高明之意,大抵在於施爲運用處求之,正禪家所謂石火電光底消息也,而於優游涵泳之功,似未甚留意。是以求之太迫而得之若驚,資之不深而發之太露,《易》所謂寬以居之者,正爲不欲其如此耳。愚慮及此,不識高明以爲如何?《晦庵文集》卷三〇。

案:本書云"《答廣仲書》切中學者之病",當即指張栻《答胡廣仲》(來書所謂性善之説)中"但某之意,正患近來學者多只是想象,不肯著意下工。伊洛老先生所謂主一無適,真是學者指南深切著明者也。……不然徒自談高拽妙玄,只在膠膠擾擾域中三二十年,恐只是空過了,至善之則,烏能實了了乎"云云。《南軒集》卷二七。《書信編年》係於乾道五年間。待考。

張栻《答朱元晦》:

某罷勉爲州,不敢不敬,深惟聖人"心誠求之"與"以人治人"之義,庶幾萬一,而未之能也。幸人情粗相安,蠶麥差熟,丁稅,朝廷蠲末等無常產之輸七萬餘緡,稍寬目前,但弊根不除,少須更力論之。惟是興利之臣日進,將恐多所紛更,孤迹其可久於此耶?《南軒集》卷二二。

案:據陳公亮《嚴州圖經》卷一《題名》,張栻於乾道五年十二月二十九日以右承務郎權發遣嚴州,至六年閏五月十七日赴召。本書云"某罷勉爲州",又云"幸人情粗相安,蠶麥差熟,丁稅,朝廷蠲末等無常產之輸七萬餘緡,稍寬目前"。而朱熹《右文殿修撰張公神道碑》云張栻"改嚴州,到任,問民疾苦,首以丁鹽錢絹太重爲請,得蠲,是歲半輸"。《晦庵文集》卷八九。故推知本書當撰於乾道六年(1170)春、夏之際。

朱熹《與張敬夫四月一日》:

《春秋》正朔事,比以書考之,凡書月皆不著時,疑古史記事例只如此。至孔子作《春秋》，然後以天時加王月，以明上奉天時、下正王朔之義。而加春於建子之月，則行夏時之意亦在其中。觀伊川先生、劉質夫之意似是如此。但"春秋"兩字乃魯史之舊名，又似有所未通。幸更與晦叔訂之，以見教也。《晦庵文集》卷三一。

案：朱熹《答吳晦叔》（別紙所詢三事）亦論及"《春秋》書正"，云"據伊川説，則只是周正建子之月。但非春而書春，則夫子有行夏時之意，而假天時以立義耳"，《晦庵文集》卷四二。時在乾道六年春、夏間，與本書相先後，故知本書撰於是年四月一日。

朱熹《與張敬夫》：

竊承政成事簡，暇日復有講習之樂，英材心化，多士風靡，此爲吾道之幸，豈特一郡之福哉。奏罷丁錢，此舉甚美。初謂遂獲蠲除，不知僅免一歲，雖亦不爲無補，特非久遠利耳。然熹竊謂有身則有庸，此近古之法。蓋食王土、爲王民，亦無終歲安坐、不輸一錢之理。但不當取之太過，使至於不能供耳。今欲再奏，不若請令白丁下户每歲人納一、二百錢，四等而上，每等遞增一、二百，使至於極等，則略如今日之數，似亦不爲厲民，而上可以不失大農經費之入，下可以爲貧民久遠之利，於朝廷今日事力亦易聽從而可以必濟。不審尊意以爲如何？

似聞浙中諸郡有全不輸筭賦者，有取之無藝、至于不可堪者。凡此不均，皆爲未便。朝廷自合因此總會所入之大數，斟酌裁損而均平之，乃爲盡善。至如尊兄前奏有不容援例之語，亦非愚心之所安也。聚斂之臣誠可憎疾，爲國家者明道正義以端本於上，而百官有司景從響附於下，則此輩之材，寸長尺短亦無所不可用，但使之知吾節用裕民之意，而謹其職守，則自不至於病民矣。今議者不正其本而唯末之齊，斥彼之短而自無長策以濟目前之急，此所以用力多而見功寡，卒無補於國事，而虛爲此紛紛也。

伯恭漸釋舊疑，朋友之幸。但得渠於此有用力處，則歲月之間，舊病不患不除矣。此有李伯諫者，名宗思。舊嘗學佛，自以爲有所見，論辨累年，不肯少屈。近嘗來訪，復理前語。熹因問之："天命之謂性，公以此句爲空無一法耶，爲萬理畢具耶？若空則浮屠勝，果實則儒者是。此亦不待兩言而決矣。"渠雖以爲實，而猶戀著前見，則請因前所謂空者而講學以實之。熹又告之曰："此實理也，而以爲空，則前日之見誤矣。今欲真窮實理，亦何藉於前日已誤之空見而爲此二三耶？"渠遂脫然肯捐舊習而從事於此。此人氣質甚美，內行脩飭，守官亦不苟，得其回頭，吾道殊有賴也。前此答福州一朋友書正論此事，書才畢而伯諫至，不一二日，其言果驗，亦可怪也。今以上呈。二人伯恭皆識之。深卿者舊從伯恭遊，聞其家學守之甚固，但聞全不肯向此學用功，正恐難猝拔也。《晦庵文集》卷三一。

案：本書上承張栻《答朱元晦》（某瞢勉爲州），
約撰於夏間。

朱熹《答張敬夫問目》：

孟子曰："盡其心者，知其性也，知性則知天矣。"心體
廓然，初無限量，惟其梏於形器之私，是以有所蔽而不盡。
人能克己之私，以窮天理，至於一旦脱然，私意剥落，則廓
然之體無復一毫之蔽，而天下之理，遠近精粗，隨所擴充，
無不通達。性之所以爲性、天之所以爲天，蓋不離此而一
以貫之，無次序之可言矣。孔子謂"天下歸仁"者，正此
意也。

"存其心，養其性，所以事天也。"心性皆天之所以與
我者，不能存養而梏亡之，則非所以事天也。夫心主乎性
者也，敬以存之，則性得其養而無所害矣。此君子之所以
奉順乎天，蓋能盡其心而終之之事，顔、冉所以請事斯語
之意也。然學者將以求盡其心，亦未有不由此而入者。
故敬者學之終始，所謂徹上徹下之道，但其意味淺深有不
同爾。

"殀壽不貳，脩身以俟之，所以立命也。"云"殀"，與
"夭"同。夫夭壽之不齊，蓋氣之所稟有不同者。不以悦
戚二其心，而惟脩身以俟之，則天之正命自我而立，而氣
稟之短長非所論矣。愚謂盡心者，私智不萌，萬里洞貫，

斂之而無所不具、擴之而無所不通之謂也。學至於此，則知性之爲德無所不該，而天之爲天者不外是矣。存者存此而已，養者養此而已，事者事此而已。生死不異其心，而脩身以俟其正，則不拘乎氣稟之偏，而天之正命自我立矣。

告子曰：“不得於言，勿求於心；不得於心，勿求於氣。”孟子引告子之言以告丑，明告子所以不動其心術如此。告子之意，以爲言語之失，當直求之於言，而不足以動吾之心；念慮之失，當直求之於心，而不必更求之於氣。蓋其天資剛勁，有過人者，力能堅忍固執，以守其一偏之見，所以學雖不正，而能先孟子以不動心也。觀其論性數章，理屈詞窮，則屢變其説以取勝，終不能從容反覆，審思明辨，因其所言之失而反之於心，以求至當之歸。此其不得於言而勿求諸心之驗也歟？

“不得於心，勿求於氣，可；不得於言，勿求於心，不可。”孟子既引告子之言而論其得失如此。夫心之不正，未必皆氣使之，故勿求於氣，未爲甚失。至言之不當，未有不出於心者，而曰勿求於心，則有所不可矣。伊川先生曰：“人必有仁義之心，然後有仁義之氣睟然達於外，所以不得於心，勿求於氣可也。”又曰：“告子不得於言，勿求於心，蓋不知義在內也。”皆此意也。然以下文觀之，氣亦能反動其心，則勿求於氣之説未爲盡善。但心動氣之時多，氣動心之時少，故孟子取其彼善於此而已。凡曰“可”者，皆僅可而未盡之詞也。至於言，則雖發乎口而實出於心，內有蔽陷離窮之病，則外有詖淫邪遁之失。不得於言而每求諸心，則其察理日益精矣。孟子所以知言養氣以爲不動心之本者，用此道也。而告子反之，是徒見言之發於外，而不知其出於中，亦義外之意也。其害理深矣，故孟子斷然以爲不可。於此可見告子之不動心所以異於孟子，而亦豈能終不動者哉？

“滿腔子是惻隱之心。”此是就人身上指出此理充塞處，最爲親切。若於此見得，即萬物一體，更無内外之別。若見不得，却去腔子外尋不見，即莽莽蕩蕩，無交涉矣。陳經正云：“我見天地萬物皆我之性，不復知我身之所爲我矣。”伊川先生曰：“它人食飽，公無餒乎？”正是説破此病。《知言》亦云：“釋氏以虛空沙界爲己身，而不敬其父母所生之身。”亦是説此病也。

“仲尼焉學。”舊説得太高，詳味文意，文、武之道只指先王之禮樂刑政、教化文章而已，故特言文、武，而又以未墜於地言之。若論道體，則不容如此立言矣。但向來貪簡意思，將此一句都瞞過了。李光祖雖欲曲爲之説，然終費氣力，似不若四平放下，意味深長也。但聖人所以能無不學、無不師而一以貫之，便有一箇生而知之底本領。不然，則便只是近世博雜之學，而非所以爲孔子。故子貢之對雖有遜詞，然其推尊之意亦不得而隱矣。

“寂感”之説甚佳，然愚意都是要從根本上説來，言其有此，故能如此，亦似不可偏廢。但"爲"字下不著耳。今欲易之云："有中有和，所以能寂感。而惟寂惟感，所以爲中和也。"如何？

"夫《易》何爲者也"止"以斷天下之疑"，此言《易》之書其用如此。

"是故蓍之德"止"不殺者夫"，此言聖人所以作《易》之本也。蓍動卦靜而爻之變易無窮，未畫之前，此理已具於聖人之心矣。然物之未感，則寂然不動而無朕兆之可名；及其出而應物，則憂以天下，而所謂圓神方智者，各見於功用之實矣。"聰明睿智、神武不殺"，言其體用之妙也。

"是故明於天之道"止"以前民用"，此言作《易》之事也。

"聖人以此齋戒，以神明其德夫"，此言用《易》之事也。齋戒，敬也。聖人無一時一事而不敬，此特因卜筮而言，尤見其精誠之至。如孔子所慎齋戰疾之意也。湛然純一之謂齋，肅然警惕之謂戒，玩此則知所以神明其德之意也。

"乾坤其易之蘊耶"止"乾坤或幾乎息矣"。自易道統體而言，則乾陽坤陰，一動一靜，乃其蘊也。自乾坤成列而觀之，則易之爲道，又不在乾坤之外。惟不在外，故曰"乾坤毀則無以見易"。然易不可見，則乾自乾，坤自坤，故又曰"易不可見，則乾坤或幾乎息矣"。

"學而"，説此篇名也，取篇首兩字爲别，初無意義。但"學"之爲義，則讀此書者不可以不先講也。夫學也者，以字義言之，則己之未知未能，而曉夫知之能之之謂也。以事理言之，則凡未至而求至者，皆謂之學。雖稼圃射御之微，亦曰學，配其事而名之也。而此獨專之，則所謂學者，果何學也？蓋始乎爲士者，所以學而至乎聖人之事。伊川先生所謂"儒者之學"是也。蓋伊川先生之意曰：今之學者有三，詞章之學也，訓詁之學也，儒者之學也。欲通道，則舍儒者之學不可。尹侍講所謂"學者，所以學爲人也"。學而至於聖人，亦不過盡爲人之道而已。此皆切要之言也。夫子之所志，顔子之所學，子思、孟子之所傳，皆是學也。其精純盡在此書，而此篇所明又學之本，故學者不可以不盡心焉。

"哭則不歌"。一日之中或哭或歌，是褻於禮容。范曰："哀樂不可以無常，無常非所以養心也。"哭與歌不同日，不惟恤人，亦所以自養也。尹曰："于此見聖人忠厚之心也。"

"不圖爲樂之至於斯"，言不意舜之爲樂至於如此之美，使其恍然忘其身世也。

"慎而無禮"。葸，絲里反，畏懼之皃。絞，急也。

"寢不尸"。范以爲嫌惰慢之氣設於身體。孫思邈言："睡欲踡，覺則舒。"引夫子"寢不尸"爲證。

"君子不以紺緅飾"。紺，玄色。《説文》云："深青揚赤色也。"緅,絳色。飾者,緣領也。齋服用絳。三年之喪,既葬而練,其服以緅爲飾。紅、紫非正色,青、赤、黄、白、黑,五方之正色也。綠、紅、碧、紫、騮,五方之間色也。蓋以木之青克土之黄,合青、黄而成綠,爲東方之間色。以金之白克木之青,合青、白而成碧,爲西方之間色。以火之赤克金之白,合赤、白而成紅,爲南方之間色。以水之黑克火之赤,合赤、黑而成紫,爲北方之間色。以土之黄克水之黑,合黄、黑而成騮,爲中央之間色。

"可欲之謂善",天機也,非思勉之所及也。"今人乍見孺子入井,皆有怵惕惻隱之心","小人閒居爲不善,無所不至,見君子而后厭然揜其不善而著其善"。玩"乍見"字、"厭然"字,則知"可欲之謂善",其衆善之首、萬理之先而百爲之幾也歟? 可欲之謂善,幾也。聖人妙此而天也,賢人明此而敬也,善人由此而不知也,小人舍此而不由也。雖然,此幾不爲堯存,不爲桀亡,其始萬物、終萬物之妙也歟?

"喜怒哀樂之未發謂之中",性也;"發而皆中節謂之和",情也。子思之爲此言,欲學者於此識得心也。心也者,其妙情性之德者歟?

《易》"無思也,無爲也,寂然不動",忠也,敬也,立大本也。"感而遂通天下之故",恕也,義也,行達道也。

"定"、"静"、"安"三字雖分節次,其實知止後皆容易進。"安而後能慮,慮而后能得",此最是難進處,多是至安處住了。"安而后能慮",非顏子不能之。去"得"字地位雖甚近,然只是難進。挽弓到臨滿時,分外難開。

"舜好察邇言"。邇言,淺近之言也,猶所謂尋常言語也。尋常言語,人之所忽而舜好察之,非洞見道體無精粗差別不能然也。孟子曰:"自耕稼陶漁以至爲帝,無非取諸人者。"又曰:"聞一善言,見一善行,若決江河,沛然莫之能禦。"此皆好察邇言之實也。伊川先生曰:"造道深後,雖聞常人語言,至淺近事,莫非義理。"是如此。

孟子明則動矣,未變也。顏子動則變矣,未化也。有天地後,此氣常運。有此身後,此心常發。要於常運中見太極,常發中見本性。離常運者而求太極,離常發者而求本性,恐未免釋、老之荒唐也。《晦庵文集》卷三一。

案:朱熹《答林擇之》(得欽夫書)有云"近何叔京過此,少留未去,伯間、季通皆來集,講論甚衆,恨擇之不在此耳。適因舉'滿腔子是惻隱之心',江民表云:'腔子外是甚底?請諸公下語。'已各有説,更請擇之亦下一語"。《晦庵文集》別集卷六。正與本書中所析"滿腔子是惻隱之心"語相應,故推知其約撰於前後時。《答林擇之》書中言及"今極暑",則本書亦當撰於酷夏時,約五月、閏五月間。

朱熹《答張敬夫》:

垂喻曲折,必已一一陳之。君相之意果如何,今當有一定之論矣。伏蒙不鄙，令誦所聞，以裨萬一，此見臨事而懼之意。推是心也，何往不濟？然此蓋非常之舉，廢興存亡，所繫不細。在明者尚不敢輕，況愚昧荒迷之餘，其何敢輕易發口耶？大抵來教綱領極正當，條目亦詳備，雖竭愚慮，亦不能出是矣。顧其間有所未盡，計非有所不及，恐以爲無事於言而不言耳，請試陳之：

夫《春秋》之法，君弑，賊不討，則不書葬者，正以復讎之大義爲重，而掩葬之常禮爲輕，以示萬世臣子，遭此非常之變，則必能討賊復讎，然後爲有以葬其君親者。不則雖棺椁衣衾極於隆厚，實與委之於壑，爲狐狸所食、蠅蚋所嘬無異。其義可謂深切著明矣。而前日議者乃引此以開祈請之端，何其與《春秋》之義背馳之甚耶！又況祖宗陵寢、欽廟梓宮往者屢經變故，傳聞之說，有臣子所不忍言者，此其存亡固不可料矣。萬一狡虜出於漢斬張耳之謀以誤我，不知何以驗之，何以處之？

熹昨日道間見友人李宗思，相語及此。李云："此決無可問，爲臣子者但當思其所以不可問之痛，沬血飲泣，益盡死於復讎，是乃所以爲忠孝耳。"此語極當。若朝廷果以此義存心，發爲號令，則雖瘖聾跛躄之人，亦且增百倍之氣矣，何患怨之不報，恥之不雪，中原之不得，陵廟梓宮之不復，而爲是紕繆倒置、有損無益之舉哉？不知曾爲上論此意，請罷祈請之行否？此今日正名舉義之端，不可不審。萬一果有如前所陳張耳之說，却無收殺。若前日之言未盡此意,當更論之,此不可放過也。

其他則所論盡之,但所謂德者當如何而脩,所謂人才者當如何而辨,所謂政事者當如何而立,此須一一有實下功夫處。愚謂以誠實恭畏存心,而遠邪佞、親忠直、講經訓以明義理爲之輔。凡廷臣之狡險逢迎、軟熟趨和者,以漸去之;凡中外以欺罔刻剥、生事受寵者,一切廢斥。而政令之出,必本於中書,使近習小人無得假託以紊政體。此最事之大者。又須審度彼己,較時量力,定爲幾年之規。若孟子大國五年、小國七年之説,其間施設次第,亦當一一子細畫爲科條,要使上心曉然開悟,知如此必可以成功,而不如此必至於取禍,決然不爲小人邪説所亂,不爲小利近功所移,然後可以向前擔當,鞠躬盡力,上成聖主有爲之志,下究先正忠義之傳。如其不然,則計慮不定,中道變移,不惟不能成功,正恐民心内摇,仇敵外侮,其成敗禍福,又非坐而待亡之比。家族不足惜,奈宗社何?此尤當審處,不可容易承當,後將有悔而不及者。願更加十思,不可以入而後量也。

抑又有所獻:熹幸從遊之久,竊覯所存,大抵莊重沉密氣象有所未足,以故所發多暴露而少含蓄,此殆涵養本原之功未至而然。以此慮事,吾恐視聽之不能審,而思慮之不能詳也。近年見所爲文,多無節奏條理,又多語學者以所未到之理,此皆是病。理無大小,小者如此,則大者可知矣。又丏免丁絹,期反牛羊之説,喧播遠近,尤非小失,不可不戒。願深察此言,朝夕點檢,絶其萌芽,勿使能立,則志定慮精,上下信服，其於有爲，事半而功倍矣。事之有失，人以爲言，固當即改，然亦更須子細審其本末，然後從之爲善。向見舉措之間多有一人言而爲之，復以一人言而罷之者，亦太輕易矣。從之輕，則守之不固必矣。慕仰深切，不勝區區過計之憂，敢以爲獻，想不罪其僭易也。

虞公能深相敬信否？頗聞尚有湖海之氣，此非廊廟所宜。願從容深警切之，使知爲克己之學，以去其驕吝之私，更進用誠實沈靜之人，以自輔其所不足，乃可以當大任而成大功。不然，銳於趨事而昧於自知，吾恐其顛躓之速也。熹向得汪丈書，道虞公見問之意。時已遭大禍，不敢越禮言謝。今願因左右，效此區區，庶幾不爲虛辱公之問者。

伯恭於此何爲尚有所疑？熹嘗以爲内修外攘，譬如直内方外，不直内而求外之方固不可，然亦未有今日直内而明日方外之理。須知自治之心不可一日忘，而復讎之義不可一日緩，乃可與語今世之務矣。《晦庵文集》卷二五。

案：宋廷是年遣范成大等爲祈請使入金求陵寢地，更定受書禮。據范成大《攬轡錄》，閏五月戊子（九日），宋廷命范成大等爲祈請使，六月甲子（十五日）“出國門”。時張栻於閏五月十七日赴召，是月廷對。《張宣公年譜》。張栻入都以後來書徵求朱熹建議。朱熹答書乃請張栻上疏論罷遣使，故推知其約撰於閏五月末、六月初。

朱熹《答張敬夫》：

今日既爲此舉，則江、淮、荆、漢便當戒嚴以待，不知將帥孰爲可恃者？近年此輩皆以貨賂倚託幽陰而得兵柄，漫不以國家軍律爲意。今日須爲上説破此病，進退將帥，須以公議折中，與衆共之，則軍不待自練而精，財不待自節而裕矣。此張皇國威之本，不可不早慮也。

兩淮屯田，兩年來措置不知成倫緒否？議者紛紛，直以爲不可，固不是議論，然亦恐任事者未必忠信可仗，其所措畫未必合義理、順人心，此亦不可不早爲之所。向見范伯達丈條具夫田之説甚詳，似可行於曠土，便爲井地寓兵之漸，試詢究其利病如何？

均輸之政，見上曾及之否？此決無益於事，徒失人心。今時州縣，老兄所親見，豈有餘剩可劃刷耶？

閩中之兵，春間忽有赴帥司團教指揮，七郡勞遣，所費不貲，然後肯行。至彼又無營寨止泊，聞極咨怨，出不遜語。此等舉動誠不可曉。

昨日道間又見奉行強盜新法者，殺傷人、犯姦、縱火皆死，此固無疑於當戮。但贓滿之限亦從而損之，此似太過。蓋所以改此法，正以人之軀命爲重耳。今乃一例爲此刻急，則人但見峻文之迹，而未察乎所以愛人之心者，亦不得不駭矣。不若改此一條，使贓滿之數比舊法又加寬焉，以見改法之本意，所重乃在人之軀命，而不在乎貨財，則彼微有貪生惜死之情者，爲惡將有所極，而人之被劫者,亦或可以免於殺傷之禍、汙辱之恥矣。又經貸命而再犯者殺之,似亦太過,不若斬其左足,使終身不復能陸梁。全生之仁,禁非之義,並行不悖,乃先王制刑督姦之本意也。憂居窮寂,不聞外事,接於耳目者,僅有此耳。——薦聞,幸少留意。《晦庵文集》卷二五。

案:朱熹《右文殿修撰張公神道碑》云當時"宰相又方謂敵勢衰弱可圖,建遣泛使往責陵寢之故,士大夫有憂其無備而召兵者,皆斥去之"。《晦庵文集》卷八九。本書中"今日既爲此舉,則江、淮、荆、漢便當戒嚴以待"云云,即針對此而言,是本書乃稍晚於上書(垂喻曲折),約撰於六月間。

朱熹《答張敬夫》:

奏草已得,竊觀所論,該貫詳明,本末巨細無一不舉。不欲有爲則已,如欲有爲,未有舍此而能濟者。但使介遂行,此害義理、失幾會之大者。若虜人有謀,不拒吾請,假以容車之地,使得往來朝謁,不知又將何以處之?今幸彼亦無謀,未納吾使,不若指此爲釁,追還而顯絕之,乃爲上策。若必待彼見絕而後應之,則進退之權初不在我,而非所以爲正名之舉矣。尊兄所論雖不見却,然只此一大節目,便已乖戾,而他事又未有一施行者。竊意虞公亦且繆爲恭敬,未必真有信用之實。不若早以前議與之判決,如其不合,則奉身而退,亦不爲無名矣。蓋此非細事,其安危成敗間不容息,豈可以坐縻虛禮,逡巡閔默,以誤國計,而措其身於顛沛之地哉?必以會慶爲期,竊恐未然之間,卒有事變,而名義不正,彌綸又疏,無復有著手處也。彼若幸而見聽,則更須力爲君相極言學問之道,使其於此開明,則天下之事不患難立。詳觀四牘,却似於此有未盡也。

　　熹常謂天下萬事有大根本,而每事之中又各有要切處。所謂大根本者,固無出於人主之心術;而所謂要切處者,則必大本既立,然後可推而見也。如論任賢相、杜私門,則立政之要也。擇良吏、輕賦役,則養民之要也。公選將帥,不由近習,則治軍之要也。樂聞警戒,不喜導諛,則聽言用人之要也。推此數端,餘皆可見。然未有大本不立而可以與此者,此古之欲平天下者所以汲汲於正心誠意以立其本也。若徒言正心,而不足以識事物之要,或精覈事情而特昧夫根本之歸,則是腐儒迂闊之論,俗士功利之談,皆不足與論當世之務矣。吾人向來非不知此,却是成己功夫於立本處未甚端的,如不先涵養而務求知見是也。故其論此,使人主亦無下功夫處。今乃知欲圖大者當謹於微,欲正人主之心術,未有不以嚴恭寅畏爲先務、聲色貨利爲至戒,然後乃可爲者。此區區近日愚見之拙法,若未有孟子手段,不若且循此塗轍之無悔吝也。不審高明以爲如何?《晦庵文集》卷二五。

　　案:張栻於六月中面對疏論罷遣使金。《宋史全文》卷二五上。而范成大於六月十五日“出國門”。本書言及“奏草已得”，又云“但使介遂行”，則其當撰於六、七月之際。

朱熹《答敬夫論中庸說》：

“鳶飛魚躍”注中引程子說，蓋前面說得文義已極分明，恐人只如此容易領略便過，故引此語，使讀者於此更加涵泳。又恐枝葉太盛，則人不復知有本根，妄意穿穴，別生病痛，故引而不盡，使讀者但知此意而別無走作，則只得將訓詁就本文上致思，自然不起狂妄意思。當時於此詳略之間，其慮之亦審矣。今欲盡去，又似私憂過計，懲羹吹齏，雖救得狂妄一邊病痛，反沒却程子指示眼目要切處，尤不便也。

“前知”之義，經文自說禎祥妖孽蓍龜四體，解中又引執玉高卑之事以明四體之說，則其所謂前知者，乃以朕兆之萌知之。蓋事幾至此，已自昭晰，但須是誠明照徹，乃能察之。其與異端怪誕之說自不嫌於同矣。程子所說用與不用，似因異端自謂前知而言，其曰“不如不知之愈”者，蓋言其不知者本不足道，其知者又非能察於事理之幾微，特以偵伺於幽隱之中，妄意推測而知，故其知之反不如不知之愈。因引釋子之言，以見其徒稍有識者已不肯爲，皆所以甚言其不足道而深絕之，非以不用者爲可取也。今來喻發明固以爲“異端必用而後知，不用則不知，惟至誠則理不可揜，故不用而自知，是乃所謂天道"者，此義精矣。然不用之云，實生於程子所言之嫌，而程子之言初不謂此，引以爲説，恐反惑人。且以此而論至誠、異端之不同，又不若注中指事而言，尤明白而直截也。

"切磋琢磨"，但以今日工人制器次第考之便可見。切者，以刀或鋸裁截骨角，使成形質。磋則或鑢或盪，使之平治也。琢者，以椎擊鑿鐫刻玉石，使成形質。磨則礱以沙石，使之平治也。蓋骨角柔韌，不容琢磨；玉石堅硬，不通切磋。故各隨其宜以攻治之，而其功夫次第從粗入細又如此。雖古今沿習或有不同，然物有定理，恐亦無以相遠也。故古注舊説雖與此異，然其以切磋爲治骨角、琢磨爲治玉石，亦未嘗亂，但不當分四者各爲一事而不相因耳。豈亦有所傳授而小失之與？來喻欲以四者皆爲治玉石之事，而謂切爲切其璞，琢爲琢其形。此於傳文協矣，然切其璞而琢其形，則不必遽磋，磋之既平而復加椎鑿，則滑净之上却生瘢痕，與未磋何異？竊恐古人知能創物，不應如此之迂拙重複也。蓋古人引《詩》，往往略取大意，初不甚拘文義，故於此兩句但取其相因之意，而不細分其物。若細分之，則以切琢爲道學，磋磨爲自脩，如《論語》之以切琢比無諂無驕、磋磨比樂與好禮，乃爲穩帖。今既不同，亦不必彊爲之説，但識其大意可也。況經傳中此等非一，若不寬著意思緩緩消詳，則字字相梗，亦無時而可通矣。《晦庵文集》卷三一。

3261

案：呂祖謙《與朱侍講答問·中庸集解質疑》嘗云"'鬼神之爲德'、'鳶飛魚躍'兩章，平處看未出，却望批教"，《東萊集》別集卷一六。而朱熹《答呂伯恭問龜山中庸》之《別紙》（聖賢之言）有云"'鳶魚'、'鬼神'兩章，却是上蔡説得通透，有省發人處"。《晦庵文集》卷三五。呂書撰於乾道六年春間，朱書約撰於是年（1170）六、七月間。本書首云"'鳶飛魚躍'注中引程子説"，疑撰於其前後。

張栻《答朱元晦》：

某出入省户，日負素飧，反復古義，不遑寧處。晦叔行時，已略言所處大槩，有以告之是望。區區在此，不敢不盡誠，政恐學力不到，無以感動，惟悚懼耳。正論極微，假借爲此論者，未嘗了然於義理之所在，而徒遭回於利害之末途。自顧藐然之身，其將何以障此波瀾？然苟留一日，不敢不勉。用是瞻仰，有不勝言。伯恭鄰牆，日得晤語，近來議論甚進，每以愚見告之，不復少隱也。《南軒集》卷二二。

案：書中言及"伯恭鄰牆，日得晤語，近來議論甚進"，據《呂祖謙年譜》，呂祖謙於是年閏五月入都就任太學博士，居東百官宅，與張栻同巷居住。又書中言"晦叔行時，已略言所處大槩"，即呂祖謙撰於七月中、下旬之《與朱侍講元晦》（月初吳晦叔歸）所云

"月初吳晦叔歸，嘗拜起居問"，《東萊集》別集卷七。故推知本書當撰於七月間。

朱熹《與張敬夫》：

伯恭想時時相見，欲作書不暇，告爲致意。向得渠兩書，似日前只向博雜處用功，却於要約處不曾子細研究，病痛頗多，不知近日復如何？大抵博雜極害事，如《閫範》之作，指意極佳，然讀書只如此，亦有何意味耶？先達所以深懲玩物喪志之弊者，正爲是耳。范醇夫一生作此等功夫，想見將聖賢之言都只忙中草草看過，抄節一番，便是事了，元不曾子細玩味。所以從二先生許久，見處全不精明，是豈不可戒也耶？渠又爲留意科舉文字之久，出入蘇氏父子，波瀾新巧之外更求新巧，壞了心路，遂一向不以蘇學爲非，左遮右攔，陽擠陰助，此尤使人不滿意。向雖以書極論之，亦未知果以爲然否？

近讀《孟子》，至答公都子好辨一章，三復之餘，廢書太息。只爲見得天理忒瞵分明，便自然如此住不得。若見不到此，又如何強得也？然聖賢奉行天討，却自有個不易之理，故曰"能言距楊、墨者，聖人之徒也"。此便與《春秋》討亂臣賊子之意一般。舊來讀過亦不覺，近乃識之耳。不審老兄以爲如何？《晦庵文集》卷三一。

案：書中云"伯恭想時時相見"，乃承張栻上書"伯恭鄰牆，日得晤語"而言。又據朱熹閏五月間嘗於《答呂伯恭》(示喻曲折)中批評呂祖謙"蘇氏於吾道,不能爲楊、墨,乃唐、景之流耳"之說,《晦庵文集》卷三三。故推知本書約撰於七、八月之際。

張栻《答朱元晦》:

日自省中歸,即閉關温繹舊學,向來所見偏處,亦漸有覺,但絕少講論之益,無日不奉懷耳。《西銘》近日常讀,理一分殊之指,龜山後書終未之得。蓋斯銘之作,政爲學者私勝之流昧夫天理之本然,故推明理一以極其用,而其分之殊自不可亂。蓋如以民爲同胞,謂尊高年爲老其老,慈孤弱爲幼其幼,是推其理一,而其分固自在也,故曰分立而推理一,以止私勝之流,仁之方也。龜山以無事乎推爲理一,引聖人"老者安之、少者懷之"爲說,恐未知《西銘》推理一之指也。

《闈範》之說極佳,即以語伯恭矣,只如此讀過,誠可戒也。伯恭近來儘好說話,於蘇氏父子亦甚知其非。向來見渠亦非助蘇氏,但習熟元祐間一等長厚之論,未肯誦言排之耳,今亦頗知此爲病痛矣。

《孟子》答公都子一章,要須如此方爲聖賢作用。此意某見得,但力量培植未到,要不敢不勉耳。此話到此,尤覺難說。邪論甚熾,人心消蕩,一至於此!每思之,不遑寢食也。奈何奈何!《南軒集》卷二二。

案:本書乃上承朱熹來書(伯恭想時時相見),

故推知約撰於八月中。

張栻《答朱元晦》：

祈請竟出疆，顛倒絆悖，極有可憂。某月初即求去，蓋會慶在近，不忍見大使之至也。自惟誠意不充，無以感動，且當歸去，勉求其在己者。今日大患，是不悦儒學，爭馳乎功利之末，而以先王嚴恭寅畏、事天保民之心爲迂闊遲鈍之説。向來對時亦嘗論及此，上聰明，所恨無人朝夕講道至理，以開廣聖心，此實今日興衰之本也。吾曹拙見，誠不過此。來書以爲未有孟子手段，且循此途轍爲少悔吝是也。但孟子亦何嘗外此意，特其發用變化別耳。

《知言》自去年來看，多有所疑，來示亦多所同者，而其間開益鄙見處甚多。亦有來示未及者，見一一寫行，俟後便方得上呈，更煩一往復，庶幾粗定。甚恨當時刊得太早耳。《南軒集》卷二二。

> 案：書中云“來書以爲未有孟子手段，且循此途轍爲少悔吝是也”，知其上承朱熹來書（奏草已得）。又據《攬轡録》，范成大一行於八月戊午（十一日）“渡淮”。本書云“祈請竟出疆”，又云“某月初即求去，蓋會慶在近”，會慶節在十月，故知本書當撰於八月中、下旬。

朱熹《答張敬夫》：

示喻黃公“灑落”之語，舊見李先生稱之，以爲“不易窺測到此"。今以爲知言,語誠太重,但所改語又似太輕。只云"識者亦有取焉,故備列之",如何? 所謂灑落,只是形容一個不疑所行、清明高遠之意,若有一豪私吝心,則何處更有此等氣象邪? 只如此看,有道者胸懷表裏亦自可見。若更討落著,則非言語所及,在人自見得如何。如曾點舍瑟之對,亦何嘗説破落著在甚處邪?

《通書》跋語甚精,然愚意猶恐其太侈,更能斂退以就質約爲佳。《太極解》後來所改不多,別紙上呈,未當處更乞指教。但所喻"無極、二五不可混説,而'無極之真'合屬上句",此則未能無疑。蓋若如此,則"無極之真"自爲一物,不與二五相合,而二五之凝,化生萬物,又無與乎太極也。如此豈不害理之甚? 兼"無極之真"屬之上句,自不成文理,請熟味之,當見得也。"各具一太極",來喻固善,然一事一物上各自具足此理,著箇"一"字,方見得無欠剩處,似亦不妨,不審尊意以爲如何? 擇之亦寄得此書草來,大概領略一過,與鄙意同。後不曾子細點檢,不知其病如何? 或是病痛一般,不自覺其病耳。

伯恭不鄙下問,不敢不盡愚。但恐未是,更賴指摘。近日覺得向來胡説多誤却朋友,大以爲懼。自此講論,大須子細,一字不可容易放過,庶得至當之歸也。

別紙所諭邵氏所記,今只入《外書》,不入《行狀》。所疑小人不可共事,固然。然堯不誅四凶,伊尹五就桀,孔子行乎季孫,惟聖人有此作用,而明道或庶幾焉。觀其所

3266

在爲政而上下響應，論新法而荆公不怒。同列異意者亦稱其賢。此等事類非常人所及。所謂“元豐大臣當與共事”，蓋實見其可而有是言，非傳聞之誤也。然力量未至此而欲學之，則誤矣。序目中語，所更定者甚穩，然本語熹向所謂“先生之學大要則可知已”者，正如《春秋序》所謂“大義數十，炳如日星，乃易見也”之比，非薄《春秋》之詞也，不改似亦無害。若必欲改，則新語亦未甚活落，大抵割裂補綴，終非完物，自是不能佳耳。《晦庵文集》卷三一。

案：書中“伯恭不鄙下問，不敢不盡愚”語，乃承張栻上書（日自省中歸）“伯恭近來儘好説話，於蘇氏父子亦甚知其非。向來見渠亦非助蘇氏，但習熟元祐間一等長厚之論，未肯誦言排之耳，今亦頗知此爲病痛矣”而言，故推知其約撰於八、九月之際。

張栻《答朱元晦》：

《西銘》之論甚精。乾稱父、坤稱母之説，某亦如此看。蓋一篇渾是此意也。但所論其間有一二語，鄙意未安，俟更爲精讀深思方報去。所貴乎道者三，上蔡之説誠欠却本來一段工夫，二程先生之言真格言也。某近只讀《易傳》及《遺書》，益知學者病痛多，立言蓋未易也。《知言》之説，每段輒書鄙見於後，有未是處，却索就此簿子上批來，庶往復有益也。近來又看得幾段，及昨日讀寄來者皆未及添入,俟更詳之,得便寄去。《南軒集》卷二二。

　　案:張栻下書(某邇來思慮)有云"《知言疑義》前已納呈,今所寄尤密,方更參詳之",而本書乃云"《知言》之説,每段輒書鄙見於後,有未是處,却索就此簿子上批來,庶往復有益也",故知其撰於稍前,約在九月間。

張栻《答朱元晦》:

　　某邇來思慮,只覺向來所講之偏,(惕)〔愓〕然内懼,而不敢不勉。每得來書,益我厚矣。蓋諸君子往往因有所見,便自處高執之固,後來精義更不可入,故未免有病。若二先生其猶一氣之周流乎?何其理之該而不偏、辭之平而有味也。讀《遺書》、《易傳》,它書真難讀也。《西銘》所謂理一而分殊,無一句不具此意。鄙意亦謂然,來示亦盡之矣。但其間論分立而推理一,與推理以存義之説,頗未相同。某意以爲分立者,天地位而萬物散殊,其親疏皆有一定之勢;然不知理一,則私意將勝,而其流弊將至於不相管攝而害夫仁。故《西銘》因其分之立而明其理之本一,所謂以止私勝之流,仁之方也。雖推其理之一,而其分森然者,自不可亂,義蓋所以存也。大抵儒者之道,爲仁之至、義之盡者,仁立則義存,義精而後仁之體爲無蔽也,似不必於事親、事天上分理與義,亦未知是否?曾子之言,二先生互相發明,可謂至當。《知言疑義》前已納呈，今所寄尤密，方更參詳之。伯恭近日儘好講論。喬拱在此，如此等士人甚難得。潘友端年方十七，而立志殊不凡，皆肯用力。潘今暫歸省，俟其來，皆令拜書去求教。李伯諫、林擇之兄弟各有報書，陳、韓在此時相見，亦肯回頭，但頗草草耳。某近因與喬、潘考究《論語》論仁處，亦有少說，續便錄呈。晦叔猶未得到長沙書。共父想已過九江，探伺渠到家，專人唁之。是時亦得拜書，憂患中正宜進德，此有賴於兄也。今日達官似皆不逮之，故愛之尤深而責之尤重耳。元履所謂但證候小變者，鄙意亦云爾。《遺書》當更令修治，近與伯恭議，欲取此版來國子監中，儘可修治耳。《南軒集》卷二二。

案：朱熹《劉樞密墓記》云劉珙於乾道五年四月"除資政殿學士、知荊南府、荊湖北路安撫使，……六年九月丁慶國夫人憂"。《晦庵文集》卷九四。本書云及"共父想已過九江，探伺渠到家，專人唁之"，故推知其約撰於九、十月之際。

朱熹《答張敬夫》：

建陽一二士人歸自臨安，云嘗獲奉教，亦錄得數十段答問來，其間極有可疑處。雖所錄或失本意，亦必有些來歷也。又有泛然之問，略不曾經思索，答之未竟，而遽已更端者，亦皆一一酬酢。此非惟於彼無益，而在我者亦不中語默之節矣。又隨問遽答，若與之爭先較捷者，此其間豈無牽彊草略處？流傳謬誤，爲害不細。就令皆是，亦徒爲口耳之資。程子所謂轉使人薄者，蓋慮此耳。元履嘗疑學徒日衆，非中都官守所宜。熹却不慮此，但恐來學者皆只是如此，而爲教者俯就太過，略不審其所自，則悔吝譏彈將有所不免矣。況其流弊無窮，不止爲一時之害，道之興喪，實將繫焉。願明者之熟慮之也。《晦庵文集》卷三一。

案：呂祖謙《答潘叔度》（某官次粗遣）有云"八月稍涼，已與張丈約共爲夜課，蓋日月殊易失耳"。《東萊集》別集卷一〇。又蔡幼學《陳公行狀》云陳傅良於乾道六年秋"還過都城，始識侍講張公栻、著作郎呂公祖謙，數請間扣以爲學，大指互相發明，二公亦喜得友，恨見公之晚"。《止齋先生文集》附録。推知本書撰於此時，約在九、十月間。

張栻《答朱元晦》：

某出入省户，日愧亡補。所以見告者，所謂實獲我心，但請對之説，容更思之。區區本欲俟轉對，對却在正初，又恐遲耳。自念學力未到，誠意不能動人，只合退歸，勉其在我者。然竊念吾君聰明勤勞，不忍只如此捨去，當更竭盡反復剖判，庶幾萬一，拳拳之心不敢不自勉，惟吾兄實照知之。寫至此，不覺酸鼻也。《南軒集》卷二二。

案：據《張宣公年譜》，是年十一月郊祀禮成，張栻論奏"今日君子小人消長，治亂之勢又所未定，皆在陛下之如何耳"。而本書云"但請對之説，容更思之"，則知在其前，約撰於十月、十一月間。

張栻《答朱元晦》：

某備數於此，自仲冬以後凡三得對，區區之誠，不敢不自竭。上聰明，反復開陳，每荷領納，私心猶有庶幾乎萬一之望，正幸教誨之及，引領以冀也。講筵開在後月，自此或更得從容，以盡底蘊。惟是迹孤愈甚，側目如林，此則非所計也。劉樞歸，想得款曲，憂患中益進德業，異時當大慰人望。晦叔已行未耶？聞其歸計費力，極念之。亦有一書，不知尚可及否？《太極圖解》析理精詳，開發多矣，垂誨甚荷。向來偶因説話間妄爲它人傳寫，想失本意甚多。要之言學之難，誠不可容易耳。《圖解》須子細看，方求教，但覺得後面亦不必如此辯論之多，只於綱領處拈出可也。不然，却只是騁辯求勝，轉將精當處混汩耳。如何？《南軒集》卷二二。

案：據《張宣公年譜》，張栻於乾道六年十二月除左司員外郎兼侍講，七年二月開經筵。本書云"講筵開在後月"，知其撰於七年（1171）正月。

朱熹《答張敬夫》：

昨陳明仲轉致手書，伏讀再三，感幸交集。蓋始見尊兄道未伸而位愈進，實不能無所憂疑。及得此報，乃豁然耳。向者請對之云，乃爲不得已之計，不知天意慇懃，既以侍立開盡言之路，而聖心鑒納，又以講席延造膝之規，此豈人謀所及哉！竊觀此舉，意者天人之際、君臣之間，已有響合之勢，甚盛甚盛，勉旃勉旃！凡平日之所講聞，今且親見之矣。蓋細讀來書，然後知聖主之心乃如此，而尊兄學問涵養之力，其充盛和平又如此，宜乎立談之頃發悟感通，曾不旋踵，遂定腹心之契，真所謂千載之遇也。然熹之私計，愚竊不勝十寒衆楚之憂，不審高明何以處之？計此亦無他術，但積吾誠意於平日，使無食息之間斷，則庶乎其可耳。

夜直亦嘗宣召否？夫帝王之學雖與韋布不同，經綸之業固與章句有異，然其本末之序，愚竊以爲無二道也。聖賢之言平鋪放著，自有無窮之味。於此從容潛玩，默識而心通焉，則學之根本於是乎立，而其用可得而推矣。患在立說貴於新奇，推類欲其廣博，是以反失聖言平淡之真味，而徒爲學者口耳之末習。至於人主能之，則又適所以爲作聰明自賢聖之具，不惟無益，而害有甚焉。近看《論語》舊說，其間多此類者，比來尊兄固已自覺其非矣。然近聞發明“當仁不讓於師”之說云：“當於此時識其所以不讓者爲何物，則可以知仁之義。”此等議論又只似舊來氣象，殊非聖人本意，才如此說，便只成釋子作弄精神意思，無復儒者腳踏實地功夫矣。進說之際，恐不可以不戒。

筵中見講何書？愚意《孟子》一書最切於今日之用，
然輪日講解，未必有益。不若勸上萬幾之暇，日誦一二
章，反復玩味，究觀聖賢作用本末，然後夜直之際，請問業
之所至而推明之。以上之聰明英睿，若於此見得洞然無
疑，則功利之說無所投，而僥倖之門無自啓矣。異時開
講，如伊川先生所論坐講之禮，恐亦當理會也。

孟子論王道，以制民產為先。今井地之制未能遽講，
而財利之柄制於聚斂掊克之臣，朝廷不恤諸道之虛實，監
司不恤州縣之有無，而為州縣者又不復知民間之苦樂。
蓋不惟學道不明，仕者無愛民之心，亦緣上下相逼，只求
事辦，雖或有此心而亦不能施也。此由不量入以為出，而
反計費以取民，是以末流之弊不可勝救。愚意莫若因制
國用之名而遂脩其實，明降詔旨，哀憫民力之凋悴，而思
所以膏澤之者，令逐州逐縣各具民田一畝歲入幾何，輸稅
幾何，非泛科率又幾何，一縣內逐鄉里不同者，亦依實開。州
縣一歲所收金穀總計幾何，諸色支費總計幾何，逐項開。
有餘者歸之何許，不足者何所取之，俟其畢集，然後選忠
厚通練之士數人，類會考究而大均節之。有餘者取，不足
者與，務使州縣貧富不至甚相懸，則民力之慘舒亦不至大
相絕矣。陸宣公論兩稅利害數條，事理極於詳備，似可采用也。
是則雖未能遽復古人井地之法，而於制民之產之意亦仿
彿其萬一。如此然後先王不忍人之政庶乎其可施也。

又屯田之議，久廢不講，比來朝廷似稍經意，然四方

未賭其效，而任事者日被進擢，不知果能無欺誕否？今日財賦歲出以千百巨萬計，而養兵之費十居八九，然則屯田實邊，最爲寬民力之大者。但恐疆理不定，因陋就簡，則欺誕者易以爲姦，而隱覈者難於得實。此却須就今日邊郡官田，略以古法畫爲丘井溝洫之制，亦不必盡如《周禮》古制，但以孟子所言爲準，畫爲一法，使通行之。邊郡之地已有民田在其間者，以内地見耕官田易之，使彼此無疆場之爭，軍民無雜耕之擾，此則非惟利於一時，又可漸爲復古之緒。

高明試一思之，今日養民之政，恐無出於兩者。其他忠邪得失，不敢概舉。但政本未清，倖門未窒，殊未有以見陽復之效。願更留意，暇日爲上一二精言之。至於省中職事，施行尤切，伏想直道而行，無所回互，不待愚言之及矣。猥承下問，敢效其愚，伏惟采擇。《晦庵文集》卷二五。

　　　　案：開經筵在二月。此書言“筵中見講何書”，則當撰於二、三月間。

張栻《答朱元晦》：

某十三日被命出守，次日早出北關，來吳興省廣德家兄，翌早可去此。自此前途小憩，殘暑即由大江歸長沙故居。偶見陳明仲，知有的便，具此紙奉報。自惟備數朝列，荷吾君知遇，迄無所補報。學力不充，無以信於上下，

歸當溫繹舊學，益思勉勵，它皆無足言。惟是吾君聰明，
使人眷眷，不忍置耳。《南軒集》卷二二。

　　案：據《宋史》卷四七〇《張說傳》，張說乾道七
年三月除簽書樞密院事，"命既下，朝論譁然不平，莫
敢頌言于朝者。惟左司員外郎張栻在經筵力言之，
中書舍人范成大不草詞，尋除說安遠軍節度使，奉祠
歸第。不數月，出栻知袁州"。又據呂祖謙《與朱侍
講》（某以六月八日離輦下）云"某以六月八日離輦
下，既去五日，而張丈去國"，《東萊集》別集卷七。即本
書所云"某十三日被命出守，次日早出北關"。本書
又云"來吳興省廣德家兄，翌早可去此。自此前途小
憩，殘暑即由大江歸長沙故居"，則知其撰於六月下
旬初在吳興省兄時。

張栻《答朱元晦》：

　　某自附陳明仲書後，一向乏便嗣音，惟是懷仰未嘗忘
也。秋涼行大江，所至遊歷山川，復多濡滯，今方欲次鄂
渚，更數日可解舟。舟中無事，却頗得讀《論語》、《易傳》、
《遺書》，極覺向來偏處，取所解《孟子》觀之，段段不可，意
義之難精，正當深培其本耳。修改得養氣說數段，舊說略
無存者。得所寄助長之論，甚合鄙意，俟到長沙，錄去求
教。曾子之說，伊川法則之語深有味，於此看得"道"字極
分明也。《知言疑義》開發尤多，亦有數處當更往復，及後

來旋看出者,併俟後便。此論誠不可示它人,然吾曹却得此反復尋究,甚有益,不是指摘前輩也。上蔡《語解》偏處甚多,大有害事處,益知求道之難也。《南軒集》卷二四。

案:書中云"某自附陳明仲書後",知承上書(某十三日被命出守)。又《張宣公年譜》云張栻過吳興後,"七月寓蘇,八月適毗陵,十二月游鄂渚,歸抵長沙"。又張栻《江漢亭說》云"鄂之城因山,而其樓觀臺榭皆因城別駕所治之南,隮城而望之,適當江漢之匯。昭武葉才翁與予裵徊觀覽,欲建亭於上,予因以'江漢'名之,才翁請志其始",時"乾道辛卯十有二月朔"。《南軒集》卷一八。則其抵鄂渚在十一月末。而本書云"秋涼行大江,⋯⋯今方欲次鄂渚",知其約撰於十一月間。

張栻《答朱元晦》:

《知言疑義》反復甚詳,大抵於鄙意無甚疑,而所以開發則多矣。其間數段謹錄呈。今自寫出再看,又覺此內亦有不必寫去者,亦且附往。《論語仁說》,區區之意,見學者多將"仁"字做活絡揣度,了無干涉,如未嘗下博學、篤志、切問、近思工夫,便做"仁在其中矣"想像,此等極害事,故編程子之說,與同志者講之,庶幾不錯路頭。然下語極難,隨改未定。方今錄呈,亦俟諸老行寄去。《讀史管見》當併往,近看此書,病敗不可言。其中間有好處,亦無完篇耳。看元來意思，多是爲檜設。言天下之理，而往往特爲譏刺一夫，不亦隘且陋乎？編《通鑑綱目》極善。以鄙見，每事更采舊史尤佳，恐《通鑑》亦有所關遺耳。它懷併須後訊。《南軒集》卷二一。

案：張栻上書（某自附陳明仲書後）言"《知言疑義》開發尤多，亦有數處當更往復，及後來旋看出者，併俟後便"，本書又云"《知言疑義》反復甚詳，大抵於鄙意無甚疑，而所以開發則多矣。其間數段謹録呈。今自寫出再看，又覺此内亦有不必寫去者，亦且附往"，知承上書。又《論語仁説》亦名《洙泗言仁》。而張栻《答胡季隨》（辱惠書）有"歸來所作《洙泗言仁序》、《主一箴》録去"云云，《南軒集》卷二五。所謂"歸來"，即指乾道七年末歸長沙。故推知本書約撰於乾道八年（1172）初。

張栻《答朱元晦》：

近伯逢方送所論"觀過"之説來。某前日《洙泗言仁》中亦有此説，不知如何？大抵以此自觀，則可以察天理人欲之淺深；以此觀人，亦知人之要也。岳下諸公尚執前説，所謂簾窺壁聽者，甚中其病耳。伯恭昨日得書，猶疑《太極説》中體用先後之論，要之須是辨析分明，方真見所謂一源者。不然，其所謂一源，只是臆度想象耳。但某意卻疑仁義中正分動静之説，蓋是四者皆有動静之可言，而静者常爲之主,必欲於其中指二者爲静,終有弊病。兼恐非周子之意。周子於"主静"字下注云"無慾故静",可見矣。如云"仁所以生",殊覺未安。"生生之體即仁也,而曰仁所以生",如何?周子此圖固是毫分縷析,首尾洞貫,但此句似不必如此分。仁、義、中、正,自各有義,初非混然無別也。更幸見教。《南軒集》卷二〇。

案:書中所云"伯恭昨日得書,猶疑《太極説》中體用先後之論",即吕祖謙《與朱侍講元晦》(某官下粗遣)中"如《易傳序》'體用一源,顯微無間',先體後用、先顯後微之説,恐當時未必有此意"云云。《東萊集》别集卷七。吕氏此書撰於乾道七年末,故推知張栻本書云撰於乾道八年春。

朱熹《答張敬夫》:

大抵"觀過知仁"之説,欲只如尹説,發明程子之意,意味自覺深長。如來喻者,猶是要就此處彊窺仁體,又一句歧爲二説,似未甚安帖也。又太極中、正、仁、義之説,若謂四者皆有動静,則周子於此更列四者之目爲剩語矣。但熟玩四字指意,自有動静,其於道理極是分明。蓋此四字便是元、亨、利、貞四字,仁元,中亨,義利,正貞。元、亨、利、貞一通一復,豈得爲無動静乎?近日深玩此理,覺得一語嘿、一起居,無非太極之妙,正不須以分別爲嫌也。"仁所以生"之語固未瑩,然語仁之用,如此下語似亦無害。不審高明以爲如何?《晦庵文集》卷三一。

案:書中云"'仁所以生'之語固未瑩,然語仁之用,如此下語似亦無害",正爲回應張栻上書(近伯逢方送所論'觀過'之説來)"如云'仁所以生',殊覺未安"。故知本書亦當撰於春間。

朱熹《答張敬夫》:

類聚孔、孟言仁處,以求夫仁之説,程子爲人之意,可謂深切。然專一如此用功,却恐不免長欲速好徑之心、滋入耳出口之弊,亦不可不察也。大抵二先生之前,學者全不知有"仁"字,凡聖賢説仁處,不過只作"愛"字看了。自二先生以來,學者始知理會"仁"字,不敢只作愛説。然其流復不免有弊者。蓋專務説仁,而於操存涵泳之功,不免有所忽略,故無復優柔厭飫之味、克己復禮之實,不但其蔽也愚而已;而又一向離了"愛"字,懸空揣摸,既無真實見處,故其爲説恍惚驚怪,弊病百端,殆反不若全不知有"仁"字而只作"愛"字看却之爲愈也。

熹竊嘗謂若實欲求仁,固莫若力行之近。但不學以明之,則有摛埴冥行之患,故其蔽愚。若主敬致知交相爲助,則自無此蔽矣。若且欲曉得仁之名義,則又不若且將"愛"字推求。若見得仁之所以愛,而愛之所以不能盡仁,則仁之名義意思瞭然在目矣,初不必求之於恍惚有無之間也。此雖比之今日高妙之説稍爲平易,然《論語》中已不肯如此迫切注解説破，至《孟子》方間有説破處。然亦多是以愛爲言，<small>如惻隱之類。</small>殊不類近世學者驚怪恍惚、窮高極遠之言也。

今此録所以釋《論語》之言，而首章曰“仁其可知”，次章曰“仁之義可得而求”，其後又多所以“明仁之義”云者，愚竊恐其非聖賢發言之本意也。又如首章雖列二先生之説，而所解實用上蔡之意，正伊川説中問者所謂“由孝弟可以至仁”，而先生非之者，恐當更詳究之也。

按《遺書》：或問：“中之道莫與喜怒哀樂未發謂之中同否？”先生曰：“喜怒哀樂之未發，是言在中之義。只是一個‘中’字，用處不同。”又曰：“中所以狀性之體段。”又曰：“中之爲義，自過不及而立名。”又曰：“不偏之謂中。道無不中，故以中形道。”又曰：“與叔謂不倚之謂中，甚善，而語由未瑩。”或問：“何故未瑩？”曰：“無倚着處。”熹按：此言“中之道”與“在中”之義不同，不知如何分別？既狀性曰“狀性”，又曰“形道”，同異如何？ 所謂“自過不及”而得名之“中”，所謂“不偏”之“中”，所謂“無倚着處”之“中”，與所謂“中之道”、“在中”之義復何異同？ 皆未能曉然無疑，敢請其説。

明道先生説“推己及物之謂恕”乃違道不遠之事，而一貫之忠恕自與違道不遠異。蓋一以貫之，則自然及物，無待乎推矣。伊川先生《經解》於“一以貫之”處却云“推己之謂恕”，似與明道不同。而於乾道變化、各正性命之説似亦相戾，不知何謂？解中又引《孟子》“盡其心者知其性也”一句，豈以“盡心”釋“[盡]己”之義耶？如此則文意未足，且與尋常所説盡心之意亦自不合。一本下文更有兩句云：“知性則知天矣，知天則道一以貫也。”若果有此兩句，則似不以“盡心”釋“盡己”，却是以“知天”説“一貫”。然知天亦方是真知得一貫之理，與聖人一貫之實又似更有淺深也。反復推尋，未得其説，幸思之，復以見教。

曾子告孟敬子語，只明道、和靖説得渾全，文意亦順，其它説皆可疑。向來牽合，強爲一説，固未是，後來又以《經解》之説指下句爲工用處，亦未然也。不審尊意以爲如何？《晦庵文集》卷三一。

　　案：朱熹《答吳晦叔》（臣下不匿之刑）云及“前書所論觀過之説，時彪丈行速，匆遽草率，不能盡所懷。……近因南軒寄示《言仁録》，亦嘗再以書論所疑大槩如此”。《晦庵文集》卷四二。又據朱熹《答林擇之》（辱書知講學有緒），彪居正來訪朱熹在乾道八年四、五月之際。《晦庵文集》別集卷六。由此推知朱熹得《言仁録》約在五月中，故本書約撰於夏、秋之際。

朱熹《答張敬夫》：

細看《言仁序》云：“雖欲竭力以爲仁，而善之不明，其弊有不可勝言者。”此數句似未安。爲仁固是須當明善，然“仁”字主意不如此，所以孔子每以“仁”、“智”對言之也。近年説得"仁"字與"智"字都無分別,故於令尹子文、陳文子事説得差殊,氣象淺迫,全與聖人語意不相似。觀此序文意思首尾,恐亦未免此病。更惟思之,如何?《晦庵文集》卷三一。

案:朱熹上書(類聚孔、孟言仁處)云及《言仁録》,論析"仁"、"愛"之異同,而本書云及《言仁録序》,進而剖析"仁"、"智"之别,疑繼上書而補充辨説之。

張栻《答朱元晦秘書》:

比聞刊小書版以自助,得來論乃敢信。想是用度大段逼迫,某初聞之,覺亦不妨,已而思之,則恐有未安者,來問之及,不敢以隱。今日此道孤立,信向者鮮,若刊此等文字,取其贏以自助,切恐見聞者别作思惟,愈無靈驗矣。雖是自家心安,不恤它説,要是於事理終有未順耳。爲貧之故,寧别作小生事不妨。此事某心殊未穩,不識如何?見子飛,説宅上應接費用亦多,更深加撙節爲佳耳,又未知然否?《南軒集》卷二一。

案:據朱熹《答吕伯恭》(泰伯、夷、齊事)云及"新刻小本《易傳》甚佳,但籤題不若依官本作《周易程氏傳》",《晦庵文集》卷三五。又(便中連辱手教)中又有"小本《易傳》尚多誤字"云云,《晦庵文集》卷三三。即本書所云"刊小書版"事。又本書中有云"爲貧之故，寧別作小生事不妨”，朱熹《答林擇之》（深父遂死客中）乃言及“欽夫頗以刊書爲不然，却云別爲小小生計却無害”，《晦庵文集》別集卷六。其書約撰於乾道八年秋，故推知本書撰於稍前。

朱熹《答張敬夫》：

“中”字之說甚善，而所論狀性、形道之不同尤爲精密，開發多矣。然愚意竊恐程子所云“只一個中字，但用不同”，此語更可玩味。夫所謂“只一個中字”者，“中”字之義未嘗不同，亦曰不偏不倚、無過不及而已矣。然“用不同”者，則有所謂“在中之義”者，有所謂“中之道”者是也。蓋所謂“在中之義”者，言喜怒哀樂之未發，渾然在中，亭亭當當，未有個偏倚過不及處。其謂之中者，蓋所以狀性之體段也。有所謂“中之道”者，乃即事即物自有個恰好底道理，不偏不倚，無過不及。其謂之中者，則所以形道之實也。只此亦便可見來教所謂狀性、形道之不同者。但又見得“中”字只是一般道理。以此狀性之體段，則爲未發之中；以此形道，則爲無過不及之中耳。且所謂“在中之義”，猶曰“在裏面底道理”云爾，非以“在中”之“中”字解“未發”之“中”字也。愚見如此，不審高明以爲如何？

“忠恕”之說，竊意明道是就人分上分別淺深而言，伊川是就理上該貫上下而言。若就人分上說，則違道不遠者，賢人推之之事也；一以貫之者，聖人之不待推也。若就理上平説，則忠只是盡己，恕只是推己，但其所以盡、所以推，則聖賢之分不同，如明道之説耳。聖人雖不待推，然由己及物，對忠而言，是亦推之也。大抵明道之言發明極致，通透灑落，善開發人。伊川之言即事明理，質愨精深，尤耐咀嚼。然明道之言一見便好，久看愈好，所以賢愚皆獲其益。伊川之言乍見未好，久看方好，故非久於玩索者不能識其味。此其自任所以有成人材、尊師道之不同。明道渾然天成，不犯人力。伊川功夫造極，可奪天巧。所引盡心知天，恐是充擴得去之意，不知是否？

秦、漢諸儒解釋文義雖未盡當，然所得亦多。今且就分數多處論之，則以爲得其言而不得其意，與奪之際，似已平允。若更於此一向刻核過當，却恐意思迫窄而議論偏頗，反不足以服彼之心，如向來所論《知言》不當言釋氏欲仁之病矣。大率議論要得氣象寬宏，而其中自有精密透漏不得處，方有餘味。如《易傳序》中説秦、漢以來儒者之弊，及令人看王弼、胡安定、王介甫《易》之類，亦可見矣。況此序下文反復致意，不一而足，不應猶有安於卑近之嫌也。又所謂"言雖近而索之無窮，指雖遠而操之有要"，自謂此言頗有含蓄，不審高明以爲如何？

以愛論仁，猶升高自下，尚可因此附近推求，庶其得之。若如近日之説，則道近求遠，一向没交涉矣。此區區所以妄爲前日之論，而不自知其偏也。至謂類聚言仁，亦

恐有病者，正爲近日學者厭煩就簡，避迂求捷，此風已盛，
方且日趨於險薄，若又更爲此以導之，恐益長其計獲欲速
之心，方寸愈見促迫紛擾，而反陷於不仁耳。然却不思所
類諸説，其中下學上達之方，蓋已無所不具，苟能深玩而
力行之，則又安有此弊。今蒙來喻，始悟前説之非，敢不
承命。然猶恐不能人人皆肯如此愨實用功，則亦未免尚
有過計之憂。不知可以更作一後序，略采此意以警後之
學者否？不然，或只盡載此諸往返議論以附其後，亦庶乎
其有益耳。不審尊意以爲如何？《晦庵文集》卷三一。

案：據張栻下書（"中"字之説甚密）及朱熹又答
書（答晦叔書）所云，推知本書約撰於秋間。

張栻《答朱元晦秘書》：

"中"字之説甚密，但"在中之義"，作"中外"之"中"未
安，詳蘇季明再問伊川答之之語自可見。蓋喜怒哀樂未
發，此時蓋在乎中也。只如是涵養，才於此要尋中，便不是了。
若只説作在裏面底道理，然則已發之後，中何嘗不在裏面
乎？幸更詳之。又《中庸》之云"中"，是以中形道也；喜怒
哀樂未發之謂中，是以中狀性之體段也。然而性之體段
不偏不倚、亭亭當當者，是固道之所存也。道之流行，即
事即物，無不有恰好底道理，是性之體段亦無適而不具
焉。如此看，尤見體用分明，不識何如？"忠恕"之説如來
諭，《精義序引》亦已亡疑。《言仁》已載往返議論于後，今

録呈。所論"一"字,若如老子以形而下者言,則可與二、三通數;若如《知言》指道而言,則難於復與器通數二、三也。"心譬之水"一節,某意謂孟子只將水無有不下比人無有不善,意味極完,性情之理具矣。今將心譬之水,去水上用意,差錯許多字,固不爲無義,但恐終費力耳。所論《知言》中餘説,再三詳之,未有疑可復也。《南軒集》卷二〇。

　　案:書中有"若只説作在裏面底道理,然則已發之後,中何嘗不在裏面乎"云云,乃針對朱熹上書("中"字之説甚善)"且所謂'在中之義',猶曰'在裏面底道理'云爾,非以'在中'之'中'字解'未發'之'中'字也"而言,故知其上承朱熹上書而作。

張栻《答朱元晦秘書》:

"天命之謂性",所解立言極明快;但"率性之謂道",竊疑仁、義、禮、智是乃道也。今云"循性之仁",則有所謂父子之道,却恐費力,更幸瑩之。又如"審其是非而脩之,則知之教無不充"之類,亦未穩當。兼此首章三語,以某所見,更須詳味《伊川先生遺書》中語。某亦方欲下一轉語,俟却録去求教也。"在中"之説,前書嘗及之,未知如何。"中者性之體,和者性之用",恐未安。中也者,所以狀性之體段,而不可便曰中者性之體;若曰性之體中,而其用則和,斯可矣。《南軒集》卷二〇。

案：書中云"'在中'之説，前書嘗及之，未知如何"，其"前書"當指張栻上書（"中"字之説甚密），而又云"未知如何"，則知其尚未得朱熹答書，故推知本書約撰於秋、冬之際。又據本書，朱熹嘗有書與張栻論及"天命之謂性"、"率性之謂道"諸義，未見。

朱熹《答張敬夫壬辰冬》：

答晦叔書，鄙意正如此，已復推明其説，以求教於晦叔矣。但於來示所謂知底事者，亦未能無疑，已并論之，今録以上呈，更乞垂教。

"在中之義"之説，來諭説得性道未嘗相離，此意極善。但所謂"此時蓋在乎中"者，文意簡略，熹所未曉，更乞詳諭。又謂"已發之後，中何嘗不在裏面"，此恐亦非文意。蓋既言未發時在中，則是對已發時在外矣。但"發而中節"，即此在中之理發形於外，如所謂即事即物，無不有個恰好底道理是也。一不中節，則在中之理雖曰天命之秉彝，而當此之時，亦且漂蕩淪胥而不知其所存矣。但能反之，則又未嘗不在於此。此程子所以謂"以道言之則無時而不中，以事言之則有時而中也"，所以又謂"善觀者却於已發之際觀之也"。若謂已發之後，中又只在裏面，則又似向來所説以未發之中自爲一物，與已發者不相涉入，而已發之際，常挾此物以自隨也。然此義又有更要子細處。夫此心廓然，初豈有中外之限？但以未發、已發分之，則須如此。亦若操舍、存亡、出入之云耳。并乞詳之。

"心譬之水"，是因《知言》有此言而發。然性情既有動靜，善惡既有順逆，則此言乃自然之理，非用意差排也。"人無有不善"，此一言固足以具性情之理，然非所以論性情之名義也。若論名義，則如今來所説亦無害理、不費力，更推詳之。

《太極圖》立象盡意，剖析幽微，周子蓋不得已而作也。觀其手授之意，蓋以爲唯程子爲能受之。程子之祕而不示，疑亦未有能受之者爾。夫既未能默識於言意之表，則道聽塗説，其弊必有甚焉。近年已覺頗有此弊矣。觀其答張閎中書云："書雖未出，學未嘗不傳。第患無受之者。"及《東見録》中論"横渠清虛一大之説，使人向別處走，不若且只道敬"，則其微意亦可見矣。若《西銘》則推人以知天，即近以明遠，於學者之用爲尤切，非若此書詳於天而略於人，有不可以驟而語者也。孔子雅言《詩》《書》執《禮》，而於《易》則鮮及焉，其意亦猶此耳。韓子曰："堯、舜之利民也大，禹之慮民也深。"其周子、程子之謂乎？熹向所謂微意者如此，不識高明以爲如何？《晦庵文集》卷三一。

案：書中言及"但所謂'此時蓋在乎中'者"，又言"又謂'已發之後，中何嘗不在裏面'"，知其承張栻上書（'中'字之説甚密）。本書約撰於乾道八年冬。

朱熹《答張欽夫論仁說》：

"天地以生物爲心"，此語恐未安。

熹竊謂此語恐未有病。蓋天地之間，品物萬形，各有所事，惟天確然於上，地隤然於下，一無所爲，只以生物爲事。故《易》曰："天地之大德曰生。"而程子亦曰："天只是以生爲道。"其論"復見天地之心"，又以"動之端"言之，其理亦已明矣。然所謂"以生爲道"者，亦非謂將生來做道也。凡若此類，恐當且認正意，而不以文害詞焉，則辨詰不煩，而所論之本指得矣。

不忍之心可以包四者乎？

熹謂孟子論四端，自首章至"孺子入井"，皆只是發明不忍之心一端而已，初無義、禮、智之心也。至其下文，乃云"無四者之心非人也"，此可見不忍之心足以包夫四端矣。蓋仁包四德，故其用亦如此。前說之失，但不曾分得體用。若謂不忍之心不足以包四端，則非也。今已改正。

仁專言則其體無不善而已，對義、禮、智而言，其發見則爲不忍之心也。大抵天地之心粹然至善，而人得之，故謂之仁。仁之爲道，無一物之不體，故其愛無所不周焉。

熹詳味此言，恐說"仁"字不著。而以義、禮、智與不忍之心均爲發見，恐亦未安。蓋人生而靜，四德具焉，曰仁，曰義，曰禮，曰智，皆根於心而未發，所謂"理也，性之德也"。及其發見，則仁者惻隱，義者羞惡，禮者恭敬，智者是非，各因其體以見其本，所謂"情也，性之發也"。是皆人性之所以爲善者也。但仁乃天地生物之心而在人者，故特爲衆善之長，雖列於四者之目，而四者不能外焉。《易傳》所謂"專言之則包四者"，亦是正指生物之心而言，非別有包四者之仁，而又別有主一事之仁也。惟是即此一事便包四者，此則仁之所以爲妙也。今欲極言"仁"字而不本於此，乃概以"至善"目之，則是但知仁之爲善，而不知其爲善之長也。却於已發見處方下"愛"字，則是但知已發之爲愛，而不知未發之愛之爲仁也。又以不忍之心與義、禮、智均爲發見，則是但知仁之爲性，而不知義、禮、智之亦爲性也。又謂"仁之爲道無所不體"，而不本諸天地生物之心，則是但知仁之無所不體，而不知仁之所以無所不體也。凡此皆愚意所未安，更乞詳之，復以見教。

程子之所訶，正謂以愛名仁者。

熹按程子曰："仁，性也；愛，情也。豈可便以愛爲仁？"此正謂不可認情爲性耳，非謂仁之性不發於愛之情，而愛之情不本於仁之性也。熹前説以愛之發對愛之理而言，正分別性、情之異處，其意最爲精密。而來諭每以愛名仁見病，下章又云："若專以愛命仁，乃是指其用而遺其體，言其情而略其性。"則其察之亦不審矣。蓋所謂愛之理者，是乃指其體性而言，且見性情、體用各有所主而不相離之妙，與所謂遺體而略性者正相南北。請更詳之。

元之爲義，不專主於生。

熹竊詳此語，恐有大病。請觀諸天地而以《易·象》、《文言》、程《傳》反復求之，當見其意。若必以此言爲是，則宜其不知所以爲善之長之説矣。此乃義理根源，不容有毫釐之差。竊意高明非不知此，特命辭之未善爾。

孟子雖言仁者無所不愛，而繼之以急親賢之爲務，其差等未嘗不明。

熹按仁但主愛，若其等差，乃義之事。仁、義雖不相離，然其用則各有主而不可亂也。若以一仁包之，則義與禮、智皆無所用矣，而可乎哉？"無所不愛"四字，今亦改去。《晦庵文集》卷三二。

案：朱熹與張栻討論《洙泗言仁説》，作《仁説》等寄張栻，反復議論之。據朱熹《答林擇之》（某此碌碌如昨）有"得婺州報，云薛士龍物故。……去歲《仁説》、答欽夫數書本欲寫去"云云，《晦庵文集》別集卷六。薛季宣卒於乾道九年七月，故知《仁説》撰於八年。又吕祖謙《與朱侍講元晦》云"《仁説》、《克齋記》及長沙之往來論議，皆嘗詳閲"，《東萊集》別集卷七。其書在九年二月中。故《年譜長編》卷上以爲朱熹寄《仁説》與張栻在八年十月間。本書乃答張栻對《仁説》之質疑，推知其約撰於年末。張栻來書未見。

張栻《答朱元晦秘書》：

示及《中庸》首章解義，多所開發，然亦未免有少疑，具之別紙，望賜諭也。所分章句極有功，如後所分十四節尤爲分明，有益玩味，但《家語》之證終未安。《家語》其間駁雜處非一，兼與《中庸》對，其間數字不同，便覺害事。以此觀之，豈是反取《家語》爲《中庸》耶？又如所引證"及其成功一也"之下，有哀公之言，故下文又有"子曰"字。觀《家語》中一段，其間哀公語有數處，何獨於此以"子曰"起之耶？某謂傳世既遠，編簡中如"子曰"之類，亦未免有脱略。今但當玩其辭氣，如明道先生所謂致與位字非聖人不能言，子思蓋傳之耳。此乃是讀經之法，若必求之它書以證，恐却泛濫也，不知如何？又如云此一節明道之隱處，此一節明道之費處，亦恐未安。君子之道費而隱，此兩字減一箇不得。聖人固有説費處、説隱處，然亦未嘗不兩具而兼明之也。未知如何？《南軒集》卷二〇。

案：朱熹下書（所引《家語》）有"所引《家語》，只是證明《中庸章句》，要見自'哀公問政'至'擇善''固執'處只是一時之語耳"云云，知上承本書，故推知本書約撰於是年末。

朱熹《答張敬夫》：

所引《家語》，只是證明《中庸章句》，要見自"哀公問政"至"擇善""固執"處只是一時之語耳，於義理指歸，初無所害，似不必如此力加排斥也。大率觀書但當虛心平氣以徐觀義理之所在，如其可取，雖世俗庸人之言有所不廢；如有可疑，雖或傳以爲聖賢之言，亦須更加審擇。自然意味平和，道理明白，脚踏實地，動有據依，無籠罩自欺之患。若以此爲卑近不足留意，便欲以明道先生爲法，竊恐力量見識不到它地位，其爲泛濫，殆有甚焉。此亦不可不深慮也。且不知此章既不以《家語》爲證，其章句之分當復如何爲定耶？《家語》固有駁雜處，然其間亦豈無一言之得耶？一概如此立論，深恐終啓學者好高自大之弊，願明者熟察之。其他如首章及論費隱處，後來略已脩改，如來喻之意。然若必謂兩字全然不可分説，則又是向來伯恭之論體用一源矣。如何如何？《晦庵文集》卷三一。

案：據張栻下書（來書披玩再四）"《中庸》所引《家語》之證，非是謂《家語》中都無可取，但見得此章證得亦無甚意思"，知上承本書，故推知其約撰於乾道九年（1173）初。

張栻《答朱元晦秘書》：

來書披玩再四，所以開益甚多。所謂愛之理發明甚有力，前書亦略及之矣。區區並見別紙，嗣有以見告是幸。《中庸》所引《家語》之證，非是謂《家語》中都無可取，但見得此章證得亦無甚意思，俟更詳之。所改定本，亦幸早示，得以攻究求教。《克齋銘》讀之無可疑者，但以欠數句説克己下工處如何。《敬齋箴》皆當書之坐右也。《洙泗言仁》中"當仁不讓於師"之義，舊已改，"孝悌爲仁之本"、"巧言令色鮮仁"之義，今亦已正，并序中後來亦多換，却納一册去上呈。所謂"觀書當虛心平氣，以徐觀義理之所在，如其可取，雖世俗庸人之言有所不廢，如有可疑，雖或傳以爲聖賢之言，亦須更加審擇"，斯言誠是也。然所謂虛心平氣者，豈獨觀書當然？某既已承命，而因敢復以爲獻也。某近作一《拙齋記》，并錄往，幸爲删之。安國所寄書册今附去，數見别紙。石屏一枚似勝前，如何？共父之勢，想必此來，異時却易得便，第未知再見之日，懷向殊不勝情耳。《中庸集解》俟更整頓小字，欲盡移作大字，又恐其間逐句下有解釋，難移向後。侯師聖之説多可疑，然亦有好處也。魏元履，杸兩次作書託虞丞附去，不知何故不達，來諭皇恐，豈有此哉。今復有數字往問其疾，且謝之也。子飛家事聞之傷心，其子之喪，恐亦宜早歸土也。《南軒集》卷二〇。

　　案：據朱熹《劉樞密墓記》，乾道六年九月，劉珙丁慶國夫人憂。八年十二月服除，除知潭州、荆湖南路安撫使，九年三月赴闕奏事，進大學士以行。《晦庵文集》卷九四。朱熹《觀文殿學士劉公神道碑》云其"八年，免喪，乃復除知潭州、安撫湖南，過闕見上。……上加勞再三，進職大學士以行。公再臨舊鎮，不懈益虔"。《晦庵文集》卷九四。本書中云"共父之勢，想必此來，異時却易得便，第未知再見之日，懷向殊不勝情耳"，乃指張杸已知曉朝廷除命、而劉珙尚未蒞任時之語氣也，故推知其約撰於乾道九年春間。

張栻《答朱元晦秘書》：

某幸粗安，不敢廢學，惟相望之遠，每思講益，殊不勝情耳。近兩書中所講，再三詳之，如《中庸章句》中所指費隱，雖是聖人尋常亦有説費處、説隱處，然如所指，却有未免乎牽强者，恐此數段不必如此指殺。某方亦草具所見，更定異同處，俟更研究後便寫寄也。《仁説》如“天地以生物爲心”之語，平看雖不妨，然恐不若只云“天地生物之心，人得之爲人之心”似完全，如何？仁道難名，惟公近之，然不可便以公爲仁。又曰“公而以人體之故爲仁”，此意指仁之體極爲深切，愛終恐只是情。蓋公天下而無物我之私焉，則其愛無不溥矣。如此看乃可。由漢以來，言仁者蓋未嘗不以愛爲言也，固與元晦推本其理者異。然元晦之言，傳之亦恐未免有流弊耳，幸更深思，却以見教。

《中庸集義》前日人行速附去，不曾校得，後見謄本錯誤處多，想自改正也。序文更幸爲礲括。其間有云“若横渠張先生則相與上下講論者也”，本作“合志同方者也”，不知如何？如此未穩，亦幸爲易之。劉樞再帥，此間人情頗樂之，今次奏事，所以啓告與夫進退之宜，想論之詳矣。因其迓兵行，附此一紙，它俟後訊。《南軒集》卷二二。

案：據朱熹《劉樞密墓記》，劉珙於九年三月赴闕奏事，然後至潭州赴任，《晦庵文集》卷九四。本書有云"劉樞再帥,此間人情頗樂之,今次奏事,所以啓告與夫進退之宜",故推知其撰於初夏。

朱熹《答張欽夫又論仁說》:

昨承開諭《仁說》之病,似於鄙意未安,即已條具請教矣。再領書誨,亦已具曉,然大抵不出熹所論也。請復因而申之:

謹按程子言仁,本末甚備,今撮其大要,不過數言。蓋曰:"仁者,生之性也,而愛其情也,孝悌其用也。""公者所以體仁,猶言'克己復禮爲仁'也。"學者於前三言者可以識仁之名義,於後一言者可以知其用力之方矣。今不深考其本末指意之所在,但見其分別性、情之異,便謂愛之與仁了無干涉;見其以公爲近仁,便謂直指仁體最爲深切。殊不知仁乃性之德而愛之本。因其性之有仁,是以其情能愛。義、禮、智亦性之德也。義,惡之本;禮,遜之本;智,知之本。因性有義,故情能惡。因性有禮,故情能遜。因性有智,故情能知。亦若此爾。但或蔽於有我之私,則不能盡其體用之妙。惟克己復禮,廓然大公,然後此體渾全,此用昭著,動靜本末,血脈貫通爾。程子之言意蓋如此,非謂愛之與仁了無干涉也,此說前書言之已詳,今請復以兩言決之:如熹之說,則性發爲情,情根於性,未有無性之情、無情之性,各爲一物而不相管攝。二說得失,此亦可見。非謂"公"之一字,便是直指仁體也。細觀來喻所謂"公天下而無物我之私,則其愛無不溥矣",不知此兩句甚處是直指仁體處？若以愛無不溥爲仁之體,則陷於以情爲性之失,高明之見必不至此。若以公天下而無物我之私便爲仁體,則恐所謂公者漠然無情,但如虛空木石,雖其同體之物尚不能有以相愛,況能無所不溥乎？然則此兩句中初未嘗有一字説著仁體。須知仁是本有之性、生物之心,惟公爲能體之,非因公而後有也。故曰"公而以人體之故爲仁"。細看此語,却是"人"字裏面帶得"仁"字過來。由漢以來,以愛言仁之弊,正爲不察性、情之辨,而遂以情爲性爾。今欲矯其弊,反使"仁"字汎然無所歸宿,而性、情遂至於不相管,可謂矯枉過直,是亦枉而已矣。其弊將使學者終日言仁而實未嘗識其名義,且又并與天地之心、性情之德而昧焉。竊謂程子之意必不如此,是以敢詳陳之,伏惟采察。《晦庵文集》卷三二。

案:書中言"細觀來喻所謂'公天下而無物我之私,則其愛無不溥矣'",乃張栻上書(某幸粗安,不敢廢學)中語,知承張栻上書。

朱熹《答張欽夫又論仁説》:

熹再讀別紙所示三條。竊意高明雖已灼知舊説之非,而此所論者差之毫忽之間,或亦未必深察也。謹復論之,伏幸裁聽。廣仲引《孟子》"先知先覺"以明上蔡"心有知覺"之説,已自不倫,其謂"知此覺此",亦未知指何爲説。要之,大本既差,勿論可也。今觀所示,乃直以此爲仁，則是以"知此覺此"爲知仁覺仁也。仁本吾心之德，又將誰使知之而覺之耶？若據《孟子》本文，則程子釋之已詳矣，曰："知是知此事，如此事當如此也。覺是覺此理。"知此事之所以當如此之理也。意已分明，不必更求玄妙。且其意與上蔡之意亦初無干涉也。上蔡所謂知覺，正謂知寒暖飽飢之類爾。推而至於酬酢佑神，亦只是此知覺，無別物也，但所用有小大爾。然此亦只是智之發用處，但惟仁者爲能兼之，故謂仁者心有知覺則可，謂心有知覺謂之仁則不可。蓋仁者心有知覺，乃以仁包四者之用而言，猶云仁者知所羞惡、辭讓云爾。若曰心有知覺謂之仁，則仁之所以得名初不爲此也。今不究其所以得名之故，乃指其所兼者便爲仁體，正如言仁者必有勇，有德者必有言，豈可遂以勇爲仁、言爲德哉？今伯逢必欲以覺爲仁，尊兄既非之矣；至於論知覺之淺深，又未免證成其説，則非熹之所敢知也。至於伯逢又謂"上蔡之意自有精神，得其精神則天地之用皆我之用矣"。此説甚高甚妙。然既未嘗識其名義，又不論其實下功處，而欲驟語其精神，此所以立意愈高，爲説愈妙，而反之於身愈無根本可據之地也。所謂"天地之用即我之用"，殆亦其傳聞想像如此爾，實未嘗到此地位也。愚見如此，不識高明以爲如何？《晦庵文集》卷三二。

案：書中言"熹再讀別紙所示三條。……謹復論之"，知其乃於上書（昨承開論《仁説》之病）寄出後,再就張栻來書"別紙所示三條"申論之,故推知其稍後於上書。

張栻《答朱元晦秘書》:

仁之説,前日之意蓋以爲推原其本,人與天地萬物一體也,是以其愛無所不至,猶人之身無分寸之膚而不貫通,則無分寸之膚不愛也。故以"惟公近之"之語形容仁體,最爲親切。欲人體夫所以愛者,《言仁》中蓋言之矣,而以所言"愛"字只是明得其用耳。後來詳所謂愛之理之語,方見其親切。夫其所以與天地一體者,以夫天地之心之所存,是乃生生之蘊,人與物所公共,所謂愛之理者也。故探其本則未發之前,愛之理存乎性,是乃仁之體者也;察其動則已發之際,愛之施被乎物,是乃仁之用者也。體用一源,内外一致,此仁之所以爲妙也。前日所謂對義、禮、智而言,其發見則爲不忍之心者,非謂義、禮、智與不忍之心均爲發見,正謂不忍之心合對義、禮、智之發見者言,羞惡、辭遜、是非之心是也。今再詳不忍之心,雖可以包四者,然據文勢對乾元、坤元而言,恐只須曰:統言之,則曰仁而已可也。或云:天地之心,其德有四云云,而統言之,則元爲善之長。人之心,其德亦有四云云,而統言之,則仁爲人之心。如何?前日所謂元之義,不專主於生物者,疑只云生物,説生生之意不盡,今詳所謂生物者,亦無不盡者矣。"在中之義",程子曰:喜怒哀樂未發,只是中也。蓋未發之時，此理亭亭當當，渾然在中，發而中節，即其在中之理，形乎事事物物之間而無不完也，非是方其發時，別爲一物以主張之於内也。情即性之發見也，雖有發與未發之殊，而性則無内外耳。若夫發而不中節，則是失其情之正而淪其情之理。然能反之，則亦無不在此者，以性未嘗離得故也。不識如何？《南軒集》卷二○。

案：朱熹下書（來教云）乃承本書，故推知本書約撰於夏間。

又，《朱子語類》卷四一載曾祖道所記曰：“先生問祖道曰：‘公見南軒如何？’曰：‘初學小生，何足以窺大賢君子？’曰：‘試一言之。’曰：‘南軒大本完具，資稟粹然，却恐玩索處更欠精密。’曰：‘未可如此議之。某嘗論未發之謂中字以爲在中之義，南軒深以爲不然，及某再書論之，書未至，而南軒遺書來，以爲是。南軒見識純粹，踐行誠實，使人望而敬畏之，某不及也。”

朱熹《答張欽夫又論仁説》：

來教云：“夫其所以與天地萬物一體者，以夫天地之心之所有，是乃生生之蘊，人與物所公共，所謂愛之理也。”熹詳此數句，似頗未安。蓋仁只是愛之理，人皆有之，然人或不公，則於其所當愛者又有所不愛，惟公則視天地萬物皆爲一體而無所不愛矣。若愛之理，則是自然

本有之理，不必爲天地萬物同體而後有也。熹向所呈似
《仁説》，其間不免尚有此意，方欲改之而未暇。來教以爲
不如克齋之云是也。然於此却有所未察，竊謂莫若將
"公"字與"仁"字且各作一字看得分明，然後却看中間兩
字相近處之爲親切也。若遽混而言之，乃是程子所以訶
以公便爲仁之失。此毫釐間正當子細也。又看"仁"字當
并"義"、"禮"、"智"字看，然後界限分明，見得端的。今舍
彼三者而獨論"仁"字，所以多説而易差也。又謂體用一
源、内外一致爲仁之妙，此亦未安。蓋義之有羞惡、禮之
有恭敬、智之有是非，皆内外一致，非獨仁爲然也。不審
高明以爲如何？《晦庵文集》卷三二。

　　案：所謂"來教云"以下數句，正張栻上書（仁之
説）中語，知承其後。

張栻《答朱元晦秘書》：

　　觀所與廣仲書，析理固是精明，亦可謂極力救拔之
矣，然言語未免有少和平處。爲當循前人樣轍，言約而意
該，於緊要處下鍼。若聽者肯思量，當自有入處；不然，我
雖愈極力，彼恐愈不近也，如何如何？比見報，承有改秩
崇道之命，竊計自有以處之矣。兩日從共甫詳問日用間
事，使人歎服者固多，但以鄙意觀之，其間有於氣稟偏處，
似未能盡變於舊。蓋自它人謂爲豪氣底事，自學者論之，
只是氣稟病痛。元晦所講要學顏子，却不於此等偏處下

自克之功，豈不害事！願以平時以爲細故者作大病醫療，異時相見，當觀變化氣質之功。重以世衰道微，吾曹幸聞此理，不可不力勉也。有如孤陋，正望切磋之益焉。此外尚有一二事可疑，此便頗遽，俟後訊詳列。《南軒集》卷二〇。

　　案：書中云"兩日從共甫詳問日用間事"，又云"比見報，承有改秩崇道之命"，據《道命錄》卷五，乾道九年五月，有旨以朱熹"安貧樂道，恬退可嘉"，特與改官，主管台州崇道觀。《建炎以來朝野雜記》乙集卷八《晦庵先生非素隱》云特授宣教郎、主管台州崇道觀。朱熹《辭免改官宮觀狀》稱"五月二十八日奉聖旨"改官。《晦庵文集》卷二二。故推知本書約撰於六、七月之際。

朱熹《答欽夫仁疑問》：

　　"仁而不佞"章。

　　説云："仁則時然後言。"疑此句只説得"義"字。

　　"不知其仁也"章。

　　説云："仁之義未易可盡，不可以如是斷。若有盡，則非所以爲仁矣。"又曰："仁道無窮，不可以是斷。"此數句恐有病。蓋欲極其廣大而無所歸宿，似非知仁者之言也。

　　"未知焉得仁"章。

　　此章之説，似只説得"智"字。

“井有仁焉”章。

此章之説，似亦只説得“智”字。

“克己復禮爲仁”章。

説云：“由乎中，制乎外。”按《程集》此誤兩字，當云“而應乎外”。又云：“斯道也，果思慮言語之可盡乎？”詳此句意，是欲發明學要躬行之意，然言之不明，反若極其玄妙，務欲使人曉解不得，將啓望空揣摸之病矣。向見吳才老説此章云：“近世學者以此二語爲微妙隱奧，聖人有不傳之妙，必深思默造而後得之。”此雖一偏之論，然亦吾黨好談玄妙有以啓之也。此言之失，恐復墮此，不可不察。

“必世而後仁”章。

説云：“使民皆由吾仁。”如此則仁乃一己之私，而非人所同得矣。

“樊遲問仁”章。

説云：“居處恭，執事敬，與人忠，則仁其在是矣。”又云：“要須從事之久，功夫不可間斷。”恐須先説從事之久，功夫不可間斷，然後仁在其中。如此所言，却似顛倒也。

“仁者必有勇”章。

説云：“於其所當然者，自不可禦。”又云：“固有勇而未必中節也者，故不必有仁。”此似只説得“義”字。

“未有小人而仁者也”章。

説云：“惟其冥然莫覺，皆爲不仁而已矣。”此又以覺爲仁之病。

“殺身成仁”章。

說云：“是果何故哉？亦曰理之所會，全吾性而已。”欲全吾性而後殺身，便是有爲而爲之。且以“全性”兩字言仁，似亦未是。

“知及仁守”章。

說云：“如以愛爲仁，而不明仁之所以愛。”此語蓋未盡。

“宰我問喪”章。

說云：“以爲不仁者，蓋以其不之察也。宰我聞斯言而出，其必有以悚動於中矣。”據此，似以察知悚動爲仁，又似前說“冥然莫覺”之意。

“殷有三仁”章。

說云：“三人皆處之盡道，皆全其性命之情，以成其身，故謂之仁。”又云：“可以見三子之所宜處矣。”此似只說得“義”字。又以全其性命之情爲仁，前已論之。

“博學而篤志”章。

明道云：“學者要思得之。”說云：“蓋不可以思慮臆度也。”按此語與明道正相反，又有談說玄妙之病。前所論“不知其仁”、“克己復禮”處，與此正相類。大抵思慮、言語、躬行各是一事，皆不可廢。但欲實到，須躬行，非是道理全不可思量、不可講說也。然今又不說要在躬行之意，而但言不可以言語思慮得，則是相率而入於禪者之門矣。

以上更望詳考之，復以見教。又劉子澄前日過此，說高安所刊《太極説》見今印造,近亦有在延平見之者,不知尊兄以其書爲如何? 如有未安,恐須且收藏之,以俟考訂而後出之也。言仁之書,恐亦當且住,即俟更討論如何?《晦庵文集》卷三二。

案:書中言及"又劉子澄前日過此",即朱熹《答呂伯恭》(潘守附致所予書)所云"子澄過此兩三日",又云"聞薛士龍物故,可駭可歎",據呂祖謙《薛常州墓誌銘》,薛季宣乾道九年七月戊申(十七日)卒於家。(原作"九月戊申",誤。)《東萊集》卷一〇。然本書未言及薛季宣卒,故推知其約撰於七月中。

朱熹《答欽夫仁説》:

《仁説》明白簡當,非淺陋所及。但言性而不及情,又不言心貫性、情之意,似只以性對心。若只以性對心,即下文所引《孟子》"仁,人心也",與上文許多説話似若相戾。更乞詳之。

又曰:"己私既克,則廓然大公,與天地萬物血脈貫通,愛之理得於內,而其用形於外。天地之間無一物之非吾仁矣。此亦其理之本具於吾性者,而非彊爲之也。"此數句亦未安。蓋己私既克,則廓然大公,皇皇四達,而仁之體無所蔽矣。夫理無蔽,則天地萬物血脈貫通,而仁之用無不周矣。然則所謂愛之理者,乃吾本性之所有,特以廓然大公而後在,非因廓然大公而後有也;以血脈貫通而後達,非以血脈貫通而後存也。今此數句有少差紊,更乞詳之。愛之之理便是仁,若無天地萬物,此理亦有虧欠。於此識得仁體,然後天地萬物血脈貫通而用無不周者,可得而言矣。蓋此理本甚約,今便將天地萬物夾雜説,却鶻突了。夫子答子貢博施濟衆之問正如此也。更以"復見天地之心"之説觀之亦可見。蓋一陽復處,便是天地之心完全自足,非有待於外也。又如濂溪所云"與自家意思一般"者,若如今説,便只説得"一般"兩字,而所謂"自家意思"者,却如何見得耶?

又云:"視天下無一物之非仁。"此亦可疑。蓋謂視天下無一物不在吾仁中則可,謂物皆吾仁則不可。蓋物自是物,仁自是心,如何視物爲心耶?

又云:"此亦其理之本具於吾性者,而非彊爲之也。"詳此蓋欲發明仁不待公而後有之意,而語脈中失之。要之,"視天下無一物非仁"與此句似皆剩語,並乞詳之,如何?《晦庵文集》卷三二。

案:是年秋,張栻亦撰《仁説》寄朱熹,朱熹《答呂伯恭》(人還承答字)云及"欽夫近得書,……渠別寄《仁説》來,比亦答之"。《晦庵文集》卷三三。朱熹答呂書撰於八月間,推知本書撰於稍前。

張栻《答朱元晦秘書》:

某向來有疑於兄辭受之間者,非它也,意謂若其初如伯恭之説,承當朝廷美意,受之可也;後來既至于再,至于三,守之亦云固矣,非尋常辭官者比也。若只是朝劄檢舉不許辭免指揮行下,則是所以辭之之義竟未得達于君前而被君命也。若君命不許辭而使之受,則或可耳。今初未嘗迫於君命也,忽復受之,恐於義却未盡。不知劉樞曾如此報去否?《南軒集》卷二〇。

案:書中所云"如伯恭之説",即吕祖謙《與朱侍講元晦》(某哀苦待盡)中"祠禄正協'周之則受'之義,獨改秩有當商量處。然前代於賢者不能致而就官之者,蓋多矣。竊謂少逡巡而受之可也。若確然不回,則名愈高而禮愈加,異時有難居者耳"云云。《東萊集》別集卷七。此書撰於乾道九年八月中。又朱熹《答吕伯恭》(方作書欲附便)云及"欽夫得書,觀其語意,亦似不以爲可受也",《晦庵文集》卷三三。即指張栻本書。朱熹答吕氏書約撰於九月初,故推知張栻本書亦撰於八月。

張栻《答朱元晦》:

王驩一段,解之甚精。大抵王驩無足與言者,獨使事若有未至,則當正之,而驩既克勝任矣,此外復何言哉!故曰:"夫既或治之,予何言哉!"

本一而已,二本是無本也。以愛爲無差等,而愛親亦以爲施耳。是非無本歟?儒者之言曰"立愛惟親",又曰

"立愛自親始"。曰"立"云者,則可見其大本矣。

　　和靖曰:"脱使窮其根源,謹其辭説,苟不踐行,等為虛語。"石子重云:"愚以為人之所以不能踐行者,以其從口耳中得來,未嘗窮其根源,無着落故耳。縱謹其辭説,終有疏謬。若誠窮其根源,則其所得非淺,自然欲罷不能,豈有不踐行者哉?"范伯崇云:"知之行之,此二者,學者始終之事,闕一不可。然非知之艱,行之惟艱也。"知而不行,豈特今日之患,雖聖門之徒未免病此。如曾點舞雩之對,其所見非不高明,而言之非不善也,使其能踐履,實有諸己而發揮之,則豈讓於顔、雍哉?惟其於踐履處未能純熟,此所以為狂者也。又況世之人徒務知之,而不以行為事,雖終身汲汲,猶夫人也,矧知之而未必得其真歟? 和靖之言,豈苟云乎哉!

　　和靖之言固有所謂,然諸君之説,意皆未究也。孔子觀上世之化,曰:"大哉知乎! 雖堯、舜之民比屋可封,亦能使之由之而已。"知者,凡聖之分也,豈可易云乎哉?傅説之告高宗,高宗蓋知之者,恭默思道,夢帝賚予良弼,非知之者有此乎? 此舊學于甘盤之所得也。故《君奭篇》稱"在武丁時,則有若甘盤",而未及乎傅説,蓋發高宗之知者,甘盤也。"知之非艱,行之惟艱",説之意亦曰:雖已知之,此非艱也,貴於身親實履之,此為知之者言也。若高宗未克知之,而告之曰"知之非艱",則説為失言矣。自孟子而下,《大學》不明,只為無知之者耳。若曰行,則學

者事父兄事上，何莫不行也？惟其行而不著，習而不察
耳。知之而行，則譬如皎日當空，腳踏實地，步步相應；未
知而行者，如闇中摸索，雖或中，而不中者亦多矣。曾點
非若今之人自謂有見而直不踐履者也，正以見得開擴，便
謂聖人境界，不下顏、曾請事戰兢之功耳。顏、曾請事戰
兢之功，蓋無須臾不敬者也。若如今人之不踐履，直是未
嘗真知耳；使其真知，若知水火之不可蹈，其肯蹈乎？

叔京云："經正則庶民興。"蓋風化之行，在上之人
舉而措之而已。庶民興，則人人知反其本而見善明，見
善明則邪慝不能惑也。既人之不惑，則其道自然銷鑠
而至於無也。歐陽永叔云："使王政明而禮義充，雖有
佛，無所施於吾民也。"亦此意也。

經乃天下之常經，所謂堯、舜之道也。經正則庶民曉
然趨於正道，邪説不能入矣。但反經之妙，乃在我之事，
不可只如此説過也。只如自唐以來名士如韓、歐輩攻異
端者非不多，而卒不能屈之者，以諸君子猶未能進夫反經
之學也。如後周、李唐及世宗蓋亦嘗變其説矣，旋即興復
而愈盛者，以在上者未知反經之政故也。

第一章：此天人性命之分，人物氣質之稟，所以雖
隱顯或不同，而其理則未嘗不一也。

此語似欠。如云"在天人雖有性命之分，而其理則
一；在人物雖有氣稟之異，而其體則同"，則庶幾耳。

言率夫性命之自然，是則所謂道也。

是則是自然。然如此立語，學者看得便快了。請更
詳之。

脩道之謂教。

後來所寄一段意方正，但尋未見，幸別録示。

“脩道之君子審其如此”以下。

此一段覺得叢疊有剩句處。以鄙意詳經意，不睹不
聞者，指此心之所存，非耳目之可見聞也。目所不睹，可
謂隱矣；耳所不聞，可謂微矣。然莫見莫顯者，以善惡之
幾，一毫萌焉，即吾心之靈有不可自欺而不可以揜者。此
其所以爲見顯之至者也。以吾心之靈獨知之，而人所不
與，故言獨。此君子之所致嚴者，蓋操之之要也。今以不
睹不聞爲方寸之地，隱微爲善惡之幾，而又以獨爲合。是
二者，以吾之所見乎此者言之，不支離否？

此一節因論率性之道，以明脩道之始。

恐當云“因論率性之道，以明學者循聖人脩道之教之
始”也。

此一節推本天命之性，以明脩道之終。

恐當云“推本天命之性，以明學者循聖人脩道之教之
終”也。大抵天命之性，率性之道，聖人純全乎此，而脩道
立教，使人由之，在學者則當由聖人脩道之教用力，以極
其至，而後道爲不離，而命之性可得而全也。

“洪範之初一”至“正與此意合”。

《洪範》之説，固亦有此意。然似不須牽引以證所言

五行、五事、皇極三德,然則八政、五紀之在其間者復如何?引周子之所論,亦似發明其意未盡,轉使人惑,不若亦不須引也。或曰"然則中和果爲二物"云云,此數句却須便連前文,庶順且備耳。

第二章:隨時爲中。

"爲"字未安。蓋當此時則有此時之中,此乃天理之自然,君子能擇而得之耳。

第四章"道之不行也"至"不肖者不及也"。

所釋恐未安。某嘗爲之説曰:"知者慕高遠之見而過乎中庸,愚者又拘於淺陋而不及乎中庸,此道之所以不行也。賢者爲高絶之行而過乎中庸,不肖者又安於凡下而不及乎中庸,此道之所以不明也。道之不行由所見之差,道之不明由所行之失,此致知力行所以爲相須而成者也。"不識如何?

第五章"執其兩端。用其中于民":兩端者,凡物之全體皆有兩端,如始終、本末、大小、厚薄之類。識其全體而執其兩端,然後可以量度取中,而端的不差也。

此説雖巧,恐非本旨。某謂當其可之謂中。天下之理莫不有兩端,如當剛而剛,則剛爲中;當柔而柔,則柔爲中。此所謂"執兩端,用其中于民"也。

第十章"强哉矯":矯,强貌,《詩》曰"矯矯虎臣"是也。每句言之,所以深歎美之,辭雖煩而不殺也。

此説初讀之似好,已而思之,恐不平穩,疑聖人之辭氣不爾也。然此句終難説。吕、楊諸公之説雖亦費力，然於學者用工却有益爾。

第十一章"素隱"：素，空也。無德而隱，無位而隱，皆素隱也。

"素隱"恐只是平日所主專在於隱者也。

第十二章"夫婦之愚，可以與知焉；夫婦之不肖，可以能行焉"：君子之道，造端乎夫婦。男女居室，人道之常，雖愚不肖亦能知而行。夫婦之際，有人所不睹不聞者，造端乎此，乃所以爲戒慎恐懼之實。

此固切要下工夫處，然再三紬繹，恐此章之所謂與知、能行者，謂凡匹夫匹婦之所共知，如朝作夕息、饑食渴飲之類。凡庶民行而不著、習而不察，在君子則戒慎恐懼之所存，此乃所以爲造端。如所謂居室、人道之常，固亦總在其中，若專指夫婦之間人所不睹不聞者，却似未穩，兼亦未盡也。

第十三章：人之爲道而遠人，不可以爲道，人心之安者即道也。

此語有病。所安是如何所安？若學者錯會此句，執認己意以爲心之所安，以此爲道，不亦害乎？

"庸德之行，庸言之謹，有所不足，不敢不勉，有餘不敢盡。言顧行，行顧言，君子胡不慥慥爾？君子知道之不遠人"至"豈不慥慥爾乎"。

此説費力。某以爲"有所不足，不敢不勉，有餘不敢盡”，惟游子定夫説得最好，當從之。若夫大意則謂道雖不遠人，而其至則聖人亦有所不能。雖聖人有所不能，而實亦不遠於人，故君子只於言行上篤實做工夫，此乃實下手處。

“道不遠人”至“做此”。

費隱之意，第十一章子思子發明之至矣，來説固多得之。若此二字，凡聖賢之言皆可如是看，似不必以爲下數章皆是發明此二字也。大抵所定章句固多明析精當者，但其間亦不無牽挽處，恐子思當時立言之意却未必如此爾。蓋自此章以下至二十章，元晦所結之語皆似强爲附合，無甚意味。觀明者之意，必欲附合，使之鰲通縷貫，故其間不免有牽强以就吾之意處。以某之見，其間聯貫者自不妨聯貫，其不可强貫者，逐章玩味意思固無窮，似不須如此費力。章句固合理會，若爲章句所牽，則亦不可耳。自二十一章而下，其血脈自是貫通，如所分析，無甚可議者。

近有人疑“但能存心，自無不敬”，而程子言敬乃以動容貌、整思慮爲言，却似從外面做起，不由中出，不若直言存其心之爲約也。

某詳程子教人居敬，必以動容貌、整思慮爲先。蓋動容貌、整思慮，則其心一，所以敬也。今但欲存心，而以此爲外，既不如此用工，則心亦烏得而存？其所謂存者，不過强制其思慮，非敬之理矣，此其未知内外之本一故也。

今有人容貌不莊，而曰吾心則存，不知其所爲不莊者，是果何所存乎？推此可見矣。

　　爲佛學者言，人當常存此心，令日用之間，眼前常見光爍爍地。此與吾學所謂"操則存"者有異同不？

　　某詳佛學所謂與吾學之云"存"字雖同，其所爲存者固有公私之異矣。吾學操則存者，收其放而已。收其放則公理存，故於所當思而未嘗不思也，於所當爲而未嘗不爲也，莫非心之所存故也。佛學之所謂存心者，則欲其無所爲而已矣。故於所當有而不之有也，於所當思而不之思也，獨憑藉其無所爲者以爲宗，日用間將做作用，其云"令日用之間，眼前常見光爍爍地"，是弄此爲作用也。目前一切以爲幻妄，物則盡廢，自利自私，此其不知天故也。

　　《論語》"何有於我哉"文義。《述而》、《子罕》。

　　呂與叔謂我之道舍是復何所有，某舊只解作勉學者之意。後來詳與叔此説文義爲順，亦正合程子"聖人之教，常俯而就之"之意，如曰"吾有知乎哉？無知也"之類也。至《子罕篇》所云，尤引而示之近，門人果能於此求聖人，於此學聖人，則夫高深者將可馴至矣。

　　"範圍天地之化而不過，曲成萬物而不遺，通乎晝夜之道而知，故神無方而易無體。"此言聖人事，而結之以"神無方而易無體"，亦猶《中庸》述仲尼之德，而結之以"此天地之所以爲大"也。神無方，言其妙萬物而無不在也；易無體，言其變易而不窮也。聖人之功用，是乃神之無方、易之無體者也，蓋與之無間矣。

《西銘》謂以乾爲父、以坤爲母，有生之類無不皆然，所謂理一也。而人物之生、血脈之屬，各親其親，各子其子，則其分亦安得而不殊哉？是則然矣。然即其理一之中，乾則爲父，坤則爲母，民則爲同胞，物則爲吾與，若此之類，分固未嘗不具焉。龜山所謂用未嘗離體者，蓋有見於此也，似更須説破耳。

執其兩端，用其中于民，當從程子之言。前託游〔橡〕〔掾〕舉者非。　《南軒集》卷三〇。

　　案：據《年譜長編》卷上，朱熹於乾道八年冬草成《大學》《中庸章句》，寄張栻、吕祖謙討論；九年九月，助石子重編訂《中庸集解》成。故推知本書約撰於九年秋或稍後。

朱熹《答張敬夫論中庸章句》：

“率夫性之自然”，此語誠似太快，然上文説性已詳，下文又舉仁、義、禮、智以爲之目，則此句似亦無害。或必當改，則改爲“所有”字，如何？然恐不若不改之渾然也。

“不睹”、“不聞”等字，如此剖析誠似支離，然不如此，則經文所謂“不睹”、“不聞”，所謂“微”，所謂“獨”，三段都無分别，却似重複宂長。須似熹説方見得戒慎不睹、恐懼不聞是大綱，説結上文“可離非道”之意。“莫見乎隱，莫顯乎微”，是就此不睹不聞之中提起善惡之幾而言，故“君子慎其獨"。蓋其文勢有表裏賓主之異，須略分別，意思方覺分明無重複處耳。

"隨時爲中"，"爲"改作"處"如何？

"道之不明"、"不行"，來喻與鄙意大指不異，但語有詳略遠近不同耳。然熹所謂"不必知""不必行"、"所當知""所當行"等句，正是要形容"中"字意思，所謂"以爲不足行""以爲不必知"、"不知所以行""不求所以知"等句，又是緊切關紐處，恐不可闕。但鄙論自覺有個瑣碎促狹氣象，不能如來教之高明簡暢爲可恨。然私竊以謂不期於同而期於是而已，故又未能遽舍所安。萬一將來就此或有尺寸之進，此病當自去耳。大抵近年所脩諸書多類此，以此未滿意。欲爲疏通簡易之説，又恐散漫無收拾處，不知所以裁之也。《晦庵文集》卷三一。

> 案：書中言"'率夫性之自然'，此語誠似太快"，乃承言張栻上書（王驥一段）就"言率夫性命之自然，是則所謂道也"而答以"是則是自然。然如此立語，學者看得便快了"云云，知本書撰於其後。

朱熹《答張敬夫》：

《中庸》謹獨處，誠覺未甚顯焕，然著盡氣力只説得如此。近欲只改末後一句云："所謂獨者，合二者而言之，不睹之睹、不聞之聞也。"比舊似已稍勝，然終亦未爲分明也。更乞以尊意爲下數語，如何？

以敬爲主，則内外肅然，不忘不助而心自存，不知以敬爲主而欲存心，則不免將一個心把捉一個心，外面未有一事時，裏面已是三頭兩緒，不勝其擾擾矣。就使實能把捉得住，只此已是大病，況未必真能把捉得住乎？儒、釋之異，亦只於此便分了。如云"常見此心光爍爍地"，便是有兩個主宰了。不知光者是真心乎？見者是真心乎？來諭剖析雖極精微，却似未及此意。愚慮及此，不審是否，如何？

"何有於我哉"，古注云："人無是行於我，獨我有之。"按此語是孔子自言："此三事，何人能有如我者哉？"孔子之意，蓋欲勉人以學也。伊川先生似亦是如此説："默識而無厭倦，何有於我哉，勉人學當如是也。"所以發明夫子之意。而尹和靖云："孰能如孔子者哉，是以勉學者云耳。"又所以發明伊川之意。蓋此兩項七事，乃人之當然而示之以近者，故聖人以此自居而不以爲嫌。如云"不如丘之好學"之意，語雖若少揚，而意實已深自抑矣。吕氏之説，句中添字太多，恐非本意。如"吾有知乎哉？無知也"兩句，文義亦自難説。近看似此等處極多，日前都草草懸空説過了也。《晦庵文集》卷三一。

案：本書言"如云'常見此心光爍爍地'"云云，即承張栻上書（王驥一段）中語；又本書言"何有於我哉"以下至"吕氏之説，句中添字太多，恐非本意"云云，亦爲析張栻上書所謂"吕與叔謂我之道舍是復何所有，某舊只解作勉學者之意"，故知本書仍爲答張杭上書而作,約稍晚於朱熹《答張敬夫論中庸章句》。

朱熹《再答敬夫論中庸章句》:

"執其兩端",熹説是推明程子之意,未有過巧之病。如來論云云,固先儒所未及,然却似過巧。兼此方論"中",未應遽及此,又似隔驀説過了一位也。

"强哉矯",矯,强貌。古注云爾,似已得之。吕、楊之説却恐不平穩也。

"素隱",俟更思之。

"造端乎夫婦",如此説固好,但恐句中欠字太多。兼"造端"兩字是實下功夫之意,不應如此泛濫也。此類當兩存之。

"人心之所安者,即道也。"上文有"率性之謂道"云云,故其下可以如此説。若恐人錯會,當更曉破耳。

游子之言行相顧爲有餘不足之事,恐未安。此數句各是一事,不可混而爲一也。細意玩之,自可見矣。此亦當兩存之。

《章句》之失,誠如尊喻,此間朋友亦有疑其如此者。但鄙意疑此書既是子思所著,首尾次序又皆分明,不應中間出此數章,全無次序,所以區區推考如此。竊意其中必須略有此意,正使不盡如此,亦勝如信彩逐段各自立説,不相管屬也。更望細考。若果未安,當爲疑詞以見之。大率擺落章句,談説玄妙,慣了心性,乍見如此瑣細區別,自是不奈煩耳。《晦庵文集》卷三一。

> 案：本書爲再答張栻上書（王驥一段），當晚於
> 朱熹《答張敬夫論中庸章句》。

朱熹《答張敬夫語解》：

《語解》云："學者工夫固無間斷，又當時時紬繹其端緒而涵泳之。"此語恐倒置，若工夫已無間斷，則不必更言時習。"時習"者，乃所以爲無間斷之漸也。

"巧言令色"一段，自"辭欲巧"以下少曲折。近與陳明仲論此，説具別紙。

"三省者，曾子之爲仁"，恐不必如此説。蓋聖門學者莫非爲仁，不必專指此事而言，意思却似淺狹了。大抵學者爲其所不得不爲者，至於人欲盡而天理全，則仁在是矣。若先有個云我欲以此去爲仁，便是先獲也。昨於《知言疑義》中嘗論此意矣。

"傳不習乎"，疑只當爲傳而不習之意，則文理順，亦是先孝弟而後學文之類。

"道千乘之國"，"道"字意恐未安。

"友不如己"，恐只是不勝己，胡侍郎説得此意思好。

"慎非獨不忽，追非獨不忘"，恐不必如此説。上蔡多好如此，似有病也。

"厚者，德之所聚而惡之所由消靡"，此句亦未安。

"父在觀其志"一章，似皆未安。

"信近於義,則言必可復矣;恭近於禮,則可遠恥辱矣。因是二者而不失其所親,則亦可尚也已"。熹舊説此章只如此,似於文意明順,與上文"孝弟謹信而親仁",下文"篤敏慎而就正",意亦相類。不審尊意以爲如何?

"樂與好禮視無諂無驕,正猶美玉之與碔砆",此句與後面"必也無諂無驕,然後樂與好禮可得而進焉"者似相戾。蓋玉、石有定形而不可變,唯王、霸之異本殊歸者乃得以此爲譬耳。熹又嘗論此所引《詩》正謂孔子以無諂無驕爲未足,必至於樂與好禮而後已,有似乎治骨角者既切之而復磋之,治玉石者既琢之而復磨之,蓋不離是質而治之益精之意也。如何如何?

"患不知人",恐未合説到明盡天理處,正爲取友用人而言耳。大率此解雖比舊説已爲平援,尚時有貪説高遠、恐怕低了之意。更乞平心放下,意味當更深長也。首章便如此矣。 文淵閣《四庫全書》本此後有小字注:"'援'字疑'穩'字之誤。"《晦庵文集》卷三一。

　　案:朱熹《答呂伯恭》(人還承答字)云及"欽夫近得書,寄《語解》數段,亦頗有未合處。然比之向來,收斂愨實則已多矣"。《晦庵文集》卷三三。朱熹答呂書撰於八月間,推知本書約撰於此後。

朱熹《答張敬夫》:
　　道即本也。

"道即本也",却恐文意未安。蓋莫非道也,而道體中又自有要約根本處,非離道而別有本也。如云:"親親,仁也。敬長,義也。"此所謂本也。"無它,達之天下也。"則是本既立而道生矣。此則是道之與本豈常離而爲二哉?不知如此更有病否?

苟志於仁。

夫舉措自吾仁中出,而俯仰無所愧怍,更無打不過處。此惟仁者能之,顏、曾其猶病諸? 今以志於仁者便能如此,亦不察乎淺深之序矣。愚竊以爲志於仁者,方是初學有志於仁之人,正當於日用之間念念精察有無打不過處。若有,即深懲而痛改之,又從而究夫所以打不過者何自而來,用力之久,庶乎一旦廓然而有以知仁矣。雖曰知之,然亦豈能便無打不過處? 直是從此存養,十分純熟,到顏、曾以上地位,方是入此氣象。然亦豈敢自如此擔當? 只是誠心恭己,而天理流行自無間斷爾。今説才志於仁,便自如此擔當了,豈復更有進步處耶? 又且氣象不好,亦無聖賢意味。正如張子韶《孝經》首云:"直指其路,急策而疾趨之。"此何等氣象耶? 蓋此章"惡"字只是入聲,諸先生言之已詳,豈忽之而未嘗讀耶? 理之至當,不容有二。若以必自己出而不蹈前人爲高,則是私意而已矣。

橫耳所聞,無非妙道。

"橫耳所聞",乃列子之語,與聖人之意相入不得。聖人只言耳順者，蓋爲至此渾是道理，聞見之間無非至理，謂之至理，便與妙道不同。自然不見其它。雖有逆耳之言，亦皆隨理冰釋，而初無橫耳之意也。只此便見聖人之學、異端之學不同處。其辨如此，只毫髮之間也。

與四時俱者無近功，所以可大受而不可小知也，謂它只如此。

一事之能否，不足以盡君子之蘊，故不可小知。任天下之重而不懼，故可大受。小人一才之長，亦可器而使，但不可以任大事爾。

民非水火不生活，於仁亦然，尤不可無者也。然水火猶見蹈之而死，仁則全保生氣，未見蹈之而死者。

此段文義皆是，只此一句有病，不必如此過求。

知、仁、勇，聖人全體皆是，非聖人所得與焉，故曰"夫子自道"也。

道體無窮，故聖人未嘗見道之有餘也，然亦有勉進學者之意焉。"自道"恐是"與道爲一"之意，不知是否？

上達、下達，凡百事上皆有達處，惟君子就中得個高明底道理，小人就中得個汙下底道理。

呂謂："君子日進乎高明，小人日究乎汙下。"

天下之爲父子者定，爲子必孝，爲臣必忠，不可易也。

羅先生云："只爲天下無不是底父母。"此説得之。

四體不言而喻，無人説與它，它自曉得。

語太簡，不知"它"指何人？此亦好高之弊。

"強恕而行"，臨事時却爲私利之心奪，不強則無以主恕。

"萬物皆備於我矣，反身而誠，樂莫大焉"，此是理明欲盡者。"強恕而行，求仁莫近焉"，此是強恕而行者。

"無所用恥"，小人機變之心勝，初不知有恥，故用不著它。

爲機變之巧，則文過飾非，何所不至？無所用恥也。

"禮之用，和爲貴"，禮之發用處以和爲貴，是禮之和猶水之寒、火之熱，非有二也。當時行之，百姓安之，後世宜之，莫不見其爲美也。所謂"民之質矣，日用飲食，羣黎百姓，徧爲爾德"。先王之道若以此爲美，而小大由之，則有所不行。蓋天下皆知美之爲美，斯惡矣。知和之云云，又逐末而忘本，故亦不可行也。

大凡老子之言與聖人之言全相入不得也。雖有相似處，亦須有毫釐之差，況此本不相似耶？此説似亦過當。禮與和是兩物，相須而爲用，范説極好。伊川、和静以"小大由之"一句連上句説，似更分明，可更詳味。若如此説，恐用心漸差，失其正矣。

"先行其言。"一云行者不是泛而行，乃行其所知之行也。但先行其言，便是個活底君子，行仁言則仁自然從之，行義言則義自然從之，由形聲之於影響也。道理自是如此，非有待而然也，惟恐其不行耳。

此章范、謝二公説好，不須過求，恐失正理。

"見其禮而知其政"。子貢自説己見禮便知政，聞樂便知德。禮樂正意不必是百世之王，亦不必是夫子，只是泛論。由百世之後，等校百世之王，皆莫能逃吾所見。吾所見自生民以來未有如孔子者。宰我、子貢、有若到那時雖要形容孔子，但各以其所自，見得孔子超出百世，而孔子所以超出百世，終不能形容也。

此説甚好。但不知子貢敢如此自許否？恐亦害理也，更商量看。

一云是子貢見夫子之禮而知夫子之所以爲政，聞夫子之樂而知夫子之所以爲德也。如知夫子之得邦家之事也，亦是子貢聞見所到也。"莫之能違"，則吾夫子是個規矩準繩也。

"君子無所争，必也射乎"，謂必於射，則不免有争焉。及求其所以争者，則乃在乎周旋揖遜之間，故其争也，君子異乎衆人，所以角力尚客氣也。

此説甚好。

"充類至義之盡也"。謂之義，則時措之宜，無有盡也。若要充類而至，如不由其道而得者，便把爲盜賊之類，是義到此而盡，舉世無可與者。殊不知聖賢權機應用，無可無不可者，亦與其潔之義。如象日以殺舜爲事，及見之，象喜亦喜，義到此有何盡時？

不必如此説。"夫謂非其有而取之者，盜也，充類至

義之盡也。"熹舊嘗爲説曰:"充吾不穿窬之心而至於義之
盡,則可自謂如此,豈可緊以此責人哉? 諸侯之於民,所
取固不足道云。"《晦庵文集》卷三二。

案:本書所討論者,似亦屬張栻《癸巳論語解》中
語,疑與朱熹上書《答張敬夫語解》相前後,故係此。

張栻《答朱元晦秘書》:

胡廣仲一病遂不起,極可傷惜。渠氣本弱,忽苦腿髀
之疾,醫者謂腎氣有餘,以甘遂瀉之,自此泄利不止,百藥
無效,經月竟至此。弟弱子稚,尤可念。渠邇來雖肯講
論,終是不肯放下。病中過此,猶爲及此意。然胡氏失
之,亦甚害事也。元履家事如何? 某寄賻儀等去已久,都
未得其子回信,不知已達否? 晦叔在獄下無過從,欲決意
來城中,要是渠自當離却婦翁家乃是。伯逢月初已赴江
東任。諸公近來無甚講論,德美却來數日,終未能近思
也。士子輩間有好資質肯向學者,更看長遠如何,此亦告
之以循序務本而已。近來讀《繫辭》,益覺向者用意過當,
失却聖人意脈。如橫渠亦時未免有此耳。《詩解》諸先生
之説盡編入,雖是覺泛,又恐學者須是先教如此考究,却
可見平淡處耳,如何?《南軒集》卷二一。

案:張栻《欽州靈山主簿胡君墓表》云胡廣仲
(名寔)"乾道九年秋,因事至湘陰,得疾,堅痞在腰股
間,醫者誤以快藥下之,則益甚,亟歸舊廬,以十月庚

辰没于正寢,享年三十有八”。《南軒集》卷四〇。十月
庚辰爲二十一日,故本書約撰於十月、十一月之際。

張栻《答朱元晦秘書》:

某食飲起居皆幸已復舊,向來且欲完養,此數日方出
報客。城南亦五十餘日不到,昨一往焉,綠陰已滿,湖水
平漫,亦復不惡。方於竹間結小茅齋,爲夏日計,雨潦稍
定,即挾策其間也。嘗令畫圖,俗工竟未能可人意,俟勝
日自往平章之,方得寄往耳。伯恭近專人來講論詳細,如
此朋友,真不易得。但論兄出處,引周之可受之義,却似
未然,又向來聚徒頗衆,今歲已謝遣,然渠猶謂前日欲因
而引之以善道。某謂來者既爲舉業之故,先懷利心,恐難
納之於義。大抵渠凡事似於果斷有所未足耳。游誠之資
質確實,有志世故,心寔愛之,但正宜爲學,不然,恐未免
爲才使。今歸,必首去求見。某以乍出,人事頗多,姑遣此
紙,早晚樞帥又自有人行也。《孟子解》渠却録未畢,樞帥
處却將寫了,當祝封呈。餘幾爲道自重。《南軒集》卷二一。

　　案:據《張宣公年譜》,張栻於淳熙元年(1174)
春初積寒成疾,修養數十日。本書中云及城南時令
已“綠陰已滿,湖水平漫”,乃初夏景色,知撰於此時。

張栻《答朱元晦秘書》:

某幸如昨,但自家弟赴官,極覺離索之思耳。日夕不

敢廢學，第覺向來語言多且易，只欲且做工夫。讀所寄來
伊川先生簡語，尤用悚然，不知尊兄意如何？每玩來書，
未嘗無警益，愈恨相去遠，未得聚首耳。《中庸義》邇來細
讀，自"誠者天之道"以下尤覺所解有功，前面於鄙意尚多
疑處，今復旋具呈。子重編《集解》，必經商量刊成，願早
得之，此書極有益也。《傳心閣銘》序語誠贅，刪之甚佳。
《尤溪學記》此本勝前，前本大抵意不甚達耳。某近爲邵
州作《復舊學記》，其間論小學、大學意，偶亦相類，錄呈。
今猶未刻，有可見教，尚冀速示也。

岳麓書院邇來却漸成次第。向來邵懷英作事不着
實，大抵皆向傾壞，幸得共父再來，今下手葺也。書院相
對案山，頗有形勢，屢爲有力者睥睨作陰宅。昨披棘往
看，四山環繞，大江橫前，景趣在道鄉碧虛之間，方建亭其
上，以"風雩"名之。安得杖履來共登臨也？它幾以道義
自重。《南軒集》卷二一。

案：書中有云"但自家弟赴官，極覺離索之思
耳"，指其弟張杓於乾道九年十二月二十二日赴任嚴
州通判。《嚴州圖經》卷一。《張宣公年譜》係本書於淳
熙元年夏。

張栻《答朱元晦秘書》：

某近年以來，竊見尊兄往來書問之間，講論知見甚異
疇昔，每用敬歎，且因得以開益其愚陋者固非一端，獨恨

相去之遠，顧以未得詳日用間事爲念。蓋子路有聞，未之能行，惟恐有聞，古之人於其知見之進，則又顧其躬之所履，每患其不及，而惟懼其有所偏焉，故能日新而不疚。此某所以亟欲詳聞用工進德之實，以爲相觀而善之益也。幸共甫之來，可以詢問，則首訪而盡請焉，得之共甫者亦多矣，其所以慰鄙心而增歎仰者固不用言。獨其間有使人不能無疑者，切切偲偲之義，則在所不敢默也。聞兄在鄉里，因歲之歉，請於官得米而儲之，春散秋償，所取之息不過以備耗失而已，一鄉之人賴焉，此固未害也。然或者妄有散青苗之譏，兄聞之，作而曰："王介甫所行，獨有散青苗一事是耳。"奮然欲作《社倉記》以述此意。某以爲此則過矣。夫介甫竊《周官》泉府之説，强貸而規取其利，逆天下之公理，而必欲其説之行，用奉行之小人，而必欲其事之濟，前輩辨之亦甚悉矣，在高明固所攷悉，不待某一二條陳，而其與元晦今日社倉之意，義利相異者固亦曉然。度元晦初亦豈有所取乎彼哉，特因或者之言有所激作，遂欲增加而力主其事，故併以介甫之爲亦從而是之。是乃意之所加，不自知其偏者也。譬之有人焉於此，執權以稱物之輕重，初未至於偏也，或指而告之曰"此爲重矣"，執權者主其説曰："吾猶覺此之輕也。"於是復就其所指之處增之使重，而其偏始甚矣。且元晦謂介甫青苗爲可取者，以其實之可取乎，抑以其名之可取乎？以其實則流毒天下，固有顯效；以其名則不獨青苗，凡介甫所行，其名大略皆竊取先王之近似者，非特此一事也。竊取之名而何取乎？且介甫自以其爲鄞縣嘗貸穀而便於民，故以謂可行於天下。執一而不通天下之務，立法無其本，用法無其人，必欲其說之行，故舉天下之異己者盡歸之流俗，於是來合其說者無非趨附之小人。既欲其事之濟，則用其說之合者，小人四出，以亂天下，其勢則然也。介甫初亦用程明道及呂晦叔輩，其意豈不用賢，而以其天資視呂惠卿之徒爲何等哉？惟其欲其說之濟，故擯異而用同，卒至棄仁賢而任羣小也。今元晦見吾行社倉於一鄉爲目前之便，而遂以介甫之事爲有可取，無乃與介甫執鄞縣所爲而遽欲施之於天下者相類乎？似不可不周觀而深察也。此雖爲一事，然明者胸中因人激作而爲之增加斤兩，以至於偏，則懼其有害耳。來者多云會聚之間，酒酣氣張，悲歌慷慨，如此等類，恐皆平時血氣之習未能消磨者，不可作小病看，前書亦嘗略及之矣。某每念人心易偏，氣習難化，君子多因好事上不覺乘快偏了，若曰偏則均爲偏耳。又慮元晦學行爲人所尊敬，眼前多出己下，平時只是箴規它人，見它人不是，覺己是處多，它人亦憚元晦辨論之勁，排闢之嚴，縱有所疑，不敢以請，深恐諛言多而拂論少，萬有一於所偏處不加省察，則異日流弊恐不可免。念世間相知孰踰於元晦，切磋之義，其敢後於它人！況某之不肖，朝夕救過不暇，正有望於藥石之言，亦求教之一端也，惟深察焉。《南軒集》卷二〇。

案：朱熹於淳熙甲午（元年）五月丙戌撰成《建寧府崇安縣五夫社倉記》，《晦庵文集》卷七七。張栻所云《社倉記》即此。故推知張栻本書約撰於五、六月間。

朱熹《答張敬夫六月二十八日》：

夷、齊讓國而逃，諫伐而餓，此二事還相關否？或謂先已讓國，則後來自是不合更食周粟。若爾，則當時自不必歸周，亦不待見牧野之事，又諫不從而後去也。且若前日已曾如彼，即今日更不得如此。此與“時中”之義不知又如何？凡此鄙意皆所未安，幸乞垂教。《晦庵文集》卷三一。

案：張栻下書（向來略有疑於辭受之際者）有云“夷、齊事舊承用五峰之說，謂夷、齊讓國，故見伐國事不是，不食周粟，在夷、齊身分上當然，是能全其清者也”，乃答朱熹本書。張書撰於秋末，故知朱熹本書乃撰於淳熙元年六月二十八日。

張栻《答朱元晦秘書》：

某幸粗安，日往城南水竹間翻閱簡編，或遂與一二士留宿，頗多野趣，不覺伏暑之度。惟是歲月易徂，每懷學不足之憂耳。共甫甚得此方人情，然所以望之者，固不宜少不滿也。開府之初，舉動多慰人意，其樂義之風亦不易得耳。前書所講及與岳前諸友書,於鄙意大抵無可疑。《仁説》,岳前之論甚多,要是不肯虛懷看義理。某近爲説以明之,亦只是所論之意却似稍分明,今録呈。其間有未安處,某昨得晦叔書,却肯相信,更俟相見與面剖也。《南軒集》卷二〇。

案:書中所謂"不覺伏暑之度",知當撰於秋初。

張栻《答朱元晦》:

游掾後來曾相見否?計今已還也。晦叔不知尚留彼中否?《中庸後解》想已付渠來,甚欲見也。如"道不遠人"章,鄙意以爲須將"人"字做"人心"説,亦是旋添入,不若更平易看,只是道初不遠於人之身,人之爲道而不近求之於其身,尚何所爲道?故有伐柯、睨視之譬,知道之不遠人,則人與己本均有也,故以人治人。如此看似意味爲長,不識如何?《南軒集》卷二三。

案:據朱熹《答吕伯恭》(子約惠書)云"吴晦叔來犇其母之喪,今日方見之,能道欽夫病狀",《晦庵文集》卷三三。約撰於四月間;又(兒子歸)云"長沙頻得書,……晦叔歸,因託寄懷",撰於七月間。《晦庵文集》卷三三。故推知本書約撰於七月間。

朱熹《問張敬夫》:

心具衆理,變化感通,生生不窮,故謂之易。此其所以能開物成務而冒天下也。圓神、方知變易，二者闕一則用不妙，用不妙則心有所蔽而明不遍照。"洗心"，正謂其無蔽而光明耳，非有所加益也。寂然之中，衆理必具而無朕可名，其"密"之謂歟？必有怵惕惻隱之心，此心之宰而情之動也。如此立語如何？《晦庵文集》卷三二。

　　案：《年譜長編》卷上云是年夏、秋間朱熹與張栻、何鎬、吕祖儉等展開心説辯論。此即其中之一書。

朱熹《問張敬夫》：

　　熹謂感於物者心也，其動者情也。情根乎性而宰乎心，心爲之宰，則其動也無不中節矣，何人欲之有？惟心不宰而情自動，是以流於人欲而每不得其正也。然則天理人欲之判，中節不中節之分，特在乎心之宰與不宰，而非情能病之，亦已明矣。蓋雖曰中節，然是亦情也，但其所以中節者乃心爾。今夫乍見孺子入井，此心之感也。必有怵惕惻隱之心，此情之動也。"内交"、"要譽"、"惡其聲"者，心不宰而情之失其正也。怵惕惻隱乃仁之端，又可以其情之動而遽謂之人欲乎？大抵未感物時，心雖爲未發，然苗裔發見，却未嘗不在動處。必舍是而别求，却恐無下功處也。所疑如此，未審尊意如何？《晦庵文集》卷三二。

　　案：本書亦爲當時論辯心説之一書。

朱熹《問張敬夫》：

《遺書》有言，人心私欲，道心天理。熹疑"私欲"二字太重，近思得之，乃識其意。蓋心一也，自其天理備具、隨處發見而言，則謂之道心；自其有所營爲謀慮而言，則謂之人心。夫營爲謀慮，非皆不善也，便謂之私欲者，蓋只一豪髮不從天理上自然發出，便是私欲。所以要得"必有事焉而勿正、勿忘、勿助長"，只要沒這些計較，全體是天理流行，即人心而識道心也。故又以"鳶魚飛躍"明之。先覺之爲後人也，可謂切至矣。此語如何？更乞裁喻。答云："栻近思却與來喻頗同。要當於存亡出入中識得惟微之體，識得則道心，初豈外是？不識只爲人心也，然須實見方得。不識如何？"《晦庵文集》卷三二。

案：本書亦爲當時論辯心説之一書。張栻答書，《南軒集》未載。

朱熹《問張敬夫》：

熹謂存亡出入固人心也，而惟微之本體亦未嘗加益，雖舍而亡，然未嘗少損。雖曰出入無時，未嘗不卓然乎日用之間而不可掩也。若於此識得，則道心之微初不外此，不識則人心而已矣。蓋人心固異道心，又不可作兩物看，不可於兩處求也。不審尊意以謂然否？《晦庵文集》卷三二。

案：書中云"熹謂存亡出入固人心也，而惟微之本體亦未嘗加益”，乃承上張栻答書“要當於存亡出入中識得惟微之體”而言，知撰於其後。

朱熹《答張敬夫》：

“人心私欲”之説，如來教所改字極善。本語之失，亦是所謂本原未明了之病，非一句一義見不到也。但愚意猶疑向來妄論引“必有事”之語亦未的當。蓋舜、禹授受之際，所以謂人心私欲者，非若衆人所謂私欲者也，但微有一毫把捉底意思，則雖云本是道心之發，然終未離人心之境。所謂“動以人則有妄，顏子之有不善，正在此間”者是也。既曰有妄，則非私欲而何？須是都無此意思，自然從容中道，才方純是道心也。“必有事焉”，却是見得此理而存養下功處，與所謂純是道心者蓋有間矣。然既察本原，則自此可加精一之功而進夫純耳，中間儘有次第也。“惟精惟一”，亦未離夫人心，特須如此克盡私欲，全復天理。儻不由此，則終無可至之理耳。《晦庵文集》卷三二。

案：本書又題《答吳晦叔》，重載於《晦庵文集》卷四二。

書中“必有事”云云，乃承朱熹上書（《遺書》有言）“所以要得‘必有事焉而勿正、勿忘、勿助長’，只要没這些計較，全體是天理流行，即人心而識道心也”而言。又“如來教所改字極善”之張栻“來教”未見。

張栻《答朱元晦秘書》：

某今夏止酒，又戒生冷，意思頗覺勝常年，一味善噉飯耳。昨見所與劉樞書，聞郡中既以再辭之狀申省，今且當謹俟之也。伯恭聞居深山間，想甚勝。向來聚生徒之多，聞亦有議之者，曾得其詳否？伯逢止酒甚勇，在渠誠爲不易也。所諭釋氏存心之説，非特甚中釋氏之病，亦甚有益於學者也，但"何有於我哉"，文義細詳之，只是謂此數者非獨有於我，正欲學者進於此也，故程子謂勉人學當如是也。呂氏之説，誠是添字較多。若尹氏謂"人孰能若孔子者哉"，又恐以"若"字易"有"字，亦恐未安也。大意固是聖人示人以近，故以此數者自居。若曰"孰能若我"，則又恐非聖人辭氣耳。"吾有知乎哉"，尋常只承程子之説，若文勢則上一句疑辭也，下一句斷辭也，猶曰"君子多乎哉？不多也"，不識如何？《南軒集》卷二一。

案：書中有云"某今夏止酒，又戒生冷"，故推知其撰於秋中。

張栻《答朱元晦秘書》：

示及諸君操舍出入之説，呂子約所論病痛頗多，後一説亦頗得之，然其間似未子細。按孟子此章首以牛山之木爲喻，又以夜氣爲説，而引孔子之言爲證，以明人之不可不操而存也。心本無出入，然操之則在此，舍之則不在焉。方其操而存也，謂之入可也，本在內也。及其舍而亡也,謂之出可也。非心出在外,蓋不見乎此也。無時者,言其乍入乍出,非入則出也,莫知其所止也。此大概言人之心是如此,然其操之則存者,是亦可見心初未嘗有出入也。然則學者其可不以主一爲務乎?呂子約之說既誤以乍存乍亡爲感之用,而後說如謂心之本體不可以存亡言,此語亦未盡。存亡相對,雖因操舍而云,然方其存時,則心之本體固在此,非又於此外別尋本體也。子約又謂當其存時,未能察識而已遷動,是則存是一心,察識又是一心,以此一心察彼一心,不亦膠擾支離乎?但操之則存,操之之久且熟,則天理寖明,而心可得而盡矣。《南軒集》卷二〇。

案:朱熹《答呂子約》有云:"蓋操之而存,則只此便是本體,不待別求。惟其操之久而且熟,自然安於義理而不妄動,則所謂寂然者,當不待察識而自呈露矣。今乃欲於此頃刻之存,遽加察識以求其寂然者,則吾恐夫寂然之體未必可識,而所謂察識者,乃所以速其遷動而流於紛擾急迫之中也。"《晦庵文集》卷四七。本書所云"示及諸君操舍出入之說,呂子約所論病痛頗多",當即指此。朱熹《答呂子約》約撰於淳熙元年夏、秋間,本書撰於其後。

張栻《答朱元晦秘書》:

畫僧只是一到城南經營,即爲劉樞閟在湘。春作圖帳,到今未出兩紙,只是想象模寫,得其大都,其間有欠闕及未似處，今且送往，它時別作得重寄也。書樓山齋方治材未立，南皋未有屋成，即謂之蒼然觀耳。書樓欲藏數百卷書，及列諸先生像。此二字亦求兄寫，當不惜也。《南軒集》卷二一。

案：張栻下書（《通鑑綱目》想見次第）云及"九月間曾拜書送《城南圖》并録小詩去，且求書樓大字"，《南軒集》卷二二。即指本書，當撰於九月間。

張栻《答朱元晦秘書》：

向來略有疑於辭受之際者，無它，只爲既已堅辭，後來只是堂中檢坐不許辭免指揮，未曾再被君命，疑以爲未可也。今承來諭，蓋已備曉。但某尋常或慮兄剛厲之過，今寬裕乃爾，足見矯揉之功也。

夷、齊事舊承用五峰之説，謂夷、齊讓國，故見伐國事不是，不食周粟，在夷、齊身分上當然，是能全其清者也。因諭及，細思之，非謂前日已曾如此，今日更不得如彼，只是清者之見自如此耳，如何？《中庸章句》如"道不遠人"章，文義亦自有疑，此便即行，容續條去。所謂欲作一略解，甚善。某近來看《論語》諸書，文義間時亦覺平易中有味處。病後醫者戒以少作文字，未欲下筆。冬間有可求教者，旋寫去。盍簪之樂，時見夢寐，未知何日果遂耶？馳想馳想。《南軒集》卷二一。

案：書中云"病後醫者戒以少作文字，未欲下筆。

冬間有可求教者，旋寫去”，故推知其約撰於秋末。

張栻《答朱元晦秘書》：

按《固陵錄》，游公元符三年十月庚戌除監察御史，今已改定。“攷其言行而泝師友之淵源，體之吾身而明義理之正當”，下句中字固有未安。元晦欲作“即其所至，而益求其所未至”，恐亦未安。蓋方建祠作記，使學者知所景慕，而遽云求其所至，則語意似迫露，學者將未能識其所至，而遽指其所未至，在薄俗不得不防其然也。今更定云“即其所至，而益究夫問學之無窮”，則可見向上更儘有事，意味似長也，不知如何？《南軒集》卷二〇。

　　案：書中所云“即其所至，而益究夫問學之無窮”，即張栻《建寧府學游胡二公祠堂記》中語，《祠堂記》又云：“蓋隆興癸未，知府事陳侯正同始祠游公於東廡之北端；後六年，轉運副使任侯文薦、判官芮侯燁又以邦人之請命祠胡公，且徙游公之祠爲東西室於堂上，未畢而皆去。又五年，今轉運副使沈侯樞始因其緒而卒成之，而教授王定方遂以書來屬某爲記。”《南軒集》卷一一。推知其時在淳熙元年秋、冬間。

張栻《答朱元晦》：

《通鑑綱目》，想見次第甚有益於學者也。垂諭胡致堂所論五王不誅武后事，偶無別本在此檢得，然亦大綱記得。其説武氏誠當誅，畢竟既立其子，難誅其母，如來教所云。至於予奪輕重之間，不過告於唐家宗廟，廢置幽處之耳。然以中宗之昏庸，其復之如反手耳，亦豈是長策？以某愚見，五王若有伊、周之見，則當時復唐家社稷，何必須立中宗？中宗雖是嘗爲武后所廢，然嘗欲傳位與后父，是其得罪宗廟，不可負荷，已自著見。五王若正大義，於唐家見存子孫中公選一人，以承天序，告於宗廟，誅此老媼，則義正理順，唐祚有太山之安矣。試思之如何？

"不復夢見周公"章，恐只當從程子之説，夢寐之間，亦思念周公之事，如見其人，然猶云見堯羹牆之類也。若謂真見周公於夢，周公不可見而見之，夢而有妄，恐非聖人之心也。若傅説，却是世上真有箇傅説，非妄也。"何有於我哉"，某後來只改作"何獨我有之"之意，程子所謂使學者勉進乎此者也。若如向來所謂尹子之説"孰能若孔子者哉"，終恐非聖人辭氣耳。近晦叔理會"久假而不歸，烏知其非有"，謂雖使其久假不歸，亦懵不知非己物。某恐孟子之意，爲此言却是開其自新之路，曰"烏知其非己有也"，謂至其能久假而不歸，雖未敢便謂其能有之，亦安知其非己有乎？辭氣蓋完全也，如何？

九月間，曾拜書送《城南圖》，并錄小詩去，且求書樓大字，不知曾達否？都不見來書説及耳。書樓已成，只是三間，字稍大於月榭可也，願早得之。

牛、李所爭維州事，當如何處置？温公之説然否？

《南軒集》卷二二。

　　案：書中有云"九月間，曾拜書送《城南圖》，并錄小詩去"，故推知其約撰於年末。

張栻《答朱元晦》：

　　某黽勉南來，視事踰旬矣。廣右比之它路最爲廣莫，而彫瘵則最甚。蠻落睢盱，邊備寡弱，日夜關慮，固當以安靜爲本，然要須在我有隱然之勢，則安靜之實乃可保。方考究料理，不敢苟目前也。遠方法度廢弛，惟以身率之，立信明義，庶幾萬一。諸路土丁，祖宗良法，今虛籍雖存，而其實都亡。方尋繹舊規，若此事有緒，庶幾邊防差壯。誠之已來，未到也。南來朋舊闊遠，殊重離索之歎。偶府中遣人買茶，略附此紙，少定，專人去相看。共父想已到建康，責任甚重，臨行，亦略獻區區也。《南軒集》卷二二。

　　案：據《張宣公年譜》，淳熙元年詔除張栻知静江府，經略安撫廣南西路。二年（1175）二月二十四日抵郡涖職。《南軒集》卷二八《與曾節夫撫幹》。本書言"視事踰旬矣"，則在三月十日左右。

朱熹《答張敬夫三月十四日》：

　　熹昨承誨諭五王之事，以爲但復唐祚而不立中宗，則武曌可誅，後患亦絶。此誠至論。但中宗雖不肖，而當時幽廢特以一言之失，罪狀未著，人望未絶。觀一時忠賢之心，與其募兵北討之事，及後來諸公説李多祚之語，則是亦未遽爲獨夫也。乃欲逆探未形之禍，一旦舍之而更立宗室，恐反爲計校利害之私，非所以順人心、乘天理，而事亦未必可成也。愚慮如此，然而此外又未見別有長策，不知高明以爲如何？

若維州事，則亦嘗思之矣。唐與牛、李蓋皆失之也。夫不知《春秋》之義而輕與戎盟，及其犯約攻圍魯州，又不能聲罪致討，絕其朝貢，至此乃欲效其失信叛盟之罪而受其叛臣，則其義有所不可矣。然還其地可也，縛送悉怛謀，使肆其殘酷，則亦過矣。若論利害，則僧孺固爲大言以恐文宗，如致堂之所論，而吐蕃卒不能因維州以爲唐患，則德裕之計不行，亦未足爲深恨也。計高明於此必有定論，幸并以見教。牛論正而心則私，李計譎而心則正。

"何有於我哉"，後來思尹子説誠未安，竊意只是不居之詞。聖人之言此類甚多，不以俯就爲嫌也。"惡知其非有也"，頃時亦嘗爲説，正如晦叔之意。後來又以爲疑，乃如尊兄所諭。今細思之，却不若從晦叔之説，文意俱順，法戒亦嚴，不啓末流之弊也。如何如何？《晦庵文集》卷三一。

案：本書乃承張栻上書（《通鑑綱目》），乃撰於淳熙二年三月十四日。

張栻《答朱元晦》：

某黽勉所職，無補是懼。目前幸歲稔盜息，人情相安,但環視一路,可爲寒心者多,亦切考究,以其大者控陳矣。伯恭相聚計講論,彼此之益甚多,恨不得從容於中也。寄示學者講論一紙。所論萬物皆備一段,意亦近裏。大抵不能反身則自不與己相干,它人飽食,何與己事?反身而至於誠,則樂莫大矣。誠則實能有之也。又論未感時四端混爲一理,却有未安。未感時雖是渾然,而所謂四端之理固已具於中,及其感則形見也。聖智巧力,某後來改舊説頗詳,續錄呈。武氏事誠有難處,維州之説,正是鄙心,尚有少曲折,後便併盡。久假不歸,當從晦叔。韓、曾用財之説,甚善甚善。某此間應接賓客民事,通近兩時,又將兩時退而考究,紬繹訪問。此外尚得讀書餘暇,有可見教,不惜示及。《南軒集》卷二三。

案:朱熹上書(熹昨承誨諭五王之事)言及五王未誅武則天事與“若維州事,則亦嘗思之矣。唐與牛、李蓋皆失之也”云云,本書則云“武氏事誠有難處,維州之説,正是鄙心”,知承朱熹上書。又據呂祖謙《入閩記》,淳熙二年四月一日呂祖謙至五夫與朱熹相會講論。本書“伯恭相聚計講論”云云,即指朱、呂五夫之會事,故推知其約撰於五、六月間。

張栻《答朱元晦》:

某守藩條八閲朔矣,佩聖人“心誠求之”之訓,味“哀矜勿喜”之言,日夜電勉悚惕之不暇。所幸綱紀粗定,人情頗相信向，又歲事極稔，盜賊屏戢，目前僥倖無它。而環視一路，可寒心事極多。邊備兵政，亦隨力葺理。保甲一事，亦頗有條理。惟是自靜江之外，諸郡歲計闕匱異常，甚至官吏乏俸，軍兵乏糧，此亦何以爲郡，坐視民愈困。比有請願與憲漕共考究一路財賦底裏，通融均濟之計，幸蒙賜可，才此詳講熟慮，庶幾有以少寬。然其間曲折亦多，又不敢欲速也。學校略與整修，士子中亦有好資質，時呼一二來郡齋，與之講論，庶知向方。三先生祠甚設，有小記納去。凡此不敢不盡區區耳。官寮其初頗有拘束之歎，蓋習於放縱已久，今却極相安，有樂趨事之意。其間亦有數人慤實可委，其餘隨力使得自展。有不率者，先之以訓督，不悛而後加以法，邇來覺得斂縮者多也。此路向來盜賊之多，正緣配隸之人萃焉，例皆逃逸爲害，比嚴首捕之科，明其賞罰，接踵而至，幾無日無之，收其強壯以爲效用，故少戢也。然廣中之人亦自多犯法徒流，常有刑不足以勝姦宄，使人愧懼。恐兄見念，欲知其詳，故縷縷及之。

　　靜江氣象開廓，風氣疏通，覺得無瘴癘寒暄之候，殊不異湘中。環城諸山奇變，柳子厚所謂"拔地峭堅，林立四野"，此語足以盡其大槩。近觀水東諸巖，空明寬敞，惟龍隱最爲勝絕。蓋在小溪之濱，水貫其中，深窈停洑，以舟入焉，石色特青潤，嶙峻變怪，殊可喜也。某日間亦得暇讀書，但覺向來語言多所未安，尤不敢輕易立辭。

《中庸》末章自"衣錦尚絅"而下，反復引《詩》，明慎獨始終之道，區區朝夕惟從事於此，而未之有進也。誠之在此，極得其助，近亦得暇讀《中庸章句》。晦叔許一來，已遣人取之，旦夕可到，相與講磨，庶少慰離索也。

共父處人回得書，請祠之意甚濃，聞所施爲大抵類長沙。長沙之人，今歲緣茶賊之擾害，人甚思之。但某前書勸渠謙虛，使人得以自盡，人才大小皆有用處，而報書謂"到江上尤不見有人才"，某實懼此語。天下事豈獨智力能辦？通都會邑，豈無可器使者？恐吾恃聰明以忽之，彼無以自見耳，若當大任，恐有所妨。方欲作書述此意，亦望兄自以己意開廣之。今日達官如是公，誠亦不易得，望之深耳。

伯恭今次講論如何？得渠書，云兄猶有傷急不容耐處，某又恐伯恭却有太容耐處。然吾曹氣習之偏，乘間發見，誠難消化，想兄存養有道，如某病痛，多兢兢之不遑，正有望時加砭劑也。陸子壽兄弟如何？肯相聽否？子澄長進否？擇之亦久不聞問矣。

無咎昨寄所編《祭儀》及《呂氏鄉約》來，甚有益於風教。但《鄉約》細思之，若在鄉里，願入約者只得納之，難於揀擇。若不擇，而或有甚敗度者，則又害事；擇之，則便生議論，難於持久。兼所謂罰者可行否？更須詳論。精處若閑居行得，誠善俗之方也。

賀州有林君勛《本政書》，想亦須見，謾附一本。其間固多未盡，然其人一生用工於此，其説亦著本可貴。此外又於其家求得數書，有論屯田項目，亦甚有工。才抄録，續當奉寄。此公所至有惠政，乃是廣中人才之卓然者，殊惜其不得施用也。所欲言甚多，未易殫究，餘見別紙。《南軒集》卷二二。

案：書中云"某守藩倏八閲朔矣"，推知撰於是年十月中。據《年譜長編》卷上，五月底，朱、呂一行至鉛山鵝湖會陸九淵兄弟論學，六月上旬別歸。本書中"伯恭今次講論如何"、"陸子壽兄弟如何"之問，即就鵝湖之會而發。

朱熹《答張敬夫十二月》：

熹窮居如昨，無足言者。但遠去師友之益，兀兀度日，讀書反己，固不無警省處，終是旁無彊輔，因循汩没，尋復失之。近日一種向外走作、心悦之而不能自已者，皆準止酒例戒而絶之，似覺省事。此前輩所謂"下士晚聞道，聊以拙自修"者。若充擴不已，補復前非，庶其有日。舊讀《中庸》慎獨，《大學》誠意、毋自欺處，常苦求之太過，措詞煩猥。近日乃覺其非，此正是最切近處、最分明處，乃舍之而談空於冥漠之間，其亦誤矣。方竊以此意痛自檢勒，懍然度日，惟恐有怠而失之也。

至於文字之間，亦覺向來病痛不少。蓋平日解經最爲守章句者，然亦多是推衍文義，自做一片文字，非惟屋下架屋，説得意味淡薄，且是使人看者將注與經作兩項功夫做了，下稍看得支離，至於本旨，全不相照。以此方知漢儒可謂善説經者，不過只説訓詁，使人以此訓詁玩索經文。訓詁、經文不相離異，只做一道看了，直是意味深長也。《中庸》《大學章句》緣此略修一過，再録上呈。然覺其間更有合删處。《論語》亦如此草定一本，未暇脱藁。《孟子》則方欲爲之，而日力未及也。

近又讀《易》，見一意思：聖人作《易》，本是使人卜筮以決所行之可否，而因之以教人爲善。如嚴君平所謂"與人子言依於孝，與人臣言依於忠"者，故卦爻之辭，只是因依象類，虛設於此，以待扣而決者，使以所值之辭決所疑之事。似若假之神明，而亦必有是理而後有是辭。但理無不正，故其丁寧告戒之詞皆依於正。天下之動，所以正夫一而不繆於所之也。以此意讀之，似覺卦、爻、《十翼》指意通暢，但文意字義猶時有窒礙。蓋亦合純作義理説者，所以彊通而不覺其礙者也。今亦録首篇二卦拜呈。此説乍聞之必未以爲然，然且置之，勿以示人，時時虛心略賜省閲，久之或信其不妄耳。

傷急不容耐之病，固亦自知其然，深以爲苦而未能革。若得伯恭朝夕相處，當得減損。但地遠，不能數見爲恨耳。此間朋友絶少進益者，擇之久不相見，覺得病痛日深。頃與伯恭相聚，亦深歎今日學者可大受者殊少也。奈何奈何？子壽兄弟氣象甚好，其病却是盡廢講學而專務踐履，却於踐履之中要人提撕省察，悟得本心，此爲病之大者。要其操持謹質，表裏不二，實有以過人者。惜乎其自信太過，規模窄狹，不復取人之善，將流於異學而不自知耳。《鄉約》之書，偶家有藏本，且欲流行，其實恐亦難行，如所喻也。然使讀者見之，因前輩所以教人善俗者而知自修之目，亦庶乎其小補耳。《晦庵文集》卷三一。

> 案：本書有"傷急不容耐之病"云云，乃承張栻上書（某守藩條八閱朔矣）語"云兄猶有傷急不容耐處"而發，故知其撰於十二月間。又，題下"十二月"三字，校記云浙本作"十一月"。

朱熹《答張敬夫集大成説》：

> 孔子之謂集大成，集，合也，言合衆理而大備於身也。或曰集謂合樂，成謂樂之一變，此即以樂譬之也。集大成也者，金聲而玉振之也。金聲也者，始條理也；玉振之也者，終條理也。始條理者，智之事也；終條理者，聖之事也。此以樂明之也。金聲之變無窮，玉聲首尾如一。振之者，振而節之，猶今樂之有拍也。凡作樂者，始以金奏而後以玉振之，猶聖人之合衆理而備於身也。條理，衆理之脈絡也。始窮其然而縷析毫分者，智也；終備於身而渾然一貫者，聖也。二者惟孔子全之，三子則始不盡而終不備也。漢兒寬論封禪，亦云"兼總條貫"，金聲而玉振之意亦如此，疑此古樂家語也。知譬則巧也，聖譬則力也。猶射於百步之外也，其至爾力

也,其中非爾力也。此復以射明之也。射之所以中者,巧也。其所以至者,力也。中雖在至之後,然其必中之巧,則在未發之前也。孔子巧力兼全,至而且中,三子力而不巧,各至其至而不能中也。若顏子,則巧足以中,特力未充而死耳。

承示及集大成説。發明詳備,此説大意不過如此。今所欲論者,正在言語氣象、微細曲折之間。然則來説似頗傷宂,費脚手,無餘味矣。"金"、"玉"二字,正是譬喻親切有功處,今却不曾説及,只做"始"、"終"字看了。如此則《孟子》此一節譬喻全是剩語矣。舊見學者所傳在臨安時説此一段,却似簡當,然亦不能盡記。熹舊所解又偶爲人借去,不及參考得失。然記得亦似太多。今略説如前。竊謂似此已是不精約,使人無可玩味了。若更著外來意思言語,即愈支離矣。不審高明以爲如何?《晦庵文集》卷三一。

案:張栻下書(某黽勉於此)云"所寄《孟子》數義無不精當",當指本書,推知其乃朱熹上書(熹窮居如昨)之別紙,撰於同時。

張栻《答朱元晦》:

某黽勉於此,亦復一載,幸人情粗相安。惟是思爲久遠之計,早夜不敢遑寧耳。本路鹽法,正緣諸州荒寂,都無甚所入,全仰漕司撥鹽息以爲歲計。往年行客鈔,賣數極不多,却有折米錢甚重,民深病之,因此致盜賊。後來故改爲官般，而罷折米。中間廣東以爲不便而爭之，再行客鈔。然所賣數多，蓋要足漕司歲計與諸郡之用，只一二年，鈔大積壓，諸州例窘急，而漕計亦不足，於是復行官般。只以靜江言之，若無此，便無以支梧。今靜江措置頗有倫緒，不抑賣，不增價，公私皆便之，鹽價反賤於客鈔之時。若諸州俱能如此，則當不至爲害。但諸州漕司撥得息少，彼無以自足，則增抑之事從此而生，故某有前日論奏。後來漕司蔽護，不肯增給。近頗得要領，已再言之，恐可遂也。大抵此路窮薄，祖宗時全仰外路應副，今每歲反應副外路。鄂渚大軍錢、靖州歲計錢及買馬錢合二十一萬緡，則安得不費力？極本窮源而論之，須於此減得，然後鈔法可行；不然，則立致敗闕也。恐欲知曲折，略此布之。

《虞帝廟碑》已求得季克字，甚古，磨崖比舊刻處乃大勝。蓋舊刻多鑄縫填補，今缺文皆是填補處脫落。今所磨却甚平完，見議下手刊刻也。所寄《孟子》數義無不精當。某近頗得暇，再删改舊説，方得十數段，俟旋寫去求教。可欲之謂善，誠當指人而言，如横渠之説，蓋凡可欲者善而不可欲者惡也。人之所爲有可欲而無不可欲者，則之人也謂之善人。"信"字亦如來諭，皆是指人而言。如此下語，如何？金聲玉振之説，條理云者，只是有倫緒而不紊之謂。始條理者析衆理於毫釐也，終條理者備衆理於一貫也。若指條理爲脈絡，却恐未順。《中庸》《大學章

句》亦已詳讀，有少商量處，須更子細反復也。《易説》未
免有疑。蓋《易》有聖人之道四，恐非爲卜筮專爲此書。
當此爻象，如此處之則吉，如此處之則凶，聖人所以示後
世，若筮得之者固當如此處。蓋其理不可違，而卜筮固在
其中矣。如蜀莊則專用之於卜筮者也，然亦不敢輕論，俟
更深考。山中諸詩紆餘淡泊，諷之不能已，但覺其間猶時
有未和平之語，此非是語病，正恐發處氣稟所偏，尚微有
存也，更幸深察之。游誠之官期到，行已旬日。其人明決
有力，向來良得其助，但義理儘少涵泳，辭色間多與人忤，
正須深下工夫乃佳耳。陳擇之今却留此，通曉民事，好商
量，但講論多有成説爲礙耳。近見季克寄得蘄州李士人
周翰一文來，殊無統紀。其人所安本在釋氏，聞李伯諫爲
其所轉，可慮可慮。方耕道聞氣象差勝舊，書辭亦然，可
喜。但適遭府公新政，科配諸州錢物不少，渠雖力與之
辯，不肯承當，恐蹤迹或不能久安耳。《南軒集》卷二三。

　　案：本書有"《易説》未免有疑"云云，乃答朱熹
上書"近又讀《易》，見一意思"；又本書中云"某黽勉
於此，亦復一載"，知其撰於淳熙三年(1176)二月間。

朱熹《答敬夫孟子説疑義》：

　　《告子篇》論性數章。

　　按此解之體，不爲章解句釋，氣象高遠。然全不略説
文義，便以己意立論，又或別用外字體貼，而無脈絡連綴，

使不曉者展轉迷惑，粗曉者一向支離。如此數章論性，其病尤甚。蓋本文不過數語，而所解者文過數倍。本文只謂之性，而解中謂之太極。凡此之類，將使學者不暇求經，而先坐困於吾說，非先賢談經之體也。且如《易傳》已爲太詳，然必先釋字義，次釋文義，然後推本而索言之。其淺深近遠，詳密有序，不如是之匆遽而繁雜也。大抵解經但可略釋文義名物，而使學者自求之，乃爲有益耳。

夜氣不足以存。解云："夜氣之所息能有幾？安可得而存乎？"

按此句之義，非謂夜氣之不存也。凡言存亡者，皆指心而言耳，觀上下文可見。云"仁義之心"，又云"放其良心"，又云"操則存，舍則亡，惟心之謂與"，正有"存亡"二字，意尤明白。蓋人皆有是良心而放之矣，至於日夜之所息而平旦之好惡與人相近者，則其夜氣所存之良心也。及其旦晝之所爲有梏亡之，則此心又不可見。若梏亡反覆而不已，則雖有日夜之所息者，亦至微薄而不足以存其仁義之良心矣，非謂夜氣有存亡也。若以氣言，則此章文意首尾衡決，殊無血脈意味矣。程子亦曰："夜氣之所存者，良知良能也。"意蓋如此。然舊看《孟子》未曉此意，亦只草草看過也。

大體小體。

此章之解意未明，而說太漫。蓋唯其意之未明，是以其說不得而不漫也。按本文"耳目之官不思而蔽於物"，

"心之官則思"，此兩節方是分別小體之不可從，而大體之當從之意。解云："從其大體，心之官也。從其小體，耳目之官也。"只此便多却"從其"四字矣。下文始結之云："此二者皆天之所以與我者，但當先立乎其大者，則小者不能奪耳。"此章內"先立乎其大者"一句方是說用力處，而此句內"立"字尤爲要切。據今所解，全不曾提掇著"立"字，而只以思爲主。心不立而徒思，吾未見其可也。於是又有君子徇理、小人徇欲之說，又有思非汎而無統之說，又有事事物物皆有所以然之說，雖有心得其宰之云，然乃在於動而從理之後。此由不明《孟子》之本意，是以其說雖漫而愈支離也。七、八年前，見徐吉卿說曾問焦某先生爲學之要，焦云："先立乎其大者。"是時熹說此章正如此解之支離，聞之惘然不解其語。今而思之，乃知焦公之學於躬行上有得力處。

反身而誠。解云："反身而至於誠，則心與理一"云云。

按此解語意極高，然只是贊詠之語。施之於經，則無發明之助；施之於己，則無體驗之功。竊恐當如張子之說，以"行無不慊於心"解之，乃有落著。兼"樂莫大焉"，便是"仰不愧、俯不怍"之意，尤慤實有味也。若只懸空說過，便與禪家無以異矣。

所過者化，所存者神。解中引程子、張子之說合而爲一。

按此程子、張子之說自不同，不可合爲一說。程子云："所過者化，是身所經歷處；所存者神，所存主處便神。”是言凡所經過處人皆化也，而心所存主處，便有鼓舞風動之意，不待其居之久而後見其效也。“經歷”及“便”字尤見其意。又引“綏來動和”及《易傳·革卦》所引用，亦可見也。今以《孟子》上下文意求之，恐當從程子爲是。張子説雖精微，然恐非本文之意也。

君子不謂命也。

此一章前一節文意分明，然其指意似亦止爲不得其欲者而發。後一節古今説者未有定論，今讀此解，説“智之於賢者”、“聖人之於天道”兩句極爲有功，但上三句却似未穩。蓋但云“出於自然”，則只似言性，而非所以語命矣。頃見陳傅良作此論，意正如此，方以爲疑，不知其出於此。豈嘗以是告之耶？熹竊謂此三句只合依程子説“爲稟有厚薄”，亦與下兩句相通。蓋聖與賢則其稟之厚，而君子所自以爲稟之薄而不及者也。然則此一節亦專爲稟之薄者而發。

可欲之謂善，有諸己之謂信。

竊詳所解，熹舊説亦然。自今觀之，恐過高而非本意也。蓋此六位爲六等人爾。今爲是説，則所謂善者，乃指其理而非目其人之言矣，與後五位文意不同。又舊説“信”爲“自信”之意，今按此六位皆它人指而名之之辭，然則亦不得爲“自信”之“信”矣。近看此兩句意思似稍穩當，蓋善者人之所同欲，惡者人之所同惡。人之爲人，有可欲而無可惡，則可謂之善人矣。然此特天資之善耳，不知善之爲善，則守之不固，有時而失之。惟知其所以爲善而固守之，然後能實有諸己而不失，乃可謂之信人也。張子曰："可欲之謂善，志仁則無惡也。誠善於心之謂信。"正是此意。不審高明以爲如何？此説"信"字未是，後別有説。

前書所示《孟子》數義皆善，但"條理"字恐不必如此説，蓋此兩字不能該得許多意思也。"始條理"、"終條理"，猶曰"智之事"、"聖之事"云爾。"條理"字不須深説，但"金"、"玉"二字却須就"始"、"終"字上説得有來歷乃佳耳。《易》之説固知未合，亦嘗拜稟，姑置之，以俟徐考矣。大抵平日説得習熟，乍聞此説，自是信不及。但虛心而微玩之，久當釋然耳。若稍作意主張求索，便爲舊説所蔽矣。此書近亦未暇卒業，却看得《周禮》、《儀禮》一過，注疏見成，却覺不甚費力也。亦嘗爲人作得數篇記文，隨事頗有發明，卒未有人寫得。俟送碑人回，附呈求教也。心氣未和，每加鐫治，竟不能悛。中間嘗覺求理太多而涵泳之功少，故日常匆迫而不暇於省察，遂欲盡罷生面功夫，且讀舊所習熟者而加涵養之力，竟復汩没，又不能遂。大抵氣質動擾處多，難收斂也。且如近讀二《禮》，亦是無事生事也。

蘄州文字亦嘗見之，初意其説止是不喜人闢佛而惡人之溺於佛者。既而考之，其間大有包藏，遂爲出數百言以曉之，只欲俟伯諫歸而示之，未欲廣其書也。近年士子稍稍知向學，而怪妄之説亦復讔起，其立志不高、見理不

徹者皆爲所引取，甚可慮也。間嘗與佛者語，記其說，亦
成數篇，後便并附呈次。

昨夕因看《大學》舊說，見"人之所親愛而辟焉"處，依
古注讀作"譬"字，恐於下文意思不屬。據此，"辟"字只合
讀作"僻"字，蓋此言常人於其好惡之私常有所偏而失其
正，故無以察乎好惡之公，而施於家者又溺於情愛之間，
亦所以多失其道理而不能整齊也。如此讀之，文理極順，
又與上章文勢正相似。且此篇惟有此五"辟"字，卒章有
"辟則爲天下僇"，"辟"字亦讀爲"僻"，足以相明。但"畏
敬"兩字初尚疑之，細看只爲人所慴憚，如見季子位高金
多之比云爾。此說尤生，不知尊意以爲如何？然此非索
而獲之，偶讀而意思及此耳。近年靜中看得文義似此處
極多，但不敢一向尋求，而於受用得力處則亦未有意思
耳。《晦庵文集》卷三一。

案：書中有云"《易》之說固知未合，亦嘗拜稟，
姑置之，以俟徐考矣"，又云"蘄州文字亦嘗見之"，乃
承張栻上書（某黽勉於此）中所云"《易說》未免有疑。
蓋《易》有聖人之道四，恐非爲卜筮專爲此書"、"近見
季克寄得蘄州李士人周翰一文來，殊無統紀"等而
言，故推知其撰於是年中。

張栻《答朱元晦》：

某近聞建寧書坊何人將《癸巳孟子解》刻版，極皇恐。

非惟見今删改不亭，恐誤學者，兼亦甚不便，日夜不遑。已移文漕司及府中日下毀版，且作書抵鄭、傅二公矣，更望兄力主張，移書若言之，且諭書坊，不勝幸甚。此价回，欲知已毀之報，甚望之。《南軒集》卷二四。

案：據張栻《孟子説序》，其書成於乾道癸巳（九年）十月，故題曰《癸巳孟子説》。《癸巳孟子説》卷首。又據張栻此下（《孟子解》板）與（出處之計竟何如）二書，知撰於是年中。

張栻《答朱元晦》：

某幸粗安常，近緣憲、漕兩臺俱闕官，不免時暫兼攝，雖事緒頗多，然一路滯獄苛征得以決遣蠲放，不敢不盡心也。向來慮所論乞增撥諸州一分鹽息錢及增邊州米錢事，會適蒙恩旨施行，因得子細奉承。且爲一路思久遠根本之計，樁貯四十萬緡於諸州，以權衡鹽法，接借本脚，而又措置防異日漕司增鹽、諸州抑賣及妄費等弊頗詳，一一列上。若非今次攝漕事，則亦無由料理得也。此是一路性命所係，前日幾爲小人盡刮以獻。前後文字俟一一録去。此事一定，則拙者欲秋涼後丐歸長沙舊廬耳。虞帝廟磨崖已刻得有次第，前日打得數字謾附呈。兩日以霖雨，不曾打得也。磨崖之傍，近因取石，遂鑿開一巖頗佳，巖之後正臨皇澤之灣。今欲當户爲亭以瞰之，巖曰韶音，亭曰南風，亦恐欲知。

《中庸集解》已成，只是覆尤溪版納一部去。見刻《三家昏喪祭禮》，溫公、橫渠、伊川。未畢也。《孟子》欲再改過，終緣公務斷續，蓋雖退食，其於庶事又有當考究思慮者，不敢放下耳。偶有少事，具見別紙。速遣此价，它未能及，俟碑成再遣人去，正惟爲道義重。《南軒集》卷二四。

案：張栻《跋三家昏喪祭禮》云其"於是刻於桂林郡之學宮云。淳熙三年六月甲戌朔旦"。《南軒集》卷三三。本書云"見刻《三家昏喪祭禮》，未畢也"，故推知其撰於六月、七月初。

朱熹《與張敬夫書》：

古禮惟冠禮最易行。如昏禮須兩家皆好禮，方得行。喪禮臨時哀痛中，少有心力及之。祭禮則終獻之儀，煩多長久，皆是難行。看冠禮比他禮却最易行。《朱子語類》卷八九。

案：《朱子語類》卷八九載："敬夫嘗定諸禮可行者，淳錄云：在廣西刊《三家禮》。乃除冠禮不載。問之，云：'難行。'某答之云：'古禮惟冠禮最易行。淳錄云：只一家事。如昏禮須兩家皆好禮，淳錄云：礙兩家，如五兩之儀，須兩家是一樣人，始得。方得行。喪禮臨時哀痛中，少有心力及之。祭禮則終獻之儀，煩多長久，皆是難行。看冠禮比他禮却最易行。賀孫。○淳錄少異。"據張栻上書（某幸粗安常）云"見刻《三家昏喪祭禮》，未畢也”，知本書乃承其書而作。

張栻《答朱元晦》：

奉教以《禮書》中不當去冠禮，事甚當。是時正欲革此間風俗，意中欲其便可奉行，故不覺疏略如此，見已改正。如冠禮乃區區久欲講者，當時欲留此一段，候將來商議定耳。比者長沙亦略考究爲之説，其間固多未安，今謄録呈，願兄裁定示誨。此事乃人道之始，所係甚重，所謂冠禮廢，天下無成人也，惟早留意，幸幸。虞廟樂章所以未刻者，緣有少疑。辭固高古有餘味，但如“神降集兮巫屢舞”之類，恐涉於不敬。又此邦之人尚鬼，訛怪百端，恐愚民不識用意之所在，傳訛爲怪異怳忽，故未敢刻，更幸詳之見教，乃得奉承耳。所謂天德剛明，非幹母之蠱者所能開迪，此論之至當。某之愚，近思之亦謂然。如□□□輩難責，蓋未免要它官職耳，不知寫與伯恭，渠謂如何？若只如□□所執，恐終無益。下梢了得个渾身無病痛，出來已是大瞇，竟何益也？然此論切不可輕出，已是被人憚吾輩之深，未有益而空先重其疾耳。《南軒集》卷二四。

案：本書乃承朱熹上書（古禮惟冠禮最易行）而撰。

張栻《答朱元晦》：

《孟子解》板，不謂鄭少嘉全不解人意，早晚賀倅李宗甫歸，當令攜書往見趙守，專辦此事，須煩李君面看劈版。是時亦拜書，煩力一言也。

某已遣人行，偶復記有一事，再此具布。《虞廟碑》中"肹蠁"字，此間有舊日監本《西漢書》，檢得《甘泉賦》中"肹蠁豐融"，乃是從"向"。古字固多通用，遂不復改，幸照悉。《南軒集》卷二四。

案：本書乃撰於張栻上書（某近聞建寧書坊何人將《癸巳孟子解》刻版）以後。又據張栻下書（出處之計竟何如）有云"《孟子解》等鋟版得遂，漫去。非兄致力，豈能便爾"，知本書撰於其前。

張栻《答朱元晦》：

出處之計竟何如？須著一出否？《孟子解》等鋟版得遂漫去，非兄致力，豈能便爾，感幸感幸。向來固屢蒙諭及，是時已復不能收拾，要是因循皇恐耳。近年讀書頗覺平易中意味，向來多言，徒爾爲贅，欲下手痛加删正，終以官守事奪，不敢草草耳。所部自增給艬息之後，頗可支梧，橫斂苛徵得以嚴戢。比復有請，漕司輒增撥鹽數，諸州輒增鹽價，並以違制論；諸州將鹽息撥入公庫，充燕飲饋送等費，並坐贓論。已蒙如請行下。又請以見在二十萬緡專椿充漕司買幹鹽本，二十萬緡專備借諸州搬鹽本。此乃是一路根本，一毫不得妄動，每歲終申省。蓋無此，鹽法便倒了，一路便受害，向來幾爲妄吏羨獻，是絕一路命根也,可懼可懼。此請亦已行下,同運司措置椿管應濟矣。趙若海若得疏通曉事,便自見此。今日正要漕臣得人,庶幾一定之論可以凝固也。諸邊悉寧,但未陰雨之計,不可不素整。今靜江教兵頗成次第矣,邊頭所患少財亦已有請,庶幾規摹悉定,有可繼之實耳。偶有一項錢,爲三邊州請爲回易之本,若得此,三年之間招補將兵闕額,修堡塞,利器械,可有永久隱然之勢,無南顧之慮矣。適會新憲到官,未一月而殂,拙者復通攝兩臺,事緒雖多,然凡事血脈究見,不敢不竭鄙心也。續候聞出處定論,別專人修問次。《南軒集》卷二三。

案:據《年譜長編》卷上,淳熙三年六月,以執政龔茂良等薦,除朱熹秘書省秘書郎,朱熹七月辭,未允,八月再辭,並請祠,九月差主管武夷山沖佑觀。本書中云"出處之計竟何如? 須著一出否?"即指此事。故推知其約撰於秋間。

張栻《答朱元晦》:

論及《大學》中"人之其所親愛而辟焉"處,當讀作"僻"字,反復詳之甚顯然,且是上下文義貫穿,無可疑者。其理則於修身齊家極爲要切,《易傳》所謂妻孥之言雖失而多從,所憎之言雖善爲惡,亦是意也。想静中玩繹,多所發明,恨未得盡扣耳。某數年來務欲收斂,於本原處下工,覺得應事接物時差帖帖地,但氣習露見處未免有之,一向鞭辟，不敢少放過，久久庶幾得力耳。冬夜殊得讀書之暇，溫繹舊説，見得其間縱有説得是處，亦復少味，益令恨向來言之容易，甚思得閑，從頭整頓過。所欲面承者，蓋非一事也。自甲午病後，雖痛節飲，但向來有酒積在腹間，才飲一兩杯，便覺隱隱地，遂禁絕不復飲，蓋亦效賢者之決也，以此益覺精力勝前耳。於所講論皆無疑，獨《易説》未得其安，亦恐是從來許多意思未能放下，俟更平心易氣徐察之也。所謂若稍作意主張，便爲舊説所蔽，此豈獨讀《易》爲然，凡書皆爾；豈獨説書爲然，凡事皆爾。理道本平鋪放着，只被人起意自礙了。然此是非要它不思量，蓋只爲正有害於思耳。《南軒集》卷二三。

案：書中言“諭及《大學》中‘人之其所親愛而辟焉’處，當讀作‘僻’字”，知承朱熹上書（《告子篇》論性數章）。又書中云“冬夜殊得讀書之暇”，故知其撰於淳熙三年冬中。

張栻《答朱元晦秘書》：

諭及“《易》與天地準”以下一章，細看惟文義聯屬處猶有所未達，方更詳之，恐有定論，幸見教。近看“和順於道德而理於義”，恐正是謂《易》書之義，蓋與上四句立語同，後一句乃是總括聖人作《易》，所謂生蓍倚數、立卦生爻，理義皆窮理盡性至命之事也，不識如何？《南軒集》卷二一。

案：張栻下書（晦叔留此旬餘）有云“‘《易》與天地準’章，後來愚意亦近是，然不如來説之詳明，更不寫去”，正與本書“諭及‘《易》與天地準’以下一章”云云相合，是知本書在前，而朱熹答之，張栻再作下書，故推知本書約撰於淳熙三年季冬。

張栻《答朱元晦》：

某比者蒙誤恩因任，辭而不獲，極用悚皇。但再三思之，事理有不容久冒昧於此，想兄亦悉其詳，身之利害非所問，正恐或至貽害一路。蓋帥司事動涉邊防，而皆係屬密院耳。少俟開正後，當力控陳，其間曲折，遠書未易具布也，兄何以幸教之？本路諸事幸粗定，諸州例頗舒，若得計臺以根本爲念，不爲新奇，不迫以舊逋，庶乎可以望休息。但他人所見類多不與此意同，奈何？然在區區不敢不竭誠盡力也，苟一日未去此，則不敢少忽耳。《南軒集》卷二三。

案：書中言“比者蒙誤恩因任”，指“上聞公治行，且未嘗叙年勞，乃詔特轉承事郎，進直寶文閣再任”。朱熹《晦庵文集》卷八九《右文殿修撰張公神道碑》。故張栻《進職因任謝表》有云：“內閣分華，進其寓直；介藩因任，錫以贊書。……伏念臣昨承人乏，來守嶺隅，忽坐閲於兩秋。”《南軒集》卷八。張栻於淳熙二年二月到郡，過三年秋即可稱“閲於兩秋”。又本書中云及“少俟開正後，當力控陳”，“開正”指新年初一，故推知其當撰於三年末。

張栻《答朱元晦秘書》：

晦叔留此旬餘，備詳動止，繼而游掾來，亦能道近況，欣釋爲多。見前後與諸人論操捨出入之說，剖析極子細，最後答游掾之語尤完。呂子約雖知聖人此四句正是論心，然未能明別其間始終真妄邪正之所歸，故遂指其乍存乍亡爲感用，此其差亦不小，來示似未以此告之耳。近因游掾來，理會出入字，有答之之語，録呈，未知尊意何如。"《易》與天地準"章，後來愚意亦近是，然不如來說之詳明，更不寫去。

近來士人雖亦有漸向裏者，然往往爲邪說引取，大抵是不肯於鈍遲處下工，要求快便，故差錯耳。蘄州之說淺陋，不足動人，自是伯諫天資低所致。若臨川□□，其說方熾，此尤可慮者。吾曹惟當務勉其在己者，若立得無一毫滲漏，則自是孚信，有非口舌所能遽挽回也。伯恭已造朝，兩得書，聞上聰明，肯容直言，但陰盛陽微，未見復亨之象耳，奈何奈何？《南軒集》卷二一。

案：書中言"伯恭已造朝，兩得書，聞上聰明，肯容直言"，據《呂祖謙年譜》，呂祖謙於淳熙三年十月二十九日赴臨安任秘書省秘書郎兼國史院編修官、實録院檢討官，十一月五日供職，預修《徽宗實録》，故推知本書約撰於淳熙四年(1177)初。

張栻《答朱元晦》：

石子重、陳明仲、魏應仲三書煩爲自使轉達。林擇之久不聞問，今何如？近復有何人相從？長遠者誰？誠實肯作工夫耐久者，極難得也。鄭自明直言，亦不易容受，其直固是可喜事，但未見用其言，而自明兩遷矣，在言者亦更須審顧也。趙若海固爲才健，但近來出按諸郡，拘覈錢物，殊有過當處。凡郡之財悉拘入漕司寄樁庫，遂致有無錢支俸散衣處。昨日報却與廣東詹漕兩易，渠尚未歸也，詹却頗有氣味，舊熟識之。但渠素主張行鈔法，渠未見此路利害，得其來，同作一家事，共議其至當，尤幸耳。本路緣數劇盜皆就擒，遠近殊恬静。邊上緣向來多是姑息不立，壞却綱紀，近頗修正二三矣。大抵議論往往墮一偏，孟浪者即要功生事，委廢者一切放倒，爲害則均耳。《南軒集》卷二三。

　　案：張栻下書（前時承書中諭及狄梁公書法甚善）云及"本路新漕詹君儀之體仁"，而本書云及"昨日報却與廣東詹漕兩易"，故知本書在前，約撰於春間。

張栻《答朱元晦》：

尊嫂已遂葬事否？卜其宅兆，固當審處。然古人居是邦即葬是邦，蓋無處無可葬之地，似不必越它境，費時月，泛觀而廣求也。君子舉動，人所師仰。近世風俗深泥陰陽家之論，君子固不爾，但恐聞風失實，流弊或滋耳。更幸裁之。《南軒集》卷二三。

案：朱熹妻劉氏卒於淳熙三年十一月，葬於四年四月中。《年譜長編》卷上。本書問及“尊嫂已遂葬事否”，故推知其約撰於四年春、夏之際。

張栻《答朱元晦》：

前時承書中諭及狄梁公書法甚善，使梁公親聞之，亦當爲法受惡無所辭，此義烏可不立也？管寧之徒亦誠如所示。栻近因讀《春秋胡氏傳》，覺其間多有合商量處。程先生之説雖少，然總領略具矣。本路新漕詹君儀之體仁，豈弟愛民，凡事可以商量，又趨向正，孜孜以講學爲事，時過細論，殊慰孤寂。舊在嚴陵相見，頗惑佛學，今却不然，亦得伯恭之力，其人恐有可望也。二廣亦有二三士人肯思慮能自立者，但向來無師承，方告以所當循之序耳。《南軒集》卷二三。

案：張栻下書（學中重刻《責沈》）有云“詹漕體仁孜孜講學，每相見，職事之外即商確義理，殊爲孤寂之慰”，而本書有“本路新漕詹君儀之體仁”云云，知在其前，約撰於夏時。詹體仁名儀之，嚴州人。“乾道間，張宣公守鄉郡，呂成公分教，公方家食，日以問學爲事。淳熙二年公知信州，時朱文公、呂成公俱在鵝湖，往復問辨無虛日。及帥廣東，首以濂溪舊治立祠曲江上，張宣公爲之記"。《景定嚴州續志》卷三。故本書中有所謂"舊在嚴陵相見"之語。

張栻《答朱元晦》：

《章句序》文理暢達，誦繹再四，恨未見新書體製耳。《近思録》誠爲有益於學者之近思，前此伯恭尚未寄來也。某比改定得《語解》數篇，未及寫去。《先進》以後，後來過目，有可示教，一一條示，至幸至望。

游誠之誠長進，但向來相聚，見其病多在"矜"之一字，亦嘗力告之，若不痛於此下工，則思慮雖親切，亦終必失之耳。今在彼，動心忍性處多，於渠當復有深益。某若祠請得遂，徑歸城南，温繹舊書，甚幸。但近年極思與君子一相見，何日得爾耶？儻居閑，當漸可圖也。是間學校、廟宇已成，頗爲雄壯。書閣、講堂次第而立，齋廚亦然。大抵類長沙學，而木植規範似過之，恐早晚去此，求記不及，已令具始末及畫圖，旦夕專人走前。它懷此未能具布。《南軒集》卷二四。

案：朱熹《静江府學記》撰於淳熙四年冬十一月己未日南至，云"静江守臣廣漢張侯栻適以斯時一新其府之學，亦既畢事，則命其屬具圖與書，使人於武夷山間謁熹文以記之"。《晦庵文集》卷七八。又《章句序》指《論語章句序》，張栻下書（《論語章句》精確簡嚴）云及"《論語章句》精確簡嚴，足以詔後學"，而本

書云"《章句序》文理暢達,誦繹再四,恨未見新書體
製耳";又本書云"《近思錄》誠爲有益於學者之近思,
前此伯恭尚未寄來也",而張栻下書(學中重刻《責
沈》)云及"《近思錄》方議刻,欲稍放字大耳",故知撰
於其前。

張栻《答朱元晦》:

學中重刻《責沈》,納一軸并十本去。《近思錄》方議
刻,欲稍放字大耳。詹漕體仁孜孜講學,每相見,職事之
外即商確義理,殊爲孤寂之慰,其趣向亦難得也。本路州
縣間人才尋常不敢忽,有思慮、有才力者亦得數人。有邕
州倅吳俌者,雖是粗疏,然忠義果斷,疾惡如讎,緩急可
用,亦謾及之。《南軒集》卷二三。

案:張栻《跋了翁責沈》云"建康留守劉公得真
蹟而刻之,以墨本來寄。某謂斯文之傳,誠有補於世
教,獨恐遠方之士艱於得見,乃復刻于桂林學宮云"。
末署"淳熙四年六月戊子"。《南軒集》卷三五。故推知
本書約撰於夏、秋之際。

張栻《答朱元晦》:

《論語章句》精確簡嚴,足以詔後學。《或問》之書,大
抵固不可易之論,但某意謂此書却未須出。蓋極力與辯
說,亦不能得盡,只使之誦味《章句》,節節有得,則去取之

意與諸家之偏，當自能見之。不然，却恐使之輕易趨薄耳。《南軒集》卷二四。

　　案：據《年譜長編》卷上，朱熹於淳熙四年六月中撰成《論語集注》《或問》、《孟子集注》《或問》等。本書中所謂《論語章句》，當指《論語集注》。故推知其書約撰於秋間。

張栻《答朱元晦秘書》：

　　某已拜書，偶有少事，數日來方見李壽翁侍郎申明，乞依舊法，義米各椿穀在逐鄉都分中，曾見此文字否？此說殊當，但朝廷下諸路常平司與州郡相度，目前諸人例以爲不可行，可歎。然壽翁所條似未盡，而户部鋪法固已沮之矣。區區之意以爲可行，但須條畫詳密乃可。望兄試爲思而處之，畫項見教，附此人回，幸甚。聞向來兄在鄉所措置斂散米事，今極有倫理。其間利病甚切，想究復之熟矣，顒俟顒俟。

　　如湘中辛卯之旱，浮徙者無數。徙者後來得歸十無二三。此說得行，當無此患。文字恐未見，録一本去。

　　胡明仲《論語詳説》雖未能的當，然其間辯説，似亦有益於學者也。有欲板行者，於兄意如何？《章句》《或問》書中所引周氏説爲誰，某未見此書也。再三思《或問》所條析，誠恐前輩説中偏處有誤後學，不可以不辯。但一一辯析，恐未能盡，又似太費力，只舉其大者與其條目使人推尋之，如何？然前所寄數紙詳讀，又於愚慮所益固已不少，恨未得盡見之也。蓋其間非獨可正一事一義，於其立言病痛來歷處究極之甚精也。《南軒集》卷二一。

案：張栻上書（《論語章句》精確簡嚴）有云"《或問》之書，大抵固不可易之論，但某意謂此書却未須出"，而本書乃又云"再三思《或問》所條析，誠恐前輩説中偏處有誤後學，不可以不辯"，推知約撰於其後。

張栻《答朱元晦秘書》：

吳晦叔八月間遂不起，極可傷惜。湘中遂失此講學之友，豈復可得！近聞已葬矣。有子方數歲也，想亦爲動懷。伯恭見報已轉對，未知所言竟云何。英州固爲病痛不小，但其去也，殊有所係，近事想悉聞之，使人憂心，不遑假寐。又伏思之，吾君勤儉之德，天必將相之，有所開悟，所恨臣下不能信以發志耳。建康屢得書，亦念歸也。其它遠書莫盡。《南軒集》卷二一。

案：據朱熹《南嶽處士吳君行狀》，吳翌（字晦叔）卒於淳熙四年八月三日，年四十九。《晦庵文集》卷九七。又據呂祖謙《與朱侍講元晦》（某宂食册府已十閲月）云及"某宂食册府已十閲月，……對班不出此月下旬"，《東萊集》別集卷八。呂書撰於八月上、中旬。而本書云"伯恭見報已轉對，未知所言竟云何"，故推知其撰於九月中。

張栻《答朱元晦》：

某丐祠，乃不獲命，一味皇恐，已再具請，度必蒙矜允。黽勉于此且三年矣，此間氣燥而風烈，久處其間，豈得無所傷？加以災患、悲悼之餘，尤覺費調護。又況事理自當閑退，此請若尚未遂，當更力言耳。然未去間，種種不敢少忽，遠近幸寧静，人情相安，頗覺省力，但義不得不求歸。顧惟主恩曾未有毫髮之報，區區何敢有懷安之念哉！兒子護亡室之喪已抵長沙，以此月喪事，卜地得之湘西山間，某頃嘗見之，頗爲穩密。惟是自失梱助，家事細大無不相關。今凡百悉從痛省，只覺恬静之爲安矣。《論語》日夕玩味，覺得消磨病痛，變移氣質，須是潛心此書，久久愈見其味。舊說多所改正，它日首以求教。向來下十章《癸巳解》，望便中疏其繆見示。兄閑中想得專精於文字間，殆亦天意也。《中庸》《大學章句》極涵蓄有味，它解想皆用此體。《通鑑》工夫今何如？有相從者否？近東廣一二士來相見，篤茂可喜，此間士人似未及之，良才美質，何處無也。《南軒集》卷二三。

案：據《張宣公年譜》，張栻妻宇文氏卒於淳熙四年八月，又張栻於淳熙二年二月到静江府任。本書云"黽勉于此且三年矣"，又云"兒子護亡室之喪已抵長沙，以此月喪事，卜地得之湘西山間"，推知其約撫於四年冬間。

朱熹《與張敬夫論癸巳論語説》：

學而時習之。

　　程子曰："時復紬繹。"本文作"思繹"，今此所引，改
"思"爲"紬"，不知何説？學者之於義理，當時紬繹其端緒
而涵泳之也。"學而時習之"，此是《論語》第一句，句中五字
雖有虛實輕重之不同，然字字皆有意味，無一字無下落，讀者
不可以不詳，而説者尤不可以有所略也。學之爲言效也，以己
有所未知，而效夫知者以求其知；以己有所未能，而效夫能者
以求其能之謂也。"而"者，承上起下之辭也。"時"者，無時而
不然也。"習"者，重複溫習也。"之"者，指其所知之理、所能
之事而言也。言人既學矣，而又時時溫習其所知之理、所能之
事也。蓋人而不學，則無以知其所當知之理，無以能其所當爲
之事。學而不習，則雖知其理、能其事，然亦生澀危殆而不能
以自安。習而不時，則雖曰習之，而其功夫間斷，一暴十寒，終
不足以成其習之之功矣。聖言雖約，而其指意曲折深密而無
窮蓋如此。凡爲解者，雖不必如此瑣細剖析，然亦須包含得許
多意思，方爲完備。今詳所解，於"學而"兩字全然闊略，而但
言紬繹義理以解"時習"之意。夫人不知學，其將何以知義理
之所在而紬繹之乎？且必曰"紬繹義理之端緒而涵泳之"，又
似義理之中別有一物爲之端緒，若繭之有絲，既紬繹出來，又
從而涵泳之也。語意煩擾，徒使學者胸中擾擾，拈一放一，將
有揠苗助長之患，非所以示人入德之方也。説者，油然內慊

也。程子但言"浹洽於中則説",雖不正解"説"字,而"説"字之意已分明。既述程語,而又增此句,似涉重複。且"慊"者,行事合理而中心滿足之意,施之於此,似亦未安。

孝弟也者,其爲仁之本與?

　　自孝弟而始,爲仁之道,生而不窮。按有子之意,程子之説正謂事親從兄、愛人利物莫非爲仁之道。但事親從兄者本也,愛人利物者末也。本立然後末有所從出,故孝弟立而爲仁之道生也。今此所解,語意雖高而不親切。其愛雖有差等,而其心無不溥矣。此章"仁"字正指愛之理而言耳。《易傳》所謂"偏言則一事"者是也。故程子於此但言"孝弟行於家,而後仁愛及於物",乃著實指事而言。其言雖近,而指則遠也。今以"心無不溥"形容,所包雖廣,然恐非本旨,殊覺意味之浮淺也。

巧言令色。

　　若夫君子之脩身,謹於言語容貌之間,乃所以體當在己之實事,是求仁之要也。此意甚善。但恐須先設疑問以發之,此語方有所指。今無所發端而遽言之,則於經無所當,而反亂其本意矣。如《易傳》中發明經外之意,亦必設爲問答以起之。蓋須如此,方有節次來歷,且不與上文解經正意相雜,而其抑揚反覆之間,尤見得義理分明耳。

爲人謀而不忠。

　　處於己者不盡也。"處"字未安。

道千乘之國。

　　信於己也。"己"字未安。自使民以時之外。此句無所當，恐是羨字。

毋友不如己者。

　　不但取其如己者，又當友其勝己者。經但言"毋友不如己者"，以見友必勝己之意。今乃以"如己"、"勝己"分爲二等，則失之矣。而其立言造意，又似欲高出於聖言之上者。解中此類甚多，恐非小病也。

慎終追遠。

　　慎，非獨不忘之謂，誠信以終之也。追，非獨不忽之謂，久而篤之也。以"慎"爲不忘，"追"爲不忽，若舊有此說，則當引其說而破之。若初無此說，則此兩句亦無所當矣。且下文兩句所解亦未之當。凡事如是，所以養德者厚矣。慎終追遠自是天理之所當然、人心之所不能已者，人能如此，則其德自厚而民化之矣。今下一"養"字，則是所以爲此者，乃是欲以養德，而其意不專於慎終追遠矣。厚者德之聚，而惡之所由以消靡也。此語於經無當，於理未安。

父在觀其志。

　　志欲爲之而有不得行，則孝子之所以致其深愛者可知。此章舊有兩說：一說以爲爲人子者，父在則能觀其父之志而承順之，父沒則能觀其父之行而繼述之，又能三年無改於父之道，則可謂孝矣。一說則以爲欲觀人子之賢否者，父在之時，未見其行事之得失，則但觀其志之邪正；父沒之後，身任承家嗣事之責，則當觀其行事之得失。若其志與行皆合於理，而三年之間又能無改於父之道，則可謂孝矣。此兩說不同，愚意每謂當從前說所解爲順。若如後說，則上文未見志行之是非，不應末句便以"可謂孝矣"結之也。今詳此解蓋用後説，然謂父在而志不得行可以見其深愛，則又非先儒舊説之意矣。經文但有一"志"字，乃是通邪正得失而言，如何便見得獨爲"志欲爲之而不得行"，又何以見夫"致其深愛"之意耶？三年無改於父之道，志哀而不暇它之問也。又曰"三年無改"者，言其常也，可以改而可以未改者也。此句之説，惟尹氏所謂"孝子之心有所不忍"者最爲愨實。而游氏所謂"在所當改而可以未改"者，斟酌事理尤得其當。此解所云"志哀而不暇它之問"者，蓋出謝氏之説，其意非不甚美，然恐立説過高，而無可行之實也。蓋事之是非可否日接於耳目，有不容不問者。君子居喪，哀戚雖甚，然視不明、聽不聰，行不正、不知哀者，君子病之，則亦不應如是之迷昧也。所謂"可以改而可以未改"者，則出於游氏之説，然又失其本指。蓋彼曰"在所當改"，則迫於理而不得不然之辭也。今曰"可以改"，則意所欲而冀其或可之辭也。二者之間，其意味之厚薄相去遠矣。又此經所言，亦爲人之父不能皆賢，不能皆不肖，故通上下而言，以中人爲法耳。今解又云"三年無改者，言其常也"，似亦非是。若言其常，則父之所行，子當終身守之可也，豈但以三年無改爲孝哉？

信近於義。

恭謂貌恭。又曰：恭而過於實，適所以招恥辱。恭不近禮，謂之無節而過卑則可，謂之"貌恭而過實"，則失之矣。且貌恭而過實，亦非所以取恥辱也。言而不可復則不可行，將至於失其信矣。或欲守其不可復之言，則逆於理而反害於信矣。此結句似不分明，恐未盡所欲言之曲折也。竊原本意，蓋曰欲其言之信於人，而不度於義者，復之則害於義，不復則害於信，進退之間，蓋無適而可也。故君子欲其言之信於人也，必度其近於義而後出焉，則凡其所言者，後無不可復之患矣。恐須如此説破，方分明也。

就有道而正焉。

異世而求之書。本文未有此意，恐不須過説。或必欲言之，則別爲一節而設問以起之可也。

貧而樂，富而好禮。

進於善道，有日新之功，其意味蓋無窮矣。此語不實。

《詩》三百。

其言皆出於惻怛之公心，非有它也。"惻怛"與"公心"字不相屬。"非有它也"，乃嫌於有它而解之之辭，然亦泛矣。《詩》發於人情，似無"有它"之嫌。若有所嫌，亦須指言何事，不可但以"有它"二字概之也。

無違。

"生事之以禮"，以敬養也。"死葬之以禮"，必誠必信也。"祭之以禮"，致敬而忠也。專言敬則愛不足，專言誠信則文不足，"忠"字尤所未曉，然致敬而忠，恐亦未足以盡祭禮。大率聖人此言至約，而所包極廣，條舉悉數猶恐不盡，況欲率然以一言該之乎？

十世可知。

若夫自嬴秦氏廢先王之道，而一出於私意之所爲，有王者作，其於繼承之際，非損益之可言，直盡因革之宜而已。此一節立意甚偏而氣象褊迫，無聖人公平正大、隨事順理之意。且如此説，則是聖人之言不足以盡古今之變，其所謂百世可知者，未及再世而已不驗矣。嘗究此章之指，惟古注馬氏得之。何晏雖取其説，而復亂以己意，以故後來諸家祖習其言，展轉謬誤，失之愈遠。至近世吳才老、胡致堂始得其説，最爲精當。吳説有《續解》、《考異》二書，而《考異》中此章之説爲尤詳，願試一觀，或有取焉。大抵此二家説其它好處亦多，不可以其後出而忽之也。

非其鬼而祭之，謟也。

無其鬼神，是徒爲謟而已。聖人之意，罪其祭非其鬼之爲謟，而不譏其祭無其鬼之徒爲謟也。謟自惡德，豈論其有鬼無鬼、徒與不徒也哉？

《韶武》。

聖人之心，初無二致，揖遜征伐，時焉而已。此理固然，但此處解"美"、"善"兩字而爲此説，似以舜、武心皆盡美，而武王之事有未盡善，則"美"字反重而"善"字反輕，爲不倫耳。蓋美者声容之盛，以其致治之功而言也；善者致美之實，以其德與事而言也。然以德而言，則性之反之雖有不同，而成功則一；以事而言，則揖遜征伐雖有不同，而各當其可。則聖人之心，亦未嘗不同也。

仁者能好人惡人。

仁者爲能克己。此語似倒，恐當正之。

無終食之間違仁。

"無終食之間違仁",是心無時而不存也。"造次顛沛必於是",主一之功也。此二句指意不明,語脈不貫,初竊疑其重複,既而思之,恐以上句爲成德之事,下句爲用功之目。若果如此,則當改下句云"所以存其心也",乃與上文相應,庶讀者之易曉。然恐終非聖人之本意也。

無適無莫。

或曰異端無適無莫而不知義之與比,失之矣。夫異端之所以不知義者,正以其有適有莫也。異端有適有莫,蓋出於程子之言。然譏其無適莫而不知義,亦謝氏之說。言雖不同,而各有所指,未可遽以此而非彼也。若論先後,則正以其初無適莫而不知義,故徇其私意以爲可否,而反爲有適有莫。既有適莫,故遂不復求義之所在,而卒陷於一偏之說也。

求爲可知。

若曰使己有可知之實,則人將知之,是亦患莫己知而已,豈君子之心哉?此說過當。若曰"所謂求爲可知者,亦曰爲其所當爲而已,非謂務皎皎之行以求聞於人也",則可矣。

一以貫之。

道無不該也,有隱顯內外本末之致焉。若無隱顯內外本末之致,則所謂一貫者,亦何所施哉?此意甚善,然其辭則似生於辨論反覆之餘者。今發之無端,則無所當而反爲煩雜。若曰"聖人之心於天下事物之理無所不該,雖有內外本末隱顯之殊,而未嘗不一以貫之也",則言順而理得矣。

欲訥於言。

　　　　言欲訥者畏天命，行欲敏者恭天職。言行自當如此，不必爲畏天命、恭天職而然。今若此言，則是以言行爲小，而必稱天以大之也。且言行之分屬未穩當，行之欲敏，獨非畏天命耶？

晝寢。

　　　　知抑精矣。"抑"字恐誤。

臧文仲。

　　　　世方以小慧爲知。小慧似非所以言臧文仲。

季文子。

　　　　非誠其思。此語未善。

顏淵、季路侍。

　　　　爲吾之所當爲而已，則其於勞也奚施？"施勞"，舊說皆以"施"爲"勿施於人"之"施"；"勞"者，勞辱之事。今如此說，語不分明。子細推尋，似亦以"施"爲夸張之意，"勞"爲"功勞"之"勞"，其意雖亦可通，但不知"施"字有如此用者否耳？必如此說，更須子細考證，說令明白乃佳。存乎公理。此句亦未善。

質勝文則野。

　　　　失而爲府史之史，寧若爲野人之野乎？此用楊氏"與其史也，寧野"之意，然彼亦以爲必不得已而有所偏勝，則寧若此耳。今解乃先言此，而又言"矯揉就中"之說，則既曰"寧爲野人之野"矣，又何必更說"脩勉而進其文"乎？文理錯雜，前後矛盾，使讀者不知所以用力之方。恐當移此於"矯揉就中"之後,則庶乎言有序而不悖也。

人之生也直。

　　罔則昧其性,是冥行而已矣。此說似好。然承上文
"直"字相對而言,則當為"欺罔"之"罔"。

中人以下。

　　不驟而語之以上,是亦所以教之也。孟子言"不屑之
教誨,是亦教誨之",蓋為不屑之教誨,已是絕之而不復教誨,
然其所以警之者亦不為不至,故曰"是亦教誨之"而已矣。所
謂"亦"者,非其正意之辭也。若孔子所言"中人以下未可語
上",而不驟語之以性與天道之極致,但就其地位,告之以切己
著實之事,乃是教之道正合如此,非若不屑之教誨,全不告語,
而但棄絕以警之也。今曰"是亦教誨之也",則似教人者不問
其人品之高下,必盡告以性與天道之極致,然後始可謂之教
誨。才不如此,便與絕而不教者無異。此極害理,非聖門教人
之法也。且著此一句,非惟有害上文之意,覺得下文意思亦成
躐等,氣象不佳。試思之。若但改云"不驟而語之以上,是乃
所以漸而進之,使其切問近思而自得之也",則上下文意接續
貫通,而氣象無病矣。此所撰《集注》已依此文寫入矣。

敬鬼神而遠之。

　　遠而不敬,是誣而已。"誣"字未安。

知仁動靜。

　　知之體動,而靜在其中,仁之體靜,而動在其中。
此義甚精,蓋周子《太極》之遺意,亦已寫入《集注》諸說之後
矣。但在此處讀之,覺得有急迫之病,略加曲折,別作一節意

思發明乃佳。大抵此解之病在於太急迫而少和緩耳。

子見南子。

過衛國，必見寡小君。孔子居衛最久，不可但言"過衛"。見小君者，禮之當然，非特衛國如此也。夫子聽衛國之政，必自衛君之身始。此理固然，然其間似少曲折。只如此說，則亦粗暴而可畏矣。試更思之，若何？

博施濟衆。

不當以此言仁也。仁之道不當如此求也。但言不當，而不言其所以不當之故，不足以發聖人之意。先言仁者，而後以"仁之方"結之。立人、達人，仁也；能近取譬，恕也。自是兩事，非本一事而先言後結也。

述而不作。

聖人所以自居者，平易如此。"平易"二字說不著。老彭、孔子事同，而情性功用則異。孔子賢於堯、舜，非老彭之所及。人皆知之，自不須說。但其謙退不居而反自比焉，且其辭氣極於遜讓，而又出於誠實如此，此其所以爲盛德之至也。爲之說者，正當於此發其深微之意，使學者反復潛玩，識得聖人氣象，而因以消其虛驕傲誕之習，乃爲有力。今但以"平易"二字等閒說過，而於卒章忽爲此論，是乃聖人鞠躬遜避於前，而吾黨爲之攘袂扼腕於後也。且無乃使夫學者疑夫聖人之不以誠居謙也乎哉？大率此解多務發明言外之意，而不知其反戾於本文之指，爲病亦不細也。

默而識之。

默識非言意之所可及，蓋森然於不睹不聞之中也。

又云：世之言默識者，類皆想像億度，驚怪恍惚，不知聖門實學貴於踐履，隱微之際，無非真實。默識只是不假論辨而曉此事理，如侯子辨摠老之説是已。蓋此乃聖人之謙詞，未遽説到如此深遠處也。且此説雖自踐履言之，然其詞氣則與所謂驚怪恍惚者亦無以相遠矣。

子之燕居。

聖人聲氣容色之所形，如影之隨行。声氣容色不離於形，同是一物。影之於形，雖曰相隨，然却是二物。以此况彼，欲密而反疏矣。且衆人声氣容色之所形，亦其有於中而見於外者，豈獨聖人爲然哉？

志於道。

藝者所以養吾德性而已。上四句解釋不甚親切，而此句尤有病。蓋藝雖末節，然亦事理之當然，莫不各有自然之則焉。曰“游於藝”者，特欲其隨事應物各不悖於理而已。不悖於理，則吾之德性固得其養，然初非期於爲是以養之也。此解之云，亦原於不屑卑近之意，故恥於游藝而爲此説以自廣耳。又按張子曰：“藝者，曰爲之分義也。”詳味此句，便見得藝是合有之物，非必爲其可以養德性而後游之也。

自行束脩以上。

辭氣容色之間，何莫非誨也，固不保其往爾。“誨”字之意，恐未説到辭氣容色之間，亦未有不保其往之意也。蓋“吾無隱乎爾”，乃爲二三子以爲有隱而發。“不保其往”，乃爲門人疑於互鄉童子而發，皆非平日之常言，不應於此無故而及之也。若以禮來者，不以一言告之，而必俟其自得於辭氣容色之間，又先萌不保其往之意，則非聖人物來順應之心矣。此一章之中而說過兩節意思，尤覺氣迫而味短也。

憤悱。

憤則見於辭氣，悱則見於顏色。此兩字與先儒說正相反，不知別有據否？

子謂顏淵。

其用也，豈有意於行之？其舍也，豈有意於藏之？聖人固無意必，然亦謂無私意期必之心耳。若其救時及物之意皇皇不舍，豈可謂無意於行之哉？至於舍之而藏，則雖非其所欲，謂舍之而猶無意於藏，則亦過矣。若果如此，則是孔、顏之心漠然無意於應物，推而後行，曳而後往，如佛、老之爲也。聖人與異端不同處正在於此，不可不察也。程子於此但言「用舍無與於己，行藏安於所遇者也」。詳味其言，中正微密，不爲矯激過高之說，而語意卓然，自不可及，其所由來者遠矣。程子又云：「樂行憂違，憂與樂皆道也，非己之私也。」與此相似，亦可玩味。

子行三軍則誰與？

「臨事而懼，好謀而成」，古之人所以成天下之事而不失也，豈獨可行三軍而已哉？臨事而懼，好謀而成，本爲行三軍而發，故就行三軍上觀之，尤見精密。蓋聖人之言雖曰無所不通，而即事即物，毫釐之間又自有不可易處。若如此解之云，是乃程子所謂「終日乾乾，節節推去」之病矣。

子所雅言。

性與天道，亦豈外是而它得哉？固是如此，然未須説。

子不語。

　　　語亂則損志。"損志"二字未安。

弋不射宿。

　　　不忍乘危。"乘危"二字未安。

奢則不孫。

　　　聖人斯言，非勉學者爲儉而已。聖人深惡奢之爲害，
而寧取夫儉之失焉，則其所以勉學者之爲儉，其意切矣。今爲
此説，是又欲求高於聖人，而不知其言之過、心之病也。溫公
謂"楊子作《玄》，本以明《易》，非敢別作一書以與《易》競"。今
讀此書，雖名爲説《論語》者，然考其實，則幾欲與《論語》競矣。
鄙意於此深所未安，不識高明以爲如何？

曾子有疾，召門弟子。

　　　形體且不可傷，則其天性可得而傷乎？此亦過高之
説，非曾子之本意也。且當著明本文之意，使學者深慮，保其
形體之不傷而盡心焉，是則曾子所爲丁寧之意也。且天性亦
豈有可傷之理乎？

孟敬子問之。

　　　將死而言善，人之性則然。此語太略，幾不可曉，恐當
加詳焉。動容貌者，動以禮也。正顏色者，正而不妄也。
出詞氣者，言有物也。動容貌則暴慢之事可遠，正顏色
則以實而近信，出詞氣則鄙倍之意可遠。此説蓋出於謝
氏，以文意求之，既所未安；而以義理觀之，則尤有病。蓋此文
意但謂君子之所貴乎道者，有此三事，動容貌而必中禮也，正

顏色而非色莊也，出詞氣而能合理也。蓋必平日莊敬誠實、涵養有素，方能如此。若其不然，則動容貌而不能遠暴慢矣，正顏色而不能近信矣，出詞氣而不能遠鄙倍矣。文勢如此，極為順便。又其用功在於平日積累深厚，而其效驗乃見於此，意味尤覺深長。明道、尹氏說蓋如此，惟謝氏之說以動、正、出為下功處，而此解宗之。夫經但云“動”，則其以禮與否未可知；但云“正”，則其妄與不妄未可見；但云“出”，則其有物無物亦未有以驗也。蓋夫子嘗言“非禮勿動”，則動容固有非禮者矣。今但曰“動”，則暴慢如何而遽可遠乎？又曰“色取仁而行違”，則正色固有不實者矣。今但曰“正”，則信如何而遽可近乎？又曰“出其言不善”，則出言固有不善者矣。今但曰“出”，則鄙倍如何而遽可遠乎？此以文義考之，皆所未合。且其用力至淺而責效過深，正恐未免於浮躁淺迫之病，非聖賢之本指也。

弘毅。

　　弘由充擴而成。此句似說不著。

民可使由之。

　　使自得之。此亦但謂使之、由之耳，非謂使之知也。

蕩蕩乎民無能名焉。

　　無所不該，而其用則密。只廣大便難名，不必言其用之密也。

禹，吾無間然矣。

　　皆所以成其性耳。禹之所行，皆理之所當然，固是本出於性，然禹亦為其所當為而已，非以其能成吾性而後為之也。

子絕四。

絶而不復萌。此顏子不貳過之事，非所以語孔子，蓋此"絶"字猶曰"無"耳。然必言"絶"而不言"無"者，見其無之甚也。

顏淵喟然歎曰。

"約我以禮"，謂使之宅至理於隱微之際。侯氏曰："博文，致知格物也。約禮，克己復禮也。"其說最善。此解説得幽深，却無意味也。必曰"如"者，言其始見之端的者然也。此句亦不可曉。

未見好德。

衆人物其性。此語未安。蓋性非人所能物，衆人但不能養其性而流於物耳，性則未嘗物也。

語之而不惰。

不惰，謂不惰其言也。夫子之言昭然發見於顏子日用之中，此之謂不惰。"惰"字乃怠惰之義。如所解，乃墜墮之義，字自作"墮"。或有通作"墮"者，不作"惰"也。且其爲説，又取禪家語墮之意，鄙意於此尤所未安也。

衣敝縕袍。

不忮不求之外，必有事焉。此語不可曉。

可與共學。

或者指權爲反經合道、驚世難能之事。世俗所謂權者，乃隨俗習非、偷安苟得，如《公羊》祭仲廢君之類耳，正不謂驚世難能之事也。

唐棣之華。

《唐棣》之詩，周公誅管、蔡之事。《論語》及《詩·召南》作"唐棣"，《小雅》作"常棣"，無作"棠"者。而《小雅》"常"字亦無"唐"音。《爾雅》又云："唐棣，栘；常棣，棣。"則唐棣、常棣自是兩物。而夫子所引，非《小雅》之《常棣》矣。且今《小雅·常棣》之詩，章句聯屬，不應別有一章如此，蓋逸詩爾。《論語》此下別爲一章，不連上文。范氏、蘇氏已如此説。但以爲思賢之詩，則未必然耳。或説此爲孔子所刪《小雅》詩中之一章，亦無所考。且以文意參之，今《詩》之中當爲第幾章耶？

食饐而餲。

聖人所欲不存，豈有一毫加於此哉？此句不可曉。

出三日，不食之矣。

或出三日，則寧不食焉。按經文，此句乃解上文"祭肉不出三日"之意，言所以三日之中食之必盡，而不使有餘者，蓋以若出三日，則人將不食而厭棄之，非所以敬神惠也。

不可則止。

有不合於正理，則從而止之。按經文意，"不可則止"，但謂不合則去耳。後篇論朋友處，"不可則止"，文意正同。今爲此説，穿鑿費力，而不成文理，竊所未安。且兩句文同，不應指意頓異如此也。

點，爾何如？

"曾子非有樂乎此也"至"故行有不掩焉也"。此論甚高，然反復玩之，則夸張侈大之辭勝，而懇實淵深之味少。且其間文意首尾自相背戾處極多，且如所謂"曾子非有樂乎此也，蓋以見夫無不得其樂之意耳"，只此一句，便自有兩重病痛。夫謂曾子非有樂乎此，此本於明道先生"簞瓢陋巷非有可樂"之説也。然顏、曾之樂雖同，而所從言之則異，不可不察也。蓋簞瓢陋巷實非可樂之事，顏子不幸遭之，而能不以人之所憂改其樂耳。若其所樂，則固在夫簞瓢陋巷之外也。故學者欲求顏子之樂，而即其事以求之，則有没世而不可得者，此明道之説所以爲有功也。若夫曾晳言志，乃其中心之所願而可樂之事也。蓋其見道分明，無所係累，從容和樂，欲與萬物各得其所之意，莫不藹然見於詞氣之間。明道所謂"與聖人之志同，便是堯、舜氣象"者，正指此而言之也。學者欲求曾晳之胸懷氣象，而舍此以求之，則亦有没世而不可得者矣。夫二子之樂雖同，而所從言則其異有如此者。今乃以彼之意爲此之説，豈不誤哉？且夫子之問，欲知四子之所志也。四子之對，皆以其平日所志而言也。今於曾晳之言，獨謂其特以見夫無所不得其樂之意，則是曾晳於夫子之問獨不言其平日之所志，而臨時信口撰成數句無當之大言，以夸其無所不樂之高也。如此則與禪家拈槌竪拂、指東畫西者何以異哉？其不得罪於聖人幸矣，又何喟然見與之可望乎？至於此下雖名爲推説曾晳之意者，然盡黜其言而直伸己見，則愚恐其自信太重，視聖賢太輕，立説太高，而卒歸於無實也。且所謂"無不得其樂"者，固以人而言之矣。而其下文乃以"天理自然，不可妄助，不可過不及，不可倚著"者釋之，則未知其以理而言耶？抑以人言之耶？以理而言，則與上文"得其所樂"之云似不相應；以人而言，則曾晳之心艱危恐迫，傾側動搖，亦已甚矣，又何以得其所樂而爲天理之自然耶？其以爲"叙秩命討，天則所存，堯、舜所以無爲而治者"，則求諸曾晳之言，殊未見此曲折。且此既許之以聖人之事矣,又以爲聖門實學存養之地,則是方以爲學者之事也。若曰姑以爲學者之事而已,而又以爲行有所不揜焉,則是又并所謂有養者而奪之也。凡此數節,殊不相應,皆熹之所不能曉者。竊惟此章之旨,惟明道先生發明的當,若上蔡之説,徒贊其無所系著之意,而不明其對時育物之心,至引列子御風之事爲比,則其雜於老、莊之見,而不近聖賢氣象尤顯然矣。凡此説中諸可疑處,恐皆原於其説。竊謂高明更當留意,必如橫渠先生所謂"濯去舊見,以來新意"者,庶有以得聖賢之本心耳。《論語》中大節目似此者不過數章,不可草草如此説過也。

克己復禮。

"斯言自始學至成德皆當從事"至"無所見夫克矣"。此一節意思,似亦因向來以克己爲後段事,故有此反復之論。今但如此發之無端,恐亦須設問答以起之。

子帥以正。

其有不率者,則明法勑罰以示之,亦所以教也。理固如此,但此處未應遽如此説,奪却本文正意耳。《易》曰"明罰勑法",此倒其文,不知別有意否?

直躬。

"世之徇名而不究其實者"至"幾何其不若是哉"。此不知所指言者謂何等事,文意殊不明也。

爲命。

"雖然"至"言外之意也"。恐聖人未有此意,但作今自推説,却不妨耳。

人也。

　　以其有人之道也。古注云：“猶《詩》‘所謂伊人’。”此説
當矣。《莊子》曰：“之人也，物莫之傷。”亦與此同。若曰“有人
之道”，極言之則太重，管仲不能當；淺言之則太輕，又非所以
語管仲也。

孟公綽。

　　趙、魏老在當時號爲家事治者。此句不可曉，恐傳本
有誤字。

正譎。

　　程子曰云云。此解恐當用致堂説，向見伯恭説亦如此。

古之學者爲己。

　　所以成物，特成己之推而已。按此“爲人”，非成物之
謂。伊川以“求知於人”解之，意可見矣。若學而先以成物爲
心，固失其序，然猶非私於己者，恐亦非當時學者所及也。呂
與叔《中庸序》中亦如此錯解了。

不逆詐。

　　孔注文義爲順。按孔注文義極不順，惟楊氏説得之。
“抑”者，反語之詞，如云“求之與，抑與之與”、“硜硜然小人哉，
抑亦可以爲次矣”，皆略反上文之意也。

微生畝。

　　包注訓“固”爲陋，此解是。恐亦未安。

諒陰。

　　大君勅五典以治天下，而廢三年之達喪。經文未有

此意,短喪自是後世之失。若欲發明,當别立論而推以及之,不可只如此説,無來歷也。

修己以敬。

　　敬有淺深,敬之道盡,則修己之道亦盡,而安人、安百姓皆在其中。此意甚善。但"敬有淺深"一句,在此於上下文並無所當,反使人疑修己是敬之淺者,安百姓是敬之深者。今但削去此四字及下文一"亦"字,則意義通暢,自無病矣。

原壤。

　　"幼而孫弟"至"見其弊之所自也"。恐聖人無此意。今以爲當如是,推之則可耳。

予一以貫之。

　　所謂"約我以禮"者歟？此説已見"顏淵喟然"章。此亦子貢初年事。既曰當其可,則子貢是時應已默契夫子之意矣。後來所言夫子之得邦家者,安知不由此而得之？何以知其爲初年事耶？此等既無考據,而論又未端的,且初非經之本意,不言亦無害也。

子張問行。

　　人雖不見知,而在己者未嘗不行。夫子之言,言其常理耳。人雖不知,别是一段事,未應遽説以亂夫子之意。向後别以己意推言則可耳。參前倚衡,使之存乎忠信篤敬之理也。此謂言必欲其忠信,行必欲其篤敬,念念不忘而有以形於心目之間耳。若不責之於言行之實,而徒曰"存其理而不舍",亦何益哉？

卷而懷之。

猶有卷而懷之之意，未及潛龍之隱見。恐不須如此說。

志士仁人。

仁者，人之所以生也，苟虧其所以生者，則其生也亦何爲哉？志士仁人所以不求生以害仁者，乃其心中自有打不過處，不忍就彼以害此耳，非爲恐虧其所以生者而後殺身以成仁也。所謂成仁者，亦但以遂其良心之所安而已，非欲全其所以生而後爲之也。此解中常有一種意思，不以仁義忠孝爲吾心之不能已者，而以爲畏天命、謹天職，欲全其所以生者而後爲之，則是本心之外別有一念，計及此等利害重輕而後爲之也。誠使真能舍生取義，亦出於計較之私，而無慤實自盡之意矣。大率全所以生等說，自它人旁觀者言之，以爲我能如此則可，若挾是心以爲善，則已不妥帖。況自言之，豈不益可笑乎？《吕覽》所載直躬證父一事而載取名事，正類此耳。

放鄭聲，遠佞人。

非聖人必待戒乎此也，於此設戒，是乃聖人之道也。此是聖人立法垂世之言，似不必如此說。然禹以丹朱戒舜，舜以"予違汝弼"責其臣，便說聖人必戒乎此，亦何害乎？此蓋尊聖人之心太過，故凡百費力主張，不知氣象却似輕淺迫狹，無寬博渾厚意味也。

一言終身行之。

行恕則忠可得而存矣。此句未安，當云"誠能行恕，則忠固在其中矣"。

誰毀誰譽？

毀者指其過，譽者揚其美。此説未盡。愚謂：毀者，
惡未至此而深詆之也；譽者，善未至此而驟稱之也。非但語其
已然之善惡而已。誰毀誰譽，謂吾於人無毀譽之意也。
聖人之心仁恕公平，實無毀譽，非但無其意而已。有所譽必
有所試，因其有是實而稱之。此亦未盡。試猶驗也，聖人
或時有所譽者，雖其人善未至此，然必嘗有以驗之，而知其將
至是矣。蓋聖人善善之速，惡惡之緩，而於其速也，亦無所苟
焉。又曰：可毀可譽在彼。又曰：不云有所毀，聖人樂
與人爲善也，必有所試而後譽，則其於毀亦可知矣。若
如此説，則是聖人固常有毀，但於此著其有譽而匿其有毀，以
取忠厚之名也，而可乎？毀，破壞也，如器物之未敗而故破壞
之，聖人豈有是乎？

禮樂征伐自天子出。

天子亦豈敢以爲己所可專，而加私意於其間哉？
亦曰奉天理而已。意見“原壤夷俟”、“子張問行”章。

三愆。

言而當其可，非養之有素不能也。聖人此言只是戒
人言語以時，不可妄發，未説到此地位也。言及之而不言，
當言之理不發也。此語甚怪，蓋爲養之有素所牽而發耳。
然若如此，則是自見不到，有隱於人矣。

生而知之。

其至雖一，而其氣象規模終有不同者。此一節當刪
去，於解經之意亦未有所闕也。

子謂伯魚。

　　"爲"者，躬行其實也。按諸先生多如此説，意極親切，
但尋文義恐不然耳。"爲"只是誦讀講貫，"墻面"只是無所見。
《書》所謂"不學墻面"，亦未説到不躬行則行不得處也。

患得之。

　　所爲患得者，計利自便之心也。此句解得文義不分
明，而語意亦不親切。

君子有惡。

　　"以子貢之有問"至"抑可知矣"。夫子之問，未見惡
人之疑。子貢之對，亦未見檢身之意。

三仁。

　　皆稱爲仁，以其不失其性而已。此説"仁"字恐不親切。

荷篠。

　　植杖而芸，亦不迫矣。止子路宿，則其爲人蓋有餘
裕。又曰行以避焉，隘可知也。此語自相矛盾。

不施其親。

　　引尹氏説。尹氏固佳，然不知"施"字作如何解？若如謝
氏，雖亦引"無失其親"爲解，然却訓"施"爲"施報"之"施"，則
誤矣。此等處須説破，令明白也。陸德明《釋文》本作"弛"字，
音詩紙反，是唐初本猶不作"施"字也。呂與叔亦讀爲"弛"，而
不引《釋文》，未必其考於此，蓋偶合耳。今當從此音讀。

士見危致命。

　　楊氏曰云云。似不必如此分別。

君子學以致其道。

致者，極其致也。恐當云：“致者，極其所至也。”自未合者言之，非用力以致之，則不能有諸躬。道固欲其有諸躬，然此經意但謂極其所至耳，不爲有諸躬者發也。若曰有諸躬，則當訓“致”爲“致師”之“致”，如蘇氏之説矣。然本文意不如此。

大德小德。

小德，節目也。此章説甚佳，但以《記》所謂“後其節目”者觀之，則此二字似未甚當。

子夏之門人小子。

“君子之道孰爲當先而可傳”至“循其序而用力耳”。詳本文之意，正謂君子之道本末一致，豈有以爲先而傳之，豈有以爲後而倦教者？但學者地位高下不同，如草木之大小自有區別，故其爲教不得不殊耳。初無大小，雖分而生意皆足，本末雖殊而道無不存之意也，“焉可誣也”，蘇氏得之。“有始有卒”，尹氏得之。此章文義如此而已。但近年以來，爲諸先生發明本末一致之理，而不甚解其文義，固失其指歸。然考之程書，明道嘗言：“先傳後倦，君子教人有序，先傳以近者小者，而後教以遠者大者，非是先傳以近小，而後不教以遠大也。”此解最爲得之。然以其言緩而無奇，故讀者忽之而不深考耳。

孟莊子。

孟莊子所以不改，意其事雖未盡善，而亦不至於悖理害事之甚與？莊子乃獻子之子。獻子賢大夫，其臣必賢，其政必善。莊子之賢不及其父，而能守之終身不改，故夫子以爲難，蓋善之也。此臨川鄧丈元亞説，諸家所不及也。

仲尼焉學？

萬物盈於天地之間，莫非文、武之道，初無存亡增損。近年説者多用此意，初若新奇可喜，然既曰"萬物盈於天地之間"，則其爲道也，非文、武所能專矣。既曰"初無存亡增損"，則"未墜於地"之云，又無所當矣。且若如此，則天地之間可以目擊而心會，又何待於賢者識其大、不賢者識其小，一一學之，然後得耶？竊譯文意，所謂"文、武之道"，但謂周家之制度典章爾。孔子之時猶有存者，故云"未墜也"。大抵近世學者喜聞佛、老之言，常遷吾説以就之，故其弊至此。讀者平心退步，反復於句讀文義之間，則有以知其失矣。

生榮死哀。

生榮死哀，無不得其所者也。所解不明，似謂天下之人其生皆榮、其死皆哀，無不得其所者，不知是否？若如此説，則不然矣。子貢言夫子得邦家時其效如此，范氏所謂"生則天下歌誦，死則如喪考妣"者是也。

謹權量。

此亦帝王爲治之要。此篇多闕文，當各考其本文所出而解之。有不可通者，闕之可也。"謹權量"以下皆武王事，當自"周有大賚"以下至"公則悦"爲一章。蓋興滅國、繼絶世、舉逸民，當時皆有其事，而所重民食喪祭，即《武成》所謂"重民五教，惟食喪祭"者也。　《晦庵文集》卷三一。

案：張栻上書（某丐祠）云"向來下十章《癸巳解》，望便中疏其繆見示"，則知本書即與辨説者，其約撰於四年冬。

張栻《答朱元晦》：

某新歲來，即欲申前請，適以買馬事方興，不免少待。近已畢事，即日走价控陳，執事者漠然不以爲意。今力具劄子至上前，度可必得請，想當在後月末也。如或尚未得，隨即更請，以得爲期。非惟已分時義所當退閑，兼久處炎方，某頑軀雖幸差健，然恐氣血未免爲所蒸薄。兒子素來氣弱，哀苦之後遂得肺疾，尤非熱地所宜，殊爲之憂慮耳。遠方之人似頗相信，凡百易於號令，比初到甚省力。但朝廷既無相知者，脱有意外，深懼不相應，此尤宜速去耳。詹體仁慤實肯講學，不易得，但未免弱，蓋膽薄而少決。今日善類多有此病，在此每力扶之，終似覺難。以此思剛明之資誠不易得，相與任重行遠，要須得若人輩耳。來諭□□之病，鄙意政謂然，亦屢告之，覺得似安於此，然力箴救之，不可已也。氣稟與家學之説誠然，不能矯正，只是剛明不足耳。□□□一種議論，後生輩淪入心府，已覺流弊，甚害觀□□意亦近之。渠一對之後，又復且隨衆而處，亦何能爲有無哉？此特爲尊兄言之可耳。近得劉子澄書云：□□正似范淳父避世金馬，此是何議論？金馬豈避世之地耶？范淳父當時同温公修書，事自不同，温公所稱，意自別耳。尊兄閑静中玩理甚精，每得來書，論學及政及評品人才，未嘗不犁然有當，而躍然有省，且慨然有歎也。吾曹豈私於所好哉？自覺理有不可易者，要當相與貞固勉厲而已。數年來，尤思一會見講論,未知何日得遂耶?《中庸》、《大學》中三義,復辱詳示,今皆無疑,但截取程子之意,似不若只載云“程子曰‘此一節子思喫緊爲人處,讀者其致思焉’”,則已是拈出此眼目,使人不敢容易看過矣。如《易傳》中多有如此等意思,誠解經之法也,如云感通之理,知道者默而觀之可也。更幸詳之。《學記》得兩石甚堅潤且厚,見磨治刻字,當檢點子細,日俟額字之來耳。所要碑刻文字,寄去數具別紙。林擇之可念,當時似不必如此遠去耳。今亦分俸薄助之,附此便告,幸爲轉達。吳門蹤迹亦見別紙。陳、鄭兩書已付吳德夫,但鄭君已赴銓矣。吳晦叔已葬,子殊幼弱耳。湘中士人有周奭者,舊嘗相從,近來此相訪,頗覺長進,似是後來可望者,蓋天資元來剛介,今却肯作工夫耳,以母老不得久留,今歸矣。有新貴州守陳唐弼過此,頗有志於事爲,於邊防、兵法、屯田等事皆曾講究,乃一有用之才。其父規,紹興間與劉信叔同守順昌者也,亦恐欲知。游誠之時得書否?心極不能忘之,然要須更加鋤治之功耳,亦幸時因書告語,此等資質宜有以成就之。石子重之對如何?後來有何學子及人才中有可見語者?因書却幸筆及。英州兩遣人看之,數日前得書,頗似悔前非,有欲閑中讀書之意,未知如何?又恐爲釋氏乘此時引將去也。義利交戰,卒爲利所奪,君子小人相好,卒爲小人所汩,蓋亦理勢之必然。此渠前日之爲,亦不勝其責也,然誠是終可憐耳。建康數通問否?近日意思作爲復如何?此僻遠,終是疏得音書,且都不知事耳。《南軒集》卷二三。

案:據朱熹《南嶽處士吳君行狀》,吳晦叔葬於四年九月三日。《晦庵文集》卷九七。又書中言"某新歲來",則當撰於淳熙五年(1178)初。

張栻《答朱元晦》:

《語説》荐荷指諭,極爲開警。近又删改一過,續寫去求教。私心甚欲一相會,若得至長沙,當有可議耳。伯恭既已轉對,恐當爲去就計。近見臺臣論程學云云,如伯恭在彼,尤不應恝然也。石子重向來聞在三衢辭召命,甚善。今聞已到闕,未知所言何如耳。其它大抵非遠書可達也。學舍已成,方敢請諸邑有行義士人入其中爲表率。嶺外風俗尤弊,雖未易遽正,然不敢不開端示漸,如喪祭婚姻間亦頗有肯革者。理義存乎人心,但患啓迪薰陶之未至耳。《南軒集》卷二四。

案:書中所云"《語説》荐荷指諭"之"《語説》",乃指上述朱熹《與張敬夫論癸巳論語説》。又據《宋史・孝宗紀三》,淳熙五年"春正月辛丑,侍御史謝廓然乞戒有司,毋以程頤、王安石之説取士。從之"。本書又云"近見臺臣論程學"云云,正指此事,故推知其約撰於二月間。

朱熹《答張敬夫》:

諸論一一具悉。比來同志雖不爲無人,然更事既多,殊覺此道之孤，無可告語，居常鬱鬱。但每奉教喻，輒爲心開目明耳。子澄所引馬、范出處，渠輩正坐立志不彊而聞見駁雜，胸中似此等草木太多，每得一事可借以自便，即遂據之以爲定論，所以緩急不得力耳。近來尤覺接引學者大是難事，蓋不博則孤陋而無徵，欲其博則又有此等駁雜之患。況其才質又有高下，皆非可以一格而例告之。自非在我者充足有餘而又深識幾會，亦何易當此責耶？

周君恨未之識，大率學者須更令廣讀經史，乃有可據之地。然又非先識得一箇義理蹊徑，則亦不能讀，正惟此處爲難耳。

建康連得書，規模只如舊日。前日與之書，有兩語云："憂勞惻怛雖盡於鰥寡孤獨之情，而未有以爲本根長久之計；功勳名譽雖播於兒童走卒之口，而未有以喻乎賢士大夫之心。"此語頗似著題，未知渠以爲如何？然亦只說得到此，過此尤難言也。尋常戲謂佛氏有所謂大心衆生者，今世絕未之見。凡今之人營私自便，得少爲足，種種病痛，正坐心不大耳。

子重語前書已及之，所言雖未快，然比來衆人已皆出其下矣。交戰雜好之說，誠爲切至之論，吾輩所當朝夕自點檢也。誠之久不得書，如彼才質，誠欠追琢之功，恨相去遠，無所效力也。陳唐敦者，舊十餘年前聞其爲人，每恨未之識。此等人亦可惜沉埋遠郡，計其年當不下五、六十矣。吳儆者，聞對語亦能不苟，不易不易。此等人材與溫良博雅之士，世間不患無之，所恨未見。前所謂大心衆生者，莫能揔其所長而用之耳。

　　寄示書籍石刻，感感。近作《濂溪書堂記》，曾見之否？謾内一本。發明天命之意，粗爲有功，但恨未及所謂"不謂命"者，闕却下一截意思耳。此亦是玩理不熟，故臨時收拾不上。如此非小病，可懼也。《學記》刻就，幸早寄及。只作兩石，不太大否？《近思》舉業三段及橫渠語一段并録呈，幸付彼中舊官屬正之。或更得數字説破增添之意尤佳。蓋閩、浙本流行已廣，恐見者疑其不同，兼又可見長者留意此書之意，尤學者之幸也。《中庸章句》只如舊本，已如所戒矣。近更看得數處穩實，尤覺日前功夫未免好高之弊也。《通鑑綱目》近再修至漢、晉間，條例稍舉，今亦謾録數項上呈。但近年衰悴目昏，燈下全看小字不得，甚欲及早修纂成書。而多事分奪，無力謄寫，未知何時可得脱藁求教耳。《晦庵文集》卷三二。

　　案：書中連言"子澄所引馬、范出處"、"周君恨未之識"、"建康連得書""子重語前書已及之"云云，乃承張栻上書（某新歲來）而答之。故推知其約撰於五年春末、夏初。所言"建康"，指時知建康府劉珙。

張栻《答朱元晦》：

　　此間歸長沙，一水甚便，只數日陸行，到清湘登舟，春夏間不十日可泊城南書院堤下矣。學中見刻《易傳》，湖、廣間難得此本耳。《近思録》中可惜不載得説舉業處,幸寫示,尚可添入。是兄一手所編書,此不欲自添也。舍弟數數拜書否? 隱齋著語,願亟見之。《南軒集》卷二三。

案:朱熹《右文殿修撰張公神道碑》云張栻淳熙"五年除秘閣修撰、荆湖北路轉運副使,改知江陵府,安撫本路"。《晦庵文集》卷八九。《宋史全文》卷二六下淳熙五年"五月甲午朔,詔知靜江府張栻除祕撰,令再任,以栻久任閫帥,績效有聞也"。其再任爲四年事,此云"五年"誤。書中有云"到清湘登舟,春夏間不十日可泊城南書院堤下矣",當爲其知改任後所擬之歸程,故推知其約撰於五、六月間。

又,《朱子語類》卷一二〇載蕭佐所記曰:"先生問:'湘鄉舊有從南軒遊者爲誰?'佐對以'周奭允升、佐外舅舒誼周臣。外舅没已數歲,南軒答其論《知言》疑義一書載《文集》中。允升藏修之所正枕江上,南軒題曰"漣溪書室",鄉曲後學講習其間。但允升今病,不能出矣'。先生曰:'南軒向在靜江曾得書,甚稱説允升,所見必别,安得其一来,次第送少藥物與之。'"張栻此書佚未見。

張栻《答朱元晦》:

共父一病,遽至薨逝,聞問慟哭,傷痛奈何! 積望至此,亦殊未易。時多艱虞,喪此柱石,深爲天下痛惜之,不但朋友相與之私情,想同此心也,奈何奈何!其家事今如何?嗣子頗能立否?凡事相悉倚賴,賢者當亦不惜力也。葬事在幾時?有定論否耶?某義當往哭,適此拘攣,今且專价去,俟到武昌,更再遣往。臨書涕零,不勝情也。《南軒集》卷二四。

案:據朱熹《劉樞密墓記》,劉珙(字共父)卒於淳熙五年七月三日。《晦庵文集》卷九四。故推知張栻本書約撰於七月間。

張栻《答朱元晦》:

某受任上流,到郡恰一月,顧此地在今日至重,豈譾陋所能勝?然亦不敢妄自菲薄,黽勉激昂,期爲遠計。第承積弊之餘,綱紀委地,無一事不當整頓,今頗有條緒,邦人似相信愛。邊備深可寒心,軍政極壞。今軍事在都統,財賦屬總司,所謂帥臣者,其所當爲,要是以固結民心爲本,使斯民皆有尊君親上、報國疾讎之心,則以守固,以戰剋矣。此路民貧悴尤甚,它處田多未墾,茅葦彌望,坐失上策,於今幾年。義勇民兵實多强壯,但久不核其籍,且數年不教,其勢因循。見行整頓此事,在於人情亦似樂之,然其間曲折之宜,正須精密乃可。帥司兵但有神勁馬、步合千人,騎軍共父所制也。方一新隊伍,嚴紀律,明節制,兵雖不多,要是規摹不可不立。荆鄂大軍屯營在此者亦萬五千餘人,非復岳侯向日規摹。近日曾喚來射,亦全不成次第。兵將輩見帥司治軍，似頗有愧色。前此其軍擾郡中百姓不可言，某務以信義開懷待之，而號令則不可少犯，頗肅然，無敢干者。襄陽去此平原四百餘里耳，然向來虜不曾出此者，以糧運費力之故。顧此亦何足恃，但此間乃吳、蜀腰領，自襄陽至此，要當以死守之。往年劉信叔號名將，張安國素豪俊，然爲帥時才聞邊上少警，便倉皇要爲移治江北之計，此乃大繆，不知縱虜使至此，更有甚世界！此皆不知義，亦不知勢也。某孤危之蹤，獨荷主上照見，使爲此來，然寔不敢自保其久於此，惟是深懼一日必葺之義，思效萬分。而獨力更無人相助，欲辟一二官屬，未知得與否耳。范伯達夫田文字前日來時遍尋不見，輒更求一本，及兄有可損益於其間者，併願聞之，甚望。《南軒集》卷二四。

案：據張栻《袁州學記》云，張栻於"淳熙五年秋八月某來宜春"，應州學教授李中等請，撰此《學記》，時在"是月庚戌"，即十九日。《南軒集》卷九。故知張栻約八、九月之際抵江陵府蒞職。本書云"某受任上流，到郡恰一月"，當撰於九、十月之際。

又羅璧《識遺》卷七《帥職》："南軒帥荊，遺晦庵書曰：'某受任上流，軍卒責都統，財賦責總司，吾帥臣專以固結人心爲本，使人有尊君親上之心，則以守固，以戰克矣。'兵財帥大務也，而民又最焉。其論職可謂約而事要矣。"

張栻《答朱元晦》：

懇辭再四不獲，就國爲宜。一境之民，得蒙被詩書之澤，何其幸哉！某居官如常，但比之靜江，應接頗多，殊覺少暇耳。所幸遠近頗寧肅，雨澤沾足，高下之田悉得就耕。京西界中有賊過北界，劫其縣，殺其令，歸途涉本路境，追捕得數輩，梟於境上。其中有虜中官員亡奴過來勾引京西賊劫本縣。天下之惡一也，亦縛送之。邊頭之人初頗不安，賴此安靜。但孤蹤殊不敢自保，然苟尚留此，每事不敢不黽勉。義勇近來振激之，頗覺它時可用，爲之立節制總紀，使各受縣宰節度，寓以階級，向來科擾迎送役使之類並罷，專一令防盜，暇時習武。若今冬未以罪去，當更聚閱整齊之。本路副都統兵寨在此，而身留襄陽，比來此相見，其人乃郭杲，亦明快可與語，問某此間得無爲守備乎？緩急有堡寨否？某應以"此間出門即是平原，走襄陽僅六百里，所恃者襄漢立得定折衝捍蔽耳，太尉當力任此事，要兵要糧，此當往助，若放賊入肝脾裏，人心瓦碎，何守備爲？向來劉信叔、張安國皆有緩急移保江北之論，乃大繆也，使賊到此地，何以爲國？守臣但當握節而死耳"。渠頗悚然。然某所恃者有此二萬來義勇，所當整頓，緩急有隱然之勢也。今專務固結其心，愛養其力，庶幾一旦可共生死，第一義也。到此半年，所見如此，謾恐欲知。劉寶學誌銘，正月半間專遣价走送其家，至今無耗，殊不可曉。今録本去拜呈，恐未之見也。共父遂葬,聞之不覺淚落。渠此間置神勁馬軍及經理義勇兩事可書,但是時爲政,猶未及晚年在建康時耳。《南軒集》卷二四。

案:據朱熹《劉樞密墓記》,劉珙於淳熙六年(1179)二月乙巳葬于甌寧縣。《晦庵文集》卷九四。本書又云"到此半年",故推知其約撰於六年三月間。

又,《鶴林玉露》甲編卷一《民兵》云:"丙寅,虜大舉南牧,圍安、襄以撼荆、鄂。宣司檄召諸處兵,與湖北義勇俱往救。諸郡兵不待見敵而潰,所過鈔略,甚於戎寇。獨義勇隨其帥進退,不敢有秋毫犯,蓋過其室家門戶故也。張宣公帥荆州,與朱文公書云:'郭杲嘗獻緩急保江之策,某折之曰:"劉信叔、劉共父皆嘗有此論,真謬計也。縱敵入肝脾裏,何以爲國?上付公以北門,當盡力報國,要軍要糧,此間當應副,事苟不濟,守臣仗節而死耳。"郭聞之悚然。某之所恃者,有義勇二萬六千人也。'"所言即本書。

張栻《答朱元晦》:

伯恭近遣人送藥與之,未回。渠愛敝精神於閑文字中,徒自損,何益!如編《文海》,何補於治道?何補於後學?徒使精力困於翻閱,亦可憐耳。承當編此文字,亦非所以承君德。今病既退,當專意存養,此非特是養病之方也。《南軒集》卷二四。

　　案：據《呂祖謙年譜》，呂祖謙於淳熙六年正月
因得中風疾而請祠；是月二十四日進所編《文海》一
百五十卷。四月初離京歸婺；是月，孝宗以《文海》
"有益治道"，賜名《皇朝文鑑》，命翰林學士周必大撰
序。本書云及"如編《文海》"，又云"今病既退，當專
意存養"，故推知其約撰於四月中。

張栻《答朱元晦》：

　　仁風義氣，想已周浹四境，重稅厚供，想已考究，本末
備見，求牧與芻，固當然也。某於此有所見，亦不敢以隱，
但亦精審而後發耳。辰、沅等五郡刀弩手事，近歲爲誕謾
觀望者所害。比列上爲久遠計，諸司皆恐未合，時論雖知
其是，有不敢聯銜者，不免徑自以聞，便蒙開可，爲明主可
爲忠言，士大夫往往負之耳。如茶引、會子、上供皆目前
大利害，見考究以次陳也。惟是孤蹤不敢自保，然一日必
葺之義，不敢少墮耳。義勇事屢承問及。共父向來在此
入奏，謂義勇武藝勝大軍，緩急可調發，某實未見其然。
然其人多強壯，倉卒足爲荆渚之衛，以壯上流，平時可以
捕察盜賊，此則然耳。共父御此輩未免姑息，如免役一事
極害事，後來至縣道無人可差役，中下以下戶反受深害，
今亦脩正其事。又縣道不能節度，豈有是理？亦明示節
制，使知縣而不任，則去之可耳。比有總首徑申本司保
明，差一部將，不經縣道，不免懲治，使知循序，此最要務

也。然義勇尋常多有所患，若如率斂等事，一切禁止，所以恤之者固不可不盡，而於節制則不可不明耳。若今冬聚教，某未以罪去，當更一一整頓之。但患武將極難得，亦是近年以來進退在近習之門，所取皆誕謾之輩，壞得人才狼狽，極可慮耳。所諭傳聞之説，甚皇恐，不知何以得此？連日循省，緣初到時承縱盗之後，不免重賞，連獲江湖間積年殺人之賊，以正典刑。又有一賀之美者，乃一路囊橐渠魁，六、七年來激茶客爲盗，誤官軍使敗，且假盗以報冤，用此致家貲累鉅萬。一路之人怨毒之深，畏之甚如虎狼，不免逮捕按誅，徙其妻子，盡没其貲，歸之有司而不有之，併按治憲司大吏向來受賂故縱者。今年茶客盡循約束，無一夫敢持兵行於途者，此一事之力爲多，恐或者便以爲嗜殺耳。近數月以來，既幸無新盗，而舊盗已多得，亦無所用刑矣。但昔人哀矜勿喜之意，每切味之，要須使此氣味無間斷耳。尚氣之言，亦每防有主張過當處，亦不敢不聞而警之也。近按一郡守，素來凶險，事極披猖，不得而已，異時恐亦不在祝大任之下。因思諸葛忠武李平、廖立之事固是公道，然亦由德盛感人之深，乃能致然，每使人愧昔賢耳。《南軒集》卷二四。

　　案：書中所云"仁風義氣，想已周浹四境"，乃指朱熹淳熙六年三月涖任南康軍知軍，首布榜牒，下教三條，以養民力、敦風俗、砥士風。《年譜長編》卷上。故推知本書約撰於朱熹初涖職之夏間。

3407

張栻《答朱元晦》：

幸安職守，今年雨暘以時，可望一稔，盜賊頗戢，刑罰亦省，獨兵戈間弊病非一，掇其尤者列聞，它不遑卹也。兄近來爲況何如？教令既孚，當益無事，且須爲少留否？相從今後有何人？須得暇議論。某此間但有長沙梁仁伯秀才在此，資質亦頗淳篤。近有澧州教授傅夢泉來相見，乃是陸子靜上足。其人亦剛介有立，但所談學多類揚眉瞬目之機。子靜此病曾磨切之否？亦殊可懼。《南軒集》卷二四。

> 案：書中言"今年雨暘以時，可望一稔"，又詢及朱熹"近來爲況何如？教令既孚，當益無事，且須爲少留否？"故推知其約撰於是年夏、秋之際。

張栻《答朱元晦》：

梁仁伯主簿偕來者，日夕得暇即講論，近頗長進，偶以其祖母病復歸，殊覺落莫。子澄有新功否？甚恨未識之。伯恭聞復喪偶，多難如此，可念可念。有澧州教授傅夢泉者，資稟剛介，亦殊有志，但久從陸子靜，守其師說甚力。此人若肯聽人平章，它日恐有可望也。《南軒集》卷二四。

> 案：據呂祖謙《祔芮氏誌》，呂妻芮氏卒於淳熙六年七月二十八日。《東萊集》卷一三。本書云"伯恭聞復喪偶"，知其約撰於八月。

張栻《答朱元晦》：

《濂溪先生祠記》乃遂刻石，對之愧汗。卧龍想見勝
槩，欲賦一詩，續當寄上。近作每得之輒有開益。《別籍
異財榜文》甚佳，此間却不至有如此太甚者。大抵近北州
民間以易道説，非湖嶺間比也。重九日出郊二十里間，遂
登龍山，四顧雲水渺然，亦復壯觀。平原中獨有此山，亦
不高，蜿蜒如龍蛇耳。堤岸係一方之命，尋常極草草，夏
潦盛時，其不爲魚者，幸耳。近城一堤十數里，最所恃者，
今爲之久遠之計，不敢草草也。《南軒集》卷二二。

　　案：《濂溪先生祠記》，即張栻《道州重建濂溪周
先生祠堂記》，有云"舂陵之學舊有先生祠，實紹興某
年向侯子忞所建，至於今淳熙五年，趙侯汝誼以其地
之狹也，下車之始，即議更度之，……既成，使來謁
記"。《南軒集》卷一○。又書中云及"重九日出郊二十
里間，遂登龍山"，故推知本書約撰於九月間。

張栻《答朱元晦》：

少懇。比對郡學開一城門，正直江湖。舊有門曰恩
波，在近處，久塞，今移於此。緣舊學出門即墻面，今爲開
闊，氣象甚佳。因爲樓於上，登覽遂爲一郡之冠，以曲江
樓名之。蓋張曲江來爲長史時，有《登江陵郡城南樓詩》，
故用以名，欲求尊兄爲記，幸不惜落筆，以爲此邦形勢之
重。樓之下即是白水河，河之外即大湖濼，濼之外即荆

江，如高沙湖之類皆在指顧，以至峽州諸山，亦隱隱見於雲水之外也。《南軒集》卷二四。

案：書中言及"因爲樓於上，登覽遂爲一郡之冠，以曲江樓名之。蓋張曲江來爲長史時，有《登江陵郡城南樓詩》，故用以名，欲求尊兄爲記，幸不惜落筆，以爲此邦形勢之重"，即請朱熹撰《江陵府曲江樓記》，成文於"淳熙己亥十有一月己巳日南至"。《晦庵文集》卷七八。故推知本書約撰於是年秋、冬之際。

張栻於是年十一月病，次年（淳熙七年）二月二日卒於江陵府舍。《張宣公年譜》。

張顯父

張顯父，字敬之，順昌（今屬福建）人。《閩中理學淵源考》卷二二。《福建通志》卷三四云其劍浦（今福建南平）人，淳熙十四年（1187）進士。嘗官南昌縣尉。《江城名蹟》卷二。

朱熹《答張敬之》：

向所示問目，看得路脉全未是，又多未曉此章之正意，而遽引他説以雜乎其間，展轉相迷，彼此都曉不得，不濟得事。且當依傍本文，逐句逐字解釋文理，令其通透，見得古人説此話是此意了，更將來反覆玩味，久之自有見處，不須如此比類也。聖智巧力之説，則已得之矣。此便是看他處底樣子也。又論聖賢優劣，此亦是癡人比較父祖年甲高下之説，學問工夫都不在此，枉費心思言語之力也。《晦庵文集》卷五八。

　　案：書中有言“向所示問目，……聖智巧力之説，則已得之矣”，下書（梁惠王移民移粟之政）即答問目，又論及“聖智”諸説，則下書乃本書之別紙，約撰於慶元元年（1195）中或稍後。

朱熹《答張敬之顯父》：

　　梁惠王移民移粟之政，《周官·廩人》之職未嘗廢，孟子非之者，豈以惠王不知仁政之本耶？

　　此無異議，但當熟玩孟子所説王政之始終、其措置施行之方略次第耳。

　　孟子答齊宣王愛牛一段。

　　此等處與上章亦無甚異，但要熟讀詳玩耳。

　　“必有事焉”一段，顯父謂此二者界限極難分別，蓋不致力則便無所事而幾於忘，才著意則未免預期欲速而流於助。但將心平鋪謹守，則又未見脱灑處。

　　此一段依《孟子》本文，只合就養氣上説，《集注》言之備矣。明道先生移就持敬上説，却是養氣已前一段事，功夫雖密，然恐不若且依《孟子》看也。

愛無差等，施由親始，夷子既知此説，便當一親疏、合貴賤方得。今却曰施由親始，則是又將親疏對待而言，豈非吾之愛又有差等哉？其詞氣牴牾，信乎遁而窮矣！

夷之所説愛無差等，此是大病。其言施由親始，雖若粗有差別，然亦是施此無差等之愛耳。故孟子但責其二本，而不論其下句之自相矛盾也。夷之所以卒能感動而自知其非，蓋因孟子極言“非爲人泚”之心有以切中其病耳。此是緊要處，當著眼目也。

滕文公之問逾迫，而孟子所以答之者若無可爲謀者，極其規模所就，亦不過太王畏天保國之事。至於萬章之問宋，而孟子遽以成湯樂天之事反覆告之。豈滕之地褊小，不足以有爲，而王偃滅滕伐薛、敗諸侯之兵，果有可畏之實耶？

彊弱者，勢也；得失者，事也。宋、滕之彊弱有異，故其得失之效不同。但其一事之如此而爲得，如此而爲失，則其理未嘗不同耳。若曰以彊弱爲得失，則是彊者常得、弱者常失也，豈其然乎？

以善服人，則有心於求勝，故人得以勝之。以善養人，則至誠樂與，而人自心悦誠服，其原亦判於公私義利之間也。

以善服人者，惟恐人之進於善也。如張華之對晉武帝，恐吴人更立令主，則江南不可取之類是也。以善養人者,唯恐人之不入於善也。若湯之事葛,遺之牛羊,使人往爲之耕之類是也。

孟子既以智爲始、聖爲終,則智者致知之事,聖者極至之名。其終復曰智巧聖力,是智反妙於聖矣。南軒以爲論學則智聖有始終之序,語道則聖之極是智之極者也。此説似可以破前所疑,不知如何?

智是見得徹之名,聖是行得到之號,有先後而無淺深也。聖而不智,如水母之無蝦,亦將何所到乎?

孟子謂"乃若其情,則可以爲善",而周子有五性感動而善惡分,是又以善惡於動處並言之。豈孟子就其情之未發,而周子就其情之已發者言之乎?

情未必皆善也,然而本則可以爲善而不可以爲惡,唯反其情,故爲惡耳。孟子指其正者而言也,周子兼其正與反者而言也。莊子有"遁天倍情"之語,亦此意也。

頃蒙見教云,往者同安因聞鍾聲,遂悟收心之法。顯父不揆,驗之信然。

當時所説聞鍾聲者,本意不謂如此,但言人心出入無時,鍾之一聲未息,而吾之心已屢變矣。

潮汐,月臨子午則潮生,其理謂何?豈以子者陽之始、午者陽之極,月爲陰屬,故其氣交激而至此耶?

潮汐之説,余襄公言之尤詳。大抵天地之間東西爲緯、南北爲經,故子午卯酉爲四方之正位,而潮之進退以月至此位爲節耳。以氣之消息言之,則子者陰之極而陽之始,午者陽之極而陰之始,卯爲陽中,酉爲陰中也。《晦庵文集》卷五八。

案:《朱子語類》卷一一三載訓廖德明云:"因説某人開廣可喜,甚難得,只是讀書全未有是處。學者須是有業次,竊疑諸公亦未免如此。德明與張顯父在坐,竦然聽教。……因言趙丞相論廟制不取荆公之説"。趙汝愚於紹熙五年八月至慶元元年二月間爲丞相。《宋史·宰輔表四》。故推知張顯父從學朱熹於紹熙五年末、慶元元年初。本書中有張顯父言"頃蒙見教云,往者同安因聞鍾聲,遂悟收心之法。顯父不揆,驗之信然",朱熹答曰"當時所説聞鍾聲者,本意不謂如此,但言人心出入無時,鍾之一聲未息,而吾之心已屢變矣"。則推知本書約撰於慶元元年中或稍後。

張孝祥

張孝祥(1132—1169),字安國,號于湖,歷陽烏江(今安徽和縣東北)人。紹興二十四年(1154)廷試第一,授承事郎、簽書鎮東軍節度判官,爲祕書省正字,遷禮部員外郎,尋爲起居舍人、權中書舍人,提舉江州太平興國宮。尋除知撫州。孝宗即位,復集英殿修撰、知平江府。召除中書舍人,尋除直學士院、兼都督府參贊軍事,俄兼領建

康留守，改知静江府、廣南西路經略安撫使，知潭州，徙知
荆南、湖北路安撫使，請祠歸，以疾卒，年三十八。《宋史》
卷三八九有傳。

張孝祥《與朱編修》：

某敬服名義，願識面之日甚久，非敢爲世俗不情語
也。得劉丈書，又見與欽夫書，知且爲衡嶽之遊，儻遂獲
奉從容，何喜如之？不勝朝夕之望。《于湖居士文集》卷四
〇《尺牘》。

案：據李方子《紫陽年譜》，朱熹於乾道三年丁
亥（1167）八月一日啓程赴湖南。《經濟文衡》卷二引。
本書有云“得劉丈書，又見與欽夫書，知且爲衡嶽之
遊”，故推知約撰於八月以前，時張孝祥爲潭州
知州。

張孝祥《與朱編修》：

某昨日方從欽夫約，遣人迓行李，奉告，乃承已至近
境，欣慰可量。欽夫必授館，不然，當於我乎館也。使令
輩遣前，恐遠來者須更休耳。應有委，乞示下。《于湖居士
文集》卷四〇《尺牘》。

案：據朱熹《與曹晉叔書》，朱熹乃於九月八日
抵長沙。《晦庵文集》卷二四。本書云及“某昨日方從
欽夫約，遣人迓行李，奉告，乃承已至近境”，推知當

撰於朱熹抵達長沙之前夕。

張孝祥《與朱編修》：

風雨留人，尊候復何如？《登臺詩》彊勉不工，《出師表》同上。老兄遊山，亦須待稍晴，未可以遽，千金之軀，宜自愛惜。洪濤際天，溺馬殺人，將安之耶？《于湖居士文集》卷四○《尺牘》。

案：張栻《南嶽唱酬序》云："乾道丁亥秋，新安朱元晦来訪予湘水之上，留再閱月……粤十有一月庚午，自潭城渡湘水。甲戌，過石灘，始望嶽頂。忽雲氣四合，大雪紛集，須臾深尺許。……乙亥，抵嶽後。丙子，小憩，甚雨，暮未已，從者皆有倦色。湘潭彪居正德美来會，亦意予之不能登也。予獨與元晦決策，明當冒風雪亟登。而夜半雨止，起視，明星爛然，比曉，日升暘谷矣。德美以怯寒辭歸，予三人聯騎渡興樂江，宿霧盡卷，諸峯玉立，心目頓快，遂飯黃精，易竹輿，緣馬迹橋登山。"《南軒集》卷一五。是月丁丑朔，庚午爲六日，甲戌爲十日，丙子爲十二日。本書有云"風雨留人，……老兄遊山，亦須待稍晴，未可以遽"，故推知其當撰於十二日。

又，《登臺詩》乃指張孝祥《酬朱元晦登定王臺之作》，載《于湖居士文集》卷九，云："海內朱公子，端能爲我來。譚諧渺今古，懽喜到興臺。日月何曾蔽，風雲會有開。登臨一盃酒，莫作楚囚哀。"

張孝祥《與朱編修》：

某平生慕用，豈謂來湘中乃獲解后接款，慰幸可勝言？懷親遽歸，苟留不得，至今慊然。人還一再奉賜書，感服感服。某老者深動東歸之興，比已專介請祠，力致懇諸公，儻遂得之，不旬月去此矣。樞庭編摩，望雖高，然非所以處元晦也，意者姑借此爲掀擢之漸耶？此間諸事，欽夫諸友書中必能詳言之。政遠披承，千萬珍護，即登嚴近。《于湖居士文集》卷四〇《尺牘》。

案：書中"樞庭編摩"云云，指乾道三年末朱熹以陳俊卿、劉珙薦充樞密院編修官事。則知本書當撰於乾道四年（1168）初。又，朱熹自長沙歸後致張孝祥之書皆佚。

張孝祥《與朱編修》：

《敬簡堂記》遂煩揮翰，真可以託不朽，但堂中之人，於敬簡工夫殊未進，須士友不我遐棄，時時訓厲之耳。欽夫間相從，未嘗不矯首奉思也。黃君內艱，可念。仲隆想已趨朝，更不作書。懷英行已踰月，臨行（瘍）［瘍］作於背，甚可念，幸而即愈。渠自去歲得渴疾，此不可再也。《于湖居士文集》卷四〇《尺牘》。

案：《方輿勝覽》卷二三《潭州》云："敬簡堂，在府治，張紫微建，以爲燕室，兩壁書《中庸》、《大學》，中屏篆書'顏淵問仁'一章，皆張自筆。"侍講張栻爲撰《敬簡堂記》，朱熹有《敬簡堂詩》。又書中云"仲隆想已趨朝"，據朱熹於二月丙申（三日）所撰《送張仲隆序》，張仲隆應召入朝在乾道四年初。推知本書當撰於二、三月間。

張孝祥《與朱編修》：

某別去再見新歲，懷鄉道義不能忘也。自來荆州，老者病甚思歸，舟楫往來江上，不復定處。僕亦心志忽忽，百事盡廢，雖如元晦，一書亦不暇遣。乃兩奉誨教，相予之意益勤，内省愧惕，不但不答書可以爲罪，蓋敬簡之功不進，它日無以見吾元晦耳。某自到官即請去，凡六七，最後乞致仕，乞尋醫，且欲不俟報棄官而歸，諸公乃亦相察，今復得祠禄矣。近制不必俟代者，已治舟楫，載衣囊，五、七日便可離此。劉丈之去，奇哉偉哉。此行至江上，當迂數程見之，亦約欽夫，又不知肯來否？欽夫却數通書。定叟將有遠役，兄弟不能相舍。張仲隆前後五劄，議論過人，皆某所不能言者，歎服。元晦闕期已及，聞未有幡然之意，如何如何！某有田在謝家青山下，屋十餘間，下俯江流，今歸，真不復出矣。元晦異時或欲覽江淮山川之勝，乘興東遊，則僕可以奉從容於梁山、博望、慈湖、采石之間也。此外，惟爲斯文珍重。《于湖居士文集》卷四〇《尺牘》。

案：書中有云"劉丈之去，奇哉偉哉。此行至江上，當迂數程見之"，據《宋史》本傳，張孝祥自知潭州，"復待制，徙知荊南、湖北路安撫使"。又，"劉丈"指劉珙（字共父），據《宋史·宰輔表》，劉珙於乾道三年十一月除同知樞密院事，四年七月兼參知政事，八月辛亥以知隆興府罷。又據朱熹《與魏元履書》（里中大稔）云："共父前月二十間，因論王琪專被密旨築真州城，不經由三省、密院，大忤上旨，批與端殿、宮觀，次日又批與知隆興。乞放謝，却令朝辭；乞以念八日，又令初四日，却似悔前舉之失。"《晦庵文集》卷二四。又本書中云及"某別去再見新歲"，故推知本書當撰於乾道五年（1169）春中。

據本書，此前朱熹曾兩次致書張孝祥，皆佚。

張孝祥《與朱編修》：

某近因至城西，於土中得一碑趺，細視之，良有刻畫，蓋明皇所注《道德經》幢也。磨治之餘，僅可識，即以十夫掘取之，其半在土中者甚完，字畫非經生所能及。已昇實府中，今裝褫一本去，欽夫極愛之也。經磨治處中有大穴，蓋以載他碑者，尤古，類漢碑，併遣上。《于湖居士文集》卷四○《尺牘》。

案：書中云及"某近因至城西，於土中得一碑趺，細視之，良有刻畫，蓋明皇所注《道德經》幢也"，據張孝祥《跋道德經碑》云："荆州開元觀直牙城西五百步,有南極注生鐵像,祥符八年更爲天慶觀,紹興五年遷觀楚鎮門之東,舊觀廢。乾道五年春,某與客過焉,像在壞垣中,覆以竹屋,屋後積草,草中小碑高三尺,即《初建天慶觀記》。去草見碑趺,隱隱有字,洗刮久之,可讀。蓋唐明皇所注《道德經》。是時詔天下道觀皆立經幢。因火中折。天慶之役,官吏督促,妄道士不暇它求石,即取折幢穴其腹植碑焉。經文行草,注楷法,行間茂密,唐經生固多善書,然此或非經生所能辦也。既還碑天慶,發地出趺,合八方,得三千餘字,剥缺斷續,益奇古,百夫輦致文公堂下。"《于湖居士文集》卷二八。則知本書當撰於乾道五年春末。

據《宋人生卒行年考》,張孝祥卒於乾道五年六月。後慶元己未(1199)三月八日,朱熹於《跋張安國帖》云："安國天資敏妙,文章政事皆過人遠甚。其作字多得古人用筆意,使其老壽,更加學力,當益奇偉。建陽張大夫珍藏此紙,間以視予,展玩恍然,如接談笑,書其後而歸之。"《晦庵文集》卷八四。

張揚卿

張揚卿,字清叟,温州永嘉(今屬浙江)人。《晦庵文集》別集卷七《題尋真觀》。登進士第，"仕州縣，以敦樸詳練爲諸公長者所知"。《晦庵文集》卷九一《夫人徐氏墓誌銘》。

朱熹《回教授啓》：

學術深淳，行能端直。辟雍受業，久聞多士之推先；泮水橫經，復見諸生之承式。英聲日茂，異數鼎來。熹久與世疏，難堪吏役。儻資忠益，或免悔尤。悵疾病之有加，不任牽勉；念合并之無日，祇益傾馳。《晦庵文集》卷八五。

　　案：自"難堪吏役"以下至"祇益傾馳"，原書中作注曰"同上"。朱熹《夫人徐氏墓誌銘》有云"揚卿以從政郎爲南康軍學教授，與予聯事相好也"。《晦庵文集》卷九一。故推知本書撰時當與朱熹《回都昌知縣啓》《晦庵文集》卷八五。相近，約在淳熙八年（1181）春間，乃與南康軍學教授張揚卿。

張　毅

張毅，字仁叔。餘不詳。

朱熹《答張仁叔毅》：

"居敬行簡"，程子意與仲弓不同，當以仲弓之言爲正。

"不改其樂",近覺《集注》"克己復禮"之目說得未盡,已改作博文約禮之序矣,更思之。所說"不改其樂,學者不能躐進,唯子貢之無謟可爲",此語有病,可并思之。

"孟之反"一段,所說支離,非聖人本意。

"約之以禮","禮"字便作"理"字看不得,正是持守有節文處。"克己復禮"之"禮"亦然。

醫書不仁之說,所論得之,但亦須實見此理,不可只如此說過也。

"用之則行","則"字之意恐不如此。

"富不可求",此章之意但方言其不可求耳,未遽及夫求之而得禍也。兩意雖略相似而大不同,可更審之。

"君子所貴乎道者三",若如此說,則道與物爲二矣,況其文義本不如此,《集註》說得甚明,可更詳之。

霍光臨大節亦大有虧欠處。

耐久行遠之說,得之。但不知如何見得仁以爲己任之重,仁是何物? 又如何其任也? 可更思之。

一易再易之說,問之果然。或恐中原地美,其瘠土亦勝此間之膏腴也。

什一之法傳於今者大略如此,其詳則不可得而知矣。以《孟子》考之,野九一而助,國中什一,使自賦,其輕重又不同。而考之《周禮》,則行助法處有公田,而行貢法處無公田也。《孟子集註》中似已言其大略,可更詳之。此等亦難卒曉,須以《周禮》爲本,而參取孟子、班固、何休諸說

訂之，庶幾可見髣髴。然恐終亦不能有定論也，但不可不
盡其異同耳。

粟一石值錢三十文，一歲而止用錢三百，可見古來錢
重。然其賣買皆然，則人亦不以爲病也。其他蓋不可
考云。

李悝百畝而收百五十石者，粟也。鼂錯百畝而收不
過百石者，似恐是米。然則其多少固自有不同耳。

所論律吕，恐看得未子細。須作一圖子，分定十二律
之位，却於中間空處別用紙作一小輪子，寫五聲之位，當
心用紙條穿定，令可輪轉。却依《通典》十二律之均逐一
認定，分別正聲、子聲，則自見得次序分明，不可只如此空
説也。蓋正聲是全律之聲，如黃鐘九寸是也。子聲是半律
之聲，如黃鐘四寸半是也。一均之内以宮聲爲主，其律當最
長。其商、角、徵、羽之律若短，即用正聲。或有長者，則
只可折半用子聲。此所謂一均五聲而分正聲、子聲之法
也。十二律既自有正聲，又皆有子聲以待十二均之用，所
謂黃鐘、大呂、太簇無子聲，以其一均之内商、角、徵、羽四
聲皆短於本律故也。若以中呂爲宮，則黃鐘爲徵，而當用
子聲矣。若以蕤賓爲宮，則大呂爲徵，而當用子聲矣。若
以林鐘爲宮，則太簇爲徵，而當用子聲矣。此十二律所以
皆有子聲也。試更用此推之，當自曉得。不然，即須面
論，乃可通也。

所論三月不違仁、人之生也直、先難後獲、齊魯之變、

中庸之德、博施濟衆、默而識之、德之不脩、志於道、四教、仁遠等章，説皆得之，然亦更宜詳味。《晦庵文集》卷五八。

案：朱熹《答蔡季通》（所喻已悉。但區區方持此戒）有云"前日因希聖書嘗附幅紙奉扣《通典》子聲之説，不知如何？不能布筭，無以見五聲損益與此廿四律同異如何也"，《晦庵文集》續集卷二。與本書所討論相關。然朱熹於本書分析正聲、子聲頗詳，顯在《答蔡季通》以後。《答蔡季通》約撰於淳熙十二年、十三年之際。又淳熙十四年正月，蔡元定撰成《律呂新書》，朱熹助之，且爲作序。《年譜長編》卷下。故推知本書約撰於淳熙十三年（1186）或稍後。

張　詔

張詔（？—1200），字君卿，成州（今甘肅成縣）人。少隸張浚帳下，積功守和州。紹熙五年（1194）除興州都統制兼知興州，代吳挺。慶元二年（1196），趙彥逾帥蜀，關外分東、西二帥，詔遂兼西路安撫司公事。六年卒。《宋史》卷四○二有傳。

朱熹《與江東張憲啓》：

頃奉誤恩，特令試郡。屢陳危悃，未許投閒。懼留命以干誅，已諏辰而就道。伏念熹器非適用，才不逮人，粵自壯年，荐罹災患，暨兹晚景，益就衰頹。逝將屏迹於荒寒，敢復萌心於仕進？屬九重之過聽，恥一士之遐遺。曲賜甄收，載加湔拂，遂從祠館，畀以郡章。倦鳥依林，久絕高飛之意；潛魚在沼，但知深入之安。而況恩既厚則其責爲甚深，力不能則雖勞而無補。遂竊祈於罷免，卒無幸於矜從。興病以来，彊顔特甚。近瞻斧綉，益愧冠紳。恭惟德厚望隆，材宏用博。適布宣於使指，已明謹於邦刑。激濁揚清，吏咸思於稱職；持平履正，人自以爲不冤。矧是衰遲，獲依庇冒；載尋曩昔，幸際光儀。斂板趨庭，兹不特少伸下吏之敬；奉命承教，殆有以深慰積年之思。春令向深，嘉生咸遂。冀茂經於福履，以前對於龍光。頌願唯深，敷宣莫既。《晦庵文集》卷八五。

案：朱熹《答劉晦伯》（仕宦遲速）有云“張憲到未？向在浙東同官，甚好士，某所薦楊敬仲、孫季和、項平公，渠皆薦之”，《晦庵文集》續集卷四上。又《會稽續志》卷二，張詔於淳熙八年十一月以武經大夫到浙東提刑任，十年五月改江東提刑。即此人。本書云及“春令向深”，故推知其約撰於淳熙十一年（1184）春中。

張子顔

張子顔（？—1190），字幾仲，紹興大將張俊子，寓居平江（今江蘇蘇州）。乾道中，以敷文閣待制知信州，淳熙中移知紹興府，除顯謨閣直學士與祠。《姑蘇志》卷五七。淳熙十四年（1187）知鎮江府，紹熙元年（1190）召授户部侍郎。《（嘉定）鎮江志》卷一五。是年中卒。《宋人生卒行年考》。

朱熹《與江西張帥劄子一》：

熹比數以短劄承候起居，計悉已塵几下。今者復有少懇，輒敢以冒聞聽：熹以不德，招殃致凶，又無術略以濟饑饉，已屢伸告糴之請。然小郡貧薄，不能多致儲積，遠近軍民唯仰客販沿流而下，得以餬口，其引領南望，朝夕之勤，蓋不啻農夫之望歲也。今乃竊聞督府所臨，南自贛、吉，西極袁、筠，東被南城，方地數千里，幸蒙德政之餘休，皆有秋成之慶，而任事者私憂過計，未撤津梁之禁。熹愚竊意高明方以天下之重自任，其視鄰道，何以異於吾民？願賜一言，俾除其禁，則不惟蕞爾小邦歌舞大賜，抑自是以東列城數十，實均賴之。率爾干冒，始猶自疑，及念前日荔子分甘之意，然後有以決知執事之不棄此土之人也，是以敢卒言之。伏惟台慈，俯賜矜照。《晦庵文集》卷二六。

案：淳熙七年七月，南康軍大旱，朱熹修荒政。《文獻通考》卷五《田賦考五·歷代田賦之制》云“淳熙五年……知隆興府張子顏爲八縣人户代輸二税舊欠"；又《宋史全文》卷二六下，云淳熙七年"十一月己未，知隆興府張子顏言"，故知江西張帥即指張子顏。書中言江西"方地數千里，……皆有秋成之慶"，又據朱熹《申諸司乞行下江西不許遏糴》云"契勘本軍并管屬諸縣今歲旱傷最甚，細民闕食，及無米支遣軍粮，遂多方借兑官錢，差撥公吏前去江西得熟處州縣收糴米數，回軍賑糴支遣。及檢準《淳熙令》，災傷官司不得禁止搬販。及近降指揮，州縣不許閉糴，如有遏糴州軍，許鄰州越訴。及準今年八月十九日聖旨節文，江東安撫使陳少保奏，今歲災傷，先合措置通放米斛。州縣有遏糴去處，許行越訴。本軍遂節次備坐移文隆興府照會收糴去後，已承回報行下諸縣，許令本軍所差人收糴米穀放行"，《晦庵文集》別集卷九。故推知本書當撰於七年（1180）八月中。

朱熹《與江西張帥劄子二》：

咫尺門牙，無緣進謁，第切傾鄉之私。比以告糴，仰干台聽，竊意必蒙矜念。今聞收糴牙吏未及解發，而使府約束愈峻，遂不能歸。且鄙郡荒涼，舊雖豐歲，亦不免仰食船粟之來自封境者，況今旱歉，溝壑在前，其所望於餘波之惠者，又非他日之比。前記之懇，雖出僭易，然亦仁人君子所宜動心也。今再具稟，及以公文爲請，伏惟高明擴一視同仁之心，敦救災恤鄰之義，俯賜矜允，千萬幸甚，千萬幸甚。《晦庵文集》卷二六。

案：本書乃承上書（熹比數以短劄承候起居），
又據朱熹《申諸司乞行下江西不許遏糴》云云，《晦庵
文集》別集卷九。推知其約撰於九月中。

朱熹《與江西張帥劄子三》：

熹累具懇稟，告糴米船乞賜照應條法及近降指揮，特
與通放，亦已累蒙公移回報開許，良感仁庇之及。但奉新
令尉乃敢公然違戾，百端攔遏，其意必使敝邑飢民束手受
斃而後已。設若使境之旱與弊軍等，則熹不敢有請。今
使境諸邑粒米狼戾，發洩不行，而弊軍諸縣放皆及八分，
山谷之民已苦艱食，所遣糴米本錢又皆兌借上供錢物，方
此自劾，罪無所逃。竊意窮苦之狀必蒙矜憐。不謂此輩
乃爾不仁，既格詔旨，又違使臺約束，而所以貽患於鄰邑
者，尤爲無狀。熹已具公文上之幕府，欲望台慈詳酌，將
本縣官吏重作行遣，將本軍米船早賜通放，上以體聖朝一
視同仁之恩，下以見盛府救災恤鄰之義，不勝幸甚。《晦庵
文集》卷二六。

案：本書撰于上二書之後，因“奉新令尉”違背
江西張帥“開許”之令而阻遏南康軍“告糴米船”，故
朱熹再作本書告請。據朱熹《申諸司乞行下江西不
許遏糴》云“今却據差去公吏呂棋狀申，在本軍建昌
縣管下三陂山田等處，四散收糴靖安、新建縣鄉人米

斛,欲裝上船,覿奉新縣尉司弓手五十餘人,各持鎗棒,沿江巡綽,不容裝發米斛。又被奉新縣差人越界釘斷建昌縣管下三陂潭德爻口陂水,把截不放船隻上下往來。⋯⋯所糴米船今於十月二十四日被奉新縣差弓級徐成等部領弓手保正等於要路把截,不容鄉人搬糴米穀,申乞施行。本軍⋯⋯移文隆興府并江西轉運司,照詳前項條法指揮,請將奉新官吏按劾,仍通放米船。并申諸司行下隆興府,通放本軍所糴米船"。此申劄末記時"十月初五日"。《晦庵文集》別集卷九。然此申劄中已明言"今於十月二十四日"云云,知此"十月"乃"十一月"之譌,故推知本書約撰於十一月初。

章 康

章康(1168—1246),字季思,吳縣(今屬江蘇)人。安貧樂道,不染世俗,人尊稱之曰聘君。"嘗問學於朱熹,默有所契,日以詩陶寫"。淳祐六年卒,年七十九。著《雪厓文集》十卷、詩集五十卷。《姑蘇志》卷五五。

朱熹《答章季思康》:

辱書,具悉雅志。大抵聖賢之教,不過"博文約禮"四字。博文則須多求博取,熟講而精擇之,乃可以浹洽而通貫;約禮則只"敬"之一字已是多了。日用之間,只以此兩端立定程課,不令間斷,則久之自有進步處矣。《晦庵文集》卷六〇。

案:本書撰時未詳。然章康問學朱熹,當在年二十以後,姑係於淳熙十六年(1189)。待考。

又,宋車若水《腳氣集》云:"章雪崖,平江隱君子也,不曾見晦翁,而時時有書問道,晦翁答書見存。有時常高聲云:'世紛如何汩沒得自家?'可以見其胸中之所存也。顧齋胡文淳嘗從之。此顧齋説,予每書此句于扇上。人知敬聖賢之言,方可讀書。"

章　穎

章穎(1141—1218),字茂獻,臨江軍(今江西清江西)人。禮部奏名第一,歷遷太常博士、左司諫。寧宗即位,除侍御史兼侍講,尋權兵部侍郎,遭斥逐。韓侂胄誅,除集英殿修撰,累遷刑部侍郎兼侍講,除吏部侍郎,尋遷禮部尚書,升侍讀,奉祠。嘉定十一年卒,年七十八,謚文肅。《宋史》卷四〇四有傳。

朱熹《與章侍郎》:

昨幸同朝列,雖不得日夕從容,然荷相予之意甚勤。而襟期所屬,以爲可同天下之憂者,如門下亦不過三四人耳。今不幾日而風流雲散，恍然一夢，蟄不恤緯，毋深此懷，而生死契闊，未暇論也。不審次舍即今已次何許？想徑歸清江舊第矣。頃歲經由，見其登臨有江山之勝，交遊中有老成可敬，有士友可親，甚可樂，想爲況亦不落莫，恨不得往從杖屨之遊耳。子壽當已赴江陵，見袁機仲，說彼中形勢事體亦甚可慮，不知子壽何以處之？聞北風殊惡，計恐亦不可爲久留計也。《晦庵文集》續集卷五。

案：《宋史》卷三九三《彭龜年傳》云彭龜年（字子壽）因攻韓侂胄，“與郡，以煥章閣待制知江陵府、湖北安撫使”。本書有云“子壽當已赴江陵”，即指此。《宋史·寧宗紀一》載慶元元年二月“庚辰，兵部侍郎章穎以黨趙汝愚罷”。本書云及“不審次舍即今已次何許？想徑歸清江舊第矣”，當撰於章穎罷官西歸之際，下書（頃幸同僚）言及“嘗附一書於上饒，少致區區高仰之意”，當即本書，故推知其約在是年（1195）二、三月之際。

朱熹《與章侍郎》：

德脩得祠，私計亦甚便。但其去日遠，尤使人不能忘懷。補之事勢恐亦難久留，若更去却，真空國而無人矣。昨晚得去相内口書，今想已到干越矣。《晦庵文集》續集卷五。

案：書中云“昨晚得去相内口書，今想已到干越矣”，去相指趙汝愚，慶元元年二月二十二日罷相，以觀文殿大學士知福州，二十八日，依舊觀文殿大學士、提舉臨安府洞霄宮；七月，落趙汝愚觀文殿大學士，罷宮觀。《宋史全文》卷二九上。故推知本書約撰於三月間。

朱熹《與章侍郎茂獻》：

頃幸同僚，寔深慰喜。雖趣尚之同，彼此默喻，然未嘗得從容傾倒，以圖事變之所終極，而遂匆匆去國，至今以爲恨也。昨聞忠言正論忤于群小，遂以口語翩然西歸。嘗附一書於上饒，少致區區高仰之意，而車騎已遠，遂不可及。但有懷想，不能爲情。近得張元德書，竊聞還家爲況甚適。吾人私計固應隨處而安，但國論大變，日甚一日，令人憂懼，便覺無頓身處。不知上天至仁，何故生此等輩，使能譸張幻惑，以敗人之國家也。昨在經筵，不能上爲明主預陳此説，吾輩亦不得爲無罪矣。於今尚何言哉，尚何言哉！婺女既罷，江陵恐亦難安，得其近書否？念之不能忘也。呂子約經由，曾相見否？諸賢盡去，幾於空國矣，樓、孫獨未知。所謂國是之論，初甚駭聽，徐觀其間，意實微婉，不知還是從之文字否？果爾，亦足以去也。適聞乃是南牀語，亦可見打不過處，恐亦不爲同列所容矣。良齋謝丈奄忽云亡，後進失所尊仰。欲附一書弔其子，而未有以將之，須例後便，恐或相見，幸爲及之也。誠齋久不得信，不知成行否？九級浮圖八級已了，只欠此一級，固當爲天下惜之也。某自四月初大病至今，中間危急，已爲納禄之請。近報未允，前此辭職亦未果決。適間聞有疏其名字，牽連四十餘人，以白于上者，如此則非久勢須別有行遣。然數日前嘗以《周易》筮之，偶得"遯尾"之占。見乎蓍龜者如此，則亦非彼之所能爲矣，將安避之哉？《晦庵文集》續集卷五。

案：本書所云"昨聞忠言正論慍于群小，遂以口語翩然西歸"，即指章穎慶元元年二月"以黨趙汝愚罷"官事。《宋史·寧宗紀一》。又本書有云"某自四月初大病至今，中間危急，已爲納禄之請。近報未允"，朱熹於慶元元年五月乞請致仕，七月末上狀自劾。《年譜長編》卷下。本書未及自劾事，故推知其約撰於六月間。

朱熹《與章侍郎》：

向來從游不款，至今抱恨。顧此衰朽，疾病日侵，恐不復有承晤之期矣。世道反覆，已足流涕，而握其事者怒猶未息，未知終安所至極耶？然宗社有靈，公論未泯，異日必有任是責者，非左右吾誰望耶？子壽想時相聞，近亦得書，衡陽之櫬當已過彼久矣。初意但恐不得久於零陵，不謂造物者亦復隨俗抵巇也。需及廟議，便欲寫呈，以來使不能俟，當尋的便別寄也。當時不知何故直爾匆匆，更不暇博盡同異，而遽爲毁撤之計，甚可驚悚。豈於是時已有撞壞之微耶？《晦庵文集》續集卷五。

案:《宋史》卷四〇四《章穎傳》載:"穎操履端直,生平風節不爲窮達所移,雖仕多偃蹇,而清議與之。方黨論之興,朱熹遺以書,略曰:'世道反覆,已足流涕。而握其事者怒猶未已,未知終安所至極耶? 然宗社有靈,公論未泯,異日必有任是責者,非公吾誰望耶?'"即本書。書中又言"子壽想時相聞,近亦得書,衡陽之櫬當已過彼久矣",指趙汝愚安置永州,慶元二年正月,行至衡陽而卒,二月有旨許歸葬。《宋史·寧宗紀一》。故推知本書約撰於是年(1196)三月或稍後。

朱熹《答章茂獻_穎》:

所需廟議,以乏人使令,兩日方寫得了。適有長沙便兵,却託虞推轉致,幸視至。但再讀之,頗覺當時匆匆,詞不足以達意,不能無遺恨耳。《晦庵文集》別集卷二。

案:上書(向來從游不款)有云"需及廟議,便欲寫呈,以來使不能俟,當尋的便別寄也",而本書乃言"所需廟議,以乏人使令,兩日方寫得了。適有長沙便兵,却託虞推轉致,幸視至",知承其後,推知約在是年夏間。

朱熹《與章侍郎》:

廟議固可恨,然自有襯之,乃有大於此者,令人痛心。子壽竟不免,推遷至此,乃是無人肯受惡名。今遂決之,其勇亦可尚也。《晦庵文集》續集卷五。

案：上書（向來從游不款）有云"需及廟議，便欲寫呈，以來使不能俟，當尋的便別寄也。當時不知何故直爾匆匆，更不暇博盡同異，而遽爲毁撤之計，甚可驚惋"，而本書乃云"廟議固可恨，然自有襯之，乃有大於此者，令人痛心"，知承其後。又《宋史》卷三九三《彭龜年傳》云彭出爲焕章閣待制、知江陵府、湖北安撫使，"丐祠，慶元二年以呂棐言落職，已而追三官勒停"。本書"子壽竟不免，推遷至此，乃是無人肯受惡名"云云，當指此。彭"以論列落職罷祠"在慶元二年六月。《攻媿集》卷九六《彭公神道碑》。故推知本書約撰於慶元二年秋中。

朱熹《答章茂獻》：

某拜鑴罷之命，罪大責輕，唯知感戴，尚復何説？第恨註誤旁人及遭重貶耳。《晦庵文集》別集卷二。

案：朱熹於慶元二年十二月二十六日落職罷祠，三年正月二十七日上謝表。《年譜長編》卷下。本書云及"某拜鑴罷之命"，故推知其約撰於三年（1197）二月間。

朱熹《與章侍郎》：

解袂之後，亦知世路漸艱，然不謂乃爾之遽也。久欲致一書，以病不能，引領鄉風，徒切歎仰。近得宜春袁推書，具道存問之意，亦知雅眷之不我忘也。《晦庵文集》續集卷五。

　　　　案：本書有云“久欲致一書，以病不能”，朱熹自慶元四年（1198）初大病經月，故推知本書約撰於是年中。

趙崇憲

　　趙崇憲（1159—1218），字履常，饒州餘干（今屬江西）人。趙汝愚長子。淳熙八年（1181）以取應對策第一，越三年復以進士對策，擢甲科。趙汝愚帥蜀，辟書寫機宜文字，改江西轉運司幹辦公事，監西京中岳廟。趙汝愚既貶死，崇憲闔門自處數年。改奉議郎、知南昌縣，升藉田令，歷遷著作佐郎兼權考功郎官，出知江州，提舉江西常平兼權隆興府，遷轉運判官，以兵部郎中召，以直祕閣知靜江府、廣西經略安撫，明年直寶謨閣、主管亳州明道宮。嘉定十二年五月卒，年六十。《西山文集》卷四四《趙華文墓誌銘》。《宋史》卷三九二有傳。

朱熹《答趙履常崇憲**》：**

　　示喻讀書遺忘，此亦士友之通患，無藥可醫。只有少讀深思，令其意味浹洽，當稍見功耳。讀《易》亦佳，但經書難讀，而此經爲尤難。蓋未開卷時，已有一重象數大概功夫；開卷之後，經文本意又多被先儒硬説殺了，令人看得意思局促，不見本來開物成務活法。廷老所傳鄙説，正爲欲救此弊。但當時草草抄出，疏略未成文字耳。然試略考之，亦粗見門戶梗概。若有他説，則非吾之所敢聞也。《晦庵文集》卷五六。

案：書中言及"讀《易》亦佳，但經書難讀，而此經爲尤難。蓋未開卷時，已有一重象數大概功夫；開卷之後，經文本意又多被先儒硬説殺了，令人看得意思局促，不見本來開物成務活法。廷老所傳鄙説，正爲欲救此弊。但當時草草抄出，疏略未成文字耳"，其中所云"廷老所傳鄙説"，當指朱熹《易學啓蒙》，序定於淳熙十三年暮春。《晦庵文集》卷七六《易學啓蒙序》。又廷老乃饒幹字，邵武人。"廷老所傳鄙説"，當在趙崇憲淳熙十三年三月從趙汝愚入蜀赴四川制置使任途徑邵武時，自饒幹處所得。朱熹《書伊川先生帖後》中有"今制幕趙崇憲摹刻以示蜀人，遠寄墨本，因記前説，輒爲附識其後"云云，時在淳熙戊申（十五年，1188）春二月乙卯。《晦庵文集》卷八二。朱熹本書，疑即收趙崇憲來書後之答書，推知約撰於同時。

趙　蕃

趙蕃（1143—1229），字昌父，號章泉，其先鄭州（今

屬河南)人,居玉山。受業於劉清之,至"年五十,猶問學
於朱熹"。歷任太和縣主簿、辰州司理參軍,請祠家居。
理宗即位,以太社令召,不拜,特改奉議郎、直祕閣,又
辭,奉祠得致仕。卒,年八十七。景定中追謚文節。"既
耄,猶患末路之難,命所居曰難齋"。《宋史》卷四四五
有傳。

朱熹《答趙昌甫》:

來書所喻,似皆未切事情。已細與長孺言之,後有的
便,渠必一一奉報。要之今日只可謹之又謹,畏之又畏,
不可以目下少寬,便自舒肆。況所謂少寬者,又已激而更
甚乎?黃乃以力贊建中而去。前已去者,將有復來之漸,
其繼之者與儲以待次者,又不令人入,若非上心慨然開悟
發明,善類未有少安之望也。千萬與諸伯仲深察此意,敬
恭朝夕,安以俟之,區區不勝真切之望也。昨日得王謙仲
書,亦如履常所料,蓋遠方未見近報耳。向讀《學易集》,
見其當紹聖、元符之際愁居懾處之狀,令人傷歎。不意今
日乃見此境界,宛在目前。試取一觀,亦足以爲法也。
《晦庵文集》續集卷六。

　　案:《兩朝綱目備要》卷四載,慶元二年六月"甲
戌,御筆臺諫給舍論毋及舊事。……御筆之出也,
黃黼爲殿中侍御史,獨上言:'治道在黜其首惡而任
其賢,使才者不失其職,而不才者無所憾,故仁宗嘗

曰:"朕不欲留人過失於心。"此皇極之道也。至於前者有合論列事體明證有關國家利害者,臣不敢不以正對。'疏奏,黼竟徙它官,未幾罷去"。本書所云"黃乃以力贊建中而去",即指此。故推知本書約撰二年(1196)秋間。

朱熹《答趙昌甫》:

罪戾之餘,物色未已,不知何以見惡如此之深?甚可笑也。近讀經書不得,卻看些古文章,識得古人用意處。然亦覺轉喉觸諱,不敢下筆注解,但時發一笑耳。《晦庵文集》續集卷六。

　　案:慶元三年正月,朱熹落職罷祠;二月,大理寺丞邵褒然奏請自今"偽學"之徒勿除在內差遣;六月,宗正寺主簿楊寅奏論"偽徒"不可輕召;閏六月,朝散大夫劉三傑論"偽黨"變為"逆黨",並指朱熹為黨魁。《年譜長編》卷下。本書有云"罪戾之餘,物色未已,不知何以見惡如此之深",當指此。故推知本書約撰於三年(1197)秋間。

朱熹《答趙昌甫》:

已草挂冠之牘,開歲即上。計較平生,已為優幸。獨恨為學不力,有愧初心;著書未成,不無遺憾耳。因便寓此,少致問訊之意。政遠,千萬戒詩止酒,以時自愛。眷集均慶。《晦庵文集》續集卷六。

案：朱熹於慶元四年末申建寧府乞保明申奏致
仕。《年譜長編》卷下。本書有云"已草挂冠之牘，開歲
即上"，故推知其約撰於四年（1198）末。

朱熹《答趙昌甫》：

李白詩多説此事，惜不能盡曉。粗窺端緒，亦不暇入
静行持。但玩其言，猶是漢末文字，可愛。其言存神内照
者，亦隨時隨處可下功夫，未必無益於養病也。《晦庵文
集》續集卷六。

案：本書撰時未詳。《書信編年》係於慶元四
年。待考。

朱熹《答趙昌甫》：

少時見吕紫微與人書，説交遊中時復抽了一兩人，令
人驚懼。當時不理會得，今乃親見此境界也。斯遠聞其
喪偶，不知果然否？經年不得渠書，想亦畏僞學汙染也。
《晦庵文集》續集卷六。

案：朱熹《答鞏仲至》（比日秋冷）有云"但斯遠
省闈不偶，家無内助，嗣續之計亦復茫然"，《晦庵文
集》卷六四。而本書乃云"斯遠聞其喪偶，不知果然
否"，當在其前。《答鞏仲至》撰於慶元五年秋，故推
知本書約撰於慶元五年（1199）初或稍後。

朱熹《答趙昌甫蕃》：

斯遠殊可念，吾人當此境界，只有"固窮"兩字是著力處。如其不然，即墮坑落塹，無有是處矣。尤是文士巧於言語，爲人所説，易入邪徑。如近世陳無已之不見章雷州，呂居仁之不答梁師成，蓋絶無而僅有之，爲可貴也。《晦庵文集》卷五四。

> 案：朱熹《答鞏仲至》（比日秋冷）有云"近日得昌父、斯遠書"，又云"但斯遠省闈不偶，家無内助，嗣續之計亦復茫然，急欲爲謀婚之計，而未有其處"，《晦庵文集》卷六四。而本書所云"斯遠殊可念，吾人當此境界，只有'固窮'兩字是著力處"，當即指此。《答鞏仲至》撰於慶元五年秋，故推知本書約撰於一時先後。

趙將仕

趙將仕，名字未詳。宗室，寓居漳州。將仕郎，官名。

朱熹《回寄居趙將仕啓》：

熟聞英譽，有日于兹；忽奉珍函，爲禮特厚。啓緘疾讀，荷意難忘。伏惟玉葉傳芳，璇源孕秀。謙恭克守，綽有老成之風；問學自將，盡脱豪華之習。宗盟推重，公聽益孚。會看發軔之初，即快亨塗之騁。熹屬叨誤寵，驟畀左符。方斯引分以投閑，未敢修書而見意。豈圖先辱，良用厚顏。眷然息偃之安，庶幾得請；邈矣披承之願，徒切馳情。《晦庵文集》卷八五。

　　案：書中言及"熹屬叨誤寵，驟畀左符"，知在爲郡守時。朱熹《乞蠲減漳州上供經總制額等錢狀》有云"近年以來，州郡增添寄居、待缺宗子、孤遺、養老、歸正等官，歲所支錢比之往時日有增廣"，《晦庵文集》卷一九。故推知當指朱熹知漳州。淳熙十六年十一月，授朱熹知漳州，辭，不允，十二月拜命。《年譜長編》卷下。本書中云"方斯引分以投閑，未敢修書而見意"，故推知本書約撰於是年（1189）末。

趙郎中

趙郎中，名字不詳，紹興宰相趙鼎之後。

朱熹《答趙郎中》：

熹伏蒙垂喻先正忠簡公行狀，不勝恐悚。此事初以令兄提舉郎中見囑之勤，不合容易承當。既而精力日衰，失前忘後，記事作文，比之昔日倍覺費力。況此事體之大，不唯先丞相一身之德業難遽形容，而事關國論，將來史官所據以垂萬世者將在於此，自度恐終不足以辦此。今陳丈君舉郎中精敏該洽，詞筆高妙，皆熹所不能望其萬一者,若舉而屬之,公論無不以爲宜者,而熹託契門下既久且厚,固無形迹之嫌也。專此布懇,伏幸深察。《晦庵文集》卷六四。

案:忠簡,趙鼎之諡。《朱子語類》卷一三一載朱熹答門人問曰:"問:'趙忠簡行狀,他家子弟欲屬筆於先生,先生不許,莫不以爲疑,不知先生之意安在?'曰:'這般文字利害,若有不實,朝廷或來取索,則爲不便。如某向來《張魏公行狀》,亦只憑敬夫寫來事實做將去,後見《光堯實録》,其中煞有不相應處。故於這般文字,不敢輕易下筆。……'"本書"熹伏蒙垂喻先正忠簡公行狀,不勝恐悚。……況此事體之大,不唯先丞相一身之德業難遽形容,而事關國論,將來史官所據以垂萬世者將在於此,自度恐終不足以辦此"云云,即指此事。朱熹紹熙五年入臨安任職,十月十四日差兼實録院同修撰;閏十月十一日,入史院供職;二十一日改除宮觀。是時陳傅良(字君舉)亦爲史官。《年譜長編》卷下。《建炎以來朝野雜記》甲集卷一〇《史館專官》載:"淳熙末,修《高宗實録》,但以他官兼之。至紹熙末年,而功未及半。陳君舉直學士院,建請以右文殿、秘閣二修撰并舊史館校勘三等爲史官,……庶幾有專官之效,無冷局之嫌。然亦不克行。明年但增檢官三員,而限一年畢。其後又七年,而《高録》始成。"故本書中云及"今陳丈君舉郎中精敏該洽,詞筆高妙,皆熹所不能望其萬一者,若舉而屬之,公論無不以爲宜者"。則推知朱熹"見《光堯實録》"當在其兼實録院同修撰時,而本書約撰於紹熙五年(1194)冬間。

趙民表

趙民表,名里不詳。

朱熹《答趙民表》:

古人之學,以致知爲先,而致知之方,在乎格物。所謂格物云者,河南夫子所謂"或讀書講明義理,或尚論古人別其是非,或應接事物而處其當否,皆格物之事也"。格物知至,則行無不力,而遇事不患其無立矣。然欲從事於此,要須屛遠外好,使力專而不分,則庶乎其進之易耳。《晦庵文集》卷六四。

案:本書撰時未詳。《書信編年》疑其撰於紹熙四年(癸丑,1193)以後。待考。

趙汝愚

趙汝愚(1140—1196),字子直,饒州餘干縣(今屬江西)人。太宗子漢王元佐七世孫。擢進士第一,累遷祕書少監,兼權給事中,權吏部侍郎兼太子右庶子,以集英殿修撰帥福建,進直學士、制置四川兼知成都府。光宗立,改知太平州,進敷文閣學士、知福州。紹熙二年(1191),召爲吏部尚書。四年,除同知樞密院事,遷知樞密院事。寧宗立,拜右丞相,罷,以觀文殿學士知福州,隨以大學士提舉洞霄宮。責寧遠軍節度副使,永州安置,慶元二年正月行至衡州而卒。《宋史》卷三九二有傳。

朱熹《與趙帥書》:

前書所稟,懷有不能自已者。既而思之,言語過當,深以自咎,然有以知高明之必見容也。賣鹽之事誠亦非便,蓋下四州民間納產鹽錢,州縣自合給鹽償之。今既例不給鹽,而帥司復行榷賣,議者之言亦未爲不當。但相承已久,調度所資,有不獲已者。向時汪丈入閩,正值沈漕罷去、王與道住賣之後,亦深以此爲疑。後不得已,竟復榷之,想亦是別無擘畫處也。不知使司今欲作如何相度?愚意此事今且如此暗行貨賣,姑爲不得已之計,則他日或有能弛之者。若遂相度奏請,明降指揮,則是福州民間增此一項無名之賦,自我而始。況泉、漳、興化事體一同,勢必援例公行,則其爲害又不但福州而已。此事更乞深思,少遲緩之,不須催促漕司相度,或只作手劄密奏,上意未必不以爲然。更以書白廟堂諸公,亦當曉然見此利害也。不審台意以爲如何?

祠請未遂，不知再入文字否？似聞論鹽事者頗及浚湖之役，不知是否？前日林子方因治建昌士人無禮教官事，幾爲要路所擠。今日風俗大抵不甚睹是，令人憤懑。伏想高懷於此必有處也。《晦庵文集》卷二七。

　　案：書中有言"祠請未遂，不知再入文字否"，《年譜長編》卷上，朱熹於淳熙九年十二月再辭江東提刑，並請祠；十年正月差主管台州崇道觀。據《淳熙三山志》卷二二，趙汝愚於淳熙九年七月以集英殿修撰知福州，十二年十二月移四川制置使。故推知本書約撰於九年（1182）冬。

朱熹《與趙帥書子直》：

　　竊見使司行下委兩鄰附籍事，官司嘗已施行。但此事初議只委鄉官勸諭人戶自來附籍，蓋不欲使吏與其間，恐有煩擾。雖有不願請米者，亦不之彊，但欲請米者，非已附籍不給，即其人利害切己，附與不附皆須自任其責。行之既久，人漸相信。今忽有此指揮，即自此之後，生子得米之人可以安坐不問，而歸其責於鄰人，鄰人不得米者，顧乃代之任責，而又無罪賞以督其後。又況一甲之內，除懷孕家外，尚有四家，今却只取兩家爲鄰。若在街市人家齊整去處，猶可責之兩畔切鄰，不容推託。若在鄉村人煙星散去處，即或前或後，或左或右、或疏或密，必是互相推託，不肯爲任此責。其生子得米之人既不干預，却使無利害之人任無罪賞之事。而四家之中，又無正定主名，萬一無人及時申附，直至生子之後，其家或欲殺棄，即通同蓋庇，不復申舉。或欲請米，即須論訴鄰人，以爲不申附之罪。鄉官既難受理根究，其勢必煩有司追證搔擾，其害不細。不知及今尚可回否？

若得且令鄉官依舊勸諭人户自行附籍，而委措置官考察附籍者之殿最，取其尤怠慢者申縣改差而稍加沮辱，以警其餘，亦足以革舊弊、廣恩意。如其不然，即須嚴立罪賞，而使甲内四家同任其責。如有懷孕五月之家，即四鄰先取本家申乞附籍文狀，仍說願與不願請米，四鄰連名簽押。狀内公共指定，專委兩鄰某人某人傳送，取附籍鄉官批回付本家收照。候生子訖，再取四鄰保明，繳連元批，赴收支鄉官請米。其不願請米人，亦須四隣具狀，繳連元批，保明不曾殺棄，關報注籍。如此乃可關防推託遺滯、詞訴搔擾之弊。然既如此，即事體規模頓異前日，而將來亦恐終不免於煩擾。更乞詳酌其宜，計其利害之實而行之也。

大抵此事從初商量，非不知如此措置決是不能周徧，然所恃者既無煩擾之弊，而勸諭恩意有以感動之，則賑給之惠雖不能周，而陰受生活之賜者，自將不勝其衆耳。若以此爲不廣，而欲其速得周徧，則決非勸諭之所可及，勢須一切以文法禁令驅迫，然後可成。如此非不美觀，然恐官司徒有文移而無事實，民間徒被搔擾而無恩惠，非前日所爲思慮措畫之本意也。不審高明以爲如何？熹上覆。

近日倉司所行全是文具，委官散牓，編排甲户，置立粉壁，處處紛然，而實無一文一粒及於生子之家。愚意此可以爲戒，而不可學也。《晦庵文集》卷二七。

案：本書校記云：題下，"《正訛》據徐樹銘新本補'癸卯'二字"。癸卯，即淳熙十年。本書中首云"竊見使司行下委兩鄰附籍事，官司嘗已施行"，故推知本書約撰於十年(1183)初。

朱熹《與趙帥書》：

適聞崇安宰丞同到精舍，云被使檄有所營造，不知果然否？此是私家齋舍，不當恩煩官司。不唯在熹私義有所不安，加以蹤迹孤危，動輒得謗，今更坐役官司起造屋宇，此正是好題目，彼等所日夜窺伺而不可得者。侍郎見念之悉，豈當以此禍餉之乎？春間在彼，亦有朋友數人欲爲營葺，已定要束矣。尋聞去歲有人僞印圖牓，列熹及劉平父名銜，勸緣題疏，有一後生親見印本。因思如此乃是爲實前謗，遂報諸人罷其所謀。況今乃煩官司，豈得爲穩便乎？向嘗蒙喻，蓋已有此意。其時亦嘗具禀，委之官司，恐不穩便，但未嘗究其説耳。官司爲之，於義既不可，於事亦不便。蓋其一則必有搔擾，其二則不能如法。萬一爲之，自此熹更不敢入精舍矣。聞之憂恐，急作此附遞拜懇，乞且行下罷役。若台意必欲不虛前諾，徐別圖之，亦未晚也。《晦庵文集》卷二七。

　　案：朱熹《武夷精舍雜詠并序》云武夷精舍"經始於淳熙癸卯之春，其夏四月既望堂成，而始来居之"。《晦庵文集》卷九。本書有云"春間在彼，亦有朋友數人欲爲營葺，已定要束矣"，而朱熹於三月間抵武夷，留止旬餘日，作《行視武夷精舍作》詩。《晦庵文集》卷九。故推知本書撰於淳熙十年（癸卯）夏初。

朱熹《與趙帥書》：

　　熹竊聞究心荒政，以爲來歲之備者甚至，甚善甚善。但上流糴米之數似亦太多，蓋雖未即津發，然收之官，民間便闕此數。又且處處置場收糴，冬間米價便須增長，來春糴貴亡疑。今業已施行，不敢便乞住罷，若但得少損其數，亦不爲無補也。又聞浙米來者頗多，市價頓減，邦人甚喜，而識遠者慮其將不復來，此一道安危之大機也。謂宜多方招致，稍增市價，官爲收糴，以勸來者。比之溪船海道官自搬運，縻費損失，所爭決不至多。此等事一是要早商量，二是要審計度，三是斷置果決，不可因循。去冬見議開湖事，熹謂須先計所廢田若干，所溉田若干，所用工料若干，灼見利多害少，然後爲之。後來但見匆匆興役，至今議者猶以費多利少爲疑。浮説萬端，雖不足聽，然恐亦初計之未審也。大抵集衆思者易爲力，專己智者難爲功。此等事但呼官吏之可與謀者條畫而算計之，其贏縮利害可以一日而決，不必閉閤深念，徒弊精神，而又未必盡乎利病之實也。庸闇疏闊，智不謀身，而過計多言，喜與人事，深自覺其可厭，而未能遽已，不審高明以爲如何？狂妄之罪，亦惟并寬之也。

　　官自運米，弊病百端，頃時會稽有一斛而虧兩斗者，不免奏劾坐押使臣。而王仲衡力庇之，反欲捃拾發舉官吏，乃剡縣葉簿，即黃丞之表弟，問之可知也。或謂當募出等商賈，使之抱認津致，雖或優其備費，亦未敵官運折欠之多也。此事前日陳教授歸，嘗囑以稟聞，似亦可采用也。陳雖後生，然甚曉事，聞侍郎遇之頗厚，凡百更垂下問，當有所助。然詢謀貴廣，亦不專在一人。嘗記先儒解《孟子》"訑訑"二字，以爲自足其智、不嗜善言之貌，此言甚有味也。今時士大夫非無愛人憂國之心，但雖賢者，不免有此氣象。所以雖其所知所與可以盡言而無間者，亦未必得竭懷抱，而況於疏遠卑賤之人乎？此可爲長太息也。

　　諸公奏議大體甚正，其間一二篇，如蔡承禧輩議論，無甚可採，不足列於諸老之間。而《獨斷》數篇，恐或飲藥以增病也。溫公兩篇，當爲章惇而發，雖其救時之切，不暇遠謀，然亦終不可以爲後世法也。使紹聖、崇寧之間羣小得此蹤蹟，豈不爲奇貨哉？又聞明道《王霸劄子》中間雖遭擯黜，今雖已復收，然恐其他更有似此若迂而實切、若小而甚大者，須別作一眼目看，不可輕有遺棄，恐後世

有明眼人，冷地看著，有所遺恨，竊笑於今日也。伯恭《文
鑒》所載奏疏甚詳，頃但見其目錄，亦不暇細考，然恐其去
取之間亦須有説。鄙意以爲凡其所載似不可遺，其所不
載乃當增益，此亦條例中之一事也。此事之説甚長，恨去
歲困於人事，不得子細請教耳。《晦庵文集》卷二七。

案：書中云“熹竊聞究心荒政，……但上流糴米
之數似亦太多，……又且處處置場收糴，冬間米價便
須增長，來春糴貴亡疑”，又云“又聞浙米來者頗多，
市價頓減”，然未及朱熹《與林擇之書》中所言“汀寇
甚熾”事。《晦庵文集》卷二七。《與林擇之書》撰於淳
熙十一年（1184）深秋，故推知本書約撰於稍前，即是
年秋收之初。

朱熹《與趙帥書》：

熹衰病之餘，災患踵至，殊不自堪。伏蒙問恤，良以
爲感。又蒙軫其乏絶，割清俸以周之，仰認眷存，尤切愧
荷。但窮巷書生，蔬食菜羹自其常分，不知後生輩以爲創
見，便爾傳説，致誤台慈以爲深憂，亟加救接，至於如此。
在熹之義，豈當復有辭避？實以近日偶復粗可支吾，未敢
虛辱厚意，謹已復授來使，且以歸納。萬一他日窘急有甚
於今，當別禀請，以卒承嘉惠也。人參、附子則已敬拜
賜矣。

但少有鄙懷，冒浼台聽：不審高明以近日所處劉家

典庫事爲如何？若熹鄙見，則竊以爲甚不類門下平日之
舉措也。鄉里自此旬月以來，閭巷聚談，有識竊歎，下至
三尺童子，亦皆憤然有不平之氣。熹恐門下於此偶未之
思也。行迷雖遠，尚及改圖，以全素節，以息流議，不審門
下亦有意乎？如其不然，則天下之士將有以夷虜之道疑
於門下而不入其鄉者矣。此熹之所大恐，蓋不特爲劉氏
遊説也。久辱知遇，不敢不盡所懷。雖被譴絕，所不敢
辭，伏惟有以察之而已。他喻數條，未暇報稟。歲晚，更
乞順時之宜，進德自重。區區不勝祈望之切，并幾台照。
《晦庵文集》卷二七。

　　案：書中云及"歲晚"，而趙汝愚淳熙十二年十
二月移四川制置使；朱熹淳熙十年十月南下莆田、泉
州訪友，十一月中旬至福州，與趙汝愚遊，十二月中
歸家。《年譜長編》卷上。故推知此"歲晚"當指淳熙十
一年末，本書撰於此時。書中所云"劉家典庫事"
未詳。

朱熹《答趙帥論舉子倉事庚戌》：

　　次月初十日請米不得折支價錢。

　　元立約束，逐月三次支米，使生子之家，不過一旬，便
得接濟，極爲利便。但支米官獨員自支，或不得人，則徇
私作過，無所不有。至有將私家所收輕禾泛穀重行估折
者，亦有將所支官米準還本家私債者。似此之弊，不一而

足，不但折支價錢而已。故中間甚不得已，而改爲三月一支之法，雖期日稍遠，然却得關會諸都附籍鄉官同在一處，不容大段作弊。鄉人雖是得米稍遲，却無邀阻乞覓之患，亦頗安之。今欲一月一支，誠爲中制。然若不關集諸附籍官，則獨支之弊，復如前日。若欲盡行關集，則一月一來，其稍遠者不無厭倦。支米官又利其不來，決不便行申舉，因循視傚，必致無肯來者，而獨支之弊又如故矣。反復思之，只有一説，雖或未能盡革舊弊，然亦勝於不行。欲乞更於所示事目本文“次月初十日請米一石”之下注云：“仍舊關集諸附籍鄉官，各將本籍前來參驗，方得支給。”注止此。仍於後項立法支米，以恤其私。見第三項。則或可以責其必來，而免致復有獨支之弊。如其不然，雖欲多設關防，曲行小惠，徒爲文具，終有損而無益也。

佃户人户欠米未有約束。

舉子根本，全仰諸莊佃户送納租課、諸都人户回納息米。今佃户多是豪猾士人、仕宦子弟，力能把持公私，往往拖延不納，至有及來年夏秋而無敢催督之者。請米人户間有形勢之家，詭名冒請，一家至有百十石。鄉官明知其然，而牽於人情，不能峻拒，亦有慕其權勢而因以爲納交求媚之計者，亦有畏其把持嘲誚而姑爲避禍苟免之計者。及至冬月回納之時，又皆公然拖欠，鄉官無如之何，縣官亦復畏憚，不肯留意催促，遂有經隔年歲終不送納者。麻沙常平社倉曾被一新登第人詭名借去一百餘石，次年適值大赦,遂計會倉司人吏直行蠲放。緣此鄉俗視傚,全無忌憚,視此官米便同己物,歲久月深,其弊愈甚。若不早加覺察,將欠多人追赴使司,勘斷監納,佃户即令召人剗佃,則數年之後,根本蠥拔,鄉官徒守空倉,舉子之家無復得米之望矣。

諸縣措置官下書手月支米五斗。

如此,則措置官似亦當有月給。兼第一項所陳利害,欲乞并就此條立法。若云諸縣措置官月支供給錢若干,折米若干。逐官下置書手一名,月支米五斗,支米附籍鄉官逐月每人支米若干,以充茶湯飲食童僕往來之費。此數未敢擬定,更乞詳酌,稍優爲善。 《晦庵文集》卷二八。

案:題下注“庚戌”,乃紹熙元年。據《淳熙三山志》卷二二,是年十一月趙汝愚再知福州,次年十月被召。故推知本書約撰於元年(1190)季冬。

朱熹《與趙帥書辛亥二月》:

雷雪之變,誠可憂懼,而寒雨連月,陰盛陽微,天雖不言,意極彰著,此亦可深慮者。但求言之路未廣,不知果有切至之論可以感寤聖心、解謝天意者否? 侍郎身雖在外,然以宗屬之親、侍臣之重,而平日愛君憂國之心,與今之從政者不可同日而議。適此幾會,似亦不容默默以自同於衆人也。不審囊封入告,當復以何爲先? 區區願竊聞之,以寬黎緯之憂,因來密喻,千萬幸甚。

　　近聞有旨招填諸州禁軍、寄募沿江戍卒，兩事並行，似難辦集。且今日州郡禁軍，緩急何足恃賴？正當別作措置，以漸消除，而悉收江上諸軍子弟刺填本軍，以時練習，却令分下諸州就糧，以省餽運、防緩急，歲時更代，却還本軍，則其事藝自然不敢退墮，而州兵之未消者，亦得以激厲增進，乃爲長久之計。今不慮此，反令州郡泛行招刺，若守將不得其人，則適足以資其賣鬻之姦，而空耗衣糧，重傷民力，又未論也。至於寄招之令，則棄子弟素習之技，而取浮浪無能之人，尤爲非計。似聞軍中向來以不堪用，嘗奏罷之。數年之間，州郡得以少息勞費。不知今日有何急切，而忽取此已棄之繆策而復行也？往在南康日，見隆興所發之人，全船遁去，并與部轄掌事者，皆不復還，移文鄰郡，搜捕甚急。此等之人，設使到得軍中，亦豈復堪倚仗也？竊謂此二事者，在帥司亦合申請，更以書曉諸公，必不得已，且罷寄招，而稍遞增禁軍本等及大等第，斗力必使及格，方許收刺。仍於逐年奏帳本名之下，各注斗力，不測點名抽喚，令赴帥司按拍，則猶庶幾其或可用也。此間子弟投募者衆，因限以必及次高彊斗力乃收，而來者亦不少，此亦已試之驗也。《晦庵文集》卷二八。

　　案：本書撰於紹熙二年（辛亥，1191）二月中。

朱熹《與趙帥書 辛亥三月二十三日》：

　　熹竊見元降指揮，將海船作三番拘集，聽候募發，後來節次有旨,許令當番船户只在本州界内逐便漁業,此見朝廷燭見幽遠、務從寬恤之意。然去年三月八日方降指揮,本州四月八日方始被受,則船户拘集已久,不無廢業。官吏恬不省察,恣行邀索,直至命下,尚且拘留。適熹到官之初,究治姦弊,方得放散。以此之故,船户畏憚,不肯如期到岸聽候點檢。欲望使司特賜申明,乞降指揮,今後當番船隻追集到岸,日下差官點視,即時逐旋放散,令於本州界内漁業,委自守臣專切掛意,不得拘留。向後年分,並依此施行,更不候別降指揮,實爲利便。恐或未欲如此施行,即且乞逐年初冬便與預先行下,使船户知得到州點視,便得放散,自然樂於聽命,不致誤事。《晦庵文集》卷二八。

案:本書撰於紹熙二年三月二十三日。

朱熹《與趙子直書》:

若怕人都來赴太學試,須思量士人所以都要來做甚麼?《朱子語類》卷一○九。

案:《朱子語類》卷一○九載葉賀孫所記:"或問:'趙子直建議行三舍法,補入縣學;自縣學比試,入於州學;自州學貢至行在補試,方入太學。如何?'曰:'這是顯然不可行底事。某嘗作書與説,他自謂行之有次第,這下梢須大乖。今只州縣學裏小小補試,動不動便只是請囑之私。若更把這箇爲補試之地,下梢須至於興大獄。子直這般所在,都不詢訪前輩。……今欲行三舍之法,亦本無他説,只爲所取待補多滅裂,真正老成士人,多不得太學就試,太學緣此多不得人。然初間所以立待補之意,只爲四方士人都來就試,行在壅隘,故爲此法。然又須思量,所以致得四方士人苦死都要來赴太學試,爲甚麼?這是箇弊端,須從根頭理會去。某與子直書曾云:"若怕人都來赴太學試,須思量士人所以都要來做甚麼?"皆是秀才,皆非有古人教養之實,而仕進之途如此其易。正試既優,又有舍選,恩數厚,較之諸州或五六百人解送一人,何其不平至於此!自是做得病痛如此,不就這處醫治,却只去理會其末。今要好,且明降指揮,自今太學並不許以恩例爲免。若在學人援執舊例,則以自今新補入爲始。他未入者幸得入而已,未暇計此。太學既無非望之恩,又於鄉舉額窄處增之,則人人自安鄉里,何苦都要入太學?不就此整理,更説甚?"據《朱子語類·姓氏》,葉賀孫乃辛亥(紹熙二年)以後所聞。疑趙汝愚"建議行三舍法"在知福州時。故係本書於紹熙二年中。

朱熹《與趙帥書》:

熹適間道左拜違,不勝悃悃移刻。伏惟台候動止萬福。所需文字,適方檢得,謹以内呈。復有少稟,乃適間所忘記者：

熹辭免文字，度今已到久矣。台斾到闕日，若已得請，則無他禱；萬一未遂，則望特爲一言及此私計未便之實，使早得從鄙願，千萬之幸。

經界一事，將來本欲説破，以昨夕見教之勤，且復隱忍。但此事不可不使彼知之，亦幸爲詳言之，則熹雖不言，而義亦伸矣。蓋此一事，貧民以爲利，而并兼豪奪之徒以爲不便，其理甚明。故當時臣僚建請，而朝廷行下諸司，諸司行下諸郡，泉、汀之言雖有異同，而諸司察其無理，幸以熹言爲是，反復論難，蓋千百言，以聞於朝，則其慮之已不爲不審矣。今雖有此一人之訴，朝廷亦合審其虛實，押下諸司，再令審覈，則其教誘資給誣罔之罪，必將可得。如其不然，諸司中必有觀望風旨，自爲前却者，此謗猶有所分，不專在於朝廷也。今所施行，乃匆匆如此，是朝廷不以臣僚之言爲可信，又不以熹之言爲可信，又不以諸司之言爲可從，而偏聽此人之説與其教誘資給者之説也。

丞相相知甚深，薦引存問不爲不厚，熹雖知不足以堪此，然平時狂妄，所以傾倒不敢自他者，亦不爲不至。故前日之辭免，不敢決然爲不出之計，而於馬貳卿書復露異時乞郡之請，此意亦可見矣。今以此事觀之，乃知丞相所以見遇者，乃在漳州進士吳禹圭及諸教誘資給者之下，今雖無恥，其敢冒此而進哉？

熹伉拙奇蹇，一出而遭唐仲友，再出而遭林黄中，今
又遭此吴禹圭矣，豈非天哉！天實爲之，豈敢尤人！然復
云云如此者，猶感丞相相知之意，而懼其以此待天下之士
也。幸侍郎一爲誦之，千萬至望。《晦庵文集》卷二八。

案：據《年譜長編》卷下，朱熹於紹熙二年九月
除荆湖南路轉運副使，十月辭；又趙汝愚於九月召除
吏部尚書，十月啓程，經建陽與朱熹相見。本書云及
"熹適間道左拜違，不勝惘惘移刻。……復有少稟，
乃適間所忘記者"，故推知其撰於稍後，約在十月末。

朱熹《與趙尚書書》：

竊以仲春之月，氣候暄和，伏惟某官茂對明恩，神人
協相，台候起居萬福。兹者竊聞榮被追詔，入長天官，夫
以尚書望實之隆，宜在廟堂參斷國論之日久矣。去歲入
朝，登用在即，而抗論極言，不以利害之私少有回屈，士論
益以歸重，而深恨其不少留也。乃今幸甚，天啓聖心，召
還故官，是蓋將授以政無可疑者。有識傳聞，交相慶賀，
蓋不獨爲門下之私喜也。

然今日之事，蓋有甚難於爲力者，不審明公何以處
之？竊計雅懷於其大者素有定論，不待愚者之言矣。惟
其小者之一二，區區鄙懷，竊有所疑於平日，輒忘僭易而
一言之，惟高明之垂聽焉：

蓋天下之事，決非一人之聰明才力所能獨運，是以古

之君子雖其德業智謀足以有爲，而未嘗不博求人才，以自裨益。方其未用，而收寘門墻，勸獎成就，已不勝其衆，是以至於當用之日，推挽成就，布之列位，而無事之不成也。今夫明公之立朝不爲不久，而未聞天下有卓然可用之才出於門墻之下。自頃出臨藩服，而熹始得觀於進退官屬之際，則見明公之所與者，率多碌碌凡庸，睢盱偵伺以希寸進之流，未有以職修事舉，爲衆所稱，以爲當舉而得之者也，而況於其學行醞畜真有以大過於人者乎？今者進位於輔相之列，則所資於天下之才者益衆，而所進退於天下之才者益重。若但以前日進退官屬之尺度取之，則熹恐天下之士所以望於明公者有未厭也。時事如此之難，明公之任如此之重，而所以求助者如此之狹，熹雖至愚，猶竊爲明公慮之，而辱知有素，不敢不及此而一言也。伏惟寬宏，恕其狂易，試加察焉。蓋不惟明公所自舉，而凡所爲屬之同列，以妨賢者之路，若宜皆在詘指之中，則熹之虛實可覩矣。

　　來使還自三山，熹前此已屢拜啓，薄宂，姑此少伸賀禮，而亦不敢爲無益之空言也。末由趨拜履舄，伏乞以時爲國自重。《晦庵文集》卷二九。

　　　案：趙汝愚於紹熙二年十月自知福州召除吏部尚書，而本書中有"竊以仲春之月，氣候暄和，……茲者竊聞榮被追詔，入長天官，夫以尚書望實之隆"云云，故推知其撰於三年（1192）二月中。

朱熹《答趙尚書》：

四月二十六日，熹扣首再拜上覆吏部尚書台座：熹久病，不得拜書，第切馳仰。即日淫雨寒涼，伏惟論思多暇，神人交相，台候起居萬福。竊聞清蹕已御外朝，尚書首奉延訪，忠言至論，聳動上心，有識傳聞，無不感歎。但以疇昔所嘗商較者揆之，似已太勁切矣。豈忠肝義膽得全於天，有不可得而抑者，抑以論議不齊，事功難必，而故出此以趨勇退之塗耶？以出處語默之常理言之，二者誠皆有當，然非海內深思遠識之士所以望於明公者也。顧今指趣已聞，標的已建，而未見幡然聽納之效，不審高明又當何以繼此？此恐更宜廣詢博訪，以善其後，未可以便謂無策而付之不可如何也。朝士下僚中，恐不能無可咨訪者，願自今以來，稍加延納，虛心降意，採其所長，庶乎其有補耳。

東府復留，勢豈能久？意其亦必自知如此，而姑爲偷安引日之計，以媚羣小，冀無後災，此其爲害又將有不可勝言者。尚書與之情義不薄，曷若勸之乘此必不能久之勢，力言於上，極陳安危治亂之機，大明忠邪枉直之辨，以爲國家久遠之計。其濟則宗社之靈，生民之幸，不濟則與其抑首下心，前迫後畏，以保此須臾之光景、纖芥之榮祿，而不能自拔於小人之羣，以誤國家，以此易彼，豈不浩然而無愧悔於心哉？但其人自無遠識，親狎庸佞，全身保妻子之慮深，而憂國愛民之念淺，恐未必能聽此大度之言

耳。但尚書既與之厚，而不乘此機發此策，則於吾之心有
不盡者。嘗試一言之，政使未必能用，亦未至於有害，又
與建白於朝事體不同也。不審高明以爲如何？

　　劉德脩忽自蜀中寄一書來，慷慨振厲，略不少衰，眞
奇士也。觀其書意，似亦甚悔前日欠人商量，失却事機，
此眞可太息爾。然事變無窮，又安知後之視今，不猶今之
視昔；人之視己，不猶己之視人耶？士居平世，處下位，視
天下之事意若無足爲者，及居大位，遭事會，便覺無下手
處。信乎義理之難窮，而學問之不可已也。病中信手亂
抽，得《通鑑》一兩卷看，正值難處置處，不覺骨寒毛聳，心
膽墮地，向來只作文字看過，却全不自覺，眞是枉讀了他
古人書也。

　　熹一春病脚，至今未能出入，醫藥雜進，灸灼滿身，殊
未見效。只今兩脛細弱，飲食減少，自度非能久於世者。
所幸小屋略就，且夕可以定居，便與世相忘矣。向來小
報，幸是誤傳，不然又費分疏，愈增罪累耳。

　　閩中自得林、辛，一路已甚幸。若象先來，更能爲
上四州整頓得財賦源流，即更爲久遠之惠。但恐其意
只如所謂去泰甚者，則又失望耳。近日此等議論眞全
軀保位之良藥，而病國殄民之烏喙也。無由瞻晤，寫
此紆鬱，切冀深爲人望，千萬自重。不宣。《晦庵文集》卷
二九。

　　案：本書撰於紹熙三年四月二十六日。

朱熹《與趙尚書論舉子田事》：

熹拜書將遣，而周宰見訪，說及近降指揮，出賣絕戶官田。此間舉子義莊絕院二十五所田，收米四百八十餘石，或云史公所買，而無明文可考。只有淳熙三年陳公政內劄下催督義莊租課，開列二十五院，與今一同。又有八年梁公政內劄下丞廳，亦云拖照淳熙元年買建陽縣絕產田充義莊，即是當時已買分明，今自不合隨例出賣。唯是兩縣絕戶江驥、江大受，作過人程如岡三家田收米七百三十餘石，即係元不曾買，今日難以拘占。然今倉司施行甚峻，縣吏奉承唯謹，固不容辨其當賣與否矣。若不及早整理，則此田日下便爲他人之有，而舉子之政遂成中輟，甚可惜也。欲望詳酌，特爲申明，乘此機會，別降指揮，依贍學田與免出賣，則不唯已買者不爲奪去，而未買者亦可因而撥正，無復動搖。其元降指揮恐隨行無本，今并錄呈。其間所引淳熙三年指揮本路絕產不許出賣通融，以充一路養子之費者，或恐亦可再與拈出。且只免賣上四州絕院，使朝廷易於聽從，而其他未舉行處，亦可漸次接續措置，誠爲永久之利。周宰亦已有書懇丘侍郎言之，但須自尚書發之，彼乃有據而行爾。此事甚急，切幸早賜留念。熹皇恐上覆吏部尚書。

後項所稟，若只云住賣上四州絕院，則又礙江驥、江大受、程如岡田。須云乞將已買及已撥充舉子田免行出賣外，將來上四州軍如有絕產寺院，並免出賣，撥充犒子之費，令安撫司拘收措置。如此則無病矣。《晦庵文集》卷二九。

案：本書約撰於紹熙三年中。《年譜長編》卷下。

朱熹《答趙尚書》：

熹向託廷老面稟一二事，不審台意如何？今日之事，第一且是勸得人主收拾身心，保惜精神，常以天下事爲念，然後可以講磨治道，漸次更張。如其不然，便欲破去因循苟且之弊而奮然有爲，決無此理。既無此理，則莫若且靜以俟之，時進陳善閉邪之説，以冀其一悟。此外庶事，則唯其甚害於君心政體而立致患害者，不得不因事救正。若其它閑慢，非安危存亡所繫者，皆可置而不論，如學校之政是也。

此等事欲大更張，非唯任事者未必肯行，亦恐主議之人未必究知先王學校教育之本意良法，政使行之，未能有益，而反有害。若欲因議而發，且如來教所謂就見行法中略與修整，則熹前書紙尾四五條者最爲穩當，不驚動人耳目，而可以坐消奔馳僞冒請囑之弊。然其行與不行，亦非安危存亡之所繫，議而不行，正亦不必固請也。今所規畫，皆是創立條貫，多所更革，安得謂之就見行法中修整乎？又況教官未必得人，將來姦弊百出，既已慮之，而未知所以爲計，又何必抗言極論，以爭此嘗試疏闊之策，而使旁觀者重有紛更不靜之譏乎？前日山間拜書，不能盡此曲折，深有遺恨。蓋策之未善猶未足言，所深慮者，尚書人望之重，本所拳拳者當爲何事？而今乃切切於此不急之務，以取嫌忌嘲笑於流俗，知時識勢者固如是乎？

然欲爲前所謂時進陳善閉邪之説以冀上心之悟者，又在反之於身，以其所欲陳於上者先責於我，使我之身心安靜、精神專一，然後博延天下之賢人智士，日夕相與切磋琢磨，使於天下之事皆有以洞見其是非得失之正，而深得其所以區處更革之宜。又有以識其先後緩急之序，皆無毫髮之弊，然後并心一力，潛伺默聽，俟其間隙有可爲者，然後徐起而圖之，乃庶幾乎其有益耳。

尚書天資高明，而於當世之務講之熟矣。至於前世名臣議奏，又嘗博觀而精擇之以爲一書，宜其投機合變，慮無遺策。而今者之議，以大言之則不時，以小言之則不巧，不唯熹之至愚以爲未安，而天下有識亦無不竊怪其不當出於明者之口也。抑其言又有大於此者，蓋又皆以爲尚書頗以簡貴自高，憚於降屈，而無好士受言之美也。不識尚書何以得此於梁、楚之間哉？其必有以取之矣。願反諸身而熟察之，有諸己而後可以求諸人，無諸己而後可以非諸人，雖敵己以下猶然，而況於南嚮萬乘之主乎？尚書誠以天下之事爲己任，則當自格君心之非始；欲格君心，則當自身始。蓋非獨熹之所望於下執事者如此，計善類之所望莫不然也。

久欲言之而不得暇，今日偶病怯風，不敢出户，因得

極陳其愚。伏惟恕其狂率，幸甚幸甚。他所欲言，無大此
者，請俟後便。不宣。《晦庵文集》卷二九。

案：書中云"熹向託廷老面稟一二事，不審台意
如何？今日之事，第一且是勸得人主收拾身心，保惜
精神，常以天下事爲念，然後可以講磨治道，漸次更
張"，乃指光宗得心疾，不理朝政，不朝重華宮，朝臣
但知切諫，而朱熹以爲當首正君之心。《年譜長編》卷
下。《宋史·光宗紀》載紹熙三年十一月"丙戌，日南
至，丞相率百官詣重華宮拜表稱賀。兵部尚書羅點、
給事中尤袤、中書舍人黃裳皆上疏請帝朝重華宮。
吏部尚書趙汝愚亦因面對以請，帝開納。辛卯，帝朝
重華宮，皇后繼至，都人大悅。……十二月癸卯，帝
率羣臣上壽皇聖帝玉牒、聖政、會要于重華宮"。故
推知本書約撰於十月或稍晚。

朱熹《與趙丞相書》：

處韓以節鉞，賜第於北關之外，以謝其勤，漸以禮疏
之。《四朝聞見録》丁集《慶元黨》。

案：《四朝聞見録》丁集《慶元黨》云："時忠定方
議召知名之士，海內引領，以觀新政，而事已多出於
韓氏。文公既言於上，又數以手書遣其徒白忠定，欲
'處韓以節鉞，賜第於北關之外，以謝其勤，漸以禮疏
之'。忠定不能用。"《齊東野語》卷三《紹熙內禪》載

韓侂胄"自是出入宮掖,居中用事。……熹與龜年等屢白汝愚曰:'侂胄怨望殊甚,宜以厚賞酬其勞,處以大藩,出之於外,勿使預政,以防後患。'汝愚不納,曰:'彼嘗自言不愛官職,何慮之有!'"朱熹於紹熙五年(1194)十月中任侍講,閏十月下旬罷職離臨安南歸。《年譜長編》卷下。故推知本書當撰於十月、閏十月間。

朱熹《與趙丞相書》:

熹竊以獻歲發春,伏惟丞相國公鈞候起居萬福。熹伏蒙賜教,并示差敕,得備祠官之數,皆出陶鎔,豈不知感?但鐫職之請,未蒙敷奏,特從所請,區區私分,深所未安。復有祈懇,切乞留念。熹今未敢請俸,必以得遂為期,非若異時一再不獲,尚可黽勉冒受也。

奏牘所陳之外,又有一事。蓋向來祧廟之議,上意已自開納,而丞相持之不下,便將太廟毀拆。及臺諫有言,不知只作如何處分,致後省復有云云。據其所言,亦未敢深以熹說為非,但云未見本議,欲乞降出,而丞相又不降出,便從其請。以此而觀,其罪不在樓、陳,而丞相實任之也。夫絀始祖之尊,置之別廟,不使與於合食之列,而又并遷二祖,止祀八世,熹固已議之矣,而亦未敢盡其詞也。今太上聖壽無疆,方享天下之養,而於太廟遽虛一世,略無諱忌,此何禮也?熹本欲於免奏自劾前議不明,致此疏脫，又聞彼中他議方作，不欲以此助其指摘，姑從刊削，然不可不使丞相聞之也。聞今別廟乃是向來二后所祔，不知是否？夫以十世之祖考而下列於孫婦之廢廟，此不論而知其得失也，相公何忍爲之耶？歸來因閱所編《奏議》，乃知平日已不主荆公之論，此乃向來講究未精之失。今乃必遂其非而不肯改，其誤益甚矣。

　　熹愚暗，不見事機，向者誤謂丞相有相知之意，及今而後，知丞相之大不相知，而平日相與之意初不出於誠實也。然則今日不唯得罪於人主，而丞相固亦謂其不堪言語侍從之選矣。但恨日前不合受過恩數，不容一一回納，故且乞收還職名，以贖後咎，若又不蒙白從其請，則熹不得已，將出下策，不復能計世道之消息盛衰矣。

　　然丞相以宗枝入輔王室，而無故輕納鄙人之妄議，毁撤祖宗之廟以快其私，其不祥亦甚矣。欲望神靈降歆，垂休錫羨，以永國祚於無窮，其可得乎？言及於此，令人痛心疾首，不如無生。丞相其亦念之，熹自此不敢復通記府之問矣。周、吳二劄，亦已拜領。皇恐之劇，專此具稟。目盲不辨白黑，不能他及。唯乞以時爲國自重，千萬至懇。《晦庵文集》卷二九。

　　　案：本書乃朱熹罷侍講歸家後辭所授煥章閣待制時作。書中有云"熹竊以獻歲發春"，知在新春正月。又朱熹《乞追還煥章閣待制奏狀二正月十四日》云云，《晦庵文集》卷二三。知本書當撰於慶元元年

(1195)正月十四日前後。

朱熹《別幅錄示所擬奏藁**》：**

向來嘗竊妄論僖祖皇帝實本朝始祖之廟，不合祧遷，
已荷聖明延問嘉納，而竟不蒙廟堂講究施行，遂致太廟并
遷二祖，止祀八世。不唯上簡宗廟，失禮違經，而尤非所
以仰稱陛下孝養壽康、祝延萬壽之意。由臣淺陋不學，言
無足採，致累聖朝貽災後世，自知不堪言語侍從之選，不
免再干旒扆，自劾以聞。《晦庵文集》卷二九。

案：本書乃上寧宗論太廟“不合祧遷”奏狀。上
書（熹竊以獻歲發春）有云“蓋向來祧廟之議，上意已
自開納，而丞相持之不下，便將太廟毀拆。……以此
而觀，其罪不在樓、陳，而丞相實任之也。夫絀始祖
之尊，置之別廟，不使與於合食之列，而又并遷二祖，
止祀八世，熹固已議之矣，而亦未敢盡其詞也。……
熹本欲於免奏自劾前議不明，致此疏脫，又聞彼中他
議方作，不欲以此助其指摘，姑從刊削，然不可不使
丞相聞之也”，其所謂“於免奏自劾”之文，當即本“所
擬奏藁”，可知其與上書發於同時。

趙善傑

趙善傑，邵武（今屬福建）人。趙善佐弟。餘未詳。

趙善傑《與朱元晦書》：

仲兄之志，蓋嘗欲有以自見于當世，今不幸早死，未有以償其平日之願，士友之相知者莫不痛之。其所以告諸幽者，既雖幸有沅州之文矣，而所以表其墓上，使百世之下過者讀之而想見其爲人，則未有託也。仲氏畲從張荊州遊，而晚交于子，子其哀之。《晦庵文集》卷九二《贛州趙使君墓碣銘》。

案：朱熹《贛州趙使君墓碣銘》云“淳熙十二年十一月某日，知贛州軍州事朝請郎趙公某卒于官，明年二月某日歸葬所居邵武軍城西南樵嵐山。其友沅州呂使君勝己實銘其行内壙中，而其弟善傑以書來曰：‘仲兄之志……’”又云“公没三年，太碩人故康寧，而伯氏龍閣公數典巨藩，亦以寬惠見紀，蓋其家法傳有自云”。《晦庵文集》卷九二。故推知本書約撰於淳熙十五年（1188）中。

趙善譽

趙善譽（1143—1189），字静之，一字德廣。太宗之後。乾道五年（1169）試禮部第一，初調昌國簿，授兩浙運幹，改知撫州臨川縣，改常州添差通判，累遷大理丞、湖北常平茶鹽提舉，移潼川路提刑、轉運判官。引年乞祠，歸處一室，以圖書自娛。淳熙十六年卒，年四十七。《宋史》

卷二四七有傳。

朱熹《答趙提舉_{善譽}》:

慕用之久,往歲雖辱寵臨,而佽傯卒迫,不能少款,每以爲恨。近乃竊窺所著《易》《論語》書,又歎其得之之晚而不獲親扣名理也。間因虞君轉請所疑,初未敢以姓名自通,而高明不鄙,遠辱貽書,所以傾倒之意甚厚。三復以還,感慰亡量,不敢無以報也。

蓋道體之大無窮,而於其間文理密察,有不可以毫釐差者。此聖賢之語道,所以既言"發育萬物,峻極于天",以形容其至大,而又必曰"禮儀三百,威儀三千",以該悉其至微;而其指示學者脩德凝道之功,所以既曰"致其廣大",而又必曰"盡其精微"也。近世之言道者則不然,其論大抵樂渾全而忌剖析,喜高妙而略細微。其於所謂廣大者則似之,而於精微有不察,則其所謂廣大者亦未易以議其全體之真也。

今且以經言論之,其所發明固不外乎一理,然其所指則不能無異同之别。而就其所同之中,蓋亦不無賓主、親疏、遠近之差焉。如卦之所以八者,以奇偶之三加而成也。而爻之所以三,則取諸三才之象,而非奇偶所能與,此理之一而所指之不同者也。四象之説,本爲畫卦,則當以康節之説爲主,而七、八、九、六,東、西、南、北,水、火、金、木之類爲客。得其主,則客之親疏、遠近皆即此而可定；不得其主，而曰是皆一說，則我欲同而彼自異，終有不可得而同者矣。此所指之同而不能無賓主之分者也。是皆樂渾全而忌剖析之過也。至於乾、坤之純而不雜者，聖人所以形容天地之德，而爲六十四卦之綱也。乾之純於剛健而不雜，又聖人所以形容天理自然之全體而爲坤之綱也。所以贊其剛健柔順之全德，以明聖人體道之妙、學者入德之方者，亦云備矣，未嘗以其偏而少貶之也。至於諸爻，雖或不免於有戒，然乾九三之危，以其失中也；其得無咎，以其健而健也。坤六五之元吉，以其居尊而能下也；上六之龍戰，以其太盛而亢陽也。是豈惡乾之剛而欲其柔、惡坤之柔而欲其剛哉？今未察乎其精微之蘊，而遽指其偏以爲當戒，意若有所未足於乾、坤而陋小之者，是不亦喜高妙而略細微之過乎？至於用九、用六，乃爲戒其剛柔之偏者。然亦因其陰變爲陽、陽變爲陰之象而有此戒，如歐陽子之云者，非聖人創意立説而强爲之也。

　　大抵《易》之書本爲卜筮而作，故其詞必根於象數，而非聖人己意之所爲。其所勸戒，亦以施諸筮得此卦此爻之人，而非反以戒夫卦爻者。近世言《易》者殊不知此，所以其説雖有義理而無情意，雖大儒先生有所不免。比因玩索，偶幸及此，私竊自慶，以爲天啓其衷。而以語人，人亦未見有深曉者，不知高明以爲如何？舊亦草筆其説，今謾錄二卦上呈，其他文義未瑩者多，未能卒業，姑以俟後世之子雲耳。近又嘗編一小書，略論象數梗槩，并以爲獻。妄竊自謂學《易》而有意於象數之説者，於此不可不知，外此則不必知也。心之精微，言不能盡。臨風引領，馳想增劇。《晦庵文集》卷三八。

案：據樓鑰《朝奉郎主管雲臺觀趙公墓誌銘》，趙善譽於淳熙十一年六月除提舉荆湖北路常平茶鹽，十三年除潼川府路提點刑獄，"纔三閱朔，漕使闕，上稱公儒者，可使治財，就除轉運判官"。《攻媿集》卷一○二。又書中所言"略論象數梗槩"之"小書"，即指《易學啓蒙》。朱熹《易學啓蒙序》撰於淳熙丙午暮春既望。《晦庵文集》卷七六。故推知本書約撰於淳熙十三年（丙午，1186）中。

又，《朱子語類》卷六九云："剛健中正，爲其嫌於不中正，所以説箇中正，陽剛自是全體，豈得不中正？這箇因近日趙善譽者著一件物事，説道只乾、坤二卦更偏了，乾只是剛底一邊，坤只是柔底一邊。某説與他道：聖人做一部《易》，如何却將兩箇偏底物事放在劈頭？如何不討箇混淪底放在那裏？注中便是破他説。"

朱熹《答趙都運善譽》：

向來所呈《啓蒙》，不審已蒙過目否？近覺得有説未透處，頗加改定，且夕修成，別寄上也。《晦庵文集》續集卷五。

案：上書（慕用之久）云及“近又嘗編一小書，略
論象數梗槩，并以爲獻”，而本書有云“向來所呈《啓
蒙》，不審已蒙過目否”，知承上書。又題稱“趙都
運”，故推知本書約撰於淳熙十三年末。

朱熹《答趙提舉》：

《易》學未蒙指教，乃有“簡易”之褒，令人踧踖。其書
草略，何足以當此？然此二字在易數中真不可易之妙。
近世説《易》者愈多，而此理愈晦，非見之明，孰能以一言
盡之哉？歎伏亡已。近嘗略修數處，尋別寄呈。但《圖》、
《書》錯綜縱橫，無不脗合，終有不可得而盡者。信乎天地
之文非人之私智所能及也。《晦庵文集》卷三八。

案：上書（向來所呈《啓蒙》）有“近覺得有説未
透處，頗加改定，旦夕修成，別寄上也”，而本書中云
“《易學》未蒙指教，乃有‘簡易’之褒”，又云“近嘗略
修數處，尋別寄呈”，當是趙善譽得閲朱熹所寄《易學
啓蒙》一書後，復書譽之，而朱熹乃爲本書答之，故推
知本書稍後於上書，當在淳熙十四年（1187）初或
稍後。

朱熹《答趙都運》：

理財之説，尤切時病。今之所謂理財者，豈復有義？
正是豪奪耳。聞蜀中亦苦賦重民貧，不審何術以惠綏之？

《晦庵文集》續集卷五。

案：書中云及“聞蜀中亦苦賦重民貧，不審何術以惠綏之”，當指趙善譽任移潼川路提刑、轉運判官時事，推知約撰於淳熙十四年間或稍後。

趙善佐

趙善佐（1134—1185），字佐卿，邵武（今屬福建）人。以宗室子試有司，連中其科。初補承節郎，改授左承務郎、知南劍州將樂縣丞，簽書武安軍判官廳公事，差通判鎮江府，未赴，改知泰州，徙知常德府，以家難不行。起知贛州，淳熙十二年十一月卒，年五十二。《晦庵文集》卷九二《贛州趙使君墓碣銘》。

朱熹《答趙佐卿》：

所示《易》說，足見玩意之深，不勝歎服。此經舊亦嘗伏讀，然每病其未有入處，乃承見喻，使反復其論，蓋久不知其所以對也。顧厚意不可以終辭，姑以己意略疏其後，未知當否，惟高明裁之，復有以誨警之，則幸甚。大抵聖經，惟《論》、《孟》文詞平易而切於日用，讀之疑少而益多，若《易》、《春秋》則尤爲隱奧而難知者，是以平日畏之而不敢輕讀也。《晦庵文集》卷四三。

案：朱熹《贛州趙使君墓碣銘》云善佐“在長沙

從張敬夫遊,受其學以歸。其後待次,遭憂閒居,累年尋繹舊聞,講習不倦,而尤究心于《易》。築室所居之南,朝夕讀書其間,疏泉種樹,有以自樂"。《晦庵文集》卷九二。據朱熹《武經大夫趙公墓誌銘》,趙善佐父趙基卒於淳熙六年七月,時善佐官朝散郎、知常德府。《晦庵文集》卷九一。疑趙善佐於居憂時致書朱熹問《易》,朱熹作本書答之,推知約在淳熙六年(1179)或稍後。

趙善佐《與朱元晦書》:

曩所聞者,至是訪之,皆如言,既一二罷行之矣。顧所以病吾民者猶不止于是也,如某事,如某事,吾代而歸,將以告于上而革之,則一方永久之利也。《晦庵文集》卷九二《贛州趙使君墓碣銘》。

案:朱熹《贛州趙使君墓碣銘》云"蓋始佐卿赴鎮時,嘗以書來問政所宜先,予以所聞告之。佐卿至官未幾,往來者稱其政不容口。久之,乃來告曰:'曩所聞者⋯⋯'予聞之喜甚,蓋不獨為佐卿喜,又為贛人喜也。然未久而聞佐卿之訃,則又為之悲嘆出涕而不能已。⋯⋯其與予書諭贛州事者又逸不存,而不得附見以俟後之君子"。《晦庵文集》卷九二。知善佐赴知贛州任之初曾致書朱熹"問政",然其書以及朱熹之答書皆佚不傳。又據"然未久而聞佐卿之訃”，則推知本書約撰於淳熙十二年（1185）秋間。

趙師葳

趙師葳，字詠道，居黄巖（今屬浙江）。宗室。趙師雍弟。登開禧元年（1205）進士第。《赤城志》卷三四。

朱熹《答趙詠道》：

熹求道不力，衰晚無聞，辱問之勤，不知所以爲報。然少嘗聞之，天下有正理，唯博學審問、謹思明辨，不先自主於一偏之説，而虛心以察衆理之是非，乃可以自得於一定之説而無疑。若得一先入之言而媛媛姝姝，自以爲足，便謂天下之美無易於此，則不唯不足以得天下之正理，亦歸於陋而已矣。胡子曰：“學欲博、不欲雜，欲約、不欲陋。”此天下之至言也，願明者以是思之。若曰佛、老之説衆人亦知其非，豈以彼之明智而肯取以爲用？此殆侏儒觀優之論。今固未論有見於吾道者之如何，但讀近葳所謂佛者之言，則知其源委之所在矣。此事可笑，非面見極談，不能盡其底裏。然爲學之初，便欲窮其説之是非而去取之，則又恐緑衣黄裏之轉而爲裳也。如涉大水，渺無津涯，要當常以聖賢之言爲標準，則不至於陷矣。令弟致道在此，相聚數月，雖未能悉力鋭進，亦似頗識爲學之門户經由，必能具道此間曲折。凡此所未及言者，可問而知，不暇盡布也。《晦庵文集》卷五九。

案：書中云“令弟致道在此，相聚數月”，致道爲趙師夏字，乃趙師淵（字幾道）弟，趙師蔵從弟。《朱子門人》。朱熹《答呂子約十一月二十七日》有言“幾道且得改秩，亦是一事。其弟在此亦佳”，《晦庵文集》卷四八。二書撰時相近。《答呂子約》撰於紹熙三年（1192）十一月二十七日。

趙師憲

趙師憲，字學古。宗室。朱熹門人。紹熙間，知宜春縣事。“勤撫字，慎催科，恤貧病，輟俸爲賓客之資。卒於官，貧無以斂”。《江西通志》卷六〇。陳傳良紹熙五年閏十月二十一日《應詔薦宗室趙師憲趙師淵狀》稱“宣教郎、新知袁州宜春縣事趙師憲……行誼修飾，趣操廉靜，可以仰備選擇”。《止齋先生文集》卷二七。

朱熹《答□學古》：

聞郡中此來紛紜殊甚，繆政致此，夫復何言？但累及諸賢，例爲羣小所辱，令人不平耳。新史君到，事當自定，但不知龍溪事竟如何耳？少懇，有紙萬張，欲印《經》、《子》及《近思》、《小學》、《二儀》，然比板樣，爲《經》、《子》則不足，爲《四書》則有餘。意欲先取印《經》、《子》分數，以其幅之太半印之，而以其餘少半者印它書，似亦差便。但紙尚有四千未到，今先發六千幅，便煩一面印造，仍點對，勿令脱版乃佳。餘者亦不過三五日可遣也。工墨之費，有諸卒借請，已懇高丈送左右，可就支給，仍別借兩人送至此爲幸。借請餘錢却還，盡數爲買吉貝，并附來，然須得一的當人乃佳，不然又作周昇矣。昨亦已懇高丈爲根究此人，不知如何？庫中墨刻亦各煩支錢買紙，打十數本。内《獻壽儀》及《永城學記》多得數本不妨，《獻壽儀》要者更多也。恐印不辦，即續發來不妨。但吉貝早得禦冬爲幸耳。

所印書但以萬幅之太半印《經》、《子》，其餘分印諸書，平分看得幾本。此無版數，見不得多少也。臨行時令庫中刻一書目，如已了，幸寄來也。《晦庵文集》別集卷五。

案：書中有言"聞郡中此來紛紜殊甚，繆政致此，夫復何言？但累及諸賢，例爲羣小所辱，令人不平耳。新史君到，事當自定，但不知龍溪事竟如何耳"，龍溪爲漳州屬縣。朱熹於紹熙二年四月末離漳州而歸，五月下旬抵建陽寓居。《年譜長編》卷下。故推知本書撰於朱熹歸家未久，約在是年(1191)秋、冬間。

本書校記：題名"學古"上，"《正譌》據徐樹銘補'葉'字"。今按，此補字誤。據《朱子語類》卷一〇六載朱熹知漳州，"熟聞知録趙師慮之爲人，試之政事，又得其實，遂首舉之，其詞曰：'履行深醇，持心明恕，聞者莫不心服。'"是知趙師處此時爲漳州知録,故朱熹離漳州以後,便委託其印刷朱熹在漳州時所刊刻之《四經》、《四子》、《近思録》諸書。

朱熹《答□學古》:

某忽被鐫免之命,想已見報矣。罪大責輕,固無足言。而累及知友,殊使人愧恨。蔡季通經由治下,恐道間不免有所煩浼,幸以某故,少加照矚。渠於此事本無所預,殊可念也。士俊推官想以鄉里之舊,自能周旋,更不致書。然語次亦幸密喻之也。《晦庵文集》別集卷五。

案:慶元三年(1197)正月二十七日,朱熹鐫職罷祠省劄下到,蔡元定編管道州。《年譜長編》卷下。本書中言"某忽被鐫免之命,想已見報矣。罪大責輕,固無足言。而累及知友,殊使人愧恨。蔡季通經由治下,恐道間不免有所煩浼,幸以某故,少加照矚",即指此。時趙師處知袁州宜春縣,蔡元定自建陽至道州當塗徑袁州境内。故推知本書當撰於是年春中。

趙師耶

趙師耶,字共父(亦作恭父、共甫),宗室,居臨海(今屬浙江)。紹熙元年(1190)進士。官終嘉興府判官。《赤城志》卷三四。

朱熹《答趙恭父師邚》：

惠書，得聞爲學之志，固已甚幸。又觀所論條目甚詳，皆學者通患，顧非親曾用力不能知耳。大抵只是主敬功夫不至，致得間斷，但日用間常自提撕，勿令昏惰，則久久自長進矣。《晦庵文集》卷五九。

案：朱熹《答吕子約十一月二十七日》有云“台州又有一師邚者在此，亦儘知用力，不易得也”，《晦庵文集》卷四八。撰於紹熙三年十一月二十七日，知趙師邚於此時來武夷問學。本書“惠書，得聞爲學之志，固已甚幸”云云，疑其從學武夷以後所致書求教，故本書似撰於紹熙四年（1193）前後。

朱熹《答趙恭父》：

所論數條皆善，然當實用其力，乃見意味，徒爲空言，雖多無益也。《大學或問》所改首尾兼該、本末具備，若只讀一半截便下注脚，宜其不能不有偏倚之疑也。鄙意却嫌“全提直指”四字近禪學語，未暇改也。又論亦有真知而自欺者，此亦未然。只此自欺，便是知得不曾透徹。此間昨晚有嘗鼠藥而中毒者，幾致委頓，只此便是不曾真知砒霜能殺人，更何疑耶？然又不是隨衆略知之外別有真知，更須別作道理尋求，但只就此略知得處著實體驗，須有自然信得及處，便是真知也。所説退人一步、低人一頭者，此則甚善。致道恐亦不可不聞此説，可更相勉勵。今已是不得已而從官，唯有韜晦静默，勿太近前，爲可免於斯世耳。一或不幸爲人所知，便不是好消息也。《晦庵文集》卷五九。

案：朱熹《答黄直卿》(《禮書》緣遷徙擾擾)言及"趙恭父竟坐其事，部中行下取索，不知意欲坐以何罪。州郡知其無辜，欲爲回申，而恭父不願也，已發去矣"，《晦庵文集》續集卷一。本書"今已是不得已而從官，唯有韜晦静默，勿太近前，爲可免於斯世耳。一或不幸爲人所知，便不是好消息也"云云，似即指此。《答黄直卿》撰於慶元二年(1196)季夏或稍後，推知本書約撰於一時先後。

朱熹《答趙恭父》：

所論《大學》，則似不必如此致疑。此等大槪諷詠，略見經意，以助知新之功耳。如此拘滯，却成支蔓，而墮於異學之所訶矣。要之《淇澳》言其明德而可以新民，以見明德之極功；《烈文》因言非獨一時民不能忘，而後世之民亦不能忘，以見新民之極功，自是語勢當然，況又無可疑耶？親賢樂利，上四字皆自後人而言，下四字或指前王之身，親賢。或指前王之澤，樂利。又皆毫分縷析，無可疑者。可試考之，當自見得也。《晦庵文集》卷五九。

案：本書亦論《大學》義，疑在上書(所論數條皆善)之後。

朱熹《答趙恭父》：

道心雖微，然非人欲亂之，則亦不至甚難見，惟其人心日熾，是以道心愈微也。

人之所以爲人，以其有是性耳，若云性之所以爲性，則語意太重複矣。

"君子之時中"與"索隱行怪"兩章未是，可更將《章句》反覆體認，不須便如此立説也。

"體群臣，子庶民"，"子"字與吕説不異，"體"字雖小不同，然吕説大意自好，不欲廢也。勸者，所以致吾親愛之心而慰悦其意也。"親親"似多一字，然非大義所繫，不能深論也。

"前知"之説，《章句》中説得已自分明。

"經綸大經、立大本"，似亦是看得《章句》未熟。

"知遠之近"，亦不必如此迫切，却有不實之病。"知風之自"一句，尤無著落，須看交寬平著實乃佳耳。

《大學》若從"物格"上看下去，即不可不如此之意甚少，更詳之。《晦庵文集》卷五九。

案：本書亦論《大學》義，或承上書（道心雖微）。

朱熹《答趙恭父》：

所示諸説，備見用意之精。然看得皆過高，不平穩。若一向如此説，即非唯令人解經不得，雖聖賢亦無開口處，凡有言語，皆爲剩物矣。又説日用間似見光景，不覺喜悦,此亦非好消息,且宜就平實明白處看道理是非,久之自然開明安穩,無凝滯也。《儀禮》文字却好,致道一篇已入注疏,他時諸篇皆當放此,或所附之文有難曉者,亦當附以注疏也。致道告歸,甚令人作惡,此間事渠能言之,更不縷縷。渠認得門路却不錯,但恐未有勤懇積累工夫,凡百更相勸勉爲佳耳。《晦庵文集》卷五九。

  案:書中有云"《儀禮》文字却好,致道一篇已入注疏,……致道告歸,甚令人作惡",致道爲趙師夏字,朱熹《答應仁仲》(久不聞問)乃云"《禮書》方了得《聘禮》已前,已送致道,令與四明一二朋友抄節疏義附入,計必轉呈",《晦庵文集》卷五四。推知本書當在其後。《答應仁仲》撰於慶元三年(1197)上半年,則本書約撰於秋、冬間。

朱熹《答趙恭父》:

  謹終追遠,游氏曰:"終者,人之所易忽也,而謹之;遠者,人之所易忘也,而追之。厚之至也。"竊意游氏意恐指凡事而言,非專爲喪祭而發。夫顙泚非爲人愴悽,非謂其終之當謹、遠之當追,是皆天理人心不能自已者。非若凡事玩於常情,故終謹於始,而及其終也往往易以忽,爲近及遠也往往易以忘。

  聖人之言爲衆人發,非專爲賢者發也,故其所言皆理之所當然,而人多不能然者。若皆如來喻,則世間更無倘死忘先之人，不待堯、舜而比屋常可封矣，曾子亦不須說此兩句，程子亦不當兼說喪祭也。

“富貴是人之所欲”一章，恐亦不可小看。看此自非顏、閔以上工夫至到者，恐未易言。

看文字只虛心隨文平看，豈有所說本小而須作大看之理？此章之指更宜深玩，方見實用力處。

原思爲之宰，疑亦以類相從而別爲一章，未詳。

此類亦多分得不同，如仲弓、子桑、顏淵、子路不曾分，子賤、子貢、回也、冉求却分了。蓋一時失於點對，然非大義所繫，不能易也。要之，不若皆析爲二乃佳。

“賢哉回也”章，《集注》云：“今不敢妄爲之説。”某竊疑下“克己復禮”之云，已煞爲學者説破，却似剩著此語。

不曾説樂處如何、所樂何事也。

“用之則行，舍之則藏”章，竊疑“唯我與爾”之“與”是訓同，“則誰與”、“吾不與”之“與”是訓許，故竊以爲恐難合作一章。詳《集注》“意夫子行三軍，必與己同”意，子路自謂“若行三軍，則舍我復誰同耶”，但覺得氣象太粗暴。若作兩章而不害其相蒙，則字義既明，而氣象亦不覺至如此也。

分章已見前説，但“與”字恐難作兩般説。子路問得粗暴，是其氣象如此，雖作兩章，然粗暴亦只在也。況彼之粗暴，吾又安能追而抑之耶？

"吾止吾往也"，竊意文義，恐"吾"者，聖人自吾也。

若如所解，即句內字數不足，聖人之言不如是之造作奇巧也。

"君子不以紺緅飾"注云："君子謂孔子。"下文蘇氏曰："此孔子遺書，雜記曲禮，非特孔子事。"

比二義兼存，以待學者之自擇，未有一定之說也。

《集注》解"回也其庶乎，屢空"章，言其近道，又能安貧也。竊疑"又"字似作兩截，蓋樂道故能安貧，而安貧所以樂道也。

世間亦有質美而能安貧者，皆以爲知道，可乎？更思之。

"論篤是與"章，《集注》云云，詳此文義，恐只是說不可以言取人，下文又言不可以貌取人，何也？

色莊，便是兼著"貌"字。

《祭義》。

"深愛和氣"一節，承上文"孝子之祭，不諂不愉不欲"等語而發，非獨爲"敬齊之色"一句也。其下乃迤邐雜記孝事，未必爲祭發也。所編者，但取其相關者附之經下，其全篇且與泛存。《祭統》先於《祭義》，亦無害也。

《鄉飲酒義》，謹按：此篇自鄉飲酒之義而下，先儒以爲記鄉大夫飲賓于庠序之禮，自鄉飲酒之禮而下，先儒以爲記黨正飲酒于庠序，以正齒序之位。今詳考其文，由前之說，則有所謂"古之學術，道者將以得身也"

云云，固足以見賓興之意。由後之説，則有所謂“六十者坐，五十者立侍以聽政役”之類，亦足以證序齒之事。但某竊疑《儀禮》所載鄉飲，只是鄉大夫興其賢能而以禮賓之，不知説禮者何取於黨飲而記爲是義？據鄭注云，漢郡國以十月行此飲酒，蓋取黨正之説。然則自鄉飲酒之禮而下，豈自成一章之文，乃世儒述其所以有取於黨正之義，而因以傅益之耶？淺陋未得其説。

此無他義，只是作記者并舉之耳。

《燕義》首載庶子官一節，未詳。據文勢恐當以諸侯燕禮之義爲篇首，而置庶子官一節於篇末，乃成文耳。

當如此。

《内則》一篇文理密察、法度精詳，見古先聖王所以厚人倫、美教化者，無所不用其全。某疑中間似有難看處，如“飯黍稷稻粱”止“大夫於閣三，士於坫一”一節，與上下文似不相蒙。豈特載此因以著夫貴賤品節之差耶？又“凡養老”止“玄衣而養老”一節，疑《王制》文重出，不然，亦豈先王之成法，因子事父母而達之天下以及人之老哉？又“曾子曰孝子之養老也”止“至於犬馬盡然，而況於人乎”一節，雖承上章養老之文而云，然此篇既曰“后王命冢宰降德于衆兆民”，則是古昔盛時朝廷所下教命，恐不應引到曾子之言，疑是他簡脱誤在此耳。又“凡養老，五帝憲”止“皆有惇史”一節，疑錯簡，恐或當在上文"玄衣而養老"之下。又"淳熬"止"以與稻米爲酏"一節,亦疑錯簡,恐或當屬上文"冬宜鮮羽,膳膏羶"及"雉兔,皆有芼"之下。自此外數節,上下井井有條,獨此未易曉暢。

"養老"一節,舊亦疑之,似當削去。"曾子"、"悼史"兩節亦然。但説飲食處未知如何,更詳考之。所削去者亦須別收,勿使漏失。

　　某比在侍側,見余正甫云《奔喪》、《投壺》兩篇可補《儀禮》之闕,心甚喜之。近見《禮記釋文》引鄭氏篇目注,獨此二篇注云:"實曲禮之正篇也。"餘皆否。某竊詳謂之正篇,則非先儒雜記之文。又按《儀禮疏》云:"儀禮亦名曲禮。"又《禮器》注云:"曲禮,謂今禮也。《禮》篇多亡,本數未聞。"某謂鄭氏所謂今禮即指儀禮而言,然則可補《儀禮》之闕似無疑矣。《內則》附《昏禮》後作傳文亦善,《少儀》附《相見禮》則疑未安,蓋其間數節見《少儀》,已編入本篇矣,餘爲雜記,恐不足以相證而徒足以相亂耳。未知是否?《禮經》殘缺,可疑者不能一二數。凡此非敢汎然煩瀆師聽,但據眼前編集文字,因致愚慮於其間。理既有疑,問不容已,自餘不惟不敢肆其狂斐,即亦未暇及,悉告尊察。

　　《少儀》亦是無收附處,且因篇首之言而附之耳。若以爲疑,不知却合如何區處?幸批報也。《晦庵文集》卷五九。

案：上書（所示諸説）有言"所示諸説，備見用意之精。然看得皆過高，不平穩。……《儀禮》文字却好，致道一篇已入注疏，他時諸篇皆當放此，或所附之文有難曉者，亦當附以注疏也"，而本書乃先答《論語》問目，次論《儀禮》，故推知本書似答上書所云恭父"所示諸説"，乃其別紙，撰於一時先後。

趙師夏

趙師夏，字致道，號遠庵，居黃巖（今屬浙江）。宗室。趙師淵弟。朱熹孫壻。"亦從文公遊，悉得奥旨。……王魯齋嘗稱其理一分殊之跋，得龜山以來一派宗旨甚的"。紹熙元年（1190）進士，歷官朝奉大夫。《宋元學案》卷六九。嘉定間知南康軍。《萬姓統譜》卷八三。

朱熹《答趙致道師夏》：

所疑理氣之偏，若論本原，即有理然後有氣，故理不可以偏全論。若論稟賦，則有是氣而後理隨以具，故有是氣則有是理，無是氣則無是理，是氣多則是理多，是氣少即是理少，又豈不可以偏全論耶？《晦庵文集》卷五九。

案：據朱熹《答趙詠道》（熹求道不力）云"令弟致道在此，相聚數月"，《晦庵文集》卷五九。時在紹熙三年十一月。本書當在趙師夏自武夷而歸后，推知約在紹熙四年(1193)間。

朱熹《答趙致道》：

周子曰："誠無爲，幾善惡。"此明人心未發之體，而指其已發之端，蓋欲學者致察於萌動之微，知所決擇而去取之，以不失乎本然之體而已。或疑之，以謂有類於胡子同體而異用之云者，遂妄以意揣量，爲圖如後：

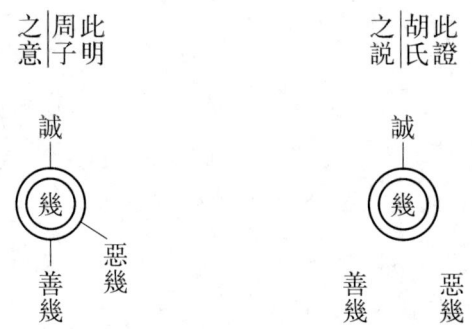

善惡雖相對，當分賓主；天理人欲雖分派，必省宗孽。自誠之動而之善，則如木之自本而幹、自幹而末、上下相達者，則道心之發見、天理之流行，此心之本主而誠之正宗也。其或旁榮側秀，若寄生龐贅者，此雖亦誠之動，則人心之發見而私欲之流行，所謂惡也。非心之固有，蓋客寓也；非誠之正宗，蓋庶孽也。苟辨之不早、擇之不精，則客或乘主、孽或代宗矣。學者能於萌動幾微之間而察其所發之向背，凡其直出者爲天理，旁出者爲人欲，直出者爲善，旁出者爲惡，直出者固有，旁出者橫生,直出者有本,旁出者無源,直出者順,旁出者逆,直出者正,旁出者邪,而吾於直出者利導之,旁出者遏絕之,功力既至,則此心之發自然出於一途而保有天命矣。於此可以見未發之前有善無惡,而程子所謂"不是性中元有此兩物相對而生",又曰"凡言善惡,皆先善而後惡",蓋謂此也。若以善惡爲東西相對,彼此角立,則是天理、人欲同出一源,未發之前已具此兩端,所謂天命之謂性,亦甚汙雜矣。此胡氏同體異用之意也。

此説得之,而圖子有病,已略改定,更詳之。

"四子言志"一條,程子曰:"夫子與點,蓋與聖人之志同,便是堯舜氣象。使子路若達爲國以禮道理,却便是這氣象也。"何也? 蓋爲國不循理道則必任智力,不任智力則循理道,不能出此二途也。曾點有見乎發育流行之體,而天地萬物之理,所謂自然而然者,但吾不以私智擾之,則天地順序而萬物各得其所,此堯舜事業也。子路則以才氣之勝,自以爲雖當顛沛敗壞、不可支持之處,而吾爲之,亦能使之有成。子路誠足以任此矣,然不免有任智力之意,故志意激昂而氣象勇鋭,不若曾點之閑暇和平也。然不曰理而曰禮者,蓋言理則隱而無形,言禮則實而有據。禮者,理之顯設而有節文者也,言禮則理在其中矣。故聖人之言體用兼該、本末一貫,若曾點則見其體而不及用,識其本而違其末,所以行有不掩而失於狂歟?

得之。

上蔡云："佛氏之言性，如儒者之言心。釋氏之言心，如儒者之論情。"蓋釋氏以作用者爲性，而儒者以主宰爲心，所以相似也；釋氏以緣景而生者爲心，儒者以感物而動者爲情，所以相似也。大要釋氏不識理，故其言遞低一級，故雖欲歸於清凈寂滅而卒不能，離乎形而下者也。然雖遞低一級而僅相似，即其僅相似者實大不同，何也？其於作用，則不分真妄而皆以爲真；其於感物，則不分真妄而皆以爲妄，儒者則於其中分真妄云耳，此其大不同也。

大槩亦是。

荀子言性惡禮僞，其失蓋出於一，大要不知其所自來，而二者亦互相資也。其不識天命之懿，而以人慾橫流者爲性；不知天秩之自然，而以出於人爲者爲禮，所謂不知所自來也。至於以性爲惡，則凡禮文之美是聖人制此以返人之性而防遏之，則禮之僞明矣；以禮爲僞，則凡人之爲禮皆反其性矯揉以就之，則性之惡明矣。此所謂互相資也。告子杞柳之論，則性惡之意也；義外之論，則禮僞之意也。

亦得之。《晦庵文集》卷五九。

案：據《宋元學案》卷六九引《台州府志》稱趙師夏"以循天理、任智力論曾點、子路言志，以心性情辨儒、釋，及論荀卿性惡禮僞之失，又作《誠幾善惡圖》，

以明周子之意,一證胡子之失,皆爲文公所許"。此
《誠幾善惡圖》即本書中所謂"此明周子之意"、"此證
胡氏之説"之圖。《朱子語類》卷七二載潘時舉所記
曰:"趙致道問感通之理。曰:'感是事來感我,通是
自家受他感處之意。'"與本書云云相關。據《朱子語
類·姓氏》,潘時舉所記在癸丑(紹熙四年)以後。故
推知本書約撰於是年或稍後。

朱熹《答趙致道》:

"人心道心"一章,其上三句只循《中庸章句叙》説
看,未有所疑。所謂"允執厥中"之"中",不知指何者而
言?若言"時中",恐於提綱挈領處未遽及此;若言"未
發之中",則所謂人心道心正是因已發而言,兼未發之
時亦難以言"執"。今欲於"人受天地之中"上看,未知
可否?

程子曰:"惟精惟一,所以至之;允執厥中,所以行
之。"如此,則所謂"允執厥中",正時中之"中"矣。"惟精
惟一",正是提綱挈領處,此句乃言其效耳。

程子言仕宦奪人志,或言爲富貴所移也。愚意以
爲不特言此,但才仕宦,則於窒礙處有隨宜區處之意,
浸浸遂入於隨時徇俗之域,與初間立心各别,此所謂奪
志也。不知程子之意果出於此否?又不知人未免仕宦
而有此病,又何以救之?敢乞指誨。

所論奪志之説，是也。若欲救此，但當隨事省察而審其輕重耳。然幾微之間，大須着精彩也。《晦庵文集》卷五九。

案：本書撰時未詳，疑在上書後，姑係於紹熙五年(1194)間。待考。

趙師雍

趙師雍，字然道，居黄巖(今屬浙江)。宗室。淳熙十四年(1187)進士。歷通判嘉興府，主管官告院、宗正寺主簿。嘉定間以朝散大夫知通州。《赤城志》卷三四。"受教于朱熹、陸九淵之門，恥利欲之學"。《萬姓統譜》卷八三。

朱熹《答趙然道師雍》：

足下求官得官，今所從宦又去親庭不遠，足以往來奉養，君親之義爲不薄矣。今乃無故幡然自謂棄一官如棄涕唾，何始慮之不審而乃爲此傲睨之詞耶？此鄙拙之所未喻也。荆門之訃，聞之慘怛，故舊凋落，自爲可傷，不計平日議論之同異也。來喻又謂恨不及見其與熹論辨有所底止，此尤可笑。蓋老拙之學，雖極淺近，然其求之甚艱而察之甚審，視世之道聽塗説於佛、老之餘，而遽自謂有得者，蓋嘗笑其陋而譏其僭。豈今垂老，而肯以其千金易人之弊帚者哉？又況賢者之燭理似未甚精，其立心似未甚定，竊意且當虚心擇善，求至當之歸以自善其身，自此之外,蓋不惟有所不暇,而亦非所當預也。向有安仁吳生書來,狂僭無禮,嘗以數字答之。今謾錄去,試一觀之,或不爲無補也。所喻寫《孟子》,字多不暇。三大字,適宂,亦未及作。然此亦何能有助於學,而徒使老者勞於揮染耶?《晦庵文集》卷五五。

案:書中云及"荊門之訃,聞之慘怛,故舊凋落,自爲可傷,不計平日議論之同異也","荊門之訃"指陸九淵紹熙三年十二月十四日卒於荊門軍。《陸九淵集》卷三六《年譜》。故推知本書約撰於四年(1193)春。

趙師淵

趙師淵,字幾道,號訥齋,台州黃巖(今屬浙江)人。舉乾道八年(1172)進士。歷通判溫州、將作監、太常寺主簿、司農、太常丞,終朝奉郎。《(嘉定)赤城志》卷三四。"爲朱文公高弟。文公述《通鑑綱目》,條分例舉,整齊芟奪,迄于成書,皆太常所定。其言理學蘊奧,心受耳屬,精析該邃,非若《語錄》所傳剽臆謬妄。東南後進咸尊太常,與黃榦氏并"。元袁桷《清容居士集》卷三二《翰林學士嘉議大夫知制誥同修國史趙公行狀》。

朱熹《答趙幾道師淵》:

所論時學之弊甚善,但所謂冷淡生活者,亦恐反遲而禍大耳。孟子所以舍申、商而距楊、墨者，正爲此也。向來正以吾黨孤弱，不欲於中自爲矛盾，亦厭繳紛競辯若可羞者，故一切容忍，不能極論。近乃深覺其弊，全然不曾略見天理彷彿，一味只將私意東作西捺，做出許多詖淫邪遁之説，又且空腹高心，妄自尊大，俯視聖賢，蔑棄禮法，只此一節，尤爲學者心術之害，故不免直截與之説破。渠輩家計已成，決不肯舍。然此説既明，庶幾後來者免墮邪見坑中，亦是一事耳。《晦庵文集》卷五四。

　　案：朱熹《答程正思》(所論皆正當確實)有云"譬如楊、墨，但能知其‘爲我’、‘兼愛’，而不知其至於‘無父’、‘無君’。雖知其‘無父’、‘無君’，亦不知其便是‘禽獸’也。去冬因其徒來此狂妄凶狠，手足盡露，自此乃始顯然鳴鼓攻之，不復爲前日之唯阿矣"，《晦庵文集》卷五〇。《書信編年》以爲此與本書"向來正以吾黨孤弱，不欲於中自爲矛盾，亦厭繳紛競辯若可羞者，故一切容忍，不能極論。近乃深覺其弊，……故不免直截與之説破"云云意同，撰時相近。《答程正思》撰於淳熙十四年(1187)夏、秋間。

朱熹《答趙幾道》：

　　昔時讀史者，不過記其事實、摭其詞采，以供文字之用而已。近世學者頗知其陋，則變其法，務以考其形勢之利害、事情之得失，而尤喜稱史遷之書，講説推尊，幾以爲賢於夫子，寧舍《論》、《孟》之屬而讀其書。然嘗聞其説之一二，不過只是戰國以下見識，其正當處，不過知尊孔氏，而亦徒見其表，悦其外之文而已。其曰折衷於夫子者，實未知所折衷也。後之爲史者又不及此，以故讀史之士多是意思粗淺，於義理之精微多不能識，而墮於世俗尋常之見，以爲雖古聖賢亦不過審於利害之算而已。唯蘇黄門作《古史序》，篇首便言古之聖人其必爲善，如火之必熱、水之必寒；不爲不善，如騶虞之不殺，竊脂之不穀，於義理大綱領處見得極分明、提得極親切。雖其下文未能盡善，然只此數句已非近世諸儒所能及矣。惜其從初爲學功夫本無次序，不曾經歷，不能見得本末一一諦當，只其資質恬静，無他外慕，故於此大頭段處窺測得箇影響。到此地位，正好著力，却便墮落釋、老門户中去，不能就聖賢指示處立得修己治人正當規模，以見諸事業、傳之學者，徒然説得此箇意思，而其意之所重，終止在文字言語之間。其徒雖極力推尊之，然竟不曾有人能爲拈出此箇話頭以建立宗旨者，亦可恨也。其論史遷之失兩句，亦切中其膏肓，不知近日推尊《史記》者，曾爲略分解否耳？今日已作書，偶思得此語，聊復奉告，不審以爲如何也？《晦庵文集》卷五四。

案：書中所云當時有學者推崇《史記》，"而尤喜稱史遷之書，講説推尊，幾以爲賢於夫子，寧舍《論》、《孟》之屬而讀其書"，乃指浙江學者吕祖儉等。朱熹《答吕子約》（熹衰病如昨，無足言者）中有言"且如

《史記·禮書》篇首四言,恐只是大槩説道理如此,豈
爲秦、漢把持天下而設? 且既曰把持天下矣,則又豈
有不由智力而致者邪? 此等處,恐是舍却聖賢經指,
而求理於史傳,故只見得他底高遠,便一向隨他脚跟
轉,極力贊歎他。若看得聖賢説禮樂處有味,決定不
作此見"。《晦庵文集》卷四七。本書所論亦在此。又
本書末云"今日已作書,偶思得此語,聊復奉告",疑
"今日已作書"乃指上書(所論時學之弊甚善)而言,
是兩書作於同日。

朱熹《與訥齋帖》:

《綱目》看得如何? 得爲整頓,續成一書,亦佳事也。
《資治通鑑綱目》卷首下。

　　案:王柏《跋朱子與訥齋帖》曰:"訥齋趙公登朱
子之門爲最先,其後遠庵昆仲相繼而進,開之以道
義,締之以婚姻,往來尺牘其多可知,見于《文集》者,
訥齋止二通而已,此帖亦不與焉。今以辭語考之,實
慶元丙辰先生乞改正從臣恩數之後、沈繼祖未上疏
之前也。當是時國論大變,善類奔波,海內震駭,審
觀此帖,不勝感慨。其餘則家庭間真情實意,契誼藹
然,寶藏宜謹。後七十有七年當咸淳壬申之冬,訥齋
從孫某來赴保寧幕,出以示,其後學王某敬拜手書歲
月姓名于后。"《魯齋集》卷一二。朱熹於慶元二年(丙

辰)二月上章乞改正已受從官恩數；十二月，監察御史孫繼祖奏劾朱熹，朱熹遂落職罷祠。《年譜長編》卷下。故推知本書約撰於二年（1196）間。《朱子遺集》卷三以爲其撰於慶元五年。

朱熹《與訥齋帖》：

《綱目》能爲整頓否？得留念幸甚。《資治通鑑綱目》卷首下。

案：本書當撰於上書（《綱目》看得如何）後。

朱熹《與訥齋帖》：

《通鑑綱目》以眼疾不能細看，但觀數處，已頗詳盡。東平王蒼罷歸藩連下文幸鄴事，元本漏，已依所示者補之矣。此書無他法，但其綱欲謹嚴而無脫落，目欲詳備而不煩冗耳。《資治通鑑綱目》卷首下。

案：上二書朱熹請問趙師淵可能爲“整頓”《綱目》，本書乃云“《通鑑綱目》以眼疾不能細看，但觀數處，已頗詳盡。東平王蒼罷歸藩連下文幸鄴事，元本漏，已依所示者補之矣”，當在其後，推知約撰於慶元三年（1197）以後。

朱熹《與訥齋帖》：

《綱目》想閒中整頓得儘可觀，恨相去遠，不得相聚討論也。《資治通鑑綱目》卷首下。

案：本書撰時未詳，推知或在慶元四年（1198）間。

朱熹《與訥齋帖》：

《通鑑綱目》次第如何？有便幸逐旋寄來。《資治通鑑綱目》卷首下。

案：本書撰時未詳，推知或亦在慶元四年間。

朱熹《與訥齋帖》：

所補《綱目》，幸早見示。及他卷不知《提要》曾爲一一看過否？若閒中能爲整頓得一番，亦幸事也。巡幸還宫，當如所諭。但其間有事者，自當隨事筆削，不可拘一例耳。後漢單于繼立不書，本以匈奴已衰，不足詳載，如封王侯、拜三公、行赦宥之類耳。更告詳之，却於例中略見其意也。《資治通鑑綱目》卷首下。

案：本書撰時未詳。據下書（閒中了得《綱目》）云云，推知約撰於慶元五年（1199）中。

朱熹《與訥齋帖》：

閒中了得《綱目》，亦是一事，不知已至甚處？自古治日少，亂日多，史書不好看，損人神氣。但又要知，不奈何耳。某今此大病幾死，幸而復蘇。未病時補得《稽古録》三四卷，今亦未敢接續整理。更欲續《大事記》熙寧以後，亦覺難措手也。此恐他日并累賢者，用功亦不多也。《資治通鑑綱目》卷首下。

案：朱熹《答鞏仲至》（昨日遞中辱書）有云“長至前後，因感冒伏枕，幾不能起”，《晦庵文集》卷六四。時在慶元五年十一月、十二月之際。而本書云及“某今此大病幾死，幸而復蘇”，故推知其約撰五年末、六年初。

朱熹《與訥齋帖》：

所補《綱目》今附還，亦竟未及細看，不知此書更合如何整頓。恐須更以本書目録及《稽古録》、《皇極經世》、《編年通載》等書參定其綱，先令大事都無遺漏，然後逐事考究首尾，以修其目。其有一時講論治道之言、無綱可附者，惟《唐太宗紀》中最多。雖以事類強而附之，然終未安。不知亦可去其太甚否，而於崩葬處作一總敘，略依次序該載，如何？某衰朽殊甚，次第只了得《禮書》，已無餘力。此事全賴幾道爲結裹了却，亦是一事也。又如《稽古録》中書亂亡事時或不著其用事人姓名，無以示懲而作戒。此亦一大眼目，不可不明著其人與其交黨之尤用力者，使其遺臭無窮，爲萬世之明鑒也。《資治通鑑綱目》卷首下。

案：《朱子遺集》卷三以爲本書撰於慶元六年（1200）春中。

趙　雄

趙雄（1129—1193），字溫叔，資州（今四川）人。隆興元年（1163）類省試第一。淳熙二年（1175）爲禮部侍郎，除端明殿學士、簽書樞密院事，同知樞密院事。五年三月參知政事，十一月拜右丞相。罷，出知江陵府。光宗初，授寧武軍節度使，進衛國公，改帥湖北，又除潼州府、隆興府。紹熙四年卒，年六十五，謚文定。《宋史》卷三九六有傳。

朱熹《與趙丞相劄子》：

熹申謝常禮，已具公函，候問勤誠，又見前幅，不敢復有陳及，以凟鈞聽。唯其愚賤之鄙懷，則有不得不爲執事言者。熹伏自頃者誤蒙陶鑄，懇辭不獲，不敢屢凟朝聽，即已力疾上道，來見吏民。違負初心，已積慚憤，而閑放之久，驟嬰吏役，觸事迷塞，復有血指汗顏之羞。加之伉拙有素，不能俯仰流俗，雖欲抑而爲之，念己不入時宜，輒復慨然自廢。計此孤危，竊恐未敢告去之間，已不免於彈射之禍矣。在熹愚賤，不足深惜。所可惜者，明公薦延海內名士，今無得立於朝者，甚或重遭訾毀，被以惡名而去。若又以熹之故，重爲門墙之辱，則於私義誠有所不敢安者。切望鈞慈早賜垂念，使得先駁機之未發，而奉其不肖之身以歸老於故丘，則明公之賜之厚，又百倍於前日之所

蒙矣。冒昧威尊，伏增恐懼。至於病衰目暗，作字草略，
并冀寬度有以亮之。幸甚幸甚。《晦庵文集》卷二六。

　　案：書中言及"已力疾上道，來見吏民。違負初
心，已積慚憤，而閑放之久，驟嬰吏役，觸事迷塞，復
有血指汗顏之羞"。據朱熹《與袁寺丞書》云"今行年
五十，……到官兩月，思歸之情不能自閟，……熹亦
已有書懇諸公丐祠"。《晦庵別集》卷二六。又朱熹庚
子(淳熙七年)正月《乞宮觀劄子》云"去年三月三十
日到任"。《晦庵文集》卷二二。推知本書約撰於淳熙
六年(1179)五月末。

　　本書原題"與史丞相劄子"，然據《宋史·宰輔表
四》，史浩於淳熙五年十一月罷相，六年僅趙雄獨相，
故《年譜長編》卷上以爲"史丞相"當爲"趙丞相"之
誤，本書乃致趙雄之書，故改其題。

朱熹《與時宰手劄》：

　　熹前者便中累奉鈞翰之賜，去月末間拜啓，略敘謝
誠。竊計已遂登徹，繼此未遑嗣問，下情但切瞻仰。熹前
所具稟減稅、請祠二事，伏想已蒙鈞念矣。但延頸計日，
以俟賜可之報，而杳然未有聞。衰病之軀，日益疲憊，舊
證之外，加以洞泄不時，兼旬未止，兩目昏澀，殆不復見
物。如作此字，但以意模索寫成，其大小濃淡略不能知。
又以鄙性狹劣，不能自覺，簿書期會之間，又不敢全然曠

弛，日夕應接吏民，省閱文案。若更旬月不得脱去，即精
神氣血內外枯耗，不復可更支吾矣。至於郡計空乏，有失
料理，猶未暇以爲憂也。今有劄目申懇，乞賜憐念。二公
之門，不敢數致私書，亦已各具稟劄，託劉堯夫國正宛轉
關白矣。論道之餘，賜以一言，俾得早從所欲，實不能無
望於門下。東望拜手，不勝祈扣之切，伏乞鈞照。右謹具
呈。宣教郎、權發遣南康軍事兼管內勸農事朱熹劄子。
《式古堂書畫彙考》卷一四《朱晦翁與時宰二手劄》。

　　案：朱熹"所具稟減稅"，在淳熙六年六月間。
《年譜長編》卷上。又書中云"熹前者便中累奉鈞翰之
賜，去月末間拜啓，略叙謝誠"，即指上述五月末之
書。故推知本書約撰六月末或稍後。據《宋史·宰
相表四》，此時中書僅趙雄獨相。

　　明吳寬《題朱文公請祠治姦二劄》云："寬伏讀文
公與時宰二手劄，大儒君子恬静剛直之氣，數百載之
下猶充溢紙墨間。其門人序公事行，所謂謹難進之
禮，屬易退之節，不貶道以求售，不徇俗以苟安者，亦
略可以窺見矣。二劄今爲盱眙陳明之所藏。"《家藏
集》卷五一。

朱熹《與丞相劄子》：

　　熹輒有危懇，仰干洪造：熹昨蒙誤恩，畀以符竹，自
度疏野，不堪委寄，累辭不獲，黽俛就事，今十閱月矣。惟

念君相所以眷顧使令之意，不敢不竭駑頓以圖報稱。而材力有限，疾病相仍，形苦心勞，卒無善狀，政荒財匱，歲惡民流。自去秋以來，知舊往來涉其境者，問於道塗，黃童白叟無不愁歎蹙頞，或苦其刑政之苛，或病其征賦之重，以至流聞遠邇，亦莫不然，貽書譙責、提耳告戒者殆無虛日。以故去冬嘗以公狀申省自劾，又以劄目哀鳴，冀得早蒙敷奏，亟賜罷免。而鈞慈含覆，未遽矜從。疏遠賤微，何敢固必？謹以抑心自強，祇服官次，不敢復有所言矣。而一、二月來，國言愈甚，士友之責愈深，使人日夕憂惶，不知所以自處。夫爲政而不宜於民，爲所厭苦至於如此，誠無心可居官府，無顏可食俸祿，不免復冒威嚴，再有陳請。而又竊惟某官終欲曲賜保全，不忍以其罪戾之迹聞于天聽，故於公劄更不敢具述如上曲折。儻蒙陶鎔，得以病免，其何幸如之！仰瀆高明，俯伏俟罪。《晦庵文集》卷二六。

　　案：朱熹於淳熙六年三月末蒞職，本書中云"熹昨蒙誤恩，畀以符竹，……黽俛就事，今十閱月矣"，推知其當撰於淳熙七年(1180)正月中。時趙雄獨相。

朱熹《與丞相別紙》：

　　熹區區愚懇已具前幅，復不自量，輒有踰涯之請。忘其罪戾，敢私言之：熹愚昧之資，少即疏懶，書史之外，酷好山水。今以某官造化之力，乃得爲吏廬阜之下。其丘林泉石，號爲東南最殊勝處，固已私愜所願。而去歲勞農山間，又得所謂白鹿洞者，溪山邃密，林趣茂美，尤有幽絶之致。熹惟是雖退僻，而實先朝所嘗留意，不當廢墜至於如此，乃即其處復立七架小屋五間，亦已具狀申省矣。因竊妄意以爲朝廷儻欲復脩廢官，以闡祖宗崇儒右文之化，則熹雖不肖，請得充備洞主之員，將與一二學徒讀書講道於其間，庶幾上有以副知遇使令之意，下有以遂其平生之懷。若復更蒙矜憐，假之稍廩，略如祠官之入，則在熹又爲過望，而於州縣亦不甚至有糜耗。顧以事體希闊，言之若草野而倨侮者，是以不敢輒具公狀申聞。惟冀鈞慈深察愚悃，都俞之暇，因事及之。萬一可從，則熹之受賜爲不淺矣。狂妄之罪，亦惟有以寬之。《晦庵文集》卷二六。

案：書中所謂白鹿洞事"亦已具狀申省矣"，乃指朱熹《申修白鹿洞書院狀》。《晦庵文集》卷二〇。又書中云"熹區區愚懇已具前幅，復不自量，輒有踰涯之請"，乃知本書爲上書（熹輒有危懇）別紙，撰於同時。

朱熹《與丞相劄子》：

熹仰恃知照，忘其罪戾，猶復別有私懇，輒以仰干鈞聽：熹近因尋訪得白鹿洞故基，稍加興葺，已具曲折上之尚書矣。今以罪戾，義當自屏，而狂妄進越，猶欲並緣此事輒有私請。蓋熹前幅所懇二端，竊計必有一遂，若直蒙賜以罷免，則固無復敢有所言，若以洪私曲被，使得復備祠官之列，則熹竊願丞相特爲敷奏，舉先朝之故事，脩洞主之廢官，使熹得備執經焉，而其禄賜略比於祠官，則熹之榮幸甚矣。蓋與其使之以崇奉異教之香火爲名而無事以坐食，不若脩祖宗之令典，使之以文學禮義爲官而食其食之爲美也。熹遠外之蹤，率易及此，誠有草野倨侮之嫌，然其實亦朝廷正名革弊之一事。竊惟聖君賢佐必垂察焉，是以敢冒言之。《晦庵文集》卷二六。

　　案：書中所謂“熹前幅所懇二端”，乃指上書（熹輒有危懇）之“申省自劾，又以劀目哀鳴，冀得早蒙敷奏，亟賜罷免”，及上書（熹區區愚懇已具前幅）請爲白鹿洞主二事。故推知本書約撰於淳熙七年春。時趙雄獨相。

　　又，《宋史》卷三九六《趙雄傳》云“朱熹累召不出，雄請出以外郡，命知南康軍。熹極論時事，上怒，諭雄令分析。雄奏熹狂生，詞窮理短，罪之適成其名。若天涵地育，置而不問可也。會周必大亦力言之，乃止”。

趙　塈

趙塈，字、里不詳。紹熙間官剡縣尉。

朱熹《答趙尉^塈》：

九月八日，熹扣首復書剡尉趙君奉議：熹未得識面，而遠辱貽書，副以手劄，已荷厚意；而示以先正中丞行實，使之論述以附其後，則意又甚厚，而非熹區區所得當也。顧於先德慕用之深，又不敢辭，輒具數語如別紙。若當代諸賢已有跋語，幸以附其後。而奏議之書，尚欲夤緣請得一觀，儻辱開許，只託石滁州附上虞潘幹處，或寄臨安趙節推，彼應時有便來也。適此俗宂，留來使數日乃得布此，病倦草草，仍不復作劄，併幾情亮。向寒，千萬以時爲門戶自愛。講學之意，尚俟他日得以面論。不宣，熹再拜。《晦庵文集》卷六四。

案：朱熹《跋趙中丞行實》有云："元祐中丞趙公之元孫（舉）〔塈〕示予此書一篇。趙公之孝謹醇篤，雖古人猶難之。三復其書，令人起敬，不勝霜露風木之悲也。……因輒私記其語於其後，尚恨所謂奏議二十九篇未得盡見，而行實之記無始終履歷、歲月次第，故於其他有不得而論也。紹熙壬子秋九月八日新安朱熹題。"《晦庵文集》卷八三。本書所云"先正中丞行實，使之論述以附其後，……顧於先德慕用之深，又不敢辭，輒具數語如別紙"，即指此跋。故推知本書當撰於紹熙三年（壬子，1192）九月八日。

趙彦繩

趙彦繩，字不詳。福州（今屬福建）人。宗室。淳熙間，以宣教郎知崇安縣。"學舊無田，彥繩覈廢寺田二頃有奇給之，朱熹爲之記。又重修學宮。後爲江西憲使"。《福建通志》卷三一。官終朝散大夫、提點廣南西路刑獄，卒於嘉泰二年以前。《燭湖集》卷一二《宜人宣氏壙記》。

朱熹《答趙宰》：

伏承誨諭，良荷不鄙，但屏居杜門，不敢干與外事。向來雖聞貴縣令保正副出錢雇募耆長，人甚苦之，亦不敢遽有稟白，但嘗因下問之辱，欲乞博詢民情之所利病而罷行之，正爲此耳。初不知其爲倉司指揮，亦不聞他縣之有此也。今聞已行罷去，自此境内應役之家得保生業，則其受賜已厚，而上司當亦能察其無他矣，恐不必更假拙者之言以爲輕重也。自餘曲折，更託劉監廟稟知，并幾情照。《晦庵文集》卷六四。

案：本書校記：題目"趙宰"上，淳熙本有"崇安"二字。

朱熹《建寧府崇安縣學田記》載："崇安縣故有學而無田，……淳熙七年，今知縣事趙侯始至而有志焉，既葺其宮廬之廢壞而一新之，則又圖所以爲飲食久遠之計者，而未知所出也，一日視境内浮屠之籍，其絶不繼者凡五，……於是悉取而歸之於學"，《晦庵文集》卷七九。撰於淳熙十一年春正月。又朱熹於淳熙九年因論劾知台州唐仲友而罷提舉浙江常平，歸居家里,故本書有"但屏居杜門,不敢干與外事"。故推知本書約撰於淳熙十年(1183)間。

趙彦肅

趙彦肅(?—1196),字子欽,嚴州(今浙江建德梅城鎮)人。宗室。號復齋先生。登乾道二年(1166)進士第,仕至寧海軍節度推官,慶元二年卒。趙彦肅《復齋易説》卷末喻仲可跋、《經義考》卷二八引《復齋先生行實》。有《易説》等行於世。"朱文公觀其書,嘆曰:'近世未有如此看文字者。'嘉定己卯,知州鄭之悌即祥符寺遺址建堂祠之,命學官春秋詣祀"。《景定嚴州續志》卷三。

朱熹《答趙子欽彦肅》:

昨承寄及文字,意謂一時思索偶有所未至,故率易報去。今承示喻,乃平日所深體而實見者,甚愧輕發。然所謂深體而實見者乃止如此,在賢者似尤不宜如此便休也。"删《遺書》之未精,探《易傳》之未至",此在當日楊、尹諸先達猶未敢輕言之,今日安敢議此耶? 只如所示屯卦之説,深所未曉。若欲以此湊補《易傳》七分之心,恐合不著也。大率近日學者例有好高務廣之病,將聖人言語不肯就當下著實處看,須要説教玄妙深遠,添得支離蔓衍,未論於己無益,且是令人厭聽。若道理只是如此,前賢豈不會説？何故却只如此平淡簡短，都無一種似此大驚小怪底浮説？蓋是看得分明，思得爛熟，只有此話，別無可説耳。其曰只説得七分者，亦言沈酣浸漬，自信自得之功更在學者自著力耳。豈是更要別添外料，釀玄酒而和大羹也耶？

且如"元亨利貞"四字，文王本意，在乾、坤者只與諸卦一般，是大亨而利於正耳。至孔子作《彖傳》、《文言》，始以乾、坤爲四德，而諸卦自如其舊。二聖人之意非有不同，蓋各是發明一理耳。今學者且當虛心玩味，各隨本文之意而體會之，其不同處自不相妨，不可遽以己意橫作主張，必欲挽而同之，以長私意、增衍説，終日馳騖於虛詞浮辨之間，而於存養省察日用之功反有所損而無所益也。

去歲承書之日，適有江西傅子淵在坐，蓋喜聞足下之説，而以示之，子淵不善也，熹猶未以爲然。然自今觀之，則拙者之見果爲有愧於子淵矣。願賢者深思而有以反之，勿使熹爲終有愧也。《晦庵文集》卷五六。

案：書中言及"去歲承書之日，適有江西傅子淵在坐"，據朱熹《答陸子靜》（昨聞嘗有丏外之請而復未遂）有云"子淵去冬相見"，《晦庵文集》卷三六。《答陸子靜》撰於淳熙十三年（1186）中，故推知本書亦撰於十三年間。

朱熹《答趙子欽》：

示喻訥言敏行之意，甚善。然前書鄙論，亦非謂都不講究而專務力行也,正爲聖言微指本自精約,不當如是支蔓以求之,恐其愈多而愈遠耳。《晦庵文集》卷五六。

案:上書(昨承寄及文字)有云"大率近日學者例有好高務廣之病,將聖人言語不肯就當下著實處看,須要説教玄妙深遠,添得支離蔓衍",而本書又云"然前書鄙論,亦非謂都不講究而專務力行也,正爲聖言微指本自精約,不當如是支蔓以求之",乃承上書,故推知其亦撰於淳熙十三年間。

朱熹《答趙子欽》:

示喻虛一之説,甚善。此本聖人所不言,今著一句便成贅語。來喻推説其理甚當,但以四十九蓍握而未分爲太極之象,則恐亦未穩當。蓋太極,形而上者也;兩三四五,形而下者也。若四十九蓍可合而命之曰太極之象,則二三四五亦可合而命之曰太極之體矣。蓋太極雖不外乎陰陽五行,而其體亦有不離乎陰陽五行者。熹於周子之圖書之首固已發此意矣。若必其所象毫髮之不差,則形而上下終不容強於匹配。若曰各隨所指而言,則與其以握而未分者象太極,反不若以一策不用者象之之爲無病也。明者試復思之,如何?《晦庵文集》卷五六。

案:書中論及"太極"義,疑朱熹、陸九淵論辯太極時,趙彥肅亦來書討論之,故朱熹答之,則推知本書約撰於淳熙十六年(1189)前後。

朱熹《答趙子欽》：

自反研幾之喻，極感至意，不敢不勉。但他論有未能無疑者，如詩樂起調畢曲之法，乃自古所傳如此，音調方有歸宿，不可紊亂。溫公《書儀》誠有未盡合古制處，然兼而存之，自可考見得失。今以其一詞之不合便欲削去，似亦草率。且彼以俗尚而雜古禮，吾以臆見而改古樂，安知後之視今不猶今之視昔耶？堂室制度，必已得其詳實，因便早幸示及。方欲葺數椽之居，或可取以爲法耳。子靜後來得書，愈甚於前，大抵其學於心地工夫不爲無所見，但便欲恃此陵跨古今，更不下窮理細密功夫，卒并與其所得者而失之。人欲橫流，不自知覺，而高談大論，以爲天理盡在是也，則其所謂心地工夫者又安在哉？《晦庵文集》卷五六。

案：書中所云"方欲葺數椽之居"，當指朱熹作考亭新居。朱熹《答朱魯叔》（去歲歸來）云"去歲歸來，計度不審，妄意作一小屋，至今方得遷居"。《晦庵文集》別集卷五。朱熹於紹熙二年四月離漳州歸，五月下旬抵建陽；三年六月考亭新居落成。故推知本書約撰於紹熙二年（1191）秋間或稍後。

朱熹《答趙子欽》：

禮圖未暇詳考，亦是素看此篇不熟，猝乍看未得。若更得冠、婚禮二圖，容并考之，乃爲幸耳。室之户牖並列於前，不知以幾分爲户，幾分爲牖？房在室東而無北壁，不知其南戶有扉否？房之戶當中耶？近東角耶？近西角耶？
兩階當直東西序之中而上耶？近兩楹而上耶？近兩壁而
上耶？須先定此地盤間架，乃可議其升降出入。幸亦并
作一圖，子細見示也。《易》說用意甚精，然鄙見却有未安
處，似是爲說太精、取義太密，或傷簡易之趣。更俟詳玩，
別奉扣也。《晦庵文集》卷五六。

  案：朱熹《答吕子約十一月二十七日》有云"子欽
恨未識面，寄得禮圖來，甚精，未暇細考，此却好一員
禮官也。但説《易》亦多瑣碎穿穴耳"，與本書"禮圖
未暇詳考，……《易》說用意甚精，然鄙見却有未安
處，似是爲説太精、取義太密，或傷簡易之趣"云云相
合。《答吕子約》撰於紹熙三年(1192)十一月二十七
日，本書約撰於一時先後。

朱熹《答趙子欽》：

  禮圖甚精，但病軀尚爾支離，正甫到此未久，亦大病
數十日，今又迫歸，遂不得子細商訂。但昨來黄壻考得堂
序制度頗與來示不同，亦未暇參考折中。正甫計必持歸，
幸爲詳之，因來喻及也。《易》說用意固甚精密，愚意亦素
謂《易》學不可離却象數，但象數之學亦須見得大概總領，
方可漸次尋探。今但如此瑣細附合，恐聖人之意本未必
爾，而虚費功力也。大抵讀書須見得有曉不得處，方是長
進。又更就此闕其所疑而反復其餘，則庶幾得聖人之意，

識事理之真，而其不可曉者不足爲病矣。正甫趨向持守
甚不易得。但看文字亦尚多强説處。此學者之通患，如
前輩亦或未能免。先聖所謂寬以居之，子張所謂執德不
弘，正爲救此病耳。不識明者以爲如何？無由面話，書札
不得究所欲言，而衰晚疾病，恐不久在世間，或能早爲命
駕一來，使區區懷抱得以傾倒，而萬一辱有取焉，亦非小
因緣也。此間雖有士友數輩，然與之語，往往不能盡人
意，一旦溘然，此事便無所寄，不得不爲之慮耳。《大學》、
《語》、《孟》説各一通謾往，此近日所脩定，然尚覺得有硬
説費力處。煩爲一閲，見日面論，須盡去此等病，方見聖
人本意也。《晦庵文集》卷五六。

　　案：上書（禮圖未暇詳考）云及“禮圖未暇詳
考，……《易》説用意甚精，然鄙見却有未安處”，而本
書乃云“禮圖甚精，……《易》説用意固甚精密，愚意
亦素謂《易》學不可離却象數，但象數之學亦須見得
大概總領，方可漸次尋探。今但如此瑣細附合，恐聖
人之意本未必爾，而虛費功力也”，知承上書，推知其
約撰於紹熙三年末。

朱熹《答趙子欽》：

　　熹數年來有更定舊書數種，欲得面論而不可得。大
抵愚意常患近世學者道理太多，不能虛心退步、徐觀聖賢
之言以求其意，而直以己意强實其中，所以不免穿鑿破碎

之弊，使聖賢之言不得自在而常爲吾説之所使，以至劫持
縛束而左右之，甚或傷其形體而不恤也。如此，則自我作
經可矣，何必曲躬俯首而讀古人之書哉？不識明者以爲
如何？《晦庵文集》卷五六。

案：書中言“熹數年來有更定舊書數種”，《書信
編年》以爲指戊申《太極》《西銘》二解、己酉《大學》
《中庸章句》等。又本書中言“大抵愚意常患近世學
者道理太多，不能虛心退步、徐觀聖賢之言以求其
意，而直以己意强實其中，所以不免穿鑿破碎之弊”，
而朱熹《答呂子約十一月二十七日》亦云“虛心看聖賢
所説言語，未要便將自家許多道理見識與之争衡，退
步久之，却須自有個融會處。蓋自家道理見識未必
不是，只是覺得太多了，却似都不容他古人開口，不
覺蹉過了他説底道理耳”，語義相合。故推知本書約
撰於紹熙四年(1193)春、夏間。

趙彦肅《與朱元晦書》：

《本義》太略。《朱子語類》卷六七。

案：《朱子語類》卷六七載李方子所記曰：“近趙
子欽有書來，云某説《語》、《孟》極詳，《易》説却太略。
譬之此燭籠，添得一條骨子，則障了一路明。若能盡
去其障，使之統體光明，豈不更好？蓋著不得詳説故
也。”又載晏淵所記云：“趙子欽云：‘《本義》太略。’此

譬如燭籠，添了一條竹片，便障了一路明。盡徹去了，使它統體光明，豈不更好？蓋是著不得詳説。”

　　朱熹《易學啓蒙序》撰於淳熙丙午暮春既望。《晦庵文集》卷七六。又據《朱子語類·姓氏》，李方子所記乃戊申以後所聞，曇淵所記乃癸丑所聞。故推知乃撰於紹熙四年（癸丑）間。

朱熹《答趙子欽彥肅》：

　　友人林井伯，文軒之從子也，今往赴省，因過餘干，勞苦故人之在難者，其義甚高。到都下不欲參學，以避時論。欲得一僧舍安泊數月，不審能與致力否？渠知識自多，但難於見人，故欲且得僻處潛伏耳。《晦庵文集》別集卷四。

　　案：書中有云“今往赴省，因過餘干，勞苦故人之在難者，其義甚高”，當在慶元黨禁時。又慶元二年春省試，此云“赴省”，並云“到都下不欲參學，以避時論。欲得一僧舍安泊數月”，故推知其約撰於慶元元年（1195）冬中。

趙　燁

　　趙燁（1138—1185），字景明，其先開封人，建炎間避地於閩（今福建福州）。乾道二年（1166）進士第三人及第，授左承事郎、僉書奉國軍節度判官廳公事，改差監潭州南嶽

廟,尋差充詳定一司勑令所删定官,出知撫州,就除本路提
點刑獄,久之移節江東,淳熙十二年二月三日卒於官,年四
十八。《定齋集》卷一五《朝奉郎提點江南東路刑獄趙公墓誌銘》。

趙燁《與朱元晦書》:

吾之拙甚懼不足以爲理,吾子因是而予之一言,庶乎
其有以自警也。《晦庵文集》卷七八。

案:朱熹《拙齋記》云:"臨川太守趙侯景明視事
之明年,政通人和,郡以無事。暇日,相便坐之北,循
廡而西,入叢竹間,得前人所爲秋聲齋者,老屋數椽,
人迹罕至,而其傾欹庳狹又特甚,意欣然樂之,因稍
易其腐敗撓折之尤者,而日居焉。閒獨仰而嘆曰:
'是室之陋,非予之拙,則孰宜居之哉!'乃更題其牓
曰'拙齋',而以書走武夷,謁予記曰:'吾之拙甚懼不
足以爲理……'"又云"方是之時,予蓋未始得遊於趙
侯也,然其直諒之操、多聞之美,則聞有日矣"。撰於
淳熙丙申(三年)十月壬申。《晦庵文集》卷七八。故推
知本書約撰於是年(1176)秋間。

趙 焯

趙焯,字景昭,福州(今屬福建)人。乾道八年(1172)
進士。《淳熙三山志》卷三〇。

朱熹《答趙景昭》：

減稅文字不知已遣行未？今再遣此人去漕司取申省狀，恐未遣，可就付也。今日風色甚佳，而情思益憒憒，臨風永歎，不知所言。《晦庵文集》續集卷八。

案：朱熹《答呂伯恭》（久不奉問）有云"趙景昭官滿過此"，而本書乃云"減稅文字不知已遣行未？今再遣此人去漕司取申省狀，恐未遣，可就付也"，知在其後。《晦庵文集》卷三四。《答呂伯恭》（久不奉問）撰於淳熙七年十一月上半月。又，朱熹《答呂伯恭》（昨日方以書託毛揔附便）言及"見爲星子縣討論經界添稅重定，旦夕申乞蠲減得三、五百匹和買，未知朝廷肯相從否？……所懇漕司者，乃是上供餘米，兩漕近皆相許，但未得明文撥下耳"，《晦庵文集》卷三四。與本書所云相合。《答呂伯恭》（昨日方以書託毛揔附便）撰於淳熙七年六月十日左右。故推知本書約撰於是年（1180）六月中。

鄭伯熊

鄭伯熊（？—1181），字景望，永嘉（今浙江溫州）人。紹興十五年（1145）劉章榜進士出身。隆興元年（1163）三月除秘書省正字，八月監南嶽廟。乾道三年六月除著作佐郎，四年六月爲吏部員外郎。淳熙四年（1177）七月以國子司業兼國史院編修官，九月爲宗正少卿。《南宋館閣録》卷七、卷八。七年知建寧府，八年卒，《宋人生卒行年考》。追諡文肅。"紹興末，伊洛之學稍息，學者復於伯熊得之，有《六經口義拾遺》，有《戇語》若干卷、《記聞》若干卷，前輩楷模及時人美惡，凡涉理道者畢載，由是永嘉之學宗鄭氏"。《萬姓統譜》卷一○七。

朱熹《答鄭景望》：

龔帥過建陽，遣人相聞，不及一見爲恨。今日季教授見訪，云嘗小款，道其語皆出於忠厚長者。然在愚意，尚未有深解處。如論范忠宣救蔡新州及元祐流人，以爲至當之舉。熹嘗竊論此矣，以爲元祐諸賢憂禍之不可制，欲以口語擠之，固爲未當；而范公乃欲預爲自全之計，是亦未免於自私，皆非天討有罪之意也。至其論諸公忽反爾之言，違好還之戒，自取禍敗，尤非正理。使後世見無禮於君親者拱手坐視而不敢逐，則必此言之爲也。且舜流四凶族，爲臯陶者亦殊不念反爾之戒，何耶？推此心以往，恐無適而非私者。邵子文以爲明道所見與忠宣合，正恐徒見所施之相似，而未見所發之不同。蓋毫釐之間，天理人欲之差有不可同年而語者矣。

又聞深以好名爲戒，此固然矣。然偏持此論，將恐廉隅毀頓，其弊有甚於好名。故先聖云："君子疾没世而名不稱焉。"而又曰："君子求諸己。"詳味此言，不偏不倚，表

裏該備，此其所以爲聖人之言歟！學者要當於此玩心，則
"勿忘"、"勿助"之間，天理卓然，事事物物無非至當矣。

熹又記向蒙面誨堯、舜之世一用輕刑，當時嘗以所疑
爲請，匆匆不及究其説。近熟思之，有不可不論者。但觀
皋陶所言"帝德罔愆"以下一節，便是聖人之心涵育發生，
真與天地同德。而物或自逆于理以干天誅，則夫輕重取
舍之間，自有決然不易之理。其宥過非私恩，其刑故非私
怒，罪疑而輕非姑息，功疑而重非過予。如天地四時之
運，寒涼肅殺常居其半，而涵養發生之心未始不流行乎其
間。此所以好生之德洽于民心而自不犯于有司，非既犯
而縱舍之謂也。不審高明以爲如何？

又別本：

聞二十一日旌旆定行，何丞之諭，已不及事矣。然
渠所言大槩謂盜賊之餘，土曠人稀，州縣以昔日歲計之
額取辦今日見存之户，民力素已不堪。後來復以荒田
之産均之見户，由此流移愈多，公私愈困耳。向蒙面誨
堯、舜之世一用輕刑，當時嘗以所疑爲請，匆匆不及究其
説。近熟思之，亦有不可不論者。但觀皋陶所言"帝德
罔愆"以下一節，便見聖人之心涵育發生，其與天地同
德。而物或自逆于理以干天誅，則夫輕重取舍之間，亦
自有決然不易之理。其宥過非私恩，其刑故非私怒，罪
疑而輕非姑息，功疑而重非過予。如天地四時之運，寒
涼肅殺常居其半，而涵育發生之心未始不流行乎其間。

此所以好生之德洽于民心而自不犯于有司,非既抵冒而復縱舍之也。夫既不能止民之惡,而又爲輕刑以誘之,使得以肆其凶暴於人而無所忌,則不惟彼見暴者無以自伸之爲冤,而姦民之犯于有司者且將日以益衆,亦非聖人匡直輔翼、使民遷善遠罪之意也。《晦庵文集》卷三七。

　　案:龔帥,即龔茂良(字實之),自廣東提刑"召對崇政殿。左丞相陳俊卿欲留之,右相虞允文不樂,會俊卿亦罷,除直顯謨閣、江西運判兼知隆興府"。《宋史》卷三八五本傳。據《宋史‧宰輔表四》,陳俊卿於乾道六年五月罷左相。故推知本書作於六年(1170)夏、秋間。時鄭伯熊任提舉福建常平。

朱熹《答鄭景望》:

《虞書》論刑最詳,而《舜典》所記尤密。其曰"象以典刑"者,"象"如天之垂象以示人,而"典"者常也,示人以常刑。所謂墨、劓、剕、宮、大辟,五刑之正也,所以待夫元惡大憝、殺人傷人、穿窬淫放,凡罪之不可宥者也。曰"流宥五刑"者,流放竄殛之類,所以待夫罪之稍輕、雖入於五刑而情可矜、法可疑與夫親貴勳勞而不可加以刑者也。四凶正合此法。曰"鞭作官刑"、"扑作教刑"者,官府學校之刑,以待夫罪之輕者也。曰"金作贖刑",罪之極輕,雖入於鞭扑之刑,而情法猶有可議者也。疑後世始有贖五刑法,非聖人意也。此五句者,從重及輕,各有條理,法之正也。曰

"眚災肆赦"者，"眚"謂過誤，"災"謂不幸。若人有如此而入於當贖之刑，則亦不罰其金而直赦之也。此一條專爲輕刑設。《春秋》肆大眚，則過誤之大入于典刑者亦肆之矣，所以爲失刑也。《書》又曰："宥過無大。"明過之大入於典刑者，特用流法以宥之耳。曰"怙終賊刑"者，"怙"謂有恃，"終"謂再犯。若人有如此而入于當宥之法，則亦不宥以流而必刑之也。此二句者，或由重而即輕，或由輕而入重，猶今律之有名例，又用法之權衡，所謂法外意也。聖人立法制刑之本末，此七言者大略盡之矣。雖其輕重取舍、陽舒陰慘之不同，然"欽哉欽哉，惟刑之恤"之意，則未始不行乎其間也。蓋其輕重毫釐之間各有攸當者，乃天討不易之定理，而欽恤之意行乎其間，則可以見聖人好生之本心矣，夫豈一於輕而已哉？

又以舜命皋陶之辭考之，士官所掌，惟象、流二法而已。鞭朴以下，官府學校隨事施行，不領於士官，事之宜也。其曰"惟明克允"，則或刑或宥，亦惟其當而無以加矣，又豈一於宥而無刑哉？今必曰堯、舜之世有宥而無刑，則是殺人者不死而傷人者不刑也。是聖人之心不忍於元惡大憝，而反忍於銜冤抱痛之良民也。是所謂"怙終賊刑，刑故無小"者，皆爲空言以誤後世也，其必不然也亦明矣。

夫刑雖非先王所恃以爲治，然以刑弼教，禁民爲非，則所謂傷肌膚以懲惡者，亦既竭心思而繼之以不忍人之政之一端也。今徒流之法既不足以止穿窬淫放之姦，而其過於重者則又有不當死而死，如彊暴贓滿之類者。苟

采陳羣之議，一以宮、荆之辟當之，則雖殘其支體，而實全
其軀命，且絕其爲亂之本，而使後無以肆焉，豈不仰合先
王之意而下適當世之宜哉？況君子得志而有爲，則養之
之具、教之之術，亦必隨力之所至而汲汲焉，固不應因循
苟且，直以不養不教爲當然，而熟視其爭奪相殺於前也。
《晦庵文集》卷三七。

　　案：書中云“聖人立法制刑之本末，……夫豈一
　　於輕而已哉”，又云“今必曰堯、舜之世有宥而無刑，
　　則是殺人者不死而傷人者不刑也”，乃承朱熹上書
　　（龔帥過建陽）而言，知其約撰於乾道六年秋。

朱熹《答鄭景望》：

初謂按行涓吉，必不渝期，今所賜字，殊未及此，何
耶？遠民傾首以聽車馬之音久矣，行期屢却，無乃使之失
望；而下吏之奉約束、聽期會者，將亦因是解弛而不虔乎？
伏惟執事者試深慮之。僭易及此，皇懼之至。

　　示諭明道程文不必見於正集，考求前此固多如此。
然先生應舉時已自聞道，今讀其文，所論無非正理，非如
今世舉子阿時徇俗之文，乃有愧而不可傳也。曾南豐序
王深父之文，以爲片言半簡，非大義所繫，皆存而不去，所
以明深父之於細行皆可傳也。況先生非欲以文顯者，而
即此程文便可見其經綸之業已具於此時，雖文采不豔，而
卓然皆有可行之實，正學以言，未嘗有一辭之苟。其所以

警悟後學，亦不爲不深矣。愚意只欲仍舊次第，不審台意以爲如何？《晦庵文集》卷三七。

案：據《年譜長編》卷上，乾道六年秋，朱熹校訂程氏《遺書》、《文集》、《經説》，由鄭伯熊刊於建寧府。本書即爲討論《文集》收録明道早年文字，故推知其約撰於是年秋、冬間。

朱熹《答鄭景望》：

《家祭禮》三策并上，不知可補入見版本卷中否？若可添入，即孟詵、徐潤兩家當在賈頊《家薦儀》之後，孟爲第七，徐爲第八，而遞贊以後篇數，至《政和五禮》爲第十一，而繼以孫日用爲第十二，乃以杜公《四時祭享儀》爲第十三，而遞贊以後，至范氏《祭儀》爲第十九。又於後序中改"十有六"爲"十有九"，仍删去"孟詵、徐潤、孫日用"七字。此版須別換。不然，即存舊序而別作數語附見其後，尤爲詳實。不審尊意以爲如何？更俟誨諭也。但寫校須令精審無誤，然後刻版，免致將來更改費力爲佳。或未刻間，且并寫定上版真本寄示，容與諸生詳勘，納上尤便也。《晦庵文集》卷三七。

案：據朱熹《跋古今家祭禮》云："右《古今家祭禮》，熹所纂次凡十有六篇。……如荀氏、徐暢、孟馮翊、周元陽、孟詵、徐潤、孫日（周）〔用〕等儀，有録而未見者尚多有之。"時淳熙元年五月。《晦庵文集》卷八一。後朱熹自尤袤(字延之)處又別得三家,朱熹《答劉子澄》(某幸如昨)有云"《祭禮》及二小書漫往,幸收之。昨得延之處《祭禮》三家,方屬鄭丈補入,而渠已物故"。《晦庵文集》別集卷三。故推知本書約撰於淳熙八年(1181)上半年。

鄭 艮

鄭艮,字里不詳。

朱熹《答鄭□□艮》:

示及疑義,足見勉學之意。已略奉答,但大抵用意未盡親切,更宜虚心詳味,未要生疑。只且似林一之看"養氣"章,順文看去足矣,久之自當有見處、有疑處也。《晦庵文集》卷五八。

案:本書撰時未詳。書中有云"只且似林一之看'養氣'章,順文看去足矣",林揆(一之)從學於漳州,時在紹熙元年,推知本書約撰於朱熹知漳州時或稍後,故係於紹熙二年(1191)間。

鄭 鑑

鄭鑑(1143—1180),字自明,號植齋,福州連江(今屬福建)人。丞相陳俊卿壻。乾道間補太學生,淳熙初三十歲釋褐,除太學正,召試館職,除校書郎,遷著作郎,權郎官。"屢引對言時政,爲時相所惡,遂乞外,出知台州"。卒,年三十八,《閩中理學淵源考》卷一七。時淳熙七年七月。《年譜長編》卷上。

朱熹《答鄭自明書》:

副封纍恨未見,今茲幸得竊讀,感歎之餘,斂袵敬服。嘗竊論之,以爲非獨忠諒懇切有以過人,於才辨智略亦非人所能及。不知劉元城、陳了翁輩如何爾?上聖聰明,開納如此,一旦感寤,去鼠輩如反覆手耳。太平萬歲,雖老且病,尚庶幾及見之,幸甚幸甚。

補郡懷章,雖鬱公議,然得以此閒暇進德脩業,益懋久大之規,天意亦有非偶然者矣。更願深自培養,以厚其基,篤志講學,以濬其源,使誠意充積而鋒穎潛藏,義理著明而議論條暢,則一日復進而立於朝,其所以動寤啓發者,決不但如今日之所就而止也。蓋前日文字固爲剴切,但論事多而論理少,數輩小之姦欺雖詳,而於人主之所以端本清源、脩德立政之意有未備也。此其所以然者,失於逆料聽者謂之迂濶而不敢言,亦自於此理講之未精,不免於自以爲迂濶而不足言也。兼今日之病,只此一病最大,若藥之未效,則其他小小證候不必泛投湯劑,以緩藥勢。而欲攻此病,所用之藥亦須一君、二臣、三佐、五使,多少緩急，次第分明，乃易見效。今既雜治他證，而所用以攻病根者，又未免互有得失。亦已嘗爲令弟言之，歸當一一稟白，不審尊意以爲如何？衰陋不足以及此，猥蒙不鄙，見使與議其間，亦私感時論之至此，不覺傾倒而忘其愚耳。

此外則伯恭所告讀書取人之意，亦所宜深留意者。蓋吾人所立已如此，使天無意於右宋則已，若有此意，異日之事豈得而辭其責哉？然則今日吾人之進德脩業，乃是異時國家撥亂反正之所繫，非但一身之得失榮辱也。惟高明深念之。然講學之方未得面論，猶頗以爲恨也。

陳丈此行，所繫不輕，待於下流，不勝日夕之拳拳也。熹之出處不足爲時重輕，諸公或聽其辭固幸，不爾，則受命而復請祠。又不得，則當申審奏事，以卜可否。又不得，則引疾丏閑。此於進退固自以爲有餘裕者，未審老兄以爲如何？若終身不出之計，則自禄不逮養之時已決於心懷矣。今亦不敢固必，且得隨事應之耳。但申審狀中，欲少露久違軒陛，願得一望清光之意，使知本無羞薄詔除之心，不知可否？幸爲籌度，留數字於曹晉叔處，令尋的便附來見教爲望。或不必然，即只依常格寫去也。

似之文字果佳，甚慰人意。老兄亦當勉其進脩，以俟時也。向來一番前輩少日粗有時望，晚年出來，往往不滿人意，正坐講學不精，不見聖門廣大規模，少有所立，即自以爲事業止此，更不求長進了。荆公所謂“末俗易高，險塗難盡"者,亦可念也。人材衰少、風俗頹壞之時,士有一善,即當扶接導誘,以就其器業,此亦吾輩將來切身利害。蓋士不素養,臨事倉卒乃求,非所以爲國遠慮,而能無失於委任之間也。陳候官處更有胡明仲侍郎史論,議論亦多切於事理,不知嘗見之否? 若未,可就借看,發人意思也。

昨得都下知識書云,伯恭説熹不必請對,此其意蓋恐熹復以抵觸得罪,沮壞士氣。此意人少識之者,只似熹偷得差遣做一般。彼意固善,然恐不可承用也。如何?《晦庵文集》卷二五。

案: 書中云"陳丈此行,所繫不輕,待於下流",指淳熙五年五月,陳俊卿"起判隆興府,未視事,改判建康府、江南東路安撫使兼行宫留守,且詔赴闕奏事"。《晦庵文集》卷九六《陳公行狀》。至十月,"以特進觀文殿大學士安撫使兼行宫留守"。《景定建康志》卷一。又書中"補郡懷章,雖鬱公議"云云,據《南宋館閣續録》卷八,鄭鑑於淳熙五年四月除著作郎,七月出知台州。故推知本書約撰於五年(1178)秋、冬之際。

又,朱熹《祭鄭自明文》云:"君昔過我,寒泉之濱。一語定交,情義日親。逮上饒之草次,語宵分而更僕。謂當擇善以潛心,毋以一長而自足。粵今兹之秋孟,又札書以申之。眷予心之悃款,實千載以爲期。書適往而訃來,噭然號其焉及。"《晦庵文集》卷八七。然朱熹淳熙七年秋孟七月致鄭鑑書,未見。

鄭可學

鄭可學(1151—1212),字子上,莆田(今屬福建)人。累舉進士不第,裹糧千里從學於朱熹。朱熹知漳州,"虛子弟之師席,俾之西向而坐",且"四方學者至,即有問,必使子上正之。而仕之來南者,命必見子上而後行"。前後三奉大對,嘉定辛未(1211)勅授忠州文學。次年壬申秋,從舂陵守方信孺西行,卒於豐城,年六十二。《閩中理學淵源考》卷一九。

朱熹《答鄭子上》:

所論《大學》之疑甚善,但覺前日之論頗涉倒置,故讀者汩没,不知緊切用功。子細看來,經文只是就大體規模上推說將來耳,非謂實經此漸次等級,然後及於格物也。故後來頗削舊語,意以此耳。補亡不能盡用程子之言,故略說破,亦無深意也。大抵看《大學》,須先緊著精神領略取大體規模,却便回來尋箇實下手處著緊用功,不可只守著此箇行程節次,便認作到頭處也。

賦題之說,若論詩人本意,則"湛露"云云,只是興發下句之詞,未有他意。而說者推以取義,則似有今日之論,亦不害於義理。但"露以陽睎",猶諸侯稟王命以從事,非謂陽盛而露睎,如王道盛而諸侯衰滅也。

治道去泰甚,誠出於黃、老之意,然吾言亦頗有近似者,但在用者如何。若看得準,則定當不可易處,然後隨其深淺而不求備焉,此則儒者之去泰甚也。若一切漫漶,十分放倒,而曰吾姑去泰甚焉,則是詖淫邪遁之詞,而非所以爲訓矣。聖賢惡似而非,正爲此也。尚安得捨吾不可易之權度,而徇彼漢儒黃、老之餘哉?不知子上以爲如何?

趙推書云談義理者多被擯黜,不知其間有能及此意者否?然此勿以示人,恐又生競辨,譊譊可憎也。別紙已注其下,卒章幸深留意也。《晦庵文集》卷五六。

案:書中所言"補亡不能盡用程子之言"之"補亡",指《大學章句》補"格物"傳。《大學章句》撰成於淳熙十六年春,故推知本書撰於其後。又書中云"趙推書云談義理者多被擯黜,不知其間有能及此意者否",乃指是年五月八日周必大罷相,隨後朝官之"道學黨"多以周必大黨被罷出朝。《年譜長編》卷下。故推知本書約撰於是年(1189)夏末、秋初。

朱熹《答鄭子上》:

所論大概多得之。偶以事出近村,不曾帶得書來,不及一一奉報。其間亦有一二合商量處,且夕當別有便,却附書也。《孟子》"求放心"一條，尋常亦草草看了，以今觀之，真是學問之要，不可不留意也。《晦庵文集》卷五六。

　　案：書中有云"《孟子》'求放心'一條，尋常亦草草看了，以今觀之，真是學問之要，不可不留意也"，而下書（所喻人心、道心之説）又云"孟子云：'學問之道無他，求其放心而已。'豈是此事之外更無他事"，知承本書，故推知本書約撰於淳熙十六年秋、冬間。

朱熹《答鄭子上》：

所喻人心、道心之説，比舊益精密矣。但常如此虛心精察，自然見得舊説是非，漸次長進矣，甚善甚善。今説如云"必有道心，然後可以用於人心"以下數語，亦未瑩也。所謂守得定方可以致知窮理，此説甚當。孟子云："學問之道無他，求其放心而已。"豈是此事之外更無他事？只是此本不立，即無可下手處；此本既立，即自然尋得路逕，進進不已耳。《易》中占辭，其取象亦有來歷，不是假説譬喻。但今以《説卦》求之，多所不通，故不得已而闕之，或且從先儒之説耳。《論語》説已注在卷中，幸更詳之，有便復以見喻也。二子同往金華，或相見，幸有以規切之。《晦庵文集》卷五六。

　　案：本書有云"二子同往金華"，據朱熹《答黄直卿》（子約頗愛泰兒）云及"子約頗愛泰兒，亦已囑令隨諸生程課督察之矣"，《晦庵文集》續集卷一。推知泰兒即朱熹二子之一,抵金華從呂祖儉問學。《答黃直卿》撰於紹熙元年秋中。又據《萬姓統譜》卷一〇七,鄭可學"由鄉薦兩浙漕試,再貢禮部,皆不利。道武夷,見朱文公從學"。《朱子語類》卷一一八載:"一日,晚同王春、先生親戚。魏才仲請見,問:'吾友年幾何?'對云:'三十七。'"鄭可學年三十七,乃淳熙十四年。則推知本書約撰於十六年末,是時鄭可學似因再次上京準備應科考而逗留婺州,故朱熹書中有"二子同往金華,或相見,幸有以規切之"之語。

朱熹《答鄭子上》:

道心之説甚善。人心自是不容去除,但要道心爲主,即人心自不能奪,而亦莫非道心之所爲矣。然此處極難照管,須臾間斷,即人欲便行矣。《通書》等何故不曾寄去? 今往一本,所疑附錄數條,亦略要見脈絡相連處耳,不足深致疑於其間也。但第三十六章注中"二"字當作"一"字。《西銘》卒章兩句所釋頗未安,試更思之,如何? 向來諸書近來整頓愈精密矣,只是近處難得學者肯用心耳。此道之傳,不絶如綫,甚可憂歎,唯冀益加勉厲,以副所望。《晦庵文集》卷五六。

案:上書(所喻人心、道心之説)有云"所喻人心、道心之説,比舊益精密矣。……今説如云'必有道心,然後可以用於人心'以下數語,亦未瑩也",本書乃言"道心之説甚善。人心自是不容去除,但要道心爲主",似承其後,推知其約撰於紹熙元年(1190)春中。

鄭可學《與朱元晦書》:

孔子惟顏子、仲弓實告之以爲仁之事,餘皆因其人而進之。顏子地位高,擔當得克己矣,故以此告之。仲弓未至此,姑告以操存之方、涵養之要。克己之功難爲,而至仁也易;敬恕之功易操,而至仁也難。其成功則一。故程子云"敬則無己可克",是也。但學者爲仁,如謝氏云"須於性偏處勝之",亦不可緩。特不能如顏子深於天理人欲之際,便可至仁耳。非只敬恕而不克己也。《朱子語類》卷四二。

案:《朱子語類》卷四二曰:"伯羽問:'持敬、克己,工夫相資相成否乎?'曰:'做處則一。但孔子告顏子、仲弓,隨他氣質地位而告之耳。若不敬,則此心散漫,何以能克己。若不克己,非禮而視聽言動,安能爲敬?'仲思問:'"敬則無己可克",如何?'曰:'鄭子上以書問此。'因示鄭書曰:'説得也好。'又曰:'鄭言學者克己處,亦好。……'"注引"鄭書云:'孔子惟顏子、仲弓實告之以爲仁之事,……'"此乃童伯羽所記,楊道夫亦記之而略。據《朱子語類‧姓氏》,童伯羽(甌寧人)所記乃庚戌(紹熙元年)所聞、楊道夫（建寧人）乃己酉（淳熙十六年）以後所聞。因朱熹於紹熙元年二月中旬啟程，經建寧、南建州、福州赴任，四月下旬抵漳州。《年譜長編》卷下。故推知童伯羽、楊道夫乃在朱熹塗經建寧、南劍州時所聞，則本書約撰於紹熙元年三、四月之際。

朱熹《答鄭子上》：

此却有數士友相聚，然極難得可共學者。浙人爲功利浸漬，壞了腹心，尤難説話，甚可歎，又可懼也。《晦庵文集》卷五六。

　　案：《閩中理學淵源考》卷一九有云鄭可學"累舉進士不第，裹糧千里從學於朱先生，先生一見，恨相遇之晚，握手評議如夙友焉，道同氣合。率終歲一歸，歸則以書質所疑，有問斯答，皆聖賢所未發之旨。朱先生守臨漳，虛子弟之師席，俾之西向而坐。既歸，則又以書招之，且致諸子弟慕向不忘之意。四方學者至，即有問，必使子上正之。而仕之來南者，命必見子上而後行"。本書中言"此却有數士友相聚，然極難得可共學者"，似即朱熹在漳州時招來鄭可學之語，疑其撰於紹熙元年中。

朱熹《答鄭子上可學》：

前此所惠書，歸來乃得之。所論詳悉，此間朋友難得如此會思索者。今書所説《易》、《中庸》亦甚子細,今并答去,具在別紙,更熟玩之,自見曲折也。程氏《易傳》已甚詳細,今《啓蒙》所附益者,只是向來卜筮一節耳。若推廣旁通,則離不得彼書也。程先生説《易》得其理,則象數在其中,固是如此。然泝流以觀,却須先見象數的當下落,方説得理不走作,不然事無實證,則虛理易差也。不知歲暮或春暖能一來否?此間難得人講論,每深懷想耳。《晦庵文集》卷五六。

　　案:本書云及"前此所惠書,歸來乃得之",乃指朱熹自漳州任上歸建陽事。又《閩中理學淵源考》卷一九有云"朱先生守臨漳,……既歸,則又以書招之"。本書所云"不知歲暮或春暖能一來否",當即指此。故推知本書約撰於紹熙二年(1191)秋間。

朱熹《答鄭子上》:

　　此心之靈,即道心也。道心苟存而此心虛,則無所不知,而豈特知此數者而止耶?

　　此心之靈,其覺於理者,道心也;其覺於欲者,人心也。昨答季通書,語却未瑩,不足據以爲説。

　　使學者於致知上循序而進,則凡所謂道德齊禮之類,皆舉之矣。

　　格物致知,乃是就此等實事功夫上窮究,非謂舍置即今職分之所當爲而泛然以窮事物之理,待其窮盡,而後意自誠、心自正、身自脩也。

意不誠則撓亂其心，牽連引動，無所不至。能誠意則心自正，意雖不誠，心固不可欺。

此説甚善。但不知既謂心不可欺，何故却可撓動？更請詳之。

"善端無時而不呈露於外"，又云"尚何待於發見哉"，又云"只於居處恭、執事敬上用力，即天理常存，何時而不發見"。

既知善端無時而不呈露，則當知無時不有下功夫處，不可謂常時都不發見，必待其有時發見而後可加功也。若如所論，只於恭敬上用功夫，則又只是存養之事。若便以此爲格物功夫，則是程先生所謂若但敬而不知窮理，却是都無事者矣。須知遇事而知其當然，即是發見。就此推究，以造其極，即是格物。但且如此用功，則所謂妄有所指而流於空虛，未有所見而苟且自止之病，亦不必慮矣。

"知至意誠"一段。

來喻得之。舊説有病，近已頗改定矣。其他改處亦多，恨未能録寄也。

論《易傳》。

《易》之爲書，本爲卜筮而作，然其義理精微、廣大悉備，不可以一法論。蓋有此理即有此象，有此象即有此數，各隨問者意所感通。如"利涉大川"，或是渡江，或是

涉險，不可預爲定説。但其本指只是渡江，而推類旁通，
則各隨其事。

　　論《中庸》。

　　此書從前被人説得高了，更不曾子細推考文意，若細
讀而深味之，其條理脈絡曉然可見。非是固欲如此剖析，
自是并合不聚也。如"道也者，不可須臾離也"至"故君子
謹其獨也"，若不分作兩段，則"是故君子"云云、"故君子"
云云此兩處，豈不重複？況"不可須臾離"與"莫見乎隱"、
"莫顯乎微"，"戒謹恐懼於不睹不聞"與"謹其獨"，分明是
兩事，驗之日用之間，理亦甚明。只是今人用心麤淺，下
工不親切，故不見其不同耳。"君子之道四，丘未能一
焉"，雖是聖人自責之詞，然必其於責人之際反求諸己，而
見其於道之全體，曲折細微，容有不能無不盡處，如舜之
號泣于旻天之類，但當於此負罪引慝、益加勉勵而不敢自
恕焉耳。以此見得古人文字關鍵深密，直是不草草。依
乎《中庸》博學、審問兩段，亦非强爲分別，如庖丁眼中，自
是不容有全牛也。請更詳之。《晦庵文集》卷五六。

　　案：書中有言"此心之靈，其覺於理者，道心也；
　　其覺於欲者，人心也。昨答季通書，語却未瑩，不足
　　據以爲説"。又《朱子語類》卷六二載鄭可學記曰：
　　"季通以書問《中庸序》所云'人心'、'形氣'。先生
　　曰……"其"向答季通書"、"季通以書問《中庸序》所
　　云'人心'、'形氣'。先生曰"云云，皆指朱熹《答蔡季

通》(人之有生)。《晦庵文集》卷四四。據《朱子語類·姓氏》，鄭可學所記乃辛亥(紹熙二年)所聞。《答蔡季通》撰於紹熙二年春。又上書(前此所惠書)有云"今書所說《易》、《中庸》亦甚子細，今并答去，具在別紙，更熟玩之，自見曲折也"，而本書中即論析《易傳》、《中庸》義，知屬上書之"別紙"。

鄭可學《與朱元晦書》：

先生曰："此心之靈，其覺於理者，道心也；其覺於欲者，人心也。"可學竊尋《中庸序》，以人心出於形氣，道心本於性命。蓋覺於理謂性命，覺於欲謂形氣云云。可學近觀《中庸序》所謂"道心常爲一身之主，而人心每聽命焉"，又知前日之失。向来專以人可以有道心，而不可以有人心，今方知其不然。人心出於形氣，如何去得？然人於性命之理不明，而專爲形氣所使，則流於人欲矣。如其達性命之理，則雖人心之用，而無非道心，孟子所以指形色爲天性者以此。若不明踐形之義，則與告子"食、色"之言又何以異？"操之則存，捨之則亡"，心安有存亡？此正人心、道心交界之辨，而孟子特指以示學者。可學以爲必有道心，而後可以用人心，而於人心之中，又當識道心。若專用人心而不知道心，則固流入於放僻邪侈之域；若只守道心，而欲屏去人心，則是判性命爲二物，而所謂道心者，空虛無有，將流於釋老之學，而非《虞書》之所指者。

未知然否？《朱子語類》卷六二。

案：《朱子語類》卷六二載余大雅所記云：“因鄭
子上書來問人心、道心：‘先生曰……’”據朱熹下書
（此心之靈，其覺於理者），知鄭可學本書文字有闕。
又本書有云“先生曰：‘此心之靈，其覺於理者，道心
也；其覺於欲者，人心也。’”即上書（此心之靈，即道
心也）中語，故推知本書約撰於紹熙二年末或稍後。

朱熹《答鄭子上》：

“此心之靈，其覺於理者，道心也；其覺於欲者，人
心也。”可學蒙喻此語，極有開發。但先生又云：“向答
季通書，語未瑩，不足據以爲說。”可學竊尋《中庸序》云
人心出於形氣，道心本於性命。而答季通書，乃所以發
明此意。今如所說，卻是一本性命說而不及形氣。可
學竊疑向所聞“此心之靈”一段所見差謬，先生欲覺其
愚迷，故直於本原處指示，使不走作，非謂形氣無預而
皆出於心。愚意以爲覺於理，則一本於性命而爲道心；
覺於欲，則涉於形氣而爲人心。如此所見，如何？

《中庸序》後亦改定，別紙錄去。來喻大概亦已得
之矣。

“告子問性”云云，解云：“蓋指血氣知識爲性。”下
又云：“近於後世佛家所謂作用是性之說。”又云：“告子
謂人之甘食悅色，性之自然，蓋猶上章知覺運動之意

也。"可學謂甘食悦色固非性,而全其天則,則食、色固天理之自然。

此説亦是。但告子却不知有所謂天則,但見其能甘食悦色即謂之性耳。

告子先云"義猶杯棬",而下云"以人性爲仁義",其意蓋謂仁義出於本性。但下文又指仁爲在内,疑告子本皆以仁義爲外,既得孟子説,略認責以爲内,而尚未知其所以愛,故猶執義爲外。告子知所以愛之由乎仁,則亦知義之不離乎仁矣。仁内義外之説,不知告子何以附於"食色性也"之下?可學竊疑告子指食、色爲性,以爲由心出,故亦略指愛以爲在心。

初意亦只如此看,適細推之,似亦不以仁爲性之所有,但比義差在内耳。

"盡心知性"云云,可學每讀先生書解,於文義之間最不草草。如"君子深造之以道,夜氣不足以存,他人便不認","之以"、"足以"兩字,先生拈出,而一段之意皆全。故可學因此每觀書,於文義之間一字不敢放過,蓋古人文字高下曲折之間,皆其意所寓。故於此一段,雖先生之説指意明白,而竊有疑焉。伏乞批示。

論其理,則心爲粗而性天爲妙;論其功夫,則盡爲重而知爲輕。故云所謂盡其心者,即是知性而知天者也。三者只是一時事,但以表裏虚實反復相明,非有功夫漸次也。三者初無分别,故又曰"存其心,養其性,所以事天",

亦言其本一物耳。所謂"深造"、"夜氣",看得甚子細。此書近爲建陽人販賣甚廣,不知有幾人看得此意出來,亦可歎耳。《晦庵文集》卷五六。

案:鄭可學問目即上書(先生曰),故知本書乃朱熹答問目。

朱熹《答鄭子上》:

《太極圖》曰:"無極而太極。"可學竊謂無者,蓋無氣而有理。然理無形,故卓然而常存;氣有象,故闔闢斂散而不一。《圖》又曰:"太極動而生陽,動極而靜,靜而生陰。"太極,理也,理如何動靜?有形則有動靜,太極無形,恐不可以動靜言。南軒云"太極不能無動靜",未達其意。

理有動靜,故氣有動靜;若理無動靜,則氣何自而有動靜乎?且以目前論之,仁便是動,義便是靜,此又何關於氣乎?他説已多得之。但此處更須子細耳。

誠與仁之名所以異者,誠自其渾然不動言之,而仁則已流出矣。故在濂溪《圖》誠爲太極,而《通書》謂誠無爲,於《圖》陽動屬仁,於《易》元屬仁。程先生亦謂生之理便是仁,推此可見。

自性言之,仁字亦未流出,但是其生動之理包得四者,其實與誠字所指不同,須更辨得分明始得。

在臨漳問仁、公,先生曰:"仁在内,公在外。"可學謂仁然後能公,程説則是公然後能仁。不知未仁何以能公?

仁是本有之理,公是克己功夫極至處,故惟公然後能仁,理甚分明。其曰"公而以人體之",則是克盡己私之後,只就自身上看,便見得仁也。

《大學》云:"在止於至善。"程先生所謂"理之精微,不可得而名,姑以至善目之"也。《文言》曰:"元者,善之長也。"程先生云"仁者,善之本",乃是自發出説,與《大學》非有二善。如孟子説性善,自情觀之,亦是因發以見其善,而其本善者固昭然而不可掩也。程先生所謂"姑以至善目之"者,乃所以極形容其精微耳。非謂精微之不爲善,而借此以名之也。近世諸儒論性往往執此説,謂性不可以善名,而必欲置之於渾淪茫昧之地,乃是粗見其外而不精見於内,故其説差。

此説得之。

命者,天之所以賦予乎人物也;性者,人物之所以稟受乎天也。然性命各有二,自其理而言之,則天以是理命乎人物謂之命,而人物受是理於天謂之性。自其氣而言之,則天以是氣命乎人物亦謂之命,而人物受是氣於天亦謂之性。

氣不可謂之性命,但性命因此而立耳。故論天地之性則專指理言,論氣質之性則以理與氣雜而言之,非以氣爲性命也。

人生有壽夭，氣也，賢愚亦氣也。壽夭出於氣，故均受生而有顏子、盜跖之不同。賢愚出於氣，故均性善而有堯、桀之或異。然竊疑天地間只是一氣，所以爲壽夭者此氣也，所以爲賢愚者亦此氣也。今觀盜跖極愚而壽，顏子極賢而夭，如是則壽夭之氣與賢愚之氣容或有異矣。明道誌程邵公墓云：“以其間遇之難，則其數或不能長亦宜矣。吾兒其得氣之精一而數之局者歟？”詳味此説，氣有清濁、有短長。其清者固所以爲賢，然雖清而短，故於數亦短；其濁者固所以爲愚，然雖濁而長，故其數亦長。不知果然否？

此説得之。貴賤貧富亦是如此。但三代以上氣數醇濃，故氣之清者必厚必長，而聖賢皆貴且壽且富，以下反是。

儒、釋之異。

儒、釋之異，正爲吾以心與理爲一，而彼以心與理爲二耳。然近世一種學問，雖説心與理一，而不察乎氣稟物欲之私，故其發亦不合理，却與釋氏同病，又不可不察。

和靖論敬以整齊嚴肅，然專主於内；上蔡專於事上作工夫，故云“敬是常惺惺法”之類。

謝、尹二説難分内外，皆是自己心地功夫，事上豈可不整齊嚴肅，静處豈可不常惺惺乎？

“君子親親而仁民，仁民而愛物。”然謂之愛物，則愛之惟均。今觀天下之物有二等，有有知之物，禽獸之

類是也；有無知之物，草木之類是也。如數罟不入洿
池，不麛不卵，不殺胎，不殀夭，聖人於有知之物其愛之
如此。斧斤以時入山林，木不中伐不鬻於市，聖人於無
知之物亦愛之如此。如佛之説，謂衆生皆有佛性，故專
持不殺之戒，似若愛矣。然高宫大室，斬刈林木，則恬
不加恤，愛安在哉？竊謂理一而分殊，故聖人各自其分
推之，曰親、曰民、曰物，其分各異，故親親、仁民、愛物
亦異。佛氏自謂理一而不知分殊，佛氏未必知理一，但借
此言。但指血氣言之，故混人、民、物爲一，而其他不及
察者，反賊害之。此但據其異言之。若吾儒於物，竊恐
於有知無知亦不無小異。蓋物雖與人異氣，而有知之
物乃是血氣所生，與無知之物異。恐聖人於此須亦有
差等。如齊王愛牛之事，施於草木恐又不同。

此説得之。

天地之間，有理有氣，理常不移而氣不常定。《中
庸》曰："大德必得其名，必得其位，必得其壽。"理固當
如此。然孔子無位，顔子夭死，蓬蓽之士固有老死而名
不著者，豈非氣使之然耶？故君子道其常而不道其非
常。然竊疑理先而氣後，今理既不足以勝氣，則凡福善
禍淫之説不驗常多，何以爲天地之常經？意謂氣雖不
同，然亦隨世而異，堯、舜、禹以聖人在上，天下平治，以
和召和，則氣亦醇正而隨於理。如春秋、戰國之時，刑
殺慘酷，則氣亦隨之而變，而理反不能勝。此處亦當關

於人事否？

此於前段論性命處已言之矣。雖是所感不同，亦是元氣薄耳。《晦庵文集》卷五六。

案：本書校記曰："可學謂仁然後能公程説"，浙本作"此論與程氏所論固證得世儒以公爲仁之誤，但可學竊謂仁是本、公是末，必仁然後能公。如程氏之説"。

書中言及"在臨漳問仁、公，先生曰：'仁在内，公在外。'"則當在朱熹自漳州歸建陽以後，或撰於紹熙三年(1192)中。

朱熹《答鄭子上》：

"誠"、"仁"，天下之理一而已。然誠，體也，仁、義、禮、智皆在其中。仁，用也，與禮、義、智皆爲誠中之一理。仁爲生動之理，包含義、禮、智，則又合爲一全理，又只是誠之推耳。

理一也，以其實有，故謂之誠。以其體言，則有仁、義、禮、智之實；以其用言，則有惻隱、羞惡、恭敬、是非之實。故曰五常百行非誠，非也。蓋無其實矣，又安得有是名乎？

性命，若生而知之者渾然盡善，則氣自氣，理自理，兩不相關，不必説氣質。自生知而下，雖是天理無虧，然却繫於氣。氣清而理明，氣濁則理晦，二者常合，故指爲氣質之性。言此理視氣以爲進退，非以氣質亦爲性命也。

生而知者，氣極清而理無蔽也；學知以下，則氣之清濁有多寡而理之全缺繫焉耳。

儒、釋前承所答云。

吾以心與理爲一，彼以心與理爲二，亦非固欲如此，乃是其所見處不同。彼見得心空而無理，此見得心雖空而萬物咸備也。雖説心與理一，而不察乎氣稟物欲之私，亦是見得不真，故有此病。此《大學》所以貴格物也。

"敬"得批教，反覆思繹，乃知只有動静之異而無内外之別。又云二人亦各就一處言之。

"敬"字工夫，乃聖門第一義，徹頭徹尾，不可頃刻間斷。子上於講論處儘詳密，却恐此處功夫未到，所以不甚精明，於己分無得力處。須更於此子細著力，以固根本爲佳。《晦庵文集》卷五六。

案：本書載鄭可學問"儒、釋前承所答云"，朱熹答曰"吾以心與理爲一，彼以心與理爲二，亦非固欲如此，乃是其所見處不同"，正與朱熹上書(《太極圖》曰)所云"儒、釋之異，正爲吾以心與理爲一，而彼以心與理爲二耳。然近世一種學問，雖説心與理一，而不察乎氣稟物欲之私，故其發亦不合理，却與釋氏同病，又不可不察"相合，知承上書。

朱熹《答鄭子上》：

所示《論語》數條，備見別來玩索功夫。偶以病中意思昏憒，未暇細觀，不敢草草奉報。此間亦有朋友數人往來講學，但久病倦甚，無力應酬，無以副其遠來之意。新舊諸書尚有合整頓處，頭緒不一，亦以病倦，不復能如舊日趲得課程。未知何時復得會面？所欲言者無窮，臨書徒悵然也。《晦庵文集》卷五六。

案：書中云及“所示《論語》數條，備見別來玩索功夫。偶以病中意思昏憒，未暇細觀，不敢草草奉報”，當撰於朱熹自漳州歸建陽以後，約在紹熙三年或四年間。

朱熹《答鄭子上》：

有子言“其爲人也孝悌”，只是言尋常人如此，則好犯上者鮮矣，其言頗輕；下文“孝悌其爲仁之本”，言即重。蓋世間自有一等孝悌人而不知仁，正是由而不知耳。然則此一段當於“務”字、“立”字上著工夫。

上兩句是説道有本末，務本是工夫，當於“務”字、“立”字上著工夫。

“志學”一段，伊川先生謂聖人未必然，亦只是爲學者立法。先生注中亦取此説，又云：“聖人生知安行，非有進爲之漸。然其乾乾不已之心未嘗自足，則其極至之妙必有日新而又新者，故其言如此。”愚鄙未曉，且欲從伊川說，如何？恐識未至而彊求之，徒有揣摩料想之病，而無確實自得之功。

聖賢之學非常情所能測，依約如此，須有與他人不同處耳。

"子謂《韶》盡美"一段，先儒皆引征伐以說武王，謂其樂聲自不能掩。今注云"其實有不同"，亦是指其聲耶？或謂其聲雖皆美，推原其義則自有不同也？

美者其功也。善者功之所以立，即揖遜征伐是也。

"吾道一以貫之"一章，前注云："此皆借學者而言，在聖人則至誠無息而萬物各得其所是也。""忠恕"二字本是學者分上事，不曾刪去"忠也，恕也"。今注去上一句，雖云"至誠無息，萬物各得其所"，而不明指其為忠也。未適如何？

"道體無二而聖人"，今改作"聖人之心渾然一理而"。此注是後來改本，解釋極明白矣。《晦庵文集》卷五六。

案：本書乃答《論語》問，上書（所示《論語》數條）有云"所示《論語》數條，備見別來玩索功夫。偶以病中意思昏憒，未暇細觀，不敢草草奉報"，故推知本書約撰於其後。

朱熹《答鄭子上》：

或謂伊川先生："令尹子文之忠、陳文子之清，使聖人為之，是仁否？"先生曰："不然。聖人為之，亦只是清忠。"先生解云："心德全體，非事為一節可論。"但二子之清忠，使聖人爲之，固只是清忠，莫亦是仁中之清忠，與二子異？孔子謂二子之清忠而未仁。可學謂二人既未仁，則清忠亦未至。似此反觀之，如何？

此説得之。

“回也三月不違仁”，尹氏曰：“三月，言其久。若聖人則渾然無間矣。”可學觀尹氏之意，蓋以不違仁與安仁異，必則聖人之安仁，則無間斷。若只如顔子之不違，則雖欲無間斷不可，非謂不違仁已至極，特有間斷耳。又不知尹氏之意果是如此否？

此説亦得之。

“天生德於予”一章，上蔡云：“使其能害己，亦天也。”龜山亦然，諸家多從之。先生解云：“言必不能違天害己。”可學謂衰亂之世氣運差謬，福善禍淫容或有失。若天理則卓然常在，如許盛德，必不應殺得，故伊川云，聖人極能斷致以理。

伊川説是夫子正意，謝、楊是推説餘意，亦不可不知也。

泰伯及周之至德。

此兩段且寬著意思看。事殷、伐紂，事雖不同，然其隨時順天則一而已。《晦庵文集》卷五六。

案：本書亦答《論語》問，疑與上書撰時相近。

朱熹《答鄭子上》：

子晦書煩致之。或相見間，鄉里公共利害告之無嫌也。君平之説，鄙見正如此。南蒯事，《國語》中所記尤詳，可檢看也。《晦庵文集》卷五六。

案：子晦，廖德明字。據朱熹慶元二年（丙辰）三月《書廖德明仁壽廬條約後》，知廖於慶元初知莆田縣。《晦庵文集》卷八三。而鄭可學乃莆田人。故本書有云“子晦書煩致之。或相見間，鄉里公共利害告之無嫌也”，推知當在慶元元年（1195）廖德明初至莆田時。

朱熹《答鄭子上》：

近修何業？因來幸語及也。此間夏間精舍有數朋友，自熹避地入山，遂皆散去。今則其室久虛，蓋火色如此，想彼自不敢來此，亦不敢願其來也。閑中看得舊書一過，有所未安，隨筆更定。恨相去遠，不得相與討論也。《晦庵文集》卷五六。

案：慶元三年正月，朱熹落職罷宮祠，蔡元定編管道州；閏六月，朝散大夫劉三傑論“偽黨”變而爲“逆黨”，指朱熹爲黨魁。《年譜長編》卷下。本書“此間夏間精舍有數朋友，自熹避地入山，遂皆散去。今則其室久虛，蓋火色如此，想彼自不敢來此，亦不敢願其來也”，當即指此而書院諸生散去事。又《朱子語類》卷一一八載郭友仁所記曰：“鄭子上因赴省經過，問《左傳》數事。先生曰……”據《朱子語類·姓氏》，郭友仁所記在慶元四年（戊午）。慶元四年有春闈。
故推知本書約撰於慶元三年（1197）秋末、冬間。

朱熹《答鄭子上》：

病中不敢勞心看經書，閑取《楚詞》遮眼，亦便有無限
合整理處。但恐犯忌，不敢形紙墨耳。因思古人是費多
少心思做下此文字，只隔一手，便無人理會得，深可歎息
也。所編《左氏》文字如何？若有人寫，旋寫得數段來，亦
幸甚也。病中不敢出門已累月，精舍亦鞠爲茂草。塊坐
無晤語，偶便附此，臨風依然。《晦庵文集》卷五六。

　　案：朱熹慶元四年初大病；《楚辭集注》成於慶
　　元五年二月。《年譜長編》卷下。又《朱子語類》卷一一
　　八載"鄭子上因赴省經過，問《左傳》數事"，而本書有
　　云"病中不敢勞心看經書，閑取《楚詞》遮眼，亦便有
　　無限合整理處。但恐犯忌，不敢形紙墨耳"，又云"所
　　編《左氏》文字如何？若有人寫，旋寫得數段來，亦幸
　　甚也。病中不敢出門已累月，精舍亦鞠爲茂草"。故
　　推知其約撰於慶元四年（1198）夏、秋間。

朱熹《答鄭子上》：

來書所問鬼神二事，古人誠實，於此處直是見得幽明
一致，如在其上下左右，非心知其不然而姑爲是言以設教
也。後世說"設教"二字甚害事，如溫公之學問雖一本於

誠，而其排釋氏亦曰"吾欲扶教"耳。此只是看道理不透，非獨欺人，而并以自欺。此《大學》之序所以必始於格物以致其知也。平康正直，則來喻得之矣。但不知剛克柔克，謂自克耶，抑謂勝彼耶？此上四句，須看得有歸著，乃無窒礙耳。《晦庵文集》卷五六。

案：本書撰時未詳。《朱子語類》卷七九載呂燾所記曰："彊弗友以剛克之，燮友柔克之，此治人也。資質沈潛以剛克之，資質高明以柔克之，此治己也。"又沈僩所記曰："沈潛剛克，高明柔克。克，治也。言人資質沈潛者當以剛克之，資質高明者當以柔治之。此説爲勝。"又卷一一八載甘節所記曰："謂林正卿曰：'……理會"剛而塞"，且理會這一箇"剛"字，莫要理會"沉潛剛克"。各自不同。'"亦論説"剛克"、"柔克"説，疑其時相近。據《朱子語類·姓氏》，呂燾所記乃己未（慶元五年）所聞、沈僩乃戊午（慶元四年）以後所聞、甘節乃癸丑（紹熙四年）以後所聞。由此疑本書約撰於慶元五年（1199）前後。

鄭　栗

鄭栗，字景實，莆田（今屬福建）人。"淳熙庚子年（1180）從鄉相陳魏公於建康"。《夷堅志》戊卷二《鄭主簿夢》。嘉泰二年（1202）六月二十一日以朝議大夫、直寶文閣、江東運副到任，十二月致仕。《景定建康志》卷二六。

朱熹《與鄭景實^案》：

示喻曲折，亦是時態之常。頃聞仙遊故相葉公之爲縣，月計所須，令民以漸輸送，故縣帑無餘積而月解無餘欠，人甚便之。竊計郡計既寬，正當法此，稍寬縣道之輸，亦公私之利也。但恐縣道難託，別生它患。此在高明必又有以制之耳。儲宰既去，爲怨家所誣，亦寓公者爲之先後。臺評所指遷學一事，乃與賤迹相連。士子有初不預謀者，亦被流竄，其事甚可笑。或傳不止流竄，於爾又可痛也。蓋舊學基不佳，衆欲遷之久矣。儲宰一日自與邑中士子定議，而某亦預焉。其人則初不及知，而其地亦不堪以葬也。它時經由，當自知之。其可浩歎，又不止如今所諭也。《晦庵文集》續集卷六。

案：書中所云"儲宰既去，爲怨家所誣，亦寓公者爲之先後。臺評所指遷學一事，乃與賤迹相連。士子有初不預謀者，亦被流竄"，"士子"即指蔡元定，即慶元中"臺臣以（蔡）元定與公游最久，謂公欲薦草澤易阜陵之卜，誣以爲公易置建陽鄉校基規爲葬地，故疏云云。元定謫道州羈管。時建陽令儲公用字行之，亦以劾罷，爲其從公命也"。《四朝聞見錄》丁集《慶元黨》。蔡元定謫道州在慶元三年正月末，故推知本書約撰於是年（1197）春末、夏間。

鄭　僑

　　鄭僑(1133—?)，字惠叔，興化(今屬福建)人。乾道五年(1169)進士第一，除著作郎兼國史實録院，以《左氏春秋》侍講東宮，歷官參知政事、知樞密院事，以觀文殿大學士致仕。《萬姓統譜》卷一〇七。約慶元末卒，《宋人生卒行年考》。謚忠惠。《福建通志》卷四四。

朱熹《答鄭尚書惠叔僑》：

　　匆匆去國，深荷眷存。既行之後，又知榻前開陳之力，固知高明非私於某者，然不能不以爲媿也。區區舟行，冒寒阻風，昨夕始到三衢，更一二日，始遂南去。病軀幸可支吾，皆餘芘之及也。鄉在長沙，嘗得温公《稽古録》正本，別爲刊刻，殊勝今越中本。欲俟成書奏御，未竟而來。又欲面奏行下取索，則又未及而去。每念此書温公所以願忠君父之志，更歷三朝然後成就，其論人君之德有三而材有五者，尤爲懇切，不可不使聖主聞之。不知可以一言及之，行下本州取索投進否？然不必及某姓名，恐罪累之迹延及先賢，反致忠言不得聞達也。聞中司已兼讀官，幸更與議之，同君舉、子壽諸公共白之也。《晦庵文集》別集卷三。

　　案：據《宋史·宰輔表四》，鄭僑於紹熙五年(1194)十二月自吏部尚書除同知樞密院事。又，是年閏十月下旬朱熹罷侍講離臨安,於十一月八日至衢州(三衢),《年譜長編》卷下。本書言及"昨夕始到三衢",故推知其撰於十一月九日。

朱熹《與鄭參政劄子》:

熹山野伉拙,處世不諧,然自少日即蒙當世一二鉅公教誨期許,待以國士。居常厲志,不敢少貶以辱其門,亦庶幾得因濟會,少有毫髮以自效於當世。不意暮年此志不遂,而又適遭時論大變,威福下移,忠賢奔波,海內震駭。病中聞之,憤悶鬱結,覓死無路。亟欲草疏自通,幾或開悟,而子弟諸生交謁更諫,以爲如此適增國家之累而無益。紛拏累日,疾勢遂侵,此乃窮命使然,是亦無足言者。今若得因病辭官,并脫無名之職,則與世長辭,含笑入地,無所恨矣。伏惟參政矜憐有素,切望乘此機會,曲賜保全。萬一更有纏撓,不遂所懷,則熹素心尚在,本未能平,一旦遇事感觸,不能自已,更以垂死之年自貽投竄之禍,亦非參政之所欲也。抑時事如此,有識寒心,而參政從容其間,未肯身任其責,此亦中外所深疑者,而熹猶竊恐高明之有待而發也。不知其果然耶,其不然耶? 如其果然,則安危之機相去日遠,亦不可以少緩矣。垂絶之言,無復倫次,唯此一念,炳然如丹,伏惟明公念之。《晦庵文集》卷二九。

案:黃榦《朱先生行狀》中載慶元元年,趙汝愚

"亦罷,誣以不軌,謫永州。……而朝廷大權悉歸
(韓)侂胄。先生自念身雖閒退,尚帶侍從職名,不敢
自嘿,遂草書萬言,極言姦邪蔽主之禍,因以明其冤,
詞旨痛切。諸生遂諫,以筮決之,遇遯之同人,先生
默然,退取諫藁焚之,自號遯翁"。《勉齋集》卷三六。
本書中"而又適遭時論大變,威福下移,忠賢奔波,海
內震駭。病中聞之,憤悶鬱結,覓死無路。亟欲草疏
自通,幾或開悟,而子弟諸生交謁更諫,以爲如此適
增國家之累而無益"云云,即指此。《年譜長編》卷下
以爲"退取諫藁焚之"一事在是年六月。又,據《宋
史·宰輔表四》,鄭僑於慶元元年四月自同知樞密院
事除參知政事;二年正月,自參知政事除知樞密院
事。故推知本書約撰於元年(1195)秋間。

朱熹《與鄭參政劄子》:

熹竊以仲冬之月,陽氣潛萌,伏惟參政相公鈞候起居
萬福。熹伏蒙鈞慈,還賜手教,捧讀感悚,不知所言。區
區之請,又復不遂,雖荷容庇,得免大戾,然非素心所望於
門下也。今復有狀申奏,并懇諸公矣。此事直自去冬此
等時節勞攘至今,若使鄙意止爲備禮辭讓,亦何苦冒觸天
威、煩瀆朝聽,更使不相樂者得以議其後而終不自已耶?
寔以從初不欲虛受,已有狀申省甚詳。後來既以罪去,其
無分豪之補可知,即是全無義理可受官職,其勢不得不

辭。前此却荷趙公察知此意，許以再上當爲開陳。若渠更得一兩月不去，則此事已定久矣。不然，則及國論未變、善類未逐之時，冒昧受了，今亦無由追悔，却是後來過了許多時月，入了許多文字，説了許多道理，下稍却只如此閔默受却，則熹雖無狀，豈有顏面可見友朋？今不得已，須至再上，以得爲期。却望參政力賜主張，協贊諸公同爲敷奏。謂其所請實出誠意，則天意必須可回；或恐不欲盡奪，即得降一二等，却得舊來所帶閣撰，熹亦不敢固辭矣。況此因熹力辭而改，即非責降，而可以保庇孤蹤，免遭彈射，又可以仰全國家退人之禮，於事體殊無所傷，廟堂何憚而不肯爲乎？如更不蒙留意，則是參政略無矜念之意，而直付之言路之筆端，使得肆其詆毀，而諉曰我無所預也。熹不得請，即須得罪，決於此行。若使未然，亦不容苟止，但自此不復敢以告于門下，而坐待譴訶之及耳。伏惟少垂意焉。

　　貼黃內事，恐只蔭補、磨勘兩事須合改正。蓋熹去年本是帶職員郎，前此一郊，中子已叨恩命，去年自不合奏請，非但不應得京官也。磨勘則所供考第不知比之庶官月日如何，恐或不足，則亦當鐫改。其餘雖不繫利害，然得盡削去，亦一快也。熹今年遣人來往，虛費不貲，今亦不能復遣。初欲附遞致懇，適龔提幹過門，謹此脩敬，并致下懷，切幸情照。無由瞻望，馳仰良深。切幾以時爲國自重，熹千萬至禱。《晦庵文集》卷二九。

案：書中有云"熹竊以仲冬之月，陽氣潛萌，伏惟參政相公鈞候起居萬福"，故推知其撰於慶元元年十一月間。

鄭興裔

鄭興裔(1126—1199)，字光錫，初名興宗，開封(今屬河南)人。鄭皇后族人。歷任江東路鈐轄，徙福建路兵馬鈐轄，爲提刑，遙領高州刺史，加成州團練使。累差浙東、浙西、江東提刑，請祠以歸。尋知閣門事兼幹辦皇城司，又兼樞密副都承旨，除均州防禦使，遷潭州觀察使。復請祠，起知廬州、揚州。紹熙元年，遷保靜軍承宣使。寧宗即位，除知明州兼沿海制置使，告老，授武泰軍節度使。慶元五年九月卒，年七十四，周必大《文忠集》卷七〇《武泰軍節度使贈太尉鄭公興裔神道碑》。諡忠肅。《宋史》卷四六五有傳。

鄭興裔《回漳州朱直閣熹書》：

暌隔經年，未由服教。伏辱誨緘，喜倍今昔。審惟足下治化已成，台候動止萬福。惠示經界法，爲民除弊，最爲良策。興裔竊謂此法行，貧民下户固樂其利，豪右之家不便行私，必滋異議搖沮，須具狀逐一奏明，甚善甚善。冬候凜凜，敢重以寶調爲請。不宣。《鄭忠肅奏議遺集》

卷下。

案：鄭興裔《鄭忠肅奏議遺集》卷下此篇後有
"定遠謹識"曰："按《先忠肅公年譜》載淳熙八年奏請
勅行浙東提舉朱熹社倉法於諸路。此書又極言經界
法爲除弊良策，具見當時與晦翁同心爲國、修復古制
至意，宜數郡之民尸祝公不替也。"又本書中云"冬候
凜凜"，故推知其當撰於紹熙元年(1190)寒冬，時朱
熹知漳州。

鄭昭先

鄭昭先，字景紹，福州閩縣(今屬福建)人。淳熙十四
年(1187)王容榜進士出身。嘉定八年(1215)三月以簽書
樞密院事兼權參知政事兼權監修國史，七月爲參知政事，
十二年五月以知樞密院事兼參知政事，仍兼權監修國史。
《南宋館閣錄續錄》卷七。進右丞相，辭不拜。卒，諡曰文清。
所著有《日湖遺藁》五十卷。《閩中理學淵源考》卷一七。按
《晦庵文集》別集卷五載其字景明。疑昭先初字景明，後
改字景紹。

朱熹《答鄭景明》：

示喻讀書未能無疑，固應如此。然且漸就易曉處求
一入頭下手功夫，且讀且行，則久之自有見矣。《晦庵文

集》別集卷五。

案：鄭昭先淳熙十四年進士，“初授浦城主簿，歎曰：‘學問未悉，何以治人？’聞朱熹講明濂洛之旨，遂往遊其門。居官有惠政，擢知歸安”。《福建通志》卷四三。其知歸安縣在開禧初年。《浙江通志》卷四二。又《朱子語類》卷五、卷一四、卷五九、卷六九、卷一二〇載楊道夫所記鄭昭先（景紹）問學事五條。據《朱子語類·姓氏》，楊道夫所記乃己酉（淳熙十六年）以後所聞。本書有“示喻讀書未能無疑，固應如此”云云，似在初問學時。故推知本書約撰於紹熙元年（1190）初。

朱熹《答鄭景明昭先》：

某老懶不堪，比復大病，今雖小愈，猶未復常。已上投閑之請，度歲交或可歸卧故山矣。承以職業頗爲當路所知，甚善甚善。更在勉力講學，使知益明而行益修，則固不患人之不己知矣。《晦庵文集》別集卷五。

案：紹熙元年十月，朱熹上《自劾本州地震及患腳氣不能祇赴錫宴妨廢職務乞賜罷黜奏狀》，有云“當州境内自九月以來，累次地震，臣實恐懼，未及申奏待罪，而舊苦腳氣忽然發動，痛楚寒熱，倍於常年，遍傳兩足，連及右臂，以至會慶聖節滿散錫宴之日，病勢方劇。……今雖略能彊起視事，而病中服藥，出

汗過多，氣血精神日益凋耗。……加以年歲向晚，播
穀有期，而所請經界至今未奉進止。設使即今便蒙
行下，已是後時。……伏惟聖慈……儻或憐臣愚暗
拙疏、疾病狼狽之實，不加大譴，曲賜保全，使臣得以
自裹殘骸，歸穸故土，亦死且不朽"。《晦庵文集》卷二
三。與本書所云"比復大病，今雖小愈，猶未復常。
已上投閑之請，度歲交或可歸臥故山矣"相合。故推
知本書約撰於是年十一月中。

朱熹《答鄭景明》：

大湖保伍施行有緒，乃爲强豪所撓敗，深可歎惜。官
府不足倚賴如此，子厚之不能安居固宜。然遷徙重事，不
可草草，已屢作書勸之矣。小人淩上之風漸不可長，能爲
風曉邑大夫，有以正之，乃縣道政事所當然，非獨爲子厚
計也。《晦庵文集》別集卷五。

案：大湖，當在福建浦城縣内，有大湖山，"在縣
西南靖安里"，縣南有大湖嶺庵前陂。《福建通志》卷四、
卷七。子厚乃黄銖字，建州甌寧人，"而子厚一再徙家
崇安、浦城"，《晦庵文集》卷七六《黄子厚詩序》。書中言及
"大湖保伍施行有緒，乃爲强豪所撓敗，深可歎惜。官
府不足倚賴如此，子厚之不能安居固宜。……小人
淩上之風漸不可長，能爲風曉邑大夫，有以正之，乃
縣道政事所當然，非獨爲子厚計也"，故推知此當在

鄭昭先爲官浦城時，約在紹熙二年(1191)中。

朱熹《答鄭景明》：

往來頗談佳譽，更宜勉力，隨事及人，亦遠大之基也。破賊受賞，果應功令，亦復何嫌？府公寬厚，想不至有沮難。但恐吏輩過有邀求，爲可憎耳。某懇辭除命，候畢喪葬，已不得請。但臨漳經界報罷，已引愆俟罪，勢必不成行也。

楊生道夫鄉居托芘，甚幸。聞其懦弱，頗爲人侵侮。或有不得已之懇，幸稍左右之。今時外縣例以無訟爲美政，善良不無受弊，此不可不知也。《晦庵文集》別集卷五。

　　案：朱熹於紹熙二年九月除荆湖南路轉運副使，十月辭，不允；十二月以漳州經界報罷自劾。《年譜長編》卷下。本書有云"某懇辭除命，候畢喪葬，已不得請。但臨漳經界報罷，已引愆俟罪，勢必不成行也"，故推知其當撰於是年末。

鄭仲禮

鄭仲禮，名不詳，湘中(今湖南長沙一帶)人。

朱熹《答鄭仲禮》：

一別二十餘年，不復聞動靜。但中間得季隨所寄疑義，獨賢者之言偶合鄙意，而厄於衆口，不能自伸，初不知其爲誰何。既而乃知改名曲折，甚慰別後之思也。兹辱惠書，益以爲喜。比日春和，遠惟德履殊勝。

熹憂患衰朽，中間幾有浮湘之便，竟以病懶迂疏，不復敢出。今又紛紛，度其勢終亦難動。每念吾敬夫逝去之後，不知後來諸賢所講復如何。比得季隨書，又無復十年前意象矣。歲月易失，歧路易差，無由相聚，痛相切磨，千里相望，徒有慨歎耳。

示諭讀《易》之說，甚善。向見敬夫及吕伯恭皆令學者專讀程《傳》，往往皆無所得。蓋程《傳》但觀其理而不考卦畫經文，則其意味無窮，各有用處，誠爲切於日用功夫，但以卦畫經文考之，則不免有可疑者。熹蓋嘗以康節之言求之，而得其畫卦之次第，方知聖人只是見得陰陽自然生生之象而摹寫之，初未嘗有意安排也。至於經文，亦但虛心讀之，間略曉其一二。至有不可曉處，則便放下，不敢穿鑿以求必通。如此却似看得有些意思，亦嘗粗筆其說而未成也。至於畫卦揲蓍之法，則又嘗有一書模印以傳，名曰《啓蒙》，不知賢者曾見之否？今以奉寄，試詳考之，復以見喻，幸也。

來喻所謂隱者，豈非麻衣之流乎？此乃僞書，向來敬夫雖不以其說爲然，然亦誤以爲真希夷之師說也。其言專說卦畫，大槩似是，而其所以爲說者則皆瑣碎支離、附會穿鑿，更無是處。如別紙所示數說，恐亦未免此病也。

《大學章句》一本并往，其間雖無玄妙奇特之説，然皆是直說聖門著實用功處，亦幸細觀。如有所疑，并以見告，不敢不盡所懷也。

彼中朋友，今有幾人？其趣向成就，果能不失前人衣鉢之傳否？向來猶時有往來商訂之益，得以知其疏密。近年遂有不涉思慮言語之意，虛無象罔，不可捕詰，皆非平日所聞於吾亡友者，不知何故變得如此？甚可歎也。因便寓此，未能盡所欲言。正遠，千萬以時自愛。《晦庵文集》卷五〇。

案：朱熹紹熙二年九月除荆湖南路轉運副使，辭；三年十二月除知靜江府、廣南西路經略安撫使，復辭；四年十一月，除知潭州、荆湖南路安撫使，十二月十日辭，五年正月初，有旨趣任，又辭，二月再旨趣任，遂拜命。《年譜長編》卷下。本書中云“熹憂患衰朽，中間幾有浮湘之便，竟以病懶迂疏，不復敢出。今又紛紛，度其勢終亦難動”，即指此。本書又云“比日春和”，故推知其約撰於紹熙五年（1194）正月間。

朱熹《答鄭仲禮》：

示喻爲學之意，甚善。讀書固不可廢，然亦須以主敬立志爲先，方可就此田地上推尋義理，見諸行事。若平居泛然，略無存養之功，又無實踐之志，而但欲曉解文義，說得分明，則雖盡通諸經，不錯一字，亦何所益？況又未必能通而不誤乎？近覺朋友讀書講論多不得力，其病皆出於此，不可不深戒也。季隨、季忱爲學如何？近來有何講論？因書幸致此意。《晦庵文集》卷五〇。

　　案：上書（一別二十餘年）有"一別二十餘年，不復聞動静。但中間得季隨所寄疑義"云云，則本書當撰於其後。因朱熹紹熙五年四月中旬啓程赴知潭州任，八月六日離潭州赴臨安任職，閏十月二十六日離臨安，十一月二十日抵武夷考亭。《年譜長編》卷下。本書又云"季隨、季忱爲學如何？近來有何講論？因書幸致此意"，顯非紹熙五年時語，故推知本書當撰於慶元間，故係於慶元元年（1195）。

鍾世明

　　鍾世明，南劍州將樂縣（今屬福建）人。中建炎二年（1128）進士。"累官兵部侍郎，有清介聲。致仕歸，立義學以教鄉子弟及其族人，發廩粟以賑貧乏，鄉黨頌之"。《福建通志》卷三四。

朱熹《與鍾户部論虧欠經總制錢書》：

　　二月一日，具位朱熹謹東向再拜，致書侍郎右司執事：熹昨得見執事於省户下，忽忽五年矣。中間執事來使閩部，熹是時方退伏田里，有俯仰出入之故，雖不得瞻望履舄之餘光，亦嘗以章少卿丈所致書，輒爲數字之記，以通於左右。是後乃不復敢有所關白，不自知其果能達視聽否也？比來同安，跧伏簿書塵土中，乃聞執事復爲天子出使巴蜀萬里之外，弛去逋負緡錢之在官者以數百巨萬計。弭節來還，天子嘉之，下所議奏於四方，擢執事置尚書省爲郎，以計六曹二十四司之治，可謂寵且榮矣。又以執事通於君民兩足之義，俾執事攝貳於版曹，務以均節財用、便安元元爲職。除目流聞，四方幽隱無不悦喜，以爲執事必能以所嘗施於蜀者惠綏此民，寬其財力之所不足，以助天子仁厚清静之政也。今執事之涖事數月矣，四方之聽未有所聞也。熹不佞，竊有所懷，敢以請於下執事。

蓋熹聞之，天子憫憐斯民之貧困，未得其職，故數下寬大詔書，弛民市征口筭與逃賦役者之布，又詔税民毋會其踦羸以就成數，又詔遣執事使蜀，弛其逋負如前所陳者。熹愚竊以爲此皆民所當輸，官所當得，制之有藝而取之有名者，而猶一切蠲除，不復顧計，又出御府金錢以償有司，是天子愛民之深而不以利爲利也明矣。而況於民所不當輸，官所不當得，制之無藝而取之無名，若所謂虧少經總制錢者乎？熹以謂有能開口一言於上，以天子之愛民如此，所宜朝奏而暮行也，而公卿以下共事婾阿，莫肯自竭盡以助聰明、廣恩惠。前日之爲户部者，又爲之變符檄、急郵傳，切責提刑司，提刑司下之州，州取辦於縣，轉以相承,急於星火。奉行之官如通判事者,利於賞典,意外督趣,無所不至。此錢既非經賦常入,爲民所逋負,官吏所侵盜,而以一歲偶多之數制爲定額,責使償之,又如合零就整,全是經總制錢,今年二税放免,今年虧欠必多,亦不可不知也。自户部四折而至於縣,如轉圜於千仞之坂,至其址而其勢窮矣,縣將何取之?不過巧爲科目,以取之於民耳。而議者必且以爲朝廷督責官吏補發,非有與於民也,此又與盜鍾掩耳之見無異。蓋其心非有所蔽而不知,特藉此爲説,以誑誤朝聽耳。計今天下州縣以此爲號而率取其民者,無慮什之七八,幸其猶有未至於此者,則州日月使人持符來逮吏,繫治撻擊,以必得爲效。縣吏不勝其苦,日夜相與撼其長官以科率事,不幸行之,則官得其一,吏已得其二三,並緣爲姦,何所不有!是則議者所謂督責官吏者,乃所以深爲之地而重困天子所甚愛之民也。夫吏依公以侵民,又陽自解曰:"此朝廷所欲得,非我曹過也。"夫愚民安知其所以然者何哉?亦相聚而怨曰:"朝廷不卹我等耳。"嗚呼!此豈民之所當輸,官之所當得者耶?其制之無藝,取之無名甚矣。夫以天子之愛民如此,彼所當輸當得,有藝而有名者猶一切出捐而無所吝,況如此者?惟其未之知耳,一有言焉,其無不聽且從矣。而獨愛其言者何哉?是執政任事之臣負天子也。執事誠能深察而亟言之,使所謂虧欠經總制錢者一日而罷去,則州縣之吏無以藉其口,而科率之議寢矣。然後堅明約束,痛加繩治,敢以科率病民者,使民得自言尚書省、御史臺,則昔之嘗爲是者,其罪亦無所容矣。於以上廣仁厚清静之風,下副四方幽隱之望,無使西南徼外巴竇、卬、莋之民夷獨受賜也,豈不休哉!豈不休哉!

　　熹疏遠之迹,於執事有先君子之好,而亦嘗得一再見,辱教誨焉。今也執事適在此位,爲可言者,誠不自知其愚且賤,思有以補盛德之萬分,故敢獻書以聞,惟執事之留意焉。方春向温,伏惟益厚愛以俟真拜。不宣。《晦庵文集》卷二四。

　　案:朱熹此書,亦見載於《古今合璧事類備要》後集卷二八,題"晦庵與鍾户部書"。據李心傳《繫年要録》知:紹興二十年(1150)十二月丁巳,左朝奉郎、監尚書六部門鍾世明轉對。卷一六一。二十二年正月丁巳,"詔新除司農寺丞鍾世明往福建路措置寺觀常住絶産"。卷一六三。二十三年十月丁丑,委司農寺丞兼權户部郎官鍾世明措置宣州太平州圩田。卷一六五。二十四年七月壬子朔,司農寺丞鍾世明爲尚書户部員外郎。八月丁亥,"遣户部員外郎鍾世明同四川總領制置措置裕民"。卷一六七。二十五年,鍾世明改任兩浙轉運副使。卷一六九。紹興二十五年十一月庚午,"直祕閣、兩浙轉運副使鍾世明守尚書右司員外郎兼權户部侍郎。上覽除目曰:'世明廉謹解事,前往閩、蜀,頗有勞,但事止申省,無一字至

朕前。今可詔諭朕此意"。卷一七〇。二十六年三月
癸亥,因侍御史湯鵬舉上疏奏劾,鍾世明罷尚書右司
郎中兼權户部侍郎。卷一七二。可證此所謂鍾户部
即指鍾世明,因其時官尚書右司郎中兼權户部侍郎,
故朱熹稱其"侍郎右司"。由鍾世明仕歷可知,朱熹
此書當撰於紹興二十六年(1156)二月一日。

鍾世明曾於紹興末以右朝奉大夫、提舉福建路
常平茶事。《繫年要録》卷一九八紹興三十二年三月己亥
條。孝宗初,知廬州。洪适《鍾世明復直徽猷閣知廬
州制》曰:"合肥重鎮也,新遭兵革之難,民失其居。
朕誦《鴻鴈》之詩,謀方伯之寄,命從臣御史之公選可
勝任者,爾翔歷中外,久有能名,薦牘鼎來,僉言無
間。兹甫起爾譴域,畀爾帥節,還爾美職,爾其以誠
報國,以仁撫民,以智守邊,以材集事,使歸者輻輳,
閭里熙熙,田疇日闢,則諸大夫無失舉之責矣。"《盤洲
文集》卷二三。

據《紹興十八年同年小録》,朱熹是年中進士,而
鍾世明以左從事郎、監行在雜賣場充御試考校官。
又據朱熹書中所言,鍾世明與朱熹之父有交誼,與朱
熹"嘗得一再見",朱熹紹興二十一年春入臨安銓選,
時左朝奉郎、監尚書六部門鍾世明於上年末"轉對",
二人嘗晤面,故朱熹有"昨得見執事於省户下,忽忽
五年矣"之語。二十二年,鍾世明奉使福建,朱熹未

去拜謁，祗"以章少卿丈所致書，輒爲數字之記，以通於左右"，但未得回書。

朱熹此書中述及之章少卿，當指章鬯，時官大理少卿。楊萬里嘗爲撰《刑部侍郎章公墓銘》，云：章鬯字彦博，宣城（今屬安徽）人。孝宗乾道二年權刑部侍郎，後以右文殿修撰致仕。淳熙元年十一月卒，年八十二。《誠齋集》卷一二五。

衆解元

衆解元，指淳熙七年秋南康解試合格者。

朱熹《回衆解元》：

竊審待問澤宮，登名天府，方幸究宣於明詔，敢期誤枉於華牋？披味以還，感藏難喻。解元先輩學推庠序，行著州間。出膚續食之求，足爲勸駕之重。顧念朝家設科以取士，本務得賢；然而學者挾策以讀書，但期干祿。伊欲一新於敝俗，不能無望於群公。輒誦淺聞，少酬盛禮。惟窮理脩身之要，當有志於古人；則尊主庇民之功，庶無慚於當世。《晦庵文集》別集卷八。

案：本書題下注曰"見《南康集》"，知本書撰於朱熹知南康軍時。又淳熙七年（1180）有秋闈，故推知本書當撰於是時。

周必大

　　周必大(1126—1204)，字子充，一字洪道，吉州廬陵（今江西吉安）人。登紹興二十一年(1151)進士第，繼中博學宏詞科。歷祕書少監兼直學士院，除翰林學士，進承旨，除參知政事，淳熙十四年(1187)二月拜右丞相，進拜左丞相。以觀文殿學士判潭州，除醴泉觀使，慶元元年(1195)以少傅致仕。嘉泰四年卒，年七十九，諡文忠。自號平園老叟。著書八十一種，有《平園集》二百卷。《宋史》卷三九一有傳。

朱熹《與周執政劄子》：

　　熹竊以仲秋之月，暄涼未定，恭惟參政鈞候起居萬福。熹前日專人奏記，尋即奉被遞中所賜手教，伏讀再三，感慰亡踰。又蒙垂喻繆妄所陳，聖旨乃有假借納用之意，自惟疏賤，不宜得此，悚戴之私，殆未易以言說既也。然前事不聞有所施行，後事更被詰問，若將反以違滯之罪罪之者，惜乎聖主虛心受言之美，未有以見於行事之實也。加之賤體自遣人後，心痛寖劇，而足疾復作，痛楚非常，不能履地，在告已旬日矣。自度衰頹，不堪勉強，恐誤一郡軍民性命，日夕憂懼，不能自安。謹再具劄子，申布賤懇。然於所職，亦不敢忘過計之憂。頃有狀奏乞截綱運充軍糧事，并以申省。然於臺公前已致問，不敢頻有煩瀆。願因間語賜一言焉,得并前劄早賜開陳,使熹得輿病以歸,而軍民不至狼狽,不勝幸甚。力疾專此具稟,不能他及。瞻望台躔,邈在霄漢,無由進拜,第切拳拳。《晦庵文集》卷二六。

案:書中所云"繆妄所陳",當指朱熹於淳熙七年四月應詔上封事;《年譜長編》卷上。又云"熹竊以仲秋之月,暄涼未定,恭惟參政鈞候起居萬福",知本書撰於是年(1180)仲秋八月。據《宋史·宰輔表四》,周必大於淳熙七年五月拜參知政事,故知本書乃致參知政事周必大。

朱熹《與周執政劄子》:

熹復有愚見,懷不能已,敢以私于下執事。今歲之旱,其勢甚廣。比見連日降旨,所以爲祈禱寬恤之計者,足以知聖主之憂勞矣。然所謂禁屠宰、決杖罪、放房緡及茶鹽賞錢者,恐未足以爲應天之實。而今日又報蠲放綱運欠米十石以下者,此尤近於兒戲,欲以此消已成之災,息未形之患,吁,亦難矣! 成湯桑林之禱,宣王側身脩行之意,其反求諸己者爲如何哉? 熹竊思之,今日之事,應天之實有四:曰求直言,曰脩闕政,曰黜邪佞,曰舉正直。恤民之大者有六:曰重放稅租,乞行下諸路監司,察州郡不受訴者,郡守察其縣令,皆以名聞。曰通放米船,乞下江西、湖南路,仍許下流諸路州軍具奏,重行責罰。曰勸分賑乏,曰截留綱運，曰嚴禁盜賊，曰糾劾貪懦。區區念此至熟悉矣，欲印首信眉，一言於上，又慮出位干時，未必取信，故敢以告于執事。伏惟都俞之暇，從容造膝，一爲明主極言之，則天下幸甚。《晦庵文集》卷二六。

案：書中云"今歲之旱，其勢甚廣"，並論朝廷所謂恤民之政，當撰於是年。據下書《與周執政別紙》云及"竊聞參政以隔并之災過自引咎，顧留行之詔既下，則明公不得終遂其高矣"，即指是年八月，周必大以旱災乞行黜責，上《旱災待罪劄子》。參見鄒錦良《周必大生平與思想研究》附錄一《周必大年表》。則推知本書約撰於九月間。

朱熹《與周執政別紙》：

竊聞參政間以隔并之災過自引咎，顧留行之詔既下，則明公不得終遂其高矣。然天戒昭昭，聖心警懼，惕然有意於講闕政以召和氣，此實盡忠補過、轉禍爲福不可失之幾，願明公深以爲意，則天下幸甚。熹前日所陳應天恤民之目，皆今日之急務，而求言之詔尤四方所渴聞者。不識明公亦有意乎？若復推遷，失此大會，則自今以往，熹之言不復能出諸口矣。引領東閣，不勝拳拳。《晦庵文集》卷二六。

案：書中云"熹前日所陳應天恤民之目，皆今日之急務"，指朱熹上書（熹復有愚見）中所論"今日之事，應天之實有四”，“恤民之大者有六”，故知其撰時稍後於上書。

周必大《與朱元晦待制淳熙七年》：

某茲承涓辰洗印，諒深懽愜。遞中嘗寓尺書，必無浮湛。茲蒙雙緘，重以手劄，禮意交厚，下情感激。十連相與講明荒政，何事不濟？過羅前後降旨揮甚明，而州縣不能奉行，因來論更當申明行下。減半賞既及他州之人，莫有應募者否？范金陵又畫旨賑濟之，賞米到即行，不候畢事，尤可示勸。更望印榜曉諭，恐村落不能徧知耳。自餘續當稟布。《文忠集》卷一九三。

> 案：書中言及“遞中嘗寓尺書，必無浮湛。茲蒙雙緘，重以手劄”，其中“遞中嘗寓尺書”乃指周必大是年六月前後致朱熹書，而“雙緘”、“手劄”即上述朱熹三書（熹竊以仲秋之月）、（熹復有愚見）、（竊聞參政間以隔并之災過自引咎），故推知本書約撰於是年秋末。

朱熹《與周執政劄子》：

近得尤倉書，已具道鈞意矣。固知遠方下邑，朝廷不當偏有應副，然災傷如此，竊意似當隨其重輕，普加恩意也。昨日省符行下議臣奏請檢放之弊，所謂但憂郡計之不支，不慮民力之愈困者，真可謂仁人之言矣。三復歎息，不意議者猶能及此。方之對補之論，蓋不啻九牛毛也。然郡計之不支，亦非細事，熹嘗論之矣，切望垂意。朝廷之體固不當私一郡，尤不可棄諸郡也，不審鈞意以爲如何？未能自脫，而欲爲左右言，可謂僭妄。然區區之心有不能已者，其所以望於參政者，蓋非特今人之事也。伏惟恕而察之，幸甚。

　　本路尤倉甚留意，然常平之積恐不足以周今歲之用。聞建康椿積甚富，而漕司亦有餘財，但相去之遠，呼叫不聞，未知所以爲計耳。前此減稅及乞放去年建昌三千餘石，猶不任責，況有大於此者，尚何望哉？觀此事勢，上下決不相應。熹性狷狹，進則有搪突之傷，退則迫切無憀，疾病侵加，恐徒死而無益。參政儻哀憐之，不若投畀閑散以安全之，乃爲大幸。然其所請截撥應副，乃一郡之計，初不繫於熹之去留也。遏糴之請尤急，聞其用法甚峻，犯者或乃没入其家。此望早賜約束，少遲則早穀向盡，晚米價高，雖通無益矣。熹又思之，恐得祠去此，見在同寮未有能亢此難者，已與尤倉密計，更調守者。然朝廷亦當一面催促代者，彼至則足以蘇此人。但道里遼遠，未能猝至耳。凡此皆望深賜留念，幸甚幸甚。

　　又蒙垂喻所以曉子澄者，莫非至當之言，不勝歎服。但未知子澄之意果如何？若熹則方與邦人厄於陳、蔡之間，雖有雜燒之令，亦不暇起而爭救之矣。匆匆亟遣此人，未及究鄙懷之一二。然其僭易煩瀆之罪，已不勝悚仄矣。并乞鈞察，千萬之幸。《晦庵文集》卷二六。

案：尤倉，指尤袤，時爲提舉江東常平公事。書中言及"遏糴之請尤急，聞其用法甚峻，犯者或乃没入其家。此望早賜約束，少遲則早穀向盡，晚米價高，雖通無益矣"，其"遏糴"乃指江西州縣阻遏南康軍"告糴米船"，而"遏糴之請尤急"，即指朱熹《申諸司乞行下江西不許遏糴》，《晦庵文集》別集卷九。時在十一月五日。參見朱熹《與江西張帥劄子三》。《晦庵文集》卷二六。由此推知本書約撰於十一月間。

周必大《與朱元晦待制淳熙七年》：

某竊以歲事將新，恭惟某官褰帷有俶，台候動止萬福。學道愛人，中外信服。前已試活人之手於千里，今又擴而充之，及於列城，斯民幸甚。咫尺末由再晤，伏幾順令保嗇，政成來歸，益攄素藴，兹固士大夫之公願也。《文忠集》卷一九三。

案：書中有言"前已試活人之手於千里，今又擴而充之，及於列城，斯民幸甚"，按"前已試活人之手於千里"指朱熹知南康軍時賑濟事，而"今又擴而充之，及於列城"當指淳熙八年（1181）冬朱熹提舉浙東常平以賑濟浙東災傷事。本書又言"歲事將新"，知其撰於淳熙八年歲末。題下注曰"淳熙七年"，不確。

朱熹《與周丞相書》：

熹狂妄闊疏，無用於世，一昨丞相知其如此，特加除用，使得仰奉列聖真游香火於受命之邦，感慨之餘，方竊自幸，而未及半歲，遽被誤恩。懇辭報聞，未敢再告，而袁吏部經由，出示所被賜教別紙，所以存問之意甚厚，然於愚分終不自安。近者忽聞江西代者以人言報罷，有旨趣熹躬聽臨遣。聞命隕越，不知所爲。既而方知正以丞相開陳之故，是以有此。熹竊恨丞相前日之賜不終，而虛爲此紛紛也。

熹之衰病，首尾七年，去冬一二陰邪危惡之證雖已罷去，然腹心之患甫益堅牢，攻擊萬方，略無動意。若不自揆，冒昧輕進，竊恐不惟自取顛躓，亦或反貽丞相軫念之憂。故今輒有劄子復申前懇，欲望丞相始終哀憐，少假鈞陶之力，使得復供鴻慶守祧之役，則生託榮名，死題墓道，無復有遺恨。

熹舊讀崔德符《觀魚作》詩，有"丈夫五十年，要須識行藏"之句，未嘗不反復詠歎而有動於懷，不謂今日真踐斯境，而益知其言之有味也。瞻望黃閣，無由趨拜下風，以盡其所欲言。伏惟上爲國家益隆寶衛，亟躋元宰，以慰四海具瞻之望。熹不勝祈懇願望之至。謹奉手記，伏祈鈞察。《晦庵文集》卷二七。

案：淳熙十四年二月，周必大自樞密使拜右丞相。《宋史·宰輔表》。三月，宋廷差朱熹主管南京鴻慶宮,七月除江西提點刑獄,乃周必大所薦。《年譜長編》卷下。本書中言及"熹狂妄闊疏,無用於世,一昨丞相知其如此,特加除用,使得仰奉列聖真游香火於受命之邦",即指主管南京鴻慶宮;又云及"而未及半歲,遽被誤恩",即指除江西提點刑獄;又有"懇辭報聞,未敢再告","近者忽聞江西代者以人言報罷,有旨趣熹躬聽臨遣"云云故推知本書約撰於是年(1187)九月前後。

朱熹《與周丞相劄子六月》:

熹區區此來,竊知皆出丞相推挽之力。向之所以次且而不敢進者,其故亦可知已。適有幸會,遂得一見聖主,呻吐所懷之一二。妄意自此儻猶有以效其愚於左右,而事乃有出於生平意料之所不及者,卒煩君相委曲調護,然後得以逡巡而去。丞相又枉手教以存問之,此意亦益厚矣。崎嶇暑行,已及衢州之境,前望江西,不越數舍。深念此行若當前日奏對之時便蒙臨遣,則受命引道,無所復辭。今既紛紜,而所坐之罪有非臣子所能堪者,冒昧而行,實深憂懼。謹以公狀申省,因輒還家俟罪,別有劄目徧詣公府,而復以此私於下執事。三者之中,狀詞尤詳,足見本末。伏望鈞慈取以奏稟,早賜譴黜而改命使臣,則庶幾猶可以不重其前罪。熹不勝幸甚幸甚。

抑以熹之無庸,辱知不爲不久,而未嘗少效其尺寸於

門下,今遂投迹山林,不容復出,而所願於丞相又有非幅
紙所能盡者。伏惟深以天下之重自任,而引天下之士以
圖之,使由中及外,自近而(瀬)[遠],無一不出於正而亡
有私意奸其間者,則君正而國定矣。若夫阿諛順指以爲
固位之術,牢籠娼嫉以爲植黨之計,則固前人之所以自
敗,而丞相平日所非矣,無所待於愚言。然熹之惓惓,猶
願深以自警,無至於復蹈其轍也。干冒威尊,并深恐懼。
《晦庵文集》卷二七。

　　案:淳熙十五年三月,朱熹啓程上京奏事,五月
　　下旬至臨安,六月七日奏事延和殿,八日除兵部郎
　　官,九日兵部侍郎林栗上章劾朱熹欺瞞,十二日朱熹
　　離臨安南歸,七月上旬至家。《年譜長編》卷下。本書
　　云及“崎嶇暑行,已及衢州之境,前望江西,不越數
　　舍”,知其撰於是年(1188)六月下旬。

朱熹《與周丞相書七月十二日**》:**

　　熹負罪以來,奉頭鼠竄,脩塗酷暑,不可禁當。連日
行衢、信、建寧之境,又聞猛虎白晝羣行,道旁居民多爲所
食,哭泣相聞,無所赴訴。自惟命薄,尤竊憂懼,却幸偶不
相值,得以善達田舍。人還,恭被省劄,仰味聖語丁寧之
意,已深感激。而丞相賜書,開喻勤至,又增悚怍。理合
拜命,即日戒塗,而區區之私終有未能自安者。竊計朝廷
寬大,愛惜事體,量度重輕,必未能別爲處分,則熹之孤

蹤，只合杜門屏迹，以俟議論之定，未容冒此疑似，出備使令。未論後患如何，但只如此行止，便已非熹夙心。且如向來退避七年，及今乃能一出，猶復宿留淹回四、五十日，然後敢進。熹之意非專為畏彼也，丞相於此，其必有以察之矣。今日之事，亦何以異此耶？又且久稽王命，心不遑安。竊恐聖上以謂前日訓詞已極溫厚，而熹冥頑不肯奉詔，忽震雷霆之怒。又聞江西前月亦已闕雨，不知今復如何？萬一職事曠廢，或至生事，則熹之罪皆不可逃，非但前日口語之無根而已也。若論私計，則熹自去歲八月已失祠禄，今適期年，貧病之態，不言可知。江西迎兵又已遣去，只此疾足，乃是私雇，使之往還，勢亦不容至再矣。切望丞相曲賜留念，早如所請，免致紛紜，不勝幸甚。

且又別有一事，尤係利害。昨聞去歲朝堂之議，欲使今袁少卿自處易贛，而丞相以為贛卒悍而袁性剛，不可不慮，此見高明計事之審。然則熹於南康嘗因莫守經由，薄治贛卒之橫，其釁有端，又非袁之比矣。弊性狷急，自度亦似不在袁下。萬一軍民之間事有曲直，不容回枉，則事將有不可知者。前此所以不敢援此自言者，政恐復如頃年避奪牛之嫌，而自西徂東，騷動兩路，竟歲不寧也。今不獲已，聊復陳之，但欲丞相知江右之不可行耳。熹已有公狀申省，及具劄子徧扣諸公之門矣。又有封事一通，乃前日已蒙聖慈開允，今恐投進不得，亦於狀內貼說，乞賜開陳。然其間全不敢及前事曲直也。前書狂易，曲蒙謙受，不勝反側。區區亦尚欲有所言，以亟遣人不暇。然每私計天下之事，則未嘗不爲丞相惜此歲月幾會也。

　　熹輒有私懇，率易干瀆。昨過玉山，見其邑宰鄭謨，乃十二三歲時相與同學，別後聞其陷虜隔絕，及此再見，恍然如世俗所謂前後身者，爲之太息流涕久之。然其人溫謹有餘而材具不足，此縣摧敗日久，其勢必不能支。曾有文字干投丞相，乞以歸正恩例，改差一釐務添倅或簽幕之屬，仍屬熹爲面稟。昨來忽忽，不暇它及。此亦嘗託張太丞稟知，不審已蒙鈞念否？熹後來不得其書，想其事勢只有急迫。儻蒙哀憐，早賜陶鑄，千萬之幸。又邵武黃大監永存亦云向來蒙恩奉祠，無自陳之文，已嘗懇稟丞相，不知鈞意如何，屬熹乘間言之，不敢不達其意，并乞垂照。未能自脫，乃欲爲左右言，良覺可笑。伏惟宏度有以容之。《晦庵文集》卷二七。

　　案：本書撰於朱熹自臨安歸家之初，時七月十二日。

朱熹《與周丞相書戊申八月十四日》：

　　熹前日專人奏記，伏想尋當登徹。昨日先所遣人還，拜領鈞翰之賜，感慰之極，不可具言。至於進職疏恩，奉祠得請，又出陶鑄，尤以銜戢。然而丞相方且欿然深以前日不能力辨是非爲病，此則仰見大君子責己之周，又不自勝其愧仰也。崇福謹已拜命矣。嫌名之喻，曲荷記存。此於禮律無疑，豈敢更煩公聽？惟是進職之恩，則有所未安者。蓋方以避仇自列，而彼黜己升，內揆於心，尚覺未免上九"羣帶"之嫌，況於他人，豈容戶曉？且於近制，此等遷除雖非德選，亦必有所託以爲號。今此何名也哉？又況溫陵之行，情狀未白，此必怏怏尚有餘言。且其爲人亦嘗頗有時譽，今日之去，遠近必有爲之不平者。異時得以藉口，則非獨爲熹之害，竊恐丞相亦不得不以爲慮也。大抵近年習俗，凡事不欲以大公至正之道顯然行之，而每區區委曲於私恩小惠之際。本欲人人而悅之，而其末流之弊，常反至於左右拘牽，倍費財處，而卒又無以慰天下之公論。此則熹之所不敢言，而丞相之明其自知之，亦不待熹之言矣。熹今有公狀申省，并以劄子遍懇羣公，語悉由衷，即非備禮。切望矜察，早賜開陳，得遂鄙懷，乃荷大賜。昨辭遷秩，想亦已蒙鈞念。若猶未上，得并與將上，不勝幸甚。《晦庵文集》卷二八。

　　案：本書撰於戊申（淳熙十五年）八月十四日。

朱熹《與周丞相書》：

　　熹間者側聞光膺詔册，進保帝躬，體貌益隆，中外交慶。熹既不獲追隨班賀之末，又不獲以時奏記，少見下懷，瞻望門墻，徒增悚惕。

　　前此率易申懇，伏蒙寵賜教答，誨喻丁寧，眷念有加，尤深感激。惟是所請未蒙施行，憂懼之深，莫知所措。區區鄙志，前已具陳，既未能有以上動朝聽，則亦不敢復申其説。今者具狀，獨以范參政進職近例爲請。伏惟丞相試一覽焉，則朝廷之予奪與熹之辭受，其當否得失，皆曉然矣。然朝廷於此本無愛憎之私，但爲偶失參照，則亦未爲大闕。獨使熹竊非其據而幸討論之不及，則其辱大矣。熹雖無狀，竊深恥之。萬一此請不遂，熹豈容但已？蓋與其閔默冒受，寧以罪戾竄斥爲有榮耀也。然熹之本心，亦豈樂爲是亢激者？狀中已備言其曲折矣，并乞深察而力陳之，庶幾聖主有以洞照其愚而亟遂其請，則不惟熹之幸，而免使丞相分上又添此一段不了事，則亦不爲無補也。前書率爾之言，無足采取。過荷開納，愧悚良深。顧今自謀之拙，進退失據，亦不復能爲門館計矣。

袁侍郎歸來，道間一見，語殊未款。比聞其病，欲往視之，而賤軀衰乏尤甚，未能自力，念之不能忘也。承問之及，因輒布之。疾病餘生，無從復望履舄，伏惟深爲天下之重，千萬自愛，熹不勝至願。《晦庵文集》卷二八。

案：《宋史·周必大傳》云淳熙十六年三月三月周必大拜少保、益國公。本書所云"熹間者側聞光膺詔册，進保帝躬"，即指此。又周必大於是年五月丙申罷相，以觀文殿大學士判潭州，《宋史·宰輔表》。而本書未及之，故推知其約撰於是年（1189）四月前後。

周必大《與朱元晦待制紹熙五年》：

某竊以歲事將新，恭惟某官甫膺宸渥，茂擁眷祺，台候起居萬福。謀帥而得詩書禮樂之君子，豈特可寬顧憂，湘中士民企望久矣，計公亦眷眷未忘於此也。乃如繆政，有賴掩覆，又何幸歟！某經歲抱痾，今既得歸，即還廬陵，尚俟近音。首馳尺牘，不欲遣舊治急足，謹附醴陵毛宰專人。病倦旅瑣，未果詳悉。惟冀若時珍護，式符泰内。《文忠集》卷一九三。

案：據《宋史全文》卷二八，紹熙四年冬，“使人自金國回者，言金人問朱先生安在，答以見已擢用，回白廟堂，遂除朱熹爲荆湖南路安撫使、知潭州”。十二月十日，朱熹上《辭免知潭州狀一》。《晦庵文集》卷二三。本書云及“某竊以歲事將新，恭惟某官甫膺宸渥，茂擁眷祺”，當在紹熙四年（1193）末朱熹新授知潭州時，題下注“紹熙五年”當爲“四年”之譌。

朱熹《與周益公》：

熹竊以孟夏清和，伏惟判府安撫少保大觀文丞相國公鈞候動止萬福。熹近嘗拜書，并胡先生墓文請教。今者至城中，乃知未遣。已白史君趣其行，諒亦非久當徹鈞聽也。

熹有少懇，率易拜稟：熹先君子少喜學荆公書，收其墨蹟爲多。其一紙乃進《鄞侯家傳》奏草，味其詞旨，玩其筆勢,直有跨越古今、開闊宇宙之氣。然與今版本文集不同,疑集中者乃删潤定本,而此紙乃其胸懷本趣也。嘗欲抄《日録》、李傳本語附其後而并刻之,使後之君子得以考焉而未暇也。今江西使者汪兄季路乃欲取而刻之臨川,妄意欲求相公一言以重其事,庶幾覽者有以知此幅紙數行之間而其所關涉乃有不可勝言之感,非獨爲筆札玩好設也。伏惟相公亦當慨然於此而終惠之,早賜揮染附季路,爲幸甚厚。其他尚有與王觀文論邊事數紙,異時并當附呈,以求審定也。專此具稟,不敢它及,伏乞鈞照。《晦庵文集》卷三八。

　　案:據樓鑰《周公神道碑》云:周必大於淳熙十六年五月罷相,"除觀文殿大學士判潭州。言者不已,殿中助之,遂以少保充醴泉觀使而歸。……紹熙改元,判隆興府,辭不赴。二年,除觀文殿學士判潭州。……三年四月復原職,七月坐所舉官以賄敗,降榮陽郡公。四年八月復舊封,冬易鎮隆興,力求奉祠"。《文忠集》附録卷五。又《行狀》云淳熙十六年五月詔周必大"以觀文殿大學士判潭州,言者不已,遂以少保奉祠而歸。……紹熙改元,判隆興府,辭不赴。除觀文殿學士判潭州。……明年六月,復大觀文。七月,坐舉官不實,降授榮陽郡公。又明年八月,復益國公。改判隆興,復再入奏祈免,除醴泉觀使"。《文忠集》附録卷二。本書稱周必大銜爲"判府安

撫少保大觀文丞相國公”，知其當在紹熙元年或紹熙
四年冬之後，時判隆興府。又朱熹《跋王荆公進鄞侯
遺事奏稿》云“先君子少喜學荆公書，每訪其蹟，晚得
此稿，以校集本，小有不同，意此爲未定也。……因
抄《日録》、《家傳》本語以附于後，覽者有考焉。紹熙
壬子春二月十九日”。又《再跋王荆公進鄞侯遺事奏
藁》云“熹家所藏荆公進《鄞侯家傳》奏草臨川石刻摹
本，丞相益公論之詳矣。……紹熙甲寅臘月辛巳夜
讀有感，因書以識其後”。《晦庵文集》卷八三。壬子乃
紹熙三年，甲寅爲紹熙五年。而本書中有云“孟夏清
和”，故推知本書當撰於紹熙五年（1194）四月上旬。
又周必大《題新安吏部朱公喬年稿》乃云“右吏部郎
新安朱公喬年家藏王荆公進鄞侯遺事奏稿一通，與
集中所載增損不同，未知孰是定本。公之子元晦爲
某言”云云。署時“紹熙五年二月”。《文忠集》卷四六。
據上所述，知此“二月”有誤，當作“五月”。

周必大《與朱元晦待制紹熙五年》：

某竊以夏暑浸溽，恭惟某官台候起居萬福。某比以
書附廬陵葉尉專使，謂甚速而不達，何也？初聞擇月望戒
塗，方且遣介迎候，兹蒙損教，乃知千騎已過宜春。私居
不敏，無所逃罪。侍講以儒宗人望，起鎮藩方，中外倚重，
獨糠粃有煩簸揚耳。邵陽決知無他，大抵群蠻星居，不相

統攝，兼無資糧，所以未易扇動，惟在察官吏，無令擾而已。寨官俸薄，又多不支，且無使令，何以責其宣力？此最急務也。李壽翁之子遠來相訪，適某月初失三歲之孫，今長孫女又病痢頗殆。初謂止三二千字，略計乃六千，富哉言乎！已約渠留人等候，須精神稍定，日寫二三百字，二十日可了。蓋老眼昏澀，不能多書耳。荆公稿跋，甚慚率爾。季路性緩，猝未寄來，得別本甚幸。新補《祭禮》，遂爲全書，拜嘉感刻。劉戠志氣可取，子澄之門賴有此士。銳欲廷勞，偶失探伺，秋涼篷三席，一書遣納。《文忠集》卷一九三。

案：書中云“初聞擇月望戒塗，方且遣介迎候，茲蒙損教，乃知千騎已過宜春”，據朱熹《跋曾南豐帖》，朱熹四月二十二日已抵宜春。《晦庵文集》卷八三。故推知本書約撰於四、五月之際。

周必大《回潭州朱元晦啓甲寅》：

推轂吳京，開藩楚甸。先聲久播，美化即成。惟朝廷急於用人，而郡國艱於謀帥。雖宸心加意乎簡擢，顧物理有時而乘除。積弊在前，必得賢牧齊其政；庸夫之後，正須真儒變其風。自昔所同，於今尤著。恭惟某官奮百世之下，得《六經》之傳。聰明天分之高，道義躬行之至，宜論唐、虞於廣廈，乃煩羊、杜於征南。坐使湖、湘，立成鄒、魯。某三年怡儋，萬事摧頹。賦陶令之歸，幸諧素志；推

謝侯之去，可卜輿情。已荷匡瑕，更勤削牘。佩交承之厚
德，激愧感之深悰。《文忠集》卷五六。

　　案：朱熹於紹熙五年五月初至潭州，五日交割
職事。《晦庵文集》卷八五《潭州到任謝表》。本書當撰於
爲朱熹蒞任之初。朱熹之前任即周必大，故本書有
"庸夫之後，正須真儒變其風"之語。

周必大《朱元晦潭帥紹熙五年**》：**

　　某頓首再拜啟：久違台範，詠德爲勞。雖音驛時通，
顧豈若款奉名理之爲快！高山仰止，倍極拳拳。《文忠集》
卷二〇〇。

　　案：本書撰時不詳，疑在上書稍後。

周必大《朱元晦潭帥紹熙五年**》：**

　　某頓首再拜啟：某官台座候問已具公式，秋暑正祥，
共惟綏靖軍民，神天所相，台候動止康裕。更蘄順令珍
嗇，倚需嚴召。不宣。《文忠集》卷二〇〇。

　　案：書中云"秋暑正祥"，當撰於紹熙五年秋初。

周必大《朱元晦潭帥紹熙五年**》：**

　　某頓首再拜啟：茲審撰良洗印，寬上顧憂，非獨一道
吏士敬服威惠，而蠻猺種落莫不安巢穴而奉教令。得人
之效如此，宜公宜卿，豈應久勞於外，毋爲暖席計可也。

《文忠集》卷二○○。

> 案:《宋史·寧宗紀一》云紹熙五年七月庚午（十一日），"召秘閣修撰、知潭州朱熹詣行在"。八月癸巳（五日），"以朱熹爲煥章閣待制兼侍讀"。本書有"得人之效如此，宜公宜卿，豈應久勞於外，毋爲暖席計可也"語，故推知其約撰七月下旬前後。

周必大《朱元晦潭帥 紹熙五年》:

某皇恐再拜:某猥以妄庸，頻年典郡，積爲謬戾，念之赧顔。今得大賢撝覆瑕疵，振起弊壞，公私兩利，豈獨一夫!屬卧病未能敬修緘啓，乃勤盛禮先之，滋以愧感。欲敘悃愊，更慚拙訥，惟台慈恕亮爲幸。《文忠集》卷二○○。

> 案:朱熹於八月六日解印出潭州東歸。《年譜長編》卷下。本書未及此，考慮書信傳遞時間，故推知其約撰於八月上旬或稍後。

周必大《與朱元晦書》:

初，范公在朝，大臣多忌之。及爲開封府，又爲《百官圖》以獻，因指其遷進遲速次序曰:"某爲超遷，某爲左遷，如是而爲公，如是而爲私。"意頗在吕相。吕不樂，由是落職，出知饒州。未幾，吕亦罷相。後吕公再入，元昊方犯邊，乃以公經略西事，公亦樂爲之用。嘗奏記吕公云:"相公有汾陽之心之德，仲淹無臨淮之才之力。"後歐陽公爲

《范公神道碑》，有"懽然相得，戮力平賊"之語，正謂是也。公之子堯夫乃以爲不然，遂刊去此語。前書今集中亦不載，疑亦堯夫所删。他如《叢談》所記，説得更乖。《朱子語類》卷一二九。

　　案：《朱子語類》卷一二九曰："近得周益公書，論呂、范解仇事曰：'初，范公在朝，大臣多忌之。……'"本書僅存此殘文。據朱熹下書（昨蒙寵喻范歐議論）有云"昨蒙寵喻范、歐議論，鄙意有所不能無疑，欲以請教，而亦未暇。今遇此便，……勢不容詳細稟白"，故推知周必大本書約撰於慶元二年（1196）夏間。參見朱熹下書（昨蒙寵喻范歐議論）考證。

朱熹《答周益公》：

　　昨蒙寵喻范、歐議論，鄙意有所不能無疑，欲以請教，而亦未暇。今遇此便，似不可失，而病軀兩日覺得沉重，愈甚於前，勢不容詳細稟白。但竊以爲范、歐二公之心明白洞達，無纖芥可疑。呂公前過後功，瑕瑜自不相掩。若如尊喻，却恐未爲得其情者，故願相公更熟思之也。向見范公與呂公書引汾陽、臨淮事者，語意尤明白，而集中却不見之，恐亦爲忠宣所删也。忠宣固賢，然其規模氣象似與文正有未盡同者，深諱此事，雖不害爲守正，然未得爲可與權也。不審高明以爲如何？少日見徐五丈端立自言：嘗見石林疑范、馬鍾律之辨乃故爲同異，以釋朋比之疑者，因告之曰："此事信否未可知，然爲此論者亦可謂不占便宜矣。"石林爲之一笑而罷。今日之論，恐或類此，故并及之。僭率皇恐，切望矜恕。《晦庵文集》卷三八。

案：據周必大《歐陽文忠公集後序》稱郡人孫謙益、丁朝佐"與鄉貢進士曾三異等互加編校，起紹熙辛亥春，迄慶元丙辰夏，成一百五十三卷，別爲附録五卷。……六月己巳，前進士周某謹書"。《文忠集》卷五二。慶元丙辰，即慶元二年。朱熹《答劉季章》（熹今年之病作雖輕）云"益公寄惠《六一集》，纂次讎正之功，勤亦至矣"。《晦庵文集》卷五三。又《答吕子約》（所喻博文約禮盡由操存中出）云"益公近亦收書，于歐《集》考訂益精，亦不易老來有許多心力也"。《晦庵文集》卷四八。即指此書，約撰於是年秋中或稍後。而朱熹本書言及"昨蒙寵喻范、歐議論，鄙意有所不能無疑，欲以請教，而亦未暇。今遇此便，似不可失，而病軀兩日覺得沉重，愈甚於前，勢不容詳細稟白"，當是朱熹未及答周必大上書（初范公在朝），及此周必大又惠寄所刊《六一集》於朱熹，並論及吕、范解仇之事，故朱熹撰本書以答之，故有"但竊以爲范、歐二公之心明白洞達，無纖芥可疑。吕公前過後功，瑕瑜自不相掩。若如尊喻，却恐未爲得其情者，故願相公更熟思之也"云云。推知朱熹本書當稍後於周必大上書。

周必大《與朱元晦書》：

吕公度量渾涵，心術精深，所以期於成務，而其用人
才德兼取，不爲諸賢專取德望之偏，故范、歐諸公不足以
知之，又未知其諸子之賢而攻之有太過者。後來范公雖
爲之用，然其集中歸重之語亦甚平平，蓋特州郡之常禮，
而實則終身未嘗解仇也。其後歐公乃悔前言之過，又知
其諸子之賢，故因范碑託爲解仇之語以見意。而忠宣獨
知其父之心，是以直於碑中刊去其語，雖以取怒於歐公而
不憚也。《晦庵文集》卷三八《答周益公》。

案：周必大本書僅存此殘文，見録於朱熹下書
（前者累蒙誨諭范碑曲折）中，乃答朱熹上書（昨蒙寵
喻范、歐議論）。

周必大《與朱元晦待制_{慶元二年冬}》：

某前以便人立俟書，具謝極草草，所欲言殊未盡。如
《仁録》乃名公筆削，非如近世傳聞鹵莽，且有好惡之私。
其於吕、范營西事，若果爲國交歡，豈非甚美？是時吕氏
子弟親戚布滿中外，何故無一字譽及？必有難言，遂兩忘
耳。舉此一節，意略可見。《文忠集》卷一九三。

案：朱熹下書（前者累蒙誨諭范碑曲折）論及
"後書誨諭又以《昭録》不書解仇之語而斷其無有"，
《昭録》即《仁宗實録》略稱，亦即《仁録》。所謂"後
書"，乃相對於周必大上書（吕公度量渾涵）而言。因

"某前以便人立俟書，具謝極草草，所欲言殊未盡"，故周必大再作本書以申言之。又周必大慶元二年十月《與呂子約寺丞》有云"如《仁宗實錄》皆經名公筆削，仍親聞當時議論，其於西事本末，略不及二公，意亦可想"。《文忠集》卷一八八。故推知本書約撰於同時。

朱熹《答周益公》：

前者累蒙誨諭范碑曲折，考据精博，論議正平，而措意深遠，尤非常情所及。又得呂子約録記所被教墨，參互開發，其辨益明。熹之孤陋，得與聞焉，幸已甚矣，復何敢措一詞於其間哉？然隱之於心，竊有所不能無疑者。蓋嘗竊謂呂公之心固非晚生所能窺度，然當其用事之時，舉措之不合衆心者蓋亦多矣。而又惡忠賢之異己，必力排之，使不能容於朝廷而後已。是則一世之正人端士莫不惡之。況范、歐二公或以諷議爲官，或以諫諍爲職，又安可置之而不論？且論之而合於天下之公議，則又豈可謂之太過也哉？逮其晚節，知天下之公議不可以終拂，亦以老病將歸而不復有所畏忌，又慮夫天下之事或終至於危亂，不可如何，而彼衆賢之排去者或將起而復用，則其罪必歸於我而并及於吾之子孫，是以寧損故怨，以爲收之桑榆之計。蓋其慮患之意雖未必盡出於至公，而其補過之善，天下實被其賜，則與世之遂非長惡、力戰天下之公議以貽患於國家者相去遠矣。

至若范公之心，則其正大光明固無宿怨，而惓惓之義實在國家。故承其善意，既起而樂爲之用。其自訟之書，所謂"相公有汾陽之心之德，仲淹無臨淮之才之力"者，亦不可不謂之傾倒而無餘矣。此書今不見於集中，恐亦以忠宣刊去而不傳也。此最爲范公之盛德而他人之難者，歐陽公亦識其意而特書之。

蓋呂公前日之貶范公自爲可罪，而今日之起范公自爲可書。二者各記其實，而美惡初不相掩，則又可見歐公之心亦非淺之爲丈夫矣。今讀所賜之書而求其指要，則其言若曰："呂公度量渾涵，心術精深，所以期於成務，而其用人才德兼取，不爲諸賢專取德望之偏，故范、歐諸公不足以知之，又未知其諸子之賢而攻之有太過者。後來范公雖爲之用，然其集中歸重之語亦甚平平，蓋特州郡之常禮，而實則終身未嘗解仇也。其後歐公乃悔前言之過，又知其諸子之賢，故因范碑託爲解仇之語以見意。而忠宣獨知其父之心，是以直於碑中刊去其語，雖以取怒於歐公而不憚也。"凡此曲折，指意微密，必有不苟然者。顧於愚見有所未安，不敢不詳布其說，以求是正，伏惟恕其僭易而垂聽焉。

夫呂公之度量心術，期以濟務則誠然矣。然有度量則宜有以容議論之異同，有心術則宜有以辨人才之邪正，欲成天下之務則必從善去惡、進賢退姦，然後可以有濟。今皆反之，而使天下之勢日入於昏亂，下而至於區區西事一方之病，非再起范公，幾有不能定者。則其前日之所爲，又惡在其有度量心術而能成務也哉？其用人也，欲才德之兼取，則亦信然矣。然范、歐諸賢非徒有德而短於才者，其於用人，蓋亦兼收而並取。雖以孫元規、滕子京之流恃才自肆，不入規矩，亦皆將護容養以盡其能，而未嘗有所廢棄，則固非專用德而遺才矣。而吕公所用，如張、李、二宋，姑論其才，亦決非能優於二公者。乃獨去此而取彼，至於一時豪俊跅弛之士，窮而在下者不爲無人，亦未聞其有以羅致而器使之也。且其初解相印而薦王隨、陳堯佐以自代，則未知其所取者爲才也耶，爲德也耶？是亦不足以自解矣。

　　若謂范、歐不足以知吕公之心，又不料其子之賢而攻之太過，則其所攻事皆有迹，顯不可揜，安得爲過？且爲侍從諫諍之官，爲國論事，乃視宰相子弟之賢否以爲前却，亦豈人臣之誼哉？若曰范、吕之仇初未嘗解，則范公既以吕公而再逐，及其起任西事而超進職秩，乃適在吕公三入之時。若范公果有怨於吕公而不釋，乃閔默受此而無一語以自明其前日之志，是乃内懷憤毒，不能以理自勝，而但以貪得美官之故，俛而受其籠絡，爲之驅使。未知范公之心其肯爲此否也？若曰歐公晚悔前言之失，又知其諸子之賢，故因范碑以自解，則是畏其諸子之賢，而欲陰爲自託之計，於是寧賣死友以結新交，雖至以無爲有，愧負幽冥而不遑恤。又不知歐公之心其忍爲此否也？

況其所書但記解仇之一事，而未嘗并譽其他美，則前日斥逐忠賢之罪，亦未免於所謂欲蓋而彰者，又何足以贖前言之過而媚其後人也哉？

若論忠宣之賢，則雖亦未易輕議，然觀其事業規模，與文正之洪毅開豁終有未十分肖似處，蓋所謂可與立而未可與權者。乃翁解仇之事，度其心未必不深恥之，但不敢出之於口耳。故潛於墓碑刊去此事，有若避諱然者。歐公以此深不平之，至屢見於書疏，非但《墨莊》所記而已。況《龍川志》之於此，又以親聞張安道之言爲左驗。張實呂黨，尤足取信無疑也。若曰范公果無此事而直爲歐公所誣，則爲忠宣者正當沫血飲泣，貽書歐公，具道其所以然者以白其父之心迹，而俟歐公之命以爲進退。若終不合，則引義告絕而更以屬人，或姑無刻石，而待後世之君子以定其論，其亦可也。乃不出此，而直於成文之中刊去數語，不知此爲何等舉措？若非實諱此事，故隱忍寢默而不敢誦言，則曷爲其不爲彼之明白而直爲此黯闇耶？

今不信范公出處文辭之實、歐公丁寧反復之論，而但取於忠宣進退無據之所爲，以爲有無之決，則區區於此誠有不能識者。若摭實而言之，但曰呂公前日未免蔽賢之罪，而其後日誠有補過之功，范、歐二公之心則其終始本末如青天白日，無纖毫之可議。若范公所謂平生無怨惡於一人者，尤足以見其心量之廣大高明，可爲百世之師表；至於忠宣，則所見雖狹，然亦不害其爲守正，則不費詞説而名正言順，無復可疑矣。不審尊意以爲如何？狂瞽之言，或未中理，得賜鐫曉，千萬幸甚。

後書誨諭又以《昭録》不書解仇之語而斷其無有，則熹以爲吕公拜罷、范公進退既直書其歲月，則二公前憾之釋然不待言而喻矣。不然，則《昭録》書成，歐公固已不爲史官，而正獻、忠宣又皆已爲時用，范固不以墓碑全文上史氏，而吕氏之意亦恐其有所未快於歐公之言也，是以姑欲置而不言，以泯其迹，而不知後世之公論有不可誣者，是以啓今日之紛紛耳。如又不然，則范公此舉雖其賢子尚不能識，彼爲史者知之必不能如歐公之深，或者過爲隱避，亦不足怪，恐亦未可以此而定其有無也。

《墨莊》之録出於張邦基者，不知其何人。其所記歐公四事，以爲得之公孫當世，而子約以爲紹興舍人所記，此固未知其孰是。但味其語意，實有後人道不到處，疑或有自來耳。若《談叢》之書，則其記事固有得於一時傳聞之誤者。然而此病在古雖遷、固之博，近世則温公之誠，皆所不免，況於後山，雖頗及見前輩，然其平生蹤迹多在田野，則其見聞之間不能盡得事實宜必有之，恐亦未可以此便謂非其所著也。丹朱之云誠爲太過，然歐公此言當爲令狐父子文字繁簡而發，初亦無大美惡，但似一時語勢之適然，不暇擇其擬倫之輕重耳。故此言者雖未敢必其爲公之言，而亦未可定其非公之言也。此等數條，不足深論。然偶因餘誨之及而并講之，使得皆蒙裁正，則亦不爲無小補者。

唯是所與子約書中疑"學道三十年"爲後學之言者，則熹深惑焉，而尤以爲不可以不辨。不審明公何所惡於斯言而疑之也？以道爲高遠玄妙而不可學邪？則道之得名，正以人生日用當然之理，猶四海九州百千萬人當行之路爾，非若老、佛之所謂道者，空虚寂滅而無與於人也。以道爲迂遠疏闊而不必學耶？則道之在天下，君臣父子之間、起居動息之際，皆有一定之明法，不可頃刻而暫廢。故聖賢有作，立言垂訓以著明之，巨細精粗，無所不備。而讀其書者必當講明究索，以存諸心、行諸身而見諸事業，然後可以盡人之職而立乎天地之間，不但玩其文詞，以爲綴緝纂組之工而已也。故子游誦夫子之言曰："君子學道則愛人，小人學道則易使。"而夫子是之。則學道云者，豈近世後學之言哉？若謂歐公未嘗學此而不當以此自名耶？則歐公之學雖於道體猶有欠闕，然其用力於文字之間，而沂其波流以求聖賢之意，則於《易》、於《詩》、於《周禮》、於《春秋》皆嘗反復窮究，以訂先儒之繆，而《本論》之篇推明性善之説，以爲息邪距詖之本，其賢於當世之號爲宗工巨儒而不免於祖尚浮虚、信惑妖妄者又遠甚。其於史記善善惡惡，如《唐六臣傳》之屬，又能深究國家所以廢興存亡之幾，而爲天下後世深切著明之永鑒者，固非一端。其他文説，雖或出於遊戲翰墨之餘，然亦隨事多所發明,而詞氣藹然,寬平深厚,精切的當,真韓公所謂"仁義之人"者,恐亦未可謂其全不學道,而直以燕、許、楊、劉之等期之也。若謂雖嘗學之,而不當自命以取高標揭己之嫌耶?則爲士而自言其學道,猶爲農而自言其服田,爲賈而自言其通貨,亦非所以爲夸。若韓公者,至乃自謂己之道乃夫子、孟軻、楊雄所傳之道,則其言之不讓益甚矣,又可指爲後生之語而疑之耶?凡此又皆熹之所未諭者,蓋嘗反復思之而竟不得其説。

恭惟明公以事業文章而論世尚友,其於范、歐之間固已異世而同轍矣。至於博觀今昔、考訂是非,又非肯妄下雌黄者。且於六一之文,收拾編彙,讎正流通,用力爲多,其於此事必不草草。況又當此正道湮微、異言充塞之際,餘論所及小有左右,則其輕重厚薄便有所分,竊計念之已熟而處之亦已精矣。顧熹之愚,獨有未能無疑者,是以不敢默默而不以求正於有道。所恨僞學習氣已深,不自覺其言之狂妄。伏惟高明恕而教之,則熹不勝千萬幸甚。《晦庵文集》卷三八。

案:周必大《與吕子約寺丞》有云"考亭間得書,孜孜范碑,殊可敬嘆,然亦有疑。慶曆諸賢黑白太明,致此紛紜。六一壯年氣盛,切於愛士,不知文靖渾涵精深,期於成務,未免責備。正獻兄弟方含章不耀,人所未知,故語言多失中,後來大段自悔,所謂君子之過,不必曲爲説道理。如《仁宗實録》皆經名公筆削，仍親聞當時議論，其於西事本末，略不及二公，意亦可想。今觀自己道云‘學道三十餘年’，却似後學説話。至以忠宣比堯朱，亦大過。本朝諸公心平如忠宣者幾希。設有真蹟，尚未敢必，況居仁所傳耶？……蘇明允帖若果有之，則黄門《龍川志》説碑處自當具言，何必引張安道爲證也？陳無已《談叢》尤乖疏，……故説文正過文靖一段絶鄙野。今於集本並列衆論，以俟識者。蓋小説極難信，其來相告有好惡、有差誤，秉筆則當決擇耳”。《文忠集》卷一八八。而朱熹本書有云“唯是所與子約書中疑‘學道三十年’爲後學之言者，則熹深惑焉”，知其見周必大與吕祖儉（子約）書後，再爲本書議論吕、范解仇事。按周必大《與吕子約寺丞》撰於慶元二年十月，故推知朱熹本書約撰於是年十一月、十二月間。

《朱子語類》卷一二九載朱熹“近得周益公書，論吕、范解仇事”云云，“某謂吕公方寸隱微，雖未可測，然其補過之功，使天下實被其賜，則有不可得而掩者。范公平日胸襟豁達，毅然以天下國家爲己任。既而吕公而出，豈復更有匿怨之意？況公嘗自謂平生無怨惡於一人，此言猶可驗。忠宣固是賢者，然其規模廣狹，與乃翁不能無間。意謂前日既排申公，今日若與之解仇，前後似不相應，故諱言之。却不知乃翁心事，政不如此。歐陽公聞其刊去碑中數語，甚不

樂也”。其“某謂”云云，即概括本書之義。又朱熹
《答劉季章》(熹今春大病)有云“益公清健可喜，近答
其書論范文正公墓碑事，以病草草，今始能究其説。
然自覺語言有過當處，不知能不相怪否也”。《晦庵文
集》卷五三。又《答王晉輔》(所喻跋語)有云“范碑曲
折，嘗以鄙意請於益公，未蒙剖決。然此公歷歷之
久，更事爲多，必有見處。後生況亦未須遽論此事，
豈可因此便議前輩之失，非所以致敬於達尊也”。
《晦庵文集》卷六二。亦指本書。

　　然周必大未爲朱熹説服，其《與汪季路司業慶元
二年十二月》中有云：“所諭《六一集》中有疑及校以碑
刻他書，苟可見教，悉望付示。惟呂、范一節，朱元
晦、呂子約屢以爲言，終不敢曲從者，亦豈無説。歷
觀近代用心平直如忠宣公可一一數，決不違父志，强
削誌文。又本朝正史，惟《兩朝》多出名公之手，最爲
可信。是時呂氏子弟顯用於朝者多，而於呂、范列傳
並無一言及此，却於《孫威敏傳》中備載詆呂之疏，他
傳多有之。只如歐公上書攻呂不應遣富文忠公使
(金)〔遼〕，詳見東坡所作《神道碑》書，今不傳。某初以爲
過，何者？ 了國之事，富誠堪其任，何爲不薦？ 不然，
須用不了事之人。此未足病呂。至於不使富公知國
書意，至煩發緘歸換，是何用心？ 推是以觀於范公何
有哉？ 呂居仁傳，歐公自誌再三，誌子約，實無親筆，

縱有，亦是歐公自悔前疏太過，欲自解於正獻兄弟，不須憑也。……嘗見晏元獻與呂帖，痛詆歐公，以解呂之怒。晏非真罵，乃呂深怒，欲爲調護。不知此帖尚在否？當時大率類此，可以意度。子約已傳歐公與蘇明允一帖，尤僞。蓋明允初得歐公寄范碑，已論此事，嘗贊其用心廣大，豈待後來黃門《龍川志》記此甚詳，殊不及也。陳無已《談叢》多失輕信，頗類齊東野人語。今范集載祭呂文，自是先得遺書，乃用州郡禮致祭，初無感激自悔之辭。但考《兩朝史》諸臣傳，則未嘗交驛，各爲國事。忠宣必得於過庭，豈忍誣其先人，自墮不孝之域乎？"《文忠集》卷一八八。

周　介

周介，字叔謹，初姓葉，字公謹，括蒼（今浙江麗水）人。嘗從東萊呂先生、晦庵朱先生學。劉宰《漫塘集》卷三三《湯貢士行述》。

朱熹《答周叔謹》：

叔謹想且留彼，應之相聚，所講何事？文字且虛心平看，自有意味，勿苦尋支蔓，旁生孔穴，以汨亂義理之正脈。《中庸》謹思之戒，蓋爲此也。子約書來，說得大段支離。要是義理太多，信口信筆縱橫去得，說得轉闊，病痛轉深也。如所論功體二字太露之類，亦是此樣。所云須如顏子，方無一毫之非禮，此説却是。但未知其意向在甚處？若云人須以顏子自期，不可便謂已至則可；若謂顏子方能至此，常人不可學他，即大不可。想渠必不至此誤，但亦只是每事須著一句纏繞，令不直截耳。公謹來書依舊説得太多，更宜省約爲佳也。祝汀州已成見次，不知赴官能入山否？朝廷方遣使命行經界、議鹽法，此亦振民革弊之秋，但恐不免少勞心力耳。彥章書來，云欲見訪，却不見到，不知何故。所論二人外內之偏信然，此等處只是容易窄狹，自主張太早了，便生出無限病痛耳。彼既相信不及，勢亦無如之何。莫若且就己分上著力之爲急也。《晦庵文集》卷五四。

案：祝汀州，即祝檟。《臨汀志·郡守題名》，祝檟於淳熙十四年四月至十六年八月間知汀州。《永樂大典》卷七八九三。本書中云"祝汀州已成見次，不知赴官能入山否"，故推知撰本書時祝檟尚未赴官，則其當於十四年（1187）春。

朱熹《答周叔謹》：

示喻靜中私意橫生，此學者之通患，能自省察至此，甚不易得。此當以敬爲主，而深察私意之萌多爲何事，就其重處痛加懲窒，久之純熟，自當見效。不可計功於旦暮，而多爲説以害之也。《論語》別本未曾改定，俟便寄去。然且專意就日用處做涵養省察工夫，未必不勝讀書也。《晦庵文集》卷五四。

案：本書重載於《晦庵文集》卷四四《答任伯起_希_夷》(示喻静中私意横生)。《答任伯起_{希夷}》約撰於淳熙十四年間。

朱熹《答周叔謹》：

所示仁説，差勝往時，但所引熹説亦有誤字處，恐又錯認了，更略契勘爲佳。然書中所説收拾放心，乃是緊切下功夫處，講學乃其中之一事。今但專一於此下功，不須思前算後，計較得失。講學亦且看直截明白處，不要支蔓。來書所謂"雖若小異，然亦不甚相遠"者，全是子約舊時句法也。《晦庵文集》卷五四。

案：本書撰時未詳。《書信編年》係於淳熙十四年。待考。

朱熹《答周叔謹_{葉公謹，改姓字}》：

應之甚恨未得相見，其爲學規模次第如何？近來吕、陸門人互相排斥，此由各徇所見之偏，而不能公天下之心以觀天下之理，甚覺不滿人意。應之蓋嘗學於兩家，不知其於此看得果如何？因話扣之，因書喻及爲幸也。熹近日亦覺向來説話有太支離處，反身以求，正坐自己用功亦未切耳。因此減去文字功夫，覺得閑中氣象甚適。每勸

學者亦且看《孟子》道性善、求放心兩章,著實體察收拾爲
要。其餘文字且大概諷誦涵養,未須大段著力考索也。
《晦庵文集》卷五四。

　　案:本書校記云:"《正訛》題注曰:'介,初姓葉。'"

　　本書中云"近來呂、陸門人互相排斥,此由各徇
所見之偏,而不能公天下之心以觀天下之理,甚覺不
滿人意",乃屬呂祖謙、陸九淵身後之語氣。陸九淵
卒於紹熙三年十二月中,故推知本書約撰於紹熙四
年(1193)或稍後。

　　又,明程敏政《書朱子與周叔謹書》云:"按朱子
此書勸學者且讀《孟子》'道性善'、'求放心'兩章,著
實體察其餘文字,未須著力考察。蓋與陸子爲一家
之言。而陸子之言已見前卷者,不復重出。間附一
書,以備參考。"《篁墩文集》卷三八。

朱熹《答周叔謹》:

　　喪禮前書已報大概,適再考《儀禮》,經五服皆有之,
一在首,一在要,大小有差。"斬衰"條下,傳中已言之,故
不復言耳。要經之下又有帶,斬衰絞帶、齊衰布帶是也。
蓋經帶以象吉服之大帶,此帶則象吉服之革帶,屈其一端
立貫之,還以插於要間。非齊衰,則止用布帶而無要經
也。右本在上者,齊衰經之制,以麻根處著頭右邊,而從
額前向左圍向頭後,却就右邊元麻根處相接,即以麻尾藏

在麻根之下,麻根搭在麻尾之上綴殺之。有纓者,以其加於冠外,故須著纓,方不脫落也。辟領,《儀禮》注云"辟領廣四寸",則與闊中八寸也,兩之爲尺六寸,與來書所言不同,不知何故。詳此辟領是有辟積之義,雖廣四寸,須用布闊四寸、長八寸者摺其兩頭,令就中相接,即方四寸。而綴定上邊於領之旁,以所摺向裏,平面向外,如今裙之有摺,即所謂辟積也。温公所謂裳每幅作三摺者是也。如此,即是一旁用八寸,兩旁共尺六寸矣。菅屨、疏屨,今不可考。今略以輕重推之,斬衰用今草鞋,齊衰用麻鞋可也。麻鞋,卒伍所著者。《晦庵文集》卷五四。

案:朱熹《答胡伯量泳》(治喪不用浮屠)有云"某向借到周丈舊所録喪禮内批云:先生説衰服之領不比尋常衫領用邪帛盤旋爲之,只用直布一條夾縫作領,如州府承局衫領"。《晦庵文集》卷六三。疑"周丈舊所録喪禮内批",即於此"喪禮前書已報大概"云云相關。《答胡伯量泳》撰於慶元四年(1198)三月末或稍後。

周　謨

周謨(1141—1202),字舜弼,南康軍建昌縣(今屬江西)人。"少警敏嗜學,兩預鄉薦"。從朱熹學。朱熹卒,"僞禁方嚴,君冒隆寒,戴星徒走,偕鄉人受業者往會葬,年逾六十矣"。嘉泰壬戌卒。《勉齋集》卷三八《周舜弼墓誌銘》。

朱熹《答周舜弼讜》：

熹適承枉顧，示以長牋，稱道過實，決非淺陋所敢當，不敢自辨數也。至謂程氏二書出於記錄之餘，不能無誤，誠如所論。向來所以各因本篇而存其姓號以相別者，正謂是爾。然言有似是而實非者，有似非而實是者，非好之篤、玩之深而辨之明者，或未能無誤也。暇日見過，得面叩其一二，幸甚幸甚。《晦庵文集》卷五〇。

案：黄榦《周舜弼墓誌銘》云"文公晦菴先生守南康，君摳衣登門，盡棄其學而學焉。晝抄夜誦，精思篤行"。《勉齋集》卷三八。本書云及"熹適承枉顧，示以長牋，稱道過實，決非淺陋所敢當"，乃在初識面時。《朱子語類·姓氏》云周讜所錄在己亥以後，故推知本書約撰於淳熙六年（己亥，1179）夏日以後。

朱熹《答周舜弼》：

臨行所説"務實"一事，途中曾致思否？觀之今日學者不能進步，病痛全在此處。但就實做工夫，自然有得，未須遽責效驗也。"仁"字想別後所見允親切，或有議論，因來不妨見寄。《晦庵文集》卷五〇。

案：《朱子語類》卷一一七載朱熹訓周謨曰："寒泉之別，請所以教。曰：'議論只是如此，但須務實。'請益。曰：'須是下真實工夫。'未幾，復以書来曰：'臨別所説務實一事，途中曾致思否？今日學者不能進步，病痛全在此處，不可不知也。"即指本書。

本書中云"'仁'字想別後所見允親切，或有議論，因來不妨見寄"，而朱熹下書（所論"仁"字殊未親切）乃有"所論'仁'字殊未親切，而語意叢雜，尤覺有病。須知所謂心之德者"云云，知承本書。據《朱子語類》卷一一七黄𪩘記云："舜弼以書来問仁及以仁、義、禮、智與性分形而上下。先生答書略曰：'所謂仁之德，……'"。《朱子語類·姓氏》云黄𪩘所聞在戊申（淳熙十五年，1188）。是年三月十八日，朱熹啓程入京奏事，七月上旬歸家。《年譜長編》卷上。又黄榦《周舜弼墓誌銘》云"南康抵武夷且千里，有重岡複嶺之阻，君嘗往就學"。《勉齋集》卷三八。故推知周謨稍前自南康來武夷問學，約朱熹上京前別去，本書"臨行"、"途中"云云，當指此。

朱熹《答周舜弼》：

所論"仁"字殊未親切，而語意叢雜，尤覺有病。須知所謂心之德者，即程先生穀種之説。所謂愛之理者，則正所謂仁是未發之愛、愛是已發之仁耳。只以此意推之，更

不須外邊添入道理,反混雜得無分曉處。若於此處認得
"仁"字,即不妨與天地萬物同體。若不會得,而便將天地
萬物同體爲仁,却轉見無交涉矣。仁、義、禮、智便是性之
大目,皆是形而上者,不可分爲兩事。顔子之勇,只以曾
子所稱數事體之於身,非大勇者,其孰能之?克己之説,
未爲不是,但如此言語上理會,恐無益耳。其他數條,似
皆未切,大抵前後見舜弼講論多是不切己,而止於文字上
捏合,所以無意味,不得力。須更就此斡轉,方有實地功
夫也。《晦庵文集》卷五〇。

　　案:《朱子語類》卷一一七載黄螢所記曰:"舜弼
　　以書来問仁及以仁、義、禮、智與性分形而上下。先
　　生答書略曰:'所謂仁之德,即程子穀種之説。愛之
　　理也,愛乃仁之已發,仁乃愛之未發。若於此認得,
　　方可説與天地萬物同體,不然,恐無交涉。仁、義、
　　禮、智,性之大目,皆形而上者,不可分爲二也。'因
　　云:'舜弼爲學自来不切己體認,却只是尋得三兩字
　　来撑拄,亦只説得箇皮殼子。'"所言即本書。推知周
　　謨来書約在淳熙十五年夏、秋間,朱熹答書約在秋、
　　冬間。

朱熹《答周舜弼》:

　　所論"敬"字工夫於應事處用力爲難,此亦常理。但
看聖賢説"行篤敬"、"執事敬",則敬字本不爲默然無爲時

設，須向難處力加持守，庶幾動静如一耳。克己亦别無巧法，譬如孤軍猝遇彊敵，只得盡力舍死向前而已，尚何問哉？《晦庵文集》卷五〇。

案：上書（葬事不易）有云“向時每説持敬、窮理二事，今日所見，亦只是如此。但覺得先後緩急之序愈分明親切，直是先要於持守上著力，方有進步處也”，與本書“所諭‘敬’字工夫於應事處用力爲難，此亦常理。……則敬字本不爲默然無爲時設，須向難處力加持守，庶幾動静如一耳”相合，故推知其約撰於紹熙二年(1191)或稍後。

朱熹《答周舜弼》：

示喻爲學之意，大槩不過如此。更在日用之間實用其力，念念相續，勿令間斷。《晦庵文集》卷五〇。

案：上書（所諭“敬”字工夫於應事處用力爲難）云及“所諭‘敬’字工夫於應事處用力爲難，此亦常理”，本書有云“示喻爲學之意，大槩不過如此。更在日用之間實用其力”，似相先後。

朱熹《答周舜弼》：

葬事不易，便能了辦；喪禮盡誠，不徇流俗，此尤所難。更宜深念閔、卜二子除喪而見之意，以終禮制，區區之望也。

彼中朋友用功爲學次第如何？便中喻及。向時每説持敬、窮理二事，今日所見，亦只是如此。但覺得先後緩急之序愈分明親切，直是先要於持守上著力，方有進步處也。《孟子》説"性善"及"求放心"處，最宜深玩之。《晦庵文集》卷五〇。

　　案：黄榦《周舜弼墓誌銘》云周謨"居家孝友。母喪，疏食三年，治喪悉用古禮，斥去浮屠老子法，鄉人多效之。先生又以書勞之曰：'居喪盡誠，不徇流俗，此人所難。'其見稱重如此。"《勉齋集》卷三八。即指本書。朱熹《答胡伯量泳》（治喪不用浮屠）有云"李敬子説居喪欲嚴内外之限，莫若殯於廳上，庶幾内外不相通。周舜弼云終喪不入妻室，雖漢之武夫亦能，吾人稍知義理，當不待防閑之嚴而自不忍爲矣"。《晦庵文集》卷六三。所謂"終喪不入妻室"，以"居喪欲嚴内外之限"，亦合本書"更宜深念閔、卜二子除喪而見之意，以終禮制"云云。據《宋史》卷四三〇《李燔傳》，李燔於紹熙中因"祖母卒，解官承重而歸"。由此推知周謨居母喪亦在此前後，約紹熙中，姑係紹熙三年（1192）間。

朱熹《答周舜弼》：

前此所示別紙條目雖多，然其大槩只是不曾實持得敬，不曾實窮得理，不曾實信得性善，不曾實求得放心，而乃緣文生義，虛費說詞，其說愈長，其失愈遠。此是莫大之病。只以其間所論曲折及後段克伐怨欲、鄉原、思學、瞻忽前後之類觀之，便自可見。若果是實曾下得工夫，即此等處自無可疑。縱有商量，亦須有著實病痛，不應如此泛泛矣。曾子一段，文意雖說得行，然似亦未是真見。似此等處，且須虛心涵泳，未要生說，却且就日用間實下持敬工夫，求取放心，然後却看自家本性元是善與不善，自家與堯舜元是同與不同。若信得及，意思自然開明，持守亦不費力矣。"君子而時中"，却是《集注》失於太簡，令人生疑，今已削去。只見存文義已自分明，若不爲此句所牽，則亦無可疑矣。恐枉費思索，故并及之。然其切要功夫，無如前件所說，千萬留意也。《晦庵文集》卷五〇。

　　案：朱熹上書(葬事不易)有云"向時每說持敬、窮理二事，今日所見，亦只是如此。……《孟子》說'性善'及'求放心'處，最宜深玩之"。而本書乃云"前此所示別紙條目雖多，然其大槩只是不曾實持得敬，不曾實窮得理，不曾實信得性善，不曾實求得放心"，知承上書。

朱熹《答周舜弼》：

　　來喻所云，皆學者不能無疑之處。然讀書則實究其理，行己則實踐其迹，念念鄉前，不輕自恕，則在我者雖甚孤高，然與他人元無干預，亦何必私憂過計而陷於同流合汙之地耶?《晦庵文集》卷五〇。

案：本書撰時未詳。因其論及讀書究理行己之
說，疑亦在紹熙中。待考。

朱熹《答周舜弼》：

講學持守，不懈益勤，深慰所望。又聞頗有朋友之
助，當此歲寒，不改其操，尤不易得也。更願相與磨厲，以
造其極，毋使徒得虛名以取實禍，乃爲佳耳。前書"絜矩"
之說，大槩得之。二字文義，蓋謂度之以矩而取其方耳。
今所示數條，各以鄙意附於其後，却以封還，幸試思之。
來說大槩明白詳細，但且於此更加反復，虛心靜慮，密切
玩味，久之須自見得更有精微處，不但如此而已也。承欲
見訪，固願一見，但遠來費力，不若如前所說，著實下功，
果自得之，則與合堂同席亦無以異也。鄉來蔡君今安在?
能不受變於俗否耶?

《大學》之道，莫切於致知，莫難於誠意。意有未
誠，必當隨事即物，求其所以當然之理。然觀天下之
事，其幾甚微，善惡邪正、是非得失未有不相揉雜乎芒
芴之間者。靜而察之者精，則動而行之者善。聖賢之
學，必以踐履爲言者，亦曰見諸行事，皆平日之所素定
者耳。今先生之教，必曰知之者切而後意無不誠，蓋若
泛論知至，如諸家所謂極盡而無餘，則遂與上文所謂致
知者爲無別。況必待盡知萬物之理，而後別求誠意之

功,則此意何時而可誠耶？此正學者緊切用功之地,而先生訓釋精明,誠有以發聖賢未發之蘊。竊嘗體之於心,事物之來,必精察乎善惡之兩端,如是而爲善,則確守而不違;如是而爲惡,則深絕而勿近,先生勾去此并上二句。亦庶幾不苟於致知,而所知者非復泛然無切於事理,不苟於誠意,而好善惡惡,直欲無一毫自欺之意。敬守此心,無敢怠忽,課功計效,則不敢以爲意焉。如此用力,不知如何？

知至只是致知到處,非別有一事也。但見得本來合當如此之正理,自然發見透徹,則所知自切,不須更説確守、深絕而意自無不誠矣。

傳之二章釋"自新新民",而結之以"君子無所不用其極"者,言皆欲止於至善也。蓋自致知以至脩身,無非所以自新也;自齊家以至平天下,無非所以新民也。凡此八者,誠《大學》之條目。然必曰"止於至善"者,深言擇善不可以不精耳。夫善一也,有至善則有未善,先生改云:"善而未至。"所以言擇善之難如此,過則失中,不及則亦未至于中。宜其應事接物之際,固有欲爲公而反遂其私,欲爲義而乃徇乎利,厚薄輕重,泛然而應,不得其當,是皆知之有未切也。補亡之章謂用力之久而一旦廓然貫通焉,則理之表裏精粗無不盡,而心之分別取舍無不切。是必加之以積習之功,庶乎廓然貫通,然後可以言止於至善之事乎？苟未至此,則分別取舍於心當如何？

　一事自有一事之至善，如仁、敬、孝、慈之類。

　　忿懥恐懼，好樂憂患，人之所不能無者。然有一于此，則心不得其正，何哉？蓋此心不可以頃刻而不存，苟喜怒憂懼一萌于中，則心有係累，不特不能帥乎氣，而氣反得以動其心矣。故當忿懥之時，唯有忿懥而已。既以忿懥爲主，尚何心之可存？恐懼之類，莫不皆然。聖人於此，深欲學者常存此心，無少間斷，喜怒哀懼猶不可有，而況於曠蕩外馳，邪辟妄念以爲此心之累者乎？故曰心有不存，則無以檢其身矣。以此意體之，如何？

　　有喜怒憂懼，則四者之發不得其正；無喜怒憂懼，則四者之發何不正之有？

　　絜矩之道，推己度物而求所以處之之方。故於上下、左右、前後之際，皆不以己之所不欲者施諸彼而已矣。然皆以敬老、事長、恤孤之三者推之，以見民心之同然。故下文極言好惡不可以異乎人，而財利不可以擅乎己，苟惟不然，皆取惡之道也。是則一章之意，無非發明“恕”之一字。上章既言所藏乎身，不恕則不能喻諸人矣，於此復推廣之，以極其所不通之意。恕之爲用，其大如此，求其指歸，則不過孝、弟、慈三者，行乎一家，推而至於治國平天下，同一機而已。孝、弟、慈，非恕也，自身而家，自家而國，自國而天下，推之者近，施之者廣，必與人同其欲而不拂乎人之性，兹其所以爲恕。以此觀之，是否？

此段說得條暢。

"致中和"注云："自戒謹恐懼而守之，以至於無一息之不存，則極其中而天地位矣。自必謹其獨而察之，以至於無一行之不慊，則極其和而萬物育矣。"夫喜、怒、哀、樂未發謂之中，戒謹恐懼，所以守之於未發之時，故無一息之不存而能極其中。發而皆中節謂之和，必謹其獨，所以察之於既發之際，故無一行之不慊而能極其和。天地之所以位者，不違乎中；萬物之所以育者，不失乎和。致中和而天地自位、萬物自育者蓋如此。學者於此，靜而不失其所操，動而不乖其所發，亦庶幾乎中和之在我而已。天地萬物之所以位且育焉，則不敢易而言之。未識是否？

其說只如此，不難曉，但用力爲不易耳。勉旃勉旃。

"凡事豫則立"一節，言與事、行與道皆欲先定於其初，則不跲不困、不疚不窮，斯有必然之驗。故下文自不獲乎上、不信乎朋友、不順乎親而推之，皆始於不誠乎身而已。然則先立乎誠爲此章之要旨，而不明乎善則不可以誠乎身也。今欲進乎明善之功，要必格物以窮其理，致知以處其義。夫然後真知善之爲可好而好之，則如好好色；真知惡之爲可惡而惡之，則如惡惡臭。明善如此，夫安得而不誠哉！以是觀之，則《中庸》所謂明善,即《大學》致知之事;《中庸》之所謂誠身,即《大學》意誠之功,要其指歸,其理則一而已。是否?

得之。

"費而隱"章引"鳶飛魚躍"之詩以明其旨。程夫子以爲子思喫緊爲人,與"必有事焉而勿正"之意同,活潑潑地。竊以爲子思之言無非實理,而程夫子之説亦皆真見。今又得先生竄定此章,反復開曉,昭然義見。耽玩久之,心融意釋。夫形而下者,道之用矣,必有形而上者爲之體。其用廣,夫安得而不費? 其體微,又安得而不隱? 體用顯微,初無間絶。人惟覩其用之顯而不見其體之微也,是以終身由之而不知。子思於是託鳶魚以明此理之昭著,而其所以然之故,則亦可知其隱然爲難見也。夫見於鳶魚者尚爾,而況自夫婦隱微之間極而至於天地廣博之際,化育流行,洪纖高下,莫不皆然,此理固非偶然者,而亦孰與之哉? 子思之言精密峻潔,而程子之論無纖毫凝滯倚著之意,非先生,其孰知之? 大意如何?

只是如此,更宜詳味。

二十七章始言道之體極於至大而無外,道之用入於至小而無間。非至德之人,不足以凝之。中言至道之凝,非大小精粗舉而並行則不足以凝是道也。末言所處之無不宜,所以極言至道之凝其效如此。然大小精粗之旨,諸家所論不同。張子逐句爲義,吕氏因之,以一句自相反覆爲説，游氏以逐句相承接爲説，楊氏以逐句上一節承上節、下一節承下節爲説，却以温故知新爲道問學之事、敦厚崇禮爲道中庸之事。兼而讀之，亦足以發明大旨。然分比精密，條理該貫，終不若以尊德性爲存心之本，而極乎道體之大；以道問學爲致知之本，而盡乎道體之細。遂以廣大高明、温故敦厚爲存心之屬，以精微中庸、知新崇禮爲致知之屬，於是犂然各當於人心，使學者有用力之地而不悖乎名義之紛紜也。竊嘗玩索所謂不以一毫私意自蔽者，指致廣大而言也；不以一毫私欲而自累者，指極高明而言也。乍讀兩句，似若一意相同，然試體之，一以私意自蔽，則心不洪放而狹隘迫窄，何以致廣大乎？一以私欲自累，則此心沉溺而昏暗卑陋。何以極高明乎？此二句若相似而實不同者。妄意如此，是否？

得之。

末章八引《詩》，前五條論"始學"至"成德"疏密淺深之序，後三條皆所以贊不顯之德，前此蓋未有發明斯義若此昭著明白也。今觀"尚絅"一條，則知爲己之學不可以徇名，而入德之方皆由乎己而已。進而至於"亦孔之昭"，則謹獨之行已著。又進而至於"不愧屋漏"，則謹獨之效益彰。其曰"奏假無言"，所以言其德之已成。又曰"不顯惟德"，所以言其德之至盛。故先之以不賞不怒而民白畏勸，終之以篤恭而天下平也。夫自下學謹獨之事,積而至於篤恭而天下平,則其存心也愈謹而進德也彌盛。復三引《詩》,以歎詠不顯之德固不在乎聲色之末,亦非"德輶如毛"之可比。極論其妙,不若"無聲無臭"之詩爲可以形容其不顯之至耳。竊嘗謂此章之旨正與首章相應,首章論道體之大端,故以性、命、教之三者言之於始。然必戒謹恐懼而存其未發之中,必謹其獨而保其既發之和。中和之至,所以能位天地、育萬物者,蓋其德之盛同乎天而然也。《中庸》之書所以始於是者,其旨深哉!有志於學者,可不知天德之在聖人者爲如何,於此宜盡心焉爾。未審是否?

"亦孔之昭"是謹獨意,"不愧屋漏"是戒謹恐懼意。

"君子無終食之間違仁",不但終食之間而已也,雖造次必於是。不但造次而已也,雖顛沛必於是。蓋欲此心無頃刻須臾之間斷也。及稱顏子,則曰"三月不違",於衆人則曰"日月至焉"而已。今學者於日月至焉且茫然不知其所謂,況其上者乎?克己工夫要當自日月至焉推而上之,至終食之間,以至造次,至顛沛,一節密一節去,庶幾持養純熟,而三月不違可學而至。不學則已,欲學聖人,則"純亦不已",此其進步之階歟?

下學之功,誠當如此。其資質之高明者,自應不在此限,但我未之見耳。

"不忮不求,何用不臧",貧與富交,彊則忮,弱則求。人惟中無所養,而後飢渴得以害其心也。故不能自安於貧，而有慕乎彼之富。此心一動，物欲行焉，故雖可已而不已。孟子所謂宮室之美、妻妾之奉、所識窮乏者得我而爲之類，蓋有不可勝窮之私。由是以失其本心，而忌嫉忮害生焉。否則諂曲以求之，而不自知其爲卑汙淺陋之甚也。子路之志不牽乎外物之誘，夫子稱之，欲以進其德。惜乎不能充此而上之，至有終身誦之之蔽。不然，簞瓢陋巷之樂，當與顏子同之。日用功夫，信乎不可遽已也！

是如是。《晦庵文集》卷五〇。

案：黃榦《周舜弼墓誌銘》云："先生守臨漳，去武夷又千餘里，其地爲閩、廣之交，瘴癘之鄉，君又往求。卒業既歸，溫繹所聞，以書請益。先生答曰：'講學益勤，持守不懈，深慰所望。當此歲寒，不易其操，尤不易得也。'"《勉齋集》卷三八。所云正是本書。朱熹於紹熙元年四月至二年四月在知漳州任上。《年譜長編》卷下。又本書中言"當此歲寒，不改其操，尤不易得也"，當喻慶元黨禁之時，故推知約撰於慶元二年(1196)前後。《書信編年》係於慶元三年。

朱熹《答周舜弼》：

示及疑問，且當如此涵泳，甚善。致知工夫，亦只是且據所已知者玩索推廣將去，具於心者本自無不足也。敬子遠來不易，其志甚勇，而功夫未密，更宜相與切磋，更令精細平穩乃佳耳。觀其病痛，與長孺頗相似，所以做處一般，不知吾人所學且要切身，正不以此等爲高也。若親養未便，亦須委曲商量，不須如此躁迫也。伊川告詞如此，是亦紹興初年議論，未免一褒一貶之雜也。《晦庵文集》卷五〇。

案：書中云及"敬子遠來不易，其志甚勇，而功夫未密，更宜相與切磋，更令精細平穩乃佳耳"，又朱熹《答黃直卿》（《禮書》便可下手抄寫）有云"南康李敬子與一胡君同來，見在書院。敬子甚卓立，然未細密"，當在同時。《答黃直卿》撰於慶元四年（1198）三月末或稍後。

周　南

周南（1159—1213），字南仲，平江府（今江蘇蘇州）人。黃度壻。從葉適學。登紹熙元年（1190）進士第，爲池州教授。與黃度"俱入僞學黨。開禧三年召試館職，南對策詆權要，言者劾南罷之"。後官祕書省正字。嘉定六年閏九月朔卒，年五十五。《水心文集》卷二〇《文林郎前祕書省正字周君南仲墓誌銘》。傳附於《宋史》卷三九三《黃度傳》。

朱熹《答周南仲南》：

往歲湖寺雖嘗獲一面，而病冗，不能款扣餘論。後乃得見廷對之文,切中時病,深以歎服,益恨相去之遠,不得會聚,以講所聞也。兹辱惠書,又見季通具道遊從切磋之益,深以爲慰。比日雪寒,德履佳福。熹頑鈍之學,晚方自信。每病當世道術分裂,上者入於佛、老,下者流於管、商,學者既各以其所近便先入者爲主,而又驅之以其好高欲速之心,是以前者既以自誤而遂以自欺,後者既爲所欺而復以欺人。文字愈工、辨說愈巧,而其爲害愈甚。不有明者,孰能舍其舊而新是謀哉?來喻許以所疑下詢,幸甚。大抵聖賢之言已是明白真實、說盡道理,讀者但能虛心一意、循序致詳,使其句內無一字之不通,則其道理無一毫之不察矣。切不可爲人大言相誑,如九方皋相馬之說者,而妄意馳逐於言語之外也。方賓王每書來,說得道理儘有歸著,知與遊從,可謂得友,恐今已歸嘉禾也。周叔謹行,草草附此,不能究所言。政遠,切祈珍重。《晦庵文集》卷六〇。

案:朱熹《答方賓王》(德聞知有進處)有云"周南仲書來甚勤",《晦庵文集》卷五六。而本書乃云"往歲湖寺雖嘗獲一面,而病宂,不能款扣餘論。……兹辱惠書,又見季通具道遊從切磋之益,深以爲慰",知在其前。《答方賓王》撰於慶元二年中,而本書又云"比日雪寒",故推知其約撰於慶元元年(1195)寒冬。

朱熹《答周南仲》:

承喻教學相長之意,尤副所望。但爲學之序,必先成己，然後可以成物。反復來示，似於自己分上未免猶有所闕，恐不若且更向裏用工也。此心此理元無間斷虧欠，聖賢遺訓具在方册，若果有意，何用遲疑等待，何用準擬安排？只從今日爲始，隨處提撕，隨處收拾，隨時體究，隨事討論，但使一日之間整頓得三五次、理會得三五事，則日積月累，自然純熟、自然光明矣。若只如此立得箇題目頓在面前，又却低徊前却，不肯果決向前、真實下手，則悠悠歲月豈肯待人？恐不免但爲自欺自誣之流，而終無得力可恃之地也。何、程二君能招致之，甚善甚善，來書已報之矣。何兄書中問及三事，雖未要切，然已是能著實講究。若更精進，未可量也。後來之秀，未見有能勇往直前、探討負荷以續傳道之脈，兹爲可歎耳。《晦庵文集》卷六〇。

　　案：朱熹《答方賓王》（德聞知有進處）有云"周南仲書來甚勤，然覺得安排準擬之意多，而無驀直向前之氣"，《晦庵文集》卷五六。而本書乃言"聖賢遺訓具在方册，若果有意，何用遲疑等待，何用準擬安排"，所語相合。故推知本書亦約撰於慶元二年（1196）中。

朱熹《答周南仲》：

　"誠其意"者，自脩之首也。"毋"者，禁止之辭。"自欺"云者，知爲善以去惡，而心之所發有未實也。"慊"，快也，足也。"獨"者，人所不知而己所獨知之地也。言自脩者知爲善以去其惡，則當實用其力而禁止其自欺，使其惡惡則如惡惡臭，好善則如好好色，皆務決去而求必得之，以自快足於己，不可徒苟且以徇外而爲人也。然其實與不實，蓋有他人所不及知而己獨知之者，故必謹之於此，以審其幾焉。《晦庵文集》卷六〇。

　　案：本書撰時未詳，疑在上書（承喻教學相長之意）以後。

朱熹《答周南仲》：

　　此言小人陰爲不善而陽欲揜之，則是非不知善之當爲與惡之當去，但不能實用其力，以至此耳。然欲揜其惡而卒不可揜，欲詐爲善而卒不可詐，則亦何益之有哉？此君子所以重以爲戒而必謹其獨也。《晦庵文集》卷六〇。

　　案：上書（"誠其意"者）論及善惡謹獨，本書有云"然欲揜其惡而卒不可揜，欲詐爲善而卒不可詐，則亦何益之有哉？此君子所以重以爲戒而必謹其獨也"，疑承其後。

周　樸

　　周樸，字純仁。《朱子語類》卷六二載孫自修所記"周樸純仁問致中和字"，當即此人。據《朱子語類・姓氏》，

孫自修乃甲寅所聞。故知周樸亦於紹熙五年（1194）從學
朱熹。餘不詳。案：《赤城志》卷三三載臨海縣（今屬浙
江）人周成子，亦字純仁，嘉定四年（1211）趙建大榜進士。
似非一人。

朱熹《答周純仁》：

彼中既有故舊可以相依，氣候亦須差勝嶺外，又在鄉
里遠，亦時得親闈安問，於理似亦可少安。年來時論似亦
漸平，昨日又聞廟堂一番除拜，固不足爲吾道之重輕，然
於故舊或略能垂意。但在自己分上，只合閉門堅坐，聽其
所爲，切不可因此便起妄念，徒爾紛紜，有損無益也。所
欲買書，偶小兒赴銓未歸，已爲託相識置到，付之來人，數
在別紙，可自檢點。付來楮券殊少，不足於用，已爲兌數
券買去。然尚有不能盡買者，及所補印《漢書》，不知是要
何等紙，板樣大小如何？其人未敢爲印。有便子細報及，
當續爲印也。閑中無事，固宜謹出，然想亦不能一併讀得
許多。似此專人來往勞費，亦是未能省事隨寓而安之病。
又如多服燥熱藥，亦使人血氣偏勝，不得和平，不但非所
以衛生，亦非所以養心。竊恐更須深自思省，收拾身心漸
令向裹，令寧靜閑退之意勝而飛揚躁擾之氣消，則治心養
氣、處世接物自然安穩，一時長進，無復前日內外之患矣。
《晦庵文集》卷六〇。

案：朱熹《答潘子善》（所論爲學之意善矣）有云

"純仁可念,此間方爲季通遠謫作惡,忽又聞此,其禍乃更甚於季通,使人不能忘懷",《晦庵文集》卷六〇。與本書所云"彼中既有故舊可以相依,氣候亦須差勝嶺外,又在鄉里遠,亦時得親閭安問,於理似亦可少安"當屬一事。《答潘子善》撰於慶元三年(1197)春間。

朱熹《答周純仁》:

"神也者,妙萬物而爲言者也"止"既成萬物也",《本義》云云。某竊謂止言六子用文王八卦之位者,以六子之主時成用而言,故以四時爲序,而用文王後天之序。下言六子用伏羲八卦之位者,推六子之所以主時成用而言,故以陰陽交合爲義,而用伏羲八卦之序。蓋陰陽各以其偶合而六子之用行,所以能變化,盡成萬物也。伏羲八卦,則兌、震以長男而合少女;艮、巽以長女而合少男,皆非其偶然。故自"動萬物者,莫疾乎雷"至"終萬物始萬物者,莫盛乎艮",皆別言六子之用,故以四時之次言之,而用文王八卦之序。下則推其所以成用,於陰陽各得其偶,故用伏羲八卦之序。若上用伏羲卦次,則四時失其序;下用文王八卦,則兌、震、艮、巽皆非其偶矣。伏羲卦序與今卦序不同,不知是孔子創爲之而作《序卦》耶?抑自文王、周公繫辭之後,已更伏羲之序如此,而孔子特以《序卦》明其義耶?

伏羲自是伏羲卦序，文王、周公自是文王、周公卦序。《晦庵文集》卷六〇。

案：本書撰時未詳。《書信編年》以爲乃上書（彼中既有故舊可以相依）之別紙。

周深父

周深父，名里未詳。

朱熹《答周深父》：

所示疑義已悉。第一條語意尤駁雜，未易遽言。第二説“克己”字，頃嘗見人説此，略似來喻，而更精密，初看似好，然細考本文，恐不若只作勝己之私之安穩也。第三條孟子説得已自詳悉，正切中今日向外走作之病，且只平看，自有警發人處，意味深長。似此推説，却覺支蔓不親切也。大抵人要讀書，須是先收拾身心，令稍安静，然後開卷，方有所益。若只如此馳鶩紛擾，則方寸之間，自與道理全不相近，如何看得文字？今亦不必多言，但且閉門端坐半月十日，却來觀書，自當信此言之不妄也。《晦庵文集》卷六三。

案：本書撰時未詳。因朱熹有《周深父更名序》撰於“慶元庚申閏月初吉”，故《書信編年》係本書於慶元六年（庚申，1200）春。待考。

周師清

周師清，字畏知，《江西通志》卷八五。玉山（今屬江西）人。淳熙七年（1180）二月知婺源縣。《新安文獻志》卷一一李繪《婺源義役記》。"好學有文"，而"其爲此邦，寬以撫民，禮以待士"。《晦庵文集》卷七八《徽州婺源縣學三先生祠記》。

周師清《與朱元晦書》：

子故吾邑之人也，蓋嘗有聞於先生之學，而既祠之南康矣。且濂溪故宅，豫章、宜春之祠，又吾子之所記也，其亦爲我言之。《晦庵文集》卷七八《徽州婺源縣學三先生祠記》。

　　案：朱熹《徽州婺源縣學三先生祠記》云："淳熙八年春三月，婺源大夫周侯始作周、程三先生祠堂於其縣之學，而使人以書來謂熹曰：'子故吾邑之人也……'"《晦庵文集》卷七八。是本書撰於八年（1181）三月間。

周師清《與朱元晦書》：

惟濂溪夫子之學性諸天，誠諸己，而合乎前聖授受之統，又得河南二程先生以傳之，而其流遂及於天下，非有爵賞之勸，刑辟之威，而天下學士靡然鄉之。十數年來，雖非其鄉，非其寓，非其遊宦之國，又非有秩祀之文，而所在學官爭爲祠室,以致其尊奉之意,蓋非敢以是間乎命祀也,亦曰肖其道德之容,使學者日夕瞻望而興起焉耳。且吾邑之人所以得聞三先生之言者,子之先君子與有力焉。今祠亦既成矣,子安得而不爲之言乎? 抑先生之學,其始終本末之趣,願吾子之悉陳之,庶乎其有發也。《晦庵文集》卷七八《徽州婺源縣學三先生祠記》。

案: 朱熹《徽州婺源縣學三先生祠記》云: 淳熙八年三月,知婺源縣周師清以書來請朱熹撰周、程三先生祠記,"熹惟三先生之道則高矣,美矣,然此婺源者,非其鄉也,非其寓也,非其所嘗遊宦之邦也。且國之祀典,未有秩焉而祀之,於禮何依? 而於義何所當乎? 則具以告,且識不敢。後數月,周侯又與邑之處士李君繪及其學官弟子數十人皆以書來,曰: '惟濂溪夫子之學性諸天……'"《晦庵文集》卷七八。《徽州婺源縣學三先生祠記》撰於"秋八月癸丑"。故推知本書約撰於是年夏、秋之際。

周　氏

周氏,乃周巽亨家。周巽亨,建陽縣(今屬福建)人。祖周誼,三子明佐、明仲、明作,二孫巽亨、震亨。《晦庵文集》卷九三《太孺人陳氏墓誌銘》。巽亨嘗舉進士,娶朱熹孫女。《勉齋集》卷三六《朱先生行狀》。

朱熹《回周氏定書》：

里閈追逐，久欽臭味之同；媒妁往來，遂講婚姻之好。
静言衰落，敢意扳聯？兹承令弟府判以第二令姪先輩，
《詩》《禮》早聞，不輕授室；謂熹長男房下長孫女，組紃粗
習，亦欲有家。飾禮幣以見臨，枉函書而甚寵。老懷易
感，適增舐犢之悲；之子于歸，倘遂乘龍之喜。其爲慰幸，
豈易名言。《晦庵文集》卷八五。

　　案：周巽亨娶朱熹孫女之時未詳，當在黃榦、范
元裕之後。姑係於紹熙末（1194）。待考。

朱　岑

朱岑，周必大《泛舟遊山録》載其乾道三年（丁亥，
1167）歸家，"朱澔、朱岑兄弟並相候"。《文忠集》卷一六九。
當即此人，則其爲吉州（今江西吉安）人。餘不詳。

朱熹《答朱岑》：

昨辱枉書，爲報不謹，方以自愧。兹被再告，良荷不
忘之意。前書下問之目，皆所當疑，但當自其近者以次詢
究，通其一而後及其二，則疑之釋也有漸矣。若衆難羣
疑，輻輳於胸中，僕懼其徒爲此擾擾，而卒無開悟之日也。
不識足下以爲如何也？如有取焉，願舉其疑之近者一二
條以告，熹請得以所聞爲足下言之，而明者擇焉。《晦庵文

集》續集卷四上。

案：本書撰時未詳，疑在淳熙間，姑係於淳熙十
年（1183）。待考。

朱飛卿

朱飛卿，名未詳，漳州龍溪（今屬福建）人。受學朱
門。《閩中理學淵源考》卷二一。

朱熹《答朱飛卿》：

某承先生誨以持敬，某自求病痛，是氣衰不能勝其
怠惰。如頭容欲直，手容欲恭，則時或不能。即此便是
持敬不純、私意已行矣。窮理不知其當然，今遂欲一一
如禮，則力困，實做不得。不知但存之於心而四體則少
寬之，終可以有得而無害於敬否？

心無不敬，則四體自然收斂，不待著意安排而四體亦
自舒適矣。著意安排，則難久而生病矣。

某比欲窮理，而事物紛紜，未能有灑落處。近惟見
得富貴果不可求，貧賤果不可逃耳。

此是就命上理會，須更就義上看當求與不當求、當避
與不當避，更看自家分上所以求之、避之之心是欲如何，
且其得喪榮辱與自家義理之得失利害，孰為輕重，則當有
以處此矣。

先生授以《詩傳》,且教誨之曰:"須是熟讀。"某嘗熟讀一二遍,未有感發。竊謂古人教人,兼以聲歌之,漸漸引迪,故最平易。又疑鄭、衛之諸詩皆淫聲,小學之功未成,而遽教以淫聲,恐未能使之知戒,而適以蕩其心志否? 抑其聲哀思怨怒,自能令人畏惡,故雖小子門人亦知戒乎? 某欲令弟姪輩學《詩》,尚疑此,未敢曉以文義。

《詩》且逐篇旋讀,方能旋通訓詁,豈有不讀而自能盡通訓詁之理乎? 讀之多,玩之久,方能漸有感發,豈有讀一二遍而便有感發之理乎? 古之學《詩》者固有待於聲音之助,然今已亡之,無可奈何,只得熟讀而從容諷味之耳。若疑鄭、衛不可爲法,即且令學者不必深究,而於正當說道理處子細消詳,反復玩味,應不枉費工夫也。

人常有清明昏濁之殊,此固是氣稟,然心不能不隨氣稟而少異。夫口、耳、目、心,皆官也。不知天賦之氣質,不昏明清濁其口、耳、目,而獨昏明清濁其心,何也? 若曰心理本不異,惟爲氣質所拘而不能自明,然夷、惠、伊尹非拘於氣質者,處物之義乃不若夫子之時。孟子論三子,蓋謂其智不若夫子。夫是非之心,智也,豈三子能充其惻隱、羞惡、辭遜之心,而獨於其是非之心不能充之乎?

口、耳、目等亦有昏明清濁之異,如易牙、師曠、離婁之徒,是其最清者也。心亦猶是而已。夷、惠之徒便是未免於氣質之拘者，所以孟子以爲不同道而不顧學也。

《孟子》："盡其心者，知其性也。"

盡心之說，當時見得如此，故以爲意誠之事。後來思之，似只是知至之事，當更尋舊説考之。下文且只平看，不必以"所以"二字爲關鍵也。

改"踐形"説。

人皆有是形，便有是理。故曰形、色，天性也，性即理之謂也。然衆人有是形而不能全其形之理，故有形雖人而心實禽獸，是不足以踐其形矣。惟聖人能全其形之理，故可以踐其形也。伊川先生所謂充人之形，"充"字極分明矣。

改"誠意"章説。

"誠意"一章，來喻似未曉《章句》中意。當云人意之發，形於心者本合皆善，惟見理不明，故有不善雜之，而不能實其爲善之意。今知已至，則無不善之雜，而能實其爲善之意，則又無病矣。又善惡之實於中者皆形於外，但有爲惡之實，則其爲善也不誠矣；有爲善之實，則無爲惡之雜，而意必誠矣。純一於善而無不實者，即是此意未嘗異也。《晦庵文集》卷五六。

案：《朱子語類》卷一一五曰："先生一日謂飛卿與道夫曰：'某老矣，公輩欲理會義理，好著緊用工，早商量得定，將來自求之，未必不得。然早商量得定尤好。'"此乃楊道夫所記，淳熙十六年（己酉）以後所

聞。《朱子語類·姓氏》。朱飛卿始從學於漳州,紹熙
四年夏、秋間又來建陽問學。《晦庵文集》卷五六《答李
子能亢宗》。故推知本書撰於朱熹歸建陽以後,約在
紹熙二年(1191)秋、冬或三年間。

又,《朱子語類》卷一一八載楊道夫所記曰:"蜚
卿以書謁先生,有棄科舉之説。先生曰:'今之士大
夫應舉干禄,以爲仰事俯育之計,亦不能免。公生事
如何?'曰:'粗可伏臘。'曰:'更須自酌量。'"即指朱
蜚卿(飛卿)初見朱熹時事。

朱魯叔

朱魯叔(?—1198),名不詳,仙遊(今屬福建)人。嘗
游宦衡陽。《晦庵文集》卷八二《跋王端明奏稿》。

朱熹《答朱魯叔》:

薦書不知竟可得否?彼中諸公都無書來,固不容效
力。然亦知自信之篤,想不以此切切也。向所附去文字,
官事之餘,一日豈不看得一兩段?未説要得十分通徹,但
時時得此澆灌心胸,亦須有得力處也。《南海樂章》乃今
廟中祭享時所用之樂,或云其譜乃唐朝所頒,與今世俗之
樂不同,故欲得之耳。只問尋常主行祭事吏人,便可得
之。只録其譜與其篇章名號次第,便中寄及,幸也。聞説

曲名皆□連也。　《晦庵文集》別集卷五。

　　　案：朱熹紹熙元年十一月《跋王端明奏稿》嘗云
"仙遊朱魯叔游宦衡陽"，《晦庵文集》卷八二。本書有
云"《南海樂章》乃今廟中祭享時所用之樂，或云其譜
乃唐朝所頒，與今世俗之樂不同，故欲得之耳"，或此
《南海樂章》乃南岳廟中所奏，故朱熹欲請朱魯叔"錄
其譜與其篇章名號次第"，則推知本書約撰於淳熙十
三年（1186）前後。

朱熹《答朱魯叔》：

　　劉守請祠未報，計須且留。知早晚得親灸，又與程弟
講學，甚善甚善。風俗不好，直道而行便有窒礙。然在吾
人分上，只論得一個是與不是，此外利害得喪有所不足言
也。爲學之要，先須持己，然後分別義利兩字，令趣向不
差，是大節目。其它隨力所及爲之，務在精審而不貴於汎
濫涉獵也。《晦庵文集》卷四六。

　　　案：朱熹《跋王端明奏稿》有云"仙遊朱魯叔游宦
衡陽，得此遺墨於其家而寶藏之，出以示熹，爲之
三復太息而不能已。時紹熙改元十一月十一日也"。
又朱熹《跋劉子澄與朱魯叔帖》云及"觀亡友劉君子
澄手墨，爲之隕涕。其言當看切己文字，分別義利之
間，所以期吾魯叔者爲不淺矣"，時紹熙庚戌中冬十
一日。《晦庵文集》卷八二。其中"其言當看切己文字，

分別義利之間”，與本書云云相同，知劉守當即指知
衡州劉清之。據明初《衡陽府圖經志》載，劉清之於
淳熙十三年四月到任，十五年正月奉祠。《永樂大典》
卷八六四七引。本書云及“劉守請祠未報，計須且留”，
故推知本書約撰於淳熙十四年(1187)秋、冬間。

朱熹《答朱魯叔》：

去歲歸來，計度不審，妄意作一小屋，至今方得遷居。
然所費百出，假貸殆遍，今尚未能結裹圓備，甚悔始慮之
不精也。所喻今方具曉本末，記之不難，但年來多事，精
力益衰，日間應接不得少休，纔得頃刻無事，即須就寢，俟
其寧息，然後可以復起應接，更無暇看文字矣。所欠人家
誌銘之屬積壓無數，擺撥不行，恐未暇爲吾弟記此也。然
亦未敢不爲，俟定居後看如何。或人事稍簡，試即爲思之
也。齋記大字亦然。《晦庵文集》別集卷五。

案：書中“去歲歸來，計度不審，妄意作一小屋，
至今方得遷居”云云，當指紹熙二年五月朱熹自漳州
歸建陽，筑屋考亭，至三年六月新居落成，居之。《年譜
長編》卷下。故推知本書約撰於三年(1192)夏末、秋初。

據朱熹《答黃直卿》(此間朋友間有一箇半箇)云
及“學古、魯叔相繼逝者，可傷”，《晦庵文集》續集卷一。
時在慶元四年春末、夏初，故推知朱魯叔當卒於是
年春。

朱朋孫

朱朋孫，《浙江通志》卷一二六載麗水（今屬浙江）人朱朋孫，紹熙元年（1190）庚戌余復榜進士。或即此人。

朱熹《答朱朋孫》：

長書垂示，尤荷不鄙。所論爲學之意，又足以見雅志之所存也。夫學非讀書之謂，然不讀書又無以知爲學之方，故讀之者貴專而不貴博。蓋惟專爲能知其意而得其用，徒博則反苦於雜亂淺略而無所得也。今一旦而讀八書，則其茫然而不得其要也，豈足怪哉？顧且致精一書，優柔厭飫，以求聖學功夫次第之實，俟其心通意解，書册之外別有實下功夫處，然後更易而少進焉，則得尺得寸雖少，而皆爲吾有矣。欲爲沙隨程丈立祠，甚善，但衰病不堪思慮，曲折已報余正父矣，幸察之。《晦庵文集》卷六〇。

案：書中言及"欲爲沙隨程丈立祠，甚善，但衰病不堪思慮，曲折已報余正父矣"，《朱子語類》卷一〇七載王過所記曰："先生初欲正甫以沙隨行實來，爲作墓碑，久之不到。既而以舊人文字稍多，又欲屬筆。汪季路亦不曾及是議，立祠堂於德興縣學，爲書'沙隨先生之祠'六字。"《朱子語類·姓氏》稱王過乃甲寅（紹熙五年）以後所聞。故推知程迥當卒於紹熙末、慶元初，而本書約撰於慶元元年（1195）或稍後。

朱卿子

朱卿子,字彥實,仙游(今屬福建)人。"少有美材,學問慷慨,入官三十年,以彊直自遂,獨行所志,不爲勢屈,以故浮湛選調,行年五十,乃登王官"。與朱熹同官於同安縣。《晦庵文集》卷五三《歸樂堂記》。

朱卿子《與朱元晦書》:

吾方築室先廬之側,命之曰"歸樂之堂",蓋四方之志倦矣,將託於是而自休焉。子爲我記之。《晦庵文集》卷五三《歸樂堂記》。

案:朱熹《歸樂堂記》云:"予嘗爲吏於泉之同安,而與僊游朱侯彥實同寮相好也。其後予罷歸且五、六年,病卧田間,浸與當世不相聞知,獨朱侯時時書來,訪問繾綣,道語舊故如平生驩。一日,書抵予曰:'吾方築室先廬之側⋯⋯'"記文撰於指紹興三十年十二月乙卯,《晦庵文集》卷五三《歸樂堂記》。故推知朱卿子來書約撰於是年(1160)中。

朱　塾

朱塾(1153—1191),字受之,徽州婺源(今屬江西)人。朱熹長子。紹熙辛亥正月卒,年三十九。《晦庵文集》

卷九四《亡嗣子壙記》。

朱熹《與長子受之》：

早晚授業請益隨衆例，不得怠慢。日間思索有疑，用册子隨手劄記，候見質問，不得放過。所聞誨語，歸安下處思省。要切之言，逐日劄記，歸日要看。見好文字，亦録取歸來。

不得自擅出入，與人往還。初到，問先生有合見者見之，不令見則不必往。人來相見亦啓稟，然後往報之，此外不得出入一步。居處須是居敬，不得倨肆惰慢。言語須要諦當，不得戲笑喧譁。

凡事謙恭，不得尚氣凌人，自取恥辱。

不得飲酒，荒思廢業。亦恐言語差錯，失己忤人，尤當深戒。

不可言人過惡，及説人家長短是非。有來告者，亦勿酬答。於先生之前尤不可説同學之短。

交遊之間，尤當審擇，雖是同學，亦不可無親疏之辨。此皆當請於先生，聽其所教。大凡敦厚忠信、能攻吾過者，益友也。其諂諛輕薄、傲慢褻狎，導人爲惡者，損友也。推此求之，亦自合見得五七分，更問以審之，百無所失矣。但恐志趣卑凡，不能克己從善，則益者不期疏而日遠，損者不期近而日親。此須痛加檢點而矯革之，不可荏苒漸習，自趨小人之域。如此則雖有賢師長，亦無救拔自家處矣。

　　見人嘉言善行，則敬慕而紀録之。見人好文字勝己者，則借來熟看，或傳録之而咨問之，思與之齊而後已。不拘長少，惟善是取。

　　以上數條，切宜謹守。其所未及，亦可據此推廣。大抵只是"勤"、"謹"二字，循之而上，有無限好事，吾雖未敢言，而竊爲汝願之。反之而下，有無限不好事，吾雖不欲言，而未免爲汝憂之也。蓋汝若好學，在家足可讀書作文，講明義理，不待遠離膝下，千里從師。汝既不能如此，即是自不好學，已無可望之理。然今遣汝者，恐汝在家汩於俗務，不得專意，又父子之間不欲晝夜督責，及無朋友聞見，故令汝一行。汝若到彼能奮然勇爲，力改故習，一味勤謹，則吾猶有望。不然，則徒勞費，只與在家一般。他日歸來，又只是舊時伎倆人物，不知汝將何面目歸見父母親戚、鄉黨故舊耶？念之念之！夙興夜寐，無忝爾所生，在此一行，千萬努力。

　　到婺州先討店權歇泊定，即盥櫛具刺，去見吕正字。初見便稟："某以大人之命遠來，親依先生講席之下，禮合展拜。儻蒙收留，伏乞端受。"便拜兩拜。如未受，即再致懇云："未蒙納拜，不勝皇恐。更望先生尊慈特賜容納。況某於門下，自先祖父以來，事契深厚，切望垂允。"又再拜起，問寒暄畢，又進言："某晚學小生，久聞先生德義道學之盛，今日幸得瞻拜，不勝慰幸。"坐定，茶畢再起，叙晚學無知，大人遣來從學之意："竊聞先生至誠樂育，願賜開允，使某得早晚親炙，不勝幸甚。"又云："來時大人拜意，有書投納。"即出書投之。又進説："大人再令拜稟，限以地遠，不得瞻拜郎中公几筵。今有香一炷，令某拜獻。今參拜之初，未敢遽請，容來日再詣門下。令弟宣教大人亦有書，并俟來日請見面納。"揖退，略就坐，又揖而起。如問它事，即隨事應答。如將來宿食，即云"大人書中已具稟，更聽尊旨"。次日，將香再去，仍具刺，并以刺謁其弟。問看同居有幾子弟，皆見之，只問門下人可知也。見其兄弟皆拜。茶罷，便起稟："某昨日稟知，乞詣靈筵瞻拜，更俟尊命。"如引入，即詣靈前再拜焚香，又再拜訖，拜其兄弟兩拜，進説："大人致問，昨聞郎中丈丈奄弃明時，限以地遠，不獲奔慰，不勝慘愴之私。令某拜稟，切望以時節哀，爲道自愛。"又再拜，趨出。如問就學宿食去處，即説："昨蒙喻潘丈教授許借安泊，大人之意，不敢以某久累其家，恐兩不穩便。已自有書與之，只欲就其家借一空閑房舍，或近宅屋宇安下，不知尊意如何？"看説如何。如令相見，即借人出去，併問其兄弟幾人，并見之。如不問，即且去，俟午間再去見問此事。見潘丈亦如此説。大抵禮數務要恭謹詳緩，不要張皇顛錯。

何丈托問婺州寄居前輩有姜子方者，是李中書之甥，在婺州住，建炎間曾從馬殿院伸辟，爲撫喻司屬官，今其家有何子弟？

間見先生，説吾問宗留守家子弟，聞多有在婺州者，其家記録留守公事頗詳，不知可託借傳一本否？墓誌亦是曾侍中作，呂家必有本也。《晦庵文集》續集卷八。

　　案：書中所言乃朱熹教其子朱塾赴金華面見呂祖謙所當執之禮。據朱熹《答呂伯恭》(昨以召旨之嚴)云"兒子久欲遣去，以此擾擾，未得行，謹令扣師席"，《晦庵文集》卷三三。撰於乾道九年(1173)七、八月之際。又呂祖謙《與朱侍講元晦》(某哀苦待盡，它無足言者)有"令嗣氣質甚淳，已令就潘叔度舍傍書室寢處"云云。《東萊集》別集卷七。撰於八月中。故推知本書撰於是時。

朱熹《與長兒書》：

　　吾昨日過遂昌，今日方深追遠之痛，忽得汝書，知與婦子俱安，稍寬吾意。吾昨日方被進職之命，今日遣人下辭免文字。江西指揮至今未到，已據部吏狀揭牓謝絕詞訴，便作閑人調度矣。但印記尚在身，未得十分蕭散。只候命下，便發遣回去。台、越之事不足深怪，吾平生爲學不得力，只是先辦得此一着。如今衆人扼腕時節，吾心却是閒暇。君恩民病雖不敢忘，然亦有時節，固非伯寮、臧倉之所能爲也。陳了翁説人當自試，以觀己之力量，今日真試一過矣。叔昌得書，却似未悉此意也。吾已約子約來玉山相聚，不知渠能來否？渠書中説汪、潘、康、葉諸公相問訊，欲相見，答書時宂甚，忘記謝之。可寫報子約，煩致意，或能同來尤幸。吾又欲一見潘丈及叔昌，不敢坐邀。汝可爲稟看，能來即又大幸也。高、劉二君亦爲致意，想便來相聚矣，不及別書也。汝想未能來，且省出入。彼人凶猾，吾甚爲汝憂之，切宜深自防也。渠豈能改過？不可錯準擬，只當益加戒心耳。至祝至祝。吾後七日可過衢州城外，重九日次第可到界上，住三日。諸公若成來，固幸，若不成，亦可早遣一介相報也。《晦庵文集》別集卷二。

案：據朱熹《辭免進職奏狀一壬寅》稱"臣九月四日到處州遂昌縣"云云，《晦庵文集》卷二二。而本書云及"吾昨日過遂昌，今日方深追遠之痛，忽得汝書"，故推知其當撰於淳熙九年（1182）九月五日。

朱　熹

朱熹，字仲湛，徽州婺源（今屬江西）人。行五十六。朱塤父。《朱子全書·朱子佚文輯録·婺源茶園朱氏世譜》。餘未詳。

朱熹《與五六郎書》：

八月十五日書至五六郎賢弟：承書已知到家，且命百九郎、紹十郎嗣仰五六叔祖之後有傳，及侍奉一一安樂，甚慰懸懸也。書中所説連同祖墳事意如何？今有狀去，請二十一叔簽書面懇宰公理會。此書中已言之，但得其人伏理退聽，不相侵犯便得。雖是自家道理分明，然當時已欠方略，畢竟有此一節未穩，不可過當，便教小人生計，卻致費力也。百五郎書中説得怕人，便要申監司、申省部，又云報前日之仇，痛加懲治。如此則不理會祖墳，只欲因而報怨，是何道理？又如此則自家不候縣中結斷，便申監司、省部，便是鶩越州縣，已有違礙條法了，更如何奈何得人？豈不見洪舍人瑗化公主事，近日送棘寺，吾家勢力如何比得他？他且不免如此，況吾家乎？千萬更稟二十叔與三六兄、百五郎仔細商量，更記四公與玉清叟諸人調和，酌中結果爲佳。切不可過當生事端，和祖墳取不得，爲鄉里所笑也。私開文字事，已懇周宰了，汪子卿書已説及，此斷不可存留。且煩爲致意子卿，此便遽爾，未及拜書也。莊租房緡等事，更煩留念。此二月間，遣人已回，請祠未得，更看後遣人回如何。他未有可言者，且好將護爲祝。

聞族中子弟有以某名字爲狀首，而論訴鄉人者，竊恐官司察見情狀，重實典憲，上累祖先，非是細事。其或州縣姑務包容，未即究治，亦恐被擾之家不勝怨恨，別赴臺省監司論訴，即官方愈見不小，必無幸脱之理，深可寒心。請百五郎、五六郎、五八郎以此意遍諭族中各家體悉此意，務爲循理，毋致生事。程大歸，附書想已達。堯舉來，承書知侍奉叔母同房下一安佳爲慰。《（乾隆）婺源朱氏正宗譜》。

案：本書載《（乾隆）婺源朱氏正宗譜》，此舉《朱熹與婺源》俞向東主編，中國文聯出版社 2006 年版。轉錄。

　　據《年譜長編》卷上載，朱熹於淳熙三年四月中至婺源祭掃祖墓，六月歸。而朱熹《婺源茶園朱氏世譜序》云：“淳熙丙申，熹還故里，將展連同之墓，則與方夫人、十五公、馮夫人之墓皆已失之。因亟尋訪得連同兆域所在，乃率族人言於有司，而後得之。其文據藏於家，副在族弟。”《朱子全書・朱子佚文輯録・婺源茶園朱氏世譜》。又朱熹《祭告遠祖墓文》有云“惟昔顯祖，作鎮兹邦，開我後人，載祀久遠。封塋所寄，奉守弗虔，他人有之，莫克伸理。兹用震怛，籲於有司。鄉評亦公，遂復其舊。伐石崇土，俾後弗迷”。《晦庵文集》卷八六。本書中“連同祖墳事”云云，即此事。淳熙丙申，即淳熙三年。又書中云及“此二月間，遣人已回，請祠未得，更看後遣人回如何”，據《年譜長編》卷上，知淳熙五年中宋廷授朱熹知南康軍，朱熹於淳熙六年正月中上狀請祠；二十五日啟行，二月初至鉛山候命，十四日復上狀請祠，三月中赴任西行，三十日至南康軍交接郡事。則推知本書當撰於是年（1179）三月中。

朱　塤

　　朱塤，字和父，婺源（今屬江西）人。朱熹族侄，行六十。《朱子遺集》卷三。

朱熹《與姪手帖》：

書呈朱六十秀才，叔朝奉大夫致仕某實封。

八月廿日書報六十郎賢姪：叔重人來，得書，知比日爲況安佳，足以爲慰。久聞有析居之擾，想見諸事不易。此既納禄，又有嫁遣之累，窘不可言。想吾姪既無館地，亦是此模樣。無可奈何，只得忍耐耳。墓木摧倒，此合與小七郎及四九姪、五四姪諸人商議打併。若本位那得修粧固善，然亦須吾姪同八十姪與衆人説過，此不及一一作書也。叔重人還，附此草草，餘惟自愛。房下諸孫一一安樂，塾必自有書。諸兒女婦孫一一附問。叔某白。《鐵網珊瑚》卷四。

案：朱熹於慶元五年四月致仕。本書中云"此既納禄"，又云"八月廿日書報六十郎賢姪"，故知撰於是年（1199）八月二十日。

又，至正二十年楊維楨跋《朱文公與姪手帖》曰："余記十年前，與焕章氏題先譜，推其六世祖爲考亭夫子，家藏夫子手澤甚富，約至其家閲之。今年冬，予始至横溪，焕章仲子垕出示夫子與其姪六十秀才書一紙，兵燹之餘，僅留手澤者是帖也。書中墓木事丁寧告戒，望之至而責之顥。又言析居事，閔其失館地，勉之以'忍耐'二字。其家教之駃如此。垕時時披展于讀書之室,非朱氏子孫之座右銘乎?"《鐵網珊瑚》卷四。

朱子繹

朱子繹,名里不詳。

朱熹《答朱子繹》:

知讀《大學》,甚善。大抵其説雖多,多是爲學之題目次第,緊要是"格物"兩字,却未曾説著下手處。故學者之讀此而不得其要者,類如數遺棄之齒而求有獲,亦没世窮年而無得矣。須著精神領略箇大體規模,便尋箇的當下手處,著實用功,始是會讀《大學》也。《晦庵文集》卷五四。

案:本書撰時未詳。《書信編年》以爲本書論讀《大學》,疑在淳熙十六年(己酉,1189)前。待考。

諸曹職官

諸曹職官,指淳熙中南康軍諸曹職官。

朱熹《回曹職官啓》:

分符假守,深懷躐次之慚;抗疏投閑,久露由衷之請。

誤英僚之雅眷,辱華問以爲榮。伏惟材識通時,器資宏
博。裁煩剸劇,曾無盤錯之難;約己奉公,克有廉勤之譽。
會聞交薦,即見橫翔。熹久與世疏,難堪吏役。儻資忠
益,或免悔尤。悵疾病之有加,不任牽勉;念合并之無日,
祇益傾馳。《晦庵文集》卷八五。

　　案:本書撰時,當與朱熹《回都昌知縣啓》《晦庵
文集》卷八五。相近,約在淳熙八年(1181)春間。

諸待補生

　　待補生,據《宋史》卷一五七《選舉志三》載:"自中興
以來,四方之士有本貫在學公據,皆得就補"太學。淳熙
中,"帝始加限節,命諸路州軍以解試終場人數爲準,其薦
貢不盡者,令百取六人赴太學,謂之待補生"。故此指淳
熙七年秋南康解試後選送試太學者。

朱熹《回待補生》:

　　竊審待問澤宮,登名槐市,方幸究宣於明詔,敢期誤
枉於華牋?披味以還,感藏難喻。然朝家建學養士之意,
正爲育材;而諸生辭家射策之心,但期干禄。伊欲一新於
敝俗,不能無望於群公。輒誦淺聞,少酬盛禮。惟古人爲
己之志,當有餘師;則《大學》新民之功,庶無違教。《晦庵
文集》别集卷八。

　　案：本書亦"見《南康集》"，故當撰於淳熙七年
（1180）秋間，是年秋闈。

諸葛千能

　　諸葛千能，字誠之，會稽（今浙江紹興）人。淳熙八年
（1181）黃由牓進士。《會稽續志》卷六。授秀州嘉興縣主
簿。《晦庵文集》卷一八《奏均減紹興府和買狀》。

朱熹《答諸葛誠之》：

　　示喻競辯之端，三復惘然。愚意比來深欲勸同志者
兼取兩家之長，不可輕相詆訾，就有未合，亦且置勿論，而
姑勉力於吾之所急。不謂乃以《曹表》之故，反有所激，如
來喻之云也。不敏之故，深以自咎。然吾人所學，喫緊著
力處正在天理、人欲二者相去之間耳。如今所論，則彼之
因激而起者，於二者之間果何處也？子靜平日所以自任，
正欲身率學者一於天理，而不以一毫人欲雜於其間，恐決
不至如賢者之所疑也。義理，天下之公，而人之所見有未
能盡同者，正當虛心平氣，相與熟講而徐究之，以歸於是，
乃是吾黨之責。而向來講論之際，見諸賢往往皆有立我
自是之意，厲色忿詞，如對仇敵，無復長少之節、禮遜之
容。蓋嘗竊笑，以爲正使真是仇敵，亦何至此？但觀諸賢
之氣方盛，未可遽以片辭取信，因默不言，至今常不滿也。

今因來喻輒復陳之,不審明者以爲如何耳?《晦庵文集》卷
五四。

　　案:書中言"不謂乃以《曹表》之故,反有所激",
《曹表》指朱熹所撰之《曹立之墓表》,成於淳熙十年
五月。《晦庵文集》卷九〇。次年春朱熹致書陸九淵,
並寄《曹立之墓表》,云"《立之墓表》今作一通,顯道
甚不以爲然,不知尊意以爲如何"。《陸九淵集》卷三六
《年譜》。又,朱熹《答項平父》(官期邊滿)有云"朋友
論議不同,不能下氣虛心以求實是,此深可憂。誠之
書來,言之甚詳,已略報之,可取一觀,此不復云也"。
《晦庵文集》卷五四。其"已略報之",即指本書。《答項
平父》撰於淳熙十三年(1186)末,故推知本書撰時
稍前。

朱熹《答諸葛誠之》:

　　所喻子靜不至深諱者,不知所諱何事? 又云銷融其
隙者,不知隙從何生? 愚意講論義理,只是大家商量,尋
箇是處,初無彼此之間,不容更似世俗遮掩回護、愛惜人
情,纔有異同,便成嫌隙也。如何如何? 所云粗心害道,
自知明審,深所歉服。然不知此心何故粗了? 恐不可不
究其所自來也。《晦庵文集》卷五四。

　　案:上書(示喻競辯之端)有言"子静平日所以
自任,正欲身率學者一於天理,而不以一毫人欲雜於

其間，恐決不至如賢者之所疑也”，本書又言“所喻子靜不至深諱者，不知所諱何事”，當承上書，故推知其約撰於淳熙十四年（1187）中。

諸葛廷瑞

諸葛廷瑞，字麟之，南安人（今屬福建泉州）。擢紹興二十七年（1157）進士，授龍溪尉，改知崇安。“歲歉，屬書文公請於郡倅，得粟賑饑。守王淮與轉運使者具以政績聞，擢主管官告院。奏對稱旨，即日擢起居舍人”。光宗初，進起居郎，拜中書舍人，改兵部侍郎。歲餘，以疾授朝散大夫、守權兵部侍郎致仕。卒。《閩中理學淵源考》卷三三。

諸葛廷瑞《與朱元晦》：

民飢矣，盍爲勸豪民發藏粟，下其直以振之？《晦庵文集》卷七七《建寧府崇安縣五夫社倉記》。

案：朱熹《建寧府崇安縣五夫社倉記》云“乾道戊子春、夏之交，建人大飢。予居崇安之開耀鄉，知縣事諸葛侯廷瑞以書來屬予及其鄉之耆艾左朝奉郎劉侯如愚曰：‘民飢矣，盍爲勸豪民發藏粟，下其直以振之？’劉侯與予奉書從事，里人方幸以不飢”。《晦庵文集》卷七七。本書僅存殘句，撰於乾道四年（1168）春、夏之交。

祝禹圭

祝禹圭,字汝玉,信安(今浙江衢州)人。淳熙中知休寧縣事,"爲政清簡,下民安之。嘗注《東》《西銘解》。朱文公爲作《新安道院記》"。《萬姓統譜》卷一一一。

祝禹圭《與朱元晦書》:

休寧之爲邑,雖有難治之名,而吾之爲之,已再歲矣。始也不能不以人言爲慮,中乃意其不然,而今則遂有以信其果不然也。蓋其封域實郭山之左麓,而浙江出焉。山峭厲而水清激,故稟其氣、食其土以有生者,其情性習尚,不能不過剛而喜鬬。然而君子則務以其剛爲高行奇節,而尤以不義爲羞,故其俗難以力服,而易以理勝。苟吾之所爲者出於公論之所是,則雖或拂於其私,而卒不敢以爲非也。以是吾之始至,蓋不能無不悦者,而今則驩然無與爲異。吾嘗困於事之不勝其繁,而今則廓然無事之可爲也。吾將更葺廳事之東,參採賓佐屬詠之什,而榜之以"新安道院"。子能爲我記之,則後之君子益知所以爲治,而無吾始者之慮矣。《晦庵文集》卷八〇《徽州休寧縣廳新安道院記》。

案:朱熹《徽州休寧縣廳新安道院記》云:"休寧大夫信安祝侯汝玉以書来曰:'休寧之爲邑……'"記文撰於淳熙戊申(十五年,1188)八月甲申。《晦庵文集》卷八〇。故推知本書約撰於是年中。

朱熹《答祝汝玉》：

某罪戾所積，久知不免，不謂尚爾推遷，以至今日。孤豚之蹤，初亦何足言？顧乃重貽有識之憂，四方朋遊蓋皆有謝絕生徒之誨。然鄙性於此却有所不安，姑復任之。若禍害之來，未遽止此，計亦非闔門塞竇所能避也。季通徒步上道，令人愧歎。昨日又聞有毀鄉校以還僧坊之請，事亦施行。彼巍然當坐者，豈亦不謝客而遭此耶？可付一大笑也。《晦庵文集》別集卷二。

　　案：慶元三年正月末，朱熹落職罷祠，蔡元定編管道州。《年譜長編》卷下。本書有云"某罪戾所積，久知不免，……季通徒步上道，令人愧歎"，推知其約撰於是年(1197)二、三月間。

祝直清

祝直清，婺源（今屬江西）人。爲朱熹外大父祝確弟之孫，故朱熹以"賢表"稱之。應鄉試爲解元，知無錫。《年譜長編》卷上。餘未詳。又《新安志》卷八云乾道二年蕭國梁榜下第二甲進士祝浩，婺源人，官從事郎。或即此人。

朱熹《與祝直清書》：

熹頓首直清賢表解元：昨還里中，屢獲請見，撫存教誨，恩愛甚厚。別來切記，尊候萬福。熹侍旁幸適，不足煩遠念。屏迹閉門，讀書有可樂者，恨莫與之同爾。近視太叔翁發至《論孟訓釋》，看得程氏之理透徹，涵泳其間，多有好處，頗合鄙意。内疑惑未敢據所見，俟榮旋討論，且留之。恨此中前輩寥寥，幸得古田林擇之，邀至家館，教塾、埜二人，其見明切。近得湖南張魏公子欽夫者一二文字，觀所見正當，儘有發明，欲往見，相與講釋所疑。而千有餘年道學不明，士之陋於耳聞目見，無以知道入德，其識趣往往如此。然世衰道微，邪説肆行，而莫之禁，士夫心術安得而不日趨於壞？大抵爲學是自己分上事，孟子謂“歸而求之，有餘師”是也。附去《二程先生語録》，詳備可觀，但患人之不讀，亦須積累涵泳，由之而熟，脱然自有知處。人能勉勵，學古人著工夫，把做一件事，深思力行，不患不到聖賢之域。兩年來集得《孟子説》槀成，或有益於初學，後當録一本去。未由相見，千萬保愛。老母道意，閣中郎姪一一佳勝。奉狀，不宣。《新安文獻志》卷九。

　　案：書中有云“昨還里中”，指朱熹紹興二十年歸婺源。“幸得古田林擇之”，據朱熹《林用中字序》，在乾道二年（1166）初。是年二月十二日省試畢，三月九日殿試，二十四日唱名賜第，五月新進士授官。《宋登科記考》卷一〇。朱熹書中稱“解元”，稱“俟榮旋討論”，則知本書約作於是年三月間。

卓夫人

卓夫人（？—1170），劉子羽繼室，劉琪（字共父）母，劉玶（字平父）伯母，封慶國夫人。乾道六年九月卒。《晦庵文集》卷九四《劉樞密墓記》。

朱熹《與慶國卓夫人》：

熹輒有愚見，初欲面稟，今既不成行，敢此布之。五哥嶽廟近自春中以來，頓減遊燕，復近書冊。若常能如此，寡過可期。更望因書褒勸，以獎成之。且聞尊意欲爲經營幹官差遣，不知然否？熹則竊以爲不可。近世人家子弟多因爲此壞却心性，一生仕宦費力。蓋其生長富貴，本不知艱難，一旦仕宦，便爲此官，逐司只有使長一人可相拘轄，又間有寬厚長者，即以貴遊子弟相待，不欲以法度見繩，上無職事了辦之責，下無吏民窺伺之憂，而州縣守倅勢反出己下，可以凌轢，故後生子弟爲此官者無不傲慢縱恣，席勢凌人。其謹飭者雖不至此，亦緣不親民事，觸事懵然，非如州縣小吏等級相承，職事相轄，一日廢慢，則罪戾及之，故仕於州縣者常曉事而少過。愚意以爲平父可且令參部，受簿、尉之屬，乃爲正當。若不欲如此，即舍人兄爲營一稍在人下、有職事、喫人打罵差遣，乃所以成就之。若必欲與求幹官，乃是置之有過之地，誤其終身，恐非太碩人高明教子之本意也。受恩深厚，冒昧及此，皇恐皇恐。

熹所稟大槩如此，更有曲折意度，紙盡寫不得。舍人兄長必深委悉，只乞因其侍次，試以問之，必以爲然也。熹又覆。《晦庵文集》卷三七。

案：《鶴林玉露》甲編卷二《子弟爲幹官》云：“朱文公與慶國卓夫人書云：……前輩愛人以德，至於如此。卓夫人乃少傅劉公子羽之配，樞密共父之母，五哥即平甫，朱與劉蓋姻婭。初，文公之父韋齋疾革，手自爲書，以家事屬少傅。韋齋歿，文公年十四，少傅爲築室於其里，俾奉母居焉。少傅手書與白水劉致中云：‘於緋溪得屋五間，器用完備。又於七倉前得地可以樹，有圃可蔬，有池可魚。朱家人口不多，可以居。’文公視卓夫人猶母云”。此書所云“舍人兄”即指劉珙。據朱熹《劉樞密墓記》，劉珙於紹興“三十一年正月，兼權祕書少監。六月，除起居舍人。九月，兼權中書舍人。十月，兼權直學士院，從車駕幸建康。三十二年三月，除中書舍人，賜紫金魚袋。五月，正兼直學士院。八月，以扈從恩，轉承議郎。今上登極覃恩，轉朝奉郎。借朝議大夫、禮部尚書奉使大金，……未出疆而復。隆興元年二月，磨勘轉朝散郎。十一月，除集英殿修撰、知泉州”。《晦庵文集》卷九四。又朱熹紹興三十二年五月祠祿滿，當赴行在申狀，即可拜見時在臨安之卓夫人“面稟”，然六月復差監南嶽廟，故云“不成行”。又所謂“欲爲經營幹官

差遣",當藉新皇帝"登極覃恩"而爲之者。故推知本
書當作於是年(1162)秋。

卓周佐

卓周佐,事蹟不詳。朱熹《與方伯謨》(熹此粗安)有
云"前日所説伯恭昏事,……已悉以屬茂實,亦略與周佐
説來,祝其密之"。《晦庵文集》卷四四。推知其似爲婺州
(今浙江金華)人。

朱熹《答卓周佐》:

示喻已悉。鄙意嘗謂朝廷設官求賢,故在上者不當
以請託而薦人;士人當有禮義廉恥,故在下者不當自衒鬻
而求薦。平生守此愚見,故爲小官時不敢求薦,後來叨冒
刺舉,亦不敢以舉削應副人情,官吏亦不敢挾書求薦。其
在閑居,非無親舊在官,亦未嘗敢爲人作書求薦。唯老成
淹滯,實有才德之人,衆謂當與致力者,乃以公論告之。
此事首末,衆所共知,向者亦屢嘗奉告矣。今乃復見喻如
此,何貪躁不思之甚耶? 前日已稟尊丈,教子如此,似非
所謂義方。熹若在官,有人合薦者,見其如此,亦不復薦
之矣,況使作書宛轉求薦耶! 試思此言,反己爲學,異時
才德有聞,自不患於不達。今不須如此汲汲,反取人鄙薄
也。《晦庵文集》卷六四。

案：書中有言"平生守此愚見，故爲小官時不敢求薦，後來叨冒刺舉，亦不敢以舉削應副人情"，疑在朱熹紹熙二年（1191）四月罷知漳州以後，姑係於此年。待考。

附録一　徵引書目

史料

艾軒集　（宋）林光朝　上海古籍出版社《文淵閣四庫全書》本。

愛日齋叢鈔　（宋）佚名　上海商務印書館《叢書集成初編》本。

寶慶四明志　（宋）羅濬等　清咸豐四年刻《宋元四明六志》本。

寶真齋法書贊　（宋）岳珂　上海古籍出版社《文淵閣四庫全書》本。

北窗炙輠錄　（宋）施德藻　上海古籍出版社《文淵閣四庫全書》本。

北溪大全集　（宋）陳淳　上海古籍出版社《文淵閣四庫全書》本。

敝帚稿略　（宋）包恢　上海古籍出版社《文淵閣四庫全書》本。

驂鸞錄　（宋）范成大　中華書局 2002 年《范成大筆記六種》本。

陳亮集　（宋）陳亮　中華書局 1974 年版。

誠齋集　（宋）楊萬里　上海商務印書館《四部叢刊初編》本。

池北偶談　（清）王士禎　中華書局 1982 年版。

恥堂存稿　（宋）高斯得　上海古籍出版社《文淵閣四庫全書》本。

赤城集　（宋）林表民　上海古籍出版社《文淵閣四庫全書》本。

（嘉定）赤城志 （宋）陳耆卿等 中華書局《宋元方志叢刊》本。

淳熙稿 （宋）趙蕃 上海古籍出版社《文淵閣四庫全書》本。

淳熙三山志 （宋）梁克家 中華書局《宋元方志叢刊》本。

慈湖遺書 （宋）楊簡 上海古籍出版社《文淵閣四庫全書》本。

大清一統志 （清）乾隆中奉敕撰 上海古籍出版社《文淵閣四庫全書》本。

待制集 （元）柳貫 上海古籍出版社《文淵閣四庫全書》本。

澹軒集 （宋）李呂 上海古籍出版社《文淵閣四庫全書》本。

道命錄 （宋）李心傳 齊魯書社《四庫全書存目叢書》本。

道園學古錄 （元）虞集 上海古籍出版社《文淵閣四庫全書》本。

定宇集 （元）陳櫟 上海古籍出版社《文淵閣四庫全書》本。

定齋集 （宋）蔡戡 上海古籍出版社《文淵閣四庫全書》本。

東萊呂太史集 （宋）呂祖謙 浙江古籍出版社 2008 年版《呂祖謙全集》本。

東南紀聞 （元）佚名 上海古籍出版社《文淵閣四庫全書》本。

讀朱隨筆 （清）陸隴其 上海古籍出版社《文淵閣四庫全書》本。

二程文集 （宋）程顥、程頤 中華書局 2002 年《二程集》本。

方壺存稿 （宋）汪莘 上海古籍出版社《文淵閣四庫全書》本。

方輿勝覽 （宋）祝穆 中華書局 2003 年版。

（雍正）福建通志 （清）郝玉麟等 上海古籍出版社《文淵閣四庫全書》本。

復齋先生龍圖陳公文集 （宋）陳宓 上海古籍出版社 1995 年《續修四庫全書》本。

復齋易說 （宋）趙彥肅 上海古籍出版社《文淵閣四庫全書》本。

格齋四六　（宋）王子俊　上海古籍出版社《文淵閣四庫全書》本。

攻媿集　（宋）樓鑰　上海商務印書館《四部叢刊初編》本。

（正德）姑蘇志　（明）王鏊　上海書店《天一閣藏明代方志選刊續編》本。

古今合璧事類備要　（宋）謝維新　上海古籍出版社 1992 年影印本。

（雍正）廣東通志　（清）郝玉麟等　上海古籍出版社《文淵閣四庫全書》本。

（雍正）廣西通志　（清）金鉷等　上海古籍出版社《文淵閣四庫全書》本。

歸元直指集　（明）宗本　《卍新纂續藏經》本。

癸巳孟子說　（宋）張栻　上海古籍出版社《文淵閣四庫全書》本。

癸辛雜識　（宋）周密　中華書局 1988 年版。

寒山詩集　（唐）僧寒山子　上海古籍出版社《文淵閣四庫全書》本。

翰苑羣書　（宋）洪遵編　上海古籍出版社《文淵閣四庫全書》本。

鶴林玉露　（宋）羅大經　中華書局 1983 年版。

鶴山先生大全文集　（宋）魏了翁　上海商務印書館《四部叢刊初編》本。

後村集　（宋）劉克莊　上海古籍出版社《文淵閣四庫全書》本。

後村先生大全集　（宋）劉克莊　上海商務印書館《四部叢刊初編》本。

後樂集　（宋）衞涇　上海古籍出版社《文淵閣四庫全書》本。

（雍正）湖廣通志　（清）邁柱等　上海古籍出版社《文淵閣四庫

全書》本。

皇宋中興兩朝聖政 （宋）佚名 北京圖書館出版社 2007 年版。

黃氏日抄 （宋）黃震 上海古籍出版社《文淵閣四庫全書》本。

篁墩文集 （明）程敏政 上海古籍出版社《文淵閣四庫全書》本。

晦庵先生語錄大綱領 （宋）佚名 北京圖書館出版社 2003 年《中華再造善本叢書》本。

晦庵先生朱文公文集 （宋）朱熹 上海古籍出版社、安徽教育出版社《朱子全書》本。

家藏集 （明）吳寬 上海古籍出版社《文淵閣四庫全書》本。

嘉泰會稽志 （宋）沈作賓等 中華書局《宋元方志叢刊》本。

嘉泰吳興志 （宋）談鑰 中華書局《宋元方志叢刊》本。

澗泉日記 （宋）韓淲 商務印書館《叢書集成初編》本。

建炎以來朝野雜記 （宋）李心傳 中華書局 2000 年版。

建炎以來繫年要錄 （宋）李心傳 上海古籍出版社 1992 年版。

（嘉靖）建陽縣志 （明）馮繼科等 上海書店《天一閣藏明代方志選刊》本。

劍南詩稿 （宋）陸游 中華書局 1976 年《陸游集》本。

江城名蹟 （清）陳弘緒 上海古籍出版社《文淵閣四庫全書》本。

（乾隆）江南通志 （清）趙宏恩等 上海古籍出版社《文淵閣四庫全書》本。

腳氣集 （宋）車若水 上海古籍出版社《文淵閣四庫全書》本。

絜齋集 （宋）袁燮 上海古籍出版社《文淵閣四庫全書》本。

金陵新志 （元）張鉉 中華書局《宋元方志叢刊》本。

錦繡萬花谷 （宋）佚名 上海古籍出版社 1991 年影印本。

經濟文衡 （宋）滕珙 上海古籍出版社《文淵閣四庫全書》本。

經義考　（清）朱彝尊撰　中華書局 1998 年版。

京口耆舊傳　（宋）佚名　上海商務印書館《叢書集成初編》本。

景定建康志　（宋）周應合　中華書局《宋元方志叢刊》本。

景定嚴州續志　（宋）鄭瑤等　商務印書館《叢書集成初編》本。

敬鄉録　（元）吴師道　商務印書館《叢書集成初編》本。

克齋集　（宋）陳文蔚　上海古籍出版社《文淵閣四庫全書》本。

（寶慶）會稽續志　（宋）張淏　中華書局《宋元方志叢刊》本。

困學紀聞　（宋）王應麟　上海商務印書館《四部叢刊初編》本。

攬轡録　（宋）范成大　中華書局 2002 年《范成大筆記六種》本。

浪語集　（宋）薛季宣　上海古籍出版社《文淵閣四庫全書》本。

老子翼　（明）焦竑　上海古籍出版社《文淵閣四庫全書》本。

離騷草木疏　（宋）吴仁傑　上海古籍出版社《文淵閣四庫全書》本。

禮部集　（元）吴師道　上海古籍出版社《文淵閣四庫全書》本。

歷朝釋氏資鑑　（元）釋熙仲　《續藏經》本。

兩朝綱目備要　（宋）佚名　上海古籍出版社《文淵閣四庫全書》本。

兩漢刊誤補遺　（宋）吴仁傑　上海古籍出版社《文淵閣四庫全書》本。

兩宋名賢小集　（宋）陳思編,（元）陳世隆補　上海古籍出版社《文淵閣四庫全書》本。

麟原前集　（元）王禮　上海古籍出版社《文淵閣四庫全書》本。

六研齋三筆　（明）李日華　上海古籍出版社《文淵閣四庫全書》本。

六藝之一録　（清）倪濤　上海古籍出版社《文淵閣四庫全書》本。

陸九淵集　（宋）陸九淵　中華書局 1980 年版。

魯齋集　（宋）王柏　上海古籍出版社《文淵閣四庫全書》本。

羅鄂州小集　（宋）羅願　上海古籍出版社《文淵閣四庫全書》本。

漫塘集　（宋）劉宰　上海古籍出版社《文淵閣四庫全書》本。

梅屋集　（宋）許棐　上海古籍出版社《文淵閣四庫全書》本。

勉齋集　（宋）黃榦　上海古籍出版社《文淵閣四庫全書》本。

勉齋先生黃文肅公年譜　（宋）鄭元肅、陳義和　巴蜀書社1995年《宋編宋人年譜選刊》本。

閩中理學淵源考　（清）李清馥　上海古籍出版社《文淵閣四庫全書》本。

洺水集　（宋）程珌　上海古籍出版社《文淵閣四庫全書》本。

南澗甲乙稿　（宋）韓元吉　上海古籍出版社《文淵閣四庫全書》本。

南宋館閣錄　（宋）陳騤　中華書局1998年版。

南宋館閣續錄　（宋）佚名　中華書局1998年版。

南軒先生文集　（宋）張栻　華東師範大學出版社《朱子全書外編》本。

內外服制通釋　（宋）車垓　上海古籍出版社《文淵閣四庫全書》本。

盤洲文集　（宋）洪适　上海古籍出版社《文淵閣四庫全書》本。

坡門酬唱集　（宋）邵浩　上海古籍出版社《文淵閣四庫全書》本。

齊東野語　（宋）周密　中華書局1983年版。

清容居士集　（元）袁桷　上海古籍出版社《文淵閣四庫全書》本。

清獻集　（宋）杜範　上海古籍出版社《文淵閣四庫全書》本。

慶元黨禁　（宋）樵川樵叟　商務印書館《叢書集成初編》本。

全宋文　曾棗莊主編　上海辭書出版社、安徽教育出版社 2006
　　年版。

儒林宗派　（清）萬斯同　上海古籍出版社《文淵閣四庫全
　　書》本。

山堂肆考　（明）彭大翼　上海古籍出版社 1992 年影印本。

紹興十八年同年小錄　（宋）佚名　上海古籍出版社《文淵閣四
　　庫全書》本。

式古堂書畫彙考　（清）卞永譽　上海古籍出版社《文淵閣四庫
　　全書》本。

書畫鑑影　（清）李佐賢　清同治十年利津李氏刻本。

書集傳　（宋）蔡沈　上海古籍出版社《文淵閣四庫全書》本。

舒文靖公類稿　（宋）舒璘　《四明叢書》本。

舒文靖集　（宋）舒璘　上海古籍出版社《文淵閣四庫全書》本。

雙溪類稿　（宋）王炎　上海古籍出版社《文淵閣四庫全書》本。

水心文集　（宋）葉適　中華書局 1961 年《葉適集》本。

説郛　（元）陶宗儀　上海古籍出版社《文淵閣四庫全書》本。

四朝聞見錄　（宋）葉紹翁　中華書局 1989 年版。

（康熙）四川通志　（清）黃廷桂等　上海古籍出版社《文淵閣四
　　庫全書》本。

四庫全書總目　（清）永瑢等　中華書局 1981 年版。

四六標準　（宋）李劉　上海古籍出版社《文淵閣四庫全書》本。

四書蒙引　（明）蔡清　上海古籍出版社《文淵閣四庫全書》本。

宋會要輯稿　（清）徐松等輯　中華書局影印本。

宋名臣言行錄外集　（宋）李幼武　上海古籍出版社《文淵閣四
　　庫全書》本。

宋詩紀事　（清）厲鶚　上海古籍出版社 1983 年版。

宋史　（元）脫脫等　中華書局 1985 年版。

宋史全文 （元）佚名 上海古籍出版社《文淵閣四庫全書》本。

宋元學案 （清）黄宗羲原著，（清）全望道等補修 中華書局 1986 年版。

宋宰輔編年録校補 （宋）徐自明撰，王瑞來校補 中華書局 1986 年版。

素軒公集 （宋）蔡格 齊魯書社 1997 年《四庫全書存目叢書》 之《蔡氏九儒書》本。

遂初堂書目 （宋）尤袤 中華書局 2006 年《宋元明清書目題跋 叢刊》本。

鐵網珊瑚 （明）趙琦美 上海古籍出版社《文淵閣四庫全 書》本。

萬姓統譜 （明）凌迪知 上海古籍出版社《文淵閣四庫全 書》本。

王十朋全集 （宋）王十朋 上海古籍出版社 1998 年版。

王忠文集 （明）王禕 上海古籍出版社《文淵閣四庫全書》本。

韋齋集 （宋）朱松 華東師範大學出版社《朱子全書外編》本。

渭南文集 （宋）陸游 中華書局 1976 年《陸游集》本。

文定集 （宋）汪應辰 上海古籍出版社《文淵閣四庫全書》本。

文公易説 （宋）朱鑑 上海古籍出版社《文淵閣四庫全書》本。

文獻集 （元）黃溍 上海古籍出版社《文淵閣四庫全書》本。

文獻通考 （元）馬端臨 中華書局影印本。

文憲集 （明）宋濂 上海古籍出版社《文淵閣四庫全書》本。

文忠集 （宋）周必大 上海古籍出版社《文淵閣四庫全書》本。

吳郡志 （宋）范成大等 江蘇古籍出版社 1999 年版。

吳文正集 （元）吳澄 上海古籍出版社《文淵閣四庫全書》本。

吳興備志 （明）董斯張 上海古籍出版社《文淵閣四庫全 書》本。

五百家播芳大全文粹　（宋）魏齊賢、葉棻　上海古籍出版社《文
　淵閣四庫全書》本。

武林梵志　（明）吳之鯨　上海古籍出版社《文淵閣四庫全
　書》本。

西陂類稿　（清）宋犖　上海古籍出版社《文淵閣四庫全書》本。

西山讀書記　（宋）真德秀　上海古籍出版社《文淵閣四庫全
　書》本。

西山公集　（宋）蔡元定，（明）蔡有鯤輯　齊魯書社 1997 年《四
　庫全書存目叢書》之《蔡氏九儒書》本。

西山先生真文忠公文集　（宋）真德秀　上海商務印書館《四部
　叢刊初編》本。

西巖集　（元）張之翰　上海古籍出版社《文淵閣四庫全書》本。

習學記言序目　（宋）葉適　中華書局 1977 年版。

咸淳臨安志　（宋）潛説友　中華書局《宋元方志叢刊》本。

小學　（宋）朱熹　上海古籍出版社、安徽教育出版社《朱子全
　書》本。

新安文獻志　（明）程敏政　黃山書社 2004 年版。

新安志　（宋）羅願　中華書局《宋元方志叢刊》本。

性善堂稿　（宋）度正　上海古籍出版社《文淵閣四庫全書》本。

續編兩朝綱目備要　（宋）佚名　中華書局 1995 年版。

續宋編年資治通鑑　（宋）劉時舉　上海古籍出版社《文淵閣四
　庫全書》本。

嚴州圖經　（宋）陳公亮等　商務印書館《叢書集成初編》本。

延平答問　（宋）朱熹　上海古籍出版社、安徽教育出版社《朱子
　全書》本。

夷堅志　（宋）洪邁　中華書局 1981 年版。

儀禮注疏　（漢）鄭玄注，（唐）賈公彥疏　中華書局 1980 年版。

隱居通議 （元）劉壎 上海商務印書館《叢書集成初編》本。

瀛奎律髓 （元）方回 上海古籍出版社 1993 年版。

永樂大典 （明）解縉等 中華書局 1986 年版。

游宦紀聞 （宋）張世南 中華書局 1981 年版。

于湖居士文集 （宋）張孝祥 上海古籍出版社 2009 年版。

豫章文集 （宋）羅從彥 上海古籍出版社《文淵閣四庫全書》本。

玉海 （宋）王應麟 江蘇古籍出版社、上海書店 1988 年版。

（同治）玉山縣志 （清）黄壽祺、吳華辰等 台灣成文出版社《中國方志叢書》本。

粵西文載 （清）汪森 上海古籍出版社《文淵閣四庫全書》本。

雲莊劉文簡公年譜 （宋）沈儴 四川大學出版社 2003 年《宋人年譜叢刊》本。

雜學辨 （宋）朱熹 上海古籍出版社《文淵閣四庫全書》本。

張宣公年譜 （清）胡總楸編 胡氏夢選樓 1932 年刊本。

（雍正）浙江通志 （清）嵇曾筠等 上海古籍出版社《文淵閣四庫全書》本。

（嘉定）鎮江志 （宋）盧憲 清嘉慶間《宛委别藏》本。

鄭忠肅奏議遺集 （宋）鄭興裔 上海古籍出版社《文淵閣四庫全書》本。

直齋書録解題 （宋）陳振孫撰 上海古籍出版社 1987 年版。

止齋先生文集 （宋）陳傅良 上海商務印書館《四部叢刊初編》本。

至元嘉禾志 （元）徐碩 中華書局《宋元方志叢刊》本。

至正集 （元）許有壬 上海古籍出版社影印《文淵閣四庫全書》本。

周元公集 （宋）周敦頤 上海古籍出版社《文淵閣四庫全

書》本。

朱文公大同集 （宋）陳利用編 綫裝書局 2004 年版《宋集珍本叢刊》影印元刊閩本。

朱子抄釋 （明）呂柟 上海古籍出版社《文淵閣四庫全書》本。

朱子大全劄疑輯補 （李朝）李恒老編著,李埈參訂 韓國學資料院影印本。

朱子年譜 （清）王懋竑 中華書局 1998 年版。

朱子遺集 束景南輯 上海古籍出版社、安徽教育出版社《朱子全書》本。

朱子語類 （宋）黎靖德 中華書局 1986 年版。

燭湖集 （宋）孫應時 上海古籍出版社《文淵閣四庫全書》本。

竹洲集 （宋）吳儆 上海古籍出版社《文淵閣四庫全書》本。

拙齋文集 （宋）林之奇 上海古籍出版社《文淵閣四庫全書》本。

資治通鑑綱目 （宋）朱熹 清乾隆間武英殿刊本。

尊德性齋小集 （宋）程洵 臺北新文豐出版社 1985 年《叢書集成新編》本。

今人論著

陳亮年譜 童振福 上海商務印書館 1936 年版。

陳亮評傳 董平、劉宏章 南京大學出版社 1996 年版。

二十史朔閏表 陈垣 古籍出版社 1956 年版。

古書畫過眼要録 徐邦達 湖南美術出版社 1987 年版。

稼軒詞編年箋注（增訂本） 鄧廣銘 上海古籍出版社 1993 年版。

陸游年譜 于北山 上海古籍出版社 1985 年版。

呂祖謙年譜 杜海軍 中華書局 2007 年版。

宋登科記考　龔延明、祖慧　江蘇教育出版社 2005 年版。

宋人生卒行年考　李裕民　中華書局 2010 年版。

宋人傳記資料索引　昌彼得等　中華書局 1988 年版。

宋僧録　李國玲　綫裝書局 2001 年版。

唐集敘録　萬曼　中華書局 1980 年版。

王十朋年譜下　吳鷺山　載《溫州師範學院學報(哲社版)》1997
　年第 2 期。

辛棄疾年譜(增訂本)　鄧廣銘　上海古籍出版社 1997 年版。

楊萬里年譜　蕭東海　上海三聯書店 2007 年版。

楊萬里年譜　于北山　上海古籍出版社 2006 年版。

葉適年譜　周夢江　浙江古籍出版社 2006 年版。

周必大生平與思想研究　鄒錦良　江西人民出版社 2013 年版。

朱熹年譜長編　束景南　華東師範大學出版社 2001 年版。

朱熹佚書二通考　彭國忠　載《古籍整理研究學刊》2006 年第
　2 期。

朱熹佚文輯考　束景南　江蘇古籍出版社 1991 年版。

朱熹致程鼎書信九通考釋　馮青　載《圖書館雜誌》2017 年第
　3 期。

朱學論集　陳榮捷　華東師範大學出版社 2007 年版。

朱子門人　陳榮捷　華東師範大學出版社 2007 年版。

朱子書信編年考證　陳來　上海人民出版社 1989 年版。

朱子佚文辨偽考録　束景南　附載於《晦庵文集》　上海古籍出
　版社、安徽教育出版社《朱子全書》本。

附録二　人名索引

G

H

M

N

訥齋　見　趙師淵　3495

O

歐陽光祖　2217
歐陽謙之　2219
歐陽慶似　見　歐陽光祖　2217
歐陽希遜　見　歐陽謙之　2219

P

潘柄　2231
潘德鄘　見　潘時　2325
潘端叔　見　潘友端　2285
潘恭叔　見　潘友恭　2295
潘景憲　2240
潘景愈　2246
潘立之　見　潘植　2324
潘履孫　2255
潘謙之　見　潘柄　2231
潘時舉　2256
潘叔昌　見　潘景愈　2246
潘叔度　見　潘景憲　2240
潘坦翁　見　潘履孫　2255
潘燾　2284
潘文叔　見　潘友文　2319
潘友端　2285
潘友恭　2295
潘友文　2319
潘植　2324

潘時　2325
潘子善　見　潘時舉　2256
彭鳳儀　見　彭韶　2334
彭龜年　2328
彭韶　2334
彭子壽　見　彭龜年　2328
平父　見　劉玶　1717

Q

錢灒　見　錢佃　2335
錢佃　2335
錢良臣　2337
欽夫　見　張栻　3210
丘義　2339
丘膺　2341
丘子服　見　丘膺　2341
丘子野　見　丘義　2339

R

饒幹　2347
饒廷老　見　饒幹　2347
任伯起　見　任希夷　2351
任希夷　2351
任行甫　2354
芮國器　見　芮燁　2360
芮燁　2360

S

邵浩　2362
邵機　2365

T

X